JN496183

-이론과 실제-

Derivatives Principles and Practice

Ranga rajan K. Sundaram and Sanjiv R. Das 지음
성현모 . 조이수 . 지범하 옮김

Mc
Graw
Hill

經 文 社

Derivatives, 2nd Edition

1 2 3 4 5 6 7 8 9 10 KMS 20 19

Original: Derivatives, 2nd Edition © 2016
By Rangarajan Sundaram, Sanjiv Das
ISBN 978-0-07-803473-2

This authorized Korean translation edition is jointly published by McGraw-Hill Education Korea, Ltd. and Kyung Mun Sa This edition is authorized for sale in the Republic of Korea.

This book is exclusively distributed by Kyung Mun Sa

When ordering this title, please use ISBN 978-89-420-0879-7

Printed in Korea

역자 서문

본서는 미국 NYU의 라구 순다람 교수와 그의 동료 산지브 다스 교수의 Derivatives: Principles and Practice 제2판을 번역한 것이다. 이 책은 저자들이 하바드 경영대학원, UC버클리, 그리고 뉴욕대에서 강의하였던 파생상품과 관련된 강의 자료를 중심으로 금융파생상품의 다양한 이론과 적용을 깊이 있고 체계적으로 설명하고자 하였으며, 1판을 내어 놓은 후 곧 이어 초판에 대한 수정과 여러 금융 분야에의 적용 및 연수 경험을 바탕으로 추가 보완을 시도한 결과 2판이 발간되게 되었다. 따라서 본서는 금융파생상품에 대한 포괄적인 개념적 이해를 원하는 대학생으로부터 파생상품 이론을 실무에 응용하고자 하는 금융전문가에게까지 유용한 금융파생상품의 종합 교과서가 될 것이다.

선물과 옵션을 비롯한 파생상품은 다른 전통적인 금융상품에 비하여는 그 역사가 오래지 않다고 하겠지만, 미국으로부터 시작하여 지난 30년간 선진 각국의 선물 및 옵션시장은 비약적으로 발전하여 왔다. 우리나라에서도 주가지수선물과 KOSPI 2000지수옵션이 1996년과 그 다음 해에 각각 도입된 이래 파생상품시장의 성장은 매우 괄목한 만한 속도로 진행되고 있다. 이에 따라 대학의 강의 교재뿐만 아니라 실무분야에서도 파생상품에 대한 종합적인 전문서적에 대한 수요가 증가하고 있는 것이 사실이다.

우리나라 파생상품시장의 발달에 따라 이에 대한 여러 종류의 국내서적과 한 때 파생상품의 바이블이라고 불리었던 John Hull의 저서에 대한 번역 등 여러 번역교과서가 발간되었다. 그러나 파생상품시장은 지속적으로 엄청난 변화를 거쳐 왔으며, 무엇보다도 2008년의 금융위기는 대부분의 파생상품 특히 장외 파생상품 시장의 주 요소를 변경시켜 놓았다. 이에 따라, 비록 이러한 상품들의 위험관리 및 가치산정의 원리는 동일하다고 하더라도, 급변하는 금융환경에 따른 새로운 상품과 거래 행태를 반영한 교과서가 국내에 필요하다는 인식에서 우리 역자들은 본 번역서의 출판을 시도하게 되었다.

우리 역자들은 오랜 동안 대학에서 금융 재무분야의 강의를 담당하여 왔고, 순다람 교수의 원서가 나온 후 지난 수년간 이를 교과서로 채택하였다. 실제 강의 현장에서 이를 사용해 본 결과 내용의 탁월함과 시의성뿐만 아니라 본서의 체계적이고 종합적인 구성으로 인하여 독자의 필요에 따라 이 책이 다양하게 활용될 수 있음을 발견하였다. 우선 이 책은 기본 개념의 설명에 있어서 비수학적인 일반용어를 사용함으로써 학부 혹은 대학원 과정에서 파생상품의 완벽한 입문서 구실을 하며, 입문에 해당되지 않는 부분은 추후 적절한 참고자료로 활용될 수 있게 구성되어 있다. 또한 이와 같은 기초 위에 파생상품에 관한 이론 및 수리적 탐구가 자체적으로 가능할 뿐 아니라 채권 및 신용 파생상품론과 금융공학 등 고급과목의 교재로 사용될 수 있다. 이와 관련하여서는 저자의 서문에서 필요한 장들을 적절히

선택할 수 있도록 제안하고 있다. 그리고 본서에 수록된 많은 다양한 사례들과 풍부한 연습문제 등은 은행, 금융투자회사 및 보험회사 등 금융현장에 종사하는 금융인과 기업의 재무담당자에게도 유용한 지침서가 될 것이다.

역자 3인은 본 번역서를 출간하고자 뜻을 모은 이래, 이자율 및 선물, 옵션, 그리고 스왑 및 응용 등 세 영역으로 나누어 각자 초벌 번역을 끝낸 후 여러 차례 서로 돌아가며 수정 검토를 하여 용어의 통일을 비롯한 번역에 대한 정확성과 표현의 일관성을 유지하기 위한 보완 작업을 시도하였다. 우리는 원서 저자의 의도가 올바르게 반영되고 원서의 내용이 독자들에게 잘 전달될 수 있도록 나름대로 최선의 노력을 기울였다. 그러나 내용의 방대함에 비추어 볼 때, 번역에 오류를 비롯한 미진한 부분이 없다고 감히 단언할 수는 없을 것이다. 물론 이와 같은 본서의 번역상 오류는 전적으로 역자들에게 책임이 있으며, 추후 여건이 허락하는 한 계속 수정 보완해 나가고자 한다.

끝으로 순다람 교수의 저서에 대한 번역을 제안한 지필 미디어와 이 책의 발간에 많은 배려를 해 주신 경문사의 한헌주 대표님께 심심한 감사를 드린다. 그리고 역자들의 강의에서 원서와 초벌번역 자료를 사용한 수강생들과 번역 작업을 격려해 주었던 한동대학교의 동료 교수들에게도 감사의 빚을 지고 있음을 밝힌다. 아무쪼록 이 책이 파생상품을 깊이 있게 이해하고 그 지식을 전문영역에서 활용하고자 하는 국내의 많은 분들에게 좋은 지침서가 된다면 역자들로서는 더할 나위 없는 보람이 될 것이다.

2019년 5월
역자들

저자 서문

우리 둘은 처음 대학원 학생으로, 그 다음은 대학교수로 25년 넘게 학문적으로 함께 일해 오고 있다. 파생 상품 분야에 대한 우리의 긴밀한 협력, 공동 연구 및 교육적 관심, 그리고 이 분야에 대한 많은 토론을 고려할 때, 이 책은 아마도 피할 수 없는 결과일 것이다.

이 마지막 산물은 여러 출처에 기인한다. 이 책의 3/4 정도는 Raghu가 New York University의 파생 상품 강의 및 다른 이론적 강의, 그리고 Credit Suisse, ICICI Bank, International Monetary Fund(IMF), Invesco-Great Wall, J.P. Morgan, Merrill Lynch, Indian Business School(ISB), Institute for Financial Management and Research(IFMR), New York University 등 많은 기관에서 수행한 전문 교육 과정의 강의 노트로부터 개발된 것이다. 나머지 부분은 Sanjiv가 Harvard University, Santa Clara University, University of California at Berkeley, ISB, IMFR, IMF, Citibank 및 기타 기관에서 수행한 교과목 강의 및 전문 교육과정에서 개발된 것이다. 각 장의 끝에 있는 연습문제와 같이 몇 장은 이 책을 위해서 특별히 개발하였다.

책 전반에 걸친 내용과 특징이 아래에 소개되어 있다. 이 책을 사용하여 파생상품 과목을 구성하는데 관한 제안도 포함하였다.

책 내용 개관

이 책의 본문은 여섯 파트로 나누어져 있다. 파트 1～3은 선물 및 선도; 옵션; 스왑을 각각 다루고 있다. 파트 4는 기간구조 모델링과 이자율 파생상품의 가격산정을 검토하며, 파트 5는 신용 파생상품과 신용위험의 모델링을 다룬다. 파트 6은 계산에 관한 내용을 다룬다. 책 내용에 대한 자세한 설명은 1.5절에 있다. 그러므로 여기서는 각 파트를 간단히 살펴본다.

파트 1은 선도와 선물을 검토한다. 여기서는 살펴볼 범위에는 선물시장의 특징과 구조; 선물과 선도의 가격 산정; 선물과 선도를 이용한 헤징, 특별히 최소분산헤징의 개념과 이의 적용; FRA라고 하는 선도이율계약과 같은 이자율 의존 선도 및 선물, 유로달러 선물, 미국 국채 선물 계약 등을 포함한다.

파트 2는 이 책의 가장 긴 부분으로 주로 옵션을 다룬다. 옵션의 손익, 변동성의 역할 시장의 방향 그리고/혹은 변동성에 대한 특정 견해를 옵션을 활용하여 포트폴리오에 통합하는 법에 대한 논의로부터 시작한다. 그 다음으로 옵션의 가격 산정에 주의를 기울일 것이다. 이항모델 및 Black-Scholes 모델을 자세히 설명할 것이며, 이 모델의 일반화를 검토할 것이다. 가격산정으로부터 헤징과 시장상황의 변화에 대한 민감도의 척도인 옵션 그릭스에 대한 논의로 이어질 것이다. 가격산정과 헤징을 끝내고 그 다음 두 장에서는 다양한 "이색(exotic)" 옵션과 이들의 행태에 대하여 논의할 것이다.

파트 2의 나머지 부분은, Value-at-risk와 같은 포트폴리오의 위험 측도 및 risk budgeting과 같은 개념, 전환사채의 헤징과 가격산정, 투자 프로젝트에 포함된 옵션 특성을 의미하는 사실상의 옵션(real option)에 집중할 것이다.

파트 3에서는 스왑을 살펴본다. 지분 스왑, 통화 스왑 상품 스왑과 마찬가지로 이자율 스왑의 가격산정과 용도를 자세히 살펴볼 것이다. (스왑의 이름이 붙은 다른 상품은 다른 곳에서 논의한다. 분산과 변동성 스왑은 Black-Scholes를 다루는 장에서 다룰 것이며, 신용부도 스왑 및 총수익 스왑(total return swap)은 신용 파생상품을 다루는 장에서 검토할 것이다.) 파트 3에는 캡, 플로어, 스왑션 및 이들의 가격 산정을 위한 "시장 모델"에 관한 설명도 포함된다.

파트 4는 이자율 모델링을 다룬다. 서로 다른 이자율곡선 개념, 시장 데이터로부터 이자율 곡선 추정하기, 그리고 이자율 곡선 움직임의 모델링과 관련된 어려움으로부터 시작한다. 그 다음에 Ho-Lee 모델, Black-Derman-Toy 모델, Vasicek 모델, Cox-Ingersol-Ross 모델 등을 포함하는 이자율 곡선의 요인 모델을 살펴볼 것이다. 마지막 장에서는 Heath-Jarrow-Morton 체계와 Libor 모델, 스왑 시장 모델을 살펴볼 것이다.

파트 5는 신용위험과 신용 파생상품을 다룬다. 첫 장에서는 상품과 특징의 분류를 다룬다. 나머지 장은 신용위험의 모델링을 다룬다. 구조 모델을 한 장에서 설명하고, 그 다음 장에서는 축약형 모델을 다루며, 세 번째 장에서는 상호관련부도 모델링을 다룬다.

파트 6은 온라인 http://www.mhhe.com/sd1e에서 볼 수 있으며, 계산을 다룬다. 여기에서는 유한 차분법과 몬테 카를로 접근법을 설명한다. 이 책에서 예시로 사용한 Octave는 Matlab과 유사한 종류이지만 무료 프로그램인데, 마지막 장에서는 이에 대한 사용법을 설명한다.

사전지식

독자에게 아무런 사전 지식을 전제하지 않는다고 하면 정확하지 않겠지만, 많은 것을 전제하지 않는다고는 말할 수 있을 것이다. 금융시장, 상품 및 변수(주식, 채권, 이자율, 환율 등)에 대한 기초지식은 확실히 도움이 될 것이다 − 사실상 필수적이다. 어느 정도의 분석 능력(예를 들면, 로그, 지수, 복리, 현가계산, 기본적인 통계 및 확률, 정규 분포 등)도 필수적이다. 그러나 그 이상 많은 것을 요구하지는 않는다. 이 책은 거의 자체로 충분하다. 예를 들면 확률 미적분 같은 (MBA 학생 관점에서 볼 때) 고급 수학은 최소한으로 사용하였고, 그러한 개념이 사용되는 경우는 종종 주된 흐름에서 벗어난 것이므로 원한다면 넘어가도 좋다.

이 책의 다른 점은?

우리의 경험으로는 파생상품 과목을 수강하는 절대 다수의 학생들은, 상품이나 모델에 관하여 순수하게 수학적인 이해보다는 깊이 있는 개념적인 이해가 더 필요한 트레이더, 구조화 상품 개발자, 기타 파생 상품 사용자가 된다. 다행스럽게도 파생상품 분야가 그런 목적을 수행하고 있다. 이 분야가 재무 분야에서 가장 수학적으로 복잡한 분야이기는 하지만, 아마도 다른 어떤 분야보다 더, 파생상품 가격 산정이나 위험관리 기본 원리를 이해하기 쉬운 상대적으로 비수학적인 용어로 설명할 수 있게 되었다. 우리 책은 정확히 그러한 혼합적인 접근법, 즉 체계적이며 엄격하지만 동시에 직관적이며 쉽게 이해할 수 있는 접근법을 채택하려고 노력한다.

이러한 목적을 달성하기 위해, 이 책 전반에 걸쳐 가격산정 및 헤징에 관한 체계적인 수학 이면에 있는 것을 설명하는 데 많은 노력을 경주하였다. 어떻게 선도가격이 결정되나? 왜 블랙-숄즈 공식이 그런 형태가 되었나? 옵션의 감마는 무엇이며, 왜 그것이 트레이너들에 그렇게 중요한가? 옵션 세타(theta)는 무엇인가? 왜 이자율 기간구조 모델은 그러한 접근법을 사용하는가? 특히 기간구조의 변동을 모델링하는 데 미세한 부분과 함정은 무엇인가? 회사들의 부도 위험을 도출하기 위하여 주가는 어떻게 사용되는가? 부채가격은? 신용상품 포트폴리오의 가격 산정에서 부도 상관관계는 왜 문제가 되는가? 왜 이런 식으로 문제가 되는가? 이러한 문제들뿐만 아니라 이 책 전반에 걸쳐 제시되는 다른 문제들에서도, 체계적인 분석에 앞서 말과 그림 그리고 가끔씩은 단순한 수학 모델을 사용한다.

위의 설명 때문에, 우리의 설명이 비체계적이거나 수학적으로 완성되지 못했다고 오해해서는 안된다. 하지만 불필요한 수학은 회피한다는 것은 사실이다. 연속시간 상황보다 이산시간 상황이 모델의 행태를 더 잘 보여주는 경우에, 우리는 이산시간 상황을 사용한다. 그림이 천 마디(백 마디) 말보다 나은 경우, 우리는 그림을 사용한다. “블랙박스” 공식들은 최대한 회피한다. 파생상품의 가격 산정을 위해서 고급 수학이 필요한 몇몇 경우에도, 가격 산정 공식의 형태와 행태를 직관적으로 설명하기 위하여 노력을 경주한다.

수치를 사용한 예를 다양하게 사용하여 설명함으로 직관적인 설명과 체계적인 설명을 보완하려 하였다. 비교를 가능하게 하기 위하여 수치를 사용한 예는, 자주 같은 모수를 사용한다. 예를 들면, 옵션 그릭스에 대한 장에서는 기본 모수들을 선택하였고, 이 모수들이 변함에 따라 각각의 그릭이 어떻게 움직이는지를 보여준다.

뿐만 아니라, 이 책에서는, 역사상 가장 유명한(악명 높은) 파생상품 재앙을 포함한 일곱 개의 완전한 사례연구를 제시한다. 이 중에는 Amaranth, Barings, Long-Term Capital Management(LTMC), Metallgeselschaft, Procter & Gamble 등이 포함된다. 이를 보충하기 위하여 이 책의 웹사이트에 Ashanti, Sumitomo, Son-of-Boss 조세 회피, American International Group(AIG) 등의 사례도 제시한다.

마지막으로, 파생상품의 가격 산정 및 헤징을 배우는 가장 좋은 방법은 연습 문제를 통해서 실제로 해 보는 것이기 때문에 이 책에는 각 장 마지막에 많은 수의 연습 문제를 제공한다. 이 연습문제는

세 가지 형태로 되어 있다. 개념에 관한 문제가 있는데, 이는 대부분 기본 개념을 이해하였는지를 확인하는 것이며, 때로 간단한 계산이 포함되기도 한다. 두 번째 유형은 계산 문제로, 계산기 혹은 스프레드시트를 통해서 풀 수 있는 문제이다. 마지막 유형은 프로그램 작성 문제로 특정 모델을 실행하기 위하여 코드를 만드는 문제이다.

이 판의 새로운 점

이 판은 전적으로 첫 번째 저자가 전판의 상당 부분을 개정하였는바 많은 부분을 변경하거나 추가하였다. 다음과 같은 내용이 포함된다.

- 몇 개의 새로운 사례연구(예를 들면, 2008년 외환 파생상품에서 입은 Aracruz Cellulose의 10억 달러 이상의 손실, 2008년 Jerome Kerviel의 불법 파생상품 거래로 인한 Societe General의 50억 유로 손실, 2009～2013년의 스왑 계약에서 발생한 Harvard 대학의 12억 5천만 달러 손실, 그리스로 하여금 EU의 부채한도 제한을 회피하도록 도와준 Goldman Sachs와 그리스의 2002년 스왑의 추정 구조 등)의 자세한 설명에 대한 개요
- 몇몇 (14장의 블랙-숄즈 공식과 같은) 핵심적인 이론적 개념에 대한 확장된 설명
- 시장 관행의 변화에 대한 자세한 설명 (예를 들며, 23장에서 설명하고 있는 스왑 가격 산정에 "이중 곡선" 접근법이라는 새로운 방식, 그리고 31장에서 설명하고 있는 신용부도 스왑과 확실하게 연결되어 있는 신용사건 경매)
- 거래소에서 거래되는 상품 및 지수에 대한 새로운 설명 (예를 들면, 6장에 나오는 CBoT의 Ultra T-Bond 선물, 8장에 나오는 CBOE의 BXM과 BXY와 같은 커버드 콜 지수, 혹은 18장에 나오는 CBOE의 S&P500 및 VIX의 디지털 옵션)
- 학생들과 동료들의 도움으로 발견한 오자 정정

초판에 대하여 의견과 제안을 보내준 모든 분들에게 특별히 감사드린다. 이 최종 결과물은 좀 더 만족스러운 것이라고 확신한다.

가능한 교과목 설계

[그림 1]은 이 책에 있는 각 장들의 논리적인 흐름을 보여 준다. 이 책은 학부 혹은 MBA 과정에서 파생상품에 대한 첫 번째 과목; 파생상품에 관한 두 번째 과목(혹은 고급과목); 파생상품에 관한 문제를

다루는 과목(첫 번째 과목의 후속 과목으로); 그리고 채권 및 신용 파생상품 과목 및 기타 과목의 교재로 사용될 수 있다. 각 과목에 필요한 장들을 다음과 같이 선택할 수 있을 것으로 제안한다.

그림 1

본 교재의 흐름

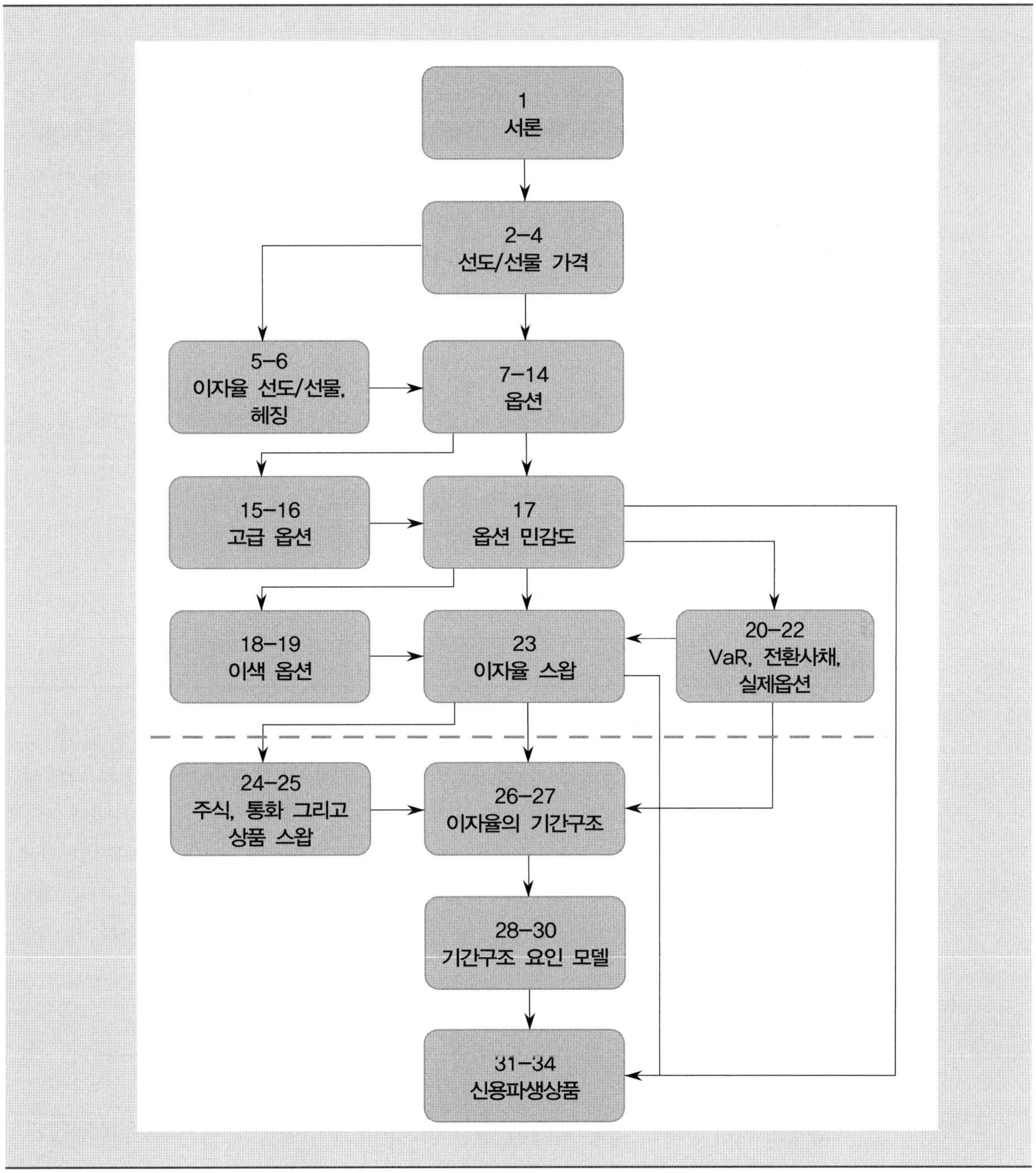

파생상품에 관한 첫 번째 과목은 통상 선도와 선물, 기본적인 옵션 관련 자료 및 이자율 스왑을 다룬다. 그러한 과목은 선물 시장, 선도 및 선물의 가격 산정을 다루는 1~4 장, 옵션의 손익과 매매전략, 무차익거래 조건, 풋-콜 패리티, 이항 모델 및 블랙-숄즈 모델을 다루는 7~14장, 옵션 그릭과 이색 옵션을 다루는 17-19 장, 이자율 옵션과 기타 변동 금리 상품을 다루는 23 장으로 구성될 수 있을 것이다.

이자율과 신용 위험에 초점을 맞추는 두 번째 과목은, 기본적인 옵션 가격 산정에 대한 복습(11~14장)으로부터 시작하여, 좀 더 복잡한 가격산정 모델(16장)을 공부한 다음, 이자율 모델링(26~30장)을 공부하고 마지막으로 신용 파생상품과 신용위험 모델링(31~34장)을 공부할 수 있을 것이다.

첫 번째 과목에 이어 파생상품의 문제를 다루는 과목은 기본적인 옵션 가격 산정에 대한 복습(11~14장)으로부터 시작하여, 좀 더 복잡한 가격산정 모델(16장)을 공부한 다음, Value-at-Risk 및 Risk budgeting(20장), 전환사채(21장), 사실상의 옵션(22장), 이자율 스왑, 지분 스왑, 통화 스왑(23~25장)을 공부한 다음 마지막으로 기간 구조 모델링 소개(26~28장) 혹은 신용 파생상품 및 구조모델(31 및 32장)을 공부할 수 있을 것이다.

마지막으로 채권 파생상품 과목은 기본 선도 가격 산정(3장); 이자율 선물 및 선도(6장); 기본 옵션 가격 모델 및 블랙 숄즈 모델(11 및 14장); 이자율 스왑, 캡, 플로어, 스왑션, 블랙 모델(23장); 그리고 이자율 곡선 및 기간 구조 모델링(26~30장)으로 구성될 수 있을 것이다.

마지막 제언

이 책을 준비하는 데 수년이 걸렸으며, 그 중간에 여러 차례의 개정이 있었다. 그 중에 파생상품 시장 자체가 폭발적으로 변하였다. 2008년의 금융위기는, 파생상품 특히 장외 파생상품 시장의 주 요소를 거의 모두 바꾸어 놓았다. 그러므로 우리가 설명한 몇몇 상품은 수년 이내에 시장에서 사라질 지도 모르며, 이러한 상품이 거래되는 방식이 완전히 바뀔 수도 있다. 그러나 이러한 상품들의 위험관리 및 가치산정의 원리는 더 영속적이며, 우리가 이 책에서 전달하고자 하는 것도 상품 자체의 자세한 내용이라기 보다는 바로 그 원리이다. 우리는 이 책의 집필을 즐겼다. 독자들에게도 이 최종 결과물이 즐길만한 것이 되기를 바란다.

도움을 주신 분들

학계의 여러 분들과 금융 업계에 계신 여러분들과의 교류에 많은 도움을 받았다. 그들에게 활자로 감사 인사를 드리게 되어 기쁘게 생각한다.

현재 Raghu가 가르치고 있고, Sanjiv가 박사 학위를 받은 (그리고 그 이후로 자주 방문하는) New York University에서, 우리는 파생상품 연구 및 교육에 관하여 수년간 많은 유익한 대화를 나누었다. 이에 대하여 Viral Acharya, Ed Altman, Yakov Amihud, Menachem Brenner, Aswath Damodaran, Steve Figlewski, Halina Frydman, Kose John, Tony Saunders 그리고 Marti Subrahmanyam에게 감사를 드린다. 우리는 우리 두 저자의 오래된 협력자이며, 이전 판에 대한 의견을 준 Viral Acharya에게; 세상의 다른 사람들과 마찬가지로 우리에게 신용위험과 신용 시장에 관하여 많은 것을 가르쳐 줄 뿐만 아니라 항상 관대하게 시간과 지원을 아끼지 않았던 Ed Altman에게; 파생상품 사용 및 구조화 상품에 관하여 많은 유쾌한 의견을 교환해 주었던 Menachem Brenner에게; 영광스럽게Journal of Derivative의 편집인으로 같이 일하면서 탁월한 배움의 기회를 제공해 준 Steve Figlewski; 그리고 특별히 1990년 중반 이후 NYU에서 MBA와 박사과정 파생상품 및 신용위험 과목을 Raghu와 함께 지도하며, Sanjiv의 박사과정 지도교수이었던 Marti Subrahmanyam에게 특별한 감사를 표한다. Marti가 강조해 온 수학적 모델의 직관적 이해는 우리 저자들의 파생상품 교육에도 지대한 영향을 미쳤으며, 그 영향은 이 책에서도 볼 수 있다.

Santa Clara 대학의 George Chacko, Atulya Sarin, Hersh Shefrin 그리고 Meir Statman 모두 감사하게도 조언과 지지와 격려를 해 주었다. Marco Avellaneda, Pierluigi Balduzzi, Jonathan Berk, Darrell Duffie, Anurag Gupta, Paul Hanouna, Nikunj Kapadia, Dan Ostrov, N.R. Prabhala 그리고 Raman Uppal과 같은 학계의 여러 다른 분들도 소중한 도움을 주었다. 금융업계의 여러 분야에 종사하는 Santhosh Bandreddi, Jamil Baz, Richard Cantor, Gifford Fong, Silverio Foresi, Gary Geng, Grace Koo, Apoorva Koticha, Murali Krishna, Marco Naldi, Shankar Narayan, Raj Rajaratnam, Rahul Rathi, Jacob Sisk, Roger Stein 그리고 Ram Sundaram과의 교류를 많은 도움을 받았다. 첫 번째 저자는 특별히 Ram Sundaram과 Murali Krishna와 가진 시장에 관한 대화를 통해서 자극을 받을 수 있었고 정보를 얻을 수 있어서 감사하며; 두 번째 저자는 Robert Merton에게 파생상품에 대한 통찰을 준 것과 연속시간 재무를 가르치는 데 지도해 준 것에 특별히 감사를 드리며, 수년간 멘토의 역할을 해 준 Gifford Fong에게도 특별한 감사를 표한다.

이 책을 집필하는 수년 동안 같은 일을 하는 (이름을 밝히지 않은) 많은 동료들이 원고를 검토해 주어 이 마지막 결과가 나오는 데 많은 도움을 주었다. 원고 상태에서 사실상 거의 모든 장을 검토하기 위하여 시간을 내 준 검토자 Bala Arshanapalli(Indiana University-Northwest), Dr. R. Brian Balyeat(Texas A&M University), James Bennett(University of Massachussetts-Boston), Jinliang (Jack) Li(Northeastern University), Spencer Martin(Arizona State University), Patricia Matthews(Mount Union College), Dennis Ozenbas(Montclair State University), Vivek Pandey(University of Texas-Tyler), Peter Ritchken(Case-Western Reserve University), Tie Su(University of Miami), Thomas Tallerico(Dowling College), Kudret Topyan(Manhattan College), Alan Tucker(Pace University), Jorge Urrutia(Loyola University-Watertower), Matt Will(University of Indianapolis) 그리고 Guofu Zhou(Washington University-St. Louis)에게 특별한 감사를 드린다. 서문에서 밝힌 대로 이 책은 Harvard University, Santa Clara University, University of California at Berkeley, Citibank, Credit-Suisse, Merrill Lynch, IMF, 그리고 무엇보다 New York University 등의 기관에서 행했던 정규 교과목 및 전문

가 교육 과정을 위해서 만든 강의 노트에서 발전된 것이다. 이 모든 과목의 참여자들(그리고 Viral Acharya가 Raghu 노트의 초기 버전을 사용했던 London Business School의 참여자들)이 처음 원고의 몇몇 부분을 고치도록 조언을 해 주었다. 최종 본이 나올 수 있도록 이들이 준 기여에 대하여 대단히 감사 드린다. Capital Metrics and Risk Solutions (P) Ltd.의 Ravi Kumar에게 이 책과 함께 사용할 수 있는 소프트웨어를 개발하는 데 엄청난 도움을 준 것에 대하여 감사 드리며, 같은 기관의 Priyanka Singh에게 원고와 연습문제의 교정을 맡아 준 것에 대하여 감사를 드린다.

우리에게 빛나는 도움을 준 McGraw(특히 Lori Bradshaw, Chuck Synovec, Jennifer Upton 그리고 Mary Jane Lampe)에게 특별한 감사를 표한다. Susan Norton에게도 섬세한 편집 작업에 대하여; Amy Hill에게는 교정을 맡아준 것에; Mohammad Misbah에게는 세심하게 인내를 가지고 조판을 맡아 준 것에 특별한 감사를 드린다.

우리 각각의 가족에게 가장 큰 빚을 졌다. 우리 모두가 대규모의 협력적인 가족 네트워크를 가진 것은 특별한 행운이다. 이 모두에게 감사한다. 우리가 갚을 수 있는 이상으로 빚을 졌습니다.

Rangarajan K. Sundaram
New York, NY

Sanjiv Ranjan Das
Santa Clara, CA

도움을 주신 분들

학계의 여러 동료들 및 금융계의 여러분들과의 교류로부터 많은 도움을 받았다. 지면으로 기꺼이 감사를 표하고자 한다.

Raghu가 현재 재직 중이며, Sanjiv가 박사 학위를 받은 곳인 (그리고 그 이후로 자주 방문한) 뉴욕 대학교에서, 우리는 파생상품의 연구와 교육에 관하여 수년 동안 새로운 것을 깨닫게 해준 많은 대화를 나누었다. 이런 면에서 Viral Acharya, Ed Altman, Yakov Amihud, Menachem Brenner, Aswath Damodaran, Steve Figlewski, Halina Frydman, Kose Johnson, Tony Saunders, 그리고 Marti Subrahmanyam에게 감사드린다. 특별히 이전 판에 관하여 많은 의견을 준, 두 저자의 오랜 협력자인 Viral Acharya에게 감사드린다. Ed Altman은 우리에게뿐만 아니라 전세계에 신용상품과 신용상품 시장에 관해서 많은 것을 가르쳐 주었고, 언제나 관대하게 시간을 내어서 도와 주었으며; Menachem Brenner는 파생상품의 활용 및 구조화 상품에 관하여 많은 좋은 의견을 주었고; 우리가 영광스럽게도 Journal of Derivatives의 공동편집인으로 함께 일할 수 있었던Steve Figlewski는 우리에게 탁월한 배움의 기회를 주었고; NYU에서 Sanjiv의 박사과정 지도교수였으며, 90년대 중반부터Raghu와 함께 executive-MBA와 박사 과정에서 파생상품과 신용위험을 함께 교육해온 Marti Subrahmanyam에게도 감사를 드린다. Marti는 수학적 모형을 직관적으로 이해할 것을 강조하였는데 이는 우리 두 저자와 파생상품 교육에 많은 영향을 끼쳤으며, 그 영향은 이 책에서도 발견할 수 있을 것이다.

Santa Clara 대학교에서는, George Chacko, Atulya Sarin, Hersh Shefrin 그리고 Meir Statman 모두가 소중한 조언과 격려를 해주었다. Marco Avellaneda, Pierluigi Balduzzi, Jonathan Berk, Darrel Duffie, Anurag Gupta, Paul Hanouna, Nikunj Kapadia, Dan Ostrov, N.R Prabhala 그리고 Raman Uppal을 포함한 여러 분들이 학계에서 귀중한 도움을 주었다. 금융업계에서 교류를 통해서 도움을 주신 분들로는 Santhosh Bandreddi, Jamil Baz,Richard Cantor, Gifford Fong, Silverio Foresi, Gary Geng, Grace Koo, Apoorva Koticha, Murali Krishna, Marco Naldi, Shankar Narayan, Raj Rajaratnam, Rahul RathiJacob Sisk, Roger Stein 그리고 Ram Sundaram을 들 수 있다. 첫 번째 저자는, 시장에 관한 정보를 제공하는 많은 대화 그리고 시뮬레이션으로 도와준 Ram Sundaram과 Murali Krishna에게 특별히 감사드리며, 두 번째 저자는 연속시간 재무 교육에 관련된 지도와 파생상품에 관한 통찰을 제공해 준 Robert Merton과 수년간 멘토 역할을 해 준 Gifford Fong에세 특별히 감사드린다.

이 책을 집필하는 수년 동안 많은 동료들이 이름을 밝히지 않고 감수해 준 덕분에 이러한 책이 나오게 되었다. 특별히 초안 상태에서 각 장을 시간 내어 감수해준 Bala Arshanapalli (Indiana University-Northwest), Dr. R. Brian Bayleat (Texas A&M University), James Bennett (University of Massachusets-Boston),

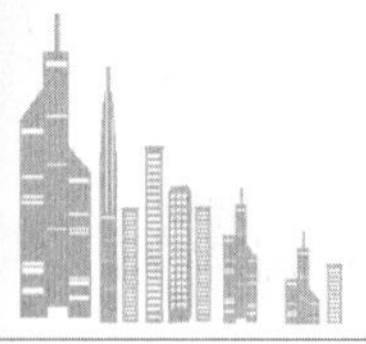

Jinlian (Jack) Li (Northeastern University), Spencer Martin (Arizona State University), Patricia Matthews (Mount Union College), Dennis Ozenbas (Montclair State University), Vivek Pandey (University of Texas-Tyler), Peter Ritchken (Case-Western Reserve University), Tie Su (University of Miami), Thomas Tallerico (Dowling College), Kudret Topyan (Manhattan College), Alan Tucker (Pace University), Jorge Urrutia (Loyola University-Watertower), Matt Will (University of Indianapolis), 그리고 Guofu Zhou (Washington University-St.Louis)에게 감사드린다.

서문에서 밝힌 바와 같이 이 책은 Harvard University, Santa Clara University, University of California at Berkeley, Citibank, Credit-Suisse, Merrill Lynch, IMF 그리고 무엇보다도 New York University와 같은 학교 혹은 기관에서 한 이론 및 실무 강의 노트에서 발전되어 온 것이다. (Raghu의 NYU 초기 노트를 사용하여 Viral Acharya가 강의하였던 London Business School의 강의를 포함한) 여러 강의의 수강생들이 많은 의견을 제시하여 주었고 이에 따라 수 차례 개정이 이루어 졌다. 최종 결과가 나오는 데에는 이들의 도움이 컸다. 이 책에서 사용한 소프트웨어를 개발해 준Capital Metrics and Risk Solutions (P) Ltd.의 Ravi Kumar와, 원고와 연습문제의 교정을 본 같은 회사의 Priyanka Singh에게도 감사를 드린다.

탁월한 도움을 준McGraw 팀, 특별히 Lori Bradshaw, Chuck Synovec, Jennifer Upton 그리고 Mary Jane Lampe에게 감사드린다. 세심하게 복사 및 편집을 맡아준Susan Norton, 세밀한 교정을 맡아준 Amy Hill그리고 배려와 인내로 조판 과정을 담당해준 Mohammad Misbah에게 감사드린다.

가장 큰 빚은 우리들 가족에게 졌다. 우리 둘은 다행스럽게도 협조적인 대 규모 가족 네트워크를 가지고 있다. 모두에게 감사드린다. 평생 다 갚을 수 없는 빚을 졌다.

Rangarajan K. Sundaram
New York, NY

Sanjiv Ranjan Das
Santa Clara, CA

요약 차례

차 례

제11장 옵션가격결정:1차 관문

제12장 이항옵션가격결정

제13장 이항분포모형의 구현

제14장 블랙-숄즈모형

제15장 블랙-숄즈모형의 수리적 이해

제16장 옵션 모형: 블랙-숄즈를 넘어서

제17장 민감도 분석: 옵션 "그릭문자"

제18장 이색 옵션 I : 경로-독립적 옵션

제19장 이색 옵션 II : 경로-의존적 옵션

제20장 Value-at-Risk

제21장 전환사채

제22장 실제 옵션

제3부 스왑

제23장 이자율 스왑 및 변동금리 상품

제24장 주식 스왑

제25장 통화 및 상품 스왑

제4부 이자율 모델링

제26장 이자율의 기간구조: 개념

제27장 수익률(이자율) 곡선 추정하기

제28장 이자율 기간구조 변동의 모델링

제29장 이자율 기간구조 요인 모델

제30장 Heath-Jarrow-Morton 및 Libor Market 모델

제5부 신용 위험(Credit Risk)

제31장 신용파생상품

제32장 부도위험의 구조 모형

제33장 부도위험의 축약형 모형

제34장 상관부도의 모델링

제 1 장 서 론

전세계의 파생상품 시장은 그야말로 거대하다. 국제결제은행(BIS)에 따르면, 2012년 6월 전세계 미결제 파생상품 잔액은 명목금액으로 639조 달러에 이르며 시장가격은 25조 달러를 초과하였다(표 1.1). 그런데 이 금액은 거래 당사자 간에 직접 거래한 장외거래 파생상품 만을 집계한 것이다. 세계 유수의 거래소에서 매일 거래되는 수조 달러의 파생 상품은 제외된 숫자이다. 비교를 위하여 말하자면, 2011년의 전세계 GDP는 약 70조 달러로 추정된다.

지난 20년에 걸쳐서 광적인 성장을 이루었다. 세계의 장외 파생상품 시장에서 거래되는 명목금액은 1998년에서 2008년에 이르는 동안 약 10배 성장하였다(표 1.2). 거래소의 파생상품 회전율은 2001년에서 2007년에 이르는 동안 4배 성장하여 2007년에는 금액으로 2,250조 달러에 이르렀다(표 1.3). 금융위기 발발로 시장은 추락하였으나, 2011～2012년에 이르러서는 추락의 상당부분이 회복되었다.

성장은 광범위하게 일어났다. 미국, 유럽, 일본 같은 선진국뿐만 아니라 브라질, 중국, 인도, 이스라엘, 한국, 멕시코, 싱가폴 외 다른 여러 나라에서도 파생상품 시장은 성장하고 있다. 국제스왑파생상품협회(ISDA)의 설문에 따르면, 세계 500대 기업의 92%가 여러 가지 형태의 위험을 관리하기 위하여 파생상품을 사용하며, 특히 이자율 위험(92%), 환위험(85%), 그리고 좀 낮은 정도로 상품위험(25%) 그리고 주가 위험(12%)을 관리하기 위하여 사용한다. 90% 이상의 국가에서 기업들이 파생상품을 사용하고 있었다.

성장을 촉발하고 가속시킨 것은 시장의 혁신 속도이었다. 전통적인 파생상품은 상품의 가격을 기반으로 하였지만, 1970년대 외환과 다른 금융 파생상품을 시작으로 새로운 파생상품이 거의 끊임없이 개발되었다. 오늘날 파생상품은, 주식, 상품가격, 환율, 이자율, 채권가격, 지수, 신용위험 등 다양한 범위를 기반으로 한다. 시장의 변동성, 전기 가격, 온도, 광대역(broadband), 신문용지, 자연재해 등 이색적인 것을 기반으로 한 파생상품의 도입이 이루어 졌으나 성공의 정도는 각기 다르다.

이것은 매우 인상적인 광경이다. 한때 국제 금융시장의 변방이었던 파생상품이 오늘날 위험관리와 가격 산정의 핵심이 되었다. 한편으로 파생상품은 극렬한 비판의 대상이 되기도 하였다. 2003년 아마도 세계에서 가장 성공적인 투자자라고 할 수 있는 워렌 버펫은 파생상품을 "금융의 대량 살상무기"라고 하였다. 파생상품—특히 신용 파생상품—은 2007년에 시작된 세계 금융위기의 촉발 내지는 악화의 주범으로 비난 받기도 하였다. 지난 몇 십년 동안 파생상품 이용(오용)으로 인한 희생자 대열에는 수세기의 역사를 지닌 영국의 종합금융사인 Baring, 독일의 Metallgesellschaft AG, 일본의

표 1.1 BIS에 의한 장외 파생상품 시장의 미결제 잔액의 명목금액과 시장가격 추정: 2008–2012

(십억 달러)

	명목금액			시장가격		
	2008. 6	2010. 6	2012. 6	2008. 6	2010. 6	2012. 6
총계약	**672,558**	**582,685**	**638,928**	**20,340**	**24,697**	**25,392**
외환 파생상품	**62,983**	53,153	**66,645**	**2,262**	**2,544**	**2,217**
선도 및 외환스왑	31,966	25,624	31,395	802	930	771
통화 스왑	16,307	16,360	24,156	1,071	1,201	1,184
옵션	14,710	11,170	11,094	388	413	262
이자율 파생상품	**458,304**	**451,831**	**494,018**	**9,263**	**17,533**	**19,113**
선도금리계약	39,370	56,242	64,302	88	81	51
이자율 스왑	356,772	347,508	379,401	8,056	15,951	17,214
옵션	62,162	48,081	50,314	1,120	1,501	1,848
주식 파생상품	**10,177**	**6,260**	**6,313**	**1,146**	**706**	**645**
선도 및 스왑	2,657	1,754	1,880	283	189	147
옵션	7,521	4,506	4,434	863	518	497
상품관련 파생상품	**13,229**	**2,852**	**2,993**	**2,213**	**458**	**390**
금	649	417	523	72	45	62
기타 상품	12,580	2,434	2,470	2,141	413	328
신용 파생상품	**57,403**	**30,261**	**26,931**	**3,192**	**1,666**	**1,187**
단일 기관	33,412	18,494	15,566	1,901	993	715
복수 기관	23,991	11,767	11,364	1,291	673	472

출처: BIS website (http://www.bis.org).

종합상사 스미토모, 미국의 거대 보험사 AIG, 당시 세계 최대의 유칼립투스 펄프 제조사이었던 브라질의 Aracruz 등이 포함된다.

파생상품이란 무엇인가? 파생상품의 유형은 어떤 것들이 있나? 파생상품은 어떤 장점이 있어서 그렇게 성장하게 되었나? 재앙을 일으킨 위험은 무엇인가? 파생상품의 가치는 어떻게 평가하나? 파생상품의 위험은 어떻게 측정하나? 이러한 위험은 어떻게 관리하나(헤지하나)? 이러 저러한 질문들이 이 책의 초점이다. 넓은 범위의 파생상품 증권들을 기술하고 분석할 것이다. 분석적인 설명과 숫자를 사용한 예, 연습문제 그리고 사례연구를 통하여, 어렵고 딱딱하지만 직관적이며 이해할 수 있는 방법으로 파생상품을 소개하려 한다. 이 장의 나머지 부분에서는 이 책의 기초에 대하여 설명하고 또 기초를 쌓으려 한다.

파생상품이란 무엇인가?

파생증권은 수익이, 주식이나 환율 혹은 상품 가격, 이자율, 심지어는 다른 파생상품 같은 외부의 더 기본적인 변수에 따라 결정되는 금융상품이다. 이 기초가 되는 근본 변수를 통상 단순히 기초(the underlying)라고 한다.

표 1.2 BIS에 의한 장외 파생상품 시장의 미결제 잔액의 명목금액 추정: 2008-2012 (십억 달러)

	1998. 6	2002. 6	2006. 6	2008. 6	2010. 6	2011. 6	2012. 6
총계약	**72,134**	**127,509**	**372,513**	**672,558**	**582,685**	**706,884**	**638,928**
외환 파생상품	**18,719**	**18,068**	**38,127**	**62,983**	**53,153**	**64,698**	**66,645**
선도 및 외환스왑	12,149	10,426	19,407	31,966	25,624	31,113	31,395
통화 스왑	1,947	4,215	9,696	16,307	16,360	22,228	24,156
옵션	4,623	3,427	9,024	14,710	11,170	11,358	11,094
이자율 파생상품	**42,368**	**89,955**	**262,526**	**458,304**	**451,831**	**553,240**	**494,018**
선도금리계약	5,147	9,146	18,117	39,370	56,242	55,747	64,302
이자율 스왑	29,363	68,234	207,588	356,772	347,508	441,201	379,401
옵션	7,858	12,575	36,821	62,162	48,081	56,291	50,314
주식 파생상품	**1,274**	**2,214**	**6,782**	**10,177**	**6,260**	**6,841**	**6,313**
선도 및 스왑	154	386	1,430	2,657	1,754	2,029	1,880
옵션	1,120	1,828	5,351	7,521	4,506	4,813	4,434
상품관련 파생상품	**443**	**777**	**6,394**	**13,229**	**2,852**	**3,197**	**2,993**
금	185	279	456	649	417	468	523
기타 상품	258	498	5,938	12,580	2,434	2,729	2,470
선도 및 스왑	153	290	2,188	7,561	1,551	1,846	1,659
옵션	106	208	3,750	5,019	883	883	811
신용 파생상품	–	–	**20,352**	**57,403**	**30,261**	**32,409**	**26,931**
단일 기관	–	–	13,873	33,412	18,494	18,105	15,566
복수 기관	–	–	6,479	23,991	11,767	14,305	11,364
복수기관 중 지수	–	–	6,479	23,991	11,767	14,305	11,364

출처: BIS website (http://www.bis.org).

가장 간단한 파생상품－그리고 역사적으로 가장 오래된 형태로 수백년간 존재해온 것 －은 선도계약이다. 선도계약은, 두 계약 당사자(통상 거래 당사자라고 칭한다)가 미래 특정 시점에 이루어질 거래의 조건에 합의하는 것이다. 예를 들면 12월 3일 매수자와 매도자가 100온스의 금을 3개월 후(예를 들면 3월 3일)에 온스당 $1,500에 거래하기로 미리 약정한다. 이 경우 매도자는 100온스의 금을 3개월 후 온스당 $1,500에 매도하기로 하는 것이며, 매수자는 100 온스의 금을 3개월 후 온스당 $1,500에 매수하기로 하는 것이다.

선도계약을 체결하는 보편적인 동기는 미래 거래로부터 발생하는 현금흐름의 불확실성을 제거하는 것이다. 앞의 예에서, 매입자가 3개월 후에 100온스의 금이 필요하지만 그 동안 가격의 변동에 대하여 불안해 한다면, 그 가격변동에 대한 불안은 선도계약의 체결로 제거할 수 있다. 이와 같이, 매도자도 100온스의 금을 3개월 후에 처분해야 하지만, 그 시점의 가격에 대하여 불안해 한다면, 선도계약을 체결함으로 미래 매도거래의 가격을 미리 확정할 수 있다.

간단히 말하자면 선도계약은 헤징의 수단으로 사용될 수 있다. 금융 용어로 말하자면, 헤징이란 시장 참여와 관련하여 발생하는 현금흐름 위험을 감소시키는 것이다. 환율변동을 염려하는 수출업

자와 수입업자, 이자율 변동을 걱정하는 투자자와 차입자, 가격변동을 염려하는 상품 생산자와 구매자 등이 선도계약을 흔히 사용한다.

약간 더 복잡한 파생상품의 예는 옵션이다. 선도계약과 마찬가지로 옵션계약도 미래의 거래일을 명시하지만, 선도계약에서는 양 당사자가 거래를 해야 하는 반면 옵션에서는 거래의 일방(옵션 보유자)이 계약을 실행하거나 파기할 권리를 가진다. 옵션 보유자가 정해진 가격에 살 권리를 가지면 그 옵션은 콜옵션이라고 하며, 팔 권리를 가지면 풋옵션이라고 한다.

선도계약과 옵션의 결정적 차이점은, 선도계약이 헤지 수단임에 비하여 옵션은 재무적 보험의 형태를 띤다는 점이다. 예를 들어, 3개월 후에 금을 온스당 $1,500에 매도자로부터 매입할 수 있는 권리를 제공하는 콜옵션을 생각해 보자. 만약 3개월 후에 금 가격이 온스당 $1,500 이상이 되면(예를 들어 온스당 $1,530), 매수자는 그 권리를 행사하여 금을 온스당 $1,500에 매입할 것이다. 그러나 3개월 후의 가격이 온스당 $1,500 미만이 되면, (예를 들어 온스당 $1,480), 매수자는 그 계약을 파기하고, 필요하다면 직접 시장에서 더 싼 가격인 온스당 $1,480에 매입할 것이다.

그러므로 콜옵션을 보유한다는 것은, 매수자에게 가격 하락으로 인한 혜택은 충분히 누리게 하면서도 가격이 계약에 명시된 이상으로 상승하는 데 대한 보장(혹은 "보험")을 제공하는 것이다. 매수자가 계약을 집행하기로 결정하면 상대방이 되는 것은 매도자이므로 이 매도자가 매수자에게 보험을 제공하는 것이다. 이 보장에 대한 반대급부로 매도자는 매수자에게 콜옵션 프리미엄이라고 하는 선불 비용을 수령한다.

이와 비슷하게 풋옵션은 매도자에게 가격 하락에 대한 보험을 제공한다. 예를 들어, 매도자에게 금을 온스당 $1,500에 매도할 수 있는 권리를 부여하는 풋옵션을 생각해 보자. 만약 금 가격이 온스당 $1,500 미만으로 하락하면 매도자는 금을 온스당 $1,500에 매도할 수 있는 권리를 행사할 수 있지만, 금 가격이 온스당 $1,500를 초과하여 상승하면 매도자는 그 계약이 효력을 잃도록 내버려 두고 금을 시장에서 더 높은 가격에 매도할 것이다. 풋을 보유한다는 것은 매도자에게 금 가격이 온스당 $1,500 미만으로 하락하지 않도록 보장하는 것이다. 매수자는 이 보험을 제공하는 것이므로 이 서비스를 제공하는 대가로 풋 프리미엄이라고 하는 선불 비용을 수령한다.

옵션은 미래의 가격 변동을 염려하는 투자자에게 선도계약의 대체수단이 된다. 선도계약과는 달리, 옵션 매입과 관련해서는 초기 비용(옵션 프리미엄)이 있지만, 이에 대한 보상으로 계약을 실행하면 손실이 나는 경우 이 계약의 실행을 강요하지 않는 이점이 있다.

선도계약과 옵션은 파생상품 중에서 가장 보편적이며 중요한 두 형태이다. 여러 가지 면에서 이들은 파생상품 세계를 구축하는 기초 벽돌과 같다. 다른 여러 형태의 파생상품이 존재하지만, 어떤 것들은 이들을 단순히 변형시킨 것들이며, 훨씬 더 복잡하거나 "이색적"인 것도 있다. ("이색적"이라는 용어는 기본형이 아닌 것들을 지칭하기 위해서 애용되는 단어이다.) 이에 대하여는 이 장의 후반과 이 책의 다른 부분에서 자세히 설명한다. 그러나 우선 파생상품을 분류하는 데 사용되는 서로 다른 기준에 대하여 간단히 설명한다.

표 1.3 BIS가 추정한 거래소 파생상품의 거래량: 2001부터 2012년 3분기까지

(단위:십억달러)

	2001	2004	2007	2009	2011	To Q3-2012
선물 계	**445,683**	**830,546**	**1,584,611**	**1,126,519**	**1,524,141**	**898,253**
이자율	420,950	783,140	1,433,767	1,016,362	1,359,131	799,579
통화	3,158	7,404	22,442	24,599	37,628	24,576
주가지수	21,575	40,001	128,40	85,559	127,382	74,098
북미	243,022	438,718	868,784	599,025	822,958	487,000
유럽	154,094	336,593	588,087	449,390	565,185	318,091
아시아 및 태평양	43,394	48,547	107,907	63,125	107,490	72,875
기타	5,173	6,687	19,833	14,979	28,508	20,286
옵션 계	**148,370**	**312,080**	**701,891**	**533,635**	**635,363**	**331,033**
이자율	122,766	260,056	547,629	434,601	466,281	254,255
통화	356	589	2,141	1,980	2,525	1,776
주가지수	25,247	51,435	152,121	97,054	166,557	75,002
북미	107,684	181,503	414,728	216,390	262,515	158,288
유럽	33,473	101,954	203,787	258,557	258,265	125,692
아시아 및 태평양	6,534	27,574	77,836	52,751	102,912	39,708
기타	679	1,048	5,540	5,936	11,671	7,345

출처: BIS website (http://www.bis.org).

파생상품 분류

파생상품을 분류하는 데는 통상 세 가지 방법이 있다. 기초(주식, 이자율 등)에 의한 분류, 파생상품의 성격(선도계약, 선물, 옵션 등)에 따른 분류, 시장의 성격(장외시장, 거래소 시장)에 따른 분류가 있다.

보편적인 파생상품 분류 방법은 기초(underlying)에 따라 분류하는 것이다. 예를 들면, 주식 파생상품은 기초가 주식 가격 혹은 주가 지수 수준 등인 것이고, 외환 혹은 FX(foreign exchange를 줄인 말) 파생상품은 기초가 환율인 것 등이다. 표 1.1은 이자율 파생상품(이자율 혹은 이자율에 민감한 채권 같은 증권에 따른 파생상품)이 전체 장외 파생상품 시장의 총 시장 가치 중 75%를 차지하며, 외환, 주식, 상품, 신용 파생상품 등이 일부를 차지하고 있음을 보여 준다.

이것들이 가장 일반적인 기초이지만, 파생상품은 이론상 어떤 변수를 기초로 해서도 만들 수 있다. 사실, 2000년대 초 파생상품의 성장은 상당 부분 신용 파생상품(명시된 기초 기관의 신용 위험을 근거로 한 파생상품)으로부터 온 것인데, 이러한 파생상품은 심지어 1990년대에도 존재하지 않았던 것이다. 앞에서 언급하였듯이, 전기료, 기온, 광대역주파수, 신문용지, 시장 변동성 등과 같이 이색적인 변수에 대한 파생상품이 도입되었다.

두 번째로 잘 사용되는 파생상품 분류법은 파생상품의 특성에 따른 분류법이다. 파생상품은 기초에 의존하는 방식이 매우 단순한 것에서 매우 복잡한 것까지 차이가 많다. 그럼에도 불구하고 대부분의 파생상품은 다음 둘 중 하나에 속한다. 미래의 거래 혹은 현금흐름에 구속되는 것과 거래의 일방이 계약을 실행하거나 파기할 권리가 있는 것으로 분류할 수 있다. 전자에는 선도계약, 선물, 스왑 등이 해당되고, 후자에는 옵션이 해당된다.

선도계약과 옵션은 이미 위에서 정의한 바 있다. 선물계약은 거래소를 통해서 거래된다는 점을 제외하면 선도계약과 비슷하지만 차이점에 대하여 나중에 좀 더 자세히 설명한다. 스왑은 계약당사자가 계약에 명시된 방법에 따라 계산된 현금흐름을 미래에 여러 번 교환하기로 약정하는 계약이다. 그래서 스왑은 여러 번 거래가 이루어지도록 약정한다는 점을 제외하면 선도계약과 유사하다.

표 1.1~1.3은 이 두 가지 분류법을 모두 사용하지만, 우선 세계 파생상품 시장을 기초에 따라 분류하고 그 다음으로 선도계약, 선물, 스왑, 옵션으로 구분한다. 이 구분은 흥미로운 변형이다. 예를 들면, 스왑은 장외 이자율 파생상품의 대부분(약 80%)을 차지하지만, 옵션은 장외 주식 파생상품의 75% 이상을 차지한다.

세 번째 분류 방법은 파생상품을 장외시장과 거래소 시장 파생상품으로 구분하는 것이다. 장외 파생상품은 거래 당사자가 직접 상대방과 거래하는 쌍방계약이다. 그러한 거래에서는, 각 당사자가 상대방에 대한 신용위험(거래 상대방이 계약을 불이행하거나 부도를 낼 위험)을 지게 된다. 거래소 계약에서는 계약 당사자가 조직화된 거래소를 통해서 거래를 하게 되며, 거래의 상대방이 누구인지는 일반적으로 알려지지 않는다. 거래소가 보통 계약의 이행을 보증하므로 각 거래 당사자는 거래소의 신용위험만 부담한다. 선물은 거래소 계약인 반면, 선도계약과 스왑은 장외 계약이다. 옵션은 장외에서도 거래소에서도 거래될 수 있다.

1.1 선도계약과 선물계약

선도계약은 특정 날짜에 정해진 가격에 정해진 양의 상품을 거래하기로 약정한 두 거래 당사자 간의 계약이다. 이 계약을 논의할 때에는 다음의 용어를 사용한다.

- 선도계약에서 매수자는 롱포지션(long position)을 취했다고 하며, 매도자는 숏포지션(short position)을 취했다고 한다.
- 계약에서 언급하고 있는 상품은 기초 자산(underlying asset) 혹은 기초(underlying)라고 한다.
- 계약에서 명시하고 있는 거래가 발생하는 날짜를 계약의 만기라고 한다.
- 계약에서 명시하고 있는 거래 가격을 계약의 인도가격(delivery price)이라고 한다. 이 가격이 매수자와 매도자가 상품 인도 시점에 수수할 가격이다.

선도계약의 개념이 왜 중요한 지를 곧 설명할 것이다. 잠시 동안, 선도가격은 인도가격과 관련되

표 1.4 선도계약의 손익

이 표는 만기 인도가격이 100인 선도계약의 매수자와 매도자의 손익을 보여준다. S_T는 T 시점에서의 가격을 의미한다.

T−시점 가격 S_T	매수자 손익	매도자 손익
…	…	…
70	−30	+30
80	−20	+20
90	−10	+10
100	-	-
110	+10	−10
120	+20	−20
130	+30	−30
…	…	…

어 있지만 동일한 개념은 아니라는 사실을 기억해 두기 바란다.

선도계약의 기초는 상품도 될 수 있고 금융자산도 될 수 있다. 선도계약은 외환, 채권, 주식, 지수 그리고 원유, 금, 밀 같은 유형의 상품에 대해서도 체결될 수 있다. 선도계약은 이자율, 변동성 같은 실제로 인도될 수 없는 것에 대해서도 존재할 수 있다. (예를 들면, 6장에서 다룰 선도금리 계약(FRA)이나 14장에서 다룰 variance 혹은 volatility swap이라고 하는 시장 변동성에 대한 계약도 있다.) 이러한 경우 계약은 계약에 정해진 규칙대로 일방이 다른 상대방에게 현금을 지급하는 것으로 완결된다. 현금정산은 주가지수와 같이 물리적 인도가 어려운 기초에 대하여 통상 사용되는 방법이다.

이미 논의한 바와 같이, 선도계약을 체결하는 주된 목적은 헤징이다. 즉 선도계약을 활용하여 미래의 거래에 대하여 가격을 오늘 확정시켜, 미래 거래로부터 발생하는 현금흐름에 대한 불확실성을 제거하는 것이다. 외환 선도계약은, 예를 들면, 수출업자로 하여금 외환으로 받는 금액을 미리 정해진 환율로 본국의 통화로 변환시킬 수 있도록 해 준다. FRA(forward rate agreement)와 같은 이자율 선도금리 계약은 미래에 차입하거나 투자할 금액에 대하여 이자율을 오늘 확정할 수 있게 해 준다. 원유 선도계약 같은 상품 선도계약은 원유 사용자로 하여금 미래에 매입할 원유 가격을 고정시킬 수 있도록 해 주며, 정유회사로 하여금 미래 판매 가격을 미리 확정할 수 있도록 해 준다.

선도계약은 기초를 보유하고 있지 않은 상태에서 투기를 위해서도 사용할 수도 있다. 어떤 기초의 가격이 상승할 것으로 예상하는 투자자는 이 견해에 근거하여 선도계약을 체결함으로 투기를 할 수 있다. 예상대로 가격이 상승하면, 투자자는 선도계약에 미리 고정된 가격으로 자산을 매입하고, 더 높은 가격으로 매도하여 수익을 확보할 수 있다. 비슷한 논리로, 가격이 떨어질 것으로 투기를 하고 싶은 투자자는 이를 위해서 선도계약 매도를 이용할 수 있다.

선도계약의 주요 특징

선도계약과 선물이 다른 점이 네 분야가 있기 때문에 선도계약의 네 가지 특징에 대하여 강조할 필요가 있다.

- 첫째, 선도계약은 쌍무계약이다. 말하자면, 계약 조건을 매수자와 매도자가 직접 협상한다.
- 둘째, 선도계약은 조정가능하다. 즉, 계약조건(만기, 기초자산의 질 등)을 매수자와 매도자의 필요에 맞출 수 있다.
- 셋째, 양 당사자 모두 부도 위험이 있다. 각 당사자는 상대방의 부도 및 불이행 위험을 진다.
- 넷째, 각 당사자는 자신의 권리와 의무를 일방적으로 제삼자에게 이전할 수 없다.

이 특징들은 선물을 다룰 때 다시 살피게 될 것이다.

선도계약의 손익

선도계약의 손익이란 계약 당사자들의 이익과 손실을 말한다. 예를 들어 본다. 매수자와 매도자가 인도가격 $F = 100$으로 주식에 대한 선도계약을 체결했다고 하자. S_T는 만기 시점 T에서의 주식 가격을 말한다. 그러면 T 시점에서,

- 매수 포지션은 가치가 S_T인 주식을 $F = 100$에 매수한다. 그러므로 매수 포지션의 수익은 $S_T - 100$이다. 매수 포지션은 $S_T > 100$이면 수익을 얻게 되고, $S_T < 100$이면 손실을 입게 된다.
- 매도 포지션은 가치가 S_T인 주식을 $F = 100$에 매도한다. 그러므로 매도 포지션의 수익은 $100 - S_T$이다. 매수 포지션은 $S_T < 100$이면 수익을 얻게 되고, $S_T > 100$이면 손실을 입게 된다.

예를 들어 보면,

- 만약 $S_T = 110$이면, 매수자는 110의 가치가 있는 자산을 100에 매수하게 되므로 10의 이익이 생기게 되지만, 매도자는 110의 가치가 있는 자산을 100에 매도하므로 10의 손실을 입게 된다.
- 만약 $S_T = 90$이면, 매수자는 90의 가치가 있는 자산을 100에 매수하게 되므로 10의 손실을 입게 되고, 반면 매도자는 90의 가치가 있는 자산을 100에 매도하게 되어 10의 이익을 실현하게 된다.

표 1.4는 여러 다른 S_T에 대하여 양 당사자의 손익을 표시하였다. 이 손익에 대하여 두 가지 점을 기억하기 바란다. 첫째, 선도계약(다른 모든 파생상품과 같이)은 제로섬 상품이다. 즉 매수 포지션의 수익은 매도 포지션의 손실에 의한 것이며, 반대의 경우도 마찬가지이다. 매수 포지션과 매도 포지션의 손익의 합은 항상 0이다. 이것은 놀라운 일이 아니다. 인도가격 F가 우연히 T 시점의 S_T와 일치하는 경우를 제외하고는 선도계약은 비시장 거래(즉, 시장에서 형성되는 가격과 다른 가격의 거래)를 수반하게 된다. 어떤 비시장 거래이든, 일방에게 주어지는 이득은 다른 일방이 입은 손실과

그림 1.1
선도계약은 직선형 파생상품이다

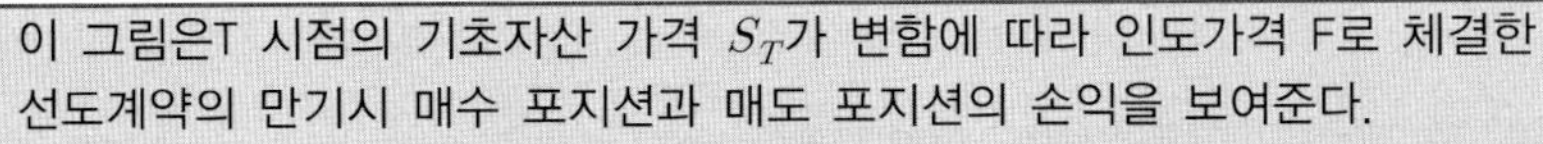
이 그림은T 시점의 기초자산 가격 S_T가 변함에 따라 인도가격 F로 체결한 선도계약의 만기시 매수 포지션과 매도 포지션의 손익을 보여준다.

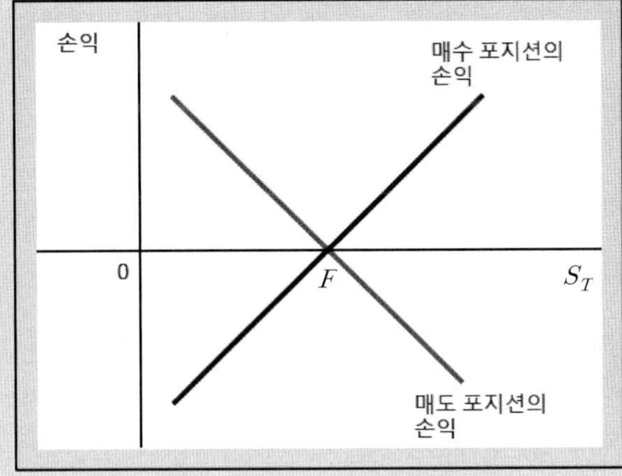

정확히 일치한다.

둘째, 그림 1.1에서 알 수 있듯이 선도계약은 "직선형" 파생상품이다. 만기 시점 T에서의 기초자산 가격 S_T가 1달러 상승하면, 매수 포지션의 손익이 1달러 증가하고, 매도자의 손익은 1달러 감소한다. 직선관계는 계약에 명시된 구속성의 결과이다. 이와는 대조적으로, 곧 살펴볼 옵션은 거래에 대한 선택성이라는 특성으로 인하여 기본적으로 비직선형 상품이며, 이 때문에 평가와 위험관리가 더욱 까다롭게 된다.

"선도 가격"이란 무엇인가?

관습상, 선도계약을 체결하는 데에는 양 당사자 모두 아무 것도 필요하지 않다. 그러므로 양 당사자에게 가치가 0이 되는 인도가격이 계약에 명시되어야 한다. 이 손익균형 인도가격이 선도계약 가격이라고 일컬어진다.

선도 가격은 잘 정립된 개념인가? 달리 말하면 하나의 손익균형 인도가격이 존재한다는 사실은 명확한가? 우선 보기에는 그렇지 않은 것 같다. 확실한 것은, 인도가격이 너무 높게 책정되면, 매도자가 이익을 얻을 것으로 예상되는 반면, 매수자는 손실을 볼 것으로 예상되며, 이렇게 되면 매도자에게 양의 가치가 있게 되며, 매수자에게는 음의 가치가 있게 된다. 이와 유사하게, 가격이 너무 낮으면, 계약은 (지나치게 낮은 가격으로 자산을 구매하여 이익을 보려는) 매수자에게 양의 가치가 있게 되며, 매도자에게는 음의 가치가 있게 된다. 하지만 이러한 극단의 중간에 양 당사자가 0의 가치라고 동의하는 단지 하나의 손익균형 인도가격이 존재하는가에 대하여는 명확하지 않다. 직관적으로 볼 때, 위험 회피 및 시장에 대한 전망 등 개별 요인들이 문제가 될 것으로 보인다.

3장에서는 이 문제를 다룰 것이다. 일반적인 조건 하에서는, 선도가격은 사실상 잘 정립된 개념이며, 위험에 대한 태도나 다른 요인에 상관없이 모든 사람이 손익균형 인도가격에 동의하게 된다는 것을 보일 것이다. 이러한 조건의 위반과 그 결과, 그리고 가격 산정이론 등을 4장에서 보게 될 것이다. 이 때 우리가 사용하는 기본 가정, 그리고 이 책에서 계속 사용할 주요 가정은, 시장에서는 차익거래(재정거래)가 허용되지 않는다는 것이다. 무차익거래(무재정거래) 가정은 동일한 자산 혹은 동일한 자산 바스켓이 동일 가격에 거래되기 위한 최소한의 조건이다.

선물시장

선물계약은, 본질상 거래소를 통해서 거래되는 선도계약이다. 선물과 선도계약이 기능상 비슷하지만 (달리 말하면 동일한 경제적인 목적을 달성하는 데 사용되지만), 거래소의 관여로 인해서 이 둘 사이에 중요한 차이점이 발생하게 된다. 이 차이점을 여기에 요약한다. 2장에서는 선물 시장에 대하여 자세히 설명한다.

첫째, 선물 계약에서는 매수자와 매도자가 선물거래소를 통하여 거래하며, 직접 거래하지 않는다. 계약 당사자는 상대방의 신원을 알 수 없을 것이다.

둘째, 매수자와 매도자가 만나지 않기 때문에 선물 계약은 표준화되어야 한다. 표준화는 가능한 인도 일자 및 장소, 한 계약의 크기, 계약상 인도가 가능한 기초의 등급 혹은 품질 등을 포함하며, 이것이 거래소가 하는 기능 중 가장 중요한 것 중 하나이다.

셋째, 거래 당사자는 상대방의 부도 위험에 노출되지 않는다. 오히려 거래소(더 엄밀히 말하자면 2장에서 설명할 정산소)가 매수자와 매도자 사이에 들어와서 계약의 이행을 보증한다. 그러므로 선물 거래의 각 당사자는 거래소의 부도 위험에만 노출되게 된다. 잘 운영되고 있는 선물 거래소의 경우 이 위험은 일반적으로 매우 낮다. 예를 들면, 미국의 거래소는 어떤 것도 의무를 이행하지 않은 경우가 없다.

넷째, 투자자는 언제라도 선물 포지션을 철회 혹은 종료할 수 있다. 종료는 원래의 포지션과 반대되는 포지션을 취하는 것이다. 예를 들면, 원래 3월 인도 10개의 선물 계약을 매수하였던 투자자는 3월 인도 10개의 계약을 매도함으로 종료할 수 있다. 이 포지션들을 서로 상쇄되며, 거래소와 관련하여 투자자는 아무런 책임도 남아 있지 않다.

다섯째, 선물계약의 이행을 보증하는 데 거래소는 너무 자주 직접 보증을 해야하는 상황에 빠지는 것을 피하기 위하여 안전장치가 필요하다. 우선 계약의 당사자들이 부도를 발생하지 않도록 해야 한다. 이러한 목적으로 "증거금 계정"("이행 보증"이라고도 함)을 기반으로 한 시스템이 널리 사용된다.

표 1.5는 선물과 선도계약의 주된 차이점을 요약하고 있다. 선물 시장의 제도적 특징은 시장의 유동성과 안정성을 증대시켜 참여자들에게 더욱 매력적이 되도록 하고 있다. 예를 들면, 선물 가격

표 1-5
선도계약과 선물의 차이

기준	선물	선도계약
매수자 – 매도자 상호작용	거래소	직접
계약조건	표준화	조정가능
일방적 철회	가능	불가능
부도위험 부담	거래소	개별 당사자
부도위험 통제	증거금 계정	담보

– 선물 계약의 손익 균형 인도가격 – 은 정확히 일치하지는 않는다 하더라도 대체적으로 선도계약 가격과 비슷하다. 이에 대하여는 3장에서 다룬다.

1.2 옵션

옵션은 보유자에게 정해진 시점 또는 그 이전에 기초 자산의 일정량을 정해진 금액에 매수하거나 매도할 수 있는 권리를 준다. 이 간단한 정의에는 몇 가지 중요한 내용이 포함되어 있다.

첫째, 옵션은 보유자에게 매수하거나 매도할 권리(양자는 아님!)를 준다. 첫 번째 종류의 옵션을 콜옵션이라고 부르고 후자를 풋옵션이라고 한다. 권리를 행사할 수 있는 계약에 명시된 가격을 옵션의 행사가격(strike 혹은 exercise price)이라고 하며, 권리가 소멸하는 시점을 옵션의 만기(maturity 혹은 expiration date)라고 한다.

둘째, 옵션은 두 가지 형이 있다. 미국식 옵션에서는 옵션에 명시된 권리를 옵션 만기 이전 언제라도 행사할 수 있다. 유럽식 옵션에서는 그 권리를 만기 시점에서만 행사할 수 있다. 일반적으로 미국식 옵션이 유럽식 옵션보다 더 가치가 있지만, 그 둘은 때때로 같은 가치를 지닌다. (9장 참조)

마지막은 용어의 문제이다. 옵션 보유자는 옵션 매수자라고 하며 롱 포지션을 취했다고 한다. 이 거래의 상대방은 옵션 발행자(writer)이며, 옵션 매도자라고 하며, 숏 포지션을 취했다고 한다. 옵션 발행자는, 옵션 매수자가 거래를 하기로 결정을 하면 계약에 명시된 거래를 수행할 우발채무를 지게 된다.

전통적인 콜과 풋옵션은 그것이 유럽식이든 미국식이든 기본형(plain vanilla 또는 단순히 vanilla) 옵션이라고 부른다. 어떤 점에서든 기본형 옵션과 다른 옵션을 이색(exotic) 옵션이라고 부른다. 버뮤다 옵션이 한 예가 된다. 버뮤다 옵션에서는 정해진 몇 개의 날짜에서 옵션을 행사할 수 있다. 언제라도 행사할 수 있는 미국식 옵션만큼 가치가 있지는 않으나 만기에만 행사할 수 있는 유럽식 옵션보다는 더 가치가 있다.

비록 금융 옵션(주식 가격, 환율, 이자율 등 금융 변수를 기초로 발행된 옵션)이 가장 흔하긴 하지만,

옵션은 어떤 자산에 대해서도 발행될 수 있다. 주식, 주가 지수, 외환 등을 기초로 한 옵션은 거래소와 장외시장 모두에서 거래된다. 이자율 옵션은 여러 형태로 존재한다. 거래소에서 거래되는 이자율 옵션에는 채권 선물에 대한 옵션(다시 말하면 채권을 기초로 하는 선물에 대하여 발행되는 옵션)도 있다. 장외 시장에서 흔히 거래되는 이자율 옵션에는, 직접 런던 은행간 금리(LIBOR)에 대하여 발행하는 옵션인 캡(cap)과 플로어(floor)도 포함되며, 이자율 스왑에 대한 옵션인 스왑션(swaption)도 포함된다.

옵션이 옵션 그 자체로 거래되는 상품도 있지만, 많은 금융 상품은 옵션을 내재하고 있기도 한다. 흔히 볼 수 있는 예가 수의상환 채권(callable bond)이다. 수의상환 채권은 회사나 기타 기관이 발행한 채권으로서, 발행자가 특정한 조건 하에서 정해진 가격으로 되살 수 있는 채권이다. 그러므로 수의상환 채권은 일반채권과, 특정한 조건 하에서 정해진 가격으로 매수(call)할 수 있는 권리를 발행자에게 주는 콜옵션을 합쳐 놓은 것과 같다. 좀 더 복잡한 예로는 전환사채(convertible bond)가 있다. 전환사채는 회사가 발행한 채권으로, 채권보유자의 결정에 따라 회사의 주식으로 전환될 수 있다. 미국에서 전환사채는 일반적으로 수의상환할 수 있도록 되어 있어서, 발행자와 보유자가 모두 옵션을 보유하고 있는 것이다. 즉, 채권보유자는 채권을 주식으로 전환할 수 있는 권리가 있으며, 채권 발행자는 전환 이전에 채권을 상환할 권리가 있다. 전환사채는 21장에서 다룬다. 내재 옵션은 많은 평범한 증권에도 포함되어 있다. 미국에서는 예를 들면, 주택담보대출은 언제라도 채무자가 원하면 대체로 불이익 없이 조기상환할 수 있다.

이 장 앞부분에서 논의한 바와 같이 옵션은 재무적인 보험의 한 형태이다. 옵션에는 권리만 있을 뿐 의무는 없으므로 보유자가 이익이 될 때에만 행사한다. 그러므로 옵션은 보유자에게 일방적으로 불리한 변동에 대하여 보장을 제공하며, 유리한 가격 변동의 이익은 옵션 보유자가 취하도록 허용한다. 이 보험에 대한 대가로 옵션 매수자는 옵션 발행자에게 옵션가격 혹은 옵션 프리미엄이라고 하는 선불 비용을 지불한다.

1.3 스왑

스왑은 정해진 규칙에 따라서 계산된 현금흐름을 특정한 날짜에 정기적으로 교환할 것을 요구하는 두 당사자간의 쌍무계약이다. 스왑계약은 (a) 현금흐름을 교환할 날짜(예를 들면, $T_1, T_2, \cdots, T_n$)를 명시하며 (b) 이 날짜에 양 당사자가 교환할 현금흐름을 계산하는 규칙을 명시한다. 중요한 것은, 양 당사자의 현금 지급 빈도가 같을 필요는 없다. 예를 들면, 한 당사자는 매 6개월마다 지급을 하는 반면 다른 당사자는 매 분기마다 지급을 할 수도 있다.

스왑은 일방 혹은 쌍방의 레그(leg)가 연결된 기초 시장에 따라 구분된다. (스왑에서 "레그(leg)"는 한 거래당사자가 지급하는 현금흐름을 말한다. 그러므로 각 스왑에는 두 레그가 있다.) 스왑시장에서 가장

큰 덩어리는 이자율 스왑이 차지하고 있으며, 스왑의 각 레그는 특정 이자율 지표와 연결되어 있다. 예를 들면 한쪽 레그는 Libor와 같은 변동금리에 연결되어 있고, 다른 레그는 고정금리(예, 8%)를 명시할 수도 있다. 다른 중요한 스왑 종류에는 다음과 같은 것이 포함된다.

- 통화 스왑에서는 서로 다른 통화로 된 지급액이 스왑의 두 레그와 연결되어 있다. 예를 들면, 스왑에서 USD－Libor를 기준으로 계산된 미국 달러 지급액과 고정금리를 기준으로 계산된 유로 지급액이 교환될 수도 있다.
- 주식 스왑에서는 하나의 레그(혹은 두 레그)가 어떤 주식의 가격이나 주가지수에 연동된다. 예를 들면, 스왑에서 S&P 500 주가지수의 연간 수익과 고정금리로 계산한 이자 금액이 교환될 수도 있다.
- 상품 스왑에서는 하나의 레그가 상품가격에 연동된다. 예를 들면, 스왑에서 원유가격(지급일의 가격)과 정해진 금액을 교환할 수도 있다.
- 신용위험 스왑에서는(특히 신용－부도 스왑에서는) 하나의 레그는 특정 참조 기관의 신용사건(예를 들면 부도)의 발생과 연계되어 있다.

스왑의 용도

스왑은 매일 새로운 용도가 발견되는 가장 활용도 높은 금융 상품에 속한다. 스왑의 가장 중요한 용도는 어떤 시장에 대한 익스포져를 다른 시장에 대한 익스포져로 변환시키는 것이다. 예를 들어 다음과 같은 3년 만기 스왑을 생각해 보자.

- 한 당사자가 명목금액 P에 대하여 S&P 500의 수익률을 지급한다.
- 다른 당사자는 동일한 명목금액 P에 대하여 고정이자율 r을 지급한다.

이러한 스왑에서 첫 번째 당사자는 3년 동안 주식시장 수익률과 이자율을 교환한다. 주식펀드를 운용하는 매니저는 이 스왑으로 자신의 주식시장 수익을 확정수익으로 변환한다. 다른 당사자는 정확히 반대되는 일을 한다. 반대편 채권 운용자는 자신의 채권 익스포져를 주식 익스포져로 변환한다.

비슷한 방식으로, Libor와 고정금리를 교환하는 이자율 스왑은 변동금리 익스포져를 고정금리로 변환시키거나 그 반대의 일을 한다. 통화 스왑에서는 (예를 들면) USD－Libor로 계산된 달러 금액과 JPY－Libor로 계산된 엔화 금액을 교환하게 하여 변동금리 미국 달러 익스포져를 변동금리 일본 엔화 익스포져로 변환시켜 준다.

스왑의 두 번째 중요한 기여는 서로 다른 금융시장간의 가격 연계를 제공한다는 점이다. 주식 스왑을 다시 고려해 보자. 관행상 스왑에서는 초기 자금 교환이 필요하지 않다. 그래서 거래 개시 시점에서는 스왑의 가치가 양 당사자에게 0이 되도록 즉, 주식 측 레그의 현재가치가 이자율 측

레그의 현재가치와 동일하도록 r을 정한다. 이것은 그 이자율 r이 주식시장의 수익을 채권수익으로 전환하는 시장의 "공정가격(fair price)"임을 의미한다. 그러므로 주식 스왑은 주식시장 위험을 금리 위험으로 변경시킬 뿐만 아니라 어떤 가격으로 변경이 되는지도 알려 준다.

유사하게 이자율 스왑도 서로 다른 금리 시장, 예를 들면, 변동금리 시장과 고정금리 시장의 연계를 제공한다. 통화 스왑은 여러 다른 통화의 금리 시장 예를 들면, 미국의 변동금리와 유로 고정금리 혹은 유로 변동금리와 엔화 고정금리 등과 같은 시장의 연계를 제공한다.

1.4 옵션파생상품의 사용 : 몇 가지 주의사항

파생상품은 헤징과 투기 모두에 사용될 수 있다. 헤징은 파생상품에서 발생하는 현금흐름이 사전의 시장 참여에서 발생하는 현금흐름을 완화하거나 상쇄시키는 경우를 말한다. 예를 들면, 한달 후에 외환을 받게 될 수출업자는 외환을 매도하는 선도계약을 체결하거나, 나중에 받을 외환을 정해진 가격으로 팔 수 있는 권리를 자신에게 주는 풋옵션을 매입함으로 환율 위험을 제거할 수 있다. 투기는 사전의 익스포져 없이 파생상품을 사용하는 것이며, 목적은 시장 동향을 예측하여 이익을 얻는 것이다.

이 책에서는 여러 상황에서 파생상품을 사용하는 것에 대하여 다룰 것이다. 여기에서는 정해진 목적을 위해서 서로 다른 파생상품을 사용할 때의 장점과 단점에 대하여 간단히 살펴보기 위하여 두 가지 예를 들겠다. 궁극적으로 파생 상품을 사용하지 않는 것을 포함하여 모든 선택에는 장점과 단점이 있음을 예를 통해 알게 될 것이다. 우월전략이란 없다.

헤징에서 파생상품

한 미국 회사가 12월 13일에, 자신이 유럽에 수출한 물품 대금 100백만 유로를 오는 3월에 수령할 것을 알게 되었다. 이 회사는 내년 3월의 USD/EUR 환율에 따라 수령할 달러 금액이 결정되므로 환율 위험에 노출되었다. 그 회사는 3가지의 선택 가능한 대처 방안을 파악했다.

1. 아무것도 하지 않는 것. 회사는 3월까지 기다렸다가 당시 USD/EUR 환율로 달러 금액을 수취한다.
2. 선물을 활용한다. 선물 매도 계약을 체결하고 확정된 환율로 유로를 매도하기로 약정한다.
3. 옵션을 사용한다. 유로를 명시된 행사가격에 매도할 수 있는 권리를 부여하는 풋옵션을 매입한다.

문제를 단순하게 하기 위하여 "베이시스 리스크(basis risk)" 즉, 선물과 옵션 계약의 납기, 회사가

현금을 수령하는 날짜의 차이 등과 관련된 문제는 무시한다.

만약 회사가 선물을 활용하기로 한다면, 시카고 선물시장(CME)에서 확보할 수 있는 유로 선물을 사용할 것이다. 다른 선물과 마찬가지로 이 또한 표준화된 계약이다. 한 계약은 125,000 유로를 매도하는 숏포지션이다. 100백만 유로를 모두 헤지하기 위해서는 3월 만기 선물계약을 800계약 매도해야 한다. 마지막으로 12월 13일 현재, 3월 만기 유로선물(USD/EUR) 가격이 1.3028이라고 하자. 이것은 이 회사가 선물을 활용하기로 한다면 이 환율을 고정시킨다는 의미이다.

이 회사가 옵션을 이용하기로 한다면, 이 회사는 3월 만기 행사가 $1.30/euro의 풋옵션을 선택한다. 거래 은행은 이 옵션의 가격은 $0.0207이라고 한다. 총 100백만 유로에 대하여 옵션가격은 $2.07백만이 된다.

다른 선택의 효과를 살펴보기 위하여 (a) 1.2728과 (b) 1.3328이라는 두 가지 다른 3월의 환율을 고려해 보자. 다음 표는 각각 다른 세 가지 방안의 달러 현금흐름을 요약했다. 옵션의 현금흐름에서는 초기 옵션 비용 $2.07백만 달러는 포함하지 않았다. 손익은 쉽게 계산이 된다. 예를 들면, 아무것도 하지 않는다는 선택하에서는 $1.2728/euro 환율이 당시의 시장 환율이면 현금흐름은 100백만×1.2728=$127.28백만이다.

대처방안	$1.2728/euro	$1.3328/euro
아무것도 하지 않음	$127.28 백만	$133.28 백만
선물 매도	$130.28 백만	$130.28 백만
풋옵션	$130.00 백만	$133.28 백만

서로 다른 방안을 검토하는 데에는 세 가지 중요한 기준이 있다.

1. ***현금흐름의 불확정성***. 이것은 아무것도 하지 않을 때 가장 높으며, 옵션을 사용할 때가 그 다음이며 선물을 사용할 때 가장 낮다.
2. ***초기 비용***. 아무것도 하지 않을 때와 선물 계약을 활용할 때에는 초기 비용이 없다. 그러나 옵션을 사용할 때에는 $2.07백만의 옵션 계약 비용이 초기에 발생한다.
3. ***행사 시 후회***. 옵션 계약에서는 결과가 유리하게만 되어 있다. (만약 USD/EUR 환율이 행사가보다 높으면, 옵션은 사용하지 않으며, 반대의 경우에는 행사한다.) 다른 두 가지 방안의 경우에 이러한 선택은 가능하지 않다.
   - 아무것도 하지 않는 경우, "유리한" 환율 변동(즉, 높은 USD/EUR 환율인 1.3328인 경우)은 도움이 되지만, "불리한" 환율 변동(즉, 낮은 USD/EUR 환율인 1.2728인 경우)은 타격을 준다.
   - 선물 계약의 경우, 높은 환율의 경우 타격을 받는다. (양도 가격이 결정되어 있어서 환율이 높아진 것을 활용할 수 없다.) 그러나 환율이 하락하는 경우에는 더 높은 환율로 고정시켰기 때문에 안도할 수 있다.

표 1.6
헤징에서 파생상품 : 대안의 비교

대안	USD/EUR 상승	USD/EUR 하락	Cash-Flow 불확실	비용
아무것도 않음	이익	손실	최대	0
선물	손실	이익	최소	0
옵션	이익	보장	중간	+발생

표 1.6은 이 비교를 요약하였다. 여기서 알 수 있는 중요한 사실은 어떤 결과도 우월적이지 않다. 즉, 모든 상황에서 다른 것보다 나은 것은 없다는 것이다. 아무 것도 하지 않는 것이 때에 따라서 선물이나 옵션을 사용하는 것보다 낫지만 그렇지 않을 때도 있다. (가끔 놓치는 점이지만 이 예에서 분명히 드러나는 것은, 아무 것도 하지 않는 것은 중요한 의미에서 가격이 우호적인 방향으로 움직일 것, 즉 이 경우에는 USD/EUR 환율이 상승할 것에 내기를 거는 것과 같다. 다른 모든 투기와 마찬가지로 이 내기는 잘못 될 수 있다.) 선물을 활용하면 현금흐름을 통제할 수 있지만, 사후 결과가 항상 좋은 것은 아니다. 예를 들면, 환율이 $1.3328/euro가 되면 회사는 선물을 활용해서 헤지를 한 경우 더 불리해 진다. 사전의 의도와는 무관하게 우리는 거의 언제나 현실에서는 사후의 결과로 판단을 받게 된다는 사실을 염두에 두는 것이 유익하다. 옵션은 보장을 제공해 주기는 하나 상당한 초기 비용이 발생하며, 이 비용은 옵션을 행사해서 이익이 발생해도 이 비용을 완전히 충당하지 못할 수도 있다. 그리고 옵션을 행사하지 않고 소멸되는 경우 비용은 완전한 손실이 된다.

투기에서 파생상품

위의 예는 헤징 즉, 사전의 시장 참여로 인한 현금흐름의 불확실성을 제거하는 것을 다룬 예이다. 파생상품 증권은 시장의 방향에 대한 예측으로 수익을 얻고자 하는 투기에 사용될 수도 있다.

예를 들어, 어떤 투자자가 다음 3개월 동안에 미국 달러화에 대하여 일본 엔화가 상당히 절상될 것이라고 믿는다고 가정하자. 그 투자자는 이 믿음을 근거로 파생상품을 이용한 투기를 최소한 두 가지 방법으로 실행할 수 있다.

1. 3개월 후에 인도하는 JPY을 매입하는 선물 거래
2. 3개월 후에 종료되는 JPY 콜옵션 매입

(그리고 또 제3의 대안으로 현물시장에서 일본 엔화를 매입하여 3개월간 보유하고 있는 방법이 있지만, 이 방법에는 파생상품이 개입되지 않는다.) 두 방법 모두 그 믿음이 맞아서 엔화가 상승하면 투자자는 돈을 번다. 선물계약을 활용한 경우에는 투자자가 미래에 매입할 엔의 가격을 미리 고정시킨 것이므로 이 고정된 환율보다 엔 가격이 더 높이 올라가면 이익이 발생한다. 콜옵션을 사용한 경우에는 투자자가 엔을 고정된 가격 즉 행사가로 매입할 수 있는 권리를 가진다. 엔 가격이 이 행사가격을 초과하여 상승하면 행사 시점에 이익이 발생한다.

그러나 이 두 방안 모두 비용이 있다. 선물을 활용하는 경우, 예상했던 엔화 상승이 발생하지

않을 수도 있다. 만약 반대로 엔화 가격이 하락한다면, 선물 계약은 이미 고정된 높은 가격으로 엔을 매입해야 할 의무가 있기 때문에 손실이 발생한다. 옵션의 경우 엔화가 하락하여 옵션이 행사되지 않으면 초기에 지불한 옵션가격은 손실이 된다. 그리고 옵션이 행사된다 하더라도 행사 시점의 이익이 옵션가격을 보상할 만큼 충분하지 않을 수도 있다. 그러므로 다시 말하자면 시장의 전망을 활용하는 데 "가장 좋은" 방법은 없다.

파생상품으로 투기 : Aracruz Celulose 사례

2008년 Aracruz Celulose는 여러 분야에서 좋은 의미로 최상이었다. 세계 최대 목재 펄프 제조사였으며, 표백 유칼립투스 펄프 분야에서는 시장 점유율 33%를 차지하고 있었다.[1] 1987년에 목재 펄프 제조를 시작한 그 회사는 1992년 브라질 최초의 뉴욕증권거래소 상장회사가 되었다. 2005년 이 회사는 투자적격 등급을 받아서 국가 등급보다 더 높은 등급을 받는 특별한 회사들 중의 하나가 되었다. 2008년 중반 회사의 주가 총액은 약 $70억이 되었고, 10년간 지속적인 매출과 이익의 성장을 달성했다.

Aracruz의 활동은 대부분 산림과 여러 생산 설비와 자체 항구를 보유한 브라질에서 이루어졌다. 하지만 Aracruz 수입의 95% 이상이 수출에서 발생했으며, 회사는 환율변동 익스포져를 헤지하기 위하여 다양한 수단들을 사용하였다. 대부분은 전통적인 브라질 헤알/미국 달러의 환율에 대한 선물 및 선도계약이었으며, 익스포져를 헤지하기 위하여 회사는 선도 혹은 선물로 달러 숏 포지션을 취했다. 회사의 재무제표를 살펴보면, 2007년까지는 회사의 실제 헤지 규모가 익스포져를 헤지하기 위해 필요한 규모와 비슷하였다.

그러나 Zeidan과 Rodrigues의 추정에 의하면 외환 파생상품 규모를 증가시켜 실제 헤지에 필요한 규모의 여러 배가 되도록 외환 익스포져를 증가시킨 2008년에 상황은 급격히 변하였다. (사실상 이 회사는 더 이상 자신의 익스포져를 헤지하는 것이 아니라 외환 움직임에 적극적으로 투기를 하는 것이었다.) 이 점에서 특별히 주목해야 할 것은 타겟 포워드(target forward)라는 파생상품을 공격적으로 사용한 점이다. 일반적인 선도 숏 포지션은 위에서 본 바와 같이 $F-S_T$로 주어지는 선형 손익 구조를 가진다. 앞에서 F는 선도 계약상 고정된 인도 가격을 말하며, S_T는 만기시 현물 가격을 의미한다. 타겟 포워드에서는, 손익은 선형이 맞지만 예측이 잘못된 경우의 손실은, 예측이 맞는 경우의 이익보다 훨씬 크며, 다음 식과 같은 손익 구조를 가진다.

$$\begin{cases} F-S_T, & \text{if } F>S_T \\ m(F-S_T), & \text{if } F<S_T \end{cases}$$

위에서 $m>1$; 전형적인 m 값은 $m=2$이며, 이것은 손실이 이익보다 2배 빨리 증가한다는

---

1) Aracruz와 이의 헤지/투기 전략에 관련된 이 절 대부분의 자료는 Zeidan과 Rodriguez(2010)의 자세한 분석으로부터 온 것임.

그림 1.2
USD-BRL 환율 (1 USD에 대한 BRL): 2004/1-2008/12

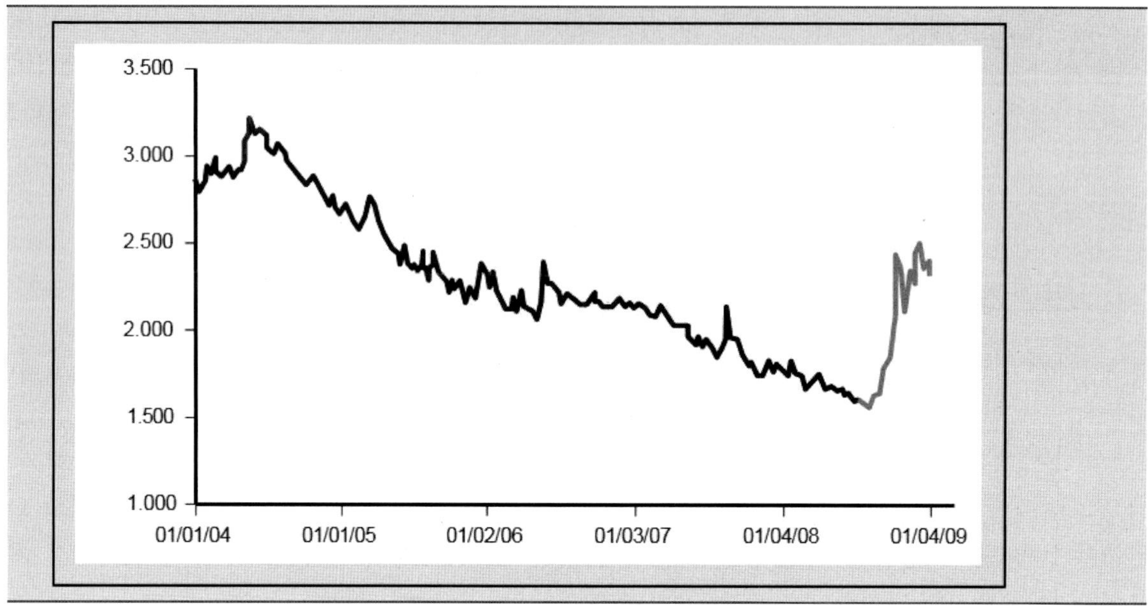

뜻이다. 회사는 타겟 포워드를 활용함으로 그렇지 않은 경우와 비교하였을 때 더 유리한 (높은) F를 확보할 수 있었다.[2)] 그럼에도 불구하고 이 전략에는, S_T가 갑자기 그리고 급격히 상승하면 큰 손실을 져야하는 위험이 있었다.

그리고 실제로 S_T가 상승했다. 그 시점에서는, 수년 동안 USD가 BRL에 대하여 점진적으로 약해지고 있었다. 그러나 2008년 금융위기가 발생했을 때, 사태는 갑자기 역전되었으며, 단 1개월만에 USD는 BRL에 대하여 23% 상승했다.(그림 1.2 참조) Aracruz는 공격적인 베팅으로 $20억에 이르는 (최종적으로는 이를 초과하는) 손실을 보았다. 회사의 손실이 알려졌을 때 회사의 주가는 거의 90% 하락했다. 독립된 회사로 유지하기가 어려워 Aracruz는 소규모 경쟁자였던 Votorantim에 합병되었고, 합병된 회사의 이름은 Fibria로 변경되었다.

왜 이 회사는 외환 포지션을 2008년의 수준까지 높였는가? 단정적인 대답은 할 수 없지만, 2008년까지 USD가 BRL에 대하여 수년간 지속적으로 하락하였다는 점에 유혹을 받았을 것이라는 설명이 설득력이 있어 보인다. Aracruz 뿐만 아니다. 전세계적으로 비슷한 현상을 목격한 회사들이 달러화가 자국 통화에 대하여 지속적으로 하락할 것으로 투기하였다가 엄청난 손실을 경험했다. 2008년 후반 대부분의 개발도상국 화폐에 대하여 달러화가 급격히 상승했을 때 그러한 투기는 엉망이 되었다. IMF의 연구(Dodd, 2009)에 의하면 이 기간 중 개발도상국 회사들이 FX 파생상품으로 입은 손실을 대략 $5,300억 정도였다.

2) 명칭에도 불구하고 short target forward는 단순한 forward가 아니고 short forward와 short call option의 합성이다. short call의 가격 때문에 평범한 forward 보다 더 높은 F를 확보할 수 있게 된다.

1.5 이 책의 구조

이 책의 주요 부분은 (균등하지 않은) 다섯 파트와 이를 보충하는 기술적인 부분인 여섯 번째 파트로 구성되어 있다.

파트 1(2~6장)은 선물과 선도 계약을 다룬다. 2장은 선물과 관련 기관들을 다룬다. 3장과 4장은 선물과 선도 계약의 가격 계산을 다룬다. 3장에서는 가격 산정 이론을 다루고, 4장에서는 이론의 실제 활용과 기본 이론의 확장을 다룬다. 5장에서는 선물과 선도 시장의 헤징 전략, 특히 헤지해야 할 위험과 활용 가능한 선물 혹은 선도 계약의 불일치로 인하여 완벽한 헤지가 불가능한 경우 최소-분산(minimum-variance) 헤징 전략의 개발 및 구현을 다룬다. 6장에서는 선물과 선도 계약의 특수 형태, 즉 유로달러 및 미국 국채 선물과 같이 지금까지 도입된 것 중 가장 성공적인 계약인 이자율 혹은 채권 가격에 대한 계약을 다룬다.

파트 2는 주로 옵션을 다루는데 이 책에서 가장 긴 부분이며, 7~22장으로 구성되어 있다. 7장과 8장은 변동성의 역할 그리고 일반적으로 사용하는 "매매 전략"을 포함하는 기초를 다룬다. 9~16장에서는 옵션가격 산정을 다루되, 무차익거래 가격으로 시작하여(9장), 풋-콜 패리티와 관련된 결과를 다룬다(10장). 11장에서는 옵션가격 산정과 핵심 개념(옵션 델타 및 위험 중립 가격 산정)에 대한 가벼운 소개를 제공한다. 이것을 기초로 하여 12장과 13장에서는 옵션가격 산정의 이항 모델을 소개하며, 14장과 15장에서는 블랙-숄즈 모델을 제시한다. 16장에서는 점프-확산, 확률적 변동성/GARCH 모델, 국소 변동성 모델 등을 포함한 기본 이항/블랙-숄즈 모델의 일반화에 대하여 논의할 것이다.

옵션의 가격에서 옵션의 위험관리로 주제를 옮겨 17장에서는 시장 환경변화에 대한 옵션의 민감도를 나타내는 "옵션 그릭문자"에 대해 살펴볼 것이다. 18장에서는 "경로-독립적(path-independent)" 이색 옵션을 검토할 것이며, 19장에서는 "경로-의존적(path-dependent)" 이색 옵션을 공부할 것이다.

파트 2의 나머지 부분에서는 특별 관심사를 다룬다. 포트폴리오 위험 측정 및 위험분석(Value-at-Risk, VaR) 그리고 위험예산(risk budgeting)을 20장에서 소개한다. 전환사채와 이의 가격 산정과 헤지가 21장의 주제이다. 마지막으로 22장에서는 투자 프로젝트에 내재된 옵션 특성 즉 "실제 옵션(real option)" 분야를 검토한다.

파트 3(23~25장)에서는 스왑을 다룬다. 23장에서는 스왑 시장의 대부분을 차지하고 있는 이자율 스왑을 살펴본다. 이자율 스왑의 주력인 기본적인 고정금리-변동금리 스왑과 그외 다른 스왑 몇 가지를 자세히 검토한다. 또 이 장에서는 캡, 플로어, 스왑션 등을 소개하고, 이러한 상품들의 가치 평가에 흔히 사용되는 소위 "시장 모델"을 제시할 것이다. 24장에서는 주식 스왑 및 이의 활용, 가격 산정, 헤지 등을 다루게 되며, 25장에서는 외환 및 상품 스왑을 논의하는 것으로 스왑에 대한 자료를 마무리한다. 서문에서 언급했듯이, 다른 이름의 스왑은 다른 부분에서 다룬다. 변동성 및

분산 스왑은 블랙-숄즈 모델을 다루는 장에서 같이 다룰 것이며, 총수익(total return) 스왑은 신용 파생상품을 다루는 장에서 같이 논의할 것이다.

파트 4(26~30장)에서는 이자율 모델링을 다룬다. 26장과 27장에서는 이자율 곡선 및 이자율 곡선의 구축(데이터로부터 추정)에 대해서 다룬다. 28장은 기간 구조 모델링과 이의 분화 그리고 기간 구조 모형의 종류에 대한 간단한 소개를 한다. 29장에서는 잘 알려진 몇몇 "요인 모형"을 제시한다. 우선 1980년대 및 1990년대에 개발된 "무차익거래" 계열 중 두개의 잘 알려진 모형 즉, Ho와 Lee(1986) 모형 그리고 Black, Derman 및 Toy(1992) 모형을 자세히 설명한다. 그리고는 단일 요인 이자율 모형과 복수 요인 이자율 모형을 설명하되, 특별한 경우에 해당되는 Vasicek 모형과 Cox-Ingersol-Ross 모형을 포함하여 설명한다. 마지막으로 Duffie와 Kan(1996)의 "아핀(affine)" 기간 구조 모형의 중요한 결과에 대하여 설명한다. 이러한 것들을 배경으로 하여 30장에서는 실제 이자율 위험 모델링에 근간이 되고 있는 두 계열 즉, Heath-Jarrow-Morton 체계(framework)와 Libor와 스왑 마켓 모형의 체계를 설명한다.

파트 5(31~34장)에서는 신용위험 모델링과 신용 파생상품을 다룬다. 31장에서는 여러 종류의 신용 파생상품과 이들의 활용을 다룬다. 32장과 33장에서는 신용위험 측정을 다룬다. 32장에서는 신용 위험 추출에 있어서 구조적인 접근 방법을 취하는 모형들을 자세히 살펴보고, 33장에서는 축약형(reduced-form) 접근 방법을 취하는 모형들을 자세히 살펴본다. 구조적 접근법과 축약형 접근법은, 기업이 발행한 증권의 시장 가격으로부터 개별 기업의 부도 위험에 관한 정보를 추출하는 것을 관심사항으로 한다. 34장은 상호관련 부도, 즉 개별 기업의 부도가 아니라 포트폴리오 차원의 부도 위험을 모델링하는 것에 대하여 논의한다.

파트 6, 이 책의 마지막 부분으로 계산 방법을 다룬다. 35장은 유한차분법을 살펴보며, 36장은 몬테 카를로 방법을 설명한다. 이 책에서 예시를 위해서 계속 사용하는 Matlab의 무료 버전에 해당하는 프로그래밍 언어인 `Octave`에 대한 소개가 37장에 있다.

사례연구

이 책에서는 몇 개의 사례 연구가 제시된다. 이 사례에는 선물 시장에 제일 처음 도입된 이자율 선물인 GNMA-CDR 선물 계약; 1990년대의 Proctor & Gamble 대 Bankers Trust간의 스캔들; 모두 파생상품과 관련된 재앙들로 Amaranth, Aracruz, Baring, LTMC, Metallgeselschaft 등이 포함된다. 책 전반에 걸쳐 특정주제와 관련된 간단한 사례가 여럿 포함되어 있다.

1.6 연습문제

1. 파생증권이란 무엇인가?
2. 파생상품이 아닌 증권의 예를 들어보라.
3. 파생상품이 또 다른 파생 상품의 기초가 될 수 있나? 그렇다면, 예를 들어 보라. 그렇지 않다면 왜 그렇지 않은지를 설명하라.
4. 파생상품은 헤징과 보험으로 사용될 수 있다. 이 두 가지 경우 동기의 차이점은 무엇인가?
5. 선도계약을 정의하라. 이 계약의 현금흐름은 언제 발생하는지 설명하라. 정산은 어떻게 결정되나?
6. 선도계약에서 부도 위험은 누가 지게 되나?
7. 파생상품을 거래소를 통해 거래하면 어떤 위험이 관리되는가?
8. 선도계약과 옵션의 차이를 설명하라.
9. 파생상품에서 가치(value)와 손익(payoff)은 어떻게 다른가?
10. 선도계약에서 숏 포지션은 무엇인가? 기초 주식의 가능한 가격 범위가 $50-150이라면, $103의 가격으로 체결된 선도계약의 숏 포지션의 손익을 그림으로 그려보라.
11. 선도계약의 가격은, 시장의 효율성을 전제하지 않고도 차익거래의 부재라는 인식으로부터 유도해 낼 수 있다. 이 두 개념의 차이는 무엇인가?
12. 당신은 주식을 보유하고 있으며 이를 헤지하고자 한다. 롱과 숏 중 어떤 선도계약을 사용하겠는가? 어떤 옵션 계약을 사용하겠는가? 다음 3가지 기준에서 옵션과 선도계약의 차이를 비교하라: (a) 헤지된 포지션의 현금흐름의 불확실성, (b) 초기 현금흐름, (c) 만기 시점의 후회
13. 주가가 상승할 것으로 예상한다면 어떤 파생상품 전략을 채택하겠는가? 만약 주가의 변동성이 하락할 것으로 예상한다면 전략은 달라질 것인가?
14. 다음 파생상품의 기초는 무엇인가?
    (a) 생명보험 계약
    (b) 주택담보대출
    (c) 종업원 주식 옵션
    (d) 주택 대출의 금리 고정

15. 시장의 지수를 추종하는 주식 포트폴리오를 보유하고 있다고 가정하라. 당신은 이 포트폴리오의 20%를 상품에 투자하고 단지 80%만 지수에 투자하고자 한다. 이 전략을 수행하기 위하여 어떻게 파생상품을 이용할 수 있겠는가?

16. 위의 질문에서, 파생상품을 이용하지 않고 어떻게 같은 효과를 낼 수 있나?

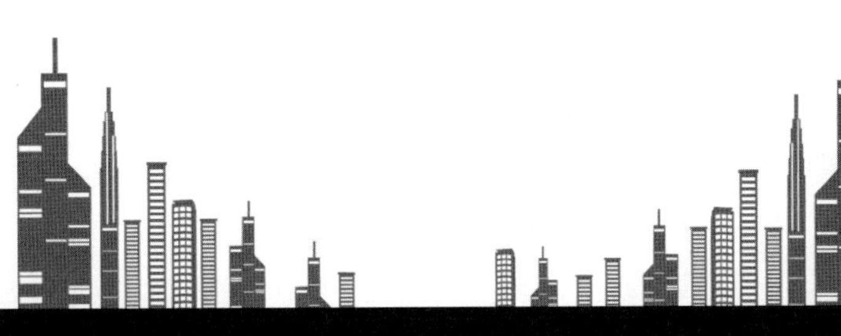

제 1 부

선물과 선도계약

제2장

선물시장

2.1 서론

선물시장은 시장 및 계약 디자인, 시장 조종, 금융 위기 등 여러 현상을 공부하기에 좋은 토대가 된다. 선물 시장과 계약의 대략적인 특성은 1장에서 기술하였다. 이 장에서는 이 시장들의 세부적인 내용을 더 살펴본다. 여기서는 중요한 공통 현상, 이러한 현상의 경제적 이유, 그로부터 유래되는 바람직한 또는 바람직하지 못한 결과 들을 기술한다. 이 장의 핵심을 강조하기 위하여 선물 시장과 관련된 3개의 사례를 사용한다.

선물시장의 역사는 상당히 오래되지만(부록 2A에서 선도거래와 선물거래의 간단한 역사를 소개한다), 과거 수 십년 동안 어디서, 어떻게, 무엇을 거래하는 가에 대하여 몇몇 극적인 변화를 거쳤다. 이 장의 나머지 부분을 잘 조망할 수 있도록 이러한 변화부터 논의를 시작한다.

소수 대규모 거래소들

전세계적으로 업계의 주요 트렌드는, 특히 지난 20년간 극심하였던 트렌드는 통합이었다. 19세기 후반 미국에는 천여 개의 상품 거래소가 있었으나, 오늘 날에는 단지 몇 개만 살아남아 있다. 뉴욕의 가장 큰 두 거래소인 New York Mercantile Exchange(NYMEX)와 Commodity Exchange (COMEX)가 1994년 합병했고, 시카고의 가장 큰 두 거래소 Chicago Mercantile Exchange(CME)와 CBoT가 2007년 같은 길을 선택했다. 2008년에는 시카고 거래소의 모회사인 CME Group이 NYMEX와 COMEX의 모회사인 NYMEX Holdings를 인수하여 세계 최대이며 가장 다양한 거래소를 탄생시켰다. NYMEX, COMEX, CBoT 및 CME는 CME Group의 지정 거래소로 활동한다.

유럽의 가장 큰 파생상품 거래소인 Eurex는 1998년 독일의 파생상품 거래소였던 Deutsche Terminbörse(DTB)와 Swiss Options and Financial Futures Exchange(SOFFEX)가 합병하여 생겨난 것이다. 이에 대한 유럽의 강력한 경쟁자인 Euronext는, 암스테르담, 브뤼셀 및 파리의 거래소가 2000년에 합병하여 만들어 진 것이다. (합병된) 파리의 거래소는 1999년 4개의 프랑스 기관을 합병하여

탄생한 것이었다. 2002년 Euronext는 London International Financial Futures and Options Exchange (LIFFE)를 합병하였고, 2007년에는 대서양을 건너 New York Stock Exchange(NYSE)를 합병하여 NYSE Euronext를 탄생시켰다.

다른 대규모 거래소들도 비슷한 경로를 밟았다. InterContinental Exchange(ICE)는 2000년 설립되어 에너지 관련 파생상품을 24시간 거래할 수 있도록 장외 전자 시장을 제공하며, 곧 이어 2001년에는 International Petroleum Exchange를 합병하여 ICE Futures Europe으로 만들었고, 2007년 초반에 New York Board of Trade를 합병하여 ICE Futures US로 만들었고, 2007년 후반에는 Winnipeg Commodity Exchange를 합병하여 ICE Futures Canada로 만들었으며, 2010년에는 Climate Exchange, plc.를 합병하였다. New York Board of Trade는 1998년 New York Cotton Exchange와 Coffee, Sugar and Cocoa Exchange가 합병하여 만들어진 회사였다.

통합은 선진국 시장에서만 일어난 일은 아니었다. 중남미의 선도적 거래소이며, 시가 총액 면에서 세계 최대의 거래소 중 하나인 브라질의 BM&F Bovespa는 2008년 Brazilian Mercantile and Futures Exchange(BM&F)와 Sao Paolo Stock Exchange(Bovespa)가 합병하여 탄생한 것이다. 같은 해에 BM&F Bovespa와 CME Group은 전략적 제휴를 맺었으며 이 일환으로 상대의 주식을 교차 보유하고 있다.

기술 및 거래 플랫폼

기술이 변화를 일으키는 역할을 하고 있다. 25년 전만 하더라도, 전세계 거래소는 여러 형태의 장내공개경매시스템(floor-based open-outcry system, 일정한 장소에서 가격을 공개적으로 표시하는 시스템)을 사용하였는데, 여기에서는 선물 가격을 결정하기 위하여 거래소의 핏(pit)에서 매수 및 매도 주문을 (말 혹은 신호로) 표시하였다. 오늘날 거래는 압도적으로 전자거래이다. Eurex(이의 전신인 SOFFEX는 세계 최초의 완전 전자화 증권 거래소였다)와 LIFFE(모든 Euronext의 파생상품 거래 플랫폼을 제공하고 있음)를 포함한 유럽 거래소들은 완전히 전자화 되었다. BM&F Bovespa와 인도의 National Stock Exchange(NSE)를 포함한 세계 여러 곳의 다른 거래소도 마찬가지이다. 미국의 CME Group에서는 아직도 몇몇 핏을 유지하고 있으나 GLOBEX의 전자 플랫폼을 통한 거래가 장내공개경매시스템 거래를 압도적으로 앞서고 있으며, 2010년에는 총 거래량의 88%를 차지하고 있다.

금융선물의 성장

셋째, 아마도 가장 중요한 선물 시장의 혁명은 무엇을 거래할 수 있는가에 대한 것이었다. 선물과 선도 계약의 4000년 역사의 대부분 계약의 기초 자산은 밀이나 금 같은 상품이었다. 최초의 금융선물 계약 – 기초가 금융 증권 혹은 금융 변수인 선물 계약 – 은 1972년 CME가 통화 선물을 도입하면서 출현하였다. 이자율 선물은 1975년 주택저당채권담보부증권(2.6절에서 다룰 GNMA 계약)을 기

표 2.1 전세계 선물 및 옵션의 거래량

이 표는 2010년과 2011년 상반기 동안 세계 75개 거래소의 거래량을 나타낸다.
출처는 Futures Industry Association (http://www.futuresindustry.org/downloads/Complete Volume(11-11_FI).pdf)임.

	2010 1-6월	2011 1-6월
선물	5,699,350,602	6,098,780,118
옵션	5,554,279,670	6,303,756,977
계	**11,253,630,272**	**12,402,537,095**
	기초자산 구분에 따른 거래량	
주가지수	3,652,436,829	4,165,573,156
개별주식	3,321,680,770	3,525,365,778
이자율	1,659,822,751	1,853,103,765
통화	1,239,830,113	1,513,070,121
농작물	582,725,097	529,586,361
에너지	358,956,748	416,243,993
일반금속	305,385,168	190,368,816
귀금속	85,081,442	127,485,550
기타	47,711,354	81,739,555
계	11,253,630,272	12,402,537,095

초로 한선물이 CBoT에 도입되면서 시작되었다. 주가지수 선물 및 유로달러 선물 등 기타 매우 성공적인 상품이 곧 뒤를 이었다.

1970년대부터 총 거래량은 엄청나게 증가하였지만, 금융 선물 거래량 증가는 특히 돋보였다. 통화 선물이 출현하지 20년이 채 안되는 1990년이 되었을 때, CBoT에서 거래되는 총 계약 수의 거의 4분의 3을 금융 선물이 차지하고 있었다. 이런 지배적인 현상은 더욱 발전하여 전세계적인 현상이 되었다. 표 2.1은 전세계 75개의 주요 거래소에서 2010년 및 2011년 상반기 동안 거래된 선물 및 옵션의 거래량(계약 수 기준)을 보여 준다. 2011년 상반기에 거래된 124억 계약(선물과 옵션이 대략 절반씩) 중, 거의 90%가 금융 파생상품이었다. 이렇게 거래 계약 수에서 우세한 것도 사실이지만, 전형적인 상품 파생 상품 한 계약보다 금융 파생 상품 한 계약의 금액이 훨씬 더 크다는 점을 생각하면 더 놀랍다.(선물 한 계약의 규모를 비교한 표 2.2를 보라.)

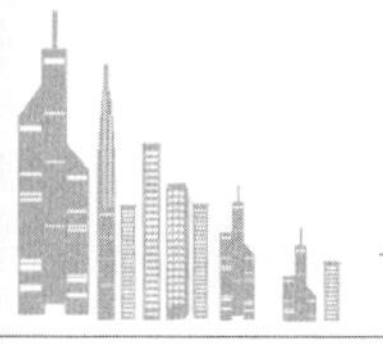

2.2 선물 거래소의 기능

선물 시장은 두 가지의 필수 기능을 한다. 첫째, 매수자와 매도자가 접촉하여 합의에 도달하는 시장 공간을 제공한다. 둘째, 거래 상대방의 부도 가능성으로부터 거래 당사자를 보호하는 장치를 제공한다. 모든 선물 시장의 작동에 핵심적인 두 기관, 거래소라는 회사와 정산소라는 회사가 이 일을 수행한다.

거래소는 시장 공간을 제공한다. 거래소는 다음과 같은 사항을 결정한다. 거래 규칙(누가 거래를 할 수 있나? 언제 어떻게 거래를 하게 되나?); 거래의 표준화 및 인도 관련 조항(무엇을 거래할 수 있나? 정산은 어떻게 이루어지나?); 증거금 조건(거래 당사자는 얼마의 담보를 제공해야 하나?) 양, 가격, 인도 시기와 같은 선물 거래의 세부사항이 거래소의 규정에 맞아야 한다.

거래가 합의되면, 정산소가 이 거래를 기록("정산")한다. 정산은 가격 및 수량에 있어서 오차가 없도록 매수 및 매도 거래를 맞추는 것이다. 거래가 정산이 되면 정산소는 계약 이행의 궁극적 책임을 짐으로 거래의 이행을 보증한다. 사실상 정산소는 거래의 핵심적인 상대방이 된다－모든 매수자에게는 매도자가 되며, 모든 매수자에게는 매도자가 된다.

선물 시장을 선도 시장과 구분되게 하는 특징들 중에서 다음 세 가지가 특히 중요하다.

- 계약의 표준화
- 포지션 정리의 용이성
- 부도 위험을 관리하기 위한 증거금 계좌의 사용

이 각각은 다음 별도의 절에서 논의한다(2.3~2.5절 참조). 이 자료에 대한 서론으로 이 절의 나머지 부분에서는 용어와 선물 거래소에 중요한 개념들 즉, 선물 시장 참여자, 다른 종류의 주문 및 가격, 인도 방법 등을 설명한다.

(1) 선물 시장 참여자

거래 동기에 따라 선물 시장에 참여하는 매수자와 매도자는 크게 세 부류로 나눌 수 있다. 헤저(hedger), 투기거래자, 차익거래자.

헤저(Hedger)

헤저는 사전에 매수 혹은 매도의 시장 참여가 있는 경우 이로 인하여 발생하는 가격 위험을 상쇄하기 위하여 선물 시장을 활용한다. 예를 들면, 미래에 외환을 수령하게 될 수출업자는 외환을 국내 통화로 교환할 환율을 고정시키기 위하여 환 선물을 매도(short)할 수 있다. 주기적으로 금을 매입하

는 보석 제조업자는, 금 현물 가격의 변동 위험을 제거하기 위하여 금 선물을 매입(long)할 수 있다. 그리고 부동산담보대출 은행은 이미 보유하고 있는 포트폴리오의 가치가 이자율에 민감하게 변하는 것을 상쇄하기 위하여 이자율 선물을 이용할 수 있다.

투기거래자

투기거래자는 개별 가격 혹은 두 가격의 차이(예를 들면, 이 차이가 현재 수준보다 줄어들 것이다)의 방향에 돈을 거는 사람들이다. 헤저와는 달리 선물 거래로 인하여 상쇄될 사전 위험이 없다. 개별 가격(예를 들면 은 가격이 상승할 것이다)에 돈을 걸기 위하여, 투기거래자는 관련된 개별 선물 계약(예를 들면 이 경우에는 은 선물을 매수(long)한다)을 활용할 수 있다. 두 가격의 차이에 돈을 걸기 위해서는, 두 선물 계약을 동시에 활용하는 "스프레드 주문(spread order)"이라고 알려진 전략을 구사할 수도 있다. 스프레드 주문에 대해서는 이 절에서 자세히 설명한다 거래소는 대체적으로 헤저보다는 투기거래자에 대해서 덜 관대하다. 예를 들면, 투기거래자의 최고 포지션 규모를 더 엄격히 규제한다.

차익거래자

차익거래는 금융 상품이나 자산의 가격이 상대적으로 잘못된 경우에 발생하는 무위험 수익 기회를 말한다. 차익거래자는 그러한 기회를 활용하는 사람들이다. 헤저와는 달리 그들은 사전 익스포져가 없으며, 투기 거래자와는 달리 어떤 방향에 대하여 돈을 걸지는 않는다. 오히려 그들은 가격의 오류를 이용하여 싼 상품을 매입하고("going long") 비싼 상품을 매도하고는("going short"), 이 가격의 오류가 사라질 때까지 기다린다. 가장 단순한 선물 차익거래 기회는 동일한 선물 계약이 두 개의 다른 거래소에서 거래되며 이 두 거래소의 가격이 다를 때 발생한다. 예를 들면, Nikkei 225 지수 선물이 오사카와 싱가폴에서 거래되며 이 두 시장에서 가격이 다르면, 가격이 낮은 시장에서 매수하고 가격이 높은 시장에서 매도함으로 이 기회를 활용할 수 있다. 선물 시장에서 좀 더 복잡한 형태의 차익거래에서는 기초자산의 현물 시장가격과 선물 계약 사이의 상대적인 가격 오류도 활용할 수 있다. 이러한 형태의 차익거래는 3장과 4장에서 다룬다.

중개자

선물 시장에서 가장 중요한 중개자는 선물중개회사(future commission merchant, FCM)이다. FCM은 선물 세계의 증권회사로서 고객과 거래소를 연결한다. 이들은 고객의 주문이 거래소에서 실행되게 도와주며 각 고객의 포지션과 증거금 계좌 기록을 유지한다. FCM은 독립된 기관일 수도 있으며, 은행과 같은 기관을 모회사로 가지고 있거나, 전국 규모의 증권사와 계열관계에 있기도 하다.

다른 중개자로는 고객으로부터 주문을 받아서 FCM에게 전달하는 개인 및 기관을 말하는 알선

중개업자(introducing broker, IB)가 있다. 상품투자신탁회사(commodity pool operator, CPO)는 뮤추얼 펀드와 비슷하게 투자자로부터 자금을 모아서 상품 선물이나 옵션에 투자하는 사람을 말한다. 상품거래자문업자(commodity trading advisor, CTA)는 거래소에서 선물을 거래하는 것과 관련하여 자문을 제공하고 수수료를 받는 사람이다. 마지막으로 등록 대리인(associated person, AP)은 FCM, IB, CTA 혹은 CPO 를 위하여 고객 혹은 고객의 펀드로부터 주문을 받는 개인들이다. AP는 사실상 다른 종류의 중개자들을 위한 세일즈맨이다.

(2) 주문의 종류

선물 거래에 참여하는 고객은 매우 다른 동기를 가질 수 있다. 어떤 사람들은 가격에 별로 신경 쓰지 않고 포지션을 취한다(예를 들면, 기존의 거래를 상쇄시키기 위하여). 또 어떤 사람들은 단지 가격이 이미 설정한 목표 가격보다 좋을 때만 포지션을 취하려 한다. 또 어떤 사람들은 기다리며 관망하다가 가격이 너무 불리하게 되면 (또는 가격이 충분히 유리하게 되면) 거래를 한다. 거래소는 이 모든 필요 및 기타 가능성을 수용하기 위하여 다양한 주문 제도를 시행한다.

선물 거래의 주문은 특정 선물 계약(밀? 금? 유로달러?), 계약의 인도 월(6월? 7월?), 그리고 매도인지 매수인지를 명시해야 한다. 고객의 필요를 수용하기 위하여 주문에는 다른 요건들도 명시될 수도 있다. 가장 보편적인 세 가지 주문 형태는 시장가 주문(market order), 지정가 주문(limit order), 역지정가 주문(stop order)이다.

시장가 주문

시장가 주문은 가장 간단한 주문이다. 단순한 매수 혹은 매도 주문으로 제한이 없다. 시장가 주문은 가장 유리한 가격으로 최대한 빨리 처리된다.(매수자에게 가장 유리한 가격은 현재 매도자가 제시한 가격 중에서 가장 낮은 가격이며, 매도자에게는 매수자가 제시한 가격 중에서 가장 높은 가격이다.) 어떤 경우에는 즉시 처리라는 원칙에 안전장치가 부가되기도 한다. 예를 들면, 주문이 실행되는 가격은 지난 거래의 최고 수준에 있어야 한다고 요구할 수도 있다.

지정가 주문

지정가 주문은 고객이 지정가를 명시하는 주문이다. 매수자에게 지정가는 지불할 수 있는 최고 가격을 의미하며, 매도자에게는 받아들일 수 있는 최저가를 의미한다. 예를 들어 보면,

- 5월10일 밀 선물 계약 부쉘당 $8.6의 지정가 매수 주문은 부쉘당 $8.6 혹은 그 이하의 가격으로 매수 포지션을 취하는 주문이며,
- 5월10일 금 선물 계약 온스당 $1,750의 지정가 매도 주문은 온스당 $1,750 혹은 그 이상에

매도하겠다는 주문이다.

지정가는 매수 주문인 경우는 현재 가격 보다 낮으며, 매도 주문인 경우는 현재 가격보다 높다.

지정가는 주문이 유효한 시간을 설정할 수 있다. 통상적인 형태는 다음 설명과 같다. 모든 거래소가 이 모든 형태의 주문을 받는 것은 아니지만 거의 모든 거래소가 이러한 주문을 허용한다.

- 성립-취소(fill-or-kill, FOK) 지정가 주문은(전량 주문이라고도 함, complete volume order, CV order) 전량이 즉시 체결되든지 아니면 전혀 체결되지 않는 주문이다.
- 즉시-취소(immediate-or-cancel, IOC) 지정가 주문은 일부이든 전부이든 전혀 체결되지 않든 즉시 체결되도록 하는 주문이다.
- 당일유효(good-for-day, GFD) 지정가 주문은 주문이 체결되지 않으면 거래일 종료와 함께 취소되는 주문이다.
- 취소 전까지 유효(good-till-cancelled, GTC) 지정가 주문은 고객이 주문을 취소하든지 아니면 최대한 한도(예를 들면 1년)까지 지속되는 주문이다.

지정가 주문은 고객이 원하는 가격보다 불리한 가격으로 주문이 절대 체결되지 않는다는 장점이 있지만, 주문이 전혀 체결되지 않을 가능성도 있다. 예를 들어, 5월 밀 선물을 부쉘당 $8.6에 매수하기로 지정가 주문을 내었다고 가정해 보자. 주문이 체결된다면, 선물 가격은 부쉘당 $8.6을 절대 초과하지 않을 것이다. 그렇지만 $8.6이나 그 이하에 매도하려는 매도자가 없거나, 다른 매수자가 $8.6보다 높은 가격에 매수하려고 하여 계약이 전혀 체결되지 않을 수도 있다.

역지정가 주문(stop order)

역지정가 주문은 선물계약의 가격이 특정 가격 한도(stop price)에 도달하면 시장가 주문이 되는 주문이다. 역지정가 매수 주문은 특정 가격에 도달하면 즉시 매수 주문이 된다. 역지정가 매도 주문은 이 가격에 도달하면 즉시 매도 주문이 된다.

역지정가 주문은 가격이 불리하게 움직일 때 손실을 제한하는 방법이 될 수 있다.(역지정가 주문은 이러한 이유로 손절매 주문이라고 한다.) 예를 들어 금 선물을 매수하고 싶으나 현재의 가격(예를 들어 온스당 $1,765)에는 주저하고 있는 투자자가 있다고 하자. 온스당 $1,780의 역지정가 매수 주문을 통하여 투자자는, 금 가격이 현재 가격보다 더욱 상승하여 $1,780이 되면 그의 주문은 시장가 수준이 되어 최악의 경우라도 $1,780 근처에서 선물계약을 체결할 수 있을 것으로 확신할 수 있다. 비슷하게, 가격이 떨어질 것으로 예상하는 매도자는 역지정가 매도 주문으로 가격이 특정 한도 이하로 하락하여 발생하는 손실을 제한할 수 있다. 역지정가 매수 주문에서는 지정가격이 현재 가격보다 높게 설정되며, 역지정가 매도 주문에서는 현재가보다 낮게 지정된다.

시장가, 지정가, 역지정가 주문 외에 선물 거래소들은 통상 몇 가지의 다른 주문도 허용한다.(모든 거래소가 이 모든 종류의 주문을 허용하는 것은 아니다.) 다른 종류의 주문은 아래와 같다.

Market-if-Touched 주문

Market-if-Touched 혹은 MIT 주문은 거래가 지정 가격에 일단 이루어지면 최대한 유리한 가격으로 주문을 체결하는 주문이다. MIT 매수 주문에서는 전형적으로 지정 가격이 현재 가격보다 낮고 MIT 매도 주문에서는 현재가격보다 높다. MIT 주문은 가격 변동이 유리할 경우 수익을 확정하는 방법이 된다. 가격 하락을 예상하는 매수자나 가격 상승을 예상하는 매도자는 MIT 매수 혹은 MIT 매도 주문을 함으로 특정 가격을 초과하는 이익을 확정할 수 있다. 따라서 MIT 주문은 역지정가 주문과는 반대의 기능을 한다.

Stop-Limit 주문

Stop-limit 주문은 가격이 stop price에 도달하면 지정가(limit) 주문이 되는 역지정가(stop) 주문이다. stop price와 limit price는 같을 수도 있지만, 다를 수도 있다. 예를 들어, stop price가 온스당 $1,775이고 limit price가 온스당 $1,780인 stop-limit 매수 주문이 있다고 하자. 이것은 선물가격이 온스당 $1,775에 도달하면 즉시 고객은 매수를 하되 가격은 온스당 $1,780 혹은 그 이하이어야 한다.

스프레드(spread) 주문

스프레드 주문은 두 개의 각각 다른 계약으로 매수와 매도 포지션을 취하는 것을 말한다. 이것은 전형적으로 두 상품 혹은 증권 사이의 가격차("spread")의 형태, 예를 들면, 이 스프레드가 현재보다 더 확대될 것이다라는 기대에 베팅하는 것이다. 스프레드 주문은 동일한 상품(예를 들면, 5월 밀 선물을 매수하고, 7월 밀 선물을 매도)의 다른 만기에 대한 것도 있을 수 있고, 두 개의 서로 다른 기초(예를 들면, 10년 만기 미국 국채를 매수하고 5년 만기 미국 국채를 매도)에 대한 것도 있을 수 있다. 스프레드 주문은 (시장가 주문과 같이) 현재가에 낼 수도 있다. 또는 언제 주문이 실행될지를 알려 주는 두 상품간의 가격 차이를 투자자가 명시할 수도 있다.

One-Cancels-the-Other 주문

One-cancels-the-other 혹은 OCO 주문에서는 두 주문 중 하나가 실행되면 다른 하나의 주문은 취소될 것을 알고 두 주문을 동시에 내는 것이다. 예를 들면 투자자는 S&P 500 지수 선물에 대하여 다음 주문을 낸다: 지정가를 1,495로 하는 지정가 매수 주문과 역지정가를 1,515로 하는 역지정가 주문을 동시에 하는 OCO. 이 경우 투자자는 S&P 500의 매수에 관심이 있다; 이상적으로는 주문이

1,495 혹은 그 미만에 체결되겠지만, 지정가에 도달하지 않고 시장이 급격히 상승으로 반전하면 역지정가 주문이 투자자의 손실을 제한해 준다.

Market-on-Close/Open 주문

Market-on-Close 혹은 MOC 주문은 가격이 어떠하든지 시장 종료 순간에 체결하도록 하는 주문이다. 이와 닮은 것으로 market-on-open 혹은 MOO 주문은 개장 시점에 최대 유리한 가격으로 체결하는 주문이다.

(3) 시가(始價), 종가, 정산가

매도와 매수 주문이 일치되는 점에서 선물 가격이 결정된다. 계약이 종료될 때까지 하루 종일 매수 주문과 매도 주문의 형태에 따라 가격은 변동한다. 매일 선물 계약의 시가, 종가, 정산가 세 가지 가격이 금융 신문에 통상 보도된다.

시가는 거래 시간이 시작되면서 처음 거래된 가격이다. 시가 범위(opening range)라는 용어는 처음 제시된 매수 호가와 매도 호가를 일반적으로 의미한다. 거래소는 처음 거래가 성립된 다음 시가 범위를 확인한다.

종가는 거래 시간이 종료될 때 마지막으로 거래된 가격이다. 종가 범위(closing range)는 대부분 마지막 30초의 거래를 말하며, 통화선물인 경우는 최종 60초를 의미하는 공식 종료시간 중 제시된 높은 매도가와 낮은 매수가의 범위를 말한다.

정산가는 거래소가 선택한 종가 범위 중 대표적인 가격이며, 이것이 거래소의 공식적인 종가이다. 정산가로 증거금 계좌의 수익과 손실이 계산되므로 정산가는 선물 거래소에 중요한 역할을 한다(2.5절 참조). 인도 청구서도 이 가격으로 발행된다. 이 가격을 선정하는 절차는 당연히 중요할 수밖에 없다. 한 예로 Eurex 웹사이트[1]는 Eurex의 Euro-Bund 선물 계약에 대하여 다음과 같이 설명한다.

> 당월물의 일일 정산가는 CET 기준 17:15 전 1분간 거래가 5건 이상이면 거래 가격을 거래량으로 가중평균하여 산출한다. 그 외의 만기에 대해서 정산가는 통합주문의 매도 및 매수 호가 평균으로 산출한다.

이와 관련된 개념으로 최종 정산가(final settlement price)가 있는데, 이는 계약 종료일의 정산가를 말한다. 최종 정산가를 계산하는 규칙은 일일 정산가를 산출하는 규칙과는 다를 수 있다. 예를 들면, Eurex 웹사이트[2]는 Euro-Bund 선물 계약에 대하여 다음과 같이 알리고 있다.

---

1) http://www.eurexchange.com/trading/products/INT/FIX/FGBL en.html, accessed December 22, 2011.

2) http://www.eurexchange.com/trading/products/INT/FIX/FGBL en.html, accessed December 22, 2011.

최종 정산가는 최종 정산일 CET 기준 12:30에 Eurex가 최종 일분간, 10개 이상의 거래가 성립된 경우 거래의 거래량 가중 평균 가격에 근거하여 결정한다. 만약 10개 이상의 거래가 체결되지 아니한 경우는 마지막 30분 동안 체결된 10개의 거래의 거래량 가중 평균 가격으로 한다. 만약 이렇게 가격이 결정되지 못할 경우 혹은 이것이 당시의 시장 상황을 제대로 반영하지 못할 경우, Eurex가 최종 정산가를 결정한다.

(4) 가격 변동 폭 및 가격 한도

거래소가 가격의 최소 등락 폭에 한도를 설정한다. 이 금액은 틱(tick)이라고 한다. 이 틱은 계약마다 다르다. 틱을 명시하는 것도 계약의 표준화에 해당된다. 몇 가지 예를 들어보면 2011년 12월 말 현재 틱 규모는 다음과 같다.

- CBoT의 옥수수 선물 계약에서 틱은 부쉘당 0.25센트이다. CBoT의 옥수수 선물 한 계약은 표준이 5,000 부쉘이므로 선물 계약의 최소 가격 변동은 $(5000×0.0025=)$12.5이다.
- NYMEX의 경질유 선물은 틱이 배럴당 $0.01이다. 한 계약 규모는 1,000 배럴이므로 한 계약 당 최소 가격 변동은 $10이다.
- CME의 S&P 선물에서 틱은 0.10이다. 한 계약은 지수(즉, 지수를 구성하는 주식 바스켓)의 250 단위이므로, 한 계약 당 최소 가격 변동은 $25이다.
- LIFFE의 Gilt 선물 계약에서 최소 가격 변동은 £10이다.

거래소는 전날 종가로부터 최대로 변동될 수 있는 선물 가격의 상한도 설정한다. 이 한도는 일일 가격 변동 한도라고 한다. 이 한도도 계약 마다 다르다. 예를 들면, CME의 2011년12월 생우(生牛) 선물의 일일 변동 한도는 $1,200이었으며, NYMEX의 경질유 선물의 일일 변동 한도는 $10,000이었다. 일부 계약(예를 들면, CBoT의 옥수수나 밀 선물 계약)에 대하여는 당월물(계약이 만기되는 달)에 한하여 한도가 없기도 하다.

일일 한도의 운용은 계약 마다 다르다. 많은 경우 일일 한도에 도달하면 한도 외의 거래가 다음 날까지는 불가능하다. 예를 들면, CBoT의 생우 선물은 전날 종가와 차이가 $1,200을 초과하는 가격으로는 거래할 수 없다.[3] 달리 말하자면 일종의 서킷 브레이커의 역할을 한다. 예를 들면, NYMEX에서 경질유 선물을 거래할 경우에는 한도(여기에서는 가격 변동 한도라고 함)에 도달할 때마다 5분씩 휴장한다.[4] 거래를 재개할 때는 또 다시 전 한도로부터 양방향으로 한도가 $10,000 설정된다. 그러나 하루에 이렇게 변동되는 한도에는 제한이 없다. 비슷하나 좀 더 복잡한 서킷 브레이커 규정이 CME의 주식 선물 계약에 적용되는데, 여기에는 거래일 하루 동안 하락할 수 있는 최대 금액이 설정되어 있다.

---

3) Paragraph 10102D of http://www.cmegroup.com/rulebook/CME/II/100/101/101.pdf, accessed on December 22, 2011.)

4) Rule 200.06A in http://www.cmegroup.com/rulebook/NYMEX/2/200.pdf, accessed on December 22, 2011.

거래소가 설정하고 있는 일일 변동 한도는 변할 수 있다. 예를 들면, 정해진 기간의 직전 거래일 동안 주가가 일정 한도를 초과하여 상승 또는 하락하면 이 한도가 증가될 수 있다. 이러한 한도가 존재하므로 원할 때 언제나 계약을 종료할 수 있는 것은 아니다.

(5) 인도 및 정산 절차

모든 선물 계약은 특정 만기 월이 있다(예를 들면 “2010년 5월 밀 선물 계약”). 실물의 인도가 뒤따르는 자산(아래 참조)은 때로 인도 월 중 아무 때라도 인도가 가능할 수도 있다. 선물 계약이 정산되는 현물의 인도, 현금 정산, 실물과 교환의 세 가지 방법이 있다. 대부분 선물 거래소에서의 정산은 실물 인도이다. 계약에서는 인도가 가능한 몇몇 장소를 명시하고 있다. 만약 대체 장소가 허용이 되면, 계약서에서는 이에 따른 가격 조정을 명시한다. 상품 선물 계약 및 통화 선물과 국채 선물을 포함한 많은 금융 선물 계약도 실물 인도로 정산될 수 있다.

일부 금융 선물 계약에서 실물 인도는 만만한 문제가 아니다. 주가 지수 선물의 경우를 예로 들면, 지수에 포함된 주식들을 지수에 포함된 그 비율대로 정확하게 포함한 주식 바스켓을 인도한다는 것을 의미한다. 실물 인도의 복잡성을 고려해서 그러한 계약은 현금 정산 즉, 일방이 상대방에게 지수 변동으로 인한 계약 가치의 변화에 상응하는 현금을 지불하는 방법을 택한다. 현금 정산은 2.5절에서 설명한 증거금 계좌를 통해서 이루어진다.

실물교환(exchange-for-physicals, EFP)은 미국의 Commodity Exchange Act에 의해서 허용된 선물계약 대체 정산 방법이다. EFP에서는 같은 규모의 매수자와 매도자가 거래소 외부에서 협상하여 상호 합의된 가격으로 합의된 장소에서 실물을 인도하기로 결정한다. EFP 거래에 대한 가격 제한은 통상적으로 없으나, 실제로 그 가격에 실물 인도가 이루어 져야 한다. EFP는 거래소 외부의 거래의 예로서, 거래소의 체계 바깥에서 이루어지는 거래이다. EFP는 cash for futures 혹은 cash vs. cash 거래라고도 한다. 여기서 cash는 EFP와 관련하여 발생하는 현물시장 거래를 의미한다. 이자율 선물과 관련한 EFP는 exchange basis facilities 또는 EBF라고 부르기도 한다.

(6) 포지션 한도

거래소 및 규제 당국은 한 투자자가 취할 수 있는 최대 투기 포지션의 한도를 설정한다. 이 포지션 한도는 기초 자산 마다 다르며, 통상 거래소의 계약 조건 중의 일부로 열거되어 있다. 이 한도의 목적은 한 거래자가 가격에 과도한 영향력을 행사하지 못하도록 하는 것이다. 한 거래자의 포지션에 한도를 두는 것은 시세 조종을 방지하는 안전장치 역할을 한다.

거래소는 스스로 한도를 설정할 수도 있으며, 또 그렇게 한다. 예를 들면 2012년 10월 CME는 브라질 Real/USD 선물에 대하여 한달 한도를 24,000 계약, (모든 달을 합한) 총 한도를 40,000 계약으

로 제한하였다. 비슷하게, (모든 달을 합한) S&P 500 선물 혹은 이에 상응하는 계약의 총 포지션을 20,000으로 제한한다.

미국에서 상품거래법(CEA)은 Commodity Futures Trading Commission(CFTC)에게 투기적 포지션의 한도를 설정할 수 있는 권한을 부여한다. 2010년 제정된 Dodd-Frank 법은 CEA를 개정하여 어떤 파생 상품 종류에 대해서는 반드시 그렇게 하도록 하고 있다. CFTC의 포지션 한도에 관한 정보는 이 기관의 웹사이트 www.cftc.gov에서 확인할 수 있다.

포지션 한도가 없는 계약에서도 거래소는 시장 감시를 위해서 "책임 수준(accountability level)"을 사용할 수 있다. 책임 수준이란 엄격한 한도는 아니다. 하지만 이 한도를 초과하면 거래자의 포지션에 대하여 거래소에 통보가 가게 되며, 거래소가 주목하게 된다. 예를 들면, CME에서 G10 통화 선물에는 포지션 한도가 없지만, 각 계약에 대하여 책임 수준은 명시되어 있다. 2011년 12월 이 한도는 EUR/USD에 대하여는 10,000 계약, 호주 달러(AUD/USD)에 대해서는 6,000 계약으로 되어 있었다. 이 책임 수준에 도달하면 개별 거래자를 위한 책임 수준을 상향 조정할 수도 있다.(Amaranth 경우에 그렇게 하였다. 2.6절 참조)

(7) 정산소 및 계약 이행

매일 정산소는 모든 포지션을 기록(정산)한다. 계약이 정산되면, 정산소는 계약 이행에 대하여 최종 책임을 지게 되며, 정산소는 모든 매수자에 대하여 매도자가 되며, 모든 매도자에게는 매수자가 된다.

정산소는 일반적으로 거래소와 동일한 회원을 보유하지만, 법적으로 거래소와는 독립된 기관이다. CME 그룹의 경우를 예로 들면, 자신의 정산소를 소유하고 운영하며, ICE Futures Europe도 그렇게 하고 있다. 정산소는 독립된 기관으로 여러 개의 거래소를 담당할 수도 있다. 이러한 예로는 LCH Clearnet을 들 수 있는데, 이는 2003년 London Clearing House와 파리의 Clearnet가 합병하여 탄생한 정산소로서 여러 국제 거래소를 동시에 담당하고 있으며, 또 (수조 달러의 이자율 스왑을 포함한) 장외 거래도 담당하고 있다.

정산소의 회원을 정산 회원이라고 부른다. 비회원은 자신들의 거래를 정산 회원들을 통해서 정산한다. 정산 회원은 정산소에 대하여 계약 이행의 책임을 진다. 거래소의 투자자가 부도를 내고 증거금도 손실을 보충하기에 충분하지 않으면, 그 계약을 정산한 정산 회원이 부도 금액에 대한 일차적인 책임을 진다. 만약 정산 회원마저 부도내면, 정산소가 계약 이행의 최종 책임을 진다.

정산 회원의 부도에 대하여 몇 가지 방비책이 있다. 첫째, 정산 회원은 정산소에 증거금을 유지하도록 되어 있다. 증거금 계좌는 이미 2.5절에서 설명하였다. 둘째, 회원은 정산되는 계약 당 수수료를 지불할 수도 있으며 (때로 월 회비를 내기도 한다), 이 금액은 잉여기금에 투입된다. 셋째, 회원들은 이행 보증 채권을 납입하며 이는 보증기금에 보관된다.

그림 2.1
CME Group의 선물 가격: 2011년 12월 27일자 옥수수 선물(상단)과 경질유 선물(하단)

Month	Charts	Last	Change	Prior Settle	Open	High	Low	Volume	Hi / Lo Limit
Mar 2012 OPT		632'0	-1'2	633'2	632'0	632'2	630'2	2,525	673'2 593'2
May 2012 OPT		640'0	-1'2	641'2	639'2	640'2	638'4	970	681'2 601'2
Jul 2012 OPT		645'6	-1'4	647'2	645'4	646'0	644'2	916	687'2 607'2
Sep 2012 OPT		599'6	-1'4	601'2	600'4	600'4	599'0	80	641'2 561'2
Dec 2012 OPT		575'4	-1'6	577'2	576'4	576'6	574'4	411	617'2 537'2
Mar 2013 OPT		587'4 a	-1'4	589'0	588'0	588'4	587'4 a	4	629'0 549'0

Month	Charts	Last	Change	Prior Settle	Open	High	Low	Volume	Hi / Lo Limit
Feb 2012 OPT		101.31	-0.03	101.34	101.25	101.71	101.00	4,473	111.34 91.34
Mar 2012 OPT		101.44	-0.02	101.46	101.44	101.82	101.15	805	111.46 91.46
Apr 2012 OPT		101.54	-0.06	101.60	101.38	101.89	101.29	188	111.60 91.60
May 2012 OPT		101.81	+0.19	101.62	101.53	101.53	101.53	27	111.62 91.62
Jun 2012 OPT		101.35	-0.13	101.48	101.62	101.66	101.35	102	111.48 91.48
Jul 2012 OPT		101.33	+0.11	101.22	101.14	101.14	101.14	11	111.22 91.22

정산 회원이 부도를 내면 정산소는 그 회원의 모든 포지션을 종료한다. 부족분이 있으면 회원의 증거금 계좌, 이행 보증 채권, 잉여기금을 순차적으로 사용하여 보충한다. 이론상으로는 이 모든 것들을 사용해도 불충분할 수도 있으나, 실제에서는 이 시스템은 잘 작동해 왔다. 미국 역사상 정산소가 책임을 이행하지 못한 적은 한 번도 없다.

(8) 금융 신문의 선물 가격 보도

[그림 2.1]은 금융 신문이나 금융 웹사이트에서 선물 가격을 보여주는 전형적인 방법이다. 이 표들은 CME 그룹의 웹사이트에서 화면을 복사해 온 것이다. 상단의 표는 2011년 12월 27일 CBoT의 옥수수 선물가격을 보여주며, 하단 표는 같은 날 NYMEX의 경질유 선물가격을 보여 준다. 전자의 경우는 부셸 당 센트이며(한 계약은 5,000 부셸임), 후자의 경우는 배럴 당 달러이다(한 계약은 1,000 배럴이다).

각 행은 특정 만기 월을 나타낸다. 가격은 6종류가 표시되는데, Last(최종가), Change(변동폭), Prior Settle(전일 정산가), Open(시가), High(고가), Low(저가) 등이다. "최종가"는 그 날의 정산가를 말한다. "변동폭"은 전일 정산가에서 얼마나 변동하였는지를 말하며, "전일 정산가"는 전 거래일의 정산가이다. 예를 들면, 2012년 2월 경질유 선물은 2011년 12월 27일 $101.31에 정산되었다. 이것은 전 거래일의 정산가 $101.34보다 $0.03 하락한 것을 의미한다. "시가"라는 것은 당일 그 계약에 대한

시작 가격이다.

"고가"와 "저가"는 그 거래일 중 해당 계약이 거래된 최고 가격과 최저 가격을 말한다. 이 두 가격의 차이는 해당 계약이 그 거래일 중에 얼마나 변동성이 심했는지를 나타내는 지표가 된다.

표에는 두개의 다른 자료가 표시되어 있다. "거래량"은 당일에 거래된 해당 월물의 계약수를 표시한다. 많은 선물 거래소에서 그러하듯이 [그림 2.1]에서도 근월물의 미정산 계약이 많음을 보여주며, 만기가 길어질수록 유동성은 급격히 사라진다. 마지막 열의 "Hi/Lo Limit(상하한가)"는 거래일 시작 시점의 가격 한도를 말하며, 이 한도는 전일의 정산가에서 계산된다. 옥수수 선물 계약에서는 이 한도가 전일 정산가로부터 부쉘당 +40 센트이며 이것은 고정된(hard) 한도이다. 원유 선물의 경우는 배럴당 +$10이며 변동 가능한(soft) 한도이다. 즉 이 한도는 서킷 브레이커 역할을 해서 거래를 일정 시간 중단시켰다가 새롭게 확대된 한도로 거래를 재개시키는 역할을 한다.

마지막으로 선물 계약의 가격을 표시할 때 각 월의 "미정산 계약수(open interest)"를 표시하기도 한다. 이것은 해당 월물 계약이 언젠가 거래되어 아직 보유 중인 계약의 총량이다. 2.4절에서 논의한 바와 같이 선물 계약을 만기까지 보유할 필요가 없으며, 만기 이전에 종료 혹은 반대 거래를 할 수 있다. 미정산 계약수는 아직도 종료 혹은 반대 매매가 이루어 지지 않은 계약의 수를 측정한다. 이 숫자는 롱 포지션의 총수 또는 숏 포지션의 총수와 동일하다. 미정산 계약수의 규모는 그 계약의 유동성을 측정하는 주요 지표이며, 이것이 높을수록 참여자가 많아서 유동성이 높음을 의미한다.

2.3 선물 계약의 표준화

이 장의 나머지 부분에서는 선도 계약과 선물 계약을 구분하는 다음 세 가지 특징에 초점을 맞춘다.

- 계약의 표준화
- 반대 매매의 용이성
- 부도 위험 관리를 위한 증거금 계좌의 활용

이 절에서는 계약의 표준화에 대하여 다룬다. 다음 두 절은 각각 반대 매매와 증거금에 대하여 검토한다.

선물 계약의 표준화는 아마도 거래소의 가장 중요한 임무일 것이다. 여기에는 다음 세 가지 결정이 필요하다. 선물 계약 하나의 규모 혹은 양의 명시; 인도 가능한 최저 질의 명시; 매도자가 선택 가능한 인도 방법의 명시. 성공적인 표준화는 계약의 유동성을 높인다. 다음에 다룰 GNMA 선물과 같이 표준화가 부실하면 선물 계약의 실패로 이어질 수 있다.

선물 계약의 규모

선물 계약은 표준화된 규모로 거래된다. [표 2.2]는 몇몇 선물 계약의 표준 규모와 이것의 2011년 12월 현물 시장에서의 대략적인 가치를 요약하고 있다.

표에서 알 수 있듯이, 상품 선물은 대체로 $50,000 미만의 가치를 지닌다.(구리나 원유 같은 특별한 예외도 있다.) 예를 들면, CBoT의 옥수수 선물 한 계약은 5,000 부셸의 옥수수 인도를 요구할 수 있는데, 2011년 12월 현물 시장에서 이 가격은 약 $30,000이다. London Metal Exchange(LME)에서 거래되는 알루미늄 선물 계약은 25톤의 인도를 요구할 수 있는데, 이는 2009년 7월 시가로 약 $50,000이었다.

금융 선물은 규모가 더 크다. CBoT의 미국채 선물은 액면가 $100,000의 미국채를 인도하라고 요구할 수 있으며, CME의 S&P 500 지수 선물의 가치는 2009년 7월에 약 $315,000 정도이었고, CME의 euro와 일본 엔화 선물 계약의 가치는 각각 약 $160,000이었다.

많은 거래소들이 소규모 투자자들을 유인하기 위하여 표준 규모를 낮춘 소위 "미니(mini)" 선물 계약을 제공하고 있다. 그리하여 CBoT에서는 계약의 규모가 5,000부셸인 밀 선물을 제공하는 동시에, 계약 규모가 1,000 부셸인 미니 밀 선물 계약도 공급하고 있다. CBoT의 다우 존스 지수 선물의 규모는 지수의 10배에 해당하는 금액이지만, 지수의 5배 규모의 미니 선물 계약도 있다.(지수의 25배에 해당하는 "Big Dow" 계약도 있다.) 미니 선물 계약의 인기가 높아져서 이제는 거래소에 확실한 위치를 차지하고 있다.

선물 계약의 표준 등급

모든 거래소는 기초자산의 인도가능 표준 등급 혹은 등급들을 명시한다. 예를 들면, LME의 알루미늄 선물 계약은 순도 99.7% 이상의 알루미늄을 인도할 것을 요구하고 있으며, COMEX의 금 선물 계약은 순도 0.995이상을 요구하며, CBoT의 귀리 선물은 No. 2 Heavy 혹은 No.1 등급을 요구한다.

어떤 종류의 금융 선물 계약에서는 질이 문제가 되지 않는다(예를 들면, 통화나 지수 선물). 그러나 미국채 선물 같은 경우에는 질이 핵심적으로 중요한 요인이 된다. 채권의 질은 채권의 이표와 채권의 만기 두 가지 특징에 좌우된다.

모든 미국채 선물은 이 두 가지 점에 관하여 수용 가능한 질을 명시해야 한다. 장단기 미국채 선물 계약의 표준 이표는 6%이다. 장기 국채 선물 계약에서 요구하는 채권은 만기 혹은 최초 콜 시점까지 남은 기간이 최소 15년 최대 25년까지이며, 단기 국채 선물 계약에서 요구하는 채권은 만기까지 남은 시점이 최소 6.5년 최대 10년으로 되어 있다. 초단기 미국채(US Treasury Bill)은 모두 할인채이기 때문에 이표가 없으며, 이 선물 계약에서는 만기까지 남은 기간이 13주이어야 한다.

표 2.2
선물 계약의 규모

이 표는 몇몇 선물 계약의 표준 규모와 계약당 관련된 기초 자산의 가치를 보여주며, 2011년 12월 기준 근월물의 가격과 계약 규모를 곱하여 산출하였다. 유로/달러 선물 계약의 경우는 이자 계산의 기준이 되는 명목 금액을 시장가격으로 표시하였다.

기초	거래소	계약당 규모	추정가격 (2011년 12월)
농산물 commodities			
Corn	CBoT	5,000 bushels	30,000
Wheat	CBoT	5,000 bushels	30,000
Oats	CBoT	5,000 bushels	15,600
Soybean	CBoT	5,000 bushels	58,000
가축			
Live cattle	CME	40,000 lbs	47,000
Lean hogs	CME	40,000 lbs	34,500
임업			
Lumber	CME	110,000 board feet	27,000
이자율			
30-year US T-Bonds	CBoT	USD 100,000	141,000
10-year US T-Notes	CBoT	USD 100,000	129,000
5-year US T-Notes	CBoT	USD 100,000	122,000
3-month Eurodollar	CME Group	USD 1,000,000	1,000,000
통화			
Euro (EUR)	CME	EUR 125,000	163,000
British pound(GBP)	CME	GBP 62,500	98,000
Japanese yen(JPY)	CME	JPY 12,500,000	160,000
Swiss franc(CHF)	CME	CHF 125,000	134,000
Canadian dollar(CAD)	CME	CAD 100,000	98,000
Brazilian real(BRL)	CME	BRL 100,000	53,000
Israeli shekel(ILS)	CME	ILS 1,000,000	263,000
주가지수			
S&P 500	CME	USD 250 times index	315,000
Big Dow	CBoT	USD 25 times index	305,000
Nasdaq 100	CME	USD 100 times index	227,000
Nikkei 225	CME Group	JPY 500 times index	55,000
금속			
Aluminium	LME	25 tonnes	50,000
Copper	LME	25 tonnes	190,000
Gold	COMEX	100 Troy oz	165,000
Silver	COMEX	5,000 Troy oz	155,000
에너지			
Light sweet crude	NYMEX	1,000 barrels	100,000

인도 선택권(Delivery Options)

상품 선물에서 인도 가능 등급을 너무 좁게 명시하면 공급이 제한되어 시장에 매점(corner) 혹은 경색(squeeze)이 발생할 수 있다. 매점 혹은 경색은, 매도자가 공급할 수 있는 양보다 더 많은 선물 매수 포지션을 취하여 시장을 조종하려는 시도이다. 현물 시장에서 공급 가능한 모든 물량을 통제하거나(corner) 혹은 적어도 매도자가 인도할 현물을 구입하기에 힘들 정도로 충분히 많은 양을 매수하고(squeez) 롱 포지션을 취하여 시장을 조종한다. 이러한 시도가 성공하면 시장에서는 공급이 부족하여 상품 가격이 상승한다. 숏 포지션은 인도에 필요한 양을 고가에 매입하여 계약에서 합의한 가격으로 롱 포지션에게 팔아야 한다.(아니면 롱 포지션에게 가격차를 보상해야 한다.)

부분적으로 그러한 행동의 기회를 감소시키기 위하여 선물 계약의 숏 포지션에게 인도 선택권을 준다. 인도 방식 선택권은 숏 포지션에게 표준 품질 대신 인도 가격을 조정하여 대체 등급 혹은 대체 품질을 인도할 수 있도록 허용한다. 계약에는 표준 등급 대신 사용할 수 있는 대체 인도 가능 등급을 열거하며, 각 등급별로 어떻게 가격을 조정하는 지에 대해서 기술하고 있다.

예 2.1

CBoT의 옥수수 선물 계약의 표준 등급은 No. 2 Yellow이다. 하지만 이 계약은 숏 포지션에게 No. 1 Yellow 혹은 No. 3 Yellow도 인도할 수 있도록 허용한다. 단 No. 1 Yellow를 인도할 경우에는 인도 가격을 부셸당 1.5센트 인상하며, No. 3 Yellow를 인도할 경우에는 인도 가격을 부셸당 1.5센트 삭감한다. ■

예 2.2

CBoT의 미국채 선물 계약에서는 여러 개의 인도 선택권을 준다. 가장 중요한 것이 "품질 선택권(quality option)"이다(다른 선택권은 6장에서 논의한다). 품질 선택권에 따라 숏 포지션은 만기 조건이 맞기만 하면 이표 6%가 아니라 어떤 이표 채권이라도 인도할 수 있다. 인도된 채권의 현금흐름을 6%로 할인하여 환산율을 산출하고 이를 이용하여 인도 가격을 계산한다.

만약 인도된 채권이 6% 이표를 가진 경우, 6%의 이표를 6%로 할인하기 때문에 환산율은 1이다. 그러나 만약 인도된 채권의 이표가 6%보다 높으면(즉, 표준보다 품질이 더 높으면) 6%보다 높은 이표를 6%로 할인하기 때문에 1보다 높은 전환율이 산출된다. 이와 같이 인도된 채권이 표준보다 열위이면(즉, 이표가 6% 미만이면), 환산율은 1 미만이 된다.

6.5절과 부록 6C에서 미국채 환산율을 계산하는 일반 공식을 설명하지만, 여기에 간단한 예를 든다. 미국채 선물 계약에서 숏 포지션이 20년 만기 8% 국채를 인도한다고 가정해 보라. 문제를 단순히 하기 위하여 이표가 이제 막 지급되었다고 하자. 그러면 액면가 $1에 대하여 인도된 채권에서는 매 6개월마다 20년간 $0.04가 지급될 것이며 20년 후에는 $1(원금)이 지급될 것이다. 환

산율을 계산하기 위하여 이 현금흐름을 6%로 할인한다. 미국채 시장은 6개월 복리 관행을 따르므로 6%는 6개월에 3%를 의미한다. 따라서 이 채권의 환산율은 다음과 같다.

$$\frac{0.04}{1.03}+\frac{0.04}{(1.03)^2}+\cdots+\frac{0.04}{(1.03)^{39}}+\frac{1.04}{(1.03)^{40}}$$

이 값은 약 1.23이다. 이것은 롱 포지션이 숏 포지션에게 약정된 인도 가격의 1.23배를 지급해야 한다는 의미이다. 각 인도 가능 채권에 대한 환산율은 여러 거래소가 공시하고 있다. CBoT에서 거래되는 미국채의 환산율은 http:// cmegroup.com/trading/interest-rate/treasury-conversion-factors.html에서 확인할 수 있다. ■

인도 선택권의 영향

옥수수 선물과 미국채 선물에서 볼 수 있듯이, 표준 등급과 다른 등급을 인도할 때 가격 조정을 위해서 흔히 기계적인 규정을 적용한다. 이 가격 조정은, 실제 시장에서 표준 등급과 인도된 등급의 가격차와 일치하지 않을 수 있다.

이로 인해서 (롱 포지션이 손해를 보게 되며) 숏 포지션이 이익을 볼 수 있는 기회가 생긴다. 시장 가격은 그 등급의 비용을 의미하지만, 가격 조정은 숏 포지션이 특정 등급을 인도할 때 이에 대하여 수령하는 가격을 명시한다. 숏 포지션은 인도 가능 등급을 찾아서 자신에게 가장 유리한 것을 인도할 수 있다. 이것을 가장 저렴한 인도 가능(cheapest-to-deliver) 등급이라고 부른다.

이 가장 저렴한 인도 가능 등급의 존재로 인하여 선물의 가격 및 선물을 활용한 헤징이 영향을 받는다. 헤징의 관점에서 보면, 인도 선택권은 롱 포지션의 헤징의 질을 저하시킨다. 특별히 흥미로운 사례로 2.6절에서 논의할 GNMA CDR선물 계약을 들 수 있는데 여기에서는 헤지의 질이 너무 저하되어서 계약 자체가 실패로 끝났다.

인도 선택권은 선물 가격에도 영향을 미친다. 선물의 가격은 표준 등급에 의해서 결정되는 것이 아니라 가장 저렴한 인도 가능 등급에 의해서 결정된다.(왜냐하면, 정의에 따라서, 그 등급이 인도될 것이기 때문이다.) 그런데 이 후자는 계약이 만기될 때까지 확실하게 알려지지는 않으므로 선물 가격은, 시장의 가장 저렴한 인도 가능 등급에 대한 예측에 의존한다. 이 사실은 이론적 선물 가격 산출을 매우 복잡하게 만든다.

한 가지 정성적인 결과는 쉽게 도출될 수 있다: 다른 조건이 동일하다면, 선물의 가격은 표준 등급을 기준으로 발행된 선물가격보다 낮아야 한다. 선물계약에는 인도 선택권이 있는 반면, 선도계약에서는 숏 포지션에게 인도 선택권이 없다. 인도 선택권이 존재하므로 선물이 (이 선택권으로 인하여 더 잃을 것이 없는) 숏에게 더 매력적이지만 롱에게는 덜 매력적이다. 매수자(롱 포지션)가 적고 매도자(숏 포지션)이 많으므로 선물의 가격이 선도계약의 가격보다 낮을 것이다.

2.4 포지션의 종료

선물 보유자는 일방적으로 자신의 포지션을 쉽게 상쇄 또는 종료시킬 수 있다. 선물 포지션을 종료시키려면, 투자자는 단순히 원래의 포지션과 반대되는 포지션을 취하면 된다. 예를 들어, 한 투자자가 5월 인도 COMEX 금 선물을 10계약 롱 포지션을 취하고 있다고 하자. 이 계약에서 벗어나려 한다면, 투자자는 5월 인도 COMEX 금 선물을 10계약 숏 포지션을 취하면 된다. 이와는 대조적으로 한 거래 상대방(상대방 A)과 선도계약으로 롱 포지션을 가지고 있는 투자자가 이를 상쇄하는 숏 선도계약을 또 다른 거래 상대방(상대방 B)과 체결하더라도, 상대방 A에 대한 계약을 벗어나지는 못한다. 오히려 이 투자자의 의무는 두개의 계약과 두 거래 상대방으로 확대되었다.

물론 선물 계약의 종료에 비용이 전혀 없는 것은 아니다. 투자자는 당시 선물 가격으로만 거래를 상쇄시킬 수 있기 때문에, 초기의 가격과 상쇄 거래의 가격이 다를 수 있으며 이로 인하여 손실이나 이익이 발생할 수 있다. 예를 들어, COMEX 금 선물 10 계약을 온스당 $1,340에 매입하였다고 하자. 그런데 상쇄 거래를 할 때 가격이 온스당 $1,322라고 가정해 보라. 투자자는 금을 온스당 $1,340에 매입하기로 약속하였으며, 이제 온스당 $18의 손실을 보고 $1,322에 매도하는 것이다. COMEX의 금 선물 한 계약은 금 100온스에 대한 계약이므로 10계약에 대한 총 손실은 10×100×18 =$18,000 이다. 이 손실은 다음 절에서 설명할 증거금 계좌를 통해서 정산된다.

상쇄거래는 몇 가지 이유로 선물 시장 참여자에게는 중요하다. 가장 간단한 이유는 투자자가 거래소의 계약에서 명시한 표준 장소에서 인도하거나 인도 받기를 원하지 않을 수 있다.(예를 들면 지리적인 장소 때문에 불편하거나 혹은 평소 거래하던 공급자로부터 매수하기를 원하기 때문에.) 선물 계약을 체결하고 종료함으로 투자자는 실물 인도 없이 적절한 헤지를 할 수 있다.

예 2.3

5월에 밀 50,000 부쉘이 필요할 것으로 예상하는 빵 공장을 생각해 보자. 5월 인도 밀 선물 10계약을 당시의 가격(예를 들면, 부쉘당 $8.65)으로 체결하여 5월에 이 가격으로 인도 받으면 이 빵 공장은 가격 위험을 헤지할 수 있다. 이 빵 공장의 비용은 50,000×8.65=$432,500이다. 실물을 인도 받는 대신 빵 공장은 다음과 같은 전략을 채택할 수도 있다.

1. 당시의 가격으로 5월 밀 선물 10계약을 매수한다.
2. 5월 중 당시의 선문 가격 F_T에 선물 포지션을 종료한다.
3. 밀 50,000 부쉘을 현물 시장에서 당시 시장 가격인 S_T에 매입한다.

선물 시장에서 빵 공장은 부쉘당 $8.65에 50,000 부쉘을 매입하고, 이를 부쉘당 당시의 가격인

F_T에 매도하여 총 50,000×(F_T−8.65)의 수익을 얻는다. 현물 시장에서 빵 공장은 50,000×S_T의 비용을 지불한다. 그러므로 회사의 순 비용은 다음과 같다.

$$50{,}000\,S_T - 50{,}000(F_T - 8.65) = 432{,}500 + 50{,}000(S_T - F_T) \qquad \textbf{(2.1)}$$

그런데 선물 계약은 5월이 만기이므로 이는 당월 인도 계약이 되었다. 이것은 선물 가격 F_T가 현물 가격 S_T와 같아야 한다는 것을 의미한다.(이것을 "선물 가격과 현물 계약의 수렴"이라고 한다.) 마지막 항은 사라지게 되고, 순 현금흐름은 단지 $432,500이 된다. 이것은 선물 시장에서 현물 인도를 받는 것과 동일한 결과이다. ■

만기 이전 계약 종료

포지션을 종료할 수 있다는 점은 심지어 인도 시점이 맞지 않아도 (즉, 투자자가 원하는 시점과 선물 계약의 인도 시점이 일치하지 않아도) 투자자가 선물 포지션을 확보하고 종료함으로써 대략적인 헤지를 할 수 있다는 것을 의미한다.

예를 들어, 예 2.3의 빵 공장이 4월 20일까지 밀을 필요로 한다고 가정하자. 선물 시장의 포지션 종료와 현물 시장에서 밀 매입을 4월 20일에 실행한다는 점 외에는 예에서 사용한 동일한 전략을 생각해 보자. 4월 20일은 만기일과 가까우므로 그날의 선물가격 F_T와 현물 가격 S_T가 서로 가까울 것이다. 식 (2.1)의 제일 마지막 항은 첫 번째 항에 비하여 작을 것이며, 결과적으로 현금흐름은 대략 $432,500일 것이다. 물론 이 경우 헤지는 단지 대략적인 헤지이며, 미스매치가 있을 경우 완벽한 헤지는 불가능하다.

실제 선물 포지션의 압도적인 대부분이 만기 이전에 종료된다. 단지 매우 소수의 계약만이 (아마 5% 미만) 실제로 현물 인도를 받기 위하여 유지된다. 물론 인도가 여전히 중요하다. 선물 가격이 현물 가격에 수렴하게 되고 또 그래서 식 (2.1)의 헤지를 가능하게 하는 것이 바로 이 실물 인도 가능성이다.

2.5 증거금 유지 및 부도 위험

선물 거래소는 투자자의 부도 위험에 노출되어 있다. 이 위험을 줄이기 위하여 거래소는 투자자가 증거금을 예치하도록 요구한다. 선물 계약의 증거금은 부도에 대비하기 위한 담보 제공이다. 제공된 금액은 투자자가 자신의 의무를 이행하지 않음으로 해서 발생하는 손실을 보상하기 위하여 사용된다. 선물의 증거금을 선불(down payment)의 일종인 주식의 증거금과 혼동해서는 안 된다. 사실

CME는 증거금을 "이행 보증(performance bond)"이라고 한다.

선물 증거금의 수준은 시장의 완전성과 시장의 유동성 보증에 결정적이다. 증거금 수준을 높이면 시장은 부도 위험에 대비하여 충분한 안전장치를 확보하고 있어서 부도 위험을 사실상 제거할 수 있지만, 투자자들로 하여금 선물 시장에 참여하기 전에 큰 금액을 미리 예치하라고 하여 시장 참여를 제한하게 될 것이다. 증거금 수준이 너무 낮으면 투자자의 부도에 대비하여 충분한 안전장치를 확보하지 못하게 되어 시장의 완전성을 위협하게 된다. 그러므로 증거금 수준을 결정하는 것은 조심스러운 일이다.

실제로 하루간 변동성의 변화, 가능한 가격 변동폭 등 여러 요소를 고려한 통계적 기법을 사용하여 증거금 조건을 결정한다. CME가 개발한 SPAN(Standard Portfolio Analysis of Risk의 약자)이라고 하는 기법이 업계의 표준이 되어, 세계의 여러 거래소가 그들의 증거금 조건을 결정하는데 사용하고 있다. 증거금이 부도를 방지하는 데 어떻게 사용되는 지를 검토한 후에 실제 증거금 수준에 대한 논의를 하겠다.

증거금 관리 절차

증거금 관리 절차는 세 부분으로 이루어진다.

첫째, 선물 계좌를 개설하는 투자자는 증거금 계좌라고 하는 계좌에 지정된 금액을 예치해야 한다. 초기에 납입해야 하는 증거금을 개시 증거금이라고 한다.

둘째, 매일 하루 동안 발생한 선물의 가격 등락에 따른 수익 및 손실을 반영하여 증거금 계좌의 잔고를 조정한다. 이 과정을 일일정산(marking-to-market)이라고 한다. 증거금 계좌의 변동을 변동 증거금(variation margin)이라고 한다.

셋째, 증거금 계좌의 잔고가 최저 기준(유지 증거금, maintenance margin) 미만으로 떨어지면, 투자자는 증거금 계좌의 잔고를 개시 증거금 수준으로 채울 것을 요청하는 증거금 추가 납입 요청(마진 콜, margin call)을 받게 된다. 개시 증거금은 항상 그런 것은 아니지만 대체로 유지 증거금의 135%에 맞추어져 있다. 계좌에 자금이 다시 채워지면, 그 포지션은 투자자가 종료하기로 결정하거나 계약의 만기까지 지속된다. 만약 투자자가 마진 콜에 응하지 아니하면 해당 계좌는 즉시 종료된다.

예 2.4

예로 3월 1일 어떤 고객이 밀 5월물 10 계약을 부셸당 $5.6에 롱 포지션을 취했다고 하자. 선물 한 계약은 5,000 부셸의 인도를 요구하므로 초기 선물의 가격은 계약 당 $28,000이다.
개시 증거금과 유지 증거금이 계약 당 각각 $3,038과 $2,250이라고 하자. 포지션은 10계약이므로 총 개시 증거금은 $30,380이며, 유지 증거금은 $22,500이다. 최초 가격과 증거금 계좌 잔고 및 예의 나머지 부분이 표 2.3에 요약되어 있다.

표 2.3
증거금 관리 절차: 예

이 표는 예 2.4의 증거금 계좌의 변동을 나타낸다. 가격은 모두 계약 당 가격을 말하며, 총 손익은 예의 10계약 롱 포지션에 대한 손익이다.

	초기/정산 가격	가격 변동	총 손익	증거금 계좌 잔고	마진 콜
계약 시점	$28,000			$30,380	
1일 말	27,600	−400	−$4,000	26,380	No
2일 말	27,400	−200	−2,000	24,380	No
3일 말	27,000	−400	−4,000	20,380	Yes

첫날 정산가가 부셸 당 $5.52(계약 당 $27,600)이라고 하자. 그 고객의 원래 포지션은 계약 당 $28,000에 인도를 요구하는 것이다. 그러므로 고객은 사실상 계약 당 $400, 총 $4,000의 손실을 보았다. 이 $4,000은 증거금 계좌에서 즉시 차감되어 증거금 계좌의 잔고가 $26,380가 된다. 물론 이 계약의 숏 포지션은 $4,000의 이익을 실현하여 증거금 계좌의 잔고가 $4,000 증가될 것이다.

이제 둘째 날의 가격이 부셸 당 $5.48(계약당 $27,400)이 되었다고 하자. 고객은 사실상 계약 당 추가로 $(27,600−27,400)=$200을 잃었다. 10계약에 대한 총 추가 손실은 $2,000이다. 이 금액은 증거금 계좌에서 차감되어, 잔고가 $24,380이 된다. 하지만 잔고는 아직도 10 계약에 대한 유지 증거금 $22,500보다 높기 때문에 마진 콜은 없다.

셋째 날 정산 가격이 부셸당 $5.4(계약 당 $27,000)로 정해졌다고 하자. 이 것은 고객에게 계약당 $400, 10계약에 대하여 총 $4,000의 손실이 추가로 발생하였다는 것을 의미한다. 이 금액이 증거금 계좌에서 차감되어 증거금 계좌의 잔고는 $20,380으로 감소된다.

지금은 증거금 계좌의 잔고가 유지 증거금인 $22,500 미만이기 때문에, 고객은 잔고를 다시 $30,380으로 높이라는 마진 콜을 받게 된다. 추가 금액이 납입되면, 상황은 계속된다. 그렇지 않으면, 고객의 포지션은 정리된다. 물론, 거래가 더 하락한 가격으로 재개되면, 계좌는 종료된다. 종료와 관련하여 추가로 발생한 손실은 증거금 계좌에 남아 있던 $20,380에서 차감된다. ■

증거금과 부도

예에서 보았듯이 시가평가 절차는 (a) 투자자의 선물 계약을 현재의 가격으로 다시 체결하는 것, (b) 계약을 다시 체결함으로 발생하는 손실을 즉시 투자자와 정산하는 것으로 구성되어 있다. 이 절차는 선물 계약의 기간 중 총 손익을 일별 손익으로 분할하여, 그 때마다 즉시 투자자에게 정산하도록 한다. 매일 증거금을 정산하는 방식의 경제적 동기는 명백하다: (매일 가격 변동으로 인하여 발생하는) 작은 손실을 감당할 수 없는 투자자는 더 긴 기간에 누적된 큰 손실을 감당하기 어려울 것이라는 점이다.

(증거금은) 역사적으로 부도를 방지하는 역할을 매우 잘 수행해 왔다. 부도는 거의 없었고 발생

표 2.4
선물 증거금 수준

이 표는 2011년 12월 현재 CME Group의 여러 선물 계약의 개시 및 유지 증거금 수준을 나타낸다. 증거금 수준은 헤저가 아닌 경우에 적용되는 것이다. 헤저에 대하여는 개시 증거금과 유지 증거금 구분 없이 아래의 유지 증거금을 적용한다. 계약 규모는 2011년 12월 계약을 기준으로 한 계약당 인도할 물량의 가치를 말한다.

기초	계약 규모(USD)	개시 증거금 (USD)	유지 증거금 (USD)	개시 증거금 (계약 가치에 대한 %)	유지증거금 대비 개시증거금 비율
Wheat	30,000	3,038	2,250	10.1%	1.35
Corn	30,000	2,363	1,750	7.9%	1.35
Silver	155,000	24,975	18,500	16.1%	1.35
Gold	165,000	11,475	8,500	7.0%	1.35
Light Sweet Crude	100,000	7,560	5,600	7.6%	1.35
S&P 500	315,000	25,000	20,000	7.9%	1.25
Big Dow	305,000	21,875	17,500	7.2%	1.25
Euro	163,000	5,400	4,000	3.3%	1.35
Japanese yen	160,000	5,400	4,000	3.4%	1.35
10-year US T-Notes	129,000	2,160	1,600	1.7%	1.35
30-year US T-Bond	141,000	4,185	3,100	3.0%	1.35

간격도 멀었다. 가장 큰 부도 중의 하나는 1976년 5월 NYMEX의, 지금은 없어진 메인주 감자 선물 계약이었다. 메인주 감자 공급이 미정산 롱 포지션을 다 소화할 수 없어서 수 천 계약이 부도로 이어진 것으로, Markham(1987)은 고전적인 시장 경색(market squeeze)에 의해 초래되었던 것으로 추측했다.

거래소는 통상 아무 때라도 증거금 조건을 바꿀 수 있다. 이 권리는 시장을 위협하는 상황이 발생하면 이를 완화하기 위하여 사용되었다. 한 예로 COMEX가 증거금 요건을 급격히 증가시켜 어떤 때는 $60,000로 인상했던 1980년 은(銀) 위기 상황을 들 수 있다.(부록 9B의 Duffie(1989)를 참조) 또 다른 경우는 1994년 Metallgeselschaft로 당시 NYMEX는 증거금 조건을 2배로 높였다. Metallgeselschaft 사례는 2.6절에서 설명한다.

증거금 규모와 레버리지

[표 2.4]는 몇몇 거래소의 개시 및 유지 증거금을 요약하였다. 표에서 볼 수 있듯이 증거금은 선물 계약의 기초 자산 가치에 비교하면 상대적으로 매우 작다. 많은 경우 증거금은 계약 가치의 5% 미만이며, 대부분 선물 계약의 경우 10% 미만이다.

증거금 규모 요건이 선물 계약의 레버리지를 결정한다. 계약 가치의 5%를 증거금으로 요구하는 경우, 5%를 선불로 지급하고 선물 계약 전체의 가격 변동에 노출되는 것이므로 레버리지 비율(자산 가치 대비 현금)은 20:1이 됨을 의미한다. 레버리지는 선물 가격의 변동으로 인한 손익을 확대시켜

준다.

단순한 예를 들어, 위에서 예로 [표 2.3]에 요약한 밀 선물을 생각해 보자. 계약 체결 시점에서 선물의 가격은 계약 당 $28,000이었으나, 투자자는 단지 $3,038만 개시 증거금으로 예치하면 되므로 레버리지 비율 9:1이 넘는다. 손익은 비례로 확대된다. 위 예에서 첫째 날 밀 가격이 부쉘 당 $5.6에서 $5.52로 하락할 때 (약 1.43% 하락할 때), 증거금 계정은 $30,380에서 $26,380으로 $4,000 손실을 기록하며, 이는 선물 가격 하락의 9.2배인 13.17% 하락을 의미한다. 확실한 것은 선물 가격의 상승으로 인한 수익도 비슷하게 확대된다. 실무에서 증거금 규모가 작은 것을 고려하면, 선물은 확실히 레버리지가 매우 높은 상품이다.

SPAN 시스템

앞에서 논의한 바와 같이, CME가 개발한 SPAN 시스템은 증거금 수준을 결정하는 표준이 되었고, 세계의 여러 거래소와 기관들이 사용하고 있다. SPAN은 포트폴리오 차원에서 작동하며, 상관관계가 있는 포지션 간에는 차감이 허용된다. 가치가 서로 역의 상관관계를 가진 두 계약의 포지션을 보유하고 있는 거래자를 생각해 보자. 예를 들면, 3월 밀 선물 계약 가격과 5월 밀 선물 계약의 가격은 일반적으로 같은 방향으로 움직이므로 어떤 거래자가 3월 선물에 롱, 5월 선물에 숏 포지션을 가지고 있다고 하자. 그 거래자의 총 포지션에 대한 증거금 요건을 계산할 때 SPAN 시스템은, 한 계약에서 발생할 잠재적 손실은 (아마도 부분적으로) 다른 계약에서 발생할 이익으로 상쇄될 수 있기 때문에 전체 포지션은 각 개별 포지션의 위험을 합한 것보다는 덜 위험하다는 사실을 고려한다.

SPAN은 한 세트의(가격, 변동성, 만기 등의 조합이 변경될) 위험 시나리오를 찾아서, 각 시나리오별 포트폴리오의 가치/손실을 계산하며, 이를 이용하여 포트폴리오의 증거금 수준을 결정하는 데 사용한다. 계산에는 다음의 6개의 항목이 고려된다: 각 선물 계약의 가능한 가격 변동 범위, 변동성의 가능한 변동 범위, 밀접하게 관련된 계약(5월 밀 선물의 숏 포지션과 3월 밀 선물의 롱 포지션과 같이 동일한 기초의 다른 만기에 대한 포지션) 포지션의 상쇄에 대한 평가, 관련성은 있으나 밀접하게 관련되어 있지 않은 상품과 관련된 포지션의 상쇄에 대한 평가(예를 들면, 서로 다른 농산물에 대한 롱과 숏 포지션), 만기 근처에서 실물 인도가 가능한 계약의 인도 위험에 대한 비용, 포트폴리오에 내재된 깊은 외가격 옵션과 관련된 특별 위험에 대비한 "숏 옵션 최저 비용(short option minimum charge)" 등이 그것이다.

증거금과 평가

평가의 관점에서 보면, 증거금은 중도에 불확실한 현금흐름을 만들에 내기 때문에 문제를 더 복잡하게 만든다. 일반적으로 개시 증거금은 이자를 발생시키지만, 변동 증거금은 그렇지 않다.(그러나 투자자들은 개시 증거금을 초과하는 금액을 증거금 계좌로부터 인출할 수 있으므로 이 점은 경제적 비용

을 발생하지는 않는다.) 이자율은 선물 계약 중간에도 변경될 수 있다. 그러므로 계약 보유자는 불확실한 이자율로 이자를 벌 수 있는 불확실한 현금흐름을 받는다. 이점이 선물 가격을 상응하는 선도계약 가격보다 높아지게 하는 지, 낮아지게 하는 지를 알아내는 것은 쉽지 않다. 이 문제는 다음(3.8절)에 다룰 것이다.

증거금과 헤징

일일 정산은 선물을 이용해서 헤징을 하는 데 미묘한 효과가 있다. 정의에 따르면 헤징의 목적은 시장 참여에서 발생하는 현금흐름의 불확실성을 감소 시키는 것이다. 만약 선도 시장 참여(예를 들면 4개월 후에 밀을 인도하기로 약속)를 선물로 헤지를 하면, 현금흐름의 불일치가 발생한다. 선도 계약에서 이익과 손실을 만기에서만 실현되는 반면, 선물에서는 매일 정산이 이루어 진다. 이 중간의 현금흐름이 크면, 그렇지 않은 경우에 잘 적용되던 헤지 전략이 복잡해 지거나 망가질 수도 있다. 이러한 상황이 발생한 가장 극적인 사례는 1994년 Metallgeselschaft가 $10억 달러의 손실을 본 사례이다.(2.6절을 보라).

정산소와 증거금

투자자가 정산소 회원사에게 증거금을 예치해야 하는 것과 마찬가지로, 정산소 회원은 정산소에 증거금을 예치해야 한다. 이 경우 개시 증거금과 유지 증거금이 일반적으로 동일하다. 정산소 회원은 원래 증거금에 미정산 계약수를 곱한 금액을 유지하여야 한다.

2.6 선물 시장의 사례 연구

이 절에서는 각각 선물 시장의 운용과 거래와 관련하여 중요한 통찰력과 교훈을 주는 선물 시장의 세 사례 연구를 제시한다.

첫번째 사례는 미국 거래소에 처음으로 도입된 이자율 민감 선물계약으로 CBoT에서 거래된 GNMA CDR에 관한 것이다. 선물 계약의 복잡성, 특히 인도 선택권의 명시에 관한 좋은 관찰이 될 것이다. 이 선물 계약의 흥망에 대한 자세한 분석은 Johnston과 McConnel(1989)에 나와 있으며, 여기에서는 그늘의 연구를 설명한다.

둘째 사례는 1994년 Metallgeselschaft의 사례인데, 파생상품 관련 재앙의 역사에서 특이한 것이다. 많은 분석가들은, 이 사례는 의도적으로 취한 투기적 포지션(예를 들면, Baring Bank)이나 시장조종 시도(스미토모의 경우와 같은)로 보이지 않고 오히려 이론적으로 건전한 헤징 전략같이 보인다

고 한다.

세번째 사례 연구는 헤지 펀드 Amaranth의 사례에 관한 것으로 천연가스 선물과 이에 관련된 파생상품 거래로 $50억 달러의 손실을 입었으며, 당시로서는 가장 큰 헤지 펀드 실패 사례였으며, 2008년 금융 위기 전에 금융기관이 기록한 가장 큰 손실 중 하나였다. Amaranth 사례는 파생 상품 거래와 관련하여 발생할 수 있는 유동성 및 레버리지 위험을 잘 보여 주는 사례이다.

사례연구 1

GNMA CDR 선물 계약

GNMA CDR(Government National Mortgage Association Collateralized Depository Receipt) 선물 계약은 1975년 CBoT를 통해서 도입되었다. 이것은 거래소에 상장된 최초의 금리 선물 계약이었다.

GNMA(Ginnie Mae라고 부름)는 미국 정부가 소유한 회사이다. 이 회사는 주거용 부동산 담보대출 저당증권(mortgage-backed securities, MBS)에 대하여 전세계 투자자에게 이자와 원금을 제때 지급할 것을 보증하였다. 부동산 담보대출 저당 증권은 개인 주택 담보 대출의 풀을 담보로 하고 이에서 발생하는 현금흐름을 증권화 시킨 것이다. 이는 이체증권(pass-through securities) 즉, 기초가 되는 부동산 담보대출의 원금과 이자를 MBS 투자자들에게 전달해 주는 증권이다.

GNMA CDR 선물 계약의 기초는 GNMA의 부동산 담보대출 저당증권이었다. 계약상 인도가능 증권은 최초 만기가 29～30년인 단독 주택 담보대출 풀에 의하여 보증이 되고 있었다. 이 담보대출은 Federal Housing Association(FHA) 혹은 Veterans Administration(VA)에 보험이 들어 있었다. 이 주택 담보대출은 대출자가 언제라도 조기 상환할 수 있었다.

그림 2.2는 이 선물 계약의 부침을 보여 준다. 이 계약은 도입 초기에 엄청난 성공을 누렸으며 거래량도 1975년부터 1980년에 이르기까지 폭발적으로 성장했다. 약 2년간 안정세를 유지하다가 그 이후 급격히 추락하여 1987년에 이르러서는 거래량이 거의 영에 다다랐다. 급격한 성장과 추락은 상품의 설계, 특히 이를 사용한 헤지가 빗나가도록 만든 인도 선택권으로 귀결될 수 있다.

매우 중요한, 그러면서도 직관적으로 알 수 있는 점은 선물을 사용하여 헤지를 하는 경우 헤지가 잘 작동해야 하며, 선물의 가격이 헤지 대상이 되는 자산의 현물 가격과 밀접한 관계를 유지해야 한다는 것이다. (선물을 활용한 헤지에 대하여 5장과 6장에서 자세히 살펴볼 것이며 그 때 이점에 대하여 체계적으로 검토할 것이다.) 상품의 경우에 기초자산의 현물 위험은 일반적으로 잘 정의되지만 (목재, 옥수수, 원유 가격 등), 이자율 증권을 거래함에 있어서 투자자가 헤지하고자 하는 위험이 무엇인지를 정확히 규정하도록 주의를 기울여야 한다.

GNMA CDR 선물 계약은 부동산 담보대출 저당증권에 대한 선물이다. 문제는 '어떤 담보대출

그림 2.2
GNMA CDR 선물 거래량

이 그림은 1975년 도입부터 1987년에 이르는 기간의 GNMA CDR 거래량의 성장과 감소를 보여 준다.

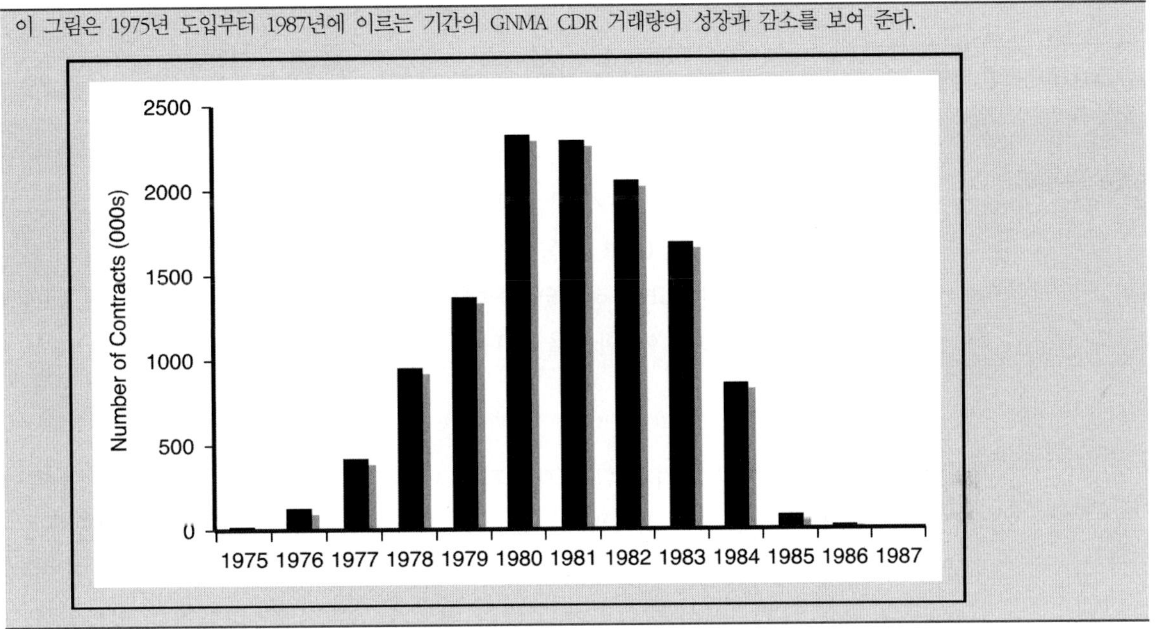

저당증권을 헤지하려는 것인가?'이다. 담보대출 저당증권의 헤징 수요는 current-coupon(coupon rate가 시장금리와 비슷하여 가격이 액면가 근처인 경우) 담보 대출에 집중되어 있는 것으로 밝혀졌다. 헤징 수요는, 주로 부동산 담보대출을 판매하고 이를 묶어서 금융시장에 되파는 부동산 담보대출 전문 은행들로부터 나왔다. 부동산 담보대출 전문 은행들은 시장 금리에 맞추어 담보대출을 판매하므로 대출 실행 시점과 이를 금융 시장에 되파는 시간 사이의 이자율 위험에 노출된다.

그러므로 헤지 수단으로서 GNMA CDR이 유용하게 되기 위해서는, 이 선물 가격이 현재의 current-coupon 담보 대출과 밀접한 관계가 있어야 한다. 인도 선택권이 주어진 상황에서 선물의 가격은 가장 저렴한 인도 가능 등급의 가격에 의해서 결정될 수밖에 없다. 그러므로 가장 저렴한 인도 가능 등급이 current coupon 담보대출과 밀접한 관련이 있어야 한다. 계약의 명시 조건이 이러한 요구를 충족했는가?

GNMA CDR의 주요 특징

표준 계약 조건에 따르면 잔여 원금이 $100,000이며 이표가 8%인 GNMA 증권의 인도를 요구하였다. 몇몇 인도 선택권이 주어졌다. 특이하게, 아마도 선물 계약 중 유일하게 인도 선택권 중 일부가 롱 포지션에게 주어졌다. 즉 만기에 롱 포지션이 CDR을 인도 받아서 이를 보유하는 기간 동안 매월 $635씩 수령할 수 있으며, 15일 전에 통보하기만 하면 CDR을 GNMA 증권과 교환할 수 있도록 한 것이다.

가장 중요한 인도 선택권은 숏 포지션에게 주어지는 질의 선택권이다. 질의 선택권 조항은 숏 포지션에게 표준 8% 대신 어떤 이율이라도 인도할 수 있게 허용하였다. 계약상 인도되는 담보대출의 현금흐름을 표준 이율인 8%로 할인하여 계산한 환산율로 가격을 조정하도록 하였는데 이 방법은 이후에 성공적인 미국 국채 선물 계약에서 사용되게 되었다. 그런데 여기에 한 가지 문제가 있었는데, 담보대출은 어제라도 조기 상환될 수 있는 바 현금흐름이 얼마 동안 지속된다고 가정할 것인가가 문제이었다. GNMA CDR 선물에서는 인도된 부동산 담보대출은 정확히 12년간 지속되며, 그 시점에서 전액 상환된다고 가정하였다. 환산율은 이 가정 하에서 산출되었고, 숏이 인도해야 하는 원금 잔액은 $100,000을 이 환산율로 나눈 금액이었다.

문제

실제로는 담보대출의 조기 상환이 대출자가 더 낮은 금리로 다시 대출을 받을 수 있을 경우에 자주 발생한다. 이러한 동기를 생각해 보면, 고금리 부동산 담보대출을 받은 대출자는 낮은 이율의 대출이 가능하면 낮은 금리로 대출을 받아서 고금리 대출을 상환할 개연성이 더 높다. GNMA CDR 선물 계약의 품질 선택권에서는 이러한 고금리 대출의 조기 상환 성향을 무시하였다. 모든 부동산 담보대출이 12년간 지속될 것이라고 가정함으로 저금리 대출에 비하여 고금리 대출의 조기상환 권리를 과소평가하였다. 다른 말로 하자면 저금리 대출에 비하여 고금리 대출의 만기를 상대적으로 과대평가하였다.

결과

이 결과는 쉽게 볼 수 있다. 고금리 대출의 현금흐름의 만기를 과대평가함으로 고금리 대출의 환산률이 저금리 대출에 비해 과대 계상되었다. (직관적으로 볼 때, 더 많은 현금흐름이 실제보다 더 오래 갈 것으로 가정하였다.) 다른 조건이 동일하다면, 숏은 고금리 대출을 인도하는 것이 유리하다는 사실 즉, 고금리 대출이 가장 저렴한 인도 가능 등급임을 알게 될 것이다.

그러나 GNMA CDR이 좋은 헤지 수단이 되기 위해서는, 그 가격이 current coupon 담보대출과 밀접한 관련이 있어야 한다는 사실을 이미 보았다. 그러므로 고금리 및 현재 금리가 동일한 수준을 유지하는 한 문제는 없다. 1975년에서 1982년 사이에는 사실 그러했다. 1975년 3월, 이자율은 8.25%이었다. 이자율은 점진적으로 1981년 17%까지 상승하였고 1982년까지 16~17% 근처에 머물러 있었다. 하지만 1982년 후반 이자율은 급격히 하락하기 시작했다. 1983년 11%의 저점에 도달하였고 1987년까지 16%보다는 훨씬 낮은 수준에 머물렀다. 결과적으로 1982년까지 GNMA CDR 선물 계약은 current-coupon 담보대출을 헤지하는 효과적인 수단이었지만, 1983년 후반에 이르러서는 더 이상 그렇지 못했다. Johnson과 McConnell은, 이 시기에 이르러서는 미국 국채 선물 계약이 current-coupon 담보 대출을 헤지하는 데 GNMA CDR보다 더 나은 수단이 되었고, 결과적으로 이 상품은 사라졌다는 사실을 보여 준다.

그림 2.3
미국 30년 부동산 담보대출 금리

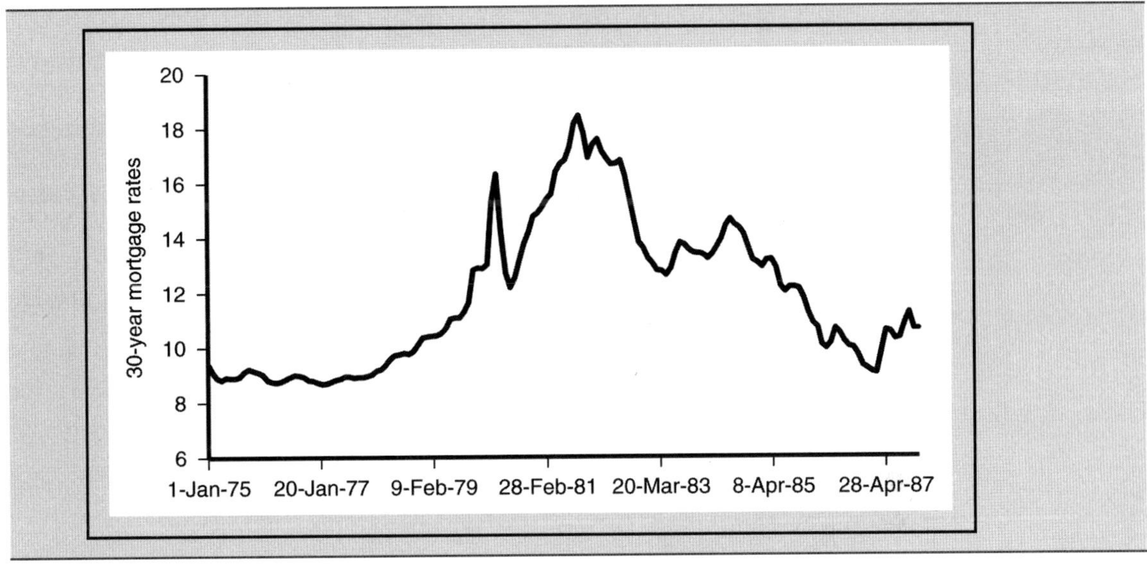

사례연구 2

Metallgeselschaft AG

Metallgeselschaft 일화는 앞에서 언급한 바와 같이, 투기적 거래가 아니라 헤징 전략과 관련된 것이라는 점에서 1990년대의 파생상품 관련 재앙의 역사에 특이한 사건이다.[5)] 이 일화의 주인공은 Metallgeselschaft Refining Marketing(MGRM)이라는 독일 Metallgeselschaft AG의 자회사이었다. 이때 Metallgeselschaft AG는 112년 된 회사로서 Deutsche Bank, Dresdner Bank, Daimler Benz 등과 같은 기관 투자자들이 대부분 주주들인 독일의 최대 산업 그룹 중의 하나로 200개의 계열사와 20,000명의 종업원을 거느린 회사였다.

1992년 MGRM은 5년 혹은 10년 기간에 걸쳐 고정 가격으로 디젤, 난방유, 휘발유 등을 공급하는 계약을 판매하고 있었다. 이러한 계약을 공격적으로 마케팅하여 매우 성공적으로 판매하고 있었다. 1993년 11월 MGRM은 1억5천만 배럴을 초과하는 장기 공급을 계약하였다. 이것은 1992년 10월에 비해 8배에 해당하는 물량이었고, 1993년 5월과 비교해도 2배가 넘는 물량이었다. 계약의 자세한

5) Metallgeselschaft에 관한 몇몇 사후 분석자료가 있으며, 일부는(예를 들면 Mello와 Parsons(1995) 및 Pirrong(1997)) 헤징 전략에 단층이 생기게 한 것이 근본적인 문제이며, 또 다른 사람들은(특히 Culp와 Miller(1995)) 전략은 건전하였으나 유동성의 문제를 파산의 문제로 혼동하였던 Metallgeselschaft의 경영진을 비난한다. 우리의 설명은 이러한 논문의 많은 부분을 참조하였다.

내용은 모두 달랐다. 계약의 2/3정도는 인도 일정이 명시된 확정 계약이었다. 나머지는 제한된 조건 하에서 매수자가 인도 일정을 조정할 수 있는 유연한 계약이었다. 사실상 모든 계약에는, 유가가 계약에 정해진 가격 이상으로 상승하면 매수자가 (이익을 얻으며) 계약을 취소할 수 있는 파기 조항이 포함되어 있었다.6)

기름을 고정된 가격에 미리 매도함으로, MGRM은 현물 가격이 상승하는 위험에 노출되게 되었다. 회사는 NYMEX의 휘발유, 난방유, 원유 선물 계약을 활용하여 이 위험을 헤지하기로 결정하였다. 이렇게 하여 회사는 유류 제품의 저장 및 마케팅에 집중할 수 있게 되었다.

MGRM의 총 익스포져가 방대하였기 때문에 헤지는 복잡했다. NYMEX의 총 포지션 한도 때문에 MGRM의 1억6천만 배럴의 계약을 모두 선물로 헤지하는 것은 불가능했다. MGRM은 NYMEX에서 5천5백만 배럴의 선물 롱 포지션을 활용했다. 이 거대한 포지션으로 인하여 회사는 거래에서 신분을 노출하지 않을 수 없었는데, 현금흐름이 문제가 되었을 때 이 사실도 문제를 악화시키는데 일조하였다.

스택 앤 롤 전략(Stack-and-Roll Strategy)

이상적인 헤징 전략은 익스포져의 만기와 선물의 만기를 일치시키는 것이다. 예를 들어, 1백만 배럴을 3개월 후에 인도하기로 약정하였으며, 이 특정 익스포져는 3개월 선물로 헤지할 수 있다. 비록 NYMEX는 몇 년 후까지 유류 선물을 제공하기는 하나, 몇 개월을 넘어가면 유동성이 부족하다. 난방유 및 휘발유 수요 공급의 계절적 변화를 맞추어서 익스포져를 조절해야 하는 MGRM의 전략에서는 유동성도 중요한 고려 사항이다.

대안으로 MGRM은 선물 계약을 활용함에 있어서 스택 앤 롤(stack-and-roll) 전략을 사용하기로 결정했다. 이 전략은 다음과 같은 절차로 이루어 진다. 회사는 회사 전체의 익스포져에 대하여 선물에서 롱 포지션을 취한다. 모든 포지션은 당월물, 즉 당월말에 인도가 이루어 지는 선물로 한다.(이것이 stack 부분이다.) 매월 말 회사는 포지션을 종료하고 나머지 익스포져에 대하여 새로운 롱 포지션을 취한다.(이것이 roll 부분이다.)

간단한 예로, 향후 60개월 동안 매월 1,000 배럴을 공급해야 하는 약정이 있다고 하자. 스택 앤 폴 전략에서는 60,000 배럴 모두에 대하여 1개월 선물로 롱 포지션을 취한다. 1개월 후 기존 선물 계약을 종료하고 새롭게 1개월 선물 59,000 배럴에 대한 롱 포지션을 취함으로 나머지 약정 부분(59,000 배럴)에 대하여 연장하게 된다.

---

6) 확정 계약의 경우 근월 선물의 가격이 계약서 상의 가격보다 높은 경우에 매수자가 해지 권리를 사용할 수 있으며, 매수자가 이 권리를 사용하게 되면 인도해야 할 물량의 가격차의 50%를 매수자가 수령하게 된다. 유연한 계약에서는, 2개월 선물 가격이 계약서에 정해진 가격을 초과하게 되면, 매수자가 권리를 행사할 수 있게 되어 있으며, 매수자가 이 권리를 행사할 경우 인도할 물량의 가격차를 전액 매수자에게 지급하도록 되어 있었다.

이론상으로 약간의 가정이 필요하긴 하지만 스택 앤 롤 전략은 미래의 익스포져에 대한 좋은 헤징이 되어야 한다. 이에 대한 증명은 3.2절에 있다. 직관적으로 스택 앤 롤 전략은 선도 계약의 손실을 선물의 이익으로 상쇄하거나 그 반대로 상쇄하는 것이다. 만약 유가가 상승하면 선도 계약에서는 손실이 발생하지만 선물의 롱 포지션에서 이익이 발생한다. 만약 유가가 하락하면 선물의 롱 포지션에서는 손실이 발생하지만 선도 계약의 이익으로 상쇄된다.

헤지의 잠재적인 문제점

실제에서는 이 전략을 수행하는 데 현금흐름과 관련된 문제가 발생할 수 있다. MGRM의 전략은 다음 두 가지 위험을 내포하고 있다. (a) 롱 포지션에 마진 콜이 발생할 정도의 급격한 유가 하락과 (b) 오일 마켓이 백워데이션(backwardation)에서 콘탱고(contango)로 변화하는 경우.(백워데이션과 콘탱고라는 용어는 아래에서 설명한다.) 뿐만 아니라 MGRM은 선물/선도 간의 불일치에서 발생하는 베이시스 리스크, 즉 시장 상황의 변화에 장기 선도 계약과 단기 선물 가격이 다르게 반응하는 위험에 노출되어 있다. 이 각각에 대하여 차례로 검토해 본다.

문제 1: 유가 하락

MGRM이 맞은 첫번째 문제는 선물 계약을 사용하는 데서 일반적으로 발생하는 중도의 현금흐름 문제이었다. MGRM은 선물 계약 5천5백만 배럴 롱 포지션을 취하고 있었다. 그러므로 유가가 $1 하락하면 선물 증거금 계좌에서만 $5천5백만의 현금 유출이 발생하며, 급격히 유가가 하락하는 경우 헤지를 유지하기 위하여 마진 콜에 응해야 하며, 이를 위한 대규모 현금이 즉시 필요하게 된다. 물론 유가가 하락하는 경우 선도 계약은 가격을 고정시켰으므로 더욱 더 좋아지지만, 선도 계약 숏에서 발생하는 상응하는 이익은 미래의 약정된 날까지는 현금흐름으로 이어지지 않는다. 그러므로 포지션의 경제적 가치는 변하지 않으나(헤지된 상태이나), 단기적으로 심한 현금흐름 압박이 초래된다.

불행히도 MGRM에 이러한 상황이 발생했다; 유가는 1993년 25% 하락했다. 이로 인해서 마진 콜(선물 포지션에 대한)에 응하기 위하여 약 $9억이 필요하게 되었으며, 추가 담보(OTC 포지션에 대하여)가 필요하게 되었다.

문제 2: 백워데이션에서 콘탱고로 반전

선물가격이 현물가격보다 낮으면 선물 시장이 백워데이션이라고 한다. 선물 가격이 현물 가격보다 높으면 콘탱고라고 한다. 3장과 4장에서 보게 되겠지만, 전형적인 상품 시장에서는 양의 보관비용이 발생하므로 이론적인 선물 가격은 현물 가격보다 높으며, 시장은 콘탱고 상황이다. 그러나 일부 상품 시장에서는(석유 시장에서 특히) 선물 가격은 가끔 현물 가격보다 낮다. 이러한 현상은 통상 상품 현물을 보유함에서 오는 편리함의 이익이 큰 경우에 발생한다. 이 문제에 대해서는 4장에서 다룰

것이다.

MGRM의 전략 중 연장(roll) 부분에서는 석유시장이 백워데이션에서 콘탱고로 변할 경우에 위험이 발생하게 된다. 왜? 직관적으로 보면, 매월 말 만기되는 계약의 롱 포지션을 숏 포지션으로 상쇄기키고 새롭게 근월물의 롱 포지션을 취하여 선물 포지션을 계속 연장한다. 기존 계약은 만기가 되므로 이를 현재의 현물 가격에 매도하게 된다. 그러므로 포지션을 연장한다는 것은 당시의 현물 가격으로 매도하고 당시의 1개월 선물 가격으로 매입하는 것을 의미한다. 백워데이션 상황에서는 연장은 현금 유입을 의미하지만, 콘탱고 상황에서 연장은 현금 유출을 야기한다. 좀 더 체계적인 분석을 원하면, 부록 2.1을 보라.

1980년대 중반 및 말에 걸친 대부분 석유 선물 시장은 백워데이션 상황에 있었다. 이러한 상황이 지속되었더라면 MGRM은 연장에 따른 현금 유입을 기대할 수 있었을 것이다. MGRM에게는 불행히도 1993년 후반 석유 시장은 콘탱고로 전환되었다. 그 결과 1993년말, MGRM은 매월 연장을 위해서만 $3천만 이상의 현금 유출이 발생하고 있었다.

베이시스 리스크: 또 다른 문제?

MGRM을 힘들게 한 또 다른 문제는 베이시스 리스크라고 언급한 바 있다. MGRM은 장기 선도계약을 단기 선물 계약으로 헤징을 하고 있었다. 이 두 가격은 연동되어 움직이지 않는다. 말하자면, 현물 시장에서의 유가 변동에 대하여 장기 선도 계약 가격의 반응은 단기 선물 계약의 가격 반응과는 다를 수 있다. Mello와 Parsons(1995), Pirrong(1997) 그리고 다른 여러 사람들도, 결과적으로 Metallgeselschaft의 최소 변동성 헤지(현금흐름의 변동성을 최소화 하는 헤지)는 Metallgeselschaft는 실제로 취했던 헤지 규모의 약 절반 정도이었으며, 나머지 절반 정도는 사실상 유가 인상을 바란 투기이었다고 주장한다.(최소 변동성 헤지는 5장에서 자세히 다룬다.) 이와는 달리, Miller와 Culp(1995)은 1대 1 헤지는 Metallgeselschaft에게는 정당한 전략이었다고 주장하며, 이 입장을 정당화하는 예를 제시한다. 이 두 견해를 종합하면서, Wahernburg(1996)는 어떤 헤지 비율이 정확한 비율이냐는 헤징 기간에 따라 다르다는 점을 보여 준다. 특히 단기간 현금흐름만 주목한다면 1보다 상당히 작은 헤지 비율이 최선이지만 계약 전 기간의 위험을 측정한다면 1대 1 헤징이 매우 효과적이라는 점을 보여준다.[7)]

대단원

MGRM의 현금 상황이 공개적으로 알려지자 문제는 커지기 시작했다. NYMEX가 MGRM의 증거금 요건을 두 배로 상향시켰다. 그 이후에 NYMEX는 MGRM에 대하여 헤저로서의 예외 인정을

7) 3.2절에 있는 이 논의는 단기 선물 계약을 연장하는 것은 장기 선물 계약만큼 효과적이라는 주장은 암묵적으로 헤징 기간이 전 계약 기간이라는 견해를 채택하고 있다.

그림 2.4

원유가격:
1992년 11월-
1994년 7월

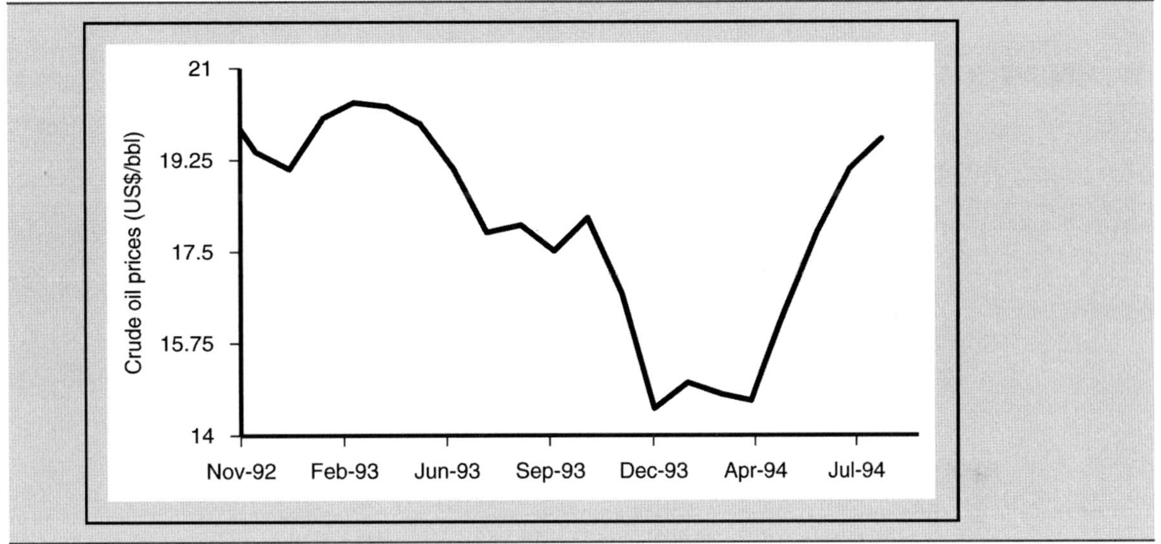

거부하여, 사실상 MGRM의 포지션 한도를 절반으로 줄였다. 장외 시장의 거래 상대방들도 계약을 연장하기 위하여는 담보를 증가시키라고 요구하였다.

이에 대하여 Metallgeselschaft AG의 고위 경영진은 포지션을 청산하고 기존의 헤지 전략을 종료하기로 결정하였다. 헤지의 종료를 지지하는 여러 논리가 제시되었다. 전략을 유지하기 위해서는 현금이 너무 많이 필요하다는 의견이 제시되었으며, 장기 선도계약도 물샐틈없이 확실하지는 않으며, 심대한 신용 리스크가 존재한다는 의견도 제시되었다. 선도계약과 선물계약의 기초자산 불일치로 인한 베이시스 리스크 가능성도 언급되었다.

모회사의 행동이 즉흥적이며 현명하지 못하였다는 반대의견이, 노벨상 수상자인 경제학자 Merton Miller와 그의 제자 Christopher Culp의 주도하에 금융신문들과 전문 저널에 나오기 시작했다. 첫째 헤지의 종료는 서류상 손실을 실제의 손실로 전환시키는 것이며, 둘째, 만약 시장이 다시 백워데이션 상황(그것이 수년간 정상상태이었다)으로 전환되면, 연장의 수익이 증가할 것이며, 헤지를 정리하는 것은 이러한 가능성을 제거하는 것이다. 셋째, 헤지를 제거하면 MGRM은 가격 상승에 영향을 받게 된다.

사실 MGRM은 거의 바닥에서 포지션을 정리하였다. 비록 정산 당시 이를 예측할 수는 없었겠지만, 유가는 1994년 다시 상승했다(그림 2.4 참조). 결과는 심각하였다. 헤지의 종료에 $10억을 훨씬 초과하는 비용이 발생하였고, 모회사의 파산을 초래하였다.

사례연구 3

Amaranth

Amaranth LLC는 전환사채를 전문으로 하는 헤지펀드로 출발하였다. 2004년 전통적인 분야에서 수익이 줄어들자 Amaranth는 Enron 파산 이후 2002년에 새롭게 진출한 에너지 분야의 거래 금액을 크게 늘렸다. 이 분야의 확장과 Brian Hunter의 고용이 우연히 일치되어, 2005년 Amaranth의 놀랄만한 성장과 2006년 더욱 더 놀라운 추락의 주역이 되었다. 다음이 Amaranth 모험의 요약이다.[8)]

천연가스 시장

천연가스는 미국 경제의 주된 에너지원 중의 하나이며, 미국에서 소비되는 에너지의 약 1/4을 차지한다. 미국 가정의 약 절반이 겨울 난방을 위해서 천연가스를 사용한다. 미국 전기 생산의 약 1/5을 천연가스가 담당하며, 다른 산업용, 상업용으로도 천연가스가 사용된다. 천연가스는 흔히 에너지 양(british thermal units, Btu)으로 계량한다. 일반적으로 현물가격이나 선물가격 모두 백만 Btu당(MMBtu) 가격으로 호가된다.

천연가스 시장은 여러 면에서 독특하다. 수요는 매우 계절적이어서 겨울 수요량이 여름 수요량을 초과하며, 특히 겨울이 추우면 더욱 그러하다.(누구나 짐작할 수 있듯이, 계절적 특성은 대체로 주거용 난방 수요에 의해서 생겨난다.) 겨울철 난방 수요는 상대적으로 탄력성이 낮아서 겨울철 가격이 여름철 가격보다 체계적으로 높으며, 한파가 있으면 가격이 폭등하는 것도 흔한 일이다.

천연가스 현물 시장은 매우 크고 활발하다. 전통적으로 현물시장가격은 Platts 그룹과 같은 업계에서 만든 현물가격 지수를 참조한다. 이러한 지수들은 주요 인도 장소 혹은 루이지애나의 Henry Hub같은 허브의 현물 거래 서베이를 근거로 계산된다. Amaranth의 일화가 나오기 수년 전, 시장이 현물 거래에서 NYMEX의 근월물 가격을 참조하는, 즉 그 계약의 최종 정산가를 사용하는 방향으로 두드러지게 움직였다. 그 결과 2006년 지수 가격과 NYMEX의 최종 정산가격이 사실상 같아졌다(그림 2.5).

8) 이 사례의 설명은 상원보고서(2007)를 주로 참조하였음.

그림 2.5
지수 가격과 NYMEX 최종 정산가

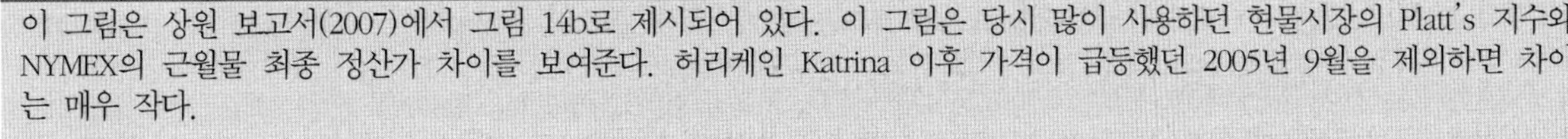

이 그림은 상원 보고서(2007)에서 그림 14b로 제시되어 있다. 이 그림은 당시 많이 사용하던 현물시장의 Platt's 지수와 NYMEX의 근월물 최종 정산가 차이를 보여준다. 허리케인 Katrina 이후 가격이 급등했던 2005년 9월을 제외하면 차이는 매우 작다.

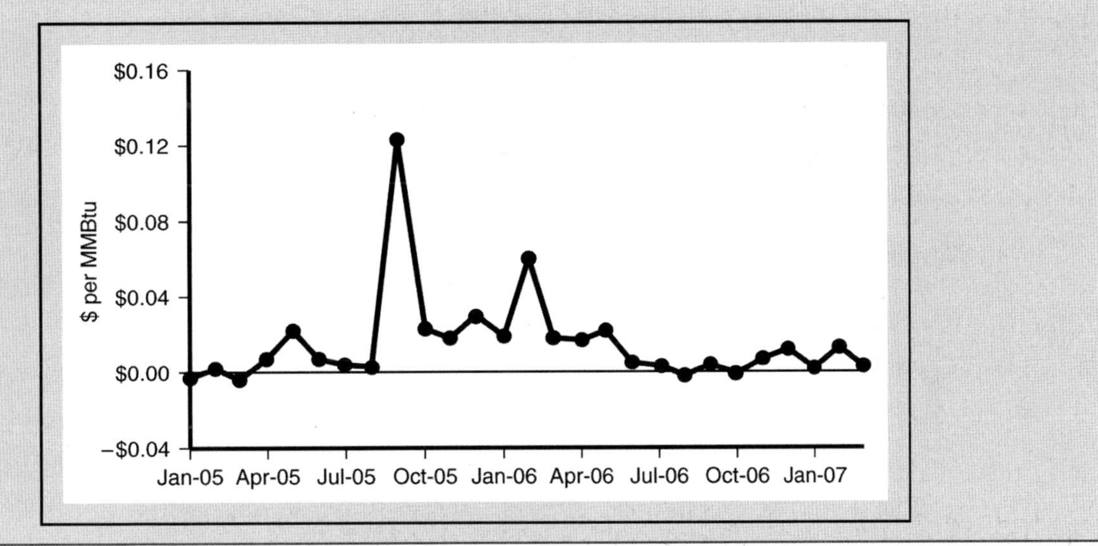

천연가스 파생상품: NYMEX 선물과 ICE 스왑

천연가스 선물은 NYMEX에서 거래된다. 미래 몇 년간에 걸쳐 월별로 만기되는 계약이 있다. 인도월 3일전에 거래는 종료된다(예를 들면, 2005년 2월 선물은 2005년 1월 마지막 세번째 영업일에 거래가 종료된다). 그 계약의 최종 정산 가격은 계약이 종료되기 전 30분동안의 가격에 근거하여 결정된다. 계약은 현물로 정산된다. 한 계약은 10,000 MMBtu의 천연가스를 인도 받는다. 인도는 계약월에 (최대한) 일정한 흐름으로 이루어 진다.

NYMEX는 규제를 받는 미국 거래소인 반면, 천연가스에 대한 선물 유사 계약이 규제 대상이 아닌 전자 거래소인 InterContinental Exchange (ICE)에서 거래되나. 천연가스 스왑이라고 부르는 이 계약은 표준 규모 2,500 MMBtu 단위로 거래되며, 향후 몇 년에 걸쳐서 월별로 만기되는 계약이 있다. NYMEX와는 달리 만기에 현금으로 정산되며, 이 외에는 NYMEX의 선물을 복제하도록 설계되었다. 실로 Amaranth 사건이 생긴 2006년에는 ICE 스왑에서 최종 정산가격은 상응하는 NYMEX 선물의 최종 정산가와 동일하게 되도록 명시하여, 이 두 계약이 기능적으로 동일하게 되도록 하였다.

하지만 운영상 중요한 차이점이 있었다. 규제를 받는 거래소로서 NYMEX는 모든 참여자에 대하여 포지션 한도와 "책임수준(accountability level)"(정보를 공개해야 하는 포지션 수준으로, 거래소의 재량으로 포지션을 줄이도록 요구할 수 있게 되는 수준)을 명시하고 있다. 다만 NYMEX는 개별 참여자에 대하여 이 한도를 완화할 수도 있다(또 실제로 그렇게 하였다). 이와는 대조적으로 규제를 받지 않는 거래소인 ICE는 포지션 한도를 두지 않았으며, NYMEX에서 거래한도 혹은 포지션 한도를 초과하

는 경우 해당 계약을 ICE로 이동할 수 있었다. 이것이 왜 중요한지는 곧 Amaranth의 경우를 통해서 살펴볼 것이다.

마지막으로 천연가스 수요의 계절적 특성으로 인하여 천연가스의 가격도 [그림 2.6]에서 보는 바와 같이 파장의 형태를 보인다. 두 그림 모두 5년간의 가격 변동을 보여 주는데, 상단의 그림은 2007년 6월 1일에 관측된 가격을 보여 주며, 하단의 그림은 2009년 1월 28일에 관측된 가격을 보여 준다.

Amaranth의 매매 전략

2006년 Amaranth를 파국으로 이끈 문제는 크게는 선물 거래이었지만, 이 회사의 에너지 관련 매매에서는 다른 전략 및 수단도 사용하였다. 예를 들면, 2005년 매우 성공적인 베팅 중의 하나는 정도가 심한 외가격 천연가스 선물 콜옵션을 매입한 것이었다. 이 옵션으로 인하여 Amaranth는 고정된 가격으로 선물 계약을 매입할 수 있었다.(선물 옵션은 14장에서 설명한다.) 2005년 허리케인 Katrina와 Rita가 미국을 강타했을 때, 천연가스 가격은 치솟았고 Amaranth는 상당한 수익을 기록하였다.

Amaranth가 2006년 취한 주전략은 '겨울 매수-여름 매도'라고 일컫는 전략이었는데, 이는 겨울 인도 선물 가격과 여름 인도 선물 가격의 차이가 확대될 것이라는 예측에 근거한 것이다. 넓은 의미에서 이것은 사실이지만, 실제로 NYMEX 선물과 ICE 스왑을 사용하여 이를 구현하는 것에는 미묘한 차이가 있으며, 여러 다른 세부 전략이 관련된다. 세부 전략 중 몇 중요한 전략을 열거하면 다음과 같다.

여름 매도(short summer) 2005~2006의 겨울이 상대적으로 따뜻하였기 때문에 2006년 초반에는 천연가스의 공급이 풍부했다. Amaranth는 가스 가격이 하락할 것으로 예측하여 2006년 3월 선물 30,000계약이라는 대규모 숏 포지션을 취했다. 2월 이 계약을 4월 선물로 연장시켰으며, Amaranth는 가스 가격이 여름부터 초가을 사이에 하락할 것이라는 견해에 따라 초여름까지 연장을 이어 갔다. 포지션의 규모도 증가되어 2006년 7월 말에는 2006년 9월 만기 선물에 대한 숏 포지션이 60,000 계약을 초과하고 있었다.

2007년 1월/2006년 11월 스프레드 Amaranth의 두번째 핵심 전략은 2006~2007 겨울의 형태에 대한 전략이었다. Amaranth는 겨울 가격이 상승하되, 특별히 1월의 가격이 11월의 가격보다 더 급격히 상승할 것이라고 예측했다. 즉 2007년 1월/2006년 11월의 가격차가 커질 것이라고 예측했다. 그래서 2006년 2월 Amaranth는 2007년 1월물 25,000계약을 매입했고, 2006년 11월물 25,000 계약을 매도했다. 이 포지션은 시간이 지나면서 점점 더 커졌고, 2006년 6월이 되었을 때 2007년 1월물 롱 포지션은 약 60,000계약이 되었으며, 2006년 11월물 숏 포지션은 50,000 계약을 초과하였다. 2006년 7월 중순부터 2006년 11월물의 숏 포지션을 2006년 10월물로 교체하기 시작했다.

그림 2.6
천연가스
선물 가격

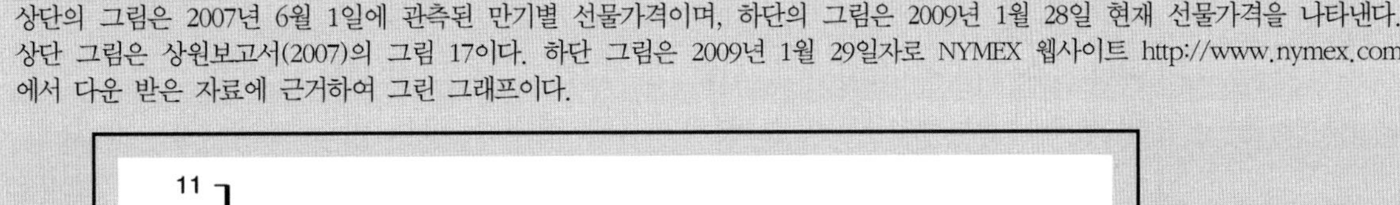

상단의 그림은 2007년 6월 1일에 관측된 만기별 선물가격이며, 하단의 그림은 2009년 1월 28일 현재 선물가격을 나타낸다. 상단 그림은 상원보고서(2007)의 그림 17이다. 하단 그림은 2009년 1월 29일자로 NYMEX 웹사이트 http://www.nymex.com에서 다운 받은 자료에 근거하여 그린 그래프이다.

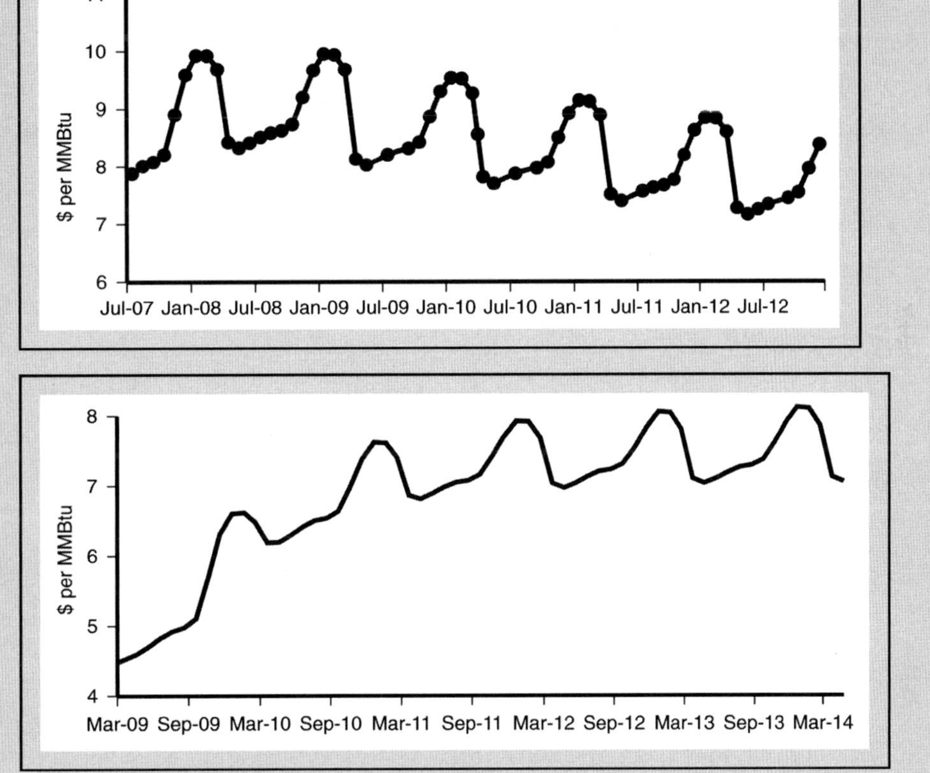

2007년3월/2007년4월 스프레드 역사적으로 3월은 겨울 난방이 끝나는 시점을 의미하므로 3~4월의 가격차는 매우 변동성이 컸다. Amaranth는 2007년 3월/2007년 4월의 가격차가 확대될 것으로 전망하였고 이에 따라 3월 선물을 매수하고 4월 선물을 매도하였다. 2006년 5월 Amaranth는 2007년 3월 선물 20,000 계약을 매수하고 2007년 4월 선물 20,000계약을 매도하였다. 7월 말까지 이 포지션들은 엄청나게 증가하여 Amaranth는 2007년 3월 선물 59,000 계약을 매수한 상태였고, 2007년 4월 선물 80,000계약을 매도한 상태였다.

이 외에도 Amaranth는 2006년 여러 달에 만기 되는 선물을 포함하여 만기가 다른 선물에 여러 다른 포지션을 가지고 있었다. 여름이 끝나갈 무렵 Amaranth는 2008년 3월/2008년 4월 및 2010년 3월/2010년 4월 선물에 대한 포지션도 보유하고 있었다.

Amaranth의 거래에서 가장 두드러진 것은 두말할 필요 없이 거래의 규모였다. 이는 달러 금액으로도 엄청난 액수이었으며, Amaranth의 자본과 비교해도 어마어마한 금액이었다. 예를 들면 MMBtu당 $8이라고 가정하면, 선물 한 계약당 규모가 10,000 MMBtu 이므로 액면가는 $80,000이다. 선물 포지션 30,000 계약이면 여기에서만 액면가 $24억이다. 살펴본 바와 같이 Amaranth는 이와 비슷한 규모 혹은 더 큰 (많은 경우 훨씬 더 큰) 규모의 포지션을 여러 개 보유하고 있었다.

Amaranth 포지션의 규모는 전체 시장의 점유율로 보면 더 심각하다. 여러 경우에 NYMEX의 총 미결제약정 계약의 50%를 초과하였다. 예를 들면, 2006년 6월 중순, Amaranth의 2007년 1월 물 보유량은 NYMEX 전체 미결제약정의 52%를 차지했고, 2006년 11월 계약의 경우에는 미결제 약정의 57%를 차지했다. 2006년 7월 말 Amaranth의 2007년 1월물 롱 포지션의 규모는 2007년 1월 전 미국 주거용 천연가스 사용량과 거의 같은 규모이었다. 이러한 대규모 포지션은, 곧 살펴 보겠지만 Amaranth에게 심대한 유동성 문제를 초래했다.

성과: 2006년 초반

2006년 초반이 거의 지나갈 때까지 Amaranth의 전략은 매우 잘 작동하였다. 4월말 기준 연간 누적 수익률은 30%를 초과하였으며, 4월 한달에만 수익이 $10억을 넘었다. 이러한 성공의 상당부분은 Amaranth가 예측한대로 가격이 움직였기 때문이었다. 예를 들면:

- 2006년 4월, 2006년 6월 선물의 가격은 MMBtu당 $0.8 즉 한 계약당 $8,000이 하락하였다. Amaranth는 이에 약 30,000계약의 숏 포지션을 가지고 있었으므로 이 포지션에서만 약 $2억 4천만 달러의 일일정산 차익을 얻었다.
- 2006년 $1미만이었던 2007년 1월/2006년 11월 스프레드가 점진적으로 증가하다가 2006년 4월 $1.59에서 $2.22로 $0.63이나 급격히 증가하였다. 이는 2007년 1월 롱/2006년 11월 숏 포지션 1계약당 $6,300의 수익을 의미한다. Amaranth는 2006년 4월에 이러한 스프레드를 30,000계약 보유하고 있었으므로 이 계약에서만 $1억8천만의 일일정산 차익을 얻었다.

문제 발생의 첫 번째 신호: 2006년 5월

5월에 상황이 급반전하였으며, 최악의 달이 되어 회사는 투자자에게 손실이 발생하였다는 보고를 하게 되었다. Amaranth는 이익이 발생한 포지션을 고정시키고 시장에서 철수 하려는 시도를 하였으나 문제에 봉착하게 되었다: 많은 계약에서 전체 포지션 중 상당한 부분을 보유하고 있었기 때문에 가격에 영향을 미치지 않고 시장에서 철수하는 것, 심지어는 포지션을 줄이는 것도 어려웠다. Amaranth가 붕괴된 이후에 돌이켜 보면서, 연초부터 누적된 일일정산 이익 중 적어도 일부는 자신의 거래로 인한 것이므로 환상이었다라는 지적을 하기도 하였다. 예를 들면, 2007년 1월/2006년 11월 스프레드 포지션을 계속해서 대규모로 매수하였기 때문에 스프레드가 더 벌어졌고, 이로 인해서 Amaranth가 기존에 보유한 스프레드 포지션에 수익이 발생하는 것처럼 보였다. Amaranth가 보유한 포지션의 막대한 시장 점유율을 고려해 보면 이 설명이 타당해 보인다. 그러므로 보유를 줄여서

일일정산 이익을 확보하려 했으나 이것이 불가능했다는 것은 놀랄만한 일은 아니다.

이 유동성 문제에 더하여, 시장이 Amaranth에 적대적인 방향으로 급격히 선회했으며, 특히 5월 마지막 주가 그러했다. 경제적 요인에 비추어 보거나 역사적 패턴을 보더라도 스프레드가 너무 많이 벌어졌다는 느낌이 (아마도 Amaranth의 거래 그 자체 때문에) 시장에 퍼졌다. 2007년 1월/2006년 11월 스프레드가 $2.15에서 $1.73으로 하락하였으며, 이 스프레드 포지션에서 Amaranth는 심대한 손실을 보았다. 전체적으로 Amaranth는 5월에 $11억5천만을 잃었다. 그 이전 4개월에서 성과가 좋았기 때문에 5월을 무난히 지낼 수 있었다.

누적: 2006년 6~7월

5월에 유동성 문제에 봉착했던 Amaranth는 포트폴리오 축소를 위해서 손실이 발생하더라도 포지션을 정리하는 문제를 내부적으로 논의하였던 것으로 알려지고 있다. 하지만 궁극적으로 회사는 6월 7월에 이러한 포지션을 더 증가시켰다·

- Amaranth는 여름 및 초가을 계약의 숏 포지션을 계속 연장했다. 6월 회사의 2006년 8월 계약 숏 포지션은 40,000계약이 넘었다. 7월 들어 이 계약들을 2006년 9월 계약으로 연장했으며 결과 월말의 2006년 9월 계약의 숏 포지션은 63,000계약이 되었다.
- 6월 시점에서 Amaranth의 2007년 1월 계약 롱 포지션은 60,000계약이었으며, 7월말에는 약 80,000계약이 되었다. 뿐만 아니라 6월 시점에서는 2006년 11월 계약 숏 포지션이 51,000계약이었으며, 7월에는 이를 2006년 10월 선물 42,000계약 숏 포지션으로 변경하였다.
- 7월 말에 이르러서는 2007년 3월/2007년 4월 포지션이 3월 선물 59,000계약 롱 포지션, 4월 선물 약 80,000계약 숏 포지션으로 증가되어 있었다.

특별히 2007년 3월/2007년 4월 스프레드의 누적은 급격하였다. 특정 몇 날에는(5월26일, 6월 15일, 7월 31일) Amaranth가 이 특정 만기 선물 거래를 주도하여 총 거래량의 40~60%를 차지하였고, 결과적으로 그 날의 스프레드에 확실한 충격을 주었다(그림 2.7 참조). 7월 말이 되어서는 NYMEX의 2006~2007 겨울 만기 선물 계약의 약 40%를 보유하게 되었다.

더 심해진 변동성: 2006년 8월

2006년 8월 초 Amaranth 포지션 규모에 염려한 NYMEX는 Amaranth에게 포지션 규모를 줄이도록 요청하였다. Amaranth는 이에 따랐지만, 동시에 규제가 없는 ICE에 포지션을 늘려서 결과적으로 총 익스포져는 사실상 증가되었다.

특히 규모를 증가시킨 포지션은 2006년 9월 계약 숏 포지션으로 2006년 10월 계약을 재매입하는 한편 이를 늘렸다. 가격을 하락시키는 대규모의 공급에 직면하여 10월물 가격보다 9월물 가격이 더 빨리 하락할 것이라는 예측에 사실상 도박을 한 것이다. 8월 마지막 주 2006년 9월 선물의 가격은 $1 이상(계약당 $10,000 이상) 하락하였는데, 이는 Amaranth 자신의 매도도 일조하였을 것이다.

이 기간 중 Amaranth의 2006년 9월물 숏 포지션은 60,000계약에서 100,000계약으로 증가하였다. 동시에 2006년 9월/2006년 10월의 스프레드는 정상적인 7~8 센트의 범위에서 극적으로 벗어난 35 센트로 확대되었다.

특별한 경제적 요인의 변동 없이 스프레드가 과거 수준에서 급격히 이탈하자 많은 투자자들은 Amaranth와 반대 포지션을 취하게 되었다. 이들 중 가장 큰 규모는 또 다른 헤지펀드인 Centaurus이었다. 9월물 마지막 거래일 Amaranth는 거래를 1시간 일찍 종료하였는데 가장 주된 이유는 NYMEX의 요청이 있었기 때문이었다. Centaurus는 엄청난 양의 거래를 계속하였으며, 결과 9월물의 가격은 60센트, 계약당 $6,000 상승하였음에도 불구하고 2006년 10월/2006년 9월의 스프레드는 마지막 1시간 동안 40센트 하락하였다. 결과적으로 Amaranth의 1일 손실액은 아찔한 $6억, 전체 운용자산의 6%이었다.

종말: 2006년 9월

8월 29일의 엄청난 손실에도 불구하고 Amaranth는 아직도 $6억3천만 수준으로 그 달을 종료했다. 하지만 회사의 포지션 규모, 손익(P&L)의 변동성 때문에 시장에서 염려가 생겨나기 시작했다. 필요한 증거금이 8월 중순 $20억에서 9월 초 $30억을 초과했다. 포트폴리오 규모가 증가함과 동시에 회사의 레버리지도 증가하였다. Chincarini(2006)에 따르면 8월말에 회사의 레버리지(선물 포지션의 가치와 자본 비율)가 5를 초과하였다고 한다. 시장의 급격한 변동에 특별히 취약하게 되었다.

그 이후 상원에서 이루어진 증언에 따르면, 다수의 시장 참여자들이 2006년 여름에는 여름/겨울 스프레드 가격이 너무 높았다고 생각하였으나, 전년도의 허리케인 Katrina와 Rita가 급격히 가격에 영향을 준 것을 생각하여 반대 포지션을 취하기를 꺼려했다고 한다. 그리고 또 재원이 풍부한 거대 거래자(Amaranth)가 계속 이 스프레드를 매입하여 스프레드 가격을 올리고 있다는 생각이 퍼져있었다. 하지만 Amaranth는 더 이상 포지션을 증가시킬 재원이 없었다. 허리케인 계절도 큰 재앙 없이 끝나고 겨울 가스 공급도 충분한 것으로 판명되자 스프레드는 급전직하하였다.

끝은 신속하였다. 2007년 1월/2006년 10월 스프레드가 급격한 하락을 보여, 2006년 9월 1일부터 9월 15일 사이에 약 25% 추락했다. 2006년 8월 마지막 주에 이미 25% 가까이 하락한 2007년 3월/2007년 4월 스프레드는 계속 추락하였다(그림 2.7 참조). Amaranth는 돈을 쏟고 있었다. 현금을 확보하기 위하여 회사는 2007년 3월/2007년 4월 스프레드 포지션을 Centaurus에 매도하려 하였으나 제안은 거절되었다. Centaurus의 CEO John Arnold는 Amaranth의 Brian Hunter에게 보낸 이메일에서[9], 최근에 가격이 급격히 추락하긴 하였으나 $1 스프레드는 아직도 고평가된 가격이라는 의견을 표시했다. 그는 45~60 센트가 적절한 스프레드 가격이라고 제안하였으나, Amaranth는 거절했다.

9) 상원보고서 (2007), p.113 참조

그림 2.7 2007년3월/2007년4월 천연가스 선물가격 스프레드

이 그림은 NYMEX에서 거래되는2007년3월 및 2007년 4월 선물 계약의 가격차이 움직임을 보여준다. 이 그림은 상원보고서(2007) 그림 38을 옮긴 것임.

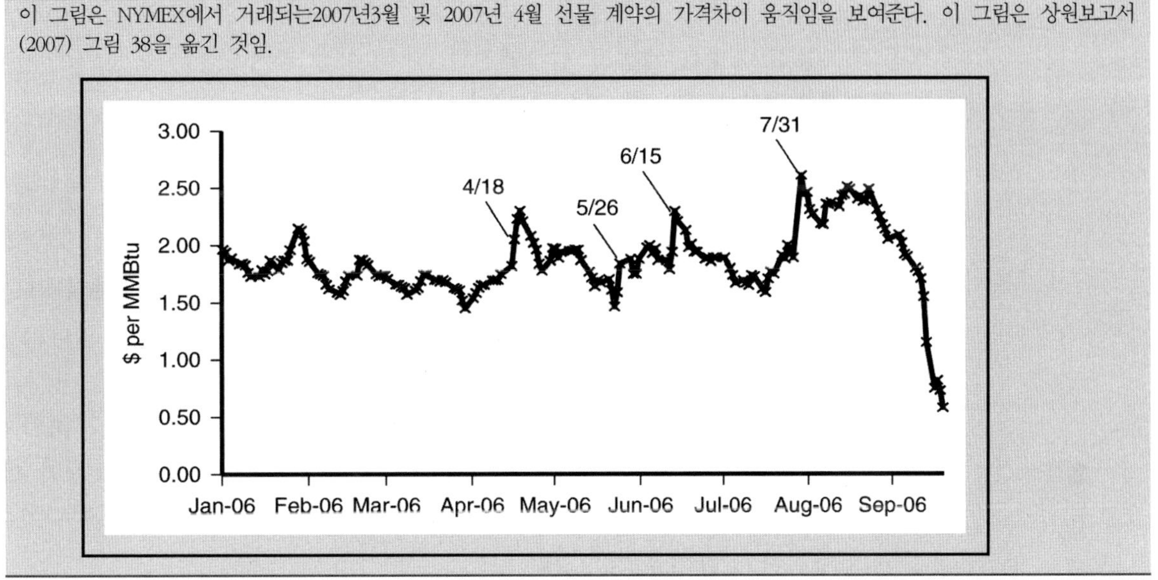

Arnold의 예측은 예언이 되었다. 일주일 후 Amaranth의 최종 거래일이 된 9월 21일 스프레드는 58센트이었다. 다른 스프레드도 비슷하게 폭락했다. Amaranth는 에너지 거래 분야를 JP Morgan Chase에 매각하고 나머지 포트폴리오를 처분하여 마진 콜을 채웠다. 9월의 3주간 만에 펀드는 $43억5천만, 총 운용자산 $96억7천만의 45%를 잃었다.

레버리지, 유동성 및 변동성

조금만 생각해 보면 Amaranth를 망친 세 가지 요인 중 첫 번째 두 요인은 Amaranth의 전략과 관련이 있고 세 번째 요인은 시장의 특징과 관련이 있다.

1. **레버리지**: 소액의 증거금 납입으로 전체 포지션 가치를 움직인다는 점에서 모든 선물은 레버리지가 있는 포지션이다. 예를 들면 20%의 증거금 납입은 5:1의 레버리지를 의미한다. 투기적 선물 포지션은 선물가격 변동에 매우 민감하다. 스프레드 포지션의 경우 위험은 약간 다르다. 이 경우 문제가 되는 것은 선물의 가격이 아니라 기간 구조 즉 만기에 따라 선물의 가격이 어떻게 변하는지이다. 특히 문제가 되는 것은 만기가 다른 선물의 가격의 차이이다. 계절적 효과에 투기적 거래를 하는 것은 이 기간 구조 모양에 대한 투기이다.
   어떤 경우에도 큰 손실과 큰 수익을 가능하게 해 주는 것이 레버리지이다. Chincarini(2006)에 따르면 2006년 8월에 Amaranth의 레버리지는 5.29이었던 것으로 추정되었으며, 이는 총 자산 $96억7천만이 $500억의 선물을 지탱하고 있었음을 의미한다. 선물 가격(혹은/그리고 선물가격의 기간 구조 모양)의 급격한 변동은 재앙을 초래할 수도 있음을 쉽게 알 수 있다. Amaranth는 그러한 가격 변동의 가능성이 낮은 것으로 생각했지만, 다른 시장 참여자들의 반응으로 미루어 보면 이러한 견해는 광범위하게 공유된 것은 아니다.

2. 유동성: 레버리지의 악영향은 동일한 레버리지 거래를 너무 많이 함으로 증폭될 수 있다. 이 거래가 시장 전체의 상당부분이 되면 더욱 나쁘다. Amaranth는 자신의 포지션 규모가 너무 커서 이익을 실현하면서 반대 거래를 할 수 없으며, 사실상 일부분을 반대 매매하더라도 가격에 즉각적으로 부정적인 영향을 주어서 나머지 전체를 손실로 매매해야 할 수 밖에 없다는 사실을 알게 되었다. 그런 경우 일일정산 수익은 대부분 환상에 불과할 수 있다.

레버리지는 가격 변동의 충격을 증폭시킨다. 유동성 부족은 포지션을 청산하기 위한 매매를 시도할 때에 가격이 크게 (부정적인 방향으로) 움직인다는 것을 의미한다. 유동성과 레버리지가 합쳐지면 Amaranth의 경우나 2008~2009년 위기 시에 많은 기관이 비싼 대가를 지불하며 배운 바와 같이 치명적인 조합이 될 수 있다.

3. 변동성: 상품 시장은 변동성이 높은 것이 특징이다. 큰 가격 변동 및 선물 가격 기간 구조의 급격한 변동이 심심찮게 일어난다. Amaranth의 몰락 시점 근처에 천연가스 옵션 거래는 80~100%의 변동성을 보였다. (참고로 주요 주가지수 변동성은 15~20% 수준이다.) 변동성이 높다는 것은 가격이 크게 움직인다는 뜻이며, 레버리지와 결합되면 크게 벌 수도 있고 크게 잃을 수도 있다는 것을 의미한다. 확실히 모든 것이 Amaranth에 불리하게 움직일 때는 높은 변동성도 도움이 되지 않았다.

Amaranth의 사례는 재앙으로 이끈 요소가 특별해서가 아니라 규모가 커서 특이한 사례이다. 그 사건 8년 이전에 또 다른 헤지 펀드가 재앙에 해당하는 손실을 입었고, 금융 시스템의 안전을 위협하였다. 1998년 Long-Term Capital Management(23장 참조)의 실패 역시 치명적인 레버리지-유동성 결합에 의해 발생했다. 최소한 금융기관 참여자의 행동에는, 해 아래 진실로 새것이 없도다.

2.7 연습문제

1. 선물계약에서 인도 선택권은 무엇인가? 일반적으로 왜 인도 선택권이 숏에게 주어지고 롱에게는 주어지지 않는가?
2. 인도 선택권이 어떻게 선물 가격과 선도 가격 관계에 영향을 미치나?
3. 다음 용어는 무엇을 말하는가? 초기 증거금, 유지 증거금, 변동 증거금

4. 가격 틱(tick)이란 무엇인가?
5. 가격한도와 가격한도가 왜 존재하는 지를 설명하라.
6. 선물 시장에서 포지션 한도는 무엇인가? 왜 이것이 필요한가? 목적 달성에 효과적인가, 아니면 다른 더 좋은 방법이 있는가?
7. 선물 계약을 정산하는 방법에는 어떤 것들이 있는가? 왜 이런 방법이 존재하는 지를 설명하라.
8. 미결제 약정 계약(open interest)이란 무엇인가?
9. 유동성과 선물계약의 만기에 대해서 논의하라.
10. CBoT의 미국 국채 선물 계약의 표준 채권 및 이표와 관련하여 인도 선택권을 설명하라.
11. 미국 국채 선물 시장에서 인도된 채권이 20년 만기 7% 이표 채권이라고 가정하자. 그리고 지난 번 이자가 막 지급되었다고 하자. 환산율은 얼마인가?
12. 미국 국채 선물 계약에서 두 개의 인도 가능한 채권, 15년 만기 8% 이표 채권과 22년 만기 8% 이표 채권이 있다고 가정하자. 지난 번 이자가 이제 막 지급되었다고 한다. 어떤 채권의 전환율이 더 높은가? (우선 추측하고 계산으로 확인하라)
13. 상품 선물에서 "인도 등급(delivery grade)"이란 무엇인가? 인도 등급을 너무 좁게 정의하면 무슨 문제가 있는가?
14. 선물 계약과 선도 계약의 제도적 차이를 설명하라.
15. 인도 선택권(delivery options)을 설명하라. 선물 계약에서 숏 포지션에게 인도 선택권을 주는 이유는 무엇인가? 인도 선택권으로 인하여 헤징에 발생하는 불이익은 무엇인가? 평가에 발생하는 불이익은?
16. 선물 시장에서 "포지션 종료(closing out)"는 무엇을 말하는가? 왜 선물 시장에서 포지션 종료가 허용되는가? 왜 선도 시장에서는 일방적인 계약의 양도 및 매도가 허용되지 않는가?
17. 어떤 투자자가 은 선물 10 계약을 온스당 $4.52에 롱 포지션을 취했으며 은 가격이 $4.46으로 장이 종료되었다. 만약 은 선물 1계약은 5,000 온스라고 한다면 투자자의 손익은 얼마인가?
18. 정산가(settlement price)란 무엇인가? 시가와 종가는 무엇인가?
19. 어떤 투자자가 금 선물 10계약을 온스당 $276.50에 숏 포지션을 취하였다. 한 계약의 규모는 100온스이다. 계약당 개시 증거금은 $1,500이며 유지 증거금은 $1,100이다.
    (a) 최초의 증거금 규모는?
    (b) 첫날 선물 정산가는 온스당 $278.00이라고 가정하자. 증거금 계좌의 새로운 잔고는 얼마인가? 마진 콜이 발생하나? 그렇다면 계좌는 처음 수준으로 다시 채워진다고 가정하라.

(c) 둘째날 정산가는 $281이다. 증거금 계좌의 새로운 잔고는 얼마가 되나? 마진 콜이 발생하나? 그렇다면, 계좌는 다시 처음 수준으로 채워진다고 가정하라.

(d) 셋째날 선물가격 $276에 계좌를 청산하였다. 증거금 계좌의 최종 잔고는 얼마인가?

(e) 이자비용을 무시하면, 총 손익은 얼마인가?

20. 현재 금가격은 트로이 온스 당 $642이다. 2006년 7월 7일 이 가격으로 COMEX 금 선물 10 계약에 롱 포지션을 취했다. 개시 증거금은 초기 선물가격의 5%이며 유지 증거금은 초기 가격의 3%이다. 다음 몇 날 동안 다음과 같은 가격 변동을 보였다고 가정하고, 증거금 계좌의 잔고를 계산하라. 마진 콜이 있으면 필요한 금액을 추가 납입한다고 가정하라.

일자	트로이 온스 당 금 가격
2006년 7월 7일	642
2006년 7월 8일	640
2006년 7월 9일	635
2006년 7월 10일	632
2006년 7월 12일	625

21. 어떤 상태가 선물 시장 백워데이션 상태인가? 어떤 상태가 콘탱고 상태인가?

22. 액면가 $100,000인 미국 국채 선물 계약에서 가격과 환산률이 다음과 같은 세 개의 인도 가능 채권이 있다고 하자.

(a) 채권 1: 가격 $98,750. 환산률 0.9814.

(b) 채권 2: 가격 $102,575 환산률 1.018.

(c) 채권 3: 가격 $101,150 환산률 1.004

선물 가격은 $100,625이다. 어떤 채권이 가장 저렴한 인도 가능 채권인가?

23. 원유 선물 계약을 배럴당 $43에 숏 포지션을 취한다. 개시 증거금은 $3,375이며 유지 증거금은 $2,500이다. 한 계약은 1,000 배럴의 원유를 의미한다. 원유 가격이 얼마나 변동되면 마진 콜이 발생할까?

24. S&P 500 선물 계약을 가격 1,107.40에 롱 포지션을 취했으며, 3일 후 1,131.75에 정리했다. 선물 1 계약은 지수 × 250을 의미한다. 이자를 무시하면 손익은 얼마인가?

25. 어떤 투자자가 선물 가격 10,106에 Dow Jones 지수 선물 10 계약을 매도했다. 한 계약은 지수 × 10을 의미한다. 투자자는 선물 가격이 10,201일 때 5 계약을 정리하였으며, 나머지는 10,704이었을 때 정리하였다. 증거금 계좌의 이자를 무시한다면, 이 투자자의 손익은 얼마인가?

26. 어느 제빵 회사가 CBoT에서 선물 가격 부셸당 $3.52에 밀 선물 50계약을 매수하여 만기에 정산한다. 만기 시점에 현물 가격은 부셸당 $3.59이다. 이자를 무시하면 제빵 회사의 선물 포지션에서 발생한 손익은 얼마인가?

27. 한 정유회사가 NYMEX에서 배럴당 $43에 1개월 원유 선물 1,000계약을 매수하였다. 만기에 이 회사는 포지션의 절반은 $44에 새로운 1개월 선물로 연장하고 나머지는 정리하였다. 이 시점에서 현물 가격은 배럴당 $44이었고, 새로운 1개월 선물은 배럴당 $43.5이었다. 두 번째 선물의 만기에 회사는 두 번째 포지션도 정리하였다. 이 시점에서 선물 가격이 배럴당 $46이라고 하자. 이자를 무시하면 회사의 선물 관련 손익은 얼마인가?

28. 선물시장에서 다음 용어는 무엇을 의미하는지 설명하라: 시장가 주문(market orders), 지정가 주문(limit orders), 스프레드 주문(spread orders), OCO 주문(one-cancel-the-other orders).

29. MIT 주문(market-if-touched order)과 역지정가 주문(stop order)의 차이를 설명하라.

30. 당신이 10,000온스의 금을 특정 가격으로 3개월 후에 고객에게 공급하기로 약속하였으며, 가격 위험을 헤지하려고 생각 중이다. 다음 각 경우에 어떤 종류의 주문(order)을 사용할 지 설명하라.
    (a) 헤지를 확실하게 하려 하므로, 가격에 상관없이 선물 포지션을 취하려 한다.
    (b) 금 선물 가격이 최근 상승 추세에 있으므로, 지금 당장 시장에 참여해야 할 지 명확하지 않다. 그러나 이 추세가 계속되면 너무 높은 가격에 거래할 수 밖에 없어질 지도 모른다는 생각이 든다. 장단점을 고려하여, 금 가격이 지속적으로 상승하여 온스당 $370을 초과하면 선물 포지션을 취하기로 결정하였다.
    (c) (b)와 같은 시나리오를 고려하되, 금 가격을 급격히 하락시키는 뉴스가 발표될 것으로 예상하고 있다. 상황이 기대하는 바와 같이 전개되면, 온스당 $350 혹은 그보다 더 낮은 가격으로 선물 포지션을 취할 수 있기를 바란다. 하지만, 반대의 뉴스가 발표되어 금 가격이 계속 상승할 수도 있다. 이 경우 가격이 온스당 $370에 도달하면, 선물을 매입하고 시장에서 철수하려 한다.
    (d) 당신이 온스당 $365 혹은 그 미만으로 금 선물을 매수할 수 있는 경우에만 헤지를 하려 한다.
    (e) 최근 몇일 금 선물 가격이 하향 추세에 있다. 이 추세가 계속되기를 바라지만 가격이 온스당 $362 이하로 크게 내려가지는 않을 것으로 예상되어, 가격이 일단 온스당 $364에 도달하면 가장 좋은 가격으로 거래를 하려한다.

31. 원유 현물 가격이 배럴당 $75이다. 현재 원유 가격의 변동성은 극히 심하다. 선물을 $70에 매수하는 지정가 주문과 $80에 매도하는 지정가 주문을 사용하여 이 상황을 이용하려 한다. 언제 이런 전략이 잘 작동하며, 언제 그렇게 되지 않는지를 설명하라.

32. 밀 선물 5월물과 9월물 사이의 스프레드는 부쉘당 $0.06이다. 당신은 이 스프레드가 최소 부쉘당 $0.10으로 확대될 것으로 예상한다. 당신의 예상에 따라 투자하려면 어떻게 스프레드 주문을 활용할 수 있을까?

33. 3개월 원유 선물과 1개월 원유 선물 사이의 스프레드는 배럴당 $3이다. 당신은 이 스프레드가 급격히 줄어들 것으로 예상한다. 이 전망을 활용하기 위하여 스프레드 주문을 어떻게 사용하겠는가?

34. 당신은 3개월 후에 옥수수가 필요할 것으로 예상하며, 옥수수 선물을 이용하여 가격 위험을 헤지하려 한다. 당신 포지션의 가치가 만기 시점에서 베이시스 강세로 인하여 어떻게 영향을 받을지 설명하라.

35. 숏 헤저란 현물의 현금흐름 리스크를 헤지하기 위하여 선물을 매도하는 사람이다. 롱 헤저란 기존의 위험을 헤지하기 위하여 선물을 매수하는 사람이다. 베이시스의 약세는 숏 헤저와 롱 헤저에게 어떤 영향을 미치나?

36. 당신이 선물 계약에서 가장 저렴한 인도 등급이 아닌 다른 등급을 인도한다고 가정해 보자. 당신이 수령하는 금액(선물 가격에 환산률을 곱한 금액)이 당신이 인도하는 등급의 현물 가격보다 높은가, 같은가, 아니면 낮은가?

부록 2A 선물 거래 및 미국 법규: 간단한 역사

경제 제도와 같이 선도 거래는 매우 오래되었다.[10] 선물산업협회(The Futures Industry Association)에 따르면 선도 거래의 기원은 BC 2000년경 인도까지 거슬러 올라간다. 유럽의 그리스-로마 시대에도 선도 시장이 존재하였다는 증거가 있다. 더 최근으로 오면 17세기 일본과 유럽에 조직화된 선도 시장이 있었다. 세계 최초의 선물 거래소는 1730년 일본 오사카의 도지마 쌀 시장인 것 같다.

그럼에도 불구하고, 현대의 선물시장은 19세기 미국, 특히 시카고의 곡물 시장과 밀접하게 관련이 있다. 미국에서 선물의 직접적인 전신은, 확정된 가격으로 미래에 곡물을 인도하기로 매수자와 매도자가 계약하는 "to arrive contract"라고 하는 계약이다. 남북전쟁 당시에는 to arrive contract 그 자체가 거래 대상이 되어, 가격 움직임의 예상에 따라 사고 팔게 되었으며, 헤지뿐만 아니라 투기의 목적으로도 거래되었다. 이들은 미국 최초로 조직된 선물 거래소인 Chicago Board of Trade(CBoT)의 표준화된 선물계약으로 대체되었다.

CBoT는 1848년 설립되었으며 1859년 일리노이 주로부터 면허를 받았다. 이후에 즉시로 많은 거래소가 생겨났다. 곡물 거래기관으로 활동하기 위하여 Milwaukee 상공회의소가 1858년 조직되었다. 상품 거래를 위하여 뉴욕 농산물 거래소가 1861년 개설되었으며, 뉴욕 금거래소, 뉴욕 면화 거래소, 뉴욕 버터 및 치즈 거래소(후에 뉴욕 상품거래소가 됨) 등이 1864년, 1870년, 1872년에 각각 뒤따랐다. Kansas City Board of Trade가 1876년 법인으로 등록되었으며, 같은 해에 Merchant Association of St. Louis가 조직되었다. 19세기 후반까지 미국 전역에서 모두 합쳐서 1,000개가 넘는 거래소가 생겨났다.

급격한 성장 뒤에는 악폐와 시장 조종 시도가 만연하였다. 플런저(plunger)라고 불리는 시장 조종자들이 스퀴즈(squeeze)와 코너(corner)를 되풀이 하여 시도하였다. 그러한 시도는 일상사였다. Markeham(1987)에 따르면 "[1868년 CBoT에서] 밀에서 3회, 옥수수에서 2회, 귀리에서 1회의 코너가 있었으며 호밀에서 한 번의 시도가 있었으며, 돈육에서 그러한 협박이 한번 있었다."

많은 코너가 성공했으며, 플런저들은 큰 돈을 벌었다. 크게 실패하여 엄청난 손실을 본 경우도 있다. 그러한 실패 사례 중의 하나는 1897년 Joe Leiter라는 투기 거래자의 1897년 밀 선물에 대한 코너 시도였다. 당시 최대 숏 포지션 보유자인 "육류의 제왕(meat king)" P. D. Armour가 선단을 고용하여 얼음 속을 헤쳐 곡물을 시카고로 운반해 오면서 이 코너는 실패하였다. 또 다른 사례는 1869년 뉴욕 금 시장의 "Black Friday"이다. Jay Gould와 Jim Fisk가 금 코너를 시도하였으나, Ulysses Grant 대통령이 미국 재무성이 보유한 금을 매도하기로 결정하여, 금 거래를 일주일간 정지시켜야 했을

10) Markham(1987)은 훌륭한 참고자료이며, 여기에서 언급되는 많은 역사적 자료의 출처이기도 하다.

정도로 금 가격이 폭락했고 이로 인하여 이 시도는 실패로 끝났다.

시장 조종 사례는 최근에 급격히 줄어들었지만 완전히 사라지지는 않았다. 지금은 없어진 NYMEX의 Maine주 감자 선물 수천 계약에 1976년 부도가 발생하였는데 이는 가능한 공급 수량을 훨씬 초과하는 롱 포지션을 취하는 전통적인 스퀴즈로 인한 것이었다. 1980년에는 텍사스의 Hunt 형제가 은 시장에 코너를 시도하여 "은 위기(silver crisis)"가 발생하였다. 한때 이들은 롱 숏 포지션으로, 미국의 연간 은 소비의 50%에 달하는 2억 온스의 은을 통제하였다. 1980년 12월 은 가격은 온스당 $6에서 6개월 후 온스당 $50까지 상승했다. 감독 당국의 개입과, 그들의 포지션을 정리하여 수십억 달러의 손실을 보도록 강요한 거래소의 단호한 행동으로 인하여 그들의 코너 시도는 실패하였다.

미국의 선물 규제

미국 최초의 선물 시장에 대한 연방 규제는 1861년에 시도되었다. 남북전쟁 초기, 북군의 전세에 따라 금 가격은 오르내렸다. 의회는 금 선물 거래를 금지하여 금 가격을 안정화시키려 하였다. 법안은 효과가 없다고 판정되면서 수주 후에 철회되었다. 그러나 19세기 말에 이르러 선물 시장에서 투기 거래는 광범위하게 퍼졌고 – 선물 옹호론자들이 보기에는 부당하게 – 이 때문에 농산물의 가격이 오르내린다고 비난하였다. 의회와 주 정부가 선물 거래를 폐지하거나 규제하려고 수많은 시도를 하였다.

면(cotton)의 등급 분류에 연방정부의 기준을 규정한 면 선물법을 제정한 1914년부터 연방정부의 개입이 시작되었다. 법에서는 "[선물]계약 시장"이라고 부른 선물 거래소에 면허 체제를 도입한 곡물 선물법(Grain Futures Act)이 제정된 1922년부터 규제가 활발해졌다. 곡물 선물법은 1936년 상품거래법(Commodity Exchange Act, CEA)으로 대체되었다. CEA는 감독의 범위를 거래자와 중개회사까지 확대하였으며, 그로부터 약 40년간 미국의 선물 거래의 주된 감독기구가 된 Commodity Exchange Administration을 설립하도록 하였다. 1974년 의회는 선물시장을 감독하는 기구로 Commodity Futures Trading Commission을 설치하는 Commodity Futures Trading Act를 제정하였다.

1970년 금융 선물의 출범(2.2절 참조)은 CFTC의 감독권에 대한 첫 도전이 되었다. Security Exchange Commission(SEC)가 GNMA 부동산담보대출저당증권에 대한 선물 거래를 CFTC가 승인하는 것에 대하여 이의를 제기하였다. SEC는 선물의 기초 자산이 상품이 아니라 증권이기 때문에 CFTC가 아니라 SEC가 인가권을 가져야 한다고 주장했다.

1982년 의회는 Shad-Johnson Accords를 제정하여 두 기관의 역할을 정리하였다.(John Shad는 SEC의 회장이었으며, Phil Johnson은 CFTC의 회장이었다.) SEC에는 증권 및 지수(예를 들면, 주가지수)에 대한 옵션을 관할하도록 하였다. CFTC에게는 증권에 대한 선물, 증권 지수에 대한 선물, 그러한 지수 선물에 대한 옵션을 포함한 모든 선물에 대한 감독권을 주었다. 하지만 1982년, 새로운 주가지수

선물이 조종이 쉽지 않아야 한다는 점을 확실히 하기 위하여 SEC에 사실상의 거부권을 주는 법을 제정하였다.

2000년에는 상원이나 하원에서 별다른 토론없이 Commodity Futures Modernization Act가 만들어졌고 Bill Clinton 대통령이 이를 서명하여 발효시켰다. CFMA는 CEA를 대폭 손질하여 CFTC와 SEC의 감독권에 상당한 제한을 가하였다. 이 법은 단일 주식 및 협소하게 정의된 지수에 대한 선물거래를 허용하였고, Shad-Johnson Accord에서 금지한 선물도 허용하였다. 또 이법은 장외 파생상품거래에 대한 규제 상당 부분을 완화시켰고 특정한 상품(특히 스왑 계약)을 CFTC의 "선물" 감독에서 명시적으로 배제시켰다. CFMA에서 가장 논란이 된 부분은, 대부분의 장외 에너지 거래와 전기 에너지 시장을 정부 감독에서 제외시킨 "Enron loophole"이다.

한편으로는 규제완화에 힘입어, 그리고 또 한편으로는 경제 성장 및 세계화에 힘입어 그 다음 10년간(표 1.2 참조) 장외 파생상품 시장은 폭발적으로 성장하였으며, 10년이 끝나갈 무렵 금융위기가 도래하면서 성장은 멈추었다. 금융위기의 발발로, 2012년 7월 제정된 Dodd-Frank Act에 따른 대대적인 감독상의 변화가 일어났다.[11] Dodd-Frank법은 다음의 세 가지 목표를 설정하였다.

- 파생상품 거래에서 시스템 리스크의 영향을 최소화할 것
- 파생상품 시장에서 투명성을 확보할 것
- 파생상품 거래 상대방의 부도에 대비한 보장을 제공할 것

이러한 목적들을 달성하기 위하여, 이법은 충분히 표준화가 가능한 기존의 장외 파생상품들(혹은 이 법에서 장외 파생상품이라고 부르는 "스왑")을 거래소("스왑 거래 시설", swap exchange facility, SEF)를 통해서 거래하게 하고 정산소를 통해서 정산하게 하였다. 거래소로 이관하기 힘든 비표준 파생상품들에 대하여, 이법은 더 많은 증거금과 더 많은 자본을 요구하게 되었다. 특정 파생상품(예를들면 외환 스왑 및 비금융기관이 영업상 위험을 헤지하기 위하여 체결한 스왑)은 규제를 적용받지 않도록 되었다.

장외 파생상품을 SEF에서 거래 및 정산되게 함으로써, 장외 파생상품은 거래소 파생상품과 더 유사하게 되었다. 정산소는 개시 및 변동 증거금을 징수하며, 거래 상대방 부도시 보증인의 역할을 한다. 그러나 사실상 이것은 방대한 시스템 리스크를 정산소에 집중시키는 결과가 되며, 이 기관들은 실상 "실패하기에는 너무 큰(too big to fail)" 기관이 된다. 이러한 문제에 대비하기 위하여 이러한 기관의 모든 기능은 SEC와 CFTC가 만든 규정에 따르도록 하였다.

감독의 관점에서 보면, Dodd-Frank 법은 부분적으로 관할권이 중복되는 복수의 감독기관을 명시하고 있다. 비증권 스왑(이자율 스왑, 이자율 옵션, 넓은 범위의 지수에 근거한 신용부도 스왑을 포함하는

11) 여기에서 제시한 Dodd-Frank법의 요약은 상당 부분 웹사이트 http://us.practicallaw.com/3-502-8950#a86675에서 인용하였음.

분류)으로 규정된 파생상품에 대해서는 감독권이 대부분 CFTC에 있으며, SEC와 다른 기관은 의견을 제시할 수 있도록 하였다. 증권 스왑(예를 들면, 단일 기관 CDS)의 감독권은 주로 SEC에 있으며, CFTC는 의견을 제시할 수 있다. 뿐만 아니라 은행 감독 당국은 자본규제와 보고 및 법규준수 의무와 관련하여 은행의 특정 파생상품 분야를 감독할 수 있는 권한이 있다.

이 법의 다른 특징으로는 "Lincoln Rule" 및 "Volcker Rule"을 들 수 있다. 전자는 Pushout Rule이라고도 하는데 이 규정은, 중앙은행(Federal Reserve Board)의 할인제도 혹은 연방예금보험공사의 예금보험의 대상이 되는 기관 및 은행이 대부분의 파생상품 트레이딩 활동에 참여하는 것을 금지한다; 이 규정은 예금기관이 파생상품 운용업무를 별도의 자회사로 분리하도록 권장하는 것을 목표로 하고 있다. Volcker Rule은, 은행이 고유계정으로 파생상품 매매를 포함한 증권 매매하는 것을 금지하고, 헤지펀드 및 기타 사모펀드 형태에 투자하는 것을 제한한다. 시장 조성 행위는 금지대상에서 제외된다.

부록 2B 콘탱고, 백워데이션, 연장(Rollover) 및 현금흐름

선물 포지션이 연장될 때, 시장이 백워데이션이냐 콘탱고이냐에 따라서 현금흐름이 어떻게 영향을 받게 되는지를 설명하기 위하여, T 기간을 생각해 보자. 어떤 회사가 T 시점에 정해진 가격 P에 한 단위를 매도하기로 약속하였다고 하자. S_T가 그 상품의 T 시점의 현물가격을 의미한다면, 선매도의 이익은 다음과 같다.

$$P-S_T$$

선매도로 인하여 회사는 현물가격 S_T에 익스포져가 생겼고, 회사가 1기간 선물과 이를 연장하여 이 익스포져에 대한 헤지를 하기로 하였다고 가정해 보자. 말하자면 0 시점에 1기간 선물을 매수하고 그 다음 매 기간 $t=1,\ 2,\ \cdots,\ T-1$에 회사는

- 만기가 도래하는 선물을 정리하고
- $t+1$에 만기가 되는 새로운 1기간 선물을 매수한다.

S_t가 시점 t, $t=0,\ 1,\cdots.T$에서의 현물가격을 표시하며, F_t는 t시점에서의 1기간 선물 가격을 표시한다. $B_t=F_t-S_t$ 즉 t시점의 베이시스를 표시한다. 만약 $B_t<0$이면 시장이 백워데이션 상태이고, $B_t>0$이면 콘탱고 상태이다.

시점 $t-1$과 시점 t사이의 시간을 기간 t라고 한다. 기간 t의 정산 수익(선물 계약에서 발생하는 현금흐름)을 생각해 보자. 시점 $t-1$에서, 시점 t에 만기가 되는 새로운 선물 계약 F_{t-1}한 계약을

매수한다. 시점 t에서 계약은 만기가 되며, 만기가 되는 선물 계약의 가격은 당시의 현물가격 S_t와 같다. 이것은 기간 t의 정산 수익, Π_t는

$$\Pi_t = S_t - F_{t-1} = S_t - S_{t-1} - B_{t-1}$$

이 정산 수익은 베이시스 B_{t-1}에 달려 있다. 시장이 백워데이션($B_t < 0$) 상태이면, 연장 수익은 높지만, 콘탱고 상태이면 연장 수익은 낮다. T기간 전체에 대하여 요약하면, 기간 전체의 현금흐름은

$$\Pi_1 + \Pi_2 + \cdots + \Pi_T = (S_1 - S_0 - B_0) + (S_2 - S_1 - B_1) + \cdots + (S_T - S_{T-1} - B_{T-1})\text{이며,}$$

식을 간단히 하면 다음과 같이 된다.

$$S_T - S_0 - (B_0 + B_1 + \cdots + B_{T-1})$$

이를 선매도 수익 $P - S_T$에 더하면, 선물 연장을 활용한 헤징과 선매도에서 발생하는 총 현금흐름은 다음과 같이 된다.

$$P - S_T + (S_T - S_0 - (B_0 + B_1 + \cdots + B_{T-1}))\text{이며,}$$

식을 간단히 하면 다음과 같이 된다.

$$P - S_0 - (B_0 + B_1 + \cdots + B_{T-1})$$

이 수익은 시장 베이시스 B_t에 달려 있다. 만약 시장이 백워데이션($B_t < 0$) 상태이면 콘탱고 상태일 때보다 전체 수익이 커진다.

선도 및 선물의 가격산정 I: 기초이론

3.1 서론

이 장과 다음 장에서는 파생상품 증권의 가격 산정에 대한 탐구를 시작한다. 이 장은 기본적으로 이론을 다룬다: 선도와 선물의 가격을 유도하는 기본적인 생각을, 우선 선도 계약 관점에서 그리고 나서 선물의 관점에서 다룬다. 이 기본 위에 4장에서는 이론이 실제에 얼마나 잘 적용되는 지와 몇몇 중요한 이슈들을 다룬다.

선도계약의 가격산정-실제로 모든 파생상품의 가격 산정-은 복제(replication)라고 알려진 단순하지만 매우 강력한 개념에 기초하고 있다. 간단히 말해서 복제의 개념은, 파생상품의 가격은 (예를 들면, 다른 증권을 사용하여) 동일한 효과를 합성해 내는 비용과 같아야 한다는 생각이다. 이 과정에서 유지되고 있는 가정은 차익거래가 없어야 한다는 것 즉, 시장에서는 무에서 유를 만들어 내는 것이 허용되지 않는다는 것이다. 이 정의를 명확히 하는 것으로부터 시작해 보자.

기본 가정: 무차익거래(No Arbitrage)

책 전체를 통하여, 우리는 시장이 차익거래의 기회를 허용하지 않는 것으로 가정한다. 일반적인 재무 용어로 차익거래라는 단어는 원래의 의미인 무위험 수익 기회라는 의미부터 우수한 위험 조정 수익을 가져다 주는 포트폴리오를 의미하는 좀 더 느슨한 해석까지 다양한 의미를 가지게 되었다. 이 책에서는 이 단어를 협의의 전통적인 의미, 즉 차익거래란 현금 유출 없이 순현금 유입을 보장하는 포트폴리오를 의미하는 것으로 사용한다. 그러한 포트폴리오는 길에 떨어져 있는 $10 지폐로 비유될 수 있는 공짜 점심이다. 두 그룹의 자산이 본질적으로는 동일하나 다른 가격에 거래된다면 극도의 비효율적인 시장을 의미한다.

무차익거래의 가정은 차익거래의 기회가 시장에서 절대 발생하지 않는다는 식의 문자적인 해석을 의미하지는 않으며, 오히려 그러한 상태가 지속될 수 없다는 뜻으로 받아들여야 한다. 다시 말하자면, 가격의 불균형이 그러한 기회를 만들어 낼 수는 있지만, 시장 참여자들이 그러한 기회가 발생될 때마다 활용하기 때문에 가격 조정이 발생하여 그러한 차익거래 기회가 사라진다.(누군가가 $10을 챙기게 되겠지만 - 계속 그곳에 있지는 않는다.) 그러므로 무차익거래 조건이란 최소한의 시장의 합리성을 말하는 것이다.

기본원칙: 복제

모든 파생상품의 헤징과 가격산정의 기초가 되는 복제의 원칙은 간단한 사고에 기초하고 있다. 파생상품의 손익은 기초자산의 가격 변동에 의해 결정된다. 그러므로 이 손익은 기초자산과 현금(무위험 수익률로 차입하거나 투자함)을 이용하여 직접 만들어 낼 수 있어야 한다. 이러한 포트폴리오를 재구축할 수 있다면, 이것을 복제 포트폴리오라고 부른다. 그리고 이 복제 포트폴리오로 파생상품을 합성했다고 한다.

파생상품과 복제 포트폴리오는 정의상 동일한 결과에 이르게 되고, 그래서 무차익거래 조건하에서는 동일한 비용을 수반해야 한다. 복제 포트폴리오는 기초 현물 자산과 현금으로 구성되기 때문에 이 비용은 쉽게 산출이 된다. 그러므로 파생상품의 비용, 즉 공정 가격이 계산될 수 있다.

이 사고를 이용하는 데 핵심 절차는 복제 포트폴리오를 구축하는 것이다. 선도 계약에 있어서 이것은 간단한 일이며, 다음과 같다.

3.2 복제로 선도 가격 산정하기

기호부터 정의하자. 시점 0을 오늘, 시점 T를 선도 계약 만기일을 의미하는 것으로 하자. 그러므로 계약의 기간은 T년이다.(항상 기간은 연단위로 한다) 선도 계약의 기초 자산의 현재 가격을 S로 표시하며 S_T는 T시점의 가격을 의미한다.

인도 가격 F인 선도 계약에 롱 포지션을 가진 투자자를 고려해 보자. 계약 만기 시점에 투자자는 기초자산 한 단위를 수취하며 합의된 인도 가격을 지불한다. 이 마지막 상태를 복제하려면, 투자자는 단지 시점 0에서 기초자산을 매수하여 시점 T까지 보유하면 된다. 두 전략 모두 결과적으로 시점 T에 투자자는 자산 한 단위를 보유하게 된다. 그러므로 그 비용의 현재 가치도 동일해야 한다.

비용은 얼마인가? 선도 계약에서는 시점 T까지 현금흐름이 발생하지 않으며 시점 T에서 인도 가격 F의 현금흐름이 발생한다. 시점 0에서 보면 이 전략의 비용은 T시점에 지급되는 F의 현재 가치 $PV(F)$이다.

복제 전략에서는, 시점 0에서 자산을 매입하기 위한 S의 현금 유출이 나타난다. 그리고 추가로 다른 현금흐름이 수반될 수도 있다. 이 현금흐름은 자산(예를 들어 자산이 주식이나 채권 같은 금융자산

이라면)의 보유에 따른 배당이나 이자 같은 현금 유입일 수도 있다; 이러한 것들을 "보유 이익(holding benefits)"이라고 한다. 이와는 달리, 특히 밀이나 금 같은 실물 상품인 경우 보관비용이나 보험 비용같이 현금 유출("holding costs")이 발생할 수도 있다. 순 보유 비용을 M으로 표시한다:

$$M = PV(\text{보유비용}) - PV(\text{보유이익}) \tag{3.1}$$

복제 전략의 순비용은

$$S + M \tag{3.2}$$

이는 선도 계약의 비용과 동일하므로, 다음과 같이 된다

$$PV(F) = S + M \tag{3.3}$$

식 (3.3)이 이론적인 선도 계약 가격산정 기본식이다. 이 식이 성립하지 않으면 차익거래가 발생한다:

- 만약 $PV(F) > S + M$이면, 선도 계약이 복제 비용보다 고평가 되어 있다. 선도 계약을 매도하고 현물을 매입하여 무위험 수익을 얻을 수 있다. 이를 "현물 보유(cash-and-carry)" 전략이라고 부른다.
- 만약 $PV(F) < S + M$이라면, 선도 계약이 복제에 비하여 과소평가 되어 있다. 선도 계약을 매입하고 현물을 매도함으로 무위험 수익을 얻을 수 있다. 이것을 "역현물보유(reverse cash-and-carry)" 차익거래라고 한다.

(3.3)에 근거하여, 다음 세 가지를 알면 차익 거래를 불가능하게 하는 유일한 인도 가격 F를 결정할 수 있다: (i) 현재 현물가격 S, (ii) 현물 자산을 시점 T까지 보유하는데 드는 비용 M의 현재가치, (iii) 현재가치를 산출하기 위하여 필요한 이자율. 이것이 이 장의 중심 내용이다. 식 (3.3)을 도출하는 논거를, 선도 가격 산정의 "보유비용(cost of carry)" 방법이라고 부르는데, 이것은 선도 가격을 현물 자산을 만기까지 보유하는데 드는 비용의 함수로 계산하기 때문이다.

가정들

이러한 생각을 단순하고 명료하게 전개하기 위하여 우리는 주요 조건인 무차익거래 조건 외에 다음과 같은 세 가지 가정을 사용한다:

가정 1. 거래 비용은 발생하지 않는다.

가정 2. 공매도(short sale)에 대한 제약은 없다. 특히 공매도 대금은 매도자에게 즉시 지급되어 투자에 사용할 수 있다

가정 3. 무위험 이자율로 대출 및 투자가 가능하다.

이러한 가정은 단순화와 핵심 사고에 집중하기 위하여 사용한다. 물론 이러한 가정이 항상 현실적인 것은 아니다(특히 가정 2). 다음 장(4.2~4.4 참조)에서, 분석이 좀 더 복잡해지기는 하지만 각 가정을 삭제할 수 있음을 보인다. 특별히 하나의 가격보다는 무차익거래 가격 밴드를 얻게 되며, 밴드의 크기는 가정을 얼마나 벗어날 수 있는가의 정도(예를 들면 거래 비용의 크기)에 따라 달라지게 된다.

이자율 관행

마지막으로 식 (3.3)의 현재 가치를 산출하기 위하여 시점 T와 0 사이의 현금흐름을 할인하기 위하여 이자율을 사용한다. 실무에서 이자율을 고시하는 관행이 시장과 계약에 따라 매우 다르다. 부록 3A에 서로 다른 복리 관행에 대하여 설명하였다(연, 6개월, 순간 등).

서로 다른 복리 및 이자율 관행은 동일한 개념에 서로 다른 자를 사용하는 것에 불과하다. 즉, 미터와 센티미터 대신 피트와 인치를 사용하여 키를 재는 것과 유사하다. 부록 3A에서 예시된 바와 같이, 어떤 복리 관행으로 고시된 이자율을 다른 관행의 이자율로 쉽게 환산할 수 있다. 이론 전개를 위하여 우리가 사용하는 관행은 전적으로 편의성의 문제이다.

이 장에서는 이자율을 연율로 표시하되 연속 복리 관행을 사용한다. 그러므로 T년 이자율 r은 \$1을 이자율 r로 T년간 투자하여 $\$e^{rT}$로 증가되는 것을 의미한다. 숫자로 든 예에서 1개월은 모두 1년의 1/12로 간주하여 문제를 단순화한다. 그러므로 3개월 이자율 10%는, 이 이자율로 투자된 \$1가 3개월 후에 다음과 같이 되는 것을 의미한다.

$$e^{(0.10)(1/4)} = \$1.0253$$

연속복리를 사용한 선도 가격 산정 공식

T 기간에 적용할 이자율을 r이라고 하자. 연속 복리 관행 하에서는

$$PV(F) = e^{-rT}F$$

이를 식 (3.3)에 적용하면, $e^{-rT}F = S + M$로 되어 다음 식을 얻게 된다.

$$F = e^{rT}(S + M) \tag{3.4}$$

식 (3.4) 연속 복리 하에서 얻어지는 선도 가격 산정 공식이다. 보유 수익이나 비용이 발생하지 않는 특별한 경우 ($M = 0$), 이 식은 다음과 같이 된다.

$$F = e^{rT}S \tag{3.5}$$

3.3 예

선도 가격 산정 공식이 위배되는 경우 발생하는 차익거래의 구조에 대하여 예시하기 위하여 이 절에서 2개의 예를 제시한다. 첫 번째 예는 보유 이익이나 비용이 없는 것으로 간주하여 문제를 단순화 시켰고, 두 번째 예는 중도의 현금흐름이 있는 것으로 가정하였다.

예 3.1

현재 금 현물가격 S_0 =\$1,650/oz이며, 무위험 3개월 이자율은 3%이며, 금을 보유하는 데 비용은 발생하지 않는다. 3개월 금 선도 가격은 얼마인가?
식(3.5)로부터 유일한 무차익거래 선도 가격은

$$F = e^{(0.03)(1/4)} \times 1{,}650 = 1{,}662.42 \tag{3.6}$$

이제 설명하는 바와 같이 어떠한 다른 가격도 차익거래를 발생시킨다.

(A) 선도의 고평가로 인한 차익거래

$F >$ 1, 662.42, 즉 F=1,670이라고 하자. 그러면 선도가 현물에 비하여 1,670−1,662.42=7.58만큼 고평가되었다. 이를 이용하기 위하여 우리는 상대적으로 고평가된 (선도)계약을 매도하고 상대적으로 저평가된 것(현물 자산)을 매입한다. 이 전략은 다음과 같다.

1. 인도 가격 \$1,670에 금 1온스를 3개월 후에 인도하는 선도 계약 숏 포지션을 취한다.
2. 금 1온스를 현물 시장에서 매입하여 3개월 보유한다.
3. \$1,650을 이자율 3%로 3개월간 차입한다.

이 전략에 왜 차입이 필요한가? 선도 계약 숏 포지션은 3개월 후에 현금 유입이 발생하는 반면 현물 자산 매입은 오늘 현금 유출을 동반한다. 이 현금 유출은 명시적으로 (차입으로) 조달되거나, 스스로에게 차입하는 암묵적인 방법으로 (내부 여유 현금 사용, 이 경우 이자는 기회 비용) 조달될 수 있다. 차입의 결과 모든 순 현금흐름은 선도 계약의 만기로 이동된다.
현금흐름은 [표 3.1]에 요약되어 있다. 현물 자산을 매입하기 위한 현금 \$1,650이 차입 \$1,650으로 충당되며, 선도 계약을 체결하는 데 비용이 발생하지 않기 때문에, 시작 시점에서는 순 현금흐름이 발생하지 않는다. 금을 보유하는 데에는 비용이 들지 않는 것으로 가정하였기 때문에 중도에 현금흐름은 발생하지 않는다.

표 3.1 예 3.1의 선도의 고평가로 인한 차익거래의 현금흐름

현금흐름 출처	초기 현금흐름	최종 현금흐름
선도 숏	–	+1,670.00
현물 롱	−1,650.00	–
차입	+1,650.00	−1,662.42
순 현금흐름	–	+7.58

표 3.2 예 3.1의 선도의 저평가로 인한 차익거래의 현금흐름

현금흐름 출처	초기 현금흐름	최종 현금흐름
선도 롱	–	−1,655.00
현물 숏	+1,650.00	–
투자	−1,650.00	+1,662.42
순 현금흐름	–	+7.42

선도 계약 만기에 1온스의 금을 선도 계약 롱 포지션에게 인도하게 되며 이 때 $1,670의 현금유입이 선도계약에서 발생한다. 또 차입금액을 상환하기 위하여 $e^{(0.03)(1/4)}\times 1{,}650{=}1{,}662.42$의 현금 유출이 발생한다. 그리하여 이 시점에서는 차익거래 수익인 $7.58의 순 현금유입이 발생한다.

(B) 선도의 저평가로 인한 차익거래

$F<1,662.42$, 즉 $F=1{,}655$의 경우를 가정해 보자. 이제는 선도가 현물에 비해 상대적으로 $7.42 저평가 되었으므로, 이제는 선도를 매수하고 현물을 매도하는 방법으로 가격 불균형을 이용한다. 구체적으로는 다음과 같이 한다:

1. 3개월 후에 금 1온스를 $1,655에 인도 받는 선도 계약 롱 포지션을 취한다.
2. 현물 시장에서 금 1온스를 매도하고 3개월간 숏 포지션을 취한다.
3. 금 매도로 받은 대금 $1,650을 3개월간 연이율 3%로 투자한다.

이 전략에서 투자는 이전 전략의 차입과 같은 역할을 한다. [표 3.2]에 현금흐름이 요약되어 있다. 이 전략에도 초기에는 공매도로 인한 현금유입 $1,650이 투자 $1,650과 일치되어 순 현금흐름이 없다. 보유비용이 없으므로 중도에도 현금흐름은 발생하지 않는다.

만기에 우리는 선도계약에 따라 $1,655를 지불하고 금 1온스를 수취하며 이를 공매도(숏 포지션) 정리에 사용한다. 그리고 우리는 $e^{(0.03)(1/4)}\times 1{,}650{=}\$1{,}662.42$를 투자에서 회수한다. 그리하면

차익거래 수익에 해당하는 $7.42의 순 현금유입이 발생한다. ■

보유비용이나 이익이 발생하지 않는다는 가정은 자주 비현실적인 가정이기는 하다. 채권이나 주식 같은 금융자산을 보유하면 이자 배당 같은 보유이익이 발생할 수 있다. 상품을 보유하는 데에는 상당한 보관비용과 보험료가 발생한다. 그러한 중도비용이나 수익이 복제 포트폴리오의 비용에 영향을 미치므로 선도가격 산정에 고려되어야 한다. 다음 예는 그러한 상황을 다룬다.

예 3.2

채권에 대한 6개월 선도를 고려해 보자. 현재 채권 가격이 S가 $95이고, 채권에서는 3개월 후에 이자 $5가 지급될 것으로 가정하자. 마지막으로 모든 만기의 이자율이 10%라고 가정하자. 이 채권의 무차익거래 선도가격은 얼마인가?

식을 사용하면, $S=95$, $T=6$개월$=1/2$년, 그리고 $r=10\%$이다. 채권의 보유에는 현금유입이 발생하므로, M은 음수가 되고 3개월 후에 수취할 $5의 현재가치의 음수로 표시된다.

$$M=-e^{-(0.10)(0.25)}\times 5=-4.877$$

그러므로 선도 가격 산정 공식 (3.4)에 따르면 다음과 같이 된다.

$$F=e^{(0.10)(1/2)}\times(95-4.877)=e^{(0.10)(1/2)}\times(90.123)=94.74$$

인도 가격이 이와 다르면 차익거래 기회가 생긴다.

(A) 선도의 고평가로 인한 차익거래

$F>94.74$인 경우 예를 들면 $F=95.25$를 생각해 보자. 이렇게 되면 선도가 현물에 비하여 $0.51 고평가 되어 있으므로 우리는 현물을 매입하고 선도를 매도하며 자금을 차입한다. 정확한 전략을 수립하는 데는 여러 방법이 있다. 전략 중 하나는 초기에 필요한 $95를 두 부분으로 나누어 일부를 3개월 후의 이자 수입액 $5로 상환하고 나머지 부분을 6개월 후에 채권을 인도할 때 수령할 금액으로 상환할 수도 있다. 좀 더 정확히 말하자면:

1. 선도 계약을 체결하여 6개월 후에 채권을 95.25에 인도하는 숏 포지션을 취한다.
2. 현물 자산을 $95에 매입하여 T까지 보유한다..
3. $PV(5)=e^{-(0.10)(1/4)}\times 5=\$4.877$를 3개월 후에 상환하는 조건으로 차입하며, $90.123를 6개월 후에 상환하는 조건으로 차입한다.

표 3.3 예 3.2의 선도의 고평가로 인한 차익거래의 현금흐름

현금흐름 출처	초기 현금흐름	중도 현금흐름	최종 현금흐름
선도 숏	–	–	+95.25
현물 롱	−95.000	+5.000	–
3개월 차입	+4.877	−5.000	–
6개월 차입	+90.123	–	−94.74
순 현금흐름	–	–	+0.51

표 3.4 예 3.2의 선도의 저평가로 인한 차익거래의 현금흐름

현금흐름 출처	초기 현금흐름	중도 현금흐름	최종 현금흐름
선도 숏	–	–	−94.25
현물 롱	+95.000	−5.000	–
3개월 투자	−4.877	+5.000	–
6개월 투자	−90.123	–	+94.74
순 현금흐름	–	–	+0.49

이 전략의 현금흐름은 [표 3.3]에 요약되어 있다. 채권을 사기 위해 필요한 $95는 차입금(4.877+90.123=95)으로 충당되기 때문에 초기에 현금흐름은 없다. 단 한번의 중도 현금흐름은 3개월 후에 발생한다. 그 시점에 3개월 차입의 원리금 $5를 상환해야 하지만 보유하고 있는 채권의 이자 $5가 발생한다. 그러므로 이 시점에서도 순 현금흐름은 없다.
선도 계약의 만기 시점에서는 채권을 인도하고 선도 계약에 따른 가격 $95.25를 수령하며, 6개월 차입금을 상환하기 위한 현금유출은 다음과 같다.

$$e^{(0.10)(0.50)} \times 90.123 = 94.74$$

그러므로 차익거래의 이익에 해당하는 $95.25−94.74=0.51의 순 현금유입이 발생한다.

(B) 선도의 저평가로 인한 차익거래

$F<94.74$인 경우 예를 들면 $F=94.25$를 생각해 보자. 그러면 선도가 현물에 비해 $0.49 저평가되어 있기 때문에 우리는 선도를 매입하며 현물을 매도하고 대금은 투자한다. 좀 더 자세히 설명하면 다음과 같다.

1. 선도 롱 포지션을 취하며 6개월 후에 채권을 매입한다.
2. 채권 1단위를 $95에 매도하여 숏 포지션을 T까지 유지한다.
3. $PV(5)=e^{-(0.10)(1/4)} \times 5=$4.877를 3개월간 투자하며, $90.123를 6개월간 투자한다.

[표 3.4]에 현금흐름이 요약되어 있다. 초기에 순 현금흐름은 없다. 3개월 후에 3개월 투자로부터 $5가 유입되지만, 채권 숏 포지션에 대하여 이자 지급 $5가 발생한다. 그러므로 이 시점에서도 순 현금흐름은 없다. 6개월 이후 계약의 만기가 도래한다. 이 시점에서 우리는 다음 금액을 6개월 투자로부터 수령하게 된다.

$$e^{(0.10)(0.50)} \times 90.123 = \$94.74$$

선도 계약에 따라 $94.25를 지급하고 채권을 인도 받게 되며, 이 채권으로 채권 숏 포지션을 정리한다. 이렇게 되면 차익 거래 수익인 $0.49의 순 현금 유입이 발생하게 된다. ■

3.4 통화 및 기타 관련 자산에 대한 선도 가격 산정

통화와 밀과 같은 다른 기초자산 사이의 중요한 차이점은, 1 부셸의 밀을 사서 보관할 때는 만기에 가도 1 부셸 그대로이다.(물론 쥐가 훔쳐 가지 않는다고 가정하면.) 반면에 외국 통화를 사서 이를 보관하면, 그 통화는 소정의 이율로 이자를 벌기 때문에 시간이 지나면서 1 단위의 통화는 1 단위 이상으로 자라게 된다. 이것은 선도가격 산정 기본공식 (3.3)이 그런 경우에는 수정되어야 한다는 것을 의미한다.

특별한 경우로 T년 후에 만기가 되는 통화 선도 계약(예를 들면 영국 파운드화)을 생각해 보자. 이 계약으로 롱 포지션을 취하여 T 시점에 인도 가격 $\$F$를 지급하고 £1를 인도 받는 투자자를 생각해 보자. 현물자산을 이용하여 이 결과를 복제하려면 투자자는 단순히 £1를 오늘 매입하여 T까지 보유해서는 안 된다. 왜 안 되나? 투자자가 보유한 파운드화는 파운드화의 T년 예금 이율로 이자를 벌게 될 것이므로 T에서는 £1 이상으로 불어나 있을 것이다. 예를 들어, $T=3$개월이라고 하고, 파운드화의 3개월 이자율이 8%[연율]이라면 최초의 £1는 3개월 후에 다음의 금액이 될 것이다.

$$e^{(0.08)(1/4)} = £1.02$$

그래서 투자자는 선도계약의 결과를 과도하게 복제하게 된다.

이를 바로 잡기 위해서 복제전략을 세울 때 이자를 고려해야 한다. 만기에 정확히 1 단위가 되도록 하기 위해서 초기에 현물 통화를 매입할 때 단위를 조절해야 한다. 이 예에서는 단지 £(1/1.02)= £0.98 단위를 최초에 매입하면 된다. 이 금액이 8% 이율로 3개월 투자되면 만기에 £1가 된다.

복제 선략이 이런 방식으로 수정된 선도가격 산정 공식을 설명한다. 이러한 논리를 예시하기 위하여 예를 들어 본다.

통화 선도 가격 산정 일반 공식

단순화를 위해 계속 외국 통화가 영국 파운드화(GBP)를 의미하는 것으로 한다. 이 통화의 현물 가격을 S라고 한다. 일반적으로 S는 기초 통화 한 단위의 달러 표시 가격을 의미한다. 여기에서 기초는 영국 파운드화이며, S는 1 GBP 당 USD의 환율을 의미한다. 여기뿐만 아니라 이 책 다른 곳에서도 설명을 단순히 하기 위해서 USD 대신 $ 그리고 GBP 대신 £를 사용할 것이다.

T년 후에 인도 가격 F로 선도 롱 포지션을 취하년, 우리는 $\$F$를 지급하고 £1을 수령한다. 오늘의 관점에서 보면 이 전략의 USD비용은 $PV(\$F)$ 혹은 다음과 같다.

$$F \cdot PV(\$1) \tag{3.7}$$

(괄호 안에 $ 표시는 현재 가치의 산정에 USD 이자율이 사용되었다는 것을 강조하기 위한 것이다.)

선도의 결과를 복제하기 위하여 T년 후에 £1이 만들어 지는 전략을 구축해야 한다. 이것은 간단하다. £1 현재가치를 오늘 매입하여, T년에 £1이 되도록 투자하면 된다. 물론 이 현재가치를 산출하기 위하여 파운드의 이자율을 사용해야 하며, 달러의 이자율을 사용해서는 안 된다. 이것은 파운드화는 파운드화의 이율로만 투자할 수 있기 때문이다. 이 점을 강조하기 위하여 현재가치를 $PV(£1)$이라고 표기하였다.

이 복제 전략의 비용을 달러화로 표시하면 오늘 매입하는 파운드의 단위($PV(£1)$)에 파운드 당 달러 가격(S)을 곱한 금액이다.

$$S \cdot PV(£1) \tag{3.8}$$

두 전략의 가격이 같으므로 다음과 같은 식을 얻게 된다.

$$F \cdot PV(\$1) = S \cdot PV(£1) \tag{3.9}$$

그 결과,

$$F = S\ \frac{PV(£1)}{PV(\$1)} \tag{3.10}$$

식 (3.10)이 외환 선도가격 산정의 기본식이다. 이 식은 무위험 이자율 평행(covered interest-rate parity)이라고도 부른다. 이는 무차익거래 선도가격을 현물 환율, 국내 이자율, 외환 이자율이라는 세 변수의 함수로 표시하고 있다.

연속 복리 하에서 선도 가격

두 통화 모두 연속 복리 관행을 사용한다고 가정한다. d를 파운드화의 T년 이자율이며, 통상 표시하듯이 r을 달러의 T년 이자율이라고 하자. 그러면 식 (3.10)은 다음과 같이 된다.

$$F = S\frac{e^{-dT}}{e^{-rT}}$$

위 식을 정리하면 다음과 같이 된다.

$$F = e^{(r-d)T}S \qquad \textbf{(3.11)}$$

식 (3.11)은 이자율을 연속 복리로 표현될 때 통화 선도가격 산정식이다. 이 식은 직관적 설명을 제공한다. 우리가 현물 자산을 매입하면 달러 이자율로 r로 표시되는 기회비용을 포기하게 된다. 하지만 대신 파운드화를 받게 되고, 이는 파운드화 이자율 d라는 보유 이익을 가져다준다. 그러므로 $r-d$의 차이가 현물을 보유하는 순 비용이며 이 비용이 선도가격에 반영된다.

예 3.3

파운드화의 선도 계약을 고려한다. 현물시장의 환율이 $1.60/£라고 가정하자. 3개월 달러 이자율이 6%이며, 파운드화의 3개월 이자율이 8%이며 모두 연속 복리로 부리된다고 가정하자. 무차익거래 3개월 선도가격은 얼마인가?

우리의 표시 방법에 따르면: $S=1.60$, $T=3$ 개월$=1/4$ 년, $r=0.06$, 그리고 $d=0.08$. 그러므로 식 (3.11)에 따라, 유일한 무차익거래 선도가격은 아래와 같다.

$$F = e^{(0.06-0.08)(1/4)}(1.60) = 1.592$$

(A) 선도의 고평가로 인한 차익거래

선도 계약의 인도 가격이 이와 다르다고 가정해 보자. 예를 들어 $F=1.615$이라고 하자. 그러면 선도가 현물에 비해 과대평가되었고, 우리는 선도를 매도하고 현물을 매입하여 무위험 수익을 만들어낼 수 있다. 이 전략은:

1. 3개월 후에 £1를 $1.615에 인도하는 선도 계약을 체결한다.
2. £e^{-dT}=£0.98를 현재 환율 $1.60/£에 매입한다.
3. £0.98를 3개월 간 파운드 이자율 8%에 투자한다.
4. 파운드를 매입하기 위한 자금 $(0.98)(1.60)=$1.568를 3개월간 달러 이자율 6%에 차입한다.

만기에 £1가 필요하므로 초기에 £e^{-dT} 단위를 매입한다. 초기에 순 현금흐름은 없으며, 중도에도 순 현금흐름은 없다. 만기에 투자한 것으로부터 £1을 수령하게 되며 이를 선도 계약에 인도하여 $1.615를 수령한다. 이제 대출을 상환해야 한다. 이에는 현금유출이 필요하다.

$$\$1.568 \times e^{(0.06)(1/4)} = \$1.592$$

그러므로 가격 오류에 따른 차익거래 이익에 해당하는 $0.023의 순 현금유입이 발생한다.

(B) 선도의 저평가로 인한 차익거래

이와 유사하게 선도 계약의 인도 가격이 1.592보다 낮은 가격, 예를 들어 $F=1.570$이라고 가정해 보자. 그러면 선도가격은 현물가격에 비하여 저평가 되었으므로 선도를 매입하고 현물을 매도해야 한다. 전략은 다음과 같다:

1. 3개월 후에 £1를 $1.57에 매입하도록 롱 선도 계약을 체결한다.
2. 파운드 이율 8%에 £0.98을 3개월 간 차입한다.
3. £e^{-dT}=£0.98을 파운드 당 $1.60에 매각하여 $(1.60)(0.98)=$1.568를 수령한다.
4. 이 $1.568를 달러 이자율 6%에 3개월 간 투자한다.

초기에 우리는 £e^{-dT}를 차입하여 매도하므로 만기에는 £1의 현금유출이 필요하지만, 선도 계약에서 매입하는 £1로 충당하게 된다.
여기에서도 초기 순 현금흐름은 없으며, 중도 현금흐름도 없다. 만기 시에 선도 계약에 따라 우리는 $1.57을 지급하고 £1를 수령한다. 대출 상환으로 지급해야 할 금액은 아래와 같다.

$$\text{£}0.98 \times e^{(0.08)(1/4)} = \text{£}1$$

그리고 마지막으로 투자로부터 수령할 금액은 아래와 같다

$$\$1.568 \times e^{(0.06)(1/4)} = 1.592$$

이 모두를 종합해 보면 만기 시에는, 가격 오류로 인한 차익거래 이익에 해당하는 $0.022의 순 현금유입이 발생하게 된다. ■

주가지수 선도 가격 산정

통화 선도뿐만 아니라 식 (3.11)은 다른 곳에서도 사용된다. 다른 사용처 중 하나가 주가지수 선도가격 산정이다. 주가 지수는 정해진 규칙에 따라 여러 개의 주식을 한 바구니에 담은 것이 주가지수이다. 다음 장에서는 주가 지수 선도를 살펴보고 이 선도가격 산정의 간단한 방법이 이 지수의 배당률을 나타내는 d를 포함한 식 (3.11)을 사용하는 것이라는 점을 보일 것이다.

3.5 선도이율 약정

복제 아이디어는, 거래되는 상품의 가격이 아니라 이자율 수준에 직접 연동되는 FRA라고 하는 선도이율 약정과 같은 선도 계약 - 이자율 스왑과 같은 FRA의 일반형 - 의 가격 산정에도 사용될 수 있다. FRA는 6장에서 자세히 다룰 것이므로 여기에서는 다루지 않는다.

3.6 개념 확인

최근 여러 나라에서는 자신의 통화를 외국 통화에 연동시켜 환율을 고정시켰던 적이 있다. 예를 들면, 아르헨티나와 홍콩이 자신의 통화를 미국 달러에 연동시킨 적이 있다.

달러에 연동된 한 통화(tiger라고 부르자)를 생각해 보자. 구체적으로 10 tiger를 1 달러에 연동시킨다고 가정해 보자. 금융시장에서 이 장치를 믿을 만한 것으로 받아들이고, 시장 참여자들이 이 관계가 깨어지지 않을 것으로 믿는다고 가정해 보자. tiger의 1개월 선도가격은 얼마인가? 대답을 시도하기 전에 미리 잘 생각하라!

조금만 생각해 보면 선도가격은 1 달러 당 10 tigers를 초과할 수가 없다는 것을 알게 된다. 예를 들어, 11 tigers/달러라고 가정해 보자. 그러면 11 tigers/달러(약 $0.09/tiger)에 선도로 tiger를 사고 선도계약 만기 시점까지 기다렸다가, 인도되는 tiger를 현물가격 10 tigers/달러($0.10/tiger)에 매도하는 차익거래를 만들어 낼 수 있다.

유사하게 달러 당 10 tigers 미만이 될 수도 없다. 예를 들어 달러 당 9 tigers라고 가정해 보자. tiger를 9 tigers/달러(약 $0.11/tiger)에 선도로 매도하고, 만기까지 기다렸다가, 필요한 tiger를 현물 시장에서 10 tigers/달러(즉 $0.10/tiger)에 매입하여 인도하는 차익거래를 만들어 낼 수 있다.

그러므로 선도 가격은 10 tigers/달러가 되어야 한다. 통화 선도 공식 (3.11)에는 이자율이 필요하지만 이자율을 모르는 상태로 무차익거래 선도가격을 계산하였다. 그러면 식 (3.11)은 이 경우 적용이 되지 않는다는 뜻인가?

오히려 그 반대이다! 식 (3.11)은 항상 성립해야 하며, 그렇지 않은 경우 차익거래가 발생한다. 그러면 이 두 설명이 어떻게 조화될 수 있나?

열쇠는 통화의 연동이 확실하게 믿을 수 있다는 가정에서 10 tigers/달러의 선도가격을 계산하였다는 것이다. 하지만 통화 연동이 확실하게 믿을 수 있다면 달러 이자율 r이 tiger 이자율 d와 같아야 한다. 달러 이자율이 더 낮으면 달러를 달러 이자율로 차입하여, tiger로 교환한 다음 tiger를 tiger 이율에 투자하였다가 만기에 다시 달러로 교환하는 방식으로 차익거래를 쉽게 만들어 낼 수 있다.

달러 이자율이 더 높다면 반대 전략으로 차익거래를 만들어 낼 수 있다. 그러므로 $r = d$이어야 하며, 그런 경우 식 (3.11)을 사용해도 같은 결과에 도달한다.

이 설명은 통화 연동이 의심의 여지없이 확실하다는 사실에 기초하고 있다. 이 연동이 깨어질 것 같은 의심이 생겨나면 현물과 선도가격은 일치하지 않을 것이다. 그리고 달러 이율과 tiger 이율도 일치하지 않을 것이다. 어떤 경우에도 현물과 선도 가격은 식 (3.11)의 관계를 유지할 것이며 그렇지 않은 경우 차익거래가 발생한다.

3.7 선도 계약의 시장 가치

파생상품을 거래할 때, 오래 전에 체결하였지만 만기까지는 아직 시간이 남아 있는 계약의 오늘 가치는 얼마인가라는 질문을 하게 된다. 즉, 시장 가치는 얼마인가? 만기 전에 선도 계약을 정산할 때 이 가치를 사용한다. 이 절에서는 선도 계약에 대한 이 질문을 검토한다.

직관적인 답

구체적인 예를 가정해 보자. 이전에 체결되어 만기가 1개월 남아 있는 인도 가격 $D=$\$0.80/lb인 동(銅) 선도 계약의 롱 포지션을 취하고 있다고 가정해 보자. 같은 선도 계약(즉 만기가 1개월인 동일 등급의 동 선도 계약)의 현재 가격이 \$$F$/lb라고 하자. 보유하고 있는 계약의 시장 가격(지금부터는 단순히 가격이라고 함)은 얼마인가? 다시 말하면 현재 거래되고 있는 선도가격 F에 비하여, $D=$\$0.80에 고정시켜서 보유하는 것이 얼마나 더 좋아졌거나 나빠졌는가?

이 질문에 대한 직관적인 대답은 쉽다. 만약 $F>D$ 예를 들어, $F=$\$0.82이라고 하자. 그러면 인도 가격 $D=$\$0.80에 고정시킴으로 해서 \$0.02 좋아졌다. 이 인도 가격의 차이 \$0.02는 1개월 후 계약이 만기될 때 실현되므로 현재의 가치는 $PV(0.02)$이다. 이것이 현재 보유하고 있는 계약의 가치이다.

비슷하게 $F<D$ 예를 들어, $F=$\$0.79/lb라고 하자. 그러면 가격을 \$0.80에 고정시켜서 \$0.01 더 나빠졌으며, 따라서 계약의 현재가치는 $PV(-0.01)$이다.

이러한 논리에 따르면, 어느 경우에든 롱 포지션 계약의 가치는 $PV(F-D)$이다. 숏 포지션의 가치는 이 가치의 음수이며 $PV(D-F)$로 계산된다. 만약 $F>D$이면 계약은 롱 포지션일 때 양의 가치를 가지며, 숏 포지션은 음의 가치를 가지게 된다. 만약 $F<D$이면 반대의 상황이 된다.

반대 매매(reversal)에 의한 가치 계산

다음 질문을 검토함으로 이 식을 좀 더 체계적으로 유도할 수 있다: 계약을 당장 해지하고 손익을 고정시키면 얼마의 손익을 얻게 되나?

선도 계약을 일방적으로 매도할 수는 없다. 그럼에도 불구하고 반대 매매를 통하여 기능적으로 매도와 동일한 효과를 거둘 수 있다. 반대 매매란 원래의 계약과 동일한 만기 시점을 가진 또 다른 계약으로 반대 포지션을 취하는 것이다. 그러므로 우리의 원래 계약이 4월 100배럴의 원유를 매수하는 선도 롱 포지션이라면 4월 100배럴의 원유를 매도하는 선도 계약으로 숏 포지션을 취하는 것이다.

선물 포지션 종료와 달리 반대 매매는 신용위험이 수반된다. 원래 선물 계약의 상대방이 부도를 내도 원래 계약의 반대 매매를 위한 계약의 의무는 그대로 지속된다. 다음의 논의에서는 신용위험은 무시한다.

인도 가격 D에 체결한 원래 선도 계약의 롱 포지션을 생각해 보자. 이 계약의 반대 매매를 위하여 현재 선도 가격인 F에 숏 포지션을 취하는 선도 계약을 체결한다고 가정하자. 새로운 당시의 가격으로 새로운 선도 계약을 체결하기 때문에 비용이 발생하지는 않는다. 이렇게 변형된 포트폴리오는 원래의 포트폴리오와 동일한 가치를 가진다. 그러나 변형된 포트폴리오는 가치 산정을 쉽게 만드는 두 가지 특징이 있다. 첫째 만기에 기초 자산에 대한 순부담은 없다. 원래 계약에 대해서 D를 지급하고 새로운 계약으로부터 F를 수취하므로 순 현금흐름은 $(F-D)$이다. 이 현금흐름의 현재가치 $PV(F-D)$가 이 원래 선도 계약의 가치이다. 이 금액의 음수 금액, $PV(D-F)$이 원래 계약에서 숏 포지션을 취한 경우의 가치이다.

예 3.4

한 미국 투자자가 영국 파운드에 1개월 선도 숏 포지션을 보유하고 있다. 이 계약에 따르면 이 투자자는 £2백만을 파운드 당 $1.61에 매도해야 한다. 현재의 1개월 선도의 인도 가격은 $1.5850이다. 1개월 금리는 6%[연이율]이라고 하자. 이 투자자 포지션의 가치는 얼마인가?

이 투자자는 현재의 선도가격은 파운드 당 $F=\$1.5850$이지만 인도 가격을 파운드당 $D=\$1.61$에 고정시켰다. 이 투자자는 숏 포지션 보유자이므로, 1 파운드 당 $0.0250로 유리해 졌다. 이 차액은 1개월 이후에 수취하게 되므로 현재가치는 다음과 같다.

$$PV(D-F) = e^{-(0.08)(1/12)} \times 0.0250 = 0.024875$$

계약상 2백만 파운드를 인도하게 되므로 투자자의 포지션은 다음과 같다.

$$2{,}000{,}000 \times 0.024875 = \$49{,}750$$

계약 당사자가 오늘 정리하기로 합의한다면, 롱 포지션 보유자는 투자자에게 $49,750을 지급해야 할 것이다. ■

예 3.5

2개월 후에 마이크로 소프트 주식을 인도 가격 $25에 10,000주를 인도하기로 하는 선도 롱 포지션을 취한 투자자가 있다고 가정해 보자. 다음 2개월 간에는 마이크로 소프트의 배당은 없다고 가정한다. 2개월 이자율은 4%이며 현재 마이크로 소프트 주식은 주당 $24.50에 거래되고 있다. 2개월 후에 인도되는 주식의 무차익거래 선도가격 $\$F$는 얼마인가? 가격을 $\$F$라고 하면 투자자 포지션의 현재 가치는 얼마인가?

우리의 기호를 계속 사용하면 $D=25$(이미 고정된 인도 가격)이며, $T=2$개월$=1/6$년이다. 현재 F는 미지수이지만, 주어진 정보로부터 계산해 낼 수 있다. 주식에서 배당금은 발생하지 않을 것으로 예상되기 때문에 무차익 선도가격은 보유비용이 없는 경우의 식 (3.5)를 사용하여 계산할 수 있다. 결과는 다음과 같다.

$$F=e^{(0.04)(1/6)}\times 24.50 \;=\; 24.664$$

투자자는 롱 포지션을 취했기 때문에, 인도 가격 $D=25$의 주당 수익은 다음과 같다.

$$PV(F-D)=e^{-(0.04)(1/6)}\times[24.664-25] \;=\; -0.3339$$

선도 계약의 인도 주식 수는 10,000주이므로, 투자자가 취한 포지션의 총 시장가치는 다음과 같다.

$$10{,}000 \;\times\; -0.3339 \;=\; -3{,}339$$

그리하여, 계약 양 당사자가 오늘 계약을 정리하기로 합의한다면, 투자자는 계약의 숏 포지션을 취한 당사자에게 $3,339를 지급해야 할 것이다. ■

3.8 선물 가격

선물 계약의 가치를 분석적으로 산정하는 것(선물과 현물의 관계를 정확히 파악하는 것)은 두 가지 이유 때문에 어렵다. 첫째, 선물 계약에는 인도 선택권이 있어서 만기에 실제 인도되는 등급에 대하여 불확실성이 존재한다는 것이다. 두 번째는 선물 시장에서는 일일 정산을 하므로 중도에 규모가 불확실한 현금흐름이 발생한다는 것이다. 각 요인이 가격 산정 문제를 상당히 어렵게 만들고 있다.

그래서 가격 산정의 기술적 어려움에 초점을 맞추기 보다는 선물과 선도를 차별화하는 질적인 관계에 대하여 논의하고자 한다. 선물과 선도의 동질성은 (a) 두 계약 모두 동일한 만기와 동일한 인도 가격이 있으며, (b) 선도 계약의 현물 자산 등급은 선물 계약에 명시된 표준 등급이다. 계약상 유일하게 다른 점은 선물 계약에서는 일일정산이 있다는 점과 인도 선택권이 있다는 점이다.

인도 선택권의 영향

이미 살펴본 바와 같이, 인도 선택권은 선물 계약의 숏 포지션에게만 주어진다. 이 선택권 때문에 다른 점에서는 동일한 선도보다 선물이 숏 포지션에 더 유리해 지며, 사실상 이 선택권(옵션)을 매도한 측인 롱 포지션에게는 선물이 덜 매력적이 된다.[1] 실제로 이 가격 차이는 정확히 인도 선택권의 가치일 것이다.

선물의 가격이 얼마나 낮을까? 다시 말하면 인도 선택권은 얼마나 가치 있는 것인가? 일반적으로 보면, 이것은 선물 계약에 명시된 인도 가능 등급 범위와 가격 조정 방식에 달려 있다. 그러나 경제적 직관으로 설득력 있는 대답은 할 수 있다.

선물 계약의 인도 선택권의 주목적은 롱 포지션에 의한 스퀴즈를 방지하는 것이다. 그러나 이 선택권이 존재하므로, 인도되는 등급의 품질에 대한 불확실성이 생겨나고, 이로 인하여 롱 포지션이 달성하고자 하는 헤지의 질을 낮출 수 있다. 이 선택권이 숏 포지션에게 경제적으로 가치가 있을수록 헤지의 질은 더 악화되며, 롱 포지션에게 선물 계약은 덜 매력적이 된다. 그러므로 성공적인 선물 계약에서는 시장의 완전성을 보장하기에 충분할 만큼 인도 선택권이 넓어야 하지만, 그 선택권의 경제적 가치는 매우 낮아서 헤지의 질 저하를 최소화할 수 있을 것으로 기대할 수 있다.

실제 경험 연구가 이러한 입장을 뒷받침한다. Hemler(1990)와 Duffie(1989)는 CBoT의 국채 선물 계약의 인도 선택권의 가치를 분석하였다. 이들은 인도 등급을 만기시에 결정하는 것과 만기 시점 일정 기간 전에 결정하는 것을 비교하여 숏 포지션에게 미치는 손실을 계산하였다. Duffie는 채권을 3개월 전에 선택하면 숏 포지션의 평균 손실은 $270 즉 액면가 $100,000 대비 0.27%이었음을 발견하였다. 결정을 6개월 전에 한 경우는 평균 손실이 $430 즉 액면가 대비 0.43%이었다.(기간이 길어질수록 금액이 커진 것은 기간이 길수로 이자율이 더 많이 변동될 수 있기 때문이다.) 인도 채권을 1년 전에 결정한 경우, Helmer에 의하면 평균 손실이 $660 즉 액면가 대비 0.66%이었다.

마지막 사항이 중요하다. 2장에서 논의한 바와 같이 인도 선택권은 가격 조정 규정에 따른 가격 차이가 만기 시점 현물 시장에서 발생하는 가격차와 다를 때에만 경제적 가치를 가진다. 가격 조정 규정이 인도 시점에서 서로 다른 인도 가능 등급 간의 가격차를 정확히 반영할수록 인도 선택권의 가치는 낮아진다. 선물 계약의 인도 가격 조정이 당시의 현물시장 가격 차이를 정확히 반영하면 선택권의 경제적 가치는 없어진다.

일일정산의 영향

선도 계약에는 존재하지 않는 선물시장의 증거금 제도와 일일 정산 제도로 인하여 불확실한 중

1) 직관적으로 이 시장에서 숏 포지션은 매도자이며 롱 포지션은 매수자이다. 숏 포지션에게 선물이 더 매력적이며 롱은 반대의 성향을 보인다면, 선물 시장에서는 매도자가 더 많고 매수자가 적을 것이며, 따라서 가격도 낮아져야 한다.

도 현금흐름이 발생한다. 결과 두 가지 흥미로운 질문이 생겨난다: (a) 증거금 계좌에서 이자가 발생하므로 선물가격이 선도가격과 달라져야 할 것이라고 생각할 수 있는가? (b) 그렇다면 차이는 어떤 방향으로 발생하는가?

이 질문에 대한 답의 열쇠는 이자율과 선물가격의 공통 움직임에 있다. 다음과 같은 사실을 알 수 있다.

- 선물가격의 움직임과 이자율 움직임이 양의 상관관계를 가진다면 선물가격은 선도가격보다 높아질 것이다.
- 선물가격의 움직임과 이자율 움직임이 음의 상관관계를 가진다면 선물가격은 선도가격보다 낮아질 것이다.
- 선물가격의 움직임과 이자율 움직임에 상관관계가 없다면 선물가격과 선도가격은 일치할 것이다.

이에 대한 체계적인 연구 결과는 Cox, Ingersol 및 Ross(1981)에 나타나 있다.[2] 그 증명은 상당히 어렵기 때문에 여기서는 이 결과에 대한 직관적인 부분만 논의하기로 한다. 부록 3B에서는 이자율이 일정한 경우(상관관계가 없는 특별한 경우)를 고려하며, 이 경우에는 선물과 선도가격이 실로 동일하다는 것을 보여 준다.

선물가격과 이자율 변화가 양의 상관관계를 가지고 있는 경우를 고려해 보자. 선물가격이 올라가면, 롱 포지션 증거금 계좌의 잔고도 증가한다. 양의 상관관계로 인하여 더 많은 잔고에 더 높은 이자율이 적용된다. 양(+)의 상관관계는 선물 가격이 하락하면 증거금 잔고가 하락하며, 손실 금액의 조달이 더 낮은 이율로 이루어진다는 것을 의미한다. 그러므로 양(+)의 상관관계는 만기에 한꺼번에 정산하는 선도보다는 일일정산이 이루어지는 선물이 롱 포지션에게 더 유리하게 됨을 의미한다.

숏 포지션은 반대를 선호한다. 숏의 증거금 잔고는 선물가격과 반대로 움직인다. 선물가격이 상승할 때 증거금은 하락하며, 손실이 더 높은 이율로 조달되어야 한다. 선물가격이 하락할 때 증거금 잔고는 증가하지만, 낮은 이율로 이자를 번다.

그래서 상관관계가 양일 때 롱은 선물을 선도보다 선호하며, 숏은 선물보다 선도를 선호한다. 이것은 선물가격이 선도가격보다 높아지는 것을 의미한다.

비슷한 논리로 상관관계가 음(−)일 때, 숏 포지션에게 선물이 더 매력적이며, 롱 포지션에게는 선물이 덜 매력적이 되며, 결과적으로 선물가격이 선도가격보다 낮아질 것이다. 이 두 논리를 종합하면, 상관관계가 0으로 선물가격은 선도가격과 같아질 것이다.

---

2) Jarrow와 Oldfield(1981) 그리고 Richard와 Sundaresan(1981)에 관련된 내용이 있음. Amerio(2005)는 선물가격과 이자율 사이의 순간적인 상관관계를 설명해 주는 볼록성 추세 조정을 활용하여 선도가격과 선물가격의 관계를 설명한다.

선물과 선도가격이 달라진다 하더라도, 현실적으로 더 중요한 문제는 얼마나 크게 다른가이다. 다시 한번, 경험상의 대답은 다음과 같을 것이다: 크게 다르지 않다. 특별히 단기 선물인 경우 크게 다르지 않다. 직관적으로 증거금은 부도를 방지하기 위하여 존재한다. 이 목적을 달성한다는 전제하에 헤지의 관점에서는 이러한 절차로 인하여 발생하는 중도 현금흐름을 최소화하는 것이 최선이다. 실무에서는 요구 증거금이 액면가의 몇 퍼센트에 불과하다(2장 참조). 증거금 계좌 잔고의 변화에 대한 이자율 변화의 효과는 계약의 액면 금액에 비하면 아주 미미하다. 그러므로 증거금에 의하여 초래되는 선물과 선도의 가격차는 단기 계약인 경우 미미하다.

과거 경험의 연구도 이러한 기대와 다르지 않다. 일일 정산의 효과를 가장 잘 검증할 수 있는 곳이 인도 선택권이 존재하지 않는 외환시장이다. Cornell과 Reinganum(1981)의 외환시장 연구에서 외환 선물과 선도의 가격차는 외환 시장의 매수-매도 호가 차이보다 작다는 것을 보여 주었으며, 그 이후 Chang과 Chang(1990) 그리고 Dezhbaksh(1994)도 비슷한 결과를 보고하였다. French(1983)는 더 넓은 범위의 연구를 통하여 여러 시장에서 선물과 선도의 가격을 비교한 바, 차이는 대체로 매우 작았다.

그러나 장기의 경우에는 선물과 선도를 차별화하는 요소들이 작용하여 상당한 차이를 만들어 낼 수 있다. 예를 들면, Gupta와 Subrahmanyam(1999)은 Libor 선물시장과 스왑 이율을 비교하여, 1987~1996년 기간 중에 부도 위험, 이자율 기간 구조, 정보 및 유동성 등으로 설명할 수 없는 현저한 차이가 스왑(선도)과 선물시장 간에 존재하였다는 것을 발견하였다. 그들은 이 차이를 선도시장에는 존재하지 않는 선물시장의 일일 정산 제도에서 발생하는 "볼록성 효과(convexity effect)" 때문이라고 보았다.

요약하자면 ...

... 과거 경험을 연구해 보면 인도 선택권이나 일일정산은 가격 산정의 관점에서 보면 특히, 단기 계약인 경우에는 중요하지 않은 것으로 보인다. 경제학적인 직관으로 볼 때에도 그렇게 생각된다. 그러므로 그 연장선상에서 선물과 선도가격은 같은 것으로 취급하는 경우가 종종 있다. 이것은 단기 계약에 잘 적용되는 편리한 가정이지만, 장기 계약에 적용할 때에는 신중을 기하여야 한다.

3.9 연습문제

1. 선도 계약 가격 산정의 기본 원칙을 설명하라.
2. O X 문제: 이론적인(즉, 무차익거래) 선도 가격은 만기와 함께 감소한다. 달리 말하면, 3개월 선도 계약의 이론적인 가격이 6개월 선도 계약의 가격보다 높다.
3. 선물가격이 선도가격과 달라지는 요인을 열거하라. 일반적으로 이 요인들은 얼마나 중요한가?
4. 선도 계약으로 3개월 후 인도 가격이 부쉘 당 $7.90이고 현재의 현물 가격은 $7.60이다. 3개월 연속 복리 이자율은 연 8%이다. 밀을 비용 없이 저장할 수 있다면 이 시장에서 차익거래의 기회가 존재 하는가?
5. 어떤 증권이 현재 $97에 거래되고 있다. 이 증권에서 2개월 후에 $5의 이자가 지급된다. 향후 6개월 간 이를 제외한 다른 현금흐름은 없다.
   (a) 만약 이자율 기간 구조가 12%로 수평이면, 6개월 이후에 이 증권을 인도하는 선도가격은 얼마인가?
   (b) 실제 선도가격이 $92이라면 어떻게 차익거래를 만들 수 있나?
6. 현재 금 가격이 온스 당 $1,765이며 금은 비용 없이 저장할 수 있다고 가정한다. 모든 만기에 대하여 이자율 기간 구조는 연속 복리 6%로 동일하다.
   (a) 3개월 후에 인도되는 금 선도가격을 계산하라.
   (b) 금을 저장하는데 온스 당 월 $1(매월 선불)이 소요된다. 새로운 선도가격은?
   (c) 보관비용은 (b)와 동일하다. 만약 선도가격이 온스 당 $1,805이라면 차익거래의 기회가 있는지, 그리고 어떻게 이 상황을 이용할 수 있는지를 설명하라.
7. 어떤 주식이 1개월 후에 $1의 배당금을, 그리고 4개월 후에 $2의 배당금을 지급한다. 모든 기간에 대하여 무위험 수익율은 12%이다. 현재 주식의 가격은 $90이다.
   (a) (i) 이 주식의 3개월 무차익거래 선도 계약 가격과 (ii) 6개월 무차익거래 선도 계약 가격을 계산하라.
   (b) 6개월 선도가격이 $100으로 호가 되었다. 차익거래 기회가 존재하는가? 그렇다면 어떻게 이 상황을 이용할 수 있나?
8. 어떤 채권이 2개월 후에 $4 이자를 지급한다. 이 채권의 현재 가격은 $99.75이다. 2개월 이자율은 5%이며, 3개월 이자율은 6%이고 모두 연속 복리를 적용한다.
   (a) 이 채권의 무차익거래 3개월 선도 가격은 얼마인가?
   (b) 선도 가격이 $97이다. 차익거래의 기회가 존재하는가? 그렇다면 어떻게 이 상황을 이용할

것인가?

9. 노르웨이와 미국의 3개월 금리가 각각 8%와 4%이다. 현물시장에서 노르웨이 크로네 가격은 $0.155이다.
   (a) 3개월 선도가격은 얼마인가 계산하라.
   (b) 실제 선도가격이 $0.156이라면 차익거래 기회가 있는지 검토하라.

10. 파운드화에 대한 3개월 선도 계약을 생각해 보자. 현물 환율은 $1.4/£이며, 3개월 달러 이자율은 5%이며 3개월 파운드 이자율은 5.5%이다. 선도가격이 $1.41/£이라면 차익거래 기회가 있는지 확인하고, 이 상황을 어떻게 이용할 수 있을지를 설명하라.

11. 3개월 전, 한 투자자가 주식을 매도하는 6개월 선도 계약을 체결하였다. 합의한 인도 가격은 $55이었다. 오늘 이 주식은 $45에 거래되고 있다. 3개월 이자율이 연속 복리 4.8%이다.
    (a) 이 주식에서 향후 3개월 간 배당은 없을 것으로 예상된다면, 현재의 선도 가격은 얼마인가?
    (b) 투자자가 보유하고 있는 계약의 가치는 얼마인가?
    (c) 이 주식에서 1개월 후에 $2의 배당금을 지급하며, 1개월 이자율이 4.7%이다. 현재 시점에서 선도가격은 얼마이며, 투자자가 보유하고 있는 선도 계약의 가치는 얼마인가?

12. 어떤 투자자가 채권을 3개월 후에 $100에 매도하는 선도 계약을 체결하였다. 1개월 후에 채권의 가격은 $101.50으로 상승하였다. 모든 만기에 대하여 이자율 기간 구조가 3%에 수평으로 되어 있다.
    (a) 다음 2개월 간에는 이자 지급일이 없는 것으로 가정하면, 이 채권의 선도 가격은 얼마인가?
    (b) 투자자의 숏 포지션의 시장 가치는 얼마인가?
    (c) 만약 그 채권에서 1개월 후 $3의 이자가 지급된다면 답은 어떻게 변경되나?

13. 어떤 주식이 $24.5에 거래되고 있다. 시장에서는 2개월 후에 주당 $0.50의 배당을 지급할 것으로 예상하고 있다. 향후 3개월 간 그 외 다른 지급금은 없을 것이다. 이자율은 모든 기간에 대하여 6%로 일정하다. 당신은 3개월 후에 10,000주의 주식을 매입하는 선도 롱 포지션을 취한다.
    (a) 무차익거래 3개월 선도 가격은 얼마인가?
    (b) 1개월 후에 주식이 $23.50에 거래되고 있다. 선도 계약의 시장 가격은 얼마인가?
    (c) 이 시점에서 회사는 기대 이상의 수익이 발생하여 예상 밖으로 주당 $1.00이 배당을 발표하였다고 가정하자. 이 좋은 소식에 고무되어 주가는 $24.50로 상승하였다. 당신 포지션의 시장가치는 얼마인가?

14. 다음 정보를 고려해 보라.
    - 현재 동(銅) 가격은 100 파운드 당 $383.50이다.
    - 이자율 기간 구조는 5%에서 수평이다. 즉 무위험 차입/투자 이율이 연속 복리 연 5%로 모든 만기에 대해서 동일하다.
    - 비용 없이 동에 대하여 롱 숏 포지션을 취할 수 있다.
    - 동을 보유 저장하는 데에는 비용이 발생하지 않는다.

    1개월 후에 100,000 파운드 그리고 2개월 후에 또 100,000 파운드 동을 인도해야 하는 선도 계약이 있다. 계약상 인도 가격은 2회 모두 P, 즉 숏 포지션은 1개월 후에 동을 인도하면서 P를 받으며, 2개월 후에도 인도 시점에 P를 수령할 것이다. 무차익거래 가격 P는 얼마인가?

15. 이 질문은 위의 2회 인도를 다수의 인도로 일반화한다. 숏 포지션이 시점 $t_1, t_2, \cdots, t_N$에 기초 자산 한 단위를 각각 인도하는 계약을 생각해 보자. 이 모든 인도 자산에 대하여 공통의 가격은 F이다. 이 기간에 대하여 이자율은 연속 복리 연 이율로 각각 $r_1, r_2, \cdots, r_N$이다. 현재 현물 가격이 S라면 무차익거래 F는 얼마인가?

16. 이자율 및 인도 선택권에 대한 불확실성이 없다면 선물과 선도가격은 동일해야 한다. 이것은 두 계약이 동일한 현금흐름을 가져야 한다는 뜻인가? (힌트: 꾸준한 가격 상승을 예상한다고 가정해 보자. 만기에 한 번 정산하는 선도 계약을 더 선호하겠는가 아니면 매일 정산을 하는 선물을 더 선호하겠는가? 가격이 지속적으로 하락할 것을 예상한다면 어떻게 하겠는가?)

17. 배당을 지급하지 않는 주식의 선도 계약을 생각해 보자. 이자율 기간 구조가 수평이라면(모든 만기에 대하여 이자율이 동일하다면), 무차익거래 선도 가격은 만기와 함께 상승할 것이다.(즉, 기간이 긴 계약이 짧은 계약보다 더 높은 선도 가격을 보일 것이다.) 이 명제는 이자율 기간 구조가 수평이 아닌 경우에도 참인가?

18. 동의 현물 가격은 파운드 당 $3.87이며, 3개월 인도 조건의 선도 가격은 파운드 당 $3.94이다. 당신은 6%(연속복리 연이율)에 차입하거나 투자할 수 있다고 가정한다. 현재 당신에게는 동이 없지만 원한다면 차입하여 매도할 수 있다.
    (a) 첫째, 보유 비용은 없다고 가정한다(즉 보관비용도 없으며, 보유로 인한 수익도 없다). 이 가격에서 차익거래 기회가 있는가? 그렇다면 현금흐름을 자세히 설명하라. 그렇지 않다면 왜 그렇지 않은지를 설명하라.
    (b) 동을 3개월간 보관하는 데에는 파운드 당 $0.03이 소요되며, 선불로 지급되어야 한다(이것은 3개월 간의 비용이며, 매월 발생하는 비용은 아니다). (a)의 답이 어떻게 달라지는가?(보관 비용은 비대칭적임을 주의하라: 당신이 동을 보유하고 있으면 보관 비용이 발생하지만, 동을 매도하면 보관 비용이 발생하지 않는다.)

19. SPX인덱스는 \$1,265에 거래되고 있으며, FESX 인덱스(50개의주식으로 구성된 Dow Jones EuroSTOXX인덱스, 향후 STOXX라고 함)는 €3,671에 거래되고 있다. 달러 이자율은 연 3%이며, 유로 이자율은 연 5%이다. 환율은 \$1.28/€이다. 6개월 STOXX 선물은 €3,782에 호가되고 있다. 모든 이율은 연속 복리로 계산한다. 증권을 차입하는 데 비용은 발생하지 않는다. 단순화를 위하여 양 지수 모두 배당은 발생하지 않는 것으로 가정한다.
   (a) SPX와 STOXX 그리고 달러와 유로 간의 환율의 6개월 선물 가격을 정확히 계산하라.
   (b) STOXX 선물가격은 정확한 가격에 거래되고 있나? 그렇지 않다면, 차익거래 전략을 어떻게 구축할 수 있나? 단, 당신은 어느 통화로도 차입이나 투자를 할 수 없다(SPX 선물은 정확한 가격에 거래되고 있다고 가정하라).
20. 현재 주가지수 수준이 450이다. 지수의 배당 수익율은 연 4%(연속 복리 조건)이며 6개월 투자의 무위험 이자율은 8%[연]이다. 지수의 6개월 선물 가격은 465이다. 이 상황의 차익거래 기회를 확인하고 어떻게 이 기회를 이용할지를 설명하라.
21. 미국에서 머니 마켓 이자율은 "실제/360" 관행으로 호가 된다. "실제"라는 말은 투자 기간에 포함된 실제 일수를 의미한다. 예를 들면 3개월의 이자율이 7%이고, 실제 3개월 속에 포함된 일수가 91일이면 원금 \$1에 대한 실제 이자는 다음과 같다.

$$0.07 \times \frac{91}{360}$$

   다른 여러 나라들(유로존을 포함하여)이 실제/360 관행을 사용하지만, 영국에서는 실제/365 관행을 사용한다. 이 문제와 다음 4문제는 머니 마켓 이자율 관행을 사용하여 선도가격을 계산하는 것과 관련된 문제이다.
   미국의 90일 이자율은 3%이며, 영국의 90일 이자율은 5%이다(양국 모두 각각의 머니 마켓 관행을 사용한다). 현물 시장의 환율은 £1= \$1.75이다.
   (a) 90일 이후에 수령할 \$1의 현재 가치는 얼마인가?
   (b) 90일 이후에 수령할 £1의 현재 가치는 얼마인가?
   (c) £1의 90일 선도 가격은 얼마인가?
22. 미국의 181일 이자율은 4.5%이고 유로는 5%이며, 모두 머니 마켓 관행을 사용한다. 현물 환율이 S인 경우 6개월 선도 유로가격은 얼마인가?
23. 미국과 영국의 3개월 이자율은 모두 각각의 머니 마켓 관행을 따라 12%이다. 3개월에 92일이 있다고 가정하자. 현물 시장의 환율은 £1 = \$1.80이다. 무차익거래 3개월 선도 £1의 가격은 얼마인가?
24. 현물 환율은 \$1.28/€이다. 미국의 270일 금리는 3.5%이고, 유로는 4%이며 양자 모두 머니 마켓 관행을 따르되 연속 복리를 적용하는 것으로 한다. 270일 선도 유로의 가격은 얼마인

가?

25. 미국과 영국의 머니 마켓 3개월 금리는 각각 3%와 6%이다. 3개월에 91일 있다고 가정해 보자. 현물 환율이 £1= $1.83이다. 무차익거래 3개월 £1의 선도가격은 얼마인가?

26. 달러/유로, 엔/유로 및 엔/달러 3개의 환율을 고려해 보자. 현물 환율과 일년 금리(연속 복리 관행을 사용한다고 가정하라)가 아래와 같다:

    현물 환율:
    dollar/euro = 1.2822
    yen/euro = 146.15
    yen/dollar = 113.98
    이자율:
    dollar = 3%
    euro = 5%
    yen = 1%

    (a) 현물 환시장에서 삼각 차익거래가 존재하는 지를 점검하라
    (b) 일 년 선도시장에서는 삼각 차익거래가 존재하는 지를 점검하라
    (c) 왜 선도시장에서 삼각 차익거래가 지속되는가? 아니면 지속되지 않는가?

부록 3A 복리 빈도

실무에서는 이자율과 함께 투자에 대한 이자가 얼마나 자주 복리로 계산되는 지를 공시한다. 예를 들면, 이자가 연 복리로 계산되면 일 년에 한 번씩 이자가 계산된다. 그러므로 이자율 12%는 $1가 일 년 후에 다음과 같이 증가되는 것을 의미한다.

$$1 + 0.12 = 1.12 \tag{3.12}$$

만약 6개월 복리라고 한다면, 매 6개월마다 이자가 계산되면 복리로 부리된다는 뜻이다. 그래서 이자율 12%는 $1의 원금이 6개월에 다음과 같이 증가되는 것을 의미한다.

$$1 + \frac{0.12}{2} = 1.06 \tag{3.13}$$

투자 기간이 1년이라면 이 증가된 원금이 다음 6개월 동안 이자를 다시 발생하게 된다. 그러므로 1년 후에는 원금 $1이 다음과 같이 증가된다.

$$1.06 \times \left(1 + \frac{0.12}{2}\right) = (1.06)^2 = 1.1236 \tag{3.14}$$

유사하게 1년에 3회 복리 계산이된다면, 이자는 1년에 3회 계산되며 복리도 매 4개월마다(=1/3년) 계산된다. 그러므로 원금 $1이 12%로 부리되면 4개월 후에 다음의 금액이 된다.

$$1 + \frac{0.12}{3} = 1.04 \tag{3.15}$$

투자 기간이 1년 이라면 이 증가된 원금에 다음 4개월간 이자가 발생하며, 이 과정에 마지막 4개월에도 반복된다. 그래서 최초의 $1가 연말에 다음과 같은 금액으로 증가된다.

$$1.04 \times \left(1 + \frac{0.12}{3}\right) \times \left(1 + \frac{0.12}{3}\right) = (1.04)^3 = 1.124864 \tag{3.16}$$

유사하게 일 년에 4회, 5회 등으로 복리 계산되는 이자율을 정의할 수 있다. 위의 논리를 적용하면 이자율 12%이고, 연 k번 복리로 부리되면 원금 $1은 1년 후에 다음의 금액으로 증가된다.

$$\left(1 + \frac{0.12}{k}\right)^k \tag{3.17}$$

물론 투자 기간이 1년으로 제한될 필요는 없다. 투자기간을 t년으로 하고 이자율을 r로 하며, 연간 복리 회전 횟수를 k라고 하면 원금 $1은 t년 후에 다음과 같이 된다.

$$\left(1 + \frac{r}{k}\right)^{kt} \tag{3.18}$$

식 (3.18)의 특별한 경우로 모델링에 매우 편리한 경우가 연속 복리로 $k=\infty$인 경우이다. 이 경우 식 (3.18)에 k 대신 ∞를 사용하며 원금 $1을 이율 r로 t년간 연속 복리를 부리하였을 경우 t년 후 원리금은 다음과 같이 됨을 볼 수 있다.

$$e^{rt} \tag{3.19}$$

여기에서 e는 자연 상수(2.71828. . .)이다.

이 식과 예에서 알 수 있듯이 복리 빈도는 매우 중요하다. 12%의 이율로 $1를 투자하더라도,

- 연 복리이면 1.12가 된다($k=1$).
- 6개월 복리이면 1.1236이 된다($k=2$).
- 분기 복리이면 1.1255가 된다($k=4$).
- 연속 복리이면 1.1275가 된다($k=\infty$).

그러므로 연 2회 복리 계산되는 r은 연 4회 복리 계산되는 r과는 확실히 다르다.

서로 다른 복리 빈도 하의 현재 가치

연간 k회 복리 계산되는 t년에 적용할 수 있는 이율을 $r^{(k)}(t)$로 표시한다. t년 후에 받는 $1의 현재가치는 얼마인가?

연간 k회의 복리 계산을 한다면 $r^{(k)}(t)$의 이율로 t년 간 투자했을 때 $1의 원금은 다음 금액이 될 것이다.

$$\left(1+\frac{r^{(k)}}{k}\right)^{kt} \tag{3.20}$$

그러므로, t시점에 수령할 $1의 현재 가치는

$$\frac{1}{\left(1+\frac{r^{(k)}}{k}\right)^{kt}} \tag{3.21}$$

연속 복리인 경우, $1를 t년 간 투자하면 t년 후에 e^{rt}가 된다. 그러므로 현재가치는 다음과 같이 된다.

$$e^{-rt} \tag{3.22}$$

복리 빈도가 다를 때 이율 전환

투자를 할 때 중요한 것은 만기에 얼마의 금액으로 증가되어 있는가이지 이율을 어떻게 고시하는가는 아니다. 그러므로 이상적으로는 어떤 이율 관행을 사용하든 상관없이 공통의 관행으로 변경하고 싶을 것이다. 어떻게 이 목적을 달성할 수 있을까? 예를 들어, 우리는 모든 경우를 연속 복리 관행으로 표현하고 싶어 한다고 가정해 보라. 매년 k회 복리 계산을 하는 $r^{(k)}$를 연속 복리를 적용하면 어떤 r과 일치할까?

$1를 $r^{(k)}$로 1년간 투자하면 다음 금액이 된다.

$$\left(1+\frac{r^{(k)}}{k}\right)^k$$

반면 이율 r에 연속 복리로 $1을 1년간 투자하면 다음 금액이 된다.

$$e^r$$

이 두 이율이 동등해 지기 위해서는, 두 금액이 같아야 하며, 다음 관계가 성립해야 한다.

$$e^r=\left(1+\frac{r^{(k)}}{k}\right)^k$$

또는

$$r=\ln\left[\left(1+\frac{r^{(k)}}{k}\right)^k\right]=k\times\ln\left(1+\frac{r^{(k)}}{k}\right) \qquad \textbf{(3.23)}$$

식 (3.23)은 어떤 다른 복리 빈도의 이율을 연속 복리 이율로 전환하는 식이다. 예를 들면 연 복리로 계산하는 이율 12%가 있다고 가정해 보자. 식 (3.23)에 따라 이 이율은 연속 복리 하의 다음 이율과 동등하다.

$$\ln(1.12)\ =\ 11.334\%$$

비슷하게 어떤 복리 빈도 하의 이율을 다른 빈도의 동등한 이율로 변환할 수 있다. 예를 들어 연간 k회 복리 회전을 하는 이율 $r^{(k)}$를 가정해 보자. 연간 l회 복리 회전을 하는 어떤 이율 $r^{(l)}$과 동등한 이율이 될까? 같은 논리를 적용하여, $1 투자하였을 때 1년 후에 같은 금액이 만들어 지도록 해 주는 이율 $r^{(l)}$이 우리가 찾는 이율이다.

$$\left(1+\frac{r^{(l)}}{l}\right)^l=\left(1+\frac{r^{(k)}}{k}\right)^k \qquad \textbf{(3.24)}$$

이 식을 정리하면,

$$r^{(l)} = l \times \left\{ \left(1 + \frac{r^{(k)}}{k}\right)^{k/l} - 1 \right\} \tag{3.25}$$

예를 들어, 6개월 복리($k=2$) 이자율 10%를 분기 복리($k=4$) 하에서 동등한 이율로 변환하고자 한다고 가정해 보자. 식 (3.25)에서 아래와 같이 계산할 수 있다.

$$r^{(4)} = 4 \times \left\{ \left(1 + \frac{0.10}{2}\right)^{2/4} - 1 \right\} = 9.878\% \text{ (근사값)}$$

요약하자면 투자 혹은 차입의 정확한 이자를 산출하려면 복리 빈도를 아는 것이 중요하지만, 그 이상의 의미를 가지지는 않는다. 마일과 km의 환산 관계를 알고 있다면 런던에서 글래스고우까지의 거리를 km로 측정하든 마일로 측정하든 문제가 되지 않는다. 이와 같이 한 복리 관행을 다른 복리 관행으로 전환할 줄 안다는 것이 중요하며 실제로 일을 할 때 어떤 관행을 사용하는 지는 중요하지 않다.

부록 3B 이자율이 일정할 때 선도 및 선물 가격

여기에서는 이자율이 일정하면 선도가격과 선물가격은 일치해야 한다는 것을 보인다. 이것은 이자율 변동과 선도 및 선물가격의 변동이 상관관계가 없을 때는 선도와 선물가격이 일치한다는 일반적인 결과의 특수 사례이다.

선물 계약은 일일 정산을 하므로 표시 기호를 바꾸고 시간을 일단위로 계산하는 것이 도움이 된다. 선물과 선도 계약 모두 만기가 T일인 계약을 생각해 보자. Day 0을 오늘, Day T를 계약 만기일이라고 하자. ρ는 연이율이 아닌 단순 일이율을 의미한다. 그러므로 \$1의 투자금액은 1일 후에 $\$(1+\rho)$로 증가한다. 표기를 쉽게 하기 위하여 $R=(1+\rho)$로 한다. 마지막으로 $\hat{F}$는 0시점에서 선도가격을 의미하며, F는 이 시점의 선물가격을 의미한다. 우리는 $\hat{F}=F$라는 것을 증명하려 한다. 그렇지 않으면 차익거래 기회가 발생하기 때문이다.

우선 선도 계약에서 R^T의 롱 포지션을 취하는 전략을 고려해 보자. 선도 계약의 T시점에서 손익은 $S_T - \hat{F}$이며, 여기에서 S_T는 (아직은 알려지지 않은) T시점의 기초자산 현물가격을 의미한다. 그러므로 T시점에서 R^T의 선도 계약 손익은 다음과 같다

$$R^T(S_T - \hat{F}) \tag{3.26}$$

이제 다음의 선물 계약 전략을 생각해 보자

- Day 0에서 선물가격 F에 R의 선물 롱 포지션을 취한다. Day 1에 가격에 상관없이 당시 선물 가격 F_1에 정리한다. $R(F_1-F)$의 현금흐름을 ρ의 이율로 Day T까지 투자를 계속한다.
- Day 1에서 선물 가격 F_1에, R^2의 선물 롱 포지션을 취한다. Day 2에 가격에 상관없이 당시 선물 가격 F_2에 정리한다. 순현금 $R^2(F_2-F_1)$을 ρ의 이율로 Day T까지 투자를 계속한다.
- Day t에서 선물가격 F_t에, R^{t+1}의 선물 롱 포지션을 취한다. Day $t+1$에 가격에 상관없이 당시 선물 가격 F_{t+1}에 정리한다. 순 현금흐름 $R^{t+1}(F_{t+1}-F_t)$을 ρ의 이율로 Day T까지 투자를 계속한다.
- Day $T-1$ 에서 선물가격 F_T에, R^T의 롱포지션을 취한다. Day T에 가격에 상관없이 당시 선물가격 F_T에 계약을 정리한다. 순 현금흐름 $R^T(F_T-F_{T-1})$을 수령한다.

선물 계약 전략에서 발생하는 Day T의 현금흐름은 얼마인가? Day 1의 현금흐름은 $T-1$일간 투자된다. 그러므로 이 금액은 다음과 같이 된다.

$$R^{T-1}\times R(F_1-F)=R^T(F_1-F)$$

Day 2의 현금흐름 $R^2(F_2-F_1)$은 $T-2$일간 투자된다. 그러므로 T시점에서 이 금액은 다음의 금액으로 증가된다.

$$R^{T-2}\times R^2(F_2-F_1)=R^T(F_2-F_1)$$

일반화 시키면 Day t의 현금흐름 $R^t(F_t-F_{t-1})$은 $T-t$기간 동안 투자된다. 그러므로 이 금액은 다음의 금액으로 증가된다.

$$R^{T-t}\times R^t(F_t-F_{t-1})=R^T(F_t-F_{t-1})$$

이 현금흐름을 모두 합하면, 즉 선물 전략의 Day T 총 현금흐름은 다음과 같다.

$$R^T(F_1-F)+R^T(F_2-F_1)+\cdots+R^T(F_t-F_{t-1})+\cdots+R^T(F_T-F_{T-1})$$

이를 정리하면 다음과 같다.

$$R^T(F_T-F)$$

하지만 마지막 날인 T에서는 만기이므로 선물과 현물가격이 같아져야 한다. 따라서 선물 전략의 총 현금흐름은 다음과 같다.

$$R^T(S_T-F) \qquad \textbf{(3.27)}$$

식 (3.26) 과 (3.27)을 비교해 보라. 만약 전자가 크면, 선도 전략을 매입하고 선물 전략을 매도하

는 차익거래의 기회가 생긴다. 만약 후자가 더 크다면 선도 전략을 매도하고 선물 전략을 매입하는 차익거래 기회가 생길 것이다. 양자가 동일할 때에만 차익거래는 발생하지 않는다. 즉 $\hat{F} = F$일 때, 즉 선도와 선물가격이 일치할 때에만 차익거래가 발생하지 않는다.

부록 3C 선물 계약 연장하기

2장에서 이미 선물 계약의 연장에 대하여 논의하였다. 이 장에서 도출한 가격 산정 공식에 근거하여 이자율이 일정한 경우 선물 계약을 연장하는 것은 하나의 장기 선물 계약을 보유하는 것과 동일한 현금흐름을 발생시킨다는 것을 보이려 한다. 이 결과는 장기 익스포져를 단기 선물 계약의 연장으로 헤지하는 일반적인 관행이 정당하다는 이론적인 근거를 제공한다.

단순화를 위해서 단 한번의 연장을 고려해 보자. 식이 좀 복잡해지기는 하지만 이 논리는 복수의 연장에도 쉽게 적용될 수 있다. 시점 0(현재시점)과 T_1(첫번째 연장 시점) 및 T_2(만기시점)을 고려해 보자. T_1, T_2를 각각 1개월과 2개월로 생각할 수도 있을 것이다.

만기가 T_2인 선물 계약과 만기가 T_1이지만 T_1에서 만기가 T_2인 계약으로 연장되는 계약을 비교한다. 이 설명에서는 선물을 선도 계약과 같은 것으로 본다. 이자율이 일정할 때 이 가정은 무리가 없으며, 본문에서 설명한 바와 같이 경험상 어떠한 경우에도 선물 가격과 선도 가격의 차이는 그렇게 크지 않았다. 단순화를 위하여 기초 자산에서 중도 지급금은 없다고 가정한다.

S_0, S_1, S_2가 각각 현재, T_1 및 T_2에서의 현물 가격을 의미하며, F_1과 F_2는 만기가 T_1과 T_2인 현재 시점의 선물가격을 의미한다. 그리고 r이 이자율을 의미한다면 다음과 같은 관계가 성립한다.

$$F_1 = S_0 e^{rT_1} \quad \text{그리고} \quad F_2 = S_0 e^{rT_2}$$

만기가 T_2인 계약의 롱 포지션을 오늘 취한다면 T_2에서 수익은 아래와 같다.

$$S_2 - F_2 = S_2 - S_0 e^{rT_2} \tag{3.28}$$

만기가 T_1인 계약의 롱 포지션을 오늘 취한다면 T_1에서 수익은 아래와 같다.

$$S_1 - F_1 = S_1 - S_0 e^{rT_1} \tag{3.29}$$

연장 과정은 기존 계약을 T_1에서 정리하고 만기가 T_2인 계약을 다시 체결하는 것이다. 이 선물 계약의 가격은(F_{12}라고 함) 다음과 같다.

$$F_{12} = S_1 e^{r(T_2 - T_1)} \tag{3.30}$$

연장 계약의 경우 T_2의 현금흐름은 두 곳에서 발생한다. 첫째, 원래 선물 계약의 정산 금액 식 (3.29)을 r의 이율로 T_2까지 투자한 금액이며, 이 금액은 T_2시점에서는 다음의 금액으로 되어 있을 것이다.

$$e^{r(T_2 - T_1)}\left[S_1 - S_0 e^{rT_1}\right] = e^{rT_2 - rT_1} S_1 - e^{rT_2} S_0 \tag{3.31}$$

둘째, 연장된 계약의 정산 수익이 있다. 이 금액은 다음과 같다.

$$S_2 - F_{12} = S_2 - S_1 e^{r(T_2 - T_1)} \tag{3.32}$$

식 (3.31)과 (3.32)를 합하고 정리하면 연장 계약에서 발생하는 T_2의 총수익은 다음과 같다.

$$S_2 - e^{rT_2} S_0 \tag{3.33}$$

이 현금흐름은 하나의 장기 선물 계약에서 발생하는 현금흐름 식 (3.28)과 동일하다. 이것으로 증명은 완료된다.

제4장

선도 및 선물의 가격산정 II : 기초 위에 건축하기

4.1 서론

전 장에서 복제를 기반으로 한 선도 및 선물의 이론적 가격 산정에 대하여 검토하였다. 이 이론적 토대 위에 몇 가지 중요한 방향의 건축을 시도한다.

4.2절에서는 이론의 실무적 효용에 대하여 살펴본다. 4.3절에서는 현물 및 선도(혹은 선물) 시장을 활용하여 대출이나 투자를 합성해 내는 이자율을 의미하는 내재 환매 금리(implied repo rate) 개념을 설명한다. 4.4절에서는 거래비용의 효과를 검토하며, 4.5절에서는 계약 만기 시점에서의 예상 현물 가격과 선도/선물 가격 간의 관계를 논의한다. 마지막으로 4.6절에서는 지수 차익거래의 개념을 설명한다.

이러한 개념을 도입하는 과정에서 이 장에서는 두 번째의 중요한 목표를 달성한다. 3장에서 유도한 이론은 세 가지 가정을 사용한다. (a) 공매도에는 비용이 들지 않으며 공매도 대금은 즉시 투자자가 사용할 수 있다. (b) 대출 이율과 투자 이율은 동일하다. (c) 거래 비용은 없다. 이 장에서는, 이러한 가정 중 하나라도 달라지면, 차익거래가 발생하지 않으면서 선도가격이 달라질 수 있는 범위가 생겨나게 된다. 공매도 비용은 4.2절에서 다루며, 대출 이율과 투자 이율의 차이는 4.3절에서 다루며, 거래 비용은 4.4절에서 다룬다.

4.2 이론에서 실제로

3장에서 유도한 가격 산정 공식은 매입포지션과 매도포지션을 같은 정도로 용이하게 취할 수 있는 이상적인 시장 환경 하에서 만들어진 것이다. 완전히 이상적이지 못한 현실 세계에서는 이 공식들은 얼마나 잘 작동하겠는가?

몇몇 특별한 경우에 대답은 명확하다. 복제의 논리는 현물 자산을 매입해서 보유할 수 있느냐에

표 4.1 외환 선물 가격

이 표는 2012년 10월 2일 영국 파운드(USD/GBP)와 유로(USD/EUR) 선물 가격을 보여준다. 이 자료는 CME 그룹 웹사이트에서 받은 것이며 자료에 접근한 시점에서는 실시간 가격 자료(최종거래 가격)이다. 선물 이론 가격은 본문에서 설명한 바와 같이 Libor를 사용하여 산출한 것이다. 계산에 사용한 Libor 이율은 표 하단에 제시되어 있다. 이 이율들은 웹사이트 http://www.global.com에서 받은 것이다. 현물 환율은 http://www.x-rates.com에서 받은 것이다.

	USD-GBP		USD-EUR	
	이론가	실제가	이론가	실제가
현물	1.6152		1.293	
12년12월 선물	1.6144	1.6145	1.2936	1.2937
13년 3월 선물	1.6138	1.6140	1.2946	1.2948
13년 6월 선물	1.6125	1.6128	1.2957	1.2964
13년 9월 선물	1.6108	1.6110	1.2970	1.2976

만기 (개월수)	Libor rates USD	EUR	GBP
1	0.002145	0.000650	0.005125
2	0.002855	0.001086	0.005281
3	0.003540	0.001486	0.005831
4	0.004486	0.002168	0.006681
5	0.005404	0.002861	0.007538
6	0.006259	0.003525	0.008225
7	0.006930	0.004018	0.008969
8	0.007440	0.004521	0.009731
9	0.007990	0.005025	0.010456
10	0.008535	0.005511	0.011200
11	0.009058	0.005950	0.011888
12	0.009615	0.006436	0.012638

달려있다. 어떤 계약(예를 들면, CME의 기후 관련 선물)은 기초자산이 거래되지 않기도 한다. 전략(electricity) 선도와 같은 경우, 현물 자산이 거래되기는 하지만 고가의 비용을 지불하지 않고는 저장이 불가능하기도 하다. 양자 모두 파생상품은 복제가 불가능하며, 그러한 의미에서 "중복 증권(redundant security)"(현물 자산을 합성하여 동일한 결과를 만들어 낼 수 있는 증권)가 아니다.

간단히 말하자면 이론이 적용되지 않는다. 시장에서 선도 및 선물 가격은 단순히 무차익거래에 의해서 결정되는 것이 아니라, 미래의 현물 가격 예상 및 위험 회피 등을 포함한 수요 및 공급 요인에 의해서 결정된다.

좋은 소식도 있다. 선물과 선도 계약이 존재하는 대부분의 자산은 그 자체로 거래도 되며, 저장도 가능하다. 그러한 경우, 이론의 예상이 빗나가는 것은 가정이 성립되지 않는 정도에 한정된다. 이 절의 나머지 부분에서는 이에 대하여 설명한다.

금융 선도 및 선물

기초가 금융자산인 경우(예를 들면, 주식이나 이자율 혹은 외환), 우리의 가정은 현실과 매우 유사하다. 거래 비용은 매우 낮으며, 특히 대규모 거래자들에게는 더욱 그러하며, 현물 자산의 매도포지션을 취하는 것도 특별한 문제가 되지는 않는다. 결과적으로 이러한 시장에서 이론적인 선도/선물 가격 예측은 잘 적용된다.

예를 들면, [표 4.1]은 2012년 10월 2일 CME의 영국 파운드(GBP)와 유로(EUR) 선물의 이론가와 실제 가격을 보여 준다. 선물의 이론가는 통화의 보유비용 공식 (3.10)을 사용하여 계산하였다. 현재가치를 산출하기 위하여 사용한 이율은 [표 4.1]에 제시된 세 통화의 Libor 이율이다. 3장의 문제 21∼25에서 설명한 바와 같이, USD와 EUR은 실제/360 관행을 사용하며, GBP는 실제/365 관행을 사용한다. 그러므로 예를 들면, 12월 17일(2012년 12월의 만기일)의 \$1를 10월 2일의 현재 가치로 계산하면 다음과 같다.

$$\frac{1}{1+l(\$)\dfrac{d}{360}}$$

d는 10월 2일부터 12월 16일까지의 실제 일수를 말하며, $l(\$)$는 10월 2일부터 12월 16일까지의 기간에 적용되는 USD-Libor 이율이다. 이 이율은 직접 관측이 되지는 않지만, 단순화하기 위하여 3개월 Libor를 대신 사용한다(이와 같이 2013년 3월 선물에 대하여는 6개월 Libor를 사용하며, 2013년 6월 선물에 대하여는 9개월 Libor를 사용한다).

물론, 이들은 근사치이다. 하지만 그럼에도 불구하고 (그리고 데이터의 부동기화 가능성에도 불구하고), 표에 따르면 보유 비용 공식은 선물 가격의 근사치 계산에 매우 잘 적용된다.

상품 선도 및 선물

상품 선도 및 선물에는 약간 달라진다. 상품과 금융 증권 간의 중요한 차이는, 전자는 생산에 활용되며, 그 과정에서 소비된다는 점이다. 생산자는 생산 일정을 조정할 수 있는 여유를 확보하기 위하여 또는 영업이 중단되는 매진 상황을 방지하기 위하여 상품의 재고를 보유한다. 재고를 보유하면서 상품을 소비하는 선택권의 가치를 상품의 편의수익(convenience yield)이라고 한다.

편의수익은 관측 가능한 양은 아니지만 그럼에도 불구하고 매우 실질적이다. 이것으로 금융 증권과 실물이 구분된다. 이것이 존재하기 때문에, 재고를 보유한 사람은 차익거래자에게 이 편의수익을 포기하는 것에 대한 대가(예를 들면, 사용료)를 지불하지 않으면 상품을 빌려주지 않을 것이다. 그러므로 공매도는 더 비용이 높아지며, 이로 인하여 가격 산정 이론에 영향을 미친다.

이를 좀 더 체계적으로 설명하기 위하여, c를 연속 복리로 계산한 상품 보유로 인한 편의수익이라고 하자. 단순화를 위해서 보관 비용이나 다른 비용이 없다고 가정하자. 그러면, 편의수익을 무시한 이론적인 선도가격은 S_0e^{rT}이다. 부록 4A에서, 편의수익으로 인하여 무차익거래 가격이 형성될 수 있는 범위가 생겨나게 됨을 설명한다. F가 다음 조건을 만족하는 한 차익거래는 발생하지 않는다.

$$S_0e^{(r-c)T} \leq F \leq S_0e^{rT} \tag{4.1}$$

식 (4.1)은 직관적으로 간단하다. F는 이론가격 S_0e^{rT}를 초과할 수 없다. 그렇게 되면 차익거래자는 현물을 사고 선도를 매도할 수 있기 때문이다. 그러나 F가 이론가격 S_0e^{rT}를 하회한다 하더라도 차익거래자는 공매도를 하기 위해서 현물보유자에게 편의수익을 잃는 것에 대한 보상 c를 지불해야 하기 때문에, 선도가격이 이론가격보다 편의수익만큼 더 하락하지 않으면 차익거래가 발생할 수 없다.[1)]

식 (4.1)과 관련된 실질적인 문제는 편의수익을 의미하는 c가 관측불가라는 점이다. 이 때문에 식 (4.1)의 효용은 제한적이긴 하지만, 실제 가격이 이론 가격과 차이가 날 때 왜 그런지를 이해할 수 있도록 해준다. 식 (4.1)에서 알 수 있듯이 허용되는 차이의 범위는 c의 크기에 달려 있다.

만약 현재의 상품 공급이 소비 수요보다 많으면, 생산자들은 언제라도 시장을 통해서 상품에 접근할 수 있으므로 편의수익이 낮을 것이다. 그러한 상품의 공매도 비용은 낮을 것이며, 이것은 (4.1)의 상한과 하한이 접근한다는 것을 의미한다. 그래서 이론적인 선도 가격과 실제 가격이 사실상 크게 다르지 않을 것이다.

금 시장이 그러한 경우다. [표 4.2]에서는 2012년 10월 2일의 실제 금 선물 정산 가격과 이론가를 비교하고 있다. 정산가격은 CME 그룹의 웹사이트에서 가져 온 것이다. 이론 가격은 보유 비용이 없는 모델을 사용하여 계산한 것이며, 이자율은 [표 4.1]의 Libor를 사용하였다(금 선물의 인도 기간은 한달 전체이므로 만기는 10월 2일부터 인도월 시작일까지의 일수이다). 숫자를 보면 알 수 있듯이, 근사치를 사용하였음에도 불구하고 이론 가격이 실제 정산 가격과 매우 비슷하다.

하지만, 현물의 공급이 소비 수요에 비하여 넉넉하지 않으면, 편의수익이 커지며, 이론가와 실제 가격이 상당히 달라질 수 있다. 아마도 원유 시장이 이러한 상황의 대표적인 사례일 것이다. 이 경우에 선도가격이 이론가보다 상당히 낮을 뿐만 아니라 해당 상품의 현물 가격보다도 낮아질 수 있다.

[그림 4.1]은 이러한 상황을 보여 준다. 그림에서는 NYMEX에서 거래되는 두 종류의 원유 Brent와 Light Sweet 원유 정산가를 보여 준다. Brent의 정산가격은 보유 비용이 발생함에도 불구하고 식 (3.4)의 이론가 계산과 명백히 불일치한다. 보유 비용이 발생하면 (심지어 0이라 하더라도) 이론적인 공식에 따르면 선도 가격이 현물 가격보다 높아야 하고, 만기가 길어짐에 따라 가격은 증가해야 한다는 것을 쉽게 알 수 있다. Brent유의 경우 두 가지 조건 모두 충족되지 않는다.

1) 편의수익은 상품을 사용하는 생산자 같은 경우에만 발생하며, 상품을 매수하는 차익거래자에게는 발생하지 않는다. 그러므로 편의수익은 식 (4.1)의 상한에는 영향을 미치지 않는다. 물론 편의수익을 반영한 해당 상품의 리스 시장이 활발하며, 그리고 롱 포지션 투자자가 이 대여 수수료율에 해당 상품을 대여할 수 있다면 선도 가격은 $S_0e^{(r-l)T}$이 될 것이다. 여기에서 l은 대여 수수료율이다.

표 4.2
금 선물가격

이 표는 2012년 10월 2일 현재 금 선물가격(USD/oz)을 보여준다. 이 자료는 CME 그룹의 웹사이트에서 받은 것이며 해당일의 정산가격이다. 현물가격은 2012년 10월 가격이다. 이론가는 본문에서 설명한 방법대로 계산한 것이다

	금 선물			실제가격 대 이론가격
	이론가		실제가	비율
현물		1777.3		
12년 11월 선물	1777.61		1778.40	0.9996
12년 12월 선물	1778.13		1779.80	0.9991
13년 2월 선물	1779.98		1781.90	0.9989
13년 4월 선물	1782.86		1783.90	0.9994
13년 6월 선물	1786.03		1785.90	1.0001

그림 4.1
원유 선물

이 그림은 2012년 10월 2일 만기가 다른 Brent와 Light Sweet 원유 선물 정산가($bbl)를 보여준다. 자료는 CME 그룹의 웹사이트에서 받았음.

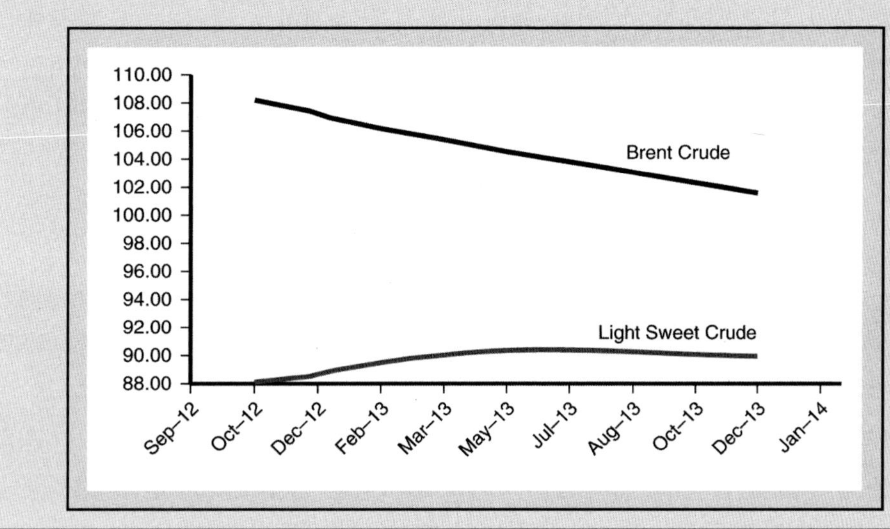

백워데이션 및 콘탱고

콘탱고(Contango)는 선도(혹은 선물)가격이 현물보다 높은 상황을 말한다. 편의수익을 무시하면 콘탱고는 우리의 가격산정모형이 예측하는 '정상' 상황이다. 왜냐하면 상품을 보유하는 데는 통상 보관비와 기타비용이 발생하므로 선도가격은 현물가격을 초과한다. 뿐만 아니라 보유비용은 기간이 길어지면 더 커지게 되므로 T가 증가할수록 예상선도가격은 높아지게 되며 이 상황을 정상시장이라고 부른다.

편의수익이 낮은 상품인 경우 예상이 실제와 잘 맞는다. 예를 들면, 금 선물은 선물가격이 현물가격을 초과하며 만기가 길어질수록 증가한다.(그림 4.2 참조) 기초자산의 수익율 d가 이자율 r보다 낮은 금융상품의 경우도 예상 가격이나 실제 가격 모두 정상 시장을 형성한다.

그러나 편의수익이 높은 상품의 경우 선도 가격이 이론 가격보다 낮을 수 있으며, (이러한 상황을 약 백워데이션이라고 부른다), 심지어는 현물 가격 S_0보다 낮을 수 있다(이러한 경우를 강 백워데이션 혹은 단순히 백워데이션이라고 함)는 점을 살펴 보았다. 원유 시장이 이러한 백워데이션(Backwardation)을 나타내는 예이다. 원유 선물 가격은 심지어 만기가 증가함에 따라 하락하는 모습을 보이기도 하는데, 이를 전도시장(inverted market)이라고 한다(원유 선물 시장은 여러 다른 형태를 보이는데 선물가격이 만기가 길어짐에 따라 처음에는 증가하다가 나중에 감소하는 봉우리 모양을 보이기도 한다). [그림 4.1]에서 이런 내용들을 볼 수 있다. Brent유 선물은 전도시장이며, Light Sweet 선물은 약한 봉우리 모습을 보여 준다.

원유 시장에 전도시장이 되는 이유 중의 하나는 현물 가격의 변동성일 것이다. 편의수익은 자산을 저장하지 않고 사용할 수 있는 권리의 가치를 측정하는 것이며, 또 나중에 보게 되겠지만 이 권리의 가치는 기초 자산의 가격 변동성이 클수록 증가한다. 기간이 길어지면 원유의 현물 가격 변동성이 커지기 때문에 편의수익이 급격히 증가하고 이 때문에 만기가 길어지면 선물가격이 하락할 수도 있다.

4.3 내재 환매 이율 (Implied Repo Rate)

가격 산정 이론을 도출할 때 대출 이율과 투자 이율이 동일한 것으로 가정하였다. 이제는 이 가정을 생략할 때 가격 오류로 인한 차익거래 기회를 어떻게 포착할 수 있을 지를 검토한다. 내재 환매 이율(implied repo rate)이 이 과정에서 핵심적인 역할을 한다.

직관적으로, 내재 환매 이율이란 선도 및 선물에 내재된 이자율, 즉 현물가격과 기타 변수가 주어졌을 경우 관측된 선도 혹은 선물가격을 차익거래가 발생하지 않도록 이론 가격과 일치시키는 이율이다. 예를 들어, 현금지급이 발생하지 않는 자산에 대한 선도 계약을 가정해 보자. 그러면 선도 가격과 현물가격의 관계는 다음의 식으로 표현된다.

$$F = Se^{rT} \tag{4.2}$$

그러므로,

$$\frac{F}{S} = e^{rT}$$

자연 로그를 취하면 다음과 같이 된다.

$$\ln\left(\frac{F}{S}\right) = rT$$

$\ln(F/S) = \ln(F) - \ln(S)$의 관계를 활용하여 식을 정리하면, 내재 환매 이율 r을 F, S, T를 이용하여 표현할 수 있다.

$$r = \frac{1}{T}(\ln F - \ln S) \tag{4.3}$$

이와 유사하게 연속 배당 수익률이 d인 자산을 고려해 보면 선도와 현물가격은 다음 식의 관계를 가진다.

$$F = Se^{(r-d)T} \tag{4.4}$$

식 (4.4)를 위와 같은 방법으로 정리하면 이 경우 내재 환매 이율은 다음과 같이 계산된다.

$$r = d + \frac{1}{T}(\ln F - \ln S) \tag{4.5}$$

합성 대출/투자 이율로서 내재환매이율

숫자를 사용한 예를 들어보면 내재환매이율이 어떤 의미를 가지는지를 설명하는 데 도움이 될 것 같다. 기초 자산을 향후 3개월 간에는 배당이 발생하지 않을 주식으로 생각해 보자. 현재 주식 현물 가격 S_0가 \$25이며 3개월 후에 인도하기로 한 선도 가격 $F=\$26$이라고 가정해 보자. 이 경우 내재환매이율은

$$r = \frac{1}{1/4}[\ln 26 - \ln 25] = 15.69\%$$

(선도 가격이 저평가되었을 때 차익 전략을 실행하는 것과 같이) 이와 동시에 주식을 매도하고 선도를 매입하는 전략을 고려해 보자. 그러면 오늘 주식을 \$25에 매도하고 T 시점에 주식을 \$26에 매입하기로 약속하는 것이다. 현금흐름의 관점에서 보면 0시점에 \$25의 현금유입이 있고 T 시점에 \$26의 현금유출이 발생함을 의미한다. 사실상 \$25를 0시점에 차입하고 T시점에 \$26을 상환하기로 약속하는 것과 같다. 그러므로 이 전략은 현물과 선도시장을 활용하여 합성 대출을 일으키는 것이다.

이 합성 대출의 내재 이자율은 0시점의 \$25를 T시점에 \$26으로 만드는 이율이다. 다시 말하면 다음을 만족시키는 이자율 r이다.

$$26 = 25e^{rT}$$

위 식은 $F=26$, $S=25$로 바꾼 식 (4.2)이며, 계산하고자 하는 r은 바로 내재환매이율(이 경우 15.69%)이다.

- 내재환매이율은 투자자가 현물을 매도하고 선도를 매입하여 만든 합성 대출의 이율이다.

현물을 매입하고 선도를 매도하는 반대의 경우를 생각해 보자. 바뀐 부분은 그대로 두고 정확하게 같은 논리를 적용하면 다음과 같이 된다.

- 내재환매이율은 투자자가 현물을 매수하고 선도를 매도하여 만든 합성 투자의 이율이다.

내재환매이율의 해석은 배당이 없다는 가정하에서만 적용되는 것은 아니다. 예를 들어, 선도 가격이 F이고, 현물 환율이 S_0이며, 외환 이율이 d인 경우를 생각해 보자(선도 가격이 과대 평가되었을 때 차익거래 전략과 같이). 외환 현물 e^{-dT}단위를 매입하고 선도 한 단위를 매도하였다고 가정해 보자. 그리고 통상하는 것처럼 현물을 수익률 d에 투자하여 T 시점에는 외환 한 단위가 되게 한다고 가정해 보자.

현금흐름의 관점에서 보면, 0 시점에서는 $e^{-dT}S_0$의 현금 유출이 발생하며, T 시점에서는 F의 현금 유입이 발생하며, 중도에는 현금흐름이 발생하지 않는다. 이것은 0 시점에서 $e^{-dT}S_0$를 투자하여 T 시점에 F가 되도록 하는 합성투자이다. 이 투자의 내재 이율은 다음 식을 만족시키는 r이다.

$$F = e^{rT} \times e^{-rT} S_0 = e^{(r-d)T} S_0 \tag{4.6}$$

이와 같이 r은 식 (4.5)의 내재환매이율이다. 다시 말하면 식 (4.5)의 내재환매이율은 투자자가 외환시장에서 현물을 매입하고 동시에 선도를 매도하여 만든 합성투자의 이율이다. 이 전략을 반대로 하면, 이는 투자자가 외환시장에서 현물을 매도하고 선도를 매입하여 만든 합성 대출의 이율이다.

내재환매이율과 차익거래

내재환매이율을 합성대출/투자 이율로 이해하면, 내재환매이율을 이용하여 차익거래 기회를 찾는 것이 쉬워진다.

- 어떤 시장의 내재환매이율이 r이며, 당신이 $r_b < r$이율로 차입을 받을 수가 있다고 가정해 보자. 그러면 당신은 r_b이율에 차입을 받아서 r 이율의 합성투자를 만들면, 즉 r_b이율에 차입하여 현물을 매입하고 선도를 매도함으로 차익거래를 만들 수 있다.
- 내재환매이율이 r이고, 당신은 이율 $r_l > r$로 투자를 할 수 있다고 가정해 보자. 그러면 당신은 이율 r의 합성 차입과 이율 r_l의 투자를 실행하면, 즉 선도를 매입하고 현물을 매도하고 이 자금을 투자함으로 차익거래를 만들 수 있다.

자산을 매도하고 이를 투자하려는 투자자가 얻을 수 있는 최선의 이율보다 내재환매이율이 높

은 한, 그리고 차입자가 차입할 수 있는 최선의 이율보다 내재환매이율이 낮은 한 차익거래는 불가능하다. 즉 $r_l < r < r_b$가 된다. 이것은 차입 이율과 투자 이율이 다를 경우 차익거래가 발생하지 않는 선도가격의 범위가 형성됨을 의미한다. 예를 들면, 보유비용이 발생하지 않는 자산의 선도 가격은

$$F = S_0 e^{r_l T}$$

에서

$$F = S_0 e^{r_b T}$$

까지의 범위에서는 차익거래 없이 형성될 수 있다. r_b와 r_l이 서로 가까워질수록 선도가격이 형성될 수 있는 범위는 좁아지고, $r_l = r_b$가 되면 당연히 차익거래가 발생하지 않는 선도가격은 하나가 된다.

예 4.1

현재의 금 현물 가격이 온스 당 $330이며, 1개월 인도 선물 가격이 $331.35이라고 가정해 보자. 그리고 1개월 차입이율과 투자이율이 각각 5%와 4.85%라고 가정한다. 마지막으로 금을 저장하는 비용은 없다고 가정한다. 차익거래의 기회가 존재하는가?
우리의 표기 방법을 그대로 사용하면 $S_0 = 330$, $T = 1/12$, $F = 331.35$이다. 보유 비용은 없으므로 내재환매이율은 주어진 가격을 식 (4.3)에 대입하여 계산하면 다음과 같다.

$$r = \frac{1}{1/12}\left[\ln 331.35 - \ln 330\right] = 4.9\%$$

내재환매이율이 차입이율과 투자이율(대출이율) 사이에 있으므로 차익거래의 기회는 없다. ■

예 4.2

이 두번째 예는 지수 차익거래에 관한 아래의 4.6절에서 설명할 주가지수 선물 가격 산정 공식에 근거하고 있다. 이 예를 읽기 전에 그 부분을 먼저 읽어야 한다.
주가지수 선물계약을 생각해 보자. 현재 지수 수준이 1400이며, 3개월 지수 선물이 1425이며, 지수의 배당 수익률은 2%이며, 당신은 8%의 이율로 3개월 대출을 받을 수 있다. 차익거래 기회가 있는가?
우리는 현재 차입 이율만 주어져 있기 때문에, 내재환매이율을 이용하여 차익거래 기회가 있는지를 살펴본다. 지수를 연속 배당 자산으로 간주하면, 내재환매이율은 식 (4.5)를 통하여 계산할 수 있다:

$$r = d + \frac{1}{T}[\ln F - \ln S]$$

$S = 1400$, $F = 1425$, $d = 0.02$, $T = 1/4$이다. 따라서

$$r = 0.02 + \frac{1}{1/4}[\ln 1425 - \ln 1400] = 0.0908$$

즉, 9.08%이다. 당신은 이보다 낮은 이율에 차입이 가능하므로, 차입을 받아서 현물을 매입하고, 선도를 매도하는 차익거래 기회가 존재한다. 완전한 전략은 다음과 같다.

1. 선도 매도 포지션을 취한다.
2. e^{-dT}단위의 지수를 매입한다.
3. $Se^{-dT} = 1393.02$를 3개월간 8% 이율로 차입한다.
4. 모든 배당은 지수를 추가 매입하는 데 사용한다.

배당을 재투자하면 보유 단위가 T 시점에는 한 단위로 늘어날 것이므로 처음에는 단지 e^{-dT} 단위의 지수를 매입하는 데 주의하라.

이 전략을 실행하는 초기에는 순현금흐름이 없다: 현물 매입을 위한 $1393.02는 차입금 $1393.02으로 충당되기 때문이다. 배당은 지수를 추가 매입하기 위하여 모두 사용되므로 중도에도 순현금흐름은 없다. 만기에 선도 계약으로부터 $1425의 현금유입이 발생한다. 그리고 차입금 상환을 위한 현금유출은 다음과 같다.

$$1393.02 \times e^{(0.08)(1/4)} = 1421.16$$

이 결과 차익거래 수익인 +3.84의 현금유입이 발생한다. ■

4.4 거래비용

거래비용이란 상품이나 증권을 매도할 때 얻게 되는 것과 매수할 때 지불하게 되는 것 사이를 벌여 놓은 비용이다. 브로커나 시장조성자들이 자신들의 서비스에 대하여 수수료를 부과하기 때문에, 실제로 매도호가(실제 살 수 있는 가격)는 매수호가(실제 팔 수 있는 가격)보다 높다. 매수-매도 가격 스프레드가 있다고 가정하라. S_0^a는 현물 매도 호가를 의미하며, S_0^b는 현물 매수 호가를 의미한다. F^a와 F^b도 같은 방식으로 정의한다. 그러면 $S_0^a > S_0^b$, $F^a > F^b$의 관계가 성립한다.

이 매수-매도 스프레드가 가격 산정결과에 어떤 영향을 미치나? 대답은 간단하다. 차입이율과 투자이율(대출이율)의 간격과 같이, 이 스프레드도 차익거래가 불가능한 선도가격의 범위를 만들어

낸다. 이 범위를 벗어 나면 차익거래가 존재한다.

이를 살펴보기 위해서 차익거래는 두 가지 전략 중 하나임을 유념하라. 즉 현물을 매입하고 선도를 매도하든지, 현물을 매도하고 선도를 매입하는 것이다. 단순화를 위하여 보유 비용은 없다고 가정하면 첫 번째 전략의 경우 0 시점에서 현금유출이 S^a발생하며, T 시점에서 F^b의 현금유입이 발생한다. 현재가치의 관점에서 보면 이 전략의 순현금유입은

$$PV(F^b) - S^a \tag{4.7}$$

두 번째 전략의 경우 – 현물을 매도하고 선도를 매입 – 시점 0에서 S^b의 현금유입과, 시점 T에서 F^a의 현금유출이 발생한다. 이 전략의 순현금흐름의 현재가치는

$$S^b - FV(F^a) \tag{4.8}$$

차익거래가 발생하지 않기 위해서는 이 두 경우 모두 순현금유입이 양수가 되어서는 안 된다. 현물가격과 선도가격이 이 범위를 벗어나면 무위험 수익의 기회가 발생한다.

4.5 선도가격 및 미래 현물가격

선도가격과 관련한 흔히 가지는 생각은, 선도가격이 미래의 현물가격에 대한 시장의 기대를 반영한다는 것이다. 이를 불편(不偏)기대가설(unbiased expectations hypothesis)이라고 한다. 앞부분의 핵심은 많은 자산의 경우 선도가격은 이자율과 현물의 매입 및 보유 비용만 알면 그 것만으로 선도가격을 계산할 수 있다는 것이다. 어떤 정도까지 이 주장들은 서로 일관성을 가지나?

금융자산의 경우 대답은 쉽게 찾을 수 있다. 예를 들어, 계약 기간 동안 배당을 지급하지 않을 것으로 기대되는 주식을 생각해 보자. S_0가 현재의 주식 가격을 의미한다면, 주식의 무차익거래 선도가격은 다음과 같다.

$$F = e^{rT} S_0 \tag{4.9}$$

선도 가격이 시점 T의 기대 가격이라고 가정해 보자.

$$F = E[S_T] \tag{4.10}$$

식 (4.9)와 (4.10)에서 다음 식을 갖게 된다.

$$E[S_T] = e^{rT} S_0 \tag{4.11}$$

식 (4.11)은 시점 0에서 시점 T까지 주가의 평균 기대 수익률이 무위험 수익률 r이라고 하는

것이다. 그러나 주식은 위험 자산이며, 위험이 완전히 분산되지 않는 한 위험 회피 세계에 살고 있는 투자자는 이러한 자산을 보유하는 것에 대한 위험에 대한 보상(risk-premium)을 요구할 것이다. 다시 말하자면 주식에 대한 기대 수익률 z는 r을 확실하게 초과할 것이다. 이것은 F가 $T-$시점의 기대 주가가 될 수 없다는 것을 의미한다. 사실 F는 미래의 기대 주가를 체계적으로 과소평가한다. $z > r$이 의미하는 바는

$$E[S_T] = S_0 e^{zT} > S_0 e^{rT} = F$$

그러므로 불편기대가설(unbiased expectations hypothesis)은 금융자산인 경우에 성립하지 않는다. 더 일반적으로 말하자면, 3장의 매끄러운 조건들이 최소한 대략적으로 적용되는 자산의 경우에는 적용되지 않는다. 미래 현물가격에 대하여는 현재의 현물가격과 이자율로 추정할 수 있는 이상의 정보를 선도가격에서 얻어 낼 수는 없다.

편의수익이 큰 상품인 경우, 보유비용 모델은 선도 가격이 존재하는 범위 (4.1)만 예측할 수 있을 뿐이다. 이 범위 중 실제로 선도가격이 어디에서 결정되느냐는 미래 현물가격에 대한 기대와 위험 회피와 같은 다른 요인에 따라 결정된다. 그러한 시장에서는 선도가격에 미래에 대한 시장의 예측에 관한 정보가 포함될 수도 있다. 전력과 같이 저장 비용이 매우 높아 보유비용 모델이 잘 적용되지 않는 시장에서는 확실하게 그런 경향이 있다.

4.6 지수 차익거래

주가지수는 특정한 규칙에 따라 가중치를 둔 주식의 바스켓이다. 주가 지수 수준은 이 바스켓의 가격을 말한다. 그러한 이유로 주가 지수에 대한 선도 혹은 선물을 다른 금융상품과 동일한 방식으로 명시할 수 있다.

많은 주가 지수 선물들이 활발하게 거래되고 있다. 몇 가지만 예를 들어 보면 미국에서는 CBoT에서 Dow Jones 산업평균 지수의 선물이 거래되고 있으며, CME에서는 S&P500 지수에 대한 선물과 Nasdaq100에 대한 선물이 거래되고 있다. 아시아의 경우 오사카에서는 일본 Nikkei225에 대한 선물이, 싱가폴에서는 SGX(이전에는 SIMEX)에 대한 선물이, 그리고 한국증권거래소에서는 KOSPI 200에 대한 선물이 거래되고 있다. 유럽에서는 영국 FTSE100 지수에 대한 선물이 NYSE Liffe에서 거래되고 있으며, Dow Jones STOXX 50, 스위스 SMI, 핀란드 HEX 25 및 독일 DAX 등에 대한 선물이 모두 Eurex에서 거래되고 있다.

지수 선물 계약은 규모가 표준화되어 있으며, 표준 규모는 지수의 배수로 표시된다(즉, 지수를 구성하는 주식의 바스켓의 배수로 표시된다). 그러므로 CBoT에서 거래되는 Dow Jones 산업평균 지수

선물 계약은 Dow Jones 지수의 10배에 대한 것이며, 이는 계약 만기에 숏 포지션은 Dow Jones 지수 산정에 포함된 주식으로 구성된 바스켓 10단위를 인도해야 한다는 것을 의미한다. 이와 유사하게 S&P500 선물 계약은 S&P500지수의 250배를 기준으로 하며, Nasdaq100지수 선물은 Nasdaq100지수의 100배를 기준으로 한다.

다른 금융자산과는 달리 지수의 실물(즉, 지수에 포함된 주식을 정확한 비율로 포함한 실제 바스켓)을 인도하는 것은 어려우며, 특히 주식 수가 많은 범위가 넓은 지수인 경우 더욱 그러하다. 그래서 지수 선물은 지수의 실물 인도가 아닌 현금으로 정산한다. 미국 주식 선물의 최종 정산가는 통상 지수의 Special Opening Quotation(SOQ)로 한다. SOQ는 최종 거래일 다음날 오전 통상 지수 산출 절차에 따라 산출하되 각 주식의 시가(始價)를 반영하여 항목별 가치를 계산한다. 다른 곳에서는 다른 절차를 사용한다. 예를 들면, FTSE 100 선물은 Exchange Delivery Settlement Price(EDSP)로 정산하는데, 이 가격은 런던 증권 거래소에서 이 목적을 위해서 특별하게 진행하는 각 종목별 일중 공개 거래 가격으로 산출한 지수를 기준으로 한다.

지수 선물 계약은 다양하게 활용된다. 주식 포트폴리오 매니저는 관리 포트폴리오의 위험 특성을 비교적 저렴한 방법으로 변경하고자 할 때 사용할 수 있다. 예를 들어, S&P500 지수를 추종하는 포트폴리오를 관리하는 주식 펀드 메니저를 생각해 보자. S&P500 지수는 지수의 현물가격과 연동되어 움직이므로, S&P500 지수 선물을 필요한 만큼 매도함으로 포트폴리오의 주식 위험을 제거할 수 있다. 대신 국채 선물을 매입함으로, 매니저는 포트폴리오에서 주식 위험에서 이자율 위험으로 익스포져를 변경할 수 있다. 더 일반적으로 말하자면, 다음 장에서 다루겠지만 지수 선물을 이용하여 주식 포트폴리오의 베타를 변경(증가 혹은 감소)시킬 수 있다.

주가지수 선도 가격 산정

주가 지수는 배당을 지급하는 자산으로 볼 수 있으므로, 지수 선도/선물은 이를 고려하여 가격을 산정해야 한다. 이 생각을 적용하는 데는 몇 가지 어려운 문제가 발생한다. 전개에는 두 가지 방법이 있으며, 이에는 각각의 지지자들이 있다.

한 가지 방법은 이미 알려진 현금 보유 비용 공식이다.

$$F = e^{rT}(S + M) \tag{4.12}$$

여기에서 S는 현재의 주가 수준, M은 계약 기간 T 중에 수취할 배당금을 의미한다. 계산상 이 방법과 관련된 문제는 각 주식에서 지급되는 배당 금액과 배당 시점을 예측하고 이를 할인하여 M으로 합산하여야 한다는 것이다.

또 다른 방법은 지수에 배당 수익률을 사용하는 것이다. 주가 지수의 배당 수익률은 연율로 표현하며 연간 배당의 가치를 지수 매입 비용의 백분율로 표현한 것이다. 달리 말하면, 배당 수익률 2%는 배당을 모두 사용하여 지수를 매입한다면, 보유하고 있는 지수의 단위가 연율로 2% 증가함을

의미한다.

이 점은 외환을 보유하는 것과 지수를 보유하는 것의 유사점을 보여 준다. 만약 우리가 한 단위의 외환을 보유하고 있으며, 이를 이 통화의 이자율(예를 들어 d)에 T년간 투자하면 만기에 외환의 보유량은 e^{dT}단위가 될 것이다. 만약 우리가 배당 수익률이 d인(연속 복리 관행으로 표현) 주가지수 한 단위를 보유하고 있으면서 모든 배당을 주가지수를 추가로 매입하는 데 사용한다면, T년 후에 우리는 e^{dT}단위의 주가지수를 보유하게 될 것이다.

이것은 외환 선도를 위해서 개발한 공식 (3.11)을 주가지수 선도 계약의 가격 산정에 사용할 수 있다는 의미이다. S_0을 초기 주가지수 수준, d를 연속 복리 조건으로 표현한 배당 수익률이라고 한다면, 선도 가격은 다음과 같다.

$$F = e^{(r-d)T} S_0 \quad \textbf{(4.13)}$$

선도와 선물가격을 동일한 것으로 간주한다면, 식 (4.13)은 현재 지수 수준이 S_0인 지수 선물가격을 나타내기도 한다.

그러나 이것은 근사치임을 알아야 한다. 투자를 시작할 때 외환에 대한 이율을 고정시킬 수 있기 때문에 이 공식을 외환 선도에 사용하는 데는 아무 문제가 없다. 주가 지수에 대해서 말하자면, 아무도 주가 지수에 투자하는 기간에 발생할 배당에 대하여 확신할 수 없다. 공식에 사용하는 배당 수익률 d는 예상치이며, 선도가격의 정확성은 이 추정의 정확도에 달려 있다. 달리 말하면, 공식 (4.13)은 예상 배당 수준이 d일 때 정확한 선도가격을 제시하는 것으로 이해해야 한다.

물론 공식 (4.12)를 사용할 때에도 유사한 설명이 적용된다. 그 경우 M의 계산은 선물 계약 종료시까지 발생하는 배당의 예측에 근거하므로, 공식의 정확도는 예측의 정확도만큼 정확하다.

지수 차익거래

지수 차익거래란 이론적인 선물 가격과 실제 주가 지수 선물 수준이 다를 때 이를 이용하는 것이다. 예를 들면 개념을 더 쉽게 이해할 수 있을 것이다. 이 예는 배당 수익률 공식 (4.13)에 근거한 것이다.

예 4.3

3개월 만기 주가지수 선물 계약을 생각해 보자. 현재 주가 지수 수준이 1020이며, 배당 수익률은 1.4%이며, 3개월 이자율은 3%이라고 가정하자. 설명을 쉽게 하기 위하여 선물 계약을 만기에만 시가 정산을 하는 선도 계약과 같이 생각한다. 식에서 $S_0 = 1020$, $r = 0.03$, $d = 0.014$ 그리고 $T = 1/4$의 기호를 사용한다. 그러므로 지수 선물가격은 다음과 같아야 한다.

$$F = e^{(r-d)T} S_0 = e^{(0.03-0.014)(1/4)}(1020) = 1024.80$$

주가지수 선물가격이 1,027.40이라고 가정하자. 그러면 선물가격이 현물에 비하여 과대평가 되었으므로, 선물을 매도하고, 차입으로 현물을 매입하여야 한다. 구체적으로 말하면,

1. 가격 1,027.40에 선물 매도 포지션을 취한다.
2. 지수 $e^{-dT}=0.9965$단위를 \$(1020)(0.9965) = \$1,016.43에 매입한다.
3. \$1,016.43을 3개월간 이율 3%에 차입한다.
4. 배당은 모두 지수를 매입하는데 사용한다.

외환의 경우와 비슷하게 처음에 지수 e^{-dT}단위만 매입함을 유의하라. 지수의 배당으로 지수를 추가매입하면, 지수의 보유량은 성장률 d로 성장하여 만기에는 한 단위가 되게 된다.

이 전략을 수행하는 데 초기에는 순 현금흐름이 없으며, 중도에도 배당은 모두 지수를 추가 매입하는 데 사용하므로 순 현금흐름은 없다. 만기에 선물 계약에서 1,027.40의 현금유입이 발생한다. 차입을 상환하기 위하여 다음의 현금유출이 발생하다.

$$e^{(0.03)(1/4)}(1{,}016.43) = 1{,}024.80$$

결과 순 현금유입은 2.90으로 가격 이상을 활용한 차익거래 수익이다. ■

조언 및 주의할 점

지수 차익 거래는 1980년대 이것이 도입된 이래 상당히 인기를 더해 왔으나, 프로그램 트레이딩의 상대적 점유율에서는 시간이 지나면서 감소해 왔다. 예를 들면, Shalen(2002)은 2002년 7월 NYSE의 프로그램 트레이딩 중 32%가 지수 차익거래 이었음을 보고하였으나, 그로부터 10년 이후 이 수치는 약 1% 수준으로 떨어졌다.[2)]

물론 실제로 지수 차익거래 전략을 실행하는 것은 위에서 말한 것처럼 그렇게 간단한 것은 아니다. 몇 가지 문제가 발생한다. 이미 언급한 하나의 문제는 계산에 사용되는 배당 수준이 예상일 뿐이다. 현금 배당 공식 (4.12)을 사용한다 하더라도, 선물 계약 기간 중의 예상 배당의 현재가치 M을 추정해야 한다. 이는 지수에 포함된 모든 회사의 배당의 예상치를 합산해야 한다.

배당수익률을 사용하는 대안을 사용하더라도 계산이 간단할 뿐 개념상으로는 더 주의가 필요하다. 배당은 동시에 발생하는 경향이 있으므로 계절적 요인을 감안하여야 한다. 연 평균 배당 수익률은 특정 기간의 배당 수익률보다 높거나 낮을 수 있다. 공식에 사용하는 배당 수익률 d는 선물 계약의 만기에 맞는 적절한 배당 수익률이어야 한다.

어떤 경우이든 실현된 지수 수익률이 예상치와 달라질 수 있다. 그러므로 전략의 수익은 불확실

2) 2012년 7월 30일부터 8월 3일간의 거래량은 http://www.nyse.com/pdfs/PT080912.pdf를 참조하라. NYSE의 총거래량에서 프로그램 거래량의 비중은 10년간 25%에서 31%로 증가하였다

그림 4.2 이 그림은 Shalen(2002)에서 발췌한 것으로, CBoT에서 거래되는 Dow Jones 산업 평균 지수 선물가격 종가의 가격 오차를 백분율로 보여 준다. 가격 오차는 이론적인 공정가격에 대비한 것이다.

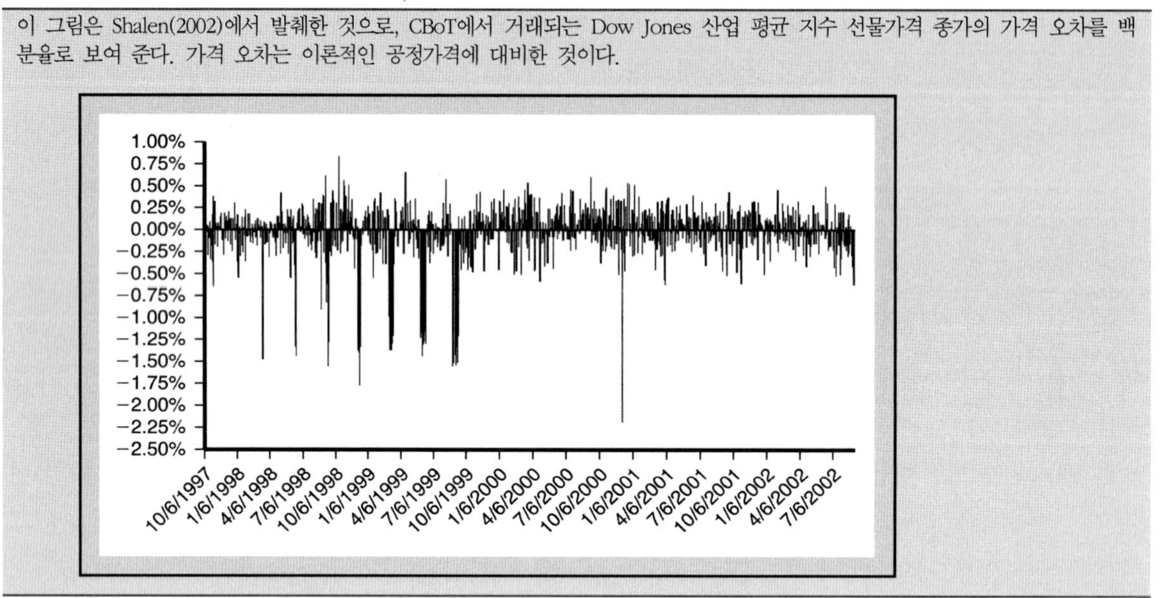

하며 심지어는 음수가 될 수도 있다. 이러한 맥락에서 차익거래라는 단어의 사용은 좀 자의적일 수 있다.

두 번째 문제는, 지수 차익거래에는 지수를 구성하는 현물의 매입이나 매도가 필요하다는 점이다. 문자적으로 지수(즉 지수를 구성하는 주식의 바스켓)를 매입하거나 매도하는 데에는 다른 문제도 있지만 거래 비용이 상당히 소요된다는 점이다. 경우에 따라서는 특정 지수를 추종하는 상품(예를 들면, S&P500 지수를 추종하는 Standard and Poor Depository Receipt, SPDR)을 사용할 수도 있다. 흔히 사용하는 대안은 주가지수를 잘 추종하는 작은 주식 바스켓(15~100개의 주식)을 사용하는 것이다. 어떤 나라에서는, 시장 전체를 추종하거나 산업별 지수를 추종하는 거래소 상장 펀드(ETFs)가 출현하여 직접 혹은 간접적으로 기초 주식의 유동성을 개선하여 이 문제의 심각성을 경감시켜 주기도 한다. 물론 지수의 수익률과 ETF 혹은 지수 추종 포트롤리오의 수익률 사이에는 오차가 존재할 수 있다.

파생상품 차익거래에 공통되는 다른 문제들도 발생할 수 있다. 그 하나는 실행 리스크이다. 이상적인 경우라면 차익거래 전략의 두 방향이 관측된 가격으로 동시에 실행되어야 한다. 전자 거래로 인하여 동시성이 상당히 높아졌지만, 그렇지 못할 가능성도 있다. 예를 들면 업틱 룰 때문에 매도 가능 시간에 제한이 걸리기도 한다. 둘째, 차익거래의 기회가 존재하는가를 따질 때 거래 비용(매도−매수 스프레드)과 차입 이율과 투자 이율의 차이도 고려해야 한다.

종합적으로 말하자면, 이 모든 요인들로 인하여 이론적 공정 가격으로부터 크게 멀어지는 상태가 지속될 수는 없으며, 약간 벗어나는 상태는 진정한 차익거래의 기회가 아닐 수 있다. 자료에 따르면, 지수 선물은 종종 이론가로부터 조금씩 이탈되기도 하지만 크게 벗어나는 일은 거의 없다([그림

4.2]에서 CBoT에서 거래되는 Dow Jones 산업평균지수 선물의 가격 오차 비율을 보라). Shalen(2002)은 CBoT의 DJIA 선물의 가격 오차 절대치 평균은 2000년에서 2002년 사이에는 0.20% 미만이었고, 2001～2002 사이에는 0.15% 미만이었다고 보고하고 있다. 가격 오차는 기초 지수의 변동성과 매우 상관관계가 높은 경향이 있는 바, 이는 아마도 변동성이 높아지면 차익거래의 실행 비용과 실행 위험이 높아지기 때문일 것이다.

4.7 연습문제

1. 편의수익이란 무엇을 말하는가? 이것은 선물 가격에 어떻게 영향을 미치는가?
2. O X 문제: 현물을 보유하는 수익(배당, 편의수익 등)이 비용(보관비, 보험료 등)을 초과할 때에만 선도 시장에 백워데이션이 될 수 있다.
3. 연속 복리 연율로 표현한 리스 요율이 l인 활동적인 리스 시장이 어떤 상품에 대하여 존재한다고 가정하라. 매도자는 이 자산을 이 요율에 빌려올 수 있으며, 매수자는 이 요율에 빌려줄 수 있다. 이 상품에는 다른 보유 비용은 없다. 부록의 논의를 수정하여 이론적인 선물 가격은 $F = e^{(r-l)T} S$임을 보여라.
4. 내재환매이율(implied repo rate)이란 무엇을 의미하는가? 왜 이것이 합성 차입, 대출 이율로 이해되는가?
5. 편의수익이 존재하면 반드시 선도 시장이 백워데이션이 되는가? 왜 그런가 혹은 그렇지 않은가?
6. 거래비용이 무차익거래 선도 계약 가격에 어떻게 영향을 미치는가?
7. 다음 용어를 설명하라.
   (a) 정상 시장(normal market)
   (b) 전도 시장(inverted market)
   (c) 약 백워데이션(weak backwardation)
   (d) 백워데이션(backwardation)
   (e) 콘탱고(contango)
8. 원유가 현재 $38에 거래되고 있다고 가정하라. 이자율은 모든 만기에 3%라고 가정하며, 원유이 편의수익은 c라고 가정하라. 다른 보유 비용이 없다면, 어떤 c 값이 되면 원유 시장이 백워데이션이 되나?
9. 현재 은의 현물 가격은 $7.125/oz이며, 2개월 및 5개월 선도 가격이 각각 $7.160/oz과 $7.220/oz이다.

(a) 은은 편의수익이 없다면, 내재환매이율은 각각 얼마인가?

(b) 은은 활발한 리스 시장이 존재하며 리스 요율은 모든 만기에 대하여 연속 복리 연율 $l = 0.5\%$이라고 가정하라. 3번 질문에서 개발한 공식을 이용하여 2개월 및 5개월 만기 내재환매이율을 구하라.

10. 동은 현재 $1.28/lb에 거래된다. 3개월 이율이 4%이며 동의 편의수익 $c = 3\%$이라고 가정하라.

(a) 다음 식을 사용하여 무차익거래 3개월 선도 가격의 범위를 구하라

$$S_0 e^{(r-c)T} \leq F \leq S_0 e^{rT} \tag{4.14}$$

(b) 시장이 백워데이션 상황이 될 수 있는 최저 c는 얼마인가?

11. 다음과 같은 선도 가격 정보가 있다.(금과 은의 가격은 온스 당 가격이며, 동은 파운드 당 가격임)

상품	현물	1개월	2개월	3개월	6개월
금	436.4	437.3	438.8	440.0	444.5
은	7.096	7.125	7.077	7.160	7.220
동	1.610	1.600	1.587	1.565	1.492

(a) 어느 시장이 정상시장인가? 어느 시장이 전도시장(inverted market)인가? 둘 다 아닌 시장은?

(b) 어느 시장이 백워데이션인가? 어느 시장이 콘탱고인가?

(c) 어느 시장이 보기에 가장 큰 편의수익이 있는가?

12. (원유시장에서) 만기 6개월까지는 편의수익이 0에 가까우며, 선도 기간이 6개월에서 9개월 사이에 매우 높았다가 그 이후에 다시 0으로 감소한다고 가정하라. 원유 생산국의 정치적 상황에 대하여 원유 시장은 어떻게 보고 있는가?

13. 활동적인 금의 리스 시장이 존재하며, 차익거래자들은 금은 리스 요율 $l = 1\%$에 금을 빌리거나 대여할 수 있다고 가정하라. 금은 그 외의 보유 이익/비용이 발생하지 않는다고 가정하라. 3개월 금 선도 계약을 생각해 보라.

(a) 금 현물 가격이 $360/oz이며 3개월 이자율은 4%이라면, 무차익거래 금 선도가격은 얼마인가?

(b) 실제 선도 가격이 $366/oz로 거래된다고 가정하라. 차익거래 기회가 존재하는가? 그렇다면 어떻게 이 상황을 활용할 수 있나?

14. 배당이 발생하지 않는 자산의 3개월 선도 계약이 90에 거래되고 있으며, 현물은 84에 거래되고 있다.

(a) 내재환매이율을 구하라.

(b) 8%에 3개월 차입이 가능하다고 가정하라. 이로 인하여 차익거래 기회가 발생하는가?

왜 발생하는가? 왜 발생하지 않는가?

15. IBM의 오늘 주가가 \$75이며, 6개월 선도 가격은 \$76.89이고, 배당이 없다고 가정하면 내재환매이율은 얼마인가? 머니마켓에서 4% 이율로 6개월 차입이 가능하다고 가정하라. 그러면 차익거래가 가능한가? 가능하다면 이를 활용하기 위한 전략을 어떻게 수립해야 하나?

16. 현재 지수 가격이 585이며, 3개월 지수 선물 가격은 600에 호가 되고 있다. 지수의 연속 복리 배당률은 3%라고 가정하라.
    (a) 내재환매이율은 얼마인가?
    (b) 6% 금리로 3개월 차입이 가능하다고 가정하라. 이러면 차익거래의 기회가 발생하는가? 왜 그러한가?

17. 지수에 대한 3개월 선도계약이 756에 거래되고 있으며, 지수는 현재 750이다. 3개월 이자율은 6%이다.
    (a) 지수의 내재 배당수익률은 얼마인가?
    (b) 당신은 향후 3개월간 지수의 배당 수익률은 1%일 것으로 예상한다. 당신의 예측에 근거하여 차익거래의 기회는 존재하는가?

18. US 달러-유로 현물 환율이 \$1.10/euro이다. 1년 선도 환율이 \$1.0782/euro이다. 1년 달러 금리가 3%이면, euro의 1년 금리는 얼마인가?

19. 어떤 자산의 현물 시장 매수-매도 호가가 80-80.5이며, 6개월 금리가 6%이다. 배당이 없다면 6개월 선도가격의 매수-매도 호가는 얼마인가?

20. 차입금리와 대출금리가 동일하지 않으며, 매수-매도 호가가 6.00-6.25%로 스프레드가 존재한다고 가정하여 위 문제를 다시 계산하라.

21. 위 문제에서 적절한 선도 가격을 산출하기 위한 최대의 이자율 스프레드는 얼마인가?

22. 주식 ABC는 현물가격 40에 거래되고 있다. 1년 선도가격 역시 40에 호가되고 있다. 1년 이자율이 4%이며, 주식을 대차하는 비용이 2%이라면 이 주식을 어떻게 활용하여 차익거래를 만들 수 있나?

23. 당신에게 주식 A와 주식 B가 있다. 주식 A는 베타가 1.5이며, 주식 B는 베타가 −0.25이다. 1년 무위험 금리는 2%이다. 두 주식 모두 \$10에 거래되고 있다. CAPM에 따르면 주식 시장의 기대 수익률은 10%라고 가정하라. 주식 A의 배당 수익률은 1%이며 주식 B는 배당을 지급하지 않는다.
    (a) 두 주식의 기대 수익률은 각각 얼마인가?
    (b) 두 주식의 1년 선도 가격은 각각 얼마인가?
    (c) 차익거래 기회가 있는가? 설명하라

부록 4A 편의수익을 포함한 선도 가격

편의수익이 존재하는 상품의 공매도는 금융 상품의 공매도보다 더욱 복잡해지며 비용도 비싸진다. 우리 이론에 이것이 어떠한 영향을 미치는 지를 단순히 살펴보기 위하여, 보관 비용이 없는 상품을 생각해 보자. 이론적인 선도 가격은 $F = Se^{rT}$이다. F^{obs}를 실제 관측되는 선도가격이라고 하자.

만약 $F^{obs} > F$이면(즉, 선도가격이 과대 평가되어 있으면), 차익거래자는 현물을 매입하고 선도를 매도하기 때문에 가격 조정 압력이 생긴다. 그리하여, 선도가격은 우리가 계산한 이론가격을 초과할 수 없으며 다음과 같이 된다.

$$F^{obs} \leq Se^{rT} \tag{4.15}$$

만약 $F^{obs} < F$이면(즉, 선도가격이 과소 평가되어 있으면), 현물을 보유하고 있지 않은 차익거래자가 상품을 비용없이 빌려와서 공매도하기 때문에 가격 조정이 발생한다. 상품의 생산자나 상품의 재고를 보유하고 있는 사람이 차익거래자에게 상품을 대여해 줄 수 있는 상황이 되어서 이러한 대여가 이루어져야만 한다. 그러나 편의수익이 존재하는 경우 재고를 보유하고 있는 사람이 아무런 대가 없이 상품을 대여하려 하지 않을 것이며, 이러한 효익을 포기하는 대신 보상으로 대가를 받으려 할 것이다.

상품의 편의수익을 연속 복리 연률로 c라고 하자. 그러면 자산을 공매도하려는 차익거래자는 오늘 빌려온 상품 한 단위에 대하여 $S_0 e^{cT}$단위를 지급해야 할 것이다. 달리 말하면 만기에 돌려줄 한 단위에 대하여 차익거래자는 오늘 e^{-cT}단위를 수령한다.

그러면 선도가격이 F^{obs}에 비해 저평가되고 있다고 생각하는 차익거래자를 생각해 보자. 차익거래자는 다음을 실행할 것이다.

- 선도계약 매입포지션을 취할 것이다.
- 만기에 한 단위를 돌려주기로 하고 상품 e^{-cT}단위를 빌려와서 시장에서 매도한다.
- 매도 대금을 만기 시점 T까지 투자한다.

T 시점에 차익거래자는 F^{obs}를 선도계약자에게 지급하고 상품 한 단위를 수령하여, 이를 상품 대여자에게 상환함으로 공매도 포지션을 정리한다. 그는 투자로부터 $e^{(r-c)T}S_0$를 수령한다. 그러면 시점$-T$의 순 현금흐름은 다음과 같다.

$$S_0 e^{(r-c)T} - F^{obs}$$

$S_0 e^{(r-c)T} > F^{obs}$일 때에만 순 현금흐름이 양(+)이된다(차익거래 수익이 발생한다). 그러므로 현

물을 공매도하는 차익거래는 아래와 같은 경우에는 가능하지 않다.

$$F^{obs} \geq S_0 e^{(r-c)T} \tag{4.16}$$

식 (4.15)와 (4.16)을 결합하면 아래와 같은 상황에서는 차익거래가 발생하지 않는다.

$$S_0 e^{(r-c)T} \leq F^{obs} \leq S_0 e^{rT} \tag{4.17}$$

그러므로 상품에 편의수익이 존재하는 경우 선도 가격의 가능한 범위가 생겨나게 된다. 특히 선도 가격이 이론적인 가격보다 낮아질 수 있을 뿐만 아니라, 심지어는 상품의 현물가격보다 낮아질 수도 있다.

선물 및 선도를 이용한 헤지

5.1 서론

선물과 선도의 가장 중요한 경제적 기능은 투자자가 익스포져에 대한 헤지를 할 수 있도록 해주는 것, 즉 시장 참여와 관련한 현금흐름의 위험을 감소시키는 것이다. 이론상 선도 및 선물을 이용한 헤지는 간단하다: 만약 어떤 투자자가 지금부터 T년 후에 Q 만큼의 양을 매수 혹은 매도하기로 약정을 한다면, 선도나 선물 계약을 통하여 매수 혹은 매도의 가격을 고정시킴으로 현금흐름의 위험을 제거할 수 있다. 이 점을 설명하기 위하여 간단한 예를 들어 보겠으며, 그 다음에 왜 문제가 예와 같이 그렇게 간단하지만은 않은지를 설명하겠다.

예 5.1

금선(gold-wire) 제조업자가 3개월 후에 10,000 온스의 금이 필요할 것으로 예상한다고 가정해 보자. 이 제조업자는 선물(혹은 선도) 계약으로 3개월 후에 금 10,000 온스를 매입하는 것으로 가격 불확실성을 제거할 수 있다. 증거금 계좌의 이자를 무시한다면, 이 회사의 3개월 후 금 매입 비용은 10,000 F일 것이다. 여기에서 F는 현재 시점의 3개월 금 선물가격이다.
물론 제조업자는 다음 전략을 실행함으로 선물 계약에 따른 금을 실제로 인도하거나 인도받지 않고 필요한 헤지 효과를 얻을 수 있다.

1. 현재 선물 가격 F에 3개월 선물계약으로 10,000 온스의 금에 대하여 롱 포지션을 취한다.
2. 3개월 후에는 그 당시 선물가격 F_T에 선물 포지션을 정리한다.
3. 3개월 후 현물시장에서 당시의 현물시장 가격 S_T에 금 10,000 온스를 매입한다.

이자를 무시한다면 선물의 증거금 계좌 수익은 $10{,}000(F_T - F)$이며, 금 10,000 온스를 현물시장에서 매입하는 비용은 $10{,}000S_T$이다. 그러므로 총 현금흐름은 다음과 같다.

$$-10{,}000(F_T - F) + 10{,}000 S_T = 10{,}000 F - 10{,}000(F_T - S_T) \qquad \textbf{(5.1)}$$

그러나 시점 T에서 선물 계약은 만기이므로 $F_T = S_T$이어야 한다. 그래서 식 (5.1)의 마지막 항은 사라지고 순 현금흐름은 확실한 금액 $10{,}000F$이 된다. ■

2장에서 언급한 바와 같이 실제로는 대부분의 헤지가 이러한 방식, 즉 현물 인도 이전에 선물 포지션을 정리하고 시장 참여는 현물시장의 매수 혹은 매도로 이루어진다. 선물 계약의 매우 작은 부분만이 인도까지 유지된다.

그럼에도 불구하고 선물 계약을 통하여 헤지를 실행하는 것은 지금까지 논의한 것처럼 그렇게 간단하지는 않다. 아래에서 이를 설명한다.

문제: 베이시스 리스크

선물 계약에서 베이시스는 선물가격과 현물가격의 차이 $F-S$를 의미한다(때로 베이시스를 $S-F$로 정의하기도 함). 식 (5.1)에서 보듯이, 헤지가 완벽하기 위해서는 헤지가 종료되는 시점 T에서 베이시스 $F_T - S_T$가 무위험이어야 한다. 이렇게 되어야만 헤지로 인한 현금흐름이 확실해질 수 있다.

시장참여자들은 완전한 헤지는 일본식 정원 외에는 없다고 한다. 이것은 과장일 수 있지만, 시점 T에 베이시스 $F_T - S_T$가 무위험이 되지 않는데는 적어도 두 가지 이유가 있다.

첫째는 상품의 불일치 가능성이다. 선물 계약에는 표준 등급이 있으며(2장 참조), 선물 계약의 표준 등급이 실제 헤지를 하고자 하는 등급과 일치하지 않을 수 있다. 그 결과 선물가격 F_T와 T 시점에서 헤지하고자 하는 자산의 현물가격 S_T가 일치하지 않을 수 있다. 식 (5.1)의 베이시스 $F_T - S_T$는 0이 아니며, 불확실한 규모이다. 이것이 상품 혹은 등급의 불일치에서 유래되는 상품 베이시스 리스크(commodity basis risk)이다.

둘째는 인도일 불일치 가능성이다. 선물 계약에는 표준 인도 기간이 있으며, 계약상 가능한 만기 일자와 투자자의 시장 참여(commitment) 일자가 일치하지 않을 수 있다(예를 들면, CBoT의 밀 선물 계약은 인도월이 5개 뿐이다). 이 경우 헤지에 사용된 선물 포지션은 계약 만기일 이전 헤저의 시장 참여일 T에 정리되어야 한다. 이 시점에서는 비록 상품의 불일치는 없다 하더라도 통상 선물가격 F_T와 현물가격 S_T는 일치하지 않으며, 따라서 식 (5.1)의 베이시스 $F_T - S_T$는 0이 아니며 불확실한 규모이다. 이것을 인도 베이시스 리스크(delivery basis risk)라고 한다.

베이시스 리스크는 선도 계약으로 헤지를 하는 경우에도 발생할 수 있다. 예로 교차 헤징(cross-hedging)을 들 수 있으며, 이는 어떤 자산에 대한 익스포져를 헤지하기 위하여 다른 자산의 선도 계약을 사용할 때 발생한다(예를 들면, 노르웨이 크로네/미국 달러 환율 변동 익스포져 헤지를 위해서 euro/US dollar 선도 계약을 사용한다). 교차 헤징은 명백히 상품 베이시스 리스크를 수반한다. 이는

대체로 기초 자산(예의 노르웨이 크로네)에 대한 선도 계약이 활발하게 거래되지 않을 때 사용되는 방법인데, 밀접하게 관련이 있는 자산(예의 euro)의 선도 계약을 대신 사용한다.

이 장에서는 베이시스 리스크가 존재할 때의 최적 헤징에 관한 이론을 전개하며, 이는 선도와 선물에 공통적으로 적용될 수 있다. 설명을 단순화하기 위하여, 헤징을 위해서 사용되는 수단을 지칭하기 위하여 "선물 계약"이라는 용어를 사용할 것이다. 선물 계약에 특별하게 적용되는 자료는 5.8절로 일일정산 효과를 다루는 부분이다.

베이스시 리스크 다루기: 질문

베이시스 리스크가 존재하기 때문에 헤징으로 현금흐름을 완전히 무위험으로 만들 수는 없다. 그러면 위험을 낮추기 위해서 우리가 할 수 있는 최선은 무엇인가? 이것이 이장에서 우리가 다룰 문제이다.

첫째로 우리가 할 일은 위험을 측정하는 것이다. 재무에서 통상 하듯이 현금흐름의 위험을 분산으로 측정한다. 확실히 하자면 분산이 "리스크"라는 단어가 의미하는 바를 전부 파악할 수 있는 것은 아니지만, 분명히 매우 좋은 첫 번째 근사치이다. 그러므로 과제는 여러 가지 가능한 헤지 방법 중에서 가장 현금흐름의 분산이 낮은 헤지 방법을 찾는 것이다. 우리는 이를 최소 분산 헤지(minimum-variance hedge)라고 부른다. 최소 분산 헤지를 파악하는 데는 다음 세 가지 질문에 답할 필요가 있다.

1. 헤징에 사용할 최선의 선물 계약은 무엇인가?
2. 오늘 개설해야 할 선물 포지션의 규모는 얼마인가?
3. 포지션은 롱인가 숏인가?

이러한 질문들이 이 장의 초점이다. 나올 결과들에 대한 직관을 포괄하는 약간의 언급이 도움이 될 듯하다.

5.2 주된 결과에 대한 안내

헤징은 위험을 상쇄하는 것이다. 현물 익스포져를 선물(혹은 선도)로 헤지할 때에는 현물 가격 등락의 효과를 선물 가격 등락으로 상쇄시켜 결과적인 순현금흐름의 리스크를 최소화하는 것이다. 그러한 상쇄작용이 잘 작동하도록 하기 위해서는 선물과 현물의 가격이 같이 움직여야 한쪽의 움직임이 다른 쪽의 움직임으로 상쇄될 수 있다. 즉, 선물과 현물의 가격이 상관관계를 가져야 한다. 상관관계가 높을수록, 같이 움직이는 정도가 높으며, 리스크를 상쇄시키기가 쉽다. 극단적인 경우로 상관관계가 완벽할 때, 상쇄는 완벽하고, 무위험 헤지를 달성할 수 있다.

이러한 관측에 따라, 헤지의 목적으로 선물을 선택할 때, 헤지하고자 하는 자산의 현물가격 변동과 선물가격 변동 간의 상관관계가 최대인 선물을 선택해야 한다. 우리는 이 직관이 정확함을 보일 것이다. 사실 현금흐름의 불확실성이 상관관계의 함수로 정확히 감소됨을 보일 것이다.

헤지 비율

이 과정에서 h로 표시하는 헤지 비율이 핵심적인 역할을 한다. 일단 선물계약이 선택되면, 최적 헤지 전략을 실행하기 위하여 헤지 비율을 사용한다. 이는 현물 익스포져 한 단위당 몇 개의 선물 포지션이 필요한 지를 측정한다. 기호로 표시하기 위하여, 투자자가 현물 시장에서 Q 단위를 시점 T에 참여하기로 되어 있으며, 이를 선물 포지션 규모 H로 헤지를 한다고 가정해 보자. 그러면 헤지 비율은 다음과 같다.

$$h = \frac{H}{Q} \tag{5.2}$$

예를 들어, 5.1절의 금선(gold-wire) 제작자가 자신의 익스포져 10,000 온스에 대하여 선물 계약 8,000 온스를 사용한다면 헤지 비율은 $h = 8{,}000/10{,}000 = 0.80$이다.

주된 결과

이 장에서 유도할 가장 중요한 교훈은 다음과 같다.

베이시스 리스크가 존재하면, 일반적으로 익스포져를 일대일로, 즉 헤지 비율을 1로 헤지하는 것이 최적이 아니다. 분산을 최소화하는 헤지 비율은 현물가격과 선물가격의 상관관계에 따라 달라지며, 상관관계가 높아질수록 헤지 비율은 증가된다.

구체적으로 말하자면 이 장의 핵심 결과로 최소 분산 헤지 비율은 다음과 같다.

$$h^* = \rho \frac{\sigma(\triangle_S)}{\sigma(\triangle_F)} \tag{5.3}$$

여기에서,

- $\sigma(\triangle_S)$는 헤지 기간 중 현물가격 변동의 표준 편차
- $\sigma(\triangle_F)$는 헤지 기간 중 선물가격 변동의 표준 편차
- ρ는 현물가격과 선물가격 변동의 상관관계

다시 말하자면, 최소 분산 헤지 비율은 상관관계 계수 ρ에 "규모조정요소(scaling factor)" $\sigma(\triangle_S)/\sigma(\triangle_F)$를 곱한 것이다.

통찰

식 (5.3)에 들어 있는 의미를 보기 위해서 우선 상관관계를 생각해 보자. 현물과 선물가격 변동 사이에 상관관계가 0이라면 선물을 이용하여 헤지를 해도 위험의 상쇄가 발생하지 않는다. 어떠한 헤징 행위도, 두 번째 원천(선물 포지션)으로부터 현금흐름의 불확실성이 새로이 생겨나기 때문에 전체적인 현금흐름의 불확실성이 높아질 뿐이다. 그러므로 최적 헤지 비율은 0이 된다. 그러나 상관관계가 높아질수록 위험의 상쇄가 더 많이 실현되므로 이를 이용하기 위하여 더 높은 헤지 비율을 사용하게 된다.

왜 상관관계 계수를 표준편차의 비율로 규모 조정을 하는가? 헤징의 목적은 현물가격 변동의 효과를 선물가격 변동으로 상쇄시키는 것이 목적이다. 통상적인 선물가격 변동이 통상적인 현물가격 변동의 2배라고 가정해 보라. 그러면 다른 조건이 동일해도 헤징을 위해서 사용하는 선물의 규모가 현물 규모의 절반이어야 한다. 이것이 바로 규모조정요소(scaling factor)를 통한 조정이며, 통상적인 가격 변동 규모는 각각의 표준 편차의 크기로 결정한다.

이 장의 구성

이 장의 다음 세 절에서는 이 최적 헤지 비율 h^*을 유도하고 이 최적 헤지 포지션의 여러 특성들을 확인할 것이다. h^*의 유도에 흥미가 없는 독자는 5.6절에 있는 수치를 사용한 예로 뛰어 넘어갈 수도 있겠다. 5.7절과 5.8절에서는 이 헤징 전략의 실행에 대하여 논의할 것이다. 이 장의 마지막 절에서는 최소 분산 헤징이라는 생각을 주식 포트폴리오 및 채권 포트폴리오에 각각 적용하는 것에 대하여 논의할 것이다.

약간의 수학적 기초

무작위 변수의 특성과 기본 정의를 복습해 본다. X와 Y를 무작위 변수, σ_X^2와 σ_Y^2를 각각의 분산이라고 하자. $E(\cdot)$는 기대값을 의미한다. 그러면, X와 Y의 공분산은 다음과 같이 정의된다.

$$\text{cov}(X, Y) = E(XY) - E(X)E(Y)$$

X와 Y의 상관관계 계수 $\rho(X, Y)$는 다음과 같다.

$$\rho(X, Y) = \frac{\text{cov}(X, Y)}{\sigma_X \sigma_Y}$$

a가 상수이면

$$\text{Variance}(aX) = a^2 \text{Variance}(X) = a^2 \sigma_X^2$$

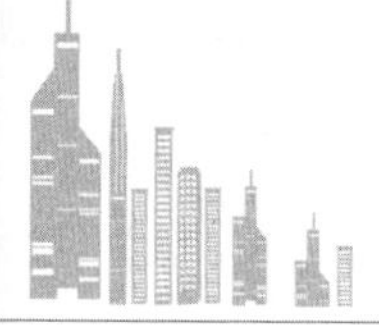

마지막으로, a와 b가 상수이면

$$\text{Variance}(aX-bX)=a^2\text{Variance}(X)+b^2\text{Variance}(Y)-2ab\ \text{cov}(X,Y)$$

5.3 헤지 포지션의 현금흐름

특정 선물 계약이 헤지 목적으로 선택되었다고 가정하자(나중에 이 선택을 안내하는 기준을 체계화할 것이다). F는 현재 시점에의 선물 계약 가격을 의미하며, S는 헤지의 대상이 되는 자산의 현재 현물가격을 의미한다. F_T와 S_T는 시점 T에서 각각의 가격을 의미한다.

우리는 한 종류 이상의 베이시스 리스크가 존재할 수 있다는 점을 강조한다. 즉, 선물의 기초자산과 헤지의 대상이 되는 자산이 동일하지 않을 수 있으며, T 시점이 선물 계약의 만기 시점이 아닐 수도 있다. 그러므로 $S_T=F_T$가 아닐 수 있다.

우리는 선물 계약을 만기에 한번 정산을 하는 선도 계약과 같은 것으로 간주한다. 달리 말하면, 처음에 선물 롱 포지션을 취하고 시점 T에 이를 정리한다면 이 경우 정산 이익(손실)은 F_T-F이다. 최적 헤지 포지션의 일일정산의 효과는 5.8절에서 고려한다.("Tailing the Hedge" 참조)

우선 T 시점에 Q 단위의 자산을 매수하기로 약정한 투자자를 고려해 보자. 이 포지션을 헤지하기 위하여 투자자는

1. 초기에 가격 F로 규모 H의 선물 롱 포지션을 취한다.
2. 시점 T에 규모 H의 선물 숏 포지션을 취함으로 선물 포지션을 정리한다.
3. 시점 T에 필요한 양 Q를 현물 시장에서 매수한다.

최초의 선물 포지션이 숏인 경우도 발생할 수 있으므로 H가 음수도 될 수 있도록 하며, (예를 들어) -10 단위 롱 포지션은 10 단위 숏 포지션을 의미하는 것으로 한다. 이 전략 하에서는 T 시점에 현물 시장 매수를 위하여 QS_T의 현금유출이 발생한다. 선물 포지션 정리로 인하여 이 시점에서 정산 수익 $H(F_T-F)$이 발생한다. 그러므로 순현금흐름은

$$QS_T-H(F_T-F) \tag{5.4}$$

투자자는 (5.4)의 현금흐름의 분산을 최소화하도록 H를 선택해야 한다.

다음으로 시점 T에 Q 단위의 자산을 매도하기로 약정한 투자자를 생각해 보자. 이를 헤지 하기 위하여 투자자는

1. 초기에 가격 F로 규모 H의 선물 숏 포지션을 취한다.
2. 시점 T에 규모 H의 선물 롱 포지션을 취함으로 선물 포지션을 정리한다.
3. 시점 T에 필요한 양 Q를 현물 시장에서 매도한다.

여기에서 다시 초기 선물 포지션이 롱인 경우도 발생할 수 있으므로 H가 음수도 될 수 있도록 한다. 이 전략하에서는 T 시점에 현물 시장 매도를 통해서 QS_T의 현금유입이 발생한다. 그리고 선물 정산 수익 $H(F-F_T)$가 발생한다. 그러므로 순현금흐름은

$$QS_T+H(F-F_T) \tag{5.5}$$

이 식은 식 (5.4)와 동일하다. 그러므로 롱 투자자이든 숏 투자자이든 식 (5.4)의 분산이 최소화되는 H를 선택할 것이다.

5.4 베이시스 리스크가 없는 경우

만약 베이시스 리스크가 없다면, 최소 분산 헤지 비율을 결정하는 것은 단순한 문제이다. 이 경우 $S_T=F_T$이어야 하므로, 식 (5.4)는 다음과 같이 된다.

$$\begin{aligned} QS_T-H(F_T-F) &= QS_T-H(S_T-F) \\ &=(Q-H)S_T+HF \end{aligned} \tag{5.6}$$

헤지 전략을 시행하던 시점에서, Q와 F는 알려진 수치이므로 유일하게 알려지지 않은 것은 S_T이다. 만약 $H=Q$이라면 S_T와 관련된 항이 식 (5.6)에서 사라지며, 현금흐름은 이미 알려진 수치인 $HF=QF$로 귀결된다. 이 현금흐름의 분산은 0이다. 분산은 음수가 될 수 없으므로 이 상황을 더 개선할 수는 없다. 그러므로 만약에 베이시스 리스크가 없다면 완전하게 헤지하는 것, 즉 최소분산 헤지 비율 $h^*=1$이 최적이며, 이로서 모든 위험은 사라진다.

중요한 질문은 당연히 "베이시스 리스크가 존재하면 어떻게 되나?"이다.

5.5 최소분산 헤지 비율

최소분산 헤지 비율을 찾기 위해서 우선 식 (5.4)의 헤지 선물 포지션의 현금흐름을 가격 변동의 관점에서 다시 정리할 필요가 있다. $\Delta_S=S_T-S$ 그리고 $\Delta_F=F_T-F$가 헤지 기간 중 현물가격

과 선물 가격의 변동을 각각 의미하는 것으로 한다. 식 (5.4)에 QS를 더하고 빼면 다음과 같이 된다.

$$QS_T - QS + QS - H(F_T - F) = Q(S_T - S) - H(F_T - F) + QS$$
$$= Q\Delta_S - H\Delta_F + QS \tag{5.7}$$

이제 $h = H/Q$를 헤지 비율이라고 하자. 식 (5.7)의 현금흐름은 다음과 같이 헤지 비율로 표시할 수 있다.

$$Q[\Delta_S - h\Delta_F] + QS \tag{5.8}$$

이 식의 변동성을 최소화하는 h를 선택하려 한다. 마지막 항 QS는 헤지를 실행할 당시 이미 알려진 수치이며 변동성에는 영향을 미치지 아니한다. 식 (5.8)을 보면 헤지 현금흐름의 변동성은 세 가지 원천이 있다.

- 현물가격 변동Δ_S의 분산. 이는 $\sigma^2(\Delta_S)$로 표시한다.
- 선물가격 변동Δ_F의 분산. 이는 $\sigma^2(\Delta_F)$로 표시한다.
- 이 둘 사이의 공분산. 이는 $\mathrm{cov}(\Delta_S, \Delta_F)$로 표시한다.

이 기호를 사용하면 식 (5.8)의 헤지 현금흐름의 분산은

$$\mathrm{Var}[Q(\Delta_S - h\Delta_F)] = Q^2\mathrm{Var}(\Delta_S - h\Delta_F)$$
$$= Q^2[\sigma^2(\Delta_S) + h^2\sigma^2(\Delta_F) - 2h\,\mathrm{cov}(\Delta_S, \Delta_F)] \tag{5.9}$$

h^2이 있는 것으로 보아 마지막 항은 h의 함수이며 U－모양을 가지고 있다고 볼 수 있다. 최소분산의 위치를 찾기 위하여 식 (5.9)를 h에 대하여 미분하고 이를 0으로 둔다. 그러면 다음과 같은 식이 된다.

$$2h\sigma^2(\Delta_F) - 2\,\mathrm{cov}(\Delta_S, \Delta_F) = 0$$

즉 $h\sigma^2(\Delta_F) = \mathrm{cov}(\Delta_S, \Delta_F)$이다. 그러므로 최소 분산 h 값은

$$h^* = \frac{\mathrm{cov}(\Delta_S, \Delta_F)}{\sigma_F^2} \tag{5.10}$$

h^*를 Δ_S와 Δ_F의 상관관계 계수로 표시하기 위하여, 우선 상관관계 계수는 다음과 같다.

$$\rho = \frac{\mathrm{cov}(\Delta_S, \Delta_F)}{\sigma(\Delta_S)\sigma(\Delta_F)} \tag{5.11}$$

$\mathrm{cov}(\Delta_S, \Delta_F) = \rho\sigma(\Delta_S)\sigma(\Delta_F)$이므로, h^*는 다음과 같이 표시될 수 있다.

그림 5.1
최소분산 헤지 비율

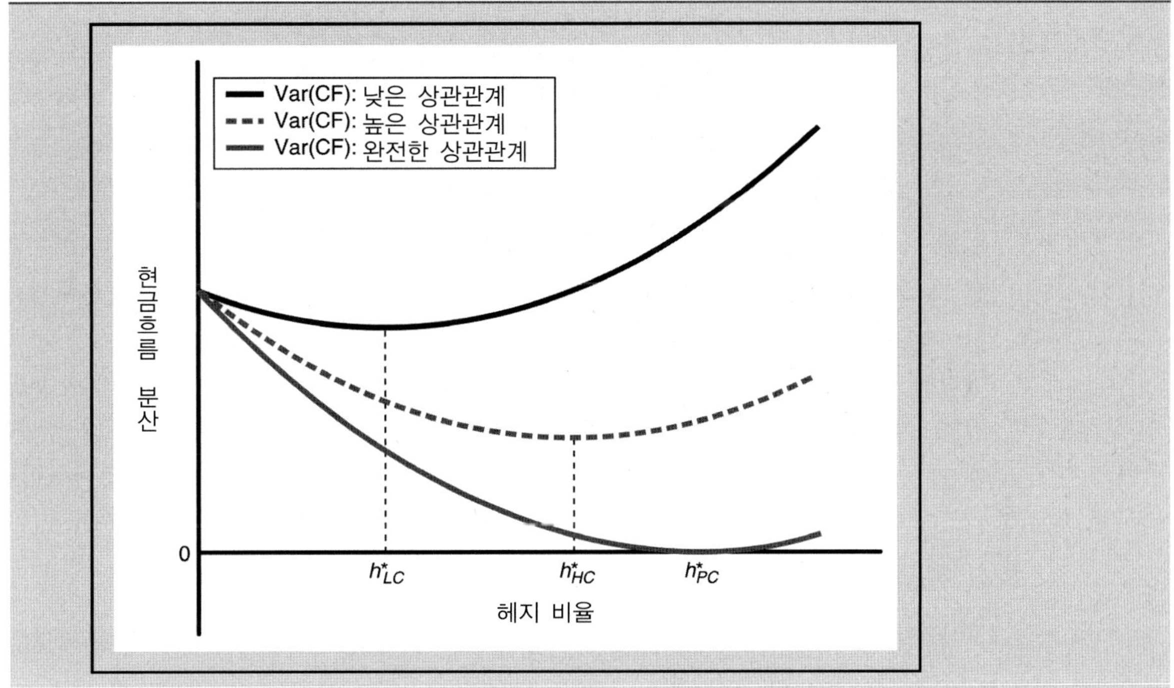

$$h^* = \rho \frac{\sigma(\Delta_S)}{\sigma(\Delta_F)} \qquad \textbf{(5.12)}$$

식 (5.12)가 이 장의 주된 결과물이다. 달리 말하면, 앞에서 이미 언급한 바와 같이 최적 헤지 비율은 가격 변화 사이의 상관관계 계수를 "규모조정요소(scaling factor)" $\sigma(\Delta_S)/\sigma(\Delta_F)$로 조정한 것이다.

최소 분산 헤지 비율은 [그림 5.1]로 보여주고 있다. 이 그림은 낮은 수준의 상관관계, 높은 수준의 상관관계 그리고 한계 상황인 완전한 상관관계를 보여 준다. 이 그림은 두 가지 점을 강조해 준다. 첫째, 최소분산 헤지 비율은 상관관계가 높을수록 높아진다. 둘째, 최소 현금흐름의 분산(즉, 최소 분산 헤지 비율 하의 현금흐름 분산)은 상관관계가 높을수록 낮다. 이는 직관적인 것으로 상관관계가 높으면 헤징으로 현금흐름의 리스크를 상쇄할 수 있는 능력이 더 높아짐을 의미한다. 상관관계가 완벽한 극단적인 경우, 최소 현금흐름의 분산은 0이다.

선물 포지션이 롱인가 숏인가?

최적 헤지 비율의 부호는 상관관계 계수 ρ의 부호에 의하여 결정된다. 만약 $\rho > 0$이면 헤지 비율은 양(+)인데, 이는 헤지하는 사람의 현물 익스포져가 롱이면(즉 T 시점에 매수를 해야 할 상황이면),

최초의 선물 포지션이 롱이어야 하고, 현물 익스포져가 숏이면(즉 T 시점에 매도를 해야 할 상황이면), 최초의 선물 포지션도 숏이어야 한다. 만약 $\rho < 0$이면, 헤지 비율은 음이고, 이는 현물의 롱 익스포져를 헤지하기 위해서 최초의 선물 포지션은 숏이어야 하고, 현물 포지션이 숏이면 롱 선물 포지션으로 헤지해야 한다는 의미이다.

이 부호 방향은, 헤징은 기본적으로 위험을 상쇄시키는 것이라는 사실을 염두에 두고 있으면 쉽게 이해될 수 있다. 예를 들어, 투자자가 현물에 롱 익스포져를 가지고 있다고 가정해 보자. 그러면 그 투자자는 현물을 매입하여야 하므로 현물의 가격이 오르면 현물 포지션에서 손실을 보게 된다. 헤지에서는, 이 손실을 선물 포지션의 이익으로 상쇄시켜야 한다. 양의 상관관계하에서는 선물가격은 현물가격의 상승과 함께 상승하므로, 가격이 상승할 때 선물에서 이익이 발생하도록 되어야 한다. 이것은 선물 포지션이 롱이어야 함을 의미한다. 상관관계가 음(−)일 때, 현물가격이 상승할 때 선물가격이 하락하므로, 선물에서 이익이 발생하려면 선물 포지션이 숏이어야 한다.

최소 현금흐름 분산

h^*로 헤지한 포지션에서 현금흐름의 분산은 어떻게 되나? 답을 찾기 위하여 현금흐름 분산 식 (5.9)에 h^*를 대입한다. 그리고 $\mathrm{cov}(\Delta_S, \Delta_F) = \rho\sigma(\Delta_S)\sigma(\Delta_F)$를 이용하면 다음 식을 얻게 된다.

$$Q^2\left[\sigma^2(\Delta_S) + \rho^2\frac{\sigma^2(\Delta_S)}{\sigma^2(\Delta_F)}\sigma^2(\Delta_F) - 2\rho\frac{\sigma(\Delta_S)}{\sigma(\Delta_F)}\rho\sigma(\Delta_S)\sigma(\Delta_F)\right]$$

공통부분을 제거하고 단순화하면 다음과 같이 된다.

$$Q^2\sigma^2(\Delta_S)(1-\rho^2) \qquad \mathbf{(5.14)}$$

이 최소 분산은 $\rho = \pm 1$인 단순한 경우, 즉 선물과 현물 가격 변동이 완벽하게(양이든 음이든) 상관관계를 가지고 있는 경우가 아니면 0이 될 수가 없음을 유념하라. 베이시스 리스크가 없는 경우에만 선물과 현물가격이 완벽하게 상관관계를 가지고 있으므로(즉, 묶여서 움직이므로) 식 (5.14)는 베이시스 리스크가 존재하는 한 헤징 이후에도 남아있는 불확실성이 존재한다고 말하고 있다.

어떤 선물 계약?

ρ^2가 증가함에 따라 혹은 같은 의미로 $|\rho|$가 증가하면 식 (5.14)의 최소 분산은 감소한다. 이를 활용하면 선물 계약의 선택은 간단해진다. 일반적인 어림짐작으로 말하자면 헤지의 대상이 되는 자산의 현물가격 변동과 선물가격 변동의 (절대값으로) 상관관계가 가장 높은 선물을 선택하라. 이렇게 하면 현금흐름의 변동성을 최대한 낮출 수 있다.

최소 분산 헤징과 대안의 비교

최소 분산 헤지 비율과 관련하여 흥미로운 질문 두 개가 있다.

1. 최적 헤징은 헤징을 하지 않는 대안(즉 헤지 비율 0)에 비하여 얼마나 불확실성을 감소시키나?
2. h^* 대신 일대일 헤지(즉 헤지 비율 1)를 하면 현금흐름의 분산이 얼마나 커지는가?

(A) 헤지를 하지 않는 대안

헤지를 하지 않는다면, 그러면 $h=0$이다. 식 (5.9)에 $h=0$을 대입하면, 헤지를 하지 않은 현금흐름의 분산은 다음과 같다.

$$Q^2\sigma^2(\triangle_S) \tag{5.15}$$

식 (5.14)와 (5.15)를 비교하면 최적 헤징은 현금흐름의 분산을 ρ^2만큼 감소시킴을 알 수 있다. 예를 들어, $\rho=0.90$이면 $\rho^2=0.81$이므로 최적 헤징은 헤지하지 않은 현금흐름의 분산 중 81%를 제거한다. 즉 헤지 포지션의 분산은 헤지하지 않은 포지션의 분산의 19%에 불과하다. 반대로 만약 $\rho=0.30$이면 $\rho^2=0.09$이므로 최적 헤징이라 하더라도 헤지하지 않은 현금흐름 분산의 단지 9%만 제거할 수 있을 뿐이다.

(B) 일대일 헤지 대안

만약 우리가 헤지 비율 $h=1$을 사용한다면, 식 (5.9)의 현금흐름 분산은 다음과 같이 된다.

$$Q^2\left[\sigma^2(\triangle_S)+\sigma^2(\triangle_F)-2\mathrm{cov}(\triangle_S,\triangle_F)\right] \tag{5.16}$$

이는 다시 다음과 같이 정리할 수 있다.

$$Q^2\left[\sigma^2(\triangle_S)(1-\rho^2)\right]+Q^2\left[\sigma(\triangle_F)-\rho\sigma(\triangle_S)\right]^2 \tag{5.17}$$

이를 h^*로 헤지한 경우의 분산식 (5.14)와 비교해 보면, 일대일 헤지는 분산을 $[\sigma(\triangle_F)-\rho\sigma(\triangle_S)]^2$만큼 증가시킨다. ρ가 작을수록 이 수치는 커진다. 다음과 같은 의미를 찾을 수 있다. 상관관계가 낮을수록 최소 분산 헤지 비율 h^*는 낮아지며, 따라서 일대일 헤지로 인한 오차는 더 커진다.

사실 일대일 헤지는 헤지를 전혀 하지 않은 것보다 더 나쁠 수 있다! 식 (5.17)과 (5.15)를 비교해 보라. 이 두 식의 차이는 다음과 같다.

$$Q^2\left[\sigma^2(\triangle_F)-2cov(\triangle_S,\triangle_F)\right]=Q^2\left[\sigma^2(\triangle_F)-2\rho\sigma(\triangle_S)\sigma(\triangle_F)\right] \tag{5.18}$$

만약 $\sigma_F>2\rho\sigma_S$이면 이 차이는 양(+)이다. 즉 일대일 헤지의 현금흐름 분산이 헤지를 전혀 하지 않은 현금흐름의 분산보다 더 크다.

5.6 예시

이 절에서는 최소 분산 헤징을 설명하기 위하여 두 개의 예를 사용한다. 두 개의 예 모두 상품 불일치로 인한 베이시스 리스크를 포함한다. 첫 번째 예에서는 통화의 교차 헤지를 살펴본다. 두 번째 예는 주식 포트폴리오를 헤지 하지 위하여 다른 주식 포트폴리오의 선물을 활용하는 것과 관련되어 있다.

예 5.2

통화의 교차 헤지

미국의 수출업자가 3개월 후에 노르웨이 크로네(NOK) 25백만을 수령할 것이므로 미국 달러화(USD)와 NOK의 환율 변동에 대하여 헤지를 하고자 한다고 가정하자. NOK의 선도시장이 활발하지 않아서, 회사는 유로 선도 계약을 대신 사용하려 한다. 회사는 다음의 정보를 수집하였다.

1. USD/NOK의 환율 변동의 분기 표준편차는 0.005이다
2. USD/EUR 선도 환율 변동의 분기 표준편차는 0.025이다.
3. 이 변동의 상관관계 계수는 0.85이다.

회사의 최소 분산 헤지 전략은 무엇인가?

이 경우 현물 자산은 NOK이며, 현물 자산의 한 단위는 1 NOK이다. 회사는 25백만 NOK를 3개월 후에 받아서 USD로 환전해야 한다. 그러므로 회사는 사실상 $Q=25$백만 NOK를 3개월 후에 매도하기로 약속한 것과 같다. 즉 현물의 숏 익스포져를 가지고 있다.

이 익스포져를 헤지하기 위하여 사용하는 선도 계약의 기초자산은 유로이며, 따라서 선도 계약의 한 단위는 만기에 1유로의 인도를 요구한다. 선도 계약의 기초자산과 헤지 대상 자산이 동일하지 않기 때문에 여기에는 상품 베이시스 리스크(commodity basis risk)가 존재한다.

$\sigma(\Delta_S)=0.005$, $\sigma(\Delta_F)=0.025$ 그리고 $\rho=0.85$라는 정보가 있다. 식 (5.12)로부터 최소분산 헤지 비율은 다음과 같이 계산할 수 있다

$$h^* = \rho\frac{\sigma(\Delta_S)}{\sigma(\Delta_F)} = 0.85\times\frac{0.005}{0.025} = 0.17$$

말로 설명하자면, 최적 헤지 포지션은 현물 한 단위당 선도 0.17 단위 포지션을 취하는 것이다. 왜 단지 0.17인가? 왜 이렇게 작은가? 느슨하게 말하자면, 유로는 달러와 거의 대등하게 거래되지만(이 글을 쓰는 시점인 2013년 3월의 환율은 USD 1.30/EUR이었음) 그에 비하여 노르웨이 크로네는 소수점 이하로 거래되기 때문이다.(2013년 3월 환율은 USD 0.17/NOK 근처였음.) 이 가격 차이

로 인하여 이 예에서는 USD/EUR 선물의 분기당 표준편차는, USD/NOK 환율의 분기당 표준편차의 5배가 된다.

유로로 NOK의 가격 위험을 헤지하는 것은, NOK 가격 변동으로 인한 손실을 유로 가격 변동에서 발생하는 이익으로 상쇄시켜려는 것이며, 반대의 경우도 마찬가지이다. 통상적인 유로의 변동은 통상적인 NOK 변동의 5배이므로, 현물의 NOK 익스포져에 비하여 헤지 포지션에서는 훨씬 적은 유로를 사용하는 것이다.

계산으로 돌아가서, Q가 25백만으로 주어졌기 때문에 h^*를 0.17로 추정하였고, 이 최적 선도 포지션은 다음의 인도를 요구하게 된다.

$$H^* = h^* Q = 4.25 \text{ 백만 유로}$$

마지막으로, 헤지 비율이 양이고 회사가 현물에 대하여 숏 포지션을 가지고 있기 때문에 선도 포지션도 숏이어야 한다.

요약하자면, 회사의 최적 헤지는 3개월 후에 4.25백만 유로를 인도하는 선도 숏 포지션을 취하는 것이다. 회사의 자료가 정확하다면, 이 최적 헤지는 헤지가 없는 경우에 발생할 분산의 약 72%, $\rho^2 = (0.85)^2 = 0.7225$를 제거할 것이다. ■

예 5.3

주식의 교차 헤지

S&P 100 주식으로 구성된 포트폴리오를 S&P 500 지수 선물로 헤지하는 문제를 고려해 보자.[1)]다음과 같이 가정한다.

1. 포트폴리오의 가치는 $88,000,000이다.
2. 현재 S&P 100은 880이다
3. 현재 S&P 500 선물은 1960이다.
4. S&P 500 선물 계약 1단위는 지수의 250배이다.

이 문제의 기초자산은 S&P 100이다. 즉, 기초자산의 한 단위는 S&P 100을 구성하고 있는 주식 바스켓이다. 현재 단위 당 가격 S는 단순히 현재 지수 수준이며 따라서 $S = 880$이다. 포트폴리오의 가치는 $88백만이므로 포트폴리오에 포함된 총 단위 수는 [88,000,000/880] = 100,000이다. 그러므로 $Q = 100,000$이다.

선물계약의 기초자산은 S&P 500 지수이며, 선물 기초자산의 한 단위는 S&P 500을 구성하고 있는 주식의 바스켓이다. 선물의 현재가격은 단순히 현재 S&P 500의 지수 수준이므로 $F = 1960$이 된다. 선물 계약은 규모가 표준화되어 있음을 유념해야 한다. 한 계약은 S&P 500 지수 250

1) 이 예는 NYU의 Menachem Brenner의 class note를 기반으로 하였음

단위를 인도하는 계약이다.

우리는 한 자산(S&P 100 지수)을 다른 자산(S&P 500 지수)의 선물로 헤지하려고 하므로 명백히 베이시스 리스크가 존재한다. 그러므로 최적 헤지 구조를 찾기 위해서는 헤지 기간 중의 현물가격 변동과 선물가격 변동의 분산 및 이들의 공분산에 관한 정보가 필요하다. 다음의 정보가 있다고 가정하라.

1. $\sigma(\triangle_S)=60$
2. $\sigma(\triangle_F)=150$
3. $\rho=0.90$

그러면 최적 헤지 비율은 다음과 같다.

$$h^* = \rho\frac{\sigma_S}{\sigma_F} = 0.90\times\frac{60}{150}=0.36$$

즉, 현물 1 단위의 익스포저에 대하여 선물 0.36 단위의 익스포져를 취하는 것이다. $Q=100{,}000$ 이므로 최적 선물 포지션의 규모는 다음과 같다

$$H^* = h^*\cdot Q=(0.36)(100{,}000)=36{,}000$$

즉, 최적 선물 포지션은 S&P 500 지수 36,000 단위의 인도를 수반해야 한다. 선물 한 계약은 250 단위의 지수에 관한 계약이다. 그러므로 선물 포지션의 계약 수는 (36,000/250)=144 계약이다. 이 선물 계약의 포지션은 롱인가 숏인가? 헤징으로, 현재 보유하고 있는 S&P 100 포트폴리오의 가치를 헤지 기간 동안 보장하려는 것이다. 그러므로 이것은 3개월 후에 현물의 숏 익스포져를 가지고 있어서 이 가치를 고정시키려 하는 것과 같다. 헤지 비율이 양이므로, 선물 포지션도 숏이어야 한다. ■

5.7 실행

최소 분산 헤지 구조를 실제로 실행하기 위해서 먼저 h^*를 찾아야 한다. 이에는 사실상 동일한 두 가지 방법이 있는데, 둘 다 현물과 선물의 과거 가격 변동 자료를 사용한다. 첫 번째는 h^*를 계산하는 데 필요한 3개의 모수($\sigma(\triangle_S)$, $\sigma(\triangle_F)$, ρ)를 각각 추정하는 방법이다. 두 번째는 좀 더 쉬운 방법으로 회귀분석을 통하여 h^*를 직접 추정하는 방법이다. 아래에서 두 방법을 설명한다.

어느 경우이든 특정 샘플링 간격의 현물과 선물 가격 자료에 의존한다. 구체적으로 말하자면,

샘플링 간격은 당연히 다른 간격의 자료를 사용할 수도 있지만 일별자료를 사용한다.

그래서 현물과 선물의 일별 가격 변동 자료가 있다고 가정한다. 다른 날짜의 변동은 당연히 독립적이며 동일하게 분포되어 있다고 가정한다. δ_S는 일간 랜덤 현물가격 변동을 의미하며, δ_F는 일간 랜덤 선물가격 변동을 의미한다. 그리고 다음과 같이 정의한다.

1. $\sigma^2(\delta_S)$는 일간 현물가격 변동 δ_S의 분산을 의미한다.
2. $\sigma^2(\delta_F)$는 일간 선물가격 변동 δ_F의 분산을 의미한다.
3. $\text{cov}(\delta_S, \delta_F)$는 δ_S와 δ_F의 공분산을 의미한다.
4. $\rho(\delta_S, \delta_F)$는 δ_S와 δ_F의 상관관계 계수를 의미한다.

위 수치들은 각각 과거 일간 현물 및 선물 가격 시계열 자료를 사용하여 쉽게 추정할 수 있다.

첫 번째 방법

헤지 기간 중 K일이 있다고 가정한다. 그 다음 날의 가격 변동은 독립적이므로 헤지 기간 중의 총 현물 가격 변화 $\triangle_S$는 단순히 K 일 동안 일간 변화의 합이며, 일간 변화의 분산은 $\sigma^2(\delta_S)$이다. 그러므로 다음의 관계가 성립한다.

$$\sigma^2(\triangle_S) = K\sigma^2(\delta_S) \tag{5.19}$$

유사하게, 총 선물가격 변동은 단순히 독립적인 일간 선물 가격 변동 K개의 합이며, 일간 변화의 분산은 $\sigma^2(\delta_F)$이다. 그러므로 다음의 관계가 성립한다.

$$\sigma^2(\triangle_F) = K\sigma^2(\delta_F) \tag{5.20}$$

유사하게, 다음 식을 얻는다.

$$\text{cov}(\triangle_S, \triangle_F) = K\,\text{cov}(\delta_S, \delta_F) \tag{5.21}$$

식 (5.19)~(5.21)에서 최소 분산 헤지 비율 식 (5.10)은 일간 가격 변동율의 식으로 표현하면 다음과 같다.

$$h^* = \frac{\text{cov}(\delta_S, \delta_F)}{\sigma^2(\delta_F)} \tag{5.22}$$

물론 이 헤지 비율을 공분산이 아니라 상관관계 계수로 표현할 수도 있다. 식 (5.19)~(5.21)에서 일일 가격 변동의 공분산 $\rho(\delta_S, \delta_F)$은 아래와 같은 이유로 $\triangle_S$와 $\triangle_F$의 상관관계 계수 ρ와 같다.

$$\rho = \frac{\text{cov}(\triangle_S, \triangle_F)}{\sqrt{\sigma^2(\triangle_S)\,\sigma^2(\triangle_F)}} = \frac{K\,\text{cov}(\delta_S, \delta_F)}{\sqrt{K\sigma^2(\delta_S)\,K\sigma^2(\delta_F)}} = \rho(\delta_S, \delta_F) \tag{5.23}$$

그러므로 다음과 같이 표현할 수도 있다.

$$h^* = \rho(\delta_S, \delta_F)\frac{\sigma(\delta_S)}{\sigma(\delta_F)} \tag{5.24}$$

어떻게 표현하든지 h^*는 일일 가격 변동의 특성에 따라 결정되므로 과거의 자료로 이를 추정할 수 있다.

두 번째 방법

두 번째 방법은 일간 분산이나 공분산을 추정하지 않고 직접 h^*를 추정하는 방법이다. 일일 현물 가격 변동(δ_S) 자료와 일일 선물 가격 변동(δ_F) 자료가 있다고 하자. 그러면 다음의 회귀식을 생각해 보라.

$$\delta_S = a + b\,\delta_F + \epsilon$$

$\hat{a}$와 $\hat{b}$를 a와 b의 추정치라고 하자. 그러면 회귀분석에서 추정한 $\hat{b}$가 바로 헤지 비율 h^*가 된다.

왜 그렇게 되나? 회귀분석의 추정은 정의상 오차항 ϵ의 분산을 최소화하는 불편(不偏)(즉, 평균적으로 $a+b\,\delta_F=\delta_S$를 만족시키는) 추정치이기 때문이다. a는 상수이기 때문에 ϵ의 분산은 다음과 같다.

$$\mathrm{Var}(\epsilon) = \mathrm{Var}(\delta_S - a - b\,\delta_F) = \mathrm{Var}(\delta_S - b\,\delta_F)$$

그러므로, 추정치 b일 때, 일일 현물가격 변동과 일일 선물가격의 변동에 b를 곱한 값이 차이 $(\delta_S - b\,\delta_F)$의 분산이 최소화된다. 최적 헤지 비율 h^*는 헤지 기간에 현물 가격 변동과 선물가격 변동에 h^*를 곱한 차이$(\Delta_S - h^*\Delta_F)$의 분산을 최소화시키는 값이다. 헤지 기간 중 현물가격 및 선물가격의 총 변화는 일일 변동의 합에 불과하므로 문제는 동일한 것이며, 답도 동일해야 한다.

이 방법이 h^*를 계산하는 데 더 빠르고 더 직접적인 방법이지만, 두 방법이 물론 같은 것이다.

5.8 실행과 관련된 다른 문제들

다음 세 가지 문제에 초점을 맞추면서 실행에 관한 논의를 종료하려 한다.

1. 지금까지 헤지를 위해서 하나의 선물을 사용하는 데 집중해 왔다. 이 논의를 복수의 선물계약을 사용하는 데까지 확장할 수 있을까?
2. 여러 위험을 동시에 헤지하는 데에는 어떤가?
3. 선물 계약에서 일일 시가 평가로 정산을 하는 효과는 어떻게 설명해야 하나?

복수의 선물 계약으로 헤지하기

베이시스 리스크가 존재하는 경우 이를 헤지하는 데 한 종류의 선물 계약을 사용해야 할 선험적인 이유는 없다. 주식 하나 혹은 주식 포트폴리오를 지수 선물로 헤지할 때, 한 종류의 지수만 사용하는 것보다 두 개의 서로 다른 지수 선물을 동시에 사용하는 것이 더 나은 결과를 가져 올 수 있다는 생각이 그럴듯하다. 유사하게 하이일드 혹은 정크 채권은 주식 수익율과 매우 상관관계가 높은 경향이 있다. 하이일드 채권 포트폴리오를 헤지하기 위해서는 주가지수 선물과 이자율 선물을 혼합하여 사용하면 둘 중 하나를 사용하는 것보다 더 좋을 것이다.

헤지를 위하여 복수의 선물계약을 이용할 때 최적 헤징 전략을 결정하기 위하여 복수의 헤지 비율(각 선물 계약의 비율)을 결정할 필요가 있다. 이 비율을 결정하는 것은 간단하다. 이전에 했던 것처럼, δ_S를 현물의 일일 가격 변동이라고 하자. $\delta_{F_1}, \cdots, \delta_{F_n}$을 헤징에 사용될 n개의 선물 계약 각각의 일일 가격 변동이라고 하자. 다음 회귀 분석을 고려해 보자.

$$\delta_S = a + b_1 \delta_{F_1} + \cdots + b_n \delta_{F_n} + \epsilon \tag{5.25}$$

그러면 회귀분석의 추정치 $\hat{b}_1, \cdots, \hat{b}_n$이 정확히 n 계약의 헤지 비율이다. 논리는 단일 선물 계약의 경우와 같다.

복수의 선물 계약을 사용해야 하나? 이 문제에 대하여 애매모호하지 않은 답을 하기는 가능하지 않다. 많은 것들이 질문의 구체적인 내용에 달려 있다. 통계적으로는 설명 변수를 추가함으로 직선 회귀분석의 오차를 줄일 수 있는 것과 정확히 같은 이유로 하나 이상의 선물을 사용하면 헤지의 성능을 높일 수 있다. 그러나 여기서 주의가 필요하다. 회귀분석에서 상관없는 변수를 추가함으로 오차가 줄어들었다면 이 개선은 환상에 불과한 것임이 잘 알려져 있는 바이다. 이와 같이 선물 계약을 추가로 사용해서 얻어지는 헤지의 개선이 진짜 개선이 아닐 수 있다. 실제로 관련이 낮은 선물 계약을 헤지에 포함함으로 헤지를 더 악화시킬 수 있다.

사용 가능한 두 개의 회귀 분석 중 실제 개선이 이루어졌는가를 측정하는 통계 검증(예를 들면 F 검증)이 있다. 최소한 회귀분석의 추정이 통계적으로 유의미한지를 살펴보고, 그렇지 않은 선물 계약은 제외해야 한다. 궁극적으로 상식이 가장 좋은 안내자가 된다.

복수의 위험을 동시에 헤지하기

지금까지 우리는 하나의 현물 참여, 즉 하나의 위험에 대하여 선물로 헤지하는 것을 고려해 왔다. 만약 회사가 여러 개의 위험을 동시에 만난다면, 예를 들어, 여러 나라에 수출하는 회사가 모든 통화에 대한 환율 위험을 동시에 당한다면 어떻게 할 것인가? 이런 경우에 가장 최적의 헤지 규칙은 무엇인가?

답은 단순 누적 규칙이다. 각각의 위험에 대한 최적 선물 헤지 규모를 결정하고 이를 누적하라.

이 규칙이 최적임은 단일 위험에 대한 최적 헤지 비율을 유도해 내던 방법으로 쉽게 점검할 수 있다. 자세한 내용은 연습으로 남겨 둔다.

헤지 테일링

지금까지 선물을 선도 계약과 같이 계약 만기에 한번 시가 평가하여 정산하는 것으로 가정해 왔다. 지금부터 일일시가 평가로 정산하는 것이 최적 헤지 비율에 미치는 영향을 검토한다.

식 (5.8)에서 보듯이, 최적 헤지 비율을 찾는 것은 다음을 최소화하는 h 값을 찾는 것이다.

$$\mathrm{Var}(\Delta_S - h\Delta_F) \tag{5.26}$$

헤지 기간의 현물가격 변동을 의미하는 Δ_S는 일일정산으로 인하여 영향을 받지 않지만, 선물 포지션의 정산 이익을 의미하는 Δ_F는 증거금 계좌의 이자율에 따라 달라진다. 앞에서와 같이 헤지 기간에 K 일이 있다고 하자. R을 1에 증거금 계좌에 적용되는 일일 이자율을 더한 것이라고 하자. 즉 \$1이 하루 말에는 \$$R$로 증가된다. 일일정산이 무시되면 최적 헤지 비율은 다음과 같음을 보였다.

$$h^* = \frac{\mathrm{cov}(\Delta_S, \Delta_F)}{\sigma^2(\Delta_F)} \tag{5.27}$$

일일정산을 고려하면 최적 헤지 비율 h^{**}는 아래와 같이 h^*에 "tail factor" $g(R, K)$를 곱한 것이다:

$$h^{**} = g(R, K)h^* \tag{5.28}$$

여기에서 tail factor $g(R, K)$는 다음과 같이 계산된다.

$$g(R, K) = \frac{R^{K-1} + R^{K-2} + \cdots + R + 1}{R^{2(K-1)} + R^{2(K-2)} + \cdots + R^2 + 1} \tag{5.29}$$

이에 대한 증명은 [부록 5A]에 있다.

Tail factor g는 일일정산 효과를 측정한다. $R=1$이면(즉, 이자율이 0이면) 이 factor는 1이지만, $R>1$이면(즉, 이자율이 양이면) 확실하게 1보다 작다. 그러나 R과 K가 작으면, 이는 1에 매우 가까워진다. 예를 들어, 증거금 계좌의 이자율이 5%(연율)이면, 그러면 tail factor는 다음과 같다.

- 만약 $K=10$이면 0.9994
- 만약 $K=50$이면 0.9967
- 만약 $K=100$이면 0.993
- 만약 $K=1000$이면 0.93

그러므로 일일정산은 비교적 짧은 기간에는 큰 차이가 나지 않는다. 그러나 헤징 기간이 장기이

면 (2장에서 논의하였던 Metallgesellschaft와 같이 수년에 걸친 경우), tail factor로 인하여 큰 차이가 날 수 있다. 이런 경우 tailing을 무시하면 과도한 헤지, 즉 헤지 비율이 최적 헤지 비율보다 커지며, 이로 인하여 현금흐름의 위험이 상당히 커질 수 있다.

5.9 지수 선물 및 주식 위험 변환

5.6절의 두 번째 예에서, S&P 500 지수 선물이 주식 포트폴리오를 헤지하는 데 사용될 수 있음을 보았다. 지금은 더 일반적인 질문을 검토하려 한다. 즉, 지수 선물을 사용하여 어떻게 주식 포트폴리오의 위험 특성(더 구체적으로 말하자면 포트폴리오의 베타)을 변경시킬 수 있나? 이 목적을 위하여 "시장 포트폴리오"를 반영하는 지수가 있으며, 이 지수에 대한 선물이 거래되고 있다고 가정하자. 미국에서는 S&P 500 지수 선물이 이 역할을 한다. S&P 500 지수는 시장 포트폴리오를 반영하는 것으로 널리 인식되고 있으며, 뮤추얼 펀드나 헤지 펀드의 성과 측정의 벤치마크로 활용되고 있다.

P를 주식 포트폴리오의 가치라고 하며, β^0가 그 포트폴리오의 현재 베타라고 하자. 포트폴리오 매니저가 이 베타를 새로운 값 β^n로 변경하고자 한다. F를 현재 계약 당 선물가격이라고 하며, 포트폴리오 매니저는 규모 H의 선물 포지션을 취하려 한다고 가정하자. H는 양수 음수 모두 될 수 있도록 한다. $H>0$이면 롱 포지션을 의미하고, $H<0$이면 숏 포지션을 의미한다.

그러면 우리가 관심을 가지는 질문은 이것이다. 포트폴리오 베타를 원하는 수준으로 변경해 줄 선물의 규모는 얼마인가? 필요한 선물 계약의 수는 다음과 같다.

$$H^* = \frac{P}{F}(\beta^0 - \beta^n) \tag{5.30}$$

특히, 목표가 포트폴리오를 무위험으로(즉, 베타를 0으로) 만드는 것이라면, 필요한 선물 계약 수는 다음과 같다.

$$H^* = \frac{P}{F}\beta^0 \tag{5.31}$$

식 (5.30)과 (5.31)은 어떻게 유도하였는가? 단순한 설명을 위하여 시장 포트폴리오에 배당이 없는 것으로 하자.(이에 매달릴 필요는 없다.) r은 무위험 이자율, r_M은 시장 포트폴리오의 기대 수익률이라고 하자. 포트폴리오 P의 베타는 β^0로 주어졌기 때문에 포트폴리오 P의 기대 수익률 r_P는 다음과 같다.

$$r_P = \beta^0 r_M + (1 - \beta^0) r$$

그런데 차익거래가 발생하지 않아야 하므로 현재의 선물 가격 F는 지수의 현재 가격 수준 S와 다음 관계를 가진다.

$$PV(F) = S$$

선물 계약의 만기 시점인 T에서는 $F_T = S_T$이어야 한다. 느슨하게 말하자면 두 가지 관측이 말하는 바는 처음 시작할 때에는 선물이 현물보다 r 높게 출발하지만 시점 T에서는 동일한 가격으로 끝난다는 사실이다. 이것이 의미하는 바는, 선물가격의 기대 성장률(선물 계약의 기대 수익률)은 마켓 포트폴리오의 기대 성장률보다 이자율 r 만큼 낮아야 한다는 것이다. 다시 말하자면, 선물 계약의 기대 수익률은 $r_M - r$이다.

그러므로 선물 계약 규모가 H로 주어졌을 경우, 포트폴리오의 총수익은 아래와 같다.

$$r_P P + H(r_M - r)F = P\left[\beta^0 r_M + \left(1 - \beta^0\right) r\right] + H(r_M - r)F$$

r_M과 r을 모으면, 아래와 같이 된다.

$$r_M\left(\beta^0 P + HF\right) + r\left(P - \beta^0 P - HF\right)$$

그리고 다음과 같이 두면,

$$H = -\frac{P}{F}\left(\beta^0 - \beta^n\right)$$

그러면 수익률은 $P\left[\beta^n r_M + \left(1 - \beta^n\right) r\right]$이 되어, 정확히 요구 수익률이 된다.

5.10 채권 선물 및 듀레이션 기반 헤지

선물을 활용하는 헤지 전략은 같은 생각에 근거하고 있다: 적절한 선물 규모를 선택하면 현물의 가격 변동에서 발생하는 손실을 선물 포지션에서 발생하는 이익으로 상쇄시키든지, 그 반대로 하는 것이다. 채권상품(예, 채권 포트폴리오)을 이자율 선물을 활용하여 헤지하는 것도 이 점에서 다르지 않다. 그러나 채권은 다른 자산과 구별되는 한 가지 특징이 있다. 그것은 그런 채권의 현물가격과 채권을 기초로 하는 선물의 가격이 이자율이라고 하는 공통 요인의 영향을 받는다는 점이다. 이로 인하여 듀레이션 기반 헤징이라는 특별한 헤징을 개발해 내도록 되었다.

듀레이션 기반 헤징은 다음 장에서 다룬다. 직관적으로 말하자면, 듀레이션 기반 헤징은 (a) 헤지의 대상이 되는 자산이 이자율 변동으로 얼마나 많이 변하는 지와 (b) 헤지를 위해서 사용하고자 하는 이자율 선물가격이 얼마나 변하는지를 살피게 된다. 그 다음에는 이 가격 변동이 서로 상쇄되도록 하기 위하여 필요한 선물 계약의 수를 결정한다.

5.11 연습문제

1. 베이시스 리스크란 무엇인가?
2. 최소 분산 헤지 비율이란 무엇인가? 이를 결정하는 요인들은 무엇인가?
3. 현물과 선물의 일일 가격 변동으로부터 어떻게 최적 헤지 비율을 찾을 수 있나?
4. 최소 분산과 관련하여 헤지를 테일링(tailing)한다는 것은 무슨 뜻인가?
5. 베이시스 리스크가 존재할 때, 일대일 헤지, 즉 헤지 비율이 1인 헤지는 언제나 헤지를 전혀 하지 않는 것 보다 나은가?
6. 현물과 선물의 상관관계 $\rho = 0.8$이라면, 최소 분산 헤지를 통해서 현금흐름의 불확실성이 얼마나 제거되는가?
7. 기초자산 가격 변동과 선물가격 변동의 상관관계 계수가 80%이다. 동일한 기초자산과 또 다른 선물계약의 (음의) 상관관계가 −85%이다. 최소 분산 헤지에서 어떤 계약을 더 선호하겠는가?
8. 현물과 선물의 통계적 특성이 다음과 같이 주어졌을 때, 최소 분산 헤지 비율을 산출하라: $\sigma_S = 0.2,\ \sigma_F = 0.25,\ \rho = 0.96.$
9. 현물 포지션이 주가지수 1,000,000 단위에 관련된 것이다. 만약 헤지 비율이 1.09라면 이 포지션을 헤지하기 위하여 선물 몇 단위가 필요한가?
10. 기술주 200주에 대한 포지션을 보유하고 있으며, 이 주식의 연율로 환산한 표준편차는 주식가격으로 30이다. 향후 1년간 기술주 지수를 이용하여 이 주식 포지션을 헤지 하고 싶다. 주가 지수의 연율로 환산한 표준편차는 20이다. 이 둘의 연간 변동의 상관관계는 0.8이다. 최적의 헤지를 위해서 지수 몇 단위를 보유해야 하나?
11. 당신은 포트폴리오 매니저로서 30일간 일별로 포트폴리오를 헤지 하려 한다. 현물 포트폴리오와 헤지 선물의 가격 정보가 아래에 있다.

일	현물	선물	일	현물	선물
0	80.000	81.000	16	77.082	80.654
1	79.635	80.869	17	76.497	80.233
2	77.880	79.092	18	75.691	79.605
3	76.400	77.716	19	75.264	79.278
4	75.567	77.074	20	76.504	80.767
5	77.287	78.841	21	76.835	81.280
6	77.599	79.315	22	78.031	82.580

7	78.147	80.067	23	79.185	84.030
8	77.041	79.216	24	77.524	82.337
9	76.853	79.204	25	76.982	82.045
10	77.034	79.638	26	76.216	81.252
11	75.960	78.659	27	76.764	81.882
12	75.599	78.549	28	79.293	84.623
13	77.225	80.512	29	78.861	84.205
14	77.119	80.405	30	76.192	81.429
15	77.762	81.224			

엑셀을 사용하여 다음 작업을 수행하라

(a) $\sigma(\triangle_S)$, $\sigma(\triangle_F)$, ρ를 계산하라.

(b) (a)의 결과를 이용하여 사용할 헤지 비율을 구하라.

(c) 헤지 비율을 이용하여 헤지된 포트폴리오의 일별 가격 변동을 구하라.

(d) 헤지된 포트폴리오의 가격 변동의 표준편차는 얼마인가? 헤지 이전의 현물 포지션의 표준편차와 비교하면 어떤가?

12. 위의 자료를 이용하여, 회귀분석 방법으로 헤지 비율을 엑셀로 구하라. 위에서 구한 방법과 왜 차이가 나는지를 설명하라.

13. 미국 회사가 스웨덴에 투자를 하려고 하며, 이를 위하여 3개월 후에 100 백만 스웨덴 크로네가 필요하다. 이 회사는 USD-SEK 환율 변동을 헤지하기 위하여 유로(EUR) 선물 혹은 스위스 프랑 선도를 활용하려 하며, 다음과 같은 예상을 한다.

- EUR 선도를 사용할 경우: USD/SEK 현물의 분기 변동의 표준편차는 0.007이며, USD/EUR 선도의 분기 변동의 표준편차는 0.018이고, 둘 간의 상관관계는 0.90이다.
- CHF 선도를 사용할 경우: USD/SEK 현물의 분기 변동의 표준편차는 0.007이며, USD/CHF 선도의 분기 변동의 표준편차는 0.023이고, 둘 간의 상관관계는 0.85이다.

마지막으로 현재 USD/SEK의 환율은 0.104이며, 현재 USD/EUR 3개월 선도 가격은 1.071이고, 현재 USD/CHF 3개월 선도 가격은 0.602이다.

(a) 회사는 어떤 통화를 헤지에 사용하여야 하나?

(b) 최소 분산 헤지 비율은 얼마인가? 이것은 롱 포지션인가 숏 포지션인가?

14. 당신은 제조 공정에서 은선(銀線)을 사용한다. 3개월 후에 100,000온스의 은을 매수할 것으로 예상하며, 이 3개월 동안 은 가격 변화를 헤지하려 한다. COMEX의 은 선물 한 계약은 5,000온스를 단위로 한다. 일일 은 가격 변동과 은 선물 가격의 변동의 회귀분석을 시도하여 다음 식을 얻었다.

$$\delta_S = 0.03 + 0.89\delta_F + \epsilon$$

최적 선물 포지션의 규모(계약수)는 얼마인가? 이는 롱인가 숏인가?

15. 다음의 정보가 있다가 가정하라. $\rho = 0.95$, $\sigma_S = 24$, $\sigma_F = 26$, $K = 90$, $R = 1.00018$. 최소 분산 헤지 비율은 얼마인가?

16. 헤지 테일링 공식을 이용하여, 왜 테일 헤지 비율이 언제나 그렇지 않은 헤지 비율보다 항상 낮은지를 설명하라.

17. 당신은 GM 채권 포트폴리오를 관리하고 있으며, 채권의 가격과 S&P 500 지수 선물 가격 변동 및 10년 미국 국채 선물간에 회귀분석을 실시하였다. 회귀분석의 결과는 다음과 같다.

$$\delta_P = 0.02 - 0.2\delta_{S\&P} + 0.5\delta_{TRY}\ ,\ R^2 = 0.7$$

회귀식의 오른쪽 항은 모두 선물 가격 변동을 의미한다. 두 선물에서 어떤 포지션을 취해야 하나? 리스크 중에서 어느 정도가 헤지되지 않고 남아있게 되나? 여기에서 임묵직인 가정은 무엇인가?

18. 증권 S를 만기 T까지 헤지하라는 요청을 받았다. S의 가격 변동과 선물 F_1, F_2의 가격 변동 사이의 상관관계는 다음과 같다.

	S	F_1	F_2
S	1.00000	0.98757	0.82923
F_1	0.98757	1.00000	0.84939
F_2	0.82923	0.84939	1.00000

세 자산의 가격 변동 표준 편차는 다음과 같다.

$\sigma(S_1) = 0.30$, $\sigma(F_1) = 0.25$, $\sigma(F_2) = 0.15$

F_1과 F_2를 이용하여 S를 최소 분산 헤지하려 한다. $1의 S를 헤지하기 위해서 각각 얼마의 포지션을 가져야 하는지를 달러 금액으로 계산하라. 이 답에 대하여 어떻게 설명할 수 있나?

19. 우리 회사가 여러 통화로 외환을 송금 받는다. 6개월 후 유럽으로부터 받을 송금(200 유로)와 일본으로부터 받을 송금(400,000엔) 두 개의 외환 송금에 대하여 헤지를 하려 한다. 오늘 매도하면 오늘 환율로 이 송금액에 해당되는 미국 달러를 수취할 것이다. 그러나 6개월 후에는 현물 환율에 큰 변화가 있을 수도 있다. 불확실성을 없애기 위하여 지금부터 6개월 간의 환율 변동 위험을 헤지하기를 원한다. 다음 표는 현물 환율과 선도 환율의 상관관계 및 분산 및 공분산을 보여 준다. *S(usd, eur)* 기호는 유로 당 달러를 의미한다.

상관관계 매트릭스				
	$\Delta S(usd, eur)$	$\Delta S(usd, jpy)$	$\Delta F(usd, eur)$	$\Delta F(usd, jpy)$
$\Delta S(usd, eur)$	1			
$\Delta S(usd, jpy)$	0.1480	1		
$\Delta F(usd, eur)$	0.7099	0.0914	1	
$\Delta F(usd, jpy)$	0.1441	0.7419	0.1008	1
분산-공분산 매트릭스				
	$\Delta S(usd, eur)$	$\Delta S(usd, jpy)$	$\Delta F(usd, eur)$	$\Delta F(usd, jpy)$
$\Delta S(usd, eur)$	0.000107	0.000015	0.000106	0.000021
$\Delta S(usd, jpy)$	0.000015	0.000096	0.000013	0.000103
$\Delta F(usd, eur)$	0.000106	0.000013	0.000206	0.000020
$\Delta F(usd, jpy)$	0.000021	0.000103	0.000020	0.000200

위 변동 매트릭스는 외환 1단위 변화 당 미국 달러의 변화액을 반영한 것이다. 환율이 외환 한 단위 당 미국 달러로 표시되었기 때문에 그렇게 표시하는 것이 자연스럽다. 200유로와 400,000엔의 유입을 헤지하려면 몇 단위의 외환 선도 계약을 보유하는 것이 최선의 헤지인가? 다음의 세 단계로 분석하라.

① 헤지를 하지 않을 경우 송금 받은 미국 달러 금액 변동의 분산이 얼마인지를 계산하라.
② 일대일 헤지를 하면 송금 받은 미국 달러 금액 변동의 분산이 얼마인지를 계산하라.
③ 최소 분산 헤지를 하면 송금 받은 미국 달러 금액 변동의 분산이 얼마인지를 계산하라.

20. 미국의 HoleSale사는 맨홀 덮개를 일본과 독일에 수출한다. 다음 6개월 동안에 회사는 일본에 1,000개 독일에 500개를 수출할 것으로 예상한다. 맨홀 덮개 가격은 일본과 독일에서 각각 10,000엔과 80유로이다. 다음의 정보가 주어져 있다.

- USD/JPY의 현물 환율 변동의 표준 편차는 0.0005이다.
- USD/EUR의 선도 환율 변동의 표준 편차는 0.05이다.
- USD/JPY의 현물 환율 변동과 USD/EUR 선도 환율 변동의 상관관계 계수는 −0.40이다.
- USD/EUR 현물을 USD/EUR 선물로 헤지하는 데에는 베이시스 리스크가 없다.

HoleSale사는 수출하고 있는 모든 나라의 환 위험을 USD/EUR 선도로 헤지하려 하며, 회사의 위험을 최저로 하는 하나의 선도계약 만을 체결하려 한다. 회사는 선도계약으로 몇 단위를 매수/매도해야 하는가?

21. 당신은 S에 대한 숏 선도 포지션을 같은 만기 선물의 롱 포지션으로 상쇄시키려 한다. $\sigma(\Delta(F_1)) > \sigma(\Delta(F_2))$이며, 두 선물 각각의 S와 상관관계는 동일하다면, 헤지를 위해서 F_1, F_2 중 어느 것이 더 좋은가? 이유를 설명하라.

22. 당신은 숏 선도 포지션을 상쇄하기 위하여 롱 선도 헤지를 하려 한다. 선도 계약 대신 선물 계약을 선택한다면, 다음의 어느 경우이기를 바라는가?
    (a) 이자율 기간 구조(만기별 이자율 곡선)이 우상향이기를 바라는가, 우하향이기를 바라는가?
    (b) 이자율 변동성이 높아지기를 바라는가, 낮아지기를 바라는가?
    (c) 선물 가격 변동이 선도 가격의 변동보다 높기를 바라는가, 낮기를 바라는가?
    (d) 현물과 선물의 상관관계가 현물과 선도의 상관관계보다 높기를 바라는가, 낮기를 바라는가?
23. 증권 A에 대한 선도 매도 계약을 헤지하려 한다. 다음의 두 헤징 구조 중 어떤 것을 선택할지에 대한 결정을 하기 위해서 어떤 논리를 사용하겠는가?
    (a) 증권 A와 매우 상관관계가 높으나 거래가 빈번하지 않은 B의 선물을 매입한다. 그래서 헤지가 즉시에 이루어지지 않을 수도 있다.
    (b) 증권 A와 상관관계는 낮으나 거래가 빈번한 C의 선물을 매입한다.
24. 웹에서 아래에 지시하는 대로 자료를 다운 받아서 다음 질문에 답하라.
    (a) finance.yahoo.com에서 S&P 500의 1년치 자료를 추출하라. 그리고 동일 기간의 S&P 100 자료도 다운 받으라.
    (b) 동일 기간의 3개월 미국 국채(만기가 동일) 이율을 Federal Reserve의 웹에서 다운 받으라. www.federareserve.gov/releases/h15/data.htm
    (c) 위에서 추출한 지수 자료와 이자율 자료를 사용하여 S&P 500 3개월 선도 자료를 만들어라. 이 합성 선도 자료를 F라고 부른다.
    (d) S&P 100 지수 포지션의 3개월 만기 헤지의 추적오차(tracking error)를 계산하는 데 이 합성 선도를 어떻게 활용할 수 있나?
25. R^2와 헤지의 추적오차(tracking error)의 관계를 설명하라. 위 질문에서 수집된 자료를 사용하여, 회귀분석으로 추적오차가 가장 낮은 헤지를 산출하라.

부록 5A 최적 테일 헤지 비율 h^{**} 유도

선물규모 hQ로 헤지된 현물 규모 Q를 생각해 보자. 여기에서 h는 헤지 비율을 의미한다. 일일정산이 있는 경우 최소 분산 헤지 비율을 계산하려 한다.

증거금 계좌의 이자 지급을 무시하면 선물의 일일정산 이익은 단순히 다음과 같다.

$$\triangle_F = (F_1 - F_0) + (F_2 - F_1) + \cdots + (F_K - F_{K-1}) \quad \textbf{(5.32)}$$

일일 이자율이 R이라면 첫째 날의 손익 $(F_1 - F_0)$는 이자율 R로 $K-1$일간 누적이 될 것이며, 만기에 금액은 $R^{K-1}(F_1 - F_0)$이 될 것이다. 둘째 날의 손익 $(F_2 - F_1)$은 $K-2$일간 누적되어 만기에 $R^{K-2}(F_2 - F_1)$가 될 것이다. K일 동안 매일 매일의 손익에 같은 작업을 되풀이 하면, 선물 계약의 일일 정산 금액 총액은 다음과 같이 될 것이다.

$$R^{K-1}(F_1 - F_0) + R^{K-2}(F_2 - F_1) + \cdots + (F_K - F_{K-1}) \quad \textbf{(5.33)}$$

δ_F^k 가 k번째 날의 선물가격의 무작위 변동을 의미하며, 총 정산 이익 Φ는 사전적 관점에서 보면 다음과 같다.

$$\Phi = R^{K-1}\delta_F^1 + R^{K-1}\delta_F^2 + \cdots + \delta_F^K$$

일별 선물가격의 변동은 독립적이며 동일하게 분포되어 있다고 가정하라.(i.i.d.) δ_F 가 일간 무작위 변동의 공통 분포를 의미하며, $\sigma^2(\delta_F)$를 이의 분산이라고 하자. 그러면 다음 식을 얻게 된다.

$$\mathrm{Var}(\Phi) = \left(R^{2(K-1)} + R^{2(K-2)} + \cdots + 1\right) \times \sigma^2(\delta_F)$$

K 일간에 걸친 총 현물가격 변동도 비슷한 논리로, 일일 현물가격 변동의 합이다. δ_S^k 가 k번째 날의 무작위 현물가격 변동이라면, 총 가격 변동 Σ는 사전적으로 다음과 같이 계산할 수 있다.

$$\Sigma = \delta_S^1 + \delta_S^2 + \cdots + \delta_S^K$$

일간 현물 가격 변동도 독립적이며 동일하게 분포되어 있다고 가정하라.(i.i.d.) δ_S 가 일간 무작위 변동의 공통분포를 의미하며, $\sigma^2(\delta_S)$를 이의 분산이라고 하자. 그러면 다음 식을 얻게 된다.

$$\mathrm{Var}(\Sigma) = K\sigma^2(\delta_S)$$

마지막으로 어느 날의 현물 가격 변동이 다른 날의 선물 가격 변동과 상관관계가 없다면, 그리고 선물과 현물 가격의 동시 변동이 일정한 상관관계 ρ를 가지고 있다면:

$$\mathrm{cov}\left(\delta_S^k, \delta_F^l\right) = \begin{cases} 0, & \text{if} \quad k \neq l \\ \rho\sigma(\delta_S)\sigma(\delta_F), & \text{if} \quad k = l \end{cases}$$

이 가정 하에서 계산을 정리하고, $\mathrm{cov}(\delta_S, \delta_F) = \rho\sigma(\delta_S)\sigma(\delta_F)$로 표시하면, 다음 식을 얻는다.

$$\mathrm{cov}(\Sigma, \Phi) = \left(R^{K-1} + R^{K-2} + \cdots + 1\right)\mathrm{cov}(\delta_S, \delta_F)$$

헤지 비율 h가 주어져 있으므로, 헤지된 포지션의 현금흐름은 다음과 같이 표시될 수 있다.

$$Q \times [\Sigma - h\Phi]$$

그리고 이 현금흐름의 분산은 다음과 같다.

$$Q^2 \times \left[\mathrm{Var}(\Sigma) + h^2\mathrm{Var}(\Phi) - 2h\,cov(\Sigma, \Phi)\right]$$

최소 분산 헤지 비율 h^{**}는 다음을 만족시키는 h이다.

$$2h\mathrm{Var}(\Phi) - 2\,\mathrm{cov}(\Sigma, \Phi) = 0$$

그래서

$$h^{**} = \frac{\mathrm{cov}(\Sigma, \Phi)}{\mathrm{Var}(\Phi)}$$

cov(Σ, Φ), Var(Φ)를 치환하면, 다음 식을 얻게 된다.

$$h^{**} = \frac{R^{K-1} + R^{K-2} + \cdots + 1}{R^{2(k-1)} + R^{2(k-2)} + \cdots + 1} \times \frac{\mathrm{cov}(\delta_S, \delta_F)}{\sigma^2(\delta_F)}$$

오른쪽 마지막 항은 이 장에서 계산한 일일정산이 없을 때 최소 분산 헤지 비율 h^*과 정확히 일치한다. 그러므로 일일정산이 있는 경우 최소 분산 헤지 비율은 다음과 같다.

$$h^{**} = g(R, K)h^*$$

여기에서

$$g(R, K) = \frac{R^{k-1} + R^{K-2} + \cdots + 1}{R^{2(K-1)} + R^{2(K-2)} + \cdots + 1}$$

제6장

이자율 선도 및 선물

6.1 서론

이자율 선도 및 선물은 기초 자산이 이자율이거나 이자율에 관련되어 있는 계약이다. 이 형태로 가장 많이 사용되는 것 둘은 장외 거래(OTC) 상품인 선도 이자율 계약과, 거래소에서 거래되는 유로달러 이자율 선물이다. 두 계약 모두 수익이 정해진 이자율과 직접 관련이 있다. 이와는 달리 미국 국채, 분트(bund)라고 하는 독일 국채, 영국 길트(gilt), 일본 국채와 같이 기초자산이 채권인 또 다른 인기 있는 선물 계약이 있다. 이 장에서는 이 상품들을 각각 살펴볼 것이며, 그들의 특징도 살펴볼 것이다.

이 설명들에 이어, 이 장에서는 채권 리스크의 헤징 개념에 대해서도 살펴볼 것이다. 현물 익스포져를 선물 계약으로 헤지하려는 모든 전략은 하나의 공통된 생각에 근거하고 있는 바, 현물가격 변동을 선물가격 변동으로 상쇄하려는 것이다. 채권 상품을 헤지하는 것(예를 들면, 채권 포트폴리오를 채권 선물로 헤지하는 것)도 이점에서는 다르지 않다. 그러나 채권 상품이 다른 자산과 구별되는 특징이 하나 있다: 그러한 상품의 현물 가격이나 채권 상품에 대하여 발생되는 선물 가격이 모두 이자율이라는 공통된 요인에 영향을 받는다. 이로 인하여 듀레이션 기반 헤징이라는 특별한 헤지 전략을 개발하도록 된다.

이 장에서 설명하는 가장 중요한 상품 중 얼마는 Libor라고 하는 London Interbank Offered Rate에 영향을 받는다. Libor에 대한 소개와 이 시장에서 이자율을 계산하는 관행에 대해서 소개함으로 이장을 시작한다.

6.2 유로달러 및 Libor 이율

미국 외에서(미국 은행의 해외 지점 포함) 은행에 맡겨진 달러 예금을 유로달러 예금이라고 한다.

유로통화(eurocurrency) 예금 혹은 유로예금(eurodeposits)이라는 용어가 더 일반적으로 사용되는데, 어떤 통화로 본국이 아닌 해외에서 맡겨진 예금을 말한다. 대부분 유로예금 시장은 중앙은행의 통제를 받지 않고 운영된다. 예를 들면, 미국 은행의 유로마켓 활동은 준비금 규정의 적용을 받지 않으며, 유로달러 예금에 대해서는 예금보험 보험료도 부과되지 않는다. 그러므로 예치된 유로달러는 전액 투자가 가능하다.

은행간 거래에서 유로달러 예금 이자율을 Libor 혹은 London Interbank Offered Rate라고 한다. 현물 Libor시장은 거대하며, 특히 3개월 및 6개월 시장은 심도가 깊다. 이제 Libor는 몇몇 다른 시장의 벤치마크가 된다. 예를 들면, 스왑, 기업어음, 변동금리 유로달러 대출 등은 모두 Libor를 기준으로 하고 있다.

Libor는 머니마켓 일수계산 관행에 따라 가격이 호가되고 있다. 미국의 이 관행에서는 일년이 360일로 간주된다. 원금 1달러에 대한 이자는 다음과 같이 계산된다.

$$\text{Libor} \times \frac{d}{360} \tag{6.1}$$

여기에서 d는 실제 투자 기간의 일수를 말한다. 이 관행은 "실제/360 관행"이라고 한다. 다른 여러 머니 마켓(유로존과 일본을 포함)에서도 실제/360 계산 관행을 사용하지만, 영국 파운드(GBP)나 캐나다 달러(CAD), 호주 달러(AUD) 같은 다른 통화 머니 마켓 관행은 실제/365이다.

예를 들어, 3월 16일부터 6월15일까지 3개월에 대하여 USD Libor가 4%라고 가정해 보자. 원금 $1백만 투자에 대하여 만기에 지급해야 할 이자를 생각해 보자. 이 투자 기간 중 일수를 계산해 보면, 3월에 15일, 4월에 30일, 5월에 31일, 그리고 6월에 15일 총 91일이다. 만기에 지급할 이자는 아래와 같다

$$0.04 \times \frac{91}{360} \times 1{,}000{,}000 = 10{,}111.11 \tag{6.2}$$

$B(T)$를 T 개월 후에 받을 $1를 Libor를 할인율로 하여 계산한 현재 가치를 의미하는 것으로 한다. 만약 l_T를 T 개월 Libor, d를 이 기간 중 일수를 의미한다면, Libor 이율로 투자한 $1가 T 개월 후에 다음 금액으로 불어날 것이다.

$$1 + l_T \frac{d}{360} \tag{6.3}$$

그러므로 T 개월 후에 받을 $1의 현재 금액은 다음과 같다.

$$B(T) = \frac{1}{1 + l_T \frac{d}{360}} \tag{6.4}$$

예를 들어, 현재 3개월 Libor가 9%이며, 이 3개월 기간 중에 91일이 있다고 하자. 그러면 오늘

투자한 $1가 3개월 동안에 다음과 같이 불어날 것이다.

$$1+(0.09)\frac{91}{360}=1.02275 \tag{6.5}$$

그러므로 3개월 후에 받을 $1의 현재가치는 다음과 같다.

$$B(3)=\frac{1}{1.02275}=0.9778 \tag{6.6}$$

6.3 선도금리 계약(Forward-Rate Agreement)

선도금리 계약 혹은 금리선도 계약이라 불리우는 FRA는 거래되는 상품이나 증권의 가격이 아니라 이자율에 대한 선도 계약이다. 그 자체로 엄청나게 많이 활용될 뿐만 아니라, 스왑과 같은 다른 많이 사용되는 파생상품의 구성 요소가 된다.

FRA는 투자자로 하여금, 미래의 어떤 특정 투자 기간 $[T_1, T_2]$ 즉 T_1년에 시작하여 T_2년에 종료되는 기간 동안, 특정 금액 P를 이자율 k에 차입하거나 대출하도록 고정시키는 것이 가능하게 해준다. 이런 FRA를 $T_1 \times T_2$ FRA라고 한다. 시장 관행상 투자 기간은 월 단위로 표시한다; 예를 들면 4×7 FRA는 4개월 후에 시작하여 7개월에 종료되는 3개월 투자기간을 의미한다. 이 장에서는 이 관행을 사용한다.

FRA의 손익

FRA는 롱 포지션이 숏 포지션으로부터 금액 P를 이자율 k로 $[T_1, T_2]$ 기간 동안 차입하기로 약정하는 것과 유사하다. 그러나 여기에는 중요한 몇 가지 차이점이 있다. 실제 차입/대출에서는 롱 포지션이 숏 포지션으로부터 T_1시점에 원금 P를 받고, T_2시점에 원금에 이자율 k를 적용한 이자를 더하여 반환한다. FRA는 이 현금흐름을 두 방향에서 수정한다.

첫째, FRA에서는 원금 P의 교환이 없다. 대신 FRA의 롱 포지션이 숏 포지션으로부터 참조 이율 l과 약정 이율 k의 차이를 원금 P와 $[T_1, T_2]$ 기간에 적용하여 수취한다. 물론 $l-k$가 음수이면, 지급이 롱 포지션으로부터 숏 포지션으로 이루어진다.

둘째, 실제 차입이나 대출에서는 이자 지급이 만기 시점 T_2에서만 발생한다. 하지만 FRA에서는 T_2까지 기다리지 않고 $l-k$ 차이로 인해서 T_2에 지급하게 될 금액을 T_1에서 할인하여 지급한다.

FRA 보유자에게 약정 이율 k와 참조 이율 l의 차이를 지급하기 때문에, 투자자는 FRA와 변동금리 차입 혹은 l 이율의 투자를 연계하여 고정금리 차입 혹은 투자를 합성해 낼 수 있다. 이에 대하여는 아래에서 자세히 설명한다("FRA를 이용한 헤징" 참조).

FRA의 참조 이율은 통상 $[T_1, T_2]$ 기간에 상응하는 Libor 금리이다. 예를 들면, $[T_1, T_2]$ 기간이 3개월이면 l은 3개월 Libor가 된다.

다음 예가 FRA의 손익을 설명한다. FRA는 머니 마켓 상품이기 때문에 이자 계산에 있어서는 머니 마켓 일수 계산 관행을 사용한다. 미국에서는 앞에서 설명한 바와 같이 실제/360 관행을 사용한다.

예 6.1

FRA 손익

오늘이 3월 15일이며, 변동 금리는 3개월 Libor이며 원금 P는 $5,000,000이며, 고정 금리 k는 5.00%로, 투자자가 4×7 FRA 롱 포지션을 취했다고 가정하자. 이 FRA의 투자 기간은 7월 15일(오늘로부터 4개월)에 시작하여 10월 15일(오늘로부터 7개월)까지 92일간이다.

7월 15일의 실제 3개월 Libor $l = 5.40\%$이라고 가정해 보자. $l - k$의 차이는 +0.40%이다. 이 차이를 원금 $5,000,000에 92일을 적용해보면 다음과 같은 금액이 산출된다.

$$0.04 \times \frac{92}{360} \times 5,000,000 = 5,111.11 \quad \textbf{(6.7)}$$

이 금액을 7월 15일자로 옮겨와야 한다. 그렇게 하기 위해서는 당시의 3개월 Libor 이율을 적용하여 할인해야 한다. 그러면 다음과 같은 금액이 산출된다.

$$\frac{5,111.11}{1+(0.054)\frac{92}{360}} = 5,041.54 \quad \textbf{(6.8)}$$

이 금액이 투자자가 숏 포지션으로부터 7월 15일 수취하는 금액이다.

이와는 반대로 7월 15일에 3개월 Libor가 $l = 4.70\%$이라고 하자. $l - k$ 차이가 이제는 $4.70 - 5.00 = -0.30\%$이다. 이를 원금 $5,000,000에 적용해 보면 이자의 차이는 다음과 같다.

$$-0.003 \times \frac{92}{360} \times 5,000,000 = -3,833.33 \quad \textbf{(6.9)}$$

이 금액을 3개월 Libor 금리인 l을 사용하여 7월 15일자로 할인하면 다음과 같은 금액이 산출된다.

$$-\left[\frac{3.833.33}{1+(0.047)\frac{92}{360}}\right] = -3,787.83 \quad \textbf{(6.10)}$$

그림 6.1
FRA 손익

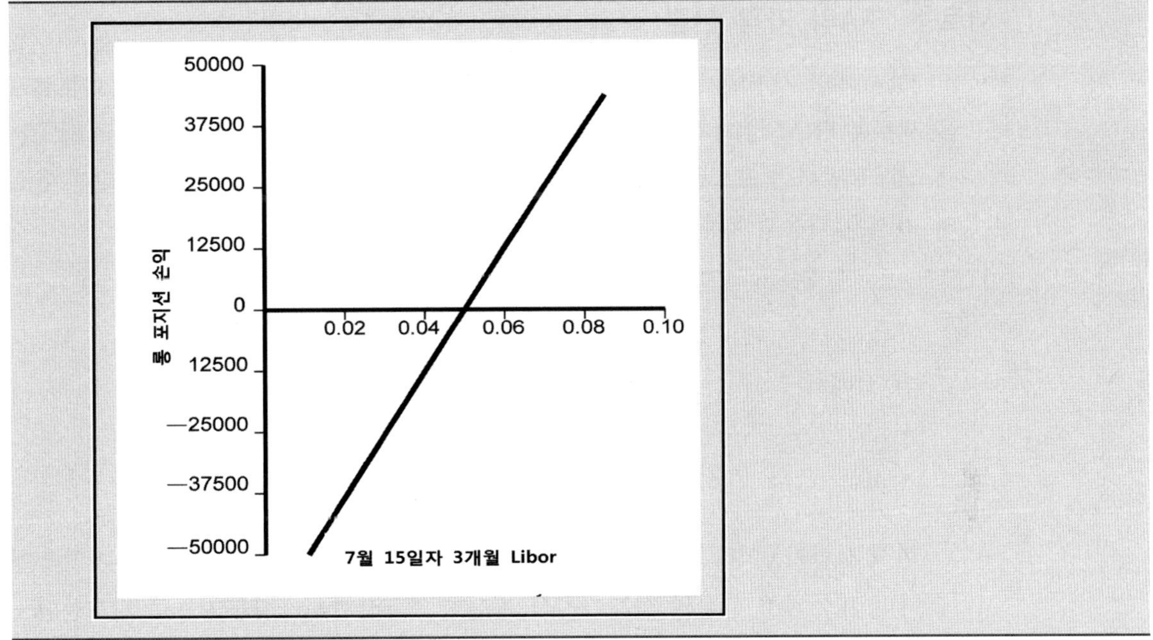

투자자는 이 금액을 7월 15일자에 숏 포지션에 지급해야 한다. ■

[그림 6.1]은 7월 15일자에 가능한 여러 가지 Libor 금리에 따라 [예 6.1]의 FRA 롱포지션에게 발생하는 손익을 표시하였다. 이 손익을 계산하는 공식은 다음과 같다.

$$\text{롱 포지션의 손익} = \frac{(l-0.05)\frac{92}{360}}{1+l\frac{92}{360}} \times 5{,}000{,}000 \tag{6.11}$$

[그림 6.1]에 있는 손익선은 비록 l의 직선으로 보이지만, l이 식 (6.11)의 분자 분모에 다 포함되어 있기 때문에 미세한 곡선이다.

더 일반적으로 말하자면, 투자기간이 d인 FRA에서 원금이 P이고, 고정금리가 k이면 다음과 같은 식을 갖게 된다.

$$\text{롱 포지션의 손익} = \frac{(l-k)\times\frac{d}{360}}{1+l\ \frac{d}{360}} \times P \tag{6.12}$$

위 식에서 l은 실제 정산일의 변동 금리를 말한다.

새로운 FRA의 가격 산정

FRA 체결 시점에서 고정 금리 k는 계약 당사자 모두에게 가치가 0이 되도록 결정된다. 이 이율을 새로운 FRA의 "가격"이라고 부른다. 이 이율이 어떻게 결정되는지를 복제, 즉 FRA의 현금흐름 구조를 모방하는 포트폴리오 구축을 통하여 설명한다. 구체적으로 말하자면 새로운 $T_1 \times T_2$ FRA의 가격은 다음과 같아야 한다는 것을 설명하려 한다.

$$k^* = \frac{B(T_1) - B(T_2)}{B(T_2)} \times \frac{360}{d} \tag{6.13}$$

위 식에서

- $B(T)$는 T 시점에 받을 \$1를 Libor로 할인한 현재가치를 의미한다.
- d는 T_1과 T_2사이의 일 수를 의미한다.

현재 시점이 0이라고 하자. 오늘 체결한 $T_1 \times T_2$ FRA를 생각해 보자. 어떤 k에 대하여 식 (6.12)에 따라 계산된 0 시점의 현재가치를 계산하고, 이 현재가치를 0으로 만드는 k를 선택하면 된다.

이렇게 하기 위하여, 모든 T에 대하여 $B(T)$를 T시점에 받을 \$1의 현재가치를 의미하는 것으로 하자. 우선 식 (6.12)의 식의 분자에 원금 P를 더하고 빼면 다음과 같은 식이 된다.

$$\text{롱 포지션 손익} = \frac{P + Pl\frac{d}{360} - P - Pk\frac{d}{360}}{1 + l\frac{d}{360}} \tag{6.14}$$

식 (6.14)는 두 부분으로 나눌 수 있다.

$$\frac{P + Pl\frac{d}{360}}{1 + l\frac{d}{360}} - \frac{P + Pk\frac{d}{360}}{1 + l\frac{d}{360}} = P - P\frac{1 + k\frac{d}{360}}{1 + l\frac{d}{360}} \tag{6.15}$$

첫 번째 부분 P는 T_1시점에서 확실한 현금유입이 원금을 의미한다. 두 번째 부분은, T_1시점이 될 때까지는 변동금리 l을 모르기 때문에, 0 시점에서 본 불확실한 현금유출을 의미한다. l이 어떤 값이 되든 상관없이, T_1시점에서 l로 투자되면 이는 다음과 같이 확정 금액으로 불어난다.

$$P\frac{1 + k\frac{d}{360}}{1 + l\frac{d}{360}} \times \left(1 + l\frac{d}{360}\right) = P\left(1 + k\frac{d}{360}\right) \tag{6.16}$$

그러므로 T_1시점의 불확실한 현금유출은 T_2시점에서는 식 (6.16)의 우변의 확정 금액과 동등하다. 이것은 0 시점에서 본 FRA의 현금흐름 (6.12)은 다음 두 개의 합과 동일하다는 의미이다.

1. T_1시점에서 확정 유입 금액인 P.
2. T_2시점에서 확정 유출 금액인 $P(1+k(d/360))$.

0 시점에서 이들의 현가는 다음과 같다.

$$B(T_1)P - B(T_2)P\left(1+k\frac{d}{360}\right) \tag{6.17}$$

식 (6.17)은 고정금리 k와 T_1개월에서 시작하여 T_2개월에 끝나는 투자기간의 FRA의 가치를 일반적으로 표현해 주는 식이다. $T_1 \times T_2$ FRA의 인수 시점에서 이 가치는 0이다. 이를 0으로 놓고 k를 구하면 우리가 찾는 무차익거래 FRA 가격은 다음과 같이 계산된다.

$$k^* = \frac{B(T_1) - B(T_2)}{B(T_2)} \times \frac{360}{d} \tag{6.18}$$

예 6.2

새로운 FRA의 가격산정

현재 3개월 Libor가 4.00%이며, 6개월 Libor가 4.50%이라고 하자. 첫 3개월에는 92일이 있고 그 다음 3개월에는 91일이 있다고 가정하자. 그러면 새로운 3×6 FRA의 가격은 얼마인가?

3개월 및 6개월에 적용할 할인 요소를 먼저 계산해야 한다. 3개월 Libor가 4%이므로, $1 투자금액은 3개월 후에 다음과 같이 불어난다.

$$1 + (0.04)\frac{92}{360} = 1.01022$$

그러므로 3개월 할인요소는 다음과 같다.

$$B(3) = \frac{1}{1.01022} = 0.98988 \tag{6.19}$$

유사하게, 6개월 간 투자한 $1는 다음과 같이 불어난다.

$$1 + (0.045)\frac{183}{360} = 1.02288$$

그러므로 6개월 할인요소는 다음과 같다.

$$B(6) = \frac{1}{1.02288} = 0.97763 \tag{6.20}$$

이제 이 할인 요소들을 식 (6.13)에 사용하면 무차익거래 3×6 FRA는 다음과 같이 된다.

$$k^* = \frac{0.98988 - 0.97763}{0.97763} \times \frac{360}{91} = 4.96\% \tag{6.21}$$

■

기존 FRA 가치 계산

명목 원금 P, 고정금리 k로 얼마 전에 체결된 FRA를 생각해 보자. 시점 0은 현재 시점을 의미하는 것으로 하며, $[T_1, T_2]$ FRA 즉, T_1개월에 시작하여 T_2개월에 종료하는 FRA를 고려해 보자. 현재 이 FRA의 가치는 얼마인가?

d는 T_1에서 T_2 사이의 일수를 의미한다. $B(T)$는 위에서 정의한 바와 같으므로, 위에서(식 (6.17) 참조) FRA의 가격은 다음과 같음을 보였다.

$$P \times \left\{ B(T_1) - B(T_2)\left(1 + k\frac{d}{360}\right)\right\} \tag{6.22}$$

사실 식 (6.13)의 새로운 FRA 가격은 이 값을 0으로 하는 k 값을 구한 것이다.

예 6.3

기존 FRA 가치 계산

위 [예 6.2]의 3×6 FRA를 생각해 보자. FRA는 고정금리 4.96%에 체결되었다. 원금이 $25,000,000이라고 가정해 보자. 1개월 후에 FRA는 2×5 FRA가 되었다. 이 시점에서 2개월 및 5개월 Libor가 각각 5.50% 및 6%로 되었다. FRA의 가치는 오늘 얼마가 되었나? 오늘부터 2개월 간에는 61일이 있고, 처음 예와 마찬가지로 FRA의 3개월 기간에는 91일이 있다.

$1를 2개월간 Libor 이율 5.5%에 투자하면 만기에 다음과 같이 불어 난다.

$$1 + 0.055\frac{61}{360} = 1.00932$$

그러므로 2개월 할인 요소는 다음과 같다.

$$B(2) = \frac{1}{1.00932} = 0.99077 \tag{6.23}$$

유사한 방법으로 5개월 할인 요소는 다음과 같다.

$$B(5) = 0.97529 \tag{6.24}$$

이 값들을 식 (6.22)에 대입하면, FRA의 현재 가치는 다음과 같이 계산된다.

$$25,000,000 \times \left\{0.99077 - (0.97529)\left(1 + (0.0496)\frac{91}{360}\right)\right\} = +81,150.40 \tag{6.25}$$

원 FRA 가치가 양수인 것은 FRA 체결 이후에 금리가 상승되었음을 의미한다. ■

FRA로 헤지하기

만약 FRA가 이자율 차이만 거래하는 것이라면, 이것이 어떻게 미래의 차입자/대출자의 금리위험을 헤지할 수 있을까? 즉, 차입/대출 금리를 고정시킬 수 있을까?

Libor 금리로 차입이 가능한 회사가 $[T_1, T_2]$ 기간에 차입이 필요할 것으로 예상하는 경우를 생각해 보자. (a) 회사가 오늘 고정 금리 k로 FRA 롱 포지션을 취하고, (b) T_1 시점에서 필요한 자금을 당시의 Libor l로 차입을 한다고 가정하자. 이 전략 하에서 회사는 차입금액에 대하여 이자율 l을 적용하지만 FRA에서 $l-k$의 차이를 지급받게 된다. 순 지급 이자율은 $l-(l-k)=k$이며 이는 FRA의 고정금리이다.

유사하게 미래 $[T_1, T_2]$에 할 대출에 대한 금리를 고정시키기를 원하는 투자자를 생각해 보자. 그 투자자는 오늘 FRA 숏 포지션을 취하고 T_1시점에서 당시의 Libor 이율 l에 대출을 할 수 있다. 투자자는 당시의 이율인 l에 대출을 하지만, FRA에서 $l-k$를 지급하므로, 차감하여 FRA의 고정금리인 k를 받게 된다.

그러므로 FRA 포지션과 차입 혹은 대출을 T_1 시점에서 l에 실행하면, 차입자와 투자자가 FRA로 고정금리를 사실상 확정 시키게 된다. 다음 예가 이를 보여 줄 것이다.

예 6.4

FRA로 헤지하기

위의 [예 6.1]을 이용한다. 3월 15일 어떤 기업이 7월 15일부터 10월 15일까지 3개월간 $5,000,000을 차입해야 할 것으로 기대한다. 회사는 3월 15일자로 4×7 FRA 롱 포지션을 취하고, 7월 15일 Libor 이율로 $5,000,000을 차입한다. FRA의 고정금리 $k=5.00\%$이다.

7월 15일 Libor $l=5.40\%$인 경우와 $l=4.70\%$인 두 가지 경우를 고려하되, 기업의 순 현금흐름은 어느 경우라도 동일함을 설명한다. 물론 이 두 가지 Libor 이율은 설명을 하기 위한 것이며, 독자들이 검증해 보면 알겠지만, 7월 15일 Libor가 무엇이든 상관없이 순 현금흐름은 동일하다. 계산을 위하여 7월15일부터 10월 15일까지 3개월에는 92일이 있음을 유념하라.

사례 1: 7월 15일자 Libor가 5.40%

이 경우는 [예 6.1]에서 본 바와 같이 롱 포지션(여기에서는 회사)이 FRA로부터 $5,041.54를 정산받게 된다. 이를 당시의 Libor 이율인 5.40%에 3개월 간 투자하면, 회사는 10월 15일 다음과 같은 금액을 받게 된다.

$$5,041.54 \times \left(1+(0.054)\frac{92}{360}\right)=5,111.11 \qquad \textbf{(6.26)}$$

회사는 7월 15일 받았던 차입금 $5,000,000에 대하여 이자를 지급해야 한다. 이자 금액은 다음과 같다.

$$5,000,000 \times (0.054)\frac{92}{360} = 69,000.00 \tag{6.27}$$

그러므로 회사의 순 현금유출은 다음과 같다.

$$69,000 - 5,111.11 = 63,888.89 \tag{6.28}$$

사례 2: 7월 15일 Libor가 4.70%

[예 6.1]에서 본 바와 같이, 롱 포지션은 7월 15일 3,787.83을 지급해야 한다. 회사가 7월 15일 Libor 이율 4.70%에 3개월 대출로 이 금액을 차입한다고 가정해 보라. 그러면 3개월 후의 현금유출은 다음과 같다.

$$3,787.83 \times \left(1 + (0.047)\frac{92}{360}\right) = 3,833.33 \tag{6.29}$$

여기에 회사는 7월15일 Libor 이율로 $5,000,000의 대출을 받았으므로 이자를 지급해야 한다. 이 이자 금액은 다음과 같다.

$$5,000,000 \times (0.047)\frac{92}{360} = 60,055.56 \tag{6.30}$$

그러므로 회사의 순 이자 비용은 다음과 같다.

$$60,055.56 + 3,833,33 = 63,888.89 \tag{6.31}$$

이는 위의 (6.28)과 동일한 결과이다.

비고

실제로는, 회사들이 이런 자투리 금액을 Libor에 투자하거나 차입하는 것이 가능하지 않기 때문에, 이렇게 완전한 헤지는 어렵다. 실제 헤지는 매우 잘된 경우라 하더라도 약간의 오차는 발생한다. 이로 인하여 다음과 같은 흥미로운 질문을 하게 된다. 왜 FRA는 만기에 정산하면 오히려 헤지가 더 잘 되는데 만기에 정산하지 않고 할인하여 정산하나? Flavell(2002)이 제시한 하나의 이유는 은행들이 FRA 보유자에 대한 신용 리스크를 줄이기 위하여 할인 정산을 선호하기 때문이다. ■

6.4 유로달러 선물

유로달러 선물은 투자자들이 미래의 투자나 차입을 위한 Libor 금리를 고정시킬 수 있는 수단이 된다는 점에서 거래소에서 거래되는 FRA 대응 상품이다. FRA와 여러 면에서 비슷하지만, 표준화 때문에 중요한 차이점도 발생한다.

실제 사용되기로는, 유로달러 선물은 계약 만기일로부터 3개월 간의 Libor 금리를 고정시키는 수단으로 간주된다.(계약의 정확한 정의와 손익은 나중에 설명한다.) 그래서 예를 들면, 9월에 종료되는 선물 계약의 고정 Libor 금리는 9월부터 12월까지의 Libor에 적용된다. 언제든지 CME와 SGX(유로달러 선물의 주된 두 거래소)에서는 44개의 유로 선물 만기 일자를 제공한다. 향후 10년간의 3월, 6월, 9월, 12월 및 분기가 아닌 가장 가까운 순차적 4개월도 제공한다. 이는 최장 10년 후까지 3개월 이율을 미리 고정시킬 수 있다는 의미이다.

FRA와 차이점을 살펴보자. FRA에서는 투자/차입 기간이 당사자의 합의에 따라 명시될 수 있다. 예를 들면 4×10 FRA는 투자/차입 이율을 향후 4개월에서 시작하여 6개월 동안 고정시킬 수 있다. 유로달러 선물 계약에서는 계약 기간(3개월) 및 계약 시작 시점(44개의 표준 만기 일자)이 모두 표준화되어 있다. 다른 차이점은 진행해 가면서 설명한다.

계약에 대한 자세한 설명 및 이자율 헤지를 위한 사용 방법에 대하여는 곧 설명한다. 그러나 우선 계약 전체를 조망하기 위하여 몇 가지를 언급하려 한다.

역사적 개관

유로달러 선물이 최초의 금리선물계약은 아니다. 단기 미국 국채(Treasury Bill)와 장기 미국 국채(Treasury Bond) 선물이 1976년과 1977년에 각각 더 먼저 시작되었고, 2장에서 언급한 단명한 GNMA CDR이 이 둘보다 먼저 있었다.[1] 미국 국채 선물은 미국 재무성의 부채 이율 관리에는 유용하였던 반면, 미국 재무성의 차입 금리와 민간 머니 마켓 상품 이율 간의 스프레드가 매우 유동적이어서 민간의 단기 부채를 헤지하는 데 그렇게 좋은 역할을 하지 못했다.

1970년대 후반, 시카고 거래소는 기업어음(CP)과 예금증서(CD)와 같은 민간 부채 상품의 선물을 도입하였다. 이러한 노력은 만기에 인도해야 할 증권의 통일성이 부족하여 결국 좌초되었다. Continental Illinois 및 Chase Manhattan 같은 대형 은행이 이 기간에 어려움을 겪음으로 대형 은행이 발행한 CD도 신용위험이 다를 수 있음을 보여 주었고, 1980 크라이슬러가 거의 부도에 이르러 CP에서도 이러한 문제가 있을 수 있음을 부각시켰다.

1) Burghardt(2003)은 유로달러 선물의 태동부터 자세히 분석하고 있다. 여기의 역사적 기술은 그의 연구에 근거하고 있다.

이러한 상황을 배경으로 하여 1981년 유로달러 선물이 도입되었다. 초기 5년이라는 짧은 기간 동안 이 계약은 CD 선물 및 다른 경쟁 상품들이 개선되도록 만들었고, 머니 마켓에서 선호하는 선물 상품이 되었으며, 결국에는 세계에서 가장 많이 거래되는 선물 계약 중의 하나가 되었다. 이전의 선물 계약들에게 걸림돌이 되었던 정산이라는 장애물을 어떻게 해결하였나? 대답은 단순 그 자체이다. 실물 정산(인도되는 증권의 통일성이 문제가 된다)을 요구했던 이전 계약들과는 달리 유로달러 선물 계약은 현금 정산을 제안하였다. 그 당시로서는 새로운 CFTC의 이 제안은 광범위한 결과를 초래하였다. 무엇보다도, 그 이후에 매우 대중화된 주가지수 선물 같은 현금 정산 선물 계약을 위한 길을 만들었다.

거래량 및 유동성

유로달러 선물계약은 지속적으로 세계에서 가장 많이 거래되는 선물계약에 속한다. CME 그룹의 웹사이트에 따르면 2013년 3월 현재 모든 만기 일자를 합하면 미정산 계약이 951만 계약을 초과하고 있었다. 한 계약 당 액면 금액이 $1,000,000이므로 미정산 액면가는 수조 달러에 이른다.

유로달러 선물계약의 살펴 볼만한 특징으로 거의 모든 다른 선물계약과 차별되는 점은 높은 거래량과 모든 만기에 걸친 유동성이다. 특히 원월물 계약의 거래량과 미정산 금액이 상당하다. 이와는 대조적으로 대부분의 선물 계약(미국채 선물 포함)에서는 만기가 가장 가까운 근월물 계약에 미정산 금액이 집중되어 있다.

계약 내용

이미 살펴본 바와 같이 FRA의 손익은 만기 시점의 실제 Libor 이율과 고정 금리 사이의 차이에 직접 연동되어 명시된다. 유로달러 선물의 손익은 좀 다르게 명시되지만, 실제 효과는 거의 비슷하다. 여기에서는 유로달러 선물의 공식적인 요건을 기술한다. 다음으로는 유로달러 선물이 금리를 고정시키는 데 어떻게 사용되는지, 그래서 차입이나 투자를 어떻게 헤지할 수 있는지에 대하여 논의한다.

유로달러 선물의 기본 단위는 3개월(더 엄밀하게 말하자면 90일) 유로달러 정기예금(TD) $1,000,000이다. 정기예금은 CD와 달리 양도되거나 거래될 수 없으므로, 유로달러 선물 계약에서는 현금정산만이 유일한 방법이다.

유로달러 선물계약의 가격은 이자율로 직접 제시되지 않고 100에서 백분율로 표시한 3개월 Libor 금리를 차감하여 제시한다. 예를 들면, 가격 95.50은 Libor 금리 100−95.50=4.50%를 의미한다. 이것이 아래에서 설명하는 바와 같이 선물 계약을 통해서 고정시키는 이율이다. 이자율 1 베이시스 포인트(일 퍼센트의 백분의 일)의 상승은 가격 0.01 하락에 해당되며, 그 반대의 경우도 동일하다.

다른 어떤 선물과 마찬가지로 가격이 하락하면 롱 포지션은 손실을 보고, 숏 포지션은 수익을

얻게 된다. 유로달러 선물의 경우 계약에서 0.01 가격 하락은 롱 포지션에 \$25의 손실을, 그리고 숏 포지션에게는 \$25의 수익이 발생하는 것으로 명시하고 있다. 왜 \$25인가? 그것이 이자율 1 베이시스 포인트가 \$1,000,000의 90일 예금에 미치는 충격이기 때문이다. 식 (6.1)에 따르면 이자율 1 베이시스 포인트 상승은 \$1,000,000 90일 예금의 이자를 다음과 같은 금액만큼 상승시킨다.

$$1,000,000 \times \left[0.0001 \times \frac{92}{360}\right] = \$25$$

유로달러 선물의 가격 변동 폭(tick)은 1 베이시스 포인트이며(즉, 가격으로 0.01의 변동이다) 달러 금액으로 \$25의 가치를 지닌다. 만기월 유로달러 선물(가장 만기가 가까운 계약)의 가격 최소 변동 폭은 1/4 틱 또는 \$6.25이다. 모든 다른 유로선물 계약에서는 1/2 틱(혹은 \$12.5)이다.

유로달러 선물 거래는 런던 시간으로 계약월 셋째 수요일 직전 두 번째 런던 은행 영업일 오전 11:00시에 중단된다. 계약 거래가 종료되면, 거래소는 100에서 3개월 현물 Libor이율을 1/10000단위로 반올림 하여 차감하는 방식으로 계약의 최종 정산 가격을 결정한다. 예를 들어, 만약 현물 3개월 이자율이 4.60%이면 최종 정산 가격은 100－4.60＝95.40이 된다. 현물 Libor 이율을 계산하기 위하여 영국은행협회(British Bank Association, BBA)가 런던의 주요은행(이 책을 쓰는 시점에서는 최소 6개, 유로달러를 위해서는 18개)을 선별하여 은행간 거래에서 어떤 이율로 차입을 할지를 질문한다. 결과를 순서대로 정리하여 최고 4개 및 최저 4개를 버리고 나머지를 산술평균하여 Libor 이율을 결정한다. 런던 시간으로 오전 11:00, 계산 대리인인 Thomson Reuters가 확정한다.

유로달러 선물을 사용한 이자율 헤지

지금이 12월이며, 당신은 6월에 3개월간 \$1,000,000의 차입이 필요할 것으로 예상한다고 하자. 당신은 Libor에 차입이 가능하고, 지금부터 6월까지 향후 6개월간의 이자율 변동 위험을 헤지하고 싶어 한다고 가정하자. 한 가지 방법은 원금 \$1,000,000에 대하여 6×9 FRA 롱 포지션을 취하여 그 기간 중의 Libor를 확정시키는 방법이다.

또 다른 대안은 유로달러 선물을 사용하는 것이다. 당신은 다음과 같은 전략을 사용할 수 있다.

- 6월에 만기가 되는 유로달러 선물 계약의 숏 포지션을 취한다.
- 선물 계약이 종료되는 6월에 당시의 Libor에 필요한 금액을 차입한다.

이 전략의 현금흐름을 보기 위하여, P를 현재의 계약 가격이라고 하고, 현재 가격에 내포되어 있는 Libor 이율 $k=(100-P)/100$이라고 하자(통상과 같이 소숫점으로 표시). l은 만기 시점인 6월의 Libor를 의미한다. 그러면 이자율 변화를 베이시스 포인트로 표시하면 $10,000(k-l)$이다. 그러면 선물 계약의 현금유출은 다음과 같다.

$$25 \times 10,000(k-l) = 250,000(k-l) \tag{6.32}$$

만약 d가 3개월 차입 기간 중에 포함된 일수를 나타내면, 차입 이자 비용으로 다음 금액이 지출된다.

$$1{,}000{,}000 \times \left[l \times \frac{d}{360} \right] \tag{6.33}$$

식 (6.32)와 (6.33)을 더하면 총 현금유출은 다음과 같다.

$$250{,}000(k-l) + \left[1{,}000{,}000\, l \times \frac{d}{360} \right] \tag{6.34}$$

이를 재정리하면 다음과 같이 된다.

$$250{,}000\, k + \left(1{,}000{,}000\, l \times \left[\frac{d}{360} - \frac{1}{4} \right] \right) \tag{6.35}$$

특히 $d = 90$이면, 헤징 전략의 순 현금흐름은 다음과 같다.

$$250{,}000\, k \tag{6.36}$$

이는 단지 유로달러 계약의 고정 금리 k에 의존하며, 6월의 Libor 금리에는 관련이 없다. 그리하여 우리는 완전 헤지를 달성할 수 있다.

문제가 그렇게 단순하지는 않아서...

식 (6.36)이 제시하는 것 같이 이 전략의 헤지가 그렇게 완벽하지 않게 되는 데는 두 가지 이유가 있다. 하나의 이유는 실무상 3개월 헤지 기간에는 통상 90일이 아닌 91일 혹은 92일이 있기 때문이다. 이러한 경우 식 (6.35)의 두 번째 항이 작기는 하지만 $(d/360 \approx 1/4)$ 영은 아니므로 헤지는 근사치이다. 수식을 단순화하기 위하여 우리는 이 문제를 무시한다. 즉, 앞으로는 차입은 90일 차입으로 취급한다.

두 번째 문제는 현금흐름의 시간과 관련이 있다. 식 (6.32)의 현금흐름은 선물 계약의 만기, 즉 대출 기간의 시작 시점에 발생한다. 식 (6.33)의 현금흐름은 차입한 금액에 대한 이자이며, 이는 대출 기간 끝에 발생한다. 분명히 이는 무시할 수 없으므로 이 현금흐름을 더한다. 오히려 두 현금흐름을 동일한 시점에서 평가해야 한다.

먼저 발생하는 식 (6.32)의 현금흐름을 이율 l에 재투자하여 대출 기간 종료시점으로 옮기는 것으로 가정해 보자. 선물 정산에서 발생하는 현금흐름 (6.32)은 다음과 같이 된다.

$$250{,}000(k-l) \times \left(1 + l\,\frac{90}{360} \right) \tag{6.37}$$

$d = 90$이면, 식 (6.33)의 차입에 대한 총 이자 비용은 250,000 l이 된다. 이를 모두 합하면 90일 대출 기간 종료 시점에서의 순 현금흐름은 다음과 같다.

$$250{,}000\,k + \left[250{,}000(k-l)\times l\,\frac{90}{360}\right] \tag{6.38}$$

이 현금흐름은 l에 종속되는 항이 있으므로 더 이상 헤지는 완벽하지 않다.

... 그러나 헤지 테일링이 도움이 된다.

이론상 완전한 헤지를 복구하는 방법이 있다. 헤지 전략에서 한 계약을 전부 사용하는 것이 아니라 다음과 같이 계산되는 α를 사용하는 것이다.

$$\alpha = \frac{1}{1+l\dfrac{90}{360}} \tag{6.39}$$

이것을 헤지를 '테일링 한다'고 한다. 이런 방식으로 헤지를 테일링 하면, 선물 재정산에서 발생하는 현금유출은 식 (6.37)의 α배가 되며, 이것은 단순히 250,000$(k-l)$이 된다. 식 (6.33)으로부터 이자율 l, 90일 차입의 이자 비용은 250,000 l이 되므로 완전한 헤지가 복원된다.

불행히도, 이자율 l을 선물 계약이 종료되는 6월이 되어야 알 수 있으며, 헤지 전략을 수립하는 12월에는 알 수가 없기 때문에, 실무에서는 이렇게 할 수가 없다.[2] 그러므로 실무에서는 근사치에 의존할 수밖에 없다. 한 방법은 다음과 같이 계산되는 $\hat{\alpha}$배의 선물 계약을 사용하는 것이다.

$$\hat{\alpha} = \frac{1}{1+k\dfrac{90}{360}} \tag{6.40}$$

여기에서 k는 계약 체결 당시의 유로 선물 이율이다. 느슨하게 말하자면 식 (6.40)은 관측된 유로달러 선물 이율이 계약 만기 시점에 통용될 금리의 예측치라고 간주하는 것이다. $\hat{\alpha}$이 완전한 헤지를 보장하지는 않으며, 다만 좋은 근사치를 제공한다. 아래의 예가 이를 설명한다.

예 6.5

지금은 12월이며, 당신은 6월에 3개월 동안 \$100,000,000의 차입이 필요할 것으로 예상한다. 당신은 단지 Libor에 차입이 가능하며, 지금부터 6월 사이의 금리 변동 리스크를 유로달러 선물을 이용하여 헤지하기를 원한다. 마지막으로 유로달러 6월 계약의 현재 가격은 92이며, 따라서 내재 유로달러 이율 $k=8\%=0.08$이다. 3개월 차입기간에는 90일이 있다고 가정한다.

식 (6.40)으로부터 헤지 비율은 다음과 같다.

---

2) FRA 손익을 식 (6.39)를 사용하여 tailing 하였음을 유의하라. 식 (6.39)는 FRA 손익을 FRA 계약 만기로 옮기기 위해서 필요한 할인 요소이다. 식 (6.12) 참조

$$\hat{\alpha} = \frac{1}{1+(0.08)\frac{90}{360}} = 0.9804$$

그러므로 헤지 전략은 다음과 같다.

- 6월에 종료되는 유로달러 선물 98.04 계약 숏 포지션을 취한다.
- 선물 계약 종료시에 당시의 Libor 이율로 필요한 금액을 차입한다.

(설명을 위하여, 소수 단위의 선물 계약 포지션을 취할 수 있는 것으로 가정한다.) 이 헤지가 얼마나 잘 작동하는 지를 보기 위하여 6월 시점에서 2개의 3개월 Libor 금리를 고려해 보자.

사례 1: l= 8.25%

식 (6.33)으로부터 6월에 실행한 3개월 차입에 대한 9월의 현금유출은 \$1,000,000 당 \$250,000 l이다(d =90으로 가정함을 유의하라). 그러므로 9월에 발생하는 대출에 대한 총 현금유출은 다음과 같다.

$$100 \times 250{,}000\,l = 2{,}062{,}500 \qquad \textbf{(6.41)}$$

이에 추가하여, 유로달러 선물 포지션으로부터 현금흐름이 발생한다. 식 (6.32)에 따르면, 6월에 계약 당 250,000($l-k$)=250,000×0.0025=625의 현금유입이 발생한다. 이 금액을 8.25% Libor에 투자하여 9월로 옮기면 9월 현금흐름은 계약 당 다음과 같다.

$$625 \times \left(1 + \left(0.0825\frac{90}{360}\right)\right) = 637.8906$$

모두 98.04 계약 포지션을 가지고 있으므로 9월에 선물 계약에서 발생하는 순 현금흐름은 다음과 같다.

$$637.891 \times 98.04 = 62{,}538.30 \qquad \textbf{(6.42)}$$

식 (6.41)에서 (6.42)를 차감하면, 9월의 순 현금흐름은 1,999,961.70이 된다.

사례 2: l= 7.75%

이 경우는, 6월 차입으로 인한 9월의 현금유출은 다음과 같다.

$$100 \times 250{,}000\,l = 1{,}937{,}500 \qquad \textbf{(6.43)}$$

그러나 선물 포지션으로부터 현금유출이 발생한다. 계약 당 6월의 현금유출은 250,000($k-l$)=625이다. 이 금액을 Libor인 7.75%를 적용하여 9월로 옮기면 계약 당 금액은 다음과 같다.

$$625 \times \left(1 + \left(0.0775\frac{90}{360}\right)\right) = 637.11$$

선물 계약 포지션은 모두 98.04이므로 선물 포지션으로 인한 총 현금유출은 아래와 같다.

$$637.11 \times 98.04 = 62,461.70 \tag{6.44}$$

식 (6.43)과 (6.44)를 더하면, 9월의 총 현금유출은 1,999,961,70으로 사례 1의 현금흐름 금액과 동일하다. ■

주의: 일일정산 및 PVBP 분석

위의 분석에서는 선물의 손익이 계약 만기에만 발생하는 것으로 암묵적으로 가정해 왔다(예를 들면, 위 예에서는 현금흐름이 6월에만 발생하는 것으로 하였다). 현실에서는 선물시장의 손익은 일단위로 실현된다. [부록 6A]에서 이를 고려할 경우 헤지 전략을 어떻게 구축할 것인가를 검토한다. 이 분석에서는 이자율 1 베이시스 포인트 변화가 (a) 헤지에 사용된 유로달러 선물 포지션에 얼마의 영향이 있는지 (b) 헤지의 대상이 되는 차입에 얼마나 영향이 있는지를 현재가치로 환산하여 검토하는 것을 바탕으로 하고 있다. 목적은 이러한 영향이 서로 상쇄되어 포지션의 가치에 변동이 발생하지 않도록 선물 계약수를 선택하는 것이다. 이를 PVBP 분석이라고 하는데, present value of a basis point의 첫 글자를 조합한 것이다.

FRA 대 유로달러 선물: “볼록성편향”

FRA와 유로달러 선물은 매우 비슷한 상품이지만, 그들 간에는 중요한 차이도 있다. 그 중 하나가 이 절에서 다룰 소위 볼록성편향(convexity bias)이다.

다음 상황을 고려해 보자. 6개월 후에 \$100백만을 3개월간 차입해야 할 것으로 예상된다. 우리는 정확히 Libor에 차입할 수 있을 것으로 가정하자. 두 가지 상황에서 현금흐름을 고려한다. (i) 우리는 액면 금액 \$100 백만인 (6×9) FRA 롱 포지션으로 차입을 헤지하거나, (ii) $100\hat{\alpha}$ 6개월 유로달러 선물 숏 포지션으로 차입을 헤지한다. 단 $\hat{\alpha}$는 식 (6.40)으로 계산한다. 두 경우 모두 고정 금리는 k로 가정한다.

FRA를 먼저 고려해 보자. 6개월 후 시점에서 3개월 금리가 l이고, 3개월에 포함된 실제 일수가 d라면 식 (6.12)에 따라 6개월 후 FRA의 현금흐름은 아래와 같다.

$$100,000,000 \times \left(\frac{(l-k) \times \frac{d}{360}}{1 + l \times \frac{d}{360}} \right) \tag{6.45}$$

유로달러 선물 계약이 암묵적으로 가정하듯이 $d=90$이라고 한다면, 이는 다음과 같이 된다.

$$100,000,000\times\left(\frac{(l-k)\times\dfrac{90}{360}}{1+l\times\dfrac{90}{360}}\right) \tag{6.46}$$

이제 유로달러 선물을 고려해 보자. 6개월 후에 실제 3개월 금리가 l이 되면 고정된 금리 k와 실제 이율 l의 차이는 다음과 같이 베이시스 포인트로 표시된다.

$$(l-k)\times 10,000$$

베이시스 포인트 당, 숏 선물 계약은 \$25의 현금을 제공한다. 그러므로 숏 포지션으로부터 수령할 총 현금유입은 다음과 같다.

$$100\,\hat{\alpha}\times[(l-k)\times 10,000\times 25] \tag{6.47}$$

$\hat{\alpha}$ 대신 식 (6.40)를 치환하고 식을 재정리하면 이것은 정확히 다음과 같은 식이 된다.

$$100,000,000\times\left(\frac{(l-k)\times\dfrac{90}{360}}{1+k\times\dfrac{90}{360}}\right) \tag{6.48}$$

어떤 l에 대하여도 유로달러 선물에서 발생하는 식 (6.48)의 값이 FRA에서 발생하는 금액인 식 (6.46) 보다 크다. 즉, 유로달러 선물에서 발생하는 현금유입이 더 크거나 현금유출이 더 작다. 이것이 소위 말하는 볼록성편향이다.

식 (6.48)과 (6.46)의 차이가 일반적으로 양수라는 것을 보이기 전에 수치를 사용하여 두 가지 경우를 설명한다. 두 경우 모두 고정된 금리 $k=0.08$이다.

사례 1: l=11%

이 경우 FRA의 현금흐름은 다음과 같다.

$$100,000,000\times\left(\frac{(0.11-0.08)\times\dfrac{90}{360}}{1+(0.11)\times\dfrac{90}{360}}\right)=+729,927.01$$

유로달러 선물 포지션으로 인한 현금흐름은 다음과 같다.

$$100,000,000\times\left(\frac{(0.11-0.08)\times\dfrac{90}{360}}{1+(0.08)\times\dfrac{90}{360}}\right)=+735,294.12$$

이 양자간의 차이는 \$5,367.11로 유로달러 선물이 유리하다.

사례 2: $l = 5\%$

FRA의 현금흐름은 다음과 같다.

$$100,000,000 \times \left(\frac{(0.05 - 0.08) \times \frac{90}{360}}{1 + (0.05) \times \frac{90}{360}} \right) = -740,740.74$$

반면에 유로달러 선물 포지션의 현금흐름은 다음과 같다.

$$100,000,000 \times \left(\frac{(0.05 - 0.08) \times \frac{90}{360}}{1 + (0.08) \times \frac{90}{360}} \right) = -735,294.12$$

양자 간의 차이는 $5,446.62이며, 유로달러 선물이 유리하다.

식 (6.46)~(6.48)에서 직접 현금흐름이 유로달러 선물에 유리하다는 것을 보이는 것은 어렵지 않다. 식 (6.48)에서 (6.46)을 차감하면 다음과 같이 된다.

$$100,000,000 \times \left(\frac{(l - k) \times \frac{90}{360}}{1 + k \times \frac{90}{360}} - \frac{(l - k) \times \frac{90}{360}}{1 + l \times \frac{90}{360}} \right)$$

괄호 속의 공통분모를 취하여 약간의 계산을 하면 이 차이는 다음과 같다.

$$100,000,000 \times \left(\frac{(l - k)^2 \times \frac{1}{16}}{\left(1 + l \times \frac{90}{360}\right)\left(1 + k \times \frac{90}{360}\right)} \right)$$

이는 l에 상관없이 항상 양수이다.

주의

볼록성편향에는 단순한 수학적인 원인이 있다. 식 (6.47)의 유로달러 선물 손익은 계약 당시에 형성되는 Libor 이율의 직선 함수이다. 반면에 FRA 손익 (6.45)에서는 l이 분자와 분모에 모두 포함되어 있으므로 FRA 손익은 l에 대하여 직선 관계가 아니다. 사실 FRA 손익은 l에 대하여 오목하므로, 유로달러와 FRA 손익의 차이는 l에 대하여 볼록하다.[3)]

3) x에 대한 f의 2차 도함수가 모든 x에 대하여 음수이면 함수 $f(x)$는 x에 대하여 오목이고, 이차 도함수가 모든 x에 대하여 양수이면 볼록이다. 만약 f가 x의 오목 함수이면, 이 함수의 음수는 x의 볼록함수이다(예를 들어, $f(x) = -x^2$이 x의 오목함수이면 $g(x) = x^2$은 x의 볼록함수이다.) 시각적으로 설명하자면, 볼록 함수는 공기 모양으로 되어 있고(물을 담을 수 있고), 오목함수는 공기를 엎어 놓은 것과 같다.

볼록성편향은 상응하는 기간에 대하여 유로달러 선물 이율이 FRA이율과 같을 수 없다는 것을 보여 준다. 볼록성편향은 짧은 만기에는 통상 작지만(위의 예에서 $100백만 차입에 대하여 $5,000 정도이다), 만기가 길어지면 상당한 금액이 될 수 있다. 이 주제에 대한 더 자세한 분석은 Burghardt와 Hoskins(1995a), Burghardt와 Hoskins(1995b), Pozdnyakov와 Steele(2001) 또는 Burghardt(2003)을 참조하라.

6.5 미국 국채 선물

미국 재무성은 정부의 지출을 충당하기 위하여 자본 시장으로부터 자금을 차입하는 책임을 맡고 있다. 재무성을 대신하여 연방준비위원회는 다양한 만기의 채권을 규칙적으로 공개입찰하고 있다. 만기가 1년 미만인 채권을 Treasury bill이라고 하며, 만기가 2년에서 10년 사이인 것을 Treasury note라고 한다. Treasury bond라고 하는 용어는 30년 만기와 같이 제일 긴 만기의 증권을 지칭한다.

1976년을 기점으로 하여 여러 미국 국채를 이용한 선물 계약이 미국의 거래소들에서 도입되었다. 이 절에서는 이들 중 가장 중요한 Treasury bond 선물 계약에 대하여 살펴본다. 선물 계약으로서 성공과는 별개로, Treasury bond 선물은 다음 절에서 다룰 US Treasury note 선물을 포함하여 세계적으로 여러 다른 계약의 원형으로서의 역할을 해 왔다.

Treasury bond 선물은 1977년 CBoT에서 도입하였으며, 거의 즉시 엄청난 성공을 누렸다. 그 후 20년간 대부분 이들은 다른 어떤 것 보다 월등하게 장기 이자율 헤징의 수단으로 선택되었으나, 1990년대 후반과 2000년대 초반 미국 정부의 30년 채권 발행 감소(몇 해 동안 중단한 적도 포함)로 인하여 10년 만기 US Treasury note 선물이 이 역할을 대신하게 되었다.

US Treasury bond(미국 국채)는 6개월마다 이자를 지급하는 미국 정부의 30년 만기 채권이다. 미국 국채의 가격은 액면가 $100에 대하여 달러 및 센트 대신 32분의 1달러 단위로 가격이 매겨진다. 99－05라는 호가는 액면가 $100에 대하여 $99 \times \frac{5}{32}$라는 뜻이다. 실제 채권에 대하여 지급되는 현금 가격은 호가에 채권의 이미 발생한 이자를 더하여 지급한다. 발생한 이자는 실제/실제 날짜 계산 관행을 사용하여 계산한다.

설명을 위하여 예를 들면, 표면 이자율 7%인 미국 국채가 10월 13일 100－05로 호가되었다고 가정해 보자. 마지막 이표(이자)가 6월 5일에 지급되었고, 다음 이자는 12월 5일에 지급될 예정이다. 6월 5일과 10월 13일 사이에는 130일이 있고, 6월 5일과 12월 5일 사이에는 183일이 있다. 모든 이자는 $3.5($100의 액면에 대하여)이므로, 발생 이자는 다음과 같다.

$$\frac{130}{180} \times 3.50 = 2.48$$

표 6.1 선물 계약 세부 사항

이 표는 5개의 선물 계약 세부 사항을 비교한다: US treasury bond 선물 계약, US treasury note 선물 계약, long gilt 선물 계약, bund 선물 계약, 10년 일본 국채 선물 계약. 만기의 3, 6, 9, 12는 3월, 6월, 9월, 12월을 각각 의미한다.

	Treasury bond	Treasury note	Long Gilt	Bund	10년 일본국채
액면가	$100,000	$100,000	₤100,000	€ 100,000	1억엔
표준 이표	6%	6%	4%	6%	6%
최소 만기	15년	$6\frac{1}{2}$년	$8\frac{3}{4}$년	$8\frac{1}{2}$년	7년
최대 만기	25년	10년	13년	$10\frac{1}{2}$년	11년
만기 월	3, 6, 9, 12	3, 6, 9, 12	3, 6, 9,1 2	3, 6, 9, 12	3, 6, 9, 12

그러므로 채권의 현금 가격은 $100\frac{5}{32}+2.48=102.64$이다. 이에 따르면 액면가 $100,000인 채권인 경우 현금 가격은 $102,640이 된다.

선물 계약의 세부 사항

미국 국채 선물의 성공을 세부 사항의 탓으로 돌리기도 한다. 이 계약은 널리 차용되고 있다. CBoT의 Treasury note 선물, NYSE-Euronext LIFFE의 영국 국채 선물, Eurex의 유로-분트 선물, 도쿄 증권 거래소의 10년 일본 국채 선물 모두는 미국의 국채 선물 계약을 기반으로 설계된 것이다. 특히 모든 계약이 표준 이표 및 환산 요소 등을 미국 국채 선물 계약과 비슷한 방법으로 정의하고 있다. [표 6.1]은 이러한 계약의 다른 특징들을 보여 준다.

미국 국채 선물 계약의 표준 채권은 액면가가 $100,000이며, 만기는 최소 15년이며 최대 25년, 이표는 6%이다(2000년 3월 이전 표준 이표는 8%이었다. 2011년 3월 이전에는 인도 가능 채권의 만기에 제한이 없었으나, Ultra-T-Bond 선물 계약이 도입된 이후, 최고 25년이 적용되기 시작했다). 선물 가격 호가에서는 현물 시장의 관행을 동일하게 사용한다. 가격은 액면가 $100에 대하여 달러와 1/32 달러를 사용한다. 계약에서는 여러 인도 선택권을 제공하기 때문에 롱 포지션이 지급해야 할 실제 가격은 인도된 채권 및 호가에 따라 결정된다.

품질 선택권

선물 계약의 인도 선택권 중 가장 중요한 것은, 숏 포지션이 표준 이율 6% 대신 어떤 이율이라도 내체할 수 있도록 허용하는 '품실 선택권(quality option)'이다. 롱 포지션이 지불해야 하는 가격은 호가 가격에 실제 인도되는 채권에 따라 결정되는 환산 비율을 곱한 금액이 된다. 환산 비율은 실제 인도되는 채권의 현금흐름을 표준 이율 6%로 할인하여 구한다. Treasury bond의 이자는 매 6개월마다 지급되므로 할인 과정은 6개월 복리(즉, 6개월에 3%로 할인)로 한다.

예를 들어, 인도되는 채권이 8% 20년 채권이라고 하자. 액면가 $100을 기준으로 이 채권에서는 20년간 매 6개월마다 $4의 현금흐름이 발생하며 20년 후에는 $100의 원금이 지급된다. 단순화를 위해서 마지막 이자는 방금 지급되었다고 가정하자. 그러면 환산 비율은 다음과 같다.

$$\frac{1}{100}\left[\frac{4}{1.03}+\frac{4}{10.3^2}+\ \cdots\ +\frac{4}{1.03^{40}}+\frac{100}{1.03^{40}}\right]=1.2311 \tag{6.49}$$

그러므로 롱 포지션은 숏 포지션에게 호가의 1.2311배를 지급해야 한다.

다음과 같은 관계를 쉽게 알 수 있다.

- 인도된 채권 이율이 표준 이율 6%와 동일하면, 6%의 현금흐름을 6%로 할인하므로 환산 비율은 1이 될 것이다.
- 인도된 채권 이율이 표준 이율 6%보다 높으면 (그래서 표준 보다 '우량' 등급이면) 환산 비율은 1보다 커질 것이다.
- 인도된 채권 이율이 표준 이율 6%보다 낮으면 (그래서 표준 보다 '열등' 등급이면) 환산 비율은 1보다 작아질 것이다.

실무에서는 인도되는 채권의 만기도 범위가 넓다. CBoT는 채권의 만기를 가장 가까운 분기 단위(3개월 단위)로 반올림하여 환산 비율을 계산한다. 반올림한 이후에 채권의 만기가 6개월의 배수이면 채권의 최종 이자가 이제 막 지급된 것으로 간주하여 다음 이자가 6개월 후에 지급되는 것으로 간주한다. 나머지 계산은 위의 예와 같이 이루어진다. 반올림한 이후에 나머지 기간을 6개월로 나누었을 때 3개월이 남으면, 첫 3개월의 발생 이자를 가격에서 차감한다. 환산 비율 계산 일반 공식과 더 자세한 내용은 [부록 6B]에 있다.

기타 선택권

품질 선택권외에 Treasury bond 선물 계약은 숏 포지션에게 다른 인도 선택권도 제공한다. 이 중 하나가 '와일드카드(wild card)' 선택권이다. CBoT에 거래되는 Treasury bond 선물은 오후 2시에 중단되며, 정산 가격이 이 때 결정된다. 그러나 정산소는 숏 포지션이 오후 8시까지 인도하는 것을 받아 준다. 그러므로 숏 포지션은 오후 2시부터 오후 8시까지, 확정된 정산 가격에 그날 인도할지, 그렇다면 어떤 인도 가능 채권을 인도할 지를 결정할 시간이 있다. 이것이 와일드카드 선택권이다. 인도 가능 채권의 가격이 오후 2시 이후에 급격히 하락한다면, 이 선택권은 숏 포지션에게 매우 가치 있게 된다.

만약 와일드카드 선택권을 특정한 날에 행사하지 않으면, 숏 포지션은 다음 날 그 날의 정산가에 따른 와일드카드 선택권을 가지게 된다. Treasury bond 선물 계약상 인도는 인도월 중 어느 날이라도 가능하다. 인도월에는 대략 15일의 거래일이 있으므로, 계약상 숏 포지션은 약 15개의 이 선택권을 가지게 된다.

세 번째 선택권은 와일드카드 선택권과 비슷한 것으로 월말 선택권이다. Treasury bond 선물 계약 거래는 인도월 최종 거래일로부터 7 영업일 전에 종료되며, 최종 정산 가격은 이 때 결정된다. 그러나 정산소는 인도를 월말까지 받아주며, 이 기간 중의 가격 하락은 숏 포지션에게 유리하게 작용한다. 물론 선물 계약 가격에는 숏에게 이러한 선택권이 주어지는 것이 반영되어, 이러한 선택권이 없을 때보다 가격이 낮아진다.

인도에 미치는 영향

이러한 선택권의 존재는, 숏 포지션으로 하여금 인도를 계약기간 종료까지 늦추게 하는 강력한 유인이 된다. Broadie와 Sudaresan(1992)는 이 선물 계약의 실제 인도 유형을 살펴 보았다. 직관과 같이, 이자율 곡선이 정상일 때(장기 이자율이 단기 이자율보다 높을 때), 90%가 인도월 최종 5일에 인도되었다. 그러나 이자율 곡선이 역으로 되었을 때, 보유 효과가 부정적이 되어 늦은 인도를 감소시켰다. 이 경우 인도는 인도월 초반에 이루어지는 경향이 있다.

Treasury Bond 선물의 가격 산정

Treasury bond 선물 계약의 가격 산정에 인도 선택권을 고려하는 것은 수학적으로 매우 복잡하다. 만약 인도 선택권을 무시하고 오직 하나의 인도 가능 채권이 있다고 가정하면(혹은 어떤 채권이 인도될 것인지를 안다고 가정하면), 문제는 상당히 간단해 진다. Treasury bond 선물 가격도 이미 알려진 보유비용 공식 $F=e^{rT}(S+M)$으로 계산할 수 있다. 단 S는 기초 채권의 현재가격, M은 선물 계약 기간 중 채권에서 지급될 이자의 현재가치를 의미한다.

Ultra Treasury Bond 선물

2010년 6월 CME 그룹은, 최소 만기가 25년 최대 만기가 30년이라는 점을 제외하고 다른 세부사항이 Treasury bond 선물과 정확히 일치하는 Ultra Treasury bond 선물을 도입하였다. 이 상품 도입에 따라 Treasury bond 선물의 인도 가능 최장 만기가 2011년 3월에 30년에서 25년으로 축소되었다.

6.6 Treasury Note 선물

US Treasury note는 만기가 2년에서 10년이며, 이자를 6개월 단위로 지급하는 미국 정부의 채권이다. 10년 US Treasury note 선물은 CBoT가 1982년 도입하였다. 5년과 2년 Treasury note 선물도 순차적으로 도입되었다,

계약은 Treasury bond 선물 계약과 비슷하며, 중요한 차이점은 인도 가능 채권의 범위에 있다. 10년 T-Note 선물인 경우, 인도 가능 채권은 만기가 6년 5개월과 10년 사이인 US Treasury note이다. 5년 T-Note 선물인 경우, 원래 만기가 5년 3개월을 초과하지 않아야 하며, 잔존 만기가 최소 4년 2개월이어야 한다. 2년 T-Note 선물인 경우, 원래 만기가 5년 3개월을 초과하지 않아야 함은 동일하나 최소 잔존 만기는 1년 9개월 이상이어야 하며 최장 잔존 만기는 2년 이하이어야 한다. Treasury bond 등 다른 선물 계약에서는 액면가 $100,000을 인도하는 반면, 2년 T-Note 선물에서는 액면가 $200,000을 인도해야 한다.

모든 선물 계약의 거래는 활발하다. 특히, 장기 미국 국채의 헤징 수단으로 10년 T-Note 선물 계약이 Treasury bond 선물보다 더 많이 사용되고 있으며, 2013년 3월 중순 현재 모든 만기의 미정산 선물 계약수가 210만이었다(대조적으로 Treasury bond와 Ultra T-Bond의 숫자는 각각 635,000과 380,000이었다). 더 짧은 만기의 note 선물도 잘 정착되어 2013년 3월 중순 현재 5년 만기 미정산 선물 계약은 160만 계약, 2년 만기 선물은 약 100만 계약을 보이고 있다.

6.7 Treasury Bill 선물

Treasury bill 선물은 1976년 CME가 도입하였으며, 최초의 미국 정부채권을 기초로 한 선물 계약이었다. 이 계약에서는 액면가 $1,000,000 잔존만기 90일, 91일 혹은 92일의 Treasury bill의 인도를 요구하였다. 한 때 인기가 있었으나, 유로달러 선물 도입 이후 중요성이 줄어들어 오늘날에는 거래가 없다.

6.8 듀레이션 기반 헤징

이 절의 목적은 고정수익 선물을 이용하여 고정수익 증권(예, 채권) 포트폴리오를 헤지하기 위하여 사용하는 듀레이션 기반 헤징이라는 특별한 헤징 전략을 설명하는 것이다. 듀레이션 기반 헤징은, 현물과 선물가격 모두 공통된 변수인 이자율에 의해서 결정된다는 사실을 이용한다. 직관적으로, 듀레이션 기반 헤지는 이자율 변화가 (a) 헤지하고자 하는 포트폴리오에 얼마나 많은 영향을 미치나 (b) 헤지에 사용하고자 하는 이자율 선물가격에 얼마나 많은 영향을 미치나를 살핀다. 그 이후에 가격 변동이 서로 상쇄되도록 선물 계약 수를 결정한다.

이런 종류의 구조를 실행하려면, 이자율 변동에 따른 포트폴리오 가치 및 선물가격의 민감도를

측정할 수 있어야 한다. 우선 이 문제를 먼저 고려한다. 듀레이션은 이자율이 연속 복리로 부리되는 상황에서 가장 자연스럽게 설명되므로, 이 장에서는 계속 이 관행을 사용한다.

듀레이션 표기

채권 포트폴리오가 있다고 하자. 그 포트폴리오에는 t_i에 c_i의 현금흐름이 발생한다고 하자. $i=1, \dots, n$. 그리고 t_i년에 적용되는 이자율을 r_i라고 하며, 연속 복리가 적용된다고 하자. 그러면 i번째 현금흐름의 현재가치는 $e^{-r_i t_i}c_i$이며, 그래서 포트폴리오 P의 현재 가치는 다음과 같다.

$$P = c_1 e^{-r_1 t_i} + \cdots + c_n e^{-r_n t_n} \tag{6.50}$$

전체 포트폴리오에 대한 i번째 현금흐름의 비중을 w_i라고 하면,

$$w_i = \frac{c_i e^{-r_i t_i}}{P} \tag{6.51}$$

포트폴리오의 듀레이션을 D_P라고 하면 다음과 같이 가중 만기로 정의된다.

$$D_P = w_1 t_1 + \cdots + w_n t_n \tag{6.52}$$

듀레이션은 이자율 변동에 대한 포트폴리오의 민감도의 측정치이다. 다시 말하자면, 이자율 곡선이 수평으로 dr만큼 미세하게 움직인다면 포트폴리오의 가치에 대략 다음과 같이 $\triangle_P$의 변화가 생긴다.

$$\triangle_P = -D_P P dr \tag{6.53}$$

[부록 6C]에서 왜 이렇게 되는지를 설명한다.

예를 들어, 포트폴리오가 전부 무이표채로만 구성되어 있다고 가정해 보자. 그러면 포트폴리오의 듀레이션은 무이표채의 만기인 t가 된다. 달리 표현하자면, 이자율이 1 베이시스 포인트씩 상승하면, 포트폴리오의 가치는 $-tP(0.01)$만큼 감소하게 될 것이다.

두 가지를 여기서 강조할 필요가 있다. 첫째, 민감도의 척도로서 듀레이션은 근사치일 뿐이다. 이자율 변화가 작을 때(예를 들면, 몇 베이시스 포인트)는 매우 정확하지만, 이자율 변동이 커질수록 급격히 정확도가 떨어진다. 둘째, 이것은 정의상 중요한 문제인데, 이자율 변동은 모든 이자율이 동일한 정도로 이동한다는 것을 의미한다. 즉 이자율 곡선이 수평으로 이동한다는 것이다.

선물 계약의 듀레이션

특정한 채권을 기초로 하는 선물 계약을 생각해 보자. F를 현재의 선물가격이라고 한다. 이자율이 작게 dr만큼 움직이면 F는 어떻게 변동되나?

채권 선물 가격의 듀레이션을 정의할 수 있다면(D_F로 표기), 그러면 식 (6.53)과 유사하게 Δ_F는 다음과 같이 된다.

$$\Delta_F = -D_F F dr \tag{6.54}$$

그러한 D_F를 정의할 수 있을까? 답은 '그렇다'이다. 채권 선물의 듀레이션은 단순히 선물 계약의 기초 채권의 듀레이션이지만, 선물 계약의 만기 시점에서 측정한 듀레이션이라는 것을 보일 수 있다. 이에 대한 증명은 [부록 6D]에 있다.

예를 들어, CME에서 거래되는 Treasury bill을 생각해 보자. 계약 만기 시점에서 숏 포지션은 롱 포지션에게 잔여 만기 90일 액면가 $1백만인 US Treasury bill을 인도해야 한다. 그러므로 이 계약의 기초자산은 선물 계약 만기로부터 3개월에 만기가 되는 무이표채이다. 선물 계약의 만기 시점에서 측정하면, 이 기초자산의 듀레이션은 단순히 3개월 만기 무이표채의 듀레이션으로 식 (6.52)에 의하면 1/4이다. 그러므로 Treasury bill 선물 계약의 듀레이션 D_F는 1/4이다.

듀레이션 기반 헤징

가치가 P이며 듀레이션이 D_P인 채권 포트폴리오를 가정해 보자. 일정 기간 동안 포트폴리오의 가치 변화를 방지하고자 한다. 그리고 현재 가격이 F인 이자율 선물 계약을 헤징에 사용하려 한다. 구체적으로 말하자면, 이 이자율 선물은 채권 선물이다.

선물 몇 계약을 사용해야 하나? 계약 수 H를 생각해 보자. $H>0$은 롱 포지션을, $H<0$ 은 숏 포지션을 의미한다. 이자율은 dr만큼 소폭 움직이며, 그 결과 (a) 선물 가격은 Δ_F만큼 변화되며, (b) 포트폴리오 가치는 Δ_P만큼 움직인다고 가정한다. 우리 포지션의 순 변화는 다음과 같다.

$$\Delta_P = H\Delta_F \tag{6.55}$$

그러므로 H가 좋은 헤지가 되려면 다음 조건을 만족시켜야 한다.

$$\Delta_P + H\Delta_F = 0 \tag{6.56}$$

또는 같은 의미인 다음 식을 만족시켜야 한다.

$$H = -\frac{\Delta_P}{\Delta_F} \tag{6.57}$$

식 (6.57)은 최적 선물 포지션을 결정하기 위해서는 이자율 변화 dr에 의해서 생겨나는 포트폴리오 가치 변화 Δ_P와 선물 가격 변화 Δ_F를 각각 알아야 한다. 이는 쉽게 계산할 수 있다. D_P와 D_F가 각각 포트폴리오와 선물의 듀레이션이라면 다음과 같게 된다.

$$\Delta_P = -D_P P dr \tag{6.58}$$

$$\triangle_F = -D_F F dr \tag{6.59}$$

식 (6.57)~(6.59)를 합치면, 다음과 같은 식이 성립한다.

$$H^* = -\frac{\triangle_P}{\triangle_F} = -\frac{D_P P dr}{D_F F dr} = -\frac{D_P P}{D_F F} \tag{6.60}$$

식 (6.60)에 따라 계산된 헤징 전략을 듀레이션 기반 헤징 전략(duration-based hedging strategy)이라고 한다. 달리 말하면, 이 전략에 따르면 최적 선물 포지션 규모는 다음 4개의 변수에 의하여 결정된다.

1. 현재 포트폴리오 가치 P
2. 포트폴리오의 듀레이션 D_P
3. 현재의 선물 가격 F
4. 선물의 듀레이션 D_F

예 6.6

현재 우리가 운용하고 있는 채권 포트폴리오의 가치가 $P=\$5{,}000{,}000$이며, 듀레이션 $\triangle_P=1$이라고 하자. Treasury bill 선물을 이용하여 이 포트폴리오를 헤지 하고자 한다. 그리고 마지막으로 현재의 선물 가격은 $F=\$990{,}000$이다. 몇 계약을 사용해야 하나?
6.8절에서 본 바와 같이 Treasury bill 선물의 듀레이션은 1/4이다. 그러므로 최적 헤지 규모는 아래와 같다.

$$H^* = \frac{(1)(5,000,000)}{(0.25)(990,000)} = -20.20 \tag{6.61}$$

위에 따르면 약 20 계약의 숏 포지션이다. ■

듀레이션 기반 헤징의 잠재적 문제점

듀레이션 기반 헤징이 실제로는 잘 작동하지 않게 되는 문제점들이 있다. 여기에서는 이러한 잠재적 약점에 대하여 알아본다.

첫째, 민감도의 척도로서 듀레이션은 두 가지 문제점을 가지고 있다. 이는 오직 작은 이자율 변동에만 잘 적용되며, 또 여기서는 이자율 곡선 전체이 이동을 가정한다. 듀레이션 기반의 헤징도 동일한 가정을 암묵적으로 전제하고 있다. 이 가정이 지켜지지 않는 만큼, 듀레이션 기반 헤징도 잘 작동하지 않는다.

선물 계약을 잘 선택하면 문제의 일부를 완화시킬 수 있다. 예를 들어, 헤지하고자 하는 포트폴리오가 거의 동일한 만기의 채권으로 이루어져 있다고 하자. 이 채권과 비슷한 듀레이션을 가진 선물 계약을 사용하면, 포트폴리오 가치와 선물 가격이 비슷한 이자율에 의해서 결정되게 된다. 만약 포트폴리오가 다양한 다수의 채권으로 구성되어 있다면, 비슷한 만기의 블록으로 구분하고, 각 블록을 이에 맞는 듀레이션을 가진 선물로 따로 따로 헤징할 수 있다.

듀레이션 기반 헤징 전략을 채권 선물계약으로 구성할 때 발생하는 또 다른 문제는, 선물 계약의 인도 선택권으로 인하여 선물 계약의 듀레이션 D_F를 계산하기가 어렵다는 점이다. 예를 들면, CBoT의 Treasury bond 선물 계약에서, 숏 포지션은 만기(혹은 첫 call)까지 남은 기간이 15년 이상이면 이자율에 상관없이 인도할 수 있다. 선물 계약의 표준 채권은 이자율만 명시하기 때문에 표준채권의 듀레이션을 사용하는 것도 문제가 있다. 인도 가능한 만기의 범위는 넓다. 이러한 경우 하나의 대안은 가능성이 많은 가장 저렴하게 인도할 수 있는 채권을 추정하고 이의 듀레이션을 사용하는 방법이다.

6.9 연습문제

1. 다음 용어의 차이점을 설명하라
   (a) FRA 손익
   (b) FRA 가격
   (c) FRA 가치
2. 유로달러 선물은 기존 상품의 정산 문제를 어떻게 해결하였나?
3. 유로달러는 어떻게 호가되나?
4. 지금은 5월이다. 현재 관측되고 있는 11월 만기 선물 가격 96.32와 선물 계약을 사용하여 고정시키는 금리와의 관계는 무엇인가?
5. 유로달러 선물의 가격 틱(tick)은 얼마인가? 이는 가격으로 얼마에 해당되는가?
6. 유로달러 선물 숏 포지션에게는 선물 가격 0.01 상승은 얼마의 손익을 초래하는가?
7. 94.59에 유로달러 선물 롱 포지션을 취하였다가 일주일 후 94.23에 계약을 정리하였다. 손익 금액은 얼마인가?
8. Treasury bond 선물 계약에서 가장 저렴하게 인도할 수 있는 것은 무엇인가? 계약상 또 다른 인도 선택권이 있는가?
9. 다음 계약의 경우 표준 채권을 기술하라. (a) Treasury bond 선물 (b) 10년 Treasury note 선물

(c) 5년 Treasury note 선물 (d) Treasury bill 선물

10. Treasury bond 선물 계약에서 인도하는 채권이 표준 채권과 다르면 이 때 적용하는 환산비율을 기술하라.

11. 채권 듀레이션 의미를 설명하라. 어떤 상황에서 이 측정은 비교적 정확한가?

12. 선물 계약의 듀레이션은 어떻게 측정하나? 즉, 선물의 듀레이션과 기초자산의 듀레이션은 어떻게 연관되어 있나?

13. 듀레이션 기반 헤징의 원리를 설명하라. 이 방법으로 계산한 헤지 비율이 최소 분산 헤지 비율과 어떻게 다른가?

14. 원금 $1,000,000, 91일 투자에 대하여 실제/365 관행을 사용하면 이자는 얼마인가? 실제/360 관행을 사용하면 이자는 얼마인가?

15. 6개월 이자율이 6%이고 1년 이자율이 8%라면 6개월부터 12개월까지의 FRA 이율은 얼마인가? 6개월까지의 날짜가 182일이고 6개월부터 1년 사이의 날짜가 183이라고 가정하라.

16. 3개월(91일) Libor 이율이 4%이며, 6개월(183일) 이율이 5%이다. 3×6 FRA 이율은 얼마인가? 만약 계약 만기일에 3개월 Libor가 5%가 되면 얼마가 정산되나?

17. 일본에서는 3개월(91일) 은행간 금리가 1%이고, 6개월(183)일 은행간 금리가 0.25%라면, 3×6 FRA 이율은 얼마인가? 수용할 수 있는 이율인가? 왜 그런가?

18. 당신은 향후 3개월간 금리가 상승할 것으로 예상하며 그 이후 3개월간은 하락할 것으로 예상한다면, FRA에 어떤 포지션을 취하는 것이 적절한가? 현재 선도 곡선의 모양에 따라 당신의 답이 달라지는가?

19. 어떤 회사가 향후 1년 동안 자금을 차입할 계획이 있으며, 고정 금리 연 6%로 차입이 가능하다. 이 회사는 Libor +0.5%의 변동 금리로도 차입이 가능하다. 현재 Libor는 4%이며, 6×12 FRA 이율은 6%이다. 이 회사에 가장 저렴한 금융비용을 계산하라.

20. 6개월 후에 액면가 6백만을 3개월 Libor에 차입하기 위하여 FRA를 체결하고 6%를 고정시켰다. 6개월 후에 3개월 금리가 실제 91일간 6.6%가 되었다면, 즉시 정산할 경우 손익은 얼마인가?

21. 문제 20에서와 같이 6×9 FRA를 6%에 체결하였다. 3개월 후에 그 FRA는 3×6 FRA가 된다. 만약 3개월 Libor가 5%이고 6개월 Libor가 7%가 되었다면 FRA의 현재 가치는 얼마인가? 첫 3개월간의 일수는 92일로 가정하라.

22. 3×6 FRA가 10%로 체결되었고, 3개월과 6개월 사이의 일수는 92일이라면, 3개월 후의 3개월 금리가 1%에서 20% 사이에서 결정될 때 정산 금액을 그래프로 그려라. 그림은 직선인가, 볼록인가, 오목인가?

23. 6개월 후에 1,000만 달러를 3개월 간 차입해야 할 것으로 예상하고 있다. 유로달러 선물을 이용하여 이자율 변동 위험을 헤지하려 한다. 하고자 하는 헤징 전략을 기술하라.

24. 질문 23에서, 계약에 내재된 6개월 후의 3개월 Libor(6개월 종료되는 선물 계약의 가격이 암묵적으로 말해 주고 있는) 이율이 현재 4%이다. 3개월에는 90일이 있다고 가정하라. 질문 23에 주어진 수와 헤지 테일링을 고려하면 몇 계약이 필요한가?

25. 고정시킨 금리가 4%이고 만기 시의 금리가 5%인 경우 위 두 문제의 수를 사용하여 6개월 후(즉 만기 시)의 손익을 (a) FRA 경우 (b) 테일링을 고려한 유로달러 선물 경우로 구분하여 계산하라. Libor가 3%인 경우도 계산하라. FRA와 유로달러 선물의 손익이 다른 것에 대하여 설명하라.

26. Treasury bond 선물 계약에서 표준 채권은 이율이 6%이다. 인도 채권의 이율이 5%이고 만기가 18년이라면 계약 정산을 위한 환산율은 얼마인가? 마지막 이자는 방금 지급되었다고 가정하라.

27. 이자율 곡선이 3%에서 수평이다. 만기가 7년 남았으며, 이표 이율이 4%인 Treasury bond의 가격은 얼마인가?(이자는 6개월마다 지급된다.) 6개월 Treasury bond 선물의 가격은 얼마인가? 가격 계산에 필요하면 인도 채권의 만기는 아무렇게나 가정하라.

28. 액면가 $3백만이며, 1년 후에 만기가 되는 무이표채를 가지고 있다고 가정하라. 연속 복리 관행으로 가격을 계산하며 현재 $r=7\%$이다. 당신은 6개월 후에 종료되는 3개월 유로달러 선물 계약을 이용하여 이 채권의 가격을 6개월 동안 헤지하고 싶다. 그 이후 6개월은 만기가 짧기 때문에 이율에 변동이 없을 것으로 가정한다. 이 헤지를 실행하기 위하여 몇 계약이 필요한가? 왜 이 숫자가 대략 짐작한 숫자와 비슷한가를 직관적으로 설명할 수 있나?

29. 2백만의 현금흐름이 6개월 후에 발생하고 또 다른 102백만의 현금흐름이 12개월 후에 발생하는 채권을 헤지하고자 한다. 유로달러 선물 계약을 이용한 헤지 구조를 제시하라. 현재 채권은 6개월 복리 방식으로 가격이 산정되고 있으며, 현재 만기 수익률은 연 4%이다.

30. 어떻게 채권 포트폴리오를 유로달러 선물을 이용하여 헤지할 지를 정성적으로 설명하라.

31. (어려움) 이자율 곡선이 6%에서 수평이다. 모든 채권은 6개월마다 이자를 지급한다. 채권A는 이표 이율이 5.5%이며 7년 만기이다. 채권 B는 이표 이율이 6.2%이며 만기가 5년이다. 채권 A에 대한 롱 포지션의 리스크를 헤지하기 위하여 (듀레이션 기반 헤징) 채권 B에 대해 숏 포지션을 취하려 한다. 채권 A 한 단위에 대하여 채권 B를 몇 단위 숏 포지션을 취해야 하나?

32. 위 문제를 참조하라. 채권 B에 대한 선물도 거래되고 있다. 채권 B에 대한 1년 선물 가격은 얼마인가? 향후 1년간 채권 A 롱 포지션 한 단위를 상쇄하기 위하여 선물은 몇 단위 숏 포지

션이 필요한가?

33. 가치 $P=100$이며 듀레이션 $D_P=1$인 채권 포트폴리오가 있다. 이 포트폴리오를 헤지하는 데 사용할 수 있는 두 종류의 증권이 있다. 첫째는 가격 $F_1=95$이며 듀레이션 $DF_1=0.8$이다. 둘째는 가격 $F_2=92$이며 듀레이션 $DF_2=1.2$이다. 듀레이션 기반 헤징 전략을 제시하라. 당신의 선택에 대한 가정을 분명히 설명하라.

34. 다음은 시장 FRA 이율이다.

기간(개월)	선도이율(%)
0–6	3.00
6–12	4.00
12–18	5.00
18–24	6.00

다음의 질문에 답하라

(a) 이표 이율 4.5%인 2년 만기 채권의 가격을 구하라.

(b) 이 채권에 대한 6개월 선물가격을 구하라.

(c) 이 채권에 대한 12개월 선물가격은 무엇인가?

(d) 위 세 상품의 듀레이션을 구하라.

(e) \$100를 2년 채권에 투자하되, 듀레이션 기반 헤지로 최적 헤지를 하되 각 선물의 계약 수를 동일하게 하려 한다면 위 두 선물 계약을 얼마나 매입해야 하나?

(f) 모든 헤지를 실행한 후에, 즉시 모든 선도 곡선이 만기에 관계없이 1%씩 상승했다. 헤지된 포트폴리오의 가치는 어떻게 변했나? 0인가? 아니면 변화의 부호를 설명하라.

부록 6A 유로달러 선물을 이용한 PVBP 기반 헤징

6.4절의 유로달러 선물을 이용한 헤징 분석-특히 식 (6.40)을 이끌어 낸 분석과 이어지는 예-에서는 암묵적으로 선물의 손익은 계약 만기에 실현되는 것으로 가정했다.(예를 들면, 예에서도 현금흐름이 6월에 발생하는 것으로 하였다.) 현실에서는 선물계약의 손익은 일단위로 실현된다. 여기서는 이를 고려하였을 때 어떻게 헤징 전략을 설계할 것인가를 검토한다.

구체적으로 설명하기 위하여, 6.4절의 헤징 예와 마찬가지로 현재는 12월이며, 6개월 후인 다음 6월에 실행할 3개월 차입 $100,000,000에 대한 차입 금리를 고정시키려 한다. 우리의 헤징 전략은 오늘 선물 계약 $\hat{\alpha}$단위의 숏 포지션을 취하여, 다음 6월에 이를 정리하고, 그 시점에 Libor 이율이 어떻게 변하든 그 이율로 3개월간 차입을 실행하는 것이다. 일일 정산을 고려하면 $\hat{\alpha}$는 무엇이 되어야 하는가?

답을 찾기 위하여 이자율 1 베이시스 포인트 상승의 효과를 생각해 보자. 두 가지 효과가 발생한다. 첫 번째, 선물 포지션에서 현금유입이 발생한다. 반면에 차입에 더 많은 현금유출이 발생하게 된다. 그러나 선물 포지션의 현금유입은 즉시 발생하는 반면, 차입에 대한 현금유출은 차입 만기 시점, 즉 9개월 후에 발생한다. 이 두 효과의 현재가치가 서로 상쇄되어 포지션의 가치를 변하지 않게 하는 $\hat{\alpha}$를 찾는 것이 헤지를 설계함에 있어서 어려운 점이다. 이는 최적 헤지를 찾기 위하여 베이시스 포인트의 현재가치를 사용하기 때문에 PVBP 분석이라고 한다.

현재의 예에 PVBP를 적용하면, 이자율 1 베이시스 포인트 상승은 계약 당 $25의 현금흐름이 즉시 발생하게 되므로 $\hat{\alpha}$ 계약에 대해서는 $25\hat{\alpha}$의 현금유입이 발생한다. 차입에 대하여는, 3개월에 d일이 있다고 하자. 그러면 이자율 1 베이시스 포인트 증가로 인한 차입 비용 증가는 다음과 같다.

$$I = 1,000,000 \times \left(\frac{0.01}{100} \times \frac{d}{360} \right)$$

예를 들어, $d = 90$이면, 그러면 차입비용 증가 $I = 25$이다. 그러나 이 증가분은 차입 만기, 즉 9개월 후에 발생한다. l_T가 1년 Libor 이율을 의미하며 D가 9개월에 포함된 일수를 의미한다면 이 현금유출의 현재가치는 다음과 같다.

$$PV(I) = \frac{I}{1 + \left(l_T \times \frac{D}{360} \right)} \tag{6.62}$$

그러므로 우리는 $25\hat{\alpha} = PV(I)$, 또는 아래와 같이 되도록 $\hat{\alpha}$를 선택한다.

$$\hat{\alpha} = \frac{PV(I)}{25} \tag{6.63}$$

식 (6.63)이 일일정산을 고려한다면 사용할 헤지 비율을 제시한다. 물론 이 비율을 사용하여 헤지하려면, 이 비율 자체가 시간이 지남에 따라 변하기 때문에 동적인 과정이 되어야 한다. 이 분야와 유로달러를 사용한 헤징의 실무적인 부분에 관한 논의는 Burghardt(2003)의 5장을 참조하라.

부록 6B 환산비율 계산

Treasury bond 선물 계약에 따른 채권의 환산비율을 계산함에 있어서, CBoT는 채권의 만기를 가장 가까운 분기(3개월)로 반올림한다. 반올림 이후에 채권의 만기가 6개월 배수이면, 채권의 마지막 이자가 방금 지급된 것으로 간주하고 다음 이자는 6개월 후에 지급되는 것으로 간주한다. 반올림 후의 만기가 6개월 단위로 나누었을 때 3개월의 나머지가 발생하면, 다음 이자는 3개월 후에 지급되는 것으로 하고 처음 3개월의 발생 이자는 가격에서 차감한다.

예를 들어, 인도된 채권이 8%이며 만기가 20년 1개월 남았다고 가정해 보자. 만기를 가장 가까운 3개월 단위로 반올림하면 만기는 20년이 된다. 20년은 6개월의 배수이므로(정확히 6개월이 40번이므로), 이 채권은 마지막 이자가 방금 지급된 것으로 하고 다음 이자는 6개월 후에 지급되는 것으로 취급한다. 그러므로 환산비율은 정확히 식 (6.49)에 따라 산출한다. 그러면 1.2311이 된다.

이제는 인도된 채권의 만기가 20년 4개월 남았다고 가정해 보자. 만기를 가장 가까운 3개월 단위로 반올림하면 20년 3개월이 된다. 이 만기는 더 이상 6개월의 배수가 아니므로, 이 채권의 이자는 3개월 후에 지급되는 것으로 취급된다. 3개월 후에 액면가 $1에 대하여 0.04 이자를 받게 된다. 나머지 부분에 대하여는 20년 8% 채권이며 이자는 방금 지급된 것으로 간주한다. 이 나머지 부분에 대한 환산 비율은 1.2311임을 조금 전에 확인하였다. 이를 3개월 후에 받을 이자 0.04와 합하면 인도채권의 총 환산비율은 3개월 후에 1.2711이 된다. 이를 3개월 전의 현재 가격으로 할인해야 한다. 6개월의 할인 이율이 3%이므로 3개월 후의 1.2711의 현재 가치는 다음과 같다.

$$\frac{1.2711}{\sqrt{1.03}} = 1.2525$$

그 다음으로 발생 이자를 차감해야 한다. 3개월 후에 받을 이자 0.04에는 이미 발생한 이자 0.02가 포함되어 있다. 이를 환산비율에서 차감하면 최종적으로 1.2525 − 0.02 = 1.2325가 된다.

범용 공식

일반적으로 환산 비율은 다음 공식을 사용해서 계산할 수 있다. N이 채권의 만기 혹은 최초의 콜까지 (어느 것이든 최초로 도래하는 것까지) 남은 연수이며, c는 인도된 채권의 이표, x는 인도된 채권의 만기까지 남은 기간 중 N년을 초과하는 개월 수로 가장 가까운 3개월 단위로 반올림한 수치를 의미한다고 하자. $x=0$, 3, 6 혹은 9이어야 한다. 그러면 환산 비율을 다음의 공식으로 계산할 수 있다.

$$(1.03)^{-x/6}\left\{\frac{c}{2}+\left(\frac{c}{0.06}\left[1-(1.03)^{-2N}\right]+(1.03)^{-2N}\right)\right\}-\frac{c}{2}\left(\frac{6-x}{6}\right) \quad \textbf{(6.64)}$$

부록 6C 민감도 척도로서의 듀레이션

이 부록에서는, 식 (6.53)을 유도한다. 즉 왜 포트폴리오의 가중 만기(즉, 듀레이션)가 이자율 변화에 대한 포트폴리오 가치 변화의 민감도 척도가 되는지를 설명한다.

만기가 t년이며 액면가가 B인 무이표채를 생각해 보자. 이 채권의 듀레이션은 단순히 t이다. 만약 t년의 이자율이 r이라면, 현재의 이 채권의 가격은 아래와 같다.

$$P=e^{-rt}B \quad \textbf{(6.65)}$$

만약 이자율이 소폭 dr만큼 변동된다면, 채권 가격은 아래와 같이 변한다.

$$P'=e^{-(r+dr)t}B=e^{-rt}e^{-drt}B \quad \textbf{(6.66)}$$

그러므로 채권 가격의 변화 $\triangle_p$는 다음과 같다.

$$\triangle_p=e^{-rt}e^{-drt}B-e^{-rt}B=e^{-rt}B\left[e^{-drt}-1\right] \quad \textbf{(6.67)}$$

x가 작으면 지수함수 e^x는 $1+x$와 근사값이 된다.[4] $e^{-rt}B=P$이므로 식 (6.67)을 아래와 같이 고쳐 표현할 수 있다.

$$\triangle_P=P\left[(1-dr\,t)-1\right]=-t\,P\,dr \quad \textbf{(6.68)}$$

이 식은 (6.53)과 정확히 일치한다.

식은 더욱 복잡하지만, 유사한 논리로 이표채와 더 일반적으로 포트폴리오에도 식 (6.53)이 성립됨을 설명할 수 있다. 시점 $t_i(i=1, \cdots, n)$에 현금흐름 c_i가 발생하는 채권(혹은 채권 포트폴리오)을 생각해 보자. 기간 t_i년의 이율이 r_i이라면 이 채권의 가격은 다음과 같다.

---

4) 좀 더 정확히 말하자면 e^x는 $1+x+x^2/2!+x^3/3!+\cdots$로 표시할 수 있다. x가 작은 수일 때 x^2과 그 이후 더 고차인 항은 작아서 근사식에서는 무시할 수 있다.

$$P = e^{-r_1 t_1} c_1 + \cdots + e^{-r_n t_n} c_n \tag{6.69}$$

모든 이자율이 dr만큼 변동된다고 가정해 보자. 그러면, 첫 번째 현금흐름의 현재가치 변동은 다음과 같다.

$$\Delta_1 = e^{-(r_1 + dr) t_1} c_1 - e^{-r_1 t_1} c_1 \tag{6.70}$$

위에서 적용한 것과 같은 논리로 다음 값이 이 값의 근사치가 된다.

$$\Delta_1 = e^{-r_1 t_1} c_1 ((1 - dr t_1) - 1) = - e^{-r_1 t_1} c_1 t_1 dr \tag{6.71}$$

유사하게 k번째 현금흐름의 현재가치 변화도 다음과 같이 된다.

$$\Delta_k = - e^{-r_k t_k} c_k t_k dr \tag{6.72}$$

채권 가격 전체의 변화 Δ_P는 이 모든 변화의 합이므로 다음과 같이 표시할 수 있다.

$$\Delta_P = - \left[e^{-r_1 t_1} c_1 t_1 + \cdots + e^{-r_n t_n} c_n t_n \right] dr \tag{6.73}$$

w_k를 k번째 현금흐름이 포트폴리오 가치에 기여한 부분이라고 정의하면 다음과 같이 표현할 수 있다.

$$w_k = \frac{e^{-r_k t_k} c_k}{P} \tag{6.74}$$

포트폴리오의 듀레이션(가중 만기)는 다음과 같이 표현됨을 유의하라.

$$D_P = w_1 t_1 + \cdots + w_n t_n \tag{6.75}$$

각 k에 대하여 $w_k P = e^{-r_k t_k} c_k$이다. 이를 식 (6.73)에 대입하면 다음과 같이 된다.

$$\begin{aligned} \Delta_P &= - \left[w_1 t_1 P + \cdots + w_n t_n P \right] dr \\ &= - P \left[w_1 t_1 + \cdots + w_n t_n \right] dr \\ &= - P D_P \, dr \end{aligned} \tag{6.76}$$

식 (6.76)은 우리가 증명하고자 하는 식 (6.53)과 정확히 일치한다.

부록 6D 선물 계약의 듀레이션

채권 선물 계약의 듀레이션은 계약 만기 시점에서 계산한 채권의 듀레이션이라는 것을 지금 설명하려 한다. 선물 계약의 기초가 무이표채인 경우만 생각한다.(CME의 Treasury bill 선물 계약 같은 경우) 이표채인 경우에도 논리는 쉽게 연장될 수 있지만, 앞에서 본 바와 같이 수식이 복잡해진다.

T와 T^*가 각각 선물 계약과 무이표채의 만기라고 하자. r과 r^*가 각각 이들 만기에 적용되는 이율이라고 하자. 마지막으로 B를 무이표채의 액면가, P를 현재가격이라고 하자.

선물 계약을 선도 계약과 같이 취급하면, 선물 계약의 현재 가격을 3장에서 유도한 무보유비용 공식으로 계산할 수 있을 것이다. 이 경우 선물 가격은 다음과 같다.

$$F = e^{rT}P \tag{6.77}$$

그런데 P는 단지 t^*만기인 무이표채의 가격이므로, 현재의 가격은 다음과 같다.

$$P = e^{-r^*t^*}B \tag{6.78}$$

식 (6.77)과 (6.78)을 결합하면 다음이 된다.

$$F = e^{rT - r^*T^*}B \tag{6.79}$$

이제 이자율이 dr만큼 변동된다고 가정해 보자. 선물 가격의 변동 Δ_F는 다음과 같다.

$$\Delta_F = e^{(r+dr)T - (r^*+dr)T^*}B - e^{rT - r^*T^*}B \tag{6.80}$$

이 식에서 공통 부분을 묶으면 다음과 같이 된다.

$$\Delta_F = e^{rT - r^*T^*}B\left(e^{dr\,T - dr\,T^*} - 1\right) \tag{6.81}$$

근사식 $e^x = 1 + x$를 사용하면 (앞에서 설명한 바와 같이 x가 작을 때는 매우 근사한 값이 된다) 다음과 같은 식을 얻게 된다.

$$\Delta_F = e^{rT - r^*T^*}B\left(\left[1 + (T - T^*)\right]dr - 1\right) = e^{rT - r^*T^*}B\left[-\left(T^* - T\right)dr\right] \tag{6.82}$$

이제, $e^{rT - r^*T^*}B$는 바로 처음 선물 가격 F이다. 뿐만 아니라 $T^* - T$는 선물 만기 시점에서 측정한 기초 무이표채의 만기로서, 6.8절에서 정의한 D_F이다. 그러므로

$$\Delta_F = -D_F F\,dr \tag{6.83}$$

이 식은 바로 우리가 증명하고자 하는 바이다.

제2부

옵션

제 7 장

옵션시장

7.1 서론

옵션은 종종 선도계약이나 선물계약과 비교하여 "새로운" 금융 수단으로 인식되지만, 사실 오랜 기간 동안 존재해 왔다. 수백 년 전부터 형성되었던 옵션 거래에 대한 상당히 많은 증거가 있다. 조셉 드 라 베가(Joseph de la Vega)는 1688년에 출판된 "혼돈 중의 혼란"이라는 흥미로운 저서에서 17세기 암스테르담에 있었던 콜과 풋옵션 거래에 대해 논의했다. 옵션은 또한 17세기 초 네덜란드의 "튤립파동"에서 중요한 역할을 했다. 이미 100년 전 런던 증권 거래소에서 보통주 옵션이 거래되었다. 미국에서도 옵션은 "옵션"보다는 "특권(privilleges)"이라고 불렸지만 1930년대에 시카고 상품 거래소(CBoT)에서 거래되었다.

확실히 옵션시장은 지난 수십 년 동안 극적으로 변화하였고, 그 규모가 폭발적으로 늘어났다. 국제결제은행(Bank for International Settlements, BIS)은 2011년 세계 거래소의 옵션 거래액이 총 630조 달러를 초과했다고 추정하였다. 거래되는 옵션의 성격도 바뀌었다. 주식과 통화 옵션은 계속 많은 양으로 거래되고 있지만, 선도 계약과 선물 계약의 경우와 마찬가지로 시장의 상당 부분이 금리 옵션에 의해 점유되고 있다. 옵션은 금리에 직접 또는 간접적으로 연동된다. 최근에는 변동성, 신용 스프레드, 에너지, 전기 및 대역폭 옵션과 같은 몇 가지 신상품의 도입으로 혁신이 지속되고 있다.

옵션에 대한 첫 번째 장에서 우리는 기본적인 정의와 용어에 대한 검토부터 시작하여 옵션의 중요한 개념을 금융 보험의 한 형태로 소개한다. 그런 다음 이 장의 핵심 부분에서는 "노출된(naked)"옵션 포지션과 노출된 옵션의 각 포지션이 시장 방향과 변동성에 대한 독특한 관점의 조합에 어떻게 대응하는지를 살펴본다. 8장은 이 자료를 바탕으로 특정 방향성 및/또는 변동성 관점을 반영하여 옵션을 일반적으로 사용하는 다양한 거래 전략을 설명한다. 이 장의 부록에서는 전 세계 옵션 시장을 시장형태(장내 거래 및 장외 거래), 기초자산(주식, 통화 등)형태 별로 구분하여 설명한다.

표 7.1 옵션의 기본 용어

용 어	의 미
콜옵션	기초자산을 살 권리
풋옵션	기초자산을 판매 할 권리
만료 / 만기일	만료 날짜
행사 / 행사가격	행사할 권리의 가격
미국식 옵션	만기 이전 어느 시점에서든 권리 행사 가능
유럽식 옵션	만기시에만 행사 될 수 있음
롱 포지션 / 보유 / 매입	계약에서 권리를 보유하는 당사자
숏 포지션 / 발행 / 매도	계약 상 조건부 채무를 가진 당사자

7.2 정의 및 용어

옵션은 1장에서 이미 정의되었지만 여기서 정의를 다시 확인해 보기로 한다. [표 7.1]은 기본 용어를 요약한 것이다. 옵션은 지정된 보유자에게 특정 가격으로 특정 자산("기초자산" 또는 "기초")의 특정 수량을 매매할 권리를 부여하는 금융 증권이다. 옵션의 특징은 "선택성"이다: 보유자는 특정 거래에 참여할 권리를 가지지만 그렇게 해야 할 의무는 없다.

금융옵션 계약의 기초자산은 일반적으로 주식가격("주식옵션"), 환율("통화옵션") 또는 이자율("금리옵션")에 따라 결정되지만 상품일 수도 있고(예: 금 또는 원유) 또는 기타 유형의 자산 또는 금융변수(예: 전기 또는 신용 스프레드)일 수도 있다.

두 가지 기본 유형의 옵션이 있다. 콜옵션은 보유자에게 계약서에 명시된 가격으로 지정된 자산을 살 권리를 부여한다. 풋옵션은 보유자에게 자산을 지정된 가격으로 팔 권리를 부여한다. 명시된 가격 자체는 옵션의 "행사가격"이라고 한다.

권리를 행사해야 하는 날짜를 계약의 "만기" 또는 "만료" 날짜라고 한다. 이 날짜까지 권리가 행사되지 않으면 유효 기간이 만료된다. 무한 수명의 옵션(영구옵션)은 드물지만 존재한다.

또한 옵션은 계약에서 권리가 행사될 시점에 따라 구분된다. 미국식 옵션의 경우 계약 만료 전에 언제든지 권리를 행사할 수 있다. 유럽식 옵션에서는 계약 만기일인 특정 날짜에만 권한을 행사할 수 있다. 만기일이 되기 전에 행사될 수 있지만 미리 지정된 특정 날짜에만 행사 될 수 있는 옵션을 버뮤다식 옵션이라고 부른다. 본서에서는 주로 유럽과 미국식 옵션을 다룬다.

선도 계약과 옵션 간의 용어에는 중요한 차이가 있다. 선물환 계약에서, "롱"과 "숏"은 각각 계약을 체결한 거래에서 매입과 매도를 의미한다. 옵션에서 "매입포지션(long)"은 계약에서 권리를 보유한 당사자를 의미한다. 이 권리는 매입할 권리(옵션이 콜인 경우) 또는 매도할 권리(풋인 경우) 중 하나일 수 있다. "보유" 및 "매입"라는 용어는 롱 포지션과 상호 교환하여 사용된다.

옵션 계약의 반대편에 있는 당사자는 옵션에서 "숏 포지션"을 가지며 옵션의 "매도" 또는 "발행자"라고도 한다. 옵션 발행자는 계약 상 조건부 의무가 있다. 옵션 보유자가 계약에서 권리를 행사하기로 결정한 경우 발행자는 명시된 거래에 참여해야 한다(내가 당신에게 1 주당 25 달러의 가격으로 마이크로소프트 주식을 매입할 수 있는 권리를 판매한다면, 구매하려는 경우 그 가격으로 주식을 팔아야 할 의무가 있다).

7.3 금융보험으로서 옵션

보험은 일반적으로 우리에게 반갑지 않은 충격으로부터 보호해준다. 건강보험은 신체 건강에 대한 충격의 재정적 결과로부터 우리를 보호한다. 지진 또는 화재보험은 지진이나 화재빌생으로 인한 재정적 피해로부터 우리를 보호한다. 옵션은 시장 가격의 불리한 변화로 인한 재정적 결과로부터 우리를 보호할 수 있다.

옵션 보유자는 계약에 명시된 거래에 참여할 권리를 가지지만 그렇게 하지 않을 수도 있다. 아래의 두 가지 간단한 예가 이것이 어떻게 보험으로 변환되는지 보여줄 것이다.

예 7.1

매도자를 위한 보험인 풋옵션

한 달 안에 주식회사 위젯의 주식을 매도할 계획인 투자자를 생각해 보자. 위젯사의 주가가 현재 95라고 가정해 보자. 투자자는 한 달 동안 주가 하락 위험에 노출 되어 있다. 투자자가 위젯사의 주식에 95의 행사가격으로 풋옵션을 매입하면 그들은 이 주가변동 위험으로부터 보호를 받는다:

- 위젯사의 가격이 95 미만으로 떨어지면 95에 풋옵션을 행사하고 매도할 수 있다.
- 위젯사의 가격이 95 이상으로 오를 경우, 투자자는 풋옵션의 권리를 포기하고 더 높은 가격에 주식을 매도할 수 있다.

이 일방적인 보호는 정확히 우리가 "보험"이라고 생각하는 것과 같은 개념이다. 따라서 풋옵션은 매도자가 가격 인상을 최대한 활용하면서 가격 하락에 대한 매도자 보험을 제공한다. ■

예 7.2

매수자를 위한 보험인 콜옵션

이제 한 달 안에 위젯사의 주식을 매입하려고 하는 투자자를 생각해 보자. 투자자는 위젯사의

주가가 이번 달에 상승할 수 있는 위험에 처해있다. 투자자가 위젯사에서 95의 행사가격으로 콜옵션을 매수하면 이 위험으로부터 보호 받는다.

- 위젯사의 가격이 95 이상으로 상승하면 그는 콜옵션을 행사할 수 있고 95의 가격에 해당하는 주식을 매수할 수 있다.
- 위젯사의 가격이 95 아래로 떨어지면 그는 콜옵션을 포기하고 저렴한 가격으로 주식을 매수할 수 있다.

따라서 콜옵션은 가격 인상에 대한 매수자의 일방적인 보호를 제공한다. 즉, 구매자가 가격 하락을 이용하면서 구매자에게 가격 인상에 대한 보험을 제공한다. ■

옵션가격/프리미엄

두 경우 모두 보호는 옵션 발행자가 옵션 보유자에게 제공한다. 이 보호 장치와 교환하여, 보유자는 옵션가격 또는 옵션 프리미엄이라고 하는 선불 수수료를 발행자에게 지급한다. 모든 보험과 마찬가지로 보험료는 보험사가 지불금을 지불해야 할 가능성과 예상 지불금의 크기를 포함하여 많은 요인에 따라 달라질 것이다. 옵션 프리미엄의 "공정한" 가치 결정은 이 책에서 검토할 핵심 쟁점 중 하나이다.

여기에서 주의 해야 할 점은 옵션－보험 유사성에 몰입되어서는 안 된다. 투자자가(IBM 주식을 사거나 일본 엔을 팔려고하는) 위험에 노출이 있는 경우, 옵션을 사용하면 실제로 이 위험에 대한 보험 방식의 보호가 제공된다. 그러나 항상 보호할 위험을 가정하는 보험과는 달리 위험에 대한 노출이 없는 투자자도 옵션을 사용할 수 있다. 즉, 옵션을 투기목적으로 사용할 수도 있다. 또한 대부분의 기존 보험 형태와 달리 옵션 계약의 위험은 일반적으로 관측 가능한 가격의 거래된 증권(예: IBM 주가 또는 엔 달러 환율)에 대한 것이다. 이러한 기초자산 가격의 속성은 금융 옵션의 공정가격을 확인하는데 중요하다.

7.4 노출된(Naked) 옵션 포지션

분석의 첫 단계로 "노출된(naked)" 옵션 포지션, 즉 고립되어 보이는 옵션 포지션에 대한 연구부터 시작한다. 이어지는 내용은 다음 몇 장에서 거론되는 가격결정에 관한 내용뿐만 아니라 다음 장에서 논의되는 옵션을 사용하여 거래와 위험관리 전략 두 가지를 검토하기 위한 기초를 형성한다.

이 분석에서 나오는 가장 중요한 교훈은 한 문장으로 요약할 수 있다. 옵션은 변동성에 반응한

다. 즉, 옵션 손익과 옵션가치의 근본적인 결정 요인은 미래의 기초자산 가격에서 예상되는 불확실성의 정도이다. 이 간단한 관찰은 깊은 함의를 지니고 있다. 가격 산정의 관점에서 볼 때, 옵션을 평가하려는 시도에는 기초자산의 변동성에 대한 중심 역할이 포함되어야 한다. 위험 관리 측면에서 볼 때, 옵션은 시장에 관한 방향성 관점(헤지 목적으로 선물이나 선물과 같은 "선형" 파생상품을 사용할 수도 있음)을 헤지하기 위해 사용될 수 있다는 것을 의미한다. 시장 변동성에 관한 견해에 기본적인 네 가지 옵션포지션으로는 (a) 콜매입, (b) 콜매도, (c) 풋매입 (d) 풋매도가 있다.

우리는 이 장에서 이러한 포지션을 분석하여 각 포지션이 시장 방향과 변동성에 대한 독특한 관점의 조합과 관련될 수 있음을 보여줄 것이며, 여기에서는 다음과 같은 표기법을 사용한다.

- S: 옵션 계약의 기초자산의 현재가격
- T: 옵션의 만기일
- S_T: 날짜 T의 자산 가격
- K: 옵션의 행사가격
- C: 현재 콜옵션의 가격
- P: 현재 풋옵션의 가격.

거래가 채권, 주가지수, 상품 또는 외화일 경우에도 분석의 특징에는 차이가 없지만 여기에서는 계약의 기초자산을 "주식"으로 지칭한다. 우리는 유럽식 옵션을 전제하므로 날짜 T에서 행사한다. 옵션의 행사 날짜로 T를 재해석함으로써 분석의 대부분은 미국식 옵션으로 확장될 수도 있다.

콜옵션 매입 및 매도포지션의 손익

예를 들어 보자. XYZ 회사의 주식을 $K=100$의 가격으로 매입할 콜옵션이 있다고 가정해 보자. T 날짜에 당신은 무엇을 할 것인가?

- XYZ의 가격 S_T가 100보다 작으면 옵션이 소멸되는 것이 가장 바람직하다. 해당 금액보다 적은 가치가 있는 주식의 경우 $K=100$을 지불하고 주식을 매입할 이유가 없다. 이 경우 콜옵션은 외가격(out-of-the-money)이라고 한다.
- $S_T=100$인 경우 옵션 행사와 옵션을 행사하지 않는 것에는 차이가 없다(만일 거래 비용을 생각하면 행사하지 않는 방향으로 기울 수 있음). 이 경우 콜옵션은 등가격(at-the-money)이라고 한다.
- 마지막으로 $S_T>100$인 경우 콜옵션을 행사하는 것이 매우 유리하다. 즉, $S_T>100$의 가치가 있는 자산을 100에 구입할 수 있다. 이 콜옵션은 내가격(in-the-money)이라고 한다. 이 경우 콜옵션을 행사함으로 얻는 이익은 S_T-100이므로 S_T가 높을수록 그 이익은 더 커진다.

표 7.2
콜옵션매입 및 매도포지션에 대한 손익

	S_T	콜옵션 매입 손익	콜옵션 매도 손익
외가격(Out-of-the-money)	70	0	0
	80	0	0
	90	0	0
등가격(At-the-money)	100	0	
내가격(In-the-money)	110	10	−10
	120	20	−20
	130	30	−30

당신에게 옵션을 팔았던 매도포지션은 계약에 조건부 채무가 있다. 즉, 옵션의 행사를 결정하면 당신에게 매입포지션을 제공하는 것이다.

따라서 매도포지션에 대한 보상을 확인하려면 옵션이 매입포지션에서 행사되었을 때 매도포지션의 결과를 계산해야 한다.

- $S_T < 100$ 인 경우, 옵션은 외가격(out-of-the-money)이 되어 행사되지 않고 만료된다. 따라서 이 경우에도 매도포지션에 대한 손익은 없다.
- 등가격(at-the-money)도 마찬가지이다.
- $S_T > 100$ 인 경우 옵션은 내가격(in-the-money)이 되어 행사된다. 이것은 매도포지션이 $S_T >$ 100의 자산을 100으로 팔아 $S_T - 100$의 손실을 본다는 것을 의미한다.

매입과 매도포지션에 대한 이러한 손익은 [표 7.2]에 표시되어 있다. 물론, 숫자는 총손익이다. 순손익를 얻으려면 콜옵션 C의 비용을 매입포지션의 손익에서 뺀 다음 매도포지션의 손익에 가산해야 한다.

우리는 또한 이러한 손익을 그래프로 표현할 수 있다. 일반적으로 K 행사가격으로 콜옵션 매입포지션을 취하면 S_T에 해당하는 자산을 K를 지불하고 받는다. 따라서 옵션행사로 인한 매입포지션에 대한 손익은

$$\max\{S_T - K, 0\} = \begin{cases} S_T - K, & S_T \geq K \text{ 인 경우} \\ 0, & S_T < K \text{ 일 때} \end{cases} \tag{7.1}$$

콜옵션 매도포지션에 대한 손익은

$$-\max\{S_T - K, 0\} = \begin{cases} -(S_T - K), & S_T \geq K \text{ 인 경우} \\ 0, & S_T < K \text{ 일 때} \end{cases} \tag{7.2}$$

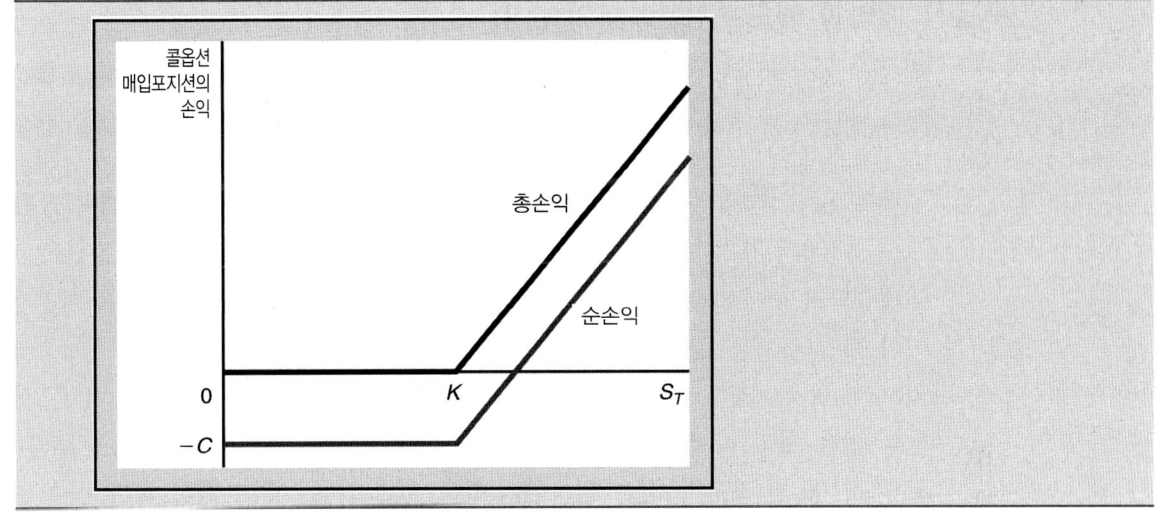

그림 7.1
콜옵션 매입포지션의 손익

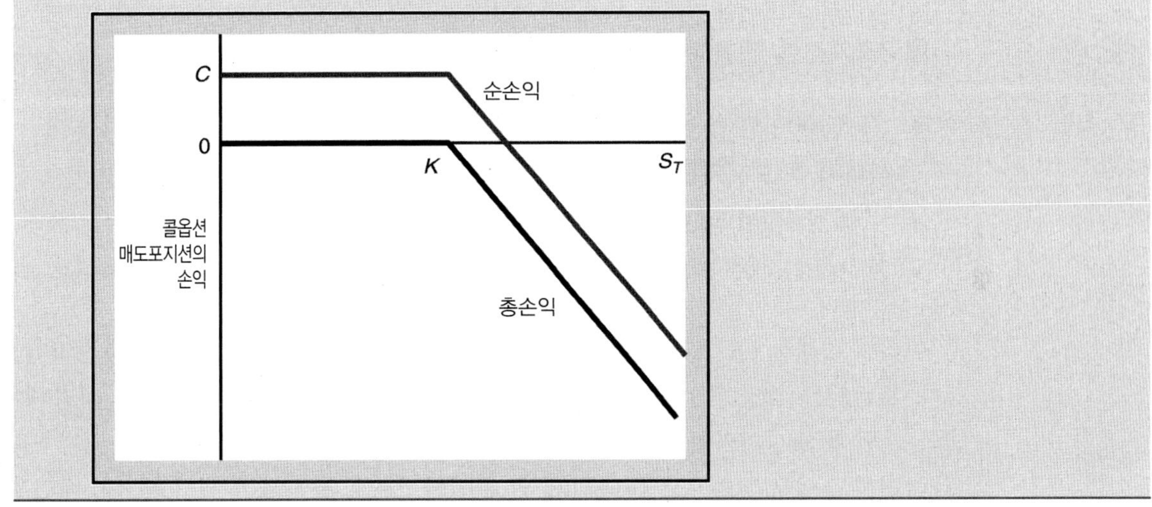

그림 7.2
콜옵션 매도포지션의 손익

[그림 7.1과 7.2]는 이러한 손익을 나타낸다. 이 손익은 일직선이 아니다. 콜옵션 매입포지션은 옵션이 외가격(out-of-the-money)(즉, $S_T < K$)일 때 0의 보상을 가지며, 내가격일 때는 $+1$의 기울기를 가진다. 즉, K보다 높은 가격에서 1 달러 올라갈 때마다 매입포지션에 대한 손익은 1 달러가 증가한다. 매도포지션의 손익은 콜옵션 매입포지션의 손익의 대칭 이미지이다. 다시 말하면 옵션이 외가격일 때 0, 옵션이 내가격일 때 -1의 기울기로 감소한다.

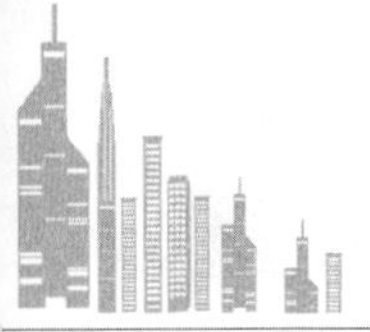

풋옵션 매입과 매도포지션에서의 손익

풋옵션 매입과 매도포지션에 대한 손익은 유사한 방식으로 계산된다. 예를 들어, $K=100$의 행사가격으로 XYZ 주식에 대하여 풋옵션 매입포지션을 택한 경우의 손익을 고려해 보자.

- 가격 $S_T < 100$ 인 경우, 풋옵션을 행사하는 것이 매입포지션의 이익에 부합된다. 즉, 풋옵션은 $S_T < 100$의 가치가 있는 자산을 $K=100$에 매도할 수 있게 한다. 풋옵션은 이 경우 내가격에 해당되며 행사로 인한 손익은 $100-S_T$이다. S_T가 낮을수록 풋옵션을 행사함으로 얻는 이득이 커진다.
- $S_T=100$ 인 경우, 매입포지션은 풋옵션을 행사하는 것과 행사하지 않은 것의 차이가 없다. 두 경우 모두 이익이 0이 된다. 풋옵션을 이 경우에는 등가격이라고 부른다.
- $S_T>100$ 인 경우, 옵션을 행사하지 않고 소멸시키는 것이 가장 좋다. 풋옵션은 이 경우 외가격이라고 한다.

매도포지션에 대한 손익은 매입포지션에 대한 손익의 반대이다.

- $S_T < 100$이면 풋옵션의 매도포지션은 $S_T < 100$의 가치를 가진 자산을 $K=100$에 매입한다. 따라서 매도포지션은 $100-S_T$만큼 손실을 초래한다.
- $S_T=100$이면 매도포지션의 손익은 0이다.
- $S_T>100$이면 풋옵션은 행사되지 않고 소멸되며, 매도포지션의 손익은 다시 0이 된다.

이러한 결과는 [표 7.3]에 요약되어 있다. 다시 한번 말하지만, 이것은 총손익임을 강조할 필요가 있다. 순손익을 결정하기 위해 풋옵션의 비용 P는 매입포지션의 손익에서 차감해야 하고 매도포지션의 손익에 가산시켜야 한다.

이러한 손익을 그래프로 나타내기 위해 일반적으로 풋옵션이 행사 될 때, 매입포지션은 S_T 가치가 있는 자산을 K에 매각한다고 본다. 이 때 풋옵션을 행사함으로써 매입포지션이 얻는 손익은 아래와 같이 표시된다.

$$\max\{K-S_T, 0\}=\begin{cases} K-S_T, & S_T < K \text{ 일 때} \\ 0, & S_T \geq K \text{ 일 때} \end{cases} \tag{7.3}$$

표 7.3
풋옵션 매입 및 매도포지션 총손익

	S_T	풋옵션 매입포지션	풋옵션 매도포지션
외가격(Out-of-the-money)	70	30	−30
	80	20	−20
	90	10	−10
등가격(At-the-money)	100	0	0
내가격(In-the-money)	110	0	0
	120	0	0
	130	0	0

그림 7.3
풋옵션 매입포지션의 손익

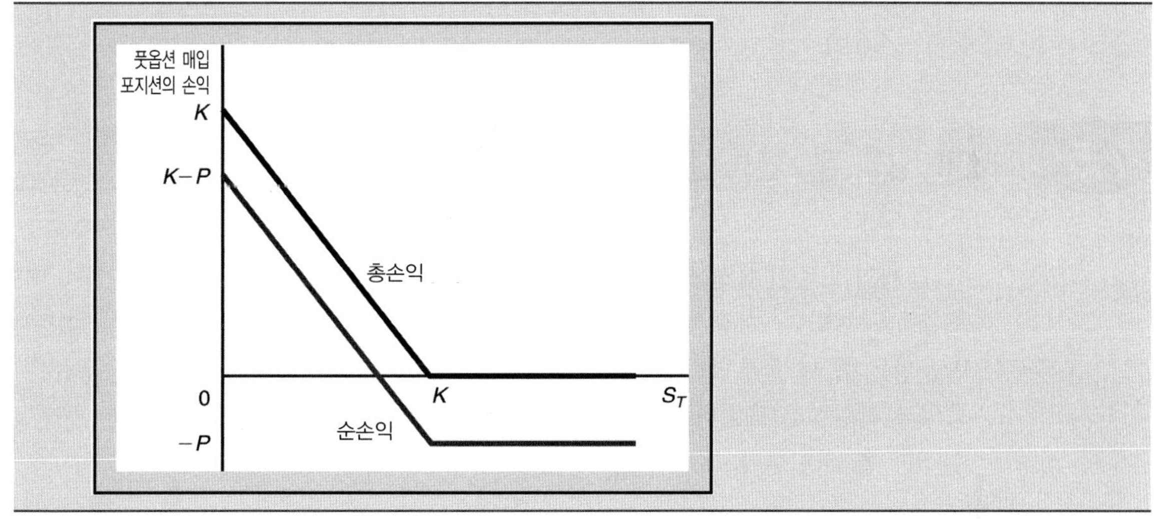

그림 7.4
풋옵션 매도포지션의 손익

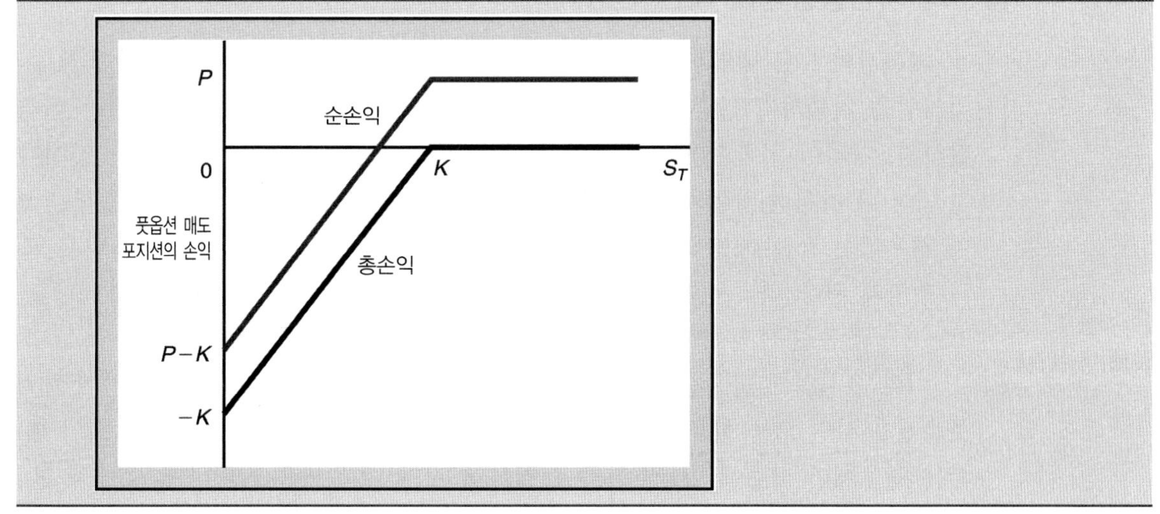

따라서 매입포지션의 손익은 다음과 같다.

$$-\max\{K-S_T,\, 0\} = \min\{S_T-K,\, 0\} \tag{7.4}$$

[그림 7.3과 7.4]는 이러한 손익을 나타낸다. 매입포지션의 손익은 $S_T < K$일 경우는 -1의 기울기를 보이고(S_T가 $1 증가할 때마다 $1씩 감소) $S_T \geq K$일 경우는 기울기가 수평이다. 매도포지션의 손익은 $S_T < K$일 경우는 $+1$의 기울기를 보이고(가격이 $1 증가할 때마다 $1씩 손실이 감소) $S_T \geq K$에서는 수평이다.

7.5 시장 방향 및 변동성에 대한 전망으로서의 옵션

개개의 노출된 옵션(naked option)의 각 포지션은 시장 방향 및 시장 변동성에 대한 전망의 고유한 조합을 구현한다. 시장 방향은 가격의 방향을 의미한다(가격이 올라가는가 아니면 내려가는가?). 시장 변동성은 좀 더 불투명한 개념으로 추후에 본격적으로 정의할 것이므로 당분간은 변동성을 가격변동의 불확실성을 측정하는 척도로 생각할 수 있다. 즉, 더 많은 변동성은 더 큰 가격변동이 발생할 수 있음을 의미한다.

옵션과 시장방향성에 대한 전망

콜옵션의 모든 매입포지션은 반드시 강세시장을 전망한다. 콜옵션을 사면 오늘 현금으로 옵션프리미엄을 지불하고 나중에 계약의 행사가격보다 가격이 상승하는 경우에만 현금을 받는다. 달리 말하면, 가격이 하락한다는 생각이 든다면 결코 콜옵션을 매입하지 않을 것이다.

그러나 가격 인상에 대해 낙관적인 전망이라면 K의 행사가격으로 풋옵션을 발행할 수도 있다. 이 경우에는 오늘 옵션 프리미엄을 받게 되며, 가격이 예상대로 동작하면 받은 프리미엄을 이익으로 취하게 된다. 따라서 가격이 인상될 것이라는 강한 믿음이 있다면(가격이 하락할 것이라고 생각하지 않는 한) 풋옵션을 발행하는 것은 의미가 있다.

이와 유사하게 콜옵션의 매도와 풋옵션의 매입포지션은 모두 시장방향에 대해 약세 전망이다. 풋옵션을 사면 오늘 현금으로 지불한 후 기초자산의 가격이 내려가고 풋옵션이 내가격(in-the-money) 되는 경우에만 나중에 현금흐름을 수취하게 된다. 콜옵션을 발행하면 오늘 옵션 프리미엄을 받은 후 가격이 오르지 않는 한 받은 프리미엄을 보유하게 된다. 두 전략 모두 가격 하락이 예상된다면 수익성이 있지만 가격이 올라간다고 믿는다면 적절하지 못하다.

표 7.4
노출된 옵션과 시장방향전망

시장방향성	
강세전망	약세전망
콜옵션 매입 풋옵션 매도	풋옵션 매입 콜옵션 매도

이 점은 [표 7.4]에 잘 요약되어 있다. 이 표는 수평적 시장을 제3의 대안으로 고려하지 않음으로써 문제를 다소 단순화시킨다. 수평적 시장을 예상하는 경우에는 옵션을 발행하는 것은 수익성이 좋은 전략일 수 있다(당신은 당신의 프리미엄을 이익으로 취할 수 있다). 그러나 옵션을 매입하는 것은 그렇지 못하다.

물론 콜옵션 매입과 풋옵션 매도포지션은 모두 강세전망 전략이지만 생성되는 현금흐름에는 중요한 차이가 있다. 콜옵셔 매입은 보험을 구입하는 것과 유사하다. 현금흐름 유출은 유한한 금액이며 선불로 지불되지만, 현금흐름 유입은 불확실한 크기이며 만기 또는 행사 시점에서만 발생한다. 풋옵션 매도포지션은 보험 판매와 같다. 현금흐름 유입은 알려져 있고 한정된 금액이지만 현금흐름 유출은 불확실한 크기이며 옵션 만기일이나 행사시에만 발생한다. 콜옵션 매도와 풋옵션 매입포지션의 현금흐름 간에 유사한 비교가 가능하다.

옵션 및 변동성

옵션에서 "옵션선택성(optionality)"의 존재는 옵션은 변동성에 반응한다는 매우 유용한 특성으로 즉, 옵션의 가치는 옵션의 잔존 기간 동안 기초자산의 가격 예상에 대한 불확실성의 정도에 따라 달라진다.

간단한 예로 $K=100$의 행사가격으로 어떤 주식의 콜옵션이 있다고 가정하자. 우리는 S_T에 대한 두 가지 가능한 분포 하에서 옵션 손익을 비교한다. 먼저 S_T의 분포가 다음과 같이 주어진다고 가정 해보자.

$$S_T = \begin{cases} 110, & 1/2 \text{ 확률} \\ 90, & 1/2 \text{ 확률} \end{cases} \tag{7.5}$$

그러면 시점 T에서의 콜옵션 손익은 다음과 같다.

$$C_T = \begin{cases} 10, & 1/2 \text{ 확률} \\ 0, & 1/2 \text{ 확률} \end{cases} \tag{7.6}$$

이제 분포(distribution) (7.5)가 동일한 평균이지만 다음과 같은 확대된 범위의 가격(즉, 보다 큰 "변동성")을 갖는 형태로 수정되었다고 가정하자.

$$S_T = \begin{cases} 120, & 1/2 \text{ 확률} \\ 80, & 1/2 \text{ 확률} \end{cases} \tag{7.7}$$

그러면 시점 T에서의 옵션 손익은 다음과 같다.

$$C_T = \begin{cases} 20, & 1/2 \text{ 확률} \\ 0, & 1/2 \text{ 확률} \end{cases} \tag{7.8}$$

(7.6)과 (7.8)을 비교해 보면 두 번째 분포의 더 큰 변동성이 유리하다는 것이 분명하다. (7.8)의 손익은 분명히 (7.6)의 경우보다 우수하다. 콜옵션 구매자는 예상되는 불확실성이 분포 (7.5)보다는 변동성이 더 큰 분포 (7.7)에 의해 결정된다면 그 옵션에 대해 더 많이 지불할 의사가 있음이 분명하다. 즉, 변동성이 높으면 콜옵션의 가치가 높아진다.

직관적으로 변동성이 커지면 가격이 더 넓게 분산된다. 더 높은 가격과 낮은 가격이 모두 가능해진다. 콜옵션 보유자에게 높은 가격은 좋은 소식이다. 그것은 콜옵션이 행사 될 때 손익은 커지기 때문이다. 그러나 콜옵션 보유자가 단순히 콜옵션을 행사하지 않기로 선택할 수 있기 때문에 낮은 가격으로 인한 불이익은 없다. 따라서 콜옵션 보유자는 늘어난 변동성으로부터 이익을 얻는다.

풋옵션 매입포지션은 또한 변동성으로부터 이익을 얻는다. 동일한 예를 계속하면, 옵션의 행사가격이 100인 보유자의 손익은 S_T의 분포가 (7.5)와 같다면 다음과 같이 주어진다.

$$P_T = \begin{cases} 0, & 1/2 \text{ 확률} \\ 10, & 1/2 \text{ 확률} \end{cases} \tag{7.9}$$

반면에 S_T의 분포가 보다 변동성이 큰 형태 (7.7)라면, 풋옵션 소유자에 대한 손익은

$$P_T = \begin{cases} 0, & 1/2 \text{ 확률} \\ 20, & 1/2 \text{ 확률} \end{cases} \tag{7.10}$$

다시 말하면 변동성이 큰 분포는 옵션 보유자에 대한 우수한 손익구조로 해석된다. 풋옵션 매입자는 예상된 불확실성이 (7.5)보다는 분포 (7.7)에 의해 주어진다면 그 풋옵션에 더 많이 지불하고자 할 것이다.

물론 옵션선택성(optionality)이 이 시점에서 매우 중요하다. 옵션의 선택성이 없으면 변동성 증가의 불이익을 피할 수 없다. 이 예에서 매입포지션의 소유자는 120으로 가격이 인상되면 더 큰 혜택을 누릴 수 있는 반면 80까지 하락하면 더 큰 손실을 보게 된다.

증가한 변동성이 옵션 보유자에게 유리한 것과 마찬가지로 옵션 발행자는 더 불리하게 만든다. 더 큰 가격변동은 옵션 발행자가 옵션이 행사됨으로 인하여 더 많은 손실을 보는 반면에 옵션이 행사되지 않는 다른 방향의 가격변동으로 인해 얻은 이익은 없다는 것을 의미한다. 따라서 옵션 발행자는 낮은 변동성을 선호한다.

표 7.5
노출된 옵션과 변동성전망

변동성	
변동성 강세전망	변동성 약세전망
콜옵션 매입	풋옵션 매도
풋옵션 매입	콜옵션 매도

표 7.6
노출된 옵션과 시장방향 및 변동성전망

		시장방향성	
		강세전망	약세전망
변동성	강세전망	콜옵션 매입	풋옵션 매입
	약세전망	풋옵션 매도	콜옵션 매도

변동성에 대한 전망으로서의 옵션

지금까지 본 관찰은 모든 노출된 옵션 포지션이 변동성에 대한 전망을 내재화하고 있음을 보여준다. 콜옵션 매입이든 풋옵션 매입이든 옵션의 매입포지션은 반드시 변동성에 대한 강세 전망이다. 이러한 입장은 변동성이 증가할 때 가치가 증가하고 변동성이 감소하면 가치가 감소한다. 옵션 매입포지션은 결과적으로 변동성의 매입포지션으로 볼 수 있다. 마찬가지로 콜옵션 매도 또는 풋옵션 매도와 같은 옵션 매도포지션은 변동성에 대한 약세전망이고 변동성의 매도포지션이다. 이와 같은 포지션은 변동성이 감소하면 풋옵션가치가 상승하고 그 반대도 마찬가지이다. [표 7.5]는 이러한 관찰을 요약한 것이다.

[표 7.4]와 [표 7.5]의 정보를 결합하면 노출된 옵션의 각 포지션의 역할을 위험관리 관점에서 분류할 수 있다. [표 7.6]은 전체적인 윤곽을 보여준다. 그것은 각 노출된 옵션 포지션이 변동성과 시장방향에 대한 전망의 고유한 조합에 해당함을 보여준다. 예를 들어, 콜옵션 매입과 풋옵션 매도 모두 방향성에 대해 강세전망의 위치에 있지만 콜옵션 매입 하나만이 기초자산의 변동성 증가로부터 이익을 얻는다. 풋옵션 매도는 변동성이 커지면 가치를 잃는다. 그러므로 변동성과 시장방향 모두에 대한 강세전망은 콜옵션 매입포지션을 가리키며, 반면 시장방향에 대해 강세전망인 반면 변동성에 대해서는 약세전망을 보이는 것은 풋옵션 매도를 의미한다.

선도, 선물 및 현물과 옵션의 관계

옵션 변동성 관계는 현물이나 선물의 포지션과 옵션 간의 근본적인 차이점을 강조한다. 우리는 현물 또는 선물과 함께 방향성에 대한 견해를 활용할 수도 있다. 이 문맥에서 옵션에 대해 유일한 것은 없다. 우리가 시장방향에 강세전망을 한다면, 우리는 현물 또는 선물 및 선도에서 매입포지션을 활용할 수 있다. 가격이 오르면 세 가지 경우 모두 이득을 얻을 것이다. 우리가 시장방향에 약세

전망이라면, 우리는 현물이나 선물 또는 선도에서 매도포지션을 취할 수 있다. 가격이 하락하면 세 경우 모두가 이득을 볼 것이다.

그러나 현물, 선물 또는 선도를 사용하여 변동성에 대한 견해를 통합하는 분명한 방법은 없다. 세 가지 모두 선형 보상을 가져오는 도구이다. 옵션이 변동성에 반응할 수 있게 하는 것은 옵션 손익의 비선형성이다. 실제로 옵션은 또한 우리가 시장방향에 중립적이지만 변동성에 대한 분명한 전망이 있는 순수 변동성을 허용한다. 스트래들(straddle)과 같은 포트폴리오(8장에서 설명)가 바로 그러한 전략의 예라고 할 수 있다.

7.6 연습문제

1. 미국식 옵션과 유럽식 옵션의 차이점은 무엇인가?
2. 옵션의 맥락에서 다음과 같은 용어를 설명하라.
   롱, 숏, 콜, 풋, 미국식, 유럽식, 내가격, 외가격, 등가격, 행사가격, 보유자, 발행자, 판매자, 만기, 프리미엄, 장외거래, 거래소(장내)거래
3. "버뮤다" 옵션은 무엇인가?
4. 왜 풋옵션 매입이 주식 매도포지션에 있는 것과 비슷한가?
5. 선도 계약과 옵션의 주요 차이점은 무엇인가?
6. 장외(OTC) 계약과 장내(거래소) 거래의 차이점은 무엇인가?
7. 내재(embedded) 옵션이 포함된 것으로 생각할 수 있는 유가 증권 목록을 작성하라. 각 내재 옵션에 대해 위험의 기초 원천을 명시하라.
8. 거래소와 장외시장에서 제공되는 옵션 계약의 예를 제시하라.
9. 옵션이 보험 계약과 같은 이유를 설명하라. 선물 계약과 다른 점은 무엇인가? 선도계약처럼 헤지 목적으로 미래와 같은 옵션을 사용할 수 있는가?
10. 주식가격이 하락하고 주가의 변동성이 감소한다고 생각할 경우, 노출된(naked) 옵션의 어떤 포지션을 채택하게 될 것인가?
11. 일반적으로 옵션의 가치가 변동성에 따라 증가하는 이유는 무엇인가? 손익 그림의 어떤 기본적인 특징이 이 결과를 낳게 되는가?
12. 옵션의 손익과 가격의 차이를 설명하라. 콜옵션과 풋옵션에 대한 손익 계산 공식을 적어 보라. 옵션의 "총손익"과 "순손익"의 차이는 무엇인가(일반적인 용도로 널리 적용됨)? 어떤 개

념이 옵션가치의 평가에 더 가치 있다고 생각하는가? 왜 그러한가?

13. 행사가격이 100에서의 콜옵션의 매도포지션에 대한 총손익 그림을 그려보라. 또한 콜옵션과 동일한 행사가격 및 만기의 풋옵션 매입포지션에 대한 총손익 그림을 그려보라. 이 그래프를 동일한 축에 중첩하여 콜옵션과 풋옵션 포트폴리오를 위한 총손익 그림을 만들어 보라. 이 포트폴리오와 동일한 손익 그림을 갖는 증권에 대해 알고 있는가?

14. 어떤 종류의 옵션이 수의상환채권에 내재되어 있는지 설명하라. 이 옵션으로 누가 혜택을 받는가? 당신의 대답에 기초하여 수의상환채권은 다른면에서는 동일한 채권보다 가격이 높게 책정되는가? 아니면 낮게 결정되는가?

15. 전환사채 및 수의상환채권에는 어떤 옵션이 존재하는지 설명하라.

16. 수의상환채권을 보유하고 이자율의 변동성이 커지면 보통 이와 같은 채권의 가치에 대해 어떤 변화가 일어난다고 생각하는가?

17. 당신이 전환사채를 보유하고 주가 변동성이 감소한다면, 다른 변동사항이 없는 경우 채권 가치에 미치는 영향은 무엇인가?

18. 콴토(교차통화) 옵션은 옵션에 두 가지 출처의 가격 위험이 포함된 옵션이다. 콴토(quantos)는 이색 옵션에 대한 장에서 논의된다. 예를 들어, 니케이 주가지수(엔화로 표시됨)에 대한 풋옵션을 매입하는 경우이지만 옵션의 행사가격은 달러로 표시된다. 그러한 옵션에서 여러 가지 위험요인이 무엇인지 설명하라. 각 위험요인에 대해 옵션의 가치가 증가하려면 어느 방향으로 움직여야 하는지 명시하라.

19. 미국 주식시장에서 유럽 투자자는 행사가격이 유로화로 정해진 S&P 500 지수에 대한 콴토를 사고 싶어한다. (quanto의 정의에 대해서는 이전 질문을 보아라.) 왜 투자자가 그러한 옵션을 원하게 되는지 설명할 수 있는가? 또한 S&P 500에 대한 기본형 콜옵션보다는 주가 지수에 대한 콴토 콜옵션을 사면 투자자가 어떠한 위험을 헤지할 수 있는지 설명해보라.

20. 당신이 석유관련 화학물질을 재료로 사용하는 소비자 제품을 제조하는 사업을 하는 경우, 유가 위험이 발생할 수 있다. 사우디 아라비아에서 석유를 주문하고 대개 사우디 리얄로 대금을 지불한다고 가정하자. 당신은 리얄 가치의 상승이 이 사업의 수익성에 미치는 영향을 우려하고 있다.
    (a) 석유 구매의 위험을 헤지하기 위해 선물 계약을 어떻게 사용하겠는가?
    (b) 위험을 헤지하기 위해 어떤 유형의 콴토 옵션을 사야 하는가? (콴토의 정의에 대해서는 질문 18을 참조하라.)

21. 종업원 스톡 옵션은 경과기간이 충분하지 않아 옵션의 소유권이 완전 양도되지 않은 경우 종업원이 퇴직하였다면 종업원이 옵션을 현금화할 수 없다는 점에서 기본형 콜옵션을 초과

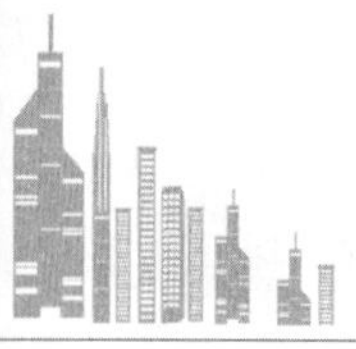

하는 추가 위험을 가지고 있다. 그러나 옵션 소유권이 완전 양도되어 퇴직시에 즉각적인 행사가 가능하다면 보통 미국식 옵션 거래만큼 가치가 있어야하지 않겠는가? 설명하라.

22. 마켓타이머(market timer)는 하나의 시장과 다른 시장을 서로 바꿔치기함으로써 포트폴리오 성과를 최적화할 수 있도록 주식과 채권 간의 자금 배분을 변경하는 거래자이다. 물리적으로 두 시장에서 거래하는 것이 아니라 옵션을 사용하여 내년에 채권 또는 주식시장에서 최고의 손익을 얻고자 한다면 이 결과를 제공할 수 있는 옵션을 제안해 보라. (옵션의 조건을 자유롭게 정의하라.) 어떠한 요소들이 이 옵션의 가치를 결정짓는다고 보는가?

부록 7A 옵션시장

이 부록에서는 세계의 옵션시장과 그 특성을 간략히 소개한다. 선물이나 선도와 마찬가지로 옵션은 크게 두 유형으로 구분된다. 첫째는 잘 조직된 거래소에서 매매가 이루어지는 장내옵션이다. 이러한 종류의 옵션은 선물계약과 같이 만기일이나 행사가격 등과 관련하여 표준화된 계약조건과 증거금 요구사항 등이 있다. 둘째는 장외(over-the-counter: OTC) 옵션이다. 이 유형은 선도계약이나 거래상대방의 요구조건에 맞춘 쌍방협정 등과 같은 유형이다.

옵션시장: 규모와 구성

2012년 세계 옵션과 파생상품시장의 개관이 [표 7.7]에 잘 나타나 있다. 이 표에서 보여 주는 수치는 전세계에 흩어진 장내 및 장외시장에서 발생한 명목발행총액을 의미한다. 이 표에 의하면 전세계 옵션시장의 명목 발행액의 총합계는 100조 달러에 조금 못 미치고, 장외시장이 개략적으로 장내시장의 두 배 규모에 이른다. 그러나 이 두 조합의 수치는 완전히 비교 가능한 동일한 기준에 의한 것이 아님을 유의하기 바란다. 장외시장에서는 종종 원 계약을 취소하는 것이 아니라 다른 거래상대방과 새로운 계약을 체결함으로써 거래를 청산한다. 그 결과 명목발행금액이 실제보다 증가하게 된다. 예를 들면, 은행 A가 은행 B와 거래를 시작하고 나서 차후에 은행 C와 반대거래를 함으로써 원 거래를 청산하는 것이다. 반면에 장내거래는 모든 계약이 거래소를 통하여 이루어지므로 투자가에 의해 기존계약을 청산하는 경우도 명목발행금액을 증가시키지 않는다.

표 7.7
전세계 파생상품과 옵션시장의 규모

이 표는 전세계 파생시장 및 옵션시장의 규모를 유형별로 표시하고 있음. 통계치는 국제결제은행(Bank for International Settlements) 웹사이트 www.bis.org에서 수집한 것임. 두 열의 수치는 2012년 6월 기준 장외파생상품 시장과 2012년 9월 기준 장내 파생상품 시장의 명목발행총액을 나타내는 것임.

유형	장외시장	거래소시장
통화파생상품	66,645	343
통화옵션	11,094	108
주식관련 파생상품	6,313	3,761
주식옵션	4,434	2,574
금리파생상품	494,018	52,343
금리옵션	50,314	28,800
상품파생상품	2,993	–
상품옵션	811	–
기타파생상품	68,959	–
총파생상품	**638,928**	**56,448**
총옵션	**66,653**	**31,482**

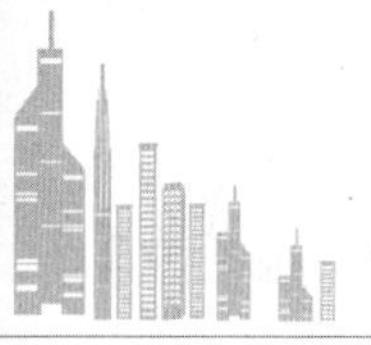

그럼에도 불구하고 이 표는 몇 가지 시사하는 바가 큰 점이 있다. 우선 금리 또는 금리민감형 증권에 대한 옵션은 전세계 옵션시장에서 가장 큰 비중을 차지하고 있으며, 명목발행액에 있어 장외옵션시장의 75%와 장내시장의 90%를 점한다.

둘째로, 통화옵션은 주로 장외시장에서 거래됨에 따라 장내 통화옵션 시장에 비해 장외시장의 명목발행액이 100배 규모이다.

이하 본 부록에서는 장내 및 장외옵션의 세부 사항을 주요 구성요소와 양자의 차이점을 중심으로 설명할 것이다.

장내옵션(Exchange-Traded Options)

옵션은 전세계 여러 거래소에서 매매되고 있으며 북미, 유럽 및 일본 등 전통적으로 선진 증권시장뿐 아니라 브라질, 인도, 이스라엘, 한국과 싱가포르 등지에서도 옵션은 활발히 거래되고 있다. 거래소에서 매매되는 장내옵션은 주식, 통화 및 선물 등 여러 종류의 기초자산에 대하여 발행되고 있는 실정이다.

주식옵션(Options on Equities)

주식에 대한 장내옵션은 세 가지 형태로 발행된다. 첫 번째는 개별 주식을 기초자산으로 하는 옵션이다. 예를 들면, 시카고 옵션 거래소(CBOE)는 1,500 종목의 미국 주식과 미국 예탁증서(American depository receipts: ADRs)에 대한 옵션을 제공하고 있고, 뉴욕 증권거래소(NYSE)의 Liffe는 300 종목이 넘는 유럽 주식에 대한 옵션을 발행하며, 도쿄 증권거래소에서는 150여개 종목의 개별 주식에 대한 옵션을 취급하고 있다. 개별 주식을 기초자산으로 하는 옵션은 대개 미국식 옵션형태로 거래된다.

두 번째 유형은 주가지수에 대한 옵션이다. S&P 500 지수를 비롯한 여러 가지 지수에 대한 옵션이 시카고 옵션거래소(CBOE)에서 거래된다. FTSE-100에 대한 옵션은 Liffe에서 거래되며, 유럽 증권거래소(Eurex)는 스위스, 핀란드 및 독일 주식시장지수에 대한 옵션을 취급하며, Nikkei-225는 오사카와 여타 일본 증권시장에서 거래된다. 거래 건수로 볼 때 세계에서 가장 활발하게 거래가 이루어지고 있는 파생상품의 하나는 한국증권거래소의 KOSPI-200 옵션계약이다. 지수옵션에는 미국식과 유럽식 옵션 두 가지 방식이 모두 가능하다. 예를 들면, 시카고 옵션거래소(CBOE)의 S&P 100 지수옵션은 유럽식과 미국식 옵션으로 모두 거래되는 반면, 그것의 S&P 500 지수옵션은 유럽식으로 발행된다.

셋째로, 주식에 대한 옵션익스포져(option-exposure)는 지수선물에 대한 옵션을 통하여 통제될 수 있다. 이와 같은 주제는 아래 "선물옵션"에서 논의하도록 한다.

통화옵션(Options on Currencies)

전세계 많은 증권거래소에서 외국환에 대한 옵션을 거래하고 있다. 미국의 경우는 시카고 상업거래소(CME)에서 호주 달러, 브라질 헤알, 영국 파운드, 유로, 이스라엘 세켈, 스위스 프랑 및 일본 엔 등 여러 외국 통화에 대한 선물이 거래되고 있다. 통화선물은 유럽식과 미국식이 모두 가능하다.

선물옵션(Options on Futures)

선물옵션은 선물계약을 기초자산으로 삼으며, 필연적으로 미국식 옵션이다. 선물 콜옵션의 소유자는 옵션계약에 명기된 행사가격으로 선물계약을 매입할 수 있는 권리를 갖게 된다. 그와 같은 권리를 행사한다면, 콜옵션 소유자는 (a) 기초 선물계약의 매입포지션을 획득할 뿐 아니라 (b) 현재 선물가격이 옵션 행사가격을 초과하는 부분의 현금정산(cash settlement)을 선물의 증거금계좌(margin account)로 받게 된다.

이와 유사하게 선물 풋옵션의 소유자는 옵션계약에 명기된 행사가격으로 선물계약을 매도할 수 있는 권리를 갖게 된다. 그와 같은 권리를 행사한다면, 풋옵션 소유자는 (a) 기초 선물계약의 매도포지션을 획득하는 동시에 (b) 옵션행사가격이 현재 선물가격을 초과하는 부분의 현금정산을 선물의 증거금계좌(margin account)로 받게 된다.

표 7.8 월스트리트 저널의 옵션가격

마이크로소프트(MSFT)							기초주식가격: 27.25
		콜옵션			풋옵션		
만기	행사가격	종가	거래량	총발행액	종가	거래량	총발행액
Apr	5.00	22.30	46	484	–	–	–
Apr	22.50	4.83	14	13154	–	–	35087
Oct	22.50	5.40	160	4348	–	–	13500
Apr	25.00	2.35	256	38786	0.05	5	53804
Jul	25.00	2.70	21	20680	0.20	436	9302
Apr	27.50	0.20	3686	154002	0.35	2894	54901
May	27.50	0.50	14870	29471	0.65	7340	21191
Jul	27.50	0.90	954	96304	0.85	140	64638
Oct	27.50	1.43	46	29839	1.05	355	22473
Apr	30.00	0.05	4	122309	2.70	364	743
Jul	30.00	0.20	265	94110	2.70	981	7498
May	42.50	–	–	–	15.20	602	300
May	42.50	–	–	–	17.70	602	300

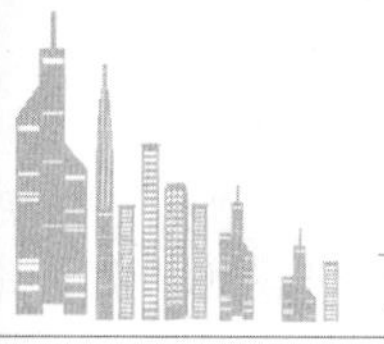

어떤 선물계약도 계약에 이를 근거로 한 옵션계약을 가질 수 있지만, 실제 대부분의 선물계약옵션은 금리나 채권의 선물계약 또는 주가지수 선물계약을 기초자산으로 택한다. 전자의 경우는 금리옵션 유형으로 분류되어 처리되는 반면, 후자는 주가연동 옵션에 포함된다. 거래소에 있는 거의 모든 장내 금리옵션은 금리 또는 채권선물에 대한 옵션의 형태를 취하고 있다.

장내 옵션가격은 정기적으로 금융매체를 통하여 공시된다. [표 7.8]은 옵션가격의 전형적인 공시양식을 보여 준다. 이 표에 나타난 수치는 월스트리트 저널 웹사이트에서 수집한 것으로 2006년 4월 7일 마이크로소프트의 옵션가격에 대한 정보를 알려 주고 있다.

- 표에서 첫 번째와 두 번째 열은 옵션에서 가능한 만기 월과 행사가격의 조합을 제시하고 있다. 예를 들면, 마이크로소프트에 가능한 행사가격이 $27.50인 콜과 풋옵션의 만기는 4월, 5월, 7월과 10월이 있다.
- 셋째 열은 각 행사가격과 만기에 해당하는 콜옵션의 가격을 표시하며, 여섯째 열은 동일한 조합의 풋옵션가격을 보여주고 있다. 예를 들면, 행사가격이 $27.50인 10월 만기 콜옵션 단위 원가는 $1.43이며, 이에 해당하는 풋옵션의 경우는 $1.05이 된다. 각 옵션계약은 마이크로소프트 100주를 사거나 팔 수 있는 권리를 의미하므로 행사가격이 $27.50인 10월 만기 콜옵션 계약은 가격이 $143이며, 행사가격이 $27.50인 10월 만기 풋옵션계약은 $105의 가치를 지닌다.
- 네 번째와 일곱 번째 열은 특정 날짜에 거래되는 계약의 규모를 표시하고 있다. 행사가격이 $27.50인 5월 옵션계약은 콜이나 풋옵션 각각 14,870건 및 7,340건으로 가장 많은 거래량을 기록한 것으로 나타난다. 여기에서 $27.50의 행사가격은 당일 마이크로소프트의 주가인 $27.25에 가장 근접한 행사가격임을 유의하기 바란다. 옵션거래량은 만기의 범위 중 최단기 지점 등가격 최근접 지점에서 최대화되는 것이 일반적인 현상이다.
- 끝으로 다섯째와 여덟째 열은 각 만기-행사가격 유형에 해당하는 총 발행계약 규모를 보여준다.

장외옵션(Over-the-Counter Options)

옵션의 장외시장 규모는 매우 큰 편이다. 거래소를 통한 장내옵션과 마찬가지로 장외옵션 또한 주식, 주가지수, 통화 및 금리 민감형 금융상품을 기초자산으로 삼고 있으나 내용 면에 있어서 다소 상이한 점들이 있다.

첫째, 대부분 장내 옵션은 콜과 풋옵션의 기본형(plain vanilla)을 취급하지만, 장외시장에서는 여러 다양한 형태의 이색 옵션(exotic option)이 거래되고 있다. 간단히 말하면 이색옵션이란 본 장에서 앞서 정의한 기본형의 옵션이 아닌 것을 말한다. 이와 같은 옵션은 옵션의 행사 시기나 손익의 결정

방법 등에서 기본형 옵션과 차이가 있다. 어떤 이색옵션은 이 점에서 기본형 옵션보다 매우 복잡하지만, 오히려 더 단순한 형태를 취하는 경우도 있다. 이색옵션에 관하여는 18장과 19장에서 자세한 설명과 분석을 보여 줄 것이다.

둘째, 거래소 내에서 통용되는 금리관련 옵션은 보통 금리선물 및 채권선물의 옵션 형태를 취하는 반면, 장외 금리옵션은 대부분 직접 런던은행간 대출이자율인 Libor와 같은 특정금리를 기준으로 발행되고 있는 현실이다. 예를 들면, 캡(caps)이란 해당 계약에 명시된 행사 금리를 초과하는 이자율의 증가로부터 옵션 소유자를 보호하는 금리옵션의 조합을 말한다. 이와 유사하게 플로어(floors)는 행사가격에 해당하는 금리 이하로 이자율의 하락으로부터 옵션 소유자를 보호한다. 즉, 투자자들이 이자율 하락으로 인한 손실을 방지할 수 있는 보험을 제공하는 셈이다. 스왑션(swaptions)은 고정금리로 스왑을 허용하는 옵션이다. 물론 이 밖에도 여러 종류의 이색 금리옵션이 존재한다.

내재옵션(Embedded Options)

옵션시장에 대한 어떠한 논의도 내재옵션(embedded option)과 연관된 다양한 금융상품을 논하지 않고서는 온전히 설명할 수 없다고 하겠다. 대표적인 예로 수의상환채권(callable bond)을 들 수 있는데, 이것은 계약에 명시된 가격에 현 소유자로부터 채권을 되살 수 있는 권리를 발행자에게 부여한 채권이다. 이와 같은 특성을 갖는 수의상환채권은 금리가 하락하면 싼 이자율로 차환(refinance)할 수 있는 융통성을 갖기를 원하는 기업이나 여타 채무자들이 종종 활용하는 상품이다.

미국 부동산담보대출(US mortgage)은 기업보다 가계수준에서 수의상환채권(callable bond)의 실례를 보여준다. 미국의 주택 소유자들은 조기상환 수수료 없이 언제든지 대출금을 중도 상환할 수 있는 권리를 가진다. 이와 같은 권리는 매우 유용한 것으로 금리가 하락하는 기간에 많이 행사된다. 즉, 주택소유자는 원 담보대출금을 상환하고 현재 저렴한 금리로 새로운 담보대출을 일으키는 것이다. 이것은 채무자 즉, 부동산 담보채권의 발행자에게 언제든지 대출채권을 액면가로 되살 수 있는 권리가 있는 콜옵션을 효과적으로 보유하고 있는 것을 뜻한다.

다소 복잡한 내재 옵션의 예로 전환사채(convertible bond)를 들 수 있는데, 이는 채권 소유자에게 보유채권을 기초가 되는 기업의 특정 단위의 주식으로 전환할 수 있는 권리를 부여하는 채권이다. 전환사채는 매우 빈번히 발행자에게 수의상환이 허용된다. 따라서 계약의 쌍방 모두 옵션을 가지고 있게 되어, 즉 채권 매입자는 전환권을 가지고 있고 발행자는 콜옵션을 보유함으로써 한 옵션의 행사는 다른 옵션을 무효화시킨다. 이뿐 아니라, 전환사채는 매도권(puttable)의 행사가 가능하다. 즉, 특정 상황에서는 채권 소유자가 정해진 가격으로 채권을 다시 매도할 수 있는 권리를 갖기도 한다. 전환사채를 비롯한 다른 변형금융상품에 대하여는 21장에서 다시 논의하게 될 것이다.

옵션선택성이 부가된 금융상품은 최근 들어 급속히 확산 보편화되고 있다. 무엇보다도 이들 금융상품이 옵션이론에서 도출된 표준기법을 사용하여 분석되고 있는 점이 주목할 만하다. 한 예로,

수의상환채권은 두 가지 증권 즉, 일반채권과 그 채권의 콜옵션의 조합으로 간주된다. 따라서 수의상환채권의 매입자는 일반채권을 매입하고 그 채권의 콜옵션에 대한 매도포지션을 택한 것과 같고, 수의상환 채권의 발행자는 반대 포지션을 취한 것이다. 그러므로 가령 가격과 같은 수의상환채권의 속성은 일반채권 및 그 옵션의 특성을 통하여 확인할 수 있다.

옵션손익과 거래전략

8.1 서론

지난 장에서는 옵션 계약의 기본 용어를 정의하고 옵션을 "금융보험"으로 간략하게 설명하며 옵션 연구에 대한 변동성의 중심역할을 강조했다. 이 기초를 바탕으로 이번 8장에서는 옵션이 시장에 대한 관점을 포트폴리오에 결합시키는 역할에 대해 설명한다.

요컨대, 본 장의 내용은 위험관리 관점에서 옵션에 대해 특별한 점 즉, 옵션 없이 성취할 수 없는(또는 적어도 쉽게 달성할 수 없는) 옵션으로 달성할 수 있는 사안들에 대한 예시로 설명될 수 있다. 8.2～8.5절에서는 시장에서의 특정 전망을 반영하기 위해 포트폴리오에 옵션을 추가하거나 결합할 수 있는 방법을 보여주는 몇 가지 표준 포트폴리오(또는 "거래 전략")를 살펴볼 것이다. 우리는 이 장을 마무리하면서 1990년대의 대표 금융 스캔들 중 하나인 베어링은행의 사례에 대해 논의할 것이다.

8.2 거래 전략 I : 보호된 콜옵션(covered calls)과 방어적 풋옵션(protective puts)

이 장에서 사용된 용어인 "거래전략"은 주어진 기초자산에 대한 옵션과 자산 자체의 포지션 및 현금(위험 부담 없는 투자/차입)과 결합된 포트폴리오로 구성된다. 옵션을 사용하는 많은 표준 거래 전략이 있는데 우리는 본 절과 다음 두 절에서 이들 여러 가지를 검토해 볼 것이다.

1. 보호된 콜옵션 및 방어적 풋옵션
2. 스프레드 : 강세형, 약세형, 나비형, 수평형
3. 조합 : 스트래들, 스트랭글, 스트립, 스트랩
4. 기타 : 칼라, 박스 스프레드, 비율 스프레드, 콘도

표 8.1

XYZ 옵션 : 옵션 거래 전략의 예

이 표의 숫자는 이 장에서 설명하는 다양한 거래 전략을 설명하는 데 사용된다. 이 표는 현재 100에 거래되고 있다고 가정한 가상의 주식(*XYZ* 주식)과 관련이 있다. 가격이 95, 100 및 105인 주식에 1개월 콜옵션 및 풋옵션이 제공된다. 이 옵션의 가격은 표에 나타나 있다.

행사가격	콜 가격	풋 가격
95	6.29	0.89
100	3.09	2.67
105	1.21	5.77

이 절에서는 보호된 콜옵션과 방어적 풋옵션 전략에 중점을 둔다. 8.3절은 스프레드를 살펴보고 8.4절은 조합을 살펴 볼 것이다. 모든 경우에 있어 핵심 쟁점은 시장방향과 시장변동성 모두에 대한 특정 전망을 반영하기 위해 포트폴리오에 옵션을 어떻게 결합시킬 것인가 하는 점이다.

우리는 일반적인 예를 사용하여 이 장에서 논의된 모든 거래 전략의 활용을 예시한다. 이 예제는 현재 100에 거래되고 있는 가상 주식(*XYZ* 주식)과 관련이 있다. 이 주식에 대해 1개월 풋 및 콜옵션이 있으며, 행사가격은 95, 100 및 105의 세 가지가 있다. 이러한 옵션의 가격은 [표 8.1]에 표시된 것과 같이 취해진다. 행사가격이 올라 갈수록 콜옵션가격은 하락한다(95에서 매입할 수 있는 권리는 100에서 매입할 수 있는 권리 이상의 가치가 있음). 반면 행사가격이 증가함에 따라 풋옵션의 가격은 상승한다(100에서 매도할 권리는 95에 매도할 수 있는 권리보다 더 귀중함).

보호된 콜옵션(Covered Calls)

보호된 콜옵션은 기초자산의 매입포지션과 해당 콜옵션의 매도포지션으로 구성된 포트폴리오이다. 이 용어는 옵션이 행사되는 경우 기초자산의 매입포지션이 콜옵션 발행자를 "보호하고" 있다는 관찰에서 유래된다.

만기에 보호된 콜옵션 포트폴리오에서 손익을 결정하기 위해 두 가지 시나리오를 고려하자.

1. $S_T \leq K$: 이 경우 콜옵션은 가치가 없다. 기초자산의 매입포지션은 물론 S_T의 가치가 있다. 따라서 보호된 콜옵션 포트폴리오의 가치는 단지 S_T이다.
2. $S_T \geq K$: 이 때는 콜옵션이 행사된다. 콜옵션 매도포지션은 $-(S_T - K)$의 가치가 있다. 기초자산의 매입포지션은 S_T의 가치가 있으므로 보호된 콜 포트폴리오의 가치는 $S_T - (S_T - K) = K$이다. 더 간략히 정리하면, 만기시 보호된 콜옵션 포트폴리오의 가치는 다음과 같이 표시될 수 있다.

$$\min\{S_T,\ K\} \tag{8.1}$$

[그림 8.1]은 이러한 결과의 값을 보여준다. 이것들은 총손익 개념이며, 옵션의 비용을 고려하지 않는다. 순이익을 얻으려면 옵션을 발행하기 위해 받은 초기 옵션 비용 C를 다시 추가해야 한다.

그림 8.1
보호된 콜옵션 손익

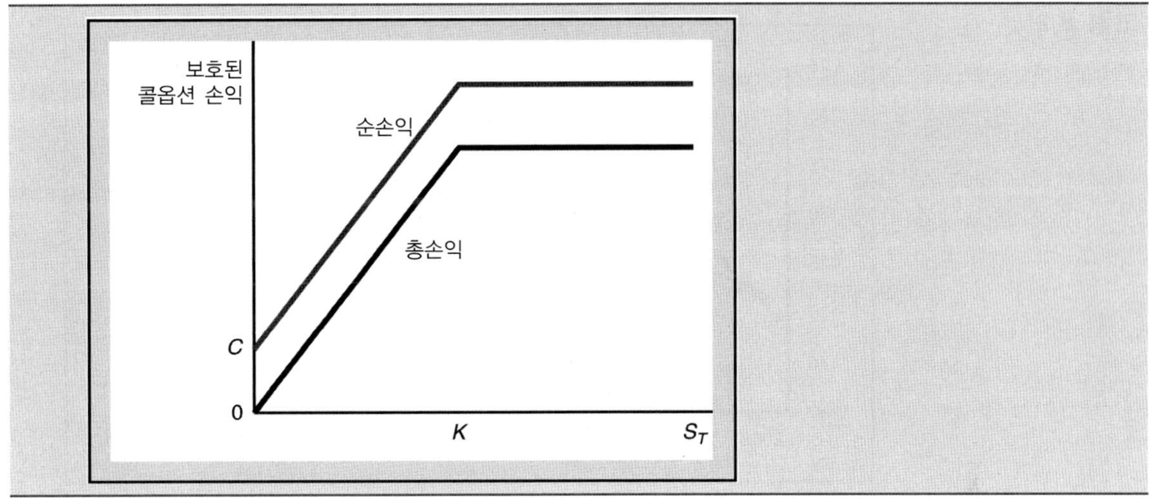

보호된 콜옵션 포트폴리오를 사용하는 이유는 무엇인가? 당신이 기초자산을 보유하고 당신이 시장이 수평적일 것으로 즉, 현재 수준을 유지할 것으로 기대한다고 가정해 보자. 그렇다면 당신의 예상하는 정지 상태의 손익은 0이다. 이 시장에서 콜옵션을 발행하면 옵션 프리미엄을 받게 되므로 정지 손익은 양수로 옵션 프리미엄과 같다. 시장에 대한 귀하의 견해가 유지되고 시장이 여전히 조성된다면 프리미엄 액수만큼 손익을 올리게 된다.

또한 포트폴리오는 어느 방향으로든지 가격의 작은 변화에 대해 불리하게 작용하지 않는다. 작은 가격 하락의 경우, 기초자산의 매입포지션의 가치 하락은 받은 옵션 프리미엄으로 상쇄된다. 작은 가격 상승의 경우, 콜옵션 매도포지션에서는 손실이 발생하지만 이 손실이 옵션 프리미엄에 포함되는 한 더 나은 결과를 낳는다.

그러나 보호된 콜은 명시적으로 변동성에 대한 매도포지션(실제로 그것의 손익은 풋옵션 매도포지션의 손익과 본질적으로 유사하다)이다. 이 포지션에서의 위험은 변동성이 예상보다 커질 수 있다는 것, 즉 어느 방향으로나 큰 가격변동이 있을 수 있다는 것이다. 프리미엄 금액 이상으로 가격이 오르면 옵션과 통합 할 때 그 포트폴리오는 악화된 결과를 가져온다. 가격이 급격히 떨어지면 옵션 프리미엄은 기초자산 매입포지션에서 초래한 손실을 상쇄하기에는 불충분할 수 있다.

이러한 모든 점의 예로서 [표 8.1]에서 *XYZ* 주식을 고려해 보자. 당신이 주식을 보유하고 다음 달에 100의 현재가격으로 주가변동이 수평일 것으로 기대한다고 가정하자. 이 예상을 기반으로 *XYZ*에 100의 행사가격이 있는 콜옵션을 발행한다. [표 8.1]에서는 3.09의 옵션 프리미엄이 제공된다. 이 프리미엄은 당신의 견해가 정확하고 주가변동이 수평적이라면 당신의 이익을 나타낸다. 또한 가격이 3.09(어느 방향 으로든) 미만으로 움직이는 한 콜옵션을 발행하는 것이 더 손익이 될 것이다. 그러나 가격이 3.09 이상으로 떨어지면 받는 프리미엄이 주식 손실을 충당하기에 충분하지 못하며 가격이 3.09 이상 상승하면 콜옵션을 발행하지 않는 것이 나았을 것이다.

그림 8.2

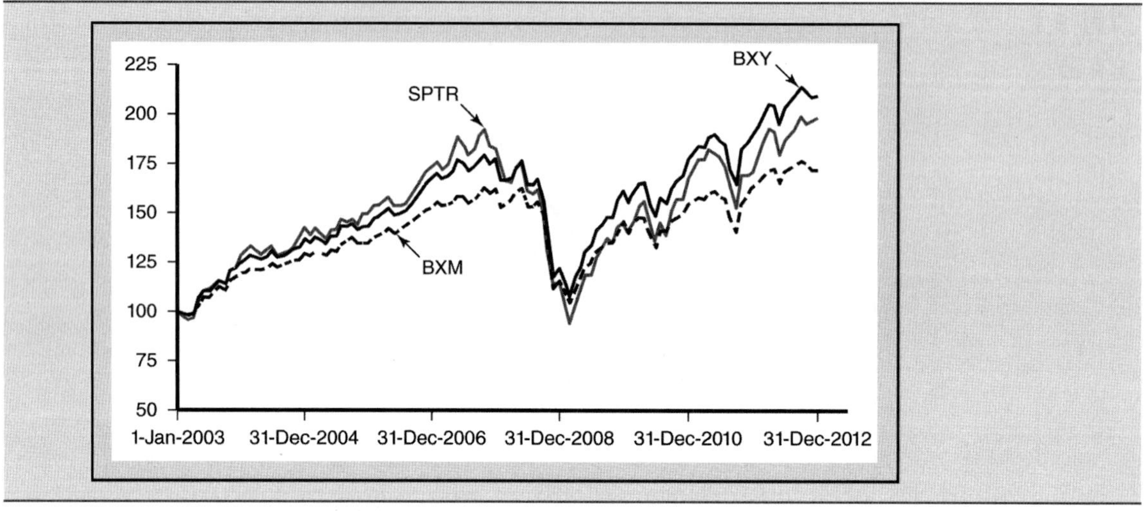

CBOE는 BXM과 BXY의 두 가지 보호된 콜옵션 지수를 구성했으며, 각각은 S&P 500 지수를 기초자산으로 사용한다. BXM은 "내가격" 보호된 콜옵션 인덱스이다. 매달 세 번째 금요일인 옵션 만료 전 마지막 거래일에 주가지수에 대한 1개월 내가격 콜옵션의 매도포지션과 함께 S&P 500에 대한 매입포지션을 취한다(CBOE의 옵션이 고정 가격으로 거래되기 때문에 제시가격으로 정확히 내가격인 행사가격을 찾지 못할 수도 있다. BXM은 현행 지수 수준 이상인 가장 가까운 값으로 BXM의 행사가격을 택한다). 이 포트폴리오는 만기까지 보유되며 인덱스의 모든 옵션 프리미엄과 배당금이 포트폴리오에 재투자 된다. 절차는 매월 반복되고 인덱스가 구성된다. BXY는 BXM과 동일하지만 2% 외가격 콜옵션을 사용한다. 이것은 프리미엄이 더 작고 쿠션도 작아지지만 지수가 2% 이상 상승할 경우에만 콜옵션이 내가격화 된다.

[그림 8.2]는 2003년 1월 1일부터 2012년 12월 31일까지의 10년간 S&P 500(SPTR로 표시)의 총수익률(SPTR로 표시)과 함께 두 지수의 동향을 보여준다(데이터는 http://www.cboe.com/micro/IndexSites.aspx 참조). 그림에서 알 수 있듯이 BXY는 이 기간 동안 110%의 누적 수익률을 기록했으며 98%의 SPTR이 뒤를 이었다. BXM은 누적 10년 수익률이 72%에 약간 못 미쳤다.

방어적 풋옵션(Protective Puts)

방어적 풋옵션 포트폴리오(PPP)는 기초자산에 대한 매입포지션과 풋옵션에 대한 매입포지션으로 구성된 포트폴리오이다. 방어적 풋옵션은 옵션의 고전적인 "보험" 형태이다.

옵션 행사시 PPP의 손익을 결정하기 위해 두 가지 시나리오를 고려해 보자.

1. $S_T < K$: 이 경우 풋옵션은 내가격이며 $(K - S_T)$만큼 손익이 발생한다. 기초자산의 매입포지션은 S_T의 가치가 있다. 그러므로 PPP의 가치는 $(K - S_T) + S_T = K$이다.

그림 8.3
방어적 풋옵션으로부터의 손익

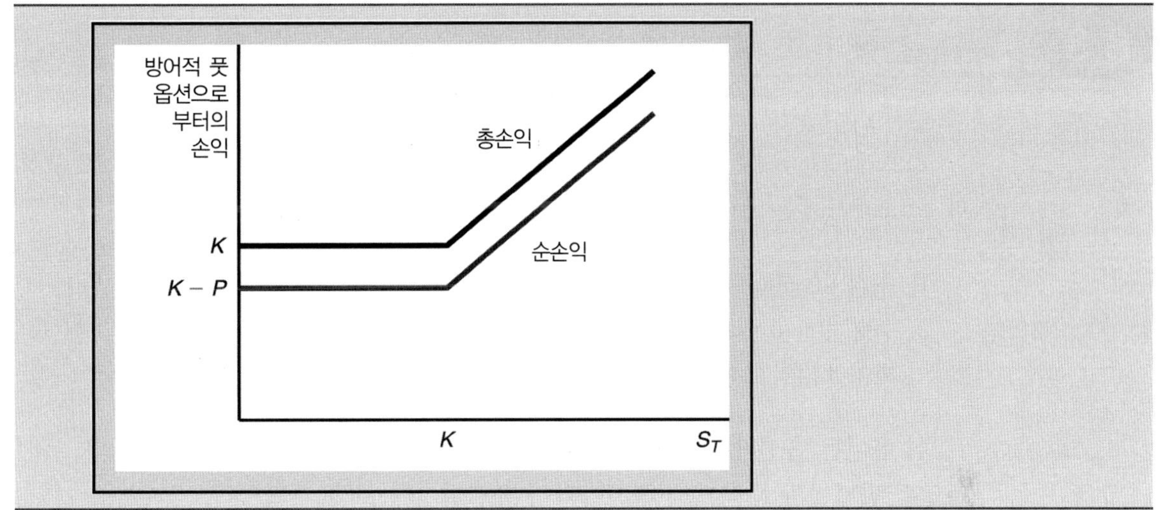

2. $S_T \geq K$: 이제 풋옵션은 가치가 없다. 주식 매입포지션은 S_T의 가치가 있다. 따라서 PPP는 S_T의 가치가 있다.

더 간단히 말하면 만기 시점의 PPP로부터의 손익은 다음과 같이 표시될 수 있다.

$$\max\{K, S_T\} \qquad \textbf{(8.2)}$$

[그림 8.3]은 이러한 손익 값을 그래프로 나타낸 것이다. 통상 이것은 총손익이다. 순손익을 얻기 위해서는 이러한 손익에서 옵션의 비용 P를 빼야 한다.

그림에서 알 수 있듯이 포트폴리오에 있어 방어적 풋옵션은 포트폴리오의 최저 가치를 보장한다. 직관적으로 기초자산을 보유하지만 우리는 또한 K에 기초자산을 판매할 권리를 보유한다. 기초자산의 가격이 K보다 높으면 이러한 손익상승을 유지한다. 그러나 기초자산 가격이 K보다 낮으면 옵션에서 권리를 행사하고 K를 받는다. 이것은 옵션의 고전적인 보험 형태이다. 획득한 보험의 수준은 풋옵션의 행사가격 K가 되며 포트폴리오의 최저 보장가치를 결정한다.

물론, 이 보험은 풋옵션에 대한 선행 수수료가 있기 때문에 무료가 아니다. 행사가격이 더 높을수록 풋옵션의 가격은 높아질 것이다. 예를 들어 [표 8.1]의 *XYZ* 주식 예제를 고려해 보자.

한 달 동안 *XYZ* 주식에 대해 100의 최저 가치를 보장 받으려면 2.67을 지불하고 행사가격 100의 풋옵션을 매입해야 한다. 만일 95수준의 다소 낮은 최저 보장가치를 기꺼이 받아들이려는 경우 보장비용은 0.89에 불과하다.

8.3 거래 전략 II : 스프레드(Spreads)

스프레드(spread)는 동일한 유형의 옵션(모두 콜옵션 또는 모두 풋옵션)으로 구성된 포트폴리오이다. 스프레드에는 두 가지 기본 종류가 있다.

1. 수직적(vertical) 스프레드는 옵션의 만기일이 동일하고 행사가격이 다른 스프레드이다.
2. 수평적(horizontal) 스프레드 또는 캘린더(calender) 스프레드는 옵션가격이 동일하지만 만기 날짜가 다른 옵션이다.

이 용어는 옵션가격이 금융 매체에 한 때 보고된 방식에서 연유된 것이다. 옵션가격은 수평으로 나열된 만기일과 수직으로 행사가격이 배열된 격자로 표시되었다. 따라서 만기일을 고정시키고 서로 다른 행사가격을 결합시키는 것은 격자의 열을 따라 수직으로 움직이는 것이 되는 반면, 행사가격을 고정시키고 서로 다른 만기의 옵션을 결합시키는 것은 격자의 행을 가로질러 수평으로 움직이는 것과 같다.

본 절에서는 강세형 스프레드, 약세형 스프레드 및 나비형 스프레드의 세 가지 기본적인 종류의 수직적 스프레드를 먼저 검토한다. 그런 다음 수평적 스프레드를 관찰할 것이다. 각 스프레드는 콜옵션 또는 풋옵션을 사용하여 설정할 수 있다. 아래의 각 사례에서 콜옵션 스프레드와 풋옵션 스프레드의 경우 모두를 논의한다.

강세형(Bullish) 수직적 스프레드: 의의

당신이 *XYZ* 주식에 대해 강세전망을 갖고 있다고 가정하자. 즉, 다음 달에는 현재 수준 100에서 주식가격이 올라갈 것으로 예상된다. 옵션을 사용하여 이 전망을 구현하기 위해 할 수 있는 두 가지 선택이 있다.

1. $K=100$의 행사가격으로 콜옵션을 살 수 있다.
2. $K=100$의 행사가격으로 풋옵션을 발행한다.

어느 쪽의 전략이라도 가격이 예상대로 오르면 이익을 얻을 수 있지만, 모두 손실의 위험이 있다. 첫 번째는 [표 8.1]에서 가격이 내려가면 3.09의 선급 현금지불이 회수 불가능한 손실이 된다. 두 번째 문제는 가격이 잘못된 방향으로 움직이는 경우, 상당한 손실이 모든 발행된 옵션 전략에서 발생한다. 이 경우 *XYZ* 주식의 가격이 크게 100 이하로 떨어지게 되는 상태가 이에 해당한다.

각각의 경우에 주어진 옵션을 다른 옵션과 결합하여 강세형의 수직적 스프레드 또는 단순히 강세형 스프레드라는 전략을 수립함으로써 이러한 비용을 제한할 수 있다. 물론 이를 달성하기 위해

서는 가격상승으로 인한 수익 가능성의 일부를 포기해야 한다. 우리는 먼저 콜옵션을, 그 다음에 풋옵션에 대해 어떻게 수행할 수 있는지 검토해 보기로 한다.

콜옵션을 이용한 강세형 수직적 스프레드

행사가격이 100인 콜옵션에 대한 매입포지션과 행사가격이 105인 콜옵션에 대한 매도포지션을 결합하는 것을 고려하자. 여기에는 두 가지 효과가 있다.

1. 당신의 선불 비용을 3.09에서 3.09 − 1.21 = 1.88로 줄인다. 이는 당신의 전망이 잘못되어 가격이 떨어질 경우에 일어나는 최대 손실이다.
2. 그것은 당신의 이익상승의 최대치를 제한한다. 가격이 105를 넘어서면 행사가격이 100인 콜옵션을 보유함으로써 어떤 손익을 얻든지 행사가격이 105인 콜옵션에서 손실을 입는다.

105 이상으로 가격이 인상될 가능성이 거의 없다고 판단되면 이는 수용 가능한 타협이 될 것이다.

당신이 만든 포트폴리오는 콜옵션을 이용한 강세형 수직적 스프레드 또는 단순한 콜옵션 강세형 스프레드이다. 일반적으로 콜옵션 강세형 스프레드(call bull spread)에서 하나의 행사가격 K_1으로 콜옵션을 매입하고 동시에 더 높은 행사가격 K_2로 다른 콜옵션을 매도한다. 낮은 행사가격 K_1은 전형적으로 현재 주가 또는 그 근처에서 선택된다. 이것은 포트폴리오를 강세형으로 만든다(주가가 현재 수준에서 올라갈 때 이익을 얻을 수 있다).

포트폴리오에 행사가격이 K_2인 콜옵션을 포함시키는 것은 비용 대비 손익의 타협안을 반영한다. 한편, 포트폴리오 비용은 이 콜옵션에 대해 받는 프리미엄만큼 줄어든다. 반면 포트폴리오의 이익상승 기회는 이제 제한된다. K_2보다 높은 가격으로 상승하면 행사가격이 K_1인 콜옵션에서 얻을 수 있는 모든 것이 행사가격이 K_2인 콜옵션에서 손실된다.

[그림 8.4]는 만기시 강세형 콜옵션 스프레드의 결과를 그래프로 나타낸 것이다. 이 그림은 매우 직관적이다. 행사가격이 K_1인 콜옵션은 그 기초자산의 가격이 K_1을 초과할 때 손익을 내기 시작하므로, $S_T \geq K_1$이면 손익이 증가하기 시작하지만 행사가격이 K_2인 콜옵션의 매도포지션은 K_2를 초과하는 상승을 상쇄시킨다. 따라서 손익은 K_2를 넘어서는 수평이다. 순손익은 강세형 스프레드 $C(K_1) - C(K_2)$의 비용을 총손익에서 뺀 값으로 계산된다.

풋옵션을 이용한 강세형 수직적 스프레드

이제 행사가격이 100인 풋옵션을 발행하여 *XYZ* 주식에 대해 강세전망을 반영하는 전략을 생각해 보자. 우리가 보았듯이, 이 전략의 위험은 가격이 급격하게 하락할 경우, 풋옵션 매도포지션에서 상당한 손실이 발생할 수 있다는 것이다.

그림 8.4
콜옵션을 이용한 강세형 수직적 스프레드로부터의 손익

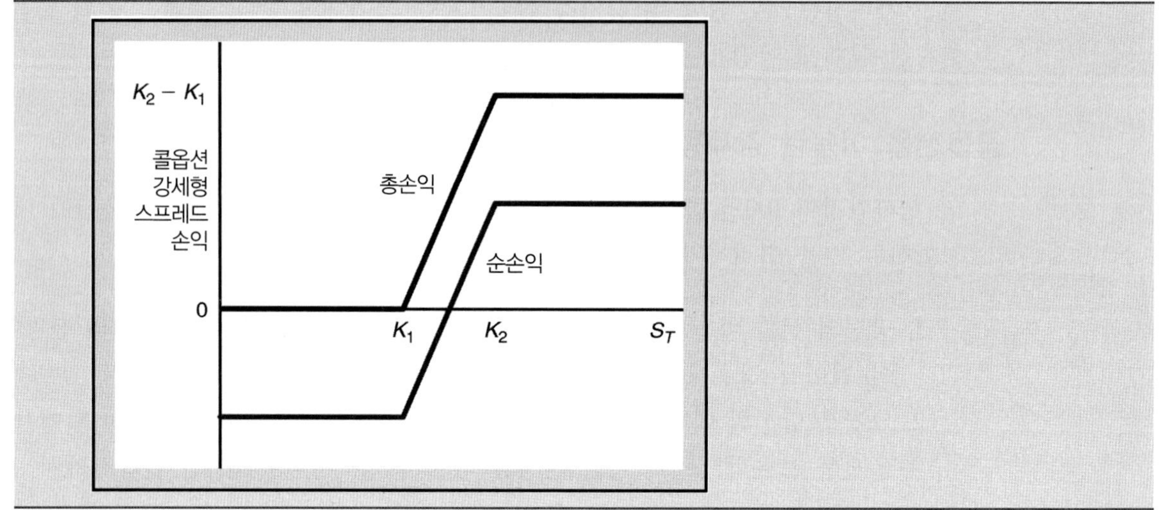

이 위험을 제한하는 한 가지 방법은 행사가격이 95인 풋옵션을 매입하는 것이다. 이렇게 하면 최대 위험은 95까지의 가격하락이 된다. 그 이상의 경우, 발행된 풋옵션에서 잃는 것이 무엇이든, 당신이 매입한 풋옵션으로 보충된다. 물론, 이 상한선을 확보하는 데 드는 비용이 있다. 초기 현금흐름은 2.67에서 2.67－0.89＝1.78로 줄었다.

여기에서 만든 포트폴리오는 풋옵션을 사용한 강세형 수직적 스프레드 또는 간단히 말해서 풋옵션 강세형 스프레드이다. 일반적으로 풋옵션 강세형 스프레드에는 행사가격이 K_2인 풋옵션을 팔고 행사가격이 조금 낮은 K_1에 다른 풋옵션을 동시에 구매하는 형태가 된다. 유입되는 초기 현금흐름은 $P(K_2)-P(K_1)$이다. 행사가격 K_2는 현재 주가 또는 그 근처에서 선택되어 포지션을 강세형으로 만든다. 행사가격 K_1의 풋옵션 매입은 이 전망이 잘못될 경우 발생하는 손실로부터 보호수단을 제공한다.

[그림 8.5]는 풋옵션 강세형 스프레드로 인한 총손익를 그래프로 나타낸 것이다. 손익은 콜옵션 강세형 스프레드와 동일한 방식을 사용하여 얻는다. 풋옵션 강세형 스프레드로부터 순손익을 구하기 위해서는 $P(K_2)-P(K_1)$의 초기 현금흐름을 다시 가산해야 한다.

약세형 수직적 스프레드 : 의의

약세형 수직적 스프레드는 강세형 수직적 스프레드의 약세 전망이다. *XYZ* 주식에 대한 약세전망을 생각해 보자. 다시 한번 당신에게 열려 있는 두 가지 전략이 있다.

1. 100의 행사가격으로 콜옵션을 발행한다.
2. 당신은 100의 행사가격으로 풋옵션을 매입할 수 있다.

그림 8.5
풋옵션을 이용한 강세형 수직적 스프레드로 부터의 손익

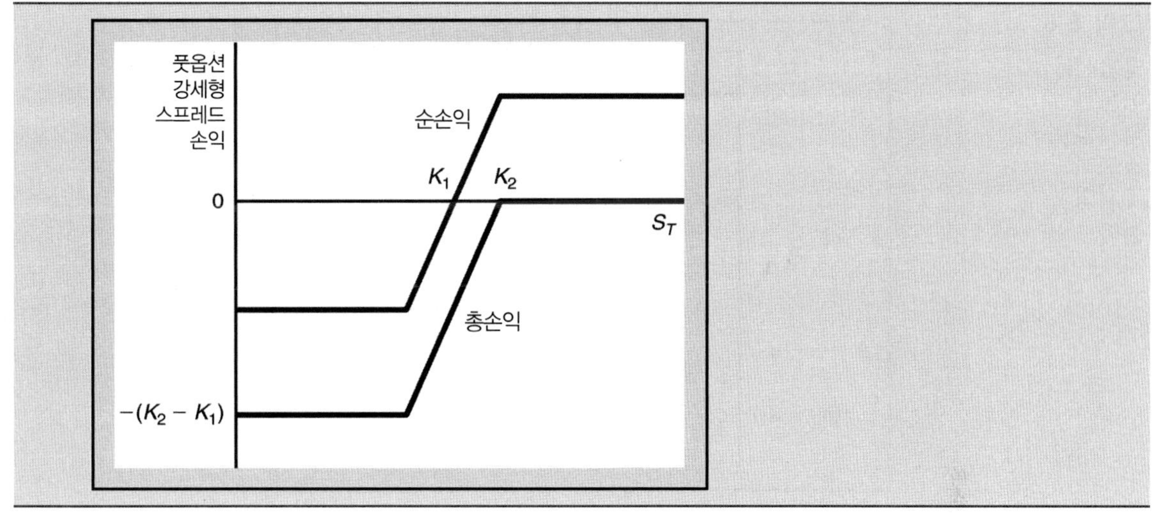

가격이 현재 100 수준에서 떨어지면 두 전략 모두 손익을 올릴 수 있지만 각 전략에는 잠재적인 단점이 있다. 첫 번째는 가격이 상승하면 콜옵션 발행으로 인한 손실이 매우 크고 무제한이 될 위험이 있다. 두 번째는 2.67의 선불 현금지급이 필요하며(표 8.1), 이는 가격이 오르는 경우 완전한 손실이 된다. 이것은 가격이 어떠한 수준(예: 95) 아래로 내려갈 가능성이 낮다고 생각하면 제한된 상승폭만 기대하기 때문에 특히 사소한 문제가 아니다.

다시 한번 두 경우 모두 해결책은 주어진 옵션을 다른 옵션과 결합하여 잠재적인 부정적 영향을 완화시키는 것이다. 먼저 콜옵션 스프레드를 검토한 다음 풋옵션 스프레드를 살펴보기로 한다.

콜옵션을 이용한 약세형 수직적 스프레드

행사가격이 100인 콜옵션의 매도포지션과 더 높은 행사가격(가령 105)의 콜옵션 매입포지션을 결합하는 경우를 생각해보자. 이렇게 하면 초기 현금흐름은 3.09에서 3.09 − 1.21 = 1.88로 줄어들지만 최대 손실은 제한된다. 가격이 105를 초과하면 매도한 행사가격 100인 콜옵션에서 어떠한 손실을 보든지 행사가격 105인 보유 콜옵션에서 만회하게 된다.

이것은 콜옵션 강세형 스프레드 또는 콜옵션을 사용한 약세형 수직적 스프레드이다. 일반적으로 행사가격이 K_1인(일반적으로 내가격 또는 그 근처) 콜옵션을 매도하고 더 높은 행사가격 K_2인 콜옵션을 매입하는 형식이다. K_1-콜옵션에 대한 매도포지션은 포지션이 본질적으로 약세전망임을 의미한다. 행사가격이 K_2인 콜옵션 매입과 결합하면 초기 현금흐름유입은 $C(K_1)$에서 $C(K_1) - C(K_2)$로 감소하지만 잠정적인 손실은 억제된다. 행사가격이 K_1인 콜옵션 매도포지션이 K_2보다 큰 가격 상승으로 인하여 입는 손실은 행사가격이 K_2인 콜옵션 매입포지션으로 부터의 손익에 의해 상쇄된다.

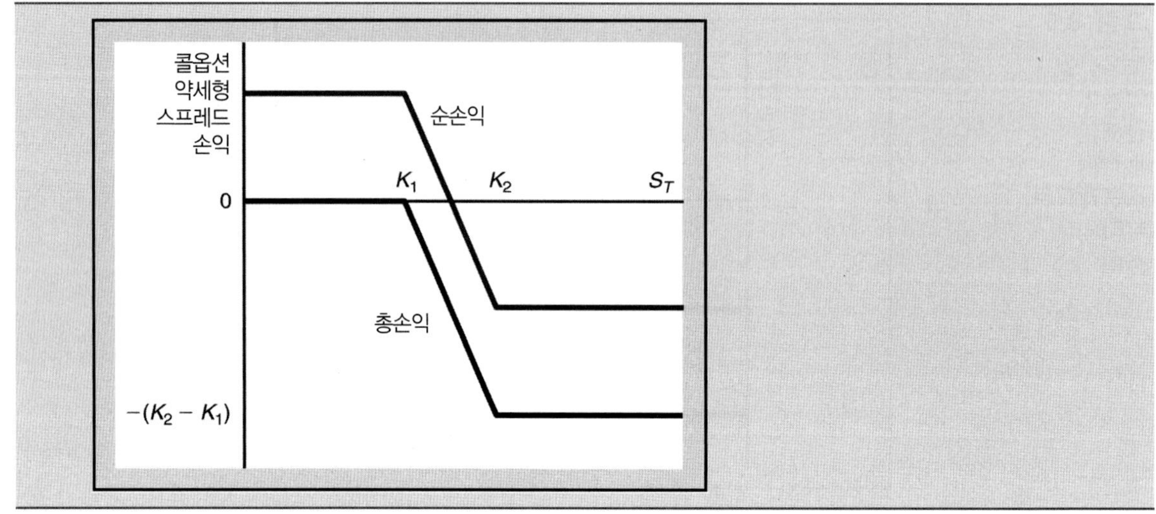

그림 8.6 콜옵션을 이용한 약세형 수직 스프레드에서의 손익

[그림 8.6]은 콜옵션 약세형 스프레드의 손익을 보여준다. 순손익은 $C(K_1) - C(K_2)$의 초기 현금 흐름을 총손익에 더하여 얻는다.

풋옵션을 이용한 약세형 수직적 스프레드

우리가 보았듯이 시장방향에 대한 약세전망을 반영하기 위해 풋옵션의 매입에 따르는 위험은 가격을 올라가면 전체 프리미엄이 손실로 사라질 수 있다는 것이다. 선불비용을 줄이는 한 가지 방법은 좀 더 낮은 행사가격(예: 95)의 풋옵션을 매도하는 것이다. 그러면 초기비용이 2.67−0.89= 1.78로 줄어든다. 그 대신 95 이하의 가격하락에 대해서는 아무런 손익도 얻지 못한다. 행사가격이 100인 보유 풋옵션에서 얻은 손익이 무엇이든 간에, 당신이 발행한 행사가격이 95인 풋옵션에서는 손실을 보게 된다.

우리는 지금까지 풋옵션 약세형 스프레드 또는 풋옵션을 사용한 약세형 수직적 스프레드를 만들어 보았다. 이것은 어떤 행사가격 K_2의 풋옵션 매입포지션과 이보다 낮은 행사가격 K_1의 풋옵션 매도포지션을 가진 포트폴리오이다. 행사가격 K_2는 대개 등가격에 가깝기 때문에 근본적으로 약세전망 포지션을 지지한다. 행사가격 K_1에 풋옵션을 매도하는 것은 포트폴리오의 설정비용을 줄이지만, 이익 상승 가능성도 상쇄한다. 주가가 K_1에 도달할 때 최대 이익에 도달한다. 낮은 주가에 행사가격 K_2의 풋옵션으로부터의 손익은 행사가격 K_1의 풋옵션에서 비롯된 손실로 상쇄된다.

[그림 8.7]은 풋옵션을 이용한 약세형 수직적 스프레드의 손익을 그래프로 나타낸 것이다.

그림 8.7
풋옵션을 이용한 약세형 수직적 스프레드의 손익

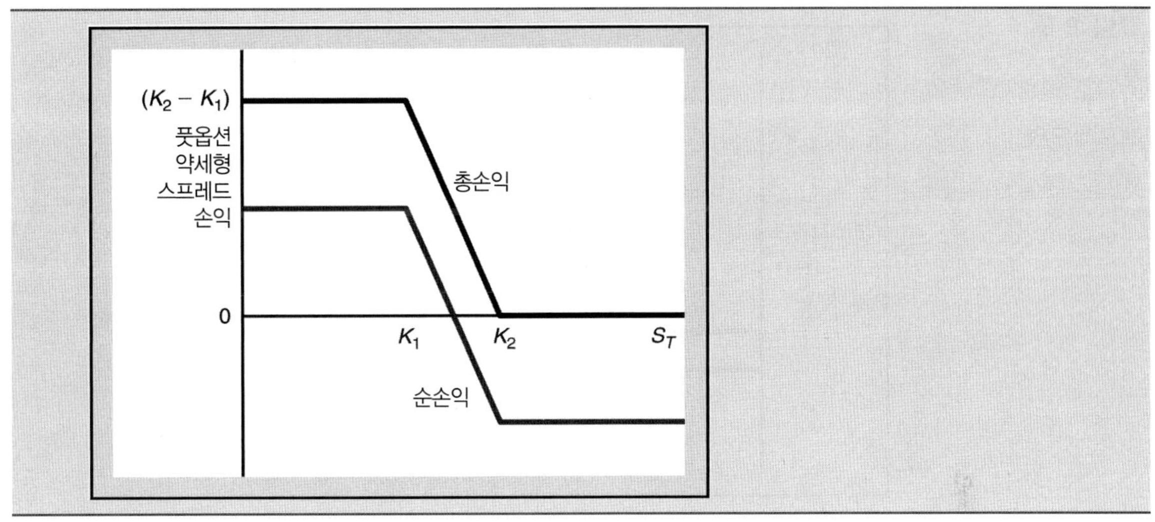

나비형 스프레드

콜옵션을 사용한 나비형 스프레드(butterfly spread)에는 3개의 행사가격 $K_1 < K_2 < K_3$으로 콜옵션에 대한 포지션을 설정한다. 최고 및 최저 행사가격 K_1과 K_3은 스프레드의 "날개(wing)"라고 불린다. 먼저 나비형 스프레드가 "대칭적(symmetric)"인 경우 즉, 3개의 행사가격이 균등하게 분포되어 K_2가 K_1과 K_3의 중간지점인 경우를 살펴보기로 한다. 이것은 실제 가장 보편적으로 알려진 나비형 스프레드 형태이다. 그러나 나비형 스프레드는 어떤 세 개의 행사가격의 조합으로 설정될 수 있다. [부록 8A]에서는 일반적인 경우를 논의하게 된다. 나비형 스프레드 역시 콜옵션이나 풋옵션을 사용하여 설정할 수 있다. 여기서는 먼저 콜옵션 나비형 스프레드를 검토해 볼 것이다.

콜옵션을 사용한 나비형 스프레드

행사가격이 균등하게 분포된 경우 나비형 스프레드는 (a) 행사가격 K_1 및 K_3 각각에 하나의 콜옵션 매입포지션, (b) 행사가격 K_2 콜옵션에서 두 개의 매도포지션으로 구성된 포트폴리오라고 할 수 있다. T에서의 대칭 나비형 콜옵션 스프레드(그림 8.8에서 그래프로 나타냄)의 총손익은 S_T에 대한 네 가지 시나리오를 고려하여 결정할 수 있다.

- $S_T < K_1$의 경우, 옵션 중 어느 것도 내가격이 아니다. 포트폴리오 손익은 0이다.
- K_1과 K_2 사이에 위치한 S_T의 경우, 행사가격 K_1 콜옵션만이 내가격이다. 우리는 그러한 콜옵션에 대하여는 매입포지션이기 때문에 이 범위에서 S_T가 \$1 증가할 때마다 포트폴리오 손익이 \$1씩 증가한다.

그림 8.8 콜옵션 나비형 스프레드의 손익

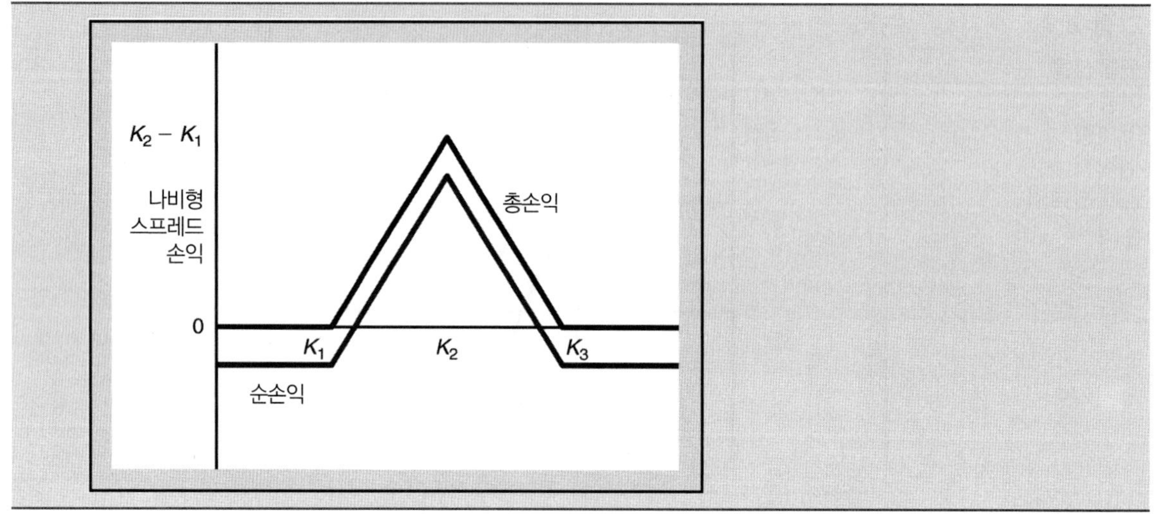

- K_2와 K_3 사이의 S_T의 경우, 행사가격 K_1 및 K_2 콜옵션은 모두 내가격이 된다. 이 범위에서 S_T가 1 달러 증가할 때마다 K_1 콜옵션에서 \$1을 얻지만 두개의 K_2 콜옵션에서 \$2를 잃게 되어 \$1의 순손실이 발생한다. K_1, K_2 및 K_3은 균등하게 간격을 두고 있기 때문에 K_1과 K_2 사이의 총손익은 K_2와 K_3 사이에서 상쇄되므로 $S_T = K_3$일 때 포트폴리오의 총손익은 0이다.
- $S_T > K_3$의 경우, 세 가지 옵션이 모두 내가격에 해당된다. 이 범위에서 S_T가 \$1 증가할 때마다 K_1 및 K_3 콜옵션에서 각각 \$1을 얻지만 두개의 K_2 콜옵션 매도포지션에서 \$2를 잃어 순손익이 0이 된다. 따라서 이 범위에서 손익은 0에서 수평으로 유지된다.

콜옵션 나비형 스프레드의 비용

나비형 스프레드를 설정하는 비용은 다음과 같이 표시할 수 있다.

$$C(K_1) + C(K_3) - 2C(K_2) \tag{8.3}$$

이 비용은 양수, 음수, 아니면 0인가? 이에 대한 답은 차익거래를 활용하여 쉽게 얻을 수 있다. [그림 8.8]은 대칭 나비형 스프레드에 대한 시점 T에서의 총손익이 항상 음수가 아니며 S_T가 K_1과 K_3 사이에 있으면 양의 값을 갖는다는 것을 보여준다. 즉, T에서 현금흐름의 유출은 결코 발생하지 않지만, S_T가 K_1과 K_3 사이에 있을 때마다 현금흐름이 유입된다. 차익거래를 피하기 위해서 포트폴리오를 설정하는 데 비용이 발생한다.

$$C(K_1) + C(K_3) - 2C(K_2) > 0 \tag{8.4}$$

예를 들어, *XYZ* 예제에서 나비형 스프레드의 비용은 양(+)의 값이다. [표 8.1]에서 비용은 다음과 같다.

$$6.29\ +1.21-(2\times3.09)=1.32$$

식 (8.4)은 3개의 균등한 간격의 행사가격에 대한 콜옵션가격에 대해 매우 강력한 제약을 설정한다. 이와 같은 결과는 실제로 행사가격의 간격이 균등하지 않은 경우에도 성립할 수 있는 행사가격에 대한 옵션가격의 볼록성(convexity)으로 알려진 일반적인 결과의 특수한 형태이다. 우리는 [부록 8A]에서 일반화된 결과를 설명할 것이다.

왜 나비형 스프레드를 사용하는가?

나비형 스프레드의 가장 보편적인 사용법은 방향/변동성 베팅이다. S_T가 K_2에 있으면 스프레드의 손익이 최대가 된다. 여기에서 S_T가 K_2에서 어느 방향으로나 움식이면서 손익이 빠르게 감소한다. 즉, 변동성 매도(short volatility)포트폴리오이다. 따라서 나비형 스프레드는 변동성이 거의 없는 K_2 주변의 가격이 될 것으로 베팅하는 것이다.

예를 들어, *XYZ* 예제를 다시 고려해 보자. 가격이 현재가격 100에서 수평일 것으로 예상한다고 가정해 보자. 95, 100 및 105의 행사가격인 콜옵션을 사용하여 나비형 스프레드를 설정하면 앞에서 본 것처럼 선불 비용은 1.32이다. 실제로 가격이 수평으로 유지된다면 옵션의 총손익은 5이며 순손익은 3.68이 된다.

상인들은 때로는 위험한 전략의 수용 가능성을 가늠하기 위해 경험법칙을 사용한다. 때로 나비형 스프레드의 맥락에서 사용되는 스프레드는 스프레드의 최대 보상(즉, $S_T=K_2$에서의 손익)이 스프레드 비용의 최소 3배가 되도록 요구하는 "3의 법칙"이다. 그러나 그러한 법칙에 대한 명시적인 근거는 없다는 점에 유의해야 한다.

물론 나비형 스프레드는 세 가지 옵션과 관련된 차익거래 기회를 활용하는 데 사용될 수도 있다. 예를 들어, $K_1=90$, $K_2=100$ 및 $K_3=110$ 일 때, $C(K_1)=13$, $C(K_2)=8$, $C(K_3)=2$의 콜옵션가격이 형성되었다고 하자. 3가지 옵션을 포함한 나비형 스프레드를 설정하면 무위험 이익을 도출할 수 있다. 이런 차익거래 기회는 사실 흔하지 않다.

풋옵션을 사용한 나비형 스프레드

풋옵션을 사용하는 대칭 나비형 스프레드는 콜옵션을 사용한 나비형 스프레드와 똑같은 방식으로 정의된다.

- 행사가격 K_1과 K_3에 각각 하나의 풋옵션에 대한 매입
- 행사가격 K_2로 두 풋옵션에 대한 매도

풋옵션 나비형 스프레드의 손익은 콜옵션 나비형 스프레드와 동일하다. 즉, [그림 8.8]은 또한 대칭 나비형 스프레드로부터의 시점 T에서의 총손익을 나타낸다. 이것은 아래와 같이 직접 점검할 수 있다.

- $S_T < K_1$의 경우 세 개의 풋옵션은 모두 내가격이 되므로 포트폴리오의 손익은 다음과 같다.

$$(K_1 - S_T) - 2(K_2 - S_T) + (K_3 - S_T) = K_1 - 2K_2 + K_3 = 0$$

- K_1과 K_2 사이에 위치한 S_T의 경우 : 행사가격 K_2 및 K_3의 풋옵션이 내가격이므로 포트폴리오 손익은 다음과 같이 표시된다.

$$-2(K_2 - S_T) + (K_3 - S_T) = S_T + K_3 - 2K_2$$

  그런데 $-(K_3 - 2K_2) = K_1$이므로 포트폴리오의 손익은 이 간격에서 콜옵션의 손익과 동일하다.
- K_2와 K_3 사이에 위치한 S_T의 경우 : 행사가격 K_3 풋옵션의 경우만 내가격이 된다. 이 때 포트폴리오 손익은 $K_3 - S_T$이다. 그런데 $2K_2 - K_1 = K_3$이므로 포트폴리오의 손익은 이 간격에서 콜옵션의 손익과 동일하다.
- $S_T \geq K_3$의 경우 : 모든 풋옵션은 외가격이기 때문에 포트폴리오 손익은 0이다.

결과적으로 풋옵션 나비형 스프레드의 비용은 확실히 양(+)의 값을 가져야한다. 즉, 다음관계가 성립된다.

$$P(K_1) + P(K_3) - 2P(K_2) > 0 \qquad \textbf{(8.5)}$$

콜옵션을 이용한 수평적 스프레드

수평적 스프레드는 동일한 행사가격 K와 두 가지 다른 만기인 T_1과 T_2로 설정된($T_1 < T_2$) 옵션을 사용한다. 수평적 콜옵션 스프레드 매입포지션에서 투자자는 T_2 만기 콜옵션("원거리" 콜옵션)에서 매입포지션을 취하고 T_1 만기 콜옵션 ("근거리 콜옵션")의 매도포지션을 취한다. 수평적 콜옵션 스프레드 매도포지션은 정반대의 포트폴리오이다. 즉, 근거리 콜옵션의 매입과 원거리 콜옵션은 매도로 설정한다. 롱 숏 수평적 풋옵션 스프레드는 앞의 정의에서 "콜"을 대체하는 "풋"과 유사하게 정의된다.

수평적 콜옵션 스프레드의 손익

[그림 8.9]는 주가 S_{T_1}가 변함에 따라 근거리 콜옵션 만기일에 형성된 수평적 콜옵션 스프레드의

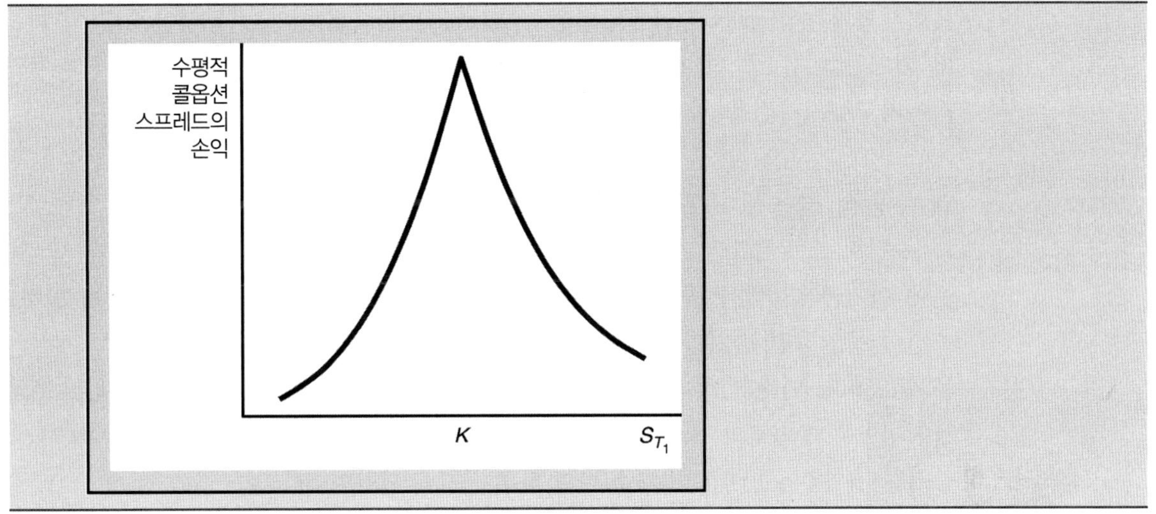

그림 8.9 수평적 콜옵션 스프레드의 손익

가치를 보여준다. 그래프에 나타난 손익은 나비형 스프레드와 유사하게 보인다. 옵션의 통상적인 행사가격 수준에서 가장 높으며 어느 방향으로나 꼬리로 갈수록 낮아진다. 나비형 스프레드와 마찬가지로 수평적 콜옵션 스프레드의 손익은 항상 비음수(+)이다.

그래프의 공식적인 유도는 다음 몇 장에 걸쳐서 발전시킬 옵션가격결정에 대한 지식을 필요로 하지만 그래프의 세 가지 주요 특성—왜 K까지 증가하고, 그 이상에서는 감소하며, 어디서나 양수(+)이다—은 직관적으로 이해하기 어렵지 않다.

$S_{T_1} < K$를 고려해 보자. 이 경우 근거리 콜옵션이 가치없이 소멸되므로 포트폴리오의 가치는 원거리 콜옵션의 가치이며 양(+)의 값을 갖는다. 더구나 다른 것들이 동일하다면 오늘 S_{T_1}이 높을수록 궁극적으로 T_2 만기의 콜옵션이 내가격으로 만료될 확률이 높아진다. 따라서 S_{T_1}가 이 범위에서 증가함에 따라 수평적 콜옵션 스프레드의 가치가 증가한다.

$S_{T_1} \geq K$일 때, 콜옵션이 내가격이 되어 옵션이 행사될 것이다. 따라서 스프레드의 가치는 원거리 콜옵션($C(K_e; T_2)$로 표시)의 가치에서 만기되는 콜옵션가치를 차감한 값이다.

$$C(K;\ T_2) - \left(S_{T_1} - K\right) \tag{8.6}$$

이제 기간이 긴 콜옵션은 다음 장에서 더 자세히 분석하게 될 두 가지 이유 때문에 기간이 짧은 콜옵션보다 가치가 있다(거의 모든 상황에서). 첫째, 만기까지의 더 긴 시간은 변동성이 영향을 끼칠 수 있는 더 많은 시간을 준다. 둘째, 콜옵션은 주식을 사기 위해 K를 지불하는 것과 관련이 있다. 더 오랜 기간 후에 K를 지불하게 될수록 이자 절감액이 커진다. 따라서 차액 (8.6)은 양(+)의 값이며, 왜 수평적 콜옵션 스프레드가 모든 곳에서 양(+)의 값의 손익을 가져다주는지 설명한다.

마지막으로, 콜옵션이 T_1에서 심내가격이 될수록 더 내가격으로 만료될 가능성이 높아지므로

옵션성립가능성(optionality) 즉, 변동성(volatility)이 중요하다. 변동성은 기간이 더 긴 옵션의 비용이 더 커지는 이유 중 하나이기 때문에 변동성의 영향이 줄어듦에 따라 옵션가치의 차이 (8.6)가 더 적어지고 K 지점을 넘어서면 포트폴리오의 가치가 줄어드는 이유가 설명된다.

왜 수평적 콜옵션 스프레드를 사용하는가?

수평적 스프레드의 가치는 시간과 변동성의 두 가지 요인에 의해 영향을 받는다. 위에서 언급했듯이 만기가 더 짧은 콜옵션은 만기가 긴 콜옵션보다 가치가 낮다. 다르게 말하자면 이것은 다른 조건이 동일하면 만기가 가까워질수록 콜옵션의 가치가 감소한다는 것이다. 이것을 콜옵션의 시간붕괴(time-decay)라고 한다. 옵션의 만기까지의 기간이 길어질 때 상대적으로 붕괴율이 낮다(아직 3개월 남았을 때 하루의 경과는 그다지 중요하지 않다). 그러나 만기가 가까울수록 시간의 붕괴는 빠르게 증가한다(일주일 만에 만기가 된다면 하루가 크게 달라진다).

수평적 콜옵션 스프레드 매입포지션에서는 원거리 콜옵션을 보유하지만 근거리 콜옵션은 매도포지션을 취한다. 다른 것들이 동일하다면, 포트폴리오의 가치는 시간이 지남에 따라 증가할 것이다. 그 이유는 기간이 짧은 콜옵션 기간이 오랜 장기간의 콜옵션보다 더 빨리 가치를 잃을 것이기 때문이다. 따라서 수평적 콜옵션 스프레드는 시간 붕괴로부터 손익을 얻기 위한 시도이다. 그러나 여기서 모든 것이 동일하다는 조건이 중요하다. 손익 도표가 분명히 보여주듯이 수평적 콜옵션 스프레드(horizontal call spread)는 가격이 K 또는 그 부근에 있을 것이라는 베팅이기도하다.

수평적 콜옵션 스프레드는 주식의 내재변동성(implied volatility)에 대응하는 전략이다. 내재변동성은 공식적으로 이 책의 뒷부분에서 정의될 것이나 직관적으로는 단순히 현재 옵션가격에 반영된 변동성 수준일 따름이다. 주식의 내재변동성이 상승하겠지만 주식가격이 즉시 변하지 않을 것이라는 견해가 있다면, 등가격에 수평적 콜옵션 스프레드를 매입하는 것이 적절할 것이다. 내재된 변동성이 높아지면 근거리 콜옵션과 원거리 콜옵션의 가격이 모두 상승한다. 그러나 후자는 전자보다 만기가 더 오래 남았기 때문에 가격이 더 많이 증가할 것이다(변동성이 영향을 끼칠 더 많은 시간이 있음). 따라서 포트폴리오의 가치가 상승할 것이다.

풋옵션을 사용한 수평적 스프레드

위에서 언급했듯이 수평적 풋옵션 스프레드는 수평적 콜옵션 스프레드와 동일한 방식으로 정의된다. [그림 8.10]은 시점 T_1에서의 수평적 풋옵션 스프레드의 가치를 보여준다. 그래프에서 반영된 풋과 콜 사이에 중요한 차이점이 하나가 있다. 미국식 풋옵션은 유럽 및 미국식 콜옵션처럼 만기에 따라 가치가 증가한다. 즉, 더 긴 만기의 미국식 풋옵션은 짧은 만기의 옵션보다 더 많은 비용을 지불해야 한다(추가 시간을 원하지 않으면 항상 만기 전 조기옵션 권리를 행사 할 수 있음). 그러나 유럽식 풋옵션의 경우, 특히 심내가격(deep in-the-money)인 경우에는 그렇지 않다. 직관적으로 당신이 심내

그림 8.10
수평적 풋옵션 스프레드의 손익

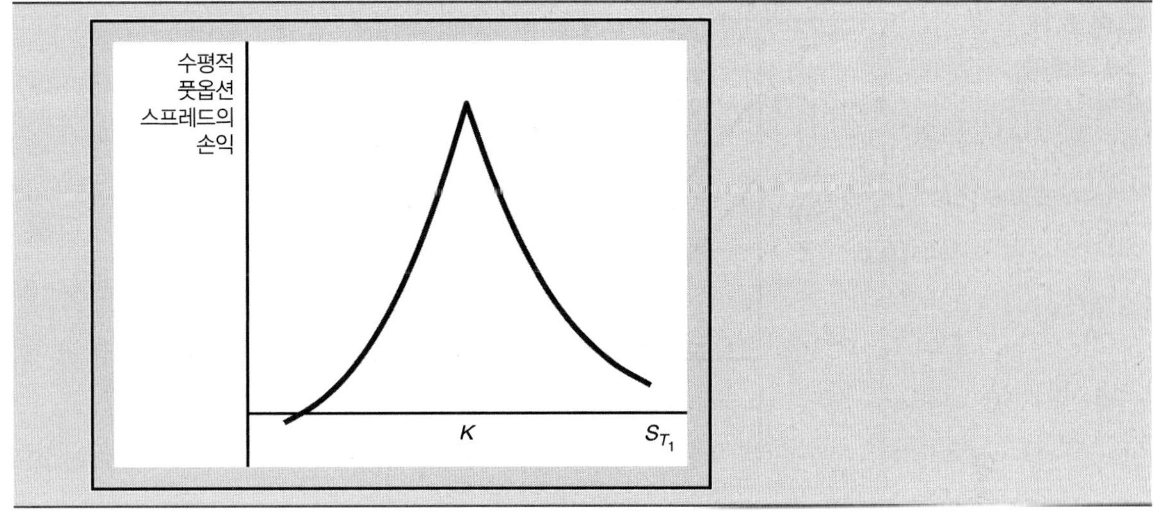

가격에 풋 옵션을 가지고 있고 그것을 확실히 행사할 것이라면, 당신은 차라리 행사가격 K를 나중보다는 조기에 받고자 할 것이다. 긴 만기의 유럽식 풋옵션의 경우, 내가격을 만들기 위해 더 오래 기다려야 한다. 그러면 손실이 클 수 있다. 따라서 수평적 스프레드의 풋옵션이 모두 심내가격이면 그래프에서처럼 스프레드의 가치가 음수가 될 수 있다.

8.4 거래전략 III : 조합

조합(combination)은 주어진 기초자산에 대한 풋과 콜옵션의 포지션을 모두 포함하는 포트폴리오를 나타내기 위해 사용된다. 그러나 "스프레드(spread)"와 같은 포트폴리오도 의미하는 것으로 점점 더 보편화되고 있다. 우리는 이 절에서 전통적인 용어의 정의를 따르기로 한다.

우리는 4가지의 잘 알려진 조합 전략인 스트래들, 스트랭글, 스트립 및 스트랩을 다룬다. 스트래들과 스트랭글이 이 중 가장 중요하며 이 장에서 논의될 가장 중요한 전략 중 하나이다. 그것들은 아래에서 설명하는 것처럼 변동성에 대한 전망은 포함하지만 방향성에 대한 전망은 포함하지 않는다는 점에서 본질적인 옵션 전략이다.

스트래들

스트래들(straddle)은 가장 단순하고 인기 있는 옵션기반 거래전략 중 하나이다. 그것은 동일한 행사가격과 만기의 콜옵션과 풋옵션의 매입포지션으로 구성된 포트폴리오이다. 행사가격은 보통

그림 8.11
스트래들의 손익

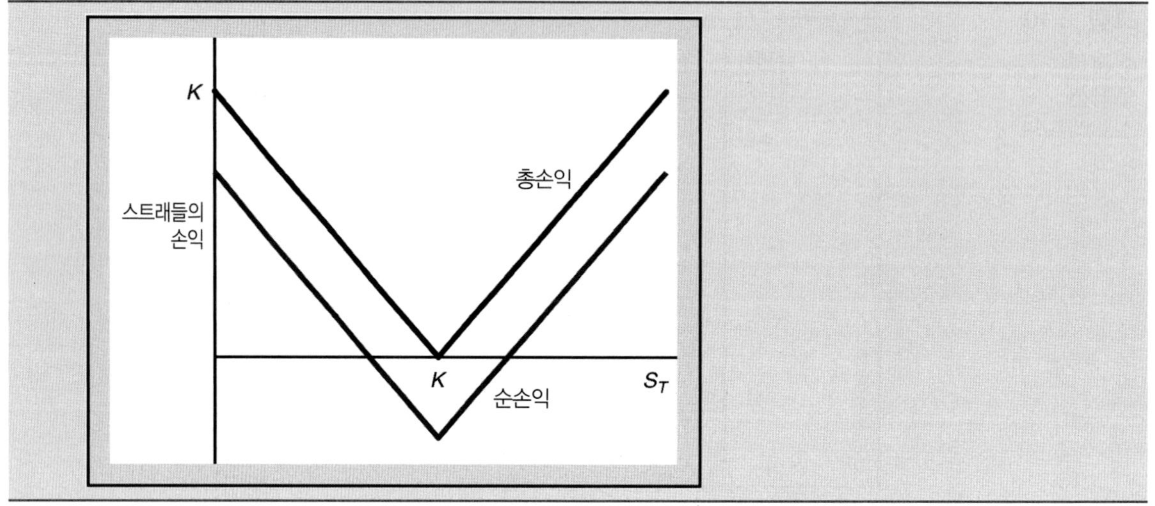

현재 주가 또는 그 근처에서 선택된다. K가 통상적인 행사가격을 나타내는 것이라면, 만기시 스트래들로부터의 손익은 다음과 같다.

- $S_T < K$인 경우 : 풋옵션만이 내가격이 된다. 스트래들의 손익은 $(K - S_T)$이다.
- $S_T \geq K$인 경우 : 콜옵션만 내가격이 된다. 스트래들의 손익은 $(S_T - K)$이다.

이 손익은 [그림 8.11]에서 볼 수 있다.

스트래들은 시장이 움직이는 방향에 관계없이 만기시 양(+)의 값을 갖는 총손익을 만들어 낸다. 따라서 이는 시장 방향에 중립적이다. 직관적으로 콜옵션의 방향에 대한 강세전망은 풋옵션의 방향성 약세전망에 의해 상쇄된다. 그러나 스트래들은 분명히 변동성에 관하여는 매우 강세전망이다. 가격의 변동이 클수록 스트래들 보유자는 이익획득 기회가 커진다.

변동성이 핵심이다. 스트래들에는 여러 옵션을 구매하는 것이 포함되어 있으므로 가격면에서 큰 변동이 이익 획득을 위해 필수적이다. 예를 들어, *XYZ* 예에서는 100의 행사가격으로 내가격 스트래들을 구입하면 3.09+2.67=5.76의 비용이 들게 된다. 따라서 수익성을 확보하기 위해서는 가격이 현재의 100 수준에서 94.24를 밑돌거나 또는 105.76을 초과하여야 한다. 보다 일반적으로 옵션가격은 옵션의 잔존기간 동안 변동성에 대한 시장의 기대를 반영한다. 높은 변동성이 예상된다면, 콜옵션 및 풋옵션가격은 모두 상승할 것이며, 스트래들의 비용을 훨씬 더 증가시킬 것이다.

매도 스트래들

매도 스트래들(short straddle)은 스트래들의 매도포지션이다. 노출된 스트래들을 발행하는 것(즉, 스트래들을 발행하고 헤지하지 않음)은 낮은 변동성에 대한 베팅이며 방향에는 중립적이다. 이것은 수

그림 8.12
스트랭글의 손익

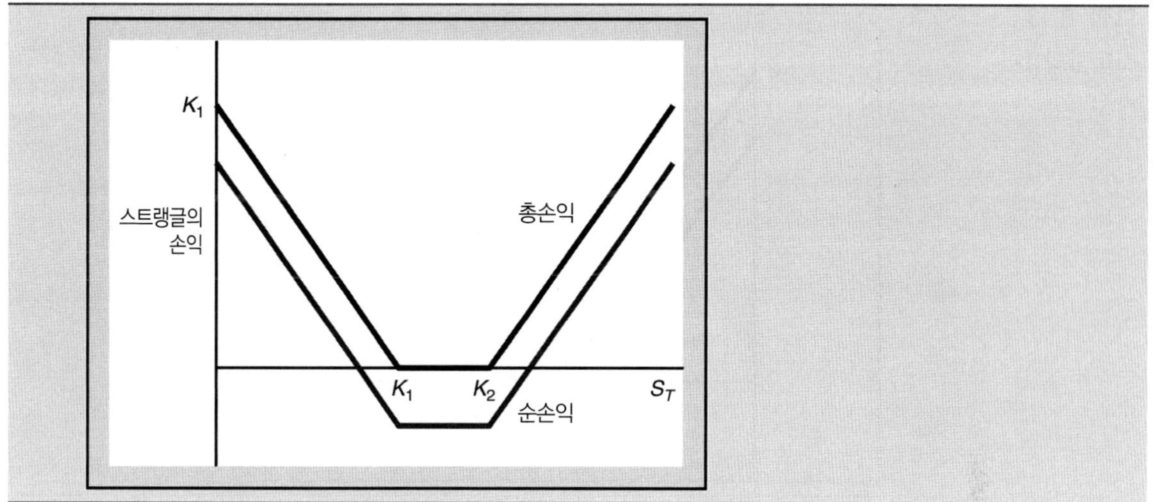

평적 시장에서 이익이 될 수 있지만 가격변동(어느 방향 으로든!)으로 인한 잠재적 손실이 매우 클 수 있기 때문에 매우 위험한 전략이기도 하다. 이 점은 단순명료해 보일 수 있다. 그러나 노출된 매도 스트래들의 대량 사용은 1990년대의 주요 금융 스캔들 중 하나인 베어링스 은행의 몰락을 가져온 배후이며, 이 장의 뒷부분에서 설명하기로 한다.

스트랭글

스트랭글(strangle)은 근본적으로 스트래들의 사촌이다. 스트래들처럼 방향에 대해 중립적이지만 변동성에 대해서는 강세전망을 목표로 한다. 차이점은 콜과 풋옵션에 동일한 행사가격을 사용하는 대신 스트랭글은 콜옵션에 더 높은 행사가격을 적용하고 풋옵션에 대해서는 낮은 행사가격을 사용한다는 것이다. 이것은 스트랭글을 스트래들보다 저렴하게 만들지만, 스트랭글이 내가격으로 가기 위해 훨씬 더 큰 가격변동을 요구한다.

예를 들어, [표 8.1]의 *XYZ* 옵션가격을 고려해 보자. 우리가 보았듯이, 100 행사가격 스트래들의 비용은 5.76이다. 한 가지 저렴한 대안은 95−105 스트랭글을 설정하는 것인데, 즉 95의 행사가격을 가진 풋옵션과 105의 행사가격을 가진 콜옵션을 매입하는 것이다. 표에서 주어진 가격에서 스트렝글은 단지 1.21+0.89=2.10의 비용이 들 것이다. 그러나 스트랭글은 옵션 비용을 고려한 후 이익을 얻으려면 가격이 107.10 이상 또는 92.90이하이어야 하므로 스트래들에서 보다 넓은 범위에 해당한다.

스트랭글에서 발생한 총손익은 [그림 8.12]의 그래프로 나타낼 수 있다. 풋과 콜 행사가격은 각각 K_1과 K_2이며($K_1 < K_2$) 스트랭글의 손익은 다음과 같다.

그림 8.13
스트립의 손익

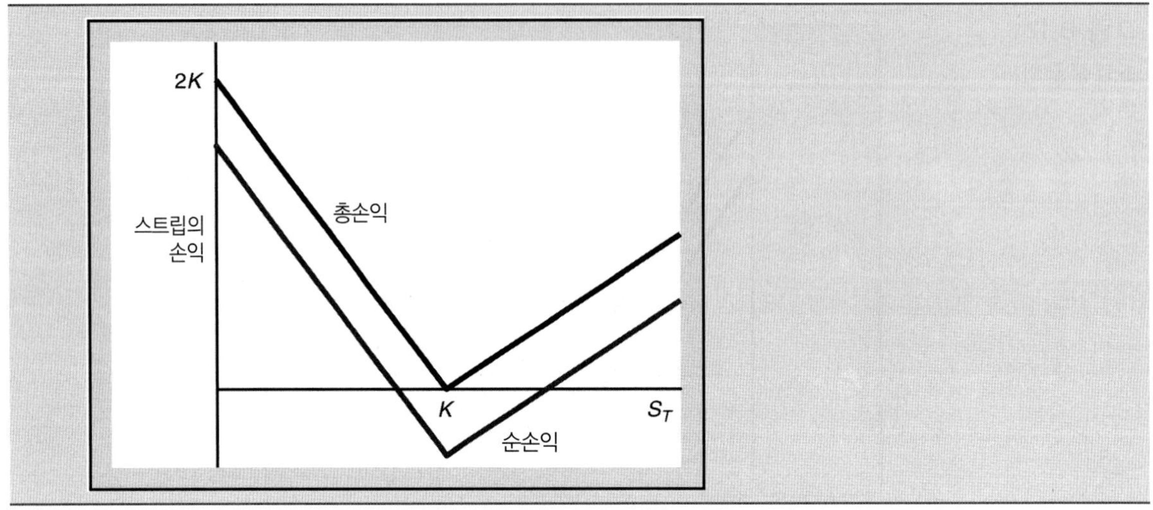

- $S_T < K_1$이라면 풋옵션 손익과 같다.
- S_T가 K_1과 K_2 사이에 있으면 0이다.
- $S_T > K_2$이면 콜옵션의 손익과 같다.

스트랭글의 순손익은 이 값에서 스트랭글 비용을 뺀 값이다.

스트립

스트립(strip)은 같은 행사가격과 만기인 풋과 콜옵션의 매입포지션으로 구성된 포트폴리오이지만 콜옵션보다 많은 풋옵션을 가지고 있다(예: 개별 콜옵션에 두 단위의 풋옵션). 스트래들처럼 스트립은 변동성에 대한 베팅이지만 지금은 그 베팅이 비대칭이다. 콜옵션보다 더 많은 풋옵션을 사용하므로 가격 하락에 편향된다. 따라서 변동성이 크지만 가격인상보다 가격하락의 가능성이 높다고 판단되면 스트립은 의미가 있다.

[그림 8.13]은 콜옵션 당 두 단위의 풋옵션 비율과 통상적인 행사가격을 나타내는 K를 가정하여 스트립으로부터 손익을 그래프로 나타낸다. $S_T < K$인 경우 풋옵션만 내가격이 되므로 스트립의 손익은 $2(K - S_T)$이다. $S_T \geq K$인 경우 콜옵션만이 내가격이므로 스트립의 손익은 $(S_T - K)$이다.

스트랩

스트랩(strap)은 스트립의 반대편이다. 그것은 풋옵션보다 더 많은 콜옵션의 매입포지션으로 구성된 포트폴리오이다. 스트랩은 가격상승에 편향된 변동성에 대한 비대칭성 베팅이다. 따라서 높은

그림 8.14
스트랩의 손익

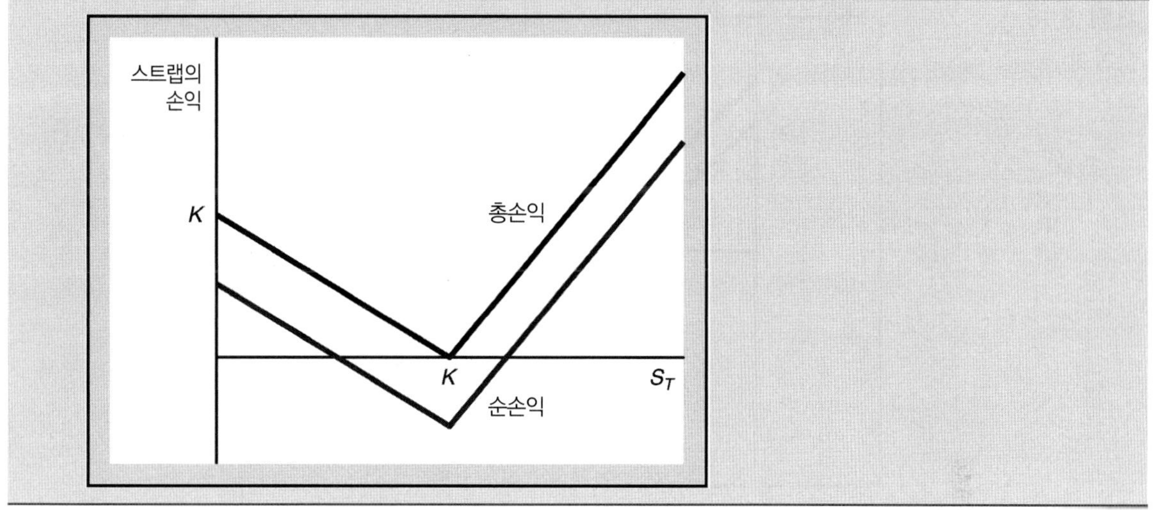

변동성을 예상하지만 가격인상이 가격하락보다 더 가능성이 있다고 생각하면 스트랩은 의미가 있다.

[그림 8.14]는 풋옵션 당 두 단위의 콜옵션의 비율을 가정하여 스트랩으로부터의 손익을 그래프로 보여준다. K가 스트랩의 통상적인 행사가격을 나타낼 때, T 시점에서 스트랩으로부터의 손익은 $S_T < K$인 경우 $(K - S_T)$이고 $S_T \geq K$인 경우 $2(S_T - K)$이다.

8.5 거래 전략 IV : 기타 다른 전략들

본 절에서는 4가지 추가적인 거래 전략의 유형 즉, 칼라, 박스 스프레드, 비율 스프레드 및 콘도를 살펴보기로 한다. 박스 스프레드와 비율 스프레드는 이전에 논의한 강세형 및 약세형 스프레드와 관련이 있으며 콘도는 나비형 스프레드와 매우 유사하다.

칼라

칼라(collar)는 널리 사용되는 옵션 전략이다. 그것은 두 가지의 행사가격 K_1과 K_2를 사용하는데 $K_1 < K_2$이고, 행사가격이 K_1인 풋옵션 매입포지션과 행사가격이 K_2인 콜옵션 매도포지션을 취한다. [그림 8.15]는 이 포트폴리오의 손익을 보여주고 있다.

주식의 매입포지션이 칼라와 결합되면 옵션의 만기 시점에서 포트폴리오의 가치는 K_1과 K_2

그림 8.15
칼라의 손익

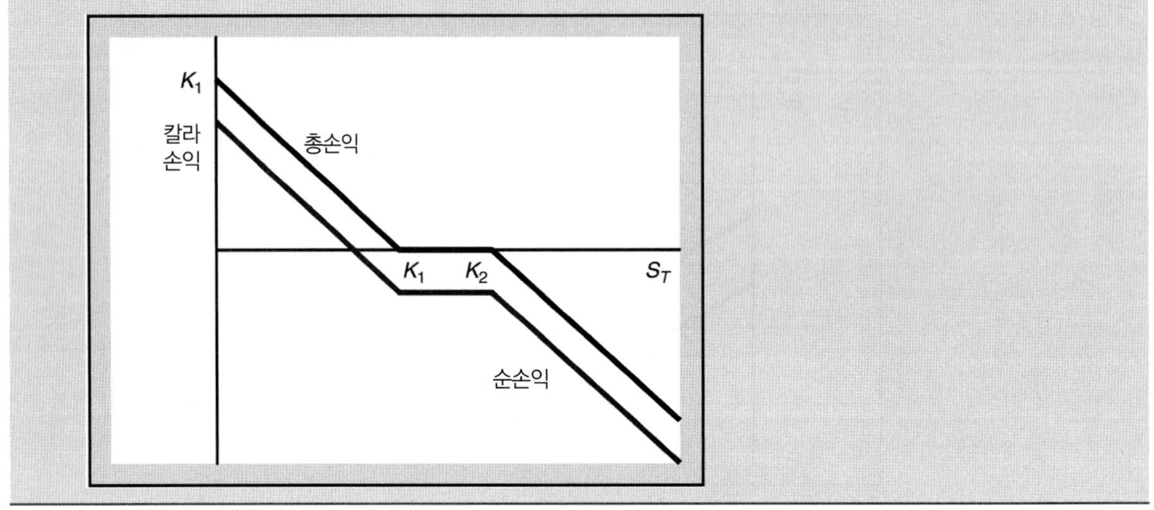

사이에 있게 된다(따라서 전략을 설명하기 위해 "칼라"라는 단어를 사용한다). 이 결과는 [그림 8.16]에 나타나 있다. 왜 그림과 같은 모양의 손익을 갖는지를 알기 위해 다음 사항을 유의해 보라.

- $S_T < K_1$일 경우 풋옵션은 내가격이며 $K_1 - S_T$의 손익이 발생한다. 주식 매입포지션은 S_T의 가치가 있으므로 총 포트폴리오 가치는 $K_1 - S_T + S_T = K_1$이다.
- $K_1 \le S_T \le K_2$인 경우 콜과 풋옵션 모두는 외가격이므로 포트폴리오 가치는 단지 주식 S_T의 가치이다.
- $S_T > K_2$이면 콜옵션만으로 내가격이므로 콜옵션 매입포지션의 손익은 $-(S_T - K_2)$이 되며, 총 포트폴리오의 가치는 $S_T - (S_T - K_2) = K_2$이다.

그림 8.16
주식+칼라의 손익

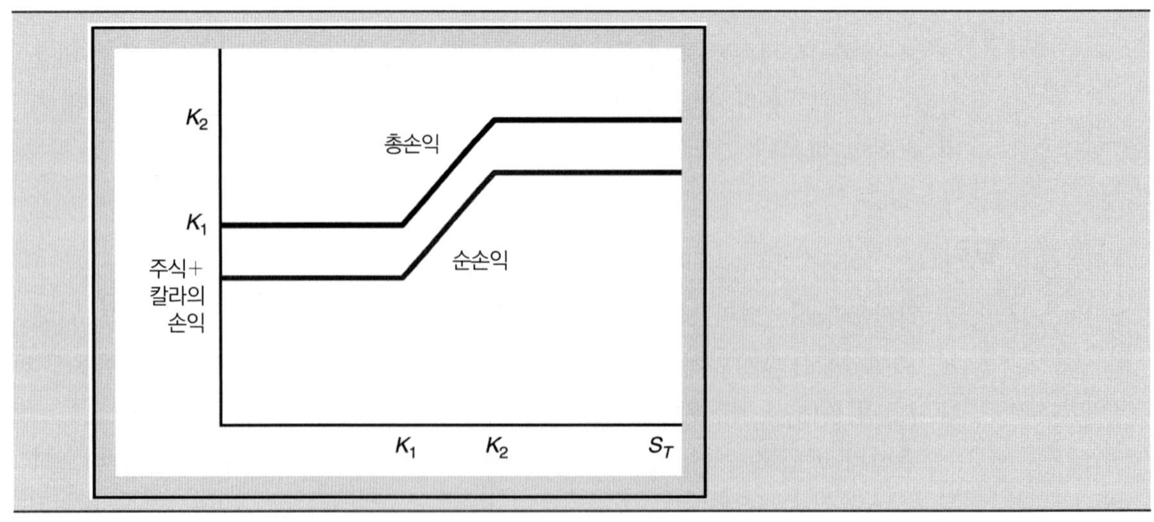

따라서 칼라는 단순히 주식 매입포지션의 위험을 제한하는 전략이다. 칼라는 가격하락으로부터 주식 보유자를 보호한다는 점에서 방어적 풋옵션과 같다. 그러나 칼라는 또한 K_2에서 주식 보유로 인한 이익의 상한을 정해 버린다. 그러나 그 결과 전략의 선불 비용은 감소된다. 방어적 풋옵션의 비용은 행사가격 K_1인 풋옵션가격 $P(K_1)$가 되어 칼라의 비용은 다음과 같이 표시된다.

$$P(K_1) - C(K_2)$$

이 비용은 옵션 프리미엄에 따라 양수 또는 음수가 될 수 있다. [표 8.1]의 *XYZ* 예제를 고려해 보자. 95-행사가격 풋옵션과 105-행사가격 콜옵션을 사용하여 칼라를 설정한다면 칼라의 비용은 다음과 같다.

$$0.89 - 1.21 = -0.32$$

즉, 칼라에서 0.32의 초기 현금흐름이 발생한다.

무현금 칼라(cashless collar)는 프리미엄이 서로 상쇄되고 칼라의 초기 순비용이 0이 되도록 행사가격 K_1과 K_2가 선택된다. 무비용 칼라(zero-cost collar)라고도 하는 무현금 칼라는 특히 한 회사에서 많은 주식을 보유하고 있으며 노출위험을 줄이려는 기업 임원 및 기타 투자자들에게 인기가 있다. 마이크로소프트사의 억만장자 공동 창립자인 Paul Allen은 무현금 칼라를 사용하여 보유하고 있는 마이크로소프트 주식의 상당 부분을 보호했다고 한다. 이후 전략은 하방향 보호를 위한 대가로 상방향 이익을 제한하는 것과 관련이 있다. 이러한 전략은 SEC 규정에 따라 경영진에게 금지되어 있지 않으며 적어도 소송이나 언론 공격의 대상이 되지 않는다.

박스 스프레드

95/100 콜옵션 강세형 스프레드와 95/100 풋옵션 약세형 스프레드를 당신이 보유하고 있는 경우, [표 8.1]의 *XYZ* 예제 포트폴리오를 고려하여 분석해 보자. 즉, 당신은 행사가격 95인 콜옵션을 매입하고 행사가격 100의 콜옵션 매도포지션과을 취하는 한편, 행사가격 100인 풋옵션을 매입하고 행사가격 95의 풋옵션에 대한 매도포지션을 취하는 것이다. 이 포트폴리오를 박스 스프레드(box spread)라고 한다.

이 포트폴리오의 손익은 무엇인가? 행사가격 95인 콜옵션 매입과 행사가격 95인 풋옵션 매도포지션은 95에 주식을 사기 위한 합성 선도계약을 구성한다. 행사가격 100인 콜옵션 매도포지션과 행사가격 100인 풋옵션 매입포지션을 합치면 100으로 주식을 매도하는 합성 선도계약을 만들게 된다. 이것은 당신이 95에서 매입하고 100에서 매도하여 만기시 5의 손익을 얻게 되는 것을 의미한다. 따라서 박스 스프레드는 옵션을 사용하여 합성 무이표채권(synthetic zero-coupon bond)을 만들게 된다.

일반적으로 박스 스프레드는 $K_1 < K_2$의 두 가지 행사가격 K_1과 K_2를 가진 네 가지 옵션을 포함한다. (a) K_1 행사가격 콜옵션 매입, (b) K_2 행사가격 콜옵션 매도, (c) K_2 행사가격 풋옵션

매입, (d) K_1 행사가격 풋옵션 매도포지션을 포함한다. 만기에서 스프레드의 손익은 S_T와 상관없이 단순히 $K_2 - K_1$이 된다.

비율 스프레드

비율 스프레드(ratio spread)는 다른 행사가격에서 매입 및 매도한 콜옵션 수가 동일하지 않다는 점을 제외하고는 위에서 설명한 강세형 및 약세형 스프레드와 같다. 비율 콜옵션 스프레드(ratio call spread)는 예를 들어, K_1 행사가격으로 하나의 콜옵션을 매입하고 더 높은 행사가격 K_2로 두 개의 콜옵션을 매도하는 것과 같은 것이다. 이 경우, 손익은 [그림 8.17]과 같다. 비율 풋 스프레드도 유사하게 정의될 수 있다.

비율 스프레드의 비용은 두 옵션이 결합되는 비율에 따라 양수, 음수 또는 0일 수 있다. 예를 들어, 100 및 105의 행사가격 콜옵션을 사용하는 [표 8.1]의 예에서 비율 스프레드를 고려해 보자. 행사가격 100인 콜옵션을 매입할 때마다 행사가격 105인 콜옵션 매도포지션을 두 번 취한다면, 스프레드 비용은 다음과 같이 된다.

$$3.09 - (2 \times 1.21) = 0.67$$

이는 양의 값이다. 행사가격 100의 콜옵션 매입마다 행사가격 105인 콜옵션 매도포지션을 세 번 사용하면 비용은 다음과 같다.

$$3.09 - (3 \times 1.21) = -0.54$$

이것은 음의 값이다. 따라서 비율 스프레드는 일단 설정되면 현금흐름 유출 또는 현금흐름 유입을 초래한다.

손익 도표가 나타내는 바와 같이, 비율 스프레드는 본질적으로 가격이 상승하지만 K_2보다 높지

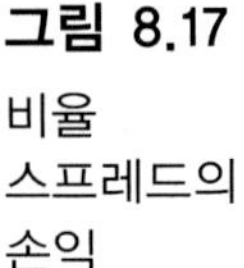

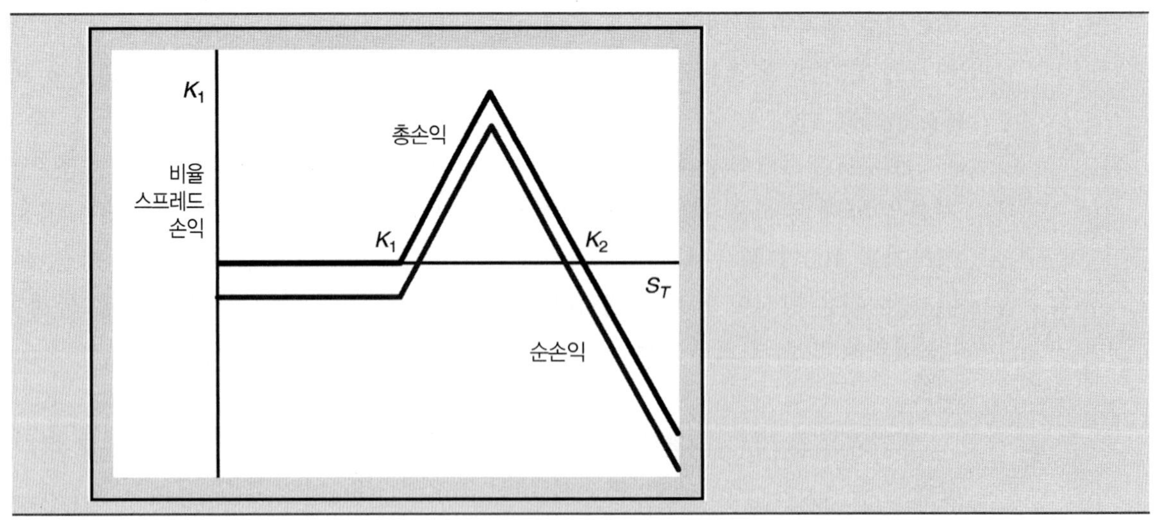

그림 8.17 비율 스프레드의 손익

그림 8.18
콘도의 손익

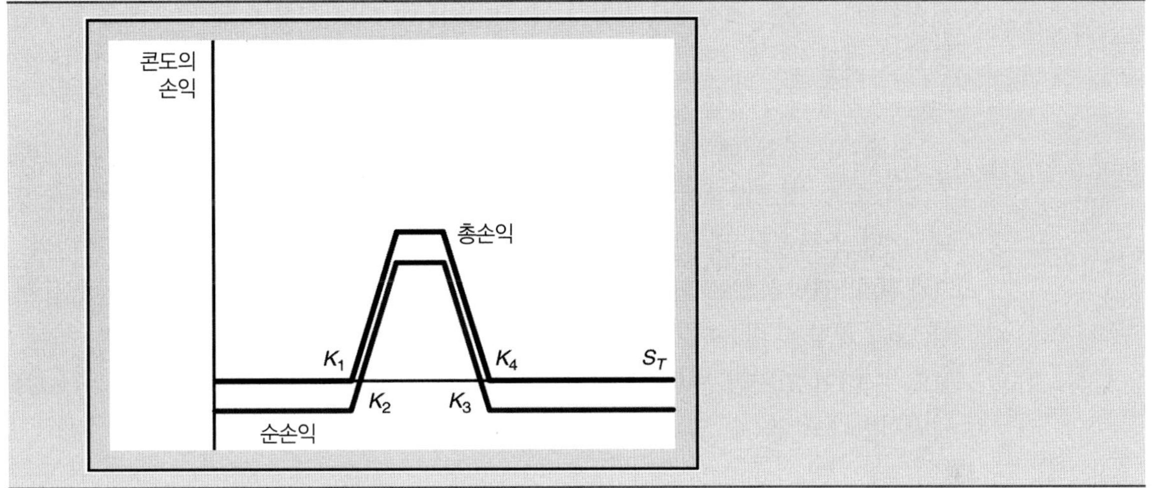

는 않을 것이라는 전망에 대한 베팅이다. 우리는 또한 약세형 같은 비율 스프레드를 설정할 수 있는데, 이는 가격의 하락이 예상되나 특정 가격 이하로 떨어지지는 않을 것이라는 전망에 근거한다. 예를 들어, [표 8.1]의 예에서 행사가격이 100인 한 단위의 풋옵션 매입포지션과 행사가격이 95인 두 단위의 풋옵션 매도포지션을 가진 포트폴리오를 고려해 보자. 이 포트폴리오는 $S_T=95$일 때 가장 높은 손익을 가지며 이 가격에서 어느 방향으로 변하든 손익은 감소한다.

콘도

콘도(condor)는 손익의 최고점이 단일가격이 아니라 가격의 일정 범위 안에서 발생하는 점을 제외하고는 본질적으로 나비형 스프레드와 같다. 콘도는 K_1, K_2, K_3, K_4의 4가지 행사가격의 옵션으로 구성된다. 우리는 두 개의 양극단 행사가격 K_1과 K_4에서 콜옵션을 매입하며, 두 개의 중간 행사가격 K_2와 K_3에서 콜옵션을 매도한다. 풋옵션 콘도 스프레드는 유사하게 정의할 수 있다.

콘도의 손익은 [그림 8.18]과 같이 나비형의 손익과 유사하나 다만 손익은 K_2와 K_3 사이에서 수평하다. 따라서 콘도는 $[K_2, K_3]$ 구간의 가격에 대한 베팅이라고 볼 수 있다.

8.6 어느 전략이 가장 널리 사용되는가?

우리는 옵션을 사용한 표준 거래전략의 대부분을 살펴보았다. 이와 같은 전략은 옵션거래의 얼마나 많은 부분에서 활용되고 있는 것 같은가? Chaput과 Ederington(2003)의 연구가 이에 대한 답을

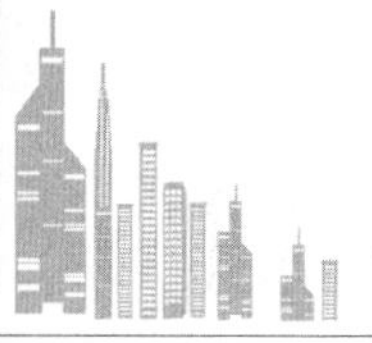

제시한다. 저자는 세계에서 가장 큰 옵션 시장 중 하나인 유로 달러 옵션을 관찰한 결과 스프레드와 조합이 집합적으로 대규모 거래(100 건 이상의 계약)의 55% 이상을 차지하고 대형 거래로 인해 생성되는 거래량의 75%를 담당한다는 사실을 발견했다.

거래량으로 볼 때 가장 많이 사용되는 네 가지 전략은 (순서대로) 스트래들, 비율 스프레드, 수직 스프레드 및 스트랭글이다. 전체적으로 이들은 모든 스프레드/조합 거래의 3분의 2를 차지한다. 콘도, 수평 스프레드 및 박스 스프레드 거래가 거의 없는 반면 나비형 및 칼라와 같은 전략은 종종 거래된다. 전반적으로 저자들은 인기 있는 트레이딩 전략이 방향성보다는 변동성 고려요인에 의해 더 많이 영향을 받는다고 보았다. 이것은 방향성에 대한 전망을 반영할 수 있는 다양한 방법(현물, 선도, 옵션)이 있지만 변동성에 대한 전망을 고려할 수 있는 수단은 단 하나(옵션) 뿐이라는 사실을 뒷받침한다고 볼 수 있다.

8.7 베어링스 은행 사례

1995년 2월 27일 규모는 작지만 오랜 역사의 전통 있는 영국 은행인 베어링스(Barings)는 법정관리를 신청하면서 불명예스러운 종말을 맞이했다. 약 6억 1800만 달러의 자본금은 베어링스의 싱가포르에서 근무하는 한 사람의 직원인 닉 리슨(Nick Leeson)에 의한 파생상품 거래가 초래한 10억 달러를 훨씬 상회하는 손실로 인해 완전히 잠식되었다. 이 사례는 몇 가지 주목할 만한 측면이 강조되어 있는데, 그 핵심은 누구나 쉽게 이해할 수 있는 위험을 가진 매우 단순한 유형의 파생상품 즉, 선물매입과 스트래들 매도포지션이 포함되어 있다는 점이다. 다음은 베어링스 비극의 요약이다.[1)]

리슨의 위임 업무

베어링스 은행에서 리슨이 받은 임무는 오사카와 싱가포르 거래소(OSE와 SIMEX, SIMEX는 지금의 SGX임)에서 니케이 225 선물가격의 단기차익을 획득하기 위한 차익거래를 하는 것이었다. 이러한 거래(베어링스 내부용어로는 "승환(switching)" 거래)는 매우 위험이 낮다. 중개인은 한 거래소에서는 니케이 선물을 매입하고 다른 거래소에서는 선물을 매도하기 때문에 방향성에 대한 위험 노출이 없다. 리슨은 또한 고객주문에 따라 거래를 수행했지만 베어링스를 시장위험에 노출시키는 자기계좌 거래포지션의 결정은 위임받지 못했다.

---

1) 본절의 이하 서술은 특히 국제금융위험연구원 웹 사이트 http://riskinstitute.ch/137550.htm에서 인용한 것임.

표 8.2 닉 리슨의 기여이익의 보고치와 실제치

아래 표는 리슨이 기여했다고 베어링스 본사가 생각한 이익과 실제 발생 손실에 대한 내용이다. 이 수치는 미화로 표시되어 있다.

연도	보고된 금액	실제 금액
1993	+14	−33
1994	+46	−296
1995	+30	−1,000

표 8.3 닉 리슨이 보유한 상품의 보고치와 실제치

아래 표는 베어링스의 파산 당시 닉 리슨이 보고한 보유상품의 건수와 실제 값을 설명한다. 수치는 SIMEX 계약의 건수를 기준으로 한다. 매입포지션은 +로 표시되고 매도포지션은 −부호로 표시된다.

계약	보고된 건수	실제 건수
니케이 225 선물	+30,112	+61,039
일본 국채 선물	+15,940	−28,034
유로 엔 선물	+601	−6,845
니케이 225 콜	0	−37,925
니케이 225 풋	0	−32,967

그가 실제로 한 일

리슨이 실제로 한 일은 그의 위임업무와 별로 유사하지 않다. 베어링스 은행이 붕괴된 후 발견된 증거에 따르면 그는 1992년 싱가포르에서 업무를 시작한 이래로 비승인 거래에 관계하면서 선물과 옵션 모두에서 자기계좌포지션을 택하였다. 증거는 또한 그가 처음부터 거의 큰 손실을 냈다는 것을 보여준다. 그러나 놀랍게도 런던의 그의 상사는 리슨의 활동이 실제로 매우 수익성이 높으며 1993년 은행 전체 이익의 약 20%, 1994년의 거의 50%를 혼자 힘으로 성취하였다고 믿었다. [표 8.2]는 보고된 리슨의 거래활동으로부터의 이익 규모와 실제 발생 손실 규모이다.

이 통계는 놀랍지만 그가 보유한 포지션의 규모에 비추어보면 그렇지도 않다. 1995년 2월 말, 6억1,500만 달러를 약간 상회하는 베어링스 은행의 자본금에 비해 리슨의 파생상품에 대한 명목거래포지션은 330억 달러를 넘어 섰고, 닛케이 225 지수의 헤지하지 않은 옵션의 매도포지션도 이에 포함된다. 다시 한번 그의 실제 및 보고된 파생상품 보유 간의 격차는 엄청났다. [표 8.3]은 이 정보를 요약한 것이다.

그는 어떻게?

이전 단락에서 지적한 정보의 격차는 베어링스의 운영통제가 매우 부실했음을 나타낸다. 베어링스 은행의 싱가포르 지사의 영업의 특별한 특징 중 하나는 리슨이 트레이딩뿐 아니라 트레이딩의 결제 및 관리를 책임지고 있는 후방부서 책임자이기도 하다는 것이다. 이것이 본질적으로 런던 본

사에서 중요한 정보를 접근할 수 없게 하는 것이 가능하게 된 것이다.

영국 은행감독위원회는 베어링스 사건의 원인분석에서 리슨이 부정행위를 저지르기 위해 채택한 단 하나의 수단으로 "교차거래(cross trade)" 또는 공시세를 강조한다. 교차거래의 경우 거래소 객장의 한 회원은 구매자인 동시에 판매자이다. 이것은 일반적으로 두 개의 개별 고객으로부터 구매 및 판매 주문을 매치시키는데 사용된다. 물론 이와 같은 교차거래가 따라야 하는 규정이 있다. 예를 들어, SIMEX는 거래가 현재 시장가격에서 형성되도록 요구했다. 또한 회원은 적어도 3번 가격을 선언해야 했으며 다른 회원이 가격을 받지 않은 경우에만 교차거래가 허용되었다.

리슨의 교차거래에서 베어링스는 자체가 거래 상대였다. 거래는 88888이라는 "오류 계정(error account)"을 포함하여 여러 계정에 입력되었다. 교차 거래 이후 리슨의 직원은 리슨의 지시에 따라 합법적인 거래계좌로 이익을 보고하고 88888계좌로는 손실을 기록했다.

또한 리슨의 지시에 따라 88888계좌에 대한 정보는 런던으로 전송되지 않았다. 따라서 리슨의 상사는 그의 거래포지션의 실제 규모가 얼마인지 전혀 알지 못했다. 한 예로, 1995년 2월 말에 런던 본사에서는 SIMEX에 대한 30,000개의 니케이 225 선물 계약이 매도포지션이라고 믿었다. 그러나 실상 리슨은 22,000계약을 매입했다.

옵션 거래와 베어링스의 종말

리슨의 위임 규정은 옵션거래를 허용하지 않았지만 어쨌든 그는 그렇게 했다. 그는 니케이 225에 효과적으로 스트래들을 매도했다. 이 장의 앞부분에서 알 수 있듯이, 노출된 스트래들 매도포지션은 어떤 방향으로 가격이 움직이더라도 옵션 발행자에게 손실을 초래하는 극도로 위험한 포지션이다. 그것은 수평적 가격에 대한 베팅이다(즉, 낮은 변동성). 리슨의 스트래들 포지션 초반 몇 달 동안 니케이(Nikkei) 움직임은 상당히 수평적 위치에 있었고, 따라서 그는 해당 포지션에서 상당한 프리미엄 수입을 얻었다.

1994년 11월과 12월에 리슨은 2개월 만에 34,000건 이상의 계약을 매도하여 옵션 포지션을 크게 높였다. 그의 옵션 포지션의 행사가격은 약 18,500에서 20,000 사이였고, 니케이가 약 19,000에서 20,000 범위에 머물렀다면 엄청난 이익의 거래로 마무리되었을 것이다. 불행히도 리슨과 베어링스의 경우에는 그러한 일이 일어나지 않았다(그림 8.19 참조).

1995년 1월 17일, 니케이는 약 19,350 수준에 있었는데, 그 날 고베 지진이 닥쳤다. 시장 심리는 크게 얼어 붙었고 그 지수는 주당 19,000 아래로 마감했다. 그러나 1월 20일 금요일 리슨은 1995년 3월에 만료되는 10,800 건의 니케이 선물 계약을 추가로 매입하였다. 이것은 지진에 대한 시장의 과잉 반응으로 인식하고 이를 이용한 이익을 확보하고자 하는 시도에서 나온 것일 수도 있고 단순히 시장을 떠받치고자 하는 시도일 수도 있다.

다음 주에는 리슨과 베어링스에게 재앙이 일어났다. 1월 23일 월요일까지 니케이는 1,000 포인

그림 8.19
1995년 1월~3월 니케이 지수

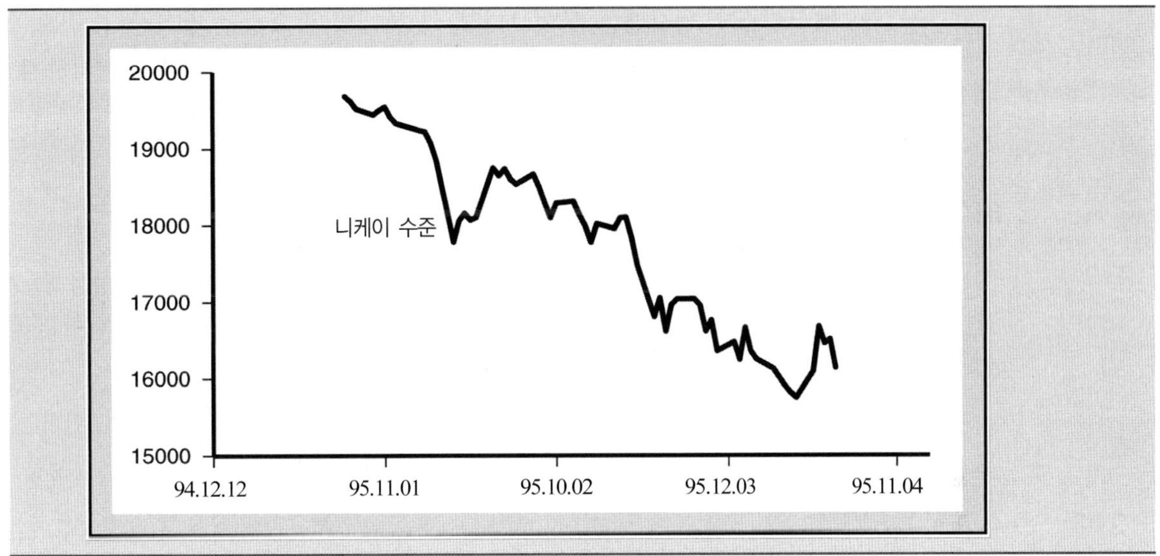

트 이상을 잃었고 18,000 이하로 마감되었다(그림 8.19에서 그 날짜의 하방 스파이크 참조). 선물 매입포지션과 발행한 풋옵션 모두에서 막대한 손실이 발생했다. 이 시점에서 리슨은 비인가 거래를 공개하지 않은채 자신의 거래포지션을 마감하고 손실을 감수할 수 없었다. 그는 "곱절 아니면 포기" 방식으로 선물 매입포지션을 대폭 늘린 결과 2월 22일까지 55,000건이 넘는 1995년 3월 선물계약, 5,600건이 넘는 1995년 6월 선물계약 매입포지션을 체결하였다.

그러나 이러한 구매노력으로도 시장에서의 신뢰가 회복되지 않았다. 니케이가 급격히 하방 행진을 계속할 때(그림 8.19) 파생상품 포지션에 대한 증거금 추가납입 요청으로 인해 베어링스의 지급불능이 선언되었다. 한 때 화려했던 은행은 네덜란드 은행인 ING으로 단돈 1파운드에 모두 인수되었다.

누가 책임을 져야 하는가?

리슨은 분명히 중심인물이었고 언론에서 그는(그리고 "파생상품"은) 참변의 원흉으로 판결 받았다. 영국 은행감독위원회(Board of Banking Supervision)에 의해 수행된 더 철저한 분석은 운영 리스크가 사태에서 중요한 역할을 했기 때문에 베어링스 경영진이 책임의 상당 부분을 공유하여야 한다고 지적했다.

우선 먼저 경영진은 리슨이 자신의 거래를 결제 마감할 수 있도록 허용함으로써 가장 기본적인 은행 규칙을 무시했다. 경영진도 여러 차례 감독의 의무를 소홀히 했다. 그들은 상황이 좋지 않다고 하는 제3자로부터의 많은 질의와 경고를 무시했다. 실제로 그들은 리슨에게 설명을 요구하지도 않고 막대한 현금을 베어링스 싱가포르 지사에 송금해줌으로써 그가 거래손실의 보전과 증거금납입 요청을 충족할 수 있게 하였다.

끝으로 베어링스 은행사태는 무엇보다 운영 통제의 중요성을 강조한다. 규모 있게 사용하고 적절한 통제수단을 적용하면 파생상품이 상당히 효과적일 수 있다. 또한 무책임하게 사용하고 위험을 무시하면 파생상품은 커다란 피해를 초래할 잠재력을 가졌다.

베어링스 사태의 반복

파생상품과 같이 레버리지가 높은 상품을 사용할 때 운영 통제의 중요성을 알 수 있는 베어링스 사태의 주요 교훈은 분명하지만 베어링스 사례는 관련 인물과 금액만 바뀌면서 여러 번 반복되어 왔다.

2008년 프랑스 은행 Société Générale(SocGen) 은행의 델타원 그룹에서 일하는 한 개인 Jerome Kerviel에 의한 무단 거래로 인해 50억 유로(당시 거의 70 억 달러)의 손실 발생을 보고 했다. 델타원(Delta One) 상품은 "1" 또는 그에 근접한 "델타" 값을 가진 금융파생상품으로, 기초자산가격의 변동에 따라 거의 일대일로 변동한다(예를 들면, 선물, 주식 스왑 및 거래소 상장된 펀드가 이에 해당된다. 그러나 델타가 상품의 가격심도에 따라 변하는 옵션과 같은 비선형 파생상품은 해당되지 않는다-11장 참조). 2006년부터 Kerviel은 유럽 주가 지수선물을 중심으로 방향성에 베팅한 것으로 추정된다. 2007년 300억 유로, 2008년 최고 500억 유로에 도달한 것으로 추정되는 명목금액은 거래가 실제로 허가되지 않은 사실을 고려하면 엄청난 금액이다. (Kerviel은 자신의 회고록에서 감독자가 자신이 무엇을 했는지 알았다고 주장했다.) 거래는 2007년에는 성공했고 Kerviel의 거래는 그 해에 14억 유로의 이익을 보았다고 추산되지만 2008년의 신속한 시장조정으로 궁극적으로 50억 유로에 달하는 손실을 기록했다.

어떻게 그는 그와 같이 할 수 있었는가? Kerviel은 실제로 Société Générale의 내부위험관리 시스템을 조작한 것으로 알려져 있는데, 실제로 그는 커다란 방향성 위험노출이 있을 때 가공의 헤지를 조성하여, 시스템으로 하여금 그의 포지션이 수평적(net "flat")이라고, 다시 말하면 방향성 위험이 없다고 착각하게 조작하였다. 그는 또한 다른 직원의 출입 코드를 도용하고 자신의 입장을 정당화하기 위해 문서를 위조한 혐의로 기소되었다. 그럼에도 불구하고, SocGen의 시스템은 다음과 같은 수십 가지 경고 신호를 놓쳤다: 일요일에 만기가 된 거래; 상대방이 없는 거래; SocGen 자체가 거래 상대방인 거래; 상대방의 한도를 초과하는 거래; 브로커 이름이 누락된 거래; 브로커 수수료가 크게 상승한 거래 등등. 베어링스 은행과 같이 SocGen 사례는 궁극적으로 내부통제 시스템의 고장이었다.

3년 후 스위스 주요 은행인 UBS가 한 주식 중개인 Kweku Adoboli가 델타 원(Delta One) 팀에서 무단 거래로 20억 달러가 넘는 손실을 야기시켰음을 보고했을 때 이 이야기는 다시 반복되었다. 아도볼리의 영업은 파생상품에 직접적으로 관여하지 않았다. 오히려 그들은 ETF 현금 포지션에 대한 결제 시스템의 취약점을 악용했다. 그러나 근본적인 문제는 동일하였다. 은행은 거래에 대한 경고 신호에 행동을 취하지 않았다. UBS의 당시 최고경영자는 손실에 대한 도덕적 책임으로 사직

했으며, 결국 은행은 운영 실패로 인해 영국의 감독 당국으로부터 4천5백만 달러 이상의 벌과금을 추징당했다.

8.8 연습 문제

1. 만기가 모두 동일한 다음 옵션 포트폴리오에 대한 손익 도표를 작성하라. (a) 행사가격 75에서의 콜옵션 매도, (b) 행사가격 80에서의 두 단위의 콜옵션 매입, (c) 행사가격 85에서의 3 단위의 콜옵션 매입. 이 포트폴리오와 일치하는 주가변동에 대한 전망은 무엇인가?
2. 당신은 옵션 포트폴리오를 사용하여 다음과 같은 총손익 프로파일을 구성하는 데 관심이 있다고 하자.

주가	60	70	80	90	100	110	120	130	140	150
손익	10	30	20	10	0	10	30	10	0	−10

   당신의 포트폴리오에 어떤 행사가격에 어떠한 옵션을 보유하고 있겠는가? 주가가 50보다 작거나 160보다 크면 원하는 손익이 0이라고 가정한다.
3. (어려움) 이전 질문의 원칙을 사용하여 스프레드 시트 기반 알고리즘을 작성하여 이전 질문에 나온 것과 같이 목표 총손익 프로파일에 대한 옵션 포트폴리오를 만들어 보아라. 이전 질문에서와 같이 일정한 간격(예: $10 간격)으로 얻은 주가에 대해 옵션 손익이 제공된다고 가정하라. 스프레드 시트에서 주어진 문제에 대한 표를 만든 다음 Solver를 사용하여 답을 찾아보라.
4. 당신은 퇴직 소득 전용의 별도 포트폴리오를 관리하고 있다. 과도한 위험을 감수하기를 원하지 않으며 손익하락 가능성을 제한하는 것을 선호한다면 어떤 보편적인 옵션 구조가 좋은 것인가?
5. 보호된 콜옵션 포지션을 매도하고 방어적 풋옵션을 매입한다면 어떤 총손익을 얻을 수 있는가? 이 포지션에 대하여 순프리미엄을 받게 될 것인가 아니면 지불하게 될 것인가? 당신이 이 포지션을 보유한다면 주식가격 움직임에 대한 전망은 무엇인가? 당신의 포트폴리오가 당신에게 제시할 수 있는 다른 옵션 전략은 무엇인가? 모든 옵션에 대해 $100의 공통된 행사가격을 가정하자.
6. 이전 질문에서 취한 것과 반대의 전망을 가지고 있다면 어떤 포트폴리오 구조의 옵션을 선택하겠는가?
7. 마이크로소프트 주식은 현재 26 달러에 거래하고 있다. 가격은 상승하지만 주당 28 달러를 넘지는 않을 것으로 예상된다. $22.50, $25.00, $27.50 및 $30.00의 행사가격으로 마이크로소

프트 주식에 대한 옵션을 사용할 수 있다. 당신의 전망을 반영하기 원한다면 이러한 옵션에서 어떤 옵션 포트폴리오를 구성하겠는가?

8. 이전 질문에 대한 귀하의 전망이 마이크로소프트 주가가 하락할 것이지만 $22 이하의 하락은 없을 것이라고 가정해 보자. 이제 어떤 전략을 사용해야 하는가?
9. IBM 주식에 대하여는 95, 100, 105의 행사가격을 가진 콜옵션이 있다. 다음 중 더 많은 비용을 지불해야하는 것은 95−100의 강세형 수직적 스프레드인가? 또는 95−100−105 나비형 스프레드인가?
10. 강세형 콜옵션 스프레드는 방향성에 있어 강세전망이다. 변동성에 대해서도 강세전망인가?
11. 풋옵션 나비형 스프레드를 매입하는 경우 방향성은 어떻게 되는가?
12. 이 나비형 스프레드가 콜옵션을 대신 사용하여 생성된 경우 이전 질문에 대한 당신의 대답은 어떻게 변하는가?
13. 수평적 스프레드는 옵션의 시간붕괴(time-decay)를 어떻게 활용하는가?
14. 수평적 콜옵션 스프레드의 매입포지션에 암시된 변동성에 대한 전망은 무엇인가? 수평적 풋옵션 스프레드 매도포지션은 어떠한가?
15. 현재의 유가에 대한 변동성이 높다고 가정한다. 방향성에 대한 전망이 없다면 어떤 옵션 포트폴리오를 통해 높은 변동성이 주는 손익을 취할 수 있겠는가?
16. FDA의 승인을 기다리고 있는 의약품 특허가 있는 바이오텍 기업의 미래에 당신은 승부를 걸어 볼 계획이다. 특허가 승인되면 주식가격은 급격히 상승할 것으로 예상된다. 승인되지 않으면 주식이 급격하게 떨어질 것이다. 당신의 전망으로는 어느 방향으로든 20% 이상 움직일 것 같지 않다. 귀하의 전망을 활용하여 스트래들과 스트랭글을 결합한 포트폴리오를 구성해 보라.
17. A 회사는 B 회사의 인수 시도의 대상이 될 것이다. 인수가 진행됨에 따라 주가는 앞으로 몇 주 동안 상승할 것으로 보이지만, 실패하면 A 주가는 이전 상승폭보다 더 크게 하락할 것이다. 이와 같은 정보를 활용할 수 있는 옵션 전략은 무엇인가?
18. 마이크로소프트(주가 25.84 달러) 옵션은 다음 가격으로 거래된다.

행사가격	콜	풋
22.50	3.40	0.10
25.00	1.25	0.30
27.50	0.15	1.80

이때 다음 옵션 포지션의 순손익이 양(+)의 값을 갖게 되는 만기시 거래영역을 알아보라.

(a) 25.00 스트래들, (b) 22.50 스트립, (c) 27.50 스트랩, (d) 22.50−27.50 스트랭글

19. 칼라는 무엇인가? 칼라를 사용할 때 투자자의 목표는 무엇인가?

20. 칼라의 가격은 양수, 0, 또는 음수인가?

21. 옵션이 두 가지 행사가격으로 거래된다고 가정하자: $K_1 < K_2$. 행사가격이 K_2인 옵션에 대해서는 $C(K_2) - P(K_2) = S - PV(K_2)$(풋−콜 패리티)가 유지되지만 행사가격이 K_1인 옵션에서는 그렇지 못하다. 즉, $C(K_1) - P(K_1) = S - PV(K_1) + \delta$, 여기에서 $\delta > 0$. 위험 없는 차익거래 전략을 수립함으로써 이 상황이 주는 기회를 활용하기 위해 박스 스프레드가 어떻게 사용되는지 보여주어라. 단, 배당금은 없다고 가정한다.

22. 비율 스프레드 란 무엇인가? 주식가격 S가 현재가격에서 약 10 달러 상승할 것으로 예상하지만 10 달러 이상 상승할지는 확신할 수 없다는 사실을 기회로 활용할 수 있는 비율 스프레드를 만들어 보라.

23. 비율 스프레드의 비용이 음(−)의 값을 가질 수 있는가?

24. 다음 중 어느 것을 매입하는 것이 더 비싸다고 생각하는가? (a) 콜옵션을 사용한 행사가격 100−110−120의 나비형 스프레드 또는 (b) 행사가격 90−100−110−120의 콘도 · 콘도를 어떤 유용한 방식으로 분해할 수 있는가?

25. 선물 매입과 스트래들 매입포지션을 택하는 경우 방향에 대한 귀하의 견해는 무엇인가? 변동성은?

26. 앞의 문제에서 선물에 대하여는 매도포지션을 취하는 경우 이전 질문에 대한 귀하의 대답은 어떻게 변하는가?

27. 변동성이 향후 3개월 동안 감소하고 이후에 증가할 것이라는 견해를 가지고 있다면 어떤 옵션 전략을 실행하고 싶은가? 이 포트폴리오의 가치는 오늘 시점에서 양(+)의 값을 갖는가 아니면 음(−)의 값을 갖는가?

28. 다음의 두 가지 포트폴리오에 대한 총손익을 별도의 표에서 산출해 보라.
    - 콜옵션(괄호 안은 행사가격임): $C(90) - 2C(100) + C(110)$
    - 풋옵션(괄호 안은 행사갸격임): $P(90) - 2P(100) + P(110)$

    두 포트폴리오의 관계는 무엇인가? 이유를 설명하시오.

29. 다음 두 포트폴리오의 만기시 손익에 대한 그림을 그려보라.
    - A : 행사가격 K에서의 콜옵션 매입과 행사가격 K에서의 풋옵션 매도포지션. 두 옵션의 만기는 동일함.
    - B : 주식을 매입하고 행사가격 K의 현재가치 만큼 차입. 이 포트폴리오의 손익은 포트폴리오의 포지션을 마감할 때 만기시에 받게 되는 현금흐름이다.

    두 개의 손익 도표를 비교하고 귀하가 관찰한 것을 설명하라.

부록 8A 비대칭 나비형스프레드

우리가 3개의 행사가격 $K_1 < K_2 < K_3$을 가지고 있다고 가정하자. 이러한 행사가격으로 풋옵션 나비형 스프레드를 설정하기 위해 $w : -1 : (1-w)$의 비율로 콜옵션을 결합한다. 여기서 w는 다음과 같이 정의된 비율이다.

$$wK_1 + (1-w)K_3 = K_2 \tag{8.7}$$

또는 동등하게,

$$w = \frac{K_3 - K_2}{K_3 - K_1} \tag{8.8}$$

다시 말하면 K_2 행사가격 콜옵션의 모든 매도포지션에 대해, 우리는 (a) K_1 행사가격 콜옵션 w 단위의 매입포지션과 (b) K_3 행사가격 콜옵션의 $1-w$ 단위의 매입포지션을 사용한다. w에 대한 이 특정 값의 사용은 간단한 고려에 의해 결정된다. 즉, 이 값 아래서는 T 시점에서 나비형 스프레드의 손익은 항상 다음과 같다.

- $S_T \le K_1$ 또는 $S_T \ge K_3$이면 0이다.
- K_1과 K_2 사이에 위치한 S_T에 대해 확실히 양의 값을 갖고 증가한다.
- K_2와 K_3 사이에 위치한 S_T에 대해 확실히 양수이고 점차 감소하여 0으로 수렴한다.

즉, T에서의 손익은 [그림 8.8]과 같을 것이다. 물론 대칭일 필요는 없다. 시점 T 손익과 그리고 이 진술에 대한 검증은 독자의 몫으로 남겨 둔다.

K에 대한 옵션가격의 볼록성

일반적인 나비형 스프레드의 손익은 항상 음수가 아니며 (K_1과 K_3 사이의 S_T에 대해 분명히 양의 값을 가짐), 스프레드의 비용은 양의 값을 가져야 한다. 즉,

$$wC(K_1) + (1-w)C(K_3) > C(K_2) \quad \text{여기서, } w = \frac{K_3 - K_2}{K_3 - K_2} \tag{8.9}$$

식 (8.9)는 행사가격에서 콜옵션가격의 볼록성(convexity)라고 불린다. 그것은 세 가지 모든 행사가격의 콜옵션가격에 대한 매우 강력한 제약조건이다. 식 (8.4)는 물론 $w = 1/2$에 해당하는 특수한 경우이다.

풋옵션 나비형 스프레드

풋옵션을 사용한 비대칭 나비형 스프레드는 콜옵션을 사용한 나비형 스프레드와 똑같은 방식으로 정의된다. 세 번의 행사가격 K_1, K_2, K_3이 주어지면 식 (8.8)과 같이 w를 정의한다. 풋옵션 나비형 스프레드는 다음과 같이 구성된다.

- 행사가격 K_1의 풋옵션 w 단위에 대한 매입포지션
- 행사가격 K_3의 풋옵션 $(1-w)$ 단위에 대한 매입포지션
- 행사가격 K_2의 풋옵션 한 단위에 대한 매도포지션

일반적인 경우에 풋옵션 나비형 스프레드 손익은 콜옵션 나비형 스프레드의 손익과 동일하다. 따라서 볼록성 제약조건 (8.9)은 풋옵션에도 적용된다.

$$wP(K_1)+(1-w)P(K_3)>P(K_2) \quad \text{여기서,} \quad w=\frac{K_3-K_2}{K_3-K_2} \tag{8.10}$$

제9장

옵션가격에 대한 무차익거래 조건

9.1 서론

7장에서 변동성이 옵션가치의 주요 결정요인임을 살펴보았다. 이것은 변동성에 대한 모형을 설정함 없이, 즉 기초자산의 가격이 시간에 따라 어떻게 변하는지에 대한 모형이 없이 옵션을 "가격산정"할 수 없다는 것을 의미한다. 11～16장에서 우리는 이것이 어떻게 행해지는지 검토할 것이다. 그러나 변동성 및 가격 변화의 어떠한 특정 모형도 반드시 한계가 있기 때문에 "기초자산의 가격행태와 관련한 가정을 하지 않고 옵션가격에 대해 말할 수 있는 주목할 만한 점이 있는가?"하는 질문이 생긴다.

이 질문에 대한 답변은 "그렇다"이다. 상당히 많이 있다고 볼 수 있다. 이 장과 다음 장에서는 기초자산의 가격이 시간에 따라 어떻게 바뀌는가에 관계없이 옵션가격이 충족시켜야 할 여러 가지 조건을 설명하고자 한다. 그러한 조건은 시장이 차익거래를 허용하지 않는다는 최소한의 가정에 주로 의존하기 때문에 "무차익거래 조건(no-arbitrage restrictions)"이라고 불린다.[1]

이 장에서는 개별 옵션의 가격에 대한 무차익거래 조건을 유도하는 데 중점을 둔다. 우리는 두 가지 주요 쟁점인 옵션의 최대 및 최소가격(9.4절)과 행사가격 및 만기라는 두 가지 주요 거래 변수에 대한 옵션가격의 의존성(9.6 절)을 검토하고자 한다. 그 과정에서 검토된 결과를 사용하여 앞으로 논리적 근거로 반복하여 사용될 개념인 옵션의 보험가치(insurance value)에 대한 직관적인 정의를 유도하게 될 것이다. 그리고 10장에서는 두 가지 핵심관계 즉, 다른 조건이 동일한 콜옵션과 풋옵션의 가격간의 관계와 다른 조건이 동일한 미국식과 유럽식 옵션 사이의 관계에 대한 무차익거래의 의미를 살펴 볼 것이다. 이 두 장을 통해 도출된 결과는 이어지는 장에서 옵션의 속성을 유도하고 이해하는 데 매우 중요한 역할을 하게 될 것이다.

---

1) 여기에 제시된 대부분의 무차익 거래조건은 Merton (1973)을 참조한 것임.

9.2 기본 예제

이 장에서 유도할 결과 및 그 유용성에 부합되는 다음 예제를 고려해 보도록 하자.

예 9.1

어떤 주식이 현재 55 달러에 거래되고 있다. 행사가격이 50이고 2개월 만기인 유럽식 콜옵션은 3달러에 거래되고 있다. 이 주식은 한 달 안에 2 달러의 배당을 지불할 것으로 예상된다. 수익률 곡선(yield curve)은 모든 만기에 대해 12%선(연평균 연속복리)에서 수평이다. 이와 같은 경우 차익거래가 있겠는가?

콜옵션은 3달러에 거래되고 있지만 현재 내가격의 심도(depth-in-the-money)는 5 달러이다. 따라서 만일 이것이 미국식 옵션이라면 대답은 "예"이다. 콜옵션을 매입하여 즉시 행사하고 그 주식을 매도하면 된다. 그러나 콜옵션이 유럽식이기 때문에 이 전략을 수행할 수 없다. 실제로 옵션은 2달 동안 행사할 수 없고, 2 달러의 배당은 만기가 되기 전에 그 가치가 주가에서 분리될 것이기 때문에 이 옵션은 확실하게 저평가된 것으로 보이지 조차 않는다. ■

예 9.2

현재 주가는 45 달러이다. 행사가격이 50이고 만기가 2개월인 유럽식 풋옵션이 3 달러에 거래되고 있다. 주식은 한 달 안에 1 달러의 배당을 지급할 것으로 예상된다. 수익률 곡선은 모든 만기에 대해 12%선(연평균 연속복리)에서 수평이다. 이와 같은 경우 차익거래가 있겠는가?

이 경우 답은 확실하지 않다. 옵션이 미국식이라면 단순한 차익거래 기회가 있다. 주식과 풋옵션을 매입하고 즉시 풋옵션을 행사하는 것이다. 그러나 이 경우는 유럽식이기 때문에 이 같은 시도는 아무런 효과가 없다. ■

예 9.3

주어진 주식의 현재가격은 100 달러이다. 3개월 만기의 미국식 콜옵션은 95의 행사가격인 경우 6 달러에 거래되고 있다. 3개월 이자율은 연속복리 연평균 이자율로 환산하여 12%이다. 이 기간 동안 주식에 대한 배당은 없을 것으로 예상된다. 이 경우 차익거래가 있겠는가?

이 경우 역시 명확하지 않다. 최소한 단순한 차익거래의 기회는 없는 것 같다. 예를 들어, 콜옵션을 즉시 행사하면 $(100−95)=$5가 되지만 콜옵션 비용이 $6이므로 즉각적인 옵션 행사로 얻은 이익보다 크기 때문이다. ■

예 9.4

어떤 주식이 100 달러에 거래되고 있다. 행사가격이 100 달러인 1개월 만기 유럽식 풋옵션을 매입하려면 3.25 달러가 들고, 행사가격이 110인 1개월 만기 유럽식 풋옵션은 14 달러가 든다. 1개월 단순 이자율은 1%이다. 이 경우 차익거래가 있겠는가?

이 질문에서는 풋옵션가격의 순서를 매겨 보는 것이 도움이 될 것이다. 110에 매도할 수 있는 권리는 100에 팔 권리보다 더 가치가 있어야 한다. 그러나 두 가격의 차이 14−3.25=10.75는 너무 과하지 않은가? 그러면 차익거래 기회가 발생하기 전에 얼마나 큰 가격 차이가 있을 수 있다고 보는가? ■

예 9.5

어떤 주식이 40 달러에 거래되고 있다. 행사가격이 각각 35, 40, 45인 3개월 만기 유럽식 콜옵션이 있으며, 그 옵션의 가격은 각각 5.50, 3.85, 1.50이다. 이 경우 차익거래가 있겠는가?

같은 이치로 콜옵션가격의 순서를 정하면, 행사가격 35인 콜옵션이 가장 비싸고 행사가격 45인 콜옵션이 가장 적은 비용을 요구한다. 이 경우 세 콜옵션가격을 연결시켜야만 하는 깊은 관계가 있다고 보는가? ■

이 예제들 중 어떤 것도 "명백하게" 그릇된 것은 없다. 그러나 이 장에서 우리의 분석 결과는 위의 각각의 예제가 차익거래 기회를 인정하게 된다는 것을 보여줄 것이다. 9.7절에서는 이 예제들을 다시 검토함으로써 각각의 차익거래 기회를 도출하고 이것이 어떻게 활용될 수 있는지 살펴 볼 것이다. 그러나 그 이전에 우선 무차익거래 조건을 유도해 내야하며 다음 절부터는 이를 시도할 것이다.

9.3 표기법과 다른 예비 요소들

옵션 유형(풋옵션 대 콜옵션)과 옵션 스타일(미국식 대 유럽식)의 중요성은 분명하다. 옵션은 전형적으로 "지불금보호(payout protection)" 금융상품이 아니기 때문에 배당금은 중요하다. 즉, 기초자산에 대한 배당금이 지급될 때 일반적으로 옵션의 조건이 조정되지 않기 때문이다.[2] 배당금 지급은

2) 이는 정상적인 배당금 지급에 해당된다. 배당금 지급액이 매우 높으면(주식가격의 10%의 임계치가 일반적으로 사용됨), 거래소는 종종 배당금액만큼 행사가격을 낮추어 대응한다

표 9.1
표기법 및 용어

표기법	의 미
S	현재가격
K	옵션의 행사가격
T	옵션 만기일
S_T	시점 T의 기초자산 가격
C	콜옵션(미국식 또는 유럽식 콜옵션)
P	풋옵션(미국식 또는 유럽식 콜옵션)
C_A, C_E	미국 및 유럽식 콜옵션
P_A, P_E	미국 및 유럽식 풋옵션
$PV(D)$	옵션 기간 동안 지급된 배당금의 현재가치
$PV(K)$	시점 T에서 받는 금액 K의 현재가치

기초자산 가격을 떨어뜨린다. 이것은 콜옵션이 "더 적은" 내가격이 되기 때문에 콜옵션의 소유자에게는 손해일 수 있지만, 풋옵션은 "더 큰" 내가격이 되므로 풋옵션 보유자에게는 이익이 된다. 지불금보호가 없다는 것은 다른 조건들이 동일하다면, 예상되는 배당 규모의 증가는 콜옵션의 가치를 낮추고 풋옵션의 가치를 증가시킨다.

개념적 관점에서 볼 때, 기초자산이 옵션기간 동안 배당을 지급하지 않을 것으로 예상되는 경우와 배당금을 지급할 것으로 예상되는 경우를 구별하는 것은 많은 도움이 된다. 우리는 전자를 무배당(non-dividend-paying)자산 또는 NDP자산이라고 말하고 후자는 유배당(dividend-paying)자산 또는 DP자산으로 언급한다. NDP와 DP는 옵션기간 동안 발생하게 되는 배당만을 고려한다. 옵션 만기일 이후에 발생할 수 있는 배당금은 옵션가치에 영향을 미치지 않으므로 여기서는 관심을 두지 않는다. 마지막으로 DP자산을 다룰 때, 우리는 선도계약 가격산정의 맥락에서와 같이 배당 지급시기와 규모를 알고 있다고 가정한다. 이것은 전적으로 무해한 가정은 아니지만, 특히 기간이 짧은 옵션의 경우에 있어서는 매우 합리적인 가정이다.

기호의 표기법

이 장에서 사용 된 표기법은 [표 9.1]에 요약되어 있다. 우리는 기초자산 가격과 옵션의 행사가격 및 만기에 대한 이전 장에서 소개된 표기법을 유지한다. 또한 앞에서와 마찬가지로 C와 P는 콜옵션과 풋옵션가격을 표시할 것이지만 이제는 미국과 유럽식의 구분이 필요한 경우 아래 첨자 A와 E를 각각 추가해야 한다. 어떤 가격 속성이 미국과 유럽식 옵션 모두에 대해 유지된다면, 아래 첨자를 버리고 간단히 C와 P를 사용하기로 한다.

이 밖에 별도 설명이 필요한 두 가지 유용한 표기법이 있다. 옵션의 잔존 기간 동안 수취할 배당금의 현재가치(현재 시점에서 볼 때)를 $PV(D)$로 표시한다. 옵션의 만기 시점 T에 수취할 금액 K의

현재가치를 $PV(K)$로 표시한다.

끝으로 미국식 옵션은 항상 만기까지 보유할 수 있기 때문에 그러한 옵션은 유럽식 옵션보다 결코 비용이 적게 들지 않는다.

$$C_A \geq C_E \quad \text{그리고} \quad P_A \geq P_E \tag{9.1}$$

9.4 옵션의 최대 및 최소 가격

먼저 콜옵션가격부터 시작한 다음 풋옵션에 대한 특성을 살펴보기로 한다.

콜옵션가격에 대한 한도

콜옵션가격의 상한은 쉽게 도출할 수 있다. 즉, 콜옵션의 가격은 기초자산의 현재가격 S를 초과할 수 없다.

$$C \leq S \tag{9.2}$$

식 (9.2)의 추론은 간단하다. 오늘 S 값에 자산을 직접 구매할 수 있는 경우, K 값에 기초자산을 매입할 권리만을 제공하는 콜옵션에 대해 S 이상을 지불해야하는 이유는 무엇인가?

하한선의 도출은 다소 까다롭다. 우리는 두 가지 간단한 하한을 먼저 구한 다음 좀 더 많은 노력을 기울여 세 번째 조건을 유도해 볼 것이다.

콜옵션은 의무 없이 권리만 부여한다. 따라서 콜옵션가격은 음수가 될 수 없다. 즉, 대가 없이 버릴 수 있는 권리라도 이를 획득하면서 보상까지 받을 수는 없을 것이다. 이것은 우리에게 첫 번째 하한선을 제공한다.

$$C \geq 0 \tag{9.3}$$

(9.3)은 권리라기 보다 의무를 수반하는 선도계약과 같은 파생상품에는 성립할 필요가 없다. 예를 들어, 당신이 선도계약 매입포지션을 택하여 계약을 체결한 후 가격이 급격하게 하락한 경우 그 계약은 당신에게 음의 가치를 갖게 될 것이다. 즉, 비용을 치루지 않고는 계약에서 벗어날 수 없다.

우리의 두 번째 하한선은 미국식 콜옵션에 성립하는 것이다. 그러한 콜옵션은 언제든지 행사할 수 있고 즉시 행사되는 경우, 투자자는 K를 지불하고 S 가치의 자산을 수령하게 된다. 따라서 즉각적인 행사의 가치는 $S-K$이다. 차익거래가 없는 경우 콜옵션의 가격 C_A는 다음과 같이 최소한 즉각적인 행사가치정도는 되어야 한다.

표 9.2
포트폴리오 A와 B: 비용과 손익

	초기비용	T 시점에서의 현금흐름	
		$S_T < K$	$S_T \geq K$
포트폴리오 A	C_E	0	$S_T - K$
포트폴리오 B	$S - PV(K)$	$S_T - K$	$S_T - K$

$$C_A \geq S - K \qquad \textbf{(9.4)}$$

만일 (9.4)가 $C_A < S - K$인 경우, 투자자는 콜옵션을 매입하여 즉시 행사함으로써 차익거래 이익을 얻을 수 있다. 이러한 논리는 만기시에만 행사할 수 있는 유럽식 콜옵션에는 적용되지 않는다. 따라서 (9.4)는 유럽식 콜옵션에 대해 성립할 수도 있고 성립하지 않을 수도 있다.

세 번째 하한선 조건은 유럽과 미국식 콜옵션 모두에 적용되지만, 일련의 단계로 나누어 유도하는 것이 도움이 될 것이다. 우리는 우선 무배당(NDP) 자산에 대한 유럽식 콜옵션의 사례를 고려하기로 한다. 다음으로 배당을 고려하며, 마지막으로 조기 행사를 고려해보자. 이제 NDP 자산에 유럽식 콜옵션이 주어졌다고 가정하고 다음 두 가지 포트폴리오를 고려해보자.

포트폴리오 A 행사가격 K 및 만기 T인 콜옵션 매입
포트폴리오 B 기초자산의 1단위 매입과 T 시점에서 상환을 위해 $PV(K)$ 차입

각 포트폴리오의 비용과 T 시점의 손익은 [표 9.2]에 요약되어 있다(콜옵션은 만기가 될 때까지 행사할 수 없고 배당이 없기 때문에 고려할 현금흐름은 없음). 포트폴리오 A의 초기비용은 콜옵션의 현재 가격 C_E이며 포트폴리오 B의 초기비용은 $S - PV(K)$이다. 두 포트폴리오의 T 시점에서의 가치는 S_T에 따라 다르다.

- 포트폴리오 A 즉 콜옵션은 $S_T < K$인 경우 가치가 없으며 $S_T \geq K$인 경우는 $S_T - K$의 가치가 있다.
- 포트폴리오 B에서 차입금의 상환이 K의 현금유출로 이어지는 동안 기초자산의 매입포지션은 S_T의 가치가 있다. 따라서 만기시 포트폴리오 B의 가치는 $S_T - K$이다.

이러한 손익은 [그림 9.1]에서 그래프로 나타난다. 만기 시점에서, 포트폴리오 A는 $S_T \geq K$인 경우 포트폴리오 B와 정확히 동일한 현금흐름을 가지며, $S_T < K$인 경우에는 B에 비하여 확실히 더 양호하다. 따라서 포트폴리오 A는 적어도 포트폴리오 B만큼의 값을 지불하는 것이어야 한다. 즉,

$$C_E \geq S - PV(K) \qquad (9.5)$$

식 (9.5)는 우리가 구하고자 하는 세 번째 하한선이다. 9.5절에서 우리는 이 하한선이 거의 확실

그림 9.1
포트폴리오 A와 B의 손익

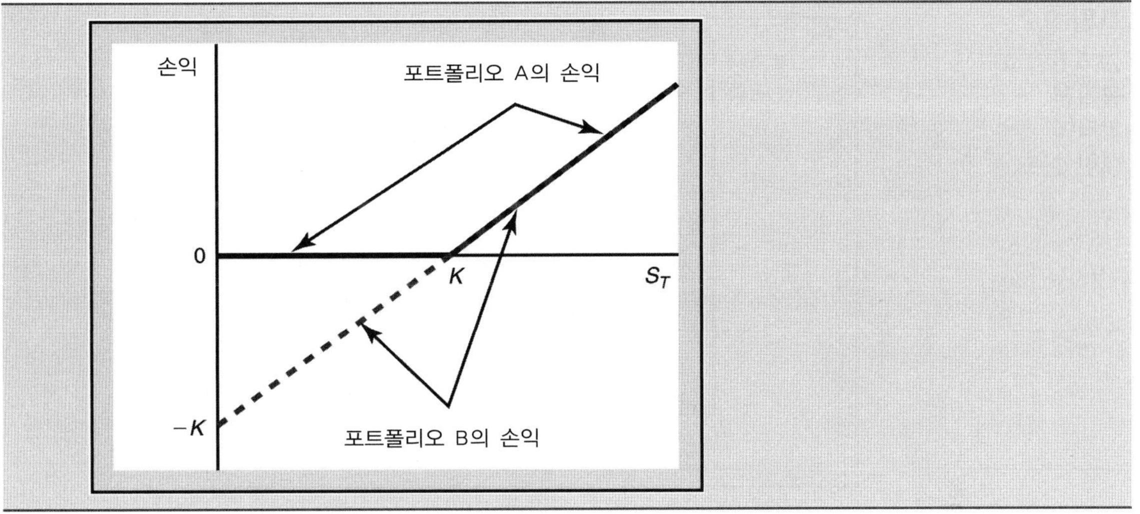

하게 보이는 포트폴리오 B에 대한 간결한 해석을 보여줄 것이다.

(9.5)를 어떻게 수정하면 배당금 지급과 조기 행사를 포함하여 설명할 수 있겠는가? 먼저 배당을 고려해보자. 기초자산이 배당부(DP) 자산인 경우, 배당금 지급시 포트폴리오 B에 중간 현금이 유입되지만 포트폴리오 A에는 상응하는 현금흐름이 없다. 비교 가능성을 복원하기 위해 필요한 것은 배당 현금흐름을 상쇄하는 포트폴리오 B의 현금유출을 발생시키는 것이다. 즉, 포트폴리오 B에 대한 다음과 같은 수정을 시도해 본다.

포트폴리오 B 한 단위의 기초자산 매입
T 시점에서 상환조건의 $PV(K)$의 차입
배당일에 상환조건의 $PV(D)$의 차입

이 경우 포트폴리오 B의 초기 비용이 다음과 같이 변경된다. 이제는 $S-PV(K)-PV(D)$이다. 그러나 이 포트폴리오에는 기간 중 순 현금흐름이 없으며 T 시점에서의 가치는 정확히 [표 9.2]와 동일하다. 따라서 우리가 이전에 포트폴리오 간에 행한 비교가 유효하다. 즉, 포트폴리오 A는 만기시 포트폴리오 B와 동일하거나 분명히 더 나은 가치를 지닌다. 어느 포트폴리오도 중간 순현금흐름이 없기 때문에, 포트폴리오 A는 적어도 포트폴리오 B에 준하는 값을 지불해야 한다.

$$C_E \geq S-PV(K)-PV(D) \qquad \textbf{(9.6)}$$

위의 관계식 (9.6)은 무배당 경우인 (9.5)를 일반화한 것이다.

자 이제 조기행사의 경우만 남아 있다. 그러나 이것은 쉽게 결합시킬 수 있다. 우리는 항상 $C_A \geq C_E$ 조건을 충족시켜야하므로 미국식 콜옵션의 경우에도 하한선 (9.6)이 유지되어야 한다!

그림 9.2
$D=0$일 때 콜옵션 가격에 대한 한도

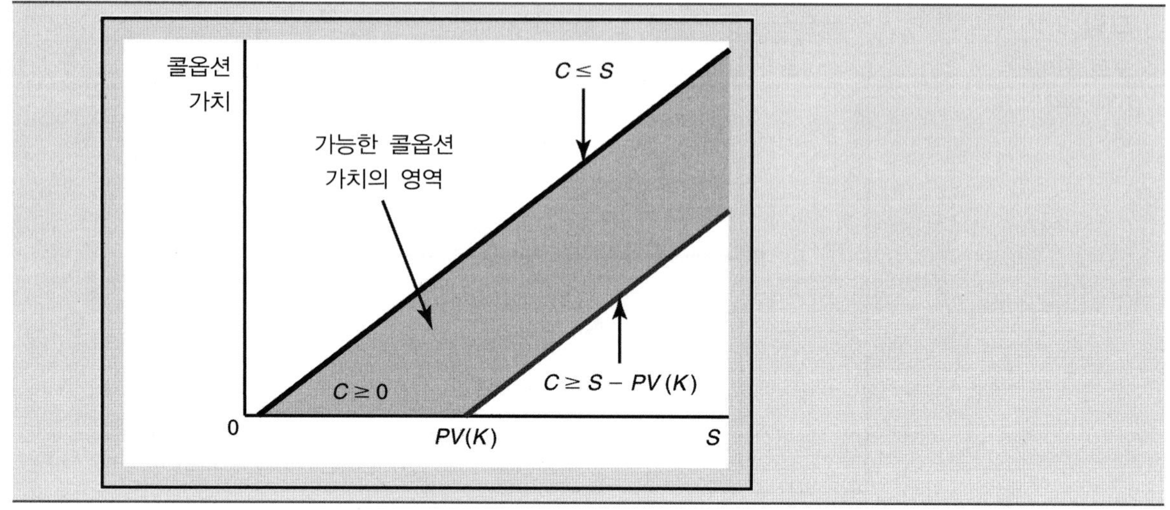

따라서 콜옵션의 세 번째이자 마지막 하한선을 다음과 같이 구할 수 있다.

$$C \ge S - PV(K) - PV(D) \tag{9.7}$$

[그림 9.2]는 배당이 없을 때($D=0$) 콜옵션가격의 경계를 보여주고 있다. 이 경우, 미국식과 유럽식의 옵션 모두에 적용되는 하한선 $C \ge S - PV(K)$는 조건 $C_A \ge S - K$ 보다 "더 확실" 하므로 이 마지막 하한선은 무시할 수 있다.

콜옵션가격에 대한 한도: 요약

콜옵션가격의 한도를 요약하면 다음과 같다.

1. 기초자산의 현재가격은 모든 콜옵션가격의 상한선이다.

$$C_E \le S \quad \text{그리고} \quad C_A \le S \tag{9.8}$$

2. 유럽식 콜옵션의 경우 두 가지 가능한 하한선이 있다.

$$C_E \ge 0 \quad \text{그리고} \quad C_E \ge S - PV(K) - PV(D) \tag{9.8}$$

우리는 이것을 $C_E \ge \max\{0, S - PV(K) - PV(D)\}$의 단일식으로 결합할 수 있다.

3. 미국식 콜옵션의 경우 세 가지 하한선이 있다.

$$C_A \ge 0\,,\; C_A \ge S - K \quad \text{그리고} \quad C_A \ge S - PV(K) - PV(D) \tag{9.8}$$

우리는 이것도 $C_A \ge \max\{0, S - K, S - PV(K) - PV(D)\}$의 단일식으로 결합할 수 있다.

풋옵션가격에 대한 한도

풋옵션의 최대 및 최소가격은 콜옵션의 경우와 유사한 방식으로 도출될 수 있다. 본 절의 설명은 그에 따라 간략하다고 볼 수 있다.

첫 번째 상한선은 기초자산의 가격이 음수가 될 수 없다고 가정할 때, 풋옵션을 보유함으로써 얻는 최대손익은 행사가격 K(기초자산의 가격이 0 일 때 발생)이다. 따라서 K는 풋옵션의 가격에 대한 상한선이다.

$$P \leq K \tag{9.9}$$

부등식 (9.9)은 유럽식 풋옵션을 위해 조금 더 강화시켜야 한다. 이 경우 K의 최대 손익조차도 시점 T에서만 발생할 수 있으므로 현재에는 $PV(K)$의 가치만 있다. 따라서 $P_E \leq PV(K)$의 조건을 가져야 한다.

풋옵션에 대한 두 개의 하한선은 쉽게 유도된다. 첫째로, 옵션으로서 풋옵션은 권리가 있지만 의무는 없으므로 가치는 항상 비음수가 되어야 한다.

$$P \geq 0 \tag{9.10}$$

둘째로, 미국식 풋옵션의 보유자는 즉각적인 행사를 통해 항상 $K-S$의 손익을 얻을 수 있다. 차익거래를 방지하기 위해 풋옵션은 최소한 다음과 같은 가격을 가져야 한다.

$$P_A \geq K-S \tag{9.11}$$

콜옵션에 적용한 절차와 유사하게 세 번째 하한선은 여러 단계를 통하여 효과적으로 도출할 수 있다. 먼저 무배당(NDP)자산에 대한 유럽식 풋옵션의 경우를 생각해 보자. 다음 두 가지 포트폴리오를 고려해 보자.

포트폴리오 C	행사가격 K와 만기 T의 풋옵션 매입
포트폴리오 D	한 단위 기초자산의 공매도
	T에서 만기되는 $PV(K)$ 투자

9.5절은 이 비교를 추가로 논의하기 위해 포트폴리오 D에 대한 간단한 해석을 제공한다. 각 포트폴리오의 비용 및 시점 T의 손익은 [표 9.3]에 요약되어 있다. (풋옵션은 만기까지 행사될 수 없고 배당이 없기 때문에 중간의 현금흐름은 없다.) 포트폴리오 C의 초기비용은 풋옵션의 현재가격 P_E이고 포트폴리오 D의 초기비용은 $PV(K)-S$이다. 두 포트폴리오의 시점 T 값은 S_T 값에 따라 다르다.

- 포트폴리오 C 즉 풋옵션은 $S_T < K$이면 $K-S_T$의 가치가 있고 그렇지 않으면 가치가 없다.
- 포트폴리오 D에서는 투자가 K의 현금유입으로 이어지며 기초자산의 매도포지션 비용 S_T를 부담해야하므로 포트폴리오 D의 만기일의 가치는 $K-S_T$가 된다.

표 9.3 포트폴리오 C와 D: 비용 및 손익

	초기비용	T 시점에서의 현금흐름	
		$S_T < K$	$S_T \geq K$
포트폴리오 C	P_E	$K-S_T$	0
포트폴리오 D	$PV(K)-S$	$K-S_T$	$K-S_T$

따라서 포트폴리오 C는 $S_T < K$인 경우 포트폴리오 D와 정확히 일치하며, $S_T \geq K$일 때는 포트폴리오 D에 비하여 확실히 가치가 더 높다. 따라서 이는 더 많은 비용을 필요로 하므로 다음과 같은 관계가 성립한다.

$$P_E \geq PV(K) - S \tag{9.12}$$

배당을 지급하는 자산의 경우 (9.12)를 확장하는 것은 간단하다. 기초자산에 배당금이 있는 경우, 배당금 지급에 대한 책임은 숏 포지션이므로 포트폴리오 D의 배당 시점에 현금흐름으로 연결된다. 이 현금유출을 취소하려면 해당 현금유입이 있어야 한다. 이를 위해 우리는 포트폴리오 D의 정의를 다음과 같이 할 수 있다

포트폴리오 D 기초자산 한 단위 공매도
만기 T일에 대한 투자 $PV(K)$
배당일에 만기에 대한 투자 $PV(D)$

포트폴리오 D의 초기비용은 $PV(K)+PV(D)-S$로 변경된다. 그 밖의 변경 사항은 없다. 현재 중간 순 현금흐름이 없고 T에서의 현금흐름은 [표 9.3]과 동일하다. 따라서 포트폴리오 C는 이 수정된 포트폴리오 D를 계속 독점하여 비용이 더 많이들 것이라는 것을 의미한다.

$$P_E \geq PV(K) + PV(D) - S \tag{9.13}$$

부등식 (9.13)은 단순히 부등식 (9.12)를 배당금이 0이 아닌 경우로 일반화시킨 것이다.

마지막으로, 우리는 항상 $P_A \geq P_E$ 조건을 충족시켜야하기 때문에 이 하한선 (9.13)은 미국식 풋옵션에 대해서도 성립되어야 하므로 미국식 및 유럽식 풋옵션에 대해 모두 유효한 세 번째 하한선 조건의 일반형은 다음과 같이 표시할 수 있다.

$$P \geq PV(K) + PV(D) - S \tag{9.14}$$

[그림 9.3]은 배당이 없을 때(D=0) 풋옵션가격에 대한 한도를 보여준다. 단순화를 위해 이 그림은 미국식 옵션에 대해 성립하는 추가 하한선 $P_A \geq K-S$를 제시하지 않는다(이 생략된 한도는 실제로 배당이 없는 경우 더 엄격한 하한임). 거듭 말하지만 D가 양수일 때는 그림에 간단한 수정만 가하면 되며, 세부사항은 연습으로 남겨두기로 한다.

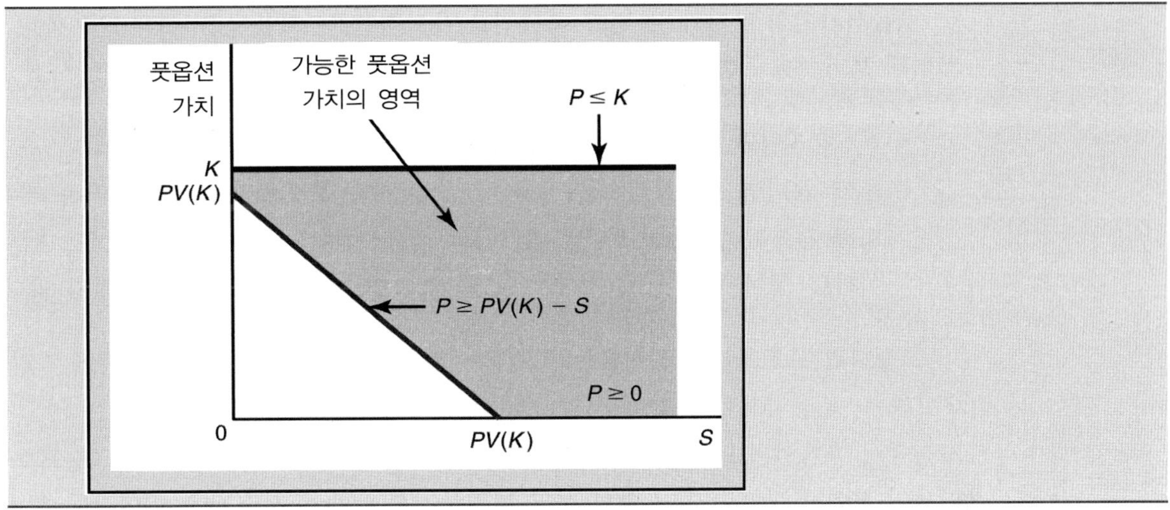

그림 9.3
$D = 0$일 때 풋옵션 가격의 한도

풋옵션가격에 대한 한도: 요약

풋옵션가격의 한도를 요약하면 다음과 같다.

1. 옵션의 행사가격은 풋옵션가격의 상한선이다.

$$P \le K$$

유럽식의 경우, 이 한도는 $P_E \le PV(K)$로 개선될 수 있다.

2. 유럽식 풋옵션의 경우, 두 개의 하한선이 있으며 이는 다음과 같이 결합시킬 수 있다.

$$P_E \ge \max\{0, PV(K) + PV(D) - S\}$$

3. 미국식 풋옵션의 경우 아래 세 가지 하한선이 있으며 이는 다음과 같이 결합시킬 수 있다.

$$P_A \ge \max\{0, K - S, PV(K) + PV(D) - S\}$$

9.5 옵션의 보험가치

옵션을 보유하면 불리한 가격변동에 대한 보호장치를 투자자에게 제공한다. 이 보호의 가치를 옵션의 보험가치(insurance value)라고 한다. 본 절에서는 이전 부문과 비교분석을 통해서 옵션의 보험가치에 대한 척도를 설명할 것이다.

콜옵션가치의 마지막 세 번째 하한선을 유도하는 데 사용된 9.4절의 포트폴리오 A와 B를 다시 고려해 보자. 이 구성에 따르면 포트폴리오의 현금흐름의 유일한 차이점은 시점 T에서 발생한다.

- $S_T \geq K$이면 두 포트폴리오는 동일한 손익, 즉 $S_T - K$를 가진다.
- $S_T < K$이면 포트폴리오 A의 손익은 0이지만 포트폴리오 B의 손익은 계속해서 $S_T - K$에 의해 결정되며, 이제 그것은 음(−)의 값을 갖게 된다. 즉, 포트폴리오 A는 자산 가격이 K 이하로 떨어지는 것으로부터 보호되는 반면, 포트폴리오 B는 그렇지 않다.

그렇다면 포트폴리오 B 경우는 정확히 어떻게 되는가? 포트폴리오 구성에 따라 포트폴리오 B는 T까지는 순현금흐름이 없고 시점 T에서 현금흐름이 $S_T - K$이다. 이것은 인도가격이 K이며 T 시점에서 만기인 선도계약 매입포지션의 현금흐름과 정확하게 일치한다. 즉, 포트폴리오 B는 인도가격이 K이고 만기도 T인 합성 선도 매입포지션(synthetic long forward)이다!(그림 9.1의 손익을 참조)

이러한 관점에서 포트폴리오 A와 B를 다시 비교해 보자. 옵션인 포트폴리오 A는 우리에게 K에 기초자산을 매입할 권리를 준다. 합성 선도계약인 B는 우리에게 K에 매입해야 할 의무를 부과한다. 권리를 갖는 것과 의무를 갖는 것의 차이점은 우리가 직관적으로 하방 방어 또는 보험이라고 생각하는 것이다. 따라서 두 포트폴리오의 비용 차이는 콜옵션의 보험가치를 측정하는 것이다. 콜옵션의 보험가치 $IV(C)$는 다음과 같이 표시할 수 있다.

$$IV(C) = C - [S - PV(K) - PV(D)] \tag{9.15}$$

유사한 방식으로 우리는 9.4절의 포트폴리오 C와 D를 비교함으로써 풋옵션의 보험가치를 정의할 수 있다. 포트폴리오 C는 우리에게 K에 기초자산을 매도할 수 있는 권리를 준다. 반면 포트폴리오 D는 인도가격이 K이고 만기가 T인 선도 매도포지션과 동일하다. 이 포트폴리오는 T까지는 순현금흐름이 없으며 T 시점에서는 $K - S_T$의 현금흐름을 갖는다. 따라서 우리는 풋옵션의 보험가치를 다음과 같이 자연스럽게 측정할 수 있다.

$$IV(P) = P - [PV(K) + PV(D) - S] \tag{9.16}$$

다음 장에서 우리는 이 자료를 바탕으로 직관적 관점에서 옵션 위험을 이해하는 데 유용한 옵션가치의 분해를 시도하여 우리가 이 책의 여러 부분에서 응용하게 될 것이다. 이와 같은 분해뿐만 아니라 옵션의 보험가치에 대한 (9.15)~(9.16)의 정의는 Figlewski, Silber 및 Subrahmanyam(1992)에 잘 설명되어 있다.

첨언

합성 선도계약과 같은 유럽식 옵션은 만기에만 행사할 수 있다. 그러나 미국식 옵션은 또한 만기가 되기 전에 행사될 수 있으므로 보험가치 (9.15)와 (9.16)에는 해당 유럽식 옵션의 보험가치뿐만

아니라 조기행사 프리미엄 즉, 조기 행사권에 대해 지불하는 추가 금액도 포함된다(물론, 일찍 행사할 수 있는 권리는 그 자체로 보험 방어의 한 형태임). 따라서 미국식 옵션의 보험가치는 유럽식 보험가치보다 일반적으로 높을 것이며 조기 행사가 중요해질수록 차이가 커질 것이다. 10장에서는 조기 행사의 중요성에 영향을 미치는 요소에 대해 논의해 볼 것이다.

9.6 옵션가격 및 계약의 매개변수

옵션가격이 계약의 매개변수, 즉 고정된 만기 T에 대한 행사가격 K 또는 고정된 행사가격 K에 대한 만기 T의 값에 어떠한 방식으로 의존하는가는 매우 흥미로운 주제이다. 본 절에서 우리는 이러한 관계에 대한 무차익거래의 의미를 살펴 볼 것이다. 먼저 행사가격 K에 대한 검토로 시작한다.

콜옵션가격과 행사가격

첫 번째 관계는 단순하다. 행사가격이 올라감에 따라 콜옵션가치는 떨어진다.

$$\text{만일 } K_1 < K_2 \text{이면} \quad C(K_1) \geq C(K_2) \tag{9.17}$$

여기서 $C(K)$는 행사가격 K의 콜옵션가격이다. 직관적으로 이것은 분명하다. K_2에서 매입할 수 있는 권리는 더 저렴한 가격 K_1로 매입할 권리보다 가치가 적어야 한다. 그러나 여기에 공식적인 증명을 위하여 상황이 $C(K_1) < C(K_2)$라고 가정하고, 강세형 스프레드를 설정하자. K_1 행사가격 콜옵션을 매입하고, K_2 행사가격 콜옵션을 매도하자. 이 스프레드의 초기 현금흐름은 $C(K_2) - C(K_1) > 0$이다. 그리고 물론 [그림 8.4]에서 볼 수 있듯이 만기 시점의 강세형 스프레드로 인한 현금흐름은 결코 음의 값을 갖지 않으므로 차익거래 기회가 발생한다.

관계 (9.17)은 행사가격이 낮은 콜옵션이 더 비싸야만 한다는 것을 말해준다. 그러나 얼마나 높을 수 있는가? 그 차이의 최대값은 얼마인가?

질문에 답하기 위해 먼저 유럽식 콜옵션을 고려하자. K_2 행사가격 콜옵션 대신 K_1 행사가격 콜옵션을 사용하여 실현할 수 있는 추가 손익의 최대값은 분명히 $K_2 - K_1$이다. (콜옵션의 손익을 K_1과 K_2의 행사가격 간에 비교하고 손익의 최대 차이를 살펴보라.) 그러나 이 최대 이익은 만기 시점까지는 행사할 수 없기 때문에 T 시점에서만 실현될 수 있다. 따라서 다음과 같은 관계가 성립한다.

$$\text{만일 } K_1 < K_2 \text{이면} \quad C_E(K_1) - C_E(K_2) \leq PV(K_2 - K_1) \tag{9.18}$$

이제 미국식 콜옵션을 고려하자. 다시 한번 행사가격 K_2의 콜옵션 대신 행사가격 K_1의 콜옵션을 사용함으로써 실현될 수 있는 최대 추가손익은 $(K_2 - K_1)$이다. 그러나 이 경우 콜옵션은 언제든지 행사할 수 있다. 따라서 상황에 따라 최대 추가손익은 다음과 같은 경우에 즉시 실현될 수 있다.

$$\text{만일 } K_1 < K_2 \text{이면} \quad C_A(K_1) - C_A(K_2) \le K_2 - K_1 \tag{9.19}$$

관계식 (9.18)과 (9.19)는 행사가격만 다른 두 콜옵션 사이의 가격 차이가 얼마나 클지에 대한 상한을 정한다. 따라서 그들은 콜옵션가격에 대한 "기울기" 제한의 성격을 띠고 있다. 미적분학에서 (9.19)는 행사가격에 대한 콜옵션가격의 1차 미분 dC/dK가 $dC/dK \ge -1$을 만족시키는 조건과 동일하다.

우리의 마지막 제약조건은 행사가격만 다른 세 가지 콜옵션의 경우에 해당된다. 세 가지 행사가격이 $K_1 < K_2 < K_3$의 관계에 있고 아래와 같이 w를 정의하자.

$$w = \frac{K_3 - K_2}{K_3 - K_1} \tag{9.20}$$

이에 따라 K_1 행사가격 콜옵션의 w 단위 매입포지션, K_3－행사가격 콜옵션의 $(1-w)$ 단위 매입포지션 및 K_2 행사가격 콜옵션의 매도포지션으로 구성된 포트폴리오를 고려하자. 이는 [부록 8A]에 설명된 나비형 스프레드이다. 우리가 보았듯이 나비형 스프레드의 손익은 엄격하게 양의 값을 갖기 때문에 양의 값의 비용을 치러야 한다. 즉, 다음관계가 성립해야 한다.

$$wC(K_1) + (1-w)C(K_3) \ge C(K_2) \tag{9.21}$$

관계식 (9.21)은 [부록 8A]에 정리되어 있다((8.9) 참조). 수학적으로 이것은 콜옵션가격이 행사가격에 대하여 볼록(convex)하게 되는 조건이다. 볼록성(convexity)은 콜옵션가격에 대한 곡률(curvature) 제한이며 $d^2C/dK^2 > 0$을 갖는 것과 같다.

요약하면 콜옵션가격과 행사가격의 관계에는 세 가지 제약조건이 있다.

1. $K_1 < K_2$이면 $C(K_1) > C(K_2)$이다.
2. $K_1 < K_2$이면, $C_E(K_1) - C_E(K_2) \le PV(K_2 - K_1)$, $C_A(K_1) - C_A(K_2) \le K_2 - K_1$
3. $K_1 < K_2 < K_3$이고, $w = (K_3 - K_2)/(K_3 - K_1)$이라면, $wC(K_1) + (1-w)C(K_3) \ge C(K_2)$

풋옵션가격 및 행사가격

풋옵션가격과 행사가격 간의 관계는 동일한 논리를 사용하여 쉽게 유도할 수 있다. 먼저,

$$\text{만일 } K_1 < K_2 \text{이면} \quad P(K_1) < P(K_2) \tag{9.22}$$

즉, 풋옵션가격은 행사가격에 따라 증가한다. 직관적으로 K_2에서 매도할 수 있는 권리는 이보다 낮은 가격 K_1에서 매도할 수 있는 권리 이상의 가치가 있어야 한다.

둘째, K_2 행사가격 풋옵션과 K_1 행사가격 풋옵션보유의 최대 차이는 $K_2 - K_1$(두 풋의 손익 도표

비교)이다. 유럽식의 경우, 이러한 손익은 만기 시점에서만 실현될 수 있다. 따라서 아래와 같이 표현할 수 있다.

$$\text{만일 } K_1 < K_2 \text{이면} \quad P_E(K_2) - P_E(K_1) \le PV(K_2 - K_1) \qquad \textbf{(9.23)}$$

그러나 미국식 풋옵션의 경우 그 차익은 언제든지 실현될 수 있으므로 다음 관계가 성립한다.

$$\text{만일 } K_1 < K_2 \text{이면} \quad P_A(K_2) - P_A(K_1) \le K_2 - K_1 \qquad \textbf{(9.24)}$$

최종적으로 행사가격 $K_1 < K_2 < K_3$의 3가지 행사가격이 주어졌고 w를 (9.20)로 정의하면 8.9절에 설명된 것처럼 풋옵션를 사용하여 항상 나비형 스프레드를 만들 수 있다. 그와 같이 스프레드로부터의 손익은 만기시 비음수이고 K_1과 K_3 사이에 있는 S_T에 대해 엄격하게 양의 값을 가지므로 나비형 스프레드의 초기 비용은 양수이어야 하며 이는 다음과 같이 표시된다.

$$wP(K_1) + (1-w)P(K_3) \ge P(K_2) \qquad \textbf{(9.25)}$$

관계식 (9.25)는 [부록 8A]에 정리되어 있다((8.10) 참조).

콜옵션가격과 만기

만기 시점이 다른 두 가지 콜옵션을 고려해 보자. T_1과 T_2는 두 옵션의 만기 일자를 나타낸다. 여기서 $T_1 < T_2$이다. 우리의 목표는 이와 같은 두 옵션의 가치가 어떻게 관련되어 있는지 조사하는 것이다.

해당 콜옵션이 미국식 콜옵션이라면 쉽게 답을 얻을 수 있다. 만기 T_2의 콜옵션은 항상 만기 T_1 콜옵션과 동시에 행사될 수 있기 때문에 전자의 콜옵션에 대하여 비용을 더 지불해야 한다. 이 관계는 다음과 같다.

$$\text{만일 } T_1 < T_2 \text{ 이면 } C_A(T_1) \le C_A(T_2) \qquad \textbf{(9.26)}$$

그러나 콜옵션이 유럽식인 경우 (9.26)에 이르는 논리는 짧은 만기를 가진 콜옵션과 더 긴 만기를 가진 콜옵션을 동시에 행사할 수 없기 때문에 작동하지 않는다. 그럼에도 불구하고 추가 작업을 통하면 기초자산이 T_1과 T_2 사이에 배당을 지급하지 않는다면 이 결과가 유럽식 콜옵션에도 유효함을 보여줄 수 있다. 우리는 무배당(NDP) 자산에 대한 유럽식 콜옵션의 가격이 만족시키는 다음의 조건을 상기하면서 작업을 시작해 보자(9.4절 참조).

$$C_E \ge S - PV(K)$$

이제 만기가 T_1이고 만기가 $T_2(> T_1)$인 두 가지 유럽식 콜옵션을 생각해 보자. 시점 T_1에서,

- 만기 T_1인 콜옵션의 가치는 $\max\{0, S_{T_1} - K\}$이다.
- 만기 T_2인 콜옵션은 적어도 $\max\{0, S_{T_1} - PV(K)\}$만큼 가치가 있다. 여기서 $PV(K)$는 T_2 시점에서 받을 수 있는 K 금액의 시점 T_1에서 현재 값을 나타낸다.

언제나 $PV(K) \leq K$이므로 T_1 시점에서는 만기 T_2인 콜옵션은 항상 만기 T_1인 콜옵션만큼 가치가 있다. 따라서 만기 T_2인 콜옵션의 현재가격도 더 커야 한다. 즉,

$$\text{만일 } T_1 < T_2 \text{이면} \quad C_E(T_1) \leq C_E(T_2) \tag{9.27}$$

그러나 만일 T_1과 T_2 사이에 배당이 지급된다면 T_1 만기 콜옵션의 가치에 영향을 주지 않으면서 T_2 만기 콜옵션의 가치를 낮출 수 있으므로 만기가 긴 콜옵션의 비용이 더 낮을 수 있게 된다. 따라서 (9.27)은 배당지급 주식에 대한 유럽식 옵션에서는 성립될 필요가 없다.

풋옵션가격과 만기

앞서 행한 미국식 콜옵션에 대한 분석과 같은 접근을 택하면 미국식 풋옵션의 입장에서도 다음과 같은 관계가 성립한다.

$$\text{만일 } T_1 < T_2 \text{이면} \quad P_A(T_1) \leq P_A(T_2) \tag{9.28}$$

그러나 배당이 없다면 (9.28)의 관계는 유럽식 풋옵션에는 맞지 않을 수 있다. 간단히 이를 간접적으로 증명해 보자. 우리는 유럽식 풋옵션의 가치에 대한 상한선은 만기 시점에서 받을 수 있는 금액 K의 현재가치인 $PV(K)$임을 보았다. 영구($T = \infty$) 유럽식 풋옵션의 경우, 이 상한선은 무한히 먼 미래시점에 받을 수 있는 금액 K의 현재가치로, 합리적인 시나리오 하에서는 0이어야 한다. 따라서 영구 유럽식의 가격은 0이어야 한다. 이제 (9.28)의 유럽식 풋옵션을 보유하고 있다고 가정해 보자. 그런 경우 유럽식 풋옵션의 가치는 만기가 증가함에 따라 증가할 것이므로, 영구 풋옵션의 가격은 모든 유한 만기 가격의 상한선이다. 그러나 이것은 불합리하게도 유한 만기 풋옵션의 가치는 0이 되어야 함을 의미한다! 따라서 배당이 없으면 (9.28)은 유럽식 옵션에서는 성립할 수 없다.

이는 콜옵션과 풋옵션 간의 근본적인 비대칭을 나타낸다. 다음 장의 10.2절에서 우리는 만기가 증가하면, 그리고 이것이 일어날 확률이 높을 때 유럽식 풋옵션의 가격이 왜 떨어질 수 있는지 직관적으로 설명한다. 이후 장에서 몇 가지 수치 예제는 유럽식의 풋옵션가격이 만기가 증가함에 따라 실제로 감소하는 상황의 구체적인 실례를 보여준다. 예를 들어, 12장의 "첨언: 만기의 영향" 부문 또는 17.5절을 참조하길 바란다.

9.7 수치 예제

이 절은 9.2절에 제시된 다섯 가지 예제로 되돌아간다. 우리는 앞 절에서 유도한 옵션가격에 대한 무차익거래 조건의 응용을 예시하기 위해 각 예제를 통해 시도해 보기로 한다.

예제 9.1 재검토

예제 9.1에서는 우리는 다음의 정보를 얻었다. $S=55, K=50, T=1/6$, 1개월 내 배당 $D=2, r=0.12$ 및 $C_E=3$. 이 경우 차익거래가 일어나겠는가?

분명히 $C_E \leq S$ 및 $C_E \geq 0$이므로 $C_E \geq S-PV(K)-PV(D)$인지 확인해야 한다.

$$PV(K)=e^{-(1/6)\times 0.12}50=49.01 \quad PV(D)=e^{-(1/2)\times 0.12}2=1.98$$

이것은 $S-PV(K)-PV(D)=4.01$을 의미하고, 무차익거래 제약조건은 위반된다. 이것은 콜옵션이 저평가 되었음을 알려준다. 즉, 9.4절의 표기법에서 포트폴리오 A는 포트폴리오 B보다 비용이 적게 든다. 이 잇점을 취하기 위해 우리는 다음과 같이 포트폴리오 A를 매입하고 포트폴리오 B를 매도한다.

- 콜옵션을 매입 한다. 현금흐름 유출$=3$.
- 주식을 공매도 한다. 현금흐름 유입$=55$.
- $PV(D)$를 한 달간 투자한다. 현금흐름 유출$=1.98$.
- $PV(K)$를 2개월 동안 투자한다. 현금흐름 유출$=49.01$.

이 전략의 초기 현금흐름은 $-3+55-49.01-1.98=+1.01$이다. 한 달이 끝날 때 $PV(D)$의 투자로 2 달러를 받고 이것을 사용하여 공매도한 주식에 대해 배당금을 지불한다. 따라서 이 중간 시점에는 순 현금흐름이 없다. 2개월 기간이 끝나면 두 가지 가능성이 있다.

- $S_T<50$: 이 경우 콜옵션이 소멸되도록 하고 S_T에 주식을 매입하여 매도포지션을 종료하고 2개월 투자에서 $K=50$을 받는다. 순 현금흐름: $50-S_T>0$
- $S_T \geq 50$: 이제 우리는 콜옵션을 행사하여 50에 주식을 매입하고 매도포지션을 커버하기 위해 그것을 사용하며 투자로부터 $K=50$을 받는다. 순 현금흐름: 0.

모든 현금흐름이 0 또는 양의 값을 가지기 때문에 원하는 차익거래를 발견한 셈이다. ■

예제 9.2 재검토

예 9.2는 다음의 정보를 제공한다. $S=45, K=50, T=1/6$, 1개월 내 배당 $D=1$, 모든 만기에 대해 $r=0.12, P_E=3$. 이 경우 차익거래가 존재하겠는가?

$P_E \leq K$ 및 $P_E \geq 0$이므로 $P_E \geq PV(K)+PV(D)-S$만 확인하면 된다. 비교적 단순한 계산을 통해 $PV(K)=49.01$ 및 $PV(D)=0.99$를 구하면 $PV(K)+PV(D)-S=5.00$이고, 무차익거래 제약조건은 위반된다. 이것은 풋옵션이 저평가 되었음을 알려준다. 즉 9.4절의 표기법에서, 포트폴리오 C는 포트폴리오 D보다 비용이 더 많이 들어야 할 때, 비용이 더 적게 된다. 그래서 우리는 다음과 같이 포트폴리오 C를 매입하여 포트폴리오 D를 매도한다.

- 풋옵션을 매입한다. 현금흐름 유출$=3$.
- 주식을 매입한다. 현금흐름 유출$=45$.
- $PV(D)$를 한 달간 차입한다. 현금흐름 유입$=0.99$.
- $PV(K)$를 2개월 동안 차입한다. 현금흐름 유입$=49.01$.

이 전략의 초기 현금흐름은 $-3-45+49.01+0.99=+2.00$이다. 1개월이 끝날 때 $PV(D)$의 상환에 1 달러를 지불하고 주식의 배당금으로 1 달러를 현금으로 받는다. 2개월이 끝나면 두 가지 가능성이 있다.

- $S_T < 50$: 이 경우 풋옵션을 행사하고 50에 주식을 매도하고 차입에 대한 원리금 $K=50$을 갚는다. 순 현금흐름: $50-50=0$
- $S_T \geq 50$: 이제 우리는 풋옵션을 소멸시킨다. S_T에 주식을 매도하고 차입에 대한 원리금 K를 갚는다. 순 현금흐름: $S_T-50 \geq 0$.

모든 현금흐름이 양의 값이거나 0인 경우에 해당하므로 이는 차익거래 기회이다. ■

예제 9.3 재검토

본 장의 표기법에 따라, 예제 9.3에서 $S=100, K=95, T=1/4, r=0.12, C_A=6$의 자료가 주어진다. 이 경우 차익거래가 가능하겠는가?

분명히 $C_A \leq S$이다. 하한조건 $C_A \geq 0$과 $C_A \geq S-K$도 분명히 만족된다. 따라서 세 번째 무차익 하한조건이 성립하는지만 점검하면 된다. $D=0$이므로 $C_A \geq S-PV(K)$인지 확인해보아야 한다. 우리는 다음 결과를 도출할 수 있다.

$$PV(K)=e^{-(1/4)\times 0.12}\,95 \approx 92.20$$

따라서 $S-PV(K)=7.80$이고 세 번째 무차익거래 조건은 충족되지 않는다.

이것은 콜옵션이 저평가되었음을 의미한다. 즉, 현재 6에 거래되고 있는데 반하여 차익거래와 관련된 제약조건에 따르면 그 가격이 최소한 7.80은 되어야 한다는 것이다. 이 기회를 활용하려면 9.4절의 표기법에 따라 다음과 같이 포트폴리오 A를 매입하고 포트폴리오 B를 매도해야 한다.

- 콜옵션을 매입한다.
- 주식을 공매도 한다.
- $PV(K)$ 금액을 투자한다.

이와 같은 거래의 초기 현금흐름은 $-6+100-92.20=+1.80$이 된다. 시점 T에서는 두 가지 가능성이 있다.

- $S_T < 95$: 이 경우 콜옵션이 소멸되도록 하고, 시장에서 주식을 매입하여 매도포지션을 커버하고 투자결과 현금흐름 K를 받는다. 순 현금흐름: $-S_T + 95 > 0$.
- $S_T \geq 95$: 이제 우리는 콜옵션을 행사하여 K를 지불하고 주식을 매입하고, 주식을 사용하여 공매도포지션을 마감하며, 투자결과 현금흐름 K를 받는다. 순 현금흐름: $-95+95=0$.

이 전략은 순현금 유출이 없이 현금흐름 유입을 발생시키기 때문에 차익거래 기회가 발생한다. ■

예제 9.4 재검토

예제 9.4에서 우리는 $K_1=100$이고 $K_2=110$의 정보가 주어진다. 1개월 이자율은 단순식에서 1%로 주어지기 때문에,

$$PV(K_2-K_1)=\frac{10}{1.01}=9.90$$

반면 $P_E(100)=3.25$와 $P_E(110)=14$이므로 $P_E(110)-P_E(100)=10.75$가 된다. 이것은 무차익거래 조건 (9.23)이 위반되었음을 의미한다.
이와 같은 차익거래기회를 활용하기 위해 (9.23)에서 상대적으로 과대평가된 우변을 매입하고 상대적으로 저평가된 좌변을 매도하게 되는데 이는 다음과 같이 정리할 수 있다.

- 1개월 동안 $PV(K_2-K_1)=\$9.90$을 투자한다.
- K_2 행사가격의 풋옵션을 14 달러에 매도한다.
- K_1 행사가격의 풋옵션은 3.25 달러에 매입한다.

이 전략은 $0.85의 초기 현금흐름을 유입시킨다. 만기 시점에서 투자는 10 달러로 증가한다. 이때의 주가에 따라 결과는 다음과 같이 달라진다.

- $S_T < 100$ 인 경우 두 옵션 모두 내가격이 된다. 우리는 보유한 풋옵션에 대해서 $100 - S_T$ 의 손익을 얻고 매도한 풋옵션에서 $110 - S_T$만큼 손실을 입는다. 투자 손익과 함께 순손실은 0이 된다.
- $100 \leq S_T < 110$ 인 경우 우리가 보유하고 있는 옵션은 외가격이지만 우리가 판매한 옵션은 내가격으로 종료되어 우리는 후자로부터 $110 - S_T$의 손실을 본다. 이 금액은 투자에서 얻은 10 달러 현금흐름보다 적기 때문에 결과적으로 순 현금흐름의 유입이 있게 된다.
- $S_T > 110$ 인 경우 두 옵션 모두 외가격이다. 따라서 순 현금흐름은 투자로부터 회수하게 되는 +10 달러이다.

모든 현금흐름은 양수 또는 0이기 때문에 이것은 차익거래기회이다. ■

예제 9.5 재검토

예제 9.5에서는 세 가지 행사가격 $K_1 = 35$, $K_2 = 40$, $K_3 = 45$ 에 각각 콜옵션가격이 $C(35) = 5.50$, $C(40) = 3.85$, $C(45) = 1.50$ 로 주어졌다. 이제 볼록성(convexity) 제약조건 (9.21)을 고려해보자. 간단한 계산결과 $w = 1/2$ 일 때 다음 관계로 표시할 수 있다.

$$\frac{1}{2}C(35) + \frac{1}{2}C(45) < C(40)$$

따라서 볼록성 제약조건 (9.21)에 위반된다. 이어지는 차익거래 기회를 활용하려면 나비형 스프레드를 매입하면 된다. 이것은 현재의 현금흐름 유입과 만기시 현금흐름 유입가능성을 창출한다. ■

9.8 연습 문제

1. 지불금 보호(payout protection)란 무엇인가? 옵션은 지불금 보호가 되고 있는가?
2. 예기치 않은 배당금 지급은 (a) 콜옵션가격과 (b) 풋옵션가격결정에 어떤 영향을 주는가?
3. 우리가 살펴보았듯이, 옵션가치는 항상 음이 아닌 값을 가진다. 어떤 파생상품의 가치가 음의 값을 가질 수 있는지 예를 들어보시오.
4. 콜옵션가격의 상한선과 하한선은 무엇인가?
5. 풋옵션가격의 상한선과 하한선은 무엇인가?
6. 옵션의 보험가치가 의미하는 것은 무엇인가? 그것이 어떻게 측정될 수 있는지 설명하라.

7. 조기행사 프리미엄은 무엇으로 측정하는가?
8. 행사가격에 대한 옵션가격의 볼록성은 무엇을 의미하는가?
9. 행사가격 40, 50 및 55으로 어떤 주식에 대한 콜옵션과 풋옵션이 있다. 다음 부등식 중 어느 것이 성립되어야 하는가?

   (a) $0.5C(40)+0.5C(55)> C(50)$
   (b) $(1/3)C(40)+(2/3)C(55)> C(50)$
   (c) $(2/3)C(40)+(1/3)C(55)> C(50)$
   (d) $0.5P(40)+0.5P(55)> P(50)$
   (e) $(1/3)P(40)+(2/3)P(55)> P(50)$
   (f) $(2/3)P(40)+(1/3)P(55)> P(50)$

   참고: 이 질문은 옵션에 대해 행사가격에 대한 다음과 같은 일반적인 형태의 볼록성을 사용한다.

$$wC(K_1)+(1-w)C(K_3)\geq C(K_2)$$

   그리고

$$wP(K_1)+(1-w)P(K_3)\geq P(K_2)$$

   여기에서

$$w=\frac{K_3-K_2}{K_3-K_1}$$

10. ABC 주식에는 40과 50의 행사가격으로 콜옵션 및 풋옵션이 있다. 40의 행사가격 콜옵션가격은 13 달러이고, 행사가격 50의 풋옵션가격은 12.8 달러이다. (a) 행사가격 40의 풋옵션가격과 (b) 행사가격 50의 콜옵션에서 당신이 구할 수 있는 최선의 한도는 무엇인가?
11. XYZ 주식에 대해 시장에서 다음과 같은 세 가지 콜옵션가격이 관찰된다.

유형	행사가격	옵션가격
콜옵션	50	10
콜옵션	60	7
콜옵션	70	2

   이들 가격은 차익거래로부터 자유로운가? 어떻게 그러한 판단을 할 수 있는가? 그들이 틀렸다면, 이익을 보장하기 위해 선택할 수 있는 전략을 제안하라.
12. 어떤 수식의 현재가격은 $60이다. $60의 행사가격에서의 수식에 대한 1년 만기 콜옵션은 $10에 거래되고 있다. 1년 이자율이 10%라면, 주식이 배당을 지급하지 않는다고 가정할 때, 콜옵션가격은 차익거래로부터 자유로운가? 만일 옵션의 만기가 되기 하루 전 주식이 5 달러의 배당을 지급하면 어떻게 되겠는가?

13. ABC 주식의 현재가격은 \$50이다. 금리의 기간구조(연속복리)는 10% 수준에서 수평이다. 주식의 6개월 선도가격은 얼마인가? 이것을 F라고 표기하면, 행사가격이 F인 6개월 콜옵션가격은 \$8이다. 또한 행사가격 F의 6개월 풋옵션가격은 \$7이다. 이 가격에 차익거래 기회가 주어지는 이유를 설명하라.
14. 어떤 풋옵션가격 $P(K)$와 행사가격 K는 다음과 같이 주어진다.

    $P(40) = 2,\ P(45) = 6,\ P(60) = 14$

    현재 주가는 \$50이다. 이들 가격 간의 관계에서 일관성이 없는 부분은 무엇인가? 당신은 어떻게 차익거래를 할 수 있는가?
15. 주가 \$80인 주식에 대한 3개월 만기 콜옵션가격은 현재 \$5에 거래되며 등가격이다. 무차익거래 논리와 일치하는 3개월 만기 연속복리 시장이자율의 가능한 최대치는 얼마인가?
16. 6개월 연속복리 이자율은 4%이다. KLM 주식의 6개월 선도가격은 58이다. 이 주식은 배당을 지급하지 않는다. 풋옵션 $P(K)$의 가격이 \$3일 때, 무차익거래 조건에 일치하는 행사가격 K의 가능한 최대값은 얼마인가?
17. (어려움) $\{C(80), C(90), C(100), C(110), C(120)\}$과 같은 다섯 가지 콜옵션 $C(K)$ 중 두 가지 가격은 $C(110) = 4$, $C(120) = 2$이다. 콜옵션 $C(80)$에 가능한 최선의 하한선을 찾아보라.
18. 이전의 문제에서 $C(90)$와 $C(100)$의 최저가격을 찾아보라.
19. 다음은 1년 만기 풋옵션가격이다. 행사가격 90은 12 달러, 행사가격 80은 2.50 달러이다. 1년간의 이자율(연속복리)은 10%이다. 이와 같은 시장에서 어떻게 차익거래 전략을 세우는지 보이라.
20. 행사가격 100(현재 주가 = 100)의 1년 만기 유럽식 풋옵션가격은 \$10이다. 동일한 행사가격을 가진 2년 만기 유럽식은 \$4에 거래된다. 금리의 기간 구조는 10%에(연속복리) 선에서 수평이다. 이 경우 차익거래가 존재하는가?
21. 다음 데이터가 주어질 때 차익거래전략을 세워보라.

    $S = 100,\ K = 95,\ T = 1/2$년, 3개월 내에 $D = 3,\ r = 0.05,\ C_E = 4$
22. 다음 데이터가 주어질 때 차익거래전략을 세워보라.

    $S = 95,\ K = 100,\ T = 1/2$년, 3개월 내에 $D = 3,\ r = 0.05,\ P_E = 4$
23. 우리에게 $S = 100,\ K = 100,\ T = 1/4,\ r = 0.06,\ C_A = 1$의 정보가 있다면, 차익거래가 가능한가?
24. 행사가격이 각각 40, 50이고 거래가격이 각각 3과 14인 두 개의 풋옵션이 있음을 감안할 때, 옵션 만기가 T이고 금리가 r인 차익거래기회가 있음을 보이라.
25. 세 가지 콜옵션의 가격이 다음과 같이 주어질 때 차익거래전략을 세워보라.

    $C(10) = 13,\ C(15) = 8,\ C(20) = 2$

26. 어떤 주식의 콜옵션이 1.80 달러에 거래되고 있다. 이 옵션의 만기는 2개월 남았다. 주식은 현재 52 달러에 거래되고 있으며 한 달 안에 2 달러의 배당금을 지급하게 된다. 무위험이자율(모든 만기의 투자)은 12%이다. 마지막으로, 옵션의 행사가격이 50 달러라고 가정한다. 이 경우에 차익거래의 기회가 있는지 여부를 조사하라. 그렇다면 무위험이익을 획득하기 위해 시도할 수 있는 방법을 보이라.
27. ABC 주식은 현재 100 달러에 거래되고 있다. ABC 주식에 대해 3개월 만기의 미국식 옵션이 있으며, 행사가격은 90, 100, 110이다. 무위험이자율은 모든 만기에 대해 연속복리로 연 12%이다. 다음 가격의 집합 중 차익거래기회를 제공하는 경우는 어느 것인가? 또 그러한 기회는 어떻게 실현될 수 있는가?
    (a) 90 콜옵션은 10 1/4에 거래된다.
    (b) 90 풋옵션은 4에, 100 풋옵션은 3에 거래된다.
    (c) 100 콜옵션은 12이고, 110 콜옵션은 1이다.
    (d) 90 콜옵션은 13이고, 100 콜옵션은 8, 그리고 110 콜옵션은 1이다.

제 10 장

조기행사와 풋-콜 패리티

10.1 서론

앞 장에서는 개별 옵션가격에 대한 무차익거래 조건을 검토했다. 이 결과를 바탕으로 이 장에서는 두 가지 질문을 살펴볼 것이다. 무차익거래가 우리에게 다음 관계에 대하여 무엇을 말해주고 있는가?

1. 다른 조건이 동일한 유럽식과 미국식 옵션의 가격
2. 다른 조건이 동일한 콜옵션 및 풋옵션의 가격

첫 번째 질문에 관해서는 미국식과 다른 조건이 동일한 유럽식 옵션가격 사이의 차이는 전적으로 조기행사 할 수 있는 권리의 효과에 달려 있다: 따라서 이 문제에 대한 분석은 조기행사의 권리가 언제 가치가 있는지 그리고 그것이 어떤 경우에 가치가 없는지를 확인하는데 초점을 맞춘다.

두 번째 질문에 관해서, 콜과 풋옵션은 적어도 피상적 수준(예: 손익 도표로 판단)에서는 매우 다른 금융 상품으로 인식된다. 그럼에도 불구하고 무차익거래 조건을 활용하여 가격 간의 관계를 구성할 수 있다. 유럽식 콜옵션 및 풋옵션의 경우, 이 관계는 정확한 것이며 풋-콜 패리티라고 한다. 풋-콜 패리티는 옵션가격결정 이론에서 가장 중요한 가격결정 관계 중 하나이다. 미국식 옵션의 경우 그 관계는 명확하지 않다. 그것은 부등식의 형태 즉, 미국식 콜옵션가격 입장에서 미국식 풋옵션의 가격에 대한 상한선과 하한선의 형태를 취한다.

10.2 옵션가격의 분해

본 장의 분석은 옵션가치의 "분해(decomposition)"에 대한 설명이다. 먼저 콜옵션에 대한 것이고, 그런 다음 풋옵션에 대한 것이다. 이 분해는 조기행사의 옵션선택성(optionality)에 관한 결과를 적용

하는 것이다. 다음 10.3절에서 논의될 것이다. 또한 이 책의 후반부, 특히 옵션의 다양한 "그릭문자"의 행태를 논의할 제17장에서 이와 같은 분해를 활용하여 쟁점을 설명할 것이다. 그러한 분해에 대한 논점은 Figlewski, Silber 및 Subrahmanyam(1992)를 참조 바란다.

우리는 제9장의 표기법을 유지한다(표 9.1 참조). 앞에서와 같이 옵션의 기초자산으로 "주식"을 언급하지만, 동일한 논리가 다른 기초자산에도 적용된다.

콜옵션가격의 분해

제9장에서 콜옵션의 가격은 다음 관계를 충족한다는 것을 보여주었다.

$$C \geq S - PV(K) - PV(D) \tag{10.1}$$

9.5절에서 언급했듯이, 부등식 (10.1)의 우변은 보유자가 K에 기초자산을 매입할 의무를 가진 선도계약 매입포지션의 가치를 반영한다. 반면에 좌변은 보유자에게 K에 기초자산을 매입할 수 있는 권리를 부여한다. 이 두 가치의 차이는 결국 옵션의 보험가치(IV)의 척도가 된다.

$$IV(C) = C - [S - PV(K) - PV(D)] \tag{10.2}$$

동일하게 위 식은 다음과 같이 풀어 쓸 수 있다.

$$C = S - PV(K) - PV(D) + IV(C) \tag{10.3}$$

이제 이 부등식의 우변에 K를 더하고 빼서 위의 항들을 재정렬하면 다음과 같다.

$$C = (S - K) + (K - PV(K)) + IV(C) - PV(D) \tag{10.4}$$

등식 (10.4)는 콜옵션가격의 단순 분해를 가리킨다. 이 식은 콜옵션가치를 네 부분으로 나눈다.

- 첫 번째 항 $(S - K)$은 콜옵션의 내재가치라고 하며 현재 콜옵션이 얼마나 심내가격인가를 측정한다. 내재가치는 양수, 0 또는 음수일 수 있다. 다른 사정이 변함없다면, 내재 가치가 더 높을수록(즉, 오늘 내가격이 더 깊을수록), 더 큰 이득으로 옵션이 마감될 가능성이 커지므로 콜옵션의 가치가 높아진다.
- 두 번째 항 $(K - PV(K))$은 콜옵션의 시간가치라고 한다. 콜옵션의 시간가치는 항상 양수(또는 적어도 음이 아닌 가치)이다. 이 콜옵션은 우리에게 T 시점에 K의 가격으로 기초자산을 살 수 있는 권리를 준다. 현재가치 측면에서 우리가 지불하는 행사가격은 오늘 단지 $PV(K)$의 가치만 있다. 콜옵션의 만기가 길수록 또는 이자율이 높을수록 현재가치는 낮다. 콜옵션의 시간가치는 이 구매시점의 이연으로 인한 이자 절감액을 측정한다.
- 세 번째 항 $IV(C)$는 콜옵션의 보험가치이다. 그것은 "옵션성(optionality)"의 가치를 측정하고 항상 양수이다. 이 콜옵션은 우리에게 K에 기초자산을 살 권리를 주지만, 그 가격으로 매입할 의무는 없다. 기다리면 기초자산 가격이 K 아래로 떨어질 수 있으므로 더 낮은 가격으로

매입할 수 있다. 보험가치는 이러한 하방 보호의 가치를 측정한다.

- 마지막 항 $-PV(D)$는 콜옵션 기간 동안의 중도급부(payout)의 영향을 나타낸다. 중도급부는 기초자산의 가격을 낮추기 때문에 콜옵션 보유자에게 손실을 입힌다. 콜옵션에 대한 중도급부의 효과는 항상 음수이다.

이제 설명한 용어를 이용하여 옵션가격의 분해는 다음과 같이 말로 표시할 수 있다.

콜옵션가격＝내재가치＋시간가치＋보험가치＋중도급부의 영향

이 분해와 그 활용에 대해 더 자세히 논의하기 전에, 우리는 이에 상응하는 풋옵션가치 분해를 시도해 보고자 한다.

풋옵션가격의 분해

제9장에서 풋옵션가격은 다음 관계를 충족시켜야 한다는 것을 보여 주었다.

$$P \geq PV(K) + PV(D) - S \tag{10.5}$$

9.5절에서 언급했듯이 부등식 (10.5)의 우변은 보유자가 K 가격에 기초자산을 매도할 의무를 부과하는 선도계약 매도포지션의 가치이며, 좌변은 옵션 보유자에게 기초자산을 K 가격에 팔 수 있는 권리를 주는 옵션이다. 양변의 차이는 결과적으로 다음과 같이 풋옵션의 보험가치를 측정한다.

$$IV(P) = P - [PV(K) + PV(D) - S] \tag{10.6}$$

식 (10.6)을 재작성하면,

$$P = PV(K) + PV(D) - S + IV(P) \tag{10.7}$$

우변에 K를 더하고 다시 빼면, 콜옵션의 경우와 비슷한 분해의 결과에 도달한다.

$$P = (K - S) - (K - PV(K)) + IV(P) + PV(D) \tag{10.8}$$

관계식 (10.8)은 풋옵션의 가치를 네 가지 구성 요소로 나눈 모양이 된다.

- 풋옵션의 내재가치 $K - S$
- 풋옵션의 시간가치 $-(K - PV(K))$
- 풋옵션의 보험가치 $IV(P)$
- 중도급부의 영향 $PV(D)$

즉, 풋옵션 분해는 다음과 같은 용어로 표현할 수 있다.

풋옵션가격＝내재가치＋시간가치＋보험가치＋중도급부의 영향

여기에서는 콜옵션과 풋옵션간의 두 가지 차이가 강조되어야 한다.

1. 콜옵션의 경우 행사시 행사가격을 지불하지만, 풋옵션의 경우 행사가격만큼 받게 된다. 따라서 콜옵션의 시간가치가 양수인 경우(이연 구매로 인한 이자 절감이 있는 경우), 풋옵션의 가치는 음수가 된다(이연 판매로 인한 이자 손실이 있음).
2. 중도급부는 기초자산의 가격을 낮추므로 그로 인하여 콜옵션에서는 손실, 풋옵션에는 이익이 된다. 따라서 중도급부의 영향은 콜옵션에 대해서는 음수이며 풋옵션에 대해서는 양수이다.

분해에 대한 해설

옵션의 내재 및 시간가치는 단순한 구조를 가진다. 고정된 행사가격 K를 제외하고, 내재가치는 단지 하나의 변수, 주식의 현재가격 S에 의존한다. S가 증가하면 콜옵션의 내재가치가 증가하고 풋의 가치가 감소한다. 시간가치는 이자율과 만기까지 남은 시간의 두 가지 요인의 함수이다. 이자율이 증가하거나 옵션의 만기일이 늦어지면 지연된 행사로 이자를 절약할 수 있으므로 콜옵션의 시간가치가 증가한다. 반대로 그것은 풋옵션의 시간가치를 감소시킨다.

보험가치는 더 복잡하다. 옵션성의 영향에 대한 척도로서, 그것은 원론적으로 옵션가치에 영향을 줄 수 있는 모든 변수의 영향을 받는다. 예를 들어, S가 증가하면 콜옵션이 외가격이 될 가능성이 줄어든다. 이것은 옵션성의 가치를 감소시켜 보험가치를 떨어뜨린다. (S에서 $1의 증가는 내재가치의 달러 증가보다 적은 금액으로 콜옵션가치를 높이거나 배당지급이 $PV(D)$ 미만으로 옵션가치에 영향을 주는 이유이다.) 마찬가지로 시간가치 $K-PV(K)$는 옵션에 대한 금리의 영향을 과대평가한다. 즉, 옵션이 행사되지 않음으로 인하여 이자 손실/절감이 실현되지 않을 가능성은 옵션의 보험가치에 반영된다.

그러나 보험가치는 특히 변동성 및 시간의 영향을 받는다. 변동성이 없다면 보험가치-이행할 의무가 없이 무언가를 할 수 있는 권리-는 사소한 것이다. 옵션은 확실하게 행사되거나 확실하게 행사되지 않을 것이다. 변동성이 커지면 가격변동이 커지므로 하방 보호의 중요성이 커진다. 이것은 콜옵션과 풋옵션 모두에 대한 보험가치를 증가시킨다. 시간도 중요하다. 일정 수준의 변동성이 있는 경우 만기까지의 시간이 길어질수록 가격변동이 커져 보험가치가 더 중요해진다.

내가격의 깊이와 분해

심내가격의 수준(depth-in-the-money 즉, "moneyness")이 변화되면 옵션가치의 구성요소도 상대적인 중요성이 변한다. 심내가격인 옵션의 경우 내재가치는 옵션가치의 가장 중요한 구성요소이다(정의에 따르면 이러한 옵션은 큰 내재 가치를 지니고 있음). 시간가치는 시간가치에 반영된 이자 절감을 얻을 확률이 높기 때문에 다음으로 가장 중요하다. 그러나 보험가치는 상대적으로 중요하지 않다. 보험가

치는 주로 옵션성이 중요하다는 점에서 필요하며, 매우 심내가격이라면 외가격인 기회는 거의 없으므로 옵션성은 그다지 중요하지 않다.

반대로 심외가격인 옵션의 경우, 보험가치는 옵션가치의 가장 중요한 요소가 되며 내재가치는 중요도가 가장 떨어진다. 음(−)의 내재적 가치가 있는 경우, 그러한 옵션이 가치를 지닌 유일한 이유는 변동성이 옵션을 내가격으로 이동시킬 것이라는 희망이다. 등가격 또는 등가격에 가까운 옵션의 경우, 시간가치와 보험가치 모두 중요하지만, 일반적으로 말하자면 보험가치가 지배적이다. 왜냐하면 보험가치란 변동성이 옵션을 내가격으로 이동시키게 될 가능성으로 이에 따라 옵션가치가 인정되기 때문이다.

분해 활용하기: 간단한 예시

이러한 아이디어가 옵션 위험에 대한 직관적인 이해를 얻기 위해 어떻게 활용될 수 있는지에 대한 예시로, 시간의 경과가 유럽식 옵션가치에 어떻게 영향을 미치는지 고려해 보자. 단순 예시 목적으로 옵션이 무배당 주식에 대하여 발행되었다고 가정한다.

시간이 지나면 옵션의 만기까지 기간이 줄어든다. 이것은 옵션의 보험가치와 시간가치에 영향을 미친다. 콜옵션의 경우 만기가 가까울수록 보험가치가 낮아지고 시간가치가 낮아진다. 이것은 다른 사정이 변함없다면 시간이 지남에 따라 콜옵션가치가 감소함을 의미한다. 즉, 콜옵션은 "시간-감퇴" 현상을 나타낸다. 17장의 용어에 따르면 콜옵션의 세타(시간의 경과에 대한 반응)는 음(−)의 값을 갖게 된다.

그러나 풋옵션에 대한 효과는 모호하다. 만기 기간이 짧을수록 보험가치는 감소하지만 시간가치는 증가한다. 시간가치 효과가 지배적일 경우(일반적으로 매우 심내가격인 풋옵션의 경우로) 풋옵션의 가치가 증가한다. 보험가치 효과가 지배적인 경우(일반적으로 등가격에 가깝거나 외가격인 풋옵션의 경우), 풋옵션의 가치는 감소할 것이다. 따라서 유럽식 풋옵션의 세타가 일반적으로 음(−)의 값을 갖는 반면에, 심내가격인 풋옵션에서는 양(+)의 값을 가질 수 있다.

10.3 조기행사의 최적성

미국식과 유럽식 옵션가격 차이는 옵션을 조기행사할 수 있는 권리에서 비롯된다. 이 권리가 언제 가치가 있으며 어떤 요소가 가치를 부여하는지 검토해 보기로 하자. 어떤 조건 하에서는 조기행사의 권리가 아무런 가치가 없게 되며, 이 경우 미국식 및 유럽식 옵션의 가격은 일치해야 한다. 먼저 콜옵션에 대해 살펴보자.

미국식 콜옵션의 조기행사

콜옵션이 행사되면, 보유자는 그 시점에서 콜옵션의 내재가치를 받게 된다. 보유자는 K를 지불하고 S의 가치가 있는 주식을 받으므로 $S-K$의 순손익을 얻는다. 따라서 미국식 콜옵션 보유자는 언제든지 가능한 세 가지 선택경로가 열려 있다.

- 즉시 콜옵션을 행사하여 내재적 가치인 $S-K$를 받을 수 있다.
- 콜옵션을 팔아 시장 가격 C_A를 실현시킬 수 있다.
- 아무것도 하지 않고 자신의 포트폴리오에서 C_A 가치가 있는 콜옵션을 계속 보유할 수 있다.

두 번째 및 세 번째 대안은 특정 시점에서 동일한 가치를 가지므로 개별적으로 다루지는 않는다. 조기행사의 최적성은 다른 대안들과 첫 번째 대안을 비교함으로써 판단 할 수 있다. 미국식 콜옵션은 내재가치보다 적게 거래될 수 없기 때문에 항상 $C_A \geq S-K$이다. 따라서 보다 정확한 질문은 (a) $C_A > S-K$인지 여부이며, 이 경우 조기행사는 분명히 최적이 아니다. (b) $C_A = S-K$인 경우 조기행사가 최적이 된다. 우리는 이 질문을 두 가지 단계, 우선 기초자산(옵션 기간 동안)에 배당이 없는 경우와 다음으로 배당이 존재하는 경우로 나누어 검토해 보기로 한다.

무배당 자산에 대한 미국식 콜옵션

배당이 없으면 콜옵션의 가치는 다음과 같이 주어진다.

$$C_A = (S-K) + (K - PV(K)) + IV(C) \qquad \textbf{(10.9)}$$

따라서 콜옵션 매도와 즉시 행사의 차이는

$$C_A - (S-K) = (K - PV(K)) + IV(C) \qquad \textbf{(10.10)}$$

우변의 각 항이 양의 가치를 가지기 때문에 이 차이는 엄연히 양의 가치를 갖는다. 즉, 무배당 자산에 대한 미국식 콜옵션은 조기에 행사해서는 안 된다. 즉, 옵션을 현금으로 전환하고자 하는 옵션 보유자는 옵션을 행사하는 것보다 콜옵션을 매각하는 것이 더 유리하다.

직관적으로 말하면, 이 결과는 무엇인가? 이 콜옵션은 옵션 남은기간 동안 언제든지 고정 금액 K의 기초자산 주식을 매입할 권리를 부여한다. 만일 조기행사하면 두 가지를 포기하게 된다. 하나는 시간가치로 이것은 당신이 나중에 동일한 가격 K에 주식을 살 수 있었기 때문에 잃게 되는 이자 수입이다.(이것은 (10.10)의 우변에 있는 첫 번째 항에 해당.) 다른 하나는 보험가치로 기다리면 주가가 떨어질 수 있기에 K보다 저렴한 가격으로 주식을 살 수 있는 가능성이다.(이것은 (10.10)의 우변에 있는 두 번째 항을 말함.) 콜옵션 잔여기간 동안 주식에 배당이 없으면 동일한 가격으로 주식을 미리 매입하더라도 보상 혜택이 없다. 이것은 콜옵션이 "죽은 것" 보다 "살아 있는 것"이 가치가 있으며

조기행사가 최적이 아님을 의미한다.

이 주장에 대해 콜옵션 보유자가 주식을 매입하여 보유하고자 하는 것은 중요하지 않다(적어도 옵션 만기일까지). 주식을 보유하고자 하는 투자자가 시장에 존재하는 한 이는 주가가 0 이상이 되기 위한 필요조건으로 콜옵션의 시간가치 및 보험가치 때문에 그와 같은 투자자는 콜옵션에 대하여 분명히 그 내재가치보다 더 많이 지불하고자 할 것이다.

유배당자산에 대한 미국식 콜옵션

배당이 0이 아닌 경우 콜옵션가치는 다음과 같은 모양을 가진다.

$$C_A = (S-K) + (K - PV(K)) + IV(C) - PV(D) \qquad \textbf{(10.11)}$$

따라서 콜옵션의 가치와 즉시 행사의 가치 간의 차이는 다음과 같다.

$$C_A - (S-K) = (K - PV(K)) + IV(C) - PV(D) \qquad \textbf{(10.12)}$$

이 표현식의 우변에 있는 처음 두 항은 양수이지만 세 번째 항은 음수이다. 따라서 우리는 이 콜옵션이 “죽은 것” 보다 “살아 있는 것”이 분명히 가치가 있다고 주장할 수 없다. 즉, 유배당자산에 대한 콜옵션은 조기에 수행하는 것이 최적일 수 있다.

이에 대한 이유는 쉽게 알 수 있다. 배당은 조기행사로부터 시간과 보험가치의 상실에 대한 보상효과를 제공한다. 배당 지급일 이전에 행사함으로써 옵션 보유자는 배당금을 수령할 수 있지만 배당 지급일이 지나서 행사하면 배당금을 잃게 된다. 따라서 이제는 (10.12)의 우변에 있는 처음 두 항과 (10.12)의 우변에 있는 마지막 항 즉, 시간 및 보험가치를 택하는 것과 배당을 받는 것 사이에 트레이드 오프가 있다. 전자가 지배한다면 조기행사는 차선책으로 남을 것이다. 후자의 경우 즉시 행사하는 것이 가장 좋다.

우리는 이제 결론을 분명히 할 수 있다. 콜옵션을 조기에 행사하는 유일한 동기는 배당을 얻는 것이다. 따라서 조기행사하는 것이 최적이라면, 주식이 배당을 받기 직전에 콜옵션을 행사하면 투자자에게 가장 유리하다. 이러한 전략은 배당을 얻기까지 가능한 오랫동안 투자자가 시간가치와 보험가치를 유지하게 한다. 따라서 미국식 콜옵션에 대한 조기행사의 가능한 최적성은 배당락 직전에 확인해 볼 필요가 있다.

이와 같은 관찰은 추상적인 차원 이상으로 유용하다. 10.4절(“풋-콜 패리티, 보험가치 및 조기행사에 대한 경험법칙”)에서는 조기행사의 최적성을 측정하기 위해 실제로 사용되는 경험법칙이 어떻게 여기에 설명된 트레이드오프의 관점에서 정확하게 이해될 수 있는지를 설명한다.

트레이드오프의 본질은 또한 조기행사의 가능성을 높일 수 있는 조건을 쉽게 이해할 수 있게 해준다. 예를 들어, 조기행사는 다음과 같은 경우에 최적이 될 가능성이 높아진다.

- 배당금이 높다(조기행사로 인한 이득이 증가).
- 변동성이 낮다(보험가치가 낮아서 조기행사로 인한 손실을 줄임).
- 금리가 낮다(시간가치가 낮아서 조기행사로 인한 손실을 줄임).

배당이 있는 경우 미국식 콜옵션의 조기행사의 최적성에 대한 예시는 12장, 특히 12.6절과 연습문제를 참조하라.

미국식 풋옵션의 조기행사

풋옵션의 조기행사에 대한 분석은 콜옵션과 유사한 방식을 따르지만, 다음에서 보듯이 그 결과는 상당히 다르다. 풋옵션이 행사 될 때, 보유자는 그 시점에서 풋옵션의 내재 가치를 받는다. 보유자는 S 가치의 주식을 포기하는 대신 K를 받음으로 $K-S$의 순손익을 얻게 된다. 따라서 미국식 풋옵션의 보유자는 다음과 같은 세 가지 가능한 선택경로가 언제든지 열려 있다.

- 즉시 풋옵션을 행사하여 내재가치 $K-S$를 받을 수 있다.
- 풋옵션을 팔아 시장 가격 P_A를 실현시킬 수 있다.
- 아무것도 하지 않고 포트폴리오에 P_A 가치가 있는 풋옵션을 보유할 수 있다.

두 번째 및 세 번째 대안은 특정 시점에서 동일한 가치를 가지므로 개별적으로 다루지는 않는다. 조기행사의 최적성은 다른 대안들과 첫 번째 대안을 비교함으로써 판단할 수 있다. 미국식 풋옵션은 내재가치보다 적은 가격으로 거래될 수 없기 때문에 항상 $P_A \geq K-S$이다. 따라서 보다 정확한 질문은 (a) $P_A > K-S$인지 여부이며, 이 경우 조기행사는 분명히 최적이 아니다. (b) $P_A = K-S$인 경우 조기행사가 최적이 된다. 다시 한번 우리는 두 가지 단계 즉, 우선 기초자산에 배당이 없는 경우와 그리고 배당이 존재하는 경우로 나누어 검토해 보기로 한다.

무배당 자산에 대한 미국식 풋옵션

배당이 없을 때, 풋옵션의 가치 P_A는 다음과 같은 분해가 가능하다.

$$P_A = (K-S) - (K - PV(K)) + IV(P) \tag{10.13}$$

풋옵션을 조기행사하면 보유자에 내재 가치 $K-S$가 부여된다. 따라서 풋옵션가치와 즉시 행사의 가치 간의 차이는 다음과 같다.

$$P_A - (K-S) = -(K - PV(K)) + IV(P) \tag{10.14}$$

풋옵션의 보험가치인 우변의 두 번째 항은 양의 값이지만 우변의 첫째 항인 풋옵션의 시간가치는 음수이다. 따라서 우변은 확실히 양의 값을 가질 수는 없기 때문에 배당이 없는 경우에도 조기행사의 최적성을 배제할 수 없다. (콜옵션과의 대비됨을 유의하기 바람.)

이 결과의 직관적 의미는 (10.14)의 우변에 포착된다. 풋옵션의 행사 지연은 나중에 행사가격을 받는 것을 의미하므로 그렇지 않았으면 얻게 될 행사가격에 대한 이자수입의 상실이 발생한다. 이 음의 시간가치 효과는 (10.14)의 우변에 있는 첫 번째 항이다. 다른 한편, 지연된 행사는 풋옵션의 보험가치를 유지하는 결과를 낳는다(주식은 나중에 더 높은 가격으로 팔릴 수 있는 가능성을 유지). 이것은 (10.14)의 두 번째 항이다. 이러한 효과들 간의 트레이드오프는 조기행사가 최적인지 여부를 결정한다. 보험가치를 낮추거나 시간가치를 높이면 조기행사가 최적이 될 가능성이 커진다. 예를 들어, 조기행사는 다음과 같은 경우에 최적일 수 있다.

- 변동성이 낮다(조기행사로 인해 잃게 될 보험가치가 감소).
- 금리가 높다(조기행사로 얻은 시간가치가 증가).

무배당 자산에 대한 풋옵션의 조기행사의 최적성을 예시하는 사례는 12.7절 및 12장의 연습문제를 참조하라. 또한 17장의 옵션 세타에 대한 설명도 참조하기 바란다.

유배당자산에 대한 미국식 풋옵션

풋옵션가격의 분해는 배당이 0이 아닐 때 다음과 같이 표시할 수 있다.

$$P_A = (K-S) - (K - PV(K)) + IV(P) + PV(D) \tag{10.15}$$

풋옵션의 가치와 즉시행사의 가치 $K-S$ 간의 차이는 아래와 같다.

$$P_A - (K-S) = -(K - PV(K)) + IV(P) + PV(D) \tag{10.16}$$

우변의 첫째 항은 음수이지만 둘째 항과 셋째 항은 양수이다. 따라서 그 차이가 반드시 양수임을 확인할 수 있다. 즉, 조기에 풋옵션을 행사하는 것이 가장 좋다고 주장할 수 없다.

이 결과의 직관적 의미는 명확하다. 풋옵션의 행사 지연은 나중에 행사가격을 받는 것을 의미하므로 음(−)의 시간가치 효과가 있다. 그러나 행사를 지연함으로써 풋옵션 보유자는 보험가치(나중에 더 높은 가격으로 주식을 판매 할 수 있는 가능성)를 유지하고 배당을 얻는다. 이러한 비용과 조기행사의 이점 간의 트레이드오프는 행사의 최적성을 결정한다. 예를 들어, 조기행사는 다음과 같은 경우에 치적일 수 있다

- 변동성이 낮다(보험가치를 낮추어 조기행사로 인한 손실이 감소).
- 금리가 높다(조기행사로 인해 시간가치가 크게 증가).
- 배당금이 적다(조기행사 비용이 감소).

다음 절에서는 조기행사에 대한 이러한 결과를 사용하여 미국식 콜옵션과 다른 조건이 동일한 미국식 풋옵션 간의 가격결정 관계를 알아 볼 것이다.

10.4 풋–콜 패리티

이제 콜옵션과 다른 조건이 동일한(동일한 기초자산, 행사 및 만기) 풋옵션 간의 관계에 주목해 보고자 한다. 공통의 옵션 행사가격 및 만기는 각각 K 및 T로 표시된다. 이에 대한 분석은 네 단계로 진행된다. 무배당 자산에 대한 유럽식 옵션을 제일 먼저 살펴본 후, 배당지급 자산에 대한 유럽식 옵션, 무배당 자산에 대한 미국식 옵션, 마지막으로 배당지급 자산에 대한 미국식 옵션의 순서로 검토하게 될 것이다.

무배당자산에 대한 유럽식 옵션

어떤 콜옵션과 풋옵션이 주어져 있고 전과 같이 $PV(K)$는 T 시점에서 수신할 수 있는 금액 K의 현재가치를 나타낸다. 다음 포트폴리오를 고려해 보자.

포트폴리오 A	콜옵션 한 단위 매입포지션
	T 시점이 만기인 $PV(K)$ 투자
포트폴리오 B	풋옵션 한 단위 매입포지션
	주식 한 주 매입

이 포트폴리오의 비용 및 손익 정보는 [표 10.1]에 요약되어 있다. 포트폴리오 A의 초기비용은 콜옵션 매입비용과 투자 금액의 합 $C_E + PV(K)$이다. 포트폴리오 B의 가치는 풋옵션 및 주식가격의 합 $P_E + S$이다. 두 포트폴리오의 시점 T에서 가치는 일반적인 방식으로 결정된다.

표 10.1
포트폴리오 A와 B: 비용과 손익

		시점 T에서의 포트폴리오 가치	
	초기비용	$S_T < K$	$S_T \geq K$
포트폴리오 A	$C_E + PV(K)$	$0 + K = K$	$S_T - K + K = S_T$
포트폴리오 B	$P_E + S$	$K - S_T + S_T = K$	$0 + S_T = S_T$

- $S_T < K$인 경우:
  - 포트폴리오 A의 콜옵션은 가치가 없으며 투자는 K 가치가 있다. 포트폴리오 A의 총가치: K.
  - 포트폴리오 B의 풋옵션가치는 $K - S_T$ 이고 주식은 S_T 가치가 있다. 포트폴리오 B의 총가치: K.
- $S_T \geq K$인 경우:
  - 포트폴리오 A의 콜옵션은 $S_T - K$의 가치이고 투자는 K 가치가 있다. 포트폴리오 A의 총가치: S_T
  - 포트폴리오 B의 풋옵션은 가치가 없지만 주식은 S_T의 가치가 있다. 포트폴리오 B의 총가치: S_T

따라서 포트폴리오는 모든 상황에서 시점 T에서 동일한 가치를 갖는다. 또한 주식은 배당이 없고 옵션은 조기행사할 수 없기 때문에 현금흐름이 없다. 따라서 두 포트폴리오의 초기비용도 동일해야 한다. 즉, 우리는 다음과 같은 결과를 가져야 한다.

$$C_E + PV(K) = P_E + S \tag{10.17}$$

위의 식 (10.17)은 "풋-콜 패리티(put-call parity)"라고 불린다. 그것은 유럽식 콜옵션과 다른 조건이 동일한 풋옵션의 가격 사이의 정확한 관계를 보여준다. 이 관계를 배당과 조기행사의 경우로 확장하기 전에 먼저 우회하며 이 결과의 일부 사용하기로 한다.

풋-콜 패리티 활용

옵션가격 책정에서 가장 잘 알려진 결과 중 하나인 풋-콜 패리티는 또한 가장 활용도가 높다. 결과가 우선적으로 가장 분명하게 활용되는 곳은 평가(valuation)의 문제이다. 무배당 자산에 대해 유럽식 콜옵션가격을 결정할 수 있다면 관계식 (10.17)을 사용하여 해당 풋옵션가격을 도출할 수 있다.

둘째, 즉각적인 결과로 풋-콜 패리티는 콜옵션 및 풋옵션의 상대적 가격책정 오류로 인한 차익거래 기회를 확인하는 데 사용될 수 있다. 예를 들어, $C_E + PV(K) > P_E + S$를 찾으면 콜옵션은 풋옵션에 비해 과대평가 된다. 우리는 포트폴리오 B를 매입하고 포트폴리오 A를 매각하여 차익거래를 실현시킬 수 있다. 반대로, 만약 $C_E + PV(K) < P_E + S$인 경우, 풋옵션은 콜옵션에 비해 과대평가 된다. 이 때 차익거래 이익은 포트폴리오 B를 매각하고 포트폴리오 A를 매입함으로써 이루어질 수 있다.

셋째, 풋-콜 패리티 등식을 재정렬하면 거래되고 있는 상품으로부터 합성 금융상품을 만드는 방법을 알게 된다. 예를 들어, 풋-콜 패리티는 $P = C + PV(K) - S$라고 알려주므로 콜옵션을 사거나 $PV(K)$를 투자하고 기초자산 한 단위를 공매도시켜 합성 풋옵션 매입포지션을 만들 수 있다.

마찬가지로 우리는 아래와 같이 만들 수 있다.

- 풋옵션과 주식을 매입하고 $PV(K)$를 빌려 합성 콜옵션 매입포지션
- 콜옵션을 매입하고 $PV(K)$를 투자하고, 풋옵션을 매도시킴으로써 주식에 대한 합성 매입포지션
- 콜옵션을 매입하고 풋옵션을 매도함으로써 합성 선도계약 매입포지션
- 풋옵션과 주식을 매입하고 콜옵션을 매도함으로써 액면가 K와 만기 T의 합성 무이표채 (zero-coupon bond)의 매입포지션

물론 위의 포트폴리오를 반대로 뒤집으면 이들 상품에 대한 합성 포지션의 매도포지션을 간단하게 만들 수 있다.

넷째로, 풋-콜 패리티는 매개변수 값의 변화들에 대한 상대적 민감도 즉, 매개변수 변화에 대한 콜옵션과 풋옵션의 반응의 차이를 판단하는데 사용될 수 있다. 이를 위해 풋-콜 패리티를 재배열하면 다음과 같다.

$$C_E - P_E = S - PV(K) \qquad \textbf{(10.18)}$$

(10.18)은 등식이기 때문에 매개변수 변화로 인한 콜옵션 및 풋옵션가치 변화의 차이는 (10.18)의 우변에 있는 변화와 동일해야 한다. 예를 들어, S가 \$1 만큼 변화한다고 가정하자. 이것이 콜옵션과 풋옵션에서 발생하는 변화를 dC와 dP로 각각 나타내기로 하자. (10.18)의 좌변에서의 변화는 $dC - dP$이므로, 우리는

$$dC - dP = 1$$

즉, 콜옵션가치의 변화는 풋옵션가치의 변화보다 1 달러 더 크다.

만기 T나 이자율 r과 같은 다른 매개변수의 변화에 대한 콜옵션과 풋옵션의 민감도의 차이를 인식하는 데에도 유사한 절차를 사용할 수 있다. 17장에서 그릭문자에 대해 논의할 때 주요 매개변수 값의 변화에 대한 콜옵션 및 풋옵션의 반응을 설명하기 위해 풋-콜 패리티가 반복적으로 활용될 것이다.

배당지급 자산에 대한 유럽식 옵션

풋-콜 패리티 논리를 수정하는 것은 쉽다. 배당이 야기하는 유일한 차이점은 포트폴리오 B에서 기초자산이 배당을 지급할 때 중도 현금흐름이 발생한다는 것이다. A에 해당하는 중도 현금흐름은 없다. 따라서 포트폴리오 A의 정의를 수정하여 D의 중도 현금흐름을 추가로 만들면 동일한 논리를 다시 적용할 수 있다.

포트폴리오의 정의를 다음과 같이 수정하도록 하자.

포트폴리오 A 콜옵션 한 단위 매입
T 시점이 만기인 $PV(K)$ 투자
배당일이 만기인 $PV(D)$ 투자

포트폴리오 B 풋옵션 한 단위 매입
주식 한 단위 매입

이와 같은 경우 포트폴리오 A의 초기 비용이 $C_E + PV(K) + PV(D)$로 변화되고, 포트폴리오 B의 초기 비용은 동일하게 유지된다. 두 포트폴리오는 T 시점에서 동일한 가치를 갖는다. 포트폴리오의 구성에 따라 그들은 또한 동일한 중도 현금흐름을 가지고 있다. 따라서 두 포트폴리오의 초기 비용은 다음과 같이 동일해야 한다.

$$C_E + PV(K) + PV(D) = P_E + S \tag{10.19}$$

등식 (10.19)는 배당지급 자산의 유럽식 콜옵션과 풋옵션의 가격 간의 풋-콜 패리티 관계이다.

무배당 지급 자산에 대한 미국식 옵션

관련 옵션이 미국식 옵션인 경우, 만기 전에 한 옵션 또는 두 옵션 모두가 행사될 수 있기 때문에 포트폴리오 가치를 만기에 비교하는 것으로는 충분하지 않다. 따라서 사실 콜과 풋의 가격 사이의 정확한 "패러티" 관계를 도출하는 것은 불가능하다. 그러나 부등호 기반 관계는 여전히 다음과 같이 유도할 수 있다.

$$C_E + PV(K) \leq P_A + S \leq C_A + K \tag{10.20}$$

부등식 (10.20)을 유도하기 위해 무배당 자산에서 사용했던 다음의 두 가지 포트폴리오를 다시 고려하고 옵션이 미국식이라고 가정한다.

포트폴리오 A 콜옵션 한 단위 매입포지션
T 시점이 만기인 $PV(K)$ 투자

포트폴리오 B 풋옵션 한 단위 매입포지션
주식 한 단위 매입포지션

포트폴리오 A의 초기 비용은 $C_A + PV(K)$이고 포트폴리오 B의 초기 비용은 $P_A + S$이다. 이 경우 다음에 유의해 보자.

- 무배당 자산에 대한 미국식 콜옵션은 조기에 행사되지 않으므로 (10.3절 참조.) $C_A = C_E$가

되어야 한다.

- 풋옵션의 조기행사는 무배당자산(10.3절)에도 최적일 수 있으므로 일반적으로 $P_A \geq P_E$이다.

따라서 다음 관계가 성립한다.

$$C_A + PV(K) = C_E + PV(K),\ \text{그리고}\ P_A + S \geq P_E + S \tag{10.21}$$

또한, 유럽식의 풋-콜 패리티로부터,

$$C_E + PV(K) = P_E + S \tag{10.22}$$

(10.22)와 (10.21)을 합치면 (10.20)의 첫 번째 부등식을 얻을 수 있다.

$$C_A + PV(K) \leq P_A + S \tag{10.23}$$

우리는 이제 두 번째 부등식을 유도해 볼 것이다.

$$P_A + S \leq C_A + K \tag{10.24}$$

이를 위해 아래 포트폴리오를 고려해 보자.

포트폴리오 A'	콜옵션 한 단위 매입
	시장유통금리(money-market rate)로 K를 투자
포트폴리오 B'	풋옵션 한 단위 매입
	롱 주식 한 단위 매입

포트폴리오 A'의 초기 비용은 $C_A + K$이고 포트폴리오 B'의 초기 비용은 $P_A + S$이다. 포트폴리오 A'를 구입하고 포트폴리오 B'를 매도한다고 가정한다. 우리가 콜옵션을 보유하고 있으므로, 항상 만기까지 행사하지 않을 수 있다(이것은 배당이 없기 때문에 어쨌든 최적임). 그러나 중간에 풋옵션은 행사할 수 있으므로 이 전략의 현금흐름과 관련하여 두 가지 가능성이 있다.

1. 풋옵션을 조기행사 한다. 이 경우 K를 지불하고 주식 1 단위를 받는다. 우리는 주식 매도포지션을 마감하기 위해 이 주식을 사용한다. 순효과: 우리에게 순현금흐름이 양의 값을 갖는 콜옵션(그리고 지금까지 행사가격 금액에서 얻은 이자)이 남게 된다.
2. 풋옵션을 만기까지 보유한다. 이 경우 [표 10.1]에서 파생된 손익을 유도해 내는 논리를 따르면 우리의 포지션의 순가치가 만기까지 K 금액을 운용하여 얻은 이익이라는 것을 보여준다.

따라서 위의 전략은 우리에게 만기 시점에 양수인 현금흐름을 남게 한다. 차익거래를 피하기 위해서는 (10.24) 조건이 정확히 성립하기 위한 비용이 지불되어야 한다. (10.23)과 (10.24)를 결합하면 (10.20)을 얻게 되는데 이것은 미국식 옵션에 대한 패리티 관계의 가장 근사치라고 볼 수 있다.

배당지급 자산에 대한 미국식 옵션

배당이 있을 때는 조기행사가 최적이 될 수 있으므로, 배당금이 없는 경우에서와 같이 $C_A = C_E$라고 가정할 수 없다. 그래서 우리는 미국식 콜옵션의 조기행사에 대한 동기를 이용한 다른 방법을 제시한다. 다음의 포트폴리오 중 하나를 고려하라. (a) 행사가격이 K이고 만기가 T인 미국식 콜옵션 또는 (b) 행사가격이 K이고 만기 T인 유럽식 콜옵션과 함께 금액 $PV(D)$의 투자. 우리는 두 번째 포트폴리오가 최소한 첫 번째 포트폴리오만큼 비용을 지불해야 한다고 주장할 수 있다. 즉,

$$C_A \leq C_E + PV(D) \tag{10.25}$$

앞서 살펴본 바와 같이 미국식 콜옵션을 조기행사하는 유일한 동기는 주식 배당을 받는 것이지만, 조기행사는 콜옵션의 보험 및 시간가치를 포기하는 것을 의미한다. 첫 번째 포트폴리오에서 투자자는 배당을 포착하고 보험 및 시간가치를 보존하기 위해 콜옵션을 보유하는 것 사이에 트레이드오프 즉, 양자택일 관계에 직면한다. 두 번째 포트폴리오에서 투자자는 콜옵션의 시간과 보험가치를 만기까지 유지하면서 동시에 배당을 받게 된다. 따라서 두 번째 포트폴리오가 더 가치 있어야 한다.

부등식 (10.25)의 양측에 $PV(K)$를 더하면,

$$C_A + PV(K) \leq C_E + PV(K) + PV(D) \tag{10.26}$$

이제 배당을 지급하는 주식에 대한 유럽식 풋-콜 패러티는 다음 관계를 성립시킨다.

$$C_E + PV(K) + PV(D) = P_E + S \tag{10.27}$$

(10.26)과 (10.27)의 정보를 결합하면, 아래 관계를 얻게 된다.

$$C_A + PV(K) \leq P_E + S \tag{10.28}$$

이에 더하여 우리는 항상 $P_A \geq P_E$이어야 한다. (10.28)의 우변에서 이 조건을 사용하면 우리는 결국 다음 관계를 얻게 된다.

$$C_A + PV(K) \leq P_A + S \tag{10.29}$$

부등식 (10.29)는 배당 지급 자산에 대한 미국식 옵션의 풋-콜 패리티 관계에 대한 가장 근사치라고 할 수 있다. 이 식은 무배당 자산에 대한 미국식 옵션에 대해 유도된 하한 경계와 동일하다. 특히, 배당금 D는 콜옵션의 가치에 포함되었기 때문에 명시적으로 표현식에 입력하지 않는다. 이에 대하여는 (10.25)을 참조하라

무배당의 경우처럼 우리는 미국식 풋옵션에 대한 상한 경계를 콜옵션의 관점에서 찾아 볼 수 있다. 즉,

$$P_A + S \leq C_A + K + PV(D) \tag{10.30}$$

부등식 (10.30)의 유도는 무배당 상한경계 (10.24)의 유도와 유사한 논리를 적용한다. 이 부등식을 뒷받침하는 포트폴리오 구성은 독자들에게 익숙할 것이므로 세부사항은 연습문제로 남겨 둔다.

풋-콜 패리티, 보험가치 및 조기행사를 위한 경험법칙

실제로 증권 트레이더들은 미국식 옵션의 조기행사를 결정하기 위해 종종 경험법칙을 사용한다. 예를 들어, 미국식 콜옵션의 일반적인 규칙은 다음을 따라 행사된다.

> 주식에 대한 배당금이 다른 조건이 동일한 풋옵션가격과 행사가격에 대한 소멸 이자를 합한 금액보다 크다면 주식이 배당락되기 전날에 콜옵션을 행사해야 한다. 그렇지 않으면 행사하지 마시오.

주식이 배당락되기 전날 옵션을 행사하는 이 규칙의 첫 번째 부분은 쉽게 정당화 된다. 10.3절에서 보았듯이, 일단 미국식 콜옵션이 조기행사되어야 한다면 주식이 배당락으로 전환되기 바로 직전에 행사되어야 한다. 주식에 대한 배당금이 다른 조건이 동일한 풋옵션의 가격과 행사가격에 대한 소멸 이자의 합보다 큰 경우 옵션을 행사한다는 규칙의 두 번째 부분에 대한 이론적 근거는 풋-콜 패리티와 10.3절의 분석을 결합하여 얻는다.

10.3절에서 수입 배당금의 가치가 콜옵션의 시간가치와 보험가치를 능가하는 경우 조기행사가 콜옵션에 최적임을 상기하라. 콜옵션의 시간가치는 조기행사로 인하여 소실된 행사가격 금액에 대한 이자수입에 의해 가늠할 수 있다. 보험가치는 어떠한가? 이에 대한 해답은 등식 (10.3)과 유럽식의 풋-콜 패리티 (10.19)의 관계를 비교해 보면 알 수 있다. 비교 결과 유럽식 콜옵션의 경우 보험가치가 바로 해당 유럽식 풋옵션가치라는 것을 알 수 있다! 이것은 직관적이고 논리적이다. 보험가치는 콜옵션가치와 관련 선도계약 가치 간의 차이이다. 이 차이점은 손익 도표에서 볼 수 있는 것처럼 유럽식이라고 할 수 있다(그림 10.1 참조). 마찬가지로 유럽식 풋옵션의 보험가치는 해당 유럽식 콜옵션의 가치이다.

그림 10.1
콜 − 선도 = 풋

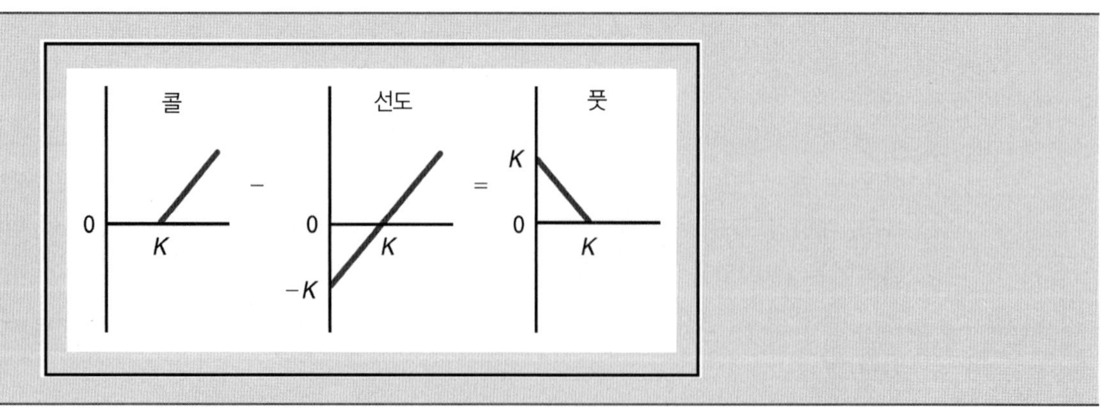

현재 미국식 옵션에 대한 패리티 표현이 없기 때문에 해당하는 풋옵션 또는 콜옵션에 대한 보험가치의 식별은 미국식 옵션에 정확하게 성립되지 않지만 상한 및 하한 경계 부등식(10.29)과 (10.30)은 일반적인 근사치로 받아들이면 배당금이 보험가치와 시간가치를 초과하는 경우는 언제나 조기행사가 최적이라는 법이 바로 위에 설명된 경험법칙과 같은 것이다.

연속배당 수익률과 풋-콜 패리티

위의 분석에서 우리는 배당 지급이 존재할 경우 이는 이산적이라고 가정했다. 이 책의 앞 부분에서 보았듯이 많은 경우(통화 또는 주가지수), 기초자산에 대한 중도급부는 비율 q의 연속적인 수익률로 자연스럽게 표시된다. 이와 같은 경우를 처리하기 위해 유럽식 옵션에 대한 풋-콜 패리티 관계식 (10.19)을 쉽게 수정할 수 있다.

수정의 핵심 내용은 T 시점에서 기초자산 한 단위로 마감하기 위해, e^{-qT} 단위만 매입하면 된다는 것이다. 우리는 이미 이 책의 앞부분에서 이 사실을 보았다. 그러나 우리는 여기서 다시 그 논리를 반복한다.

- 기초자산이 q의 연속복리 이자율을 지불하는 외화라고 가정한다. 그러면 외화 한 단위를 q의 수익률로 투자하면 이것은 만기시 e^{qT} 단위로 증가한다. 따라서 오늘 우리가 e^{qT} 단위의 외화를 q 수익률로 투자하면 T 시점까지 $e^{-qT} \times e^{qT} = 1$ 단위의 외화가 된다.
- 배당 수익률이 q인 주가지수를 가정한다. 그런 다음 모든 수입 배당금은 많은 지수를 매입하는 데 재투자하면 주가지수 보유가 비율 q만큼 증가하게 된다.

r을 연속복리 (국내) 이자율이라고 정의하면 $PV(K) = e^{-rT}K$이다. 이제 다음 포트폴리오를 고려하자.

포트폴리오 A	유럽식 콜옵션 매입포지션
	T 시점이 만기인 $e^{-rT} \cdot K$ 투자
포트폴리오 B	유럽식 풋옵션 매입포지션
	기초자산 e^{-qT} 단위 매입

포트폴리오 A의 비용은 $C_E + e^{-rT}K$이고, 포트폴리오 B는 $P_E + e^{-qT}S$이며, 이 때 S는 기초자산의 현재가격(외화 한 단위의 현재가격 또는 현재 지수수준)이다. 어떤 포트폴리오도 중도 순현금흐름이 없다. 포트폴리오 B는 기초자산의 한 단위를 갖게 된다. [표 10.1]의 손익을 도출하는 데 사용된 동일한 논리를 두 개의 포트폴리오가 T 시점에서 동일한 가치를 갖는다는 것을 보여줄 수 있다. 따라서 초기비용은 동일해야 한다.

$$C_E + e^{-rT}K = P_E + e^{-qT}S \tag{10.31}$$

등식 (10.31)은 기초자산이 연속수익률 q로 성장할 때 유럽식 옵션에 대한 풋-콜 패리티의 수정된 형태이다.

10.5 연습문제

1. 어떤 주식이 100 달러에 거래되고 있다. 1년 이자율은 연속복리로 5%이다. 이 주식의 유럽식 콜옵션이 $99의 행사가격으로 $8.50에 가격이 책정되면 콜옵션가치를 다음으로 분해하여 보라.
   (a) 내재가치
   (b) 시간가치
   (c) 보험가치
2. 위 질문에서 해당 풋옵션의 보험가치는 얼마인가?
3. 무배당 주식에 대한 유럽식 콜옵션이 왜 절대 조기에 행사되지 않는지 설명하시오. 대신 콜옵션 포지션을 제거하려면 어떻게 해야 하는가?
4. 주식 ABC는 배당을 지급하지 않는다. 41의 행사가격에 이 주식에 대한 미국식 콜옵션의 현재 가격은 $4이다. 현재 주식가격은 $ 40이다. 유럽식 풋옵션이 $3의 가격으로 거래되는 경우 이의 시간가치를 계산하시오.
5. 주식 ABC는 $50의 가격으로 거래되고 있다. 55의 행사가격에 거래되는 6개월 미국식 풋옵션이 있다. 주식에 대한 배당은 없으며 옵션의 만기는 반년이다. 반년 이자율이 5%라면 풋옵션이 행사되지 않는 최저 보험가치는 어떠해야 하는가?
6. 주식 XYZ는 $105의 가격으로 거래되고 있다. 만기가 1년이고 행사 100인 XYZ의 미국식 콜옵션이 시장에서 거래된다. 금리의 기간구조는 변화가 없이 1%이고 6개월 후 $8의 배당금 지급이 있다. 콜옵션을 행사하는 것이 유리한 최대 보험가치는 무엇인가?
7. 옵션가격결정의 실제 공식을 알 수 없다고 가정한다(예 : 블랙-숄즈가 적용되지 않음). 따라서 풋옵션의 보험가치에 대해 다음 근사치를 사용하라는 요청을 받는다.

$$IV(P) = \exp\left(\frac{S}{K}\frac{\sigma^2}{T}\right)$$

여기서 S는 주식의 현재가격, K는 행사가격, σ는 주식 손익의 변동성, T는 옵션 만기이다.

당신에게 $S=100$, $K=105$ 그리고 이자율 $r=1\%$가 주어진다. 옵션 만기는 $T=1$년이며 배당은 없다. 옵션의 조기행사가 권유될 수 있는 최대 변동성은 무엇인가?

8. 어떤 주식이 배당을 지급하지 않는다면, 풋옵션의 조기행사가 가능한 콜옵션가격과 금리의 관계는 어떠한가?

9. 옵션에 대한 다음 정보가 제공된다. $S=60$, $K=60$, $r=2\%$, $T=0.5$, $D=0$(배당). 미국식 콜옵션이 5달러의 가격으로 거래된다면 미국식 풋옵션의 최저가격은 얼마인가?

10. 앞의 질문에서, 만일 3개월 후 \$2의 배당을 받는다. 미국식 풋옵션의 하한경계를 표시해보시오. 기간 구조가 변화가 없고 배당금으로 미국식 콜옵션이 6달러 가치가 있다고 가정한다.

11. WHY사는 배당을 지급하지 않으며, 회사의 주가는 \$30이다. 행사가격 29에 3개월 만기 유럽식 콜옵션은 3달러에 거래되고 있다. 3개월 금리는 1%이다. 이 경우 유럽식 풋옵션의 가격은 얼마인가?

12. 주식 ABC는 43달러에 거래되며 배당을 지급하지 않는다. 6개월 만기 50 행사가격 콜옵션과 풋옵션의 가격이 같다. 6개월 무위험이자율은 얼마인가?

13. 주식 XYZ는 현재 \$50이다. 그것은 배당을 지급하지 않는다. 1년 만기 60의 행사가격 유럽식 콜옵션과 풋옵션은 각각 10달러와 12달러에 거래되고 있다. 이 경우 주식에 대한 1년 선도계약의 가격은 얼마인가?

14. 배당을 지급하지 않는 QWY 주식에 대하여 장외시장에서 다음과 같은 유럽식 옵션가격이 정해져 있다.

T (기간)	콜옵션	풋옵션	행사가격
0.5	7	5	100
1.0	19	12	100

그러나 당신이 일하는 회사는 주식 및 금리 시장에 대한 가격 알림 서비스를 받지 않는다. 당신이 아는 전부는 이자율의 기간구조가 변동 없이 수평하다는 것이다.
당신은 주식 QWY에 대한 2년 선도계약을 매입하기를 원하는 고객으로부터 전화를 받았다. 이 계약에 대해 어떤 가격으로 제시해야 하는가?

15. 당신은 차익거래를 담당하는 옵션 트레이딩 데스크에서 일하고 있다. 다음 정보가 화면에 표시되며 당신은 즉시 차익거래를 보게 된다. 그것은 무엇이며 얼마나 많은 무위험 손익을 얻게 되는가?

$S=60$　　$T=0.25$　　$C_E=5$

$K=60$　　$D=0$　　$P_E=3$

$r=3\%$

16. 주식 DEF는 100달러에 거래되며 3개월 내에 3달러의 배당을 지불할 것으로 예상된다. 반년 만기의 행사가격 95에서의 유럽식 콜옵션의 가격은 7달러이다. 이자율의 기간구조가 변동 없이 5%라면 미국식 풋옵션의 가격에 대한 하한경계를 찾아라.

17. 주식 CBA는 50달러의 가격으로 거래되고 있으며 배당을 지급할 것으로 예상되지 않는다. 다음 풋옵션은 3개월 만기로 거래되고 있다.

$$P(K=50)=5$$
$$P(K=60)=13$$

3개월 금리는 2%이다. 이 때, (50, 60) 강세형 콜옵션 스프레드의 가격은 얼마인가? 모든 옵션이 유럽식이라고 가정한다.

18. 주식 KLM은 100달러에 거래되며 배당을 지급하지 않는다. 행사가격 $102의 1년 만기 스트래들은 $10의 가격으로 거래되고 있다. 1년 이자율은 2%이다. 1년 만기 유럽식 콜옵션과 풋옵션의 가격을 찾아보시오.

19. 투자자가 ABC 주식에 K의 행사가격으로 콜옵션을 매입하고 동일한 행사가격과 만기로 풋옵션을 발행한다. 옵션이 유럽식이고 기초자산 잔존기간 동안 예상되는 배당이 없다고 가정하면 그러한 포트폴리오의 구입비용은 얼마인가?

20. 유럽식 풋옵션을 사용하여 만들어진 나비형 스프레드의 비용이 유럽식 콜옵션을 사용한 나비형 스프레드의 비용과 동일하다는 것을 풋-콜 패리티를 사용하여 보여주시오.

21. 어떤 주식이 $S=50$에 거래되고 있다. 이 주식에 대한 1개월 만기 유럽식 콜옵션과 풋옵션이 50의 행사가격에 나와 있다. 콜옵션은 $C_E=3$의 가격으로 거래되고 있다. 1개월 이자율(연간)은 2%이며 다음 달에 주식에 대한 배당은 없을 것으로 예상된다.
    (a) 풋옵션의 무차익거래 가격은 무엇이 되어야 하는가?
    (b) 풋옵션이 $P_E=2.70$의 가격으로 거래되고 있다고 가정하자. 이 경우 차익거래기회가 있는가?

22. 주식은 $S=60$에 거래되고 있다. 이 주식에 대한 1개월 만기 미국식 콜옵션과 풋옵션이 60의 행사가격에 나와 있다. 옵션의 콜옵션 비용은 2.50이고, 풋옵션은 1.90이다. 옵션 기간 동안 주식에 대한 배당은 기대되지 않는다. 1개월 이자율(연 환산)이 3%라면 가능한 차익거래기회가 있음을 보여주고 이를 어떻게 활용할 수 있는지 설명하시오.

제 11 장

옵션가격결정 : 1차 관문

11.1 개요

이전 장에서는 두 가지 관점에서 옵션가격을 살펴보았는데, 그것은 무차익거래 조건의 논리(예: 옵션의 최소 및 최대 가격)와 "상대적" 가격결정(예: 콜옵션 및 풋옵션가격이 어떻게 관련되어 있는가?)이다. 이 장에서 시작하여 다음 몇 장에 걸쳐 우리는 더 어려운 문제인 기초자산에 대한 정보로부터 개별 옵션가격을 결정하는 문제를 검토해 보고자 한다.

이 장의 목표는 앞으로 전개될 주제에 대한 공고한 기반을 구축하는 것이다. 옵션가격결정 및 헤징과 관련된 여러 가지 중요한 개념이 아래와 같이 소개되고 논의될 것이다.

- 기본적 옵션가격결정의 두 가지 표준 모형 중 하나인 이항분포모형(binomial model)을 소개한다(다른 하나는 블랙-숄즈모형).
- 단일기간 이항분포모형을 사용하여 무차익거래 옵션가격을 식별하는 두 가지 일반적인 방법 즉, 복제(replication) 및 위험중립가격결정(risk-neutral pricing)을 설명한다.
- 직관적인 차원에서 동적복제 전략에 대해 논의하며, 특히 옵션 델타(option delta)의 개념, 그것의 속성 및 활용에 중점을 둔다.
- 포트폴리오 보험(portfolio insurance)이라고 하는 동적 헤징전략에 대한 사례연구를 통하여 옵션의 동적 복제에 대한 아이디어를 예시한다.

위와 같은 분석의 좋은 출발점은 선도계약가격과 옵션가격결정 간의 대조이므로 이것으로 본 장을 시작한다.

옵션가격결정과 선도계약 가격결정 비교

선도계약과 마찬가지로 옵션가격결정 뒤에 있는 기본 아이디어는 복제(replication)이다. 기초자산의 포지션과 무위험이자율 투자/차입을 활용하여 옵션과 동일한 손익의 생성을 시도한다. 그러

나 옵션의 복제에는 선도계약에서는 발생하지 않는 복잡성이 내포되어 있다.

선도계약에는 그 계약에 근거한 거래에 참여하겠다는 약속이 있다. 지금까지 보았듯이 이와 같은 약속은 시간의 경과에 따라 가격이 어떻게 변화하는지에 관계없이 만기시 결과의 복제를 가능하게 한다.

옵션에서는 옵션 보유자의 이해와 합치되어야만 옵션 행사가 발생한다. 유럽식 옵션의 경우, 이것은 기초자산의 만기시 가격에 달려 있다. 미국식 옵션의 경우, 언제든지 옵션을 행사할 수 있으므로 자산가격의 변동 패턴에 따라 달라진다. 따라서 우선 기초자산의 가격이 시간에 따라 어떻게 변화하는지에 대한 모형을 설정하지 않고서는 옵션에 대한 "적정" 가격을 식별하는 것은 불가능하다.

그러나 우리는 이미 이것을 알고 있다! 8장에서 보았듯이 옵션 손익 도표에 따르면 변동성(volatility)－기초자산 가격에서 예상되는 불확실성－은 투자자가 옵션을 통해 기대하는 바를 결정하는 일차 요인이다. 이는 이 불확실성을 고려하지 않고 옵션을 평가할 수 없다는 것을 의미한다. 이를 모형 의존성(model dependency)라고 한다. 우리의 예상 옵션가격과 헤지 전략은 우리의 가격변동 모형이 얼마나 좋은가에 달려있다.

수년에 걸쳐 옵션가격결정 문헌에서 여러 대안모형이 제시되었다. 특히 두 가지 인기 있는 모형은 이항모형모형과 블랙-숄즈모형이다. 이 둘은 주식, 지수, 환율 및 기타 기초자산에 대한 옵션가격결정에 실무적으로 널리 사용된다. 블랙-숄즈모형은 잘 알려져 있으며 실제로 일반적으로 생각하는 옵션가격결정과 거의 동의어이지만 다소 기술적이며 옵션가격결정 및 헤지에 대한 많은 직관적 의미를 보여 주지는 않는다. 또한 몇 가지 한계가 있다. 예를 들어, 조기행사 문제를 쉽게 처리할 수 없다.

반대로 이항모형모형은 옵션가격결정을 이해하기 위한 이상적인 출발점이 된다. 다음 절에서는 이 모형에 대해 설명한다. 본 장에서는 기초자산인 증권으로 주식을 일컫지만, 주가지수나 환율 등 다른 증권가격도 동일하게 기초자산이 될 수 있다.

11.2 이항모형모형

[그림 11.1]에 나타난 주식가격의 변화를 살펴보자. 현재 주가는 58이다. 한 기간이 지나면 가격은 두 가지 값 중 하나를 취하게 되어, 63까지 올라가거나 또는 54까지 내려간다. 이것은 이항모형모형, 보다 구체적으로는 단일기간 이항모형모형의 한 예이다.

이를 확장하여 여러 가격변동을 허용하면 일반 이항모형모형이 된다. 이 모형에서의 가격변화는 특정시점 t에 발생하며, $t=0, 1, 2, \cdots$를 따른다. 두 시점 사이의 시간은 h년이며, 우리가 선택한 h는 매우 작을 수 있다(1일 이하). 모형의 주요 가정은 시점 t에서 가격 S_T가 주어지면 시점 $t+1$에서의 가격 S_{t+1}은 다음 두 가지 값 중 하나를 취한다.

그림 11.1
단일기간 이항모형모형

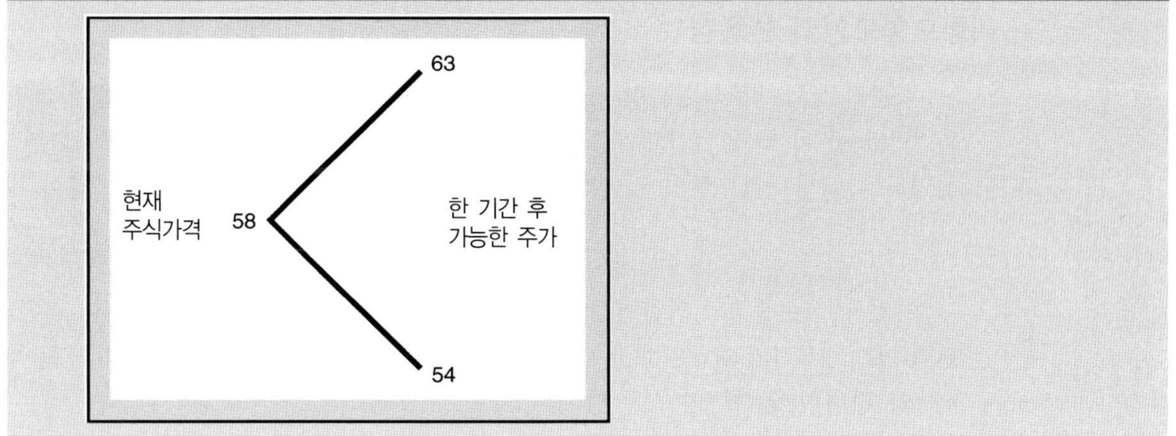

$$S_{T+1} = \begin{cases} u\,S_T & \text{확률 } p \\ d\,S_T & \text{확률 } 1-p \end{cases} \qquad \textbf{(11.1)}$$

여기서 $u > d$이다. u는 "상승" 이동이라 부르며, 주가가 S_T에서 uS_T로 이동하면 t 기간 동안 주식의 총수익률을 나타내며, d 즉, "하락" 이동은 주가가 S_T에서 dS_T로 이동하는 경우 총수익률을 의미한다. [그림 11.1]에서 이들은 각각 $63/58 \approx 1.0862$와 $54/58 \approx 0.9310$으로 주어진다.

너무 단순한가?

처음에는 이항모형모형이 너무 단순해 보이기 때문에 가격변동이 특정 시점에만 발생하고 변화가 발생할 때 가능한 가격은 두 가지 밖에 되지 않아 실제 가격변동 모형으로 인정되기가 쉽지 않아 보인다. 그러나 모형의 명백한 단순성 이면에는 깊고 다양한 분석적 틀이 감추어져 있다.

예를 들어, 가격변동이 지속적인 블랙-숄즈모형은 이항모형모형보다 훨씬 정교하고 복잡하며 현실적이다. 그러나 13장에서 볼 수 있듯이, 이항모형모형이 블랙-숄즈모형과 임의적으로 유사하도록 임의로 매개변수 값을 선택하는 것은 간단하다. 보다 일반적으로 이항모형모형법은 블랙-숄즈모형을 포함하는 유형인 고정분산탄력성(constant elasticity of variance, CEV)모형의 근사치를 얻는데 사용될 수 있다.

그러나 이것은 전체 유용성의 일부일 뿐이다. Dupire(1994), Derman and Kani(1994), Rubinstein (1994)의 영향력 있는 연구는 블랙-숄즈, CEV 또는 다른 매개변수적 분포에 근접하는 것 이상의 효과가 있음을 보여주었다. 이에 관하여 우리는 16장에서 더 자세히 설명할 것이다.

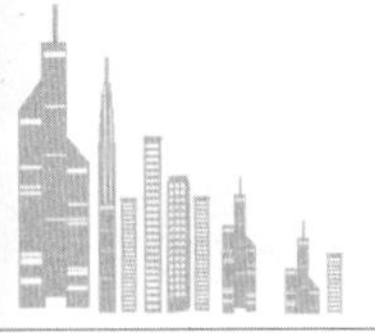

이항모형모형의 변동성

직관적으로, 이항모형모형의 변동성은 u/d비율과 관련이 있다. 이 비율이 클수록 이항모형모형의 "턱(jaws)"이 더 넓어지고 주가 변동성이 커진다. 이것은 13장에서 더 공식화된다. 우리가 여기서 설명하는 이항모형모형의 일반적인 공식에서 매개변수 u와 d는 다음과 같이 정의된다.

$$u = e^{\sigma\sqrt{h}} \qquad d = e^{-\sigma\sqrt{h}} \tag{11.2}$$

여기서 σ는 주식의 연간변동성이고, h는 이항이항트리(binomial tree)의 한 기간의 연단위 길이가 된다(연간 변동성의 개념은 13장에서 명확화됨.). (11.2)에서 연율화된 변동성 σ는 다음과 같이 비율 u/d와 관련이 있다.

$$\sigma = \left[\frac{1}{2\sqrt{h}}\right]\ln\left(\frac{u}{d}\right) \tag{11.3}$$

이자율

기호의 표기를 단순화하기 위해 우리는 이자율에 대한 통상적인 표기방법에서 벗어나고자 한다. 첫째, 이자율은 연율화된 기간구조가 아닐 수 있다. 오히려 우리는 이항모형 수의 각 단계에서 나타나는 기간에 적용할 수 있는 이자율을 R로 나타낸다. 둘째로, R은 복리가 아닌 단순이율로 표시된 수익률(즉, 순 이자율+1)을 나타낸다. 따라서 기간 t의 초기에 투자된 1 달러는 기간 $t+1$까지 R 달러로 증가할 것이다.

매개변수에 대한 제약조건

이항이항트리를 의미 있는 것으로 만들기 위해서는 다음 관계가 성립해야 한다.

$$d < R < u \tag{11.4}$$

만일 $R \geq u$이면 무위험이자율은 상황 d의 주가수익률보다 높고 적어도 상황 u의 주가수익률만큼은 된다. 이는 주식이 무위험이자율에 의해 압도(dominate)됨을 의미하므로 주식을 공매도하고 손익금을 무위험 금리로 투자함으로써 차익거래 이익을 창출 할 수 있다. $R \leq d$이면 주식은 무위험 손익을 압도하고 역전략은 차익거래 기회를 제공한다. 우리는 앞으로 부등식관계 (11.4)가 성립한다고 가정한다.

본 장의 내용

실제로 옵션 및 기타 파생상품의 가격을 결정하는 데 사용되는 이항모형모형은 최소 100단계의

시간간격(경우에 따라 그 이상)을 전제로 한다. 옵션가격결정에 관한 첫 번째 장인 본장에서 우리는 단일기간 모형에서 가치평가와 헤징을 검토한다. 이 실습의 주안점은 옵션가격결정 문제와 옵션 델타와 같은 주요 개념에 대한 직관적인 감각을 얻는 것이다. 이것에 이어 제12장은 일반적인 다중기간 문제에 대해 논의한다.

현재의 장과 12장에서 숫자 u, d 및 p는 알려진 것으로 간주한다. 13장에서는 이 값들이 어떻게 결정되는지에 대해 논의할 것이다.

11.3 단일기간 이항모형모형에서 복제를 통한 가격결정

우리는 이항모형모형 설정에서 복제에 의한 가격결정의 메커니즘을 한 쌍의 예세를 통해 실명해 보고자 한다. 두 예제 모두에서 다음 매개변수 값을 사용한다.

- 초기 주가 $S = 100$이다.
- 가격은 확률 $p = 0.75$인 $u = 1.10$ 요인에 의해 상승하거나 또는 확률 $1-p = 0.25$인 $d = 0.90$의 요인에 의해 하락한다.
- 무위험이자율은 $R = 1.02$이다. 즉, 기간의 개시시점에 투자된 한 달러는 기간 말에 확실히 \$1.02로 증가한다.

이와 같은 정보가 주어지면 (a) 행사가격 $K = 100$의 단일기간 콜옵션과 (b) 행사가격 $K = 100$의 단일기간 풋옵션의 가격은 얼마가 되겠는가?

콜옵션 가격결정

콜옵션가치를 평가하는 첫 번째 단계는 만기시 손익을 식별하는 것이다. 상승상태로 발전하면 주식가격은 $uS = 110$인 반면, 콜옵션은 이 주식을 100에 살 수 있는 권리를 부여한다. 따라서 C_u로 표시된 증권 가치는 10이다. 하강 상태에서 주가는 $dS = 90$이므로 콜옵션은 행사되지 않고 만료되므로 그 값 C_d는 0이다. 이 정보는 [그림 11.2]에 요약되어 있다.

콜옵션의 초기 값 C는 이러한 손익의 현재가치이다. 이것은 위의 손익을 얻기 위해 오늘 투자해야 하는 금액으로 정의할 수 있다. 이 금액은 얼마인가? 이에 대한 답은 복제를 통하여 구할 수 있다. 다음과 같이 구성된 포트폴리오를 고려해 보자.

- Δ_c 단위의 주식
- 무위험이자율 R에 투자한 금액 B_c

그림 11.2
단일기간의 가격결정

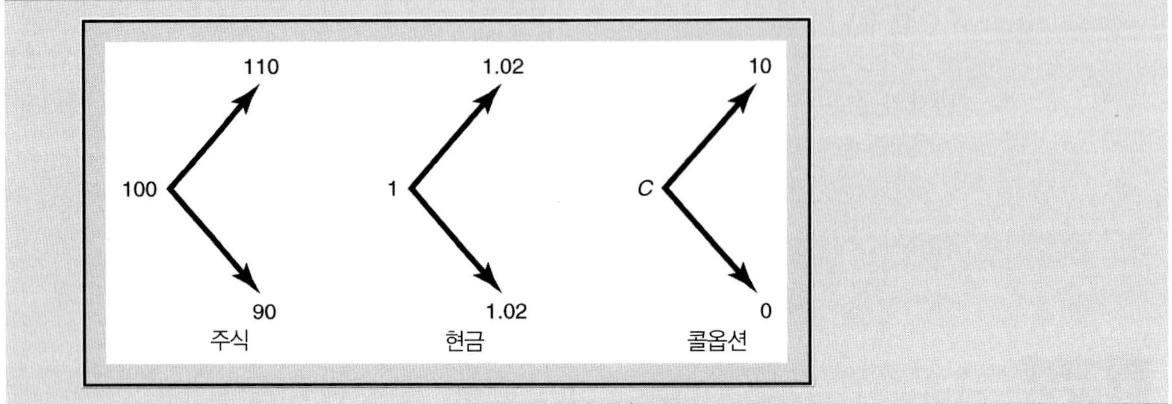

우리는 이 포트폴리오가 콜옵션과 같게 되도록 $\triangle_c$와 B_c를 선택하려고 한다. $\triangle_c$와 B_c는 모두 양수 또는 음수일 수 있으며 양수는 현금흐름 유출에 해당하고 음수는 현금흐름 유입에 해당한다. 만일 $\triangle_c > 0$인 경우, 우리는 주식을 매입하거나 매입포지션을 택하는 것이 된다. 만약 $\triangle_c < 0$이면, 우리는 주식을 매도하거나 매도포지션을 취하고 있을 것이다. 비슷하게, $B_c > 0$은 우리가 손익 R에 투자하는 것을 의미하고, $B_c < 0$은 우리가 이자 R에 차입한다는 것을 의미한다.

위의 포트폴리오가 콜옵션을 복제하려면 각 상태에서 콜옵션과 정확히 동일한 손익을 창출해야 한다. 이 콜옵션은 uS 상태에 10의 가치가 있다. 이 상태의 포트폴리오 가치는 다음과 같다.

$$110\triangle_c + 1.02B_c$$

이것은 주식의 한 단위는 이 상태에서 110의 가치가 있고, 차입/투자에 대한 무위험이자율은 $R = 1.02$이기 때문이다. 마찬가지로 콜옵션은 dS 상태에 0의 가치가 있다. 이 상태의 포트폴리오 가치는 다음과 같이 표시할 수 있다.

$$90\triangle_c + 1.02B_c$$

따라서 포트폴리오가 콜옵션을 복제하기 위해서는 아래의 두 가지 조건을 만족해야 한다.

$$110\triangle_c + 1.02B_c = 10 \qquad \textbf{(11.5)}$$

$$90\triangle_c + 1.02B_c = 0 \qquad \textbf{(11.6)}$$

이것은 간단한 이원일차연립방정식이다. 첫 번째 방정식에서 두 번째 방정식을 뺀 결과, $20\triangle_c = 10$이므로

$$\triangle_c = \frac{1}{2} \qquad \textbf{(11.7)}$$

첫 번째 방정식에 $\triangle_c = 1/2$를 대입하여 재배열하면 $1.02B_c = -45$가 된다. 따라서,

표 11.1
저평가된 콜옵션에 대한 차익거래

		만기에서의 현금흐름	
	초기 현금흐름	**u 상태**	**d 상태**
콜옵션 매입	−5.50	+10.00	0
주식 1/2 공매도	+50.00	−55.00	−45.00
투자	−44.12	+45.00	+45.00
순현금흐름	+0.38	0	0

$$B_c = -44.12 \tag{11.8}$$

즉, 다음 포트폴리오는 콜옵션을 완벽하게 복제한다. (a) 주식 1/2 단위의 매입포지션, (b) 44.12의 차입. 여기에서 $S=100$이므로 이 복제 포트폴리오를 설정하는 초기비용은 본질적으로 다음과 같은 합성 콜옵션의 비용이다.

$$\frac{1}{2}100 - 44.12 = 5.88 \tag{11.9}$$

따라서 콜옵션의 가격은 $C=5.88$이어야 한다! 다른 모든 가격은 차익거래기회로 귀결된다. 다음 두 가지 시나리오를 고려하여 이를 설명해 보자.

예 11.1

저평가된 콜옵션에서의 차익거래

예를 들어, $C=5.50$이라고 가정하자. 그러면 콜옵션은 복제 포트폴리오에 비해 저평가된 것이다. 콜옵션을 매입하고 복제 포트폴리오를 판매함으로써 위험이 없는 이익을 얻을 수 있다. 즉, (a) 콜옵션 매입, (b) 주식 1/2 단위 공매도, (c) $R=1.02$ 수익률로 한 기간 동안 44.12을 투자한다. 이로 인해 초기 현금흐름 유입은 +0.38(이는 복제 포트폴리오 판매 손익과 콜옵션 비용의 차이임)이다. 그리고 복제 포트폴리오는 (그 구성에 있어) 콜옵션의 손익을 모방하기 때문에 만기에 현금흐름 유출이 없다. 이 현금흐름 세부사항은 [표 11.1]에 요약되어 있다. ■

예 11.2

고평가된 콜옵션에서 차익거래

이제 $C=6.25$라고 가정하자. 그러면 콜옵션은 복제 비용에 대해 상대적으로 고평가 된다. 따라서 차익거래 이익은 콜옵션을 매도하고 복제 포트폴리오를 매도함으로써 이루어질 수 있다. 우리는 (a) 콜옵션을 매도하고, (b) 주식 1/2 단위를 매입하고, (c) $R=1.02$ 이자율로 한 기간 동안 44.12을 차입한다.

표 11.2
고평가된 콜옵션에 대한 차익거래

	초기 현금흐름	만기에서의 현금흐름	
		u **상태**	*d* **상태**
콜옵션 매도	+6.25	−10.00	0
주식 1/2 매입	−50.00	+55.00	+45.00
차입	+44.12	−45.00	−45.00
순현금흐름	+0.37	0	0

이로 인해 초기 현금흐름은 +0.37(콜옵션 판매 손익과 복제 포트폴리오 설정 비용의 차이)가 된다. 물론 복제 포트폴리오는 콜옵션의 손익체계를 모방하기 때문에 만기 시점에 현금흐름 유출이 없다. 이 현금흐름 세부사항은 [표 11.2]에 요약되어 있다. ■

확률 p는 어떻게 되는가?

이제는 이미 독자들이 갖게 되었을 의문에 대해 생각해 보자. 즉, 확률 p는 콜옵션의 무차익거래 가격을 식별하는 데 아무런 역할을 하지 않는 이유는 무엇인가? 기계적인 답은 옵션을 복제할 때 상태별로 손익을 다시 재현하기 때문이다. 이러한 개별 상태의 확률은 우리가 "평균값으로" 복제를 시도하지 않기 때문에(예를 들어, 각 상태에 발생가능성에 따라 가중치를 부여 함) 중요하지 않다.

보다 미묘한 점은 p에 대한 정보가 이미 현재 주가에 내포되어 있으므로 주식에 대한 손익 u와 d에 반영된다는 것이다. 이항모형모형에 의해 대표되는 가격 과정은 암묵적으로 투자자의 위험 회피 정도 및 기타 요인을 포함하는 시장균형을 가정한다. 두 상태의 발생가능성을 바꿀 경우 평형이 흐트러지고 주식의 현재가격이 변경된 평형을 반영하여 변경될 것이다. 이것은 차례로 u와 d를 변경시킨다. 극단적인 예로, $p=1$ 즉, 주가가 한 기간에 110의 가격을 가져올 것이라면 어떻게 될지 고려해 보면, 현재가격이 100이 될 수 없음을 쉽게 알 수 있다. 오히려 110/1.02=107.85이어야 한다. 이것은 d가 부적절해지는 동안 u(지금은 R과 동일함)를 변경시킨다.

풋옵션 가격결정

논리는 본질적으로 콜옵션과 같다. 즉, 만기시 풋옵션의 손익을 식별하는 것으로 시작한다. $uS=110$ 및 $dS=90$이다. u 상태에서 풋옵션은 가치가 없다. 당신은 110의 가치가 있는 증권을 100에 팔 권리를 가지는 것이다. d 상태에서 풋옵션은 $P_d=10$의 가치가 있다. 이 정보는 [그림 11.3]에 요약되어 있다.

풋옵션을 복제하려면 (a) Δ_p 단위의 주식과 (b) B_p의 투자로 구성된 포트폴리오를 고려하면 된다. 물론 Δ_p와 B_p는 양수일 수도 있고 음수일 수도 있다.

그림 11.3
단일기간 풋옵션의 가격결정

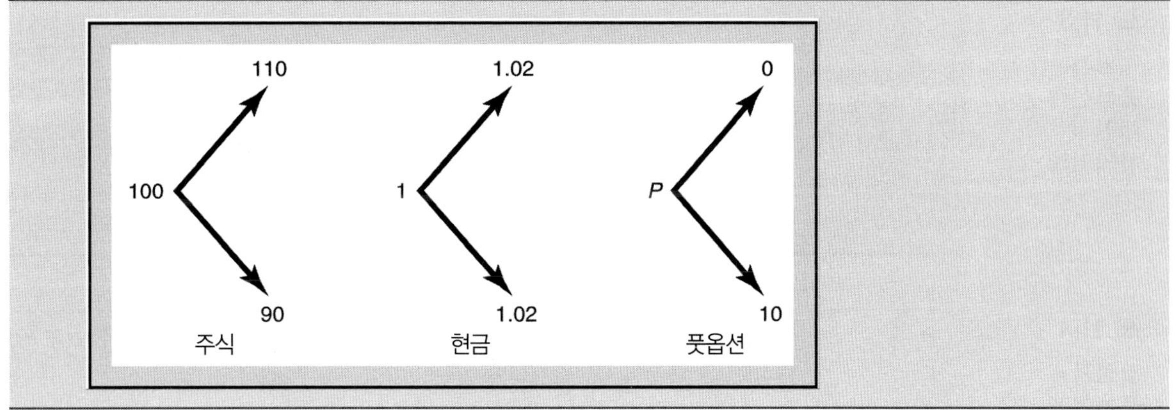

투자수준은 차입에 해당한다. 풋옵션을 복제하는 포트폴리오의 경우 각 상태의 풋옵션과 동일한 손익을 산출해야 한다. 콜옵션에 사용된 것과 동일한 논리로 이 포트폴리오는 다음과 같은 가치가 있다.

$$\text{상태 } u\text{에서 } 110\triangle_p + 1.02B_p$$
$$\text{상태 } d\text{에서 } 90\triangle_p + 1.02B_p$$

따라서 풋옵션을 복제하는 포트폴리오의 경우 아래의 관계가 성립한다.

$$110\triangle_p + 1.02B_p = 0 \quad \textbf{(11.10)}$$
$$90\triangle_p + 1.02B_p = 10 \quad \textbf{(11.11)}$$

첫 번째 식에서 두 번째 식을 빼면 $20\triangle_p = -10$이 되거나, 또는

$$\triangle_p = -\frac{1}{2}$$

이를 첫 번째 방정식에 대입하고 재배열하면 $1.02B_p = 55$ 이므로

$$B_p = +53.92$$

말하자면, 풋옵션을 복제하기 위해 우리는 (a) 주식 1/2 단위의 매도포지션과 (b) 53.92의 투자로 구성된 포트폴리오를 설정했다. 이 포트폴리오를 설정하는 초기비용은

$$-\frac{1}{2}(100) + 53.92 = 3.92$$

따라서 풋옵션 고유의 무차익거래가격은 $P = 3.92$이다. 다음 두 가지 예는 이 가격으로부터의 이탈로 인해 차익거래 기회가 생기는 것을 예시한다.

표 11.3
저평가 풋옵션에 대한 차익거래

	초기 현금흐름	만기에서의 현금흐름	
		u **상태**	d **상태**
풋옵션 매입	−3.75	0	+10.00
주식 1/2 매입	−50.00	+55.00	+45.00
차입	+53.92	−55.00	−55.00
순현금흐름	+0.17	0	0

표 11.4
고평가 풋옵션에 대한 차익거래

	초기 현금흐름	만기에서의 현금흐름	
		u **상태**	d **상태**
풋옵션 매도	+4.10	0	−10.00
주식 1/2 공매도	+50.00	−55.00	−45.00
투자	−53.92	+55.00	+55.00
순현금흐름	+0.18	0	0

예 11.3

저평가 풋옵션에 대한 차익거래

$p=3.75$라고 가정하면 풋옵션은 복제비용과 비교할 때 저평가 되어 있다. 차익거래를 창출하기 위해 우리는 풋옵션을 매입하고 복제 포트폴리오를 매도한다. 즉, (a) 풋옵션을 매입하고, (b) 주식 1/2 단위를 매입하며, (c) $R=1.02$의 이자율로 한 기간 동안 53.92을 차입하는 것이다. 이로 인해 초기 현금흐름 유입은 +0.17(복제 포트폴리오 판매 손익과 풋옵션 비용 차이)가 된다. 복제 포트폴리오가 풋옵션의 손익 결과를 모방하기 때문에 만기시 순현금흐름은 없다. 이 현금흐름 세부사항은 [표 11.3]에 요약되어 있다. ■

예 11.4

고평가 풋옵션에 대한 차익거래

이제 $p=4.10$이라고 가정하면 풋옵션은 복제비용과 비교하여 고평가 되고 있다. 차익거래 이익을 얻기 위해서 우리는 풋옵션을 매도하고 복제 포트폴리오를 매입한다. 즉, (a) 풋옵션을 매도하고, (b) 주식 1/2 단위를 공매도하며, (c) $R=1.02$의 수익률로 한 기간 동안 53.92을 투자한다. 이로 인해 초기 현금흐름 유입액은 +0.18(복제 포트폴리오를 설정하는 데 드는 비용과 풋옵션 매도손익과의 차이)이다. 그리고 또 한번, 만기 시점에 순현금흐름은 없다. 이 현금흐름 세부사항은 [표 11.4]에 요약되어 있다. ■

11.4 해설

위의 예는 복제를 통한 옵션가격결정의 광범위한 메커니즘을 보여준다. 여기에서는 이에 대한 몇 가지 해설을 덧붙이고자 한다.

1. CAPM 접근방식을 통한 옵션가격결정

일단 기초자산 주식에 대한 가격결정 과정을 가정하면, 해당 주식과 관련된 어떠한 파생상품에 대하여도 손익 과정을 도출할 수 있다. 따라서 파생상품을 평가하는 대안적인 방법은 파생상품에 의해 생성된 현금흐름을 살펴보고 이를 적절한 위험조정 수익률로 할인하는 것이다. 이 과정은 복제보다 다소 복잡하지만 그 작업은 정확하다. 이 아이디어를 실용화하기 위해 위험이 있는 불확실한 미래 현금흐름을 현재가치로 할인하기 위한 모형(예: CAPM)을 선택해야 한다. 그런 다음 모형을 구현하기 위해 옵션 베타와 같은 적절한 입력값을 식별해야 한다.

복제의 장점은 CAPM이나 주식가치를 결정하기 위한 그러한 모형의 타당성에 의존하지 않는다는 것이다. 그럼에도 불구하고 옵션은 실제로 이러한 방식으로 가격이 책정될 수 있다. 실제로 Black and Scholes(1973)는 이러한 접근법을 사용하여 그들의 유명한 공식에 대한 대안을 제시했다. 15장에서는 복제법과 CAPM을 사용하여 블랙-숄즈 공식의 유도를 설명한다.

2. 래버리지와 옵션의 기대손익

이항모형모형의 예에서 옵션의 손익분포를 살펴보면, 이들의 무차익거래 가격은 이들 분포와 비교해서 서로 맞지 않고 동떨어진 것 같아 보인다. 콜옵션과 풋옵션의 손익은 다음과 같다.

$$\text{콜옵션 손익} = \begin{cases} 10, & \text{확률 } 0.75 \\ 0, & \text{확률 } 0.25 \end{cases} \qquad \text{풋옵션 손익} = \begin{cases} 0, & \text{확률 } 0.75 \\ 10, & \text{확률 } 0.75 \end{cases}$$

따라서 예제에서 콜옵션의 예상손익은 7.5이고 풋옵션의 예상손익은 2.5이다. 그러나 무차익거래 가격은 5.88로, 이는 기대수익률 5%와 무위험 수익률 2%에 비해 27% 이상의 큰 기대수익률을 의미한다. 반면에 풋옵션의 가격은 3.92이며 이는 기대손익을 크게 초과하므로 −36%의 기대수익률을 의미한다. 따라서, 이 수치는 과대계상되었고 부적절해 보인다. 예를 들어, 누가 엄청나게 마이너스인 기대수익률로 풋옵션을 사겠는가? 하지만 그들은 직관적으로 쉽게 이해할 수 있다.

첫째, 예상 수익률은 레버리지로 인해 매우 큰 절대값을 갖는다. 콜옵션에 대한 복제 포트폴리오는 콜옵션에 대하여 레버리지를 활용한 매입포지션이다. 포트폴리오는 0.50 단위의 주식을 비용 50으로 매입하지만 50의 총비용 중 44.12는 차입이다. 이와 유사하게 풋옵션은 기초자산에 대하여

레버리지를 활용한 매도포지션을 취한다. 복제하려면 53.92의 투자가 필요하지만 이 금액 중 50은 주식 공매도를 통해 “빌려온” 것이 된다. 간단히 말해서, 콜옵션은 가격상승에 대한 레버리지를 활용한 베팅이며, 풋옵션은 가격 하락에 대한 레버리지를 활용한 베팅이다. 따라서 기대손익은 이에 상응하여 확대된다.

둘째, “평균적으로” 주가는 올라간다. 개략적으로 주식은 적어도 위험이 없는 자산만큼 손익을 창출한다. 따라서 가격 인상에 대한 베팅인 콜옵션은 플러스의 기대손익을 가지고 있다. 그러나 가격 하락에 대한 베팅인 풋옵션은 평균적으로 손실을 입는다. CAPM 구도에서 콜옵션에는 양(+)의 값을 갖는 베타가 있고 풋옵션에는 음수인 베타가 있다.

물론, 이 모든 것은 위아래로 움직일 확률이 가정된 예에 불과하다. 과연 옵션가격은 실제로 그러한 특성을 나타내는가? Coval and Shumway(2001)의 옵션에 대한 실증적 연구 결과에 따르면 S&P 500 지수에 대한 등가격인 콜옵션은 일주일에 1.8%에서 2% 사이의 플러스 기대수익률을 보였으며 등가격인 풋옵션은 주당 7.7%와 9.5% 사이의 손실을 발생하는 경향이 있다. 이들 수익률은 옵션의 베타를 반영하는 것으로, 콜옵션의 경우는 그것이 크고 양의 값(+21과 +55 사이)을 가지며 풋옵션의 경우 그 값은 크지만 음수가 된다(+37과 −27 사이). 그들은 또한 S&P100 지수에서 비슷한 수치를 찾아냈다. 즉, 평균적으로 등가격인 콜옵션은 매일 0.6%에서 0.8%의 이익을 획득했고, 등가격인 풋옵션은 1.4%에서 1.8%의 손실을 초래했다.

3. 복제가능성의 중요성

“복제가능성(replicability)”의 중요성은 강조되어야 한다. 실제로 적용할 수 있는 전략의 한계 때문에 복제할 수없는 옵션이 많이 있다. 두 가지 중요한 예는 종업원 스톡옵션과 실물옵션이다. 전자의 경우, 보상으로 옵션을 받는 종업원은 옵션을 거래하거나 기초자산 주식을 매도할 수 없다. 복제에 기반한 가격의 유효성은 고평가된 콜옵션을 매도하거나 또는 저평가된 옵션에 대해 주식을 공매도할 수 있다는 점에 달려 있기 때문에 여기에 이 이론은 적용할 수 없다. 후자의 경우, 기초자산은 일반적으로 거래되는 변수가 아니다.

이와 같은 경우 옵션가격결정 모형 또는 공식(블랙-숄즈 공식 포함)을 사용하는 것은 부적절하고 오도될 수도 있다. 여기에는 쉬운 해결책이 있는 것은 아니나, 특정 상황에 따라 표준기법을 통해 얻은 가격은 여전히 벤치마크로서 유용하며, 보다 적절한 가격을 얻기 위해 모형을 수정할 수도 있다. 그럼에도 불구하고 결과를 너무 문자 그대로 해석하는 것은 주의해야 한다.

4. 더 복잡한 모형과 동적복제

단일기간 이항모형모형에서 옵션이 만기가 되기 전에 주가는 단 한번 움직인다. 따라서 복제에는 기간 시작 시점에서 포트폴리오를 설정하고 기간 말에 포트폴리오를 해체하는 정태적 전략이

필요했다. 그러나 보다 현실적인 상황에서 주가는 만기되기 전에 여러 차례 움직이며, 만기 단계에 단지 두 가지 가능한 가격이 아닌 그 이상이 있을 것이다. 이는 정태적 전략이 옵션 복제에 적절하지 않음을 의미한다. 두 가지 자산(주식 및 무위험 투자)만 우리가 사용가능한 경우 정태적 전략이 두 가지 상태에서는 옵션 손익과 일치할 수 있지만 세 가지 이상의 상태에서는 그렇지 않다.

오히려 복제에는 복제 포트폴리오의 구성을 변동하는 주가 및 기타 요인에 적응시켜 포트폴리오 가치가 옵션의 최종 손익과 일치하도록 하는 동적전략이 필요하다. 예를 들어, 콜옵션이 내가격으로 깊이 이동하여 결국 행사될 가능성이 거의 확실한 경우, 그것은 주식 한 단위 매입과 액면가 K만큼 차입한 포트폴리오와 유사하다. 만일 콜옵션이 외가격으로 깊이 이동하고, 이에 따라 옵션이 행사되지 않고 만료될 것이 거의 확실하다면 복제 포트폴리오는 주식이나 현금을 포함하지 않는 "무가치(null)" 포트폴리오와 유사하다.

동적 복제는 이 책의 뒷부분에 있는 이항모형모형 옵션가격결정 및 블랙-숄즈모형에 대한 장에서 자세히 설명한다. 이 설명의 기초를 설정하기 위해 현재 장에서는 11.8절에 있는 복제 및 옵션 델타에 대한 상세하지만 비공식적인 검토를 시도할 것이다. 이러한 논거는 11.9절에서 1987년 10월의 주식시장 추락을 악화시킨데 대해 널리 비난 받은 특정 동적복제전략인 "포트폴리오 보험"에 대한 사례연구와 함께 보여주게 된다.

11.5 무위험 헤지 포트폴리오

복제를 활용하면 기초자산 주식과 적절한 금액의 차입을 결합하여 다음과 같이 콜옵션을 생성할 수 있다.

$$\Delta \text{ 단위의 주식} + \text{차입} = \text{콜옵션 매입포지션} \qquad \textbf{(11.12)}$$

이 등식을 재정렬하고(마이너스의 차입이 투자라는 사실을 이용) 주식과 콜옵션을 결합하여 합성투자를 구성할 수 있다.

$$\Delta \text{ 단위의 주식} + \text{콜옵션 매도} = \text{투자} \qquad \textbf{(11.13)}$$

등식 (11.13)은 콜옵션의 적정가치를 식별하기 위한 대체 가격결정 절차를 제시하고 있다. 우선 주식과 콜옵션이 합쳐져서 위험이 없는 합성투자를 창출하도록 Δ를 선택한다. 무위험 포트폴리오는 무위험 수익률만 획득하기 때문에 그 포트폴리오는 가치가 있다. 마지막으로 이 포트폴리오는 주식과 옵션으로만 구성되기 때문에 포트폴리오 가치와 현재 주가를 알면 옵션의 가치를 판별할 수 있다. 이 "무위험 헤지 포트폴리오" 방식은 Black and Scholes(1973) 및 Merton(1973) 논문의 근간을 이루는 접근법이었다.

물론 (11.12)와 (11.13)가 정확히 동일한 것을 나타내고 있으므로 이 방법은 이전에 설명한 복제 절차와 완전히 동등하다. 특히 무위험 헤지 포트폴리오를 생성시키게 될 Δ 의 값은 복제에 사용되는 값과 동일하다. 복제와 마찬가지로 무위험 헤지 포트폴리오를 유지하는 것은 동적 작업이다.

(부록 11A)에서는 위에 제시된 동일한 이항모형모형 예제에 대한 무위험 헤지 포트폴리오 절차를 예시하고, 이 절차를 사용하여 옵션 값을 도출한다.

11.6 위험중립확률을 사용한 가격결정

복제를 통한 가격결정은 옵션의 무차익거래 가격을 판별하는 경제적으로 "정당한" 방식이다. 그러나 실제 계산은 매우 번거로울 수 있다. 복제 포트폴리오의 구성은 해당 옵션의 정확한 특성, 즉 옵션의 종류, 만기 및 행사가격 등에 의존한다. 물론 이러한 구성은 주가 및 환경변화와 같은 기타 요인에 따라서도 달라진다. 이 절차는 단순한 콜옵션 및 풋옵션보다 복잡한 특성을 가진 이색옵션을 보면 특히 어려울 수 있다.

그래서 우리는 이와 같은 질문에 부딪힌다. 옵션가격에 도달하는 더 쉬운 방법이 있는가? 이 질문은 주로 계산과 관련된 것이다. 복제법은 이미 우리에게 무차익거래 가격을 보장한다. 유일한 문제는 우리가 동일한 가격에 더 빨리 도달할 수 있는지 여부이다.

다행히도 위 질문에 대답은 "예"이다. 위험중립 가격결정(risk-neutral pricing)이라고 일컫는 방법은 복제법과 동일한 옵션가격의 산출을 보장하지만 계산상 매우 간단하다. 위험중립 가격결정은 가격책정 문제를 할인된 옵션 손익의 기대값을 낮추는 것 중 하나로 감소시킨다. 할인은 무위험이자율로 이루어지며, 위험중립확률이라고 불리는 특정 확률측정법에 대한 기대치가 취해진다. 복제 포트폴리오와 달리 위험중립확률은 어떤 파생상품을 가치평가 하는지에 달려 있지 않다. 이는 모형의 "원시(primitive)" 자산(예: 이항모형모형의 주식 및 무위험이자율)에만 의존하는 고정확률이다. 본 절에서는 위험중립 가격결정에 대해 설명하고자 한다.

간략한 역사적 기록

위험중립 가격결정의 학문적 토대는 노벨상 수상자인 Kenneth Arrow의 1953년 논문에서 찾을 수 있지만, 특히 옵션가격결정과 관련된 아이디어의 최초 개발자는 콕스와 로스(Cox and Ross, 1976년)이다. 이 아이디어는 Kreps(1982), Harrison and Kreps(1979), Harrison and Pliska(1981)의 일련의 논문에서 심도 있게 발전되었으며, 위험중립확률은 그 후 많은 저자들이 이러한 적용들을 구체화하고 확장했다. 총체적으로 이러한 논문의 아이디어는 Black and Scholes(1973)와 Merton (1973)의 연구

만큼이나, 아니 그 보다 더 파생상품 가격이론의 발전에 영향을 미쳤다.

토론 개요

본 절에서는 위험중립 가격결정과 관련된 단계를 개괄하고 단일기간 이항모형모형의 맥락에서 이 방법을 예시한다. 우리는 또한 이 방법이 "작동하는 이유"에 대한 직관적인 설명을 제시한다. 위험중립확률은 두 가지 다른 중요한 용도를 가지고 있다. 그것은 어떤 모형이 내부적으로 일관성이 있는지 여부 즉, 그 모형이 매우 구체적으로 무차익거래 기회를 허용하는지 여부를 식별하는데 사용될 수 있다. 또한 주어진 모형이 완전한지 여부, 즉 모형의 모든 조건부 손익(contingent claim)이 복제 가능한지 여부를 판별하는데 사용될 수도 있다. 위험중립확률의 이러한 두 가지 용도는 부록 11C에 기술되어 있다. 위험중립확률의 특성과 용도에 대한 직관적이고 상대적으로 비기술적인 설명은 Sundaram(1997)에서 확인할 수 있다.

위험중립 가격결정의 단계

이항모형모형의 위험중립 가격결정은 매우 간단한 3단계 절차를 필요로 한다.

- 1단계 : 주식의 기대수익률이 무위험이자율 R과 같게 되도록 상태 u와 d의 "확률" q와 $1-q$를 계산한다.
- 2단계 : 확률 q와 $1-q$ 하에서 만기 시점에 옵션의 기대손익을 계산한다.
- 3단계 : 무위험이자율 R을 사용하여 위의 기대손익을 현재 시점으로 할인한다.

최종 결과는 정확하게 복제법으로 구한 옵션의 무차익거래 가격이 될 것이다!

어떤 일반 모형에서도 위험중립 가격결정 절차는 이항모형모형에서와 동일하지만 가능한 약간의 수정이 필요하다. 이항모형모형에서 이자율은 일정하다고 가정했다. 따라서 2단계와 3단계를 역으로 해도 상관없다. 즉, 옵션의 손익을 무위험이자율로 우선 할인한 다음 q에 따라 기댓값을 취할 수 있다. 일반적인 다중자산모형에서-특히 금리 파생상품을 고려하는 경우-무위험이자율 자체가 확률적이며 "세계의 상태"에 따라 시간이 지남에 따라 변하는 것을 허용하고자 할 것이다. 이 경우 금리경로와 옵션 손익이 모두 확률적이며 상태에 의존하기 때문에 각 옵션 손익에 적용해야 할 무위험 할인요소가 달라질 것이다. 따라서 우리는 위험중립확률 하에서 기대값을 취하기 전에 손익을 할인한다.

위험중립 가격결정: 용어

확률 q와 $1-q$는 일반적으로 모형의 위험중립확률로 알려져 있지만 의사확률(pseudo-probabilities),

위험조정확률 또는 마팅게일 확률과 같은 다른 이름으로도 불리운다. "의사확률(pseudo-probabilities)"이라는 용어는 아마도 이들 모두를 가장 잘 묘사하고 있다. 이 확률은 "실제" 확률 q와 $1-q$와는 다른 개념으로 합성되어 있다는 사실을 강조한다. 나머지 세 개의 별명에는 설명이 필요하다.

첫째, "위험중립" 확률. 위험에 중립적인 투자자는 자산에 대한 기대손익만 고려하고 다른 특성에는 관심이 없다. 그러므로 그러한 투자자는 확률 q와 $1-q$에 직면할 때만 주식과 무위험이자율 R 사이에 차이를 두지 않는다. 다른 모든 확률에서 투자자는 분명하게 주식을 선호하든지 아니면 무위험이자율을 선호한다. 위험-중립성과 이러한 고유의 연관성이 주어질 때 이러한 확률을 위험중립확률이라고 부른다.

다음으로 왜 "위험 조정(risk-adjusted)" 확률인가? 재무가치평가의 일반적인 접근법에서는 불확실한 현금흐름의 가치를 판별하기 위해 현재가치(실제 확률 하에서)를 계산하고 이를 위험조정비율로 할인한다. 여기서 우리는 무위험이자율을 할인하고 있지만, 실제 확률보다는 인위적으로 구성한 확률(constructed probabilities)로 기대치를 계산하고 있다. 따라서 이것은 할인요인 대신 확률에 위험조정을 시도하는 것과 같다.

이러한 확률을 "마팅게일 확률(martingale probabilities)"이라고 부르는 이유는 보다 기술적이며 부록 11D에 설명되어 있다.

예제

단일기간의 이항모형모형에서 위험중립 가격결정을 예시해 보기로 한다. $S=100$, $u=1.10$, $d=0.90$, $p=0.75$, $R=1.02$이다.

첫 번째 단계로 위험중립확률을 계산한다. 주식은 상방상태에서 u를, 하방상태에서 d를, 무위험이자율은 상수 R로 나타난다. 따라서 위험중립확률 q와 $1-q$는

$$q \times u + (1-q) \times d = R \quad \textbf{(11.14)}$$

또는 $q(u-d)=R-d$이다. 이것은 고유한 위험중립확률을 다음과 같이 나타낸다.

$$q = \frac{R-d}{u-d} \quad \textbf{(11.15)}$$

이 경우 $u=1.10$, $d=0.90$, $R=1.02$이므로 $q=0.60$을 얻는다.

예 11.5

먼저 $K=100$의 행사가격으로 콜옵션 가격책정을 고려해 보자. 앞서 보았듯이, 콜옵션은 상태 u에서 손익이 10이고 상태 d에서 손익이 0이다. 따라서 q의 확률에서 기대손익은 다음과 같다.

$$(0.60) \times 10 + (0.40) \times 0 = 6$$

이 기대손익을 무위험이자율로 할인하면 콜옵션가격이 구해진다.

$$\frac{6}{1.02} = 5.88$$

이 값은 복제기법을 사용하여 이전에 도출한 콜옵션가격과 동일하다! ■

예 11.6

이제, 100의 행사가격을 가진 풋옵션을 고려해 보자. 풋옵션은 상태 u에서 0을, 상태 d에서 10의 손익을 가져다준다. 따라서 확률 q에서 기대손익은 다음과 같다.

$$(0.60) \times 0 + (0.40) \times 10 = 4$$

이 기대손익을 무위험이자율로 할인하면 풋옵션가격을 구할 수 있다.

$$\frac{4}{1.02} = 3.92$$

다시 한번 이 값은 복제를 사용하여 도출한 풋옵션가격과 동일한 가격이다. ■

예 11.7

마지막 남은 한 가지 예시를 생각해 보자. 우리가 105의 행사가격으로 콜옵션가격을 결정한다고 가정하자.

먼저 복제를 통해 이 콜옵션가격을 산출한다. 이 콜옵션은 상태 u에서 5의 손익을 얻고 상태 d에서는 아무 손익도 없다. 복제 포트폴리오가 $\triangle_c$ 단위의 주식을 보유하고 있고 B_c 금액만큼 무위험이자율로 투자 되었다면 $\triangle_c$와 B_c는 아래 조건을 충족시켜야 한다.

$$110 \triangle_c + 1.02 B_c = 5$$
$$90 \triangle_c + 1.02 B_c = 0$$

이 연립방정식을 풀면 $\triangle_c = 0.25$와 $B_c = -22.06$이 된다. 따라서 복제 포트폴리오의 초기비용은

$$(100 \times 0.25) - 22.06 = 2.94$$

즉, 콜옵션의 무차익거래 가격은 2.94이다.

이제 위험중립확률로 동일한 콜옵션의 가격을 알아보자. 이미 보았듯이 상태 u와 d의 위험중립확률은 각각 0.60과 0.40이다. 이 확률에 따른 콜옵션의 기대손익은 다음과 같다.

$$(0.60) \times (5) \times (0.40) \times (0) = 3$$

이 손익을 무위험이자율로 할인하면 다음과 같이 콜옵션의 가격이 구해진다.

$$\frac{3}{1.02} = 2.94$$ ■

위의 예제는 단순한 단일기간 이항모형모형에서조차도 복제법보다 위험중립확률을 사용하여 무차익거래 가격을 계산하는 것이 훨씬 쉽다는 것을 보여준다. 보다 복잡한 모형에서는 위험중립 가격결정의 계산상 이점이 더욱 두드러진다.

위험중립 가격결정이 "작동"하는 까닭은?

위험중립 가격결정은 복제와 위험중립확률 사이에 명백한 연관성이 없기 때문에 금융재무분야에서는 "예상치 못한" 놀라운 발견 중 하나이다. 그렇다면 이러한 절차가 왜 작동하는가?

Cox and Ross(1976)가 제공한 직관적인 설명은 다음과 같은 실험적 사고를 포함한다. 모든 증권이 동일한 현재가격과 동일한 미래가격의 발생가능한 집합을 가진 두 세계를 상상해보자. 두 세계의 유일한 차이점은 이러한 상이한 미래가격의 확률이다. 이 세계들 중 하나가 위험중립적이라고 가정하면, 모든 기대수익률이 같을 확률이 있다. 다른 세계는 투자자들이 일반적으로 위험회피를 하는 우리의 현실세계로서 위험자산의 가격은 위험프리미엄을 갖게 된다.

이 설정에서 어떤 콜옵션을 고려하고 다른 증권을 사용하여 이 콜옵션을 복제할 수 있다고 가정한다. 복제 포트폴리오의 구성과 비용은 상이한 장래 상태의 확률에 의존하지 않기 때문에(이 장의 앞부분에서 언급했듯이) 이 옵션은 두 세계에서 동일한 가격을 가져야 한다. 그러나 위험중립세계의 어떠한 증권과 마찬가지로 위험중립세계에서의 옵션가격은 할인된 기대가치에 불과하다.

이것은 동일한 미래가격의 집합을 가진 위험중립세계를 고려하고 그 옵션이 얼마의 비용을 들이는지를 살펴보아 위험 회피적인 원래 세계에서 옵션의 가치를 확인할 수 있다고 확실하게 말해주고 있다. 이것이 바로 위험중립 가격결정 절차가 취하는 것과 정확히 같다!

더 기술적인 설명은 위험중립확률과 모형의 "애로우증권" 가격 간의 관계와 관련이 있다(Arrow의 1953년 논문에서 Arrow가 붙인 명칭으로, Arrow-Debreu 증권이라고도 함). 이것은 부록 11B에 요약되어 있다.

위험중립확률의 다른 용도

위험중립확률은 파생상품 가격결정의 계산 도구로 매우 유용하지만 그 용도는 이보다 훨씬 광범위하다. 특히 두 가지 중요한 용도는 일관성이 없이 설정된 모형을 식별하는 것과 시장 완전성을 보장하는 것이다.

많은 원시(primitive) 자산(예: 주식 또는 채권)을 가진 어떤 모형이 있다고 가정해 보자. 어떻게 이들 각각에 대해 지정된 확률적 과정이 무차익거래와 합치면 일관성을 유지할 수 있는지 즉, 무위험

손익을 창출하는 이들 증권을 사용하여 어떤 복잡한 거래 전략을 수립할 수 없다는 것을 어떻게 확신할 수 있는가? 분명히 그러한 내적 일관성은 우리 모형에서 충족되기를 바라는 최소한의 조건이다.

물론 이를 보장하는 한 가지 방법은 가능한 모든 거래 전략을 점검하는 것이지만, 복잡한 모형에서는 실행 불가능하다. 그러나 보다 단순한 해법이 적용 가능하다. 그것은 어떤 모형이 적어도 한 가지 위험중립확률을 가질 경우에만 그 모형은 내적 일관성이 있다는 것이다. 다시 말하면, 모형에 속한 모든 자산이 동일한 기대손익을 갖는 세계의 각각 다른 상태에 대하여 적어도 한 가지 확률 집합이 존재하는 경우가 이에 해당한다.

위험중립확률의 두 번째 용도는 똑같이 예상 못하였던 것으로 매우 강력하다. 주어진 모형의 파생상품이 복제 될 수 있는지 어떻게 알 수 있는가? 단순 모형(단일주기 이항모형모형과 같은 경우)에서는 모든 가능한 파생상품을 다 동원하여 이를 검증할 수 있지만, 보다 광범위한 설정에서는 비실용적이다. 따라서 이것이 답이다. 즉, 어떤 모형의 모든 파생상품은 그 모형에 고유한 위험중립확률이 있는 경우에만 복제할 수 있다.

위험중립확률의 두 가지 현저한 특성인 모형일관성과 시장안정성은 부록 11C에서 더 자세히 논의된다.

11.7 일반 표기법의 단일기간모형

현재 주식가격이 S인 단일기간 이항모형모형을 생각해 보자. 가격은 확률 p로 uS까지 올라가고, 확률 $1-p$로 dS까지 내려간다. 무위험이자율은 R이다. 상태 u에서 가치가 X_u이며 상태 d에서 X_d의 가치를 갖는 파생상품의 가격을 찾아보려고 한다. 파생상품의 초기가치는 얼마인가?

이 설정에서 상승이동의 위험중립확률 q는 위 (11.15)에서 보았듯이

$$q = \frac{R-d}{u-d}$$

따라서 위험중립 가격결정방식을 사용하면 이 상품의 초기 가격은

$$X = \frac{1}{R}\left[qX_u + (1-q)X_d\right] = \frac{1}{R}\left[\left(\frac{R-d}{u-d}\right)X_u + \left(\frac{u-R}{u-d}\right)X_d\right] \tag{11.16}$$

물론 우리는 복제를 통하여 (11.16)을 도출할 수 있다. 복제 포트폴리오가 주식 Δ 단위와 투자금액 B로 구성된다고 가정하자. 이 때 복제 포트폴리오의 초기비용은 다음과 같다.

$$\Delta S + B \tag{11.17}$$

이 포트폴리오가 파생상품의 손익결과를 복제한다면 Δ와 B는 다음을 만족해야 한다.

$$\begin{aligned}\Delta uS + RB &= X_u \\ \Delta dS + RB &= X_d\end{aligned} \tag{11.18}$$

첫 번째 식에서 두 번째 식을 빼면 다음 결과를 얻는다.

$$\Delta = \frac{X_u - X_d}{uS - dS} \tag{11.19}$$

(11.18)에 Δ값을 대입하고 재배열하면 다음과 같은 B의 값을 구할 수 있다.

$$B = \frac{1}{R}\left(\frac{uX_d - dX_u}{u - d}\right) \tag{11.20}$$

마지막으로 (11.17)에 Δ값과 B 값을 대입하여 대수적 조작을 하면 옵션가격은 (11.16)에 주어진 식과 정확하게 일치함을 알 수 있다.

11.8 옵션 델타

옵션과 관련된 가장 중요한 개념 중 하나는 옵션 델타이다. 델타는 옵션(매입포지션)을 복제하는 포트폴리오에서 보유해야 하는 기초자산 증권 단위의 수로 정의된다. 예를 들어, 이항모형모형 예제에서 콜옵션 델타는 $+0.50$이고 풋옵션 델타는 -0.50이다. 델타는 옵션의 가격결정, 헤지 및 위험관리에 있어서 그 핵심이다. 그 중요성을 감안할 때, 앞으로 보다 공식적인 역할의 검토에 앞서 이 개념에 대한 직관적인 이해를 얻는 것이 도움이 된다. 본 절에서는 델타의 속성과 용도에 대한 약식의 설명을 주고자 한다.

첫 번째 관찰. 11.4절에서 논의된 바와 같이 복제에는 복제 포트폴리오의 구성(특히 옵션 델타)을 변동하는 주가 및 기타 요인에 맞게 조정하는 동적 전략이 필요하다. 따라서 옵션의 델타는 "스냅샷" 보기를 나타내며 특정 시점에 옵션을 복제하는 데 필요한 기초자산의 단위 수이다. 정보가 변경되면 델타도 이와 함께 변하는 것이 일반적이다. 이 점은 본 절을 통하여 항상 염두에 두어야 한다.

델타의 속성

항상 콜옵션 및 풋옵션 델타가 가져야할 세 가지 속성이 있다.

속성 1

콜옵션의 델타는 양(+)의 값을 가지며 풋옵션의 델타는 음수이다. 즉, 콜옵션 매입포지션을 복제하려면 기초자산에서 매입포지션을 유지해야 한다. 풋옵션 매입포지션을 복제하는 것은 기초자산에 있어 매도포지션을 요구한다.

이에 대한 이유는 알아보기가 어렵지 않다. 콜옵션은 강세전망 금융상품이다. 즉, 주가가 올라갈 때 가치가 상승한다. 따라서 복제 포트폴리오는 주가가 올라갈 때 가치가 상승해야 한다. 이는 포트폴리오가 기초자산에서 매입포지션을 가진 경우에만 가능하다. 반대로 풋옵션은 주식가격이 하락할 때 가치를 얻는 약세전망 상품이다. 풋옵션을 복제하는 포트폴리오 또한 주식가격과 반대 방향으로 움직여야 하며, 이는 주식에 대한 매도포지션을 요구한다.

속성 2

콜옵션의 델타는 0과 1 사이에 있어야 하며 풋옵션의 델타는 −1과 0 사이에 있어야 한다.

직관적으로 주식가격이 $1 상승할 때 콜옵션을 보유한 사람에게 최대이익은 $1이다. 일반적으로 이러한 변화는 역전될 가능성이 있으므로 실제 이익은 더 적을 것이다. 따라서 복제 포트폴리오에서 보유해야 하는 주식의 최대 단위 수는 1이다. 마찬가지로 주식가격이 $1 하락한 경우, 풋옵션 보유자에게 주는 최대 이득은 $1이므로 복제 포트폴리오는 최대 주식 한 단위를 매도할 필요가 있다.

속성 3

옵션의 델타는 내가격의 깊이에 의존한다. 심내가격의 옵션(즉, 내가격으로 마감할 가능성이 매우 높음)은 절대 값이 1에 근접한 델타를 가진다. 심외가격인(즉, 내가격으로 결국 이동할 가능성이 거의 없는) 옵션의 델타는 0에 가깝다. 일반적으로 옵션이 내가격으로 더 이동함에 따라 델타는 그 절대 값이 높아진다.

이를 확인하기 위해 콜옵션이 심내가격이라 가정하면 콜옵션 보유자는 결국 옵션을 행사할 가능성이 크다. 실질적으로 콜옵션 보유자는 만기일에 행사가격을 지불하고 주식의 한 단위를 받는 것을 시도하게 된다. 따라서 콜옵션을 보유하는 것은 주식의 한 단위와 액면가 K의 차입으로 구성된 포트폴리오를 보유하는 것과 거의 유사하다. 이는 콜옵션의 델타가 거의 +1이라고 말하는 것과 정확히 일치한다. 비슷한 논리로 심내가격 풋옵션의 델타가 −1에 가깝다는 것을 보여준다.

다른 한편으로 콜옵션이 심외가격이라고 가정하면, 즉 콜옵션이 실행될 확률이 매우 낮다고 가정하는 것과 같다. 그러면 콜옵션을 복제하는 포트폴리오는 실질적으로 주식이나 현금을 포함하지 않는 "무가치(null)" 포트폴리오이다. 따라서 콜옵션의 델타는 이제 0에 가깝다. 유사한 논리로 심외가격인 풋옵션의 델타는 0에 가깝다.

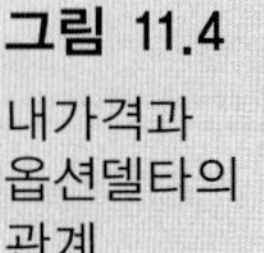

그림 11.4
내가격과 옵션델타의 관계

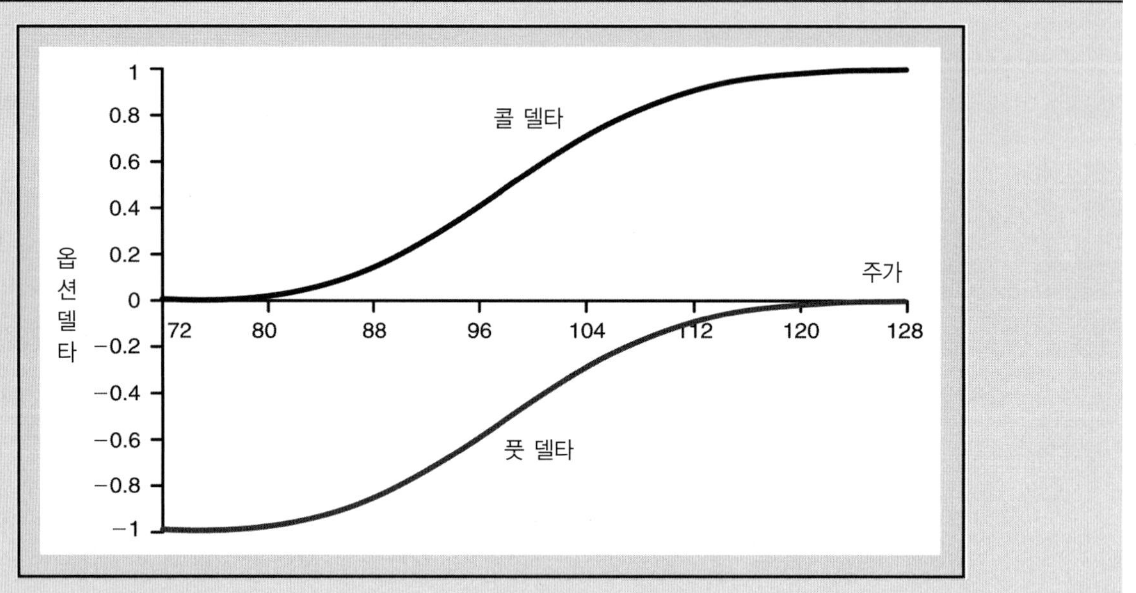

[그림 11.4]는 하나의 그림에서 세 가지 속성을 모두 요약한다. 이 그림은 유럽식 옵션에 대한 블랙-숄즈모형을 사용하여 생성되었으며, 행사가격은 $K=100$으로 가정한다. 어떤 주어진 주식가격에서도 콜옵션 및 풋옵션 델타의 차이는 정확히 +1이다. 우리는 나중에 왜 이것이 유럽식 옵션에서 성립해야 하는 이유를 설명할 것이다. 그것은 풋-콜 패리티의 결과이다. 이 그림은 또한 옵션복제가 동적이어야 하는 이유를 보여준다. 복제포트폴리오에서는 기초자산의 델타 단위를 보유해야 하지만 기초자산 주식의 가격이 변경되면 델타값이 변하게 된다.

델타의 용도

델타는 아마도 옵션을 특징짓는 가장 중요한 단일 숫자일 것이다. 가장 먼저 그것은 기초자산의 단위로 옵션위험을 표시할 수 있게 한다. 예를 들어, 주어진 콜옵션의 델타가 +0.60이라고 가정하자. 이것은 콜옵션을 복제하는 포트폴리오가 기초자산 0.60 단위의 매입포지션을 가진다는 사실을 뜻한다. 복제 포트폴리오는 콜옵션을 모방한 것이므로 콜옵션이 0.60 단위의 기초자산을 포함하는 것처럼 보인다. 즉, 기초자산으로 인한 옵션의 위험은 0.60 단위의 기초자산 매입포지션에서의 위험과 유사하다. 이와 같이 간단한 관찰에는 몇 가지 중요한 의미를 내포하고 있다.

1. 헤지 옵션

우선 델타는 통해 기초자산을 사용하여 옵션포지션을 헤지할 수 있도록 한다. 델타가 현재

+0.70인 콜옵션을 우리가 발행했다고 가정해 보자. 이 콜옵션의 위험은 기초자산 0.70 단위의 매입포지션에서의 위험과 같다. 우리는 콜옵션에 대해 매도포지션이므로, 이는 기초자산 0.70 단위의 매도포지션에 해당한다. 따라서 우리의 포지션을 헤지하기 위해 단순히 기초자산의 0.70 단위만 매입하면 된다. 이를 델타헤징(delta hedging)이라고 한다. 물론 복제와 마찬가지로 델타헤징도 일반적으로 동적전략이다. 따라서 기초자산 가격의 변동으로 인하여 옵션위험이 변하게 되면 델타헤지를 재조정할 필요가 있다.

2. 위험의 통합

또한 델타는 동일한 기초자산 증권에 대하여 발행된 여러 옵션 간의 위험을 통합(aggregate)할 수 있게 한다. 간단한 예를 들어, 어떤 주식에 대해 +0.35의 델타 값을 가진 100개의 콜옵션을 발행했고 동일한 주식에 대해 델타가 −0.32인 100개의 풋옵션을 매입했다고 가정해 보자. 만일 우리가 주식 100주를 가지고 있다고 가정해 보면 나음과 같이 해석할 수 있다.

- 각 콜옵션은 0.35 단위의 주식 매입포지션과 유사하다. 우리는 100개의 이러한 콜옵션 매도포지션에 있다. 따라서 우리는 마치 0.35×100=35 단위의 주식 매도포지션에 있는 것과 같다.
- 각 풋옵션은 0.32 단위의 주식 매도포지션과 같다. 우리는 이 풋옵션 100 단위를 매입하고 있기 때문에 이를 달리 말하면 0.32×100=32 단위의 주식 매도포지션이다.
- 우리는 또한 100 단위의 주식 매입포지션에 있다.

따라서 총체적으로 포트폴리오 위험은 −35−32+100=33 단위 기초자산의 위험에 해당한다. (이 통합수치를 “포트폴리오 델타”라고 한다) 포트폴리오 수준에서 델타헤징으로 우리는 이 위험을 상쇄시킬 수 있다. 이를 위해 33단위의 기초자산 주식을 매도하면 된다.

3. 민감도 측정

셋째로 델타는 또한 민감도의 측정치(sensitivity measure)가 된다. 델타는 기초자산가격의 주어진 변화에 대한 콜옵션가치의 달러 변화를 예측한다. 예를 들어, 콜옵션의 델타가 +0.50이라고 가정하자. 그러면 콜옵션을 보유하는 것이 주식의 +0.50 단위를 보유하는 것과 같다. 따라서 주식가격이 $1 변동하면 콜옵션가치가 +0.50 만큼 변한다. 주가가 0.40 달러 변경되면 콜옵션가치가 0.20 달러가 변경하게 된다. 물론 민감도 측정은 포트폴리오 수준에서도 적용될 수 있다. 가령 주어진 포트폴리오의 델타가 +315라면, 주식가격이 $1 상승할 때마다 포트폴리오의 가치는 315 달러 증가한다.

델타를 정의하는 동등한 방법

델타의 세 가지 용도인 복제, 델타 헤징, 민감도 측정은 서로 동등하다. 그것들은 같은 개념을 보는 단지 다른 방법일 뿐이다. 그 중 하나를 아는 것은 모두를 아는 것과 같다. 예를 들어, S의

변동에 대한 옵션의 민감도를 알고 있는 경우(옵션이 S의 \$1 변동에 대해 \$0.56만큼 값을 변경하면), 옵션의 델타헤지에 필요한 주식의 수를 알 수 있다(이 예에서는 +0.56이어야 함). 앞으로 우리가 델타를 말할 때 우리는 이러한 정의 중 어느 것을 따라도 좋을 것이다.

델타는 확률인가?

델타(그 절대값)는 옵션이 내가격으로 만료될 확률과 같은 것으로 이해하라고 제시될 때가 있다. [그림 11.4]는 이것을 위한 직관적인 근거를 보여준다. 즉, 내가격으로 마칠 가능성이 큰 심내가격 옵션은 절대값이 1에 가까운 델타를 가지며, 내가격으로 만료될 가능성이 없는 심외가격 옵션은 0에 가까운 델타를 가진다. 엄밀히 말하자면, 이 해석은 정확하지 않다. 두 개념 사이에 명백한 유사성이 있음에도 불구하고, 내가격으로 끝날 가능성과 델타 사이에는 때로는 명백한 차이가 있다. 그럼에도 불구하고 이러한 방식으로 델타를 보는 것에서 때때로 직관적인 통찰력을 얻을 수 있으므로 경우에 따라서는 이 해석을 선택하기도 한다.

중요한 유의점

델타는 여러 가지 관점에서 분명히 가치가 있지만 여기에는 주의할 점이 있다. 콜옵션을 보유하는 것과 기초자산을 델타 단위만큼 보유하는 것 사이의 동등성은 "국한적"이며 즉, S의 작은 변화에만 유효하다. 이는 델타 자체가 주가가 변경됨에 따라 변경되기 때문이다. 주식가격의 상당히 큰 변화는 주식의 델타 단위와 달리 콜옵션가치를 변경시킨다. 예를 들어, \$30의 행사가격인 XYZ 주식의 콜옵션에 대한 다음 가상 정보를 고려해 보자.

현재 주가	30	31	32	33	34	35
콜옵션 Δ	0.59	0.67	0.72	0.78	0.83	0.86

주식가격이 \$30에서 \$35로 바뀌면 콜옵션가치는 얼마만큼 변하는가? $S=30$의 델타 값은 0.59이며 주가가 30달러일 때 S가 1달러씩 변동할 때마다 콜옵션 값이 0.59달러씩 변하는 것을 알 수 있다.이 값을 5달러 변동에 적용하면 콜옵션가격은 $5\times0.59=2.45$만큼 변한다고 볼 수 있다.

왜 이것이 잘못됐는지 확인하려면 주어진 델타에서 주식가격이 30에서 31로 바뀌면 콜옵션가치가 약 0.59달러 변경한다. 31에서 32로 이동하면 콜옵션 값이 약 \$0.67만큼 변하게 된다. 32달러에서 33달러로 이동하면 약 0.72달러 상승하는 등 콜옵션가치가 계속 변하게 된다. 따라서 주가가 30에서 35로 변경되면 콜옵션가치의 변화는 다음과 같다.

$$0.59+0.67+0.72+0.78+0.83=3.59$$

이것은 $S=30$에서의 델타 값을 단순 적용하여 예측한 \$2.45의 변화보다 훨씬 더 크다.

동일한 예제는 또한 델타 헤징이 작은 주식가격변동에만 적용된다는 것을 보여준다. 가령, 우리가 이 콜옵션을 발행하고 주식 0.59단위를 매입함으로써 델타 헤징을 하였다고 하자. 가격이 $35로 오르면 우리가 보유한 주식의 0.59단위의 가치가 $2.45만큼 증가하는 반면 우리의 옵션 매도포지션의 가치는 약 $3.59만큼 감소하게 되므로, 콜옵션에서 손실된 가치를 완전히 상쇄시켜 주지는 않는다.

따라서 우리는 델타를 해석하고 그 델타를 활용하는데 약간의 주의를 기울여야 한다. 그러나 델타의 이러한 단점을 과장해서는 안 된다. 실제로 대부분의 시장과 대부분의 시간에서 가격은 조금씩만 움직이며 델타는 옵션포지션을 헤지하거나 민감도를 예측하는 데 매우 효과적이다. 델타는 옵션 위험을 관리하는 데 있어 일차 방어선을 구축해 주는 셈이다. 17장에서는 옵션 감마(gamma)라는 방법으로 델타를 보강하는 방법과 큰 가격변동의 옵션가격에 대한 영향을 측정하고 옵션 위험을 헤지하기 위해 델타와 감마를 함께 사용하는 경우를 살펴본다.

11.9 적용 : 포트폴리오보험

포트폴리오보험[1]은 1970년대 후반 버클리의 Hayne Leland 및 Mark Rubinstein 교수가 고안한 동적 거래전략이다. 그 핵심에는 어떤 단순한 아이디어가 포함되어 있다. 우리가 보유하고 있는 포트폴리오의 가치 하락에 대한 보호를 원한다면, 포트폴리오에 대한 풋옵션을 매입하면 된다. 1970년대 후반에는 거래소 장내 풋옵션이 별로 없었고 옵션도 없었다. 후자가 존재했더라도 보유 포트폴리오가 지수와 거의 유사하지 않은 관리자에게는 적절하지 않았을 것이다. 그럼에도 불구하고 보험에 대한 수요가 분명히 있었다. 보험을 통하면 포트폴리오 관리자는 주식시장 하락세로부터 보호받는 동시에 상방향 이익기회에 참여할 수 있다. 그러나 보험이 없었던 많은 연기금 관리자들이 1973~1974년의 시장침체 이후에 주식시장에서 물러남으로써 1974~1975년의 상승기회를 놓쳤다.

Leland와 Rubinstein은 옵션가격결정모형을 사용한 동적인 복제를 통해 필요한 풋옵션을 합성하여 생성하는 방법을 제안했다. 이를 통해 만기, 행사가격 및 기초자산 포트폴리오 구성 측면에서 합성옵션을 "사용자 정의"할 수 있다. 지금까지 보았듯이 풋옵션을 복제하는 것은 기초자산에 대해 매도포지션을 택하는 것을 포함한다. 여기에서는 이미 보유하고 있는 포트폴리오에 대한 풋옵션을 생성하는 것이기 때문에 우리는 단순히 기초자산 포트폴리오의 적절한 단위 수를 매도해야 한다. 풋옵션의 델타가 변함에 따라, 우리는 변경된 델타를 반영하기 위해 포트폴리오를 더 많이 매도하거나 이의 일부를 다시 매입하게 된다.

이 전략의 역학에 주목하라. 가격이 하락하면 풋옵션의 델타가 −1로 이동하므로 복제된 상태를

1) 포트폴리오보험의 역사와 1987년 주식시장 붕괴를 초래한 포트폴리오보험의 역할에 대한 많은 정보 출처가 있으나 본절의 내용은 Leland와 Rubinstein(1988)과 McKenzie(2004)에 특히 의존한다.

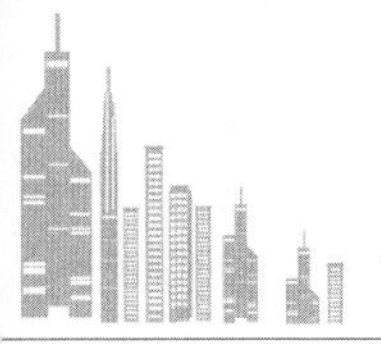

유지하려면 더 많은 포트폴리오를 매도해야 한다. 가격이 올라감에 따라 델타는 0으로 이동하기 때문에 일부 포트폴리오는 다시 매입해야 한다. 아니, 이것은 고점구매/저점매도 전략이 아니다! 오히려 가격이 내려가면 주식에서 현금으로 이동하고 가격이 올라감에 따라 주식으로 다시 돌아오는 것이 목표이다.

이 전략을 실행하려면 기초자산 포트폴리오에서 반복적으로 거래가 이루어지게 되며 상당한 거래비용이 소요될 수 있다. 1980년대 초반에 지수선물을 도입함으로써 이 문제를 완화하는데 도움이 되었다. 전반적으로 다양화된 포트폴리오가 시장지수와 닮은 관리자에게는 현물자산 대신 지수선물을 사용할 수 있다. 무차익거래 조건하에는 선물과 지수수준이 락스텝(lockstep)으로 움직이기 때문에, 차익거래인이 선물과 현물 연결고리가 깨지지 않았음을 확인하는 한 사실상 동일한 헤지가 생겨났다

1987년까지 포트폴리오보험은 대단히 인기 있는 전략이었다. 현재 포트폴리오 보험전략을 사용하여 관리되는 포트폴리오의 총규모는 아마도 LOR Associates 및 해당 라이센스 제공자의 관리하에 있는 약 500억 달러와 함께 주문량으로 볼 때 약 900억 달러에 달하는 것으로 추정된다.(LOR Associates는 투자 전문가 인 John O'Brien과 Leland 및 Rubinstein이 공동 설립 한 회사임) 포트폴리오보험전략의 상당 부분은 지수선물계약을 사용하여 실제 구현되었다.

그런데 그해 10월 주식시장이 붕괴되고 말았다. 10월 16일 금요일 다우존스 지수는 4.6% 하락했는데 이는 하루 동안의 움직임으로는 엄청나게 큰 수치이다. 그러나 이것은 닥쳐올 것의 작은 징조일 뿐이었다. 10월 19일 월요일, 다우 지수는 하루 평균 22.6%의 역사상으로 가장 큰 하락폭을 보였다. 이 수치는 1929년의 가장 큰 일일 하락폭의 거의 두 배에 해당하는 수치였다. 뉴욕 증권거래소(NYSE)의 전문가들은 매도주문량에 크게 압도당하면서 많은 주식들이 거래를 중단했다. 현금시장에서의 유동성 부족은 선물-현물 연결고리를 깨뜨렸다. 당일 S&P500 지수는 20% 하락한 반면, S&P500 지수 선물은 29% 하락했다.

포트폴리오보험의 역할

나중에 레이건 대통령과 조지 H. W. 부시 대통령 정부에서 재무부 장관을 역임한 니콜라스 브래디(Nicholas Brady)가 의장을 맡은 대통령위원회 태스크포스팀이 사고의 원인을 조사하기 위해 임명되었다. 태스크포스는 그 날의 거래량의 상당 부분이(뉴욕 증권거래소 거래량의 약 10% 및 S&P500 지수 선물 거래량의 약 40%) 포트폴리오 보험전략에 기인한 것으로 나타났다. 포트폴리오 보험은 가격이 하락하는 경우에는 매도주문(현물이나 선물)을 처방하기 때문에 그러한 전략은 가격하락을 악화시켰으며 시장붕괴에 대한 책임이 없다하더라도 적어도 상당한 정도의 비난을 감당해야 한다고 태스크포스팀은 결론을 내렸다.

직관적인 수준에서는 이것이 설득력 있게 보인다. 10월 16일 금요일의 가격하락에 따라 포트폴

리오 보험전략은 균형을 되찾기 위해 팔아야만 했다(주로 선물을 팔았지만 일부 현물도 팔았다). 이러한 매도주문은 선물가격에 대한 하방압력을 가중시켰고 떨어지는 선물가격은 현물가격에 대한 하방압력을 야기시켰다. 그리고 물론 가격이 떨어지면서 이러한 전략으로 인해 더 많은 판매 압력이 발생하여 시장은 추락했다.

그러나 이에 대한 검토와 후속 연구는 이러한 결론에 많은 의문을 던져 주었다. 포트폴리오 보험전략은 정보에 근거한 전략보다는 반응전략이다. 실제로는 사후 가격하락에 대응하지만 예상되는 미래의 가격하락에 대한 정보는 제공하지 않는다. 따라서 투자자는 포트폴리오 보험 고려사항에 따라 판매할 때 나쁜 소식을 읽지 않아야 한다. 게다가 시장 펀더멘털이 변하지 않았지만 포트폴리오 보험전략의 판매 압력으로 인해 가격이 지나치게 하락한 경우 시장은 단기적으로 회복되어야 한다. 그러나 실제로는 그렇지 않았다. Roll(1988)은 또한 1987년의 시장붕괴는 거의 모든 선진국의 주가지수가 같은 날에 급격한 하락을 겪는 거의 전 세계적 현상이라고 지적했다. 그러나 이러한 대부분의 시장에서 포트폴리오 보험전략은 존재하지 않았거나 아주 적은 규모로 사용되었다.

1987년의 위기에서의 역할에 관계없이, 포트폴리오 보험전략의 인기는 계속 줄어들었다. 물론 고정비율 포트폴리오보험(constant proportion portfolio insurance나 CPPI)와 같은 다소 단순화된 관련 전략은 여전히 유행이다. 그러나 시장붕괴시기의 나쁜 투자성과가 결코 한 요인이 아니다. 예를 들어, LOR의 고객 중 60% 이상이 합성 풋옵션이 만들어야 할 플로어 가치를 획득했고 나머지 대부분은 플로어에서 5~7%만 이탈해 있는 것으로 추산된다. 오히려 한 가지 이유는 포트폴리오 관리자들이 퇴색된 전략을 사용하는 것을 꺼려했을 수도 있기 때문이다. 그러나 더 일반적으로, 헤지에 있어 합성옵션전략은 거래소 장내 지수옵션과 주문형 장외옵션으로 대체된 것으로 보인다.

11.10 연습문제

1. 콜옵션 델타가 0과 1 단위 사이에 놓여 있는 이유를 직관적으로 설명하라. 언제 그것이 0에 가까운가? 언제 1에 가까운가?
2. 델타가 주가의 일부 범위에서 양수이고 다른 영역에서는 음수인 파생상품의 예를 제시하라. (당신의 상상력을 여기에서 사용하라)
3. 어떤 주식이 현재 80에 거래되고 있다. 당신은 다음으로 구성된 포트폴리오를 보유하고 있다.
   (a) 주식 100 단위 매입포지션
   (b) 행사가격이 각각 90인 콜옵션 100 단위 매도포지션
   (c) 행사가격이 각각 70인 풋옵션 100 단위 매입포지션

행사가격이 90인 콜옵션의 델타가 0.45이고 행사가격이 70인 풋옵션의 델타가 -0.60이라고 가정하자. 포트폴리오의 통합 델타(aggregate delta)는 얼마인가?

4. (어려움) 다음 질문에 답함으로써, 이항모형모형에서 옵션의 복제와 삼항분포모형에서의 복제를 비교하라.
   (a) 각 모형에서 복제를 수행하는데 필요한 증권의 수는 얼마인가?
   (b) 각 모형에 고유한 위험중립확률은 정의 되었는가?

5. 이항모형모형 수(tree)의 구조에서, 상방 가지(up branch)의 위험중립확률이 $q=0.8956$으로 주어지고, 기간당 무위험이자율은 2%이며, 하방 움직임은 상방 이동의 역수이다(ie , $d=1/u$), 현재 주가가 100 달러라면, 두 가격은 지금부터 한 기간 후에는 어떻게 되겠는가?

6. 위 질문에서, 행사가격 가격이 $100 인 단일기간 콜옵션이 있다고 가정하자. 이 때 콜옵션 델타는 무엇인가? 상방 이동 매개변수 u가 1.5로 증가하면 콜옵션 델타는 얼마인가? 그것은 더 높은가 아니면 낮은가? 왜 그러한가?

7. 어떤 주식이 80에 거래되고 있다. 이 주식에 대하여 행사가격이 70, 75, 80, 85 및 90인 1개월 만기 콜옵션과 풋옵션이 있다. 이 옵션의 가격과 델타는 다음과 같다.

가격	70	75	80	85	90
콜 가격	10.60	6.47	3.39	1.50	0.56
풋 가격	0.30	1.15	3.05	6.14	10.18
콜 Δ	0.92	0.77	0.54	0.31	0.14
풋 Δ	−0.08	−0.23	−0.46	−0.69	−0.86

다음 각 포트폴리오에 대해 (i) 포트폴리오의 현재가치 및 (ii) 주가가 $1 하락한 이후의 포트폴리오의 근사값을 구해보아라.
   (a) 주식 100단위 매입포지션, 행사가격 80 콜옵션 100단위 매도포지션
   (b) 행사가격 80 콜옵션 1,000단위와 행사가격 80 풋옵션 1,174단위 매입포지션
   (c) 주식 100단위 매입포지션, 행사가격 75 풋옵션 100단위 매입포지션, 행사가격 85 콜옵션 100단위 매도포지션
   (d) 행사가격 70 콜옵션 100단위 매입, 행사가격 90 콜옵션 100단위 매입, 행사가격 80 콜옵션 200단위 매도포지션
   (e) 행사가격 75 풋옵션 100단위 매도포지션과 행사가격 85 풋옵션 100단위 매입포지션

8. ABC 주식은 현재 100에 거래되고 있다. 다음 기간에는 가격이 10% 상승 또는 10% 하락할 것이다. 해당 기간 동안 무위험이자율은 5%이다.
   (a) 오늘 행사가격 100에 발행한 콜옵션의 가치를 평가할 수 있는 복제 포트폴리오를 구성하라. 헤지비율은 무엇인가?

(b) 모형에서 위험중립확률을 계산하시오. 위험중립확률을 사용하여 동일한 콜옵션을 평가하라. (a)에서와 같은 대답을 얻었는지 확인하라.

(c) 위험중립확률을 사용하여 오늘 발행된 풋옵션의 가치를 구하라. 이 옵션은 한 단위 기간 지속되며 행사가격은 100이다.

(d) 풋-콜 패리티로부터 풋옵션에 대해 동일한 가격이 도출되는지 확인해 보라.

9. ABC 주식은 현재 100이다. 다음 기간에는 가격이 10% 인상되거나 10% 하락한다. 단위기간 무위험수익률은 2%이다. 행사가격 $K=100$인 ABC 주식에 대한 콜옵션을 고려하라.

(a) 콜옵션의 가치를 평가하기 위한 복제 포트폴리오를 설정하라.

(b) 콜옵션이 7 달러에 거래되고 있다고 가정하자. 그 결과 발생하는 차익거래 기회를 어떻게 활용할 수 있는지 설명하라.

10. ABC 주식은 현재 100이다. 다음 기간에는 가격이 5% 인상되거나 5% 하락한다. 단위기간 무위험수익률은 3%이다. 행사가격 $K=100$인 ABC 주식에 대한 풋옵션을 고려하라.

(a) 풋옵션의 가치를 평가하기 위한 복제 포트폴리오를 설정하라.

(b) 풋옵션이 $2에 거래되고 있다고 가정하라. 그 결과 발생하는 차익거래 기회를 어떻게 활용할 수 있는지 설명하라.

11. $u=1.05$, $d=0.95$ 및 $r=1.01$의 매개변수가 있는 단일기간 이항모형모형을 고려하라. 초기 주식가격을 $S=100$이라고 가정한다.

(a) 행사가격 $K=100$인 콜옵션의 가격과 델타를 구하라.

(b) $K=96$, $K=98$, $K=102$ 및 $K=104$에 대해 이 연습을 반복하라.

(c) 풋-콜 패리티를 사용하여 해당 풋옵션 및 풋옵션 델타의 값을 구해보아라.

12. A와 B의 두 가지 주식이 있는데, 둘 다 가격 이 $20이다. 주식 A의 가격이 {35, 5} 중 하나가 될 수 있는 단일기간 이항모형모형을 고려하라. 주식 B의 가격은 한 기간 후에 다음 값 중 하나를 취할 수 있다: {36, 18}. 기간 시점에 $1.00의 채권에 투자하면 기간이 만료될 때 $1.10의 무위험 가치를 가져온다.

(a) 복제법을 사용하여 행사가격이 $20인 경우 A와 B 주식에 대한 콜옵션의 가격을 알아보아라.

(b) 어느 콜옵션이 가치가 더 큰가? 왜?

13. (어려움) 단일기간 설정에서 기간의 만료세계에는 세 가지 상태가 있다고 가정한다. 또한 세 가지 증권, 주식 A와 C, 무위험 채권 B가 있다고 가정한다.

증권 A, B, C의 초기 가격은 각각 20, 1, 10이며, 단일기간 이후의 가격은 아래 표와 같다.

상태	상태 1	상태 2	상태 3
A	50	20	5
B	1.10	1.10	1.10
C	20	30	2

(a) 복제법을 사용하여, A 주식에 대한 콜옵션의 가격을 $K=15$의 행사가격에서 찾아보라.

(b) 복제법을 사용하여, B 주식에 대한 콜옵션의 가격을 행사가격 $K=15$에서 찾아보라.

(c) 상태가격이란 무엇인가? 모형의 세 가지 상태에 대해 이를 계산하라.(상태가격은 부록 11B에 정의되어 있음)

(d) 상태가격을 사용하여 위의 두 콜옵션에 가격을 산정하는 방법을 보여주라.

14. XYZ 주식의 가격은 현재 \$100이다. 한 기간 후에 가격은 {130, 80} 두 가지 값 중 하나로 이동한다. 무위험 자산에 대한 1.00달러 투자는 이 기간 말에 1.05달러로 증가한다.
    (a) 주가의 움직임을 좌우하는 위험중립확률을 구하라.
    (b) 다음 기간 동안 각 상태의 상태가격을 구하라.
    (c) 상태가격을 직접 사용하여, 102달러 행사가격인 풋옵션의 가격을 계산하라.

15. ABC 주식의 가격은 현재 $S=100$달러이다. 한 기간이 지나면 가격은 $\{uS, dS\}$, $\{u=1.2, d=0.9\}$의 두 가지 값 중 하나로 이동한다. 무위험 자산에 대한 1.00달러 투자는 이 기간 말에 1.10달러로 증가한다.
    (a) 주가의 움직임을 좌우하는 위험중립확률을 구하라.
    (b) 행사가격 100인 콜옵션의 델타를 구하라.
    (c) 행사가격 100인 풋옵션의 델타를 구하라.
    (d) 콜옵션 델타와 풋옵션 델타의 차이를 계산하고 얻은 답을 설명하라.

16. 이전 질문에서 주가가 110달러로 상승하면
    (a) Δ_c, Δ_p을 재계산하라.
    (b) 왜 델타가 각각의 방향으로 움직였는지 설명하라.
    (c) 여전히 델타의 차이는 $+1$과 동일하다는 것을 확인해보라.

17. 어떤 주식의 현재 주가는 \$50이다. 단일기간 이자율은 10%이다. 한 기간에 걸친 주식이동에 있어 상방 이동 매개변수는 $u=1.5$이고 하방 이동 매개변수는 $d=0.5$이다.
    (a) 행사가격 K인 콜옵션에서 델타가 0.5인 경우, 이 옵션의 행사가격은 무엇인가?
    (b) 같은 행사가격에서 풋옵션의 델타는 무엇인가?
    (c) 이 풋옵션의 가격은 얼마인가?

18. (어려움) 어떤 주식의 현재가격은 \$100이다. 한 기간이 지나면 이 주식은 {150, 110, 60}의 세 가지 값으로 이동할 수 있다. 무위험자산에 투자된 \$1.00의 가치는 한 기간에 \$1.05의

가치로 증대된다. 행사가격이 $100인 경우 콜옵션가격의 상한경계와 하한경계를 구하라.

19. *포트폴리오 보험* : 우리가 보유하고 있는 주식의 현재가격은 $100이다. 우리는 이 주식 포지션을 유지하기를 원하지만 포트폴리오 가치가 결코 $90이하로 내려가지 않도록 수정한다. 한 기간이 지나면 주식이 $130까지 또는 $80로 변경될 수 있다. 그 기간이 끝날 때 최소 $90 가치가 되도록 $100 주식보유를 어떻게 수정하는가? 해당 기간의 단순이자율은 10%이다.

20. 마팅게일 측도란 무엇인가? 재무금융에서 마팅게일 측도의 역할은 무엇인가?

21. 이항이항트리에서 옵션의 델타는 위험중립확률에 의존하는가?

22. 이항모형모형에서, 주식의 상방 이동은 매개변수 u에 의해 설정된다. 즉, 상방 이동하는 경우, 주식은 기간의 시점 S로부터 기간의 종점 uS로 이동한다. 마찬가지로 주식의 하방 이동 매개변수는 d이다. 1에 이자율을 더한 값을 R로 정의한다. u, d, R 사이의 무차익거래 조건은 무엇인가? 이 조건이 위반되면 어떻게 되는지 설명하라.

23. 현재가격 S(h는 년 단위로 측정한 기간의 길이)로 거래되는 주식에 대해 다음과 같은 단일기간 이항모형모형에서 기간말 상태가 주어졌다.

$$\begin{cases} S\exp(\sigma\sqrt{h}) & \text{확률 } q \\ S\exp(-\sigma\sqrt{h}) & \text{확률 } 1-q \end{cases}$$

연속복리 이자율은 r이다. 다음 질문에 답하시오.

(a) 마팅게일은 무엇인가?

(b) 주식의 할인된(즉, “정규화(normalised) 한”) 가격이 마팅게일인 경우(부문 11D 참조), 확률 q는 얼마인가?

(c) (어려움) 연속복리로 표현된 주가수익률의 분산(variance)은 무엇인가?

부록 11A 무위험헤지 포트폴리오와 옵션가격결정

옵션가격결정의 “무위험헤지 포트폴리오” 기법은 옵션 포지션이 기초자산으로 헤지(델타헤징)된 무위험 포트폴리오의 생성을 시도하는 것이다. 그리고 나서 무위험 포트폴리오는 무위험 수익률을 얻어야 한다는 관찰을 사용하여 옵션의 가치를 평가한다. 이 방법은 공식적으로 복제법과 동일하며 사실 동일한 아이디어의 대수적 재구성에 지나지 않는다.

좀 더 자세히 설명하자면 주어진 콜옵션에 대한 복제 포트폴리오의 구성을 알고 있다고 가정해 보자(예: 기초자산 Δ단위 매입포지션과 B_c 금액의 차입이 포함됨).

$$\text{콜옵션 매입포지션} = \Delta_c \times \text{주식} - B_c$$

다시 표현하면,

$$\Delta_c \times \text{주식} - \text{콜옵션 매입포지션} = B_c$$

또는 매입포지션의 음수의 값이 매도포지션이기 때문에;

$$\Delta_c \times \text{주식} + \text{콜옵션 매도포지션} = B_c$$

말하자면, 이것은 콜옵션의 매도포지션을 주식의 Δ_c단위와 결합하면 B_c의 무위험 투자를 효과적으로 생성하게 된다는 것이다. 따라서 무위험헤지 포트폴리오는 복제 포트폴리오로부터 산출될 수 있다. 특히 이들 델타는 동일하며, 무위험헤지 포트폴리오의 가치는 복제 포트폴리오의 차입금 B_c의 규모와 동일하다.

마찬가지로 우리는 무위험헤지 포트폴리오에 대한 지식을 바탕으로 복제 포트폴리오를 구성할 수 있다.

수치예제

복제 및 무위험 헤지포트폴리오의 등가성을 보여주는 예제를 제시하겠다. 앞에서와 동일한 매개변수를 고려하자: $S = 100$, $u = 1.10$, $d = 0.90$, $q = 0.75$ 및 $R = 1.02$. 이 때 $K = 100$의 행사가격으로 콜옵션가격을 책정하고자 한다고 가정해 보자.

우리는 이 콜옵션가격을 책정하기 위해 무위험헤지 포트폴리오(복제 포트폴리오를 참조하지 않고)를 구성할 것이다. 이 예제의 포트폴리오 가치는 예상대로 이전에 복제논리에 따라 구한 수치와 일치하게 된다.

논증의 첫 번째 단계는 무위험헤지 포트폴리오의 구성을 확인하는 것이다. 따라서 헤지 포트폴리오는 한 단위 콜옵션 매입포지션과 기초자산 Δ_c단위로 구성되었다고 하자. 물론 Δ_c는 양수 또

는 음수일 수 있다. $\Delta_c > 0$은 기초자산에서 매입포지션을 나타내지만 $\Delta_c < 0$은 기초자산에서 매도포지션을 나타낸다.

이 포트폴리오는 어떤 값의 Δ_c에서 무위험인가? 한 기간이 지난 후에는 이 포트폴리오에 대해 가능한 두 가지 값이 있다.

1. uS가 발생하면 포트폴리오는 다음과 같은 가치가 있다.

$$uS \times \Delta_c - C_u = 110 \times \Delta_c - 10$$

2. dS가 발생하면 포트폴리오는 다음과 같은 가치가 있다.

$$dS \times \Delta_c - C_d = 90 \times \Delta_c$$

무위험 포트폴리오에서는 이 두 가지 값이 동일해야 한다.

$$110 \times \Delta_c - 10 = 90\,\Delta_c$$

그 결과, $\Delta_c = 0.50$로 가격결정 논리의 첫 번째 단계를 완료한다.

두 번째 단계는 우리가 생성한 무위험 포트폴리오의 현재가치를 확인하는 것이다. 만일 $\Delta_c = 0.50$이라면 이 포트폴리오는 어떤 상태가 발생했는지에 관계없이 한 기간 후에 항상 45 가치가 있다. 따라서 포트폴리오의 현재가치는 $45/1.02 = 44.12$이다. 이것으로 두 번째 단계가 완료된다.

마지막으로, 세 번째 단계에서 우리는 포트폴리오의 현재가치와 현재의 기초자산 가격에 대한 지식에서 옵션의 공정가격을 확인한다. 이를 위해 포트폴리오는 기초자산 0.50단위와 콜옵션 한 단위로 구성된다. 따라서 C가 옵션가격을 나타내면 이 포트폴리오의 비용은

$$\Delta \times S - C = 100 \times (0.50) - C = 50 - C$$

위의 포트폴리오 비용은 현재가치와 같아야 하므로 $50 - C = 44.12$ 또는 $C = 50 - 44.12 = 5.88$이 된다.

이로써 3단계가 완료된다. 콜옵션에 대한 다른 어떠한 가격도 무차익거래를 초래한다.

1. 만일 $C < 5.88$이면 이 포트폴리오는 현재가치보다 비용이 많이 들기 때문에 무위험헤지 포트폴리오를 차입하여 매도함으로써 차익거래를 할 수 있다.
2. $C > 5.88$이면 포트폴리오는 현재가치보다 비용이 낮기 때문에 무위험헤지 포트폴리오를 매입하는 투자를 통해 차익거래를 할 수 있다.

무위험헤지 포트폴리오를 사용하여 구한 5.88의 가격은 복제법을 사용하여 얻은 값과 동일하다. 사실 다른 수치도 마찬가지이다. 델타 값 Δ_c는 두 방법 모두 0.50이다. 무위험헤지 포트폴리오의 현재가치는 44.12이며 이는 정확히 복제법에서 차입금의 가치이다.

연습 문제

무위험헤지 포트폴리오를 사용하여 $K = 100$의 행사가격인 풋옵션의 가격을 도출하고, 그 답이 $P = 3.92$임을 검증하시오.

부록 11B 위험중립확률과 애로우증권 가격

이 부문에서는 위험중립확률과 애로우증권이라는 유형의 자산가격 간의 공식적인 수학적 관련성에 대해 설명한다. Arrow-Debreu증권이라고도 불리는 애로우증권은 노벨경제학상 수상자 Kenneth Arrow의 이름을 따서 지은 것으로, 1953년 논문에서 최초로 그러한 증권의 사용을 기술했다.

애로우증권은 모든 조건부 재산권(cotingent claims)의 기초 구성요소이다(파생상품과 마찬가지로 이 재산권은 미래세계의 상태에 따라 달라질 수 있음). 애로우증권은 어떤 주어진 상태에서는 $1을 지급하지만 그 밖의 경우에는 아무 손익이 없는 증권으로 정의된다. 예를 들어, 단일기간의 이항모형모형에는 두 가지 상태의 미래세계가 있으며 따라서 두 개의 애로우증권이 있다. 하나는 상태 u와 연관된 것이고 다른 하나는 상태 d와 관련된다. 애로우증권의 가격은 상태가격(state price)이라고 부른다. 우리는 단일기간 이항모형모형의 상태가격을 각각 π_u와 π_d로 표시한다.

어떤 모형이 주어지면 해당 모형의 조건부 재산권(cotingent claims)은 분명히 애로우증권 포트폴리오로 발행될 수 있다. 예를 들어, 상태 u에 10 달러를 손익하고 상태 d에 아무 손익이 없는 단일기간 이항모형모형의 콜옵션을 고려해보자. 이 콜옵션은 (i) 10개의 상태 u 애로우증권과 (ii) 무(0)의 상태 d 애로우증권으로 구성된 포트폴리오와 동일하다. 따라서 조건부 재산권의 가격은 단순히 애로우증권의 해당 포트폴리오 가치이므로 모든 재산권은 상태가격에 대한 지식으로 가격이 결정될 수 있다.

여기에 근본적인 수학적 연관성이 있다. 모형의 상태가격은 모형의 할인된 위험중립확률과 같다는 것이 밝혀졌다. 이 결과는 이항모형모형에서 검증하기는 어렵지 않다. 예를 들어, 상태 u의 애로우증권을 생각해보자. 주식 a단위와 무위험이자율로 투자한 b 금액으로 구성된 포트폴리오는 a와 b의 값이 다음조건을 만족하도록 선택되면 이 애로우증권을 복제한 모양이 될 것이다.

$$auS + Rb = 1$$
$$adS + Rb = 0$$

몇 가지 간단한 계산에 의해 이 연립방정식에 대한 해는 다음과 같이 구할 수 있다.

$$a = \frac{1}{uS - dS} \qquad b = \frac{1}{R}\left(\frac{-d}{u-d}\right) \tag{11.21}$$

그러나 $(R-d)/(u-d)$는 이 모형에서 상태 u의 위험중립확률 q이므로, (11.21)은 상태가격 π_u가 정확히 아래와 같음을 나타낸다.

$$\pi_u = \frac{q}{R}$$

이와 유사한 일련의 계산은 상태 d와 연관된 상태가격 d가 다음과 같음을 보여준다.

$$\pi_d = \frac{1-q}{R}$$

이 연관성은 왜 위험중립 가격결정이 작동하는지 설명한다. 우리가 위험중립척도에 따라 파생상품의 기대손익을 구하고 이를 무위험이자율로 할인하는 경우, 각 상태와 관련된 손익은 해당 상태의 위험중립확률에 곱해지고 비율 R로 할인된다. 즉, 각 상태와 연관된 손익에 상태가격을 곱하는 셈이다. 따라서 위험중립적인 가격결정은 단순히 상태가격을 사용한 가격결정이다. Harrison and Kreps(1979)는 이와 같은 관계에 대한 완전한 설명을 보여준다.

부록 11C 위험중립확률, 무차익거래 및 시장완전성

일부 모형에서는 위험중립확률 고유의 정의를 제시한다. 이항모형모형은 이러한 한 예이다. 그러나 일반적으로 하나의 모형이 하나 이상의 위험중립확률을 허용하거나 전혀 규정짓지 못할 수도 있는데, 두 경우 모두 중요한 의미가 있다. 모형이 내부적으로 일관성을 갖지 못한 경우에만 즉, 매우 구체적으로 차익거래 기회를 허용한다면, 위험중립확률이 존재하지 못할 수 있다. 그리고 모형은 복제할 수 없는 조건부 재산권이 있는 경우에만 하나 이상의 위험중립확률을 인정한다. 여기에서는 이 부문에서 이 두 가지 점을 상세히 설명하기로 한다. 부록 11D인 본 절의 내용은 Sundaram(1997)에서 인용한 것이다.

차익거래와 위험중립확률의 부재

위에 기술한 위험중립확률과 상태가격의 동등성으로 볼 때, 하나의 상태가격 집합을 규정하는 것이 불가능하다면 그리고 반드시 그럴 경우에는 위험중립확률은 존재하지 못한다. 직관적으로 어

떠한 상태가격의 집합도 균형점(equilibrium)에 이르지 못하는 유일한 길은 모형 자체가 일관성 있게 규정되지 않은 경우, 즉 차익거래가 허용되는 경우이다.

이항모형모형에서 위험중립확률의 존재와 모형의 내적 일관성 사이의 연관성은 쉽게 파악할 수 있다. 위험중립확률은 아래와 같이 표시할 수 있다.

$$q = \frac{R-d}{u-d} \qquad\qquad 1-q = \frac{u-R}{u-d}$$

이것은 $d < R < u$인 경우에만 "확률"(즉, 0과 1 사이에 있음)이다. 물론, $d < R < u$는 정확히 이항모형모형이 내적으로 일관성 있을 조건(즉, 무위험 투자 및 차입이 주식에 우월(dominate)하지 않거나 반대의 경우)이다.

다음은 어떤 위험중립확률도 인정하지 않으므로 차익거래를 허용하는 모형의 간단한 예이다. 두 개의 위험자산과 무위험이자율을 갖는 이항모형모형을 고려하자. S_1과 S_2를 위험자산의 초기가격이라 하고, 한 기간 후에 가능한 가격을 u_iS_i와 d_iS_i, $i=1,2$로 표기한다. 마지막으로, 자산 가격이 한 기간 후에 단지 두 가지 가능한 가격집합$(R,\ u_1S_1,\ u_2S_2)$와 $(R,\ d_1S_1,\ d_2S_2)$만 있도록 완벽한 상관관계가 된다고 가정하자.

이 때, q가 이 설정에서 위험중립확률이 되려면 q에서 두 위험 자산의 기대수익률이 R과 같아야 한다. 즉,

$$qu_1 + (1-q)d_1 = R$$

또한

$$qu_2 + (1-q)d_2 = R$$

따라서 q는 다음 조건을 만족해야 한다.

$$q = \frac{R-d_1}{u_1-d_1} = \frac{R-d_2}{u_2-d_2} \tag{11.22}$$

그러나 (11.22)의 분수가 같지 않도록 R, u_i 및 d_i를 선택할 수 있음은 분명하다. 따라서, 위험중립확률은 존재할 수 없다.

이제 우리는 이 모형이 (11.22)의 두 분수가 동일하지 않은 경우에만 차익거래 기회를 허용한다는 것을 보여줄 것이다. 무위험이자율로 $\$a$를 투자하고, 두 개의 위험자산에 각각 $\$b$와 $\$c$를 투자하는 포트폴리오를 고려해 보자. 이 포트폴리오의 현재비용은

$$a+b+c \tag{11.23}$$

이며, 만기시 가능한 포트폴리오 가치는 다음과 같다.

$$\begin{cases} ar + bu_1 + cu_2 & (u_1,\, u_2)\ \text{상태의 경우} \\ ar + bd_1 + cd_2 & (d_1,\, d_2)\ \text{상태의 경우} \end{cases} \tag{11.24}$$

이 포트폴리오가 불로소득을 제공하기 위해서는 (11.23)이 확실히 음수이고 (11.24)의 두 경우 가치가 모두 0이 되도록 하는 $(a,\, b,\, c)$의 값이 존재해야 한다. 그러한 해는 (11.22)의 두 분수 값이 동일하지 않을 때 존재한다. 이것은 (11.24)의 두 식의 값을 0으로 설정하고 c를 사용하여 a와 b를 풀어서 이 답을 (11.23)으로 대체하여 얻을 수 있다. 따라서 위험중립확률이 존재하지 않는 이 모형의 조건은 또한 차익거래 기회의 존재를 유도하는 조건과 동일하다.

완전성과 위험중립확률의 고유성

모형의 모든 조건부 재산권이 원시자산을 사용하여 복제될 수 있다면 그 모형은 완전하다고 한다. 시장 완전성에 대한 간단한 테스트는 위험중립확률의 고유성이다. 직관적으로, 복수 상태가격 집합이 있는 경우에만 복수의 위험중립확률이 존재할 수 있다. 즉, 적어도 하나의 애로우증권에는 무차익거래 조건과 일치하는 많은 가능한 가격이 있으며, 이는 해당 애로우증권이 복제될 수 없는 경우에만 가능하다. 따라서 시장은 불완전해야 한다.

이 등가성은 이항모형모형에서 쉽게 확인할 수 있다. 앞에서 보았듯이 상태 u에서 X_u와 상태 d에서 X_d를 지급하는 재산권은 복제될 수 있으므로 모형은 완전하다. 물론 이 모형의 위험중립확률은 고유하다.

다음은 하나 이상의 위험중립확률을 허용하는 모형의 간단한 예이며 따라서 완전하지 않다. 삼항분포모형을 고려해 보자. 주가는 한 기간이 지난 후에 세 가지 가능한 가치가 있다.

$$S = \begin{cases} uS, & \text{확률 } p_u \\ mS, & \text{확률 } p_m \\ dS, & \text{확률 } p_d \end{cases} \tag{11.25}$$

여기서 $i = u,\, m,\, d$에 대해 $u > m > d$이고 $p_i > 0$이다. 이 모형에서 위험중립확률인 벡터의 경우, $i = u,\, m,\, d$에 대해 $q_i > 0$ 뿐만 아니라 다음의 조건을 충족시켜야 한다.

$$q_u\, u + q_d\, d + q_m\, m = R \quad \text{그리고} \quad q_u + q_m + q_d = 1 \tag{11.26}$$

등식 (11.26)은 3개의 미지수가 있는 연립방정식이다. $i = u,\, m,\, d$에 대해 $q_i > 0$뿐만 아니라 두 방정식을 모두 만족시키는 여러 해가 있다. 따라서 이 모형에는 무한히 많은 위험중립확률이 있다.

삼항분포모형도 완전하지 않다는 것을 확인하기 위하여, 주식과 무위험이자율로 투자한 자금으로 구성된 포트폴리오에 의해 손익$(X_u,\, X_m,\, X_d)$를 가진 조건부 재산권을 복제할 수 있음을 확인하고 다음 연립방정식의 해 $(a^*,\, b^*)$가 그것을 입증한다.

$$a^* uS + b^* R = X_u \tag{11.27}$$

$$a^* mS + b^* R = X_m \tag{11.28}$$

$$a^* dS + b^* R = X_d \tag{11.29}$$

(11.27)과 (11.28)에서 그와 같은 어떠한 해도 다음을 만족해야 한다.

$$a^* = \frac{X_u - X_m}{uS - mS} \tag{11.30}$$

(11.28)과 (11.29)에서 우리는 또한

$$a^* = \frac{X_m - X_d}{mS - dS} \tag{11.31}$$

(11.30)과 (11.31)이 일관되지 않도록 (X_u, X_m, X_d) 값을 선택하는 것은 간단한 기본연습에 해당한다(예 : $X_u = X_m = 1$ 및 $X_d = 0$).

부록 11D 등가의 마팅게일 측도

위험중립확률은 흔히 "마팅게일 측도" 또는 "등가의 마팅게일 측도"와 같이 더 정교하게 표현된다. 본절에서는 이 용어에 대해 간략하게 설명한다.

위험중립확률의 정의는 실제로 두 가지 조건을 포함하는데, 첫 번째는 우리가 지금까지 중점을 두지 않은 암묵적(직관적인) 조건이다.

1. 위험중립확률 하에서 양(+)의 확률로 발생하는 가격은 원 모형에서 양(+)의 확률로 발생하는 가격과 동일해야 한다.
2. 위험중립확률 하에서 모형의 모든 자산에 대한 기대손익은 동일해야 한다.

아래에서 설명하는 것처럼 첫 번째 조건은 "등가성(equivalence)" 조건이고 두 번째 조건은 "마팅게일" 조건이다.

수학 용어에서, 한쪽에서 양의 확률을 갖는 사건들의 집합이 다른 한 쪽에서 양의 확률을 가지는 집합과 동일하다면 두 가지 확률 측정법은 동치라고 한다. 따라서 첫 번째 조건은 단순히 위험중립확률이 원래의 확률과 동등해야 한다는 요구사항이다. 이와 같은 동등성 또는 등가성 요구사항은 종종 명시되지는 않지만 위험중립확률의 정의에서 중요한 부분이다.

둘째, 확률과정은 그 과정의 가치의 변화의 기대값이 항상 0일 경우 마팅게일이라고 한다. 예를 들어, $100의 재산수준에서 시작하여 공정한 동전던지기를 반복한다고 가정해 보자. 동전이 앞면이 나올 때마다 1달러를 받고 뒷면이 나올 때마다 1달러를 잃는다. 확률 1/2로 $1을 얻고 확률 1/2로 $1을 잃어버리므로 재산 변동의 기대값은 0이다. 이 경우 당신의 재산 변동의 확률과정은 마팅게일을 따른다.

마팅게일에 대한 토론을 시작하기 위해 무위험이자율로 재투자되는 1 달러의 초기 투자가 이루어진 "단기금융자산"을 고려해 보자.(이항모형모형 모드에서 이것은 한 기간 후에 R로, 두 기간 후에는 R^2로 증가할 것이다.) 일반적으로 이자율이 확률적이라면, 자금시장계좌의 수익률은 그 시점의 시장 상태에 달려 있다. 각 시점에서 자산가격을 그 시점의 자금시장계좌의 가격으로 나눌 때 발생하는 "할인"(또는 "정규화된") 자산가격을 고려하라.[2)]

이 자금시장계좌는 무위험이자율로 증가하기 때문에 이 작업은 무위험이자율로 할인된 총자산가격의 성장으로 나타나게 된다. 위험중립확률의 정의 조건 2에 의해, 위험중립확률 하에서 자산가격의 기대성장률은 무위험이자율과 동일하다. 따라서, 위험중립확률 하에서 할인된 가격의 기대 성장률은 0이다. 따라서 조건 2는 단지 할인된 자산가격이 위험중립확률 하에서 마팅게일이어야 한다는 요구조건일 따름이다.

---

2) 즉, 자금시장계좌는 "기준재"자산의 역할을 한다. 자본시장계좌를 기준재 자산으로 선택하는 것은 관례지만 실제로는 필요한 것은 아니다. 모형의 어떤 자산도 기준재로 사용될 수 있다.

제 12 장

이항옵션가격결정

12.1 개요

지난 장에서는 단일기간 이항모형모형의 맥락에서 옵션가격결정 메커니즘을 설명했다. 이를 바탕으로 이 장에서는 다중기간(multi-period) 이항모형모형의 옵션가격결정을 검토한다. 먼저 가장 단순한 경우인 2기간 이항모형모형으로 시작한다. 그런 다음 논의가 n기간 이항모형모형으로 쉽게 확장되는지를 보여준다. 이 논의를 완료하면 13장에서는 이항모형모형의 구현에 대해 설명한다.

우리는 본장의 분석을 3단계로 제시한다. 우선, 무배당 주식(즉, 옵션의 잔존기간 동안 주식에 배당이 없음)에 대한 유럽식 옵션을 살펴본다. 그런 다음 무배당 주식에 대한 미국식 옵션을 살펴본다. 마지막으로 이항과정의 배당모형과 이 경우 유럽식과 미국식 옵션의 가격결정에 대해 설명한다.

고유한 단순성 때문에 이항모형모형은 공식적으로 옵션가격 및 행사방침의 여러 특성을 볼 수 있는 투명한 플랫폼을 제공한다. 동적 복제는 이 설정에서 쉽게 설명된다. 본장에서는 이것을 비롯하여 아래와 같은 다른 여러 가지 특성을 예시한다.

- 무배당 주식에 대한 미국식 풋옵션도 조기에 행사하는 것이 최적일 수 있다.
- 조기행사는 결코 배당 없이는 최적이 아니지만 배당이 있을 경우에는 조기에 미국식 콜옵션을 행사하는 것이 최적일 수 있다.
- 유럽식 풋옵션은 시간가치/보험가치 간의 트레이드오프로 인해 만기가 늘어남에 따라 가치가 하락할 수 있다. 이는 미국식 옵션이나 무배당 주식에 대한 유럽식 콜옵션에 대해서는 결코 발생할 수 없다.
- 배당이 있는 경우, 만기가 길어지면 유럽식 콜옵션가치가 감소할 수 있다.
- 배당은 콜옵션가치를 손상시키지만 풋옵션가치는 이득을 얻는다. 미국식과 유럽식 콜옵션가치는 모두 손실을 입었지만, 주식이 배당락 되기 전에 옵션을 행사할 수 있는 능력 때문에 미국식 콜옵션가치의 하락이 더 적다.

그 밖의 몇 가지 다른 특성은 본장의 끝에 있는 연습문제를 통해 제시해 보도록 한다.

기호의 표시

우리는 지난 장에서 소개된 표기법을 여기에서도 유지한다.

- S는 초기 주가를 나타낸다.
- u는 주식가격 상방 이동을 나타낸다(d는 하방 이동).
- p는 상방 이동의 확률, 하방 이동의 확률은 $(1-p)$이다.
- n은 이항과정의 단계 수이다.
- R은 단위기간 당 총 무위험이자율이다.
- K는 해당 옵션의 행사가격을 나타낸다.

단일기간모형 복습

지난 장에서는 옵션가격결정에 대한 두 가지 동등한 방법 즉, 복제와 위험중립확률을 사용하여 가격을 결정하는 방법을 설명했다. 단일기간 이항모형모형의 맥락에서 각 접근법의 주요 아이디어를 간단히 검토해 보는 것이 유용할 것이다.

(A) 복제 및 옵션 델타

복제는 옵션 결과를 모방하는 무위험이자율로 차입/투자 및 기초자산으로 구성된 포트폴리오를 통하여 옵션결과를 모방함으로써 옵션가격을 판별한다.

상방 이동 후에 X_u 가치를 가지며 하방 이동 후 X_d 가치를 갖는 단일기간 모형의 파생상품을 고려하자. 이 파생상품을 복제하기 위해 무위험이자율로 B_x의 투자와 기초자산 $\triangle_x$단위로 구성된 포트폴리오를 설정한다.

$$\triangle_x = \frac{X_u - X_d}{uS - dS} \tag{12.1}$$

$$B_x = \frac{1}{R}\left[\frac{uX_d - dX_u}{u-d}\right] \tag{12.2}$$

(음(−)의 값을 갖는 $\triangle_x$는 기초자산 매도포지션을 나타내고 음수 B_x는 차입임.) 이 때 파생상품의 초기가치는 다음과 같다.

$$X = \triangle_x S + B_x$$

(12.1)~(12.2)에서 $\triangle_x$와 B_x를 대입하고 단순히 정리하면 파생상품의 가격은 다음과 같이 표시된다.

$$X = \frac{1}{R}\left[\left(\frac{R-d}{u-d}\right)X_u + \left(\frac{u-R}{u-d}\right)X_d\right] \tag{12.3}$$

(B) 위험중립 가격결정

위험중립가격 결정에서, 우리는 위험중립확률(risk-neutral probability)이라고 불리는 특정 확률로 손익에 대한 값을 구하고 이러한 기대치를 무위험이자율로 할인함으로써 옵션의 공정가격을 판별한다.

단일기간 이항모형모형에서 상방 이동의 위험중립확률 q는 조건 $qu+(1-q)d=R$을 만족한다. 따라서 q는 다음과 같이 주어진다.

$$q = \frac{R-d}{u-d} \tag{12.4}$$

이제 상태 u에서 X_u를 지급하고 상태 d에서 X_d를 지급하는 이항모형의 파생상품이 있다고 가정해 보자. 그러면 이 파생상품의 초기가치는 다음과 같이 주어진다.

$$X = \frac{1}{R}\left[qX_u + (1-q)X_d\right] \tag{12.5}$$

이것은 물론 복제법으로 구한 가격인 (12.3)과 동일하다.

12.2 2기간 이항과정

다중기간 이항과정을 규정하려면 과정의 각 노드에서 상방 및 하방 이동을 규정해야 한다. 일반적으로 이러한 이동의 크기는 노드마다 다를 수 있다. 그러나 이항과정을 이항트리(binomial tree)로 그리는 방법에 관계없이 가격결정 방법론은 늘 동일하다. 본장의 목적은 가격결정 방법론을 설명하는 것이지 이항이항트리가 그려지는 방식이 아니기 때문에(13장의 목적임, 내재이항트리(implied binomial tree)에 대한 16.6절 참조), 우리는 각 기간의 가격이 동일한 확률로 동일한 요소 u와 d에 따라 상하로 움직이는 단순한 시나리오를 채택한다. 비율 u/d는 변동성의 척도이기 때문에 변동성은 이 과정 중에 일정하게 유지됨을 의미한다.

한 기간이 지나면 주식에 대해 uS와 dS라는 두 가지 가격이 가능하다. 두 번째 기간에 이 두 가격은 각각 u 또는 d만큼 상승할 수 있다. 그러므로 한 가격이 두 기간 동안 택할 수 있는 네 가지 경로가 있게 된다. (i) u 다음에 u, (ii) u 다음에 d, (iii) d 다음에 u, (iv) d 다음에 d.

그림 12.1
2기간
이항트리

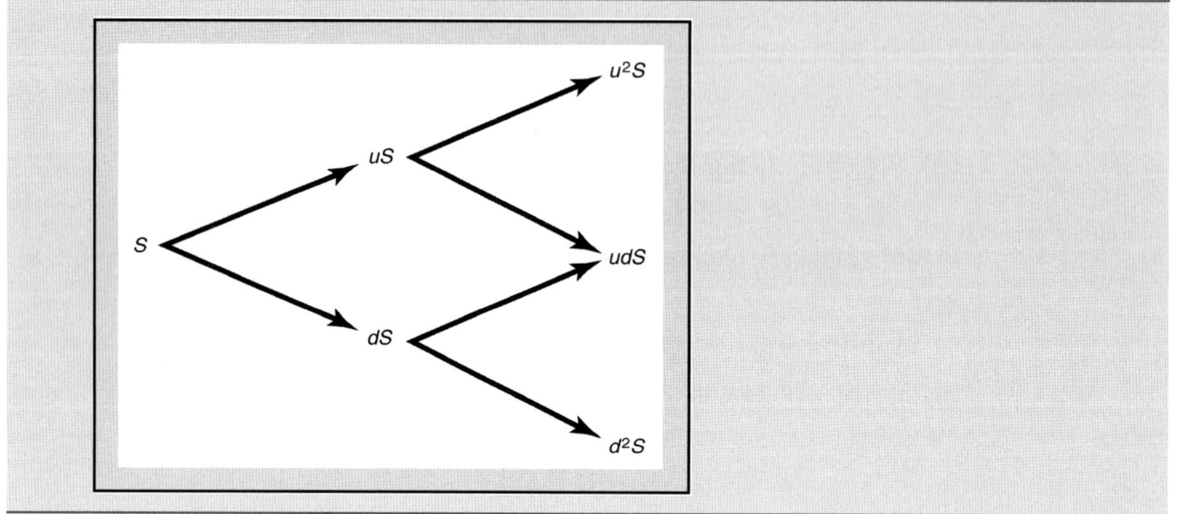

경로 uu는 주가 $u(uS) = u^2S$가 되고 경로 dd는 주가 $d(dS) = d^2S$가 된다. 그러나 경로 ud와 du는 동일한 최종가격 즉, udS로 귀결된다. 따라서 4개의 뚜렷한 가격 경로가 있더라도 두 기간 후에는 단지 세 개의 최종가격 즉, u^2S, udS 및 d^2S로 귀결된다. [그림 12.1]은 이 정보를 요약한 것이다.

재결합

ud와 du경로가 동일한 가격으로 귀결되는 특징은 이항과정 즉, 이항트리의 재결합으로 알려져 있다. 재결합은 이 가격으로 연결될 수 있는 많은 경로의 복잡성을 유지하면서 이항과정의 고유한 최종가격의 수를 줄인다.

n기간 이항과정에서 가능한 경로의 수가 각 단계에서 두 배로 늘어나기 때문에 2^n개의 가능한 가격 경로가 있게 된다. 재결합이 없으면 각 경로가 상이한 최종가격으로 귀결될 수 있다. 그러나 재결합으로 인해 $(n+1)$개의 분명히 다른 최종가격이 있게 된다. 이것들은 [표 12.1]에 열거 되어 있다. 비록 작은 값의 n(예: $n=30$)인 경우에도 이 수의 차이는 매우 크다.

실제로 이항모형모형은 100 또는 그 이상의 시간 단계를 통상 사용한다. 이는 모형이 매우 풍부한 자산가격의 변화패턴을 설명할 수 있다는 것을 의미한다.

예를 들어, 100개의 시간 단계에는 대략 10^{30}가지 가능한 시간 경로가 있다. 그러나 n 단계의 시점경과 뒤에 $n+1$개의 분명히 다른 노드가 있으며, 이것은 계산 과정을 상당히 용이하게 한다. 이러한 재결합은 유럽식 옵션에서 특히 중요하다. 이 옵션은 만기일 때만 행사될 수 있기 때문에 실제로 중요한 것은 가능한 최종가격과 그 분포이다.

표 12.1 n-기간 이항모형 모형의 최종가격

최종가격	결과
$u^n S$	n 상방 이동
$u^{n-1} d S$	$(n-1)$ 상방 이동, 1 하방 이동
$u^{n-2} d^2 S$	$(n-2)$ 상방 이동, 2 하방 이동
⋮	⋮
$u d^{n-1} S$	1 상방 이동, $(n-1)$ 하방 이동
$d^n S$	n 하방 이동

첨언: u와 d를 다양하게 하는 것

13장에서는 블랙-숄즈모형의 대수정규 가격분포를 고정값 u와 d를 사용한 임의의 이항과정으로 매우 유사하게 만들어 낼 수 있음을 보여준다. 따라서 상수의 매개변수를 갖는 이항과정은 블랙숄즈모형의 이산 버전으로 간주될 수 있다. 실제로 대수정규분포의 광범위한 사용이 전제된다면 고정 매개변수를 사용하는 것이 많은 이점이 있다. 설명측면에서도 고정 매개변수 모형은 충분하다. 이항이항트리를 어떻게 그리더라도 관계없이 과정 내의 옵션가격결정절차는 동일하게 유지된다.

반면에 대수정규분포는 많은 시장에서 가격 변화를 기술하는데 있어서는 어떤 면에서 부적절하다. 그것은 이항모형이 상이한 만기와 행사가격을 옵션의 시장가격과 동시에 연결시킬 수 없기 때문이다. 이 점에 대해서는 블랙-숄즈의 장에서 좀 더 자세하게 설명하도록 하겠다. Rubinstein (1994), Derman and Kani(1994), Dupire(1994)는 이 문제를 해결하기 위해 이항과정을 일반화하는 것이 가능하다는 것을 보여 주었다. 과정의 구성 중에 이항모형 수는 각 노드별로 다른 상방 및 하방 값이 있다. 이 값은 관찰된 옵션가격과 일치하도록 내재적으로 선택된다. 그들의 접근법은 16장에서 설명한다.

12.3 2기간 유럽식 옵션가격결정

그러면 가격결정 과정을 예를 들어 설명해보자. 다음의 매개변수를 갖는 2기간 이항과정을 고려하자.

- $S = 100.$
- $u = 1.10$ 및 $d = 0.90$
- $R = 1.02$

그림 12.2
가격결정의 예: 2기간 이항과정

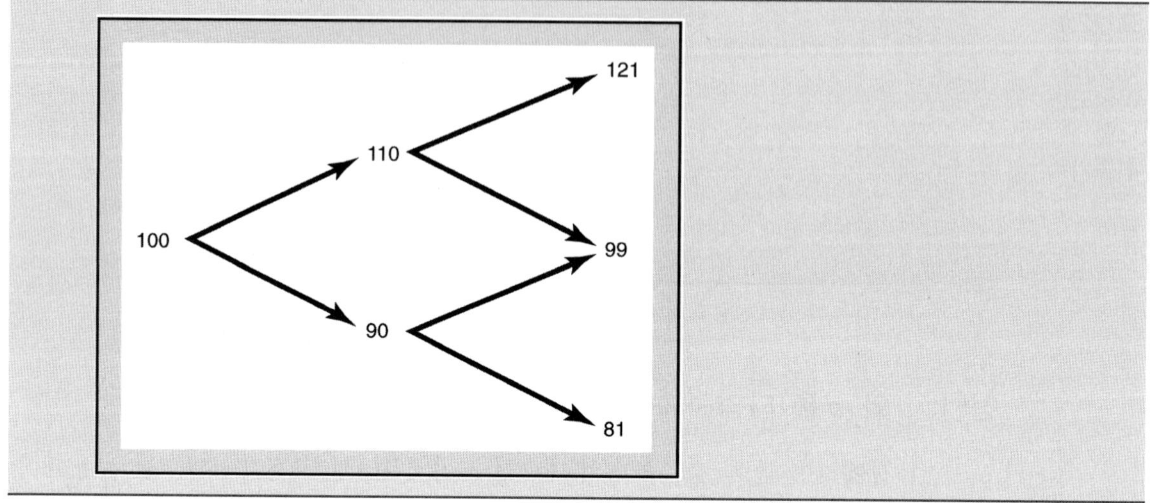

이 매개변수는 이 장 전체 예제에서 고정되어 있다. 먼저 $K=100$의 행사가격인 콜옵션의 가격결정을 살펴보고, 다음으로 동일한 행사가격의 풋옵션 가격결정에 대하여 알아보고자 한다.

덧붙여 말하자면 이들은 이전 장에서 단일기간 이항모형의 콜옵션과 풋옵션의 가격을 결정하는 데 사용된 것과 동일한 매개변수와 가격이다. 따라서 여기에서 가격결정 대상인 옵션은 순전히 만기에 따라 결정된 종전의 옵션과는 다르다. 이 경우는 이전 장에서 본 옵션보다 만기가 두 배이다. 추후 참조를 위해 이 매개변수를 사용하여 구한 옵션가격은 아래와 같다.

- 단일기간 콜옵션의 가격은 5.88이다.
- 단일기간 풋옵션의 가격은 3.92이다.

[그림 12.2]는 주어진 매개변수에 대한 2기간 이항과정을 설명한다. 어느 노드에서든 상방 이동의 위험중립확률 q는 다음과 같이 주어진다.

$$q = \frac{R-d}{u-d} = 0.60$$

콜옵션 가격결정 : 일반 의견

C는 콜옵션의 초기가치를 나타낸다. 한 기간이 지나면 주가는 $uS=110$ 또는 $dS=90$이다. 두 경우 모두 콜옵션가격이 초기가치에서 변경된다. 노드 uS에서의 콜옵션가치를 C_u로 표시하고 노드 dS에서의 가치를 C_d로 나타낸다. 콜옵션의 손익과 이에 대한 미지의 가치인 C, C_u 및 C_d는 [그림 12.3]에 표시되어 있다.

그림 12.3
콜옵션의 손익체계

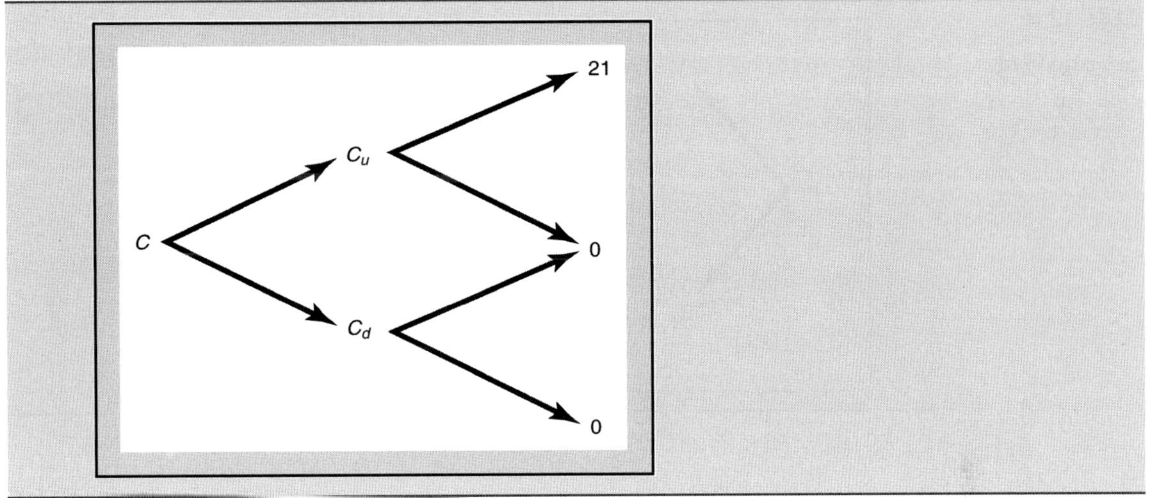

가치 C, C_u 및 C_d를 찾아내려면 역행 귀납법(backward induction)이라는 수학기법을 사용한다. 역행추론은 우리가 문제의 최종기간에서 출발하여 최초시점을 향하여 역방향으로 추론 작업을 수행함으로써 일반적인 다중기간 문제를 해결하기 위한 절차이다. 옵션가격결정 맥락에서 우리는 마지막 기간의 손익을 이용하여 만기 한 기간 전의 옵션가치를 산출한다. 그런 다음 만기가 되기 한 기간 전의 옵션가치를 사용하여 만기 2기간 전의 옵션가치를 계산한다. 그리고 이와 같은 과정은우리가 이항이항트리의 출발점에 이를 때까지 계속된다. 이 절차는 다중 기간 문제의 해결을 단일기간 문제 해결의 집합으로 효과적으로 축소시킨다. 아래 두 가지 예에서 역행 귀납법이 어떻게 작동하는지 보여주겠다.

만기시의 손익

첫 번째 단계는 만기시 콜옵션의 손익을 파악하는 것으로, 이것은 간단하다. [그림 12.2]에서 볼 수 있듯이, 만기 시점의 주가에는 세 가지 값이 있다. 이로부터 만기시에 콜옵션의 가능한 손익을 다음과 같이 구할 수 있다.

$$C_{uu} = \max\{121 - 100,\ 0\} = 21$$
$$C_{ud} = \max\{99 - 100,\ 0\} = 0$$
$$C_{dd} = \max\{81 - 100,\ 0\} = 0$$

이 내용은 [그림 12.3]에 표시되어 있다.

그림 12.4
노드 uS에서 역행추론

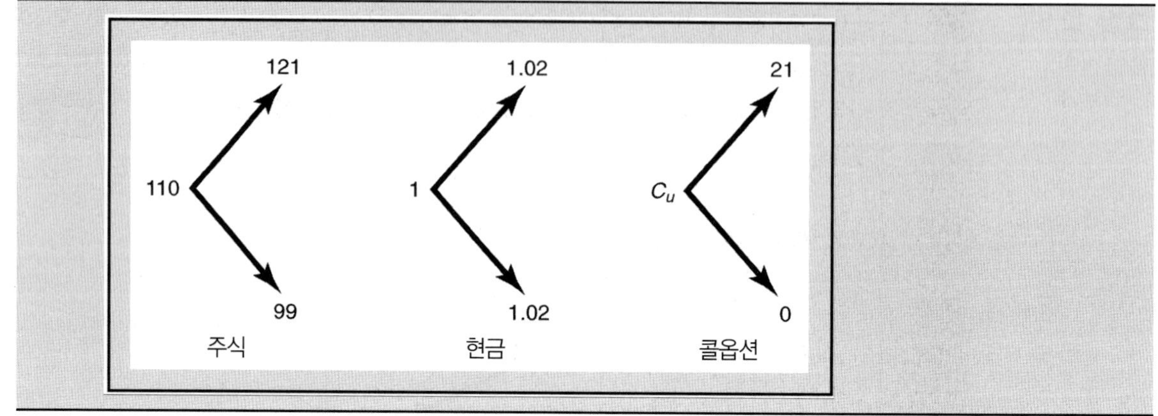

한 기간 역행

만기시의 손익을 사용하여 이제 만기 보다 한 기간 이전의 옵션가치를 파악한다. 이 때 식별할 수 있는 가치는 C_u와 C_d 두 가지이다.

첫 번째 노드 즉, 노드 $uS = 110$에서의 콜옵션가치를 고려하자. 이 시점으로부터 한 기간 후 옵션의 가치는 다음과 같이 표시할 수 있다.

$$\begin{cases} 21, & \text{가격이 } u^2S = 121\text{로 오를 경우} \\ 0, & \text{가격이 } udS = 99\text{로 내려갈 경우} \end{cases}$$

물론 이 기간 동안의 무위험이자율은 $R = 1.02$이다. 우리는 이 기간의 시점에서 옵션의 가치인 C_u를 알고 싶다. [그림 12.4]는 이 내용을 요약한 것이다.

그러나 이것은 단지 단일기간의 이항모형의 문제일 뿐이다! 따라서 우리는 위험중립가격결정을 사용하여 이 문제에 대한 콜옵션 초기가격 C_u를 풀 수 있다. 상방 이동의 위험중립확률은 $q = 0.60$이기 때문에 C_u의 해는 다음과 같이 구한다.

$$C_u = \frac{1}{1.02}[(0.60)\times(21)+(0.40)\times(0)] = 12.35 \qquad \textbf{(12.6)}$$

유사한 방식으로 우리는 노드 dS에서 가치 C_d를 식별할 수 있다. 이 예제에서 이것은 이제 사소한 일이다. 주가가 $udS = 99$로 올라갔는지 또는 $d^2S = 81$로 내려갔는지에 관계없이 콜옵션은 행사되지 않고 만료된다. 따라서 우리는 $C_d = 0$임을 알 수 있다.

그림 12.5
역행추론의 최종단계

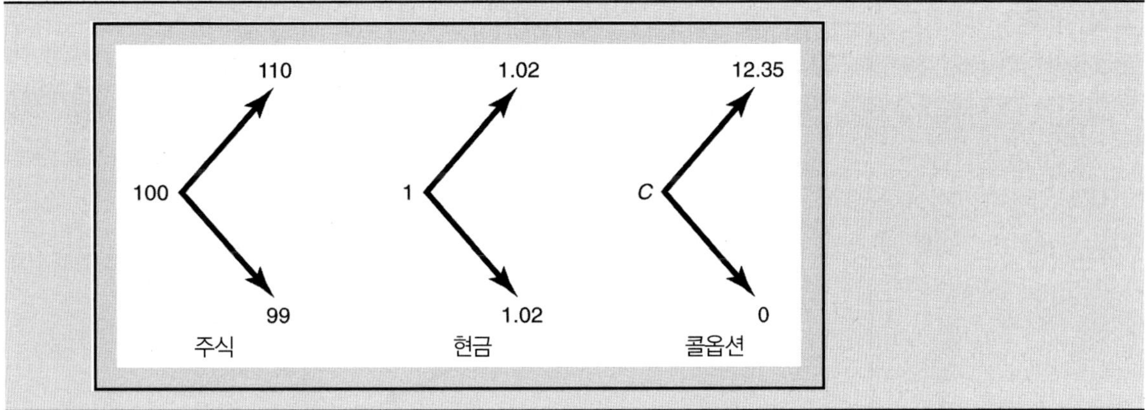

한 단계 더 역행

모든 가격을 만기 전 한 기간으로 식별하면 다시 한 기간 더 역이동하여 초기 노드 $S=100$에서 콜옵션가격 C를 판별한다.

우리는 방금 전 초기 노드로부터 한 기간이 지나면 콜옵션의 가치가 다음과 같게 됨을 살펴 보았다.

$$\begin{cases} 12.35, & \text{가격이 } uS=110\text{으로 오를 때} \\ 0, & \text{가격이 } dS=90\text{으로 내릴 때} \end{cases}$$

따라서 이제 콜옵션의 초기가치 C를 구하는 것은 [그림 12.5]에 표시된 단일기간의 문제가 된다. 위험중립확률을 적용하면 다음과 같이 콜옵션의 가치를 구하게 된다.

$$C=\frac{1}{1.02}[(0.60)\times(12.35)+(0.40)\times(0)]=7.27 \qquad \textbf{(12.7)}$$

지금까지 이항이항트리에서 콜옵션가격의 변화과정은 [그림 12.6]에 잘 나타나 있다.

동적 복제에 대한 콜옵션가격결정

위험중립확률을 사용하기보다는 복제 포트폴리오를 역행추론에 사용할 수 있었다는 사실을 다음 예시를 통하여 알아보기로 한다.

첫 번째 노드 uS를 고려해 보자. 이 시점에서 옵션 보유자는 [그림 12.4]에서 설명한 단일기간 문제에 직면한다. (12.1)~(12.2)로부터 이 노드의 복제 포트폴리오는 다음과 같이 구성할 수 있다.

$$\Delta^u=\frac{21-0}{121-99}=0.9545 \qquad B^u=\frac{1}{1.02}\frac{-(0.90)(21)}{1.10-0.90}=-92.65 \qquad \textbf{(12.8)}$$

그림 12.6
콜옵션가치의 변화

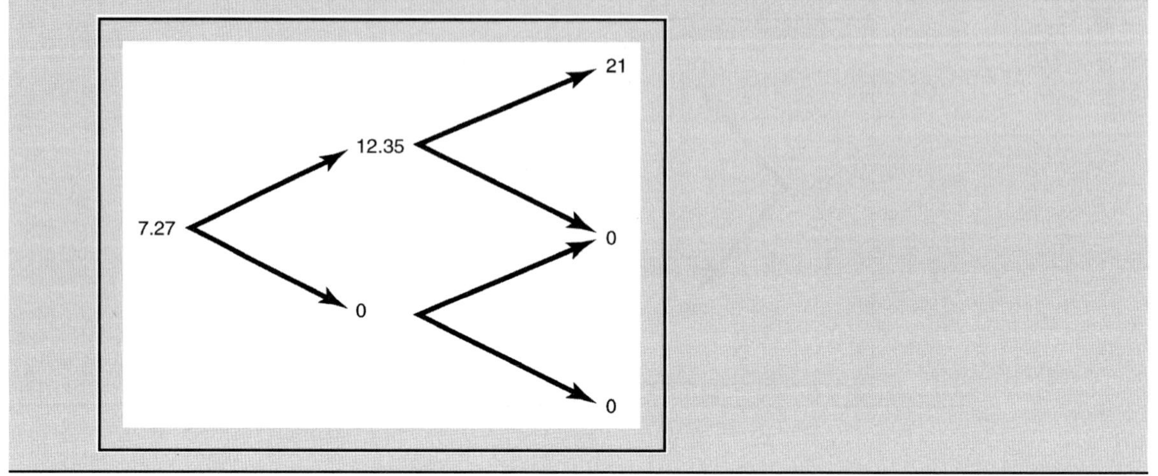

이 노드에서 주식은 110의 비용이 들기 때문에 이 복제 포트폴리오의 비용은

$$(0.9545)(110) - 92.65 = 12.35$$

따라서 이 노드에서 콜옵션의 가치는 12.35이다. 이것은 물론 위험중립가격결정을 사용하여 위에서 구한 것과 동일한 가치이다.

노드 dS에서 옵션은 가치가 없으며, 가격이 다음 기간에 오르거나 내릴지 여부에 관계없이 외가격으로 만료된다. 따라서 이 노드에서 복제되는 포트폴리오는 무가치(null) 포트폴리오이다.

$$\Delta^d = 0 \qquad B^d = 0 \tag{12.9}$$

끝으로, 초기 노드 S에서 옵션 보유자는 [그림 12.5]에서 설명한 단일기간 문제에 직면한다. (12.1)~(12.2)로부터 이 노드의 복제 포트폴리오는 다음과 같이 구성한다.

$$\Delta = \frac{12.35 - 0}{110 - 90} = 0.6175 \qquad B^u = \frac{1}{1.02}\,\frac{-(0.90)(12.35)}{1.10 - 0.90} = -54.48 \tag{12.10}$$

따라서 옵션의 초기비용은

$$(0.6175)(100) - 54.48 = 7.27$$

이는 위험중립가격결정을 사용하여 얻은 가치와 동일하다.

다른 말로 표현하면, 복제전략은 다음과 같은 구조를 가진다. 처음에는 주식 0.6175 단위의 매입 포지션과 무위험이자율로 단일기간 동안 54.48의 차입금으로 포트폴리오를 구성했다. 단일기간이 만료되면 이 포트폴리오는 다음과 같은 가치가 있다.

$$\begin{cases} 12.35, & \text{가격이 } uS = 110\text{으로 이동하는 경우} \\ 0, & \text{가격이 } dS = 90\text{으로 이동하는 경우} \end{cases}$$

만일 노드 uS에 도달하면 복제 포트폴리오의 구성을 (12.8)로 표시된 수로 변경해야 한다. 노드 dS에 도달하게 되면 구성을 (12.9)로 변경한다. 이와 같은 포트폴리오 재조정(rebalancing)은 옵션 복제의 동적 측면이다.

복제 전략은 자체적으로 자금조달(self-financing)되고 있음을 유의하기 바란다. 즉, 노드에서의 재조정은 펀드의 주입 또는 인출을 필요로 하지 않는다. 노드에서 재조정된 포트폴리오의 가치는 해당 노드에 들어가는 포트폴리오의 가치와 항상 같다. 예를 들어, 초기 노드에서 설정된 포트폴리오 (12.10)는 아래와 같이 노드 uS에서의 가치를 가진다.

$$(0.6175 \times 110) - (54.48 \times 1.02) = 12.35$$

이는 정확히 (12.8) 노드에서 설정한 재조정 포트폴리오의 비용에 해당한다. 복제전략은 항상 이러한 방식으로 자체 자금조달하도록 요구된다. 그렇지 않다면 전략의 초기비용은 미래의 자금투입 및 인출의 현재가치도 고려해야하기 때문에 파생상품의 진정한 합성비용을 반영하지 못한다.

풋옵션의 가격결정

앞에서 설명한 바와 유사하게 풋옵션도 역행 귀납법을 사용하여 가격을 산정할 수 있다. 처음 단계로 최종 노드에서 풋옵션의 가치를 판별한다.

$$\begin{aligned} P_{uu} &= \max\{100 - 212, 0\} = 0 \\ P_{ud} &= \max\{100 - 99, 0\} = 1 \\ P_{dd} &= \max\{100 - 81, 0\} = 19 \end{aligned} \tag{12.11}$$

다음으로, 우리는 만료기간 이전의 가치를 확인한다. 먼저 노드 $uS = 110$을 고려한다. 이 노드에서 풋옵션은 다음과 같은 가치가 있다.

$$\begin{cases} 0, & \text{가격이 } u^2S = 121\text{으로 상방 이동하는 경우} \\ 1, & \text{가격이 } udS = 99\text{로 하방 이동하는 경우} \end{cases} \tag{12.12}$$

따라서 위험중립가격결정을 사용하면 노드 uS에서 이 풋옵션에 대한 무차익거래 가격 P_u는 아래와 같다.

$$P_u = \frac{1}{1.02}[(0.60)(0) + (0.40)(1)] = 0.39 \tag{12.13}$$

다음으로 노드 $dS = 90$을 고려해 보자. 여기에서 풋옵션은 다음과 같은 가치가 있다.

그림 12.7 유럽식과 미국식 풋옵션가격의 변화

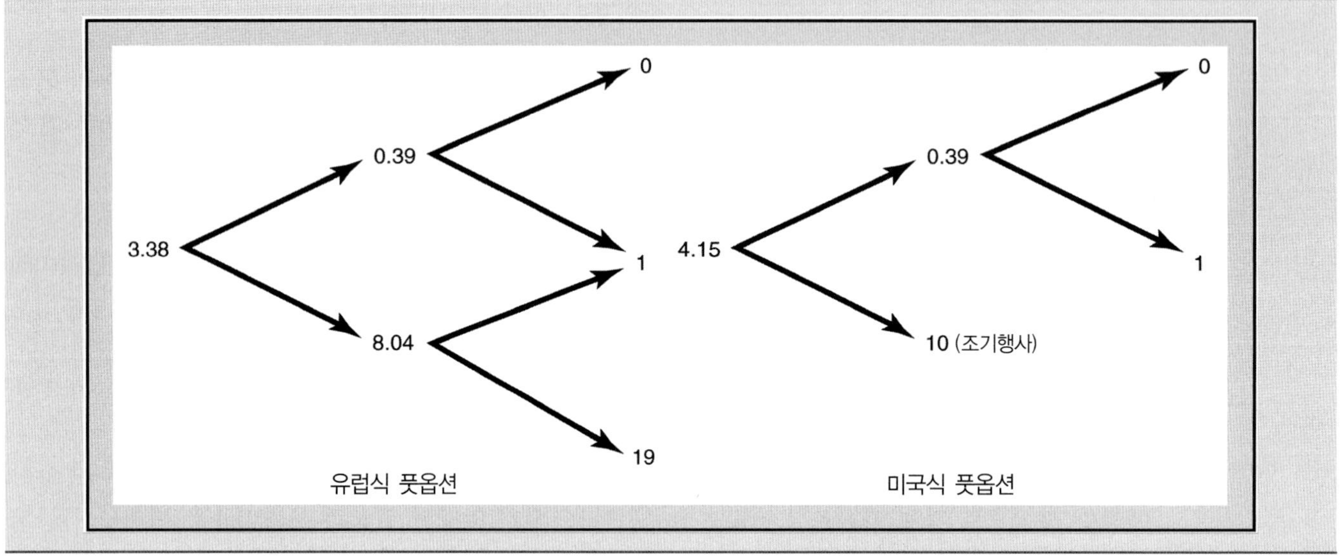

$$\begin{cases} 1, & \text{가격이 } udS = 99\text{으로 상방 이동하는 경우} \\ 19, & \text{가격이 } d^2S = 81\text{로 하방 이동하는 경우} \end{cases} \quad \textbf{(12.14)}$$

따라서 이 노드에서 풋옵션의 무차익거래 가격 P_d는 아래와 같다.

$$P_d = \frac{1}{1.02}[(0.60)(1) + (0.40)(19)] = 8.04 \quad \textbf{(12.15)}$$

끝으로 초기 노드 $S = 100$을 고려해 보자. 방금 보았듯이 가격이 uS까지 올라가면 풋옵션의 가치는 $P_u = 0.39$이다. 반면에 가격이 $dS = 90$으로 내려가면 풋옵션의 가치는 $P_d = 8.04$이다. 위험중립확률을 다시 불러내면, 풋옵션의 초기가격 P를 다음과 같이 구할 수 있다.

$$P = \frac{1}{r}[(0.60)(0.39) + (0.40)(8.04)] = 3.38 \quad (12.16)$$

[그림 12.7]의 왼쪽 패널은 이 두 기간 모형에서 유럽식 풋옵션 가격의 진화를 요약한 것이다.

풋옵션 델타

풋옵션 델타는 이항과정에서 어떻게 변화하는가? 노드 $uS = 110$을 먼저 고려해 보자. 여기에서 1기간 후의 풋옵션가치는 (12.12)로 주어진다. 따라서 (12.1)을 활용하면 이 시점에서 풋옵션의 델타는

$$\triangle_u^p = \frac{0-1}{121-99} = -0.0455 \qquad \textbf{(12.17)}$$

이제 노드 $dS = 90$을 고려해 보자. 여기에서 1기간 후 풋옵션가치는 (12.14)로 주어진다. 따라서 (12.1)을 사용하면 이 시점에서 풋옵션의 델타는

$$\triangle_d^p = \frac{1-18}{99-81} = -1 \qquad \textbf{(12.18)}$$

끝으로 초기 노드 S를 고려해 보자. 이 시점에서 주가는 110까지 오르거나 또는 90까지 내려갈 수 있다. 주가가 올라가면 풋옵션가치는 0.39이고, 주가가 하락하면 풋옵션가치는 8.04이다

따라서 (12.1)을 사용하면 이 시점에서 풋옵션의 델타는

$$\triangle^p = \frac{0.39-8.04}{110 \quad 90} = -0.3825 \qquad \textbf{(12.19)}$$

요약하면, 초기 풋옵션 델타는 -0.3825이다. 주가가 하락하고 풋옵션이 내가격으로 이동하면 풋옵션 델타는 -1로 이동한다.(이 예에서, dS에서 풋옵션은 심내가격이기 때문에 외가격으로 마감할 가능성은 없다.) 주가가 올라가고 풋옵션이 외가격이 되면, 풋옵션 델타는 -0.0455로 이동한다.

첨언: 만기의 영향

여기에 사용된 것과 동일한 매개변수를 사용하지만 단일기간의 만기를 전제로 할 때, 우리는 지난 장에서 콜과 풋옵션이 각각 5.88과 3.92의 가치가 있다는 것을 보았다. 만기가 두 기간으로 증가하면 콜옵션가격은 7.27로 상승하지만 풋옵션의 가치는 3.38로 낮아진다. 이로부터 콜옵션에 미치는 영향은 쉽게 이해할 수 있다. 만기까지의 시점을 늘리면 콜옵션의 시간가치와 보험가치가 모두 증가하므로 콜옵션의 가치가 커진다.

왜 풋옵션의 가치는 하락하는가? 우리가 보았듯이, 일반적으로 만기가 길어짐에 따라 풋옵션에는 두 가지 효과가 있다. 풋옵션의 보험가치는 증가하지만 시간가치는 감소한다. 풋옵션가치의 증가 또는 감소 여부는 이러한 요인 중 어느 것이 지배적인가에 달려 있다. 현재 예제에서 일단 노드 $dS = 90$에 도달하면 2기간의 풋옵션은 내가격으로 마감하는 것이 보장된다. 따라서 이 노드의 풋옵션에는 보험가치가 남아있지 않다. 즉, 보험가치는 옵션성이 중요한 경우에만 의미가 있다. 그러나 풋옵션을 한 번 더 행사할 수 없으므로 음의 시간가치가 된다.(물론, 노드 uS에서 기간 1에 남아있는 보험가치가 있지만, 이 노드의 풋옵션가치에 대한 기여도는 상대적으로 작다.) 이 결과, 시간-가치 효과가 지배하고 풋옵션가치는 하락한다.

표 12.2
최종노드 정보

최종 주가	중립 위험 확률	최종 결과	
		콜옵션	풋옵션
121	0.36	21	0
99	0.48	0	1
81	0.16	0	19

유럽식 옵션가격결정에 대한 과정–종단 접근법

역행추론 절차는 직관적인 절차이며, 이항과정에서 미국식 옵션가격을 결정하기 위해 필요한 절차이다. 그러나 유럽식 옵션의 경우 이러한 옵션이 만기될 때까지 행사될 수 없다는 사실을 이용하는 직접적인 절차가 있다. 구체적으로 (a) 각 종단노드의 위험중립확률을 찾고, (b) 각 종단노드의 옵션 손익에 위험중립확률을 곱한 다음, (c) 그 결과를 과정의 시작점으로 할인한다.

이것을 두 가지 기간의 예제에 적용하여 이를 설명해 보겠다. 이 예에서 어떤 노드에서 상방 이동 위험중립확률은 $q = 0.60$이다. 이 주식에 대하여는 $u^2S = 121$, $udS = 99$ 및 $d^2S = 81$의 세 가지 종가가 있다. 이 때 u^2S의 위험중립확률은 두 번의 상방 이동의 위험중립확률이다.

$$0.60 \times 0.60 = 0.36$$

노드 udS는 두 가지 방식으로 도달할 수 있다. 상방 이동한 후 하방 이동하거나 하방 이동하고 나서 상방 이동한다. 이들 각각의 위험중립확률은

$$0.60 \times 0.40 = 0.24$$

따라서 udS의 위험중립확률은 $2 \times 0.24 = 0.48$아다. 끝으로 노드 d^2S는 두 번의 하방 이동 후에 발생하므로 위험중립확률은 다음과 같이 된다.

$$0.40 \times 0.40 = 0.16$$

[표 12.2]는 가능한 최종주가의 집합, 위험중립확률 및 각 노드에서 콜옵션 및 풋옵션의 손익에 대한 정보를 요약한 것이다. 주어진 위험중립확률에서 콜옵션의 기대 손익은 다음과 같다.

$$(21 \times 0.36) + (0 \times 0.48) + (0 \times 0.16) = 7.56$$

이들 손익은 두 기간 말에서 발생하고, 무위험이자율인 기간당 1.02이면, 손익은 $(1.02)^2$의 두 기간 무위험이자율을 사용하여 역으로 할인해야 한다.

그 결과 다음과 같은 초기 콜옵션가격을 얻게 된다.

$$C = \frac{7.56}{(1.02)^2} = 7.27$$

풋옵션도 이와 유사한 방식으로 가격이 산정될 수 있다. 따라서 초기 가격 P는 다음과 같다.

$$P = \frac{(0\times 0.36)+(1\times 0.48)+(19\times 0.16)}{(1.02)^2} = 3.38$$

물론, 옵션가격을 판별하는 이 방법은 훨씬 신속하지만 조기행사가 없다고 가정하기 때문에 불행히도 미국식 옵션에는 사용할 수 없다.

12.4 일반적 n-기간 이항과정의 유럽식 옵션가격결정

일반적 n-기간 이항과정의 유럽식 옵션가격은 위에 든 두 가지 방법으로 찾을 수 있다. 즉, 역행귀납법을 사용하거나 과정-종단 가격결정 방법으로 직접 산출할 수 있다.

일반적인 n-기간 이항과정에서의 이항분포트리에서 절차는 동일한 단계를 따른다. 우선 만기시의 모든 옵션 손익을 확인한다. 그런 다음 단일기간 문제를 반복적으로 해결하여 만기가 되기 1기간 전의 모든 옵션가치를 식별한다. 이 값을 사용하여 이항분포트리에서 한 단계 더 역행하여 만기 2기간 전의 모든 옵션가치를 식별한다. 초기 노드에 도달할 때까지 이 절차를 반복한다. 물론 이 과정은 프로그램이나 스프레드 시트를 사용하여 구현하기가 용이하다. 동일한 함수(단일기간 가격결정 함수)를 반복적으로 불러내어 사용하기 때문이다. 자세한 내용은 13장을 참조하라.

한편 위에 든 방법의 대안으로 과정-종단 가격접근법을 사용할 수 있다. 이 절차를 사용하면 n기의 이항과정에서 유럽식 옵션가격의 일반적인 공식을 도출할 수 있다. 이 식은 블랙-숄즈 옵션가격결정 공식과 상당한 유사성을 가지며 해당 수식에 대한 예비단계로 사용될 수 있으므로 특별한 가치가 있다. 물론 이러한 유사점은 많은 기간 동안 일정한 매개변수를 갖는 이항분포모형이 블랙-숄즈모형과 유사해지기 때문에 우발적인 것은 아니다. 공식의 유도는 개념적으로 간단하지만 몇 가지 추가 표기법이 필요하다. 부록 12A에 세부사항을 기술한다.

12.5 미국식 옵션가격결정 : 예비적 해설

이항과정에서 미국식 옵션의 가격결정은 유럽식 옵션의 가격결정에 비해 추가적으로 한 가지 복잡한 문제를 수반한다. 그것은 역행추론 절차에서 옵션의 조기행사를 허용할 필요가 있다는 것이다. 따라서 일반 절차에 대한 몇 가지 해설이 도움이 될 것이다.

미국식 옵션의 가치를 확인하려면 현금흐름이 언제 발생하는지 알 필요가 있다. 그러면 현금흐름을 역으로 적절하게 할인할 수 있다. 이것은 최적의 조기행사정책, 즉 조기에 옵션을 행사하는 것이 최적인 조건을 알아야 함을 의미한다. 이제는 즉각적인 행사의 가치가 행사하지 않는 것, 즉 계속 보유하는 것의 가치를 초과 한다면 그 노드에서는 행사하는 것이 최적이다. 그러나 계속 보유하는 옵션가치는 미래 노드의 옵션가치에 의존하며, 이 미래 노드에서의 가치는 노드에서 중단하거나 계속 보유하는 가치에 따라 달라진다. 다르게 말하면, 한 노드에서 최적의 행사정책을 식별하기 위해, 미래의 모든 노드에서 최적의 행사정책을 알아야 한다.

이것은 미국식 옵션을 평가하는 간단한 절차를 제시한 결과이다. 우리는 계속 보유가 더 이상 대안이 될 수 없는 노드 집합 즉, 최종 노드에서 시작한다. 이 노드에서의 옵션가치는 분명히 확인할 수 있다. 그런 다음 만기되기 한 기간 이전으로 돌아간다. 이 단계에서 조기에 행사하면 받게 될 가치가 해당 노드에서 옵션의 본질적 가치이다. 여기서 기다리면 만기가 될 것이고 그 결과로 나타나는 옵션가치를 알게 된다. 두 가지 대안을 비교하면 우리는 (a) 조기에 행사하는 것이 최적인지 여부와 (b)이 시점에서 옵션가치를 알 수 있다.

만기 1기간 전의 모든 옵션가치를 확인한 후 이제 우리는 이항이항트리에서 역으로 한 기간 더 돌어간다. 만기되기 두 기간 전인 각 노드에서 즉시 행사할 경우와 비교한다. 즉시 행사한다면 그 노드에서 그 옵션의 내가격 금액을 수취한다. 반면에 우리가 기다리면 만기에서 한 기간 떨어진 노드에 도달하게 되고, 이 노드 각각에서 옵션가치를 알 수 있다. 두 가지 가치 중 높은 가치가 다시 (a) 해당 노드가 조기행사하기에 최적인지 여부와 (b) 각 노드에서 옵션가치를 결정한다.

이 절차는 이항과정의 초기 시점에 도달할 때까지 반복된다. 다음 절에서는 2기간 이항모형 예제를 사용하여 이를 설명할 것이다.

12.6 무배당 주식에 대한 미국식 풋옵션

이 장의 앞부분에서 사용 된 2기간 이항과정을 고려해 보자. 여기서, $S=100$, $u=1.10$, $d=0.90$이고, $R=1.02$이다. 이 예제에서 미국식 풋옵션의 가격결정을 살펴보기로 하자. 행사가격 $K=100$이다.

한 가지 기억할 점은 이전 장에서 배당이 없는 경우 조기행사는 미국식 풋옵션에 최적이라는 주장이다. 풋옵션을 조기에 행사하면 시간가치가 증가하지만 보험가치는 손실된다. 이 가치들 사이의 절충(trade-off)은 조기행사의 최적성을 결정한다. 이와 같은 2기간 예제에서는 시간가치의 획득에 유리하게 트레이드오프가 진행되므로 조기행사가 최적임을 보여준다.

우리는 역행추론 절차에서 요구하는 대로 이항과정 종단에서 시작한다. 종단 노드에서 풋옵션의

손익은 유럽식 풋옵션의 경우인 (12.11)과 동일하다.

$$P_{uu} = 0$$
$$P_{ud} = 1$$
$$P_{dd} = 19$$

이제 한 기간을 역행하여 $uS = 110$ 및 $dS = 90$ 노드로 되돌아가 보자.

노드 *uS* = 110 에서

옵션이 이 노드에서 행사되지 않은 채로 남아 있으면, 한 단계를 더 지난 후 아래와 같이 지급한다.

$$\begin{cases} 0, & \text{가격이 } u^2S = 121 \text{으로 이동하는 경우} \\ 1, & \text{가격이 } udS = 99 \text{으로 이동하는 경우} \end{cases}$$

이 모형에서 상방 이동의 위험중립확률은 $q = 0.600$이기 때문에 옵션을 행사하지 않고 남아있는 경우의 가치는

$$\frac{1}{1.02}[(0.60)(0) + (0.40)(1)] = 0.392$$

즉각적인 옵션 행사의 가치는 음수이다. 이 옵션을 사용하면 주식을 100에 팔 수 있는 권리가 주어지지만 이 노드에서 주식의 110의 가치가 있다. 이 두 가치를 비교하면 노드 uS에서의 상황을 다음과 같이 쉽게 정리할 수 있다.

- 옵션의 가치 P_u는 0.392이다.
- 조기행사는 uS에서 최적이 아니다.

노드 *dS* = 90 에서

옵션이 dS에서 행사되지 않은 채로 남아 있으면 다음과 같이 지급한다.

$$\begin{cases} 1, & \text{가격이 } udS = 99 \text{으로 이동하는 경우} \\ 19, & \text{가격이 } d^2S = 81 \text{으로 이동하는 경우} \end{cases}$$

따라서 옵션을 행사하지 않은 채로 남겨 두는 경우의 가치는

$$\frac{1}{1.02}[(0.60)(1) + (0.40)(19)] = 8.04$$

이 노드에서의 즉각적인 행사의 가치는 풋옵션이 우리에게 지금 단지 90의 가치가 있는 주식을

100에 팔 수 있는 권리를 부여하기 때문에 +10이다. 두 가치를 비교하면 노드 dS에서의 상황을 다음과 같이 쉽게 정리할 수 있다.

- 옵션의 가치 P_d는 10이다.
- 조기행사는 이 노드에서 최적이다.

초기 노드 S = 100 에서

이제 우리는 다시 더 한 기간 역행하여 초기 노드 S로 이동한다. 옵션이 즉시 행사되지 않으면 방금 설명한 것처럼 한 단계를 더 지나 후 아래와 같은 가치를 가진다.

$$\begin{cases} 0.39, & \text{가격이 } uS = 110 \text{으로 이동하는 경우} \\ 10, & \text{가격이 } dS = 90 \text{으로 이동하는 경우} \end{cases}$$

따라서 옵션을 즉시 행사하지 않을 경우의 가치는

$$\frac{1}{1.02}[(0.60)(0.39) + (0.40)(10)] = 4.15$$

노드 S에서의 즉각적인 행사의 가치는 옵션이 이 시점에서 등가격이기 때문에 0이다. 이들 가치를 비교해 보면, 다음 결론에 이른다.

- 풋옵션의 초기가치는 $P = 4.15$이다.
- 노드 S에서 풋옵션을 행사하는 것은 최적이 아니다.

[그림 12.7]은 이와 같은 2기간 모형에서 유럽식과 미국식의 풋옵션가격의 변화를 대조표현하고 있다.(오른쪽 부분은 미국식 풋옵션의 변화를 설명한다)

무엇이 조기행사를 유도하나?

이 예제의 경우 dS에서 조기행사가 최적인 이유는 무엇인가? 옵션의 손익을 살펴보면 답을 얻을 수 있다. 앞에서 확인 했듯이 문제의 풋옵션은 이 노드에서 매우 심내가격이기 때문에 실제로 만기시 내가격으로 마감이 보장된다. 이러한 조건 하에서는 풋옵션에 보험가치가 남아있지 않다. 보험가치는 옵션성－행사 권리(또는 하지 않음)가 중요할 때 발생한다. 그러나 여전히 옵션을 조기에 행사함으로써 기회가 포착될 수 있게 하는 음의 시간가치가 존재한다.

조기행사 프리미엄

동일한 예제에서 든 유럽식 풋옵션의 가격은 3.38이었음을 기억하라. 미국식 풋옵션은 4.15라

는 훨씬 더 많은 비용이 들어간다. 조기행사 프리미엄(유럽식보다 미국식 풋옵션의 가격차이)는 $4.15-3.38=0.77$로 주어 지는데 이는 미국식 풋옵션가치의 18%가 넘는다. 상당한 조기행사 프리미엄은 미국식 풋옵션 보유자가 조기에 행사함으로써 시간가치 손실을 피할 수 있는 능력이 있는 반면, 유럽식은 그렇지 못함을 반영한다.

만기의 영향

우리가 살펴 보았듯이 유럽식 풋옵션은 만기가 증가함에 따라 가치가 떨어질 수 있다. 이 모형에서 단위기간 풋옵션의 비용은 3.92이지만 2기간 유럽식 풋옵션의 비용은 3.38이다. 미국식 옵션의 경우, 풋옵션 보유자가 항상 조기에 행사하여 추가 시점의 부정적 영향을 피할 수 있기 때문에 이것은 불가능하다. 따라서 미국식 풋옵션은 일반적으로 만기와 함께 가치가 증가한다.(아니면, 적어도 가치가 감소하지는 않는다.) 지금 예제는 이것을 잘 보여준다. 단일기간 풋옵션의 가격은 3.92인 반면, 2기간 미국식 풋옵션가격은 4.15로 6퍼센트 정도 더 높다.

끝으로 이 예제의 옵션 델타에 대한 몇 가지 유의점을 지적한다. 간단한 계산을 통하여 옵션(노드 S에서)의 초기 델타가 다음과 같음을 알 수 있다.

$$\frac{0.39-10}{110-90}=-0.48$$

주식가격의 상방 이동 이후 델타는

$$\frac{0-1}{121-99}=-0.045$$

주식가격의 하방 이동 후에는 조기행사가 최적이다. 그러나 보유자가 이 단계에서 옵션을 행사하지 않으면 델타는 -1이 된다.

미국식 콜옵션가격결정

이전 장에서 무배당 주식에 대한 미국식 콜옵션은 결코 조기에 행사되어서는 안 된다고 주장했다. 따라서 이와 같은 세계에서 미국식 콜옵션의 가격은 유럽식 콜옵션과 동일해야 한다. 우리는 이 모형에서 유럽식 콜옵션에 대한 가격을 결정하는 방법을 이미 보았으므로 여기에 추가 할 내용은 없다.

독자가 이 예제에서 조기행사의 비최적성을 검증하는 것은 유용한 연습이 된다. 다시 말하면, 미국식 풋옵션에 대하여 따랐던 것과 동일한 단계를 반복하고 조기행사가 어떤 노드에서도 결코 최적이 아님을 보여주면 된다.

12.7 이항과정의 현금배당

지금까지는 옵션의 잔존기간 동안 기초자산에 대한 배당 가능성을 무시했다. 이제 이 특성을 반영하기 위해 본 분석을 어떻게 확장시킬 것인가를 논의한다.

이항과정에서 기초자산에 대한 배당을 고려할 때 참고해야 할 두 가지 가능성이 있다. 첫 번째는 보통주에 배당과 같은 이산 "확정 현금"(또는 "현금") 배당(discrete "fixed cash" dividend)이다. 두 번째는 통화 또는 지수에 대한 수익률 같은 연속 배당수익률(continuous dividend yield)이다. 이 두 가지 가능성은 모형화에 서로 다른 의미를 갖는다. 본 절에서는 현금 배당을 그리고 이 장의 뒷부분에서는 배당수익률에 대하여 살펴보겠다.

이산 현금배당 지급은 주가의 불연속성을 초래한다. 배당 발표는 배당락일과 함께 일어난다. 배당은 보통 얼마의 시점이 지난 후에 지급되지만 배당락일에 명부에 기록된 주주는 주식 배당금을 받을 권리가 있다. 따라서 배당락일 이전의 주가(배당부 주가(cum-dividend stock price))는 주식에 지급될 배당을 포함하지만, 이는 배당락일 이후의 주식가격(배당락 주가(ex-dividend stock price))은 그렇지 아니하다.

배당을 고려한 이항과정의 수정

우리는 먼저 배당지급을 고려하기 위해 이항과정을 수정하는 방법을 설명한다. 위에서 살펴본 결과와 동일한 2기간 모형을 생각해 보자. 즉, $u = 1.10$, $d = 0.90$, $R = 1.02$, $S = 100$이다. 그러나 한 기간(즉, 기간 1은 주식의 배당락일) 후에 5달러의 배당이 지급된다고 가정해 보자.

그러면 주식가격 상방 이동에 따른 배당부 가격은 110이다. 그러나 이 노드의 배당락 주가는 $110 - 5 = 105$이다. 마찬가지로 노드 dS의 배당부 주가는 90이지만 dS에서의 배당락 가격은 $90 - 5 = 85$이다.

여기에서 배당락 가격만이 주가의 추가 변화와 관련이 있기 때문에 다음과 같은 결과를 얻게 된다.

- 주가의 변화에 있어 두 번 연속 상방 이동에 따른 주가는 $105 \times 1.10 = 115.5$이다.
- 상방 이동 후 하방 이동에 따른 주가는 $105 \times 0.90 = 94.5$이다.
- 하방 이동 후 상방 이동에 따른 주가는 $85 \times 1.10 = 93.5$이다.
- 가격의 두 차례 하방 이동에 따른 주가는 $85 \times 0.90 = 76.5$이다.

이와 같은 결과를 낳은 주가과정은 [그림 12.8]에 잘 나타나 있다.

배당이 존재할 경우에는 상방 이동 후 하방 이동에 따른 주가는 하방 이동 후 상방 이동에 따른

그림 12.8
배당을 고려한 이항트리

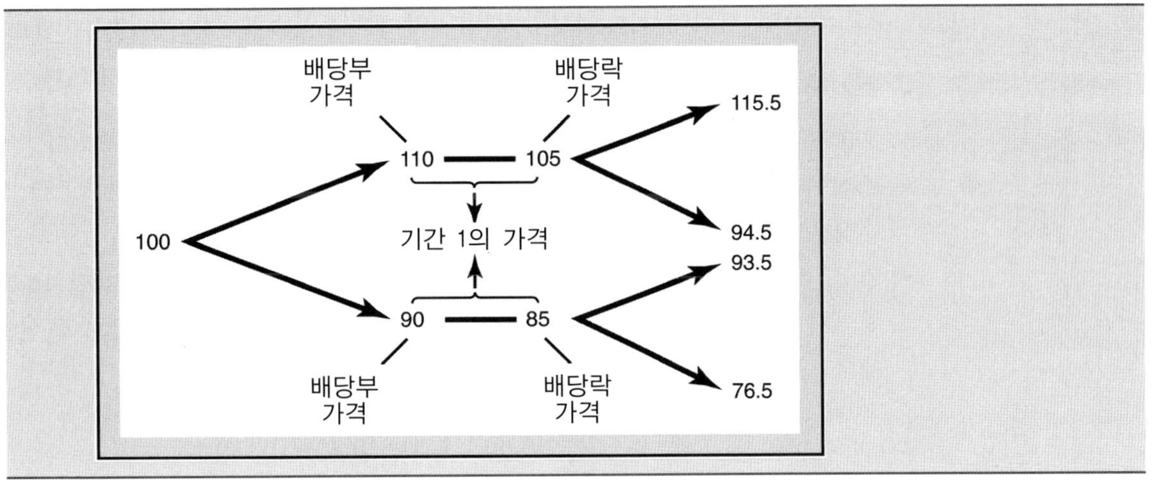

주가와 동일한 가격으로 이어지지는 않는다. 이 경우, 이항트리는 재결합하지 못한다. 재결합은 앞에서 언급했듯이 계산 측면에서 유용한 특성이다. 그것의 실패는 가격산정을 계산상 복잡하게 만든다. 그러나 배당도입의 효과는 이와 같은 계산상 추가적 복잡성뿐이다. 개념적 관점에서 볼 때 옵션의 가격은 매우 간단하다. 다음 절에서는 재결합 문제를 피할 수 있는 현금 배당의 모형화에 대한 대안적인 접근 방법을 살펴볼 것이다.

배당지급 주식에 대한 미국식 콜옵션

우리는 이전 장에서 조기행사의 최적성은 배당지급 주식에 대한 콜옵션에 대하여도 배제할 수 없다는 것을 확인하였다. 조기에 행사함으로써 콜옵션 보유자는 콜옵션의 시간가치와 콜옵션의 보험가치를 포기하지만 기초자산 주식에 대한 배당을 얻는다. 이러한 요소들 간의 절충(trade-off)은 조기행사의 최적성을 결정한다. 특히 배당이 보험 및 시간가치의 손실을 압도할 만큼 충분히 클 때 조기행사는 최적이 된다.

위에서 설명한 2기간 이항과정이 이 사실을 잘 예시한다. 행사가격 100의 미국식 콜옵션을 고려해 보자. 콜옵션가치와 조기행사 방침에 대하여 역행 귀납법을 통하여 답을 찾아보면 만기에서 콜옵션의 손익은 다음과 같다.

$$\begin{cases} 15.5, & \text{주식가격이 } 115.5\text{인 경우} \\ 0, & \text{주식가격이 } 94.5\text{인 경우} \\ 0, & \text{주식가격이 } 93.5\text{인 경우} \\ 0, & \text{주식가격이 } 76.5\text{인 경우} \end{cases} \tag{12.20}$$

이제 노드 uS를 고려해 보자. 이 노드에는 배당부 가격과 배당락 가격의 두 부분이 있다. 따라서 옵션 보유자는 세 가지 선택 즉, (a) 주식이 아직 배당부 상태이면 행사 하고, (b) 배당락이 된 후에 행사 하고, (c) 현 시점에서는 행사하지 말아야 한다. 이러한 대안의 가치는 다음과 같다.

- 주식이 배당부 상태일 때 행사되는 경우, 옵션 보유자는 110의 가치가 있는 주식에 대해 100의 행사가격을 지불한다. 따라서 배당 전 행사의 가치는 +10이다.
- 주식이 배당락 후에 행사되는 경우, 옵션 보유자는 행사가격 100으로 105의 가치가 있는 주식을 수령한다. 따라서 기말 배당 후 행사는 +5 가치가 있다.
- 결국, 옵션을 행사하지 않은 채로 남겨두면 가격이 115.5로 올라가면 15.5, 가격이 94.5로 떨어지면 가치가 0이 된다. 상방 이동의 위험중립확률은 0.60이므로 옵션을 행사하지 않은 채로 남겨 둘 경우의 가치는 아래와 같다.

$$\frac{1}{1.02}[(0.60)(15.5)+(0.40)(0)]=9.12$$

이 세 가지 가치를 비교하면 주식이 아직 배당부 상태일 때(즉, 배당락 되기 직전) 노드 uS에서 조기에 콜옵션을 행사하는 것이 최적이라는 것을 알 수 있다. 따라서 노드 uS의 옵션가치는 +10이다.

노드 dS는 이 예제에서 살펴보기가 더 용이하다. 동일한 세 가지 대안이 있다. 배당부 상태에서 주식가격은 90이므로 조기에 행사하면 −10의 가치가 된다. 배당락 시점에서 주식가격은 85이므로 조기행사는 가치가 −15의 결과를 낳는다. 옵션이 이 노드에서 조기에 실행되지 않으면 1기간 후에 손익으로 0이 된다. 따라서 초기 행사는 dS에서 최적이 아니며 옵션의 가치는 0이다.

끝으로, 초기 노드 S를 고려해 보자. 이 노드에서 옵션을 행사하면 옵션이 등가격이기 때문에 0의 손익으로 이어진다. 만약 행사 하지 않으면, 한기간 후의 가치로 이어진다.

$$\begin{cases} +10, & \text{주식가격이 오를 경우} \\ 0, & \text{주식가격이 내려갈 경우} \end{cases}$$

위험중립확률을 사용하면, 옵션을 행사하지 않은 채로 남겨 둘 경우의 가치는 다음과 같다.

$$\frac{1}{1.02}[(0.60)(10)+(0.40)(0)]=5.88$$

따라서 미국식 콜옵션의 초기 가치는 5.88이다.

같은 유형에 해당하는 유럽식 콜옵션의 가치는 무엇인가? 이에 대한 답을 얻기 위해 (12.20)의 과정 종단 손익을 활용할 수 있다. 경로 종단의 위험중립확률은 다음과 같다.

$$\begin{aligned} uu\text{는 } & (0.6)(0.6)=0.36 \\ ud\text{는 } & (0.60)(0.40)=0.24 \\ du\text{는 } & (0.40)(0.60)=0.24 \\ dd\text{는 } & (0.40)(0.40)=0.16 \end{aligned} \tag{12.21}$$

그림 12.9 배당지급 주식에 대한 미국식 및 유럽식 콜옵션

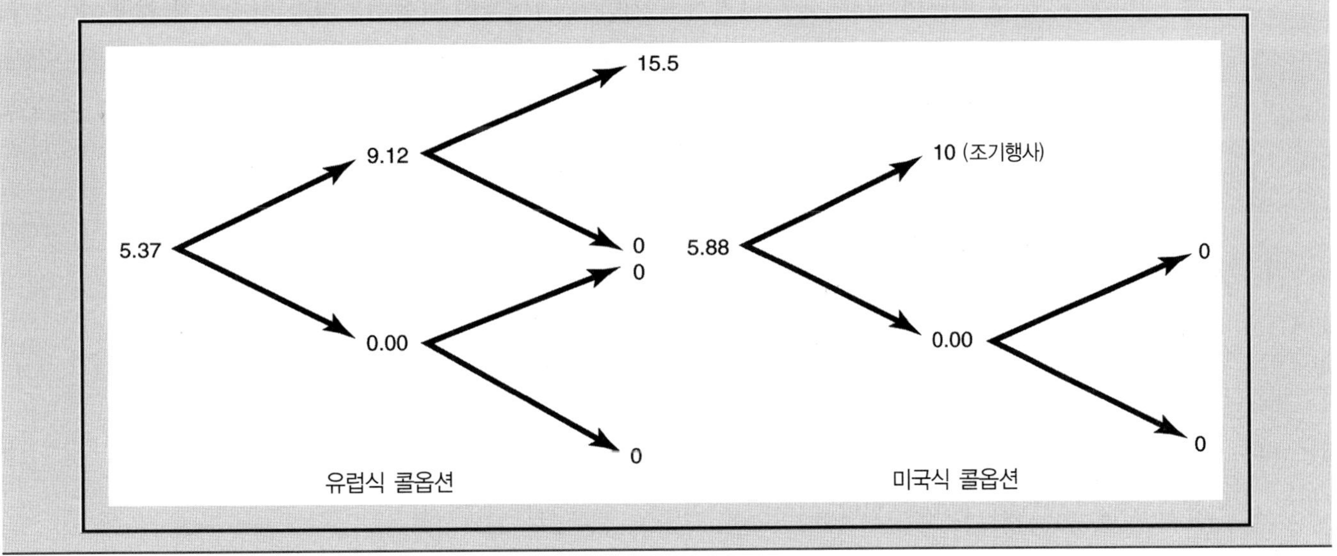

따라서 유럽식 콜옵션의 초기가치는 아래와 같이 구한다.

$$\frac{1}{(1.02)^2}[(0.36)(15.5)+(0.24)(0)+(0.24)(0)+(0.16)(0)]=5.37$$

조기행사 프리미엄은 현재 $5.88-5.37=0.51$이다. [그림 12.9]는 이와 같은 2기간 모형에서 유럽식과 미국식 콜옵션가격의 변화를 대조한 것이다.

첨언

위의 예제는 세 가지 중요한 점을 강조하고 있다. 첫째는 배당으로 인하여 조기에 콜옵션을 행사하는 것이 최적이 될 수 있다는 것이다. 이 예에서는 배당이 콜옵션의 시간가치와 보험가치를 포기할 만큼 충분히 높기 때문이다. 이 장의 끝에 있는 연습문제에서 우리는 비슷한 설정이지만 낮은 배당과 높은 변동성으로 조기행사가 더 이상 최적이 아니라는 것을 보게 된다.

둘째, 주식배당은 항상 옵션가치를 감소시킨다. 배당이 없으면 이 예에서 미국식과 유럽식 콜옵션의 가치는 모두 7.27에 해당한다. 배당이 존재하면 미국식 콜옵션은 5.88로 떨어지고 유럽식 콜옵션은 5.37로 떨어진다. 옵션 보유자는 배당금을 수령할 것인지, 아니면 옵션의 시간과 보험가치를 유지할 것인지 선택해야하기 때문에 미국식 콜옵션은 가치가 떨어진다. 배당은 콜옵션의 유효만기(effective maturity)를 감소시키는 작용을 한다. 조기행사는 선택사항이 아니기 때문에 유럽식 콜옵션은 훨씬 더 가치가 떨어진다. 즉, 콜옵션 보유자는 배당으로 인한 주가 하락의 충격을 모두 떠

안게 된다.

셋째, 중도 배당이 있는 경우 만기까지 기간이 길어지면 콜옵션가치가 상승하지 않을 수 있다. 단일기간의 콜옵션은 5.88이었지만 2기간의 유럽식 콜옵션은 단지 5.37의 가치가 있다. 두 기간 사이의 배당은 기한이 오래 남은 옵션 보유자에 대한 손익을 낮춘다. 미국식 콜옵션은 항상 조기에 행사할 수 있기 때문에 배당이 있더라도 가치가 하락할 수 없지만 가치가 상승하지는 못한다. 현재의 예에서 2기간 미국식 콜옵션은 단일기간 콜옵션과 정확히 동일한 가치가 있다.

배당지급 미국식 풋옵션

이것은 풋과 콜옵션의 명백한 차이를 제외하고는 배당지급 주식에 대한 미국식 콜옵션의 경우와 똑같이 수행된다. 세부사항은 생략한다.

1. 미국식 풋옵션가격은 7.15이다.
2. 조기행사는 주식이 배당락 된 후 노드 dS에서 최적이다.
3. 해당 유럽식 풋옵션의 가격은 6.38이다. 따라서 조기행사 프리미엄은 0.77이다.

12.8 현금 배당에 대한 대안적 접근법

주가가 블랙-숄즈 과정을 따르지만 이산 시점에서 현금 배당이 있다고 가정하면, 이 과정에서 "정확한" 이산 시점 재현은 지난 절에서 설명한 이항분포모형이다. 불행히도 이항과정의 재결합이 없다면 이 모형은 연산이 더 어려워지며, 특히 복수 배당지급을 포함시키면 더욱 그렇다. 실제로 두 가지 대안 중 하나를 사용하는 것이 일반적이다. 하나는 이 절에서 설명하는 바와 같이 다른 현금배당모형을 사용하는 것으로 배당차감후(net-of-dividends)주가(배당부 주가 대신)는 대수(로그) 정규분포를 이루고 재결합 이항과정으로 표시될 수 있다고 가정한다. 또 다른 보편적인 대안은 배당을 수익률(즉, 주가의 비율)로 표현하는 것이며, 이 경우 이항과정은 자연적으로 재결합이 성립한다. 배당수익률모형은 다음 절의 주제이다.

이와 같은 대안 중 첫 번째는 Schroder(1988)에 소개되었다. Schroder의 접근방식에서 주식가격은 두 부분으로 구성된 것으로 보는 바, 하나는 옵션의 잔존기간 동안 받게 될 모든 배당의 현재가치와 동일한 무위험 부분과 다른 하나는 주식가격의 나머지 부분을 나타내는 위험을 내포한 부분이다. 위험 부분은 이산 설정(discrete setting)의 이항과정으로 대수정규분포로 모형이 성립된다. 위험 부분에는 배당이 포함되어 있지 않으므로 이항이항트리가 재결합된다. 우리는 이와 같은 조건하에 옵션

가격결정을 먼저 이항모형설정의 일반 표기법을 사용하여 설명하고 수치 예제를 통해 확인해 보고자 한다.

배당과 주가 트리

S_t는 시점 t의 주가, D_t는 시점 t에 지불된 현금 배당, $PV_t(D)$는 옵션의 잔존기간 동안 수령할 배당금의 현재가치(시점 t에서 본 D_t를 포함한)를 나타낸다. h가 이항모형기간 사이의 시간을 나타내고, 정의에 따라 아래 관계가 성립한다.

$$PV_t(D) = D_t + \frac{1}{R} PV_{t+h}(D) \tag{12.22}$$

옵션의 만기일 T에서 $PV_T(D)$는 해당 일자에 수취할 배당금 D_T이다.[1)]

$S_t^{\text{net}} = S_t - PV_t(D)$가 주식가격에서 배당을 차감한 부분을 나타낸다. 이 접근법에 있어 주요 가정은 주가의 배당차감 부분("순 주가")이 다음과 같은 이항모형과정에 따라 발전한다는 것이다.

$$S_{t+h}^{\text{net}} = \begin{cases} uS_t^{\text{net}}, & \text{확률 } p \\ dS_t^{\text{net}}, & \text{확률 } 1-p \end{cases} \tag{12.23}$$

정의 (12.23)는 순 주가트리가 재결합 과정이 될 것을 보장한다. 이제 총 주가트리를 얻기 위해, 그 시점에서 "보관될(escrowed)" 배당금 즉, 그 날로부터 옵션 만기 시까지 받을 배당의 현재가치를 다시 단순히 합산한다. 예를 들어, 시점 t에서 볼 때, $t+h$에서 총 주식가격의 가능한 두 가치는 아래와 같다.

$$S_{t+h}^{u} = uS_t^{\text{net}} + PV_{t+h}(D) \quad \text{및} \quad S_{t+h}^{d} = dS_t^{\text{net}} + PV_{t+h}(D) \tag{12.24}$$

우리가 여러 노드에서의 숫자만 변경하고 이항이항트리의 구조자체는 변경하지 않기 때문에 그 결과 나타나는 총주가는 재결합이 성립된다. 아래 예제를 참조해 보자.

위험중립확률

이와 같은 설정에서 상방 이동의 위험중립확률 q는 다음과 같이 구할 수 있다.

$$qu + (1-q)d = R \quad \Leftrightarrow \quad q = \frac{R-d}{u-d} \tag{12.25}$$

위험중립확률이 (12.25)의 형태를 갖는지 확인하려면 다음 사항에 유의하여야 한다. 시점 t에서 주식을 매입하여 한 기간 동안 보유한다면, 우리는 시점 t에서 D_t를 받는다. 따라서 순지출은 단지

1) 이 표기법은 이항과정의 각 기간에 배당 지급 D_t를 허용하지만 물론 이와 같이 표기된 배당 중 많은 부분이 0일 수 있다.

$S_t - D_t$이다. 이 순지출에 대해 우리는 한 기간에 S^u_{t+h} 또는 S^d_{t+h}를 받는다. q에서 투자에 대한 기대수익률은 무위험이자율 R이어야 한다. 즉, q는

$$\frac{qS^u_{t+h} + (1-q)S^d_{t+h}}{S_t - D_t} = R$$

또는 달리 표현하여,

$$qS^u_{t+h} + (1-q)S^d_{t+h} = R(S_t - D_t) \tag{12.26}$$

그런데, $S_t = S^{\text{net}}_t + PV_t(D)$이므로 (12.22)로부터 다음과 같은 결과를 얻는다.

$$S_t - D_t = S^{\text{net}}_t + \frac{1}{R}PV_{t+h}(D)$$

이것은 (12.26)의 우변이 아래와 같음을 뜻하고

$$RS^{\text{net}}_t + PV_{t+h}(D) \tag{12.27}$$

(12.23)과 (12.24)를 합치면, (12.26)의 좌변은 다음과 같이 표현할 수 있다.

$$qS^u_{t+h} + (1-q)S^d_{t+h} = [qu + (1-q)d]\,S^{\text{net}}_t + PV_{t+h}(D) \tag{12.28}$$

식 (12.27)과 식 (12.28)은 위험중립확률 q가 (12.25)에 의해 주어질 경우에만 동일한 값을 갖는다.

옵션가격결정: 일반적 절차

이와 같이 주가트리가 주어지면, 옵션은 역행 귀납법에 의해 가격이 결정될 수 있다. 예를 들어, 어떤 한 콜옵션을 고려해 보자. C_t는 시점 t에서 콜옵션의 가치를 나타내며, C^u_{t+h}와 C^d_{t+h}는 한 기간 후의 가능한 가치를 나타낸다. 옵션이 유럽식이라면 아래와 같이 표시할 수 있다.

$$C_t = \frac{1}{R}\left[qC^u_{t+h} + (1-q)C^d_{t+h}\right] \tag{12.29}$$

반면, 만기 T에서 이 콜옵션은 $C_T = \max\{S_T - K, 0\}$의 가치가 있다. (12.29)를 사용하여 주가트리에서 역행 귀납법을 사용하여 옵션의 초기가치를 식별할 수 있다.

이 옵션이 미국식이라면 t 시점에서 즉시 행사 가능하다. 이 노드에서 우리는 콜옵션의 행사가 배당부 주식에 대한 것인지 아니면 배당락 주식인지를 구분해야 한다. 콜옵션이 배당부 주식에 행사되는 경우, 콜옵션 보유자가 받는 금액은 다음과 같고

$$S_t - K = S^{\text{net}}_t + PV_t(D) - K$$

배당락 주식에 행사되는 경우 수령액은 아래와 같다.

$$S_t - D_t - K = S_t^{\text{net}} + PV_t(D) - D_t - K$$

이들을 통합하면 콜옵션가치는 연속 보유 가치와 즉시 행사 가치 중 최대치이다.

$$C_t = \max\left\{S_t - K,\ S_t - D_t - K,\ \frac{1}{R}\left[qC_{t+h}^u + (1-q)C_{t+h}^d\right]\right\} \tag{12.30}$$

등식 (12.30)은 주가 트리를 따라 역행추론으로써 옵션가격을 구하는 데 사용할 수 있다. 우리는 이러한 가격결정논리를 예제를 들어 설명해 보기로 한다.

예제 12.1

2기간 이항모형 예제를 생각해 보자. 주식의 초기가격을 $S = 100$이라고 한다.
두 기간 동안 단 한 번의 현금배당이 있다고 가정한다. 이 배당이 기간 1에서 5라고 가정한다. 나머지 매개변수에 대해 $R = 1.02$, $u = 1.05$ 및 $d = 0.95$를 취한다. 이 설정에서 행사가격이 100인 미국식과 유럽식 2기간 콜옵션 및 가격을 산정하려고 한다고 가정해 보자.
위에서 설명한 기호표기에 따라 우리는 $D_0 = 0$, $D_1 = 5$ 및 $D_2 = 0$을 가진다. 이것은 $PV_0(D) = 5/1.02 = 4.90$, $PV_1(D) = 5$ 및 $PV_2 = 0$을 의미한다. 배당 차감 후 초기주가는

$$S^{\text{net}} = 100 - PV_0(D) = 100 - \frac{5}{1.02} = 95.098$$

이 수준에서 순 주식가격의 변화는 (12.23)의 u와 d에 의해 결정된다. 2기 순 주식가격과정 트리는 [그림 12.10]에 묘사되어 있다. 이것으로부터 총 주식가격과정 트리를 얻으려면 단순히 각 날짜에 $PV_t(D)$를 다시 추가하면 된다. 이 결과로 구한 총 주가의 변화가 [그림 12.11]에 묘사되어 있다. 배당차감 주가트리와 총 주가트리는 재결합이 성립되는 과정임을 유의하기 바란다.
먼저 이 과정에 대한 미국식 콜옵션가격 산정을 고려해 보자. 콜옵션이 만기까지 보유하게 된다면 $\max\{S_T - K, 0\}$이 지급된다. 따라서 3개의 최종 노드에서의 콜옵션가치는

$$C^{uu} = 4.85, \qquad C^{ud} = C^{dd} = 0$$

이것과 (12.30)을 사용하여 우리는 이전 노드에서 옵션가치를 식별할 수 있다. S_{t+h}^u 노드를 생각해 보자. 이 시점에서 주가는 104.85이고 이 날짜에 배당은 5이다. 따라서 옵션이 배당부 상태에서 행사되면 보유자는 아래 금액을 받는다.

$$\max\{104.85 - 100,\ 0\} = 4.85$$

$104.85 - 5 = 99.85$인 배당락 이전 주가가 100의 행사가격보다 작으므로 배당락 후 옵션 행사는 수익성이 없다. 옵션이 이 노드에서 행사되지 않으면 주식이 상방 또는 하방 이동 여부에 따라

그림 12.10
배당차감 주식가격의 변화

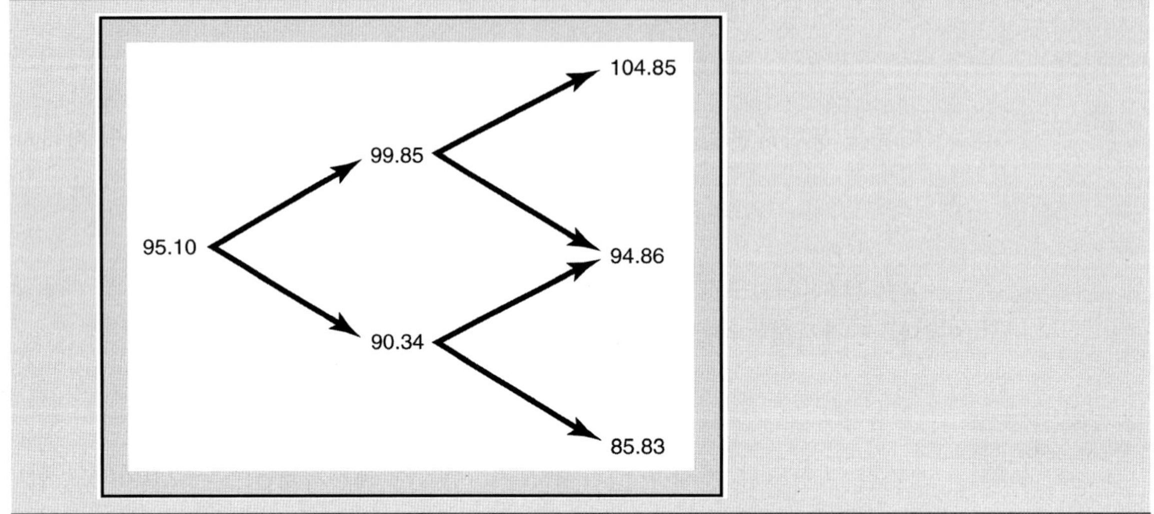

그림 12.11
총 주식 가격의 변화

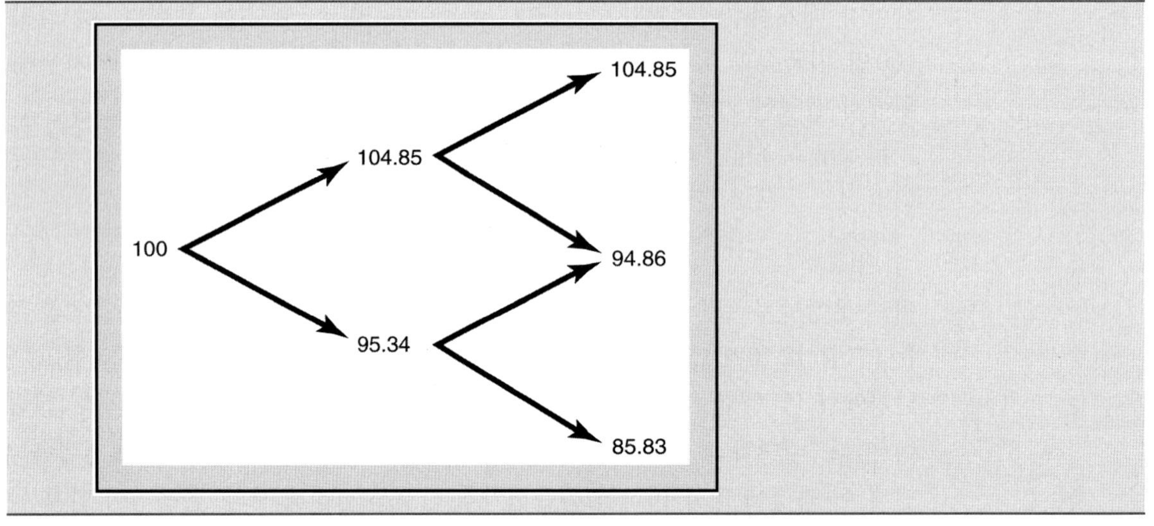

이 옵션은 다음 기간에 4.85 또는 0의 가치가 있다. 따라서 위험중립확률을 사용하면 행사하지 않을 경우의 가치는

$$\frac{1}{1.02}[(0.70)(4.85)+(0.30)(0)]=2.28$$

이 세 가치를 비교하면 이 노드에서의 최적 행동은 콜옵션을 조기에 실행하는 것이고 콜옵션가치는 4.85가 된다는 것을 알 수 있다. 비슷한 방식으로 주가트리의 나머지 부분을 채울 수 있다. [그림 12.12]는 이러한 가격의 변화를 나타내고 있다.

유럽식 콜옵션의 해당가격은 유사하지만 각 노드에서 조기행사 결정이 없으므로 그 값을 도출

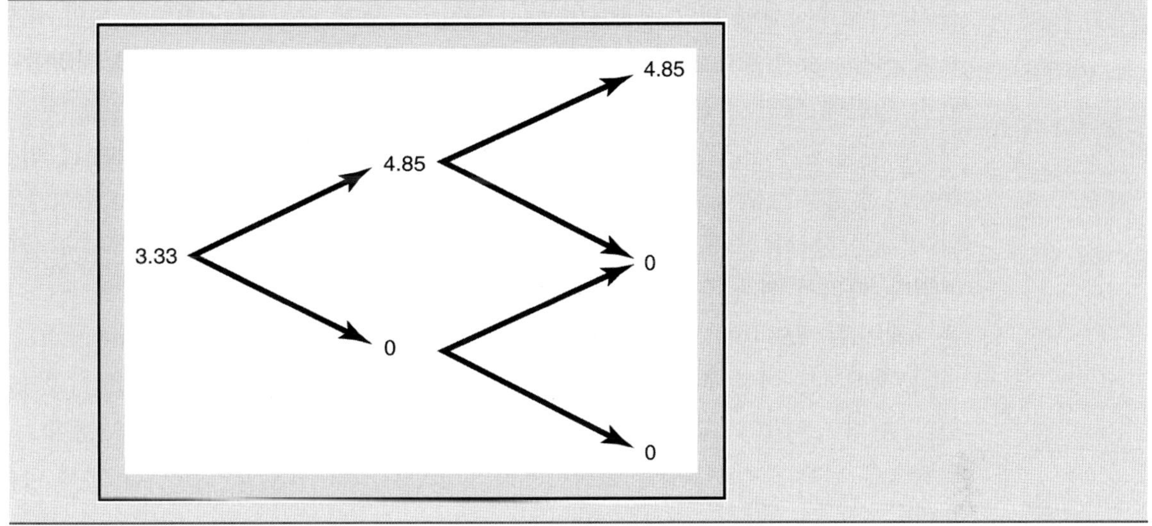

그림 12.12
미국식 콜 옵션가치의 변화

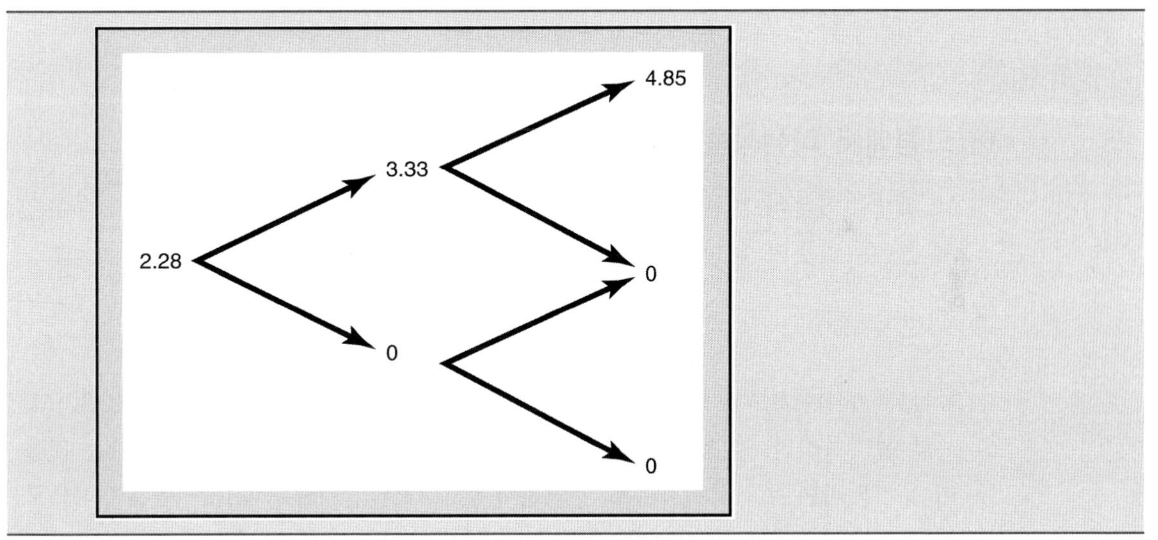

그림 12.13
유럽식 콜 옵션가치의 변화

하기가 쉽다. [그림 12.13]은 이 경우 유럽식 콜옵션가치의 변화를 나타낸다. 이 예에서 미국식 콜옵션에서는 $3.33 - 2.28 = 1.05$라는 상당한 조기행사 프리미엄이 있다는 것을 참고하기 바란다. ■

12.9 이항과정의 배당수익률

이산 배당(discrete dividend)의 개념은 개별 주식에 대해서는 상관없지만, 통화 및 주가지수와 같

은 일부 기초자산에 대한 지불금(payout)은 자연스럽게 수익률(yield)로 모형이 설정된다. 이 수익률은 현재자산가격의 비율로, 본 절에서는 이를 포함한 이항옵션가격결정을 설명한다. 이를 위해서는 단지 이론에 대한 약간의 조정만 필요하다.

첫 번째 단계는 자산가격의 변화와 배당과정을 설명하는 것이다. 우리는 [그림 12.1]에서와 같이 통상적인 경우는 이항모형의 주가트리에서 변화하는 배당부(cum-dividend) 주식가격을 취한다. 그러나 이제는 자산을 보유하게 되면 각 노드에서 [$\delta \times$자산 가격]의 현금흐름이 발생한다는 조건이 추가된다. 따라서 현재 주가가 S인 경우 자산에 대해 δS의 현금배당이 지급된다. 그 다음 기간의 가격은 uS 또는 dS이며, 그 시점에서 δuS 또는 δdS 배당을 지불한다.

13장에서는 어떤 주식의 연속배당수익률과 관련하여 δ, u 및 d의 값을 어떻게 식별하는지 설명한다. 현재 우리는 이 값들이 우리에게 주어졌다고 가정한다. 배당수익률의 존재는 또한 이항과정의 일관성을 위한 조건 (11.4)을 수정하도록 요구한다. $d < R < u$이 아니라 이제 다음과 같은 조건이 된다.

$$d < R(1-\delta) < u \tag{12.31}$$

이 모형에서 파생상품 가치평가

배당수익률이 가치평가 절차에 미치는 영향은 매우 간단하다. 이에 따른 유일한 변화는 아래에서 볼 수 있듯이 위험중립확률에 있다.

$$q = \frac{R(1-\delta)-d}{u-d} \tag{12.32}$$

($\delta = 0$이면 우리는 일반적인 공식으로 돌아가게 된다.) 위험중립확률이 (12.32)의 형태를 취하는 이유를 살펴보려면 q에서 자산의 기대수익률이 무위험이자율과 같아야 한다는 것을 상기하자. 등가성이 유지되려면 무위험이자율로 할인된 q에서 자산의 기대수익률은 현재가격으로 귀결된다. 여기에서 자산수익률에는 두 가지 구성 요소가 있다. 즉, 즉시 받은 배당 δS와 다음 기간에 실현될 주가변동으로 인한 자본이득(또는 손실)이다. 따라서 q는 이제 다음을 만족해야 한다.

$$S = \delta S + \frac{1}{R}[quS + (1-q)dS]$$

이 결과는 정확하게 (12.32)의 값과 일치한다.

아래에 두 가지 예제가 있다. 첫 번째는 단일기간 이항과정을 고려하고 위험중립확률 (12.32)을 사용하여 얻은 옵션가치가 복제법을 사용하여 얻은 가치와 일치함을 보여준다. 두 번째는 2기간 이항과정을 고려하여 미국식 및 유럽식 콜옵션가격을 도출한다. 이 예제에서 배당수익률의 존재는 조기행사가 이 미국식 옵션에 대하여 최적이 되게 한다.

예제 12.2

$S=100$이고 나머지 매개변수가 $u=1.05$, $d=0.95$로 주어지고, $\delta=0.05$, $R=1.01$이다. $K=100$의 행사가격으로 단일기간 콜옵션가격결정을 고려해 보자. 1기간 후에 콜에서 얻는 손익은 다음과 같다.

$$\begin{cases} 5, & \text{자산가격이 105로 이동할 경우} \\ 0, & \text{자산가격이 95로 이동할 경우} \end{cases}$$

우리는 위험중립평가법으로 콜옵션가격을 산정한다. (12.32)에서 가격 상방 이동의 위험중립확률은 다음과 같이 주어진다.

$$q=\frac{R(1-\delta)-d}{u-d}=\frac{0.0095}{0.10}=0.095$$

그러므로, 위험중립평가로부터 구한 콜옵션의 가치는

$$C=\frac{1}{1.01}[(0.095)(5)+(0.905)(0)]=0.4703 \tag{12.33}$$

우리는 복제를 통하여 동일한 콜옵션가치가 도출됨을 보여줄 것이다. 주식 Δ 단위와 투자된 현금 B 또는 이자 R로 차입한 B로 구성된 포트폴리오를 고려하자. 콜옵션의 배당으로 δS를 지급하기 때문에 포트폴리오의 순비용은

$$\Delta(1-\delta)S+B=95\Delta+B \tag{12.34}$$

한 기간이 지나 자산가격이 올라가면 그 가치는 $uS+RB$이고, 하락하면 $dS+RB$가 된다. u, d 및 δ의 값을 대입하면 다음과 같은 방정식을 만족해야 한다.

$$105\Delta+1.01B=5$$
$$95\Delta+1.01B=0$$

이것의 해를 구하면 우리는 $\Delta=1/2$과 $B=-47.0297$을 얻는다. (12.34)에 이 값을 대입하면, 복제 포트폴리오의 초기 비용(또한 콜옵션의 가격)은 다음과 같다.

$$\left[95\times\frac{1}{2}\right]-47.0297=0.4703 \tag{12.35}$$

물론 이것은 위험중립 가격결정법을 사용하여 얻은 것과 동일한 가치이다. ■

예제 12.3

$S=100$, $u=1.10$, $d=0.90$, $R=1.02$ 및 $\delta=0.05$이다. 배당부 주식가격트리는 본 장 이전 예제와 동일하며 (그림 12.2 참조) 이자율도 마찬가지이다. 그러나 배당수익률로 인해 상방 이동 위험중립확률은 어느 기간에도 다음과 같게 된다.

$$q = \frac{R(1-\delta)-d}{u-d} = \frac{0.069}{0.20} = 0.345 \qquad \textbf{(12.36)}$$

행사가격 100의 2기간 콜옵션의 가격을 산정한다고 가정해 보자. 먼저 유럽식 콜옵션을 고려해 보자. 만기시 콜옵션의 손익은 [그림 12.3]과 동일하다. 특히, 경로 uu가 발생하는 경우에만 콜옵션이 양(+)의 손익을 갖는다. 두 번의 상방 이동이 있을 위험중립확률은 $(0.345)^2$이므로 유럽식 콜옵션의 가격은 다음과 같다.

$$C_E = \frac{1}{(1.02)^2}\left[(0.345)^2 \times 21\right] = 2.4025 \qquad \textbf{(12.37)}$$

이제 콜옵션이 미국식이라고 가정한다. 만기까지 미 행사시의 손익은 [그림 12.3]과 정확하게 일치한다. 이제 역행 귀납법을 적용한다. 노드 uS에서 주가는 $uS = 110$이므로 콜옵션의 조기행사는 10의 가치가 있다. 조기에 행사하지 않으면 차기에는 21(주식가격이 상방 이동한 경우) 또는 0(하방 이동하는 경우)의 손익을 가져온다. 그래서 uS에서 조기행사 하지 않을 경우의 가치는

$$\frac{1}{1.02}\left[0.345 \times 21\right] = 7.103 \qquad \textbf{(12.38)}$$

이 가치들을 비교해 보면, 조기행사는 uS에서 최적이므로, 이 노드에서의 옵션가치는 10이다. 노드 dS에서의 옵션가치는 분명히 0이다. 역행추론을 계속하면 초기 노드에서 미국식 콜옵션의 가치는 아래와 같다.

$$C_A = \frac{1}{1.02}\left[(0.345)(10) + (0.655)(0)\right] = 3.38 \qquad \textbf{(12.39)}$$

(12.37)과 (12.39)의 비교에서 볼 수 있듯이, 배당수익률은 미국식 콜옵션의 조기행사와 상당한 조기행사 프리미엄으로 이어진다. ■

12.10 연습 문제

1. 다른 모든 변수를 동일하게 유지하면서 주식의 배당률이 증가한다면, 어느 옵션이 미국식 콜옵션 또는 유럽식 콜옵션을 더 많이 하락시킬 것인가? 왜인가?
2. 이항과정의 재결합이 성립되기 위하여 주가의 이동에 필요한 조건은 무엇인가?
3. 왜 배당지급은 일반적으로 이항분포트리를 재결합이 성립되지 않는 과정으로 유도하는가? 재결합 실패는 어떤 유형의 배당에 해당하는가? 어떤 유형의 배당이 그렇지 않은가?

4. 다른 모든 것을 일정하게 유지하면 배당이 증가하면 미국식 콜옵션과 풋옵션의 차이는 증가하는가? 아니면 감소하는가? 왜인가? 유럽식 콜옵션과 풋옵션의 차이점은 무엇인가?

5. 이항모형이 차익거래로부터 자유로운지를 이항과정의 위험중립확률의 검토를 통해 어떻게 알 수 있는가?

6. 이항과정의 옵션복제가 "동적" 전략인 이유를 경험적으로 간단히 설명하라.

7. "자체금융(self-financing)" 복제 전략이 의미하는 바를 설명하라.

8. 두 개 증권의 이항과정이 아닌 3개의 복제 증권을 가진 3항모형 트리를 사용한다고 가정한다. 역동적인 복제가 "자체금융(self-financing)"이 되겠는가?

9. 당신에게 두 가지 상태와 두 가지 자산이 있다고 가정해 보자. 두 상태 각각에서 두 자산 가격을 알고 있다. 복제 가능한 두 자산의 함수인 파생증권에는 어떤 조건이 필요하겠는가?

10. (어려움) 2기간 이항과정에서, 어떤 주어진 노드에서의 변동성(이 노드에서의 "국소변동성(local volatility)"이라고 함)을 다음과 같이 정의하자.

$$\sigma = \ln(u/d)$$

여기서 u와 d는 각각 해당 노드에서 위아래 움직임이다. $50의 최초 주가가 주어지면, 첫 번째 기간의 변동성이 $\sigma = 0.200$이고 두 번째 기간의 σ가 0.25일 때 2기간 재결합 성립 주가변동 트리를 그리는 한 가지 방법을 제안하라.

11. 다음과 같은 주가변동 트리가 제공된다. 또한 단위 기간당 이자율은 2%로 일정하다. 이 과정의 각 노드로부터 주가 이동의 위험중립확률을 찾아보시오. 이 확률은 동일한가? 그렇지 않다면, 이 과정이 유효한 것인지를 설명하라.

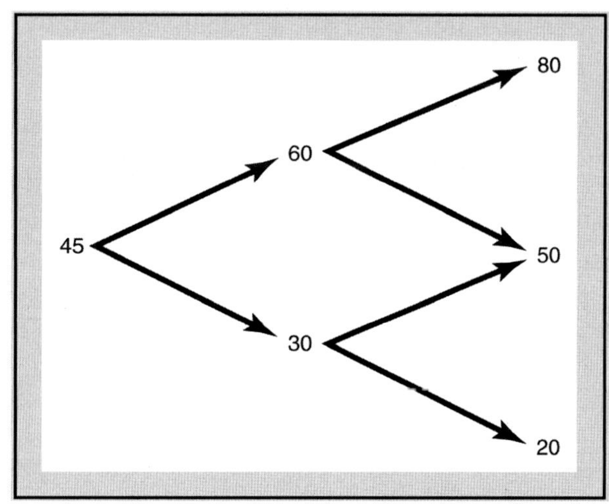

12. 앞의 문제에서 주어진 과정에서, 2기간 만기 미국식 콜옵션과 미국식 풋옵션가격을 산정하라. 두 가지 옵션 모두 행사가격 $45로 가정한다.

13. 이전의 두 문제에서와 같은 주가변동 트리를 사용할 경우, 시점 0과 1에서 콜옵션의 델타와 풋옵션의 델타는 무엇인가?

14. 초기 주가는 $100이다. 주식은 매기마다 1.3 상방 이동 또는, 0.8 하방 이동한다. 기간당 단순 이자율이 1%라면 주가가 상방 이동할 위험중립확률은 얼마인가?

    3기간 동안 주가변동 트리를 그린 다음 105의 행사가격인 3기간 유럽식 콜옵션의 가격을 찾아라.

15. 초기 주가는 $100이다. 주식은 매기마다 1.3 상방 이동 또는, 0.8 하방 이동한다. 기간당 단순 이자율이 1% 인 경우 3기간 유럽식 및 미국식 풋옵션의 가격을 찾아보고 초기 행사 프리미엄 금액을 확인하라.

16. 배당이 없을 때, 미국식 풋옵션에 조기행사는 보험가치(변동성에서 오는)와 시간가치(이자율의 함수) 사이의 절충(trade-off)에 달려있다. 따라서 예를 들어, 주어진 수준의 변동성에서 금리가 더 높으면 풋옵션의 조기행사가 가능해진다. 이 질문은 수치적인 예 $u = 1.10$ 및 $d = 0.90$의 2기간 이항분포모형을 고려하라. 초기 주가가 100이라고 가정하고, 우리는 $K = 95$의 행사가격으로 2기간 미국식 풋옵션이라고 한다.
    (a) 먼저 $R = 1.02$의 “낮은” 이자율을 고려하자. 이 경우 미국식 풋옵션의 조기행사는 결코 최적이 아니라는 것을 보여라.
    (b) $R = 1.05$의 “높은” 이자율을 고려하자. 어떤 상황에서는 조기에 풋옵션을 행사하는 것이 이제는 최적이 된다는 것을 보여라. 이 경우 조기행사 프리미엄은 얼마인가?

17. 2기간 예제로 $S = 100$, $u = 1.10$, $d = 0.90$, $R = 1.02$이고 한 기간 후 배당금 $5가 지급되는 경우를 가정하라. 이러한 매개변수를 고려할 때 콜옵션의 조기행사가 최적인가?

18. 우리는 보다 높은 변동성과 이자율 및 낮은 배당으로 이전 질문을 반복한다. 다음 매개변수를 갖는 2기간 이항과정을 고려하시오. $S = 100$, $u = 1.20$, $d = 0.80$ 및 $R = 1.10$이다. 한 기간 후에 $2의 배당이 예상된다고 가정하시오.
    (a) 이와 같은 세계에서 위험중립확률을 계산하라.
    (b) 행사가격이 100이고, 두 기간 후에 만료되는 미국식 콜옵션의 가격변동 과정을 찾아보시오.
    (c) 조기행사 프리미엄은 얼마인가?

19. 기초자산 주식에 대한 배당 지급은 만기시 주가 분포를 “낮추기” 때문에 풋옵션의 가치를 높인다. 이 질문은 수치적인 예제를 다음과 같이 제공한다.

    2기간 이항과정의 매개변수들은 $S = 100$, $u = 1.10$, $d = 0.90$ 및 $R = 1.05$이다. 행사가격

이 90인 2기간 미국식 풋옵션을 생각해 보라. 이 풋옵션은 처음에는 상당히 심외가격에 유의하라.

(a) 이 매개변수로 주어진 미국식 풋옵션의 가치는 얼마인가?

(b) 이제 첫 번째 기간이 끝날 때 $4의 배당이 지급된다고 가정해 보라. 풋옵션의 새로운 가격은 얼마인가?

20. 배당이 없는 경우, 유럽식 콜옵션의 보유자는 보험가치와 콜옵션 시간가치가 모두 증가하기 때문에 항상 만기가 증가하면 이익이 된다. 그러나 이 경우 유럽식 풋옵션의 보유자에게는 보험가치는 증가하지만 시간가치가 감소하므로 풋옵션가치가 증가하거나 감소할 수 있다. 일반적으로 일정 수준의 변동성에 대해 금리가 높으면 시간가치 효과가 보험가치 효과보다 압도적이므로 유럽식 풋옵션가치는 만기가 증가함에 따라 감소할 것이다. 그러나 금리가 "낮은" 경우 보험가치 효과가 지배적일 것이므로 풋옵션의 가치는 증가할 것이다. 이 질문은 이러한 주장을 예시한다.

$S=100$, $u=1.10$ 및 $d=0.90$의 매개변수와 $K=100$의 행사가격에 가진 유럽식 풋옵션을 갖는 이항분포모형을 고려하라.

(a) 먼저, $R=1.02(1+\text{이자율})$인 "높은" 이자율 환경을 고려하시오. 이 매개변수의 값을 사용하면 단일기간 풋옵션은 3.92의 가치가 있지만 2기간 유럽식 풋옵션은 단지 3.38의 가치가 있다는 것을 알 수 있다. 보험가치 효과가 시간가치 효과보다 지배적이지 못하기 때문에 만기의 증가는 풋옵션 소유자에게 손실을 초래한다.

(b) 이제 $R=1.00$인 "낮은" 금리 환경을 고려해 보자. 이 경우, 단일기간 풋옵션은 2기간 풋옵션보다 가치가 낮음을 보여라.

21. $u=1.05$ 및 $d=0.90$인 이항과정모형을 고려하시오. 기간당 이자율이 $R=1.02$이며 초기 주가가 100이라고 하자.

(a) 위험중립확률은 얼마인가?

(b) 만기가 2기간이고 행사가격이 95인 미국식 풋옵션의 가치를 계산하라.

(c) 조기행사 프리미엄을 계산하라.

22. 초기 주가는 $50이다. 주가의 상방 이동은 $u=1.2$이며, 하방 이동은 $d=0.9$이다. 한 기간의 시작에 투자된 1 달러는 기간 말에 $1.05를 되돌려 준다.

이 주식에 대해 2기간 주가변동과정을 그려라. 그런 다음 행사가격 50의 유럽식 2기간 콜옵션에 대한 가격을 산출하라.

이 과정의 초기 노드에서 복제 포트폴리오를 찾아보라. 이 복제 포트폴리오는 옵션 트리의 시점 1의 양 후속 노드에서 콜옵션가격을 모방하고 있음을 보여라.

23. 주식의 초기 가격이 100 달러라고 가정하자. 이항과정은 상방 이동 $u=1.5$이고, 하방 이동

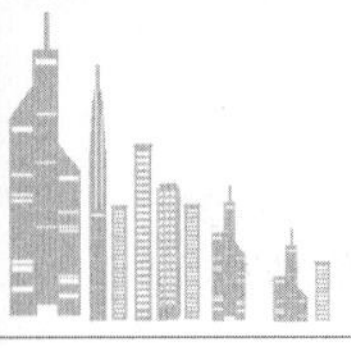

은 기간 당 0.6이다. 기간당 이자율은 0으로 가정한다. 이 주식이 6기간 후에 \$200의 가격을 초과하게 될 위험중립확률은 얼마인가? \$200의 행사가격인 6기간 콜옵션의 가격은 얼마인가?

24. (어려움) $u = 1.033$ 및 $d = 0.98$의 값과 초기 주가 50 달러를 사용하여 100기간 이후 주가의 최종 위험중립확률분포를 계산하고 그려보라. 이자율은 0이다. 이것이 어떤 분포를 나타내는가?

부록 12A 유럽식 옵션가격의 일반적 표현

본문에서 언급했듯이 구조상 블랙-숄즈 공식과 유사한 이항분포모형에서 유럽식 옵션가격의 일반 n기간 표현을 도출할 수 있다. u와 d에 의해 주어진 상하방 이동을 갖는 n기간 이항분포모형을 고려하자. S는 초기 주가를 나타내고, r은 무위험이자율을 나타낸다. 옵션의 행사가격을 K라 하자.

n개의 기간 후에, 본 장의 시작 부분에서 언급했듯이 $n+1$개의 가능한 고유의 최종가격이 존재한다(표 12.1 참조).

- n의 상방 이동으로 가격이 $u^n S$가 된다.
- $(n-1)$ 상방 이동 및 한 번 하방 이동, 그 결과 가격은 $u^{n-1}dS$이다.
- 등등.
- n의 하방 이동으로 인해 가격이 $d^n S$가 된다.

m개의 상방 이동 및 $n-m$개의 하방 이동이 있는 경우 $C(m)$ 및 $P(m)$로 만기시 콜옵션 손익을 다음과 같이 표기한다.

$$C(m)=\max\{u^m d^{n-m} S-K,\ 0\} \quad \textbf{(12.40)}$$

$$P(m)=\max\{K-u^m d^{n-m} S,\ 0\} \quad \textbf{(12.41)}$$

다양한 최종 노드의 위험중립확률은 무엇인가? 표준결합 연산에 따라 m 상방 이동과 $(n-m)$의 하방 이동(즉, m 상방 이동과 $n-m$ 하방 이동이 서로 다른 방식으로 발생할 수 있음)의 상이한 조합의 수는

$$\frac{n!}{m!(n-m)!}$$

어기에서 $k!$은 1부터 k까지의 모든 정수의 곱인 "계승(factorial) k"를 나타낸다.(관습에 따라, 우리는 0!=1을 취함) 이제 어떤 기간의 상방 이동의 위험중립확률은 다음과 같이 주어진다.

$$q=\frac{R-d}{u-d}$$

이것은 m 상방 이동과 $n-m$ 하방 이동의 특정 조합이

$$q^m(1-q)^{n-m}$$

이며, 따라서 m 상방 이동과 $n-m$ 하방 이동의 총 위험중립확률 $Q(m)$을 다음과 같이 나타낼 수 있다.

표 12.3
종단 노드 정보: 일반 n-기간 과정

주가	위험중립확률	콜 손익	풋 손익
$u^n S$	$Q(n)$	$C(n)$	$P(n)$
$u^{n-1} dS$	$Q(n-1)$	$C(n-1)$	$P(n-1)$
$\vdots$	$\vdots$	$\vdots$	$\vdots$
$ud^{n-1}S$	$Q(1)$	$C(1)$	$P(1)$
$d^n S$	$Q(0)$	$C(0)$	$P(0)$

$$Q(m) = \frac{n!}{m!\,(n-m)!} q^m (1-q)^{n-m}$$

[표 12.3]은 이 표기법을 요약한 것이다. 위험중립확률 하에서 만기 시점의 기대 손익은

$$Q(0)C(0) + \cdots + Q(n)C(n) \tag{12.42}$$

무위험이자율 r을 사용하여 n기간 동안 이것을 할인하면, 우리는 아래와 같은 콜옵션의 초기가격과 풋옵션의 초기가격을 얻는다.

$$C = \frac{1}{R^n}[Q(0)C(0) + \cdots + Q(n)C(n)] \tag{12.43}$$

$$P = \frac{1}{R^n}[Q(0)P(0) + \cdots + Q(n)P(n)] \tag{12.44}$$

이 등식은 블랙-숄즈 공식과 비슷한 형태로 재구성할 수 있다. 먼저 콜옵션을 고려하자. 더 많은 상방 이동은 만기시 높은 주가로 이어지기 때문에 상방 이동의 수가 $m \geq m^*$인 경우에만 콜옵션이 내가격으로 만료되는 상방 이동량 m^*이 있다.

$$C(m) = \begin{cases} 0, & m < m^* \text{인 경우} \\ u^m d^{n-m} S - K, & m \geq m^* \text{인 경우} \end{cases} \tag{12.45}$$

그러므로 우리는 (12.43)을 다음과 같이 재작성 할 수 있다.

$$C = \frac{1}{R^n}[Q(m^*)C(m^*) + Q(m^*+1)C(m^*+1) + \cdots + Q(n)C(n)] \tag{12.46}$$

(12.45)의 $C(m)$에 대입함으로써 다음과 같은 결과를 얻는다.

$$C = \frac{1}{R^n}\sum_{m=m^*}^{n} Q(m)[u^m d^{n-m} S - K] \tag{12.47}$$

우변을 두 개의 항으로 분해하면,

$$C = S \times \left(\frac{1}{R^n} \sum_{m=m^*}^{n} [Q(m) u^m d^{n-m}] \right) - \left(\frac{1}{R^n} K \sum_{m=m^*}^{n} [Q(m)] \right) \quad \textbf{(12.48)}$$

우변의 두 번째 항에 대하여는 매우 간단한 해석을 할 수 있다. 이 항의 첫 번째 부분인 K/R^n은 단순히 시점 0에서 본 K의 현재가치이다.

$\sum_{m=m^*}^{n} Q(m)$는 m^*의 정의에 따라 콜옵션이 내가격으로 마감할 위험중립확률이다. 따라서 두 번째 항은 옵션을 행사할 때 예상되는 "비용"을 측정한다. 즉, 현재가치 K와 행사될 확률의 곱이다. 비슷하게 첫 번째 항은 옵션에서 예상되는 손익을 측정한다(받게 될 금액과 받을 확률의 곱). 두 항의 차이는 물론 옵션가치이어야 한다.

이 책의 뒷부분에서 볼 수 있듯이 블랙-숄즈 옵션가격결정 공식은 (12.48)과 매우 유사한 구조를 가지고 있다. 블랙-숄즈 콜옵션가격 역시 다음과 같은 구조를 갖는다.

$$[S \times \text{term 1}] - [PV(K) \times \text{term 2}]$$

여기서 블랙-숄즈모형 "제2항"은 옵션이 내가격으로 마감할 옵션의 위험중립확률이다.

이항분포모형의 풋옵션가격도 비슷한 표현을 가진다. 풋옵션은 $m < m^*$인 경우에만 내가격을 나타낸다.

$$P(m) = \begin{cases} K - u^m d^{n-m} S, & m < m^* \text{인 경우} \\ 0, & m \geq m^* \text{인 경우} \end{cases} \quad \textbf{(12.49)}$$

따라서 풋옵션의 초기 가격은 다음과 같이 표시할 수 있다.

$$P = \frac{1}{R^n} \sum_{m=0}^{m^*-1} Q(m) [K - u^m D^{n-m} S] \quad \textbf{(12.50)}$$

마지막 항을 두 부분으로 나누면

$$P = \frac{K}{R^n} \left(\sum_{m=0}^{m^*-1} Q(m) \right) - S \times \left(\frac{1}{R^n} \sum_{m=0}^{m^*-1} u^m d^{n-m} \right) \quad \textbf{(12.51)}$$

첫 번째 항은 K의 현재가치와 풋옵션이 내가격으로 만료될 위험중립확률의 곱이다. 그것은 풋옵션으로부터 얻을 것으로 기대되는 것을 나타낸다. 두 번째 항은 풋옵션에서 포기할 것으로 예상되는 가치(즉, 옵션행사로 포기한 주식의 가치)를 나타낸다. 두 항의 차이는 풋옵션의 가치이다.

콜옵션과 마찬가지로 블랙-숄즈의 유럽식 풋옵션가격에 대한 공식은 (12.51)과 매우 유사한 구조를 가지고 있다. 그것은 다음과 같은 형식이다.

$$P = [PV(K) \times \text{term 1}] - [S \times \text{term 2}] \quad \textbf{(12.52)}$$

여기에서 "제1항"은 풋옵션이 내가격으로 만료될 위험중립확률이다.

제 13 장

이항분포모형의 구현

13.1 서론

지난 두 장에서는 이항트리의 매개변수가 주어진 것으로 간주하고, 이항과정을 사용하여 옵션의 가격을 살펴보았다. 관련 내용을 보완하는 차원에서 이 장에서는 두 가지 중요한 이슈에 대해 설명하고자 한다: (a) 이러한 매개변수 결정방법 (b) 이항트리 즉, 이항과정의 컴퓨터 구현.

일반적으로 이항(또는 다른 격자기반) 모형의 구현에 사용되는 두 가지 방법이 있다. 첫 번째 방법은 기초자산가격의 변화를 잘 나타내고 있다고 생각되는 분포 또는 확률과정을 선택하는 것부터 시작한다. 그리고나서 이항분포모형이 선택된 분포에 근사하도록 이항분포모형의 매개변수를 선택한다. Nelson과 Ramaswamy(1990)는 이 방법의 일반적인 발전을 잘 보여주고 있다. 두 번째 접근방식은 이항분포에 근사한 특정 분포를 지정하고 있지 않다. 오히려 출발점은 다양한 행사가격과 만기의 실제 옵션가격 그리드이다. 그런 다음 옵션가격이 주어진 옵션가격과 밀접하게 일치하는 이항과정 즉, 이항트리를 구축하는데 초점이 맞춰져 있다. Derman and Kani(1994), Dupire (1994), Rubinstein(1994)에 의해 개발된 이 "내재이항트리(implied binomial tree)" 접근방식은 노드마다 매개변수가 변할 수 있으며, 우리가 언급할 수 있는 어떠한 매개변수의 분포와 확률적 과정에 전혀 맞지 않을 수 있다.

이 장의 초점은 첫 번째 접근방식이다. 내재이항트리는 16장에서 설명한다. 여기에서는 이항분포모형에 의한 로그정규분포의 근사치에 대해 설명한다. 2개의 변수를 가지는 분포인 로그정규분포는 금융모델링에 널리 보급되어 있는 분포이며, 다음 장의 주제인 블랙-숄즈모형의 기초를 이루는 분포이기도 하다. 확실히 이항분포모형은 다른 많은 분포를 근사화하기 위해서 사용할 수 있다. Nelson and Ramaswamy(1990)의 연구는 로그정규분포의 일반화로서 고정분산탄력성(constant elasticity of variance: CEV) 모형을 포함하여 몇 가지 예를 제공하고 있다.

로그정규방정식의 유용성과 중요성을 고려하여 우선 분포와 그 특성에 대한 설명부터 시작한다.

13.2 대수정규분포

자산가격의 변화를 표현하는 데 있어 우리가 설명하는 것은 그 자산 손익의 확률과정이다. 대수정규분포 또는 로그정규분포는 이러한 손익의 (자연)대수가 정규분포를 가진다고 가정한다.

S_0를 자산의 현재가격으로, S_T를 T년 가격으로 표기한다. 간단히 말하면, 이 시간간격에서 자산의 총손익은 S_T/S_0이다. 평균 m 및 분산 v(즉, 표준편차 $\sqrt{v}$)를 갖는 정규분포를 $N(m, v)$로 표기한다. 이 때 로그정규분포는 임의의 T에 대하여 아래와 같은 관계를 가진다.

$$\ln\left(\frac{S_T}{S_0}\right) \sim N(\mu T, \sigma^2 T) \quad \textbf{(13.1)}$$

여기서 μ와 σ는 해당 분포의 2개의 매개변수이다. (13.1)에서 T 년의 기간에 걸친 로그-손익의 기대값과 분산은 각각 μT와 $\sigma^2 T$이다.

$$E\left[\ln\left(\frac{S_T}{S_0}\right)\right] = \mu T \quad \textbf{(13.2)}$$

$$\mathrm{Var}\left[\ln\left(\frac{S_T}{S_0}\right)\right] = \sigma^2 T \quad \textbf{(13.3)}$$

특히 $T=1$년을 택하면 μ는 기대 연간 로그손익이며, σ^2는 연간 로그손익의 분산임을 알 수 있다.

[그림 13.1]은 다양한 매개변수 값에 대한 로그정규분포 손익의 분포를 보여준다(좌표 설정은 대수정규분포 확률밀도함수이기 때문에 총 수익률이 x보다 작은 확률은 x 왼쪽의 곡선 아래의 면적이다). 기간은 1년으로 고정시킨다. 그림에서 알 수 있듯이 로그정규분포는 비대칭(skewed) 분포이다. 양수와 음수를 모두 취할 수 있는 정규분포와는 달리, 로그 함수 $\ln x$는 양수 x에 대해서만 정의되므로 로그정규분포는 좌표횡축의 양수인 부분에서 정의되어 있다.

로그손익 = 연속복리손익

기간 [0, T]에서 어떤 자산의 실현 로그손익 x는 다음과 같이 표시된다.

$$\ln\left(\frac{S_T}{S_0}\right) = x \quad \textbf{(13.4)}$$

이에 따라 다음 관계가 성립한다.

$$\frac{S_T}{S_0} = e^x \quad \textbf{(13.5)}$$

그림 13.1

대수정규 분포확률 밀도함수

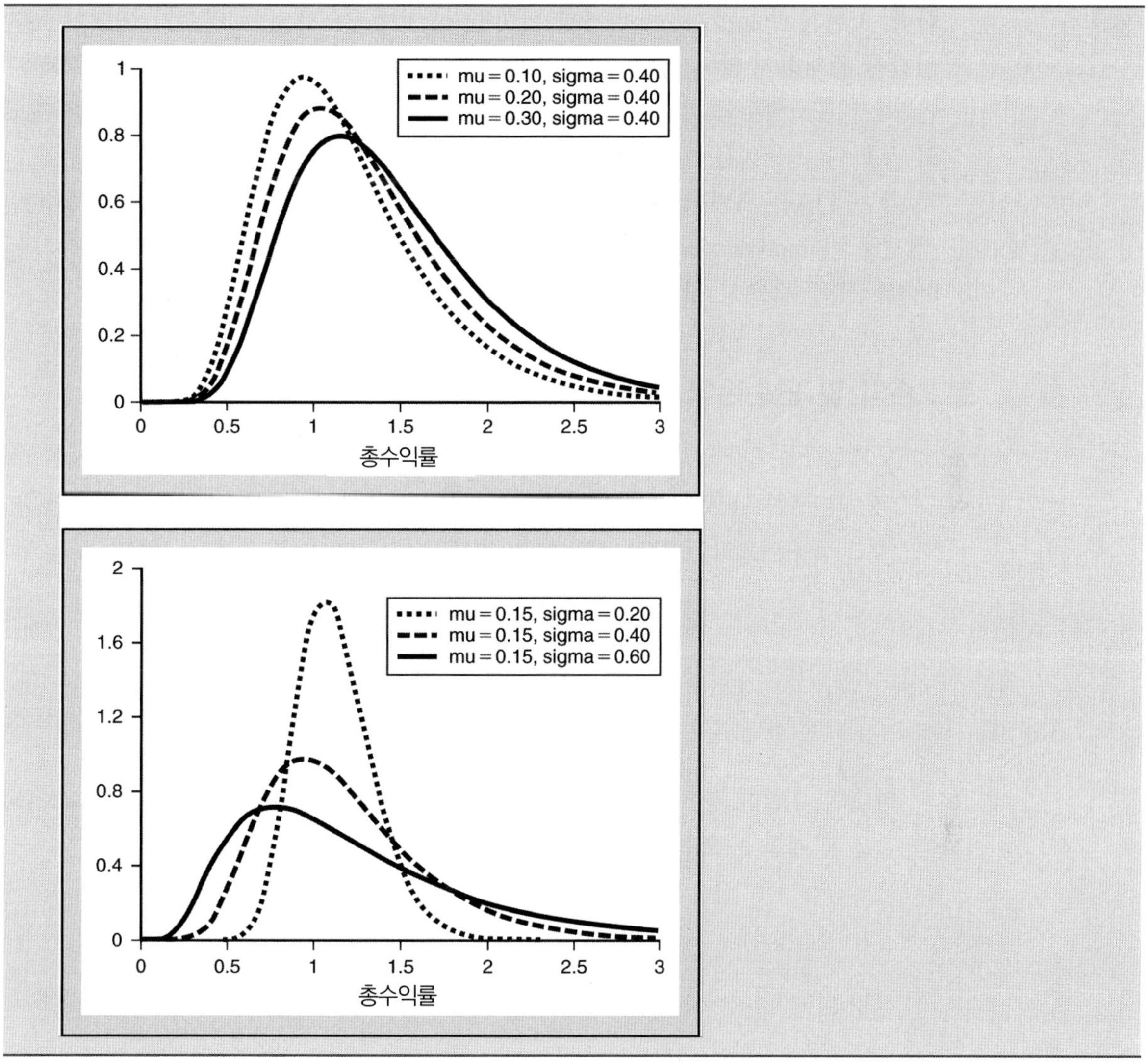

위의 식 (13.5)는 기간 [0, T]에 걸친 자산의 연속복리손익도 정확히 x라는 사실을 의미한다. 즉, 대수손익과 연속복리손익은 똑같은 개념의 두 가지 이름이다.

'변동성' 개념은

매개변수 σ는 자산의 변동성(volatility)이라는 특수한 명칭을 가지고 있다. 따라서 변동성이라는 용어는 연단위로 환산한 대수손익의 표준편차를 의미한다.

이와 같은 변동성은 백분율로 표현하는 것이 일반적이며 예를 들어, 35%의 변동성이라고 표시한다. 35%의 변동성은 $\sigma = 0.35$를 의미한다. 일반적으로 σ는 양수가 되어야 하지만, 그 크기에는 상한이 존재하지 않는다. 미국 시장에서 개별 주식의 변동성은 일반적으로 20%~50%의 범위이지만, 때로는 소형주와 기술주에서는 높은 변동성(70%~100% 및 그 이상)을 보일 때도 있다. 주가 지수와 통화의 변동성은 일반적으로 20% 이하가 되는 경향이 있다.

부록 13A는 과거의 가격 관측정보에서 자산의 변동성을 계산하는 방법을 다룬다. 이것은 역사적 변동성(historical volatility)이라고 한다. 서로 관련은 있지만 다른 개념인 내재변동성(implied volatility)은 블랙-숄즈의 장에서 논의하게 된다.

로그손익 및 단순손익 S_T/S_0

로그정규분포가 단순 기대수익률 S_T/S_0에서 의미하는 것은 무엇인가? 예를 들어, 1년 수익률이 로그정규분포를 따르며, 평균이 10%, 분산이 40%라고 한다. 1년 단순손익의 평균과 분산은 무엇인가? 로그정규분포의 표준적 특성에 따라 단순수익률의 평균과 분산은

$$E\left[\frac{S_T}{S_0}\right] = e^{\mu T + \frac{1}{2} \times \sigma^2 T} \tag{13.6}$$

$$\mathrm{Var}\left[\frac{S_T}{S_o}\right] = e^{2\mu T + 2\sigma^2 T} - e^{2\mu T + \sigma^2 T} \tag{13.7}$$

하나의 특별한 경우 (13.6)가 쉽게 검증된다. $\sigma = 0$(무변동성)의 경우, 로그정규분포 가정은 아래와 같은 관계를 내포한다.

$$\ln\left(\frac{S_T}{S_0}\right) = \mu T \tag{13.8}$$

그러면,

$$\frac{S_T}{S_0} = e^{\mu T} \tag{13.9}$$

이 경우 정확하게 (13.6)이 성립함을 알 수 있다.

식 (13.6)~(13.7)은 대수손익 및 단순손익은 명확한 개념으로, 서로 혼동해서는 안 된다는 것을 보여주고 있다. 다음 예제는 이를 설명하는 데 도움이 된다.

예 13.1

XYZ 주식의 수익률이 평균 10%와 40%의 변동성을 가진 대수정규분포를 이룬다고 한다. 그러면 (13.6)을 이용하여 1년간의 주식 보유에 따른 기대 단순손익은

$$e^{(0.10)(1)+\frac{1}{2}(0.16)(1)} = 1.197$$

따라서 순수익률은 19.7%이며, 10%인 기대 로그손익의 거의 두 배이다. 1년의 보유 기간에 단순 손익의 분산은

$$e^{2(0.10)(1)+2(0.16)(1)} - e^{2(0.10)(1)+(0.16)(1)} = 0.249$$

또는 24.9%가 되어 로그손익의 분산$(0.40)^2 = 16\%$와 대비된다. ■

이외에도 하나의 차이가 있다. 임의의 m과 $s > 0$에 대하여 단순손익이 정규분포를 따른다고 가정해 보자.

$$\frac{S_T}{S_0} \sim N(mT,\, s^2 T)$$

이 경우 정규분포의 측정치는 $-\infty$와 $+\infty$사이의 임의의 값을 가질 수 있기 때문에 단순 수익률은 100% 미만이거나, 시점 T의 가격 S_T는 음수가 될 수 있음을 의미한다. 주가와 환율이 음수가 될 수 없기 때문에 이것은 분명히 바람직하지 않다. 그러나 로그정규분포에서는 이것이 결코 문제가 되지 않는다. 로그 손익 S_T/S_0의 실현값 z는 (13.1)에서 e^z으로 주어지며 이것은 항상 양의 값을 가져야 한다.

독립적이고 동일한 분포(i.i.d.) 손익의 가정

"독립적으로 동일하게 분포된(i.i.d로 단축)"이라는 용어는 다음과 같은 확률적 과정을 뜻한다.

- 어느 한 시점에서 관측 결과의 확률분포는 다른 어떤 시점의 경우와 동일하다.
- 관측 결과는 시간이 지남에 독립적 즉, 시점 t의 결과는 t 이전의 어느 시점에서의 관측 결과에 의존하지 않는다.

로그정규분포 손익 가정 (13.1)은 대수수익률이 i.i.d이라는 가정도 포함한다. T년 중 어떤 기간의 대수손익도 단지 T와 정규분포의 μ와 σ라는 매개변수에만 의존한다. 따라서 2개월간 예상되는 로그손익은 1개월간 예상되는 로그손익의 2배가 된다. 그리고 물론, 어떤 시점에서의 수익률은 과거 손익에 의존하지 않는다.

i.i.d. 손익의 가정은 모형을 기술적으로 다루기 쉽긴 하지만 경제적 관점에서 좋은 가정인가라는 의문이 제기된다. 즉, 실질적으로(적어도 대략) 수익률은 i.i.d.인가? 사용 가능한 데이터는 아마 그렇지 않다고 시사하고 있다. 주식시장에서는 급격한 음의 손익에 따라 변동성이 증가하는 경우가 많고, 높은 수익률은 종종 저변동성으로 이어지는 바, 이는 레버리지 효과라는 패턴이다. 이 문제는 블랙-숄즈 장에서 상세하게 다룬다.

대수정규분포의 활용

정규분포는 수학적으로 가장 작업이 용이한 분포의 하나이다. 그것은 여러 가지 강력한 특성을 가지고 있다. 예를 들어, 모든 정규분포는 평균에 대해 대칭이며, 정규분포는 평균 ±1.96 표준편차가 공간의 95%를 차지한다. 따라서 신뢰구간을 설정하고 Value-at-Risk와 같은 재무 측정방법을 구축하는 것이 매우 쉬워진다.

정규분포의 특성 중 거의 모든 것이 로그정규분포에 해당된다. 예를 들어, 로그정규분포의 신뢰구간을 설정하기 위해서는 정규분포를 사용하여 로그수익률에 대해 신뢰구간을 구축하고 이를 지수화하면 된다. 다음의 예제를 통해 자세히 알아보자.

예 13.2

3개월 기간($T=1/4$)을 생각하고 주식이 $\mu=0.10$ 및 $\sigma=0.30$의 로그정규분포 손익을 보인다고 가정한다. 주식의 현재가격은 $S=100$이라고 하자. 3개월간의 주가의 95% 신뢰구간은 어떻게 되는가?

$T=1/4$이기 때문에,

$$\mu T=0.10\times0.25=0.025,\quad \sigma^2 T=0.30^2\times0.25=0.0225$$

즉, $\ln(S_T/S_0)$는 평균이 0.025이고, 표준편차가 $\sqrt{0.0225}=0.15$인 정규분포를 이루고 있다. 정규분포 확률변수의 경우 95%의 관측 값은 평균의 1.96 표준편차 내에 있다. 따라서 확률 0.95의 경우 $\ln(S_T/S_0)$는 아래의 범위에 놓여 있다.

$$[0.025-(1.96)(0.15)]=-0.269,\quad [0.025+(1.96)(0.15)]=+0.319$$

각각 지수를 취하면 확률 0.95에서 S_T/S의 범위는 다음과 같다.

$$e^{-0.269}=0.7641,\quad e^{+0.319}=1.3758$$

따라서 확률 0.95에서 S_T는 아래 범위에 들어간다.

$$S\times(0.7641)=76.41,\quad S\times(1.3758)=137.58$$

이것이 S_T의 95% 신뢰구간이 됨을 보여준다. ■

채권손익모형과 대수정규분포

적어도 두 가지 이유에서 로그정규분포는 채권가격변동 모형으로는 불충분하다. 첫째, 로그정규분포에서는 미래가격에 대한 불확실성은 설정된 기간이 증가함에 따라 증가한다. 즉, T가 커질수록 $\sigma^2 T$인 수익률의 분산은 증가한다. 그러나 채무불이행 위험이 없으면, 만기시 채권가격 즉, 그 액면

가는 오늘 확실히 알려져 있다. 따라서 향후 채권가격에 대한 불확실성은 만기가 가까워질수록 0이 되어야 한다. 채무불이행 위험이 있어도 만기시 채권가격은 0과 액면가 사이에서만 변동하기 때문에 로그정규분포는 여전히 부적절하다. 둘째, 채권가격의 로그정규분포는 채권수익률이 정규분포임을 내포하고 있다. 이것은 채권수익률과 금리가 음수가 될 가능성이 있다는 것을 의미한다.

실제 확률분포와 위험중립분포

파생상품가격은 자산가격의 위험중립 확률분포에만 의존하기 때문에 자산가격의 실제 확률분포 또는 위험중립분포 중 하나의 근사치를 얻기 위해서 이항과정을 사용할 수 있다. 전자를 사용하면 μ와 σ는 기초자산에 대한 로그손익의 실제 연간평균과 분산을 나타낸다. 위험중립 확률분포를 사용하는 경우 자산의 변동성은 영향을 받지 않지만, 기대수익률은 무위험수익률과 같아야 한다. 기대수익률은 위 (13.6)처럼 다음과 같이 표시할 수 있다.

$$E\left[\frac{S_T}{S_0}\right] = e^{\mu T + \frac{1}{2}\sigma^2 T} \qquad \textbf{(13.10)}$$

r을 연간 연속복리로 표시된 기간 T년의 무위험이자율이라고 하자. 그리고 T년 동안 수익률 r로 투자한 \$1은 T년 후 \$$rT$로 증가한다.

따라서 (13.10)에서의 기대수익률이 무위험이자율과 동일하게 되기 위해서는

$$\mu T + \frac{1}{2}\sigma^2 T = rT$$

또는

$$\mu = r - \frac{1}{2}\sigma^2 \qquad \textbf{(13.11)}$$

따라서 로그정규분포가 자산수익률의 위험중립확률 분포를 나타낸다면, μ는 (13.11)에서 주어진 것과 같게 된다.

13.3 이항모형을 이용한 대수정규분포의 근사화

매개변수 μ와 σ를 갖는 로그정규분포를 따르는 수익률의 자산이 주어졌다고 가정한다. T년의 기간을 감안할 때, 이항과정이 주어진 분포에 근사하도록 이항모형의 매개변수를 선택하려면 어떻게 하겠는가?

원칙적으로 선택할 수 있는 4개의 자유로운 이항과정의 매개변수가 있다.

- u와 d는 각각 상하방 이동량이다.
- p는 상방 이동의 확률
- n은 이항과정의 단계 수이다.

이러한 매개변수 중 n은 일반적으로 사전에 고정되어 있다. 이상적으로는 n을 가능한 큰 값을 선택하고자 하지만 이 모형의 계산상의 추적가능성도 고려해야 할 것이다. 따라서 n값의 선택은 대립되는 두 목적 사이의 타협의 결과이다. 일반적으로 실제 훨씬 더 큰 이항트리가 사용되지만, n은 적어도 100 이상이 되어야 한다.

그래서 어떤 수준에 n이 고정되어 있다고 가정하자. $h = T/n$을 이항과정의 각 단계의 길이(년)로 표시한다. 그러면 값을 결정해야 할 u, d, p의 3개의 매개변수가 남는다. 우리의 목표는 이항과정에서 n단계 후 가격의 확률분포가 매개변수 μT 및 $\sigma^2 T$의 로그정규분포와 근사하게 되도록 이러한 매개변수의 값을 선택하는 것이다.

특히 과정의 n단계 후 기대 로그수익률이 개략 μT로, 로그수익률의 분산이 개략 $\sigma^2 T$가 되도록 변수의 값이 선택되며, n이 커질수록 근사치가 개선된다.

여기에서 이항과정의 각 단계의 수익률은 과정의 다른 단계의 수익률과 동일하다. 또한 다른 시간단계에 걸쳐 손익은 확률적으로 독립이다. 즉, 어떤 단계에서 실현된 손익도 다른 어떤 시간단계에서 u값 또는 d값의 실현가능성에 영향을 주지 않는다. 따라서,

- 이항과정 n단계에 걸친 기대수익률은 과정의 각 단계에서의 기대수익률의 단순 n배수이다.
- 모형의 n단계에 걸친 손익의 분산은 각 단계의 손익분산의 n 배수이다.

따라서 우리의 첫 번째 단계는 이항과정의 단계별 수익률에 대하여 이해해야 한다. 각 단계에서 자산수익률은 확률 p로 u와 확률 $1-p$에서 d를 발생시킨다. 따라서 각 단계의 로그손익은 아래와 같이 표시할 수 있다.

$$\begin{cases} \ln u, & \text{확률 } p \\ \ln d, & \text{확률 } 1-p \end{cases}$$

이것은 우리에게 아래의 정보를 제공한다.

$$\begin{aligned} &\text{한 단계당 기대 로그수익률} &&= p\ln u + (1-p)\ln d \\ &\text{각 단계당 로그수익률의 분산} &&= p(1-p)[\ln u - \ln d]^2 \end{aligned}$$

이러한 손익을 n 단계에 걸쳐 합하면 아래와 같다.

$$n \text{ 단계당 기대 로그수익률} = n[p \ln u + (1-p)\ln d]$$
$$n \text{ 단계당 로그수익률의 분산} = np(1-p)[\ln u - \ln d]^2$$

이 평균과 분산을 로그정규분포와 일치 시키려면 적어도 근사치라도 다음 등식이 성립되도록 u와 d 그리고 p를 선택해야 한다.

$$n[p \ln u + (1-p)\ln d] = \mu T \tag{13.12}$$

$$np(1-p)[\ln u - \ln d]^2 = \sigma^2 T \tag{13.13}$$

동일하게 위의 두 식에서 n으로 나누면 다음과 같다.

$$p \ln u + (1-p)\ln d = \mu h \tag{13.14}$$

$$p(1-p)[\ln u - \ln d]^2 = \sigma^2 h \tag{13.15}$$

위의 식 (13.14)과 (13.15)는 3개의 미지수를 가진 2개의 방정식이 된다. 물론 이러한 방정식에서는 여러 해가 있다. 이하에서는 두 가지 특히 흥미로운 점이 부각될 것이다.

Cox-Ross-Rubinstein 해법

이항분포모형의 매개변수를 구하는 Cox-Ross-Rubinstein(CRR)의 해법은 아래와 같이 표시된다.

$$\mu = e^{\sigma\sqrt{h}} \tag{13.16}$$

$$d = \frac{1}{u} = e^{-\sigma\sqrt{h}} \tag{13.17}$$

$$p = \frac{1}{2} + \frac{1}{2}\left(\frac{\mu}{\sigma}\right)\sqrt{h} \tag{13.18}$$

간단한 계산을 통하여 (13.16)~(13.18)에서 다음 결과를 얻게 된다.

$$p \ln u + (1-p)\ln d = \mu h \tag{13.19}$$

따라서 요구조건 (13.14)는 정확히 충족된다. 또한,

$$p(1-p)[\ln u - \ln d]^2 = \sigma^2 h - \mu^2 h^2 \tag{13.20}$$

에서 n 값이 큰 경우, h는 소수가 되므로, h^2 차수의 항은 더 작아진다. 이것은 분산의 조건 (13.15)가 거의 충족되며 근사치는 n의 값이 커짐에 따라 더욱 정확해진다. 실제로 $n \to \infty$에 따라 CRR해법 (13.16)~(13.18)에서 주어진 값의 매개변수를 가지는 전체 이항분포는 평균 μT와 분산 $\sigma^2 T$을 가진 로그정규분포에 수렴한다.

CRR해법에는 몇 가지 중요한 특성이 강조되고 있다. 첫째, CRR과정은 주가 S에 "중앙화(centered)"되어 있다. CRR해법에서는 $ud=1$이기 때문에 상방 이동하고 하방 이동하면 항상 초기 값으로 돌아간다. 둘째, CRR해법은 u와 d는 단일 변수 σ에만 의존한다. 이것은 확률 p가 이항분포

모형의 가격결정 유도함수에서 아무런 역할도 하지 않기 때문에 중요하다. 오직 u와 d(그리고 무위험이자율)만 중요하다. 따라서 CRR과정의 구현에서 옵션은 오직 σ의 정보에 따라 가격이 결정된다.

Jarrow-Rudd 해법

이항분포모형의 매개변수를 구하는 Jarrow-Rudd(JR)의 해법은 다음과 같다.

$$\mu = e^{\mu h + \sigma\sqrt{h}} \tag{13.21}$$

$$d = e^{\mu h - \sigma\sqrt{h}} \tag{13.22}$$

$$p = \frac{1}{2} \tag{13.23}$$

JR해법에서 요구조건 (13.14)와 조건 (13.15)가 정확히 충족되는지의 여부를 확인하기는 쉽다. 그리고 사실, $n \to \infty$에 따라 JR해법 (13.21)~(13.23)에 의해 주어진 값의 매개변수를 가지는 전체 이항분포는 평균 μT와 분산 $\sigma^2 T$를 갖는 로그정규분포에 수렴한다.

JR해법의 예견되는 단점은 u와 d의 매개변수가 μ와 σ 모두에 의존하기 때문에 과정의 구현에도 평균 로그수익률의 기대값이 필요하다는 것이다. 이 문제를 해결하는 방법 중 하나는 이 해법의 사용에 일반적으로 적용되는 방법으로 실제 확률분포가 아닌 자산수익률의 위험중립분포를 근사화하는 것이다. 이 경우 상기 (13.11)과 같이, μ는 오직 무위험이자율과 σ에만 의존한다.

다른 가능성

3개의 미지수에 2개의 방정식이 있기 때문에 물론 다른 많은 해가 가능하다. 예를 들어, 매개변수에 내포된 위험중립확률이 1/2이 되도록 모형의 매개변수를 선택할 수 있다. 우선 위험중립확률은 아래와 같이 주어짐을 기억하자.

$$q = \frac{R - d}{u - d} \tag{13.24}$$

여기서 R은 이항과정의 단계당 총 이자율이다. 매개변수 R은 T년 이자율에 대한 정보로부터 쉽게 계산할 수 있다. 예를 들어, 연속복리의 T년 금리가 r인 경우(즉, 1 달러의 투자가 T년에는 e^{rh}로 증가), R은 다음과 같이 주어진다.

$$R = \exp\{rh\} \tag{13.25}$$

근사치 $e^x \approx 1 + x$(이것은 작은 x 값에 좋은 근사치임)를 사용하면 CRR와 JR 해법의 위험중립확률은 각각 다음과 같이 표시할 수 있다.

$$q_{CRR} = \frac{1}{2} + \frac{1}{2}\frac{r}{\sigma}\sqrt{h}$$

$$q_{JR} = \frac{1}{2} + \frac{1}{4}\sigma\sqrt{h}$$

각각의 경우 이러한 확률은 $h \to 0$에 따라 1/2로 수렴한다. 그러나 h의 주어진 값에서 q가 정확히 1/2이 되어야 한다면, 다음 관계가 성립해야 한다.

$$\frac{R-d}{u-d} = \frac{1}{2}$$

그것은 또한 아래의 관계와 같음을 뜻한다.

$$u + d = 2R \qquad \textbf{(13.26)}$$

식 (13.26)는 미지수 u와 d에 대한 3번째 방정식을 제공한다. 이에 (13.14)와 (13.15)를 결합하면 이것은 3원1차연립방정식이 된다. 이 3원연립방정식의 해법은 위험중립확률이 1/2이 되는 것을 보증한다.

어떤 해법을 사용할 것인지

지금까지 논의한 바에 따르면 모든 해법이 로그정규분포에 수렴하는 한, 그들은 n의 값이 클 경우 서로 비슷하다. 그러나 수렴의 속도와 방식은 상당히 다를 수 있다.

[그림 13.2]는 이 점을 잘 보여준다. 그림의 상단 패널은 로그정규분포의 CRR 근사치를 사용하여 이항과정에서 가격책정된 콜옵션을 고려한다. 아래의 패널은 JR 근사치를 사용한다. 두 경우 모두 로그정규분포는 40%의 변동성을 가지고, 옵션의 만기는 3개월 (= 0. 25년)이며, 무위험이자율은 연속복리로 연 5%가 되며, 초기 주가는 100이다. 콜옵션은 등가격에 있다. 두 패널에서 가로축은 이항과정에서 사용된 단계의 수이며, 세로축은 이 모형에서 구한 옵션가격이다.

두 패널의 옵션가격은 블랙-숄즈 가격에 수렴한다. 블랙-숄즈 가격은 지정된 매개변수에서 가까스로 8.553 미만이 된다. 이 그림은 두 근사치가 블랙-숄즈 가격에 진동으로 수렴하며, 이 진동은 단계 수가 증가할수록 감소하는 것을 보여준다. 진동은 과소평가와 과대평가가 교대로 반복되기 때문에 연속된 단계에서 가격의 평균을 취하는 것으로 수렴을 더욱 기속화시킬 수 있다. 예를 들어, 19단계와 20단계의 CRR 근사치에서 구한 옵션가격의 평균을 취하면, 블랙-숄즈의 가격에서 약간 벗어난 8.555의 값을 얻을 수 있다. 풋-콜 패리티에 따라 풋옵션가격은 같은 속도로 수렴한다는 짐에 주목하기 바란다.

그림 13.2

CRR와 JR 해법의 수렴

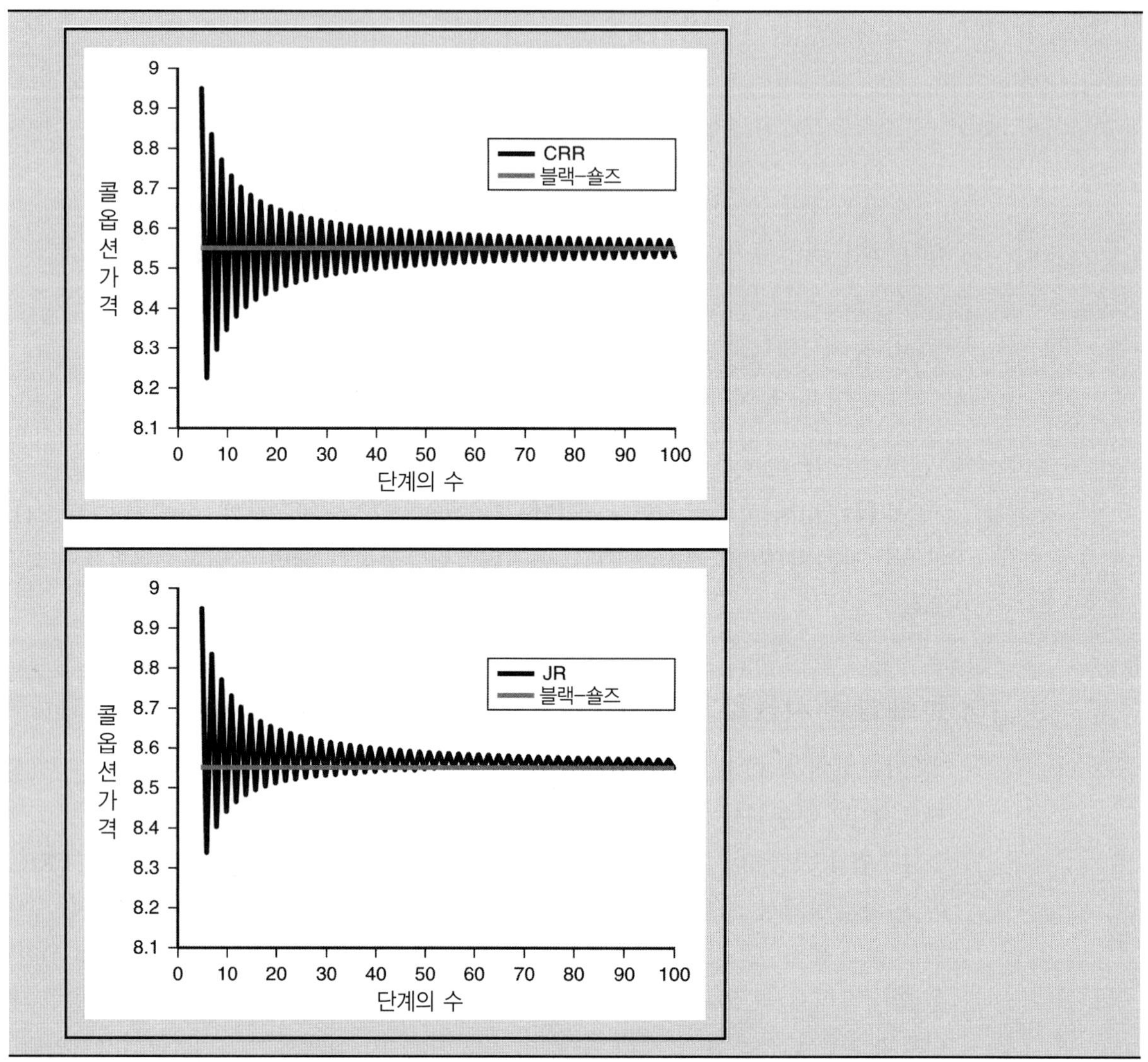

13.4 이항분포모형의 전산 구현

이항분포모형을 구현하기 위해 이산시간의 이항과정에서 옵션의 기대 현금흐름을 만기부터 현재까지 연속적으로 할인하여야 한다. 앞 장에서 설명된바 있는 이 프로세스는 "역방향 재귀(backward recursion)" 또는 "역행 귀납법(backward induction)"이라고 한다. 일반적인 표기법을 따르는 임의의 이산모형(이항분포 또는 기타)에서는 유럽식 옵션가격의 계산이 이항트리의 종단 노드에서 현재 시점(시점 0)에 도달할 때까지 시간의 역방향으로 반복된다.

$$C_t = E\left[e^{-rh} C_{t+h}\right] \tag{13.27}$$

여기서 t는 시간, h는 이항이항트리에서 기간 사이의 이산 시간간격(년), r은 연속복리와 단위로 표시된 무위험이자율이며, $E[\cdot]$은 위험중립확률 하에서 기대값을 나타낸다. 우리는 시간이 지남에 따라 변하는 가능성을 허용하고자 이자율을 기대치 산식에 포함시킨다. 이항분포의 경우에 등식 (13.27)은 다음과 같이 고쳐 쓸 수 있다.

$$C_t = \frac{1}{R}\left[qC^u_{t+h} + (1-q)C^d_{t+h}\right] \tag{13.28}$$

여기서, q는 상방 이동의 위험중립확률이고, C^u_{t+h}는 이항트리가 상방 이동하는 경우 $t+h$에서 옵션가치이며, C^d_{t+h}는 이항트리가 하방 이동하는 경우 $t+h$에서의 옵션가치, R은 기간당 고정 총수익률이다.

재귀

수학에서 재귀(recursion)는 그 자체로 정의되는 함수를 가리킨다. 더 정확하게는 재귀에서 초기 상태의 함수 값은 외생적으로 지정된다. 이 함수는 지정된 종점에 도달할 때까지 이전 값에서 다음 연결되는 값을 정의함으로써 그 함수는 자신을 스스로 정의한다.

재귀의 간단한 예는 계승함수(factorial function) $f(n)=n!=1\times2\times\cdots\times n$이다. 초기 값 $f(1)$은 $f(1)=1$로 지정되며, 연속 값은 $f(n)$에 도달할 때까지 $f(k)=k\times f(k-1)$로 정의된다.

옵션의 초기가격을 결정하는 과정에도 재귀가 포함되어 있다. 우리는 그 최종손익에서부터 시작한다.

$$C_T = g(S_T)$$

여기에서 $g(\cdot)$의 정확한 형식은 해당 옵션에 의존한다. 예를 들어, 증권이 행사가격이 K인 콜옵션인 경우 $g(S_T)=\max\{S_T-K, 0\}$; 그것이 행사가격 K인 풋옵션인 경우 $g(S_T)=\max\{K-S_T, 0\}$; 또는 인도가격 F인 선도매입의 경우, $g(S_T)=S_T-F$이다. 그러면 (13.28)을 사용하여 역방향으로 이항트리를 작동시키고, 시점 t의 옵션가격을 시점 $(t+h)$의 가격으로 정의한다. 이 절차는 현재 시점 $t=0$에 도달하면 만료된다.

재귀 구현

이와 같은 재귀를 컴퓨터로 구현하는 것은 어렵지 않다. 초기 주가를 S, 연간 주식변동성을 σ, 옵션 행사가격을 K, 이항트리의 기간 수를 n이라고 하자. 이항모형과정의 매개변수를 찾기 위해 CRR해법을 사용한다고 가정한다. 이 때, 전체 방정식 체계는 다음과 같다.

$$h = \frac{T}{n}$$

$$u = \exp(\sigma\sqrt{h})$$

$$d = \exp(-\sigma\sqrt{h}) = \frac{1}{u}$$

$$R = e^{-rh}$$

$$q = \frac{R-d}{u-d}$$

$$S_0 = S$$

$$S_{t+h}^u = uS_t$$

$$S_{t+h}^d = dS_t$$

$$C_T = \begin{cases} \max\left[0,\ S_T - K\right], & \text{콜옵션의 경우} \\ \max\left[0,\ K - S_T\right], & \text{풋옵션의 경우} \end{cases}$$

$$C_t = \frac{1}{R}\left[q\,C_{t+h}^u + (1-q)\,C_{t+h}^d\right]$$

이 재귀를 구현하기 위한 Octave 코드는 아래와 같다.

```
%Recursive program to price options
function w = crr_rec(s,k,t,v,r,pc,n);
if n==0;
      if pc==1; optval=max(0,s-k); end;
      if pc==0; optval=max(0,k-s); end;
else
      h = t/n;
      u = exp(v*sqrt(h));
      d = exp(-v*sqrt(h));
      R = exp(r*h);
      q = (R-d)/(u-d);
      optval = (q*crr_rec(s*u,k,t-h,v,r,pc,n-1) + ...
                   (1-q)*crr_rec(s*d,k,t-h,v,r,pc,n-1))/R;
end;
w = optval;
```

해당 옵션과 관련된 이항트리는 프로그램의 끝에서 3번째 및 4번째 행의 재귀로 나타낸다. 따라서 optval이 계산되는 이 행은 옵션가격에 대한 재귀가 포함되며, 기초자산이 되는 주식가격에 대한 다른 재귀도 내포하고 있다. 이 모형에서 경계조건이 어떻게 구현되어 있는지 주의 깊게 살펴

보라. 재귀 선에서 우리가 만기까지 이르게 되는 시간 속의 또 다른(사소한) 재귀일 수 있다. 나머지 기간 (n = 0)가 없으면 프로그램은 재귀를 무시하고 프로그램의 4번째 행에서 5번째 행의 마지막 손익조건을 구현한다.

예를 들어, 우리는 이 프로그램을 가동시켜 다음과 같은 세 가지 작업을 시행할 수 있다. (a) 콜옵션의 가격결정 (b) 풋옵션의 가격결정 (c) 모형의 작동을 보장할 수 있도록 풋-콜 패리티가 유지되고 있는지를 확인함. 여기에 Octave의 출력이 나와 있다.

```
octave:1> callopt = crr_rec(50,52,0.5,0.3,0.03,1,10)
callopt = 3.7553
octave:2> putopt = crr_rec(50,52,0.5,0.3,0.03,0,10)
putopt = 4.9812
octave:3> callopt - putopt
ans = -1.2258
octave:4> 50 - 52*exp(-0.03*0.5)
ans = -1.2258
```

여기에서는 다음 값을 사용하였다: 초기주가 \$50, 행사가격 \$52, 만기 1/2년, $\sigma = 0.3$, $r = 0.03$ 및 $n = 10$(10기간 이항트리). 풋-콜 패리티는 정확하게 유지된다는 점에 유의하길 바란다. 이항분포모형의 JR 형식을 채용하기로 선택하면 구현은 동일하다. 관련 프로그램의 u와 d에 대한 정의만 변경하면 된다.

재귀 문제

재귀는 구현이 용이한 반면 CRR과정이 재결합 과정이라는 사실을 활용하지 않기 때문에, 이항과정을 구현하는 가장 효율적인 방법은 아니다. 재귀를 시작할 때 무슨 일이 일어나는가에 대하여 잠시 생각해 보자. 초기 노드는 후속 두 개의 노드를 불러오며, 이어서 각 노드는 각각 두 개의 노드를 끌어온다. 따라서 2단계 후, 재결합 이항과정 두 기간 후에 세 가지 노드가 존재하지 않고, 4개의 노드가 생성된다. 재귀에서 계산의 양은 계산에서 생성된 노드의 수(n기 모형의 경우 2^n)에 비례하기 때문에, 계산의 양은 폭발적으로 증가할 가능성이 있다. 또한 기술적인 관점에서 컴퓨터의 재귀스택이라는 메모리에 보관되는데(비공식적으로 말하면) 스택의 크기는 물리적 한계가 있어, 결과적으로 처리속도가 더 감속한다.

이에 따라 다음 재귀 대신 2차원 배열 방식을 사용한 이항트리에 이항 옵션가격을 구현하는 프로그램의 작성에 눈을 돌려 보기로 한다. 그러나 재결합과정이 되지 않는 모형을 사용하여 작업하는 경우 재귀는 여전히 매우 효율적인 방법임을 유의해야 한다.

그림 13.3
재결합 이항트리

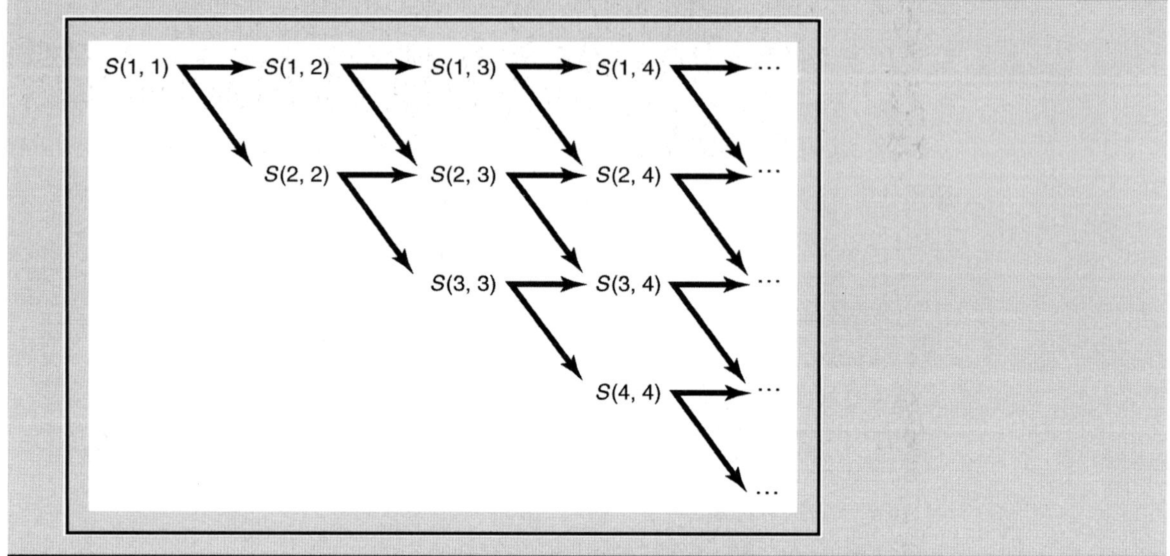

과정모형의 재결합

이항분포트리에서 상방이동 후 하방이동의 경우가 하방이동 후 상방이동의 경우와 같은 가격으로 이어진다면, 이 과정은 재결합(recombining)하고 있다고 말한다. u와 d가 일정하며 과정에서 변화하지 않는 경우, 제12장(12.2절 참조)에서 지적했듯이, 이항과정은 항상 다시 결합한다. CRR와 JR의 두 해법 모두 재결합과정으로 이어진다.

재결합 이항분포트리에서 전체과정은 2차원 $(n+1)\times(n+1)$ 격자로 표시할 수 있다. 다음으로는 주가의 변화에 대한 격자를 어떻게 만들고 옵션가치에 대한 다른 격자를 겹치는 방법을 설명한다.

주가 격자의 전형적인 셀(cell)은 $S(j,t)$로 표시된다. 인덱스 t는 시간의 추적이다. $S(j,t)$로부터 시점 $t+1$에서 두 개의 노드가 나온다.

$$S(j,t+1) \quad = u\times S(j,\,t)$$
$$S(j+1,t+1) = d\times S(j,\,t)$$

따라서 아래와 같은 예를 들 수 있다.

- 초기 노드에서 가능한 가격은 하나 밖에 없기 때문에 단일가격 $S(1,1)=S$를 얻는다.
- 1 기간 후 $S(1,2)=uS(1,1)$ 및 $S(2,2)=dS(1,1)$의 2개의 가격이 존재한다.
- 두 기간 후 $S(1,3)$, $S(2,3)$ 및 $S(3,3)$의 3개의 가격이 있다.

$$S(1,3)=uS(1,2) \quad S(2,3)=dS(1,2)=uS(2,2) \quad S(3,3)=dS(2,2)$$

이와 같은 이항트리는 [그림 13.3]과 같다. 이 이항트리는 격자의 상단 삼각형만을 사용한다는 점에 유의하라.

이 과정의 프로그래밍은 어려운 일이 아니다. 따라서 Octave 코드를 아래에 제시한다. 모형의 운동방정식은 이 프로그램에서 재귀시스템의 전방 전파(forward propagation)를 이항트리에 대한 역방향 재귀로 대체하는 것을 제외하고 재귀와 관련된 부분에서 사용한 것과 동일하다.

```
%CRR BINOMIAL TREE WITH DIVIDENDS
%s: stock price
%k: strike
%t: maturity
%v: volatility
%rf: risk free rate
%div: proportional dividend yield
%pc: call=1, put=0
%ae: american=1, european=0
%n: no of steps in the tree

function crrval = crr_div(s,k,t,v,rf,div,pc,ae,n);

%BASIC SET UP
h = t/n;
u = exp(v*sqrt(h));
d = exp(-v*sqrt(h));
r = exp(rf*h);
y = exp(div*h)-1;
q = (exp((rf-div)*h)-d)/(u-d);

%PREPARE STOCK TREE
stktree = zeros(n+1,n+1);
divtree = zeros(n+1,n+1);
stktree(1,1) = s;
divtree(1,1) = 0;
for t=2:n+1;
  stktree(1,t) = stktree(1,t-1)*u;
  divtree(1,t) = stktree(1,t)*y;
  for j=2:t;
    stktree(j,t) = stktree(j-1,t-1)*d;
    divtree(j,t) = stktree(j,t)*y;
  end;
end;
```

```
%TERMINAL PAYOFFS
optval = zeros(n+1,n+1);
pvdiv = zeros(n+1,n+1);
for j=1:n+1;
  if pc==1; optval(j,n+1)=max(0,stktree(j,n+1)-k); end;
  if pc==0; optval(j,n+1)=max(0,k-stktree(j,n+1)); end;
  pvdiv(j,n+1) = divtree(j,n+1);
end;

%PRICE OPTION BY BACKWARD RECURSION
for t=n:-1:1;
  for j=1:t;
    pvdiv(j,t) = (1/r)*(q*pvdiv(j,t+1)+(1-q)*pvdiv(j+1,t+1));
    optval(j,t) = (1/r)*(q*optval(j,t+1)+(1-q)*optval(j+1,t+1));
    if ae==1;
      if pc==1;
        optval(j,t) = max(optval(j,t),stktree(j,t)+pvdiv(j,t)-k);
        else
        optval(j,t) = max(optval(j,t),k-stktree(j,t)-pvdiv(j,t));
        end;
     end;
     pvdiv(j,t) = pvdiv(j,t) + divtree(j,t);
end;
end;
crrval = optval(1,1);
```

위의 프로그램은 작고 해독하기 쉽다. 재귀의 예제에서 택하였던 것과 같은 변수를 사용하면 옵션가격에 대해 동일한 값을 얻을 수 있다.(실제로 그렇게 하여야 함)

```
octave:5> callopt = crr_div(50,52,0.5,0.3,0.03,0,1,0,10)
callopt = 3.7553
octave:6> putopt = crr_div(50,52,0.5,0.3,0.03,0,0,0,10)
putopt = 4.9812
octave:7> callopt - putopt
ans = -1.2258
octave:8> 50 - 52*exp(-0.03*0.5)
ans = -1.2258
```

미국식 옵션

위의 두 방식 즉, 재귀 및 이항트리는 유럽식 옵션을 대상으로 한다. 분석을 미국식 옵션에 확장하려면 프로그램에 하나의 행을 추가해야 한다. optval 계산의 결론은 옵션의 조기행사의 가치가 계속 보유의 가치보다 높은지 여부를 확인하는 것이다. 재귀모형의 다음 프로그램 문장을 확인(콜옵션)한다.

```
optval = max (s-k, optval)
```

이항이항트리에 다음문장을 추가한다.

```
optval (j, t) = max (s (j, t) -k, optval (j, t))
```

풋옵션에 대한 유사한 변경은 극히 간단하다.

수렴

모형이 어떻게 수렴되는지 알아보기 위해 함수를 사용하는 것 또한 쉽다. n을 증가시키면 가격은 블랙-숄즈모형 값에 수렴하여야 한다. 이것을 확인하기 위하여 프로그램 코드의 한 면을 간단히 살펴보자.

```
for k=1:3;
  fprintf('%7.0f %8.3f \n',10^k,crr(50,52,0.5,0.3,0.03,1,10^k));
end;
```

이 코드는 이항트리에서 10에서 1000까지 기간의 n 승(power)을 가지고 결과를 포맷된 방식으로 출력한다. 포맷 명령어에 주의하라. 그들은 Octave 작업에 유용하다.

```
   10    3.755
  100    3.685
 1000    3.690
```

블랙-숄즈 옵션가격결정 공식에 따른 옵션의 가치는 \$3.690이다.

13.5 연습문제

1. S_t의 분포가 다음과 같은 로그정규분포로 주어졌다고 하자.

$$\log\left(\frac{S_t}{S}\right) \sim N(\mu t,\, \sigma^2 t)$$

여기서 $\mu = 0.10$, $\sigma = 0.20$가 된다. $S = 60$이라고 가정하면 오늘부터 3개월 S_t 가격에 대한 95% 신뢰구간을 계산하라.

2. 질문 1에 $\mu = 0.10$, $\sigma = 0.10$에 대하여 반복하라.

3. 100단계 이항이항트리를 사용하여 지금부터 3개월 후 주가분포의 근사치를 구하고 싶다고 한다. 또한 주가분포가 $\mu = 0.04$, $\sigma = 0.40$로 로그정규분포가 된다고 가정한다. 이 경우 이항분포모형의 매개변수로 어떤 값을 사용하겠는가?

4. [질문 3]을 $\mu = 0.20$, $\sigma = 0.20$에 대하여 반복하라.

5. 주식의 가격 S_t가 $\mu = 0.07$, $\sigma = 0.30$인 3개월의 기간에 있어 주식의 기대수익률은 무엇인가?

6. S&P500지수는 25%의 변동성을 가진 로그정규분포를 따른다고 가정한다. 1년간의 지수에 대한 기대 단순손익이 8%라고 가정한다. 연간 기대로그손익 μ는 어느 정도인가?

7. 주식의 연속복리수익률이 정규분포이면 주가분포는 왜 로그정규분포가 되는가?

8. 현재 시간간격에서 현재 $1의 가치를 가진 주식의 연속복리수익률은 다음과 같이 정규분포를 이루는 경우 아래 두 변수의 값을 구하라: $r \sim N(\mu,\, \sigma^2) = N(0.1,\, 0.2^2)$
   (a) 단일기간 후 주식의 기대가격
   (b) 주가의 분산

9. (설명) 각 기간 연속복리수익률은 정규분포를 이루지만, 반드시 기간에서 다음 기간으로 독립적인 것은 아니라고 하자. 이 경우 모든 기간이 지난 후 최종 주가는 로그정규분포를 이루는가?

10. (설명) 이항과정모형에서는 과정의 시간간격을 단축하면 최종 주가분포가 항상 정규분포에 수렴하는가?

11. 확률 0.01인 관측값 1과 확률 0.99인 관측값 0을 가진 이항이항트리에서, 손익(payoff)의 평균과 분산은 얼마인가?

12. $\sigma = 0.2$에서 연속복리가 되는 주가수익률과 연리 $r = 0.03$으로 분기별 복리가 되는 이자율에 근거한 이항이항트리에서 주가의 상방 이동과 하방 이동의 위험중립확률은 과정의 간격을

분기단위로 설정할 때 얼마나 되겠는가? 이항모형의 CRR구현을 사용하라.

13. 어떤 주식의 연환산변동성은 $\sigma=0.30$인 것으로 가정한다. 평균수익률은 $\mu=0.10$이다. 무위험이자율은 모든 만기에서 2%로 일정하다. 시간간격 h가 월단위(1년의 12분의 1)로 증가한다면 CRR모형을 사용하는 경우, 주가 상방 이동의 위험중립확률은 어떻게 변화 할 것인가? 왜 이와 같은 패턴을 볼 수 있는가?

14. 일별 주가수익률의 표준편차가 2%인 경우 연간 주가수익률의 변동성은 어느 정도인가?

15. 주간 표준편차에 $\sqrt{52}$을 곱하여 연간 표준편차로 변환하는 방법을 지지하게 되는 주요 가정은 무엇인가?

16. 당신은 91일(≈0. 2493년)의 시간설정에서 100기간 이항이항트리를 구축하고자 한다. 주어진 기간에서 무위험이자율은 연환산 연속복리로 4%이다. 기초자산의 변동성은 38%이다. JR 헤법을 사용하는 경우 이항이항트리의 매개변수는 무엇인가? 구축된 과정에서 위험중립확률은 얼마나 되는가?

17. 일반대수를 사용하여 JR모형에서 위험중립확률을 도출한다. 확률은 정확히 1/2인가?

18. 이 문제는 스프레드시트 또는 프로그래밍 작업을 필요로 한다. 최초의 주가는 100 달러로 주어졌다. 우리는 유럽식 콜옵션과 풋옵션의 가격을 행사가격 100 달러에서 산출하고 싶다. 옵션의 만기는 $T=1$년이며, 무위험이자율은 연5 %이다. 변동성이 $\sigma=0.40$인 경우 JR모형을 사용하여 콜옵션과 풋옵션의 가격을 결정하라. $n=30$의 기간에 걸친 이항이항트리를 사용한다고 가정한다.

19. 위의 문제와 같은 JR과정 및 매개변수를 사용하면 미국식 콜옵션과 풋옵션의 가격은 어떻게 되는가?

20. [문제 18]에서 당신의 해법이 풋-콜 패리티를 정확하게 충족하는지 확인해 보라.

21. [문제 18]에서 동일한 매개변수를 사용하지만, 대신 CRR모형을 사용하여 [문제 18]을 다시 살펴보아라. 유럽식 콜옵션과 풋옵션가격을 JR모형의 경우와 비교하라. 또한 블랙-숄즈모형을 사용하여 옵션가격을 산정하고 그 가격도 함께 비교해 보라.

22. 다음 매개변수 값이 주어졌을 때 JR모형과 CRR모형을 모두 사용하여 이항트리 기간수인 n의 여러 가지 다른 값에 대한 콜옵션의 가격을 산정해보고자 한다. 주어진 값은 $S=100$, $K=100$, $T=1$, $\sigma=0.4$ 및 $r=0.05$이다. 5~100 범위의 n 값을 변화시키면서 두 모형으로부터 얻은 콜옵션의 값을 좌표에 표시해보라. 수렴속도는 어떻게 다른가?

23. CRR모형에 대해서만 위의 질문을 반복하지만, 행사가격을 \$90로 변경한다. 즉, 콜옵션은 심내가격이다. 좌표의 점들은 어떻게 되는가? 그러면 \$110인 동등한 행사가격, 즉 옵션이 외가격인 경우에 이것을 반복한다. 이 때, 좌표의 점들은 어떻게 되는가?

24. (설명) 이항분포트리의 재귀구현법을 사용하여 옵션가격을 산정할 Visual Basic for Applications(VBA) 프로그램 코드를 Excel(즉, 매크로 프로그래밍)을 사용하여 만들어 보라. 이 연습은 재귀 프로그래밍 구조와 관련된 경험을 쌓는 기회를 제공할 것이다.

25. 금리가 일정하지 않고 확률적이지도 않으며, 단지 시간의 결정적 비확률함수(deterministic function) 즉, $r(t)$이면 재결합 이항트리를 구축하는 것이 가능한가?

부록 13A 역사적 변동성의 추정

로그정규분포의 가정하에는 T년에 걸친 로그손익의 분산은 단순히 1년간의 분산의 T배이다. 따라서 변동성(연간 로그손익의 표준편차)을 추정하는 한 가지 방법은 하루의 로그손익의 표준편차를 추정하고 이에 적절한 계수를 곱하여 연단위 형식으로 변환하는 것이다.

따라서 프로세스의 첫 번째 단계는 일일 손익에 관한 정보를 수집하는 것이다. [표 13.1]의 정보가 주어졌다고 가정하자. 여기서 $E[l]$와 $E[l^2]$는 각각 일일 로그손익의 기대 값과 (일일 로그손익)^{2}의 기대 값을 표기하며, $V[l]$와 $\sigma[l]$은 각각 일일 로그손익의 분산과 표준편차라고하면 아래와 같은 계산이 가능하다.

$$E[l] = \frac{1}{N}\sum_{i=1}^{N} l_i$$

$$E[l^2] = \frac{1}{N}\sum_{i=1}^{N} l_i^2$$

$$V[l] = E[l^2] - (E[l])^2$$

$$\sigma[l] = \sqrt{V[l]}$$

$\sigma[l]$에서 연간 변동성 σ를 얻을 수 있다. 1일은 1년의 일부 즉, ϵ으로 표기한다면, 정의에 따라 $\sigma[l] = \sqrt{\epsilon}$이기 때문에 결국은 다음과 같은 결과를 얻는다.

$$\sigma = \sigma[l] \times \frac{1}{\sqrt{\epsilon}} \tag{13.29}$$

이제 데이터를 입력하기 전에 던져야 할 마지막 중요한 질문은 'ϵ'가 무엇인가이다. 이 질문은 다소 복잡한 문제이다. 연중 거래가 지속적으로 이루어진 경우, 매일 종가 정보를 수집하고 단순히 1/365을 사용할 수 있다. 그러나 실제로는 주말이나 기타 휴일에는 거래소가 폐장되므로 당시의 종가는 없다. 또한 Fama(1965)과 French(1980) 등이 수집한 경험적 증거에 따르면 시장은 거래일이

표 13.1 일일 종가와 로그수익률

날짜	종가	일일 로그수익률
0	S_0	–
1	S_1	$l_1 = \ln(S_1/S_0)$
2	S_2	$l_2 - \ln(S_2/S_1)$
3	S_3	$l_3 = \ln(S_3/S_2)$
⋮	⋮	⋮
N	S_N	$l_N = \ln(S_N/S_{N-1})$

연속된 기간보다 공휴일이 있는 기간에 변동성이 낮다고 밝히고 있다(예: 금요일 마감시점부터 월요일 마감시점 사이의 수익률의 분산은 휴일이 없는 날의 마감시점부터 익일 마감시점 간의 수익률 분산의 세 배보다 훨씬 작다.).

따라서 실제로 보통 행해지고 있는 것은 달력의 날짜가 아니라 거래일의 시간을 측정하여 계산하고 휴일을 무시하는 것이다. 따라서 금요일부터 월요일까지의 간격은 단지 1일로 처리된다. 일반적으로 연간 약 252거래일이기 때문에 일일 변동성을 추정하고 이 수치에 $\sqrt{252}$ 을 곱하여, 연간 변동성을 산출한다. 다른 대안으로 매일의 데이터가 아닌 주간 데이터를 사용하여 추정한 주간 표준편차에 $\sqrt{52}$ 을 곱함으로, 연간 변동성을 얻을 수 있지만, 이것은 모든 사용 가능한 데이터를 사용하는 것이 아니다.

예제 13.3

[그림 13.4]의 Federal Express 주식의 종가에 대한 정보를 고려해 보자. 처음 7개 열은 http://finance.yahoo.com에서 다운로드된 데이터를 나타낸다.(전체 데이터 세트는 수년에 걸쳐 있지만, 여기에서는 1개월 분의 데이터만 표시한다) 마지막 열은 조정 종가(7열)에서 계산된 일일 로그수익률이다.

식 (13.29)과 1개월 분의 데이터를 사용하여 다음과 같은 값을 얻는다.

$$1개월의\ 역사적\ 변동성 = 16.36\%$$

물론, 우리는 추정에 더 오랜 기간을 사용할 수 있다. 이는 1개월간의 '대표성'을 확인하고 싶은 경우에 특히 유용하다. 다른 기간설정을 사용하면 아래의 결과를 얻게 된다.

그림 13.4 역사적 변동성의 추정 데이터

날자	개시주가	최고주가	최저주가	종가	거래량	조정종가	로그수익률
01/02/13	93.46	95.19	93.37	94.25	2020100	94.25	0.02721
12/31/12	90.33	91.80	90.05	91.72	1451700	91.72	0.01461
12/28/12	91.00	91.48	90.35	90.39	981300	90.39	−0.01221
12/27/12	91.96	91.97	90.15	91.50	1580300	91.50	−0.00621
12/26/12	92.34	92.97	91.74	92.07	904700	92.07	−0.00076
12/24/12	92.71	92.80	91.94	92.14	607300	92.14	−0.00649
12/21/12	92.07	93.29	91.84	92.74	2912600	92.74	−0.00570
12/20/12	93.00	93.63	91.54	93.27	4270900	93.27	0.00075
12/19/12	93.12	95.44	93.05	93.20	5324300	93.20	0.00905
12/18/12	90.89	93.21	90.41	92.36	3130100	92.36	0.01461
12/17/12	90.40	91.15	90.36	91.02	1832000	91.02	0.01027
12/14/12	89.76	90.93	89.35	90.09	1813500	90.09	0.00423
12/13/12	89.58	90.50	89.29	89.71	1699000	89.71	0.00000
12/12/12	89.09	90.53	89.02	89.71	2113400	89.71	−0.00600
12/11/12	90.65	91.49	89.69	90.25	2276300	90.25	−0.00310
12/10/12	89.39	90.59	89.22	90.53	1406900	90.53	0.01301
12/07/12	89.54	89.91	88.80	89.36	1108600	89.36	0.00112
12/06/12	89.30	89.50	88.65	89.26	1078000	89.26	−0.00190
12/05/12	88.56	89.93	88.07	89.43	1837000	89.43	0.01170
12/04/12	88.15	89.07	88.02	88.39	1488400	88.39	0.00295
12/03/12	89.98	89.98	87.99	88.13	1845700	88.13	−0.01576

3개월의 역사적 변동성 = 19.27%
1년간의 역사적 변동성 = 20.78%
2년간의 역사적 변동성 = 27.44%

이러한 수치에 비추어 볼 때, 1개월의 데이터로부터 추정한 16.36%의 수치는 더 긴 역사적 관점에서 상대적으로 낮아 보인다. ■

제 14 장

블랙-숄즈모형

14.1 서론

블랙-숄즈모형은 가장 잘 알려진 옵션가격결정 모형이며, 주식, 주가지수, 통화, 선물 등 다양한 기초자산에 대한 옵션가격결정의 벤치마크가 되는 모형을 형성한다. 이 장에서는 블랙-숄즈모형과 확장에 대해 설명한다. 이의 한 변형인 블랙모형(Black Model)은 선물옵션의 가격을 산정하기 위해 원래 고안되어 있었지만, 캡, 플로어 및 기타 금리 파생상품의 가격결정의 도구로 주로 활용되며, 이 모형은 23장에 설명되어 있다.

기술적으로는 블랙-숄즈모형은 연속시간으로 설정되는 즉, 모형의 가격이 이산시점만이 아닌 연속적으로 변화할 가능성이 있기 때문에 이항분포모형 또는 다른 이산모형보다 더 복잡하다. 연속시간의 불확실성을 모델링하기 위해 지금까지 사용했던 것보다 훨씬 더 정교한 수학을 사용해야 한다. 우리가 먼저 질문해야 할 것은 왜 문제가 되는가하는 점이다. 이항분포모형은 가역적이며, 투명하고 사용하기 쉬운 모형인 바, 우리는 추가된 매력적 수학방법론에서 무엇을 얻을 수 있는가?

분명히 얻을 수 있는 점이 있음을 알 수 있다. 블랙-숄즈모형은 결과로서 매우 독특한 것을 제공한다. 이 모형의 옵션가격은 닫힌 형태(close form) 즉, 매개변수의 명시적인 특정 함수로 나타낼 수 있다. 닫힌 형태를 갖는 것은 많은 장점이 있다. 가장 중요한 것은 닫힌 형태는 옵션가격과 옵션의 민감도 계산을 단순화하고 옵션가격결정과 헤징형태에 대한 직관의 발전 및 검증을 용이하게 한다.

이 장의 첫 부분에서는 블랙-숄즈모형이 최초로 개발된 주식관련 옵션에 초점을 맞추고 있다. 다음 부문에서는 지수, 통화선물에 대한 옵션의 가격결정을 위해 어떻게 수정할지 여부를 검토한다.

주요 가정 : 기하브라운운동

모든 옵션가격결정모형과 마찬가지로, 블랙-숄즈모형의 주요 가정은 기초자산의 가격이 어떻게 변화하는지와 관련된다.

가정 1. 주가는 기하브라운운동(geometric brownian motion)에 따라 변화한다.

"기하브라운운동(GBM)"은 무엇인가? 제15장에서 공식적인 정의가 나와 있어 기술적인 세부사항을 알 수 있으므로 간단히 말하여 GBM은 본질적으로 두 가지 조건이 충족될 것을 요구한다는 점을 강조하고자 한다.

1. 임의의 보유기간에 주식의 손익은 평균 μ와 일정한 변동성 σ를 갖는 대수정규분포(log-normal distribution)를 갖는다. 즉, S_0는 현재의 주가를 나타내며, S_T가 어떤 임의의 T 값을 갖는 T년의 가격을 나타내는 경우,

$$\ln\left(\frac{S_T}{S_0}\right) \sim N(\mu T, \sigma^2 T)$$

2. 주가는 지속적으로 변동해야 한다. 그것은 불연속변동 즉, 점프(jump)할 수 없다(시장은 "가격변동의 갭을 허용"할 수 없다).

분석적 관점에서 확실히 GBM은 좋은 가정이다. 앞의 장에서 본 바와 같이 로그정규분포는 정규분포의 많은 특성을 이어받고 수리적 작업을 취급하기 쉽게 한다. 그러나 경제적인 관점에서는 장단점이 혼재하고 있다. 통상적인 관찰은 주식과 시장의 변동성이 일반적으로 일정하지 않다는 점을 지적한다. 시장은 또한 예기치 않은 좋은 소식과 나쁜 소식에 대응하고, 대부분의 경우 가격변동의 갭을 허용한다. 더 일반적으로 경험적인 손익분포는 로그 정규 가정에서 체계적으로 일탈하고 있는 것으로 보인다. 물론, 옵션가격에 대한 이러한 편차가 얼마나 중요한가는 결국 실증적인 질문이다. 우리는 다음 부문 14.8절에서 이 문제를 다시 검토하고 논의한다.

기타 가정

블랙-숄즈모형의 제2의 가정은 금리에 관한 것이다. 연속적 시간설정에 따라 금리는 연속복리 형태로 제시된다. 블랙-숄즈모형은 다음을 가정한다.

가정 2. 무위험이자율 r은 일정하다.

주가가 연속적으로 변동해야 한다는 전제에서 주식에 대한 이산 배당지급은 배제된다. 그러한 배당은 배당부(cum-dividend) 주가와 배당락(ex-dividend) 주가 사이의 간극을 형성하고 불연속 주가를 초래한다.

가정 3. 옵션의 존속기간 동안 기초자산 주식은 배당이 없다.

분명히 제로배당 조건은 매우 강한 제약이다. 그것은 모형의 대상인 주식에 엄격한 제한을 부과한다. 다행히 배당으로 인한 경우와 같은 예상되는 불연속을 처리하기 위해 모형을 수정하는 것은

그리 어렵지 않은 것으로 밝혀졌다.(랜덤 점프는 또 다른 문제이다) 14.6절 모형의 확장에서 이에 대해 자세히 설명하기로 한다.

끝으로, 연속적 시간으로 작동하는 기술적인 복잡성으로 인하여 조기행사가 허용되면, 닫힌 형태로 옵션가격을 산정하는 것은 불가능하게 된다. 따라서 본 장의 나머지 부분의 분석은 유럽식 옵션에만 적용된다. 이것이 비록 닫힌 형태로 가격이 결정되는 옵션의 종류에만 국한되며, 모형 자체에 대한 제약은 아니지만, 여기에서는 그 중요성을 강조하기 위하여 하나의 가정으로 따로 기술하였다.

가정 4. 모든 옵션은 만기일 T와 행사가격 K인 유럽식이다.

분명히 미국식 옵션은 블랙-숄즈 설정에서 수리적으로 가격을 산정할 수 있으나, 닫혀진 형태의 해는 얻을 수 없다.

위에 든 가정 외에도 모형의 일반화를 용이하게 하기 위하여 필요한 시장에 관한 가정으로서 그것은 세금과 거래비용이 없으며, 공매도와 차입 및 대출에 제약이 없다는 가정 등을 포함한다.

표기법

[표 14.1]에는 사용하는 표기법이 요약되어 있다. 현재 시점을 t로 나타내고, 옵션의 만기일 T에 따라 모형의 횡축을 설정함을 유의하기 바란다. 따라서 만기까지의 시간은 $T-t$이다. 주가는 시간 첨자에 따라 S로 표시된다. 따라서 S_t는 현재의 가격을 나타내고 S_T는 만기시의 가격을 나타낸다. 나머지 표기는 위에서 정의한 것들이며, C와 P는 각각 콜과 풋옵션의 가격을 나타낸다.

표 14.1
블랙-숄즈 표기법

표기	의미
t	현재시점
T	옵션 만기일
S_t	현재 주가
S_T	T에서의 주가
K	옵션 행사가격
r	무위험이자율
μ	기대 수가수익률(연 환산)
σ	주가수익률의 변동성(연 환산)
C	콜옵션가격
P	풋옵션가격

분석의 순서

이 장의 첫 부분은 블랙-숄즈 설정의 이론적 측면에 초점을 맞추어 위에 든 가정 하에서, 블랙-숄즈 공식의 유도로 시작한다. 다음 이산배당(단일주식의 경우) 또는 연속수익률(주가지수의 경우) 중 하나의 형태로 중도지급을 허용하여 공식을 일반화하는 것에 대해 논의한다. 이러한 일반화를 사용하여 배당지급 주식, 주가지수, 환율 및 선물에 대한 옵션가격을 산정하는 블랙-숄즈 공식을 설명한다.

이 장의 제2부에서는 모형의 경험적 성과를 검증한다. 내재변동성의 주요 개념을 정의하고 대부분의 금융시장에서 일반적으로 볼 수 있는 내재변동성의 왜도(skew)를 설명한다. 여기에서 알 수 있듯이, 블랙-숄즈 가정하에서는 왜도가 존재하지 않아야 하기 때문에 그 존재는 모형의 경험적인 적합성에 의문을 제기하게 된다. 모형에 대한 가정의 단점에 왜도를 연계시키고, 가능한 해결책과 확장을 논의한다.

이 장에서는 VIX와 VIX의 파생상품에 대해 설명한다. VIX는 S&P 500 지수옵션에서 유도한 내재변동성의 지수이다. VIX는 미국시장의 '공포지수(fear index)'로 잘 알려져 있다. S&P 500 지수에 대한 스트래들을 사용하여 VIX지수를 간접적으로 사용하는 것이 아니라 시장의 변동성을 직접적으로 거래할 수 있는 VIX에 대한 선물이나 옵션이 있다. 부록 14B는 2개의 연관된 장외상품 즉, 변동성 스왑 및 분산스왑에 대해 설명하고 있다. 변동성 및 분산스왑은 실현된 변동성 및 손익의 분산에 대한 현금결제의 선도계약이다.

14.2 블랙-숄즈 설정의 옵션가격결정

블랙-숄즈모형의 옵션가격은 이전 장에서 설명한 방법인 복제 또는 위험중립가격을 사용하여 도출할 수 있다. 이 밖에도 보다 이색적인 다른 접근법도 존재한다. 로그정규모형은 n 기간의 이항분산모형의 극한(limit)이기 때문에, n기의 이항분산모형에서 얻을 수 있는 옵션가격의 행태를 보고 n 값이 커짐에 따라 나타나는 극한값을 찾으면 되는 것이다. 제4의 대안으로는 블랙과 숄즈(1973)의 원 논문에서 사용된 것으로 CAPM에 기반한 접근방법이다.

이러한 접근 방식은 모두 이항분산 모형의 옵션가격결정론보다 수학적으로 훨씬 정교하다. 추가 작업은 주로 기술적인 것이기 때문에 이를 통해 새로운 통찰은 크게 얻지 못한다. 따라서 모형의 유도에 대한 세부사항은 별도의 장(제15장, 15.3~15.5절)에서 제시하기로 한다. 본 절에서는 공식의 구조와 직관적인 내용에 초점을 맞추고 있으므로 먼저 공식에 대한 설명으로 시작한다.

블랙-숄즈 공식

블랙-숄즈 구도에서 유도한 콜옵션과 풋옵션의 무차익거래가격은 각각 다음과 같이 주어진다.

$$C = S_t N(d_1) - PV(K)N(d_2) \tag{14.1}$$

$$P = PV(K)N(-d_2) - S_t N(-d_1) \tag{14.2}$$

여기서,

$$d_1 = \frac{1}{\sigma\sqrt{T-t}}\left[\ln\left(\frac{S_t}{K}\right) + \left(r + \frac{1}{2}\sigma^2\right)(T-t)\right] \tag{14.3}$$

$$d_2 = d_1 - \sigma\sqrt{T-t} \tag{14.4}$$

$PV(K) = e^{-r(T-t)}K$는 T 시점에서 받는 K의 현재 값이다. **(14.5)**

$N(\cdot)$는 누적 표준정규분포, 즉 임의의 x에 대해 $N(x)$는 표준정규분포에서 관측치가 x보다 작거나 같게 될 확률이다.

위와 같은 표시방법은 복잡하고 무질서해 보이나 복제 및 위험중립가격결정 방법에 그들을 연관지어보면 그 구조와 구성을 직관적으로 이해할 수 있다. 이를 위해 다음 세 가지 질문에 관심을 집중시킬 필요가 있다.

1. 콜옵션 및 풋옵션가격을 각각 두 개 항의 차이로 표시하는 이유는 무엇인가? 공식(14.1)과 (14.2)의 각 항을 어떻게 해석하는가?
2. 콜옵션과 풋옵션의 가격 공식에 있는 "d_1항" (즉, 수치 $N(d_1)$과 $N(-d_1)$)을 어떻게 해석 하는가?
3. 콜옵션과 풋옵션의 가격공식에 표시된 "d_2항" (즉, 수치 $N(d_2)$와 $N(-d_2)$)는 어떻게 해석하게 되는가?

아래에서 설명하는 것처럼 복제는 첫 번째 질문에 대한 한 가지 해답을 제공하며, 이 과정에서 d_1항에 대한 해석 또한 제공한다. 옵션의 복제포트폴리오는 2개의 증권(기초자산 및 현금)에 대한 포지션을 포함하며, 옵션가격결정 공식의 두 개의 항은 이들 증권의 각 포지션의 가치를 나타낸다. 특히 $N(d_1)$는 콜옵션의 델타이며, $-N(-d_1)$는 풋옵션의 델타이다.

위험중립성은 제1의 질문에 대한 대체적인 답변을 제공하고 동시에 d_2항에 대한 해석도 제공한다. 위험중립가격결정 방식에서 옵션의 가격은 옵션에서 받을 것으로 기대되는 것과 지불이 예상되는 것과의 차이와 같다. 따라서 옵션가격은 두 개의 차이로 나타난다. 특히 $N(d_2)$는 내가격으로 만료되는 콜옵션의 위험중립확률임을 알 수 있다. 한편, $N(-d_2)$는 풋옵션에 대한 동일한 성격의 위험중립확률이다.

이와 같은 해석에 대해서는 아래에서 자세히 설명하기로 한다.

복제 및 블랙-숄즈 공식

11장과 12장에서는 콜옵션이 차입을 통한 기초자산에 대한 매입포지션(levered long position)과 유사하다는 점을 살펴보았다. 즉, 콜옵션을 복제하기 위해서는 $\triangle_c$ 규모의 기초자산에 대한 매입포지션을 잡고 현금 B_c를 차입하면 된다. 이 콜옵션의 가치는 주식매입가치 $(S_t \times \triangle_c)$와 차입액 (B_c)의 차이인 복제포트폴리오의 비용과 같다.

$$C = S_t \triangle_c - B_c \tag{14.6}$$

이 일반적인 등식 (14.6)의 구조는 블랙-숄즈 콜옵션가격 (14.1)의 구조와 동일하다. 특히 콜옵션 가격은 두 개의 차이로 나타난다. 이것은 우연이 아니다! 비교를 통해서 알 수 있듯이, 다음과 같은 관계가 확실히 성립하게 된다.

$$\triangle_c = N(d_1) \text{ 그리고 } B_c = PV(K)N(d_2) \tag{14.7}$$

즉, 콜옵션가격결정 공식 (14.1)의 제1항 및 제2항은 복제포트폴리오에서 기초자산에 대한 매입포지션의 가치와 포트폴리오의 차입금액을 나타내고 있다. 특히 $N(d_1)$는 콜옵션의 델타이다.

풋옵션에 대해서도 정확히 동일 분해가 성립한다. 앞 장에서 본 바와 같이, 일반적으로 차입을 통한 기초자산에 대한 매도포지션과 유사하다. 즉, 복제포트폴리오는 기초자산에 대한 매입포지션에 의해 부분적으로 조달된 B_p 크기의 무위험 투자로 구성된다. $\triangle_p < 0$을 기초자산에 대해 매도포지션으로 표기하면 풋옵션의 가격은 다음과 같은 복제포트폴리오의 비용이다.

$$P = B_p + S_t \triangle_p \tag{14.8}$$

이 일반적인 등식을 블랙-숄즈 방정식 (14.2)과 비교하면 아래와 같은 관계를 보인다.

$$\triangle_p = -N(-d_1) \text{ 그리고 } B_p = PV(K)N(-d_2) \tag{14.9}$$

이 결과는 정확하게 일치한다. 즉, (14.2)의 우변의 제1항은 복제 포트폴리오에 대한 투자의 크기이며, 제2항은 기초자산의 매입포지션의 가치이다.

블랙-숄즈 공식은 옵션가격뿐만 아니라 그 이상의 많은 의미를 함축하고 있는 바, 무엇보다도 콜옵션과 풋옵션의 완전한 복제포트폴리오를 제공한다. 따라서 어떤 시점에서도 해당 옵션의 복제에 필요한 현금 및 기초자산에 대한 포지션의 정확한 규모의 파악이 가능하다.

위험중립확률에 의한 블랙-숄즈 공식 유도

위험중립가격 결정방식을 고려하여 블랙-숄즈 방정식에 대한 새로운 통찰을 얻을 수 있다. 만기시 콜옵션의 손익은 다음과 같이 표시할 수 있다.

$$\max(S_T - K, 0)$$

콜옵션의 가치를 확인하려면 위험중립확률 척도로 이러한 손익의 기대치를 구하고 무위험이자율로 할인해야 한다. E_t는 위험중립확률에 따른 시점 T에서 현금흐름의 기대 값을 나타낸다고 한다.(첨자 t는 이 기대값의 현재 주가 S_t에 대한 의존성을 강조) 다음 콜옵션의 무차익거래가격은

$$C = e^{-r(T-t)} E_t\left[\max(S_T - K, 0)\right]$$

만일 $S_T < K$라면 콜은 아무것도 지불하지 않기 때문에 콜옵션가격은

$$C = e^{-r(T-t)} E_t\left[(S_T - K) \times I_{\{S_T \geq K\}}\right]$$

여기서, $I_{\{S_T \geq K\}}$는 $S_T \geq K$의 경우 값 1을 취하고, 그렇지 않으면 0을 취하는 지표함수이다.

$$I_{\{S_T \geq K\}} = \begin{cases} 1, & S_T \geq K\text{인 경우} \\ 0 & \text{그렇지 않은 경우} \end{cases}$$

표기의 간결함을 위해 $I_{\{S_T \geq K\}}$을 I로 쓴다. $(S_T - K) \times I = (S_T \times I) - (K \times I)$이므로 기대지의 항을 분리시키면 다음과 같이 표시할 수 있다.

$$C = e^{-r(T-t)} E_t\left[S_T \times I\right] - e^{-r(T-t)} E_t\left[K \times I\right] \qquad \textbf{(14.10)}$$

이 등식은 콜옵션가치를 직관적으로 의미 있게 분해한다. 제1항은 콜옵션에서 수신할 것으로 기대되는 현재가치($S_T \geq K$의 경우는 언제나 S_T임)를 나타낸다. 제2항은 콜옵션에서 지불할 것으로 예상되는 현재가치($S_T \geq K$인 경우는 항상 K)를 나타낸다. K는 고정된 금액이기 때문에, 제2항은 더욱 단순화시킬 수 있다. 직관적으로 $S_T \geq K$의 경우 K를 지불해야 한다면 당신이 지불할 것으로 예상되는 금액은 단순히 $S_T \geq K$일 확률과 K 값의 곱이다. 그래서 우리는 다음과 같이 쓸 수 있다.

$$E_t\left[K \times I\right] = K\,\text{Prob}_t(S_T \geq K) \qquad \textbf{(14.11)}$$

따라서 $e^{-r(T-t)}K$를 $PV(K)$로 대치하면 콜옵션가격 (14.10)은 다음과 같이 표시된다.

$$C = e^{-r(T-t)} E_t\left[S_T \times I\right] - PV(K)\,\text{Prob}_t(S_T \geq K) \qquad \textbf{(14.12)}$$

블랙-숄즈 콜옵션가격결정 공식 (14.1)을 (14.12)와 비교하면 수식에서 $N(d_2)$항에 대한 해석이 가능하다. 이것은 주가가 $S_T \geq K$일 확률 즉, 콜옵션이 내가격으로 마감될 확률이다. 물론 수식의 첫 번째 항 $S_t N(d_1)$은 콜옵션에서 수취하는 금액의 현재가치에 지나지 않는다. 따라서 다음 관계가 성립한다.

$$e^{-r(T-t)} E_t\left[S_T \times I\right] = S_t N(d_1) \qquad \textbf{(14.13)}$$

$$\text{Prob}_t(S_T \geq K) - N(d_2) \qquad \textbf{(14.14)}$$

풋옵션의 가격 (14.2)는 풋옵션에서 받는 금액의 현재가치(풋옵션이 내가격으로 마감될 때의 금액)와 지불하는 금액의 현재가치의 차이이다. 특히 $N(-d_2)$는 풋옵션이 내가격으로 마감될 위험중립

그림 14.1
블랙-숄즈 공식과 복제

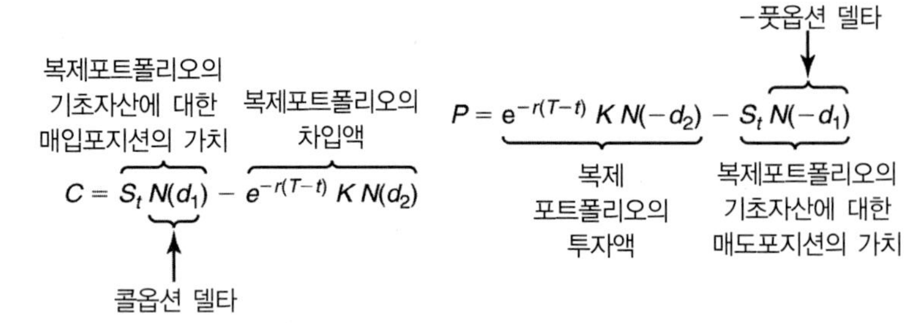

그림 14.2
블랙-숄즈 공식과 위험중립 가격결정

콜옵션으로부터 수입금액의 현재가치
콜옵션에 지급하는 금액의 현재가치
$C = S_t N(d_1) - e^{-r(T-t)} K N(d_2)$
콜옵션이 내가격으로 마감될 (즉, $S_T \geq K$) 위험중립확률
풋옵션이 내가격으로 마감될 (즉, $S_T < K$) 위험중립확률
$P = e^{-r(T-t)} K N(-d_2) - S_t N(-d_1)$
풋옵션으로 받은 금액의 현재가치
풋옵션에 지불하는 금액의 현재가치

확률이다.

[그림 14.1] 및 [그림 14.2]은 각각 복제 및 위험중립 가격결정의 관점에서 블랙-숄즈 공식을 정리했다.

주의

이 식은 실제 확률이 아니라 위험중립확률만을 제공한다는 점을 강조해야 한다. 주식의 기대손익이 무위험이자율을 초과하는 경우 콜옵션이 내가격으로 마감될 실제 확률은 위험중립확률보다 높을 것이다(실제 주가는 위험중립확률에서 보다 빠르게 증가한다). 마찬가지로 풋옵션이 내가격으로 마감될 실제 확률은 위험중립확률보다 낮을 것이다.

14.3 공식에 대한 해설

블랙-숄즈 공식은 그 구현을 용이하게 하는 다음과 같은 두 가지 두드러진 특징이 있다.

1. 옵션가격은 S, K, r, $T-t$, σ의 다섯 가지 변수에만 의존한다.
2. 이 변수 중 두 가지는 계약변수(행사가격과 만기)이며, 다른 두 변수는 시장변수(주가와 금리)이다. 오직 한 변수변동성 σ만이 직접 관찰할 수 없다.

특히 옵션가격은 믿을 만한 예측이 극히 어려운 주식의 기대손익에 의존하지 않는다. 옵션가격이 주식의 기대수익률에 의존하지 않는 것은 블랙-숄즈모형의 의외의 특성 중 하나이다. 이것은 옵션의 기대손익이 반드시 주식의 기대손익으로부터 독립되어 있음을 의미하는 것은 아니라는 점을 유의하기 바란다. 실제로 옵션은 많은 점에서 주식 레버리지포지션에 유사하기 때문에 (제11.4절 참조), 그 기대손익은 주식의 기대손익에 의해 직접적으로 영향을 받는다.

블랙-숄즈 공식은 모형의 전제하에 무차익거래 옵션가격을 나타낸다. 따라서 그들은 가격결정오류를 공략하는 데 사용할 수 있으며, 델타헤지 옵션의 포지션에도 사용할 수 있다. 예를 들어, 블랙-숄즈 공식을 사용하여 현재 델타가 $N(d_1)$인 콜옵션을 발행하였다고 하자. 이 포지션을 헤지하기 위해 $N(d_1)$단위의 기초자산에 대한 매입포지션을 취한다. 물론, 동적 헤지가 필요하다.

끝으로, 이런 종류의 옵션가격의 닫힌 형태의 등식은 드물다는 사실을 다시 강조해야 한다. 블랙-숄즈 구도에서 닫힌 형태의 해는 유럽식 옵션에서만 얻을 수 있다. 예를 들어, 미국식 풋옵션에서는 이러한 해가 존재하지 않는다. 그러나 이 책의 뒷부분에 있는 바와 같이 컴파운드, 디지털, 베리어 등과 같은 특정 종류의 이색옵션은 블랙-숄즈 설정에서 닫힌 형태의 해를 얻을 수 있다.

14.4 공식의 활용 I: 옵션가격의 좌표설정

블랙-숄즈 공식의 형식이나 직관적인 내용을 잘 파악하는 최선의 방법은 그것을 활용해 보는 것이다. 이 절에서는 블랙-숄즈모형을 사용하여 옵션가격을 구축하는 방법에 대해 설명한다. 이러한 작업은 옵션 값(또는 옵션 델타)이 모형의 매개변수의 변화에 어떻게 반응하는지를 파악하기에 특히 유용하다. 다음은 공식을 대수적으로 취급하는 방법에 대해 설명한다.

닫힌 해의 존재는 스프레드 시트를 사용하여 블랙-숄즈모형의 옵션가격의 좌표설정 작업을 간단하게 아래 6개의 단계를 통해 설정한다.

1. S_t, K, r, $T-t$, σ 값을 입력한다.
2. $d_1 = \left[\ln(S_t/K) + (r+\sigma^2/2)(T-t)\right] / \left[\sigma\sqrt{T-t}\right]$를 계산한다.
3. $d_2 = d_1 - \sigma\sqrt{T-t}$를 계산한다.
4. $N(d_1)$과 $N(-d_1)$을 계산한다.

5. $N(d_2)$와 $N(-d_2)$를 계산한다.
6. 아래의 옵션가격을 계산한다.

$$C = S_t N(d_1) - e^{-r(T-t)} K N(d_2)$$
$$P = e^{-r(T-t)} K N(-d_2) - S_t N(-d_1)$$

Excel에서는 NORMSDIST 함수를 사용하여 누적 표준정규분포 값을 계산할 수 있다. 임의의 x에 $N(x)$는 NORMSDIST(x)에 의해 주어진다. 표준정규분포뿐만 아니라 어떤 정규분포에도 적용되는 보다 정교한 NORMDIST 함수를 사용할 수 있다. 이 경우 $N(x)$는 NORMDIST$(x, 0, 1, 1)$로 주어진다.

[그림 14.3]은 블랙-숄즈 옵션가격의 좌표설정을 보여준다. 이 작업에서는 4개의 매개변수가 고정되어 있다.

- 행사가격은 $K = 100$이다.
- 만기까지의 기간은 $T - t = 6$개월이다.
- 주가의 연간변동성은 20% ($\sigma = 0.20$)이다.
- 무위험이자율은 5%이다.

이 그림은 주식의 현재가격이 제5의 매개변수로서 72에서 128에 걸쳐 변할 때 나타나는 콜옵션과 풋옵션의 좌표를 표시하고 있다. 72의 가격에서 콜옵션은 심외가격이지만 풋옵션은 심내가격이고, 128의 가격에서 콜옵션은 심내가격이지만 풋옵션은 심외가격이다.

그림 14.3
블랙-숄즈 옵션가격

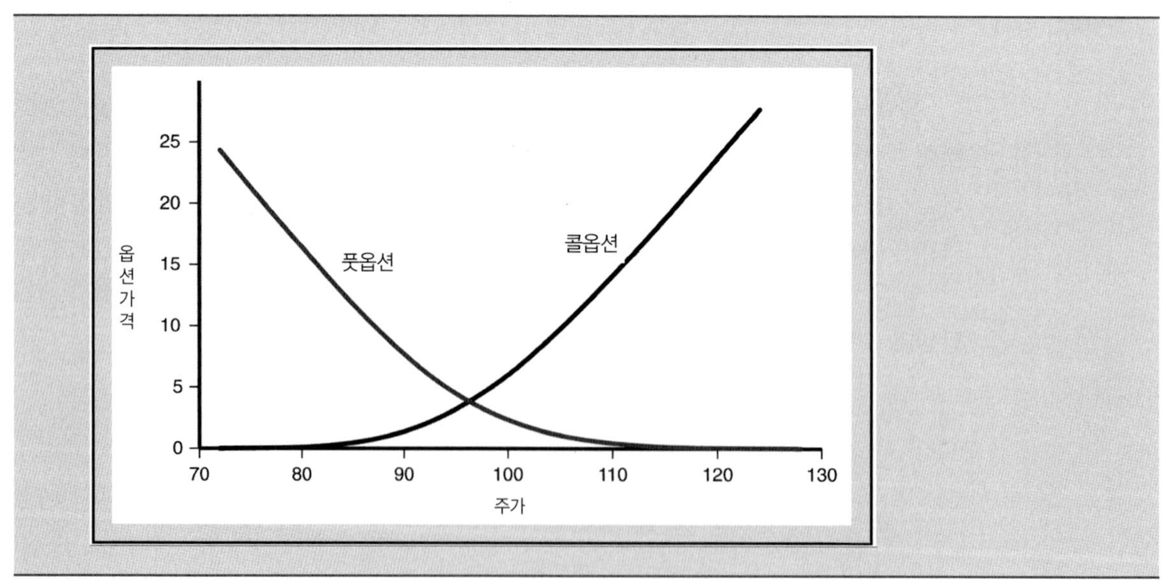

옵션가격의 주가변화에 대한 비선형 반응을 관찰해 보자. 이것은 S가 변화함에 따라 옵션가격이 곡선으로 변화함이 시각적으로 분명하다. 콜옵션이 심외가격인 경우 주가의 작은 변화에 거의 반응하지 않는다. 즉, 콜옵션가격함수는 거의 수평이다. 콜옵션이 심내가격인 경우에는 주가의 변화에 거의 1대 1로 반응한다. 즉, 가격함수의 기울기는 거의 $+1$이다.(물론, 이 기울기는 바로 옵션델타이다!) 다음 장에서 옵션 "그릭"을 보면 이 비선형의 의미를 자세히 살펴볼 수 있다.

14.5 공식의 활용 II: 대수적 조작

블랙-숄즈모형의 매개변수가 어떻게 상호작용하며 옵션가격과 옵션 델타에 어떤 영향을 미치는지에 대한 이론적 이해를 얻으려면 직접 공식을 활용해 보아야 한다. 이 절과 부록 14A는 이 목적을 염두에 두고 몇 가지 연습을 시도하고 있다. 연습의 일부는 간단한 것이나 다른 것(특히 부록 14A의 것)은 다소 복잡하다. 모든 경우에 있어서 목표하는 바는 블랙-숄즈 공식을 대수적으로 조작하는 감을 개선하기 위한 것이다.

원칙적으로 이 절의 내용은 연속성을 잃지 않고 생략할 수 있다. 그럼에도 불구하고 블랙-숄즈 공식의 이론적 이해뿐만 아니라 옵션의 작업에 대한 일반적인 직관을 증진시키기 때문에 독자는 주의 깊게 그것을 숙독하는 것이 많은 유익이 될 것이다.

함수 ln와 $N(\cdot)$

그 명백한 복잡성에도 불구하고, 블랙-숄즈 공식은 자연로그함수 ln과 누적정규분포 $N(\cdot)$의 두 가지 주요 기능만을 포함하기 때문에 대수적으로 조작하는 것이 어렵지 않다. 이 함수의 다음의 특성을 염두에 두는 것은 공식의 작동원리를 이해하는 데 유용하다.

먼저 자연로그함수 ln. 함수 $\ln x$는 x의 양의 값에 대해서만 정의되며 x가 증가함에 따라 증가한다. $x=0$에서 $\ln x = -\infty$: $x=1$에서 $\ln x = 0$, x가 $+\infty$ 되면 $\ln x$도 $+\infty$ 된다.

$$\ln 0 = -\infty \qquad \ln 1 = 0 \qquad x \to 0\text{에 따라 } \ln x \to 0$$

[그림 14.4]는 자연 로그 함수의 좌표설정을 보여준다.

다음 $N(\cdot)$. $N(x)$는 표준정규분포에서 관측값이 x보다 작거나 같을 확률이다. 표준정규분포는 평균이 0이고 분산이 1인 정규분포이다. [그림 14.5]는 잘 알려진 종 모양의 곡선을 가진 $N(x)$를 보여준다.

정규분포에서 관측 값은 $-\infty$에서 $+\infty$ 범위이기 때문에 $N(x)$는 x의 모든 값에 대해 정의된다. 표준정규분포는 그 평균값 0을 중심으로 대칭이므로

그림 14.4
자연 로그 함수의 좌표설정

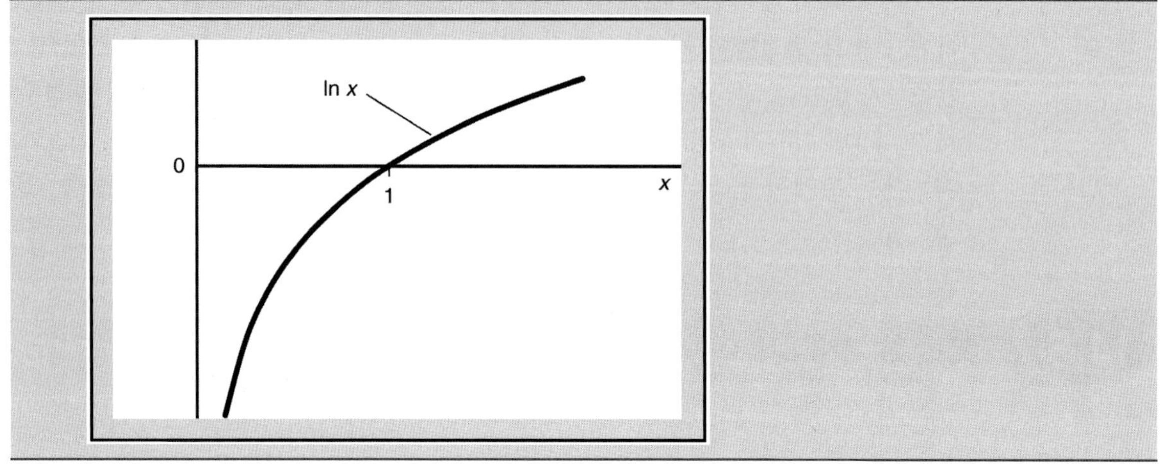

그림 14.5
표준정규분포

아래의 그림은 표준정규분포의 밀도함수를 보여준다. 밀도는 0을 중심으로 대칭이다. 점 x의 왼쪽 곡선 아래의 영역 $N(x)$는 x이하의 결과를 관측할 확률이다. 곡선 아래의 총면적은 1이다.

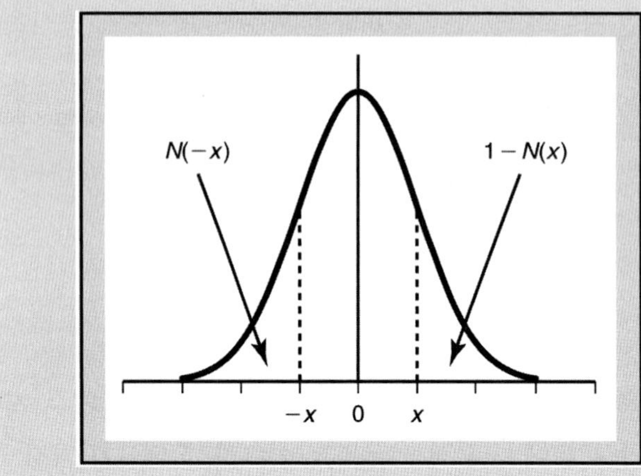

$$N(0)=\frac{1}{2}$$

x가 $-\infty$ 되면 x보다 작은 관측확률은 0이 되기 때문에 $N(x)$는 0이 된다. x가 $+\infty$ 되면 $+\infty$ 미만의 관측 확률을 찾게 되므로 $N(x)$는 $+1$ 된다.

$$N(-\infty)=0 \qquad N(+\infty)=1$$

여기서 $N(\cdot)$의 최종적이고 유용한 성질이 있다. 임의의 x에 대해

$$N(x)+N(-x)=1\text{이다.} \tag{14.15}$$

이 특성을 확인하기 위해 표준정규분포가 평균 제로를 축으로 주위에 대칭인 점에 유의해야 한다. 임의의 x를 선택하면 x와 $-x$는 평균을 축으로 주위에 대칭이므로 x의 오른쪽 $(1-N(x))$의 영역은 $-x$ 왼쪽 영역 $N(-x)$와 동일해야 한다(그림 14.5 참조). 이는 $1-N(x)=N(-x)$을 의미하고 (14.15) 관계가 성립한다.

풋-콜 패리티와 블랙-숄즈 공식

블랙-숄즈 공식은 유럽식 옵션과 관련되기 때문에 풋-콜 패리티를 사용하여 콜옵션가격으로부터 블랙-숄즈 풋옵션가격을 도출할 수 있다. 풋-콜 패리티는

$$P = C + PV(K) - S_t$$

블랙-숄즈 방정식 (14.1)에서 C를 대입하여 정리하면

$$P = S_t[N(d_1)-1] + PV(K)[1-N(d_2)] \tag{14.16}$$

(14.15)을 사용하면 (14.16)는 다음과 같이 표시할 수 있다.

$$P = -S_t N(-d_1) + PV(K)N(-d_2)$$

이것은 정확히 블랙-숄즈 가격 (14.2)이 됨을 알 수 있다.

콜옵션의 행태와 내가격의 심도

콜옵션을 생각해 보자. 직관적으로 말하면,

- S_t는 K에 비해 매우 작게 됨에 따라(즉, "$S_t \to 0$"가 됨) 콜옵션은 행사되지 않고 만료될 가능성이 매우 높아지기 때문에 복제포트폴리오는 주식도 현금도 보유하지 않는 무자산(null) 포트폴리오가 된다. 특히 콜옵션의 델타는 제로가 될 것이다.
- S_t는 $K(S_t \to \infty)$에 비해 매우 커짐에 따라 콜옵션은 거의 확실하게 행사되므로 콜옵션 보유자는 K를 지불하고 만기시에 1단위의 주식을 받는 것을 검토하게 된다. 따라서 복제포트폴리오는 현재 주식 1단위와 현금 $PV(K)$의 차입이 포함된 포트폴리오를 따르게 된다. 특히 콜옵션의 델타는 +1에 접근해야 한다.

블랙-숄즈 콜옵션가격 공식은 이와 같은 현상을 보이고 있는가? 먼저 S_t가 0에 접근할 때 어떤 일이 일어날지 생각해 보자. 이 경우 비율(S_t/K)도 0이 된다. 이것의 의미는

$$\ln\left(\frac{S_t}{K}\right) \to -\infty \text{ 와 같다.}$$

d_1의 정의 ((14.3) 참조)에서 d_1 또한 $-\infty$ 되는 것을 의미한다. d_1이 $-\infty$ 되면 d_2도 그렇게 되어야 한다. 이것은 결국 $N(d_1)$와 $N(d_2)$가 모두 0이 되는 것을 의미한다. 이것을 한 줄로 표시하면,

$$\frac{S_t}{K} \to 0 \Rightarrow \ln\left(\frac{S_t}{K}\right) \to -\infty \Rightarrow d_1, d_2 \to -\infty \Rightarrow N(d_1), N(d_2) \to 0\text{가 된다.}$$

$N(d_1)$는 0이 되므로 콜옵션 델타는 이에 따라 0이 된다. $N(d_2)$ 또한 0이 되기 때문에 복제포트폴리오는 사실 무자산(null) 포트폴리오에 수렴한다.

이제 $S_t \to \infty$가 되는 것을 생각해 보면, 다음과 같은 연속효과로 표시할 수 있다.

$$\frac{S_t}{K} \to \infty \Rightarrow \ln\left(\frac{S_t}{K}\right) \to \infty \Rightarrow d_1, d_2 \to \infty \Rightarrow N(d_1), N(d_2) \to +1$$

$N(d_1)$이 $+1$되기 때문에 델타는 필연적으로 $+1$이 된다. $N(d_2)$도 $+1$되기 때문에, 차입금액은 $PV(K)$에 수렴한다. 따라서 복제포트폴리오는 주식 1단위의 매입포지션 및 현금 $PV(K)$의 차입에 수렴한다.

풋옵션의 행태와 내가격의 심도

앞의 논리에 대응하는 풋옵션 행태는 아래와 같이 정리할 수 있다.

- S_t가 K에 비해 상대적으로 커짐에 따라 풋옵션은 행사되지 않을 가능성이 점점 높아지므로 복제포트폴리오는 무자산 포트폴리오가 될 것이다. 특히 풋옵션 델타는 0이 되어야 한다.
- S_t는 K에 비해 매우 작아짐에 따라 풋옵션은 거의 확실하게 행사되므로 풋옵션 보유자는 시점 T에서 주식을 포기하고 현금 K를 받고자 할 것이다. 따라서 복제포트폴리오는 현금 $PV(K)$ 투자와 주식의 매도포지션을 갖는 포트폴리오와 비슷하다. 특히 풋옵션 델타는 -1이 된다.

콜옵션과 관련하여 이미 앞에서 살펴본 바에 따라 풋옵션이 이러한 요구조건을 충족하는지 확인할 수 있다. S_t가 매우 커지면 d_1 및 d_2는 $+\infty$ 되기 때문에 $-d_1$과 $-d_2$는 각각 $-\infty$로 이동해야 한다. 이것은 $N(-d_1)$와 $N(-d_2)$ 모두가 0이 되는 것을 의미한다. 즉,

(a) 풋옵션의 델타 $(-N(-d_1))$는 0이고, (b) 복제포트폴리오는 무자산 포트폴리오에 수렴한다. 이를 한 줄로 표시하면 다음과 같다.

$$\frac{S_t}{K} \to \infty \Rightarrow -d_1, -d_2 \to -\infty \Rightarrow -N(-d_1) \to 0,\ N(-d_2) \to 0$$

마찬가지로, S_t가 0이 되면, d_1 및 d_2는 $-\infty$ 되기 때문에 $-d_1$과 $-d_2$은 $+\infty$ 된다. 이것은 풋옵

션 델타 $-N(-d_1)$가 -1로 향하는 것을 의미한다. 또한 $N(-d_2)$은 $+1$이 되기 때문에 복제 포트폴리오는 $PV(K)$ 투자와 주식 1단위의 매입포지션과 유사하며 다음과 같이 표기할 수 있다.

$$\frac{S_t}{K} \to 0 \Rightarrow -d_1, -d_2 \to +\infty \Rightarrow -N(-d_1) \to -1,\ N(-d_2) \to +1$$

따라서 블랙-숄즈 옵션공식은 직관적으로 시사하는 바와 동일한 형태를 보인다.

만기와 옵션가치

만기가 가까워지면 $(T-t \to 0)$, $S_T > K$의 경우 콜옵션가치는 $S_T - K$에 수렴하고, $S_T < K$의 경우는 0에 수렴한다. 블랙-숄즈 콜옵션공식이 이러한 속성을 충족하는지 살펴보기로 하자.

d_1항은 다음과 같이 표시할 수 있다.

$$d_1 = \frac{1}{\sigma\sqrt{T-t}}\ln\left(\frac{S_t}{K}\right) + \frac{1}{\sigma}\left(r + \frac{1}{2}\sigma^2\right)\sqrt{T-t}$$

우변의 뒷부분은 $T-t \to 0$임에 따라 항상 0이다. 그럼 앞부분은 어떠한가? 만기에 가까워질수록 S_t는 S_T에 접근 하며(가격변동에 점프는 없음에 유의) $\ln(S_t/K)$는 $\ln(S_T/K)$에 수렴하게 된다. 이것은 $\sqrt{T-t}$으로 나누면 되므로, 항 전체는 $\ln(S_T/K)$가 양수 또는 음수인지에 따라 $+\infty$ 또는 $-\infty$ 중 하나가 된다. 따라서,

- $S_T > K$이면, $\ln(S_T/K) > 0$이므로 $T-t \to 0$에 따라 $d_1 \to +\infty$가 된다.
- $S_T < K$의 경우 $\ln(S_T/K) < 0$이므로 $T-t \to 0$에 따라 $d_1 \to -\infty$가 된다.

이제 d_1과 d_2의 차이는 $\sigma\sqrt{T-t}$이며, 만기에 가까워질수록 0이 된다. 따라서 d_2는 d_1과 동일한 극한값을 갖는다. 끝으로 만기에 가까워질수록 $PV(K)$가 K에 수렴한다는 점에 유의하라. 이것을 정리하면 다음과 같다.

- $S_T > K$이면 $N(d_1), N(d_2) \to +1$이 된다. 따라서 콜옵션가치는 $S_T - K$로 수렴한다.
- $S_T < K$이면 $N(d_1), N(d_2) \to 0$이 된다. 따라서 콜옵션가치는 0에 수렴한다.

블랙-숄즈 콜옵션델타는 언제 1/2과 같은가?

이것은 일반적으로 발생하는 질문으로 옵션델타가 1/2이 되는 것은 언제인가(즉, 콜옵션의 경우 +1/2, 풋옵션의 경우는 −1/2)? 첫 번째 직관적 답변은 "옵션이 등가격일 때"라고 하는 것이지만, 이것은 틀렸다는 것을 쉽게 알 수 있다. 콜옵션이 등가격인 경우, $S_t = K$이며, 따라서 $\ln(S_t/K) = 0$이다.

즉,

$$d_1 = \frac{1}{\sigma\sqrt{T-t}}\left[0+\left(r+\frac{1}{2}\sigma^2\right)(T-t)\right] = \frac{1}{\sigma}\left[\left(r+\frac{1}{2}\sigma^2\right)\sqrt{T-t}\right]$$

따라서, d_1은 엄격하게 양수이다. $N(0)=1/2$이므로 콜옵션델타는 $N(d_1)>1/2$임을 의미한다.

예를 들어, $S=K=50$, $r=0.05$, $T-t=1/4$ 및 $\sigma=0.25$로 가정하면, 이 때 $N(d_1)$은 약 0.565가 되어, 실질적으로 1/2과는 다르다. 직관적으로 위험중립세계의 주가는 무위험이자율로 성장하게 되므로 옵션이 등가격으로 출발하면 내가격으로 마감할 가능성은 더욱 높아진다.

만일 우리가 옵션이 선도기준 등가격이 되도록 즉, $S_t = PV(K)$가 되도록 택한다면 어찌될까? 이 경우는 금리효과를 상쇄하기 때문에 다소 더 좋은 결과를 보게 된다. $PV(K)=e^{-r(T-t)}K$이므로, $S_t = PV(K)$는 다음과 같은 관계를 내포한다.

$$\ln\left(\frac{S_t}{K}\right) = -r(T-t)$$

따라서 우리는 아래 결과를 얻게 된다.

$$d_1 = \frac{1}{\sigma\sqrt{T-t}}\left[-r(T-t)+\left(r+\frac{1}{2}\sigma^2\right)(T-t)\right] = \frac{1}{2}\sigma\sqrt{T-t}$$

이것은 비록 등가격 델타에 상응하는 값에 비하면 작지만, 여전히 양수가 된다. 예를 들면, $K=50$, $r=0.05$, $T=1/4$, $\sigma=0.25$, $S=PV(K)=49.38$의 경우 $N(d_1)=0.525$가 된다.

그래서 어떤 S_t값(K와 다른 매개변수와 비교하여)에 블랙-숄즈모형의 콜옵션델타가 1/2이 되는가? 즉, 델타가 1/2과 같기 위해 d_1은 어떤 값을 가져야 하는가?

델타 및 기타 매개변수

위와 같은 연습은 블랙-숄즈 공식뿐 아니라 일반적인 옵션가격 변동현상을 이해하는데 많은 도움이 된다. 그러한 일환으로, 독자는 콜옵션델타가 다음과 같은 특성을 만족하는지 확인한다. 부록 14A는 왜 이러한 속성이 일반적으로 성립해야 하는지, 그리고 블랙-숄즈 설정에서도 유효한지를 직관적으로 설명하고 있다.

1. **변동성**: 심내가격 콜옵션의 경우 델타는 변동성이 증가함에 따라 감소한다. 심외가격 콜옵션의 경우 델타는 변동성이 증가함에 따라 증가한다. 따라서 델타는 가격범위와 변동성에 의존한다.
2. **만기까지의 기간**: 심내가격 콜옵션의 경우 델타는 만기까지의 시간이 길어짐에 따라 감소한다. 심외가격 콜옵션의 경우 델타는 만기까지의 시간이 증가함에 따라 증가한다. 따라서 델타

는 또한 가격범위와 만기까지의 기간에 의존한다.

3. **이자율**: 콜옵션델타는 무위험이자율의 상승에 따라 증가한다.

한편, 이러한 특성은 복제포트폴리오의 구성 요소가 관련 매개변수에 복잡한 비선형적 방식으로 의존하는 것을 의미한다. 이것은 또한 옵션가격의 닫힌 해가 드문 이유 중 하나이다.

14.6 블랙-숄즈모형과 배당

기초자산이 배당을 지급하지 않는다는 가정은 분명히 매우 제한적이다. 본 절에서는 이 조건을 어떻게 제거하는지 살펴보겠다. 고려해야 할 두 가지 경우가 있다. 첫 번째 경우는 개별 주식에 지급되는 배당과 같은 이산적 현금배당이다. 두 번째는 기초자산이 다양한 주가지수 또는 통화인 경우에 적절한 것으로 연속배당수익률이다. 여기에서는 두 가능성에 대해 모두 검토하기로 한다. 수학적으로는 둘 사이의 차이는 현금배당이 주가의 불연속을 일으키는 한편, 연속적인 배당수익률은 그렇지 않은 것이다.

두 경우 모두 본 장 전반부에 제시된 "무배당" 블랙-숄즈 공식 (14.1) 및 (14.2)가 배당의 존재를 감안하기 위하여 어떻게 수정되어야 하는지를 보여준다. 설명의 단순화를 위해 연속적인 배당수익률의 설정은 지수 또는 통화에 당연히 적용되지만 여기에서는 기초자산으로 "주식"을 사용하기로 한다.

블랙-숄즈모형에서 현금배당

기초자산에 해당하는 주식은 옵션의 존속기간 동안 현금배당(복수의 현금배당 포함)을 가진다고 가정한다. 만기 시점 T 전에 배당락일(ex-dividend date)이 발생한 경우 옵션기간 동안 배당이 발생한 것으로 간주된다. 옵션의 존속기간 동안 예상되는 모든 배당금의 현재가치(현재 시점 t를 기준)를 $PV(D)$로 표기한다. 다음으로, 시점 t에서 주가 S_t는 두 개의 구성요소로 이루어진 것으로 간주할 수 있다.

1. $PV(D)$라는 무위험 "고정소득"의 요소
2. $S_t - PV(D)$라는 위험자산 구성요소

배당락일이 T 시점이전에 발생하므로 배당은 T 시점 이전에 주가에서 제거된다. 주가의 위험자산 구성요소(즉, 예상 배당지급을 차감한 주가)만 T 시점까지 존속하기 때문에 옵션의 손익을 결정하는 것은 이 구성요소의 시점 T에서의 분포이다.

이러한 관찰 결과는 블랙-숄즈 공식의 S_t항을 $(S_t - PV(D))$으로 단순히 대체함으로써 옵션의 가격을 설정할 수 있음을 시사하고 있다! 즉, 블랙-숄즈 공식은 다음과 같이 표시할 수 있다.

$$C = (S_t - PV(D))N(\hat{d_1}) - PV(K)N(\hat{d_2}) \qquad \textbf{(14.17)}$$

$$P = PV(K)N(-\hat{d_2}) - (S_t - PV(D))N(-\hat{d_1}) \qquad \textbf{(14.18)}$$

여기에서

$$\hat{d_1} = \frac{1}{\sigma\sqrt{T-t}}\left[\ln\left(\frac{S_t - PV(D)}{K}\right) + \left(r + \frac{1}{2}\sigma^2\right)(T-t)\right] \qquad \textbf{(14.19)}$$

$$\hat{d_2} = d_1 - \sigma\sqrt{T-t} \qquad \textbf{(14.20)}$$

더 정확하게는 (14.17)~(14.18)은 예상 배당지급액을 차감한 주가가 블랙-숄즈 조건을 만족한다고 가정할 경우 즉, 변동성이 σ인 대수정규분포의 주가변동과정을 따르고 점프가 없다고 가정할 경우의 옵션가격이다.1) 이는 주가 변동 과정이 불연속인 유일한 이유는 배당으로 말미암을 의미한다.

여기서 σ는 주가 자체가 아니라 배당차감 주가의 변동성을 가리키는 것에 유의하라. 이 두 가지는 완전히 동일하지 않다. 배당차감 가격보다 높은 주가는 변동성이 낮아진다. σ_S가 주가의 변동성을 σ가 배당차감 주가의 변동성을 나타내는 경우, 양자는 개략적으로 다음과 같은 관계를 갖는다.

$$\sigma = \sigma_S \times \frac{S_t}{S_t - PV(D)}$$

[그림 14.6]는 블랙-숄즈 가격에 대한 배당의 영향을 보여주고 있다. 이것은 이전의 좌표설정 (K=100, r=0.05, σ=0.20 T=1/2년, 현재의 주가 S_t는 72에서 128까지)과 같은 매개변수 값을 고려한다. 이 그림은 (i) 무배당(D=0) (ii) 낮은 배당(D=2) 및 (iii) 높은 배당(D=5)의 경우와 배당락일은 3개월(옵션 기간의 중간 점)로 가정한다.

이 그림은 배당이 콜옵션가치를 낮추고 풋옵션가치를 올리게 된다는 것을 보여준다. 이러한 사실은 예상된 것으로 배당은 기초자산 자격을 낮춘다. 따라서 배당은 외가격 콜옵션을 더 외가격으로 밀어내고 내가격 콜옵션을 더 약한 내가격이 되게 한다. 뿐만 아니라 배당은 풋옵션을 "더" 내가격이 되도록 유도한다.

물론 그 효과는 균일하지 않다. 콜옵션 중 배당의 영향은 심내가격인 경우에 최대가 된다. 그러한 콜옵션은 내가격으로 만료될 가능성이 높고, 배당에 의해 거의 1대 1의 영향을 받는다. 등가격 콜옵션은 그다지 영향을 받지 않고 심외가격 콜옵션은 거의 영향을 받지 않는다. 그런 콜옵션은 거의 가치가 없기 때문에 외가격이 심화됨에 따라 큰 금전적 영향을 받지 않는다. 마찬가지로 심내

1) 이것은 슈로더(1988) 이항모형의 기본가정으로서, 12.8절에서 논의될 것임.

그림 14.6
블랙-숄즈 모형과 현금배당

이 그림은 [그림 14.3]에서와 동일한 매개변수 값에 대해 $D=0$(그림 14.3에 대응), $D=2$, $D=5$의 세 가지 가능한 배당 값을 갖는 콜옵션과 풋옵션의 가치를 주가와 연관시키는 것이다. 배당락일은 옵션 존속기간의 중간시점에 위치한다.

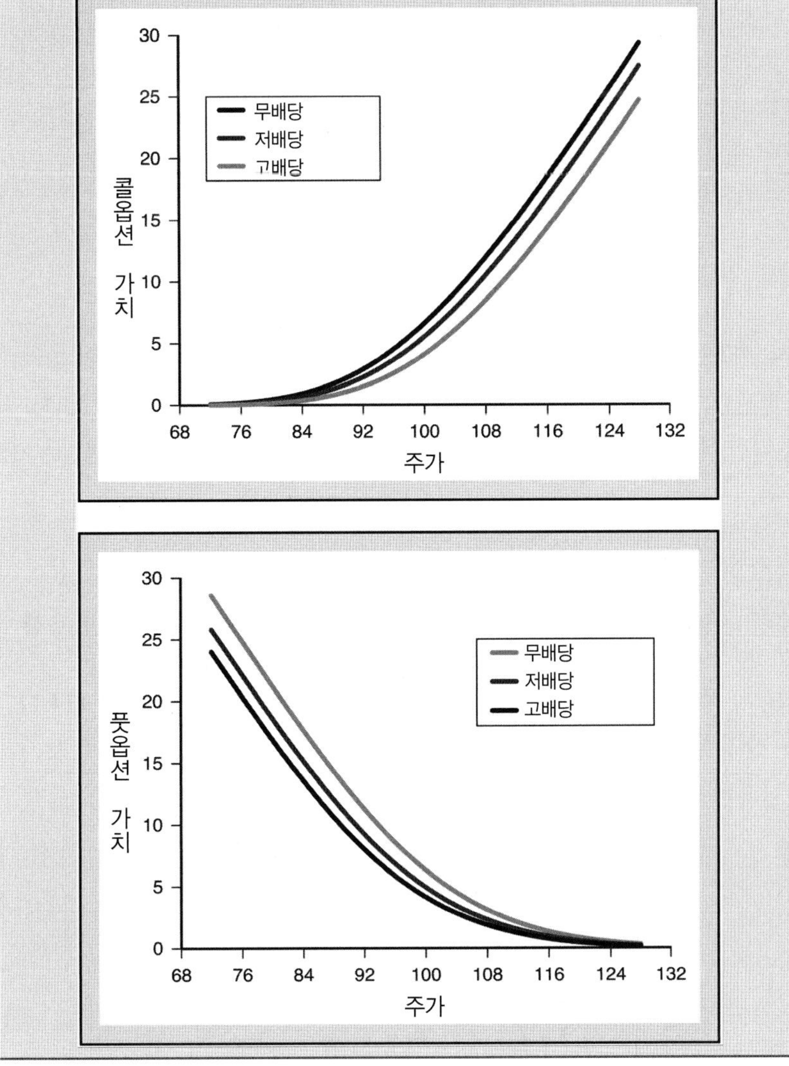

가격 풋옵션은 배당지급에 따라 거의 1대 1의 이득을 얻고 있지만, 심외가격 풋옵션은 금전적 이득을 별로 받지 못한다.

블랙-숄즈모형에서 연속배당수익률

통화 및 주가지수 등의 기초자산은 연속배당수익률을 가진 유가증권으로 모형에 포함시킬 수 있다. 따라서 무배당 옵션가격 결정공식 (14.1)과 (14.2)는 이 경우를 반영하도록 쉽게 수정할 수 있다. 수익률 δ로 연속배당을 지급하는 주식을 기초자산으로 하는 행사가격 K와 만기일 T의 옵션가격을 수정한다고 하자. 배당을 지급하지 않는다는 것을 제외하고 모든 점에서 첫 번째 주식과 동일한 제2의 가상주식을 생각해 보자. 이 주식은 배당을 지급하지 않기 때문에 그 주식의 가격은 처음 주식보다 δ만큼 성장해야 한다. 이것은 시간 T까지 제2의 주식가격은 추가요인 $e^{\delta(T-t)}$만큼 성장했다는 것을 의미한다.

이제 다음의 조건이 성립한다고 가정하자.

- 첫 번째 주식의 시점 t에서의 가격은 S_t
- 제2주식의 시점 t의 가격은 $e^{-\delta(T-t)}S_t$

시점 T까지 제2주식의 더 빠른 성장률이 초기 가격차이를 상쇄하기 때문에 두 주식은 동일한 가격 S_T가 된다. 따라서 T 시점이 만기인 옵션은 제1 또는 제2의 주식을 기초로 발행되었는지 여부에 관계없이 동일한 손익을 가진다. 즉, 각각 행사가격 K와 만기 T인 다음 두 가지 옵션은 동일한 가격이어야 한다.

1. t 시점에서 주가가 S_t인 제1주식을 기초로 발행된 유럽식 옵션
2. t 시점에서 가격이 $e^{-\delta(T-t)}S_t$인 제2주식을 기초로 발행된 동일한 옵션

그러나 제2의 주식은 배당을 지급하지 않기 때문에, 블랙-숄즈의 공식 (14.1)과 (14.2)를 사용하여 옵션가격을 산정할 수 있다! 실제로 이러한 공식에 필요한 유일한 수정은 시점 t의 주가로 $e^{-\delta(T-t)}S_t$를 사용한다는 것이다. 이것은 다음과 같은 결과를 유도한다.

$$C^* = e^{-\delta(T-t)}S_t N\left(d_1^*\right) - e^{-r(T-t)}KN\left(d_2^*\right) \quad \textbf{(14.21)}$$

$$P^* = e^{-r(T-t)}KN\left(-d_2^*\right) - e^{-\delta(T-t)}S_t N\left(-d_1^*\right) \quad \textbf{(14.22)}$$

여기서,

$$d_1^* = \frac{1}{\sigma\sqrt{T-t}}\left[\ln\left(\frac{e^{-\delta(T-t)}S_t}{K}\right) + \left(r + \frac{1}{2}\sigma^2\right)(T-t)\right] \quad \textbf{(14.23)}$$

$$d_2^* = d_1^* - \sigma\sqrt{T-t} \quad \textbf{(14.24)}$$

등식 (14.21)~(14.24)는 시점 t에서의 주가가 S_t이며 연속배당수익률이 δ인 증권을 기초로 발행된 옵션에 대한 블랙-숄즈 가격결정 공식이다.

첨언

임의의 y 및 z에 대해, $\ln(yz) = \ln y + \ln z$의 관계가 성립한다. 따라서,

$$\ln\left(\frac{r^{-\delta(T-t)}S_t}{K}\right)=\ln\left(\frac{S_t}{K}\right)+\ln\left(e^{-\delta(T-t)}\right)=\ln\left(\frac{S_t}{K}\right)-\delta(T-t)$$

이것을 이용하여 d_1^*에 대한 등식 (14.23)은 다음과 같이 고쳐 쓸 수 있다.

$$d_1^*=\frac{1}{\sigma\sqrt{T-t}}\left[\ln\left(\frac{S_t}{K}\right)+\left(r-\delta+\frac{1}{2}\sigma^2\right)(T-t)\right] \tag{14.25}$$

앞으로 d_1^*에 대하여는 등식 (14.25)를 사용한다.

[그림 14.7]은 블랙-숄즈 옵션가치에 대한 연속배당수익률의 영향을 보여주고 있다. 여기에서는 [그림 14.3]과 동일한 범위의 매개변수를 고려하지만, 기초자산의 연간 배당수익률에 대하여 세 가지 가능한 값을 설정하고 있다: (i) 무배당(그림 14.3에 해당), (ii) 2.50%, (iii) 10%.

배당수익률이 높을수록 주가의 성장률은 낮아진다. 따라서 높은 배당수익률 δ는 콜옵션가격 하락과 풋옵션 가격의 상승을 의미한다. 현금배당의 경우와 마찬가지로 이 영향은 심내가격 옵션의 경우에 최대가 되며, 심외가격 옵션의 경우 최저가 된다.

14.7 지수, 통화, 선물옵션

연속배당 공식 (14.21)~(14.25)를 적용함으로써 주가지수, 통화, 선물에 대한 옵션가격의 닫힌 해를 가진 공식을 얻을 수 있다. 아래 내용은 이에 대한 설명이다.

지수옵션

주가지수에 대한 여러 많은 옵션이 거래소를 통하여 거래되고 있으며, 유럽식과 미국식의 두 가지 유형의 지수옵션이 존재한다. 예를 들어, 미국에서 S&P 500 지수옵션 계약이나 유로넥스트의 FTSE-100 지수옵션 계약은 유럽식이며, S&P 100 지수옵션 계약은 미국식이다. (또한 이러한 지수에 연동된 상장펀드(exchange-traded fund) 즉, ETF의 옵션도 개별 주식옵션과 같이 미국식으로 실물로 결제되고 있다. 예를 들어, S&P 500에 연동된 ETF인 SPY가 그러하다.) 지수선물과 마찬가지로 지수옵션도 일반적으로 현금으로 정산된다. S_T가 정산금액의 계산에 사용되는 지수의 수준이라면,

- 콜옵션의 보유자는 $\max\{S_T-K,\ 0\}$을 받는다.
- 풋옵션의 소유자는 $\max\{K-S_T,\ 0\}$을 받는다.

S_T의 계산 방법은 다양하다. CBOE의 S&P 500 지수옵션 계약은 최종 거래일이 보통 목요일이

그림 14.7
블랙-숄즈 모형과 배당수익률

이 그림은 [그림 14.3]과 같은 매개변수 값의 콜옵션과 풋옵션의 가치를 주가와 관련짓고 있다. 그러나 기초자산의 연간배당수익률로 3개의 가능한 값 $\delta=0$(그림 14.3에 대응), $\delta=0.025$, $\delta=0.10$을 설정하고 있다.

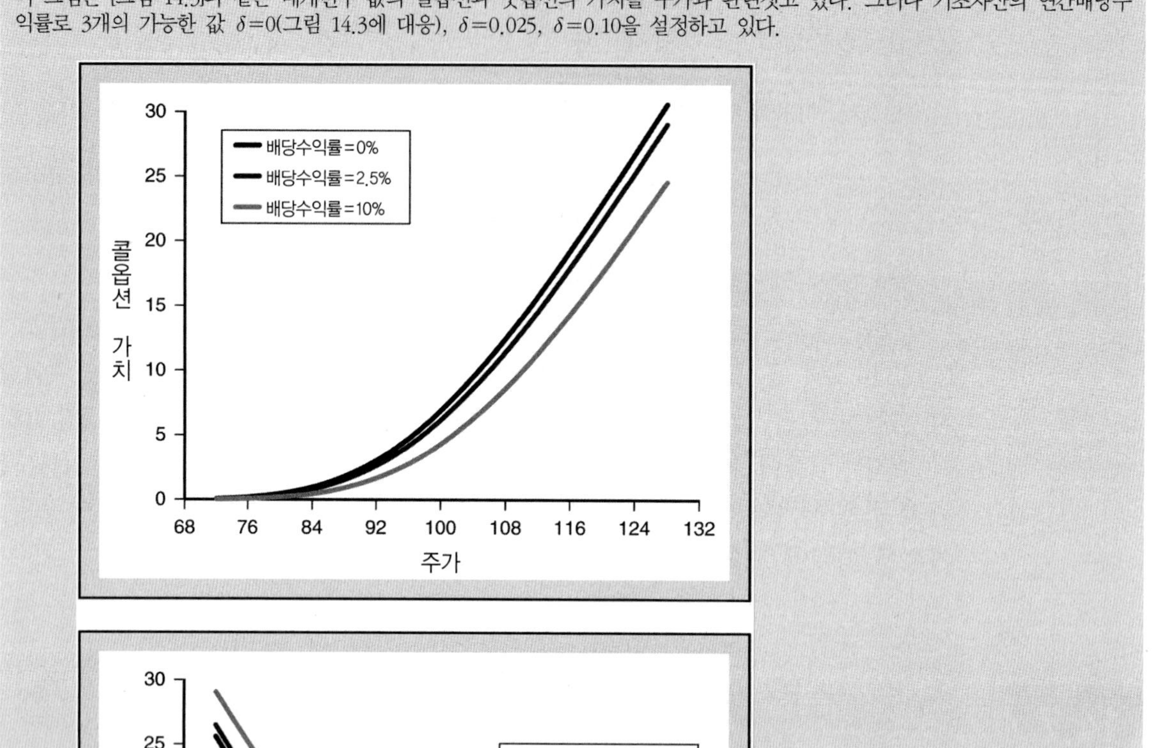

며, 결제가격 S_T는 금요일 구성요소 주식의 개시가격을 사용하여 계산된다. FTSE-100 지수옵션 계약의 경우 최종 거래일(일반적으로 인도해당 제3금요일)이 되면 일중거래를 끝으로 계약과 관련된 모든 거래가 중지된다.

선물 가격결정을 설명한 앞 장에서 살펴본 것처럼 주가지수는 연속배당수익률을 지급하는 자산으로 처리할 수 있다. 따라서 식(14.21)과 (14.22)을 사용하여 지수옵션가격을 산정할 수 있다. 즉,

지수의 손익은 일정한 변동성 σ를 가진 기하브라운운동을 따른다고 가정한다. 또한 지수가 연속배당수익률 δ을 지불할 것으로 가정한다. S_t가 현재 지수수준을 표기한다면, 만기 T와 행사가격 K인 유럽식 지수옵션가격은 아래와 같다.

$$C^* = e^{-\delta(T-t)} S_t N(d_1^*) - e^{-r(T-t)} K N(d_2^*) \quad \textbf{(14.26)}$$

$$P^* = e^{-r(T-t)} K N(-d_2^*) - e^{-\delta(T-t)} S_t N(-d_1^*) \quad \textbf{(14.27)}$$

여기서,

$$d_1^* = \frac{1}{\sigma\sqrt{T-t}}\left[\ln\left(\frac{S_t}{K}\right) + \left(r - \delta + \frac{1}{2}\sigma^2\right)(T-t)\right]$$

$$d_2^* = d_1^* - \sigma\sqrt{T-t}$$

통화옵션

외국 통화에 대한 옵션은 CME 등 거래소뿐만 아니라 장외시장에서 거래되고 있다. 이 계약의 기초자산은 관련 외국통화이다. 우선 r_f는 연속복리 외환이자율을 표기하는 것으로 가정한다.

통화옵션의 중요 대칭성에 주의하기 바란다. 특정 환율에 달러로 파운드를 매입하는 콜옵션은 동일한 환율에 파운드로 달러를 매도하는 풋옵션이 된다. 따라서 옵션을 식별할 때 두 통화를 참조하는 것이 일반적이다(예를 들어, 달러-콜/엔-풋 또는 유로-콜/달러-풋).

공식 (14.21)~(14.22)는 외환이자율 r_f가 배당수익률 δ의 역할을 하게 함으로써 통화옵션의 가격결정에 사용할 수 있다. 구체적으로는 미국 달러가 국내 통화라하고 다음을 가정하자.

- S_t는 현재의 환율(외화단위 당 달러)을 표기한다.
- 환율은 일정한 변동성 σ를 가진 기하브라운운동을 따른다.
- r과 r_f는 각각 달러와 외화의 무위험이자율을 나타낸다.

외국 통화에 대한 콜옵션과 풋옵션의 가격은 행사가격 K(즉, 외화단위 당 K 달러)와 T의 만기에 다음과 같이 표시할 수 있다.

$$C^* = e^{-r_f(T-t)} S_t N(d_1^*) - e^{-r(T-t)} K N(d_2^*) \quad \textbf{(14.28)}$$

$$P^* = e^{-r(T-t)} K N(-d_2^*) - e^{-r_f(T-t)} S_t N(-d_1^*) \quad \textbf{(14.29)}$$

여기서,

$$d_1^* = \frac{1}{\sigma\sqrt{T-t}}\left[\ln\left(\frac{S_t}{K}\right) + \left(r - r_f + \frac{1}{2}\sigma^2\right)(T-t)\right]$$

$$d_2^* = d_1^* - \sigma\sqrt{T-t}$$

선물옵션

선물옵션은 현물에 대한 옵션과 다소 다르게 정의한다. K의 행사가격인 선물 콜옵션은 선물가격 K에 선물계약의 매입포지션을 취할 권리를 옵션 소유자에게 제공한다. 행사가격 K인 선물 풋옵션은 선물가격 K에 선물계약의 매도포지션을 취할 권리를 옵션 소유자에게 제공한다.

분명한 것은 선물포지션은 현재 시장에서의 선물가격에서만 취할 수 있다. 따라서 콜옵션을 행사할 때 옵션 보유자는 선물가격과 행사가격과의 차액을 증거금계좌에 합산하여 선물계약의 매입포지션으로 받는다. 풋옵션의 행사도 동일한 방법으로 처리된다.

선물옵션의 가격결정의 핵심은 현물가격과 선물가격 간의 관계에 있다. 선물계약의 기초가 되는 자산의 현재(시점 t)의 현물가격이 S_t라고 가정하자.

여기에서 기초자산은 배당을 지급하지 않는다고 한다.(우리는 곧 이 가정을 완화하는 결과를 고려한다) T_f를 선물계약 만기일로 표기한다. 그리하면, 시점 t에서 무차익거래 선물가격은 다음과 같이 표시할 수 있다.

$$F_t = e^{r(T-t)} S_t \tag{14.30}$$

시점 T_f에서 현물과 선물의 가격은 일치하게 된다.

$$F_{T_f} = S_{T_f} \tag{14.31}$$

등식 (14.30)과 (14.31)은 선물가격 F_t과 현물가격 S_t와의 관계가 14.6절의 연속배당수익률에 관한 논의에서 주식 1과 주식 2 사이의 관계와 유사함을 보이고 있다. 즉, 선물가격은 시점 t에서는 현물보다 높은 가격에서 출발하지만 그 가격은 시점 T_f에서 일치한다. 따라서 선물가격은 현물가격보다 이자율 r만큼 느리게 성장하기 때문에 마치 선물이 r의 연속배당수익률을 지불하는 것과 같다.

이 관찰을 이용하여 선물에 대한 유럽식 옵션가격은 S_t를 선물가격 F_t로 대체시키고 r을 연속배당수익률 δ의 역할을 한다고 전제하면 (14.21) 및 (14.22)을 사용하여 구할 수 있다. 구체적으로는 선물가격이 일정한 변동성 σ를 가진 기하브라운운동을 따른다고 가정하자. 그러면, 만기일이 $T(T < T_f)$이고 행사가격이 K인 선물계약의 콜옵션과 풋옵션의 가격은 다음과 같다.

$$C^* = e^{-r(T-t)} F_t N(d_1^*) - e^{-r(T-t)} KN(d_2^*) \tag{14.31}$$

$$P^* = e^{-r(T-t)} KN(-d_2^*) - FN(-d_1^*) \tag{14.32}$$

여기서,

$$d_1^* = \frac{1}{\sigma\sqrt{T-t}}\left[\ln\left(\frac{F_t}{K}\right) + \frac{1}{2}\sigma^2(T-t)\right]$$

$$d_2^* = d_1^* - \sigma\sqrt{T-t}$$

선물의 기초자산이 배당을 지급하지 않는다는 가정은 쉽게 제거할 수 있다. 공식 (14.32)~(14.33)은 자산이 연속배당수익률 δ을 가지고 있어도 유효하다. 이것을 확인하려면, 시점 t의 선물가격은 다음과 같이 시점 t의 현물가격 S_t와 관련된다는 점에 유의하기 바란다.

$$F_t = e^{(r-\delta)(T_f - t)} S_t \tag{14.34}$$

선물계약 만기일 T_f에서 현물가격과 선물가격은 일치해야 한다.

$$F_{T_f} = S_{T_f} \tag{14.35}$$

따라서 이것은 마치 선물계약은 기초 현물자산에 대하여 $r-\delta$의 연속배당수익률을 지급하는 것과 같다. 그러나 기초자산 자체는 수익률 δ로 배당을 지급한다. 따라서 이 경우 선물은 수익률 r로 배당을 지급하는 것과 동일하다. 그러므로 등식 (14.32)~(14.33)은 이 경우에도 역시 유효하다.

이를 확인하기 위한 다른 방법은 위험중립설정에서 선물가격의 움직임을 고려하는 것이다. 선물계약은 매일 일일정산(marked-to-market)하기 때문에 계약의 가치는 매일 0으로 재설정된다. F_t를 시점 t의 선물가격으로, F_{t+1}을 시점 $t+1$ 선물가격으로 표기하자. t와 $t+1$ 사이의 시간간격을 h로 표시한다(시점 $t+1$에서 발생하는 현금흐름은 시점 t의 현재가치를 얻기 위해 e^{-rh}로 할인하면 된다). $E_t(\cdot)$가 위험중립설정에서 시점 t의 기대값을 표기한다면, 우리는 다음을 얻는다.

$$E_t\left[e^{-rh}(F_{t+1} - F_t)\right] = 0 \tag{14.36}$$

수치 $(F_{t+1} - F_t)$는 선물계약의 정산결과, $t+1$ 일에 발생하는 현금흐름에 해당한다. 정의에 따라 이 현금흐름의 할인 기대값(위험중립설정)은 선물계약의 현재가치와 동일해야 한다. 그러나 이 현재가치는 제로가 되는데, 그것은 선물계약의 가치는 매일 0으로 재설정되기 때문이다. 이에 따라 (14.36)의 관계가 성립한다. 이것은 선물계약의 기초가 되는 자산의 배당수익률에 관계없이 유효하다는 점에 유의하기 바란다(이에 대한 가정은 없음).

지금 할인율 e^{-rh}는 시점 t에서 알려진 수치이기 때문에 기대값 밖으로 꺼낼 수 있으며, 그 결과 $e^{-rh}E_t\left[F_{t+1} - F_t\right]=0$이며, 따라서 $E_t\left[F_{t+1} - F_t\right]=0$이다. 그러나 F_t 또한 시점 t에서 알려져 있으므로 기대값 계산에서 제외시킬 수 있다. 그 결과는 다음과 같다.

$$E_t\left[F_{t+1}\right] = F_t \tag{14.37}$$

등식 (14.37)는 선물가격이 위험중립설정에서 마팅게일에 따른다는 근본적인 결과를 제시한다. 즉, 내일의 기대값(위험중립설정)은 오늘의 가격과 같다. 마찬가지로 이것은 선물가격이 위험중립설정 하에서 0의 추세(drift)가 있음을 보여주고 있다(선물계약의 기초가 되는 자산의 배당수익률에 관계없이 이것도 유효하다는 점에 유의하라). 그러나 일반적으로 위험중립설정에서의 증권가격의 추세는 $r-\delta$와 같고, 이 때 r은 무위험이자율(위험중립측정시 사용)이며, δ는 증권의 배당수익률이다. 따라

서 선물가격의 제로 추세는 수익률 r의 내재배당손익을 의미한다. 그리고 이것은 선물계약에 대한 옵션가격 (14.32)~(14.33)를 제공한다.

14.8 블랙-숄즈모형의 검증: 내재변동성

블랙-숄즈 공식은 기초자산의 변동성이 주어졌을 때 옵션가격을 식별하는 방법을 알려준다. 그러나 변동성은 관찰이 불가능하며, 다만 옵션의 가격을 수시로 관찰하고 있을 따름이다. 이것은 역질문 동기를 부여한다. 옵션가격이 주어진 경우 관찰된 가격에는 어느 수준의 변동성이 내재되어 있는가? 이 수준을 내재변동성(implied volatility)이라고 부른다. 공식적으로 내재변동성은 옵션가격이 다른 매개변수의 값이 주어졌을 때 블랙-숄즈 공식과 일치하게 되는 변동성 수준이다.

예를 들어, 무배당 주식의 콜옵션을 보고 있다고 하자. K와 $T-t$는 콜옵션의 행사가격과 만기까지의 기간을 의미하고, $\hat{C}$는 관측된 콜옵션가격이다. S_t는 주가를, 그리고 r은 이자율로 표기한다고 하자. 내재 변동성은 다음 조건을 만족시키는 σ의 수준을 말한다.

$$C^{bs}(S, K, T-t, r, \sigma) = \hat{C}$$

여기서 C^{bs}는 블랙-숄즈 콜옵션의 가격결정 공식이다.

내재변동성은 항상 유일하게 정의된다. 즉, 관측된 콜옵션가격 $\hat{C}$에서 블랙-숄즈 공식의 관측치 $\hat{C}$를 얻게 하는 σ의 유일한 값이 하나 존재하고, 이는 블랙-숄즈 가격이 σ에 따라 증가한다는 사실의 결과이다.

일반적인 의미에서 내재변동성은 옵션의 존속기간 동안 예상되는 변동성에 대한 시장 전반의 평균적인 인식을 나타내고 있다. 이와 같이 그것은 미래 지향적인 개념이다. 대조적으로 역사적 변동성은 역행관찰(backward looking)의 결과이며, 과거에 경험한 주가 변동의 불확실성을 설명하고 있다.

변동성 스마일 / 왜도

어떤 한 기초자산이 있다고 하자. 블랙-숄즈모형이 그 자산의 손익과정을 정확히 설명한다면, 그 자산에 대한 어떤 옵션(즉, 행사가격 K 및 만기일 T)의 무차익거래 가격도 블랙-숄즈 공식에 의해 결정 되어야 한다. 이것은 해당 자산에 대한 임의의 옵션에서 유도한 내재변동성이 다른 옵션에서 유도한 내재변동성과 동일해야 한다는 것을 의미한다. 즉, 그것이 기초자산 가격의 진정한 변동성("true" underlying volatility)과 같아야 한다는 것이다. 내재변동성이 다른 행사가격 및 만기에 걸쳐 일정해야 한다는 요구사항은 블랙-숄즈모형의 간접적 검증이 되는 셈이다.

사실 거의 모든 시장에서 블랙-숄즈모형은 이 테스트에 실패한다. 만기가 일정하다 하고 내재변동성을 행사가격에 대해 좌표를 설정하면 두 개의 패턴이 일반적으로 관찰된다. 주가지수 시장에서 "낮은" 행사가격(외가격 풋옵션에 대응)에 대한 내재변동성은 등가격 혹은 내가격 풋옵션에 대한 내재변동성보다 높은 경향이 있다. 이를 변동성 왜도(volatility skew)라고 한다. 통화시장에서는 그래프가 더 대칭적이며, 외가격과 내가격 풋옵션의 내재변동성은 대체로 동일하며, 등가격 옵션의 내재변동성보다 높은 경향이 있고 이는 변동성 스마일(volatility smile)로 불린다. 개별 주식에 대한 내재변동성도 통화시장에서 볼 수 있는 정도의 대칭은 아니지만, 지수의 내재변농성보다 큰 대칭성을 나타내는 경향이 있다.

[그림 14.8] 및 [그림 14.9]는 내재변동성 왜도의 예를 보여준다. 전자는 기초자산으로 주가지수(S&P 500)를 후자는 개별주식(Procter & Gamble)을 가지고 있다. 이러한 수치는 2012년 12월 19일 블룸버그에서 얻은 내재변동성의 데이터를 이용하여 작성된 것이다. 현재의 가격을 상회하는 행사가격에 대한 내재변동성을 추정하기 위해 외가격 콜옵션이 사용되며 현재가격보다 낮은 행사가격에는 외가격 풋옵션이 사용되었다. 각 그림은 두 개의 만기가 되는 달(2013년 2월 및 2013년 3월은 S&P 500 지수옵션에, 2013년 4월 및 2013년 7월은 Procter & Gamble 옵션에 해당)의 내재변동성 왜도를 보여준다. 내재변동성의 4개의 구성 어느 것도 수평이지 않다.

변동성 왜도의 원천

왜도의 존재는 블랙-숄즈모형에 문제가 있다는 증거이다. 따라서 먼저 해야되는 질문은 그 문제가 무엇인가이다. 문제가 어디에 있는지를 확인한 후 모형과 가정을 조정하여 관측값과 일치가 원활한 방법을 모색할 수 있다.

정규분포에서의 일탈

블랙-숄즈모형은 로그손익이 정규분포를 이룬다고 가정한다. 그러나 실질적으로 모든 금융 시장에서 과거의 손익실적과 옵션시장으로부터 실증적 분석 및 추정결과, 이것은 현실을 정확히 설명하는 것이 아님을 시사하고 있다.

정규분포에서 두 가지 형태의 이탈이 특히 눈에 띈다. 첫째, 정규분포는 평균을 중심으로 대칭이다. 실증적으로 추정한, 특히 주식시장에서 추정된 손익분포는 종종 비대칭(skewness)을 나타낸다. 둘째, 근본적으로 중요한 사실이지만 극단적인 관찰 값은 정규분포에서 예상되는 경우보다 훨씬 더 자주 발생한다. 예를 들어, 하나의 정규분포에서 평균보다 1.645 표준편차를 넘는 결과를 관찰할 확률은 5%이며, 평균 20 중 하나의 결과만이 이 범수에 해당되는 것을 의미한다. 마찬가지로 평균의 2.58 표준편차를 초과하는 관측값의 확률은 0.50%(200건 중 1건) 밖에 되지 않는다.

그러나 실제시장에서 그와 같이 큰 가격변동은 정규분포에서 예상하는 것보다 훨씬 더 자주 발

생한다. S&P500 지수 선물가격이 29% 떨어지고, S&P500 지수는 하루 만에 20% 이상 하락했던 1987년 10월 19일 주식시장의 폭락이 특히 두드러진 예이다. Rubinstein(1998)는 지수수익률이 대수정규분포를 이루고, 지수의 변동성을 20%(역사적으로 좋은 근사치)라고 가정하면 하루에 29%의 이동 가능성은 10^{-160}이므로 이것은 "주식시장이 200억 년 지속한다고 하더라도 일어날 것이라고는 예상되지 않을 것"이라고 지적한다. 그만큼 극적인 것은 아니지만, 아시다시피 1950년부터 2012년에 걸쳐 S&P500 지수가 하루에 표준편차의 5배 또는 그 이상의 변동이 수십 차례 일어났지만, 이론적으로 예상되는 이 같은 움직임의 빈도는 약 7,000년에 1회 정도에 불과하다. 그러나 이와 같은 현상은 S&P500 지수에만 국한되는 것이 아니라 모든 금융시장-주식, 지수, 환율, 선물 등-에서 모두 유사한 행태를 보여주고 있다.

그런데 수익률이 정규분포를 따르지 않는다면 정규분포로부터의 이탈을 어떻게 측정하고 이러한 이탈이 옵션가격에 미치는 영향을 어떻게 파악하는가? 우리는 지금 이러한 문제에 임하고 있다.

정규분포의 이탈 측정 : 왜도 및 첨도

분포의 비대칭 정도는 왜도(skewness)에 의해 측정된다. 왜도는 분포의 3차적률(third moment)과 관련이 있다. 평균 m 표준편차 s를 갖는 확률 변수 X가 주어졌을 때 그 왜도는 다음과 같이 정의된다.

$$\text{왜도}(X) = \frac{1}{s^3} E\left[(X-m)^3\right]$$

극단적인 관측은 분포의 꼬리(tail)에 대한 관측이라고 한다. 분포의 꼬리 부분의 두께는 분포의 4차적률(fourth moment)에서 얻게 되는 첨도(kurtosis)에 의해 측정된다. 첨도는 다음과 같이 정의된다.

$$\text{첨도}(X) = \frac{1}{s^4} E\left[(X-m)^4\right]$$

정규분포는 평균과 표준편차에 관계없이 항상 왜도가 0이며, 첨도가 3이다. 따라서 0이 아닌 왜도 또는 3이 아닌 첨도는 정규분포에서의 일탈을 의미한다. 분포는 첨도가 3을 초과하는 경우, "두꺼운 꼬리(fat tail)"가 있다거나 급첨도(leptokurtosis)가 나타내는 것으로 알려져 있다. 반대로 첨도가 3 미만이면 얇은 꼬리이거나 약첨도(platykurtosis)가 나타난다. 경험적 누적분포는 일반적으로 꼬리가 두껍거나 급첨도이다. 분포의 "과잉 첨도"는 첨도가 3을 초과하는 정도이다. 과잉첨도가 클수록 일반적인 예측과 비교하여 극단적인 관측이 일어나기 쉽다.

왜도, 첨도 및 변동성 왜도

급첨도(leptokurtosis)가 내재변동성에 미치는 영향을 이해하기 위해서 S&P500 지수에 대한 외가격 풋옵션을 발행한 트레이더 입장이 되어 보자. 구체적으로 지수는 현재 1,540이며, 풋옵션은 1,375

행사가격을 가지고 있다고 가정하고, 등가격 옵션에서 내재변동성을 추정한다. 이 변동성을 사용하면 대수정규분포에 따라 주가지수 수준이 165포인트 떨어질 확률(이것은 풋옵션이 내가격이 되기 위해 필요한 확률)은 매우 낮은 것으로 판명되어 블랙-숄즈모형은 이 풋옵션에 매우 적은 가치를 부여한다. 그러면 우리는 이 가치를 받아 들여야 하는가?

분명히 그렇지 않다. 로그정규성은 극단적인 움직임의 가능성을 낮게 보고 있기 때문에 풋옵션이 내가격에 들어갈 확률은 블랙-숄즈모형이 예측하는 확률보다 크다. 이는 블랙-숄즈모형은 등가격에 비해, 외가격 풋옵션의 가치를 저평가하고 있다는 것을 의미한다. 따라서 블랙-숄즈모형의 제안보다 높은 가격이 제시되어야 할 것이다. 그러나 이것은 외가격에서 얻은 내재변동성이 내가격 내재변동성보다 높은 것을 뜻하므로 변동성 왜도가 결과적으로 발생한다.

따라서 변동성 왜도는 수익률분포에 있어서 급첨도의 자연적이고 합리적인 결과이다. 또한 수익률이 마이너스에 치우쳐 있으며, 분포꼬리의 왼쪽이 오른쪽보다 두꺼운 경우 비대칭 변동성 왜도(asymmetric volatility skew)가 예상된다. 이것은 전형적인 주가지수 시장의 경우에 해당된다. 그러나 수익률분포가 더 대칭이며, 좌우의 꼬리가 균등한 경향이 있다면, 이는 많은 개별주식과 통화시장의 전형적인 사례이며, 이 경우는 더 대칭적인 스마일이 예상된다.

왜도와 첨도의 잠재적 원인

주식 수익률분포의 음의 왜도와 첨도의 존재를 설명하기 위해 몇 가지 잠재적인(그리고 비배타적인) 가설이 진행되었고, 그것에 의해 내재변동성 왜도의 형태가 설명되었다. 여기에서는 두 가지를 언급한다.

Rubinstein(1994)은 "주가폭락공포(crash-o-phobia)"라는 가설은 1987년 10월의 경우와 같은 주요 주식시장의 주가폭락에 대한 두려움이 트레이더들의 외가격 풋옵션의 가격결정에 반영되고 있음을 시사하고 있다. 가격폭락은 정의에 따라 분포의 꼬리에서 나타나는 현상이기 때문에 주가폭락 가능성은 수익률분포에 급첨도 현상을 일으킨다. 또한 가격폭락은 좌측꼬리에서 발생하는 현상이기 때문에 손익분포에 통합적으로 음수의 왜도를 발생시킨다. 따라서 "주가폭락공포"는 주식시장에서 내재변동성 곡선의 존재와 형태의 잠재적인 설명을 제공한다.

실증적 연구는 이 가설을 지지하고 있다. 그 타당성은 전력 옵션시장에서 더욱 확인되었는데 이 경우는 가격폭등이 공포의 대상이므로 내재변동성 왜도가 주가폭락공포에서 제시하는 것과 역으로 움직인다(즉, 외가격 콜옵션은 등가격 또는 내가격 콜옵션보다 더 높은 내재변동성을 가짐).

주식시장에서 음의 왜도와 급첨도의 또 다른 원인은 주식수익률과 주가변동성과의 관계이다. 주식시장에서 마이너스 손익은 종종 변동성의 상승을 동반하는 반면, 플러스 손익은 변동성의 감소를 동반한다. 이 현상은 그 자체 가능성이 있는 '레버리지' 효과에 기인하고 있다. 말하자면 주가하락이 부채·자본비율을 높이고 이것은 자본위험을 높이어서 주가변동성의 상승으로 이어질 것이다. 반대로 양수인 주식수익률은 부채비율을 낮추고 주식의 위험을 낮추고 주가변동성을 감소시킨다. 주가하락 원인이 무엇이든 간에 이 수익률-변동성의 관계는 수익률분포의 급첨도 및 음수 왜도를 모두 발생시키므로 전형적인 내재변동성 왜도의 또 다른 잠재적 설명이 된다.

이러한 가설은 주식시장의 맥락에서 제기되어 왔지만, 다른 시장에서도 유사하다. 급격한 환율의 움직임(아마도 개입)에 대한 두려움은 "주가폭락공포"와 유사한 급첨도 현상을 일으킨다. 마찬가지로 변동성을 무작위로 변화시키면, 환율 및 기타 수익률분포에서 두꺼운 꼬리(fat tailness)가 발생할 수 있다.

왜도에 대한 추가 설명

변동성의 왜도와 스마일은 손익보호에 대한 수요의 영향으로 인한 것으로 종종 시사되고 있다. 투자자는 주식에 대하여 순매입포지션이기 때문에 저렴한 보호(주식의 외가격 풋옵션)에 대한 요구는 등가격에 비해 이러한 풋옵션에 대한 수요를 높여 변동성의 왜도를 초래한다. 통화시장에서 내재변동성 좌표의 모양은 투자자가 모든 통화에 대하여 순매입포지션이기 때문에 더 대칭적이다. 어떤 한 통화에 대한 콜옵션은 다른 콜옵션 통화에 대하여 풋옵션이 되므로 통화의 보호에 대한 수요는 내재변동성 수준을 양쪽 방향으로 상승시키고, 변동성 스마일을 가져온다.

이러한 설명은 확실히 장점이 없는 것은 아니지만 불완전하다. 그들은 분리하여 관찰된 왜도를 설명할 수 없다. 오히려 일부 시장마찰과 결합되어야 한다. 블랙-숄즈가 상정하고 있는 것 같은 원활한 환경에서는 외가격 옵션을 복제하는 것은 등가격 옵션을 복제하는 것만큼 간단하다. 따라서 단순히 외가격 풋옵션에 대한 수요가 있다는 사실만으로 변동성 왜도가 만들어질 수는 없다. 대조적으로 과잉첨도와 같은 수익률의 비정규분포성은 시장 마찰이 없는 경우에도 변동성의 왜도를 초래한다.

블랙-숄즈의 일반화 또는 대체

블랙-숄즈모형이 시장으로부터 체계적으로 이탈한다면 왜 그것을 일반화하거나 왜도와 첨도를 허용한 분포로 대체하지 않는가? "자연적인" 일반화도 있을지 모른다. 블랙-숄즈모형에는 두 가지 불편한 가정이 있다.

1. 수익률과정에는 점프가 없다.
2. 수익률과정의 변동성은 시간의 흐름에 따라 일정하다.

경험적 관찰에 의하면, 이 두 가정을 완화해야 할 강력한 근거가 있다. 사실상 위에서 언급한 설명이 암묵적으로 이를 보여주고 있다. '레버리지 효과'는 확률적이며, 수익률과정과는 음의 상관관계가 있는 변동성모형으로 고정변동성의 가정을 대체시킬 것을 제안하고 있다. "주가폭락공포"는 수익률분포에 큰 음의 점프가 발생할 가능성이 있음을 가정한다. 대수정규분포모형에 점프를 추가

하거나 변동성을 확률적인 것으로 허용한다면, 그 모형은 두꺼운 꼬리와 왜도를 모두 보이게 될 것이다.

최근 몇 년간 블랙-숄즈의 일반화 또는 대안으로 실로 많은 수의 모형이 제안되고 있다. 이들 모형은 보통 블랙-숄즈모형보다 훨씬 복잡도가 높다. 제16장에서는 그 중 몇 가지를 검토할 것이다. 오늘 가장 정교한 옵션거래 데스크에서는 16장에 설명된 기능 중 하나 이상을 포함하는 모형을 사용하고 있다.

그 경험적인 결함에도 불구하고 왜 블랙-숄즈모형은 상징적 표준의 지위를 유지하고 있는가? 그 한 가지 이유는 모형의 단순성과 투명성이다. 구현을 위해 추정해야 되는 매개변수가 하나뿐이라면, 그것을 사용하여 벤치마크 가격을 얻는 것은 매우 간단하다. 이와 같은 관점에서는 다른 모형이 접근조차 할 수 없다. 예를 들어, 벤치마크 가격을 얻기 위하여 제16장에 설명된 점프확산모형을 도입하려면, 여기에는 점프 이외의 변동성 성분, 점프 발생확률 및 점프 규모의 분포를 설명하는 매개변수를 최소한 입력해야 한다. 그런데 이에 필요한 데이터를 어디서 쉽게 구할 수 있다는 말인가? 둘째, 트레이더와 투자자는 옵션가격을 제시하는 방법으로 블랙-숄즈모형을 사용하는 것이 유용하다고 판단하고 있다. 즉, 옵션의 가격은 블랙-숄즈모형을 사용한 내재변동성으로 변환되어 이러한 내재변동성이 가격 대신에 거래에 제시된다.(가격 자체는 점프와 확률적 변동을 포함하는 보다 복잡한 모형을 사용하여 얻은 것일지도 모른다) 예를 들어, 기초자산이 100달러에 거래되고 있으며 (a) 1개월 만기 등가격 풋옵션의 가치 $2.0963인 반면, (b) 1개월 만기 행사가격 80인 풋옵션의 가치는 $0.0186이다. 행사가격 100인 풋옵션의 '가격'은 20%의 내재변동성으로 인용되고 행사가격 80인 풋옵션의 가격은 32%의 내재변동성로 인용된다(이것이 금전적인 가격을 인용하는 것보다 더 유익하다고 생각한다). 이것은 분명히 블랙-숄즈모형을 문자 그대로 사용한 것은 아니다. 문자 그대로 사용한다면, 모든 행사가격에 동일한 내재변동성이 요구된다. 그러나 내재변동성으로 가격을 제시하는 것이 시장에서 이루어지는 통상 관행이다.

14.9 VIX와 그 파생상품

미국의 투자자들은 주식시장에서 부담할 위험의 정도에 대한 시장척도인 '공포지수(fear index)' 또는 VIX 대하여 익숙히 알고 있다. VIX는 시카고 옵션거래소(Chicago Board Option Exchange)의 '단기' 변동성 지수(volatility index)이다. 이는 향후 30일 동안 S&P500의 연율환산 변동성의 미래전망 예측치이다. VIX 선물(CBOE 선물거래소에서 거래되는 2004년 5월 발행 선물)과 거래소에 거래되는 VIX 옵션(CBOE에서 거래되는 2006년 2월 발행 옵션)이 있다. [그림 14.10]은 1990년 이후 VIX의 변화를 보여준다. VIX의 평균 수준은 약 20%이며 표준편차는 약 8~9%이다. 시계열은 VIX가 정상치의

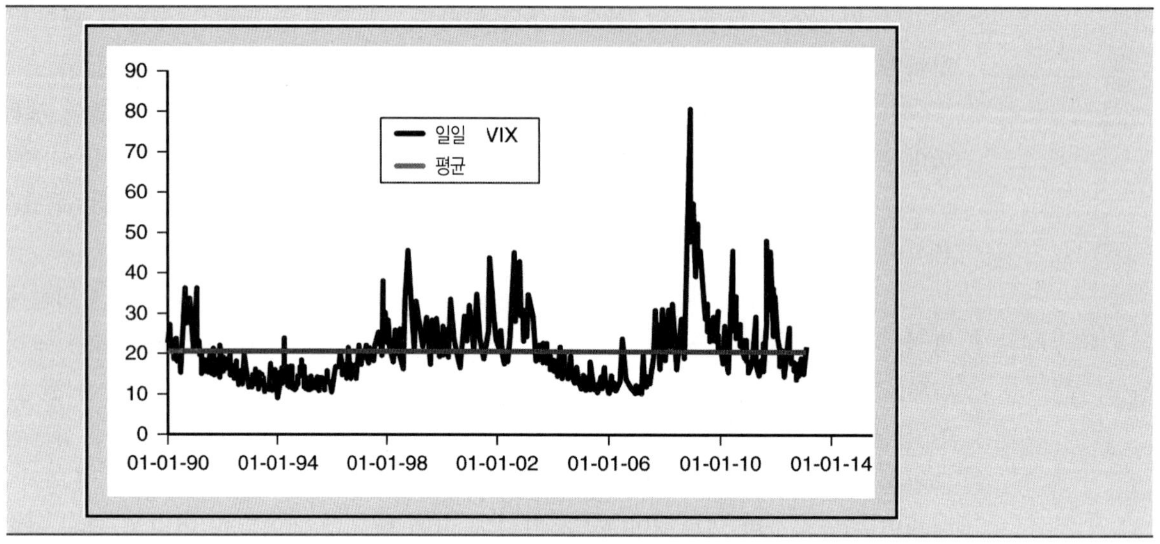

그림 14.10
CBOE 변동성 지수(VIX) : 1990년 1월~2012년 12월

3배까지 상승했을 때와 같은 높은 변동성의 산발적 시기를 제외하면 비교적 조용한 기간이 특징이다.

VIX는 하루 종일 실시간으로 계산되며, Whaley(1993)에 의해 도입되어 개발되었다.(Brenner and Galai(1989), Brenner and Galai(1993) 참조.) VIX의 기초가 되는 지수는 S&P500지수(SPX)이나, 이것은 반드시 그리할 필요는 없다. VIX가 처음 도입되었을 때, 옵션의 거래량은 S&P의 최다거래 종목으로 제한되어 있었기 때문에 S&P100 지수(OEX)가 사용되었다. 현재 SPX 옵션의 거래량은 OEX의 경우보다 훨씬 웃돌며, VIX는 앞의 지수의 변동성에 근거한다. 또한 SPX 옵션은 유럽식이지만, OEX는 미국식이므로 SPX 옵션의 평가가 더욱 용이하다. 어쨌든 SPX 지수와 OEX 지수는 서로 유사한 대체지수이며, 1986년부터 2008년 사이에 두 개 지수수익률 사이의 상관관계는 99%였다(Whaley, 2008 참조).

2003년 9월 이래 VIX는 SPX의 30일 변동성의 척도가 되고 있다. 그것은 SPX에 대한 다양한 행사가격의 옵션에서 유래하므로 왜도를 포함한다. VIX는 만기가 최소한 8일 남은 부근의 옵션과 두 번째 근처의 옵션을 사용하여 S&P500 지수의 30일 고정 기대변동성을 측정한다. 사용되는 옵션은 등가격(ATM)과 외가격(OTM) 모두에서 풋옵션과 콜옵션을 모두를 포함하며, 그 절차는 다음과 같다.

1. 각 만기(다음 기간 및 가까운 기간)마다 ATM의 선물 행사가격을 먼저 식별한다. 이것은 콜옵션과 풋옵션의 가격 차이가 가장 작게 되는 행사가격을 선택함으로써 이루어진다. 이 행사가격을 K_0로 표기한다.
2. 풋옵션의 경우 : 입찰가격이 0이 아닌 ATM/OTM 행사가격$(K_i \leq K_0)$의 모든 옵션을 선택한다. 행사가를 외가격으로 계속 진행하면서 더 2개의 연속적인 제로 입찰가가 발생할 때 중단

한다.

3. 콜옵션의 경우 : 입찰 가격이 0이 아닌 ATM/OTM 행사가격($K_i \geq K_0$)의 모든 옵션을 선택한다. 2개의 연속되는 0의 입찰가가 발생하면 더 큰 행사가격에 대한 동 절차를 중단한다.
4. 그리하면 이렇게 선택된 모든 옵션을 사용하여 VIX을 계산한다. K_0에서는 풋옵션과 콜옵션이 모두 사용된다는 점에 유의하여라. 다른 행사가격에서는 OTM 옵션만 고려하기 때문에 콜옵션 또는 풋옵션이 사용된다. 각 만기에 대한 옵션의 중간가격을 사용하여 VIX$=\sigma\times 100$을 정의한다. 여기서, σ^2는

$$\sigma^2 = \frac{2}{T}\sum_i \frac{\Delta K_i}{K_i^2} e^{RT} Q(K_i) - \frac{1}{T}\left[\frac{F}{K_0} - 1\right]^2 \qquad \textbf{(14.38)}$$

여기에서

• T는 만기까지의 기간이다.
• F는 옵션가격으로부터 도출된 선도계약 지수수준이다.
• K_0는 F 아래에서 가장 높은 행사가격이다.
• $K_i = (K_{i+1} - K_{i-1})/2$는 행사가격의 간격이다.
• R은 만기까지 무위험이자율이다.
• $Q(K_i)$는 행사가격이 K_i인 각 옵션의 매입과 매도 호가 차이의 중간 값이다.

공식과 변동성의 관계는 분명하지 않지만, 이 표현은 옵션가격에 내재된 바와 같이 옵션기간 [0, T]에 걸쳐 주식의 실현이 예상되는 분산을 설명하는 것을 볼 수 있다. 이와 같은 결과의 도출은 변동성과 분산스왑이라는 맥락에서 부록 14B에 제시되어 있다(분산스왑과 관련된 논의는 부록 마지막 부분을 참조).

5. 이 계산은 최단기 및 그 다음 만기에 대하여 이루어지므로 σ_1^2와 σ_2^2로 표기되는 두 개의 값을 얻을 수 있다. 이것들을 조합하면 30일의 가중평균은 다음과 같다.

$$VIX = 100 \times \sqrt{\left(T_1\sigma_1^2\left[\frac{N_{T_2} - N_{30}}{N_{T_2} - N_{T_1}}\right] + T_2\sigma_2^2\left[\frac{N_{30} - N_{T_1}}{N_{T_2} - N_{T_1}}\right]\right) \times \frac{N_{365}}{N_{30}}} \qquad \textbf{(14.39)}$$

여기서 N_T는 T 시점까지의 분단위 시간을 나타낸다.

위의 설명에서 알 수 있듯이 VIX는 투명한 절차에 따라 계산된다. 자세한 내용과 예제는 CBOE의 웹사이트에서 구할 수 있다.

변동성지수는 기타 다양한 주식시장에서도 개발되고 있다. 다우존스 변동성지수(VXD), NASDAQ 100 변동성지수(VXN), 러셀 2000 변동성지수(RVX) 그리고 S&P500 3개월 변동지수(VXV)가 있다. 변동성지수는 DAX, FTSE100, CAC40 등 유럽과 일본의 여러 많은 지수와 인도의 Nifty 및

한국의 KOSPI200 등 세계의 다른 여러 지수에 대하여도 개발되고 있다.

VIX을 통한 변동성의 거래

변동성을 "거래"하는 데는 여러 가지 방법이 있다. 간접적 접근으로는 옵션을 구매하여 그것을 델타 헤지하는 것이다. 장외 시장에서는 분산스왑과 변동성스왑 등의 상품은 수익률의 분산과 변동성의 직접거래를 가능하게 한다. 이와 같은 상품은 부록 14B에 기재되어 있다. VIX와 같은 지수는 거래소에서 변동성의 직접거래를 가능하게 한다.

VIX에 대한 선물(표기: VX)을 사용하여 변동성 방향에 대한 거래를 할 수 있다. 계약 단위규모는 VIX의 1,000배이다. CBOE는 VIX 선물 계약의 2월 발행 분기주기에 대하여 9개월까지 단기 연속 거래 및 5개월간 거래의 선물을 상장하고 있다. 따라서 VIX 선물을 사용하여 변동성 포지션을 표준 포트폴리오에 쉽게 주입시킬 수 있다.

VIX 선물은 포트폴리오의 수익률을 높이고 리스크를 관리하는 좋은 방법이 된다. 주식 포트폴리오에 변동성의 포지션을 추가하는 것이 특히 매력적인 것은 변동성의 움직임이 일반적으로 주식 손익과 마이너스의 상관관계에 있다는 점에 있다. 실제로 주식시장이 급락해도 2008년의 VIX 선물 시장의 수익률은 81%로 크게 상승했다. CBOE는 분산이 잘되어 있는 포트폴리오에서 VIX에 15%의 배분을 한 포트폴리오에서는 2008년의 경우 −13.08%의 손익을 가져왔을 것으로 추정했다(또는 4년 평균 수익률+5.07% 표준편차 1.93%). 반면에 VIX 구성 부분을 제외하면 동일한 포트폴리오에서 실현된 2008년 수익률은 −20.99%가 된다(4년 평균 수익률 −3.87%, 표준편차 3.03%).

VIX 옵션(표기: VRO)은 변동성의 변동성을 거래하는 데 사용할 수 있다. 그러나 변동성의 변동성이 매우 높고, 통상 주식의 변동성보다 훨씬 높기 때문에 VIX 옵션은 일반적으로 매우 비싸다. 예를 들어, VIX의 변동성은 132%였지만, SPX의 변동성은 불과 16%였다.

2008년 7월 이래 VIX에 대한 이항옵션(표기: BVZ)으로 거래할 수 있게 되었다. CBOE에서 이항 콜옵션으로 먼저 상장되고 추후 이항 풋옵션으로 제공된 이 옵션은 만기시에 내가격인 경우 손익이 $100이 되도록 설계되었다.

14.10 연습문제

1. 주식이 불연속변동(gap)을 할 수 있다면 블랙-숄즈모형이 왜 부적절한가를 설명하라.
2. 블랙-숄즈모형이 이자율의 고정성(비확률성)을 가정하는 것은 이 모형의 주요결함이라고 보는가?
3. 블랙-숄즈모형은 고정변동성을 가정하고 있다. 이것은 얼마나 심각한 결함인가?
4. 이 기간의 무위험이자율이 $r=4\%$인 경우, 현재 40 달러에 거래되고 있는 주식의 3개월 ($T=1/4$) 선도가격 F를 계산하여라. 주식이 배당을 지급하지 않는다고 가정하면, 행사가격 $K=F$를 설정하고 변동성이 $\sigma=0.4$인 블랙-숄즈모형에서 콜옵션과 풋옵션의 가치를 계산하라. 당신은 지금 계산한 콜옵션과 풋옵션가격에 대하여 무엇이라고 설명할 수 있는가?
5 (비제로 배당을 허용하여 위의 질문을 반복). 주식의 배당수익률은 $d=2\%$라고 가정한다. 이 기간의 무위험이자율이 $r=4\%$일 때, 현재 40 달러에 거래되고 있는 주식의 3개월 ($T=1/4$) 선도가격 F를 계산하여라. 그 후 행사가격 $K=F$를 설정하고 변동성이 $\sigma=0.4$의 경우 콜옵션과 풋옵션가격을 블랙-숄즈모형을 통하여 계산하라. 당신은 콜옵션과 풋옵션가격에 대해 무엇이라고 설명할 수 있는가?
6. 블랙-숄즈 콜옵션의 가격을 5%에서 40%의 변동성 범위에서 좌표에 설정해 보라. $S=30$, $K=33$, $T=1/3$, $r=0.03$, $d=0$의 매개변수를 사용하라. 이 때 함수는 볼록형인가 아니면 오목형인가?
7. 만기가 3년에서 0으로 감소함에 따라 변동하는 블랙-숄즈 콜옵션가격을 좌표에 옮겨보라. 이 함수는 볼록형 혹은 오목형인가? 다음 매개변수를 사용한다: $S=30$, $K=33$, $\sigma=0.3$, $r=0.03$, $d=0$이다.
8. 블랙-숄즈 콜옵션의 가격을 1%에서 20%까지의 금리 범위에서 좌표에 그려보라. $S=30$, $K=33$, $T=3$, $\sigma=0.3$, $d=0$ 매개변수를 사용하라.
9. 12월 1일 S&P500 지수(SPX)는 1396.71에 거래되고 있다. 3월 16일에 만료되는 주가지수 콜옵션의 가격(즉, 3개월을 조금 상회)은 다음과 같다.

행사가격 K	콜옵션가격
1300	116.80
1350	73.70
1400	41.00

이 기간의 금리가 4.88%이며, SPX의 연간 배당률이 1.5%라고 가정하고, 블랙-숄즈 공식을

사용하여 각 SPX 옵션의 내재변동성을 계산하라. 이러한 변동은 동일한가? 설명해보라.

10. (풋옵션에 대하여 9번 문제를 반복) 12월 1일 S& P500 지수(SPX)는 1396.71에 거래되고 있다. 3월 16일에 만료되는 지수 풋옵션의 가격(즉, 3개월을 조금 상회)은 다음과 같다.

행사가격 K	풋옵션가격
1300	11.20
1350	17.30
1400	30.50

이 기간의 금리가 4.88%이며 SPX의 연간 배당수익률이 1.5%로 가정하고, 블랙-숄즈 공식을 사용하여 각 옵션의 내재변동성을 계산하라. 이러한 변동은 동일한가? 설명해보라. 또한 이러한 변동성은 이전 질문에서 얻은 것과 동일한가? 설명해보라.

11. 블랙-숄즈모형에서 등가격 유럽식 콜옵션의 델타는 적어도 1/2임을 보여주어라. 등가격 풋옵션의 델타는 어떠한가?

12. 만기까지의 기간이 단축됨에 따라 등가격 콜옵션의 델타는 어떻게 되는가? 풋옵션은 또한 어떠한가?

13. $S=K=100$, $\sigma=0.25$, $T-t=1$개월로 가정한다. 콜옵션과 풋옵션을 평가하는 스프레드 시트를 만들고 다음의 r 값에 대해서 옵션가치를 구하라.
    (a) $r=0.08$
    (b) $r=0.06$
    (c) $r=0.04$

14. Microsoft의 주식은 현재 24.35 달러에 거래되고 있다. 어떤 콜옵션 및 풋옵션이 12거래일(= 0.0476년) 만기에 $25.00의 행사가격에 거래된다는 것을 고려하자. Microsoft 주식의 변동성이 40%이고 금리가 3%라고 한다. 이때 콜옵션과 풋옵션의 블랙-숄즈가격은 무엇인가? 옵션 델타는 어떠한가?

15. GE의 주식은 현재 26.15 달러에 거래되고 있다. $25.00의 행사가격과 12거래일(= 0.0476년)의 만기인 콜옵션은 $1.56 가치를 가진다. 금리를 3%로 가정하면 내재변동성은 무엇인가?

16. S&P500 지수는 현재 1,101이다. 행사가격이 1,075이고 만기까지 17거래일(= 0.067년)인 콜옵션의 가치는 36.20이다. 3%의 금리를 가정하며 작업을 단순화하기 위해 지수의 배당수익률은 0이라고 가정한다.
    (a) 이 경우 내재변동성은 얼마인가?
    (b) 내재변동성이 20%까지 상승할 경우 콜옵션가치는 어떻게 되는가?
    (c) 다른 매개변수가 동일하다면, 옵션가치는 1주일 후 (즉, 12거래일 또는 0.0476년이 만기까지 남게됨) 얼마가 될 것인가?

(d) 마지막으로, 배당수익률을 제로가 아닌 2%로 하면 문항 (a)에 대한 당신의 답은 어떻게 변화하겠는가?

17. 현재시장에서 통화 USD-EUR 환율은 1.24 달러/유로이다. 1개월(=0. 083년)만기의 유로에 대한 풋옵션의 행사가격이 1.25 달러/유로라고 한다. 환율의 변동성은 12%, 1개월 USD 금리는 3.1%, 1개월 EUR 금리는 3.7%이며, 모두 연속복리를 적용한다고 가정한다.
    (a) 이 경우 블랙-숄즈 풋옵션의 가격은 얼마인가?
    (b) 당신이 1000만 유로에 대한 풋옵션을 발행하였다면, 당신의 포지션을 델타 헤지하기 위해 당신은 무엇을 하겠는가?

18. 시장에서 USD-EUR 환율은 USD1.50/EUR이다. 유로에 대하여 1.5 달러/유로의 행사가격으로 만기 6개월(= 0.5년)인 콜옵션을 고려하라. 환율의 변동성이 20%, 6개월 USD 금리가 1.5%, 6개월 EUR 금리가 2.5%이며, 모두 연속복리로 계산된다고 한다.
    (a) 이 경우 블랙-숄즈 콜옵션의 가격은 얼마인가?
    (b) 당신이 콜옵션을 1억 유로에 대하여 발행한다면, 당신의 포지션을 델타 헤지하기 위해 당신은 무엇을 하겠는가?

19. 시장에서 현재 USD-EUR 환율은 USD1.50/EUR이다. ATMF(등가격-선도) 행사가격으로 1개월 스트래들(straddle)의 가격을 산정해 보라. ATMF 행사가격은 같은 만기의 선도환율과 동일한 K의 값으로 정의되어 있다. 즉, $Ke^{-rT} = Se^{-qT}$. 환율의 변동성은 20%, 6개월 USD 금리는 1.5%, 6개월 금리는 2.5%이며, 모두 연속복리로 계산된다고 가정한다.

20. 어떤 주식에 대한 옵션은 같은 만기의 주식에 대한 선도가격과 그 행사가격이 동일할 때 등가격 선도기준(at-the-money-forward: ATMF)이 된다고 말한다. 배당이 없다고 가정하면 ATMF 행사가격 K는 $S_t = PV(K) = e^{-r(T-t)}K$을 만족시킨다. 블랙-숄즈 세계에서 ATMF 콜옵션가치는 다음과 같게 됨을 보여라.

$$S_t\left[2N(\hat{d}_1) - 1\right] \tag{14.40}$$

여기서, $\hat{d}_1 = \left[\sigma\sqrt{T-t}\right]/2$이다.

21. 선도기준 등가격 콜옵션가격 (14.40)은 대략 다음과 동일함을 보여라.

$$S_t\frac{1}{\sqrt{2\pi}}\sigma\sqrt{T-t} \tag{14.41}$$

비고 : 식 (14.41)은 ATMF 콜옵션의 가격을 계산하는 간단한 방법을 제공한다. 식 (14.41)에 관한 두 가지 흥미로운 점은 아래와 같다.

(a) 이 식은 3개의 매개변수 (S_t, σ, $T-t$)와 상수 π에만 의존한다. 특히 누적 정규분포 함수 $N(\cdot)$는 아무 관련이 없다.

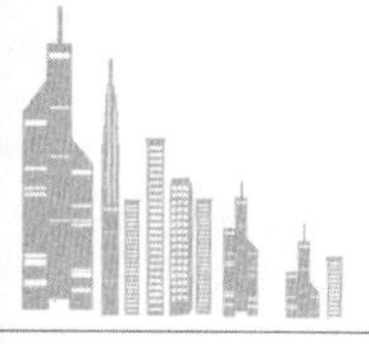

(b) 이것은 선도기준 등가격 콜옵션의 가격이 σ에 거의 선형임을 보여주고 있다. 이러한 특징은 ATMF 옵션의 가격을 얻을 뿐만 아니라 이러한 옵션의 내재변동성의 신속한 추정치를 얻기 위해 위 식이 매우 용이하게 사용될 수 있게 한다. 다음 두 가지 문제는 이러한 점을 예시해 줄 것이다.

22. (14.41)을 사용하여 다음 매개변수에서 선도기준 등가격 콜옵션의 대략적 가격을 산정하여 보라.

    (a) $S=50$ $T-t=1$개월, $\sigma=0.15$.

    (b) $S=70$ $T-t=2$개월, $\sigma=0.25$.

23. 주가가 $S_t=54.77$인 경우, 만기까지 1개월인 선도기준 등가격 콜옵션이 $C=0.946$의 가격으로 거래되고 있다고 가정하자.

    (a) 근사치 (14.41)을 사용하면 콜옵션의 내재변동성은 어느 정도인가?

    (b) 위 가정과 달리 콜옵션이 $C=1.576$에 거래되고 있었을 경우는 어떻게 되겠는가?

24. 현재의 주가 지수는 858이다. 행사가격이 850일이며 만기까지 17일(= 0.047년)인 어떤 콜옵션의 가치는 23.50이다. 3%의 금리를 가정하고 단순화를 위해 지수의 배당 수익률은 제로라고 가정하시오.

    (a) 이 경우 내재변동성은 얼마인가?

    (b) 내재변동성이 28%까지 상승할 경우 콜옵션가치는 어떻게 되는가?

    (c) 다른 모든 매개변수가 동일하다면, 옵션가치는 1주일 후 (즉, 만기까지 10일 또는 0.027년이 남음)에 어떻게 되겠는가?

부록 14A 블랙-숄즈 델타의 추가 특성

14.5절에서는 콜옵션 델타가 충족하는 여러 특성에 대해 설명했다. 이 부록에서는 이러한 속성의 일반적인 직관과 그것이 블랙-숄즈 설정에서도 유효한지에 대해 설명해 보기로 한다.

σ에 대한 옵션델타의 행태

일반적으로 σ가 증가하면 콜의 델타가 어떻게 변화한다고 생각하는가? 콜옵션 델타와 내가격 마감 가능성(11.8절 참조) 사이의 연관성을 활용함으로써 예상되는 행태에 대한 직관을 얻을 수 있다.

이 유사성은 확실한 것은 아니나, 여기서 언급한 것처럼 직관적인 관점에서 매우 유용하다. S_t가 K에 비해 매우 큰 상황을 생각해 보면 콜옵션이 심내가격이다. 변동성이 매우 낮은 경우 콜옵션은 거의 확실하게 내가격으로 만료되기 때문에 델타가 $+1$에 가까워진다. 한편, 높은 변동성에서는 외가격으로 만료될 가능성이 더 높아진다(표준편차로 측정된 내가격의 정도는 지금 더 작아졌다). 따라서 델타는 작아진다.

반대로, S_t가 K에 비해 매우 작다고 가정하면 콜옵션이 심외가격이 될 것이다. 변동성이 낮은 경우 내가격으로 돌아올 가능성은 낮으므로 콜옵션의 델타는 0에 가깝다. 변동성이 높을수록 주가에 필요한 표준편차의 이동 횟수는 줄어들고 옵션 델타가 높아진다.

정리하면, 이러한 논의는 델타의 행태가 콜옵션의 내가격의 심도에 의존하는 것을 보여준다.

- S_t가 K에 대해 큰 경우, σ가 증가함에 따라 델타는 감소할 것이다.
- S_t가 K에 비해 작은 경우, σ가 증가하면 델타는 증가할 것이다.

블랙-숄즈 공식은 이 같은 현상을 보여준다. 콜옵션가격에서 d_1항은 다음과 같이 다시 쓸 수 있다.

$$d_1 = \frac{1}{\sigma\sqrt{T-t}}\left[\ln\left(\frac{S_t}{K}\right) + r(T-t)\right] + \frac{1}{2}\sigma\sqrt{T-t}$$

S_t의 값이 K보다 작은 경우 $\ln(S_t/K)$ 항은 음수이므로 σ의 증가는 필연적으로 d_1을 증가시킨다. $S_t \geq K$의 경우 $\ln(S_t/K)$는 양수 때문에 σ가 증가하면 위의 첫 번째 항은 감소한다. 제2항은 항상 σ 함께 증가한다. S_t가 K에 대해 큰 경우, 처음 효과가 지배적이기 때문에, d_1은 감소한다 이 모든 것은 다음과 같이 σ 대해 d_1을 미분하여 더 공식적으로 입증할 수 있다.

$$-\frac{1}{\sigma^2\sqrt{T-t}}\left[\ln\left(\frac{S_t}{K}\right) + r(T-t)\right] + \frac{1}{2}\sqrt{T-t}$$

S_t가 K보다 충분히 작으면 음수 항 $\ln(S_t/K)$ 는 양의 항 $r(T-t)$을 초과하므로 위의 식 전체가 바로 양수가 된다. 따라서 콜옵션이 충분히 심외가격인 경우, 델타는 변동성이 증가함에 따라 증가한다. 반면에 S_t가 K에 대해 적절하게 큰 경우, 위식의 마지막 항은 양의 값이며, 음수인 앞의 항에 의해 압도되기 때문에 변동성이 증가하면 델타가 감소하게 된다.

$T-t$에 대한 옵션델타의 행태

만기까지 남은 시간에 따른 델타의 직관적인 행태는 변동성에 대한 델타의 행태와 매우 비슷하다. 심내가격 콜옵션에서는 만기까지 기간이 짧다는 것은 내가격으로 거의 확실하게 만료될 수 있는 것을 의미하고 있기 때문에 델타는 +1에 접근한다. 만기까지의 기간이 길어지면 옵션이 외가격으로 만료될 확률이 상승하고 이에 따라 델타가 감소한다. 반대로 콜옵션이 외가격인 경우, 만기까지의 기간이 짧다면 그 옵션이 외가격으로 만료될 것이 거의 확실시되고 이에 따라 델타는 0에 가까워진다. 만기까지의 시간이 늘어나면, 이는 델타를 증가시키고 내가격으로 마감될 전망을 높이게 된다. 따라서 우리는 아래와 같은 결론에 이르게 된다.

- S_t가 K에 대해 큰 경우, $T-t$가 증가함에 따라 델타는 감소할 것이다.
- S_t가 K에 비해 작은 경우, $T-t$가 증가하면 델타가 증가하게 된다.

블랙-숄즈 공식이 이러한 조건을 만족하는지 확인하는 것은 앞에서 살명한 σ에 대한 과정과 유사하다. 여기서 d_1항은 다음과 같이 고쳐 표시할 수 있다.

$$d_1 = \frac{1}{\sigma\sqrt{T-t}}\left[\ln\left(\frac{S_t}{K}\right)\right] + \frac{1}{\sigma}\left[r + \frac{1}{2}\sigma^2\right]\sqrt{T-t}$$

위 식의 제2항은 $T-t$가 증가하면 항상 증가한다. $S_t \geq K$의 경우 제1항은 $T-t$가 증가하면 감소한다. $S_t < K$라면 $\ln(S_t/K)$는 음수이기 때문에 $T-t$가 증가함에 따라 제1항은 증가한다. 공식적으로는 $T-t$에 대해 d_1을 미분하면 우리는 아래 결과를 얻게 된다.

$$-\frac{1}{2\sigma(T-t)^{3/2}}\left[\ln\left(\frac{S_t}{K}\right)\right] + \frac{1}{2\sigma\sqrt{T-t}}\left[r + \frac{1}{2}\sigma^2\right]$$

필연적으로 이 항은 S_t가 K보다 작은 경우는 양수이며, S_t가 K보다 충분히 큰 경우는 음수이다.

r에 대한 옵션델타의 행태

금리 상승은 주식의 위험중립 추세(drift: 평균추세)를 증가시키며 이에 따라 콜옵션이 내가격으로

만료되고, 풋옵션이 외가격으로 만료될 가능성이 높아진다. 따라서 이는 콜옵션 델타의 절대값을 증가시키고 풋옵션 델타의 절대값을 감소시킨다(즉, 델타는 더 작은 음수가 된다). 우리가 다음과 같은 블랙-숄즈 설정에서 이와 같은 효과를 확인하는 것은 어렵지 않다.

$$d_1 = \frac{1}{\sigma\sqrt{T-t}}\left[\ln\left(\frac{S_t}{K}\right) + \left(r + \frac{1}{2}\sigma^2\right)(T-t)\right]$$

여기에서 r이 커지면 d_1은 분명히 증가한다. 이것은 콜옵션 델타 $N(d_1)$이 증가(더 큰 양수가 됨)하는 것을 의미하고 $-N(-d_1)$으로 표시되는 풋옵션 델타도 증가(제로를 향해 접근하므로 더 작은 음수값을 가짐)하게 된다.

부록 14B 분산 및 변동성스왑

분산스왑(variance swap) 및 변동성스왑(volatility swap)은 각각 기초자산 증권의 실현된 분산 및 변동성에 대한 선도계약이다. 1990년대에 장외 시장에서 도입된 이들 상품은 거래 변동성에 대하여 VIX 선물의 대안으로 제시되고 있다. 먼저 분산스왑에 대한 논의부터 시작한다.

분산스왑

분산스왑은 미리 특정된 기간(t, T)에 걸쳐 실현된 변동성의 제곱에 대한 선도계약이다. 이러한 스왑은 기초자산 가격 방향의 움직임과는 별개로 순수 변동성의 거래를 위한 편리한 증권이 된다. 일반 옵션에 대한 포지션을 통해 변동성을 거래할 수 있지만, 이와 같은 변동성 리스크를 기초자산 주식의 방향성 위험을 혼합시키게 되므로 순수한 변동성 거래를 확보하기 위해서는 방향성 위험을 헤지해야 한다.

분산스왑의 손익은 다음과 같이 표시할 수 있다.

$$N\times\left(\sigma_R^2 - K_2\right) \quad \textbf{(14.42)}$$

여기서 N은 계약의 명목금액(notional amount), K_2는 행사가격에 해당하는 분산의 연단위 환산치(annualized variance strike), σ_R^2는 계약기간 동안 실현 분산이 연단위 환산치(annualized realized strike)이다. 마찬가지로 변동성 스왑에 대한 손익은 $N\times(\sigma_R - K_1)$로 주어지고, K_1은 변동성 행상가격이다. 새로운 사실은 우리가 살펴 본대로 분산 스왑은 변동성 스왑보다 이론적으로 확인하기 쉽다는 점이고, 시장에서의 거래량도 증가하고 있다.

Neuberger(1990)와 Demeterfi, Derman, Kamal 및 Zou(1999)는 동일한 기초자산에 대한 선도계약과와 옵션을 사용하여 분산스왑이 어떻게 복제되는지를 보여주고 있다. 요컨대 실현 분산의 기대값은 선도계약과 일반 콜옵션 및 풋옵션의 포트폴리오 가치(모든 위험중립 척도)라고 할 수 있다. 따라서 분산스왑은 사실상 복제/헤지의 논리에 따라 가격이 결정된다. 여기에서는 어떻게 이를 유도하는지 설명해 보기로 한다. 이 도출은 확률미적분(stochastic calculus)을 이용한 연속시간 설정(continuous-time setting)에 근거한다. 확률미적분의 기초는 제15장에 설명되어 있다.

방정식 (14.42)을 참조하면, 분산스왑은 실현분산에 대한 선도계약임을 알 수 있다. 계약 체결시점에 거래 당사자 사이에서 현금이 교환되지 않기 때문에 계약시점에 분산스왑의 적정 가치는 0이어야 한다. 즉, 다음 조건이 충족되어야 한다.

$$E\left[N\times\left(\sigma_R^2-K_2\right)\right]=0 \qquad \textbf{(14.43)}$$

여기에서 기대값은 위험중립확률을 이용하여 얻게 된다. 즉, K_2는 다음과 같이 선택되어야 한다.

$$K_2=E\left(\sigma_R^2\right)=E\left[\frac{1}{\tau}\int_0^{\tau}\sigma_t^{\tau}\,dt\right] \qquad \textbf{(14.44)}$$

분산스왑의 가격결정을 위해서는 K_2를 계산해야 한다.

기하브라운운동이 주가의 움직임을 나타내는 경우 일반화된 블랙-숄즈모형의 환경에서 위험중립설정의 주가확률과정(strike price process)은 다음과 같다.

$$dS_t=rS_t\,dt+\sigma_t S_t\,dz_t \qquad \textbf{(14.45)}$$

여기서, r은 무위험이자율이며, z_t는 표준 브라운운동이다. 이토 보조정리(제15장 참조)를 사용하면 다음 등식을 구할 수 있다.

$$d(\ln S_t)=\left(r-\frac{1}{2}\sigma^2\right)dt+\sigma_t\,dz_t \qquad \textbf{(14.46)}$$

위의 두 등식의 차이를 취하면 다음 결과를 얻게 된다.

$$\frac{dS_t}{S_t}-d\left(\ln S_t\right)=\frac{1}{2}\sigma_t^2\,dt \qquad \textbf{(14.47)}$$

우변 (RHS)이 우리가 원하는 분산이 되도록 다시 정리하면 아래와 같이 표시할 수 있다.

$$E\left(\sigma_R^2\right)=\frac{1}{\tau}\left[\int_0^{\tau}\sigma_t^2\,dt\right]=\frac{2}{\tau}E\left[\int_0^{\tau}\frac{dS_t}{S_t}-\ln\frac{S_\tau}{S_0}\right] \qquad \textbf{(14.48)}$$

방정식 (14.48)의 우측 변을 복제하면 분산을 복제하게 되고 따라서 적정 행사가격 $K_2=E\left(\sigma_R^2\right)$

를 얻을 수 있다. RHS에는 두 항이 있다.

- 첫째 항은 간단하다. 이것은 항상 주식 $\$1/S_t$이 매입포지션이 되도록 주식포지션을 재조정하는데서 비롯되는 동적 포지션의 누적 값이다. 위험중립척도에 따른 그 기대값은 $E\left[\int_0^\tau dS/S\right]=r\tau$가 된다.
- 둘째 항은 그리 단순하지 않다. 이것은 만기일 로그손익을 지불하게 되는 계약의 정적 매도포지션이다. 이 포시션은 가능한 선도계약, 콜옵션 및 풋옵션을 사용하여 복제할 수 있다. 만기시 복제된 손익은 Demeterfi, Derman, Kamal 및 Zou(1999)의 연구결과 다음과 같이 나타난다.

$$-\ln\frac{S_t}{S_0}=-\frac{S_\tau-S_0}{S_0}+\int_0^{S_0}\frac{1}{K^2}\max[0,K-S_t]\,dK+\int_{S_0}^{\infty}\frac{1}{K^2}\max[0,S_t-K]\,dK \qquad \textbf{(14.49)}$$

복제에는 선도가격 S_0의 선도계약과 옵션 행사가격의 제곱에 반비례하는 가중치를 사용한 풋옵션과 콜옵션의 가중 합산치가 포함된다.

방정식 (14.49)에 어떻게 도달하는가? 수학 이론의 자세한 내용은 이 책의 범위를 초과하지만, 간단한 예제를 통하여 로그계약이 복제될 수 있음을 보여줄 수 있다. 식 (14.49)의 결과는 주가변동의 점프가 없는 한 주가에 연관된 어떠한 행태에도 적용할 수 있을 만큼 일반적이다. 이 확률과정이 연속적인 경우 어떠한 행사가격으로도 완벽한 복제가 가능하지만, 점프가 있으면 더 높은 적률(moment)이 도입되기 때문에 완전한 복제에 차질을 입게 되고 가격결정의 오차가 발생하게 된다. 그러나 Carr and Wu(2009)의 연구는 이 오차가 매우 작다는 것을 보여준다.

[그림 14.11]은 식 (14.49)의 좌변(LHS;실선)과 동식의 우변(RHS; 원)을 이용하여 최종 주가의 변화에 따른 손익함수를 $S_0=100$에 S_T를 x축으로 하여 보여주고 있다. 사용된 행사가격 간격 $dK=\$5$로 떨어져 있기 때문에, 방정식의 RHS에 대한 근사치는 다음과 같이 표시할 수 있다.

$$\text{식 (14.49)의 RHS}=-\frac{S_\tau-S_0}{S_0}+\sum_{K=5}^{S_0}\frac{1}{K^2}\max[0,K-S_t]\,dK+\sum_{K=S_0}^{2S_0}\frac{1}{K^2}\max[0,S_t-K]\,dK$$

그림 14.11
만기시 로그계약의 손익

그림의 좌표는 $S_0 = 100$을 기점으로 S_T를 x축으로 하여 등식 (14.49)의 LHS(실선)와 RHS(원)을 사용한 최종주가의 다양한 값에 대한 손익함수를 보여준다. 사용된 행사가격은 $dk = \$5$으로 RHS의 근사치로는 다소 느슨하지만 복제에는 매우 정확도가 높아진다.

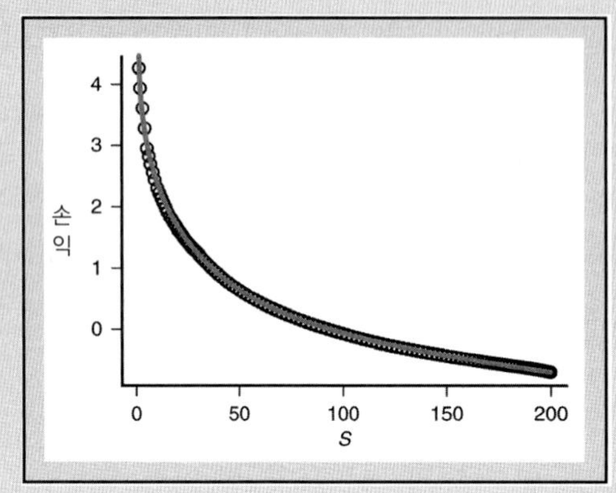

[그림 14.11]에서 두 선이 거의 일치하는 것을 알 수 있다. 행사가격 사이의 간격이 식 (14.49)의 적분에 더욱 접근할 때, 예를 들어 $dK = \$1$이면, 두 개의 선은 더욱 일치한다.

우리는 식 (14.48) 및 (14.49)을 사용하여 만기까지 남은 시간 τ에 대하여 기대 실현분산의 적정 가치를 식으로 표시할 수 있다. 사실, S_0에서 풋옵션과 콜옵션 사이의 분기점을 중심으로 하는 대신 ATMF 수준에 가장 가까운 행사가격 즉, K_0로 표기되는 수준에서 그 중심을 잡는 것이 좋다. 이 경우, 식 (14.48)은 다음과 같이 고쳐 쓸 수 있다.

$$
\begin{aligned}
K_2 &= \frac{2}{\tau} E\left[\int_0^\tau \frac{dS_t}{S_t}\right] - \frac{2}{\tau} E\left[\ln\left(\frac{S_\tau}{S_0}\right)\right] \\
&= \frac{2}{\tau}(r\tau) - \frac{2}{\tau} E\left[\ln\left(\frac{S_\tau}{S_0}\right) + \ln\left(\frac{K_0}{S_0}\right)\right] \\
&= \frac{2}{\tau}\left[r\tau - \ln\left(\frac{K_0}{S_0}\right) - E\left(\frac{S_\tau - K_0}{K_0}\right) + P + C\right] \\
&= \frac{2}{\tau}\left[r\tau - \ln\left(\frac{K_0}{S_0}\right) - \left(\frac{S_0}{K_0} e^{r\tau} - 1\right) + P + C\right]
\end{aligned}
\qquad \textbf{(14.50)}
$$

$$P = e^{rT} \int_0^{K_0} \frac{1}{K^2} P(K)\, dK$$

$$C = e^{rT} \int_{K_0}^{\infty} \frac{1}{K_0} C(K)\, dK$$

여기에서 $C(K)$와 $P(K)$는 행사가격이 K인 콜옵션과 풋옵션이다. 식 (14.49)을 사용하면 위의 두 번째 줄에서 세 번 째 줄로 이동하게 된다. 이 방법은 비록 일반적인 형태의 브라운운동을 사용하

는 한 블랙-숄즈모형을 가정하지 않아도 작동함을 알 수 있다.

우리는 마지막으로, 식 (14.50)의 손익균형 기대분산에 대한 공식과 (14.38)의 VIX 지수공식 사이의 연관성을 살펴 볼 것이다. 식 (14.38)의 제1항은 식 (14.50)에서 $\frac{2}{\tau}(P+C)$에 해당하는 점에 유의하기 바란다. 식 (14.38)의 제2항은 근사치로 식 (14.50)에서 $\frac{2}{\tau}\left[r\tau - \ln\left(\frac{K_0}{S_0}\right) - \left(\frac{S_0}{K_0}e^{r\tau} - 1\right)\right]$와 동일하다. 이를 확인하기 위해 다음을 유의하기 바란다.

$$\begin{aligned}\frac{2}{\tau}\left[r\tau - \ln\left(\frac{K_0}{S_0}\right) - \left(\frac{S_0}{K_0}e^{r\tau} - 1\right)\right] &= \frac{2}{\tau}\left[\ln\left(\frac{S_0 e^{r\tau}}{K_0}\right) - \left(\frac{S_0}{K_0}e^{r\tau} - 1\right)\right] \\ &= \frac{2}{\tau}\left[\ln\left(\frac{F}{K_0}\right) - \left(\frac{F}{K_0} - 1\right)\right] \\ &\approx \frac{1}{\tau}\left[\frac{F}{K_0} - 1\right]^2\end{aligned}$$

위의 관계는 선도가격 F와 근사 선도가격 K_0가 서로 매우 근접할 때 성립한다.

변동성 스왑

변동성 스왑(volatility swap)은 분산스왑의 경우와 같은 로그계약의 연관성은 가지고 있지 않다. 이것은 분산에 대하여서와 같이 선도계약과 콜옵션 및 풋옵션을 사용하여 손익의 실현표준편차에 대한 직접 복제가 가능하지 않기 때문이다. 변동성 스왑에 대한 명목 달러당 손익이$(\sigma_R - K_1)$인 반면, 분산스왑에 대한 그 손익은 $(\sigma_R^2 - K_2)$임을 상기하시오. 후자를 복제하여 K_2의 적정 가치를 정확하게 얻을 수 있기 때문에 변동성 스왑에 대한 손익을 스왑의 손익의 함수로 표현하고 이에 따라 그것을 복제할 수 있다고 가정하고자 하는 유인이 물론 있다. 그러나 이것은 단지 개략적으로만 가능하며, 편향성(bias)을 갖게 된다.

Demeterfi, Derman, Kamal 및 Zou(1999)은 다음 근사치를 제안하고 있다.

$$\sigma_R - K_1 \approx \frac{1}{2K_1}\left(\sigma_R^2 - K_1^2\right) \qquad \textbf{(14.51)}$$

이와 같은 근사치는 $\sigma_R \approx K_1$일 때 잘 작동한다. 하지만 그래도 위의 방정식의 LHS는 σ_R에 대하여 선형인 반면, RHS는 그렇지 않기 때문에 다음과 같은 편향성을 초래한다.

$$\text{Bias} = \frac{1}{2K_1}\left(\sigma_R^2 - K_1^2\right) - \left(\sigma_R - K_1\right) = \frac{1}{2K_1}\left(\sigma_R - K_1\right)^2 \qquad \textbf{(14.52)}$$

이것은 볼록 편향성(convexity bias)이라고 불린다. 따라서 비록 $K_1 = \sqrt{K_2}$라고 가정하더라도 오차가 있는 손익의 복제로 끝맺게 되는 것이다. 변동성스왑과 관련한 이와 같은 복제의 곤란성은

아마 분산스왑이 순수 변동성 거래를 위한 선택의 도구가 되는 결과를 초래하게 된다.

블랙-숄즈모형의 수리적 이해

15.1 개요

본 장에서는 블랙-숄즈모형과 블랙-숄즈 가격공식에 내한 보다 형식상 수리적 분석을 시도해 보고자 한다. 우리는 블랙-숄즈모형의 수리적 체계를 설정하기 위하여 먼저 브라운운동과 이토과정에 대한 해설로 본 장을 시작할 것이다. 그리고 나서 블랙-숄즈 가격공식을 유도하는 세 가지 방법 즉, 복제법(replication), 위험중립가격결정(risk-neutral pricing), 자본자산가격결정모형(capital-asset pricing model; CAPM)의 적용을 소개할 것이다. 블랙-숄즈 가격공식을 유도하는 네 번째 방법은 이항분포모형에서 옵션가격의 극한값을 구하는 것으로 Hsia(1983)에 자세히 설명되어 있다.

15.2 기하브라운 운동의 정의

확률과정(stochastic process)이란 시간(t)에 지수화된 일련의 확률변수(a sequence of random variables; X_t)이다. 이산확률과정(discrete-time stochastic process)에서는, 불연속적인 시점 $t=0$, 1, 2, ... 에서 확률과정의 관찰이 이루어진다. 예를 들면, X_t는 t번째 시도에서 나타난 결과를 표시한다.

한편 연속시간 확률과정(continuous-time stochastic process)의 경우 시간은 연속적 지수가 되어 연속된 모든 순간의 t에서 과정을 관찰하게 된다. 예를 들어, X_t는 시점 t에서의 주식가격이라고 할 수 있으며 이 때 X_t의 경로는 시간의 이동에 따른 주식가격의 확률적 변동의 궤적이 된다.

위너과정

연속시간에서 본질적인 확률과정은 표준브라운운동(standard Brownian motion) 또는 위너과정

(Wiener process)이라고 부른다. 한 위너과정은 W_t로 표시되며 모든 $t \geq 0$의 영역에서 정의되는 확률과정으로 다음과 같은 네 가지 속성을 충족시킨다.

1. 이 과정은 0에서 시작되고 이 때 $W_0 = 0$이다.
2. 이 과정에서 기간별 변동은 확률적으로 독립이다. 두 시점 s와 $t > s$에서 과정의 값의 변화 $W_t - W_s$는 이 과정이 어떻게 시점 s의 값에 도달했는가 하는 점과는 아무런 관련이 없다.
3. 이 때의 변동값은 정규분포를 이루고 있다. 즉, s 시점에서의 값 W_s가 주어지면, 두 시점간의 값의 변화 $W_t - W_s$는 평균이 0이고 분산이 $t - s$인 정규분포를 따른다.
4. 이 과정은 연속적으로 진행된다. 즉, W_t는 t의 연속함수이다.

만일 위의 조건 3에서 $s = 0$이라고 가정한다면, $W_0 = 0$이므로, $W_t - W_0$의 값은 W_t와 정확히 동일하게 된다. 따라서 조건 3은 모든 t에서 정규분포 $W_t \sim N(0, t)$가 성립함을 말해 준다.

미분 표기법에 따라 dW_t는 시점 t에서 확률과정 W_t의 순간적인 변화를 간략히 표기하기 위하여 사용된다. 간단히 말하면 우리는 dW_t를 매우 작은 값의 dt에서 t 시점과 $t + dt$ 시점 사이에 일어나는 확률과정 값의 변화로 이해한다. 즉, 조건 3은 $dW_t \sim N(0, dt)$가 성립함을 내포하고 있다.

추세와 변동성

앞에서 $W_t - W_s$는 평균이 0이므로, 위너과정에는 어떠한 "추세(drift)"가 존재하지 않는다. 다시 말하면, 이 과정에서 변동값의 평균은 0이 된다. 우리는 위너과정을 따르며 0의 값이 아닌 추세의 확률과정을 어렵지 않게 구성할 수 있다. 한 예로 어떤 상수 a가 주어졌을 때, 다음과 같이 확률변수를 정의하자.

$$Y_t = at + W_t \tag{15.1}$$

이 때, W_t의 속성을 활용한 간단한 계산을 통하여 아래 관계가 성립함을 보일 수 있다.

$$Y_t \sim N(at, t)$$

따라서 확률과정 Y_t는 단위시간당 a의 비율로 증가한다. 우리는 또한 단위시간당 과정 Y_t의 분산(variance)도 변경시킬 수 있다. 예를 들어, 어떤 $b > 0$에서 다음과 같은 과정을 정의해 보자.

$$Y_t = at + bW_t \tag{15.2}$$

이 때 이 확률과정의 분포는 다음과 같이 표시할 수 있다.

$$Y_t \sim N(at, b^2 t)$$

따라서 확률과정 Y_t는 단위시간당 b^2의 분산을 갖는다.

우리는 또한 (15.2)의 확률과정 Y_t를 미분형태로 표시할 수 있다. 여기에서는 dY_t를 매우 작은 값의 dt에서 t 시점과 $t+dt$ 시점 사이에서 일어나는 이 과정의 변화로 해석해 보면, 다음과 같은 추론이 가능하다.

$$\begin{aligned} dY_t &= Y_{t+dt} - Y_t \\ &= \left[a(t+dt) + bW_{t+dt}\right] - \left[at + bW_t\right] \\ &= \left[a(t+dt) - at\right] + \left[bW_{t+dt} - bW_t\right] \\ &= a\,dt + b\,dW_t \end{aligned}$$

위 식의 마지막 행은 확률과정 Y_t의 확률미분방정식(stochastic differential equation)이라고 부른다.

$$dY_t = a\,dt + b\,dW_t \tag{15.3}$$

이를 말로써 표현하면, t시점과 $t+dt$시점 사이에서 일어나는 이 과정의 변화는 이 과정의 평균 증가율을 설명하는 변화(adt로 표시)와 확률적 변동(bdW_t로 표시)을 나타내는 두 부분으로 구성되어 있다. 첫째 항 a는 Y_t과정의 "추세(drift)항"이라고 부르는 반면 둘째 항의 b에 대하여는 동일하게 사용ehl는 명칭은 없다. 다만 일반적으로 "확산(diffusion)" 부분이라고 부른다. [변동성(volatility)항이라고도 함: 역자주].

이토과정과 이토 보조정리

등식 (15.3)의 확률과정 Y_t는 이토과정의 특수한 형태이다. 이토과정은 위너과정의 함수로서, 보다 일반적으로 시간의 흐름에 따라 추세항과 확산부분(변동성항: 역자주)이 변하게 되며, 이는 다음과 같이 표시할 수 있다.

$$dY_t = a_t\,dt + b_t\,dW_t \tag{15.4}$$

이 식은 t 시점에서 추세항 a_t와 확산부분 b_t는 t의 값 뿐만 아니라 그 시점에 이르기까지 과거 Y_t값의 변이에 의존함을 보여 준다. 확률과정 Y_t가 적절하게 정의되었는지 확인하기 위해서는 (15.4)의 두 항이 몇 가지 기술적인 조건을 충족하여야 하나, 이것은 매우 일반적인 사안이므로 여기에서는 더 이상 거론할 필요가 없다고 본다.

연속시간 확률과정의 핵심적인 결과는 이토 보조정리(Ito's lemma)라고 할 수 있다. 간략히 말하면, 이토 보조정리는 이토과정의 어떠한 함수도 그 자체로 이토과정이 된다는 것이다. 이 정리는 주어진 이토과정에 대한 미분방정식이 어떻게 그 과정의 함수에 대한 미분식으로 표시할 수 있는가 하는 점을 설명해 준다.

명제 15.1 (이토 보조정리)

Y_t는 (15.4)의 미분형태을 따르는 이토과정이라고 하자.

$X_t = f(Y_t, t)$라고 가정하고 이 때 f는 그 첫째 변수에 대하여는 2차 연속미분이 가능하고 둘째 변수에 대하여는 1차 연속미분이 가능한 경우, X_t는 그 자체로서 다음과 같은 확률미분방정식을 갖는 이토과정이 된다.

$$dX_t = \alpha_t dt + \beta_t dW_t \tag{15.5}$$

단, α_t 그리고 β_t은 아래 식에 따라 주어진다.

$$\alpha_t = a_t \frac{\partial f}{\partial y} + \frac{\partial f}{\partial t} + \frac{1}{2}\frac{\partial^2 f}{\partial y^2} b_t^2 \tag{15.6}$$

$$\beta_t = \frac{\partial f}{\partial y} b_t \tag{15.7}$$

주의

표준 표기법에서 $\partial f / \partial y$ 등과 같은 표기는 f의 편미분을 의미한다. 위의 기술이 함축하고 있는 바와 같이 이 같은 미분은 (Y_t, t)점에서 평가된 것이나 표현의 간료화를 위하여 괄호안의 변수에 대한 명기를 생략하기로 한다.

이토 보조정리의 경험적(Heuristic) 해결방법

이토 보조정리의 공식적인 증명은 이 책의 범위를 벗어나는 반면, 그 결과 자체는 다음과 같이 유도해 볼 수 있다. 일반 미적분학에서 우리는 함수 $x = f(y, t)$를 상정할 수 있다. 만일 y와 t가 매우 적은 양의 dy와 dt만큼 각각 변한다고 하면, 테일러 급수의 확장(Taylor series expansion)을 응용하여 x의 변화를 다음과 같이 표시할 수 있다.

$$dx = \frac{\partial f}{\partial y} dy + \frac{\partial f}{\partial t} dt + \frac{1}{2}\frac{\partial^2 f}{\partial y^2}(dy)^2 + \frac{\partial^2 f}{\partial y \partial t} dy\,dt + \frac{1}{2}\frac{\partial^2 f}{\partial t^2}(dt)^2 + \cdots \tag{15.8}$$

여기서 매우 적은 양의 dy와 dt에 대하여 $(dy)^2$, $dy\,dt$ 등과 같은 형태의 항은 dy 및 dt와 같은 1차 항에 비하여 그 값이 매우 작다. 따라서 이를 무시하고 (15.8)은 다음과 같이 1차 근사치로 표시할 수 있다.

$$dx = \frac{\partial f}{\partial y} dy + \frac{\partial f}{\partial t} dt \tag{15.9}$$

그러나 y는 이토과정 Y_t를 대표하는 것이고, 이 경우 $dY_t = a_t dt + b_t dW_t$의 조건을 충족해야 하므로 다음과 같은 관계가 성립하게 된다.

$$(dY_t)^2 = a_t^2(dt)^2 + 2a_t b_t\, dt\, dW_t + b_t^2(dW_t)^2 \qquad \textbf{(15.10)}$$

(15.10)의 우변에 있는 첫째 및 둘째 항은 이차항인 관계로 앞에서와 같이 무시할 수 있다고 하겠으나, $(dW_t)^2$ 항에는 이와 같은 논리를 적용할 수 없다. 먼저 $dW_t \sim N(0, dt)$를 상기해 보면, dW_t의 분산이 dt가 된다. dW_t의 분산은 $(dW_t)^2$의 기대값과 같으므로 이 사실은 $(dW_t)^2$가 근본적으로 dt와 같은 차수라는 것을 뜻한다. 즉 1차 항이라는 것이다! 그러므로 이 항은 무시할 수 없는 바, (15.9)는 다음과 같이 수정되어야 한다.

$$dx = \frac{\partial f}{\partial y}dy + \frac{\partial f}{\partial t}dt + \frac{1}{2}\frac{\partial^2 f}{\partial y^2}b_t^2 dt \qquad \textbf{(15.11)}$$

(15.4)로부터 dy를 치환하면, 이 식은 정확히 이토 보조정리가 말하는 바와 같게 된다.

예제 15.1

만일 $a_t = 0$와 $b_t = b$가 주어졌고 $b > 0$는 상수라고 하면, 이토과정 Y_t는 단순히 bW_t이다. 따라서 미분방정식은 다음과 같이 표시된다.

$$dY_t = b\, dW_t$$

이 때 다음과 같은 확률과정 X_t를 생각해 보자.

$$X_t = Y_t^2$$

여기에서 함수 f는 $f(y, t) = y^2$이며, 편미분값은 다음과 같다.

$$\frac{\partial f}{\partial y} = 2y, \qquad \frac{\partial^2 f}{\partial y^2} = 2, \qquad \frac{\partial f}{\partial t} = 0$$

그러므로, (15.6)~(15.7)로부터 다음과 같은 결과를 얻는다.

$$\alpha_t = \frac{1}{2}2b^2 = b^2$$

$$\beta_t = 2b\, Y_t = 2b\sqrt{X_t}$$

따라서 X_t는 아래와 같은 미분방정식을 갖는 이토과정이라고 할 수 있다.

$$dX_t = b^2 dt + 2b\sqrt{X_t}\, dW_t$$

■

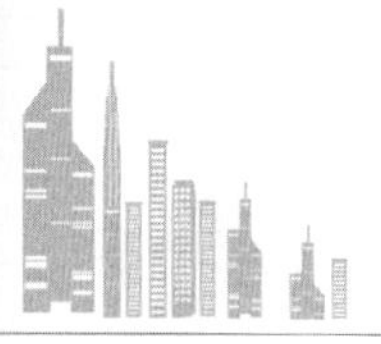

기하 브라운 운동

μ과 $\sigma > 0$이 주어져 있으며 어떤 주가의 초기 수준을 S_0라고 표기하자. 이 때 다음과 같이 표시되는 확률과정 S_t로써 주가의 변동을 정의해 보도록 하자.

$$S_t = S_0 e^{\mu t + \sigma W_t} \tag{15.12}$$

(15.12)의 과정은 기하브라운운동(Geometric Brownian Motion: GBM)으로 불리며 블랙-숄즈모형에서 가정하고 있는 주가변동의 확률과정이다. 본서에서 지적한 바와 같이, GBM은 다음 두 가지 특성을 가지고 있다. (i) 그 수익률은 대수정규분포(lognormal distribution)를 따르며, (ii) 이 운동은 연속적인 가격변동(점프가 없음)을 내포하고 있다.

이 중 두 번째 특성은 W_t가 연속변수(위너과정의 정의 중 넷째 조건에 해당)이어야 한다는 조건에서 비롯된 것이다. 대수정규분포성이 함축하는 바를 확인하기 위하여 다음 관계를 주의하여 보자.

$$\frac{S_t}{S_0} = e^{\mu t + \sigma W_t}$$

따라서,

$$\ln\left(\frac{S_t}{S_0}\right) = \mu t + \sigma W_t$$

이것은 정확히 다음 관계가 성립함을 의미한다.

$$\ln\left(\frac{S_t}{S_0}\right) \sim N(\mu t,\, \sigma^2 t)$$

따라서, 수익률은 연간 기대 대수수익률(annual expected log-returns) μ와 변동성(volatility) σ를 갖는 대수정규분포를 보인다.

그러면 S_t의 확률미분방정식은 어떻게 되나? 우선 $Y_t = \mu t + \sigma W_t$라고 관계를 설정하면 Y_t는 다음과 같은 미분방정식을 갖는다.

$$dY_t = \mu dt + \sigma dW_t$$

여기서 Y_t값이 결정되면 이에 따라 주가는 다음과 같이 정의할 수 있다.

$$S_t = S_0 e^{Y_t}$$

이토 보조정리의 기호에 따라 표기하면 $f(y, t) = S_0 e^y$의 관계를 얻게 되고 이 식의 편미분은 다음과 같이 표시된다.

$$\frac{\partial f}{\partial y} = S_0 e^y, \qquad \frac{\partial^2 f}{\partial y^2} = S_0 e^y, \qquad \frac{\partial f}{\partial t} = 0$$

그러므로 (15.6)과 (15.7)로부터 다음과 같은 식을 유도하게 된다.

$$\alpha_t = \mu S_0 e^{Y_t} + \frac{1}{2}\sigma^2 S_0 e^{Y_t} = \left(\mu + \frac{1}{2}\sigma^2\right) S_t$$

$$\beta_t = \sigma S_0 e^{Y_t} = \sigma S_t$$

따라서 기하브라운운동의 확률미분방정식은 다음과 같이 표시할 수 있다.

$$d S_t = \left(\mu + \frac{1}{2}\sigma^2\right) S_t dt + \sigma S_t d W_t \tag{15.13}$$

이어서 $\alpha = \mu + \frac{1}{2}\sigma^2$라고 α를 정의하면, 위의 확률미분방정식은 경우에 따라 다음과 같은 "비례변화(proportional-change)"형태로 표시되기도 한다.

$$\frac{d S_t}{S_t} = \alpha dt + \sigma d W_t \tag{15.14}$$

이 식의 좌측 변은 주식의 순간 수익률(instantaneous returns)을 나타내며, 우측 변은 추세(drift) α와 분산 σ^2로 구성된 수익률을 표시하고 있다.

15.3 블랙-숄즈 가격공식과 복제법

본 절에서는 복제법(replication)을 사용하여 블랙-숄즈 가격공식(Black-Sholes formula)을 유도하고자 한다. 여기에서는 콜옵션에 초점을 두고 논의가 이루어지겠으나 풋옵션의 경우에도 유사한 논리에 따라 그 가격을 구할 수 있다.

증권 가격

만일 주식가격 S_t가 15.2절에서 설명한 기하브라운운동을 따라 변하는 경우, 다음과 같은 확률미분방정식으로 표시할 수 있다.

$$d S_t = \alpha S_t dt + \sigma S_t d W_t \tag{15.15}$$

여기서 r을 연속복리이자율(continuously compounded interest rate)이라고 할 때, r은 상수이므로 초

기투자 \$1는 t 시점까지 $B_t = e^{rt}$로 증가하게 된다. 이것은 "단기자금시장 금융계좌(money-market account: MMA)"의 잔고증가율과 같은 것으로 아래와 같이 표시된다.

$$\frac{dB_t}{dt} = re^{rt} = rB_t$$

따라서 이 식은 다음과 같은 미분방정식(이 경우는 일반 미분방정식임) 형태로 나타낼 수 있다.

$$dB_t = rB_t\,dt \qquad \textbf{(15.16)}$$

콜옵션

어떤 콜옵션의 만기가 T이고 행사가격이 K라고 하고, 이 경우 $C(S_t, t)$는 주식가격이 S_t인 t 시점에서 콜옵션의 가치를 표시한다고 하자. 표기의 단순화를 고려하여, 여기서는 C_S, C_t, C_{SS}를 각각 S와 t에 대한 편미분 값과 S에 대한 2차 편미분 값을 나타내는 것으로 사용한다. 콜옵션가격은 이와 같은 방법으로 미분 가능하다고 가정하며, 이에 대한 정당성은 방정식의 해에서 확인될 것이다.

공식 유도절차

연속적 시간과정에서는 우리가 12.3절의 이항분포모형(binomial model)에서 채택하였던 역행 귀납법(backwards induction; 후방귀납법)을 사용할 수 없다. 그 대신 간접적 기법들을 활용하여 적합한 복제포트폴리오와 옵션가격을 구하여야 한다. 따라서 이하 그 방법과 절차에 대하여 설명하도록 하겠다.

먼저 우리는 해당 콜옵션에 대하여 복제포트폴리오(replicating portfolio)가 존재한다고 가정하고 그것을 (Δ_τ, b_τ)로 표기하는 바, 여기서 Δ_τ과 b_τ는 각각 T 시점에서 보유하고 있는 주식과 채권의 단위(물론 이 값은 T 시점에서의 모든 가용정보에 의존한다고 볼 수 있음)를 의미한다. 그러면 복제포트폴리오와 연관된 콜옵션가격함수 C에 대한 이토 보조정리를 활용하여 콜옵션가격이 어떤 조건을 충족해야 함을 보이게 된다. 이 조건이 바로 잘 알려진 블랙-숄즈모형의 기본 편미분 방정식(fundamental partial differential equation)으로 함수 C의 편미분에 대한 제약조건을 명시해준다. 이 편미분방정식의 풀이는 Δ_τ과 b_τ의 값 뿐만 아니라 동시에 콜옵션가격 함수 C(물론 이것은 블랙-숄즈 콜가격 공식으로 판명됨)를 구할 수 있게 한다.

여기서 한 가지 참고할 점이 있다. 12.3절에서 있었던 동적 복제(dynamic replication)의 설명에 따르면 어떤 옵션의 복제전략은 자금의 자체조달(self-financing)을 요구한다는 사실을 알 수 있다. 즉, 포트폴리오의 구성에 있어 모든 변화는 포트폴리오의 여타 다른 부분의 매도 또는 매입을 통하여

이루어져야 한다는 것이다. 과도한 기술적 세부분석을 피할 목적으로 여기에서는 자체 자금조달에 대한 논의는 거론하지 않겠으나, 우리가 구한 복제전략은 이러한 조건을 충족함을 충분히 보여 줄 수 있다는 점을 유의하기 바란다.

기본 편미분방정식의 도출

주가의 확률과정 S_t에 대한 미분방정식 (15.15)가 주어지면 이토 보조정리는 다음 관계를 함축한다고 볼 수 있다.

$$dC = \left[\alpha S_t C_S + C_t + \frac{1}{2} C_{SS}\, \sigma^2 S_t^2\right] dt + \sigma S_t C_S \, dW_t \tag{15.17}$$

반면에 각 시점에서 콜옵션의 가치는 정의에 따라 복제포트폴리오의 가치와 동일하므로 아래 조건을 만족시켜야 한다.

$$C(S_t, t) = \Delta_t S_t + b_t \tag{15.18}$$

여기서 $db_t = rb_t dt$의 관계를 이용하면 위의 식 (15.18)은 다음과 같은 미분방정식으로 나타낼 수 있다.

$$dC = \Delta_t dS_t + db_t = [\Delta_t \alpha S_t + r b_t] dt + \Delta_t \sigma S_t dW_t \tag{15.19}$$

(15.17)와 (15.19)를 비교해 보면, 두 식 모두 콜옵션가격의 변화를 나타내므로 양자가 동일해야 한다. 그러므로 dt 항과 dW_t 항의 계수는 두 식에서 일치해야 한다. 따라서 dW_t 항의 계수를 일치시키면 다음과 관계가 성립하게 된다.

$$\sigma S_t C_S = \Delta_t \sigma S_t \Longleftrightarrow C_S = \Delta_t \tag{15.20}$$

또한 dt 항의 계수를 일치시면 아래 결과를 얻게 된다.

$$\sigma S_t C_S + C_t + \frac{1}{2} C_{SS}\, \sigma^2 S_t^2 = \Delta_t \alpha S_t + r b_t \tag{15.21}$$

한편 (15.20)에서 $\Delta_t = C_S$가 성립하므로 양변의 첫째 항은 서로 상쇄되어 다음과 같은 결과를 낳는다.

$$b_t = \frac{1}{r}\left[C_t + \frac{1}{2} C_{SS}\, \sigma^2 S_t^2\right] \tag{15.22}$$

방정식 (15.20)와 (15.22)로부터 Δ_t와 b_t의 식을 C와 그 편미분으로 표시할 수 있고, 이 식을 (15.18)에 대입하여 아래 식을 구하게 된다.

$$C = C_S S_t + \frac{1}{r}\left[C_t + \frac{1}{2}C_{SS}\,\sigma^2 S_t^2\right] \qquad \textbf{(15.23)}$$

이에 다시 r로 곱하고 배열을 다시 하면 마침내 다음 결론에 이르게 된다.

$$rC_S S_t + C_t + \frac{1}{2}C_{SS}\,\sigma^2 S_t^2 - rC = 0 \qquad \textbf{(15.24)}$$

방정식 (15.24)는 본 모형의 기본편미분방정식(fundamental partial differential equation)이라고 불리우는 것으로, 콜옵션가격함수 $C(S_t, t)$는 어떠한 $S_t \geq 0$와 $t < T$에서도 이를 만족시켜야 한다.

여기서 한 가지 주목해야 할 점이 있다. 지금까지 우리는 해당 옵션이 콜옵션이라는 사실을 활용하지 않았다. 따라서 어떤 유럽형 옵션(실제로 선도계약과 행사되지 않은 미국식 옵션을 포함한 어떤 파생상품)도 블랙-숄즈모형에 있어서 위에서 든 기본 편미분방정식을 만족시켜야 한다. 이 점은 콜옵션의 특징이 드러나는 곳은 경계조건에 있게 된다는 의미이다. 따라서, T 시점에서 콜옵션은 어떠한 $S_t \geq 0$에서도 다음 관계를 만족시켜야 한다.

$$C(S_T, T) = \max(S_T - K, 0) \qquad S_T \geq 0 \qquad \textbf{(15.25)}$$

이에 따라 우리는 이제 콜옵션가격 $C(S_t, t)$는 경계조건 (15.25) 안에서 편미분방정식 (15.24)의 해가 되어야 한다는 마지막 조건에 도달하게 된다.

블랙-숄즈 공식의 해

편미분방정식의 해를 구하기 위해서는 수학적으로 표준적인 기법이 있으나, 블랙-숄즈 공식 (14.1)에서와 같이 $C(S_t, t)$ 함수를 정의하여 아래와 같이 표시하면 직접적인 계산을 통하여 검증할 수도 있다.

$$C(S_T, T) = S_t N(d_1) - PV(K)N(d_2) \qquad \textbf{(15.26)}$$

이 때 d_1와 d_2는 (14.3)과 (14.4)에 따라 정의하면, (15.24)~(15.25)의 조건들이 충족됨을 직접적인 계산을 통하여 검증할 수 있다 특히, 연관된 미분의 결과는 다음과 같게 된다.

$$C_S(S_t, t) = N(d_1) \qquad \textbf{(15.27)}$$

$$C_{SS}(S_t, t) = \frac{1}{\sigma S_t \sqrt{T-t}} N'(d_1) \qquad \textbf{(15.28)}$$

$$C_t(S_t, t) = S_t N'(d_1)\left[\frac{-\sigma}{2\sqrt{T-t}}\right] - re^{-r(T-t)}KN(d_2) \qquad \textbf{(15.29)}$$

위의 식 (15.27)~(15.29)의 증명과 관련하여서는 이 책의 17장의 부록 17A을 참조바란다. (15.26)~(15.29)식을 (15.24)에 대입하면 그 편미분방정식이 성립함을 보여 줄 수 있다.

복제포트폴리오

(15.27)~(15.29)로부터 (15.20)과 (15.22)에 있는 Δ_t와 b_t의 식에 대입을 하면 다음과 같은 Δ_t와 b_t의 해를 구할 수 있다.

$$\Delta_t = N(d_1) \tag{15.30}$$

$$b_t = -PV(K)N(d_2) \tag{15.31}$$

한편 모든 값의 t에서 $\Delta_t S_t + b_t = C(S_t, t)$가 성립함을 고려하면, (15.30)~(15.31)는 실제적으로 복제포트폴리오의 구성을 의미함을 알 수 있다.

배당수익률에 가격공식의 확대적용

만일 주식에 대한 배당이 배당수익률 δ로 연속적으로 이루어진다면, 위에 든 세부적 절차는 다소 수정이 되어야 한다. 배당을 지급한다는 사실은 주가가 δ의 비율만큼 천천히 성장한다는 것을 뜻하며, 이에 따라 (15.15)식은 다음과 같이 수정할 수 있다.

$$dS_t = (\alpha - \delta)S_t dt + \sigma S_t dW_t$$

이것은 두 가지 결과를 초래하는 바, 그 첫째는 (15.17) 식이 아래와 같이 수정되어야 한다는 것이다.

$$dC = \left[(\alpha - \delta)S_t + C_t + \frac{1}{2}\sigma^2 S_t^2\right]dt + C_S \sigma S_t dW_t$$

둘째로는, (15.18)을 미분방정식 형태로 나타내기 위해서는 복제포트폴리오의 보유주식에서 받게 되는 배당을 고려해야 한다는 것이다. 따라서 (15.19)는 아래와 같이 표시된다.

$$dC = \Delta_t dS_t + \Delta_t q S_t dt + db_t$$

이식에서 공통항을 상쇄시킨 후 얻게 되는 다음 식을 확장시키면 다음을 얻는다.

$$dC = (\Delta_t \alpha S_t + r b_t)dt + \Delta_t \sigma S_t dW_t$$

정확히 동일한 방법의 절차를 따르나 계산과정에서 다소 수정을 가하면 마침내 아래와 같은 편미분방정식을 도출하게 된다.

$$(r - \delta)C_S S_t + C_t + \frac{1}{2}C_{SS}\sigma^2 S_t^2 - rC = 0$$

이 방정식의 해를 경계조건 (15.25)에서 구하면, 14장에서 설명한 바 있는 연속배당률이 포함된 블랙-숄즈 가격공식을 얻을 수 있다. 특히 그 곳에서 언급한 d_1^*과 d_2^*의 콜옵션에 대한 복제포트폴리오는 아래와 같다.

$$\Delta_t = e^{-\delta(T-t)}N(d_1^*), \qquad b_t = -PV(K)N(d_2^*)$$

이에 상응하는 풋옵션의 복제폴리오는 다음과 같다.

$$\Delta_t = -e^{-\delta(T-t)}N(-d_1^*), \qquad b_t = PV(K)N(-d_2^*)$$

15.4 블랙-숄즈 가격공식과 위험중립 가격결정

이전 장 14.2절에서는 위험중립가격결정법(risk-neutral pricing method)에 따라 콜옵션가격이 아래와 같이 주어짐을 살펴보았다.

$$C = e^{-r(T-t)}E_t\left[S_T \times I_{\{S_T \geq K\}}\right] - PV(K)\ \mathrm{Prob}_t(S_T \geq K) \qquad \mathbf{(15.32)}$$

이 때 $I_{S_T \geq K}$는 $S_T \geq K$일 경우는 1의 값을 갖고 그렇지 않은 경우는 값이 0인 지시함수(indicator function)이며, 기대치는 위험중립 확률에 따라 값을 구하게 된다. 여기에서 더 발전시키기 위해서는 명시적으로 S_T의 위험중립확률 분포를 찾아야 하며 이는 다음과 같이 주어진다.

$$\ln\left(\frac{S_T}{S_t}\right) \sim N\left(\left(r - \frac{1}{2}\sigma^2\right)(T-t),\ \sigma^2(T-t)\right) \qquad \mathbf{(15.33)}$$

따라서 (15.33)의 분포에서 기대수익률은 다음과 같이 표시할 수 있다.

$$E\left[\frac{S_T}{S_t}\right] = e^{\left(r - \frac{1}{2}\sigma^2\right)(T-t) + \frac{1}{2}\sigma^2(T-t)} = e^{r(T-t)} \qquad \mathbf{(15.34)}$$

대수정규(lognormal)분포의 기대값에 관하여는 (13.6)식을 참조하기 바란다. 여기서 한 가지 더 유의해야 할 점은 위험중립분포로부터 실제 분포로 전환은 단지 평균수익률에만 영향을 미치게 되며, 변동성 σ에는 아무런 영향이 없다는 것이다. 공식적인 위험중립분포의 도출은 Duffie(1996)를 참조하기 바라고 Sundaram(1997)에도 간편 유도절차가 소개되어 있다.

위에서 살펴 본 (15.33)에서 $\ln S_T$는 다음과 같은 평균과

$$\ln S_t + \left(r - \frac{1}{2}\sigma^2\right)(T-t)$$

분산 $\sigma^2(T-t)$를 갖는다. 매우 긴 유도과정을 단순화시키기 위하여 다음과 같은 새로운 변수를

정의해 보자.

$$\tau = T - t \tag{15.35}$$

$$\eta = \ln S_t + \left(r - \frac{1}{2}\sigma^2\right)(T - t) \tag{15.36}$$

이와 같은 표기방법으로, $\ln S_T$는 평균 η와 분산 $\sigma^2\tau$를 갖는 정규분포를 따르게 된다. 따라서 S_T에 대한 밀도함수(density function)은 아래와 같이 표시할 수 있다.

$$\frac{1}{S_T \sigma\sqrt{\tau}} \frac{1}{\sqrt{2\pi}} \exp\left\{-\frac{1}{2}\left(\frac{\ln S_T - \eta}{\sigma\sqrt{\tau}}\right)^2\right\}$$

첫째 항

먼저 (15.32)에 표시된 콜옵션가격함수의 첫째 항 $e^{-r(T-t)}E_t\left[S_T \times I_{\{S_T \geq K\}}\right]$를 살펴보도록 하자. 여기에서는 이 항이 $S_t N(d_1)$가 됨을 보여 줄 것이다. 이 유도과정에서 복잡한 첨자가 포함된 부호표기를 피하기 위하여 지수함수 e를 "exp"로 표시하기로 하고 첫째 항의 기대값을 완전한 형태의 수식으로 정리하면 다음과 같다.

$$\int_K^{\infty} \exp\{-r\tau\} S_T \frac{1}{S_T \sigma\sqrt{\tau}} \frac{1}{\sqrt{2\pi}} \exp\left\{-\frac{1}{2}\left(\frac{\ln S_T - \eta}{\sigma\sqrt{\tau}}\right)^2\right\} dS_T \tag{15.37}$$

위의 적분의 처음 두 S_T항은 서로 상쇄된다, 이 식을 더욱 단순화시키기 위해 변수의 변환을 시도해 보도록 하고, 새로운 변수를 다음과 같이 정의한다.

$$z = \frac{\ln S_T - \eta}{\sigma\sqrt{\tau}} \tag{15.38}$$

그러면, $S_T = \exp\{\eta + z\sigma\sqrt{\tau}\}$가 됨을 주목하고 이에 따라 다음과 같은 결과를 얻게 된다.

$$dS_T = \exp\{\eta + z\sigma\sqrt{\tau}\}\sigma\sqrt{\tau}\,dz \tag{15.39}$$

끝으로, $S_T \geq K$는 또한 $\ln S_T \geq \ln K$를 의미하므로 아래 관계가 성립한다.

$$z \geq \frac{\ln K - \eta}{\sigma\sqrt{\tau}} \tag{15.40}$$

여기서 (15.40)의 우변을 a라고 표기하기로 하자. (15.38)~(15.40)의 결과를 적분 (15.37)에 사용하고 공통항을 상쇄시키면 다음과 같이 표시하게 된다.

$$\int_a^{\infty} \exp\{-r\tau\} \frac{1}{\sqrt{2\pi}} \exp\{\eta + z\sigma\sqrt{\tau}\} \exp\left\{-\frac{1}{2}z^2\right\} dz \qquad \textbf{(15.41)}$$

이제 위의 적분의 처음 두 지수 항을 살펴보도록 하자. η에 대하여 대입시키면 다음과 같이 식을 유도할 수 있다.

$$\begin{aligned} \exp\{-r\tau\}\exp\{\eta + z\sigma\sqrt{\tau}\} &= \exp\left\{-r\tau + \ln S_t + r\tau - \frac{1}{2}\sigma^2\tau + z\sigma\sqrt{\tau}\right\} \\ &= \exp\left\{\ln S_t - \frac{1}{2}\sigma^2\tau + z\sigma\sqrt{\tau}\right\} \\ &= S_t \exp\left\{-\frac{1}{2}\sigma^2\tau + z\sigma\sqrt{\tau}\right\} \end{aligned}$$

이를 (15.41)에 대입시키면,

$$S_t \int_a^{\infty} \frac{1}{\sqrt{2\pi}} \exp\left\{-\frac{1}{2}\sigma^2\tau + z\sigma\sqrt{\tau} - \frac{1}{2}z^2\right\} dz \qquad \textbf{(15.42)}$$

가 되고 이는 다음과 같이 고쳐 표현할 수 있다.

$$S_t \int_a^{\infty} \frac{1}{\sqrt{2\pi}} \exp\left\{-\frac{1}{2}(z - \sigma\sqrt{\tau})^2\right\} dz \qquad \textbf{(15.43)}$$

이제 마지막으로 변수의 치환을 시도하여 $y = z - \sigma\sqrt{\tau}$로 새 변수를 정의하면 $dy = dz$가 되고 다음의 관계가 성립한다.

$$z \geq a \quad \Longleftrightarrow \quad y \geq a - \sigma\sqrt{\tau}$$

이에 따라 아래 결과를 도출하게 된다.

$$\begin{aligned} a - \sigma\sqrt{\tau} &= \frac{1}{\sigma\sqrt{\tau}}[\ln K - \eta - \sigma^2\tau] \\ &= \frac{1}{\sigma\sqrt{\tau}}\left[\ln K - \ln S_t - r\tau + \frac{1}{2}\sigma^2\tau - \sigma^2\tau\right] \\ &= \frac{1}{\sigma\sqrt{\tau}}\left[\ln K - \ln S_t - r\tau - \frac{1}{2}\sigma^2\tau\right] \\ &= -d_1 \end{aligned}$$

여기에서 d_1은 정확히 블랙-숄즈 공식에서 사용한 (14.3)의 값이다. 그러므로 적분 (15.43)은 다음과 같이 고쳐 표기할 수 있다.

$$S_t \int_{-d_1}^{\infty} \frac{1}{\sqrt{2\pi}} \exp\left\{-\frac{1}{2}y^2\right\} dy \tag{15.44}$$

이 적분은 바로 표준정규밀도함수의 $-d_1$부터 $+\infty$사이 구간에 대한 적분인 것이다. 따라서 이 값은 $1-N(-d_1)$와 같다. 그런데 어떤 x에 대하여도 $N(x)+N(-x)=1$ 가 성립((14.15)를 참조)하는 바, 그 값은 또한 $N(d_1)$가 된다. 이로써 우리는 (15.32)의 첫째 항은 $S_t N(d_1)$와 동일함을 보여준 것이 된다.

둘째 항

이제는 다음 둘째 항을 살펴보도록 하자.

$$PV(K)\ \text{Prob}_t(S_T \geq K) \tag{15.45}$$

$S_T \geq K$인 확률은 $\ln S_T \geq \ln K$인 확률과 같으며, $\ln S_T$는 평균이 η이고 분산이 $\sigma^2\tau$인 정규분포를 이루므로, 우리가 구하고자 하는 확률은 다음과 같이 표시할 수 있다.

$$\int_{\ln K}^{\infty} \frac{1}{\sigma\sqrt{\tau}} \frac{1}{\sqrt{2\pi}} \exp\left\{-\frac{1}{2}\left(\frac{\ln S_T-\eta}{\sigma\sqrt{\tau}}\right)^2\right\} d\left[\ln S_T\right] \tag{15.46}$$

여기에서 우리는 다시 변수의 변환을 시도하고자 다음과 같은 새로운 변수를 정의하면,

$$w = \frac{\ln S_T - \eta}{\sigma\sqrt{\tau}}$$

$\ln S_T = w\sigma\sqrt{\tau}+\eta$로 표시할 수 있고, 따라서 $d[\ln S_T]=\sigma\sqrt{\tau}\,dw$이 성립한다. 끝으로, $S_T \geq K$는 다음과 같은 관계를 내포한다.

$$\begin{aligned} w &\geq \frac{1}{\sigma\sqrt{\tau}}[\ln K - \eta] \\ &= \frac{1}{\sigma\sqrt{\tau}}\left[\ln K - \ln S_t - r\tau + \frac{1}{2}\sigma^2\tau\right] \\ &= -d_2 \end{aligned}$$

여기에서 d_2는 블랙-숄즈공식 (14.4)에서 사용된 양과 같다. 이와 같은 변수의 치환을 활용하면 적분 (15.46)는 공통항의 상쇄와 단순화 과정을 거쳐 다음과 같이 표기할 수 있게 된다.

$$S_t \int_{-d_2}^{\infty} \frac{1}{\sqrt{2\pi}} \exp\left\{-\frac{1}{2}w^2\right\} dw \tag{15.47}$$

이 값은 바로 $1-N(-d_2)$가 되며, 또한 $N(d_2)$와 동일하다. 따라서 우리는 이제 둘째 항 (15.45)

가 곧 $PV(K)N(d_2)$임을 밝혔고, 이로써 블랙-숄즈공식의 유도를 완결 짓게 되었다.

15.5 블랙-숄즈 가격공식과 CAPM

블랙-숄즈(1973)는 그들의 원 논문에서 널리 알려진 그들의 가격공식을 두 가지 방법으로 유도하였다. 그 중 하나는 위의 15.3절에서 살펴 본 복제 및 헤지접근법(replication/hedging approach)이며, 다른 하나는 자본자산가격결정모형(capital-asset pricing model:CAPM)의 응용이다. 본 절에서는 후자의 도출를 설명해 보도록 한다.

자본자산가격결정모형은 불확실성하에서 할인값을 구하는 일반적 방법이라고 할 수 있다. 즉, 이는 어떤 자산의 최종가치(어떤 기간 T의 만료시점에서의 가치)에 대한 정보로부터 현재가치를 구하기 위하여 그 자산에 적용할 적정 할인율을 발견하는 것으로, 이 할인율은 관련 자산의 기대수익률이 된다.

따라서 CAPM은 어떤 자산의 기대수익률과 위험과의 관계를 나타내게 된다. 보다 구체적으로 말하면, 한 자산의 기대수익률은 '베타'(β로 표기)라고 불리우는 변수의 일차함수(linear function)로, 여기서 베타는 그 자산의 수익률과 시장수익률의 공분산(covariance)을 시장수익률의 분산(variance)으로 나눈 값으로 측정한다.

이제 행사가격이 K이고 만기 T인 어떤 콜옵션을 고려해 보자. 기초자산의 베타는 β_S로 표기하며 오늘 콜옵션의 가치는 보통 $C(S_t, t)$로 표시하는 바, 여기서 S_t는 주식의 현재가격이며 t는 현재시점을 나타낸다. 앞의 15.3절에서와 같이, C_S, C_{SS}, C_t는 각각 편미분 $\partial C/\partial S_t$, $\partial^2 C/\partial S_t^2$, $\partial C/\partial t$을 뜻한다고 하면, 이토 보조정리(명제 15.1)로부터 아래 식을 얻게 된다.

$$dC = C_S dS_t + \frac{1}{2} C_{SS}\sigma^2 S_t^2 dt + C_t dt \qquad \textbf{(15.48)}$$

이 경우 주식의 순간수익률(instantaneous return)은 dS_t/S_t이며, 옵션의 순간수익률은 dC/C가 된다. 그러므로 방정식 (15.48)에서 옵션수익률 dC/C와 시장수익률과의 공분산은 주가수익률 dS_t/S_t와 시장수익률의 공분산에 $S_t C_S/C$를 곱한 것과 같다. 즉, β_C를 콜옵션의 베타로 표기하면 아래 관계가 성립한다.

$$\beta_C = S_t \frac{C_S}{C} \beta_S \qquad \textbf{(15.49)}$$

시장에서 초과수익률의 기대값(즉, 기대시장수익률에서 무위험이자율 r을 차감한 값)을 m으로 표기하자. CAPM에서는 주식의 기대수익률과 옵션의 기대수익률은 각각 아래와 같이 나타낼 수 있다.

$$E\left[\frac{dS_t}{S_t}\right] = [r + \beta_S m]dt \tag{15.50}$$

$$E\left[\frac{dC}{C}\right] = [r + \beta_C m]dt \tag{15.51}$$

(15.51)의 양변을 모두 C로 곱하고 (15.49)를 활용하여 β_C를 β_S의 항으로 표시하면 다음과 같은 결과를 얻게 된다.

$$E[dC] = [rC + m S_t C_S \beta_S]dt \tag{15.52}$$

반면에 (15.48)에서 기대치를 취하고 (15.50)의 식을 주식의 기대수익률로 사용하면 아래와 같은 결과를 얻는다.

$$E[dC] = C_S[rS_t + \beta_S m S_t]dt + \frac{1}{2}C_{SS}\sigma^2 S_t^2 dt + C_t dt \tag{15.53}$$

이제 (15.52)와 (15.53)을 일치시키고 공통항 $m S_t C_S \beta_S$을 상쇄시키면 우리는 다음과 같은 결과를 도출하게 되는 바,

$$rC = rC_S S_t + \frac{1}{2}C_{SS}\sigma^2 S_t^2 + C_t \tag{15.54}$$

이것은 앞에서 복제법을 통하여 유도한 기본편미분방정식 (15.24)에 정확히 들어 맞는다. 따라서 CAPM에 기반을 둔 가격결정 접근방법은 복제접근법에 따라 산정한 가격과 같은 결과를 낳게 된다. 물론 옵션가격결정을 위한 이 접근방법의 취약점은 그것이 CAPM의 유효성에 의존하게 되는 점으로, 복제 및 위험중립 가격결정법은 이와 같은 조건에 구속되지 않는다.

15.6 연습문제

1. 만일 $x_t = at + bW_t$이고 W_t는 위너과정을 나타내며 $W_0 = 0$이라고 한다면, 이 식을 미분형식으로 풀어 써 보라.
2. 만일 $x_t = at + bW_t$이 성립하고 $y = e^x$ (시간의 아래 첨자는 생략함)라는 함수가 있다면, y 함수에 대한 미분 절차는 어떻게 되는가?
3. 앞의 문제에서 y의 t 시점에서의 기대값은 무엇인가?

4 만일 $dr = k(\theta - r)dt + \eta dW$가 성립하고 $P(r, t)$는 주어진 함수라고 한다면, dP는 무엇인가? (매개변수 k, θ, 및 η는 모두 양의 값을 갖는 상수임.) 이토 보조정리를 사용해 보라.

5. 만일 $dx = a\,dt + b\,dW$가 성립하고 $y = \ln(x)$라는 함수가 있다면, dy를 구하라.

6. 블랙-숄즈모형에서 주식가격은 대수정규분포(lognormal)임을 보여 주어라.

7. (수치분석이 필요함) (a) 블랙-숄즈모형에서 주가수익률의 위험중립 최종분포(risk-neutral terminal distribution)의 확률밀도함수를 기술하라. (b) 그러면, 어떤 주식에 대한 콜옵션의 가격의 공식을 위험중립확률측도 아래서 적분(기대치) 형태로 나타내 보아라. (c) 아래 매개변수의 값에서, `Octave`를 사용하여 적분을 하고 콜옵션의 가격을 산정해 보아라: $S = 100$, 행사가격 $K = 102$, 변동성(volatility) $\sigma = 0.3$, 위험중립 이자율 $r = 0.02$, 만기 $T = 0.5$. 배당은 없음.

8. 다음과 같은 통상적 블랙-숄즈 상황을 고려하자.

$$dS_t = \mu S_t\,dt + \sigma S_t\,dW_t$$

이 때 $\mu = 0.20$이고 $\sigma = 0.40$이라는 정보를 얻게 되었다. 현재 주가가 \$100이라고 하면, 2년 후 주가의 기대값은 얼마가 되겠는가? 2년 후 주식가치의 표준편차는 어떠하겠는가?

9. 주식가격이 위험중립 기하브라운운동을 따른다고 주어졌다. 즉, $dS = rSdt + \sigma SdW$의 조건을 충족시킬 때 풋옵션의 순간 수익률의 변동성을 기술해 보아라. 풋옵션은 함수 $P(S,t)$로 표기하라.

주의: 풋옵션의 순간수익률은 dP/P의 양을 일컫는다. 이 항의 변동성은 브라운과정에서의 계수이다. 예를 들면, 만일 어떤 (σ_t)에서 $dS_t = \mu S_t\,dt + \sigma_t S_t\,dW_t$의 조건이 성립하면 S에 대한 순간수익률의 변동성은 σ_t가 된다.

10. 주가가 증가할 때 어떤 풋옵션의 순간수익률에 대하여 앞의 문제에 대한 답으로부터 무엇을 얻을 수 있겠는가?

11. 이전 문제들과 관련하여 직관적으로나 관찰에 근거하여 볼 때 콜옵션의 변동성에 대한 공식은 어떠하겠는가? 주가가 오르면 콜옵션의 변동성은 커지는가 아니면 감소하나?

12. 당신은 주가에 대한 위험중립확률 미분방정식을 다음과 같이 시작한다고 가정하자.

$$dS = rSdt + \sigma SdW$$

여기에서 추세(drift) 즉, 단위시간당 평균증가폭은 지금 무위험수익률 r이 됨에 유의하라. 당신은 어떤 파생상품의 가격 $V(S, t)$를 알아보기를 원하는데, 이것은 주가와 시간의 함수이다.
   (a) 이토 보조정리를 사용하여 dV에 대한 확률과정을 기술해 보라.
   (b) 기대값 $E(dV)$을 도출해 보라.
   (c) 이 기대값은 위험중립상태에서 무엇과 일치하여야 되는가?
   (d) $E(dV)$를 올바른 기대값으로 설정한 후 그 식을 재구성하면 도출되는 결과를 설명해 보라.

13. 확률분포 $x \sim N(0, 1)$를 가정하고 주어진 어떤 값 K에서 다음과 같이 x_K^+에 대하여 정의하자.

$$x_K^+ = x \times I_{x \geq K}$$

이 때 $I_{x \geq K}$는 통상적인 지시함수(indicator function)로서, $x \geq K$일 때 1의 값을 갖고 그 밖의 경우에는 값이 0이다.

(a) 상징적으로 $E\left[x_K^+\right]$를 산출해 보라.

(b) 옵션가격결정의 관점에서 이와 같은 계산의 용도는 어디에 있다고 보는가?

14. 본 장에서 우리는 옵션가격결정문제의 답을 구하기 위하여 다음과 같은 접근법을 발전시켰다.

(a) 편미분방정식(PDE) 접근법: 이 방법에 의하면, 콜옵션의 가치는 아래 표시된 바와 같이 $V(T) = \max(0, S_T - K)$의 제약조건 하에서 이 함수의 미분방정식의 해와 같다.

$$rV = \frac{\partial V}{\partial S} rS + \frac{1}{2}\frac{\partial^2 V}{\partial S^2}\sigma^2 S^2 + \frac{\partial V}{\partial t}$$

(b) 위험중립 접근법: 이 방법에서는 위험중립측도(risk-neutral measure)로 아래 확률변수에 대한 기대값을 구함으로써 옵션가격을 산정하고자 했다.

$$V = e^{-rT} E[V(T)]$$

위의 두 가지 방법에 대한 해는 동일하다고 밝혀졌다. 이것은 항상 사실인가?

15. 어떤 주식의 베타(β)는 1.2라고 가정하고 주가는 S=40이다. 또한 변동성은 σ=0.4가 되고, 무위험이자율은 r=0.04이여 배당은 지급하지 않는다고 하자. 이 경우, 만기가 1년이며 행사가격이 K=40인 풋옵션의 베타는 얼마인가?

16. 어떤 주식의 베타(β)는 1.2라고 가정하고 주가는 S=40이다. 또한 변동성은 σ=0.4가 되고, 무위험이자율은 r=0.04이여 배당은 지급하지 않는다고 하자. 이 경우, 만기가 1년이며 행사가격이 K=40인 콜옵션의 베타는 얼마인가?

17 앞의 두 문제에서 콜옵션과 풋옵션, 그리고 주식의 베타간의 관계를 유도해 보시오.

18. (현금디지털옵션: Cash-or-Nothing Option) 만일 만기시 주식가격이 미리 정해 놓은 행사가격을 초과하면 $100을 지급하게 되는 옵션의 가치는 어떻게 되는가? 초기주가는 $100, 만기는 1년, 변동성은 50%, 그리고 행사가격은 $110이라고 가정하자. 또한 무위험이자율은 0이다.

19. (복도옵션: Corridor Options) 만기가 60일이며 주가가 (50, 60) 범위에 있으면 매일 $1을 지급하는 옵션의 가격은 얼마인가? 현재 주식가격은 S=55이고, 변동성은 σ=0.4, 이자율은 r= 0.03, 그리고 배당은 d=0이다.

20. (앞의 문제의 확장) 주가가 (50, 60) 범위 밖에 있을 때만 매일 $1을 지급하는 것 외에는 위의 문제와 동일한 옵션을 생각해 보자. 이 옵션의 가격은 얼마가 되겠는가?
21. 어떤 주식의 기대수익률과 그 주식에 대한 콜옵션의 수익률 중 어느 것이 더 높겠는가? 이 경우 수익률은 CAPM모형을 따른다고 가정하라.

제 16 장

옵션 모형: 블랙–숄즈를 넘어서

16.1 서론

블랙–숄즈모형은 기초자산의 가격이 기하브라운운동(Geometric Brownian Motion, or GBM)을 따른다는 가정을 하고 있다. 이 가정은 두 가지의 의미를 가진다:

- 어떤 기간에 대해서도 로그수익률은 일정한 변동성 σ를 가진 정규분포를 따른다.
- 주가의 변화는 연속적이다, 즉 시장의 "끊어짐"은 없다.

이와 같은 조건들은 현실에서는 보통 지켜지지 않는다. 일반적으로 경험적 수익률은 정규분포보다 꼬리 부분이 두꺼우며, 변동성도 시간에 대해 일정하지 않고, 시장도 간혹 끊어짐이 존재한다. 14장에서 논의되었던 변동성 "스마일" 혹은 "비대칭"은 그 결과로 나타나는 것이다. 변동성 비대칭의 존재는 만일 블랙–숄즈 변동성이 등가격(at-the-money) 옵션의 가격과 대응하도록 계산되었다면 원거리가격(away-from-the-money) 옵션들은 모형에 의해 가격이 아마도 심각하게 잘못 계산된다는 것을 의미한다.

이와 같은 사실에 자극을 받아, 관측된 옵션가격을 좀 더 잘 설명하기 위해 블랙–숄즈모형을 일반화하거나 수정한 모형들이 개발되었다.

점프–확산 모형

블랙–숄즈를 일반화한 초기 모형 중에 하나는 Merton(1976)에 의해 개발되었다. Merton의 접근법은 주식수익률이 두 부분, 즉 블랙–숄즈의 GBM 과정에 따라 움직이는 정상적인 부분과 예기치 못한 주가의 점프를 야기시키는 비정상적인 부분으로 구성되어 있다고 가정한다. 이 점프의 가능성과 점프 크기의 분포는 옵션가격 결정문제의 추가적인 변수로 노입된다. 이 점프의 발생은 수익률 분포의 두꺼운 꼬리 부분을 발생시킨다(그리고 점프 크기의 분포가 대칭이 아니면 비대칭을 발생시킨다). 그리고 점프는 당연히 시장의 끊어짐이다. 우리는 16.2절에서 점프–확산과 그것들의 시사점을 살펴

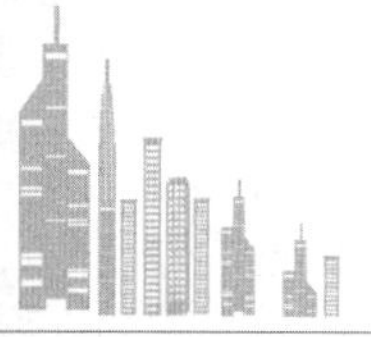

볼 것이다.

확률적 변동성 모형

블랙-숄즈의 두 번째 일반화는 "확률적 변동성" 모형이라고 알려진 모형들이다. 이 모형들이 개발된 초기의 영향력 있는 논문은 Heston(1993)에 의해 이루어졌다. 이 모형들에 있어서 변동성은 고정된 것이 아니고 시간이 지남에 따라 변하는 확률 변수이다. 변동성이 확률 변수일 때 변동성과 수익률의 변화 간의 상관관계가 또 다른 중요한 변수로 도입된다. 이 모형들에서 주가는 여전히 연속적이지만(시장은 끊어지지 않는다), 수익률은 더 이상 정규분포를 따르지 않는다. 확률적 변동성은 두꺼운 꼬리부분을 발생시키며, 0이 아닌 변동성과 수익률의 상관관계는 비대칭을 발생시킨다. 확률적 변동성 모형은 16.3절에서 다루어진다.

아치/가치 모형

두 번째 부류의 모형과 연관된 세 번째 부류의 모형은 변동성이 개별적으로 무작위적이지 않고 주가의 움직임과 연관되어 시간이 지나감에 따라 변화할 수 있다고 주장한다. 이와 같은 부류의 모형 중 한 형태가 Engle(1982)에 의해 개발된 ARCH(Auto-Regressive Conditional Heteroskedasticity)라고 알려진 모형이다. 이 모형의 확장 모형은 Bollerslev(1986)에 의해 개발된 Generalized ARCH 혹은 GARCH 모형이라고 알려진 모형이다. ARCH 혹은 GARCH 모형은 경제학과 재무분야에서 매우 영향력이 큰 것으로 증명되었고 Engle은 이 업적으로 2003년도 노벨 경제학상을 공동 수상하였다. Duan(1995)과 다른 연구자들은 이 모형을 이용하여 옵션가격결정 이론을 개발하였다. GARCH 모형은 16.4절의 주제이다.

"비정규분포" 모형들

관측된 옵션가격을 잘 설명하기 위해 제안된 다른 방법들 가운데 (정규분포로 시작하여 후에 그것을 수정하는 것보다는) 직접적으로 비정규분포를 가정한 방법들이 있다. 이들 중에는 Carr와 Wu (2003) 그리고 McCulloch(2003)의 로그-안정(log-stable) 모형과 Madan, Carr와 Chang(1998)의 분산-감마(variance-gamma) 모형이 있다. 이에 대해서는 16.5절에서 다루게 된다.

내재 이항트리

내재 이항트리(또는 "국소변동성모형")는 Derman과 Kani(1994), Dupire(1994), 그리고 Rubinstein (1994)에 의해 개발되었다. 이 모형들은 확률적 변동성 모형의 일반적인 형태로 볼 수 있으나 실제로는 금융공학 분야에서 더욱 많이 사용되고 있다. 이 방법은 모든 행사가격과 만기에 대해 관측된 내재변동성 즉 전체 내재변동성 범위를 투입 변수로 취한다. 이 방법의 일반적인 형태는 투입 변수인 관측된 옵션가격과 일치하는 옵션가격을 생성하도록 이항 또는 삼항 트리를 구축한다. 투입 가격

이 모두 동일한 로그정규분포 과정에서 생성되는, 즉 모든 내재변동성이 동일한 특수한 경우에는, "내재 이항트리"는 고정된 상하 움직임을 가진 표준 이항트리가 될 것이다. 내재 이항트리의 구축은 16.6절의 주제이다.

이 장에서의 기술 내용

이 장에서는 위에서 제시된 서로 다른 모형에 대해 자세히 설명한다. 우리의 목적은 학생들에게 이 모형들에 대해 감을 느낄 수 있도록, 즉 각 모형이 어떤 기여를 했는지, 그리고 이 같은 기여가 옵션가격에 어떻게 반영되는지를 이해할 수 있도록 하는 것이다. 이 모형들 가운데 많은 것들이 본질적으로 수식적이며 블랙-숄즈모형을 일반화하기 위해서는 그럴 수밖에 없었다. 따라서 우리는 모형 구성의 핵심을 전달하기 위해 좀 더 복잡한 연속시간 모형을 설명하기 전에 먼저 단순한 비연속시간 모형을 사용하였다. 이 장의 곳곳에서 우리는 학생들이 스스로 이 장에서 사용된 표와 그림을 생성할 수 있도록, 또는 좀 더 모형들을 잘 이해할 수 있도록 하기 위해 우리가 제시한 모형을 실현해볼 수 있도록 Octave 프로그래밍 언어로 된 코드를 제공한다.

16.2 점프-확산(Jump-Diffusion) 모형

시장 격차는 비연속적인 가격의 움직임이다. 즉 종이 위에서 펜을 띄지 않고서는 주식가격변동표를 그릴 수 없다는 것이다. 블랙-숄즈모형은 그와 같은 시간의 비연속성을 인정하지 않지만 시장의 격차가 발생한다는 것은 쉽게 볼 수 있는데 특히 예기치 못한 좋은 혹은 나쁜 정보가 시장을 강타할 때 그렇다. 따라서 1976년에 Robert Merton은 블랙-숄즈모형에 점프과정을 추가하여 수정한 모형을 제안하였다. 점프과정이란 그 이름이 의미하는 것과 같이 점프 사이에는 고정되어 있지만 점프 시에는 (임의의 수치만큼) 변화하는 과정이다. 점프는 주식가격의 즉각적인 움직임 안에서 비연속성을 야기한다.

따라서 Merton모형에서 주가의 움직임의 과정은 두 과정으로 구성되어 있다-하나는 GBM과정이고 다른 하나는 점프과정이다. 이 둘은 각각 주가의 완만한 움직임과 비연속적 움직임에 의도적으로 일치하도록 되어 있다. 이 둘은 브라운 확산 과정과 점프과정의 결합이기 때문에 이와 같은 모형들을 "점프-확산"모형이라 부른다. 점프-확산을 명시하기 위해서는 (a) 변동성을 포함한 GBM과정, (b) 점프의 가능성과 빈도, 그리고 (c) 점프가 발생할 때 점프 크기의 분포를 명시해야만 한다.

이 절의 목적은 점프를 가격 모형에 도입할 때 끼치는 그 영향력을 이해하는 데 있다. 먼저 잘 알려진 비연속적 이항모형을 간단한 조건으로 시작해서 "채무불이행으로의 점프(jump to default)"라

불리우는 특수한 종류의 점프를 포함하는 모형로 확장하여 이것이 옵션가격에 미치는 영향을 예시하고자 한다. 좀 더 완전히 발전한 모형을 보기 원하는 독자들은 연속성을 잃지 않는 포아송(Poisson) 분포에 관한 절로 직접 넘어가도 될 것이다.

이항모형에서의 점프 묘사

비연속적 모형에서 점프의 의미는 약간 모호하다고 할 수 있는데 그 이유는 비연속적 모형에서의 모든 가격변동은 실제적으로 점프이기 때문이다. 결국, 일반적인 이항모형에서는 가격이 현재의 S 수준에서 다음 기간에 두 가지 가능한 수준인 uS 또는 dS로 점프한다. 그렇다면 이와 같은 상황에서 "점프"란 정확히 무엇을 의미하는가?

그것에 관해 한 가지 생각해 볼 수 있는 길이 있다. 표준이항모형은 참된 점프과정이 아니다, 왜냐하면 그것은 GBM의 근사치이기 때문이다. 다시 말해, 가격의 움직임 사이의 시간 간격이 짧아질수록, 오름과 내림의 크기가 너무 작아서 궁극적으로는 연속적 GBM 과정과 비슷해지는 것이다. 직관적으로, 점프는 극한에서도 사라지지 않는 가격의 움직임이다, 즉, 가격의 변화 사이의 시간 간격 h가 0으로 축소된다 할지라도 비연속적인 가격의 움직임으로 남아있는 것이 점프라 할 수 있다.

실제적으로, 이것이 의미하는 바는 비연속적 시간 하에서 점프-확산 모형을 실행하려면 가격의 GBM 부분을 근사치로 접근할 수 있는 이항모형으로부터 시작할 수 있을 것이다. 그 다음에는 점프과정을 설명할 수 있는 추가적인 가격의 움직임을 원래 모형과 결합해야 한다. 이와 같은 방법을 "채무불이행으로의 점프"라는 특정한 점프과정을 가지고 예시하고자 한다.

예시: 채무불이행으로의 점프를 포함한 이항트리

주가는 각 분기점에서 S로부터 uS 또는 dS로 움직이는 일반적인 이항모형에 따라 움직인다고 가정한다. 그러나 각 분기점(node)에서 제3의 가능성, 즉 주가가 0으로 떨어질 수 있는 가능성도 있다고 가정한다. 또한 주가가 일단 0으로 떨어지면 영원히 그 상태에 머문다고 가정한다. 주가가 0으로 떨어진다는 것은 회사에 예기치 못한 갑작스러운 채무불이행, 즉 주식이 아무 가치가 없을 가능성이 있다는 것을 의미한다. 이와 같은 종류의 초기 "채무불이행으로의 점프" 모형은 Paul Samuelson(Merton, 1976 참조)에 의해 연구가 이루어졌고, 후에 Davis와 Lischka(1999), Das와 Sundaram(2007), 그리고 Carr와 Linetsky(2006)에 의해 연구가 이어졌다.

채무불이행으로의 점프를 포함한 이항트리의 각 단계는 [그림 16.1]과 같다. 각 분기점에서 점프의 (위험-중립) 확률을 λ라고 표시한다. 나머지 확률 $(1-\lambda)$는 비채무불이행 분기점 사이에 할당된다. $q(1-\lambda)$와 $(1-q)(1-\lambda)$는 각각 상승과 하락 움직임의 위험-중립 확률로 표시한다. $\lambda=0$일 경우, 이것은 표준이항트리가 된다.

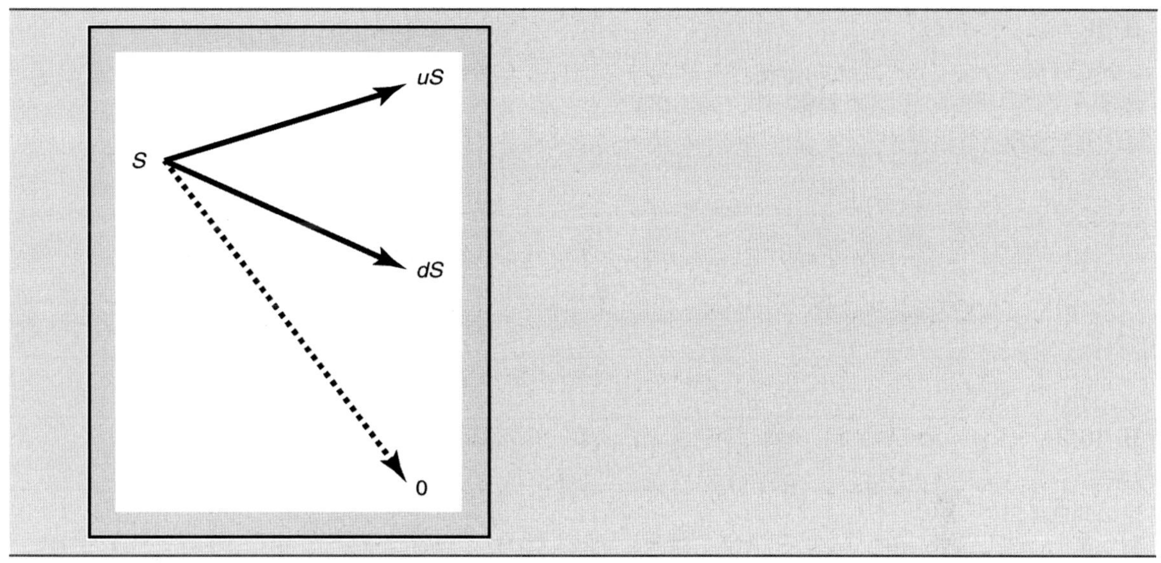

그림 16.1
채무 불이행으로의 점프를 포함한 이항트리

1-기간의 예

단일 기간 $h=0.50$년인 단순한 1-기간의 예를 생각해보자. 초기 주가 $S=100$이고 주가의 GBM부분의 변동성 $\sigma=0.40$이라고 가정한다. 그리고 CRR 매개변수화(13장)을 이용하여 이항트리의 상승과 하락의 움직임은 다음과 같이 주어진다.

$$u=\exp\{\sigma\sqrt{h}\}=1.3269 \qquad d=\exp\{-\sigma\sqrt{h}\}=0.7536$$

끝으로, 연속복리로 계산한 무위험이자율 $r=0.05$이며, 따라서 트리에 대한 기간당 총 이자율 $R=e^{rh}=1.0253$이다.

위험중립확률 하에서는 주식의 기대수익률은 R과 같다. 주가는 $q(1-\lambda)$의 확률로 uS, $(1-q)(1-\lambda)$의 확률로 dS, 그리고 λ의 확률로 0이 되기 때문에 다음과 같이 표시할 수 있다.

$$R=(1-\lambda)qu+(1-\lambda)(1-q)d$$

임의로 주어진 λ 값에 대해서도, 이 식을 통해 다음과 같은 해를 구할 수 있다.

$$q=\frac{[R/(1-\lambda)]-d}{u-d} \tag{16.1}$$

행사가격 $K=100$이며 만기가 1 기간인 콜옵션을 생각해보자. 이 콜옵션은 u 상태에서 $uS-K=32.69$의 가치가 있지만, 다른 두 상태에서는 가치가 없다. 따라서 그것의 초기가격은 $q(1-\lambda)\times 32.69$이다. 다른 λ 값에 대한 옵션가치는 [표 16.1]의 두 번째 열에 표시되어 있다. λ가 증가할수록 콜옵션의 가치가 증가하는 것을 볼 수 있다. 이 숫자들에 대해서는 잠시 후 다시 보도록 한다.

표 16.1

1-기간에서 채무 불이행으로의 점프효과

채무불이행 확률 λ	콜옵션가치	
	1-기간 모형	5-기간 모형
0.000	15.11	30.71
0.005	15.32	31.68
0.010	15.53	32.65
0.025	16.16	35.63
0.050	17.21	40.73
0.100	19.30	51.23

표 16.2

채무 불이행으로의 점프를 포함한 이항옵션 가격결정

옵션가격을 0으로 점프할 확률이 λ인 이항모형을 적용하여 구한 것이다. 위와 아래의 패널은 $\lambda=0.10$일 때의 5-기간 트리에서의 주가와 콜옵션가치를 각각 나타낸다. 나머지 매개변수들은 본문에 설명되어 있다.

주가의 전개: $\lambda=0.10$

만기	0.5	1	1.5	2	2.5
					411.33
				309.99	
			233.62		233.62
		176.07		176.07	
	132.69		132.69		132.69
100.00		100.00		100.00	
	75.36		75.36		75.36
		56.80		56.80	
			42.80		42.80
				32.26	
					24.31

콜옵션가격: $\lambda=0.10$

만기	0.5	1	1.5	2	2.5
					311.33
				222.21	
			156.57		133.62
		109.02		88.29	
	75.09		57.67		32.69
51.23		37.33		19.30	
	23.97		11.40		0.00
		6.73		0.00	
			0.00		0.00
				0.00	
					0.00

다기간의 예

위의 예를 다기간으로 확장하는 것은 간단한 일이다. [표 16.2]의 상부 패널에서 위에서 사용한 같은 u와 d 값을 가정한 5-기간 트리에서의 주가의 전개를 보여주고 있다. 그 표에서는 각 분기점에서의 세 번째 가지인 주가가 0으로 떨어지는 점프는 나타나지 않지만, 각 분기점에서 그와 같은 가지가 있음을 암묵적으로 나타내고 있다.

그 표의 하부 패널은 일반적인 역행 귀납법(backwards induction argument)에 의해 행사가격 $K=100$이며 만기가 5 기간인 콜옵션의 가격을 보여주고 있다. 이 표에서 사용된 λ 값은 $\lambda=0.10$이다. 가격을 구하기 위해 필요한 나머지 위험중립확률들은 (16.1)을 이용하여 구하였다. 표에서 보는 바와 같이, 콜옵션의 초기가격은 51.23이다. [표 16.1]의 마지막 열은 다른 λ 값들에 대한 콜옵션가치를 보여주고 있다.

점프를 무시할 경우 발생하는 편향(bias)

실제 주가는 채무불이행으로의 점프를 가진 GBM과정을 따른다고 가정하자. 아직 주식이 채무불이행에 이르지 않았다고 가정하고, 주가에 대해 충분히 긴 역사를 관찰하고 주식의 변동성을 $\sigma=0.40$로 계산한 한 관찰자가 있다고 가정하자. $h=0.50$인 이항트리로 이것을 나타낼 경우, 위에서 사용한 u와 d의 값을 갖는 트리와 같을 것이다.

이제 이 관찰자가 채무불이행의 가능성을 무시한다고 가정하자. 이 경우 $\lambda=0$이다. (표 16.1)에서 보는 바와 같이, 결과적으로 가격은 편향을 보이게 되며 어떤 경우에는 매우 심각하다. 5-기간 모형의 경우 0.5%의 채무불이행될 가능성($\lambda=0.005$)에도 3% 이상의 가격 오차를 발생시킨다. 게다가, 그 편향은 항상 정확한 가격에 대해 과소평가의 형태로 나타난다. 즉, 채무불이행을 무시할 때 채무불이행의 가능성이 높을수록 콜옵션은 더욱 과소평가된다.[1)]

물론, 일반적으로는 점프 위험의 영향과 그것을 무시함으로써 발생하는 편향의 방향은 점프 하에서의 주식 수익률의 분포에 달려 있고, 이 예는 이 분포의 매우 특수한 형태를 사용하고 있다. 따라서, 다음 단계에서는 점프의 가능성과 점프의 분포가 좀 더 일반적인 형태를 가질 때 옵션가격이 어떻게 되는지 분석하고자 한다. 이 목적을 위해 다음 절에서는 점프의 빈도를 설명하는데 사용될 포아송분포(Poisson distribution)를 소개하고자 한다. 그 후에는 Merton(1976)의 점프-확산(jump-diffusion)모형의 주요 내용을 설명하고자 한다.

---

1) 채무불이행의 가능성이 높아질 때, 콜옵션가격이 올라간다는 것은 반직관적인 것처럼 보이나 그 이유는 단순하다. 현재의 주가가 일정하고 다음 기에 주가가 0으로 될 확률이 증가할 때, 주가 상승 움직임의 가능성을 또한 높여줌으로써 보상을 해주어야 한다.(그렇지 않으면, 현재의 주가는 미래의 주가의 기대 가치를 할인한 값이 될 수 없다.) 식 (16.1)은 어떻게 상방 이동의 가능성이 채무불이행으로의 점프 가능성과 연관되어 있는지 정확히 보여주고 있다. 이것이 콜옵션가격을 위로 밀어 올리는 상승 스큐(skew)를 발생시킨다.

포아송분포

포아송분포는 무작위적 도착, 예를 들면 특정한 시간 동안 은행 창구에 도착하는 고객 수와 같은 것을 나타내기 위해 실무에서 자주 사용된다. 따라서 포아송분포를 가진 확률변수 N은 $k=$ 0, 1, 2, ... 의 값을 가진다. 이 분포는 단일 매개변수 $\lambda>0$에 의해 설명된다. 결과들의 확률은 다음과 같이 나타낼 수 있다.

$$\text{Prob}(N=k)=\frac{e^{-\lambda}\lambda^k}{k!}$$

여기에서 $k!$는 "k 팩토리얼" 즉, 처음 k개 정수의 곱을 말한다. 관행적으로, $0!=1$이다. 따라서 예를 들면 $N=0$일 확률은 $e^{-\lambda}$, $N=3$일 확률은 $[e^{-\lambda}\lambda^3]/6$이다. 포아송분포의 단일 매개변수 λ는 다음과 같이 이 분포의 평균이면서 분산이다.

$$E(N)=\sum_{k=0}^{\infty}[k\times\text{Prob}(N=k)]=\lambda \qquad \textbf{(16.2)}$$

$$\text{Var}(N)=E(N^2)-[E(N)]^2=\lambda \qquad \textbf{(16.3)}$$

우리의 경우, 포아송분포는 주가의 점프 수를 기술하는데 사용될 것이다. 직관적으로, 주가의 연속적인 부분은 예를 들면 수요와 공급의 불균형이나 포트폴리오 재조정으로 인하여 발생하는 정상적인 가격변동에 해당하며, 점프는 특정 주식이나 업종별 뉴스와 같이 중요한 새로운 정보의 도달로 인해 발생하는 가격변동에 해당한다.

점프-확산 수익률의 특성

t-년도까지의 기간을 [0, t]로 표시한다. S는 현재(시간-0) 주가를, 그리고 S_t는 시간 t의 주가를 표시한다. $R_t=\ln(S_t/S)$를 [0, t] 사이의 로그수익률로 정의하고, Z_t는 평균이 αt이고 분산이 $\sigma^2 t$인 정규분포를 따르는 확률변수로 정의한다. 이 경우 블랙-숄즈모형 하에서는 다음 식이 성립한다.

$$R_t=Z_t$$

점프-확산모형에서 수익률R_t는 Z_t와 임의의 점프 수의 각 결과의 합이다. 점프 수는 포아송분포에 따라 표시되지만, 점프는 좀 더 긴 기간에 발생할 가능성이 많기 때문에 그 분포를 기간의 길이로 조정해야 할 필요성이 있다. 따라서 기간 [0, t]에서 점프 수는 매개변수가 $\lambda t(\lambda>0)$인 포아송분포에 의해 결정된다고 가정한다. 즉, N_t가 기간 [0, t] 에서 점프 수라고 하면, 다음의 식이 성립한다.

$$\text{Prob}(N_t=k)=\frac{e^{-\lambda t}(\lambda t)^k}{k!},\quad k=0,\ 1,\ 2,\ \ldots \qquad \textbf{(16.4)}$$

이 점프과정은 주식 수익률의 연속적인 부분을 결정하는 확산과정과는 서로 독립적인 관계에 있다고 본다. 식 (16.2)로부터 기간 [0, t]에서 예상 점프 수는 λt이다. $t=1$년도라고 하면 λ에 대해 간단한 해석을 할 수 있다: 그것은 *1년에 예상되는 점프 수*이다.

점프수익률이 어떻게 분포되어 있는지를 설명해보고자 한다. Merton(1976)을 따라 각 점프수익률은 정규분포를 따르고 점프의 결과는 서로 독립적이라고 가정한다. (H_k)를 평균 μ와 분산 γ^2의 정규분포를 가진 일련의 i.i.d.(independent and identically distributed) 확률변수라고 하자. 그러면 기간 [0, t]에서 k번의 점프가 있었다면 점프-확산보형 하에서 수익률 R_t는 다음과 같다.

$$R_t = \begin{cases} Z_t, & \text{if } k=0 \\ Z_t + H_1 + H_2 + \cdots + H_k, & \text{if } k \geq 1 \end{cases} \tag{16.5}$$

식 (16.4)의 k 분포 하에서 이것은 점프-확산 수익률과정을 표시한다. 먼저 이 분포에 대한 몇 가지 의미를 지적한 다음, 옵션가격결정의 주제로 돌아오기로 한다.

점프-확산의 모멘트 의미

만일 k가 무작위적이지 않고 고정된 것이라면, 식 (16.5)의 수익률 R_t는 정규분포 확률 변수량들의 합이 되고, 그 또한 정규분포를 따르게 될 것이다. 그러나 k가 무작위적이기 때문에 R_t는 더 이상 정규분포를 따르지 않는다. Das와 Sundaram(1999)은 R_t의 처음 네 가지 적률(moment)은 다음과 같음을 보였다.

$$\text{평균(Mean)} = (\alpha + \lambda\mu)t \tag{16.6}$$

$$\text{분산(Variance)} = \left[\sigma^2 + \lambda(\mu^2 + \gamma^2)\right]t \tag{16.7}$$

$$\text{비대칭도(왜도, Skewness)} = \frac{1}{\sqrt{t}}\left[\frac{\lambda(\mu^3 + 3\mu\gamma^2)}{(\sigma^2 + \lambda(\mu^2 + \gamma^2))^{3/2}}\right] \tag{16.8}$$

$$\text{첨도(Kurtosis)} = 3 + \frac{1}{t}\left[\frac{\lambda(\mu^4 + 6\mu^2\gamma^2 + 3\gamma^4)}{(\sigma^2 + \lambda(\mu^2 + \gamma^2))^2}\right] \tag{16.9}$$

모든 정규분포는 대칭적이며 비대칭도는 0이다. 식 (16.8)은 점프 부분의 평균이 0(즉, $\mu=0$)인 경우에만 점프-확산의 비대칭도가 0임을 보여주고 있다. 만일 $\mu>0$이면, 점프-확산은 양의 방향으로 비대칭적인 수익률을 가지며, 만일 $\mu<0$이면 음의 방향으로 비대칭적인 수익률을 가질 것이다.

좀 더 흥미로운 것은 첨도(kurtosis)이다. 모든 정규분포는 정확히 3의 첨도를 가진다. 3보다 큰 첨도를 갖는 분포는 "극첨도(leptokurtic)" 또는 "두꺼운 꼬리(fat-tailed)"라고 한다. 직관적으로, 극단적인 결과는 정규분포보다 그러한 분포에서 더 많이 발생한다. 식 (16.9)에서 볼 수 있듯이 점프-확산의 첨도는 항상 3을 초과하므로 점프-확산은 꼬리 부분이 두꺼운 분포를 가진다.

이러한 관찰은 옵션가격에 대해 중요한 의미를 가진다. 14.8절에서 내재변동성의 비대칭성

(implied volatility skew)에 대한 한 가지 이유는 경험적 수익률분포가 블랙-숄즈모형보다 더 큰 첨도를 나타내며, 때로는 비대칭성도 나타낸다는 점에 주목했다. 수익률분포에서 비대칭도(skewness)와 첨도(kurtosis)를 모두 허용함으로써 점프-확산은 이러한 단점을 해결하는 것을 목표로 한다. 물론 그것이 얼마나 잘 해결하는지는 궁극적으로 경험적 질문이다. 점프-확산(jump-diffusions) 하에서 옵션가격 결정공식을 살펴본 후 이 질문에 답하고자 한다.

Merton 옵션가격 결정공식

방금 설명한대로 주가가 점프-확산을 따른다고 가정하자. S를 현재 (시간-0) 주가로 하고, r을 무위험이자율(평소와 같이 연속복리로 표현됨) 이라고 하자. 만기가 T년이고 행사가격이 K인 유럽식 콜옵션을 고려해 보자. Merton(1976)은 이 옵션의 가격결정공식을 설명한다.

Merton의 공식을 간결하게 설명하기 위해 몇 가지 추가적인 표기법이 도움이 될 것이다.

g를 점프로 인한 주가의 예상되는 비례 변화라고 한다. 위에서 소개된 표기법에 따라, $g=\exp\left\{\mu+\frac{1}{2}\gamma^2\right\}-1$이다.[2] 이제 다음 변수를 정의한다.

$$\xi=\lambda(1+g)$$
$$\nu=\ln(1+g)$$

다음으로, $k=0,\ 1,\ 2,\ \ldots$ 에 대해, σ_k^2과 r_k를 다음과 같이 표시한다.

$$\sigma_k^2=\sigma^2+\frac{1}{T}k\gamma^2$$

$$r_k=r-\lambda g+\frac{1}{T}k\nu$$

마지막으로 $C^{BS}(S, K, T, \eta, \rho)$는 현재 주가가 S, 주가변동성이 η이며, 무위험이자율은 ρ일 때, 행사가격이 K이며 만기가 T년인 콜옵션의 블랙-숄즈 가격이라고 하자. 그 다음 Merton은 C^{JD}라고 표시된 점프-확산 하에서의 콜옵션의 가격이 다음과 같음을 보였다.

$$C^{JD}=\sum_{k=0}^{\infty}\frac{e^{-\xi T}(\xi T)^k}{k!}C^{BS}(S, K, T, \sigma_k, r_k) \tag{16.10}$$

이것에 대응하는 풋옵션의 가격 P^{JD}는 풋-콜 패리티(put-call parity)를 사용하여 콜옵션가격으로부터 결정될 수 있다.

---

2) 이것이 왜 그런지를 알기 위해 점프가 주가에 대해 Y의 총 비례 변화를 일으킨다고 가정하자. 즉, 점프로 인해 주가가 S에서 SY로 변경된다고 가정하자. 그러면, 점프로 인한 로그-수익률은 $\ln(Y)$이며, 그것은 우리가 평균 μ와 분산 γ^2로 된 정규분포라고 가정한 것이다. 로그정규분포의 표준 속성으로부터 $E(Y)=\exp\left\{\mu+\frac{1}{2}\gamma^2\right\}$가 나온다. 예상되는 비례 변화는 $E(Y)-1$이다.

이 수식의 유도는 블랙-숄즈 공식처럼 간단하지 않다는 점에 유의해야한다. Merton은 점프-확산에서는 옵션을 계속 복제하는 포트폴리오를 설정할 수 없다고 지적한다. 복제는 옵션의 가치 변화를 모방하기 위해 주식의 포지션을 사용하는 것을 목표로 한다. 주가가 임의의 크기로 예기치 않은 점프 이동을 나타낼 수 있다면, 그 때에는 주식의 포지션이 주가의 변화에 선형으로 반응하지만, 옵션은 비선형적으로 반응하기 때문에 복제가 불가능해진다.

Merton의 접근방식은 점프-위험이 분산 가능하기 때문에 가격에 반영되지 않는다고 가정한다. 이 가정 하에서 Merton은 옵션가격이 만족해야 하는 혼합 편미분-편차 방정식(partial differential-difference equation)을 도출한다. 옵션가격 결정공식 (16.10)은 이 방정식으로부터 도출된다.

점프-확산 하에서의 내재변동성 왜도

점프-확산모형 개발의 중요한 동기는 옵션 시장에서의 내재변동성 왜도의 존재이다. 흥미로운 한 가지 질문은 다음과 같다: 합당한 매개변수 값들에 대해 어떤 종류의 내재변동성 왜도가 이론적으로 점프-확산을 생성할 수 있는가? 그것들은 실제로 관찰된 형태와 비슷한가?

부록 16A 는 Merton의 점프-확산 공식 (16.10)을 실행하기 위한 `Octave` 프로그램 코드를 설명한다. 이것을 사용하여, 다음과 같은 매개변수 집합에 대한 점프-확산 하에서의 옵션가격을 구한다.

변수	가치
초기 주식가격	$S=100$
옵션만기	$T=0.50$년
이자율	$r=0.03$
확산 변동성	$\sigma=0.30$
점프 빈도	$\lambda=0.50$
점프 평균	$\mu=-0.10,\ 0,\ +0.10$
점프 표준편차	$\gamma=0.50$

$\lambda=0.5$이기 때문에. 점프는 평균 2년에 한 번씩 발생한다. $\mu=0$일 때, 주식의 수익률분포에는 왜도(skewness)가 없다(식(16.8) 참조). 왜도(skewness)는 $\mu=+0.10$일 때 양이며, $\mu=-0.10$일 때 음이다. 옵션가격으로부터 다양한 행사가격에 대한 내재변동성을 역산한다.(내재변동성은 블랙-숄즈 공식을 주어진 옵션가격과 일치시키는 변동성 수준으로 정의됨을 기억하라.) 결과는 [그림 16.2]에 나와 있다. 사용된 행사가격의 범위는 현 주가 수준에서 대칭이며, 그 범위는 \$50에서 \$150까지이다.

이 그림은 점프-확산 하에서 행사가격과 괴리가 큰 옵션은 일반적으로 등가격 옵션보다 내재변동성이 높다는 것을 보여준다. 즉, 내재변동성 왜도가 있다는 것이다. 이것은 점프-확산 하에서

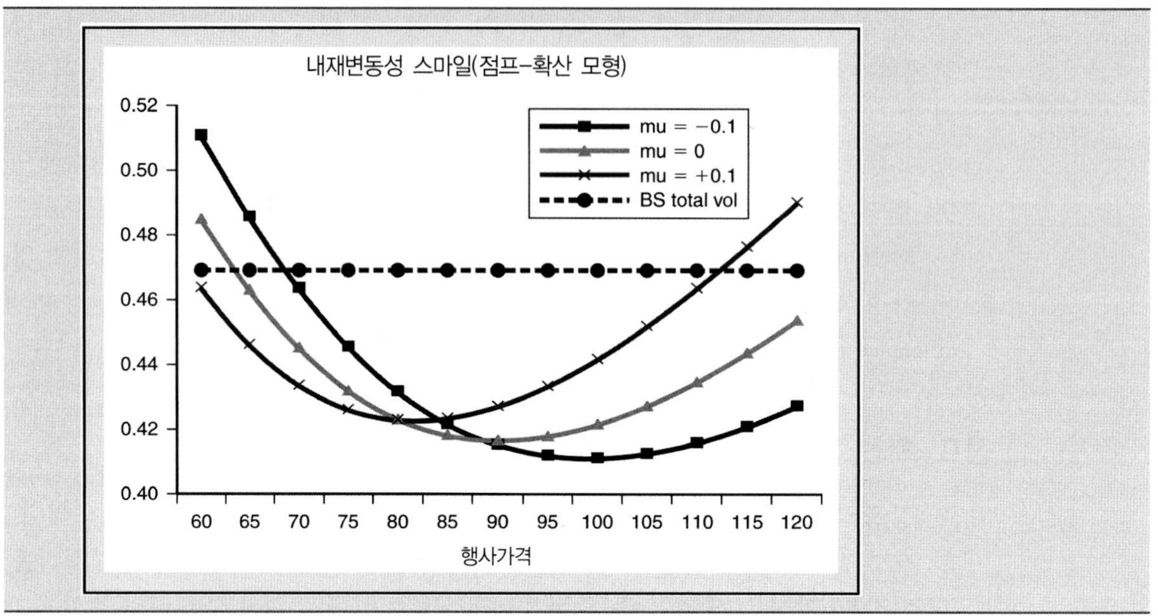

그림 16.2 점프-확산 모형에서의 옵션 스마일

과도한 첨도(fat tails) 때문에 기인한다(식(16.9) 참조). $\mu=0$일 때, 비대칭성(skewness, 왜도)은 없으며 내재변동성 왜도는 대칭이다(즉, "스마일"이다). 이것은 통화 옵션 시장에서 일반적으로 관찰되는 모양이다. $\mu<0$일 때, 수익률분포의 음의 비대칭성은 내재변동성 곡선을 치우치게 하여, 외가격 풋옵션은 등가격 또는 외가격 콜옵션보다 높은 내재변동성을 나타낸다. 이것은 어느 정도 주가지수 옵션시장에서 발견되는 모양과 유사하나, 경험적 비대칭성은 일반적으로 U자형보다는 덜하다. 유사하게, $\mu>0$에 대해서, 양의 비대칭성은 내재변동성 곡선이 우측으로 기울어져 외가격 콜옵션의 내재변동성이 등가격 또는 외가격 풋옵션보다 높은 내재변동성을 나타냄을 의미한다. 따라서 이론적으로 말하면, 점프-확산은 내재변동성 왜도에 대해 다양한 형태를 생성할 수 있다.

점프를 무시함으로써 발생하는 가격 편향

이와 관련하여 흥미로운 질문은 점프를 무시함으로써 발생하는 가격 편향이다. 즉, 실제로는 Merton 점프-확산 과정을 따르는 주식에 대해 이것이 기하브라운운동을 따르는 것으로 가정하는 어떤 관찰자를 고려해 보자. 만일 그 관찰자가 주가의 변동성을 추정하기 위해 주식의 가격이력을 사용하면(그리고 그가 충분히 오랜 기간 동안의 주식가격의 이력을 알고 있을 때), 그는 수익률 분산 추정치 (16.7)에 도달하게 된다. 즉, 주가의 변동성 ψ는 다음과 같이 계산된다.

$$\psi=\left[\sigma^2+\lambda\left(\mu^2+\gamma^2\right)\right]^{1/2} \tag{16.11}$$

그림 16.3

점프-확산과 블랙-숄즈 가격과의 비교

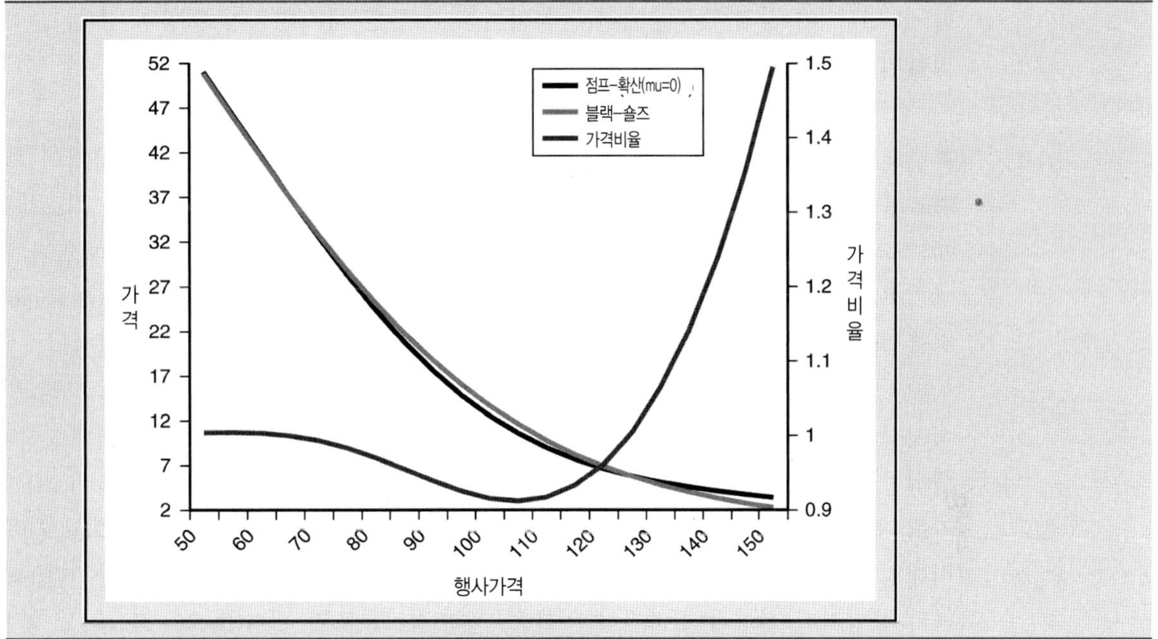

따라서 우리의 질문은 (16.11)을 변동성으로 사용하여 계산된 블랙-숄즈 가격이 (λ, μ, γ)하에서 계산된 점프-확산 가격과 어떻게 비교 되는가하는 것이다.

구체적으로, $\mu=0$인 경우를 고려해보자. [그림 16.3]은 이 경우에 대한 점프-확산 및 블랙-숄즈 옵션가격을 보여준다. 나머지 매개변수는 [그림 16.2]에서 사용된 것과 동일하다. 이 그림은 블랙-숄즈모형이 점프-확산과 비교하여 등가격이나 근거리가격 옵션은 과대평가하지만, 원거리가격 옵션은 과소평가하는 것을 보여준다.[3] Merton(1976)은 이것이 블랙-숄즈 옵션가격 결정공식의 곡률 속성과 점프-확산 가격 (16.10)이 블랙-숄즈 가격의 확률가중 볼록조합(probability weighted convex combination)이라는 사실의 결과라는 것을 보여준다.

모형의 보정과 실증적 성과

모형을 보정하는(calibrating) 한 가지 방법은 거래된 옵션의 가격을 취하여 옵션의 가격과 가장 잘 일치하도록 모형의 매개변수 값을 찾는 것이다. 이것이 "내재적" 매개변수 접근법이다. 블랙-숄즈모형의 단순한 경우, 관찰되지 않은 유일한 매개변수인 변동성은 단일 옵션의 가격으로부터 역산

3) 이 효과는 (그림 16.2)의 내재변동성 도표를 사용하여 볼 수 있다. $\mu=0$ 일 때, (16.11)은 약 0.46의 변동성을 의미한다. (그림 16.2)에서 알 수 있듯이, 이는 점프-확산의 근거리가격 옵션의 내재변동성보다는 크지만 원거리가격 옵션의 내재변동성보다는 작다. 그러나 내재변동성 수치는 (그림 16.3)에서 제시된 달러 가격결정 오차를 계산하는 것을 가능하게 하지 못한다.

할 수 있다. 이 장의 뒷부분에서 논의되는 더 복잡한 국소변동성 모형의 경우, 좀 더 큰 선택된 옵션 집합의 가격을 사용하여 트리를 "정의"한다.

점프-확산모형에는 정의될 필요가 있는 다음과 같은 네 개의 관측이 불가능한 매개변수가 있다: 확산의 변동성(σ), 점프 확률(λ), 점프 평균(μ) 및 점프의 분산(γ^2). 옵션가격의 횡단면(cross-section) 자료를 사용하여, 모형 내재가격과 관측된 가격 간의 편차의 제곱의 합을 최소화하는 방법 등으로 "최적의" 매개변수 값을 구할 수 있다. 대안으로, 주식 또는 옵션가격의 시계열과 점프-확산 과정을 야기하는 확률 함수를 사용하여, 예를 들어 최우추정방법(maximum-likelihood methods)을 사용하거나 적률법(method of moments)으로 계량경제학적으로 매개변수를 구할 수 있다.

실증적으로, 점프-확산을 지지하는 증거는 혼합되어있다. Jorion(1988) 그리고 Bates(1996)는 주식시장과 통화시장에서 모형을 지지할 수 있는 약간의 증거를 얻었다. 비대칭성과 과도한 첨도를 생성할 수 있는 모형의 능력은 일반적으로 합리적인 매개변수화(parametrizations) 하에 관찰된 옵션가격, 특히 만기가 짧은 옵션가격을 잘 설명할 수 있다. 그러나 Das와 Sundaram(1999)이 보여주듯이, 비대칭성 및 특히 과도한 첨도는 만기가 길어짐에 따라 매우 빠르게 사라진다((16.8)과 (16.9) 참조), 따라서 만기가 길어짐에 따라 수익률은 대략 정상분포가 된다(Backus, Foresi, Li 및 Wu(1997)). 결과적으로, 점프-확산 하에서의 내재변동성 스마일은 실제로 관찰된 것보다 훨씬 빠르게 평평하게 된다.[4] 이러한 결과는 점프-확산이 장기 만기(또는 동시에 다른 만기)를 가진 옵션의 관측된 가격을 설명하는 능력이 제한적이라는 것을 시사한다.

16.3 확률적 변동성

점프-확산과 마찬가지로, 확률적 변동성 모형은 블랙-숄즈모형에 대해 한 가지 중요한 수정을 한다. 이 경우, 변동성이 일정하다는 블랙-숄즈 조건이 제거된다. 오히려, 변동성은 별도의 확률적 과정에 따라 시간이 지남에 따라 진화할 수 있다. 시간에 따라 변동하는 변동성은 수익률분포에서 두꺼운 꼬리를 생성하므로, 블랙-숄즈모형의 주요 단점 중 하나를 해결한다. 그러나 확률적 변동성 모형에서는 가격경로가 연속적이다. 즉, 시장 격차가 인정되지 않는다.

확률적 변동성 모형을 구체화한다는 것은 다음의 세 가지를 구체화함을 의미한다. (a) 기초자산인 주식 수익률과정, (b) 변동성의 변화를 지배하는 확률적과정, 그리고 (c) 변동성의 변화와 주식 수익률 간의 상관관계이다. 세 번째 요건은 급격한 음의 수익률이 변동성 증가와 관련이 있는 주식

4) 내재적 변동성 스마일이 실제로 평평해지는지 여부에 대한 질문도 있다. Foresi와 Wu(2005)는 여러 국가에 걸쳐 5년까지의 만기를 가진 옵션의 방대한 자료를 사용하여 매우 긴 만기에도 옵션 스마일이 가파른 상태라는 강한 증거를 제시하였다. Carr와 Wu(2003)도 참조하라.

시장에서 실제로 관찰되는 "레버리지 효과"와 같은 것을 포착할 수 있게 해준다.

많은 상이한 확률적 변동성 모형이 문헌에서 제안되었다. 이 모든 것은 블랙-숄즈 보다 기술적으로 더 복잡한 연속시간 모델이다. 따라서 이 모형들에 대한 설명을 하기 전에 핵심적인 아이디어를 이해할 수 있도록 비연속시간 모형에 대해 설명하고자 한다. 특히 이 사례는 확률적 변동성 하에서 가격이 블랙-숄즈 가격과 어떻게 다른지와 변동성과 수익률의 변화 간의 상관관계가 이 관계에 어떻게 영향을 미치는지를 설명한다.

이항기반의 확률적 변동성 모형

이항모형의 일반적인 CRR 매개변수화(13장)에서, 이항트리의 위 아래 움직임은 각각 $u = e^{\sigma\sqrt{h}}$와 $d = e^{-\sigma\sqrt{h}}$로 주어지며, 여기서 σ는 주식의 변동성이고, h는 년수로 측정된 트리의 한 기간의 길이이다. 따라서 S_t가 주어지면 S_{t+h}의 가능한 두 값은 다음과 같다.

$$S_{t+h} = \begin{cases} S_{t+h}^{u} = e^{\sigma\sqrt{h}}\, S_t \\ S_{t+h}^{d} = e^{-\sigma\sqrt{h}}\, S_t \end{cases} \tag{16.12}$$

변동성을 기간마다 결정적으로 변화시킬 수 있도록 이 특성을 쉽게 수정할 수 있다. 예를 들어, 시점 t와 $t+h$ 사이의 변동성을 σ_t라고 가정하자. 그런 다음, 위아래 이동이 단순히 기간별로 변경되도록 허용한다. 즉, S_{t+h}의 가능한 값을 다음과 같이 정의한다.

$$S_{t+h} = \begin{cases} S_{t+h}^{u} = e^{\sigma_t\sqrt{h}}\, S_t \\ S_{t+h}^{d} = e^{-\sigma_t\sqrt{h}}\, S_t \end{cases} \tag{16.13}$$

그러나 무작위로 변하는 변동성은 어떠한가? 이 경우, 시간이 지남에 따라 변동성의 진화에 대한 확률적 과정을 먼저 정해야하며, 이를 이용하여 트리를 만들어야 한다. 변동성의 진화를 위한 간단한 비연속시간과정은 다음과 같이 개발될 수 있다. 곧 설명하는 바와 같이, 이 공식은 단순히 Heston (1993) 모형의 비연속시간버전이며 확률적 변동성 모형과 관련된 많은 주요 특성을 설명한다.

σ_t는 실현된 기간-t 변동성을 나타내고, κ, θ 그리고 η는 $0 < \kappa < 1$인 양의 항들이라고 하자. 분산의 변화는 $V_t = \sigma_t^2$으로 표시하자. 시간 $(t+h)$ 분산은 다음의 두 가지 가능한 값을 취할 수 있다고 가정하자.

$$V_{t+h} = \begin{cases} V_{t+h}^{u} = V_t + \kappa(\theta - \sigma_t)h + \eta\sqrt{V_t h} \\ V_{t+h}^{d} = V_t + \kappa(\theta - \sigma_t)h - \eta\sqrt{V_t h} \end{cases} \tag{16.14}$$

분산에 대한 이항과정은 연속시간 확산과정의 비연속시간 근사치로 생각해야 한다. 식 (16.14)는 두 항으로 구성된 시간 $t+h$와 t에서의 분산 값들 사이의 차이 $V_{t+h} - V_t$를 효과적으로 표현한다.

- $\kappa(\theta-\sigma_t)h$라는 항은 과정의 추세(drift)라고 불린다.
- $\eta\sqrt{V_t h}$라는 항은 진화 과정에서 무작위성을 나타내는데, 그 이유는 어떤 경우에는 양의 부호를, 다른 경우에는 음의 부호를 취하기 때문이다.

추세 $\kappa(\theta-\sigma_t)$를 고려해보자. 매개변수 θ는 평균 장기분산을 나타낸다. 현재 분산이 이 수준보다 작으면 추세는 분산을 증가시키지만, 현재 분산이 이 수준보다 크면 추세는 분산을 낮춘다. 즉 다음과 같다.

- $V_t < \theta$일 때, 추세는 양의 값을 가지며, 시간-t 값에서 V_t를 증가시킨다.
- $V_t > \theta$인 경우, 추세는 음수이고 V_{t+h}를 끌어 내린다.
- $V_t = \theta$이면, 추세는 0이다.

요컨대, V_t에 대한 이 특성이 "평균-회귀(mean-reversion)"를 나타낸다고 말할 수 있다. κ항은 평균-회귀의 계수이며 그것은 분산이 평균으로 되돌아가는 속도를 제어한다. κ가 높을수록, 분산은 평균 수준 θ쪽으로 더 빠르게 움직인다.

마지막으로, 매개변수 η는 "변동성의 변동성"이라고 불린다. 만약 $\eta=0$이라면, 노이즈 항 $\eta\sqrt{V_t h}$가 사라지기 때문에 변동성 과정에서 무작위성이 없다. 그리고 η가 증가함에 따라 V_{t+h}의 가능한 두 값의 차이가 커져서 변동성의 폭이 증가한다.

언급한 바와 같이, 이 변동성 과정은 Heston(1993) 연속시간 모형의 비연속시간 버전이다(Heston 모형에 대한 설명은 아래 참조). 이 모형에는 변동성이 진화하는 장기 평균 수준, 평균-회귀 계수, 그리고 변동성 폭의 크기를 결정하는 변동성의 변동성이라는 세 가지 핵심 특성이 있다. Stein과 Stein(1991) 그리고 다른 연구자들이 연속시간에 대한 비슷한 모형을 연구했다. 그럼에도 불구하고, 이 비연속시간 모형은 단지 설명을 목적으로 한 것이다. 예를 들면, 우리는 분산이 음수가 되는 것을 막기 위한 제약 조건을 추가하지 않았는데, 이 제약 조건은 연속시간 공식 (16.14)에서 쉽게 제외되는 상황이다.

한편, 주가과정은 (16.13)과 똑같이 전개되지만, σ_t는 기간 t의 실현된 변동성에 의해 주어진 $\sigma_t=\sqrt{V_t}$로 전개된다. 주식가격과 변동성 모두가 위 또는 아래로 갈 수 있기 때문에 시간 $t+h$에서 다음과 같이 총 네 가지 결과가 발생할 수 있다.

$$\left(S^u_{t+h},\ V^u_{t+h}\right),\quad \left(S^u_{t+h},\ V^d_{t+h}\right),\quad \left(S^d_{t+h},\ V^u_{t+h}\right)\quad \text{그리고}\ \left(S^d_{t+h},\ V^d_{t+h}\right)$$

따라서 각 기간마다 [그림 16.4]에 나와 있는 4항(quadrinomial) 모형이 있다. 주식가격이 상승 움직임을 나타낼 확률은 상위 두 분기점(node)의 확률의 합이다. 유사하게, V^u_{t+h}로 이동하는 V의 확률은 첫 번째와 세 번째 분기점의 확률의 합이다. 변동성과 주식 수익률의 변화 간의 상관관계는 정확하게 그림에서 ρ이다.

그림 16.4
확률적 변동성 4항 트리

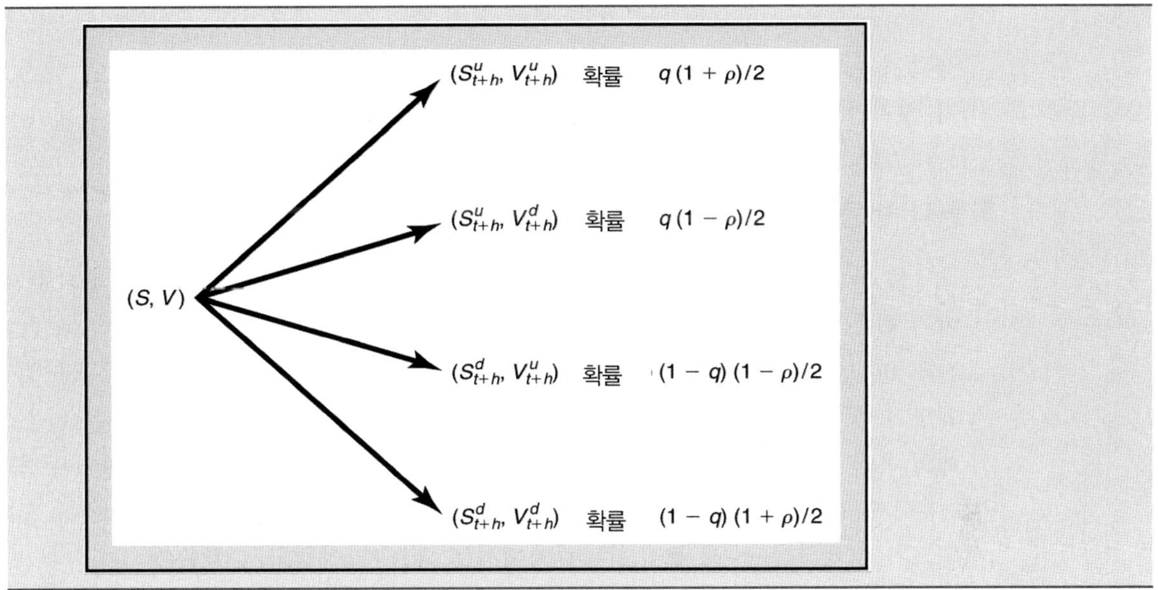

모형의 옵션가격

부록 16B는 위에서 설명한 확률 모형을 구현하기 위한 Octave의 코드를 설명한다. 변동성에 대한 다른 확률적 과정을 도입하기 위해 코드를 수정하는 것은 간단한 문제이다. 우리는 확률적 변동성 하에서 옵션가격을 구하기 위해 이 방법을 사용한다. 우리는 이 가격을 블랙-숄즈 가격과 비교하고자 하며, 이 블랙-숄즈 가격은, 비연속 상황에서는, 고정된 변동성을 가진 이항모형의 가격에 불과하다. 이 비교는 확률적 변동성의 역할뿐만 아니라 변동성과 수익률의 변화 사이의 상관관계 ρ의 역할을 강조한다.

[표 16.3]은 확률적 변동성 상관관계의 세 가지 값($\rho=-0.50$, 0, $+0.50$)과 일련의 행사가격에 대하여, 행사가격 $K=100$을 가진 콜옵션의 가격을 나타낸다. 이 표에는 블랙-숄즈 가격도 나와 있다. 다음의 매개변수 값이 이 숫자를 생성하는데 사용되었다.

변수	가치
초기 주식가격	$S=100$
무위험이자율	$r=0$
옵션 만기	$T=0.50$
초기 변동성	$V=0.09$
변동성 평균	$\theta=0.09$
변동성의 변동성	$\eta=0.30$
평균 회귀율	$\kappa=0.10$

블랙-숄즈/이항모형 값은 변동성의 초기 수준값을 사용하여 계산되었고, 이 값은 변동성의 고정된 수준으로서 장기 평균값이기도 한 θ이다. 즉, $\kappa = \eta = 0$이다. 물론 블랙-숄즈 값은 ρ에 의존하지 않지만, [표 16.3]의 확률적 변동성 값은 ρ와 함께 변한다는 점에 유의해야 한다.

확률적 변동성과 블랙-숄즈 옵션가격의 비교

[표 16.3]의 수치들을 논의하기 전에, 우리는 확률적 변동성이 어떻게 중요한지에 관해 먼저 이야기 한다. 확률적 변동성은 수익률분포에서 두꺼운 꼬리(fat tails)를 만든다. 또한 수익률과 변동성간의 0이 아닌 상관관계는 수익률분포에 대한 왜도를 유발한다. 양의 상관관계가 발생하면 양의 왜도가 발생한다. 대체적으로 양의 상관관계 하에서 양의 수익률은 더 높은 변동성과 관련되어 미래의 움직임이 커지고 오른쪽 꼬리 부분을 밖으로 밀어 낸다.(음의 수익률은 낮은 변동성과 관련이 있기 때문에 왼쪽 꼬리는 그다지 영향을 받지 않는다.) 반대로 상관관계가 음수이면 왼쪽 꼬리가 펼쳐져 음의 왜도가 발생하는 반면, 0의 상관관계에서는 왜도가 발생하지 않는다.

꼬리의 이러한 행동은 [표 16.3]의 숫자로 나타난다. 높은 행사가격(외가격 콜옵션에 해당)에서는 (a) 옵션 값은 상관관계가 증가함에 따라 증가하고, (b) 음의 상관관계에서는 옵션 값은 블랙-숄즈 값보다 적지만, 양의 상관관계가 있는 경우, 옵션 값은 블랙-숄즈 값보다 크다. 직관적으로, 상관관계가 증가함에 따라 왼쪽 꼬리로부터 오른쪽 꼬리로 가중치가 이동하여 외가격 콜옵션의 기대 손익을 증가시키고 이는 (a)를 설명한다. 또한, 음의 상관관계에서는 왼쪽 꼬리가 두껍고(오른쪽 꼬리는 얇음), 양의 상관관계가 있는 경우 오른쪽 꼬리는 두껍고 이는 (b)를 설명한다.

낮은 행사가격(외가격 풋옵션에 해당)에서는 이러한 패턴이 반대가 된다. 직관적으로, 상관관계가 감소함에 따라 왼쪽 꼬리가 더 두꺼워져서 외가격 풋옵션의 가치를 증가시키고, 이는 풋-콜 패리티

표 16.3 확률적 변동성과 블랙-숄즈 모형 하에서의 콜옵션가격

부록 16B의 프로그램 코드에 의해 확률적 변동성과 블랙-숄즈모형로부터 구한 콜옵션가격들임. 수치들은 6단계와 7단계 트리를 통해 옵션가격들을 구하고 그 두 수치의 평균값을 구한 것이다. 아래의 표는 일련의 행사가격에 대하여 변동성 변화와 주식 수익률간의 상관계수 ρ가 세 가지 다른 수치인 경우에 대한 콜옵션가치를 나타낸다.

행사가격	블랙-숄즈 가격	확률적 변동성 하에서의 콜옵션가격		
		$\rho = -0.5$	$\rho = 0.0$	$\rho = +0.5$
60	40.005	40.047	40.024	40.008
70	30.306	30.354	30.284	30.214
80	21.554	21.508	21.396	21.280
90	13.740	14.194	14.092	13.989
100	8.874	8.475	8.469	8.475
110	4.332	4.716	4.829	4.939
120	2.739	2.324	2.470	2.605
130	1.146	1.098	1.235	1.367
140	0.507	0.425	0.548	0.671

에 의해 해당(내가격) 콜옵션의 가치를 높이게 된다. 마지막으로, 상관관계가 0일 때 두 꼬리가 두껍고 수익률분포에 왜도가 없으므로 어느 방향으로든 행사가격과 멀리 떨어져 있는 원거리옵션의 가격은 블랙-숄즈 값보다 높다.

이러한 결과는 내재변동성 스마일의 관점에서 간결하게 나타낼 수 있다. 스마일은 확률적 변동성 모형에서 얻은 여러 가지 행사가격에 대한 옵션가격을 사용하여 블랙-숄즈모형로부터 내재변동성을 계산함으로써 생성된다는 것을 기억하라. [그림 16.5]는 [표 16.3]의 옵션가격을 사용하여 그린 매끄러운 내재변동성 스마일 곡선을 나타낸다.

상관관계가 음수이면 스마일이 왼쪽으로 비뚤어진다. 이것은 주가지수에서 흔히 볼 수 있는 경우이다. 물론 주가지수시장은 일반적으로 변동성과 수익률 간의 음의 상관관계를 나타낸다. 상관관계가 0일 때 스마일은 대칭이다. 이것은 통화옵션시장의 전형적인 것이며 개별 주식에 대한 옵션의 경우는 적다. 상관관계가 양의 값일 때 스마일은 오른쪽으로 비뚤어진다.

연속시간 확률적 변동성 모형

여러가지 다른 연속시간 확률적 변동성 모형이 제안되었다. 우리는 아마도 가장 인기 있고 가장 잘 알려진 Heston(1993)의 모형에 초점을 맞추어 이 부문에 집중하고자 한다. 우리는 또한 다른 모형들도 간단히 다루고자 한다. 기술적으로, 확률적 변동성 모형에 들어가는 세 가지 방정식이 있는데, 하나는 주가의 진화에 대한 방정식, 다른 하나는 변동성의 진화에 대한 것이고, 나머지 하나는 첫 번째와 두 번째 사이의 관계를 설명하는 것이다.

그림 16.5

확률적 변동성 모형에서의 내재변동성 스마일

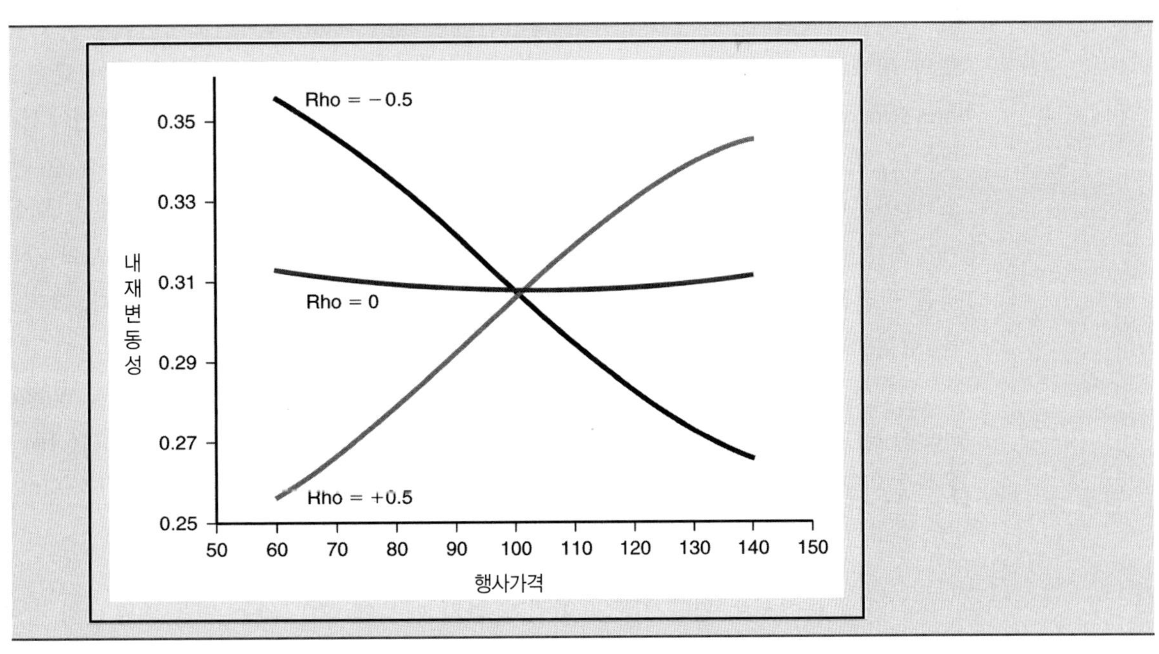

σ_t를 시간 t의 순간변동성 이라고 하자. Heston모형에서 첫 번째 방정식은 기초자산 가격의 진화에 대한 블랙-숄즈 공식과 유사하지만(15장 참조), 상수 σ 대신에 σ_t로 대체한 것이다.

$$dS_t = \alpha S_t \, dt + \sigma_t S_t \, dW_t^1 \tag{16.15}$$

W_t^1는 주식가격과정을 주도하는 브라운운동과정이고, α는 주가과정의 추세이다. 이 주식 수익률과정에 우리는 변동성의 진화를 위한 두 번째 확률과정을 추가한다. $\nu_t = \sigma_t^2$를 순간분산이라고 하면, Heston모형에서 두 번째 방정식은 다음과 같다.

$$d\nu_t = \kappa(\theta - \nu_t)\, dt + \eta \sqrt{\nu_t}\, dW_t^2 \tag{16.16}$$

여기서 κ, θ 및 η는 모두 양의 값이다. 비연속시간모형에서처럼, θ는 순간분산의 장기 평균, κ는 평균-회귀 계수, 그리고 η는 변동성의 변동성이다. ν_t에 대한 과정 (16.16)은 $\kappa\theta > \frac{1}{2}\eta^2$일 때 양의 값을 유지한다는 것이 보장된다. 세 번째 최종 방정식은 브라운과정 W_t^1와 W_t^2 사이의 상관관계를 명시함으로써 첫 번째와 두 번째를 연결한다.

$$E\left[dW_t^1 \, dW_t^2\right] = \rho \, dt \tag{16.17}$$

급격한 음의 손익과 관련하여 변동성이 증가하는 것을 자주 관찰할 수 있는 주식시장에서 ρ는 음수일 것으로 예상한다. 그러나, 일반적으로 이 모형은 ρ의 특별한 부호를 요구하지 않는다. 방정식 (16.15)~(16.17)은 Heston 모형에 대한 온전한 설명이다.

이 모형에서 주식 수익률의 첨도(kurtosis)는 변동성의 무작위적인 변화에 의해 생성된다. 변동성과 수익률의 변화 사이의 0이 아닌 상관관계는 왜도(skewness)를 초래한다. 이 모형에서 왜도 및 첨도의 행태는 Das와 Sundaram(1999)에 설명되어 있으며 이 모멘트들에 대한 닫힌 형태의 해(closed-form solutions)를 보여준다. 그들이 얻은 한 가지 중요한 특성은 첨도가 수평선에서 낙타등 형태라는 것이다. 과도한 첨도는 매우 짧은 만기에서 0에 가까우며 최대로 상승하다가 긴 만기에서 다시 0으로 줄어든다. 직관적으로 만기가 짧을 때, 변화하는 변동성은 과도한 첨도를 만들 충분한 시간을 가지지 못하고, 만기가 길면 평균으로의 회귀는 과도한 첨도를 제거한다. K의 값이 높을수록 변동성은 평균값으로 더 빨리 되돌아가고, 따라서 첨도가 더 빨리 사라지게 된다. 그리고 변동성의 왜도을 생성하는데 첨도가 필요하므로, 이것이 또한 왜도를 제거한다.

문헌에서 제안된 확률적 변동성의 다른 모형으로는 Hull과 White(1987), Wiggins(1987), Stein과 Stein(1991), Amin과 Ng(1992) 등이 있다. Hull과 White(1987)는 변동성과정 (16.16) 자체가 기하브라운운동의 형태를 취하는 모형을 제시한다.

$$d\nu_t = \psi \nu_t \, dt + \zeta \nu_t \, dW_t^2 \tag{16.18}$$

이 가정 하에서는 평균으로의 회귀가 없기 때문에, 기대되는 변동성은 ψ의 값에 따라 무한대로

발산하거나 0으로 수렴한다. Hull과 White는 또한 주식 및 변동성과정은 상관관계가 없다고 가정하는데, 이는 모형에서 대칭적인 변동성 스마일을 의미한다.

Stein과 Stein(1991)은 Heston모형에서와 같이 평균으로의 회귀를 가정한 모형을 제시하지만, 순간적인 분산보다는 순간적인 변동성의 행태를 모형화 한다. 모형의 순간변동성은 평균-회귀 가우시안과정을 따른다. 즉, (16.16)은

$$d\sigma_t = \kappa(\theta - \sigma_t)\,dt + \alpha\, dW_t^2 \qquad \textbf{(16.19)}$$

이를 Ornstein-Uhlenbeck 또는 OU과정이라고 한다. Stein과 Stein은 또한 식 (16.17)에서와 같이 변동성과 수익률과정 간에 임의의 상관관계를 허용한다. Schöbl과 Zhu(1999)도 비슷한 모형을 제시하였다.

확률적 변동성 하에서의 옵션가격결정

변동성과 수익률이 상관관계가 없는 경우, Hull과 White는 확률적 변동성 모형의 옵션가격이 블랙-숄즈 가격의 함수로 표현될 수 있음을 보여준다. 구체적으로 $\overline{V}$를 옵션기간에 대한 평균분산이라고 하자. $\overline{V}$는 분명히 실현된 분산의 특정 경로에 의존하므로, $h(\overline{V})$는 $\overline{V}$의 확률 밀도 함수를 나타낸다. 또한 $C^{BS}(\overline{V})$를 주어진 $\overline{V}$하에서, 즉 $\sqrt{\overline{V}}$의 변동성 하에서 블랙-숄즈 콜옵션가격이라고 하자. 그런 다음, C^{SV}를 확률적 변동성 하에서의 콜옵션가격이라고 하면, Hull과 White는 다음의 관계를 보였다.

$$C^{SV} = \int_0^{\infty} C^{BS}(\overline{V})\, h(\overline{V})\, d\overline{V}$$

변동성과 수익률 간에 상관관계가 있는 일반적인 경우는 매우 풀기 어려우나, Heston(1993) 논문에서 닫힌 형태의 해를 풀었다. Heston의 논문은 옵션가격결정에 상당한 영향을 미쳤는데 그 이유는 옵션 모형, 즉 블랙-숄즈 공식의 기본 설정을 확장하고 옵션가격의 신속한 계산을 할 수 있는 확장 모형의 가격에 대한 닫힌 형태의 해를 구하는데 완전히 새로운 기술적 접근 방식을 열었기 때문이다. 이 옵션 수식은 블랙-숄즈의 기본 구조를 유지한다. 예를 들어, 콜옵션가격결정 공식은 두 가지 구성 요소의 차이이다. 그 중 하나는 옵션이 내가격으로 끝날 때 주가의 현재가치이다 (블랙-숄즈의 콜옵션가격결정 공식에서 일반적으로 $SN(d_1)$이라는 항목), 그리고 다른 하나는 모든 내가격 결과에 대한 행사가격의 현재가치이다($Ke^{-rT}N(d_2)$항목에 해당).

15장에서 보았듯이 연속시간 하에서 옵션가격을 도출할 수 있는 두 가지 방법이 있다. 하나는 차익거래 논의를 사용하여 옵션가격결정 문제를 편미분방정식(pde)으로 해결하는 것이고, 다른 하나는 위험중립측도 하에서 기대값을 구함으로써 해를 구하는 것이다. 전자의 접근 방식은 대부분의 경우 닫힌 해를 구하기 어렵다. 후자는 위험중립확률 하에서 콜옵션 손익 $\max\{S_T - K, 0\}$의 기대

치를 구하고 이를 현재시간으로 할인함으로써 해를 구한다. 즉 r을 (일정한) 무위험이자율로, 현재 정보에 조건화된 T에서 위험중립 주식가격 밀도를 f로 표시하면, 콜옵션가격은 다음과 같다.

$$C = e^{-rT}\int_{K}^{\infty}(S_T - K)f(S_T)\,dS_T \qquad \textbf{(16.20)}$$

Heston의 논문에서 핵심적인 혁신은 이 옵션가격이 확률적 변동성 하에서 $N(d_1)$과 $N(d_2)$의 수치에 대해 각각 하나씩 두 개의 편미분방정식을 풂으로써 해결될 수 있다는 것을 보여 주었다. Heston의 해를 구하는 세부 사항은 기술적으로 매우 복잡하다. 우리는 부록 16C에서 이 기본 아이디어에 대한 경험적 동기를 기술한다.

확률적 변동성 모형의 보정과 실증적 성과

Heston모형에는 σ_0, κ, θ, η, ρ의 다섯 가지 미지의 변수와 관측되지 않는 변수가 있다. 이 값을 식별하는 한 가지 절차는 시장가격에서 관찰된 변동성과 모형에서 도출한 내재변동성의 차이의 제곱의 합을 최소화하는 매개변수를 찾는 것이다. ρ를 제외한 모든 매개변수는 음수가 아니라는 제약조건이 있다.

다른 방법들이 사용될 수도 있다. 하나는 모형과 시장 내재변동성의 절대 편차의 합을 최소화하는 것이다. 가중치 합계를 사용할 수 있다. 계산은 내재변동성보다는 옵션가격에 기초할 수도 있다. 이 경우 그 절차는 가격의 퍼센트 차이를 최소화하는 것을 목표로 한다. 그러나 이 방법은 외가격 옵션의 가치가 종종 너무 작기 때문에 불안정할 수 있고 그 결과, 차이가 없어지고 그 옵션의 비중이 커질 수 있다.

경험적으로 점프-확산과 마찬가지로 확률적 변동성모형을 지지하는 증거는 결정적이지 못하다. 이 모형에 대한 지지는 다양한 모습으로 서로 다른 시장에서 발견되었다(예: Bates, 1996). 이 모형의 왜도 및 과도한 첨도를 생성하는 기능은 이 모형이 블랙-숄즈모형보다 관측된 옵션가격에 더 잘 부합할 수 있음을 보여준다. 그러나 확률적 변동성 모형은 과도한 첨도의 낙타등 형태의 패턴을 암시한다(Das와 Sundaram, 1999 참조). 직관적으로 만기가 짧을 때에는 변화하는 변동성이 과도한 첨도를 만들 충분한 시간을 갖지 못하고, 만기가 길 때에는 평균으로의 회귀는 과도한 첨도를 제거한다. 결과적으로 합리적인 매개변수화에 대해서, 확률적 변동성 모형이 단기 옵션가격에 미치는 영향은 제한적이다. 주식시장에서의 옵션 스마일이 매우 긴 만기에도 가파르게 유지된다는 증거(Foresi와 Wu, 2005)는 이러한 모형이 매우 긴 만기의 데이터에도 잘 부합하지 못할 수도 있음을 시사한다.

16.4 GARCH 모형

GARCH(generalized autoregressive conditional heteroskedasticity)모형은 확률적 변동성모형에 대한 인기 있는 비연속시간 대안 모형이다. Engle(1982)에 의해 ARCH모형으로 개발되고 Bollerslev(1986)에 의해 일반화된 ARCH(또는 GARCH)모형으로 확장된 이 모형은 주가과정 및 수익률 행태를 묘사하는데 매우 유용하다. GARCH 모형의 옵션가격결정모형은 1990년대에 개발되었다(특히 Duan, 1995 참조).

블랙-숄즈모형의 기본 GBM과정을 보강하기 위한 두 번째 확률과정의 추가를 필요로 했던 점프-확산 및 확률적 변동성 접근법과는 달리, GARCH 접근법은 추가적으로 임의 변수를 도입할 필요가 없다. 또한 GARCH모형은 본질적으로 비연속시간모형으로, 고정된 시점 t, $t+h$, $t+2h$ 등에서 변동성이 변화가 발생한다. 그러나 h가 0이 될 때 GARCH 과정이 제한적인 연속시간 확산과정으로 수렴되도록 각 h에 대해 다른 GARCH과정을 정의할 수 있다. 자세한 내용은 Nelson(1990) 또는 Duan(1995)을 참조하라.

GARCH과정: 설명

과정의 비연속시간 점들을 t, $t+1$, $t+2$, ...로 나타내면, 두 개의 연속시간 점 사이의 간격은 h년으로 고정된다(예를 들면, h는 하루일 수 있다). $R_t = \ln(S_t / S_{t-1})$을 t 기간의 로그수익률이라고 한다. 기간 $(t-1)$까지 가능한 모든 정보 F_{t-1}을 조건으로, α_t는 기대수익률을 나타낸다: $\alpha_t = E(R_t \parallel F_{t-1})$. 그런 다음 R_t를 다음과 같이 쓸 수 있다.

$$R_t = \alpha_t + \epsilon_t \tag{16.21}$$

여기에서 $\epsilon_t = R_t - \alpha_t$는 예상치 못한 수익률을 나타낸다. 정의에 의해, ϵ_t는 평균값 0을 가진다. σ_t^2는 $(t-1)$까지 가능한 모든 정보의 조건 하에서 ϵ_t의 분산을 나타낸다: $\sigma_t^2 = Var(\epsilon_t \parallel F_{t-1})$. GARCH(1,1)모형으로 알려진 GARCH모형의 기본적이고 가장 보편적인 버전은 σ_t^2의 진화를 ϵ 및 σ의 직전 과거 수치의 함수로 나타낸다.

$$\sigma_t^2 = \beta + \gamma\sigma_{t-1}^2 + \zeta\epsilon_{t-1}^2 \tag{16.22}$$

(16.22)가 의미가 있기 위해서는 두 가지 조건이 충족되어야 한다. (i) β, γ 및 ζ는 모두 음수가 아니다. 그리고 (ii) $\gamma+\zeta<1$이다. 첫 번째 조건은 분산이 음수가 되지 않도록 보장하는 반면, 두 번째 조건은 변동성이 폭발하지 않도록 보장하는 데 필요하다. 이 조건이 주어지면 분산의 장기 평균 수준은 $\bar{\sigma}^2 = \beta/(1-\gamma-\zeta)$이다.

식 (16.22)는 큰 수익률 "충격"이 변동성을 지속적으로 증가시킨다는 것을 의미한다. 오늘 큰 수치의 ϵ는 (16.22)를 통해 내일의 변동성을 증가시키고, 그로 인해 모든 후속기간의 변동성을 증가시킨다. 그러나 $\gamma < 1$ 이기 때문에, 미래의 변동성에 대한 이 효과는 기하학적으로 쇠퇴하게 된다.

GARCH(1,1)의 변형 및 확장

GARCH (1,1)모형에 대한 여러 변형이 문헌에서 연구되었다. 다음은 그 몇 가지 예이다.

ARCH(q)

GARCH의 가장 초기버전은 Engle(1982)에서 소개된 ARCH모형이다. ARCH모형에서, 지속성은 충격항인 ϵ_t로부터만 발생하며 이전의 분산 값으로부터는 발생하지 않는다. ARCH(q) 모형은 다음과 같이 정의된다.

$$\sigma_t^2 = \beta + \sum_{i=1}^{q} \zeta_i \epsilon_{t-1}^2 \qquad \textbf{(16.23)}$$

m기간 ($1 \leq m \leq q$) 이전의 수익률 충격의 영향은 매개변수 ζ_m에 달려있다. 이 매개변수가 높을수록 더 이전의 수익률 충격이 계속 더욱 중요하게 된다. 일반적으로 $\zeta_1 \geq \zeta_2 \geq \cdots \geq \zeta_q$일 것으로 예상되므로, 수익률에 대한 최근의 충격이 더욱 중요하게 된다. ARCH(q)모형에서 q 기간 이전에 발생한 수익률에 대한 충격은 현재 분산에 전혀 영향을 미치지 않는다.

GARCH(p, q)

ARCH(q)모형은 Bollerslev(1986)에 의해 GARCH(p, q)모형으로 일반화되었다. 여기서, σ_t^2는 과거의 ϵ값에 의존할 뿐만 아니라 분산의 과거값에 대해서도 마찬가지이다.

$$\sigma_t^2 = \beta + \sum_{i=1}^{p} \gamma_i \sigma_{t-i}^2 + \sum_{i=1}^{q} \zeta_i \epsilon_{t-i}^2 \qquad \textbf{(16.24)}$$

GARCH(p, q)모형은 무한 차수 ARCH모형이다. 오늘 수익률에 대한 충격은 내일의 분산에 영향을 주고 이 분산을 통해 그 다음날에 분산에 영향을 미치고 이것이 무한대로 계속된다. 이전에 정의된 GARCH(1,1)모형은 (16.24)의 특수한 경우로서 $p = q = 1$이고 GARCH(p, q)모형 가운데 가장 인기 있는 버전이다.

GJR GARCH

Glosten, Jagannathan 및 Runkle(1993)은 비대칭을 포착하기 위해 고안된 GARCH의 변형을 소개했다. GARCH(1,1) 형식의 경우 그들의 모형은 다음과 같다.

$$\sigma_t^2 = \beta + \gamma \sigma_{t-1}^2 + \zeta \epsilon_{t-1}^2 + \delta I_{t-1} \epsilon_{t-1}^2 \tag{16.25}$$

여기서 I_{t-1}은 $\epsilon_{t-1} < 0$이면 값 1을 취하고 그렇지 않으면 0인 지시변수이다. 매개변수 $\delta > 0$는 시장이 하락함에 따라 변동성이 커지는 시장의 비대칭 행태("지렛대 효과")를 포착하도록 설계되었다. 식 (16.25)에서, $\epsilon_{t-1} < 0$은 "나쁜 소식"으로 간주될 수 있으며, "좋은 소식"($\epsilon_{t-1} \geq 0$)보다 시간-t의 변동성에 더 큰 영향을 미친다. GJR GARCH모형은 GARCH설정에 의해 모형 설계자에게 주어진 유연성의 훌륭한 예를 제공하며, 이 경우에 그 유연성은 변동성과정에 대한 시장의 비대칭적 반응을 구축할 수 있는 능력이다.

비대칭 GARCH

비대칭 GARCH 또는 AGARCH는 Engle(1990)에 의해 소개되었다. GARCH(1,1) 형식에서, 그의 식은 다음과 같다.

$$\sigma_t^2 = \beta + \gamma \sigma_{t-1}^2 + \zeta (\epsilon_{t-1} - c)^2 \tag{16.26}$$

c가 양수이면, 부정적인 충격 $\epsilon_{t-1} < 0$이 긍정적인 충격 $\epsilon_{t-1} \geq 0$보다 기간-t 분산 σ_t^2에 더 큰 영향을 미친다. 이것은 "지렛대 효과"를 따라 비대칭 반응으로 나타난다.

지수(Exponential) GARCH

지수 GARCH 또는 EGARCH는 Nelson(1991)에 소개되었다. 이후 EGARCH 모형은 여러 형태로 채택되고 연구되었다. EGARCH(1,1)모형은 다음과 같다.

$$\ln\left[\sigma_t^2\right] = \beta + \gamma \ln\left[\sigma_{t-1}^2\right] + \zeta \frac{\epsilon_{t-1}}{\sqrt{h_{t-1}}} + \psi\left[\frac{|\epsilon_{t-1}|}{\sqrt{h_{t-1}}} - \sqrt{\frac{2}{\pi}}\right] \tag{16.27}$$

방정식을 분산의 로그를 취해 실행하면 시스템이 GARCH모형의 비선형 형식이 된다.

GARCH모형 및 옵션가격

GARCH모형은 여러 가지 이유로 모형 설계자에게 유리하다. GARCH모형은 경험적 주식가격 시리즈를 잘 묘사하는 것으로 밝혀졌다. 이 모형은 매개변수 숫자가 적으며 매우 복잡한 과정 공식으로 이어지지 않는다. 그러나 이 모형은 유연하다. 예를 들어, 이 모형의 비대칭 형태에서 이미 경험적 수익률에 대해 보고된 왜도와 첨도를 설명한다. GARCH모형의 추정은 쉬운데 이는 부분적으로 GARCH 증분이 조건부 정규분포를 따르기 때문에 전개과정의 전이밀도함수(transition density functions)를 쉽게 적을 수 있다는 사실에 기인한다.

Duan(1995)은 GARCH과정 하에서 옵션가격결정을 설명하였다. 중요한 단계는 위험중립적인

GARCH과정을 파악하는 것이다. 비대칭 GARCH(1,1)모형의 경우, 구간 $[t,\ t+1]$에 걸친 주가의 위험중립적 진화는 다음과 같이 기술될 수 있다. $\eta_t \sim N(0,1)$을 일련의 독립 동일 분포(i.i.d.) 변수로 놓고, $\nu_t = \sigma_t^2$를 기간 $[t-1,\ t]$에 대한 분산이라고 하자. 그러면, 다음의 한 쌍의 방정식이 이 모형을 설명한다.

$$S_t = S_{t-1}\exp\left[\left(r - \frac{1}{2}\nu_t\right) + \sqrt{\nu_t}\,\eta_t\right] \tag{16.28}$$

$$\nu_t = \beta + \gamma\nu_{t-1} + \zeta\nu_t(\epsilon_{t-1} - k)^2 \tag{16.29}$$

여기서 r은 이 기간에 대한 무위험이자율이고 k는 상수이다.(k=0은 GARCH (1,1) 모형에 해당한다.) 이 분산 방정식에는 β, γ, ζ 및 k의 4가지 매개변수가 있다는 것을 주목하라.

GARCH 옵션가격결정모형을 구현하는 것은 (a) 모형의 매개변수를 추정하고, (b) 추정된 프로세스를 사용하여 옵션 값을 계산하는 두 단계로 구성된다. 추정은 $\{\beta,\ \gamma,\ \zeta,\ k,\ \nu_0\}$와 같은 다섯 가지 매개변수를 보정하는 것을 포함하는데, 여기서 ν_0는 초기 변동성이다. 옵션 값을 계산하는 데에는 몬테카를로 시뮬레이션이나 Ritchken과 Trevor(1999)에서와 같이 근사격자모형(approximating lattice model)을 구축하여 수행할 수 있다.

GARCH과정의 보정 및 시뮬레이션

주가의 로그 값을 $x_t = \ln(S_t)$라고 하면, x_t는 다음의 값을 가지는 조건부 정규분포를 따른다.

$$E(x_t) = \mu_t = x_{t-1} + r - \frac{1}{2}\nu_t \tag{16.30}$$

$$Var(x_t) = \nu_t = \sigma_t^2 \tag{16.31}$$

이 경우 프로세스의 각 전환에 대한 조건부 확률밀도는 다음과 같다.

$$f[x_t | x_{t-1}] = \frac{1}{\sqrt{2\pi\eta_t^2}}\exp[-0.5(x_{t+1} - \mu_t)^2/\eta_t^2]$$

그런 다음, 일련의 로그 주가 x_0, x_1, ... , x_T가 주어지면, 시계열의 로그-우도(log-likelihood)를 최대화하여 매개변수를 추정할 수 있다. 즉,

$$\max_\theta \ln\left[\prod_{t=0}^{T-1} f[x_t | x_{t-1}]\right] \equiv \max_\theta \sum_{t=0}^{T-1} \ln f[x_t | x_{t-1}]$$

여기서 θ는 매개변수 집합 $\{\beta,\ \gamma,\ \zeta,\ k,\ \nu_0\}$이다.

보정 문제에 대한 보다 간단한 접근법은 다음과 같다. 식 (16.28)에서 오차항을 다음과 같이 쓸 수 있다.

$$\eta_t = \frac{1}{\sqrt{\nu_t}}\left[\ln(S_t/S_{t-1}) - r + \frac{1}{2}\nu_t\right]$$

이것은 조건부 정규분포이므로, 로그-우도 추정치(log-likelihood estimator)는 다음과 같다.

$$\max_{\theta} \sum_{i=0}^{T-1} \ln\{\phi(\epsilon_{t+1})\}$$

여기서 $\phi(\cdot)$는 표준정규분포의 밀도함수이다

일단 매개변수가 얻어지면 식 (16.28)과 (16.29)를 사용하여 주가에 대한 샘플 경로를 생성할 수 있다. 이러한 샘플 경로를 기반으로 옵션 값의 시뮬레이션 추정치를 쉽게 계산할 수 있다. 이것은 36장에서 자세하게 다루어지는데 그곳에서 시뮬레이션 주제를 다루고 GARCH과정의 특정 예제를 다룰 것이다.

Baronc-Adesi, Engle 및 Mancini(2004)는 가격결정과정의 변동성(즉, 위험중립성 세계에서의 변동성)은 자산수익률의 변동성과 동일하지 않다는 가정 하에 GARCH모형을 기반으로 옵션가격을 계산하는 방법을 제안하였다. GARCH모형의 인기가 증가했음에도 불구하고 Duan, Ritchken 및 Sun(2005)은 이러한 모형만으로는 진화과정이 점프에 의해 보강되지 않는 한 관찰되는 옵션가격을 잘 설명할 수 없다고 주장한다.

16.5 다른 접근법들

이 절은 연속성을 잃지 않고 건너 뛸 수 있는 기술적인 부분이다. 이 절의 목적은 두 가지 다른 종류의 모형, 로그-안정(log-stable)모형 및 분산-감마(variance-gamma)모형을 소개하는 것이다.

지금까지 살펴본 연속시간모형은 모두 브라운 운동과정 또는 포아송과정을 기초로 한다. 브라운 운동과정과 포아송과정(또한 점프-확산과정과 같은 그들의 결합)은 레비(Levy)과정으로 알려진 일반적인 종류의 과정의 특별한 경우이다. 레비과정 L_t는 다음과 같은 특성을 지닌 우측으로 연속적인 과정이다.

1. 0에서 시작한다. $L_0 = 0$.
2. 고정된 증분을 갖는다. $t > s$에 대해 $L_t - L_s$의 분포는 $t - s$에만 의존한다.
3. 독립적인 증분을 갖는다. $t > s$에 대해 $L_t - L_s$의 분포는 과정이 L에 어떻게 도달했는지에 대해 독립적이다.
4. 확률적 연속성을 만족한다. 모든 $s \geq 0$ 및 $a > 0$에 대해 $|L_{t+s} - L_s| > a$일 확률은 $t \downarrow 0$일 때 0이 된다.

브라운운동과 포아송과정은 모두 레비과정의 특별한 경우이다. 레비과정은 또한 점프-확산 종류 외의 다른 과정들도 허용한다. 두 가지 예는 Carr와 Wu(2003)가 제안한 로그-안정모형과 Madan, Carr 및 Chang(1998)이 제안한 분산-감마모형의 근간을 이루는 "안정적인" 과정들이다.

로그-안정모형

이 장의 앞부분에서 언급했듯이, 점프-확산모형의 과도한 첨도는 기간이 확장됨에 따라 매우 빠르게 0이 되어 수익률은 거의 정상이 되고 변동성 왜도는 거의 평탄하게 된다. 이것은 변동성의 왜도가 매우 긴 만기에서도 매우 가파르다는 것을 보여주는 경험적 관찰과는 대조적이다(Carr와 Wu(2003), Foresi와 Wu(2005)). 확률적 변동성 과정 역시 패턴이 점프-확산과는 다르지만 기간이 증가함에 따라 초과 첨도가 0이 되는 문제가 있다. 여기서 초과 첨도는 낙타등 모양이며 0에서 최대로 증가한 다음 다시 0으로 돌아간다.

Carr와 Wu(2003)는 이 문제를 해결하기 위해 안정적인 프로세스를 사용하여 옵션가격결정모형을 개발하였다. 그들은 주가의 로그 값이 안정된 과정을 따른다는 것을 가정하기 때문에, 그들은 그들의 모형을 "로그-안정적(log-stable)"이라고 부른다. 이 모형에는 점프-확산모형과 구별되는 하나의 특징이 있는데 그것은 주가의 최종 분포의 형태(특히, 두터운 꼬리)가 기간이 증가함에 따라 약화되지 않는다는 것을 의미한다.

안정된 분포는 아쉽게도 그들의 모멘트가 유한할 필요가 없다는 특성을 가지고 있다. 더욱 아쉬운 것은 예상되는 손익(기본 변수의 함수)도 역시 유한하지 않다는 것이다. Carr와 Wu는 극도의 음의 왜도가 있는 예외적인 경우를 사용하여 모형을 개발하였다. 그러나 McCulloch(2003)는 Carr와 Wu(2003)의 제한이 필요하지 않음을 보여주었다. 그는 광범위한 매개변수에 적용될 수 있는 유한한 손익 기대치를 가진 모형을 개발하였다.

분산-감마모형

레비(Levy)과정과 같은 종류 내에 속하며 옵션 스마일에 대해 더 나은 보정을 하는 또 다른 접근법은 분산-감마(또는 VG)모형이다(참조. Madan, Carr 및 Chang, 1998). VG과정은 주가변동이 임의의 시간에 발생하고 변동 간의 시간간격이 감마분포에 의해 결정되는 과정이다. 이 분포는 임의의 시간을 모델링하는 데 적합하다. 주가변동의 진폭은 임의의 시간에 브라운운동의 증분을 관찰함으로써 얻어진다. 주식의 움직임은 이러한 임의의 시간에만 허용되기 때문에 이 과정은 연속적이지 않고 점프과정과 매우 흡사하다는 점에서 브라운운동과는 다르다. 그러나 점프 횟수가 임의의 시간 간격에서 유한한 포아송과정과 달리, 여기에는 무한한 점프가 있을 수 있다.

직관적으로 VG 과정은 작은 점프가 매우 높은 빈도로 도착하고, 큰 점프가 거의 발생하지 않는 순수 점프과정으로 생각할 수 있다. 관찰된 브라운 운동의 확산 분산 이외에, 브라운 운동의 추세

및 감마 프로세스의 분산은 주식 수익률의 왜도 및 첨도의 보정을 허용한다. 이 모형이 장기 만기 옵션의 경우에도 옵션가격 스마일을 잘 설명하는데 효과적이라는 증거들이 존재한다.

16.6 내재이항트리/국소변동성모형

국소변동성모형(local volatility models)은 어떤 의미에서 변동성이 시간과 상태에 따라 달라질 수 있다는 변동성의 진화에 대한 일반적인 특성을 가진 확률적 변동성 모형의 한 형태이다. 그러나 응용 측면에서 이러한 모형은 금융공학 분야에 더 많이 사용된다. 일반적으로 목표는 옵션가격이 모든 행사가격 및 만기 시점에서 동시에 관측된 옵션가격과 일치하는 가격 모형을 설정하는 것이다. 보다 정확하게 말하면, 미래의 시간 t와 시간-t의 주가 S_t의 함수로서 변동성에 대한 진화 경로 $\sigma(t, S_t)$를 식별하는 것을 목표로 하는데 이러한 형태의 확률적 변동성을 가진 모형은 모형 옵션가격이 행사가격 K와 만기 T의 모든 조합에 대해 경험적으로 관측된 옵션가격과 일치해야 한다. "국소변동성"이라는 용어는 이 과정에서 얻어진 수치 $\sigma(t, S_t)$를 말한다.

국소변동성모형의 한 가지 구현은 내재 옵션가격이 관측된 수준과 일치하는 이항트리를 만드는 것을 포함한다. 이런 맥락에서 그러한 모형은 아마 좀 더 서술적인 표현으로 "내재이항트리"라고도 불린다. 이 절에서는 내재이항트리의 구조를 기술한다.

내재이항트리가 무엇인가에 대한 동기를 부여하기 위해서 먼저 표준 블랙-숄즈모형이 적용되고 변동성 왜도가 없다고(즉, 모든 옵션의 내재변동성이 동일함) 가정해 보자. 모든 옵션가격과 일치하는 이항트리를 만들기 원한다고 가정해 보자. 이 때 찾아내야 할 미지의 매개변수는 단 하나뿐인데, 이는 트리의 기초가 되는 변동성이다. 우리는 하나의 옵션을 선택하여 간단한 수치 검색을 행함으로써, 트리가 암시하는 가격을 관측된 옵션가격과 일치시키는 변동성의 수치를 발견할 수 있다. 모든 옵션은 동일한 내재변동성을 갖기 때문에 트리는 서로 다른 행사가격 및 만기를 가진 모든 다른 옵션의 가격과도 일치한다. 이것은 "내재이항트리"의 가장 단순한 종류이다.

일반적인 절차는 블랙-숄즈모형이 유효하지 않을 때에도 이를 수행하는 것을 목표로 하므로, 모든 만기에서 변동성 왜도가 존재할 수 있다. 우리는 더 이상 단 하나의 옵션을 사용할 수 없다. 이항트리는 모든 옵션이 각기 다른 내재변동성을 가질 수 있기 때문에 모든 옵션의 정보를 사용해야 한다. 가능한 한 최상의 일치를 얻기 위해, 우리는 위아래 이동의 크기와 이러한 이동의 확률이 한 기간에서 다른 기간 사이에, 그리고 한 기간 내에 한 분기점에서 다른 분기점 사이에 변할 수 있도록 허용해야 한다.(한 분기점에서 위아래 이동의 크기가 해당 분기점에서의 "국소변동성"을 정확하게 정의한다.) 이것이 바로 이 절에서 살펴볼 트리의 구성이다.

내재이항트리는 같은 해에 발표된 세 개의 별개의 논문, Derman과 Kani(1994), Dupire(1994) 그리

고 Rubinstein(1994)에서 처음으로 소개되었다. 아래의 설명은 본질적으로 Derman과 Kani를 따른다.

다른 이야기지만, 국소변동성에 대한 분석 공식은 Dupire(1994)에 의해 기술되었고, Andersen과 Brotherton-Ratcliffe(1997)에 의해 일반화 되었다는 것을 주목해야한다. 관측된 시장가격이 행사가격과 만기의 평활함수(smooth function) $C(T, K)$로 표현될 수 있을 만큼 거래되는 콜옵션이 충분히 많다고 가정하자. $C_T(T, K)$와 $C_K(T, K)$는 각각 T와 K에 대한 C의 편미분을 나타내고, $C_{KK}C(T, K)$는 K에 대한 이차편미분을 나타낸다. 그러면 국소변동성은 다음과 같이 주어진다.

$$\sigma(T, K)=\frac{2}{K^2 C_{KK}(T, K)}\left[C_T(T, K)-(r-q)C+K(r-q)C_K(T, K)\right] \qquad \textbf{(16.32)}$$

Anderson과 Brotherton-Ratcliffe는 내재 유한차분방법(implicit finite-difference method)을 사용하여 (16.32)의 의미를 설명한다. 유한차분방법은 제35장에서 설명된다.

조언

여기에서 독자에게 한마디 조언을 하는 것이 좋을 것 같다. 내재이항트리의 기술은 따르기가 어렵지 않지만, 이것은 표준이항트리의 단순한 확장이 아니다. 독자가 연필과 종이를 사용하여 본문을 따라 접근하는 것보다 모형 도출절차를 이해하는 데에 더 좋은 방법은 없다. 즉, 진정으로 "무엇인가를 얻으려면" 자료들로 손을 더럽힐 필요가 있다. 이 절의 기초가 되는 원래 논문들은 어느 정도 세부 사항을 제공하지만, 초보자가 아닌 금융공학자들을 위해 쓰여 졌다. 따라서 우리의 설명은 독자가 트리 개발에 들어가는 각각의 계산과정을 이해할 수 있도록 의도적으로 자세하게 하였다. 여기에서 개발된 예제는 완전한 설명이 가능하도록 다기간으로 확장될 수 있다. 최종분석에서는 이러한 모형을 배우는 가장 좋은 방법은 그 모형구현을 위한 프로그램 코드를 작성하는 것이다. 그 길을 가기로 결심한 모험심이 많은 학생들은 분명히 매우 만족스러운 결과를 얻게 될 것이다.

표기법 및 사전준비

우리가 시작할 트리 구축절차에는 두 가지 목표가 있다.

1. 만기(T)와 행사가격(K) 격자에서 관찰된 모든 옵션의 가격과 일치하는 트리를 만들기.
2. 트리가 재결합되는 것을 확인하기. 이렇게 하면 계산절차가 빠르게 실행되고 빠르게 조정된다.

내재이항트리 접근법은 관측된 옵션가격을 일치시키는 것을 목표로 하기 때문에, 관측된 가격 또는 이와 동등한 전체 변동성지표(행사가격 및 만기에 대한 내재변동성 도표)가 입력으로 간주된다. 서로 다른 거래된 옵션의 행사가격과 만기의 내재변동성들을 보간법(interpolation)을 이용하여 전체 표면을 채울 수 있으므로, 어떤 행사가격과 만기를 가진 옵션에 대해서도 가격을 알 수 있는 트리

구축을 가정할 수 있다.(여기에서 채우기 과정을 설명하지는 않지만 주어진 데이터 점에서 평활한(smooth) 표면을 얻는 것은 단순한 일이 아니다. 하나의 "나쁜" 데이터 점 조차도 문제를 야기할 수 있다.) 우리는 또한 풋-콜 패리티(put-call parity)를 유지한다고 가정하기 때문에, 주어진 행사가격과 만기를 가진 콜옵션 및 풋옵션은 동일한 내재변동성을 갖는다.

주가

위아래 이동의 크기가 분기점마다 다를 수 있으므로 트리에 주가 변동을 나타내기 위한 편리한 표기법이 필요하다. 우리는 [그림 16.6]에 묘사된 표기법을 사용한다. 전형적인 분기점은 tj로 표시되고, S_{tj}는 분기점 tj에서의 주가를 나타낸다. 첫 번째 첨자는 시간 기간을 나타내고 두 번째 숫자는 해당 기간에 대한 분기점 번호를 나타낸다. 높은 j 값은 높은 주가를 의미한다. 구체적으로 재결합된 트리에서는 t 기간의 끝 부분에 $(t+1)$개의 별개의 분기점이 있음을 주목하자. 이 분기점들은 다음과 같은 방식으로 $S_{t,1}$, … , $S_{t,t+1}$로 번호가 매겨진다.

$$S_{t,1} < S_{t,2} < \cdots < S_{t,t+1}$$

따라서 초기 주가는 S_{01}이다. 한 기간이 지나면 가격은 S_{11}로의 "하방" 이동 또는 S_{12}로의 "상방" 이동을 할 수 있다. 좀 더 일반적으로, 어떤 가격 S_{tj}로부터 가격은 $S_{t+1,j}$로 내려가거나 또는 최대 $S_{t+1,j+1}$로 올라갈 수 있다. 분기점 tj에서 암묵적인 위아래 이동 크기는 다음과 같다.

$$u_{tj} = \frac{S_{t+1,j+1}}{S_{tj}} \qquad d_{tj} = \frac{S_{t+1,j}}{S_{tj}}$$

일반적으로, 위아래 이동은 t와 j에 따라 다를 수 있다. 불필요한 표기들을 최소한으로 유지하기 위해 이 절의 나머지 부분에서 u_{tj}와 d_{tj}의 수치를 언급하지 않고 대신 주가 표기법 만을 사용한다.

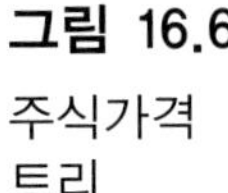

그림 16.6
주식가격 트리

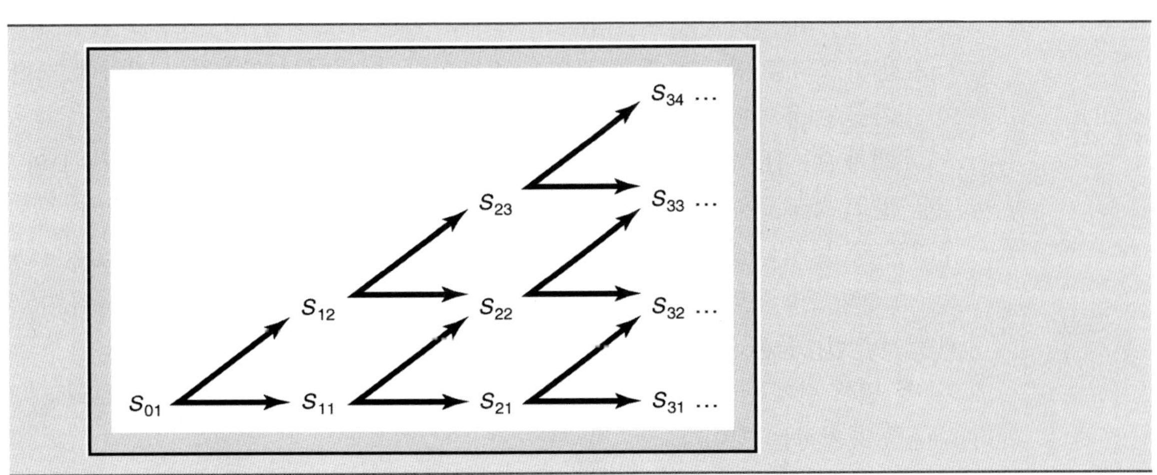

기타 트리 표기법

분기점 tj에서 상방 이동의 위험중립확률은 q_{tj}로 표시 되므로, $1-q_{tj}$는 하방 이동 확률이다. 평소와 같이, h는 년 단위로 측정된 이항트리에서의 한 기간의 길이를 나타내고, r은 연속복리로 표현된 이자율을 나타낸다. 기간당 이자율은 $R=e^{rh}$이다. 위험중립확률에 대한 정의로부터, 우리는 각각의 tj에서 다음을 얻는다.

$$S_{tj}=e^{-rh}\left[q_{tj}S_{t+1,\,j+1}+(1-q_{tj})S_{t+1,\,j}\right] \qquad \textbf{(16.33)}$$

옵션가격

표기 $C_{tj}(T,K)$는 만기일이 T이고 행사가격이 K인 콜옵션의 분기점-(tj)에서의 가격을 나타내는데 사용된다. 따라서 $C_{01}(T,K)$는 만기 T와 행사가격 K인 콜옵션의 초기 날짜의 가격을 나타낸다. 풋옵션가격 $P_{tj}(T,K)$도 유사하게 정의된다.

초기 매개변수 값

이 절의 설명은 예제를 통해 한다. 초기 주가는 $S_{01}=100$이다. 또한 $h=0.25$년의 값을 취한다(실무에서는 더 세밀한 트리를 사용할 것이다). 이자율은 $r=0.05$이기 때문에, 기간당 총 이자율은 $R=e^{rh}=1.0126$이다. 마지막으로, 위에 정의된 표기법에 따라 등가격 콜옵션의 1-기간의 초기 가격 $C_{01}(h,S_{01})$은 5로 정한다. 추가 옵션가격은 추후에 소개될 것이다.

진행방법

내재이항트리(implied binomial tree)의 구조는 순차적 귀납법(forward induction)의 형태로 진행된다. 먼저 1-기간의 트리를 만든 다음, 그 위에 2-기간의 트리를 만들고, 그 다음 2-기간의 트리 위에 3-기간의 트리를 만드는 등의 작업을 수행한다. 여기에서 일반적인 절차에 대한 설명을 한 다음 이 절차를 적용하여 수치 예제에서 트리의 첫 번째 세 기간을 구축한다.

우리가 $(t-1)$-기간 트리를 만들었다고 가정해 보자. 즉, 우리는 시간 $(t-1)$의 끝까지 모든 분기점을 알고 있고, 이 지점까지의 위아래 이동의 모든 (위험중립) 확률을 알고 있다. 다음 단계에서 우리는 총 $2t+1$ 변수를 결정해야 한다. (a) t기간의 끝에서 발생할 수 있는 $(t+1)$ 가격(즉, 가격 $S_{t,1}$, ... , $S_{t,t+1}$), 그리고 (b) $(t-1)$기간 트리의 끝에서 각 t 분기점에서 하나씩, "상방" 이동의 t개의 확률. 이 변수들을 풀기 위해 총 $2t+1$ 방정식을 필요로 한다.

첫 번째 단계는 CRR 이항모형에서 사용되는 것과 유사한 "중앙화(centering)"조건으로 이들 중 하나를 제거하는 것이다.

- t가 짝수인 경우, 즉 t 기간 끝에 홀수 개의 분기점이 있는 경우, 중간 분기점을 초기가격 S_{01}로 설정한다.
- t가 홀수인 경우, t 기간 끝에서 짝수 개의 가격이 있으므로, $S_{t,m1}$ 및 $S_{t,m2}$는 두 중간가격을 나타내며, 조건 $S_{t,m1}S_{t,m2}=(S_{01})^2$를 부과한다.

이와 같은 중앙화 조건은 경제적인 것이 아니라 공학적인 것이지만 트리의 균형을 유지할 수 있는 이점이 있다. 그것은 우리에게 필요한 $2t+1$ 조건 중 하나를 제공한다. 추가적인 t개 조건의 집합은 위험중립적인 가격조건 (16.33)에 의해 제공된다. $t-1$ 기간의 끝의 각 t 분기점에서 다음이 성립한다.

$$S_{t-1j}=e^{-rh}\left[q_{t-1,j}S_{t,j+1}+(1-q_{t-1,j})S_{t,j}\right],\quad j=1,\ \dots\ ,\ t \qquad \textbf{(16.34)}$$

최종 t개 조건은 기간 t의 끝에서 만료되는 t개 옵션의 가격을 고려함으로써 얻어진다. 물론, 우리는 이 목적을 위해 t개 옵션 중 어떤 것이라도 사용할 수 있지만, 설명과 계산 모두를 간단하게 하기 위해 t개 옵션의 특정 집합을 선택한다. 즉, $t-1$ 기간 말에 t 최종가격 $S_{t-1,1},\ \dots\ ,\ S_{t-1,t}$과 동일한 행사가격을 가진 옵션들이다. 그 이유는 분기점 $S_{t-1,j}$에서 볼 때 행사가격 $S_{t-1,j}$를 가진 옵션은 다음 기간에 발생하는 두 개의 최종 분기점 중 하나에서만 내가격으로 끝날 것이기 때문에, 그것의 가격을 간단하게 계산할 수 있기 때문이다. 행사가격이 초기 주가보다 같거나 높으면 콜옵션을 사용하는 반면, 주가보다 낮은 행사가격에 대해서는 풋옵션을 사용한다.

이항트리의 t번째 기간의 구성은 t개의 기간 안에 만기가 도래하는 t개의 옵션을 사용한다는 점에 유의하라. 이것은 구성된 이항트리가 t기간의 옵션들의 변동성 왜도에 대해 t 점들까지 일치할 수 있음을 의미한다. 따라서 예를 들어, 이항트리의 각 기간이 한 거래일을 나타내고 한 달에 22거래일이 있다면, 모형은 22개의 다른 1개월 옵션들의 내재변동성과 일치시킬 수 있다.

이것이 일반적인 절차이다. 자세한 예는 다음과 같다. 계산 결과를 나타내는 전체 최종 트리가 [그림 16.7]에 제시되어 있다. 이 그림은 아래 예를 통해 설명하는 동안 반복적으로 참조할 것이다.

첫 번째 기간 보정

트리를 구성하는 첫 번째 단계는 트리에서 한 기간이 끝날 때의 값의 해를 구하는 것이다. 해결해야 할 세 가지 변수가 있다. 한 기간의 끝에서의 가격 S_{11}과 S_{12}, 그리고 첫 번째 기간의 "상방" 이동 확률 q_{01}이다. 이 세 가지 객체에 대한 한 가지 조건은 위험중립 가격결정 조건 (16.34)에 의해 주어진다. 기간 0에 특화된 조건은 다음과 같다.

$$S_{01}e^{rh}=q_{01}S_{12}+(1-q_{01})S_{11} \qquad \textbf{(16.35)}$$

왼쪽은 분기점 01에서의 주가의 1-기간 선도가격임을 알 수 있다.(이것은 통상적인 선도가격결정

그림 16.7
완성된 국소변동성 트리

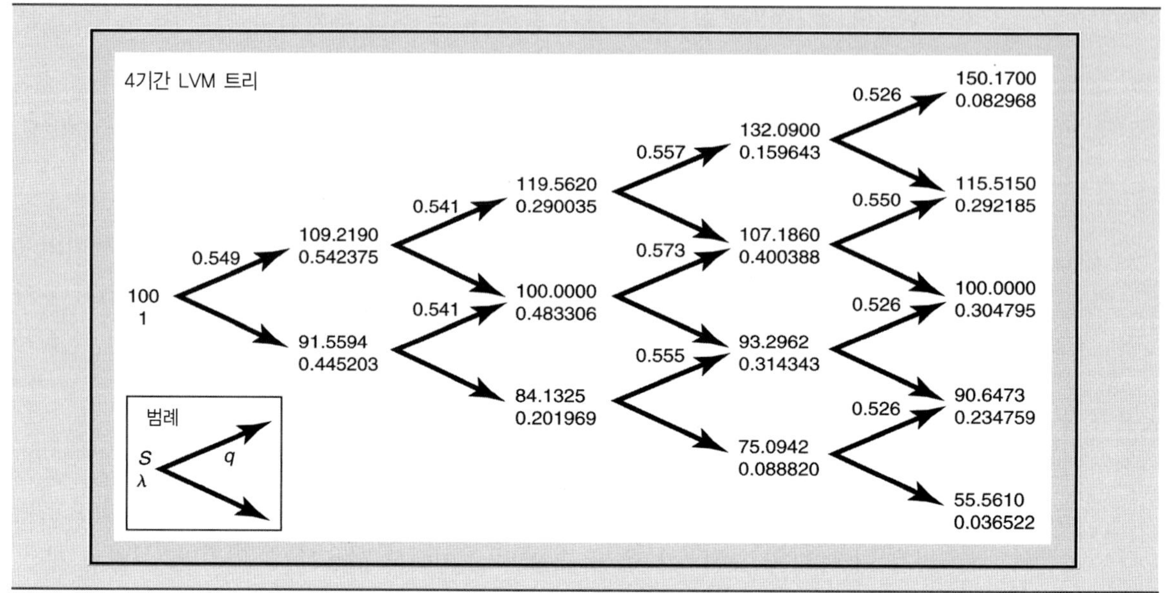

논의를 따른 것이다. 3장 참조.) 이 선도가격에 대해 F_{01}라고 표기하면 (16.35)은 다음과 같이 동등하게 표시할 수 있다.

$$F_{01} = q_{01} S_{12} + (1 - q_{01}) S_{11} \tag{16.36}$$

두 번째 조건의 경우 100의 행사가격을 가진 1-기간의 콜옵션을 생각해 보자. 이 콜옵션의 초기 가격이 5라고 가정한다. 그런 다음 주가가 S_{12}로 올라가면 이 콜옵션은 내가격 옵션이 되지만, 만일 주가가 S_{11}로 내려가면 그렇지 않다. 따라서 위험중립 콜옵션가격 조건은 다음과 같다.

$$5 = e^{-rh} [q_{01}(S_{12} - 100) + (1 - q_{01}) \times 0] \tag{16.37}$$

세 번째 조건의 경우, 위에서 언급한 "중앙화" 조건을 적용한다.

$$\ln S_{01} = \frac{1}{2} [\ln S_{11} + \ln S_{12}] \Leftrightarrow S_{01}^2 = S_{11} \times S_{12} \tag{16.38}$$

이 방정식을 풀면 다음과 같은 결과가 얻어진다.

$$q_{01} = 0.549197, \quad S_{12} = 109.2190, \quad S_{11} = 91.5594$$

이 값들은 [그림 16.7]의 트리에 나타난다.

상태가격(State Prices)을 빌딩블록으로 사용

트리를 더 긴 기간으로 확장하기 위해서는, "상태가격(state prices)"의 개념을 사용하는 것이 표

기법에 훨씬 더 편리하다. 분기점 tj의 상태가격 λ_{tj}는 분기점 tj에 도달하면 $1을 지불하지만 그렇지 않은 경우에는 아무것도 아닌 증권의 시간-0의 가격이다. 분명히, 상태가격은 할인된 위험중립확률이다. 즉, Q_{tj}가 분기점 tj에 도달하는 위험중립확률을 나타낼 경우, 다음과 같다.

$$\lambda_{tj} = \frac{1}{R^t} Q_{tj} = e^{-rh} Q_{tj}$$

따라서 여기에 소개된 것 중에 개념적으로 새로운 것은 없다. 그러나 곧 살펴보겠지만, 이는 표기를 매우 쉽게 한다.

초기 분기점의 상태가격은 분명히 1이다. 지금까지 확인된 확률로부터 한 기간이 끝날 때의 분기점의 주가를 다음과 같이 쓸 수 있다.

$$\begin{aligned}
\lambda_{01} &= 1.000000 \\
\lambda_{12} &= 0.542375 = e^{-0.05h}(0.549197) \\
\lambda_{11} &= 0.445203 = e^{-0.05h}(1-0.549197)
\end{aligned}$$

따라서, 분기점 tj를 특징짓는 세 개의 숫자가 있다. 주식가격 S_{tj}, 그 분기점에서의 상방 이동의 확률 q_{tj}, 그리고 상태가격 λ_{tj}.

$$\boxed{\text{Node } (tj): \{S_{tj}, q_{tj}, \lambda_{tj}\}}$$

예상되는 혼란을 피하기 위해 다음과 같은 내용을 강조한다.

- q_{tj}는 분기점 tj로부터의 상방 이동 확률이다.
- λ_{tj}는 분기점 tj의 시간-0의 상태가격이다. 즉, 초기 분기점까지 무위험이자율로 할인된 분기점 tj에 도달할 위험중립확률이다.

이 형식에서 트리는 지금까지 다음과 같이 나타난다(트리 개발의 현재 단계에서 사용 가능한 정보를 묘사함).

분기점 (0, 1) : {100, 0.549197, 1.00}
분기점 (1, 2) : {109.2190, q_{12}, 0.542375}
분기점 (1, 1) : {91.5594, q_{11}, 0.445203}

확률 q_{11} 및 q_{12}는 아직 결정되지 않았다. 일단 우리가 트리의 두 번째 기간에 대한 해를 구하면 그것들은 식별될 것이다. 지금 이것을 보도록 하자.

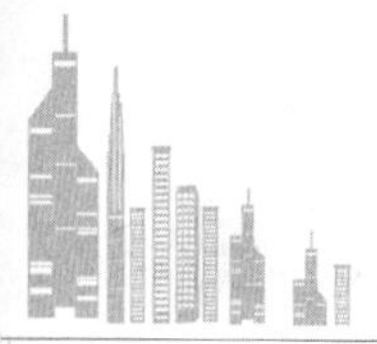

두 번째 기간

두 번째 기간의 트리를 완성하려면 2-기간 옵션의 가격과 일치하는 세 가지 주가를 풀어야 한다. 이 세 가지 주가는 S_{21}, S_{22} 및 S_{23}이다. 또한 두 개의 첫 번째 기간의 분기점인 q_{12}와 q_{11}에서 상방 이동의 가능성을 결정할 필요가 있다. 이것은 우리에게 다섯 가지 알려지지 않은 것들을 가져다준다.

우리는 중간 분기점 $S_{22} = S_{01} = 100$을 설정함으로써 시작한다. 이것은 단순한 이항트리에 대한 CRR 해에서와 같이 초기 가격 주변에 트리를 "중심"으로 놓고 분석에서 알려지지 않은 것 하나를 제거한다. 남은 두 개의 주가 S_{23}와 S_{21}과 위험중립확률 q_{12}와 q_{11}을 구하기 위해 옵션을 사용한다. 구체적으로, 상위 분기점의 경우, 행사가격 S_{12}인 콜옵션을 사용하고, 하위 분기점의 경우 행사가격 S_{11}인 풋옵션을 사용한다. 풋옵션과 마찬가지로 초기 분기점 S_{01}에서 콜옵션은 외가격 옵션이다. 이 두 옵션의 초기 가격이 각각 3과 1.50이라고 가정한다.

우리는 두 단계로 진행한다.

1. 먼저 콜옵션가격을 사용하여 트리의 위쪽 절반을 푼다. 이것은 S_{23}과 q_{12}의 값을 제공한다.
2. 다음으로 풋옵션가격을 사용하여 트리의 아래쪽 절반을 풀어낸다. 이것은 S_{21}과 q_{11}의 값을 제공한다.

(A) 기간 2 트리의 상반부

q_{12}와 S_{23}를 찾기 위해서는 두 개의 방정식이 필요하다. 하나는 일반적인 선도가격 조건에 의해 주어진다. $F_{12} = e^{rh} S_{12}$라고 하면, 다음의 식을 얻는다.

$$F_{12} = q_{12} S_{23} + (1 - q_{12}) S_{22} \tag{16.39}$$

두 번째는 콜옵션가격결정 방정식에 의해 주어진다. 콜옵션은 S_{12}의 행사가격을 가지고 있기 때문에, 주식가격이 S_{23}까지 올라가면 내가격 옵션이 되고, S_{22}까지 내려가면 외가격 옵션이 된다. 따라서 주가 S_{12}에서의 콜옵션가치는 다음과 같이 주어진다.

$$e^{rh} q_{12} (S_{23} - S_{12})$$

이제 분기점 (1, 2)에서 1달러의 보수는 λ_{12}의 시간-0 값이다. 따라서 콜옵션의 시간-0 값은 다음과 같다.

$$C = \lambda_{12} e^{-rh} q_{12} (S_{23} - S_{12}) \tag{16.40}$$

이 콜옵션 값은 3으로 주어졌다. 다른 알려진 값으로 대체하고 (16.39)~(16.40)을 풀면 다음을 얻게 된다.

$$q_{12} = 0.541476, \qquad S_{23} = 119.5620$$

두 번째 기간 트리의 상반부는 [그림 16.7]을 참조하라.

(B) 기간 2의 트리의 하반부

트리의 아래쪽 절반에서는 콜옵션 대신에 선택된 풋옵션을 사용하여 동일한 방법을 적용한다. 첫 번째 방정식은 다시 선도가격 방정식이다.

$$F_{11} = q_{11}S_{22} + (1 - q_{11})S_{21}$$

두 번째는 풋옵션가격결정 방정식이다. 이 풋옵션은 S_{11}의 행사가격을 가지므로 주식가격이 S_{21}로 내려가면 내가격 옵션이 되고, 주가가 S_{22}까지 올라가면 외가격 옵션이 된다. 따라서 다음의 식을 얻게 된다.

$$P = \lambda_{11} e^{-rh}(1 - q_{11})(S_{11} - S_{21})$$

이 풋옵션 값은 1.50으로 주어진다. 두 방정식에 이 값과 다른 알려진 값을 대입하면 q_{11}과 S_{21}을 풀 수 있다.

$$q_{11} = 0.540638, \qquad S_{21} = 84.1325$$

[그림 16.7]에 있는 트리의 아래쪽 절반을 참조하라.

2 기간 이후의 상태가격

두 번째 기간이 끝날 때의 세 가지 주가와 함께, 분기 가능성에 대해서도 해결 했으므로, 상태가격도 계산할 수 있다. 이들은 다음과 같다.

$$\begin{aligned}
\lambda_{23} &= e^{-rh}\lambda_{12}q_{12} &= 0.290035\\
\lambda_{22} &= e^{-rh}\left[(1 - q_{12})\lambda_{12} + q_{11}\lambda_{11}\right] &= 0.483306\\
\lambda_{21} &= e^{-rh}(1 - q_{11})\lambda_{11} &= 0.201969
\end{aligned}$$

이것으로 두 번째 기간에 대한 트리의 개발이 완성되었다.

세 번째 기간

트리의 세 번째 기간에서 우리는 네 가지 주가(S_{31}, S_{32}, S_{33} 및 S_{34}), 세 가지 위험중립확률(q_{21}, q_{22}, q_{23})을 결정해야 한다. 이제는 두 개의 중간 분기점이 있으므로 "중앙화" 조건은 첫 번째 기간에 수행된 것과 같다. 우리는 세 단계로 트리를 완성한다.

1. 두 개의 중간 분기점을 해결한다. 이를 위해 초기(시간-0)가격은 8이며 행사가격이 S_{22}인 콜옵션을 사용한다.
2. 트리의 상반부를 해결한다. 이를 위해 초기가격은 2이며 행사가격이 S_{23}인 콜옵션을 사용한다.
3. 트리의 하반부를 해결한다. 이를 위해 초기가격은 1이며 행사가격이 S_{21}인 풋옵션을 사용한다.

(A) 중간 분기점에 대한 해결

두 개의 중간 분기점은 S_{33} 및 S_{32}이다. 이를 풀기 위해 q_{22}, S_{33} 및 S_{32}를 풀 수 있는 세 가지 방정식의 해법으로 이것을 설정할 것이다. 이 방정식은 다음과 같다.

- 초기주가를 중심으로 두 개의 주가를 표시하는 대칭 방정식

$$S_{22}^2 = S_{33} \times S_{32}$$

- 선도가격 방정식 즉,

$$F_{22} = e^{rh} S_{22} = q_{22} S_{33} + (1 - q_{22}) S_{32}$$

- ATM(즉, S_{22}) 행사가격에 대한 하나의 콜옵션가격결정 방정식

$$\begin{aligned} C(3h, S_{22}) = e^{-rh}&(S_{33} - S_{22}) q_{22} \lambda_{22} \\ &+ e^{-rh}(S_{33} - S_{22})(1 - q_{23})\lambda_{23} \\ &+ e^{-rh}(S_{34} - S_{22}) q_{23} \lambda_{23} \end{aligned}$$

이 방정식은 다음과 같이 다시 쓸 수 있다.

$$\begin{aligned} e^{rh} C(3h, S_{22}) &= \lambda_{22} q_{22}(S_{33} - S_{22}) \\ &\quad + \lambda_{23}[q_{23} S_{34} + (1 - q_{23}) S_{33} - S_{22}] \\ &= \lambda_{22} q_{22}(S_{33} - S_{22}) + \lambda_{23}[F_{23} - S_{22}] \end{aligned} \qquad \textbf{(16.41)}$$

F_{23}은 단지 $e^{rh} S_{23}$이다. 이 세 방정식을 풀면 다음과 같은 결과가 얻어진다.

$$q_{22} = 0.573221, \quad S_{33} = 107.1860, \quad S_{32} = 93.2962$$

트리의 세 번째 기간의 가운데 부분은 [그림 16.7]에서 볼 수 있다.

(B) 상위 분기점에 대한 해결

S_{33}이 알려지면 주가 트리의 나머지 윗부분, 즉 S_{34}를 복구할 수 있다. 이를 위해 앞서 언급한 바와 같이 값이 2인, 행사가격 S_{23}을 가진 콜옵션의 가격을 사용한다. q_{23}과 S_{34}를 찾기 위해, 우리는 일반적인 두 방정식, 즉 선도가격결정 방정식과 또 다른 옵션가격결정 방정식을 푼다.

$$F_{23} = e^{rh} S_{23} = q_{23} S_{34} + (1 - q_{23}) S_{33}$$
$$C(3h, S_{23}) = q_{23}(S_{34} - S_{23}) e^{-eh} \lambda_{23}$$

$C(3h, S_{23})$는 2이기 때문에 이 방정식을 쉽게 풀 수 있다.

$$q_{23} = 0.557351, \qquad S_{34} = 132.0900$$

(C) 하위 분기점에 대한 해결

S_{32}의 값을 사용하여 주가 트리의 나머지 아랫부분, 즉 S_{31}을 복구할 수 있다. 우리는 다음과 같이 주어진 풋옵션가격을 사용한다.

$$P(3h, S_{21}) = P(0.75,\ 84.1325) = 1$$

q_{21}과 S_{31}을 구하기 위해 다음이 두 가지 방정식(다시 말해서 선도가격 방정식과 옵션가격결정 방정식)을 푼다.

$$F_{21} = e^{rh} S_{21} = q_{21} S_{32} + (1 - q_{21}) S_{31}$$
$$P(3h, S_{21}) = q_{21}(S_{21} - S_{31}) e^{-rh} \lambda_{21}$$

알려진 값을 대입하고 풀면 다음을 얻는다.

$$q_{21} = 0.612382, \qquad S_{31} = 72.3853$$

마지막으로 다음 네 가지 상태가격을 계산할 수 있다.

$$\lambda_{34} = \lambda_{23} q_{23} e^{-rh} = 0.159643$$
$$\lambda_{33} = \left[(1 - q_{23})\lambda_{23} + q_{22}\lambda_{22}\right] e^{-rh} = 0.400388$$
$$\lambda_{32} = \left[(1 - q_{22})\lambda_{22} + q_{21}\lambda_{21}\right] e^{-rh} = 0.325849$$
$$\lambda_{31} = (1 - q_{21})\lambda_{21} e^{-rh} = 0.077314$$

국소변동성 접근법의 요약

3-기간의 트리는 주가를 국소변동성지표(local volatility surface)와 일치하도록 구축하는데 요구되는 모든 기술적인 방법을 보여주기에 충분하다. 동일한 아이디어를 후속 기간에 반복하면 트리가 필요한 만큼 멀리 확장된다. 동일한 트리를 네 기간으로 연장하는 것은 부록 16E에 제시되어 있다. 독자는 네 번째 기간의 구축을 시도한 다음 부록에 있는 결과와 대조하여 결과를 확인할 수 있다. 부록은 독자가 모형의 완전한 구현을 수행하기를 바라지 않는다면 건너 뛸 수 있는 다소 일반적인

방법을 제공한다. 이미 이 절에서 다룬 내용을 넘어서는 새로운 개념 개발을 하지는 않는다.

모형의 각 단계에서 필요할 때마다 등가격(ATM, at-the-money) 옵션가격(콜옵션 또는 풋옵션)을 계산하였다. 이러한 ATM 행사가격은 트리를 만들 때, 즉 이후의 주가를 결정할 때 결정된다. 이러한 행사가격을 가진 옵션이 실제로 시장에서 거래될 이유는 없다. 따라서 트리 구축과정에서 우리는 거래가격이 있는 이웃의 옵션가격들을 가지고 보간법을 사용해야한다.

요약하자면, 우리는 다른 행사가격과 만기를 가진 콜옵션과 풋옵션의 가격을 사용하여 주가 트리를 보정했다. 사용된 옵션은 [그림 16.8]에 나와 있다. 보정의 각 단계에서 사용되는 옵션들은 그것들이 사용된 분기점에 표시되었다.

우리는 트리의 윗부분을 보정하기 위해 콜옵션을 사용하고, 아래 부분에 대해서는 풋옵션을 사용한다. 우리는 몇 가지 과정들을 한 번 더 요약한다.

1. 보정절차는 붓 스트래핑(bootstrapping) 절차이다. 우리는 1-기간 옵션부터 시작하여 각 기간에 대해 더 긴 만기를 가진 옵션을 사용한다. 사용된 옵션들은 행사가격과 만기가 서로 다르다. 즉, 국소변동성지표의 불연속점들을 나타낸다. 통상적 접근법은 콜옵션을 사용하여 주식 트리의 상위가격을 결정하고 풋옵션을 사용하여 하위가격을 결정하는 것이다.
2. 각 기간에는 짝수 또는 홀수의 주가가 결정된다. 숫자가 홀수이면 중간 주가가 주식의 현재 가격으로 설정된다. 그런 다음 일련의 방정식을 사용하여 상위 주가를 결정하고, 마찬가지로 별개의 방정식 시스템이 하위 주가 결정에 사용된다. 방정식의 일반적인 시스템은 다음과 같이 구성된다.

그림 16.8
보정에 사용된 옵션가격들

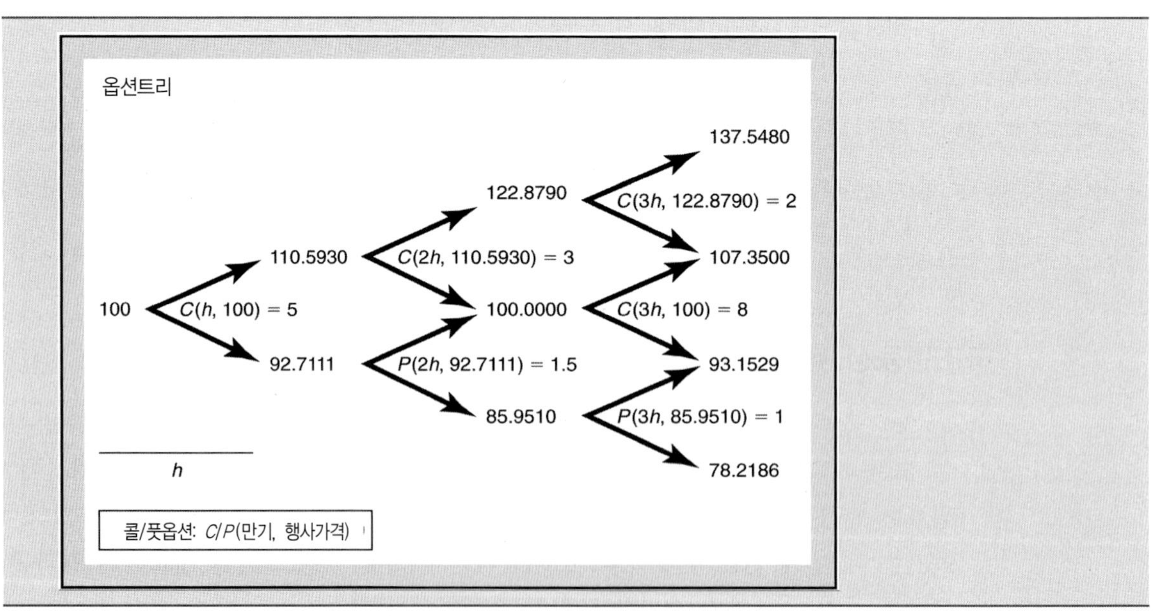

- 주식의 선도가격에 대한 방정식.
- ATM 콜옵션 또는 풋옵션가격에 대한 방정식.
- 필요한 경우 추가 방정식, 일반적으로 격자에 대칭을 부과하는 것인데 이는 주식가격 간의 보간의 다른 형태일 뿐이다. 그러나 이것은 트리에 주가를 고정시키는데 필요한 추가 식별 조건을 제공한다.

3. 주식가격의 수가 짝수이면 두 중간 가격은 초기에 방정식 시스템(앞서 설명한 세 가지 유형)을 사용하여 결정된다. 일단 이것이 알려지면, 트리의 상반부는 별도로 보정되고, 하반부도 미친 가지로 보정된다. 뒤 따르는 절차는 동일하다.

내재이항트리를 구축하는 접근법은 상대적 가격결정과 일련의 행사가격과 만기를 가진 옵션의 가격과 일관된 주가 과정의 발견에 기반을 두고 있기 때문에 실용적이다. 일단 주식가격의 격자가 구해지면 주가가 어떤 종류의 확률적 과정을 따르고 있는지, 또는, 더 간단하게 말해, 주가의 진화가 블랙-숄즈모형이 가정에서 어느 정도 벗어나는지, 즉 수익률이 정규분포를 따르지 않는지 또는 모든 시점에서 일정한지를 살필 수 있다.

16.7 요약

실증적인 자산 가격 수익률분포는 중요한 측면에서 정규분포를 벗어나는 경향이 있다. 비정규분포의 존재는 시장에서의 옵션가격이 블랙-숄즈모형에서 발생할 수 있는 가격에서 벗어나는 정도를 진단할 수 있는 한 도구인 옵션 스마일을 발생시킨다. 블랙-숄즈모형에 대한 여러 가지 변형 및 대안이 이러한 정규분포로부터의 괴리를 포착하기 위해 제안되었다.

이 장에서는 점프-확산모형, 확률적 변동성모형, GARCH모형, 내재트리모형 등 다양한 대안을 살펴보았다. 이러한 다른 종류의 모형은 각각 관찰된 가격변화과정의 불연속성(점프-확산), 변동성의 지속적으로 일정하지 않은 변동성(확률적 변동성 및 GARCH), 내재변동성 스마일의 존재 및 불확실성에 대한 형태변화(국소변동성 모형)와 같이 블랙-숄즈 접근법의 특정 단점에 의해 개발되었다.

각 종류의 모형은 블랙-숄즈에 비해 몇 가지 개선점을 얻었지만 비정규분포 문제를 완전히 만족스럽게 해결하지 못한다. 이로 인해 분산-감마모형 및 "로그안정" 모형뿐만 아니라 안정적인 파레토(stable-Paretian) 및 역-가우스(inverse-Gaussian) 과정을 기반으로 한 모형과 같은 몇 가지 기술적으로 더 정교한 대안이 제안되었다. 이 주제에 대한 논의는 아직도 많이 남아 있다.

16.8 연습문제

1. 블랙-숄즈 옵션가격 결정모형의 기초가 되는 주식가격에 대한 기하브라운운동의 단점은 무엇인가? 각각의 단점에 대해, 모형을 어떻게 수정하면 개선이 될 가능성이 있는지 기술하라.
2. (어려움) 수익률에 대한 점프모형에서 통계분포의 왜도와 첨도를 결정하는 것은 무엇인가?
3. 변동성이 확률적이라고 가정되는 기하브라운운동을 사용하는 주식수익률모형에서 나타나는 왜도의 유형을 결정짓는 것은 무엇인가? 첨도를 결정하는 것은 무엇인가?
4. (매우 어려움) 주식 수익률 r이 순전히 점프로 이루어지는 모형을 원한다고 가정해보라. 점프는 시간간격 당 $\lambda = 0.1$의 속도로 도달한다. 그것들이 발생할 때, 그들은 정규분포를 따르며 평균 $\mu = -0.05$이고, 분산 $\gamma^2 = 0.50^2$이다. 수익률의 분산, 왜도 및 첨도는 무엇인가?
5. 옵션 스마일은 무엇인가? 왜 그것은 두꺼운 꼬리를 가진 주식 수익률분포에서 발생하는가?
6. 치우친 내재변동성 스마일은 대칭적인 스마일보다 더 자주 발생한다. 왜 그런가? 이 치우침을 생성하기 위해 어떤 모형 특성이 필요한가?
7. S&P 지수 옵션이 왼쪽으로 치우친 스마일을 보인다고 가정한다. 당신은 옵션 거래인이고 시장이 폭락 위험의 정도를 과대평가했기 때문에 스마일이 원래보다 더 가파르다고 생각한다. 당신은 시장이 다음 달 안에 그 전망을 수정한다고 믿는다. 당신은 어떤 옵션 거래전략을 채택할 것인가?
8. 인덱스 옵션 스마일이 대칭이지만, 양쪽 모두가 가파를 것으로 기대한다고 가정한다. 당신은 어떤 옵션 전략을 채택하겠는가?
9. (코드작성 필요) 다음 매개변수를 사용하여, Merton 점프 모형을 가지고 7가지 행사가격 범위에서 콜옵션의 가격을 계산하라.

```
S=100
K={70, 80, 90, 100, 110, 120, 130}
T=0.5년
rf=3%
sigma=0.30
mu=-0.05
gamma=0.50
lambda=0.5
```

이제 7 가지 옵션가격(각 행사가격에 하나씩)을 통해 블랙-숄즈모형에 내포된 내재변동성이 무엇인지 구하라. 내재변동성을 찾기 위해 프로그램 코드를 작성해야 한다.

7가지 내재변동성을 구하면 행사가격에 대해 도표를 그려라. 옵션 스마일은 어떤 모양인가?

10. (코드 작성 필요) 평균 10% p.a. 및 표준편차 σ_t를 가진 정규분포에서 추출한 위험중립적인 과정을 따르는 수익률 r의 과정으로부터 2년간 월별 수익률을 시뮬레이션하는 프로그램을 작성하라.

$$\sigma_{t+1} = \sigma_t e^{\eta x}, \; x \sim N(0,1)$$

초기 주가는 $100이고 초기 $\sigma_0 = 0.15$ 이다. 매월 주식가격은 다음과 같이 증가한다.

$$S_{t+1} = S_t e_t^r, \quad r_t \sim N(0.10, \sigma_t)$$

(a) $\eta = 0.1$이며 행사가격이 90, 100, 110인 콜옵션의 가격을 구하라. 이자율은 0이라고 가정한다.

(b) 이제 $\eta = 0$으로 설정하고 같은 행사가격에 대한 옵션가격을 다시 계산하라. 결과를 (a)의 결과와 비교하고 설명하라.

11. (코드 작성 필요) n기간에 대한 Derman-Kani모형을 구현하는 프로그램을 작성하라. 입력값은 현재 주가와 변동성지표이다. 결과물은 Derman-Kani의 주가 트리이다.

12. 음의 방향으로 치우친 주식수익률 과정의 경우, 어떤 GARCH모형을 사용할 것인가? 그 이유는 무엇인가?

13. (a) 만기가 증가함에 따라 옵션 스마일은 실증적으로 어떻게 되는가? (b) 스마일과 스머크(smirk, 비대칭 왜도)는 일반적으로 어떻게 다른가? (c) 어느 시장이 스마일의 특징을 지니며 어떤 시장이 스머크의 특징을 갖는가? (d) 변동성지표(volatility surface)는 무엇인가?

14. (코드 작성 필요) 확장된 블랙-숄즈모형에서 풋-콜 패리티가 성립하는가? 설명하라.

15. (코드 작성 필요) GARCH 모형이 옵션 스마일을 만들 수 있는가? 반년의 만기와 $50의 초기 주식가격에 대한 옵션가격(풋옵션 및 콜옵션)을 시뮬레이션으로 구하라. 초기 변동성을 연 30%로 한다. GARCH 모형에 의해 가격이 생성된 후 블랙-숄즈모형에서 내재변동성이 생성되는 상황에서, 내재변동성이 왼쪽으로 치우치도록 변동성과정에 대한 다양한 행사가격과 매개변수 값을 선택하라.

16. 레버리지 효과란 무엇인가? 그것은 옵션가격에 어떤 영향을 주는가? 확률적 변동성 주식 옵션모형에서 레버리지 효과를 어떻게 설명하겠는가? 점프-확산모형에서는 어떠한가?

17. (코드 작성 필요) `Octave`를 사용하여 Cox-Ross-Rubinstein모형을 구현하는 짧은 재귀(recursive) 프로그램을 작성하라. 이것을 여섯 기간 동안 실행하라. 다음 매개변수를 사용하라.
초기주가 $100, 행사가격 $101, 무위험이자율 5%, 변동성 연 25%, 만기 1/2년.

(a) 블랙-숄즈 공식에 대한 결과를 확인하여 프로그램이 합리적으로 정확한 가격을 제공하

는지 확인하라(모형에 기간 수가 매우 적어도 가격은 정확한 가격과 비슷하게 나올 것이다). 검증시 풋옵션과 콜옵션을 모두 사용하라. 결과를 보고하라.

(b) 점프 당 20%의 주식수익률에서 추가적인 마이너스 점프를 허용하도록 프로그램을 확장하라. 이 점프는 5% 확률(위험중립)로 발생한다. (이제 각 분기점에서 3 개의 가지가 나온다.) 이전 질문에서 보고된 콜옵션 및 풋옵션에 대해서는 점프-강화(jump-enhanced)모형의 가격도 보고하라. 점프의 효과에 대한 비교에서 무엇을 말할 수 있는가?

(c) 이제 (a)의 기본 프로그램을 확장하여 변화하는 변동성을 추가하라. 이는 변동성이 10% 또는 40%의 두 가지 값 중 하나 만을 취할 수 있는 위험중립확률을 갖는 간단한 변동성 과정이다. 변동성은 주가 움직임과 상관관계가 없다. 이 추가로 이제 각 분기점에서 4 개의 가지가 나온다. 확률적 변동성의 효과에 대한 비교에서 무엇을 말할 수 있는가? 초기 변동성은 25%로 시작한 다음 10%와 40% 사이에서 변한다.

(d) 이전 질문에서 변동성이 20% 및 30%인 프로그램을 실행한다. 25%의 초기 변동성으로 시작하라. 가격이 어떻게 달라지는가? 이유를 설명해라. 참고: 각 질문에서 위험중립확률을 올바르게 설정해야 한다. 이 문제의 각 하위 항목마다 다르게 계산해야 한다.

18. 블랙-숄즈모형이 지난 수십 년 동안 확장을 해야 하는 적어도 세 가지 이유를 기술하라. 이러한 확장이 주식 수익률분포에 미치는 영향은 무엇인가? 이것은 콜옵션과 풋옵션가격에 어떤 영향을 미치나?

19. 점프-확산모형에서 날카로운 스머크(비대칭 왜도)을 만들기 위해 어떤 매개변수를 설정해야 하나? 확률적 변동성 모형의 경우 이 질문에 대한 당신의 대답은 무엇인가?

20. Macrosoft의 12월 22일 주가는 $25.50이다. 1월 21일과 2월 18일에 만기가 되는(즉, 1개월 및 2개월) 콜옵션 및 풋옵션의 옵션거래 가격은 다음과 같다.

만기(T)	행사가격(K)	콜옵션	풋옵션
1월 21일	27	1.65	3.15
2월 18일	25	2.45	1.80
	27.5	1.51	3.36
	30	0.83	NA

이자율이 0이라고 가정한다.

이 정보를 사용하여 이 옵션 집합과 가능한 한 최적으로 맞는 2-기간 내재이항트리를 작성하라. 각 기간은 한 달 동안이다. 당신의 트리는 초기 주가 분기점과 그 이후 2 기간을 가질 것이다. 트리가 재결합하기 때문에 트리에 모두 6 개의 분기점이 있다. 각 분기점에서 주가 및 가지의 확률을 구하라. 당신이 명확하게 가정한 내용을 기술하라.

21. 블랙-숄즈모형에 대한 초기 확장 모형 중 하나는 고정분산탄력성(constant elasticity of variance,

CEV)모형이었다. CEV 모형은 주가에 대한 확률과정을 다음과 같이 가정한다.

$$dS = \mu S dt + \sigma S^{\beta} dZ$$

여기서 매개변수는, $0 < \beta \leq 1$이 CEV 매개변수임을 제외하고 평소와 같이 정의된다.

(a) β에 대한 어떤 매개변수 값이 블랙–숄즈모형에서 나타나는가?

(b) β가 감소함에 따라 주식의 위험도가 증가하는가 또는 감소하는가?

(c) 레버리지 효과에 대하여 이 모형이 어떻게 연계되어 있는지를 설명하라.

부록 16A 점프-확산을 위한 프로그램 코드

이 절에서는 Merton 점프-확산 공식 (16.10)을 구현하기 위한 Octave 프로그램 코드에 대해 설명한다. 이 공식에는 블랙-숄즈 가격의 무한 합계가 포함된다. 이 프로그램에서 합계는 20 개 항에서 끊어지지만 원하는 대로 수정할 수 있다.

```
%Program to compute option values in Merton's 1976 jump-diffusion model
%BASIC  INPUTS
%s0 = 100     %Initial   stock  price
%X = 101      %Strike price
%r = 0.10     %Risk  free rate
%sig  =  0.25%Diffusion coefficient
%mu = 0       %Mean jump
%gam = 0.50  %Jump standard deviation
%lambda = 0.1%Jump arrival frequency per year
%t = 0.25     %Option maturity in years

function u =  merton76(s0,X,t,sig,r,lambda,mu,gam)

%INTERMEDIATE   VALUES
g = exp(mu + 0.5*gam^2) - 1;
xi  = lambda*(1+g);

%COMPUTE OPTION VALUE
optval  = 0;
totpoiss  = 0;
for k=0:20;  %Assuming that k=20 is large enough for  interval t
   eta = sqrt(sig^2 + k*gam^2/t);
   rf = r - lambda*g + k*log(1+g)/t;
   c_bs  = bs73(s0,X,t,eta,rf,0,1);
   optval = optval + c_bs*exp(-xi*t)*(xi*t)^k/prod(1:k);
   totpoiss   =   totpoiss   + exp(-xi*t)*(xi*t)^k/prod(1:k);
end;
%printf('totpoiss =  %10.4f  \n',totpoiss);
u = optval;
```

주어진 매개변수에 대해 콜옵션의 가격은 6.1366으로 얻어진다. 이 프로그램은 블랙-숄즈모형

함수를 불러온다. 이 함수의 코드는 다음과 같다.

```
%Black-Scholes 1973 model
%s:  stock price
%x:  exercise  price
%t: maturity
%v:  volatility
%r: risk free interest  rate
%q:  dividend rate
%pc: flag, call=1,  put=0

function  u = bs73(s,x,t,v,r,q,pc);
d1 = (log(s/x)+(r-q+v^2/2)*t)/(v*sqrt(t));
d2 = d1 - v*sqrt(t); if pc==1;
u =  s*exp(-q*t)*normal_cdf(d1)  -  x*exp(-r*t)*normal_cdf(d2); else
u = -s*exp(-q*t)*normal_cdf(-d1)  +  x*exp(-r*t)*normal_cdf(-d2); end;
```

다음은 Newton-Raphson 알고리즘의 아이디어를 사용하여 블랙-숄즈 내재변동성을 찾는 프로그램 코드이다.

```
%Program to price a call option using Merton 76 model
% and then use BS 73 to back out the implied vol

function  u  =  jump_ivol(s0,X,t,sig,r,lambda,mu,gam);

jcall = merton76(s0,X,t,sig,r,lambda,mu,gam);
diff  = 9999;
ivol = sqrt(sig^2 + lambda*gam^2);
dv = 0.0001;
while diff >  0.00001;
    bspr = bs73(s0,X,t,ivol,r,0,1);
    bspr1 = bs73(s0,X,t,ivol+dv,r,0,1);
    ivol = ivol + (jcall - bspr)/(bspr1 - bspr)*dv;
    diff = abs(jcall -  bspr);
end;
u  = ivol;
```

부록 16B 확률적 변동성모형에 대한 프로그램 코드

이 절에서는 16.3절에서 설명된 비연속 확률적 변동성모형을 구현하기 위한 Octave 프로그램 코드에 대해 설명한다. 이 코드는 재귀적(recursive) 형식으로 되어 있다. 재귀는 항상 가장 최적화된 구현 방식은 아니지만 작성해야 할 코드 양의 측면에서 보면 가장 간략한 방법이다. 코드의 간단한 수정으로 변동성의 진화에 대한 다른 확률적 형태에 대해서도 알아볼 수 있다.

프로그램의 주요 요소는 시작 분기점에서 네 개의 분기점을 생성하는 것이다. 재귀 프로그램 코드는 [그림 16.4]와 같이 네 개의 후속 분기점을 생성하는 함수로 구성된다. 이러한 분기점은 함수로 전달되어 각 분기점에 대해 또 다른 네 개의 분기점을 생성한다. 따라서 빠르게 트리를 만들 수 있다. 그러나 재귀는 본질적으로 비결합 트리를 생성하므로 큰 트리의 경우 항상 유효하지는 않다. 프로그램 코드에는 중지 규칙, 즉 프로그램이 중지를 선언하기 전에 몇 단계 또는 몇 회를 수행할 것인지 알리는 규칙을 포함해야 한다. 이 지점에 도달하면 더 이상 분기점을 만들지 않고 분기점이 있는 현 위치를 기반으로 값을 계산한다.

```
%Program to compute stochastic volatility based option  prices
%Uses a recursive algorithm
%s:  stock price
%v:  initial  volatility
%k: strike price
%T: maturity
%r: risk free interest  rate
%kappa: volatility mean reversion
%theta: long run mean  volatility
%sigv: volatility of volatility
%rho: correlation of stock change to volatility   change
%h: time step
%n: no of periods on the   tree

%FUNCTION SVREC
function  u = svrec(s,v,k,T,r,kappa,theta,sigv,rho,h,n);
u = exp(v*sqrt(h));
d = 1/u;
s_u = s*u; s_d =   s*d;
v_u = v + kappa*(theta - v)*h + sigv*sqrt(v*h); v_u = abs(v_u);
v_d = v + kappa*(theta - v)*h - sigv*sqrt(v*h); v_d = abs(v_d);
```

```
p  =  (exp(r*h)  -  d)/(u  - d);
p_uu = (1+rho)/2*p;
p_ud  =  (1-rho)/2*p;
p_du = (1-rho)/2*(1-p);
p_dd  =  (1+rho)/2*(1-p);

%RECURSIVE SEGMENT
if (n*h >= T);
   u  = max(0,s-k);
else
   u  =  (p_uu  *  svrec(s_u,v_u,k,T,r,kappa,theta,sigv,rho,h,n+1)  +
             p_ud  *  svrec(s_u,v_d,k,T,r,kappa,theta,sigv,rho,h,n+1)  +
             p_du  *  svrec(s_d,v_u,k,T,r,kappa,theta,sigv,rho,h,n+1)  +
             p_dd * svrec(s_d,v_d,k,T,r,kappa,theta,sigv,rho,h,n+1)) *
             exp(-r*h);
 end;
```

재귀 프로그램은 간단하다. 함수가 자신을 후속 분기점 각각에 대해 한 번씩 4번 불러들이는 프로그램의 마지막 몇 줄에 주목하라. 또한 4항(quadrinomial) 트리의 분기점에서 가지에 대한 확률을 생성하는 코드 네 줄을 주목하라. 이 확률은 주식수익률과 변동성 간의 상관관계를 나타내는 변수 ρ(rho)를 포함한다.

다음 단계는 이 모형에서 가격을 생성하는 것이다. 이를 위해, 위에서 정의된 옵션가격결정 함수를 다음 "주" 프로그램에서 불러들인다. 이 주 프로그램(아래 코드에서 볼 수 있듯이)은 다음의 매개변수를 사용한다.

주식가격	$S=100$	변동성 평균	$\theta=0.3$
변동성	$V=0.3$	변동성의 변동성	$\eta=\sigma_V=0.3$
무위험이자율	$r=0$	주식과 변동성의 상관관계	$\rho=0$
옵션 만기	$T=0.5$	시간 단계	$h=0.1$
변동성 평균 회귀율	$\kappa=0.1$		

```
%Program to generate prices for SV model versus  Black-Scholes
%Computes the difference between the 블랙-숄즈 and the SV models clear
all;

s = 100;
```

```
v  = 0.3;
r = 0;
T  = 0.5;
kappa = 0.1;
theta  = 0.3;
sigv  = 0.3;
rho  = -0.5;
h  = 0.1;

k  =  [50:10:150]';
lenk  =  length(k);
bsval = zeros(lenk,1);
svval  =  zeros(lenk,1);

for j=1:lenk;
      bsval(j)    =   svrec(s,v,k(j),T,r,0,theta,0,rho,h,0);
      svval(j)    =   svrec(s,v,k(j),T,r,kappa,theta,sigv,rho,h,0);
end;

plot(k,svval-bsval,";SV-BS;");

[k    svval  bsval]
```

이 프로그램은 확률적 변동성과 블랙-숄즈모형 하에서 옵션가격을 계산한다. 블랙-숄즈모형 값이 평균-회귀 매개변수(mean-reversion parameter) κ와 변동성의 변동성 변수 η를 0으로 설정한 SV 모형의 특수한 경우로 어떻게 계산되는지 주목하라. 이 프로그램은 반년($T=0.5$)의 만기에 대해 실행되므로 트리의 각 단계 $h=0.1$년을 나타낸다.

부록 16C 확률적 변동성 하에서의 옵션가격결정에 대한 경험적 해설

www.mhhe.com/sd2e에서 온라인으로 보라

부록 16D GARCH 주식가격분포를 시뮬레이션하기 위한 프로그램 코드

다음 Octave 프로그램 코드는 Engle(1990)의 비대칭 GARCH 과정에 대한 주가 분포를 시뮬레이션한다. 표준 GARCH (1,1) 과정의 경우 단순히 $c=0$으로 설정한다.

```
%Program to simulate the nonlinear asymmetric GARCH process
% Assumed that the time interval is  daily
% Inputs are on a daily metric (not annualized)
%Simulation is for one year on a daily interval
clear all;

%INPUTS
n = 260;                       %No of trading days in a  year
s0 = 100;                      %Initial  stock  price
sigsq0 = 0.25^2/n;             %Initial  Daily  variance
r = 0.10/n;                    %Daily  interest  rate
beta0  =  6.5 * 10^(-6);       %Constant in variance equation
beta1 = 0.92;                  %Autoregressive   coefficient
beta2 = 0.04;                  %Coefficient  on  innovation term
c = 0.5;                       %Asymmetry parameter (more vol on  downside)
m = 50000;                     %No of simulation paths

%SIMULATION
s = s0*ones(m,1);              %Initialize all paths
sigsq = sigsq0*ones(m,1);      %Initialize variance
for t  = 1:n;
     shock = randn(m,1);
     sigsq = beta0 + beta1*sigsq + beta2*sigsq.*((shock  - c).^2);
     s  =  s.*exp(r  -  0.5*sigsq  +  sqrt(sigsq).*shock);
end;
%PLOT HISTOGRAM OF STOCK RETURNS
rets = log(s/s0);
hist(rets,100)

%COMPUTE THE MOMENTS OF THE  RETURNS
[mean(rets)  std(rets)    skewness(rets)      kurtosis(rets)]
```

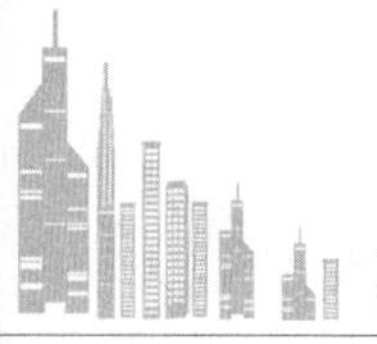

시뮬레이션 프로그램은 벡터화(vectorization)를 사용하여 최적화되었으므로 독자는 시간 경과에 따라 하나의 반복문(loop)만 있고 주가 경로에는 반복문이 없음을 알 수 있다. 주식가격을 생성하는 수익률 방정식과 변동성을 생성하는 변동성 방정식을 나타내는 두 줄의 코드를 쉽게 볼 수 있어야 한다.

이 프로그램은 50,000개의 시뮬레이션 경로를 실행한다. $c > 0$으로 설정하면 음의 왜도를 수익률분포에 삽입하고 더 두꺼운 꼬리는 양의 초과 첨도가 있음을 나타낸다. 시뮬레이션 실행으로 다음과 같은 수익률분포의 모멘트를 알 수 있다(연수익률에 대한 것임).

평균	−0.002273
표준편차	0.252241
왜도	−0.254104
초과 첨도	0.230780

비대칭성은 음이며, 초과 첨도는 예측대로 양수이다. 우리가 $c < 0$이라고 규정했다면, 왜도는 양의 값을 가질 것이다.

동일한 프로그램을 사용하여 행사가격 $X = 101$인 콜옵션의 가격을, 다음과 같이 코드를 한 줄 더 사용하여 구한다.

```
X = 101; exp(-r*n)*mean(max(0,s-X))
```

우리는 이 코드를 실행하여 콜옵션가격 10.003을 얻었다.

부록 16E 국소변동성 모형: 예제의 네 번 째 기간

www.mhhe.com/sd2e에서 온라인으로 보라.

제 17 장

민감도 분석: 옵션 "그릭문자"

17.1 개요

옵션가격결정모형은 특정 시점의 주이진 정보 하에서 옵션의 가치를 세공한다. 시간이 지남에 따라, 기본 매개변수 값(잔존 만기, 기초자산의 가격, 아마도 변동성 및 이자율)의 변동에 따라 옵션 값이 변경된다. 옵션 포트폴리오를 보유하고 있는 거래인이나 위험 관리자 또는 투자자에게 질문은 다음과 같다: 얼마만큼? 옵션가격은 각기 다른 요소에 얼마나 민감한가? 옵션가격이 주식가격의 $1 변동에 따라 얼마만큼 변할 것인가? 변동성이 1% 변동했을 때는? 시간이 지나면 포트폴리오가 얼마나 많은 손실을 보거나 이익을 얻을까?

민감도 분석은 이러한 질문 및 관련 질문에 대한 답변을 제공한다. 옵션가격에 영향을 미치는 네 가지 주요 요인, 즉 기초자산의 가격 S, 옵션 만기일까지의 시간 $T-t$, 변동성 σ 및 이자율 ρ를 살펴본다. 이러한 요소들에 상응하여, 옵션 "그릭문자"로 통칭되는 다섯 가지 민감도 측정 방법을 정의한다. 이는 다음과 같다.

1. Δ로 표시되는 델타.
2. Γ로 표시되는 감마.
3. Θ로 표시되는 세타.
4. V로 표시되는 베가.
5. ρ로 표시되는 로.

이 장에서는 옵션 그릭문자와 그 해석, 사용 및 특성에 대해 설명한다. 표기법에 대해 한 가지 언급할 것이 있다. Δ, Γ, Θ 및 ρ는 실제로 그리스 알파벳에 있는 글자들이나 베가는 아니다. 그것은 저자들이 알고 있는 알파벳의 글자가 아니기 때문에 표준 표기법이 없나. 우리는 그것을 표현하기 위해 서예 양식 ν를 사용하지만, 독자들은 다른 저자들은 다른 표기법을 사용할 수 있다는 것을 알고 있어야 한다.

17.2 그릭문자법 해석: 스냅샷 보기

콜옵션의 델타가 +0.75인 경우 옵션 민감도는 무엇을 의미하는가? 또는 그 옵션의 베가가 12.25인 경우에는 어떠한가? 아래에서 설명하는 바와 같이 (그리고 이 장의 나머지 부분에서 자세히 설명 함) 옵션 그릭문자는 매우 쉽게 해석할 수 있다.

옵션 델타

옵션 델타는 기초자산의 가격변동에 따라 옵션가격이 어떻게 변하는지를 선형적으로 표현한다.

$$\text{옵션가치의 변화} = \Delta \times S\text{의 변화} \qquad \textbf{(17.1)}$$

따라서 +0.75의 델타는 기초자산의 가격이 +\$1 변경될 때 옵션 값이 +75 센트가 변경됨을 의미한다. −0.30의 델타는 기초자산의 가격이 \$1 상승할 때 옵션가격이 30 센트 하락함을 의미한다.

옵션 세타

옵션 세타는 옵션의 만기까지의 시간 $T-t$의 변화에 따라 옵션 값이 어떻게 변하는 지와 유사한 표현을 제공한다. 만기까지의 시간이 dt(년으로 측정)만큼 감소하면, 옵션가치의 변화는 다음과 같다.

$$\text{옵션가치의 변화} = \Theta \times dt \qquad \textbf{(17.2)}$$

변화량 dt는 일반적으로 1 거래일=1/252 년≈0.004년이 된다. 예를 들어, 콜옵션의 세타가 −13.50이라고 가정하자. 그렇다면 다른 모든 것이 같다면, 1 거래일이 지나면 옵션가치가 다음과 같이 변경될 것이다.

$$-13.50 \times 0.004 = -0.054$$

즉, 콜옵션가치는 \$0.054 하락할 것이다.

옵션 베가

같은 맥락에서, 옵션 베가는 변동성 σ의 변화에 대한 옵션가격의 반응을 설명한다. 변동성이 $d\sigma$만큼 변화하면, 옵션가치의 변화는 다음과 같다.

$$\text{옵션가치의 변화} = \nu \times d\sigma \qquad \textbf{(17.3)}$$

예를 들어, 옵션의 베가가 $\nu=9.80$ 이고, 변동성은 1% 감소한다면 ($d\sigma=-0.01$), 옵션가치의

변화는 다음과 같다.

$$9.80 \times -0.01 = -0.098$$

즉, 옵션 값은 9.8 센트 하락한다.

옵션 로(Rho)

옵셔 로(rho)는 이자율에 대한 민감도를 측정한다. dr만큼 이자율이 변한다면, 옵션가치의 변화는 다음과 같다.

$$\text{옵션가치의 변화} = \rho \times dr \qquad \textbf{(17.4)}$$

예를 들어, 옵션의 로가 $\rho = 5.40$이고, 이자율은 1% 증가한다고($dr = +0.01$) 가정하자. 그러면 옵션 값은 다음과 같이 변경된다.

$$5.40 \times 0.01 = 0.054$$

즉, 5.4 센트 증가한다.

이렇게 단순한가?

이 모든 것이 너무 단순하고 너무 깔끔해 보인다면 그것은 부분적으로 옳다. 방정식 (17.1)~(17.4)에 설명된 옵션 값의 변화는 단지 대략적으로 맞는 것이다.[1] 옵션가격은 매개변수의 비선형 함수이며, 식 (17.1)~(17.4)는 옵션가격이 개별 매개변수에 대해서 선형인 것처럼 처리한다. 그러나 이러한 선형 근사값은 요인 값의 “작은” 변화에 대해 탁월하게 작용하며, 실제로 그릭문자는 옵션 민감도에 대한 매우 유용한 스냅샷 요약을 제공한다.

그러나 큰 변화의 경우, 이 수식에 의해 제공되는 간단한 근사값은 항상 잘 맞지는 않으며, 때로는 매우 안 맞을 수도 있다. 이는 주식가격변동이 옵션가격에 미치는 영향을 평가할 때 특히 중요하게 고려해야 할 사항이다. 왜냐하면 기초자산의 가격이 매우 급격히 그리고 매우 갑자기 변할 수 있기 때문이다. 이런 이유로 옵션 감마가 필요하다.

옵션 감마

아마도 이해하기에 가장 복잡한 그릭문자인 감마는 두 가지 역할을 수행한다. 먼저, 기초자산 가격의 주어진 변화에 대한 옵션 델타의 변화를 측정한다. 즉, 다음과 같다.

---

1) 미적분학 용어로 생각하는 것에 익숙한 독자들에게 옵션 그릭문자는 옵션가격결정 함수의 1차 테일러 급수 전개에 해당한다.

$$\Delta \text{의 변화} = \Gamma \times S\text{의 변화} \qquad \textbf{(17.5)}$$

예를 들어, 델타가 S의 변화에 얼마나 민감한지는, 옵션 포트폴리오를 델타-헤징하는 트레이더에게 관심사이다. 큰 감마 값은 델타가 S의 비교적 작은 변화에 대해서도 크게 변하기 때문에 델타-헤지를 유지하려면 포트폴리오를 다시 조정해야 한다는 것을 의미한다. 그러나 감마가 작으면 포트폴리오 재조정을 자주 수행할 필요는 없다.

둘째, 감마는 델타에 의해 예측한 옵션가격의 변화에 “곡률 보정(curvature correction)”을 제공한다. 우리는 (17.1)을 수정하여 다음을 얻는다.

$$\text{옵션가격의 변화} = [\Delta \times S\text{의 변화}] + \left[\frac{1}{2}\Gamma \times (S\text{의 변화})^2\right] \qquad \textbf{(17.6)}$$

식 (17.6)은 S의 주어진 변화에 대한 옵션 값의 변화를 예측하는 지표로서 (17.1)보다 항상 더 정확하다.2) S의 변화가 작은 경우, S의 변화가 제곱된 항으로 입력되기 때문에 정확도의 증가는 최소화된다(예: S가 \$0.05만큼 변화되면, (S의 변화)^2 항은 단지 0.0025임). 따라서 보통 보정 항을 무시하고 (17.1)만을 사용한다. 그러나 S가 크게 변경된 경우, 이 장의 뒷부분에서 볼 수 있듯이 결과가 크게 향상된다.

왜 우리는 그릭문자가 필요한가?

이 시점에서 다음과 같은 타당한 질문이 아마도 독자의 마음속에 떠올랐을 것이다. 왜 우리는 이러한 민감도 측정수단이 필요한 것일까? 우리가 옵션가격이 기초자산 가격의 변화에 얼마나 반응하는지 알아보기 원한다면, 단순히 모형을 사용하여 새로운 가치를 계산하고 이전 값과 비교하면 되지 않을까? 이 방법으로, 옵션가격에 대한 영향을 계산하면 이것은 대략적인 것이라기보다 정확한 것이다.

우리는 항상 이렇게 할 수는 있지만 그릭문자들은 여러 가지 이유로 여전히 위험관리에 상당한 가치가 있다. 첫째, 이 표기들을 통해 옵션 민감도와 관련된 많은 정보를 사실상 한눈에 파악할 수 있는 항목으로 패키지화 한다. 예를 들어, 델타가 +0.85인 옵션의 경우, 이 옵션은 기초자산 가격의 변화에 매우 급격하게 반응할 것이고, 델타가 −0.05인 옵션은 거의 반응이 없을 것이라는 것을 안다. 마찬가지로, 콜옵션의 베가를 알면, 비록 이 추정치가 근사치일지라도 변동성의 변화에 콜옵션이 얼마나 반응할 것인지 추정할 수 있다.

둘째, 이러한 변화의 크기를 비교하여 서로 상쇄할 수 있으며, 이는 특정 요인의 변화에 대해 위험 회피를 할 수 있는 포트폴리오를 만드는데 사용할 수 있다는 것이다. 예를 들어, 베가가 12.0이

2) 다시한번 미적분학 용어로 생각하는 것에 익숙한 독자들에게, (17.6)은 S의 2차 테일러 급수 전개이고, 물론 1차 전개보다 항상 더 정확하다.

고 6.0인 동일한 주식에 대한 두 옵션이 있다고 가정해 보자. 그러면 첫 번째 옵션은 두 번째 옵션보다 변동성의 변화에 있어서 두 배 더 민감하다. 첫 번째 옵션에 대한 하나의 매입포지션이 두 번째 옵션에 대한 두 개의 매도포지션과 결합되면 변동성 변화에 민감하지 않은 포트폴리오, 즉 베가-헤지된(vega-hedged) 포트폴리오를 만들게 된다.

마지막으로, 그릭문자들은 단지 개별적 수단이 아닌 특정 기본 포트폴리오 전체로 쉽게 확장된다. 포트폴리오의 그릭문자는 포트폴리오의 각 개별 항목의 그릭문자를 합한 것이다. 이는 포트폴리오 민감성을 한 눈에 파악하고 포트폴리오 수준에서 위험관리를 쉽게 수행할 수 있게 해준다.

이 장의 개요

이 장의 나머지 부분에서는 델타에서 시작하여 감마, 세타, 베가 및 로(ρ) 등 옵션 그릭문자들에 대해 좀 더 자세히 설명한다.

각각의 경우에 그릭문자의 정의를 먼저 살펴보고 어떻게 계산되는지 살펴본다. 그런 다음 그릭문자들의 다음과 같은 일반적인 속성을 알아본다. 그릭문자의 부호가 양수인가 또는 음수인가(즉, 기본 매개변수가 증가할 때 옵션 값이 증가하는가 아니면 감소하는가)? 언제 그 값이 최대치가 되는가? 왜 이런 민감도를 나타내는가? 어떻게 동일한 조건의 콜옵션과 풋옵션의 그릭문자들을 비교할 수 있는가? 등등이다. 마지막으로 그릭문자의 사용법과 해석을 수치 예제를 사용하여 설명한다.

최종 절에서는 특정 기초자산에 대한 옵션으로 이루어진 포트폴리오를 다루기 위해 정의를 어떻게 확장할 지에 대해 설명한다. 이 장의 마지막에 있는 연습 문제에서 이 장에서 논의된 아이디어를 8장에서 논의된 것과 같은 몇 가지 표준 옵션 포트폴리오에 적용해본다.

설정과 실행 예제

블랙-숄즈 설정을 참조할 때마다 블랙-숄즈 장에서 소개된 표기법을 사용한다. S_t는 기초자산의 현재(시간-t) 가격, σ는 그 가격의 변동성, K는 옵션의 행사가격, $T-t$는 만기까지 남은 시간, r은 무위험이자율이다. $N(\cdot)$은 누적 표준정규분포를 나타낸다. 즉, $N(x)$는 x보다 작거나 같은 관측치의 표준정규분포 하에서의 확률이다.

그릭문자들 각각은 블랙-숄즈 설정에서 닫힌-형식(즉, 공식 사용)으로 나타낼 수 있다. 자료를 설명하기 위해 이 장 전체에 걸쳐 수치 예제에서 이 공식들을 사용한다. 모든 예제는 [표 17.1]에 설명된 기본 매개변수를 사용한다. 각 예제에서 매개변수 중 하나는 해당 매개변수에 대한 민감도를 보여주기 위해 기본 수치로부터 변경된다(예: 변동성은 베가를 설명하기 위해 변경됨).

표 17.1
공통 예

이 장에서 제시된 수치 예들은 모두 다음과 같은 매개변수를 가진 블랙-숄즈 설정에 근거한다.

매개변수	가치
현재 주식가격 S_t	100
행사가격 K	100
만기까지의 기간 $T-t$	0.50
무위험이자율 r	0.05
변동성 σ	0.20

17.3 옵션 델타

기초자산 가격의 변화에 대한 옵션가격의 민감도를 측정하는 델타는 의심할 여지없이 옵션에 대한 가장 중요한 민감도 측정법 중 하나이다. 직관적으로 말하면 델타는 비율로 생각할 수 있다.

$$\Delta = S\text{의 \$1 변화에 대한 옵션가치의 변화} \tag{17.7}$$

수학적 정의는 이를 공식적으로 다음과 같이 나타낸다. 델타는 S에 대한 옵션가격의 변화율(즉, 기울기)이다.

$$\Delta_C = \frac{\partial C}{\partial S} \qquad \Delta_P = \frac{\partial P}{\partial S} \tag{17.8}$$

이것으로부터 비공식적인 정의 (17.7)를 얻으려면 주식가격의 작은 변화 ∂S로 인한 옵션 값의 변화를 ∂C와 ∂P라 하고, $\partial S = \$1$을 취한다.

델타 계산하기

옵션가격에 대한 공식이 있는 블랙-숄즈와 같은 모형에서는 옵션 델타에 대한 공식을 얻기 위해 정의 (17.8)를 직접 적용할 수 있다. 부록 17A는 블랙-숄즈모형에서 다음과 같음을 보여준다.

$$\Delta_C = N(d_1) \qquad \Delta_P = -N(-d_1) \tag{17.9}$$

여기서,

$$d_1 = \frac{1}{\sigma\sqrt{T-t}}\left[\ln\left(\frac{S_t}{K}\right) + \left(r + \frac{1}{2}\sigma^2\right)(T-t)\right]$$

이항모형과 같은 비연속모형에서는 옵션가격을 설명하기 위한 공식이 부족하다. 델타를 계산하려면, 우리는 (17.8)을 "비연속화"할 필요가 있다. C와 P를 초기 가격 S의 옵션가격이라고 하자.

주변 가격[3] S'를 고려해보자. 초기 가격 S에서 모형을 재실행하여 새로운 옵션가격 C'와 P'를 계산한다. 기초자산 가격의 변화는 $dS = S' - S$, 콜옵션과 풋옵션가격의 변화는 각각

$$dC = C' - C \quad \text{그리고} \quad dP = P' - P$$

델타는 옵션 값의 변화를 S의 변화로 나눈 값이다:

$$\Delta_C = \frac{C' - C}{S' - S} \qquad \Delta_P = \frac{P' - P}{S' - S} \tag{17.10}$$

델타의 속성

우리는 11장에서 델타의 주요 속성을 확인했다. 우리는 여기서 속성을 간단히 다시 설명한다.

첫째, 기초자산 가격이 상승할 때 콜옵션의 가치는 증가하지만 이 경우 풋옵션의 가치는 하락한다. 따라서 콜옵션의 델타는 양수이고 풋옵션의 델타는 음수이다.

둘째, 콜옵션의 델타 값은 기초자산의 가치가 1 달러 증가할 때 1 달러 이상 증가할 수 없으므로, +1 보다 적다. 유사하게, 풋옵션의 델타는 항상 −1 보다 크다. 즉, 기초자산의 가격이 1 달러 하락하면 풋옵션의 가치는 1 달러보다 더 증가할 수 없다. 이 두 속성을 결합하면 다음과 같다.

$$0 \le \Delta_C \le 1 \qquad -1 \le \Delta_P \le 0$$

셋째, 델타의 크기는 옵션의 심도(depth-in-the-money)에 달려 있다. 심내가격(deep in-the-money) 옵션은 기초자산 가격의 변화에 가장 잘 반응하지만, 심외가격(deep out-of-the-money) 옵션은 반응이 가장 적다. 더 자세히 보자:

- 콜옵션이 심외가격 옵션인 경우 콜옵션의 델타는 0에 가깝다. 이 옵션의 델타는 기초자산의 가격 S가 증가함에 따라 증가하고, 콜옵션이 심내가격 옵션으로 움직일 때 +1 로 향한다.
- 풋옵션의 델타는 풋옵션이 심내가격 옵션인 경우 −1에 가깝다. 그것은 S가 증가함에 따라 절대값이 감소하고, 이 풋옵션이 심외가격 옵션으로 움직일 때 0을 향하게 된다.

마지막으로, 동일한 조건의 유럽식 콜옵션 및 풋옵션에 대해서는 다음이 성립한다.

$$\Delta_C - \Delta_P = 1 \tag{17.11}$$

(관계 (17.11)은 미국식 옵션에 대해서는 성립할 필요가 없다.) 이 결과를 얻으려면 S에 대하여 풋–콜 패리티 표현의 양변을 미분하면 된다.

---

3) “주변”에 대한 확실하고 신속한 정의는 없다. $90의 가격으로 거래되는 주식의 경우, $1의 변동은 작지만, $9의 가격에 거래되는 주식의 경우에는 아니다. 여기에서는 상식적으로 생각해야 한다.

그림 17.1
*S*의 변화에 따른 옵션 델타

이 그림은 기초자산의 가격이 변함에 따라 콜옵션과 풋옵션 델타가 어떻게 바뀌는지를 설명한다. 계산의 세부사항은 본문에 나와 있다.

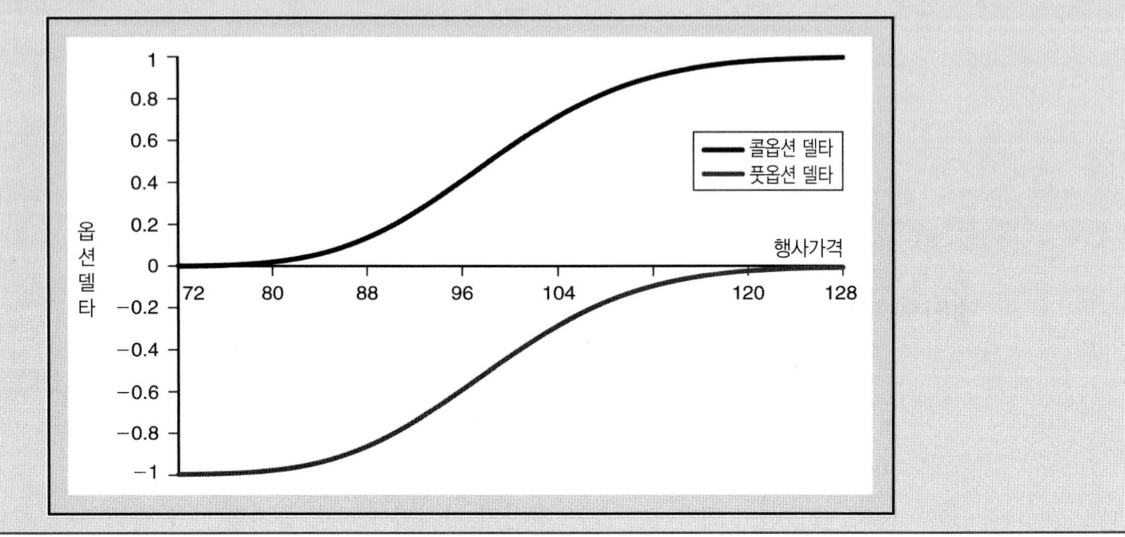

$$C-P=S-PV(K)-PV(D) \quad \textbf{(17.12)}$$

좀 더 쉽게 말하면, S가 $1 변할 때 C와 P가 각각 Δ_C와 Δ_P 만큼 변화한다고 가정하자. 그러면 (17.12)의 왼쪽 부분의 총 변화는 $\Delta_C-\Delta_P$, 오른쪽 부분의 변화는 $1이다. 풋-콜 패리티가 항상 성립해야 하므로 이 두 변화는 동일해야 한다.

[그림 17.1]은 수식 (17.9)을 사용하여 블랙-숄즈 설정에서 델타를 그린 것이다. 기준 값들은 [표 17.1]에 주어진 값들이다. 이 그래프는 S가 72에서 128까지 변화함에 따라 콜옵션과 풋옵션의 델타를 그린 것이다. 이 그림은 위에 나열된 옵션 델타의 모든 속성을 보여준다.

옵션 델타 사용

옵션 민감도를 측정하는 델타에 대한 간단한 해석이 있다. 기초자산 가격이 소액 dS만큼 변동하는 경우, 델타는 $\Delta\times dS$의 옵션가격의 변동을 예측한다.

$$dC=\Delta_C\times dS \quad dP=\Delta_P\times dS \quad \textbf{(17.13)}$$

예 17.1

풋옵션이 $P=8.45$ 에서 거래되고 풋옵션의 델타는 -0.70 이라고 가정하자. 기초자산 가격이 $0.50 증가한다고 가정하자. 델타는 풋옵션가격의 변화를 다음과 같이 추정한다.

$$(-0.70) \times (+0.50) = -0.35$$

따라서 새로운 풋옵션가격은 8.45−0.35=8.10이다. ■

아쉽게도…

간단하지만, (17.13)은 단지 옵션가격의 실제 변화에 대한 근사치를 나타낸다. 근사값은 기초자산 가격의 작은 변화에 대해서는 매우 유효하지만 S의 변화가 커지면 점진적으로 덜 정확하게 된다. S의 큰 급격한 변화에 대한 추정치는 매우 부정확할 수 있다.

이러한 점을 설명하고 이 문제에 대한 더 많은 통찰력을 얻으려면 수치 예제가 유용하다. 우리는 이 목적을 위해 블랙-숄즈모형을 사용한다. 이 모형에서 옵션가격과 옵션 델타에 대해 닫힌 형태의 공식이 있으므로, 델타에 의해 예측된 변화를 계산하고 공식에서 나온 실제 변화와 비교할 수 있다.

예 17.2

[표 17.1]에 주어진 기본 매개변수 값을 고려하라. 이러한 매개변수에 대해 블랙-숄즈 공식을 적용하면 다음과 같다.

$$C = 6.889 \qquad \Delta_C = 0.598$$

S가 $1만큼 바뀌었다고 가정하자. 그러면 방정식 (17.13)은 +0.598의 콜옵션 값의 변화를 추정한다. 즉, 새 콜옵션가격은 다음과 같다.

$$6.889 + 0.598 = 7.487$$

블랙-숄즈 공식을 사용하여 $S=101$에서 실제 콜옵션가격을 계산하면(다른 매개변수는 변경되지 않는다고 가정), 우리는 이것이 7.500임을 알 수 있다. 따라서 추정된 새로운 값은 새로운 실제 값에서 1센트 조금 넘는 값밖에 차이가 나지 않는다.

그러나 S의 변화가 더 커져 +5라고 생각해보자. 그러면 (17.13)은 콜옵션가치의 변화를 다음과 같이 추정한다.

$$(+0.598) \times (+5) = +2.990$$

즉, 추정된 새로운 콜옵션 값은 다음과 같다.

$$6.889 + 2.990 = 9.879$$

그러나 블랙-숄즈 공식에 따라 $S=105$에서의 실제 가격은 10.201이다. 델타를 사용한 예상치는 0.32 또는 콜옵션가치의 실제 변화의 거의 10% 정도이다. ■

표 17.2
델타를 사용하여 콜옵션가치의 변화에 대한 근사치 구하기

이 표는 S의 변화로 인한 실제 콜옵션가격과 델타를 사용하여 구한 새로운 콜옵션가치를 비교한 것이다. S의 처음 값은 100이고, 새로운 주식가격(S_{new})은 변경된 가격을 표시한다. 계산의 세부사항은 본문에 설명되어 있다.

새로운 주식가격	실제 새로운 콜옵션가격	델타 근사치	오차
95	4.255	3.900	0.355
96	4.723	4.498	0.225
97	5.222	5.096	0.126
98	5.749	5.693	0.056
99	6.305	6.291	0.014
100	6.889	6.889	–
101	7.500	7.487	0.013
102	8.138	8.084	0.054
103	8.801	8.682	0.119
104	9.489	9.280	0.209
105	10.201	9.877	0.324

[표 17.2]는 이 예에서 S의 변화를 −5에서 +5까지(즉, 새로운 주가가 95와 105 사이에 있음) 고려한다. "실제 새로운 콜옵션가격" 열의 항목은 이 새로운 S 값에서 블랙-숄즈 공식의 결과인 실제 콜옵션 값에 해당한다. "델타 근사치" 열의 항목은 수식 (17.13)을 사용하여 얻은 값에 해당한다. 즉,

$$\begin{aligned}\text{추정된 새로운 콜옵션가격} &= \text{이전 콜옵션가격} + [\Delta \times S\text{의 변화}] \\ &= 6.889 + [0.598 \times (S_{\text{new}} - 100)]\end{aligned} \tag{17.14}$$

표에 나와 있듯이, 실제 변화에 대한 델타 근사값은 S의 작은 변화에 대해서는 매우 정확하지만, S의 변화 크기가 커짐에 따라 점진적으로 덜 정확하게 된다.

곡률의 중요성

무엇이 오류를 이러한 형태로 나타나게 하는가? 한 마디로 곡률이다. 다음 수식을 사용하여 옵션가격의 변화를 추정할 때

$$\text{콜옵션 값의 변화} = \Delta \times S\text{의 변화}$$

우리는 콜옵션가격이 S에 대해서 선형인 것처럼 다루고 있다. S에서 $2가 변경 되면 옵션가격이 S의 $1 변경으로 인해 변화된 것의 두 배로 변경된다. S의 $1 변경은 $0.50 변경의 두 배의 영향을 준다, 등등. 그러나 블랙-숄즈 장에서 보았듯이 옵션가격결정 함수에는 곡률이 있다. 강조하건대 그것은 S에 대해서 선형적이지 않다.

그림 17.2
곡률의 영향

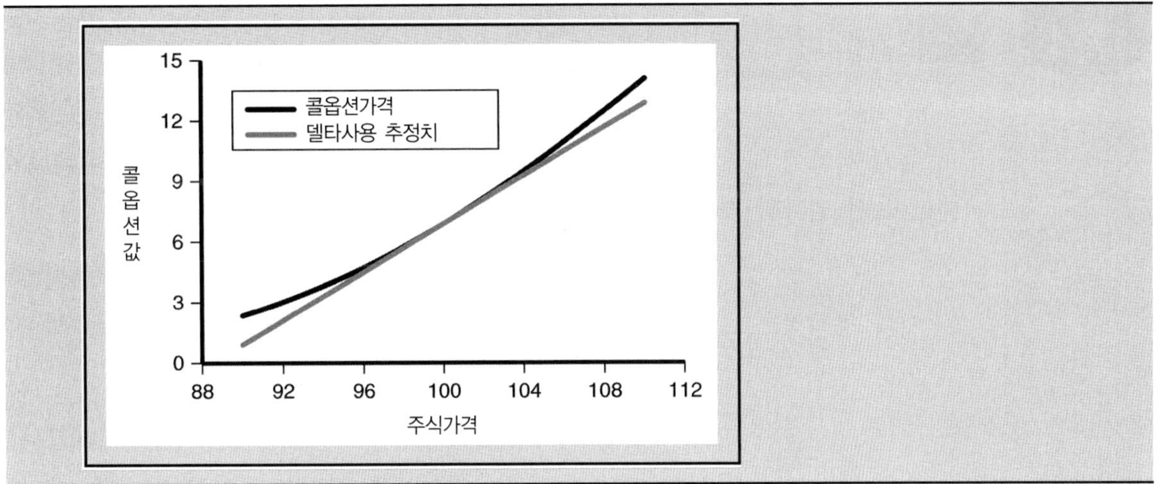

그 결과는 [그림 17.2]에 나와 있는데, 이는 [표 17.2]의 정보를 단순한 그래프로 표현한 것이나 좀 더 넓은 가격 범위에 대한 것이다. 그림의 회색선은 델타를 사용하여 추정된 새로운 콜옵션 값을 나타낸다. 즉, 그것은 식 (17.14)의 그림이다. 이 그림은 기울기가 0.598인 직선에 불과하다.

그림의 검은선은 블랙-숄즈 공식을 사용하여 계산된 예제의 실제 새로운 옵션가격을 나타낸다. 어떤 S에서의 이 선의 기울기는 그 S의 값에서의 델타이다. S가 변경되면 기울기가 증가하여 함수의 곡률을 나타낸다. $S=100$에서 기울기는 0.598이므로 이 점에서 회색선은 옵션가격 결정함수에 접하게 된다.

등식 (17.13)을 사용하여 옵션가격 변화를 추정할 때, 우리는 회색선을 따라 움직이는 반면, 실제 가격 변화는 검은선을 따라 움직인다. 두 선은 S의 작은 변화에 대해서는 서로 가깝게 놓여 있다. 그러나 S가 크게 변하면 접선이 곡선 옵션가격 결정함수에서 멀어지기 시작하여 그 둘 사이의 차이가 커진다. 옵션가격은 양의 곡률을 가지므로(즉, S에 대해 볼록), 델타는 항상 실제 변동량보다 과소 예측한다.

델타 사용으로 인한 추정 오류는 분명히 초기 가격에서 옵션가격 결정함수의 곡률의 정도에 달려 있다. 곡률이 낮으면 검은선과 회색선이 더 가깝고 오차는 일반적으로 작을 것이다. 옵션 민감도를 측정할 때 이 곡률을 어떻게 계량화하고 설명해야 하는가? 답은 우리가 이제 논의할 옵션 감마에 있다.

17.4 옵션 감마

옵션 감마에 대해 생각할 수 있는 두 가지 동일한 방법이 있다. 첫 번째는 S의 주어진 변화에 대한 옵션 델타의 변화를 측정하는 것이다. 직관적으로,

$$\Gamma \ = \ S\text{의 \$1 변화에 대한 옵션 델타의 변화}$$

보다 공식적으로, 감마는 S에 대한 델타의 기울기이다.

$$\Gamma_C = \frac{\partial \Delta_C}{\partial S^2} \qquad\qquad \Gamma_P = \frac{\partial \Delta_P}{\partial S^2} \tag{17.15}$$

이제 델타는 옵션가격 결정함수의 기울기이므로, 감마는 S가 변경될 때 이 기울기의 변화를 측정한다. 함수의 기울기 변화는 곡률이다. 이것은 감마에 대한 두 번째 해석을 제공하는데, 감마는 S의 옵션가격의 곡률의 척도이다. 미적분학 표기로는 감마는 S에 대한 옵션가격 결정함수의 2차 미분 값이다.

$$\Gamma_C = \frac{\partial^2 C}{\partial S^2} \qquad\qquad \Gamma_P = \frac{\partial^2 P}{\partial S^2} \tag{17.16}$$

감마 계산

옵션가격결정 공식을 알고 있는 모형에서, (17.15) 또는 (17.16)의 동등한 정의 중 하나를 옵션가격에 직접 적용하여 옵션 감마에 대한 공식을 얻을 수 있다. 블랙-숄즈 설정에서 부록 17A는 감마가 다음과 같이 주어짐을 보인다.

$$\Gamma_C = \Gamma_P = \frac{1}{\sigma S_t \sqrt{T-t}} N'(d_1) \tag{17.17}$$

여기서, 임의의 x에 대하여, $N'(x)$는 다음과 같이 주어진다.

$$N'(x) = \frac{1}{\sqrt{2\pi}} e^{-x^2/2} \tag{17.18}$$

옵션가격의 닫힌 형태의 표현이 없는 이항모형과 같은 모형에서 우리는 (17.16)을 비연속화 한다. 구체적으로 콜옵션을 고려해보자(풋옵션도 유사하게 처리된다). $C(S)$가 초기 가격 S에서의 콜옵션 값을 나타낸다. 가격의 작은 변화 b를 선택하고 모형을 다시 실행하여, 초기 가격 $S-b$ 및 $S+b$로부터 콜옵션 값을 계산한다. 이 콜옵션 값을 각각 $C(S-b)$ 및 $C(S+b)$로 나타낸다. 그러면, S에서 콜옵션 감마를 계산하는데 사용할 수 있는 비연속화된 형태의 (17.16)이 다음과 같이 주어진다.

$$\Gamma = \frac{C(S+b)+C(S-b)-2C(S)}{b^2} \tag{17.19}$$

감마의 특성

우리가 보았듯이, S가 증가함에 따라 콜옵션과 풋옵션 델타 모두 증가한다. 이것은 콜옵션과 풋옵션의 감마가 모두 양수임을 의미한다.

$$\Gamma_C > 0 \qquad\qquad \Gamma_P > 0 \tag{17.20}$$

수학적 용어로는 양의 곡률의 속성 (17.20)은 볼록성(convexity)이라고 불린다. 옵션가격은 S에서 볼록하다고 한다.

감마는 언제 커지며 언제 작아지는가? S가 변화할 때 옵션가격의 그림을 보라. 옵션(콜옵션 또는 풋옵션)이 심외가격 옵션일 때, 옵션가격 결정함수는 거의 평평하다. 곡률이 거의 없으며 이는 심외가격 옵션의 감마가 작다는 것을 의미한다.

비슷하게, 옵션이 심내가격 옵션이면, S의 변경에 대해 거의 일대일로 반응한다. 옵션가격 결정함수는 다시 거의 곡률이 없는 직선이다. 따라서 심내가격 옵션의 감마도 역시 작다.

그러나 옵션이 등가격이거나 그에 가까운 경우, 옵션가격 결정함수는 상당한 곡률을 표시한다. S가 변화함에 따라 기울기(옵션 델타)가 빠르게 변한다. 따라서 감마는 이 영역에서 가장 높다.

요약하면, 옵션의 감마는

- 옵션이 심외가격 옵션이거나 심내가격 옵션일 때 가장 작다. 그리고
- 옵션이 등가격 옵션일 때 가장 높다.

마지막 특성은 오직 유럽식 옵션에만 적용된다. 동일한 조건의 유럽식 콜옵션과 풋옵션에 대해 다음이 성립한다.

$$\Gamma_C = \Gamma_P \tag{17.21}$$

(주의 깊은 독자들은 (17.17)에서 블랙-숄즈 설정에서 콜옵션과 풋옵션 감마가 일치한다는 점을 보았을 것이다.) 이 일치는 풋-콜 패리티의 또 다른 결과이다. 우리가 보았듯이, 풋-콜 패리티는 유럽식 옵션에 대해 다음과 같은 의미를 가진다.

$$\Delta_C - \Delta_P = 1$$

S와 대해 양변을 미분하면 $\Gamma_C - \Gamma_P = 0$ 또는 $\Gamma_C = \Gamma_P$를 얻는다. 좀 더 쉽게 말하자면, S가 \$1 만큼 바뀌면 좌변은 $\Gamma_C - \Gamma_P$만큼 바뀌지만 우변은 변하지 않는다(상수이고 S에 의존하지 않는다). 이것은 우리에게 $\Gamma_C - \Gamma_P = 0$이라는 결과를 가져다준다.

그림 17.3
옵션 감마

이 그림은 기초자산의 가격이 변할 때 블랙-숄즈 설정에서의 콜옵션 감마를 그린 것이다. 계산의 세부사항은 본문에 나와 있다.

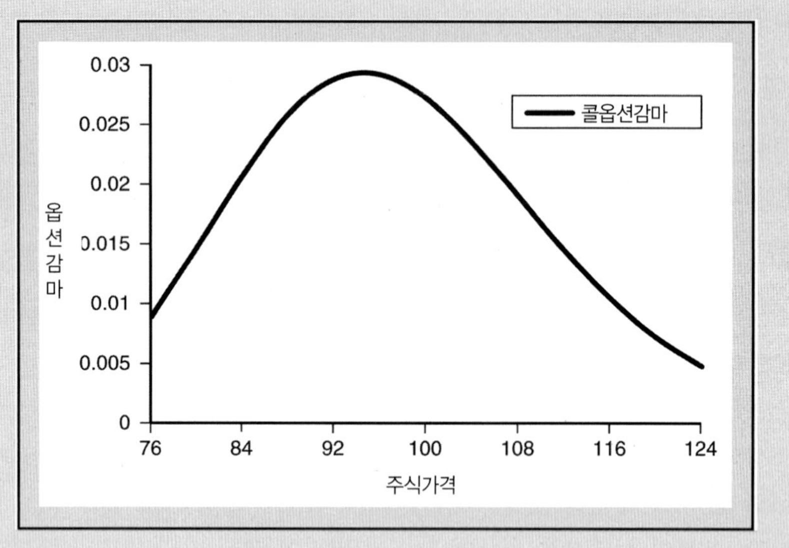

[그림 17.3]은 수식 (17.17)을 사용하여 블랙-숄즈 설정에서 옵션 감마를 그린 것이다. 기준 값들은 [표 17.1]의 값들이다. 그래프는 S가 76에서 124까지 변할 때 감마를 표시한다. 그림은 위에서 설명한 속성을 보여준다.

옵션 감마 사용

감마는 공식적 및 비공식적으로 위험관리에 중요하게 많이 사용된다. 우리는 뒤에서 이 중에 몇몇을 살펴본다.

(A) 곡률 보정으로서의 감마

이전에 보았듯이, 델타는 곡률을 무시하기 때문에 커다란 가격 변화가 옵션 값에 미치는 영향을 과소평가한다. 감마는 곡률을 보정하는데 사용할 수 있다.

S에서 a의 변화를 생각해보자. 델타 만 사용하는 경우, 옵션가격의 예상 변화는 다음과 같다.

$$\text{옵션 값의 변화} = \Delta a$$

보다 정확한 추정은 감마로 이것을 보완함으로써 얻어진다.

$$\text{옵션 값의 변화} = \Delta a + \frac{1}{2}\Gamma a^2 \tag{17.22}$$

작은 변화 a의 경우에는 개선 효과가 작지만, 큰 a의 경우 개선 효과가 매우 크다.

예 17.3

[표 17.1]의 블랙-숄즈 설정을 고려하라. 앞서 살펴본 바와 같이 이 매개변수들를 사용하는 콜옵션가격과 델타는 다음과 같다.

$$C = 6.889, \qquad \Delta = 0.598$$

이 모형의 감마에 대한 수식 (17.17)을 적용하면, 다음을 얻을 수 있다.

$$\Gamma = 0.0274$$

주가 S에서 $a = +5$의 변화를 생각해보자. 마지막 절에서, 델타 만 사용하면 콜옵션 값의 변화를 추정할 때 \$0.32를 초과하는 큰 오류가 발생한다는 것을 보았다.
곡률 보정 (17.22)를 사용하면 새로운 가격 추정지는 다음과 같다.

$$6.889 + (0.598)(5) + \frac{1}{2}(0.0274)(25) = 10.219$$

이것은 실제 블랙-숄즈 가격 \$10.201에서 \$0.02 이내이다. ■

왜 이 수정 공식은 "작동"하는가?

[표 17.2]와 [그림 17.2]는 (a) 델타가 체계적으로 S의 변화가 옵션가격에 미치는 영향을 과소평가하고, (b) 옵션가격의 곡률 때문에 S의 변화가 커질수록 과소평가의 범위가 커진다는 것을 보여준다.

두 문제 모두 곡률 보정 (17.22)로 해결된다. 먼저, 기초자산 가격에서 어떤 변화(긍정적 또는 부정적)에 대한 항목 a^2가 그렇듯이 Γ은 항상 양수이다. 이것은 $\frac{1}{2}\Gamma a^2 > 0$이므로, 델타 추정치에 양수항을 더하는 것이다. 이것은 첫 번째 문제를 해결한다. 둘째, a^2항은 추정치에 곡률을 추가하여 두 번째 문제를 해결한다.

그러나 경고 ...

곡률 보정으로 감마를 사용하면 델타만 사용하는 것보다 큰 가격 변화의 영향을 더 잘 추정할 수 있지만, 감마도 역시 근사치라는 점을 주의해야 한다. S의 매우 큰 변화에 대해, 감마에 의해 제공되는 추정치조차도 상당히 벗어날 수 있다. 예를 들어, [표 17.1]의 설정에서 주식가격의 갑작스런 변화 $a = -10$를 생각해보자. 곡률 보정 (17.22)을 사용하면 새 예상 콜옵션가치는 다음과 같다.

$$6.889 + (0.598)(-10) + \frac{1}{2}(0.0274)(100) = 2.279$$

그러나 $S = 90$에서의 실제 콜옵션 값은 약 2.349에 불과하다.

(B) 곡률 및 델타-헤징

옵션의 감마가 항상 양수이기 때문에 옵션 보유자는 "감마에 대한 매입포지션을 취한다(long gamma)"라고 하지만 옵션의 판매자는 "감마에 대한 매도포지션을 취한다(short gamma)" 또는 음의 감마 포지션을 취한다고 한다. 감마의 가장 중요한 의미 중 하나이자 옵션 판매자에게는 가장 불쾌한 것이 옵션 매도포지션의 델타-헤징에 있다. 델타-헤징은 기초자산의 포지션을 이용하여 옵션 매도포지션에서 위험을 상계하는 것을 포함한다. 문제는 옵션은 곡률을 가지지만 주식의 손익은 곡률을 가지지 않는다는 것이다. 주식은 가격이 \$1 변동할 때마다 정확히 \$1만 반응하므로 제로-감마 상품이다.

이 결과를 보려면, 당신이 콜옵션을 매도하고 주식을 Δ단위 보유함으로써 델타-헤지를 자신이 하고 있다고 가정하자. 기초자산인 주가가 예기치 않은 a의 움직임을 기록한다고 가정하자. 이것이 포트폴리오에 미치는 영향은 무엇인가?

보유 주식 Δ단위의 가치 변화는 단지 Δa이다. (17.22)에서 옵션 값의 변화는 대략 다음과 같다.

$$\Delta a + \frac{1}{2}\Gamma a^2$$

당신이 델타 단위의 주식을 보유하고 있고 콜옵션을 매도했기 때문에 포트폴리오 가치의 변화는 대략 다음과 같다.

$$\Delta a - \left[\Delta a + \frac{1}{2}\Gamma a^2\right] = -\frac{1}{2}\Gamma a^2$$

이것은 a에 관계없이 음수이다! 이 결과는 다음과 같이 강조할 가치가 있다.

투자자가 옵션을 매도하는 델타-헤지(delta-hedged) 포지션은 가격이 움직이는 방향에 관계없이 예기치 않은 가격변동으로 인해 손실을 입게 된다. 손실은 대략 $-\frac{1}{2}\Gamma a^2$ 이고, 여기서 a는 가격의 변화이다.

이 관찰은 신참인 옵션 트레이더가 종종 음의 감마 포지션을 피하도록 지시받는 이유를 설명한다. 감마가 클수록, 주어진 a에 대해 이 손실이 더 커진다.

예 17.4

[표 17.1]의 블랙-숄즈 설정을 고려하라. 우리가 보았듯이, 다음과 같다.

$$C = 6.889 \qquad \Delta = 0.598 \qquad r = 0.0274$$

콜옵션 하나를 매도하고 0.598 단위의 주식을 매입한 델타-헤지 포트폴리오를 보유하고 있다고 가정해 보자. 가격이 \$2 변동할 때 포트폴리오에 미치는 영향은 무엇인가?

먼저 가격이 $S=102$ 로 \$2 상승한 것을 고려하라. 이 경우 블랙-숄즈 옵션 값이 +1.250 증가한다(표 17.2 참조). 보유한 0.598 주식의 가치는 $0.598\times 2=1.196$만큼 증가한다. 우리는 옵션을 매도했기 때문에 포트폴리오 가치의 순 변화는 다음과 같다.

$$1.196 \ - \ 1.250 \ = \ -0.054$$

이것은 대략 $-\frac{1}{2}\Gamma a^2$이다(Γ=0.0274임을 기억하라).

이제 가격이 $S=98$ 로 \$2 하락한 것을 고려해보라. 이 경우 옵션 값은 1.140만큼 감소한다(표 17.2). 0.598 주식 값은 1.196만큼 감소한다. 따라서 포트폴리오 가치의 순 변동은 다음과 같다.

$$-1.196 \ + \ 1.140 \ = \ -0.056$$

다시 말하지만, 이것은 대략 $-\frac{1}{2}\Gamma a^2$이다. ■

물론 반대로 우리가 옵션을 매입한 델타-헤지 포지션을 취하고 있다면 가격이 움직이는 방향에 상관없이 돈을 버는 것이다. [그림 17.4]는 이를 설명한다. 이 그림은 우리가 콜옵션을 매입하고 Δ(콜옵션) 단위의 주식을 매도한 델타-헤지된 포트폴리오의 가치 변화를 설명한다.[4] 설정 및 초기 매개변수들은 [표 17.1]의 것들과 같다. $S=100$의 초기 수준에서 가격이 움직이면 포트폴리오 가치가 증가한다. 이에 대한 보상은 옵션 매입포지션에서의 시간 붕괴인데 이것은 다음 절에서 설명한다(특히 감마-세타 상충관계에 대한 설명 참조).

(C) 점프 위험/변동성에 대한 전망으로서의 감마

기초자산의 가격 변화에 대한 델타-헤지된 포트폴리오의 행태는 왜 감마가 변동성 (특히 가격 상승의 위험)에 대한 전망과 관련되어 있는지 설명한다. 당신이 옵션을 매입하고 델타-헤지를 했다면, 가격이 움직이는 방향에 관계없이 곡률로부터 이익을 얻는다. 물론 감마가 높을수록 곡률이 커지므로 커다란 가격변동으로 인한 이익이 커진다. 반대로 옵션을 매도하고 델타-헤지를 했다면 가격이 어느 방향으로 움직이든 손실을 볼 것이며 감마가 커질수록 곡률이 커지므로 가격변동으로 인한 손실이 커진다.

감마와 점프 위험 사이의 관계는 또한 헤지가 안된 옵션 포지션의 관점에서 이해될 수 있다. 곡률 때문에 옵션은 보유자에게 가격 변화에 대한 비대칭적 반응을 보인다. 콜옵션을 보유한 사람은 상응하는 가격 하락으로 잃는 것보다 가격 상승에서 더 많은 이익을 얻는다. 이 두 변화의 차이는 대략 Γa^2이고 여기서 a는 기초사산 가격의 변화이다. 풋옵션 보유자는 상응하는 가격 상승으로 인해 잃는 것보다 가격 하락에서 더 많은 것을 얻는다.

4) 풋-콜 패리티에 의해, 동일한 그림은 또한 우리가 풋옵션을 매입하고 Δ(풋옵션) 단위의 주식을 매입한 델타-헤지된 포트폴리오의 가치 변화를 설명한다.

그림 17.4
곡률과 델타-헤징

이 그림은 기초자산 가격이 예상치 못한 움직임을 기록할 때 주식으로 델타-헤지된 콜옵션 매도포지션으로 구성된 포트폴리오의 가치 변화를 그린 것이다

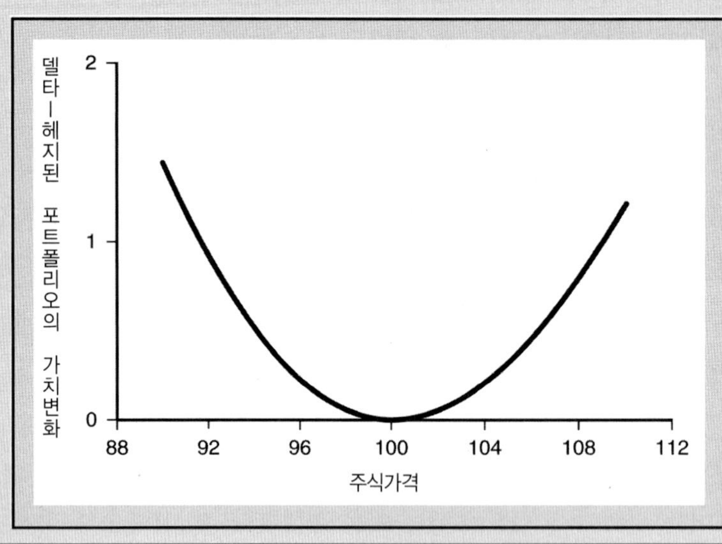

예 17.5

[표 17.1]의 블랙-숄즈 설정을 고려하라. [표 17.2]는 $S=101$ 로 가격이 \$1 상승하면 콜옵션가치가 다음 금액만큼 상승함을 보인다.

$$7.500 - 6.889 = 0.611$$

반면, $S=101$ 로 가격이 \$1 하락하면 옵션 값이 더 작은 금액만큼 감소한다.

$$6.889 - 6.305 = 0.584$$

이러한 변화의 차이는 0.027이며, 이는 대략 Γa^2이다.
표에서 쉽게 확인할 수 있듯이, 비슷한 정도의 비대칭성은 S가 $\pm a$ 사이에서 변할 때 발생한다. [그림 17.5]는 ±4의 변화에 대한 비대칭을 보여준다. ■

이 비대칭 특성은 큰 가격변동을 예상하는 경우 바람직하다. 가격 하락으로 잃는 것보다 가격 상승으로 더 큰 이익을 얻을 것이다. 따라서 양의 감마 포지션은 점프 위험(또는 더 일반적으로 변동성)에 대한 낙관적인 전망으로 간주되지만, 음의 감마 위치(옵션 매도포지션에 해당)는 점프 위험/변동성에 대한 비관적인 전망으로 간주된다.

그림 17.5
곡률과
점프 위험

이 그림은 곡률의 결과로 가격의 증가와 감소에 대한 콜옵션 값의 비대칭 반응을 보여준다.

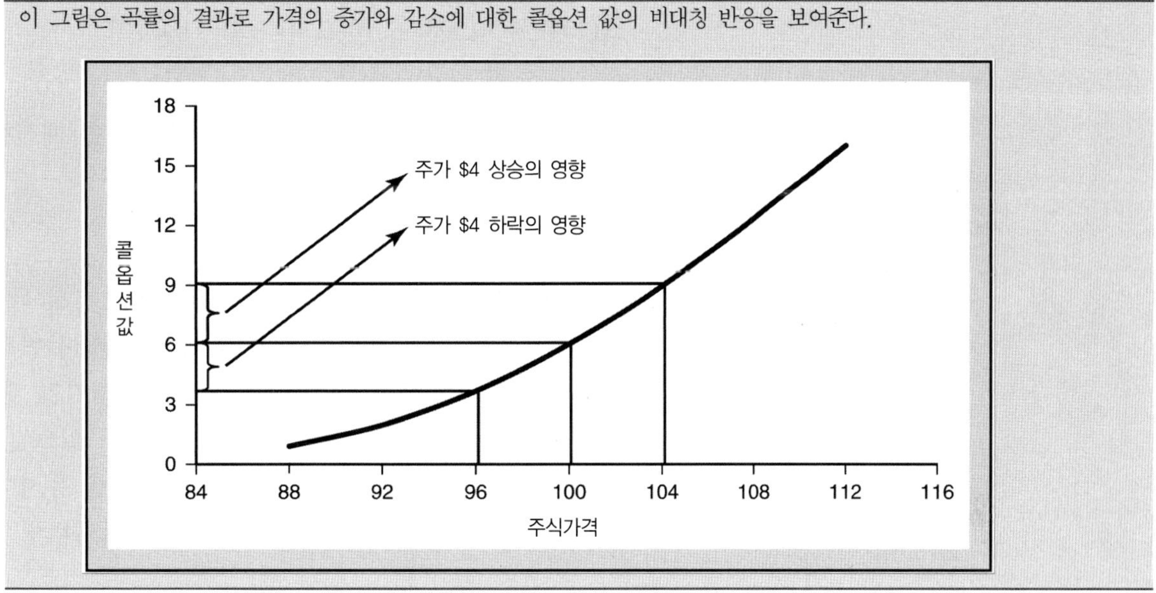

(D) 델타 변화의 예측치로서의 감마

정의 (17.15)에서 감마는 S의 변화로 인한 델타의 변화를 예측하는 데 사용할 수 있다. 주가의 작은 변화 dS에 기인한 Δ_C의 변화를 $d\Delta_C$라고 하고, (17.15)를 다시 쓰면 다음과 같다.

$$d\Delta_C = \Gamma_C \times dS \tag{17.23}$$

즉,

$$\Delta \text{의 변화} = \Gamma \times S\text{의 변화}$$

좀 더 쉽게, 우리는 Γ을 S의 \$1 변화 당 Δ의 변화로 생각할 수 있다.

예 17.6

[표 17.1]의 블랙-숄즈 설정을 사용하라. $S = 100$ 일 때, 우리는 $\Delta_C = 0.598$ 및 $\Gamma_C = 0.0274$를 갖는다. $+4$와 -4의 S의 변화를 고려하라. 식 (17.23)은 $S = 96$ 및 $S = 104$ 에서 델타 값을 다음과 같이 구한다.

$$\Delta(96) = 0.598 + (0.0274)(-4) = 0.489$$

그리고

$$\Delta(104) = 0.598 + (0.0274)(+4) = 0.707$$

델타의 수식을 사용하여 계산된 실제 값은 $\Delta(96)=0.484$ 와 $\Delta(104)=0.700$ 이다. 따라서 S의 상대적으로 큰 변화에도 불구하고 (17.23)은 매우 정확하게 Δ의 변화를 계산한다. ■

(E) 헤지 재조정 지표로서의 감마

S의 변화에 대한 델타의 민감도의 척도로서 감마는 델타-헤지를 재조정해야하는 빈도의 지표이다. 옵션의 감마가 작으면(0에 가깝다), 이것은 델타가 S의 변경에 대해 많이 변하지 않을 것임을 의미한다. 따라서 델타-헤지된 포지션은 S가 변경 되더라도 거의 델타-헤지된 채로 유지된다. 그러나 감마가 큰 경우, S가 약간만 변경되어도 옵션 델타에서 중요한 변화를 일으킬 수 있다. 따라서 델타-헤지된 포지션은 S의 변화에 따라 위험해질 수 있으며 델타 중립성을 유지하기 위해서는 헤지가 보다 자주 재조정되어야 할 것이다. 그러한 포지션은 주의 깊게 모니터링해야 한다.

17.5 옵션 세타

옵션은 유한한 만기를 가진 수단이므로, 만기까지 남은 시간이 옵션 값을 결정하는 데 중요한 역할을 한다. 옵션 세타는 옵션 값에 대한 시간 경과의 영향을 측정한다. 우리가 곧 볼 수 있는 이유 때문에 이것은 옵션에서의 시간 붕괴(time decay)라고 일컬어진다.

세타는 현재 시간의 작은 진행에 대한 옵션 값의 변화율이다(동일하게, 만기까지 시간의 작은 감소이다).

$$\Theta_C = \frac{\partial C}{\partial t} \qquad \Theta_P = \frac{\partial P}{\partial t} \tag{17.24}$$

부록 17A는 블랙-숄즈모형에서 정의 (17.24)를 적용하면 콜옵션 및 풋옵션 세타에 대해 다음과 같은 식을 구할 수 있음을 보여준다.

$$\Theta_C = -\frac{1}{2\sqrt{T-t}}\sigma S_t N'(d_1) - re^{-r(T-t)}KN(d_2) \tag{17.25}$$

$$\Theta_P = -\frac{1}{2\sqrt{T-t}}\sigma S_t N'(-d_1) + re^{-r(T-t)}KN(-d_2) \tag{17.26}$$

우리가 닫힌 해가 없는 모형에서는 (17.24)를 비연속화해야 한다. C와 P를 현재 만기 $\tau = T-t$로 주어진 옵션 값으로 표시한다. 만기까지 시간의 작은 감소(예: 1일)를 고려하자. 새로운 만기를

그림 17.6
만기까지의 시간이 콜옵션 값에 미치는 영향

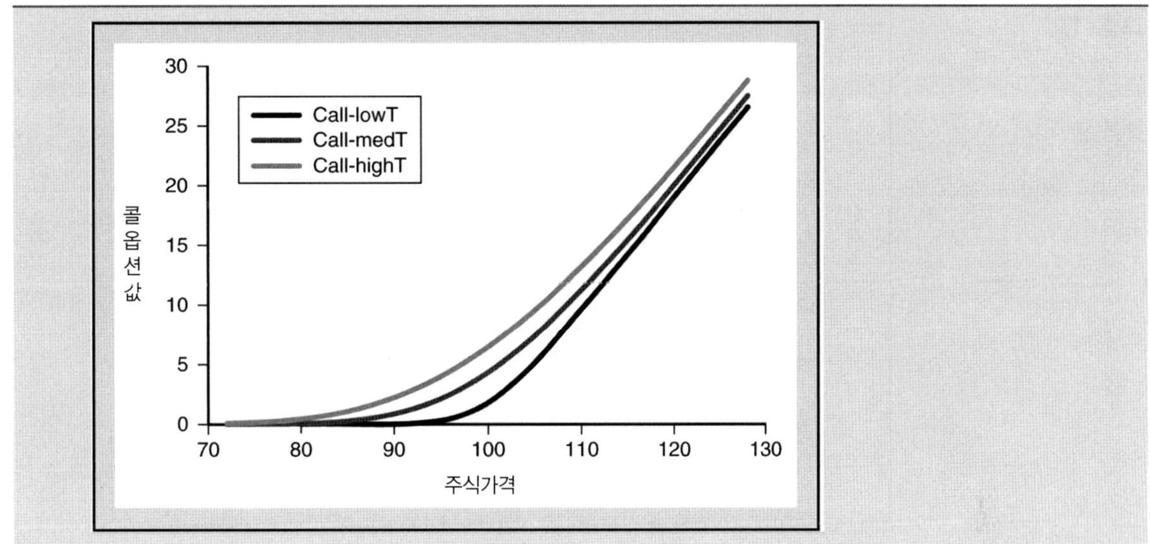

τ'로 표시하고, 그 결과로 나온 콜옵션과 풋옵션의 값을 각각 C'와 P'로 표시하자. 그러면 옵션 세타는 다음과 같다.

$$\Theta_C = \frac{C - C'}{\tau - \tau'} \qquad \Theta_P = \frac{P - P'}{\tau - \tau'} \tag{17.27}$$

옵션 세타의 부호

미국식 옵션의 경우, 만기까지의 시간이 더 긴 옵션은 만기까지의 시간이 더 짧은 옵션과 같은 시간에 항상 행사할 수 있으므로 의심의 여지없이 좋다(옵션 보유자가 단순히 여분의 시간을 버리는 선택을 할 수 있다). 따라서 미국식 옵션가치는 만기까지의 시간이 길어질수록 커지고, 또는 같은 의미로, 만기까지의 시간이 짧아질수록 옵션가치가 떨어진다. 이것은 세타가 미국식 옵션에 대해 음의 부호를 갖는다는 것을 의미한다. 만기가 다가옴에 따른 옵션가치의 하락은 옵션이 시간 붕괴의 대상이 된다는 말로 표현된다.

이는 또한 배당금을 지급하지 않는 주식에 대한 유럽식 콜옵션에서도 마찬가지이다. 만기일이 다가 오면 옵션의 시간가치와 보험가치가 모두 하락하여 콜옵션가치가 떨어진다. [그림 17.6]은 각각 다른 만기에 대한 블랙-숄즈 콜옵션 값을 그린 것이고 이 점을 보여준다.

그러나 유럽식 풋옵션의 경우 모호함이 있다. 만기가 짧을수록 변동성이 영향을 줄 시간이 적기 때문에 풋옵션의 보험가치는 줄어들지만, 풋옵션 보유자는 풋옵션이 좀 더 빨리 행사됨으로 인해 돈을 받기 때문에 풋옵션의 시간가치가 증가한다. 따라서 경우에 따라 만기까지의 시간이 줄어들면

그림 17.7
만기까지의 시간이 풋옵션 값에 미치는 영향

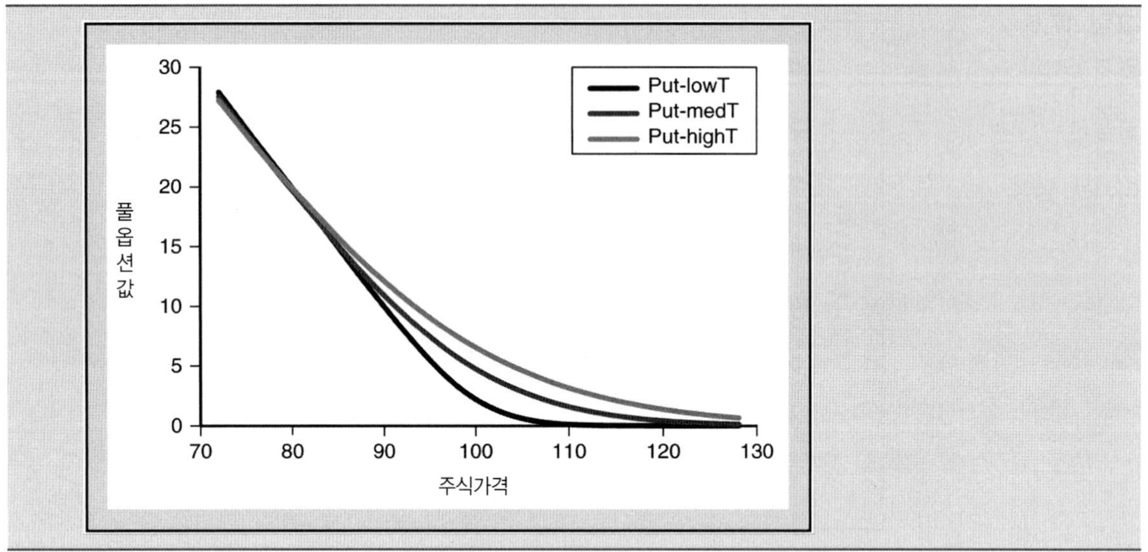

풋옵션 값이 증가할 수 있다. 즉, 세타가 양수가 될 수 있다. 이러한 경우는 특히 심내가격 풋옵션에 해당하는데 이는 그러한 풋옵션에 대해 보험가치는 최소한이지만(특히 이러한 풋옵션은 거의 확실하게 행사된다) 시간가치는 매우 중요하다.

[그림 17.7]은 블랙-숄즈 설정을 사용하여 그와 같은 상황을 보여준다. 그림에서 주가가 낮은 경우에는(즉, 풋옵션이 심내가격 옵션일 때) 짧은 만기의 풋옵션은 실제로 긴 만기의 풋옵션보다 더 가치가 있다. 따라서 세타는 양의 값이 된다.

세타와 가격의 심도

옵션 세타는 어떻게 가격의 심도에 의존하는가? [그림 17.6]과 [그림 17.7]은 답을 제시한다. 이 그래프에서 옵션가격 간의 수직 거리를 비교하면 등가격에 근접한 옵션은 만기의 변화에 가장 큰 영향을 받는 반면, 내가격과 외가격 옵션들은 영향을 덜 받는다는 것을 알 수 있다. 즉, 시간 붕괴는 원거리가격 옵션보다 등가격 옵션에 대해 가장 크다. [그림 17.8]은 블랙-숄즈 설정에서 콜옵션과 풋옵션의 세타를 그린 것이고 이점을 확인해준다. 그림은 둘 다 U자 모양을 가지며 등가격 옵션에 대해 시간 붕괴가 최대임을 나타낸다. 콜옵션 세타는 전반적으로 음수이고, 풋옵션 세타는 풋옵션이 심내가격 옵션일 때 양의 값을, 그렇지 않으면 음수이다.

풋옵션 세타는 콜옵션 세타 위에 있으며 그 둘 사이의 차이는 현재 주가와 무관한 상수라는 점에 유의하라. 유럽식 옵션의 경우 항상 이와 같다. 풋-콜 패리티는 다음과 같다.

$$C - P = S - e^{-r(T-t)}K$$

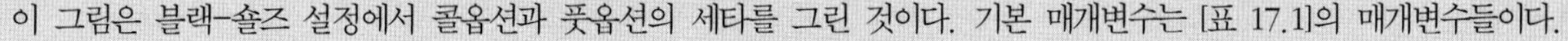

그림 17.8
옵션 세타

이 그림은 블랙-숄즈 설정에서 콜옵션과 풋옵션의 세타를 그린 것이다. 기본 매개변수는 [표 17.1]의 매개변수들이다.

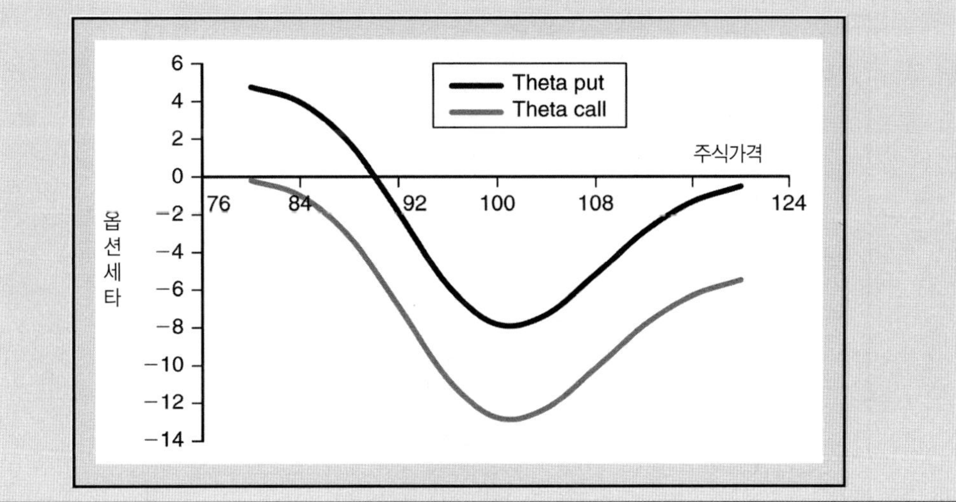

t에 관하여 양변을 미분하면, 다음과 같다.

$$\Theta_C - \Theta_P = -re^{-r(T-t)}K \tag{17.28}$$

옵션 세타 분해

시간의 경과는 두 가지 방법으로 옵션 값에 영향을 미친다: 옵션의 시간가치(지연된 옵션 행사로 인한 이자 비용/절약)에 미치는 영향과 옵션의 보험가치(변동성이 영향을 줄 시간이 적음)에 미치는 영향을 통해서다.[5] 세타의 행태에 대한 더 깊은 통찰은 이 방향을 따라 세타를 분해함으로써 얻어질 수 있다.

콜옵션과 풋옵션의 세타에 대한 블랙-숄즈 공식 (17.25)와 (17.26)을 생각해보자. 각 공식의 두 번째 항은 순 시간가치 효과(즉, 시간가치의 변화에 최종 행사의 가능성을 곱한 값)를 나타낸다. 이것은 콜옵션에 대해서는 음수이지만 풋옵션에 대해서는 양수이다. 각 공식의 첫 번째 항은 만기까지의 기간 단축에 따른 보험가치 효과를 나타낸다. 이 효과는 콜옵션 및 풋옵션 모두에 대해 음수이다.

[그림 17.9]는 [그림 17.8]의 콜옵션 세타의 분해를 나타낸다. [그림 17.10]은 풋옵션 세타의 분해를 나타낸다. 두 경우 모두, 시간가치 구성요소는 가격의 심도와 함께 더욱 중요해진다. 풋옵션의

5) 세타의 시간가치 구성요소는 옵션 로(rho)의 개념과 밀접하게 관련되어 있다. 전자는 주어진 이자율에 대해 만기까지의 시간단축 효과를 측정한다. 후자는 주어진 만가까지의 시간에 대해 이자율 변동의 영향을 측정한다. 특히, 이 둘에 대한 블랙-숄즈 공식은 비슷한 구조를 가지고 있다. 자세한 내용은 아래를 참조하라. 세타의 보험가치 구성요소와 옵션 베가의 개념에도 동일한 설명이 적용된다.

그림 17.9
콜옵션
세타의 분해

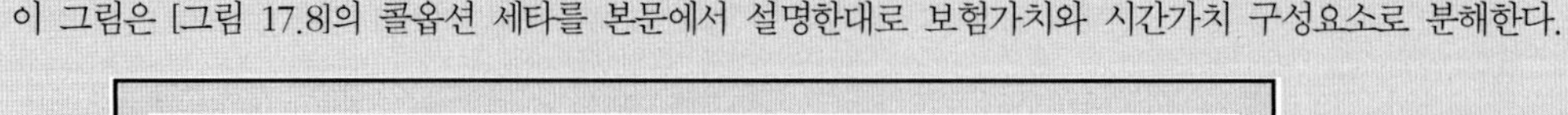
이 그림은 [그림 17.8]의 콜옵션 세타를 본문에서 설명한대로 보험가치와 시간가치 구성요소로 분해한다.

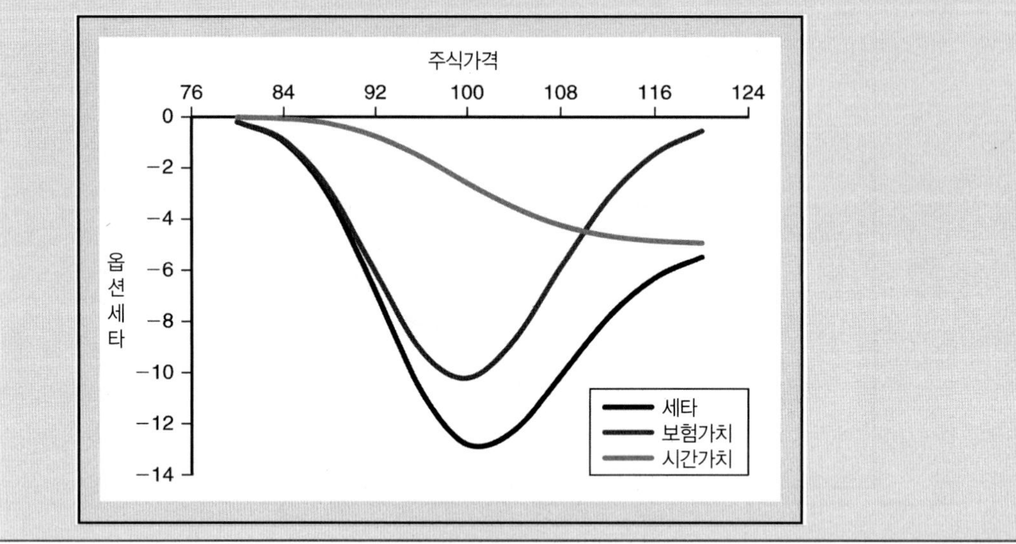

그림 17.10
풋옵션
세타의 분해

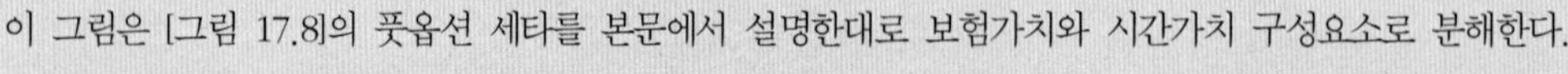
이 그림은 [그림 17.8]의 풋옵션 세타를 본문에서 설명한대로 보험가치와 시간가치 구성요소로 분해한다.

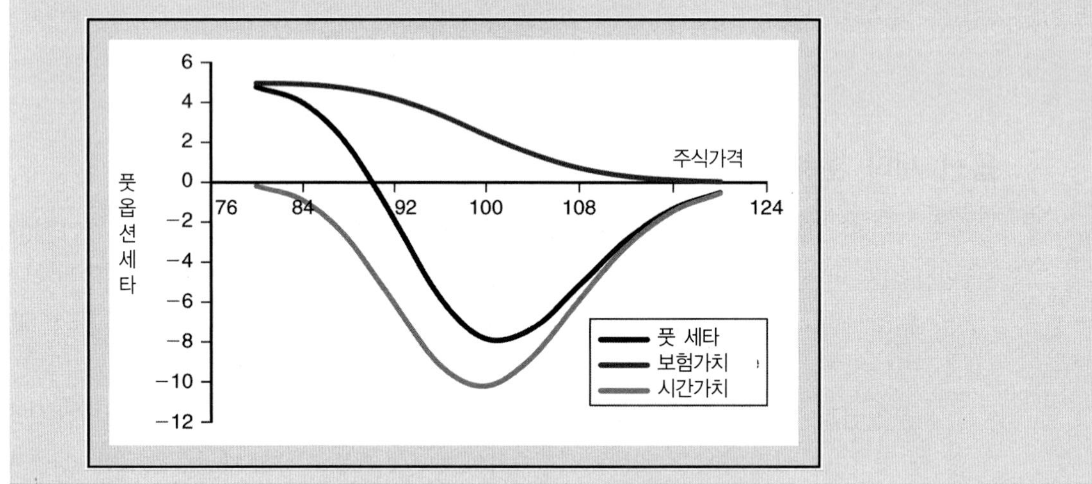

경우, 이 구성요소는 양수 값이며, 풋옵션이 더욱 심내가격 옵션일수록 더 큰 양수가 된다. 콜옵션의 경우 이 값은 음수가 되고 콜옵션이 더욱 심내가격 옵션일수록 더 큰 음수가 된다. 지연된 행사로 인하여 예상되는 이자 절감/비용이 옵션의 최종 행사 가능성에 따라 증가하기 때문에 이것은 예상했던 바이다.

반면에 보험가치의 영향은 U자 모양이며 두 그림 모두에서 음수이다. 최대의 효과는 등가격 옵션에서 나타난다. 옵션이 어떤 방향으로든 행사가격에서 멀어질수록 영향은 사라진다. 다시 말하지

만, 이것은 예상되었던 것이다. 심외가격 옵션의 경우, 보험가치는 상대적으로 옵션가치 의 큰 부분을 차지한다. 그러나 옵션의 달러가치 자체는 작기 때문에 옵션의 보험가치에 대한 만기까지의 시간 변화로 인한 달러 영향도 적다. 심내가격 옵션의 경우, 옵션가치의 대부분은 내재적 가치에서 비롯된다. 보험가치는 거의 무의미하다. 왜냐하면 그 옵션은 내가격 옵션으로 끝나기가 쉽기 때문이다. 그러나 근거리가격 옵션의 경우, 변동성으로 인해 옵션이 내가격 옵션이 될 가능성이 옵션가치의 상당 부분을 설명하기 때문에 옵션의 선택권 및 보험가치는 매우 중요하다.

옵션 세타 사용하기

현재 시간의 주어진 변화 dt(즉, 주어진 만기까지의 시간 의 감소 dt)에 대해, 옵션 값에 대한 영향 dC와 dP는 (17.24)를 다시 쓰면 옵션 세타로부터 추정될 수 있다.

$$dC = \Theta_C \times dt \qquad dP = \Theta_P \times dt \tag{17.29}$$

$dt=1$ 거래일$\approx$0.004년을 취하고, 세타를 하루의 하락 비율로서 달러로 표현하는 것이 일반적이다. 예를 들어 [표 17.1]의 기본 매개변수에 대해, 콜옵션의 세타는 -8.116까지 나타난다. dt를 1일 거래일로 간주하면 콜옵션가치의 하락은 대체로

$$-8.116 \times 0.004 = -0.032$$

또는 하루에 3.2 센트이다. 시간붕괴의 심각성을 보라: 만기까지 6개월이 남았음에도 불구하고, 하루가 지남에 따라 옵션가치가 46 베이시스 포인트 이상 하락하게 된다.

동일한 매개변수이지만 만기까지의 시간이 단 1 주($\approx$0.0192년)인 경우, 콜옵션 값은 0.714로 떨어지지만, 그것의 세타는 -19.246으로 증가한다. 따라서 한 거래일이 지나면 현재가치의 거의 11%인, 약 7.7 센트의 옵션가격이 하락한다.

감마-세타 상충관계

옵션의 감마는 양수이지만, 세타는 (일반적으로) 음수이다. 따라서 변동성으로부터 이익을 얻으려면 시간붕괴를 감수해야 한다. 옵션 매도포지션은 음의 시간붕괴를 갖지만, 음의 볼록성도 가지고 있다. 이 감마-세타 상충관계는 간단히 말해서 옵션의 본질을 나타낸다. 당신에게 유리한 볼록성을 갖기 위해서 당신은 시간을 지불해야 한다.

감마-세타 상충관계는 등가격(ATM) 옵션이나 근거리가격 옵션에 대해 가장 중요한데 그 이유는 이 때에 감마와 세타가 모두 절대적인 측면에서 가장 높은 위치에 있기 때문이다. 더욱이, ATM 옵션에 대한 상충관계는 만기가 다가옴에 따라 특히 심각한데 이는 세타와 감마가 모두 상승하기 때문이다.

그림 17.11
만기가 다가옴에 따른 감마와 세타

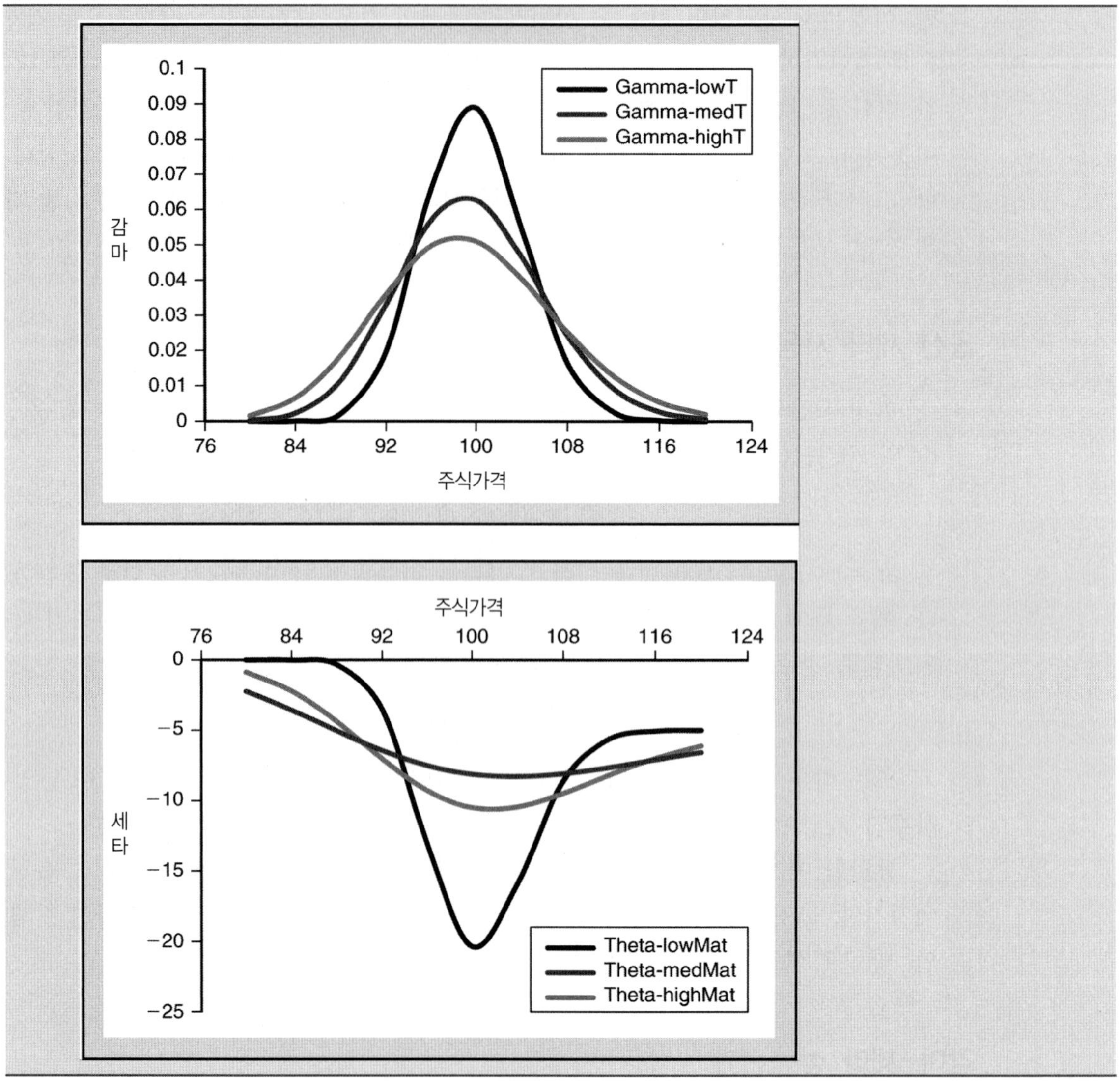

[그림 17.11]은 이러한 점을 보여준다. 그림의 상단 패널은 서로 다른 만기에 대한 옵션 감마를 그린 것이고, 하단 패널은 콜옵션의 세타를 그린 것이다. 근거리가격 옵션의 감마와 세타가 만기가 다가옴에 따라 모두 상승한다.

델타, 감마 및 세타를 연결하는 보다 공식적인 수학적 연결은 옵션가격이 만족해야 하는 기본 편미분 방정식 (15.24)에 의해 제공된다. 이 방정식에서 C_S, C_{SS} 및 C_t라는 용어는 단순히 옵션의 델타, 감마 및 세타이다. 따라서 옵션가격은 반드시 다음 식을 만족해야 한다.

$$r S_t \Delta + \Theta + \frac{1}{2}\sigma^2 S_t^2 \Gamma = r \times \text{현재 옵션 값} \qquad \textbf{(17.30)}$$

감마-세타 상충관계는 여기에서 쉽게 볼 수 있다. 다른 조건들이 같을 때, Γ가 증가하는 경우 (17.30)의 관계가 계속해서 유지되려면 Θ는 더 큰 음수가 되어야 한다. 식 (17.30)은 주어진 기초자산에 대한 옵션 포트폴리오에 대해서도 반드시 성립하여야 한다("현재 옵션 값"을 "현재 포트폴리오 값"으로 대체). 17.8절에서는 포트폴리오의 그릭문자들을 계산하는 방법을 설명한다.

17.6 옵션 베가

변동성은 옵션가치의 주요 결정 요인이다. 많은 옵션가격 결정모형은 계산의 난순성을 위해 변동성을 일정하다고 취급한다. 그러나 실제로는 변동성이 자주 바뀐다. ν로 표시된 옵션 베가는 변동성의 변화가 옵션 값에 미치는 영향을 측정한다. 베가는 다음과 같이 정의된다.

$$\nu_C = \frac{\partial C}{\partial \sigma} \qquad \nu_P = \frac{\partial P}{\partial \sigma} \qquad \textbf{(17.31)}$$

옵션가격에 대한 공식이 있는 블랙-숄즈과 같은 연속 모형에서, (17.31)을 적용하여 옵션 베가의 공식을 바로 구할 수 있다. 부록 17A는 블랙-숄즈모형에서 베가가 다음과 같이 주어진다는 것을 보여준다.

$$\nu_C = \nu_P = \sqrt{T-t}\, S_t N'(d_1) \qquad \textbf{(17.32)}$$

닫힌 형태가 없는 모형에서는, (17.31)을 비연속화해야 한다. C와 P를 원래의 변동성이 σ인 콜옵션과 풋옵션의 가격이라 하자. C' 및 P'는 변동성이 근처 값 σ'(예: $\sigma' = \sigma \pm 0.01$)로 변할 때의 옵션 값이라 하자. 그러면 옵션 베가는 다음과 같이 주어진다.

$$\nu_C = \frac{C - C'}{\sigma - \sigma'} \qquad \nu_P = \frac{P - P'}{\sigma - \sigma'} \qquad \textbf{(17.31)}$$

베가의 속성

옵션 베가는 변동성의 변화로 인한 옵션에 대한 달러 영향을 측정한다. 그림 17.12에서 볼 수 있듯이 변동성이 커지면 옵션 값이 항상 증가하므로, 콜옵션과 풋옵션 모두 항상 베가가 양수이다.

옵션 베가는 가격의 심도에 어떻게 의존하는가? 즉, 변동성이 변할 때 가장 큰 달러 가치 변화를 경험할 수 있는 옵션은 무엇인가? [그림 17.12]는 답을 제시한다. 그 영향은 등가격에 가까운 옵션일 경우 가장 크며 원거리가격 옵션일 경우에 가장 적다.

그림 17.12

콜옵션 가치에 대한 변동성의 영향

이 그림은 변동성이 변화함에 따라 일련의 행사가격에 대한 콜옵션가치를 보여준다.

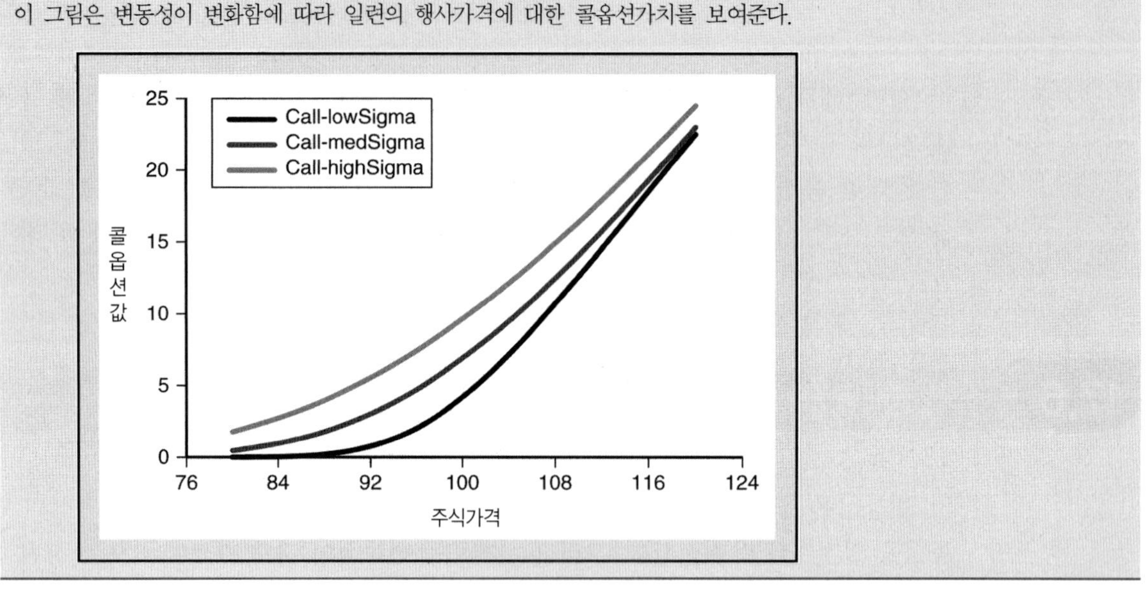

그림 17.13

콜옵션 베가

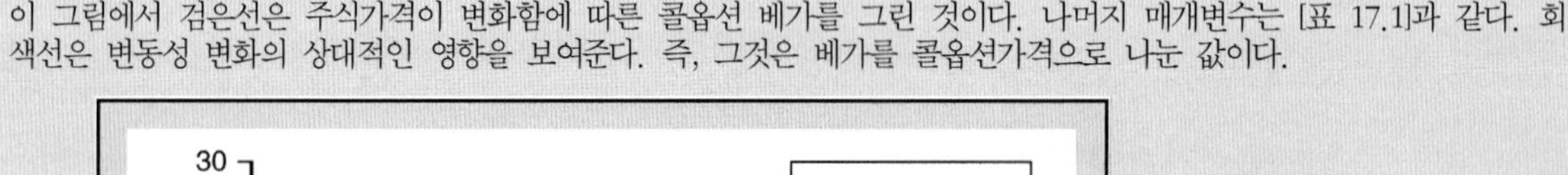

이 그림에서 검은선은 주식가격이 변화함에 따른 콜옵션 베가를 그린 것이다. 나머지 매개변수는 [표 17.1]과 같다. 회색선은 변동성 변화의 상대적인 영향을 보여준다. 즉, 그것은 베가를 콜옵션가격으로 나눈 값이다.

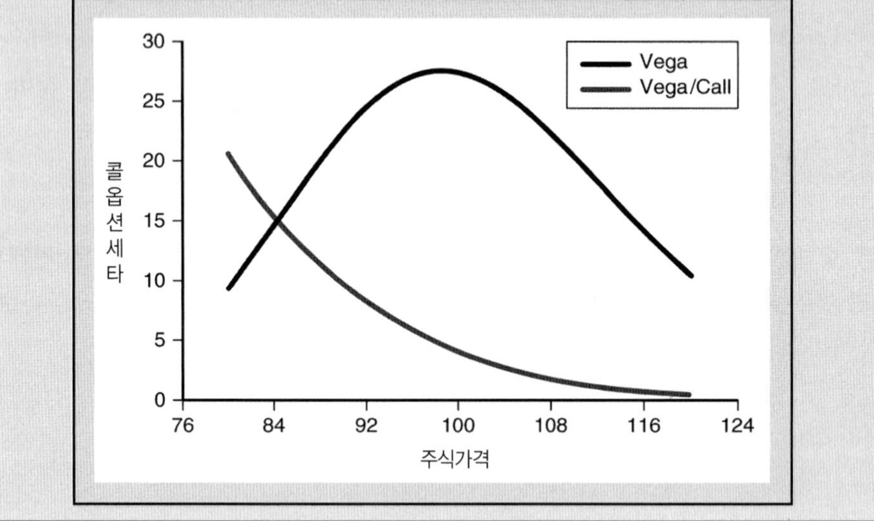

[그림 17.13]에서 이것을 볼 수 있다. 그림의 검은선은 수식 (17.32)를 사용하여 계산된 블랙-숄즈 설정에서의 콜옵션 베가를 그린 것이다.

베가의 이러한 행태는 직관적이다. 변동성의 변화는 옵션의 보험가치에 영향을 미친다. 심내가격 옵션의 경우, 대부분의 옵션 값은 내재적인 가치에서 비롯된다. 보험가치는 선택권이 중요하지

않기 때문에 전반적인 가치의 큰 부분이 아니다. 옵션은 행사될 가능성이 크다. 따라서 베가는 작을 것이다. 등가격 옵션의 경우 선택권이 핵심이다. 그러한 옵션들은 변동성이 그 옵션들을 내가격으로 밀어 넣을 가능성으로부터 그들의 가치의 상당 부분을 끌어낸다. 따라서, 그들은 변동성의 변화에 즉각적으로 반응한다. 즉 그들의 베가가 큰 것이다. 심외가격 옵션의 경우, 보험가치는 상대적으로 전반적인 가치의 큰 부분이지만, 이러한 옵션의 달러가치가 작기 때문에 변동성의 변화로 인한 달러효과도 작을 것으로 기대한다.

반면에, 상대적으로 말해서 변동성은 심외가격 옵션에 가장 중요하고, 심내가격 옵션에 대해서는 중요하지 않다. 따라서 옵션을 사는데 드는 달러 지출에 비례하여, 외가격 옵션은 변동성의 변화에 가장 많이 반응해야 하고, 내가격 옵션은 가장 적게 반응해야 한다. [그림 17.13]의 회색선은 변동성의 변화(즉, 콜옵션의 가격으로 나눈 베가)의 상대적인 영향을 나타내며 이 직관적인 생각을 지지한다.

베가의 마지막 특성은 전적으로 유럽식 옵션에만 적용된다. 동일한 조건의 옵션의 경우,

$$\nu_C = \nu_P \qquad \textbf{(17.34)}$$

다시 한번, 이것은 풋-콜 패리티의 결과이다. 패리티 관계는 다음과 같다.

$$C - P = S - PV(K)$$

변동성은 이 표현식의 우변에 입력되지 않으므로 변동성 변화로 인한 콜옵션가치의 변동은 그에 상응하는 풋옵션 값의 변동으로 상쇄되어야 한다.

옵션 베가 사용하기

변동성이 $d\sigma$만큼 변화한다고 가정하자. 그런 다음, (17.31)을 다시 쓰면, 주어진 베가의 옵션값에 대한 예상되는 영향은 다음과 같다.

$$dC = \nu_C \times d\sigma \qquad dP = \nu_P \times d\sigma$$

예 17.7

[표 17.1]의 블랙-숄즈 설정을 고려하라. 이 매개변수들에 대한 콜옵션가격은 6.889이고 베가(수식 (17.32)을 사용하여 계산됨)는 25.36이다. $d\sigma = +0.01$의 변화를 고려하라(즉, 변동성이 원래의 20%에서 21%로 증가함). 그러면 예상 콜옵션가치의 변화는 다음과 같다.

$$25.36 \times +0.01 = 0.2536$$

즉, 새 콜옵션 추정값은 6.889+0.2536=7.143이다. $\sigma = 0.21$일 때의 실제 콜옵션 값은 블랙-숄즈 공식으로 계산하면 7.162이다. 따라서 베가에 의한 추정치는 0.02 미만의 차이를 보인다. ■

17.7 옵션 로(Rho)

옵션은 이연손익이 있는 증권이므로 그 가치는 이자율에 의해 영향을 받는다. 옵션 로(ρ)는 이자율 변동에 대한 옵션가격의 민감도를 측정한다. 로(ρ)는 다음과 같이 정의된다.

$$\rho_C = \frac{\partial C}{\partial r} \qquad \rho_P = \frac{\partial P}{\partial r} \tag{17.35}$$

부록 17A는 블랙-숄즈 설정에 이 정의를 적용하고 블랙-숄즈모형에서 다음과 같음을 보인다.

$$\rho_C = e^{-r(T-t)} KN(d_2)(T-t) \tag{17.36}$$

$$\rho_P = -e^{-r(T-t)} KN(-d_2)(T-t) \tag{17.37}$$

옵션가격에 대한 닫힌 해가 없는 모형에서는 (17.36)~(17.37) 의 비연속화된 형태를 사용한다. C와 P가 원래 이자율이 r인 콜옵션과 풋옵션의 가격을 각각 표시한다고 하자. 이자율이 r'로의 작은 변화(예: 10 베이시스 포인트)가 있었다고 하자. 그리고 C' 및 P'를 이자율 r'에서의 콜옵션과 풋옵션의 가격이라 하자. 그러면 다음과 같다.

$$\rho_C = \frac{C - C'}{r - r'} \qquad \rho_P = \frac{P - P'}{r - r'} \tag{17.38}$$

로(Rho)의 속성

콜옵션의 시간가치는 양의 값이다. 이자율이 상승하면 옵션 행사의 지연으로 인한 잠재적인 이자 절감액이 증가하므로 콜옵션 보유자는 이익을 얻는다. 그러나 풋옵션의 시간가치는 음의 값이다. 풋옵션 보유자는 이자율이 상승하면 옵션 행사로 인해 얻게 되는 행사가격의 현재가치가 감소하기 때문에 손실을 입게 된다. [그림 17.14]와 [그림 17.15]는 이러한 점을 설명하기 위해 다른 이자율에 대한 콜옵션과 풋옵션의 값을 그린 것이다. 따라서,

$$\rho_C > 0 \qquad \rho_P < 0 \tag{17.39}$$

로(ρ)는 어떻게 가격의 심도와 관련이 있는가? 이자율의 변화는 주로 옵션의 시간가치에 영향을 미친다. 궁극적으로 옵션이 행사될 확률은 내가격 옵션인 경우에 가장 높기 때문에 시간가치는 내가격 옵션에서 가장 중요하다. 콜옵션의 경우, 이는 내가격의 심도가 증가함에 따라 로(ρ)가 증가한다는 것을 의미한다. 풋옵션에 대해서는, 풋옵션이 내가격으로 깊숙이 움직일 때 로(ρ)가 더 큰 음수가 된다는 의미이다. [그림 17.16]은 블랙-숄즈 설정에서 콜옵션과 풋옵션의 로(ρ)를 보여주며 그 그림은 예상한 대로이다.

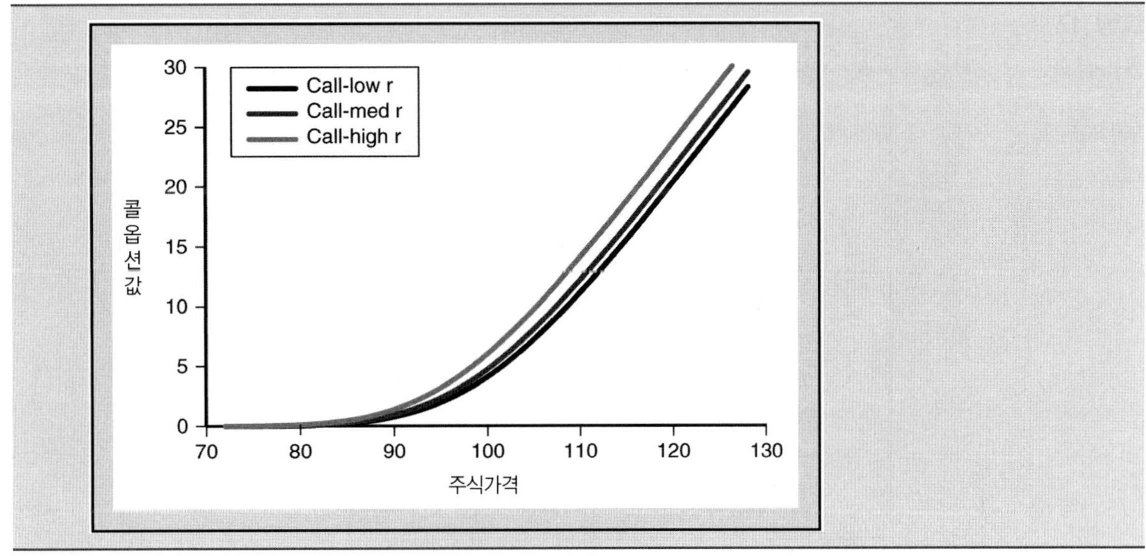

그림 17.14
콜옵션 가치에 대한 이자율의 영향

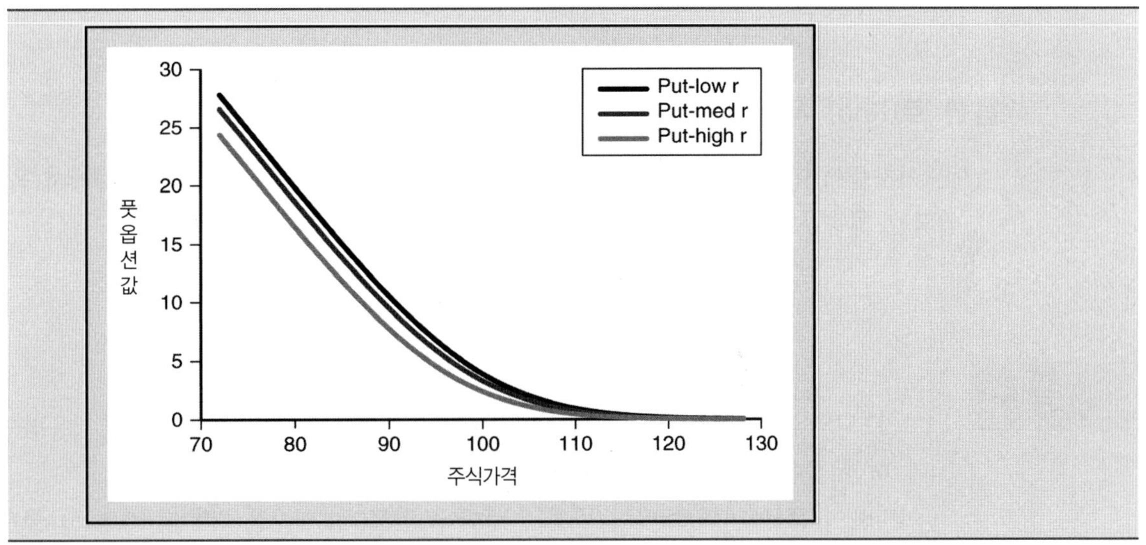

그림 17.15
풋옵션 가치에 대한 이자율의 영향

옵션 로(ρ)의 마지막 특성은 유럽식 옵션에만 적용된다([그림 17.16]에서 이 점이 분명하게 나타난다). 콜옵션과 그와 동일한 조건의 풋옵션의 로(ρ)의 차이는 상수이다.

$$\rho_C - \rho_P = (T-t)e^{-r(T-t)}K \tag{17.40}$$

이 방정식은 다음과 같은 풋-콜 패리티 방정식의 양변을 r에 대하여 미분한 것이다.

$$C - P = S - e^{-r(T-t)}K$$

그림 17.16
콜옵션과 풋옵션 로(rho)

이 그림은 블랙-숄즈 설정에서 콜옵션과 풋옵션의 로(rho)를 그린 것이다. 기본 매개변수들은 [표 17.1]과 같다.

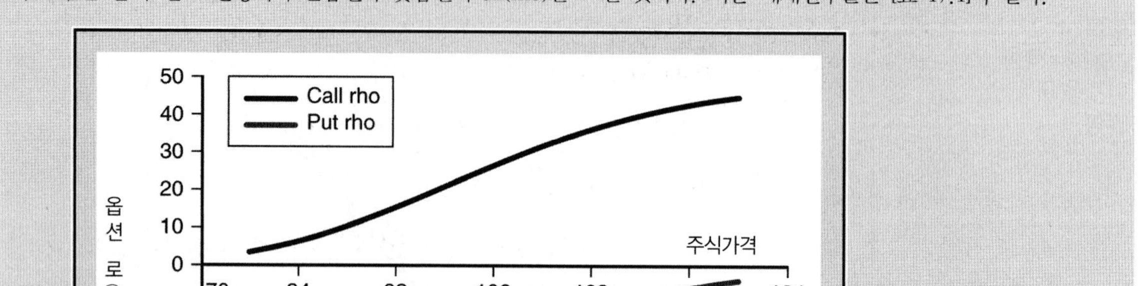

옵션 로(Rho) 사용하기

이자율이 아주 작은 dr만큼 변한다고 가정해 보자. 주어진 옵션 로(rho)에서 옵션 값에 대한 예상되는 영향은 다음과 같다.

$$dC = \rho_C \times dr \qquad dP = \rho_P \times dr$$

예 17.8

[표 17.1]의 블랙-숄즈 설정에서 콜옵션가격은 6.889이다. 수식 (17.36)을 적용하면 이 매개변수들에 대한 콜옵션 로(rho)가 26.44임을 보여준다.

이자율이 5%에서 5.25%로 25 베이시스 포인트(즉, 이자율 변동=+0.0025) 증가되었다고 하자. 주어진 콜옵션 로(rho)에 대한 콜옵션 값의 추정된 변화는 다음과 같다.

$$26.44 \times +0.0025 = +0.0661$$

따라서 추정된 새로운 콜옵션 값은 6.889+0.0661=6.955이다. 이 추정치는 소수점 세 자리까지 정확하다. 블랙-숄즈 공식을 사용하여 확인할 수 있듯이 이자율이 5.25%일 때 실제 콜옵션가격은 6.955이다. ■

17.8 포트폴리오 그릭문자

그릭문자는 개별 옵션에서 옵션 및 옵션의 기초자산으로 구성된 포트폴리오로 쉽게 확장된다. 포트폴리오의 그릭문자는 단순히 포트폴리오의 구성 항목의 그릭문자를 합한 것이다. 이에 대해 다음에서 예제와 함께 상세히 설명한다.

일반 표현식을 설명하기 위해 다음 표기법을 사용한다. 우리는 주어진 기초자산에 대한 옵션으로 구성된 포트폴리오를 고려한다. 포트폴리오는 옵션 1에서 n_1 포지션, 옵션 2에서 n_2 포지션 등으로 구성되며, 여기서 $n_i > 0$은 매입포지션을 나타내고 $n_i < 0$은 매도포지션을 나타낸다.(각 옵션은 행사가격, 만기 및 콜옵션인지 풋옵션인지에 따라 구분된다.) 포트폴리오는 또한 크기 n의 기초자산에 대한 포지션을 취할 수도 있다. 다시 한 번, $n > 0$은 매입포지션을 의미하고 $n < 0$은 매도포지션을 의미한다(물론 n은 0일 수도 있음).

포지션 델타

Δ_1은 옵션 1의 델타를 나타내며, Δ_2는 옵션 2의 델타 등등 이라고 하자. 기초자산의 델타는 물론 +1이다. 포트폴리오의 총 델타(포지션 델타라고 함)는 다음과 같이 정의된다.

$$\Delta_{\text{pos}} = n + n_1\Delta_1 + n_2\Delta_2 + \cdots \tag{17.41}$$

예를 들어, 우리는 주어진 주식에 대한 콜옵션과 풋옵션으로만 구성된 포트폴리오를 가지고 있다고 가정한다. 포트폴리오는 각 콜옵션이 +0.75 의 델타를 갖는 100 콜옵션을 매입하고 각 풋옵션이 −0.40의 델타를 갖는 150 풋옵션을 매입한다고 가정한다. 그러면 포지션 델타는 다음과 같다.

$$\Delta_{\text{pos}} = (100 \times 0.75) + (150 \times -0.40) = 15$$

포지션 델타에 대한 해석은 개별 옵션델타에 대한 해석과 똑같다. 그것은 기초자산 가격의 변동에 대한 포트폴리오 가치의 민감도를 측정한다. 좀 더 쉽게 말하면, 기초자산 가격의 $1 변동에 대한 포트폴리오 가치의 달러변동을 측정한다. 예를 들어, 위에서 계산한 15라는 포지션 델타는 주가가 $1 변동할 때마다 포트폴리오 가치가 $15만큼 변경된다는 것을 나타낸다.

이것이 옳은지(그리고 왜 그런지) 확인하는 것은 어렵지 않다. 주가가 $1 상승한 경우를 생각해보자. 위 예에서 각 콜옵션은 0.75의 델타를 가지고 있다. 따라서 주가가 $1 상승하면 각 콜옵션 값은 $0.75 증가한다. 그러므로 포트폴리오에서 100개의 콜옵션의 가치가 총 $75 증가한다. 한편, 각 풋옵션은 −0.40 의 델타를 가지고 있고, 기초자산 가격이 $1 증가할 때 각 풋옵션가치는 $0.40 감소한다. 이것은 150개의 풋옵션에서 총 $60 감소한다는 것을 의미한다. 포트폴리오 가치의 순 변화는 $15 증가이다.

주식가격에 대한 포트폴리오 민감도의 척도로서 포지션 델타는 포트폴리오에 대한 방향성을 나타낸다. 포지션 델타가 양수이면, 포트폴리오는 주가에 대해 낙관적인 방향을 나타낸다. 포지션 델타가 음수이면 포트폴리오는 비관적인 방향을 나타낸다. 그리고 포지션 델타가 0이면 포트폴리오는 방향에 대해 중립이다. 포지션 델타가 0인 포트폴리오는 델타-중립 포트폴리오라고 한다.

포지션 델타는 여러 가지 방법으로 변경될 수 있다: 콜옵션을 추가함으로써, 풋옵션을 추가함으로써, 또는 기초자산에 대한 포지션을 취함으로써 바뀔 수 있다. 예를 들어, 위의 예에서 기초자산인 주식 15 단위의 매도포지션을 취함으로써; 또는 콜옵션 20개에 대해 매도포지션을 취함으로써, 또는 풋옵션 약 38개에 대해 추가로 매입포지션을 취함으로써 또는, 마지막으로 동일한 기초자산인 주식에 대해 다른 콜옵션과 풋옵션을 가져옴으로써 포트폴리오는 델타-중립이 될 수 있다.

포지션 감마

Γ_1은 옵션 1의 감마를 나타내며, Γ_2는 옵션 2 의 감마 등등을 나타낸다고 하자. 그러면 포트폴리오의 총 감마(포지션 감마라고 함)는 다음과 같다.

$$\Gamma_{\text{pos}} = n_1\Gamma_1 + n_2\Gamma_2 + \cdots \tag{17.42}$$

기초자산의 감마는 0이기 때문에(델타는 항상 +1과 동일하다) 기초자산의 포지션은 포지션 감마에 영향을 주지 않는다.

예를 들어, 포지션 델타에서 예제로 사용된 것과 동일한 포트폴리오를 생각해보자. 각 콜옵션의 감마가 +0.02이고 각 풋옵션의 감마는 +0.03이라고 가정하자. 그러면, 포지션 감마는 다음과 같다.

$$\Gamma_{\text{pos}} = (0.02 \times 100) + (0.03 \times 150) = 6.50$$

포지션 감마는 개별 옵션 감마의 포트폴리오 버전이다. 그것은 포트폴리오 곡률의 총계이다. 특히, (a) 대규모 가격변동이 포트폴리오 가치에 미치는 영향 및 (b) 기초자산 가격의 변동에 대한 포지션 델타에 미치는 영향을 추정하는 데 사용될 수 있다.

첫 번째 사용을 설명하기 위해 예제의 기초자산 값이 \$5만큼 변경되었다고 가정하자. 그 다음 곡률 보정을 적용하면 포트폴리오 가치의 변화는 대략 다음과 같다.

$$(\Delta_{\text{pos}} \times 5) + \left(\frac{1}{2}\,\Gamma_{\text{pos}} \times 5^2\right) = (15 \times 5) + \left(\frac{1}{2}\,6.50 \times 25\right) = +156.25$$

각 개별 옵션에 대한 \$5 인상 효과를 확인한 다음 그 효과들을 합계하면 이것이 올바른지 확인할 수 있다. 우선 주식가격이 \$5 상승하면 포트폴리오의 각 콜옵션의 가치가 다음과 같이 변경된다.

$$(0.75 \times 5) + \left(\frac{1}{2}0.02 \times 25\right) = +4.00$$

따라서 100개의 콜옵션은 총 \$400만큼 가치가 증가할 것이다. 포트폴리오의 각 풋옵션의 가치는

다음과 같이 바뀐다.

$$(-0.40 \times 5) + \left(\frac{1}{2}0.03 \times 25\right) = -1.625$$

따라서 150개의 풋옵션은 전체적으로 150×1.625=243.75만큼 가치가 떨어진다. 그러므로 포트폴리오 가치의 순변동은 다음과 같다.

$$400 - 243.75 = +156.25$$

이 값은 위의 값과 정확히 일치한다.

감마 옵션의 두 번째 사용을 설명하기 위해 예제에서 주가가 $1 하락한다고 가정하자. 그러면, 포지션 델타의 추정된 변화는 다음과 같다.

$$6.50 \times -1 = -6.50,$$

즉, 새 포지션 델타는 15−6.50=+8.50이어야 한다. 다시 말하지만, 이것은 개별 옵션 수준에서의 변화를 고려하여 검증할 수 있다. 주가가 $1 하락할 때 각 콜옵션의 델타를 −0.02만큼 변경시키며 각 콜옵션의 새 델타는 +0.73이다. 또한 이것은 각 풋옵션의 델타를 −0.03만큼 변경시키며 각 풋옵션의 새 델타는 −0.43이다. 따라서 새로운 포지션 델타는 다음과 같다.

$$(100 \times 0.73) + (150 \times -0.43) = 73 - 64.50 = +8.50$$

이것은 위에서 확인한 값이다.

개별 옵션감마의 포트폴리오 버전인, 포지션감마에 대해 개별 옵션감마의 모든 용도/해석을 적용할 수 있다. 특히, 양수의 포지션감마를 가진 포트폴리오는 점프 위험/변동성에 대해 낙관적인 것으로 간주된다. 음의 포지션감마를 가진 포지션은 점프 위험/변동성에 대해 비관적이다; 제로 포지션 감마(“감마-중립” 포트폴리오)를 가진 포트폴리오는 점프 위험/변동성에 중립적이다.

옵션에만 곡률이 있으므로 포지션감마는 포트폴리오에 옵션을 추가하여 변경할 수 있다. 기초자산에 포지션을 추가하면 포지션 델타에는 영향을 주지만 포지션감마에는 영향을 미치지 않는다. 예를 들어, 콜옵션만을 사용하여 감마 중립의 포트폴리오를 만들고 싶다고 가정해 보자. 현재 감마가 6.50이고 각 콜옵션의 감마가 +0.02 이기 때문에, 우리는 다음과 같은 매도포지션이 필요하다.

$$\frac{6.50}{0.02} = 325$$

기존 감마를 상쇄하고 포트폴리오 감마를 중립으로 만들기 위해 325 콜옵션의 매도포지션이 필요하다. 이 325 콜옵션의 매도포지션을 추가하면 포지션 델타에도 영향을 미친다. 새 포지션 델타는 이제 다음과 같다.

$$15 + (-325 \times 0.75) = 15 - 243.75 = -228.75$$

포트폴리오를 동시에 델타 중립 및 감마 중립으로 만들고 싶다면 어떻게 해야 하나? 간단하다. 먼저 포트폴리오를 감마 중립으로 만드는 데 사용할 옵션을 선택한다. 그런 다음에 이 옵션 포지션을 추가한 후 새 포지션 델타를 계산한다. 마지막으로, 기초자산에 대한 포지션을 추가함으로써 델타 중립 포지션을 만든다. 기초자산은 포지션 감마에 영향을 미치지 않기 때문에 포트폴리오는 이제 동시에 델타 중립이며 감마 중립이다.

포지션 세타

포지션 세타는 포트폴리오의 시간 붕괴를 측정한다. 그것은 단순히 포트폴리오의 개별 옵션에 대한 세타의 합계이다. Θ_1은 옵션 1의 세타를 나타내며, Θ_2는 옵션 2의 세타 등등 이라고 하자. 그러면, 포지션 세타는 다음과 같이 주어진다.

$$\Theta_{\text{pos}} = n_1\Theta_1 + n_2\Theta_2 + \cdots \tag{17.43}$$

기초자산의 세타는 0이기 때문에, 기초자산의 포지션은 포지션 세타에는 영향을 주지 않는다.

예를 들기 위해, 포지션 델타와 감마를 설명하는 데 사용된 포트폴리오를 계속 사용한다. 각 콜옵션의 세타가 −12.50 이고 각 풋옵션의 세타는 −9.40이라고 가정하자. 그러면 포지션 세타는 다음과 같다.

$$\Theta_{\text{pos}} = (100 \times -12.50) + (150 \times -9.40) = -2{,}660$$

따라서 매 거래일(≈0.004년)이 지나면 포트폴리오 가치가 대략 다음과 같이 바뀔 것이다.

$$-2{,}660 \times 0.004 = -10.64$$

즉, 포트폴리오는 다음 거래일에 약 $10.64 만큼 가치를 잃을 것이다. 개별 옵션에 대한 영향을 개별적으로 살펴본 다음 그것들을 합하면 이 전체 효과가 올바른지 쉽게 확인할 수 있다.

포지션 베가

포지션 베가는 포트폴리오의 변동성에 대한 민감도를 측정한다. ν_1을 옵션 1의 베가로, ν_2를 옵션 2의 베가 등등 이라고 하자. 그러면 포지션 베가는 다음과 같이 정의된다.

$$\nu_{\text{pos}} = n_1\nu_1 + n_2\nu_2 + \cdots \tag{17.44}$$

다시 말하자면, 기초자산의 베가가 0이기 때문에 기초자산의 포지션은 포지션 베가에 아무런 영향을 미치지 않는다.

설명을 위해 같은 예제를 계속 사용한다. 포트폴리오의 각 콜옵션이 18.50의 베가를 가지고 있고, 포트폴리오의 각 풋옵션이 21.90의 베가를 가지고 있다고 가정한다. 그러면 포트폴리오의 포지

션 베가는 다음과 같이 주어진다.

$$\nu_{\text{pos}} = (100 \times 18.50) + (150 \times 21.90) = 5135$$

우리는 포지션 베가를 개별 옵션 베가의 포트폴리오 확장으로 해석한다. 우리의 예에서 5135의 베가는 변동성의 1% 변화가($d\sigma = 0.01$) 포트폴리오 가치를 다음의 수치만큼 변화시킨다는 것을 의미한다.

$$5135 \times 0.01 = 51.35$$

변동성의 변화가 개별 옵션에 미치는 영향을 고려한 다음 그 효과들을 합계함으로써 이것이 올바른지 쉽게 확인할 수 있다.

포지션 로(Rho)

포지션 로(rho)는 포트폴리오의 이자율에 대한 민감도를 측정한다. 일반적인 표현으로, ρ_1은 옵션 1의 로(rho), ρ_2는 옵션 2의 로(rho) 등등 이라고 하자. 그러면 포지션 로(rho)는 다음과 같이 주어진다.

$$\rho_{\text{pos}} = n_1 \rho_1 + n_2 \rho_2 + \cdots \qquad \textbf{(17.45)}$$

예를 들어, 위의 예에서 각 콜옵션의 로(rho)는 +28.70이며 각 풋옵션의 로(rho)는 −17.40 이다. 그러면 포지션 로(rho)는 다음과 같이 주어진다.

$$\rho_{\text{pos}} = (100 \times 28.70) + (150 \times -17.40) = +260$$

따라서 이자율이 25 베이시스 포인트 변화할 때($dr = 0.0025$) 포트폴리오 가치는 다음의 수치만큼 바뀔 것이다.

$$260 \times 0.0025 = 0.65$$

17.9 연습문제

1. (a) 콜옵션과 (b) 풋옵션의 델타의 부호는 무엇인가?
2. (a) 콜옵션과 (b) 풋옵션의 감마의 부호는 무엇인가?
3. (a) 콜옵션과 (b) 풋옵션의 세타의 부호는 무엇인가?

4. (a) 콜옵션과 (b) 풋옵션의 베가의 부호는 무엇인가?
5. (a) 콜옵션과 (b) 풋옵션의 로(rho)의 부호는 무엇인가?
6. 당신에게 동일한 주식에 대한 K_1과 K_2의 행사가격을 가진 풋옵션 2개가 주어졌다. 그들의 개별 감마가 Γ_1 및 Γ_2이면 그 두 옵션으로 구성된 포트폴리오의 감마는 무엇인가?
7. 왜 곧 만기가 다가오는 ATM 옵션의 감마가 큰 수치를 가지는가?
8. 유럽식 콜옵션의 델타가 0.6이라면, 동일한 행사가격과 만기를 가진 유럽식 풋옵션의 델타는 얼마인가?
9. 행사가격을 모르는 유럽식 풋옵션의 델타로부터 동일 조건의 유럽식 콜옵션의 델타를 도출할 수 있는가?
10. 동일한 주식에 대한 동일한 행사가격을 가진 한 쌍의 콜옵션과 풋옵션의 델타를 안다면 그 행사가격을 알 수 있는가? 옵션은 유럽식이라고 가정한다. [참고: 옵션가격 및 델타가 도출되는 옵션가격결정 모형은 주어지지 않았다.]
11. 유럽식 콜옵션의 감마가 0.03이라면, 그 콜옵션과 동일한 행사가격과 만기를 가진 유럽식 풋옵션의 감마 값은 얼마인가?
12. 블랙-숄즈모형에서, 동일 주식에 대한 행사가격이 각각의 선도가격과 등가격인(at-the-money forward) 1년짜리 콜옵션과 2년짜리 콜옵션 중 어떤 것이 더 큰 델타를 가지는가? 결과를 수치로 보이고 그 논리를 설명하라.
13. 만일 콜옵션이 심외가격(deep out-of-the-money, deep OTM) 상태인 경우 앞의 질문에 대한 대답이 변경되는가? 심내가격(deep in-the-money, deep ITM)이라면 어떤가?
14. 블랙-숄즈모형에서 변동성이 증가함에 따라 등가격(ATM) 콜옵션의 델타는 어떻게 변하는가?
15. 직관적으로 말한다면, 변동성이 커지면서 심외가격(deep OTM) 콜옵션의 델타가 어떻게 변하는가?
16. 직관적으로 말한다면, 변동성이 커지면서 심내가격(deep ITM) 콜옵션의 델타가 어떻게 변하는가?
17. 블랙-숄즈모형에서 행사가격이 선도가격과 같은 ATMF(at-the-money-forward) 콜옵션의 경우, 이자율 상승시 Δ_C는 어떻게 변하는가?
18. 직관적으로 말한다면, 이자율이 상승할 때 콜옵션의 델타가 일정한 행사가격 K에 대해 어떻게 변하는가?
19. 직관적으로 말한다면, 이자율이 상승할 때 풋옵션의 델타는(고정된 행사가격에서) 어떻게 변

하는가?

20. 유럽식 옵션의 경우, 콜옵션 델타의 이자율 민감도와 풋옵션 델타의 이자율 민감도의 관계는 무엇인가?

21. OTM 옵션의 감마는 옵션이 만기에 접근할 때 어떻게 변하는가? ITM 옵션의 감마는 어떤가? 블랙-숄즈모형의 맥락에서 답을 하고 그 논리를 설명하라.

22. OTM 옵션의 베가는 옵션이 만기에 접근할 때 어떻게 변하는가? ITM 옵션의 베가는 어떤가? 블랙-숄즈모형의 맥락에서 답을 하고 그 논리를 설명하라.

23. 감마는 종종 변동성에 대한 관점을 나타내는 것으로 간주되는 반면, 베가는 변동성 변화의 옵션가치에 대한 달러 영향을 측정한다. 그들은 같은 것을 측정하는가? 감마가 증가하고 베가가 동시에 감소할 수 있는가?

24. OTM 옵션의 세타는 옵션이 만기에 접근할 때 어떻게 변하는가? ITM 옵션의 세타는 어떤가? 블랙-숄즈모형의 맥락에서 답을 하고 그 논리를 설명하라.

25. 주식이 현재 100에 거래되고 있다고 가정한다. 3개월 만기의 등가격 콜옵션은 다음과 같은 가격과 옵션 그릭문자를 가진다.

$C = 5.598$

$\Delta = 0.565$

$\Gamma = 0.032$

$\Theta = -12.385$

$\nu = 19.685$

$\rho = 12.71$

(a) 주가가 $S = 101$로 바뀐다면, (델타만 사용하여) 예측된 새로운 옵션가격은 얼마인가?
(b) 주가가 $S = 101$로 바뀐다면, 예측된 새로운 콜옵션 델타는 얼마인가?
(c) 주가가 98로 바뀐다고 가정하고 이 질문들을 반복한다.
(d) 주식가격이 120으로 급등하는 경우, 델타로만 예측한 새로운 콜옵션가치는 얼마인가? 델타와 감마를 합쳐서 예측한 값은?
(e) 원래 매개변수로 돌아간다. 만기까지의 시간이 0.01만큼 짧아지면 세타로 예측한 새로운 콜옵션 값은 얼마인가?
(f) 만기까지의 시간이 0.05만큼 짧아지면 이전 질문과 같은 질문에 대한 답은?
(g) 원래 매개변수로 돌아간다. 변동성이 1% 증가하면 예상 콜옵션의 새로운 가치는 얼마인가? 변동성이 2% 감소한다면 어떤가?
(h) 원래 매개변수로 돌아간다. 이자율이 50 베이시스 포인트 상승한다면 로(rho)에 의해 예측되는 새로운 콜옵션 값은 얼마인가?

26. 주식은 현재 55에서 거래되고 있다. 다음과 같은 자산의 포트폴리오를 보유하고 있다:
    - 주식 200 주 매입포지션.
    - 행사가격이 50이고 만기가 3개월인 풋옵션 200 개 매입포지션.
    - 행사가격이 60이고 만기가 3개월인 콜옵션 200 개 매도포지션.

    또 다른 정보는 다음과 같다.

Instrument	Price	Delta	Gamma	Vega	Theta	Rho
Call with K = 50	6.321	0.823	0.038	7.152	−5.522	9.730
Put with K = 50	0.700	−0.177	0.038	7.152	−3.053	−2.615
Call with K = 55	3.079	0.565	0.057	10.827	−6.812	6.993
Put with K = 55	2.396	−0.435	0.057	10.827	−4.096	−6.586
Call with K = 60	1.210	0.297	0.050	9.515	−5.513	3.779
Put with K = 60	5.465	−0.703	0.050	9.515	−2.551	−11.035

    (a) 포트폴리오의 현재가치는 얼마인가?
    (b) 포트폴리오의 델타는 무엇인가? 감마는? 베가는? 세타는? 로(rho)는?
    (c) 포트폴리오를 감마 중립으로 만들고 싶다고 가정해 보자. 행사가격이 55인 콜옵션을 사용하여 이를 달성하려면 비용은 얼마인가? 새로운 포지션의 세타는 무엇인가?
    (d) 행사가격이 55인 풋옵션을 사용한 경우 비용은 얼마인가? 새로운 포지션의 세타는 무엇인가?

27. 질문 26과 동일한 정보를 사용하여 다음 수치를 계산하라.
    (a) $K=55$ 의 보호된 콜옵션 포트폴리오(covered call portfolio)(즉, 주식을 매입하고 행사가격이 55인 콜옵션 하나를 매도한 포트폴리오)의 델타와 감마.
    (b) $K=50$의 방어적 풋옵션 포트폴리오(protective put portfolio)(즉, 주식을 매입하고 행사가격이 50인 풋옵션 하나를 매입한 포트폴리오)의 델타와 감마.
    (c) 행사가격이 55와 60인 콜옵션을 사용한 불 스프레드(bull spread)(행사가격이 55인 콜옵션 하나를 매입하고, 행사가격이 60인 콜옵션 하나를 매도)의 델타와 감마.
    (d) 행사가격이 50, 55, 60인 콜옵션을 사용한 나비형 스프레드(butterfly spread)(행사가격이 50인 콜옵션 하나를 매입하고, 행사가격이 60인 콜옵션 하나를 매입하며, 행사가격이 55인 콜옵션 둘을 매도)의 델타와 감마.
    (e) 행사가격이 50과 60인 칼라(collar)(주식을 매입하고, 행사가격이 50 풋옵션 하나를 매입하며, 행사가격이 60인 콜옵션 하나를 매도)의 델타와 감마.

28. 당신은 각각의 델타가 −0.63인 풋옵션 2,000개에 대해 매도포지션을 취한 포트폴리오를 보유하고 있다. 포트폴리오를 델타-헤지하기 위해 당신은 무엇을 해야 하나?

29. 주식의 변동성은 40%이다. 주식의 등가격 콜옵션은 +21.45 의 베가를 가지고 있다. 변동성이 39%로 떨어지면 콜옵션가치는 얼마만큼 변할 것인가? 옵션이 유럽식이라고 가정하면, 동일 조건의 풋옵션은 어떠한가?

30. 만기까지 23일 남은 풋옵션의 세타는 −17.50이다. 다른 조건이 같다면, 하루가 지났을 때 풋옵션가치는 얼마만큼 변할 것인가?

31. 당신은 주어진 주식에 대해 두 가지 유형의 콜옵션과 두 가지 유형의 풋옵션을 가지고 있다. 각각의 유형의 델타 및 감마는 (+0.40, +0.03), (+0.55, +0.036), (−0.63, +0.082) 및 (−0.40, +0.032)이다. 당신은 첫 번째 유형의 콜옵션 1,000개에 대한 매입포지션, 두 번째 유형의 콜옵션 500개에 대한 매도포지션, 첫 번째 유형의 풋옵션 1,000개에 대한 매입포지션, 두 번째 유형의 풋옵션 500개에 대한 매도포지션을 취하고 있다.
    (a) 당신의 포트폴리오의 총 델타는 얼마인가? 총 감마는?
    (b) 첫 번째 유형의 콜옵션 만 사용하여 포트폴리오를 감마 헤지하려고 한다고 가정해 보자. 이에 따른 새로운 포트폴리오의 델타는 무엇인가? 이제 델타 중립, 감마 중립 포트폴리오를 생성하기 위해 기초자산에 대해서는 어떤 포지션을 취해야하나?

32. 당신은 각각 +21.50의 로(rho)를 가진 콜옵션 800개에 대해 매입포지션을, 또한 각각 −16.70의 로(rho)를 가진 풋옵션 800개에 대해서는 매도포지션을 취하고 있는 포트폴리오를 보유하고 있다. 이자율이 20 베이시스 포인트 하락하면 포트폴리오 가치는 얼마만큼 변하는가?

33. 주식은 현재 $22.50에 거래되고 있다. 이 주식에 대한 등가격 콜옵션의 델타는 +0.56이고 감마는 +0.035이다. 주식가격이 $22.25로 변경되면, 콜옵션가격이 얼마만큼 변화할 것인가(델타 만 사용)? 콜옵션 델타의 대략적인 새로운 가치는 얼마인가?

부록 17A 블랙-숄즈 옵션 그릭문자의 유도

블랙-숄즈 옵션가격결정 공식은 다음과 같다.

$$C = S_t N(d_1) - PV(K)N(d_2)$$
$$P = PV(K)N(-d_2) - S_t N(-d_1) \tag{17.46}$$

여기서,

$$PV(K) = e^{-r(T-t)}K$$
$$d_1 = \frac{1}{\sigma\sqrt{T-t}}\left[\ln\left(\frac{S_t}{K}\right) + \left(r + \frac{1}{2}\sigma^2\right)(T-t)\right]$$
$$d_2 = d_1 - \sigma\sqrt{T-t}$$

$N(\cdot)$은 누적 표준정규분포이다. 임의의 x에 대해 표준정규분포의 밀도는 다음과 같다.

$$N'(x) = \frac{1}{\sqrt{2\pi}}e^{-\frac{1}{2}x^2} \tag{17.47}$$

예비 결과

먼저 이 부록의 나머지 부분에서 반복해서 사용할 한 공식으로 시작한다. 그 공식은 다음과 같다.

$$S_t N'(d_1) - PV(K)N'(d_2) = 0 \tag{17.48}$$

(17.48)을 증명하려면, 다음을 보여야 한다.

$$S_t \frac{1}{\sqrt{2\pi}}e^{-\frac{1}{2}d_1^2} = PV(K)\frac{1}{\sqrt{2\pi}}e^{-\frac{1}{2}d_2^2}$$

또는 항들을 재정렬하고 단순화한 후 다음을 보여야 한다.

$$\frac{S_t}{PV(K)} = e^{\frac{1}{2}(d_1^2 - d_2^2)} \tag{17.49}$$

(17.49) 양변에 자연로그를 취하라. $\ln AB = \ln A + \ln B$를 사용하면 좌변의 자연로그를 다음과 같이 쓸 수 있다.

$$\ln\left(\frac{S_t}{e^{-r(T-t)}K}\right) = \ln\left(\frac{S_t}{K}\right) + \ln\left(\frac{1}{e^{-r(T-t)}}\right)$$
$$= \ln\left(\frac{S_t}{K}\right) + \ln\left(e^{r(T-t)}\right) \quad \textbf{(17.50)}$$
$$= \ln\left(\frac{S_t}{K}\right) + r(T-t)$$

(17.49)의 우변의 자연로그는 다음과 같다.

$$\ln\left(e^{\frac{1}{2}(d_1^2 - d_2^2)}\right) = \frac{1}{2}\left(d_1^2 - d_2^2\right) = \frac{1}{2}\left(d_1 - d_2\right)\left(d_1 + d_2\right) \quad \textbf{(17.51)}$$

d_1과 d_2의 정의를 대입하면 (17.51)의 마지막 항은 다음과 같이 전개된다.

$$\frac{1}{2}\sigma\sqrt{T-t}\left[\frac{2}{\sigma\sqrt{T-t}}\left\{\ln\left(\frac{S_t}{K}\right) + \left(r + \frac{1}{2}\sigma^2\right)(T-t)\right\} - \sigma\sqrt{T-t}\right] \quad \textbf{(15.52)}$$

공통항을 단순화하고 제거하면 다음과 같이 된다.

$$\ln\left(\frac{S_t}{K}\right) + r(T-t) \quad \textbf{(17.53)}$$

(17.50)과 (17.53)에서, (17.49)의 좌변과 우변의 자연대수는 일치한다. 따라서 중요한 결과인 식 (17.48)이 성립한다. 블랙-숄즈의 각 그릭문자들을 도출하기 위해 이것을 사용할 것이다. 전체적으로 인수 x에 대한 함수 f의 편미분함수는 $\partial f/\partial x$로 표시된다.

블랙-숄즈 델타

델타는 옵션가격 결정함수를 S에 대해 편미분한 것이다. 콜옵션가격결정 공식을 S_t에 대해 미분하면 다음과 같다.

$$\Delta_C = N(d_1) + S_t N'(d_1)\frac{\partial d_1}{\partial S_t} - PV(K)N'(d_2)\frac{\partial d_2}{\partial S_t} \quad \textbf{(17.54)}$$

$d_1 - d_2 = \sigma\sqrt{T-t}$ 이므로, 다음과 같다.

$$\frac{\partial d_1}{\partial S_t} = \frac{\partial d_2}{\partial S_t}$$

(17.55)에서 이를 사용하여 다음을 얻을 수 있다

$$\Delta_C = N(d_1) + \left[S_t N'(d_1) - PV(K)N'(d_2)\right]\frac{\partial d_1}{\partial S_t} \quad \textbf{(17.55)}$$

그러나 (17.48)에서 보았듯이, $S_t N'(d_1) - PV(K)N'(d_2) = 0$이다. 이는 델타가 요구되는 바대로 다음과 같이 된다는 것을 의미한다.

$$\Delta_C = N(d_1)$$

블랙-숄즈 풋옵션 델타는 풋-콜 패리티(식 (17.11) 참조)를 사용하여 이것으로부터 도출할 수 있다.

블랙-숄즈 감마

감마는 델타를 S_t에 대해 미분한 것이다. 콜옵션 델타가 단지 $N(d_1)$이라는 것을 알았으므로, 콜옵션 감마는 다음과 같다.

$$\Gamma_C = \frac{\partial \Delta_C}{\partial S_t} = N'(d_1)\frac{\partial d_1}{\partial S_t} \tag{17.56}$$

직접 계산하면 다음의 결과를 얻는다.

$$\frac{\partial d_1}{\partial S_t} = \frac{1}{\sigma\sqrt{T-t}}\frac{1}{S_t}$$

따라서 본문에서 주장한대로 다음과 같다.

$$\Gamma_C = \frac{1}{\sigma S_t \sqrt{T-t}} N'(d_1) \tag{17.57}$$

풋-콜 패리티로부터 동일한 조건의 유럽식 콜옵션과 풋옵션의 감마는 일치한다는 것을 알 수 있다(식 (17.21) 참조). 따라서 이것은 또한 블랙-숄즈 풋옵션의 감마이기도 하다.

블랙-숄즈 세타

세타는 옵션가격 결정함수를 현재 시간 t에 대하여 미분한 것이다. 이 정의를 블랙-숄즈 콜옵션 공식에 적용하면 다음과 같다.

$$\Theta_C = S_t N'(d_1)\frac{\partial d_1}{\partial t} - PV(K)N'(d_2)\frac{\partial d_2}{\partial t} - re^{-r(T-t)}KN(d_2) \tag{17.58}$$

$d_1 = d_2 + \sigma\sqrt{T-t}$이므로, 다음의 결과를 얻을 수 있다.

$$\frac{\partial d_1}{\partial t} = \frac{\partial d_2}{\partial t} - \frac{\sigma}{2\sqrt{T-t}}$$

그러므로 우리는 (17.58)을 다음과 같이 다시 쓸 수 있다.

$$\Theta_C = \left[S_t N'(d_1) - PV(K)N'(d_2)\right]\frac{\partial d_2}{\partial t} - \frac{1}{2\sqrt{T-t}}\sigma S_t N'(d_1) - re^{-r(T-t)}KN(d_2) \tag{17.59}$$

이것은 (17.48)로부터 다음과 같다.

$$\Theta_C = -\frac{1}{2\sqrt{T-t}}\sigma S_t N'(d_1) - re^{-r(T-t)}KN(d_2) \tag{17.60}$$

풋-콜 패리티로부터, 유럽식 콜옵션과 풋옵션의 세타는 $-re^{-r(T-t)}K$의 일정한 수치만큼 차이가 있다는 것을 알 수 있다(식 (17.28) 참조). 블랙-숄즈 풋옵션 세타는 이 사실을 이용하여 (17.60)으로부터 도출할 수 있다.

블랙-숄즈 베가

베가는 옵션가격 결정함수를 σ에 대하여 미분한 것이다. 이것을 블랙-숄즈 콜옵션가격결정 공식에 적용하면 다음과 같다.

$$\nu_C = S_t N'(d_1)\frac{\partial d_1}{\partial \sigma} - PV(K)N'(d_2)\frac{\partial d_2}{\partial \sigma} \tag{17.61}$$

$d_1 = d_2 + \sigma\sqrt{T-t}$ 이므로, 다음의 결과를 얻을 수 있다.

$$\frac{\partial d_1}{\partial \sigma} = \frac{\partial d_2}{\partial \sigma} + \sqrt{T-t}$$

이것을 (17.61)에 대입하면, 다음의 결과를 얻는다.

$$\nu_C = \left[S_t N'(d_1) - PV(K)N'(d_2)\right]\frac{\partial d_2}{\partial \sigma} + S_t N'(d_1)\sqrt{T-t} \tag{17.62}$$

(17.48)로부터 이것은 단순히 다음과 같음을 알 수 있다.

$$\nu_C = S_t N'(d_1)\sqrt{T-t} \tag{17.63}$$

풋-콜 패리티로부터, 유럽식 콜옵션과 풋옵션의 베가는 일치하는 것을 알 수 있다(식 (17.34) 참조). 따라서 이것은 또한 블랙-숄즈 풋옵션의 베가를 표현한 것이기도 하다.

블랙-숄즈 로(Rho)

로(rho)는 옵션가격 결정함수를 r에 대하여 미분한 것이다. 이것을 블랙-숄즈 콜옵션가격결정

공식에 적용하면 다음과 같다.

$$\rho_C = S_t N'(d_1)\frac{\partial d_1}{\partial r} - PV(K)N'(d_2)\frac{\partial d_2}{\partial r} = (T-t)e^{-r(T-t)}KN(d_2) \qquad \textbf{(17.64)}$$

$d_1 = d_2 + \sigma\sqrt{T-t}$ 이므로, 다음의 결과를 얻을 수 있다.

$$\frac{\partial d_1}{\partial r} = \frac{\partial d_2}{\partial r}$$

이것을 (17.64)에 대입하면 다음의 결과를 얻는다.

$$\rho_C = [S_t N'(d_1) - PV(K)N'(d_2)]\frac{\partial d_2}{\partial r} + (T-t)e^{-r(T-t)}KN(d_2) \qquad \textbf{(17.65)}$$

(17.48)로부터 이것은 단순히 다음과 같음을 알 수 있다.

$$\rho_C = (T-t)e^{-r(T-t)}KN(d_2) \qquad \textbf{(17.66)}$$

풋-콜 패리티로부터, 유럽식 콜옵션과 풋옵션의 로(rho)는 $(T-t)e^{-r(T-t)}K$의 일정한 수치만큼 차이가 있다는 것을 알 수 있다(식 (17.40) 참조). (17.66)에서 이를 사용하여, 블랙-숄즈 로(rho)를 도출할 수 있다.

제 18 장

이색 옵션 I : 경로-독립적 옵션

18.1 개요

이색 옵션은 표준("기본형") 콜옵션 및 풋옵션과 다른 손익 또는 행사의 특징을 가진 옵션이다. 엄청나게 다양한 이색 옵션이 장외시장에서 거래된다. 그 목록에는 포워드 스타트 옵션(forward starts), 바이너리 옵션(binaries), 컴파운드 옵션(compounds), 룩백 옵션(lookbacks), 선택자 옵션(choosers), 클리켓 옵션(cliquets), 샤우트 옵션(shouts), 아시아식 옵션(Asians), 버뮤다식 옵션(Bermudans), 배리어 옵션(barriers), 콴토 옵션(quantos), 그리고 다른 많은 것들이 포함된다.

"다르다"는 것은 항상 더 복잡한 것을 의미하지는 않는다. 룩백 및 아시아식 옵션과 같은 일부 이색 옵션은 일반 기본형 옵션보다 복잡한 손익구조를 가지고 있지만, 바이너리 옵션 같은 다른 이색 옵션들은 매우 간단한 손익구조를 가지고 있다. 또한 "이색적인"이라는 단어는 이러한 옵션이 드물다는 것을 암시하지 않아야 한다. 반대로 배리어 옵션과 같은 일부 이색 옵션은 시장에서 보편화되고 있다.

이색 옵션은 기본형 옵션에서 얻을 수 있는 것보다 더 풍부하고 목표가 명확한 손익형태를 제공한다. 예를 들어, 아시아식 옵션은 기본형(바닐라) 옵션보다 평균 만기에 대한 노출 위험을 회피하는 것과 같은 특정한 종류의 위험회피(헤징) 필요에 대해 더 효과적인 해결책을 제시한다. 선택자 옵션은 스트래들과 같은 변동성을 이용하는 수단의 저렴한 버전이다; 녹아웃 배리어 옵션은 방향성 베팅에서 그에 대응하는 기본형 옵션보다 더 큰 투기 잠재력을 제공한다 등등. 본장과 다음 장에서는 여러 유형의 이색적인 옵션의 사용, 가격결정 및 헤징에 대해 논의한다.

경로-독립적 및 경로-의존적 이색 옵션

이색 옵션에는 크게 두 가지 범주가 있다. 첫 번째는 경로-독립적인 이색 옵션이다. 이들은 행사 시의 손익이 그 시점에서의 기초자산의 가격에 달려 있지만 그 가격에 도달한 방법, 즉 과거의 가격의 행동에 의존하지 않는 이색 옵션이다. 본장에서는 경로-독립적인 이색 옵션의 다음 6가지 유형

표 18.1 블랙-숄즈 설정에서의 표기법

표기	의미
T	옵션의 만기일/만기까지 남은 시간
S	현재 주식가격
S_T	T에서의 주식가격
K	옵션의 행사가격
r	무위험이자율
σ	주식수익률의 변동성
δ	주식의 배당수익률
$C(S, K, T)$	만기 T와 행사가격 K인 기본형 유럽식 콜옵션가격
$P(S, K, T)$	만기 T와 행사가격 K인 기본형 유럽식 풋옵션가격

을 검토한다. 포워드 스타트 옵션(forward starts), 바이너리 옵션(binaries), 컴파운드 옵션(com- pounds), 선택자 옵션(choosers), 교환 옵션(exchange options) 및 콴토 옵션(quantos). 또한 레인보우 옵션 및 여러 자산의 최대 또는 최소 옵션과 같은 교환 옵션의 여러 변형에 대해 검토한다.

다음 장에서는 경로-의존적 이색 옵션이라고 불리는 이색 옵션의 유형을 살펴본다. 경로-의존적인 이색 옵션은, 행사 시에 옵션으로부터 얻는 손익이 그 시점에서의 기초자산의 가격뿐만 아니라 그 최종 가격에 도달한 전체 경로의 일부 또는 전체에 달려있다. 이 경로는 간단한 방식으로(예: 가격이 중요한 수준 S^*를 넘었는가?) 또는 더 복잡한 방식으로(예: 옵션의 기간 동안 관측된 평균 가격은 무엇인가?) 중요할 수 있다. 우리는 다음과 같은 다섯 가지 유형의 경로-의존적인 이색 옵션에 대해 살펴본다. 클리켓 옵션(cliquets), 배리어 옵션(barriers), 아시아식 옵션(Asians), 룩백 옵션(lookbacks), 샤우트 옵션(shouts).

모형

이색 옵션에 대한 논의 전반에 걸쳐, 우리는 주식을 기초자산으로 한다. 필요한 수정을 거친다면 동일한 주장이 다른 기초자산 유가증권에도 적용된다. 우리는 블랙-숄즈 및 이항모형을 사용하여 이색 옵션의 가격결정 및 헤징을 설명한다.

블랙-숄즈모형은 옵션가격을 설명 할 수 있는 닫힌 형태의 해가 있을 때 사용된다. 이 목적을 위해 우리는 14장에서 소개된 표기법을 사용하지만 한 가지는 단순화하였다: 현재 시간은 $t=0$으로 표준화하였고, T는 옵션의 만기일과 만기일까지의 기간 둘 다를 나타낸다. 표기법은 [표 18.1]에 요약되어 있다.

이항모형은 사용 가능한 닫힌 형태가 없을 때 사용된다(때로는 특별한 요점을 설명할 때도 사용한다). 이항모형을 사용할 때, 특정 2-기간 모형이 설명을 위해 사용된다. 초기 주가는 $S=100$이다. 위아래로의 움직임은 $u=1.10$이고 $d=0.90$이다. 그리고 1기간당 무위험이자율은 $R=1.02$이다. 2-트리는 [그림 18.1]에 설명되어 있다. 나중에 사용하기 위해 이 매개변수들를 사용하여 상방 이동

그림 18.1 이항 모형에서의 주식가격 트리

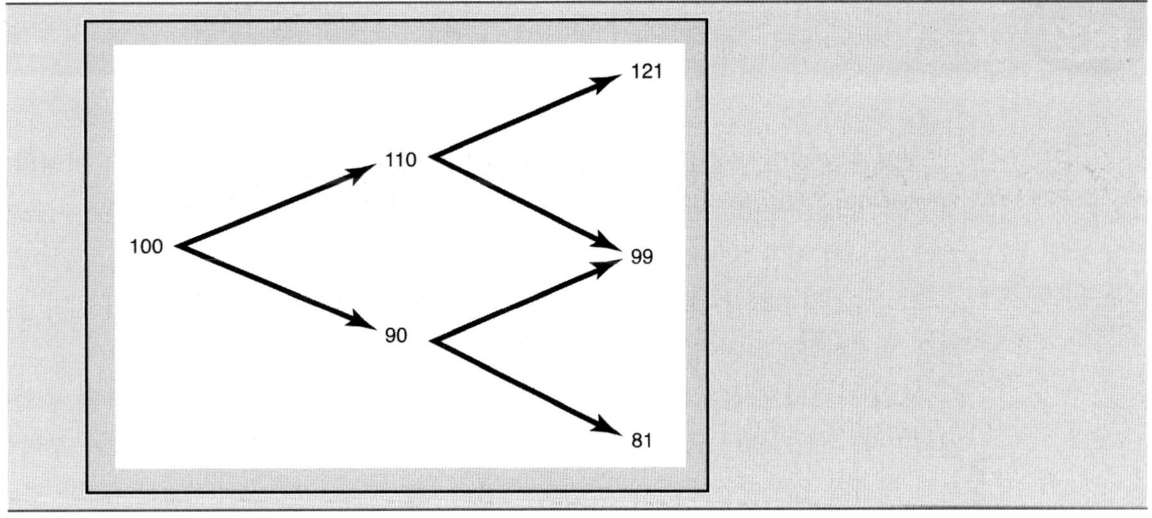

의 위험중립확률 q를 구하면 다음과 같다.

$$q = \frac{R-d}{u-d} = 0.60$$

두 가지 공통 주제

두 가지 공통 주제가 이 논의 전체에 걸쳐 있다. 첫 번째는 가격결정과 관련이 있다. 이색 옵션의 가격은 옵션이 창출하는 손익의 공정가치이다. 개념적으로, 이 값을 찾는 것은 위험중립적인 가치평가의 직접적인 적용이다. 옵션의 손익을 찾고 위험중립확률 하에서 이 손익의 할인된 기대치를 취하는 것이다. 계산하는데 있어서 이 과정은 상당히 어려울 수 있다. 이것은 특히 배리어 옵션이나 아시아식 옵션과 같은 경로-의존적인 이색 옵션의 경우에 그러하다.

두 번째 관심사는 헤징(hedging), 더 일반적으로, 이색 옵션의 그릭문자에 관한 것이다. 우리가 보았듯이 기본형 옵션의 그릭문자들은 직관적이고 일관된 행동 양식을 보여준다. 콜옵션 델타는 양수이고 풋옵션 델타는 음수이며, 두 옵션 모두 감마는 항상 양수이고 근거리 가격일 때 최대치가 된다 등등. 이색 옵션에서는 이러한 속성 중 하나 또는 그 이상이 성립하지 않을 수 있다. 예를 들어, 특정 이색 옵션의 경우, 베가는 음수일 수 있는데, 그것은 변동성이 커짐에 따라 옵션 값이 감소한다는 것을 의미한다. 또는 감마가 음수일 수 있는데, 그것은 옵션이 내가격으로 이동함에 따라 옵션 델타는 감소한다는 것을 의미한다. 이것은 이색 옵션의 행태가 개념적으로 복잡하다는 것을 의미하지 않는다. 우리가 보게 되겠지만, 각 이색 옵션의 행태는 그것의 손익구조를 감안할 때 직관적으로 설명이 된다. 그러나 그것은 기본형 옵션 행태가 이색 옵션에까지 확대되어서는 안 된다는 것을 암시한다.

18.2 포워드 스타트 옵션

포워드 스타트 옵션은 이색 옵션 가운데 특히 간단한 유형이다. 그것은 미래의 특정 지점 T^*에서 시작되고 수명이 τ년(T^*에서 측정)이다. 포워드 스타트의 행사가격 K는 처음에 명시되어 있지 않다. 오히려 시간 T^*에서 $K=\alpha S_{T^*}$로 결정된다. 여기서S_{T^*}는 T^*에서의 주가이고 α는 미리 정해진 수이다. "전형적인" 경우에, $\alpha=1$을 가지며, 이는 포워드 스타트 옵션이 시작될 때 등가격이라는 것을 의미한다.

포워드 스타트 옵션의 주목할 만한 예는 스프린트 회사가 2000년 11월 종업원들에게 제시한 계획이다. 주식가격이 급격히 하락한 이후, 이전에 스프린트사가 종업원에게 부여한 스톡옵션 대부분이 외가격 옵션이었다.(당시 스프린트사의 주가는 약 \$25였고 그와 관련된 옵션의 평균 행사가격은 거의 \$60이었다.) 스프린트사는 종업원들에게 기존 옵션을 동일한 만기일을 가진 새로운 옵션으로 교환할 수 있는 기회를 제공했으나, 그 옵션의 행사가격은 교환일로부터 6개월 1 일 후의 스프린트사의 주가와 동일하게 설정했다. ("6개월 1일" 규칙은 회계 규정을 피하기 위한 것이었다.) 이 절의 뒷부분에서 이 계획에 대해 다시 논의한다.

포워드 스타트는 경로-독립적인가?

언뜻 보기에는 포워드 스타트는 경로-의존적인 것처럼 보인다. 만기 시점의(즉, 시간 $T^*+\tau$) 옵션의 손익은 행사가격에 달려있고, 그 행사가격은 중간 시점 T^*에서의 주식가격 S_{T^*}에 달려있다. 그러나 이것은 이 옵션을 바라보는데 불필요하게 복잡한 방법이다.

시간 T^*에서, 이 포워드 스타트의 보유자는 $T^*+\tau$에서 받을 손익의 현재가치(T^*에서 본)와 동일한 기본형 옵션을 받는다. 따라서 포워드 스타트의 유효 만기일은 T^*로 볼 수 있으며, 이 시점에서 받은 기본형 옵션의 가치를 유효 손익으로 볼 수 있다.

이 방법으로 살펴보면 포워드 스타트는 경로-독립적이 된다. T^*에서 받는 옵션 값은 S_{T^*}를 통해서만 주가에 의존하게 된다. 곧 보게 되는 바와 같이, 이 방법은 가격결정 문제도 매우 간단하게 만든다. 먼저 예비 결과가 필요하다.

옵션가격과 "1차 동차성(Homogeneity of Degree 1)"

포워드 스타트의 가격결정은 "(S, K)의 1차 동차성"이라고 불리는 기본형 옵션가격의 강력한 속성에 의해 상당히 단순화 된다. 이 속성은 아주 명백한 것이고, 매우 직관적인 속성이다.

이 속성을 설명하기 위해 한 예를 생각해보자. 주어진 회사의 주식이 현재 $S=100$에서 거래되고

있고, 주식에 대한 옵션의 행사가격이 $K=92$라고 가정하자. 회사가 4대 1 주식 분할을 한다고 가정하면, 주식의 분할 후 가격은 25이다. 옵션 계약이 어떻게 변경되어야 옵션의 가치가 변경되지 않는가?

본능적인 추측이 옳은 대답이다. 즉, 행사가격도 원래 수준의 4분의 1로 낮추어야 하며(즉, 23으로) 옵션의 수를 4배로 늘려야 한다. 직관적으로, 주가와 행사가격을 모두 4로 나눈 경우, 기존의 각 옵션을 대체하는 데 4가지 새로운 옵션이 필요하다. 이것은 옵션가격이 (S, K)의 1차 동차성이라는 표현과 같다.

이를 수식으로 나타내려면 $C(S, K, T)$가 현재 주가 S, 행사가격 K 및 잔존 만기 T를 갖는 옵션(예: 콜옵션)의 가치를 나타낸다고 하자. S와 K가 각각 $m>0$ 의 계수로 곱해진다고 가정하자. 그러면 우리가 보았듯이 새로운 콜옵션 값 $C(mS, mK, T)$는 이전 콜옵션 값의 m배이다.

$$C(mS, mK, T) = mC(S, K, T) \tag{18.1}$$

식 (18.1)은 옵션가격이 (S, K)의 1차 동차성이라는 수학적 표현이다.

포워드 스타트의 가격결정

우리는 변동성과 이자율이 일정하다는 가정하에 옵션의 가격결정을 설명한다. 우리는 콜옵션가격결정에 중점을 두며 풋옵션도 동일하게 다룰 수 있다. 우리는 기초자산인 주식이 비율 δ(이는 0일 수 있음)로 연속배당수익률을 지불한다고 가정한다.

S가 현재(날짜 0) 주가이고, 매개변수 (T^*, τ, α)를 가진 포워드 스타트 콜옵션의 현재가격을 $C^{FS}(S, T^*, \tau, \alpha)$라고 하자.(우리는 표기의 편의를 위해 변동성 및 이자율에 대한 영향을 제외한다.) 행사가격 K와 만기 T를 가진 기본형 콜옵션의 경우, 현재 콜옵션가격은 $C(S, K, T)$로 표시된다.

시간 T^*에서, 옵션 보유자는 αS_{T^*}의 행사가격과 만기까지 τ년인 기본형 옵션을 받는다. 이 옵션은 $C(S_{T^*}, \alpha S_{T^*}, \tau)$의 가치가 있다. 동차성의 속성 (18.1)로부터 다음이 성립한다.

$$C(S_{T^*}, \alpha S_{T^*}, \tau) = S_{T^*} C(1, \alpha, \tau) \tag{18.2}$$

물론 $C(1, \alpha, \tau)$는 현재 주가 $S=1$, 행사가격 $K=\alpha$, 그리고 만기가 τ인 기본형 콜옵션가격이다.

이제 포워드 스타트의 가격 $C^{FS}(S, T^*, \tau, \alpha)$는 시간-$T^*$ 손익 (18.2)를 무위험이자율 r로 현재 시점까지 할인한 위험중립확률 하에서의 기대치이다. $E[\cdot]$는 위험중립확률 하에서의 기대치를 나타낸다면 다음과 같이 표현할 수 있다.

$$C^{FS}(S, T^*, \tau, \alpha) = e^{-rT^*} E[S_{T^*} C(1, \alpha, \tau)] \tag{18.3}$$

$C(1, \alpha, \tau)$는 S_{T^*}에 존하지 않는 상수이기 때문에, 기대치 바깥으로 놓을 수 있으며 다음과 같이 표현할 수 있다.

$$C^{FS}(S, T^*, \tau, \alpha) = C(1, \alpha, \tau)e^{-rT^*}E[S_{T^*}] \quad \textbf{(18.4)}$$

$e^{-rT^*}E[S_{T^*}]$는 시간 T^*에서 (임의의) 지불금 S_{T^*}를 받는, 다시 말해 T^*에서 주식 한 단위를 받는 경우의 현재가치를 측정한다. 이 손익은 오늘 $e^{-\delta T^*}$ 단위의 주식을 구입하고, 모든 배당금을 주식을 더 사는데 재투자함으로써 복제될 수 있다.(이것은 시간 T^*에 주식 한 단위를 보유하게 되는 결과를 가져온다.) 따라서 다음과 같이 표현할 수 있다.

$$e^{-rT^*}E[S_{T^*}] = e^{-\delta T^*}S \quad \textbf{(18.5)}$$

(18.4)에 (18.5)를 대입하면, 다음과 같다.

$$C^{FS}(S, T^*, \tau, \alpha) = e^{-\delta T^*}SC(1, \alpha, \tau) \quad \textbf{(18.6)}$$

(18.6) 우변에 동차성 속성을 다시 적용하면(이번에는 역순으로), 다음을 얻는다.

$$C^{FS}(S, T^*, \tau, \alpha) = e^{-\delta T^*}C(S, \alpha S, \tau) \quad \textbf{(18.7)}$$

식 (18.7)은 기초자산의 연속배당수익률이 δ일 때, 포워드 스타트 옵션의 가격에 대한 일반적인 표현이다. 말하자면, 이 식은 포워드 스타트 옵션의 가치가 그 포워드 스타트 옵션과 동일한 특성(만기 τ와 행사가격이 현재 주가의 α배에 해당)을 가진 기본형 옵션 $e^{-\delta T^*}$ 단위의 값이라는 것을 나타낸다. 다음의 유의사항을 살펴보자.

- $\delta > 0$ 일 경우, 더 높은 T^*는 옵션 값을 낮춘다. 직관적으로, 더 오래 기다려야 할수록 현재 주가가 배당금으로 지급되는 비율이 커지므로, 받을 수 있는 옵션의 가치가 낮아진다.
- $\delta = 0$ 이면 T^*는 옵션 값에 영향을 주지 않는다! 중요한 것은 T^*에서 측정된 옵션의 잔여 만기일뿐이다.

스프린트사의 재가격결정 계획안

포워드 스타트 평가 식 (18.7)은 스프린트사 유형의 재가격결정 계획안에서 핵심적인 상충관계를 강조하는데 사용할 수 있다. 한 가지 단순화를 위한 가정이 필요한데 그것은 임원 스톡옵션은 기본형 옵션으로 간주되어 위험중립적인 절차를 사용하여 가치를 결정한다는 것이다.[1] K^o는 원래 옵션의 행사가격을, T^o는 연 수로 표시한 잔여 만기, S는 주식의 현재가격을, $C(S, K^o, T^o)$는 원래 옵션의 가치를 나타낸다.

1) 이것은 무해한 가정이 아니다. 일반 옵션과 달리 임원 옵션은 자유롭게 거래할 수 없으며 보유자는 자신의 회사 주식을 공매도할 수 없다. 또한 이러한 옵션을 보유한 사람은 조기행사를 강요받거나, 고용이 해지되거나 자발적으로 회사를 떠날 경우 옵션을 잃을 수 있다.

스프린트의 계획안에 따라, 옵션 보유자는 보유한 옵션들을, 6개월 1일이 지나 유효하게 되는 $\alpha=1$ 이고 만기까지 잔여기간이 T^o년에서 6개월 1일을 뺀 τ인 포워드 스타트 옵션으로 교환할 수 있다. 배당금을 무시하면 포워드 스타트는 $C(S, S, \tau)$의 가치가 있다. 이 맞교환은 다음과 같은 경우에 가치가 있다.

$$C(S, S, \tau) > C(S, K^o, T^o) \tag{18.8}$$

식 (18.8)은 계획안의 핵심을 요약한다. 원래 옵션((18.8)의 우변)은 행사가격이 높고 만기가 더 길다. 맞교환을 저울질하는 옵션 보유자의 경우, 새로운 옵션의 낮은 행사가격 S가 만기까지의 시간 감소를 보상하는지 여부가 문제이다. 주식 보유자가 계획안의 비용을 걱정한다면 추가 보상비용은 (18.8)의 좌변과 우변 사이의 차이이다.

포워드 스타트 헤지하기

(18.5)에서, 임의의 현재 주가 S에 대한 포워드 스타트의 가치는 단지 $e^{-rT^*}S \times C(1, \alpha, \tau)$이다. 이것은 포워드 스타트가 매우 간단한 그릭문자들을 가지고 있다는 것을 의미한다. 그것의 델타는 상수이다.

$$\Delta^{FS} = e^{-\delta T^*} C(1, \alpha, \tau) \tag{18.9}$$

델타가 일정하기 때문에 감마값은 0이다. 나머지 그릭문자들은 $(1, \alpha, \tau)$-기본형 콜옵션의 그릭문자에 $e^{-\delta T^*}S$를 곱한 것이다.

18.3 바이너리/디지털 옵션

바이너리(또는 디지털) 옵션이라는 용어는 불연속 손익구조를 가진 옵션을 나타내기 위해 사용된다. 이러한 옵션에는 여러 가지 유형이 존재하지만, 가장 두드러지고, 바이너리 옵션의 표준적인 예는 현금-또는-제로 옵션(cash-or-nothing option)이다. 현금-또는-제로 옵션은 시장에 대한 단순한 베팅일 뿐이다. 즉, 현금-또는-제로 콜옵션 보유자 는 기초자산(예: 주식)의 가격이 옵션의 만기 T에서 행사가격 K를 초과하는 경우 일정한 금액의 현금(M이라 하자)을 받으나 그렇지 않으면 아무 것도 받지 못한다.(비슷하게, 현금-또는-제로 풋옵션 보유자는 기초자산의 가격이 시간 T에서 행사가격 K보다 낮은 경우 일정한 손익 M을 얻으나 그렇지 않으면 아무 것도 받지 못한다.) 현금-또는-콜옵션의 만기에서의 손익은 [그림 18.2]의 왼쪽 패널의 그래프로 나타난다. K에서 손익의 불연속이 있다.

CBOE(Chicago Board of Options Exchange)는 S&P500 지수 및 VIX 변동성 지수에 대한 디지털 현

금-또는-제로 옵션을 제공한다. 디지털 S&P500 지수 옵션(ticker: BSZ)의 경우 5 포인트 간격으로 행사가격이 표시된다. 만기가 되어 옵션이 내가격으로 마치면 \$100의 일정한 손익이 있으나, 그렇지 않으면 아무 것도 없다.

$$\text{콜옵션} = \begin{cases} \$100, & \text{만일 } S_T \geq K \\ 0, & \text{만일 } S_T < K \end{cases} \qquad \text{풋옵션} = \begin{cases} 0, & \text{만일 } S_T \geq K \\ \$100, & \text{만일 } S_T < K \end{cases}$$

디지털 VIX 옵션(ticker: BVZ)은 1 포인트 간격으로 행사가격이 표시된다. 손익은 디지털 S&P 500 지수 옵션과 비슷하다.

$$\text{콜옵션} = \begin{cases} \$100, & \text{만일 } V_T \geq K \\ 0, & \text{만일 } V_T < K \end{cases} \qquad \text{풋옵션} = \begin{cases} 0, & \text{만일 } V_T \geq K \\ \$100, & \text{만일 } V_T < K \end{cases}$$

디지털 옵션은 장외시장에서 다양한 형태로 거래된다. 일부는 환율, 원자재 가격 또는 주식 지수 수준과 관련된 다양한 현금-또는-제로 옵션들이다. 다른 것들은 구조화된 상품에 내장되어 있다. 예를 들어, 바이너리 발생어음(binary accrual note)에서 어음은 특정한 이자율 지수(예: 3 개월 Libor)가 특정한 범위 b_1과 b_2사이에 있는 경우 고정 이자(예: 8%)를 매일 발생시킨다. 3개월 Libor가 이 범위를 벗어나는 날에는 이자의 발생이 없다. 마찬가지로, 비반전어음(non-inversion note)에서는 특정 이자율 곡선이 반전되지 않은 날에는 그 어음으로부터 고정 금리로 이자가 발생하지만, 곡선이 반전된 날에는 발생액이 0이다.[2)]

바이너리 옵션의 두 번째 광범위한 유형은 자산-또는-제로(asset-or-nothing) 옵션인데 이 옵션의 보유자는 옵션이 내가격($S_T \geq K$)으로 만료되면 자산의 한 단위를 받지만, 그렇지 않으면 아무 것도 받지 못한다. 이러한 옵션의 손익은 [그림 18.2]의 오른쪽 패널의 그래프로 표시된다. 다시 한번 K에서 손익의 불연속이 있다.

바이너리 옵션의 세 번째 예는 갭(gap) 옵션이다. 갭 옵션에서, 보유자는 자산-또는-제로 옵션에 대해 매입포지션을 취하고 현금-또는-제로 옵션에 대해 매도포지션을 취한다. 갭 옵션의 두 가지 특별한 경우가 흥미롭다. 첫째, 현금-또는-제로 옵션에서 $M = K$일 때, 갭 옵션은 기본형 콜옵션이 된다(아래의 (18.11)로 이어지는 단락 참조). 둘째, 자산-또는-제로 옵션의 가치가 현금-또는-제로 옵션의 가치와 동일하게 되도록 M과 K가 선택될 때. 우리는 후불(pay later) 옵션이라고 불리는 옵션을 얻는다. 이 경우 처음에는 돈이 거래되지 않고 어떤 한 당사자에게 현금흐름이 가능한 것은 만기 때에만 발생한다.

본장의 바이너리 옵션에 대한 논의는 주로 현금-또는-제로 옵션에 중점을 둔다.

2) 바이너리 발생 어음과 비반전어음은 Corb(2012)에서 더 자세히 분석된다.

그림 18.2
바이너리 옵션 수익

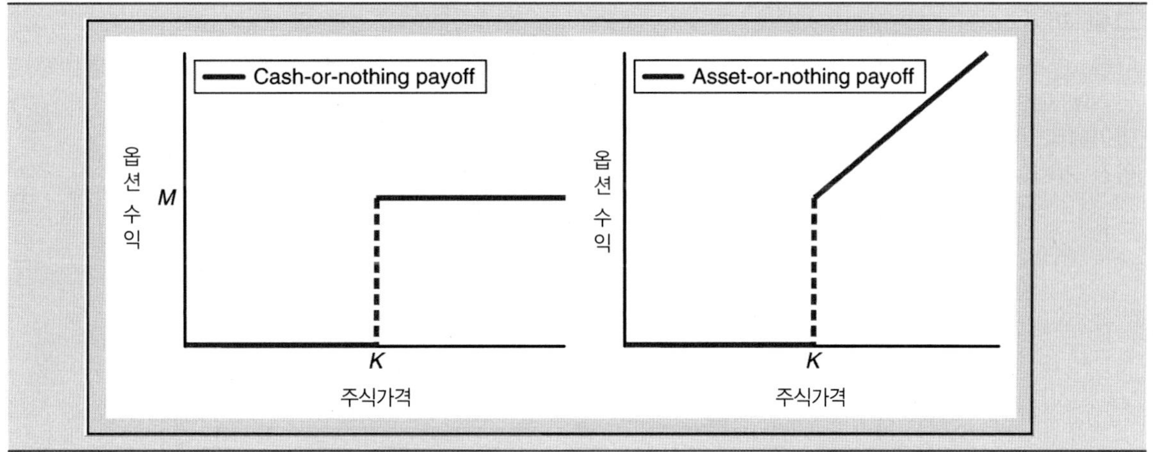

현금-또는-제로 옵션의 가격결정

C^{C-or-N}을 현금-또는-제로 콜옵션의 가격으로 표시하자. 옵션의 손익이 일정한 M이기 때문에, 옵션의 공정 가격은 단순히 M의 현재가치 곱하기 옵션이 내가격으로 마칠 위험중립 가능성(즉, $S_T \geq K$일 위험중립 가능성)이다.

14장에서 보았듯이, 블랙-숄즈 설정에서 $S_T \geq K$일 위험중립확률은 $N(d_2)$이며, 여기서 $N(\cdot)$은 누적 표준정규분포이고 d_2는 다음과 같이 정의된다.

$$d_2 = \frac{1}{\sigma\sqrt{T}}\left[\ln\left(\frac{S}{K}\right) + \left(r - \delta - \frac{1}{2}\sigma^2\right)T\right]$$

따라서 블랙-숄즈 설정에서 현금-또는-제로 콜옵션의 가격은 다음과 같다.

$$C^{C-or-N} = e^{-rT}MN(d_2) \tag{18.10}$$

[그림 18.3]은 블랙-숄즈 설정에서 바이너리(binary) 콜옵션 값을 보여준다. 사용된 매개변수는 $S = K = 100$, $M = 25$, $\sigma = 0.20$이고, $r = 0.05$이다. 1주, 1달 및 3달의 3개의 만기가 사용된다. 옵션이 만기에 가까워지면, 그 가치는 [그림 18.2]의 불연속 손익으로 수렴된다.

마지막으로 현금-또는-제로 콜옵션과 현금-또는-제로 풋옵션은 밀접하게 관련되어 있다. 우리가 둘 다를 보유하고 있다면 주가에 어떤 영향이 미치더라도 M의 손익을 보장받을 수 있다. 그러한 포트폴리오의 가치는 단지 M의 현재가치이다. 즉, C^{C-or-N}과 P^{C-or-N}으로 가각 현금-또는-제로 콜옵션과 풋옵션의 가격을 표시하면 다음이 성립한다.

$$C^{C-or-N} + P^{C-or-N} = e^{-rT}M$$

이 관계를 이용해 현금-또는-제로 콜옵션의 속성으로부터 현금-또는-제로 풋옵션의 속성을

그림 18.3
다른 만기에 대한 바이너리 옵션 가치

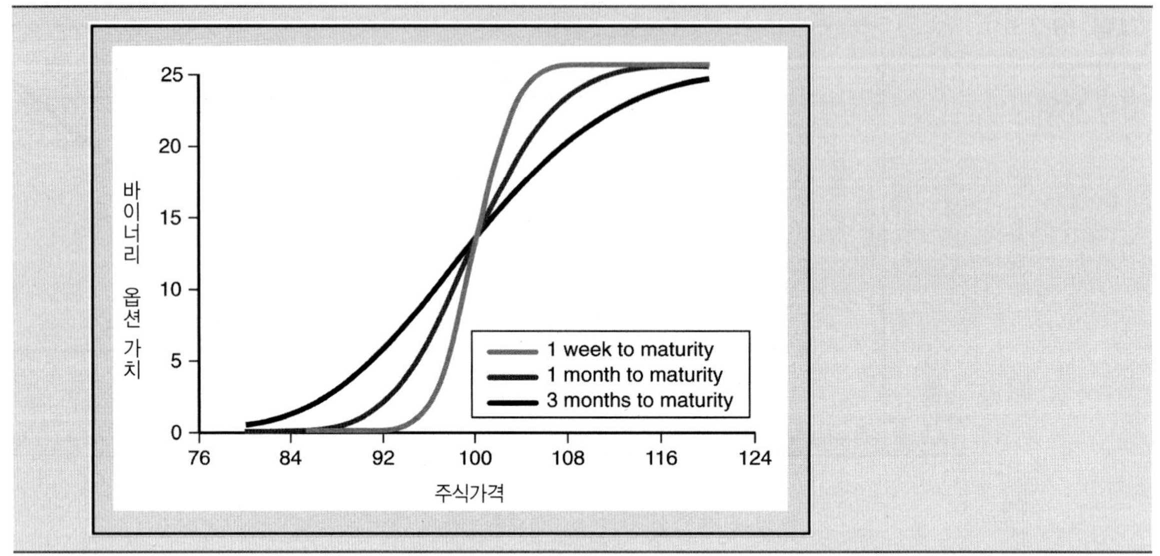

쉽게 도출할 수 있다. 이 절의 나머지 부분에서는 현금-또는-제로 콜옵션에만 초점을 맞추고 계속해서 이 옵션을 현금-또는-제로 옵션으로 부를 것이다.

자산-또는-제로 옵션의 가격결정

자산-또는-제로 옵션은 어떠한가? 간단한 관찰을 통해 해답을 얻을 수 있다. 우리가 자산-또는-제로 옵션을 매입하고 $M=K$인 현금-또는-제로 옵션을 매도한다고 가정하자. 그러면, $S_T \geq K$일 때 우리는(현금-또는-제로 옵션에 대해) K를 지불하고(자산-또는-제로 옵션에 대해) 기초자산인 주식의 한 단위를 받는다. $S_T < K$이면 우리는 아무것도 받지 않고 지불도 하지 않는다. 이 손익은 기본형 콜옵션과 똑같다. 따라서 C^{A-or-N}이 자산-또는-제로 옵션의 가격을 나타내고 C가 기본형 콜옵션의 가격을 나타낸다면, 다음의 식이 성립한다.

$$C^{A-or-N} - C^{C-or-N} = C \tag{18.11}$$

블랙-숄즈 설정에서 C^{C-or-N}과 C를 대체하면 다음과 같다.

$$C^{A-or-N} = e^{-\delta T} SN(d_1) \tag{18.12}$$

여기서 d_1은 다음과 같이 정의된다.

$$d_1 = \frac{1}{\sigma\sqrt{T}}\left[\ln\left(\frac{S}{K}\right) + \left(r - \delta + \frac{1}{2}\sigma^2\right)T\right]$$

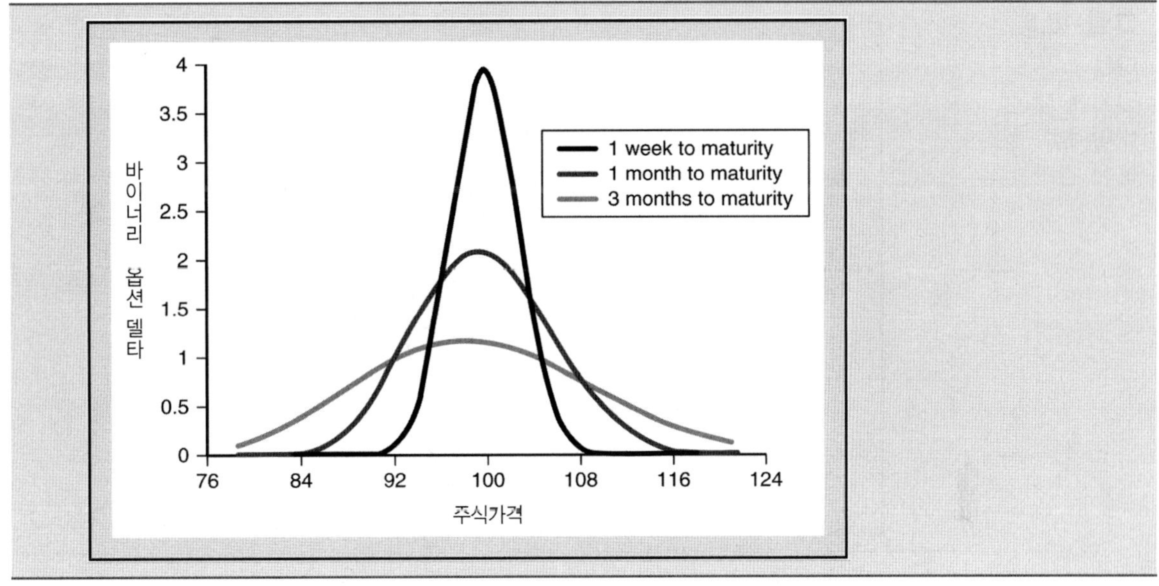

그림 18.4 다른 만기에 대한 바이너리 옵션 델타

바이너리 옵션의 그릭문자들

(18.11)은 항등식이므로, 우리는 기본형 및 현금-또는-제로 옵션의 그릭문자들에 대한 지식으로부터 자산-또는-제로 옵션의 그릭문자들을 계산할 수 있다.(즉, $\Delta^{A-or-N} = \Delta^{Vanilla} - \Delta^{C-or-N}$, $\Gamma^{A-or-N} = \Gamma^{Vanilla} - \Gamma^{C-or-N}$, 등등.) 따라서 우리는 이 절의 나머지 부분에서 현금-또는-제로 옵션의 그릭문자들에 대해 초점을 맞춘다.

현금-또는-제로 옵션 헤징: 델타

현금-또는-제로 옵션이 심외가격일 때, 주식가격의 작은 변화는 그 옵션을 심외가격에서 벗어나게 할 수 없다. 이 경우 옵션은 0을 지불하는 것이 거의 확실하며 주식가격의 변동에 매우 민감하지 않다. 즉, 델타는 0에 가깝다.

그러나 현금-또는-제로 옵션이 심내가격일 때도 이것은 사실이다! 이 경우, 옵션의 손익은 옵션이 얼마나 깊이 내가격으로 움직이는 것과 상관없이 M으로 고정된다. 따라서 심내가격 옵션에 대한 주식가격의 작은 변화는 무시할만한 영향을 미치므로 델타는 다시 0에 가깝다.

두 가지 효과는 (그림 18.3)에서 볼 수 있다. 옵션가격결정 함수의 기울기는 옵션이 외가격으로 이동할 때 그리고 내가격으로 이동할 때 0으로 움직인다. [그림 18.4]는 이러한 기울기를 나타낸다. 델타는 종 모양이며, 등가격에서 최대값에 도달하고 옵션이 어느 방향으로든 등가격으로부터 멀어질 때 0으로 수렴한다.

그림 18.5
다른 만기에 대한 바이너리 옵션 감마

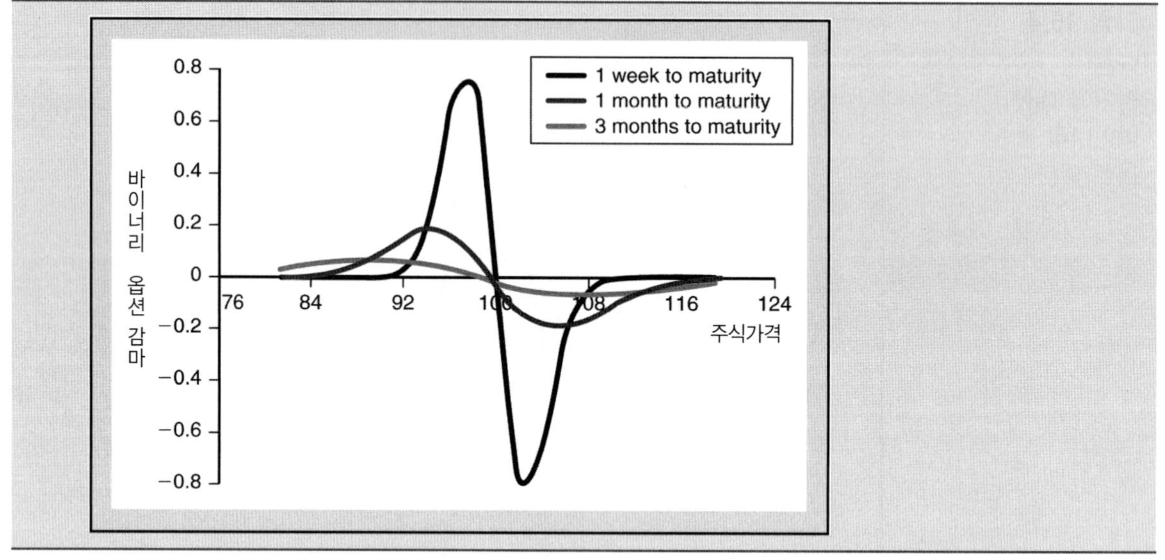

현금-또는-제로 옵션: 감마와 다른 그릭문자들

현금-또는-제로 옵션은 이색 옵션이 민감도 측면에서 기본형 옵션과 얼마나 다른지를 매우 잘 보여준다. 현금-또는-제로 콜옵션은 가격이 오르면 돈을 벌 수 있고, 가격이 내리면 손익이 제로가 된다는 점에서 기본형 콜옵션과 비슷하다. 그러나 우리는 현금-또는-제로 옵션의 델타가 콜옵션 델타와 얼마나 극적으로 다른지를 이미 보았다. 다른 그릭문자들도 마찬가지이다.

감마에 대해 먼저 논의해보자. 옵션이 외가격으로부터 등가격으로 움직일 때 델타가 증가하므로, 감마 값은 이 범위에서 양수이다. 그러나 옵션이 등가격으로부터 내가격으로 움직일 때 델타가 감소하기 때문에 감마 값은 음수가 된다. 따라서 바이너리 옵션의 매입포지션은 내가격 심도에 따라 양 또는 음의 감마를 가질 수 있다.

[그림 18.5]는 이전 그림과 동일한 매개변수 값들에 대한 옵션 감마를 표시한다. 옵션의 만기가 가까워질수록 그 손익은 [그림 18.2]의 불연속 최종 손익과 더 가깝게 되므로, 델타는 등가격에서 급격히 상승하고 양측에서 가파르게 떨어진다. 따라서 감마는 등가격에서 치솟고 한쪽으로는 큰 양수가 되고 다른 쪽으로는 큰 음수가 된다. 만기가 가까워지면, 등가격 옵션의 감마는 정의되지 않는다. 즉, 한쪽은 $+\infty$, 다른 한쪽은 $-\infty$로 이동한다.

다음은 베가에 대해 논의한다. 심외가격 현금-또는-제로 옵션의 경우, 변동성의 증가는 옵션이 내가격으로 마칠 가능성을 증가시키기 때문에 분명히 좋은 것이다. 따라서 베가는 양수이다. 그러나 현금-또는-제로 옵션이 심내가격일 때, 변동성은 나쁜 것이다. 이것은 M에서 상한이 있기 때문에 손익을 증가시킬 수는 없지만, 옵션을 외가격으로 밀어낼 수 있기 때문에 손익을 감소시킬 수 있다.

그림 18.6
다른 만기에 대해 바이너리 옵션 베가

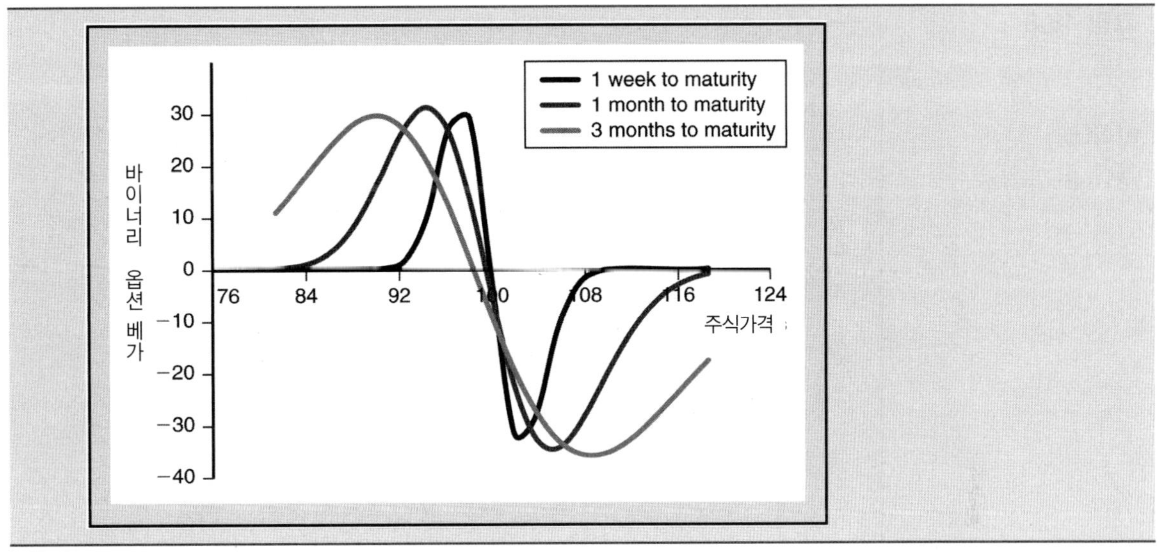

따라서 베가는 음수가 되는데 이것은 기본형 옵션의 매입포지션에서는 결코 일어날 수 없는 일이다. [그림 18.6]은 앞의 그래프에서와 같은 매개변수 값들에 대한 현금-또는-제로 옵션의 베가를 보여준다.

다음은 세타에 대해 논의한다. 기본형 콜옵션의 경우, 세타는 항상 음수이다. 현금-또는-제로 옵션의 경우, 세타는 음수 또는 양수일 수 있다. 옵션이 외가격일 때, 만기까지의 더 짧은 시간은 부정적인 영향을 미치고 세타는 음수이다. 그러나 옵션이 내가격이라면 만기까지의 기간이 더 길더

그림 18.7
다른 만기에 대해 바이너리 옵션 세타

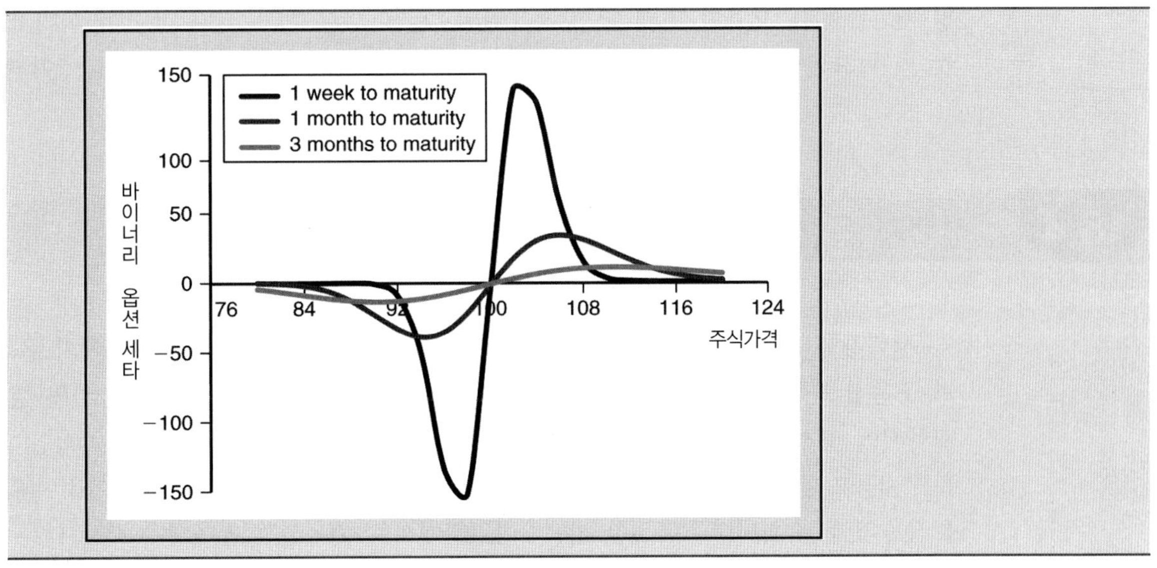

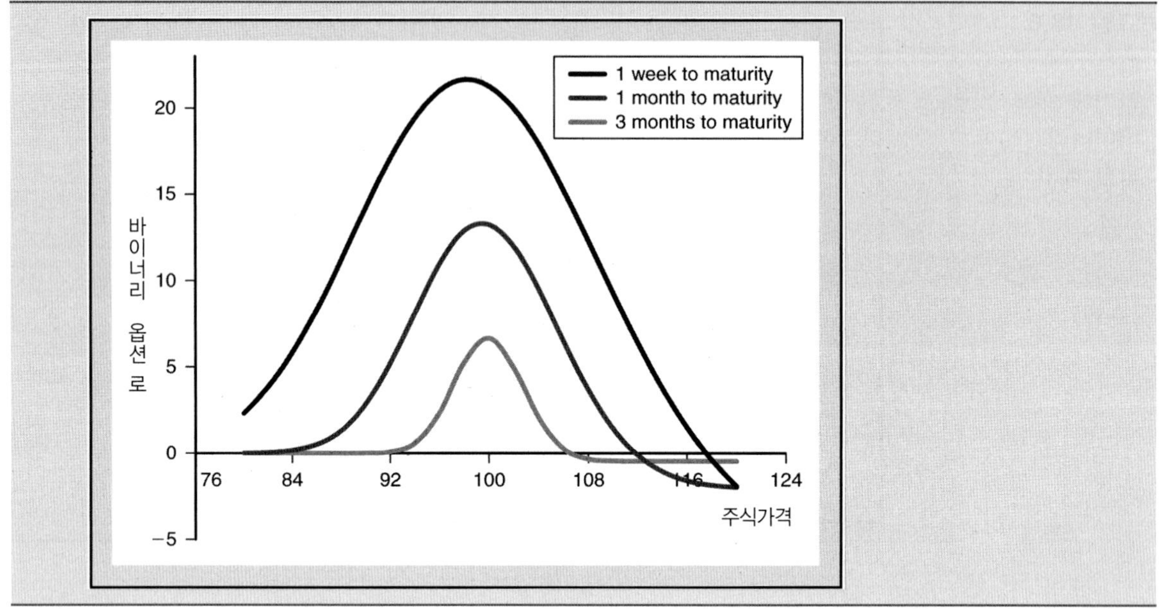

그림 18.8
다른 만기에 대해 바이너리 옵션 로

라도 더 이상의 이점이 없기 때문에 세타는 양수이다. [그림 18.7]은 이것을 보여준다.

마지막으로 로(rho)에 대해 논의한다. 기본형 콜옵션은 항상 양의 로(rho)를 가진다. 더욱이, 로(rho)는 내가격 심도에 따라 증가한다. 이와 같은 속성들은 현금-또는-제로 옵션에는 해당되지 않는다. 현금-또는-제로 옵션에서, 보유자는 행사 시 현금을 받는다. 따라서 높은 이자율은 받는 금액의 현재가치를 낮춘다. 반면에 이자율이 높을수록 주가의 위험-중립 추세도 더 커진다. 옵션이 외가격일 때, 두 번째 요소가 지배하므로 로(rho)는 양의 값이다. 그러나 옵션이 심내가격으로 움직이면 첫 번째 요인이 더 중요해지고 로(rho)가 음수로 바뀐다. [그림 18.8]에서는 이 행태를 설명한다.

18.4 선택자 옵션(Chooser Options)

선택자 옵션("as-you-like-it" 옵션 또는 "U-Choose" 옵션이라고도 함)은 보유자가 옵션을 특정 시간까지 풋옵션 또는 콜옵션인지 결정할 권리가 있는 옵션이다. 콜옵션과 풋옵션의 행사가격과 만기는 계약서에 명시되어 있다. 선택 날짜는 물론 만기일 이전에 발생한다. 일반적인 경우("표준 선택자 옵션"이라고 함) 콜옵션과 풋옵션은 동일한 행사가격 및 만기를 가진다. 이것이 우리가 이 절에서 초점을 맞추는 것이다. "복잡한 선택자 옵션"에서는 풋옵션과 콜옵션은 서로 다른 행사가격과 만기

를 가질 수 있다.

선택자 옵션은 콜옵션이나 풋옵션이 될 수 있기 때문에 스트래들과 같이 변동성 놀음이다. 그러나 표준 선택자 옵션은 같은 조건의 스트래들보다 저렴하다. 스트래들의 보유자는 콜옵션과 풋옵션을 만기까지 보유한다. 선택자 옵션에서, 보유자는 선택일에 콜옵션과 풋옵션 중 하나를 취하는 취소할 수 없는 선택을 한다. 이것은 사후적으로 "잘못된" 선택으로 판명될 가능성이 있는데(예를 들어, 보유자가 콜옵션을 선택했지만, 콜옵션이 만기에 외가격으로 마치고 풋옵션은 내가격으로 마치는 경우이다), 이것이 스트래들에 비해 선택자 옵션의 값을 더 낮게 만든다.

선택일과 만기일이 가까울수록 잘못된 선택의 가능성이 낮아지므로, 선택자 옵션이 스트래들과 더 유사하게 된다. 극단적으로, 선택일과 만기일이 일치하면 선택자 옵션은 스트래들과 동일하게 된다.

실제로, 풋-콜 패리티를 사용하여 선택자 옵션의 가격과 그에 대응하는 스트래들의 가격을 정확히 연관시킬 수 있다. 선택자 옵션의 가격결정 및 헤싱을 논의하기 전에 이를 먼저 논의한다.

선택자 옵션과 스트래들 사이의 관계

K와 T를 표준 선택자 옵션에서의 콜옵션과 풋옵션의 공통된 행사가격과 만기일이라 하고, τ를 선택일($\tau < T$)이라 하자.

S_τ는 τ일의 주가이다. 이 시점에서 옵션들의 만기는 $T-\tau$이며, 그들의 값은 각각 $C(S_\tau, K, T-\tau)$와 $P(S_\tau, K, T-\tau)$로 표기한다. 선택자 옵션의 보유자는 분명히 두 가지 옵션 중 더 가치있는 것을 선택한다. 따라서 τ에서 선택자 옵션의 값은 다음과 같다.

$$\max\{C(S_\tau, K, T-\tau), P(S_\tau, K, T-\tau)\} \tag{18.13}$$

이제 풋-콜 패리티에 의해, τ일의 콜옵션가격과 풋옵션가격은 다음과 같은 관계를 가진다.

$$P(S_\tau, K, T-\tau) = C(S_\tau, K, T-\tau) + PV_\tau(K) - e^{-\delta(T-\tau)}S_\tau \tag{18.14}$$

여기에서 $PV_\tau(K) = e^{-r(T-\tau)}K$이다. 이것을 (18.13)에 대입하면 시간-τ의 선택자 옵션의 가치는 다음과 같다.

$$\max\{C(S_\tau, K, T-\tau), C(S_\tau, K, T-\tau) + PV_\tau(K) - e^{-\delta(T-\tau)}S_\tau\} \tag{18.15}$$

중괄호에서 공통항 $C(S_\tau, \tau, K, T)$를 빼내면, 다음을 얻는다.

$$C(S_\tau, K, T-\tau) + e^{-\delta(T-\tau)}\max\{0, e^{-(r-\delta)(T-\tau)}K - S_\tau\} \tag{18.16}$$

(18.16) 의 두 번째 항은 단순히 행사가격이 $e^{-(r-\delta)(T-\tau)}K$이고 만기가 τ인 $e^{-\delta(T-\tau)}$ 풋옵션으로부터의 손익이다. 따라서 (18.16)은 선택자 옵션이 다음과 같은 것으로 구성된 포트폴리오와 동일

하다는 것을 보여준다.

- 행사가격 K와 만기 T를 가진 콜옵션
- 행사가격이 $e^{-(r-\delta)(T-\tau)}K$이고 만기가 τ인 풋옵션 $e^{-\delta(T-\tau)}$단위

이 선택자 옵션에 대응하는 스트래들은 다음과 같은 것으로 구성되어 있다.

- 행사가격 K와 만기 T를 가진 콜옵션
- 행사가격 K와 만기 T를 가진 풋옵션

스트래들과 선택자 옵션 사이의 가치 차이는 각각의 풋옵션의 가격 차이일 뿐이다. 특히, $\delta = 0$ 일 때, 그것은 선택자 옵션이 스트래들과 같은 콜옵션으로 구성되어 있지만, 행사가격이 더 작고 만기가 더 짧은 풋옵션을 가지고 있는 것과 같다.

선택자 옵션의 가격결정

선택자 옵션을 분해한 (18.16)은 표준 선택자 옵션의 가격을 계산하는 쉬운 방법을 제시한다. 선택자 옵션의 가치 V^{ch}는 단순히 행사가격 K와 만기 T를 가진 기본형 콜옵션의 가격과 행사가격이 $e^{-(r-\delta)(T-\tau)}K$이고 만기가 τ인 $e^{-\delta(T-\tau)}$단위의 풋옵션가격의 합이다

$$V^{ch} = C(S, K, T) + e^{-\delta(T-\tau)}P\left(S, e^{-(r-\delta)(T-\tau)}K, \tau\right) \qquad \textbf{(18.17)}$$

필요한 콜옵션과 풋옵션의 값은 주어진 모형에서 쉽게 계산된다. 블랙-숄즈 설정에서 콜옵션 및 풋옵션의 닫힌 형태의 식을 사용하여 닫힌 형태의 선택자 옵션 값을 나타낼 수 있다.

[그림 18.9]는 현재 주가 S의 다양한 값에 대한 스트래들 및 선택자 옵션 값을 보여준다. S의 값이 높거나 낮을 때(즉, 풋옵션이나 콜옵션이 심내가격으로 움직일 때), 둘 사이의 차이는 작아진다. 옵션들이 근가격(near-the-money)일 때 값이 최대가 된다.

선택자 옵션의 헤징

선택자 옵션의 그릭문자는 (a) 행사가격 K와 만기 T를 가진 콜옵션, 그리고 (b) 행사가격이 $e^{-(r-\delta)(T-\tau)}K$이고 만기가 τ인 $e^{-\delta(T-\tau)}$ 풋옵션의 그릭문자들의 합이다. 예를 들어, 블랙-숄즈 설정에서의 선택자 옵션의 델타는 다음과 같다.

$$N(d_1) - e^{-\delta(T-\tau)}N\left(-\widehat{d_1}\right) \qquad \textbf{(18.18)}$$

여기서 $N(\cdot)$은 누적 표준정규분포이며, d_1과 $\widehat{d_1}$은 다음과 같이 주어진다.

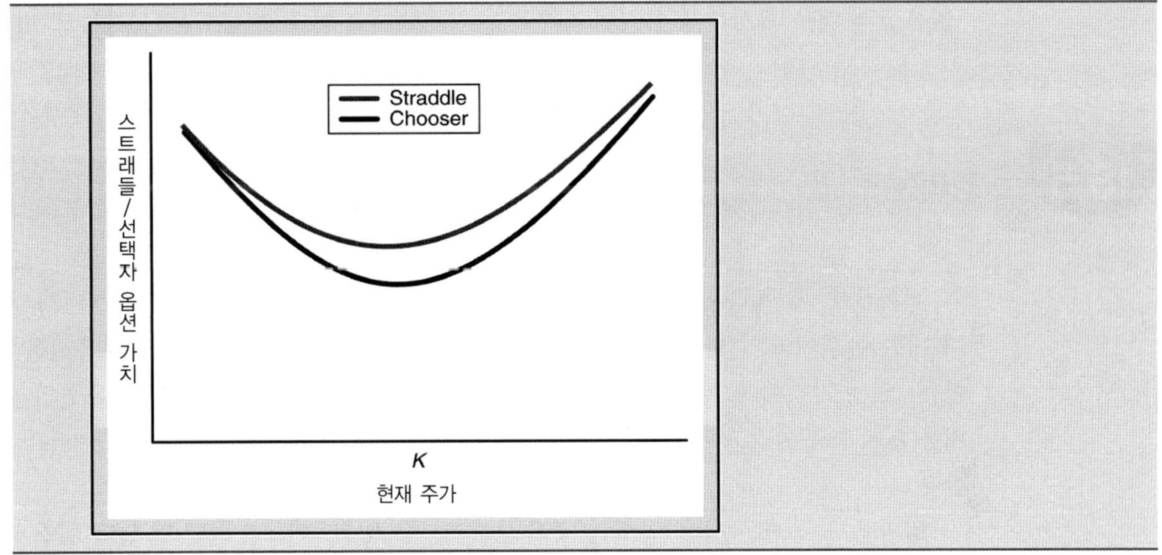

그림 18.9 스트래들과 선택자 옵션의 가치

$$d_1 = \frac{1}{\sigma\sqrt{T}}\left[\ln\left(\frac{S}{K}\right) + \left(r - \delta + \frac{1}{2}\sigma^2\right)T\right] \quad \textbf{(18.19)}$$

$$\widehat{d_1} = \frac{1}{\sigma\sqrt{\tau}}\left[\ln\left(\frac{S}{e^{-(r-\delta)(T-\tau)}K}\right) + \left(r - \delta + \frac{1}{2}\sigma^2\right)\tau\right] \quad \textbf{(18.20)}$$

[그림 18.10]은 현재 주가 S가 변화함에 따른 선택자 옵션 델타를 나타낸다. 주가가 낮으면, 선택자 옵션은 풋옵션과 매우 유사하게 움직이므로 델타는 -1로 움직인다. 주가가 높으면, 선택자 옵션은

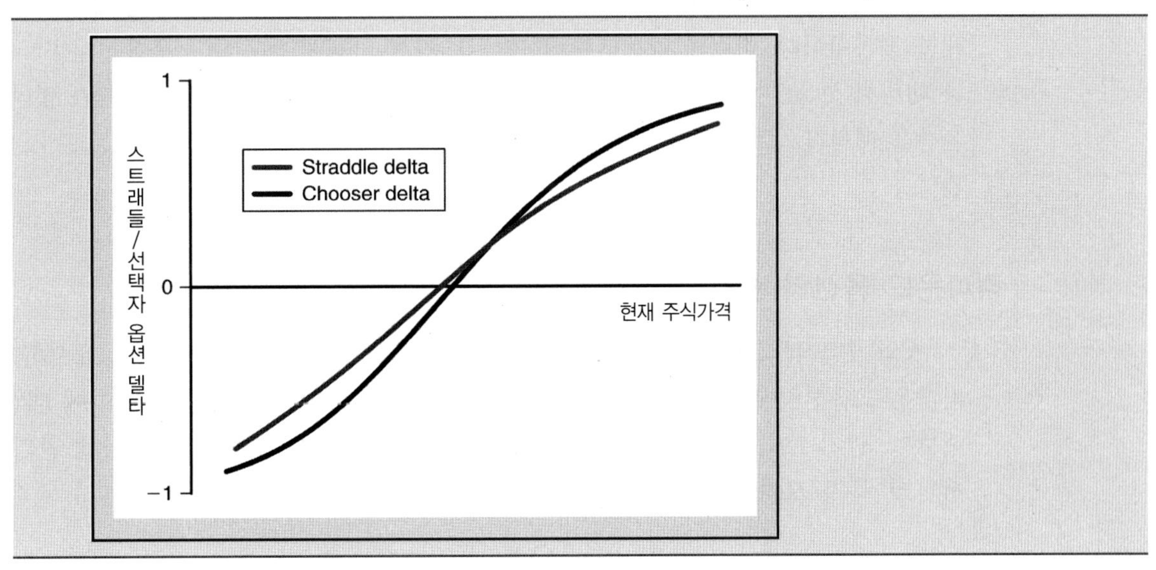

그림 18.10 스트래들과 선택자 옵션 델타

콜옵션과 매우 유사하게 움직이고 델타는 +1로 움직인다. 다른 그릭문자들도 비슷하게 도출된다.

18.5 컴파운드 옵션

컴파운드 옵션(compound option)은 단순히 옵션에 대한 옵션이다. 즉, 기초자산 자체가 다른 자산에 대한 옵션이다. 컴파운드 옵션의 행사가격은 옵션 보유자가 기초자산인 옵션을 매입하거나 매도할 수 있는 가격이다. 두 가지 옵션의 행사가격을 구별하기 위해 컴파운드 옵션의 행사가격을 "선불 비용(front fee)"이라고 부르는 반면, 기초자산인 옵션의 행사가격은 "후불 비용(back fee)"이라고도 한다.

컴파운드 옵션은 콜옵션 또는 풋옵션이 될 수 있고, 기초자산인 옵션도 콜옵션 또는 풋옵션이 될 수 있기 때문에 다음과 같은 네 가지 기본 컴파운드 옵션이 있다. (i) 콜옵션에 대한 콜옵션, (ii) 풋옵션에 대한 콜옵션, (iii) 콜옵션에 대한 풋옵션, (iv) 풋옵션에 대한 풋옵션이 있다.

대략적으로 말하자면, 컴파운드 옵션을 통해 보유자는 보험가입 여부를 결정하는 것을 연기하면서 보험가격을 고정시킬 수 있다. 예를 들어, 투자자가 XYZ 주식가격의 하락에 대한 보호를 받기 위해 풋옵션을 살 것인지에 대해 고민하고 있다고 가정해 보자. 투자가가 현재 옵션가격이 높다고 생각한다고 가정하자. 투자자가 풋옵션을 사지 않고 XYZ 주식의 가격이 실제로 하락할 경우, 풋옵션의 가격은 더욱 상승 할 것이다. 즉, 보험이 투자자에게 더 가치 있는 상황은 보험이 훨씬 더 비싸게 되는 상황이다.

이런 결과를 방지하기 위해 투자자는 컴파운드 옵션을 구입할 수 있는데, 이 경우에는 풋옵션에 대한 콜옵션이다. 이렇게 함으로써, 투자자는 자산 가격이 하락하고 풋옵션이 더 비싸게 되는 경우를 대비해 풋옵션을 구입할 수 있는 가격을 고정시킨다. 물론 여기에는 공짜가 없다. 특히, 컴파운드 옵션을 매력적으로 만들기 위해 자산 가격이 충분히 하락하지 않으면 보험료로 지불된 금액을 잃게 된다.

컴파운드 옵션의 손익

K와 T를 각각 기초자산인 옵션의 행사가격과 만기까지의 시간이라고 표시하고, k와 t를 각각 컴파운드 옵션의 행사가격과 만기까지의 시간이라고 표시하자. 우선 콜옵션에 대한 콜옵션을 생각해보자. 만기 t에서 이 옵션의 보유자는 k의 가격으로 기본형 콜옵션을 살 권리가 있다. 따라서 시점-t 주가 S_t가 주어지면, 콜옵션에 대한 콜옵션의 손익은 다음과 같다.

$$\max\{C(S_t, K, T-t) - k, 0\}$$

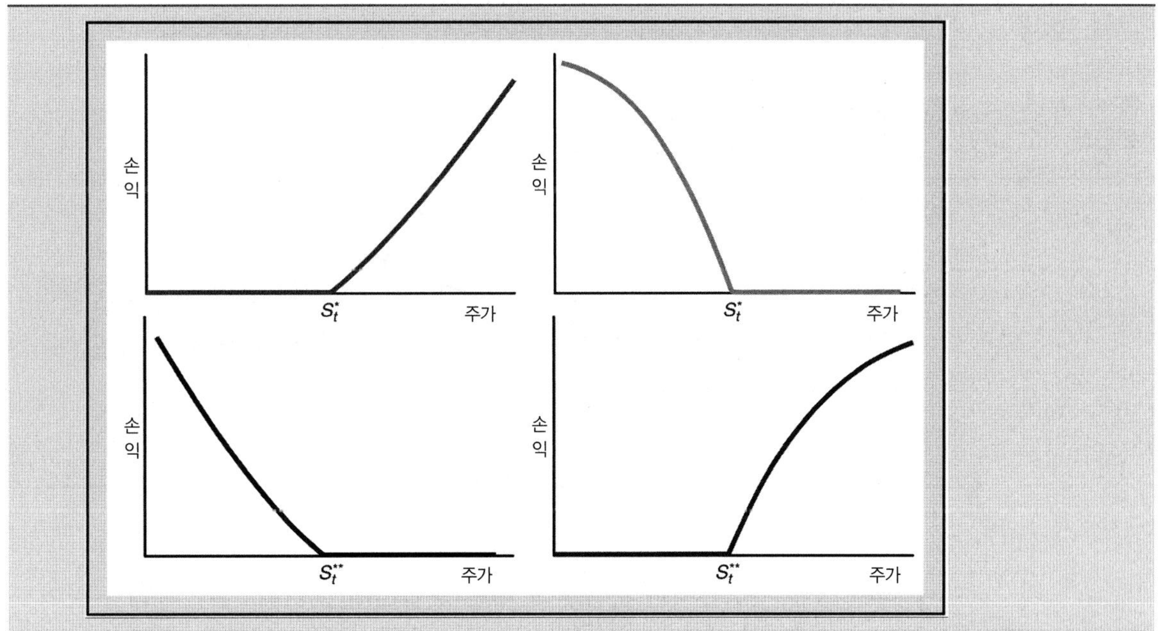

그림 18.11 컴파운드 옵션으로부터의 손익

여기에서 $C(S_t, K, T-t)$는 기초자산인 기본형 콜옵션의 시점-t 값이다(현재는 만기까지 $T-t$년이 남아 있다). 이 옵션들 각각이 내가격 또는 외가격으로 마칠지 여부를 결정하는 핵심 변수는 시점-t에서의 주가 S_t의 값이다. S_t가 증가하면 콜옵션 값 $C(S_t, K, T-t)$도 증가하므로 다음과 같은 임계치 S_t^*가 있다.

$$\begin{aligned} C(S_t, K, T-t) &< k, \quad \text{만일 } S_t < S_t^* \\ C(S_t, K, T-t) &> k, \quad \text{만일 } S_t \geq S_t^* \end{aligned} \tag{18.21}$$

따라서 콜옵션에 대한 콜옵션 보유자의 손익은 다음과 같다.

$$\begin{cases} 0, & \text{만일 } S_t < S_t^* \\ C(S_t, K, T-t) - k, & \text{만일 } S_t \geq S_t^* \end{cases}$$

마찬가지로, 만기 t에 콜옵션에 대한 풋옵션의 손익은 다음과 같다.

$$\max\{k - C(S_t, K, T-t), 0\} = \begin{cases} k - C(S_t, K, T-t), & \text{만일 } S_t < S_t^* \\ 0, & \text{만일 } S_t \geq S_t^* \end{cases}$$

[그림 18.11]의 위쪽 패널은 이 두 옵션의 손익을 설명한다.

풋옵션에 대한 옵션들은 어떠한가? t시점에 기본형 풋옵션의 값 $P(S_t, K, T-t)$는 S_t에 대해서 감소한다. 따라서 $S_t < S_t^{**}$일 때만 풋옵션 값이 k를 초과하도록 하는 S_t^{**}가 존재한다. 이것은 풋옵

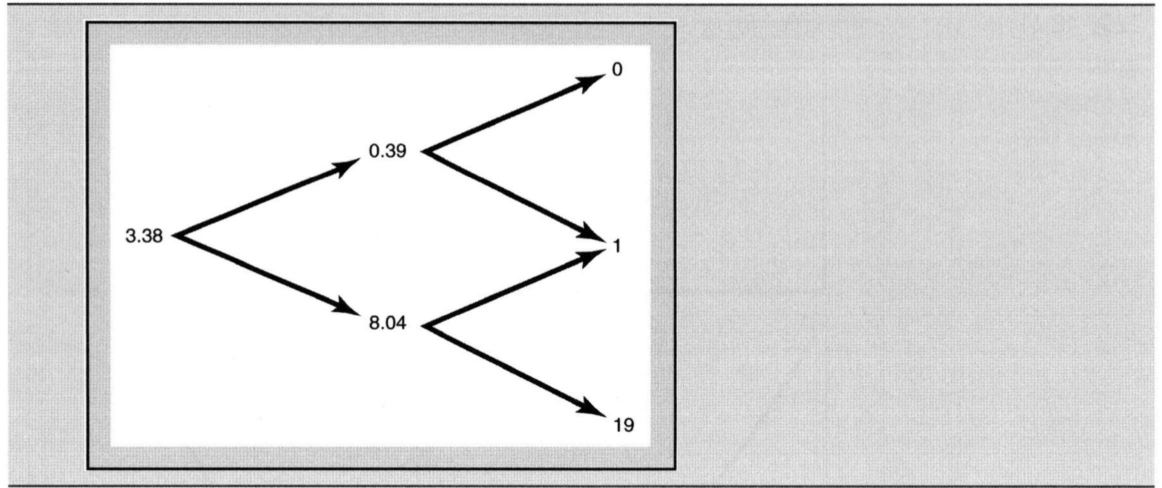

그림 18.12 이항 예제에서의 풋옵션 가격의 진화

션에 대한 콜옵션의 손익과 풋옵션에 대한 풋옵션의 손익이 각각 다음과 같이 표현될 수 있음을 의미한다.

$$\max\{P(S_t, K, T-t) - k, 0\} = \begin{cases} P(S_t, K, T-t) - k, & \text{만일 } S_t < S_t^{**} \\ 0, & \text{만일 } S_t \geq S_t^{**} \end{cases}$$

$$\max\{k - P(S_t, K, T-t), 0\} = \begin{cases} 0, & \text{만일 } S_t < S_t^{**} \\ k - P(S_t, K, T-t), & \text{만일 } S_t \geq S_t^{**} \end{cases}$$

[그림 18.11]의 아래쪽 패널은 이 두 가지 손익을 설명한다.

컴파운드 옵션의 가격결정: 이항 예제

블랙-숄즈 설정에서 컴파운드 옵션에 대한 닫힌 형태의 식이 존재하지만, 그 식은 복잡하고 특별히 새롭지도 않다. 따라서 이러한 닫힌 형태의 식을 설명하기 전에 가격결정 과정의 메커니즘을 더 잘 설명하는 간단한 이항 예제로 시작한다.

컴파운드 옵션은 풋옵션에 대한 콜옵션이라고 하자. 풋옵션은 가격 진화 과정이 [그림 18.1]에 설명된 주식에 대한 옵션이다. 풋옵션은 유럽식이고 두 기간 후에 만기가 되고 $K = 100$의 행사가격을 가진다. 풋옵션가격은 [그림 18.12]와 같이 진화한다.

컴파운드 옵션(풋옵션에 대한 콜옵션)이 $k = 4$의 행사가격과 1 기간의 만기를 갖는다고 가정하자. 즉, 한 기간이 끝날 때 컴파운드 옵션의 보유자는 기초자산인 풋옵션을 4의 가격에 살 권리가 있다. 한 기간이 끝나면 다음과 같은 두 가지 가능성이 있다.

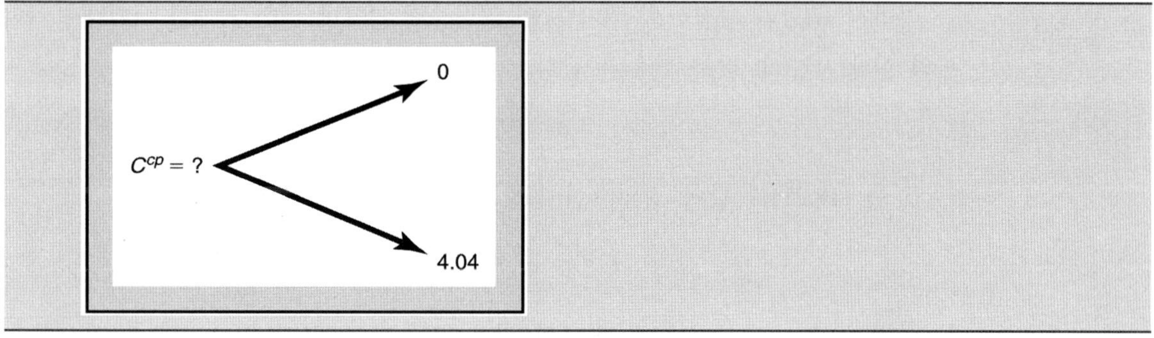

그림 18.13
이항 예제에서의 풋옵션에 대한 콜옵션가격의 진화

- 주식가격은 110까지 올랐다. 이 경우 기초자산인 풋옵션의 가치는 0.39에 불과하므로 풋옵션에 대한 콜옵션은 행사되지 않는다.
- 주가는 90까지 내려갔다. 이제 기초자산인 풋옵션은 8.04의 가치가 있다. 컴파운드 옵션을 행사하는 것이 최적이다. 결과적으로, 이익은 (8.04－4.00)＝4.04가 된다.

이것은 (그림 18.13)에 요약되어 있다. 컴파운드 옵션의 가격 C^{cp}(위첨자 cp는 call-on-put을 나타냄)는 위험중립확률 하에서 무위험이자율로 할인된 손익의 기대값이다. 위로 움직일 위험중립확률은 0.60이므로, 다음과 같은 결과를 얻는다.

$$C^{cp} = \frac{1}{R}\left(p\,C_u^{cp} + (1-p)\,C_d^{cp}\right) = 1.58 \qquad \textbf{(18.22)}$$

할부 옵션으로서의 컴파운드 옵션

위의 예는 컴파운드 옵션이 제공하는 유연성을 보여주는 좋은 예이다. 투자자는 3.38의 가격으로 초기 시점에 기초자산인 풋옵션을 직접 살 수 있다. 컴파운드 옵션은 "할부" 조건으로 동일한 풋옵션을 사는 대안을 제시한다. 투자자는 1.58이라는 더 적은 초기 지출을 한다. 그 다음 한 기간이 끝날 때, 투자자는 원하는 경우 4를 더 지불하고 풋옵션을 보유할 수 있다.

컴파운드 옵션에 대한 가격결정 공식

Rubinstein(1991a)은 블랙-숄즈 설정에서 컴파운드 옵션의 가격에 대해 닫힌 형태의 해를 얻을 수 있음을 보였다. 우선 콜옵션에 대한 콜옵션을 생각해보자. 위에서 본 바와 같이 S_t의 주가가 주어지면 만기 t에서 이 옵션의 손익은 다음과 같다.

$$\max\{C(S_t, K, T-t) - k, 0\}$$

따라서 $E(\cdot)$가 시점-t의 주가 S_t의 위험중립 분포에 대한 기대를 나타내면, 콜옵션에 대한 콜옵션의 현재(시간-0) 값은 다음과 같다.

$$C^{cc} = e^{-rt} E\left[\max\{C(S_t, K, T-t) - k, 0\}\right] \quad \textbf{(18.23)}$$

S_t^*를 (18.21)과 같이 정의하면, (18.23)을 다음과 같이 쓸 수 있다.

$$C^{cc} = e^{-rt} E\left[\left(C(S_t, K, T-t) - k\right) \times I_{S_t > S_t^*}\right] \quad \textbf{(18.24)}$$

여기서 $I_{S_t > S_t^*}$는 $S_t > S_t^*$ 때 1의 값을 취하고 그렇지 않으면 0인 지시함수이다. Rubinstein (1991a)은 이러한 기대가 다음과 같음을 보였다.

$$C^{cc} = e^{-\delta t} S N_2(x_1, y_1; \rho) - e^{-rT} K N_2(x_2, y_2; \rho) - e^{-rt} k N(y_2) \quad \textbf{(18.25)}$$

여기서;

- S는 주식의 현재가격, δ는 배당수익률, σ는 변동성을 나타낸다.
- $N(z)$는 평소와 같이 z에서 측정한 누적 표준정규분포이다.
- $N_2(a, b; \xi)$는 $-\infty$에서 a 및 $-\infty$에서 b까지의 영역을 다루는 2 변수 표준정규분포 아래의 영역이며, ξ는 변수 간의 상관관계를 나타낸다.
- x_1, x_2, y_1, y_2 및 ρ는 다음과 같이 정의된다.

$$x_1 = \frac{1}{\sigma\sqrt{T}}\left[\ln\left(\frac{S}{K}\right) + \left(r - \delta + \frac{1}{2}\sigma^2\right)T\right] \quad \textbf{(18.26)}$$

$$x_2 = x_1 - \sigma\sqrt{T} \quad \textbf{(18.27)}$$

$$y_1 = \frac{1}{\sigma\sqrt{t}}\left[\ln\left(\frac{S}{S_t^*}\right) + \left(r - \delta + \frac{1}{2}\sigma^2\right)t\right] \quad \textbf{(18.28)}$$

$$y_2 = y_1 - \sigma\sqrt{t} \quad \textbf{(18.29)}$$

$$\rho = \sqrt{\frac{t}{T}} \quad \textbf{(18.30)}$$

비슷한 방법으로 다른 세 가지 컴파운드 옵션의 값은 닫힌 형태로 표현될 수 있다. 문제를 단순화하고 네 가지 컴파운드 옵션 공식에 대한 설명을 한번에 하기 위해 변수 η과 ϕ을 다음과 같이 정의한다.

$$\eta = \begin{cases} +1, & \text{기초 옵션이 콜옵션인 경우} \\ -1, & \text{기초 옵션이 풋옵션인 경우} \end{cases} \quad \textbf{(18.31)}$$

$$\phi = \begin{cases} +1, & \text{컴파운드 옵션이 콜옵션인 경우} \\ -1, & \text{컴파운드 옵션이 풋옵션인 경우} \end{cases} \quad \textbf{(18.32)}$$

그러면 일반적인 컴파운드 옵션의 값은 다음과 같이 쓸 수 있다.

$$X = H_1 - H_2 - H_3 \tag{18.33}$$

여기서 x_1, x_2, y_1, y_2 및 ρ는 위에서 정의된 바와 같다.

$$H_1 = \phi\eta e^{-\delta T} S N_2(\eta x_1, \phi\eta y_1; \phi\rho) \tag{18.34}$$

$$H_2 = \phi\eta e^{-rT} K N_2(\eta x_2, \phi\eta y_2; \phi\rho) \tag{18.35}$$

$$H_3 = \phi\, e^{-rt} k N(\phi\eta y_2) \tag{18.36}$$

ϕ와 η가 가능한 두 가지 값으로 변할 수 있게 허용하면서 네 가지 기본 컴파운드 옵션 모두에 대한 가격결정 식을 얻는다. (18.25)는 $\eta = \phi = +1$에 해당하는 특별한 경우이다.

컴파운드 옵션의 헤징: 델타

컴파운드 옵션의 기초자산은 기본형 옵션이지만 컴파운드 옵션 값의 "실제" 결정자는 기본형 옵션의 기초자산인 주식이다. 따라서 컴파운드 옵션은 일반적으로 기초자산인 주식으로 직접 헤지된다. 컴파운드 옵션의 델타는 주식가격의 변화에 대한 컴파운드 옵션가치의 민감도를 측정한다.

델타에 대한 닫힌 형태의 식은 도출하기가 쉽지 않지만, 델타의 질적인 행태는 설명하기 어렵지 않다. [그림 18.11]에서 보는 바와 같이

- 콜옵션에 대한 콜옵션과 풋옵션에 대한 풋옵션의 손익은 주가가 올라감에 따라 증가하기 때문에 양자 모두 델타가 양의 값을 갖는다.
- 풋옵션에 대한 콜옵션과 콜옵션에 대한 풋옵션의 손익은 주가와 반대로 움직이기 때문에 그것들의 델타는 음의 값을 갖는다.

이와 같은 부호는 간단한 직관적인 생각으로 설명할 수 있다. 예를 들어, 콜옵션에 대한 콜옵션을 생각해보자. 컴파운드 콜옵션은 기초자산인 기본형 콜옵션의 가치가 증가할 때 값이 증가한다. 그리고 기본형 콜옵션은 그것의 기초자산인 주식가격이 증가할 때 가치가 상승한다. 따라서 주식가격의 상승은 콜옵션에 대한 콜옵션의 가치를 증가시키며 이는 양의 델타를 의미한다. 유사한 논리가 다른 델타들의 부호를 설명하기 위해 사용될 수 있다.

델타 및 컴파운드 옵션 감마의 행태

S의 변화에 따른 델타의 행태, 또 그로 인한 감나의 행내는 흥비로운 특성을 나타낸다. 두 가지 경우를 설명한다.

콜옵션에 대한 콜옵션의 델타는 기본형 콜옵션의 델타와 매우 유사하게 움직인다. 주식가격이 올라감에 따라 기초자산인 콜옵션은 심내가격으로 "더 깊이" 이동하므로 주식가격에 더 민감해진

다. 그러나 기본형 콜옵션가격이 올라감에 따라 콜옵션에 대한 콜옵션 역시 심내가격으로 "더 깊이" 이동하기 때문에 기본형 콜옵션가격에 대해 더욱 민감해진다. 이 과정을 정리하면 콜옵션에 대한 콜옵션은 주가가 올라감에 따라 주가에 대해 더욱 민감해지고, 이것은 그것의 델타가 증가 함을 의미한다(따라서 콜옵션에 대한 콜옵션의 감마는 항상 양수이다). 주식가격이 매우 높을 때, 이 두 옵션 모두 심내가격 상태이고 각각의 기초자산에 대해 거의 일대일로 반응함으로 델타는 +1에 가깝다. 주식가격이 매우 낮을 때, 이 두 옵션 모두 심외가격 상태이고 각각의 기초자산에 대해 거의 반응하지 않으므로 델타는 0에 가깝다.

그러나 풋옵션에 대한 풋옵션의 델타는 종 모양이며, S가 증가할 때 처음에는 증가하다가 다시 0으로 감소한다. 왜 그런지 알아보기 위해 S의 값이 매우 낮으면 기초자산인 풋옵션은 심내가격 상태이고 최대 값에 가깝다는 점에 유의하라. 이것은 컴파운드 풋옵션이 심외가격 상태이고 그것의 기초자산인 풋옵션의 가격 변화에 별로 반응하지 않는다는 것을 의미한다. 결과적으로, 컴파운드 옵션의 델타는 0에 가깝다. S가 증가하면 기초자산인 풋옵션의 가치가 떨어지므로 컴파운드 풋옵션은 심내가격으로 더 깊이 움직이고 그 기초자산의 변화에 더 민감하게 반응하여, 기초자산의 가치가 증가함에 따라 그 가치가 감소하게 된다. 이것은 S에 대하여 컴파운드 풋옵션의 델타가 양수임을 의미한다. 그러나 매우 높은 수준의 S에서는 기초자산인 풋옵션은 심외가격 상태이고 S에 대해 거의 반응이 없다. 그 기초자산의 가치가 S에 대해 반응하지 않기 때문에 컴파운드 옵션도 S에 반응하지 않을 것이므로, S에 대한 델타는 다시 0으로 접근한다. 마지막으로 델타의 행태로부터 풋옵션에 대한 풋옵션의 감마는 양수 또는 음수가 될 수 있다는 것을 알 수 있다.

18.6 교환 옵션(Exchange Options)

하나의 교환 옵션에는 두 가지의 위험 자산이 포함된다(예: 두 가지의 주식). 이 옵션은 옵션 보유자에게 옵션의 만기에 자산 중 하나(예: 자산2)를 다른 자산(자산1)으로 교환할 수 있는 권한을 부여한다. 당연히, 자산1이 만기에 자산2 이상의 가치가 있는 경우에만 옵션이 행사될 것이다. 따라서 보유자에 대한 만기 손익은 다음과 같이 주어진다.

$$\max\left\{0, S_T^{(1)} - S_T^{(2)}\right\} \tag{18.37}$$

여기서 $S_t^{(1)}$과 $S_t^{(2)}$는 각각 두 자산의 시간-t 가격을 나타낸다. 교환 옵션은 "우수실적 옵션" 또는 "스프레드 옵션"이라고도 한다.

교환 옵션의 가격결정

교환 옵션은 Margrabe(1978)가 처음 연구하였으며, 그는 블랙-숄즈 설정에서 그러한 옵션에 대한 닫힌 형태의 공식을 제공했다. 자산수익률이 로그정규분포라고 가정하자. $S^{(1)}$, $S^{(2)}$는 두 자산의 현재(시간-0) 가격을 나타내며, σ_1, σ_2는 그것들의 변동성을, δ_1, δ_2는 각각의 배당수익률을 나타낸다. 마지막으로, ρ를 수익률 간의 상관관계를 나타낸다고 하자. 그러면 시간 0에 교환 옵션의 가격은 다음과 같이 주어진다.

$$V^{exch} = e^{-\delta_1 T} S^{(1)} N(\tilde{d}_1) - e^{-\delta_2 T} S^{(2)} N(\tilde{d}_2) \tag{18.38}$$

여기서 $\tilde{d}_1$과 $\tilde{d}_2$는 다음과 같이 정의된다.

$$\tilde{d}_1 = \frac{1}{\sigma\sqrt{T}}\left[\ln\left(\frac{S^{(1)}}{S^{(2)}}\right) + \left(\delta_2 - \delta_1 + \frac{1}{2}\sigma^2\right)T\right] \tag{18.39}$$

$$\tilde{d}_2 = \tilde{d}_1 - \sigma\sqrt{T} \tag{18.40}$$

그리고 σ는 다음과 같이 주어진다.

$$\sigma^2 = \sigma_1^2 + \sigma_2^2 - 2\rho\sigma_1\sigma_2 \tag{18.41}$$

이 가격결정 공식에 대한 몇 가지 의미는 콜옵션에 대한 블랙-숄즈 공식과 비교하여 얻을 수 있다. 콜옵션은 매우 간단한 것이지만 교환 옵션이기도 하다. 이는 행사가격 K를 자산1로 교환할 수 있는 권리를 준다. 행사가격은 항상 K 만큼의 가치가 있는 자산으로 볼 수 있다. 이 자산을 보유함으로 인한 수익률은 그 자산에 투자함으로써 얻을 수 있는 무위험수익률 r이다. 물론 그 자산은 "가격"이 항상 K이므로 변동성이 없다. 그래서 (18.38)에서 $S^{(2)} = K$, $\delta_2 = r$, 그리고 $\sigma^2 = 0$으로 설정하면 블랙-숄즈의 콜옵션가격이 되며, 그것을 확인하기 쉽다. 따라서 (18.38)은 블랙-숄즈 공식을 단지 일반화한 것일 뿐이다.

좀 더 공식적으로 말한다면, 교환 옵션의 만기에서의 손익은 다음과 같이 쓸 수 있다.

$$S_T^{(2)} \max\left\{\frac{S_T^{(1)}}{S_T^{(2)}} - 1, 0\right\} \tag{18.42}$$

우리가 두 번째 자산의 가격을 기준재(numeraire)로 사용하고 모든 손익과 가격을 두 번째 자산 단위로 표현한다면, 이 손익은 기준재로 표준화하면 다음과 같다.

$$\max\left\{\frac{S_T^{(1)}}{S_T^{(2)}} - 1, 0\right\} \tag{18.43}$$

이것은 표준화된 자산 $S_t^{(1)}/S_t^{(2)}$에 대한 행사가격은 1인 표준 콜옵션이다. $S_t^{(1)}/S_t^{(2)}$가 일정한 변동성 σ를 갖는 기하브라운운동을 따르는 경우, 표준 블랙-숄즈 공식을 사용하여 이 옵션의 가격

을 결정할 수 있다. 이 과정에서 무위험이자율은 기준재(numeraire)에 대한 배당 수익률 δ_2가되는 반면, δ_1은 표준화된 자산 $S_t^{(1)}/S_t^{(2)}$에 대한 배당률로 유지된다는 점에 유의하라. 이 블랙-숄즈 가격에 기준재(numeraire)의 시간-0 가격 $S^{(2)}$를 곱하면 교환 옵션의 시간-0 가격이 된다. 이 결과는 정확히 수식 (18.38)이다.

마지막으로 한 가지를 주목할 가치가 있다. 앞의 논증에서 알 수 있듯이, Margrabe 교환 옵션 공식이 성립하기 위해서 실제로 필요한 모든 것은 $S_t^{(1)}/S_t^{(2)}$가 일정한 변동성 σ를 갖는 기하브라운운동을 따른다는 것이다. 이것은 우리가 가정한 것(즉, $S_t^{(1)}/S_t^{(2)}$가 각각 개별적으로 일정한 변동성 σ_1과 σ_2를 갖는 기하브라운운동을 따른다, 등등)에 의해 암시되어 있지만, 이 가정들은 요구되는 가정보다 더 강한 가정들이다.

교환 옵션의 헤징

교환 옵션의 손익은 두 개의 위험 자산의 가격 $S^{(1)}$과 $S^{(2)}$에 의존하기 때문에, 교환 옵션을 헤지하는 것은 두 가지 위험, 두 가지 가격 변화의 위험을 헤지하는 것을 포함한다. 즉, 두 개의 델타가 있다. 자산1에 대한 델타 $\Delta^{(1)}$과 자산2에 대한 델타 $\Delta^{(2)}$이다. 블랙-숄즈 설정에서 이 델타들은 다음과 같다.

$$\Delta^{(1)} = e^{-\delta_1 T} N(\tilde{d}_1) \tag{18.44}$$

$$\Delta^{(2)} = -e^{-\delta_2 T} N(\tilde{d}_2) \tag{18.45}$$

말하자면, 교환 옵션의 매도포지션을 헤지하기 위해서, 우리는 $e^{-\delta_1 T} N(\tilde{d}_1)$ 단위의 자산1에 대한 매입포지션을 취하고, $e^{-\delta_2 T} N(\tilde{d}_2)$ 단위의 자산2에 대한 매도포지션을 취해야 한다.

식 (18.44)와 (18.45)는 실제로 교환 옵션에 대한 복제 포트폴리오 전체를 나타낸다. 즉, 교환 옵션을 복제하려면 $\Delta^{(1)}$ 단위의 자산1과 $\Delta^{(2)}$ 단위의 자산2를 보유해야 한다. 현금 보유는 필요하지 않다. 이것은 놀라운 일이 아니다. 위에서 지적했듯이, 자산2는 여기에서 행사가격의 역할을 하므로 자산2에 대한 포지션은 현금 보유와 유사하다.

18.7 콴토 옵션(Quanto Options)

콴토(Quanto) 옵션은 한 통화로 거래되지만 손익은 미리 정해진 방식으로 다른 통화로 환산되는 증권에 대한 교차-통화 옵션이다. 이러한 옵션에 대해 알아보기 위해 한 예를 생각해보자.

미국에 기반을 둔 투자자가 유로화로 파리에서 주식이 거래되는 프랑스 회사에 대한 콜옵션을 사기를 원한다고 가정해 보자. 그러면, 옵션이 유로화로 거래되기 때문에 그 투자자는 거래가 끝날 때에 통화 위험을 부담해야한다. 콜옵션이 내가격으로 마치면 콜옵션 손익은 유로화로 실현되어 그 당시의 환율로 미 달러화로 환산되어야 한다. 투자자가 이 환율 위험을 부담하기를 원하지 않는다면, 미리 고정된 환율로 미화로 다시 환산되는 옵션을 살 수 있다. 그러한 옵션이 콴토 옵션이다.

이것을 일반적인 표기법으로 표현하기 위해, 미화(USD)가 현지 통화라고 가정하자. 외화로 된 수량을 나타내기 위해 위 첨자 f를 사용한다. S^f는 외국 증권의 가격을 나타내며, K^f는 그 증권에 대한 옵션의 행사가격을 나타낸다. 또한 이 옵션이 콜옵션이라고 가정한다. 그러면, 만기에 옵션으로부터의 손익(외화 단위)은 다음과 같다.

$$\max\left\{0, S_T^f - K^f\right\} \quad \textbf{(18.46)}$$

ζ가 외화에서의 손익을 USD로 환산하기 위한 임의의 고정 환율을 나타낸다면, 관도 옵션의 보유자가 미화로 받는 손익은 다음과 같다.

$$\zeta \times \max\left\{0, S_T^f - K^f\right\} \quad \textbf{(18.47)}$$

일반적으로, 현금흐름을 국내 통화로 환산하는 고정 환율 ζ는 실제 환율과 아무런 관계가 없다.

NYSE Area Japan Index Option은 거래소에서 거래되는 콴토 옵션의 예이다. 계약의 기초자산인 지표는 도쿄 증권 거래소에서 거래되는 210개의 주식을 사용하여 구성된다. 지수 값은 각 주식의 엔화 가격을 사용하여 계산된다. 옵션은 유럽식이며 현금으로 결제된다. 만기 시, 이 옵션의 보유자는 옵션의 내가격 심도 곱하기 \$100 를 받는다. 예를 들어 최종 행사 일에 행사가격이 110이고 인덱스가 114로 마감되면 통화 소유자는 \$(100×4)=\$400를 받는다.

콴토 옵션의 가격결정

콴토 옵션의 가격결정은 James(2003)에서 논의되었다. 여기 콴토 옵션의 가격결정 문제에 대해 어떻게 접근할 지에 대한 한 가지 방법이 있다. X_t가 외화로 미화 1 달러의 시점-t의 가격을 나타낸다고 가정하자. 그런 다음, 다음 수치를 생각해보자.

$$X_T \times \zeta \max\left\{0, S_T^f - K^f\right\} \quad \textbf{(18.48)}$$

이는 외화로 다시 환산된 콴토 옵션의 손익이다. 이 수치를 다음과 같이 다시 쓸 수 있다.

$$\zeta \max\left\{0, X_T S_T^f - X_T K^f\right\} \quad \textbf{(18.49)}$$

우리가 $A_T = X_T S_T^f$와 $B_T = X_T K^f$를 정의한다면, 우리는 다음을 얻는다.

$$\zeta \max\left\{0, A_T - B_T\right\} \quad \textbf{(18.50)}$$

이것은 Margrabe의 교환 옵션(B_T를 A_T로 교환하는 옵션)의 ζ 단위일 뿐이다. 따라서 교환 옵션가격결정 공식 (18.38)을 적용하여 콴토 옵션의 공정 가격을 구할 수 있다. 물론, 이 공정 가격은 외화로 표시될 것이고 그것을 현재 환율을 사용하여 달러로 환산해야한다.3)

X_T와 S_T^f가 로그정규분포를 따르는 수익률을 얻는다면 그것들의 곱인 A_T도 마찬가지이다. 따라서 다음과 같다.

$$\ln A_T = \ln\left(X_T S_T^f\right) = \ln X_T + \ln S_T^f$$

$\ln X_T$와 $\ln S_T^f$가 정규분포를 따르면, $\ln A_T$도 마찬가지이다. 따라서, 기술적으로 Margrabe의 교환 옵션 설정을 이 문제에 적용할 수 있다. 결과적으로, 콴토 옵션의 가격은 다음과 같다.

$$V^{quanto} = \left[e^{-\delta_A T} A_0 N(\Lambda_A) - e^{-\delta_B T} B_0 N(\Lambda_B)\right] \times \zeta \tag{18.51}$$

여기서

$$\begin{aligned} \Lambda_A &= \frac{1}{\sigma\sqrt{T}}\left[\ln\left(\frac{A_0}{B_0}\right) + \left(\delta_B - \delta_A + \frac{1}{2}\sigma^2\right)T\right] \\ \Lambda_B &= \Lambda_A - \sigma\sqrt{T} \\ \sigma^2 &= \sigma_A^2 + \sigma_B^3 - 2\rho(A, B)\sigma_A\sigma_B \\ \delta_A &= \delta^f + r - r^f - \rho\left(S^f, X\right)\sigma_{S^f}\sigma_X \\ \delta_B &= r \end{aligned}$$

수식 (18.50)은 그 외화로 표시되어 있기 때문에, 가격 (18.51)은 외화로 표시된다. 콴토 옵션의 미화 가격을 찾기 위해서는, 시간-0의 환율 X_0로 나누어야 한다.

이 가격결정 식은 다음과 같이 단순화될 수 있다.

$$\frac{A_t}{B_t} = \frac{X_t S_t^f}{X_t K^f} = \frac{S_t}{K^f}$$

이것은 또한 A/B의 변동성인 σ가 단지 기초자산의 변동성인 σ_{S^f}라는 것을 의미한다. 이러한 단순화를 사용하여 다음을 얻을 수 있다.

$$V^{quanto} = X_0\left\{e^{-\delta_A T} S_0^f N(\Lambda_1) - e^{-rT} K^f N(\Lambda_2)\right\} \times \zeta \tag{18.52}$$

여기서 δ_A는 위에서 정의된 바와 같다.

3) A_T와 B_T는 가격 자체가 아니다. 예를 들어, A_T는 외화로 표시된 USD 1 가격에 외화로 표시된 기초자산인 증권가격을 곱한 두 가지 가격의 곱이다.

$$\Lambda_1 = \frac{1}{\sigma_{S^f}\sqrt{T}}\left[\ln\left(\frac{S_0^f}{K}\right) + \left[r^f - \delta^f + \rho(S^f, X)\sigma_{S^f}\sigma_X + \frac{1}{2}\sigma_{S^f}^2\right]T\right]$$

$$\Lambda_2 = \Lambda_1 - \sigma_{S^f}\sqrt{T}$$

가격 (18.52)은 외화 단위이다. USD로 된 가격을 얻으려면 X_0로 나누면 된다.

$$\text{USD}\, V^{quanto} = \left[e^{-\delta_A T} S_0^f N(\Lambda_1) - e^{-rT} K N(\Lambda_2)\right] \times \zeta \tag{18.53}$$

18.8 교환 옵션의 변형

Margrabe(1978)가 연구한 교환 옵션의 변종인 여러 이색 옵션이 있다. 여기에는 Stulz(1982)가 연구한 두 가지 자산의 최대 또는 최소를 지불하는 옵션과 Rubinstein(1991c)이 연구한 무지개 옵션(rainbow options) 등이 포함된다. 이 절에서는 이러한 변형의 몇 가지를 고려하고 이에 대한 가격결정 공식을 제시한다. 일반적인 로그정규분포를 따르는 수익률 가정은 전체적으로 유지된다.

변형 1: 두 자산 중 최대금액 옵션

시점-T 손익이 $\max\{S_T^{(1)}, S_T^{(2)}\}$인 옵션을 생각해보자. 그러한 옵션은 Stulz(1982)에 의해 연구되었다. 옵션의 손익은 다음과 같이 다시 표현될 수 있다.

$$\max\{S_T^{(1)}, S_T^{(2)}\} = S_T^{(2)} + \max\{S_T^{(1)} - S_T^{(2)}, 0\} \tag{18.54}$$

따라서 두 자산 중 최대금액 옵션(maximum-of-two-assets option)은 교환 옵션을 보유하고 시점 T에서 자산2의 가치를 받는 것과 동일하다. 옵션의 현재(시점-0) 가격은 이러한 구성 요소들의 가격의 합계이다. 가격결정 공식을 설명하기 위해, 우리는 18.6절의 표기법을 사용한다.

(18.54)의 첫 번째 항 $S_T^{(2)}$는 $e^{-\delta_2 T}S^{(2)}$의 시점-0 현재가치이다. 직관적으로, 우리가 시점 0에서 $e^{-\delta_2 T}$ 단위의 자산2를 구입하고 모든 배당금을 재투자하면, 자산2의 보유는 비율 δ_2로 증가하여 T 날짜에 정확하게 한 단위를 갖게 된다. 두 번째 항의 현재가치는 교환 옵션의 가격에 대한 식 (18.38)이다. 이 두 항을 결합하면 두 자산 중 최대금액 옵션의 시점-0 가격은 다음과 같다.

$$V^{max} = e^{-\delta_2 T}S^{(2)} + \left[e^{-\delta_1 T}S^{(1)}N(\tilde{d}_1) - e^{-\delta_2 T}S^{(2)}N(\tilde{d}_2)\right] \tag{18.55}$$

임의의 x에 대해 관계 $N(x) + N(-x) = 1$을 사용하면, 이것은 다음과 같이 다시 쓸 수 있다.

$$V^{max} = e^{-\delta_1 T} S^{(1)} N(\widetilde{d_1}) + e^{-\delta_2 T} S^{(2)} N(-\widetilde{d_2}) \quad \textbf{(18.56)}$$

식 (18.56)을 좀 더 예술적인 "대칭" 형태로 표현할 수도 있다. $\Lambda_{i,j}$을 다음과 같이 정의한다.

$$\Lambda_{i,j} = \frac{1}{\sigma\sqrt{T}}\left[\ln\left(\frac{S^{(1)}}{S^{(2)}}\right) + \left(\delta_j - \delta_i + \frac{1}{2}\sigma^2\right)T\right] \quad \textbf{(18.57)}$$

간단한 계산을 통해 $\tilde{d}_1 = \Lambda_{1,2}$이고 $-\tilde{d}_2 = \Lambda_{2,1}$임을 알 수 있다. 그래서 우리는 다음과 같이 쓸 수 있다.

$$V^{max} = e^{-\delta_1 T} S^{(1)} N(\Lambda_{1,2}) + e^{-\delta_2 T} S^{(2)} N(\Lambda_{2,1}) \quad \textbf{(18.58)}$$

변형 2: 두 자산 중 최소금액 옵션(minimum-of-two-assets option)

옵션이 $S_T^{(1)}$와 $S_T^{(2)}$의 최소 금액을 지불한다면 어떻게 될까?(이 사례도 Stulz(1982)에 의해 연구되었다.) 이 옵션의 손익은 두 자산 중 최대 금액 옵션으로 다시 작성할 수 있다.

$$\min\{S_T^{(1)}, S_T^{(2)}\} = S_T^{(1)} + S_T^{(2)} - \max\{S_T^{(1)}, S_T^{(2)}\} \quad \textbf{(18.59)}$$

(18.59)의 첫 번째 두 항의 시점-0 현재가치는 각각 $e^{-\delta_1 T}S^{(1)}$과 $e^{-\delta_2 T}S^{(2)}$이고, 마지막 항의 현재가치는 (18.58)에서 주어진 것처럼 V^{max}이다. 따라서 우리는 다음을 얻을 수 있다.

$$V^{min} = e^{-\delta_1 T} S^{(1)} + e^{-\delta_2 T} S^{(2)} - V^{max} \quad \textbf{(18.60)}$$

변형 3: 두 자산 중 최대금액과 현금옵션

보다 흥미롭고 복잡한 변형은 두 자산 중 최대금액과 현금(maximum of two assets and cash) 옵션이다. 이 옵션 보유자는 다음과 같은 손익을 얻는다.

$$\max\{S_T^{(1)}, S_T^{(2)}, K\} \quad \textbf{(18.61)}$$

여기서 K는 고정 금액이다. 옵션의 현재(시점-0) 가격은 시점-T 손익의 현재가치이다.

$$\begin{aligned} V^{max-or-cash} &= PV\left[S_T^{(1)} \mid S_T^{(1)} \geq S_T^{(2)}, S_T^{(1)} \geq K\right] \\ &+ PV\left[S_T^{(2)} \mid S_T^{(2)} > S_T^{(1)}, S_T^{(2)} > K\right] \\ &+ PV\left[K \mid K > S_T^{(1)}, K > S_T^{(2)}\right] \end{aligned} \quad \textbf{(18.62)}$$

이를 닫힌 형태로 표현하기 위해, σ와 $\Lambda_{i,j}$는 각각 (18.41)과 (18.57)에서 정의된 것과 같다.

Λ_1, Λ_2, ρ_1 그리고 ρ_2는 다음과 같이 주어진다.

$$\Lambda_1 = \frac{1}{\sigma_1\sqrt{T}}\left[\ln\left(\frac{S^{(1)}}{K}\right) + \left(r - \delta_1 + \frac{1}{2}\sigma_1^2\right)T\right] \tag{18.63}$$

$$\Lambda_2 = \frac{1}{\sigma_2\sqrt{T}}\left[\ln\left(\frac{S^{(2)}}{K}\right) + \left(r - \delta_2 + \frac{1}{2}\sigma_2^2\right)T\right] \tag{18.64}$$

$$\rho_1 = \frac{\rho\sigma_2 - \sigma_1}{\sigma} \qquad \rho_2 = \frac{\rho\sigma_1 - \sigma_2}{\sigma} \tag{18.65}$$

마지막으로, $N_2(x, y; \xi)$가 $-\infty$와 x 사이의 영역과 $-\infty$와 y 사이의 영역을 포함하는 상관관계 ζ를 갖는 2 변량 표준정규분포 아래의 영역을 나타낸다고 하자. 그러면 두 자산 중 최대금액과 현금옵션의 가치는 다음과 같다.

$$\begin{aligned} V^{max-or-cash} &= e^{-\delta_1 T}S^{(1)}\left[N(\Lambda_{1,2}) - N_2(-\Lambda_1, \Lambda_{1,2}; \rho_1)\right] \\ &+ e^{-\delta_2 T}S^{(2)}\left[N(\Lambda_{2,1}) - N_2(-\Lambda_2, \Lambda_{2,1}; \rho_2)\right] \\ &+ e^{-rT}KN_2\left(-\Lambda_1 + \sigma_1\sqrt{T}, -\Lambda_2 + \sigma_2\sqrt{T}; \rho\right) \end{aligned} \tag{18.66}$$

변형 4: 최대 또는 최소금액에 대한 옵션(options on the maximum or minimum)

우리가 K의 행사가격으로 T에서 두 자산 중 하나를 매입할 수 있는 권리를 부여하는 옵션을 가지고 있다고 가정하자. 이 옵션의 시점-T 손익은 다음과 같다.

$$\max\left\{0, \max\left(S_T^{(1)}, S_T^{(2)}\right) - K\right\} \tag{18.67}$$

이것은 레인보우(rainbow) 옵션의 한 버전이며 Rubinstein(1991b)에 의해 처음 연구되었다. K를 더하거나 뺄 때, 손익 (18.67)은 다음과 같이 다시 쓸 수 있다.

$$\max\left\{S_T^{(1)}, S_T^{(2)}, K\right\} - K \tag{18.68}$$

따라서 $V^{max\ call}$로 표시된 이 옵션의 값은 다음과 같이 주어진다.

$$V^{max\ call} = V^{max-or-cash} - e^{-rT}K \tag{18.69}$$

여기서 $V^{max-or-cash}$는 (18.66)에 의해 주어진다.

위에서 정의된 레인보우 콜옵션이 실제로 사용되는 가장 일반적인 형태의 레인보우 옵션이지만, 이 결과로부터 다른 레인보우 옵션의 가격도 알아 볼 수 있다. 두 자산 중 최대 금액 옵션에 대한 풋옵션의 가격은 풋-콜 패리티의 변형을 사용하여 콜옵션가격 (18.69)에서 알 수 있다. $P(\max(S_T^{(1)}, S_T^{(2)}))$와 $C(\max(S_T^{(1)}, S_T^{(2)}))$를 각각 T에서의 두 자산의 최대 금액에 대한 풋옵션과 콜옵션의 손익이라고 표시한다. 간단한 계산을 통해 다음을 증명할 수 있다.

$$P\left(\max\left(S_T^{(1)}, S_T^{(2)}\right)\right) + \max\left(S_T^{(1)}, S_T^{(2)}\right) = C\left(\max\left(S_T^{(1)}, S_T^{(2)}\right)\right) + K \tag{18.70}$$

(18.69)의 콜옵션 값을 대입하고 재정렬하면 다음을 얻는다.

$$V^{max\,put} = V^{max\,call} - V^{max} \tag{18.71}$$

여기서 V^{max}는 (18.58)에 의해 주어진다.

마지막으로, 아래의 관계를 이용하여 위의 표현식을 사용하여 두 자산의 최소 금액에 대한 콜옵션 및 풋옵션을 계산할 수 있다(아래의 $C(S^{(1)})$, $P(S^{(1)})$ 등은 기초자산에 대한 기본형 콜옵션 및 풋옵션을 나타낸다).

$$C\left(\min\left(S_T^{(1)}, S_T^{(2)}\right)\right) = C\left(S_T^{(1)}\right) + C\left(S_T^{(2)}\right) - C\left(\max\left(S_T^{(1)}, S_T^{(2)}\right)\right) \tag{18.72}$$

$$P\left(\min\left(S_T^{(1)}, S_T^{(2)}\right)\right) = P\left(S_T^{(1)}\right) + P\left(S_T^{(2)}\right) - P\left(\max\left(S_T^{(1)}, S_T^{(2)}\right)\right) \tag{18.73}$$

변형 5: 세 가지 자산 중 최대금액 옵션(maximum-of-three-assets option)

이전 사례의 자연스러운 확장은 옵션이 세 가지 자산 중 최대 금액을 지불하는 경우이다. 시점 T에서의 옵션의 손익은 다음과 같다.

$$\max\left\{S_T^{(1)}, S_T^{(2)}, S_T^{(3)}\right\} \tag{18.74}$$

이 옵션의 현재(시점-0) 값은 V^{3-max}로 표시되며 옵션의 시점-T 손익의 현재가치이다.

$$\begin{aligned} V^{3-max} &= PV\left[S_T^{(1)} \mid S_T^{(1)} \geq S_T^{(2)}, S_T^{(1)} \geq S_T^{(3)}\right] \\ &\quad + PV\left[S_T^{(2)} \mid S_T^{(2)} > S_T^{(1)}, S_T^{(2)} > S_T^{(3)}\right] \\ &\quad + PV\left[S_T^{(3)} \mid S_T^{(3)} > S_T^{(1)}, S_T^{(3)} > S_T^{(2)}\right] \end{aligned} \tag{18.75}$$

이것은 닫힌 형태로 표현될 수 있다. 먼저 표기에 관해 다음과 같이 정의한다.

$$\begin{aligned} \sigma_{i,j}^2 &= \sigma_i^2 + \sigma_j^2 - 2\rho_{i,j}\sigma_i\sigma_j \\ \Lambda_{i,j} &= \frac{1}{\sigma_{i,j}\sqrt{T}}\left[\ln\left(\frac{S^{(i)}}{S^{(j)}}\right) + \left(\delta_j - \delta_i + \frac{1}{2}\sigma_{i,j}^2\right)T\right] \\ \rho_{i,j,k} &= \frac{1}{\sigma_{i,k}\sigma_{j,k}}\left[\sigma_i\sigma_j\rho_{i,j} - \sigma_i\sigma_k\rho_{i,k} - \sigma_j\sigma_k\rho_{j,k} + \sigma_k^2\right] \end{aligned}$$

마지막으로 $N_2(x, y, \rho)$가 $-\infty$와 x 사이, $-\infty$와 y 사이의 영역을 포함하는 상관관계 ρ를 갖는 2 변량 표준정규분포 아래의 영역을 나타낸다고 하자. 그러면, 옵션의 가치 (18.75)는 다음과 같다.

$$
\begin{aligned}
V^{3-max} = & \; S^{(1)} N_2(\Lambda_{1,2}, \Lambda_{1,3}, \rho_{2,3,1}) \\
& + S^{(2)} N_2(\Lambda_{2,1}, \Lambda_{2,3}, \rho_{1,3,2}) \\
& + S^{(3)} N_2(\Lambda_{3,1}, \Lambda_{3,2}, \rho_{1,2,3})
\end{aligned} \tag{18.76}
$$

18.9 연습문제

1. 풋옵션에 대한 콜옵션 델타의 부호는 무엇인가? 왜 그런가? 콜옵션에 대한 풋옵션은 어떠한가?
2. 풋옵션에 대한 콜옵션이 풋옵션보다 비용이 적게 드는 이유는 무엇인가?
3. $S=100$, $u=1.10$, $d=0.90$, $R=1.02$, 그리고 $K=100$인 매개변수들을 사용하여 바이너리 현금–또는–제로 풋옵션의 가격을 이항트리에서 찾아라. 이 바이너리 옵션은 $S_T \leq 100$인 경우 $10의 금액을 지불하고 그렇지 않으면 아무 것도 지불하지 않는다고 가정한다.
4. 디지털 콜옵션 즉, 만기에 주가 S_T가 행사가격 K보다 클 경우 1달러를 지불하는 옵션을 생각해보자.
   (a) 이 옵션의 델타의 부호는 무엇인가?
   (b) 이 옵션의 델타는 언제 최고가 되는가?
5. 다음과 같은 매개변수를 갖는 3–기간 이항트리가 주어졌다: $S=100$, $R=1.02$, $u=1.10$이고, $d=0.90$이다. 만기 시의 손익이 $S^{max}-S^{min}$으로 주어지는 청구권을 고려해보자. 여기서 S^{max}와 S^{min}은 각각 옵션의 기간 동안 관찰된 최고와 최저 주식가격이다($S=100$의 초기 가격 포함). 이 청구권의 초기 가격은 얼마인가?
6. 일반 미국식 옵션은 경로–독립적인가?
7. 현재가격 $S=50$인 주식을 고려해보자. 이 주식의 가격의 움직임은 $u=1.221$이고 $d=0.819$의 매개변수를 가진 이항트리로 나타낼 수 있다. 기간 당 총 이자율이 $R=1.005$이라고 하자.
   (a) 행사가격이 $K=50$인 2–기간 유럽식 풋옵션의 가치를 구하라.
   (b) 트리에 대해 역행 귀납법(backward induction)을 사용하여, 1기간 안에 시작되고, 유럽식이며, 2기간 동안 유효하며, 시작할 때 등가격인 포워드 스타트 풋옵션의 값을 구하라.
   (c) (a)와 (b)에 대한 답이 일치하는지 확인하라.

(d) 이 풋옵션이 미국식이라고 가정하자. (a) 및 (b)에 대한 답은 무엇인가? 그들은 여전히 일치하는가?

8. 현재 $S=80$에서 거래되는 주식을 고려해 보자. 이 주식가격의 진화는 $u=1.226$ 이고 $d=0.815$의 매개변수를 갖는 이항트리로 나타낼 수 있다. 기간 당 총 이자율이 $R=1.005$이라고 가정한다.

   (a) 이 트리에서 $K=76$의 행사가격을 가진 1-기간 콜옵션가격은?

   (b) 역행 귀납법을 사용하여 1기간 안에 시작되고, 1기간 동안 유효하며, 옵션이 시작할 때의 주식가격의 95%와 동등한 행사가격을 가진 포워드 스타트 콜옵션의 값을 구하라. 그것이 (a)의 답과 같은지 확인하라.

   (c) 포워드 스타트의 초기 델타 값을 구하라.

   (d) 이제 초기 주가가 $S=1$이라고 가정하자. 이항트리에 대해 동일한 매개변수를 가정하고, 행사가격 $K=0.95$인 1-기간 콜옵션의 가격을 구하라. 이 가격은 (c)에서 확인한 델타와 어떤 차이가 있는가? 왜 그런가?

9. 이 질문은 스프린트사가 처했던 가격 재조정(repricing) 상황을 다룬다(스프린트사 계획안의 세부 사항은 18.2 절 참조). 현재 주가가 $S=24$, 주가의 변동성이 45%, 무위험이자율이 4%라고 가정한다. 블랙-숄즈모형을 사용하여 다음 질문에 답하라.

   (a) 행사가격이 $K=32$ 이고 만기까지의 기간이 6년인 옵션을 고려하라. 배당금을 무시한다면, 당신은 이 옵션과 스프린트사의 계획안에서 제시된 포워트 스타트 콜옵션과 맞교환 하겠는가?

   (b) 이 옵션의 만기까지의 기간이 단지 1년이면 어떠한가?

10. 주식은 현재 $24에 거래되고 있다. 그것의 변동성이 35%이고 이자율의 기간 구조는 6%로 일정하다고 가정한다.

   (a) $T^*=1$년, $\tau=1$년, 그리고 $\alpha=1.10$인 포워드 스타트 콜옵션의 가격은 얼마인가? T^*는 미래 시작 시점의 만기이며, τ는 일단 시작된 옵션의 만기이다. 또한, α는 행사가격 승수 즉, 행사가격 $K=\alpha S_{T^*}$이다.

   (b) 이 옵션의 델타는 무엇인가?

11. [그림 18.14]의 이항모형을 생각해보자. 기간당 이자율은 $R=1.02$이다.

   (a) 이 모형에서 $k=4$ 의 행사가격과 1기간의 만기를 가진, 풋옵션에 대한 콜옵션의 가격은 1.58인 것을 보여라. 여기서, 기초자산인 풋옵션은 100의 행사가격과 2기간의 만기를 갖는다.

   (b) 이 이항모형의 예에서 풋옵션에 대한 콜옵션의 델타가 -0.202임을 보여라.(이항 델타에 대한 일반적인 공식을 사용하라.)

(c) 옵션에 대해 매도포지션을 취하고 0.202단위의 주식에 대해 매도포지션을 취한 포지션이 컴파운드 옵션이 1기간 동안에 완벽하게 무위험임을 보여라.

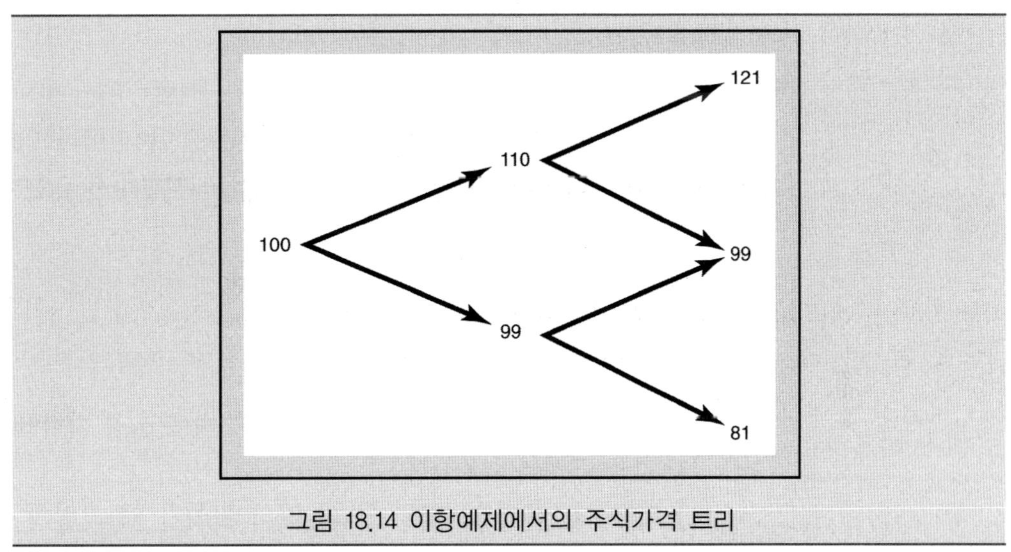

그림 18.14 이항예제에서의 주식가격 트리

12. 컴파운드 옵션에 대한 풋-콜 패리티 관계, 즉 콜옵션에 대한 콜옵션을 콜옵션에 대한 풋옵션과 연결시키는 관계를(또는 풋옵션에 대한 콜옵션을 풋옵션에 대한 풋옵션과 연결시키는 관계를) 설명하라.

13. 현재 $45에 거래되는 주식을 생각해보자. 가격의 진화가 $u=1.05$ 이고 $d=0.95$인 이항트리로 표현될 수 있다고 가정한다. 기간 당 무위험이자율은 $R=1.01$이다. 다음을 계산하라.
   (a) $K=43$인 2-기간 유럽식 콜옵션의 가격
   (b) $K=2$의 행사가격을 가진 2-기간 콜옵션에 대한 1-기간 콜옵션의 가격
   (c) $K=0.50$의 행사가격을 가진 2-기간 콜옵션에 대한 1-기간 풋옵션의 가격
   (d) 1기간 안에 시작되며 1기간 동안 유효하고, 시작될 때 등가격인 포워드 스타트 옵션의 가격

14. [그림 18.14]의 이항트리의 예에서 $K=90$이고 $M=10$인, 2-기간 현금-또는-제로 바이너리 옵션을 생각해보자. 기간 당 이자율은 $R=1.02$이라고 가정한다.
   (a) 이 옵션의 초기 값이 $C^{C-\text{ or }-N}=8.07$임을 보여라.
   (b) 이 경우 자산-또는-제로 옵션의 가치는 무엇인가?
   (c) 기본형 옵션의 가치는 무엇인가? 다음 방정식이 성립하는지 확인하라.

$$C^{A-\text{ or }-N}-\frac{K}{M}C^{C-\text{ or }-N}=C$$

15. [그림 18.14]의 이항트리 설정에서 $K=90$이고 $M=10$인 현금-또는-제로 옵션을 생각해보

자. Δ^b는 옵션의 초기 델타를 나타내며, Δ_u^b는 주가가 상승한 후의 델타, Δ_u^b는 주가가 아래로 이동한 후의 델타이다. 이 옵션이 내가격으로 이동했음에도 불구하고 $\Delta_u^b < \Delta^b$임을 보여라.

16. C^{C-or-N}을 $S_T \geq K$일 때 M을 지불하는 현금-또는-제로 옵션을 나타낸다고 하자. P^{C-or-N}을 이 현금-또는-제로 옵션의 "풋옵션" 버전이라고 하자. 즉, 이 옵션은 $S_T < K$이면 M을 지불 하고 그렇지 않으면 아무것도 지불하지 않는다. 이 두 가지 옵션의 가격 사이의 관계는 무엇인가?

17. 그림 18.14의 이항모형에서 행사가격이 100인 2-기간 유럽식 옵션을 생각해보자. 기간 당 이자율이 $R = 1.02$이라고 가정한다.
    (a) 이 모형에서 스트래들의 가치를 구하라.
    (b) 옵션의 보유자가 1 기간의 끝에 콜옵션과 풋옵션 중 하나를 선택해야 하는 선택자 옵션의 값을 구하라.
    (c) 스트래들과 선택자 옵션 사이의 값의 차이가 왜 그렇게 작은가?
    (d) 스트래들과 선택자 옵션의 델타는 무엇인가?

18. 다음의 조건을 가진 선택자 옵션에 대해 블랙-숄즈 공식을 사용하여 그 가격을 구하라. $S = 100$, $K = 100$, 보유자가 콜옵션 또는 풋옵션을 선택해야하는 선택일은 $\tau = 1$년, 옵션의 최종 만기는 $T = 2$년, 변동성은 30%, 무위험이자율 $r = 0.10$ 이고, 배당 수익률은 $\delta = 0.03$이다.

19. 이전 질문과 동일한 입력 값을 사용하여 스트래들의 값을 계산하라. 스트래들의 가격과 선택자 옵션의 가격을 비교하라. 어느 것이 더 큰가? 왜?

20. 당신은 DAX 지수에 대한 콴토 옵션가격을 계산하라는 요구를 받았다. DAX는 현재 5000의 가치로 거래되고 있다. 현재 환율이 \$0.8/€ 이라면 DAX의 한 단위에 대한 1년 만기 ATM 옵션가격을 계산하라. DAX의 변동성은 50%이며, 환율의 변동성은 20%이다. DAX 수익률과 환율 간의 상관관계는 +0.25이다. 미국의 무위험이자율은 1%이고, 유로화 이자율은 2%이다. DAX에 대한 배당금은 1%이다.

21. 앞의 질문과 같은 매개변수를 사용하여 DAX 주가 지수와 \$/€ 환율 간의 상관관계가 +0.25가 아니고 −0.25일 때 콴토 옵션가격을 계산하라.

22. 만기시 옵션 보유자에게 다음의 금액을 지불하는 옵션을 생각해보자.

$$\max\left\{(S_T - K)^2, 0\right\} \tag{18.77}$$

여기서 S_T는 주식의 최종가격이고, K는 옵션의 행사가격이다. 이러한 옵션은 파워 옵션(power option)의 한 예이다. 초기 주식가격 $S = 60$ 이고 매개변수 $u = 1.20$ 과 $d = 0.833$을

갖는 이항모형을 고려하라. 기간 당 총 이자율이 $r=1.01$이라고 가정하라. 만기가 2기간이고 $K=70$의 행사가격을 갖는 (18.77) 형태의 파워 옵션의 값을 계산하라.

23. 파워 옵션의 또 다른 예는 다음의 금액을 지불하는 옵션이다.

$$\max\{S_T^2-K^2, 0\} \tag{18.78}$$

 (a) 이 옵션의 손익은 (18.77)과 행사가격 K를 가진 기본형 콜옵션의 관점으로 표시될 수 있음을 보여라. [힌트: $(S_T-K)^2$항을 확장하고 재정렬하라.]

 (b) 질문 22에서와 같은 이항트리를 사용하여 옵션 (18.78)의 가격을 계산하라.

24. 변동성 σ와 배당수익률 q를 가진 블랙-숄즈 설정을 고려하라. (18.78) 형태의 파워 옵션의 가격에 대한 닫힌 형태의 식은 다음과 같은 매개변수들을 가진 블랙-숄즈 기본형 콜옵션 공식을 사용하여 얻을 수 있음을 보여라.

 (a) K^2의 행사가격

 (b) 2σ의 변동성

 (c) $2q-(r+\sigma^2)$의 배당 수익률

25. 이 질문은 질문 24를 일반화한다. 다음과 같은 손익을 갖는 파워 옵션을 생각해보자.

$$\max\{S_T^\alpha-M, 0\} \tag{18.79}$$

$\alpha=2$ 그리고 $M=K^2$를 취하면, 이것은 (18.78)이다. 변동성 σ와 배당수익률 q를 가진 블랙-숄즈 설정을 고려하자. 이 옵션의 가격에 대한 닫힌 형태의 해는 다음과 같은 매개변수를 가진 기본형 콜옵션가격임을 보여라.

 (a) M의 행사가격

 (b) $\alpha\sigma$의 변동성

 (c) $\alpha q-(\alpha-1)\left(r+\frac{1}{2}\alpha\sigma^2\right)$의 배당수익률

26. 코리도 옵션(corridor option)은 만기시의 가격이 두 가지 특정 수준 K_1과 K_2사이에 있는 경우, 고정된 금액 M을 지불하지만, 그렇지 않으면 아무 것도 지불하지 않는 옵션이다. 매개변수가 $u=1.10$ 이고 $d=0.91$인 2-기간 이항모형을 고려하자. 초기 주가가 $S=100$이고 $r=1.01$이라고 가정한다.

 (a) 가격이 $K_1=90$과 $K_2=110$ 사이에 있을 경우(양쪽 가격 포함) $M=10$을 지불하고, 그렇지 않으면 아무 것도 지불하지 않는 코리도 옵션에 대해 트리에서 모든 점에서의 값과 초기 값을 구하라.

 (b) 트리의 모든 지점에서 코리도 옵션의 델타를 구하라. 직관적으로, 왜 델타는 트리의 한 부분에서는 양수이고 다른 부분에서는 음수인가?

27. 블랙-숄즈 설정에서 코리도 옵션가격에 대한 닫힌 형태의 식을 구하라. [힌트: 코리도 옵션은 단지 두 개의 바이너리 현금-또는-제로 옵션을 결합한 것임을 보여라.]

28. 다음의 매개변수가 주어질 때, 갭 콜옵션의 가격을 구하라. $S=100$, $K=100$, $T=1$, $\sigma=0.3$, $r=0.10$, 그리고 $M=90$이다. 배당금은 $\delta=0.02$이다. K는 두 콜옵션 모두의 행사가격이며, M은 현금-또는-제로 콜옵션이 내가격으로 마치는 경우에 그것의 손익이다.

29. 다음과 같은 블랙-숄즈 매개변수가 주어진다고 하자. $S=100$, $K=100$, $T=1$, $\sigma=0.3$, $r=0.10$, 그리고 $\delta=0.02$이다. 후불 옵션(pay-later option)을 고려해보자(옵션의 정의는 18.3절 참조). 이 후불 옵션에서 현금-또는-제로 콜옵션의 손익 M을 구하라. K는 두 콜옵션의 행사가격임을 기억하라.

30. Margrabe 교환 옵션에 대해 생각해보자. 두 주식의 초기 가격은 $S_1=S_2=100$ 이고 $\sigma_1=0.40$이다. 주식에 대한 수익률은 서로 상관관계가 없다고 가정한다. 배당금이 없다고 가정한다.
    (a) 이러한 옵션의 가격에 대한 닫힌 형태의 식을 사용하여 $\sigma_2=0$, $\sigma_2=0.20$, $\sigma_2=0.40$, 그리고 $\sigma_2=0.60$일 때 교환 옵션의 가격을 구하라.
    (b) 가격에 추세가 있는가? 직관적으로, 왜 이런 경우가 발생하는가?

31. 두 자산이 각각 \$100에 거래되고, 변동성이 50% 및 40%이며, 두 자산의 수익률 간의 상관관계가 +0.30일 때, 1년짜리 두 자산 중 최대 금액 옵션(option on the maximum of two assets)의 가치는 얼마인가? 두 자산 모두 배당금을 지불하지 않는다.

32. 두 자산이 각각 \$100에 거래되고, 변동성이 50% 및 40%이며, 두 자산의 수익률 간의 상관관계가 −0.30인 경우, 1년짜리 두 자산 중 최대 금액 옵션(option on the maximum of two assets)의 가치는 얼마인가? 두 자산 모두 배당금을 지불하지 않는다. 상관관계가 양수 +0.30인 경우의 값과 비교하라. 결과를 직관적으로 설명해보라.

33. 두 자산이 각각 \$100에 거래되고, 변동성이 50% 및 40%이며, 두 자산의 수익률 간의 상관관계가 +0.30인 경우, 1년짜리 두 자산 중 최소 금액 옵션(option on the minimum of two assets)의 가치는 얼마인가? 두 자산 모두 배당금을 지불하지 않는다.

제 19 장

이색 옵션 II: 경로-의존적 옵션

19.1 경로-의존적 이색 옵션

지난 장에서 배운 기초를 바탕으로, 이 장에서는 경로-의존적인 이색 옵션에 대해 살펴본다. 이것들은 행사시의 손익이 그 시점에서의 기초자산의 가격뿐만 아니라 그 최종 가격으로 오게 된 가격의 전체 경로의 일부 또는 전부에 의존하는 옵션이다.

일반적으로, 경로 의존성은 이색 옵션의 가격결정과 헤징 모두를 더 복잡하게 만든다. 최종 가격이 동일한 경우에도 가격의 각 경로를 개별적으로 처리해야하기 때문에 가격을 구하는데 계산이 더 복잡해진다. (우리는 현재가격으로 구입한 주식으로만 헤지를 할 수 있기 때문에) 델타가 주가의 현재가격 변화에 대한 옵션가치의 민감도만을 측정하는 반면, 옵션의 손익은 과거 가격에도 의존할 수 있다는 점에서 헤징은 복잡하다.

다시 한번 우리는 닫힌 형태의 해가 존재하는 경우 그것을 설명하기 위해 블랙-숄즈모형을 사용하고, 그렇지 않은 경우 가격결정 방식을 설명하기 위해 이항모형을 사용한다. 이항모형에서의 가격결정은 편의상 [그림 19.1]과 동일한 [그림 18.1]의 2-기간 예를 사용하여 설명한다. 이 장에서는 배리어 옵션((barriers), 아시아식 옵션(Asians), 룩백 옵션(lookbacks), 클리켓 옵션(cliquets) 및 샤우트 옵션(shouts)의 5가지 종류의 경로-의존적 옵션을 알아본다.

19.2 배리어 옵션

배리어 옵션은 모든 종류의 이색 옵션 가운데 가장 중요하다. 간단히 말해, 옵션 잔존 기간 동안 자산 가격이 미리 정해진 장벽(barrier) 수준을 통과할 때 존재할 수 없게 되거나(“녹-아웃” 옵션) 새로 시작되는 옵션(“녹-인” 옵션)이다.

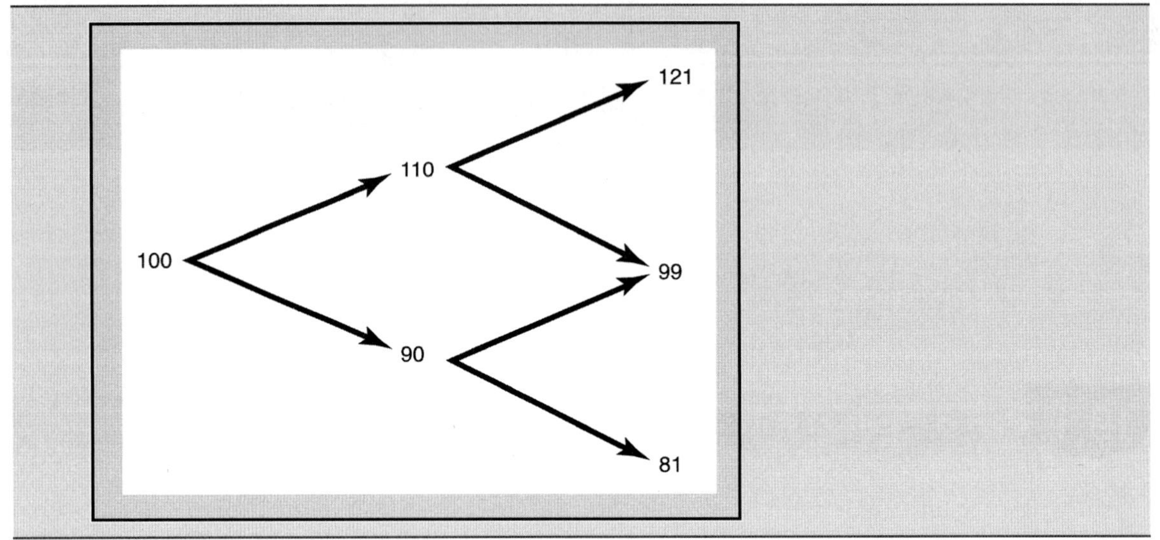

그림 19.1 이항예시를 위한 주가트리

예를 들어, 장벽 H가 있는 녹-아웃 풋옵션은 옵션의 수명 기간 동안 주가가 H 수준을 넘는 경우 녹아웃 되는(즉, 존재하지 않게 되는) 풋옵션이다. 옵션의 수명 기간 동안 장벽이 깨지지 않으면 옵션의 손익은 기본형 풋옵션의 손익과 같다. 따라서 행사가격 K와 만기 T가 주어지면, 만기 시의 이 옵션의 손익은 다음과 같다.

$$\begin{cases} 0, & \text{주식가격이 날짜 } T \text{ 이전에 } H\text{를 넘는 경우} \\ \max\{K-S_T, 0\} & \text{주식가격이 날짜 } T \text{ 이전에 } H\text{를 넘지 않는 경우} \end{cases}$$

두 번째 예로서, 장벽 H를 갖는 녹-인 콜옵션은 기초자산 가격이 옵션의 만기 전 어느 시점에서 장벽 H를 넘어선 경우에만 시작되는 콜옵션이다. 장벽을 넘어서는 경우가 발생하지 않으면 옵션이 쓸모없게 만료된다. 따라서 만기 T에서 옵션의 손익은 다음과 같다.

$$\begin{cases} 0, & \text{주식가격이 날짜 } T \text{ 이전에 } H\text{를 넘지 않는 경우} \\ \max\{S_T-K, 0\} & \text{주식가격이 날짜 } T \text{ 이전에 } H\text{를 넘는 경우} \end{cases}$$

일반적으로 이 배리어 옵션을 분류하는 경우, 옵션이 녹-아웃인지 녹-인인지("out-versus-in" 옵션) 여부에 따라, 그리고 장벽이 초기 주가보다 높거나 낮은지("up-versus-down" 옵션) 여부에 따라 결정된다. 따라서 배리어 옵션에는 네 가지 기본 유형이 있다.

- 장벽이 주가보다 높고 주가가 장벽을 넘는 경우 옵션이 녹-아웃되는 up-and-out 옵션
- 장벽이 주가보다 높고 주가가 장벽을 넘는 경우에만 옵션이 녹-인되는 up-and-in 옵션
- 장벽이 주가보다 낮고 주가가 장벽을 넘는 경우 옵션이 녹-아웃되는 down-and-out 옵션
- 장벽이 주가보다 낮고 주가가 장벽을 넘는 경우에만 옵션이 녹-인되는 down-and-in 옵션

이러한 각각 다른 유형의 옵션은 그 해당 옵션이 콜옵션인지 또는 풋옵션인지(바이너리 옵션 또는 기타 이색 옵션일 수도 있음) 여부에 따라 더 세분화될 수 있다.

배리어 옵션에는 장벽을 넘는 경우 옵션 보유자에게 판매자가 지불하는 리베이트도 포함될 수 있다. 리베이트는 녹-아웃 옵션과 관련이 있으며, 녹-아웃의 경우 실질적으로 위로금인 셈이다. 리베이트는 녹-아웃 또는 만기 시점에 지급될 수 있다. 물론 리베이트 지불의 가능성과 규모는 원래의 배리어 옵션가격에 반영 될 것이다. 녹-아웃은 리베이트가 있는 경우보다 리베이트가 없이 더 자주 거래된다. 이 절의 나머지 부분에서는 리베이트가 없는 배리어 옵션에 중점을 둔다.

녹-인, 녹-아웃 및 기본형 옵션: 그 관계

동일한 조건(동일한 장벽 H, 행사가격 K, 만기 T)을 가진 녹-인과 녹-아웃 옵션 사이에는 간단한 관계가 있다. 그 옵션들의 가격의 합계는 같은 행사가격과 만기를 가진 기본형 옵션과 동일해야 한다.

$$\text{녹-아웃}(H, K, T) + \text{녹-인}(H, K, T) = \text{기본형}(K, T) \qquad \textbf{(19.1)}$$

그 이유를 알아보기 위해, 동일한 조건을 가진 녹-아웃과 녹-인 옵션을 생각해보자. 장벽을 만기 전에 결코 넘지 않으면, 녹-아웃은 기본형 옵션처럼 손익을 가져다주지만 녹-인은 아무 손익도 없다. 만약 장벽을 만기 전 어느 시점에서 넘는다면, 녹-아웃은 아무 손익도 없지만 녹-인은 기본형 옵션처럼 손익을 가져다준다. 따라서 두 경우 모두 녹-아웃과 녹-인을 함께 보유하는 것은 기본형 옵션을 보유하는 것과 같다.

왜 배리어 옵션인가?

배리어 옵션은 특히 옵션의 잔존 기간 동안 장벽을 넘거나(녹-인인 경우) 또는 넘지 않는(녹-아웃인 경우) 것에 대한 암묵적 베팅이다. 리베이트가 없다고 가정할 때 이 옵션은 일부 상황에서는 기본형 옵션과 동일하게 손익을 가져다주지만, 다른 상황에서는 아무 손익도 없다. 따라서 이 옵션은 기본형 옵션보다 비용이 적게 들어야 한다.

그러므로 배리어 옵션은 기본형 옵션보다 어떤 방향성에 대해 베팅을 할 때 더 저렴한 방법을 제공한다. 예를 들어, 미화(USD)가 유로화(EUR) 대비 상승할 것으로 예상하는 통화 거래자를 생각해보자. 그가 이러한 신념을 근거로 베팅을 하는 한 가지 방법은 USD 콜옵션/EUR풋옵션을 사는 것이다. 그러나 그가 방향성에 대해 매우 확신하고 있다면, 달러가 유로화에 대해 일정 금액 이상으로 평가 절하되면 사라지는 녹-아웃 배리어 옵션을 구입하여 비용을 줄일 수 있다.

또는 주식에 대해 낙관적인 기대를 하는 투자자를 생각해보자. 투자자는 이 신념에 베팅을 하고 콜옵션을 살 수 있다. 더 나아가 투자자가 주식이 일정 금액 이상으로 상승하지 않는다고 확신하는

경우, 주식가격이 어떤 한 점보다 더 오르는 경우 사라지는 up-and-out 콜옵션을 구입함으로써 비용을 낮출 수 있다.

배리어 옵션의 가격결정: 이항 예제

블랙-숄즈 설정에서 배리어 옵션에 대한 닫힌 형태의 해가 존재하지만, 가격결정과정이 어떻게 되는지에 대한 감을 얻으려면 이항 예제를 살펴보는 것이 도움이 된다. 따라서 [그림 19.1]의 2-기간 트리를 생각해보자. 행사가격이 $K=100$이고 장벽이 $H=105$인 이 설정에서 up-and-out 풋옵션의 가격을 알기 원한다고 가정하자.

[그림 19.2]에서 볼 수 있듯이, 가격은 첫 번째 기간에 상승할 경우에만 2-기간 모형에서 장벽을 뛰어 넘는다. 다른 모든 상황에서는, 2-기간 안에 장벽을 넘지 못한다. 트리의 경로-의존성은 최종 주가가 $udS=99$인 경우, 주가가 올라간 후 내려갔을 때 손익이 0이 되지만, 가격이 먼저 내려간 다음 상승하면 손익이 $+1$이 된다는 사실에 반영되어 있다.

트리에서 배리어 옵션의 가격을 알고자 할 때, 각 가격 경로를 별도로 처리하고 장벽을 넘었는지 여부를 확인해야 한다. 장벽을 넘지 않은 경우, 일반적인 방법으로 옵션에서 얻는 손익을 확인한다. 이는 [그림 19.3]과 같은 손익을 얻는다.

각 경로에서 배리어 옵션의 손익을 확인하면, 위험중립확률을 사용하여 옵션가격을 결정할 수 있다. 이 특정 예에서, 상방 이동의 위험중립확률은 $p=0.60$이고, 무위험이자율은 $r=1.02$임을 기억하라. 트리의 끝에서의 손익을 직접 사용하면, 옵션의 초기 값은 다음과 같다.

$$p^{knock-out} = \frac{1}{(1.02)^2}\left[(0.36)(0) + (0.24)(1) + (0.16)(19)\right] = 3.15 \tag{19.2}$$

예상대로 이 값은 해당 기본형 풋옵션의 가격 3.38보다 작다.

배리어 옵션의 가격결정 공식

Reiner와 Rubinstein(1991)은 블랙-숄즈 설정에서 배리어 옵션에 대한 닫힌 형태의 해를 도출하였다. 이 수식을 설명하기 위해 지난 장에서 설명한 표기법을 사용한다(표 18.1 참조). 위와 같이 장벽을 H로 나타낸다. 마지막으로, S와 K(그리고 다른 매개변수들에 대한 값)이 주어진다면, 기본형 콜옵션과 풋옵션의 블랙-숄즈 가격은 $C^{BS}(S, K)$와 $P^{BS}(S, K)$로 표시된다.

장벽 H가 행사가격 K 또는 그 아래에 있는 경우에 두 가지 배리어 옵션-down-and-in 콜옵션과 down-and-out 콜옵션에 대한 식은 상대적으로 단순한 형태를 가진다. 여기에 그것들이 제시되어 있다. 다른 것들은 더 복잡한 형태를 가지고 있으며 부록 19A에 설명되어 있다. γ와 a를 다음과 같이 정의한다.

그림 19.2
장벽이 있는 이항 주식 가격트리

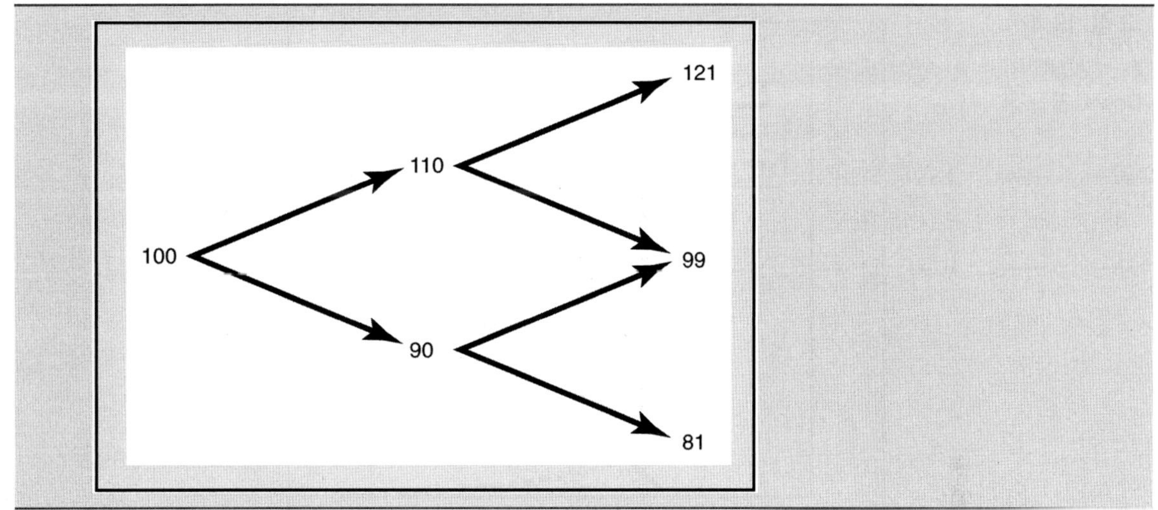

그림 19.3
이항트리에서의 주식옵션 손익

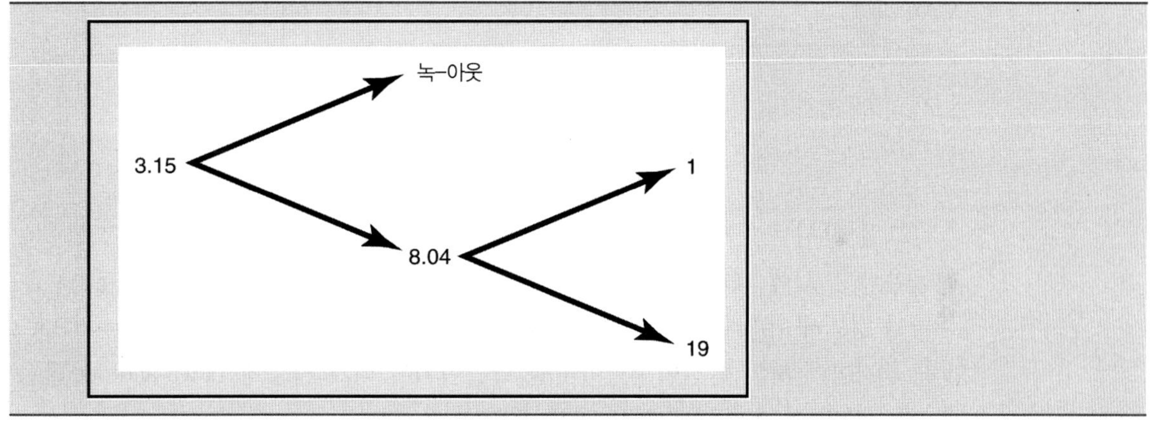

$$\gamma = \frac{2r}{\sigma^2} \tag{19.3}$$

$$a = \left(\frac{H}{S}\right)^{\gamma - 1} \tag{19.4}$$

그런 다음 다음과 같은 가격결정식을 사용한다(필연적으로 기본형 콜옵션으로 합쳐진다).

1. $H \leq K$인 경우 down-and-out 콜옵션:

$$V = C^{BS}(S, K) - a\, C^{BS}\left(\frac{H^2}{S}, K\right)$$

2. $H \leq K$인 경우 down-and-in 콜옵션:

그림 19.4
H < *K*일때의 Down 콜옵션

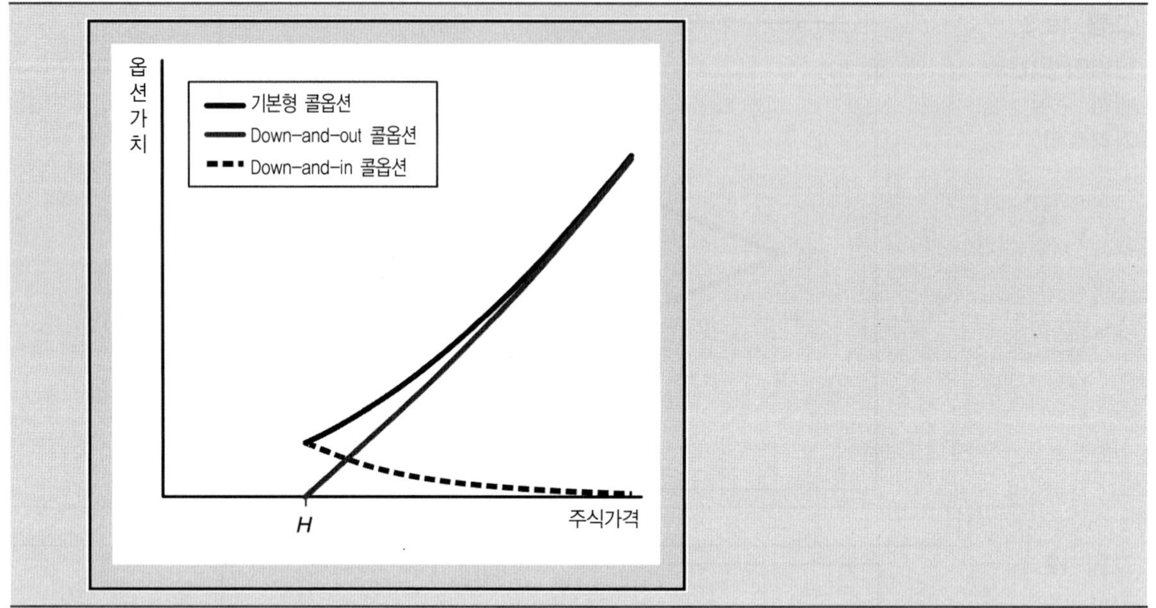

$$V = a\,C^{BS}\left(\frac{H^2}{S}, K\right)$$

[그림 19.4]는 현재 주가 S가 변화할 때 $H < K$인 경우에 대한 "down" 콜옵션가격을 보여준다. 이들은 $S < H$에 대한 "down" 옵션이 아니기 때문에 $S \geq H$ 값만 고려된다. S가 증가함에 따라 주가가 장벽에 부딪칠 확률이 감소하기 때문에, down-and-in 옵션의 가치는 0으로 감소한다. 그러나 S가 증가함에 따라 옵션이 녹-아웃될 확률이 0이 되기 때문에, down-and-out 콜옵션의 가치는 기본형 콜옵션의 가격 쪽으로 상승하게 된다.

[그림 19.5]는 유사하게 부록 19A에 제시된 공식을 사용하여 $H > K$인 경우에 "up" 풋옵션을 보여준다. 이들은 "up" 옵션이기 때문에 $S \leq H$ 값만 고려된다. 주가가 낮아짐에 따라 up-and-in 풋옵션의 가치는 옵션이 녹-인될 가능성이 낮아지기 때문에 0으로 접근하지만, up-and-out 풋옵션의 가치는 그에 상응하여 커져서 기본형 풋옵션의 가격 쪽으로 수렴하게 된다.

배리어 옵션과 변동성

배리어 옵션에는 기본형 옵션(또는 실제로는 대부분의 다른 이색 옵션)과 공유하지 않는 하나의 특이성이 있다. 기본형 옵션의 경우, 변동성의 증가는 분명히 좋은 것이다. 녹-아웃 옵션의 경우, 변동성의 증가는 혼합된 축복이다. 한편으로는 옵션이 녹-아웃되지 않으면 만기 시의 상방 손익을 증가시킨다. 다른 한편으로는, 가격을 더 분산시킴으로써, 그것은 또한 옵션이 녹-아웃될 확률을 증가시킨다.

그림 19.5
$H > K$일때의 Up 풋옵션

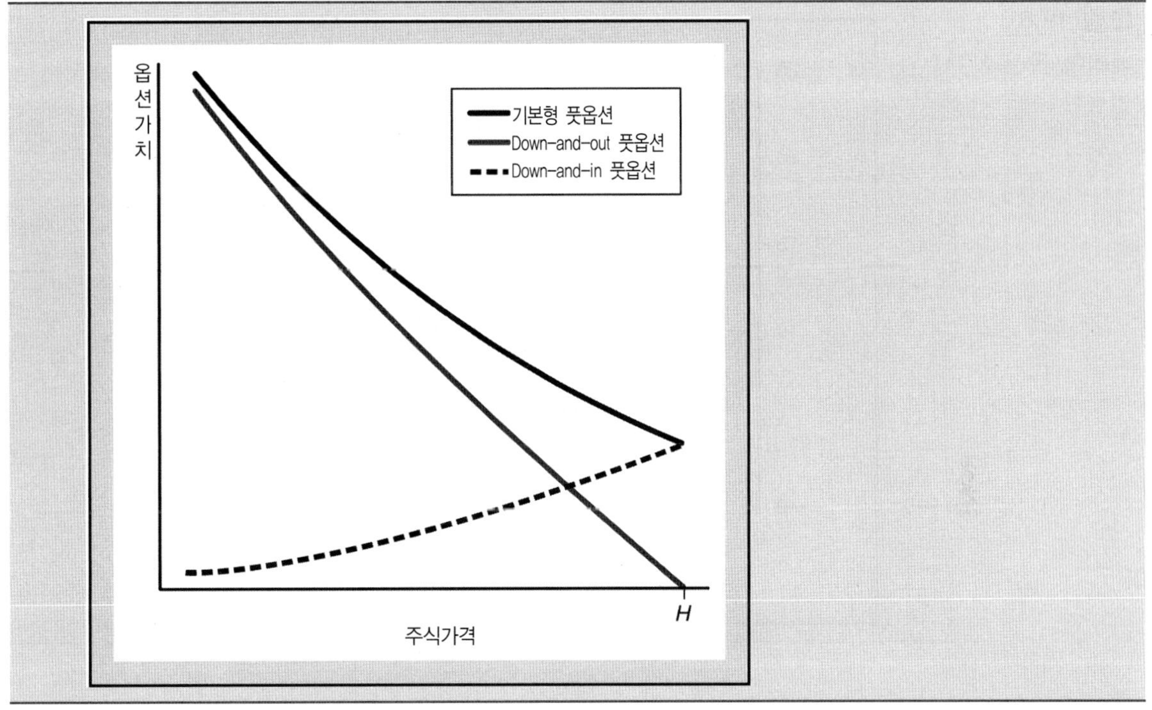

표 19.1
배리어 옵션과 변동성

변동성	기본형 콜옵션 값	녹-아웃 콜옵션 값	녹-인 콜옵션 값
0.10	6.81	5.69	1.12
0.20	10.45	5.63	4.82
0.30	14.23	5.50	8.73
0.40	18.02	5.40	12.62
0.50	21.79	5.33	16.46

따라서 변동성의 증가는 실제로 녹-아웃 옵션의 가치를 낮출 수 있다. 즉, 옵션이 음수의 베가를 가질 수 있다. 다르게 말해서, 녹-아웃 매입포지션은 단기 변동성 매도포지션일 수 있다.

수치 예를 들어보면, $S=K=100$이고 장벽 $H=95$인 down-and-out 콜옵션을 생각해보자. 만기를 $T=1$년, 이자율을 $r=0.05$라고 하자. 가격에 대한 공식을 사용하여 변동성의 변화에 대한 기본형 및 녹-아웃 옵션 값의 반응을 계산할 수 있다. [표 19.1]은 위의 매개변수에 대하여 변동성의 변화에 따른 옵션 값을 나타낸다. [그림 19.6]은 그림으로 이 정보를 나타낸다.

반면에, 녹-인 옵션은 변동성의 증가로부터 이중으로 이득을 얻는다. 변동성이 증가하면 옵션이 녹-인이 될 가능성이 커지며, 또한 일단 옵션이 녹-인이 되면 변동성이 높은 것은 좋은 것이다. 표 19.1의 수치는 이것을 확인시켜준다: 초기 값에 비례하여 녹-인 옵션은 기본형 옵션보다도 변동성 증가로부터 더 많은 것을 얻는다.

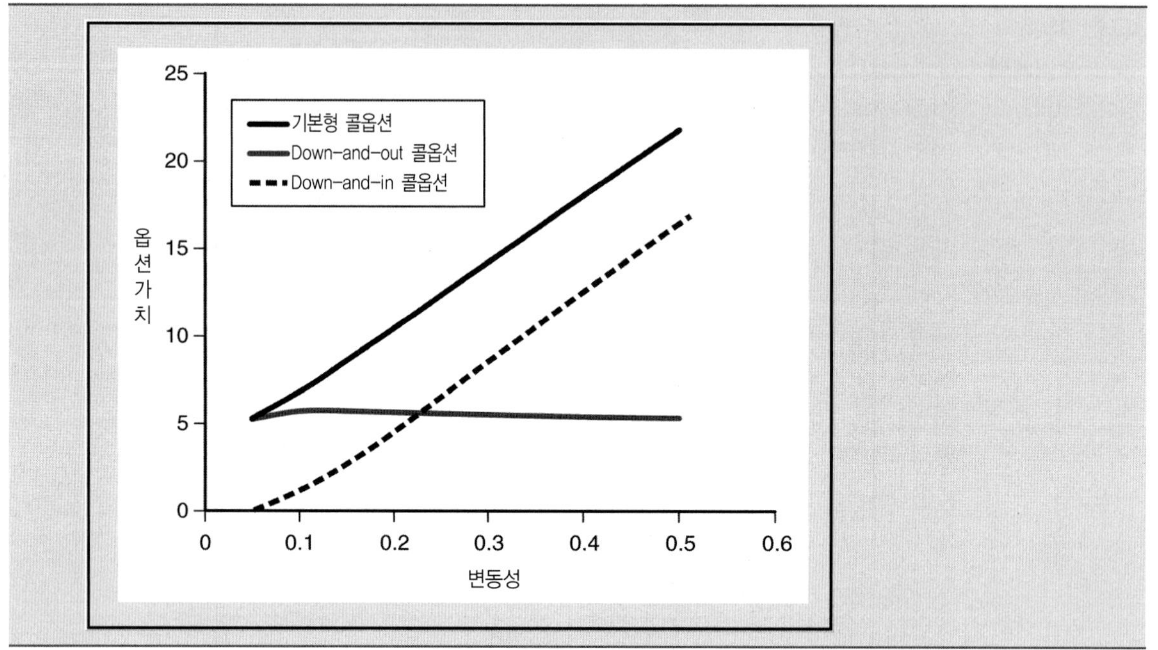

그림 19.6
배리어 옵션과 변동성

배리어 옵션가격결정에 대한 해설

배리어 옵션의 가격결정은 이항옵션 예제 또는 배리어 옵션가격에 대한 닫힌 형태의 해에 의해 제안된 것처럼 간단하지 않다. 각각의 경우에 발생하는 미묘한 문제가 있다.

닫힌 형태를 먼저 고려해보자. 블랙-숄즈모형은 연속적인 가격변동을 가정하기 때문에 언제든지 장벽을 넘을 수 있다. 그러나 실제적으로, 가격변동이 장벽을 넘었는지 여부를 확인하는 데 일중 가격변동은 보통 무시된다. 오히려 한 날의 마지막(또는 아마도 주말) 가격이 사용된다. 따라서 우리는 그 날 동안에 일어나는 장벽 넘음을 무시해야 한다. 모형은 그렇게 하지 못하기 때문에 장벽의 "너무 많은" 넘음을 허용하므로 녹-아웃 옵션 값을 과소평가하고 녹-인 옵션 값을 과대평가한다.

이 문제를 빠르게 해결하는 방법은 없는 것으로 밝혀졌다. 장벽 넘음에 대한 관찰이 비연속적으로만 수행되는 경우 닫힌 형태의 해를 구할 수 없다. 그러나 다행히도 우리는 매우 훌륭한 근사값을 얻을 수 있다. Broadie, Glasserman 및 Kou(1997)에 의해 제안된 하나는 위(그리고 부록)에서 제공된 닫힌 형태의 해를 계속 사용하지만 가격결정공식에서 주어진 장벽 H를 사용하는 것이 아니고 대체된 조정된 장벽 $\hat{H}$을 사용하는 것이다.

h가 관측 사이의 시간간격이라면, 이 조정된 장벽은 배리어 옵션이 "up" 옵션인 경우 다음과 같이 정의된다.

$$\hat{H} = e^{\beta\sigma\sqrt{h}} H \tag{19.5}$$

그림 19.7
이항트리의 내부, 외부 및 실제장벽

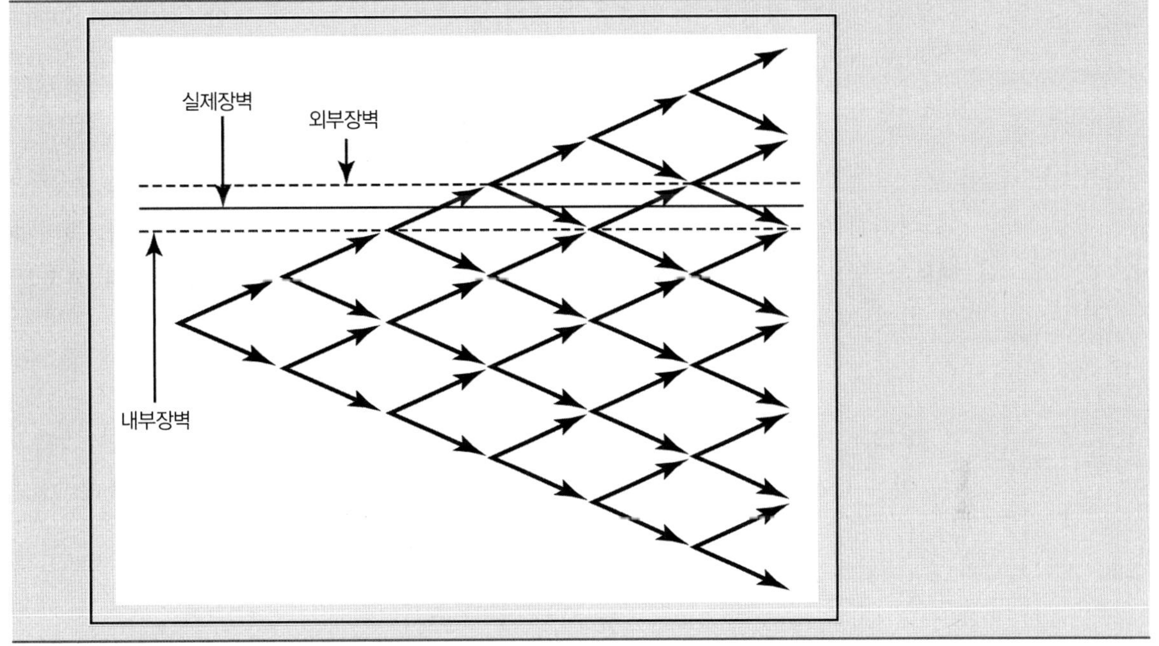

또는 배리어 옵션이 “down” 옵션이면 다음과 같다.

$$\widehat{H} = e^{-\beta\sigma\sqrt{h}} H \qquad \textbf{(19.6)}$$

단 여기에서 $\beta \approx 0.5826$이다. 직관적으로, 관측이 연속적일 때 장벽 넘음의 과도한 빈도를 보완하기 위해 우리는 장벽을 초기 주가에서 멀리 밀어내기를 원한다. 이것이 (19.5)~(19.6)이 하는 일이다.

여러 가지 다른 이유로 가격결정을 위해 비연속적 시간모형(예: 이항모형)을 사용하는 것도 문제가 있다. 그와 같은 모형에서 옵션가격은 장벽 주변의 트리의 분기점 위치에 매우 민감하다. 장벽이 실제로 이항트리의 분기점을 통과하지 않을 수 있기 때문에 유효 장벽(“외부 장벽”이라고도 함)은 장벽 바로 위에 있는 분기점의 집합이거나(up 옵션의 경우) 또는 장벽 바로 아래 있는 분기점의 집합이다(down 옵션의 경우). [그림 19.2]는 이 점에 대한 다소 부족하지만 단순한 설명이다. 그림에서 유효 장벽은 분기점 $uS = 110$이다. 보다 자세한 그림은 [그림 19.7]에 나와 있다.

일반적으로 실제 장벽에 대해 유효 장벽이 가까울수록 이항트리가 제공하는 배리어 옵션가격의 추정치가 정확해진다. 그러나 이것은 문제를 야기한다. 이항트리에서 시간 단계의 수를 늘리면 분기점의 위치가 바뀌므로 유효 장벽이 실제 장벽에서 실제로 벗어날 가능성이 있다. 즉, 단지 시간 단계의 수를 증가시킨다고 해서 이항트리를 통해 얻는 배리어 옵션가격의 정확성이 향상되는 것은 아니다. 이것은 Boyle과 Lau(1994)에 의해 처음으로 지적되었다.

Boyle과 Lau는 이항트리로부터 얻는 옵션가격의 정확성은 트리의 단계 수 n을 신중하게 선택함

으로써 상당히 향상될 수 있음을 보였다. 그들은 이항트리에 대한 Cox-Ross-Rubinstein(CRR) 매개변수화(parametrization)를 사용한다(13장 참조). 이 경우, 트리에서의 상·하방 움직임은 다음과 같이 정의된다.

$$u = e^{\sigma\sqrt{T/n}} \qquad d = e^{-\sigma\sqrt{T/n}}$$

여기서 T는 년으로 표시된 트리의 기간이고, n은 트리의 계단 수이다. 특히 down 옵션을 고려해보자. 임의의 주어진 매개변수화에 대해 m번의 하방 이동 이후의 가격과 $m+1$의 상방 이동 이후의 가격 사이에 장벽이 있게 되는 m이 존재할 것이다.

$$d^m S > H > d^{m+1} S$$

우리는 장벽이 트리의 분기점 계단과 가깝고 바로 위에 있도록 이항트리를 선택하려고 한다. 즉, 이는 다음의 수치보다 더 작은 정수 중에서 가장 큰 수인 n을 선택해야함을 의미한다.

$$F(m) = \frac{m^2\sigma^2 T}{\left[\ln\left(\frac{S}{H}\right)\right]^2} \tag{19.7}$$

Boyle and Lau는 n이 이러한 방식으로 선택되면 정확도가 상당히 향상되고 트리에서 도출된 기본형 옵션가격의 정확도에 필적할만한 결과를 얻게 된다는 것을 보였다.

몇 가지 다른 접근 방식도 제안되었다. 하나는 간단한 보간법(interpolation technique)이다. 우리는 먼저 트리의 내부 및 외부 장벽(inner and outer barrier)을 확인한다. 앞에서 정의한 외부 장벽은 실제 장벽(true barrier)을 넘어선 분기점들의 집합이다. 내부 장벽은 실제 장벽 안쪽에 있는 트리의 분기점의 집합이다. 내부 장벽이 실제 장벽이라고 가정하고 먼저 배리어 옵션가격을 계산하고, 그 다음에 외부 장벽이 실제 장벽이라고 가정하여 배리어 옵션가격을 계산한다. 그런 다음, 옵션가격에 대한 근사치를 얻기 위해 이 두 가격 사이에 대해 보간법을 사용한다.

보다 정교한 접근법으로 Figlewski와 Gao(1999)는 트리의 분기점의 밀도가 장벽에 가까울수록 높지만 장벽에서 멀어질수록 트리가 희박해지는 적응형 그물망(adaptive mesh) 기술을 설명한다. Ahn, Figlewski 및 Gao(1999)는 이 방법에 대해 계산 상 매우 빠르고 정확한 보완책을 제시한다. 이 두 논문은 연속적 로그정규분포의 이항식이 아닌 삼항식 근사법을 사용한다.

배리어 옵션 헤징에 대한 해설

배리어 옵션이 장벽에 대해 심내가격으로 장벽과 멀리 떨어져 있으면, 그것은 기본형 옵션과 매우 유사하게 작동하며, 델타의 행태에 이상한 점은 없다. 그러나 델타는 장벽에 가까울수록 매우 복잡해질 수 있다.

예를 들어, up-and-out 콜옵션을 고려해보자. [그림 19.9]은 현재 주가의 다양한 값에 대해 100의

그림 19.8
Up-and-Out 콜옵션의 행태

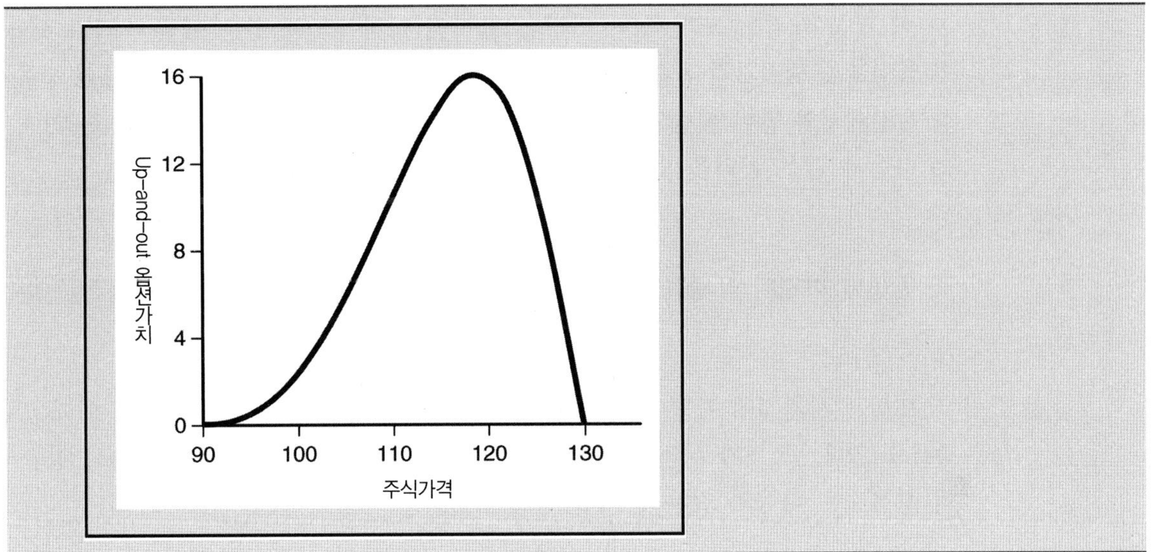

행사가격 및 130의 장벽을 가진 up-and-out 콜옵션의 값을 나타낸다. 주가가 장벽에서 멀어질수록 이 옵션은 기본형 콜옵션과 비슷하지만 장벽에 가까워질수록 옵션의 녹-아웃 가능성이 높아져 옵션 값이 0이 된다. 옵션가격이 최고점에 달하면 델타는 양수에서 음수로 부호가 바뀐다. 만기 가까이에서 이 최고점은 매우 두드러지게 나타나고 감마는 매우 큰 음수가 된다. 그러한 옵션을 발행하는 것은 상당한 델타-헤징 위험을 수반한다.

다른 예로서, [그림 19.4]의 down-and-in 콜옵션을 고려해보자. 녹-인하기 전에는 옵션 값은 주식가격에 대해 감소함수이다. 주식가격이 높을수록 옵션이 녹-인될 가능성이 낮다. 따라서 델타는 음수이다. 그러나 옵션이 녹-인되면 그것은 기본형 콜옵션이 되고 양의 델타를 갖게 된다. 이 경우, 델타는 장벽에서 부호가 바뀐다. 그러나 이 경우에 나타나는 헤징 문제는 이전의 것보다 심각하지 않다: 옵션이 녹-인이 되지만 녹-인될 시점에 외가격이기 때문에 옵션 값이 장벽 근처에서 작다.

19.3 아시아식 옵션

아시아식 옵션은 옵션 보유자의 손익이 계약기간 동안의 기초자산의 평균가격에 의해 결정되는 옵션이다. 이 평균을 계산할 때 사용하는 기간은 계약서에 명시되어 있다. 예를 들어, 옵션의 전체 기간 동안 평균 일일종가가 될 수 있다. 또는 옵션의 마지막 달 동안만의 평균 일일종가가 될 수도 있다. 2개 또는 3개 이상의 지정된 시간지점에 대해서만 평균화할 수도 있다.

이 평균 가격을 $\overline{S}$라 하자. 가장 일반적인 아시아식 옵션은 평균–가격(average-price) 옵션이다. 이 옵션들은 행사가격 K가 옵션 계약에 명시되어있다. 옵션의 만기 시 옵션 보유자의 손익은 기본형 옵션에서와 같이 계산되지만 $\overline{S}$는 S_T의 역할을 한다. 즉, 아시아식 평균–가격 콜옵션의 보유자는 다음과 같은 손익을 얻는다.

$$\max\{\overline{S}-K, 0\} \tag{19.8}$$

반면에 아시아식 평균–가격 풋옵션의 보유자는 다음과 같은 손익을 얻는다.

$$\max\{K-\overline{S}, 0\} \tag{19.9}$$

또한 행사가격에 평균이 적용되는 평균–행사가격 옵션이라고 하는 덜 인기 있는 아시아식 옵션 종류도 있다. 즉, $\overline{S}$가 이러한 옵션에서 행사가격의 역할을 하므로 아시아식 평균–행사가격 콜옵션의 보유자는 다음과 같은 손익을 얻는다.

$$\max\{S_T-\overline{S}, 0\} \tag{19.10}$$

반면에 아시아식 평균–행사가격 풋옵션의 보유자는 다음과 같은 손익을 얻는다.

$$\max\{\overline{S}-S_T, 0\} \tag{19.11}$$

평균–가격 옵션이 훨씬 더 보편적이기 때문에 이 절의 나머지 부분에서는 이들에게 초점을 맞춘다. 우리는 또한 이 옵션들에 대해 "평균 가격"이라는 용어를 빼고 단순히 아시아식 옵션으로 언급한다.

왜 아시아식 옵션인가 I: 평균에 대한 노출

아마도 아시아식 옵션의 가장 중요한 측면은 특정 유형의 헤징 필요성(평균에 대한 노출)을 처리한다는 것이다. 즉, 특정 기초자산에 대해서 반복되는 거래를 예상하는 투자자(전형적인 예는 외화를 정기적으로 받는 수출업자)에게 아시아식 옵션은 현금흐름에 대한 상한 또는 하한을 확보하는 데 비용 절감적인 효율적인 방법을 제공한다.

예를 들어, 정기적으로 석유를 구매하는 회사(예: 월별)를 생각하고 이 회사가 유가변동에 대비하여 스스로를 보호하기를 원한다고 하자. 구체적으로, 회사는 주어진 기간(예: 1년) 동안 구매에 대한 총 비용의 상한선을 두고자 한다고 하자.

이를 달성하는 데는 두 가지 방법이 있다. 첫째, 회사는 석유에 대한 일련의 기본형 콜옵션, 즉 매월 하나씩 만료되며, 각각 K의 동일한 행사가격을 가진 기본형 콜옵션을 구입할 수 있다. 그러면, 회사는 어떤 달에도 석유를 구입하기 위해 K 이상으로 지출하지 않으므로 전체 비용은 $12K$로 제한된다.

대안으로, 회사는 매달 석유를 현물시장에서 구입하고 1년 내에 만료되고 K의 행사가격을 가진

12개의 아시아식 콜옵션을 매입할 수 있다. 한 해 동안의 평균 가격이 K보다 크다면, 회사는 각 옵션에 대해 평균과 K의 차이를 받는다. 따라서 회사의 총 순지출은 단지 $12K$가 된다. 평균이 K보다 작으면 회사는 옵션으로부터 아무 것도 받지 못하지만 평균적으로 당연히 매달 K보다 적게 지출한다. 따라서 이 방법 역시 지출의 상한을 제공한다.

두 가지 방법 중, 아시아식 옵션이 원하는 지출의 상한을 얻기 위한 보다 저렴한 방법을 제공한다. 직관적으로, 평균의 변동성이 가격 자체의 변동성보다 적기 때문에 아시아식 콜옵션이 비용이 적게 든다. 물론 이 방법이 보다 저렴한 방법이기는 하지만 "차익거래(arbitrage)"는 아니다! 아시아식 콜옵션은 기본형 콜옵션처럼 개별 가격 상승에 대한 것이 아닌 평균에 대해서만 보호 기능을 제공하기 때문에 비용이 덜 든다. 즉, 기본형 콜옵션 중 일부는 내가격으로 마치고 나머지는 외가격으로 마칠 가능성이 있지만, 평균 가격은 모든 아시아식 옵션이 외가격으로 마칠 만큼 충분히 낮을 수 있다. 그럼에도 불구하고 평균 비용을 통제하는 것만을 목표로 하는 회사는 아시아식 콜옵션이 제공하는 저렴한 비용과 쉬운 관리를 위해 기본형 옵션의 큰 손익 가능성을 포기하는 것이 가치가 있다고 판단할 수 있다.

왜 아시아식 옵션인가 II: 데이터 평활화(Smoothing)

아시아식 옵션의 근본 특성은 데이터를 "평활화"한다는 것이다. 옵션의 존속 기간 동안 가격이 평균화되기 때문에 아시아식 옵션 손익은 기초자산의 만기 가격의 "급등"에 덜 민감하다. 이것은 적어도 두 가지 중요한 결과를 가져온다.

첫째, 기초자산 가격을 조작하여 아시아식 옵션의 손익을 조작하는 것이 기본형 옵션의 경우보다 훨씬 더 어렵다는 것을 의미한다. 이것은 거래가 활발하지 않은 시장에서 활동하는 투자자들에게 흥미로운 특징이다.

둘째, 기본형 옵션에 대해 그 옵션들이 대부분의 기간 동안 내가격을 유지하다가 만기 시에만 외가격으로 전락하는 것을 염려하는 투자자들에게 아시아식 옵션은 관심의 대상이 될 수 있다. 예를 들어, 주식가격이 6개월 안에 상승할 것으로 예상하는 투자자가 옵션의 손익이 지난 주 평균 가격에 의해 결정되는 아시아식 옵션을 구매하면 만기와 가까운 시점에 주가가 급락하는 것에 대해 덜 염려할 것이다.(그러한 옵션에는 "아시아식 꼬리"가 있다고 말한다.)

반면에, 아시아식 옵션은 방향성 베팅을 할 때는 기본형 옵션만큼 유용하지 않다. 가격이 상승하면 평균은 가격 자체보다 더 서서히 상승하므로, 아시아식 콜옵션은 기본형 콜옵션보다 낙관적인 시장 전망을 가진 투자자에게는 가치가 떨어진다. 비슷하게 비관적인 견해를 가진 투자자에게는 아시아식 풋옵션보다는 기본형 풋옵션을 사용하는 것이 더 큰 손익을 가져다 줄 것이다.

아시아식 옵션을 투기에 사용할 수 있는가?

마지막 단락에서 설명한 이유 때문에, 아시아식 옵션은 투기보다는 주로 헤징 수단으로 간주된다. 그럼에도 불구하고, 아시아식 옵션을 투기에 사용할 수 없다는 결론을 내리는 것은 잘못된 것이다(종종 그렇게 잘못 결론을 내리기도 한다).

한 예로, 중국의 주요 제트연료 공급업체인 China Aviation Oil(Singapore) Corporation과 관련된 에피소드가 있다. 2004년 12월, 회사는 파생 상품과 관련된 손실이 상당 부분을 차지하는 5억 달러 이상의 거래 손실을 기록했다고 발표했다. 거래 중 하나(2004년 12월 3일자 월 스트리트 저널에 상세히 보도됨)는 Goldman Sachs의 자회사인 J. Aron과의 거래로 아시아식 풋옵션과 관련이 있다.

이 계약은 제트연료가 기초자산으로 10만 배럴에 대한 것이었다. 2004년 9월 1일에 체결된 이 계약에 따라 CAO 싱가포르는 배럴당 $37의 행사가격으로 J. Aron에 아시아식 콜옵션을 판매했다. 콜옵션의 손익은 2004년 10월의 평균 현물가격으로 계산하도록 되어있었다. 따라서 CAO Singapore는 10월 평균 현물가격이 $37 이하가 될 것이라는데 베팅한 것이다. 그들은 틀렸고 심하게 틀렸다. 10월에 제트 연료가격은 배럴당 $61.25로 이 계약으로만 CAO Singapore는 2.4백만 달러를 넘는 손실을 보았다.

산술 및 기하평균

지금까지 우리는 "평균"이 의미하는 바에 대해 침묵을 지켰다. 우리가 평균값을 구해야 하는 옵션기간 동안의 가격 관측치 $S_1, \ldots, S_n$을 가지고 있다고 가정하자. 이 "평균"을 정의할 수 있는 두 가지 방법이 있다(실제로는 여러 가지 방법이 있지만 이 두 가지 방법이 가장 일반적이다).

1. 산술평균: $\overline{S}^a = \frac{1}{n}(S_1 + \cdots + S_n)$
2. 기하평균: $\overline{S}^g = (S_1 \times \cdots \times S_n)^{1/n}$

산술평균이 일반적으로 훨씬 더 많이 사용되지만, 산술 및 기하평균 모두가 금융시장에서 사용된다. 기하평균의 한 예가 Value Line에서 발표하는 Value Line Geometric Index이다.(Value Line은 1988년부터 arithmetic index도 발표하고 있다.) 아시아식 옵션에 대한 가격결정의 관점에서 볼 때 기하평균은 우리가 곧 설명하는 바와 같이 상당한 기술적 우위를 갖는다. 먼저 잠시 다른 논의를 하겠다.

아시아식 옵션에 대한 풋-콜 패리티

아시아식 평균-가격 옵션(산술 또는 기하평균에 기반한)에 대한 풋-콜 패리티의 한 버전을 도출할 수 있다. C_T^{ave}와 P_T^{ave}를 각각 동일한 조건의 콜과 풋 평균-가격(산술 또는 기하 평균) 옵션의 시간-t

가격이라고 하자. 만기 시의 가치를 나타내기 위해 첨자 T를 사용하고, T에서의 기초자산의 평균 가격을 $\overline{S}$로 표시하면 다음과 같이 표현할 수 있다.

$$C_T^{\text{ave}} - P_T^{\text{ave}} = \overline{S} - K$$

이보다 더 이른 임의의 시간 t에서의 현재가치는 이러한 손익에 대한 할인된 위험중립 기대치이다. $E[\cdot]$가 위험중립 기대치를 나타내는 것으로 하면, 우리는 다음을 얻는다.

$$C_t^{\text{ave}} - P_t^{\text{ave}} = e^{-r(T-t)}E[\overline{S}] - e^{-r(T-t)}K$$

기하평균 및 산술평균의 경우 $E[\overline{S}]$에 대한 표현식을 정확하게 계산할 수 있다(예: James, 2003의 17장 및 부록 A13 참조). 따라서 풋옵션가격은 콜옵션가격을 통해 얻을 수 있고 반대로도 가능하다.

기하평균에 대한 아시아식 옵션의 가격결정

우리가 h년 마다 관측을 하고 있고, 총 $N+1$ 관측이 있다고 가정하자. 초기가격 $S_0 = S$, h, $2h$, ... , $(N-1)h$ 시점에서 취한 $N-1$개의 중간 관측치 S_1, S_2, ... , S_{N-1}과 만기 T에서 취한 최종 가격 S_N. 그러면, 기하평균은 다음과 같다

$$S^g = (S_0 \times S_1 \times \cdots \times S_N)^{1/(N+1)} \tag{19.12}$$

이제 다음을 보라.

$$\ln\left(\frac{S^g}{S_0}\right) = \ln\left[\left(\frac{S_0 \times S_1 \times \cdots \times S_N}{S_0 \times S_0 \times \cdots \times S_0}\right)^{1/(N+1)}\right]$$

로그의 일반적인 특성에 의해 다음과 같다.

$$\ln\left(\frac{S^g}{S_0}\right) = \frac{1}{N+1}\left[\ln\left(\frac{S_0}{S_0}\right) + \ln\left(\frac{S_1}{S_0}\right) + \cdots + \ln\left(\frac{S_N}{S_0}\right)\right] \tag{19.13}$$

일반적인 블랙-숄즈 가정 하에서, 수익률 $\ln(S_n/S_0)$은 $n \geq 1$인 각 n에 대해 정규분포를 따른다. 따라서 그들의 합도 마찬가지이다. 이것은, 기하평균수익률 자체가 로그정규분포를 가지므로 블랙-숄즈 공식을 사용하여 기하평균에 대한 가격을 결정할 수 있음을 의미한다! (19.13)에서 기하 평균의 변동성 σ_g와 배당수익률 δ_g는 다음과 같이 주어짐을 보일 수 있다.

$$\sigma_g = \frac{\sigma^2}{3}\frac{2N+1}{2N+2} \tag{19.14}$$

$$\delta_g = \frac{1}{2}\left[r\left(\frac{N-1}{N}\right) + \left(\delta + \frac{1}{2}\sigma^2\right)\left(\frac{N+1}{N}\right) - \sigma^2\left(\frac{(N+1)(2N+1)}{6N^2}\right)\right] \tag{19.15}$$

특히, $N \rightarrow \infty$ 일 때, 우리는 다음을 얻는다.

$$\sigma_g^2 = \frac{\sigma^2}{3} \qquad \delta_g = \frac{1}{2}\left(r + \delta + \frac{1}{6}\sigma^2\right)$$

블랙-숄즈 가격결정공식 (14.21)~(14.22)에서 (19.14)~(19.15)를 사용하여 기하평균가격에 대한 아시아식 옵션의 가격을 구한다.

산술평균가격 옵션의 가격결정

불행하게도 아시아식 기하평균가격 옵션의 가격결정공식은 제한적으로 사용된다. 실무에서는 아시아식 옵션의 손익을 결정하는데 기하평균을 사용하지 않고 산술평균을 사용한다. 로그정규분포를 따르는 가격의 산술평균이 그 자체로는 로그정규분포를 따르지 않기 때문에, 산술평균은 수학적으로 다루기가 쉽지 않다. 특히 아시아식 옵션가격의 경우 닫힌 형태의 해를 구할 수 없다.

이 문제에 대한 한 가지 일반적인 해결책은 옵션가격을 구하기 위해 Monte Carlo 시뮬레이션과 같은 수치기법을 사용하는 것이다. 또한 분석적으로 옵션가격의 근사치를 구하는 여러 기법이 제안되었다. 우리는 아래에서 이 중 몇 가지를 설명한다. 우리는 콜옵션에 중점을 둔다. 풋옵션가격은 풋-콜 패리티를 사용하여 콜옵션가격으로부터 구할 수 있다. 우리는 기하평균가격 콜옵션의 가격을 C^g로 표시하고 산술평균가격 콜옵션의 가격을 C^a로 표시한다.

Vorst(1992)는 기하평균가격 옵션의 관점에서 산술평균가격 옵션의 상한과 하한을 도출한다. 하한은 도출하기 쉽다. 수학적으로, 양수 집합의 산술평균이 항상 그 집합의 기하평균을 초과한다는 것을 보여줄 수 있다.

$$\overline{S}^a \geq \overline{S}^g$$

즉, 기하평균가격 콜옵션의 만기에서의 손익은 항상 동일한 조건의 산술평균가격 콜옵션의 손익보다 적다. 따라서 산술평균 콜옵션은 적어도 기하평균 콜옵션 만큼 비용이 많이 든다.

$$C^a \geq C^g$$

상한에 대해, Vorst(1992)는 $\overline{S}^a \geq \overline{S}^g$에 다음과 같이 표현하였다.

$$\max\{0, S^a - K\} - \max\{0, S^g - K\} \leq S^a - S^g$$

즉, 만기 손익의 차이는 산술평균과 기하평균의 차이보다 작다. 위의 식에서 현재 값을 취함으로써 다음을 얻는다.

$$C^a - C^g \leq e^{-rT}E[S^a - S^g] \qquad \textbf{(19.16)}$$

여기서 T는 만기까지 남은 시간을 나타내고, $E[\cdot]$는 위험중립 기대치이다.(앞에서 언급했듯이

$E[S^a]$와 $E[S^g]$에 대해 정확한 식을 도출할 수 있다.) 식 (19.16)은 기하평균가격 콜옵션의 관점에서 산술평균가격 콜옵션의 상한선을 제공한다. 상한선과 하한선을 합하여 우리는 다음과 같이 쓸 수 있다.

$$C^g \le C^a \le C^g + e^{-rT}E[S^a - S^g] \qquad \textbf{(19.17)}$$

Vorst(1992)는 또한 기하평균 콜옵션의 관점에서 산술평균 콜옵션가격에 대한 근사치를 제공한다. 그는 행사가격 K를 갖는 산술평균 콜옵션의 가격이 행사가격 $K - E[S^a - S^g]$를 갖는 기하평균 콜옵션의 가격과 대략 동일하다는 것을 보여준다.

$$C^a(K) \approx C^g(K - E[S^a - S^g]) \qquad (19.18)$$

때때로 사용되는 하나의 대안적인 방법은 산술평균가격 S^a가 로그정규분포를 따른다고 가정하는 것이다. 산술평균가격의 첫 두 모멘트에 대한 정확한 값을 계산하여 그것들을 로그정규분포의 매개변수로 사용한다. Turnbull과 Wakeman(1991)은 이 접근법의 확장을 기술한다. 그들의 접근법에서, S^a의 분포는 정확한 로그정규분포는 아니지만 근사한 로그정규분포인 것으로 가정된다. 그들은 Edgeworth 확장이 로그정규분포를 통해 실제 분포를 근사하는 데 어떻게 사용될 수 있는지를 보여준다. Curran(1994)은 기하평균에 대한 조정을 통해 산술평균 옵션가격결정을 포함하는 다른 접근 방식을 제안한다. James(2003)의 [표 17.1]은 이러한 근사 접근법의 비교를 제시한다. 이 표의 수치는 두 가지 최선의 접근법은 더 높은 모멘트를 사용하는 Turnbull-Wakeman 방법의 정교한 버전과 Curran의 기하학적 조정 방법임을 나타낸다. 둘 다 Monte Carlo 결과와 매우 근사하지만, Curran의 접근방식이 거의 모든 경우에 있어서 전체적으로 약간 더 우수하다.

아시아식 옵션의 가격결정: 이항 예제

간단한 이항 예제를 사용하여 아시아식 옵션에 대한 몇 가지 유용한 점을 설명할 수 있다. [그림 19.1]의 2-기간 이항트리를 생각해보자. 우리가 시간 1과 2에서의 관측치의 평균을 구하고 있다고 가정하고(초기 관찰은 포함하지 않음), $K=100$의 행사가격을 가진 아시아식 콜옵션의 가격을 구하려고 한다.

4가지 가능한 경로 각각의 평균 주가와 그로 인한 아시아식 콜옵션의 손익은 [표 19.2]에 나와 있다. 위험중립 확률은 1 기간의 총 무위험이자율인 1.02를 기준으로 계산된다. 아시아식 콜옵션의 초기 값은 다음과 같다.

$$C^{Asian} = \frac{1}{(1.02)^2}\left[(0.36)(15.5) + (0.24)(4.5)\right] = 6.40 \qquad \textbf{(19.19)}$$

대조적으로, 이 옵션에 대응하는 기본형 콜옵션의 값은 7.27로 훨씬 더 비싸다.

표 19.2 이항트리에서의 아시아식 콜옵션 손익

경로	평균가격	콜옵션 손익	위험중립확률
uu	115.5	15.5	0.36
ud	104.5	4.5	0.24
du	94.5	0	0.24
dd	85.5	0	0.16

아시아식 옵션의 헤징: 해설

이항 예제는 아시아식 옵션 델타의 행태에 대해서도 좋은 예를 제공한다. 델타는 이항트리에 대한 표준규칙을 사용하여 쉽게 계산된다. 델타는 다음과 같다.

- 초기 분기점 $S=100$에서 0.55이다.
- 분기점 $uS=110$ 에서 0.50이다.
- 분기점 $dS=90$ 은 0이다.

두 가지 흥미로운 점이 이 수치들에서 나타난다. 첫째, 내가격으로 만료되는 것이 보장된 기본형 콜옵션의 델타는 +1이다. 이 예에서 아시아식 콜옵션은 분기점 $uS=110$에 도달하면 내가격으로 만료되는 것이 보장되지만 이 시점의 델타는 단지 0.50이며 이는 +1에서 매우 멀리 떨어져있다. 둘째, 콜옵션이 심내가격으로 이동하면 기본형 콜옵션의 델타가 증가한다. 이 예에서 아시아식 콜옵션은 주가가 $S=100$의 초기 가격에서 $uS=110$까지 상승할 때 더 심내가격으로 이동하지만, 그럼에도 불구하고 델타는 0.55에서 0.50로 떨어진다.

왜 이런 경우가 발생하는가? 두 가지 현상 모두 공통적인 설명이 있다. 델타는 주가의 현재가격 변화에 대한 옵션가치의 민감도만을 측정한다. 그러나 옵션 손익은 시작 이후 관측된 평균가격에 달려있다. 더 긴 시간이 지나면 현재가격의 변화가 평균가격에 미치는 영향력이 줄어든다.(예를 들어, 99번 관측 후 평균가격은 50으로 계산된다고 가정하자. 그러면 100 번째 관측치가 150의 매우 높은 값이라 하더라도 평균은 50에서 51로만 변한다.) 이는 델타가 만기가 다가옴에 따라 기초자산의 변화에 덜 민감해진다는 것을 의미한다.

아시아식 풋옵션과 기본형 풋옵션

마지막으로, 중요한 사항을 언급한다. 아시아식 콜옵션과 달리 아시아식 풋옵션은 기본형 옵션보다 어떤 경우에는 더 가치가 있을 수 있다는 점을 아시아식 옵션에 대해 논의할 때 간과하는 경우가 종종 있다. 평균화는 둔화효과가 있으며 이 결과로 성장률은 낮아지고 변동성도 낮아진다. 콜옵션의 경우, 이 특징들 각각은 아시아식 콜옵션의 가치를 기본형 콜옵션에 비해 낮추는 역할을 한다. 그러나 풋옵션의 경우에는, 평균치의 성장률이 낮으면 아시아식 풋옵션의 손익은 증가하지만 변동

표 19.3 이항트리에서의 아시아식 풋옵션 손익

경로	평균가격	풋옵션 손익	위험중립확률
uu	115.5	0	0.36
ud	104.5	0	0.24
du	94.5	5.5	0.24
dd	85.5	14.5	0.16

이 낮으면 손익은 감소한다. 어느 효과가 지배적인가에 따라 아시아식 풋옵션은 유럽식 풋옵션보다 가치가 더 크거나 적을 수 있다.

아시아식 풋옵션이 더 가치가 있는 상황의 예를 보기 위해 이항 예제를 다시 고려해보자. 우리가 보았듯이, 행사가격이 100인 설정에서 2-기간 기본형 유럽식 풋옵션의 가격은 3.38이다. 가격이 분기점 1과 분기점 2에 대해 평균화되는 $K=100$ 인 2-기간 아시아식 풋옵션을 고려해보자. 4가지 가능한 경로의 평균가격, 이로 인한 아시아식 풋옵션의 손익 및 서로 다른 결과들의 위험중립 가능성이 [표 19.3]에 요약되어 있다. 아시아식 풋옵션의 초기가격은 다음과 같다.

$$\frac{1}{(1.02)^2}\left[(0.24)(5.5)+(0.16)(14.5)\right]=3.50$$

이것은 기본형 풋옵션의 값을 초과한다.

변동성이 충분히 낮을 때 아시아식 풋옵션이 기본형 풋옵션보다 가치가 더 크다는 것을 여기에서 간단히 증명한다. 이 논증은 Ye(2005)의 분석에 근거한다.

현재 한 증권이 S로 거래되고 있다고 가정한다. 먼저, 증권 손익의 변동성이 0인 경우를 고려하자. r은 무위험이자율을 나타낸다고 하면 증권의 시점-T 가격은 $S_T=e^{rT}S_0$이다. 이제 2개의 풋옵션(둘 다 행사가격 K와 만기 T를 가지는 기본형 옵션 하나와 아시아식 옵션 하나)를 비교한다.

- 기본형 옵션의 손익은 $\max\{K-S_T, 0\}$이다.
- 아시아식 옵션은 시점 0과 시점 T 사이의 평균가격 $\overline{S}$(평균은 특정 시점에 취해진 일부 관측치 n에 대해 계산됨)를 고려하고 보유자에게 $\max\{K-\overline{S}, 0\}$를 준다.

자산의 가격이 무위험이자율 r로 상승 추세이기 때문에, 평균가격 $\overline{S}$는 시점-T 가격 S_T 보다 작아야 한다. 이것은 아시아식 풋옵션의 손익이 $K>\overline{S}$인 경우에는 기본형 풋옵션보다 확실히 높지만, $K\leq\overline{S}$인 경우에는 둘 다 손익이 0이라는 것을 의미한다. 따라서 $K>\overline{S}$인 경우, 아시아식 풋옵션은 기본형 풋옵션보다 확실하게 더 많은 비용을 지불해야 한다.

이제 변동성이 0이 아닐 수도 있다고 가정하자. 변동성이 σ인 경우 기본형 및 아시아식 풋옵션의 가치를 $P(\sigma)$ 및 $P^A(\sigma)$로 나타낸다. 우리는 방금 $P^A(0)>P(0)$임을 보였다. 그러므로 근저의 균형이 σ에서 연속적이라고 가정하면(강한 가정으로 보이지 않음), 우리는 충분히 작은 σ에 대해서 $P^A(\sigma) > P(\sigma)$임을 증명할 수 있다.

19.4 룩백(Lookback) 옵션

룩백 옵션은 보유자가 만기 시에 "되돌아 보고" 손익을 결정하는 데 가장 유리한 가격을 선택할 수 있는 옵션이다. 분명히 어떤 가격이 가장 유리한 지는 우리가 콜옵션 또는 풋옵션을 가지고 있는지 여부에 달려 있다. 또한, 손익은 변동행사가격(floating-strike) 룩백 옵션 또는 고정행사가격(fixed-strike) 룩백 옵션 중 어느 것인지에 따라 다르게 정의된다.

룩백 옵션의 좀 더 일반적인 버전은 변동행사가격 옵션("룩백 행사가격" 옵션 이라고도 함)이다. 이 경우 룩백 콜옵션에 대한 행사가격은 옵션의 수명 기간 동안 관찰된 최저 가격 $S^{\min}$과 동일하게 설정된다. 따라서 변동행사가격 룩백 콜옵션 보유자에 대한 시점 T에서의 손익은 다음과 같다.

$$\max\{S_T - S^{\min}, 0\} \tag{19.20}$$

$S_T - S^{\min}$은 0보다 작을 수 없으므로 "max"는 실제로 불필요하다는 점에 유의하라. 유사하게, 변동행사가격 룩백 풋옵션 보유자에게는 행사가격은 옵션의 존속 기간 동안 관찰된 최고가와 동일하게 설정된다. 이는 만기 시의 다음과 같은 손익을 얻는다.

$$\max\{S^{\max} - S_T, 0\} \tag{19.21}$$

다른 종류의 룩백 옵션은 고정된 행사가격을 가지며 "룩백 가격" 옵션(때론 "룩 포워드" 옵션)이라고도 부른다. 이 경우 콜옵션 보유자는 만기시 다음과 같은 손익을 얻는다.

$$\max\{S^{\max} - K, 0\} \tag{19.22}$$

반면에 풋옵션 보유자는 다음을 얻는다.

$$\max\{K - S^{\min}, 0\} \tag{19.23}$$

왜 룩백인가?

룩백 옵션은 어떤 의미에서 미국식 및 유럽식 옵션의 가장 좋은 특징들을 결합한 것이다. 미국식 옵션 보유자는 옵션을 조기에 행사하여 만기 전에 유리한 가격을 이용할 수 있다. 그러나 미래의 가격은 완벽하게 예측할 수 없으므로 조기 행사는 필연적으로 후회를 할 가능성을 열어둔다. 이후

표 19.4
이항트리 에서의 룩백 옵션 손익

경로	최대가격	최소가격	콜옵션손익	풋옵션손익
uu	121	100	21	0
ud	110	99	10	1
du	100	90	0	10
dd	100	81	0	19

에 더 좋은 가격이 발생할 수 있다. 룩백 옵션은 이 사후에 후회할 가능성을 없애준다. 따라서 그들은 기본형 옵션에 비해 옵션 보유자에게 훨씬 더 큰 보호 기능을 제공한다. 그러나 마찬가지로 그들은 일반적으로 매우 비싼데, 그것이 어쩌면 명백한 매력에도 불구하고 거래가 많지 않은 이유일 것이다.

룩백 옵션의 가격결정과 헤징: 이항 예제

블랙-숄즈 설정에서 룩백 옵션에 대한 닫힌 형태의 해가 존재하지만, 직관적인 해석이 쉽지 않은 복잡한 형태를 지니고 있다. 간단한 이항모형을 먼저 살펴보는 것이 유익하다. 아래 예는 룩백 옵션이 기본형 옵션과 비교하여 얼마나 더 비싼 지를 보여준다. 또한 룩백 옵션 델타의 몇 가지 측면을 보여준다.

[그림 19.1]의 주가 트리에서 100의 행사가격을 가진 고정행사가격(fixed-strike) 룩백 옵션을 고려해보자. 룩백은 경로-의존적 옵션이므로 가격 계산은 자산 가격의 가능한 각각의 경로를 보고 해당 경로를 따라 옵션 보유자에게 가장 유리한 가격을 확인하는 것과 관련이 있다. 이 트리에는 4가지 가격 경로가 있다. 이들이 가져다주는 최대 가격과 이 시점들에서의 옵션의 손익은 [표 19.4]에 나열되어 있다. 룩백의 경로-의존성은 분기점 ud 및 du가 서로 다른 손익을 가져다준다는 사실에 내포되어 있다.

이 예에서 시간 단계당 총 이자율은 1.02이므로, 각 단계에서의 상방 이동의 위험중립확률은 0.60이다. 이를 최종 손익 값에 적용하면 고정행사가격 룩백 콜옵션 및 풋옵션의 초기 가격은 각각 다음과 같다.

$$C^{\mathrm{FiSt}} = \frac{1}{(1.02)^2}\left[(0.36)(21) + (0.24)(10) + (0.24)(0) + (0.16)(0)\right] = 9.57 \qquad \textbf{(19.24)}$$

$$P^{\mathrm{FiSt}} = \frac{1}{(1.02)^2}\left[(0.36)(0) + (0.24)(1) + (0.24)(10) + (0.16)(19)\right] = 5.46 \qquad \textbf{(19.25)}$$

이 값은 기본형 유럽식 콜옵션 및 풋옵션 각각의 가격인 7.27과 3.38보다 상당히 높다.

이 이항트리는 또 다른 하나의 간단하지만 흥미로운 점을 설명하기 위해 사용될 수 있다. 즉,

룩백의 델타가 반드시 주가와 함께 증가하지는 않는다는 것이다. 일반적인 변수를 사용하여 콜옵션 델타가 다음과 같음을 쉽게 증명할 수 있다.

- 초기 분기점에서 0.81이다.
- 분기점 uS에서 0.50이다.
- 분기점 dS에서 0이다.

분기점 uS에서 콜옵션은 내가격으로 마감이 보장되지만, 델타는 +1보다 훨씬 작다. 또한 주가가 $S=100$에서 $uS=110$으로 증가함에 따라 룩백 콜옵션의 델타는 0.81에서 0.50으로 감소한다.

왜 이렇게 되는지를 알아보는 것은 어렵지 않다. 델타는 기초자산의 현재가격변동에 대한 옵션가치의 민감도를 측정한다. 그러나 여기에서 옵션 손익은 옵션의 존속 기간 동안 관찰된 최대가격에만 의존한다. 따라서 현재가격은 최대가격에 영향을 주는 경우에만 옵션 값에 영향을 준다.

일부 경로에 따라 매우 높은 가격이 이미 관찰되었을 수 있으며, 이로 인해 옵션의 현재가격에 대한 민감도가 감소한다. 따라서 자산가격이 증가하더라도 델타는 반드시 증가하지는 않을 것이다.

룩백에 대한 가격결정공식

시점 0에서만 옵션가격을 구하는 방법을 설명하는 대신, 옵션의 존속 기간 동안 임의의 시점 t에서의 룩백의 가격을 구하는 방법을 보다 일반적으로 설명할 것이다. S_t가 시점-t에서의 주가를 나타내고, S_H와 S_L이 옵션의 존속 기간 가운데 지금까지, 즉 시점 0과 시점 t사이에 관측된 가장 높은 가격과 가장 낮은 가격을 나타낸다고 하자. 우리가 옵션이 시작되는 시점에 있다면, $S_H = S_L = S$이고 여기서 S는 시점-0의 주가이다.

$S_t^{\max}$와 $S_t^{\min}$은 시점 t와 만기 사이에 관찰된 최대 가격과 최소 가격을 각각 나타낸다. 시점 t에서 볼 때, 이들은 임의의 수치이다. M_t와 m_t를 다음과 같이 정의하자.

$$M_t = E\left[\max\left\{S_H, S_t^{\max}\right\}\right] \tag{19.26}$$

$$m_t = E\left[\min\left\{S_L, S_t^{\min}\right\}\right] \tag{19.27}$$

기대치는 S_t의 위험중립분포 하에 있다. 우리는 아래에서 M_t와 m_t에 대한 닫힌 형태의 해를 제공한다. 그러나 먼저 M_t와 m_t로 표시한 룩백에 대한 가격결정공식을 설명한다.

(A) 변동행사가격 룩백 옵션

임의의 시점 t를 선택하고 위와 같이 S_H와 S_L을 정의한다. 변동행사가격 룩백 콜옵션의 시점 t에서의 공정 가치는 위험중립적인 방법으로 시점-T의 손익을 무위험이자율로 t까지 할인한 기대치이다.

$$
\begin{aligned}
C_t^{\mathrm{FlSt}} &= e^{-r(T-t)} E\left[S_T - \min\{S_L, S_t^{\min}\}\right] \\
&= e^{-r(T-t)} E\left[S_T\right] - e^{-r(T-t)} E\left[\min\{S_L, S_t^{\min}\}\right] \\
&= e^{-r(T-t)} S_t - e^{-r(T-t)} m_t
\end{aligned}
\tag{19.28}
$$

마찬가지로, 변동행사가격 룩백 풋옵션의 시점-t에서의 가격은 다음과 같다.

$$
\begin{aligned}
P_t^{\mathrm{FlSt}} &= e^{-r(T-t)} E\left[\max\{S_H, S_t^{\max}\} - S_T\right] \\
&= e^{-r(T-t)} E\left[\max\{S_H, S_t^{\max}\}\right] - e^{-r(T-t)} E\left[S_T\right] \\
&= e^{-r(T-t)} M_t - e^{-\delta(T-t)} S_t
\end{aligned}
\tag{19.29}
$$

(B) 고정행사가격 룩백 옵션

고정행사가격 룩백 옵션의 경우 옵션이(실제로 일반적으로 그렇듯이) 등가격으로 발행되면 닫힌 형태의 해를 쉽게 도출할 수 있다. 이 경우, K는 시점-0의 가격 S이므로 콜옵션의 손익은 다음과 같다.

$$\max\{S^{\max} - K, 0\} = S^{\max} - S \tag{19.30}$$

반면에, 풋옵션의 손익은 다음과 같다.

$$\max\{K - S^{\min}, 0\} = S - S^{\min} \tag{19.31}$$

위에 소개된 표기법을 계속 사용하고 시점 t에서 보았을 때, 이들의 손익은 각각 다음과 같다.

$$\max\{S_H, S_t^{\max}\} - S \tag{19.32}$$

$$S - \min\{S_L, S^{\min}\} \tag{19.33}$$

따라서 고정행사가격 룩백 콜옵션과 풋옵션의 시점-t 가치는 각각 다음과 같다.

$$
\begin{aligned}
C_t^{\mathrm{FiSt}} &= e^{-r(T-t)} E\left[\max\{S_H, S_t^{\max}\} - S\right] \\
&= e^{-r(T-t)} E\left[\max\{S_H, S_t^{\max}\}\right] - e^{-r(T-t)} S \\
&= e^{-\delta(T-t)} M_t - e^{-r(T-t)} S
\end{aligned}
\tag{19.34}
$$

$$
\begin{aligned}
P_t^{\mathrm{FiSt}} &= e^{-r(T-t)} E\left[S - \min\{S_L, S_t^{\min}\}\right] \\
&= e^{-r(T-t)} S - e^{-r(T-t)} E\left[\min\{S_L, S_t^{\min}\}\right] \\
&= e^{-r(T-t)} S - e^{-r(T-t)} m_t
\end{aligned}
\tag{19.35}
$$

(C) M_t 및 m_t

닫힌 형태의 해에 대한 설명을 완성하기 위해 M_t와 m_t에 대한 닫힌 형태의 식을 제공한다. 이들은 다음과 같은 형태를 취한다.

$$M_t = S_H\left[N(\beta_1) - \frac{\sigma^2}{2(r-\delta)}e^Y N(-\beta_3)\right] + e^{(r-\delta)(T-t)}S_t\left[1 + \frac{\sigma^2}{2(r-\delta)}\right]N(-\beta_2) \quad \textbf{(19.36)}$$

그리고

$$m_t = S_L\left[N(\alpha_2) - \frac{\sigma^2}{2(r-\delta)}e^X N(\alpha_3)\right] + e^{(r-\delta)(T-t)}S_t\left[1 + \frac{\sigma^2}{2(r-\delta)}\right]N(-\alpha_1) \quad \textbf{(19.37)}$$

여기서

$$\beta_1 = \frac{1}{\sigma\sqrt{T-t}}\left[\ln\left(\frac{S_H}{S_t}\right) - \left(r - \delta - \frac{1}{2}\sigma^2\right)(T-t)\right] \quad \textbf{(19.38)}$$

$$\beta_2 = \beta_1 - \sigma\sqrt{T-t} \quad \textbf{(19.39)}$$

$$\beta_3 = \frac{1}{\sigma\sqrt{T-t}}\left[\ln\left(\frac{S_H}{S_t}\right) + \left(r - \delta - \frac{1}{2}\sigma^2\right)(T-t)\right] \quad \textbf{(19.40)}$$

$$Y = \frac{1}{\sigma^2}\left[2\left(r - \delta - \frac{1}{2}\sigma^2\right)\ln\left(\frac{S_H}{S_t}\right)\right] \quad \textbf{(19.41)}$$

$$\alpha_1 = \frac{1}{\sigma\sqrt{T-t}}\left[\ln\left(\frac{S_t}{S_L}\right) - \left(r - \delta + \frac{1}{2}\sigma^2\right)(T-t)\right] \quad \textbf{(19.42)}$$

$$\alpha_2 = \alpha_1 - \sigma\sqrt{T-t} \quad \textbf{(19.43)}$$

$$\alpha_3 = \frac{1}{\sigma\sqrt{T-t}}\left[\ln\left(\frac{S_t}{S_L}\right) - \left(r - \delta - \frac{1}{2}\sigma^2\right)(T-t)\right] \quad \textbf{(19.44)}$$

$$X = \frac{1}{\sigma^2}\left[2\left(r - \delta - \frac{1}{2}\sigma^2\right)\ln\left(\frac{S_t}{S_L}\right)\right] \quad \textbf{(19.45)}$$

19.5 클리켓(Cliquets)

클리켓("ratchets"라고도 함)은 포워드-스타트(forward-start) 옵션에 대한 아이디어를 일반화한 것이다. 시점 0과 시점 T는 클리켓의 시작 날짜와 만기 날짜를 나타낸다. 클리켓의 특징은 다음의 조건

을 만족시키는 n개의 중간 “재설정 날짜(reset dates)” τ_1, ... , τ_n가 있다는 것이다.

$$0 < \tau_1 < \cdots < \tau_n < T$$

예를 들어, 최종 만기는 현재시점으로부터 1년이 될 수 있으며, 재설정 날짜는 분기별로 설정할 수 있다. 각 재설정 날짜에, 클리켓 보유자는 이전 재설정 날짜의 주가와 동일한 행사가격을 가진 콜옵션으로부터 대금 지급을 받는다. 즉, 첫 번째 재설정일 τ_1에서 옵션 보유자는 다음과 같은 대금 지급을 받는다.

$$\max\{0, S_{\tau_1} - S\} \tag{19.46}$$

여기서 우리의 일반적인 표기법에서와 같이 S는 시점 0의 가격을 나타낸다. 두 번째 재설정일 τ_2에서 옵션 보유자는 다음과 같은 대금 지급을 받는다.

$$\max\{0, S_{\tau_2} - S_{\tau_1}\} \tag{19.47}$$

그리고 이런 과정이 최종 만기일 T까지 계속되고 최종 만기일 T에서 옵션 보유자는 다음과 같은 대금 지급을 받는다.

$$\max\{0, S_T - S_{\tau_n}\} \tag{19.48}$$

대금 지급 (19.46)~(19.48)은 시점 T에서 한 번에 일괄적으로 이루어질 수도 있다. 흔히 볼 수 있는 클리켓의 변형 가운데에는, 어떤 하위 기간의 클리켓 손익에 대한 상한선 및/또는 클리켓의 총 손익에 대한 상한선 및/또는 0과 다른 지불금에 대한 하한선을 가진 것이 있을 수도 있다.

손익 (19.46)~(19.48)은 클리켓이 단지 각각 시점 0, τ_1, ... , τ_n에서 새로 시작되고, 시점 τ_1, τ_2, ... , T에서 만기가 되는 일련의 포워드 스타트 콜옵션들이라는 것을 보여준다. 클리켓에서의 각각의 포워드 스타트는 시작될 때 등가격이다. 클리켓의 총 손익은 중간 주가 S_{τ_1}, ... , S_{τ_n}에 의존하기 때문에 경로-의존적이다. 클리켓이 전반적인 손익에 상한선이 있는 경우 경로-의존성은 훨씬 더 분명하다.

왜 클리켓인가?

클리켓은 만기 가까운 시점의 주가 급등에 대한 보호를 제공한다. 주식가격이 옵션기간 동안 기본형 옵션의 행사가격을 초과하다가 만기에 가까운 시점에서 그 이하로 주가가 추락할지도 모른다고 우려하는 투자자는 클리켓을 통해 중간 대금 지급을 고정시키는 것을 매력적인 제안으로 생각할 수 있다. 보다 일반적으로, 클리켓은 그 기초자산이 최소한 일정 기간 동안 긍정적인 손익을 얻는다는 것에 대한 베팅이다.

클리켓에 대한 한 가지 대안은 각 재설정일에 등가격 콜옵션을 구매하는 것이지만, 이것은 미래의 변동성을 알 수 없다는 문제가 있다. 클리켓을 사용하면 변동성 수준을 암묵적으로 고정시킴으로써 이러한 불확실성을 제거할 수 있다. 변동성이 클리켓 가격에서 암시된 것보다 높다면, 클리켓 보유자는 이익을 얻지만, 더 낮은 것으로 판명되면 그는 물론 손해를 보게 된다.

클리켓의 가격결정

클리켓의 가격을 결정하기 위해, 우리는 클리켓의 각 포워드 스타트의 가격을 구하고 그들을 더한다. $C(S, K, \tau)$는 S의 현재 주가가 주어질 때 행사가격 K와 만기까지의 시점 τ를 가진 기본형 콜옵션의 가격을 나타낸다. 전과 같이, δ는 기초자산의 배당수익률을 나타낸다. 지난 장에서 보았듯이, τ_i에서 시작되며 τ_{i+1}에서 만기가 되는 포워드 스타트의 가격은 다음과 같다.

$$e^{-\delta\tau_i}C(S, S, \tau_{i+1}-\tau_i)$$

따라서 클리켓의 초기 가격은 다음과 같다.

$$V^{cliquet} = C(S, S, \tau_1) + e^{-\delta\tau_1}C(S, S, \tau_2-\tau_1) + \cdots + e^{-\delta\tau_n}C(S, S, T-\tau_n) \qquad \textbf{(19.49)}$$

클리켓의 헤징

클리켓은 단지 포워드 스타트의 포트폴리오일 뿐이므로, 클리켓을 헤지하는 것 역시 포트폴리오에서 포워드 스타트를 헤지하는 문제일 뿐이다. 지난 장에서 보았듯이 τ_i에서 시작되며 τ_{i+1}에서 만기가 되는 포워드 스타트의 델타는 다음과 같다.

$$e^{-\delta\tau_i}C(1, 1, \tau_{i+1}-\tau_i)$$

클리켓의 델타는 이러한 포워드 스타트의 델타들의 합계이다.

리버스 클리켓(Reverse Cliquets)

클리켓과 마찬가지로 리버스 클리켓(reverse cliquet)은 n개의 재설정일 τ_1, ... , τ_n을 포함한다. 일반적인 버전에서는 기초자산 투자에 대해 쿠폰율이 지정된다. 쿠폰은 만기에 지불해야 한다. 그러나 두 개의 재설정일 사이에 기초자산인 주식 또는 지수가 음의 손익을 얻은 경우 이러한 음의 손익은 만기일에 지급될 쿠폰에서 차감한다. 따라서 리버스 클리켓은 기초자산의 시장가격이 어떤 하위기간에도 떨어지지 않을 것이라는 견해를 가진 것이다.

예를 들어, 10%의 쿠폰이 분기별로 재설정되는 1년짜리 리버스 클리켓에 지정되었다고 가정하자. 기초자산에 대해 4분기 동안 관찰된 수익률은 +4%, −1.4%, −2.1%, 그리고 +1.2%라고 가정하자. 그러면, 중간 2분기의 음의 손익은 쿠폰 지불에서 제외되므로, 만기시 지불되는 순 쿠폰은 10−(1.4+2.1)=6.50%이다.

19.6 샤우트 옵션(Shout Options)

샤우트 옵션은 옵션 보유자가 옵션의 존속 기간 안의 한 시점에서 "외침(shout)"이 허용된 것을 제외하면 기본형 유럽식 옵션과 같다. 만기에, 보유자는 외침 시간 또는 만기 때의 내재가치 중에 더 큰 것을 받는다. 즉, 샤우트 콜옵션의 보유자가 시점 t에서 외치면, 만기시 받는 손익은 다음과 같다.

$$\max\{0, S_t - K, S_T - K\} \tag{19.50}$$

유사하게, t에서 외치는 샤우트 풋옵션의 보유자에 대한 손익은 다음과 같다.

$$\max\{0, K - S_t, K - S_T\} \tag{19.51}$$

왜 샤우트 옵션인가?

샤우트 옵션은 미국식 옵션과 유럽식 옵션의 조합이다. 샤우트 옵션의 외침 시간은 미국식 옵션의 조기행사 시간과 유사하다. 차이점은 미국식 옵션의 경우 옵션은 조기행사시 소멸되며 보유자는 행사시의 내재가치만을 받는다는 점이다. 샤우트 옵션의 경우에는 주가가 유리하게 움직이면 최종 손익은 외침시의 내재가치를 초과할 수 있다. 따라서 샤우트 옵션은 선택권을 포기하지 않고 만기 전에 가능한 가격상승을 이용하고자 하는 투자자에게 특히 매력적일 것이다.

샤우트 옵션의 가격결정: 이항 예제

샤우트 옵션가격은 닫힌 형태로 표현될 수 없지만 이항트리에서 평가하기는 어렵지 않다. 일반적인 역행 귀납법 절차가 적용된다. 우리는 [그림 19.9]의 3-기간 이항트리에서 $K = 100$의 행사가격을 가진 샤우트 콜옵션을 사용하여 설명한다. 이 트리는 [그림 19.1]에서와 같이 동일한 위아래 움직임($u = 1.10$ 및 $d = 0.90$)을 사용한다. 다시 한번, 우리는 무위험 총이자율이 1.02라고 가정하므로, 상방 이동의 위험중립확률은 0.60이다.

일반적인 역행 귀납법 절차가 적용된다. 트리의 끝에서, 우리가 그 시점까지 외치지 않았다면, 우리는 그 시점에서 단순히 행사시의 가치를 받는다. 따라서 우리는 다음을 받는다.

- 분기점 $u^3S = 133.1$에서 $C^S_{uuu} = 33.1$
- 분기점 $u^2dS = 108.9$에서 $C^S_{uud} = 8.9$
- 분기점 $ud^2S = 89.1$에서 $C^S_{udd} = 0$
- 분기점 $d^3S = 72.9$에서 $C^S_{ddd} = 0$

그림 19.9
3-기간
이항모형 예

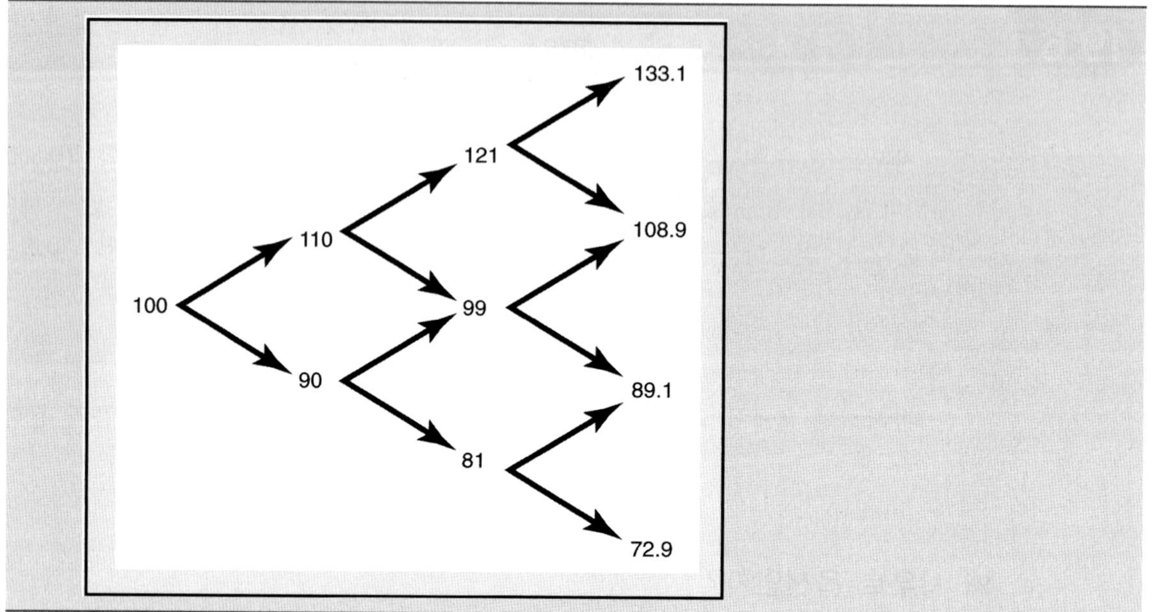

이제 트리를 한 기간 뒤로 되돌리자. 분기점 $u^2S=121$에서 우리는 외치거나 외치지 않을 수 있는 선택권이 있다. 만약 우리가 외치면 만기시에 적어도 21, 또는 옵션이 심내가격으로 마감하면 그 이상을 받는다. 만약 우리가 외치지 않으면 만기시의 내가격 심도에 해당하는 금액만 받게 된다. 분명한 것은, 외치는 것이 최적이며, 이 분기점에서의 옵션의 가치는 다음과 같다.

$$C_{uu}^S = \frac{1}{1.02}[0.60 \times \max(33.1, 21) + 0.40 \times \max(8.9, 21)] = 27.71$$

분기점 $udS=99$ 및 $d^2S=81$에서는 옵션이 외가격이기 때문에 외치는 의미가 없다. 따라서 이 분기점들에서의 옵션 값은 다음과 같다.

$$C_{ud}^S = \frac{1}{1.02}[(0.60)(8.9) + (0.40)(0)] = 5.24$$

$$C_{dd}^S = \frac{1}{1.02}[(0.60)(0) + (0.40)(0)] = 0$$

이제 트리를 한 기간 더 뒤로 되돌리자. 분기점 $uS=110$을 고려해보자. 이 분기점에서 외치면 $110-100=10$의 최소 보수를 받는다. 이것은 우리가 다음과 같은 손익을 얻음을 의미한다.

- 최종 가격이 $u^3S = 133.1$이면, $\max\{33.1, 10\} = 33.1$
- 최종 가격이 $u^2dS = 108.9$이면, $\max\{8.9, 10\} = 10$
- 최종 가격이 $ud^2S = 89.1$이면 $\max\{0, 10\} = 10$

이것은 분기점 uS에서 가능한 유일한 3가지 최종 가격이다. 위험중립확률(uS에서 바라본)은 각각 0.36, 0.48, 0.16이다. 따라서, uS에서 외치는 것의 가치는 다음과 같다.

$$\frac{1}{(1.02)^2}[(0.36)(33.1)+(0.48)(10)+(0.16)(10)] = 17.60$$

반면에, 우리가 uS에서 외치지 않는다면, 우리는 가격이 상승하는 경우 $C_{uu}=27.71$의 연속 값을 얻고, 가격이 하락하면 $C_{ud}=5.24$의 값을 얻는다. 따라서 외치지 않는 현재의 가치는 다음과 같다.

$$\frac{1}{1.02}[(0.60)(27.71)+(0.40)(5.24)] = 18.35$$

이 값들을 비교해 보면, $uS=110$에서 외치는 것은 분명히 최적이 아니다. 이 분기점에서 옵션의 값 C_u는 18.35이다.

분기점 $dS=90$에서 옵션은 외가격이기 때문에 외침이 최적이 아니다. 즉, 이 분기점에서의 옵션 값은 다음과 같다.

$$C_d^S = \frac{1}{1.02}[(0.60)(5.24)+(0.40)(0)] = 3.08$$

마지막으로, 옵션은 분기점 $S=100$ 에서 등가격이므로, 외치는 것이 최적이 아니라는 것이 다시 한번 분명하다. 따라서 옵션의 초기 값은 다음과 같다.

$$C^S = \frac{1}{1.02}[(0.60)(18.35)+(0.40)(3.08)] = 12.00$$

비교를 위해, 이 예제에서 기본형(미국식 또는 유럽식) 콜옵션의 가격은 단지 10.35이다. 샤우트 콜옵션은 거의 16% 더 가치가 있다.

19.7 연습문제

1. 무엇이 이색 옵션을 경로-의존적으로 만드는가? 이 장에서 다루지 않은 옵션의 예를 생각해 보라. 왜 당신이 그것을 경로-의존적이라고 생각하는지 설명하라.
2. 옵션이 경로-의존적인 경우 가격을 결정하기 위해 비재결합 이항트리(nonrecombining binomial tree)를 사용해야 하는가? 즉, 원래의 주가 트리를 사용한 역행 귀납법(backwards recur-

sion)에 의해 가격을 결정할 수 있다기보다 각 주식가격 경로를 구분하여 따로 옵션 손익을 평가할 필요가 있는가?

3. 미국식 옵션은 경로-의존적인가? 어째서 그런가 혹은 그렇지 않는가?
4. 왜 아시아식 옵션이 인기가 있는가? 아시아식 옵션이 사용되는 몇 가지 예를 들어라.
5. 아시아식 옵션이 일반 기본형 옵션보다 더 저렴한가 아니면 더 비싼가? 왜 그런가? 항상 이것은 사실인가?
6. 아시아식 평균가격옵션과 아시아식 평균행사가격옵션의 차이점을 설명하라.
7. 룩백 가격 옵션과 룩백 행사가격 옵션의 차이점은 무엇인가?
8. 행사가격 K이상으로 녹-아웃 가격 H가 설정된 초기에는 등가격이었던 녹-아웃 풋옵션을 고려해보자. 풋옵션의 가격이 기본형 풋옵션의 가격보다 더 큰가 아니면 더 작은가 아니면 같은가? 왜 그런가?
9. 녹-아웃 콜옵션 비용이 같은 조건의 기본형 콜옵션 비용보다 적은 이유는 무엇인가?
10. 주식의 상승 잠재력에 투자하고 싶지만 당신의 견해를 지지하는 옵션에 대해 과다한 지불을 두려워하는 경우, 당신의 견해를 보다 저렴하게 구현하는 단일 배리어 옵션을 구입할 수 있는 두 가지 방법을 제안해보라.
11. 당신은 up-and-out 풋옵션의 보유자이다. 이제 당신은 이 옵션을 동일한 행사가격과 만기를 가진 일반 기본형 풋옵션으로 교체하고 싶다. 이를 위해 어떤 옵션을 구입해야 하는가?
12. 산술평균가격 아시아식 옵션 또는 기하평균가격 아시아식 옵션 중 어떤 것이 더 큰 가치를 가지는가?
13. up-and-out 콜옵션 델타의 부호는 무엇인가? 델타가 장벽에 대한 현재 주가의 근접성에 어떻게 의존하는지 설명하라.
14. 다음의 매개변수를 가진 2-기간 이항트리가 있다고 가정하라. $S=100$, $R=1.01$, $u=1.04$, $d=0.96$이다. 관찰된 세 가지 가격, 즉, 초기 가격, 한 기간 이후 가격 및 두 기간 이후 가격에 대해 평균치를 사용하는 2-기간 아시아식 콜옵션을 고려하라.
    (a) 옵션이 행사가격이 100인 평균가격옵션이라고 가정한다. 최초가격은 얼마인가?
    (b) 옵션이 평균행사가격 옵션이라고 가정한다. 최초가격은 얼마인가?
15. $S=100$, $u=1.10$, $d=0.90$, $R=1.03$이다. 다음의 가격을 구하라.
    (a) 95의 행사가격과 90의 장벽을 가진 녹-아웃 콜옵션
    (b) 95의 행사가격과 90의 장벽을 가진 녹-인 콜옵션
    (c) 95의 행사가격을 가진 기본형 콜옵션.

16. 다음의 매개변수를 가진 2-기간 이항트리가 있다고 가정하라. $S=100$, $R=1.01$, $u=1.05$, $d=0.95$이다. $K=95$의 행사가격을 가지고 만기시의 손익은 다음과 같은 옵션을 생각해보라.

$$X_T = \begin{cases} (S_T - K)^2, & \text{if } S_T \geq K \\ 0, & \text{if } S_T < K \end{cases}$$

이 옵션의 초기 가격은 얼마인가?

17. 회사가 종업원 옵션 부여를 특히 유리한 날짜, 즉 현재가격에 비해 주식가격이 낮아 발행된 콜옵션에 대해 낮은 행사가격을 설정할 수 있는 날짜로 "백 데이팅"한 사례가 많이 있었다. 어떤 이색 옵션이 이 관행과 유사한가? 이 이색 옵션과 백 데이팅한 옵션 사이에 차이가 있는가?

참고 미국의 임원스톡옵션은 (일반적으로 세계 대부분에서와 같이) 보통 등가격으로 부여된다. "백 데이팅"은 적어도 2000년대 중반까지 많은 미국 기업들이 행하였던 관행으로, 임원스톡옵션을 부여한 회사들이 주어진 기간(예, 일년) 동안 자신의 주가를 되돌아 보고, 그 기간 동안 낮은 시점을 표면상 부여일로 선택한 것을 말한다. 이것은 피부여자에게 최저 행사가격을 보장하고 또한 "실제" 부여일에 옵션을 내가격으로 만든다.

18. 되돌아보는 기간이 연장될 때 고정행사가격 룩백 옵션 값은 어떻게 변경되는가?

19. 일반적으로 룩백 옵션에서 되돌아보는 기간은 옵션의 만기와 일치할 필요는 없다. 따라서 변동행사가격 룩백 옵션은 그 안에 두 기간이 있다. (i) 옵션 자체의 만기, 즉 T와 (ii) 되돌아보는 기간(lookback period) $\tau \leq T$. 다음의 경우 옵션의 가치는 어떻게 변하나?
   (a) 만기 T가 증가하고, τ는 고정되어 있는 경우?
   (b) T는 고정되어 있고 되돌아보는 기간 τ는 증가하는 경우(T를 초과하지는 않는다)?
   (c) 만기 T는 감소하지만 τ는 증가하는 경우(T를 초과하지는 않는다)?
   (d) 만기 T가 증가하고 τ가 증가하는 경우(T를 초과하지 않는다)?

20. 종업원 스톡옵션은 회사의 주식가격이 일정 기간에 걸쳐 떨어지면 종종 행사가격이 재설정된다. 즉, 옵션은 처음에는 등가격으로 발행되지만, 심외가격이 되면 즉, 초기 부여 이후 주가가 크게 하락한 경우 행사가격을 낮춘다. 당신은 회사가 왜 이렇게 종업원 옵션 행사가격을 재설성한다고 생각하는가? 이 관행과 가장 유사한 경로-의존적 옵션은 무엇인가?

21. 3-기간 이항트리를 사용하여 down-and-out 콜옵션의 값을 구하라. 주어진 매개변수들은 다음과 같다. 초기 주가 \$100, 행사가격 \$105, 장벽 \$90, 기간당 무위험이자율 5%, 옵션 만기 3년, 주식의 변동성은 40%이나. CRR 방법을 사용하여 이항트리를 만들어라.

22. 위의 질문에서 기본형 콜옵션에 대해 이 모형을 기본값(default)으로 만들기 위해 모형에 어떤 작업을 해야 하는가? 기본형 콜옵션이 배리어 옵션보다 가치가 더 큰가 아니면 더 작은가?

23. (코드 작성 필요) 마지막 두 질문에서 동일한 배리어 옵션가격결정 문제는 13장에서 개발한 재귀적 프로그래밍 접근법(recursive programming approach)을 사용하여 해결할 수 있다. 이러한 접근 방식을 사용하여 가격결정 모형을 다시 프로그래밍 하라. 배리어 옵션가격이 동일한지 확인하라. 동일한 매개변수 값들을 사용하라.

24. 분기별로 재설정하는 리버스 클리켓(reverse cliquet)은 15%에서 수익률이 음수인 분기 중의 수익률을 차감한 연간 쿠폰을 지불한다. 이 지수는 연초에 1000이며 연이은 분기 말에는 각각 900, 1000, 1100 및 1050 값을 취한다. 이 옵션의 최종 손익은 무엇인가?

25. 발행 시 등가격이며 행사가격이 K인 다음 옵션들 가운데 어떤 것이 더 높은 가치를 가지는가?
    (a) 만기가 $T=1$년이고 $T=1/2$년에 단일 재설정이 되는 클리켓 옵션?
    (b) 만기 $T=1$년인 1-외침 샤우트 옵션?

26. (코드 작성 필요) (a) $S=50$, 행사가격 $K=50$, 연 무위험이자율 $r=3\%$, 변동성 $\sigma=0.3$, 장벽 $H=45$의 매개변수를 사용하여 down-and-in 배리어 콜옵션의 가격결정 프로그램을 작성하라. 각 기간에 대해 1년의 시간 단계를 가진 CRR 가격결정 트리를 사용하라. 옵션의 만기는 6년이다.
    (a) 풋옵션가격결정을 할 수 있도록 프로그램을 수정하라.
    (b) 유럽식 옵션에 대한 풋-콜 패리티가 배리어 옵션에도 성립하는가? 왜 그런가?

27. (a) 다음의 매개변수들을 가진 10년 만기 down-and-in 배리어 콜옵션의 값을 구하라. $S=100$, 행사가격 $K=102$, 연 무위험이자율 $r=2\%$, 변동성 $\sigma=0.4$이고, 장벽 $H=90$이다. 이 문제에 대해 1년의 시간 단계를 가진 CRR 트리를 사용하라.
    (b) 동일한 매개변수를 사용하여 down-and-out 배리어 콜옵션의 값을 구하라.
    (c) 동일한 매개변수를 사용하여 기본형 콜옵션의 값을 구하라.
    (d) (a)와 (b)에서 얻은 가격의 합계가 (c)에서 얻은 가격과 동일한지 확인하라.

28. 행사가격이 K인 샤우트 옵션을 고려하라. 옵션의 값을 구하는 한 가지 방법은 다음과 같다. 만기가 되기 이전의 어느 시점에서 주식가격이 $S>K$일 때 외친다면, 당신은 $S-K$ 손익을 얻고(만기에 지불됨) 원래 보유한 샤우트 콜옵션은 만기까지 남은 기간 동안 행사가격 S를 가진 새로운 기본형 콜옵션으로 대체된다.
    (a) 이 옵션의 값을 구하기 위해 이항트리를 어떻게 사용할지 설명하라.
    (b) 트리는 재조합될 것인가? 즉, 이 옵션은 역행 귀납법(backwards recursion)을 통해 가격을 구할 수 있는가?
    (c) 이 옵션은 경로-의존적인가?

29. 주가 \$50, 행사가격 \$50, 연 무위험이자율 $r=10\%$, 변동성 $\sigma=0.35$인 10년 만기 아시아식 옵션의 가격을 구하라. 콜옵션과 풋옵션의 가격을 구하고 풋-콜 패리티가 성립하는지 확인하라. 기간 당 1년의 시간 단계를 가진 가격결정 트리를 사용하라.

30. (코드 작성 필요) 이전 질문과 동일한 매개변수들을 가진 룩백 가격 콜옵션과 풋옵션의 값을 구하라.

31. (코드 작성 필요) up-and-out 콜옵션에 대해서 이 장 부록에 있는 공식을 사용하여, $S=102$, $K=100$, $r=5\%$ p.a., 장벽 $H=130$ 및 만기 $T=0.25$의 매개변수들을 가진 옵션의 값을 구하라. 연율화된 변동성은 $\sigma=40\%$이다. 트리 모형을 프로그램하여 값을 구하라. 트리 모형을 닫힌 형태의 답과 비교하라.

32. 앞의 질문에서, up-and-out 콜옵션의 만기를 연장할 때 그 효과는 무엇인가? 동일한 매개변수를 사용하나 만기는 다음과 같은 다른 값(0.1년, 0.2년, 0.3년, 0.5년 및 1.0년)을 갖도록 하라.

33. 더 복잡한 배리어 옵션인 이중 배리어 녹-아웃(double barrier knock-out) 콜옵션을 고려하라. 이 경우, 옵션 기간 동안 어느 한 장벽이 깨지면 옵션이 녹-아웃된다. 이 옵션에 대해 어떤 방법을 사용하던 다음의 매개변수들을 가진 이 옵션의 값을 구하라. $S=100$, $K=100$, 하한선 80, 상한선 120, 만기 0.25년, 무위험이자율 6% p.a., 배당금 0, 변동성은 35%이다. 다음 질문에 답하라.
    (a) 이 옵션의 가격은 얼마인가?
    (b) $S=95$와 $S=105$ 에서의 가격은 얼마인가?
    (c) 변동성이 50%일 때의 가격은 얼마인가? 이것은 베가의 부호에 대해 무엇을 말해주는가?
    (d) 주가가 95, 100, 105일 때 옵션 델타는 무엇인가?

34. 닫힌 형태의 해를 사용하여 다음과 같은 매개변수를 가진 up-and-in 풋옵션의 값을 구하라. $S=100$, $K=100$, 장벽 $H=110$, 리베이트 50, 만기 1년, 연간 무위험이자율 3%, 주식 변동성은 40%이다. 배당은 없다.
    (a) 옵션의 가격은 얼마인가?
    (b) 주식이 105로 상승한다면 옵션가격은 얼마인가?
    (c) 주식이 109로 상승한다면 옵션가격은 얼마인가?
    (d) 델타와 감마의 부호에 대해 무엇을 말할 수 있는가?

35. 현재 주가는 \$100 이다. 주가 변동성이 30%이고 연간 무위험이자율이 10%인 경우 반기 평균 행사가격 아시아식 콜옵션가격을 구하라. 6개월의 월별 단계를 가진 트리 모형을 사용하라. 이렇게 구한 가격과 \$100의 행사가격을 가진 동일한 조건의 평균 가격 아시아식 콜옵션의 값과 비교하라. 가격이 다른 이유를 직관적으로 서술하라.

36. 질문 35에서와 같은 매개변수를 사용하여 두 유형, 평균가격 및 평균행사가격의 아시아식 풋옵션 값을 구하라. 가격을 비교하라. 한 옵션 값이 다른 옵션 값보다 더 큰 이유를 설명하라.

37. 다른 모든 매개변수는 변경되지 않고 주가만 $90인 경우에 대해 질문 35번을 반복한다. 평균가격 및 평균행사가격 옵션의 값을 구하고 이 값들을 비교하라.

38 현재 주가는 $100이다. 주가 변동성이 30%이고 연간 무위험이자율이 10%인 경우, 반기 변동 행사가격 룩백 콜옵션가격을 구하라. 6개월의 월별 단계를 가진 트리 모형을 사용하라. 또한 룩백 풋옵션의 가격을 구하라.

부록 19A 배리어 옵션가격 결정공식

기본 표기법을 기억하라. S는 현재 (시점-0) 주가, K는 행사가격, T는 옵션의 만기, r은 무위험 이자율, σ는 주식의 변동성, H는 장벽이다. 기본형 콜옵션과 풋옵션의 블랙-숄즈 가격은 각각 $C^{BS}(S, K)$ 및 $P^{BS}(S, K)$이다. 수치 γ와 a는 다음과 같이 정의된다.

$$\gamma = \frac{2r}{\sigma^2} \tag{19.52}$$

$$a = \left(\frac{H}{S}\right)^{\gamma - 1} \tag{19.53}$$

이제 b와 d_1, d_2, ... , d_8을 다음과 같이 정의한다.

$$b = \left(\frac{H}{S}\right)^{\gamma + 1} \tag{19.54}$$

$$d_1 = \frac{1}{\sigma\sqrt{T}}\left[\ln\left(\frac{S}{K}\right) + \left(r + \frac{1}{2}\sigma^2\right)T\right] \tag{19.55}$$

$$d_2 = \frac{1}{\sigma\sqrt{T}}\left[\ln\left(\frac{S}{K}\right) + \left(r - \frac{1}{2}\sigma^2\right)T\right] \tag{19.56}$$

$$d_3 = \frac{1}{\sigma\sqrt{T}}\left[\ln\left(\frac{S}{H}\right) + \left(r - \frac{1}{2}\sigma^2\right)T\right] \tag{19.57}$$

$$d_4 = \frac{1}{\sigma\sqrt{T}}\left[\ln\left(\frac{S}{H}\right) + \left(r + \frac{1}{2}\sigma^2\right)T\right] \tag{19.58}$$

$$d_5 = \frac{1}{\sigma\sqrt{T}}\left[\ln\left(\frac{S}{H}\right) - \left(r + \frac{1}{2}\sigma^2\right)T\right] \tag{19.59}$$

$$d_6 = \frac{1}{\sigma\sqrt{T}}\left[\ln\left(\frac{S}{H}\right) - \left(r - \frac{1}{2}\sigma^2\right)T\right] \tag{19.60}$$

$$d_7 = \frac{1}{\sigma\sqrt{T}}\left[\ln\left(\frac{SK}{H^2}\right) - \left(r - \frac{1}{2}\sigma^2\right)T\right] \tag{19.61}$$

$$d_8 = \frac{1}{\sigma\sqrt{T}}\left[\ln\left(\frac{SK}{H^2}\right) - \left(r + \frac{1}{2}\sigma^2\right)T\right] \tag{19.62}$$

$H \leq K$일 때 down-and-out 콜옵션 및 down-and-in 콜옵션에 대한 가격은 배리어 옵션 관련 절의 설명에 나와 있다. 나머지 배리어 옵션에 대한 가격결정식은 다음과 같다.

1. Up-and-out call:

$$S\left[N(d_1) - N(d_3) - bN(d_6) + bN(d_8)\right] - PV(K)\left[N(d_2) - N(d_4) - aN(d_5) + aN(d_7)\right]$$

2. Up-and-in-call:

$$S\,[N(d_3)+bN(d_6)-bN(d_8)]\;-\;PV(K)\,[N(d_4)+aN(d_5)-aN(d_7)]$$

3. Down-and-out call, $K>H$:

$$S\,[N(d_1)-bN(-d_8)]\;-\;PV(K)\,[N(d_2)-aN(-d_7)]$$

4. Down-and-out call, $K<H$:

$$S\,[N(d_3)-bN(-d_6)]\;-\;PV(K)\,[N(d_4)-aN(-d_5)]$$

5. Down-and-in call, $K>H$:

$$S\,b\,N(-d_8)-PV(K)\,a\,N(-d_7)$$

6. Down-and-in call, $K<H$:

$$S\,[N(d_1)-N(d_3)+bN(-d_6)]\;-\;PV(K)\,[N(d_2)-N(d_4)+aN(-d_5)]$$

7. Down-and-out put:

$$PV(K)\,[N(d_4)-N(d_2)-aN(d_7)+aN(d_5)]\;-\;S\,[N(d_3)-N(d_1)-bN(d_8)+bN(d_6)]$$

8. Down-and-in put:

$$PV(K)\,[1-N(d_4)+aN(d_7)-aN(d_5)]\;-\;S\,[1-N(d_3)+bN(d_8)-bN(d_6)]$$

9. Up-and-in put, $H>K$:

$$PV(K)\,a\,N(d_7)-S\,b\,N(d_8)$$

10. Up-and-in put, $H<K$:

$$PV(K)\,[N(-d_3)-aN(d_6)]\;-\;S\,[N(-d_4)-bN(d_5)]$$

11. Up-and-out put, $H>K$:

$$PV(K)\,[N(-d_2)-aN(d_7)]\;-\;S\,[N(-d_1)-bN(d_8)]$$

12. Up-and-out put, $H<K$:

$$PV(K)\,[N(-d_2)-N(-d_3)+aN(d_6)]\;-\;S\,[N(-d_1)-N(-d_4)+bN(d_5)]$$

제 20 장

Value-at-Risk

20.1 서론

모든 포트폴리오 관리는 위험과 수익률에 관한 것이다. "수익률"은 명확하고 자명한 개념이지만 "위험"은 정확히 서술하기가 더 어려운 개념이다. 주식시장에서 우리는 변동성이나 베타 또는 요인 민감도(factor loadings) 측면에서 위험을 생각할 수 있다. 채권시장에서 우리는 변동성, 듀레이션(duration) 및 볼록성에 대한 개념을 가지고 있다. 옵션의 맥락에서는 델타, 감마, 세타 및 기타 그릭문자들이 있다.

1990년대에 위험한 포트폴리오에 대한 손실을 충당하기 위해 보유한 자본이 적정한지를 측정하기 위해 명확하게 초점이 맞춰진 Value-at-Risk 또는 VaR이라는 포트폴리오 위험을 측정하기 위한 새로운 도구가 등장했다. VaR에 대한 최초의 유명한 언급은 포트폴리오의 위험성을 평가하기 위해 VaR 및 스트레스 테스트의 사용을 권장한 "파생상품: 실행 및 원칙"이라는 제목의 Thirty 그룹의 1993년 보고서를 통해서이다. 그러나 아마도 VaR 사용을 장려하는 가장 중요한 요인은 1994년에 JP Morgan이 RiskMetrics 시스템을 도입한 것이다. VaR은 현재 자본적정성 측정을 위한 포트폴리오 위험의 가장 보편적인 측정수단이다.

이 장에서는 VaR 및 관련 개념들을 검토한다. 우리는 VaR의 분석으로 20.2절을 시작하고, VaR의 정의와 용도, VaR을 계산하는 다른 방법들, 그리고 각 방법의 장단점을 논의한다. 그런 다음, 이 기초를 바탕으로 20.3절에서는 위험 예산책정(risk budgeting)에 대한 개념을 개발한다. "일관성 있는(coherent)" 위험 측정에 대한 최종 절은 보다 추상적이다. 이는 만족할만한 "좋은" 위험 측정을 위해 필요한 조건의 집합을 설명한다.

VaR 및 위험 예산책정은 최근 몇 년 동안 여러 권의 책에서 다루어진 주제이다. 이 장에서 우리의 설명은 물론 간략하다. 포트폴리오 위험관리 분야를 더 깊이 파고들려는 독자는 우리가 특별히 위험 예산책정의 주제를 다룰 때 토대로 했던 Pearson(2002)과 같은 이 분야에 관한 많은 책들을 읽기를 권장한다.

20.2 Value-at-Risk

VaR의 개념은 예를 드는 것이 가장 좋다. 현재 \$100 상당의 포트폴리오가 있고, 그것이 1년 만에 \$100 + X의 가치를 가질 것이라고 가정하자. 여기서 $X \sim N(5, 10^2)$, 즉, X는 평균 5와 표준편차 10을 가진 정규분포를 따른다. 우리가 "꼬리 결과(tail outcomes)"의 측면에서 이 포트폴리오의 위험을 예측하는데 관심이 있다고 가정하자.

이 위험을 측정하는 한 가지 방법은 다음과 같은 질문을 하는 것이다. 포트폴리오의 1년 손익이 임의의 m 달러 보다 작을 확률 p는 무엇인가? 예를 들어, 우리는 1년 동안의 손익이 -10보다 작을 확률, 즉 포트폴리오가 현재가치 100에서 적어도 10% 이상 손실을 볼 확률을 알기 원할 수 있다.

이것은 알기가 어렵지 않다. 평균 5와 표준편차 10을 가진 손익 정규분포로부터 $x \leq -10$이 관측될 확률을 구할 필요가 있다. 정규분포표를 참고하면 답은 6.68%이다.

Value-at-Risk는 이 문제를 반대 방향으로 제기한다. 달러금액 m을 고정하고 그보다 아래로 떨어질 확률 p가 무엇인지 물어보는 대신, 확률 p를 고정하고 다음과 같은 질문을 한다. m보다 더 나쁜 결과를 가져올 가능성이 p보다 더 크지 않게 되는 m은 무엇인가? 적어도 $1-p$ 이상의 확률로 결과가 m보다 우수하므로, 이 수 m은 $(1-p)$ VaR 이라고 한다. 예를 들어, p를 1%(일반적인 값)로 취하면 m은 99% VaR이라고 한다.

이 예에서 99% VaR은 $N(5, 10^2)$분포에서 $x \leq m$이 관측될 확률이 0.01이 되도록 하는 수 m이다. 이 수를 구하려면, 임의의 정규분포에서 평균으로부터 2.33 표준편차의 거리를 두면 각 꼬리에 전체의 약 1%가 남아 있음을 상기하라. 우리는 포트폴리오의 왼쪽 꼬리에 주의를 기울이기 때문에 다음과 같이 계산한다.

$$\text{평균} - (2.33 \times \text{표준편차}) \quad \textbf{(20.1)}$$

이것이 구하고자 한 수 m이다. 이 예에서 99% VaR 수치는 다음과 같다.

$$m = 5 - (2.33 \times 10) = -18.30$$

따라서 포트폴리오 손익이 -18.30 보다 나쁠 확률은 1%이다. 동일하게, 1년 말에 포트폴리오 가치가 적어도 100−18.30=81.70일 확률이 99%이다.

이 예에서 알 수 있듯이, VaR에는 세 가지 구성 요소가 있다: 확률 p, 달러 금액 m 및 VaR이 계산되는 기간 h가 있다. VaR을 보고할 때, 확률 p는 일반적으로 0.01 또는 0.05(1% 또는 5%)로 취해진다. 기간은 보고 목적에 따라 다르다. 포트폴리오 매니저는 종종 하루의 기간을 기준으로 VaR을 사용한다. 은행의 필요한 자본은 1년의 기간을 사용하여 계산된다.

VaR 부호에 대한 참고 사항

포트폴리오 손익의 왼쪽 꼬리에는 일반적으로 손실이 포함되므로, 위에서 정의한 VaR은 일반적으로 음수가 된다. 실제로 VaR을 보고할 때는 음수 부호를 삭제하는 것이 일반적이다. 암묵적으로 이것은 VaR을 포트폴리오의 손실로 해석한다는 것을 의미한다.(따라서, 예를 들어, 위의 수치 예제에서 99% VaR은 −18.30 대신 18.30으로 보고된다.)

우리는 이 장에서 이 관례를 따를 것이다. VaR이 높으면 위험한 포트폴리오를 의미한다. 이 관례에서 음의 VaR은 주어진 신뢰수준에서 포트폴리오 손익이 양의 값을 갖게 됨을 의미한다. 예를 들어, −3백만 95% VaR은 포트폴리오가 3백만 미만의 수익을 올릴 확률이 0.05임을 의미한다.

위험 측정수단으로서의 VaR: 해설

위험 측정수단으로서 VaR의 가장 중요한 특징 중 하나는 VaR이 자본적정성에 대한 요약 그림을 제공한다는 것이다. 즉, 확률론적 방법으로 기업이 파산에 이르는 상황으로부터 얼마나 안전한지를 수량화한다. 예를 들어, 한 기업의 자본금이 1,000만 달러이고 1년 95% VaR이 1,200만 달러인 경우를 가정해 보자. 이것은 이 기업이 자기자본으로 보유하는 것보다 내년에 더 많은 돈을 잃을 가능성이 적어도 5%는 된다는 것을 의미한다. 만약 이 기업이 파산의 가능성을 줄이려면, 본질적으로 오직 두 가지 선택만이 있다. 자본금을 더 많이 확충하거나(예: 자본금을 1,500만 달러로 늘릴 수 있음) 포트폴리오 구성을 변경하여 포트폴리오의 꼬리 위험을 낮출 수 있다.

하나의 수치로 포트폴리오의 하방 위험을 포착함으로써, VaR은 포트폴리오들 간의 비교를 용이하게 한다. 예를 들어, 두 개의 1,000만 달러 포트폴리오가 있다고 가정하자. 첫 번째 포트폴리오는 1년의 끝에 $\$10 + X_1$ 백만의 가치가 있고, 두 번째 포트폴리오는 $\$10 + X_2$ 백만의 가치가 있다고 가정하자. 주어진 신뢰 수준(예: 99%)에서 이러한 포트폴리오들의 VaR을 비교함으로써 어느 것이 더 큰 꼬리 위험을 갖는지 식별할 수 있다.

예를 들어, X_1과 X_2가 모두 $X_1 \sim N(1, 1^2)$ 및 $X_2 \sim N(0.8, 0.7^2)$으로 정규분포를 따른다고 가정하자. 첫 번째 포트폴리오는 두 번째 포트폴리오보다 기대손익이 높지만 표준편차가 더 높으므로 어떤 것이 꼬리 위험이 낮은지 즉시 알 수 없다. (20.1)을 사용하면, 첫 번째 포트폴리오의 1년 99% VaR($100만 단위)은 1.33이다.

$$1 - (2.33 \times 1) = -1.33$$

마찬가지로, 두 번째 포트폴리오의 경우는 0.83이다:

$$0.80 - (2.33 \times 0.7) = -0.83$$

따라서 99% VaR의 경우, 두 번째 포트폴리오는 첫 번째 포트폴리오보다 꼬리 위험이 적다.

표 20.1

	분포 1	분포 2
결과	확률	확률
−10	0.01	0.01
0	0.90	0.09
+10	0.09	0.90

표 20.2

	분포 1	분포 2
결과	확률	확률
−50	0.025	0.000
−10	0.035	0.060
+10	0.940	0.940

셋째, 총체적 미래지향적인 측정수단으로서 VaR은 자산클래스, 관리자 또는 위험요소와 같은 요인들로 위험을 분해하는 것을 용이하게 한다. 이러한 분해는 자산 재할당, 한계 설정 또는 자산할당/포트폴리오 관리자 모니터링에 사용될 수 있다. 이 총체적 과정을 위험 예산책정(risk budgeting)이라고 하며, 아래 20.3절의 주제이다.

넷째로, VaR은 주어진 분포의 양이 손익분포의 꼬리 부분의 한 점 이상에 존재할 때 그 한 점을 식별하는 것이다. 그것은 손익에 관한 분포에 대해 가정을 하지 않으며 연속 및 비연속 손익분포에 사용될 수 있다. 아래에 설명된 VaR을 계산하는 "역사적 시뮬레이션" 방법은 실제 손익분포에 관한 이 불가지론을 사용한다.

이러한 기능과 결합된 VaR의 단순성은 VaR이 포트폴리오 위험의 측정수단으로 널리 사용되도록 하였다. 그럼에도 불구하고, VaR은 우리가 "포트폴리오 위험"과 연관시키는 모든 것을 요약하는 측정수단은 아니다. 우리는 VaR이 하지 않는 것을 강조하기 위해 VaR의 일부 특성을 설명한다.

VaR의 한계

첫째, VaR은 그 정의에서도 분명히 나타나듯이 하방 위험, 즉 손익분포의 왼쪽 꼬리에서만 발생할 수 있는 손실의 척도이다. 이 꼬리 밖의 손익분포의 형태에는 관심을 두지 않으며 포트폴리오 위험의 일반적인 척도로 취급해서는 안 된다. 이 점을 보여주는 간단한 예를 위해 [표 20.1]에 주어진 두 가지 가능한 결과 분포를 고려해보자. 두 분포에 대한 99% VaR은 0이다. 두 경우 모두 결과가 0 이상일 확률이 0.99이다. 그러나 분포는 분명히 매우 다르다.

VaR은 분포의 왼쪽 꼬리 밖에서 일어나는 일에 주의를 기울이지 않을 뿐만 아니라, 왼쪽 꼬리 부분에서 손익이 어떤 행태를 가지는지에 대해서도 말하지 않는다. 두 분포는 매우 다른 왼쪽 꼬리를 가질 수 있지만, 주어진 신뢰수준에서 유사한 VaR을 가질 수 있다. 예를 들어, [표 20.2]의 두

손익분포를 고려해보자. 각각의 경우에 95% VaR은 −10으로 보여지므로, 95% VaR은 꼬리 위험 측면에서 둘의 분포가 동일하다고 판정한다. 그러나 첫 번째 분포가 두 번째 분포보다 꼬리 위험이 더 크다는 것이 명백하다.

VaR의 세 번째 중요한 결함은 이 장의 뒷부분에서 강조 표시되어 있다. 20.4절의 예는 VaR이 분산 투자의 이점을 인정하지 않을 수도 있다는 것을 보여준다. 즉, 포트폴리오의 VaR은 포트폴리오가 더 분산화 되어 (직관적으로 말하자면) 덜 위험해지더라도 커질 수 있다는 것이다. 이는 위험 측정에서 분명히 바람직하지 않다. 이 모든 사항은 VaR을 주의 깊게 해석하고 사용해야 함을 나타낸다.

VaR 계산 방법

포트폴리오의 VaR을 계산하는 방법은 여러 가지가 있다. 각 접근 방식에는 장단점이 있으며 어떤 것도 최선의 방법이 아니다. 다른 방법이 다른 VaR을 제공할 수 있음을 또한 유의하는 것이 중요하다. 실제로 VaR을 계산하는 세 가지 일반적인 방법은 다음과 같다.

- 델타-정규분포 방법
- 역사적 시뮬레이션
- 몬테카를로 시뮬레이션

각 방법은 과거 데이터에서 도출된 매개변수에 어느 정도 근거를 두고 있다. 우리는 아래에 각각을 설명한다.

VaR 추정하기 I : 델타-정규분포 방법

델타-정규분포 접근법에서 자산손익은 정규분포를 따르는 것으로 가정한다. 따라서 모형에 두 가지 주요 입력 사항이 있다. 각 자산의 기대수익률 벡터와 이러한 손익의 분산-공분산 행렬이다. 이 입력 사항들을 사용하여 포트폴리오 손익의 평균과 분산을 계산한다. 정규분포의 가정을 사용하여, 포트폴리오의 VaR은 이제 쉽게 계산된다.

표기법으로, $i=1, \ldots, n$으로 색인된 포트폴리오에 n개의 자산이 있다고 가정한다. 다음과 같이 표기한다.

- w_i는 자산 i의 달러 투자를 나타낸다
- μ_i는 자산 i의 기대수익률이다.
- σ_{ij}는 자산 i와 j 간의 수익률의 공분산이다. $i=j$일 때, 이것은 자산 i의 수익률의 자체에 대한 공분산이며, 자산 i의 수익률의 분산 σ_i^2이다.

가능한 혼동을 피하기 위해 이 표기법에 대해 두 가지를 강조한다. 첫째, 투자 $w = (w_1, \ldots, w_n)$는 달러로 표시되며, 다른 자산에 투자된 포트폴리오 가치의 비율이 아니다. 따라서 w_i의 합은 포트폴리오에 투자한 총 달러금액을 알려준다. 둘째로, 개별 자산에 대한 손익(즉, μ_i와 δ_i^2)은 평소와 마찬가지로 자산에 투자한 달러당 손익을 나타낸다. 총 달러 포트폴리오 손익은 각 자산에 투자한 달러 액수에 따라 달라진다. 이 장의 나머지 부분에서 다음 표기법을 사용한다.

- 포트폴리오에서 기대되는 달러손익은 $\mu_P(w)$로 표시된다. w가 당연한 곳에서는, 단순히 μ_P로 표기한다. 이 기대수익률은 다음과 같다.

$$\mu_P = \sum_{i=1}^{n} \mu_i w_i \tag{20.2}$$

- 포트폴리오에 대한 달러손익의 분산은 $\sigma_P^2(w)$, 또는 w가 당연한 곳에서는 단순히 σ_P^2로 표시된다. 이 분산은 다음과 같이 주어진다.

$$\sigma_P^2 = \sum_{i,j=1}^{n} w_i w_j \sigma_{ij} \tag{20.3}$$

모든 자산손익은 (가정에 의해) 정규분포를 따르고 정규분포의 합은 정규분포이므로, 포트폴리오(달러) 손익은 그 자체가 평균 μ_P와 분산 σ_P^2인 정규분포를 따른다.

포트폴리오의 99% VaR을 계산한다고 가정해 보자. 이것은 수치 $-m$이며, 여기서 m은 다음과 같이 정의된다.

$$m = \mu_P - (2.33 \times \sigma_P)$$

대신 95% VaR을 계산하려면 위 공식에서 수치 2.33을 1.645로 대체하면 된다. 다음 예제에서는 그 절차를 보여준다.

예제 20.1

델타-정규분포 VaR 계산하기

다음과 같은 기대손익과 분산-공분산 행렬을 가지고 결합 정규분포(jointly normally distributed)를 따르는 두 개의 자산이 있다고 가정하자.

$$\begin{bmatrix} \mu_1 \\ \mu_2 \end{bmatrix} = \begin{bmatrix} 0.20 \\ 0.12 \end{bmatrix}, \qquad \begin{bmatrix} \sigma_1^2 & \sigma_{12} \\ \sigma_{21} & \sigma_2^2 \end{bmatrix} = \begin{bmatrix} 0.04 & 0.02 \\ 0.02 & 0.03 \end{bmatrix}$$

첫 번째 자산에 $w_1 = 5$, 두 번째 자산에 $w_2 = 5$의 투자 포트폴리오를 가지고 있다고 가정한다. (20.2)와 (20.3)을 사용하면 포트폴리오의 기대손익과 분산은 다음과 같다.

$$\mu_P = 1.60 \qquad \sigma_P^2 = 2.75$$

따라서 포트폴리오 손익은 평균 1.60이고 분산은 2.75인 정규분포를 따른다(즉, 표준편차는 약 1.658이다). 이제 95% VaR을 계산한다고 가정해 보자. 우리는 다음과 같은 결과를 얻는다.

$$\mu_P - (1.645 \times \sigma_P) = 1.60 - (1.645 \times 1.658) = -1.128$$

따라서 95% VaR은 1.128 또는 포트폴리오 초기 가치의 11.28%이다. 즉, 포트폴리오의 손익이 −11.28%보다 나빠지지 않을 확률이 95%이다. 이 예에서 99% VaR이 2.264 또는 초기 포트폴리오 가치의 22.64%인지 확인하는 것은 연습으로 독자에게 맡긴다. 자본 적정성을 측정하기 위해 VaR을 사용하는 경우, 99% VaR은 95% VaR의 자본금의 두 배를 약간 초과한다. ■

델타-정규분포 접근법의 장단점

델타-정규분포 접근법에는 몇 가지 확실한 이점이 있다. 이해하기 쉽고, 의사소통이 쉽고, 정규분포 및 기본 선형대수에 대한 지식만 있으면 된다. 그것은 계산 집약적이지 않으며, 특히 시뮬레이션을 필요로 하지 않는다. 또한 최근 데이터 및 추세에 따라 쉽게 구축할 수 있다.

이것들에 비해 델타-정규분포 접근법에는 두 가지 주요 단점이 있다. 첫째, 포트폴리오에 옵션이 있는 경우, 델타-정규분포 접근법은 옵션 델타를 사용하여 옵션 노출(option exposure)을 동일한 단위의 기초자산으로 변환한다.(이것이 이 접근법의 이름에 "델타"가 나오는 이유이다.) 문제는 이 접근법이 기초자산 가격에 대한 선형 노출을 가정한다는 것인데, 이는 옵션 그릭문자 장에서 보았듯이 좋은 가정이 아니다. 특히, 포트폴리오가 양의 감마를 가졌다면 선형성을 기반으로 한 VaR은 포트폴리오의 가능한 손실을 과대평가할 것이다. 음의 감마를 가졌다면 손실은 과소평가된다.

델타-정규분포 접근법의 두 번째 단점은 "정규분포" 부분에서 비롯된다. 실제로는 수익률이 비정규분포인 경우가 많으며, 심지어는 조건부인 경우도 있으며, 비정규분포는 보통 정규분포보다 더 두꺼운 꼬리 형태를 취하는 경우가 많다. 즉, 정규분포를 가정하면 위험에 대한 과소평가의 결과가 가장 흔하게 나타나며, 이는 꼬리에 중점을 둔 위험 측정에 대한 심각한 우려를 야기한다.

VaR 추정하기 II : 역사적 시뮬레이션

VaR을 계산하기 위한 두 번째 접근법은 역사적 시뮬레이션으로 실제 역사적인 데이터를 사용하여 위험을 평가한다. 암묵적인 가정은 미래가 과거의 수익률분포를 반영할 것이라는 것이다. 따라서 우리는 현재의 포트폴리오를 취하여 과거에 선택한 기간 동안의 포트폴리오를 구성하는 자산에 대한 실제 수익률에 적용한다.

예를 들어, 주어진 포트폴리오의 1일 VaR에 관심이 있다고 가정하고, 이전 1,000일 동안의 데이터를 사용하여 역사적 시뮬레이션을 통해 이 수치를 추정하려고 한다. 우리는 1,000일 동안 매일 포트폴리오에 대한 달러수익률을 살펴보고, 그 결과에 대해 최악의 경우부터 최고까지 순위를 매긴다. 우리가 95% VaR을 원한다면, 우리는 50번째 최악의 결과를 선택한다(지난 1,000일 동안 실제로 관찰된 1일 손익의 5%가 이 수준 이하이고 95%는 이 수준보다 더 낫다). 마찬가지로 99% VaR을 원할 경우 1,000건의 결과 중 10번째 최악의 결과를 선택한다.

역사적 시뮬레이션의 장점과 단점

VaR을 추정하는 수단으로 역사적 시뮬레이션은 두 가지 주요 이점이 있다. 첫째, 기술적인 내용이 포함되어 있지 않으므로 이해하기 쉽고 설명하기가 쉽다. 이는 백 테스팅과 유사하다. 시간을 거슬러 올라가서 역사를 통해 포트폴리오를 운영하고 수익률분포에 대해 알려주는 내용을 확인하는 것이다. 둘째, 비정규분포와 비선형성은 문제가 되지 않는다. 우리는 실제 역사적 데이터를 사용하기 때문에, 자동적으로 실제 경험적 분포를 포착한다.

이것과 비교하여 이 방법은 몇 가지 단점을 가지고 있다. 역사적 시뮬레이션은 "게으른" 방법이다. 이 방법은 리스크 관리자로 하여금 미래에 대해 비판적으로 생각하도록 하지 않는다. 미래가 과거를 비추게 될 것이라는 암묵적 가정은 부정확할 수 있다(예를 들어, 1997년경 태국 바트와 같이 크게 다를 수도 있다). 과거에 의존하는 것은 변동성이 불안정할 때 특히 좋지 않을 수 있다. 갑작스러운 변동성의 급증은 최신 관측치에만 영향을 미치기 때문에 오랜 역사적 시계열에 작은 변화를 일으킬 수 있다. 이는 실제 위험을 과소평가하는 역사적 VaR을 초래한다. 반대로, 변동성이 급격히 감소하면 역사적 시뮬레이션 접근법은 위험을 과대평가하게 된다.

역사적 시뮬레이션은 또한 매우 데이터 집약적인 접근 방식이다. 포트폴리오의 각 자산에 대해 우리는 수익률의 시계열 자료를 가지고 있어야 한다. 그러나 현대의 컴퓨팅 자원으로 인해 매일 이 문제는 줄어들고 있다. 그럼에도 불구하고, 대부분의 데이터가 분석에 거의 기여하지 않는다는 사실을 주목하라. 데이터의 왼쪽 꼬리를 구성하는 최하위 관측에만 관심이 있으므로 나머지 분포의 구조는 별로 중요하지 않다. 대조적으로, 수익률의 기본 분포를 가정하는 통계적 접근법은 분포의 꼬리를 중앙 관측치에 연결한다. 분포의 매개변수가 변하여 중앙 관측치에 영향을 줄 때, 꼬리도 영향을 미친다.

VaR 추정하기 III : 몬테카를로 시뮬레이션

이것은 VaR을 계산하는 세 번째 방법이며 일반적으로 실제로 사용되는 방법이다. 수익률에 대한 다양한 시나리오에 따라 포트폴리오가 반복적으로 재평가된다는 점에서 역사적 시뮬레이션과 유사하다. 차이점은 시나리오는 과거 데이터를 기반으로 하지 않고 수익률에 대한 가정된 결합분포(joint distribution)를 사용하여 몬테카를로 시뮬레이션을 기반으로 한다는 점이다.

이 방법의 장점은 비정규분포를 잘 처리하고 결합분포의 형태를 자유롭게 선택할 수 있다는 것이다. 비선형성은 문제가 되지 않기 때문에 분석에 옵션을 포함하는 것이 훨씬 쉽다. 가장 큰 단점은

계산에 매우 비용이 많이 든다는 점이다.

VaR에 대한 평가

VaR은 현재 매우 광범위하게 사용되고 있으며 새롭고 개선된 많은 위험측정수단의 기초가 되고 있다. 이것에는 다음과 같은 점을 포함하여 몇 가지 장점이 있다.

- 이 방법은 직관적이며 "극한" 위험에 대한 일반적인 개념을 잘 포착한다. 쉽게 말하자면, 이것은 포트폴리오 목적으로서 안전제일의 기준에 해당한다.
- 수익률분포의 꼬리에 초점을 맞춤으로써, 자본적정성의 좋은 척도가 된다. 따라서 금융 시장 규제 기관에게는 특별한 가치가 있으며 시스템 차원의 리스크 관리의 핵심이 되었다.
- VaR은 모든 포트폴리오를 단일 수치로 축약하기 때문에 포트폴리오 및 시장 전체의 비교를 용이하게 하고, 비즈니스 단위에서의 집계를 가능하게 한다.
- VaR은 한 쪽의 측정 값이므로(수익률분포의 왼쪽 꼬리 부분만 봄), 표준편차와 같은 측정에서의 대칭을 피한다.

그러나 VaR은 절대로 완벽한 방법이 아니다. 이 방법이 가지는 문제의 많은 부분은 실행과 관련되어 있다. 예를 들어, 수익률분포의 정규분포와 손익-선형성이 종종 가정된다. 이러한 가정은 포트폴리오가 더욱 복잡해지고 옵션과 같은 비선형 증권을 활용함에 따라 의문의 여지가 있다. 이 방법(또는 몬테카를로 시뮬레이션)을 실행하려면 포트폴리오의 다른 자산 간의 수익률 상관관계에 대한 지식이 또한 필요하지만 이것을 정확하게 측정하기가 어렵다. 비슷하게, 변동성은 시간이 지남에 따라 일정하지 않은 것으로 잘 알려져 있지만, 실제로 사용되는 대부분의 VaR 시스템은 그것이 계산 기간 동안 일정하다고 가정한다. 이는 1년과 같은 긴 기간에 걸쳐 포트폴리오 위험을 측정하는 데 문제가 된다. 마찬가지로 대부분의 VaR 시스템은 꼬리에 대한 평가가 크게 벗어날 수 있도록 하는 점프 위험을 무시한다. 포트폴리오에 대한 스트레스 테스트(가격에 대한 극단적 시나리오를 가정한 상태에서 포트폴리오 가치를 계산)가 종종 이 문제를 해결하는 데 사용된다.

이러한 VaR의 단점들은 통계적 문제에 초점을 맞춘다. 그러나 이전에 언급했듯이 VaR에는 중요한 개념적 단점이 있다. 20.4절에서 우리는 포트폴리오를 분산화하면 VaR이 감소하기보다는 증가할 수 있음을 보여줄 것이다.

마지막 분석으로, 거의 모든 위험측정수단에는 몇 가지 단점이 있을 가능성이 많다. 전반적으로, VaR은 대부분의 포트폴리오에서 잘 적용되는 것으로 보이며 특히 규제 영역에서 주목을 받을만한 가치가 확실히 있다. 명심해야 할 중요한 사실은 VaR은 단지 징후를 나타내는 위험측정수단일 뿐이며 포괄적이거나 매우 쉬운 측정수단은 아니다. 즉, 높은 VaR은 문제의 징후일 가능성이 있지만, 낮은 VaR은 그 자체로 모든 것이 좋다는 신호로 해석되어서는 안 된다.

20.3 위험분해

포트폴리오의 총 수익률은 포트폴리오의 개별 자산에 대한 수익률의 합계이다((20.2) 참조). 따라서 포트폴리오의 수익률을 분해하고 수익률의 어느 부분이 포트폴리오의 각 구성 요소로부터 발생하는지 파악하는 것은 간단하다. 표기를 위해, 각 자산 $i=1, \ldots, n$에 w_i를 투자하고, 자산 i의 기대 수익률을 μ_i라고 하면 포트폴리오의 손익은 다음과 같다.

$$\mu_P = \sum_{i=1}^{n} \mu_i w_i$$

따라서 자산 i의 포지션이 총 포트폴리오 손익에 기여한 비율은 다음과 같다.

$$\frac{\mu_i w_i}{\mu_P}$$

위험분해는 포트폴리오의 총 위험을 분해하여 포트폴리오의 각 개별 포지션이 전체 포트폴리오 위험에 미치는 영향을 확인하려는 것과 유사한 시도이다. 위험분해는 여러 가지 이유로 관심의 대상이다. 이는 리스크 관리자들이 우려하는 문제인 포트폴리오의 어떤 구성 요소가 포트폴리오의 위험의 대부분을 차지하는지에 대해 이해할 수 있게 한다. 둘째, 포트폴리오에 점진적으로 포지션을 추가할 때, 새로운 구성 요소의 한계 위험 기여도를 파악할 수 있기 때문에 규제 목적에 필요한 추가 자본을 쉽게 계산할 수 있다. 셋째, 여러 사업 단위가 포트폴리오의 전반적인 위험에 기여하는 경우(예: 대형 딜링룸에 많은 트레이딩 데스크가 있는 경우), 각 부서의 위험을 파악하면 각 트레이딩 단위의 위험조정 수익률을 또한 평가할 수 있고, 각 단위에 대한 사전 인센티브 및 사후 보상의 적절한 제공을 할 수 있다.

왜 위험분해가 어려운가?

위험분해는 수익률과 달리 위험이 가산적(additive)이지 않기 때문에 간단한 작업이 아니다. 일반적으로 포트폴리오의 총 위험은 포트폴리오의 각 포지션에 대한 개별 위험의 합계가 아니다. 여기서는 정규분포의 수익률을 가진 2개 자산을 설정하여 이에 대해 설명한다.

우리가 자산 1에 w_1을 투자하고 자산 2에 w_2를 투자한 포트폴리오를 가지고 있다고 가정한다. 또한 자산의 수익률이 기대수익률 (μ_1, μ_2)과 다음과 같은 분산-공분산 행렬을 가진 결합 정규분포를 따른다고 가정한다.

$$\Sigma = \begin{bmatrix} \sigma_1^2 & \sigma_{12} \\ \sigma_{12} & \sigma_2^2 \end{bmatrix}$$

포트폴리오에 대한 기대(달러)손익, μ_P와 달러손익의 분산 σ_P^2는 다음과 같이 주어진다.

$$\mu_P = w_1 \mu_1 + w_2 \mu_2 \tag{20.4}$$

$$\sigma_P^2 = w_1^2 \sigma_1^2 + w_2^2 \sigma_2^2 + 2w_1 w_2 \sigma_{12} \tag{20.5}$$

우리의 위험 측정치는 99% VaR이라고 가정한다. 그러면, 포트폴리오의 위험은 $-m$으로 주어진다.

$$m = \mu_P - (2.33 \times \sigma_P) \tag{20.6}$$

이제 자산 1에 투자된 w_1은 평균이 $w_1 \mu_1$이고 분산이 $w_1^2 \sigma_1^2$인 정규분포 수익률을 생성하므로, 자산 1에 대한 투자위험(즉, 99% VaR)은 $-m_1$에 의해 주어진다.

$$m_1 = w_1 \mu_1 - (2.33 \times w_1 \sigma_1) \tag{20.7}$$

유사하게, 자산 2에서의 포지션 위험은 $-m_2$이다.

$$m_2 = w_2 \mu_2 - (2.33 \times w_2 \sigma_2) \tag{20.8}$$

μ_P와 σ_P의 정의로부터, 총 포트폴리오 위험 (20.6)은 일반적으로 개별 위험 (20.7)~(20.8)의 합과 같지 않다는 것이 명백하다. 특히, 포트폴리오의 평균 손익은 개별 평균 손익의 합계이지만, 포트폴리오 표준편차는 $\sigma_{12} = \sigma_1 \times \sigma_2$ 즉, 자산들이 완벽하게 상호 연관된 한 경우를 제외하고 개별 표준편차의 합이 아니다. 따라서 포트폴리오 VaR을 포트폴리오의 개별 포지션의 VaR 합계로 분해할 수 없다.

"증분(Incremental)" 접근법은 어떠한가?

가산 문제를 해결하는 한 가지 방법은 증분위험(incremental risk) 접근법을 시도해보는 것이다. 즉, 먼저 자산 1에 대한 포지션 w_1의 위험을 계산하여 이를 포트폴리오 위험에 대한 자산 1의 기여도로 사용한다. 그런 다음, 포트폴리오 (w_1, w_2)의 위험도를 계산하고 그 위험의 변화를 자산 2의 증분 기여도로 여긴다. 다음으로, 포트폴리오 (w_1, w_2, w_3)의 위험도를 계산하고 위험의 새로운 순 증가를 자산 3의 증분 기여도로 여기며 이와 같은 과정을 반복한다.

이 접근법은 구조적으로 장점을 가지고 있다! 포트폴리오의 위험은 각 포지션에 의해 기여된 위험의 합과 같다. 그러나 이 접근법은 자산이 도입되는 순서가 위험 기여도에 영향을 미친다는 분명하고도 심각한 결함이 있다. 예를 들어, 자산의 순서는 임의적이므로, 자산 3으로 먼저 시작한 다음, 자산 1과 3을 고려하고, 그런 다음 자산 1, 2 및 3을 고려할 수도 있었다. 그러나 이것은 이전 순서와 비교하여 다른 증분 기여도를 제공할 것이다. 다음은 이에 대한 간단한 예이다.

예제 20.2

예제 20.1에서 사용된 2-자산 설정을 다시 고려한다. 손익은 다음과 같은 기대수익률 벡터와 분산-공분산 행렬을 가진 결합 정규분포를 따른다.

$$\begin{bmatrix}\mu_1\\ \mu_2\end{bmatrix}=\begin{bmatrix}0.20\\ 0.12\end{bmatrix},\qquad \begin{bmatrix}\sigma_1^2 & \sigma_{12}\\ \sigma_{21} & \sigma_2^2\end{bmatrix}=\begin{bmatrix}0.04 & 0.02\\ 0.02 & 0.03\end{bmatrix}$$

포트폴리오는 각 자산에 5의 투자를 한다. $w_1=5$ 및 $w_2=5$이다. 앞에서 보았듯이 포트폴리오의 기대손익과 손익의 분산은 다음과 같다.

$$\mu_P = 1.60 \qquad\qquad \sigma_P^2 = 2.75$$

자산 1에 대한 $5 투자 손익은 다음과 같은 기대손익과 분산을 가진 정규분포를 따른다.

$$\mu_1(w_1) = 1.00 \qquad\qquad \sigma_1^2(w_1) = 1.00$$

마찬가지로, 자산 2에 대한 $5 투자 손익은 다음과 같은 기대손익과 분산을 가진 정규분포를 따른다.

$$\mu_2(w_2) = 0.60 \qquad\qquad \sigma_2^2(w_2) = 0.75$$

위험 측정치가 99% VaR이라고 가정한다. 그러면, 총 포트폴리오 위험은 우리가 본 바와 같이 2.264이다. 증분 접근법을 사용하여 다음과 같은 위험 기여도를 얻는다.

- 자산 1부터 먼저 시작한다면, 자산 1의 위험 기여도는 $-m_1$이다.

  $$m_1 = 1-(2.33\times 1) = -1.33$$

  따라서 자산 1은 총 위험의 1.33/2.26=59% 기여하며, 자산 2가 나머지 41% 기여한다.
- 자산 2를 먼저 시작한다면, 자산 2의 위험 기여도는 $-m_2$이다.

  $$m_2 = 0.60-\left(2.33\times\sqrt{0.75}\right) = -1.418$$

  따라서 자산 2는 총 위험의 1.418/2.264 또는 62%를 초과하는 기여를 하는 반면, 자산 1은 나머지 38%만 기여한다. ■

이렇게 크게 다른 숫자가 나타나기 때문에, 증분 접근법은 위험 기여도를 고유하게 식별하지 못한다.

주요 특성: 선형 동질성 및 오일러의 정리

각 포지션의 위험 기여도를 식별하는 우수한 방법은 선형 동질성(linear homogeneity) (또는 1차 동질성, homogeneity of degree 1)이라고 하는 수학적 속성에 의해 제공된다. 선형 동질성은 옵션가격의 맥락에서 이 책의 앞 부분에서 본 속성이다. 이것은 이 책의 앞부분에서 포워드 스타트 옵션의 가격 결정에 사용되었다(18장 참조). 이에 대한 정의를 되돌아 보면, 임의의 $m>0$에 대해 다음이 성립하면, 함수 $f(x_1, \ldots, x_k)$ 는 변수 $(x_1, \ldots, x_k)$에 대해 선형으로 동질이라고 한다.

$$f(mx_1, \ldots, mx_k) = m \times f(x_1, \ldots, x_k)$$

오일러의 정리(Euler's Theorem)로 알려진 결과는 선형동질 함수의 강력한 수학적 특성을 설명한다. 벡터 $(x_1, \ldots, x_k)$에 대해 x로 표기하면, 오일러의 정리는 $f(x)$가 x에 대해 선형으로 동질이면 다음과 같다고 말한다.

$$f(x) = \left[x_1 \times \frac{\partial f(x)}{\partial x_1}\right] + \cdots + \left[x_n \times \frac{\partial f(x)}{\partial x_n}\right] \tag{20.9}$$

여기서, $\partial f(x)/\partial x_i$는 x_i에 대한 함수 $f(x)$의 편미분을 나타낸다.

선형 동질성과 위험 측정

포트폴리오의 VaR은 포트폴리오 가중치 벡터 $w=(w_1, \ldots, w_n)$에 대해 선형동질이다. 즉, 각 자산에 대한 투자를 m배(즉, 벡터 $m \times w = (mw_1, \ldots, mw_n)$)로 확대하면 규모가 조정된 포트폴리오의 VaR은 원래 포트폴리오의 VaR의 m배이다.

$$\mathrm{Var}(m \times w) = m \times \mathrm{Var}(w) \tag{20.10}$$

특성 (20.10)은 직관적인 것이다. 포트폴리오의 모든 포지션을 두 배로 늘리면 분포의 1% 왼쪽 꼬리의 달러가치도 두 배가 되어야 한다.

VaR은 선형 동질성의 특성을 가진 유일한 위험측정 방법이 아니다. 표준편차도 이 속성을 가지고 있다.

$$\sigma_P(m \times w) = m \times \sigma_P(w) \tag{20.11}$$

다시 말하지만, 이것은 쉽게 알 수 있다. 모든 포지션을 m배로 확대하면, 포트폴리오 분산은 m^2배로 증가하므로, 표준편차는 m배 증가한다.

예상 부족분(expected shortfall)과 같은 기타 왼쪽 꼬리 기반 위험 측정도 선형 동질성을 만족시킨다. 선형 동질성은 Artzner, Delbaen, Eber 및 Heath(1999)에 의해 위험측정수단이 만족해야 하는 네 가지 바람직한 조건 중 하나로 열거된다(20.4절 참조).

위험 분해하기

포트폴리오 $w = (w_1, \ldots, w_n)$의 VaR에 오일러의 정리를 적용하면, 다음을 얻는다.

$$\mathrm{Var}(w) = \left[w_1 \times \frac{\partial \mathrm{Var}(w)}{\partial w_1}\right] + \cdots + \left[w_n \times \frac{\partial \mathrm{Var}(w)}{\partial w_n}\right] \tag{20.12}$$

(20.12)의 좌변은 포트폴리오 w의 총위험이다. 우변은 이 총위험을 n항으로 분해하는데, 각 항은 포트폴리오의 각 구성요소에 해당한다. 이 분해의 i번째 구성요소는 다음과 같다.

$$w_i \times \frac{\partial \mathrm{Var}(w)}{\partial w_i} \tag{20.13}$$

이 수치는 i번째 자산의 위험 기여도로서 자연스럽게 해석된다. 이것은 w_i가중치의 비례 변화의 전체 위험에 대한 영향을 측정한다. 예를 들어, w_i가 작은 비율 ξ_i로 변화한다고(즉, w_i에서 $w_i(1+\xi_i)$로 변화) 가정하자. 그러면, (20.12)에서 총 포트폴리오 위험의 변화는 대략 다음과 같다.

$$\left[\frac{\partial \mathrm{Var}(w)}{\partial w_i} w_i\right] \times \xi_i$$

만약 (20.13)이 자산 i의 위험 기여도라면, 식 (20.12)으로부터, 위험 기여도의 합계는 포트폴리오의 총위험과 같다는 것을 알 수 있다. 따라서 우리는 총 포트폴리오 위험을 개별 포트폴리오 구성요소에 기인한 위험으로 분해할 수 있다. 자산 i의 퍼센트로 표시한 위험 기여도는 다음과 같다.

$$i\text{의 위험 기여도} = \frac{1}{\mathrm{Var}(w)}\left[\frac{\partial \mathrm{Var}(w)}{\partial w_i} w_i\right]$$

자산 i의 위험 기여도는 포트폴리오의 (VaR(w) 항을 통해) 다른 모든 자산과 자산 i와 이 항들 사이의 공분산에 따라 결정된다. 이 의존성은 다음에 설명하는 바와 같이 델타-정규분포 방법에서 분명히 제시할 수 있다.

물론, 위험 기여도를 계산하는 이 방법은 선형 동질성을 만족시키는 모든 측정에 적용될 수 있다. 이 점에 있어서 VaR에 특별한 것은 없다. 특히 포트폴리오 위험의 측정수단이 포트폴리오 표준편차인 경우나, 예상 부족분(expected shortfall)에 대해 적용할 수 있다.

마지막으로, 일부 용어에 대해 설명한다. 다음 항은

$$\frac{\partial \mathrm{Var}(w)}{\partial w_i}$$

자산 i의 한계 VaR(marginal VaR)이라고 한다. 자산 i의 구성 요소 VaR(component VaR)은 한계 VaR을 자산 i에 투자된 금액으로 곱한 값이다.

$$\frac{\partial \mathrm{Var}(w)}{\partial w_i} \times w_i$$

이것은 자산 i의 위험 기여도이다. 한계 VaR과 구성 요소 VaR은 증분 VaR과 혼동되어서는 안 된다. 증분 VaR은 새 자산이 포트폴리오에 추가될 때 발생하는 포트폴리오 VaR의 변화이다. 예를 들어, 포트폴리오의 VaR이 V이고 새 자산(또는 하위 포트폴리오)의 추가가 VaR을 W로 변경시키면 새 자산/하위 포트폴리오와 연관된 증분 VaR은 $W-V$이다.

예제 20.3

위험 기여도/구성 요소 VaR 계산하기

예제 20.1에서 사용한 2-자산 설정을 다시 고려한다. $w_1 = w_2 = 5$이다. 수익률은 다음과 같은 기대수익률 벡터와 분산-공분산 행렬을 가진 결합 정규분포를 따른다.

$$\begin{bmatrix} \mu_1 \\ \mu_2 \end{bmatrix} = \begin{bmatrix} 0.20 \\ 0.12 \end{bmatrix}, \qquad \begin{bmatrix} \sigma_1^2 & \sigma_{12} \\ \sigma_{21} & \sigma_2^2 \end{bmatrix} = \begin{bmatrix} 0.04 & 0.02 \\ 0.02 & 0.03 \end{bmatrix}$$

앞서 살펴본 바와 같이, 이 포트폴리오의 99% VaR은 2.264이다. 이 총 포트폴리오 위험에 대한 각 자산의 기여도는 얼마인가? 이 질문에 답하기 위해, 포트폴리오 가치는 다음과 같이 평균 $\mu_P(w)$와 표준편차 $\sigma_P(w)$를 가진 정규분포를 따른다는 것을 유의하라.

$$\mu_P(w) = \mu_1 w_1 + \mu_2 w_2$$
$$\sigma_P(w) = \left[\sigma_1^2 w_1^2 + \sigma_2^2 w_2^2 + 2\sigma_{12} w_1 w_2\right]^{1/2}$$

정의에 따라, 99% VaR은 다음과 같다.

$$\mathrm{Var}(w) = -\left[\mu_P(w) - 2.33 \times \sigma_P(w)\right]$$

w_1과 w_2에 대해 μ_P와 σ_P를 미분하면, 우리는 다음을 얻는다.

$$\frac{\partial \mu_P(w)}{\partial w_1} = \mu_1 \qquad \frac{\partial \mu_P(w)}{\partial w_2} = \mu_2$$
$$\frac{\partial \sigma_P(w)}{\partial w_1} = \frac{1}{\sigma_P(w)}\left[w_1\sigma_1^2 + w_2\sigma_{12}\right]$$
$$\frac{\partial \sigma_P(w)}{\partial w_2} = \frac{1}{\sigma_P(w)}\left[w_1\sigma_{12} + w_2\sigma_2^2\right]$$

이제 VaR의 정의에 따라, 다음과 같다.

$$\frac{\partial \mathrm{Var}(w)}{\partial w_i} = -\left(\frac{\partial \mu_P(w)}{\partial w_i} - 2.33\frac{\partial \sigma_P(w)}{\partial w_i}\right)$$

이를 확대하여 위험 기여도 또는 구성 요소 VaR에 대한 다음과 같은 최종 표현식을 얻는다.

$$w_1 \frac{\partial \mathrm{Var}(w)}{\partial w_1} = w_1 \times \left[-\mu_1 + 2.33 \times \frac{1}{\sigma_P(w)} \left(w_1 \sigma_1^2 + w_2 \sigma_{12} \right) \right]$$

$$w_2 \frac{\partial \mathrm{Var}(w)}{\partial w_2} = w_2 \times \left[-\mu_2 + 2.33 \times \frac{1}{\sigma_P(w)} \left(w_1 \sigma_{12} + w_2 \sigma_2^2 \right) \right]$$

여러 매개변수 값을 대입하면, 이러한 구성 요소 VaR은 각각 1.1076 및 1.1563이다. 백분율로 환산하면, 첫 번째 자산은 포트폴리오 위험의

$$\frac{1.1076}{2.264} = 49\%$$

기여한다. 두 번째 자산은 나머지 51% 기여한다. ■

델타-정규분포 방법의 위험 기여도

델타-정규분포 방법에서 VaR은 다음과 같다.

$$\mathrm{Var}(w) = -\left(\mu_P(w) - k\sigma_P(w) \right) \tag{20.14}$$

VaR의 유의수준에 의존하는 일부 k에 대해서(예를 들어, 99% VaR을 계산하는 경우 $k=2.33$이다), μ_P와 σ_P 항들은 물론 각각 (20.2)와 (20.3)으로 주어진다.

(20.14)에서 관련 편미분을 취하고, 약간의 수학을 사용하면, i번째 포지션(그 구성 요소 VaR)의 위험 기여도는 다음과 같음을 보일 수 있다.

$$w_i \frac{\partial \mathrm{Var}(w)}{\partial w_i} = w_i \times \left[-\mu_i + k \times \frac{1}{\sqrt{\sigma(w)}} \sum_{j=1}^{n} w_j \sigma_{ij} \right] \tag{20.15}$$

식 (20.15)은 핵심을 강조한다. 포지션의 위험 기여도는 나머지 포트폴리오와의 공분산에 따라 다르다. 특히;

- 공분산이 높을수록(더 큰 양수일수록) 위험 기여도가 높다. 이것은 직관적으로 설명이 가능하다. 증분 포지션이 포트폴리오의 다른 구성 요소와 강하게 관련되지 않는 한, 전반적인 위험이 크게 높아지지 않는다.
- 공분산이 음수이면, 위험 기여도가 감소하고 심지어 음수가 될 수 있다(즉, 포지션이 헤지로 작용한다).

다른 방법으로 위험 기여도 계산하기

VaR에 표시된 위험 기여도는 델타-정규분포 접근법 뿐만 아니라 다른 방법으로도 유사하게 계산될 수 있다. 유일한 어려움은 역사적 시뮬레이션이나 몬테카를로 방법 하에서는 VaR에 대한 공식이 없기 때문에 편미분 $\partial \text{VaR}/\partial w_i$를 명시적으로 계산할 수 없다는 것이다. 그러나 이 값을 수치적으로 계산하기 쉽기 때문에 위험 분해가 항상 가능하다. 이는 VaR 함수의 선형 동질성이 VaR을 계산하는데 사용된 방법에 의존하지 않기 때문이다.

위험분해의 용도

방금 설명한 위험분해는 (a) 위험최소화 거래 또는 "최상의 헤지" (b) 포트폴리오의 "암묵적 관점" (c) "최적" 포트폴리오 배분을 구하는데 사용된다. 우리는 각각에 대해 자세히 설명한다. 아래의 설명은 Pearson(2002)을 기반으로 한다. 개념에 대한 보다 자세한 내용은 이 책을 참고하기 바란다.

(A) 위험분해 및 헤징

주어진 포트폴리오의 전반적인 위험을 줄이는데 관심이 있다고 가정해 보자(예: 특정 목표수준을 초과하기 때문에). 우리가 어떤 자산(예: 자산 i)을 사용하여 이것을 하기로 결정한다면, 이를 달성하기 위해 필요한 거래 규모는 얼마나 되는가? 위험분해는 이 문제를 해결하는 데 도움이 된다.

초기 달러투자 배분을 $w = (w_1, \ldots, w_n)$이라고 하자. 임의의 i를 선택하자. 자산 i에 대한 투자를 w_i에서 $w_i(1+\Delta_i)$로 변경한다고 가정하자. 여기서 Δ_i는 양수이거나 음수일 수 있다. 위험분해 (20.12)에서 포트폴리오 위험은 대략 다음과 같이 변화한다.

$$\left[\frac{\partial \mathrm{Var}(w)}{\partial w_i} w_i\right] \times \Delta_i \tag{20.16}$$

포트폴리오 위험의 변화가 주어진 금액이 되기를 원한다면, (20.16)을 이용하여 우리는 각각의 i에 대해 원하는 감소치를 달성하기 위해 요구되는 거래의 규모를 구할 수 있다. 예를 들어, 포트폴리오 위험을 금액 A만큼 줄이려면, 그와 비례하는 필요한 변화 Δ_i는 다음과 같다.

$$\Delta_i = \frac{A}{\left[\dfrac{\partial \mathrm{Var}(w)}{\partial w_i} w_i\right]}$$

이 관찰은 개별 위험분해를 사용하여 각 자산의 보유액을 얼마나 조정할 필요가 있는지 판단함으로써, 개별 자산수준에서 포트폴리오의 위험을 관리할 수 있다는 장점을 가지고 있다. 즉, 위험분해는 개별 수준에서 전체 위험관리를 용이하게 한다.

예제 20.4

예제 20.1에서 소개한 2-자산 예를 계속한다. 이 설정에서 총 VaR은 2.264이다. 그리고 위에서 보여준 것처럼, 자산 1과 2의 위험 기여도는 각각 1.1076 및 1.1563 이다. 총 VaR을 2.0으로 줄이기를 원한다고 가정해 보자. 이 변경이 자산 1의 투자를 변경함으로써 실행되는 경우, 자산 1에 대한 필요한 거래의 규모는 다음과 같다.

$$\Delta_1 = \frac{2.0 - 2.2639}{1.1076} = -0.2382$$

이는 포지션이 23.8% 하락한 것이다. 마찬가지로, 자산 2의 감소가 이루어지려면, 다음과 같다.

$$\Delta_2 = \frac{2.0 - 2.2639}{1.1563} = -0.2282$$

이는 포지션의 22.8% 감소를 의미한다. ■

(B) 위험분해 및 포트폴리오 최적화

위험분해의 두 번째 용도는 포트폴리오 보유를 최적화하는 것이다. 직관적으로 말하자면, 각 자산의 수익률이 그것의 위험 기여도에 비례하기를 원한다. 자산이 위험보다 더 많은 손익을 창출한다면, 우리는 포트폴리오에서 그 자산의 보유를 늘리고자 한다. 자산이 손익보다 위험에 더 많이 기여하는 경우, 그 자산 보유량을 줄이려고 한다. 보다 엄밀하게, 이 최적성 요구사항의 수학적 표현은 모든 고유 자산 i 및 j에 대해 다음 조건이 충족되어야 한다는 것이다.

$$\frac{\mu_i w_i}{i\text{의 위험 기여도}} = \frac{\mu_j w_j}{j\text{의 위험 기여도}}$$

좌변이 우변보다 큰 경우 j에서 i로 소액을 재할당하여 포트폴리오의 성과를 향상시킬 수 있다. 좌변이 더 작으면 i에서 j로 자원을 이동하면 성과가 개선된다. 포트폴리오 위험 기여도를 측정하는 방법을 알면, 이러한 방식으로 최적화할 수 있다.

(C) 위험분해와 "암묵적 관점"

“최적” 포트폴리오에서 수익률에 대한 포지션 기여는 그것의 위험 기여도에 비례한다. 따라서 특정 시점에 특정 포트폴리오가 주어진다면, 다음과 같은 질문을 할 수 있다. 어떠한 기대수익률의 벡터 하에서 이 포트폴리오는 최적인가? 이러한 기대수익률은 포트폴리오의 암묵적 관점(implied views)으로 알려져 있다. 암묵적 관점은 포트폴리오 배분의 합리성을 판단하는데 사용될 수 있다. 예를 들어, 주어진 배분이 최적이 되기 위해서는 특정 자산의 기대수익률이 43%이어야 하는데, 우리의 생각으로는 이 기대수익률이 합리적이지 못하다면, 이 주어진 배분이 최적이 아니다.

20.4 일관된 위험 측정수단

주어진 위험 측정수단의 수용 가능성 또는 "적합성"을 판단하기 위해, 우리가 기댈 수 있는 일련의 기준을 갖는 것이 도움이 된다. Artzner et al.(1999)(이후 ADEH)는 그러한 일련의 기준을 제안한다. 그들은 그들의 조건을 충족시키는 위험 측정수단을 "일관된(coherent)" 측정수단이라고 부른다. 이 절에서는 그들의 기준을 논의하며, 특히, VaR이 일관된 위험 측정수단이 아니라는 그들의 발견에 대해 논의한다.

ADEH 논문의 근본적인 동기는 자본적정성의 추정이다. 따라서 그들의 초점은 명백하게 VaR과 같은 "왼쪽-꼬리" 측정수단이다.

R은 일반적인 위험 측정수단을 나타낸다고 하자. 포트폴리오 w가 주어졌을 때, 우리는 측정수단 R에 의해 w의 위험을 $R(w)$로 표시한다. ADEH는 R이 충족해야 하는 4가지 조건을 제안한다.

선형 동질성(Linear Homogeneity) 모든 포지션이 m의 인수에 의해 비례적으로 조정된다면, 위험 측정수단도 임의의 $m>0$에 대해 $R(m \cdot w) = mR(w)$인 m으로 조정되어야 한다. 직관적으로, 포트폴리오 w에 대해 자본 수준 K가 필요한 경우, 꼬리 위험이 인수 m에 의해 변경되었기 때문에, 포트폴리오 mw에 대해 mK의 자본 수준이 필요하다. 앞서 살펴본 바와 같이 VaR은 이 조건을 만족시킨다.

단조성(Monotonicity) 다른 포트폴리오를 "지배" 하는 포트폴리오는 낮은 위험 측정치를 가져야 한다. 한 포트폴리오가 모든 가능한 상태에서 두 번째 포트폴리오보다 최소한 같거나 또는 확실하게 우수한 경우 다른 포트폴리오를 지배한다고 한다. 이 조건은 직관적이다. w가 $\tilde{w}$를 지배한다면, 정의상 w가 $\tilde{w}$보다 적은 왼쪽-꼬리 위험을 갖는다. VaR이 이 조건을 충족하는 것을 확인하는 것도 쉽다.[1)]

준가법성(Subadditivity) 분산투자는 위험을 감소시켜야 하며, 우리의 위험측정은 이를 반영해야 한다. 즉, 포트폴리오의 결합 위험은 개별 포트폴리오의 위험 합계보다 작아야 한다. 수학적으로 $P1$과 $P2$가 임의의 두 개의 포트폴리오인 경우, 준가법성은 위험 측정수단이 만족시켜야 하는 다음의 조건이다.

$$R(P1+P2) \leq R(P1)+R(P2)$$

---

1) 모든 위험 측정수단이 단조성을 만족시키는 것은 아니다. 포트폴리오 표준편차와 같은 간단한 위험 측정수단조차도 이를 위반한다. 예를 들어, 발생할 확률이 동일한 4가지 가능한 상황이 있다고 가정해 보자. 첫 번째 포트폴리오인 포트폴리오 P1은 이 네 가지 상태에서 벡터 {1, 2, 4, 5}로 주어진 손익을 얻는다. 두 번째 포트폴리오인 포트폴리오 P2는 손익 벡터 {1, 2, 3, 4}를 가진다. P1이 P2를 지배하고, 어떤 합리적인 위험 측정수단에 의해서도 P2보다 나쁜 순위가 매겨져서는 안 된다. 그러나 두 포트폴리오의 표준편차를 비교하면 $\sigma(P1)=1.83$이고, $\sigma(P2)=1.29$이다.

이 조건을 만족시키지 못하면 리스크 관리자는 실제로 분산 투자를 하도록 권장받아야 할 때 분산 투자를 거부할 수 있다. 이러한 실패는 규제 당국과 자본적정성을 측정하기 위해 왼쪽-꼬리 측정수단에 의존하는 다른 사람들에게도 영향을 미친다. 예를 들어, 선물 거래소는 꼬리-사건 고려 사항에 따라 증거금에 대한 요구 사항을 설정한다. 이 목적을 위해 사용하는 위험 측정수단이 준가법성을 위반하는 경우, 동일한 계정 하에서 포지션을 개설한 고객보다 다른 계정으로 두 개의 포지션을 개설한 고객의 증거금을 더 낮게 책정할 것이다. 놀랍게도, VaR은 준가법성을 만족시키지 못한다. 이는 아래의 두 가지 예를 통해 별도로 설명해야 할 정도로 중요한 실패이다.

변환 불변성(Translation Invariance) 기대수익률이 r인 포트폴리오에 무위험 자산을 추가하면 위험 부담 없는 추가분만큼 포트폴리오의 위험이 하락해야 한다. VaR이 이 조건을 충족시키는 것은 명백하다.

ADEH는 그들의 논문에서 일반적으로 사용되는 위험 측정수단들이 이러한 조건을 충족시키는데 실패한 여러 가지 예를 제공한다. 우리는 그들의 논문으로부터 VaR의 단점을 강조한 두 가지 예를 아래에 제시한다. 첫 번째 예는 VaR이 준가법성을 만족시키지 못할 수도 있다는 것을 보여준다. 두 번째는 VaR이 꼬리에서의 위험집중을 인식하지 못할 수도 있음을 보여준다. 이 예에서 VaR은 분산된 위험을 더 많이 가진 포트폴리오보다 매우 집중된 꼬리 위험을 가진 포트폴리오에 낮은 위험을 부여한다.

예제 20.5

VaR과 준가법성의 실패

옵션이 내가격으로 마치면 $M > 0$의 손익을 가져다주는, 주식에 대한 바이너리 현금-또는-제로 옵션만으로 구성된 포트폴리오를 고려하자. 옵션에는 두 가지 종류가 있다.

1. 유형-U 옵션: $S_T > K_u$이면 옵션은 M을 지불하고, 그렇지 않으면 아무것도 지불하지 않는다. 이 옵션의 초기 가격은 P_u이다.
2. 유형-D 옵션: $S_T < K_d$이면 옵션은 M을 지불하고, 그렇지 않으면 아무것도 지불하지 않는다. 이 옵션의 초기 가격은 P_d 이다.

행사가격 K_u와 K_d는 $\text{Prob}(S_T > K_u) = \text{Prob}(S_T < K_d) = 0.008$이 되도록 선택된다. 무위험이자율은 0이라고 한다. $K_d < K_u$가 되어야 한다. 또한 P_u, $P_d < M$이 되어야 한다. 우리는 또한 $M > P_u + P_u$라고 가정한다. 옵션이 내가격으로 만료될 가능성이 매우 낮다는 것을 감안할 때, 이것은 합리적이다.

이 예에서의 위험 측정수단은 기간이 T인 99% VaR이며, 여기서 T는 옵션의 만기일이다. 다음과 같은 세 가지 포트폴리오를 고려하자.

- **포트폴리오 A** 한 유형-U 옵션에 대해 매도포지션을 취하고, T에서 만기가 되는 무위험이자율로 투자한 P_u
- **포트폴리오 B** 한 유형-D 옵션에 대해 매도포지션을 취하고, T에서 만기가 되는 무위험이자율로 투자한 P_d
- **포트폴리오 C** 한 유형-U 옵션과 한 유형-D 옵션에 대해 매도포지션을 취하고, T에서 만기가 되는 무위험이자율로 투자한 P_u+P_d

오늘 각 포트폴리오의 가치는 0이다. T에서 첫 번째 포트폴리오는 $S_T \le K_u$일 때 P_u의 가치가 있고, $S_T > K_u$일 경우 $-M+P_u$이므로, 그 손익은 다음과 같다.

$$\begin{cases} 0.008 \text{ 확률로 } P_u - M \\ 0.992 \text{ 확률로 } P_u \end{cases}$$

포트폴리오 A의 99% VaR은 $-P_u$이다. 확률이 0.99 이상으로 포트폴리오가 돈을 잃을 것으로 예상되지 않으므로 VaR은 음수이다. 마찬가지로 포트폴리오 B의 99% VaR은 $-P_d$이다. 자본적정성이 99% VaR에 기초한 경우, 어느 포트폴리오도 추가 자본을 필요로 하지 않을 것이다. 반면 포트폴리오 C는 T에서 다음과 같은 손익을 갖는다.

$$\begin{cases} P_u + P_d - M, & \text{if } S_T < K_d \\ P_u + P_d, & \text{if } S_T \in [K_d, K_u] \\ P_u + P_d - M, & \text{if } S_T > K_u \end{cases}$$

따라서 그것의 손익 분포는 다음과 같다.

$$\begin{cases} 0.016 \text{ 확률로 } P_u + P_d - M \\ 0.984 \text{ 확률로 } P_u + P_d \end{cases}$$

포트폴리오 C는 1.6%(두 옵션 모두 0.8%)의 총 확률로 돈을 잃기 때문에, 포트폴리오 C의 99% VaR은 $M-P_u-P_d$이며 양수이다. 99% VaR 위험 측정치는 포트폴리오 C가 포트폴리오 A와 B의 위험 합계보다 더 많은 위험을 가질 것으로 추론한다. 이는 VaR이 준가법성 조건을 충족시키지 못한다고 정확하게 말한다. ■

예제 20.6

VaR과 집중된 꼬리 위험

이 예는 또한 ADEH 논문을 기반으로 하며, 그들은 Claudio Albanese로부터 인용한 것이다. 100개의 다른 회사채가 있다고 가정한다. 각 채권은 오늘 100이며, 채무 불이행이 없을 경우 공통된 만기일에 102의 손익을, 그렇지 않은 경우에는 지불하지 않는다. 각 채권에 대한 채무 불이행 확률은 0.01이며, 채무 불이행은 채권마다 독립적이다. 무위험이자율은 0이다. 위험 측정치는 채권의 만기와 동일한 기간을 가진 95% VaR이다.

먼저, 다음과 같은 매우 집중된 포트폴리오를 고려하자. 무위험이자율로 1 백만을 빌려서 단일 회사(회사 1)의 채권에 전체 금액을 투자한다. 만기일에 받는 손익은 다음과 같다.

$$\begin{array}{ll} 20{,}000\ , & \text{채무 불이행이 없는 경우} \\ -1{,}000{,}000\ , & \text{그렇지 않은 경우} \end{array}$$

채무 불이행 확률이 0.01이기 때문에, 포트폴리오의 95% VaR은 음수이고 −20,000이다.

이제 100 채권 각각에 10,000을 투자하는 대안을 생각해보자. 만기 시의 손익은 얼마나 많은 채권이 채무 불이행을 하느냐에 달려 있다. π_k라고 표시된 k개의 채무 불이행($k=0, 1, 2, \ldots, 100$)의 가능성은 일반적인 이항 공식을 사용하여 구할 수 있다.

$$\pi_k = \frac{100!}{k!(100-k)!}(0.01)^k(0.99)^{100-k} \qquad \textbf{(20.17)}$$

k개의 채무 불이행의 경우, 만기 시점에 받는 손익은 다음과 같다.

$$(10{,}200 \times (100-k)) - 1{,}000{,}000 \qquad \textbf{(20.18)}$$

(20.17)에서 2개 이하의 채무 불이행 확률은 약 0.92이고, 3개 이하의 채무 불이행 확률은 약 0.98임을 쉽게 확인할 수 있다. 따라서 이 포트폴리오의 5% VaR은 정확히 2개의 채무 불이행에서 받는 손익에 해당한다. (20.18)로부터 5% VaR은 400이다.

따라서 VaR은 100개의 채권 각각에 동일한 금액을 넣음으로써 분산화하는 것이, 단일 회사의 채권에 모든 돈을 넣는 것보다 더 나쁘다는(더 많은 자본을 필요로 한다는) 명백히 터무니없는 결론을 제시한다. ■

준가법성(subadditivity)의 공리를 바람직한 것으로 수용하는 한, 이러한 예들은 VaR이 위험 측정수단이라는 개념을 분명히 손상시키고 있다. 이 문제를 완화하는 것은 두 가지 요소이다. 첫째, 수익률이 결합 정규분포를 따른다면, 그 결과로 나오는 VaR 측정 값은 항상 준가법성을 충족시킨다. 이것은 VaR을 계산하기 위해 델타-정규분포 방법을 사용하면(실제로 일반적으로 행해지는 것처럼), 준가법성의 가능한 실패는 문제가 되지 않는다는 것을 의미한다. 둘째, 가장 열렬한 지지자조차도

VaR을 꼬리 위험과 관련된 모든 것을 요약하는 "독립적인" 위험 측정수단으로 보지 않는다. 다른 꼬리 위험 측정수단으로 VaR을 보완하면 전반적인 포트폴리오 위험에 대한 이해를 크게 향상시킬 수 있다. 꼬리 위험에 대한 그러한 두 가지 측정수단은 최악의 시나리오 분석과 예상 부족분(expected shortfall)이다.

최악의 시나리오 분석 및 예상 부족분

VaR은 분포의 꼬리에서 일어날 수 있는 일에 대해 아무 것도 말하지 않는다는 단점이 있다. 예를 들어, 99% VaR을 알면 1% 꼬리에서 발생할 수 있는 일, 즉 해당 지역에서 손실이 얼마나 클지 알 수 없다. 꼬리 손실의 잠재적인 크기는 분명히 중요하다. 최악의 시나리오(worst-case scenario, WCS) 분석과 예상 부족분(expected shortfall, ES)은 이러한 목적을 위해 VaR을 보완하는 수단으로 제안되었다.

Boudoukh, Richardson 및 Whitelaw(1995)에 의해 제안된 WCS는 VaR 분포의 꼬리 특성을 탐구한다. 효과적으로 그것은 다음과 같은 질문을 한다. 얼마나 나쁜 것들이 꼬리에 들어갈 수 있는가? 좀 더 정확히 말하자면, 주어진 기간에서 최악의 거래 기간 동안에 발생하는 손실의 분포를 점검한다. (예를 들어, 250 거래일 중 최악의 날. 어떤 기간에 대해서도 "최악의" 기간이 항상 존재한다는 것을 유의하라.) 표기를 위해, r_1, r_2, ..., r_N을 N 거래 기간 동안 포트폴리오의 수익률로 나타내면, WCS는 $\min\{r_1, \dots, r_N\}$의 분포를 본다. Boudoukh et al.은 VaR과 WCS를 수치상으로 비교하고, 최악의 기간 동안의 기대 손실이 그에 대응하는 VaR보다 훨씬 더 크다는 결론을 내렸다.

우리는 다른 관점으로 꼬리를 볼 수 있으며 평균적으로 꼬리에 얼마나 나쁜 것들이 일어날 수 있는지 물어볼 수 있다. 즉, VaR 한도를 초과하는 손실에 대한 조건부 평균 손실은 얼마인가? 이 측정수단을 예상 부족분(expected shortfall)이라고 한다. ES는 위험에 대한 일관된 척도로 알려져 있으며, 이로 인해 인기를 끌었다. ES의 속성에 대한 설명은, 예를 들어 Acerbi, Nordio 및 Sirtori(2001) 또는 Acerbi와 Tasche(2002)를 참조하라.

20.5 연습 문제

1. VaR(Value-at-Risk)이란 무엇인가? VaR을 계산하는데 필요한 최소한의 정보는 무엇인가? 그것의 장점과 한계는 무엇인가?
2. VaR을 계산하는 세 가지 다른 접근법은 무엇인가? 각 방법의 장점과 단점을 설명하라. 당신이 가장 중요하다고 생각하는 이 세 가지 방법의 두 가지 특성을 설명하고, 그 중 어느 것이 그 특성을 가장 잘 충족하는지 평가하라.
3. VaR은 위험의 측정수단으로서 수익률의 분산과 어떻게 다른가?
4. 분산과 VaR의 관계는 무엇인가?
5. 수익률분포의 어떤 모멘트가 위험의 측정수단인가? 그들 중 일부를 기술하고, 위험 측정수단의 성격이 무엇인지, 그리고 선택한 위험 측정수단을 가지고 어떤 것을 이루려는 목표로 삼고 있는지 설명하라.
6. 평균, 분산 및 왜도(skewness)가 동일하게 유지되지만, 포트폴리오 수익률의 첨도(kurtosis)가 증가하는 경우, 다른 모든 것들이 동일하게 유지될 때 VaR은 증가하나 아니면 감소하나?
7. 평균과 분산은 동일하지만 포트폴리오 수익률의 왜도가 이전보다 더 큰 음수가 되면, 포트폴리오의 VaR은 어떻게 될 것이라고 생각하는가?
8. 포트폴리오의 위험 측정수단으로 VaR과 첨도를 비교하라.
9. VaR을 계산하는데 사용된 거래 기간과 VaR 수준과의 관계는 무엇인가? VaR 계산을 위한 최적의 기간은 무엇이라고 생각하는가?
10. 수익률분포가 정규분포를 따르지 않아 델타-정규분포 접근법을 사용할 수 없는 경우, VaR 측정 하에서 포트폴리오의 총위험에 대한 개별 자산의 위험 기여도를 계산하는 것이 가능한가?
11. VaR은 "일관된" 위험 측정수단이 아니라는 이유로 비판 받아왔다. 왜 그런가?
12. FOF Inc.의 평균 손익이 1 주일에 100만 달러 라고 가정하자. 1 주일 당 이익의 표준편차도 100만 달러이다. FOF에 대한 99% 및 90% VaR을 계산하라. 이익이 정규분포를 따른다고 가정하라.
13. 앞의 문제에서 수익률의 분포가 정규분포가 아니라 5의 자유도를 가진 Student's t 분포를 따른다고 가정하라. 새로운 가정 하에서 99% VaR은 무엇인가? 대신 t 분포가 20의 자유도를 가질 때 VaR은 어떻게 되는가? 결과의 차이점을 설명하라.
14. 2개의 자산에 동일하게 $10를 투자한 포트폴리오를 생각해보라. 두 자산에 대한 수익률이

결합 정규분포를 따른다고 가정하라. 첫 번째 자산에 대한 연간 기대수익률과 수익률의 분산은 다음과 같이 주어진다.

$$\mu_1 = 0.01 \qquad \sigma_1^2 = 0.04$$

그리고 두 번째 자산에 대해서는 다음과 같이 주어진다.

$$\mu_2 = 0.05 \qquad \sigma_2^2 = 0.03$$

다음 세 가지 경우를 고려하라.

(a) 수익률 간의 상관관계는 $\rho = 0$이다.

(b) 수익률 간의 상관관계는 $\rho = +0.50$이다.

(c) 수익률 간의 상관관계는 $\rho = -0.50$이다.

각 경우에 대해 포트폴리오의 99% Value-at-Risk를 구하라. 상관관계에 대한 VaR의 의존 행태를 설명하라.

15. [문제 14]와 동일한 매개변수를 고려해보자. 다만 $\rho = -0.50$인 경우만 고려해 보자. 이 경우 총 포트폴리오 위험은 위에서 계산한 VaR 수치에 의해 주어진다. 두 자산의 위험 기여도는 무엇인가?

16. 다음과 같은 평균 벡터와 수익률의 공분산 행렬을 가진 세 가지 자산의 포트폴리오가 있다.

$$\begin{bmatrix} 0.10 \\ 0.15 \\ 0.05 \end{bmatrix} \qquad \begin{bmatrix} 0.08 & 0.05 & 0.05 \\ 0.05 & 0.06 & 0.05 \\ 0.05 & 0.05 & 0.07 \end{bmatrix}$$

델타-정규분포 방법을 사용하여 각 자산에 \$1이 투자된 포트폴리오에 대해 95% VaR을 계산하라.

17. 이전 문제를 몬테카를로 시뮬레이션을 사용하여 반복하고 답을 델타-정규분포 방법의 분석값과 비교하라.

18. 이전의 몬테카를로 문제를 반복하되, 5의 자유도를 가진 Student's t 분포에서 무작위 수를 가져온다고 가정한다. 그 VaR 값을 정규분포에서 구한 값과 비교하라.

19. 당신은 S&P 500 지수를 추적하는 포트폴리오를 관리하고 있다. 당신은 VaR을 계산할 수 있는 두 가지 방법을 고려하고 있다.

(a) 과거 데이터에 대하여 포트폴리오의 평균 및 분산을 보정하여 델타-정규분포 접근법을 사용하는 것.

(b) 동일한 데이터를 기반으로 역사적 시뮬레이션을 사용하는 것.

어느 것이 이 포트폴리오에 대하여 더 위험한 그림을 제공할 것으로 예상하는가?

20. 당신은 수익률이 다음과 같은 평균 벡터 및 공분산 행렬을 가지고 결합 정규분포를 따르는 세 가지 자산의 포트폴리오를 가지고 있다.

$$\begin{bmatrix}0.20\\0.10\\0.15\end{bmatrix} \qquad \begin{bmatrix}0.08 & 0.02 & 0.02\\0.02 & 0.06 & 0.03\\0.02 & 0.03 & 0.07\end{bmatrix}$$

(a) 첫 번째 자산에 $1, 두 번째 자산에 $2, 세 번째 자산에 $3를 투자할 때, 포트폴리오의 95% VaR을 계산하라.

(b) 각 자산의 보유가 전반적인 VaR 위험에 얼마나 기여하는가?

21. 다음과 같은 2 변량 수익률분포의 도표를 자세히 살펴보라. 축의 값에 특별히 주의하라. 두 도표는 주식 수익률의 결합 분포도이다. 첫 번째 도표는 Student's t 분포이고 두 번째는 정규분포이다. 둘 다 동일한 평균 및 공분산 행렬을 가진다. 어떤 결합 수익률분포가 VaR 측면에서 더 위험할 수 있는지 설명하라. 평균, 분산 및 공분산이 동일하더라도 왜 위험이 다른가?

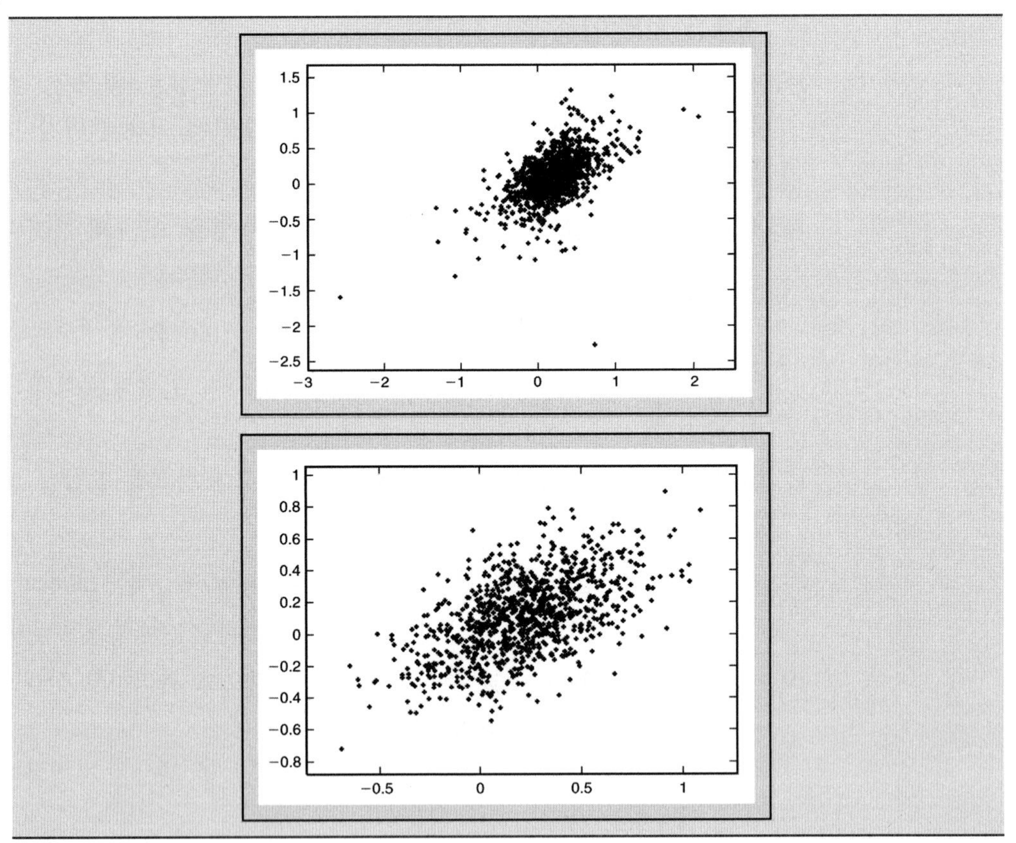

22. 당신은 수익률이 다음과 같은 평균 벡터 및 공분산 행렬을 가진 결합 정규분포를 따르는 두 자산으로 구성된 포트폴리오를 가지고 있다.

$$\begin{bmatrix}0.20\\0.10\end{bmatrix} \qquad \begin{bmatrix}0.08 & 0.04\\0.04 & 0.06\end{bmatrix}$$

(a) \$1이 첫 번째 자산에 투자되고, \$1이 두 번째 자산에 투자될 때, 포트폴리오의 95% VaR을 계산하라.

(b) 각 자산의 VaR에 대한 위험 기여도를 계산하라.

(c) 현재 포트폴리오 가중치가 최적인가? 그렇지 않다면, 더 좋은 것을 제안하라.

23. (코드 작성 필요) 당신은 수익률이 VaR 기간에 대해 다음과 같은 평균 벡터 및 공분산 행렬을 갖는 두 자산으로 구성된 포트폴리오를 가지고 있다.

$$\begin{bmatrix} 0.20 \\ 0.10 \end{bmatrix} \qquad \begin{bmatrix} 0.08 & 0.04 \\ 0.04 & 0.06 \end{bmatrix}$$

(a) 증권의 결합 분포는 95의 자유도를 갖는 Student's t 분포를 따르는 것으로 가정한다. \$100가 첫 번째 자산에 투자되고 \$200가 두 번째 자산에 투자될 때, 포트폴리오의 95% VaR을 계산하라. 수익률은 연속복리로 계산된다고 가정한다. 이 질문에 대해 몬테카를로 시뮬레이션을 사용하라(36 장). 답과 함께 Octave 프로그램 코드를 제시하라.

(b) 20 의 자유도를 갖는 Student's t 분포를 사용하여 (a) 부분을 다시 하라. 결과가 첫 번째 부분과 어떻게 비교되는지에 대해 설명하라.

24. (어려움) 다음과 같은 자산가격 결정요인 수익률은 Fama-French 데이터베이스에서 다운로드 되었다. 초과 시장 수익률, SMB 포트폴리오 수익률, HML 포트폴리오 수익률 및 무위험 수익률. 다운로드된 데이터(기간 1963~2003)에서 다음과 같은 평균 및 공분산 행렬을 얻었다.

Mean Returns

Rm - Rf	SMB	HML	Rf
0.0204244	0.0065800	0.0197292	0.0231443

Covariance Matrix of Returns

0.805756	−0.120621	−0.245771	−0.000218
−0.120621	0.242035	−0.012267	−0.000135
−0.245771	−0.012267	0.212526	0.000086
−0.000218	−0.000135	0.000086	0.000109

이제 다음 질문에 답하라:

(a) 다음과 같은 효용함수가 주어질 때, 최적의 포트폴리오 가중치를 계산하라.
U = 평균 포트폴리오 수익률 $-\gamma\times$ 포트폴리오 수익률의 분산이고 $\gamma=3$이다. 여기서 γ는 무엇인가?

(b) 주어진 포트폴리오 가중치에 대해 최적 포트폴리오의 99% VaR을 계산하라.

(c) 포트폴리오의 위험분해를 계산하고, 4가지 자산 집단에 대해 위험을 할당한다. 어떤 자산 집단이 가장 위험한가?

(d) 방금 계산한 최적의 것과 다른 임의의 가중치를 선택하라. VaR을 다시 계산하라. 위험 측정치가 더 높은가 아니면 더 낮은가? 왜 그런가?

(e) 자산 중 하나의 비율을 두 배로 늘려야한다면, 어느 것을 선택하겠는가? 왜 그런가?

25. 이 질문은 VaR 계산에 필요한 조정에 대해 설명한다.

(a) VaR에 대한 역사적 시뮬레이션 알고리즘에서 포트폴리오의 역사적 평균 수익률은 2% 정도 낮게 평가될 것으로 예상된다고 가정하라. 새로운 시뮬레이션에서 VaR을 결정하기 위해 시뮬레이션에서 조정할 점은 무엇인가? 이를 구체적으로 단계별로 설명하라.

(b) 또한, 미래의 포트폴리오 분산이 과거의 1.5 배가 될 것으로 예상된다고 가정하라. 다시, 이 상황을 수용하기 위해 필요한 시뮬레이션 알고리즘에 대한 특정 수정 사항을 설명하라.

전환사채

21.1 서론

전환사채는 보유자가 고정된 가격으로 채권을 주식으로 전환할 수 있는 옵션이 포함된 회사채이다. 전환사채는 주식 및 기업 부채 모두의 특성을 가지고 있지만, 전환사채는 이러한 부채, 주식과 같은 유가증권들의 묶음 그 이상이다. 전환사채의 복잡성은 그것이 가지는 자본과 부채 구성 요소의 상호작용 그리고 종종 발행 회사의 조기 상환 가능성과 같이 다른 선택권을 포함할 수 있다는 사실에서 비롯된다. 전환사채의 가치는 발행 회사의 지분 위험, 이자율 위험 및 발행 회사의 신용 위험을 포함한 여러 가지 위험 요소에 따라 달라진다. 이 장에서는 전환사채의 주요 특징을 살펴보고 이들 채권의 가격에 영향을 미치는 요인과 이러한 요인들이 어떻게 중요한지 살펴 볼 것이다.

전환사채는 여러 가지 이유로 투자자와 발행자 모두에게 매력적이다. 전환사채 보유자에게 전환 옵션을 제공함으로써 채권자의 비용으로 주식 보유자에게 이익을 주는 경영진의 위험 이전 행동으로부터 보호한다.(Green(1984)은 기존에 발행되던 채권보다 전환사채를 선호하게 하는 전환사채의 특징을 강조하는 이론적 모형을 개발했다.) 전환사채는 채권 투자자들에게 회사의 주식 상승에 참여할 수 있는 기회를 제공한다. 주식 투자자에게는 일반 주식 투자와는 달리 가격 하락에 대한 하한선(bond floor)을 제공해 주가 하락 위험으로부터 보호한다.

전환사채의 특성은 광범위하게 변할 수 있기 때문에 "전형적인" 전환사채 같은 것은 실제로 존재하지 않는다. 우리는 먼저 몇몇 용어를 살펴보고 전환사채의 주요 특징을 살펴볼 것이다.

21.2 전환사채 용어

전환사채는 채권 보유자에게 고정된 수의 주식으로 채권을 전환할 권리를 부여하는 회사의 고

표 21.1
전환사채 용어

	현금가치	가치/주당	시장가 표시
전환 비율	500		
액면가	$5,000	$10.00	100.00
전환 가격	$5,000	10.00	100.00
전환사채 가격	$4,500	$9.00	90.00
패리티	$3,750	$7.50	75.00
할증금	$750	$1.50	15.00
할증금%	20%	20%	20%

정-손익 채무이다. 이 고정된 주식 수를 전환 비율(conversion ratio)이라고 한다. 예를 들어, 전환 비율이 2.5라는 것은 각 전환사채가 2.5의 주식으로 교환될 수 있음을 의미한다. 전환 가격(conversion price)은 채권의 액면가를 전환 비율로 나눈 값이다.

$$전환\ 가격 = 액면가/전환\ 비율$$

전환 가격은 채권 보유자가 채권을 주식으로 전환하거나 채권의 액면가를 받는 것에 대해 동일한 태도를 취할 수 있을 때 형성되는 주식의 가격이다.

신주인수권(warrants)과 달리 전환사채의 전환 시점에 현금의 이동은 없다. 채권이 주식으로 전환될 때, 투자자는 채권의 미래 이자 지급 및 원금의 상환을 포기하게 된다. 일반적으로 전환권은 언제든지 행사할 수 있다(즉, 미국식 옵션이다). 만기일에 전환사채가 주식으로 전환이 되지 않았다면, 채권 발행인으로부터 보통 사채와 같이 상환받게 될 것이다.

패리티(Parity) 와 할증금(Premium)

전환사채의 주식의 시장 가치를 패리티(parity)라고 한다.

$$패리티 = 전환\ 비율 \times 주당\ 시장\ 가격$$

전환사채에 대한 할증금(premium)은 전환사채의 가격이 패리티를 초과하는 초과분이다.

$$할증금 = 전환사채\ 가격 - 패리티$$

따라서 할증금은 채권을 즉시 전환할 수 있는 가치를 초과하는 채권의 가치이다. 채권 발행 시, 할증금은 전환사채 내에 포함되는 다양한 선택권의 예상되는 순 가치를 반영한다.

전환사채를 고려할 때 고정된 주식 수의 묶음으로 생각하거나 혹은 개별 주식을 기초로 하여 생각하는 동일한 두 가지 방법이 있다. 후자가 더 직관적이지만 전환사채 시장에서는 전자를 사용한다. 물론 전환 비율을 사용하여 서로 변환이 가능하다. 전환사채의 시장가격은 "포인트" 즉, 명목 가치의 백분율로서 표시된다.

예제 21.1

한 전환사채에 대하여 다음과 같은 정보가 주어졌다고 하자:

- 액면가: $5,000
- 발행가: $4,500
- 전환 비율: 500
- 현재 주가: $7.50

[표 21.1]은 이 정보를 보는 세 가지 방법을 요약한 것이다. 전환 비율이 500인 경우 전환 가격은 채권의 액면가를 전환 비율로 나눈 값과 같다(즉, $10). 패리티는 전환 비율과 현재 주식의 시장 가격을 곱한 값으로 $3,750이다. 채권은 $4,500에 거래되고 있기 때문에 할증금은 $750이다. ■

21.3 전환사채의 주요 특징

전환사채는 조기 상환 여부와 같이 서로 동일하게 공유하는 공통적인 특징들이 있고 이자 구조와 채권에 내재되어 있는 선택권들과 같이 서로 다른 특징들 또한 찾아 볼 수 있다. 이 절에서는 전환사채의 주요 특징을 설명한다.

조기상환 가능성(Callability)과 조기상환 방어권(Call Protection)

전환사채는 종종 발행자에 의해 조기 상환이 될 수 있다. 즉, 발행자는 일반적으로 채권 보유자로부터 채권을 미리 정해진 가격(보통은 액면가)으로 매입할 권리가 있다. 따라서 전환사채의 발행회사와 매입인 모두 옵션을 보유하고 있으며, 한 측이 옵션을 행사하면 다른 측의 옵션 행사 권리에 영향을 미치게 된다. 사채 보유자의 전환권의 행사는 사채 발행자의 조기 상환 가능성을 소멸시킨다. 사채 발행자가 조기 상환 옵션을 행사할 경우, 사채 보유자의 전환권이 즉시 사라지는 것은 아니지만, 옵션을 행사할 수 있는 기간은 크게 줄어들게 된다. 사채 보유자는 사채 발행자가 조기 상환을 발표한 시점으로부터 특정 기간 안에(예 30일) 채권을 주식으로 전환할 수 있지만, 그렇게 하지 못할 경우 채권은 발행자에게 조기 상환을 위해 양도된다. 이 조기 상환의 특징은 일반적으로 전환을 강제하기 위해 발행자에 의해 야기되는 것이다.

발행자의 권리와 투자자의 권리의 균형을 유지하기 위해 일반적으로 투자자에게 발행자의 조기 상환 가능성에 대한 보호 장치가 마련되어 있다. 이 보호 장치는 아래 두 형식 중 하나 또는 둘 모두를 취한다.

- **"강한(Hard)" 방어권** 채권은 명시된 기간 동안 조기 상환될 수 없다(일반적으로 발행일로부터 2년에서 4년).
- **잠정적("약한(Soft)") 방어권** 발행자가 조기 상환을 실행할 당시 주가가 시장에서 전환 가격에 대해 명시된 최저 할증금을 만족하는 수준으로 거래되어야 한다(주로 30%~50%).

만기(Maturity)와 이자 구조(Coupon Structure)

전환사채의 만기는 3년에서 30년 사이이며, 일부 전환사채는 만기일이 없다(아래 "전환 우선주" 참조). 전환사채의 이자(쿠폰) 구조 또한 역시 매우 다양하다. 전통적인 현금-지불형 전환사채의 경우, 채권이 처음에는 액면가에 거래되도록 이자가 정해지게 되고 이자는 채권의 만기 수익률(yield-to-maturity, ytm)과 같다. 최초 할인 발행(original issue discount, OID) 전환사채의 쿠폰 이자율은 만기 수익률보다 작고, 그 전환사채는 발행 시 액면가보다 낮은 가격으로 거래된다. 만기에 근접할수록 채권 가격은 액면가에 도달하게 되고, 투자자는 손익의 일부를 자본 이득의 형태로 받게 된다. 제로-쿠폰 또는 "고율-할인(deep-discount)" 전환사채는 이자를 전혀 지불하지 않는다.

전체 손익은 자본 이득으로부터 온다. 이자가 지급될 때 고정된 이자를 지급하거나 혹은 재설정 조항이 있는 변동 이자를 지급할 수 있다. 후자의 경우, 이자는 이자율 지수에 근거하여 변동되거나, 채권의 수명 기간 중 서로 다른 기간에 대해 다르게 설정될 수 있다. 복수 통화 전환사채는 원금과 이자가 서로 다른 통화로 되어있고, 어떤 경우에는 투자자가 어떤 통화로 이자를 받을지 선택할 수 있다.

상환 청구 가능성(Puttability)과 다른 기능들(Other Features)

전환사채도 상환 청구가 가능하다: 즉, 투자자는 특정 시점에 회사에 채권을 돌려 줄 권리가 있다. 이 풋옵션은 전환사채를 투자자에게 더 매력적으로 만들고, 채권에 대한 이자(쿠폰)를 낮추는데 사용될 수 있다. 이 풋옵션은 지정된 기간(예: 매 5년)마다 채권의 상승된 가치로 행사할 수 있는 제로-쿠폰 전환사채에서 특히 많이 쓰인다.

전환사채에는 더 많은 색다른 기능이 있을 수도 있다. 예를 들어, "재설정(reset) 전환사채"(일명 "죽음의 소용돌이형 전환사채(death-spiral convertibles)")의 전환 비율은 주가의 행태에 따라 달라진다. 초기 전환 비율은 지정되어 있지만, 주가가 명시된 수준 밑으로 떨어지게 되면 전환 비율이 증가한다. 이러한 전환사채의 목적은 주가의 급락에 따른 가치 하락으로부터 투자자를 보호하는 것이다. 재설정 전환사채는 1990년대 일본 은행들에 의해 많이 발행되었다.

전환사채 유형

전환사채의 범위는 매우 넓다. 전환사채는 쿠폰의 크기, 발행가격 및 내포된 옵션의 성격에 따라 크게 달라진다. 이자를 전혀 지급하지 않고 액면가에 대해 고율 할인 발행되는 제로-쿠폰 전환사채도 있고, 낮은 이자와 액면가 밑으로 할인 발행되는 최초 할인 발행 전환사채(original-issue discount or OID convertibles)도 있다. 그리고 일반적으로 액면가로 발행되는 전통적인 현금-지불형 전환사채도 있다. 대부분의 전환사채는 조기 상환이 가능하고(callable), 어떤 것들은 상환 청구도 가능하다(puttable). 어떤 전환사채는 전환권이 전혀 선택권이 아니고, 만기에 무조건 전환을 해야 하는 경우도 있다. 다음 예는 다양한 종류의 전환사채에 대한 이해를 돕기 위해 몇몇 전환사채를 선별하였다.

제로-쿠폰 전환사채 : 제로-쿠폰 전환사채는 일반적으로 액면가 대비 고율 할인 발행된, 수명이 긴, 무담보, 후순위 부채를 가리킨다. 예를 들어, Merrill Lynch가 발행한 Liquid Yield Option Notes 또는 LYON이 있다. 2001년 5월, Merrill Lynch는 한 채권 당 액면가가 $1,000이고 발행가가 $511.08인, 액면가로 46억 달러에 달하는 LYON을 발행하여 24억 달러의 자금을 확보하였다. 이 채권의 만기는 2031년 5월 23일이며 만기 수익률은 대략 2.25%이다. 각 채권은 Merrill Lynch의 보통 주식 5.6787주로 전환될 수 있었다. 채권 보유자들은 지정된 날짜에(구체적으로, 다음 해당 년도의 5월 23일: 2004, 2005, 2006, 2011, 2016, 2021, 2026) 증가된 금액으로 Merrill Lynch에 상환 청구를 할 수 있었다. Merrill Lynch는 2006년 5월 23일 이후로 언제든지 조기 상환을 할 수 있었다.

전통적인 현금-지불형 전환사채 : 현금-지불형 전환사채는 전통적인 액면가로 발행되는 이자-지급형 전환사채이다. 한 예는 Medicis 제약 회사가 2017년 6월 1일이 만기인 5억 달러의 전환사채를 2012년 5월에 발행한 것이다. 이 채권은 액면가 $1,000에 액면 발행되었고, 쿠폰 이자는 1.375%(반년마다 지급)이며 각각 21.2427의 보통주로 전환되므로 전환 가격은 한 주당 약 $1,000/ 21.2427= $47.075이다. 발행 당시 Medicis의 주가는 $37.66이었으므로, 전환 가격은 $47.075로 이는 주식의 시장 가격 대비 25%의 프리미엄을 의미한다.

이 채권에는 전환 비율(채권당 전환 주식수)에 영향을 미치는 다양한 조건들이 있다. 이들 중 하나는 회사의 지배권 변경을 효과적으로 이끌어 내는 사건(예: 인수), "보전적 조정사건(make-whole adjustment events)"에 관한 것이다. 이러한 사건이 발생하면, 전환사채 보유자는 일반적으로 손실된 선택권을 보전하기 위해 자신의 채권을 21.2427 보통주/채권보다 높은 비율로 Medicis 주식으로 전환할 수 있는 선택권을 제공받는다. 전환 비율의 증가는 두 가지 요인, 즉 인수 시 Medicis의 주식을 취득하는 가격과 인수하는 날짜 두 요인에 의해 구체화된다. 인수가 시작되면서 Medicis는 전환사채를 발행한지 4개월도 안 되는 시점에 Valeant Pharmaceuticals International에 의해 주당 $44의 가격으로 인수가 되었다.

전환 MIPS : MIPS(Monthly Income Preferred Securities)는 1994년 Goldman Sachs가 Texaco를 위해 만들었다. MIPS 구조에서, 회사는 회사가 유일한 주주인 특수 목적 기업(special-purpose entity(SPE), 일반적으로 유한 파트너십 또는 신탁회사)을 설립한다. SPE는 우선주를 투자자에게 발행하고, 이 손익금은 모기업에게 순위가 매우 낮은 후순위 채무로 대출된다. 모회사는 일반적으로 SPE가 발행한 우선주에 대한 약속된 지급을 보증한다. 이자 지급은 모기업에 대해 세금 공제가 되지만, 이 구조에 대해 신용 평가 기관의 평가에서는 지분으로 간주된다. 미국 은행의 경우, 연방 준비 제도 이사회(Federal Reserve)가 1996년에 "신탁 우선주(Trust Preferred)"로 알려진 증권은 은행 지주 회사(bank-holding companies, BHCs)의 Tier 1 자본으로 인정 된다는 결정을 내렸을 때, 이 구조는 특별한 중요성을 갖게 되었다; 이 결정 후 3개월 동안 은행들은 150억 달러가 넘는 금액의 이 증권들을 발행하였다.(이 결정은 2013년부터 Tier 1 자본으로서의 신탁 우선주를 단계적으로 폐지해야 한다는 Dodd-Frank법에 의해 후에 폐지되었다.)

전환 MIPS는 MIPS 구조에서 출발했다. 전환 MIPS에서, 이 증권은 모회사의 보통주로 전환 가능하다. SPE는 모회사의 전환사채를 매입한다.(모회사는 세금 목적으로 이자 지급액을 공제한다.) 전형적인 전환 MIPS 구조는 긴 만기를 가지며(예: 30년), 조기 상환이 가능하지만 일반적으로 5년의 조기 상환 방어권이 부여되고, 전환 프리미엄 20~25%를 가지며 보통주에 비해 4~7% 높은 수익률을 가진다.

의무 전환사채 : 의무 전환사채(mandatory convertibles)는 만기에 보통주로 전환을 해야만 하는 의무가 있는 전환사채이다. 일반적으로, 이 채권들은 보통주의 수익률보다 5~7% 높은 분기 별 이자를 지급하고, (3~5년의) 짧은 만기를 갖는다. 다른 전환사채와는 달리 전환 의무 기능 때문에 주가 하락 시 채권자를 보호하는 기능은 없다. 이 채권들은 보통 조기 상환이 불가능하다. 즉, 조기 상환 방어권이 만기까지 연장된다.

의무 전환사채의 특이한 점은 전환 비율이 만기의 주가에 의해 결정 된다는 것이다. 예를 들어, 계약서에 P_L과 P_H로 표시된 두 가지 가격이 있다. 전환 비율은 만기의 주가 S_T가 P_L 보다 낮거나, P_L과 P_H 사이에 있거나 또는 P_H 보다 큰 가에 따라 달라진다. 이러한 전환 비율은 P_L과 P_H 가격 사이에서 받게 되는 주식의 가치가 일정하게 되도록 선택된다(그림 21.1 참조). 그림에서 볼 수 있듯이, $S_T > P_H$일 때 변환 비율이 $S_T < P_L$일 때의 변환 비율보다 작은 것이 일반적이다.

의무 전환사채의 한 예는 Valero Energy Corporation이 2000년 6월에 한 단위당 $25로 총 1억 5천만 달러의 의무 전환사채를 발행한 경우이다. 사채 발행 당시의 주가는 $29.125였고 의무 전환사채의 초기 가격은 발행시 주식가격의 0.85837이었다. 회사는 이 의무 전환사채에 대해 7.75%의 배당금 지급을 제시했고 이는 보통주 배당 수익률이 약 2.75%인 것에 비해 매우 높은 수준이었다. 의무 전환일은 2003년 8월 18일이었다. 만기에 전환 비율은 다음과 같다.

그림 21.1
의무 전환사채의 만기시 손익

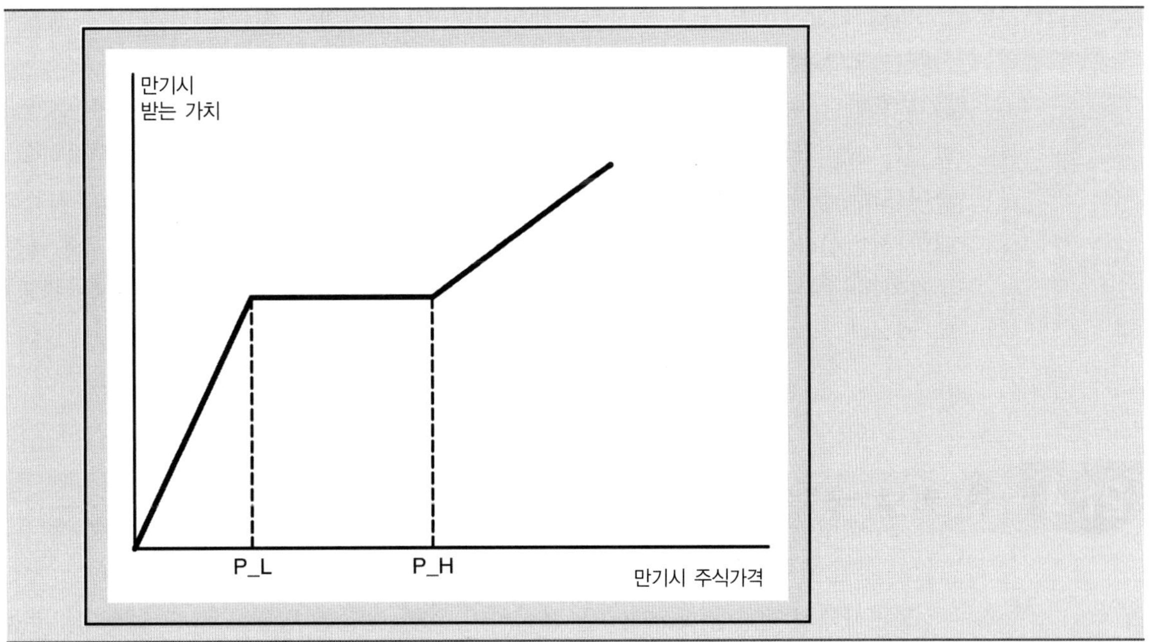

- $S_T <$ \$29.125인 경우, 0.85837
- S_T가 \$29.125와 \$34.95 사이인 경우, 전환되는 주식의 가치가 정확히 \$25가 되도록 변동
- $S_T >$ \$34.95인 경우, 0.71531

2003년8월 18일 실제 종가는 \$39.59였다.

전환사채의 매력

전환사채는 채권과 주식 모두의 특성을 갖는다. 따라서 전환사채는 발행자에게 매력적인 많은 특성들을 가지고 있다. 전환사채에 포함된 전환권으로 인해 전환사채의 이자는 일반 채권 이자보다 낮을 것이다. 더 나아가 채권이 결국 주식으로 전환된다면 미래에 증가하게 될 자본은 현재 주식가격에 대한 할증금이 될 것이다.[1] 경영진은 전환사채 발행을 신호를 주기 위한 목적으로 사용하기도 한다. 특히, 전환 기능은 경영진이 채권 소유자들의 비용으로 주식 보유자들에게 이익을 주는 행동을 추구하지 않을 것을 보증하는 역할을 하는데, 그 이유는 전환사채 투자자가 그러한 "위험-전가"로 인한 주식 가치의 이득을 항상 전환하여 현금화할 수 있기 때문이다.

1) 확실히, 이와 같은 사후적인 합리화는 전환사채가 보통 채권이나 주식보다 더 우수하다는 것을 의미하지는 않는다. 예를 들어, 전환이 최적인 점까지 주식가격이 한번도 오르지 않는다면, 사후적으로는 전환사채가 보통 채권보다 저렴한 것이 사실이지만, 보통주를 발행하는 것이 더 저렴했었을 것이다.

또한 전환사채는 주식 투자자에게도 여러 가지 이점을 제공한다. 주식 투자자의 경우에도, 전환사채는 보다 낮은 위험의 매력을 가지고 있다: 주식과는 달리, 전환사채는 주가 하락시 주식 투자자를 보호한다. 채권 투자자의 경우에도 전환사채는 주식가격이 상승할 경우 주가 상승에 같이 참여할 수 있는 기회를 어느 정도 제공한다. 물론 이러한 이점들은 대가를 지불하고 얻는 것이다; 양측이 모두 좋을 수는 없다. 주식 투자자의 경우, 전환사채를 통해 주식을 소유하는 것은 채권 가격에 대한 하한선을 제공하지만, 전환사채는 주식의 패리티 가치를 초과하는 할증금을 포함한다. 채권 투자자의 경우, 주가 상승시 참여할 기회의 이점은 전환사채의 이자가 보통 채권보다 낮게 지급되는 대가를 지불하고 얻는 것이다.

21.4 손익분기점 분석

전환사채의 할증금(premium)을 분석하기 위한 간단한 방법으로 손익분기점 분석이 있다. 손익분기점 분석은 투자자가 동일한 금액의 주식 대신 전환사채를 보유함으로써 일정 기간 동안 얻을 수 있는 추가 손익에 초점을 둔다. 이 분석은 전환사채가 일정 기간 이후 확실하게 주식으로 전환될 것이라는 암묵적인 가정을 한다. 손익분기점 분석을 위한 계산은 공정한 할증금을 결정하는 "손익분기점"이 되기까지의 시간을 측정하는데 초점을 맞춘다.

기본형 전환사채는 일반적으로 해당 주식에 대한 배당수익률보다 더 높은 수익률을 갖는다, 따라서 주식 대신에 전환사채를 소유함으로써 얻는 추가 손익은 양의 값을 갖는다. 손익분기점은 전환사채로부터 얻는 높은 손익을 통하여 전환 할증금을 회수하는데 걸리는 시간을 측정한다. 다음 두가지를 비교한다.

- 투자자가 전환사채를 통해 간접적으로 주식을 소유하기 위해 지불하는 현금 할증금
- 전환사채가 제공하는 추가 연간 손익 대비 주식에 동일한 금액을 직접 투자한 금액

손익분기 기간(연간으로 측정)은 할증금을 추가 연간 손익으로 나눈 것이다. 이 손익분기 기간은 전환사채가 계속 존재할 것으로 보장되는 연 수와 비교된다. 이를 위해 첫 번째 조기 상환 날짜를 사용하는 것이 일반적이다. 투자자의 관점에서 보면, 손익분기 기간은 더 짧을수록 좋다.

만약 손익분기 기간이 조기 상환 기간보다 짧을 경우, 투자자들은 연간 추가 손익만으로 전환 할증금의 회수가 보장되는 경우라고 할 수 있다. 이후의 추가 손익은 "공짜"로 간주된다. 손익분기 기간이 조기 상환 기간보다 긴 경우, 전환 할증금의 회수가 보장이 되지 않고, 이 할증금은 과도한 것으로 간주된다.

예제 21.2

전환사채와 발행회사의 주식에 대하여 다음과 같은 정보가 주어졌다고 가정하자.

- 액면가: $5,000.00
- 발행가: $5,000.00
- 패리티: $4,500.00
- 쿠폰 이자율: 3%(매 6개월)
- 배당수익률: 1%
- 할증금: $500.00=10 포인트

전환사채의 연간 손익은 0.03×5,000=150이다. 배당수익률이 1%이므로, 전환사채 대신 보통주에 $5,000를 투자하게 되면 연간 손익은 0.01×5,000=50이다. 따라서 전환사채로부터 얻는 추가 연간 손익은 $100이다. 따라서 다음과 같다.

$$\text{손익분기 기간} = \text{현금 할증금}/\text{추가 연간 손익} = 500/100 = 5\text{년}$$

■

손익분기점 분석은 전환사채의 공정가치에 대한 유용한 초기 정보를 제공한다. 그러나 손익분기점 분석은 명백하고 심각한 단점이 있다. 손익분기점 분석은 계산시 화폐의 시간가치를 무시한다. 또한 다른 증권들의 다양한 위험 특성을 고려하지 않는다. 예를 들어, 손익분기점 분석은 전환사채의 선택권들을 무시하여, 전환사채에 존재하는 채권 하한선 또는 주식 변동성과 주식 상승과 같은 요소들에 대해 가치를 부여하지 않는다. 전환사채의 위험 특성에 대해 통찰력을 더 얻기 위해서는 보다 정교한 접근 방식을 사용해야 하며 이를 다음에 논의한다.

21.5 전환사채의 가격결정: 첫 번째 관문

전환사채는 보통 두 개의 증권(보통 채권 및 신주인수권)의 묶음으로 비유된다. 분명한 유사성이 있으며, 실제로 전환사채를 "채권" 요소와 "신주인수권" 혹은 "선택권" 요소를 갖는 것으로 생각하면, 전환사채에 대한 상당한 직관적 통찰력을 얻을 수 있다. 그러나 중요한 차이점도 있다. 채권-신주인수권 묶음의 경우, 신주인수권을 행사하려면 행사가격을 지불해야 하지만 채권은 그대로 남게 된다. 전환사채에서는 전환이 실행될 때 현금 지급은 없지만 채권은 포기해야 한다. 전환사채는 또한 조기 상환 가능성 기능이 있으며, 채권의 조기 상환 가능성 기능을 행사하면 전환권의 수명이 단축된다.

일반적으로 전환사채의 공정가치를 결정할 때 고려해야 할 많은 요소들이 있다. 관련 요소들은 다음과 같다.

- **주식 특성** 현재 주가 수준과 그것의 변동성은 명백히 전환사채 가격의 중요한 결정 요인이다. 주식에 대해 예상되는 배당수익률 또한 중요한 결정 요인이다. 다른 모든 변수가 일정하다고 가정할 때, 높은 배당수익률은 낮은 주가 상승률을 야기시키고, 낮은 주가상승률은 전환권에 영향을 준다.
- **이자율** 이자율의 변동은 전환사채의 채권 요소뿐만 아니라 전환권 요소에도 영향을 준다. 전자의 경우에는 쿠폰 이자와 남아 있는 원금의 현재가치의 변동을 통하여 영향을 준다. 후자 효과의 경우, 이자율 변동이 주식에 대한 콜옵션가치에 미치는 효과와 비슷하다.
- **발행인의 신용 위험** 발행인의 신용위험은 전환사채의 채권과 선택권 요소에 모두 영향을 미친다. 채무 불이행이 발생할 경우 채권의 이자는 잃게 되고 만기에 받을 수 있는 액면가 이하로 회수하게 된다. 채무 불이행 가능성은 또한 주식 특성에도 영향을 미치기 때문에, 전환사채의 신주인수권 요소도 영향을 받는다.
- **전환사채 구조** 이것은 이자의 크기, 발행사에 의한 조기 상환 가능성, 보유자에 의한 중도 상환 청구권 같은 전환사채의 다른 선택권의 존재 등과 같은 요소를 포함한다.

이 모든 것은 무차익거래에 의한 전환사채의 가격결정 방법은 주식 옵션의 가격결정보다 더 복잡한 모형을 필요로 한다는 것을 의미한다. 그러나 첫 번째 근사치를 얻는 방법으로서, 이자율과 신용 위험을 고려하지 않는다면, 전환사채의 가격결정은 상당히 단순하게 된다. 그러면, 우리는 전환사채를 보통 채권-신주인수권의 묶음으로 인식할 수 있고, 어떤 시점의 신주인수권의 행사가격은 그 시점의 채권의 가격이 된다. 이 점을 활용하여, 우리는 전환사채의 가격을 이항모형을 사용하여 구할 수 있다. 이 절의 나머지 부분에서는 이 접근법에 대해 논의한다. 다음 절에서는 신용 위험을 반영한 모델링 과정을 알아본다.

자본 위험 하나만으로도, 전환사채 가격에 영향을 주는 여러가지 요인들이 많이 있다. 우리는 이 모든 요인들은 동시에 고려하는 모형을 만들기 보다는 “벽돌-쌓기(building-blocks)” 접근법을 사용한다. 먼저 우리는 단순한 1-기간 이항모형으로 전환사채 가격결정을 알아본다. 여기에서 개발된 방법은 분명하게 다기간 이항모형으로 쉽게 일반화할 수 있다. 그 다음에 우리는 이자, 배당금 그리고 조기 상환 가능성과 중도 상환 청구권 요인들을 차례로 이 모형에 추가하여 논의한다.[2] 분석은 한주당(per-share) 기준으로 행해진다.

2) 이항트리를 이용한 전환사채의 가격결정은 많은 연구자들에 의해 개발되었다. 예를 들어, Carayannopoulos와 Kalimipalli(2003) 그리고 Das와 Sundaram(2007)은 채무 불이행과 이자율 위험을 고려한 모형을 개발하였다. 이 절에서 예시된 벽돌-쌓기 접근법은 좀 더 단순한 Connolly(1998)의 교훈적 접근법을 인용하였다.

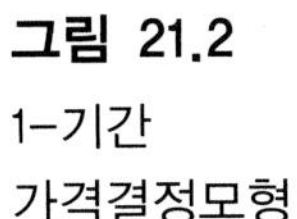

그림 21.2
1-기간
가격결정모형

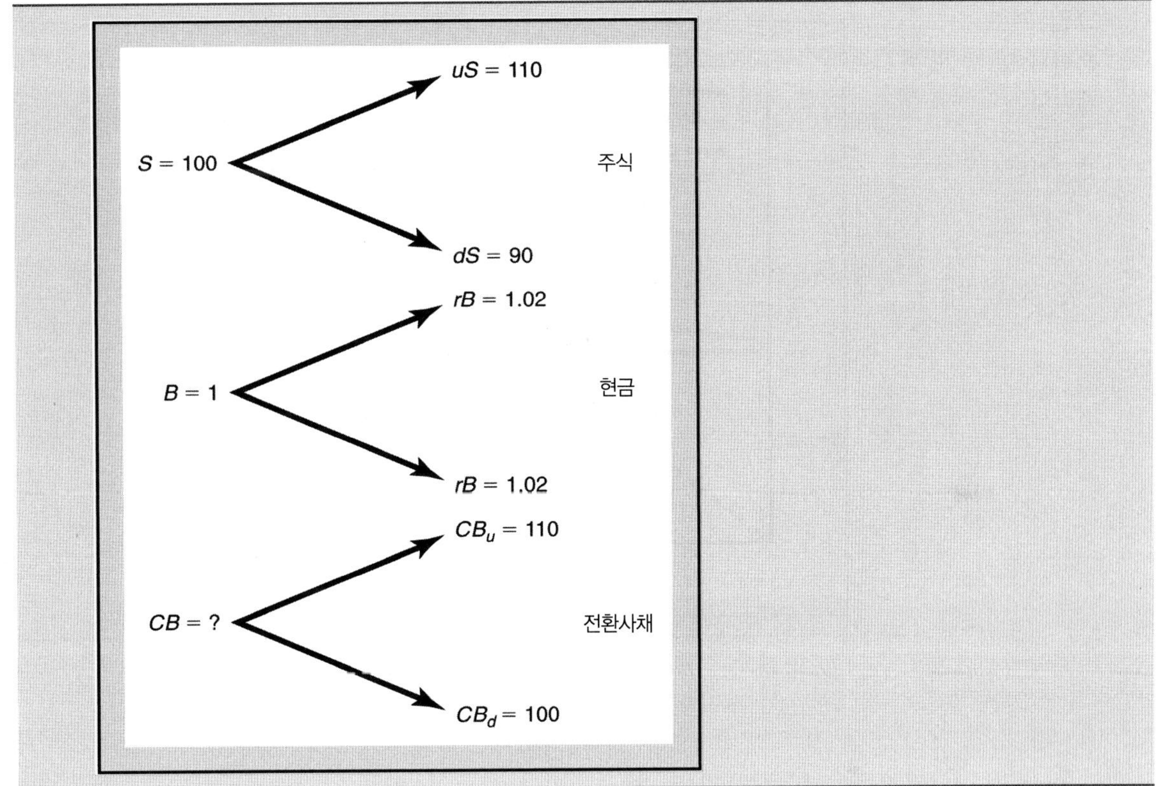

1-기간 이항모형에 의한 평가

전환사채의 기초가 되는 주식의 현재가격을 $S=100$이라고 한다. 1 기간 이후에 주식의 수익률은 +10% 또는 −10%가 될 것이라고 가정하자. 따라서 1기간 이후에 가능한 두 가격은 $uS=110$와 $dS=90$이다. 1-기간의 이자율은 2%라고 가정한다. 이러한 설정 하에서 액면가가 $E=100$인 1-기간 전환사채의 값을 고려해보자.

1 기간 이후에 채권은 만기에 이르게 된다. $uS=110$ 의 상태에 도달하면, 채권을 주식으로 전환하는 것이 최적이다. 따라서 이 상태에서의 전환사채의 가치 CB_u는 110이다. $dS=90$의 상태에 도달하면, 채권의 액면가 100을 받는 것이 최적이다. 따라서 $CB_d=100$이 된다. 이 경우는 [그림 21.2]에 요약되어 있다.

우리는 이와 같은 방법을 사용해 전환사채의 가격을 구할 수 있다. Δ 단위의 주식과 2%로 투자/차입한 현금 B로 구성된 포트폴리오를 고려해보자. 이 포트폴리오는 만약 다음과 같다면 1 기간 이후 전환사채를 완벽히 복제할 것이다.

$$110\Delta + 1.02B = 110$$

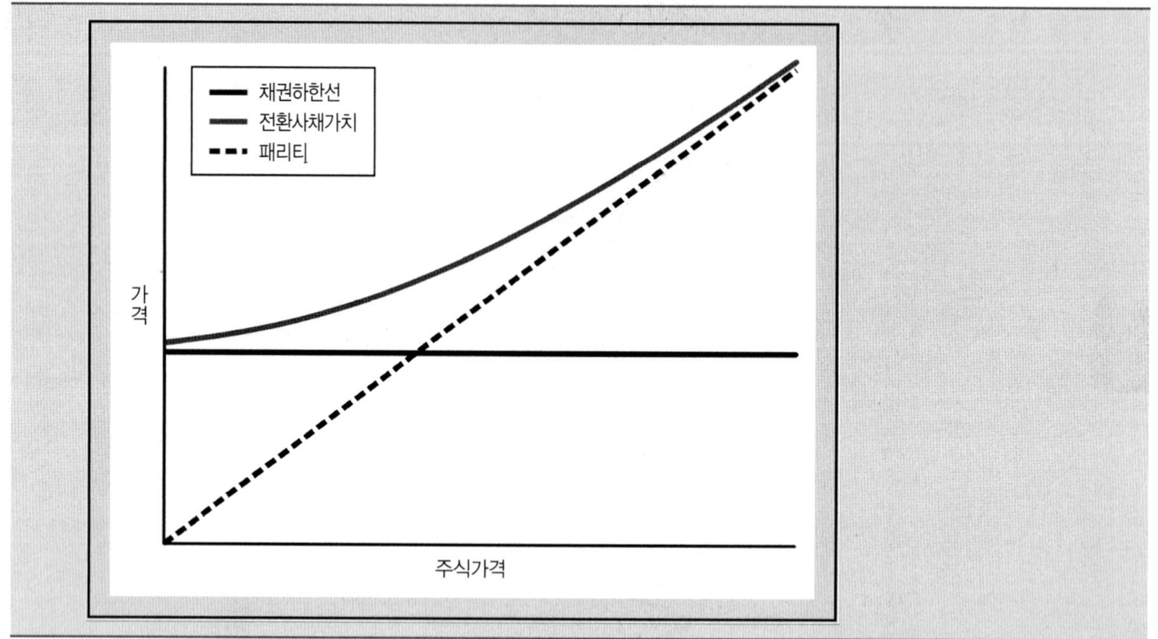

그림 21.3 전환사채, 패리티 그리고 채권하한선

$$90\Delta + 1.02B = 100$$

이것을 풀면 다음과 같다.

$$\Delta = 0.50 \qquad B = 53.92$$

다시 말하면, 다음 포트폴리오는 전환사채의 행태를 완벽하게 복제한다. 0.50 단위의 주식에 대한 매입포지션과 53.92의 투자 금액으로 구성된 포트폴리오 CB. 이 포트폴리오가 전환사채를 완벽하게 복제하기 때문에 전환사채의 공정가격은 이 포트폴리오의 비용과 일치해야 한다.

$$CB = \Delta S + B = 103.92$$

따라서 전환사채의 무차익거래 가격은 발행자의 자본의 특성에 대해 앎으로써 결정될 수 있다.

다기간으로의 일반화

이러한 가격결정 방법은 12장과 13장에서 주식 옵션에 대해 서술한 방법을 따라 분명하게 다기간 이항모형으로 일반화될 수 있다. 여기에서 자세한 것은 반복하지 않을 것이다. 13장에서 서술한 CRR 이항트리를 구축하여, 여러 다른 초기 주식가격에 대해 가격결정 절차를 실행한 결과는 [그림 21.3]에 나타나 있는 전환사채 가격의 그래프이다.

그림에 나타난 전환사채 가격 곡선의 모습은 직관에 잘 부합한다. 전환사채 가격은 주식가격이

상승할수록 높아진다. 주가가 매우 높은 수준일 때, 전환사채는 주식으로 전환될 것이 거의 확실하므로 전환사채의 가치는 주식가격과 거의 일대일로 상승한다. 주가가 매우 낮은 수준일 때 전환이 될 가능성이 거의 없기 때문에, 전환사채는 채권과 매우 흡사하다. 따라서 전환사채의 가격은 전환사채의 이자와 만기 구조를 갖는 보통 채권의 값에 수렴하게 된다.

채권 하한선(bond floor)은 전환사채 가격에 대한 하나의 하한선을 형성한다. 다른 하한선은 전환사채의 자본 가치, 즉 패리티이다. 전환사채는 항상 자본으로 전환될 수 있지만 전환사채의 보유자는 주식가격이 급격하게 하락할 경우 일반 주식 보유자와는 다르게 채권 하한선에 의해 보호된다. 결론적으로 전환사채는 항상 적어도 패리티만큼의 가치가 있다. 일반적으로, 채권 하한선 위의 할증금은 그림과 같이 항상 양의 값을 갖는다. 마지막으로 전환사채가 "등가격"일 때의 곡률을 보자. 이것은 주식에 대한 콜옵션의 경우에 관찰되는 특징과 동일하다. 물론, 전환사채의 신주인수권 요소는 주식에 대한 콜옵션과 유사하기 때문에 이것이 놀라운 일은 아니지만, 이는 전환사채가 옵션과 같이 감마 위험을 갖는다는 것을 의미한다.

확실히 [그림 21.3]은 조금 단순하다. 무엇보다도 그림에서 채권 하한선은 주가 수준에 상관없이 일정하게 유지되고 있다. 그러나 주가가 매우 낮으면 회사가 어려움에 처해 있고 채무 불이행에 가까운 상태에 있음을 나타낼 수 있으며, 따라서 채권 가치도 이에 따라 하락할 것이다. 다음 절에서는 어떻게 이 모형을 확장하여 신용 위험을 고려할 지를 논의한다. 그러나 먼저 가격결정 분석에서 조금 더 단순하지만, 동일하게 중요한 이자, 배당금을 추가하거나, 전환사채의 조기 상환 가능성과 같은 특징들을 포함하여 모형을 확장하는 것에 대해 논의한다.

이자 추가

이자는 채권 투자자들에게 중요한 동기를 부여하고, 전환사채의 이자 또한 이러한 점에서 다르지 않다. 실제로 손익분기점 분석과 같은 기법은 전환사채 구조에서 이자의 중요성을 보여준다. 이항모형과 같은 격자 모형을 사용하면 이자를 가격결정 모형에 추가하는 것은 간단하다. 아직까지 전환되지 않은 전환사채에 한해, 이자가 발생하는 트리에서의 각 기간에, 그 이자를 그 시점의 전환사채의 가치에 합산을 한다. 예를 들어, 만약 만기에 지급이 되어야 할 금액이 액면가 F와 마지막 이자 c의 합이라면, 그리고 전환이 아직 되지 않았다면, 마지막 분기점에서의 전환사채의 가치는 다음과 같다.

$$\max\{F+c, S\}$$

여기서 S는 이 시점의 주가이다. Connolly(1998)에서 인용한 [그림 21.4]는 이 가격결정 절차를 보여준다(상단 및 하단 패널을 비교하라).

그림 21.4 이항트리에서의 이자

이자가 없는 전환사채 가격결정

Input Parameters	
No. of Periods	10
Equity Volatility	0.15
Annual Interest Rate	0.04
Interest Rate per Period	0.0202
Maturity of CB	5.00
Face Value of CB	100.00
Initial Stock Price	95.00
Coupon (paid annually)	0.00

Binomial Tree Parameters	
u (up move)	1.1119
d (down move)	0.8994
Risk-Neutral Prob of *u*	0.5686
Risk-Neutral Prob of *d*	0.4314

		1	2	3	4	5	6	7	8	9	10
											274.39
										246.77	274.39
									221.94	246.77	221.94
								199.60	221.94	199.60	221.94
							179.52	199.60	179.52	199.60	179.52
						161.45	179.52	161.45	179.52	161.45	179.52
					145.20	161.52	145.20	161.45	145.20	161.45	145.20
				130.59	145.56	130.59	145.36	130.59	145.20	130.59	145.20
			117.45	131.64	117.45	131.35	117.45	130.97	117.45	130.59	117.45
		105.63	119.72	105.63	119.46	105.63	119.03	105.63	118.34	105.63	117.45
Stock Price	**95.00**	109.68	95.00	109.61	95.00	109.38	95.00	108.88	95.00	107.74	95.00
CB Value	*101.37*	85.44	101.60	85.44	101.76	85.44	101.78	85.44	101.50	85.44	100.00
		95.16	76.84	95.80	76.84	96.47	76.84	97.20	76.84	98.02	76.84
			91.13	69.11	92.43	69.11	93.99	69.11	96.08	69.11	100.00
				89.24	62.15	91.42	62.15	94.18	62.15	98.02	62.15
					89.21	55.90	92.31	55.90	96.08	55.90	100.00
						90.48	50.27	94.18	50.27	98.02	50.27
							92.31	45.21	96.08	45.21	100.00
								94.18	40.66	98.02	40.66
									96.08	36.57	100.00
										98.02	32.89
											100.00
Period		1	2	3	4	5	6	7	8	9	10

이자가 있는 전환사채 가격결정

Input Parameters	
No. of Periods	10
Equity Volatility	0.15
Annual Interest Rate	0.04
Interest Rate per Period	0.0202
Maturity of CB	5.00
Face Value of CB	100.00
Initial Stock Price	95.00
Coupon (paid annually)	4.00

Binomial Tree Parameters	
u (up move)	1.1119
d (down move)	0.8994
Risk-Neutral Prob of *u*	0.5686
Risk-Neutral Prob of *d*	0.4314

		1	2	3	4	5	6	7	8	9	10
											274.39
										246.77	274.39
									221.94	246.77	221.94
								199.60	225.94	199.60	221.94
							179.52	203.53	179.52	199.60	179.52
						161.45	187.36	161.45	183.52	161.45	179.52
					145.20	169.26	145.20	165.37	145.20	161.45	145.20
				130.59	157.30	130.59	153.34	130.59	149.20	130.59	145.20
			117.45	143.40	117.45	139.45	117.45	135.19	117.45	130.59	117.45
		105.63	135.57	105.63	131.79	105.63	127.68	105.63	123.06	105.63	117.45
Stock Price	**95.00**	125.59	95.00	122.14	95.00	118.42	95.00	114.30	95.00	109.44	95.00
CB Value	*117.32*	85.44	118.31	85.44	115.14	85.44	111.76	85.44	108.10	85.44	104.00
		111.93	76.84	109.35	76.84	106.75	76.84	104.19	76.84	101.94	76.84
			108.75	69.11	106.84	69.11	105.14	69.11	103.92	69.11	104.00
				103.60	62.15	102.51	62.15	101.86	62.15	101.94	62.15
					104.18	55.90	103.85	55.90	103.92	55.90	104.00
						101.79	50.27	101.86	50.27	101.94	50.27
							103.85	45.21	103.92	45.21	104.00
								101.86	40.66	101.94	40.66
									103.92	36.57	104.00
										101.94	32.89
											104.00
			Coupon		*Coupon*		*Coupon*		*Coupon*		*Coupon*
Period		1	2	3	4	5	6	7	8	9	10

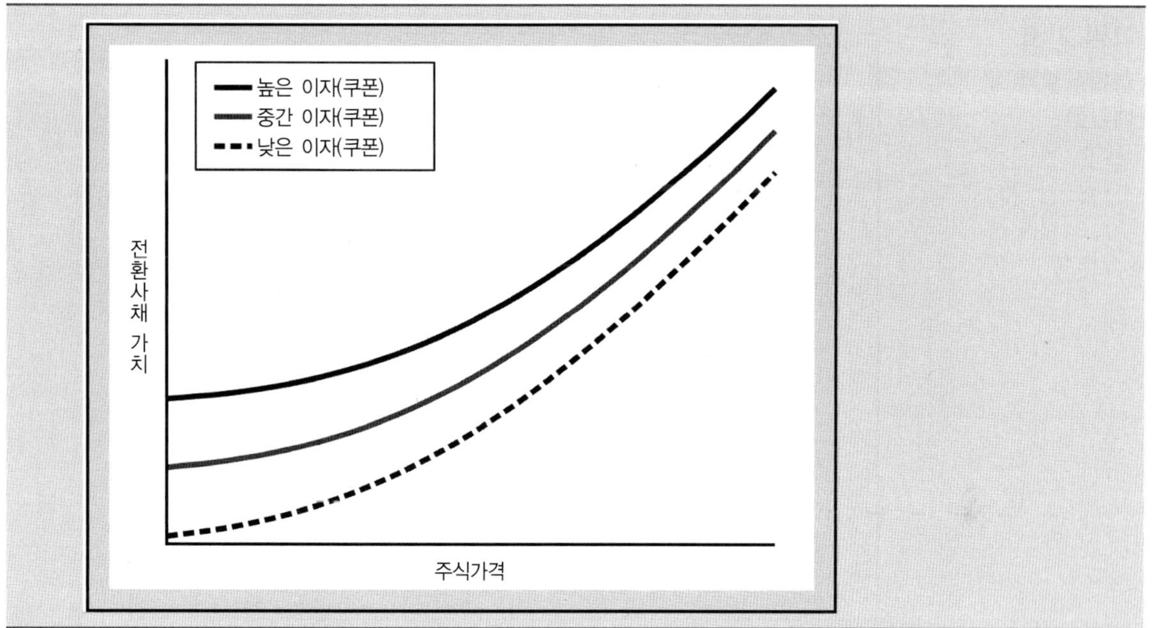

그림 21.5
전환사채와 이자(쿠폰)

다른 모든 것들이 일정하다고 가정할 때, 이자를 추가함으로써 궁극적으로 전환사채의 가치가 올라간다. 작은 이자로도 큰 폭의 증가를 가져올 수 있다.(예를 들어, [그림 21.4]의 위쪽 패널과 아래쪽 패널을 비교하라.) 그렇다면 언제 전환사채가 가장 많은 혜택을 보는가? 이자는 전환사채의 채권 요소를 통해 작동한다. 주식가격이 낮고 전환사채가 심외가격(deep out-of-the-money, deep OTM)일 때, 채권 요소가 전환사채의 가격을 결정하는 주된 요인으로 작용하게 되고, 이 때 이자가 가장 큰 영향을 미친다. 전환사채가 더욱 내가격으로 움직일 때, 채권 요소는 지속적으로 덜 중요해지고 이자의 영향도 줄어들게 된다. [그림 21.5]는 이러한 점을 보여준다. 주가가 매우 높은 경우에도, 이자의 영향은 0이 되지 않는데, 이것은 전환사채가 실제로 주식으로 전환되기 전까지 아직 남은 채권 요소를 가지고 있기 때문이다.

배당금 추가

배당금은 12장에서 논의된 접근법을 사용하여 이항트리에 추가될 수 있다. 전환사채 가치 평가에 영향을 주는 배당금의 한 효과는 조기 행사의 가능성을 높일 수 있다는 것이다. 지금까지 보았듯이, 배당금을 지급하지 않는 주식에 대한 콜옵션은 결코 조기에 행사되어서는 안 된다. 그러나 배당금이 클 경우에는 조기 행사가 최적이 될 수 있다. 이 논리는 전환사채의 경우에도 적용된다. 그러나 주목해야 할 것은 전환사채의 경우에는, 배당금을 얻기 위해 조기 행사를 하는 것은 채권의 이자를 포기하는 것을 의미한다는 것이다. 이자에 비해 배당금이 상대적으로 적기 때문에 이는 중요한 고

그림 21.6
전환사채와 배당금

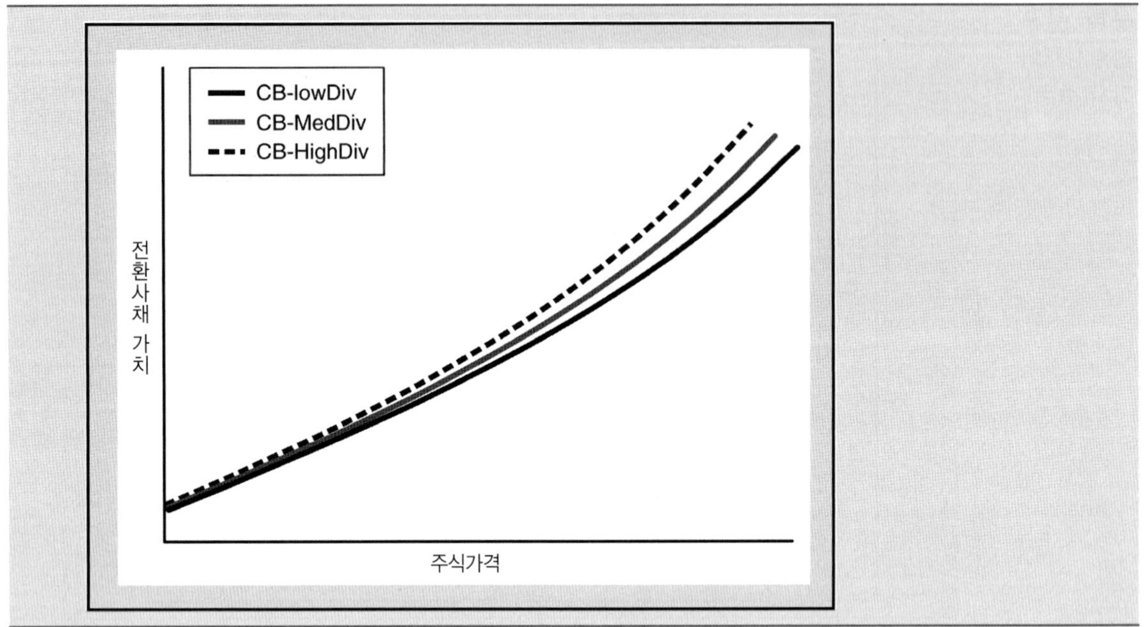

려 사항이 아닐 수 있다.

배당금은 전환사채의 신주인수권 요소에 영향을 미친다. 배당금 지급은 주식가격을 낮추고, 장기적으로 주가의 상승률을 낮춘다. 이것은 전환사채의 가치를 감소시킨다. 내가격 전환사채는 배당금에 의해 가장 많이 악영향을 받게 되고, 외가격 전환사채는 배당금에 의해 가장 적게 영향을 받게 된다. [그림 21.6]은 이것을 보여준다.

조기 상환 가능성

앞서 언급했듯이, 전환사채는 거의 대부분 발행자가 일반적으로 액면가로 조기 상환을 할 수 있다. 그러나 전환사채 보유자도 이러한 조기 상환 가능성에 대한 보호 장치를 가지고 있는데, 초기 기간 동안 사채를 조기 상환하지 못하게 하는 강한 방어권(hard protection) 혹은 주가가 전환 가격에 최저 할증금을 더한 수준에 있어야 하는 약한 방어권(soft protection)이 있다.

조기 상환 가능성은 이항모형에 쉽게 도입할 수 있다. 먼저 전환사채의 조기 상환이 가능한 분기점들의 집합을 식별하기 위해 조기 상환 가능성에 대한 방어권을 적용한다. 그 다음에는 조기 상환이 가능한 각 분기점에서, 채권 가격이 조기 상환 가격보다 높을 때 채권을 조기 상환한다. 이 분기점에서 전환사채 보유자가 얻는 손익은 그 분기점에서 조기 상환 가격과 패리티 중에 더 큰 값이 된다.

조기 상환 가능성은 전환사채의 잠재적 수명을 단축시킨다. 전환사채는 신주인수권 요소때문에

주식의 시장 가격에 할증금이 붙어 거래가 된다. 만약 전환사채가 조기 상환되어 이 선택권이 사라지게 될 가능성이 있다면, 할증금은 하락할 것이다. 따라서 조기 상환 가능성은 전환사채의 가치를 떨어뜨린다.

어떤 전환사채가 조기 상환 가능성으로부터 가장 손해를 많이 보는가? 주가가 매우 높거나 낮을 때, 조기 상환 가능성의 영향은 최소가 된다. 주가가 매우 높을 경우, 옵션의 내재 가치가 전환사채의 가치를 결정하게 된다. 옵션은 외가격이 될 가능성이 적기 때문에 선택권은 별로 가치가 없다. 주가가 매우 낮을 경우, 전환사채는 그것의 채권 하한선 근처에서 거래가 되기 때문에 선택권 또한 별로 가치가 없다. 따라서 조기 상환 가능성의 영향은 전환사채가 등가격이거나 근거리 가격일 때 최대가 된다.

중도 상환 청구권

전환사채는 종종 중도 상환 청구권을 포함하는 경우가 있다. 이 풋옵션은 특정 가격으로 지정된 기간에 행사할 수 있다. 중도 상환 청구권도 간단하게 이항모형에 도입할 수 있다. 전환사채에 대해 중도 상환 청구가 가능한 각 분기점에서, 전환사채의 가격이 중도 상환 청구 가격보다 낮을 경우, 전환사채 보유자들은 중도 상환 청구를 하는 것이 최적이다.

중도 상환 청구권은 상승하는 이자율로 인해 채권 가격이 하락했을 때 특히 가치가 있다. 일반적으로, 전환사채의 가격이 하락하는 경우에도 투자자는 중도 상환 청구액을 회수할 수 있기 때문에 중도 상환 청구권의 존재는 전환사채의 가치를 상승시킨다. 중도 상환 청구권의 존재로부터 가장 많은 혜택을 누리는 것은 외가격 전환사채이고 내가격 전환사채가 가장 혜택이 적다.

21.6 신용 위험의 도입

이전 절에서는 이자율 위험과 신용 위험에 대해 분석을 하지 않았다. 이 절에서는 신용 위험을 분석에 포함시키는 방법에 대해 논의한다. 우리는 세 부분으로 나누어 분석을 한다. 먼저 단순한 1-기간 이항 예를 통해 신용 위험을 도입한다. 그 후 이 모형을 일반화하여 주식, 이자율, 신용 위험을 하나의 평가 모형에 모두 포함시키는 것에 대해 논의한다. 마지막으로, 우리는 트리를 기반으로 하는 전환사채 평가 모형에 신용 위험을 도입하는 간단하고 실행하기 쉬운 “실무자” 접근법에 대해 검토한다.

예제 21.3

21.5절의 1-기간 이항모형을 다시 한번 살펴보자. 이 설정에서 초기 주가 $S=100$이다. 1기간 이후의 주가는 10% 증가하거나(위험-중립 확률이 0.60일 때) 혹은 10% 감소한다(위험-중립 확률이 0.40일 때). 전환사채는 1기간 후 만기에 이르며 액면가는 100이다. 기간 당 무위험이자율은 2%이다.
채무 불이행 위험을 고려하기 위해서 이 설정에 약간의 수정을 한다. 채무 불이행으로 인해 주가가 0으로 떨어지게 될 위험-중립 확률이 0.01이라고 가정하자.(채무 불이행 발생시 자본에 대한 회복이 어느 정도 가능한 상황도 고려할 수 있다.) 또한 채무 불이행이 없는 경우, 주가의 상방과 하방 이동의 상대적인 위험-중립 가능성은 바뀌지 않는다고 가정한다. 그렇다면, 주식가격의 진화 과정은 다음과 같다.

$$\text{1기간 후 주가} = \begin{cases} 0.594\text{의 확률로 } uS \\ 0.396\text{의 확률로 } dS \\ 0.010\text{의 확률로 } 0 \end{cases}$$

세 번째 경우는 일단 채무 불이행이 발생하면 더 이상 주가가 움직이지 않는 “흡수” 상태가 되는 것을 유의하라. 이것은 채무 불이행이 흡수 상태로의 점프로 표현되는 “채무 불이행으로의 점프” 모형의 간단한 예이다. 이 책의 뒷부분에서 설명하는 신용 위험의 “축약형 모형(reduced-form models)”은 이와 같은 과정의 일반화한 형태를 활용한다.
다시 예제로 돌아와서, 만약 채무 불이행이 일어나지 않을 때, 전환사채 보유자들은 주가가 110까지 올라간다면 채권을 주식으로 전환할 것이고, 반대로 90까지 떨어진다면 전환을 포기하고 액면가를 받는 것을 선택할 것이다. 채무 불이행이 일어난다면, 전환사채 보유자들은 미국에서는 선순위 무담보 회사 채권액에 대한 일반적인 회수 금액인 40%의 액면가를 회수할 수 있다. 이것은 1기간 후에 전환사채로부터 얻는 손익은 다음과 같음을 의미한다.

$$\text{1기간 후 전환사채 가격} = \begin{cases} 0.594\text{의 확률로 } 110 \\ 0.396\text{의 확률로 } 100 \\ 0.010\text{의 확률로 } 40 \end{cases}$$

간단한 계산을 통해 전환사채의 초기 가격이 다음과 같음을 알 수 있다.

$$\frac{1}{1.02}\left[(0.594)(110) + (0.396)(100) + (0.01)(40)\right] = 103.27$$

이 값은 채무 불이행이 없을 경우의 전환사채 가격인 103.92보다 0.65(약 0.63%)만큼 작은 값이다. ■

이 간단한 모형의 일반화는 비연속 및 연속-시간 설정 하에서 여러 논문에 의해 다뤄졌다. 다음 부분에서는 이들 중 일부에 대해 설명한다.

채무 불이행으로의 점프 이항모형의 일반화

Samuelson(1972, 1973)을 시작으로 주가 진화 과정과 채무 불이행으로의 점프(그리고 많은 경우에 이자율 위험)를 결합하는 모형은 여러 논문에서 개발되었다. 최근의 논문은 Davis와 Lischka(1999), Carayannopoulos와 Kalimipalli(2003), Carr와 Linetsky(2006), 그리고 Das와 Sundaram(2007)이 있다.

우리는 Das와 Sundaram 모형의 구조를 아래에서 설명한다. 이 모형은 주식에 대해서는 분산의 고정 탄력성(constant elasticity of variance, CEV) 과정을, 그리고 이자율에 대해서는 Heath-Jarrow-Morton(HJM) 과정을, 채무 불이행 강도(intensity)가 주식, 이자율 그리고 다른 값들에 의존하는 "내생적(endogenous)" 채무 불이행으로의 점프 설정과 결합한다. 다른 논문들은 이 설정의 다음과 같은 변형들이다.

- Samuelson, Davis와 Lischka, 그리고 Carayannopoulos와 Kalimipalli에서의 채무 불이행이 없는 주가 진화 과정은 CEV 모형의 특수한 경우인 기하브라운운동(geometric Brownian motion, GBM)이며, Carr와 Linetsky는 CEV 모형을 사용한다.
- 이자율은 Samuelson, Caryannopoulos 와 Kalimipalli, 그리고 Carr와 Linetsky에서는 비확률변수(nonstochastic)이다. Davis와 Lischka는 Vasicek(1977) 모형의 Ornstein-Uhlenbeck 과정을 사용한다.
- Samuelson에서 채무 불이행 강도의 과정은 일정하다. 다른 논문들은 약간의 차이는 있지만 모두 내생적 채무 불이행 강도 접근법을 사용한다. 예를 들어, Davis와 Lischka는 강도가 주가 진화 과정과 완벽한 상관관계를 가지고 있다.

마지막으로, Das와 Sundaram은 연속-시간 모형의 비연속시간화된 버전을 개발한 반면, 다른 논문들은 직접적으로 연속-시간 설정 하에서의 모형을 개발하였다.

Das와 Sundaram(2007) 모형

Das와 Sundaram 모형의 특징은 다음과 같다.

주가 진화 과정

채무 불이행이 일어나기 전까지, 주가는 분산의 고정 탄력성(CEV) 과정을 따른다.(채무 불이행 이후, 주가는 0으로 흡수된다.) 연속시간에서의 CEV 과정의 진화는 다음과 같이 설명된다.

$$dS_t = \mu S dt + \sigma S^{\gamma} d W_t \tag{21.1}$$

여기서 $0 < \gamma \leq 1$이다. $\gamma = 1$인 특별한 경우에는 CEV 과정은 단지 블랙-숄즈의 로그정규분포 과정이다. CEV 과정은, $\gamma < 1$일 때 주식가격과 주식 변동성 사이에는 음의 관계가 있음을 의미하는

매력적인 특징이 있다. "레버리지 효과(leverage effect)"라고 불리는 이 관계는 실증적으로 보고된 주식시장의 일반적인 특징이다.(레버리지 효과는 기하브라운운동에는 존재하지 않는다.) CEV의 또 다른 매력적인 특징은, $\gamma < 1$인 경우 이 과정도 0에서 흡수될 수 있다는 것이다. 이것은 Das-Sundaram 모형이 "채무 불이행으로의 이동(drift-to-default)" 그리고 채무 불이행으로의 점프(jump-to-default) 모두를 허용한다는 것을 의미한다.

이자율 진화 과정

Das-Sundaram 모형에서의 이자율은 확률변수이며 1-요인 Heath-Jarrow-Morton 과정을 따른다. Heath-Jarrow-Morton의 틀은 30장에 설명이 되어있다. HJM 과정의 유연성 때문에 이것이 자연스럽게 많이 쓰이지만, 다른 이자율 진화 과정을 대신 사용할 수 있다.

채무 불이행 진화 과정

일반적으로, 모형에서 채무 불이행을 세 번째 확률변수 과정으로 취할 수 있지만, 그렇게 하면 모형을 구현하는데 매우 복잡하게 된다. Das와 Sundaram은 대신 "내생적 채무 불이행(endogenous default)" 접근법을 사용한다. 그들은 트리상의 각 분기점에서의 채무 불이행으로의 점프의 순간 확률 λ_t를 그 분기점에서의 주가 S_t 및 이자율 r_t를 포함하여 그 시점에서 이용 가능한 정보의 함수로 취한다. 보다 정확하게, $\lambda_t = 1 - \exp\{-\xi_t h\}$이며, 여기서 h는 이항트리의 1기간의 길이(년)이고,

$$\xi_t = \exp\{a_0 + a_1 t + a_2 r_t\} S_t^{-a_3}$$

$a_3 > 0$이라고 가정하면, 이 설정 하에서의 채무 불이행으로의 점프 가능성은 주식가격의 수준과 반비례한다(따라서 주식의 변동성과 양의 관계가 있다). 특히, 쉽게 확인되는 바와 같이, 채무 불이행의 가능성은 $S_t \to 0$일 때 1이 되고, $S_t \to \infty$ 일 때 0이 된다.

Nelson과 Ramaswamy(1990)는 재결합 이항트리(recombining binomial tree)에서 CEV 과정을 비연속시간화하는 방법을 보여준다. Das와 Sundaram은 그들의 접근방법을 확장하여, 두 과정 간의 임의의 상관관계를 가지는 CEV 과정과 이자율 진화 과정을 도입한 재결합 격자를 만들었다. 그 다음, 이 격자는 주식, 이자율 및 신용 디폴트 스왑(credit default swap) 시장의 정보로 조정된다. 부록 21B에서 우리는 (a) 이자율이 일정하고, (b) 주가가 기하브라운운동을 따르고, (c) 채무 불이행으로의 점프 확률이 각 분기점에서 일정한, 그들의 모형의 단순화된 버전에 대한 Octave 코드를 설명한다.

Das와 Sundaram은 전환사채에 대한 신용 위험 증가의 영향이 매우 미묘할 수 있음을 보여준다. 신용 위험의 증가는 전환사채의 채권 및 신주인수권 요소 모두에 영향을 미치며, 조기 상환 가능 전환사채(조기 상환도 가능한 전환사채)의 경우, 조기 상환 가능성 요소에도 영향을 미친다. 전환사채 가치에 미치는 궁극적인 영향은 세 가지 요소에 대한 순 효과에 달려 있다. 예를 들어, Das와 Sundaram은 상황에 따라 채무 불이행 위험이 증가하면 조기 상환 가능 전환사채와 조기 상환 불가

능 비전환사채의 가격 차이를 좁히거나 넓힐 수 있음을 보여준다.

혼합 할인율을 사용하는 실무자 접근법

회사가 발행한 보통 채권은 무위험 이자에 스프레드가 가산되어 거래된다. 이 스프레드는 채권에 존재하는 신용 위험에 대해 투자자에게 보상하기 위한 것이다. 회사의 채무 불이행 위험이 높을수록, 다른 조건이 동일하다면 스프레드의 크기는 더 커진다. 전환사채 가격결정 모형에 신용 위험을 도입하지만 채무 불이행 사건을 명시적으로 트리의 부분으로서 모델링하지 않는 간단한 실무자 접근법은 평가 과정에서 보통 채권에 대한 신용 스프레드를 사용한다. 우리는 이 접근법에 대해 먼저 이론적 근거를 제공하고 이것에 대해 논의한다.

주식가격 진화(채무 불이행에 대한 고려 없이)와 이에 상응하는 위험-중립 확률을 가진 트리를 정하라. 회사의 보통 채권에 대한 신용 스프레드의 크기를 s로 표기한다. 정의에 따르면, 이것은 채권의 약속된 현금흐름을 무위험이자율에 s를 더한 값으로 할인할 때 이것이 보통 채권의 현재 시장 가격이 된다는 것을 의미한다. 이제 트리에서 위험-중립 가격결정을 사용하여 채권 가격을 구해보자. 트리는 채무 불이행을 포함하지 않기 때문에, 채권은 만기일에 약속된 액면가를 1의 확률로 상환한다. 표준적인 위험-중립 가격결정은 약속된 현금흐름을 무위험이자율로 할인하기 때문에, 그 결과 채권의 "가격"은 스프레드가 0인 무위험 채권의 가격이 된다. 즉, 채무 불이행을 포함하지 않는 트리에 사용되는 표준 위험-중립 가격결정 방법은 채무 불이행이 가능한 채권을 과대 평가한다.

이 문제를 처리하는 한 가지 방법은 채무 불이행으로의 점프에 대한 이항모형에서 했던 것처럼 트리에 채무 불이행을 도입하는 것이다. 또 다른 방법은 트리에서 약속된 현금흐름을 무위험이자율이 아닌 무위험이자율과 스프레드 s를 더한 값으로 할인하는 것이다. 이 방법으로, 우리는 트리에서 얻은 보통 채권의 가치가 그것의 시장 가격이 될 것이라고 보장할 수 있다. Duffe와 Singleton (1999a)이 개발한 틀은 이 접근법의 일반적인 버전을 정형화하고 유효하게 한다. Duffie-Singleton 이론의 정확한 세부 사항은 33장에 제시되어 있지만, 간단히 말하자면, 저자들은 채권의 약속된 손익이 그 채권의 신용-위험 특성에 의거한 이자율로 할인된다면, 위험-중립 가격결정의 논거가 채무 불이행이 가능한 채권에도 적용될 수 있음을 보여준다. 채무 불이행으로부터 자유로운 증권은 단순히 무위험이자율로 할인되는 반면, 채무 불이행 위험이 있는 채권은 부도 가능성 및 부도손실률(loss-given-default)을 고려한 이자율로 할인된다.

전환사채를 평가하는(Duffe와 Singleton 보다 앞선) 비공식적인 실무자 접근 방식은 비슷한 논리를 기반으로 한다. 여기에 그 논거를 제시한다. 전환사채가 먼 외가격일 때, 이것은 회사가 발행한 보통 채권과 유사하므로, 트리의 그와 같은 분기점에서의 전환사채의 가치는 미래 현금흐름을 무위험이자율에 s를 더한 값으로 할인하여 얻어야 한다. 반면에 전환사채가 심내가격으로 움직여서 보통주와 유사해지면, 트리에서 그것의 가치는 무위험이자율로 할인하여 얻어야 한다. 이제 일반적으로

전환사채는 일부는 채권이고 일부는 주식이므로, 트리의 각 지점에서 적용할 "올바른" 할인율은 두 이자율, 즉 무위험이자율, 무위험이자율과 스프레드를 합한 이자율의 혼합이며, 그 혼합은 전환사채가 그 분기점에서 얼마나 채권 또는 주식과 유사한 지에 달려 있다. 이 접근법은 Bardhan, Berger, Derman, Dosembet 및 Kani(1994)에 설명되어 있다.

이 아이디어 구현의 핵심은 할인 요인들의 혼합에 사용할 가중치를 선택하는 것이다. 전환사채 델타는 일반적으로 이 목적을 위해 사용된다. 즉, 한 분기점에서 사용되는 할인율은 다음과 같다.

$$\Delta \cdot r + (1 - \Delta) \cdot (r + s) \tag{21.2}$$

여기서 r은 무위험이자율을 나타낸다. 전환사채가 심내가격일 때, 그것의 Δ는 1에 가깝기 때문에 할인율은 필연적으로 무위험이자율에 가깝다. 전환사채가 심외가격일 때, 그것의 Δ는 0에 가깝기 때문에 할인율은 무위험이자율에 s를 더한 값에 가깝다. 이러한 단순한 혼합-할인 요인 모형(blended-discount factor models)은 트리 구조로 구현하기 쉽다. 부록 21A에서, 우리는 신용 스프레드를 가진 조기 상환 가능 전환사채의 가격결정 프로그램을 Octave로 구현한 것을 제공한다.

불행히도 구현하기 쉽지만, 혼합 할인 접근법의 이론적 토대(예: 형태 (21.2))는 약하다. Duffie-Singleton 이론에 따르면, 한 분기점에서 적용할 정확한 할인율은 그 분기점에서 본 전환사채의 신용위험 특성에 따라 달라진다. 이 할인율은 무위험이자율과 무위험이자율에 보통 채권의 스프레드를 더한 값의 간단한(전환사채 델타 또는 다른 유사한 특성으로 가중된) 혼합이 되는 경우는 거의 없다. 그리고 잘못된 할인 요소를 사용하면 무차익 거래가 아닌 가격이 발생한다.

예를 들어, 이 혼합 할인율 모형을 사용하여 동일한 매개변수를 가진 다른 전환사채의 가격을 비교하는 것은 유익하다. 부록 21A에서 우리는 매개변수의 특정 선택 값에 대한 혼합 할인율 모형로부터 얻은 결과를 설명한다. 얻은 결과는 다음과 같다.

```
cb_credit(100,0.3,0.03,6,100,0.03,5,20)
ans = 106.71
```

50%의 회수율과 동일한 매개변수를 사용하여 단순화된 Das-Sundaram 모형(부록 21B 참조)에서 다음과 같은 결과를 얻는다.

```
cb_dassundaram(100,0.3,0.03,6,100,0.03,5,0.5,20)
ans = 102.25
```

이는 매우 다른 가격이다. 혼합 할인 요인의 다른 두 가지 측면은 다음과 같다.

1. 이 모형은 스프레드를 통해 직접 작동하므로 채무 불이행에 대한 회수율이 명시적으로 지정되어 있지 않다.
2. 이 모형에서 혼합 할인율은 신용 스프레드가 주가의 모든 수준에서 고정되어 있다고 가정한

다. 물론, 전체 할인율은 전환사채의 신주인수권 요소의 손익상황(moneyness)을 통하여 채무 불이행 위험 수준을 반영하지만, 주가가 떨어지면 스프레드 자체가 증가할 가능성이 있다.

혼합 할인 요인 접근법의 대중적이고 광범위하게 사용되는 변형은 Tsiveriotis와 Fernandes(1998)에 의해 개발되었다. 그들은 전환사채를 두 개의 증권들, 즉 전환 시 주식을 받을 권리가 있는 "신주인수권 요소"와 채권을 기초로 한 현금흐름(발행자에 의한 조기 상환 실행 시 조기 상환 가능성을 고려한 쿠폰 이자)에 대한 권리가 있는 "순수 현금 요소"로 구성된 것으로 본다. 두 구성 요소 모두 주식의 가치에 의존하기 때문에, 15장에서 설명한 것처럼 블랙-숄즈모형의 근간이 되는 동일한 기본 편미분 방정식(partial differential equation, pde) 접근법을 사용하여 모형을 풀 수 있다. 현재 두 개의 연결된 pde가 있으며, 각각은 전환사채의 각 구성 요소에 대한 것이다. 경계 조건(boundary condition)의 세 가지 집합이 적용된다. (a) 만기 시점의 두 구성 요소의 값에 관한 조건, (b) 주식가격이 매우 높아질 때("무한대로 갈 때"), 두 구성 요소의 값에 관한 조건, 그리고 (c) 주가가 0일 때 두 구성 요소의 값에 관한 조건. 순수 현금 구성 요소에 대한 pde는 무위험이자율 r에 신용 스프레드를 더한 할인율을 사용하고, 자본 구성 요소는 무위험이자율 r을 사용한다. 따라서 전환사채의 가격결정을 다른 할인율을 갖는 두 개의 구성 요소 pde로 나누면, 내재적 혼합 할인율이 구현된다.

Tsiveriotis와 Fernandes(1998) 모형의 매력적인 특징은, (21.2)와 같은 혼합 할인 모형과 비교할 때 혼합이 두 구성 요소 pde에 대한 경계 조건에 의해 결정된다는 것이다. 이 모형은 2항 또는 3항의 트리 또는 pde의 직접 수치 해법(direct numerical solution)으로 구현될 수 있다. 이 모형은 일정한 이자율과 신용 스프레드를 가정한다. 일부 이후 버전에서는 이러한 제한을 완화하려고 했다. Davis와 Lischka(1999) 그리고 Das와 Sundaram(2007)과 같은 또 다른 종류의 채무 불이행으로의 점프 모형에서는 전환사채 가격결정 모형에서 이자율을 확률변수로 만드는 것이 더 쉽다.

21.7 전환사채의 그릭문자

전환사채의 그릭문자들은 관련된 매개변수들의 변화가 전환사채의 가치에 미치는 영향을 정량화하기 위해 민감도를 측정한 수치이다. 총 다섯 가지 전환사채의 그릭문자들이 존재한다.

- Δ로 표시되는 델타는 발행자의 주식가격 변화에 대한 전환사채 가격의 민감도를 측정한다.
- Γ로 표시되는 감마는 기초자산인 주식가격의 변화에 대한 델타의 민감도를 측정한다.
- Θ로 표시되는 세타는 전환사채 가치에 대한 시간 경과의 영향을 측정한다.

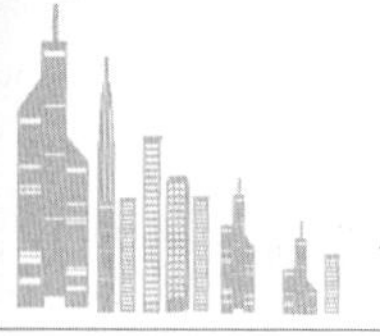

- V로 표시되는 베가는 발행자의 주식의 변동성의 변화에 대한 전환사채 가치의 민감도를 측정한다.
- ρ로 표시되는 로(rho)는 이자율의 변화에 대한 전환사채 가치의 민감도를 측정한다.

어떤 그릭문자들은(예: 베가) 주식에 대한 콜옵션의 그릭문자들과 비슷한 행태를 보이는데, 이는 전환사채의 그릭문자들이 주로 전환사채의 신주인수권 요소를 통해 작동하기 때문이다. 세타와 같은 다른 그릭문자들은 사용되는 매개변수가 채권과 신주인수권 요소에 모두 영향을 주기 때문에 매우 다른 행태를 보인다. 이 외에도 다른 그릭문자들은 이자율의 변동성 및 신용 위험 관련 측정치와 같은 전환사채 가치에 영향을 미치는 다른 많은 매개변수에 대해서도 정의될 수 있다. 이 가운데 두가지-전환사채 오미크론(omicron)과 전환사채 입실론(upsilon)은 이 절 끝에 나와 있다.

전환사채 델타

전환사채의 (주식) 델타는 기초자산인 주식의 가격 변화에 대한 전환사채 가치의 민감도를 측정한다. 미적분학 용어로, 전환사채 델타는 (그림 21.3)에서 전환사채 가격 함수의 기울기이다

$$\Delta = \frac{\partial CB}{\partial S}$$

좀 더 쉽게 말하자면, 전환사채 델타는 S의 \$1 변화에 대한 전환사채 가치의 변화라고 생각할 수 있다. 다시 말하자면, 주가가 dS만큼 변화가 있을 때(즉, S에서 $S+dS$로 변할 때), 전환사채 가치의 변화를 예측한 값을 델타로 표현하면 다음과 같다.

$$\Delta \cdot dS \tag{21.3}$$

다르게 말하면, 전환사채에 대해 매입포지션을 취하고 기초자산인 주식에 대해 델타 단위의 매도포지션을 취하면 자본 위험으로부터 중립적이다. 물론, 이러한 델타 헤징은 근사치에 불과하다. 전환사채 값은 [그림 21.3]에서 보는 바와 같이 곡률을 가지고 있으며, 17장에서 보았듯이 주식으로 델타-헤징을 한 후에도 이 포지션에는 감마 리스크가 잔존한다. 이러한 감마 위험은 근거리가격에서 최대가 되는데, 이는 이 지역에서 곡률이 최대이기 때문이다.

특성 측면에서 본다면, 전환사채 델타는 11장과 17장에서 설명한 것처럼 주식의 콜옵션의 델타와 비슷한 행태를 보인다. 전환사채 델타는 양의 값을 갖고, 0과 1사이에 있으며, 주가가 상승할 때 값이 증가한다. [그림 21.7]이 이것을 보여준다.

이색 전환사채의 경우, 델타의 행태는 이것보다 훨씬 더 복잡할 수 있다. 예를 들어, 재설정(reset) 전환사채의 경우, 주가가 떨어져서, 그리고 유발점(trigger point)에 도달하면, 전환 비율은 증가하게 된다. 주가 하락의 초기 부분에서는 델타가 동반 하락하지만, 주가가 유발점에 근접함에 따라 상승한 전환 비율이 적용될 가능성이 델타를 증가시킬 것이다. 따라서 재설정 전환사채의 감마는 양의

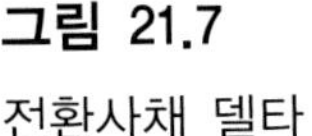
그림 21.7
전환사채 델타

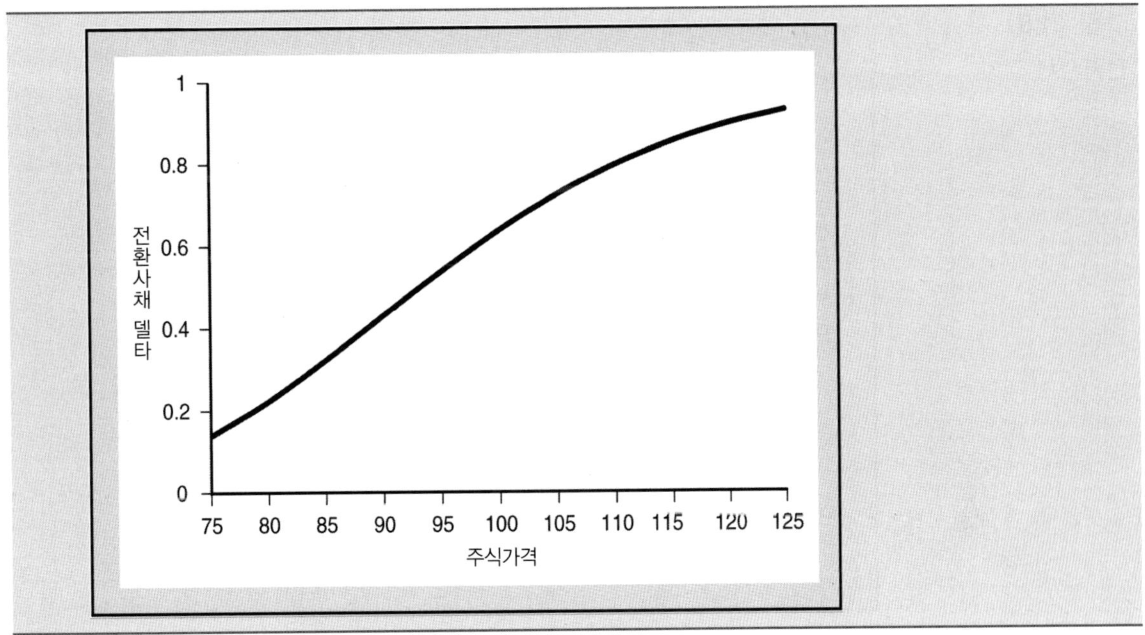

부분과 음의 부분 모두 갖게 된다.

전환사채의 감마

전환사채 감마는 주어진 S의 변화에 대한 전환사채 델타의 변화를 측정한다. 미적분학 용어로 감마는 델타를 S에 대해 미분한 값이다.

$$\Gamma = \frac{\partial \Delta}{\partial S}$$

보다 쉽게 이해하기 위해, 감마는 비율로 생각할 수 있다.

$$\Gamma = S\text{의 \$1 변화에 대한 전환사채 델타의 변화}$$

델타 그 자체는 전환사채 가격 함수의 기울기 값이므로, 감마는 기울기의 변화를 측정한다, 즉, 전환사채 가격 함수의 곡률을 측정한다.

$$\Gamma = \frac{\partial^2 CB}{\partial S^2}$$

[그림 21.7]에서 보여주듯이, 전환사채의 델타는 S가 증가함에 따라 증가한다. 따라서 전환사채의 감마는 양의 값을 갖는다. 수학적인 관점에서, 전환사채 가격은 S에서 볼록하다. 주식에 대한 콜옵션과 같이, 감마는 전환사채가 심외가격 혹은 심내가격에 있을 때 가장 작은 값을 갖고(두 경우

그림 21.8
전환사채 감마

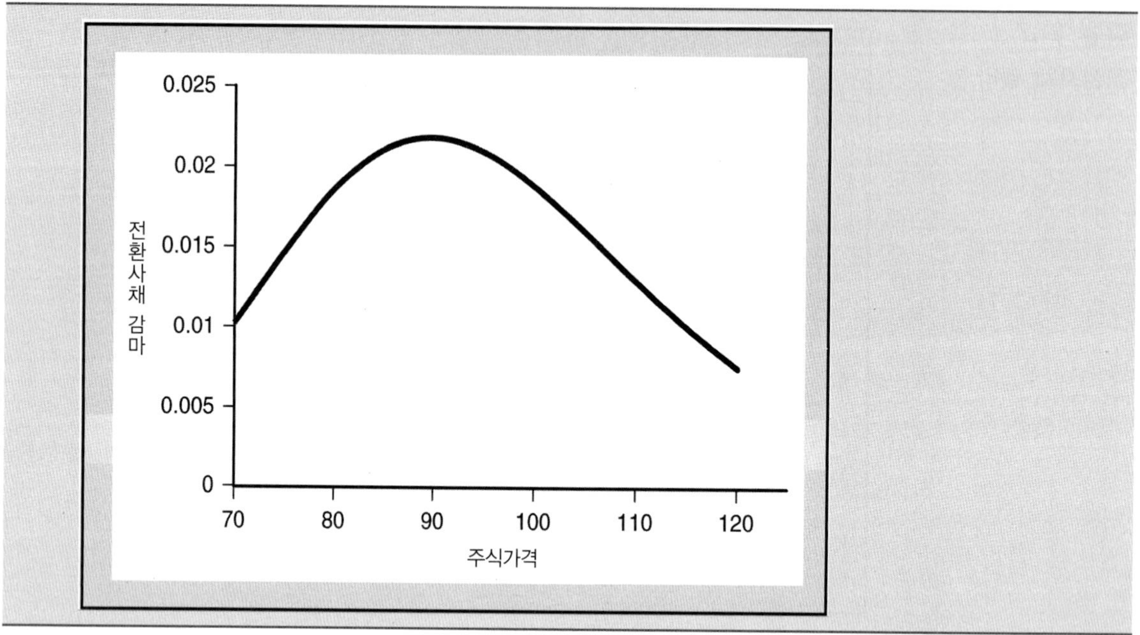

모두 전환사채 가격 함수에 곡률이 거의 없다), 균형에 근접한 전환사채의 경우 가장 큰 값을 갖는다. [그림 21.8]은 이것을 보여준다. 전환사채 감마는 곡률 보정과 S의 변화가 델타에 미치는 영향을 예측하기 위해 쓰일 수 있다. 주식가격이 S만큼 변화함에 따른 (21.3)보다 나은 전환사채 가치의 변화의 추정치는 다음과 같다.

$$\Delta \cdot dS + \frac{1}{2}\Gamma(dS)^2$$

dS의 변화는 대략 다음과 같은 전환사채 델타의 변화를 야기한다.

$$\Gamma \cdot dS$$

예를 들어, 전환사채의 가격이 101.50이고, 그것의 델타는 0.55, 그리고 그것의 감마는 0.06이라고 가정하자. 그렇다면, 주가의 변화 $dS = -0.80$는 대략 다음과 같은 전환사채 가격의 변동을 가져온다.

$$(0.55)(-0.80) + \frac{1}{2}(0.06)(-0.80)^2 = -0.44 + 0.0192 \approx -0.42$$

또한 전환사채 델타의 변화는 대략 다음과 같다.

$$(0.06)(-0.80) = -0.048$$

즉, 새로운 전환사채의 가격은 약 101.08이고, 새로운 전환사채 델타 값은 약 0.502이다.

전환사채 세타

전환사채 세타는 전환사채 가치에 대한 경과 시간의 영향을 측정한다. 미적분학 용어로 세타는 전환사채 가치를 현재 시점 t에 대해 미분한 값이다.

$$\Theta = \frac{\partial CB}{\partial t}$$

더 간단히 말하자면, 세타는 다음과 같은 비율로 이해될 수 있다:

Θ = 만기까지의 시점이 하루가 줄어들 때의 전환사채 가치의 변화

시간은 전환사채에 두 가지 방향으로 영향을 준다. 한편으로는, 신주인수권 요소(콜옵션과 비슷함)는 그 가치가 만기일이 다가올수록 줄어들게 된다. 다른 한편으로는, 채권 요소는 만기가 다가올수록 가치가 증가하게 된다(예를 들어, 제로-쿠폰 구조를 생각해보자). 따라서 채권 요소는 양의 세타 값을 갖을 수 있다. 전반적인 세타 값이 음이냐, 양이냐는 어떠한 요소가 더 크게 작용하는지에 달려 있다. 전환사채가 외가격에 있다면, 채권 요소가 더 크게 작용하고 세타는 양의 값을 가질 수 있다. 전환사채가 내가격에 있을 경우, 신주인수권 요소가 더 크게 작용하고 세타는 음의 값을 갖게 될 것이다. [그림 21.9]는 전환사채 세타의 행태를 그린 그래프이다.

여기서 주식에 대한 콜옵션의 세타와 대비되는 것을 보아야 한다. 전환사채 세타와 다르게, 콜옵션의 세타는 항상 음의 값을 갖는다. 근거리가격에서 가장 최대의 음수가 되고, 원거리가격으로 양쪽 방향으로 향할 경우 음의 값은 줄어들게 된다.

전환사채의 베가

주식 변동성은 전환사채의 신주인수권 요소를 통하여 작용하며, 전환사채 가치의 기본적인 결정요인이다. 전환사채 베가는 전환사채 가격에 대한 주식 변동성 변화의 효과를 측정한다.

전환사채의 베가를 V로 표기한다. 미적분학 표기로 베가는 다음과 같이 정의 된다.

$$V = \frac{\partial CB}{\partial \sigma}$$

더 쉽게 말하면, 베가는 한 비율로서 생각할 수 있다.

V = 1% 변동성 변화에 대한 전환사채 가치의 변화

전환사채 베가는 일반적으로 양의 값을 갖는다. 주식 변동성이 높아질수록, 전환사채의 신주인수권 요소의 가치가 증가하게 되고, 전환사채의 가격 또한 높아지게 된다. [그림 21.10]은 세 변동성의 값, 10%, 15%, 20%에 대한 전환사채의 가격을 그린 것이다. 직관적으로, 변동성이 더 높다는 것은 주식의 가격이 더 높아질 수도 있지만 더 낮아질 수도 있음을 의미한다. 더 높은 주식가격은

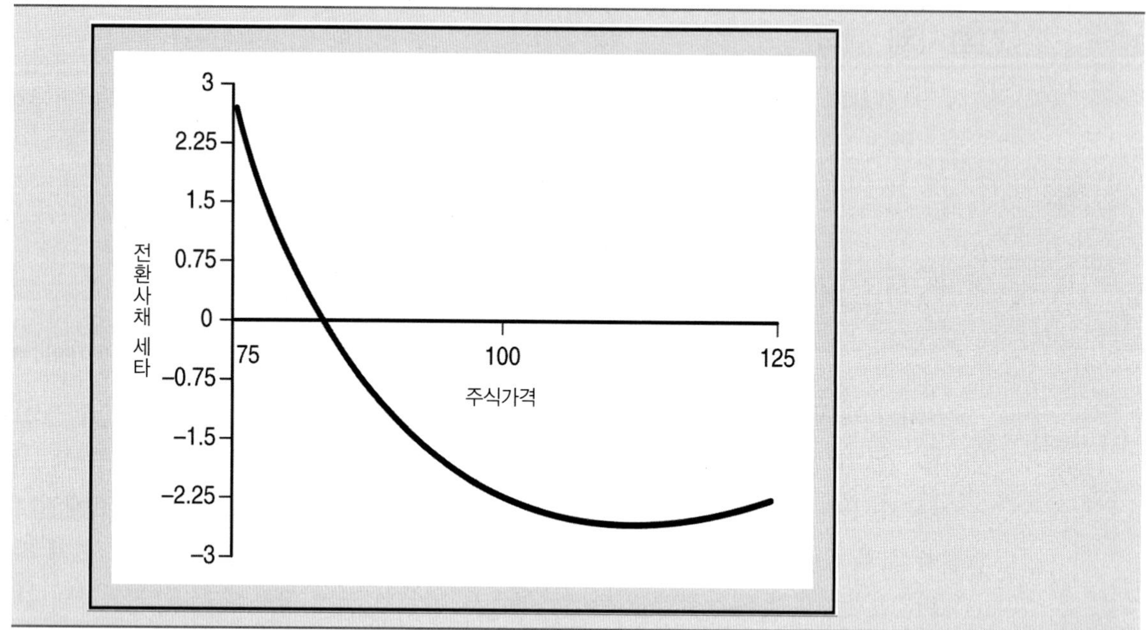

그림 21.9
전환사채 세타

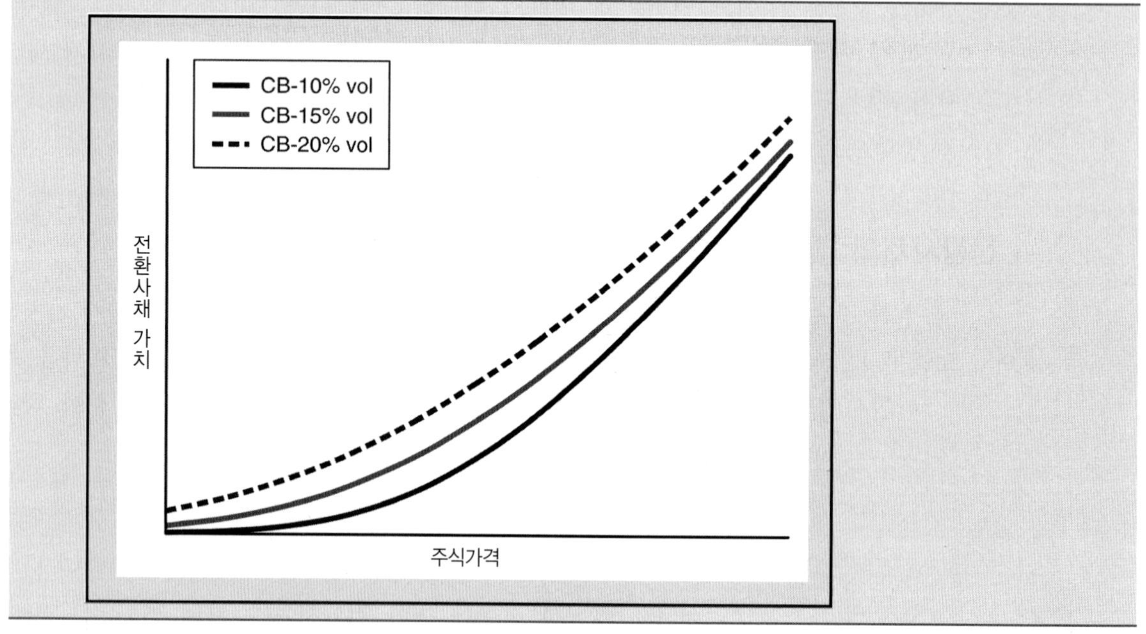

그림 21.10
전환사채 가치와 변동성

전환사채 보유자에게 좋은 소식이지만, 더 낮은 가격은 채권 하한선 때문에 반드시 나쁜 소식이라고 할 수 없다. 또한 그림에서 보는 바와 같이, 심내가격 혹은 심외가격 전환사채는 균형 가격, 즉 등거리나 근거리가격 전환사채만큼 변동성 증가에 의해 영향을 많이 받지 않는다. 심내가격 전환사

그림 21.11
전환사채 베가

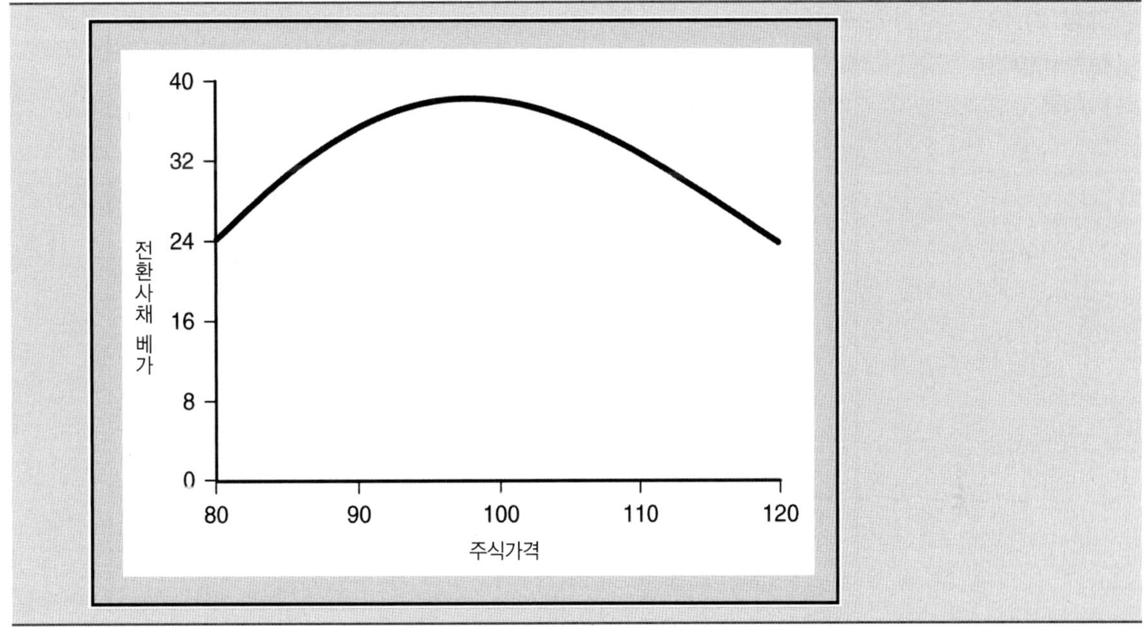

채의 경우, 행사를 하는 것이 거의 확실하므로 선택권은 중요하지 않고 변동성의 효과는 최소가 된다. 심외가격 전환사채는 채권 하한선과 같이 작용한다. 내가격으로 마칠 확률은 적으며, 변동성의 증가가 이와 같은 가능성을 높여준다 하더라도 금액으로 볼 때 효과는 여전히 미미하다. 선택권과 변동성은 균형에 근접한 전환사채의 경우에 가장 중요하다.

따라서 얼마나 심내가격에 존재하는지의 여부가 전환사채 베가의 결정요인이다. 심내가격과 심외가격 전환사채에 대해 베가는 작고, 균형에 근접한 전환사채의 경우 베가는 최대가 된다. [그림 21.11]에서 이를 보여준다.

마지막 주의 사항. 주식 변동성의 증가는 발행 회사의 신용 위험 증가와 관련되어 있거나 그로 인해 발생할 수 있다. 이 경우, 변동성 증가는 반드시 유용하지는 않다. 신용 위험의 증가는 전환사채의 채권 하한선을 낮추므로 전환사채의 가치를 낮출 수 있다. 따라서, 변동성 증가의 영향은 [그림 21.10]에 포착된 것보다 훨씬 더 복잡 할 수 있다.

전환사채 로(Rho)

전환사채의 가치는 이자율에 의해 두 가지 방법, 즉 채권 요소와 신주인수권 요소를 통해 영향을 받는다. 전환사채의 로(rho)는 이자율 변화에 대한 전환사채 가격의 민감도를 측정한다. 미적분학 표기로 로(rho)는 다음과 같이 정의된다.

그림 21.12
전환사채와 이자율

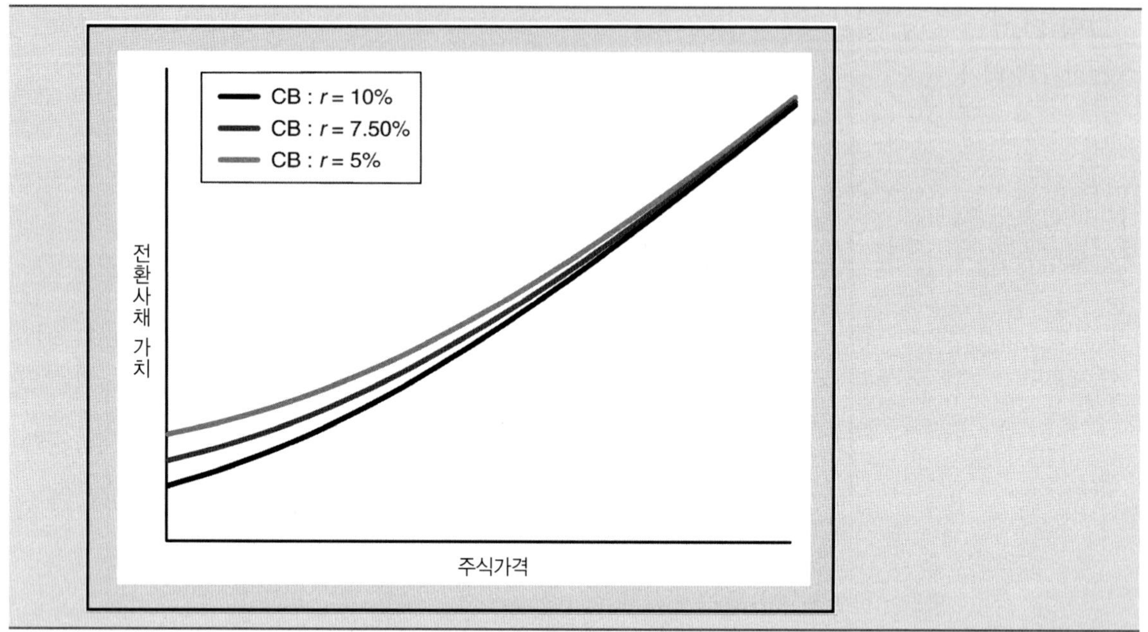

그림 21.13
전환사채 로

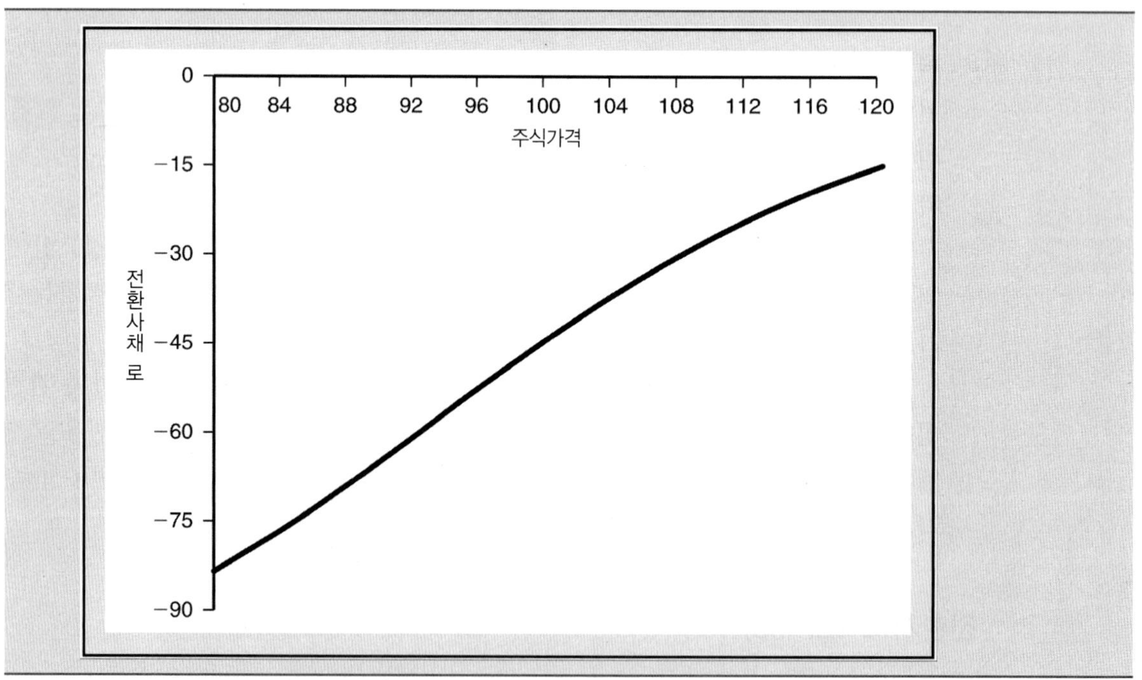

$$\rho = \frac{\partial CB}{\partial r}$$

더 쉽게 말하면, 로(rho)는 한 비율로서 생각할 수 있다:

$\rho = 100 \times r$의 100 bps 증가에 대한 전환사채 가치의 변화

이자율은 전환사채의 채권 그리고 신주인수권 요소 모두에 영향을 준다. 채권 요소는 언제나 이자율에 대해 부정적으로 반응하여, 이자율이 증가하면 채권의 가격은 떨어진다. 신주인수권 요소는 주식에 대한 콜옵션과 비슷하게 움직이는데 이자율과 함께 증가한다. 직관적으로, 신주인수권을 행사하여 포기한 채권의 현가는 이자율이 증가함에 따라 낮아지기 때문이다. 따라서 전환사채에 대한 순 효과는 이들 효과 중 어느 것이 더 큰지에 따라 달라진다. 일반적으로, 채권 요소가 신주인수권 요소에 비해 영향력이 더 크다(채권의 경우 이자율이 가격을 결정하는 첫 번째 결정요인이다). 그러므로 전환사채에 대한 이자율 증가의 순 효과는 부정적일 가능성이 크다. 즉, 전환사채의 로(rho)는 일반적으로 음의 값을 갖는다.

어떤 전환사채(손익 상황의 측면에서)가 가장 영향을 많이 받는가? 심외가격 전환사채의 경우는 채권 요소가 가장 중요하므로 효과가 최대가 될 것이다. 전환사채가 균형을 이루고 점차 심내가격 상태로 움직일 때에는, 채권 요소의 영향이 점점 작아지고 신주인수권 요소의 영향은 점점 증가할 것이다. 따라서 전환사채 가격에 대한 전반적인 효과는 점점 작아지게 된다.

[그림 21.12]는 전환사채 가치에 대한 이자율 변화의 효과를 보여준다. 직관적인 논리에서 보았던 것처럼, 이자율이 증가할 때에 전환사채의 가치는 감소하고, 가장 크게 영향을 받는 것은 심외가격 전환사채다. 이 모든 것을 로(rho)의 관점에서 표현한다면, 전환사채의 로(rho)는 심외가격 전환사채의 경우 가장 큰 음의 값을 갖고, 균형에 이른(balanced) 전환사채의 경우 더 작은 음의 값을 갖으며, 내가격 전환사채의 경우 가장 작은 음의 값을 갖는다. 이러한 로(rho)의 행태는 [그림 21.13]에 잘 나타나있다.

마지막으로, 이자율의 영향은 여기에서 설명한 것보다 훨씬 미묘하다는 것을 다시 한번 주의해야 한다. 한 예로, 우리는 이자율 변화와 기초자산인 회사 가치나 주식가격의 변화와의 가능한 상관관계를 무시했다. 또한 이자율의 증가는 회사의 부채의 현재가치에 영향을 주고, 그로 인해 채무불이행 가능성에 영향을 주게 될 수도 있다. [그림 21.12]는 지시하는 바가 있지만 확정적이라고 여겨서는 안 된다.

신용 위험과 관련된 전환사채의 그릭문자들

신용 위험을 고려할 때 다양한 채무불이행 값에 따른 전환사채의 민감도 문제가 생긴다. 채무불이행 위험에 사용되는 두 가지 측정수단은 신용 스프레드 s와 회수율 ϕ이다. 전환사채 시장에서는 이들에 대한 민감도는 각각 오미크론(omicron, o)과 입실론(upsilon, ν)으로 나타낸다.

전환사채 오미크론

전환사채 오미크론(o)은 신용 스프레드의 변화에 대한 전환사채 가격의 민감도를 측정한다. 미

적분학 표기로 오미크론은 다음과 같이 정의된다.

$$o = \frac{\partial CB}{\partial s}$$

더 쉽게 말하면, 오미크론은 한 비율로서 생각할 수 있다:

$$o = 100 \times \text{ 스프레드의 1\% 증가에 대한 전환사채 가치의 변화}$$

스프레드의 효과에 관한 한, 전환사채의 채권 요소가 일반적으로 옵션 요소보다 더 지배적 영향을 미친다. 스프레드가 증가함에 따라 채권 요소의 가치는 떨어지게 된다. 따라서, 전환사채의 가치는 일반적으로 스프레드가 증가함에 따라 떨어지게 된다, 즉, $o < 0$이다. 전환사채 중 가장 큰 영향을 받는 사채들은 외가격 전환사채들이며 채권 하한선과 가장 유사하다. 균형 가격에 존재하는 전환사채들은 영향을 덜 받으며, 내가격 전환사채들은 신용 스프레드의 변화에 가장 덜 민감하다.

내가격 전환사채가 왜 낮은 오미크론을 갖는지를 이해하기 위한 다른 접근법이 있다. 스프레드는 채무 불이행 가능성 λ와 회수율 ϕ의 함수이다. 논리적으로, 주가가 높을 때(즉, 전환사채가 내가격일 때), 해당하는 채무 불이행 가능성은 낮은 값을 가져야 하고, 스프레드 또한 낮은 값을 가질 것이다. 채무 불이행 위험이 낮다고 가정할 때에, 스프레드에 대한 전환사채의 민감도는 낮을 것이다.

수치로 표현하면, 전환사채의 오미크론은 다른 그릭문자들과 동일한 해석을 할 수 있다. 만약 전환사채의 오미크론이 o이고, 스프레드가 ϵ만큼 변화한다면, 오미크론을 기반으로 한 전환사채 가치의 변화의 추정 값은 $o \cdot \epsilon$이다. 예를 들어, 전환사채의 현재가격이 102.25이고, 해당 채권의 오미크론이 -15라고 가정하자. 만약 스프레드가 100 basis 포인트($\epsilon = +0.01$)만큼 증가하게 된다면, 전환사채 가치의 변화 추정 값은 $(-15)(0.01) = -0.15$가 된다. 따라서 전환사채의 새로운 추정 가격은 $102.25 - 0.15 = 102.10$이 된다.

전환사채 입실론(Upsilon)

전환사채 입실론(ν)는 회수율(ϕ)의 변화에 대한 전환사채 가격의 민감도를 측정한다. 미적분학 표기로 입실론은 다음과 같이 정의된다.

$$\nu = \frac{\partial CB}{\partial \phi}$$

전환사채가 채무 불이행 위험에 빠지지 않는 한 입실론은 매우 낮은 값을 갖지만, 채무 불이행 위험이 있는 경우에는 입실론은 매우 중요하다. 예상 회수율의 작은 변화만으로도 전환사채의 가치를 크게 바꿀 수 있다. 전환사채가 채무 불이행 상태에 빠진 경우 입실론은 1에 도달하게 된다, 즉, $\nu \to 1$이다.

독자들은 $\nu > 0$인 것을 매우 쉽게 알 수 있다. 예상되는 회수율이 증가함에 따라, 전환사채의 가격은 증가하게 될 것이다. 이것은 전환사채가 채무 불이행 위험을 겪고 있을 때 나타나는 직접적

인 효과이지만, 전환사채가 채무 불이행과 거리가 먼 경우에도 주식가격을 통해 간접적으로 작용하기도 한다. 마지막으로, 주가가 상승하고 채무 불이행이 발생할 가능성이 낮다면, ν는 매우 작아지게 되는 것을 쉽게 알 수 있다.

21.8 전환사채 차익 거래(Arbitrage)

전환사채 차익거래(convertible arbitrage)는 전환사채에서 "저렴한" 변동성을 활용하는 것을 목표로 하는 전략이다. 대부분의 전환사채 차익거래 전략의 출발점은 전환 선택권이 저평가된 것으로 보이는 전환 선택권을 전환사채를 차익거래인이 식별하는 것으로 시작한다. 그런 다음 전환사채 차익거래인은 전환사채를 매입하고 기초자산인 주식 Δ 단위에 대한 매도포지션을 취한다.

전환사채 차익거래인의 포지션에는 세 가지 특성이 있다. 첫째로, 주식에 대한 매도포지션은 전환사채에 대해 기초자산인 주식의 작은 가격 움직임에 대한 면역력을 제공한다(델타-헤지된 콜옵션 포지션과 비슷하다). 둘째로, "감마 포착(gamma capture)"이 있다. 전환사채의 감마는 양의 값을 갖기 때문에, 전환사채에 대해 매입포지션을 취하고 주식으로 델타-헤징을 하게 되면 전환사채 차익거래인은 순 양의 곡률과 함께 그와 같은 포지션을 취함으로써 얻을 수 있는 이점을 모두 가질 수 있다. 마지막으로, 전환사채의 이자는 일반적으로 주식에 대한 매도포지션을 취함으로써 지급해야 하는 배당금에 비해 높을 것이므로, 전체 포지션은 양의 값을 갖는 "캐리(carry)", 즉 보유자에게 순 현금유입을 발생시킨다.

여기서 주목해야할 점은 이러한 전략은 전환사채에 포함된 주가변동 위험만을 제거한다는 것이다. 전환사채는 여러 가지 요인에 의해 영향을 받기 때문에, 위에 언급된 포지션에는 많은 다른 위험이 존재할 수 있고 모니터링과 관리가 필요하다. 그 한 가지는 이자율 위험이다. 이자율의 증가는 전환사채의 가치를 낮추는 반면(채권 요소를 통해서), 주식에 대한 포지션에 미치는 효과는 더 작다. 따라서 해당 포지션은 이자율의 급격한 증가에 취약하다. 또 다른 것으로 조기 상환 위험이 있다. 거의 모든 전환시체들은 또한 발행인에 의한 조기 상환 가능성이 있고 조기 상환을 실행하게 될 경우 처음에 이 전략을 취하도록 동기를 부여했던 저평가되었다고 추정된 전환 선택권은 사라지게 된다. 세번째로 신용 위험이 있다. 미국의 전환사채들 대부분은 하위 투자 등급으로 발행되거나 등급이 매겨지지 않는다. 갑작스러운 신용 이벤트(예: 채무 불이행으로의 점프)가 있으면, 전환사채는 가치를 잃을 것이다. 물론, 주식가격도 이 상황에서 추락할 것이고, 따라서 적용된 헤지 비율에 따라 손실을 부분적으로 또는 완전하게 주식에 대한 매도포지션에서 만회할 수도 있다. 최근 몇 년 동안, 주식 포지션이 해결하지 못하는 신용 위험을 헤지하기 위해 CDS(credit-default swaps)를 사용하는 것이 인기가 있었다. 그리고 유동성 위험이 있다. 예를 들어, 전환사채를 델타-헤지하기 위해서는 주

식시장 유동성이 필수적이다. 마지막으로, 모형 위험이 있다. 전환사채는 여러 가지 요인에 의해 가격이 영향을 받는 복잡한 금융상품이다. 모형이 신뢰할 수 없거나 혹은 관련 요인들을 모두 고려하지 못할 경우에, 감지된 차익거래가 존재하지 않거나, 잘못된 헤지 비율이 적용될 수 있다.

일반적이지는 않지만, 전환사채 차익거래가 위에서 설명한 전략과는 반대되는 형태를 취할 수도 있다. 즉, 전환사채 차익거래인은 자신이 발견한 고평가된 전환사채에 대해 매도포지션을 취하고 기초자산인 주식에 대해 매입포지션을 취함으로써 델타-헤징을 한다. 이러한 방식은 "역 헤지(reverse hedge)"라고 불리우며, 전환사채의 매도포지션에 요구되는 현금 유출이 주식의 매입포지션을 취함으로써 받게 되는 배당금을 일반적으로 초과하기 때문에, 이 방법을 negative carry 전략이라고 한다. 비록 전환사채의 채권 요소에 대한 매도포지션이 어느 정도 완화시켜 주지만, 이것은 감마 매도포지션이기도 하다. (32장에서 "구조적" 신용-위험 모형에 대해 논의할 때 설명하는 바와 같이, 회사자산의 변동성 증가는 채권 보유자들에게 불리하며 주식 보유자에게 유리하다. 따라서 회사의 채권에 대해 매도포지션을 취하는 것은 회사의 자산 변동성에 대해 매입포지션을 취하는 것과 같다.) 역 헤지는 일반적으로 일시적인 수요 혹은 변동성 요인들로 인해 전환사채가 고평가되었다고 보이는 경우 헤지 펀드나 다른 시장 참여자들이 단기적으로 취하는 포지션이다.

21.9 요약

전환사채는 모든 복합금융상품 중 가장 중요한 것들 중에 속한다. 전환사채는 부채와 주식의 특성을 결합하고, 다양한 이유로 발행자와 투자자 모두에게 매력적인 상품이다. 가격결정 관점에서 보면, 전환사채는 주식과 부채의 가치에 영향을 줄 수 있는 모든 가능한 요인들에 의해 결정되기 때문에 모형을 만드는 것이 매우 복잡하다. 주가 위험(주식 변동성, 배당금), 이자율 위험(무위험이자율의 변화, 이자율 변동성, 쿠폰 이자율), 그리고 신용 위험(채무 불이행 위험, 채무 불이행 발생시 회수), 더 나아가 유동성 위험과 다른 시장 요인들이 있다.

이 장에서는 전환사채에 대한 모델링을 소개했다. 설명은 의도적으로 쉽게 하였다. 우리는 주식 위험 및 신용 위험의 특징을 가격 평가 과정에 도입하는 방법을 논의했지만, 이자율 위험을 포함시키는 것은 상세하게 논의하지 않았다. 모델링 과정에 대한 보다 포괄적인 논의와 다양한 요인들이 전환사채 가치에 미치는 효과에 대해 더 깊이 이해하기 위해서는 이 분야의 기술적인 논문들을 참조하도록 독자들에게 권한다. 기술적인 논문들 가운데 많은 것들이 이 장의 앞부분에서 인용되었다.

21.10 연습문제

1. 전환사채와 관련된 다음과 같은 용어들을 정의하고 정량화하라. (a) 전환 비율, (b) 조기 상환 가능성, (c) 공정 할증금(premium), (d) 패리티, (e) 손익 분기점, (f) 희석

2. 다음과 같은 정보가 주어진다.

전환사채의 액면가	\$100
전환사채의 발행가	\$120
주식가격	\$ 10
전환 비율	11

   (a) 채권 낭 패리티 가치는 얼마인가?
   (b) 채권 당 패리티 초과 할증금은 얼마인가?
   (c) 동일한 결과를 주당 기준으로 표현하라.

3. 이전 질문에서 패리티와 패리티 초과 할증금의 가치를 계산했다. 전환사채의 쿠폰 이자율이 5%이고, 주식의 배당 수익률이 1%라고 가정한다. 주식과 비교하여 전환사채로부터 얻는 초과 손익은 얼마인가? 전환사채의 손익분기는 무엇인가?

4. 전환사채 내에서 다양한 유형의 내재된 옵션은 무엇인가? 그들이 투자자 또는 발행인에게 이익이 되는지 설명하라.

5. 기업의 경영진이 전환사채를 발행함으로써 일반적으로 어떤 인센티브 문제가 해결되었나?

6. 전환사채의 액면가는 \$100이고, 발행 가격은 \$150이며, 전환 비율은 5이다. 주식의 시장 가격은 \$25이다. 채권의 (a) 전환 가격, (b) 패리티 및 (c) 할증금을 계산하라.

7. XYZ Co.는 액면가 \$100의 전환사채를 발행했으며, 발행 가격은 \$100이다. 주당 시장 가격은 \$20이고, 전환 비율은 4이다. 채권은 5%의 쿠폰을 지불하고, 주식에 대한 배당률은 1%이다. 채권에 대한 할증금은 얼마인가? 할증금을 회수하기 위한 손익분기 기간은 얼마인가?

8. 현재 주가가 \$100라고 가정한다. 다음 기간에 그것은 120 또는 80의 값이 될 수 있다. 오늘 \$1를 1 기간 동안 투자한 수익률이 3%라면, 전환 비율이 1인 제로-쿠폰 전환사채의 오늘 가치는 얼마인가?

9. (전환사채 차익거래) 현재 주가가 \$100라고 가정한다. 다음 기간에 그것은 130 또는 90의 값이 될 수 있다. 오늘 \$1를 1 기간 동안 투자한 수익률이 5%라면, 전환 비율이 1인 6% 쿠폰 전환사채의 오늘 가치는 얼마인가? 전환사채가 \$105에 거래될 경우, 이러한 상황에서 무위험 이익을 가져다주는 차익 거래를 구축할 수 있는가?

10. 현재 주가가 $100라고 가정한다. 다음 기간에 그것은 이 주가의 1.2배 또는 0.8배의 가격이 될 수 있다. 오늘 $1를 1 기간 동안 투자한 수익률이 2%라면, 전환 비율이 10인 제로-쿠폰 전환사채(액면가 $1000)의 오늘 가치는 얼마인가? 이 채권에 대한 패리티 가치와 할증금은 얼마인가? 채권에 대한 (a) 가격, (b) 패리티 및 (c) 할증금을 다음의 주가 수준에서 계산하라: 80, 90, 100, 110 및 120.

11. 반기 단위 CRR 이항트리를 사용하여 액면가 $100, 전환 비율 1, 그리고 쿠폰 이자율 10%인 전환사채의 가격을 구하라. 채권의 만기는 3년이다. 주식 변동성이 25%라고 가정한다. 무위험이자율은 4%이다. 모든 계산은 연속적 복리로 한다. 전환 시 채권 보유자는 발생 이자를 상실한다.

12. 앞의 질문에서, 전환사채는 또한 $110(쿠폰 포함)의 가격으로 조기 상환이 가능하다고 가정한다. 전환사채의 가격을 다시 구하라. 답을 설명해 보라.

13. 조기 상환 가능 전환사채에 대해 작성한 프로그램을 사용하여 주가 변동 범위가 80에서 120 사이 인 채권의 델타를 계산하도록 수정하라. 쿠폰 이자율을 10%, 무위험이자율을 4%, 변동성을 25%로 한다. 조기 상환 행사가격은 $100이다. 결과를 설명하라. 전환 시 채권 보유자는 발생 이자를 상실한다.

14. (고급 질문: 본문의 범위를 넘어감) 당신이 전환사채를 사용하여 구현하고자 하는 5가지 거래 전략을 생각해보라. 이러한 각각의 전략에 대해 당신의 거래 전망을 구현하기 위해 채권에서 제거해야 할 필요가 있는 위험은 무엇인가?

15. XYZ회사의 현재 주식가격은 $10이다. 주식은 20%의 변동성으로 거래된다. 회사는 액면가 $100와 6%의 쿠폰 이자율을 가진 5년 만기의 전환사채를 발행한다. 이 채권은 다음 5년 동안 언제든지 주식 8주로 전환될 수 있다. 시장에서 무위험이자율은 3%이다. 이 채권은 또한 2년 후에 $105의 행사가격으로 조기 상환될 수도 있다. 주식가격이 이항과정을 따른다고 가정하고, 이 전환사채를 평가하기 위한 20-기간 모형을 구축하라. 조기 상환 가능성 및 전환 기능에 대해 올바르게 고려를 했는지 확인하라. 주어진 가격에서, 채권에 대한 할증금은 얼마인가? 손익분기점도 계산하라. 전환시 채권 보유자는 발생 이자를 상실한다.

16. 전환사채는 주가 변동과 이자율 변동 둘 다에 민감하다. 다음 시나리오 중 어떤 것이 전환사채 가격을 가장 많이 오르게 하는 결과를 가져올 수 있는가?
    (a) 주가가 상승한다; 이자율은 하락한다.
    (b) 주가가 상승한다; 이자율도 상승한다.
    (c) 주가가 하락한다; 이자율도 하락한다.
    (d) 주가가 하락한다; 이자율은 상승한다.

    당신의 대답이 맞아야만 한다고 생각한다면, 필요한 조건을 추가하라.

17. 다음 시나리오 중 어떤 것이 전환사채 가격을 가장 많이 오르게 하는 결과를 가져올 가능성이 있는가?
    (a) 주식 변동성이 증가한다; 이자율 변동성이 증가한다.
    (b) 주식 변동성이 증가한다; 이자율 변동성이 하락한다.
    (c) 주식 변동성이 하락한다; 이자율 변동성이 증가한다.
    (d) 주식 변동성이 하락한다; 이자율 변동성이 하락한다.
18. 다른 모든 조건을 동일하게 유지하는 경우, 만기 연장이 전환사채 가치에 미치는 예상되는 영향은 무엇인가?

부록 21A 혼합 할인율 평가 트리의 Octave 코드

이 부록은 21.6절에서 설명한 혼합 할인율 "실무자 모형"에 대한 Octave 코드를 제공한다.

```
%Function to build a CRR tree and price a callable convertible bond.
%Specialized to handle credit spreads
%Specify the call strike cum-coupon
%Note that rf below is also the drift of the stock.

function cbval = cb_credit(s0,sig,rf,cpnpa,callstr,spread,T,n);
h = T/n;
u = exp(sig*sqrt(h)); d = 1/u; R = exp(rf*h);
q = (R-d)/(u-d);

stktree = zeros(n+1,n+1);
stktree(1,1) = s0;
for i=2:n+1;
    stktree(1,i) = stktree(1,i-1)*u;
    for j=2:i;
        stktree(j,i) = stktree(j-1,i-1)*d;
    end;
end;

cb = zeros(n+1,n+1);
cbdelta = zeros(n,n);
for j=1:n+1;
    cb(j,n+1) = max(stktree(j,n+1),100+cpnpa*h);
end;

for i=[n:-1:2];
    for j=1:i;
        cbdelta(j,i) = (cb(j,i+1) - cb(j+1,i+1))/ ...
                           (stktree(j,i+1) - stktree(j+1,i+1));
        discrate = cbdelta(j,i)*rf + (1-cbdelta(j,i))*(rf+spread);
        R = exp(discrate*h);
        cb(j,i) = (q*cb(j,i+1) + (1-q)*cb(j+1,i+1))/R+cpnpa*h;
        if cb(j,i)>callstr;
```

```
                cb(j,i) = max(callstr,stktree(j,i));
            else;
                cb(j,i)  =  max(cb(j,i),stktree(j,i));
            end;
        end;
    end;
    i=1; j=1;
    cbdelta(j,i)   =   (cb(j,i+1)   -   cb(j+1,i+1))/(stktree(j,i+1)   -
stktree(j+1,i+1));
        discrate = cbdelta(j,i)*rf + (1-cbdelta(j,i))*(rf+spread);
        R = exp(discrate*h);
        cb(j,i) = (q*cb(j,i+1) + (1-q)*cb(j+1,i+1))/R;
        cbval = cb(1,1);
```

이 함수를 사용하는 간단한 예를 들기 위해, 초기 주가가 $100, 주식 변동성이 연 30%, 무위험이자율이 3%, 채권에 대한 신용 스프레드가 3%, 조기 상환 행사가격이 $100인 5 년 만기 6% 전환사채의 가격을 구한다. 전환사채는 5년 만기 사채라고 가정하고 트리의 기간 수를 20으로 설정한다. 프로그램 실행은 다음과 같다.

```
cb_credit(100,0.3,0.03,6,100,0.03,5,20)
ans = 106.71
```

부록 21B 단순화된 Das-Sundaram 모형의 Octave 코드

이 부록은 21.6절에서 설명된 단순화된 Das-Sundaram 모형의 구현을 위한 Octave 코드를 설명한다. 채무 불이행 상태가 아닌 주가는 기하브라운운동을 따르고, 회수는 시장 가치 회수(recovery of market value, RMV)라는 의미를 따라 규정된다(33장 참조).

```
%Function to build a CRR tree and price a callable convertible bond.
%This is the Das-Sundaram model
%Specify the call strike cum-coupon
%Note that rf below is the drift of the stock.

function  cbval = cb_dassundaram(s0,sig,rf,cpnpa,callstr,spread,phi,T,n);
```

```
h = T/n;
lambda = spread/(1-phi);
u = exp(sig*sqrt(h));  d = 1/u;  R = exp(rf*h);
q = (R/(1-lambda*h)-d)/(u-d);

stktree = zeros(n+1,n+1); stktree(1,1) = s0;
for i=2:n+1;
    stktree(1,i) = stktree(1,i-1)*u;
    for j=2:i;
          stktree(j,i) = stktree(j-1,i-1)*d;
    end;
end;

cb = zeros(n+1,n+1);
cbdelta = zeros(n,n);
for j=1:n+1;
    cb(j,n+1) = max(stktree(j,n+1),100+cpnpa*h);
end;

for i=[n:-1:2];
    for j=1:i;
          cbdelta(j,i) = (cb(j,i+1) - cb(j+1,i+1))/ ...
                             (stktree(j,i+1) - stktree(j+1,i+1));
          cb(j,i) = (q*cb(j,i+1) + (1-q)*cb(j+1,i+1))/R+cpnpa*h;
          if cb(j,i)>callstr;
                cb(j,i) = max(callstr,stktree(j,i));
          else;
          cb(j,i) = max(cb(j,i),stktree(j,i));
          end;
          cb(j,i) = cb(j,i)*(1-lambda*h*(1-phi)); %Accounts for default
    end;
end;
i=1; j=1;
cbdelta(j,i)    =    (cb(j,i+1)    -    cb(j+1,i+1))/(stktree(j,i+1)    -
stktree(j+1,i+1));
cb(j,i) = (q*cb(j,i+1) + (1-q)*cb(j+1,i+1))/R;
cbval = cb(1,1);
```

제 22 장

실제 옵션

22.1 서론

"실제 옵션(real option)"이라는 용어는 투자 프로젝트에 내재된 선택권의 가치를 의미하는데 사용된다. 실제 옵션은 금융상품에 존재하거나 내재된 옵션이며 지금까지 이 책에서 우리들의 관심사였던 "금융 옵션"과 구별된다. 실제 옵션은 투자 프로젝트가 진행되는 동안 특정 시간에 결정되어야 하며 프로젝트의 현금흐름의 성격에 영향을 미치는 선택사항 때문에 발생한다. 이러한 선택사항의 존재는 프로젝트에 부가 가치를 부여하며, 프로젝트 평가시 명시적으로 고려될 필요가 있다.

실제 옵션은 거의 모든 투자 설정에서 자연스럽게 발생한다. 다음은 간단한 예다. 한 회사가 새로운 기술인 슈퍼위젯(superwidget)을 개발하는데 투자할 계획을 갖고 있고 이 분야의 선구자가 될 계획이라고 가정한다. 기업가는 필요한 조사를 모두 마쳤으며 프로젝트의 비용 및 생산 세부 사항이 담긴 세부 사업 계획을 가지고 있다. 유감스럽게도 이 기술의 가치는 불확실하며 나중에 시장에 의해서만 결정될 것이다. 기업가는 제품이 출시될 것으로 예상되는 시점인 2년 후의 슈퍼위젯 당 평균 가격을 추정한다. 그는 또한 이 가격의 미래 진화뿐만 아니라 가능한 가격의 분포에 대해서도 잘 추측할 수 있다. 이 가격은 프로젝트가 가지는 위험의 주요 근원을 나타낸다. 가격이 그 범위의 낮은 끝부분에서 끝나면, 회사는 수익을 내는데 실패할 것이다. 여러 가지 가능한 시나리오를 실행함으로써 기업가는 각 시나리오의 가능성뿐만 아니라 각 시나리오의 수익성을 계산한다.

"표준" 현금흐름 할인(discounted cash-flow, DCF) 평가 방법에서, 기업가는 프로젝트의 현금흐름에 대해 적절한 위험-조정 할인율을 선택한다. 이것은 종종 상당한 주관적인 판단을 요구하는 까다로운 일이다. 그런 다음, 예상 현금흐름을 결정하기 위해 확률 및 수익성 시나리오를 사용하여, 기업가는 프로젝트의 현재가치를 결정한다.

실제 옵션 접근법은 다른 각도에서 평가 문제를 본다. 진화할 수 있는 시나리오에 영향을 미칠 수 있는 프로젝트 선택을 명시적으로 고려한다. 그렇게 함으로써 평가 과정을 본질적으로 정적인 것에서 동적인 것으로 바꾼다.

예를 들어, 기업가가 직면해야 할 기본적인 질문은 다음과 같다. 슈퍼위젯 프로젝트를 지금 바로 시작할 것인가 아니면 제품의 최종 판매 가격에 대한 더 많은 정보를 얻기까지 기다리는 것이 나은가? 6개월을 더 기다림으로써 기업가는 신기술의 가치에 대한 보다 명확한 그림을 얻을 수 있다면, "투자를 기다리는" 옵션(실제 옵션의 가장 일반적인 형태 중 하나임)은 고려해야 할 가치가 있다. 물론, 주저함으로써 기업가가 경쟁자에 의해 "당하는" 결과를 가져올 수 있기 때문에 위험할 수도 있고 이 역시 고려해야 한다. 기타 기업가가 직면하고 있는 실제 옵션에는 포기할 수 있는 옵션(실행 도중에 실행 불가능한 것으로 판명되면 프로젝트를 종료하는 옵션)과 확장할 수 있는 옵션(수익성이 있다면 프로젝트 규모를 늘리는 옵션) 등을 포함하는 많은 옵션들이 있다. 이러한 예에서 알 수 있듯이 실제 옵션 평가 방법은 최적의 방식으로 처리해야 하는 경로-의존적 선택의 가치를 고려하여 프로젝트 평가를 향상시킨다.

확실히 이것의 많은 부분은 실행하기 보다는 말하기가 쉽다. 지금까지 이 책에서 고려한 옵션 평가 모형은 옵션가치의 근본적인 요인이 유동성이 있는 시장에서 거래되어 복제에 의한 평가를 가능하게 한다고 가정했다. 금융 옵션에 대해서 특히, 발달된 금융 시장에서 그러한 가정은 타당하다. 그러나 투자 프로젝트에서는 그것이 종종 유효하지 않다. 적절히 관찰 가능한 기초자산 가치의 진화 과정이 없다는 것이 종종 실제 옵션과 금융 옵션의 가장 큰 차이점이다. 그 차이점이 프로젝트 불확실성의 보정 또는 위험-중립 확률을 구하는 것을 어렵게 만든다. 이 장의 뒷부분에서 이러한 문제를 해결하기 위한 가능한 접근 방법에 대해 설명한다. 그러나 당분간은 분석을 진행할 때 이러한 사항들을 잊지 않도록 하자.[1)]

실제 옵션의 유형

다양한 종류의 실제 옵션이 있다. 우리는 이미 투자를 기다리는 옵션, 포기하는 옵션 및 조건 변경에 따라 확장(또는 계약)하는 옵션에 대해 언급했다. 다음은 몇 가지 다른 것들이다.

전환 프로젝트가 시작된 후에 가치 향상을 위해 다른 기술로 전환할 수 있는 기회가 있을 수 있다. 가능한 한 미래 비용 절감을 위한 시나리오는 프로젝트의 사전 평가에 포함되어야 하며, 그렇지 않으면 그 가치는 과소평가될 것이다.

만기 조정 일부 프로젝트의 구조는 유동적인 기간 동안 완료될 수 있는 구조이다. 생산 시간이 투입요소에 따라 조정되면 계획보다 빨리 프로젝트를 완료할 수 있다.(물론 이것은 항상 가능하지는 않다. 포도주 제조에 대해 생각해보라.) 예를 들어, 프로젝트에 더 많은 자원이 추가되는 경우 다리를 건설하는데 소요되는 시간을 단축할 수 있으며, 때로는 그렇게 하는 것이 유리할 수 있

1) 물론, DCF 문제는 필요한 입력 정보(각각의 확률을 가진 현실적으로 가능한 시나리오)를 생성할 때나 또는 사용될 정확한 할인율을 구할 때 유사한 문제를 가지고 있다.

다. 프로젝트 자금 조달이 변동 이자율 기준이라면, 이자율이 급격히 떨어지는 경우 프로젝트 투입 규모를 늘리는 것이 낫다. 마찬가지로 프로젝트 지연에 따른 비용에 달려있기는 하지만, 이자율 상승시 투입 규모를 축소하는 것이 유리할 수 있다.

중단/재개 투자 프로젝트는 시장 주기에 영향을 받을 수 있으며, 일부 기간에는 이익이 발생하지만 다른 기간에는 그렇지 않다. 낮은 성과 기간에 프로젝트를 중단할 수 있다면 그 안에 내재한 상당한 가치의 실제 옵션이 있다. 이 종류의 옵션의 전형적인 예는 광업에서 발생한다. 광산 회사는 종종 산출물 가격이 낮은 기간에는 광산을 폐쇄한다.

이 목록은 물론 포괄적인 것은 아니다. 실제 옵션은 시간이 지남에 따라 결정해야 하는 프로젝트 선택 사항과 관련이 있기 때문에 경로 의존성의 유형과 마찬가지로 실제로 많은 유형의 실제 옵션이 있다. 각각의 실제 옵션은 사후 선택(프로젝트가 채택된 후 결정된 것)에 관한 것이지만 그 결과는 사전(프로젝트 평가 및 그것을 채택할지 여부에 대한 결정을 하기 전)에 고려해야 할 필요가 있는 선택에 관한 것이다.

22.2 예비 분석 및 예

실제 옵션 분석은 현재와 미래의 투자 및 프로젝트 선택권의 가치를 고려하여 회사의 현재 사업을 정확하게 평가하는 것을 목표로 한다. 어떤 의미에서 실제 옵션은 주어진 미래의 날짜에 투자될 수 있는 사업 기회에 대한 콜옵션을 포함한다. 이 절에서는 다양한 유형의 실제 옵션에 대해 일부는 간단하고 일부는 정교한 일련의 예들을 제시한다.

확률적 현금흐름을 이용한 설정

석유 회사는 거의 모든 활동에서 실제 옵션에 직면한다. 가장 단순한 경우에, 그들은 탐사비를 지불하고, 탐사 기간이 끝나면 석유를 채취하여 수익을 얻는다.

다음은 단순화된 모형이다. 한 석유 회사가 유전을 탐사하고 개발하려고 한다. 매장량에 대한 불확실성이 없다고 가정하면, 탐사/개발의 선행 고정 비용은 배럴당 기준으로 배럴당 K_1으로 표현할 수 있다. 이 초기 단계에는 시간이 필요하다. 탐사를 시작한 후 일정 기간 T가 경과해야만 회사는 석유 정제 및 판매를 시작할 수 있다. 단순화를 위해 유전의 전체 생산량이 시점 T에 일반적으로 우세한 배럴당 가격 P로 판매된다고 가정한다. 회사가 당면한 위험은 가격 P가 불확실하다는 것이다. 즉, T에서 우세한 가격 P는 석유를 정제하는 배럴당 비용 K_2보다 적을 수 있으므로 손실을 초래할 수 있다.

석유 회사는 석유 탐사 여부를 결정해야 한다. 이 문제에 대한 간단한 "기대 값" 접근 방식으로, 예상 가격 $E(P)$와 총 비용 $K_1 + K_2$를 비교하여 $E(P) > K_1 + K_2$인 경우에만 탐사를 선택한다. 실제 옵션 방법은 보다 정교한 접근 방식을 취한다. 우리는 먼저 석유 회사가 석유 가격이 단위 정제 비용보다 높을 때만(즉, $P > K_2$) 정제를 진행하는 선택을 할 필요가 있다는 점에 유의한다. 따라서 정제의 결정은 행사가격이 K_2이고 만기가 T인 석유 가격에 대한 콜옵션을 보유하는 것과 유사하다. 이 콜옵션의 값을 $C(P, K_2, T)$로 나타낸다.

C가 주어질 때 탐사 진행 여부 결정은 쉽게 해결된다. 회사는 실제 옵션 값이 탐사 비용보다 큰 경우에만(즉, $C(P, K_2, T) > K_1$) 탐사를 진행해야 한다.

예제 22.1

현재 유가가 배럴당 $40이고, 유가 변동성(연간)이 30%라고 가정한다. 탐사 비용이 배럴당 $K_1 =$ $5이고 정제 비용이 배럴당 $K_2 =$ $30인 경우, 석유 회사는 유정을 개발해야 하는가? 탐사 기간은 1년, 무위험이자율은 3%, 석유의 편의 수익률(convenience yield)은 1%라고 가정한다.

우리는 이 문제를 배당 수익률을 편의 수익률로 대체한 블랙-숄즈모형을 사용하여 해결할 수 있다. 행사가격은 $30이다. 이 값을 대입하면 만기가 1년인 석유 가격에 대한 콜옵션가격을 구할 수 있다.

$$C(P, K_2, T, \sigma, r_f, q) = 11.29$$

이것은 $K_1 = 5$보다 크기 때문에 유정을 개발할 가치가 있다. ■

잠재적인 문제: 매장량 위험

탐사 후에 발견된 석유의 매장량이 불확실한 경우 이 상황에서 어떤 일이 발생하는가? 특정 예를 들어, 위의 수치 예에서 1백만 또는 2백만 배럴의 석유가 두 가지(동일한 확률을 가진 사전적)의 매장량 결과라고 가정한다. 탐사의 총 고정 비용이 1,500만 달러라고 가정한다. 이제 회사는 탐사를 진행해야 하는가?

우리는 정제 비용 차감 후의 석유 배럴당 순 이익이 콜옵션의 가치인 $11.29라고 이미 결정했다. 이는 유정에 2백만 배럴의 석유가 매장되어 있으면 이 투자는 수익성이 있다는 것을 의미한다.

$$\text{예상 이익} = 2{,}000{,}000 \times \$11.29 - 15{,}000{,}000 = \$7{,}580{,}000$$

그러나 유정에 100만 배럴의 석유만 들어 있으면 손실이 발생한다.

$$\text{예상 이익} = 1{,}000{,}000 \times \$11.29 - 15{,}000{,}000 = -\$3{,}710{,}000$$

사전적 관점에서 볼 때 올바른 결정은 각 결과의 확률을 이 이익에 적용하고, 평균 이익이 양인

경우에만 유전을 탐사하는 것이다.(현재의 예에서, 이 평균은 실제로 $1,935,000로 양의 수이다.) 그러나 이러한 동일한 확률은 위험-중립 확률이 아니라 매장량 결과에 대한 실제 확률이다. "올바른" 가치평가를 위해서는 위험-중립 확률을 사용해야 한다. 이 책의 앞의 예제(예: 11.3 절)에서 보았듯이 좋은 결과에 대한 위험-중립 확률은 결과의 실제 확률보다 훨씬 작을 수 있다.

그러나 우리는 어디에서 올바른 위험-중립 확률을 얻을 수 있는가? 첫 번째 예에서 가격 위험만이 존재하고, 기초자산(정제 원유)이 거래가 되기 때문에 이 가격 위험의 매개변수들이 측정될 수 있는 경우, 모형의 매개변수, 위험-중립 확률 및 옵션가격은 모두 블랙-숄즈모형에 따라 결정될 수 있다. 그러나 지금 매장량 위험에 대해서는 기초자산인 불확실성은 거래되지 않으므로 위험-중립 확률의 직접적인 근원이 없다. 이 예는 실제 옵션의 분석에서 발생하는 중요한 문제, 즉 불확실성의 근원이 거래되지 않기 때문에 복제-기반 옵션가격결정이 실행 불가능할 수 있다는 것을 강조한다. 이후 질에서 이 문제에 대한 가능한 해결책을 고려할 것이다.

"투자 대기" 설정

옵토늄은 이항과정에 따라 진화하는 가격 과정을 가진 (허구의) 금속이다. 옵토늄 1g 당 시점-0 가격은 p_0으로 표시된다. 각 기간 $t \geq 1$에서, 가격은 이항 분포에 따라 실현된다.

$$p_{t+1} = \begin{cases} \text{확률 } q\text{를 갖는 } up_t \\ \text{확률 } 1-q\text{를 갖는 } dp_t \end{cases}$$

여기서 q는 가격의 "상방" 움직임의 위험-중립 확률이다. 기간 당 (총)무위험이자율은 $R = qu + (1-q)d$ 이다.

한 투자자가 옵토늄 광산을 운영할 권리를 가지고 있다. 광산은 그것이 열리는 기간에 1그램의 옵토늄을 생산할 것이며, 이후 생산은 $\delta < 1$의 계수로 감소될 것이다. 즉, 광산은 다음 기간에는 δ그램을, 그 이후의 기간에는 δ^2그램 등을 생산한다. 투자자의 선택권은 그에게 다음 n 기간 중 어느 한 기간에 그 시점에서 금액 M을 투자하여 광산을 개설할 권리를 부여한다. n 기간 동안 권리가 행사되지 않는다면 소멸된다. 옵티늄을 추출하는데 비용이 들지 않기 때문에, 광산이 기간 t에서 개장된 경우, 투자자는 옵티늄 판매량 p_t, δp_{t+1}, $\delta^2 p_{t+2}$, $\cdots$로부터 현금 유입을 얻는다. 투자자에게 이 권리는 얼마만큼의 가치가 있는가?(일단 광산이 열리면 매 기간마다 운영되어야 한다는 암묵적인 가정에 유의하라. 다음 예는 이 조건을 적용하지 않는다.)

이 문제에 대한 일반적인 DCF 접근법으로 우리는 오늘 광산을 열고 영원히 운영함으로써 예상되는 현금흐름을 살펴볼 것이다. 이러한 예상 현금흐름은 위에서 설명한 위험-중립 확률이 아니라 실제 확률로 계산되어야 한다. 그런 다음, 프로젝트의 적절한 자본 비용을 구하고 이것을 예상 현금흐름을 할인하는데 사용한다.

실제 옵션 접근법은 추가적인 우발 사태를 고려한다. 예를 들어, 투자자는 지금 뿐만 아니라 다음 n 기간 동안 광산을 운영할 권리를 가지고 있기 때문에, 실제 옵션 접근법은 n 기간 동안 광산을 개장하기에 최적의 지점을 식별하여 광산의 가치를 결정하는 것이다. 이는 흥미로운 두 가지 관련 질문이 있음을 의미한다. (a) 투자자는 언제 권리를 최적으로 행사해야 하는가? (b) 그가 보유한 권리의 결과적인 가치는 무엇인가?

이러한 질문에 답하는 첫 번째 단계는 투자자가 임의의 기간 t에서 그 시점의 가격 p_t가 주어졌을 때 옵션을 행사함으로써 얻는 현금 유입의 현재가치를 구하는 것이다.(우리는 $t \leq n$에 대해서만 이러한 현금흐름에 관심이 있지만, 일반적인 식은 정의하기 쉽다.) 이 현재가치는 위험-중립적 척도 하에서 미래의 모든 현금흐름을 예상하고 이를 현재로 할인하여 구할 수 있다. 그 결과는 다음과 같다.

$$V(p_t) = \frac{p_t}{1-\delta} \tag{22.1}$$

식 (22.1)은 직관적이다. 위험-중립적 척도 하에서 가격은 무위험이자율로 증가하므로, 미래 가격의 할인된 기대 가격은 항상 현재가격이다. 생산이 비율 δ로 감소하기 때문에, 기간 t에서 광산을 개장함으로써 예상되는 현금흐름의 순서는 $(p_t, \delta p_t, \delta^2 p_t, \ldots)$이며, 이는 합하면 정확하게 $p_t/(1-\delta)$이 된다.

문제의 나머지 부분은 "행사가격"이 광산을 개장하는데 필요한 초기 투자금액 M이고, 임의의 시점에 기초자산 가치는 그 시점에 광산을 개장함으로써 얻는 현금흐름의 가치 $V(p)$인 미국식 콜옵션 문제와 유사하기 때문에 해결하기 쉽다. 최적의 시작 시간은 12장(12.5절 참조)에서 설명한대로 역행 귀납법(backwards induction)에 의해 얻어진다. 우리는 트리의 "끝" 즉, 광산이 개장될 수 있는 마지막 기간에서 시작한다. p_n을 기간-n 가격으로 표기한다. 그러면, 주어진 p_n에서, $J^*(p_n)$으로 표시된 프로젝트를 수행하는 옵션의 값은 다음과 같다.

$$J_n^*(p_n) = \max\{V(p_n) - M, 0\}$$

현재까지 수행되지 않은 프로젝트라는 조건 하에서, 투자자의 최적 행동은 $J_n^*(p) > 0$ 인 p_n값으로 프로젝트를 수행하는 것이다.

이제 트리를 1 기간 뒤로 움직인다. 기간 당 할인 요인을 $\beta = 1/R$로 표시한다. 기간 $n-1$의 가격에 대한 가치 p_{n-1}이 주어지면, $J_{n-1}^*(p_{n-1})$로 표시된 p_{n-1}과 그 이후로부터 얻는 투자자 옵션의 가치는 다음과 같다.

$$J_{n-1}^*(p_{n-1}) = \max\left\{V(p_{n-1}) - M, \beta\left[q \cdot J_n^*(u p_{n-1}) + (1-q) \cdot J_n^*(d p_{n-1})\right]\right\}$$

말하자면 투자자는 분기점 p_{n-1}에서 바로 프로젝트를 시작하여 순 가치 $V(p_{n-1}) - M$을 받거나, 연속 값(continuation value)이 p_{n-1}으로부터 두 개의 가능한 상태 중 어느 것인지에 따라 달라지

는 한 기간을 더 기다리는 옵션을 가진다. 현재까지 수행되지 않은 프로젝트라는 조건 하에서, 투자자의 최적 행동은 $J^*_{n-1}(p_{n-1}) = V(p_{n-1}) - M$ 이면 기간 $n-1$에서 프로젝트를 바로 시작하는 것이다.

비슷한 맥락에서 우리는 원래 옵션의 초기 값 $J^*_0(p_0)$ 뿐만 아니라 각 지점에서 수행할 투자자의 최적 행동을 구할 수 있다.

예제 22.2

위의 설정에 대해 특정 매개변수화를 하여 $p_0 = 1$, $u = 1/d = 1.30$, $q = 1/2$, 그리고 $\delta = 10/11$인 경우를 생각해보자. 이 매개변수 값들에 의해 내재된 무위험이자율은 $R = 1.0346$(따라서 $\beta = 0.9665$)이다. $M = 10$이고 $n = 1$, 즉 광산이 10의 비용으로 즉시 또는 기간 1에 열릴 수 있다고 가정한다.

(22.1)로부터, 기간 0과 그 이후의 모든 현금흐름의 현재가치는 $V_0 = 11$이므로 광산이 기간 0에서 열리면 투자자가 받는 순 가치는 11－10＝1이다. 만약, 투자자가 1 기간을 기다리는 경우, 기간 1과 그 이후의 모든 미래 현금흐름의 현재 값은 $V_1 = 14.30$(기간 1 가격이 $u p_0$인 경우에 발생) 또는 $V_1 = 8.4615$(기간 1 가격이 $d p_0$인 경우)이다.

기간 0에서 프로젝트를 시작하지 않는다는 조건 하에 기간 1에서 "높은" 가격이 발생하는 경우에만 프로젝트를 시작하는 것이 최적이다. 이 경우 프로젝트의 순 가치는 14.30－10＝4.30이다. 따라서 기간 0에서 프로젝트를 시작하지 않는 시간-0 현재가치는 다음과 같다.

$$(0.9665)[(1/2)(4.30) + (1/2)(0)] = 2.078$$

따라서 투자자를 위한 최적의 행동은 한 기간을 기다린 다음 높은 상태가 발생한 경우에만 프로젝트를 시작하는 것이다. 투자자가 보유한 옵션의 가치는 2.078이다. ■

투자-대기 옵션에 대한 추가 읽기

투자를 하기 위해 기다린다는 이 투자-대기의 개념은 여러 저자들에 의해 여러 논문에서 개발되었지만 여전히 투자 선택에 대한 실제 옵션 접근 방식의 근본 동기를 형성한다. 관심 있는 독자는 Kester(1984), Brennan과 Schwartz(1985), McDonald와 Siegel(1986), Majd와 Pindyck(1987), Majd와 Pindyck(1989), Paddock, Siegel 및 Smith(1988), Dixit(1989), Pindyck(1991, 1993), Trigeorgis (1993a, 1993b), Capozza와 Li(1994), 그리고 Chance와 Peterson(2002)의 책과 논문들을 참고하라.

"열기 및 폐쇄" 옵션

실제 옵션의 이 마지막 예에서 운영 비용을 추가하여 투자-대기 설정을 수정한다.

예제 22.3

예제 22.2의 설정을 고려해보자. 그러나 일부 수정 사항들이 있다. 먼저 기간 당 광산 운영비용이 $c = 1.10$이라고 가정한다. 둘째, 일단 광산이 열리면 아무런 비용 없이 광산을 폐쇄하고 다시 열 수 있다고 가정한다.

셋째, 생산에 감소가 없다고 가정하고, 따라서 $\delta = 1$이다. 이것은 광산이 열리는 매 기간마다 1그램의 옵토늄을 생산한다는 것을 의미한다. 마지막으로 투자자는 다음 10 기간 동안 광산을 운영할 권리가 있다고 가정한다. 이 기간들의 매 기간 동안 투자자는 광산을 계속 열어둘 것인지(그리고 옵토늄 1그램을 생산한다) 또는 폐쇄할 것인지 선택할 수 있다. 10 기간 후에 권리는 소멸한다. 이 예의 나머지 부분(가격 진화 과정, 이자율 등)은 변경되지 않았다.

우리는 두 가지 질문에 대한 답변에 관심이 있다. 첫째, 투자자가 최적으로 행동한다면 광산의 가치는 얼마인가? 둘째, 투자자가 광산을 열고 폐쇄하는 옵션을 무시한다면 즉, 광산이 전체 10 기간 동안 열려 있어야 한다고 가정한다면 광산의 가치는 얼마인가?

두 번째 질문은 대답하기 쉽다. $p_0 = 1$의 초기 가격이 주어질 때, 10 기간 동안 광산을 여는데 따른 현금 유입의 현재가치는 단지 $10p_0 = 10$이다. 이를 알기 위해서는 위험-중립 세계에서는 가격이 무위험이자율로 증가한다는 것을 상기하라. 따라서 미래 가격의 할인된 기대 가치는 항상 현재가격이다. 기간 당 1그램의 생산량을 10 기간 동안 생산하고 있기 때문에 총수입의 현재가치는 단지 현재가격의 10배이다. 반면에 발생하는 비용의 현재가치는 10 기간 동안 각 기간에 유출되는 1.10의 현재가치이다. 이것들을 가감하면, 우리는 광산을 10 기간 동안 열게 된다면 그 가치가 약 0.834임을 알 수 있다.

수익성이 없는 기간 동안 광산을 폐쇄하고 원하는 경우 광산을 다시 열 수 있는 옵션을 무시하지 않으면 가치는 얼마인가? 매 기간마다 광산 소유주는 $c = 1.10$ 의 행사가격을 가진 콜옵션을 실제로 보유한다. 그 기간에 옵토늄의 가격이 c보다 크다면, 그 기간에는 광산을 여는 것이 좋을 것이다. 그러나 그렇지 않으면 광산을 폐쇄하는 것이 최선이다. 이것은 간단한 평가 문제이다. 이항트리에서 이들 옵션의 값을 구하면 광산에 대한 총가치는 2.686임을 알 수 있다. 따라서 옵션의 값을 포함하면 광산의 가치는 3배 이상 증가한다. ■

22.3 실제 옵션 "사례 연구"

이 절에서는 허구의 회사에 대한 사례 연구를 제시하고 여러 단계로 분석한다. 이 경우에는 동일한 설정에서 둘 이상의 실제 옵션(대기 옵션과 포기 옵션)이 포함된다. 아마도 가장 중요한 것은 이 사례가 불확실성을 프로젝트의 근본적인 동인(driver)으로 채우는 일련의 증권들을 고려함으로써 위

험-중립 확률(또는 "상태가격(state prices)")이 실제 옵션에 대해 어떻게 결정될 수 있는지를 보여주는 것이다. 이 채움의 개념(spanning idea)은 이 장의 다음 절에서 관련된 일반적인 절차에 대한 기술적인 설명을 살펴볼 때 다시 다룬다.

사례 연구

Greasy Oil Company(GOC)는 연간 3,075 배럴의 석유 생산을 지원하고 2년간의 총생산 수명을 가지고 있는 유정을 개발하기 위한 정부 허가를 획득했으며, 2년 이후 모든 석유는 고갈될 것이다. 부여된 허가는 1년 이내에 사용해야한다. 단순화를 위해 시간은 1년 길이의 기간으로 분리되어 있다고 가정한다. 이는 GOC에 대한 두 가지 시나리오가 있다는 것을 의미한다.

1. 즉시, 즉 시간 $t=0$에서 시추를 히고, 첫 2년 동안 생산량을 판매한다.
2. 1년을 기다렸다가 시간 $t=1$에서 시추를 시작하고, 다음 2년 동안 즉, 2년과 3년의 생산량을 판매한다.

연간 생산량은 연말에 연초에 알려진 가격으로 판매된다고 가정한다. 현재 석유 가격은 배럴당 $17이다. 우리는 또한 첫 해 말에 실현된 새로운 유가가 향후 2년간 동일하게 유지된다고 가정한다. 이들은 모두 설명을 돕기 위해 단순화된 것이다. 보다 복잡한 설정을 다루기 위해 이 개념들은 쉽게 확장될 수 있다.

즉시 시추하는 것과 1년을 기다리는 것 중 하나를 선택하는 것은 1년 후에 예상되는 석유 가격에 달려있다. 가격이 인상될 것으로 예상된다면 GOC는 1년을 기다릴 수도 있다. 특히 1년 후에 수익을 얻는 것으로 인한 시간-가치 손실보다 가격 상승이 더 클 경우 더욱 그렇다. GOC의 수석 경제학자인 Oyl Slyck은 1년 후에 가능한 석유 가격 4가지를 제안했다. 불행히도 이것 때문에 말장난의 대상이 된 Slyck은 이것을 그녀의 "4가지" 예측("four"-cast)이라고 부른다.

시나리오	석유가격($)	확률
1	14	0.1658
2	13.08	0.1530
3	20	0.2904
4	25	0.3908
현재	17	

제안된 확률은 위험-중립 확률이 아니라 실제 확률이다. 석유 값이 떨어지는 것보다 오를 가능성이 더 큰 것을 주목하라. GOC가 시추를 즉시 시작한다면 첫 해의 석유 생산은 현재 배럴당 $17로 판매되어야 한다. 한편으로 이것은 1년 후에 석유 가격의 상승 가능성으로부터의 이익을 포기한다

는 것을 의미한다. 그러나 연말에는 가격이 더 낮아질 수 있으며, 1년을 기다린다는 것은 첫 번째 해의 수익을 현재가격으로 고정시키는 것을 포기하는 것을 의미한다.

따라서 GOC의 경영진은 더 넓은 사업 환경을 고려하기 시작한다. Slyck은 그녀의 시나리오와 관련된 추가 예측 정보를 제공한다. 유가에 상응하여 그녀는 4가지 유가 시나리오 각각에 대해 거래된 주식시장 지수의 가능한 값을 계산하였다. 그녀는 또한 해당 무위험이자율을 예측했다(현재 이자율은 6%이며, 이 사례 연구에서 사용된 모든 이자율은 연간 복리로 연간 계산된 금액이다). 이것은 다음 표에 있다.

	1년 후의 시나리오			
Variable	1	2	3	4
주가지수(S)	1500	1170.40	900	500
석유가격(X)	14	13.08	20	25
이자율(r)	0.08	0.06	0.04	0.03

이 표는 유가가 주식시장 지수와 이자율 수준에 대해 음의 상관관계가 있음을 보여준다. 이전 표의 4가지 시나리오의 가능성을 감안할 때 이자율이 낮고 주가 지수가 저조할 때 고유가로 인한 경기 침체의 가능성이 더 큰 것처럼 보인다.

GOC에 관하여 프로젝트 및 시장 환경에 관한 다음 추가 정보도 제공된다.

현재 주가 지수	960
연간 석유 시추의 고정비용(연초에 지급)	\$50,000
1년 무위험이자율	6.00%
2년 만기 미국 재무부 할인 채권 가격	\$0.8966

사례 분석: 단계들

GOC의 의사 결정 문제에 대한 분석은 여러 단계로 진행된다. 첫 번째 단계에서는 주어진 정보를 사용하여 네 가지 시나리오의 위험-중립 확률을 계산하는 방법을 보여준다. 그런 다음 이 위험-중립 확률을 사용하여 프로젝트가 즉시 시작되는 경우에 프로젝트의 가치를 계산한다. 우리는 프로젝트 가치가 \$2,046.23이라는 결론에 도달한다.

이 첫 번째 단계에서는 두 가지 옵션이 무시된다. 하나는 대기 옵션, 즉, 1년 후($t=1$에서) 프로젝트를 시작하는 옵션이다. 두 번째는 시작한지 1년 후 환경이 좋지 않으면(유가가 하락했기 때문에) 프로젝트를 포기하는 것이다. 두 번째 단계에서는 이러한 옵션 중 첫 번째를 고려한다. 분석에서 이 옵션을 포함하면 프로젝트 가치가 $5,546.35로 급격히 증가함을 알 수 있다.

세 번째 단계에서 우리는 프로젝트가 $t=0$에서 시작한다고 가정 하지만, 환경이 좋지 않은 경우 1년 후에 프로젝트를 비용 없이 포기할 수 있는 옵션을 포함한다. 이 옵션도 프로젝트 가치에 엄청난 영향을 미친다는 것을 보여준다. 프로젝트 가치는 이제 $7,820.79이다.

마지막으로 네 번째 단계에서는 $t=1$ 에서 프로젝트를 시작하지만, 1년 후에 프로젝트를 포기할 수 있다. 이러한 고려 사항들을 분석에 쉽게 도입하는 방법을 보여주기 위해 이 경우 포기 비용이 발생한다고 가정한다. 프로젝트가 이 시점에서 시작되었지만 포기가 허용되지 않는 경우보다 이 프로젝트 가치가 급격히 더 높아진다. 프로젝트 가치는 이제 $7,136.26이다.

이 모든 수치를 비교해 볼 때 최적의 행동 방침은 GOC가 바로 프로젝트를 시작하는 것이지만, 적절한 상황에서는 1년 후에 포기하는 것임을 알 수 있다.

$t=0$ 에서 시작한 경우의 프로젝트 가치

$t=0$에서 시작될 경우(그러나 어떠한 옵션도 포함하지 않음), 프로젝트의 위험-중립 가치를 구하기 위해 첫 번째 단계는 네 가지 시나리오의 위험-중립 확률을 구하는 것이다. 이를 이루기 위해 우리는 1년도 말에 상태 공간(state space)을 채우는 4개의 증권을 사용한다. 사용될 4개의 증권은 주식시장 지수, 석유, 1년 및 2년 만기 무위험 할인 채권이다. 주가 지수의 현재가격은 960, 석유는 배럴당 $17, 1년 이자율은 6%이다. 그러므로 1년 만기 무위험 채권(액면가가 $1이라고 가정)의 현재가격은 $1/(1.06)=0.9434$이다. 2년 만기 할인 채권의 가격은 $0.8966이다. 시간 $t=0$에서 4개의 증권 가격을 벡터로 표기한다.

$$P(t=0)=\begin{bmatrix} S(0)\\ X(0)\\ B_1(0)\\ B_2(0)\end{bmatrix}=\begin{bmatrix} 960\\ 17\\ 0.9434\\ 0.8966\end{bmatrix}$$

다음으로 시간 $t=1$에서 이 증권들의 가격 시나리오 공간을 표기한다.

$$P(t=1)=\begin{bmatrix} S(1)\\ X(1)\\ B_1(1)\\ B_2(1)\end{bmatrix}=\begin{bmatrix} 1500 & 1170.4 & 900 & 500\\ 14 & 13.08 & 20 & 25\\ 1 & 1 & 1 & 1\\ 0.9259 & 0.9434 & 0.9615 & 0.9709\end{bmatrix}$$

각 행은 네 가지 시나리오에 대한 각 증권의 가격으로 구성된다. 이제, 위험-중립 확률 벡터를 Q라 하자.

$$Q = \begin{bmatrix} q_1 \\ q_2 \\ q_3 \\ q_4 \end{bmatrix}$$

여기서 q_i는 시나리오 i의 위험-중립 확률을 나타낸다. 이제 우리는 $q_1 + q_2 + q_3 + q_4 = 1$을 갖는다.

위험-중립 확률 하에서 무위험이자율로 할인된 자산 가격의 기대값은 현재가격과 동일해야한다. 즉, 다음과 같이 되어야 한다.

$$P(t=0) = \frac{1}{1+r} P(t=1)\, Q$$

$P(t=0)$, $P(t=1)$ 및 r이 알려져 있기 때문에, 이것을 사용하여 Q를 구할 수 있다.

$$\begin{aligned} Q &= P(t=1)^{-1} P(t=0)\,[1+r] \\ &= \begin{bmatrix} 1500 & 1170.4 & 900 & 500 \\ 14 & 13.08 & 20 & 25 \\ 1 & 1 & 1 & 1 \\ 0.9259 & 0.9434 & 0.9615 & 0.9709 \end{bmatrix}^{-1} \begin{bmatrix} 960 \\ 17 \\ 0.9434 \\ 0.8966 \end{bmatrix} (1+0.06) \\ &= \begin{bmatrix} 0.25 \\ 0.25 \\ 0.25 \\ 0.25 \end{bmatrix} \end{aligned}$$

프로젝트가 $t=0$에서 시작될 경우, 회사의 미래 현금흐름을 평가하기 위해 이러한 위험-중립 확률을 사용할 수 있다.[2] 모든 할인은 이제 무위험이자율로 행해져야 한다.

프로젝트 첫 해에는 연초에 \$50,000의 현금 유출이 있고, 연말에는 배럴당 \$17에 3,075 배럴의 석유를 판매한 현금 유입이 있다. 올해 현금흐름의 현재가치는 다음과 같다.

$$\text{첫 해의 } NPV = \frac{3075 \times 17}{1+0.06} - 50{,}000 = -683.96$$

2년차에는 다시 발생한 비용이 \$50,000이며, 2차년도 말에 받은 손익은 해당기간에 가능한 4가지 석유가격에 따라 결정된다. 따라서 시간 $t=0$에서 4개의 가능한 현재가치는 다음과 같다.

$$\text{시나리오 1 : NPV} = \left(\frac{14 \times 3075}{1+0.08} - 50{,}000\right) / (1+0.06)$$

$$\text{시나리오 2 : NPV} = \left(\frac{13.08 \times 3075}{1+0.06} - 50{,}000\right) / (1+0.06)$$

2) 위험-중립 확률은 0과 1 사이에 있으며, 합하여 1이 되어야 한다. Q에 대한 해가 0보다 작거나 1보다 큰 요소가 나온다면, 그것은 프로젝트의 상태 공간을 채우는데 사용된 4개의 증권 가격에 차익 거래가 존재한다는 것을 의미한다.

$$\text{시나리오 3 : NPV} = \left(\frac{20 \times 3075}{1 + 0.04} - 50{,}000\right) / (1 + 0.06)$$

$$\text{시나리오 4 : NPV} = \left(\frac{25 \times 3075}{1 + 0.03} - 50{,}000\right) / (1 + 0.06)$$

이 4가지 결과에 대해 위험-중립 확률 Q로 가중함으로써, 프로젝트의 2년차 운영으로 인한 현금흐름의 예상 순현재가치를 얻는다. 이것은 $2,730.19의 금액과 같다.

프로젝트의 2년간의 운영 결과를 종합하면 순 총 현재가치는 $2,046.23이다.

$t = 1$에서 시작한 경우의 프로젝트 가치

프로젝트가 1년 동안 기다린 후 즉, 시간 $t = 1$에 시작된 경우, 프로젝트의 시간-0 가치를 평가한다. 우리는 위험한 유가와 유가 상승으로 인해 가능한 더 높은 수익 사이의 상충이, 기다린 다음 1년 후에 석유 시추를 시작하는 것을 전체적으로 더 유리하게 만드는지를 검토하기 위해 이것을 수행한다. 석유 수익은 연말에만 얻기 때문에 이 경우 현금 유입은 2년과 3년 말에 있게 된다.

우리의 사례 연구는 1년 말의 가격 결과가 2년 동안 유지될 것이라고 가정하였다. 그러므로 우리는 1년 말에 상태 공간(state space)에만 관심을 기울일 필요가 있다. 이것은 이미 알려져 있고 행렬 $P(t = 1)$로 정의되어 있다.

이 프로젝트는 1년 말에 4가지 가능한 현금흐름 시나리오를 고려하여 가치를 산정할 수 있다. 이 시나리오를 기반으로 위험-중립 확률을 사용하고 무위험이자율로 할인하여 기대 현재가치를 계산할 수 있다. 다음 표는 현금흐름을 요약한 것이다.

시나리오	$t = 1$에서의 현금흐름			
	$t = 1$	$t = 2$	$t = 3$	총계
1	−50000	−6435.19	36908.44	−19526.75
2	−50000	−9225.47	35796.55	−23428.92
3	−50000	11057.69	56860.21	17917.90
4	−50000	26092.23	72462.06	48554.29

$t = 1$ 열은 첫해에 프로젝트를 운영하는데 필요한 고정 비용을 표시한다. 이는 연초에 지급된다.

$t = 2$ 열은 첫 해 말에 첫 번째 기간의 생산량 판매로부터 받은 현금 유입액과 2년 차에 프로젝트 운영을 하는데 필요한 2년 초에 발생하는 $50,000의 현금 유출액의 현재가치($t = 1$ 현재)이다. 예를 들어, 첫 번째 시나리오에서 이것은 다음과 같다.

$$\frac{-50000 + 3075(14)}{1 + 0.08} = -6{,}435.19$$

$t=3$ 현금흐름은 프로젝트의 2년 차에 석유 판매로부터 받은 현금 유입액의 현재가치($t=1$ 현재)에 해당한다. 예를 들어, 시나리오 1에서 2년 차에 석유 판매로부터의 현금흐름의 $t=1$에서의 현재가치는 다음과 같다.

$$\frac{3075\,(14)}{(1+0.08)^2} = 36,908.44$$

표의 마지막 열은 각 시나리오에서의 이와 같은 현재 값들을 합산한 것이다.

$t=0$에서의 프로젝트의 현재가치는 위험-중립 확률 하에서 시간 0까지 할인된 이들 4가지 현재가치에 대한 단순한 기대치이다. 이 작업을 수행하면 최종 현재가치는 \$5,546.35가 된다. 이것은 $t=0$에서 시작된 프로젝트의 예상 현재가치 즉, \$2,046.23보다 크다. 따라서 우리는 석유 가격의 상승 가능성이 더 큰 것을 이용하기 위해, 1년 후에 프로젝트를 시작하는 것이 유리하다는 것을 알 수 있다.

$t=0$에서 시작하고 포기를 허용하는 경우

앞에서 언급했듯이 회사에서 사용할 수 있는 두 번째 옵션이 있다. 그것은 프로젝트 2년 차에 프로젝트를 계속하는 것이 수익성이 없다면, 2년 차에 프로젝트를 포기하는 옵션이다. 이 부분에서는 프로젝트가 $t=0$에서 시작되고 포기 옵션을 사용할 수 있는 경우에 프로젝트의 가치를 살펴본다. 다음 부분에서는 $t=1$에서 프로젝트가 시작되고 포기 옵션이 있는 경우를 살펴봄으로써 분석을 마치려고 한다. 여기서 우리는 프로젝트가 비용 없이 포기될 수 있다고 가정한다. 프로젝트를 포기하는 비용을 추가하는 것은 쉬운 확장이며 다음 부분에서 다루고자 한다.

프로젝트가 시간 $t=0$에서 시작되면 프로젝트 첫 해의 분석은 이전과 동일하며 현재가치는 −\$683.96 이다.

2년 차에는 시간 $t=1$에서 유가가 하락할 때 포기가 최적의 행동이 된다. 시나리오 1과 2에서 유가는 각각 \$14와 \$13.08이다. 이 가격에서 유전을 운영하더라도 고정 비용 \$50,000를 감당할 수익이 발생하지 않는다. 쉽게 확인할 수 있듯이 4가지 시나리오에 따른 현금흐름의 현재가치($t=1$ 현재)는 각각 39,861.11, 37,944.34, 59,134.62 및 74,635.92이다. 시나리오 3과 4에서 유가는 지속적인 생산을 가능하게 만들기에 충분할 만큼 높다.

$t=0$에서 기대 평균 현재가치는 최적 연속(optimal continuation)의 값들을 위험-중립 확률을 사용하여 가중치를 부여하고 기간 0까지 다시 할인하여 얻는다.

$$\frac{1}{1+0.06} \times 0.25 \times (0 + 0 + 9134.62 + 24635.92) = 7,964.75$$

이 값을 첫 번째 기간의 결과값에 더하면 순현재가치는 \$7,280.79가 된다. 이것은 $t=0$에서 프로젝트를 시작하고 포기를 허용하지 않는 것과 비교될 수 있는데, 이것의 예상 프로젝트 가치는

$2,046.22에 불과하다. 따라서 포기 옵션에는 상당한 가치가 있다.

$t=1$에서 시작하고 포기를 허용하는 경우

마지막으로, 우리는 프로젝트가 시간 $t=1$에서 시작한 후 포기될 수 있는 경우를 살펴볼 것이다. 포기 비용이 분석에 어떻게 도입될 수 있는지 설명하기 위해, 여기서 문제에 추가적인 조건을 가정한다. 우리는 정부가 생산을 시작한지 단 1년 만에 프로젝트를 포기한 면허인에게 $7,500의 벌금을 부과한다고 가정한다. 이 분석의 이전의 수치를 변경하지 않고 유지하기 위해 회사가 두 가지 옵션(대기 옵션과 포기 옵션)을 이용하는 경우에만 이 벌금이 부과된다고 가정한다. 따라서 이것은 이전의 설정이 아닌 현재 설정에만 적용된다.

분석의 첫 번째 단계는 생산을 시작한지 2년 차 초인 시간 $t=2$에서 프로젝트를 계속할 것인지 결정하는 것이다. 시간 $t=2$에서 볼 때, 각 시나리오(k에 의해 표시됨)의 현재가치는 다음과 같이 계산될 수 있다.

$$\mathrm{NPV}_k(t=2) = \max\left\{-7,500,\ \frac{3075 \times X_k}{1+r_k} - 50,000\right\}$$

(여기서, X_k는 시나리오 k에서의 석유 가격이고, r_k는 그 시나리오에서의 무위험이자율이다.) 말하자면 계속 생산하는 것의 현재가치가 −7,500보다 낮으면 프로젝트는 포기되고, $7,500의 벌금을 낸다. 이를 바탕으로 네 가지 시나리오 각각에 대해 $t=2$에서의 현재가치는 다음과 같다.

시나리오	t = 2에서의 순 현재가치	
	포기 안함	포기함
1	−10,138.89	−7,500.00
2	−12,055.66	−7,500.00
3	9,134.62	9,134.62
4	24,635.92	24,635.92

프로젝트 운영(또는 비운영)의 2차 년도에 대한 이러한 가치를 고려하여 우리는 운영 첫 해의 현재가치를 계산한다. 프로젝트 운영 1년 차의 시간 $t=1$에서의 순현재가치는 (각 시나리오 k에 대해) 다음과 같다.

$$\frac{3075 \times X_k}{1 + r_k} - 50,000$$

이 금액에 두 번째 기간 연속 운영 시 현금흐름의 $t=1$에서의 현재가치를 더해야 한다. 시간 $t=1$에서 이들 두 값의 총 합계는 각각 네 가지 시나리오에 대해 다음과 같이 요약된다.

시나리오	t = 1에서의 순 현재가치
1	−17,083.33
2	−19,131.13
3	17,917.90
4	48,554.29

마지막으로, 이 네 가지 값은 위험-중립 확률에 의해 가중치가 적용되고 시간 $t=0$까지 다시 할인되어, 시간-0 현재가치는 $7,136.26이 된다. 이것은 시간 $t=0$ 에서 시작하고, 포기하는 옵션을 가지며, 전체 NPV가 $7,280.79인 프로젝트의 순현재가치와 비교해 볼 수 있다. 포기에 대한 벌칙의 부담으로 인해 투자 대기를 하지 않는 결정으로 바뀌었다.

질문: 벌칙이 없다면 최선의 행동은 무엇인가? 이 경우 투자-대기 옵션을 사용하는가?

22.4 상태 공간(State Space) 생성하기

이 절에서는, 상태-공간 접근법(state-space approach)을 자세히 살펴볼 것인데, 특히 상태 공간 자체를 개발할 것이다. 지금까지 이 장에서 우리는 상태 공간이 외생적으로 주어졌다고 가정했다. 그러나 선형 대수의 수학을 사용하여 상태 공간을 개발하기 위해 정량 기법을 사용할 수 있다. 이것은 필요한 개별 판단의 요소를 줄이는데 도움이 된다.

이러한 개념을 개발하기 전에 시나리오 생성은 DCF 또는 상태 공간의 중요한 측면임을 주목하는 것이 유용하다. 따라서 이 절에서 제시된 개념은 DCF 모형을 사용하는 경우에도 유용하다.

이 절의 내용은 이전 절보다 기술적으로 더 어렵다. 이 부분은 이 책의 나머지 부분에 나오는 내용을 이해하는데 필수적이지 않으며 연속성을 잃지 않고 건너뛸 수 있다.

간략한 상태 공간 생성하기

선형 대수학의 간단한 도구는 상태 공간 내에서의 자산의 기능을 하는 증권을 평가하기 위한 매우 간략한(parsimonious), 결과의 상태 공간을 만드는데 사용될 수 있다. 우리가 N개의 증권을 가지고 있다면, 이 방법은 $N+1$개의 시나리오를 가진 상태 공간을 생성한다.

상태-공간 생성 절차를 설명하기 위해 간단한 예를 들어 보겠다. 우리는 평균이 모두 0인 네 개의 확률 변수(예: 자산)를 가지고 있다고 가정한다.(평균값이 0이라고 가정하면 시나리오를 생성한 이후에 각 변수의 평균을 다시 추가할 수 있기 때문에 일반성이 손실되지 않는다.) 이 확률 변수에 대한 공분산 행렬이 다음과 같다고 가정한다.

$$\begin{bmatrix} 2 & 1 & 2 & 1 \\ 1 & 3 & 1 & 1 \\ 2 & 1 & 4 & 2 \\ 1 & 1 & 2 & 5 \end{bmatrix}$$

선형 대수에서 Gram-Schmidt 분해라고 불리는 도구를 사용하여, 이 4×4 공분산 행렬을 각각 네 개의 확률 변수의 값을 갖는 다섯 가지 시나리오로 구성된 시나리오 공간으로 변환할 수 있다. 시나리오는 동등한 확률을 가지며 즉, 이 경우 각각의 확률은 0.20이다.

이 절차는 문자 그대로 공분산 행렬의 요약 공분산 정보를 일련의 실제 시나리오로 "분해"한다. 이 절차의 주요 구성 요소는 QR-분해이고, 이 분해는 $A = QR$ 형태의 행렬 분해이다. 여기서 R은 위삼각행렬(upper triangular matrix)이고 Q는 직교 행렬(orthogonal matrix), 즉 $Q'Q = I$이고 I는 단위 행렬(identity matrix)이다. 아래에서 사용하는 A행렬은 본질적으로 향상된 단위 행렬(enhanced identity matrix)이다(다음의 프로그램 코드 참조). 이 절차에서 R행렬은 공분산 행렬의 Cholesky 분해와 결합되어 상태 공간을 얻는다. 다음은 이 절차를 위한 Octave 프로그램 코드이다.

```
%Input  the  covariance matrix
covmat = [2  1  2  1;
          1  3  1  1;
          2  1  4  2;
          1  1  2  5];

%Get dimension and also create a reverse index for later use
n = length(covmat);
idx = [n:-1:1]';

%Identity matrix
uMat = eye(n)

%Extended identity matrix
vMat = [uMat, -1 * ones(n,1)]

%QR Decomposition
[q, r, p] = qr(vMat)

%Create (0,1) variable state space
x = -1  *  sqrt(n+1)  *  r;
x(1,:) = x(1,:)/(-sqrt(n+1));
x = x(idx,:)
```

```
%Cholesky decomposition of covariance matrix
coeffmat = chol(covmat)

%Combine (0,1) state space with decomposed covariances
%to obtain the final scenario space (s)
s = coeffmat' * x
```

우리는 이 프로그램을 실행했고 다음과 같은 시나리오 매트릭스를 생성했다. 이 행렬에서 각 열은 가능한 미래 시나리오로 구성되어 있다; 열의 요소는 해당 시나리오에서 네 개의 확률 변수 각각의 값을 나타낸다. 따라서 $N=4$개의 행과 $N+1=5$개의 열이 있다.

$$s = \begin{bmatrix} 0 & 0 & 0 & -2.23607 & 2.23607 \\ 0 & 0 & 2.88675 & -2.56141 & -0.32534 \\ 0 & 2.73861 & -0.91287 & -3.14894 & 1.32320 \\ 3.94968 & 0.38189 & -0.86651 & -2.85057 & -0.61450 \end{bmatrix}$$

각 시나리오는 동일한 확률로 발생함을 상기하라. 이 절차가 수용 가능한 상태 공간을 올바르게 생성했는지 확인해보자. 먼저 각 확률 변수가 평균 제로인지 확인한다. 이것은 수작업으로 할 수 있지만, 다음 코드를 이용하여 시나리오 공간의 각 행에 있는 값의 평균을 취하면 결과가 0이 된다는 것을 확인할 수 있다.

```
check_mean = mean(s')
```

다음으로 우리는 공분산 행렬을 복구할 수 있는지 확인한다. 변수는 평균 제로이고 각 시나리오는 동일 확률이므로 공분산 행렬은 $E(s\ s') = (s\ s')/(N+1)$로 주어진다. 이에 대한 코드는 다음과 같다.

```
check_cov = (s * s')/(n+1)
```

독자는 이것이 위에서 시작한 4×4 공분산 행렬과 정확하게 일치하는지 확인해야 한다.

따라서 공분산 행렬이 주어지면 이 절차는 분석에 사용할 수 있는 간략한 상태 공간을 생성한다. 남은 한 가지 질문은 공분산 행렬은 어디서 오는가이다. 가장 간단한 대답은 "과거의 데이터에서 온다"이다. 상태 공간은 거래되는 증권을 사용하여 생성되므로 우리가 사용하는 확률 변수들은 모두 관찰될 수 있으며 이러한 변수에 대한 과거 시계열 데이터는 사용 가능하다. 공분산 행렬은 이 데이터로부터 계산될 수 있다. 물론 이것은 과거의 데이터가 미래에 대한 좋은 지표라는 것을 가정한다. 이것을 받아들이기 어렵다면 미래 지향적인 공분산 행렬이 대신 생성될 수 있다.

보다 넓은 차원에서 시나리오 생성에 대한 이러한 접근 방식은 주관적인 판단에 의한 현금흐름 시나리오의 예측으로부터 순수하게 통계적으로 생성된 시나리오로 가는 모델링 실행의 급진적인 변화를 암시한다.

요인 접근법(Factor Approach)을 이용한 현금-흐름 생성

위의 설명에서 시나리오 공간을 정의한 증권(확률 변수)은 이미 알려져 있다고 가정하였다. 우리는 어떻게 상태 공간을 채울 일련의 증권들을 생각해내는가?

기본적으로 상태 변수의 선택은 판단력을 발휘하여 프로젝트가 속해 있는 사업 환경과 관련된 일련의 변수들을 선택함으로써 이루어진다. 석유 추출과 관련된 Greasy Oil Company(GOC)의 사례 연구에서 앞서 살펴본 바와 같이, 우리는 석유의 거래 가격을 상태 변수 중 하나로 사용한다. 또한 거의 모든 사업 수행과 상관관계가 있는 주식시장 지수를 사용한다. 다른 상태 변수들은 채권들의 가격으로, 이는 시간이 지남에 따라 현금흐름을 평가할 때 필수적인 요소인 화폐의 시간가치와 밀접하게 관련되어 있기 때문에 자연스러운 선택이다.

얼마나 많은 상태 변수가 사용되어야 하는가? 다시 말하지만 이것은 판단의 문제이다. 일반적으로 프로젝트 현금흐름을 주도하는 경제적인 요소와 직관적으로 관련이 있는 적은 수의 잘 선택된 변수 집합이면 충분할 것이다. 보다 일반적으로 우리는 기업의 현금흐름 변동의 상당 부분을 설명하는 일련의 요소들을 선택하는 것을 목표로 한다.

일단 특정한 상태 변수가 선택되면 우리는 통계 분석을 수행하여 이 선택의 효용성을 결정할 수 있다. 선택된 상태 변수를 기반으로 한 현금-흐름 예측 모형을 개발할 수 있다. 이는 DCF 평가 방법 사용을 위해 현금흐름을 예측할 때도 필요하다. 예를 들어, GOC의 경우 현금흐름을 모형의 세 가지 상태 변수, 즉 주가 지수 S, 유가 X 및 무위험이자율 r_f의 함수로 표시할 수 있다. 이것을 현금-흐름 함수 $C(S, X, r_f)$로 표기할 수 있다. 그런 다음 모형을 사용하여 이 함수를 지정하고(specify) 데이터를 사용하여 이 함수를 추정해야 한다. 현금흐름과 상태 변수에 대한 시계열 데이터가 이용 가능하다면, 단순 선형 또는 비선형 회귀분석으로부터 엄청나게 복잡한 연립방정식에 이르기까지 계량 경제학 기법을 사용하여 함수를 구할 수 있다. 모형의 적합도(goodness-of-fit)를 평가함으로써 상태 변수의 수와 유형을 결정할 때 하였던 판단을 확인(또는 무효화)할 수 있다.

적합도(fitting) 접근 방식에도 불구하고 우리는 결국 평가 모형의 각 시나리오에서 현금흐름을 직접 구할 수 있는 매개변수화된 현금-흐름 함수를 구할 것이다. 따라서 위의 수치 예제에서 다섯 가지 시나리오가 있으며, 현금-흐름 함수는 각 시나리오의 네 개의 확률 변수 값에 적용되어 각 시나리오의 현금-흐름 값을 얻게 된다.

상태-공간 접근법이 어떻게 각 시나리오에서 현금-흐름 예측을 생성하는 기초를 자동적으로 제공하는지를 주목하라. 상태-변수-기반 시나리오는 앞에서 설명한 Gram-Schmidt 분해 기법을 사용하여 제공되기 때문에 시스템을 보정(calibration)하면 직접 예측이 가능하다. 이것을 DCF 접근법과 대조해 보아라. DCF 접근법은 경제적 모형이 필요하지만 거래되는 증권의 시장 가격에 항상 부합하도록 강제하지는 않으며 시나리오 생성을 위한 기초를 제공하지도 않는 상황에서 사용되는 접근법이다.

22.5 실제 옵션의 적용

실제 옵션 분석이 적용 가능하고 가치 있는 설정에 대한 조사로 이 장을 마무리한다.

실제 옵션은 다국적 기업(multinational corporations, MNCs)에게 세금 기회의 형태로 제공될 수 있다. 다국적 기업은 조세 제도의 변화에 따라 지역별로 수익, 생산 및 제품 라인을 전환하여, 고-세율 국가로부터 저-세율 국가로 수익을 이동시킬 수 있다. 예를 들어, 다국적 기업은 다양한 형태의 조인트 벤처에 대해 세금 공제 혜택이 주어지면 생산을 이전한다. 세금 제도에 포함된 실제 옵션에 대한 자세한 분석은 Muralidhar(1992)를 참조하라.

실제 옵션의 두 번째 예는 영화 산업에서 볼 수 있다. 영화에 대한 권리를 구입할 때 영화가 최종적으로 제작될 것이라는 보장은 없다. 이 권리는 결국 영화에 투자할 실제 옵션을 제공하지만, 프로젝트가 포기될 가능성도 있다.

마찬가지로, 영화 속편의 개발은 가치 있는 권리이며 규모 확장을 위한 선택이 행사될 수 있는 실제 옵션이다. 원본 영화와 그 속편을 모두 동시에 만드는 결정을 하거나("반지의 제왕"의 경우와 같이) 또는 연속적으로 개발하고 기다리는 게임을 하는 것은("대부"와 같이) 서로 상충 관계가 있다. 전자의 접근 방식은 모든 영화를 보다 저렴하게 개발할 수 있는 반면, 후자의 접근 방식은 첫 번째 영화 출시 결과가 예상보다 약한 경우에 대비하여 과다 투자를 방지한다.

실제 옵션 분석은 또한 제약업계에서 널리 사용된다. 신약 개발에 대한 투자가 엄청나고, 실제 옵션에 대한 더 나은 평가는 회사가 연구 자금을 가장 효과적으로 배분하는 것을 가능하게 한다. Merck는 실제 옵션 분석을 프로젝트 선택에 적용한 최초의 기업들 중 하나였다. 많은 기업들이 이를 뒤따랐으며, 이러한 분석은 현재 이 업계에서 일상적인 일이 되었다.

이익 조정(earnings management)도 실제 옵션의 한 형태이다. 기업은 전시 효과(window dressing)를 수행할 수 있는 능력을 가지고 있으며 종종 주식 가치를 관리하기 위해 이익을 평활화 한다(smooth). DeGeorge, Patel 및 Zeckhauser(1999)의 논문을 참조하라.

석유 탐사와 마찬가지로 천연 자원 개발은 실제 옵션이 나타나는 공통적인 환경이다. Moel과 Tufano(1997)의 연구 주제인 페루의 구리 광산 Antamina의 경우 흥미롭고 특이한 설정이 주목을 받았다. 구리 광산 개발권은 페루 정부에 의해 민영화 계획의 일환으로 제안되었다. 광산은 탐사를 마친 후에 광산을 개발할 권리의 형태로 가치 있는 실제 옵션 구성 요소를 보유하고 있었으며 이 권리는 몬테카를로 방법을 사용하여 분석되었다. 이 거래의 새로운 측면은 페루 정부가 요청한 입찰 유형으로, 입찰자가 정한 행사가격과 실제 옵션에 대해 지불할 프리미엄을 명시해야했다. 이 구조는 회사가 제시하는 금액, 프리미엄과 행사가격 사이의 선호, 입찰자의 신원, 궁극적 개발의 가능성 및 계약의 사후 재협상 가능성에 영향을 미치는 다양한 인센티브 문제를 야기한다.

마지막으로, 실제 옵션의 중요한 생성자는 규제다. 고전적인 예는 전기 및 통신 산업에서 나온

것이다. 규제 완화가 진행되는 동안 업계의 불확실성으로 인해 프로젝트 옵션의 수와 복잡성이 급격히 증가함에 따라 프로젝트 평가가 크게 바뀌었다. 유연하고 구현하기 쉬운 실제 옵션 모형의 필요성이 가장 중요하게 되었다.

22.6 요약

프로젝트-선택 설정 내에서 선택권을 신중하게 평가하는 것이 중요하다. 이 장에서 설명한 예에서 실제 옵션을 무시하면 어떻게 차선의 프로젝트를 선택하게 되는지를 보여주었다. 이 장에서 개발된 분석 방법을 적용할 수 있는 실제 사례가 많이 있다.

실제 옵션 접근법은 현금-흐름 할인(DCF) 기법에 비해 몇 가지 장점이 있다. 현금흐름을 할인하는데 자본 비용은 필요하지 않고, 오직 무위험이자율만 사용된다. 그것은 프로젝트의 불확실성의 상태를 채우는 증권 가격에 비례하여 프로젝트를 평가하므로, 프로젝트 평가에 대한 무차익거래 접근법을 제공한다. 가장 중요한 짐은 평가 실행 시 여러 선택권(상호 작용 선택권도 포함)을 동시에 고려할 수 있게 되었다는 것이다. 이러한 선택권은 DCF 접근법에서 일상적으로 무시되어 잘못된(아마도 상당한) 평가로 이어질 수 있다. 실제 옵션 접근법의 가장 큰 단점은 위험-중립 확률을 정확하게 구하는 것, 또는, 이와 동등하게, 프로젝트의 불확실성의 상태를 채우는 일련의 거래되는 증권들을 식별해야 한다는 것이다. 이것은 항상 큰 문제이고 때로는 실행 불가능하다. 또한 계산에 있어서도 이 방법은 종종 까다로운 것으로 판명된다.

재무관리의 기초 과목들은 화폐의 시간가치와 그것을 프로젝트를 평가하는데 사용하는 법을 강조한다. 그 다음은 실제 옵션을 “시간의 화폐 가치”에 관한 것으로 묘사한 Stephen Ross의 말로 이 장을 결론짓는 것이 적절할 것 같다.

22.7 연습 문제

1. 왜 전통적인 NPV 분석은 투자 기회 내에 실제 옵션이 존재할 때 실패하는가?
2. 세 가지 유형의 실제 옵션을 기술하고 그러한 옵션이 나타날 가능성이 있는 실제 사례를 논의하라.
3. 당신은 미래에 언제든지 프로젝트에 투자할 수 있는 옵션을 가지고 있다. 프로젝트의 위험성이 증가하면 투자를 하기까지의 평균 대기 시간이 늘어나는가 아니면 줄어드는가?
4. 위험한 프로젝트에 투자하기 위해 기다리는 옵션은 가치 있는 것이다. 투자를 기다리는 위험은 시장에 진출한 다른 초기 경쟁자에게 시장 점유율을 빼앗길 가능성이 있다. 가능한 시장 점유율 손실을 모델링하기 위해 옵션가격결정 모형을 어떻게 사용하겠는가? 옵션 모형의 어떤 매개변수로 시장 점유율 손실을 나타낼 수 있는가?
5. 투자 대기 옵션은 NPV만을 기반으로 하여 프로젝트를 선택하는 것에 비해 프로젝트의 다음 기능에 어떤 영향을 주는가? (a) 프로젝트의 위험성, (b) 프로젝트의 실제적인 최소 요구 투자수익률(hurdle rate), (c) 프로젝트가 착수될 확률.
6. Shining Metal Inc.는 금광에 투자하였다. 회사는 금년 초에 금을 채굴할 지 아니면 내년까지 기다릴 지를 결정해야한다. 올해 채굴한 금은 연말 시장 가격으로 판매될 것이다. 광산은 연간 15,000 온스의 금을 생산한다. 금의 현재가격은 온스당 $400이며, 금 수익률의 변동성은 연간 40%이다. 무위험이자율은 2%이다. 금 추출 및 마케팅의 변동 비용은 온스 당 $300이다. 광산 운영 고정 비용은 1년에 $2,000,000이다. 편의 수익(convenience yields)은 없다고 가정하고, 금년에 금을 채굴할만한 가치가 있는지 아니면 광산을 폐쇄하고 1년을 기다리는 것이 더 나은지를 결정하라.
7. 금 광산에서, 금 가격은 프로젝트 가치의 주요 결정 요인이다.
   (a) 금 가격이 하락하면, 광산의 어떤 실제 옵션을 행사할 수 있는가?
   (b) 금 가격이 상승하면, 광산의 어떤 실제 옵션을 행사할 수 있는가?
   (c) 금의 변동성이 증가하고 그 밖의 모든 것이 동일하게 유지된다면, 폐쇄된 금광이 다시 열리게 될 가능성이 있는가?
   (d) 금의 변동성이 증가하고 그 밖의 모든 것이 동일하게 유지된다면, 운영 중인 금광이 폐쇄될 가능성이 있는가?
   (e) 금 생산에는 고정 비용과 변동 비용 둘 다 발생할 때, 이들 중 어느 것이 실제 옵션가치를 평가하는데 더 중요한가? 이 두 가지 유형의 비용에 대하여 옵션에서 유사한 것은 무엇인가?

8. 실제 옵션 분석에서, 옵션을 평가하기 위해 모형에서 어떤 할인율을 사용해야 하는가?
9. 당신은 한 상장 회사의 석유 탐사 프로젝트에 투자한다. 당신이 마주칠 두 가지 주요 위험은 무엇인가? 당신은 어떻게 이러한 위험을 헤지하는가?
10. 실제 옵션 분석에 따르면, 당신은 유가 변동성이 커지면, 석유 탐사가 더 많아질 것으로 예상하나 아니면 적어질 것으로 예상하나?
11. 은의 현재가격은 온스 당 $7이다. 당신은 은 보석 제조자이며 연말에 1 온스 당 최고 $8의 가격으로 은의 보장된 공급을 원한다. 은의 변동성이 20%라면 이 보장을 위해 얼마를 지불할 의향이 있는가? 무위험이자율은 3%이다.
12. 당신은 주요 의료 서비스 공급자의 구매 관리자이다. 특정 복제약은 단위당 $10의 가격으로 판매되고 있다. 이 약의 비용이 다음 해에 $12를 초과하지 않도록 보장받기 위해, 당신은 공급 업체와 최대 가격을 보장받는 대가로 난위낭 $0.15의 약징 수수료를 지불히기로 하였다. 약 가격의 성장률은 10%의 표준편차와 30%의 평균을 가진 정규분포를 따른다. 무위험이자율은 1%이다. 당신의 회사에 대해 치솟는 의료 비용에 대응하여 합리적으로 가격이 책정된 헤지를 제공할 수 있도록 약정 수수료가 적절하게 책정되었나?
13. 투자-대기 옵션은 어떻게 프로젝트 가치에 영향을 주는가? 기다릴만한 가치는 언제 있는가? 투자-대기 옵션이 프로젝트의 최소 요구 투자 수익률(hurdle rate)에 미치는 암묵적 효과는 무엇인가?
14. 프로젝트를 포기하는 옵션과 투자-대기 옵션은 어떻게 다른가? 이러한 선택권들은 어떤 이색 옵션들과 유사한가?
15. 실제 옵션을 평가하는데 있어서 상태-공간 접근법을 전통적인 현금흐름 할인 접근법과 대조하라. DCF접근법에 비해 상태-공간 접근법이 가지는 세 가지 장점을 기술하라. 가능한 단점들은 무엇인가?
16. 프로젝트는 연말에 수령하는 연례 현금흐름 C_t를 창출한다. 현금흐름은 다음과 같이 시장 상황 및 매년 변화를 기준으로 계산된다.

$$C_{t+1} = 2 + 0.8\, C_t + 20\epsilon_{t+1}$$

여기서 $\epsilon \sim N(0,1)$은 평균은 0이고 분산은 1인 정규분포로부터 무작위로 추출된다. 이 현금-흐름-창출 과정은 공장이 폐쇄되더라도 해마다 계속된다. 당신은 공장을 언제 열지를 결정해야한다. 폐쇄 비용은 5이고 초기 비용은 6이다.

첫 번째 연도의 현금흐름은 10이다. 이 프로젝트는 어느 해에라도 시작하고 중지할 수 있는 프로젝트이다. 다음 형식의 규칙을 찾아라. 프로젝트가 운영될 것으로 예상되는 유발점 a, b를 찾아라. 한도 a는 프로젝트가 진행되고 있지 않는 중에 현금-흐름 수준이 a를 초과할

때 프로젝트가 시작되는 한도이다. 한도 b는 중단 한도(stop limit)이다. 즉, 프로젝트가 진행 중인 경우, 현금-흐름 수준이 b 미만으로 떨어지면 중단하는 것이 좋다. 목표는 시간 경과에 따른 평균 현금흐름을 극대화하는 규칙을 찾는 것이다. [힌트: 몬테카를로 시뮬레이션을 사용하여 이 문제를 해결할 수 있는 방법을 생각해보라.]

17. 이 문제에서는 시장 데이터를 다운로드하고 평가 목적으로 상태-공간을 생성한다. 다음의 일련의 단계들을 실행하라.
    (a) 웹에서 5년간의 월간 주가 데이터를 다운로드하라. Yahoo! Finance와 같은 편리한 웹사이트를 사용할 수 있다. 10개 주식에 대해 이렇게 하라.
    (b) 주가 데이터를 수익률로 변환하라.
    (c) 각 주식에 대해 평균 주식 수익률과 모든 주식에 대한 수익률의 공분산 행렬을 계산하라.
    (d) 분해 기법을 사용하여 주식 수익률의 상태-공간을 생성하기 위해, 공분산 행렬과 평균 수익률을 사용하라.
    (e) 다섯 개 이상의 주식에 대해 주식 수익률이 10%를 초과할 때 1 백만 달러를 지불하는 옵션의 가격을 구하라.
    (f) 이 옵션가격결정 문제는 당신에게 어떤 사업 결정에 통찰력을 줄 수 있는가?

18. 당신은 현재 $100의 부를 가지고 있다. 동등한 확률로 당신의 돈을 두 배로 늘리거나 반으로 줄일 수 있는 사업을 제안 받았다. 당신의 효용(utility)이 당신 재산의 제곱근이라면, 당신은 이 사업을 할 것인가?

19. 당신은 금과 은에 대한 시장과 밀접한 관련이 있는 수요 특성을 가진 gossamer라고 불리우는 새로운 재료를 개발하였다. 이 상품의 연말 가격은 다음과 같이 예측된다.

Material	Low Demand Prices	High Demand Prices
Gold	300	400
Silver	4	8
Gossamer	50	80

gossamer를 만들기 위한 투입 원재료는 $65이다. 이 프로젝트가 당신이 추구하고자하는 프로젝트라고 생각하는가?

20. (어려움) 프로젝트가 1 년에 한 번 연말에 수령하는 현금흐름 C_t를 창출한다. 현금흐름은 $100y$이며, y는 사업 상황의 지수이다. 매년의 현금흐름은 다음과 같은 계획에 따라 전년도의 현금흐름과 관련이 있다.

$$y_{t+1} = \begin{cases} y_t x & 1/3\text{의 확률} \\ y_t & 1/3\text{의 확률} \\ y_t/x & 1/3\text{의 확률} \end{cases}$$

첫 해의 현금흐름은 100이며, $x = 1.4$라고 한다. 이 프로젝트는 매년 시작하고 중지할 수 있는 프로젝트이다. 그러나 프로젝트를 시작하면 최소한 3년 동안 프로젝트를 운영해야 한다. 프로젝트를 중단하면 3년 동안 프로젝트를 다시 시작할 수 없다. 다음 형식의 규칙을 찾아라. 프로젝트가 계속 진행될 범위 (b, a)를 찾아라. 상한 값 a는 프로젝트가 진행 중이 아닌 경우 현금-흐름 수준이 a를 초과할 때 프로젝트가 시작되는 한도이다. 한도 b는 중단 한도(stop limit)이다. 즉, 프로젝트가 진행 중인 경우 현금-흐름 수준이 b 아래로 떨어지면 중단하는 것이 바람직하다. 프로젝트가 진행 중인 경우, 연간 고정 비용은 70이다. 운영 중인 해의 연간 순 현금흐름을 극대화하라. [힌트: 몬테카를로 시뮬레이션을 사용하여 이 문제를 해결할 수 있는 방법을 생각해보라.]

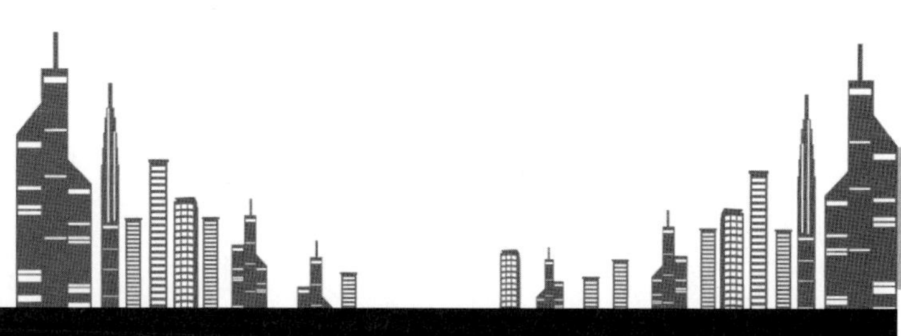

제3부

스왑

제23장

이자율 스왑 및 변동금리 상품

23.1 서론

스왑이란 명시된 규칙에 따라 현금흐름을 정기적으로 교환하는 것이다. 이자율 스왑에서는, 교환되는 현금흐름이 이자율에 따라 결정된다. 2012년 말 현재 전 세계적으로 보유 중인 액면가 약 $370조의 파생상품[1])으로 이자율 스왑은 가장 중요한 파생상품 중 하나이다. 이 장에서는 평범한 고정금리-변동금리 스왑을 시작으로, 다양한 이자율 스왑을 살펴본다. 지분 스압, 상품 스왑, 외환 스왑, 신용 스왑과 같은 비이자율 스왑은 다음 장에서 살펴볼 것이다.

이자율 스왑은 6장에서 살펴본 선도 이율 약정 즉 FRA(Forward-Rate Agreements)와 밀접하게 관련되어 있다. 이자율 스왑과 FRA와 관련이 있는 다른 두 상품은 캡(cap)과 플로어(floor)이다. 캡과 플로어를 구별 짓는 특징은 옵션 특성이다. 캡은 이자율 콜 옵션의 포트폴리오와 유사한 반면, 플로어는 풋옵션의 포트폴리오와 유사하다. 롱 캡과 숏 플로어로 구성된 포트폴리오는 이자율 스왑(또는 사실상 FRA의 포트폴리오)이 된다. FRA, 이자율 스왑, 캡, 플로어 및 이들과 유사하지만 거래소에서 거래되는 유로달러 선물 등이 다른 무엇보다 중요한 변동금리 파생상품이다.

변동금리 채권에 관련된 수학을 간단히 복습하는 것으로 이 장을 시작한다.

23.2 변동금리 채권

FRN(Floating-Rate Notes)이라고 하는 변동금리 채권은, 이자가 미리 정해진 이자율 혹은 지수에 연동되는 채권이다. 가장 일반적인 변동금리 채권은 Libor에 연동되는 채권이다.

예시를 위하여, 5년 만기 6개월 Libor에 연동되는 반년 이자 지급 $1 FRN을 생각해 보자. 다시

1) BIS 보고서, http://www.bis.org.publ/rpfxf07t.htm에서 볼 수 있음.

말하자면 이 기초 상품은 5년 만기 FRN으로 이자는 6개월마다 지급하며, 액면가는 $1이다. 이자는 최종 이자 확정일 시점의 6개월 Libor이다. 시점 0(FRN 발행 시점)에서, 6개월 후에 지급되는 첫 번째 이자는 시점 0의 6개월 Libor 금리에 따라 결정된다. 이 Libor 이율이 6%라고 하자. 그러면 첫 번째 이자 지급일에 지급되는 이자 금액은 다음과 같다.

$$(0.06) \times \frac{d_1}{360}$$

위 식에서 d_1은 첫 번째 6개월 동안의 실제 일수를 의미한다. 동시에 첫 번째 지급일에 관측된 Libor 이자율이 두 번째 이자 지급액(채권 발행일로부터 12개월째에 지급될 금액) 규모를 결정하는 데 사용된다. 만약 이 이율이 (가령) 6.25%이라면, 12개월 말에 지급될 이자는 다음과 같다.

$$(0.0625) \times \frac{d_2}{360}$$

위 식에서 d_2는 두 번째 6개월 동안의 실제 일수를 의미한다. 이런 과정이 만기에 원금이 지급될 때까지 계속 된다.

발행일에는 첫 번째 이자 금액만 알 수 있을 뿐이며 나머지 FRN의 현금흐름은 해당 이자 재결정일이 되기까지는 알 수 없다는 점을 유념하라. 그럼에도 불구하고 FRN의 가치 산정은 다음에 설명하는 바와 같이 쉽다.

FRN의 가치 산정: 무차익거래 접근법

N개의 지급일 $t_1, t_2, ..., t_N$이 남아 있는 액면가 $1의 FRN을 보유하고 있다고 가정해 보자. t는 현재 시점이며, t_0는 최종 이자 결정일 즉, t_1에 지급될 이자가 결정된 시점을 표시한다. l_0는 t_0에 결정된 Libor 이율이며, d_0는 t_0와 t_1사이의 실제 일수를 의미한다. 그러면 t_1에 지급될 이자는 다음과 같다.

$$l_0 \frac{d_0}{360}$$

이제 시점 t에서 FRN의 가격은 FRN에서 발생하는 (a) t_1에 지급될 이자의 현재가치와 (b) t_1을 제외한 미래에 지급될 모든 현금흐름(이자와 원금)의 현재가치 이 두 가지의 합이다. t 시점에서는 t_1에 지급되어야 할 금액을 알 수 있으므로 이 둘 중 (a)는 쉽게 구할 수 있다. $B(t, t_1)$을 t_1에 받을 $1의 t 시점의 현재가치라고 한다면 첫 번째 이자의 현재가치는 다음과 같다.[2)]

2) 6장에서 할인 요소는 Libor 이율 l에 따라 결정됨을 상기하라. 예를 들면, $B(t, t_1)$은 다음과 같다.

$$B(t, t_1) \times l_0 \frac{d_0}{360}$$

하지만 t_1을 제외한 미래 현금흐름은 t 시점에서 알 수 없는데 어떻게 (b)를 결정할 수 있나? 다음 정리에서 알 수 있듯이 답은 간단하다.

정리 23.1 이자 결정일에서 FRN의 가치(FRN에서 발생되는 모든 현금흐름의 현재가치)는 액면가와 같다.

증명 결과는 직관적이다. 채권의 현금흐름이 Libor 이율로 발생하고, 이 현금흐름을 Libor로 할인하면, 결과는 액면가와 같아야 한다. t_1을 생각해 보자. (논리는 모든 이자 결정일에 동일하다.) t_1의 FRN 가치가 액면가를 초과한다면, 즉 $V > 1$이라면, 다음 전략은 차익거래 수익을 창출할 수 있다.

- FRN을 공매도하고, \$1을 Libor 이율로 투자하라. 그러면 순현금흐름은 $V-1$이 된다.
- 각 이자 지급일 t_2, ..., t_{N-1}에 Libor 이율로 투자한 것에서 나오는 이자를 사용하여 FRN 이자를 지급하라. \$1 투자를 한 기간 더 연장하라. 순현금흐름은 0이다.
- Libor 금리에 투자한 투자로부터 t_N시점에 \$1+이자를 수취하여, FRN을 상환하라. 순현금흐름은 0이다.

역으로, t_1시점의 FRN 가격이 1미만이면, 즉 $V < 1$이면, 위 전략을 반대로 사용하면 차익거래를 발생시킬 수 있다. ■

요약하면 FRN은 t_1시점에 \$1+t_1시점의 이자를 수령하는 것과 동등하다. 그러므로 시점 t의 FRN의 현재가치는 다음과 같다.

$$B(t, t_1) \times \left(1 + l_0 \frac{d_0}{360}\right) \tag{23.1}$$

식 (23.1)은, t_2 이후의 모든 현금흐름의 현재가치를 t_1시점의 액면가 \$1으로 중간 집계하여 평가식에 반영하므로 FRN 가치 평가의 "단순형" 접근법이라고 부른다. 여기에는 Libor 이율로 투자한 금액에는 부도가 발생하지 않는다는 암묵적인 가정이 사용되고 있으며, 이 가정은 다음의 "선도 방법(forward method)"에서도 마찬가지로 사용되고 있음을 유념하라.

$$B(t, t_1) = \left(1 + l(t, t_1)\frac{d(t, t_1)}{360}\right)^{-1}$$

위 식에서 $l(t,t_1)$은 t 시점에서 관측된 만기 t_1의 Libor 이율을 의미하며, $d(t,t_1)$은 t와 t_1사이의 실제 일수를 의미한다.

FRN의 가치 산정: 선도접근법(forward method)

FRN 가치 산정을 위해서 자주 사용되는 다른 방법은 선도접근법(forward method)라고 불리는 방법이다. FRN의 미확정 현금흐름 대신 선도 이자율을 사용하여 계산한 금액을 채워 넣고 이 예상 현금흐름을 적절한 Libor 이율로 할인하는 것이다. 예를 들어, t 시점의 (t_{k-1}, t_k)기간 차입 및 대출 선도 이율이 5%라고 하자. 그러면 선도접근법에서는, t_k에 수령할 이자를 t_{k-1} 시점의 실제 Libor 이율이 5%인 것으로 간주하고 계산한다. 이와 같은 방법으로 모든 지급일의 현금흐름을 예상한 다음, 관련된 Libor 이자율로 할인하여 FRN의 가치를 산정한다.

무차익거래 결과와 선도접근법이 다른 것처럼 들리지만－그리고 미래의 미확정 현금흐름에 대하여 특별한 가정을 하는 것처럼 보여 덜 만족스러운 방법처럼 들리지만－사실상 두 방법은 수학적으로 동등하며, 선도접근법도 실은 무차익거래 평가 방법임을 쉽게 설명할 수 있다.

두 방법 모두에서, t_1 시점의 이자는 알려진 금액이다. 그러므로 두 방법이 동등하다는 것을 보이기 위해서는, 시점 t_2 이후의 현금흐름을 t 시점의 현재가치로 환산한 금액이 두 방법 모두 동일하다는 것을 보이면 된다. 위에서 본 바와 같이 무차익거래 접근법의 현재가치는 $B(t, t_1)$이다. t_1 시점에서 본 모든 미래 현금의 현재가치는 액면가 즉 \$1이며, $B(t, t_1)$은 t_1 시점에서 수령할 \$1를 t 시점에서 본 현재가치이다. 선도접근법에서도 같은 금액이 산출된다는 것을 설명한다.

첫 번째 단계는 각 지급일에 지급될 이자 금액을 추정하는 것이다. 임의의 이자 지급일 $t_k \geq t_2$를 생각해 보자. $B(t, t_k)$는 t_k 시점에 수령할 \$1를 t 시점에서 계산한 현재가치를 의미한다. 6장에서 설명한 바와 같이(식 (6.13)을 유도한 논리를 생각해 보라), t_{k-1}에서 t_k까지의 기간 동안 차입 혹은 투자를 위한 선도 금리는 할인요소 B로 표시하면 다음과 같다.

$$f(t, t_{k-1}, t_k) = \frac{B(t, t_{k-1}) - B(t, t_k)}{B(t, t_k)} \times \frac{360}{d_k} \qquad \textbf{(23.2)}$$

위 식에서 d_k는 t_{k-1}에서 t_k사이의 실제 일수를 의미한다. 선도 이율을 사용하면, 선도접근법(forward method)에서 t_k시점에 수령할 이자는 다음과 같다.

$$f(t, t_{k-1}, t_k) \times \frac{d_k}{360} = \frac{B(t, t_{k-1}) - B(t, t_k)}{B(t, t_k)} \qquad \textbf{(23.3)}$$

이 이자의 t 시점 현재가치는 (23.3)의 우변에 $B(t, t_k)$를 곱한 것으로 다음과 같이 된다.

$$B(t, t_{k-1}) - B(t, t_k) \qquad \textbf{(23.4)}$$

($k=2$에서 $k=N$까지) 모든 k에 대하여 더하면, t_2 이후의 모든 이자 현금흐름의 현재가치는 다음과 같이 된다.

$$B(t, t_1) - B(t, t_2) + B(t, t_2) - B(t, t_3) + \cdots + B(t, t_{N-1}) - B(t, t_N)$$

이는 다시 다음과 같이 정리된다.

$$B(t, t_1) - B(t, t_N)$$

마지막 지급일에는 추가로 원금 $1가 지급된다. 이 금액의 t 시점 현재가치는 $B(t, t_N)$이다. 이를 위의 이자 현금흐름의 현재가치에 더하면, t_2 이후의 모든 현금흐름의 현가는 $B(t, t_1)$이 되어 이는 정확히 우리가 증명하고자 하는 바와 일치한다.

예 23.1

다음의 정보가 주어졌다고 가정해 보자. 다음과 같이 4번의 지급이 남아 있는 FRN이 있다고 하자. $t_1 = 100$일, $t_2 = 283$일, $t_3 = 465$일, $t_4 = 649$일이다. 첫 번째 이자 지급일의 이율은 5.25%이며, 마지막 이자 결정일부터 첫 번째 이자 지급일까지 일수는 182일이다. 오늘 현재 100일 만기, 283일 만기, 465일 만기, 649일 만기의 Libor 금리는 각각 5.15%, 5.21%, 5.36% 및 5.84%이다. FRN은 액면가 $1이다. 단순형 접근법에 따르면 가치는 얼마인가? 선도접근법(forward method)에 따르면 얼마인가?

단순형 접근법

FRN의 첫 번째 이자 지급액은 다음과 같다.

$$t_1\text{의 이자} = (0.0525) \times \frac{182}{360} = 0.0265$$

추가로 (t_1에서의) FRN에서 발생하는 모든 미래 이자(및 원금)의 현재가치는 액면가 즉, $1이다. 그러므로 FRN은 $1+0.0265$의 현금흐름을 t_1 시점에서 수령하는 것과 동등하다. 이를 현재가치로 환산하기 위하여 할인 요소 $B(t, t_1)$을 계산해야 한다.

만기가 t_1인 오늘 Libor 금리는 5.15%이다. 그러므로 100일 이후에 수령할 현금흐름의 할인 요소는 다음과 같다.

$$B(t, t_1) = \left(1 + (0.0515)\frac{100}{360}\right)^{-1} = 0.9859$$

그러므로 FRN의 현재가치는 다음과 같다.

$$(0.9859)(1 + 0.0265) = 1.01201$$

선도접근법(Forward Method)

(23.2)를 사용하여 우선 할인 요소 $B(t, t_k)$와 선도 이율 $f(t, t_{k-1}, t_k)$를 구해야 한다. 할인 요소는 다음과 같다.

$$B(t, t_2) = \left(1 + (0.0521)\frac{283}{360}\right)^{-1} = 0.9607$$

$$B(t, t_3) = \left(1 + (0.0536)\frac{465}{360}\right)^{-1} = 0.9352$$

$$B(t, t_4) = \left(1 + (0.0584)\frac{649}{360}\right)^{-1} = 0.9047$$

t_2, t_3 및 t_4에 각각 종료되는 이자 지급 기간에 해당되는 선도 이율을 식 (23.2)에 따라 구하면 다음과 같다.

$$f(t, t_1, t_2) = \frac{B(t, t_1) - B(t, t_2)}{B(t, t_2)} \times \frac{360}{183} = 0.0517$$

$$f(t, t_2, t_3) = \frac{B(t, t_2) - B(t, t_3)}{B(t, t_3)} \times \frac{360}{182} = 0.0537$$

$$f(t, t_3, t_4) = \frac{B(t, t_3) - B(t, t_4)}{B(t, t_4)} \times \frac{360}{184} = 0.0660$$

선도 이율을 사용하여 t_2, t_3 및 t_4에 지급될 이자를 추정하면 각각 다음과 같다.

$$t_2\text{의 이자} = 0.0517 \times \frac{183}{360} = 0.0263$$

$$t_3\text{의 이자} = 0.0537 \times \frac{182}{360} = 0.0272$$

$$t_4\text{의 이자} = 0.0660 \times \frac{184}{360} = 0.0337$$

그러므로 FRN 이자의 현재가치는 다음과 같다.

$$\sum_{k=1}^{4} \left[B(t, t_k) \times t_k\text{의 이자}\right] = 0.1073$$

추가로 최종 지급일인 t_4에 원금 \$1를 수령한다. 이 원금의 현재가치는 $B(t, t_4) \times 1 = 0.9047$이다. 이를 이자의 현재가치에 더하면 FRN의 총 가치는, $0.1073 + 0.9047 = 1.0120$이 된다. 반올림으로 인한 사소한 차이를 제외하면, 이는 단순형 접근법으로 산출한 가치와 정확히 같은 값이다.

23.3 이자율 스왑

이자율 스왑은 주어진 명목 금액에 대하여 명시된 규칙으로 계산한 이자를 공통 통화로 교환하는 양자간의 쌍무계약이다. 스왑에서 원금 자체는 교환하지 않는다.(그러므로 명목 원금이다.) 이자율 스왑에서 양 당사자가 지급하는 통화는 동일하다. 양 당사자가 지급하는 통화가 다른 스왑은 교차통화(cross-currency) 혹은 단순히 외환(currency) 스왑이라고 하며, 뒤에서 논의한다.

가장 일반적인 이자율 스왑은 "일반" 고정금리-변동금리 스왑이다. 이 계약에서는 일방이 계약서에 명시된 방법으로 고정 금리를 계산하여 지급하고 그 대신 특정 지수(통상 Libor)에 연계하여 변동금리를 수취한다. 예를 들면, 어떤 기업이 원금 $100,000,000에 대하여 5년간 매 6개월 마다 고정금리 지급-변동금리 수령 스왑을 체결하여, 다음과 같은 약정을 할 수 있다.

- $100,000,000에 대하여 6개월마다 고정 금리 (예를 들면) 7%로 계산한 이자를 지급한다.
- 동일한 원금에 6개월 Libor 이자를 6개월마다 만기까지 수령한다.

실무적으로는 두 개의 별도 이자가 지급되지 않고, 차액만 교환된다.

중요한 것은 양측의 지급 주기가 동일해야 할 필요는 없다는 점이다. 변동금리 지급 측은 머니마켓 관행에 따른 지급 주기를 가지는 반면, 고정금리 지급 측은 회사채 시장 관행에 맞추는 것이 통상적이다. 미국에서는, 변동금리 지급은 분기별로 지급되며, 3개월 Libor에 연동시키는 반면, 고정금리는 6개월마다 지급한다. 유로 지역에서는 변동금리를 6개월 단위로 6개월 Euribor에 연동시키는 반면, 고정금리는 연단위로 지급한다.

기본적인 고정금리-변동금리 스왑에서 유래된 여러 가지의 공통적인 변형이 있다. 이들 중에는 다음과 같은 것들도 있다.

- 고정금리가 표준 스왑 시장 금리와 다른 시장금리 초과/미달(Above/below market rate) 스왑. 이는 시장 이탈(off-market) 스왑이라고도 한다.
- 일방은 만기까지 지급액이 없으며, 다른 상대방은 정기적으로 지급을 계속하는 무이표채 스왑.
- 스왑의 고정 금리가 정해진 일정에 따라 변하는 고정금리 변동 스왑(Swaps with changing fixed rate).
- 변동금리가 Libor에 일정 스프레드를 더하거나 감한 이율이 되는 Spread-to-Libor 스왑.
- 스왑 계약은 오늘 체결하되 실행은 미래의 정해진 날에 시작되는 Forward-starting 스왑.
- 원금액이 정해져 있지 않고 시간이 지남에 따라 사전에 명시한 방법으로 변경되는 Amortizing/accrediting/roller-coaster 스왑.(원금이 감소하는 것을 amortizing 스왑, 원금이 증가하는 것을 accrediting 스왑, 이름이 암시하듯 원금이 증가할 수도 있고 감소할 수도 있는 것을 roller-coaster 스왑이

라고 함.)

우선 평범한 고정금리-변동금리 스왑을 공부한 다음 이러한 변형들에 대해서 살펴보려 한다. 위험관리에서 스왑을 어떻게 사용하고 있는지를 강조함으로 시작한다. 이 이후에 고정금리-변동금리 스왑의 현금흐름을 살펴보고, 고정금리-변동금리 스왑의 가격과 가치 산정에 대하여 논의한다. 그 다음으로 위에서 언급한 것들을 포함하는 좀 더 이색적인 스왑의 가격 산정 및 다른 특성에 대하여 논의한다.

23.4 스왑의 활용

스왑 마켓이 이렇게 거대한 규모가 된 이유 중의 하나는 스왑의 용도가 매년 계속 발견되고('개발되고'가 더 적절한 표현 같다) 있기 때문이다. 이 절에서는 스왑의 활용도 중 몇몇을 열거하고 논의하려 한다.

비교 우위

경제학의 비교 우위의 개념은 2세기 이상 된 것으로, 국제 무역의 논거로 제시한 David Ricardo의 업적까지 거슬러 올라갈 수 있다. 비교우위는 비록 일방이 상대방보다 모든 면에서 더 효율적이라 하더라도, 서로가 비교적 더 효율적인(혹은 덜 비효율적인) 각자의 분야에 집중하고 서로 교역하면 모두에게 유익하다는 것이다. 단순한 유추로, 의사가 사무원보다 기록 관리와 병원 운영 모두에서 더 효율적이라고 하더라도, 의사는 사무원보다 의료에 집중하는 것이 훨씬 더 유리하기 때문에 사무원을 고용하고 의료에 전념하는 것이 나은 것임을 알게 된다.

금융 시장의 환경에서 보면, 비교우위는 고정금리 차입과 변동금리 차입의 차이에 발생할 수 있다. 등급이 높은 차입자는 양쪽 시장 모두에서 낮은 금리로 차입이 가능하지만, 가끔은 높은 등급 차입자와 낮은 등급 차입자의 차입 이율 차이가 변동금리 시장보다 고정 금리 시장에서 높을 때가 있다. 이 때에는 스왑을 통해서 (모든 사람이 혜택을 누리게 되는) 파레토(Pareto) 개선이 가능하다. 다음의 단순한 숫자를 포함한 예가 이점을 설명한다.

예 23.2

두 회사 A와 B를 생각해 보자. A는 우량 등급으로 $50 백만을 5년 변동금리로 조달하고자 한다. 이 회사는 5% 고정 금리 혹은 변동금리 Libor−0.50%로 차입이 가능하다. B는 등급이 낮은 회사

로서 $50 백만을 5년 고정 금리로 차입하고자 한다. B는 7%의 고정금리 혹은 Libor+0.50%로 차입이 가능하다. 차입 이율에 관한 정보는 아래 표에 정리되어 있다.(L은 Libor를 의미한다.)

차입 형태	회사 A	회사 B
고정금리	5%	7%
변동금리	L−0.50%	L+0.50%

스왑이 없는 경우, A는 변동금리에 차입을 하고 Libor−0.50%을 지급할 것이며, B는 고정 금리로 차입하고 7%를 지급할 것이다. 그런데 A는 고정금리에 비교우위를 가지고 있다. 비록 양쪽 시장 모두에서 더 낮은 금리로 차입할 수 있긴 하지만, 고정 금리 시장에서는 2% 저렴하게 차입할 수 있는 반면 변동금리 시장에서는 단지 1% 저렴하게 차입할 수 있을 뿐이다. 그래서 비교우위에 따르면 A는 고정 금리 차입을 하고 B는 변동금리 차입을 해야 한다. 스왑을 사용하면 파레토 개선이 발생한다. 구체적인 내용은 다음과 같다.

- 회사 A는 고정금리 시장에서 5%로 차입한다.
- 회사 B는 변동금리 시장에서 L+1/2%로 차입한다.
- 두 회사는 스왑을 통해서 A는 B에게 변동금리 L(즉 Libor 그 자체)를 지급하고, B는 A에게 7%−$y$bp 고정금리를 지급한다.

이로 인하여 총 조달 비용은 어떻게 변하였나? 회사 A는 차입에 5% 고정금리를 지급하는 반면 7%−$y$bp를 B로부터 수취하며, L을 B에게 지급한다. A의 순현금유출은 아래와 같다.

$$L - 2\% + y\text{bp}$$

$y<1.50\%$인 한도 내에서는 A에게는 이 방법이 변동금리 시장에서 직접 차입하는 것보다 유리하다. B에게는 어떠한가? 위 전략을 실행할 경우 B의 순현금유출은 아래와 같다.

$$7.50\% - y\text{bp}$$

$y>0.50\%$이기만 하면 이 전략은 고정금리 시장에서 직접 차입하는 것 보다 더 나은 고정금리 차입 방법이다. 이 부등식을 만족시키는 y의 범위가 있을 수 있다. 예를 들면, 중간 지점인 $y=1.0\%$를 생각해 보자. 이 경우,

- A는 고정 금리 5%로 차입하여 B에게 변동금리 L을 지급하고, 고정금리 6%를 B로부터 수령한다. A의 순비용은 변동금리 $L-1.0\%$가 되며, 이는 변동금리 시장에서 직접 차입하는 것보다 50bp 저렴하다.
- B는 변동금리 $L+0.50\%$로 차입하여, A에게 고정금리 6%를 지급하고 변동금리 L을 수령한다. B의 순비용은 고정금리 6.5%가 되어, 고정금리 시장에서 직접 자금을 차입하는 것보다 50bp 절약할 수 있다.

총 조달비용 절감(50bp + 50bp = 1%)은 정확히 "무역으로 인한 이익"이다. 다시 말하자면, 각자 자신이 비교 우위를 가지고 있는 시장에서 차입을 함으로, 총 조달 비용은 5% + (L + 0.50%) = L + 5.5%가 되어, A가 변동금리(L − 0.50%)로 조달하고, B가 고정금리(7%)로 조달하는 것보다 1% 저렴해 진다. 이 1%가 스왑을 통해서 참여자에게 배분된다.
물론 여러 다른 결정을 내릴 수 있다. 다른 결정은 이 1% 수익을 다르게 배분하는 것이다. 두 예를 들면,

- 만약 y = 0.50%로 결정하면 A는 순 조달비용이 L − 1.50%가 되는 반면 B의 조달 비용은 7%가 되어 모든 무역의 혜택이 A에게 간다.
- 반대로 y = 1.50%로 결정되며, A의 순조달 비용은 L − 0.50%가 되고 B의 순조달 비용은 6%가 되어 모든 무역의 혜택이 B에게로 간다. ■

비교우위는 자주 스왑 거래의 동기로 언급되며, 과거의 특정 대규모 스왑 계약의 동기가 되었던 것이 사실이다.(예로 European Investment Bank와 Tennessee Valley Authority가 직접 협상한 1996년 통화 스왑을 들 수 있으며, 이에 대해서는 Flavell(2002)의 설명을 보라. 이 스왑은 25장에 요약되어 있다.) 오늘날 시장에서는 비교우위가 얼마나 동인이 되고 있는지 명확하지 않다. 아래에 기술된 나머지 용도는 오늘날 스왑을 활용하는 중요한 동기가 되고 있다.

스왑으로 조달 비용 분석

스왑의 가장 일반적이며 중요한 용도 중의 하나는 기관들이 서로 다른 시장의 조달 비용을 비교할 수 있게 된다는 것이다. 회사들은 가끔 고정금리 차입 혹은 변동금리 차입 중 선택을 해야하는 경우가 있다. 순전히 조달 비용 면에서만 본다면 어떻게 이 비용을 비교해야 할 지 명확하지 않다. 예를 들어, 10년 자금이 필요한 회사에게 은행이 10%의 고정금리 혹은 1년 Libor + 0.75%의 변동금리로 자금을 제공해 주겠다고 제안하였다고 하자. 이 두 이율을 어떻게 비교해야 하는가? Libor 쪽을 선택하는 것이 현재는 저렴하다 하더라도 미래에도 그럴 것이라고 말할 수는 없다. 이자율이 급등하면 FRN이 고정금리 대출보다 더 비싸질 수도 있다.

스왑 시장은 이 비교를 할 수 있는 적합한 수단을 제공한다. 예를 들어, 이러한 조달 방법을 선택해야 하는 회사는 현재의 스왑 시장에서 1년 Libor에 대한 고정금리가 9.125%로 거래되고 있음을 알 수 있다. 이 정보를 이용하여 변동금리 채권이 고정금리 채권보다 유리함을 알 수 있다. 다음을 생각해 보자.

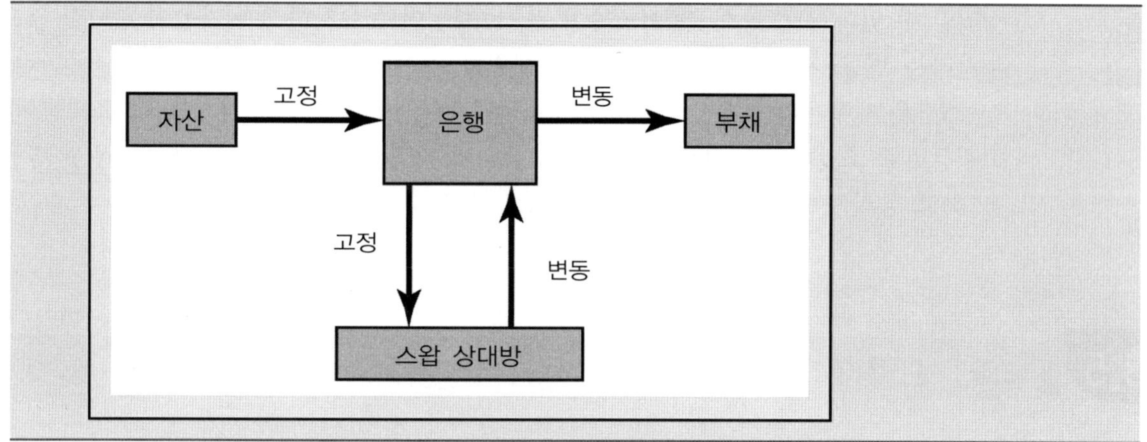

그림 23.1 재무상태표 위험 관리

- 변동금리 L+0.75%로 조달한다.
- 고정-지급, 변동-수취 스왑으로 9.125%를 지급하고 1년 Libor를 수취하는 스왑 계약을 체결한다.

결과는 9.875% 고정금리로 차입하게 되어 고정금리 시장에서 직접 차입하는 비용 10%보다 0.125% 저렴해 진다. 이 예가 암시하듯이 스왑의 활용 가능성 중 하나는 자금을 차입해야 하는 기업들이나 다른 기관들이 어디에서 조달하는 것이 가장 저렴한 지를 확인한 다음 스왑을 이용하여 원하는 익스포져 형태를 취할 수 있도록 해 준다는 점이다.

위험/만기 관리

스왑으로 개인 포지션 및 대차대조표의 위험을 관리할 수 있다. 예를 들어, 은행의 트레이딩 계정(예를 들면 mortgage desk)이 고정 금리 자산을 보유하고 있는 반면 변동금리 부채를 보유하고 있다고 생각해 보자. 이 재무상태표는 이자율 상승에 대하여 취약하다. 자산이 부채보다 듀레이션이 길어서 이자율이 상승하면 부채보다 자산의 가치 하락이 더 커서 시가평가 손실을 입게 된다. 해결 방법 중 하나는 은행이 고정금리를 지급하고 변동금리를 수취하는 스왑 계약을 체결하는 것이다. 재무상태표의 양쪽이 모두 변동금리에 영향을 받는다. [그림 23.1]은 이런 내용을 표현하고 있다.

투기 및 기타 용도

사전의 어떤 익스포져 없이 투기를 위한 목적으로 사용될 수도 있다. 금리가 상승할 것이라는 견해를 가진 투자자는 고정-지급 변동-수취 스왑계약을 체결할 수 있다. 투자자의 견해가 맞아서 금리가 상승하면, 미래에 변동금리 수취 금액이 고정금리 지급액보다 높아서 이익을 보면서 스왑을

정리할 수 있다.(시가 평가 금액이 양수가 될 것이다.) 이와 유사하게 이자율이 하락할 것으로 전망하는 투자자는 변동-지급/고정-수취 스왑을 체결할 것이다.

스왑은 재무계획에 유연성을 가지도록 해 준다. 예를 들어, 현재 자금을 조달해야 하는 기업이 고정금리로 조달하기를 원하지만 미래에 금리가 하락할 것으로 예측한다면, 우선 변동금리로 조달을 하고 금리가 하락한 이후에 고정금리로 스왑할 수 있다.

23.5 스왑 손익

이 절에서는 평범한 고정금리-변동금리 스왑에 의해서 발생하는 현금흐름에 대해서 살펴본다.[3] 구조는 FRA의 구조와 유사하지만, 약간의 차이점이 존재한다. FRA에서는 양측의 현금흐름이 머니 마켓의 관행에 따라 계산되지만, 스왑에서는 변동금리 측 현금흐름은 머니 마켓 일수 계산 관행을 따르는 반면 고정금리 측은 소위 스왑 마켓 관행이라는 것을 따른다.

명목 원금 A에 대하여 t_0시점에 체결한 스왑을 생각해 보자. 단순화를 위해서 스왑의 양측이 동일한 지급 주기를 가지고 있으며 지급일 t_1, t_2, ..., t_N에 지급이 발생한다고 가정한다.(지급 주기가 다른 것은 개념상으로는 사소한 것이지만, 변동금리 측과 고정금리 측의 지급일이 다른 것을 구분해야 하므로 표기가 번거롭다.) 롱 스왑 포지션 즉, 고정금리를 지급하고 변동금리를 받는 측의 손익을 살펴본다. 스왑에서 고정금리를 k로 표시하고, 변동금리를 정확히 Libor로 표시하기로 한다.

변동금리 지급

각 금리 확정 시점 t_n에 대하여, t_n시점에서 관측된 (t_n, t_{n+1})사이의 기간에 대한 Libor 금리를 l_n으로 표시한다. 단, $n=0$, 1, ..., $N-1$. 이 l_n은 t_{n+1}시점의 변동금리 지급액을 산출하는 데 사용된다. l_0는 계약 체결 당시에 알려 진 이율이며 l_1, ..., l_{N-1}은 t_1, ..., t_{N-1}시점이 되어야 각각 관측될 수 있다.

스왑 계약에 따른 변동 금액 계산은 머니 마켓 일수 계산 관행을 따른다. 일반화하여, m_n이 해당 관행에 따른 $(t_{n,}\ t_{n+1})$기간의 일자 계산 분수를 표시하는 것으로 한다. 예를 들면 실제/360 관행에서(아래 예의 수치 계산에서 우리가 실제 사용할 관행), 분수 m_n은 다음과 같이 계산한다.

$$m_n = \frac{d_n}{360}$$

3) 스왑 손익 및 가격 산정(23.5 및 23.6 절)은 New York University의 Marti Subrahmanyam이 이 주제에 관하여 개발한 강의 노트에서 발췌하였음

이 식에서 d_n은 t_n에서 t_{n+1}사이의 실제 일수를 의미한다.

고정금리 지급

고정 지급액을 계산할 때 스왑 마켓 관행을 사용한다. s_n은 이 관행에 따른 (t_n, t_{n+1})기간의 일수에 해당되는 분수를 표시한다. 예를 들어 스왑 마켓 관행이 30/360이라면(미국 달러와 유로 스왑에서 이렇게 사용함), s_n은 다음과 같이 산출된다.

$$s_n = \frac{30}{360} \times t_n\text{과 } t_{n+1}\text{사이의 달 수}$$

첫 번째 지급일의 현금흐름

스왑 계약을 체결할 시점에 l_0는 이미 알려져 있으므로 스왑 계약의 첫 번째 지급할 양측의 금액은 처음부터 알려져 있다. t_1시점에서 지급해야 할 변동금리는 l_0를 사용하여 다음과 같이 계산된다.

$$\text{변동금리 지급액}_1 = (l_0 \times m_0) \times A$$

고정금리 지급액은 스왑 계약상의 이율 k를 사용하여 다음과 같이 계산된다.

$$\text{고정금리 지급액}_1 = (k \times s_0) \times A$$

그러므로 롱 포지션의 순수취액은 다음과 같다.

$$(l_0 m_0 - k s_0) \times A$$

차후 지급일의 현금흐름

차후의 지급액도 첫 번째 지급액과 같은 방법으로 계산된다. 만약 l_n이 t_n시점에 실현된 Libor 이율이라면, t_{n+1}시점에서 지급해야 할 변동금리 지급액은 다음과 같다.

$$\text{변동금리 지급액}_{n+1} = (l_n \times m_n) \times A$$

t_{n+1}시점에서 지급해야 할 고정금리 지급액은 다음과 같다.

$$\text{고정금리 지급액}_{n+1} = (k \times s_n) \times A$$

그러므로 롱 스왑 포지션의 순수취액은 다음과 같다.

$$(l_n m_n - k s_n) \times A$$

표 23.1
스왑 손익 예: 입력 자료

원금액	$100,000,000
계약일	1차 연도 6월 11일
기간	3년
이자율 지표	6개월 Libor
이자율 결정 주기	6개월
스왑 이율(k)	6%
초기 Libor 이율	6.50%
지급 주기(고정금리)	6개월
지급 주기(변동금리)	6개월

서로 다른 지급 주기

위의 설명에서는 고정금리 측과 변동금리 측의 지급 주기가 일치하는 것으로 가정하였으나, 이 가정을 완화하는 것은 사소한 문제이다. 고정금리가 지급되어야 하는 시점에서 지급액은 지급일 사이의 일자를 나타내는 일자 계산 분수를 적용하여 정확하게 위와 같은 방법으로 계산한다. 유사하게 변동금리 지급일에 변동금리 계산도 변동금리 지급일 사이의 일수를 나타내는 일자 계산 분수를 사용하여 정확히 위와 같은 방법으로 계산한다.

예 23.3

모수가 [표 23.1]과 같은 3년 스왑을 생각해 보자. 1차 연도는 스왑이 체결된 연도를 말한다. 이 예는 고정금리와 변동금리 측 모두 공통 지급 주기를 가정하고 있음을 유의하라.

첫 번째 지급일의 손익

롱 스왑 보유자(고정금리 지급/변동금리 수취)의 현금흐름을 계산한다. 스왑 계약 체결일의 6개월 Libor 금리가 6.50%이라고 가정하자. 그러면 이 이율이 11-Dec-Year 1로 표기되는 첫 번째 지급일인 1차 연도 12월 11일의 변동금리 지급액 산출에 사용된다. 6월 11일과 12월 11일 사이에는 183일이 있다. 그러므로 11-Dec-Year 1의 변동금리 지급액은 다음과 같다.

$$(100{,}000{,}000) \times \left(0.065 \times \frac{183}{360}\right) = 3{,}304{,}167$$

고정 지급액은 물론 스왑 금리 k와 30/360 관행으로 계산된다. 11-Dec-Year 1의 고정금리액 계산은 다음과 같다.

$$(100{,}000{,}000) \times \left(0.060 \times \frac{180}{360}\right) = 3{,}000{,}000$$

그러므로 11-Dec-Year 1의 롱 포지션의 순수취액은 다음과 같다.

$$3,304,167 - 3,000,000 = 304,167$$

두 번째 지급일의 손익

두 번째 지급일(11-Jun-Year 2로 표기되는 2차년도 6월 11일)의 변동금리 지급액은 11-Dec-Year 1에 관측되었던 6개월 Libor에 따라 결정된다. 예를 들어, 이 이율이 7%이었다고 가정하자. 11-Dec-Year 1에서 11-Jun-Year 2 사이에 182일이 있다고(2차 연도가 윤년이 아니라고) 가정하면 11-Jun-Year 2의 변동금리 지급액은 다음과 같다.

$$(100,000,000) \times \left(0.07 \times \frac{182}{360}\right) = 3,538,889$$

11-Jun-Year 2의 고정금리 지급액은 계산이 더 간단하다.

$$(100,000,000) \times \left(0.060 \times \frac{180}{360}\right) = 3,000,000$$

그러므로 11-Jun-Year 2의 롱 포지션의 순수취액은 다음과 같다.

$$3,538,889 - 3,000,000 = 538,889$$

[그림 23.2]는 11-Dec-Year 1에서 관측되는 Libor 이율의 범위에 따른 두 번째 지급액을 보여준다. 손익은 이자 결정일의 Libor와 직선 관계이다. 변동금리와 스왑금리가 같을 때 양측의 날짜 계산 관행이 달라서 손익은 약간 양수로 나타난다.

이후의 손익

그 이후의 손익은 해당 이자 결정일에 관측되는 Libor 이율에 따라서 정확히 같은 방식으로 계산된다. [표 23.2]는 가상적인 Libor 금리를 넣어서 스왑의 손익 계산을 보여준다. ■

23.6 스왑 가치 평가 및 가격 산정

스왑 금리가 k이고 지급일이 명시된 고정금리-변동금리 스왑이 있다고 하자. 분석의 관점에서 보면 스왑은 만기와 이자율이 특정된 고정금리 채권과 변동금리 채권의 포트폴리오로 분해할 수 있다. 고정금리와 변동금리 양측의 지급 주기가 동일하다면 이는 FRA의 포트폴리오로 분해할 수도 있다. 어떤 방법을 사용하든 기존 스왑의 가치평가 및 새로운 스왑의 가격 책정은 단순하다. 각 방법을 차례로 검토한다.

그림 21.3
두 번째 지급일의 스왑손익

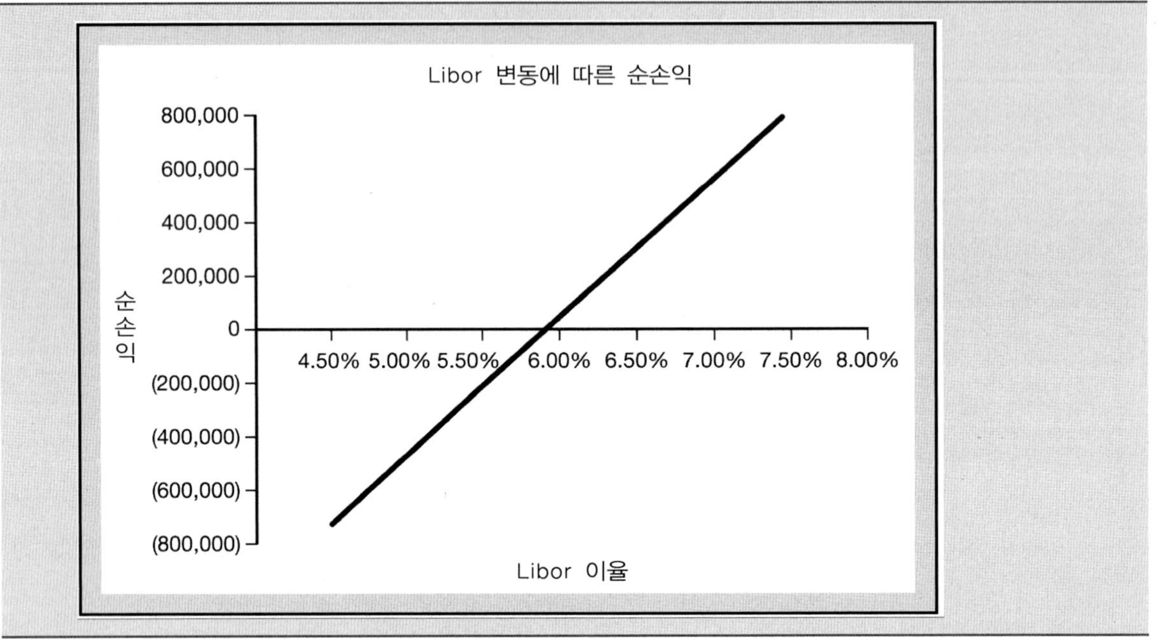

표 23.2
스왑 손익 예: 가상적인 결과

일자	확정일 이후 일수	최종 확정 Libor	스왑 이율	고정금리 지급	변동금리 수취	차감액
11-Dec-Year 1	183	6.50%	6.00%	−3,000,000	3,304,167	304,167
11-Jun-Year 2	182	7.00%	6.00%	−3,000,000	3,538,889	538,889
11-Dec-Year 2	183	6.50%	6.00%	−3,000,000	3,304,167	304,167
11-Jun-Year 3	182	6.25%	6.00%	−3,000,000	3,159,722	159,722
11-Dec-Year 3	183	5.75%	6.00%	−3,000,000	2,922,917	−77,083
11-Jun-Year 4	183	5.25%	6.00%	−3,000,000	2,668,750	−331,250

기본 방법: 채권 포트폴리오로서 스왑

(a) 이자율이 k인 고정금리 채권에 대하여 숏, (b) Libor에 연동된 변동금리 채권에 대하여 롱 포지션을 취하고 있는 투자자를 생각해 보자. 두 채권 모두 만기가 동일하며 액면가가 스왑의 명목금액과 동일하며 이자 지급일이 스왑의 고정금리 변동금리 지급일과 일치한다고 가정하자. 투자자에게 이 포트폴리오의 현금흐름은 어떻게 되나?

- 각 이자 지급일에 투자자는 고정금리 채권 숏 포지션에 대하여 고정금리를 이율 k에 따라 산출하여 지급하고 변동금리 채권의 롱 포지션으로부터 Libor로 계산한 변동금리를 수취한다.

- 만기에 최종 이자 교환이 있으며 원금은 서로 상쇄되므로 원금으로 인한 현금흐름은 발생하지 않는다.

이 연속된 현금흐름은 투자자가 스왑 롱 포지션으로부터 받는 현금흐름과 정확히 일치한다. 그러므로 신용위험 문제를 무시한다면 고정지급/변동수취 이자율 스왑은 이 포트폴리오와 동등하다. 따라서 어떤 시점의 스왑 가치는 그 시점의 변동금리 채권과 고정금리 채권의 가치 차이일 뿐이다. 이렇게 보면 스왑 가치 평가의 문제는 고정금리 및 변동금리 채권의 가격 산정 문제로 축소된다.

이것은 극히 간단한 문제이다. 할인 요소(계수)가 있다면 고정금리 채권의 가치 평가는 쉬운 작업이다. 그리고 23.2절에서 본 바와 같이 Libor로 발생하는 현금흐름을 동일한 변동금리(Libor)로 할인한다면 그 채권의 가치는 금리 확정시점에서는 항상 액면가가 되므로 Libor 연동 변동금리 채권 평가도 역시 단순하다. Libor로 할인하기 때문에 고정금리-변동금리 스왑의 가치 평가는－그리고 이 장 후반에 살펴보겠지만 다른 많은 스왑의 경우도 마찬가지로－단순명료한 작업이다.

새로운 스왑의 가격 산정도 단순명료하다. 스왑 가격 산정이란 스왑 시작 시점에서 양 계약 당사자에게 가치가 0이 되도록 만드는 스왑 이율 k를 찾는 것이다. 현금흐름을 Libor로 할인한다면 변동금리 채권은 발행 당시 가치가 액면가가 될 것이며 포트폴리오의 계약 시작 시점에 가치가 0이 되기 위해서는 고정금리 채권의 가치도 발행 당시 가치가 액면가이어야 한다. 스왑 이율 k는 고정금리 채권을 액면가에 거래되도록 하는 이율을 의미한다. 다시 말하자면 스왑 이율은 스왑과 만기가 같고 스왑에서 고정금리 측의 지급 일자와 이자 지급일이 동일한 액면가에 거래되는 채권의 이표 이율이다.

이를 기호로 표시하기 위하여 t_0를 스왑 시작 시점으로 하고 t_1, ..., t_N을 고정금리 측 지급일이라고 하자. k를 스왑 이율 그리고 앞에서 사용했던 것과 같이 (a) s_n을 스왑 마켓 관행에 따라 계산한 (t_n, t_{n+1})기간 사이의 일수를 나타내는 분수, 그리고 (b) $B(t, t_n)$을 t_n시점에 수취할 \$1의 t시점의 현재가치를 의미하는 것으로 한다. 계약 시작 시점에서 평가한 원금 \$1, 이자율 k, 만기 t_N, 이자 지급일이 t_1, ..., t_N인 고정금리 채권의 가치는 다음과 같다.

$$[k s_0 B(t_0, t_1) + k s_1 B(t_0, t_2) + \cdots + k s_{N-1} B(t_0, t_N)] + B(t_0, t_N)$$

스왑 시작 시점에서 이 가치는 액면가와 같아야 하므로 다음과 같이 된다.

$$1 = k \times [s_0 B(t_0, t_1) + s_1 B(t_0, t_2) + \cdots + s_{N-1} B(t_0, t_N)] + B(t_0, t_N)$$

그러므로 스왑 이율은 다음과 같이 된다.

$$k^* = \frac{1 - B(t_0, t_N)}{s_0 B(t_0, t_1) + s_1 B(t_0, t_2) + \cdots + s_{N-1} B(t_0, t_N)}$$

특히 미국에서처럼 스왑 마켓이 30/360 관행을 사용하며 고정 금리 지급을 6개월 단위로 한다면,

지급일이 6개월 간격을 가지게 되며 모든 n에 대하여 s_n은 1/2이 되며 스왑 금리는 다음과 같다.

$$k^* = \frac{1 - B(t_0, t_N)}{\frac{1}{2}\left[B(t_0, t_1) + B(t_0, t_2) + \cdots + B(t_0, t_N)\right]} \tag{23.5}$$

만약 유로 스왑 계약과 같이 스왑 마켓이 30/360 관행을 사용하며, 고정금리 지급을 연단위로 한다면, 지급일은 1년 간격을 가지게 되며, 모든 n에 대하여 s_n은 1이되며 스왑 금리는 다음과 같다.

$$k^* = \frac{1 - B(t_0, t_N)}{B(t_0, t_1) + B(t_0, t_2) + \cdots + B(t_0, t_N)} \tag{23.6}$$

그러나... 주의 사항

앞의 설명은 현금흐름을 Libor로 할인한다는 가정 하에서 전개한 것이다. 그런데 스왑을 평가하는 데 Libor가 적절한 할인율인가? 2007년까지 대부분 그렇다고 생각해 왔으며 Libor를 기반으로 한 할인 요소(할인계수)를 사용하여 스왑을 대체로 평가했으므로 고정금리-변동금리 스왑의 평가는 간단명료하였다. 금융위기 발발로 이러한 견해가 바뀌었으며 관행도 급격히 바뀌었다. 왜 그렇게 되었는지 그리고 현재의 관행은 무엇인지 이해하기 위하여 스왑의 신용 위험과 Libor가 의미하는 바를 먼저 이해해야 한다.

스왑은 International Swaps and Derivative Association(ISDA)의 총괄계약(master agreement)에 따라 거래된다. 이 계약의 신용강화부속조항(Credit Support Annex, CSA)이 누가 담보를 제공해야 하는지에 대한 규칙을 명시하여 내가격 포지션으로 인하여 발생하는 신용위험을 완화시킨다.(계약의 일방에 대하여 스왑 계약의 가치가 양이면 이 계약 당사자에 대하여 스왑이 내가격(in-the-money)이다. 그러면 상대방에 대하여는 가치가 음수가 되므로, 상대방에게는 외가격(out-of-the-money)이 된다.) CSA에는 어떤 형태의 담보(즉, 허용되는 담보)를 제공할 수 있는지를 명시하고 있으며 필요한 경우에 적용되는 삭감(haircut)에 대하여도 명시하고 있다. CSA에서는 상대방이 반드시 담보를 제공하기 시작하는 기준점도 명시하고 있다. 오늘날 표준 관행은 양측에 모두 0 기준을 적용하여 외가격 당사자만 담보를 제공해야 하며 담보는 스왑 가치와 일치한다. 이 담보제공 관행으로 스왑의 신용위험은 최소화된다.(그러나 0은 아니다! 언제나 "추적(trail)" 위험, 즉 갑작스러운 급격한 이자율 변화로 더 깊은 내가격이되면, 상대방이 담보를 추가로 제공할 때까지는 신용 위험에 노출되는 위험이 있다.) 그래서 사실상 스왑은 거의 위험이 없는 것으로 간주되어야 하며 현금흐름도 이에 맞게 할인되어야 한다.

반면 Libor는 대규모 금융기관 사이의 무담보 차입에 대한 가상적인 이율이다. 원칙상 은행의 Libor 제시 그리고 이 제시에 근거하여 산출된 지수인 Libor는 (5장을 보라) 차입 기관의 신용도와 시장의 유동성 위험(대출 기관이 얼마나 현찰을 내어줄 의향이 있는지?) 모두를 반영하고 있다. 하지만 금융위기 발발까지는 이러한 위험들은 미미한 것으로 간주되었고 스왑을 포함한 파생상품 가치 평

가에서 Libor는 적절한 무위험 수익률로 받아들여졌다.

3개월 Libor-Overnight Index 스왑의 움직임 때문에 Libor에 내재된 신용 및 유동성 위험이 가장 극적으로 드러나게 되었다. Overnight Index 스왑은 고정금리와 일일 차입 금리를 교환하는 스왑이다. 미국에서 이 일일 이율의 벤치마크는 Fed funds 이율이다. 미국의 상업은행과 같은 예금 금융기관은 중앙은행에 일정한 수준의 현금 준비금을 예치해야만 한다. 어떤 특정일에 은행이 초과 현금 준비금을 보유하고 있음을 알게 되면 이 은행은 초과액을 현금 준비금이 부족한 은행에게 대출해 줄 수 있다. 이를 federal funds 혹은 fed funds 거래라고 하며 한 예금 금융기관이 다른 예금 금융기관 혹은 요건에 맞는 기관에 시행하는 무담보 대출이다. 매 영업일에 뉴욕의 연방지불준비은행(Federal Reserve Bank of New York, New York Fed)은 fed fund 거래 이율을 가중평균하여 계산한 fed funds effective rate 줄여서 FFER을 발표한다. Libor와는 달리 fed fund rate는 실제 거래 이율이며 가상적인 이율이 아니다. 일일 대출의 짧은 만기 때문에 fed fund 거래는 사실상 (부도)위험이 없는 것으로 간주된다. FFER에 상응하는 것을 들자면 유로 존에서는 EONIA(Euro overnight index average)이며, 영국에서는 SONIA(Sterling overnight index average)이며, 일본에서는 TONAR(Tokyo overnight average rate)이며, 스위스에서는 SARON(swiss average rate overnight) 등이 있다.

미국에서 overnight index 스왑(OIS)은 고정금리와 FFER의 스왑이다. FFER은 스왑 손익을 계산할 때 일복리를 적용한다. OIS 만기는 일주일부터 수년간이 되기도 한다. 예를 들어, 명목금액 $100 백만인 14일 OIS로 한 당사자가 3%를 지급하고 fed fund를 받기로 하였다고 하자. 스왑 만기에 고정금리 지급액은 명목금액 $100백만에 3%를 실제/360 관행에 따라 계산하며, 변동금리 수취액은 실현된 FFER을 원금 $100백만에 대하여 적용하되 일복리를 사용한다. 예를 들면, day 1의 이율이 f_1, day 2의 이율이 f_2라고 하면 이 기간에 발생한 $1에 대한 이자는 다음과 같다.

$$\text{Day 1: } f_1 \times \frac{1}{360} \quad \text{Day 2: } \left(1 + f_1 \frac{1}{360}\right) \times f_2 \frac{1}{360}$$

(중간의 주말에 대하여는, 목요일까지 복리로 부리된 원리금에 금, 토, 일요일은 FEER을 단리로 적용하여 이자를 계산한다.) 고정금리 수취 OIS를 체결하고 fed fund 대출을 일일 대출 시장에서 계속 연장하면 OIS 만기와 동일한 기간의 고정금리 투자를 합성해 낼 수 있다. 이 거래의 양측 모두 신용 위험은 미미하므로 OIS 이율은 스왑 만기 기간 무위험 이자율의 벤치마크로 사용될 수 있다.

이러한 사실은 오래 전부터 알려져 있었지만 금융위기 발발 전에는 Libor-OIS 스프레드(동일 만기에 대한 Libor와 OIS의 차이)가 몇 베이시스 포인트를 거의 넘지 않았으므로 쉽게 관측 가능한 Libor를 무위험 이자율 대용으로 받아들일 수 있다고 생각하였고 모든 스왑 평가에서 Liobr를 사용하였다. 그러나 2007년 8월 은행의 신용 위험에 대한 염려가 증가하고 시장의 유동성이 축소되어 벤치마크인 3개월 Libor-OIS 스프레드가 50 베이시스 포인트로 확대되었고 Lehman의 부도 이후 2008년 10월에는 사상 최고인 365 베이시스 포인트로 급상승하였다. 그 이후에 다시 거의 과거 수준으로 스프레드가 축소되었지만 스프레드의 움직임으로 인하여 무위험 이자율을 대신하기에는 Libor가 취약하다는 사실을 분명하게 보여주었다.

은행과 정산소 등 시장 관행은 그 이후에 바뀌어 스왑 현금흐름을 할인하는 무위험 이율로 거의 전적으로 OIS 곡선을 사용한다. 이로 인하여 "이중 곡선" 가격 산정이라는 것이 생겨나게 되었다. 즉 Libor 곡선은 현금흐름을 계산하는 데 사용되고 이 현금흐름을 할인하는 데는 OIS 곡선이 사용되는 것이다. 예를 들면, 위에서 설명한 선도접근법(forward method)을 사용하여 스왑의 변동금리 측을 평가하려면 위에서 설명한대로 Libor 이율을 추정하지만 OIS 곡선을 사용하여 할인한다. 할인 이율이 현금흐름을 만들어 내는 이율과 다르므로 스왑의 변동금리 채권의 가치는 처음부터 액면가가 아님을 유의하라.

이중 곡선의 기술적인 세부사항은 Tuckman 및 Serrat(2012)에서 볼 수 있으며 단순형은 Smith (2012)에서 볼 수 있다. 이 책의 범위를 넘기 때문에 이에 대한 완벽한 설명은 하지 않는다. 이 장과 다음 두 장의 주된 목적은 스왑 현금흐름의 핵심과 평가의 원리를 설명하는 것이기 때문에 예에서는 계속 할인 요소를 Libor로 구하는 것으로 가정한다. 이렇게 하면 매 이자 확정일에 변동금리 측은 액면가로 회귀하기 때문에 설명이 단순해진다. Libor와 OIS의 차이가 작기 때문에 가치 평가에 미치는 영향도 작다.

스왑 스프레드 및 스왑 곡선

어떤 만기에 대한 스왑 스프레드는 동일한 만기의 스왑 이율과 동일한 만기의 정부 채권 수익률 간의 차이를 말한다. 스왑 곡선은 만기별 스왑 스프레드의 그래프를 의미한다.

스왑 이율은 일반적으로 동일한 만기의 미국 국채 이율보다 높으므로 스왑 곡선은 통상적으로 미국 국채 수익률 곡선 위에 있다. 스왑 스프레드의 규모는 수요 공급, 유동성 등을 포함한 여러 요인들의 영향을 받지만 가장 중요한 요인은 스왑을 공급하고 참여하는 주요 은행의 신용도이다.

스왑 곡선과 스왑 스프레드가 채권 시장의 상황을 나타내는 주요 지표가 된다. 오늘날 회사채, 모기지, 그리고 기타 민간 채무의 가격을 산정하는 데 벤치마크가 되는 것은 미국 국채 금리 곡선이 아니라 스왑 곡선이다.

선도접근법(Forward Method): FRA 포트폴리오로서의 스왑

스왑을 평가하는 두 번째 방법은 이를 선도금리 계약의 집합으로 보는 것이다. 고정금리 및 변동금리 측의 지급일이 동일하다면 매 지급일이 정확히 FRA와 같다. 예를 들면, 5년 만기 6개월 주기로 Libor를 기준으로 한 변동금리 지급과 10% 고정금리 지급 스왑이 있다면 이 스왑은 6개월 단위로 만기가 되는 10% FRA 10개를 모아 놓은 것과 동등하다. FRA와 스왑 지급의 유일한 차이는 전자에서는 할인된 형태로 지급이 되는 반면 후자에서는 그렇지 않다는 것인데 이것은 중요하지 않으며 가치 산정에도 영향을 미치지 않는다. 주된 방법과는 달리 여기에서는 FRA도 원금 교환을 하지

않기 때문에 신용 위험에 대한 고려가 덜 중요하다는 점도 유의하라.

가치평가와 가격 산정 방법에서 고려해야 할 미묘한 차이가 하나 있다. FRA에서는 양측의 현금 흐름을 머니 마켓 관행을 사용하여 계산한다. 스왑에서 고정금리 측은 스왑 마켓 관행을 사용한다. 그러므로 k가 스왑 이율을 의미한다면 스왑은 고정금리 $\hat{k}$로 체결한 FRA의 포트폴리오에 해당한다. k와 $\hat{k}$의 관계는 다음과 같다.

$$\hat{k} = k\left(\frac{s}{S}\right)\left(\frac{M}{m}\right)$$

예 23.4

기존 스왑의 가치 평가

1년도 8월 13일(12-Aug-Year 1에 체결)에 어떤 은행이 특성이 [표 23.3]과 같은 스왑 계약을 체결하였다. 현재 스왑의 가치는 어떻게 되나?

가치 평가의 첫 단계는 지급일에 발생하는 현금흐름에 적용할 할인 요소를 구하는 것이다. 할인 요소가 다음과 같다고 가정하라.

지급일	일수	할인 요소
11-Dec-Year 1	120	0.984009
11-Jun-Year 2	302	0.957735
11-Dec-Year 2	485	0.929581
11-Jun-Year 3	667	0.900683
11-Dec-Year 3	850	0.871945

위 할인 요소를 사용하여 기본 방법으로 스왑을 평가한다. 이 방법에서는 스왑을 스왑에서 발생하는 현금흐름을 재현하는 고정금리 채권의 숏 포지션과 변동금리 채권의 롱 포지션으로 구성된 포트폴리오로 간주한다. 계산은 [표 23.4]에 요약하였다.

표 23.3
스왑 평가 예: 입력 자료

고정금리 지급일	11-Dec-Year 1, 11-Jun-Year 2, 11-Dec-Year 2, 11-Jun-Year 3, 11-Dec-Year 3
변동금리 지급일	고정금리 지급일과 동일
스왑 이율	6%
변동금리	6개월 Libor
마지막 확정 Libor	6.5%
명목 원금	$100,000,000
지급	고정
수취	변동

표 23.4
기본 방법에 따른 스왑 가치 평가

지급일	할인요소	변동 현금흐름	변동 현금흐름 현재가치	고정 현금흐름	고정현금흐름 현재가치
11-Dec-Year 1	0.984009	103,304,167	101,652,230	3,000,000	2,952,027
11-Jun-Year 2	0.957735			3,000,000	2,873,205
11-Dec-Year 2	0.929581			3,000,000	2,788,743
11-Jun-Year 3	0.900683			3,000,000	2,702,049
11-Dec-Year 3	0.871945			103,000,000	89,810,335
계			101,652,230		101,126,359

우선 변동금리 채권의 가치 평가부터 생각해 보자. 채권의 액면가는 100,000,000이며 6개월 Libor에 연동되며 마지막 이자 결정일의 Libor 금리는 6.5%이었다. 그 다음 이자 지급일은 11-Dec-Year 1이며, 마지막 이자 지급일과 11-Dec-Year 1 사이에는 183일이 있다. 그러므로 11-Dec-Year 1의 지급 이자액은 다음과 같다.

$$0.065 \times \frac{183}{360} \times 100,000,000 = 3,304,167$$

이자 지급일에 변동금리 채권은 액면가로 되돌아 가므로 변동금리 채권은 액면가와 11-Dec-Year 1에 이자를 합한 금액 즉, 103,304,167을 수취하는 것과 같다. 11-Dec-Year 1에 적용할 할인 요소는 0.984009이므로 변동금리 채권의 8월 13일 현재가치는 다음과 같다.

$$0.984009 \times 103,304,167 = 101,652,230$$

이제 고정금리 채권을 생각해 보자. 이 채권은 스왑 금리와 같은 6% 이자율과 액면가 100,000,000인 채권으로 스왑 지급 시점과 같은 날에 이자를 지급하며 스왑과 만기가 동일하다. 30/360 일수 관행을 사용한다면 채권의 매 6개월에 지급할 이자 금액은 다음과 같다.

$$0.06 \times \frac{180}{360} \times 100,000,000 = 3,000,000$$

뿐만 아니라 원금 100,000,000은 만기 즉, 11-Dec-Year 3에 지급된다. 할인 요소는 이 모든 지급액에 대하여 적용되므로 각 지급액의 현재가치는 쉽게 구할 수 있다. 이를 모두 더하면 고정금리 채권의 가치는 101,126,359가 된다.(표 23.4 참조)

롱 스왑(즉, 고정금리 지급/변동금리 수취)의 가치는 변동금리 채권의 가치에서 고정금리 채권의 가치를 차감한 것이므로 다음과 같이 된다.

$$101,652,230 - 101,126,369 = 525,861$$ ■

예 23.5

새로운 스왑의 가격 산정

새로운 스왑, 예를 들어 18-Jun-Year 1에 시작하여 고정금리 및 변동금리 모두 6개월마다 지급하는 3년 스왑의 가격을 산정하려 한다고 가정해 보자. 지급일은 18-Dec-Year 1, 18-Jun-Year 2, 18-Dec-Year 2, 18-Jun-Year 3, 18-Dec-Year 3, 18-Jun-Year 4이다.[4)]

스왑 이율은 (23.5)에 의해서 계산된다. 그러므로 우선 스왑 지급일에 발생하는 현금흐름과 관련하여 할인 요소를 산출할 필요가 있다. 할인 요소가 다음 표와 같이 주어졌다고 가정해 보자.

일자	할인요소
18-Dec-Year 1	0.975369
18-Jun-Year 2	0.948236
18-Dec-Year 2	0.920011
18-Jun-Year 3	0.890677
18-Dec-Year 3	0.861854
18-Jun-Year 4	0.832676

할인 요소가 있다면 (23.5)를 사용하여 스왑 이율을 구할 수 있다.

$$3\text{년 스왑 이율} = 0.0616429$$

■

23.7 가격 산정 논의의 연장

위에서 기술한 가격 산정 및 가치 평가 방법론은 약간만 수정하면 여러 다른 종류의 스왑에도 적용할 수 있다. 이 절에서 몇 가지 사례를 검토할 것이다.(단순화를 위하여 우리는 계속해서 스왑의 현금흐름을 Libor로 할인하며, 특히 변동금리 측이 매번 금리 재확정일에 액면가의 가치를 가지는 것으로 가정한다.) 여기서 우리가 살펴보려 하는 스왑 종류에는 다음과 같은 것들을 포함한다.

- 시장 이율 초과/미만 스왑(시장 이탈 스왑, “off-market swaps”)
- 무이표채 스왑
- 고정금리 변동 스왑(예를 들면, 상승 혹은 하락 스왑)

4) 실제로는 지급일이 주말이나 공휴일이 될 수도 있으며, 그러한 경우 계약서에 명시된 관행을 따라서 지급일을 결정한다. 통상 사용되는 관행은 다음 영업일 관행인데, 이 경우 지급일은 단순히 다음 영업일이 된다. 그리고 수정된 다음 영업일 관행인데 이에 따르면 다음 영업일이 다른 달이 되지 않으면 다음 영업일을 지급일로 하되, 다른 달이 되면 직전 영업일로 한다.

표 23.5
예: Off-Market 스왑의 가치 평가

지급일	할인 요소	변동 현금흐름	고정 현금흐름	변동 현금흐름 현재가치	고정 현금흐름 현재가치
18-Jun-Year 1	1.000000	100,000,000		100,000,000	
18-Dec-Year 1	0.975369		3,000,000		2,926,107
18-Jun-Year 2	0.948236		3,000,000		2,844,708
18-Dec-Year 2	0.920011		3,000,000		2,760,033
18-Jun-Year 3	0.890677		3,000,000		2,672,031
18-Dec-Year 3	0.861854		3,000,000		2,585,562
18-Jun-Year 4	0.832676		103,000,000		85,765,628
합계				100,000,000	99,554,069
롱 스왑 가치					445,931

- Libor에 스프레드를 더한 변동금리 스왑
- 미래에 시작되는 스왑
- Amortizing/accrediting/roller-coaster 스왑

Off-Market 스왑

Off-market 이율 스왑에서는 고정 금리가 시장 스왑 금리보다 높거나 낮다. 정의상 스왑의 초기 가치는 0이 아니다. 스왑의 가치 평가는 동일한 방법으로 계산된다. 스왑을 변동금리 채권과 고정금리 채권으로 분해한다. 양측의 현재가치는 통상적인 방법으로 계산한다. 초기 가치가 0이 아니기 때문에 스왑의 NPV가 양이든 음이든 이 만큼을 초기에 일시금으로 지불한다.

[표 23.5]는 예로 가격 산정 구조를 설명한다. 예 23.5에서 사용하였던 할인 요소와 지급일을 그대로 사용하는 3년 스왑을 예로 사용한다. 이 자료를 사용하였을 때 시장 스왑 이율이 0.0616=6.16%이었음을 기억하라. [표 23.5]에 나타난 예는 고정 금리 6%를 사용한다. 이자 지급 주기는 6개월이며 30/360 관행을 사용하므로, 고정금리 측은 매 지급일에 3,000,000씩을 지급하게 된다.

고정금리는 마켓 스왑 금리 6.16%보다 낮으므로 롱 스왑(고정금리 지급/변동금리 수취)의 가치는 양수이다. [표 23.5]에서 보듯이, 스왑의 가치는 445,931이다.

무이표채 스왑(Zero-Coupon Swaps)

무이표채 스왑은 말 그대로, 고정금리 측이 무이표채와 같이 행동하는 것이다. 다시 말하자면, 고정금리 측은 만기까지 아무런 지급도 하지 않고 만기에 일시금을 지급한다. 가격은 만기 일시금과 관련하여 표시된다.(예를 들면 명목 원금의 단순 백분율)

이러한 스왑의 가격 산정이나 가치 평가는 단순하다. 스왑을 변동금리 채권과 만기에 이자를

표 23.6
예: 무이표채 스왑 가격 산정

지급일	할인 요소	변동 현금흐름	고정 현금흐름	변동 현금흐름 현재가치	고정 현금흐름 현재가치
18-Jun-Year 1	1.000000	100,000,000		100,000,000	
18-Dec-Year 1	0.975369				
18-Jun-Year 2	0.948236				
18-Dec-Year 2	0.920011				
18-Jun-Year 3	0.890677				
18-Dec-Year 3	0.861854				
18-Jun-Year 4	0.832676		120,094,731		100,000,000
합				100,000,000	100,000,000

1회 지급하는 고정금리 채권으로 분해하되, 두 채권의 액면가는 스왑의 명목 금액과 동일하게 한다. 이자를 1회 지급하는 채권은 단 한 번의 현금흐름만 발생하므로 가치 산정이 명료하다. 시작시점에서 스왑의 공정가격은 시작 시점에서 고정금리 채권의 가격이 변동금리 채권의 가치와 일치하도록 만드는 1회 지급되는 이자의 규모(스왑 명목 금액의 일정 백분율로 표시)이다.

[표 23.6]은 가격 산정 구조를 보여 준다. 예 23.5에서 사용한 동일한 지급일과 할인 요소를 사용한다. 이러한 모수를 사용하면 3년 무이표채 스왑의 공정 가격은 20.095%가 된다.

고정금리 변동

여기에서는 스왑 기간 동안 정해진 규칙에 따라 고정금리가 변경된다. 이렇다고 가격 산정이 복잡해지지는 않는다. 스왑을 변동금리 채권과 이자가 변경되는 고정 금리와 같은 채권으로 분해하면 된다.(하지만 이 채권을 계속 고정금리 채권이라고 부른다.) 이자율 변경이 미리 확정되어 있기 때문에 고정 금리 채권의 현금흐름은 이미 알려져 있으며, 이의 현재가치도 쉽게 산출할 수 있다. 스왑의 초기 가치(0일 필요는 없다)는 고정금리 채권의 가치와 변동금리 채권의 가치의 차이이며, 같은 의미로, 고정금리 채권의 가치와 액면가의 차이이다.

[표 23.7]은 예 23.5와 동일한 지급일과 할인 요소를 가정하며, 고정 금리의 변경 형태는 표에 있는 것과 같은 것으로 가정하여 가치 평가 과정을 보여 준다. 고정 지급/변동 수취 스왑의 초기 가치는 524,373이다.

Libor 스프레드

여러 스왑에서, 변동금리 지급 측은 정확히 Libor만 지급하기 보다는 Libor에서 일정 스프레드를 더하거나 차감하여 지급한다. 이 경우의 가격 산정도 이전의 논리를 그대로 연장하여 해결할 수 있다. 스왑을 고정금리 채권과 변동금리 채권으로 분해하되, 변동금리 채권에서 Libor에 스프레드를

표 23.7
예: 고정금리 변동 스왑의 가치 산정

지급일	할인요소	고정금리	변동 현금흐름	고정 현금흐름	변동 현금흐름 현재가치	고정 현금흐름 현재가치
18-Jun-Year 1	1.000000		100,000,000		100,000,000	
18-Dec-Year 1	0.975369	5.00%		2,500,000		2,438,423
18-Jun-Year 2	0.948236	5.50%		2,750,000		2,607,649
18-Dec-Year 2	0.920011	6.00%		3,000,000		2,760,033
18-Jun-Year 3	0.890677	6.50%		3,250,000		2,894,700
18-Dec-Year 3	0.861854	6.50%		3,250,000		2,801,026
18-Jun-Year 4	0.832676	6.50%		103,250,000		85,973,797
합					100,000,000	99,475,627
롱 스왑 가치						524,373

더하여 지급한다. 고정금리 측의 가치 평가는 종전과 동일하다. 변동금리 측의 가치를 계산하기 위하여, Libor+x 베이시스 포인트를 수취하는 것은 Libor를 수취하고 또 고정 x bps를 수취하는 것과 동일하다는 사실을 사용한다. 변동금리 측의 가치는 Libor를 지급하는 변동금리 채권의 가치(액면가)와 x bps의 이자 흐름의 가치를 따로 계산한다. 스왑의 가격을 산정하기 위하여는 스왑 가치를 0으로 만드는 고정금리를 계산하면 된다.

[표 23.8]은 Libor에 스프레드가 있는 스왑의 가격 산정을 보여 준다. 앞에서 사용하였던 지급일과 할인 요소를 사용한다. 변동금리 측은 Libor+30bps를 지급하는 것으로 가정하였다. 이 스왑의 초기 가치를 0으로 하는 고정금리는 6.4673%이다.

미래에 시작되는 스왑(Forward-Starting Swaps)

이러한 종류의 스왑은 효력이 명시된 미래 시점에 시작한다는 점을 제외하고는 표준 스왑과 유사하다. 미래에 시작하는(forward-starting) 스왑에는 두 개의 숫자가 명시되는데 첫째는 스왑이 시작

표 23.8
예: Libor 스프레드 스왑 가격 산정

지급일	할인요소	고정 현금흐름	변동 현금흐름	스프레드 현금흐름	고정현금흐름 현재가치	변동현금흐름 현재가치
18-Jun-Year 1	1.000000		100,000,000			100,000,000
18-Dec-Year 1	0.975369	3,233,655		152,500	3,154,007	148,744
18-Jun-Year 2	0.948236	3,233,655		149,589	3,066,268	141,846
18-Dec-Year 2	0.920011	3,233,655		152,500	2,974,998	140,302
18-Jun-Year 3	0.890677	3,233,655		149,589	2,880,142	133,236
18-Dec-Year 3	0.861854	3,233,655		152,500	2,786,939	131,433
18-Jun-Year 4	0.832676	103,233,655		152,500	85,960,187	126,983
합					100,822,543	100,822,543

표 23.9
예: Forward-starting 스왑의 가격 산정

지급일	할인 요소	변동 현금흐름	고정 현금흐름	변동 현금흐름 현재가치	고정 현금흐름 현재가치
18-Dec-Year 1	0.975369	100,000,000		97,536,900	
18-Jun-Year 2	0.948236		3,193,907		3,028,578
18-Dec-Year 2	0.920011		3,193,907		2,938,430
18-Jun-Year 3	0.890677		3,193,907		2,844,740
18-Dec-Year 3	0.861854		3,193,907		2,752,682
18-Jun-Year 4	0.832676		3,193,907		2,659,490
18-Dec-Year 4	0.807344		103,193,907		83,312,982
합				97,536,900	97,536,900

되는 시점(지금으로부터)을 표시하고, 둘째로는 스왑이 만기가 되는 시점(이 역시 지금으로부터)을 표시한다. 그러므로 예를 들어 2×5 스왑은 지금부터 2년 후에 시작하는 3년 만기 스왑을 말한다. 양측이 모두 6개월 주기로 지급을 한다면, 이 스왑의 첫 번째 현금흐름은 스왑이 시작된지 6개월 혹은 지금부터 2½년 후에 발생한다.

미래에 시작하는 스왑을 생각하는 방법은 두 개의 일반적인 스왑의 차라고 생각하는 것이다. 예를 들면, 1년 후에 시작하는 3년 고정지급/변동수취 스왑(즉, 1×4 forward-starting 스왑)은 동일한 고정 이율을 가진 다음 두 개의 평범한 스왑과 같다.

- 고정지급/변동수취 4년 스왑
- 변동수취/고정지급 1년 스왑

또 다른 방법으로 이 스왑을 스왑 시작 시점에 시작되는 변동금리 채권과 고정금리 채권으로 이루어진 포트폴리오로 생각할 수도 있다. 할인에 관련된 가정에 따르면 변동금리 채권은 이 채권이 시작되는 시점에서 액면가의 가치를 가질 것이며 현재의 가치는 액면가를 할인한 가치이다. 변동금리 채권의 현재가치와 동일한 현재가치를 가지도록 고정금리 채권의 이자가 결정이 되어야 한다.

[표 23.9]는 미래에 시작하는 스왑의 가격 산정을 보여준다. 이전 예와 동일한 지급일과 할인요소를 사용하며, 단지 스왑이 6개월 늦게 시작되므로 끝부분에 지급일이 하나 더 추가되었다는 점만 다르다.(즉, 0.5×3.5 forward-starting 스왑이다.) 오늘 이 스왑의 가치를 0으로 만드는 고정금리는 6.3878%이다.

미래에 시작하는 스왑은 미래의 차입 이율을 헤지하는 데 유용한 수단이다. 확장을 위하여 1년 후에 3년 만기 $1십억의 자금을 차입해야 할 필요가 예상되는 기업을 생각해 보라. 이 기업은 (a) $1십억을 명목 금액으로 하는 1×4 forward-starting 스왑을 체결하고 (b) 1년 후에 변동금리를 차입하는 방법으로 미래의 차입 이자를 고정시킬 수 있다. 그러면 회사는 차입에 대하여 변동금리를

지급하지만 스왑에서 변동금리를 수취하고 고정금리를 지급하므로 순지급은 고정금리이다.

물론, 미래에 시작하는 스왑은 투기 목적으로도 사용될 수 있다. 만약 3년 후의 이자율이 현재 이자율보다 높을 것으로 예상한다면, (예를 들어) 3×6 forward-starting 스왑을 체결할 수도 있다. 스왑은 이자율이 실제로 3년 후에 상승한다면 이익을 내고 정리될 수 있지만, 그런데 예측 방향이 반대로 가서 이자율이 하락한다면 손실이 발생할 것이다.

2009년 중반 (그리고 또다시 2013년 중반 전임 총장이었던 Larry Summers가 Federal Reserve Board 회장 후보로 거론되었을 때), Harvard 대학은 Summers 재직 시절에 체결하였던 미래에 시작하는 스왑으로 $1십억이 넘는 엄청난 손실을 보고 있었다는 뉴스가 보도가 있었다. 그 스왑은, 원래 미래의 차입을 예상하고 이에 대한 헤지로 시작되었으나, 나중에는 이자율 변동에 대한 투기로 변한 것처럼 보인다. 여기에 그 사건의 개요를 소개한다.[5)]

2004년 Summers가 Harvard 대학의 총장이었을 때, 이 대학은 이웃 도시인 Allston과 Watertown에 340 에이커 캠퍼스 확장 계획을 세웠다. 이 계획은 몇 년 후에 시작될 예정이었으며, 최소한 일부의 자금은 차입으로 조달되어야 했으며, 차입은 2022년까지 실행되는 것으로 계획되어 있었다. 이 계획된 차입의 이자율을 고정시키고자 이 대학은 고정지급/변동수취 forward-starting 스왑을 여러 은행과 체결하였다. 그러나 2006년 Summers가 총장직에서 퇴임하고 몇 달이 지나서 이 대학은 확장 계획을 취소하기로 결정하였다. 하지만 스왑은 동시에 정리되지 않았으며 사실상 이자율이 상승할 것을 기대하는 대규모 투기가 되었다. 실제로 금융위기가 완전히 진행되던 2008년까지 이를 정리하지 않았다. 그 때가 되었을 때 스왑 이율은 폭락하였다. 2004년에서 2007년 말까지 5%와 6% 사이이던 30년 스왑 이율이 2008년 11월이 되었을 때 4.25%로 떨어졌고, 12월에는 2.7%로 하락했다. 10월 31일까지 시가 정산으로 누적 손익이(1년 전 $13백만에서) $570백만에 이르렀던 스왑은 시장이 거의 바닥에 이르렀던 12월에 정리되었고 엄청난 손실을 기록하였다.

Amortizing/Accrediting/Roller-Coaster 스왑

이러한 스왑에서는 명목 원금이 정해진 방법에 따라 스왑 기간 중에 변동된다. 흔한 형태로는 다음과 같은 것들이 있다.

1. **Amortizing 스왑** 원금액이 시간이 경과함에 따라 정해진 방법에 따라 감소한다.
2. **Accrediting 스왑** 원금액이 시간이 경과함에 따라 정해진 방법에 따라 증가한다.
3. **Roller-Coaster 스왑** 원금액이 정해진 방법에 따라 일정기간 증가하고 일정기간 감소한다.

---

5) 여기에 소개된 내용은 Bloomberg.com(http://www.bloomberg.com/articles/2013-07-18/larry-summers-s-billion-dollar-bad-bet-at-harvard 및 http://www.bloomberg.com/news/2013-11-08/harvard-swap-toll-tops-1-4-billion-ending-deals-in-2012-2013.html) 그리고 Brad de Long 교수의 블로그 "Grasping Reality"(http://delong.typepad.com/sdj/2013/07/illegitimate-and-unfair-larry-summers-bashing-the-smart-and-thoughtful-matthew-klein-gets-one-wrong.html) 등 여러 자료를 참고하였음.

원금액이 이렇게 변하는 스왑은 차입 잔액이 시간에 따라 변하는 대출을 더 잘 헤지 하는데 필요하다. 예를 들어 회사에 amortizing 대출(대출 전기간에 걸쳐 일정한 금액을 상환하면 만기에 전액이 상환되는 대출)이 있는 경우를 생각해 보라. 이 회사가 이 대출의 이자율 특성을 변경하고자 스왑을 사용하다면, 명목 원금이 대출과 같이 변경되어야 하므로 amortizing 스왑이 필요하다. 더 일반적으로는, 다른 시기에 만기가 되는 여러 대출 전부를 헤지하기 위하여 스왑을 사용할 수도 있다.

23.8 사례연구: Procter & Gamble-Bankers Trust의 "5/30" 스왑

1990년대는 파생상품 스캔들과 재앙이 많았던 10년이다.(Barings, Metallgeselschaft, Sumitomo, Orange County, Federal Paper Board, Gibson Greetings, LTMC, ...) 이 절에서는 이 사례들 중 가장 악명 높은 소비재 분야의 거인이었던 Procter & Gamble(P&G)이 Bankers Trust(BT)로부터 1993년 말 매입한 이색 이자율 스왑을 설명하려 한다.[6] 이 스왑의 명목 원금은 비교적 작은 $200백만이었다. 그럼에도 불구하고 스왑 손익에 아주 특이한 레버리지가 포함되어 있어서 불과 몇 개월 후에 스왑을 정리할 때 P&G는 이 거래로 인하여 $100백만을 초과하는 손실을 보았고 이 사건은 결국 법정으로 가게 되었다.

"5/30" 스왑 : 손익

1993년 11월 2일, P&G는 고정수취/변동지급 5년 이자율 스왑을 BT와 체결했다. 명목 원금은 $200백만이었고 양측이 모두 6개월 마다 지급하도록 하였다. 스왑의 손익 구조는 (그림 23.3)에 요약되어 있다. 고정 지급은 5.30%로 명시되어 있었다. 변동 측은 23.7절에서 살펴본 Libor 스프레드 스왑과 유사하게 명시되어 있었지만 여기에 특이한 변화를 가했었다. 그 중 하나는 변동금리의 벤치마크가 Libor가 아니라 30일 기업 어음(CP) 이자율이었다. 더 흥미로운 것은 이 변동금리에 스프레드를 결정하는 방식이었다. 이 스프레드는 첫 지급일에는 -75bp로 고정되어 있었으며, 나머지 지급 기간에는 다음과 같이 결정되도록 하였다.

$$S = -75 \text{ 베이시스 포인트} + \max\{0, \xi\} \quad \textbf{(23.7)}$$

이 식에서 ξ는 첫 번째 지급일인 1994년 5월 4일 결정되기로 하였다. ξ를 결정하는 공식은 다음과 같았다.

6) 여기의 P&G-BT 스왑의 설명 및 분석은 상당 부분 Smith(1994)에서 가져온 것이다.

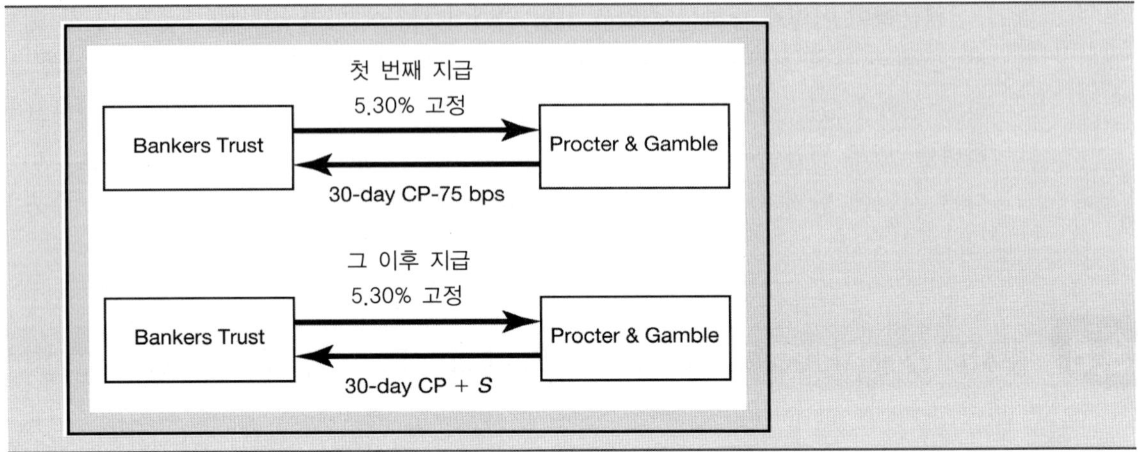

그림 23.3 Bankers Trust – Procter & Gamble의 스왑

$$\xi = \frac{1}{100}\left[\left(\frac{98.5}{5.78} \times \mathrm{CMT}_5\%\right) - P_{30}\right] \tag{23.8}$$

위 식에서

- $\mathrm{CMT}_5\%$는 1994년 5월 4일 Federal Reserve가 보고하는 5년 고정 만기 미국 국채(CMT) 수익률(퍼센티지로 표시되는)이다.
- P_{30}은 동일자의 특정 30년 국채, 즉 2023년 8월 만기 6.25% 국채의 가격을 의미한다.

5년 만기 및 30년 만기 국채 금리에 따르도록 되어 있어서 이 스왑 "5/30"이라는 이름을 가지게 되었다. ξ는 5년 국채 수익률과 30년 국채 가격에 따라 결정된다는 점을 유의하라.

스왑 손익 분석

처음보면 이 스왑의 손익은 복잡해 보이지만 자세히 보면 구조가 어렵지는 않다. 스왑에서 P&G가 지급해야 하는 변동금리는 다음과 같다.

$$30일\ 기업어음\ 금리 - 75\ 베이시스\ 포인트 + \max\{0, \xi\}$$

마지막 항은 옵션의 수익 구조와 닮았다. ξ가 증가하면 이 옵션은 내가격으로 종료되어 P&G의 변동금리 지급액은 증가한다. 그러므로 P&G는 사실상 이 옵션을 BT에 매도한 것이다.

이 옵션은 정확이 무슨 의미를 가지나? ξ의 가치는 5년 만기 CMT 수익률과 30년 국채 가격의 차이(배수를 곱함)에 의해 결정된다. 그러므로 이 옵션은 이 옵션 보유자가 5년 CMT 수익률의 몇 배를 수취하는 대신 30년 국채 가격을 포기(지급)할 수 있는 옵션 즉, 교환 혹은 "Margrabe" 옵션(18장 참조)으로 간주될 수 있다. 달리 보면 이 옵션 특성은 행사가격이 확률적으로 변동되는 풋 혹은 콜 옵션으로 설명될 수 있다.

표 23.10
P&G-BT
스왑 : ξ 값

이 표는 서로 다른 5년 CMT 수익률과 30년 국채의 수익률에 따른 ξ의 값을 보여준다.
출처: Smith (1994).

	30-Year Treasury Yields			
5-Year Yields	6.00%	6.50%	7.00%	7.25%
5.00%	−0.1821	−0.1152	−0.0549	−0.0270
5.50%	−0.0969	−0.0300	+0.0303	+0.0582
6.00%	−0.0117	+0.0552	+0.1155	+0.1434
6.50%	+0.0735	+0.1404	+0.2007	+0.2286

- 행사가격이 30년 국채와 동일한 5년 CMT 수익률의 배수에 대한 콜 옵션
- 5년 CMT 수익률의 배수를 행사가격으로 하는 30년 국채 가격에 대한 풋옵션

물론 이 옵션을 기술하는 모든 방법은 사실상 동등하다. 이자율 기간 구조 모형을 이용하면 $\max\{0, \xi\}$라는 옵션의 공식적인 가치 평가는 어렵지 않다.(몇몇 이자율 기간 구조 모델에 대한 설명에 대해서는 이 책 4부를 보라.) P&G의 위험이 어떤 것인가 그리고 이자율 곡선이 어떻게 움직이면 P&G에 도움이나 해가 되는지를 잘 이해하기에는 노력이 많이 필요하지 않다.

우선 다음을 주목한다. 스왑 시작 시점에 5년 CMT 수익률은 5.02%이었고 30년 국채의 가격은 102.57811이었다. 이를 ξ의 공식에 대입하면, $\xi = -0.1703$이다. 이는 $\max\{0, \xi\} = 0$임을 의미하며 초기의 옵션은 외가격 상태이었다.

어떻게 되면 내가격이 되나? 이는 쉬운 문제이다. 5년 CMT의 수익률이 상승하거나 혹은 30년 채권의 수익률이 상승하면(가격이 하락하면), 이 양자 모두 ξ 값을 상승시켜 옵션을 내가격 방향으로 움직인다. 양쪽 수익률 모두 동시에 상승하면, ξ에 급격한 영향을 미친다. 그러므로 P&G는 이자율이 상승하는 위험에 노출되어 있고, 특히 모든 이자율 곡선이 위로 움직이는 위험에 노출되어 있다.

그러한 상승의 영향을 계량적으로 측정하기 위해서 다음 연습 문제를 생각해 보라. 스왑 개시 시점에서 5년 CMT 수익률은 이미 언급한 바와 같이 5.02%이었으며, 30년 국채 가격에 내재된 수익률은 6.06%이었다. 만약 양쪽 수익률이 모두 약 100 bp 상승하여 각각 6%와 7%로 상승하면 만기에 어떤 일이 일어날까? [표 23.10]에 따르면, ξ 값은 0.1155 혹은 11.55%가 될 것이다. 말하자면 P&G는 이제 다음과 같은 변동금리를 지급해야 한다.

$$30\text{일 CP} - 0.0075 + 0.1155 = 30\text{일 CP} + 10.80\%$$

P&G는 스왑의 고정금리 측으로부터 단지 5.30%만 수취하기 때문에 이러한 수익률 변동은 명백히 P&G에게는 재앙이다.(그러나 이와는 반대로 BT에게는 매우 수익이 좋은 상황이 된다.)

[표 23.10]은 5년 CMT 및 30년 채권 수익률 값이 다르게 변동될 때 스프레드는 어떻게 변하는지를 보여 준다. 표에 있는 숫자를 보면 이자율 곡선의 기울기가 높아질 때에 대비하여 (특히 5년

금리가 정체된 상태에서 30년 이율만 상승하는 경우에 대비하여) P&G를 위한 약간의 안전장치가 있음을 보여 준다. 이 경우 30년 수익률이 1% 상승해도 ξ은 상승하지만 음수로 머물러 있다. 이자율 곡선이 역전되는 경우에 대한(특히 30년 수익률은 고정되어 있는 반면, 5년 수익률이 상승하는 경우에 대한) 안전장치도 있다. 그러나 양쪽 이율이 모두 상승하는 경우 P&G는 손해를 보게 되어 있다.

표를 보면 ξ은 30년 수익률 변화보다 5년 수익률 변화에 더욱 민감하다. Smith(1994)는 이 점을 간결하게 보여 주는 식을 유도하였다. 초기 ξ 값에서 변화량은 대략 다음과 같음을 보였다.

$$[0.170415 \times \Delta(\text{CMT}_5)] + [0.136442 \times \Delta(\text{YLD}_{30})]$$

위 식에서 $\Delta(\text{CMT}_5)$와 $\Delta(\text{YLD}_{30})$는 각각 5년 CMT 수익률과 30년 국채 수익률의 초기 값을 기준으로 한 변화(백분율로 표시)를 말한다. 이것은 5년 CMT 수익률이 1% 변하면 ξ는 0.17 혹은 17% 이상 변화되고 30년 국채 수익률이 1% 변하면 ξ는 그보다는 낮지만 그래도 상당히 높은 수준인 0.13 혹은 13% 이상 변화된다. 양쪽 수익률이 모두 1%씩 상승하면 ξ는 놀랍게도 0.3 즉 30% 이상 상승한다.

이자율이 수익에 이렇게 비대칭적인 영향을 미친다는 점을 강조하고자 한다. 일단 $\xi<0$이면, $\max\{0, \xi\}$라는 옵션은 외가격이 되고, ξ를 더 낮추는 이자율 하락은 스왑 손익에 영향을 미치지 않는다. 그러므로 이자율 상승에 따른 P&G의 엄청난 위험에 대하여 상응하는 이자율 하락의 혜택이 없다. 이를 살펴보는 것은 어렵지 않다. 이를 살펴보기 위해서 해야 할 일은 지루하지만 단순한 일로 30년 채권 수익률을 가격으로 환산해서 모든 것을 가격이 아니라 수익률로 표현해 보는 것이다. 이상하지만, 법정에서 P&G가 주장한 것은 BT가 스왑의 복잡성을 P&G에게 충분하게 설명하지 않았다는 것이었다.

결과

1994년 1월 스왑 조건이 두 가지 면에서 변경되었다. 첫째 스프레드를 확정하는 날짜가 5월 4일에서 5월 19일로 변경되었다. 중요한 통화정책이 결정되는 Federal Open Market Committee가 5월 17일로 예정되어 있었기 때문에 이 변경으로 인하여 최종 이자율에 대한 불확실성이 크게 증가하였다. 이로 인하여 변동성이 증가되고 또 만기도 늘어났기 때문에 복합적으로 P&G가 매도하고 BT가 매수한 옵션의 가치가 크게 증가하였다. 이에 대한 보상으로 변동금리 지급이 13 bp 낮아져서 다음과 같이 결정되었다.

$$30\text{일 기업어음 금리} - 88 \text{ 베이시스 포인트} + \max\{0, \xi\}$$

이 시점에서 이자율은 11월보다 약간 높았지만 옵션은 아직도 깊은 외가격이었다. 이 시점부터 이자율이 변동되지 않고 그대로 유지되었더라면, P&G는 5.30%의 고정금리를 수취하고 대신 30일 기업어음의 일평균 금리를 지급하는 매우 유리한 스왑을 체결했다고 생각했을 것이다.

P&G에게는 불행하게도 그렇게 되지 않았다. 1994년 2월 Federal Reserve는 긴축 통화정책을 택하였고 이자율은 급격히 상승했다. 2월 중순에 이르러서는 5년과 30년 수익률 모두 각각 60 베이시스 포인트씩 상승하였다. 3월에도 이자율이 계속 상승하자 P&G는 이자율이 더 상승하는 위험을 피하고자 스프레드를 고정시키기로 결정하였다. 단계별로 고정 작업이 진행되었고 이 작업이 완료된 시점에서 합의된 ξ의 값은 15%이었다. 즉, P&G는 고정금리 5.3%를 수취하는 대신 다음을 지급하여야 하였다.

$$30\text{일 기업어음 금리} - 88\ \text{베이시스 포인트} + 15\% = 30\text{일 기업어음 금리} + 14.12\%$$

Smith(1994)에 따르면 일련의 현금흐름을 그 당시의 이율로 현재가치로 환산한 결과는 P&G에 마이너스 $106백만이었으며, 이는 스왑 원금의 무려 53%에 달하는 금액이었다.

이렇게 되자 5월까지 기다리는 것은 상황을 더 악화시킬 뿐이었다. 이자율은 계속 상승하였고 5월 19일(스프레드를 고정시키는 날)이 되었을 때, 5년 금리는 약 6.6%이었고 30년 이율은 약 7.40%가 되어 3월보다는 약 80～100 베이시스 포인트 상승하였다. 이렇게 되면 P&G는 변동금리로 30일 기업어음 이율에 약 27%를 더 지급해야 했다.

피할 수 없는 소송

P&G는 두 번째 스왑을 BT와 체결하였는데 이는 독일 마르크 이율을 사용하는 레버리지 스왑이었다. 이는 "DM 스왑"이라고 알려지게 되었는데, 이 또한 P&G에 엄청난 손실을 안겨 주었다. 두 스왑으로 인한 손실은 거의 $200백만에 달하였다.

1994년 후반 P&G는 이 거래에 관련된 위험을 제대로 설명하지 않았다는 주장으로 BT를 제소하였다. BT는 거래에 있어서 P&G의 상대방이었고 관리자(fiduciary)의 자격이 아니었다고 되받았다. 그러나 이 때 BT와 파생상품 거래로 수백만 달러의 손실을 입은 BT의 또 다른 두 고객이었던 Gibson Greetings와 Air Products and Chemicals도 소송을 제기하였다. 소송에서는 BT가 자신들의 금융경험 부족 특히, 복잡한 파생상품 거래에 관한 경험 부족을 이용했다고 주장하였다. BT 직원들이 고객들의 금융지식 부족을 논의하는 녹음테이프가 언론에 공개되자 BT는 일반 대중으로부터 따가운 시선을 받고 있음을 의식하게 되었다.

P&G와 BT는 결국 1996년 법정 밖에서 합의를 하게 되었고 P&G와 관련하여 분기 보고서에서 $78백만의 순익을 보고하였다. BT는 Air Product and Chemicals와도 합의를 하였고 Gibson Greetings를 잘못 판단하게 한 이유로 SEC에 벌금을 물었다. 사태는 진정되어 갔지만 1990년대 파생상품 혁신과 위험관리 선구자이었던 BT는 회복 불가능한 명성의 손상을 입었다. 곧 이어서 1998년 러시아의 부도사태로 큰 손실을 입고 Deutche Bank에 인수되었다.

23.9 사례연구 : Long-Term Capital Management의 "Convergence Trade"

Long-Term Capital Management(LTCM)은 1994년 Salomon Brothers의 채권 담당 책임자이었던 John Merriwether가 설립한 헤지펀드이었다.[7] 이 펀드는 급속히 그 분야에서는 가장 유명하고 매력적이 되었다. 설립 파트너 중에는 월가의 스타 트레이더, 저명 학자(곧 노벨상 수상자가 된 Robert Merton과 Myron Scholes 포함) 그리고 고위 정부 관리(전직 연준 부의장 David Mullins 등)가 포함되어 있었다. 이 펀드의 최소 투자금액은 투자자 당 $10 백만이라는 높은 금액이었다. 수수료도 2-and-25 구조로(보유 자산의 2%와 수익의 25%) 당시 일반적인 1-and-20 구조보다 훨씬 높았다. 이러함에도 불구하고 펀드는 당시로는 기록인 초기 투자금 $1.25십억을 모았다.

스타의 능력과 인맥을 활용하여 일반적인 헤지 펀드에 제공되는 것보다 아주 유리한 거래 조건과 증거금 조건을 월가 은행으로부터 확보하였다. 처음으로 연간을 완전하게 영업한 1995년과 1996년 각각 43%와 41%라는 눈을 번쩍 뜨게 만드는 수익률을 투자자들에게 실현시켜 주었다. S&P 500과 같은 시장 지수를 훨씬 초과하는 수익률이었다. 1997년은 상대적으로 조용한 해이었지만, 경이로운 17%의 수익률을 기록했다. 그러나 S&P 500 지수의 수익률 31%에는 뒤졌다.

전통적인 분야에서는 수익의 기회가 많지 않아서 이 펀드는 위험 차익거래 및 신흥시장과 같은 새로운 분야로 점점 옮겨가기 시작하였으며, $2.7십억의 수익을 투자자들에게 안겨 주었다. $4.8십억의 운용자산을 가지고 1998년을 맞이하였다.

상대적 가치 및 Convergence Trade

LTMC 전략의 기본은 상대적 가치와 convergence trade인데, 이는 두 개의 증권 혹은 자산의 가격이 서로에 대한 적절한 균형에서 벗어 났다고 생각하면 이 가격 차이가 좁혀지거나 없어질 것을 기대하고 거래하는 것이다. 한 증권을 매도하고 한 증권을 매수함으로 상대적 가격이 예상한대로 움직일 때 (좀 더 정확히 말하자면 그렇게 움직인다면) 수익을 실현하는 것이다.

상대적 가치 매매의 한 간단한 예를 들자면 on-the-run과 off-the-run 국채를 들 수 있다. 새로 발행된 미국 국채(on-the-run 증권)는 오래된(off-the-run) 채권보다 가격이 높은(수익률이 낮은) 경향이 있다. 기존 국채의 가격이 낮은 것은 유동성이 낮기 때문에 이를 투자자에게 보상하기 위한 것이다. 모든 기존 채권이 동일한 것은 아니다. 비록 신규와 기존 증권 사이에 있는 증권에서는 수익률 차이가 축소되기는 하나, 더 최근에 발행된 것이 더 유동성이 높은 경향이 있기 때문에 더 오래된 채권보

---

7) 이 절의 일반 자료는 David Shirreff의 "Lessons from the Collapse of Hedge Fund, Long-Term Capital Management"를 포함한 여러 출처로부터 사용하였음. 자료는 http://riskinstitute.ch/146480.htm에서 볼 수 있음. Convergence trade에 대한 설명은 London Business School의 Viral Acharya의 강의 노트를 참조하였으며, 이 노트 작성에는 Tim Johnson이 도움을 주었다고 함.

다 수익률이 낮은 경향이 있다.

가상적인 예를 들어, on-the-run 30년 국채와 직전 on-the-run이었던 채권의 수익률의 차이(스프레드)는 통상 15bp(0.15%)이며, 직전 on-the-run 채권과 그 전 채권의 스프레드는 통상 5pb(0.05%)이다. 이것은 on-the-run 채권과 그 직전 채권의 수익률 차이는 15bp이지만 이 차이는 지금의 on-the-run이 off-the-run이 되는 때에 5bp로 축소될 것을 의미한다. On-the-run 증권을 매도하고 직전 on-the-run을 매입함으로 이자율 방향에 상관없이 10bp의 수익을 얻을 수 있다－스프레드가 예측한대로 움직인다면.

LTCM은 다양한 상대가치/수렴(relative value/convergence) 거래 전략을 사용하였으며 한편으로는 유동성이 높은 미국 국채 혹은 다른 G-10 정부채권과 또 다른 한편으로는 유동성이 낮은 그리고 가끔은 더 복잡한 상품 사이의 스프레드가 좁아지거나 수렴할 것에 자주 베팅을 하기도 하였다.

Leverage

수익이 날 수는 있어도 이러한 상대가치/수렴 거래의 수익은 작으므로(아마도 몇 베이시스 포인트 정도로 작을 수도 있다) 괜찮은 수익을 올리기 위해서는 상당한 레버리지가 필요하다. LTCM의 레버리지는 그야말로 대단하였다. 1998년 펀드가 폭락했을 때, 자본은 $4.8십억에 불과하였으나 장부상 자산은 $125십억으로 레버리지 비율은 25:1을 초과하였다. 뿐만 아니라 펀드는 명목 원금이 $1조가 넘는 부외자산을 보유하고 있었으며, 그 중 대부분은 여러 다양한 상대방과 체결한 스왑이었다.(이 숫자는 너무 문자 그대로 받아들이지 않아야 한다. LTCM은 자주 기존의 스왑을 해제하는 것이 아니라 새로운 스왑을 새로운 상대방과 체결하여 상쇄시키는 방법을 사용하였다. 스왑은 ISDA의 차액 정산 협약의 적용을 받기 때문에 LTCM의 실제 익스포져는 명목 금액 $1조 보다는 훨씬 작았다.)

1998년 여름

1998년 7월 Salomon Bothers는 채권 차익거래 조직을 폐쇄하고 포지션을 정리하기 시작하였다. LTCM은 Salomon이 포지션을 정리하기 시작했을 때, LTCM이 상당한 타격을 입은 것으로 보아 LTCM은 Salomon Brothers와 비슷한 포지션을 확실히 많이 보유하고 있었던 것 같다. 모두 합해서 펀드는 그 달에 약 10% 하락했디. 그리니 이것은 곧 닥쳐올 폭풍에 비하면 아무것도 아니있다.

8월 17일 러시아는 루블화 채권 및 달러화 국내 채권에 대한 지불정지를 선언했다. 전세계 금융시장을 공포로 몰아 넣었으며 투자자들은 G-10 정부채 같은 안전자산으로 이동하였다. 이들과 비정부채권 혹은 신흥 시장 상품들 사이의 스프레드는 급격이 넓어졌고, 심지어는 on-the-run과 off-the-run 국채 사이의 스프레드도 넓어졌다.

LTCM은 전세계적으로 여러 이색적인 수렴거래에 대규모 포지션을 가지고 있었으며, 그 중 많은 부분은 이러한 스프레드가 좁혀질 것을 예상한 투자이었다. 이러한 투자는 대규모 손실로 나타

났다. 시장가로 평가하면 연초부터 그때까지 $2.5십억(연초 펀드 자본 $4.8십억의 무려 52%에 이르는 엄청난)을 초과하는 손실을 보았으며, 8월 한 달의 손실만 $2.1십억이었다. 이때까지만 하더라도 이 손실을 아직 계산상의 손실이며 실현되지는 않았었다. 그럼에도 불구하고 LTCM은 이 시장의 동요를 견뎌 나가기 위해서는 $1.5십억의 신규 자본이 필요할 것으로 예상했다.

그러나 그때에는 이미 투자자들의 신뢰를 잃었던 시점이었다. 필요한 신규 자금을 모으는 것이 불가능하다고 여겨졌고 9월 중순 펀드의 정산 대리인인 Bear Stearns는 LTCM의 거래를 계속 결제하기 위해서는 $500백만의 추가 담보를 요구하였다. 포트폴리오를 단일 투자자에게 매각하려는 노력은 성공하지 못했다. Warren Buffet의 Berkshire Hathaway의 $250백만 제안을 포함한 몇몇 제안이 있기는 했으나 펀드의 파트너들이 받아들이지 않았다. 결국에는 14개의 글로벌 은행을 뉴욕 연방은행이 조율하여 대규모의 구제 금융이 시행되었다. 은행들은 합쳐서 $3.625십억을 투입하면서 펀드의 90% 소유권을 받았다. 펀드는 얼마간 살아남았으며 1999년에는 수수료와 비용을 제외하고 10%의 수익을 내기도 하였지만 2000년에 최종 청산되었다.

LTCM의 Convergence Trade

LTCM이 사용한 수렴거래(convergence trade) 중의 하나로 십억 달러 이상의 손실을 기록한 것은 다음 4개의 요소로 구성되어 있었다.

1. 영국 파운드화(GBP) 5년 고정-변동 스왑에서 고정 수취
2. Gilt(영국 정부가 발행한 채권, 미국의 국채와 비슷함) 숏
3. 독일 마르크화(DEM) 5년 고정-변동 스왑에서 고정 지급[8)]
4. Bund(독일판 gilt) 롱

전체적으로 영국과 독일의 스왑 스프레드 차이의 움직임에 대한 견해 특히, 이 스프레드가 좁혀질 것이라는 견해에 맞추어 포지션을 결정하였다.

이 내재된 견해를 이해하기 위해서 우선 평범한 고정-변동 GBP 스왑을 생각해 보자. LTCM은 이 스왑에서 고정을 수취하고 변동을 지급하므로 GBP 스왑 이율이 전체적으로 하락하면 LTCM에 이익이 된다. 그러므로 다음의 경우에 이익이 된다.

- GBP 스왑 이율과 gilt의 스프레드는 변하지 않으면서 gilt 수익률이 하락한다.
- Gilt 수익률이 변하지 않으면서 GBP 스왑 이율과 gilt의 스프레드가 하락한다.

(물론, gilt 수익률과 GBP 스왑 스프레드가 모두 하락하는 경우와 같이 다른 경우에도 이 포지션은 수익을

---

8) 이 거래 당시 독일의 통화는 아직도 DEM이었다. 독일(DEM) 변동금리는 Frankfurt Interbank Offered Rate, 즉 Fibor이었다.

낼 수 있다.) 또 한편으로 포트폴리오의 두 번째 요소는 gilt의 숏 포지션이므로 gilt의 수익률이 하락하면 손실이 발생한다. Gilt 수익률의 변화가 상쇄되도록 두 포지션을 계산하여 조합하였다. 그리하여 조합된 포지션은 사실상 GBP 스프레드 하나와 같다. 즉 스프레드가 좁혀지면 수익을 얻고 스프레드가 넓어지면 손실을 본다.

같은 원리로 포트폴리오의 세 번째와 네 번째 요소도 합쳐서 DEM 스프레드 포지션을 반영한다. 이 경우 포트폴리오는 스왑에서 고정 지급과 bund의 롱 포지션이므로 독일 스왑 스프레드가 넓어지면 수익을 내고 좁혀지면 손실을 보는 포지션을 보유하는 것과 비슷하다.

네 개를 모두 합치면 전체 포트폴리오는 UK 스왑 스프레드나 독일 스왑 그프레드에 대한 별개의 견해가 아니라, 이 둘의 차이에 대한 견해를 반영하고 있다. UK 스왑 스프레드가 독일 스왑 스프레드에 비하여 상대적으로 하락하면 포지션에서 수익이 발생한다. 이것이야 말로 수렴(convergence)에 대한 투자이다. 그 당시 UK 스왑 스프레드는 독일 스왑 스프레드보다 더 넓었다. LTCM은 이 차이가 좁혀질 것에 두기를 하였던 것이다. 부분적으로는 UK가 유로존에 기입할 것이며 그 결과 GBP-Libor와 DEM-Fibor는 현재 우리가 Euribor 이율이라고 부르는 모두 같은 이율이 될 것이라는 견해에 투자한 것이다.

LTCM에게는 불행하게도 일이 모두 틀어졌다. 러시아 부도 이후 GBP-Libor와 DEM-Fibor의 차이는 더 커졌다. LTCM은 시가 기준으로 엄청난 손실을 기록했다. 다른 은행이 유사한 포지션을 정리하면서 스프레드의 차이는 더 커졌고 상대방은 추가 담보를 요구하게 되었다. 이미 언급한 바와 같이, LTCM은 이 전략으로 인해서 도합 약 십억 달러의 손실을 보았다.

23.10 신용 위험 및 신용 익스포져

모든 파생상품에서 그러하듯이 스왑의 두가지 위험은 기초 변수의 변동(이 경우는 이자율; 이것이 "시장 위험"임)과 상대방의 부도("신용위험")에서 유래된다.

이자율 변동은 고정 측과 변동 측에 달리 영향을 준다. 고정 측은 고정 현금흐름을 수반하므로 이자율 변동이 다음 지급액만 고정시키는 변동 측보다 더 큰 영향을 준다. 이자율 변동 위험은 다른 형태의 위험이 되기도 한다. 예를 들면, 베이시스 스왑 같은 특정 스왑에 있어서는 양측 모두 변동금리에 연동된다. 이 경우 스왑 당사자는 베이시스 변동의 위험을 지게 된다.

또 다른 잠재적 위험 요소는 신용 위험이다. 스왑의 신용 위험은 채권의 신용 위험과는 다르다. 이자율 스왑에서 원금이란 이자 계산을 위해서 사용될 뿐, 원금 자체는 교환되지 않기 때문에 "명목" 금액이다. 그래서 채권과는 달리 스왑에서는 원금에 대한 위험은 없다. 뿐만 아니라 스왑의 현재가치가 음이라 하더라도 상대방의 부도로 인하여 스왑이 종료되면 손실은 없으므로(사실은 이익이다) 신용

위험에 대한 염려는 없다. 신용 위험이 존재하는 경우는 단지 스왑 가치가 양일 때뿐이다.

스왑의 신용 위험 정도는 여러 요인의 영향을 받는다. 스왑 체결 당시 상대방의 신용도 그리고 스왑 기간 중 신용도의 변화는 당연히 중요하다. 거래 규모, 만기, 계약의 다른 조건들도 중요하다. 예를 들면, 지급일이 상이하면 신용위험에 영향이 생긴다. 변동 측이 분기별로 지급하고 고정 측이 6개월 주기로 지급하면 변동 측은 고정 지급 측의 부도 위험에 더 오래 노출된다.

시장 위험의 변동도 신용 위험에 영향을 미친다. 이자율이 급격히 변동되면 스왑 상대방의 포지션이 급격히 악화되고 이로 인하여 신용 위험이 증가될 수 있다. 마지막으로 차감 정산 조항도 신용 위험에 영향을 미친다. 동일한 계약 당사자 사이에 많은 스왑 계약이 있을 경우 손익을 차감하라는 포괄 계약 하에서 대부분의 양자간 스왑 계약이 체결된다. 그러므로 한 계약에서 발생한 손실은 다른 계약에서 발생한 이익과 차감되므로 상대방의 실패로 인한 손실 위험이 완화된다.

스왑 계약의 신용 익스포져는 스왑에서 발생하는 최고 가능한 손실액을 말한다. 신용 익스포져는 현재의 익스포져와 미래의 익스포져 두 부분으로 나눌 수 있다. 현재의 익스포져는 상대방에 즉시 부도가 발생하면 발생하는 손실이므로 현재 익스포져는 스왑의 시가 평가 금액과 0 중 최대치이다.(스왑의 시가 평가 금액이 음이면 현재의 익스포져는 없다.) 미래의 익스포져는 잔여 스왑 기간 중에 발생할 수 있는 손실 값이다. 이 익스포져를 계산하려면 우선 이자율 움직임 모델을 선택해야 하며, 주어진 신뢰도 수준(예를 들면 95%)에서 상대방에게 얼마만큼 불리하게 이자율이 변동할 수 있는가를 계산한다. 이 수준에서 상대방이 지급해야 할 금액이 얼마인지를 계산한다. 이 금액이 미래의 익스포져이다.

신용 익스포져는 스왑 기간 동안에 변한다. 일반적으로 신용 익스포져는 U를 뒤집은 모양으로 시간이 가면서 증가하다가 그 다음에는 0으로 감소한다. 스왑 시작 시점에서 스왑 가치는 0이므로 익스포져는 0이다. 스왑이 만기에 가까워 질수록 위험의 원천인 남아 있는 현금흐름 횟수가 감소하므로 신용 익스포져는 다시 0을 향한다.

23.11 스왑 헤징

스왑의 위험은 이자율 변동에서 발생한다. 이자율 상승은 고정금리 지급 측의 가치 상승을 의미하고 변동금리 지급 측의 가치 하락을 의미한다. 이자율이 하락하면 반대의 상황이 발생한다.

이자율 익스포져는 지급일 등이 동일한 또 다른 스왑으로 상쇄시키는 포지션을 취하면 헤지할 수 있다. 그러나 비표준 스왑이나 스왑의 포트폴리오 차원에서 이 방법은 가능하지 않을 수 있다. 그러므로 대체로 스왑의 이자율 위험을 관리하는 다른 수단이 필요하다. 다음과 같은 대안이 있다.

- 또 다른 스왑으로 헤지
- 채권을 사용한 헤지
- 선물이나 FRA를 이용한 헤지

이러한 헤지를 뒷받침하는 논리는 단순하다. 스왑의 이자율 민감도를 계산하여 스왑의 위험과 같은 크기이며 반대 방향의 민감도를 가진 수단과 대응시키는 것이다. 위의 세 가지 방법이 헤징 전략에서 흔히 사용되는 방법이다.

물론 약간의 베이시스 리스크가 항상 남게 된다.(사용된 헤지가 기초 위험을 완벽하게 추적하지 못할 때 발생하는 것이 베이시스 리스크라는 점을 상기하라.) 하지만 이러한 수단의 포트폴리오를 사용하면 대체로 베이시스 리스크를 최소한으로 줄이는데 도움이 된다. 베이시스의 절대 금액은 대상 위험의 두 가지 중요한 특징에 달려있다.

- 스왑 현금흐름과 헤지의 상관관계
- 헤지 포지션의 규모

헤지 구축은 스왑 포지션의 델타 확인으로부터 시작된다. 이 델타는 주식 옵션의 델타와 같지 않음을 유의하라. 여기에서 델타는 이자율에 대한 민감도를 말하며, 이자율 1 베이시스 포인트 상승에 따른 스왑 가치의 변화로 정의된다.

- 만약 델타가 양이면, 스왑 가치는 이자율 상승에 따라 증가한다.
- 만약 델타가 음이면, 스왑 가치는 이자율 상승에 따라 감소한다.

스왑의 고정 지급 측에서 보면 델타는 양이다. 이자율이 상승하더라도 고정 지급 측의 지급은 증가하지 않는 반면, 변동 지급 측으로부터 더 높은 이자를 수취하게 된다. 그러므로 이자율이 상승될 때, 고정 지급 측의 스왑 가치는 증가하며 이는 델타가 양임을 나타낸다.

이 델타 개념을 확장하여 델타 벡터(delta vector)를 생각할 수 있다. 이는 각(모든 만기 별) 이자율이 독립적으로 1bp 상승할 때 스왑 포트폴리오의 가치 변화로 정의된다. 이 개념은 스왑은 단일 이율이 아니라 이자율 곡선 전반에 걸친 변화에 민감하다는 사실에 주목하는 것이다. 델타 벡터의 계산을 실행하기 위하여 포트폴리오를 만기가 다른 통에 나누어 담는다. 이렇게 하는 이유는 헤지 대상을 하나의 동등한 포트폴리오로 만들기 위한 것이다. 원래 스왑(혹은 스왑 전체)의 현금흐름을 이 통에 할당한다. 각 통은 만기에 한번 현금흐름이 발생하는 하나의 독립적인 증권으로 간주된다. 각 통의 델타는 설명하는 바와 같이 그 통의 만기 이자율에 대하여만 계산한다.

현금흐름을 통에 나누기

현금흐름을 통에 나누어 담기 위해서 주어진 현금흐름을 몇 개의 시점으로 합치는 것이 필요하

다. 통으로 사용할 시점을 우선 선택하고 이 시점에 모든 스왑 현금흐름을 나누어 담는다. 예를 들면, 스왑 전체가 10년까지 지속된다면 이 시간을 동일 간격으로 나눈 40개의 통 즉, 분기당 1개의 통을 사용할 수도 있다. 주어진 스왑에서 발생하는 모든 현금흐름을 우리가 선택한 시간의 통에 좀 합리적으로 담는 것이 목표이다. 직관적으로 이렇게 통에 담긴 포트폴리오가 원래의 포트폴리오와 비슷해 보이기를 원한다. 어떤 포트폴리오가 다른 포트폴리오와 비슷해 보인다는 것이 무엇을 의미하는 지에 대한 공식적인 정의는 없지만 두 개의 설득력 있는 기준이 있다.

1. **가치 보전** 현금흐름의 현재가치가 변하지 않아야 한다.
2. **위험 보전** 현금흐름의 위험이 변하지 않아야 한다.

예시를 하지면, t 시점에 발생하는 c의 현금흐름을 통에 나누어 담는다고 가정해 보자. t의 범위를 설정하는 t_1과 t_2 즉, 다음의 관계를 가지는 가장 가까운 두 점을 찾아야 한다.

$$t_1 < t < t_2$$

t_1과 t_2에 할당되는 금액을 각각 c_1, c_2로 표시한다. 첫 번째 기준에 따르면 c_1, c_2는 다음을 만족시켜야 한다.

$$PV(c_1) + PV(c_2) = PV(c)$$

예를 들어, 연속 복리로 t_1, t, t_2에서 이자율이 각각 r_1, r, r_2라고 하자. 그러면 다음 식이 성립한다.

$$e^{-r_1 t_1} c_1 + e^{-r_2 t_2} c_2 = e^{-rt} c$$

위 식은 미지수 2개를 포함한 하나의 식이다. 두 번째 식을 만들기 위해서 두 번째 기준을 사용한다. 이를 위해서 "위험"을 정의할 필요가 있다. 위험을 PVBP 즉, 이자율 1 베이시스 포인트 변화에 따른 현금흐름 현재가치의 변화로 측정하기로 한다. 그러면 두 번째 식은 다음과 같다.

$$PVBP(c_1) + PVBP(c_2) = PVBP(c)$$

연속 복리 이율에서 이는 다음과 같다.

$$e^{-r_1 t_1} t_1 c_1 + e^{-r_2 t_2} t_2 c_2 = e^{-rt} ct$$

두 개의 식을 풀면 우리가 원하는 현금흐름 c의 분할을 계산할 수 있다. 이렇게 스왑 장부에 있는 모든 현금흐름을 통에 담을 수 있다.

[그림 23.4]은 이 과정을 그림으로 보여 준다. 모든 현금흐름을 이렇게 할당하는 것은 어차피 모든 현금흐름의 현재가치를 계산하게 되므로 계산을 줄여 주지 않는다. 하지만 현금흐름을 주변의 일자에 할당하기 전에 각 날짜에 발생하는 현금흐름을 다 모아서 계산한다면 계산과정이 상당히 빨라질 것이다.

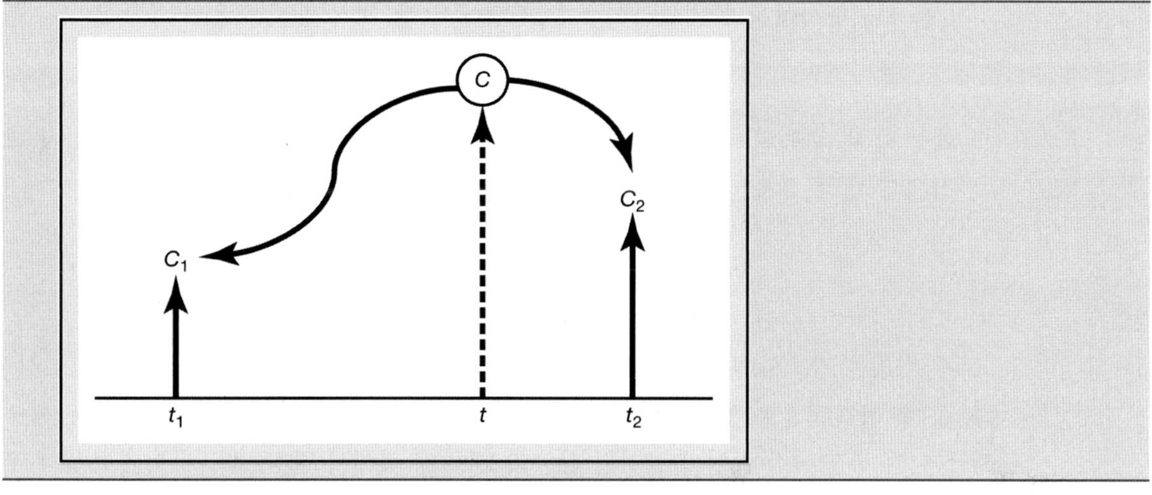

그림 23.4
하나의 현금흐름을 두 개의 서로 다른 통에 할당하기

23.12 캡, 플로어, 스왑션(Caps, Floors, Swaptions)

이 장에서 지금까지 논의한 상품들은 옵션 특성을 지니고 있지 않다. 지금부터는 이자율 옵션 중에서 가장 인기 있는 상품들인 캡, 플로어, 스왑션을 살펴본다. 캡과 플로어부터 시작한다. 스왑션 －스왑에 대한 옵션－은 나중에 다룬다.

캡(cap)은 캡릿(caplet)이라고 하는 옵션의 포트폴리오이다. 이 캡릿들은 균등한 간격(예를 들면, 분기 혹은 6개월)으로 떨어진 만기 일자 t_1, ..., t_n를 가지고 있다. 모든 캡릿은 캡의 행사가라고 하는 동일한 행사가 X를 사용한다. l_k가 t_k에 관측된 $(t_k,\ t_{k+1})$기간의 이율을 나타낸다. 그러면 k번째 캡릿(만기가 t_k인 캡릿)의 손익은 다음과 같다.

$$A \times \max\{0,\ l_k\,\delta_k - X\delta_k\} = A \times \delta_k \max\{0,\ l_k - X\} \qquad \textbf{(23.9)}$$

위 식에서 δ_k는 $(t_k,\ t_{k+1})$기간에 적용되는 일수를 표시하는 분수이며, A는 계약의 명목 원금이다. 이 금액은 t_{k+1}시점에서 지급된다. (23.9)의 손익이 분명히 알려 주듯이 모든 캡릿은 Libor 이율 콜 옵션과 같으며 캡은 이 Libor 콜 옵션의 포트폴리오이다.

예 23.6

캡 손익

행사 이율 $X=8\%$, 원금 \$10 백만인 5년 만기 캡을 생각해 보자. 캡이 6개월 기준 즉, t_1, t_2 ...가 6개월 간격으로 떨어져 있다고 간주하자. 각 만기일 t_k에 그 시점의 6개월 만기 Libor 이율

l_k를 8% 행사이율과 비교하여 t_{k+1}시점에서 캡 보유자는 다음의 수익을 수취한다.

$$10{,}000{,}000 \times \delta_k \max\{0,\ l_k - 0.08\}$$

예를 들어, 관측된 이율이 $l_k = 9.25\%$이며 일자계산 분수가 183/360이라고 하자. 그러면 t_{k+1}시점에서 캡 보유자는 다음의 수익을 수취한다.

$$10{,}000{,}000 \times \frac{183}{360} \times \max\{0,\ 0.0925 - 0.08\} = 63{,}541.67$$ ■

두 가지를 강조할 필요가 있다. 첫째, 매 이자 확정일 t_k에 확정된 수익은 t_{k+1}시점에서 지급된다. 둘째, 관행적으로 첫 번째 이자 확정일에는 현금 교환이 없다. 이론상 첫 번째 이자 확정일의 지급은 캡 체결 시점에 이미 알려진 당시의 Libor에 의해서 결정된다. 이것은 스왑에서 첫 번째 지급일의 지급액은 스왑체결 당시부터 알려져 있는 것과 비슷하다. 하지만 스왑과는 달리 캡/플로어 시장에서는 이 첫 번째 지급액을 교환하지 않는다. 그러므로 6개월 지급 5년 만기 캡에서는 총 9회의 현금 교환이 있다.(6, 12, 18, ..., 48 그리고 54개월째 Libor에 따라 12, 18, 24, ..., 54 그리고 60개월째 현금 교환이 이루어진다.)

플로어

캡과는 반대로 작용하는 것이 플로어이다. 플로어는 이자율 풋옵션에 해당한다. 플로어도 캡과 같이 동일한 행사가 X를 가지고 균등한 간격의 일자 t_1, ..., t_n에 만기가 되는 옵션의 포트폴리오이다. t_k시점의 Libor가 l_k이라면 t_{k+1}시점에서 플로어 보유자는 다음 수익을 수취한다.

$$A \times \delta_k \max\{0,\ X - l_k\} \qquad \textbf{(23.10)}$$

위 식의 A와 δ_k는 위에서 정의된 바와 동일하다.

캡과 플로어의 용도

캡을 사용하는 중요한 목적은 특히, 헤징에서 변동금리 차입자로 하여금 차입에 대한 최고 이율을 설정할 수 있도록 해준다는 것이다. 예를 들어, 변동금리 차입자가 이자율이 9% 이상으로 상승하는 위험을 헤지하려면 행사 이율 9%인 캡을 매입하면 된다. 이자율이 9% 미만에 머물러 있으면 캡은 가치없이 소멸되지만, 차입자는 이자율을 9% 이하로 유지하고자 하는 목적을 달성한다. 어떤 만기 시점이라도 이자율이 9%를 초과하면 캡릿이 Libor가 9%를 초과한 만큼 보충해 주기 때문에 차입자의 순 지급액은 정확히 9%가 된다. 곧 조달 비용을 통제하기 위하여 캡을 사용하는 예를 제시하겠다. 캡이 이자율의 상한선을 설정하는 것과 같이 플로어는 변동금리 투자자에게 특히 유용

한 변동금리의 하한선을 제공해 준다.

물론 캡과 플로어도 투기를 위해서 사용될 수도 있다. 예를 들면, 이자율 상승에 베팅을 하고 싶은 투기자는 캡을 매입할 수 있다. 투기와 헤징 모두에서 캡 매입 비용을 보충하기 위하여 캡 매수와 플로어 매도를 함께 실행하기도 한다. 이러한 종류의 계약(동시의 캡 매수 및 플로어 매도)을 "컬러(collar)"라고 한다. 이 반대의 계약은 컬러 숏인데 이자율이 하락에 베팅을 한다면 이런 계약을 실행할 수 있다. 컬러에서 캡 행사 이율은 플로어 행사 이율보다 높다. 캡 행사 이율과 플로어 행사 이율을 조정하여 캡 가격을 플로어 가격과 동일하게 맞추어 서로 상쇄되도록 할 수 있다. 이것을 "무비용 컬러(zero-cost collar)"라고 한다.

캡과 플로어를 활용한 조달비용 통제

스왑과 마찬가지로, 캡과 플로어도 다른 여러 조달 방법을 비교하는 데 사용될 수 있다. 캡 및 플로어를 변동금리 차입과 복합적으로 사용하면 더 저렴한 조달이 가능해 질 수도 있다. 다음 두 개의 예가 이 점을 설명한다. 첫 번째 예는 캡만 사용하며, 두 번째 예는 캡과 플로어를 모두 사용한다.

예 23.7

2년 자금조달이 필요한 가상적인 회사를 생각해 보자. 은행과 상의 중에, 회사는 두 가지 제안을 받았다. 첫 번째는 6개월 이자 지급 2년 고정금리 9% 대출이다. 두 번째는 6개월 이자 지급 Libor+10bp 변동금리 채권 발행이다. 현재 Libor는 8%이다. 2년 만기, 행사 이율 8%인 캡(6개월 단위)은 명목 금액 $100당 $1.55의 프리미엄에 거래되고 있다. 회사는 어떻게 해야 하나?

이 문제에 답하기 위하여 변동금리 조달비용을 계산하여 이를 9% 확정 금리와 비교해야 한다. 시점 0에서 회사는 $100을 FRN으로 조달하고 동시에 2년 6개월 단위 캡을 $1.55에 매입하면 시점 0의 실제 현금 유입은 $98.45가 된다. 첫 번째 이자 지급은 6개월 후에 실행되지만 금액은 이미 현재의 6개월 Libor로 정해져 있다.

조달 비용은 6개월 Libor에 따라 변하므로 우선 최악의 경우를 고려해 보자. 만약 이자율이 하락하여 8% 미만으로 머물러 있으면 캡릿은 가치 없이 소멸되지만 조달 비용은 원했던 수준인 8% 미만에 머물러 있다. 이자율이 상승하여 8%를 초과하게 되면 FRN 이자율이 상승하지만 캡으로 인하여 상쇄된다. 그러므로 최악의 경우에 변동금리 차입에 지급되는 이자율은 8%에 10bp 스프레드를 더한 것이다. 그러므로 단순화하기 위하여 6개월의 연 단위 환산 수치를 0.5로 가정하면 $100에 대한 최고 이자 지급액은 $4.05(8.10%의 절반)으로 12, 18, 24개월째에 지급된다. 6개월째의 첫 번째 지급액은 이미 이율이 8.10%로 확정되어 $4.05가 지급될 것이다. 마지막으로 만기에 원금 $100이 지급될 것이다. 이 현금흐름은 아래에 요약되어 있다.

월	Worst-Case 현금흐름
0	98.45
6	−4.05
12	−4.05
18	−4.05
24	−104.05
내부수익률(IRR)	0.08964

이 전략의 총비용은 이 현금흐름의 내부수익률(IRR), 즉 현금흐름 순현재가치를 0으로 만드는 할인율이다. 주어진 현금흐름으로 보면 내부수익률은 8.964%이다. 이것은 FRN과 캡을 동시에 사용한 전략이 최악의 상황에서 지급하는 비용이다. 이 최악의 경우도 9% 고정 금리 조달보다 유리하므로, 회사는 당연히 변동금리 차입과 이자율 캡을 사용하는 것이 고정금리 차입보다 유리하다. ■

예 23.8

플로어를 도입하여 예 23.7을 확장한다. 2년 플로어(6개월 지급)가 $0.40 프리미엄으로 거래된다고 가정해 보라. 회사는 이 플로어를 매도하여 캡 매수 비용에 사용하고 싶을 것이다. 물론 플로어를 매도하는 대가는 이자율이 6% 미만으로 하락한다 하더라도 회사는 이자율 하락의 혜택을 누릴 수 없게 되는 것이다. 하지만 특별히 회사는 금리가 2년 이내에 6%이하로 하락하지 않을 것으로 믿는다면 이 전략은 해 볼만한 전략이다.

다시 한번 최악의 경우 총비용부터 계산해 보아야 한다. 이 경우에 시점 0의 현금흐름은 $98.85, 즉 FRN 발행 $100에서 캡 매수 비용($1.55)를 차감하고, 플로어 매도 수익($0.40)을 더한 금액이다. 시점 0을 제외하면 나머지 현금흐름은 아래의 표와 같다.(플로어를 도입한다 해도 최악의 경우 이자지급액은 변하지 않는다.) 변화된 현금흐름에 따른 내부 수익률은 표에서 보는 바와 같이 8.739%이다.

월	Worst-Case 현금흐름	Best-Case 현금흐름
0	98.85	98.85
6	−4.05	−4.05
12	−4.05	−3.05
18	−4.05	−3.05
24	−104.05	−103.05
내부수익률(IRR)	0.08739	0.07255

최선의 경우 현금흐름은 어떤 것인가? 플로어 포지션이 없다면 최선의 경우는 12, 18, 24 개월째 지급액 계산 시점에 6개월 Libor가 0으로 하락하는 것이다.(6개월째 지급되는 첫 번째 지급액은 이

미 이자율이 결정되어 있으므로 영향을 받지 않는다.) 이 경우에는 12, 18, 24개월째 현금 유출은 단지 스프레드 10bp일 것이다. 그 결과 총 비용은 0.68%에 불과하게 될 것이다.

그러나 플로어가 존재하기 때문에 12, 18, 24개월째 최선의 경우는 플로어 지급액이 발생하는 것이다. 그런데 플로어 행사 이율은 6%이므로 지급 이자율은 스프레드 10bp를 더하여 6.10% 즉, 원금 $100에 대하여 현금 유출 $3.05가 발생하는 것이다. 이 최선의 경우 현금흐름도 위 표에 나타나 있다. 최선의 경우 총비용은 7.255%이다. 컬러를 사용할 경우 최종 총비용은 7.255%와 8.964%의 범위에 있게 된다.

회사의 궁극적인 선택은 방향성에 대한 견해에 달려있다. 만약 6개월 Libor가 6% 미만으로 하락할 확률이 높다고 회사가 생각하면 캡만 사용하는 것이 더 나을 것이다. 반대로 이 이율이 6% 미만으로 하락할 것 같지 않다고 회사가 생각하면 캡 매수 비용을 플로어 매도 비용으로 일부 충당하는 것이 좋은 생각일 것이다. 어느 경우든 고정금리 조달과 FRN과 캡/플로어를 사용하여 만든 합성 조날 방법을 비교하는 것은 범위와 점을 비교하는 것과 같다. 이러한 분석은 일상적이며 고정금리와 변동금리 시장의 연결고리 역할을 한다. ■

풋-콜 패리티 다시 보기

캡은 이자율에 대한 콜과 유사하며 플로어는 풋과 유사하므로 이 시장의 풋-콜 패리티를 유도해 낼 수 있다. 패리티 관계는 캡과 플로어를 스왑에 연결시킬 수 있다. 동일한 명목 원금과, 기초와 지급일, 그리고 행사가 X의 캡과 플로어를 생각해 보라. 그러면 각 캡릿과 플로어릿 만기일인 t_k에 다음 두 가지 가능성이 있다.

- 해당 Libor 금리 l_k가 X를 초과하면 캡릿은 내가격이 되어 $(l_k - X)\delta_k$를 t_{k+1}에 지급받게 된다. 플로어릿은 행사되지 않고 소멸된다.
- 만약 $l_k < X$이면, 플로어릿이 내가격이 되어 숏 포지션에게 지급될 금액은 $-(X - l_k)\delta_k = (l_k - X)\delta_k$이 된다. 캡릿은 행사되지 않고 소멸된다.

그러므로 어떤 경우이든 포트폴리오의 현금흐름은 이 $(l_k - X)\delta_k$되며, 이 금액은 t_{k+1}에 지급된다.

그러면 고정 스왑 이율 X이며, 이율 결정일이 캡릿의 만기와 동일하지만 두 가지 수정을 가한 평범한 고정-변동 스왑을 생각해 보자. 첫째, 첫 번째 이율 결정일 t_1에 지급이 발생하지 않는다고 가정한다. 둘째, 스왑의 양측이 t_{k+1}의 지급액 계산에 모두 동일한 일자 계산 방법을 사용한다고 가정한다. 이 스왑에서 t_{k+1}일(단 $k \geq 1$)의 변동수취 고정지급 측의 현금흐름은 다음과 같다.

$$(l_k \delta_k - X\delta_k) = (l_k - X)\delta_k$$

이 현금흐름은 롱 캡-숏 플로어의 현금흐름과 동일하다. 이 스왑(스왑[L 수취, X 지급]로 표시함)의 가치는 포트폴리오의 가치와 동일하다.

$$\text{스왑}[L \text{ 수취, } X \text{ 지급}] = \text{캡}(X) - \text{플로어}(X) \tag{23.11}$$

식 (23.11)이 약속했던 풋-콜 패리티 관계이다.

이 식을 약간 다른 형태로 표현할 수 있다. 이렇게 하기 위해서 롱 스왑 포지션은 변동금리 채권의 롱 포지션과 고정금리 채권의 숏 포지션을 합한 것과 같다는 사실을 상기하라.

$$\text{스왑}[L \text{ 수취, } X \text{ 지급}] = \text{변동금리 채권}[L] - \text{고정금리 채권}[X] \tag{23.12}$$

(스왑을 이렇게 분해하는 것은 위에서 언급한 수정을 가한 후에도 가능하다. 물론 이 때에는 고정금리 및 변동금리 채권에 약간의 수정이 필요하다. 특히 양쪽 모두 t_1에는 이자가 없다는 조건이 필요하며, 양자가 동일한 일자 계산법을 사용한다는 조건도 필요하다.) 이렇게 한다면 다음 식을 얻게 된다.

$$\text{캡}(X) - \text{플로어}(X) = \text{변동금리 채권}[L] - \text{고정금리 채권}[X] \tag{23.13}$$

여기에서 고정금리 채권은 행사가의 현재가치의 역할을 하는 반면, 변동금리 채권은 기초자산 가격의 역할을 한다. 이렇게 표현하면 주식 옵션의 풋-콜 패리티의 관계와 유사한 형태가 된다.

스왑션

미래에 시작하는(forward-starting) 스왑은 고정이자율이 결정된 이자율 스왑이지만, 스왑이 미래 특정 일자에 시작된다. 미래에 시작하는 스왑에서 양측은 모두 정해진 스왑을 시작해야 할 의무가 있다. 스왑션(또는 스왑 옵션)은 이 과정에 옵션 특성을 첨가한다. 수취자(receiver) 스왑션에서는 옵션의 롱 포지션이 스왑을 시작하여 고정금리를 수취하고 변동금리를 지급할 권리는 있지만 의무는 없다. 지급자(payer) 스왑션에서 옵션의 롱 포지션은 고정금리를 지급하고 변동금리를 수취할 권리를 가진다.

예를 들면, 기초 스왑이 1년 후에 시작하는 매 6개월 이자 재확정, 3년 고정-변동 스왑으로 고정금리가 8%로 정해져 있다. 이 스왑의 첫 번째 현금 교환은 스왑이 시작된 지 6개월 후, 지금으로부터 18개월 후에 발생한다. 고정 측의 현금흐름은 고정금리 8%를 사용하여 계산한다. 수취자(receiver) 스왑션 보유자는 1년 후에 이 스왑을 시작할지 말지를 결정할 수 있다. 행사 결정은 1년 후의 6개월마다 재조정하는 스왑 이율에 달려 있다. 그 시점의 스왑 이율이 8% 미만이면 당연히 행사하는 것이 보유자에게 이익이 되지만, 스왑 이율이 8%를 초과하면 옵션을 실행하지 않고 소멸되게 하는 것이 더 낫다.

스왑션은 캡 및 플로어에 밀접하게 연관되어 있다. 캡은 이자율 콜 옵션의 포트폴리오인 반면, 지급자(payer) 스왑션은 사실상 미래 현금교환들의 포트폴리오에 대한 옵션이며 이 미래 현금교환들은 롱 스왑이다. 다시 말하자면 캡에서는 매 이자 결정일에 Libor와 행사이율을 비교하여 캡릿마다

행사여부를 결정한다. 지급자(payer) 스왑션에서는 일단 한번 행사하면 투자자는 고정금리 지급, 변동금리 수취를 매 이자 결정일에 실행해야 한다. 그러므로 캡의 고정금리와 지급자(payer) 스왑션의 행사이율이 같으면 캡의 가치는 최소한 지급자(payer) 스왑션의 가치 이상이다. 이와 유사하게 플로어의 고정금리와 수취자(receiver) 스왑션의 행사이율이 같으면 플로어의 가치는 최소한 수취자(receiver) 스왑션의 가치 이상이다.

23.13 캡, 플로어, 스왑션 가격 산정을 위한 Black 모델

Black(1976)은 선물에 대한 옵션의 가격 산정을 위한 모델을 개발했다. 캡, 플로어, 스왑션의 가격 산정에서 Black 모델을 사용하는 것이 시장의 일반 관행이다.(이러한 관점에서 시장 모델이라고 한다.) 여기에서는 이에 대하여 좀 더 살펴본다. Black의 공식은 선물에 대한 옵션에 관련된 것이며, 캡과 플로어는 이자율에 관련된 것이므로 이 둘 사이의 관계를 설정하는 것이 필요하다. Black의 옵션가격산정 공식으로부터 출발하여 몇 단계를 거치게 된다.

Black(1976) 공식

Black의 옵션가격 산정 공식은 원래 이자율이 일정할 때 (혹은 더 일반적으로 이자율이 확정적일 때) 선물계약의 옵션에 대하여 개발되었다. 이자율이 일정하거나 확정적이면 (3장에서 살펴본 바와 같이) 선물과 선도 가격은 일치하므로 Black의 공식은 선도계약의 옵션에도 적용될 수 있다. 이자율이 확률적인 경우라도 선도에 대한 옵션가격 산정에 Black의 공식이 유효함이 밝혀졌다. (이자율이 확률적인 경우도 될 수 있는) 선도의 옵션가격 산정이라는 맥락에서 Black의 공식을 여기에서 활용하며 따라서 그 형태로 Black 공식을 제시한다.

S_t는 어떤 자산의 t시점 가격을 표시하며, $F(t, T^*)$를 T^*에서 만기되는 선도계약의 t시점의 선도 가격을 표시하는 것으로 한다. $B(t, T^*)$는 T^*시점에서 \$1을 지급하는 무이표채의 t시점의 가격을 표시한다. 만기가 $T \leq T^*$이며 행사가가 X인 선도계약에 대한 풋과 콜 옵션을 생각해 보자.

선도에 대한 옵션은 선물에 대한 옵션과 정확히 동일한 것으로 한다. 즉, 선도 콜 옵션은 보유자에게 옵션 만기 T에 인도가격이 옵션의 행사가 K와 동일한 선도계약에 롱 포지션을 취할 권리를 준다. 풋옵션은 보유자에게 옵션 만기 T에 인도가격이 K인 선도계약에 숏 포지션을 취할 권리를 준다. 그러한 옵션의 손익을 측정하기 위하여 콜을 구체적으로 생각해 보자. T 시점에 콜을 행사하면 보유자는 인도가가 K인 선도계약에 롱 포지션을 보유하게 된다.

이를 당시 시장 가격 $F(T, T^*)$으로 선도 계약 숏 포지션을 취하여 상쇄시키면, 보유자는 T^*에

$[F(T,\ T^*)-K]$ 또는 이와 같은 가치인 $\{B(T,\ T^*)\times[F(T,\ T^*)-K]\}$를 T 시점에 실현할 수 있다. 그러므로 콜은 오직 $F(T,\ T^*)\geq K$일 경우에만 행사될 것이며, 사실상 T 시점의 손익은 다음과 같다.

$$\max\{0, B(T,\ T^*)[F(T,\ T^*)-K]\}$$

유사하게 T 시점에서 풋의 손익은 다음과 같다.

$$\max\{0, B(T, T^*)[K-F(T,\ T^*)]\}$$

이제 선도가격은 기하학적 브라운 운동 과정을 따른다고 가정하면 다음과 같다.

$$dF(t,\ T^*) = \mu F(t,\ T^*)dt + \sigma F(t,\ T^*)dW_t$$

여기에서 σ는 일정하다. Black 공식에 따르면 t 시점의 선도계약 풋과 콜 가격은 다음과 같다.

$$C(t;\ T,\ K) = B(t,\ T^*)\left[F(t,\ T^*)N(d_1^F) - KN(d_2^F)\right]$$
$$P(t;\ T,\ K) = B(t,\ T^*)\left[KN(-d_2^F) - F(t,\ T^*)N(-d_1^F)\right]$$

위 식에서

$$d_1^F = \frac{1}{\sigma\sqrt{T-t}}\left[\ln\left(\frac{F(t,\ T^*)}{K}\right) + \frac{1}{2}\sigma^2(T-t)\right]$$
$$d_2^F = d_1^F - \sigma\sqrt{T-t}$$

캡과 플로어 손익을 선도의 옵션으로 표시하기

Black의 공식을 활용할 수 있으려면 캡릿과 플로어릿의 손익을 어떤 자산에 대한 특정 선도의 손익으로 표시해야 한다. 식의 형태를 보면(식 (23.9)와 (23.10)을 보라), 캡릿과 플로어릿은 Libor 이율의 옵션이며 Libor는 그 자체로 거래되는 변수는 아니다.

캡과 플로어의 손익을 달리 표현하는 첫 단계로, 캡릿과 플로어릿의 손익을 나타내는 식(각각 (23.9)와 (23.10))의 $l_k\delta_k$부분을 거래되는 자산 특히, 이자 결정일에 만기가 되는 무이표채를 활용하여 표시하는 것이다. 다음 전략을 고려해 보라.

- t_k시점이 만기인 액면가 \$1인 무이표채를 매입하고, t_{k+1}시점이 만기인 액면가 \$1인 무이표채를 공매도 한다. t_k시점에 \$1를 Libor에 투자하여 t_{k+1}시점에 회수한다.

무이표채로부터 받는 현금 \$1을 Libor에 t_{k+1}시점까지 재투자 하므로 t_k시점에서는 현금흐름이 없다. l_k가 t_k시점에서 실현된 Libor를 의미한다면, t_{k+1}시점에서는 투자금액에서 $1+l_k\delta_k$를 회수할

것이며, t_{k+1}만기 무이표채 \$1 숏 포지션에 대하여 \$1를 지급해야 할 것이므로 순현금흐름은 아래와 같다.

$$(1 + l_k \delta_k) - 1 = l_k \delta_k$$

원하던 대로, 지급시점 t_{k+1}에 $l_k \delta_k$를 창출하는 포트폴리오가 있음을 보였다.

S_t가 이 복제 포트폴리오의 t시점 가치를 표시한다고 하자. 그러면 다음과 같이 된다.

$$S_t = \begin{cases} B(t, t_k) - B(t, t_{k+1}) & \text{만일, } t < t_k \\ B(t, t_{k+1}) \times l_k \delta_k & \text{만일, } t_k \leq t \leq t_{k+1} \end{cases} \tag{23.14}$$

식 (23.14)를 살펴보면 t_k시점까지는 포트폴리오의 가치는 단순히 포트폴리오에 포함된 두 무이표채의 가격차에 불과하다. t_k시점에서 손익을 결정짓는 Libor가 확정되며, 그 때 포트폴리오 가치는 단순히 t_{k+1}시점에서 지급될 확실한 금액의 현재가치가 된다.

이제는 t_{k+1}시점에 만기가 되는 S_t에 대한 선도계약을 생각해 보자. t_k시점의 선도가격 F_t는 얼마인가? S_t로 표시된 자산은 배당을 지급하지 않는 자산이므로 3장의 논리에 따라 선도 가격은 다음 규칙을 따른다.

$$PV(\text{선도 가격}) = \text{현물 가격}$$

이것은 다음을 의미한다.

$$B(t, t_{k+1}) F_t = S_t$$

그러면 (23.14)로부터

$$F_t = \begin{cases} [B(t, t_k) / B(t, t_{k+1})] - 1, & \text{만일, } t < t_k \\ l_k \delta_k, & \text{만일, } t_k \leq t \leq t_{k+1} \end{cases} \tag{23.15}$$

$F_{t_k} = l_k \delta_k$임을 유의하라. 선도 계약 F_t에 대한 t_k만기, 행사가 $X\delta_k$인 옵션을 정의하자. t_k에서 이 계약을 행사할 경우 수익은 다음과 같다.

$$B(t_k, t_{k+1}) \times (F_{t_k} - X\delta_k) = B(t_k, t_{k+1}) \times \delta_k (l_k - X)$$

그러므로 t_k에서 본 옵션 손익을 다음과 같이 고쳐 쓸 수 있다.

$$B(t_k, t_{k+1}) \times \delta_k \max\{0, l_k - X\} \tag{23.16}$$

(23.9)에서 볼 수 있듯이 위 식은 정확히 t_k에서 만기되는 캡릿의 손익을 t_k시점에서 현재가치로 환산한 것이다. ((23.9)는 t_{k+1}시점에서 수취된다는 점을 유의하라. 이를 t_k시점으로 환산하면 결과는 정확히 (23.16)이 된다.) 그러므로 캡릿의 손익은 가격 과정이 (23.15)와 같은 선도 계약의 옵션으로 설명될 수 있음을 보였다. 행사가가 $\delta_k X$인 선도 계약에 대한 풋옵션을 생각하면 상응하는 플로어릿에 유사

한 결과를 도출할 수 있다.

이제 Black 공식을 이용하여 캡릿 가격을 표시할 단계에 이르렀다. 그렇게 하기 위해서는 선도 가격이 일정한 변동성을 유지하면서 로그 정규분포를 따른다는 가정을 해야 한다. 마지막 한 결과를 보면 이 가정의 해석이 쉬울 것이다.

선도 Libor 이율로서의 선도 계약

$f(t, t_k, t_{k+1})$는 (t_k, t_{k+1})기간 동안 차입 혹은 투자를 위한 t시점$(t \le t_k)$의 선도 Libor 이율을 의미한다. 차익거래가 없는 상황에서는 다음 식이 성립한다.

$$\delta_k f(t, t_k, t_{k+1}) = \frac{B(t, t_k)}{B(t, t_{k+1})} - 1 \qquad \textbf{(23.17)}$$

(23.17)을 이해하기 위해서 다음 두 전략을 고려해 보라.

- **전략 1** t_{k+1}에 만기가 되는 액면가 \$1인 무이표채를 매입한다.
- **전략 2** t_k에 만기가 되는 액면가 $(1+\delta_k f(t, t_k, t_{k+1}))^{-1}$인 무이표채를 매입하라. 동시에 이 투자에서 발생하는 금액을 t_k부터 t_{k+1}까지의 기간에 선도이율 $f(t, t_k, t_{k+1})$에 투자하는 계약을 체결하라.

두 전략 모두 t_{k+1}시점에서 확정된 금액을 가지게 된다. 그러므로 두 전략의 비용도 동일해야 한다. 첫 번째 전략의 비용은 $B(t, t_{k+1})$이며, 두 번째 전략의 비용은 아래와 같다.

$$\frac{1}{1 + f(t, t_k, t_{k+1})\delta_k} B(t, t_k)$$

이 둘을 등식으로 연결하면 결과는 (23.17)이 된다.

식 (23.17)은 $t \le t_k$에 대해서 식 (23.15)의 선도가격 F_t는 선도 Libor금리 $f(t, t_k, t_{k+1})$에 일수 계산 분수 δ_k를 곱한 것에 불과하다는 것을 의미한다. 특히 F_t의 변동성이 일정하면, 선도 Libor의 변동성도 일정함을 의미한다. 그러므로 F_t가 변동성이 일정한 로그 정규분포를 따른다는 가정은 선도 Libor 이율이 변동성이 일정한 로그 정규분포를 따른다는 가정과 동등하다.

Black 모델을 이용한 캡과 플로어 가격

위의 모든 논의를 종합하면 다음과 같이 정리할 수 있다. $t \le t_k$에 대해서 선도 Libor 이율 $f(t, t_k, t_{k+1})$는 변동성이 σ로 일정한 로그 정규분포를 따른다. 그러면,

1. 만기가 t_k이며 $\max\{0, l_k\delta_k - X\delta_k\}$를 t_{k+1}에 지급하는 캡릿의 t 시점 가격은 다음과 같다.

$$B(t, t_{k+1}) \times [f(t, t_k, t_{k+1})\delta_k N(d_1) - X\delta_k N(d_2)] \quad \textbf{(23.18)}$$

위 식의 d_1과 d_2는 아래와 같다.

$$d_1 = \frac{1}{\sqrt{t_k - t}}\left[\ln\left(\frac{f(t, t_k, t_{k+1})}{X}\right) + \frac{1}{2}\sigma^2(t_k - t)\right]$$

$$d_2 = d_1 - \sigma\sqrt{t_k - t}$$

그리고 $t_k - t$는 t와 t_k사이의 시간을 연 단위로 환산한 것이다.

2. 만기가 t_k이며 $\max\{0, X\delta_k - l_k\delta_k\}$를 t_{k+1}에 지급하는 플로어릿의 t 시점 가격은 다음과 같다.

$$B(t, t_{k+1}) \times [X\delta_k N(-d_2) - f(t, t_k, t_{k+1})\delta_k N(-d_1)] \quad \textbf{(23.19)}$$

위 식의 d_1과 d_2는 캡릿 식에서 정의된 바와 같다.

캡의 가격은 단순히 캡에 포함된 모든 캡릿 가격의 합이며, 플로어의 가격은 플로어에 포함된 모든 플로어릿의 합이다. 그래서 식 (23.18)과 (23.19)는 각 만기의 Libor 이율은 변동성이 일정한 로그 정규분포를 따른다는 가정하에서 캡과 플로어의 가격을 계산할 때 사용될 수 있다.

스왑션에 Black 모델 적용

지급자(payer) 스왑션을 행사하면, 보유자는 스왑션 계약에서 명시한 X에 스왑 롱 포지션(고정지급 변동 수취)을 취하게 된다. T가 스왑션의 만기를 표시하며, t_0는 스왑의 시작 시점 ($t_0 \geq T$), 그리고 $t_1, \cdots, t_n$은 스왑에서 나머지 이자 확정일 혹은 스왑 지급일을 표시한다. 명목 원금을 $1이라고 하자.

임의의 $t \leq T$에서 볼 때, 스왑 변동 지급 측의 현금흐름은 다음과 같은 비용으로 복제할 수 있다.

$$B(t, t_0) - B(t, t_n)$$

즉, t_0가 만기인 액면가 $1 무이표채를 매입하고, t_n이 만기인 액면가 $1 무이표채를 매도하는 것이다. 즉, t_0에서 수취한 $1을 Libor에 t_1까지 투자하고, 다시 $1를 t_1에서 t_2까지 Libor에 투자하기를 계속 반복한다면 매 시기 $t_1, \cdots, t_n$에 변동금리 Libor 현금흐름을 복제할 수 있다. 그리고 마지막 시점 t_n에서는 원금 $1도 수취하게 되지만 t_n만기인 무이표채 숏 포지션을 정리하는 데 사용하게 된다.

고정 금리가 X일 때, 고정 현금흐름의 현재가치를 계산하기는 더 쉽다. 이는 단순히 다음과 같다.

$$\sum_{k=1}^{n} B(t,\, t_k)\, X\, \delta_k$$

위에서 δ_k는 고정 측의 $(t_{k-1},\, t_k)$기간에 적용되는 일수계산 분수를 의미한다.

이를 종합하면 고정지급/변동수취 스왑의 가치를 t 시점에서 계산하면 다음과 같다.

$$S_t^{(1)} - S_t^{(2)}$$

위 식에서

$$S_t^{(1)} = B(t,\, t_0) - B(t,\, t_n) \text{ 그리고 } S_t^{(2)} = \sum_{k=1}^{n} B(t,\, t_k)\, X\, \delta_k$$

그러므로 만기 시점에서 스왑션의 손익은 다음과 같다.

$$\max\left\{0,\, S_T^{(1)} - S_T^{(2)}\right\}$$

이는 다름 아닌 Margrabe(1978)가 기술한 교환 옵션(exchange option)이다(18장 참조). 18.6절에서 살펴본 바와 같이 Margrabe 공식은 $S_t^{(1)}/S_t^{(2)}$가 변동성 σ가 일정한 기하학적 브라운 운동을 따를 경우 옵션가격 산정에 사용될 수 있다. 하지만 이 마지막 조건은 선도 스왑 이율(t 시점에서 본 무차익 거래 스왑 이자율)이 변동성이 일정한 기하학적 브라운 운동을 한다는 것과 동일하다. 이를 확인하기 위해 t 시점의 선도 스왑 이율 X_t^f는 t 시점에서 본 스왑 가치가 0이 되게 하는 값으로 다음 관계가 성립된다.

$$B(t,\, t_0) - B(t,\, t_n) = \sum_{k=1}^{n} B(t,\, t_k)\, X_t^f\, \delta_k$$

이 식으로부터 스왑 이율은 다음과 같이 산출된다.

$$X_t^f = \frac{B(t,\, t_0) - B(t,\, t_n)}{\sum_{k=1}^{n} B(t,\, t_k)\, \delta_k} \tag{23.20}$$

$S_t^{(1)}$ 및 $S_t^{(2)}$의 정의에 의해 다음식이 성립된다.

$$\frac{S_t^{(1)}}{S_t^{(2)}} = \frac{B(t,\, t_0) - B(t,\, t_n)}{X \sum_{k=1}^{n} B(t,\, t_k)\, \delta_k}$$

식 (23.20)의 $B(t,\, t_0) - B(t,\, t_n)$을 치환하면 다음과 같이 된다.

$$\frac{S_t^{(1)}}{S_t^{(2)}} = \frac{X_t^f \sum_{k=1}^{n} B(t,\, t_k)\,\delta_k}{X \sum_{k=1}^{n} B(t,\, t_k)\,\delta_k} = \frac{X_t^f}{X}$$

그러므로 $S_t^{(1)}/S_t^{(2)}$가 변동성이 일정한 기하학적 브라운 운동을 따른다는 가정은 선도 스왑 금리 X_t^f가 변동성이 일정한 기하학적 브라운 운동을 따른다는 가정과 동등하다.

이 모든 것을 종합하면 다음과 같은 결론을 내릴 수 있다. 선도 스왑 금리가 변동성이 σ로 일정한 기하학적 브라운 운동을 하면 t 시점의 지급자(payer) 스왑션의 가치는 다음과 같다.

$$S_t^{(1)} N(d_1) - S_t^{(2)} N(d_2)$$

위 식의 d_1과 d_2는 다음과 같다.

$$d_1 = \frac{1}{\sqrt{T-t}}\left[\ln\left(\frac{S_t^{(1)}}{S_t^{(2)}}\right) + \frac{1}{2}\sigma^2 (T-t)\right]$$

$$d_2 = d_1 - \sigma\sqrt{T-t}$$

비슷한 논리로 t 시점의 수취자(receiver) 스왑션의 가치는 다음과 같다.

$$S_t^{(2)} N(-d_2) - S_t^{(1)} N(-d_1)$$

23.14 요약

이 장에서는 이자율 스왑, 캡, 플로어, 스왑션 등 변동금리 이자율 파생상품에서 가장 중요한 것 몇몇을 살펴보았다. 스왑은 복수의 교환이 이루어지는 복수 선도 이자율 계약과 유사하지만 또 이는 고정금리 채권과 변동금리 채권의 교환으로 볼 수도 있다. 후자의 관점은 이 장에서 본 바와 같이 분석을 하는 데 특히 유리하다. 캡, 플로어, 스왑션은 모두 이자율 스왑과 밀접하게 연관되어 있지만 옵션의 특성이 중간에 끼어든다. 캡과 플로어는 스왑과 비슷하지만 보유자가 매 지급일에 현금흐름의 교환을 요구하고 참여할 수 있는 선택권을 가지고 있다. 스왑션은 미래에 정해진 조건으로 스왑에 참여할 수 있는 옵션이다.

이 장에서는 Black과 Margrabe 모델을 이용한 캡, 플로어, 스왑션의 가격 산정에 대해서도 살펴보았다.(이들은 때로 이러한 상품의 가격 산정을 위한 "시장 모델"이라고 불리지만, 좀 더 엄격하게 말하자면 시장 관행이라고 보는 것이 맞을 것이다.) 이러한 모델은 이자율 곡선 전체가 시간에 따라 어떻게 형성

되는 지를 논의하지 않고 특정 개별 이율의 움직임을 분리해서 명시한다는 점에서 불완전하다. 이자율 기간 구조 모델링을 다루는 장에서 더 넓은 질문을 검토하며 몇몇 다른 이자율 기간구조 모델을 소개할 것이다.

23.15 연습문제

1. 왜 스왑이 선도이율계약(FRA)의 집합인지 설명하라.
2. 일방이 고정을 수취하고 변동을 지급하는 스왑이 캡과 플로어로 구성된 포트폴리오와 동등함을 보여라. 구체적인 관계를 제시하라.
3. 스왑은 고정금리 채권과 변동금리 채권에 대해서 어떤 관계가 있는가?
4. 변동금리 채권(FRN)의 듀레이션은 무엇인가?
5. 당신은 10% 상한선인 Libor FRN을 보유하고 있다. 가격이 Libor의 함수로 증가하는가 감소하는가를 설명하라.
6. 스왑션은 스왑에 대한 옵션이다. 캡은 FRA 포트폴리오에 대한 옵션이다. 스왑은 FRA의 포트폴리오라면, (a) 스왑션과 (b) 캡 중 어느 것의 가치가 더 높은가?
7. 다른 조건이 동일하다면, 이자율 변동성의 증가는 스왑 가치에 어떤 영향을 미치는가?
8. 6개월 Libor가 3%, 12개월 Libor가 4%로 주어져 있다. 6×12 FRA가 4.2%에 거래되고 있다. 이 시장 이율을 활용하여 차익거래를 구성할 방법을 설명하라. 첫 번째 6개월에는 181일이 있고, 두 번째 6개월에는 184일이 있다. 이자율 계산 관행은 실제/360이다.
9. 고정금리 4.2%의 6×12 FRA 롱 포지션을 생각해 보라. 이자율 1%에서 10%의 범위에 대한 손익을 계산하라. 이 손익의 기울기가 양인가 음인가? 설명하라. 첫 번째 반년에는 181일이 있고, 두 번째 반년에는 184일이 있다. 이자율 관행은 실제/360이다.
10. 위 문제에서 손익을 두 가지 관행으로 계산하라. (a) (FRA 만기에) 할인된 형태 (b) (기초 차입이 만기되는 시점에서) 후불. 두 선은 직선인가 아닌가? 두 손익의 차이를 설명하라. 이자율 관행은 실제/360이다.
11. 6×12 FRA는 고정금리 4%에 거래되고 있다. 12×18 FRA는 5%에 거래되고 있으며, 18×24 FRA는 6%에 거래되고 있다. 12×24 FRA는 얼마에 거래되어야 하는가? 답을 연율로 표시하라. 이어지는 6개월이 일수는 각각 182, 183, 181, 184이다.
12. 매 6개월은 반년으로 간주하며 연속복리를 사용하여 위 문제를 다시 계산하라. 이러한 유형

의 문제를 풀 수 있는 단순 수식을 만들 수 있는가? 연속복리로 계산하는 것이 더 어려운가? 왜 그런지를 설명하라.

13. 당신은 변동금리 이율 Libor+100bp로 2년간 차입이 가능하다. 뿐만 아니라 6×12 FRA로 고정금리 3%와 교환이 가능하다. 이와 비슷하게 12×18 FRA를 3.5%에, 18×24 FRA를 4%에 체결할 수 있다. 머니 마켓 관행은 실제/360이다. 첫 4개의 6개월에는 181, 184, 182, 183일이 각각 있다. 현재 6개월 Libor는 2%이다. 시장에서 신용 차익거래는 없는 것으로 하면, 당신의 고정금리 2년 차입 이율은 얼마이어야 공정한 것인가? 이자 지급액은 매 6개월마다 동일한 금액으로 가정하라.

14. 당신은 아직도 만기까지 6개월이 남아 있는 FRA로 183일이 포함된 6개월(6, 12) 간 5%로 차입하도록 되어 있다. 현재 (6, 12) 기간에 대한 선도 금리는 5.2%이다. 이 FRA의 시장가치는 얼마인가? 이 계약의 PVBP는 얼마인가? PVBP의 부호에 대해서도 설명하라. 머니 마켓 표준 관행인 실제/360일을 사용하라.

15. 현재 이자율 곡선이 6%에서 일정하다면, Libor+100bp이율을 적용하는 5년 만기 변동금리 채권의 가격은 얼마인가? 이자 지급 계산 시장관행은 30/360이며, 할인에서는 실제/360을 적용한다.

16. 두 회사 X와 Y는 다음 조건으로 차입이 가능하다.

    A: 고정금리 4%, 변동금리 Libor−1%

    B: 고정금리 5%, 변동금리 Libor+1%

    스왑을 이용하여 이 두 회사 모두가 더 낮은 비용으로 자금을 조달할 수 있는 방법을 보이라. 만약 객관적인 조언자라면 두 회사에게 어떤 스왑을 제안하겠는가?

17. 회사 A는 고정금리 10%에 차입이 가능하다. 또 이 회사는 Libor+1%의 변동금리에 조달이 가능하다. 마켓 스왑 이율은 매수호가가 8.9%이고 매도호가는 9.1%이다.(즉, 회사는 고정금리 9.1%를 지급하는 스왑을 체결하거나 고정금리 8.9%를 수취하는 스왑을 체결할 수 있다.) 이 회사가 변동금리 차입을 원한다면 가장 저렴한 차입 형태는 무엇인가?

18. 학생 대출 조합에서는 변동금리로 자금을 조달을 해서 5~10년 고정금리 대출을 한다. 재무상태표 위험의 성격에 대해서 기술할 수 있나? 위험을 줄이기 위해서 이 조합은 어떤 계약을 체결할 필요가 있는가?

19. 다음과 같은 6개월 간격 Libor 이율표가 있다.

만기	연환산 이율(%)
19-May-04	
19-Nov-04	1.06
19-May-05	1.23
19-Nov-05	1.44
19-May-06	2.06
19-Nov-06	2.66
19-May-07	3.10
19-Nov-07	3.20
19-May-08	3.49

현재는 19-May-04이다. 이 문제의 모든 스왑은 4년 만기이며, 명목 원금은 100,000이다. 스왑의 고정 측은 30/360 관행을 사용하며, 변동 측은 실제/360을 사용한다. 위의 무이표채 수익률은 다음 공식을 사용하여 할인요소로 변환할 수 있다.

$$d = \frac{1}{1 + (z \times D/360)}$$

위 식에서 z는 무이표채 이율이며, D는 시작 시점부터 지급일까지의 일수를 의미한다.

(a) 변동 측에서 Libor를 지급하는 고정-변동 이자율 스왑의 가격을 구하라.

(b) 변동 측에서 Libor+25bp를 지급하는 고정-변동 이자율 스왑의 가격을 구하라. 명목 원금은 100,000이다.

(c) 변동금리와 무이표채 스왑의 가격을 구하라.

(d) 스왑의 고정금리가 3%라면 변동금리의 Libor를 초과하는 스프레드가 얼마이어야 공정한 스왑이 되는가?

20. 향후 8개의 6개월 기간에 대한 자료가 다음과 같이 주어져 있다.

기간	일수	Libor
1	182	3.00
2	183	3.25
3	182	3.75
4	183	4.00
5	182	4.24
6	183	4.50
7	182	5.00
8	183	5.50

무이표채 이율은 다음 식을 이용하여 할인요소로 변환할 수 있다.

$$d = \frac{1}{1 + (z \times D/360)}$$

위 식에서 z는 무이표채 이율이며, D는 시작 시점부터 지급일까지의 일수를 의미한다. 스왑이 공정하기 위해서는 6개월 지급 4년 만기 스왑의 고정 금리는 얼마이어야 하는가? 고정 측은 실제/360 관행을 사용한다.

21. 이자율 곡선이 우상향일 때, 5년 고정-변동 이자율 스왑에서 고정금리 지급 측과 수취 측 어느 쪽이 더 많은 신용위험을 지게 되나? 양측 모두 동일한 신용 수준이라고 가정하라.

22. 어떻게 하면 무이표채 스왑을 이용하여 스왑 포트폴리오를 헤지할 수 있나? 스왑을 적절하게 구축하기 위하여 어떠한 논리를 사용할 것인가?

23. 1.68년 후에 $125의 현금흐름이 발생할 것이며, 이를 1.5년과 2년으로 분할하고자 한다. 이 두 점의 무이표채 이율은 3%와 4%이며 연속 복리를 사용한다. 가치와 위험을 보전하는 분할 금액을 구하라.

24. 주요 투자자인 Iwan Itall이 2년 만기 매 6개월 Libor에 따른 이자 지급 변동금리 채권 100백만 달러의 포트폴리오를 보유하고 있다. 이 표준 변동금리 채권의 이자는 매 6개월마다 확정된다. 그런데 이 투자자는 미래에 최소한 6.00%의 Libor를 수취할 수 있도록 하고 싶다. 현재 6개월 Libor 캡과 플로어의 가격(옵션 액면가에 대한 베이시스 포인트로 표시한 가격)이 다음과 같이 호가되고 있다.

행사이율	캡(bps) 2년	플로어(bps) 2년
4.00%		7
4.50%		12
5.00%	133	24
5.50%	91	48
6.00%	55	60
6.50%	40	
7.00%	20	

[주의사항: 단순화를 위하여 옵션 프리미엄은 시간 경과에 따라서 직선으로 상각되는 것으로 가정하라.] 예를 들면, 6.5% 2년 캡은 초기 일시 비용 40bp, 즉 연 20bp이다.

(a) Iwan Itall은 그의 총수익률(옵션 비용 공제 이전)이 연 6% 미만으로 추락하지 않기 위해서는 어떤 옵션을 매입해야 하나? 매 이자 지급 시점의 총수익(옵션가격 공제 전) 및 순수익(옵션가격 공제 후)를 보여 주는 적절한 다이어그램을 그려라. 이 다이어그램에 정확

한 명칭을 부여하라. 위 주의사항의 단순한 가정을 사용하라.

(b) (a)에서 사용한 전략의 옵션가격이 너무 높다고 생각하면, 이 비용을 보충하기 위하여 Iwan에 어떻게 하라고 조언하겠는가? Iwan은 Libor가 7%를 초과하지 않을 것이며 이 위험을 부담할 것이라고 말해왔다. 적절한 수익 다이어그램을 그려라.

(c) Iwan이 그의 목표인 총수익률 6%를 달성할 수 있는 무비용 전략을 고안할 수 있겠는가?

(d) 위의 정보를 근거로 하면 2년 고정 이율은 대략 얼마인가?

25. Inverse floater(역변동금리채권)은 이자율이 기준 이자율의 움직임에 역으로 변하는 변동금리채권이다. Inverse floater의 예는 다음과 같다. 3년 6개월 이자지급 변동금리 채권으로 이자율이 다음과 같은 채권을 생각해 보라.

$$\text{이자율}(c) = 12\% - l$$

위 식에서 l은 6개월 Libor 이율을 의미한다. 추가 조건으로 만약 $l > 12\%$이면, $c = 0\%$이다. 여러 가지 등가 원칙을 사용하여 이 채권을 일반 채권, 캡, 플로어 등의 기본증권의 복합으로 표시하라.

제24장

주식 스왑

24.1 서론

주시 스왑은 주식 위험을 만들거나 전가할 수 있도록 도와주는 상품이다. 일반적인 형태의 주식 스왑은 쌍무 금융계약으로

- 일방이 특정 원금에 특정 주가지수의 수익률을 지급한다.
- 상대방은 동일 원금에 약속된 이자율을 지급한다.

한 예를 들자면 S&P 500의 6개월 수익률과 6개월 Libor를 교환하는 스왑이다. 말하자면 매 6개월마다 일방은 상대방에게 정해진 금액에 S&P 500 수익률을 적용하여 계산한 금액을 지급하는 반면, 상대방은 동일한 금액에 6개월 Libor 이율을 적용하여 계산한 금액을 지급하는 것이다. 원금 자체는 절대 교환되지 않는다. (그래서 "명목" 원금이라는 용어를 사용한다.)

위에서 기술한 일반형 스왑은 주식 위험과 이자율 위험을 교환한다. 예를 들어, 이자율을 지급하고 주식 수익률을 수취하는 채권 포트폴리오 매니저는 사실상 그의 이자율 익스포져를 주식 익스포져로 변환시킨다. 이와는 반대의 거래를 하는 주식 포트폴리오 매니저는 주식 익스포져를 이자율 익스포져로 변경시킨다.

이 기본형을 기초로 여러 변형이 있다. 예를 들면 이자율 측은 변동금리 대신 고정 금리를 택할 수도 있다. 스왑의 원금도 지수 수익률에 따라 변동될 수도 있다. (즉, 스왑이 변동 명목 원금을 사용할 수도 있다.) 예를 들면, 미국의 투자자가 미국 달러 Libor를 지급하고 해외 지수의 수익률을 수취하는 경우와 같이, 두 지급액의 흐름이 서로 다른 통화로 이루어 질 수 있다(교차통화 주식 스왑). 이에 따라 발생하는 외환 위험은 헤지할 수도 있으며, 헤지 하지 않을 수도 있다.

또 다른 변형으로는, 한 지수(혹은 주식 바스켓)의 수익을 다른 지수(혹은 주식 바스켓)의 수익으로 교환하는 "두 지수(two index)" 혹은 "상대 성과(relative performance)" 주식 스왑; 주식 측의 수익이 둘 혹은 그 이상의 지수 또는 바스켓의 최고 수익을 기준으로 하는 초과성과 스왑(outperformance swaps); 주식 측이 혼합지수의 수익을 기준으로 하는 무지개 스왑(rainbow swap) 등이 있다.

정의하기는 쉽지만, 주식 스왑은 유용하면서도, 분석적으로 흥미로운 상품이다. 주식 스왑의 용도는 아래 24.2절에서 논의한다. 여러 종류의 주식 스왑의 손익은 24.3절에서 논의한다. 24.4절에서는 일반 주식 스왑의 가격 및 가치 산정에 대하여 검토한다.[1)]

주식 스왑과 잘 알려진 사촌인 이자율 스왑을 대조하는 것으로 분석을 시작하는 것이 좋을 듯하다.

주식 스왑과 이자율 스왑

일반적인 (보통의 고정-변동 스왑) 이자율 스왑은 쌍무 계약으로 일방은 명목 원금에 대한 고정금리를 지급하고, 상대방은 동일한 원금에 변동금리(예 Libor)를 지급하는 계약임을 상기하라. 이자율 스왑과 주식 스왑 사이에는 강한 연결고리가 있다. 가장 중요한 것은 가격 산정에 관한 것이다. 다음을 생각해 보라.

- 주식 스왑은 주식 수익률과 고정금리를 교환하는 것이다.
- 평범한 이자율 스왑은 변동금리와 고정금리를 교환하는 것이다.

시작 시점에서, 어느 스왑이든 고정금리는 스왑의 가치가 0이 되도록 설정된다. 이 장 후반에서 설명하겠지만, 차익거래가 없기 위해서는 이 고정 금리는 같아야 한다. 더 나아가 이 고정금리는 전적으로 할인 함수(즉, 이자율 기간구조)에 의해서 결정되며, 주식의 변동성 같은 특성에는 관계가 없다.

주식 스왑과 이자율 스왑이 약간 다른 점이 있기 때문에 이 결과는, 적어도 처음 볼 때에는, 약간 놀라울 것이다. 예를 들면, 주가는 지급 시기가 끝날 때까지 알려지지 않기 때문에, 주식 스왑의 순지급액은 지급 시기가 끝날 때까지는 알려지지 않는다. 이자율 스왑에서는, 지급은 비록 기말에 이루어진다 하더라도, 특정 지급 기간에 적용될 이자율(예, Libor)이 기간 초에 결정된다. 더욱이 주가 수익률은 음이 될 수 있기 때문에 주식 스왑에서는 일방이 두 개를 동시에 지급해야 할 수도 있다. 24.4절에서 설명하겠지만 그럼에도 불구하고 그 결과는 직관적이다.

24.2 주식 스왑의 용도

주식 스왑의 핵심적인 용도는 주식 익스포져를 합성적으로, 즉 실제로 주식을 소유하지 않고(또는 이전하지 않고) 주식 익스포져를 만드는(또는 이전하는) 것이다. 이 맥락에서 보면 주식 스왑은 몇

1) 주식 스왑에 대한 문헌은 좀 드문 편이다. Chance(2003), Marshall과 Yuyuenyonwatana(2000), Cooper와 Lybrand(1992)의 자습서 등이 유용한 참고 자료이다. 이 장의 자료는 다른 자료들 가운데 앞에서 언급한 자료를 참조하였다.

가지 장점이 있다. 주식 스왑은

- 이 익스포저를 저렴하게 제공하는 방법이다.
- 세금 계산상 유리한 구조를 만들 수 있다.
- 투자에 관한 규제를 회피할 수 있다.
- 포트폴리오 재조정 혹은 더 일반적인 포트폴리오 관리를 단순화할 수 있다.
- 외국 주식 혹은 외국 주가 지수(특히 신흥 시장) 익스포저를 확보하는 데 유용한 수단이다. 원한다면 환율 위험 없이 익스포저를 구축할 수 있다.

아래 자료는 이러한 용도를 예시하는 특정한 환경을 보여 준다.

지수 추종

주식 스왑은 다년에 길친 합성 (특별히 맞춤형)주가지수 익스포저를 제공한다. 현물 시장을 통해서 이러한 익스포저를 확보하려면 현물로 지수를 복제해야 하며, 주가 지수 구성이 변동되면 포트폴리오를 재조정해야 할 필요가 있다. 주식 스왑에서는 지수의 총 수익률을 누수 없이, 머니 마켓 연동 지급액과 교환할 수 있다.

국가간 교차 투자(Cross-Country Investing)

해외 주식(예, 영국)으로 분산을 시도하는 국내(예, 미국) 펀드 매니저가 해외의 주가 지수(예로 FTSE 100이나 아니면 맞춤형 지수) 수익률을 추종하고자 한다고 생각해 보자. 이렇게 하는 한 방법은, 실제로 해당되는 영국 주식 바스켓을 현금으로 매입하는 것이다. 이 방법의 여러 단점(관리 및 비용 등) 중 하나는, 많은 나라들이 해외 투자자에게 배당을 지급할 때 세금을 원천징수한다는 것이다. 2%의 배당에 15%를 원천징수하면 수익률이 당장 30bp 감소되는 효과가 있다. 주식 스왑은 효과적인 대안이 된다. 미국 매니저는 주식 스왑으로 (예를 들면) S&P 500의 수익률을 지급하고 FTSE 100의 수익률을 수취할 수 있다. 이 스왑의 환 위험은, 아래 24.3절에서 설명하는 헤지된 교차통화 주식 스왑을 사용하여 헤지할 수 있다.

신흥시장 주식 투자

신흥 주식 시장에 투자하기를 원하는 투자자가 직면하는 문제 중 하나는 유동성 부족이다. 유동성이 부족하면, 재빨리 시장에 진입하였다가 재빨리 철수하는 일이 어려워지며, 유연성이 필요한 시장 위기 시에 특별히 문제가 된다. 이러한 면에서 주식 스왑은 몇 가지 장점이 있다. 펀드 매니저는 시장 진입과 철수를 빨리 수행할 수 있고, 유동성 부족에서 오는 제약을 덜 받으면서 마켓 혹은 원하는 주식 바스켓에 대한 익스포저를 확보할 수 있다. 신용 익스포저는 스왑 상대방에 대한 것뿐이므로, 이점 또한 그 나라의 증권회사를 믿고 주식을 매입하는 것보다 나을 수 있다. 그리고 마지막

으로 모든 현금흐름을 미 달러화로 지정하면 환율 위험을 제한하는 방식으로 주식 스왑을 구성할 수 있다.

규제에 대한 고려

주식 스왑으로 일부 규제로 인한 제한을 극복할 수 있게 된다. 웹 사이트 http://www.finpipe.com/equityswaps.htm에는 이 면에서 특별히 흥미로운 사례인 캐나다 Registered Retirement Savings Plan(RRSP) 사례가 기술되어 있다. RRSP 참여자는 그들 계정의 20%를 초과하여 해외 자산에 투자하지 못하게 되어 있었다. 이는 분산투자라는 관점에서 볼 때, 특히 캐나다 시장의 수익률이 해외(예 미국) 시장 수익률보다 낮은 1990년대에는 환영받지 못하는 제한이었다.

주식 스왑으로 이 규정을 교묘히 피할 수 있었다. 캐나다 은행으로부터 주식 스왑을 매입한 뮤추얼 펀드는 캐나다 투자 상품에 투자한 것으로 간주되었고, 이러한 뮤추얼 펀드는 결과적으로 RRSP 적격으로 인정되었다. 이 주식 스왑은 미국 주식 수익률을 펀드에 제공해 주었고, 이러한 펀드에 투자했던 RRSP 참여자들에게는 미국 주식 수익률이 제공되었다.

주식 매도 없이 분산투자

주식회사 임원들은 자주 자사 주식을 많이 보유한다. 자기 회사의 주가가 상당히 상승한 임원은 이 수익의 최소한 일부라도 고정시키기를 바랄 수 있겠지만, 이렇게 하려면 주식을 매각해야 하고, 이렇게 하면 주식 매각익에 대한 세금을 부담해야 할 뿐만 아니라, 의결권을 상실하게 된다. 더욱이, 이러한 거래는 주주에게 보고해야 되기 때문에, 주가에 나쁜 영향을 촉발시킬 수도 있다.

1990년대 이러한 상황에 처했던 많은 임원들에게 주식 스왑이 해결책이 되었다. 임원들이 주식 스왑으로 자신들의 주식 수익률을 상대방에게 지급하고, 그 대가로 Libor와 같은 머니 마켓 연동 지급액 혹은 S&P 500과 같이 광범위한 시장 지수 수익률을 수취하기로 하였다.

그러한 거래의 한 예가 Bolster, Chance 및 Rich(1996)에 기술되어 있다. 사행성 게임기 제조사 Autotote Inc.의 CEO이었던 Lorne Weil과 관련된 사례이다. 1994년 Weil이 보유하고 있던 Autotote의 주식 가치가 거의 $23백만으로 상승하여, 2년 전에 비하여 7배 이상 상승되었다. 이는 서류상의 수익이었다. 이를 실현하기 위해서는 적어도 보유 주식의 일부를 처분해야 하며, 이러한 경우 많은 세금을 내야 했었다. 그래서 Weil은 Banker's Trust(BT)와 5년 주식 스왑을 체결하여, 그는 BT에게 500,000 주(거래 당시에는 약 $13.4백만에 해당)의 총수익을 지급하고 그 대가로 $13.4백만의 대체 투자에 대해서 Libor−2.125%를 수취하기로 하였다.

BT는 이 전략을 널리 광고하였다. 1994년 7월 Barron's의 전면 광고에서 "한 주식에 너무 많은 돈을?"라고 질문하고 "주식이 아니라 위험을 제거하라"고 대답하면서, 주식 투자자는 주식을 매도할 필요 없이, 주식 매각익에 대한 세금 없이, 그리고 의결권 상실 없이, 위험을 분산할 수 있다고 덧붙였다.

되돌아보면, 이 홍보는 좋은 생각이 아니었던 것 같다. 규제 당국은, 주식 스왑은 경제적으로 주식 매각과 같으며, 그렇게 과세해야 한다고 주장했고 이 주장이 받아 들여졌다. 1997년 Taxpayer Relief Act는 기능적으로 매도와 동등한 거래가 발생할 때 수익을 인식하도록 하는 규정을 포함하였다. 이 입장에 찬성한 SEC는 매도와 기능적으로 동등한 거래를 주주에게 보고하도록 요구하였다. 실제 매도에 비하여 중요한 두 가지 장점이 사라졌다.

주가 연계 예금

Marshall과 Yuyuenyonwatana(2000)는 주식 스왑의 또 다른 용도인 주가 연계 예금을 제시한다. 주가 연계 예금은 미국에서 1990년대 인기가 높았다. 이 계약에서 은행은 원금은 보장되며, S&P 500 수익률의 일정 부분을 지급하는 계좌를 제공했다. 은행은 부외 파생상품을 이용하여－주식 스왑과 (최소 보장을 위한) 옵션을 혼합하여－필요한 자산 수익률을 창출했다. 이 수익률을 바탕으로 주가 연계 예금을 판매하였다.

24.3 주식 스왑의 손익

이 절에서는 주식 스왑의 손익에 대해서 설명한다. 다음과 같은 주식 스왑의 4가지 대분류를 살펴본다.

- 고정 명목 원금에 대한 주식과 Libor
- 변동 명목 원금에 대한 주식과 Libor
- 환위험 헤지하지 않은 교차 통화 주식 스왑
- 환위험 헤지 한 교차 통화 주식 스왑

이 모든 경우 3년 만기 6개월 현금흐름 교환 스왑을 고려한다. 변동금리는 6개월 Libor로 한다. 스왑의 시작일은 Year 1이라고 부르는 해의 6월 11일로 한다. 이 날짜는 11-Jun-Year 1으로 표시한다. 첫 지급금의 교환은 Year 1의 12월 11일(11-Dec-Year 1으로 표기)에 발생하며, 마지막 여섯 번째는 11-Jun-Year 4에 발생한다. 이 6개의 지급일에 적용되는 가상적인 Libor는 [표 24.1]에 있다. 최초의 명목 원금은 $100백만으로 하며, 지급액의 계산은 주식 수익률을 수취하고 미국 달러화 Libor를 지급하는 투자자의 관점에서 계산하였다.

표 24.1 이율 결정일의 Libor 금리 가정

일자	6개월 Libor
11-Jun-Year 1	6.50%
11-Dec-Year 1	7.00%
11-Jun-Year 2	6.50%
11-Dec-Year 2	6.25%
11-Jun-Year 3	5.75%
11-Dec-Year 3	5.25%

(A) 고정 명목 원금 주식 수익률 및 Libor 스왑

지급일 11-Dec-Year 1을 생각해 보자. 이 날에 지급해야 할 변동 지급액이 11-Jun-Year 1의 Libor 이율, 6.5%로 계산이 된다. 변동지급액은 머니 마켓 관행(실제/360)에 따라 계산이 된다. 이 기간에 183일 있다고 가정하면 변동 지급액은 다음과 같다.

$$0.065 \times \left(\frac{186}{360}\right) \times 100,000,000 = 3,304,167$$

11-Dec-Year 1의 주식 수익 수취액은 11-Jun-Year 1부터 11-Dec-Year 1까지의 지수 수익률에 따라 계산된다. 이 수익률이 8.74%라고 가정하자. 그러면 주식 측의 수취금액은 다음과 같다.

$$(0.0874) \times 100,000,000 = 8,740,000$$

주식 측의 지급금을 계산하는 데에는 날짜 계산이 필요 없음을 유념하라. 그러므로 11-Dec-Year 1의 순수취액은 다음과 같다.

$$8,740,000 - 3,304,167 = 5,435,833$$

두 번째 지급일은 11-Jun-Year 2이다. 이 날의 변동 지급금액은 11-Dec-Year 1의 6개월 Libor에 의해 결정되며, 이 이율은 7.00%로 되어 있다. 이 6개월에는 183일 있다고 가정하면, 변동 지급액은 아래와 같다.

$$(0.07) \times \left(\frac{183}{360}\right) \times 100,000,000 = 3,558,333$$

11-Dec-Year 1부터 11-Jun-Year 2 사이의 주식 수익률이 6.74%라고 가정하자. 그러면 주식 측의 지급액은 다음과 같다.

$$(0.0674) \times 100,000,000 = 6,740,000$$

11-Jun-Year 2의 순수취 금액은 $6,740,000 - 3,558,333 = 3,181,667$이 된다.

이렇게 계속하면, 모든 지급액을 계산할 수 있다. 가상적인 주식 수익률을 가정하여, [표 24.2]에 손익이 표시되어 있다.

표 24.2 고정 명목 원금 주식 스왑 손익

3년 만기 주식 스왑: 주식 수익률 수취, Libor 지급 변동금리: 6개월 Libor, 명목 원금 = $100,000,000						
시기	지급일 사이 일수	직전 지급일 Libor	주식 수익률	주식 수취액	변동 지급액	순 수령액
11-Dec-Year 1	183	6.50%	8.74%	8,740,000	3,304,167	5,435,833
11-Jun-Year 2	183	7.00%	6.74%	6,740,000	3,558,333	3,181,667
11-Dec-Year 2	183	6.50%	−5.23%	−5,230,000	3,304,167	−8,534,167
11-Jun-Year 3	182	6.25%	−7.84%	−7,840,000	3,159,722	−10,999,722
11-Dec-Year 3	183	5.75%	1.80%	1,800,000	2,922,917	−1,122,917
11-Jun-Year 4	182	5.25%	13.40%	13,400,000	2,668,750	10,731,250
계				17,610,000	18,918,056	−1,308,056

(B) 변동 명목원금 주식 수익률 Libor 스왑

우선 "변동" 명목 원금 개념부터 설명한다. 변동 명목 원금 주식 스왑에서는(변동이라는 뜻으로 variable 대신 floating이라고 쓰기도 한다) 첫 번째 지급일에 사용될 명목원금은 초기에 정한 금액으로 하지만, 그 이후 지급일의 명목원금은 직전 지급일의 명목원금에 1에 주가 지수 수익률을 더한 숫자를 곱한 금액이 된다. 예를 들어, 초기 명목 원금이 $100,000,000이라고 하자. 그리고 또 첫 번째 지급일의 지수 수익률이 5.33%이라고 하자. 그러면 두 번째 지급일의 명목원금은 다음과 같이 조정된다.

$$100,000,000 \times (1 + 0.0533) = 105,330,000$$

첫 번째 지급일 두 번째 지급일 사이에서 주가지수가 3.23% 하락하였다고 가정하자. 그러면 세 번째 지급액에 사용될 명목 원금은 다음과 같다.

$$105,330,000 \times (1 - 0.0323) = 101,927,841$$

그리고 그러한 방법이 지속된다.

왜 "변동" 명목 원금이 필요한가?

변동 명목 원금 주식 스왑이 고정 명목 원금보다 장기 주식 투자를 복제하는 데 더 유리하다는 주장이 자주 제기된다. 이 주장을 이해하기 위해서 한 예를 생각해 보자. $100를 주가 지수에 투자한다. 첫 번째 지급 기간에 지수가 5% 상승하고 두 번째 지급 기간에 10% 상승했다고 가정해 보자. 그러면 최초의 투자는 다음과 같이 되어 있을 것이다.

$$100 \times 1.05 \times 1.10 = 115.50$$

이것은 가격차가 \$15.50가 되었음을 의미한다. 이 수익을 주식 스왑을 활용하여 합성적으로 만들어 내려고 한다고 가정해 보자. 첫째 고정 명목 원금 \$100을 생각해 보자. 이 경우 첫 번째 지급기간에 주식 측의 지급액은 $100 \times 0.05 = 5$이며, 두 번째 지급기간 지급액은 $100 \times 0.10 = 10$이 되어 총수익은 단지 다음과 같이 된다.

$$\$(5+10)=\$15$$

그러나 실제 현금을 지수에 투자하였을 경우 수익은 \$15.50이다. 하지만 주식 스왑의 명목 원금이 변한다고 가정해 보라. 이 경우에는 두 번째 기간의 명목 원금이 $100 \times 1.05 = 105$가 되며, 따라서 두 번째 기간의 지급은 $100 \times 0.1 = 10.50$이 되어 총수익은 아래와 같게 된다.

$$\$(5+10.50)=\$15.50$$

이 논리는 보기보다는 설득력이 떨어진다. 현금 투자에서, 총수익 \$15.50는 첫 기간의 수익 \$5가 두 번째 기간에 재투자될 경우에만 가능하다. 고정 명목 원금인 경우, 첫 번째 기간의 지급액 \$5를 지수에 투자하여 두 번째 기간에 \$0.50의 추가 수익을 올리면 정확히 이 상황이 복제된다. 현금 투자의 경우와 마찬가지로, 이렇게 하면 첫 번째 지급 시점에 현금흐름이 발생하지 않으며, 둘째 지급일에 \$15.50의 수익을 얻게 된다. 그러므로 고정 원금 주식 스왑이 현금 투자를 완벽하게 복제한다.

반면 변동 명목 원금은 현금 투자를 과도하게 복제한다. 이는 첫 번째 지급일에 \$5의 수익을 발생시키며, 두 번째 지급일에 \$10.50의 수익을 발생시킨다. 첫 번째 지급일의 수취액은 (지수이든 또 다른 투자수단이든) 재투자 될 수 있으므로 두 번째 지급일의 현금흐름의 선도 가치는 \$15.50보다 크다.

변동 명목 원금의 현금흐름

[표 24.2]에서 가정한 바와 같은 Libor 금리와 주식 수익률을 생각해 보자. 변동 명목 원금의 현금흐름의 계산 구조는, 명목 원금을 지급시마다 변동시킨다는 점을 제외하면, 고정 명목 원금의 경우와 동일하다. 예를 들어, 첫 번째 기간의 주식 수익률이 8.74%로 고정 명목 원금의 경우와 동일하다고 가정하면, 두 번째 지급 시에 적용될 명목 원금은 아래와 같다.

$$100,000,000 \times 1.0874 = 108,740,000$$

두 번째 지급기간 중의 주식 수익률이 6.74%라고 가정하면, 두 번째 지급일에 주식 측으로부터 받을 금액은 다음과 같다.

$$0.0674 \times 108,740,000 = 7,329,076$$

표 24.3 변동 명목 원금 주식 스왑의 손익

3년 만기 주식 스왑: 주식 수익률 수취, Libor 지급 변동금리: 6개월 Libor, 초기 명목 원금 = $100,000,000							
시기	지급일 사이 일수	직전 지급일 Libor	주식 수익률	주식 수취액	변동 지급액	순 수취액	조정 원금액
11-Dec-Year 1	183	6.50%	8.74%	8,740,000	3,304,167	5,435,833	108,740,000
11-Jun-Year 2	182	7.00%	6.74%	7,329,076	3,869,332	3,459,744	116,069,076
11-Dec-Year 2	183	6.50%	−5.23%	−6,070,413	3,835,116	−9,905,528	109,998,663
11-Jun-Year 3	182	6.25%	−7.84%	−8,623,895	3,475,652	−12,099,547	101,374,768
11-Dec-Year 3	183	5.75%	1.80%	1,824,746	2,963,100	−1,138,354	103,199,514
11-Jun-Year 4	182	5.25%	13.40%	13,828,735	2,739,087	11,089,648	117,028,249
계				17,028,249	20,186,453	−3,158,205	

비슷하게 첫 번째 이자 결정일의 Libor가 7%라고 하면, 변동금리 측 지급액은 다음과 같다.

$$0.07 \times \left(\frac{182}{360}\right) \times 108,740,000 = 3,869,332$$

마지막으로, 세번째 지급일에 적용될 명목 원금은 다음과 같이 조정된다.

$$108,740,000 \times 1.0674 = 116,069,076$$

[표 24.3]에는 변동 명목 원금을 가정한 스왑의 현금흐름 전체의 형태가 제시되어 있다.

(c) 헤지하지 않은 교차 통화 주식 스왑

교차 통화 주식 스왑에서는, 투자자가 해외 주식 수익률을 수취하며, 대신 이자율(계속 Libor라고 가정)을 지급한다. 이로 인하여 투자자는 환율 위험을 지게 된다.

왜 그런지를 이해하기 위하여, 호주 주가 지수 ASX 200 수익률을 수취하는 스왑을 체결한 미국 투자자를 생각해 보자. 위와 같이 명목 원금은 미국 달러화로 100,000,000이다. 이 금액은 ASX 200에 투자할 금액을 계산하기 위해서 우선 호주 달러로 환산해야 한다. 스왑 시작 시점(즉 11-Jun-Year 1)에서 환율이 USD 1=AUD 1.10이었다고 가정하자. (이 숫자 및 이 예에서 사용된 다른 숫자도 예시를 위한 것이다.) 그러면 최초 명목 원금은 AUD 110,000,000이다. 이것이 ASX 200 투자 규모이다.

첫 번째 지급일(11-Dec-Year 1)에 ASX 200의 수익률이 8.91%이었다고 가정해 보자. 최초의 투자는 다음의 가치를 가진다.

$$\text{AUD } 110,000,000 \times 1.0891 = \text{AUD } 119,801,000$$

수익은 AUD 9,801,000이다. 이 금액은 다시 11-Dec-Year 1의 환율로 USD로 환산해야 한다. 이때 환율은 스왑 시작 시점의 환율과 다르므로, 투자자가 수취하는 금액은 환율 변동에 영향을 받는다.

예를 들어, 11-Dec-Year 1의 환율이 USD 1= AUD 1.12라고 가정하자. 그러면 투자자가 수취할 USD는 다음과 같다.

$$\text{USD}\ \left(9,801,000\times\frac{1}{1.12}\right)=\text{USD}\ 6,965,179$$

그러므로 투자자는 스왑의 주식 측으로부터 USD 6,965,179를 수취한다. 투자자가 지급해야 하는 금액은 Libor 이율과 머니 마켓 규칙에 따라 계산한다. 이율이 6.50%이며, 원금액은 $100백만이므로 쉽게 계산할 수 있다, 해당 일수가 183일이라면 투자자가 지급해야 할 금액은 다음과 같다.

$$\text{USD}\ 100,000,000\times\left(\frac{183}{360}\right)\times 0.065=\text{USD}\ 3,304,167$$

양측의 차이가 투자자의 수취액이다. 그러므로 첫 번째 지급일 투자자는 다음 금액을 수취한다.

$$\text{USD}\ (6,965,179-3,304,167)=\text{USD}\ 3,661,012$$

만약 변동 명목 원금을 사용한다면, 다음 지급일의 명목 원금은 ASX 200의 수익률에 의해 조정된다. 새로운 원금은 AUD 119,801,000 = USD 106,965,179이다.

[표 24.4]에는 가상적인 Libor와 ASX 200 수익률을 이용하여 헤지하지 않은 통화 스왑의 지급액이 어떻게 될 수 있는지를 보여준다.

(D) 헤지된 교차 통화 주식 스왑

헤지된 교차 통화 주식 스왑은 헤지 안된 스왑과 정확히 같은 방식으로 작동하되, 최초 계약에 고정된 환율을 정해 놓고 모든 현금흐름을 이 정해진 환율에 따라 투자자의 통화로 환산하며, 명목 원금의 변동도 이 정해진 환율에 따른다는 점이 다르다. 그러므로 투자자는 모든 환율 변동으로부터 완전히 헤지된다. [표 24.5]는 AUD 1.1050/USD의 환율로 스왑이 헤지되어 있다는 것으로 가정하고 앞의 예를 다시 사용한다.

24.4 주식 스왑 가격 산정 및 가치평가

이 절에서는 주식 스왑 몇몇 종류에 대한 가격 산정 및 가치 평가를 검토한다. Chance와 Rich(1995)는 주식 무차익거래 스왑 가격 산정 방법을 제시하였다. 우선 보기에, 주식의 변동성과 주식 수익률 형태에 따라 스왑 가격이 달라질 것으로 보인다. 변동 명목 원금 주식 스왑에서는 사실 그러하지만, 앞으로 살펴보는 바와 같이 고정 명목 원금 주식 스왑은 다루기가 훨씬 더 쉽다. 그러한

표 24.4 헤지되지 않은 교차 통화 주식 스왑 손익

헤지되지 않은 교차 통화 주식 스왑, ASX 200 수취, 6개월 Libor 지급 최초 원금 = USD 100,000,000 = AUD 110,000,000									
시기	일수	직전 이자결정일 Libor	ASX 수익률	AUD/USD 환율	주식 수취액	변동 지급액	차감수취액	원금 재조정액	
								AUD	USD
11-Jun-Year 1				1.1000				110,000,000	100,000,000
11-Dec-Year 1	183	6.50%	8.91%	1.1200	6,965,179	3,304,167	3,661,012	119,801,000	106,965,179
11-Jun-Year 2	183	7.00%	6.53%	1.0900	10,121,065	3,806,178	6,314,887	127,624,005	117,086,243
11-Dec-Year 2	182	6.50%	−0.93%	1.0800	−14,853	3,847,584	−3,862,437	126,437,102	117,071,391
11-Jun-Year 3	182	6.25%	−1.81%	1.1050	−4,719,725	3,719,456	−8,439,181		
계					**12,351,666**	**14,677,384**	**−2,325,718**		

표 24.5 헤지된 교차 통화 주식 스왑 손익

헤지된 교차 통화 주식 스왑, ASX 200 수취, 6개월 Libor 지급 최초 원금 = USD 100,000,000 = AUD 110,000,000									
시기	일수	직전 이자결정일 Libor	ASX 수익률	AUD/USD 환율	주식 수취액	변동 지급액	차감수취액	원금 재조정액	
								AUD	USD
11-Jun-Year 1				1.1050				110,500,000	100,000,000
11-Dec-Year 1	183	6.50%	8.91%	1.1050	8,910,000	3,304,167	5,605,833	120,345,550	108,910,000
11-Jun-Year 2	183	7.00%	6.53%	1.1050	7,111,823	3,875,381	3,236,442	128,204,114	116,021,823
11-Dec-Year 2	182	6.50%	−0.93%	1.1050	(1,079,003)	3,812,606	(4,891,609)	127,011,816	114,942,820
11-Jun-Year 3	183	6.25%	−1.81%	1.1050	(2,080,465)	3,651,829	(5,732,294)		
계					**12,862,335**	**14,643,983**	**(1,781,628)**		

스왑은 주식 수익률 형태에 대한 지식이나 가정 없이 가격 산정이 가능하다. 용어를 정리하면, 가치 산정(valuation)이란 기존 스왑의 현재가치를 산정하는 문제를 말하며, 가격산정(pricing)이란 새로운 스왑의 초기 가치가 0이 되도록 초기 변수 값(예를 들면, 주식－고정금리 스왑에서 스왑 가치를 0으로 만드는 고정금리 혹은 주식－Libor 스왑에서 이의 가치를 0으로 만드는 Libor 초과 스프레드)을 결정하는 것을 말한다.

주식 스왑에서 최초 원금 A는 단순화를 위해서 $1로 한다. 나머지 우리가 사용할 기호는 다음과 같다. 현재 날짜는 t이며, 나머지 지급일은 T_1, ⋯, T_N으로 한다. 새로운 스왑의 가격을 산정할 때, t는 시작 시점을 말하며, T_0으로 표시한다. $[T_{k-1}, T_k]$ 기간의 주식 수익률은 z_k, $k=1, \cdots, N$으로 표시하며, $[T_{k-1}, T_k]$ 기간에 적용되는 Libor 이율은 r_k로 표시한다. (r_k는 T_{k-1}시점에서 관측, 고정될 수 있음을 유의하라.) d_k는 Libor 이율에 사용하는 $[T_{k-1}, T_k]$ 기간에 대한 일수 계산 분수(예

표 24.6 이 장에서 사용된 기호

기호	의미
A	초기 원금 ($1)
T_0	첫 번째 지수 산출일
$T_1, \cdots, T_N$	잔여 지급일
t	현재 일자
z_k	$[T_{k-1}, T_k]$ 기간의 주식 수익률
r_k	$[T_{k-1}, T_k]$ 기간의 Libor 이율 (T_{k-1}에서 관측)
d_k	$[T_{k-1}, T_k]$ 기간의 Libor 일수 계산 분수
$B(s, \tau)$	τ 시점에서 수령할 $1의 s 시점 현재가치
S_τ	τ 시점의 주식 포트폴리오 가치
V_τ	τ 시점의 스왑 가치

를 들면 실제/360)를 표시한다. 그러므로 $[T_{k-1}, T_k]$ 기간 동안 투자한 원금 $1에 대한 이자 금액은 $r_k d_k$이다. $B(s, \tau)$는 τ 시점에 수령할 $1의 s 시점의 가치를 표시한다. 마지막으로 S_τ, V_τ는 각각 τ 시점의 기초 주식 포트폴리오의 가치와 τ 시점의 스왑 가치를 표시한다. 이 기호는 [표 24.6]에 요약 되어 있다.

스왑에 관련된 주식 포트폴리오의 성격에 대해서는 아무런 제한이 없음을 유념하라. 이는 개별 주식, 주식 바스켓, 표준 지수 혹은 맞춤형 지수 모두 될 수 있다. 이 모든 경우에 아래의 설명이 적용될 수 있다.

마지막으로 배당에 대한 가정이다. 항상 그러하듯이, 우리의 가격 산정은 복제의 논리에 근거하고 있으므로, 이 경우는 주식 포트폴리오와 현금으로 스왑의 현금흐름을 복제하는 것에 근거하고 있다. 주식 스왑의 수익률은 지급일 $T_1, \cdots, T_N$에만 계산되고 지급되므로, T_k와 T_{k+1}사이에 지급된 배당금은 T_{k+1}에 수령된 것으로 간주된다. 시간 상의 불일치를 없애기 위하여, 이러한 조건은 기초 주식 포트폴리오에도 적용되는 것으로 한다. 아니면 S_τ를 주식 포트폴리오의 총수익 지수를 의미하는 것으로 해석해도 된다. 스왑 기간 중에 기초 주식 포트폴리오에서 배당이 발생하지 않으면 어느 조건이든 당연히 만족된다.

(A) 고정 명목 원금 주식-Libor 스왑의 가격 산정

어떤 주식 스왑이든지 가치 평가는 현금흐름의 현재가치 산정과 관련되어 있다. 주식 스왑으로 주식 수익을 수취하고 Libor에 스프레드를 추가하여 지급하는 투자자를 생각해 보자. Libor에 추가하는 스프레드를 s라고 하자. 그러면 투자자가 매 지급일 T_k, $k=1, \cdots, N$에 수취하는 순현금은 $z_k-(r_k+s)d_k$ 또는 동등한 가치로 다음과 같이 표현할 수 있다.

$$[1+z_k]-[1+(r_k+s)d_k]$$

스왑 가격을 산정하기 위하여, T_0시점의 스왑 가치를 0으로 만드는 s, 즉 주식 수익을 T_0시점에서 계산한 현재가치와 T_0시점에서 계산한 변동 이자 지급의 현재가치를 동일하게 만드는 s를 찾아야 한다. 이 s값이 다름 아닌 $s=0$이라는 것을 보이려 한다. 다시 말하자면, 주식 수익과 Libor 그 자체를 교환하면 시작 시점에서 가치는 0이 된다.

공식적으로 이 결과를 증명하는 것은 어렵지 않지만(아래를 보라), 경제적 직관이 더 명확하다. 경제적 균형 상태에서는, 투자자는 위험－수익의 관점에서 서로 다른 자산에 대하여 중립적이 되어야 한다. 그렇지 않으면, 투자자는 위험조정 수익률이 높은 자산을 매입하고 위험조정 수익률이 낮은 자산을 매도할 것이다. 그러므로 위험조정 수익률의 관점에서는 Libor 투자, 개별 주식 투자 혹은 주가지수 투자 이 모두가 동일해야 한다. 이것은 주식 수익과 Libor 그 자체를 스왑하는 것은 공평한 것이며, 그렇기 때문에 한 주식의 수익률과 다른 주식의 수익률 스왑 혹은 개별 주식 수익률과 주가지수 수익률의 스왑은 공평한 것이다.

공식적인 증명은 [표 24.7]을 보라. 표의 두 번째 열은 지급 시점 T_1, $\cdots$, T_N의 주식 총수익 현금흐름을 보여준다. 세 번째 열은 이와 같이 $s=0$로 가정하여 이자 지급액을 보여 준다. 이러한 총 현금흐름의 T_0시점 현재가치가 모든 시점 T_k에 대하여 동일함을 보이겠다.

시점 T_1을 생각해 보자. $1을 T_0시점에서 주식 포트폴리오에 투자하면 T_1시점에는 $1+z_1$의 현금흐름이 창출될 수 있다. 이것은 이 현금흐름의 T_0시점 현재가치가 단지 $1임을 의미한다. 유사하게, T_0시점에서 $1을 투자하면 Libor 이율 r_1에 투자하면, T_1시점에서 Libor 현금흐름 $1+r_1 d_1$이 발생한다. 그러므로 이 현금흐름의 T_0시점 현재가치도 $1이다. 현재가치에 대한 정보는 [표 24.7]의 마지막 두 열에 제시되어 있다.

이제 T_2의 현금흐름을 고려해 보자. T_1에 $1을 주식 포트폴리오에 투자하면 $1+z_2$의 현금흐름을 만들 수 있다. 이 필요한 투자액의 T_0시점 현재가치는 $B(T_0, T_1)$이다. 유사하게 T_1시점에서 $1를 Libor 이율 r_2에 투자하면 $1+r_2 d_2$의 현금흐름을 만들 수 있다. 그러므로 이 역시 T_0시점 현재가치는 $B(T_0, T_1)$이다.

표 24.7 고정 명목 원금 주식-Libor 스왑 수익

주의: PV는 T_0 시점의 현재가치를 의미함				
시점	주식 수익	이자 지급	PV(주식 수익)	PV(이자 지급)
T_1	$1+z_1$	$1+r_1 d_1$	1	1
T_2	$1+z_2$	$1+r_2 d_2$	$B(T_0, T_1)$	$B(T_0, T_1)$
T_3	$1+z_3$	$1+r_3 d_3$	$B(T_0, T_2)$	$B(T_0, T_2)$
$\vdots$	$\vdots$	$\vdots$	$\vdots$	$\vdots$
T_N	$1+z_N$	$1+r_N d_N$	$B(T_0, T_{N-1})$	$B(T_0, T_{N-1})$

비슷한 방식으로 계속하여, T_{k-1}시점에서 $1을 주식 포트폴리오에 투자하면 T_k시점 주식 현금흐름 $1+z_k$를 만들 수 있으며, 이의 T_0시점 현재가치는 $B(T_0, T_{k-1})$이다. T_{k-1}시점에서 $1를 Libor 이율 r_k에 투자하면 T_k시점에 $1+r_k d_k$의 현금흐름을 만들 수 있으며, 이의 T_0시점 현재가치는 $B(T_0, T_{k-1})$이다.

주식과 이자 현금흐름 쌍이 모두 동일한 T_0시점 현재가치를 가지므로, 전체 주식 현금흐름의 현재가치도 이자 현금흐름과 동일하게 된다. 주식과 변동금리 스왑의 "가격"은 바로 Libor 그 자체임을 보였다.

이 논리는, 우리가 Libor를 수취하고 주식을 지급하는 스왑을 체결한다면, 정기적으로 Libor로 차입하여 현금을 주식에 투자함으로 이를 복제할 수 있다는 사실로 요약될 수 있다.

(B) 고정 명목 원금 주식-Libor 스왑의 가치 산정

어떤 투자자가 주식 수익과 Libor의 스왑 계약을 체결했다고 가정해 보자. 잔여 지급일이 T_1, $\cdots$, T_N인 스왑의 시점 t에서의 가치는 무엇인가?

$k \geq 2$인 임의의 T_k를 생각해 보자. T_{k-1}시점에서 $1를 주식 포트폴리오에 투자하면 주식 수익 $1+z_k$를 복제할 수 있으며, 이의 t 시점 현재가치는 $B(t, T_{k-1})$이다. 그리고 T_{k-1}시점에서 $1를 Libor에 투자하면, Libor 현금흐름 $1+r_k d_k$를 복제해 낼 수 있으며, 이 역시 t 시점 현재가치는 $B(t, T_{k-1})$이다. 그러므로 시점 t에서 보면, T_2 및 그 이후의 모든 현금흐름은 순현재가치가 0이다.

그래서 스왑의 가치는 T_1시점에서 수취할 현금흐름의 가치에 따라 달라지며, PV_t가 t시점 현재가치를 표시한다면, 이는 다음과 같다.

$$PV_t(1+z_1) - PV_t(1+r_1 d_1)$$

현재 이자율 r_1은 알려져 있으며, T_0에서 고정되었으므로 현금흐름 $1+r_1 d_1$은 T_1시점에 발생할 확실한 현금흐름이다. 이의 t시점 현재가치는 단순히 $B(t, T_1)(1+r_1 d_1)$이다.

T_1시점이 될 때까지는 주식 수익은 알 수 없기 때문에 우리는 다른 논리를 사용하여야 한다. $1+z_1$은, T_0시점에서 주식 포트폴리오에 투자한 $1 즉, T_0시점에서 매입한 포트폴리오 $1/S_{T_0}$ 단위로부터 발생하는 현금흐름에 불과함을 상기하라. $1/S_{T_0}$ 단위를 매입하기 위한 t 시점의 비용은 $S_t \times (1/S_{T_0}) = S_t / S_{T_0}$이다. 그러므로 주식 수익 $1+z_1$의 t 시점 현재가치는 S_t / S_{T_0}이다.

이를 연결하면, 주식 스왑의 t시점 가치는 아래와 같다.

$$V_t = \frac{S_t}{S_{T_0}} - B(t, T_1)(1+r_1 d_1) \tag{24.1}$$

표 24.8 고정 명목 원금 주식-고정 금리 스왑 수익

주의: PV는 T_0 시점의 현재가치를 의미함				
시점	주식 수익	이자 지급	PV(주식 수익)	PV(이자 지급)
T_1	$1+z_1$	$1+r\,d_1$	1	$B(T_0, T_1)(1+rd_1)$
T_2	$1+z_2$	$1+r\,d_2$	$B(T_0, T_1)$	$B(T_0, T_2)(1+rd_2)$
T_3	$1+z_3$	$1+r\,d_3$	$B(T_0, T_2)$	$B(T_0, T_3)(1+rd_3)$
⋮	⋮	⋮	⋮	⋮
T_N	$1+z_N$	$1+r\,d_N$	$B(T_0, T_{N-1})$	$B(T_0, T_N)(1+rd_N)$

$t = T_0$이면 $S_t = S_{T_0}$이며 정의에 따라 $B(T_0, T_1) = 1/(1+r_1 d_1)$이므로 이 값은 0이 된다.

(C) 고정 명목 원금 주식-고정 금리 스왑 가격 산정

주식 수익과 고정금리 r을 교환하는 스왑을 생각해 보자. T_0에서 스왑의 가치가 0이 되는 r 값은 무엇인가?

d_k를 계속 $[T_{k-1}, T_k]$ 기간에 적용되는 고정금리 r의 일수 계산 분수를 표시하는 것으로 한다. (비록 우리는 동일한 기호를 사용하지만, 고정 금리 시장과 변동금리 시장에서 일수 계산 관행이 다를 수 있음을 유의하는 것이 중요하다. 예를 들면 고정금리 이자 지급에서는 30/360 관행을 사용할 수 있지만, 변동금리 시장에서는 실제/360 관행을 사용할 수도 있다.) 주식 수익과 이자 지급액은 [표 24.8]의 두 번째 및 세 번째 열에 표시되어 있다.

T_0시점의 주식 수익 현재가치는 [표 24.7]에 있는 바와 정확히 일치한다. 예를 들면, T_k시점의 현금흐름 $1+z_k$를 복제하려면, T_{k-1}시점에서 \$1을 주식 포트폴리오에 투자해야 하며, 이의 T_0시점 현재가치는 $B(T_0, T_{k-1})$이다.

이자흐름은 [표 24.7]과 다르지만, 확실한 현금흐름과 관련되어 있으므로 현재가치 계산은 쉽다. 각 지급일 T_k에서 이자 지급액은 $1+r\,d_k$이다. 이 확정된 현금흐름의 T_0시점 현재가치는 $B(T_0, T_k)(1+r\,d_k)$이다.

이 둘을 합치면, 고정금리가 r인 스왑의 T_0시점 가치는 다음과 같다.

$$\begin{aligned}&[1+B(T_0, T_1)+\cdots+B(T_0, T_{N-1})]\\&-[B(T_0, T_1)(1+r\,d_1)+\cdots+B(T_0, T_N)(1+r\,d_N)]\end{aligned} \tag{24.2}$$

이를 정리하면 다음과 같이 된다.

$$1-B(T_0, T_N)-r[d_1 B(T_0, T_1)+d_2 B(T_0, T_2)+\cdots+d_N B(T_0, T_N)] \tag{24.3}$$

T_0시점에서 스왑의 가치가 0이 되도록 고정 금리 r을 결정해야 한다. 그렇게 되기 위해서 r은 다음과 같아야 됨을 의미한다.

$$r = \frac{1 - B(T_0, T_N)}{d_1 B(T_0, T_1) + d_2 B(T_0, T_2) + \cdots + d_N B(T_0, T_N)} \tag{24.4}$$

이 스왑 가격 (24.4)과 관련하여 두 가지 흥미로운 점이 있다.

- 스왑 이율은 이자율 기간 구조만 관련이 있으며, 주식 수익률 속성에는 관련이 없다. 특히 주식 수익률이나 변동성은 아무런 역할을 하지 않는다.
- 이 스왑 이율은 보통의 고정-변동 스왑 이율과 정확히 일치한다. (두 스왑의 고정 측 일수 계산 관행이 동일하다고 가정할 때)

두 가지 점은 주식 수익을 고정 금리와 교환하는 데는 두 가지 방법이 있다는 사실로부터 나온 결과이다. 하나는 주식 스왑이다. 또 다른 방법은 우선 주식 수익을 정확히 Libor와 스왑하고 (이것은 공정한 스왑임을 살펴보았다.) 이 Libor를 다시 일반적인 스왑을 이용하여 고정 금리와 교환하는 것이다. 차익거래가 발생하지 않기 위해서는 이 두 방법의 고정 금리가 동일해야 한다.

(D) 고정 명목 원금 주식-고정 금리 스왑 가치 평가

한 투자자가 주식 수익과 고정금리 r을 스왑하는 계약을 체결하였다고 가정하자. 나머지 지급 기간이 $T_1, \cdots, T_N$인 특정 시점 t에서 스왑의 가치는 무엇인가?

가격 산정 논리에 따르면, 이자 지급 현금흐름의 t시점 현재가치는, (i) t가 T_0를 대신하며, (ii) 일수를 나타내는 분수 d_1 대신 $[t, T_1]$ 기간을 표시하는 $d_1(t)$가 사용된다는 점을 제외하면, [표 24.8]에서 보여준 바와 동일하다. 다시 말하자면, t시점의 현재가치는 다음과 같다.

$$B(t, T_1)(1 + r d_1(t)) + B(t, T_2)(1 + r d_2) + \cdots + B(t, T_N)(1 + r d_N) \tag{24.5}$$

t가 T_0를 대체했을 뿐, 주식 측의 T_2 및 그 이후의 모든 현금흐름은 (표 24.8)의 4번째 열에 있는 현재가치와 동일하다. 예를 들면, 주식 수익 $1+z_2$는 T_1에서 $1을 주식 포트폴리오에 투자하면 얻을 수 있는 금액이며, 이 투자의 t시점 현재가치는 $B(t, T_1)$이다. 이렇게 보면 주식 현금흐름에서 하나만 파악하면 되는데 그것이 바로 첫 번째 주식 수익 $1+z_1$의 t시점 현재가치이다. 이 현재가치는 주식-Libor 스왑에서 본 바와 같이 S_t / S_{T_0}이다. 그러므로 요약하면, t시점의 주식 수익 흐름의 현재가치는 아래와 같다.

$$\frac{S_t}{S_{T_0}} + B(t, T_1) + \cdots + B(t, T_{N-1}) \tag{24.6}$$

t시점의 스왑 가치 V_t는 (24.6)과 (24.5)의 차이이다. 공통항을 차감하고 단순화하면 이 가치는 다음과 같이 된다.

$$V_t = \frac{S_t}{S_{T_0}} - B(t, T_N) - r\left[d_1(t)B(t, T_1) + d_2 B(t, T_2) + \cdots + d_N B(t, T_N)\right] \qquad \textbf{(24.7)}$$

$t = T_0$이면, (그래서 $d_1(t) = d_1$이면), 이 식은 바로 식 (24.3)이 된다.

(E) 기타 고정 명목 원금 스왑

기타 고정 명목 원금 스왑은 같은 방식으로 가격 및 가치를 산정할 수 있다. 여기 두 가지 예를 소개한다.

동일 통화 두 주식 스왑

주식-주식(주식-이자율이 아닌) 스왑을 생각해 보자. 주식이 모두 동일한 통화로 표시되어 있다고 가정한다. 예를 들면, S&P 500과 Nasdaq 100 수익을 교환하거나, IBM과 General Electric을 교환하는 스왑이 있을 수 있다. S_τ^1 및 S_τ^2를 각각 두 주식 포트폴리오의 τ시점 가치를 표시한다. 투자자는 첫 번째 포트폴리오의 수익을 수취하고 두 번째 포트폴리오의 수익을 지급하는 것으로 가정한다.

두 주식 스왑의 가격 및 가치 산정은, 주식-Libor 스왑의 가격 및 가치 산정을 위해서 위 (A)와 (B)에서 사용한 논리를 조금만 수정하여 사용하면 된다. (A)에서 사용한 논리를 조금만 수정하면, 한 주식을 다른 주식과 스왑하는 것은 공정한 스왑이며, 여기에서 가격을 산출할 이유는 없다. 두 번째 간단한 수정은 (B)를 수정하는 것으로, t시점(T_0와 T_1사이에 있는)의 스왑 가치는 다음과 같다.

$$V_t = \frac{S_t^1}{S_{T_0}^1} - \frac{S_t^2}{S_{T_0}^2} \qquad \textbf{(24.8)}$$

교차 통화 두 주식 스왑

예를 들어, S&P 500 수익을 지급하고 FTSE 100 수익을 수취하는 두 주식 스왑과 같이 환위험이 개입되면 어떻게 되나? E_τ는 τ시점 환율(해외 통화 1단위 당 국내통화)을 표시한다. S_τ^d와 S_τ^f는 각각 국내와 해외의 지수를 표시한다.

투자자가 주식 스왑으로부터 수취하는 금액은 다음과 같이 계산한다. T_0시점에서, 명목 원금을 외환으로 환선하여 해외 주식 포트폴리오에 투자하였더라면 매입하였을 포트폴리오 단위 수는 $1/\left[E_{T_0} S_{T_0}^f\right]$이었을 것이다. T_1이 되면 이 투자의 가치는 $S_{T_0}^f / \left[E_{T_0} S_{T_0}^f\right]$의 될 것이다. 이를 다시 국내통화로 교환하면, $\left[E_{T_1} S_{T_1}^f\right] / \left[E_{T_0} S_{T_0}^f\right]$의 가치를 가지게 될 것이다. 투자자는 국내 지수의 수익률 $S_{T_1}^d$

$/S^d_{T_0}$ 을 지급한다. 그러므로 T_1 시점에서 투자자의 스왑 순수익은 아래와 같다.

$$\frac{S^f_{T_1} E_{T_1}}{S^f_{T_0} E_{T_0}} - \frac{S^d_{T_1}}{S^d_{T_0}} \tag{24.9}$$

각 지급일 T_k의 순지급액은 같은 형태를 취하며, (24.9)에서 T_k 및 T_{k-1}이 T_1과 T_0를 각각 대신할 뿐이다.

국내 수익과 해외 수익을 교환하는 것은 공정한 교환이며, 이 둘의 현금흐름을 복제하는 비용이 동일하다는 것을 증명하기 위해 (A)의 논리를 수정하여 사용하는 것은 어렵지 않다. 예를 들면, (24.9)의 첫 항을 복제하기 위해서는 T_0에 국내 통화 한 단위를 투자해야 하며, (24.9)의 두 번째 항을 복제하기 위해서도 동일한 금액을 투자해야 한다. (B)의 논리도 비슷하게 수정하면, 이 스왑의 t시점(T_0와 T_1사이에 있는) 가치는 다음과 같다.

$$\frac{S^f_t E_t}{S^f_{T_0} E_{T_0}} - \frac{S^d_t}{S^d_{T_0}} \tag{24.10}$$

동일한 논리로 24.3 절의 (C) 부분에 기술된 헤지되지 않은 교차통화 스왑의 가격 및 가치를 산정할 수 있다. 식 (24.9)~(24.10)에서 수정이 필요한 부분은 두 번째 항(국내 주식 수익)으로 이를 적절한 변동금리 이자 지급액으로 치환하면 된다.

(F) 변동 명목 원금 주식 스왑

어떤 경우에는 변동 원금 스왑도, 정기적으로 원금을 재조정하는 것을 고려한 약간의 조정을 가하면, 고정 원금 주식 스왑과 비슷하게 처리할 수 있다. 예를 들어, (A) 부분의 주식-Libor 스왑을 생각해 보라. 변동 원금의 경우 T_k시점의 수익 계산에 적용되는 원금을 A_k라고 하면 이는 T_{k-1}시점까지 실현된 주식 수익률에 따라 결정되며 다음 식으로 표시할 수 있다.

$$A_k = \prod_{i=1}^{k-1} (1 + z_i)$$

(기호 Π는 곱셈을 의미한다.) 그러므로 투자자가 T_k에 수취할 현금흐름은 다음과 같이 계산한다.

$$A_k(1 + z_k) - A_k(1 + r_k d_k) \tag{24.11}$$

이 손익의 첫 번째 항을 복제하기 위해서는, T_0시점에서 $1을 주식 포트폴리오에 투자하여 매 지급 시점 $T_1, \cdots, T_{k-1}$에 투자를 연장한다. 이 손익의 두 번째 항을 복제하기 위해서는 T_0시점에서 $1을 주식 포트폴리오에 투자하여 매 지급 시점에 투자를 연장하되 T_{k-2}시점까지 연장한다. T_{k-1}시점에서 원금 전부를 당시 Libor 이율인 r_k에 투자한다. 이 두 현금흐름의 T_0시점 현재가치

는 동일하므로, 주식과 Libor 스왑은 원금이 변동되는 경우에도 공정한 스왑이다.

하지만 복제의 논리는 주식-고정금리 스왑에서는 훨씬 더 어려워진다. (C) 부분의 논리는 이 경우 쉽게 적용되지 않는다. 첫 번째 지급일 T_1에서, 손익은 고정 명목 원금 스왑과 동일하며 다음과 같이 표시할 수 있다.

$$(1+z_1)-(1+rd_1)$$

(위 식에서 d_1은 고정금리 지급 r과 관련된 일수 계산 분수이며, 이는 변동금리 지급의 일수 계산 분수와 다를 수 있다.) 이 현금흐름의 현재가치는 위 (C) 부분에서 기술된 일반적인 방법으로 계산할 수 있다. 지금까지는 별 문제가 없다. 하지만 T_2부터 T_N까지의 현금흐름은 그렇지 않다. T_2의 순현금흐름을 생각해 보자. 이는 원금 $1+z_1$을 기준으로 하기 때문에 손익은 다음과 같다.

$$(1+z_1)[(1+z_2)-(1+rd_2)]=(1+z_1)(1+z_2)-(1+z_1)(1+rd_2)$$

\$1를 T_0시점에서 투자하여 T_1까지 연장하면 오른쪽 식의 첫째 항을 복제할 수 있다. 하지만 두 번째 항을 복제하는 확실한 방법은 없다. \$1를 T_0시점에서 주식 포트폴리오에 투자하면 T_1시점에는 $1+z_1$을 갖게 되지만 그 시점에서 이 금액을 r에 투자할 수 있다는 보장은 없다. T_0시점에서 이율을 고정하여(예를 들면 선도 이율 계약으로) 이 지급액을 복제해 낼 방법도 없다. 이 경우 문제는, 이율을 고정시킬 수는 있어도, 이 이율을 T_1까지 적용할 원금액 $1+z_1$을 알 수 없다는 것이다. 그러므로 단순 복제에 의한 가격 산정은 여기에서 중단된다.

하지만 아직도 변동 명목 원금 주식 스왑의 가격 및 가치 산정 방법을 개발하는 것은 가능하다. 그러나 주식 가격변동에 관한 가정을 필요로 한다. 예를 들면, 이항 트리(binomial tree) 접근법을 사용할 수 있다. 두 주가지수(주식) 사이의 상관관계나 주식과 이자율의 상관관계를 0으로 가정한다면 단순한 모델이 가능할 수도 있다. 더 자세한 내용을 알고 싶으면, Chance와 Rich(1995)를 읽어보기 바란다.

24.5 요약

주식 스왑이 이자율 스왑이나 통화 스왑과 다른 주된 차이점은 적어도 스왑의 일방이 주식 가격이나 주가 지수에 연동된다는 점이다. 일반적인 주식 스왑은 주식 수익률과 Libor와 같은 변동금리를 교환하는 것이다. 여기에는, 주식수익률과 고정금리 스왑, 한 주식의 수익률과 다른 주식의 수익률을 교환하는 스왑, 외국 주식 수익률이 개입되는 스왑 등 여러 가지 변형이 존재한다. 주식 스왑의 명목 원금이 "고정"될 수도 있으며, "변동"될 수도 있다. 후자의 경우 원금이 정기적으로 주식 수익

률을 반영하여 재조정된다.

주식 스왑은 현물 주식의 보유나 이전 없이 합성적으로 주식 익스포져를 만들어 내거나 이전할 수 있게 해 준다. 그러므로 이자율 위험을 주식 위험으로 (또는 반대로) 전환하거나 또는 주식 위험의 한 유형을 다른 유형으로 전환할 수 있게도 한다. 교차 통화 주식 스왑은 한걸음 더 나아가 국경을 넘어 주식 익스포져를 인수하거나 이전할 수 있게 해 준다. 이 결과로 효율성을 확보할 수 있다는 점이, 이러한 상품이 인기를 더하게 되는 주요인이 되었다.

가격 산정의 관점에서 보면, 변동 명목 원금 주식 스왑은 좀 미묘하지만, 고정 명목 원금 스왑은, 이자율 스왑의 가격 및 가치 산정에 적용된 논리를 사용하여 쉽게 처리할 수 있다.

24.6 연습문제

1. 주식 스왑의 표준 특성을 기술하라. 이자율 스왑과 주식 스왑의 차이점은 어떤 것들인가?
2. 만약 당신이 모기지 시장에 특별한 전문성을 가진 펀드 매니저이지만, 자신을 주가 지수 펀드 매니저로 광고를 해야 한다면, 모기지 거래의 전문성을 활용해서 펀드에 추가 수익(알파)을 올릴 수 있는 방안을 설명하라.
3. Market timer(마켓 타이머)는 어떤 시장이 더 좋을 것으로 기대되는 지에 따라 주식과 현금(즉 Libor) 사이를 옮겨 다닌다. 당신이 타이밍에 의존하는 투자 매니저라면 주식 스왑을 어떻게 활용하겠는가?
4. 왜 이자율 스왑보다 주식 스왑의 현금흐름이 더 변동성이 심한가?
5. 주식-Libor 스왑의 이자율 민감도는 무엇인가?
6. 채권과 선물을 이용하여 어떻게 주식 스왑을 합성할 수 있는가?
7. 당신이 다음과 같은 것을 원하는 경우가 어떤 때인지 예를 들어 보라
   (a) 고정금리와 주식 스왑
   (b) 변동금리와 주식 스왑
8. 고정 명목 원금 변동금리 주식 스왑에서 주식 측의 현금흐름은 왜 다음 지급일 이후에는 위험이 없는가를 설명하라.
9. 주식 스왑이 트레이더(trader)나 헤저(hedger)에게 유용한 두 다른 방법을 제시하라.
10. 평범한 주식 스왑은 주식 수익률과 Libor 수익률을 교환한다. 계약 당사자들은 어떤 위험을 지게 되나?

11. 명목 $100,000 주식 스왑 계약에서, 당신의 회사는 주식 수익률을 수취하고 Libor 이율을 지급한다. 스왑은 매 6개월마다 정산한다. 현재의 6개월 기간 말에 지난 6개월 동안 주식은 7% 상승하였고, 6개월 Libor는 기간 초에 5.3%로 확정되었다. 이 스왑에서 당신의 순지급액은 얼마인가? 6개월에는 181일이 있다.

12. 당신은 향후 5년간 주식 시장이 채권 시장을 앞지를 것으로 기대한다면, 어떤 스왑 계약을 체결하는 것이 유리한가?

13. 당신은 주식 시장이 지금부터 3년 후부터 3년간 채권 시장보다 성과가 좋을 것으로 기대한다면, 어떤 스왑이 적당할까?

14. 특수한 주식 스왑을 활용하여 은퇴 포트폴리오에 생애 주기 투자 플랜을 도입하려 한다. 현재 당신의 포트폴리오는 100% 주식으로 구성되어 있다. 당신의 재무고문이, 라이프 사이클에 맞추어 위험과 소득 간의 균형을 잡기 위해서 시간이 지남에 따라 점차적으로 자금을 덜 위험한 쪽으로 옮기도록 조언한다. 어떤 구조의 주식 스왑이 이 경우에 적합한가?

15. 당신은 매 분기말 정확히 80%가 주식에 20%가 현금에 투자된 포트폴리오를 유지하고 싶다. 어떤 구조의 스왑을 활용하면 이렇게 할 수 있나?

16. 당신은 지금 여러 다양한 주식에 $120,000를 투자하고 있는 포트폴리오를 보유하고 있다. 당신은 향후 3년간 주식 위험을 분산하여 70%의 주식과 30%의 현금(Libor) 포트폴리오를 보유하기를 원한다. 그러므로 당신은 포트폴리오를 매 6개월 마다 재조정하기 위하여 변동 명목 원금 주식 스왑을 포트폴리오에 추가한다. 다음 표는 향후 3년간의 연환산 주식 수익률과 Libor 이율을 보여준다. 포트폴리오 가치, 스왑의 명목 원금, 스왑으로 수취 또는 지급한 금액을 보여주는 표를 만들어라. 단순화를 위해서 Libor를 포함한 모든 지급액은 30/360 기준으로 계산하라. 각 기간의 순 포트폴리오는 자산가치 및 스왑 지급액을 고려하여 계산하라.

시간 (연)	주식 수익률	6개월 Libor
0	4.00	4.00
0.5	3.50	5.00
1.0	3.00	6.00
1.5	2.50	7.00
2.0	3.50	6.00
2.5	4.00	5.00
3.0	3.75	5.50

t시점의 주식 수익률은 t시점에 종료된 지난 6개월 간의 상승률을 의미한다. t시점의 Libor 이율은 그 때부터 향후 6개월간에 적용되는 이율이다.

17. 당신은 글로벌 펀드 매니저이다. 당신은 헤지하지 않은 통화 스왑을 체결하여, Euronext 100 지수의 수익률을 수취하고, Libor 이율을 지급한다. 스왑은 3년간 6개월 단위로 정산하되 헤

지는 하지 않았으므로 지급은 당시의 환율로 이루어 진다. 다음은 Libor 이율과 Euronext 100 지수의 수익률이다. (이 자료는 실제 데이터에서 추출한 것은 아니다.)

일자	Libor	Euronext 100 (지수 값)	$ per Euro
11-Nov-2002	1.47	300	1.0132
11-May-2003	1.22	350	1.1502
11-Nov-2003	1.23	400	1.1494
11-May-2004	1.58	450	1.1857
11-Nov-2004	2.62	600	1.2897
11-May-2005	3.53	650	1.2874
11-Nov-2005	4.03	700	1.2095

이자 계산 관행은 실제/360이며, 변동 명목 원금 스왑이라고 가정하라. 이 스왑의 지급액과 수취액을 보여주는 표를 만들어라. 초기 명목 원금은 $100,000이다.

18. 위 문제를 다시 계산하되 환율 헤지 조건으로 하라. 고정 환율은 1.20 $/euro로 명시되어 있다. (이 환율은 초기 환율과는 다른 것임을 명시하라.) 이 스왑의 지급액과 수취액을 보여주는 표를 만들어라.

19. Libor를 수취하고 주가지수 수익률을 지급하는 5년 만기 6개월 지급 고정 명목 원금 주식 스왑을 생각해 보자. 현재 기간은 182일이며, 스왑은 정확히 91일 경과하였다. 지난 지급일의 6개월 Libor 이율은 7%이었고 주가지수는 1050이었다. 현재 주가지수는 1060이다. 3개월 Libor는 현재 6%이다. 스왑은 $1당 얼마의 가치를 가지는가? (이자 계산에서는 실제/360 관행을 사용하라.)

20. 고정금리 6%를 수취하고 주가지수 수익률을 지급하는 5년 만기 6개월 지급 고정 명목 원금 주식 스왑을 생각해 보자. 첫번째 6개월의 일수는 182일이다. 현재 시점 t는 시작 시점에서 첫 번째 지급일까지의 정확히 절반이 되는 시점이다. 시작 시점의 주가 지수는 1000이었다. 현재 주가 지수는 1080이다. 3개월 Libor는 6%에 거래되고 있다. 이자율 곡선이 6%에서 수평이라면 스왑의 가치는 달러당 얼마인가? (이자 지급에서는 실제/360 관행을 사용하라.)

21. 현재 이자율 곡선은 6%에서 수평이다. 주가지수는 1123이다. 새로운 주식 스왑 호가를 계산하려 한다. 고정 명목 원금 주식 스왑이라면, 시작 시점의 공정한 고정금리는 얼마인가?

22. S&P 500 수익률(달러로)을 수취하고, Euronext 100의 수익률을(유로로) 지급하는 교차통화 주식 스왑을 생각해 보자. 스왑은 6개월 정산이며, 시작 시점부터 첫 지급일 사이의 어떤 시점에 있다. 시작 당시 S&P 500은 1000에 거래되었으며, Euronext 100은 720에 거래되고 있었다. 오늘 S&P 500은 1100에 거래되며, Euronext 100dms 800에 거래되고 있다. 시작 시점의 환율은 1.25 $/euro이었으나 현재는 1.20 $/euro이다. 현재 이 스왑의 가치는 얼마인가?

제25장

통화 및 상품 스왑

25.1 서론

앞 두 장의 이자율 스왑과 주식 스왑의 분석을 기반으로 하여 이 장에서는 또 다른 종류의 스왑인 통화 스왑과 상품 스왑을 다룬다. 또 다른 중요한 종류의 스왑으로는 당사자 간에 신용 위험을 전가할 수 있는 스왑(총수익 스왑과 신용 부도 스왑)이 있다. 이러한 것들은 이 책 후반부의 신용 파생상품의 맥락에서 다룬다. (31장 참조)

통화와 상품 스왑은 약간의 비슷한 점을 공유하고 있지만 중요한 차이점도 있다. 통화 스왑은 이자율 스왑의 자연스러운 확장이며, 자주 자금조달 때문에 사용된다. 상품 스왑은 주식 스왑과 같이 위험관리와 헤징 때문에 자주 사용된다. 가격 산정 방법도 차이가 있다. 통화 스왑은 이자율 스왑과 같이 두 채권의 교환으로 볼 수 있으며, 이러한 관점으로 가격이 결정된다. 상품 스왑은 관련 선도 및 선물 곡선을 벗어나 가격이 책정되기도 한다.

우선 통화스왑을 살펴본다. 모든 스왑은 선도의 집합으로 볼 수 있으므로, 통화 시장의 선도계약에 대한 설명 및 복습부터 시작한다. 그 다음으로 기업의 재무 담당자가 선택 가능한 자금 조달 대안을 비교하는 데 스왑을 어떻게 사용할 수 있는 지를 설명한다. 이 부분을 분석하면, 표준적인 이자율 등가(interest-rate parity) 이론에 내재된 정도를 초월하는 이자율과 통화 시장 사이에 존재하는 이자율의 기술적 역할을 이해하게 될 것이다.

그 다음으로는 상품 스왑을 설명한다. 여기에서 다시 한번, 상품 선도 가격 결정에서 편의수익(convenience yield)의 역할 및 상품의 서로 다른 저장 특성을 강조하면서 상품 선도를 복습할 것이다. 상품 스왑의 활용도와 그러한 스왑이 상품 선도/선물 곡선을 벗어나서 가격이 책정되는 것도 살펴볼 것이다.

25.2 통화 스왑

통화 스왑은 이자율 스왑의 자연스러운 연장이다. 이자율 스왑은 동일한 통화의 이자 지급을 교환하는 것인 반면, 통화 스왑은 이종 통화의 이자 지급을 교환하는 것이다. 이러한 이자 지급은 고정-고정(즉, 양 통화의 고정 이율), 고정-변동(한 통화의 고정 금리, 다른 통화의 변동금리), 혹은 변동-변동(양 통화 모두 변동 이율)일 수 있다. 대부분의 통화 스왑은 고정-변동의 형태를 취하며, 외국 통화의 고정 금리 지급이 국내 통화의 변동금리와 교환된다.

이자율 스왑과 통화 스왑의 결정적인 차이점은 원금의 역할이다. 이자율 스왑에서는, 원금은 명목적인 것이며 교환되는 것은 아니다. 통화 스왑에서는 시작 시점에서 두 통화의 교환이 있으며, 스왑 계약의 만기 시점에서 또 다시 교환된다. 환율의 변화가 이 원금의 상대적인 가치를 변화시키기 때문에, 스왑에서 또 다른 시장 위험의 원천이 된다. 많은 경우에 환율의 변화가 심지어는 이자율 변동 위험을 뒤덮기도 한다.

통화 스왑은 1970년대 외환 통제 환경에서 생겨났다. 기업이 외환으로 자금을 차입하는 것이 제한되었을 때, 통화 스왑은 외환 차입의 효과를 거둘 수 있도록 해 주었다. 많은 나라들에서 외환 통제가 폐지되고 또 다른 나라들에서는 통제가 줄어 들어감에 따라 통화 스왑의 역할도 시간에 따라 변하였다. 외환 선도보다 장기 계약의 유동성이 높아서 통화 스왑은 해외 차입 차익거래의 주요 수단이 되었다. 이 장에서 이러한 조달 거래의 구조와 성격을 검토한다. 해외 차입 대안 중 통화 스왑의 역할을 검토하기 위해서 통화 선도 계약을 우선 검토한다.

외환(foreign exchange)의 현물 및 선도

외환(Foreign exchange, FX) 계약은 특정 일자에 특정 환율로 한 통화를 다른 통화와 교환하겠다는 합의를 의미한다. 이 계약이 즉시 인도를 위한 것이면, 이를 현물 FX 계약이라고 하며, 미래 어느 시점에 인도가 이루어지는 것이면, 이는 선도 FX 계약이라고 한다. 현물 및 선도 FX 계약은 장외(OTC) 시장에서 거래되며, 환율은 주요 국제 은행의 활발한 거래에 따라 결정된다.

FX 시장의 호가 관행이 중요하다. 주식(stock)이나 상품(commodity)의 호가는, 기초(예를 들면 주당 몇 유로, 원유 배럴당 몇 달러, 밀 부쉘 당 몇 센트) 단위당 가격으로 이루어지는 것이 통상적이다. 비슷하게 환율 호가도, 어떤 통화 한 단위당 다른 통화 x 단위로 이루어진다. 앞의 통화가 기초의 역할을 한다는 명백한 이유로 "stock" 혹은 "commodity" 통화라고 한다. 뒤의 통화를 "medium of exchange" 혹은 "unit account"라고 부른다. 그러므로 예를 들어, JPY 135/USD(JPY=일본 엔, USD=미국 달러)에서, USD는 stock 혹은 commodity 통화이며, JPY는 medium of exchange이다.

외환 선도 가격 산정

3장에서 본 바와 같이, 다음 세 가지를 알면 복제의 논리를 사용하여 선도 환율을 결정할 수 있다; 현물 환율, 국내 통화 이자율, 외국 통화 이자율. 여기에서 가격산정 공식을 간단하게 복습해 보고, 동일한 차익거래 논리를 약간 다른 형태로 제시한다.

구체적으로 JPY-USD 선도 환율을 생각해 보자. 아래의 논의에서 현재 시간은 0 시점이며, 선도 계약의 만기 일자는 T시점으로 한다. 만기까지 남은 시간은 T년이다. F_T는 USD 1의 JPY 선도 가격을 나타낸다. T년 USD 이자율을 r_d, T년 JPY 이자율을 r_y로 표시하되, 모두 연속 복리를 사용한다. S는 현물 JPY/USD 환율을 나타낸다. 그러면 선도 가격 F_T는 다음과 같이 된다.

$$F_T = S \times \frac{e^{r_y T}}{e^{r_d T}} = S\,e^{(r_y - r_d)T} \qquad \textbf{(25.1)}$$

상대 통화(medium of exchange)의 이자율이 공식의 분자에 있으며, 기준 통화(commodity currency) 통화의 이율이 분모에 있음을 유의하라. 어떻게 (25.1)의 식이 성립되는가? 3장에서는 복제에 근거하여 식을 유도하는 방법을 제시하였다. 여기에서는 다른 방법을 제시한다. 미국의 투자자에게 $1를 T년간 투자하는 두 가지 투자 안이 있다.

- 국내 이자율 r_d에 투자할 수 있다. 이 경우 만기에 USD $e^{r_d T}$를 받게 될 것이다.
- 또 다른 방법으로 투자자의 달러를 엔으로 환전하여, 엔 이자율에 T년간 투자하고, T년 후에 받을 엔을 달러로 다시 환전하는 선도계약을 오늘 체결할 수 있다. 이렇게 하면 투자자는 S엔을 오늘 받고, 이 S는 T년 후에 $S\,e^{r_y T}$로 불어날 것이다. 이를 다시 선도 환율 F_T에 USD로 환전하면 T시점에서 $S\,e^{r_y T} \times (1/F_T)$를 받게 될 것이다.

차익거래가 발생하지 않기 위해서는 양자가 동일해야 한다. 다시 말하자면 다음 식이 성립해야 한다.

$$e^{r_d T} = S\,e^{r_y T} \times \frac{1}{F_T}$$

위 식은 (25.1)과 정확히 일치한다.

예 25.1

$S = 135,\ r_y = 0.01,\ r_d = 0.03$이라고 가정하자. 이자는 연속복리로 부리된다고 하자. 그러면 1년 선도 환율은 다음과 같다.

$$F_1 = 135 \times e^{(0.01 - 0.03)} = 132.3268$$

■

예에서 현물 환율은 JPY 135/USD이지만, 무차익거래 선도 환율을 단지 JPY 132.3268/USD이다. 왜 더 낮은가? 직관적으로 보면, 엔의 이자율이 낮기 때문에 환전시 환차익으로 보전해야 하기 때문이다. 달리 말하면, 엔 이자율이 달러 이자율보다 낮기 때문에, 선도 환율이 이 이자율 손실을 충당할 만큼 매력적이 되어야 한다. 엔을 환전할 때 더 많은 달러를 받기 위해서는 JPY/USD는 낮아져야 한다. 이를 공식적으로 정리하면 다음과 같다.

규칙

이자율이 높은 통화는 선도 시장에서 할인되어 거래되고, 이자율이 낮은 통화는 할증되어 거래된다.

질문

이자율이 단순히 연복리 형태로 호가된다고 가정하라 (즉, USD 1이 T년 후에 USD $(1+r_d)^T$가 된다.) (25.1)은 다음의 형태가 됨을 보여라.

$$F_T = S \times \frac{(1+r_y)^T}{(1+r_d)^T}$$

$T=1,\ S=135,\ r_y=0.01,\ r_d=0.03$이면, F_T는 무엇인가?

매수 및 매도 환율

FX율은 현물이든 선도이든 양방향으로 호가된다. 즉, 은행은 매수와 매도율을 동시에 제시한다. 매수 가격은 은행이 기준 통화를 매수하고자 하는 가격이며, 매도 가격은 은행이 기준 통화를 매도하고자 하는 가격이다. 매도 가격은 offer price라고도 하며 ask price라고도 한다.

매수와 매도 가격의 차이를 매수-매도 스프레드라고 한다. 다른 조건이 같으면, 외환 딜러는, 모든 거래에서 매수와 매도 가격의 차이를 수익으로 확보하기 때문에 매수-매도 스프레드가 넓어지면 유리해 진다. 하지만 외환 시장에서는 경쟁이 치열하기 때문에, 매수-매도 스프레드는 매우 작다.

이미 언급한 바와 같이 외환 시장에서 은행은 양방향의 호가를 제시한다. 즉 은행은 항상 매수 및 매도 가격을 공시한다. 은행의 호가를 알아보려는 고객은 자신이 매도할 것인지 매입할 것인지를 밝힐 필요가 없으며, 이것이 매수-매도 스프레드를 공시하는 이유이다. 은행이 어느 한쪽을 다른 쪽보다 더 확보하고 싶으면, 스프레드를 치우치게 한다. 예를 들어, JPY/USD 시장에서 다음과 같은 호가를 생각해 보자. (가격은 매수/매도를 의미한다.)

중간 가격 = 134.350/134.370
최저 가격 = 134.060/134.110
최고 가격 = 134.990/135.070

표 25.1 선도 환율과 선도 포인트

만기	환율		포인트	
(연)	매수	매도	매수	매도
0	134.9595	135.0405		
1	132.2871	133.3268	2.6724	2.7137
2	129.6407	129.7065	5.3188	5.3340
3	127.0582	127.1382	7.9013	7.9023
4	124.5315	124.6206	10.4280	10.4199
5	122.0574	123.1530	12.9021	12.8875

중간 가격은 매수-매도 스프레드가 작아서 달러당 0.02엔에 불과하다. 하지만 시장에서 최저 호가와 최고 호가 사이에는 거의 1엔의 차이가 난다. 엔을 매입하고 달러를 매도하고자 하는 은행은 매수-매도 호가를 (위의 최저 가격처럼) 낮추려 할 것이다. 이렇게 하면 엔을 은행에 매도하고자 하는 고객들에게는 매력적이 되지만(134.06엔에 1달러를 살 수 있다), 은행으로부터 엔을 매입하고자 하는 고객들에게는 매력적이지 않다(중간 매도가격보다 적은 달러당 134.11엔만 받을 수 있다). 이와 같이 달러를 매입하고 엔을 매도하고자 하는 은행은 (최고 가격의 경우와 같이) 호가를 위쪽으로 치우치게 할 것이다. 거래를 하고 싶지 않은 은행은 호가를 어디에 치우치게 하나?

선도 포인트(Forward Points)

선도 환율은 대체로 포인트로 표현된다. 포인트는 현물과 선도 환율의 차이를 말한다. 예를 들면, $S=135$이고, $F(T)=132.3786$이면, 포인트 차이는 2.6214이다. 시장에서는 선도 환율보다 포인트로 가격을 표시할 수도 있다. 즉, 현물 환율이 JPY 135/USD로 호가되지만, 선도는 현물 환율과의 포인트 차이로 호가될 수 있다.

(표 25.1)은 선도 환율 표를 예로 보여준다. 표에서 선도 FX 중간 환율은, 현물 중간 환율 135 JPY/USD에 USD와 JPY 시장 이자율(USD 3%, JPY 1%) 차이 2%를 적용하여 선도 환율을 구한다. 적절한 매수-매도 스프레드를 이 중간 값에 더한다.

미국 이자율이 더 높기 때문에 표에서 선도 환율은 하락한다. 하락할 때 선도 포인트(forward point)를 현물 환율에 가해야 할지 감해야 할지를 확인만 하면 된다. 만약 기준(stock) 통화의 이자율이 더 높으면, 선도 환율은 현물 환율에서 선도 포인트를 차감해야 한다. 반대로 기준 통화 이자율이 더 낮으면 현물 환율에 선도 포인트를 더하여 선도 환율을 산출한다.

교차 통화 차입의 헤지

지금까지의 도입 자료를 뒤로하고, 이제 핵심 관심사, 즉 가장 저렴한 자금에 접근하기 위하여 통화 스왑과 선도 환율을 활용하는 방법으로 이동한다.

때로 회사가 장부에 기장하는 통화가 아닌 다른 통화로 차입하는 것이 유리할 수 있다. 예를 들면 미국회사가 좋은 조건으로 대출을 하려 하는 일본 투자자를 발견할 수도 있다. 이 경우 회사는 엔으로 차입을 하고 선도로 헤지하여 환위험을 제거하는 것을 선호할 수도 있다. 외환 선도시장을 함께 사용하면, 회사가 국내에서 차입하는 것보다 더 나은 자금조달 기회를 확보할 수도 있다. 다음 예를 고려해 보라.[1)]

예 25.2

어떤 회사가 5년간 달러 차입을 원한다. 이 회사는 US 달러 고정금리 시장에서 4.90%로 5년간 차입할 수 있다. 이 회사는 고정금리 엔 마켓에서 엔으로 5년간 2.5%에 차입할 수 있다. 이 회사는 엔으로 차입하여 차입 비용을 낮출 수 있나?

엔 차입은, 낮은 엔 이율의 혜택을 상쇄시키고도 남을 수 있는 외환 위험이 수반된다. 예를 들면, 차입 이후에 엔이 상당히 절상되면, 차입 이자를 지불하기 위해서 엔을 매입할 때 달러가 더 많이 필요하기 때문에, 달러 이자 금액이 더 늘어날 수 있다. 이 때문에 차입의 엔 비용과 달러 비용을 비교하는 것이 불가능해 진다. 비교 가능성을 복구하는 한 방법은 선도 환율 시장을 이용하여 차입의 달러 비용을 고정시키는 것이다.

회사가 [표 25.1]의 현물 환율과 선물 환율을 사용할 수 있다고 가정해 보라. 그러면 회사는, 차입과 관련된 매 현금흐름에 선도 환율 계약 하나씩 총 5개의 선도 환율 계약을 예약할 수 있다. 완전한 전략과 현금흐름은 다음과 같다.

- 5년간 2.5%의 이율로 JPY을 차입한다. USD 100에 해당하는 금액을 차입했다고 가정하면, 결과적으로 [표 25.2]의 현금흐름을 가진 JPY 채권이 될 것이다.
- 차입한 엔을 시점 0에서 달러로 교환할 것이므로, 현물 매도율을 사용하여 차입 금액을 계산하였다. 시점 0에서 13,504.05엔의 현금 유입이므로, 최초 차입금은 양으로 표시하였다. 1년말부터 4년말까지 현금흐름은 이자 지출인 현금유출이므로 음(−)으로 표시하였다. 이는 각각 13,504.05의 2.5% 즉, 337.60 엔이다. 5차년도 말의 마지막 현금흐름은 이자와 원금 상환이다.
- 일련의 선도 환율 계약으로 엔 현금흐름을 달러로 환산하라. 최초 13,504.05엔은 현물 환율로 달러로 교환한다. 나머지 현금흐름은 JPY 매입, USD 매도로 헤지하였으므로, (표 25.1)의 매수 호가로 환전한다. 이 환율을 적용하면 [표 25.3]과 같은 현금흐름이 발생한다.

---

1) 이 절의 예는 미국 회사들이 엔 차입을 헤지하기 위하여 사용한 정통적인 거래를 가상으로 구성한 예이다. 관심이 있는 독자는 이러한 거래의 실사례를 참고할 수 있을 것이다. 예를 들면, "통화 스왑"(HBS 사례 286-073), "월트 디즈니의 엔 조달"(HBS 사례 287-058); "IBM Japan"(HBS 사례 286-074)를 참고하라. HBS는 Harvard Business School을 의미한다. 마지막 사례는, 소위 스시 채권과 이중 통화 채권과 같은 혁신적인 형태의 자금 조달을 살펴보고 있다. 여기에서 이들을 직접 다루지는 않지만, 이 장의 개념들을 사용하여 평가는 할 수 있을 것이다.

표 25.2 예의 JPY 현금흐름

만기	0	1	2	3	4	5
JYP	13,504.05	−337.60	−337.60	−337.60	−337.60	−13,841.65

표 25.3 예의 USD 현금흐름

만기	0	1	2	3	4	5
USD	100	−2.55	−2.60	−2.66	−2.71	−113.40

최초의 엔 차입이 달러 차입으로 교환된다. 이 차입의 비용은 이러한 현금흐름의 내부수익률(IRR) 즉, 종합 현금흐름이 0이 되는 할인율이 된다. 이 IRR이 4.59%이다. 이는 직접 USD로 차입할 경우의 차입 비용 4.90%보다는 무려 31 bp나 줄어든 수치이다. ■

이 예에서 알 수 있듯이 "합성" 국내 통화 차입은, 외화 차입과 FX 선도거래를 결합하여 만들어 낼 수 있다. 만약 합성 차입 비용이 직접 국내 통화 차입보다 저렴하면, 조달 비용 절감이 발생한다. 이 예에서는 엔 차입과 FX 선도를 결합하여 만든 합성 달러 차입으로 금융비용을 매년 31 bp 절감할 수 있다.

왜 그렇게 활용할 수 있는 차이가 존재하는가? 이것은 국제 신용 시장이 비효율적이라는 뜻인가? 이러한 형태의 신용 차익거래는 해당 미국 회사가 미국 국내 시장보다 일본 신용 시장에서 더 좋게 평가되기 때문에 가능하다. 일본에서는 충분히 우량한 신용이 많지 않기 때문에, 일본 투자자들이 미국의 우량회사가 발행한 채권을 매입하고 싶어할 수도 있다. 이 때문에 미국회사는 낮은 이율의 회사채를 발행할 수도 있다. 모든 미국 회사가 이러한 차익거래를 할 수 있는 것은 아니다. 좋은 차입 조건은 주로 브랜드 인지도가 상당히 높은 회사들만 누릴 수 있다.

다음은 해외 차입을 국내 차입으로 바꾸기 위해서 FX 선도 거래 대신 어떻게 통화 스왑을 활용할 수 있을 지를 살펴본다.

통화 스왑

통화 스왑은 FX 선도 거래를 모아 놓은 것에 불과하며, 통화 스왑을 이용하여 해외 차입을 국내 차입으로 전환시키는 구조는 위의 예와 개념상으로 크게 다르지 않다. 그러나 통화 스왑 시장이 통화 선도 시장보다 유동성이 더 풍부한 경우가 많아서, 통화 스왑 마켓에서 실행하면 신용 차익거래가 더 좋아질 수 있다.

통화 스왑 시장도 양방향, 즉 매수 호가와 매도 호가를 동시에 제시하는 시장이다. 이 시장의 일반적인 호가 관행은 국내 변동이율에 대하여 해외 고정금리를 제시하는 것이다(예를 들면, 엔 고정

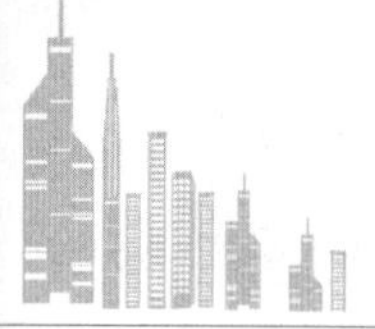

금리와 USD Libor). 매 정산 시점에 계약 당사자는 외화에 대한 고정금리와 국내 통화에 대한 변동금리를 교환한다. 흔한 일은 아니지만 양측이 모두 변동금리를 사용할 수도 있다. 그러한 경우의 스왑은 교차통화베이시스스왑(cross-currency basis swap)이라고 한다.

가장 흔하지 않은 통화 스왑 형태는 국내 통화에 대한 고정 금리와 해외 통화에 대한 고정 금리를 교환하는 것이다. 하지만 이러한 고정-고정 스왑은, 단순히 고정-변동 통화 스왑과 국내통화로 일반적인 변동-고정 이율 스왑을 묶으면 만들어 진다. 다음 예는 바로 그러한 구조를 이용한다.

예 25.3

예 25.2를 계속한다. 위 상황에서 회사가 JPY/USD 통화 스왑 시장을 활용할 수도 있게 되었다고 가정해 보자. 이 시장의 5년 스왑 호가(엔 고정금리, 1년 USD Libor)가 2.90 − 3.00%이다. 다시 말하자면 엔 고정금리를 수취하고 달러 변동금리를 지급한다면, 엔에 대하여 2.90%를 수취하고 달러 Libor를 지급하게 될 것이며, 엔 고정 금리를 지급하고 달러 변동금리를 수취하고자 한다면, 3.00%의 엔 고정금리를 지급하고 달러 Libor를 수취하게 된다.

통화 스왑을 이용하면 명백한 방법으로 엔 고정금리 차입을 달러 Libor로 변동금리 차입으로 바꿀 수 있다. 회사는 엔 고정 차입을 실행하고, 다시 엔 고정금리 수취-달러 변동금리 지급 통화 스왑을 체결한다. 이를 다시 고정금리 달러 차입으로 변환시키려면, 변동금리 USD Libor를 고정금리로 교환하는 이자율 스왑을 활용해야 한다. 5년 이자율 스왑(고정금리와 1년 USD Libor) 호가가 4.80 − 4.88%라고 하자. 즉 회사는 고정지급-변동수취 스왑을 체결하여 고정금리 4.88%를 지급하거나, 고정수취-변동지급 스왑을 체결하여 고정금리 4.80%를 수취할 수 있다. 회사의 전체 전략은 다음과 같다.

- 전과 같이 엔 채권을 발행하여 2.50%의 고정금리 차입을 실행한다.
- 통화 스왑을 사용하여 고정금리 엔 차입을 변동금리 달러 차입으로 변환한다. 스왑에서 회사는 엔으로 고정금리 2.90%를 수취하고 달러 Libor를 지급한다.
- 일반적인 이자율 스왑을 사용하여 변동금리 달러 차입을 고정금리 차입으로 변환한다. 이자율 스왑에서 회사는 4.88%의 고정금리를 지급하고 달러 Libor를 수취한다.

두 개의 스왑을 결합하여 고정-고정 통화 스왑을 만들었다. 엔화에서, 회사는 2.50%를 지급하지만 통화 스왑으로 2.90%를 수취하기 때문에 차입금 JPY 13,504.05에 대하여 0.40%의 순 현금유입이 발생한다. 달러화에서, 회사는 4.88%를 지급한다. 그러므로 순 고정비용은 USD 4.88% − JPY 0.40%이다. 이는 이미 국내 직접차입 비용 4.90%보다는 저렴하지만, FX 선도를 활용하여 금리를 고정시키는 전략과 비교하기 위해서는 이 순 비용을 달러로 통일해야 한다. 이렇게 하기 위해서는 0.40%의 엔을 달러로 환산해야 한다. 엔 차익은 13,504.05의 0.40%인 54 엔이다.

표 25.4 통화스왑의 예: 현금흐름

만기	1	2	3	4	5
JYP 현금흐름	54	54	54	54	54
USD 현금흐름	−0.4082	−0.4164	−0.4248	−0.4334	−0.4422

회사는 54 엔을 매년 수취하기 때문에 선도를 통하여 이 금액을 달러로 전환할 수 있다. 이것은 매입과 같으므로 사용해야 할 한율은 매도율이다(표 25.1 참조). 이 JPY 현금흐름을 USD 현금흐름으로 전환하면 [표 25.4]의 숫자를 얻게 된다.

JPY 54를 매년 수취한다. 선도 환율을 이용해서 매년 발생하는 이 금액을 달러로 전환할 수 있다. 즉, 이 엔 수취 금액을 미리 헤지할 수 있다. 채권의 현금흐름과 같도록 만들기 위하여 원금 USD 100을 최초 및 최종 달러 현금흐름에 포함하여 내부 수익률을 계산한다. IRR은 0.42%가 된다. 그러므로 USD 등가는 42bp이다.

이를 달러 고정 비용 4.88%와 결합하면, 통화 스왑을 활용한 경우 달러로 계산한 순차입비용은 4.88% − 0.42% = 4.46%이다. 이는 FX 선도를 이용했을 경우 고정 비용 4.59%보다 저렴하며, 물론 USD 시장의 직접 차입 고정 비용 4.90%보다는 상당히 저렴하다. ■

명백한 질문이 생겨난다. 왜 통화 스왑 시장이 FX 선도를 활용하는 것보다 유리한가? 유동성 때문이다. 만기가 긴 경우, 통화 스왑 시장의 유동성이 장기 FX 계약보다 유동성이 높기 때문에 통화 스왑 시장의 매수-매도 스프레드가 FX 선도 시장의 스프레드보다 좁다.

요약하면, 외화 고정금리 차입을 국내통화 변동금리 차입으로 전환시키기 위하여 통화 스왑을 사용한다. 국내 통화 변동금리 차입을 국내 통화 고정금리 차입으로 전환시키기 위하여 일반적인 평범한 이자율 스왑을 사용한다. 통화 스왑이 FX 선도보다 일반적으로 유동성이 더 높기 때문에, 교차 통화 자금조달 시장의 차익거래에 활용하기에는 통화 스왑이 더 매력적이다.

통화 스왑과 FX 선도: 차익거래 가능한가?

더 저렴한 합성 차입(JPY로 차입하고 USD로 스왑)이 존재하므로 회사는 신용 차익거래가 가능하다. 그러므로 미리 환 헤지를 한 차입이 USD 고정금리로 직접 차입하는 것보다 비용이 저렴하다. 그런데 FX 선도를 활용하여 헤지한 경우와 통화 스왑을 활용한 경우를 비교해 보면 총비용에 차이가 있다. 여기에서 자연스럽게 이런 질문이 생겨난다. FX 선도 시장과 통화 스왑 시장 사이에 차익거래가 가능한가?

우리의 설정에서 차익거래 기회가 있으면, 우리는 통화 스왑과 FX 선도를 가지고 양의 NPV를 만드는 포트폴리오를 구축할 수 있어야 한다. 우리는 다음과 같이 포트폴리오를 구축한다.

표 25.5 통화 스왑과 FX 선도의 차익거래: 사례 1

만기	USD 수취	JYP 지급	환율	USD	차감 USD	PV 차감 USD
0	100.0000	13504.0500	135.0405	100.0000	0.0000	0.0000
1	4.8000	−405.1215	132.2871	−3.0624	1.7376	1.6862
2	4.8000	−405.1215	129.6407	−3.1250	1.6750	1.5775
3	4.8000	−405.1215	127.0582	−3.1885	1.6115	1.4728
4	4.8000	−405.1215	124.5315	−3.2532	1.5468	1.3719
5	104.8000	−13909.1715	122.0574	−113.9560	−9.1560	−7.8806
					NPV	−1.7722

- 원금 USD 100와 JPY 13,504.05인 통화 스왑을 체결한다. USD를 수취하고 JPY를 지급한다. 그러한 스왑은 실제로는 직접 체결할 수 없지만, 다음과 같이 구축할 수는 있다. (i) JPY로 3%를 지급하고 USD Libor를 수취하는 스왑 계약을 체결하라. (ii) USD로 4.8%를 수취하고 USD Libor를 지급하는 스왑을 체결한다. 이 결과는 JPY 3%를 지급하고 USD 4.8%를 수취하는 통화 스왑과 같다.
- 통화 선도를 사용하여 모든 JPY 지급액을 헤지하라. 이렇게 하면 지급액이 모두 USD가 될 것이다.
- 마지막으로 이 지급액을 원래 통화 스왑의 USD 지급액에 차감하라. 이렇게 하면 전체가 USD 지급액이 될 것이다. 만약 이 지급액의 NPV가 양수이면, 통화 스왑과 FX 선도 시장 간의 가격 차이에서 오는 수익에서 통화와 스왑 거래에서, 매수-매도 스프레드로 인하여 발생하는 손실을 감수하고 남은 가치가 조금이라도 남아 있다는 뜻이다.

이 분석의 결과는 [표 25.5]에 나타나 있다. 표의 두 번째 열과 세 번째 열은 통화 스왑의 현금흐름을 보여준다. 네 번째 열은 단순히 앞에서 찾아낸 환율을 다시 보여준다. 다섯 번째 열은 스왑에서 JPY 측의 USD 환산 금액 즉, USD로 환율을 헤지한 JPY 현금흐름을 보여 준다. 이 때 환율은 해당 매수 호가가 필요하므로 이를 사용하였다. 여섯 번째 열은 통화 스왑의 USD 측 지급액과 JPY 측 지급액을 USD로 환산한 금액의 차이를 보여 준다. 마지막으로 일곱 번째 열은 USD 금리를 전과 같이 3%로 가정하여, USD 금액 차이의 현재가치를 보여준다. NPV가 USD −1.7722이다. 그러므로 이 거래는 수익이 발생하는 거래가 아니다.

하지만 이 거래는 여러 가능한 거래 중의 하나일 뿐이다. 만약 반대의 거래, 즉 USD를 지급하고 JPY를 수취하는 거래를 하였더라면 어떻게 되었을까? 위 예와 반대되는 거래를 한다면 다음의 단계를 따랐을 것이다.

표 25.6 통화 스왑과 FX 선도의 차익거래: 사례 2

만기	USD 지급	JYP 수취	환율	USD	차감 USD	PV 차감 USD
0	100	13495.95	134.9595	100.0000	0.0000	0.0000
1	−4.88	391.38255	132.3268	2.9577	−1.9223	−1.8655
2	−4.88	391.38255	129.7065	3.0174	−1.8626	−1.7541
3	−4.88	391.38255	127.1382	3.0784	−1.8016	−1.6465
4	−4.88	391.38255	124.6206	3.1406	−1.7394	−1.5427
5	−104.88	13887.33255	123.1530	112.7649	7.8849	6.7866
					NPV	−0.0222

- 원금 USD 100과 JPY 13,495.65인 통화 스왑을 체결하여, USD 측에서 고정금리를 지급하고 JPY에서도 고정금리를 지급한다. 이 스왑은 통상적인 방법으로 체결한다. (i) 통화 스왑으로 JPY 2.9%를 수취하고 USD Libor를 지급한다. (ii) 이자율 스왑으로 USD 4.88%를 지급하고 USD Libor를 수취한다. 그러면 결과는 JPY 2.9%를 수취하고 USD 4.88%를 지급하는 스왑이 된다.
- 통화 선도를 사용하여 모든 JPY 수취액을 헤지하라. 이렇게 하면 결과적으로 모든 수취액이 USD가 될 것이다.
- 마지막으로 USD 수취액을 원래 통화 스왑의 USD 지급액과 차감하라. 이 금액이 차감 USD 지급액이 된다.

이 결과는 [표 25.6]에 요약되어 있다.

또 다시 NPV가 음수, 즉 USD −0.0222임을 알 수 있다. 그러므로 통화 스왑과 FX 선도 시장의 불일치는 차익거래를 할 만큼은 아니다. 매수-매도 스프레드가 수익 기회를 잠식한다.

통화 스왑의 가격 산정

통화 스왑의 고정 지급 측의 이율은 어떻게 결정되나? 간단한 대답은, 스왑 체결 당시 스왑의 현금흐름 순 현재가치가 0이 되도록 하는 이율이다. 절차는 이자율 스왑의 절차와 동일하되, 현금흐름이 다른 통화에서 발생한다는 특성을 고려한 약간의 수정이 요구될 뿐이다.

통화 스왑이란 사실상 두 통화로 발행된 채권의 교환이며, 이 중 한 채권은 고정금리 채권이며 다른 하나는 변동금리 채권이다. 각 채권은 각 통화로 해당 선도 이율로 현금흐름을 할인하여 가치를 따로따로 산출할 수 있다. (사실상 고정 금리 채권만 가치 산정이 필요하다. 변동금리 채권의 가격은 계약 체결 당시 정의상 액면가이다.) 그리고 고정금리 채권을 현재의 현물 환율을 사용하여 다른 통화로 환산한다. 환산 이후에 고정금리 채권의 가격 역시 액면가가 되도록 고정금리를 결정한다. 이것이 스왑 이율이다. 아래 자료가 자세한 내용을 보여 준다. 설명을 단순히 하기 위하여, 23장에서와

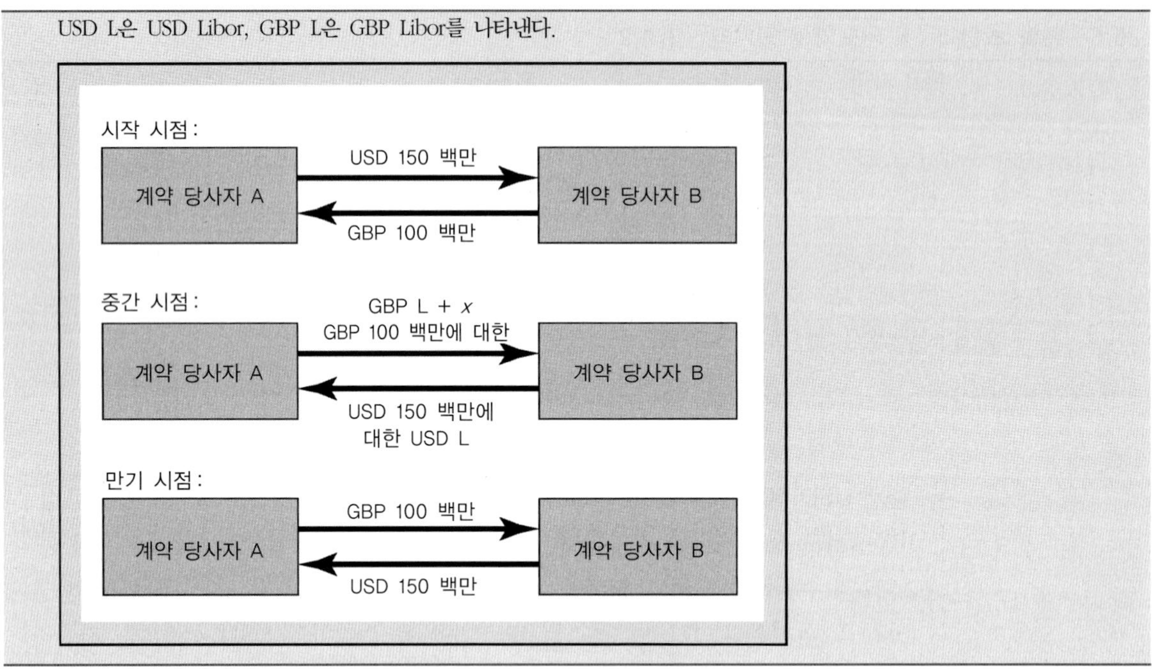

그림 25.1 교차통화 베이시스 스왑(cross-currency basis swap) 예시

마찬가지로 미래의 현금흐름을 할인하기 위해서 Libor 곡선을 사용하는 것으로 가정한다. 23장에서 보았듯이 관행은 OIS 곡선을 사용하여 할인하는 쪽으로 옮겨가고 있지만, 이렇게 하면 통화 스왑의 가격 및 가치 산정에서 4개의 이자율 곡선 즉, 현금흐름을 산출하는 데 두 통화의 Libor 곡선, 이 현금흐름을 할인하는 데 두 통화의 OIS 곡선(혹은 이와 동등한 것)을 사용해야 한다.

가격 산정의 논리를 설명하기 위해서 우선 교차통화 베이시스 스왑(cross-currency basis swap), 즉 변동-변동 통화 스왑을 생각해 보자. 구체적으로 한쪽이 USD Libor를 지급하고 다른 쪽이 GBP Libor + x bp를 지급하는 USD-GBP 스왑을 생각해 보자. 스프레드 x는 양수, 음수 혹은 0이 될 수 있다. 스왑 계약 체결 당시 USD 1.50/GBP이며, 이 환율과 일관되게 원금은 $150백만과 ₤100백만이라고 가정한다. 이 스왑의 현금흐름은 계약 시작 시점에서 원금을 교환하며, 스왑 기간 중 이자를 교환하며, 만기에 다시 원금을 재교환하는 것으로 구성된다. 이 현금흐름은 [그림 25.1]에 요약되어 있다.

교차통화 베이시스 스왑은 해외에서 변동금리로 자금을 조달할 때 금융기관들이 통상 사용한다. 예를 들면, 영국 은행이 GBP 변동금리로 자금을 조달하고, 그림과 같이 상대방 B와 교차통화 베이시스 스왑을 체결할 수 있다. 이로써 변동금리 GBP 차입을 변동금리 USD 차입으로 전환할 수 있다.

양(+)이든 음(−)이든 어떤 스프레드 x가 이 스왑을 공평하게 만드는가에 대한 관심이 있다. 이 목적을 위해서, 스왑의 현금흐름은 두개의 분리된 변동금리 차입의 포트폴리오와 같은데, 첫 번째 차입은 USD 150백만 차입으로 계약당사자 B가 계약당사자 A로부터 차입한 것이며, 이율은

그림 25.2
교차통화 베이시스 스왑 분해: 파트 1

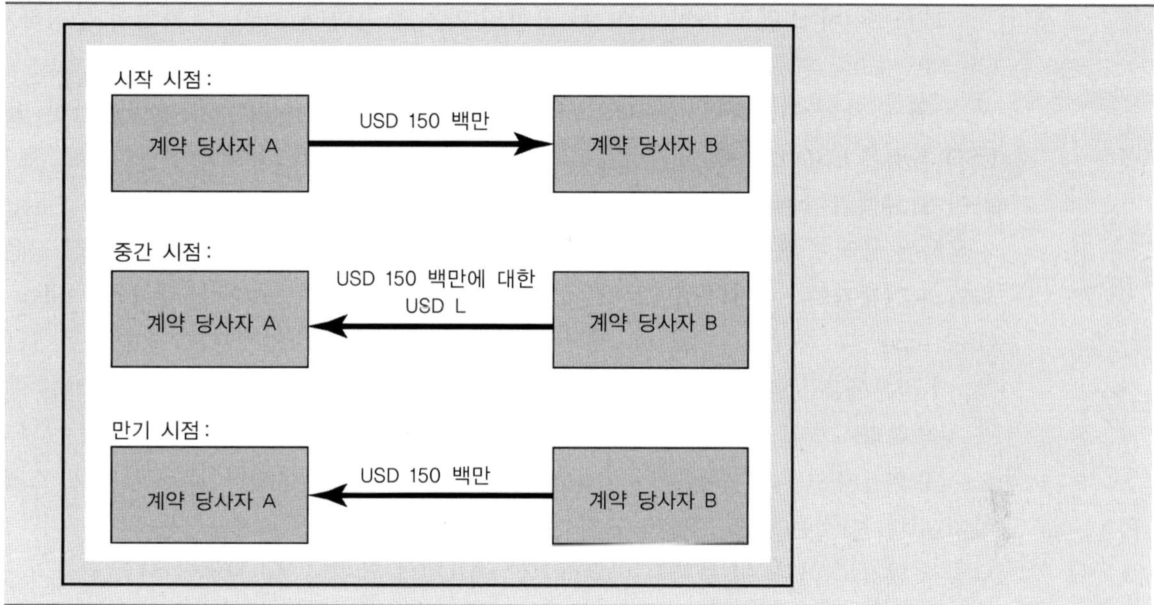

USD Libor flat이며 (이를 USD 차입이라고 함)(그림 25.2 참조), 두 번째 차입은 GBP 100백만 차입으로 계약당사자 A가 계약당사자 B로부터 차입한 것이며 이자율은 GBP Libor + x bp이다(이를 GBP 차입이라고 함)(그림 25.3 참조).

그림 25.3
교차통화 베이시스 스왑 분해: 파트 2

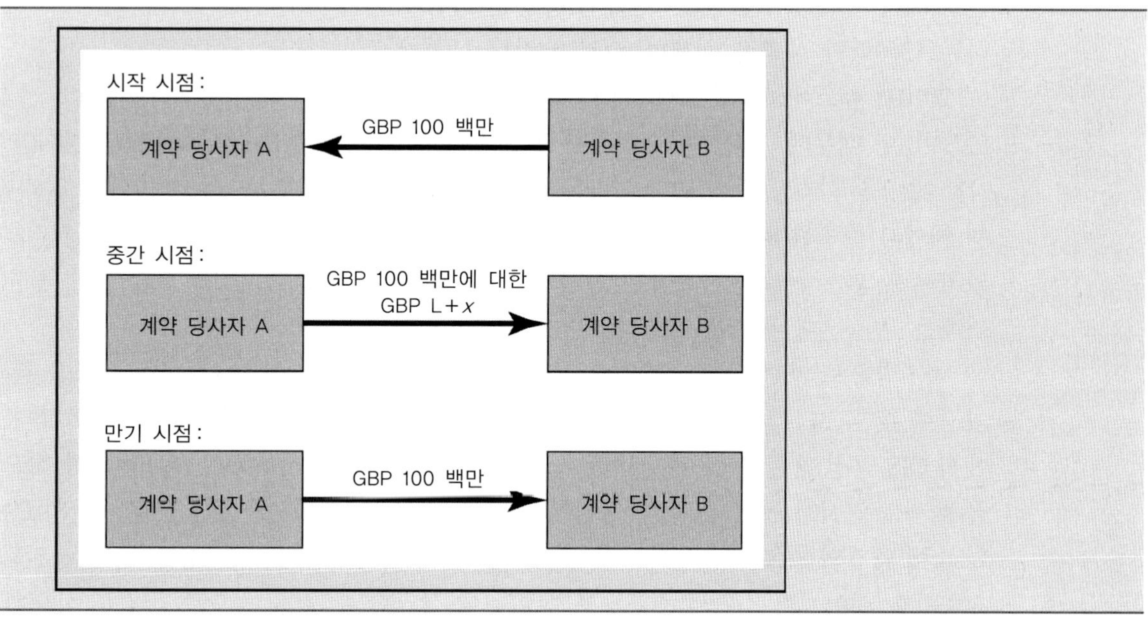

그러므로 이 스왑의 가치는 이 두 차입의 가치의 차이다. 특히 각 차입이 공정하게 평가된다면(즉, NPV가 0이 된다면), 스왑의 가치도 0이 된다.

스왑 평가의 이 마지막 논리는(스왑의 가치를 0으로 만드는 x를 찾는 것) 간단한 절차이다. 우선, USD 차입은 USD Libor로 현금흐름을 만들어 내고 이를 USD Libor로 할인하므로, 현재가치는 액면가인 $150백만이 된다는 사실을 확인하라. 계약 시점에서 계약당사자 A가 이 현금흐름의 대가로 지급하는 금액이 액면가($150백만)이므로 이 차입의 순 현재가치는 0이다. 정확히 같은 논리로 GBP 차입의 현재가치도 0이다. 그러므로 $x=0$일 때 스왑의 가치는 0이 된다. USD Libor 그 자체와 와 GBP Libor 그 자체를 스왑하는 것은 이론적으로 공정한 스왑이다.

이 결론에 도달하게 만든 논리에는 모든 대출은 원금에 상관없이 순현가는 0이라는 사실이 있음을 주의하라. 그러므로 스왑이 ₤100백만을 일방으로 하고 $400백만을 상대로 하는 계약이라 하더라도(시장 환율이 $1.50/₤가 아니라 $4/₤임을 암시함) 각 대출의 순현재가치가 0이므로, 스왑은 공정한 스왑이 된다. 이것은 실제 환율이 교차통화 베이시스 스왑에는 무관하다는 의미인가? 그렇기도 하고 그렇지 않기도 하다. 이 문제는 미묘하지만 중요한 문제이다. 두 원금이 시장 환율과 일치하지 않으면 시작 시점에서 스왑은 0의 가치를 갖지만 신용위험에서 공평하지 않다.

예를 들어, 위와 같은 상황에서 원금이 ₤100백만과 $400백만이며, 원금을 교환하는 즉시 계약당사자 B에게 부도가 발생한다고 가정해 보라. 그러면 A는 B에게 $400백만을 지급하였으며, B로부터 ₤100백만을 수령하였지만 이 금액이 현재 환율로 단지 $150백만의 가치가 있다고 하면, A는 $250백만이 부족하다. 달리 표현하자면, 스왑 원금이 시장 환율로 일치하지 않으면, 신용측면에서 공평한 스왑과 일방이 다른 상대방에게 제공하는 대출이 묶여 있는 것이다. 원금 ₤100백만과 $400백만인 예에서는, A와 B는 신용측면에서 공평한 스왑 계약을 체결하고, 이와는 별개로 A가 B에게 제공하는 $250백만 대출을 실행하는 것과 같다.

2010년 뉴스에 의하면, 2002년 Goldman Sachs는 그리스에 스왑 계약 내에 숨겨진 대출을 제공하였으며, 이 때문에 그리스는 재정적자 및 채무 한도를 규정한 EU Maastricht 규정(GDP의 3%와 60%로 각각 제한)을 회피할 수 있었다. Goldman-Greece의 거래의 세부사항은 일반에게 알려지지 않았지만, 위 예에서 설명한 방법과 같이 시장 환율이 아닌 합성 환율로 계산한 원금, 즉 시장 환율로는 서로 일치되지 않는 원금을 사용하는 방식으로 대출을 스왑에 포함시켰을 가능성이 높다. 이와 유사한 거래는 1990년대 후반에 확실히 이탈리아와 다른 은행들도 사용했었다.

마지막으로 가격 산정과 관련한 두 가지 경고이다. 우리는 Libor로 현금흐름을 할인하는 것으로 가정해 왔다. 사실 이것이 2007년 이전 관행이었다. 하지만 위에서 살펴본 바와 같이, 그 이후 할인에서 OIS 곡선 혹은 이와 유사한 것으로 중심이 옮겨졌다. Libor-OIS 스프레드가 작으면, 가격 계산은 아직도 근사할 것이다. 둘째, 심지어 2007년 이전에도 수요 및 공급 상황을 반영하여 어느 한쪽의 Libor에 약간의 스프레드를 더하는 경우가 특이한 것은 아니었다. 금융 위기가 진전됨에 따라, 어떤 교차통화 베이시스 스왑의 스프레드가 이전에 상상할 수 없을 정도로 급격히 상승하였다. 예를 들

면, USD-EUR 베이시스 스왑(USD Libor와 Euribor + 스프레드)에서 스프레드는 2009년 급격히 음수가 되었으며, 2011년 다시 USD Libor와 Euribor $+x$ 스왑에서 x는 -100 혹은 그 이하로 떨어졌다. 이 스프레드는 유럽 은행의 신용 위험에 대한 인식을 반영하였으며, 유럽 은행들은 USD 자금이 필요하면 유로로 자금을 조달하고 이를 USD 자금으로 스왑하였는데 유럽 은행들의 USD 자금의 부족을 반영하였다.

고정-변동 통화 스왑도 같은 방식으로 가격을 산정한다. 고정-변동 통화 스왑은 베이시스 스왑과 평범한 고정지급/변동수취 이자율 스왑을 동시에 사용하여 복제할 수 있다. 예를 들면, GBP 고정 수취 – USD 변동 지급 스왑은 (a) GBP-USD 베이시스 스왑(USD 변동 지급, GBP 변동 수취)과 (b) GBP 고정-변동 이자율 스왑(GBP 변동 지급, GBP 고정 수취)로 구성된 포트폴리오로 복제할 수 있다. 베이시스 스왑은 공정 가치가 0이므로, 통화 스왑의 가치를 0으로 만드는 고정 금리는, GBP 이자율 스왑의 가치를 0으로 만드는 고정 금리이다.

25.3 상품 스왑

상품 스왑은 평범한 이자율 스왑과 마찬가지로 변동 지급금과 고정 지급금을 교환한다. 상품 스왑에서 전형적인 변동 지급금은 상품의 가격과 연동되며(예를 들면, 배럴당 현물 유가), 고정 지급액은 정해진 금액(예를 들면 $100)이다. 물론 실무에서는 차감액만-고정 지급액과 변동 지급액의 차이-교환된다. 상품 스왑에서 일반적인 방법은 아니지만 한 측의 지급액은 상품 가격과 연동되고, 또 다른 측의 지급액은 이자율(예 Libor)에 연동되는 변동과 변동의 교환도 있다. 다른 변형은 이 절 마지막 부분에서 기술한다.

유가를 기초로 하는 상품 스왑이 실제로 가장 일반적인 것이며, 다른 여러 상품을 기초로 한 스왑도 가능하다. 상품 스왑 계약에서 변동 측은 대체로 상품의 현물이나 선물 가격에 연동된다. 고정 측은 시작 당시 스왑을 공평하게 만드는 방법으로 결정된다. 고정 측의 확정에 대해서는 이 절 후반에 다룬다.

소비자나 생산자 측에서 보면 상품 스왑은 가격변동에 대한 자연적인 헤지가 된다. 어떤 상품을 정기적으로 현물 가격에 구매하는 소비자 입장에서 보면, 상품 스왑의 고정 지급 측이 되면 상품 가격을 고정시킬 수가 있다. 소비자는 그 상품을 계속 현물 가격으로 구매하지만, 스왑에서 현물 가격과 고정금액과의 차이를 수취하기 때문에 순현금유출은 고정 지급액이 된다. 비슷하게, 그 상품 생산자도, 스왑에시 변동 지급사가 되면 현물 가격의 변동에 대한 헤지가 된다.

이 절에서는 선물 및 선도 가격 곡선에서 벗어나는 상품 스왑 가격을 검토한다. 우선 상품의 선도 가격을 복습하는 것으로 시작한다.

상품 선도 가격: 복습

3장에서 선도 가격을 산정하는 보유비용 방법을 설명하였다. 그때 살펴본 바와 같이, 어떤 자산의 선도 가격은 일반적으로 그 자산을 지금부터 선도 계약 만기까지 보유 혹은 보관하는 비용에 따라 선도 가격이 결정된다. 이 보유 비용은 양이 될 수도 있고(예, 창고 및 보험) 음이 될 수도 있다(예, 자산 보유로 인한 배당). M_τ가 τ 시점까지 (보유 비용에서 보유 이익을 차감한) 순보유비용의 현재가치를 나타낸다면, 만기 τ의 선도 가격 F_τ는 다음과 같이 된다.

$$F_\tau = e^{r_\tau \tau}(S + M_\tau) \tag{25.2}$$

이 식에서 S는 전과 같이 자산의 현재(0 시점) 가격을 표시하며, r_τ는 τ기간에 적용되는 연속복리 이자율을 의미한다. 식 (25.2)에서 보유 이익과 비용은 달러로 표시된다. 많은 경우 이를 수익률로 표시하는 것이 더 유리하다. 예를 들면, 지수를 보유할 때 배당 수익은 자연스럽게 지수의 배당 수익률로 표시된다. q_τ를 기초 자산을 $[0, \tau]$ 기간 보유할 때 발생하는 (연속 복리로 표시한) 배당 수익률이라고 하면, 선도 가격은 다음과 같이 된다.

$$F_\tau = e^{(r_\tau - q_\tau)\tau} S \tag{25.3}$$

4장에서 논의하였듯이, 식 (25.2)와 (25.3)은 금융 자산에 대하여는 잘 작동한다. 그 결과, 그러한 자산의 선도 가격은 관측 가능한 숫자들(현물 가격, 보유 비용/이익, 이자율)에만 의존하며, 이러한 숫자들만 알면 사전적으로 계산이 가능하다. 공식에 이미 포함된 관측 가능한 숫자들 이외에 다른 정보가 필요하지 않다.

상품에 관해서는 이야기가 좀 달라진다. 4장에서 확인한 바와 같이, 물리적인 상품과 금융 자산의 중요한 차이점은 전자가 생산에 사용되며 그 과정에서 소비된다는 점이다. 생산자나 다른 사람들은 상품의 재고를 유지하는데, 재고는 현물 시장에서 공급이 부족할 때를 대비한 보험이 되기도 하며, 생산 계획을 조정할 수 있는 여유를 가지게 해 준다. 편의수익(Convenience yield)이란 상품을 창고에서 바로 소비할 수 있는 옵션의 가치를 말한다. 편의수익(Convenience yield)은 다양한 요인에 의해 결정되는데, 특히 예상되는 수요 공급의 불균형에 영향을 받는다. 소비 수요에 비하여 현재의 상품 공급이 비교적 풍부하면, 편의수익은 일반적으로 낮다. 하지만 편의수익은 시장의 뉴스와 사건에 따라 변동되거나 심지어는 급격히 달라질 수도 있다.

관측되는 상품의 선도/선물 가격은 관측되지 않는 편의수익에 대한 시장의 합의를 반영한다. 내재된 q_τ는 관측된 선도/선물 가격에서 식 (25.3)을 사용하여 역산될 수 있다. F_τ와 q_τ는 사전에 계산할 수가 없으며 단지 거래를 통해서 계산할 수 있으므로, 이 과정을 "가격 발견"이라고 한다.

물론 보유 비용과 이익이 관측될 수 있느냐와 상관없이 식 (25.2)와 (25.3)은 저장이 가능한 자산에 대해서만 유효하다. 전력과 같이 저장이 불가능한 기초 자산에 대하여는, 만기까지 보유하는 것

자체가 불가능하므로, 보유 비용 모델은 아예 적용되지 않는다. 이러한 경우 선도 가격은, 단순히 위험에 대한 보상을 가감했을 때 예상되는 미래 현물 가격을 반영할 뿐이다.

상품 스왑의 가격 및 가치 산정

편의수익은 관측이 불가능하므로 상품 스왑의 가격을, 이자율이나 주식 스왑에서 사용하였던 첫 번째 원칙으로(현물 가격과 이자율 정보만으로) 산정할 수가 없다. 하지만, 선물이나 선도 가격이 주어지면, 이로부터 편의수익을 유추해 낼 수 있으며, 다시 이를 가격 산정 과정에 활용할 수 있다. 같은 의미로, 여기에서 설명하는 바와 같이 선도 가격을 사용하여 상품 스왑의 가격을 직접 계산할 수 있다.

가격 산정 과정에 숨어 있는 논리는 간단하다. 스왑은 각 지급일 마다 선도가 하나씩 연결된 선도의 집합이다. 그러므로 일련의 선도 계약에 대하여 상쇄하는 포지션을 취하면 스왑의 위험을 제거할 수 있다. 그렇게 하면 결과는 무위험 현금흐름이 되며, 이자율 곡선을 알면 이 현금흐름의 가치를 평가할 수 있다. 스왑 이율이란 스왑의 가치를 0으로 만드는 고정 가격이다.

우선 이를 기호로 표시하며, 그 이후에 예를 통해서 설명한다. 기호는 다음과 같다.

- P는 스왑에서 고정 지급을 나타낸다.
- $T_1, \cdots, T_N$은 스왑에서 남아 있는 지급일을 나타낸다. 통상 현재는 시점 0이다.
- S는 상품의 현재 가격을 표시하며, $S_1, \cdots, S_N$은 (현재는 알려지지 않은) 지급일의 현물 가격이다.
- $F_1, \cdots, F_N$은 각각 $T_1, \cdots, T_N$에 인도되는 상품 1 단위의 오늘 선도 가격을 의미한다.
- $B_1, \cdots, B_N$은 각각 $T_1, \cdots, T_N$에 확실하게 발생하는 현금흐름의 현재가치를 계산하는 할인 요소이다. (다시 말하자면, T_k에 수취할 $1의 현재가치는 B_k이다.)

한 투자자가 고정 지급-변동 수취의 상품 스왑 포지션을 보유하고 있다고 가정하자. 매 지급일 T_k에 투자자는 다음과 같은 현금흐름을 수령한다.

$$S_k - P \tag{25.4}$$

시점 0에서 바라보면, 미래의 현물가격 S_k를 현재에서는 알 수 없기 때문에 이 현금흐름은 위험이 있다. 하지만 시점 0에서 투자자가 인도일을 $T_1, \cdots, T_N$로 하는 일련의 숏 선도 계약을 체결한다고 가정하자. 지급일 T_k에 투자자는 S_k의 가치가 있는 자산 한 단위를 인도하고 선도 가격 F_k를 수령한다. 그러면 순 선도 계약으로부터 발생하는 T_k시점의 현금흐름은 아래와 같다.

$$F_k - S_k \tag{25.5}$$

식 (25.4)와 (25.5)를 더하면, 상품 스왑과 일련의 선도 계약을 합친 포트폴리오에서 발생하는

T_k시점의 현금흐름은 다음과 같다.

$$F_k - P \tag{25.6}$$

모든 k에 대하여 이는 확실한 현금흐름이며 0 시점의 현재가치는 단순히 할인 요소 B_k로 할인하면 계산할 수 있다. 모든 k에 대하여 이 현재가치를 더한, 0 시점의 통합 포트폴리오의 현재가치는 다음과 같이 된다.

$$\sum_{k=1}^{N} B_k (F_k - P) = \sum_{k=1}^{N} B_k F_k - P \sum_{k=1}^{N} B_k \tag{25.7}$$

시점 0에서 모든 선도 계약의 현재가치는 정의에 따라 0이다. 그러므로 식 (25.7)은 0시점 상품 스왑의 가치이다. 이제 스왑의 가격 산정은 쉬운 문제이다. 스왑 시작 시점에서 그 가치는 0이어야 한다. 그래서 스왑의 공정 가격 P는 다음과 같아야 한다.

$$P = \frac{\sum_{k=1}^{N} B_k F_k}{\sum_{k=1}^{N} B_k} \tag{25.8}$$

식 (25.8)이 약속했던, 선도 가격과 무위험 이자율로 표현한 스왑의 공정 가격 식이다.

예 25.4

향후 5년간 인도될 원유 선도 가격과 현물 이자율 정보가 [표 25.7]과 같이 주어졌다고 가정하자. 이자율 연속 복리 조건이며, 선도 가격은 원유 1배럴 당 달러로 표시되었다. 지급일이 T=1, 2, 3, 4, 5일 때 5년 원유 스왑의 스왑율은 얼마인가?

첫 번째 단계로 할인 요소 B_1, ⋯, B_5를 구한다. 이자율은 연속 복리 조건이므로 할인 요소는 다음과 같다.

$$\begin{aligned}
B_1 &= e^{-0.01 \times 1} &= 0.9900 \\
B_2 &= e^{-0.0125 \times 2} &= 0.9753 \\
B_3 &= e^{-0.02 \times 3} &= 0.9418 \\
B_4 &= e^{-0.03 \times 4} &= 0.8869 \\
B_5 &= e^{-0.035 \times 5} &= 0.8395
\end{aligned}$$

그러므로

$$\sum_{k=1}^{5} B_k F_k = 202.4146$$

표 25.7
상품 스왑 가격 산정: 입력 정보

만기(년)	현물 이자율	선도가격
1	0.0100	44.66
2	0.0125	44.78
3	0.0200	43.67
4	0.0300	43.24
5	0.0350	41.75

이를 식 (25.8)에 대입하면 5년 원유 스왑의 스왑 가격은(즉 스왑에서 고정 가격)은 다음과 같이 된다.

$$P = \frac{202.4146}{4.6335} = 43.6850$$ ■

상품 스왑에 대한 추가 사항

상품 가격은 매우 유동적인 경향이 있으며, 주가나 이자율 혹은 환율보다 더 변동성이 심하다. 약 100%의 변동성이나 심지어는 그 보다 더 높은 변동성도 있다. 이것이 헤지 수요, 특히 상품 스왑의 수요를 창출하는 주요 요인이다. 상품 시장도 금융 증권 시장과 비교할 때 몇 가지 특이한 점이 있다. 이러한 특징들 중에 얼마는 헤징 비용, 제도적 차이, 상품의 심각한 유동성 부족, 그리고 생산의 계절적 특징 등과 관련되어 있다. 신용 위험도 중요한 요인이 된다.

지금까지의 설명은 변동 측이 상품의 현물 가격에 연동되어 있는 고정-변동의 상품 스왑에 초점을 맞춘 설명이다. 변동 측 지급이 특정 참조 기간 중의 현물 가격 평균이 되는 변형도 있다. 이 경우 통상의 참조 기간은 두 지급일 사이의 기간이며, 이 기간 중 매일의 가격을 산술 평균한 가격을 사용한다. 이러한 스왑을 아시안(Asian) 상품 스왑이라고 한다.

기본형의 다른 변형도 있다. 이들 중에는 다음과 같은 것들이 포함된다.

- 변동 측이 단일 상품의 가격이 아니라 여러 상품 가격 지수(예를 들면, Goldman Sachs의 Commodity Index 혹은 주택지수)에 연동되는 고정-변동 스왑.
- 일방이 상품 가격에 연동되고 상대방은 Libor 같은 이자율에 연동되는 변동-변동 상품 스왑. 이론상 이러한 스왑은, 상품 생산자가 상품 가격과 금리성 부채에 대하여 동시에 헤지를 하고자 할 때 관심을 가질 수 있는 상품이다.
- 양측이 서로 밀접하게 연관된 상품(예를 들면, Light Sweet 원유와 West Texas Intermediate 원유)에 연동되는 변동-변동 상품 스왑. 이러한 스왑을 상품 베이시스 스왑(commodity basis swap)이라고 하며, 이자율 베이시스 스왑과 많은 공통점이 있다.

- 양측이 생산과정의 서로 다른 측과 연동되는(예를 들면, 한쪽은 특정 원유와 연동되며, 다른 한쪽은 특정 정제유에 연동) 변동-변동 상품 스왑. 이러한 스왑은 상품 스프레드 스왑(commodity spread swap)이라고 한다.

편의수익을 관측할 수 없다는 점과, 편의수익과 현물 가격 그리고 이자율 등이 서로 상관관계를 가질 수 있다는 가능성 때문에, 이러한 계약의 가격 산정은 복잡해진다. 복제가 가능하지 않으면, 위험에 대한 보상이 가격 산정 과정에 포함되어야 한다. 상품 스왑 계약의 논의에 관해서는 Casassus와 Collin-Dufresne(2005)를 참조하라.

25.4 요약

외환(FX) 거래량은 다른 어떤 시장의 거래량보다 많다. 대부분의 FX 거래는 OTC 시장에서 발생한다. 통화 스왑도 마찬가지이다.

통화 스왑은 사실상 통화가 다른 채권의 교환이다. 같은 의미로, 통화 스왑은 선도 FX 계약의 포트폴리오로 볼 수도 있다. 통화 스왑은 해외 자금 조달에서 아마도 가장 유용한 도구일 것이다. 이를 통해서 기업들이 다른 나라의 자금에 접근할 수 있게 되고, 고정금리 혹은 변동금리를 원하는 대로 선택할 수도 있게 된다. 이종 통화간 자금 조달에서 오는 위험을 통화 스왑으로 관리할 수 있으며, 통화 스왑은 유동성이 풍부하여 선도를 조합하는 것보다 나은 헤지 방법이 된다.

상품 스왑도 선도 계약의 포트폴리오로 볼 수 있으며, 가치 산정도 그렇게 할 수 있다. 하지만 관측이 불가한 편의수익이 존재할 수도 있고 혹은 상품의 보관이 불가능할 수 있기 때문에, 일반적으로 상품 선도의 가치 평가는 금융자산의 경우보다 더 복잡하다. 그러나 선도 혹은 선물 가격을 알 수 있다면, 상품 스왑을 선도 혹은 선물의 가격을 사용하여 표시할 수는 있다.

25.5 연습문제

1. 무위험이자율평형(covered interest-rate parity)이 무엇인가?
2. 선도 환시장에서 US 달러가 엔에 대하여 할인되어 거래되고 있다면, 달러와 엔 이자율 관계에 대하여 어떤 말을 할 수 있을까?
3. 엔/달러 환율이 130이며, 달러/유로 환율이 1.20이라면, 엔/유로의 환율은 무엇인가?
4. 환 트레이더로서, 당신의 유로 포지션을 매도하고자 한다면, 당신의 $/€ 환율 호가를 어떻게 조정하겠는가? 현재의 매수-매도 $/€ 환율은 1.20-1.25이다.
5. 위 문제에서 당신의 $/€ 통화 장부상의 거래량을 늘리려면 매수-매도 스프레드를 어떻게 조정하겠는가?
6. 현재 현물 $/€ 환율이 1.20이며, 이자율이 $T=1$년인 경우, $r_\$ = 0.03$이며 $r_€ = 0.05$이라면(연속복리로), 1년 선도 포인트는 얼마인가?
7. 유로화로 2년 차입을 한 경우 이를 헤지하기에 통화 스왑과 통화 선도 둘 중 어느 것이 더 적절한가?
8. 상품에 집중적으로 투자하고 있는 헤지 펀드가 주식 시장으로 분산을 원할 때 어떤 종류의 상품 스왑이 적절한가?
9. 가스-전력 스왑은 전력 가격 수익률을 수취하고 천연가스 가격 수익률을 지급하는 스왑이다. 어떤 기업이 이 스왑과 비슷한가?
10. 당신이 거래할 수 있는 것은 원유-주식 스왑과 (즉 원유가격 수익률과 주가지수 수익률을 교환하는 스왑) 주식 시장 선물뿐이라면, 당신은 어떻게 만기가 여러 개인 원유 선도 계약을 만들 수 있나?
11. 유로와 달러의 현물 환율이 $1.2/€이다. 2년 달러 이자율이 2%이며 유로 이자율은 같은 만기에 대하여 3%이며, 모두 연복리 조건이라면, 2년 선도 환율은 무엇인가?
12. 위 문제에서 이자율은 연속복리 조건이며, 선도 환율이 $1.10/€이라면 두 통화의 이자율 차이는 얼마인가?
13. 현물 매수-매도 환율이 $1.31/€-$1.34/€이다. 1년 달러 (매수-매도) 이자율은 (단리 조건) 3.1-3.2%이다. 1년 유로 (매수-매도) 이자율은 3.9-4.0%이다. 선도 환율의 매수-매도 경계를 계산하라.
14. 다음 표는 달러와 유로의 무이표채 이자율 기간 구조를 보여준다.

만기(년)	$r_\$$(%)	$r_€$(%)
1	1.0	2.1
2	1.4	2.3
3	1.7	2.9
4	1.8	3.5
5	2.0	4.0

현물 환율은 $1.20−1.30/€ 이다. 복리는 연 단위이다.

(a) 선도 환율 매수−매도 호가 곡선을 그려라.

(b) 매수−매도 포인트를 보여주는 표를 만들어라. 매수 포인트가 매도 포인트보다 높은가?

(c) 5년 고정 차입비용이 달러 2.5%이며, 유로 3.5%이라면, 달러 부채를 보유하면서 가장 저렴한 차입 방법은 무엇인가?

15. 위 문제에서 다음과 같은 변동금리 차입이 가능하다고 가정하자.
- 달러 차입: 1년 $-Libor + 50 bp
- 유로 차입: 1년 €−Libor + 100 bp

그리고 시장에서 다음과 같은 두 종류의 스왑이 거래되고 있다.
- 이자율 스왑: 고정 $2.0−2.2% 대 변동 1년 $-Libor.
- 통화 스왑: 고정 €3.0−3.2% 대 변동 1년 $-Libor.

가장 저렴한 달러 차입 방법은?

16. 위 문제의 선도 환율 곡선을 사용하여, 달러로 5년 동안 매년 유입되는 75 bp를 유로로 환산하라. 답은 유로 기준 몇 bp인지로 표시하라.

17. 위 예의 선도 환율 곡선과 USD 이자율 스왑 율을 사용하면, 고정 유로 지급−변동 1년 $-Libor 수취 스왑의 고정 이율은 얼마인가? 스왑의 만기는 5년이며 지급은 연단위로 한다.

18. 다음 웹사이트 중에서 유로 이자율 곡선을 내려 받아라. [예를 들면, http://epp.eurostat.cec.eu.int/.] 그리고 어떤 곳에서든지 달러 이자율 곡선을 내려 받아라. 예를 들면, http://www.ustreas.gov/offices/domestic-financeurodollarebt-management/.

두개의 곡선 모두를 직선 보간법을 사용하여 연단위 만기 곡선으로 변환하라. 어떤 통화가 할인되는가? 이러한 현상은 모든 만기에 공통되는가?

19. 어떻게 하면 외환 옵션을 사용하여 통화 스왑을 복제할 수 있는가?

20. 다음 표는 콜 조건이 없는 미국 국채의 가격 및 현금흐름(미국 달러로)을 보여준다. 오늘은 2005년 1월 1일이라고 가정하라.

채권	가격	현금흐름 July 1, 2005	January 1, 2006	July 1, 2006
U1	97.50	100.00		
U2	100.50	3.00	103.00	
U3	101.00	3.20	3.20	103.20

다음 표는 콜 조건이 없는 독일 국채의 가격 및 현금흐름(유로로)을 보여준다.

채권	가격	현금흐름 July 1, 2005	January 1, 2006	July 1, 2006
G1	96.00	100.00		
G2	99.50	5.00	105.00	
G3	100.20	6.00	6.00	106.00

오늘의 현물 환율은 \$1.5/€이다. 3개의 6개월 단위 선도 환율을 구하라.

21. 미국과 독일에서 영업을 하는 미국에서 설립된 기업 ABC Inc.는 사업 확장을 위하여 자금을 조달할 필요가 있으며, 자금은 즉시 필요하다. 이 회사는 미국 시장에서 연 이자율 8%(매 6개월 지급, 30/360 관행 사용)로 액면가 조달이 가능하며, 인수 비용 및 수수료로 발행 금액의 1%를 지급해야 한다. 이 회사가 독일 시장에서 차입할 경우, 2%의 인수 비용 및 수수료가 발생하며 연 14%의 금리(매 6개월 지급, 30/360 관행 사용)를 지급해야 한다. 위 문제의 환율을 사용하여 다음 질문에 답하라. 현물 환율이 1.5\$/€이라면 이 회사는 어느 시장에서 차입해야 하는가?

22. 다음 표는 무위험 이자율 시장의 현물 이자율을 보여준다. 금의 현물 가격은 온스당 \$425이다. 금의 보관 비용이 년간 0.15%이며, 편의수익이 정확히 1%라고 가정하고, 금의 선도 가격과 상품 스왑율을 보여주는 다음 표를 완성하라.

만기(년)	현물 이자율(r_t)	선도 가격	스왑율
1	0.030		
2	0.035		
3	0.040		
4	0.043		
5	0.045		

23. 시장에 대한 미래 예측 정보가 상품 선도/선물 시장에 나타나는 경우는 어떤 경우인지 예를 들어서 설명하라. 언제 선도 가격에 그러한 정보가 포함되지 않는가?

제4부

이자율 모델링

제26장

이자율의 기간구조: 개념

26.1 서론

이자율의 기긴 구조 혹은 이자율곡선(yield curve)은 이자율이 만기에 따라 어떻게 변하는지를 보여준다. 이 장과 다음 장에서는 이자율곡선을 모델링하는 데 필요한 기본 분석을 전개한다. 이 장에서는 할인 함수, 무이표채이율, 현물이율, 선도이율 등의 기초 개념을 소개하고 논의할 것이다. 다음 장에서는 실행 즉 어떻게 채권 데이터로부터 이자율곡선을 구축하는 지를 논의할 것이다.

이 책의 이 부분에서 초점은 부도위험이 없는 채권(즉 국채)에 맞추어 질 것이다. 다음 몇 장에서는 부도 혹은 신용 위험이 있는 상품(예를 들면 회사채)을 살펴 볼 것이며 이러한 위험의 추정 및 모델링을 살펴 볼 것이다.

그러면 "이자율곡선"이란 무엇이며, 왜 이것이 유용한 개념인가? 우선 '그것은 무엇이 아닌가?' 라는 논의로부터 시작해 보는 것이 유익할 것이다.

26.2 만기 수익률 (Yield-to-Maturity)

일단의 채권에 대하여 만기와 만기수익률(혹은 "gross redemption yield"이라고도 함)을 그려 놓고 이것을 이자율곡선이라고 하는 경우가 허다하다. 그러한 그래프는 어떤 면에서 유용하기는 하나 가격산정이라는 면에서는 가치가 제한적이다.

만기수익률(ytm)은 채권의 내부수익률(internal rate of return)이다. 말하자면, y라는 숫자는 채권의 모든 현금흐름을 y로 할인해서 합한다면 현재의 채권가격이 되도록 해주는 숫사이다. ytm을 표시하는 데는 복리 계산 횟수를 선택해야 한다. 물론 몇 번이라도 상관없다.

t_i연도에 현금흐름 c_i가 발생하는 채권을 생각해 보자, 단 $i = 1, \cdots, n$. 만약 ytm을 연복리로

표현한다면, 다음 식을 만족시키는 y가 된다.

$$P = \sum_{i=1}^{n} \frac{c_i}{(1+y)^{t_i}} \tag{26.1}$$

더 일반적으로, 연간 k번 복리 계산을 한다면 ytm은 다음을 만족시키는 값이 된다.

$$P = \sum_{i=1}^{n} \frac{c_i}{(1+y/k)^{kt_i}} \tag{26.2}$$

6개월 복리($k=2$)가 미국 국채시장 및 일부 다른 국채시장의 관행이다. (복리 관행을 통상 'basis'라고 말한다. 그러므로 예를 들면, 6개월 복리 관행을 semiannual basis라고 부른다.) 이 경우 (26.2)는 다음과 같이 된다.

$$P = \sum_{i=1}^{n} \frac{c_i}{(1+y/2)^{2t_i}} \tag{26.3}$$

흔히 사용되는 관행 중의 하나는 연속복리(continuous compounding, $k=\infty$)이다. 기술적인 이유로 연속복리는 이자율곡선 모델링에 특히 유용하다. 식(26.2)에서 $k \rightarrow \infty$로 극한값을 취하면, 연속복리의 ytm은 다음 식을 만족시키는 y가 된다.

$$P = \sum_{i=1}^{n} c_i e^{-y t_i} \tag{26.4}$$

ytm이 계산되는 복리 횟수가 매우 중요하다. 예를 들면, 6개월 후에 \$5를 지급하고 1년 후에 \$105를 지급하는 채권을 생각해보자. 현재 가격이 \$101이라고 가정하자. 6개월 복리 상황에서 ytm을 표현하면 y는 다음 식을 만족시키는 값이 된다.

$$101 = \frac{5}{1+y/2} + \frac{105}{(1+y/2)^2}$$

이렇게 계산하면 ytm은 약 8.93%가 된다. 그러나 연속복리로 계산하면 ytm은 다음 식을 만족시키는 값이 된다.

$$101 = 5e^{-y/2} + 105e^{-y}$$

이렇게 계산하면 약 8.74%가 된다. 그러므로 ytm에 관한 데이터를 가지고 채권 가격을 설명하려 할 때 어떤 복리 횟수로 ytm이 계산되었는 지를 아는 것이 중요하다.

YTM의 문제점

ytm은 개념상 중요한 단점이 있다. 하나의 단점은 ytm의 정의에서 채권에서 발생하는 모든 이자

를 만기까지 ytm으로 재투자한다는 비현실적인 가정을 암묵적으로 하고 있다는 것이다. 다음의 예를 보면 심지어는 가격산정 관점에서도 사용에 한계가 있음을 보여 준다.

예 26.1

만기 6개월, 이표(coupon) 5% 채권을 생각해 보자. 이 채권에는 6개월 이후에 단 한번의 현금흐름 $(100+5/2)=102.5$이 발생한다. ytm이 5%이라고 가정하자. 그러면 가격은 얼마인가? 이는 쉬운 질문이다. 이 예에서는 채권의 이표이율과 ytm이 동일하다. 그러므로 이지는 ytm으로 할인되고, 결과는 액면가이다. 공식적으로 가격과 ytm 관계에서 다음과 같이 된다.

$$P=\frac{102.5}{1+y/2}=\frac{102.5}{1.025}=100$$

이표 6%, 만기 1년인 두 번째의 채권을 생각해 보자. 이 채권에서는 현금흐름이 두 번 즉, 6개월 후 \$3 그리고 1년 후 \$103가 발생한다. 이 채권 역시 액면가에 거래된다고 가정해 보자. ytm은 얼마인가? 역시 쉬운 문제이다. 채권이 액면가에 거래되므로 ytm은 이표이율과 동일하게 되어 $y=0.06$이 된다. 공식적으로 다음의 식이 성립된다.

$$100=\frac{3}{1+y/2}+\frac{103}{(1+y/2)^2}$$

위 식을 풀어서 $y=0.06$의 결과를 얻는다.

여기에 까다로운 질문이 있다. 위의 정보를 바탕으로 이표가 8%, 만기 1년인 세 번째 채권의 가격은 얼마인가? 직관적으로 이 채권의 현금흐름을 두 번째 채권의 ytm인 6%로 할인해야 한다고 생각할 수 있다. 이렇게 생각하면 다음과 같이 계산된다.

$$P=\frac{4}{1.03}+\frac{104}{(1.03)^2}=101.9135$$

이 가격은 차익거래(arbitrage)가 가능하다는 점에서 근본적으로 오류임을 설명하겠다. 특별히 다른 두 채권의 포트폴리오로 세 번째 채권을 완벽하게 복제할 수 있으며, 이때의 가격은 101.9135가 아님을 보이려 한다.

6개월 만기인 첫 번째 채권 x_1단위, 1년 만기인 두 번째 채권 x_2단위의 포트폴리오를 생각해 보자. 두 채권 모두 액면가에 거래되므로 이 포트폴리오의 가격은 다음과 같다.

$$100\,x_1+100\,x_2$$

이 포트폴리오가 이표 8% 채권을 완벽하게 복세하기 위해서는, 6개월 후에 \$4, 1년 후에는 \$104의 현금흐름을 만들어야 한다. 그러므로 다음 조건을 만족시켜야 한다.

$$102.5\,x_1+3\,x_2=4$$

$$103x_2 = 104$$

위 조건을 동시에 만족시키도록 방정식을 풀면 답은 다음과 같다.

$$x_1 = 0.009471939 \qquad x_2 = 1.009708738$$

그러므로 복제 포트폴리오의 가격은 다음과 같다.

$$100x_1 + 100x_2 = 101.9181$$

위의 가격은 ytm 6%를 사용하여 계산한 가격과 다르다. 물론 이 복제에 근거한 가격이 올바른 채권 가격이다. ■

이러한 가격 오류는 심지어 세 번째 채권이 1년 만기, 이표가 6%에 가깝더라도 (즉 속성이 비슷하지만 완전히 일치하지 않는 경우) 발생한다. 예를 들면, 세 번째 채권이 1년 만기 이표가 6.1%인 경우, ytm 6%로 할인하면 가격이 100.0957로 계산되지만, 복제에 근거한 정확한 가격은 100.0959로 계산된다. 두 채권이 비슷하면 비슷할수록 오차는 줄어들지만, 대개의 경우 0이 되지는 않는다. 간단히 요약하면, 한 채권의 ytm을 알 수 있다고 다른 채권의 가격을 산정할 수 있는 것은 아니다.

26.3 이자율 기간구조

ytm이 가격산정에 한계가 있다면, 거대한 채권 포트폴리오를 평가하기 위해서 어떻게 해야 하나? 이 문제에 대해서는 간단한 해결책이 있다. 실제로 세 가지 단순한 해결책이 있다.

- 첫째, 할인함수를 사용하는 것이다. 할인함수는 모든 t에 대하여 t년 후에 발생하는 현금 $1에 대한 현재가치를 측정한다.
- 둘째, 현물이율 혹은 무이표채이율을 사용한다. 현물이율은 각 t에 대하여 만기 t, 액면가 $1인 무이표채의 ytm을 말한다.[1)]
- 셋째, 마지막으로 선도이율을 사용한다. 선도이율이란 모든 미래 시점 t_1, t_2의 조합에 대하여, $[t_1, t_2]$ 기간에 대한 대출 및 차입을 위하여 오늘 확정시킬 수 있는 이율을 말한다.

만기와 현물이율을 표시한 그래프를 현물이율곡선, 무이표채이율 또는 단순히 이자율곡선 등

1) 무이표채 혹은 단순히 zero라고 하는 것은 이름이 의미하듯이 중도에 이자를 지급하지 않고 만기에 원금을 지급하는 채권이다. 이러한 채권은 액면가보다 낮은 금액으로 할인되어 거래되기 때문에 '순수무이표채'라고도 한다.

다양한 이름으로 부른다. 선도이율곡선도 비슷하게 만기와 선도이율을 그린 그래프이다.

할인함수, 현물이율곡선, 선도이율곡선은 동등한 개념이다. 할인 함수 하나는 하나의 무이표채 이율곡선과 하나의 선도이율곡선에 대응한다. 이러한 동등성에 근거하여 "이자율의 기간 구조"라는 용어가 비록 통상적으로는 현물이율곡선을 의미하기는 하나, 다른 것을 지칭하기 위하여 사용하기도 한다. 이어지는 3개의 절에서는 각각의 개념에 대해서 살펴본다.

26.4 할인함수(Discount Functions)

할인함수는 각 t에 대하여, t년 후에 발생할 현금 \$1의 현재가치를 계산한다. 그러므로 그것은 하나의 가격이다. 즉, 액면가 \$1, 만기 t년인 무이표채의 가격을 계산한 것이다. $d(t)$를 할인함수라고 하자. 할인함수는 단위 현금흐름의 현재가치이므로 다음 조건 $0 \leq d(t) \leq 1$을 만족시킨다.

할인함수가 주어지면 어떤 채권의 가격도 이를 사용하여 계산할 수 있다. 어떤 채권이 $i=1$, $\cdots$, n에 대하여 t_i연도에 c_i의 현금을 연속 지급한다고 하자. 이 채권은 $i=1$, $\cdots$, n에 대하여 t_i에 만기인 무이표채가 c_i 단위로 이루어진 포트폴리오와 동등하다. (이러한 포트폴리오로 완벽하게 복제가 능하다.) 그러므로 현재 채권의 가격은 다음과 같아야 한다.

$$P = \sum_{i=1}^{n} c_i d(t_i) \tag{26.5}$$

물론 채권 포트폴리오에 대하여도 같은 논리를 적용하여 같은 방식으로 가격을 산정할 수 있다. 식 (26.5)의 현금흐름이 하나의 채권에서 발생해야만 될 이유는 없다.

할인함수를 어디서 구할 것인가? 이론상으로 붓스트래핑(bootstrapping)이라고 알려진 절차를 따라 거래되고 있는 채권의 가격에서 할인함수를 찾아낼 수 있다. 붓스트래핑과 이의 한계점(붓스트래핑의 대안까지도)은 다음 장에서 자세히 논의하겠다. 여기서는 (예 26.1)에서 사용한 두개의 채권을 사용하여 이 기법을 간단히 설명한다.

예 26.2

각각 액면가에 거래되고 있는 예 26.1의 두 채권 - (a) ytm 5%인 6개월 만기 채권 (b) ytm 6%인 1년 만기 채권 - 을 생각해 보자. 이자는 6개월마다 지급된다. 이 데이터를 사용하여 6개월과 1년의 할인함수를 유도한다. 각각 $d(0.5)$, $d(1)$로 표시한다.

(26.5)와 채권이 액면가에 거래된다는 사실에서, 다음 두 식을 세울 수 있다. ($P(t)$는 만기 t인 채권의 가격을 의미한다.)

$$P(0.5) = 102.5\,d(0.5) = 100$$
$$P(1) = 3\,d(0.5) + 103\,d(1) = 100$$

$d(0.5)$와 $d(1)$은 다음과 같이 방정식을 풀어서 쉽게 구할 수 있다.

$$d(0.5) = 0.97561 \qquad d(1) = 0.942458$$

이 값을 이용하여 현금흐름이 $t=0.5$ 및 $t=1$에 발생하는 모든 채권의 가격을 구할 수 있다. 예를 들어, 이표 8%, 만기 1년인 채권의 가격은 다음과 같다.

$$4\,d(0.5) + 104\,d(1) = 101.9181$$

위의 계산은 26.2절에서 복제를 통해서 계산한 값과 일치한다. ■

26.5 무이표채이율

무이표채이율 혹은 현물이율은 할인함수와 같은 정보를 표시해 주는 다른 표현방법이다. 만기 t의 무이표채이율은 지금부터 t년 후에 만기가 되는 무이표채의 ytm이다. 무이표채이율을 zcr로, 복수의 경우는 zcrs로 표시한다.

할인함수와는 달리, zcr은 가격이 아니라 이율을 의미하며, 따라서 복리 횟수에 따라 달라진다. 매년 k번 복리 계산을 한다고 가정해 보자. 만기 t에 대하여 zcr을 $r^{(k)}(t)$로 표시한다. 정의에 따라 만기 t인 zero의 가격 $d(t)$는 ytm인 $r^{(k)}(t)$와 다음과 같이 연결되어 있다.

$$d(t) = \frac{1}{(1+(r^{(k)}(t)/k))^{kt}} \tag{26.6}$$

(26.6)으로부터 $r^{(k)}(t)$를 $d(t)$를 사용하여 다음과 같이 표시할 수 있다.

$$r^{(k)}(t) = k \times \left([d(t)]^{-1/kt} - 1\right) \tag{26.7}$$

그러므로 연복리인 경우($k=1$), 다음과 같이 표현할 수 있다.

$$r^{(1)}(t) = [d(t)]^{-1/t} - 1 \tag{26.8}$$

6개월 복리인 경우 ($k=2$), 다음과 같이 표현할 수 있다.

$$r^{(2)}(t) = 2 \times \left([d(t)]^{-1/2t} - 1\right) \tag{26.9}$$

극한으로 $k=\infty$이면, 다음과 같이 연속복리 상황에서의 zcr이 된다.

$$r^{(\infty)}(t) = -\frac{1}{t}\ln[d(t)] \tag{26.10}$$

여기에는 두 가지 중요한 점이 있다. 첫째 복리관행을 고정하면, (26.6)~(26.10)에서 볼 수 있듯이 할인함수와 현물이율에는 일대일의 대응관계가 있다는 것을 알 수 있다. 각 할인함수는 하나의 현물이율에 대응되며, 반대로도 그런 관계가 성립한다.

둘째, 위 식에서 하나의 복리관행에서 계산된 이율은 다른 관행의 이율로 항상 전환이 가능하다는 것을 즉시 알 수 있다. 매년 k번 복리계산을 하는 관행의 zcr $r^{(k)}(t)$를 매년 l번씩 복리계산을 하는 관행으로 바꾸어 표시하려면, 우선 zcr $r^{(k)}(t)$를 (26.6)을 사용하여 할인함수 값 $d(t)$로 전환한 다음, (26.7)을 이용하여 $r^{(l)}(t)$를 찾을 수 있다. 이것은 목적에 맞는 편리한 복리 관행을 신택할 수 있다는 뜻이다. 예를 들면, 이자율을 모델링할 때에는 기술적으로 가장 유리하기 때문에 연속복리를 사용하는 것이 유리함을 알게 된다.

$\{r^{(k)}(t)|t \geq 0\}$의 그래프를 현물이자율곡선, 무이표채이자율곡선 또는 단순히 이자율곡선이라고 한다. 실제로는 이자율곡선은 대체적으로 우상향하는 모습, 즉 만기가 길어지면 zcr이 상승하는 모습을 보인다. 이것을 정상이자율곡선(normal yield curve)이라고 한다. 그러나 가끔씩 단기 이율이 장기 이율을 상회하며, 이자율곡선이 우하향 한다. 이것을 역전된 이자율곡선(inverted yield curve)이라고 한다.

이자율곡선으로 채권 가격 계산하기

이자율곡선을 알면 미래의 일정 시점 t에서 발생하는 지급액 x의 현재가치를 알 수 있다. 결과적으로, 채권이나 채권 포트폴리오의 가치도 이자율곡선을 사용하여 계산할 수 있다.

예를 들어, $i=1, \cdots, n$에 대하여 시점 t_i에 현금흐름 c_i가 발생되는 채권 포트폴리오가 있다고 가정한다. 이 포트폴리오는 $i=1, \cdots, n$에 대하여 각 t_i시점에 만기 되는 액면금액이 1인 무이표채(zero-coupon bond)의 c_i 단위로 구성된 포트폴리오와 동일하다. 이자율곡선을 사용하여 이 각각의 무이표채의 가격을 계산할 수 있는 것과 같이 이 채권 포트폴리오의 가치도 계산할 수 있다.

예 26.3

예 26.2에서 사용된 정보를 사용한다. 액면가에 거래되는 두개의 채권이 있으며, 하나는 이표 5%인 6개월 만기 채권이며, 다른 하나는 이표 6%인 1년 만기 채권이다. 26.4절에서 본 바와 같이 이 정보로부터 유도한 할인함수는 다음과 같다.

$$d(0.5) = 0.97561 \qquad d(1) = 0.942458$$

이 할인율과 (26.6)~(26.10)의 식을 활용하여 zcrs을 산출할 수 있다. 6개월 복리 관행을 사용한다고 가정하자. 그러면 zcrs는 다음과 같다.

$$r^{(2)}(0.5) = 2\left[d(0.5)^{-1} - 1\right] = 0.05$$

$$r^{(2)}(1) = 2\left[d(1)^{-1/2} - 1\right] = 0.060151$$

이 zcrs을 사용하여 이표 8%, 만기 1년인 채권의 가격을 산출해 보자. 채권은 두개의 현금흐름 – 6개월 후 4와 1년 후의 104 –으로 구성되어 있다. 주어진 zcrs를 이용하여 이 현금흐름의 현재가치는 다음과 같이 계산된다.

$$\frac{4}{1+r^{(2)}(0.5)/2} = \frac{4}{1.025} = 3.9024$$

그리고

$$\frac{104}{(1+r^{(2)}(1)/2)^2} = \frac{104}{(1.030075)^2} = 98.0157$$

이 두 값을 합하면 101.9181이 되면, 이 값은 복제 혹은 할인함수로 구한 값과 정확히 일치한다. ■

26.6 선도 이율

미래 t_1 연도에 시작하여 t_2 연도에 끝나는 기간 (t_1, t_2)를 생각해 보자. 단 $t_2 > t_1$이다. 기간 (t_1, t_2)의 선도이율이란 오늘 그 기간 동안 투자를 하거나 차입을 할 경우에 미리 확정할 수 있는 이자율을 말한다. 선도 이율(forward rate)이란 이자율을 말하는 것이므로 복리 빈도와 연관지을 수밖에 없다. 선도이율을 연속복리로 계산하며 기간 (t_1, t_2)에 대한 선도이율을 $f(t_1, t_2)$로 표시한다고 가정한다. 그러면 t_1 시점에 투자하거나 차입한 매 \$1에 대하여 t_2 시점에 회수될 금액은 아래와 같다.

$$e^{f(t_1, t_2)(t_2 - t_1)} \tag{26.11}$$

선도이율은 할인함수 및 현물이율과 밀접하게 연관되어 있다. 이 관계를 살펴보기 위해서, 다음 전략을 검토한다. (모든 채권의 액면가는 \$1이다)

1. 만기 t_1인 무이표채 1 단위를 매입한다.
2. 만기 t_2인 무이표채 $d(t_1)/d(t_2)$ 단위를 매각한다.

만기 t_1인 채권 매입으로 $d(t_1)$의 현금지출이 발생하며, 만기 t_2인 채권 $d(t_1)/d(t_2)$ 단위 매각함으로 다음의 현금유입이 발생한다.

$$\frac{d(t_1)}{d(t_2)} \times d(t_2) = d(t_1)$$

그러므로 초기에 현금 유출입은 없다. t_1시점에 현금유입 $1이 발생하며, t_2시점에 다음의 현금 유출이 발생한다.

$$\frac{d(t_1)}{d(t_2)} \tag{26.12}$$

그러므로 이 전략은 t_1시점에 $1을 차입하여 t_2시점에 상환하는 것과 유사하다. 이것은 기간 (t_1, t_2)에 대한 합성선도차입이다.

선노이율이 (26.11)을 (26.12)보다 크게 만든다고 가정해 보자. 그러면 실제 선도이율이 (26.12)에 내재된 합성 선도이율보다 크게 된다. 이 경우에는 합성 선도이율로 차입하고, 선도이율 $f(t_1, t_2)$로 대출을 하여 차익거래 수익이 발생한다. 이렇게 하면 t_2에 도달할 때까지는 현금흐름이 발생하지 않으며, t_2시점에서는 (26.11)과 (26.12)의 차이만큼 현금유입이 발생한다.

비슷하게 (26.11)이 (26.12)보다 작아서도 안 된다. 그러면 위의 전략을 반대로 실행하는 차익거래가 가능하기 때문이다. 그래서 (26.11)은 (26.12)와 동일해야 한다.

$$e^{f(t_1, t_2)(t_2 - r_1)} = \frac{d(t_1)}{d(t_2)} \tag{26.13}$$

또는 동일한 의미인 다음 식을 얻을 수 있다.

$$f(t_1, t_2) = \frac{1}{t_2 - t_1} \ln\left(\frac{d(t_1)}{d(t_2)}\right) = \frac{\ln d(t_1) - \ln d(t_2)}{t_2 - t_1} \tag{26.14}$$

식 (26.14)는 선도이율과 할인함수와의 관계를 설명해 준다. 이 관계는 선도이율과 zcrs를 사용해서 표시할 수도 있다. 식 (26.10)으로부터 할인함수 $d(t)$와 (연속복리) zcr인 $r(t)$는 다음과 같이 연결된다.

$$\ln d(t) = -t r(t)$$

따라서 (24.14)를 선도이율과 현물이율을 사용하여 다음과 같이 표현할 수 있다.

$$f(t_1, t_2) = \frac{t_2 r(t_2) - t_1 r(t_1)}{t_2 - t_1} \tag{26.15}$$

단 $r(t)$는 만기 t인 연속복리 하의 zcr을 의미한다.

식 (26.13)~(26.14)는 할인함수, 현물이율, 선도이율 사이에 일대일의 관계가 있음을 보여준다. 그러므로 세 개념–할인함수, 현물이율, 선도이율–은 완벽하게 이자율의 기간 구조를 설명하는 동등한 방법이다.

마지막 한 가지 중요한 개념이 있다. 순간선도이율(instantaneous forward rate) $f(t)$는 h가 매우 짧은 기간일 때 선도이율 $f(t, t+h)$를 의미한다. 공식적으로 다음과 같이 표현된다.

$$f(t) = \lim_{h \downarrow 0} f(t, t+h) \tag{26.16}$$

다음에 사용하기 위하여, 식 (26.14)의 극한값을 취하여 순간선도이율이 다음과 같이 할인함수와 연결된다.

$$f(t) = -\frac{1}{d(t)} d'(t) \tag{26.17}$$

곡선 $\{f(t) | t \geq 0\}$을 선도이율곡선이라고 부른다.

다른 복리 관행(Other Compounding Conventions)

복리 횟수가 다른 경우에도 선도이율을 계산할 수 있고, (26.13)~(26.14)와 비슷한 방식으로 표현할 수 있다. 매년 k회 복리계산을 하는 가정으로 선도이율을 산출한다고 가정해 보자. 시점 t_1에서 대출받은 $1에 대하여 시점 t_2에 상환해야 할 금액은 다음과 같다.

$$\left[1 + \frac{f^{(k)}(t_1, t_2)}{k}\right]^{k(t_2 - t_1)} \tag{26.18}$$

이 식은 (26.12)와 동일해야 하기 때문에 다음과 같이 표현된다.

$$\left[1 + \frac{f^{(k)}(t_1, t_2)}{k}\right]^{k(t_2 - t_1)} = \frac{d(t_1)}{d(t_2)} \tag{26.19}$$

비슷하게 다음과 같이 표현할 수 있다.

$$f(t_1, t_2) = \left[\left(\frac{d(t_1)}{d(t_2)}\right)^{1/[k(t_2 - t_1)]} - 1\right] \times k \tag{26.20}$$

식 (26.19)~(26.20)은 할인함수와 선도이율(forward rate) 사이의 관련성을 일반적인 복리관행 하에서 표현한 것이다.

26.7 만기수익률, 무이표채이자율 그리고 선도이율

ytm(가장 기초적인 시장 데이터로 간주됨), 무이표채이자율 혹은 zcrs 그리고 선도이율이라는 세 가지 다른 곡선에 대하여 정의하였다. 앞부분에서는 이 개념들 사이의 수학적 관련성에 대하여 살펴보았다. 여기에서는 그 개념들 사이에 단 하나의 기하학적인 관계를 제시하려 한다.

먼저 ytm과 zcr 곡선의 관계를 생각해 보자. zcr은 만기와 함께 증가한다고 가정한다. ytm 곡선은 어떤 모습인가?

직관적으로 말하자면 ytm은 여러 다른 시점에 발생하는 현금흐름을 모두 포함하는 채권의 평균 수익률을 의미하며, zcr은 특정 만기시점까지의 수익률이다. 그런 의미에서 ytm은 zcrs의 평균과 같다(비록 좀 복잡한 가중평균이지만). 만약 zcrs 곡선이 상승하면, 장기채권의 수익률이 높다. 만기가 증가함에 따라, 채권의 가중평균수익률 또한 상승할 것이며, ytm 역시 만기와 함께 상승할 것이다. 물론 이 가중평균은 낮은 zcrs와 높은 zcrs를 평균하기 때문에 zcrs 그 자체보다는 느리게 상승할 것이다.

비슷하게 zcrs가 만기와 더불어 하락한다면, ytm 곡선 역시 만기와 더불어 하락할 것이다. 그러나 단기의 높은 율과 장기의 낮은 율을 평균하기 때문에, zcrs 곡선보다는 느리게 하락할 것이다. 요약하자면,

1. zcr 곡선이 상승하면, ytm 곡선도 상승하지만 zcr 곡선 아래에 있게 될 것이다.
2. zcr 곡선이 하강하면, ytm 곡선도 하강하지만 zcr 곡선 위에 있게 될 것이다.

비슷한 관계를 zcr과 선도이율 곡선 사이에서도 찾을 수 있다. 직관적으로 말하자면, 현재시점에서 보면 투자자에게는 다음 두 전략에 차이가 없다.

- t_2 시점까지 투자한다.
- t_1 시점까지 투자하고, 선도이율 $f(t_1, t_2)$를 현재 고정할 수 있으므로 $f(t_1, t_2)$에 원리금을 재투자한다.

zcr 곡선이 만기에 따라 상승하면 선도이율 곡선이 zcr 곡선 위에 있을 것이며, 처음 t_1 시점까지의 낮은 수익률을 선도이율이 보충할 것이다. 비슷하게 만약 zcr 곡선이 만기에 따라 하강하고 있다면, 선도이율 곡선은 zcr 곡선 아래에 있을 것이다.

이 관계를 쉽게 좀 더 공식적으로 살펴볼 수 있다. (26.15)와 (26.16)으로부터 선도이율 곡선과 zcr 곡선은 다음과 같은 단순한 수학적인 관계를 가지고 있음을 알 수 있다.

$$f(t) = r(t) + t\,r'(t) \tag{26.21}$$

만약 $r(t)$가 증가하면 $r'(t) > 0$이다. 그래서 $f(t) > r(t)$가 된다. 이와 같이 $r(t)$가 만기에 따라 감소하면, $r'(t) < 0$이어야 하고, 따라서 $f(t) < r(t)$가 되어야 한다. 요약하자면:

1. zcr이 증가하면, 선도이율 곡선이 zcr 곡선 위에 있어야 한다.
2. zcr이 감소하면, 선도이율 곡선이 zcr 곡선 아래에 있어야 한다.

실무에서 가장 흔한 선도이율 곡선 관련 이슈 중 하나는 너무 들쭉날쭉하며, 요동친다는 것이다.

직관적으로, 하나의 장기투자와 단기투자를 선도이율로 롤오버 하는 것이 차이가 없도록 하기 위해서는 선도이율의 상당한 상승이나 하락이 필요하다고 생각된다. 이런 이유로 여러 가지의 평활(smoothing) 기법이 발전되었으며, 이에 대해서는 다음 장에서 다루겠다.

26.8 YTM 구축: 실제예시

이 장에서 도입된 개념을 설명하고 위의 절에서 설명한 기하학적인 관계를 강조하기 위하여, 이 절에서는 The Wall Street Journal에서 볼 수 있는 국채 데이터로부터 ytm을 구축하는 법을 설명한다. 유사한 자료로부터 무이표채수익률곡선을 구축하는 것은 다음 장에서 설명한다.

자료에는 2003년 8월 27일 종료시점을 기준으로 장단기 미국 국채의 가격과 ytm을 보여준다. 전체 자료는 [부록 26A]에 있다. 이 테이블에는 세 종류의 구분을 표시하고 있다. 첫째 만기 10년 이하인 note(Type n)가 있다. 둘째, 인플레이션 연계 채권(Type i)이 있다. 나머지는 장기 채권이며 최장 만기는 30년까지이다. 마지막에서 두 번째 행에는 만기까지 대략 남은 기간을 월 단위로 표시하고 있다.

데이터를 시각적으로 느끼기 위하여 [그림 26.1]에 10년 이하 채권(note)의 ytm만 만기별로 그렸다. [그림 26.2]에서는 장기채권(bond)만 따로 그렸다.

우리가 볼 수 있듯이, Treasury note의 ytm 곡선은 부드럽게 나타났다. 그러나 Treasury bond의 ytm을 만기에 따라 그렸을 때는 그렇지 않다. 마치 하나는 ytm이 높고, 다른 하나는 ytm이 낮은 구분된 두 세트의 서로 다른 채권이 있는 것처럼 보인다. 특별히 중기 채권의 경우 낮은 ytm에 거래가 되고 있는 것으로 보인다. 특히, 중기 채권이 낮은 ytm에 거래되는 것으로 보인다. 하나의 부드러운 곡선을 얻기 위해서는 만기 120개월까지의 note 곡선을 만기 120 개월 이상의 bond 곡선과 연결한다. 이렇게 하여 하나의 부드러운 곡선을 만들었다. 이렇게 합쳐진 곡선은 [그림 26.3]에 제시하였다.

다음으로 이 ytm 곡선을 가장 잘 추적하는 함수를 찾으려 한다. 이 목적으로 우리가 선택한 함수는 다음과 같으며, t는 개월 수를 의미한다.

$$\text{ytm}(t) = \beta_0 + \beta_1 \exp\left(-\frac{t}{\theta}\right) + \beta_2\left(\frac{t}{\theta}\right)\exp\left(-\frac{t}{\theta}\right)$$

이 특별한 함수의 형태는 다음 장에서 설명할 Nelson과 Siegel(1987)함수에서 온 것이다. Nelson-Siegel 공식과 이의 확장인 Nelson-Siegel-Svensson 공식(Svensson, 1994 참조)은 중앙은행들이 선도이율을 모델링하기 위하여 실무에서 많이 사용한다. 나중에 살펴보겠지만, 이렇게 된 중요한 이유 중 하나는 구성이 매우 탄력적이며, 제한된 갯수의 모수만을 사용함에도 불구하고 다양한 형태를 소화할 수 있기 때문이다.

그림 26.1

Treasury Note 매도호가의 ytm, 2003년 8월 27일

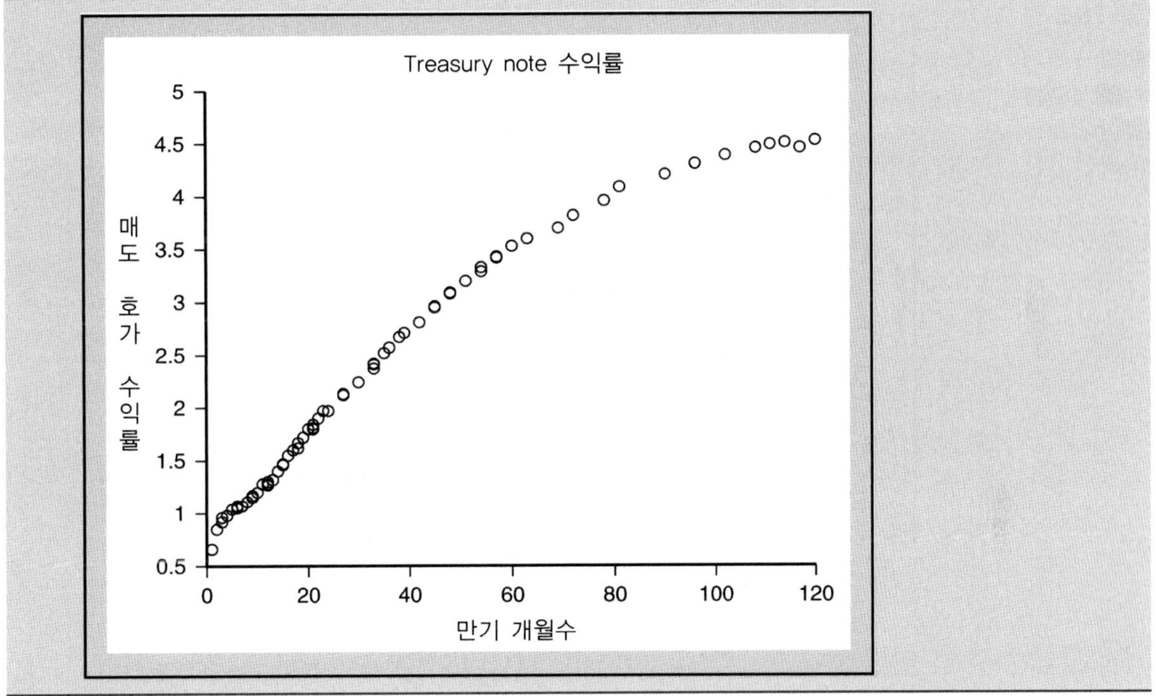

그림 26.2

Treasury Bond의 매도호가 ytm 2003년 8월 27일

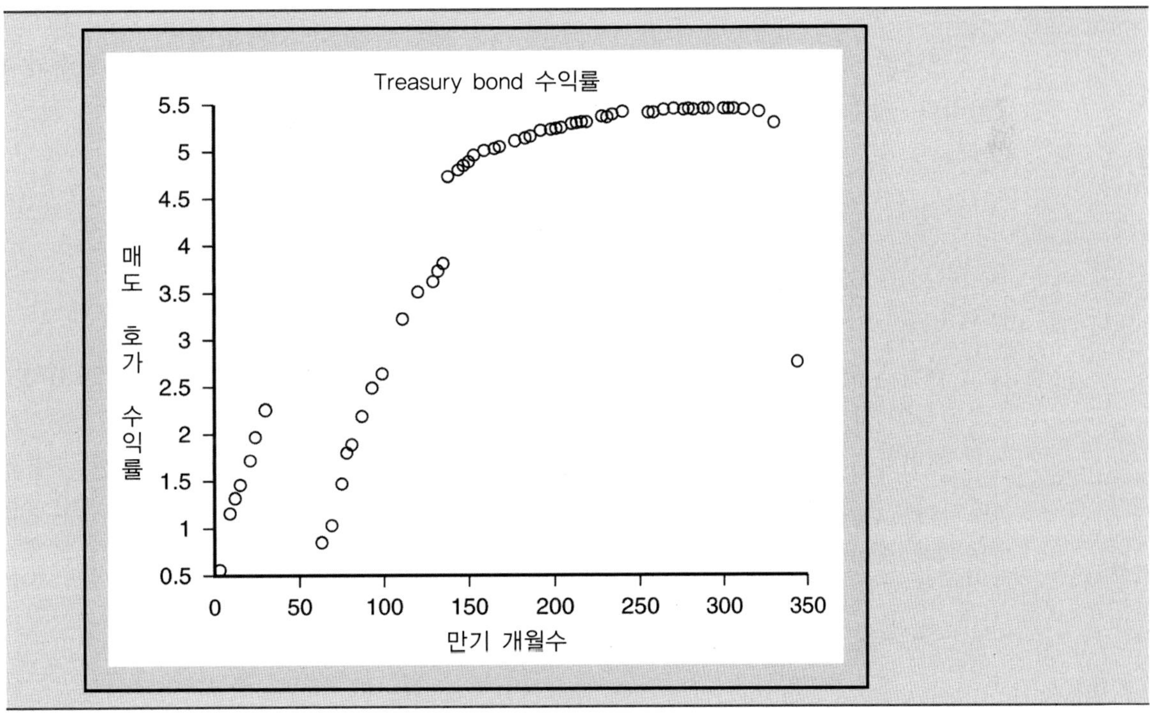

그림 26.3
Note와 Bond를 혼합한 ytm 곡선

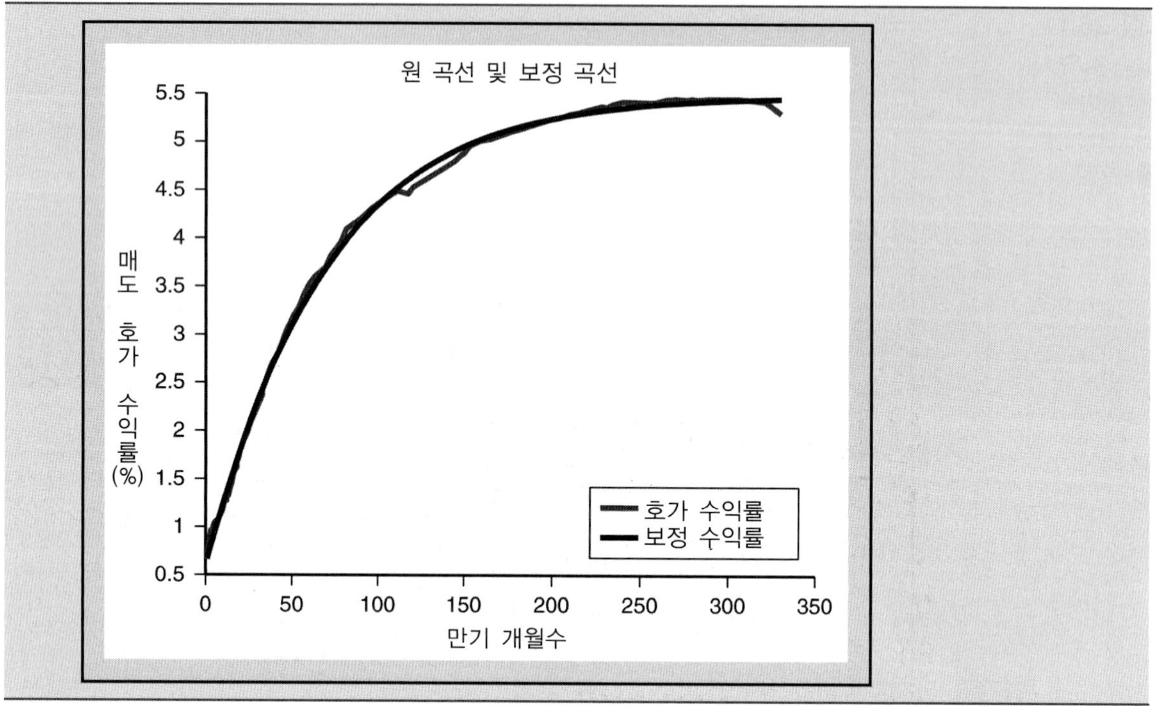

현재의 경우에는 곡선을 실제 ytm 데이터와 맞추기 위해서 추정해야 할 모수가 4개(β_0, β_1, β_2, θ)있다. 데이터와 가장 잘 맞는 모수는 다음과 같다.

$$\beta_0 = 5.481692$$
$$\beta_1 = -4.87414$$
$$\beta_2 = -1.10606$$
$$\theta = 55.4536$$

위의 모수 값을 사용하면, 위 함수는 거의 완벽하게 데이터와 맞다. [그림 26.3]의 그래프는 마켓 데이터와 함수의 그림을 겹쳐 놓은 것이다.

액면가에 거래되는 채권의 ytm을 찾을 수 있다면, 26.4절의 예에서 설명한 방법을 응용하여 이 데이터로부터 내재되어 있는 선도이율 곡선이나, 무이표채이율 곡선도 찾을 수 있다. 결과는 [표 26.1]에 요약되어 있다.

표 26.1
Par bond
(액면가에
거래되는 채권)
이율, 이표
그리고 가격

연	기간	이표	YTM	가격	무이표채가격	무이표채이율	선도이율
0.5	1	1.0000	1.0000	100	99.5025	1.0000	1.0000
1.0	2	1.3632	1.3632	100	98.6494	1.3644	1.7296
1.5	3	1.6991	1.6991	100	97.4885	1.7030	2.3817
2.0	4	2.0093	2.0093	100	96.0647	2.0175	2.9642
2.5	5	2.2958	2.2958	100	94.4199	2.3100	3.4840
3.0	6	2.5600	2.5600	100	92.5926	2.5819	3.9470
3.5	7	2.8035	2.8035	100	90.6177	2.8348	4.3586
4.0	8	3.0278	3.0278	100	88.5269	3.0699	4.7236
4.5	9	3.2342	3.2342	100	86.3482	3.2886	5.0463
5.0	10	3.4241	3.4241	100	84.1066	3.4918	5.3304
5.5	11	3.5987	3.5987	100	81.8238	3.6808	5.5797
6.0	12	3.7592	3.7592	100	79.5189	3.8563	5.7971
6.5	13	3.9065	3.9065	100	77.2082	4.0193	5.9858
7.0	14	4.0417	4.0417	100	74.9055	4.1706	6.1483
7.5	15	4.1658	4.1658	100	72.6226	4.3111	6.2870
8.0	16	4.2795	4.2795	100	70.3692	4.4413	6.4043
8.5	17	4.3838	4.3838	100	68.1535	4.5619	6.5023
9.0	18	4.4793	4.4793	100	65.9818	4.6737	6.5827
9.5	19	4.5668	4.5668	100	63.8593	4.7771	6.6474
10.0	20	4.6469	4.6469	100	61.7899	4.8727	6.6980
10.5	21	4.7201	4.7201	100	59.7766	4.9611	6.7360
11.0	22	4.7872	4.7872	100	57.8215	5.0426	6.7628
11.5	23	4.8485	4.8485	100	55.9257	5.1178	6.7795
12.0	24	4.9045	4.9045	100	54.0901	5.1871	6.7875
12.5	25	4.9557	4.9557	100	52.3146	5.2509	6.7876
13.0	26	5.0024	5.0024	100	50.5991	5.3095	6.7810
13.5	27	5.0451	5.0451	100	48.9427	5.3634	6.7684
14.0	28	5.0841	5.0841	100	47.3447	5.4128	6.7507
14.5	29	5.1197	5.1197	100	45.8037	5.4580	6.7287
15.0	30	5.1522	5.1522	100	44.3183	5.4994	6.7030
15.5	31	5.1818	5.1818	100	42.8872	5.5372	6.6742
16.0	32	5.2088	5.2088	100	41.5085	5.5716	6.6429
16.5	33	5.2334	5.2334	100	40.1806	5.6030	6.6095
17.0	34	5.2558	5.2558	100	38.9018	5.6315	6.5745
17.5	35	5.2763	5.2763	100	37.6703	5.6574	6.5384
18.0	36	5.2949	5.2949	100	36.4843	5.6808	6.5014
18.5	37	5.3119	5.3119	100	35.3421	5.7019	6.4638
19.0	38	5.3273	5.3273	100	34.2419	5.7209	6.4260
19.5	39	5.3414	5.3414	100	33.1820	5.7380	6.3882
20.0	40	5.3542	5.3542	100	32.1608	5.7533	6.3505

그림 26.4
YTM, ZCR, FWR 곡선

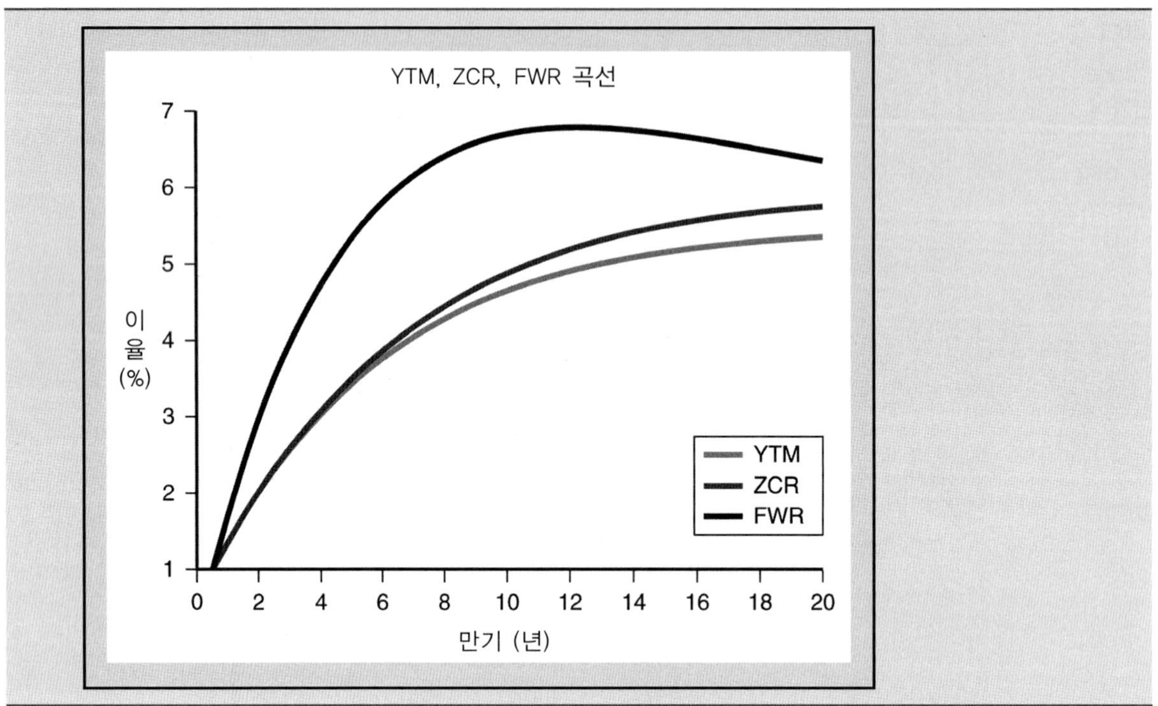

[그림 26.4]는 유도된 무이표채이율(그림에서 ZCR로 표시된 곡선), 선도이율(FWR로 표시된 곡선) 그리고 ytm(YTM으로 표시된 곡선)을 만기의 함수로 표시하였다. 이 그래프는 앞 절에서 강조한 도형적인 관계를 보여준다. 특히, 무이표채이율 곡선은 만기와 같이 증가하며, ytm 곡선 위에 있다 (두 곡선이 상승할 때에는 그렇게 되어야 한다고 설명했던 바와 같이). 이와 비슷하게 선도이율 곡선은 무이표채이율 곡선 위에 있다 (후자가 만기와 함께 증가할 때는 그렇게 되어야 한다고 설명했던 바와 같이).

26.9 요약

이자율 관련 파생상품 분석의 첫 단계는 이자율곡선이다. 주요 동인이 주식 가격인 주식 관련 파생상품과는 달리, 이자율 옵션은 만기가 다른 몇 개의 이율이 같이 움직이는 것에 영향을 받는다. 예를 들면 채권 옵션의 가치는 채권의 여러 현금흐름에 영향을 받으며, 이 현금흐름 모두는 여러 만기별 이율에 영향을 받는다. 이러한 이율이 같이 움직이는 것을 모델링하는 것이 다음 장의 목표이다.

곧 알게 되겠지만, 이자율 파생상품 모델은 많은 다른 맛을 지니고 있다. 일부는 무이표채이율

곡선을 입력변수로 삼고, 또 다른 모델은 선도이율 곡선을 입력변수로 한다. 이 장에서는 이 정보를 표현하는 여러 가지 방법과 그들 간의 관계를 정의하였다. 다음 장에서는, 시장의 거래가격 정보로부터 모든 종류의 좋은 곡선을 찾아내는 기법을 개발한다. "부드러운" 곡선을 만드는 것이 모델링 선택의 선행 조건이며 이를 달성하는 몇몇 기법을 살펴볼 것이다. 이자율 관련 파생상품의 분석과는 전혀 별개로, 시장 곡선을 계산하면 채권의 가격 민감도를 분석하는 것도 쉽게 된다.

26.10 연습문제

1. 만기수익률(ytm)이란 무엇인가?
2. 무이표채이율이란 무엇인가?
3. 현물이자율(무이표채이자율) 곡선과 이자율곡선의 차이점을 설명하라.
4. 선도이율은 만기수익률과 무이표채이율과 어떻게 다른가?
5. 선도이율이 음수가 될 수 있는가? 숫자로 예를 들어서 설명하라.
6. 채권가격과 ytm의 관계를 그래프로 그려라. 만기 0.1년인 무이표채에 ytm을 1%부터 20%까지 변화시켜서 적용하라. 가격산정에 연속할인을 적용할 경우 채권가격을 그래프로 그려라.
7. 연이율 10%, 6개월 복리로 부리되면 1달러가 1년 후에는 얼마가 되나?
8. 12% 할인율을 적용하면 1년 후에 받을 $225의 현재가치는 얼마인가? 6개월 복리 관행을 적용한다고 가정하라.
9. 12% 할인율을 적용하면 3년 후에 받을 $225의 현재가치는 얼마인가? 6개월 복리 관행을 적용한다고 가정하라.
10. 12% 할인율을 적용하면 1년 후에 받을 $225의 현재가치는 얼마인가? 연 복리 관행을 적용한다고 가정하라.
11. 채권 A는 만기가 1.5년이다. 이표는 연 10%인데 6개월마다 지급한다. 시간 선을 그리고 현금흐름을 정확히 표시하라. 현재의 가격이 $99이다. 이 채권의 ytm은 얼마인가?
12. 채권 B는 만기가 1년이다. 이표는 연 8%이며, ytm은 8.5%이다. 6개월 복리 관행 따른다면, 정확한 채권가격은 얼마인가?
13. 이표채 P는 (6개월마다 이자지급) 만기가 0.5년이다. ytm(6개월 복리)은 10%이다. 0.5년에 대한 무이표채이율은 얼마인가?

14. 이표채 Q는 액면가에 거래된다. 만기는 1년이며, ytm(6개월 복리)은 11%이다. 이표이율은 얼마인가?

15. 채권 P와 Q의 정보를 사용하여 1년 만기 무이표채이율을 계산하라.

16. 채권 P와 Q의 정보를 이용하여 6개월 후에 $50를 지급하고 1년후에 $50를 지급하는 채권 R의 가격을 계산하라.

17. 채권 W는 이표 12% (6개월마다 지급) 만기 1년이며, $99.25에 거래되고 있다. 1년 만기 무이표채이율이 13%이면, 6개월 무이표채 이율은 얼마인가?

18. 현재 $102`에 거래되고 있는 채권이 있다. 만기는 1년이며 이표는 8%, 액면가는 $100이다. 이자는 6개월마다 지급된다고 하자. 6개월 복리로 계산할 때 이 채권의 ytm은 얼마인가? 연속 복리로 계산할 때 이 채권의 ytm은 얼마인가?

19. 어떤 채권이 현재 $99.50에 거래되고 있다. 만기는 9개월이며 이표는 3%이다. 이자는 6개월마다 지급된다. (그래서 첫 이자는 3개월 후에 지급될 것이다.) 이 채권의 액면가가 $100이면 6개월 복리로 ytm은 얼마인가? 연속복리로 ytm은 얼마인가?

20. 액면가 $100에 7% 이표를 매년 지급하는 채권이 있다. 만기는 2년이다. 이 채권의 ytm(연복리 기준)이 6.8%이면 현재가격은 얼마인가? 연속복리라면 채권의 ytm은 얼마인가?

21. 만기 6개월 무이표채가 $98에 거래되고 있으며, 이표 6%인 만기 1년 채권이 $99에 거래되고 있다. 이자는 6개월마다 지급되며, 액면가는 두 채권 모두 $100이다. 이 가격에 내재된 6개월 할인함수와 1년 할인함수는 무엇인가?

22. 6개월 무이표채의 ytm은 5%이며, 이표 5%인 1년만기 채권의 ytm은 5.5%이다. ytm은 6개월 복리로 계산되었으며 이자는 6개월 마다 지급되며, 액면가는 모두 $100이다.
    (a) 이 가격에 내재된 6개월 할인함수 및 1년 할인함수는 무엇인가?
    (b) 1년만기 이표 4.5%인 채권의 가격은 얼마인가?

23. 6개월 할인함수 및 1년 할인함수가 각각 0.9804와 0.96이다. 이에 상응하는 무이표채이율은 얼마인가? 선도이율 $f(0.5,\ 1)$은 얼마인가? (모든 이율은 연속복리로 표시되었다고 가정하라)

24. 다음의 정보가 주어져 있다. 1년 현물이율은 5.5%, 선도이율 $f(1,\ 2)$는 6%, 선도이율 $f(2,\ 3)$은 7%이다. 모든 이율은 연속복리로 계산되었다.
    (a) 2년 및 3년의 현물이율은 얼마인가?
    (b) 1년, 2년, 3년의 할인함수는 얼마인가?

25. 다음 정보가 주어져 있다. 1년 현물이율은 6.50%, 선도이율 $f(1,\ 2)$는 7.5%, 선도이율 $f(1,\ 3)$은 9%이다. 모든 이율은 연속복리로 계산되었다.
    (a) 2년 및 3년의 현물이율은 얼마인가?

(b) 선도이율 $f(2,\ 3)$은 얼마인가?

(c) 1년, 2년 및 3년의 할인함수는 무엇인가?

26. (연속복리로 계산한) 이자율곡선이 5%로 수평이다. 다음 질문에 답하라.

(a) 5% 이표, 10년 만기, 6개월마다 이자 지급하는 채권의 가격을 계산하라.

(b) 이 채권의 듀레이션을 계산하라.

(c) 이 채권의 컨벡시티는 얼마인가?

27. 이자율이 연속복리로 계산될 때, 무이표채 한 단위의 가격은 다음 식으로 결정된다: $P(t) = e^{-z_t t}$ 이 식에서 Z_t는 만기 t인 무이표채이율을 의미한다. 또 이표채의 가격은 채권의 모든 개별 요소(현금흐름) c_t의 합과 같다는 것을 안다, 즉 $P = \sum_t e^{-z_t t} c_t$. 그러므로 이표채의 가격은 구성요소를 계속 더하는 것이라는 점에서 첨가적이라고 한다.

(a) 채권의 듀레이션도 구성요소를 더하는 첨가적인 것인가? 왜 그런가? 위에서 주어진 식을 사용하여 듀레이션 식을 만들고 이 식을 사용하여 답을 설명하라

(b) 컨벡시티 또한 첨가적(additive)인가? 여기서도 컨벡시티를 나타내는 수식을 제시하라.

(b) 연속복리가 아 니라 6개월 복리라면 위의 답변이 바뀔 것인가?

부록 26A YTM 원자료

아래 표는 26.8절에서 사용한 The Wall Street Journal의 자료이다.

2003년 8월 27일자 Wall Street Journal

이표	월	연도	매도호가	Type	T (월수)	매도 YTM
2.75	9	2003	100.06	n	1	0.66
2.75	10	2003	100.10	n	2	0.85
4.25	11	2003	100.22	n	3	0.96
3.00	11	2003	100.17	n	3	0.92
11.875	11	2003	102.13		3	0.56
3.25	12	2003	100.24	n	4	0.98
3.00	1	2004	100.26	n	5	1.04
4.75	2	2004	101.22	n	6	1.06
5.875	2	2004	102.07	n	6	1.07
3.00	2	2004	100.31	n	6	1.05
3.625	3	2004	101.16	n	7	1.07
3.375	4	2004	101.16	n	8	1.11
5.25	5	2004	102.29	n	9	1.15
7.25	5	2004	104.10	n	9	1.17
3.25	5	2004	101.18	n	9	1.15
12.375	5	2004	107.30		9	1.16
2.875	6	2004	101.12	n	10	1.2
2.25	7	2004	100.28	n	11	1.28
2.125	8	2004	100.27	n	12	1.28
6.00	8	2004	104.16	n	12	1.27
7.25	8	2004	105.22	n	12	1.30
13.750	8	2004	111.28		12	1.32
1.875	9	2004	100.19	n	13	1.32
2.125	10	2004	100.27	n	14	1.40
5.875	11	2004	105.09	n	15	1.46
7.875	11	2004	107.22	n	15	1.46
2.00	11	2004	100.21	n	15	1.47
11.625	11	2004	112.06		15	1.46
1.75	12	2004	100.08	n	16	1.55
1.625	1	2005	100.01	n	17	1.60
7.50	2	2005	108.15	n	18	1.62
1.50	2	2005	99.24	n	18	1.67
1.625	3	2005	99.27	n	19	1.72
1.625	4	2005	99.23	n	20	1.8
6.50	5	2005	107.28	n	21	1.80
6.75	5	2005	108.09	n	21	1.81
1.25	5	2005	98.31	n	21	1.84
12.000	5	2005	117.09		21	1.72
1.125	6	2005	98.19	n	22	1.90
1.50	7	2005	99.03	n	23	1.97
6.50	8	2005	108.22	n	24	1.97
10.750	8	2005	116.27		24	1.97
5.75	11	2005	107.25	n	27	2.13
5.875	11	2005	108.02	n	27	2.12
5.625	2	2006	108.02	n	30	2.24
9.375	2	2006	116.3		30	2.26
2.00	5	2006	99.01	n	33	2.37
4.625	5	2006	105.25	n	33	2.41
6.875	5	2006	111.20	n	33	2.42
7	7	2006	112.12	n	35	2.52

이표	월	연도	매도호가	Type	T (월수)	매도 YTM
2.375	8	2006	99.14	n	36	2.57
6.500	10	2006	111.13	n	38	2.67
3.500	11	2006	102.13	n	39	2.71
3.375	1	2007	108.04	i	41	0.93
6.250	2	2007	111.08	n	42	2.81
6.625	5	2007	112.26	n	45	2.95
4.375	5	2007	104.30	n	45	2.96
3.250	8	2007	100.18	n	48	3.09
6.125	8	2007	111.09	n	48	3.08
3.000	11	2007	99.06	n	51	3.20
3.625	1	2008	109.27	i	53	1.31
3.000	2	2008	98.20	n	54	3.33
5.500	2	2008	109.04	n	54	3.29
2.625	5	2008	96.16	n	57	3.43
5.625	5	2008	109.17	n	57	3.42
3.250	8	2008	98.23	n	60	3.53
4.750	11	2008	105.13	n	63	3.60
8.750	11	2008	101.22		63	0.85
3.875	1	2009	111.17	i	65	1.62
5.500	5	2009	109.06	n	69	3.70
9.125	5	2009	105.24		69	1.03
6.000	8	2009	111.17	n	72	3.82
10.375	11	2009	110.21		75	1.47
4.250	1	2010	114.07	i	77	1.87
6.500	2	2010	114.12	n	78	3.96
11.750	2	2010	114.10		78	1.80
5.750	5	2010	109.31	n	81	4.09
10.000	5	2010	113.19		81	1.89
12.750	11	2010	122.22		87	2.19
3.500	1	2011	109.26	i	89	2.06
5.000	2	2011	105.01	n	90	4.21
13.875	5	2011	129.22		93	2.49
5.000	8	2011	104.20	n	96	4.31
14.000	11	2011	134.24		99	2.64
3.375	1	2012	108.27	i	101	2.21
4.875	2	2012	103.13	n	102	4.39
3.000	7	2012	105.29	i	107	2.26
4.375	8	2012	99.13	n	108	4.46
4.000	11	2012	96.09	n	111	4.49
10.375	11	2012	128.00		111	3.22
3.875	2	2013	95.05	n	114	4.51
3.625	5	2013	93.15	n	117	4.46
1.875	7	2013	95.29	i	119	2.34
4.250	8	2013	97.24	n	120	4.53
12.000	8	2013	138.12		120	3.51
13.250	5	2014	149.10		129	3.62
12.500	8	2014	146.15		132	3.73
11.750	11	2014	143.18		135	3.81
11.250	2	2015	157.06		138	4.73
10.625	8	2015	152.19		144	4.80
9.875	11	2015	145.28		147	4.85
9.250	2	2016	140.09		150	4.89
7.250	5	2016	121.13		153	4.96
7.500	11	2016	123.27		159	5.01

이표	월	연도	매도호가	Type	T (월수)	매도 YTM
8.750	5	2017	136.17		165	5.03
8.875	8	2017	138.00		168	5.05
9.125	5	2018	141.06		177	5.11
9.000	11	2018	140.13		183	5.14
8.875	2	2019	139.06		186	5.16
8.125	8	2019	131.06		192	5.22
8.500	2	2020	135.27		198	5.23
8.750	5	2020	138.26		201	5.24
8.750	8	2020	139.00		204	5.25
7.875	2	2021	129.05		210	5.29
8.125	5	2021	132.07		213	5.30
8.125	8	2021	132.10		216	5.31
8.000	11	2021	131.04		219	5.31
7.250	8	2022	122.06		228	5.37
7.625	11	2022	126.29		231	5.36
7.125	2	2023	120.25		234	5.39
6.250	8	2023	110.03		240	5.42
7.500	11	2024	126.06		255	5.41
7.625	2	2025	127.30		258	5.41
6.875	8	2025	118.10		264	5.44
6.000	2	2026	107.03		270	5.45
6.750	8	2026	117.01		276	5.44
6.500	11	2026	113.25		279	5.45
6.625	2	2027	115.17		282	5.44
6.375	8	2027	112.09		288	5.45
6.125	11	2027	108.30		291	5.45
3.625	4	2028	113.31	i	296	2.83
5.500	8	2028	100.21		300	5.45
5.250	11	2028	97.08		303	5.45
5.250	2	2029	97.09		306	5.45
3.875	4	2029	119.01	i	308	2.83
6.125	8	2029	109.16		312	5.44
6.250	5	2030	111.22		321	5.42
5.375	2	2031	101.00		330	5.30
3.375	4	2032	112.03		344	2.76

제 27 장

수익률(이자율) 곡선 추정하기

27.1 서론

이전 장에서 이자율기간구조를 표현하는 세 개의 동등한 개념-할인함수, 무이표채(이율) 곡선, 선도이율 곡선-을 정의하였다. 이것을 기반으로 하여 이 장에서는 시장 데이터로부터 수익률 곡선을 추정하는 방법을 검토한다.

우선 간단하면서 직관적으로 설득력 있는 붓스트래핑을 검토한다. 이는 전장의 26.4~26.5절(특히 예 26.3절을 참조할 것)에서 제시한 개념을 확장한 것이다. 붓스트래핑은 이론상 수익률 곡선을 파악하는 데 사용되지만, 실행에 중요한 단점이 있다. 그러므로 실무에서는 두 가지 대안 중 하나가 사용되고 있다.

첫 번째 대안은 스플라이닝(splining)이라고 일컬어지는데 원래 J. Huston McCulloch가 1970년대 초에 할인함수를 추정하기 위하여 개발한 방법이다(McCulloch, 1971, 1975를 참조할 것). 스플라이닝은 수익률 곡선의 서로 다른 조각을 찾고, 이들을 공통 만기 시점에서 잇는 시도이다. 스플라이닝은 여러 기관이 사용하지만 특히 미국, 일본, 캐나다의 중앙은행이 자국의 국채 수익률 곡선을 계산하기 위하여 사용한다.

두 번째 방법은 Charles Nelson과 Alex Siegel이 1987년 논문에서 제안하였고 1994년 Lars Svensson이 확장하였다. 이렇게 종합된 방법은 Nelson-Siegel-Svensson(NSS) 모델, 확장 Nelson과 Siegel(1987) 모델 혹은 Svensson(1994) 모델이라고 부른다. NSS 모델은 수익률 곡선(사실은 선도이율 곡선) 전체에 대하여 하나의 함수 형태를 제시하며, 이 함수의 모수를 추정하기 위해서는 회귀분석을 사용한다. 이 방식은 유럽과 다른 지역에서 널리 사용된다.

27.2 붓스트래핑(Bootstrapping)

26.4절에서 두 개의 채권을 사용한 예를 들어 설명하였다. 여기에서는 두 개의 채권 가격으로부터 두 시점의 할인함수 값을 찾아내는 방법을 설명하였다. 이 과정을 자연스럽게 일반화시킨 것이 붓스트래핑이다. 붓스트래핑에서는 가장 짧은 만기의 채권을 활용하여 짧은 만기의 할인함수를 찾은 다음 이를 활용하여 긴 만기 채권의 할인함수를 찾는 방법이다. 예를 들면 이해가 더 쉬울 것이다.

예 27.1

시장에 액면가 $1인 4개의 채권이 있다. 모든 채권의 이자는 6개월마다 지급되며, 가격 정보는 다음과 같다.

채권	가격
6개월 무이표채	0.95959
1년 무이표채	0.91851
18개월 8% 이표채	0.98857
24개월 9% 이표채	1.00127

정의상, 할인함수 $d(t)$는 만기가 t이며 액면가 $1인 무이표채의 가격과 동일하다. 그러므로 위의 데이터에는 $t=0.5$, $t=1$에 대하여는 이미 할인함수가 포함되어 있다.

$$d(0.5) = 0.95959 \qquad d(1) = 0.91851 \tag{27.1}$$

18개월 만기 8% 채권은 6개월과 1년에 각각 0.04, 그리고 18개월에 1.04의 현금흐름이 생기게 된다. 이 채권의 가격을 현금흐름과 할인함수로 표시하면 다음과 같다.

$$0.98857 = (0.04)d(0.5) + (0.04)d(1) + 1.04\,d(1.5) \tag{27.2}$$

$d(0.5)$와 $d(1)$에 (27.1)에서 파악한 값을 대입하여, $d(1.5)$에 대하여 풀면 다음의 값을 얻는다.

$$d(1.5) = 0.87831 \tag{27.3}$$

마지막으로, 24개월 만기 이표 9%인 채권은 6개월, 12개월, 18개월에 각각 0.045의 현금흐름과, 24개월에 1.045의 현금흐름을 발생시킨다. 그러면 다음과 같은 식이 성립된다.

$$1.00127 = (0.045)d(0.5) + (0.045)d(1) + (0.045)d(1.5) + (1.045)d(2) \tag{27.4}$$

식 (27.1)의 $d(0.5)$, $d(1)$ 그리고 식 (27.3)의 $d(1.5)$를 대입하여 $d(2)$에 대하여 풀면 다음 값을 얻게 된다.

$$d(2) = 0.83946 \tag{27.5}$$

그리하여 할인함수곡선 위의 4개의 점을 확보하였다.

$$\begin{aligned} d(0.50) &= 0.95959 \\ d(1.00) &= 0.91851 \\ d(1.50) &= 0.87831 \\ d(2.00) &= 0.83946 \end{aligned} \tag{27.6}$$

이 값들은 현물이율(6개월 복리)로 표현될 수도 있다. 전장에서 보았듯이(식 (26.9) 참조), 6개월 복리 현물이율 $r^{(2)}$는 다음과 같이 할인함수와 연결되어 있다.

$$r^{(2)}(t) = [d(t)]^{-1/2t} - 1 \tag{27.7}$$

이 식을 (27.6)에 적용하여, 다음의 수익률 곡선상의 4점을 확보하게 된다.

$$\begin{aligned} r^{(2)}(0.50) &= 0.084223 \\ r^{(2)}(1.00) &= 0.086835 \\ r^{(2)}(1.50) &= 0.088402 \\ r^{(2)}(2.00) &= 0.089440 \end{aligned} \tag{27.8}$$

■

할인함수는 채권가격과 현금흐름 정보를 이용하면 역행렬 계산과 같은 간단한 과정을 거쳐서 구할 수 있으므로 붓스트래핑 과정은 위의 설명이 암시하는 것 보다 더 빠르며, 현재의 컴퓨터에서는 거의 시간이 걸리지 않는다. 부록 27A에서 이 부분에 대하여 자세히 다룬다.

붓스트래핑의 문제점

이론상 붓스트래핑은 훌륭한 방법이지만, 실제 적용에서는 몇 가지 단점이 있다. 실무에서 문제를 어렵게 만드는 몇 가지 이슈가 있다.

그 중 하나는 붓스트래핑 과정에 사용되는 채권은 동일 시점에 현금흐름이 발생해야 한다. 뿐만 아니라 동시에 현금흐름을 발생하는 채권이 선형독립적이어야 한다. 그래야 역행열을 구할 수 있기 때문이다. 그 어느 조건도 실무에서는 쉽게 만족시킬 수 있는 것은 아니다. 문제를 더욱 어렵게 만드는 것은 대부분의 시장에서 단지 소수의 채권만 유동성이 있으며 정보도 많기 때문에 이러한 소수의 채권만이 붓스트래핑에 사용될 이상적인 채권이 된다는 점이다.

둘째, 시점 $t_1, \cdots, t_n$에서 할인함수 값을 안다고 해서 그 시점들의 사이에 있는 현금흐름을 어떻게 평가해야 하는지를 알 수 있는 것은 아니다. 예를 들면, (예 27.1)에서 6개월 간격으로 6개월부터 2년까지의 할인함수를 파악하였다. 이 정보를 가지고 예를 들자면 지금부터 8개월 후에 발생할 \$100의 현금흐름의 현재가치를 계산할 직접적인 방법은 없다. 이를 위해서는 어떤 보간법(예를 들면, 직선 보간법, 3차 보간법 등)을 사용해야 한다.

마지막으로, 실무에서는 붓스트래핑으로 계산한 할인함수가 어떤 채권을 실제 입력자료로 사용하였는지에 따라 매우 민감하게 반응한다. 채권을 변경하면 추정된 할인함수가 바뀌는 경향이 있다. 그러한 이유 중 하나는 각 채권은 유동성과 같은 요인에 반응하는 정도가 다르며, 이러한 요인에 대한 영향이 가격에 반영되기 때문이다.

이상적으로는 현금흐름의 시점이 일치하는지 아닌지에 상관없이 모든 채권의 정보를 활용하는 방법이 더 좋을 것이다. 다음에 살펴볼 두 가지 방법은 이러한 고려에서 출발한 방법이다.

27.3 스플라인(Splines)

만약 수익률 곡선을 추정하는데 모든 가능한 채권의 모든 정보를 사용하고자 한다면, 자연스럽게 회귀분석 방법을 따르게 될 것이다. 즉, 수익률 곡선의 함수형태를 먼저 선정한 다음 회귀분석을 통하여 곡선의 모수를 찾는다. 이렇게 하면 채권가격을 가장 가깝게 산출하는, 달리 말하면 모든 채권에 대하여 오차가 가장 작은 할인함수를 찾게 될 것이다.

스플라인은 이 목적을 달성하는 한 방법이다. 스플라인 과정은 다음과 같이 요약될 수 있다. $[0, T]$를 할인함수를 추정해야 하는 범위라고 하자. 즉, 0은 현재의 시점이며 T는 가장 긴 만기채권의 만기 시점이다. 첫 번째 단계는 $[0, T]$의 간격을 다음과 같이 $N+1$개의 소구간으로 분할하는 것이다.

$$[T_0, T_1],\ [T_1, T_2],\ \cdots,\ [T_N, T_{N+1}]$$

여기서 $T_0 = 0$, $T_{N+1} = T$이다. 중간에 있는 점들 $T_1, \cdots, T_N$은 "매듭점(knot points)"이라고 한다. 이유는 곧 알게 될 것이다. 모든 소구간 $[T_n, T_{n+1}]$에 대하여 할인함수로 $g_n(t)$를 상정한다. 함수 $g_n(\cdot)$는 시점 t만을 위한 것이며 "스플라인"이라고 부른다. 그러면 모든 할인함수는 다음과 같은 형태를 가진다.

$$d(t) = \begin{cases} g_0(t), & \text{if } t \in [T_0, T_1] \\ \vdots & \vdots \\ g_k(t), & \text{if } t \in [T_k, T_{k+1}] \\ \vdots & \vdots \\ g_N(t), & \text{if } t \in [T_N, T_{N+1}] \end{cases} \qquad \textbf{(27.9)}$$

각각의 다른 소구간에서는 다른 $g_k(\cdot)$를 사용한다. 이것이 스플라인 과정이 탄력적인 중요한 이유이다. 그러나 전체 할인함수가 부드럽게 연속되기 위해서는 각 간격의 끝에서 제한을 가해야만 한다. 예를 들어, T_k시점에서 할인함수 값을 생각해 보라. T_k는 $[T_k, T_{k+1}]$ 구간에서는 출발점이

다. 이 구간에 대하여 할인함수는 g_k이다. 그러므로 이 점에서 할인함수의 값은 다음과 같다.

$$g_k(T_k)$$

그러나 T_k는 동시에 $[T_{k-1}, T_k]$ 구간의 종료점이며, 이 구간의 할인함수는 $g_{k-1}(\cdot)$이다. 그러므로 T_k에서의 할인함수는 다음과 같이 표현되기도 한다.

$$g_{k-1}(T_k)$$

곡선이 연속이기 위해서는 이 두 값이 같아야 하므로 다음 식이 성립해야 한다.

$$g_{k-1}(T_k) = g_k(T_k) \quad \textbf{(27.10)}$$

그러므로 함수 g_{k-1}과 g_k가 만나는 점에서 이어져야(매듭지어져야) 하므로, T_1, $\cdots$, T_N점들을 "매듭점(knot points)"이라고 부른다.

일단 $g_0, \cdots, g_N$의 함수형태를 확정하고 나면, 회귀분석을 통하여 이 함수들의 모수를 추정한다,

스플라인의 수학적 함수 형태를 선택함에 있어서는 많이 사용되는 두개의 형태로 분화되었다. 다항식 스플라인에서는 각 g_k 함수가 시간의 다항식 형태를 취한다. 지수 스플라인에서는 각 함수가 시간의 지수함수 형태를 취한다. 다음 절에서는 각각을 좀 더 자세히 살펴보고, 이들의 활용에 대해서 설명하겠다.

27.4 다항식 스플라인

다항식 스플라인에서는 각 g_k 함수가 시간의 l차 다항식 함수로 표시된다. 그러므로 $l=1$ 이면 직선 스플라인이 되어 각 g_k는 다음과 같은 형태를 가진다.

$$g_k(t) = a_k + b_k t$$

만약 $l=2$이면, 2차 스플라인을 갖게 되며, 각 g_k는 다음과 같은 형태를 가진다.

$$g_k(t) = a_k + b_k t + c_k t^2$$

만약 $l=3$이면, 3차 스플라인을 갖게 되며, 각 g_k는 다음과 같은 형태를 가진다.

$$g_k(t) = a_k + b_k t + c_k t^2 + d_k t^3$$

실무적으로 가장 일반적으로 사용되는 것은 3차 스플라인이다.

모수 추정

l차 다항식 스플라인에서는 l차 다항식 스플라인 g_k와 관련된 모수가 $(l+1)$개이며, $(N+1)$개의 스플라인이 있으므로 총 미지의 모수는 $(l+1)(N+1)$개이다. 그러므로 이론상 회귀분석으로 추정해야 할 모수가 $(l+1)(N+1)$개 있다. 이미 살펴본 바와 같이 매듭점에서는 추가로 제약조건이 가해져야 한다. 실무적으로 사용하는 네 개의 표준 제약조건은 다음과 같다.

1. 조건 0: 즉시 지급되는 1$의 현가는 $1이다. 따라서 $d(0)=1$이어야 하므로 다음의 조건이 필요하다.

$$g_0(0) = 1 \tag{27.11}$$

2. 조건 1: 할인함수의 연속성: 이 조건으로 말미암아 매듭점에서 다음과 같은 조건이 필요하다.

$$g_k(T_{k+1}) = g_{k+1}(T_{k+1}), \ \ k=1, \ldots, N \tag{27.12}$$

이 조건은 사실상 모수에 N개의 제약조건을 부가한다.

3. 조건 2: 선도이율 곡선의 연속성: 식 (26.17)으로부터 순간 선도이율과 할인함수는 다음과 같은 관계가 있다.

$$f(t) = -\frac{1}{d(t)}d'(t)$$

선도이율 곡선이 연속이 되기 위해서는 $d'(t)$이 연속이어야 한다. 그러므로 매듭점에서 $d'(t)$ 값 역시 일치하여야 한다. 말하자면,

$$g_k'(T_{k+1}) = g_{k+1}'(T_{k+1}), \ \ \text{for } k=1, \ldots, N \tag{27.13}$$

이 조건은 모수에 또 다시 N개의 제약을 가한다.

4. 조건 3: 부드러운 선도이율 곡선: 나아가 선도이율 곡선이 부드럽고, 뾰쪽하기를 바라지 않는다면 $f'(\cdot)$ 역시 연속이어야 한다. 이것은 할인함수의 이차도함수 $d''(\cdot)$ 역시 연속이어야 한다는 것을 의미한다. 매듭점에서의 이차도함수를 일치시키면 다음과 같은 식을 얻게 된다.

$$g_k''(T_{k+1}) = g_{k+1}''(T_{k+1}), \ \ \text{for } k=1, \ldots, N \tag{27.14}$$

이 또한 모수에 N개의 제약을 가한다.

이 네 개의 제약조건은 모수에 총 $3N+1$개의 제약을 가한다. 그러므로 자유 모수의 갯수는 $(l+1)(N+1)-(3N+1)$밖에 되지 않는다. 예를 들어, 1차 함수 스플라인을 사용하면 추정해야 할 모수의 갯수는 $2(N+1)-(N+1)=N+1$이 된다. (일차함수 스플라인의 경우에는 조건 2, 3이 적용되지 않으므로 $N+1$의 제약조건만 적용된다. 왜 그런지는 독자들이 스스로 생각해 보기 바란다.) 2차 함수 스플라인의 경우에는 추정해야할 자유 모수는 $3(N+1)-(2N+1)=N+2$가 된다.(이 경우 조건 2는 유효

하나 조건 3은 해당되지 않는다. 이 또한 왜 그런지는 독자가 스스로 생각해 보기 바란다.) 3차 혹은 그 이상의 스플라인에 대하여는 위의 모든 조건이 다 적용되며, 추정해야 할 모수의 갯수는 $4(N+1)-(3N+1)=N+3$이 된다.

할인함수를 축약형으로 표현하기

일단 추정해야 할 모수를 결정하면, 실제 추정은 일반최소자승법으로 이루어진다. 이 과정의 첫 단계는 위의 네 가지 조건을 반영한 후 미지의 모수를 포함하여 할인함수를 표현하는 것이다.(이것을 "축약형 할인함수"라고 한다.) 여기서 이 첫 번째 단계를 설명한다.

단순화를 위해서 τ로 표시되는 매듭점이 하나 있는 경우를 생각해 본다. 이를 n개의 매듭점이 있는 경우로 확장하는 것은 간단한 문제이다. 앞에서 언급한 바와 같이 식은 실무에서 가장 보편적인 3차로 한다. 이 단일 매듭점을 τ로 표시한다. 할인함수는 다음과 같은 형태를 가진다.

$$d(t)=\begin{cases} g_0(t), & t\in[0,\tau] \\ g_1(t) & t\in[\tau,T^*] \end{cases} \tag{27.15}$$

단,

$$\begin{aligned} g_0(t) &= a_0+b_0t+c_0t^2+d_0t^3 \\ g_1(t) &= a_1+b_1t+c_1t^2+d_1t^3 \end{aligned} \tag{27.16}$$

단축해서 표현하면 다음과 같다.

$$d(t)=g_0(t)+I_{t\geq\tau}(g_1(t)-g_0(t)) \tag{27.17}$$

위 식에서 $I_{t\geq\tau}$는 $t\geq\tau$를 조건으로 하는 지시함수로써 $t\geq\tau$이면 1이 되고 그렇지 않으면 0이 된다. g_0, g_1을 풀어서 쓰면 다음과 같이 된다.

$$\begin{aligned} d(t) &= a_0+b_0t+c_0t^2+d_0t^3 \\ &\quad + I_{t\geq\tau}\left[(a_1-a_0)+(b_1-b_0)t+(c_1-c_0)t^2+(d_1-d_0)t^3\right] \end{aligned} \tag{27.18}$$

총 8개의 모수가 있다: (a_0, b_0, c_0, d_0) 그리고 (a_1, b_1, c_1, d_1)이다. 그러나 위에서 설명한 바와 같이 이 모수들에게 적용되는 네 가지 제약조건이 있다.

- 조건 0: $d(0)=1$. 이것은 $g_0(0)=1$을 의미하므로, 식 (27.16)에서 $a_0=1$이어야 한다.
- 조건 1: 매듭점 τ에서 $g_0(\tau)=g_1(\tau)$이어야 한다. 식 (27.16)의 g_0, g_1을 대입하면 다음과 같이 된다.

$$(a_1-a_0)+(b_1-b_0)\tau+(c_1-c_0)\tau^2+(d_1-d_0)\tau^3=0 \tag{27.19}$$

- 조건 2: 매듭점 τ에서, $g_0'(\tau)=g_1'(\tau)$이어야 한다. 식 (27.16)으로부터 다음과 같이 된다.

$$g_i'(t) = b_i + 2c_i t + 3d_i t^2, \qquad i = 1, 2$$

이것은 다음을 의미한다.

$$(b_1 - b_0) + 2(c_1 - c_0)\tau + 3(d_1 - d_0)\tau^2 = 0 \qquad \textbf{(27.20)}$$

- 조건 3: 마지막으로, 매듭점 τ에서, $g_0''(\tau) = g_1''(\tau)$이어야 한다. 식 (27.16)으로부터 다음과 같이 된다.

$$g_i''(t) = 2c_i + 6d_i t, \qquad i = 1, 2$$

그러므로

$$(c_1 - c_0) + 3(d_1 - d_0)\tau = 0 \qquad \textbf{(27.21)}$$

(27.19)~(27.21)을 풀면, 다음과 같은 결과를 얻는다.

$$a_1 - a_0 = -(d_1 - d_0)\tau^3 \qquad \textbf{(27.22)}$$

$$b_1 - b_0 = 3(d_1 - d_0)\tau^2 \qquad \textbf{(27.23)}$$

$$c_1 - c_0 = -3(d_1 - d_0)\tau \qquad \textbf{(27.24)}$$

$e_0 = d_1 - d_0$라고 하자. (27.22)~(27.24)를 (27.18)에 대입하여 할인함수를 구하면, 할인함수는 다음과 같이 고쳐 쓸 수 있다.

$$d(t) = a_0 + b_0 t + c_0 t^2 + d_0 t^3 + e_0 I_{t \geq \tau}(t - \tau)^3 \qquad \textbf{(27.25)}$$

식 (27.25)가 할인함수의 축약형 표현이다.

일반최소자승법으로 모수 추정하기

할인함수가 산출되면, 채권의 예상가격은 단순히 채권의 현금흐름에 해당 할인 계수를 곱하여 더한 금액이다. 시점 t에 현금흐름 ξ_t가 발생하는 채권을 생각해 보자. 식 (27.25)로 할인함수를 산출하면, 이론적인 채권의 가격은 다음과 같다.

$$\begin{aligned}\hat{P} &= \sum_t \xi_t d(t) \\ &= \sum_t \xi_t \left[1 + b_0 t + c_0 t^2 + d_0 t^3 + e_0 I_{(t \geq \tau)}(t - \tau)^3\right]\end{aligned} \qquad \textbf{(27.26)}$$

이를 재정리하면 다음과 같이 된다.

$$\hat{P} - \sum_t \xi_t = b_0 X_1 + c_0 X_2 + d_0 X_3 + e_0 X_4$$

단

$$X_1 = \sum_t \xi_t t$$
$$X_2 = \sum_t \xi_t t^2$$
$$X_3 = \sum_t \xi_t t^3$$
$$X_4 = \sum_t \xi_t I_{(t \geq \tau)}(t-\tau)^3$$

네 개의 모수 b_0, c_0, d_0, e_0는 $(P - \sum_t \xi_t)$를 X_1, X_2, X_3, X_4로 회귀분석하여 구할 수 있다. 이는 단순한 일반최소자승 회귀분석이다. 시장에서 거래되는 채권으로 분석에 포함하고자 하는 채권 하나마다 하나의 식을 얻을 수 있다. 모든 채권을 회귀분석에 포함하여 전체 스플라인 모델에 잘 맞는 모수를 일반 최소자승법으로 찾아 낼 수 있다. 이렇게 찾아낸 모델로 만기별 할인함수 $d(t)$를 찾을 수 있다. 그러므로 스플라인 모델로, 현금흐름이 언제 발생하든지 상관없이 현금흐름 세트에 대하여 가격을 신속히 구할 수 있게 된다.

27.5 지수 스플라인

지수 스플라인은 모델의 핵심으로 시간의 지수함수를 사용한다. 지수 스플라인 에서는 각 g_k가 다음의 형태를 가진다.

$$g_k(t) = a_k + b_k(1-e^{-mt}) + c_k(1-e^{-2mt}) + d_k(1-e^{-3mt}) + \cdots \tag{27.28}$$

여기에서, $m > 0$은 또다른 자유모수(free parameter)이다. 이 마지막 모수는 다음과 같은 의미를 갖고 있다: 만약 $f(t)$가 스플라인 할인 함수 식 (27.28)로 유도해낸 선도이율 곡선을 나타낸다면 다음과 같은 관계를 갖는다.

$$m = \lim_{t \to \infty} f(t)$$

그러므로 m은 "장기 선도금리"가 된다. 다시 한번 말하자면, 가장 많은 쓰이는 것은 3차 지수함수이며, 이 경우 g_k는 다음과 같은 형태를 갖는다.

$$g_k(t) = a_k + b_k(1-e^{-mt}) + c_k(1-e^{-2mt}) + d_k(1-e^{-3mt}) \tag{27.29}$$

지수 스플라인의 적용방법은 다항식 스플라인과 비슷하며, 제약조건도 유사하다. 그러나 몇몇 다른 점도 있다.(특별히 다른 점은 모수 m이 있다는 것이다.) 자세한 설명은 부록 27B에 있다.

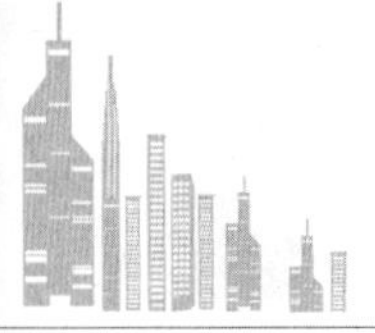

27.6 스플라인과 관련된 실무적용상 문제

실무적용은 좋은 이론을 늘 복잡하게 만들며, 스플라인도 예외는 아니다. 부각되는 문제 중에는 매듭점은 몇 개로 해야 하나와 어디에 설정해야 하나의 문제이다. 함수의 부드러운 연결과 실제 데이터와 적합성 사이의 균형을 찾는 것이 주요 상충되는 문제이다. 매듭점이 많을수록 할인함수의 모양에 탄력성을 가질 수 있어서 채권가격과 더 잘 맞출 수 있다. 그러나 더 많은 다른 스플라인을 연결해야 하기 때문에 이에서 유도된 현물이율 곡선과 특히 선도이율 곡선에 뾰쪽함이 많아진다. 일반적인 선택은, 데이터가 많은 구간(특히 곡선의 단기 끝 부분)에서는 구간을 잘게 쪼개고, 데이터 양이 상대적으로 많지 않은 부분에서는 넓게 분할하는 방법이다. 언제나 그렇듯이 좋은 판단력 외에 다른 대안은 없다.

실제로 이러한 염려를 해결하기 위해서 구간별 할인함수를 추정할 때 별도의 벌칙함수(penalty function)를 추가로 사용한다. 벌칙은 매듭점의 숫자에 대하여 증가하는 함수이다. 그러므로 벌칙이 높을수록, 적합화 과정에서 부드러움을 더 많이 추구해야 한다. 벌칙을 적용한 스플라인 추정 과정에서 광범위하게 사용되는 방법은 (i) 벌칙값과, (ii)모델과 실제 사이의 제곱오차 평균의 합이 가장 작도록 스플라인을 결정하는 방법이다.

두 번째 측면과 관련해서 명심해야 할 것은 자주 입력데이터와 관련된 문제가 있다는 것이다. 할인함수를 찾기 위하여 사용되는 채권가격 데이터의 질이 매우 가변적이다. 모든 채권이 다 적절하게 유동성이 있는 것은 아니다. 비록 모든 시장에서 다 그런 것은 아니지만, 대체로 단기채권이 장기채권보다 더 유동적이다. 예를 들면, 일본에서는 10년 채권이 가장 유동성이 높은 경향이 있으며, 수익률 곡선의 다른 부분에 대하여 벤치마크의 역할을 한다. 또 채권에는 표준을 따르지 않는 이자지급이 있을 수 있으므로 이에 대한 가격 조정을 해야 할 수도 있다. 세금문제, 내재된 옵션 등이 작용할 수 있으므로 이런 요소를 배제해 낸 후의 데이터를 사용하여 스플라인 모형을 적용해야 한다.

27.7 Nelson-Siegel-Svensson 접근 방법

스플라인 방법과는 대조적으로 Nelson과 Siegel(1987) 접근법(그리고 Svensson에 의한 이의 확장(1994))은 할인함수나 현물이율 곡선을 찾기보다는 선도이율 곡선을 직접 모델링한다. 뿐만 아니라 스플라인처럼 구간으로 분할하지도 않고, NSS 모델은 하나의 함수로 전 곡선을 최적화시키려고 한다. 우선 Nelson-Siegel 모델을 기술하고, 그 다음 Svensson의 개선을 기술하겠다.

Nelson과 Siegel(NS)은 선도이율의 모형으로 다음과 같은 형태를 제안한다.

$$f(t) = \beta_0 + \beta_1 \exp\left(-\frac{t}{\theta}\right) + \beta_2\left(\frac{t}{\theta}\right)\exp\left(-\frac{t}{\theta}\right) \quad \textbf{(27.30)}$$

식 (27.30)의 선도이율에 내재된 현물이자율 곡선은 다음과 같이 주어진다.

$$r(t) = \beta_0 + (\beta_1 + \beta_2)\left(\frac{1-\exp(-t/\theta)}{t/\theta}\right) - \beta_2\left(\exp(-t/\theta)\right) \quad \textbf{(27.31)}$$

Nelson-Siegel 함수 (27.30)에는 네 개의 모수 (β_0, β_1, β_2 그리고 θ)가 있다. 모수가 변함에 따라 곡선의 모양이 변한다. 크게 보면 Nelson-Siegel 함수로 네 개의 일반적인 형태를 만들 수 있다: 증가형, 감소형, 평행형, 봉우리형/U자형이 그것이다. 이와 관련하여 4개의 모수는 매력적인 해석을 제공한다.

- β_0: $t \to \infty$ 때 선도이율 $f(t)$는 식 (27.30)에 의해 β_0에 수렴한다. 그러므로 β_0는 장기선도이율이다. 더우기 β_0를 변경하면 선도이율 곡선이 평행이동 한다. 그래서 β_0를 수평(level) 모수라고 한다.
- β_1: $t=0$에서 선도이율 $f(t)$는 식 (27.30)에 의거 $\beta_0+\beta_1$가된다. 그래서 $\beta_0+\beta_1$는 단기선도이율이 된다. 그런 의미에서 β_1는 단기와 장기선도이율 간의 차이이다. 이를 곡선의 "기울기(slope)"라고 부른다.
- β_2: 이는 $f(t)$의 봉우리 크기와 방향을 정한다. $\beta_2>0$이면 $f(t)$가 θ에서 봉우리를 가지게 된다. 만약 $\beta_2<0$이면 θ에서 U 모양을 갖게 된다. 그런 점에서 β_2를 "곡률(curvature)" 모수라고 부른다.
- θ: 이는 봉우리 혹은 U자 모양의 위치를 결정한다. NS 함수의 마지막 항은 두개의 서로 상충되는 항으로 구성되어 있는 바, (t/θ)는 t의 증가와 함께 증가하고 $\exp(-t/\theta)$는 t의 증가와 함께 감소한다. ($\theta>0$이라면) t가 증가함에 따라 곡선은 t에 따라 증가하는 첫 부분 때문에 초기에 상승하지만, 나중에는 지수로 감소하는 뒷 부분의 영향력이 커지므로 곡선은 하강하게 된다. 어디서 교차되느냐는 θ의 크기, 그로 인한 봉우리의 위치에 달려 있다.

Nelson-Siegel 모델은 더 복잡한 형태(예를 들면, 봉우리와 U자가 동시에 있는 곡선)는 생성해 낼 수 없다. 이에 자극을 받아 Svensson(1994)은 (27.30)에 두 변수를 추가하는 확장을 제안했다.

$$\begin{aligned} f(t) = &\ \beta_0 + \beta_1 \exp(-t/\theta) + \beta_2[t/\theta]\exp(-t/\theta) \\ &+ \beta_3[t/\nu]\exp(-t/\nu) \end{aligned} \quad \textbf{(27.32)}$$

이 여섯 변수 모델을 Nelson-Siegel-Svensson(NSS) 모델, Svensson 모델, 또는 확장된 Nelson-Siegel

모델과 같이 다양한 이름으로 부른다. 이 모델에 내재된 현물이율은 다음과 같다.

$$\begin{aligned} r(t) = \beta_0 &+ \beta_1\{[1-\exp(-t/\theta)]/[t/\theta]\} \\ &+ \beta_2(\{[1-\exp(-t/\theta)]/[t/\theta]\} - \exp(-t/\theta)) \\ &+ \beta_3(\{[1-\exp(-t/\nu)]/[t/\nu]\} - \exp(-t/\nu)) \end{aligned} \tag{27.33}$$

처음 네 개의 모수는 위와 같이 해석될 수 있다. 두 개의 모수 β_3와 ν는, 당연히 β_2와 θ가 하는 역할과 비슷하다. 이 들은 두 번째의 봉우리 혹은 U자 모양을 결정하는 데, ν는 봉우리인지 U자 모양인지를 결정하며, β_3는 그것의 위치를 결정한다.

Nelson-Siegel-Svensson 모델 적용하기

NSS 모델을 적용한다는 것은 데이터에 나타난 채권가격에 가장 잘 맞는 선도이율 곡선을 찾아내는 것이다. 통상 다음과 같은 과정을 따른다.

1. 초기 모수 값 벡터를 결정한다. 이것은 가장 적합한 모수를 찾기 위한 수치해석 이전의 초기 추측(guess)이다.
2. 초기 추측에 근거한 현물이율 곡선과 할인함수를 구한다.
3. 이 할인함수를 사용하여 이론적인(모형의) 이표채의 가격을 구한다. (초기 추측한 모수에 따른 가격)
4. 실제가격과 계산된 가격의 차이를 계산한다.
5. 수치해석적인 방법을 사용하여 차이의 제곱이 최소가 되도록 한다.

NSS 모델은 매우 유연한 모델이며 광범위하게 사용된다. 스플라인 모델에서는 가끔씩 연결부위가 날카로운 선도이율 곡선이 만들어 지는데 반하여, 이 모델은 처음 목표부터 그렇기 때문에 결과로 부드러운 선도이율 곡선을 만들어 낸다. 뿐만 아니라 수익률 곡선을 움직이는 주요인에 대한 연구들에서 이자율의 기간구조를 바꾸는 세 가지 주된 요인을 확인하였는데 이들은 바로 수평(level), 기울기(slope), 곡률(curvature)이라고 확인하였다. NSS 모델의 모수는 바로 이 요인들을 직접 찾아내기 때문에 호소력이 높다.

그렇지만 NSS 모델에도 몇몇 단점이 있다. θ와 ν의 비선형성이 문제를 야기할 수 있다. 자주 여러 개의 국소 최대값/최소값이 생겨날 수 있으므로 초기 추측치를 여러 개 바꾸어서 시도해 볼 필요가 있다. 6개의 모수에 k번 다른 초기 추측값으로 각 모수를 추정하면 k^6번의 초기 추측값을 시도해야 하며, 필요한 계산이 심각하게 증가되는 문제가 있다.

27.8 요약

전 장에서는 이자율 파생상품의 가격산정에 필요한 모델 구축에 기초가 되는 개념들을 소개하였다. 실무에서 사용하는 대부분의 모델은 선도이율 곡선이나 무이표채 수익률 곡선의 형태로 표현된 수익률 곡선을 입력자료로 사용한다.

수익률 곡선이 기간구조 모델링과 위험관리에 핵심 자료이며, 재무분석에서 수익률 곡선을 언급하는 것이 흔한 일이지만, 실제 채권거래 가격 자료로부터 수익률 곡선을 구축하는 것은 복잡하고 민감한 일이다. 이 장에서는 가장 많이 사용되는 두 가지 수익률 곡선 구축법을 설명하였다. 즉 McCulloch가 도입한 스플라인 방법 그리고 Nelson-Siegel-Svensson 방법이 그것이다. 각 방법은 장단점이 있고, 또 지지자도 있다. 사실상 거의 모든 중앙은행이 자국의 국채 수익률 곡선을 구축하기 위하여 두 방법 중 하나를 사용한다.

다음에 이어지는 세 장에서는, 이것을 기반으로 하여, 이자율 파생상품의 가격 산정, 그리고 더 나아가 이자율 위험관리를 위하여 사용할 수익률 곡선을 어떻게 하면 차익거래가 불가능한 방법으로, 모델링할 수 있을까를 설명하려 한다.

27.9 연습문제

1. 선도이율을 찾아내기 위한 Nelson-Siegel 모델을 기재하라. 모델의 각 모수에 대한 직관은 무엇인지를 설명하라.
2. 수익률 곡선이 만기에 따라 단조 증가한다면, 선도이율도 그러한가?
3. 만기까지의 선도이율 곡선과 무이표채 이율 중 어느 것이 더 변동성이 높은가?
4. Nelson-Siegel(NS) 모델은 Nelson-Siegel-Svensson(NSS) 모델에 의해 확장되었다. NS 모델에 비해 NSS 모델에 의해 추가된 것은 무엇인가?
5. 다음의 채권 데이터를 사용하여, 붓스트랩 방식으로 현물이율 곡선을 매 6개월 단위로 계산하여 그래프로 그려라. 6개월 복리로 가정하라.

만기 (연)	채권 가격 ($100 당)	채권의 이표 (% p.a.)
0.5	100.12	3.02
1.0	99.87	3.44
1.5	100.40	4.00
2.0	98.67	4.20

6. 6개월 간격이 있는 두개의 현물이율이 각각 3%, 4%이라면, 처음 현물이율로부터 4개월 후의 현물이율을 보간법으로 구하라. 모든 달은 1년의 1/12로 균등하다고 가정하라. 다음의 3가지 다른 보간법을 적용하여 계산하라.
   (a) 직선보간법
   (b) 지수보간법(exponential interpolation)
   (c) 대수보간법(logarithmic interpolation)

   위 각 방법은 두 알려진 점 사이를 직선, 지수, 대수 함수를 사용해서 보간한다는 것을 의미한다.

7. 어떤 방법(직선, 지수, 로그)이 가장 높은 이율을 제시하는가? 왜? 위 답에서 보간 방법에 따른 상대적 크기를 설명할 수 있나?

8. 실제로는 채권의 가격이 편리한 시간 간격별로 가격 데이터가 존재하지 않는다. 그래서 보간법의 사용이 필요하다. 표준만기기간이 아닌 두 기간 사이의 선도이율이 일정하다는 가정을 하면, 어떠한 기간에 대해서도 현물이율 곡선을 그릴 수 있다. 이 문제에서는 이러한 종류의 연습을 간단히 해 본다.

   다음의 t 기간에 무이표채권 가격이 다음과 같이 주어져 있다.

t	무이표채 가격
0.70	0.9754
1.32	0.9256
2.11	0.8777

   모든 복리계산 및 할인은 연속으로 이루어진다.
   (a) 이 기간 사이에는 선도금리가 고정되어 있다고 가정하면 이 선도금리는 각각 무엇인가?
   (b) 2년 만기, $100 액면이며 10%이율로 6개월마다 이자를 지급하는 채권의 가격은?

9. 위 문제에서 실제로 사용된 보간법은 무엇인가? 직선, 지수 아니면 대수 보간법 중 어느 것인가?

10. 이 문제는 미국 국채시장의 실제 데이터를 사용하여 무이표채 이율과 선도이율을 개발하는 문제이다. 다음 단계를 따라서 진행하라.
   (a) 최근 채권 가격과 수익률자료를 수집하라. 그러한 데이터를 구할 수 있는 곳으로는 The

Wall Street Journal, 블룸버그 화면 등 여러 곳이 있는데 가장 쉬운 곳은 The Wall Street Journal이다. 만기와 수익률 자료를 찾을 수 있다. 7년 만기 정도까지의 충분한 데이터가 필요할 것이다. 20개 이상의 채권이라야 적절할 것이다. 이 자료를 스프레드 시트에 두 행으로 정렬하라: (1) 오늘부터 만기까지의 기간을 연단위로 정리 (소수점도 가함) (2) 만기수익률(ytm). 이것을 Table 1이라고 한다.

(b) x 축을 만기, y 축을 ytm로 하여 그래프를 그려라(산포도). 이것을 그래프 1이라고 한다.

(c) 점에 맞는 곡선을 그려라. 이 부분은 여러분의 상상에 맡긴다. 그러므로 데이터에 맞는 부드러운 곡선을 선택하는 방법은 여러분의 자유다. 스프레드시트는 일반적으로 이 작업을 할 수 있는 수단을 제공한다. 직선이 최선의 방법이 아니라는 것을 기억하라. 이 곡선 그래프를 그래프 2라고 한다.

이 같은 그래프 위에 이표금리를 잇는 곡선과 채권가격을 연결하는 또 다른 곡선을 그려라. 그러면 수익률, 이표, 가격의 세 보간된 곡선이 그려지게 될 것이다.

(d) 연결된 수익률 곡선을 가지고, 새로운 테이블을 만들고 ytm, 이표금리, 가격을 6개월 단위로 채워 넣어라. 그러면, 만기가 7년일 경우 각 6개월 즉 14개의 만기가 만들어졌을 것이다. 이것을 Table 2라고 한다.

독자가 만든 최적화된 곡선은 수익률을 만기의 함수로 제시해 준다. 그러므로 만기 0.5, 1, 1.5, ..., 6.5, 7에 대하여 상응하는 수익률을 계산할 수 있다.

(e) 이 수익률, 가격, 이표를 이용하여 모든 만기에 대하여 (a) 무이표채 이율과 (b) 선도금리를 산출하라. 이것을 Table 3이라고 한다.

(f) 같은 그래프에 (a) ytm, (b) 무이표채 이율 (c) 선도이율을 그려라. 이 그래프를 그래프 3이라고 한다.

(g) 대안으로, 할인요소(discount factor), 무이표채이율을 구하기 위하여 Table 1을 회귀분석하는 방법을 사용할 수 있음을 보여라. 단순한 가정을 사용해도 좋다. 6개월 단위로 무이표채 이율을 구하여 테이블을 만들라. 이것을 Table 4라고 한다.

(h) Table 3과 Table 4를 이용하여 무이표채 곡선을 그리고 이에 대하여 평가하라. 이를 그래프 4라고 한다.

창의적으로 하라.

11. 1.25년 후에 $100의 현금을 받게 된다면, 이것을 어떻게 두개의 현금흐름으로 나눌 수 있을까를 설명하라. 하나의 현금 A는 1년 후에, 나머지 하나의 현금 B는 1.5년 후에 받게 된다. 1년 무이표채의 금리는 6%이고 1.5년 금리는 6.5%이다. 연속복리로 가정하라.

12. 3차 스플라인 방법을 이용하여 다음의 할인요소들을 연결하라. 단 0.5에서 하나의 매듭점만 사용하라.

t	$d(t)$
0.1	0.9934
0.2	0.9845
0.6	0.9456
0.8	0.9267

어떤 만기 t에서도 사용할 수 있는 할인함수가 되는 함수를 찾아라.

13. 위 문제에서 다음과 같이 더 많은 데이터가 주어지면 답은 어떻게 되나?

t	$d(t)$
0.1	0.9934
0.2	0.9845
0.3	0.9778
0.6	0.9456
0.7	0.9389
0.8	0.9267

14. $t=0.5$, $t=1$ 두개의 매듭점을 갖는 3차 스플라인을 아래 할인함수에 근거하여 계산하라.

t	$d(t)$
0.35	0.97
0.70	0.93
1.05	0.88
1.40	0.82
1.75	0.75

함수와 찾아야 할 모수의 개수가 얼마인지를 설명하라

15. 매듭점이 몇 개인지에 상관없이 일반적으로 위와 같은 문제를 풀 수 있는 간단한 Octave 프로그램을 작성하라(매듭점이 2개 이상).

16. 모수가 m개인 경우 3차 지수 스플라인 모델의 계수를 계산하는 범용 프로그램을 작성하라. 그리고 $t=0.5$, $t=1$에 매듭점이 있는 것으로 가정하고 그 프로그램을 다음 데이터에 적용하여 작성하라.

t	$d(t)$
0.35	0.97
0.70	0.93
1.05	0.88
1.40	0.82
1.75	0.75

할인함수로 모델을 재계산하여 원래의 값과 비교하라. 설명하라.

17. 다음 할인함수 자료가 주어져 있다. 이를 사용하여 3차 지수 스플라인을 계산하라. 매듭점은 매 0.5년으로 하며 4.5년까지 한다.

t	$d(t)$
0.25	0.97092
0.50	0.95886
0.75	0.94881
1.00	0.94160
1.25	0.93464
1.50	0.92902
1.75	0.92497
2.00	0.91828
2.25	0.91395
2.50	0.90934
2.75	0.90569
3.00	0.90124
3.25	0.89710
3.50	0.89220
3.75	0.89058
4.00	0.88761
4.25	0.88480
4.50	0.88296
4.75	0.87922
5.00	0.87592

18. 다음 표는 만기에 따른 선도이율 곡선을 보여 준다. Nelson-Siegel-Svensson 모델을 이 선도이율 곡선에 맞추어 계산하라.

t (in years)	$f(t)$ (in % p.a.)
1/12	1.39
1/2	3.02
1.0	3.77
2.0	3.94
3.0	4.10
5.0	4.23
7.0	4.46
10.0	4.58

부록 27A 역행렬을 통한 붓스트래핑(bootstrapping)

27.2절에서는 현금흐름과 채권의 가격으로부터 할인함수를 구하는 붓스트래핑 절차에 대하여 설명하였다. 그곳에서 설명한 방법보다 더 빨리 할인함수를 찾는 방법이 역행렬을 이용하는 방법이다. 일반적인 절차를 먼저 설명하고, 27.2 절에서 사용한 데이터에 그 방법을 적용해 보겠다. 여기에는 행렬에 대한 기초지식이 필요하다.

n개의 시점 $t_1, \cdots, t_n$이 있고 , n개의 채권을 이용해서 이 점에서의 할인함수 값 $d(t_1), \cdots, d(t_n)$을 구해야 한다고 생각해 보자. 27.2절에서와 같이 현금흐름은 이 시점 $t_1, \cdots, t_n$에서만 발생한다고 가정한다.

k번째 채권으로부터 시점 t_i에 발생하는 현금흐름을 c_i^k로 표시한다. k번째 채권의 현재 가격을 P^k로 표시한다. 그러면 각 k에 대하여 다음의 식을 갖게 된다.

$$P^k = \sum_{i=1}^{n} c_i^k \, d(t_i)$$

행렬을 사용하면 다음과 같이 표시할 수 있다.

$$\begin{bmatrix} P^1 \\ \vdots \\ P^n \end{bmatrix} = \begin{bmatrix} c_1^1 & \cdots & c_n^1 \\ \vdots & \vdots & \vdots \\ c_1^n & \cdots & c_n^n \end{bmatrix} \begin{bmatrix} d(t_1) \\ \vdots \\ d(t_n) \end{bmatrix}$$

또는 행렬을 간단히 식으로 표시하면 다음과 같다.

$$P = C \cdot d$$

위 식으로부터 n개의 필요한 값은 다음식과 같이 표현할 수 있다.

$$d = C^{-1} \cdot P$$

이 행렬식 방식을 27.2절 예의 숫자에 적용해 보면 다음과 같이 된다.

$$P = \begin{bmatrix} 0.95959 \\ 0.91851 \\ 0.98857 \\ 1.00127 \end{bmatrix} \qquad C = \begin{bmatrix} 1 & 0 & 0 & 0 \\ 0 & 1 & 0 & 0 \\ 0.04 & 0.04 & 1.04 & 0 \\ 0.045 & 0.045 & 0.045 & 1.045 \end{bmatrix} \qquad d = \begin{bmatrix} d(0.50) \\ d(1.00) \\ d(1.50) \\ d(2.00) \end{bmatrix}$$

C의 역행렬을 계산하면 다음과 같이 된다.

$$C^{-1} = \begin{bmatrix} 1 & 0 & 0 & 0 \\ 0 & 1 & 0 & 0 \\ -0.0385 & -0.0385 & 0.9615 & 0 \\ -0.0414 & -0.0414 & -0.0414 & 0.9569 \end{bmatrix}$$

그래서,

$$d = \begin{bmatrix} 1 & 0 & 0 & 0 \\ 0 & 1 & 0 & 0 \\ -0.0385 & -0.0385 & 0.9615 & 0 \\ -0.0414 & -0.0414 & -0.0414 & 0.9569 \end{bmatrix} \begin{bmatrix} 0.95959 \\ 0.91851 \\ 0.98857 \\ 1.00127 \end{bmatrix} = \begin{bmatrix} 0.95959 \\ 0.91851 \\ 0.87831 \\ 0.83946 \end{bmatrix}$$

위의 결과는 당연히 27.2절에서 얻은 값과 같다.

이 방법은 컴퓨터로 계산하기에 매우 편한 방법이다. 입력자료로 필요한 것은 현금흐름 행렬 C와 가격 벡터 P이다. 행렬식 방식은 단계별 붓스트래핑 방법을 한 번의 행렬식으로 압축하며, 이 한 번의 행렬계산은 현재의 컴퓨터로 순식간에 완료된다.

이를 보여주기 위하여, 이 방법을 Octave라는 수학 프로그램 언어로 실행한다. 필요한 명령은 다음과 같다.

```
octave:1> P = [0.95959; 0.91851; 0.98857; 1.00127]
P =

  0.95959
  0.91851
  0.98857
  1.00127

octave:2> C = [1 0 0 0; 0 1 0 0; 0.04 0.04 1.04 0; 0.045 0.045 0.045 1.045]
C =

  1.00000   0.00000   0.00000   0.00000
  0.00000   1.00000   0.00000   0.00000
  0.04000   0.04000   1.04000   0.00000
  0.04500   0.04500   0.04500   1.04500

octave:3> d = inv(C)*P
d =

  0.95959
  0.91851
  0.87831
  0.83946
```

매우 규모가 큰 현금흐름 행렬도 역함수 산출은 가능하므로, 컴퓨터로 선형대수를 계산하는 붓

스트래핑은 무척 빠르다. 그러므로 트레이딩 현장에서 컴퓨터에 부담을 주지 않고 하루에도 여러 번 재계산을 해 볼 수 있다.

부록 27B 지수 스플라인(spline)의 적용

지수 스플라인을 실제 적용하는 절차는 이미 공부한 바 있는 다항식 스플라인과 비슷하기 때문에, 여기서 간단히 설명하겠다. 우선 모든 제약조건을 적용했을 때 만들어 지는 축약형 할인함수를 기술하고, 그 다음 최소자승법에 의한 추정을 논의하겠다. 다항식 스플라인에 대한 설명을 할 때와 같이, 단순화를 위해 우선 하나의 매듭점 τ만 가정한다. 매듭점이 N개 있는 일반적인 경우로 쉽게 확장이 가능하다.

축약형 할인함수 찾기

하나의 매듭점 τ만 있는 경우 할인함수는 다음과 같다.

$$d(t) = \begin{cases} g_0(t), & t \in [0, \tau] \\ g_1(t), & t \in [0, T^*] \end{cases} \tag{27.34}$$

단, $i = 0$, 1이며, 다음 식이 성립된다.

$$g_i(t) = a_i + b_i(1 - e^{-mt}) + c_i(1 - e^{-2mt}) + d_i(1 - e^{-3mt}) \tag{27.35}$$

총 아홉 개의 모수가 있다: (a_0, b_0, c_0, d_0), (a_1, b_1, c_1, d_1)그리고 m이다. 다항식의 경우와 마찬가지로 제약조건들을 적용하면 다음과 같다.

- 조건 0 $g_0(0) = 1$. 이것은 $a_0 = 1$을 의미한다.
- 조건 1 $g_0(\tau) = g_1(\tau)$. 이 조건으로 인하여,

$$\begin{aligned}(a_1 - a_0) + (b_1 - b_0)(1 - e^{-m\tau}) + (c_1 - c_0)(1 - e^{-2m\tau}) \\ + (d_1 - d_0)(1 - e^{-3m\tau}) = 0\end{aligned} \tag{27.36}$$

- 조건 2 $g_0'(\tau) = g_1'(\tau)$. 이 조건으로 인하여,

$$(b_1 - b_0) + 2(c_1 - c_0)e^{-m\tau} + 3(d_1 - d_0)e^{-2m\tau} = 0 \tag{27.37}$$

• 조건 3 $g_0''(\tau) = g_1''(\tau)$. 이 조건으로 인하여,

$$(b_1 - b_0) + 4(c_1 - c_0)e^{-m\tau} + 9(d_1 - d_0)e^{-2m\tau} = 0 \tag{27.38}$$

조건 2와 3으로부터, $b_1 - b_0$와 $c_1 - c_0$를 $d_1 - d_0$로 표현할 수 있다. 이를 조건 1에 대입하면 $a_1 - a_0$ 또한 $d_1 - d_0$의 형태로 포함할 수 있다. 결과를 종합하여 다음과 같이 정리할 수 있다.

$$\begin{aligned}(a_1 - a_0) &= (d_1 - d_0)\left[e^{-3m\tau} - 3e^{-2m\tau} + 3e^{-m\tau} - 1\right] \\ &= (d_1 - d_0)\left[e^{-m\tau} - 1\right]^3\end{aligned} \tag{27.39}$$

$$(b_1 - b_0) = 3(d_1 - d_0)e^{-2m\tau} \tag{27.40}$$

$$(c_1 - c_0) = -3(d_1 - d_0)e^{-m\tau} \tag{27.41}$$

$e_0 = d_1 - d_0$로 정의한다. 그러면 $a_0 = 1$이므로, 단지 5개의 미지의 자유 모수가 있다. b_0, c_0, d_0, e_0 그리고 m이 그것들이다.

할인함수 (27.34)는 다음과 같이 표현할 수 있다.

$$d(t) = g_0(t) + I_{t \geq \tau}(g_1(t) - g_0(t))$$

여기에서 $I_{t \geq \tau}$는 앞에서와 마찬가지로 지시함수로 $t \geq \tau$이면 1의 값을 가지고, 그렇지 않으면 0이 값을 취한다. g_0와 g_1을 치환하고 위의 제약조건들을 활용하여 다음과 같이 축약형 할인함수를 도출하게 된다.

$$\begin{aligned}d(t) &= a_0 + b_0(1 - e^{-mt}) + c_0(1 - e^{-2mt}) + d_0(1 - e^{-3mt}) \\ &\quad + e_0 I_{t \geq \tau}(e^{-3m\tau} - 3e^{-m\tau - 2mt} - 3e^{-2m\tau - mt} - e^{-3mt}) \\ &= 1 + b_0(1 - e^{-mt}) + c_0(1 - e^{-2mt}) + d_0(1 - e^{-3mt}) \\ &\quad + e_0 I_{t \geq \tau}(e^{-\tau} - e^{-t})^3\end{aligned} \tag{27.42}$$

직관으로 또 다른 제약조건을 생각할 수 있다. 즉 $\lim_{t \to \infty} d(t) = 0$이므로

$$1 + b_0 + c_0 + d_0 + e_0 e^{-3\tau} = 0$$

원한다면, 이 추가 제약조건을 모수에 적용할 수도 있다. 축약형에서 (27.42)를 다음과 같이 고쳐 쓸 수도 있다.

$$d(t) = 1 + b_0 Y_{1t} + c_0 Y_{2t} + d_0 Y_{3t} + e_0 Y_{4t} \tag{27.43}$$

여기에서

$$Y_{1t} = (1 - e^{-mt})$$
$$Y_{2t} = (1 - e^{-2mt})$$
$$Y_{3t} = (1 - e^{-3mt})$$
$$Y_{4t} = I_{t \geq \tau}(e^{-\tau} - e^{-t})^3$$

모수 추정하기

모수 값을 추정하기 위하여 채권가격을 사용한다. t 시점의 현금흐름 ξ_t를 발생하는 채권을 생각해보자. 스플라인 할인함수를 적용하면, 이론적인 채권 가격은 다음과 같다.

$$\begin{aligned}\hat{P} &= \sum_t \xi_t \, d(t) \\ &= \sum_t \xi_t \left[1 + b_0 Y_{1t} + c_0 Y_{2t} + d_0 Y_{3t} + e_0 Y_{4t}\right]\end{aligned} \quad \textbf{(27.44)}$$

이를 재정리하면 다음과 같다.

$$\hat{P} - \sum_t \xi_t = b_0 X_1 + c_0 X_2 + d_0 X_3 + e_0 X_4 \quad \textbf{(27.43)}$$

여기에서

$$X_1 = \sum \xi_t Y_{1t}$$
$$X_2 = \sum \xi_t Y_{2t}$$
$$X_3 = \sum \xi_t Y_{3t}$$
$$X_4 = \sum \xi_t Y_{4t}$$

m이라는 추가 모수 때문에, 지수 스플라인의 모수추정 과정은 다항식보다는 좀 더 복잡하다. m은 가격산정식에 비선형으로 포함되어 있기 때문에 단순 회귀분석 방법은 사용할 수가 없다. 해결책으로 다음의 절차를 사용할 수 있다.

- 합리적인 초기 m 값을 고정하라. ($m = \lim_{t \to \infty} f(t)$를 활용하여 초기의 추측치를 결정하라.)
- m 값이 고정되면 $P - \sum \xi_t$를 X_1, X_2, X_3, X_4에 대하여 회귀분석하여 네 개의 자유모수 b_0, c_0, d_0, e_0를 추정할 수 있다.
- m 값을 최적화하라.

m을 최적화하는 것은 상당히 단순하다. 예를 들면, 회귀식의 적합도를 가장 높이는 m을 선택하는 것이다.

이자율 기간구조 변동의 모델링

28.1 서론

이자율 파생상품의 가격산정 및 모델링을 위해서는, 우선 근원적인 요인인 수익률 곡선의 움직임에 대한 모델링이 필요하다. 기간 구조의 움직임에 대한 초기의 모델은 1970년대 중, 후반에 개발되었지만, 이자율 모델링은 1980년대가 되어서야 활발해 졌다. 1990년대에는 많은 모델이 개발되었고, 또 중요하게도, 모델링에 대한 다른 접근법이 개발되었다.

이런 맥락에서 이 장은 두 개의 목표가 있다. 첫째는 무엇이 기간구조 모델링에서 특이한 것인가, 특히 주가 움직임에 대한 모델링과 정확히 무엇이 다른가를 논의하는 것이다. 그 결과로 좋은 이자율 모델에서 필요한 특성이 무엇인가를 강조하게 될 것이다. 둘째, 다음 두 장에서 다룰 기간구조 모델링의 다른 접근법을 자세히 공부하는 데 필요한 기초를 놓으려 한다. 이를 위하여 이러한 논문에서 자주 언급되는, 기간 구조 모델 중 "균형(equilibrium)" 모델 계열과 "무차익거래(no-arbitrage)" 모델 계열 등의 용어를 소개하고 논의할 것이다.

28.2 이자율 모델링과 주식 모델링

이자율과 기간구조 모델링의 차이점을 이해하기 위해서는, 주식과 환율을 모델링하는 데 가장 널리 사용되고 있는 모델 중의 하나인 블랙 숄즈의 주가 모델(1973)이 왜 채권가격의 움직임을 설명하는 데 불충분한지를 검토하는 것부터 시작하는 것이 유익할 것이다. 블랙-숄즈 모델은 (다른 것도 있지만) 다음 세 가지의 결정적인 가정을 포함하고 있다.

1. 기본이 되는 증권의 가격 S_t가 대수정규분포를 따르고 있다
2. 이자율 i는 알려져 있고, 일정하다.
3. 증권 수익률의 변동성 σ는 일정하다.

위의 모든 가정이 이자율 기간구조 모델링의 요건과는 불일치한다. 가격에 대한 대수정규분포 확산 가정은, 가격이 평균적으로 시간이 지남에 따라 무한히 증가한다는 가정을 내포하고 있다. 그러나 채권가격은, 만기에는 반드시 액면가로 수렴하기 때문에 무한히 증가할 수 없다. 부도가 없는 채권이라면 두 시점에서의 가격은 확실히 알 수 있다. 오늘의 가격과 만기 시점의 가격이 그 것이다. 대수정규분포 확산은 이 핵심적인 개념과 맞지 않다.

둘째, 이자율이 일정하다는 가정은 명백히 문제가 되며, 이자율 파생상품의 맥락에서 보면, 특히 가격을 산정해야 하는 파생상품이 이자율 자체의 변동에 직접 연계되는 캡(cap)이나 플로어(floor) 같은 것이라면 심지어는 역설적이기도 하다. 일정한 이자율은 당연히 채권가격이 확률적이라는 사실과도 명백이 상충된다.

셋째, 변동성이 일정하다는 가정은 미래 주식가격 분포의 불확실성이 시간이 지남에 따라 증가한다는 것을 의미한다. 그러나 채권의 가격은 만기에 액면가로 회귀하기 때문에 채권 가격은 변동성이 일정할 수가 없다.

위의 비교에서 알 수 있듯이, 기간구조 모델링은 주식이나 외환과는 다른 기초에 근거해야 한다는 것을 알 수 있다. 심지어 기본 변수의 선택에도 정답이 없다. 실무에서는 (주식가격을 직접 모델링하는 것과 비슷하게) 채권가격의 움직임을 직접 모델링하기 보다는, 채권가격을 움직이는 요인인 이자율의 과정을 모델링하는 것이 훨씬 더 일반적이다. 이것은 하나의 포괄 프레임으로 다양한 이자율 및 채권 파생상품의 가격산정, 헤징 및 위험관리를 한꺼번에 할 수 있기 때문이다. 채권가격보다 이자율을 직접 모델링하는 데는 여러 가지 장점이 있다. 예를 들면, 이자율은 일정한 변동성을 가질 수 있다.

채권가격을 직접 모델링하는 것보다 이자율을 모델링하는 것이 더 매력적이긴 하지만, 이로 인하여 약간의 복잡한 문제도 생겨난다. 가격산정 격자의 차원을 염려하는 사람도 있다. 주식가격(혹은 채권가격이나 환율)의 모델링에 있어서는 하나의 변수를 모델링하지만, 이자율의 모델링에서는 수익률곡선 전체를 모델링한다. 예를 들면, 이산시간 모델에서는 각 점당 하나의 가격이 아니라 이자율 벡터를 구한다. 이때 모델이 내부적으로 일관성이 있어서 차익거래가 발생할 수 없도록 특별한 주의를 기울여야 한다는 것을 의미한다. 다음 절에서는 모델 선택에서 어떻게 상충이 발생할 수 있는 지를 설명한다.

28.3 차익거래 위반: 간단한 예

주가 모델링에서는 추적해야 할 단지 하나의 변수인 주가만 있다. 이자율 모델링에서는, 수익률곡선 전체를 모델링해야 하기 때문에, 서로 다른 만기의 수만큼이나 많은 변수가 있다. 확률적 변동성을 표현한 모델이 추적 가능하기 위해서, 모델 개발자들은 일반적으로 이자율 전체에 영향을 주

는 "요인(factor)"의 수가 많지 않다고 가정한다. 이러한 요인을 모델의 상태변수(state variable)라고도 한다. 시간에 따라 이러한 변수들이 생성되는 과정을 설명하고, 이를 사용하여 기간구조의 움직임을 유도한다.

이 과정은 단순하게 들리지만 차익거래가 일어날 수 없도록 모델을 만들기 위해서 조심해야 한다. 이 절에서는 겉으로 보기에는 잘못이 없는 것처럼 보이는 가정이 어떻게 차익거래를 허용하는 모델을 만드는지를 보여주는 간단한 예를 제시한다.[1)] 이 예는 흔히 사용되는 두 구조를 혼합한 것이다. 첫 번째는 이항 모델 방식이며, 여기서는 변형되어 수익률 곡선 전부가 상승하거나(모든 이율이 상승), 전부가 감소하는 것(모든 이율이 하락)으로 되어 있다. 이것은 단일 요인 모델의 특별한 예이다. 잠재 요인 하나가 모든 이율을 상승시키거나 감소시킨다. 두 번째는 이율의 평행이동에 대한 인식이다. 수익률 곡선에서의 평행이동은 채권 포트폴리오의 듀레이션 계산과 같은 위험관리 실무에서 흔히 사용되는 가정이다.

예 28.1

시간은 이산이며, 기간은 1년 간격으로 떨어져 있다. 수익률 곡선은 1년, 2년 그리고 3년 무이표채 수익률로 되어 있다. 초기 수익률 곡선은 다음과 같이 주어져 있다.

$$Z_o = \begin{pmatrix} 0.10 \\ 0.11 \\ 0.12 \end{pmatrix}$$

일 년 후에 수익률 곡선에 상승이 발생하여, 모든 수익률이 100 베이시스 포인트 상승한다면 결과적으로 다음과 같은 수익률 곡선이 된다.

$$Z_u = \begin{pmatrix} 0.11 \\ 0.12 \\ 0.13 \end{pmatrix}$$

일 년 후에 수익률 곡선에 하락이 발생하여, 모든 수익률이 100 베이시스 포인트 하락한다면 결과적으로 다음과 같은 수익률 곡선이 된다.

$$Z_d = \begin{pmatrix} 0.09 \\ 0.10 \\ 0.11 \end{pmatrix}$$

이 이항 모델과 수익률 곡선의 평행이동의 결합이 내부적으로 충돌을 야기할 수 있는 지를 보이겠다. 액면가 100인 무이표채가 있다고 가정하고 다음 전략을 고려해 보라. 2년 무이표채를 매입한다. 이 매입에 필요한 자금을 1년 무이표채 이율에 차입을 받아 조달한다. 1년 이후에, 2년 무이표채를 매각하여 차입을 상환한다.

이 전략에는 초기에 순 현금흐름이 없다. 1년 후에는, 초기의 2년 무이표채가 1년 무이표채가

1) 이 예는 Marti Subrahmanyam의 강의 노트에서 발췌하였음.

될 것이다. 이 때 1년 무이표채의 수익률은 모델에 의하면 11%(모든 이율이 상승하는 경우) 또는 9%(모든 이율이 하락하는 경우)가 될 것이다. 그러므로 이 시점에서 2년 무이표채의 가격은 다음 둘 중 하나가 된다.

$$\frac{100}{1.11} = 90.10$$

또는

$$\frac{100}{1.09} = 91.74$$

그런데 2년 무이표채의 초기 가격은

$$\frac{100}{1.11^2} = 81.16$$

그러므로 이 전략하에 초기에 차입한 금액은 81.16이다. 이는 1년 대출이므로 당시 1년 금리인 10%에 차입이 이루어 졌을 것이다. 1년 후에 상환해야 할 금액은

$$81.16 \times 1.10 = 89.276$$

이 금액은 처음에 구입한 2년 무이표채의 가능한 가격(90.10 혹은 91.74)보다 낮으므로 일 년 후에는 현금유출이 없이 현금유입이 발생한다. 말하자면, 이 모델의 구조는 차익거래를 허용한다.■

28.4 무(無)차익거래 및 균형 모델

기간구조에 관한 논문들에서는 "無차익거래(no-arbitrage)" 계열(class)의 모델과 "균형(equilibrium)" 계열(class)의 모델을 구별하는 것이 통상이다. 이 절에서는 이러한 용어의 기원과 변천, 특히 기간구조 모델링에 있어서 無차익거래 접근법과 균형 접근법(역사적으로 사용된 용어)의 구분에 유의할 것이며, 無차익거래 모델 계열과 균형 모델 계열(classes, 오늘날 사용되는 용어)의 구분을 살펴보려 한다. 이 절에서는 無차익거래 계열과 균형 계열의 모델을 구별하는 것이 실제로 유용하지도 않고 의미있지도 않다는 결론을 내린다.[2)]

2) 이 절의 자료는 첫 번째 저자가 1990년대 NYU 박사과정 시절에 개발한 기간구조 모델링에 관한 노트에서 발췌한 것임. 이 용어와 관련된 논의는 Back(1996), Pessler(2000) 그리고 다른 곳에서도 찾을 수 있음.

無차익거래 접근법(No-Arbitrage Approach)

재무 분야의 초기 기간구조 모델(Vasicek (1977), Richard (1978), Schwartz (1979) 등)은 블랙 숄즈(1973)를 따라 모델링에서 無차익거래 접근법을 채택하였다. 넓게 말하자면, 無차익거래 접근법은 (a) 동등한 증권포트폴리오를 찾고 (b) 이들의 가격이 동일해야 한다는 조건을 부가하며 (그렇지 않으면 차익거래가 발생하므로), (c) 이 조건으로 증권의 가격을 찾는 것이다. 예를 들어, 블랙 숄즈 모델의 환경에서는, 우선 주식과 무위험 자산으로 구성된 포트폴리오로, 평가하고자 하는 옵션을 복제한다. 無차익거래 조건하에서는 복제 포트폴리오와 옵션의 가격은 동일해야 하므로, 이를 사용하여 옵션 가격을 산출하는 편미분방정식(pde)을 만들어 낸다(자세한 내용은 15.3을 참조하라). 이 pde를 풀어서 옵션의 가격을 구한다.

다음 장의 29.4절에서는 기간구조 모델링에 無차익거래 접근법이 어떻게 사용되는지를 기술한다. 넓게 말하자면, 이 방식은 몇 개의 제한된 요인이 수익률 곡선 전체를 움직인다고 가정하고 시작한다. 無차익거래 조건과 포트폴리오의 적절한 비교를 통하여 모든 채권가격을 결정하는 편미분방정식을 만든다. 예를 들면, Vasicek(1977)은 하나의 요인으로 수익률 곡선의 모든 변화를 설명하는 모델을 연구하였다. 그러면 모든 채권의 가격이 하나의 요인에 반응하기 때문에 채권의 가격은 동시적으로 완벽하게 상호관련 되어 있으며, 다른 두 개의 채권을 합성하여 제삼의 채권을 복제할 수 있다는 의미가 된다. 이 관찰과 無차익거래 조건을 연결하여 사용하면 서로 다른 만기 채권의 위험 프리미엄에 대한 제약을 유도해 낼 수 있다. 이것이 소위 단일 요인 모델의 위험에 대한 시장가격이라고 하는 것이다. (기술적인 측면을 자세히 알려고 하면 (부록 29A)를 참조하라.) 이것으로부터 모든 채권가격이 따라야 할 pde를 얻게 된다. 채권가격 계산을 위해서 pde를 풀려고 하면 위험에 대한 시장 프리미엄의 형태를 가정할 수밖에 없다. Vasicek은 그의 논문에서 이것이 일정한 것으로 보았다. 일단 그러한 가정을 하고 나면, 채권가격을 찾기 위하여 pde를 풀 수가 있다.

균형 접근법(Equilibrium Approach)

無차익거래 접근법은 차익거래가 발생하지 않는 필요조건을 찾는다. 즉, 차익거래가 발생하지 않는다는 가정을 하고 그렇게 되는 조건을 찾는 것이다. 그러나 필요조건 그 자체가 모델의 내부적 일관성 즉, 모델에서 산출한 가격이 차익거래를 없게 하는 가격이라는 것을 보증하지는 않는다.[3] 이를 위해서 충분조건이 필요한데, 충분조건이란 차익거래를 없게 해 주는 조건이다. 부록 11C에서

3) 필요조건을 만족시켜도 그 모델이 차익거래가 발생하지 않는다는 것을 보증해 주지 못하는 예가 여기에 있다. 이항 모델(모수는 각각 (u_1, d_1)와 (u_2, d_2)이다)을 따르는 두 개의 주식이 있으며, 수익률이 $1+r$인 무위험 자산이 있다고 하자. 그러면 차익거래가 발생하지 않기 위해서는 $d_i < 1 + r < u_i$, $i=1$ 또는 2의 조건이 필요조건이다. 그렇지 않으면, 위험자산 둘 중 하나와 무위험 자산 간에 명백한 차익거래가 발생한다. 그렇지만 이것만 가지고는 충분하지 않다. 부록 11C에서 본 것처럼 (11.22)조건이 만족되지 않으면 차익거래의 기회는 아직도 존재한다.

보았듯이 그런 충분조건의 하나가 그 모델 속에 최소한 하나의 위험 중립 측도가 있어야 한다는 것이다.

無차익거래 접근법의 이러한 단점(다른 단점도 있지만)에 자극을 받아 Cox, Ingersol, 그리고 Ross(1985)는 기간구조모델링에 있어서, 모델 내의 모든 자산 가격이 동시에 결정되는 완벽한 일반동적 균형모델의 구축에 근거한 새로운 접근법을 제시하였다. 만약 차익거래가 가능하다면, 제시된 한 세트의 가격이 균형가격이 될 수가 없기 때문에, 이들의 방법은 차익거래가 불가능함(말하자면 충분조건)을 보증하는 방법이다. 이 방법을 Vasicek, Brennan, Schwartz 및 기타의 방법과 구별하기 위하여, 또 이 방법은 경제적 균형의 구축에 근거한 것이기 때문에 기간구조의 "균형접근법(equilibrium approach)"이라고 불렀다.[4)]

無차익거래 및 균형 모델

1980년대 중반 언젠가부터 특히 Ho와 Lee(1986) 논문이 출판된 이후에 "無차익거래" 및 "균형"이라는 용어가 기간구조 모델링의 접근법을 의미하던 것으로부터 어떤 속성을 포함한 일군의 모델을 의미하는 것으로 사용법이 변경되기 시작했다.

Ho와 Lee의 논문이 기간구조의 움직임에 대한 無차익거래 모델을 구축한 첫 논문이었으며, 이 모델은 초기의 기간 구조가 어떤 모양을 가지고 있어도 이 모양을 맞출 수 있었는데, 이는 모델의 채권가격이 모든 만기에 대하여 초기 채권가격과 일치하였음을 의미한다. 기존의 기간구조 모델은 전체 수익률 곡선에 일치하는 가격을 산출해 낼 수가 없었으므로, 이것은 획기적인 것이었다. Vasicek 모델을 예로 들자면, 모델에 단지 네 개의 자유모수가 있다: 단기이율의 장기평균 θ, 이 장기평균으로 회귀하는 속도 k, 단기이율 등락의 변동성 σ, 그리고 모델의 단일 요인과 관련된 위험에 대한 시장가격 λ가 그것이다. 네 개의 자유모수로, 모델은 초기 네 개의 채권 가격만을 일치시키거나, 아니면 이와 비슷하게 초기 수익률 곡선 중 네 개의 점만 일치시킬 수 있었다. 트레이딩에 모델을 사용하고자 하는 사람에게 이것은 바람직한 모습이 아니다. 현재 주어진 채권도 정확히 가격을 산출하지 못한다면, 미래 채권가격에 대한 예측이나 이 채권을 기반으로 한 파생상품의 가격에 대한 예상은 당연히 의심을 받을 수밖에 없다.

Ho-Lee의 논문이 출판된 이후, 여러 편의 다른 논문이 뒤를 이었는데 이들 역시 초기 수익률 곡선을 정확히 구축하여 실제와 일치시켰다. 이러한 모델이 無차익거래 모델 계열로 알려지게 되었다. 이와는 대조적으로 초기 수익률 곡선을 완전히 일치시키지 못한 Vasicek, CIR 그리고 기타 모델들을 균형모델이라고 불렀다.

---

4) 비록 당장 명확하지는 않지만, CIR 접근법은 위험중립 가격산정법과 동등하다. Harrison과 Kreps(1979) 및 다른 연구자들은 여러 상황에서 어떤 가격 체계에 차익거래가 없으면, 특정한 경우에 대하여 균형이지만, 반대로 균형이면 항상 차익거래가 없다는 것을 보였다. 그러므로 차익거래를 허용하지 않는 모델은 균형모델과 정확히 같은 것이다. 좀 기술적인 내용이긴 하지만, 차익거래가 없다는 것은 위험중립측도가 있다는 것이며, 균형 접근법과 위험중립 가격산정은 같은 것을 의미한다.

개념상으로 균형모델과 無차익거래 모델의 구분이 얼마나 중요하며 의미가 있나? 단서는 이것이다: 만약 Vasicek이 단지 네 개의 자유모수로 수익률 곡선의 네 점만을 일치시킬 수가 있다면, 그리고 Ho-Lee는 수익률 곡선 전부를 일치시킬 수 있다면, Ho-Lee는 틀림없이 매우 많은 모수를 필요로 할 것이다. 사실 그러하다. 無차익거래 모델은 하나의 모델에 많은 자유모수, 즉 수익률 곡선의 어느 점이라도 일치시킬 수 있을 만큼 충분히 많은 자유 모수를 추가함으로 작동한다. 이런 모수는, 비록 가끔씩은 시간과 관련하여 추가되기도 하지만, 전형적으로 모델의 요인과 관련된 위험의 시장가격으로 추가된다. 無차익거래 모델 계열에서 가장 잘 알려진 두 모델인 Ho-Lee 모델과 Hull-White 모델을 예로 사용하여 이 점을 설명한다. 이 예에서는 15장에서 소개된 용어와 연속시간 표시법을 사용한다. (특히 15.2절을 참조하라.)

예 28.2

Merton과 Ho-Lee 모델

기간구조에 대한 초기 모델은 Merton(1973)이 제시하였다. Merton의 모델에서는, 모델의 단일 요인인 단기이율 과정이 다음과 같은 산술적 브라운 운동과정으로 나타난다.

$$dr_t = \alpha dt + \beta dW_t \tag{28.1}$$

위 식에서 W_t는 Wiener 과정을 말하며, α와 β는 상수이다. 만약 λ가 모델의 유일 요인과 관련된 위험의 시장가격을 표시한다면 Merton 모델[5]의 위험 중립 단기이율과정은 다음과 같이 표시된다는 것을 보일 수 있다.

$$dr_t = (\alpha - \beta\lambda) dt + \beta d\widehat{W}_t \tag{28.2}$$

위 식에서 $\widehat{W}$는 위험중립측도 하에서의 Wiener 과정이다. Vasicek 모델에서와 같이 λ가 상수라고 하자. 그러면 단지 세 개의 모수(α, β, λ)가 있으므로, 초기에 임의로 주어진 수익률 곡선 중 최대 세 점만을 현실과 일치하게 할 수 있다. 이것이 균형 기간구조 모델이 직면하는 딜레마이다.

연속시간 버전인 Ho-Lee 모델 역시 단일요인 모델로 단기 금리에 대하여 정확히 (28.1)의 과정을 사용하고 있다. 그러나 위험의 시장가격 λ를 상수로 가정하기 보다는 시간의 함수 λ_t로 가정한다. 위험중립측도 하에서 추세(drift)인 r_t는 이제 $\alpha_t = \alpha - \beta\lambda_t$가 되므로 (28.2)는 다음과 같이 바뀐다.

$$dr_t = \alpha_t dt + \beta d\widehat{W}_t \tag{28.3}$$

식 (28.3)은 초기 수익률 곡선 어디서나 일치시킬 수 있도록 추가로 필요한 모수 λ_t를 도입한다.

---

5) 단일요인 모델의 위험 중립 short-rate 과정에 대한 일반적인 기술은 29.4절에 있음.

특히 증권의 가격이란 (위험중립측도 하에서) 지급금액 기대값의 현재가치임을 기억하라. 그러므로 만기 t에 \$1을 지급하는 무이표채의 가격은 단순히 $E[\beta_T \cdot 1]$이다. 여기서 β_T는 시간 T에 대한 할인계수이며 다음과 같이 계산한다.

$$\beta_T = \exp\left\{-\int_0^T r_t \, dt\right\} \tag{28.4}$$

각 β_t는 λ_s, $0 \le s \le t$에 따라 달라진다. 가장 짧은 만기에서 시작하여 긴 만기로 계속 작업하면 모델에서 산출한 채권가격과 실제의 채권가격을 일치시켜 주는 λ_t를 찾아낼 수 있다.
그러므로 Ho-Lee 모델은 무차익거래 모델 부류(class)의 하나이지만, 위험의 시장가격에 대한 기술만 다를 뿐 Merton 모델과 동일하다. ■

예 28.3

Vasicek 모델과 Hull-White 모델

Vasicek 모델은 단일 요인인 단기이율 과정을 다음과 같이 정의한다.

$$dr_t = \kappa(\theta - r_t)dt + \sigma \, dW_t \tag{28.5}$$

위 식에서 θ는 단기이율 과정의 장기 평균이다. 만약 $r_t < \theta$이면, 단기이율의 추세(drift)가 양수이며 단기이율이 θ를 향해 증가해 간다. 이 장기 평균을 향해 접근하는 속도는 κ에 의해 결정된다. (이후 모든 기간구조의 요인 모델은 이러한 형태의 평균회귀 추세를 사용한다는 점에서 Vasicek을 추종하고 있다.) 모수 σ는 단기이율 생성 과정의 노이즈(noise)를 의미한다.
위험 중립 상태에서는 위험의 시장가격 λ가 모델에 사용된다. Vasicek의 위험중립 단기이율 과정은 다음의 형태를 취한다.

$$dr_t = (a - \kappa r_t)dt + \sigma \, d\widehat{W}_t \tag{28.6}$$

위 식에서 $a = \kappa\theta - \sigma\lambda$이다. 만약 λ를 상수로 간주하면, 수익률 곡선을 일치시키는데 사용할 자유 모수가 단지 네 개(κ, θ, σ, λ) 존재하므로, 최대한 네 개의 점을 정확히 일치시킬 수 있다.
Hull과 White(1990)는 λ를 시간의 함수 λ_t로 본다. 그러면 위험중립 단기이율 과정은 다음의 형태를 취한다.

$$dr_t = (a_t - \kappa r_t)dt + \sigma \, d\widehat{W}_t \tag{28.7}$$

(실제로 Hull과 White는 직접 위험중립 과정 (28.7)을 제안하였지만, 위험의 시장가격이 시간의 함수라면 (28.5)로부터 유도될 수도 있다.) 이 모델에는 이제 어떤 수익률 곡선이 주어지든 이를 현실과 일치시켜 줄 추가 모수 λ_t가있다. 이 목적을 달성하게 하는 λ_t는 (예 28.2)에서 설명한 것과 정확히 같은 방법으로 찾을 수 있다. ■

이 두 예에서 보듯이 기간구조 모델에 있어서 無차익거래 모델과 균형 모델의 구분은 사실상 유용하지 않다. 모든 균형 모델은 상응하는 無차익거래 모델이 있다. 특히 無차익거래 모델이 기간구조에 정확히 일치시킬 수 있는 것은 매우 많은 자유모수를 사용한 결과라는 것에 지나지 않는다. 매일 無차익거래 모델을 주어진 기간구조에 일치시키다 보면, 어느 날의 λ_t가 다음 날도 똑같을 것이라고 기대할 이유가 없다. 즉, 모델이 날마다 일관된 방법으로 변하지는 않는다. 이 점이 無차익거래 모델 계열의 명백한 단점이긴 하지만, 수익률 곡선을 정확히 일치시키기 위해서는 감수해야 할 단점이다.

28.5 요약

이 장에서 달성하고자 하는 목적은 두 개이었다: (a) 주식이나 외환 파생상품의 모델링에서는 존재하지 않지만 이자율 모델링에 포함되어야 할 특별히 민감한 문제를 논의하는 것과 (b) 균형 모델 계열과 無차익거래 모델 계열의 구분과 같이 이 분야의 논문에 자주 사용되는 용어를 소개하는 것이었다.

다음 두 장은 이 기초 위에 두 방향으로 나아간다. 첫 번째 장에서는 이자율 모델 중 Vasicek; Cox, Ingersoll 및 Ross; 그 외 기타의 모델이 속하는 요인 모델(factor model) 계열을 소개한다. 그 다음 장에서는 Heath, Jarrow, Morton 모델과 Libor 모델 및 스왑 마켓 모델의 계열을 논의할 것이다.

28.6 연습문제

1. 왜 블랙-숄즈 모델은 채권 파생상품의 가격 산정에는 적합하지 않은가?
2. 현물이율(무이표채) 이율이 6개월 단위의 트리 형태로 주어져 있으며, 6개월 복리 관행을 사용하는 것으로 간주한다. 초기($t=0$)의 6개월 및 1년 만기의 ytm은 얼마인가? 현재의 6개월 현물이율이 6%, 6개월 후의 6개월 현물이율은 동일한 확률로 6.5% 혹은 5.5%가 될 것으로 예상된다. 1년 만기 채권의 이표는 6.3%이다.
3. 위 문제에서 6개월 및 1년의 초기의 무이표채 수익률 곡선과 선도이율 곡선을 찾으라.
4. 현물이율 트리와 확률이 주어지면, 전체 트리의 선도이율을 산출할 수 있나? 추가 정보가

더 필요한가?

5. 왜 주식 가격의 움직임과 이자율 기간구조의 움직임의 모델링이 서로 다른가?
6. 당신이 채권 펀드의 트레이더가 되었다고 가정해 보라. 현재 수익률 곡선이 6%에서 수평이다. 당신은 연도별 수익률 곡선의 움직임을 연 단위 이산시간 과정으로 모델링하기로 결정했다. 그러므로 일 년 후 수익률 곡선은 상승하거나 하강한다. 사내 경제전문가가 동일한 위험중립확률로 수익률 곡선이 8%에서 수평이 되거나 3%에서 수평이 될 것이라고 한다. 이 수치에 근거하여 트레이딩을 하려는 순간에, 당신이 채용한 젊은 계량분석가가 경제전문가의 견해에는 커다란 문제가 있음을 지적한다. 그가 옳은가?
7. 이항 모델 이자율 트리에서 어떤 분기점으로부터 분화되는 두 가지의 이율 모두가 현재 분기점의 이율보다 높을 수 있는가? 가능하다면 예를 들어 보이고 그렇지 않다면 왜 불가능한지를 설명하라.
8. 이항 모델 이자율 트리에서 어떤 분기점의 초기 이율이 r_1이고 그 점에서 분화된 $h=1$년 이후의 이율이 r_u(그렇게 될 확률은 p)와 r_d(그렇게 될 확률은 $1-p$)이라면, 두 기간이 만기인 무이표채의 금리가 r_2로 주어졌을 때, 매 기간마다 복리 계산하는 것으로 가정하고, 확률 p를 수식으로 표현하라.
9. 현재의 1년 및 2년의 현물이율은 각각 6%와 7%이다. 복리계산은 연단위로 한다. 위험중립 환경에서 다음 기간의 연 이율은 8% 혹은 5%이라는 전제로 모델을 만든다. 위험중립 확률은 주어지지 않았다. 이 모델 환경은 차익거래를 허용하는가? 왜?
10. 초기 3년간 현물이율 곡선(연복리)이 다음과 같이 주어져 있다.

    0.060
    0.065
    0.070

    변동성과 추세를 평가한 후 당신의 계량분석팀이 0, 1, 2년의 현물이율을 다음과 같이 제공하였다.

0.06	0.08	0.11
	0.05	0.07
		0.03

    이것은 6%로 출발해서 1년 현물이율이 8%로 상승하거나 5%로 하락할 것을 의미한다. 8%에서는 11%로 상승하거나 7%로 하락할 것을 의미하며, 다른 부분도 이렇게 진행된다. 어떤 위험중립확률이 트리에 부여되어야 차익거래가 발생하지 않게 되나? 상승확률과 하락확률은 매 기간 서로 다를 수 있으나 동일 기간 내에서는 모든 분기점에서 같아야 한다라는 조건이 주어져 있다.

11. 앞 문제의 계산에 의하면, 각 분기점에서 위험중립 확률을 계산하는 일반적인 방법으로 어떤 것을 생각할 수 있나?

12. 위 두 문제에서 만약 t 시점의 모든 분기점에서는 p_t가 동일해야 한다는 제약을 제거하면 어떤 일이 발생할 지를 설명하라. 제약조건을 제거한다는 것은 모든 j 분기에 대하여 $p(t, j) = p_t$가 될 것을 요구하지 않는다는 의미이다. 이렇게 하면 차익거래의 규칙을 어기게 되나?

13. 다음과 같은 연 단위 이산 시간 이자율 트리가 있으며, 각 분기의 상승 및 하락 확률은 각각 절반이다.

0.04	0.06	0.08
	0.03	0.05
		0.01

3년간의 초기 현물이율 곡선을 유도하라.

14. 흔히 사용되는 이자율 모델의 하나는 Cox, Ingersoll 및 Ross(1985) 모델이다.

$$dr_t = \kappa(\theta - r_t)dt + \sigma\sqrt{r_t}\,dZ_t$$

다음의 질문에 답하라.

(a) 이자율 기간구조에 일치시키기 위하여 사용할 수 있는 자유 모수가 몇 개인가?

(b) 트레이더의 관점에서 이 모델이 수익률 차익거래에 사용되기 적합한가?

15. Cox, Ingersol 및 Ross(1985) 모델에서 (위 질문 참조), 이자율 기간구조를 완벽히 일치시키기 위하여 모델에 어떤 수정을 가해야 하나?

16. 이자율 모델에서 평균회귀율 κ는 다음이 가능한가?

(a) 0보다 작다

(b) 1보다 크다

제 29 장

이자율 기간구조 요인 모델

29.1 개요

이 장에서는 이자율 기간구조의 요인 모델(Factor Model)을 검토하고, 이의 특별한 경우로 여러 모델 중에서 고전적인 Vasicek(1997), Cox, Ingersoll & Ross(1985) 모델을 소개한다. 단일 요인 모델과 복수 요인 모델 모두 소개할 것이며, 편미분방정식(pde)과 위험중립 평가법 양자를 활용하여 모델에 사용된 채권 가격을 산출하는 방법도 설명한다. 마지막으로 Duffie & Kan(1996)이 개발한 아핀 요인 모델(affine factor model)이라는 중요한 세부 부류를 다룬다.

이 장에서 다루는 모든 모델은 연속복리를 가정하고 설명한다. 온라인 자료(www.mhhe.com/sd2e)는 잘 알려진 두 개의 이산 시간 모델, 즉 Black, Derman & Toy(1990) 모델[이후로는 BDT라고 부름]과 Ho & Lee(1986) 모델을 검토하는데, 이장의 설명에 대한 보완이 될 것이다. BDT와 Ho-Lee 모델은 현재 많이 사용되지는 않지만, 교육적인 면에서는 두 가지 이유로 유용하다. 첫째, 이들은 어떻게 요인 모델이 차익거래를 발생시키지 않으면서 이자율 트리를 재귀적으로 구축하는 지를 비교적 간단한 맥락으로 잘 설명해 준다. 둘째, 이 모델들은 이 책의 앞부분에서 주식 옵션과 관련하여 소개한 위험중립가격 산정이 이자율기간구조 모델과 채권 옵션에 확장될 수 있는지를 보여 준다. 주식 트리와 마찬가지로 이자율 트리는 가지가 다시 만나기도 한다. 주식 트리는 한 주식의 가격 움직임을 표현하지만, 이자율인 경우 이자율기간구조 전체가 트리에 표시된다.

이장의 이론적인 내용은 세 절로 나누어져 있으며, 각각 단일 요인 모델, 복수 요인 모델, 아핀 요인 모델을 다룬다. 이 기반 위에 다음 장에서는 Heath-Jarrow-Morton(HJM)과 시장모델 체계를 다룬다.

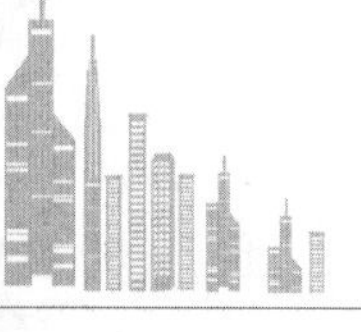

29.2 Black-Derman-Toy 모델

Black-Derman-Toy(BDT) 모델은 초기 이산시간 이자율 모델로 단일 요인 모델의 예이다. 이러한 모델에서 모든 이자율은 하나의 공통 요인에 반응하여 변하며, 모든 변화는 동시적으로 완벽하게 상호관련되어 있다. BDT 모델에서 주요인은 단기이율로 정의하는데, 여기서는 이항 트리의 한 단계 이율을 의미한다. BDT 모델에서 단기이율은 대수정규분포를 따라서 변화한다고 가정한다. 대수정규분포라고 가정하면 이자율이 음수가 되지 않게 된다. BDT 모델을 구별 짓는 특징은 입력자료로 현재의 이자율의 기간구조뿐만 아니라 변동성의 기간구조도 사용한다는 점이다. 모델은 입력자료와 일관성이 있으며, 차익거래를 발생시키지 않는 단기이율 이항 트리를 구축한다. (무차익거래는 위험중립 확률의 존재로 증명한다. 사실 기간구조 논문에 나타나는 많은 모델처럼 BDT 모델은 위험중립 확률하에 구축이 되는데, 이로 인하여 무차익거래는 보증이 된다.) BDT 트리 구축과 관련된 붓스트래핑 절차와 이 트리 상에 존재하는 이자율 옵션가격 계산에 관해 자세한 예를 들어 설명하고 있는 자료는 온라인 www.mhhe.com/sd2e에서 찾아 볼 수 있다.

29.3 Ho-Lee 모델

Ho-Lee 모델은 이자율 모델 발전과정에서 가장 초기에 나온 이산시간 모델 중의 하나이다. 이 모델에서는 Merton(1973)의 경우처럼 이자율이 정규분포를 따른다고 가정한다. (예를 들면, BDT 체계에서와 같이) 이자율을 직접 모델링하기보다는 Ho-Lee 접근법은 무이표채의 가격을 모델링하려 한다.

가장 중요한 것은, Ho-Lee 모델이 기간구조의 無차익거래 모델 계열의 효시라는 점이다. (28장에서 논의한 바와 같이, 無차익거래라는 단어는 현재의 이자율기간구조와 일치되는 이자율 모델을 지칭하기 위하여 사용된다. 본질적으로 이는 모델에 충분히 많은 자유모수를 포함함으로 가능해진다.) Ho-Lee가 그들의 트리를 구축하기 위하여 사용하였던 절차는, www.mhhe.com/sd2e에 있는 온라인 자료에, 예를 사용하여 자세히 풀이하는 방법으로 설명하였다.

29.4 단일 요인 모델(One Factor Model)

단일 요인 모델에서는, 단일 확률 요인이 수익률 곡선의 모든 변화를 만들어 낸다. 역사적으로,

그러한 모델은 통상적으로, 하나의 노이즈(noise)에 영향을 받는 단기이율 과정을 제시하고 수익률 곡선의 다른 부분 움직임은 단기이율과 일관성이 있도록 유도해 낸다. Litterman과 Scheinkman (1991)이 그들의 논문에서 이러한 모델링 과정의 공식적, 수학적 정당성을 입증하였다. Litterman-Scheinkman 논문은 국채수익률의 움직임은 거의 모두 세 개의 "주요 성분(principal components)" 혹은 흔히 말하듯이 세 개의 "요인(factors)"으로 설명이 가능함을 보였다. 첫 번째 요인은 모든 만기에 일정한 영향을 미치며, 수익률 곡선의 평행 혹은 평형이동에 해당한다. 이 요인이 수익률 곡선 움직임의 약 80~90%를 설명하며, 당연히 단기 이율로 표현된다. 두 번째 요인의 효과는 만기에 대하여 단조 증가 현상을 보이는데, 이는 수익률 곡선의 가파른 정도를 나타내는 기울기에 해당된다. 이 요인이 첫 번째 요인으로 설명되지 않는 변동의 약 80%를 설명한다. 세 번째 요인은 볼록성 또는 "곡률(curvature)" 효과인데 수익률 곡선 변화의 2~3%를 추가로 설명한다.

연속시간 상황을 가정한다. 일반적인 단일 요인 모델에서는, 단기이율(즉, 즉시 만기되는 채권의 이율, 순간이율이라고도 함)이 다음 과정으로 생성된다.

$$dr_1 = \alpha(t, r_t)dt + \beta(t, r_t)dW_t \qquad \textbf{(29.1)}$$

위에서 $\alpha(\cdot)$와 $\beta(\cdot)$는 각각 단기이율의 추세(drift)와 확산(diffusion) 요소를 표시하며, W_t는 표준 브라운 운동과정이다. 이자율 모델의 세 가지 특수한 경우가 Merton/Ho-Lee, Vasicek 및 CIR 모델이다.

Merton/Ho-Lee 모델

Merton(1973) 모델은 이 장 앞부분에서 설명한 Ho-Lee 모델을 연속시간으로 변환시킨 것으로 다음의 식을 사용한다.

$$\alpha(t, r_t) = \overline{\alpha} \qquad \beta(t, r_t) = \overline{\beta} \qquad \textbf{(29.2)}$$

위에서 $\overline{\alpha}$ 및 $\overline{\beta}$은 양의 상수이다. 이 모델은 대체로 역사적 의미가 있다. 이 모델에서 단기이율은 산술적 브라운 운동 과정을 따르며, 따라서 비합리적인 결과를 나타낸다. 이상하게 높은 값으로 가거나 음수가 될 수도 있다.

Vasicek 모델

Vasicek(1997)은 이자율기간구조 분야에서 처음으로 나온 자세한 무차익거래 모델링으로, 단기이율 변동을 재현하기 위하여 Ornstein-Uhlenbeck 즉 O-U 과정을 도입한다. O-U 과정에서 $\alpha(\cdot)$와 $\beta(\cdot)$는 다음과 같이 주어진다.

$$\alpha(t, r_t) = \kappa(\theta - r_t) \qquad \beta(t, r_t) = \overline{\beta} \qquad \textbf{(29.3)}$$

위에서 κ, θ, $\overline{\beta}$는 모두 양의 상수이다. 오늘 날 재무관련 논문에서는 이를 단순히 Vasicek 모델이라고 부른다.

Vasicek 모델에서 추세를 나타내는 항 $\kappa(\theta - r_t)$는 평균회귀(mean reversion)를 나타낸다. 현재의 이율 r_t가 장기평균 θ보다 크면, 추세는 음수가 되어 이율을 θ 방향으로 끌어 내린다. 만약 $r_t < \theta$이면, 추세는 양수가 되어 이율을 θ 방향으로 끌어 올린다. 상수 κ는 평균으로 회귀하는 속도를 통제한다. 큰 κ는 회귀가 빠름을 의미한다. 평균회귀는 현대 기간구조 모델에 흔히 요구되는 바이다.

Vasicek 모델에서 확산을 조절하는 부분은 상수 $\overline{\beta}$이다. 이것은 단기이율이 평균과 분산이 다음과 같은 정규분포를 따른다는 것을 의미한다.

$$E[r_t \mid r_0] = \theta + e^{-\kappa t}(r_0 - \theta)$$

$$\operatorname{Var}(r_t \mid r_0) = \frac{1}{2\kappa}\overline{\beta}^2(1 - e^{-2\kappa t})$$

Merton/Ho-Lee의 경우와 같이 정규분포의 문제는 단기이율을 음수로 만들 수도 있다는 것을 의미한다. $\overline{\beta}$를 상수로 가정하는 것은 이율이 높을 때 변동성도 같이 증가한다는 관측과 상충된다. 이렇게 바람직하지 못한 점이 있음에도 불구하고 Vasicek 모델이 인기가 있는 것은 단순하고, 추정하기 쉽고, 추적가능한 옵션가격 산정 모델을 만들기 때문이다.

CIR 모델

Cox, Ingersol 그리고 Ross(1985)는 단기 이자율 r_t를 설명하기 위해 평균회귀 제곱근 확산 과정을 소개하였다.

$$\alpha(t, r_t) = \kappa(\theta - r_t) \qquad \beta(t, r_t) = \overline{\beta}\sqrt{r_t} \qquad \textbf{(29.4)}$$

위에서 κ, θ, $\overline{\beta}$는 모두 양의 상수이다. 이것을 줄여서 오늘날 재무관련 글에서는 "CIR 모델"이라고 부른다.

CIR 모델에서 추세를 나타내는 $\kappa(\theta - r_t)$는 Vasicek 모델과 같이 평균회귀를 나타낸다. 확산 요소는 $\overline{\beta}\sqrt{r_t}$ 형태를 취하는데 이것은 단기이율이 다음과 같이 비중심 카이제곱 분포를 따른다는 것을 의미한다.

$$E[r_t \mid r_0] = \theta + e^{-\kappa t}(r_0 - \theta)$$

$$\operatorname{Var}(r_t \mid r_0) = \frac{1}{\kappa}\overline{\beta}r_0^2(e^{-\kappa t} - e^{-2\kappa t}) + \frac{1}{2\kappa}\theta\overline{\beta}^2(1 - e^{-\kappa t})^2$$

표 29.1 단일요인 이자율 모델들

모델	추세 $\alpha(t, r_t)$	확산 $\beta(t, r_t)$
Merton (1973)	$\overline{\alpha}$	$\overline{\beta}$
Vasicek (1977)	$\kappa(\theta - r_t)$	$\overline{\beta}$
Dothan (1978)	0	$\overline{\beta}$
Brennan and Schwartz (1979)	$\overline{\alpha}_0 + \overline{\alpha}_1 r_t$	$\overline{\beta} r_t$
Cox, Ingersoll, and Ross (1985)	$\kappa(\theta - r_t)$	$\overline{\beta}\sqrt{r_t}$
Chan, Karolyi, Longstaff, and Sanders (1992)	$\overline{\alpha}_0 + \overline{\alpha}_1 r_t$	$\overline{\beta} r_t^{1.5}$
Geometric Brownian motion	$\overline{\alpha} r_t$	$\overline{\beta} r_t$
Constant elasticity of variance (CEV)	$\overline{\alpha} r_t$	$\overline{\beta} r_t^{\gamma}$

CIR 모델에서 단기이율은 $2\kappa\theta > \overline{\beta}^2$ 조건을 만족시키는 한 이자율은 양수가 되는 것이 보장되어 있다. 모델의 형태로부터 이자율이 높은 수준에서는 변동성이 높게 된다. 그러므로 Vasicek의 두 단점이 모두 극복되었다.

기타 단일 요인 모델

많은 논문들에서 많은 단일요인 모델들이 제시되었다. Chan, Karolyi, Longstaff 및 Sanders(1992) 그리고 그 외의 많은 자료에 나타난 모델 중 일부를 선별하여 [표 29.1]에 이러한 모델의 추세와 확산을 정리하였다. 표의 $\overline{\alpha}$, $\overline{\beta}$ 등은 스칼라(scalar) 상수이다.

단일 요인 모델 해법 I: PDE 접근법

단일 요인 모델에서 그 "단일 요인"의 가정에는 모델에 포함된 모든 채권가격이 그 단일 요인의 변화에 달려 있다고 생각하는 것이다. 즉, $P(t, T)$가 T에 만기가 되는 무이표채의 t시점 가격이라면, 다음과 같이 표시할 수 있다.

$$P(t, T) = P(t, T, r_t) \tag{29.5}$$

$r(t, T)$를 이 채권의 수익률이라고 한다면:

$$r(t, T) = -\frac{1}{T-t}\ln P(t, T) \tag{29.6}$$

단일 요인이 모든 수익률 곡선의 변화를 만들어 내므로, 어떤 만기가 다른 두 채권가격의 변화는 완전히 그리고 순간적으로 서로 연관되어 있다. 이 관찰을 이용해서 다음의 비율이 T와는 완전히 독립적이라는 사실을 보여줄 수 있다(부록 29A를 보라).

$$\frac{\mu(t, T, r_t) - r_t}{\sigma(t, T, r_t)} \tag{29.7}$$

위에서 $\mu(\cdot)$와 $\sigma(\cdot)$는 각각 채권의 추세와 변동성을 의미하며, 채권 가격 과정은 다음과 같이 표현할 수 있다.

$$dP(t, T) = \mu(t, T, r_t)P(t, T)\,dt + \sigma(t, T, r_t)P(t, T)\,dW_t \tag{29.8}$$

식 (29.7)을 $\lambda(t, r_t)$로 표시하며, λ를 모델의 단일 요인과 관련된 "위험의 시장가격"이라고 한다.

이로부터 모든 채권 가격이 따라야만 할 기본 편미분방정식(pde)을 유도해 낼 수 있다. 이 pde를 설명하기 위해서 표시 방법을 단순화하는 것이 좋을 것이다. $\alpha(t, r_t)$를 α로, $\lambda(t, r_t)$를 λ 등으로 표기한다. 그리고 $P(r, t, T)$를 P라고 표기하며, 단기이율 r과 현재시점 t에 대한 P의 일차 미분을 각각 P_r, P_t로 표시하며, r에 대한 이차 미분을 P_{rr}로 표시한다. (부록 29A)에서 차익거래가 없는 경우에 채권가격은 다음 pde를 만족시켜야 한다는 것을 설명한다.

$$(\alpha - \beta\lambda)P_r + P_t + \frac{1}{2}\beta^2 P_{rr} - rP = 0 \tag{29.9}$$

경계조건 $P(T, T) = 1$을 적용하여, 이 pde를 풀어서 채권가격을 구한다.

채권 가격을 구하기 위하여 이 문제를 푸는 데 있어서 첫 번째 난관은 λ의 형태가 알려지지 않았다는 점이다. λ는 추세와 알려지지 않은 채권 가격의 변동성으로 정의된다. pde를 풀기 위해서, λ의 함수형태를 도입하는 것이 필수적이다. 아래에서 두 특정한 경우의 해결책을 검토한다.

Vasicek 모델에서 채권가격

Vasicek(1997)은 $\lambda(t, r_t)$가 상수 λ라고 가정한다. 이것을 α, β의 식 (29.3)과 연결하여 pde를 풀고 채권가격을 표시하는 다음의 식을 유도하였다.

$$P(t, T, r_t) = \exp[A(\tau) - r_t B(\tau)] \tag{29.10}$$

위에서 r_t는 현재(시점 t)의 단기이율이며, $\tau = T - t$는 채권의 만기까지 남은 시간을 의미하며, $A(\tau)$ 및 $B(\tau)$는 아래와 같다.

$$B(\tau) = \frac{1}{\kappa}[1 - \exp(-\kappa\tau)] \tag{29.11}$$

$$A(\tau) = [B(\tau) - \tau]R(\infty) - \frac{\sigma^2}{4\kappa^3}[1 - \exp(-\kappa\tau)]^2 \tag{29.12}$$

$$R(\infty) = \theta + \frac{\lambda\sigma}{\kappa} - \frac{\sigma^2}{2\kappa^2} \tag{29.13}$$

CIR 모델에서 채권가격

CIR은 일반 균형모델을 개발하여, 위험의 시장가격을 $\lambda(t, r_t) = \lambda\sqrt{r_t}$ 형태로 유도하였다. 이 형태를 식 (29.4)의 $\alpha(\cdot)$와 $\beta(\cdot)$에 사용하여 기본 pde를 풀었으며, 그들의 모델과 관련하여 채권가격을 표시하는 다음의 폐쇄형 식을 얻었다.

$$P(t,\ T, r_t) = \exp[A(\tau) - r_t B(\tau)] \tag{29.14}$$

위에서 r_t는 현재(시점 t)의 단기이율을 의미하며 $\tau = T - t$는 채권의 만기까지 남은 시간을 말한다. 그리고 $A(\tau)$ 및 $B(\tau)$는 아래와 같다.

$$A(\tau) = \ln\left\{\left[\frac{2\gamma e^{(\kappa+\lambda+\gamma)\tau/2}}{(\gamma+\kappa+\lambda)(e^{\gamma\tau}-1)+2\gamma}\right]^{2\kappa\theta/\sigma^2}\right\} \tag{29.15}$$

$$B(\tau) = \frac{2(e^{\gamma\tau}-1)}{(\gamma+\kappa+\lambda)(e^{\gamma\tau}-1)+2\gamma} \tag{29.16}$$

$$\gamma = \sqrt{(\kappa+\lambda)^2 + 2\sigma^2} \tag{29.17}$$

Vasicek과 CIR 모델에서 채권가격을 산출하는 식 (29.10)과 (29.14)의 구조가 얼마나 비슷한지 보라. 이것은 우연이 아니다. Vasicek과 CIR 모델은 각각 아핀 단일요인 모델이라는 일반 분류에 속하는 특별 경우들이며, 29.6절에서 살펴보겠지만, 모든 아핀 단일요인 모델은 이러한 형태의 해를 가질 수밖에 없다.

채권가격 형태

Vasicek과 CIR 해법은, 적용하기 쉽고, 누적표준정규분포 같은 구조를 필요로 하지 않기 때문에 심지어는 블랙-숄즈 보다 간단하다. 설명을 하자면, Vasicek 모델의 모수 값을 변경시켜 봄으로 채권 가격에 어떤 영향이 생기는 지를 파악할 수 있다. [그림 29.1]을 보면 만기가 길어짐에 따라 채권가격이 어떻게 변하는 지를 볼 수 있다.

[그림 29.2]에서는 평균회귀 속도 κ가 증가함에 따라 채권가격이 감소하는 것을 본다. 채권은 이율에 대하여 볼록하기(convex) 때문에, 이 볼록성 효과로 인하여 변동성은 가격에 득이 된다. 평균회귀 특성은 채권의 변동성을 약화시키며, 그만큼 채권의 가격을 감소시킨다. 같은 논리로, 모든 다른 조건을 고정시키고, 변동성을 증가시키면 채권의 가격이 증가한다. 이것은 [그림 29.3]에서 볼 수 있다.

그림 29.1
Vasicek의 만기별 무이표채 가격

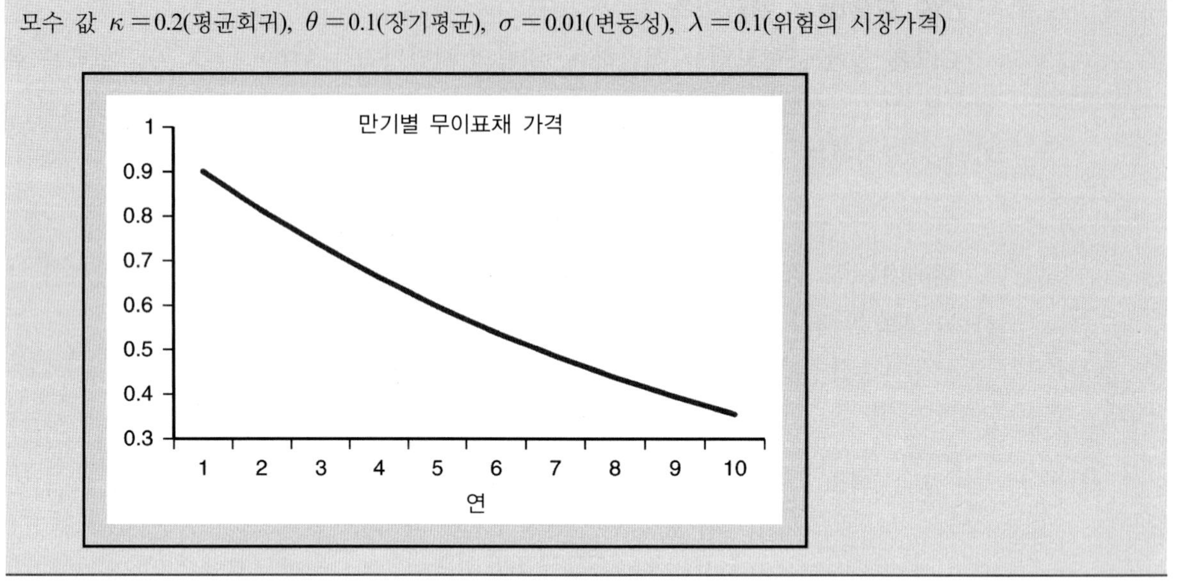

그림 29.2
Vasicek의 평균회귀율 변화에 따른 무이표채 가격

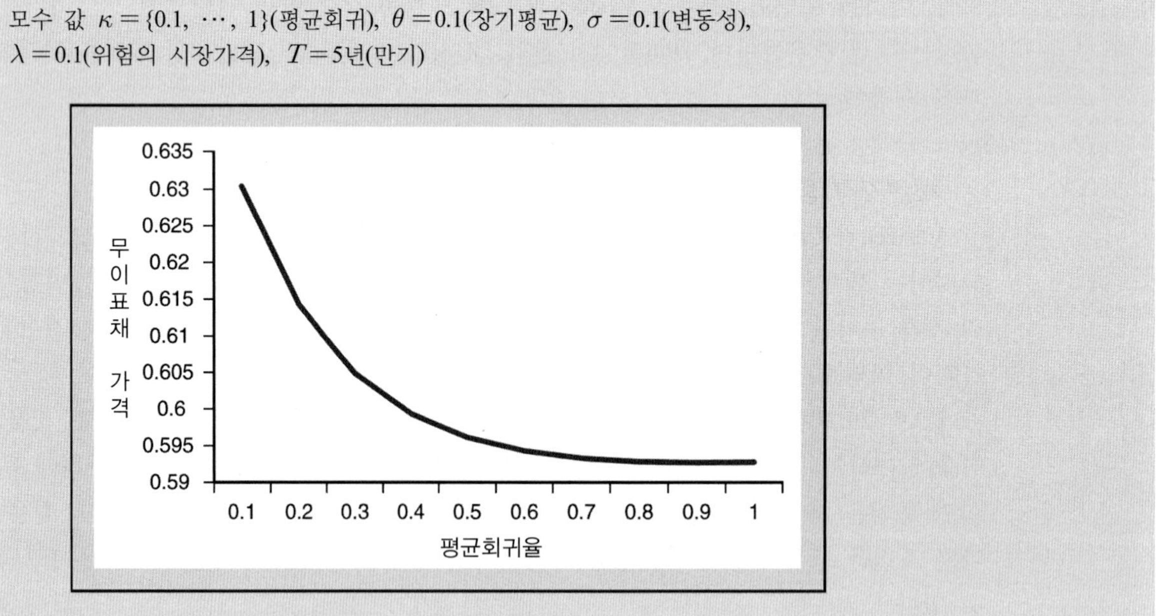

그림 29.3 Vasicek의 변동성 변화에 따른 무이표채 가격

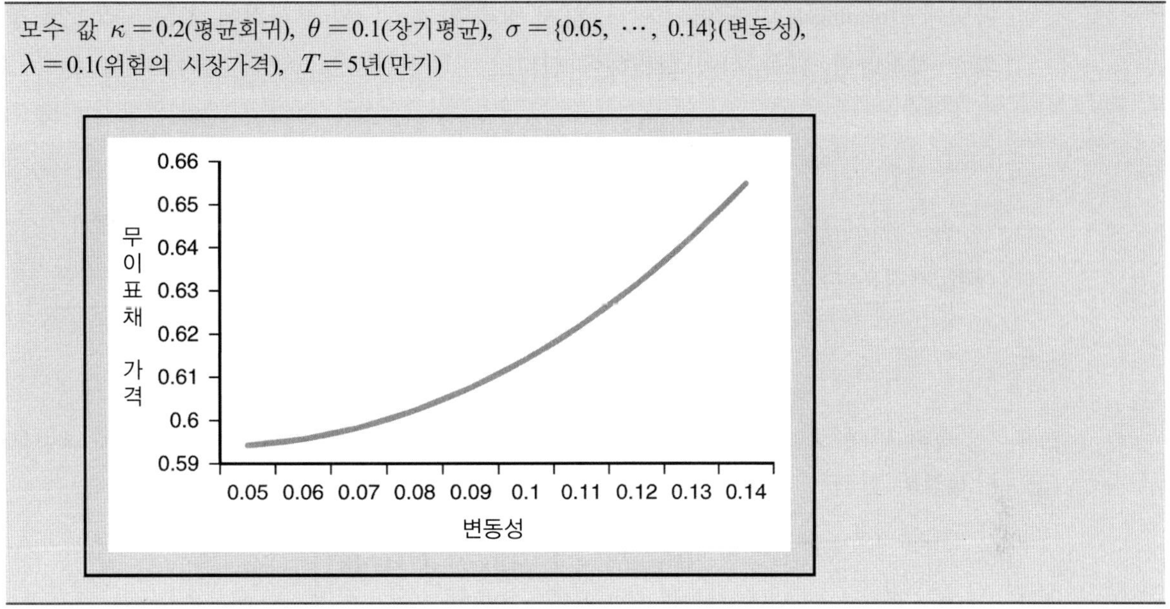

단일 요인 모델 해법 II: 위험중립 접근법

요인 모델에서 채권 가격을 구하는 또 다른 방법은 위험중립 가격산정법을 활용하는 것이다. 주식 옵션가격을 산출할 때 위험중립 가치산정법을 이미 공부하였다. 이를 기간구조 모델에 확장하는 것은 간단하다.

단기이율이 현실("실제" 혹은 "통계적"이라고도 함) 측도에서 다음 과정을 따른다고 가정해 보자.

$$dr_1 = \alpha(t, r_t)\,dt + \beta(t, r_t)\,dW_t \qquad \textbf{(29.18)}$$

위험중립 가격산정에서 첫 번째 단계는 기준재(numeraire asset)를 정의하는 것이다. 어느 채권이라도 이 목적으로 사용될 수는 있지만 기간구조모델에서 가장 흔히 사용되는 것은 \$1이 단기이율 r_t로 연속 재투자되는 "머니 마켓 계좌(money market account)"이다. B_t를 t시점의 이 계좌의 가치라고 하면 이는 다음과 같다.

$$B_t = \exp\left\{\int_0^t r_s\,ds\right\}$$

머니 마켓 계좌를 사용하여 자산가격을 정규화시키는 것은, 일정한 이자율 하에서 할인계수 e^{-rt}의 확률적 이자율과 자연스럽게 연결된다. 즉 모든 t에 대하여 $r_t = r$이라면, 자산가격을 B_t로 나누는 것과 e^{-rt}로 할인하는 것은 정확히 같은 것이다.

기준재가 B_t이고 이에 대한 위험중립측도가 Q이라면, B_t로 정규화한 모든 자산 가격은 Q에서

마팅게일(martingale)이 되어야 한다. 다시 말하면, $\pi_t(X)$가 T시점에 X를 지급받는 청구권의 t시점의 가격이라면, 다음 식이 성립해야 한다.

$$\frac{\pi_t(X)}{B_t} = E_Q^t\left[\frac{X}{B_T}\right]$$

위 식에서 E_Q^t는 t시점의 Q측도 하에서의 기대값이다. B_t의 정의에 의해서 t시점의 청구권에 대한 가격은 다음과 같다.

$$\pi_t(X) = E_Q^t\left[\exp\left\{-\int_t^T r_s\, ds\right\}X\right]$$

특히 만기 T인 무이표채는 시점 T에 $1을 확실히 지급받는 청구권이다. 그러므로 그 채권의 t 시점의 가격 $P(t, T)$는 정확히 다음과 같다.

$$P(t, T) = E_Q^t\left[\exp\left\{\int_t^T r_s\, ds\right\}\right] \tag{29.19}$$

이 기대값을 계산하기 위하여 위험중립측도 Q에서 r_t의 움직임을 확인해야 한다. 식 (29.18)은 r_t의 움직임을 단지 확률측도로만 명시하고 있다. 이 둘의 연결고리는 정확히 (29.7)에 정의된 위험의 시장가격 λ이다. 특히, Q에서는 r_t가 다음에 따라 움직인다.

$$dr_t = (\alpha - \beta\lambda)\, dt + \beta\, d\widehat{W}_t \tag{29.20}$$

위에서 $\widehat{W}_t$는 Q에서의 표준 브라운 운동이며, $\alpha(t, r_t)$를 α와 같이 식을 줄여서 표현했다. λ와 다른 모수가 주어지면 식 (29.19)의 기대값을 계산할 수 있고 따라서 가격을 산출할 수 있다.

식 (29.20)은 요인 모델의 핵심을 강조해 준다. 실제세계에서 위험중립의 세계로 이동하면, 확산항 β는 영향을 받지 않는다. 이것은 이론상 위험 중립 세계의 확산항은 역사적 데이터로부터 추측해 낼 수 있다는 의미이다. 그러나 미지의 위험에 대한 시장가격 λ에 따라 결정되는 위험중립 추세는 그렇지 않다. 가격을 결정하기 위하여, λ의 형태를 파악해야 할 필요가 있다.(아니면 어떤 가정을 할 필요가 있다.) 이 문제를 비켜가는 한 방법-효과적으로 카페트 아래에 짚어 넣는 방법-은 r_t를 Q에서 직접 모델링하는 것이다. 사실 이론적인 논문에서 흔히 채택하고 있는 방법이다.

이 점이 다음 장에서 논의할 Heath-Jarrow-Morton 계열 모델의 주된 동기이다. HJM 계열의 모델들에서는, 곧 보게 되겠지만, 위험중립 세계의 선도이율의 추세는 변동성의 함수로 표시되며, 변동성은 실제 세계에서 위험중립 세계로 이동해도 변하지 않는다.

29.5 복수 요인 모델(Multifactor Models)

단일요인 모델은 수익률 곡선 움직임을 포착하기에는 경험적으로 불충분하다. Brennan과 Schwartz(1979)를 시발점으로 하여 많은 저자들이 수익률곡선을 움직이는 둘 이상의 요인들을 사용하는 모델을 제시했다. 두 번째 요인으로 제시된 것들로는 장기이율, 인플레이션률, 단기이율 평균, 단기이율의 변동성, 그리고 다른 많은 것들이 있다.

n 요인 모델에는 수익률 곡선을 움직이는 n개의 요인이 있다. 이 요인 각각을 별도로 모델링하여 (예를 들면, 2 요인 모델에서 단기이율과정과 장기이율과정을 명백히 별도로 명시할 수도 있다), 이 각각과 관련된 위험의 시장가격을 찾고, 이를 이용하여 채권의 가격을 계산하게 되며, 이 때 n 요인형 pde를 사용하게 된다.

또 다른 방법으로는 식 (29.19)가 암시하듯이, 위험중립측도 Q에서 단기이율의 형태를 파악해서 채권가격을 계산하는 방법이다. n개의 요인들이 Q에서 단기이율에 어떻게 영향을 주는 지를 직접 명시하는 것으로 시작하여, 그 다음에 식 (29.19)를 사용하여 채권가격을 계산할 수 있다. 이론적인 논문에서는 이 방법이 흔히 사용되기 때문에 여기에서는 이 과정을 설명한다.

일반적인 n 요인 모델에서는, n 차원의 과정을 다음의 형식으로 시작한다.

$$dX_t = \mu(X_t)\,dt + \sigma(X_t)\,d\widehat{W}_t$$

위에서 (a) $X = (X_1, \cdots, X_n)$는 기간구조를 변화시키는 n개 요인의 벡터이며, (b) $(\widehat{W}_t)$는 (머니마켓 계좌에 대하여) 동등한 마팅게일 측도 Q 상에 있는 n 차원의 브라운 운동이며, (c) $\mu(\cdot)$는 Q에서의 X_t 과정의 추세를 나타내는 n 차원의 벡터이며, (d) $\sigma(\cdot)$는 Q에서의 X_t 과정의 확산성분을 나타내는 $n \times n$ 매트릭스이다.

T시점이 만기인 무이표채의 t시점의 일반적인 위험중립 가격산정식은 다음과 같다.

$$P(t, T) = E_Q\left[\exp\left\{-\int_t^T r_s\,ds\right\}\right] \tag{29.21}$$

앞에서 살펴본 바와 같이, 무이표채의 가격은 단지 Q에서 단기이율 r_t의 변동에만 종속된다. 그래서 어떤 함수 $R(\cdot)$를 사용하여 $r_t = R(X_t)$로 표시한다. 그러면 $(\mu(\cdot), \sigma(\cdot), R(\cdot))$ 이 세 가지가 n 요인 모델을 완전히 명시한다.

식 (29.21)은 마팅게일 측도를 이용하여 채권가격을 명시한다. 이 모델에서 채권가격은 pde를 사용하여 명시할 수도 있다. (예를 들면 위험 중립 조건하에서) 여기서는 단순회를 위해시 일차원 모델의 pde를 설명한다. n 차원으로 확장하는 것은 명료하다. 다음의 식을 생각할 수 있다.

$$dP = P_X dX + P_t dt + \frac{1}{2} P_{XX} \sigma^2 dt$$
$$= \left[\mu P_X + P_t + \frac{1}{2} P_{XX} \sigma^2 \right] dt + \sigma P_X d\widehat{W}_t$$

그러나 위험중립측도에서는 다음도 성립해야 한다.

$$dP = rPdt + \sigma Pd\widehat{W}_t$$

그러므로 추세항을 왼쪽으로 옮겨서 풀면 다음의 식을 얻는다.

$$rP = P_t + \mu P_X + \frac{1}{2} P_{XX} \sigma^2 \tag{29.22}$$

식 (29.22)가 기본 pde이다. X가 단기이율 r이라면, 이 pde는 앞에서 유도한 식 (29.9)와 동일하게 된다. 다만 앞의 식에서는 P와 위험의 시장가격으로 r의 추세를 표현한 반면 이 식은 Q하에서 r의 추세인 μ를 직접 사용한다는 것만 다르다. 물론 이 두 접근법은 동등하다.

예 29.1

복수요인 예

단기이율이 두 개의 독립적인 제곱근 확산의 합으로 이루어지는 CIR 모델의 2 요인 버전을 검토해 보자.

$$r_t = x_{1t} + x_{2t}$$

여기에서

$$dx_{it} = \kappa_i(\theta_i - x_{it})dt + \sigma_i \sqrt{x_{it}}\, dW_{it}, \quad i = 1, 2$$

이러한 상황에서, 채권가격은 단일요인 모델의 형태를 직접 이어받게 되며, 다음과 같이 표현된다.

$$P(t, T, x_{1t}, x_{2t}) = \left(\prod_{i=1,2} A_i(\tau) \right) \times \left(\exp\left[- \sum_{i=1,2} x_{it} B_i(\tau) \right] \right)$$
$$\tau = T - t$$
$$A_i(\tau) = \left[\frac{2\gamma_i e^{(\kappa_i + \lambda_i + \gamma_i)\tau/2}}{(\gamma_i + \kappa_i + \lambda_i)(e^{\gamma_i \tau} - 1) + 2\gamma_i} \right]^{2\kappa_i \theta_i / \sigma_i^2}$$
$$B_i(\tau) = \frac{2(e^{\gamma_i \tau} - 1)}{(\gamma_i + \kappa_i + \lambda_i)(e^{\gamma_i \tau} - 1) + 2\gamma_i}$$
$$\gamma_i = \sqrt{(\kappa_i + \lambda_i)^2 + 2\sigma_i^2}$$
$$i \in \{1, 2\}$$

■

29.6 아핀(Affine) 요인 모델

아핀 요인 모델(affine factor model) 개념은 Duffie와 Kan(1996)에 의해 도입되었다. 다음에 설명하겠지만, 아핀 요인 모델은 구조에 아핀 특성이 포함된 요인 모델이다. Duffie와 Kan은 그러한 모델은 획기적으로 분석적 추적가능성을 높여 준다는 것을 증명하였다. 브라운 운동에 기초한 요인 모델에 한하여 그들의 분석을 설명한다. 점프를 포함하는 확장에 관해서는 Das와 Foresi (1996) 혹은 Duffie와 Kan의 논문을 보라. 이 절에서는 Duffie와 Kan의 결과를 설명하고 그 결과의 단순형을 증명한다.

위험 중립 측도에서 $X=(X_1, \cdots, X_n)$의 과정이 다음과 같은 전형적인 n 요인 모델을 생각해 보자.

$$dX_t = \mu(X_t)\,dt + \sigma(X_t)\,d\widehat{W}_t$$

위에서 $\mu(X_t)$는 $n\times 1$ 벡터이며, $\sigma(X_t)$는 $n\times n$ 매트릭스이다. t시점의 단기이율은 $R(X_t)$로 명시된다고 하자. 세 개의 함수 $\mu(\cdot)$, $\sigma(\cdot)$ 그리고 $R(\cdot)$가 당연히 그 모델을 충분히 기술한다. 아핀 요인 모델에서는 R, μ, $\sigma\sigma'$가 모두 요인 X의 아핀 함수가 되어야 한다.

$$\begin{aligned} R(X) &= a + b\cdot X \\ \mu(X) &= c + d\cdot X \\ \sigma(X)\sigma(X)' &= e + f\cdot X \end{aligned} \tag{29.23}$$

재무분야 논문에서 제시된 많은 잘 알려진 모델, 예를 들면, Merton/Ho-Lee 모델, Vasicek 모델, CIR 모델도 아핀 요인 모델이다. 식 (29.20)에 따라 세 경우 모두를 포괄하는 위험중립 단기이율 과정은 다음과 같이 일반화시킬 수 있다.

$$dr_t = (\alpha - \beta\lambda)\,dt + \beta\,d\widehat{W}_t \tag{29.24}$$

위 식의 α와 β는 세 경우 각각 (29.2), (29.3), (29.4)로 정리된다. 위험의 시장가격 λ는 Merton/Ho-Lee 및 Vasicek의 경우에는 $\overline{\lambda}$로 고정되어 있는 반면, CIR 모델에서는 $\overline{\lambda}\sqrt{r_t}$ 의 형태를 가진다.

Merton/Ho-Lee 모델

식 (29.2)와 (29.24)를 묶으면 이 모델에서 단기이율은 다음과 같은 위험중립과정을 가지게 된다.

$$dr_t - (\overline{\alpha} - \overline{\beta}\,\overline{\lambda})\,dt + \overline{\beta}\,d\widehat{W}_t$$

이는 $R(X)=X$이며, (29.23)의 다른 모수가 아래와 같은 아핀 모델에 해당된다.

$$c = \overline{\alpha} - \overline{\beta}\,\overline{\lambda}\,;\ d = 0\,;\ e = \overline{\beta}^2\,;\ f = 0$$

Vasicek 모델

이 경우는 (29.3)과 (29.24)를 결합하여, 위험중립 단기이율의 과정을 다음과 같이 표시할 수 있다.

$$dr_t = (\kappa\theta - \overline{\beta}\,\overline{\lambda} - \kappa r_t)dt + \overline{\beta}\,d\widehat{W}_t$$

이는 $R(X) = X$이며 (29.23)의 다른 모수가 아래와 같은 아핀 모델에 해당된다.

$$c = \kappa\theta - \overline{\beta}\,\overline{\lambda}\,;\ d = -\kappa\,;\ e = \overline{\beta}^2\,;\ f = 0$$

CIR 모델

식 (29.4)와 (29.24)로부터, 위험중립 단기이율(순간이율)의 과정을 다음과 같이 표시할 수 있다.

$$dr_t = \left[\kappa\theta - (\overline{\beta}\,\overline{\lambda} + \kappa)r_t\right]dt + \overline{\beta}\,\sqrt{r_t}\,d\widehat{W}_t$$

이는 $R(X) = X$이며 (29.23)의 다른 모수가 아래와 같은 아핀 모델에 해당된다.

$$c = \kappa\theta\,;\ d = -(\overline{\beta}\,\overline{\lambda} + \kappa);\ e = 0\,;\ f = \overline{\beta}^2$$

아핀 형태가 아닌 단기이율 과정의 예는 기하 브라운 운동이다. 이 과정의 위험중립형은 다음과 같다.

$$dr_t = (\alpha_0 + \alpha_1 r_t)dt + \sigma r_t\,d\widehat{W}_t$$

위의 경우, 확산항이 아핀 조건에 맞지 않다.

주요결과

모든 (t, T)에 대해서 아래와 같은 경우 요인 모델이 아핀 이율을 가진다고 말한다.

$$r(t, T) = \frac{1}{\tau}\left[\zeta(\tau) + \eta(\tau)\cdot X_t\right]$$

위에서 $\tau = T - t$, $\zeta(\cdot)$와 $\eta(\cdot)$가 C^1 함수이다.[1] 어떤 모델이 아핀 이율을 가지면, 모델의 채권 가격은 그 요인에 대하여 지수 아핀 함수이다.

$$P(t, T) = \exp\{-\zeta(T-t) - \eta(T-t)X_t\}$$

---

1) C^1은 연속 미분가능함을 의미한다. 일반적으로 어떤 함수가 k번 연속 미분가능하면 C^k계열이라고 한다.

이미 살펴보았듯이 Vasicek과 CIR 모델에서 채권가격은 이러한 형태로 표시된다. Duffie와 Kan(1996)은 아래와 같은 강력한 결론을 증명하였다.

명제 29.1 (Duffie-Kan) 모델이 아핀 요인 모델일 경우에만 그 모델은 아핀 이율을 가진다.

Duffie-Kan 결과는 사실상 함수 $\zeta(\cdot)$와 $\eta(\cdot)$를 모수 $(a, \cdots, f)$로 표시하고 한 쌍의 편미분방정식으로 표시한다. 여기서 $n=1$일 때 Duffie-Kan의 결론을 유도해 본다. 일반 경우의 증명도 비슷한 방식을 따른다.

n=1일 때 Duffie-Kan의 증명

X를 모델의 단일 요인이라고 하자. 일반적인 접근을 하면, $R(X)=X$이며 단일 요인은 단기이율이다. 우선 예비 결과를 유도한다.

보조정리 29.2 모델이 아핀 이율을 가지면, 다음을 만족시켜야 한다.

$$\zeta'(\tau) + [1-\eta'(\tau)]X = \eta(\tau)\mu(X) + \frac{1}{2}\eta^2(\tau)\sigma^2(X) \tag{29.25}$$

위에서 $\tau = T-t$.

보조정리의 증명

모델이 아핀 이율 형태를 가지고 있다고 가정한다. 정의에 의하여 다음 식이 성립한다.

$$P(t, T) = \exp\{\zeta(\tau) + \eta(\tau)X\}$$

이에 따라 P의 편미분은은 다음과 같이 표현된다.

$$\begin{aligned} P_X &= \eta(\tau)P \\ P_{XX} &= \eta(\tau)^2 P \\ P_t &= -[\zeta'(\tau) + \eta'(\tau)X]P \end{aligned}$$

위 식을 기본 pde (29.22)에 대입하면, 다음과 같이 된다.

$$XP = -[\zeta'(\tau) + \eta'(\tau)X]P + \mu(X)\eta(\tau)P + \frac{1}{2}\eta^2(\tau)\sigma^2(X)P$$

양변에서 P를 제거하면, 다음과 같이 된다.

$$X = \eta(\tau)\mu(X) - [\zeta'(\tau) + \eta'(\tau)X] + \frac{1}{2}\eta^2(\tau)\sigma^2(X)$$

이것은 정확히 (29.25)와 일치한다. 이로써 보조정리는 확인된다. ■

이제 명제의 증명으로 되돌아가서, 이율이 X에서 아핀이라고 가정하자:

$$r(t, T) = \frac{1}{\tau}\left[\zeta(\tau) + \eta(\tau) X_t\right]$$

이 모델이 아핀 요인 모델이라는 것을 증명하기 위하여, $\mu(\cdot)$와 $\sigma(\cdot)$가 다음의 형태를 가진다는 것을 증명해야 한다.

$$\mu(X) = c + dX, \qquad \sigma^2(X) = e + fX$$

위에서 c, d, e, f는 상수이다. 임의의 T_1, T_2와 $\tau_1 = T_1 - t$, $\tau_2 = T_2 - t$를 선택한다. 다음의 2×2 매트릭스를 정의한다.

$$B(\tau_1, \tau_2) = \begin{bmatrix} \eta(\tau_1) & \frac{1}{2}\eta^2(\tau_1) \\ \eta(\tau_2) & \frac{1}{2}\eta^2(\tau_2) \end{bmatrix}$$

그러면 (29.25)로부터 다음과 같이 된다.

$$B(\tau_1, \tau_2)\begin{bmatrix} \mu(X) \\ \sigma^2(X) \end{bmatrix} = \begin{bmatrix} \zeta'(\tau_1) + [1+\eta'(\tau_1)]X \\ \zeta'(\tau_2) + [1+\eta'(\tau_2)]X \end{bmatrix}$$

만약 B의 역행렬이 존재한다면

$$\begin{bmatrix} \mu(X) \\ \sigma^2(X) \end{bmatrix} = B^{-1} \cdot \begin{bmatrix} \zeta'(\tau_1) + [1+\eta'(\tau_1)]X \\ \zeta'(\tau_2) + [1+\eta'(\tau_2)]X \end{bmatrix}$$

이로부터 $\mu(\cdot)$와 $\sigma(\cdot)$가 아핀 요구를 만족시킴을 알 수 있다.

역으로 μ와 σ가 다음과 같이 아핀이라고 가정해 보자.

$$\mu(X) = c + dX, \qquad \sigma^2(X) = e + fX$$

만약 아핀 이율이 존재한다면, 이는 (29.25)를 만족시켜야 한다는 것을 보였다. $\mu(\cdot)$와 $\sigma(\cdot)$를 치환하고 (29.25)에 대입하면 다음 식을 얻게 된다.

$$\zeta'(\tau) + [1+\eta'(\tau)]X = \eta(\tau)[c+dX] + \frac{1}{2}\eta^2(\tau)[e+fX] \tag{29.26}$$

양변 모두 X에 대한 일차식이다. X의 계수를 등식으로 연결하면 다음의 식을 얻는다.

$$1 + \eta'(\tau) = d \cdot \eta(\tau) + \frac{1}{2}f \cdot \eta^2(\tau)$$

혹은

$$\eta'(\tau) = d\eta(\tau) + \frac{1}{2}f\eta^2(\tau) - 1 \tag{29.27}$$

(29.27)과 같은 형태의 식을 (수학자 J.F. Riccati의 이름을 따서) Riccati 방정식이라고 부른다. 이 Riccati 방정식을 풀면 $\eta(\cdot)$ 함수를 얻게 된다. 그러면 $\zeta(\cdot)$ 함수가 남게 된다. (29.26)의 상수항을 등식으로 연결하여 다음 식을 얻게 된다.

$$\zeta'(\tau) = c\eta(\tau) + \frac{1}{2}e\,\eta^2(\tau) \tag{29.28}$$

이 식을 이용하여 $\zeta(\cdot)$를 구할 수 있다. 이로서 증명은 완성된다.

29.7 요약

이 장에서는 이자율변동의 모델링 방법으로 요인 모델 접근법을 살펴보았다. 단일요인 모델과 복수요인 모델 모두 살펴보았으며, 위험중립가격산성 방법과 편미분방정식을 사용하여 이 모델들의 답을 찾을 수 있음도 살펴보았다. 이 중에서 특수한 형태인 아핀 모델도 소개하였다. Black-Derman-Toy 및 Ho-Lee 모델을 사용하여 이산시간 이항이자율 트리를 구축하는 예를 보여주는 추가 자료를 온라인에 게시하였다.

다음 장은 이 내용을 기반으로 하여, 모델 중 Heath와 그 동료들(1990)이 소개한 가장 인기 높은 계열을 검토하겠다. HJM 계열은 그 이전 연구자들에 비해 많은 기술적 진보를 보여준다. 단일요인 HJM 틀이 복수요인에 어떻게 확장되는 지를 살펴볼 것이다. 기간구조 모델에 대한 논의를 마무리하면서, 캡이나 플로어 같은 이자율 옵션의 일반시장가격 산정에 이론적인 기초를 제공하는 Libor 시장 모델 계열을 설명할 것이다.

29.8 연습문제

문제 1-16은 온라인으로 제공되는 BDT 및 Ho-Lee 모델을 위시한 이산시간 기간구조 모델에 관한 것이다.

1. 이자율 옵션을 트리로 가격을 산정할 때와 주식 옵션을 트리로 가격을 산정할 때 근본적인 차이점은 무엇인가?
2. Black-Derman-Toy 모델에서는, 트리에서 음수의 이자율이 가능하지 않게 되는 이유는 무엇인가?

3. BDT 모델에서는, 왜 트리의 모든 분기점에서 선택된 확률이 동일하게 되나?
4. BDT 모델에서 트리가 다시 합쳐지기 위해서는, 모든 시기의 모든 분기점에서 확률이 동일해야 하나?
5. HL 모델에서 트리가 다시 합쳐지기 위해서는, 모든 시기의 모든 분기점에서 확률이 동일해야 하나?
6. 초기 1기간 현물이율이 12%, 2기간 현물이율이 14%, 그리고 1기간 현물이율 변동성이 5%라고 하면, 1년 후의 가능한 두개의 현물이율은 얼마인가? (BDT 모델이 적용된다고 가정하라)
7. 위 문제와 모수가 같다고 가정하되, 할인방법을 변경한다. 즉, 연속복리로 할인방법을 변경한다. 문제를 다시 풀어서 결과에 어떤 차이가 있는 지를 설명하라.
8. BDT 모델에서, 모델의 근본적인 특징에 영향을 미치지 않는 두 가지의 변동성 함수 대안을 제시하라. 이 답은, 모델이 Black, Derman 및 Toy가 처음 제시한 변동성 함수에 특별히 얽매이지 않는다는 것을 보여줄 것이다.
9. BDT 트리의 기간 수가 증가함에 따라 (a) 실행가능성과 (b) 계산의 부담에 어떤 영향이 발생하는 지 설명하라.
10. HL 트리에서 채권가격이 0이 될 수 있는가?
11. BDT 모델에서, 트리 위에서 이자율 수준과 이자율 변동의 절대적 크기는 어떤 관계인가? 이 움직임은 경제활동에서 실제 관측되는 바와 일관성이 있는가?
12. 1기는 1년을 의미하는 3기의 자료가 다음과 같이 주어져 있다.

T	무이표채이율	가격	σ
1	0.11	90.0901	—
2	0.13	78.3147	0.20
3	0.14	67.4972	0.15

BDT 모델을 사용하여 3년간의 현물이율 곡선을 그려라. 다음 증권의 가격을 트리 위에 표시하라.

(a) 2년 만기 무이표채 가격
(b) 3년 만기 무이표채 가격
(c) 이자를 포함하되 평가 시점에서의 3년 만기 13% 이표채의 가격
(d) 3년 만기 13% 이표채에 대한 2년 콜 옵션가격. 단 행사가는 경과이자 포함 $110.

13. 위 문제와 동일한 입력 자료를 사용한다. 즉

T	무이표채이율	가격	σ
1	0.11	90.0901	—
2	0.13	78.3147	0.20
3	0.14	67.4972	0.15

발행자가 이자지급일에 이자지급 이후 행사가격 $100에 매입할 수 있다면 3년 만기 13% 이표채의 가격은 얼마인가?

14. BDT에서는 무이표채 이율을 사용하는 데 반하여, Ho-Lee 모델에서는 무엇을 사용하는가? 이 방법의 장단점은 무엇인가?
15. HL 모델에서 $h(T)$와 $h^*(T)$는 무엇인가? 그리고 모수 δ에 대한 관계는 무엇인가? δ가 증가할 때 $h(T)$와 $h^*(T)$는 어떻게 되나? 이 모델에서 δ의 역할은 무엇이라고 말할 수 있나?
16. 다음의 정보가 주어졌을 때, $t=0,\ 1,\ 2$ 세 시점에서 HL 채권가격을 계산하라. 모수 $\pi=1/2$, $\delta=0.8$이다.

T	무이표채이율
1	0.06
2	0.07
3	0.08

17. Vasicek(1977) 모델의 채권가격 계산: 이자율 과정이 다음과 같다고 가정한다.

$$dr = k(\theta - r)dt + \sigma dB$$

위에서 기본 모수 수준은 $r = k = \theta = \sigma = 0.1$로 하며, $T=1$, 그리고 dB는 표준 브라운 운동이다. 또 위험의 시장가격 $\lambda=0$으로 가정한다. 다음의 세 가지 경우 각각, 다른 모수는 기본 수준으로 고정하고 주어진 모수만 변경하여 채권가격을 계산하라.

(a) $k=\{0.1,\ 0.2,\ 0.4\}$.

(b) $\theta=\{0.05,\ 0.10,\ 0.15\}$.

(c) $\sigma=\{0.05,\ 0.10,\ 0.20\}$.

18. (모델의 확장) 이 문제에서는 Vasicek 모델을 확장하여 평균이율 θ가 확률적이라고 한다. Federal Reserve가 경제상황을 관리하기 위하여 단기이율을 약간 조정하는 상황을 생각해 보라. 모델에는 다음 두 가지의 식이 포함되어 있다.

$$dr = k(\theta - r) + \sigma dB$$
$$d\theta = \eta dB$$

브라운 운동 dB는 이자율 r이나 이의 평균 수준 θ에 대하여 동일하다. 다음 질문에 답하라.

(a) 채권가격 함수 $P(r, \theta, T)$가 주어졌을 때, dP과정을 Ito의 보조정리를 사용하여 기술하

라. T는 만기까지의 시간을 말하며, t는 현재 시점을 말한다.

(b) 확률변수 r, θ 모두에 대하여 위험의 시장가격은 0으로 가정하라. 그러면 채권의 순간 수익률 $E(dP) = rPdt$로 표시할 수 있다. 이 식을 사용하여, 무이표채의 가격을 구하는 pde를 유도하되, 채권가격을 위한 경계조건을 분명하게 명시하라.

(c) pde를 풀기위한 함수형을 추측하라. 이 추측을 사용하여 채권가격을 표시하는 폐쇄형식을 유도하라.

(d) $\eta = 0$이며, 평균이율이 상수인 모델과 비교할 때 이 모델의 채권가격은 더 높은가 아니면 더 낮은가?

19. 다음과 같이 $r = k = \theta = \sigma = \lambda = 0.10$ 그리고 $T = 5$년의 값이 주어졌을 때, Cox, Ingersoll 및 Ross(CIR 1985) 모델과 채권 가격을 계산하는 함수를 `Octave`를 사용하여 작성하라.

20. CIR 모델에서 $r = k = \theta = \sigma = \lambda = 0.10$로 주어졌을 때, 1년부터 10년까지 수익률 곡선을 계산하라.

21. CIR 모델에서 1년부터 10년까지의 수익률 곡선이 우상향하는 곡선이 되도록 모수의 세트를 찾아라.

부록 29A 요인 모델에서 기본 PDE 유도하기

이 절에서는 기간구조의 단일요인 모델에서 기본 pde (29.9)를 유도한다. 이 과정에서는 본문에서 주장한 바와 마찬가지로 식 (29.7)에서 정의한 위험의 시장가격은 시간 T와는 독립된 것임을 보인다.

단기이율(순간이율) 과정이 다음과 같다고 하자.

$$dr_t = \alpha(t, r_t)\,dt + \beta(t, r_t)\,dW_t \tag{29.29}$$

단일요인 모델이기 때문에, 모든 채권가격은 단지 r_t에만 의존한다. $P(t, T) = P(t, T, r_t)$. Ito의 보조정리(15장을 보라)에 따라,

$$\begin{aligned} dP(t, T) &= P_t\,dt + P_r\,dr + P_{rr}\frac{1}{2}\beta^2\,dt \\ &= \left[P_t + \alpha P_r + \frac{1}{2}\beta^2 P_{rr}\right]dt + \beta P_r\,dW_t \\ &= \mu P\,dt + \sigma P\,dW_t \end{aligned}$$

단,

$$\mu = \frac{1}{P}\left[P_t + \alpha P_r + \frac{1}{2}\beta^2 P_{rr}\right], \qquad \sigma = \frac{1}{P}\left[\beta P_r\right]$$

임의의 두 만기 T_1, T_2를 선택한다. 식을 단순화하기 위하여 $P_1 = P(t, T_1)$, $\mu_1 = \mu(t, T_1)$ 등과 같이 표기하기로 한다. 다음으로 구성된 포트폴리오를 생각해 보자.

- 1 단위의 T_1만기 무이표채
- γ_t 단위의 T_2만기 무이표채

t시점에서 포트폴리오의 가치 $V = P_1 + \gamma_t P_2$이 된다. 또한 다음의 식이 성립된다.

$$dV = (\mu_1 P_1 + \gamma_t \mu_2 P_2)dt + (\sigma_1 P_1 + \gamma_t \sigma_2 P_2)dW_t$$

만약 $\gamma_t = -\sigma_1 P_1/\sigma_2 P_2$를 선택하게 되면 dW_t의 계수는 0이 되어 이 포트폴리오는 제한적으로 위험이 사라진다. 이는 축소적으로 수익률이 단기이율(순간이율)과 같아야 하므로, 다음 식이 성립해야 한다.

$$\mu_1 P_1 + \gamma_t \mu_2 P_2 = r_t V - r_t (P_1 + \gamma_t P_2)$$

γ_t를 치환하면, 다음과 같이 된다.

$$\mu_1 P_1 - \frac{\sigma_1 P_1}{\sigma_2 P_2}\mu_2 P_2 = r_t\left(P_1 - \frac{\sigma_1 P_1}{\sigma_2 P_2}P_2\right)$$

위를 재정리하여 다음의 조건을 얻는다.

$$\frac{\mu_1 - r_t}{\sigma_1} = \frac{\mu_2 - r_t}{\sigma_2} \tag{29.30}$$

T_1과 T_2는 임의로 선택한 것이므로, 모든 T_1, T_2에 대하여 성립해야 한다. 이는 비율이 T_1, T_2에 의존하지 않는다는 뜻이다. 그러므로 $\lambda(t, r_t)$를 다음과 같이 정의하면

$$\lambda(t, r_t) = \frac{\mu(t,\, T) - r_t}{\sigma(t,\, T)} \tag{29.31}$$

그러면 $\lambda(t, r_t)$는 T와는 독립적이 된다. 이렇게 (29.7)이 확보된다.

그러면 정의에 의해

$$\mu = \frac{1}{P}\left[P_t + \alpha P_r + \frac{1}{2}\beta^2 P_{rr}\right] \qquad \sigma = \frac{1}{P}[\beta P_r]$$

$\lambda\sigma = \mu - r$이므로 다음과 같이 된다.

$$\frac{1}{P}\lambda\beta P_r = \frac{1}{P}\left(P_t + \alpha P_r + \frac{1}{2}\beta^2 P_{rr}\right) - r$$

이 식을 정렬하면, $\lambda\beta P_r = P_t + \alpha P_r + (1/2)\beta^2 P_{rr} - rP$ 혹은

$$(\alpha - \lambda\beta)P_r + P_t + \frac{1}{2}\beta^2 P_{rr} - rP = 0 \tag{29.32}$$

식 (29.32)가 단일요인 기간구조 모델의 기본 pde이며, 본문 중 식 (29.9)이다.

Heath-Jarrow-Morton 및 Libor Market 모델

30.1 개론

Heath, Jarrow 및 Morton(1990, 1992b)의 방법론(이하 HJM이라고 함)은 기간 구조 모델링과 이자율 파생상품의 가격산정에 있어서 중요한 진전을 이룩하였다. 요인 모델이 수익률 곡선의 특정한 점의 움직임(예를 들면, 단기이율)을 모델링하고, 곡선의 다른 부분의 움직임은 차익거래가 발생하지 않도록 유도해 내는 반면, HJM 방법론은 직접 이자율 곡선 전체를 다루며, 모든 만기의 이자율 변화를 모델링한다. 모델을 구축하는 방법 상, HJM 방법은 어떤 초기 이자율 곡선과도 일관성이 있다. 실제 적용하는 데 있어서도 단지 두개의 정보, 즉 초기 이자율 곡선 그 자체와 만기가 다른 선도이율의 변동성만 필요할 뿐이다.

HJM 방법론은 세계 금융시장 어디든지 이자율 위험에 관련된 증권의 모델링에 널리 사용되는 접근 방법이다. 이 분야를 더욱 발전시킨 것은 1990년대 중반의 소위 시장모델이라는 계열의 출현이었다. 이 장에서는 먼저 HJM 방법론을 설명하고, 그 다음에는 시장모델의 한 분류인 Libor Market Model 혹은 LMM에 대하여 설명한다. 시장모델의 다른 계열인 Swap Market Model 혹은 SMM은 개념상으로는 LMM과 유사하나, Libor 시장 데이터가 아니라 스왑 시장 데이터로 모델을 추정한다. 이 장의 마지막 부분에서 SMM에 대하여 간단히 살펴본다.

대부분 일반 형태에 있어서, 이 장에서 다루는 모델은 기술적으로 상당히 복잡하다. 목표는 이러한 모델의 핵심을 가능한 한 투명한 상황에서 설명하는 것이며, 따라서 이러한 모델 중 가장 단순한 형태에 초점을 맞춘다. 이러한 모델에 대한 완전한 설명은, Brigo와 Mercurio(2001), Pelsser(2000), Rebonato(2002a)와 같은 고급 채권모델링 서적에서 찾을 수 있을 것이다.

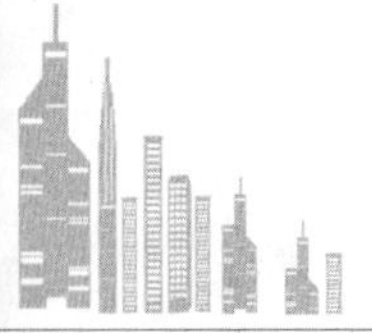

30.2 HJM의 방법론: 예비 논평

HJM 방법론에 대한 설명은 방법론과 방법론이 제공하는 기술적 장점에 대한 폭 넓은 논의로부터 시작한다.

우선 논평부터 시작한다. 많은 논문에서 "HJM 모델"이라고 언급한다. 이것은 좀 잘 못 붙여진 이름이다. HJM은 Black, Derman 및 Toy(1990) 모델을 모델이라고 부르는 그런 의미의 모델은 아니기 때문이다. 오히려 HJM 방법론은 모든 만기의 이자율의 움직임을 동시에 고려하는 이자율변동 모델링을 위한 방법론을 제시하며, 이러한 움직임을 차익거래가 발생하지 않도록 모델링하는 방법을 기술한다. 이러한 움직임을 발생시키는 변동요인의 개수를 선택하는 것은 모델링을 하는 사람에게 달려 있다. 그러므로 모든 수익률 곡선이 하나의 요인에 변동하는 단일 요인 HJM 상황이 있을 수 있고, 이(二) 요인 HJM 상황이나, 더 일반적인 어떤 숫자라도 될 수 있는 k 요인 HJM 환경이 될 수도 있다. 이와는 대조적으로 특정 요인 모델은 명시적으로 요인의 개수와 연결되어 있다. Vasicek(1977), Cox, Ingersoll 및 Ross(1985), Black, Derman 및 Toy(1990)는 모두 반드시 단일 요인 모델이며, Brennan과 Schwartz(1979)는 반드시 이(二) 요인 모델이며, 기타 등등. 이와 유사하게 요인들이 어떤 방식으로 문제가 되는지가 논문에 명시되어 있다. Vasicek의 경우에는 단일요인이 Ornstein-Uhlenbeck 과정을 따르며, CIR의 경우에는 제곱근과정을 따르며, BDT의 경우에는 대수정규분포 과정을 따르는 것 등으로 명시되어 있다. HJM의 경우에는, 선택된 요인들이 어떻게 작용하는지를 모델 구축자에게 맡겨 두고 있다. 그럼에도 불구하고 일반적인 용어에 복종하여 이 방법론을 HJM 모델이라고 부른다.

다른 요인 모델과 비교하면 HJM 접근법은 두개의 구별되는 특징이 있다. 하나는 모델링하고자 하는 수익률 곡선이다. 요인 모델에서는 모델링의 초점이 되는 것은 현물수익률(이자율) 곡선이다. HJM은 오히려 선도이율(forward rate)을 모델링한다. 물론 선도이율 곡선과 현물이율 곡선은 대등한 표현방식이지만, HJM 논문들은 선도이율을 모델링하는 것에 중요한 기술적 이점이 있다는 것을 보여 주고 있다.

HJM 방법론의 두 번째 구별되는 특징은 기술적인 내용으로 HJM 방법론의 기술적인 장점이다. 29장에서 보았듯이 (식 (29.20). 이하의 설명을 참조하라), 요인 모델에서는 위험중립 세계의 단기이율(short rate)의 추세(drift)가 (많은 경우에 알려지지 않은) 위험의 시장가격에 의존한다. HJM 환경에서는 선도이율의 위험중립 추세는 단지 변동성의 함수일 뿐이다. 이론상 이 특성으로 인하여 과거의 데이터만 가지고 이 모델을 사용할 수 있게 된다.

이 점을 좀 더 부연설명 하기 위하여 연속시간 상황을 가정한다. 요인 모델에 관련된 논거는 본질적으로 29장의 그것과 동일하다. 연속시간 수학이 불편한 독자는 이 부분을 뛰어 넘어도 흐름에 별 손실은 없을 것이다. 왜냐하면, 주요 결과(HJM 모델에서의 위험중립추세와 변동성의 관계)는 이장

뒷부분에서 이산 시간 환경으로 더 논의될 것이기 때문이다.

Vasicek(1997) 모델을 구체적인 예로 검토한다. 이 모델에서 단기이율(short rate)은 다음 과정으로 생성된다.

$$dr_t = \kappa(\theta - r_t)dt + \sigma d W_t$$

여기에서 θ는 단기이율의 장기평균을, κ는 평균회귀 속도를, σ는 단기이율의 변동성을 각각 의미한다. 식 (29.4)에서 논의한 바와 같이 위험중립측도에서 이 과정은 다음의 형태를 가진다.

$$dr_t = (a - \kappa r_t)dt + \sigma d \widehat{W}_t \tag{30.1}$$

위에서 $a = \kappa\theta - \sigma\lambda$를 의미하며, λ는 위험의 시장가격을 의미한다. 그러므로 위험중립측도에서 r_t의 움직임-특히 r_t의 추세(drift)-은 위험의 시장가격에 달려있다.

왜 이렇게 위험의 시장가격 λ에 종속되는 것이 문제가 되나? 어떤 권리의 가격은 위험중립측도에서 현금흐름의 할인된 기대치임을 상기하라. X_T가 시점 T에서 발생하는 현금흐름이라면, 시점 0에서의 가치는 단지 다음과 같다.

$$E[\beta_T X_T] \tag{30.2}$$

여기에서 기대값은 위험중립측도 하에서 계산된 것이며 할인계수(discount factor) β_T는 다음의 단기이율 과정에서 결정된 것이다.

$$\beta_T = \exp\left\{-\int_0^T r_s ds\right\} \tag{30.3}$$

식 (30.2)~(30.3)으로부터, 권리를 평가하기 위해서는 위험중립측도 하에서 r_t의 움직임을 아는 것이 필수적임을 인지하게 된다. 하지만 식 (30.1)에서 위험중립측도 하에서 r_t의 추세는 λ에 종속되며, 따라서 파생상품의 가격산정은 위험의 시장가격에 대한 가정 없이는 불가능하다. (여기에서 추세와는 달리 r_t의 변동성은 원래 상황이든 위험중립상황이든 변함이 없음을 주목하라.)

HJM 방법론에서는, 선도이율의 위험중립 추세(drift)는 이 이율들의 변동성의 함수이다. 변동성은 원래 상황에서 위험중립 상황으로 이동되더라도 변화하지 않는데, 이것은 이 모델은 위험의 시장가격에 대한 가정 없이도 사용이 가능하다는 것을 의미한다. 사실, 이론상으로는 이 모델은 과거 데이터만 있으면 활용이 가능하며, 파생상품의 가격도 산출할 수 있다. 기술적으로 그리고 개념상으로 이것은 요인 모델에 비하여 중요한 도약이다.

요약하자면, HJM 모델이 널리 사용되는 데는 몇 가지 특징이 역할을 한다. 이 모델은 어떤 초기 이자율 곡선과도 일관성이 있다. 이산시간이나 연속시간 상황 모두 추적 가능하다. 이 모델은 구성에 있어서 매우 유연하다. 이자율 곡선에 영향을 주는 요인의 개수나 그 요인들이 어떻게 영향을 미치는지도 모델 구축자가 선택할 수 있는 변수가 되기 때문이다. 마지막으로 이자율의 위험중립

추세(drift)는 단지 변동성의 함수이므로, 파생상품의 가격 산정을 위해서 위험의 시장가격에 대한 가정을 할 필요가 없다.

이후의 자료는 이점에 대하여 자세히 살펴 볼 것이다. Heath 및 기타(1990)에서 설명하고 있는 것처럼 HJM 중 이산시간 형에 초점을 맞출 것이다. Heath 및 기타(1992b)의 연속시간형은 더 범위가 넓고 포괄적이지만 더 기술적이며 어렵다. 이 모델의 특징과 작동을 설명하기에는 이산시간형으로 충분하다.

30.3 단일 요인 HJM 모델

시점이 $t=0, 1, 2, \cdots, n$인 n기간 모델을 생각해 보자. 각 기간의 길이는 h년이며, 모델의 총 기간 T는 nh년이 된다.

시점 s에서 (단 $s \geq t$ 그리고 $s \leq n-1$) 1기간 동안 투자나 대출에 적용되는 시점 t의 선도이율 $f(t, s)$라고 하자. $f(t, s)$는 시점 t에 결정되지만, s에서 $s+1$ 기간에 적용된다. s에서 $s+1$ 사이의 기간은 h년이기 때문에 s시점에 투자된 $1는 $f(t, s)$로 부리되어 다음의 금액이 된다.

$$\exp\{f(t, s) \cdot h\}$$

이와 같은 이산시간 환경에서는 시점 0의 선도이율곡선은 다음과 같은 n개의 선도이율로 구성되어 있다: $f(0, 0)$, $f(0, 1)$, $f(0, 2)$, $\cdots$, $f(0, n-1)$. 시점 1에서는 최종 시점과 한 단계 가까워져서 선도이율 곡선은 다음과 같은 $(n-1)$개의 선도이율을 가지게 된다. $f(1, 1)$, $f(1, 2)$, $\cdots$, $f(1, n-1)$. 어떤 시점 t에서의 $f(t, t)$는 그 시점의 현물이율을 의미한다.

$P(t, s)$를 s에 만기되는 액면가 $1 무이표채의 t시점의 가격이라고 하자. 일반적인 현물이율-선도이율 동등성 논리에 의거하여 ((26.14)절 참고), 다음의 식이 성립해야 한다.

$$P(t, s) = \exp\left\{-\sum_{i=t}^{s-1} f(t, i) \cdot h\right\} \qquad \textbf{(30.4)}$$

수치를 사용한 예

HJM 상황의 설명을 돕기 위하여, 수치를 사용한 예를 병행해서 사용한다. 예에서 $h=1$년이다. 총 기간은 5년으로 한다. 다음이 초기 입력 정보이다.

T	Forward Rate	Value
0	$f(0,0)$	0.10
1	$f(0,1)$	0.11
2	$f(0,2)$	0.12
3	$f(0,3)$	0.13
4	$f(0,4)$	0.14

만기 전체에 대하여 무이표채의 가격은 위 자료로부터 산출할 수 있다. 예를 들어, 5년 후에 만기가 되는 무이표채의 0시점에서의 가격은 다음과 같다.

$$P(0,5) = \exp\left[-\sum_{i=0}^{4} f(0,i)\times 1\right] = 0.548812$$

선도이율 곡선의 유도

초기 설명은 선도이율이 이항 트리로 진전하는 단일 요인 모델에 국한한다. 굵은 글씨로 표기한 $\boldsymbol{f}(t, T)$는 t시점에서의 선도이율곡선을 의미하며, 따라서 $t+1$ 시점의 선도이율곡선 $\boldsymbol{f}(t+1, T)$는 다음의 두 가지 값 중 하나를 가진다. 선도이율 움직임 중 상향 움직임에 해당하는 $\boldsymbol{f}_u(t+1, T)$와 선도이율곡선의 하향 움직임에 해당하는 $\boldsymbol{f}_d(t+1, T)$.

$$\boldsymbol{f}_u(t+1, T) = \begin{bmatrix} f_u(t+1, t+1) \\ f_u(t+1, t+2) \\ \vdots \\ f_u(t+1, n-1) \end{bmatrix} \qquad \boldsymbol{f}_d(t+1, T) = \begin{bmatrix} f_d(t+1, t+1) \\ f_d(t+1, t+2) \\ \vdots \\ f_d(t+1, n-1) \end{bmatrix}$$

모델의 구성을 완성하기 위해서는 $\boldsymbol{f}_u$와 $\boldsymbol{f}_d$ 곡선이 $\boldsymbol{f}$와 어떤 관계인지를 설명해야 한다. X를 q의 확률로 $+1$의 값을 가지며, $1-q$의 확률로 -1 값을 가지는 무작위 변수라고 하자. 그러면 모든 s에 대하여 아래와 같은 가정을 하는 것이다.

$$f(t+1, s) = f(t, s) + \alpha(t, s)h + \sigma(t, s)X\sqrt{h}$$

이것은 모든 s에 대하여 다음과 같이 됨을 의미한다.

$$f_u(t+1, s) - f(t, s) = \alpha(t, s)h + \sigma(t, s)X\sqrt{h}$$
$$f_d(t+1, s) - f(t, s) = \alpha(t, s)h - \sigma(t, s)X\sqrt{h}$$

확률 q와 $1-q$는 모델에서 위험 중립 상승 확률과 하락 확률을 의미한다. 편의상 $q=1/2$로 한다. HJM도 이렇게 가정한다. 그러나 이는 설명을 단순히 하기 위한 것이지 분석적으로 꼭 그렇게 되어야 하는 것은 아니다.

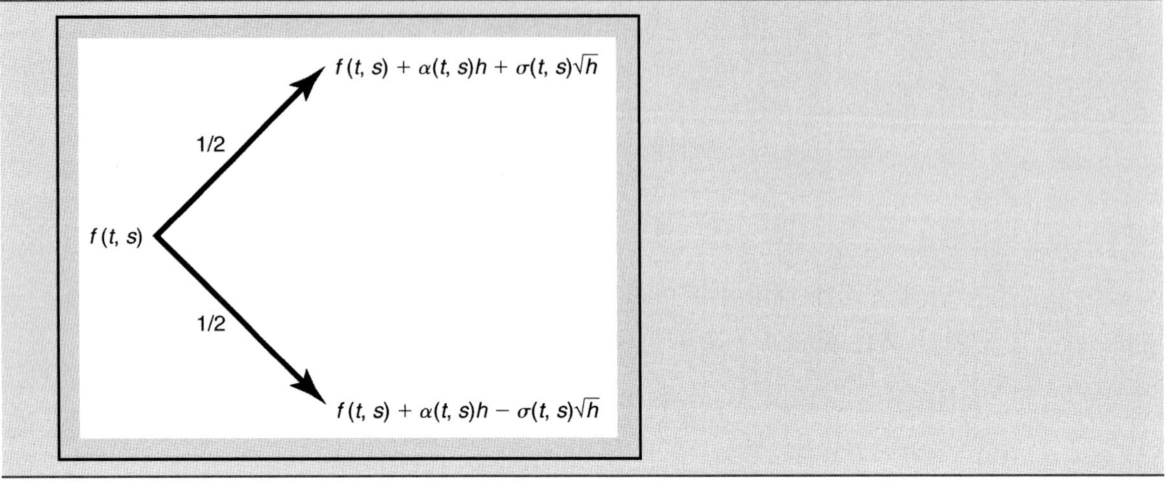

그림 30.1
선도이율의 생성

선도이율 생성 과정은 [그림 30.1]에 그래프로 표시하였다. 각 정해진 시간 s에 대한 선도이율 변화는 두개의 요소로 이루어져 있다는 사실을 기억하라. 첫 번째 요소는 추세를 나타내는 α이다. 두 번째 요소는 충격 혹은 변동성 요소인 σ이다. (왜 이들을 추세와 변동성이라고 부르는 지는 곧 분명해질 것이다.) 추세와 변동성은 현재 시점 t, 관련된 특정 만기 s, 그리고 현재 시점의 선도이율 수준 등과 같은 다른 정보에 따라 달라질 수 있다. 그러나 위의 기술에서는 식을 단순히 하기 위해서 다른 정보에 대한 종속성을 축약하여 표시하였다.

위의 선도이율 생성에서, 각 (t, s) 쌍에 대하여 선도이율의 변화의 기대값 E_t 그리고 분산 V_t를 다음과 같이 산출할 수 있다.

$$E_t\,[f(t+1, s)\,|\,f(t, s)] = f(t, s) + \alpha(t, s)h$$
$$V_t\,[f(t+1, s)\,|\,f(t, s)] = \sigma(t, s)^2 h$$

이율이 평균 $\alpha(t, s)h$ 만큼 변화하므로 α를 (t, s)-선도이율의 위험중립 추세라고 부르는 것이 당연하다. 그리고 이 용어의 일반적인 정의와 일관되게, 변화의 표준편차인 $\sigma(t, s)\sqrt{h}$를 선도이율(변화)의 변동성이라고 부른다. α와 σ 모두가 연율임을 유념하라.(따라서 h와 $\sqrt{h}$로 각각 조정되었음.)

이 이율변화 구조를 위의 구체적인 수치를 사용한 예에 적용해보면, $h=1$이므로 1기간 이후 상승의 곡선은 다음과 같다.

$$\boldsymbol{f_u}(t+h,\,T) = \begin{bmatrix} f_u(1,1) \\ f_u(1,2) \\ f_u(1,3) \\ f_u(1,4) \end{bmatrix} = \begin{bmatrix} f(0,1)+\alpha(0,1)+\sigma(0,1) \\ f(0,2)+\alpha(0,2)+\sigma(0,2) \\ f(0,3)+\alpha(0,3)+\sigma(0,3) \\ f(0,4)+\alpha(0,4)+\sigma(0,4) \end{bmatrix} \tag{30.5}$$

하락의 경우는 다음과 같다.

$$f_d(t+h,\ T)=\begin{bmatrix} f_d(1,1) \\ f_d(1,2) \\ f_d(1,3) \\ f_d(1,4) \end{bmatrix}=\begin{bmatrix} f(0,1)+\alpha(0,1)-\sigma(0,1) \\ f(0,2)+\alpha(0,2)-\sigma(0,2) \\ f(0,3)+\alpha(0,3)-\sigma(0,3) \\ f(0,4)+\alpha(0,4)-\sigma(0,4) \end{bmatrix} \tag{30.6}$$

이 예에서 변동성 구조에 관하여 다음과 같은 매우 단순한 가정을 한다.

모든 (t, s)에 대하여 $\sigma(t, s) = 0.015$

이것은 단지 설명을 편하게 하기 위한 것이다. 아래에서 분명해지겠지만 복잡한 변동성 함수를 포함하는 것은 간단한 문제이다.

초기 선도이율과 변동성 값을 (30.5)~(30.6)에 대입하면, 위 예는 1기간 후에 다음과 같은 선도이율을 생성하게 된다.

$$\begin{bmatrix} 0.10 \\ 0.11 \\ 0.12 \\ 0.13 \\ 0.14 \end{bmatrix} \begin{matrix} \nearrow \\ \searrow \end{matrix} \begin{matrix} \begin{bmatrix} 0.125+\alpha(0,1) \\ 0.135+\alpha(0,2) \\ 0.145+\alpha(0,2) \\ 0.155+\alpha(0,4) \end{bmatrix} \\ \\ \begin{bmatrix} 0.095+\alpha(0,1) \\ 0.105+\alpha(0,2) \\ 0.115+\alpha(0,2) \\ 0.125+\alpha(0,4) \end{bmatrix} \end{matrix}$$

α의 값(즉, 모델의 위험중립 추세)을, 차익거래를 발생시키지 않아야 한다는 조건을 활용하여 이 입력 정보(즉, 현재의 선도이율과 변동성)로부터 찾아낼 수 있다는 것을 보이겠다.

위험중립 추세(drift)의 계산

찾아야 할 위험중립 추세가 4개 있다. 우선 $\alpha(0,1)$을 찾고, 순서대로 나머지를 찾되 차익거래가 불가능해야 한다는 조건을 계속 사용할 것이다.

$\alpha(0,1)$을 찾기 위해서 2년 무이표채의 가격을 이용한다. 일반적인 경우와 같이 액면가 $1이라고 가정하면 이 채권의 가격은 선도곡선으로부터 다음과 같이 계산된다.

$$P(0,2) = \exp[-(0.10 + 0.11)] \tag{30.7}$$

선도이율 생성 과정과 위험중립을 이용하여 채권가격을 계산할 수도 있다. 즉, 2년 후의 현금흐름을 1년 후 시점으로 할인하고, 이를 다시 연초로 할인하여 가격을 계산하는 방법이다. 1년 후에는 두 개의 단기이율이 가능하다. 선도이율이 상승하면 단기이율은 다음과 같다.

$$f_u(1,1) = 0.125 + \alpha(0,1)$$

1년 후 이 이율에 상응하는 채권가격은 다음과 같다.

$$P_u(1,2) = \exp[-(0.125 + \alpha(0,1))]$$

$P(1,2)$는 $T=2$에 만기가 되는 채권의 $t=1$ 시점에서의 가격을 의미한다. 이와 같이 선도이율이 하락하면 단기이율은 다음과 같이 된다.

$$f_d(1,1) = 0.095 + \alpha(0,1)$$

이에 상응하는 1년 후 채권가격은 다음과 같다.

$$P_d(1,2) = \exp[-(0.095 + \alpha(0,1))]$$

위험중립 상승과 하락의 확률은 각각 1/2이라고 가정하였으므로, 0 시점의 채권가격은 다음과 같이, 상승시 가격과 하락시 기대값을 동일비중으로 평균하고 0시점으로 할인하여 구할 수 있다.

$$\begin{aligned} P(0,2) &= \exp(-0.10) \times \frac{1}{2}[P_u(1,2) + P_d(1,2)] \\ &= \exp(-0.10) \times \frac{1}{2}\{\exp[-(0.125+\alpha(0,1))] + \exp[-(0.095+\alpha(0,1))]\} \end{aligned}$$

이 식을 식 (30.7)과 같은 것으로 보아, 미지수 $\alpha(0,1)$에 대한 하나의 방정식을 얻게 된다. 이를 풀면 다음의 값을 얻게 된다.

$$\alpha(0,1) = 0.000112$$

위를 다시 트리에 대입하면 1년 후의 이율생성을 다음과 같이 고쳐 쓸 수 있다.

$$\begin{bmatrix} 0.10 \\ 0.11 \\ 0.12 \\ 0.13 \\ 0.14 \end{bmatrix} \begin{matrix} \nearrow \\ \searrow \end{matrix} \begin{matrix} \begin{bmatrix} 0.125112 \\ 0.135 + \alpha(0,2) \\ 0.145 + \alpha(0,2) \\ 0.155 + \alpha(0,4) \end{bmatrix} \\ \\ \begin{bmatrix} 0.095112 \\ 0.105 + \alpha(0,2) \\ 0.115 + \alpha(0,2) \\ 0.125 + \alpha(0,4) \end{bmatrix} \end{matrix}$$

이제 $\alpha(0,2)$를 찾기로 한다. 이를 위해 3년 만기 무이표채를 활용한다. 일 년 후에 이 채권의 가격은, 이율이 상승하느냐 하락하느냐에 따라 두 가지 다른 가격을 갖게 될 것이다. 상승하는 경우 채권의 가격은 다음과 같이 된다.

$$P_u(1,3) = \exp[-(0.125112 + (0.135 + \alpha(0,2)))]$$

그리고 하락하는 경우의 가격은

$$P_d(1,3) = \exp[-(0.095112 + (0.105 + \alpha(0,2)))]$$

0시점에서의 채권가격은 다음과 같아야 한다.

$$\begin{aligned} P(0,3) &= \exp(-0.10) \times \frac{1}{2}[P_u(1,3) + P_d(1,3)] \\ &= \exp(-0.10) \times \frac{1}{2}(\exp[-(0.125112 + (0.135 + \alpha(0,2)))] \\ &\quad + \exp[-(0.095112 + (0.105 + \alpha(0,2)))]) \end{aligned}$$

위 식은 다음 식과 같아야 한다.

$$P(0,3) = \exp[-(0.10 + 0.11 + 0.12)]$$

$\alpha(0,2)$를 구하면 다음 값을 얻게 된다.

$$\alpha(0,2) = 0.000337$$

이를 트리에 적용하면 다음과 같이 수정된 선도이율곡선을 생성하게 된다.

$$\begin{bmatrix} 0.10 \\ 0.11 \\ 0.12 \\ 0.13 \\ 0.14 \end{bmatrix} \begin{matrix} \nearrow \begin{bmatrix} 0.125112 \\ 0.135337 \\ 0.145 + \alpha(0,3) \\ 0.155 + \alpha(0,4) \end{bmatrix} \\ \searrow \begin{bmatrix} 0.095112 \\ 0.105337 \\ 0.115 + \alpha(0,3) \\ 0.125 + \alpha(0,4) \end{bmatrix} \end{matrix}$$

여기에 사용하는 방법은 붓스트래핑 방법이다. 우선 $\alpha(0,1)$을 구하고, 이를 이용하여 $\alpha(0,2)$를 구한다. 그 다음에는 같은 방법으로 $\alpha(0,1)$과 $\alpha(0,2)$를 이용하여 $\alpha(0,3)$를 구한다. 모든 만기에 대하여 기간별 위험중립 추세(drift)를 구한다. 같은 계산과정을 되풀이하기 보다는 나머지 α에 대하여는 다음과 같이 답을 제시한다.

$$\alpha(0,3) = 0.000562$$
$$\alpha(0,4) = 0.000787$$

이로서 HJM 트리의 1기간 이율생성을 다음과 같이 완성한다.

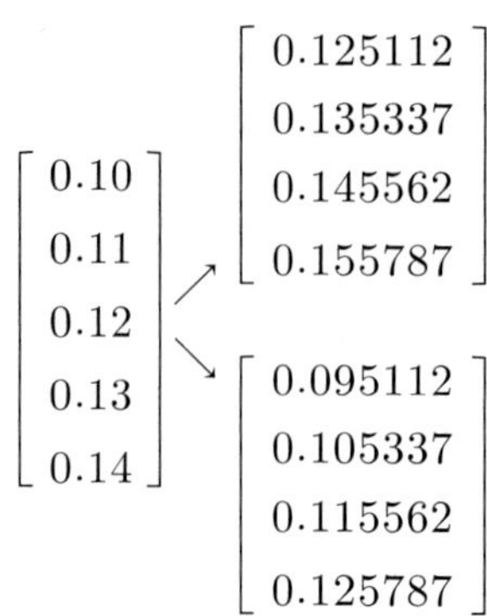

복수기간으로 확장하기

모델에서 힘든 부분은 거의 마쳤다. 이제 막 설명한 1기간의 선도이율 생성 절차를 다음 기간에도 되풀이 할 수 있다.

1기간 후에 이율이 상승하는 경우 $f_u(1, T)$와 하락하는 경우 $f_d(1, T)$ 두 개의 선도이율 곡선을 가지게 되었다. 상승곡선을 초기 곡선으로하고, 동일한 변동성을 적용하여 이로부터 두 개의 곡선을 생성할 수 있다. 동일한 방법으로 하락곡선을 초기 곡선으로 하여 다음 기간을 위한 두 개의 곡선을 만들 수 있다. 이렇게 하면, 2기간 후에는 총 4개의 곡선이 만들어지게 된다. 하지만 이것은 트리가 합쳐지지 않는다고 가정했을 때의 상황이다. 만약 합쳐지는 경우라면, f_u의 하락 상태의 곡선과 f_d의 상승 상태 곡선이 우연히 일치되어 2기간 후에 단지 세 개의 곡선이 만들어 질 수도 있다. 합쳐지기 위한 조건은 곧 살펴보겠다. 우선 1기간 후에 상승 가지로부터 생겨나는 트리를 계산한다. 이 트리를 상승 가지라고 부른다.

상승 가지

상승 선도곡선을 기초 곡선으로 간주해 보자. 여기로부터 출발하여 기간 1에서 기간 2로 진행되는 1기간의 다음 가지는 다음과 같이 묘사될 수 있다. (시점 2 후에는 단지 3기간만 남아있기 때문에 상승 가지에서 형성되는 2개의 선도곡선에는 각각 3요소만 포함된다는 점을 주의하라.)

$$\begin{bmatrix} 0.125112 \\ 0.135337 \\ 0.145562 \\ 0.155787 \end{bmatrix} \begin{matrix} \nearrow \\ \searrow \end{matrix} \begin{matrix} \begin{bmatrix} 0.150337 + \alpha(1) \\ 0.160562 + \alpha(2) \\ 0.170787 + \alpha(3) \end{bmatrix} \\ \\ \begin{bmatrix} 0.120337 + \alpha(1) \\ 0.130562 + \alpha(2) \\ 0.140787 + \alpha(3) \end{bmatrix} \end{matrix}$$

이전에 사용한 동일한 방식으로 3개의 선도이율 곡선을 활용하여 $\alpha(1)$, $\alpha(2)$, $\alpha(3)$를 계산한다. 비록 이 세 곡선이 1년과 2년 사이의 기간에 적용되지만, 1년에 새로이 시작하는 모델로 간주한다. 그러므로 비록 $t=1$에서 시작하는 다음 가지를 만들어서 $t=2$ 시점의 선도이율을 계산하는 것이 목적이긴 하지만 $\boldsymbol{f_u}$를 출발점으로 간주하고 이전에 다음 가지를 계산하던 방법과 동일한 방법으로 계산하면 된다. 다시 한번 더 $\alpha(1)$을 계산한다. 2년 만기 무이표채의 가격은 다음과 같다.

$$P(1,3) = \exp[-(0.125112 + 0.135337)]$$

이는 트리로 계산한 다음의 가격과 동일하다.

$$P(1,3) = \exp(-0.125112) \times \frac{1}{2}[P_u(2,3) + P_d(2,3)]$$

위에서

$$P_u(2,3) = \exp[-(0.150337 + \alpha(1))]$$
$$P_d(2,3) = \exp[-(0.120337 + \alpha(1))]$$

$\alpha(1)$에 대하여 풀어서 다음의 값을 구한다.

$$\alpha(1) = 0.000112$$

붓스트래핑을 적용하여 나머지 α를 구할 수 있다. 독자가 계산을 점검해 볼 수 있도록 연습문제로 남겨둔다. 답은 다음과 같다.

$$\alpha(2) = 0.000337$$
$$\alpha(3) = 0.000562$$

이를 다시 다음 가지에 적용하면 다음과 같이 된다.

$$\begin{bmatrix} 0.125112 \\ 0.135337 \\ 0.145562 \\ 0.155787 \end{bmatrix} \begin{matrix} \nearrow \begin{bmatrix} 0.150449 \\ 0.160899 \\ 0.171349 \end{bmatrix} \\ \searrow \begin{bmatrix} 0.120449 \\ 0.130899 \\ 0.141349 \end{bmatrix} \end{matrix}$$

하락 가지

이번에는 하락 상황을 초기곡선으로 하여 트리를 생성해 보자. 여기로부터 (즉, f_d에서 시작하여) 1기에서 2기에 이르는 1기간의 다음 가지 생성은 다음과 같이 표현될 수 있다.

$$\begin{bmatrix} 0.095112 \\ 0.105337 \\ 0.115562 \\ 0.125787 \end{bmatrix} \begin{matrix} \nearrow \\ \searrow \end{matrix} \begin{matrix} \begin{bmatrix} 0.120337 + \alpha(1) \\ 0.130562 + \alpha(2) \\ 0.140787 + \alpha(3) \end{bmatrix} \\ \begin{bmatrix} 0.090337 + \alpha(1) \\ 0.100562 + \alpha(2) \\ 0.110787 + \alpha(3) \end{bmatrix} \end{matrix}$$

통상적인 계산은 생략하고 계산된 α 값만 제시한다.

$$\alpha(1) = 0.000112$$
$$\alpha(2) = 0.000337$$
$$\alpha(3) = 0.000562$$

그러면 완성된 하락 가지를 다음과 같이 묘사할 수 있다.

$$\begin{bmatrix} 0.095112 \\ 0.105337 \\ 0.115562 \\ 0.125787 \end{bmatrix} \begin{matrix} \nearrow \\ \searrow \end{matrix} \begin{matrix} \begin{bmatrix} 0.120449 \\ 0.130899 \\ 0.141349 \end{bmatrix} \\ \begin{bmatrix} 0.090449 \\ 0.100899 \\ 0.111349 \end{bmatrix} \end{matrix}$$

여기에서 출발한 상승 선도 곡선은 앞의 하락 선도 곡선과 일치한다. 즉 트리의 재결합이 발생한다.

$$\begin{bmatrix} 0.10 \\ 0.11 \\ 0.12 \\ 0.13 \\ 0.14 \end{bmatrix} \begin{matrix} \nearrow \\ \searrow \end{matrix} \begin{matrix} \begin{bmatrix} 0.125112 \\ 0.135337 \\ 0.145562 \\ 0.155787 \end{bmatrix} \begin{matrix} \nearrow \\ \searrow \end{matrix} \\ \begin{bmatrix} 0.095112 \\ 0.105337 \\ 0.115562 \\ 0.125787 \end{bmatrix} \begin{matrix} \nearrow \\ \searrow \end{matrix} \end{matrix} \begin{matrix} \begin{bmatrix} 0.150449 \\ 0.160899 \\ 0.171349 \end{bmatrix} \\ \begin{bmatrix} 0.120449 \\ 0.130899 \\ 0.141349 \end{bmatrix} \\ \begin{bmatrix} 0.090449 \\ 0.100899 \\ 0.111349 \end{bmatrix} \end{matrix}$$

트리의 재결합

현재 HJM 모델의 트리 구성을 위해서 사용하고 있는 숫자가 포함된 예는 가지가 재결합되는 것으로 귀결된다. 트리에서 2기간 이후에 (선도이율 곡선에서) 3개의 다른 상황이 생기게 된다. 이 특정한 변동성 함수를 선택했을 경우, n의 크기에 상관없이 전체 n기간 동안 트리가 항상 재결합된다는 것을 증명하는 것은 쉽다. 그리고 n기간 후에는 항상 $n+1$ 상황 혹은 분기점이 생기게 되는데, 각각은 고유한 선도이율 곡선이 된다.

트리가 재결합되기 위해서는 모델에 어떤 조건이 필요한가? 답은 선도이율의 변동성 함수 즉, $\sigma(t, s)$의 형태를 어떻게 정의하느냐에 달려있다. 트리가 재결합하는 데는 다음의 두 경우가 있다.

1. 모든 s에 대해서 $\sigma(t, s) = \sigma_0$인 경우. 즉, 변동성이 일정하며, 선도이율의 만기에 상관없이 동일한 경우. 우리가 지금까지 살펴본 숫자가 포함된 예가 바로 이런 경우이다.
2. 모든 s에 대해서 $\sigma(t, s) = \sigma(s)$인 경우. 말하자면, 선도이율의 만기에 따라 모두 변동성이 다르지만, 지금 시간 t나 다른 어떤 요인에 종속되지 않는다. 1의 경우는 2의 경우 중 특수한 형태라는 점을 주목하라.

반면, 변동성 함수가 현재시간 t 혹은 현재의 선도이율 수준 즉, $f(t, s)$에 종속된다면, 트리가 재결합된다는 것을 보장할 수 없다.

예 30.1

이자율 파생상품의 가격 산정을 설명하기 위해서 계산한 2기간 무차익거래 트리를 사용한다. 이표가 연13%인 5년 만기 채권에 대한 옵션가격을 산정해 보자. 특히 이 채권의, 1년 만기 행사가격 (coupon 제외) 100인 콜옵션의 가격을 산출한다.
이 옵션의 가격을 산출하기 위하여, 이 5년 만기 채권의 1년 후 가격을 계산할 필요가 있다. 1년 후에는 2가지 상황이 벌어질 것이며, 각 상황마다 4개의 선도이율 곡선 즉, 매년 하나의 선도이율 곡선이 존재할 것이다. 이 선도이율은 1년 이후의 채권가격을 산출하는 데 사용된다. 이자율 상승 상황에서는 다음과 같은 선도이율 곡선이 존재하게 된다.

$$\begin{bmatrix} 0.125112 \\ 0.135337 \\ 0.145562 \\ 0.155787 \end{bmatrix}$$

이표=13%인 채권의 가격은 모든 이자와 만기 시에 지급되는 원금을 할인함으로 구할 수 있다. (h =1임을 상기하라.)

$$
\begin{aligned}
P_u &= 13\exp[-(0.125112)] \\
&\quad + 13\exp[-(0.125112 + 0.135337)] \\
&\quad + 13\exp[-(0.125112 + 0.135337 + 0.145562)] \\
&\quad + 13\exp[-(0.125112 + 0.135337 + 0.145562 + 0.155787)] \\
&= 94.58296
\end{aligned}
$$

이 가격은 콜 행사가격 100보다 낮으므로 콜은 행사되지 않을 것이다. 따라서 이율 상승의 경우에 콜의 가치는 0이다.

이자율 하락의 경우에도 동일한 계산을 할 수 있으며, 결과는 다음과 같이 될 것이다.

$$P_d = 104.5823$$

이 경우 콜옵션은 내가격이 되고 4.8523의 현금흐름을 창출한다. 그러면 시점 0에서의 옵션가격은 ($q = 1/2$)로 기대값을 계산하고 이를 1차년도 초로 할인한 금액이다.

$$\text{콜옵션가격} = \exp(-0.10)\left[\frac{1}{2} \times 0 + \frac{1}{2} \times 4.5823\right] = 2.0731$$

■

현물이율 모델 대비 HJM의 이점

(예를 들어, Black-Derman-Toy (BDT) 모델이 각 분기점의 단기이율만 산출하는 것과 비교하면) 전 기간에 대하여 각 분기점의 선도이율을 산출하는 트리의 장점을 찾아내는 것은 쉽다. BDT 모델에서 5년 만기 채권에 대한 옵션가격을 산출하기 위해서는 채권의 만기인 5년 전부에 대하여 트리를 만들어야 한다. 그리고 이 트리를 이용하여 현금흐름을 1년 이후의 시점으로 할인하여 옵션가격을 계산한다. 그러나 HJM 모델에서는 대상이 되는 채권의 만기가 더 길다 하더라도 옵션의 만기인 1년까지만 트리를 만들면 된다. 이것은 1년 후에 산출할 수 있는 전체 선도이율 곡선에는 5년 만기 채권의 가격을 산출하는 데 필요한 모든 정보가 들어 있기 때문이며, 이로 인해서 이자율 옵션의 현금흐름을 산출할 수 있기 때문이다.

이산형 이항모형을 연속시간 모델의 근사치로 간주한다면, 트리의 기간을 더 많이 나누면 이산시간 모델이 연속 시간에 더 가까워질 것이다. HJM 모델은 기초가 되는 채권의 만기가 아니라 옵션의 만기까지만 트리를 연장하면 되기 때문에 주어진 만기까지의 기간을 더 잘게 쪼갤 수 있어서 결과적으로 모델의 정확도를 높일 수 있다.

30.4 二要因 HJM 환경

앞 절에서 다룬 단일요인 모델에서는, 모든 이율 변화는 하나의 공통된 요인에 의해 움직이므로 모든 변화는 완벽하게 서로 관련되어 있다. 이항모형 예에서 본 바와 같이 모든 이율이 상승하거나 하락하는 것을 의미한다.(단일 요인 모델에서도 이율이 다른 이율의 움직임과는 반대 방향으로 움직이는 것도 허용하는데, 이것은 완전한 반대의 상관관계를 의미한다. 이항 모델에서 이러한 경우는 단순히 σ의 부호를 바꾸는 것으로 이루어진다.)

만약 제2의 요인을 도입한다면, 이율은 각 요인에 해당하는 두개의 충격(shocks)에 의해 영향을 받는다. 이것은 이자율 변동에 있어서 불완전한 상관관계와 더 흥미로운 이자율 변동을 도입하기 쉽게 해 준다. 예를 들어 이를 설명한다. 예에는 3기간이 존재하는데, 1 기간의 길이 $h=1$년으로 한다. 초기 선도이율곡선은 다음과 같다.

$$
\begin{aligned}
f(0,0) &= 0.10 \\
f(0,1) &= 0.11 \\
f(0,2) &= 0.12
\end{aligned}
$$

Heath, Jarrow 및 Morton에 따라 다음과 같은 2요인 3항 트리를 이용하여 선도이율 과정을 다음과 같이 생각한다. 각 (t,s)에 대하여

$$
f(t+1,s)=\begin{cases} f(t,s)+\alpha(s)h+\sigma_1(s)\sqrt{h}+\sigma_2(s)\sqrt{h} & \text{확률 } 1/3 \\ f(t,s)+\alpha(s)h+\sigma_1(s)\sqrt{h}-\sigma_2(s)\sqrt{h} & \text{확률 } 1/3 \\ f(t,s)+\alpha(s)h-\sigma_1(s)\sqrt{h}-\sigma_2(s)\sqrt{h} & \text{확률 } 1/3 \end{cases} \tag{30.8}
$$

그리고 마지막으로 $\sigma_1(\cdot)$와 $\sigma_2(\cdot)$를 다음과 같이 정의한다.

$$
\begin{aligned}
\sigma_1(1) &= 0.010 \qquad & \sigma_2(1) &= -0.001 \\
\sigma_1(2) &= 0.009 \qquad & \sigma_2(2) &= -0.002
\end{aligned}
$$

이것은 물론 2 요인 모델이 어떻게 구성될 수 있는 지를 보여주는 한 특정한 예일 뿐이다. 그러한 모델의 일반적인 구성이 이렇게 되어야 한다는 뜻은 아니다. 이 구성에서는 쇼크 요인 σ_1과 σ_2가 단지 선도이율의 만기 s에만 종속될 뿐이며, 일반적인 경우에 관련성이 높은 현재 시점이나 선도이율의 현재 수준과는 독립적이다.

그럼에도 불구하고 이러한 구성에는 몇몇 흥미로운 특징이 있다. 때때로 요인들의 영향이 음(−)으로 명시될 수도 있다는 점을 주목하라. 이 간단한 장치로 두 개의 σ가 서로 반대되는 방향으로 작용할 수 있도록 해준다. 둘째, 선도이율의 만기가 길어질수록 σ_1는 감소한다. 이는 선도이율의 변동성과 만기 사이의 경험적으로 관찰된 관계에 근거한 것인데, 이는 수익률의 평균회귀 현상 때

그림 30.2
초기 2요인 HJM 트리

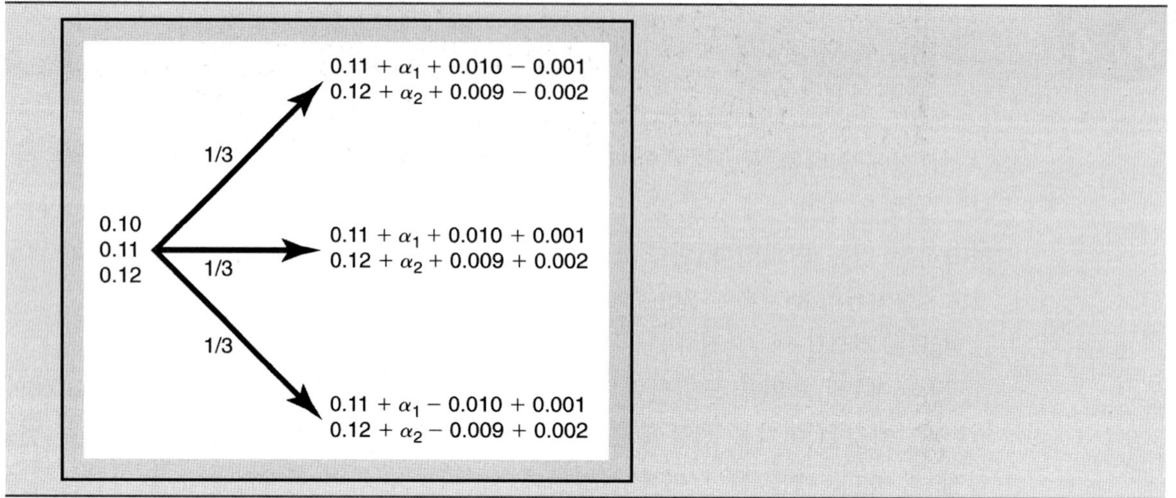

문에 생기는 것이다. 셋째, 변동성 함수 σ_2는 만기에 따라 서로 다른 부호를 가지는데, 장기 변동성은 음(−)의 부호를 가지며 단기 변동성은 양(+)의 부호를 가진다. 이것은 단기 쪽에서는 끌어 올리고 장기 쪽에서는 끌어내리거나 혹은 그 반대로 움직이게 하는 "기울기" 요인으로 이해될 수 있다. 이 특징은 사실상 수익률 곡선이 뒤틀리게도 만들어 주므로, 이자율 기간구조의 움직임이 수평이어야 한다는 가정을 원하지 않는 경우에 중요한 특성이다.

이러한 입력 정보로부터 선도이율의 3년간 트리가 어떻게 구축되는지, 그리고 이와 함께 이자율의 위험중립 추세를 어떻게 산출하는지를 보이겠다.

3항 트리 구축하기: 제 1 기간

명시된 σ 함수를 사용하여, 1기간의 선도이율 생성을 [그림 30.2]와 같이 3항 트리로 설명한다. 단순화하기 위하여 추세(drift)를 나타내는 α_1, α_2를 $\alpha(0,1)$, $\alpha(0,2)$로 표시하였다.

두 단계로 α_1, α_2를 구한다. 첫째, 2기간 만기 채권을 활용하여 α_1를 구한다. 그 다음 3기간 만기 채권과 α_1를 이용하여 α_2를 구한다. 첫 번째 단계는 다음의 방정식을 푼다.

$$\begin{aligned}\exp[-(0.10)]\times\exp[-(0.11)] = \; & \exp[-(0.10)]\times\frac{1}{3}\times\exp[-(0.11+\alpha_1+0.010-0.001)] \\ & +\frac{1}{3}\times\exp[-(0.11+\alpha_1+0.010+0.001)] \\ & +\frac{1}{3}\times\exp[-(0.11+\alpha_1-0.010+0.001)]\end{aligned}$$

위 방정식은 단순히, 2년 만기 무이표채의 기대치 현가는 위험중립측도에서 계산한 기대값인

현재 가격과 일치해야 한다는 사실을 정리한 것이다. 연초의 가격으로 할인하는 부분이 양변에 동시에 있으며, 불필요하므로 이를 양변에서 제거할 수 있다. 이 방정식을 풀면 다음의 해를 얻는다.

$$\alpha_1 = -0.00362614$$

그러면 두 번째 단계를 수행한다. α_2는 다음의 방정식으로부터 구할 수 있다.

$$\begin{aligned}
&\exp[-(0.11+0.12)] \\
&\quad = \frac{1}{3}\times\exp[-(0.11+\alpha_1+0.010-0.001)]\exp[-(0.12+\alpha_2+0.009-0.002)] \\
&\qquad + \frac{1}{3}\times\exp[-(0.11+\alpha_1+0.010+0.001)]\exp[-(0.12+\alpha_2+0.009+0.002)] \\
&\qquad + \frac{1}{3}\times\exp[-(0.11+\alpha_1-0.010+0.001)]\exp[-(0.12+\alpha_2-0.009+0.002)]
\end{aligned}$$

여기에서, 위 등식의 양변으로부터 시점 0으로 할인하는 부분을 제거한다. 이미 α_1의 값을 알므로, 위 식은 오직 하나의 미지수 α_2가 있을 뿐이다. 이 방정식을 풀면 다음의 해를 얻게 된다.

$$\alpha_2 = -0.00356759$$

$\{\alpha_1, \alpha_2\}$를 트리에 대입하면 [그림 30.3]과 같이 수정된 트리를 얻게 된다.

그림 30.3 1기간이 완성된 2요인 트리

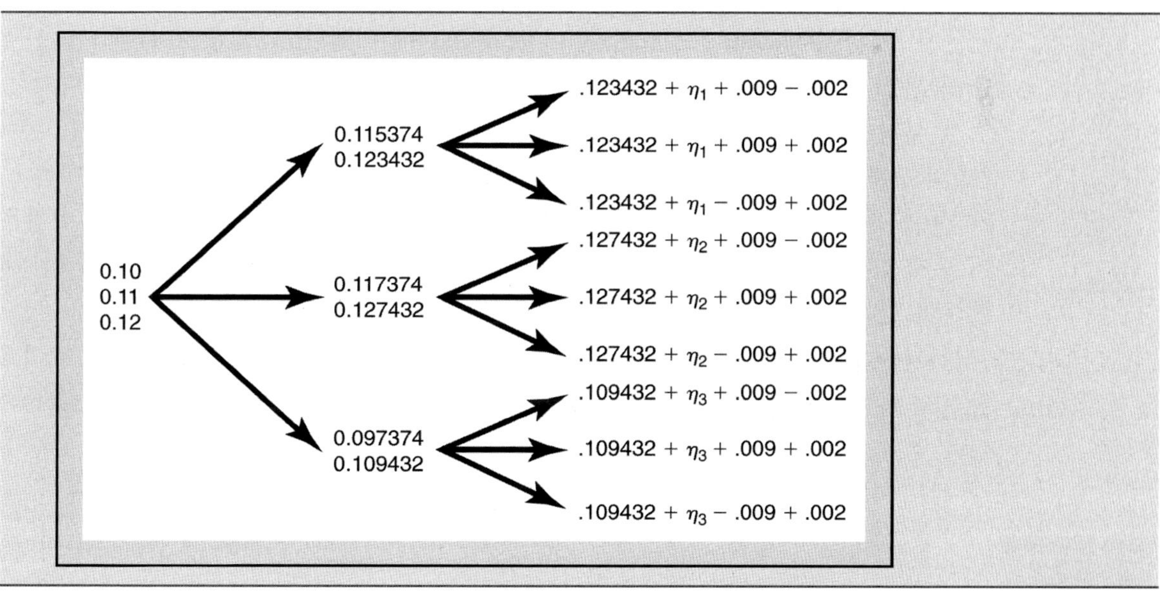

3항 트리 구축하기: 제 2기간

모델의 2기간 선도이율을 구해보자. 최상위 경로의 추세를 η_1, 중간 경로의 추세를 η_2, 최하위 경로의 추세를 η_3이라고 하자. 이 시점에서는 만기까지 남은 기간이 단지 1년이므로 각 경우 모두 동일하게 찾아야 할 추세는 하나이다. 그러므로 각 경로마다 하나의 식만 있으면 된다.

최상위 경로의 경우, 이미 익숙한 방법으로 η_1을 찾는다. 풀어야 할 식은 다음과 같다.

$$\begin{aligned}\exp[-0.123432] = & \exp[-(0.123432+\eta 1+0.009-0.002)]\times 1/3 \\ & +\exp[-(0.123432+\eta 1+0.009+0.002)]\times 1/3 \\ & +\exp[-(0.123432+\eta 1-0.009+0.002)]\times 1/3\end{aligned}$$

이를 풀어서 $\eta_1 = -0.00363685$를 얻는다.

나머지 두개의 경로에 대해서도 비슷한 방식으로 계산할 수 있다. 계산을 완료하면 다음의 값을 얻는다.

$$\eta_1 = -0.00363685$$
$$\eta_2 = -0.00363685$$
$$\eta_3 = -0.00363685$$

1기간 후에 형성되는 3 분기점 각각에서 생성되는 확률적 과정이 분기점에 상관없이 동일하기 때문에 3개의 추세(drift)가 동일하다. 이 값을 트리에 대입하면 (그림 30.4)에 그려진 완성된 선도이율 곡선을 얻게 된다.

부분적인 재결합은 있지만 완벽한 재결합은 이루어지지 않음을 유념하라. (2 기간 후에 첫째 큰 경로와 둘째 큰 경로 중에 공통된 가지가 있다. 유사하게 둘째 큰 경로와 셋째 큰 경로 중에 공통된 가지가 있다.) 모든 선도이율 변동성이 동일하다 하더라도 재결합이 성립되지 않는다. 이것은 모델에 요인이 두개 있기 때문이다. 재결합은 발생하기 어렵다. 이것은 이자율 트리 모델과 관련하여 기억해야 할 중요한 사실이다.

하지만, 기간이 길지 않으면 트리의 기간 분할을 달리하는 방법을 사용하여, 트리로 상당히 정교한 가격산정이 그래도 가능하다. 이러한 생각은 Heath, Jarrow, Morton 및 Spindel(1992)에 설명되어 있다.

예 30.2

이표 12%, 만기 3년인 이표채를 생각해 보자. 이 채권에 대하여 행사가격 100이며 만기 1년인 콜 옵션의 가격을 계산하려 한다. 행사가는 이자지급 후를 기준으로 한다. 즉 경과 이자를 제외한 채권 가격을 행사가격과 비교한다는 뜻이다.

그림 30.4
최종 2요인 트리

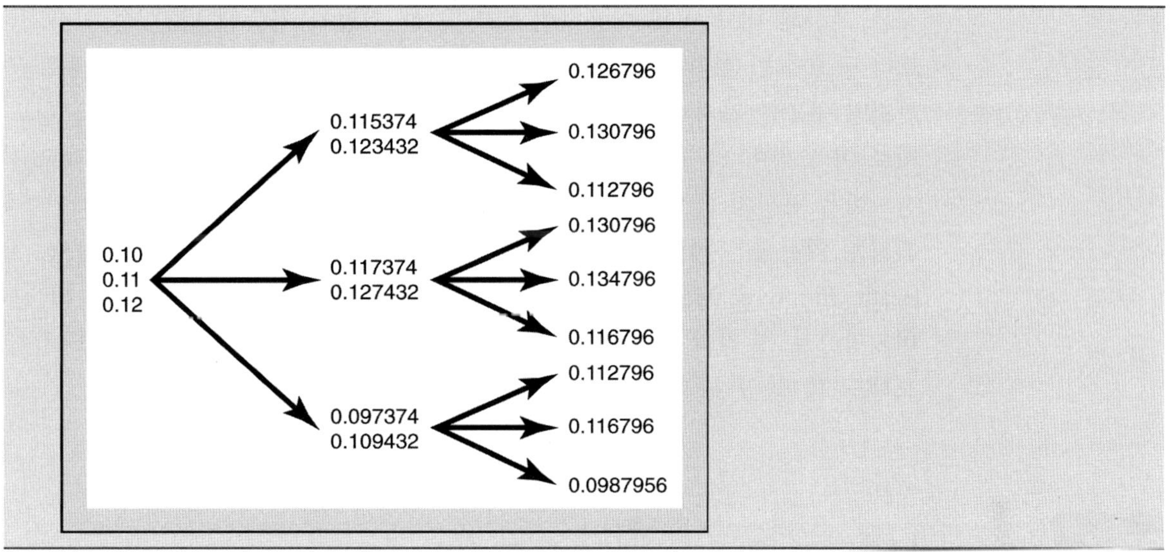

트리를 사용하여 1년 후 기초가 되는 채권의 가격이 어떤 값을 가질 수 있을지를 계산한다. 1년 말을 기준으로 할 때, 두 번의 현금흐름이 더 남아 있고, 선도이율 곡선을 이용하여 이 가격을 계산한다. 1년도 말의 세 분기점에서 다음의 세 가지의 가격이 산출된다.

$$12\exp[-(0.115374)]+112\exp[-(0.115374+0.123432]=98.8999$$
$$12\exp[-(0.117374)]+112\exp[-(0.117374+0.127432]=98.3509$$
$$12\exp[-(0.097374)]+112\exp[-(0.097374+0.109432]=101.962$$

마지막으로 옵션의 가치는 다음과 같이 산출된다.

옵션가치=

$$\left[\frac{1}{3}\max(0,\ 98.8999-100)+\frac{1}{3}\max(0,\ 98.3509-100)+\frac{1}{3}\max(0,\ 101.962-100)\right]\exp[-0.10]$$
$$=0.591898$$

■

단일요인과 2 요인: 요약

지금까지의 모든 논의를 요약하면, 단일요인에서 2 요인으로 확장하면서 얻은 주요 학습내용은 다음과 같다.

- 차익거래가 발생하지 않아야 한다는 기본적인 생각은 변함이 없으며, 이전과 동일하게 적용된다. 위험중립확률 하에서 현가계산으로 무이표채의 가치를 산정하는 방법을 활용하여 추

세를 계산해 내고 이를 이용하여 트리를 한 기간씩 구축해 나갈 수 있다.

- 트리 구조가 변경되며, 이요인 모델은 가장 간단하게는 가지가 3개인 트리로 구축될 수 있다. 하지만 구조를 가지가 3개인 모형으로 제한할 이유는 없으며, 네 가지 모형도 가능하다. 실제로 이 모형이 더 유연하다. 다섯 가지 모형이나 여섯 가지 모형도 실제로 사용되고 있다.
- 선도이율 곡선의 움직임이 매우 확장된다. 선도이율의 움직임이 더 이상 완벽하게 상호관련되지는 않는다. 나아가 더 다양한 선도이율 생성이 가능하다. 예를 들면, 우리가 검토한 Heath, Jarrow & Morton(1990a) 모델에서는 곡선이 뒤틀리는 것도 가능해 진다.
- 마지막으로, 트리의 재결합은 더욱 어려워진다. 그렇지만 재결합이 사라지지 않는 2 요인 모델도 많이 있다.

30.5 HJM 위험중립 추세: 수학적 유도

앞 절에서는 예를 든다는 관점에서 변동성으로 모델의 위험중립 추세를 유도하였다. 이 절에서는 수학적인 방법으로 이를 도출하며, 이 관계를 표시하는 분석적 재귀적 표현이 도출되는 것을 보여 줄 것이다. 단일요인 모델과 비교를 용이하게 하기 위하여, 상승 확률과 하락 확률이 동일한 단일요인 이항모델 환경에서 식을 유도할 것이다. 단일요인 모델에서 일반적으로 사용하는 변동성도 명시할 것이다. 좀 더 일반적인 환경에서 이러한 결과를 도출하는 완벽한 수리적 유도 방법은 (부록 30A)에 제시하였다.

3기간 모델로 설명을 제한한다. 하지만 곧 명백해 지는 것처럼, 이 유도과정은 쉽게 일반화될 수 있다. 초기 선도이율은 벡터 $[f(0,0), f(0,1), f(0,2)]$로 주어진다. 예와 마찬가지로 변동성 $\sigma(t,s)$는 오직 s에만 종속된다. 이 점 역시 쉽게 일반화될 수 있다. 단지 이 때 추세를 표현하는 식이 그렇게 산뜻해 보이지 않을 수는 있다. $\sigma(1)$대신 σ_1이라는 표현 등을 사용하면 상승 상태 선도이율 곡선은 다음과 같다.

$$\begin{bmatrix} f(0,1)+\alpha_1 h+\sigma_1\sqrt{h} \\ f(0,2)+\alpha_2 h+\sigma_2\sqrt{h} \end{bmatrix}$$

하락상태 선도이율 곡선은 다음과 같다.

$$\begin{bmatrix} f(0,1)+\alpha_1 h-\sigma_1\sqrt{h} \\ f(0,2)+\alpha_2 h-\sigma_2\sqrt{h} \end{bmatrix}$$

숫자를 사용한 예에서 했던 방법대로 똑 같이 α_1와 α_2를 구한다. 2기간 만기인 $1 무이표채를 기본으로 1기간 후의 두 가지 가능한 가격 즉, 상승 상태의 가격과 하락 상태의 가격을 산출한다. 이 두 가격은 각각 다음과 같다.

$$\exp\left[-\left(f(0,1)+\alpha_1 h+\sigma_1\sqrt{h}\right)h\right]$$
$$\exp\left[-\left(f(0,1)+\alpha_1 h-\sigma_1\sqrt{h}\right)h\right]$$

기대값을 계산하고 이 기대값을 초기 시점의 현재가치로 할인하여 채권의 가격을 얻는다.

$$P(0,2)=\exp[-(f(0,0)+f(0,1))h]\cdot\frac{1}{2}\left(\exp\left[-(\alpha_1 h+\sigma_1\sqrt{h})h\right]+\exp\left[-(\alpha_1 h-\sigma_1\sqrt{h})h\right]\right)$$

이것은 초기의 선도이율 곡선을 직접 사용하여 계산한 다음의 채권가격과 동일해야 한다.

$$P(0,2)=\exp[-(f(0,0)+f(0,1))h]$$

이 두 식을 등호로 연결하면 추세 α_1와 υ_1사이의 분식적 관계가 제시된다.

$$1=\frac{1}{2}\left(\exp\left[-(\alpha_1 h+\sigma_1\sqrt{h})h\right]+\exp\left[-(\alpha_1 h-\sigma_1\sqrt{h})h\right]\right)$$

이를 다시 고쳐 쓰면 다음과 같이 된다.

$$\begin{aligned}\alpha_1 &= \frac{1}{h^2}\ln\left[\frac{1}{2}\left(\exp\left[\sigma_1\sqrt{h}\,h\right]+\exp\left[-\sigma_1\sqrt{h}\,h\right]\right)\right]\\ &= \frac{1}{h^2}\ln\left[\frac{1}{2}\left(\exp\left[\sigma_1 h^{3/2}\right]+\exp\left[-\sigma_1 h^{3/2}\right]\right)\right]\\ &= \frac{1}{h^2}\ln\left[\cosh\left(\sigma_1 h^{3/2}\right)\right]\end{aligned}$$

위 식에서 cosh는 $\cosh(X)=(\exp(X)+\exp(-X))/2$로 정의되는 쌍곡 코사인 함수를 의미한다. 이 간단한 1기간 만기의 위험중립 추세와 같은 만기의 변동성 사이의 관계를 보여준다. 2기간의 추세의 식도 비슷하다. 완벽을 기하기 위하여 식을 유도해 보자.

이번에는 기본으로 3기 만기인 $1 무이표채를 기본으로 시작하며, 1기간 후에 가능한 2개의 가격 즉, 상승 상태의 가격과 하락 상태의 가격을 산출한다. 이 두 가격은 각각 다음과 같다.

$$\exp\left[-\left(f(0,1)+\alpha_1 h+\sigma_1\sqrt{h}+f(0,2)+\alpha_2 h+\sigma_2\sqrt{h}\right)h\right]$$
$$\exp\left[-\left(f(0,1)+\alpha_1 h-\sigma_1\sqrt{h}+f(0,2)+\alpha_2 h-\sigma_2\sqrt{h}\right)h\right]$$

일반적으로 초기 시점에서 채권 가격을 계산한다

$$
\begin{aligned}
P(0,3) = {} & \exp[-f(0,0)h] \times \\
& \frac{1}{2}\left(\exp\left[-\left(f(0,1)+\alpha_1 h+\sigma_1\sqrt{h}+f(0,2)+\alpha_2 h+\sigma_2\sqrt{h}\right)h\right]\right. \\
& \left.+\exp\left[-\left(f(0,1)+\alpha_1 h-\sigma_1\sqrt{h}+f(0,2)+\alpha_2 h-\sigma_2\sqrt{h}\right)h\right]\right)
\end{aligned}
$$

이것은 초기 선도이율곡선으로 직접 계산한 현재의 채권가격과 동일해야 한다.

$$P(0,3) = \exp[-(f(0,0)+f(0,1)+f(0,2))h]$$

이 두 식을 등호로 연결하면 추세 α_1과 추세 α_2의 관계 및 변동성 σ_1과 변동성 σ_2의 관계를 나타내는 다음 식을 얻을 수 있다.

$$1 = \frac{1}{2}\left(\exp\left[-\left(\alpha_1 h+\alpha_2 h+\sigma_1\sqrt{h}+\sigma_2\sqrt{h}\right)h\right]+\exp\left[-\left(\alpha_1 h+\alpha_2 h-\sigma_1\sqrt{h}-\sigma_2\sqrt{h}\right)h\right]\right)$$

이 식은 다음과 같이 정리될 수 있다.

$$
\begin{aligned}
\alpha_1+\alpha_2 &= \frac{1}{h^2}\ln\left[\frac{1}{2}\left(\exp\left[\sigma_1\sqrt{h}\,h+\sigma_2\sqrt{h}\,h\right]+\exp\left[-\sigma_1\sqrt{h}\,h-\sigma_2\sqrt{h}\,h\right]\right)\right] \\
&= \frac{1}{h^2}\ln\left[\frac{1}{2}\left(\exp\left[(\sigma_1+\sigma_2)h^{3/2}\right]+\exp\left[-(\sigma_1+\sigma_2)h^{3/2}\right]\right)\right] \\
&= \frac{1}{h^2}\ln\left[\cosh\left((\sigma_1+\sigma_2)h^{3/2}\right)\right]
\end{aligned}
$$

이 식은 명백히 일반화될 수 있다. 모델에 T 기간이 있으면, T개의 추세의 합을 나타내는 식의 일반형은 다음과 같다.

$$\sum_{t=1}^{T}\alpha_t = \frac{1}{h^2}\ln\left[\cosh\left(\left(\sum_{t=1}^{T}\sigma_t\right)h^{\frac{3}{2}}\right)\right] \tag{30.9}$$

아래에 1기간 후의 선도이율곡선을 산출하는 Octave 프로그램 코드가 있다. 이 프로그램을 재귀적으로 사용하여 모든 트리의 선도이율을 산출할 수 있다.

```
% hjm(f0,sig0,h)
% Program to generate the HJM Tree
% The program takes in a fwd curve and vol curve and   returns
% the next periods up and down fwd curves
%f0 : initial forward rate curve
%sig0 : forward rate volatilities (for this  node)

function u  =  hjm(f0,sig0,h);
```

```
    n   =  length(f0);
    m = n-1;
    fu  =  f0(2:n);
    fd  =  f0(2:n);
    sigma  = sig0(2:n);
    alpha = zeros(m,1);
    for  j=[1:m];
            if (j==1);
                alpha(j) = log(0.5*(exp(-sigma(j)*h*sqrt(h)) + ...
                      exp(sigma(j)*h*sqrt(h))))/h^2;
            end;
            if (j>1);
                alpha(j) = log(0.5*(exp(-sum(sigma(1:j))*h*sqrt(h)) + ...

exp(sum(sigma(1:j))*h*sqrt(h))))/h^2-sum(alpha(1:j-1));
            end;
    end;
    fu = fu+alpha*h+sigma*sqrt(h);
    fd =  fd+alpha*h-sigma*sqrt(h);
    u  =  [fu    fd];
```

실제 산출과정을 설명하기 위하여, Octave 프로그램 언어로 작성한 프로그램을 실행한 결과표는 다음과 같다.

```
octave:1> f0 = [0.10; 0.11; 0.12; 0.13; 0.14];
octave:2> sig0 = 0.015*ones(5,1);
octave:3> h=1;
octave:4> hjm(f0,sig0,h)
ans =

   0.125112   0.095112
   0.135337   0.105337
   0.145562   0.115562
   0.155787   0.125787
```

이 결과는 앞에서 붓스트래핑 과정을 통해서 얻은 결과와 정확히 일치함을 볼 수 있다. 이는 HJM 트리의 한 분기점을 계산하기 위한 프로그램 코드(함수)이다. 분기점 마다 다른 변동성 벡터를 사용할 수 있으므로, 이 함수를 반복 사용하여 완벽하게 일반적인 전체 트리를 계산할 수 있다.

이 절의 첫 부분에서 밝힌 바와 같이 이산시간 HJM 모델 상황 하에서 위험중립 추세와 변동성 관계의 일반 유도 과정은 부록 30A에 제시되어 있다.

30.6 Libor Market 모델

시장 모델은 Brace, Gatarek 및 Musiela(1997)와 Jamshidian(1997)에 의해 개발되었다. 이 모델의 다른 형태도 이 시기에 개발되었지만, 이 두 논문이 이 모델의 대중화에 크게 기여하였다. 이 체계를 이용하여 파생상품의 가격을 닫힌 형태로 계산하는 데 관한 분석은 Miltersen, Sandmann 그리고 Sondermann(1997)의 논문을 보라.

앞 절에서 HJM은 여러 형태의 기간구조 생성이 수용될 수 있는 일반적인 틀을 제공한다는 사실을 살펴보았다. HJM 모델의 매력적인 특징 중의 하나는 식 (30.9)와 같이, 이자율의 확률과정에 사용되는 위험중립 추세가 선도이율의 변동성으로 완벽하게 표현될 수 있다는 점이다. 이 변동성은 이자율 파생상품의 가격으로부터 유추될 수 있기 때문에, 이론상 전체 HJM 모델은 관측 가능한 것에 근거하고 있다. 선도이율의 기간구조에 포함된 정보와 변동성의 기간구조에 포함된 정보가 결합되어 차익거래가 불가능한 선도이율의 격자를 산출하며, 이에 근거하여 이자율 파생상품의 가격을 산출할 수 있게 된다. HJM 방법론은 널리 사용되고 있다.

Libor Market 모델(혹은 LMMs)은 HJM 계통의 모델에서 자연스럽게 개발된 것이다. 이들 역시 선도이율과 변동성을 기반으로 한다. 곧 보게 되겠지만, 이들은 HJM 모델보다 그 형태가 독특하다. 만약 HJM 모델이 그렇게 일반적이며 광범위하게 사용된다면 LMMs라는 더 특별한 계통이 필요한 이유는 무엇인가라고 질문할 수도 있을 것이다. HJM과 같이 순간 선도이율을 모델링하기보다, LMM에서는 관측 가능한 Libor 이율을 직접 모델링한다. 이 이율의 변동성도 거래되는 옵션가격에서 직접 유도해 낸다. 이로 인하여 LMM을 통상적으로 거래되는 상품과 연결하기가 쉽다.

LMMs의 출현 과정을 이해하기 위해서는, 시장에서는 관행적으로 대수정규분포를 활용해서 선도 Libor 금리를 모델링했다는 사실을 이해해야 한다. 이 가정은 모든 이율을 양수로 만든다. 나아가, Black-Scholes 모델에서 가격을 계산하듯이, 대수정규분포 이율은 캡과 플로어의 가격 계산 공식을 닫힌 형태로 제시해 준다. LMM이 대수정규분포 선도이율을 근거로 하고 있기 때문에, 간단한 선도이율 파생상품의 가격계산 및 보정(calibration)이 분석적으로 추적 가능하다. 실제로 Black(1976) 모델을 이용한 캡과 플로어의 가격 산정을 이미 살펴보았다.(23장을 보라.)

캡 옵션에서 각각의 캡릿은 일반적으로 연속적인 그러나 중첩되지 않는 Libor에 근거하고 있다. 캡의 총 가격은 여러 가지 선도 Libor 금리 간의 상관관계를 가정하지 않는다. 이것은 각각의 선도이율이 캡릿 하나에만 적용되어 각각의 캡릿의 가격이 다른 캡릿과는 별개로 Black 모델을 이용하여 산출되기 때문이다. 더 나아가, 하나의 선도 Libor 금리에 대한 파생상품의 가격산정은 각 이율에 대하여 서로 다른 마팅게일 측도 하에서 이루어질 수 있다.[1)]

1) 이것은 각 주식에 대해 서로 다른 이항 트리에서 주식옵션가격을 산출하는 것과 유사하다. 모든 경우에 마팅게일 확률측도를 사용하지만, 모든

각 캡릿의 시장가격을 이용하여 각 선도 Libor 이율의 내재 변동성을 직접 추정한다. 이는 닫힌 형태의 Black의 가격 산정 공식을 이용하여 이루어진다. 이는 보정을 쉽고 단순하게 해 준다. 복수의 선도 Libor 이율에 대해 발행된 이자율 파생상품의 가격산정은 모든 만기 이율에 대하여 동일한 확률측도를 사용하여 이루어진다. LMM 접근법의 핵심은, 모든 Libor 이율을 동일한 확률측도를 가지도록 변형시키는 것이며, 이 확률측도 하에서는 모든 (정규화된) 할인된 자산 가격이 마팅게일이 된다.

따라서 다음 절에서는 마팅게일과 측도변환의 개념을 다시 살펴본다. 선도 Libor 금리의 확률과정의 추세를 어떻게 변화시켜 통일된 측도(measure)로 이동시키는 지를 배우게 될 것이다. 이것이 이루어지는 상황을 "Market Model" 체계(framework)라고 한다.

더 나아가기 전에, 이 모델이 보정되는 두 개의 주된 시장 종류, 즉 Libor 시장(캡과 플로어 사용)과 스왑 시장(스왑션 사용)이 있다는 것을 주목한다. 그러므로 두 형태의 시장 모델, Libor Market Model(LMM)과 Swap Market Model(SMM)이 있다. 이 장에서는 전자에 초점을 맞추며, 이를 이용하여 이 종류의 모델을 이해하는 데 중요한 개념을 설명할 것이다.

이제는 LMM의 설명으로 돌아간다. 마팅게일 개념을 다시 살펴본 다음, 기본 생각을 쉽게 이해할 수 있도록 하기 위하여 이 모델의 간단한 형태를 제시한다. 필요하면 독자가 모델을 직접 사용하기 쉽도록 각 단계를 자세히 설명한다. 이 설명에 이어, 연관된 계통인 SMM을 간단히 설명한다. 기술적인 취향이 있는 독자들은 더 확장된 유도 과정 및 자세한 설명을 Brigo와 Mercurio(2001b)의 책에서 찾을 수 있을 것이다. 이 모델의 이론 및 경험적 타당성에 대한 개관은 Rebonato(2002b)에서 찾을 수 있을 것이다.

30.7 수학 여행: 마팅게일

마팅게일을 복습하기 위하여 잠시 옆길로 빠진다. Harrison과 Kreps(1979) 그리고 Harrison과 Pliska(1981)의 논문 이후 파생증권의 가격 산정에 있어서 이 수학적 개념이 중심이 되어 왔다. 이 절에서는 이 생각을 간단히 복습한다.

확률 변수 X의 미래 기대값이 오늘의 가치와 동일하다면 그것을 마팅케일이라고 한다. 마팅게일의 간단한 예로, 앞이 나오면 1 달러를 받고 뒤가 나오면 1 달러를 잃게 되는 동전 던지기를 생각해 보자. 공정한 동전(앞의 확률과 뒤의 확률이 동일한)이라고 가정하면, 이 게임의 기대값은 0이다. 실제로 t번 동전을 던진 후의 자산의 기대값은 0이다. 더 일반적으로 t번 동전을 던진 후의 자산을

확률측도가 동일해야 한다는 제한은 없다.

S_t라고 하자. 그러면,

$$E[S_k | \mathcal{F}_t] = S_t, \ k \geq t \tag{30.10}$$

말로 설명하자면, (30.10)은 t 시점에서 주어진 모든 정보 $\mathcal{F}_t$(과거 동전 던진 결과 및 t시점까지 적립한 자산규모 S_t)를 조건으로 $k > t$ 시점에서의 기대 자산은 t 시점의 자산과 동일하다.

(30.10)의 조건이 확률이론에서 S_t가 마팅게일이 되기 위한 조건이다. 이 조건은 암묵적으로 미래의 자산가치를 계산하는 확률에 종속되어 있음을 주목하라. S_t가 마팅게일이 되는 것은 단지 동전이 공정(Prob(H)=Prob(T)=0.50)하기 때문이다. 만약, 예를 들어 Prob$(H)=0.6$이라면 1 달러를 잃기 보다는 1 달러를 딸 가능성이 높으며, 자산의 기대값은 시간이 가면서 증가할 것이다. 이러한 과정은 서브마팅게일(submartingale)이라고 부른다. 만약 Prob$(H)=0.4$이라면 기대되는 자산은 시간이 가면서 감소될 것이며, 이것은 수퍼마팅게일(supermartingale)이라고 한다.

파생상품의 가격산정에 있어서 마팅게일의 중요성은 11장(부록 11D를 보라)에 간단한 환경으로 설명하였다. n개의 증권가격 과정이 주어졌을 때, 어떤 하나의 증권을 "기준재"로 선정한다. 모든 다른 증권 가격을 기준재 증권의 단위 수로 표시하라. 즉, 모든 증권의 가격을 기준재 증권의 가격으로 나누어라. 이러한 가격을 "정규화된" 혹은 "할인된" 증권 가격이라고 한다. 수식으로 표현하여, S_{kt}가 t 시점의 증권 k의 가격을 의미하고, 증권 l이 기준재 증권으로 선택되었다고 하면, 증권 k의 할인된 가격 Z_{kt}는 다음과 같이 계산된다.

$$Z_{kt} = \frac{S_{kt}}{S_{lt}}$$

기준재 증권 l의 할인가격은 언제나 1임을 주의하라.

마팅게일과 파생상품의 근본적인 연결점은 다음과 같다: 그 아래에서는 모든 할인증권 가격이 마팅게일이 되는 어떤 확률집합이 있다면(즉, 확률측도 Q로 표시), (a) 그 모델에서는 차익거래가 발생하지 않으며, (b) Q 하에서 파생상품 현금흐름의 기대값 현재가치가 파생상품의 무차익거래 가격이 된다. Harrison과 Kreps(1979)를 따라서, 할인된 증권 가격이 마팅게일이 되는 확률측도를 마팅게일 측도라고 부른다. 약간의 기술적인 예외조건이 있긴 하지만, 어떤 모델에서 차익거래가 발생하지 않는다면, 어떤 기준재를 선택하더라도 마팅게일 측도가 존재한다는 역의 관계도 사실이다.

마팅게일 측도는 기준재 증권 즉, 다른 증권의 할인가격을 측정하는 증권의 선택에 달려 있음을 주의하라. 만약 기준재를 바꾼다면, 새로운 할인가격이 마팅게일이 될 것이라고 기대할 근거는 없다. 그래서 완벽하기 위해서는 예를 들면, "기준재 l에 대하여 Q는 마팅게일 측도이다"라고 말해야 한다. 기준재 자산을 바꾸면, 할인증권 가격을 마팅게일로 만들기 위해서는 확률을 변경해야 할 수도 있다.

짐작할 수 있듯이, 기준재와 이에 관련된 마팅게일 확률 조합은 많이 있다. (돈을 무위험 수익률로 재투자하는) 머니마켓 계좌의 누적금액이 흔히 실제로 사용되는 기준재이다. 이것이 실제로 이 책에

서 위험 중립 확률을 유도하기 위하여 지금까지 사용한 기준재 자산이다. 이 기준재 선택에 따른 위험 중립 측도는 "현물" 마팅게일 측도라고 한다.

때로 머니마켓 계좌보다 만기가 T인 무이표채의 가격 $P(t, T)$를 기준재로 사용하는 것이 더 편리하다. 이 경우 시간이 경과됨에 따라, 즉 t가 증가함에 따라 채권의 가격은 $t = T$ 시점에 도달하여 $P(T, T) = 1$이 될 때까지 계속 상승된다. $P(t, T)$에 대한 마팅게일 측도를 "현물" 마팅게일 측도와 구분하기 위하여, 그 측도를 "선도 측도"로 표시한다. 다음 절에서는 선도이율 측도 하에서 설명하며, 왜 그것이 Libor 관련 파생상품의 가격산정에 더 편리한 지를 보이겠다. 독자가 추가적인 통찰력을 얻고자 한다면 참고할 수 있도록 선도 측도의 추가적인 결과를 부록에 포함시켰다.

30.8 Libor 이율: 표시방법

LMM 모델에서는 (a) 선도 Liobr 이율이 끊임없이 변하며 (b) Libor가 정의된 기간은 이산 기간이다. 이 모델은 시간 선상에서 각 간격이 δ년인 이산 시간으로 실행된다. 시점 0이 모델의 최초 출발점이다. 따라서 어떤 현재 시점 t에서 "기간 말"은 t로부터 측정하여 다음의 시점을 의미하는 것으로 정의한다.

$$T_1 = t + \delta, \quad T_2 = t + 2\delta, \quad \cdots, \quad T_N = t + N\delta$$

우리가 시점 t에 있다고 하면, T_1은 첫 번째 기간 말이다. 이와 같이 T_2는 이어지는 두 번째 기간 말이며, 그와 같이 계속된다. 다음 L_i는 t에서 시작하여 T_i에서 끝나는 δ 기간의 선도 Libor 이율로 한다. 예를 들면, L_1은 T_1에서 종료되는 기간의 Libor 이율이다. T_{i-1}과 T_i 사이에 Libor 이율에 투자한 1 달러가 $(1+\delta L_i)$ 달러가 될 것이다.[2)] 아래 그림이 이러한 시간 계산법을 보여 준다.

LMM을 설명함에 있어서, L_i의 불확실성의 원천은 브라운 운동(W_i)이라고 가정한다. L_i는 다음의 대수정규분포 확률과정을 따른다고 가정한다.

$$dL_i(t) = \mu_i(t)\, L_i(t)\, dt + \sigma_i L_i(t)\, dW_i(t), \qquad i = 1, \cdots, N$$

2) Libor 마켓에서는 실제/360 관행을 사용하므로, 각 기간을 3개월로 하더라도 δ의 날자 수는 모두 같지 않을 것이다. 어떤 3개월은 91이 되며, 따라서 δ는 91/360이 될 것이다. 어떤 3개월은 92일이 되어 δ=92/360이 될 것이다. 단순화하고 식의 표현을 더 복잡하게 만들지 않기 위하여 모든 기간이 동일한 일수를 가지는 것으로 가정한다.

아래 첨자 i는 선도 Libor 이율이 적용되는 기간의 말을 의미하며, t는 현재의 시점을 의미한다는 것을 기억해 두는 것이 유용하다.

우선 Libor 이율과 무이표채의 관계를 살펴본다. $P(t, T_i)$를, T_i에서 확실히 1 달러를 지급하는 무이표채의 t 시점에서의 가격으로 정의한다. 다음의 일관된 관계가 무이표채의 가격에 존재하는 것을 쉽게 확인할 수 있다.

$$\begin{aligned} P(t,t) &= P(t, T_1)[1+\delta L_1] \\ P(t, T_1) &= P(t, T_2)[1+\delta L_2] \\ P(t, T_2) &= P(t, T_3)[1+\delta L_3] \\ &\vdots \\ P(t, T_{i-1}) &= P(t, T_i)[1+\delta L_i] \\ &\vdots \\ P(t, T_{N-1}) &= P(t, T_N)[1+\delta L_N] \end{aligned}$$

이를 재정리하면 일반형으로 다음의 형태를 얻게 된다.

$$\delta L_i = \frac{P(t, T_{i-1})}{P(t, T_i)} - 1, \qquad \text{모든 } i\text{에 대하여}$$

$P(t, T_i)$를 기준재 자산으로 하고, Q_i 하에서 할인가격 $P(t, T_{i-1})/P(t, T_i)$이 마팅게일이 되는 그러한 Q_i가 존재한다고 가정해 보자. 위의 등식을 검토해 보면, Q_i 하에서 Libor 이율 L_i도 기준재 $P(t, T_i)$에 대하여 마팅게일이라는 사실이 내재되어 있음을 알 수 있다. 이것은 곧 Libor 이율은 Q_i 하에서 차익거래를 불가능하게 만든다는 사실을 내재하고 있으며, 따라서 이것을 "선도 마팅게일 측도"라고 한다.

이것은 특별한 상황을 야기한다. 각 Libor 이율 L_i에는 고유의 기준재 채권 $P(t, T_i)$이 있으므로, 각 이율은 각기 다른 측도 Q_i, $i=1, \cdots, N$에 대하여 마팅게일이다. 그러므로 각 i에 대하여 각 기준재 $P(., T_i)$를 기준으로 하나의 마팅게일 측도를 가지므로 전체로는 많은 마팅게일 측도 세트를 갖게 된다. 그러나 일관성 있는 가격산정 체계를 가지기 위해서 모든 Libor 이율은 동일한 확률 측도의 지배를 받아야 한다. 특정한 Libor 이율을 선택하고 이에 맞는 마팅게일 측도를 고정한다는 것은 모든 이율이 하나의 측도 하에 들어오도록 측도를 변경한다는 것을 말한다. 이 공통 측도 유도는 다음 절에서 보일 것이다.[3)]

마지막으로 캡과 플로어는 Libor 이율에 대한 옵션이라는 사실을 주목하라. Libor이율은 거래되는 자산이 아니기 때문에, 무이표채를 사용하여 이를 복제할 수 있다는 것을 확인할 필요가 있다.

3) "모두를 지배하는 하나의 측도, 모두를 발견하는 하나의 측도, 모두를 불러들여서 차익거래 없이 하나로 묶는 하나의 측도"라고 할 수 있을 것이다.(반지의 제왕에서 개작, J.R.R. Tolkien에게 사과하며)

이것은 쉽게 보일 수 있다. 시점 t에서 (T_{i-1}, T_i)기간 동안 L_i로 투자를 고정시키는 데 관심이 있다고 하자. 다음과 같이 이를 복제할 수 있다.

- **시점 t**에서 채권 $P(t, T_{i-1})$ 한 단위를 공매도하고 매도가격으로 T_i에 만기되는 채권 $\frac{P(t, T_{i-1})}{P(t, T_i)}$ 단위를 매입하라. t시점에서 순현금흐름은 0이다.
- **시점 T_{i-1}**에서 T_{i-1}에서 만기되는 공매도 하였던 채권을 매입하라. 이는 무이표채이므로 현금흐름은 -1이다.
- **시점 T_i**에서 T_i에 만기되는 채권을 매도하여 $\frac{P(t, T_{i-1})}{P(t, T_i)}$의 현금을 수취하라. 이 금액은 $(1+\delta L_i)$이다.

시점 T_{i-1}에서 -1의 현금흐름이 발생하고 시점 T_i에서 $(1+\delta L_i)$의 또 다른 현금흐름이 발생하는 복제 포트폴리오를 만들었다. 이것은 시점 T_{i-1}에서 L_i의 수익률로 (T_{i-1}, T_i) 기간 동안 투자하는 것과 정확히 닮은 것이다.

더 나아가기 전에 다시 한번 되새겨 보자. 대수정규분포 선도 Libor 이율에 근거한 모델을 설정했다. HJM 모델에서는, 채권의 할인가격은 "현물" 마팅게일 측도 하에서 머니마켓 계좌를 기준재로 하는 마팅게일이다. LMM 모델은 미래에 만기가 되는 채권의 가격을 기준재로 하는 "선도" 마팅게일 측도에 근거한 이자율 모델이다. LMM은 모든 선도이율 종류가 하나의 공통 선도 측도 하에 모델링되어 모든 캡릿 가격에 일관성이 유지되는 하나의 모델 체계(model framework)로 요약될 수 있다.

다음으로 거래되는 캡과 플로어의 연결성을 유지하면서 모든 선도 Libor 이율을 하나의 동일한 측도 하에 편입될 수 있도록 하는 측도 변경의 실행 기법을 개발한다.

30.9 LMM에서 위험중립 가격 산정

이제 모든 Libor 이율의 위험 중립 과정을 유도한다. 이 일은 두 단계로 진행한다. 첫째, 기준재 채권을 선택한다. 둘째, 모든 Libor 이율의 추세 μ_i가 공통 확률측도의 지배를 받도록 변형시켜서 산출한다.

이전과 동일하게 Libor 이율은 아래와 같이 대수정규분포를 따른다고 가정한다.

$$\frac{dL_i}{L_i} = \mu_i dt + \sigma_i dW_i, \qquad i = 1, \cdots, N$$

기준재 자산으로는 T_N을 만기로 하는 무이표채를 선택하는 것이 가장 단순하다. 이를 바탕으로 추세항 μ_1, μ_2, $\cdots$, μ_N을 계산하되, $\frac{L_1}{P(t,\,T_N)}$, $\frac{L_2}{P(t,\,T_N)}$, $\cdots$, $\frac{L_N}{P(t,\,T_N)}$이 상호관련된 브라운 운동 W_1, W_2, $\cdots$, W_N의 확률측도에 대해 마팅게일이 되도록 한다. 기준재가 HJM에서와 같이 머니마켓 계좌가 아니다. 그 대신 미래에 만기가 되는 채권이며, 따라서 확률측도도 "선도" 측도("forward" measure)라고 부르고 있다. 이름의 관점에서 보면 HJM의 가격산정 모델은 "현물" 측도("spot" measure) 하에서 이루어진다.

LMM에서 위험중립 추세의 계산은 명백하지 않으므로, 설명을 간단히 하기 위하여 3 기간 즉, $N=3$인 모델에 국한하여 설명을 한다. 3 기간으로 도출된 결과는, 필요한 경우 쉽게 더 많은 기간으로 일반화될 수 있다. 그러므로 우리 모델에서는 3개의 기간 $(t,\,T_1)$, $(T_1,\,T_2)$), $(T_2,\,T_3)$에 대응하는 3개의 Libor 이율 $\{L_1,\,L_2,L_3\}$이 있다. 우리의 기준재는 $P(t,\,T_3)$이며, 마팅게일 확률 측도는 Q_3이다. 현재의 시점은 t로 표시한다.

L_3의 마팅게일 과정 유도

기준재가 $P(t,\,T_3)$일 때, Libor 이율 L_3와 이의 마팅게일 과정을 설명하는 것으로 시작한다. 앞에서 살펴본 바에 따라, L_3를 다음과 같이 함수 형태로 표현할 수 있다.

$$\delta \cdot L_3 = \frac{P(t,\,T_2)}{P(t,\,T_3)} - 1$$

등식의 오른쪽에는 2기간 만기 채권의 가격 $P(t,\,T_2)$이 기준재 $P(t,\,T_3)$으로 정규화된 부분이 포함되어 있다. 가정에 따라, 이 부분은 브라운 운동 W_3에 기반한 확률측도 하에서 마팅게일이 되어야 한다. 그러므로 등식의 오른쪽의 변화의 기대값은 0이다. 그렇다면 왼쪽의 변화의 기대값 역시 0이며, 이것은 L_3가 마팅게일이라는 점을 내포하고 있다. L_3가 마팅게일이라면, 이의 추세인 $\mu_3=0$이 되어야 한다. 그러면 L_3의 확률적 과정을 다음과 같이 표시할 수 있다.

$$dL_3 = \sigma_3 L_3 \, dW_3$$

L_3는 마팅게일이며 대수정규분포임을 주목하라.

L_2의 마팅게일 과정 유도

L_2로 가서 이를 무이표채의 관계로 표시하면 다음과 같다.

$$\delta \cdot L_2 = \frac{P(t,\,T_1)}{P(t,\,T_2)} - 1 = \frac{P(t,\,T_1) - P(t,\,T_2)}{P(t,\,T_2)}$$

등식 우변의 정규화 자산이 기준재인 $P(t,\,T_3)$이 아니라 $P(t,\,T_2)$이므로, L_2는 필요한 기준재

에 대한 마팅게일은 아니다. 그러므로 확률측도를, 선택된 기준재 $P(t, T_3)$에 대한 과정이 되도록 변환할 필요가 있다. 이를 위해서 등식의 양변에 $P(t, T_2)$를 곱하고 $P(t, T_3)$를 나눈다. 결과는 다음과 같다.

$$\delta \cdot L_2 \times \frac{P(t, T_2)}{P(t, T_3)} = \frac{P(t, T_1) - P(t, T_2)}{P(t, T_3)}$$

차익거래가 없다면, 어떤 형태 혹은 어떤 모양의 자산이든 $P(t, T_3)$으로 정규화되면 마팅게일이어야 한다. 위 식의 좌변을 보면, $P(t, T_3)$으로 정규화된 자산 $L_2 P(t, T_2)$ 역시 Q_3에 대하여 마팅게일이다. $P(t, T_3)$에 의해 정규화된 우변의 자산 즉, 두 채권의 차이로 정의된 자산 $P(t, T_1) - P(t, T_2)$ 역시 구조상 마팅게일이다. $Z_2 \equiv \frac{P(t, T_2)}{P(t, T_3)}$로 정의하면, 다음과 같은 식을 얻게 된다.

$$\delta \cdot L_2 Z_2 = \frac{P(t, T_1) - P(t, T_2)}{P(t, T_3)}$$

$A_2 = L_2 Z_2$라고 하자. A_2에 Ito의 보조정리를 적용하면 (곱셈 법칙을 확장하여) 다음의 결과를 얻는다.

$$dA_2 = L_2 dZ_2 + Z_2 dL_2 + dZ_2 dL_2$$

양변을 A_2로 나누면 다음 식과 같이 된다.

$$\frac{dA_2}{A_2} = \frac{dZ_2}{Z_2} + \frac{dL_2}{L_2} + \frac{dZ_2}{Z_2}\frac{dL_2}{L_2}$$

기준재로 정규화된 자산인 Z_2가 마팅게일인 것과 같이 A_2도 마팅게일이다. 그러므로 마팅게일 확률측도를 적용하여 양변의 기대값을 계산하면 다음과 같다.

$$0 = 0 + E\left[\frac{dL_2}{L_2}\right] + E\left[\frac{dZ_2}{Z_2}\frac{dL_2}{L_2}\right]$$

$E\left[\frac{dL_2}{L_2}\right] = \mu_2 dt$이므로, 일련의 단순화 과정을 거치면 L_2를 선택된 기준재에 대한 마팅게일로 만드는 추세의 식을 다음과 같이 구할 수 있다.

$$\begin{aligned} \mu_2 dt &= -E\left[\frac{dZ_2}{Z_2}\frac{dL_2}{L_2}\right] \\ &= -E\left[dZ_2 \frac{dL_2}{L_2}\right]\frac{1}{Z_2} \\ &= -\frac{1}{Z_2}E\left[d(1+\delta L_3)\frac{dL_2}{L_2}\right] \end{aligned}$$

$$
\begin{aligned}
&= -\frac{\delta L_3}{Z_2} E\left[\frac{dL_3}{L_3}\frac{dL_2}{L_2}\right] \\
&= -\frac{\delta L_3}{Z_2} E\left[\sigma_2\sigma_3 dW_2 dW_3\right] \\
&= -\frac{\delta L_3}{Z_2}\rho_{23}\sigma_2\sigma_3 dt \\
&= -\frac{\delta L_3}{1+\delta L_3}\rho_{23}\sigma_2\sigma_3 dt
\end{aligned}
$$

위 식의 3열과 7열에서는 다음의 관계를 이용하였다.

$$Z_i = \frac{P(t,\, T_1)}{P(t,\, T_{i+1})} = 1 + \delta L_{i+1}, \quad \forall\, i$$

L_2를 기준재 $P(t,\, T_3)$에 대하여 마팅게일로 만드는 Libor 이율 L_2의 추세를 찾았다. 이 결과는 다음과 같다.

$$\mu_2 = -\frac{\delta L_3}{1+\delta L_3}\rho_{23}\sigma_2\sigma_3$$

L_1의 마팅게일 과정 유도

L_1의 계산은 약간 더 복잡하지만 기간이 많은 일반적인 경우로 직접 연결된다. 그러므로 이 모델의 마지막 단계를 자세히 살펴보는 것이 좋을 것이다.

L_1으로 돌아가서, 이를 채권과의 관계로 풀어 쓰면 다음과 같다.

$$\delta \cdot L_1 = \frac{P(t,t)}{P(t,\, T_1)} - 1 = \frac{P(t,t) - P(t,\, T_1)}{P(t,\, T_1)}$$

우변에서 정규화를 시키는 자산이 기준재 $P(t,\, T_3)$가 아니라 $P(t,\, T_1)$이므로, L_1의 과정은 요구되는 기준재에 대해서 마팅게일이 아니다. 그러므로 식을 기준재 $P(t,\, T_3)$에 대한 과정으로 변환시킬 필요가 있다. 이를 위해서 식의 양변에 $P(t,\, T_1)$를 곱하고 양변을 $P(t,\, T_3)$로 나눈다. 그 결과 다음과 같은 식을 가지게 된다.

$$\delta \cdot L_1 \times \frac{P(t,\, T_1)}{P(t,\, T_3)} = \frac{P(t,t) - P(t,\, T_1)}{P(t,\, T_3)}$$

좌변을 다시 아래와 같이 수정한다.

$$\delta \cdot L_1 \times \frac{P(t,\, T_1)\,P(t,\, T_2)}{P(t,\, T_2)\,P(t,\, T_3)} = \frac{P(t,t) - P(t,\, T_1)}{P(t,\, T_3)}$$

이는 다시 아래와 같이 고쳐 쓸 수 있다.

$$\delta \cdot L_1 Z_1 Z_2 = \frac{P(t,t) - P(t, T_1)}{P(t, T_3)}$$

$A_1 = L_1 Z,\ Z = Z_1 Z_2$라고 하고 Ito의 보조정리를 사용하면 다음의 식을 얻는다.

$$dA_1 = ZdL_1 + L_1 dZ + dL_1 dZ$$

양변을 A_1으로 나누면 다음과 같이 된다.

$$\frac{dA_1}{A_1} = \frac{dL_1}{L_1} + \frac{dZ}{Z} + \frac{dL_1}{L_1}\frac{dZ}{Z}$$

A_1과 Z가 마팅게일이므로, 양변의 기대값을 취하면 다음과 같은 식을 갖게 된다.

$$0 = E\left[\frac{dL_1}{L_1}\right] + 0 + E\left[\frac{dL_1}{L_1}\frac{dZ}{Z}\right]$$

$Z = Z_1 Z_2$이며 Ito의 보조정리에 따르면 $\frac{dZ}{Z} = \frac{dZ_1}{Z_1} + \frac{dZ_2}{Z_2} + \frac{dZ_1}{Z_1}\frac{dZ_2}{Z_2}$이므로 위 식은 다음과 같이 쓸 수 있다.

$$0 = \mu_1 dt + 0 + E\left[\frac{dL_1}{L_1}\left(\frac{dZ_1}{Z_1} + \frac{dZ_2}{Z_2} + \frac{dZ_1}{Z_1}\frac{dZ_2}{Z_2}\right)\right]$$

식을 단순화하고, $dL_1 dZ_1 dZ_2 = 0$을 대입하면, 다음의 식을 얻게 된다.

$$\mu_1 dt = -E\left[\frac{dL_1}{L_1}\frac{dZ_1}{Z_1} + \frac{dL_1}{L_1}\frac{dZ_2}{Z_2}\right] = -E\left[\frac{dL_1}{L_1}\frac{dZ_1}{Z_1}\right] - E\left[\frac{dL_1}{L_1}\frac{dZ_2}{Z_2}\right]$$

우변의 항을 따로따로 정리한다.

$$\begin{aligned} -E\left[\frac{dL_1}{L_1}\frac{dZ_1}{Z_1}\right] &= \frac{1}{1+\delta L_2} E\left[d(1+\delta L_2)\frac{dL_1}{L_1}\right] \\ &= -\frac{\delta L_2}{1+\delta L_2} E\left[\frac{dL_2}{L_2}\frac{dL_1}{L_1}\right] \\ &= -\frac{\delta L_2}{1+\delta L_2}\sigma_1 \sigma_2 E(dW_1 dW_2) \\ &= -\frac{\delta L_2}{1+\delta L_2}\rho_{12}\sigma_1\sigma_2 dt \end{aligned} \qquad \textbf{(30.11)}$$

$$-E\left[\frac{dL_1}{L_1}\frac{dZ_2}{Z_2}\right] = \frac{1}{1+\delta L_3} E\left[d(1+\delta L_3)\frac{dL_1}{L_1}\right]$$

$$= -\frac{\delta L_3}{1+\delta L_3} E\left[\frac{dL_3}{L_3}\frac{dL_1}{L_1}\right]$$

$$= -\frac{\delta L_3}{1+\delta L_3}\sigma_1\sigma_3 E(dW_1 dW_3)$$

$$= -\frac{\delta L_3}{1+\delta L_3}\rho_{13}\sigma_1\sigma_3 dt \qquad \textbf{(30.12)}$$

식 (30.11)과 (30.12)를 합하면 다음과 같은 최종 결과를 가지게 된다.

$$\mu_1 = -\left[\frac{\delta L_2}{1+\delta L_2}\rho_{12}\sigma_1\sigma_2 + \frac{\delta L_3}{1+\delta L_3}\rho_{13}\sigma_1\sigma_3\right]$$

유추하여 일반적인 경우에 적용할 수 있는 결과를 정리하면 다음과 같이 된다.

$$\mu_i = -\sum_{j=i+1}^{N}\left[\frac{\delta L_j}{1+\delta L_j}\rho_{ij}\sigma_i\sigma_j\right], \qquad \forall i < N \qquad \textbf{(30.13)}$$

그리고 $i = N$이면 $\mu_i = 0$이 된다. 식 (30.13)이 위에서 Libor 시장 모형을 유도한 핵심 결과이며, 이를 사용해서 다른 계산을 추가로 할 수 있다. 이 식은 Libor 이율의 확률과정에 사용될 추세를 산출해 준다. 기준재 $P(t, T_N)$에 대하여 무차익거래 가격산정을 가능하게 하는 위험중립 Libor 이율의 변동은 다음과 같이 표현될 수 있다.

$$\frac{dL_i}{L_i} = -\sum_{j=i+1}^{N}\left[\frac{\delta L_j}{1+\delta L_j}\rho_{ij}\sigma_i\sigma_j\right]dt + \sigma_i dW_i, \qquad \forall i < N \qquad \textbf{(30.14)}$$

HJM 모델과 같이 LMM Libor 이율 과정의 위험중립 추세도 변동성과 상관관계의 함수임을 주목하라. 만약 별개의 브라운 운동 W_i가 아니라 단일요인 LMM 모델을 가정한다면, 위 식의 $\rho_{ij} = 1$이 된다.

30.10 마켓 모델의 시뮬레이션

마켓 모델에서 가격산정은 주로 Libor 이율의 시뮬레이션을 통하여 이루어진다. 만약 N개의 이율이 있다면, 정확한 상관관계를 반영하여 이율 $L_1, L_2, \cdots, L_N$을 연결하여 생성해야 한다. N개의 브라운 운동 $W_1, W_2, \cdots, W_N$은 각각의 변동성 계수 σ_i를 가지고 있으며, W_i와 W_j 각 쌍이 상관계수 ρ_{ij}를 가지고 있다.

절차는 다음과 같다. 각 시점 별로, 표준정규분포를 따르는 N개의 무작위 넘버 W_i를 상관관계 매트릭스 $\{\rho_{ij}\}$에 따라 생성한다. 각 W_i는 평균 0이며 분산 1이다. 시뮬레이션의 시간 간격을 h라고 한다면, 다음 기간의 Libor 이율은, 식 (30.14)의 이산시간형인 다음 식에 따라 생성한다.

$$L_i(t+h) = L_i(t)\exp\left[\left(-\sum_{j=i+1}^{N}\left[\frac{\delta L_j}{1+\delta L_j}\rho_{ij}\sigma_i\sigma_j\right] - \frac{1}{2}\sigma_i^2\right)h + \sigma_i\sqrt{h}\cdot W_i\right],\ \forall i \quad \textbf{(30.15)}$$

이미 이식은 블랙–숄즈 모델에서 보았으며, 주가도 Libor이율과 마찬가지로 대수정규분포이므로 직접 이 식을 유도할 수도 있다.

30.11 보정(Calibration)

LMM 계열의 모델이 가진 주요 장점 중 하나는 시장 가격에 맞추어 쉽게 모델을 보정(calibration)할 수 있다는 점이다. 이 점을 여기서 살펴본다. 캡 옵션의 가격산정 식을 개발하는 것부터 시작한다. 캡은 캡릿(caplet)의 집합이며, 따라서 그 가격은 캡릿(caplet) 가격의 합이다.

선도 옵션의 가격은 Black(1976)의 공식에 따라 계산함을 기억하라. 선도옵션의 공식은 두 개의 가정에 근거한다. 첫째는, 기준이 되는 선도이율 변수가 대수정규분포를 따르며, 둘째, 변동성이 확률적이 아니라 상수 혹은 시간에 의해 결정되는 함수라는 것이다. 캡릿은 Libor 선도이율(L_i)에 대한 옵션이다. 변동성 σ_i가 확률적이 아닌 한 블랙의 공식이 직접 적용된다. 여기서 설명하고 있는 우리의 경우, σ_i가 일정하다고 가정하므로 블랙 모델의 조건을 만족시키며, 캡이나 플로어의 가격을 구하는 닫힌 형태의 식을 구할 수 있다.

만기가 T_i이며 행사가가 X인 캡릿(caplet)을 생각해 보자. 그러므로 이 옵션은 선도 Libor 이율 L_{i+1}과 기간 (T_i, T_{i+1})에 대한 옵션이다. Black(1976)의 모델을 적용하여 옵션가격을 다음과 같이 구할 수 있다,

$$C_0 = P(0, T_i)\left[L_{i+1}(0)N(d_1) - XN(d_2)\right]\delta$$

위에서

$$d_1 = \frac{1}{\sigma_{i+1}\sqrt{T_i}}\left[\ln\left(\frac{L_{i+1}(0)}{X}\right) + \frac{1}{2}\sigma_{i+1}^2 T_i\right]$$

그리고

$$d_2 = d_1 - \sigma_{i+1}\sqrt{T_i}$$

위에서 σ_{i+1}는 L_{i+1}의 변동성을 의미한다.

비슷한 논거로 만기 T_i 행사가 X인 L_{i+1}에 대한 플로어의 가격은 다음과 같다.

$$F_0 = P(0,\ T_i)\left[-L_{i+1}(0)N(-d_1) + XN(-d_2)\right]\delta$$

이 식의 d_1과 d_2는 이에서 정의한 바와 동일하다. 이 식은 캡 공식에서 일반적인 부호를 바꾸어서 얻을 수 있다.

이 닫힌 형태의 모델은 보정(calibration)을 쉽게 해 준다. 우리가 해야 할 일은 단지 만기 T_i인 캡릿의 가격과 모델의 가격이 맞도록 해주는 σ_{i+1}을 구하는 것이다. 모든 만기와 모든 행사가에 대하여 이렇게 하면, 캡과 플로어에 대한 변동성 곡면이 형성된다.

Libor 이율의 변동성이 상수인 매우 단순한 모델을 검토하였다. 시간에 따라 Libor의 변동성이 변하는 경우로 일반화하는 것은 간단하다. Merton(1973)이 유도한, 시간에 따라 변동성이 변하는 경우와 같이, 위의 식 중 변동성을 나타내는 항을 시간에 따라 변하는 변동성의 적분값으로 대치하는 것, 즉 $\sigma_{i+1}\sqrt{T_i}$를 대신해서 다음을 사용하는 것이다.

$$\sqrt{\int_0^{T_i}\sigma_{i+1}^2(t)\,dt}$$

더 충분하게 자세한 자료가 필요한 독자는 Brace와 기타(1997)의 논문을 참고하기 바란다.

30.12 스왑 시장 모델(Swap Market Model)

이 절에서는 스왑마켓 모델(SMM)에 대하여 간단히 살펴보고자 한다. LMM과 마찬가지로 SMM의 장점 중 하나는 스왑 및 스왑션 시장에 직접 보정이 가능하다는 점이다. 이미 LMM 전개를 충분히 설명하였기 때문에, 이미 핵심 원리와 개념은 소개하였다. 그러나 LMM과 SMM 이 두 접근법 사이의 연관성뿐만 아니라 차이점에 대하여 강조할 필요가 있다.

LMM과 SMM을 비교함에 있어서 다음 세 가지에 초점을 맞추려 한다.

1. **기준재** 선도이율 확률측도 하에서 Libor 이율이 마팅게일이었다는 점을 상기하라. i번째 Libor 이율 $L_i(t)$는 무이표채 가격에 대하여 다음과 같은 관계가 있다.

$$\delta L_i(t) = \frac{P(t,\ T_{i-1})}{P(t,\ T_i)} - 1 \qquad \textbf{(30.16)}$$

여기에서 δ는 스왑에서 매 기간의 길이를 의미하며, $T_0 = t$라고 가정하였다. 아래와 같은 조건이라면 L_i는 Q_i 측도에 대하여 마팅게일이다.

$$E_{Q_i}\left[\frac{P(t, T_{i-1})}{P(t, T_i)} - 1\right] = E_{Q_i}\left[\frac{P(t, T_{i-1}) - P(t, T_i)}{P(t, T_i)}\right] = 0$$

달리 말하면, LMM 환경에서는 Libor 이율이 기준재 $P(t, T_i)$에 대하여 마팅게일이다. 스왑은 고정금리와 변동금리를 교환하는 것을 의미한다. 변동금리 지급은 δL_i를 지급하는 것이며, 시점 T_i에서 다음과 같은 현재가치를 가진다.

$$\delta L_i(T_{i-1})P(T_{i-1}, T_i) = P(T_{i-1}, T_{i-1}) - P(T_{i-1}, T_i)$$

이 식은 식 (30.16)을 재배열하고 $t = T_{i-1}$로 바꾸어서 얻은 것이다. 스왑이란 고정 지급의 대가로 변동 금액을 지급하는 일련의 교환 거래를 모아 놓은 것에 불과하다. 변동 지급에 우선 초점을 맞춘다. Libor 이율은 마팅게일이므로 t 시점에서 계산한 변동지급의 현재가치는 위 식을 t 시점으로 옮기는 것이며, 그 결과 스왑의 총 변동지급 현재가치가 다음과 같이 되게 하는 것이다.

$$\sum_{i=1}^{N}\delta L_i(t)P(t, T_i) = \sum_{i=1}^{N}\left[P(t, T_{i-1}) - P(t, T_i)\right] = P(t, T_0) - P(t, T_N) \quad \textbf{(30.17)}$$

스왑의 고정지급 측의 현재가치는 고정이율 S로 지급되는 금액의 현재가치이므로

$$\delta S\sum_{i=1}^{N}P(t, T_i) \quad \textbf{(30.18)}$$

식 (30.17)과 식 (30.18)을 등호로 연결하면 공정한 스왑 이율 S는 다음과 같이 표현될 수 있다.

$$S(T_1, T_N) = \frac{P(t, T_0) - P(t, T_N)}{\delta\sum_{i=1}^{N}P(t, T_i)}$$

여기에서 $S \equiv S(T_1, T_N)$이라고 표현한 것은 스왑이 (T_1, T_N)의 기간에 걸친 현금흐름을 다 포함한다는 사실을 보여주기 위한 것이다. 식 (30.16)으로부터, $\left[P(t, T_0) - P(t, T_N)\right]$이 마팅게일이므로, 아래의 기준재에 대하여 S도 마팅게일이 된다.

$$\sum_{i=1}^{N}P(t, T_i)$$

이것은 각 스왑 기간 동안에 1씩 지급했을 경우 총금액의 현재가치이다. 이것을 LMM의 기준재인 $P(t, T_i)$와 비교해 보라. 그러므로 LMM과 SMM의 본질적 차이점은 기준재의 구성으로 귀결된다.

2. **양립불가** LMM은 Libor 이율이 대수정규분포라고 가정한다. 식 (30.16)에서 무이표채의 가격 변동도 역시 대수정규분포가 됨을 알 수 있다. Libor 이율이 대수정규분포이면 SMM의 기준재는 무이표채 가격의 합이므로 대수정규분포가 아니다.
   실무자들은 Libor 마켓 혹은 스왑마켓 중 어디에 보정해야 할 것인지를 선택한다. 스왑 마켓(그리고 스왑션 가격)에 보정하기로 선택하면, 스왑 이율이 대수정규분포인 것으로 가정하고 직접 SMM을 적용한다. 스왑 이율이 대수정규분포인 것으로 가정하고 SMM을 선택하는 것은 Libor 이율이 대수정규분포인 것으로 가정하는 다른 모델과는 일관성이 있을 수 없다는 의미를 포함하고 있음을 앞 문단으로부터 분명히 알 수 있다. 두 모델 전부 동시에 대수정규분포 이율을 가정하면서 서로 양립하는 것은 불가능하다. 이러한 상충으로 인하여, 트레이딩 룸은 하나의 모델을 선택해서 그 모델을 계속 사용할 필요가 있다.
3. **모델 선택** 양립불가의 문제로 인하여 궁지에 몰리면 LMM혹은 SMM 중 어떤 모델이 더 좋은 선택인가를 묻게 된다. 늘 그러하듯이 모델 선택은 보정과 헤징이라는 두 가지 중요한 속성에 좌우된다. 트레이딩 데스크의 경우 무엇이 더 중요하냐에 따라, 트레이더들은 통상 그들의 모델을 Libor 선물 및 캡릿 혹은 스왑 및 스왑션에 보정한다. 또 그들은 헤징을 위해서도 같은 상품을 사용한다. 이러한 선택이 시장 모델의 두 변형 중 어떤 것을 사용할 지를 결정한다. 의심의 여지없이 트레이딩 관행이 가장 중요한 모델 선택 기준이 된다. 하지만 또 교차모델 오차에 대한 질문을 자연스럽게 하게 된다. 누군가가 LMM을 선택했다고 가정하자. 그러면 스왑이나 스왑션의 가격 오차 정도는 얼마인가? 반대로 모델이 스왑 마켓에 보정되었다면, 캡릿 가격은 얼마나 왜곡되었는 지를 알고 싶을 것이다. 이 문제에 대한 경험적 분석은 제한적이다. 이 문제는 DeJong, Driessen 그리고 Pelsser(2001)의 논문에서 다루었다. 그들은, LMM을 캡릿에 보정했을 경우 스왑션의 가격산정 오차가, SMM을 스왑션에 보정하여 캡릿의 가격을 산정했을 때 오차보다 낮았다는 사실을 발견했다. 가격산정오차의 상당 부분은 모델을 데이터에 과적합화하는 경향에서 찾을 수 있다. 즉, 데이터를 가지고 모델을 검토할 때에는 매우 잘 맞지만, 모델로 예측을 하는 경우 모델의 성능이 급격히 떨어지는 경향이 있다.

30.13 스왑션

LMM이 캡과 플로어의 가격을 닫힌 형태의 방정식으로 제시해 주는 것과 매우 비슷하게 SMM은 스왑션 가격을 닫힌 형태로 제시해 준다. 식 (30.17)과 (30.18)을 이용하여 스왑 거래의 고정금리와 변동금리의 가치를 다음과 같이 정의할 수 있다.

$$\text{변동금리 측: } A = \sum_{i=1}^{N} \delta L_i(t) P(t, T_i) \tag{30.19}$$

$$\text{고정금리 측: } B = \delta S \sum_{i=1}^{N} P(t, T_i) \tag{30.20}$$

위에서 S는 스왑션의 기준이 되는 스왑에 사용되는 고정금리를 의미한다. 스왑 이율이 시장에서 변동하지만, 공평한 S는 고정금리 측과 변동금리 측을 같게 만드는, 즉 $\sum_{i=1}^{N}\delta L_i(t) P(t, T_i) = \delta \mathrm{S} \sum_{i=1}^{N} P(t, T_i)$로 만드는 이율이다. 공평한 변동금리 대 고정금리 비율은 아래와 같다.

$$\frac{A}{B} = \frac{\delta \mathrm{S} \displaystyle\sum_{i=1}^{N} P(t, T_i)}{\delta S \displaystyle\sum_{i=1}^{N} P(t, T_i)} = \frac{\mathrm{S}}{S}$$

S는 일정하므로, 만약 S를 변동성 σ인 대수정규분포로 가정하면, Black-Scholes(1973) 모델의 상황에 처하게 된다. 만약 A/B 비율이 대수정규분포라면, 변동금리를 (수취하고) 고정금리와 (지급하는) 교환하는 옵션인 스왑션은 상대방과 서로 교환하는 것에 대한 옵션이기 때문에, 그 유명한 Margrabe(1978) 공식을 사용하여 가격을 산정할 수 있다. 만기 $T \le T_1$이며, 변동금리 Libor를 지급하고 고정금리 S를 지급하는 스왑션의 t 시점의 가치는 다음과 같다.

$$\text{스왑션(변동 수취, 고정 지급)} = A\,N(d_1) - B\,N(d_2)$$

$$d_1 = \frac{\ln(A/B) + \frac{1}{2}\sigma^2 T}{\sigma\sqrt{T}}$$

$$d_2 = d_1 - \sigma\sqrt{T}$$

이와 같이 변동 지급, 고정 수취인 스왑션의 가격은 다음과 같다.

$$\text{스왑션(변동 지급, 고정 수취)} = BN(-d_2) - A\,N(-d_1)$$

$$d_1 = \frac{\ln(A/B) + \frac{1}{2}\sigma^2 T}{\sigma\sqrt{T}}$$

$$d_2 = d_1 - \sigma\sqrt{T}$$

마지막으로 주목해야 할 사실은, 위의 유도 과정에 마켓 모델 방법에만 특별히 적용되는 것은 없다는 점이다. 내재된 스왑 이율이 대수정규분포이기만 하면 HJM이나 다른 이자율 모델에도 똑같이 적용할 수 있다.

30.14 요약

이 장에서는 이자율 기간구조 모델의 가장 중요한 두 계열을 검토하였다. 첫 번째는 Heath-Jarrow-Morton(HJM) 모델이었다. HJM 모델은 전체 선도이율 곡선의 움직임을 모델링하는 방법이다. 특히 선도이율과정의 추세는 위험중립측도 하에서 변동성의 함수이다. 이 방법은 각각 다르게 작용하는 요인들을 원하는 만큼 포함할 수 있다는 점에서 매우 일반적인 접근 방법이다.

우리가 검토한 두 번째 계열의 모델은 소위 시장 모델 즉, Libor 마켓 모델(LMM)과 스왑 마켓 모델(SMM)이다. 이 모델들의 대수정규분포 특성으로 인하여 (심지어는 다요인 환경에서도), Black-Scholes(1973) 와 Black(1976)의 해와 유사한 답을 찾을 수 있게 되어 닫힌 형태의 답을 얻을 수 있다. 이로 인하여 모델 변동성의 보정은 내재 변동성을 찾는 것과 유사해 진다. 이자율 파생상품의 가격 산정에 LMM 계열이 보편적인 도구가 되었다.

30.15 연습문제

1. HJM 모델과 Black-Derman-Toy(BDT) 모델의 차이점을 세 개 이상 열거하라.
2. HJM 모델에서 선도이율을 $f(t, T)$로 표시하며, 여기서 t는 현재 시점을 의미하며 선도이율은 미래의 기간 $[T, T+h]$에 대한 이율이며, h는 이산 시간 상의 1년으로 한다. 또 다음과 같이 선도이율이 이항모델에 따라 생성된다고 가정한다.

$$f(t+h, T) = f(t, T) + \alpha(T)h \pm \sigma\sqrt{h}$$

마지막으로 다음과 같은 데이터가 제공된다고 가정한다.

$$f(0,0) = 0.06, \qquad f(0,1) = 0.07$$

행사가격 $90인, 2년 만기 무이표채에 대한 1년 만기 콜 옵션이 $4이다. 그러면 σ의 값은 얼마인가?

2. HJM 선도이율 과정을 다음과 같이 가정한다.

$$f(t+h, T) = f(t, T) + \alpha(T)h \pm \sigma(T)\sqrt{h}$$

현재의 선도이율 곡선은 다음과 같다.

$$f(0,0) = 0.08, \quad f(0,0.5) = 0.09, \quad f(0,1) = 0.10$$

마지막으로 다음과 같이 가정한다.

$$\sigma(0.5) = 0.03, \qquad \sigma(1) = 0.02$$

지금부터 1기간 후의 무차익거래 선도이율 곡선을 도출하라.

4. (코드 작성이 필요함) 초기 선도이율 곡선, 변동성 곡선, 한 기간의 길이가 주어진다고 가정하고, 다음 기간의 두 선도이율 곡선을 계산하는 함수를 만들어라.(이 문제는 위 두 문제를 푸는 과정을 일반화하는 것이다.) 모델의 한 기간을 1/2년이라고 할 때, 모델의 3년간의 결과를 제시하라. 초기 선도이율 곡선은 6%로 수평이며 σ도 역시 0.05로 수평이라고 가정하라. `Octave`로 이 모델을 작성하라.

5. (코드 작성이 필요함) 위의 문제를 Excel VBA로 재작성하라.

6. 6개의 반년 간격 선도이율이 있다. 현재 이 이율은 6%에서 수평이며, 다음과 같이 감소하는 변동성 곡선이 주어져 있다.

   0.06
   0.05
   0.04
   0.03
   0.02
   0.01

   (a) 이자율의 어떤 특성이 변동성을 이렇게 급격히 감소시킬 수 있나?

   (b) 반년 후의 선도이율 곡선 2개를 산출하고, 그래프를 그려라. 변동성 감소는 다음 기간의 선도이율 곡선 2개에 어떠한 영향을 미치게 되나?

7. HJM 트리에서 시간 간격은 h이며, 선도이율 과정은 이항분포이다.

$$f(t+h, T) = f(t, T) + \alpha h \pm \sigma \sqrt{h}$$

$T = t + h$에 대하여 다음을 증명하라.

$$\alpha = \frac{1}{h^2} \ln\left[\cosh(\sigma h^{3/2})\right]$$

8. 위 문제에서 추세를 이자율 위험에 대한 프리미엄으로 표현하는 것에 대하여 어떻게 생각하나? 그 것은 무엇민의 함수인가?

9. 다음 표는 초기 3개의 반년 기간의 선도이율 곡선과, $t=0$ 시점에서의 변동성의 요약이다. $t=0.5$ 시점에서의 두 개의 선도이율 곡선과, $t=1$ 시점에서의 3개의 선도이율 곡선을 계산하라.

$(0, T)$	$f(0, T)$	$\sigma(T)$
(0, 0)	0.04	–
(0, 0.5)	0.045	0.015
(0, 1)	0.05	0.012

10. 위의 문제와 동일한 초기 자료로 만기 일자가 $t=0.5$, $t=1$이며, 행사가는 반년 이자율 5%인 캡 옵션가격을 산출하라. 액면가는 $100으로 가정하라.

11. (코드작성이 필요함) 엑셀 VBA를 사용하여 HJM 모델의 트리를 작성하는 스프레드 시트를 만들고, 이 위에 1기간 현물이율을 표시하는 트리를 제시하라.
    (a) 예를 들면 시간 간격 $h=1/2$로 하여, 초기 선도이율 곡선이 다음과 같을 때 5기간 트리를 만들어 보이라.

$$\begin{array}{c} f_0 \\ 0.09 \\ 0.10 \\ 0.11 \\ 0.12 \\ 0.13 \end{array}$$

    그리고 변동성 함수는 다음과 같다.

$$\sigma(T) = 0.005\exp[-2\lambda(T-0.5)]$$

    위에서 $\lambda=0.2$이며, 평균회귀 계수를 의미한다.
    (b) $\lambda=0.5$로 증가시켜서 새로운 현물이율 트리를 만들어 보여라. λ가 트리에 미치는 영향에 대하여 무어라 말할 수 있는가?

12. 이번 문제에서는 Heath-Jarrow-Merton 모델을 구축하는 프로그램을 사용하게 될 것이다. 이 모델의 구축에는 트리의 재결합이 발생하지 않을 것이다. 왜냐하면 이 모델에서는 변동성 함수가 단순한 변동성 벡터로 주어지는 것이 아니라 변동성 매트릭스를 근거로 할 것이기 때문이다. 각 기간이 반년인 10기간 트리를 구축할 것이다. 그러므로 모델은 5년 만기까지 지속된다. 초기 선도이율의 기간 구조는 다음과 같다.

$$f = \begin{bmatrix} 0.020 \\ 0.022 \\ 0.023 \\ 0.030 \\ 0.035 \\ 0.040 \\ 0.045 \\ 0.050 \\ 0.044 \\ 0.042 \end{bmatrix}$$

변동성 매트릭스를 결정할 변동성 함수는 다음과 같다. 즉 시점 t에서 각 선도 이율의 변동성은 만기 T인 각 선도 이율에 대하여 $0.05 \times f(t, T)$이다. 이 함수는 각 분기점에서 각 선도 이율에 대한 변동성을 효과적으로 정의한다. 다른 말로 표현하자면, 이 함수는 변동성 매트릭스를 정의한다. 각 분기점에서 변동성이 달라진다는 점을 주목하라.

트리를 만드는 프로그램 코드를 작성하라. 그리고 액면가 $100을 기준으로 10개(반년에 하나씩)의 캡릿으로 구성된 캡의 가격을 계산하라. 모든 캡의 행사기준이율은 3%이다. 캡 전체의 가격은 얼마인가?

힌트: 재귀식을 사용하여 프로그램을 작성하라. 그리하면 프로그램 작성이 단순할 것이다. 프로그램이 작동하는 지를 보기 위해서는 적은 기간 수, 예를 들면, 3 기간으로 먼저 테스트해 보라. 그러면 더 많은 테스트를 할 수 있을 것이다. 프로그램에 선도이율 곡선(f), 시간 간격(h), 그리고 변동성 함수를 지정할 수 있도록 코드를 작성하라. 그렇게 하면 시간의 간격이 몇 개이든 완벽하게 일반화할 수 있다. (프로그램에 지정한 선도 이율 곡선의 전체 기간으로부터 시간 간격이 몇 개인지를 계산해 낼 수 있다.)

13. HJM 모델에 대하여 사람들이 주장하는 어떤 단점이 Libor 시장 모델(LMM) 사용으로 개선될 수 있는가?
14. 선도 측도라는 것은 무엇을 말하는가? 이자율 파생상품의 가격산정에 있어서 중요성을 설명하라.
15. (코드 작성이 필요함) 이자율 기간 구조가 6%로 수평이며, 변동성 기간 구조도 10% 수평이라고 가정하고, 단일 요인 Libor 시장 모델을 이용하여, 행사 이율이 7%인 1년 만기 캡의 가격을 산출하라. `Octave` 프로그램 코드를 작성하라. 시간 간격은 월로 한다. 답을 얻기 위해 이율변동을 LMM으로 시뮬레이션할 필요가 있을 것이다.

부록 30A HJM의 위험중립 추세 및 변동성

여기에서는 일반 이산시간 HJM 모델에서 위험중립 추세와 변동성 사이의 관계를 공식적으로 유도한다. 이 부록의 끝 부분에서 다요인 모델로 확장하면 계산상 더 어려워지긴 하지만 개념상으로는 그렇지 않음을 설명하겠지만, 대부분 관심은 단일요인 모델에 집중한다. 이 부록의 기반이 되는 원 논문에 관심이 있으면, Heath, Jarrow 및 Morton(1990)을 보라.

이 부록을 자체적인 완성도를 갖게 하기 위하여 표기방법을 재정의한다. 모델은 시점 $t=0$에서 시작하는 시간선 상에서 전개된다. 모델에는 n기간이 존재하며, 각 기간의 길이는 h년이다. 마지막 시점은 nh이다.

일반적인 선도이율은 $f(t, T)$로 표시하며, $f(t, T)$는 $[T, T+h]$기간 동안 투자하거나 대출을 받을 때 적용되는 이율로 t시점에서 거래되는 이율이다. 그러므로 각 t시점에서 각 $T \geq t$에 대한 하나의 선도이율이 존재하게 된다. 선도 이율은 시점 $t=(ih)$, $i=0, 1, \cdots, n$에서 관측된다.

한 기간 경과 후에 T 만기인 선도이율 $f(t, T)$는 $f(t+h, T)$가 된다. 시간 간격 $[t, t+h]$ 중의 선도이율 변화는 다음과 같다.

$$f(t+h, T) - f(t, T), \qquad \forall T$$

이 변화는 확정된 부분($\alpha(t, T)$로 표시되는 "추세")과 무작위 부분($\sigma(t, T)$로 표시되는 "변동성")으로 구성되어 있다.

$$f(t+h, T) = f(t, T) + \alpha(t, T)h + \sigma(t, T)X_1\sqrt{h}, \qquad \forall T \geq t \tag{30.21}$$

X_1은 평균이 0이고 분산이 1인 무작위변수이다. (예를 들면 표준 정규분포 변수.) 선도이율 변화의 기대치는 $\alpha(t, T)h$이고 표준편차는 $\sigma(t, T)\sqrt{h}$가 되는 것은 쉽게 알 수 있다.

어떤 시점 t에서 1기간 현물이율은 즉시 시작되는 선도이율 $f(t, t)$에 불과하다. 시점 0에서는 이 1기간 현물이율(혹은 "단기이율")을 알 수 있지만, 이 시점에서 미래의 단기이율은 알 수 없다. 이 무작위 값은 이자율 변동에 있어서 확정된 부분과 무작위 부분의 합이다. 이는 다음 식으로 표현될 수 있다.

$$r(t) = f(t, t) = f(0, t) + \sum_{j=0}^{(t/h)-1}\left[\alpha(jh, t)h + \sigma(jh, t)X_1(j)\sqrt{h}\right] \tag{30.22}$$

$X_1(j)$는 X_1분포에 존재하는 독립적이며 동일하게 분포된 무작위 변수이다. 이 단기이율 과정을 다음과 같이 표현할 수도 있다.

$$r(ih) = f(0, ih) + \sum_{j=0}^{i-1}\left[\alpha(jh, ih)h + \sigma(jh, ih)X_1(j)\sqrt{h}\right] \tag{30.23}$$

더 일반적으로 말하자면, 시점 ih에서 시작되는 1기간 선도이율의 움직임의 법칙을 묘사하는 등식을 아래와 같이 쓸 수 있다.

$$f(t, ih) = f(0, ih) + \sum_{j=0}^{(t/h)-1} \left[\alpha(jh, ih)h + \sigma(jh, ih)X_1(j)\sqrt{h}\right] \tag{30.24}$$

시점 0에서 본 $f(t, ih)$도 역시 무작위 변수임을 유념하라.

이 단기이율 움직임의 법칙 (30.22)과 선도이율 움직임의 법칙 (30.24)을 이용하여 이 모델의 위험 중립 추세를 변동성의 함수로 정의할 것이다. 만기 T인 \$1 무이표채의 가격을 시점 t에서 계산하는 것으로부터 시작한다. 이 채권의 가격은 다음과 같이 채권 만기까지의 기간의 선도금리 합으로 할인하면 구할 수 있다.

$$\begin{aligned} &P(t, T) \\ &= \exp\left[-\sum_{i=\frac{t}{h}}^{\frac{T}{h}-1} f(t, ih)h\right] \\ &= \exp\left(-\sum_{i=\frac{t}{h}}^{\frac{T}{h}-1}\left[f(0, ih) + \sum_{j=0}^{t/h-1}(\alpha(jh, ih)h + \sigma(jh, ih)X_1\sqrt{h})\right]h\right) \end{aligned} \tag{30.25}$$

위 식의 두 번째 줄에서, 식 (30.24)의 선도이율 식을 삽입하였다. 시점 0에서 보면, 무이표채의 가격 역시 무작위 변수이다.

마팅게일 가격 산정 논리는 11장에서 설명하였다. 차익거래가 성립하지 않는다는 것은 모든 정규화된 증권 가격은 위험중립 확률 하에서는 마팅게일이라는 것을 의미한다. 정규화는 대체로 기준재를 사용하여 수행한다. 채권 가격 산정을 위한 기준재로 무위험 머니마켓 계좌 $B(t)$의 존재를 가정하면, 이 계좌는 다음과 같이 단기이율로 무작위로 가치가 증가한다.

$$\begin{aligned} B(t) &= \exp\left[\sum_{i=0}^{\frac{t}{h}-1} r(ih)h\right] \\ &= \exp\left(\sum_{i=0}^{\frac{t}{h}-1}\left[f(0, ih) + \sum_{j=0}^{i-1}(\alpha(jh, ih)h + \sigma(jh, ih)X_1\sqrt{h})\right]h\right) \end{aligned} \tag{30.26}$$

$1/B(t)$는 시간 간격 $[t, t+h]$ 위에 있는 모든 자산에 대한 할인 함수를 표현한다.

(이 장 앞에서 그렇게 했던 것 같이) 옵션가격을 트리에서 계산할 때, 자산의 예상 미래 가치를 매 기간마다 할인하였다. 상승 가지의 확률이 p이고 하락 가지의 확률이 $(1-p)$인 이항분포라는 특수한 경우에, 매 시점 t에서 무이표채의 가격은 다음과 같다.

$$P(t, T) = p\frac{P^u(t+h, T)}{B^u(t+h)} + (1-p)\frac{P^d(t+h, T)}{B^d(t+h)}$$

위에서 $P^u(t+h, T)$와 $P^d(t+h, T)$는 1기간 이후 상승 상태와 하락 상태의 채권가치를 의미한다. 비슷하게, $B^u(t+h)$와 $B^d(t+h)$는 이에 상응하는 각 상태별 머니마켓 계좌의 가치이다. 시점 t에서 볼 때 이는 1기간 미래의 상황이므로 이모든 가치는 무작위 변수이다. 어떤 상태가 되든 t 시점에서 채권의 현재가치는 채권의 가격을 누적 머니마켓 계좌로 나눈 것, 즉 위 식의 $P^u(t+h, T)/B^u(t+h)$와 $P^d(t+h, T)/B^d(t+h)$ 비율이다. 상태가 많은 더 일반적인 상황을 표현하기 위하여, 동일한 식을 다음과 같이 단순하게 표시할 수 있을 것이다.

$$P(t, T) = E_t\left[\frac{P(t+h, T)}{B(t+h)}\right]$$

위에서 아래첨자 t는 위험중립 기대치 $E_t[\cdot]$가 t 시점에서 계산된 것을 의미한다. 시점 t에서 $B(t)=1$이면 식은 다음과 같이 된다.

$$\frac{P(t, T)}{B(t)} = E_t\left[\frac{P(t+h, T)}{B(t+h)}\right]$$

이제 정규화된 무이표채 가격 과정은 다음과 같이 정의된다.

$$Z(t, T) = \frac{P(t, T)}{B(t)}, \quad Z(t+h, T) = \frac{P(t+h, T)}{B(t+h)}$$

위험 중립 측도 하에서 자산의 할인 가격은 마팅게일이어야 하며, 지금 우리가 도출한 식과 정확히 일치한다. 즉,

$$Z(t, T) = E_t[Z(t+h, T)]$$

달리 표현하면,

$$E_t\left[\frac{Z(t+h, T)}{Z(t, T)}\right] = 1 \tag{30.27}$$

이 수학적 표현은 단순히 정규화된 자산 $Z(t)$가 마팅게일이면, 계속되는 자산의 기대값의 비율은 1임을 의미한다. 식 (30.25)와 식 (30.26)에서 필요한 부분을 위 식 (30.27)에 대입하면 이 조건을 만족하는 추세의 값을 계산할 수 있다. 계산은 길고 지루하며 다음과 같다. 우선 $Z(t, T)$를 계산한다.

$$\begin{aligned} Z(t, T) &= \frac{P(t, T)}{B(t)} \\ &= \exp\left(-\sum_{i=0}^{T/h-1} f(0, ih)h\right) \end{aligned}$$

$$\times \exp\left(-\sum_{i=t/h}^{T/h-1}\sum_{j=0}^{t/h-1}(\alpha(jh, ih)h + \sigma(jh, ih)X_1\sqrt{h})h\right)$$
$$\times \exp\left(-\sum_{i=0}^{t/h-1}\sum_{j=0}^{i-1}(\alpha(jh, ih)h + \sigma(jh, ih)X_1\sqrt{h})h\right)$$

유사하게 $Z(t+h, T)$를 계산한다.

$$\begin{aligned} Z(t+h, T) &= \frac{P(t+h, T)}{B(t+h)} \\ &= \exp\left(-\sum_{i=0}^{T/h-1} f(0, ih)h\right) \\ &\quad \times \exp\left(-\sum_{i=t/h+1}^{T/h-1}\sum_{j=0}^{t/h}(\alpha(jh, ih)h + \sigma(jh, ih)X_1\sqrt{h})h\right) \\ &\quad \times \exp\left(-\sum_{i=0}^{t/h}\sum_{j=0}^{i-1}(\alpha(jh, ih)h + \sigma(jh, ih)X_1\sqrt{h})h\right) \end{aligned}$$

이 식을 단순화하기 위하여 다음과 같이 정의한다.

$$A(jh, ih) = (\alpha(jh, ih)h + \sigma(jh, ih)X_1\sqrt{h})h$$

그 후에 다음의 계산을 한다.

$$\frac{Z(t+h, T)}{Z(t, T)}$$

$$= \frac{\exp\left(-\sum_{i=t/h+1}^{T/h-1}\sum_{j=0}^{t/h} A(jh, ih)\right)\exp\left(-\sum_{i=0}^{t/h}\sum_{j=0}^{i-1} A(jh, ih)\right)}{\exp\left(-\sum_{i=t/h}^{T/h-1}\sum_{j=0}^{t/h-1} A(jh, ih)\right)\exp\left(-\sum_{i=0}^{t/h-1}\sum_{j=0}^{i-1} A(jh, ih)\right)}$$

$$= \frac{\exp\left(-\sum_{i=t/h+1}^{T/h-1}\sum_{j=0}^{t/h} A(jh, ih)\right)}{\exp\left(-\sum_{i=t/h}^{T/h-1}\sum_{j=0}^{t/h-1} A(jh, ih)\right)}\exp\left(-\sum_{j=0}^{t/h-1} A(jh, t)\right)$$

$$= \frac{\exp\left(-\sum_{i=t/h+1}^{T/h-1}\left[\sum_{j=0}^{t/h-1} A(jh, ih) + A(t, ih)\right]\right)}{\exp\left(-\sum_{j=0}^{t/h-1} A(jh, t) - \sum_{i=t/h+1}^{T/h-1}\sum_{j=0}^{t/h-1} A(jh, ih)\right)}\exp\left(-\sum_{j=0}^{t/h-1} A(jh, t)\right)$$

$$= \frac{\exp\left(-\sum_{i=t/h+1}^{T/h-1}\left[\sum_{j=0}^{t/h-1} A(jh, ih) + A(t, ih)\right]\right)}{\exp\left(-\sum_{i=t/h+1}^{T/h-1}\sum_{j=0}^{t/h-1} A(jh, ih)\right)}$$

$$= \exp\left(-\sum_{i=t/h+1}^{T/h-1} A(t, ih)\right)$$

식 (30.27)에 의해 다음이 성립한다.

$$E\left[\exp\left(-\sum_{i=t/h+1}^{T/h-1} A(t, ih)\right)\right] = 1$$

혹은

$$E\left[\exp\left(-\sum_{i=t/h+1}^{T/h-1} (\alpha(t, ih)h + \sigma(t, ih)X_1\sqrt{h})h\right)\right] = 1$$

재정리하면 추세항 $\alpha(t, ih)$에 대한 해를 다음과 같이 구할 수 있다.

$$\sum_{i=\frac{t}{h}+1}^{\frac{T}{h}-1} \alpha(t, ih) = \frac{1}{h^2}\log E\left(\exp\left[-h\sum_{i=\frac{t}{h}+1}^{\frac{T}{h}-1} \sigma(t, ih)X_1(t)\sqrt{h}\right]\right), \ \forall i \qquad \textbf{(30.28)}$$

식 $A(t,ih) = (\alpha(t,ih)h + \sigma(t,ih)X_1\sqrt{h})h$는 HJM 모델의 단일요인형인 점을 주목하라. 그렇지만 이 식을 더 일반화 시켜서 $A(t,ih) = (\alpha(t,ih)h + \sum_{k=1}^{m}\sigma_k(t, ih)X_k\sqrt{h})h$로 쓸 수 있으며, 이 경우 m 요인 모델이 되는 것을 주목하라.

추세 $[\alpha(\cdot)]$를 원래 선도이율 과정을 표현하는 식 (30.21)에 대입하면 위험중립 기간구조를 생성하게 된다. 이 변형된 과정으로, 확률적 이자율에 따라 결정되는 어떠한 권리의 가격 산정도 가능하게 된다.

식 (30.28)은 재귀식이다. 이 식은 각 만기의 추세 계산을 가능하게 해 준다(만기는 i로 표시함). 식의 좌변은 추세의 합으로 표현된다. 이것은 추세 산출에 붓스트래핑이 필요함을 의미한다. 우선 가장 짧은 만기의 선도이율의 추세를 계산한다. 그러면 첫 번째 추세를 알기 때문에 두 번째 추세를 유도할 수 있다. 그 다음으로는 식 (30.28)을 사용하여 세 추세의 합을 계산한다. 그러한 방식을 지속한다. 이 식은 이전에 보았던 식보다 엄청 더 복잡해 보이지만, 이 장 앞부분에서 사용하였던 숫자를 포함한 예와 직관적으로도 기술적으로도 전혀 다른지 않다는 것이 명백하다.

제 5 부

신용 위험(Credit Risk)

제 31 장

신용파생상품

31.1 서론

관행적으로 금융에서는 시장위험과 신용위험이라는 두 종류의 위험을 구분해 왔다. 시장위험이란, 주식가격, 상품가격, 이자율, 채권가격, 환율, 지수 등의 변동과 같은 여러 종류의 가격변동 위험을 말한다. 선물, 선도, 옵션, 스왑과 같은 전통적인 파생상품은 이러한 위험의 보유나 조정을 위해서 사용될 수 있다.

신용위험이란 약속한 지급 의무(예를 들면, 채권 혹은 대출)가 이행되지 않을 위험이다. 이에는 두 가지 구성요소가 있다. 관련된 지급의무의 부도가 발생하는 것과, 부도 발생시에 불충분한 회수가 이루어 질 위험이 그것이다. 이 위험을 감수하는 보상으로 이러한 수단에 투자하는 사람은 통상적으로, 신용위험이 낮으면서 조건이 비슷한 다른 수단에 투자하는 경우보다 높은 수익률을 받는다. 신용 스프레드(credit spread)는 비교대상 무위험 수익률보다 신용위험이 있는 자산의 수익률이 얼마나 더 높은지를 나타내는 척도이다.

파생상품 업계에서는, 신용위험은 1990년대 초반에 부각된 분야이다. 신용위험을 대상으로 한 파생상품("신용파생상품")은 1992년 국제 스왑 및 파생상품 협회(International Swaps and Derivatives Association, ISDA)의 컨퍼런스에서 처음 제안되었다. 이러한 파생상품으로 인하여, 증권에서 신용위험을 다른 위험과 분리하고, 증권의 신용위험 속성만 따로 트레이딩하는 것이 가능하게 되었다. 이론상 이러한 파생상품은 적어도 두 가지 면에서 효율을 증진시킬 수 있다. 첫째, 대출이나 채권은 때로 유동성이 떨어져서, 기본 신용(즉, 발행자의 신용위험)을 공매도하는 것이 불가능하지는 아니하더라도 매우 어려웠다. 신용파생상품은 그러한 공매도를 가능하게 해준다. 이는 실제로 현물 시장에서 매도하는 것이 아니라, 파생상품을 활용하여 원하는 구조를 합성한다는 의미이다. 둘째, 한 증권의 속성을 분리해서 따로 거래한다는 것은, 각 속성의 가치를 가장 높게 생각하는 시장 참여자들이 그 속성을 보유하게 된다는 것을 의미한다.

이 장에서는 신용파생상품의 다양한 종류를 기술한다. 이러한 상품들의 가격 결정에 대해서는

(특히 credit default swap에 대하여) 간단히 언급하며, 이러한 상품들의 특징과 사용에 초점을 맞춘다. 신용위험의 가격 결정에 관한 여러 접근법은 다음 몇 장에서 설명하겠다.

왜 1990년이 되어서야?

신용위험은 경제활동의 역사만큼이나 오래된 경제활동의 한 측면이며, 또 시장위험을 다루는 파생상품은 수세기 동안 존재해 왔다는 점을 생각하면 당연히 다음과 같은 질문을 할 수 있을 것이다: 왜 신용파생상품은 최근에 와서야 비로소 도입되었는가? 이에 대하여는 몇 가지 요인을 지적할 수 있다.

거의 모든 나라에서 대출의 주요 중개인인 은행은 전통적으로 신용위험을 두 가지 기법으로 다루었다. 첫째는 단순 분산인데, 일반적으로 하나의 기관에 대한 최대 익스포저를 제한하는 방식으로 관리했다. 둘째는 부도위험을 개별 채무자의 차원에서 관리하는 것인데, 주로 관계 및 소위 은행의 3C라고 하는 것-대출금 상환 능력(capacity), 담보(collateral), 채무자 성품(character)-에 의거하여 대출을 실시하는 것이었다.

포트폴리오 관리라는 계량적 기법이 금융산업에서 보편화되면서, 채권 및 대출 포트폴리오 보유자의 관심을 끌게 되었다. 그러나 포트폴리오 최적화라는 해결책의 실행은 관련 위험의 시장거래를 전제로 한다. 이것이 불가능하다면, 현재 보유하고 있는 포트폴리오에서 보유하고자 희망하는 포트폴리오로 변경하는 것이 불가능하다. 대출 시장의 악명 높은 유동성 부족 때문에, 희망하는 롱 포지션과 숏 포지션을 합성하여 만들기 위해서는 새로운 수단이 필요하게 되었다. 신용파생상품은 이 역할을 할 수 있는 것이었다.

또 다른 요인도 있다. 전세계적으로 부채 시장 규모는 엄청나게 증가하였다. 예를 들어, S&P는 1970년에 단지 8개의 국채를 평가했지만, 1996년에 이 숫자는 62개의 국채로 증가했고, 2007년 이 숫자는 거의 두 배에 이르는 116으로 증가했다. 전세계적인 국채, 회사채 및 소매 부채의 증가로 인해 평균 신용위험의 질은 낮아졌다.

이와 함께 은행 시스템으로부터도 압력이 생겨났다. 거의 모든 나라에서 전통적으로 은행은 주요 대출 기관이었지만, 최근에 특히 선진국에서 직접금융이 꾸준히 증가했다. 한편으로 파이낸스 회사, 보험회사 등이 새로운 대출 기관으로 나타나 은행과 경쟁하게 되었다. 반면에, 기업은, 특히 선진국에서는 자본시장에 접근하기가 더 쉬워졌으며, 수많은 기업들이 단기 자금 조달을 위하여 CP(commercial paper) 시장을 상시적으로 이용하고 있다. 이러한 결과로 은행들에게는 신용이 낮고 금액이 작은 것들만 남게 되었으며, 경쟁의 증가로 인하여 마진은 더 줄어들었으며, 위험 대비 수익은 더 악화되었다. 이러한 상황에서 원하지 않는 대출 위험을 제거하고, 포트폴리오의 분산을 달성하기 위하여 파생상품을 사용할 수 있다는 점은 확실히 매력적이었다.

마지막으로 다른 여러 경우와 마찬가지로 규제 사항–이 경우는 바젤(Basle 혹은 Basel) 협약의

요구 사항-도 중요한 역할을 하였다. 이 부분은 아래의 몇 가지 예에서 잘 나타난다. 하지만 규정 자체도 2008년 발생한 금융위기 발발로 말미암아 수정되어야 할 처지에 있으므로, 향후에는 신용파생상품의 사용에 대한 유인으로서 규정은 그렇게 중요하지 않을 수도 있다.

용어: "신용위험"과 "보장"

처음에 용어를 명확히 하는 것이 중요하다. 투자자(예를 들면, 은행)가 신용 파생상품을 이용하여 대출에 포함된 신용위험을 다른 투자자(예를 들면, 헤지펀드)에게 이전한다고 가정해 보자. 첫 번째 투자자인 은행은 신용위험을 파는 것이며(selling credit risk), 두 번째 투자자인 헤지펀드는 신용위험을 사는 것이다(buying credit risk). 신용파생상품 시장에서는 다른 용어도 자주 쓰인다. 헤지펀드는 파생상품을 통하여 신용위험을 인수하는 것이므로 기초 채무에 부도가 발생하면 은행에 보상할 의무를 지는 것이다. 그러므로 펀드는 기초 채무에 대한 보장을 은행에 매도하는 것이라고 한다. 은행은 반대로 보장의 매입사라고 한다.

그래서 "매입자", "매도자"라는 용어를 사용할 때에는 무엇을 사고 파는 것인지를 명확히 해야 한다는 점에서 주의가 필요하다. 신용위험 매입자는 보장의 매도자며, 신용위험 매도자는 보장의 매입자이다. 이 장에서 "매입자", "매도자"라고 할 때에는 주로 보장의 매입자, 매도자를 의미한다.

신용파생상품의 사용

여기에서는 신용파생상품의 주요 효과, 즉 신용파생상품이 아니고는 불가능하거나 어려운 일을 어떻게 달성하는지를 요약한다. 특정한 상품을 설명하는 맥락에서 이러한 이점에 대하여 더 자세히 설명한다.

첫째, 잠재적 보장 매입자(즉, 신용위험 매도자)를 생각해 보라. 예를 들면, 대출 포트폴리오를 관리하는 은행을 생각해 보라. 신용 파생상품으로, 기초 자산인 대출을 현찰에 매각하는 것이 불가능하거나(말하자면, 대출시장의 유동성 부족으로 인하여), 바람직하지 않을 경우(관계상의 이유로-은행은 고객인 채무자가 은행의 포트폴리오에서 자신의 대출을 처분하였다는 사실을 알리고 싶지 않을 수도 있다)에도 은행은 포트폴리오에서 신용 익스포저를 관리할 수 있게 된다. 특히 은행은 특정 대출의 위험을 전가하기 위해서 신용 파생상품을 사용할 수도 있다. 즉, 신용파생상품을 이용하여 합성 매도 포지션을 만들어 냄으로 이러한 대출을 헤지할 수 있다. 이와 비슷하게 신용파생상품을 활용하여, 은행은 대출이나 다른 증권의 합성 매입 포지션을 만들어 냄으로 새로운 익스포저를 만들 수도 있다. 그래서 대출 업무와 관련된 외부(규제) 조건 및 내부 조건(예를 들면, 단일 채무자에 대한 신용한도)을 관리하는 것을 쉽게 해 준다. 결과적으로 포트폴리오 관리가 나아지며, 대차대조표 상의 이익도 생겨나게 된다.

둘째, 증권에서 위험을 분리하고 이를 분해함으로, 신용파생상품은 다른 위험과는 독립적으로

신용위험을 관리할 수 있게 해 준다. 많은 보장 매입자들에게 이 점이 매력적이다. 예를 들면, 전환사채 차익거래자들은 대체로 채권에 내재된 저렴한 변동성만을 분리해 내고자 한다. 그들은 채권의 신용위험에 그 자체에는 관심이 없다. 채권의 첫 번째 콜 시점 혹은 만기까지 보장을 매입함으로 그들은 신용위험에 대한 염려를 제거하고 채권에 포함된 전환 옵션에만 집중할 수 있다.

보장 매도자 입장에서 신용파생상품의 장점은 과거에 단지 제한된 시장 참여자만 접근할 수 있었던 완전히 새로운 자산 종류(예를 들면, 합성 대출)에 접근할 수 있게 해 준다는 점이다. 또한 신용파생상품에는 레버리지가 자주 포함되어, 직접 현물에 투자하는 것보다 파생상품을 통하여 투자하는 것이 더 매력적일 수도 있다. 나아가, 신용파생상품은 방향에 대한 견해를 나타내는 수단이 된다. Widget Corporation의 전망에 대하여 회의적인 투자자는 주식을 공매도하는 대신 그 회사에 대한 보장을 살 수도 있다.

매입자이든 매도자이든 양자 모두의 관점에서 신용파생상품의 특별한 장점 중 하나는 원하는 만기의 합성증권을 만들 수 있다는 점이다. 예를 들면, Widget Corporation이 2년 만기 채권을 발행한 적이 없어도, 보장의 매도자는 신용 파생상품을 이용하여 Widget Corporation에 대하여 2년 신용위험 익스포져를 인수할 수 있다. 비슷하게, Widget Corporation에 5년 만기 대출을 실행한 은행이, 그 회사의 향후 2년이 밝아 보이지 않지만 그 2년을 버티면 그 이후는 좋아질 것이라고 생각하면 5년 만기 대출이지만 2년 보장을 매입할 수도 있다.

신용파생상품의 분류

신용파생상품의 범위는 매우 넓어서 어떤 형태이든 분류가 도움이 된다. 간단한 분류는 우선 파생상품을 두 종류로 구분하는 것이다. 즉 한 기관의 신용위험을 기반으로 한 단일기관신용파생상품("single-name credit derivatives")과 여러 기관의 신용을 기반으로 한 복수기관신용파생상품("multi-name," "basket" 혹은 "portfolio" credit derivatives, 혹은 자주 "correlation products"라고도 한다)으로 구분하는 것이다. 각 분류 내에서도 상당한 다양성이 존재한다.

단일기관 신용파생상품

단일기관 신용파생상품의 끝에는 총수익 스왑이 있다. 이름이 암시하듯이 이 상품은 일방(총수익 지급자)으로부터 상대방(총수입 수령자)에게 신용위험뿐만 아니라 시장위험까지도 포함한 한 상품의 모든 위험을 전가하는 상품이다. 예를 들어 채권을 기반으로 한 총수익 스왑을 생각해 보라. 채권은 무위험 이자율의 상승으로 인하여 가격이 하락할 수도 있으며 (시장위험), 발행기업의 신용도가 악화되어(신용위험의 한 양상인 스프레드 확대 위험) 가격이 하락할 수도 있으며, 심지어는 채권에 부도가 발생하여 가격이 하락할 수도 있다. 모든 경우에 손실은 총수익 수령자가 부담해야 한다.

한 단계 더 전문화된, 신용 스프레드 선도계약과 신용 스프레드 옵션 같은 "스프레드(spread)"

상품이 있다. 신용 스프레드 옵션은, 기준 무위험 이자율을 초과하는 신용 스프레드에 대한 옵션이다. 이 옵션을 매입한다는 것은 선불 프리미엄을 지불하는 것을 의미하며, 스프레드가 미리 정한 수준보다 더 올라가면 (혹은 더 내려가면) 옵션에서 지급이 발생한다. 그러므로 이 상품은 발행기업의 신용도가 악화(부도 포함)되거나 개선되는 한 방향에 대한 보장을 제공한다. 신용 스프레드 선도계약은 만기에 현금 결제가 이루어지는 선도 계약이며, 만기시 지급액은 기준이 되는 채무의 실제 스프레드와 사전에 정한 스프레드의 차이에 의해서 계산된다. 신용 스프레드 옵션과 신용 스프레드 선도계약은 모두 스프레드 변동 위험(대상이 되는 채무와 관련한 발행자의 신용도 변화에서 기인하는)과 부도위험을 일방으로부터 다른 상대에게 전가하지만, 총수익 스왑과는 달리 시장위험은 전가하지 않는다.

더 전문화된 상품으로는 신용 부도 스왑(Credit default swap, CDS)과 같이 특정 사건의 발생과 연계된 상품이 있다. CDS는 단지 사전에 명시된 신용 사건이 발생하면 지급이 발생하고 그렇지 않으면 아무것도 지급이 되지 않는다. (잠시, 부도를 신용 사건이라고 생각해보자. 나중에 설명하겠지만 실제 CDS 계약에서 명시하고 있는 사건은 좀 더 범위가 넓다.) 그래서 CDS는 부도가 발생하면 지급이 발생하지만, 스프레드가 커진다고 지급이 발생하지는 않는다.[1] CDS는 신용위험 파생상품 시장에서 압도적으로 제일 중요한 상품이 되었다. 다른 많은 상품들─신용연계 채권, 바스켓 디폴트 스왑(basket default swap), 합성 CDO, CDX와 같은 신용지수─이 CDS를 기반으로 하고 있다.

총수익 스왑과 CDS는 사전 지급이 없는 부외 거래 상품이다. 선도계약이나 스왑과 같이 계약을 시작하는 시점에 현금거래가 발생하지 않는다. 이 상품을 다른 상품에 포함시켜 지급이 발생하는 부내 거래형 상품을 만들 수도 있다. 특별히 잘 알려진 예로서는, 이자와 원금의 지급이 다른 기관(대체로 연관이 없는 기업)이 발행한 특정 증권의 부도와 연계된 신용연계 채권(credit-linked note)을 들 수 있다. 이의 변형인 실적민감채권(performance sensitive note) 혹은 신용민감채권(credit sensitive note)은 발행자 자신의 신용도를 연계한 채권이며, 통상 이자 금액을 신용 등급의 함수로 계산한다. 그 외에도 많은 이색적인 단일기관 신용 파생상품이 존재한다.

복수기관 신용파생상품

가장 인기가 높은 복수기관 신용파생상품에는 바스켓 CDS, CDO로 알려진 부채담보부증권(collateralized debt obligation)과, CSX와 iTraxx 같은 지수 상품이 있다.

바스켓 CDS는 CDS의 자연스러운 확장이다. 한 기관 대신 k개(대체로 5~10개)의 기관이 포함된 바스켓으로 출발한다. "첫 번째 부도" ("first-to default") 바스켓은 바스켓에 포함된 기관 중 하나라도 지급불능 즉, 신용사건(credit event)을 경험하면, 보상을 하게 된다. 두 번째 부도(second-to default) 바

---

1) 확실한 것은 CDS도 스프레드가 확대되는 것을 헤지하기 위해서 사용될 수도 있다. 그러한 확대는 전형적으로 부도 가능성을 높이며, 따라서 새로운 보장 가격은 상승될 것이다. 이것은 이 상품의 매입자는 시장가격으로 평가했을 때 수익이 발생하였음을 의미한다. 이 수익은 계약을 해지하므로 실현할 수 있다.

스켓은 최소 두 개의 기관이 신용사건을 경험하면 보상이 발생하며, 그렇게 계속 이어진다. 바스켓 내의 부도 횟수는 개별기관의 부도확률뿐만 아니라 이 사건들의 상관관계에 의해 영향을 받기 때문에 이러한 스왑은 "상관관계 상품"(correlation products)이라고 한다.

CDO는 여러 기관이 발행한 채무를 하나의 풀에 넣고 이에서 발생하는 현금 흐름을 여러 개의 트랑쉬로 나눈다. 트랑쉬로 나누는 과정에서 현금흐름이 어떻게 지급되며, 특별히 담보 채무에서 부도가 발생할 경우 누가 손실을 부담하게 될 것이냐가 결정된다. 모든 CDO에는 지분 트랑쉬가 있어서 미리 정해진 한도, 예를 들면, 5%까지 손실을 흡수한다. 하나 혹은 복수의 메자닌 트랑쉬(mezzanine tranche)가 지분 손실 한도를 초과한 그 다음 손실(예를 들면 그 다음 10%)을 흡수하며, 시니어 트랑쉬는 메자닌 트랑쉬의 손실 한도를 초과한 손실이 있는 경우에만 손실을 흡수한다. 트랑쉬의 서열이 낮을수록 부도로 인한 손실의 가능성이 높으므로, 그러한 트랑쉬의 투자자들은 더 높은 이자를 받는다. CDO는 명백하게 상관관계 상품이다. 전통적으로 CDO는 여러 기관이 발행한 채권(혹은 대출)으로 만들었지만, 현금흐름을 채권이 아니라 CDS를 이용하여 만든 합성 CDO가 2000년대 초 중반에 대중화되었다. 2008~2009년의 금융위기는 CDO 시장에 심대한 영향을 미쳤다. 그래서 이 시장이 다시 돌아 올 것인지, 그렇다면 어떤 형태로 되돌아 올 것인지는 두고 볼 일이다.

주가지수가 주식 시장 전체를 알려주는 것과 거의 동일하게 CDX나 iTraxx 같은 신용지수는 전체시장의 신용도에 대한 지표를 제공한다. 북미의 경우를 예로 들면 투자등급 인덱스(CDX.NA.IG)는 미리 정해진 규칙대로 선별한 125개의 투자등급 선도 기관의 CDS 가격을 이용해서 계산한다. 유사하게, 북미 하이일드 인덱스, 유럽 투자등급 인덱스 등이 있다. 신용지수를 활용해서 투자자들은 경제 전반의 신용위험 변동을 헤지할 수 있다.

이장의 개요

이장의 첫 부분에서는 총수익 스왑으로부터 신용 스프레드 상품에 이르는 단일기관 신용 파생상품을 다룬다. 그 다음은 이 논의의 핵심인 CDS로 이행한다. 그 다음으로는 신용연계 채권(credit-linked notes, CLNs)과 신용민감채권(credit-sensitive notes, CSNs)을 다룬다. 이를 기초로 하여, 이장의 후반부에서는 상관관계 상품, 특히 바스켓 CDS와 CDO를 다룰 것이다.

31.2 총수익 스왑(Total Return Swaps, TRSs)

총수익 스왑(TRS)은 신용위험 파생상품 시장이 처음 생겼을 때 가장 인기 있는 신용파생상품 중 하나였다. 총수익률 스왑(total rate of return swap)이라고 불리기도 하는 TRS는 양자간 금융계약으로서 일방("보장 매입자" 또는 "총수익 지급자"라고 함)이 정해진 자산("준거채무"라고 함)의 총수익률을

상대방("보장 매도자" 또는 "총수익 수령자"라고 함)에게 지급하고, 미리 정해진 현금흐름(통상 스왑 명목 금액에 Libor에 스프레드를 더한 이율)을 대신 받는 계약이다.

TRS의 만기는 준거채무의 만기와 일치할 필요는 없으며, 실제로 매우 자주 일치하지 않는다. 그래서 예를 들면, 10년 만기 채권에 대하여 3년 TRS를 계약할 수도 있다. 이 경우, 이 채권으로부터 3년간 발생한 총수익을 TR 지급자가 TR 수령자에게 지급해야 한다.

TRS에서 말하는 총수익은 준거채무로부터 발생한 현금흐름 형태로 받은 수익(예를 들면, 준거채무가 채권이나 대출이면 이표 혹은 이자수익)뿐만 아니라 준거채무의 자산가치의 변동도 포함한다. 준거채무의 가치 변동은 양일 수도 있고(가격이 상승했을 경우), 음일 수도 있다(가격이 하락하는 경우). 그러므로 총수익은 양일 수도 있고 음일 수도 있다. 만약 총수익이 음이면, 총수익 수령자가 오히려 총수익 지급자에게 이를 지급해야 한다.

예를 들면, 어떤 채권이 특정기간 동안 이자 $2.5를 지급했지만, 발행자의 신용도가 하락하였기 때문에 가격이 $5 하락하였다고 가정해 보자. 그러면 그 기간 동안의 총수익은 －$2.5이다. 이 음수의 수익은 TR 수령자에게 발생하여 $2.5를 TR 지급자에게 지급해야 한다.

가격 변동의 결제는 만기에 할 수도 있고 정기적으로 할 수도 있다. 전자의 경우 스왑 기간 중에는 단지 준거채무의 현금흐름만 교환한다. 가격변동은 스왑 만기 시점에 한 번 교환할 수 있다. 후자의 경우 준거채무에서 발생하는 이자와 다른 현금뿐만 아니라 지난 지급 시점 이후에 발생한 가치 변동도 지급 금액에 포함되어야 한다. 명확히 하기 위해 향후 스왑의 설명에서는 전자의 구조라고 가정한다. 가격 변동도 정기적 결제에 포함하기 위해 사소하지만 명백한 조정이 필요하다.

스왑 기간 중에 준거채무에 부도가 발생하면 어떻게 되나? 간단하다. 부도로 인한 가치 손실을 반영한 금액을 마지막으로 지급하고 스왑 계약을 종료한다. 계약에 따라, 준거채무의 액면가 혹은 스왑 계약 시작 시점의 초기 가치로부터 가치 손실 금액을 계산한다.(준거채무가 액면가에 거래되지 않았다면, 이 둘은 일치하지 않는다.)

이 마지막 결제도 둘 중 하나의 방법으로 이루어진다. 만약 현물 결제(physical settlement) 방법을 사용한다면, TR 지급자는 부도난 채무를 TR 수령자에게 양도하고 준거채무의 액면가(혹은, 계약 조건에 따라 계약 시점의 가격)를 수령한다. 만약 현금 결제(cash settlement) 방법을 사용한다면, TR 수령자는 부도가 발생한 채무의 가치 손실에 해당하는 금액 즉, 준거채무의 액면가 혹은 초기 가치에서 부도 발생 이후 시장가격을 차감한 금액을 현금으로 지급한다. 부도 이후 시장 가격은 경매와 같은 특정 메카니즘을 통해서 결정한다. 물론 경제적 관점에서 보면, 현금결제와 현물결제는 동등하지만, TR 지급자가 준거채무의 실물을 확보해서 TR 수령자에게 전달해야 할 필요가 없다는 점에서 현금결제가 장점이 있고, 부도 이후의 시장 가격을 확인해야 할 필요가 없다는 점에서 실물결제가 이점이 있다. [그림 31.1]은 실물결제를 가정하였을 때 TRS의 요약이다.

그림 31.1
총수익 스왑

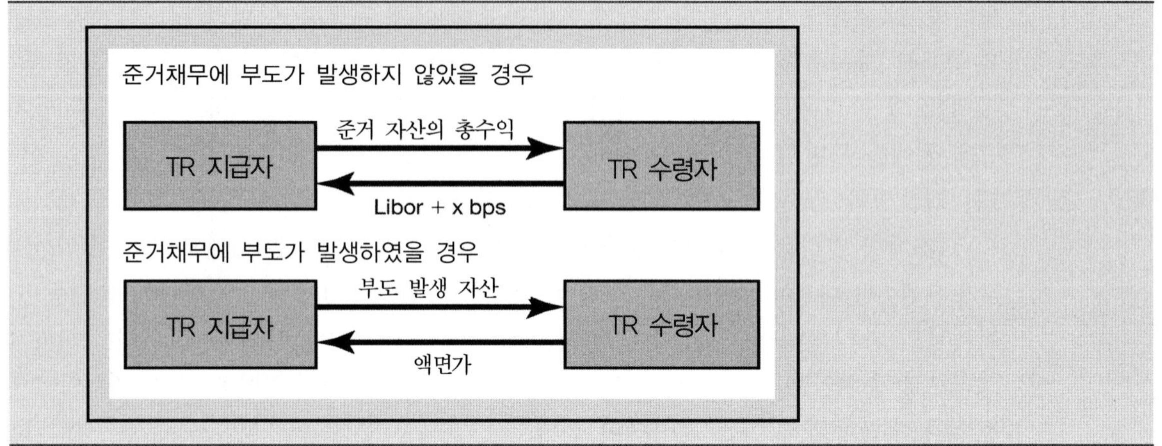

합성 롱/숏 포지션으로서의 TRS

논의를 통해서 분명해 지겠지만, TRS는 TR 수령자 측에 준거채무의 합성 롱 포지션을 만들어 준다. 말하자면, TR 수령자는 비록 그 수단을 보유하지는 않지만 실제로 소유했을 경우와 동일한 현금 수익을 받게 된다. (하지만 실제 보유로 인한 혜택-예를 들면 투표권-은 TRS로 얻을 수 없다는 점을 주의하라.)

이와 유사하게, TRS는 TRS 지급자 측에 준거채무에 대하여 숏 포지션을 만들어 준다. 이는 "노출 매도포지션(naked short)"일 수 있다. 즉, TR 지급자가 TRS 계약을 하기 위하여 실제로 그 자산을 보유할 필요가 없다. 만약 TR 지급자가 준거채무를 보유하고 있으면, TRS는 헤지를 제공해 준다. 이는, 보유로 인한 투표권과 같은 혜택은 이전하지 않으면서, 모든 수익을 TR 수령자에게 전가함으로 보유에 따른 위험을 제거할 수 있다

자금조달의 한 형태로서 TRS

여러 면에서 TRS는 리스와 닮았다. 정기적으로 일정 금액을 지불하는 대신 TRS는 자산에 대한 사용권을 확보한다. 그러므로 TRS는 사실상 하나의 자금조달 형태이다. 스왑 기간 동안 TR 지급자는 자산의 사용권을 TR 수령자에게 넘긴다. TR 지급자가 그 자산을 자신의 장부에 자산으로 보유하고 있다면, 그것은 자신의 대차대조표상의 자산에 대한 사용권을 TR 수령자에게 이전하는 것이다.

조달 금리가 낮은 기관-평가 등급이 높아서 대차대조표 상의 자산을 낮은 비용으로 구입할 수 있는 기관-은 자연스럽게 TRS 거래에서 지급자의 역할을 맡는 것이 적절하며, 평가 등급이 낮은 기관은 당연하게 TR 수령자가 된다. (직관적으로도, 내가 리스회사보다 더 낮은 비용으로 자금을 조달할 수 있다면, 리스회사로부터 자동차를 리스하는 것은 이익이 되지 않는다. 왜냐하면 리스료에는 리스회사의 자금조달 비용에 다른 비용이 포함될 것이기 때문이다.) 여기에서 "조달비용 차익거래(funding-cost arbitrage)"가 발생한다. 이 용어는 자금조달 비용이 상대적으로 높은 기관이 TRS를 이용하여 자산을 취득하는 효과를 발생시키는 거래를 의미하는데, 이 기관은 자금조달 비용이 낮은 기관의 대차대조표 상에 있는 자산을 차용하는 효과를 거둔다. 아래에서 간단한 예를 들어 보이겠다.

저렴한 자금조달만이 TRS의 거래 이유는 아니다. TR 지급자는 이미 어떤 자산을 보유하고 있지만, TR 수령자는 그 자산에 접근할 수 없거나, 접근이 매우 어려운 경우가 있다. 예를 들면 뉴욕에 있는 헤지 펀드가 개도국 국채에 대한 익스포저를 확보하려 한다면, 이미 그러한 증권을 보유하고 있는 글로벌 은행과 총수익 스왑을 체결하는 것이 더 쉽게 그러한 자산에 대한 익스포저를 확보하는 방법이 된다는 것을 알게 될 것이다. 뿐만 아니라, TRS는 익스포저에 레버리지 효과도 더해 준다. 헤지 펀드는, TRS를 통해 그 채권의 가격 변동에 대한 완전한 익스포저를 확보하지만 그에 대한 담보로 채권 액면가의 (예를 들면) 20%만 제공하면 될 수도 있기 때문에 5:1의 레버리지 효과도 누릴 수 있다.

조달 비용 "차익거래"

위에서 언급한대로, 조달비용 차익거래는 기본적으로, 조달비용이 높은 기관이 필요한 익스포저를 확보하기 위해 자금조달 비용이 낮은 기관의 장부를 사용하는 것이다. 전반적인 생각은, 다음 예를 통해서 알 수 있듯이 매우 단순하다.

예 31.1

두 개의 은행이 있다고 생각해 보자. 은행 A는 상대적으로 우량하여 조달 비용이 낮고, 은행 B는 상대적으로 등급이 낮아서 조달 비용이 높다. 구체적으로 은행 A의 조달 비용이 단순히 Libor(L)이고 은행 B의 조달 비용은 $L+40$ bp이라고 가정해 보자. 또 관심의 대상이 되고 있는 준거채무의 현재 수익률이 $L+70$ bp라고 가정해 보자.

만약 은행 B가 직접 그 자산을 매입한다면, 이것은 조달 금리보다 단지 30 bp 초과하게 되지만, 은행 A가 이 자산을 매입하면 초과 금리는 70 bp가 된다. 은행 A가 이 자산을 매입하고 은행 B와 스왑 계약을 체결하여 은행 B는 그 자산의 총 수익을 받고, 대신 Libor+ X bp를 지급하기로 한다고 가정해 보자.

이 거래로부터 발생하는 은행 B의 이익 가능성은 명백하다. 만약 $X<40$ bp이면 은행 B는 장부상의 거래로 그 자산에 대한 익스포저를 확보하는 것보다 부외 거래로 자산을 사용하는 경우의 비용이 낮다. 예를 들어, $X=30$ bp이라면, 은행 B는 자금을 직접 조달하여 장부상의 자산으로 직접 매입하는 것보다 사실상 10 bp의 추가 수익을 얻을 수 있다.

그러면 은행 A는 왜 이러한 거래를 하고 싶어 할까? 우선 은행 A가 장부상으로 보유한 자산의 신용도를 고려해 보자. 은행 A는 준거채무의 신용 리스크를 은행 B에 전가하였으므로 이에 대한

그림 31.2
TRS를 활용한 조달 비용 차익거래: 예

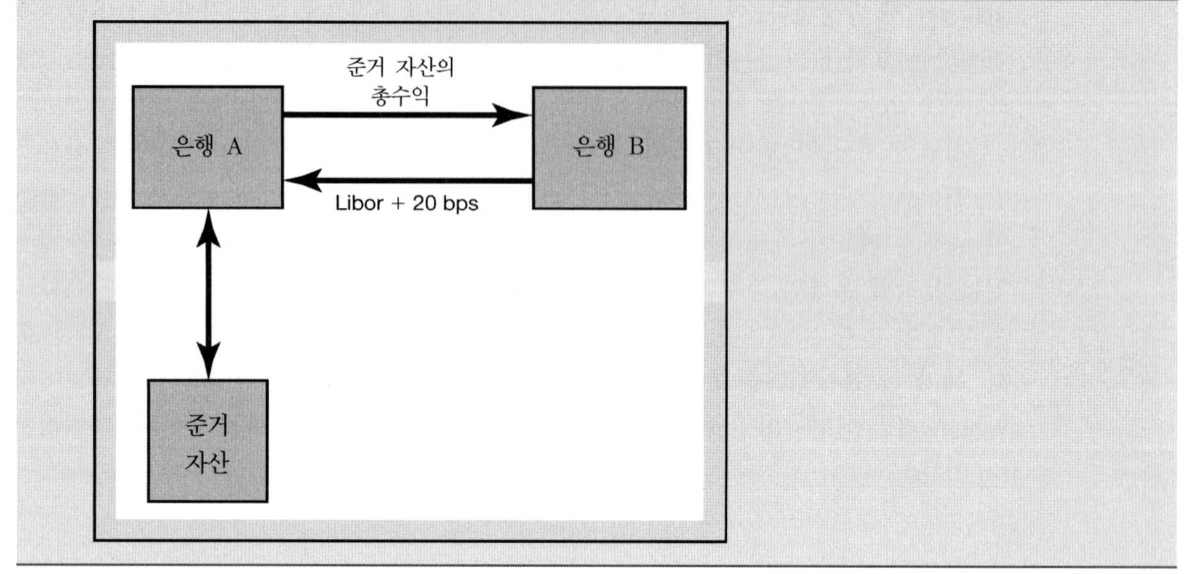

익스포저는 없다. 오히려 은행 A는 준거채무와 은행 B의 동시 부도(joint default) 위험에 노출된다. 은행 B와 준거채무의 상관관계가 낮을수록 이 합성 자산의 등급은 올라간다. 예를 들어, 은행 B가 A− 등급이며, 준거채무의 등급이 BBB이며, 이 둘 사이의 상관관계가 0이라면, 은행 A가 보유한 합성자산의 내재적 등급은 A+가 된다. 그러므로 TRS를 통하여 은행 A는 은행 B와 준거채무의 동시부도 위험에 대한 익스포저를 가지는 합성자산을 확보하게 되며, 시장에서 거래되는 비슷한 등급의 자산보다는 높은 수익률을 확보할 수 있다.

규제에 대한 고려도, 은행 A가 합성자산의 내재 등급과 비슷한 등급의 자산을 직접 매입하기보다는 합성자산을 취득하게 하는 작용을 한다. Basel I의 자본 적정성 규정에 따르면, OECD 국가의 은행은 신용위험이 있는 자산을 매입하는 경우 부도 위험에 대비하여 일정 금액의 자본을 보유하여야 한다. 그러나 자산에 대한 보장을 다른 OECD 국가의 은행으로부터 매입하면 그 위험은 매우 줄어들었기 때문에 은행은 원래 요구되는 자본의 20%만 보유하면 된다. 그래서 우리의 예에서는, 은행들이 자본적정성 요구를 만족시켜야 하는 상황에서 은행 A가 자산을 현금으로 직접 매입하게 되면 이에 따른 요구 자본을 모두 보유해야 하지만, 준거채무를 매입하고 TRS 거래를 하게 되면 이 금액의 20%만 보유하면 된다.[2)]

우리의 예로 다시 돌아가서 TRS의 X는 얼마나 될까? 이미 본 바와 같이, X는 최고 40 bp까지 될 수 있다. 그 이상이면 은행 B는 TRS를 통해서 자산에 접근하기 보다는 직접 자산을 사려고

2) 신용 파생상품에 대한 규정은 지속적으로 제정되고 있다. 최근의 규제 요구사항을 보기 위해서는 다음의 Bank of International Settlements의 웹 사이트를 참조하기 바람. http://www.bis.org

할 것이다. 반대로 $X \geq 0$이어야 한다. 그렇지 않으면 은행 A는 자신의 조달 금리도 보충하지 못하기 때문이다. 이로서 X가 존재할 수 있는 범위는 40bp가 된다. (이 40 bp는 단순히 조달 비용의 차이이다. 즉 B가 아니라 A가 이 자산을 매입함으로 절감할 수 있는 비용이다.) 가능한 결정 중의 하나 즉, 이 거래로 인하여 절감되는 비용을 균등하게 배분하는 것이 (그림 31.2)에 제시되어 있다. 이 결과로 은행 A는 동시부도 위험을 인수하는 대가로 조달 비용보다 20 bp 높은 수익률을 확보하게 되었으며, 은행 B는 자신의 조달 비용보다 20 bp 낮은 $L+20$ bp로 자산에 대한 사용권을 취득하게 된다. ■

TRS: 요약

요약하자면, TRS는 준거가 되는 준거채무에 대하여 (TRS 수령자 및 지급자에 대하여 각각) 합성 롱 포지션과 숏 포지션을 만들어 내는 수단이다. 수령자의 관점에서 볼 때 TRS의 장점은, 신디케이트 론 같은 접근이 불가능한 자산에 대한 접근이 가능하게 해 주며, 시장에서는 존재하지 않는 만기의 자산을 새롭게 만들어 내기도 하며, 직접 자산을 매입하는 것보다 낮은 비용으로 자금 조달을 가능하게 해 주며, 레버리지로 자산에 대한 익스포저를 가능하게 해준다. TR 지급자 관점에서 볼 때 주된 이점은, TR 지급자가 소유권은 보유하지만 가격 위험과 부도 위험에 대한 헤지를 제공해 주며, 상대방과 참조 자산 간에 상관관계가 낮다면 TRS를 통해서 우량 합성 자산을 만들 수 있다. (규제상 요구되는 자본액도 낮출 수 있을 것이다.)

31.3 신용 스프레드 옵션 및 선도계약

신용 스프레드 상품은 신용 스프레드에 대한 파생상품이다. (국채나 Libor에 대한 스프레드 혹은 자산 스왑 스프레드와 같이) 스프레드에 대한 옵션으로 직접 거래되거나, 채권에 대한 옵션으로 간접적으로 거래될 수 있다. 스프레드 콜 옵션은 스프레드가 증가할 때 지급이 발생한다. 채권 콜 옵션은 채권가격이 증가하면, 즉 신용 스프레드가 감소하면 지급이 발생한다. 그러므로 스프레드 콜 옵션은 채권 풋 옵션과 비슷하며, 그 반대의 경우도 그러하다. (이 비교는 그렇게 잘 맞는 것은 아니다. 채권 옵션은 순수한 신용 스프레드 옵션은 아니다. 채권 가격은 무위험 이자율의 변동에 따라서도 변한다.) 신용 스프레드 선도계약은 합의된 벤치마크 수준에 대비한 최종 스프레드의 일차함수로 지급액이 결정되는 (대체로 현금으로 결제되는) 상품이다.

신용 스프레드 옵션의 인기는 시간이 가면서 낮아지고 있다. 영국은행협회는 2000년에 신용파생상품 시장에서 이 상품의 점유율은 약 5%이었으나 2006에는 약 1%로 추정하였다. 부분적으로는 신용 부도 스왑(신용 부도 스왑션)이 이 기간 중에 인기를 얻었기 때문이다. 신용 부도 스왑은 다음

절에서 다룬다.

31.4 신용 부도 스왑(Credit Default Swap)

신용 부도 스왑(CDS)는 오늘 날 신용 파생상품 시장에서 가장 중요한 요소가 되었다. 그 자체로도 매우 중요하지만, 합성 CDO와 CDX 및 iTraxx와 같은 신용 지수와 같은 몇몇 포트폴리오 신용 파생상품의 기본 요소가 되고 있다. 바스켓 디폴트 스왑 같은 상품은 CDS 구조의 자연스러운 일반화이다.

CDS는, 일방(보장 매입자)이 상대방(보장 매도자)에게 정기적으로 금액을 지불하고 그 대신 명시된 준거증권(준거채무)에 "신용 사건(credit event)"이 발생하면 일시금을 지급 받는 쌍방계약이다. 기관이 발행한 신용 위험이 있는 채무이면 어떤 것이라도 준거채무로 사용할 수 있다. 예를 들면, 회사, 국가, 준 정부 기관의 채무 모두 가능하다. TRS와 마찬가지로 CDS의 만기는 준거채무의 만기와 일치할 필요는 없으며, 실제로 자주 일치하지 않는다. CDS의 만기는 1년에서 10년까지로 다양하다. 시장에서 가장 보편적인 만기는 5년이지만, 몇 년 사이에 다른 만기도 유동성이 증가하였다.

[그림 31.3]은 CDS를 보여 준다. 그림의 아래 쪽은 신용 사건 발생시에 현금 결제를 가정하여 표시한 것이며, 2009년 이후 CDS 계약서에 고정적으로 포함된 결제 방식이 현금 결제 방식이기도 하다.

CDS와 관련하여 3가지 핵심 질문이 있다. (a) 무엇이 "신용사건(credit event)"인가? (b) 신용사건 발생시 보장 매도자가 보장 매입자에게 지급할 것은 무엇인가? (c) 실제 지급은 어떻게 이루어지나? 이 문제들에 대하여 설명한다.

그림 31.3 신용 부도 스왑

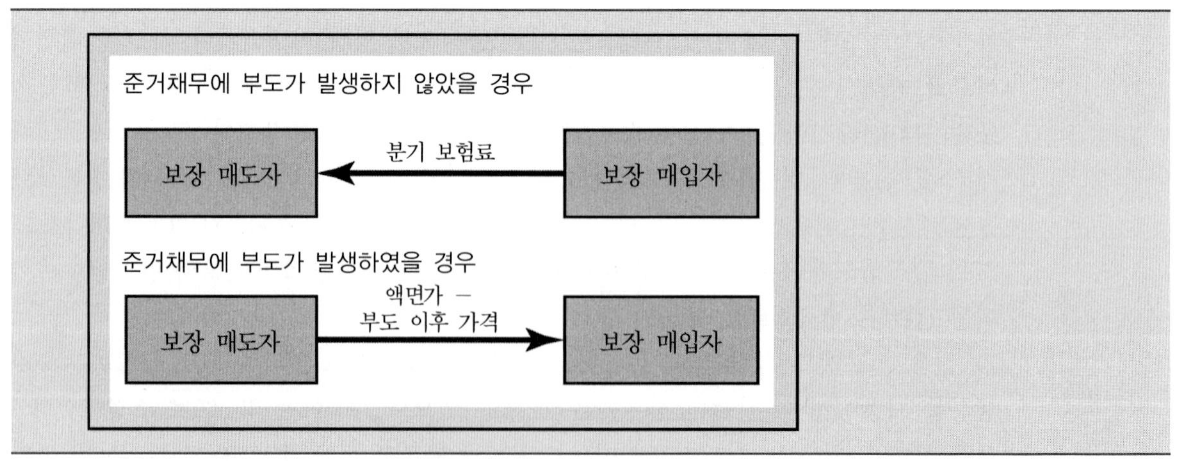

신용사건(Credit Event)

국제스왑 및 파생상품협회(International Swaps and Derivatives Association, ISDA)가 정한 계약상 정의에는 다음 여섯 가지 경우를 CDS 상의 신용사건으로 명시하고 있다.

1. **지급불이행**(failure to pay): 중요도 기준(연체금액이 적어도 명시된 최소 한도를 초과해야 함)과 유예기간(통상 3일)을 적용한다.
2. **파산**(bankruptcy): 기업이 지급불능 상태에 빠지거나 부채를 갚을 수 없게 된다. 국가인 경우에는 당연히 이에 해당되지 않는다.
3. **지급거절/지급유예**(repudiation/moratorium): 채무자가 부채 상환에 대하여 지급유예를 선언하거나 부채의 지급을 거부한다.
4. **만기보장상실**(obligation acceleration): 부도가 아닌 다른 사유로 만기 이전에 채무를 상환해야 한다.
5. **채무 불이행**(obligation default): 채무가 즉시 만료되어 지급을 요청 받을 수 있게 된다.
6. **채무재조정**(restructuring): 이것은 다음에 자세히 설명할 "약한(soft)" 신용사건이다.

위 여섯 가지 사건 중 처음 두 가지는 자명하며 CDS에서는 공통적으로 사용된다. 세 번째, 네 번째 그리고 다섯 번째는 신용사건으로 받아들일 수는 있지만 G-7 기업 CDS에서는 사용된 적이 없다.(세 번째는 개도국 시장에서는 사용된다.) 그러므로, G-7 기업 CDS에서 신용사건은 파산, 지급불이행, 그리고 채무재조정으로 구성된다.

채무재조정이란 무엇인가? 이에 대해서는 결제 방법을 다루고 난 후에 자세히 설명하겠다. 채무재조정은 중요한 신용사건이지만, 북미의 상황에서는 다분히 역사적인 호기심의 대상일 뿐이다. 2009년 4월의 Big Bang(부록 31A를 참조하라) 이후 거래되는 북미의 CDS 계약은 재조정을 신용사건으로 포함하지 않는다. 하지만 유럽의 CDS 계약에는 다음에 설명할 Mod-Mod-R 채무재조정 조항이 포함되어 있고, 개도국 시장 CDS에는 채무재조정이 역시 포함되어 있다.

결제 방법

CDS 계약의 여러 다른 결제 방법이 [그림 31.4]에 설명되어 있다. 현금결제와 현물결제라는 두 가지의 기본 결제 방법이 있다.

현금결제 CDS 계약에서는 보장 매도자가 보장 매입자에게 부도 후 손실금액, 좀 더 정확히 말하자면 신용사건 발생으로 인한 손실 금액에 해당하는 금액을 현금으로 지급한다. 이 금액은 주로 액면가에부터 계산한다. 말하자면, 현금결제금액은 채무의 액면가에서 부도 이후 채무의 시장가격을 공제한 금액이다. 채무의 초기 금액(CDS 인수 시점 가격)을 가끔 액면가 대신 사용하기도 한다. CDS 인수 시점에 그 채무의 가격이 액면가로부터 많이 멀어져 있었다면 이 두 가지 방법은 매우

그림 31.4
CDS 계약의 결제 방법

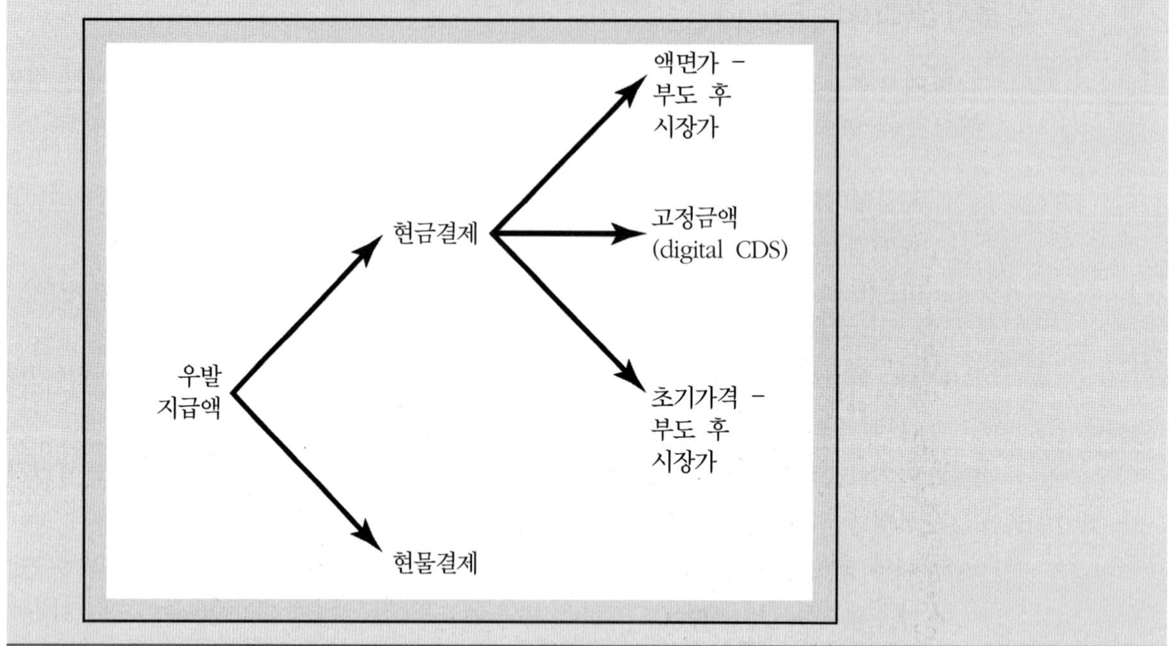

다른 결과를 가져 올 것이다. (디지털 CDS 계약으로 알려진) 일부 현금결제 CDS 계약은, 신용사건이 발생하면 지급할 고정 금액을 단순히 명시한다. 2009년 이후 전세계적으로 현금결제가 모든 CDS 계약의 기본 결제 방식이며, 보장 매도자는 보장 매입자에게 액면가에서 준거채무의 경매가를 차감한 금액을 지급한다.

현물결제 CDS 계약에서는, 보장 매입자가 부도발생 채무를 보장 매도자에게 이전하고 대신 채무의 액면가를 수령한다. 경제적인 측면에서 보면 이는 물론 현금 결제와 동등하다. 현물결제 CDS의 보장 매입자는 가장 저렴한 것을 이전할 옵션을 가진다. 즉, 이전될 채무는 준거 채무와 동등한 순위의 부도 기관 채무이면 아무 채무라도 상관없다. 이 옵션이 때로는, 특히 아래에 설명한 Conseco 경우와 같이 재조정 이후에는 유용하다. 오랫동안 CDS 계약에서 현물결제가 기본이었지만, 2000년대 중반 CDS 시장의 급격한 성장으로 인하여 시중의 CDS 계약이 시중의 이전 대상 채권보다 훨씬 많아지는 상황이 발생했다. 이것이 현금결제로 이행하는 주요인이었다.

채무재조정: Old-R, Mod-R, Mod-Mod-R 및 No-R

CDS 계약의 채무재조정 조항은 1999년 ISDA에 의해 도입되었으며(현재는 Old-R이라고 부른다), 다음 중 하나가 발생하면 보장이 개시된다.

- 원금이나 이자의 감액
- 원금이나 이자 지급의 연기
- 준거 채무의 우선순위에 변동
- 지급 통화의 변경

2000년대 초반 여러 사건으로 인하여 이 조항의 변경이 필요하게 되었다. 사건들 중 가장 유명한 것이 Conseco 사건이다.

Conseco 사건

주로 보험시장에서 영업하던 금융서비스 회사인 Conseco는 2000년 실적 악화와 몇몇 인수 실패로 인하여 기업어음 시장에 접근할 수 없게 되었다. 부채 등급은 하락하였고, 회사는 은행의 유동성 공급 약정을 활용하여 자금을 융통하였다. 경영 개선과 다른 대책을 통하여 Conseco는 4억 5천만 달러의 현금을 2000년 후반에 모을 수 있었지만 은행의 유동성 공급 약정은 한도가 소진되었고 대출의 만기 상환이 다가왔다.

Conseco의 은행은 이 대출의 만기 연장을 합의하였다. 그렇지 않으면 Conseco를 파산시킬 수밖에 없었다. 계약상 Conseco는 부채 중 4억 5천만 달러를 현금으로 상환했고, 은행은 약 9억 달러의 나머지 부채의 만기를 15개월 연장하는 대신 금리를 높였고 담보를 확보했다.

Old-R 정의에 따르면 재조정 사건이 명백히 발생하였으며, 보장을 매입한 은행들은 부도스왑의 지급을 요청했다. 계약은 현물 결제 계약이었으므로 계약상 가장 저렴한 채권을 사서 이전할 옵션이 이들에게 있었고, 이에 따라 Conseco의 선순위 무담보 채권 중 어느 것이라도 이전할 수 있었다. 문제는 재조정 때문에 회사의 단기 재무 상태가 개선되었고, 은행의 유동성 공급 약정 근처에 만기되는 채권은 전액 상환이 되었으며, 재조정된 15개월 만기 대출은 액면가의 92%에 거래되었고, 장기 선순위 무담보 채권은 액면가의 단지 70%에 거래되었다. 보장 매입자들은 장기 채권을 사서 이전하였고 그 결과 보장 매도자들은 6천만 달러를 초과하는 손실을 보게 되었다.

다른 사건도 있지만 Conseco 사건에 자극을 받아 ISDA는 2003년 채무재조정 조항을 수정하였다. 새 조항인 Mod-R 조항은 북미 시장을 위해 도입되었다. Mod-R 하에서는 재조정 이후에 이전할 수 있는 채무의 만기는 최고 30개월로 제한되었다. 더 세밀하게 말하자면, (a) 재조정일로부터 30개월 혹은 (b) 재조정된 대출 혹은 채권의 최종 만기 중 가장 늦은 것을 비교하여 (a)와 (b) 중 빠른 날짜를 초과할 수 없으며, 이것과 CDS의 잔존만기 중 늦은 것을 한도로 한다.

여러 가지 이유로 Mod-R은 유럽 시장에서는 적합하지 않았다. 그래서 유럽 시장을 위해서 더욱 수정된 Mod-Mod-R 조항이 도입되었다. Mod-Mod-R 역시 재조정 이후 이전할 수 있는 채무의 만기에 제한을 가하는 것인데 이 경우 한도는 CDS의 잔존 만기, (재조정된 채권/대출의 경우) 60개월, (그 외 이전 가능한 채무의 경우) 30개월 중 가장 긴 것으로 한다.

2003년 이후 CDS 계약 사용자들은 채무재조정에 관하여 넷 중 하나를 선택할 수 있었다. 즉, Old-R, Mod-R, Mod-Mod-R 그리고 마지막으로 채무재조정을 신용 사건에서 제외하는 No-R방법 중 하나를 선택할 수 있었다. 2009년 4월 이전 대부분의 투자등급 기업에 대한 북미 CDS 계약은 Mod-R로 거래되었고, 투기등급 기관은 No-R로 거래되었다. 2009년 4월의 Big Bang 이후 모든 북미의 CDS 계약은 No-R로 거래된다. 유럽에서 보편적인 계약은 Mod-Mod-R 그대로이다.

CDS의 사용

정의를 살펴보면 분명해 지듯이, 신용부도스왑은 부도(좀 더 정확히 말하자면 신용 사건)에 대한 보험의 한 형태에 불과하다. 보장 매입자는 신용 사건이 발생하지 않으면 아무것도 수령하지 않지만, 신용 사건이 발생하면 가치 손실에 대한 보상을 받는다. (손실을 채워 준다.)

보험으로서 CDS는 대출이나 채권 포트폴리오의 헤징을 원하는 은행이나 기타 기관에게는 매우 유용한 수단이 될 수 있다. 포트폴리오에 포함된 특정 자산에 대한 보장을 매입함으로, 소유권을 이전하지 않으면서도 그 자산에 포함된 신용위험을 전가할 수 있게 된다. (사실상 기초 자산에 대한 매도 포지션을 취하는 것이다.) 이를 이용하면, 해당 신용위험을 거래하는 것이 어렵거나 불가능할 지라도 신용위험이 있는 포트폴리오를 활발하게 관리할 수 있다. 하지만 TRS와는 달리 시장위험은 보장 매입자에게 그대로 남아 있음을 유의하라. 단지 기초 채무의 신용위험만 전가된다.

확실히 투자자들은 보장을 매입하기 위하여 자산을 소유할 필요는 없다. 사실 CDS는 신용에 대한 부정적 견해를 표현하는 인기 있는 대체 수단이 되었다. [그림 31.5]는 예를 들어, 시장의 분위기가 전체 금융 산업에 대하여 급격히 부정적으로 변하였던 2008년 9월 즉 금융위기가 절정이었을

그림 31.5 특정 금융기관의 CDS 스프레드: 2008

그래프는 2007년 후반부터 2009년 초반까지 Morgan Stanley의 5년 만기 CDS 스프레드를 보여 준다.

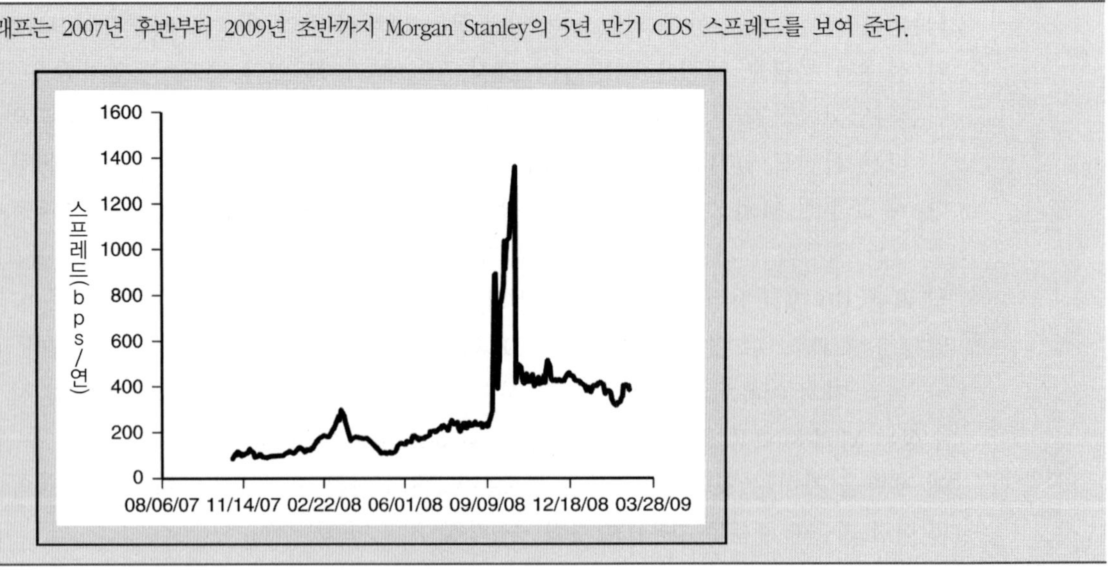

때, Morgan Stanley에 대한 CDS 스프레드가 어떻게 반응하였는지를 보여 준다. 그 기관의 재무 상황이 악화될 것으로 기대하는 투자자들은 그 기관에 대한 보장을 매입할 수 있다. 실제로 기대했던 대로 악화되면 보장의 가격은 상승할 것이며, 계약에 대한 일일정산으로 투자자는 수익을 얻을 것이다.

보장 매도자의 입장에서 보면, CDS를 통하여 실제 투자 없이 기초 준거채무의 신용위험에 대한 익스포저를 가지게 해준다. 본질적으로 해당 신용위험에 대한 롱 포지션을 취하게 해 준다. 엄밀히 말하자면, 짧게 설명한 바와 마찬가지로, CDS를 통한 보장 매도는 현금흐름의 관점에서는 채권이나 자산 스왑에 실제 현금을 투자하여 보유하는 것과 동등한 것이다. 그러나 보장 매도자는 투표권과 같이 실제로 보유함으로 얻는 다른 이익은 누릴 수가 없다.

CDS는 CDO나 신용연계채권 같은 다른 많은 신용 파생상품의 기초가 되고 있다. 시장에서 널리 사용하고 있는 신용위험의 가격의 척도로서 CDS는 시장전체의 신용위험 지수인 CDX와 iTraxx 같은 지수의 기반이 되고 있다. 이장의 후반에서 이 관계를 좀 더 심도 있게 살펴볼 것이다.

마지막으로 CDS의 노출된 공매도(naked short) 포지션(즉, 헤지 없이 보장을 매도하는 것)은 매우 위험할 수 있다. 수익의 상한선은 CDS의 프리미엄이지만, 손실한도는 이보다 훨씬 더 큰 준거채무의 액면가까지도 될 수 있다. 이러한 의미에서 보장의 공매도는 노출된 풋옵션의 매도포지션과 같다. Nikkei에 대해 노출된 풋이 어떻게 Baring Bank를 파멸시켰는지를 8장에서 살펴보았다. 헤지 없는 CDS 공매도의 위험성은 AIG 사례로 비슷하게 설명이 될 것이다.

신용부도스왑 및 AIG의 몰락

AIG Financial이라는 자회사를 통하여 미국의 거대 기업 American International Group(AIG)는, 최 우선순위 트랑쉬(tranche)의 CDO를 포함한 다양한 준거채무에 대한 보장을 약 $4,500억 달러 판매하였지만 이에 대한 헤지는 거의 완벽하게 없었다. 아마도, 낮은 개별 부도율과 잘 분산된 포트폴리오로 인하여 포트폴리오에 재앙이 될 수준의 부도가 한꺼번에 발생하지는 않을 것이라는 생각이었을 것이다. 꼭 그것이 AIG를 몰락하게 한 정확한 원인이 아닐 수는 있지만, 불행히도 경제위기 시에는 부도가 한꺼번에 발생하며, 일반적으로 상관관계도 높아진다.

오히려 보장의 매도자로서 AIG는 보장 매입자를 위하여 담보를 더 높여야만 했다. 2008년에 미국 부동산 가격이 급격히 하락하였을 때, 미국 회계 규정에 따라 AIG는 주택저당채권담보부증권(mortgage-backed security) 포트폴리오의 가치를 낮추어 평가할 수밖에 없었다. 이로 인하여 여유자본 규모가 줄어들게 되었고, 그 결과로 주요 평가기관이 AIG의 신용등급을 급격히 낮추게 되었다. 이러한 신용등급 하락으로 인하여 CDS의 상대방이 1,000억 달러가 넘는 엄청난 규모의 추가 담보를 요구하게 되었다. AIG는 단순히 이 금액이 없었다. 2008년 9월 16일 미국 연방정부는 지분참여채권 형태로 회사 지분의 79.9%를 받고 연방지불준비제도로부터 850억 달러의 크레딧 라인을 제공하는 형태의 구제금융을 실시하였다. 초기의 구제금융 계획은 그 다음 해에 여러 차례 재조정되었으며,

최종 미국 재무성과 연방지불준비제도가 약속한 금액은 1,800억 달러가 넘었다. 미국 정부는 2012년 최종 지분 매각을 통하여 AIG에서 철수하였다. 그 당시 알려진 바에 따르면, 미국 재무성과 연방지불준비제도가 AIG 구제금융에서 얻은 총이익이 220억 달러를 초과하였다고 한다.

AIG의 구제금융은 특히 많은 논란을 불러 일으켰는데, 그 이유 중의 하나는 누가 정확한 수혜자인가 하는 질문이었다. 나중에 오바마 대통령 정부의 재무장관이 된 Timothy Geithner가 수장이었던 뉴욕연방준비은행의 요청에 의해 2008년 11월 AIG는 CDS에서 발생한 의무를 완벽하게 결제하기 위하여 620억 달러를 일단의 글로벌 은행에게 지급하였음이 2009년 3월 밝혀졌다. Goldman Sachs는 이 중에서 120억 달러를 수령하였는데 이로 인하여 엄청난 언론의 주목을 받았지만, 약 400억 달러가 외국(非미국) 은행으로 지급되었다. AIG는 사실상 거의 파산 상태에 이르렀으나 지급액을 줄이기 위하여 협상을 하지 않았다는 사실 때문에 금융평론가들의 분노를 샀고, 이들은 미국정부가 투입한 자금의 수혜자는 AIG와 CDS 계약을 체결한 상대방이라고 주장했다. 은행들은 사실상 자신들이 은밀한 구제금융을 받았다는 주장을 받아들이지 않았다. 예를 들면 Goldman Sachs는 (비록 의회의 조사를 통해서 Goldman은 고유 계정 거래로 인해서 29억 달러의 수익을 올린 것으로 나중에 결론이 났지만) 자신도 대부분은 거래 중개자의 역할을 했으므로 대부분의 돈은 이 거래의 상대방인 고객에게 지급되었다고 주장했다. 몇몇 평론가들은 뉴욕연방준비은행이 금융 시스템의 도덕적 해이를 촉진시켜서, 보장 매입자가 부실한 상대와 거래하는 것에 대해서 주의를 덜 기울일 가능성이 있다는 염려를 표현하였다.

AIG의 추락에 있어서 CDS의 역할로 되돌아 와 보면, 사실 AIG 붕괴의 가장 직접적인 원인은 미국 부동산 시장의 급속한 하락과 이로 인한 주택대출담보부 채권의 손실이다. 그러나 이러한 요인들이, 보험업계의 거인이었던 AIG가 감당할 수 있는 역경 그 이상이 되어 버린 이유는 AIG가 매도한 수천억 달러의 보장에 대하여 헤지가 없었기 때문이다.

CDS를 통한 조달비용 차익거래

CDS를 통한 조달비용 차익거래는 총수익 스왑과 비슷한 방식으로 작동한다.

예 31.2

TRS에서 사용하였던 동일한 간단한 상황을 가정한다. 은행 A는 평가 등급이 높아서 자금 조달비용이 Libor이며, 상대적으로 평가 등급이 낮은 은행 B는 자금조달 비용이 $L+40$ bp이다. 은행 A는 현재 $L+60$ bp의 수익을 올리는 장부상 자산이 있다. 은행 B는 이 자산의 신용위험에 익스포저를 갖기를 원한다.

은행 B가 이 자산을 직접 매입하면 조달 금리를 초과하는 수익이 단지 20 bp이다. 은행 A의 낮은 조달비용을 활용하는 다른 방법은 은행 B가 은행 A와 신용부도스왑 계약을 체결하여 은행

A가 보장을 매입하고 은행 B가 x bp의 보험료를 받고 보장을 매도하는 것이다. $x \geq 20$ bp인 한, 은행 B는 득이 된다. 사실상 동일한 신용위험에 노출되면서 20 bp보다 더 많은 수익을 얻을 수 있다.

은행 A는 어떤가? 일단 신용부도스왑 계약을 체결하면, 은행 A의 신용 익스포저는 은행 B와 준거채무의 동시부도 위험이다. 은행 B와 준거채무의 상관관계가 낮으면 낮을수록 이 합성자산의 질은 높아진다. 예를 들면, 은행 B의 등급이 A이고 준거채무의 등급이 BBB이며, 양자간의 상관관계가 없다면, 이들의 동시부도에 노출된 자산의 내재 등급은 AA−이다. 이렇게 합성된 자산의 수익률이 비슷한 현물자산의 수익률보다 높다는 것이 은행 A가 이러한 거래를 하게 되는 하나의 동기가 될 수 있다.3)

TRS와 마찬가지로 요구되는 규제자본이 또 다른 동기가 될 수 있다. 은행B가 Basel I의 자본적정성 규제 하에서 영업을 하는 OECD 국가의 은행이라면, 은행 A는 비슷한 현물 자산을 보유할 경우에 필요한 자본의 20%만 보유하면 된다. 그리고 마지막으로 대차대조표 관리가 또 다른 동기가 될 수 있다. 외부적 제약(다른 목적을 위해서 자본을 확보)과 내부적 제약(준거채무의 채무자에게 신용한도를 증가시킴)을 만족시키기 위해서도 CDS를 활용할 수 있다. ■

CDS의 "적정 가격"(Fair Price)

CDS는 신용위험에 대한 파생상품 계약이다. 복제를 통하여 가격을 산출할 수 있을까? 답은, 아래에서 설명하는 바와 같이, 단서가 붙은 "예"이다.

Widget Corporation이 발행한 어떤 준거채무에 대한 5년 CDS가 있다고 가정해 보자. CDS 보험료가 연 y bp라고 하자. 이상적인 조건하에서 이 CDS의 공정가격(즉, y의 가치)은 복제와 차익거래를 고려하여 결정할 수 있다. Widget Corporation이 발행한 다음과 같은 변동금리 채권이 있다고 가정하자.

- 현재 액면가로 거래되고 있다;
- CDS와 같은 만기(이 경우 5년)이며,
- 준거 채무와 동일한 우선순위이다.

변동금리 채권의 이자는 Libor$(L)+x$ bp라고 하자. 그 다음으로 또 당신은 그 채권을 사기 위하여 Libor에 자금을 조달할 수 있다고 가정하자. 마지막으로 CDS와 채권은 완벽하게 유동성이 있어서 롱과 숏 포지션을 동일하게 쉽게 취할 수 있다. 이러한 조건 하에서는 $y=x$이어야 한다는 것을 보일 수 있다.

3) 당연히 여기에서는 약간의 주의가 필요하다. 부도 상관관계를 추정하는 것은 까다로운 작업이다. 상관관계가 높더라도, 합성자산의 신용 등급은 두 자산의 낮은 신용등급보다는 약간 높을 것이다.

CDS의 공정가격은, (a) 준거기관이 발행한, (b) 만기가 CDS와 동일한, (c) 준거채무와 우선순위가 동일한 액면가로 거래되는 변동금리 채권의 스프레드와 같다.

이를 보기 위해서 다음의 두 가지 예비 사항을 유념하라. 첫째, 교차부도 조항으로 인하여, Widget Corporation의 준거채무에 부도가 발생하면 5년 만기 변동금리 채권에도 부도가 발생하게 되어 (반대로도 동일함), 부도사건은 두 증권에 동일하다. 둘째, 준거채무와 변동금리 채권은 우선순위가 동일하기 때문에 부도 후 손실도 동일하다.

명확히 하기 위하여, 채권의 액면가를 100이라고 하자. (이것이 초기 가격이라고 가정한다.) 100을 Libor에 조달하여 5년 만기 변동금리채권으로 구성된 포트폴리오를 구축하였다고 생각해 보자. 다음의 두 가지 가능성이 있다.

- 채권에 부도가 발생하지 않는다. 이 경우 채권으로부터 $L+x$를 받아서 L을 조달 비용으로 지급하기 때문에 포트폴리오에는 매년 x bp의 현금흐름이 5년간 발생할 것이다. 만기에 액면가를 받아서 초기 대출을 상환할 것이므로 이 부분에서는 순현금흐름은 0이다.
- 만기 이전에 부도가 발생한다. 변동금리 채권에서 회수하는 금액을 R이라고 한다. 그러면 변동금리 채권으로부터 R을 회수해서 대출 100을 상환하면 순 손실은 $100 - R$이 된다.

이 현금흐름의 구조는 CDS로 보장을 매도했을 경우의 현금흐름과 동일하다. 보장을 매도하였을 경우에도 가능성은 두 가지이다.

- 5년간 부도가 발생하지 않는다. 이 경우 매년 y bp를 5년간 수령한다.
- 5년 이내에 부도가 발생한다. 준거채무와 5년 만기 변동금리채권의 우선순위가 동일해서 회수율이 같을 것이므로, 보장의 매도로 인한 손실은 $100 - R$과 동일할 것이다.

그러므로 $x \neq y$이면 차익거래가 발생할 것이라는 것은 쉽게 생각할 수 있다.

- 만약 $x > y$이면, Libor에 자금을 조달하여 변동금리 채권을 액면가에 매입하고 보장을 매입하라. 그러면 $x-y$ bp의 현금흐름이 만기 혹은 부도시까지 발생할 것이다. 부도시에는 보장을 매입하였기 때문에 현금흐름의 영향은 없다.
- 만약 $x < y$이면, 액면가 변동금리 채권을 매도하고 그 자금을 Libor로 투자하고 보장을 매도한다. 그러면 매년 $y-x$ bp의 현금흐름이 만기 혹은 부도시까지 발생할 것이다. 이 경우에도 부도로 인한 순현금흐름의 영향은 없다.

실무에서는 이 이상적인 세계와 달라지게 하는 많은 요인이 있을 수 있다. 무엇보다 중요한 것은 원하는 속성을 가진 변동금리 채권의 존재, 그러한 채권이나 CDS 시장의 유동성, 조달 비용 등등이

있다. 통상 대용으로 사용되는 것이 자산스왑 스프레드이다.

자산스왑 스프레드

자산스왑은 고정금리를 지급하는 채권과 이 고정금리를 Libor+스프레드 x(이론상 이는 음수도 될 수 있음)로 교환하는 스왑으로 구성된 패키지이다. 이는 준거 기관의 합성 변동금리채권과 같아지므로, Libor에 추가되는 스프레드 x가 그 기관의 신용위험 가격으로 이해되고 있으며, 이는 "자산스왑 스프레드"로 알려지고 있다.

자산스왑과 관련하여 두 가지가 중요하다. 첫째, 자산스왑은 통상 액면가 상품이다. 말하자면, 자산스왑 매입자는 패키지 매입 대가로 인수 시점에 액면가를 지급한다. 만약 채권이 액면가로 거래되지 않는다면 인수 시점의 스왑 가격에서 이 차이를 조정해서 자산스왑 가격이 액면가가 되도록 한다. 예를 들어, 스왑 시작 시점에 액면가 100에 대하여 채권이 105에 거래된다고 하자. 그러면 시작 시점에 스왑의 가치가 −5가 되는데, 이것은 스왑 매도자가 스왑 매수자에 대하여 5의 신용 익스포저를 가지게 됨을 의미한다. 채권의 가격이 90이라면 역의 관계가 성립한다. 이 경우 자산스왑 패키지의 매입자는 90의 채권과 10의 스왑을 매입하는 것이므로 자산스왑 매입자가 매도자에 대하여 신용 익스포저를 가지게 된다.

인기가 좀 떨어지긴 하지만 대안으로, 채권의 시장가에 거래되는 형태의 자산스왑("market-in, market-out" 자산 스왑)도 있다. 이 경우는, 시작 시점에서 자산스왑 인수자가 패키지에 대하여 채권의 가격 P를 지불한다.

둘째, 자산스왑에 포함된 채권에 부도가 발생해도 스왑은 종료되지 않는다. 그래서 자산 스왑 매입자는 부도시 채권으로부터 이자지급을 받지 못하더라도 스왑계약에 따른 고정 이자지급은 계속해야 한다는 위험을 부담한다. 달리 말하면 매입자는 스왑에 대하여 시장가정산을 해야 한다.

이러한 특성 때문에 자금을 조달하여 만든 액면가 자산스왑 패키지는 채권이 액면가로 거래된다면 CDS와 유사하지만 채권이 액면가와 많이 차이나는 가격으로 거래된다면 CDS와는 차이가 있다. 예를 들어, 시작 시점에 채권가격이 90이었는데 인수 이후에 바로 부도가 발생하였다고 가정해 보자. 또한 부도 후의 가격이 40이라고 가정해 보자. 그러면 액면가의 자산스왑 매입자는 100을 지불하였고, 40을 회수할 것이며, 시장가 차액 조정 10을 확보하여 50의 손실을 기록할 것이다. 유사하게 스왑 인수시점에 채권의 가격이 105이었는데, 인수 직후에 부도가 발생하면, 스왑 매입자는 스왑 인수를 위하여 100을 지불했고, 40을 채권에서 회수할 것이며, 시장가 차액 조정 −5를 더하면 총 손실은 65가 된다. 그러나 어떤 경우에도 채권이 액면가 근처에서 거래될 경우에만 CDS와 자산스왑이 서로 비슷해진다.

CDS-자산스왑 베이시스

CDS-자산스왑 베이시스(때로 CDS-채권 basis라고도 함)는 CDS의 스프레드와 이에 상응하는 자산스왑 스프레드의 차이를 말한다. 이론상 이 상품의 유사성으로 인해서 차익거래의 압력이 작용하여 두 상품의 스프레드는 근접해야 한다. 하지만 차이가 근소할 때도 있고, 상당히 차이가 날 때도 있다. 그 이유로는 다음과 같은 것을 들 수 있다.

- **신용에 대한 부정적 견해** 특정 기관에 대한 신용시장의 견해가 부정적으로 변하면, 채권을 공매도하거나 보장을 매입할 수 있다. 회사채를 공매도하기는 어렵기 때문에 보장을 매입하려는 측이 자산스왑 시장에서 거래되는 벤치마크 스프레드보다 더 높은 비용을 지급할 의향을 나타내어 베이시스가 더 커지게 될 수 있다.
- **전환사채 발행** 전환 차익거래자들이 전환사채에 관하여 가지는 주된 관심사는 옵션 요소이다. 전환사채의 신용위험을 헤지하는 것이 흔하다. 특히 초기 얼마 동안에는 그러하다. 이 경우에도 채권을 공매도하기보다는 보장 매입을 통하여 이를 실현하는 것이 쉬운 방법이며, 이 역시 CDS-자산스왑 베이시스를 벌어지게 하는 요인이 된다.
- **합성 CDO 발행** 2000년대 초 특히 합성 CDO의 인기가 높았다. 합성 CDO에서는 CDO 발행자가 개별 기관에 대한 보장을 매도하여 이 자금으로 각종 트랑쉬의 이자를 지급한다. 이 경향은 CDS의 스프레드를 자산스왑에 비하여 상대적으로 낮게 하는 압력으로 작용하였다. 즉 베이시스를 줄이는 역할을 했다.
- **비액면가 채권거래** 채권이 액면가보다 낮게 거래되면 채권의 손실이 액면가로부터 손실을 계산하는 CDS보다 낮아진다. 결과적으로 이를 보상하기 위하여 CDS 스프레드는 넓어져야 한다. 반대로 채권이 액면가보다 높은 가격에 거래되면 채권에서 발생하는 손실은 CDS의 손실보다 커지므로, CDS 스프레드는 낮아질 것이다.

2009년 CDS 계약의 변화: CDS "빅뱅"

1990년대 초 신용파생상품시장이 생겨난 이후 끊임없이 진화해 왔으며, 주력 상품인 CDS도 예외는 아니다. 북미에서 계약 조건상 가장 중요한 변화는 2009년 4월에 발생하였으며, 이 사건을 "CDS 빅뱅"이라고 부른다. CDS 빅뱅은 부록 31A에 설명하였다.

31.5 신용연계 채권

신용부도스왑은 자금을 미리 지급하지 않는 부외 상품이다. 즉, CDS를 매입하기 위하여 초기에 비용을 지급하지 않는다. 신용연계채권(CLN)은 CDS를 미리 비용을 지급하는 형태로 바꾸는 한 방

법이다. CLN은 기본적으로 채권에 신용부도스왑을 포함시킨 것이다. 채권의 매입자는 채권대금을 우선 지급한다. 채권의 이자와 원금의 지급은 준거 채무의 실적에 연계된다. 준거채권에 신용사건이 발생하지 않으면, 이자와 원금을 약속한대로 지급한다. 준거채무에 신용사건이 발생하면, 준거채권의 손실을 채권에서 차감하고 나머지 금액만 투자자에게 돌려준다. 준거채무의 부도 위험을 지는 보상으로 이 채권의 매입자는 다른 경우보다 더 높은 이자를 받는다. 그리하여, 매입자는 보장 매도자의 역할을 한다. 만약 준거채무에 부도가 발생하지 않으면, 투자자는 더 높은 이자를 받지만 부도가 발생하면, 부도후 손실액만큼 손실을 당한다.

CLN은 여러 가지 목적을 달성한다. 부외 파생상품에 거래를 못하게 되어 있는 투자자는 CDS를 통하여 보장을 매도할 수 없다. 그러나 사실상 동일한 목적을 달성하기 위하여 CLN을 사용할 수 있다. 원리상 CLN은 다른 채권과 같이 사거나 팔 수 있다. 보장 매입자 입장에서 보면, CLN을 통하여 보장을 매입하는 것이 CDS를 통하여 보장을 매입하는 것보다 유리한 점이 있다. CDS와는 달리 CLN의 보장 매도자(채권 투자자)는 미리 증권가격을 지불한다. 그러므로 투자자의 신용평가 등급이나 투자자와 준거채무 간의 상관관계는 중요하지 않다.

실제 CLN의 구조는 앞의 설명이 제시하는 것보다는 좀 더 복잡하다. CLN 구조의 핵심에는 특수목적 기구(special purpose vehicle: SPV)가 있다. SPV는 법인으로 보장 매입자와 매도자 사이의 중개자 역할을 한다. 한편으로는 SPV가 CLN을 투자자에게 발행한다. (그래서 그들로부터 준거채무에 대한 보장을 매입한다.) 반면에 CDS를 통하여 준거채무에 대한 보장을 보장 매입자에게 매도한다. CDS의 만기와 CLN의 만기를 일치시킨다. 채권 발행으로 수취한 담보는 AAA 등급의 증권에 투자한다.

그러므로 SPV는 보장의 판매와 AAA 등급의 담보자산 두 곳으로부터 현금을 수취한다. 이렇게 조성된 현금을 CLN 투자자에게 약속한 이자로 지급한다. 준거채무에 부도가 발생하면, SPV는 담보를 처분하며, 우선 이를 사용하여 보장 매입자의 요구에 응한다. 남는 자산이 있을 경우 채권 투자자에게 지급한다. 부도가 발생하지 않으면 담보는 CLN의 만기에 처분하여 원금을 지급한다.

예를 보면 구조를 명확히 이해할 수 있을 것이다. 이 예는 저자가 접근할 수 있는 실제 거래로 자세한 부분까지 사실과 일치하지만 약간의 수정과 위장을 가하였다.

예 31.3

다음 상황을 고려해 보자. 대규모 제조회사가 있으며 이 회사의 채권이 국채이율 T보다 90 bp 높은 수준에서 거래되고 있다. 이 제조회사의 신용은 하락하고 있으며, 공급자들은 대부분 소규모 회사들이어서 이 제조회사와의 거래가 현금흐름의 대부분을 차지하고 있으며, 120일의 신용기간을 60일로 단축하라고 요구하고 있다. 제조회사가 이렇게 하려면, 이 회사의 운영자본을 대폭 늘려야 하며, 그럴 경우 신용상황은 더 나빠질 것이다.

은행은 다음과 같은 일련의 거래를 실행한다. 우선 SPV를 설립한다. SPV는 제조회사의 공급자

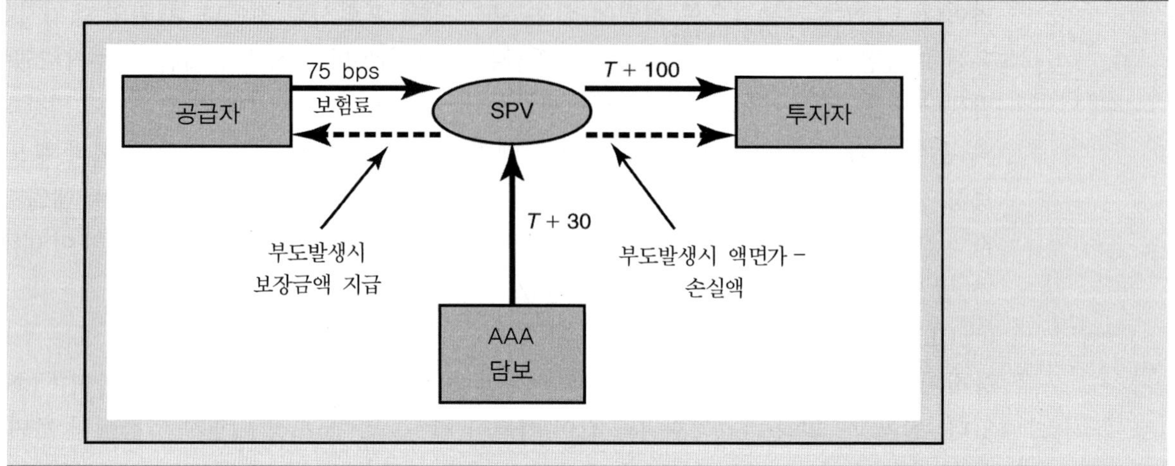

그림 31.6
신용연계 채권: 예

들에게 제조회사의 채권을 준거채무로 하는 보장을 매도하는 신용부도스왑 거래를 공급자들과 시작한다.

(보장은 단순히 제조회사의 부도에 대한 것만이 아니고, 예를 들면 제조회사의 신용등급이 기준 미만으로 하락하거나, 채권의 스프레드가 일정 수준을 초과하는 것과 같은 제조회사의 신용도의 중요한 하락의 경우도 보장이 개시되는 것으로 하였다.) CDS 계약의 스프레드가 연 75 bp라고 가정해 보자. 이 보장을 매입하면서, 공급자들은 현재 자신들이 제조회사에 제공하는 120일 신용조건을 그대로 유지한다.

자연스러운 질문은, '왜 공급자들이 CDS를 매입하면서 좋은 신용조건을 제조회사에 제공하느냐?'이다. 가정에 따르면, 많은 공급자들은 그들의 업무 중 상당부분이 그 제조회사에 달려 있을 것이다. 이제 그들은 제조회사의 신용도 하락에 대비하여 보험을 가입한 상태이므로, 제조회사를 더 압박하여 그 회사가 폐업하게 되는 위험을 감수하기 보다는 관계를 계속 유지하는 것이 자신들에게 이익이 될 것이다.

SPV는 이제 자신이 매도한 CDS의 명목 금액과 원금이 동일한 CLN을 발행한다. CLN의 이자와 원금의 지급은 제조회사의 채권의 실적과 연계시켰으며, CLN의 이자는 $T+100$으로 한다. 이 CLN 투자자들은 제조회사의 신용도가 하락하는 위험을 감수한다. 위험에 대하여 CLN은 $T+100$을 지급하지만, 이 회사의 일반 채권에 투자하였다면 $T+90$을 받게 된다.

마지막으로 SPV는 CLN 발행으로 수취한 자금으로 AAA 등급 자산에 투자하여 $T+30$ bp의 수익을 거둘 것이다. 전체 구조는 [그림 31.6]에 요약되어 있다. 이제 두 가능성이 있다.

1. **준거채권에 부도가 발생하지 않는다.** 이 경우 공급자는 75 bp의 보험료를 납입하며, SPV는 담보에서 $T+30$ bp를 수취하고 CLN 이자 $T+100$을 투자자들에게 지급한다. 그리하여 SPV

는 5 bp의 수익을 확보한다.

2. **준거채권에 부도가 발생한다.** 이 경우 SPV는 담보를 처분하여 이 금액으로 보장 매입자들(즉, 공급자들)에게 보장 금액을 지급한 후, 나머지 금액이 있으면 투자자들에게 돌려 준다. SPV는 종료된다.

이 거래의 순효과는 무엇인가? 첫째, 공급자들은 제조업자에게 부도가 발생할 것인지에 신경 쓰지 않고 이전과 같이 영업을 계속할 수 있다. 둘째, 제조업자는 영업을 계속하기 위해서 필요한 신용 조건을 확보한다. 셋째, CLN 투자자들은 본질적으로 거의 유사한 위험에 대하여 그들이 얻을 수 있는 수익률보다 10 bp 더 받게 된다. (위험이 완전히 일치하지는 않는다는 것에 주의하라. CLN에 투자한다는 것은 담보를 잘 운영해야 한다는 위험을 감수하는 것을 의미한다. 담보를 잘 못 관리하면 투자자가 회수할 금액이 줄어든다.) 마지막으로 SPV가 만기(혹은 부도)까지 5 bp의 수익을 취한다. ■

변형: 신용민감 채권(Credit-Sensitive Note)

신용연계채권구조의 변형 중의 하나인 신용민감채권은 제삼자의 채무가 아니라 발행자 자신의 신용도에 채권의 현금흐름이 연계되는 증권이다. 신용민감채권(CSN)은 step-up 채권이라고도 한다.

가장 초기 CSN 중의 하나는 1989년 Enron이 발행하였다. 그 당시 Enron은 Baa3(무디스)와 BBB-(S&P)로 겨우 투자등급을 유지하고 있었다. Enron은 1억 달러의 CSN을 발행하였는데, 이에 따르면 Enron은 신용등급이 한 단계라도 (Ba1/BB+로) 하락하면 이자율을 급격히 높이기로 하지만, 신용등급이 상승하면 점진적으로 이자율을 낮추기로 투자자에게 약속하였다. Enron의 약속은 무디스와 S&P의 등급 중 낮은 것을 기준으로 하였으며, 등급에 따른 이자율은 다음과 같다.

신용등급		적용 이율 (%)
Moody's	S&P	
Aaa	AAA	9.20
Aa1 ~ Aa3	AA+ ~ AA−	9.30
A1 ~ A3	A+ ~ A−	9.40
Baa1 ~ Baa3	BBB+ ~ BBB−	9.50
Ba1	BB+	12.00
Ba2	BB	12.50
Ba3	BB−	13.00
B1 또는 낮음	B+ 또는 낮음	14.00

이 채권을 발행할 때 Enron은 신용등급이 개선될 것으로 기대하며, 적어도 더 이상 악화되지는 않을 것으로 기대한다는 강력한 신호를 시장에 내어 보낼 의도를 가지고 있었다. 이 신호의 신빙성은, 이 신호의 비용이 높다는 사실, 즉 조금이라도 신용도가 하락하면 Enron에게는 이자율에서 250

bp가 증가한다는 사실에 달려 있었다. 투기등급 채권 시장이 붕괴되는 시점이었고, 투자등급 끝 부분에 있는 회사들이 채권 시장에서 자금을 조달하기가 어려운 상황이었기 때문에 이 증권의 발행은 아주 적절한 것이었다.

Enron이 이 증권을 발행한 직후, 유사한 증권의 발행이 홍수를 이루었다. CSN은 특별히 유럽 통신 회사들에게 인기가 있었다. 2003년에는 1,070억 유로의 CSN이 시중에 유통되고 있었으며, 65개 이상의 이러한 채권이 존재했다. 가장 큰 발행자는 도이치 텔레콤(전체의 약 30% 점유), 프랑스 텔레콤(약 23%), 그리고 브리티시 텔레콤(약 17%)이었다. 다른 발행자로는 네덜란드의 KPN과 호주의 Telestra 등이 포함된다.

이러한 채권의 금리상승 조항은 다양하였다. 예를 들면, 도이치 텔레콤은 등급이 처음으로 하락할 때만 한번만 50 bp를 인상하는 것으로 약속하였고, 프랑스 텔레콤은 매번 등급이 하락할 때마다 이자율을 인상하기로 하였다. 인상의 결정도 다양하였다. 예를 들면 도이치 텔레콤은 양대 평가회사(무디스 및 S&P)가 모두 등급을 하향했을 경우에 이율을 인상하였고, 프랑스 텔레콤은 평가기관 중 누구라도 등급을 하향시켰을 경우 이율을 인상하도록 하였다.

CSN의 긍정적인 측면은 많다. 발행자 측면에서 보면, (일반적인 채권을 발행할 때와 비교하면) 현재의 이율을 낮출 수 있어서 비용 절감이 가능하고, 미래에 또 신용등급이 향상된다면 미래의 비용도 절감할 수 있다. 투자자의 관점에서 보면, 이 채권은 대리인 비용을 최소화할 수 있다. 경영진이 채권자를 희생하여 주주에게 이득을 주려고 한다면, 이는 채권의 등급하락으로 이어져서 이자율이 높아지게 된다.

그러나 인터넷 버블 붕괴와 이에 이은 급격한 경기침체로 인하여 CSN도 발행자에게 단점이 없는 것은 아니라는 사실을 알게 되었다. 회사가 통제할 수 없는 이유로 경기가 침체될 때 평가회사들이 발행자 자신들의 등급도 낮춘다는 것을 알게 되었다. 이렇게 등급이 낮아지면, 현금흐름에 압박을 받게 되고, 이는 상승 작용을 일으켜 몇몇 경우에는 회사의 존립마저 위협을 받게 되었다. 2000년에서 2003년 사이, 평가기관은 예를 들면, 도이치 텔레콤은 11번 등급을 하락시켰고, 프랑스 텔레콤은 14번 하락시켰다.

마지막 염려는 복잡성이다. CSN은 가치가 미래의 평가 등급에 달려있기 때문에 안정적인 가격 결정이 어렵다. 다른 이유도 있겠지만, 이러한 이유로 CSN은 인기를 잃었다. (Lando와 Moretensen, 2005 참조)

31.6 상관관계 상품

지금까지 단일 발행기관의 신용위험을 참조하는 상품을 논의하였다. 여러 개의 발행기관을 참조

하는 상품도 널리 거래되고 있다. 다음 장에서는 상호관련 부도상품의 수학적 분석을 자세하게 시도할 것이다. 여기서는 이 분야에서 가장 인기있는 세 상품에 대하여 전반적인 소개를 한다.

바스켓 상품

첫 번째 부도(FTD) 바스켓은 신용부도스왑(CDS)의 자연스러운 일반화이다. CDS와 같이, 신용사건에 대한 보장을 위하여 정기적인 보험료를 보장 매도자에게 지급하는 보장 매입자가 있다. 결정적인 차이점은 준거기관이 하나가 아니고 준거기관 바스켓이 있다는 것이다. 바스켓에 포함된 기관 중 하나가 신용 사건을 경험하는 바로 그 시점에 보장이 촉발된다. 두 번째 부도(STD) 바스켓, 좀 더 일반적으로 n번째 부도(nTD) 바스켓도 같은 방식으로 정의된다.

전형적인 바스켓 구조는 5~10개의 기관을 포함한다. 구체적인 예를 들자면, 10개의 기관에 대하여 각각 명목금액 1000만 달러의 신용을 포함하는 바스켓을 생각해 보자. 보장 매입자는 매도자에게 규칙적인 보험료(주로 분기별로)를 납부한다. FTD 바스켓에서는, 이 중 하나가 신용이벤트를 경험하면 보장 매도자는 1,000만 달러를 지급하며, 보장 매입자는 액면가 1,000만 달러의 부도난 채권을 보장 매도자에게 이전한다. 그러면 바스켓 부도 스왑은 종료한다. CDS 계약과 마찬가지로 이 시장에서는 현물결제 방법이 사용되어 왔으나, 현재 변화하고 있는 중이다.

왜 바스켓 부도 스왑을?

왜 FTD 바스켓? 보장 매도자의 관점에서 보면, FTD 바스켓은 레버리지를 제공해 준다. 이 장 후반부에서 축약형 모형을 다루겠지만, 부도가능 증권의 공정 스프레드는 대략 $\lambda(1-\phi)$로 계산되는데, 여기에서 λ는 (위험중립) 부도 가능성을 의미하며 ϕ는 예상 회수율을 의미한다. 한 기관이 아니라 바스켓을 고려하면 신용사건의 발생 가능성 λ는 높아진다. ϕ로 표시되는 회수율은 이 바스켓에 포함된 모든 신용에 대하여 비슷하다고 가정하면, 공정한 스프레드 $\lambda(1-\phi)$도 증가할 것이다. 결과적으로 바스켓의 FTD 보장 판매로부터 발생하는 보험료는 바스켓에 포함된 신용의 개별 CDS 보험료의 몇 배가 될 것이다. 하지만 보장 매도자의 손실 한도는 $1-\phi$이며, 이는 단일 기관에 대한 보장을 매도했을 때와 같은 금액이다. 그러므로 FTD 바스켓 보장 매도는 바스켓에 포함된 모든 신용에 대하여 각각 CDS를 매도하는 것과 같지만 매우 낮은 손실의 한도를 적용한 것과 같다.

매입자의 관점에서 보면, FTD 바스켓은 포트폴리오의 부도에 대하여 완벽하지는 않으나 저렴한 헤지를 제공해 줌으로 지분에 미치는 충격을 흡수한다. 예를 들면, 10개 기관이 발행한 채권 포트폴리오를 관리하는 투자자가 있다고 하자. 포트폴리오를 보호하기 위하여 10개 기관 각각에 대하여 보장을 매입하는 것이 한 방법이다. 저렴한 대안으로 FTD 보장을 매입할 수 있다. 만약 부도가 한 건만 발생한다면, FTD 보장은 CDS의 포트폴리오를 가지고 보장을 받는 것과 동일하다. 물론 FTD는 첫 번째 부도 이외에는 보장을 제공하지 않는다.(이것이 비용이 저렴한 이유이다.) 여기에는 비용-

효과의 대응관계가 있다. 투자자가 포트폴리오 중 2개 혹은 그 이상의 부도가 발생하지 않을 것이라고 생각하면 FTD를 저렴한 수단으로 선호할 것이다.

바스켓 부도 스왑의 평가

FTD 바스켓 스왑은, (보장이 첫 번째 신용 사건 발생으로 종료되는) 소멸(knock-out) 특성이 가미된 CDS의 바스켓으로 볼 수 있다. 바스켓 공정가격의 상한과 하한은 쉽게 찾을 수 있다. 첫째, FTD 바스켓 보험료는 각 개별 CDS 보험료의 합을 초과할 수 없다. 그렇지 않으면 개별 기관에 대하여 보장을 매입함으로 더 많은 보장을 더 저렴하게 매입할 수 있게 되기 때문이다. 둘째, FTD 바스켓 보험료는, 바스켓에 포함된 가장 약한 신용의 CDS 보험료와 최소한 같아야 한다.

불행히도 공식적인 모형 없이는, 이 넓은 한도 외에 가격 결정에 대하여 더 할 말이 많지 않다. 그 이유는 (개별 CDS와 같은) 기존의 다른 상품으로 FTD를 복제할 수 없으므로, 복제에 기반한 차익거래 가격 결정법을 사용할 수가 없으며, 단지 모형에 근거한 가격 계산만 가능할 뿐이기 때문이다.

n번째 부도(nTD) 바스켓과 같은 일반적인 경우에도 적용할 수 있는 가치평가모형에는 어떤 입력자료가 필요한가? 확실하게 포트폴리오에 포함된 신용의 개수 N과 n의 값에 따라 가치는 달라질 것이다. 또 각 개별 신용의 질과 이에 따른 스프레드, 예상 회수율, 바스켓 만기 등등에 따라 달라질 것 역시 확실하다. 대부분 이 변수들은 직접 관측이 가능한 것들이거나, 아니면 다른 상품(예를 들면, CDS 스프레드)으로부터 모형을 사용하여 유추할 수 있는 것들이다. 핵심적인 추가 변수는 상관관계이다. 함께 부도를 당하는 것이 얼마나 가능할까? 이것은 불행히도 관측 가능한 변수가 아니다.

부도의 상관관계는 심지어 FTD 바스켓에도 문제가 된다. 체계적인 요인과 개별적인 요인 모두 부도에 영향을 미치며, 부도의 상관관계가 일반적으로 양인 것은 모든 기업이 전반적인 거시경제 상황에 영향을 받기 때문이다. 일반적으로 부도 상관관계의 영향은 복잡할 수 있지만, FTD에 관해서 보면, 영향의 방향은 분명하게 알 수 있다. 직관적으로 부도 상관관계는 생존 상관관계와 동일하다. 만약 기관들이 동시에 부도를 당하는 경향이 있으면, 동시에 생존하는 경향도 있다. 그래서 (다시 직관적으로 말하자면) 상관관계가 증가하면, 부도가 발생하지 않을 가능성이 증가한다. 이것은 하나 이상의 부도 확률이 감소해야 한다는 것을 의미한다. 달리 말하자면, FTD 보험료는 상관관계의 감소함수이어야 한다는 뜻이다.

부채담보부증권(Collateralized Default Obligation)

바스켓 계약의 자연스러운 확장은 부채의 바스켓 혹은 풀을 기초로 활용하여 부도위험을 증권화하는 것이다. 이 기초 풀은 "담보" 혹은 "준거 풀"이라고 불린다. 부도 위험의 바스켓을 위험 크기가 다른 여러 트랑쉬로 쪼개어(tranching) 판매하는 것이 CDO(collateralized default obligation, collateralized debt obligation) 시장에서 벌어지는 일이다.

CDO는 주택대출담보부증권(CMO)이 모기지 위험을 증권화한 것을 자연스럽게 모방한 것이다. CDO의 증권화에서는, 부채 트랑쉬(tranche)가 기초 채무 풀에 근거하여 매각된다. 가장 간단한 수준에서는, 현금흐름에서 우선순위를 차지하는 시니어 트랑쉬가 있다. 이것은 하나 혹은 그 이상의 메자닌 트랑쉬로 신용 보강이 이루어진다. 메자닌 트랑쉬는 A 트랑쉬에 높은 신용등급을 부여하기 위하여 필요한 후순위 역할을 한다. 나머지 트랑쉬는 "지분"인데 신용 손실을 가장 먼저 흡수하는 안전망이다. 각 트랑쉬의 신용 손실 수준을 명시함으로 특정한 투자 수요를 만족시키는 맞춤형 CDO를 만든다. CDO 구조에는 여러 가지 신용 보강이 있을 수 있다. 담보에 부도가 과도하게 발생하거나 사전에 미리 정한 현금흐름이 발생하지 않을 경우 발동할 수 있는 조기상환 조항 등으로 신용을 추가로 보강할 수도 있다.

CDO를 어떻게 트랑쉬로 나누는 지를 보여주는 간단한 예를 들면, 100개의 투자등급 기업이 발행한 각각 명목금액 1,000만 달러의 채권으로 구성된 준거 풀을 생각해 보자. CDO의 총 명목 금액은 10억 달러이다. 풀의 현금흐름이 지분, 메자닌, 시니어 3개의 트랑쉬로 분할된다고 가정해 보자. 지분 트랑쉬는 부도로 인한 풀의 모든 손실을 미리 정해진 한도까지 흡수한다. 이 예에서 이 한도는 명목금액의 5% (또는 5,000만 달러)라고 하자. 메자닌 트랑쉬는 다시 부도로 인한 추가 손실을 미리 정해진 한도까지 흡수한다. 이 한도가 명목 금액의 10% 즉, 1억 달러라고 하자. 나머지 손실은 시니어 트랑쉬가 흡수한다. 각 트랑쉬는 손실시작점(손실흡수가 시작되는 점) 및 폭(흡수해야 하는 손실의 크기)으로 명시된다. 예에서는 메자닌 트랑쉬의 손실시작점은 5%이며, 폭은 10%이다.

마지막으로 설명해야 할 점은 담보 풀에서 발생하는 현금흐름을 각 트랑쉬에 배분하는 것이다. 지분 트랑쉬는 확실히 가장 큰 위험을 부담하고 있으므로, 당연히 가장 높은 이자를 받는다. 지분 트랑쉬는 통상 평가 등급이 없다. 메자닌 트랑쉬는 중간 정도의 위험을 부담하므로 지분 트랑쉬보다는 낮은 이자를 받는다. 주로 높은 투기등급/낮은 투자 등급(예, BBB) 정도의 등급을 가진다. 시니어 트랑쉬는 가장 덜 위험하므로 가장 낮은 이자를 지급 받는다. 이 예의 시니어 트랑쉬의 위험을 측정하기 위해서는, 처음 1억5천만 달러의 손실이 발생할 때까지 시니어 트랑쉬는 보호되어 있다는 사실을 주목해야 한다. 부도 후 손실률이 평균 40%인 것으로 가정한다면(업계에서 사용하는 표준 가정임), 하나의 기관이 부도를 당할 때 손실액은 6백만 달러이다. (각 기관당 명목금액은 1,000만 달러임을 기억하라.) 그러므로 1억5천만 달러의 여유가 다 소진되고, 시니어 트랑쉬에 손실의 영향이 미치려면 25개 기관 혹은 전체 신용 풀의 1/4에 부도가 발생해야 한다. 그러면 시니어 트랑쉬가 위험해 진다.

25개 기관에 부도가 발생하는 것은 얼마나 가능한 일인가? 확실한 것은, 포트폴리오에 포함된 개별 기관의 신용도, 만기, 예상 회수율 등에 따라 달라지지만, 바스켓 부도 스왑과 같이, 결정적인 동인은 추측하기 어렵고 부도 상관관계도 파악이 어렵다. 경제위기 시기(예를 들면, 2008년 4분기)에는 개별 부도 확률과 기관 간의 부도 상관관계 모두 급격히 높아지는 경향이 있으며, 안전하게 보였던 트랑쉬도 매우 급격히 매우 위험해 질 수 있다.

CDX 및 iTraxx 지수

CDS 시장의 엄청난 성장으로 말미암아 CDS 스프레드에 근거한 지수가 만들어지게 되었다. 신용지수는 현재 모든 주요 회사채 시장을 포괄하고 있다. 지수는 크게 두 개의 분류로 나누어진다. 북미(NA) 시장과 신흥시장(EM)을 포괄하는 CDX 지수와, 유럽과 아시아 나머지 지역을 포괄하는 iTraxx 지수가 그것이다. 이 두 주요 지수에는 섹터와 지역, 등급 등에 따른 여러 개의 세부 지수가 있다.

어떤 면에서 신용 지수도 주식 지수와 같다. 주식 지수가 개별 주가를 합쳐서 산출하는 것과 같이, 신용 지수도 CDS스프레드를 합하여 산출한다. 그러나 한 가지 중요한 차이점이 있다. 주가지수는 무한히 지속되지만, CDS는 그렇지 않다. 이것은 지수 그 자체도 만기가 있다는 것을 의미한다. 예를 들면, 지수의 기본이 되는 모든 CDS가 5년 만기이면, 5년 지수를 가지게 된다. 더 나아가, (예를 들어, 인기 있는 5년 만기 같은) 특정 벤치마크 만기를 유지하고자 한다면 기초가 되는 정확한 증권을 정기적으로 교환해야 한다. 이는 지수를 "회전(rolling)"함으로 가능한데, 이 과정에 대해서는 다음에 설명한다.

지수와 세부 지수의 종류는 너무 많아서 단지 몇 가지만 설명하는 정도로 그치려 한다.

북미 지수 I: CDX.NA.IG

이 지수는 북미(NA)의 투자등급(IG) 125개 기관을 동일 비중 가중하여 만든 지수이다. 이는 소비자, 에너지, 금융, 산업 및 통신, 미디어 및 기술 5개의 하부 지수로 나누어진다. 이에는 30개의 가장 변동성이 높은 기관으로 구성된 HVOL이라는 하부 지수도 있다. 지수는 다양한 만기로 거래된다. IG와 HVOL지수는 1, 2, 3, 5, 7 그리고 10년 만기로 거래된다. 섹터 별 하부 지수는 5년 10년 만기로 거래된다.

지수에 포함된 기관의 신용 등급은 투자등급 전 영역에 분포되어 있지만, CDS의 분포를 반영하여, 투자등급 중 낮은 쪽에 집중되어 있다. 통상 50%가 BBB 혹은 Baa 등급이며, 30%가 A 등급이다. 지수는 단지 No-R 조건 즉, 파산과 불지급만 신용사건으로 간주하여 거래된다.

북미 지수 II: CDX.NH.HY

북미 하이일드(HY) 지수는 100개의 동일 가중 기관으로 구성된다. 이 아래에는 세 개의 하부 지수가 있다. 고변동성지수인 BB지수는 지수 내에 포함된 모든 BB 등급 기관으로 구성된 지수이며, B 지수는 지수에 포함된 모든 B 등급 기관으로 구성된 지수이다. 일정 범위의 만기가 가능하다. 주요 HY 지수는 3, 5, 7 그리고 10년 만기로 거래되며, 그 하부 지수는 5년 만기로 거래된다.

유럽지수 I: iTraxx Europe

이것은 유럽의 투자등급 시장의 벤치마크 지수이다. 유럽의 투자등급 기관의 동일 가중치를 적용한 125개의 CDS로 구성된다. 2/3가 영국, 프랑스, 독일 기관이다. 주요 지수는 3, 5, 7 그리고 10년 만기로 거래되며, 여기에도 고변동성(HVOL) 하부 지수가 있으며, 7개의 섹터 별 하부 지수도 있다.

지수가 작동하는 방법

각 CDX 혹은 iTraxx는 바스켓에 포함된 CDS와 같다. 지수는 시작일, 종료일, 보험료(혹은 계속 보험료) 그리고 명목 금액으로 명시가 된다. 지수의 명목 금액은 지수에 포함된 기관수로 나눈다. 예를 들면 어떤 투자자가 CDX.NA.IG 1억 달러의 보장을 매도하면, 각 기관에 대한 명목 금액은 80만 달러이다(100백만/125=0.8백만). 이는 지수에 대하여 1억 달러의 보장을 매도하면, 각 개별 기관에 대하여 하나의 계약으로 80만 달러의 보장을 매도한 것과 같다.

지수 회전(Index Roll)

모든 지수는 매 6개월마다 "회전"한다. 회전은 직전 지수에 포함되었던 기존 기관 중 일부를 제외하고 새로운 기관을 추가하는 과정을 말한다. 이 과정은 투명한 규칙과 딜러들의 투표에 의해서 진행된다. 회전할 때마다 현재 사용 중인(가장 최근) 지수의 만기를 6개월씩 증가시킨다.

과거 지수는 회전의 영향을 받지 않는다. 그것은 종전과 같이 거래된다. 새로운 지수의 구성은 과거 지수의 구성과 다르므로 새로운 지수는 직전 지수보다 스프레드가 넓을 수도 있고 좁을 수도 있다.

가격결정 관행

각 지수는 고정된 스프레드 혹은 이표(coupon)를 가지고 있다. 출발 시점에서 이 스프레드는 대략 지수에 포함된 기관의 평균 스프레드와 일치한다. 이 스프레드가 지수에 대한 보장 매각자가 수취하는 계속 보험료가 된다. 지수에 포함된 CDS 바스켓에 대한 보장의 시장가격은 통상적으로 이 고정 스프레드와 다르기 때문에 매입자와 매도자를 보상하기 위해서 선불/선지급이 요구된다. 이 선지급금은 시장 스프레드와 고정 스프레드의 차이의 (위험을 고려한) 현재가치와 일치한다.

예를 들면, 2009년 2월 1일 투자자가 2013년 12월 20일에 만기되는 5년 만기 CDX 지수 10억 달러에 대한 보장을 매도하고자 한다고 가정해 보자. 지수의 고정 스프레드가 100 bp이고 현재 시장의 스프레드는 163 bp이라고 하자. 그러면 투자자는 대략 다음과 같은 계속 보험료를 받게 된다.

$$0.25 \times 0.010 \times 1{,}000{,}000{,}000 = 2{,}500{,}000$$

추가로 투자자는 선불로 명목금액 10억 달러에 대한 63 bp의 위험을 고려한 현재가치를 수령할 것이다.

부도시에는 어떻게?

만약 지수에 포함된 기관에 신용사건이 발생하면(단순히 하기 위하여 "부도"라고 한다), 그러면 보장 매도자는 보장 매입자에게 현물결제 혹은 현금결제 방식으로 보상한다. 빅뱅 이전 북미 CDS 계약과는 달리 CDX 계약에서는 채무재조정은 신용사건이 아니다. 하지만 iTraxx 계약에서는 Mod-Mod-R 조항을 적용하여 신용사건으로 간주한다. 신용사건 이후에는 부도 발생 기관은 지수에서 제외한다. 지수는 남아 있는 기관에 대해서만 계속 거래한다. 명목 금액과 계속 보험료는 변경된 포트폴리오를 반영하여 비례로 감액된다.

예를 들어, 어떤 매입자가 iTraxx 유럽 지수에 대한 1억2천5백만 유로(기관당 1백만 유로)의 보장을 매입하였으며, 한 기관에 신용사건이 발생했다고 가정해 보자. 보장 매도자는 그 기관의 명목금액 1백만 유로에 대하여 현물결제 혹은 현금결제 방식으로 부도이후 손실액을 보상한다. 그 이후 모든 보험료는 명목금액 1억2천4백만 유로에 대하여 계산한다. 만약 계속 보험료율이 75 bp이라면 새로운 분기 보험료는 대략 다음과 같다.

$$0.25 \times 0.0075 \times 124{,}000{,}000 = 232{,}500$$

지수 트랑쉬와 상관관계

지수 자체뿐만 아니라, 표준 손실시작점을 적용한 지수에 대한 트랑쉬도 거래된다. [그림 31.7]은 2005년 8월 호가 샘플을 보여준다. 그림에서는 각 트랑쉬 별로 표준 손실시작점도 보여준다. 북미 투자등급 지수(NA.IG)를 예로 들면, 5개의 트랑쉬가 있다: 0～3% (지분 트랑쉬), 3～7%, 7～10%, 10～15% 그리고 15～30%. 트랑쉬의 액면가가 주어지면, 트랑쉬의 폭을 이용하여 내재 기초 포트폴리오의 명목금액을 산출할 수 있다. 예를 들어, 지분 트랑쉬의 명목금액이 1천5백만 달러이면, 내재 기초 포트폴리오의 명목금액은 5억(15백만/0.03) 달러이다. 비슷하게 3～7%의 액면가가 4,000만 달러이면 내재 기초 포트폴리오의 명목금액은 10억(40백만/0.04) 달러이다.

CDO에서와 마찬가지로 각 트랑쉬의 손실시작점과 손실 종료점은 각 트랑쉬가 흡수해야 할 손실금액을 명시한다. NA.IG와 유럽 투자등급의 지분 트랑쉬는 기초 포트폴리오 손실의 처음 3%를 흡수한다. 예를 들어, 기초 포트폴리오의 명목 금액이 10억 유로이면, 포트폴리오의 손실 중 3천만 유로까지는 모두 유럽 투자등급의 지분트랑쉬가 흡수한다. 지분 트랑쉬가 완전히 소진되려면 몇 개의 기관에 부도가 발생해야 하나? 답은 기관의 부도 후 손실에 달려 있다. 지수에는 125개 기관이 포함되어 있으므로 각 기관당 8백만 유로의 명목 금액으로 구성되어 있다. 부도 후 손실이 50%라고 가정하면, 각 기관의 부도는 4백만 유로의 손실로 귀결될 것이다. 그러므로 지분 트랑쉬가 완전히 소진되려면 최소 8개의 기관에 부도가 발생해야 한다. 물론 회수율이 낮으면, 부도가 덜 발생해도 그 트랑쉬가 완전히 소진될 수 있다. 만약 부도시 손실률이 75%이라면 단지 5개의 부도가 발생해도 지분 트랑쉬는 완전히 소진될 수 있다.

그림 31.7
여러 지수의 호가 가격

출처: Bear Stearns, Moody's. 자체모형에서 산출한 일중 데이터

지수 트랑쉬 가격과 내재상관관계					
	추정평가등급 (Moody's)	30 Aug 2005 레벨(bp*)	30 Aug 2005 트랑쉬 상관관계	23 Aug 2005 레벨(bp*)	23 Aug 2005 트랑쉬 상관관계
북미 투자등급(5년)					
Series		DJ CDX NA	IG 4	DJ CDX NA	IG 4
Full index	Baa3	50.0		49.0	
0 ~ 3%	Caa3	39.6%	11	37.9%	12
3 ~ 7%	Baa1	127.0	1	124.5	2
7 ~ 10%	Aaa	36.0	12	35.8	12
10 ~ 15%	Aaa	20.3	19	17.5	19
15 ~ 30%	Aaa	9.8	33	8.4	33
북미 하이일드(HY: 5년)					
Series		DJ CDX NA	HY 4	DJ CDX NA	HY 4
Full index	B2	100.0		100.5	
0 ~ 10%	C	82.75%	26	81.69%	26
10 ~ 15%	Caa3	55.00%	19	53.94%	17
15 ~ 25%	Ba3	580.0	15	530.0	14
25 ~ 35%	A1	60.0	12	55.0	12
유럽 투자등급(5년)					
Series		iTraxx 3		iTraxx 3	
Full index	Baa2	36.0		35.0	
0 ~ 3%	Caa2	24.0%	16	22.8%	17
3 ~ 6%	A3	82.5	4	77.5	4
6 ~ 9%	Aaa	26.5	12	24.5	12
9 ~ 12%	Aaa	14.5	18	13.5	18
12 ~ 22%	Aaa	9.0	28	8.8	28
일본 투자등급(5년)					
Series		iTraxx CJ	3	iTraxx CJ	3
Full index	–	22.8		21.5	
0 ~ 3%	–	13.0%	26	12.4%	26
3 ~ 6%	–	90.0	9	80.0	9
6 ~ 9%	–	28.0	18	25.5	18
9 ~ 12%	–	20.0	29	20.0	29
12 ~ 22%	–	14.3	40	13.0	40

투자자들은 트랑쉬에 대한 보장을 사고 판다. 보장 매도자는 스프레드(쿠폰이라고 부른다)를 매입자로부터 받는다. 이 쿠폰은 트랑쉬의 명목금액에 대한 베이시스 포인트로 표시된다. 예를 들어, [그림 31.7]에서 보면 2005년 8월 30일 NA.IG의 7～10% 트랑쉬의 보장 매도자는 보장매입자로부터 연 36 베이시스 포인트를 수취하되 분기별로 나누어서 수취할 것이다. 투자등급 지수의 지분 트랑쉬는 쿠폰이 500 베이시스 포인트로 고정되어 있지만, 보장 매도자는 명목금액의 일정률을 선불로 받는다. [그림 31.7]에서 볼 수 있듯이 2005년 8월 30일 현재 이 선불 금액은 NA.IG의 경우 39.6%이며, 유럽의 투자등급 지수인 경우에는 24%이다. 북미 하이일드 지수의 경우 제일 아래에 있는 두 개의 트랑쉬는 (쿠폰 없이) 선불로만 거래된다. 2005년 8월 30일 현재 보장 매도자가 수취하는 선불 금액은 0～10% 트랑쉬는 82.75%, 10～15% 트랑쉬는 55%이다. 나머지 트랑쉬는 명시된 쿠폰을 적용한다.

또 다른 중요한 측면은 트랑쉬 내재 부도 상관관계이다. 지수에 포함된 기관들의 부도 시점에 상관관계가 있으므로, 부도 빈도는 이 상관관계의 영향을 받는다. 상관관계가 변함에 따라 모든 부도 바스켓의 상관관계도 비슷한 영향을 받는다. 상관관계가 증가하면, 지분 트랑쉬(첫 번째 부도 바스켓과 유사하게)는 덜 위험해지며, 시니어 트랑쉬(복수부도 바스켓과 유사하게)는 더 위험해 진다. 트랑쉬 상관관계 수치는 지수에 포함된 모든 기관의 평균 부도 상관관계를 표시해 주며, 이로써 호가표에서 볼 수 있는 정확한 스프레드(가격)를 산출한다. 상관관계는 시장 표준 모형(정규분포 접합법)으로 계산한다. 이에 대해서는 34장에서 살펴볼 것이다.

각 트랑쉬는 서로 다른 상관관계를 가지고 있다는 점을 주의하라! 모든 트랑쉬가 동일한 기본 바스켓으로 가격을 산출한다면, 어떻게 이런 일이 생길 수 있나? 사실은 하나의 상관관계를 모형에 입력하여 부도 손실 분포를 계산하는 것이 아니다. 그렇게 해서 트랑쉬의 스프레드를 계산한다면 모든 트랑쉬의 스프레드를 정확히 일치시킬 수가 있을 것이다. 각 트랑쉬는 가격을 정확히 산출하기 위해서는 다른 상관관계를 사용하여야 한다는 사실 때문에, 주식 옵션 가격을 계산할 때 경험하게 되는 내재 변동성 스마일 개념과 유사한 “내재 상관관계 스마일” 현상이 나타나게 된다. 주식 옵션의 경우와 같이, 내재 상관관계의 스마일은, 시장 표준인 정규분포 접합 모형의 통계적 구조가 모든 기관의 진정한 동시부도 분포를 파악하지 못한다는 사실에서 기인한다. 그럼에도 불구하고, 내재 변동성과 같이, 내재 상관관계도 진정한 경제적 의미의 척도보다는 가격 제시의 한 수단으로 사용된다.

트랑쉬 상관관계 대신, “기초 상관관계(base correaltion)”라고 알려진 다른 형태의 상관관계를 사용하기도 한다. 이 경우 지분 트랑쉬의 상관관계는 지분 트랑쉬의 스프레드 수준과 손실 수준이 일치되게 만드는 하나의 평균 상관관계이다. CDO지분인 경우, 트랑쉬 상관관계는 기초 상관관계와 일치한다. 그러나 그 다음 메자닌 트랑쉬의 경우, 기초 상관관계는 지분 트랑쉬와 메자닌 트랑쉬의 평균 가격에 맞는 상관관계이다. 즉 0～3%와 3～7% 두 트랑쉬의 평균, 달리 말하면 0～7% 손실 수준에 맞는 상관관계이다. 7～10% 트랑쉬의 기초 상관관계는 0～3%, 3～7%, 7～10% 손실 수준,

즉 0～10%의 손실 수준 혹은 0～10% 손실 영역의 평균 스프레드에 적합한 상관관계이다. 나머지에 대해서도 같은 방식으로 진행된다.

31.7 요약

신용 파생상품은 1990년대 중반부터 파생상품의 지경을 극적으로 변화시켰다. 2008년에 이르러서는, 전 세계의 신용 파생상품 잔액이 명목금액 기준으로 50조 달러가 넘었으며, 이는 전세계 파생상품 시장을 전체 합한 명목 금액의 약 10%에 해당하는 금액이다. 2008～2009의 금융 위기로 인하여 시장, 특히 더 이색적인 변형인 부채담보부 증권(CDO)은 피해를 보았으며, 시장의 다른 영역, 특히 신용부도 스왑(CDS) 그리고 지수 부문도 영향을 받았다.

일련의 신용 파생상품은 오늘 날에도 시장에서 거래된다. 이들 중에서 비교할 수 없을 정도로 가장 중요한 것은 CDS이다. CDS는 자체로도 유용하지만, 바스켓 부도 스왑, 신용연계채권, 합성 CDO, CDX와 iTraxx 계열과 같은 신용 지수 등 일련의 다른 상품의 기초가 되고 있다. 2008년까지 신용파생 상품의 엄청난 성장은, 부분적으로 이 상품의 광범위한 적용 능력, 예를 들면 기업의 신용 상태에 대한 시장의 평가를 측정할 수 있고, 이에 대하여 매도 포지션을 취할 수 있게 만들었다는 점이 촉진제 역할을 하였다. 그러나 2008년의 위기는 이 시장의 어두운 면도 보여 주었다.

31.8 연습문제

1. 만약 당신이 주식 자산 관리자인데 주식 비중을 줄이고 싶다면 어떤 신용 파생상품을 선택할 것인가?
2. 신용 스프레드 옵션 계약을 사는 사람과 파는 사람에게는 각각 어떤 장점이 있나?
3. 신용민감증권(CSN)은 무엇인가? 어떻게 작동하는가? 발행자에게 장점은 무엇인가? 투자자에게 장점은 무엇인가? 투자자에게 단점은 무엇인가?
4. n번째 부도 계약이란 무엇인가? 신용상관관계는 이 계약에 어떤 영향을 주는가?
5. 특정 기관의 회수율에 대한 시장의 기대가 몇 주 후에는 상승될 것으로 기대된다. 동일 기관이 발행한 두 개의 준거 채무 시니어(S)와 주니어(J)가 있다. 다음 전략 중 어떤 전략을 더 선호하는가? 왜 그런지를 설명하라.
   (a) S 매입, J 매입

(b) S 매입, J 매도

(c) S 매도, J 매입

(d) S 매도, J 매도

6. 어떤 CDO에 3개의 트랑쉬가 있다고 가정하라. A는 담보에서 발생하는 현금흐름에 대한 가장 우선적인 순위를 가지고 있다. B는 그 다음 순서를 가지며, 마지막으로 나머지 지분 트랑쉬가 E가 있다. 경제전반의 부도율은 감소하며, 부도의 상관관계는 증가한다고 가정한다. 이 변화의 효과는 세 개의 트랑쉬에는 어떻게 나타날 것으로 생각되나?

7. 신용부도스왑은 계약에 있는 준거기관의 부도에 대한 보장을 제공해 준다. 준거 기관에 부도가 발생하기 전 신용등급의 하락에 대해서도 보장을 제공해 주나?

8. 한 채권 펀드가 5년 만기 B 등급 정크 본드에 대해서 투기를 하려 한다. 그 펀드는 이 기관이 앞으로 2년간만 생존하면 등급이 높아질 것이며, 가치도 상승할 것으로 믿고 있다. 이 거래에 대한 위험관리 전략을 제안하라.

9. 앞 문제에서 펀드 매니저가 2년간은 신용위험을 보유하고자 하지만, 나머지 3년간은 보유하고 싶어하지 않는다면 펀드 매니저는 어떻게 하여야 하나?

10. EZFund는 6개월 Libor에 25 bp를 더한 이율로 5년간 자금을 조달할 수 있다. 5년 만기 Ampco 채권(BB 등급)이 만기수익률 10%로 거래되고 있다. BB 지수에 연계된 총수익 스왑에서 6개월 Libor와 9.50%를 교환하고 있다. 어떤 차익거래가 가능한가? 이 경우 위험은 무엇인가?

11. 3년 만기 채권에 대한 신용부도스왑이 1%의 스프레드(보험료)에 거래되고 있다. 만약 그 채권에 대한 신용 스프레드가 1.1%이라면 이를 이용할 수 있는 거래는 어떤 거래인가? 왜 채권의 스프레드와 CDS의 스프레드가 달라질 수 있다고 생각하는가?

12. 당신은 신용 상관관계가 높아질 것으로 예상한다. 그렇다면 어떤 전략이 적절한가?

(a) 첫 번째 부도 계약 매입, 두 번째 부도 계약 매입

(b) 첫 번째 부도 계약 매입, 두 번째 부도 계약 매도

(c) 첫 번째 부도 계약 매도, 두 번째 부도 계약 매입

(d) 첫 번째 부도 계약 매도, 두 번째 부도 계약 매도

13. 당신은 주식 위험, 이자율 위험, 신용위험 등을 반영하는 전환사채 가격결정 모형을 가지고 있으며, 관측 가능한 주가, 채권, 신용부도 스왑 등을 사용하여 모수를 추정하였다고 가정해 보자. 모형 가격이 시장 가격을 초과하고 있지만 모형이 정확하다고 믿는다면, 차익거래 포트폴리오를 만들기 위해 대략 어떤 전략을 사용하겠는가?

14. 어떻게 하면, CDS 계약을 사용하여 주택대출담보부증권(MBS) 포트폴리오를 신용위험 기반의 CDO로 전환시킬 수 있나? CDS의 기초는 무엇인가?

15. MBS 포트폴리오을 이용하여 합성 CDO를 만들기 위하여 사용할 수 있는 또 다른 신용계약

을 제안할 수 있나?

16. 어떤 CDO 구조에 A 트랑쉬를 위한 특별 조항이 있어서, 2년 이내에 3개 기관에 부도가 발생하면, 조기 상환이 발생한다. 담보에 포함된 기관 수를 늘리면 A 트랑쉬의 가치는 어떻게 되나?
17. 2년 만기 연납 신용부도스왑의 스프레드의 가격을 결정하려 한다. 이자율은 10%로 일정하다. 매년 조건부 부도확률도 일정하며 p로 표시한다. CDS 스프레드의 2년 공정가격(s)을 나타내는 식을 모형의 다른 모수로 표현하라. 모든 부도 지급은 연도 말에 발생하며, 보험료의 지급은 매 기간 초에 이루어지는 것으로 가정하라. 회수율은 액면가의 40%로 가정하라.
18. 위 문제에서, 만약 보험료를 연말에 지급하되 준거기관에 부도가 발생하지 않았을 때만 보험료를 지급하기로 한다면 공정 스프레드 s는 얼마인가? 보험료는 높은가 아니면 낮은가? 이유는?
19. 두 기관의 부도의 상관관계는 그대로 유지되지만, 다른 조건은 동일하되 회수의 상관관계가 높으면, 두 번째 부도 계약의 가격에 대한 영향은 어떤가?
20. 합성 CDO에서, CDO 트랑쉬 발행자는 CDS에 대하여 매수 포지션인가 매도 포지션인가? 설명하라.

부록 31A CDS 빅뱅

2000년대 중반 장외(OTC) 시장으로서의 CDS 시장은 몇몇 문제가 있었다. 시스템 내부에는 많은 정도로 상대방 위험이 있었다. 확인 되지 않은 양방 계약의 경향이 높았다 – 2005년에 추정하기로는 그 당시 남아 있는 계약의 절반 이상이 확인이 안 된 상태였다. 그리고 시스템 상으로 차액결제 방식이 갖추어져 있지 않아서 기존의 포지션을 헤지하는 과정에서 새로운 여러 익스포저가 생겨나서 시스템 리스크가 증폭되고 있었다. CDS의 최종 결제를 위한 입찰 절차도 완비되어 있지 않았다. 준거 증권의 신용사건 이전과 이후의 가격을 비교하여 결제할 수도 있었지만, 계약서에 이러한 평가 일자를 정확히 명시 하지 않은 경우도 있었다. 마지막으로 보장 CDS계약은 통상 계약일에 발효하였다. 신용 사건은 때로 (상당한) 시간이 경과된 후에 알려지기 때문에 보장 매입자들은 보장이 계약일 이전에 개시되기를 원할 수도 있었을 것이다. 이러한 문제들 때문에 연방지불준비제도와 14개의 딜러 은행이 2005년 CDS 시장의 개선을 위한 틀을 만들기 시작했다. 이 결과로 나온 제안이 CDS 시장에 2009년 4월의 빅뱅을 야기하였는데, 이 부록에서는 이에 대한 설명을 하려 한다.

새로운 CDS 시장

전통적인 CDS 스프레드 호가(준거 기관에 따라 호가 스프레드가 다를 수 있다)는 "액면가 스프레드(par spread)"라고 한다. CDS 액면가 스프레드는 정기적으로 부과되었는데, 스프레드 지불액의 예상되는 현재가치와 예상되는 부도지급액의 현재가치가 동일하도록 하였다. 2009년 이후 CDS의 호가 시스템은 모든 기관에 대하여 스프레드(쿠폰이라고 부름)를 표준화 시켰다. 북미 계약에서는(일본을 제외한 아시아에서도), 표준 스프레드는 100 bp이거나 500 bp이다. 유럽 계약에서는 25 bp, 100 bp, 500 bp 아니면 1,000 bp 이 4개의 값 중 하나를 가진다. 일본 계약의 표준 스프레드는 25 bp, 100 bp 혹은 500 bp이다. 표준 쿠폰은 준거 기관의 공정 스프레드와 다를 수 있기 때문에, 초기에 선불 지급이 있다.

예를 들면, 어떤 기관에 대한 공정 스프레드가 160 bp인데 선택된 표준 쿠폰이 100 bp이라고 가정하자. 이 경우 보장 매입자는 보장에 대하여 너무 작은 대가를 지불하는 것이므로, 보장 매도자에게 초기 일시금으로 보상하여야 한다. 반대로 공정 스프레드가 100 bp 미만이면, 매도자가 초기 일시금으로 보장 매수자를 보상한다. 이제는 초기 일시금이 계약의 호가가 된다.

이 초기 일시금 자체도 ISDA CDS 표준 모형으로 계산된다. 모형에는 일별 수익률곡선과 준거 기관에 대한 표준화된 회수율이 입력 자료로 사용된다. 표준 회수율은 선순위 부채인 경우 40%, 후순위 부채인 경우 20%로 하며, 일본에서는 각각 35%, 15%로 하고, 신흥 유럽과 중남미에서는 모두 25%로 한다. 초기 일시금은 다음과 같이 계산한다.

1. 부도 위험에 대해서는 관행상 고정 위해율(hazard rate)을 사용한다.(위해율 모형에 대해서는 33장서 다룬다.) 보험료 납입의 불이행은 없는 것으로 간주한다. 보험료 납입 주기는 분기이다. 할인은 온라인으로 제공되는 수익률곡선을 사용하여 한다.
2. 관행적인 스프레드 호가 C를 사용하여, CDS 보험료 지불액의 현가 예상액과 부도지급액 현가 예상액을 일치하도록 하여 내재 위해율 λ를 계산한다.
3. $C=100$ 혹은 500 bp라고 가정하고, λ를 사용하여 예상 부도지급액 현가와 보험료 지불액 현가 예상액의 차이를 계산한다. 이것이 초기 일시금이다.

예: 새로운 계약 가격 결정

2009년 3월 23일 시작되어 2014년 3월 23일 만기가 되는 새로운 5년 CDS의 관행적인 스프레드가 150 bp이라고 가정해 보자. 명목 금액은 1백만 달러이다. 회수율은 40%로 가정한다. 온라인 CDS 변환기를 이용하여 계산하였더니, 이 가격과 동등한 호가는 고정 쿠폰 100 bp와 20,144.45 달러의 초기 일시금(보장 매입자가 보장 매도자에게 지급할 금액)으로 계산 되었다. 관행적인 호가가 그날에 160 bp로 상승되면, 이와 동등한 100 bp고정스프레드 계약의 초기 일시금은 24,547.67 달러가 될 것이며, 일일정산으로 보장매입자의 수익은 4,403.22 달러가 될 것이다.

CDS 신용사건 경매: 설명

현물결제 CDS 계약에서는, 신용사건 발생 후에 보장 매입자는 부도 증권-혹은 부도 발생 증권과 동등한 순위의 동일 발행자가 발행한 다른 증권-을 양도하고 그 대신 액면가를 수령한다. 2005년까지는 대부분의 CDS가 현물로 결제되었으나, CDS 시장이 급격히 성장하여, 많은 기업의 경우에 CDS 시장이 기초 채권 시장보다 커졌으며, 어떤 경우에는 여러 배가 되기도 하였다. 극단적인 예로 Delphi를 들 수 있다. 2005년 Delphi에 부도가 발생했을 때 Delphi의 채권과 대출 잔액은 약 20억 달러이었지만 Delphi에 대한 유통 중인 CDS 총액은 280억 달러를 초과하는 것으로 추정되었다.

2005년부터 ISDA는 부도 증권의 공정가격을 확인하기 위하여 경매절차를 도입하였다. 이는 CDS 계약에서 보장 매도자가 보장 매입자에게 부도시손실액(Loss-given-default, LGD, 이는 액면가에서 경매 가격을 공제한 금액임)을 지급하는 현금결제를 할 수 있도록 하기 위한 것이었다. 원래 경매 절차는 2006년 중반 수정되었으며, 지금 설명하는 것은 그 수정된 방법이다. 2009년 4월까지 경매 참가는 자발적인 것이었으며, 참여자는 이러한 취지의 별도 협정에 서명하였다. 그때까지 CDS 잔액의 95% 이상을 보유한 기관들이 모든 경매에 참여하고 있는 것으로 추정되었다. 2009년 4월 이후 경매 제도를 모든 CDS 계약에 포함되게 하였고, 그 이후로 CDS 계약의 기본 결제 절차가 되었다.

투자자들은 원한다면 경매 구조를 사용하여 현물 결제의 결과를 복제해 낼 수 있다. 구체적으로 예를 들면, 한 투자자가 준거 채무 1단위를 보유하고 있으며 (액면가=100), 이 채권에 대하여 보장을

매입하였다고 가정해 보자. 현물 결제 계약에서는 부도시에 보장 매입자는 그 채권을 양도하고 액면가를 수령하여 액면가에 해당하는 현금만 남게 된다. 경매 가격을 기준으로 하는 현금 결제 계약에서는, 경매에서 결정된 채권 가격을 P라고 한다면, 보장 매입자는 100 − P를 보장 매도자로부터 수령하게 될 것이며, 채권은 보유하고 있다. 만약 경매 후에 채권 가격이 P와 달라진다면, 경매가를 기준으로 한 현금결제 방식이 현물결제 CDS의 결과와 같지 않을 수 있다. 여기에 베이시스 리스크가 존재한다.

경매는 두 결제 방식의 결과가 동일하도록 해 주는 장치가 된다. 이 때문에 보장 매입자는 그 1단위 증권을 경매에서 결정된 가격에 매도하겠다는 의향을 표시하는 "현물 결제 요청(physical settlement request)" 즉 PSR을 경매 시작 시점에 제출해야 한다. PSR을 제출함으로, 준거채무를 보유하고 보장을 매입한 투자자는 경매가 끝나면 액면가에 해당하는 현금을 보유하게 될 것이며, 이 결과는 현물 결제와 동일한 결과가 된다는 것을 알 수 있다. 이렇게 하면, 경매가 끝나는 시점에서 보장 매입자가 보유한 채권은 경매에서 결정된 가격 P에 매도되며, 보장 매입자에게는 액면가에 해당하는 현금이 남게 된다. 비슷하게 보장 매도자는, 경매에서 결정된 가격으로 채권을 매입하겠다는 의향을 표시하는 매입-PSR를 제출할 수 있다. 경매 절차에서 PSR은 핵심적인 역할을 한다.

곧 경매절차에 대한 완전한 설명을 한다. 경매는 2단계로 구성된다. 1단계는 다음 2개의 숫자를 결정한다. (i) 채권에 대한 잠정 가격(시장 중간점, IMM), (ii) 2 단계에서 경매될 양. 2단계에서는 CDS 계약 현금결제를 위한 확정가(최종가라고 함)가 결정된다.

경매 1단계

1단계에서는 두 가지를 제출한다.

1. 양도 대상 기초 채무의 양 방향 가격(매수 및 매도)
2. 자신과 고객을 위한 PSR

이에는 약간의 제약이 있다. 제출된 가격은 주어진 거래 의향 금액에 대한 가격이다. (이는 경매 이전에 제시된 것이므로 경매 시에 변경될 수 있다.) 만약 거래 의향 금액이 (가령) 5백만 달러라면, 딜러는 5백만 달러까지 매수 호가에 매수하거나, 매도 호가에 매도하기로 하는 것이다. 매수-매도 차이는 미리 정해진 한도 이내이어야 한다. 이 한도 역시 경매마다 달라지지만, 통상 2%이다.(액면가가 100달러이라면 매도호가가 매수호가보다 2달러를 초과할 수 없다.)

제출된 PSR도 두 가지 제약조건을 따라야 한다. 첫째, 어떤 딜러의 거래를 현물로 결제하기 위한 시장에서 한쪽 편에만 있어야 한다. 달리 말하면, 보장 매입자인 딜러는 매도 PSR만 제출할 수 있다. 이는 해당 딜러가 현물결제를 한다면 채권을 양도해야 하기 때문이다. 유사하게, 순 보장 매도자인 딜러는 오직 매입 요청만 할 수 있다. 둘째, PSR의 규모는 딜러의 총 순(net) 익스포저를 초과할 수 없다. 그러므로 예를 들면, 순 익스포저가 10백만 달러 보장 매입인 딜러는 m백만 달러까지

그림 31.8 IMM 계산: CIT 경매

Dealer	Bid	Offer
Banc of America Securities LLC	69.25	71.25
Barclays Bank PLC	67	69
BNP Paribas	69	71
Citigroup Global Markets Inc.	68.75	70.75
Credit Suisse International	70	72
Deutsche Bank AG	70.25	72.25
Goldman Sachs & Co.	66.5	68.5
HSBC Bank USA, National Association	69	71
J.P. Morgan Securities, Inc.	69.75	71.75
Morgan Stanley & Co. Incorporated	68	70
Nomura International PLC	70	72
The Royal Bank of Scotland PLC	69	71
UBS Securities LLC	70	72

IMM: 70.25

Bid	Offer	Crossing or Touching?	
70.25	68.5	Y	
70	69	Y	
70	70	Y	
70	70.75	N	IMM 계산에 사용
69.75	71	N	IMM 계산에 사용
69.25	71	N	IMM 계산에 사용
69	71	N	IMM 계산에 사용
69	71.25	N	IMM 계산에 사용
69	71.75	N	
68.75	72	N	
68	72	N	
67	72	N	
66.5	72.25	N	

PSR을 제출할 수 있다. 단 $0 \le m \le 10$ 이어야 한다. 고객 PSR도 동일한 두 가지 제약사항이 적용되며, 딜러를 통해서 제출되어야 한다. 고객 PSR은 딜러 자신의 PSR과 차감하여 나머지 금액만 경매에 제출한다.

경매에서는 매 경매마다 한도(cap)를 사전에 명시한다. 한도는(통상 1%), 2단계에서 결정되는 최종 가격이 1단계에서 계산된 가격과 얼마나 다를 수 있는가를 정한다. 이의 정확한 역할에 대해서는 곧 설명한다.

일단 1단계 가격과 PSR이 제출되면, 3개의 숫자가 결정된다.

1. 제출된 가격으로부터 초기 시장 중간점(Initial Market Mid-point; IMM)
2. 순 미결제 약정(Net Open Interest, NOI)
3. 조정금액, 이는IMM으로부터 너무 멀리 떨어진 금액을 제시한 딜러에게 부과하는 벌칙

IMM을 계산하기 위하여, 가격이 일치하거나 교차되는 매수 매도 호가를 우선 리스트에서 삭제한다. 나머지 매수 매도 호가 중에서 최선의 50%(가장 높은 매수호가, 가장 낮은 매도호가)를 선택하여 IMM을 계산한다. IMM은 이 최선 50%의 단순 산술평균으로 1/8단위로 반올림한다.

예를 들면, (그림 31.8)의 좌측 패널은 CIT 경매의 1차 가격 제출 상황을 보여 준다. 우측 패널은

제출된 가격을 순서대로(매수호가는 내림차순으로, 매도호가는 오름차순으로) 정렬하였다. 교차하거나 일치하는 가격을 삭제하고, 나머지 중에서 가장 좋은 절반의 산술평균을 구하고 이를 1/8 단위로 반올림하여, 70.25를 얻게 된다.

NOI를 계산하기 위하여 매입 PSR에서 매도 PSR을 차감하여 잔여 금액을 구한다. 그러므로 예를 들어, PSR에서 매입이 100백만 달러이고, 매도가 140백만 달러이면, NOI는 매도 40백만 달러가 된다.

예로, CIT 경매를 생각해 보라. 딜러로부터 받은 PSR이 그림 31.9에 제시되어 있다. 매입 PSR (785.743 백만 달러)을 매도 PSR(1,514.723 백만 달러)과 차감하면 NOI는 728.98 백만 달러 매도가 된다.

조정 금액 계산

조정 금액이란 시장에서 "잘못된" 편에 선 것에 대한 벌인데, 말하자면, NOI가 매도일 때, IMM보다 높은 매수호가 혹은 NOI가 매수일 때 IMM보다 낮은 매도 호가를 제시한 것에 대한 벌이다. 조정 금액은 IMM과 제시한 가격의 차이와 제시한 거래금액을 곱하여 산출한다.

예를 들어, IMM이 50.00에 결정되었고, NOI가 매도이었다고 가정해 보자. 제시한 거래금액이 2백만 달러이었고, 매수호가가 52.00이었다고 하면 다음 금액을 조정금액으로 지불해야 한다.

$$\$(0.02 \times 2{,}000{,}000) = \$40{,}000$$

이 조정 금액은 해당 매수 혹은 매도 호가가 다른 매도 혹은 매수 호가와 교차하지 않으면 부과되지 않는다.

경매 2단계

1단계 말에서 산출한 NOI가 0이면, IMM이 모든 CDS 거래의 현금결제에 사용되는 최종 가격이 되며, 경매는 종료된다. 만약 NOI가 0이 아니면(지금까지 모든 경매가 그러했던 것처럼), 경매는 2 단계로 이행된다. 2단계에서는 NOI를 소진하기 위한 지정가 주문(가격과 거래금액)이 시행된다.

1단계의 내부 시장(적정 거래자들)은 지정가 주문으로 이월된다.(제시된 가격은 명시된 금액에 대해서만 적용된다는 것을 명시하라.) 딜러들은 추가로 자신 혹은 고객을 위하여 지정가 주문을 추가로 낼 수 있다. 이 단계에서는 참여에 한도가 없다.

만약 충분한 금액의 지정가 주문이 들어오지 않았다면, 최종가는 NOI가 매도이냐 매수이냐에 따라 0 혹은 액면가로 결정된다. 그렇지 않으면 최종 가격은 분명히 지정가 주문에 의해서 결정될 것이다. 하지만 한 가지 추가적인 제약이 있다. 만약 NOI가 매도이면, 최종 가격은 IMM에 한도(cap)를 더한 금액을 초과할 수 없다. 만약 NOI가 매수이면, 최종가는 최소한 IMM에서 한도(cap)를 공제한 금액 이상이어야 한다.

그림 31.9 NOI 계산: CIT 경매

Dealer	매수/매도	규모
Banc of America Securities LLC	매도	391.54
Barclays Bank PLC	매도	74.618
Global Markets Inc.	매도	170
Credit Suisse International	매도	152.352
Deutsche Bank AG	매도	539
Goldman Sachs & Co.	매도	80
HSBC Bank USA, National Association	매도	3.018
Morgan Stanley & Co. Incorporated	매도	0
The Royal Bank of Scotland PLC	매도	104.195
BNP Paribas	매수	107.096
J.P. Morgan Securities, Inc.	매수	299
Nomura International PLC	매수	141.603
UBS Securities LLC	매수	238.044

NOI: $728.98백만

매입요청 합계	$785.743 백만
매도요청 합계	$1,514.723 백만

제 32 장

부도위험의 구조 모형

32.1 도입

금융 시장 참여자에게는 부도위험과 이의 측정은 항상 핵심적인 관심거리였다. 신용위험을 측정하려는 초기 시도는, 부도발생자와 부도미발생자를 판별 분석을 통하여 구분해 내려고 하는 통계적인 방법을 택했다. 이러한 시도 중에 가장 성공적인 것은 1960년대 Edward Altman이 개발한 z 스코어 모형이었다. Altman 모형은 5개의 재무 비율에 근거하여 각 회사에 점수(Z 스코어라고 함)를 부여한다.

$$Z = 1.2X_1 + 1.4X_2 + 3.3X_3 + 0.6X_4 + 0.999X_5$$

위에서

- X_1 = 운전자본/총자산
- X_2 = 이익잉여금/총자산
- X_3 = EBIT/총자산
- X_4 = 주식의 시장가격/부채의 장부가격
- X_5 = 매출/총자산

높은 Z 스코어는 낮은 부도 위험을 의미한다. 이 모형은 $Z > 3$이면, "안전"으로 기업을 분류하며, $Z < 1.8$이면 "어려움"으로 분류하며, Z 스코어가 1.80에서 2.99 사이에 있으면 불확실한 영역으로 간주한다. Altman 모형은 상당히 정확하게 부도를 2년 앞서 예측하므로 오늘 날도 광범위하게 사용되고 있다.

1974년 Robert Merton이 신용위험 모델링과 측정에 새로운 옵션이론 접근법을 도입하였다. Merton의 모형은 블랙-숄즈(1973)에 내재된 생각을 발전시켜 체계화하였다. Merton(1974)의 접근법을 근간으로 하여 개발된 일단의 모형을 지금은 "구조모형" 계열이라고 부른다.

구조모형 접근법의 기초는, 특정 시점의 기업의 자금원(부채와 자기자본)의 가치는 그 시점의 기

업의 자산가치와 그 가치에 대한 전망에 달려 있다는 관찰이다. 말하자면, 부채와 자기자본은 회사의 자산에 대한 조건부 권리(contingent claim)이다. 기업의 자산가치가 구조 모형의 핵심적인 동인이다. 전형적인 구조 모형에서는, 기업의 부채 및 자기자본 구조는 주어진 것으로 받아들이며, 기업의 자산 가치 변동을 묘사하는 과정을 제시하며, 이 과정에서 "부도"로 간주되는 조건을 명시하고, 자기자본과 부채는 이 설정된 과정에 의해 가격이 결정된다.

기업의 가치 과정은 관측이 불가능하므로, 구조 모형의 활용은 기업의 주식의 특성을 이용한 간접적인 방법으로 이루어진다. 즉, 주식은, 회사 자산에 대한, 가치와 기타 속성의 관측이 가능한 조건부 권리라고 한다면, 회사 자산의 내재된 가치 및 속성은 이 정보로부터 추론이 가능하다. 이 내재 가치로부터, 주어진 시간에 기업의 부도가 발생할 확률과 같은 우리가 원하는 결과를 산출할 수 있다. 구조모형 접근법의 가장 상업적으로 성공한 활용은 1980년대 후반 KMV Corporation(현재는 Moody's KMV)이 개발한 방법이다. KMV 접근법은 이 장 후반에서 설명한다.

구조 모형과 축약 모형

구조모형은 1990년대에 개발되었으며, 지금은 "축약형(reduced-form)" 접근법이라고 불리워지는 또 다른 대안적 접근법과는 구별된다. 구조모형에서는, 자본구조, 기업의 가치 과정 그리고 부도를 결정하는 조건이 주어지면, 특정 기간 중에 기업에 부도가 발생할 확률을 모형에서 계산한다. 다음 장의 주제인 축약형 모형에서는, 부도 과정 자체가 모형의 "원형(primitive)"이다. 부도확률을 위한 과정으로 모형이 제시되고, 기업이 발행한 증권의 가격 혹은 이 증권에 기초한 파생상품의 가격으로 모형을 다듬어 가는 것이다.

축약형 모형은 그러므로 구조모형보다 좀 더 금융공학적인 맛이 난다. 실무 적용 방법에 있어서도 차이가 있다. 위에서 언급한 바와 같이 (그리고 이 장 후반에서 자세히 설명하는 것과 같이), 구조모형 적용은 통상적으로 주식 시장의 정보를 활용해서 이루어진다. 축약형 모형에서는, 반대로, 부채 시장(주로 채권시장) 혹은 신용 파생상품(신용부도스왑) 데이터를 사용하여 실무에 적용한다.

본 장의 개요

이 장에서는 구조 모형을 다룬다. 우선 32.2절에서 구조 모형 접근법의 기초인 Merton 모형을 설명한다. 32.3절에서는 그 모형의 활용을 논의하며, 그 중에 Merton 모형의 몇 가지 확장에 관하여 기술할 것이다. 32.4절에서는 구조 모형 중 KMV 활용에 대해서 설명한다. 32.5절에서는 Merton 모형의 이론적 확장에 대해서 다룬다. 마지막으로 32.6절에서는 신용위험 측정으로서의 구조 모형에 대한 평가와 실무적 성과에 대해서 논의한다.

32.2 Merton(1974) 모형

모든 구조 모형이 그러하듯이, Merton 모형도 기업 가치(즉, 기업의 모든 자산의 경제적 가치)에 대한 확률과정의 정의로부터 시작한다. V_t를 시간 t에서의 기업가치라고 하자. 이 모형은 V_t가 기하 브라운 운동에 따라서 다음과 같이 생성된다고 가정한다.

$$dV_t = \mu V_t dt + \sigma V_t dW_t \tag{32.1}$$

위 식에서 μ는 기업가치의 추세(평균증가율)를 의미하며 σ는 변동성을 의미한다.

이 모형의 두 번째 입력 변수는 기업의 자본구조이다. Merton 모형에서는 주식과 하나의 미상환 채권으로 구성되어 있다고 가정한다. 더 나아가, 부채는 무이표채의 형태라고 간주한다. 채권의 액면가는 D이고 만기는 T라고 표시한다.

모형을 완성하기 위하여, 부도에 이르게 하는 조건과 부도시의 비용을 명시해야 한다. Merton 모형에서는 부채의 부도가 오직 T 시점에서만 발생할 수 있다고 가정한다. 또한 부채의 만기에는 완전한 우선권이 채권자에게 있다고 가정한다. 채권자가 모두 상환 받을 때까지 주주는 아무 것도 받을 수 없다. 마지막으로 시장에는 마찰이 전혀 없다. 특별히 청산 비용이나, 부도시 소유권 이전에도 비용은 전혀 없다.

이러한 가정하에서 Merton은 핵심적인 통찰력을 얻는다. 즉, 기업이 발행한 위험 부채는 기업가치에 대한 옵션과 다름없으며, 옵션 이론에 근거한 기법으로 가치를 평가할 수 있다. 다음에 이를 설명한다.

옵션으로서 위험 부채

부채가 만기되는 T 시점에서는 두 가지 가능성이 있다. 기업에, 채권자에게 지급해야 할 금액을 지급하기에 충분한 자산이 있으면(즉, $V_t \geq D$), 채권자는 받을 금액을 완전히 상환 받게 될 것이며 주주는 나머지 금액을 가지게 될 것이다. 그러나 $V_t < D$이면, 채권자들은 얼마가 되었든 회사 자산을 모두 가지게 될 것이고 주주는 아무것도 받지 못하게 된다. 식으로 표시하면 채권자가 받을 금액은

$$\begin{cases} D, & \text{만약 } V_t \geq D \\ V_t, & \text{그 외의 경우} \end{cases} \tag{32.2}$$

식을 간단히 표현하면 채권자는 $\min\{V_t, D\}$을 받는다. 이는 다음과 같이 바꾸어 쓸 수도 있다.

$$D - \max\{D - V_T, 0\} \tag{32.3}$$

식 (32.3)에 따르면 채권자의 권리는 다음 포트폴리오를 보유한 것과 동등하다.

- T 시점에 D를 지급하는 부도 위험이 없는 채권 매수((32.3)의 첫 부분)
- 회사 자산을 기초로 한 만기 T, 행사가 D인 풋 옵션 매도 ((32.3)의 뒷 부분)

말하자면, 위험 부채를 보유한다는 것은, 부채는 위험이 없지만 (채권자는 확실하게 D를 받을 것이지만), 주주가, $V_T < D$일 경우에 지급금 D를 회수하고 그 대신 회사를 채권자에게 양도할 권리가 있는 상황과 동등하다. 부도위험이 없는(지금부터는 단순히 위험이 없는, 혹은 무위험으로 표현한다) 채권과 풋 옵션의 가치를 알면 회사의 부채 가치를 확정할 수 있다. 이 가치를 B와 P로, 위험이 있는 채권의 가치를 B^*로 표시하면 다음과 같은 식을 갖게 된다.

$$B^* = B - P \tag{32.4}$$

이렇게 분해하면, 위험한 채권의 스프레드-위험 부채의 수익률과 무위험 이자율 간의 차이-는 완전히 풋옵션의 가치 P에 의해서 결정된다는 것을 또한 의미한다. P의 가치가 높아질수록, 위험부채와 무위험 채권의 가격차인 스프레드는 늘어나게 된다. 이로써, 이 모형의 가정하에서는 어떤 다른 요인이 신용 스프레드에 어떻게 영향을 미치는지를 알 수 있게 된다. 예를 들면,

- 기업가치(풋의 "기초자산") 과정에서 변동성이 증가하면, 풋의 가치가 증가하고, 위험부채의 가치는 감소하게 되고, 스프레드는 증가하게 된다.
- 무위험 이자율의 증가는 풋의 가치를 감소시키고(17.7절에서 무위험 이자율과 풋 가격 사이에는 역의 관계가 있음을 기억하라), 그래서 스프레드를 감소시킨다.

이 부분에서 살펴본 중요한 관측-위험 부채는 무위험 부채에서 기업에 대한 풋 옵션을 차감한 것이다-은 회사의 가치를 생성하는 특정한 확률과정에 달려 있지 않다. 그러나 이 관측을 수식으로 표현하기 위해서는 또 다시 가정을 사용해야 한다. 그러면 이 부분으로 진행한다.

위험 부채의 평가

t를 현재 시점이라고 하자. 우리는 이미 회사의 가치 생성 과정은 기하 브라운 운동을 따른다고 가정하였다. 무위험 이자율이(연속복리로 표현하였을 경우) r로 일정하다고 가정한다.

그러면 무위험 부채의 가치 B는 만기 T에 받을 액면가 D를 무위험 이자율 r로, 현재 시점 t의 가치로 할인한 것이다.

$$B = e^{-r(T-t)} D \tag{32.5}$$

풋옵션의 가치 P는 블랙-숄즈 모형의 조건을 모두 만족하므로 블랙-숄즈 공식으로 찾을 수 있다.

- 풋옵션은 유럽형으로 행사가는 D이고 만기는 T이다.
- 기초자산의 가격(여기서는 기업가치 V)는 기하 브라운 운동을 따라서 생성되며, 변동성은 σ로 고정되어 있다
- 무위험 이자율은 r로 고정되어 있다.

블랙-숄즈 공식을 적용하면, 옵션의 가격은

$$P = e^{-r(T-t)} DN(-d_2) - V_t N(-d_1) \tag{32.6}$$

위 식에서

$$d_1 = \frac{1}{\sigma\sqrt{T-t}}\left[\ln\left(\frac{V_t}{D}\right) + \left(r + \frac{1}{2}\sigma^2\right)(T-t)\right] \tag{32.7}$$

$$d_2 = d_1 - \sigma\sqrt{T-t} \tag{32.8}$$

그리고 $N(\cdot)$은 누적 표준정규분포를 의미한다.

Merton(1974)은 풋옵션의 가격을 약간 다르게 표현하였다. 그에 의하면

$$L = \frac{e^{-r(T-t)} D}{V_t} \tag{32.9}$$

그리고

$$P = e^{-r(T-t)} D \cdot N(-d + \sigma\sqrt{T-t}) - V_t N(-d) \tag{32.10}$$

위에서

$$d = \frac{1}{\sigma\sqrt{T-t}}\left[\ln\left(\frac{1}{L}\right) + \frac{1}{2}\sigma^2(T-t)\right] \tag{32.11}$$

여기에서 L은 레버리지를 나타내며, 부채의 현재가치를 회사의 총 가치로 나눈 비율이다. 독자는 위의 식 (32.9)~(32.11)을 원래 블랙-숄즈 공식인 (32.6)~(32.8)과 비교해서 풋옵션의 가격이 두 경우 모두 정확히 동일하다는 것을 확인해 보기를 바란다.

$B^* = B - P$는 기업 부채의 가치임을 기억하라. 식 (32.5)와 (32.10)에서 약간 단순화 과정을 거치면,

$$B^* = e^{-r(T-t)} DN(d - \sigma\sqrt{T-t}) + V_t N(-d) \tag{32.12}$$

이와 동등하게, (32.12)는 다음과 같이 고쳐 쓸 수 있다.

$$B^* = e^{-r(T-t)} D\left[N(d - \sigma\sqrt{T-t}) + \frac{1}{L}N(-d)\right] \tag{32.13}$$

표 32.1
Merton 모형: 숫자를 포함한 예에 필요한 입력자료

입력 변수	값
현재 기업가치(V_t)	100
무이표채의 액면가(D)	60
만기($T-t$)	1년
기업가치의 변동성(σ)	0.30
무위험 이자율(r)	0.10

식 (32.13)은 Merton 모형에서 기업이 발행한 부채의 가격을 단힌 형태로 표시해 준다. 숫자를 포함한 예로 설명한다.

예 32.1

위의 [표 32.1]이 주어져 있다고 가정하자. 이 값을 이용하여 우선 무위험 부채 B의 가격을 계산한다.

$$B = D \cdot \exp\{-r(T-t)\} = e^{-0.10 \times 1} = 54.29025$$

그 다음 식 (32.13)을 이용하여 위험 부채 B^*의 값을 구한다. 결과는 다음과 같다.

$$B^* = 54.12146$$

이 값은 예상했던 대로 무위험부채의 가격보다 낮다. 이 두 가격의 차이는 정확히 (32.10)에서 계산한 풋의 가격과 동일하다. ■

위험중립 부도 확률

Merton 모형은 위험중립 부도확률 즉, $V_T < D$가 될 위험중립 확률을 유도해 내는 데 사용할 수 있다. 위험중립 부도확률이란 정확히 P가 내가격으로 끝날 위험중립 확률을 의미한다. 14장으로부터 이는 다름 아닌 다음과 같은 확률이다.

$$N(-d + \sigma\sqrt{T-t})$$

위 식에서 d는 식 (32.11)에서 정의된 바와 같다. 이를 풀어서 쓰면, 이 확률은 다음과 같다.

$$N\left(\frac{1}{\sigma\sqrt{T-t}}\left[\ln\left(\frac{D}{V_t}\right) - \left(r - \frac{1}{2}\sigma^2\right)(T-t)\right]\right) \qquad \textbf{(32.14)}$$

예 32.2

[표 32.1]의 숫자를 다시 한번 고려해 보자. 이 예에 나오는 기업의 위험중립 부도 확률은 다음과 같다.

$$\text{Prob}[V_T < 60] = N\left\{\frac{1}{0.3\times\sqrt{1}}\left[\ln\left(\frac{60}{100}\right) - \left(0.10 - \frac{1}{2}(0.3)^2\right)(1)\right]\right\} = 0.029642$$

즉, 2.96%이다. ■

그러면 실제의 부도 확률은?

V에 대한 확률과정으로 생각한 (32.1) 하에서는, 실제(실제 세계의) 부도 확률은, 추세가 μ이고, 변동성이 σ로 주어졌을 때 $V_T < D$가 될 확률이다. 위험중립 세계에서 회사 가치 과정의 추세는 무위험 이자율 r이다. μ와 r이 다르기 때문에, (32.14)의 위험중립 부도 확률 과정은 실제 세계의 부도 확률과는 같지 않을 수 있다. 사실, 만약 $\mu > r$이라면, 실제 회사의 가치는 위험중립 세계보다는 더 빨리 상승하므로 실제 부도 확률은 위험중립 확률보다 낮을 것이다. 반대로 $\mu < r$이면, 실제 부도 확률이 위험중립 부도 확률을 초과할 것이다.

실제 부도확률을 폐쇄형으로 구하는 것은 어렵지 않다. 단지 식 (32.14)에서 r대신 μ로 치환한 것에 불과하다.

$$N\left(\frac{1}{\sigma\sqrt{T-t}}\left[\ln\left(\frac{D}{V_t}\right) - \left(\mu - \frac{1}{2}\sigma^2\right)(T-t)\right]\right) \tag{32.15}$$

예 32.3

[표 32.1]에 있는 정보 외에 실제 추세가 $\mu = 0.20$라는 추가 정보가 주어졌다고 가정해 보자. 그러면 실제 세계의 부도 확률은

$$N\left(\frac{1}{0.3\times\sqrt{1}}\left[\ln\left(\frac{60}{100}\right) - \left(0.20 - \frac{1}{2}(0.3)^2\right)(1)\right]\right) = 0.013229$$

이는 위험중립 부도 확률 2.96%보다 상당히 낮다. ■

경제적 관점에서 보면, 위험중립 세계에서 부도 확률이 더 높은 것은 실제 부도 확률과 실제 부도의 시점과 크기에 대한 불확실성에 대한 위험 보험료를 포함하는 것으로 해석할 수 있다. (Merton의 모형에서, 부도 발생 가능 시점에 대한 불확실성이 없지만, 실제에서는 분명히 불확실성이 존재한다.) 실제 부도 확률은 위험중립 부도율보다 낮다. 왜냐하면 통상적으로 $\mu > r$이기 때문이다.

μ는 어디에서 추정하나? 하나의 가능성은 주식 수익률(r_E)–자본자산가격결정모형(capital asset pricing model, CAPM)과 같은 표준 모형이나 기타 주식수익률 요인 모형으로 주식 수익률 추정–을 사용하는 방법인데, 주식 수익률에서 레버리지 효과를 제외함으로 회사가치의 수익률을 구한다.

위험중립 회수율

Merton의 체계에서는 폐쇄형 위험중립 기대 회수율을 계산할 수 있는데, 이 모형의 유용한 특징 중의 하나이다. 만기 T에서, 회사의 가치 V_T가 상환해야 할 부채 D보다 작으면, 회사에는 부도가 발생한다. 회수 금액은 D보다는 작은 금액이 될 것이다. 만약 회수되는 금액을 a라고 한다면, 회수율 ϕ_T는 분수 a/D가 된다. t 시점에서 본 기대 회수율(T 시점에 부도가 발생하면)은 $E_t[\phi_T]$로 표시한다. 위험중립 측도에서 이 기대값을 계산하는 것은 아래에서 보는 바와 같이 쉽다.

Merton 모형에서 청산비용이나 이전비용은 없으며, 그래서 부도시에 회수될 금액 a는 V_T와 같다. 그러므로 시점 t에서 보면, 부도시에 채권자가 받을 기대값은 아래와 같다.

$$E_t[V_T \mid V_T < D]$$

$f(\cdot)$를 V_T(t시점의 가치는 V_t임)의 확률밀도 함수라고 하면, 이 조건부 기대값을 다음과 같이 전개할 수 있다.

$$E_t[V_T \mid V_T < D] = \frac{\int_0^D V_T f(V_T) dV_T}{\int_0^D f(V_T) dV_T}$$

분모는 $V_T < D$일 위험중립 확률이다. 이것은 바로 식 (32.14): $N(-d + \sigma\sqrt{T-t})$의 계산 값이다. 분자는 다음과 같이 두 항의 차이로 나타낼 수 있다.

$$\int_0^D V_T f(V_T) dV_T = \int_0^\infty V_T f(V_T) dV_T - \int_D^\infty V_T f(V_T) dV_T$$

우변의 첫 항은 t 시점에서 계산한, 위험중립측도 하의 V_T의 기대값 즉, $e^{r(T-t)}V_t$이다. 이 장의 표기법대로 표현하자면, 15.4절(식 (15.37)~(15.44)를 보라)로부터 다음을 알 수 있다.

$$e^{-r(T-t)} \int_D^\infty V_T f(V_T) dV_T = V_t N(d)$$

그 결과 다음 식을 얻게 된다.

$$\int_D^\infty V_T f(V_T) dV_T = e^{r(T-t)} V_t N(d)$$

이 들을 다 합쳐서 정리하면 Merton 모형의 위험중립 기대 회수율은 다음 식으로 표현할 수

있다.

$$\frac{1}{D}E_t[V_T \mid V_T < D] = e^{r(T-t)}\left(\frac{V_t}{D}\right)\left(\frac{N(-d)}{N(-d+\sigma\sqrt{T-t})}\right) \qquad \textbf{(32.16)}$$

신용 스프레드의 기간구조

위험부채와 무위험 부채 간 가치의 차이는 일반적으로 신용스프레드로 표시된다. 이 스프레드란 무위험 부채와 위험부채의 (약속된) 수익률의 차이이다.

R이 위험 채권의 수익률을 표시한다고 하자. 그러면 정의에 따라 $B^* = e^{-R(T-t)}D$이며, 따라서 다음과 같이 된다.

$$R = -\left(\frac{1}{T-t}\right)\ln\left(\frac{B^*}{D}\right)$$

무위험 채권의 수익률은 단순히 무위험 수익률 r이다. 식 (32.13)을 이용하여 $R-r$을 다음과 같이 표현할 수 있다.

$$R-r = -\left(\frac{1}{T-t}\right)\cdot\ln\left[N(d-\sigma\sqrt{T-t}) + \frac{1}{L}\cdot N(-d)\right] \qquad \textbf{(32.17)}$$

신용 스프레드의 기간 구조란 만기와 스프레드를 대응시켜 그린 그래프를 말한다. 식 (32.17)에서 T를 변화시키면 Merton 모형에 내재된 신용 스프레드의 기간 구조를 얻을 수 있다. d의 정의에 따르면, 기간 구조는 단지 다음 5개의 변수에 영향을 받는다. (i) 회사 자산의 변동성 σ, (ii) 무위험 수익률 r, (iii) 부채의 액면가 D, (iv) 기업의 현재 가치 V_t, 그리고 당연히 (v) 만기 $(T-t)$.

예 32.4

다시 [표 32.1]의 입력자료를 생각해 보자. 만기가 1년으로 주어졌으므로 이 예의 신용스프레드는 다음과 같다.

$$R-r = -\ln\left(\frac{54.12146}{60}\right) - 0.10 = 0.003114$$

즉, 31.14 bp(0.3114%)이다. ■

더 일반적으로 (표 32.1)의 입력 자료를 이용하되, T만 변경하면 다른 만기에 대한 스프레드와 부채의 가치를 계산할 수 있다. 만기를 1년에서 10년까지 변화시킬 때의 결과는 [표 32.2]에 나와 있다. 이 입력 값으로 산출된 신용 스프레드의 기간 구조는 [그림 32.1]에 나타나 있다.

그림의 봉우리 모양을 주시하라. 스프레드는 만기가 짧을 때 낮지만, 초기에는 만기가 길어지면

표 32.2
Merton 모형 예: 신용 스프레드의 기간 구조

만기(T)	무위험 부채	위험 부채	스프레드(bps)
1	54.2902	54.1215	31.1387
2	49.1238	48.5562	58.1090
3	44.4491	43.5873	65.2647
4	40.2192	39.1835	65.2249
5	36.3918	35.2708	62.5788
6	32.9287	31.7827	59.0387
7	29.7951	28.6639	55.2948
8	26.9597	25.8687	51.6363
9	24.3942	23.3590	48.1810
10	22.0728	21.1021	44.9705

그림 32.1
Merton 모형 예: 신용 스프레드의 기간 구조

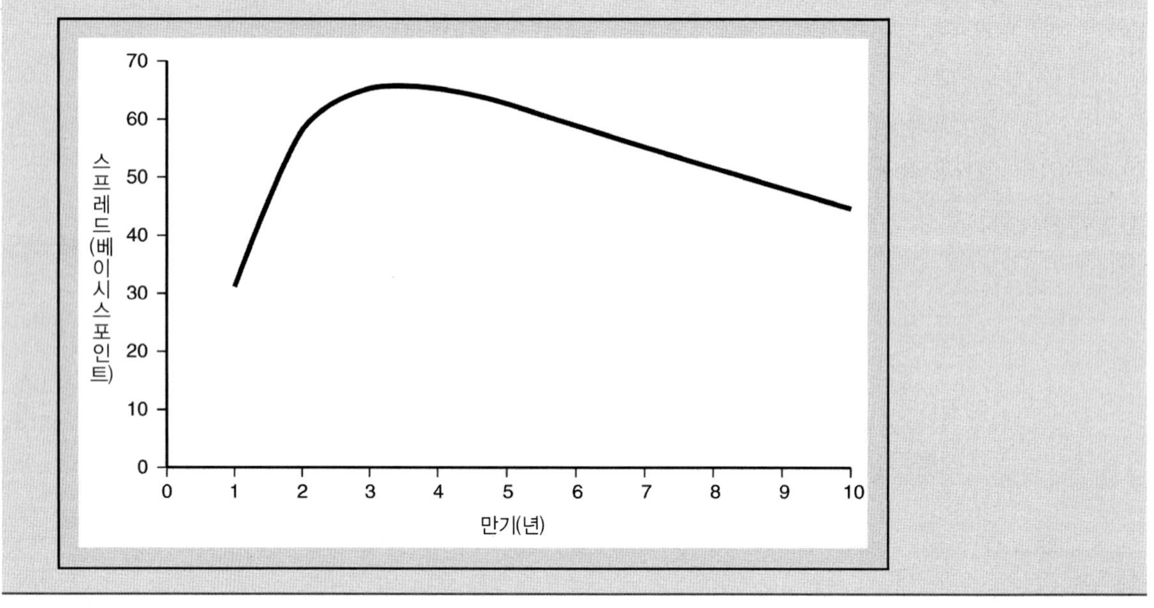

스프레드가 같이 상승하다가, 만기가 더 길어지면 감소한다. 이 모양은 Merton 모형에서 $V_t > D$일 때 전형적으로 나타나는 모양이다. 직관적으로 보면 만기가 매우 짧을 경우, 부도는 잘 발생하지 않는 사건이므로 스프레드는 낮다. 만기가 길어질수록 회사의 가치가 채권 아래로 떨어져 채권에 부도가 발생할 시간이 충분하게 확보되며, 따라서 스프레드가 높아진다. 더 긴 만기가 되면 스프레드가 감소하는데, 이는 채권에 일정기간 부도가 발생하지 않았다는 조건이 전제가 되므로 기업의 가치가 부도로부터 매우 멀어져 있을 가능성이 높으며, 이에 따라 부도의 확률은 낮아진다.

직관적인 이해의 또 다른 방법은 기업 가치의 두 가지 가능한 궤적 즉, 높은 궤적과 낮은 궤적을 생각해 보는 것이다. 만기가 짧은 경우, 회사의 가치가 낮은 궤적을 따른다 하더라도 채권 만기 이전

에 부도에 도달하기에는 시간이 충분하지 않을 것이다. 중간 정도의 만기인 경우, 낮은 궤적을 따르면 부도에 도달하기에 충분한 시간이 있게 되어, 만기 기간이 중간 정도일 때 스프레드가 단기보다 높아진다. 마지막으로, 장기간이 지나도 회사가 아직도 생존해 있다는 것은 높은 궤적을 따르고 있을 가능성이 높으므로 장기 스프레드는 낮아진다.

동일한 생각은 옵션 이론에도 적용될 수 있다. 신용 스프레드의 정도는, 만기 T, 행사가 D인 기초자산 V_t에 대한 유럽식 풋 옵션 가격에 의해 결정된다. $V_t > D$이라면 매우 짧은 만기에서는 (작은 $T-t$), 풋이 내가격으로 종료될 가능성은 낮으므로 풋의 가치는 낮고, 스프레드도 낮아진다. 만기가 증가할수록, 풋이 내가격으로 종료될 가능성이 높아지므로 풋의 가치가 처음에는 증가한다. (예를 들어, 표 32.1과 같이 $V_t = 100$이고, $D = 60$이라고 가정해 보자. 하루나 이틀 같은 매우 짧은 만기에서는 회사의 가치가 충분히 하락하여 풋을 내가격으로 만들 가능성은 매우 낮으므로, 풋의 가치는 거의 없다. 하지만 만기가 3개월로 증가하면 그럴 가능성은 많이 높아지며, 풋의 가치도 높아진다.) 그러나 매우 긴 만기에서는 이 풋은 유럽식 풋이기 때문에 가치가 또 다시 하락한다. 만기시 풋에서 받을 수 있는 최고 금액은 D이기 때문에, 이의 현재 가치는 $PV(D)$이다. 그래서 어느 시점에서든 풋 가치의 상한선은 $PV(D)$이다. $T \to \infty$이면, $PV(D) \to 0$이 되므로, 풋의 가치가 0에 접근한다. 그러므로 만기가 매우 길 경우 스프레드가 0에 접근할 수밖에 없다는 뜻이 된다.

이미 언급한 바 있지만 다시 한번 강조할 필요가 있는 Merton 모형의 단점 중 하나는 실무에서 관측되는 단기 스프레드의 크기를 만들어 내지 못한다는 것이다. 기술적으로 말하자면, 주된 이유는 Merton 모형이 끊임없이 변화하는 브라운 운동에 근거한 것이기 때문이다. 그래서 $V_t > D$인 경우에는 짧은 기간에 회사의 가치가 D 미만으로 떨어져서 부도가 발생할 가능성이 낮다. 만약 이 과정에 불연속(즉, 가치가 갑자기 하방으로 점프를 할 수 있음)이 포함되면, 점프로 인하여 부도가 가능해지므로 비교적 짧은 기간에도 높은 스프레드가 나타날 수 있다.

다음의 몇몇 예에서는 모형의 모수들이 신용스프레드의 기간 구조 모양에 어떻게 영향을 미치는 지를 살펴볼 것이다.

레버리지의 영향

초기(시점 t)의 회사 가치(V_t)에 대하여 부채의 액면가 D가 차지하는 비율로 레버리지를 측정하는 것으로 한다. 레버리지에 따라서 스프레드는 어떻게 변하는가?

[그림 32.2]은 3개의 다른 레버리지 값 - 55%(저), 75%(중), 85%(고) - 에 따른 스프레드 곡선을 보여 준다. 기업 가치의 변동성은 20%로 하였고, 무위험 이자율은 5%로 하였다. 스프레드는 베이시스 포인트 단위로 표시하였다.

어떤 만기에서도, 레버리지가 증가하면 예상대로 스프레드는 증가한다. 더 흥미로운 것은 세가지 경우의 스프레드 기간 구조 모양이다. 일반적으로 말하자면, 세 가지 경우 모두 $V_t > D$이므로,

그림 32.2
래버리지(D/V) 변화에 따른 스프레드

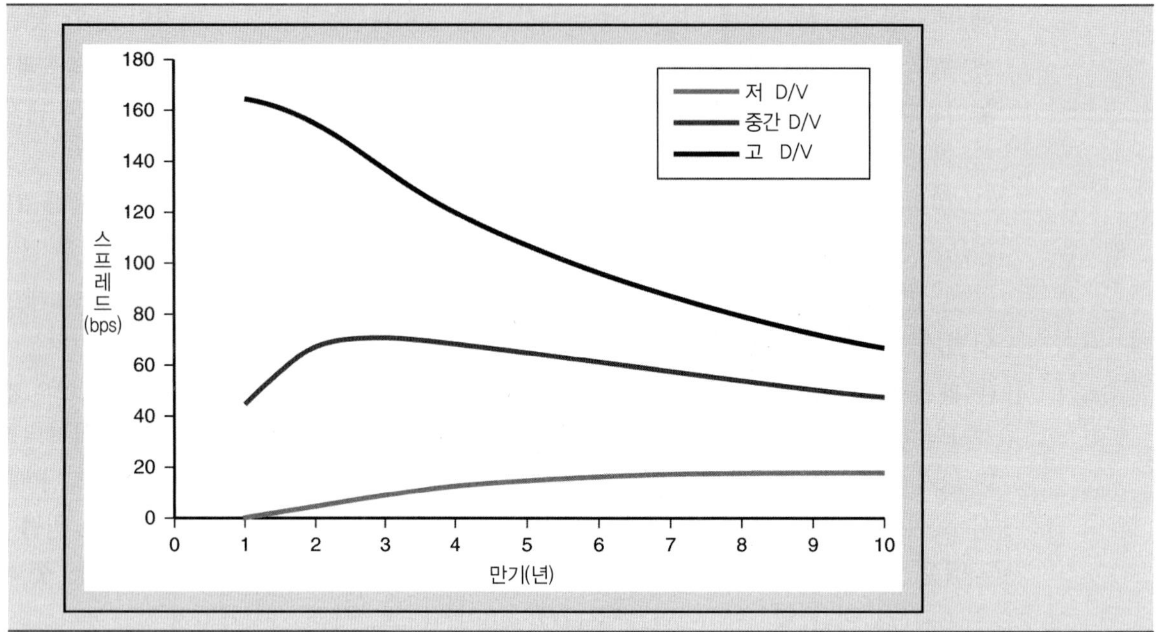

위에서 설명한 이유로 전형적인 봉우리 모양을 보인다. 그러나 봉우리의 위치는, 레버리지가 증가할수록 짧은 만기에 형성되며, 이 그림에서 검토한 1~10년 만기 범위에서 곡선의 모양은 매우 달라진다.

레버리지가 높을 때 기간 구조는 만기 1~10년 기간에 걸쳐서 거의 하향 곡선이다. 레버리지가 중간 정도일 때, 스프레드의 정점은 좀 더 점진적으로 형성되어 봉우리 모양을 볼 수 있다. 레버리지가 낮을 때, 전 만기 기간에 대하여 상승하는 모양을 보인다. 달리 말하자면, 매우 짧은 만기를 무시한다면, Merton 모형은 기본적으로 레버리지가 높은 회사 즉 위험한 회사인 경우에 기간 구조는 하락하는 모양을 나타내고, 비교적 안전한 회사의 경우에는 상승하는 기간 구조 모양을 나타낸다.

무위험 이자율 변화의 영향

다음으로 무위험 이자율이 변하는 경우 스프레드의 기간 구조에 어떤 일이 일어나는지를 살펴본다. 영향은 [그림 32.3]에 나타나 있다. 이 그림에서는 3%(저), 5%(중) 그리고 7%(고) 이 세 가지 무위험 이자율 수준을 고려하였다. 변동성은 20%로 고정하였으며, D는 초기 기업 가치의 55%로 하였다. 스프레드는 베이시스 포인트 단위로 표시하였다.

이 그림은 정해진 T에 대하여 무위험 이자율과 스프레드 사이에는 역의 관계, 즉 무위험 이자율이 증가하면 스프레드가 감소하는 관계를 보여 준다. 이 이유는 앞에서 살펴본 대로, 스프레드의 가치는 회사 자산에 대한 풋 옵션의 가치에 의해 결정되며, 17.7절에서 설명한 대로 풋 옵션의 가치는 이자율과 반대 방향으로 연관되어 있기 때문이다.

그림 32.3
r 변화에 따른 스프레드

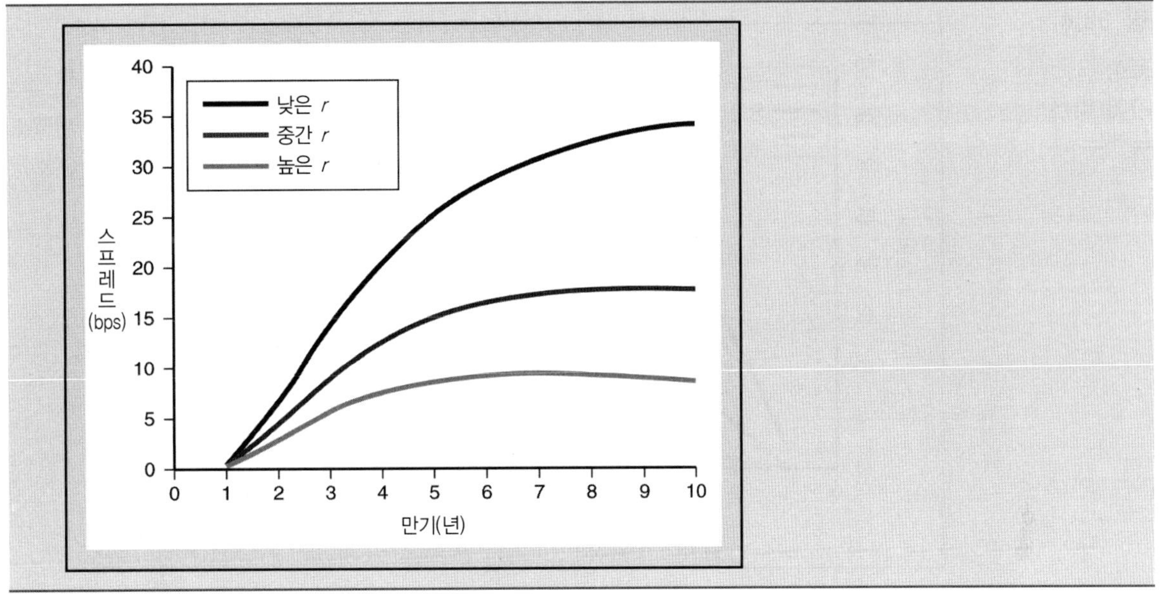

변동성 변화의 영향

[그림 32.4]는 기업의 자산 가치 변동성이 변할 때 스프레드에 미치는 영향을 보여준다. 이 그림에서는 세 가지 변동성 수준 즉, 17%(저), 20%(중) 그리고 23%(고)를 고려하였다. 무위험 이자율은 5%로 고정하였으며, 부채 D는 기업의 초기 자산 V_t의 55%로 하였다. 스프레드는 베이시스 포인트 단위로 표시하였다.

어떤 고정된 만기에 대해서도 변동성 증가는 스프레드를 증가시켰다. 직관적으로 보면, 회사의 미래 가치가 더 넓은 범위로 퍼진다는 것은 위험의 증가를 의미한다. 최대 수령액이 제한되어 있는 채권자들은 기업의 가치가 더 많이 증가하더라도 아무런 이익이 없는 반면, 기업의 가치가 더 낮아지면 이로 인한 손실은 흡수해야 한다. 그러므로 더 높은 변동성은 부채의 가치를 낮추고, 사실상 채권자들로부터 주주들에게 가치를 이전하는 효과를 거둔다.

더 일반적으로 말하면, 기업의 위험(σ) 증가는 두 가지 효과가 있다. 첫째, 위험의 증가에 따라 스프레드가 증가된다. 이 "(변동성) 수준" 효과는 이미 앞 문단에서 설명하였다. 둘째, 위험이 증가함에 따라 스프레드 곡선의 봉우리가 강화된다. 위험 수준의 증가로 인하여, 만기가 길어짐에 따라 스프레드가 초기에 급격히 상승하고, 그 이후에는 (비록 그림에는 나타나지 않았지만), 생존을 전제로 스프레드가 급격이 하락한다. 그러므로 "형태" 혹은 "곡률" 효과가 있다.

그림 32.4

변동성 증가에 따른 스프레드

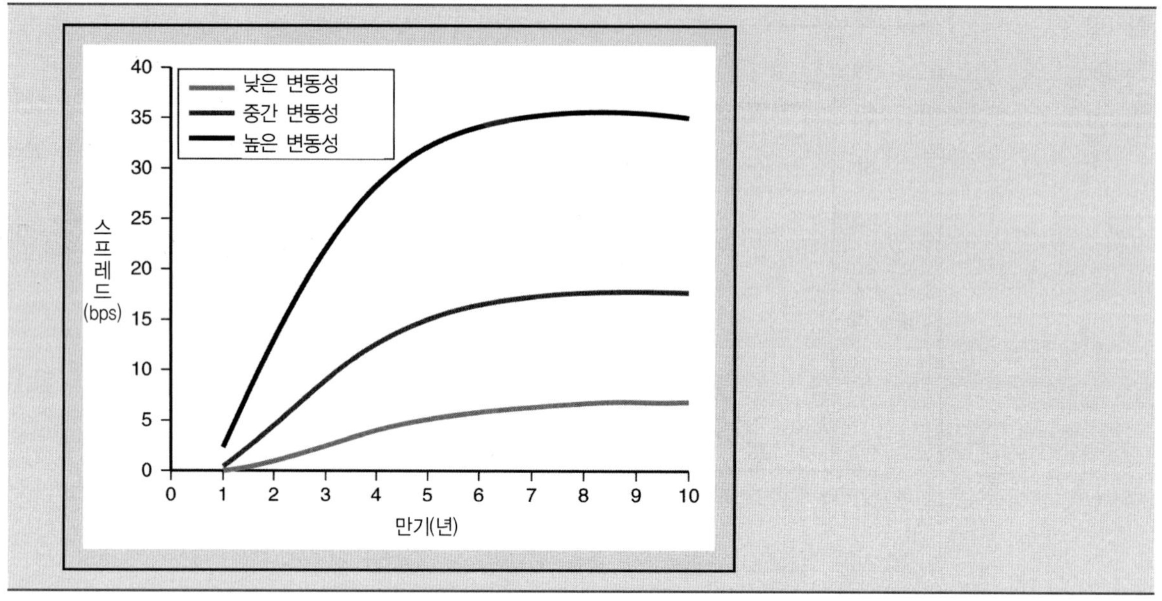

32.3 활용의 문제

앞 절의 숫자를 포함한 예를 보면, Merton 모형을 실무에 적용하는 것이 쉬워 보인다. 그러나 조금만 생각해 보면, 실제 기업에 적용하기 위해서는 다음 두 가지의 장애를 극복해야 한다는 사실을 알 수 있다.

1. 두 가지 핵심 입력 자료인 V와 σ가 관측 불가능하다는 것이다.
2. 모형에서는 기업의 부채가 하나의 무이표채로 구성되어 있다고 가정한다. 실제에서는 부채 구조가 더 복잡하다.

아래에서 이 문제를 각각 논의한다. 여기에서 우리가 강조하는 절차는 이러한 문제를 해결하기 위하여 일반적으로 사용하는 방법이다. 이 문제들 외에도, 채권자 절대 우선 순위 규칙(absolute priority rule, APR) 같은 모형의 다른 측면도 문제이다. 이러한 문제들은 나중에 Merton 모형의 확장형을 다룰 때 논의하도록 한다.

문제 1: V_t 과정의 관측 불가능성

비록 기업가치 확률과정 V_t와 변동성 σ가 그 자체로 시장에서 관측 가능한 것은 아니지만, 이러한 수치를 찾기 위하여 기업이 발행한 증권의 거래가격을 사용할 수는 있다. 구체적으로 말하자면,

상장회사인 경우에 주가 E는 관측이 가능하다. 이 경우에 주가의 변동성 σ_E는 데이터로부터 추정할 수 있다. 아래에서는 이 두 가지 입력 자료 E와 σ_E를 사용하여 현실적인 현재의 기업가치 V와 변동성 σ를 추정해 낼 수 있는지를 설명해 보기로 한다.

첫 번째 단계는 주식 가치 E를 기업 가치 V에 대한 옵션으로 표시하는 것이다. 부채의 만기 T에서, 주주가 수령하는 금액 E_T는 채권자들에게 지급할 금액을 지급한 후에 남는 금액이다.

$$E_T = \begin{cases} V_T - D, & \text{만약 } V_T \geq D \\ 0, & \text{그 외의 경우} \end{cases} \tag{32.18}$$

간단한 식으로 표현하면 이것은 $\max\{V_T - D, 0\}$이다. 그러므로 주식의 가치는 만기 T, 행사가 D인 기업의 가치에 대한 콜 옵션 매입의 가치이다. 직관적으로 보면, 주주는 T 시점에 채권자에게 그들에게 지급해야 할 금액 D를 지급하고 회사의 나머지 자산에 통제권을 확보하든지, 아니면 아무 것도 받지 않고 회사로부터 사라지든지 둘 중 하나를 할 수 있는 권리를 가지고 있다.

t 시점의 주식 가치 E_t는 이 콜 옵션의 t 시점이 가치이며, 이 옵션의 가치는 또 다시 기초 자산(즉 V_t와 σ)과 관측 가능한 변수인 D(행사가), $T-t$(만기), 그리고 r(무위험 이자율)에 의해 결정된다. f를 콜 가격결정 함수라고 하며, 관측 가능한 변수(D, $T-t, r$)에 의존하도록 하기 위하여 다음과 같이 표현할 수 있다.

$$E_t = f(V_t, \sigma) \tag{32.19}$$

가격결정 함수는 기업의 가치 과정에 대한 특정 가정에 의존한다. 예를 들면, Merton 모형에서 사용하는 기하 브라운 운동 가정하에서는 f는 단순히 블랙-숄즈 공식에 따른, 만기 $T-t$이고, 행사가 D이며, 기초자산 V_t에 대한 콜 가격이다:

$$f(V_t, \sigma) = V_t \cdot N(d) - e^{-r(T-t)}D \cdot N(d - \sigma\sqrt{T-t}) \tag{32.20}$$

위 식의 d는 식 (32.11)에서 정의된 것이며, $N(\cdot)$은 누적 표준 정규분포이다.

주식은 기업 가치에 대한 옵션이므로, σ_E로 표시되는 주식의 변동성 역시 V_t 및 σ의 함수이다. 이를 g로 표시하면 다음과 같다.

$$\sigma_E = g(V_t, \sigma) \tag{32.21}$$

기업의 가치 과정에 대한 특정한 가정을 하였으므로, g의 형태도 파악할 수 있다. 예를 들면, Merton 모형에서는 이토의 보조정리(15장)를 사용하여 다음을 보일 수 있다.

$$g(V_t, \sigma) = \sigma V_t \cdot \frac{f_V}{f} \tag{32.22}$$

위 식에서 f는 콜옵션의 가격결정 함수 (32.20)이며, $f_V = \partial f / \partial V$는 t 시점의 콜 옵션 델타이다.

(옵션 델타는 블랙-숄즈의 가정 하에서는 단순히 $N(d)$이다.)

식 (32.19)와 (32.21)로부터 두 미지수 V_t와 σ에 대해서 아래의 변수로 표시되는 두 (비선형)식을 가지게 된다.

- 주식 가치 E_t
- 주식 변동성 σ_E
- 다른 관측 가능한 변수 $(D,\ T-t,\ r)$

주식 가치는 관측 가능하고 주식의 변동성은 관측 가능한 과거 주가 혹은 옵션의 내재 변동성으로부터 산출 가능하므로 두 개의 미지수 V_t와 σ의 값을 구하기 위하여 식을 풀 수 있다.

예 32.5

어떤 회사에 대하여 시장으로부터 현재(시점 t)의 주가와 주식의 변동성을 다음과 같이 관측하였다고 가정하자.

$$E_t = 45.88, \qquad \sigma_E = 0.6445$$

그 회사의 재무상태표를 점검한 결과 단 하나의 부채만 존재하며, 만기는 1년이고 액면가 $D=60$이었다. 1년 만기 무위험 이자율은 10%이다.

식 (32.19)와 식 (32.21)에 위의 입력 값을 대입하였다. 그 결과 두 개의 미지수 $\{V_t,\ \sigma\}$가 포함된 두 개의 방정식을 갖게 되었다. 이 방정식은 수학적으로 쉽게 풀 수가 있으며, 스프레드 시트를 사용하여 풀 수도 있다. 계산 결과는 다음과 같다.

$$V_t = 100, \qquad \sigma = 0.30$$

이는 회사의 부채의 가치는 다음과 같음을 의미한다.

$$B^* = V_t - E_t = 100 - 45.88 = 54.12$$

무위험 이자율이 10%라고 하면, 액면가와 만기가 동일한 무위험 부채의 상응하는 가치는 다음과 같다.

$$B_t = e^{-r(T-t)} = 54.29$$

그러므로 이 회사 부채의 스프레드는 다음과 같다.

$$R - r = -\frac{1}{T-t}\ln\left[\frac{B_t^*}{B_t}\right] = 0.003114$$

혹은 31.14 bp이다. ■

문제 2: 더 복잡한 자본 구조

Merton 모형의 두 번째 문제는 너무 단순한 자본 구조를 가정한다는 것이다. 실제의 자본 구조는 모형에서 가정하는 것보다 훨씬 더 복잡하다. 통상 여러 종류의 잔존 부채가 있으며, 이자와 만기 그리고 우선순위도 다르다. 실무 적용 관점에서 보면 두 가지 대안을 생각할 수 있다.

1. 모형의 이론적인 구조를 확장하여 좀 더 복잡한 부채 구조를 수용할 수 있게 하는 것
2. 기존의 모형에 맞게 현실을 단순화하는 것

두 가지 대안 모두 이론적인 면에서 그리고 실무적인 면에서 검토된 바 있다. 이를 차례로 살펴본다.

해결책 1: 이론적인 모형의 확장

이 첫 번째 대안이 직관적으로 더 매력적이며 경제학적으로 추구해야 할 바른 방법으로 보인다. Robert Geske와 다른 학자들이 (a) 이표의 크기, (b) 만기, (c) 우선순위 등 여러 차원에서 서로 다른 복수 부채의 동시 존재를 수용하는 Merton 모형의 확장판을 개발하였다(Geske(1977), Geske(1979), Delianedis와 Geske(1998)을 참조하라). 뿐만 아니라, 이러한 모형은 안전조항, 감채기금, 조기상환 등의 조건들을 수용할 수 있다.

이 확장 모형의 위험 부채의 가격 결정은 개념상 어려운 것은 아니지만 기술적으로는 Merton 모형보다 더 복잡하다. 특히 주식은 단순한 유럽식 옵션이 아니라 기업 가치에 대한 복합 옵션(옵션에 대한 옵션)이 된다. 왜 이렇게 되나? 주주에게는 상환 하나하나가 옵션이기 때문이다. 주주들은 부채를 상환하고 다음 부채 상환시까지 통제권을 확보하든지 아니면 부도처리하여, 아무 것도 회수하지 않고 채권자들에게 통제권을 넘길 수 있다. 사실상, 매 부채 상환시마다 다음 부채 상환까지 갈 권리를 부여하는 것이며, 따라서 이 옵션은 다음 상환시에 주어질 옵션에 대한 옵션이 된다.

지금부터는 좀 더 공식적인 설명을 한다. 회사가 부채 $D_1, \cdots, D_n$을 $t_1, \cdots, t_n$에 상환해야 하는 상황이라고 가정해 보자. 이 지급액은 이자 및 원금일 수 있으며, 하나의 부채로부터 발생할 수도 있고 여러 개의 다른 부채로부터 발생할 수도 있다. 주식의 복합 옵션 특성을 단계별로 유도한다.

t_{n-1}과 t_n사이의 주식 가치 처음 $n-1$번의 지급이 이루어 졌으며, 지금은 t_{n-1}과 t_n사이의 어떤 시점 t에 있다고 가정하자. 이 점에서는 오직 한 번의 지급만이 남아 있을 뿐이므로 사실상 Merton의 환경과 동일한 상황에 있다. 그러므로 t 시점에서 주가는 만기 t_n, 행사가 D_n인 회사자산에 대한 유럽식 콜 옵션 C_t의 가치이다. (특히, $C_{t_{n-1}}$은 t_{n-1}에 지급해야 할 금액의 지급이 완료된 직후 t_{n-1}시점의 주가를 의미한다.) 이 옵션의 만기 지급 금액은 다음과 같다.

$$C_{t_n} = \max\{V_{t_n} - D_n, 0\} \tag{32.23}$$

t_{n-2}과 t_{n-1}사이의 주식 가치 지금 t_{n-1}시점에서의 주주의 결정을 고려해 보자. 이 순간 주주는 다음을 할 수 있다.

- D_{n-1}을 지급하며, 회사의 통제권을 보유한다. 이 경우 주주에게 주어지는 총금액은 $C_{t_{n-1}}$이다.
- 지급을 하지 않으며, 회사의 통제권을 채권자에게 넘긴다. 이 경우 주주에게 주어지는 금액은 0이다.

그러므로 t_{n-1}에서 주주에게 주어지는 금액은 아래와 같다.

$$\max\{C_{t_{n-1}} - D_{n-1}, 0\} \tag{32.24}$$

이것은 행사가 D_{n-1}, 만기 t_{n-1}인 콜옵션이며, 이 콜옵션의 기초자산은 또 다시 만기 t_n이며 만기 지급액이 식 (32.23)와 같은 콜옵션의 만기 지급액이다. 그러므로 t_{n-2}와 t_{n-1} 사이의 어떤 시점 t의 주가는 콜옵션에 대한 콜옵션이라는 복합 옵션의 가격이다. 이를 $C_t^{[2]}$로 표시한다. 여기서 위첨자 2는 옵션이 콜에 대한 콜을 의미한다. 블랙-숄즈 환경에서 이 복합 옵션의 가격을 폐쇄형으로 해를 구하려 하면 이변량 정규분포를 활용해야 한다(18.5 절을 보라).

t_{n-3}과 t_{n-2}사이의 주식 가치 같은 논리로 t_{n-2}에서 주주는 다음 중 하나를 할 수 있다.

- D_{n-2}를 지급하고, t_{n-1}에 (32.24)를 지급하는 복합 옵션의 가치를 t_{n-2}에 받는다. 아니면
- 부도를 발생시키고, 아무 것도 지급 받지 않는다.

그러면 t_{n-2}의 지급액은 다음과 같다.

$$\max\{C_{t_{n-2}}^{[2]} - D_{n-2}, 0\} \tag{32.25}$$

이것은 행사가 D_{n-2}, 만기 t_{n-2}이며 기초 자산이 만기가 t_{n-1}이며 지급액이 (32.24)인 콜에 대한 콜인 콜의 지급액이다. 그러므로 t_{n-3}와 t_{n-2}사이의 어떤 t 시점의 주식가격은 콜의 콜에 대한 콜이라는 복합 옵션의 가격이다. 블랙-숄즈 환경에서 이 값을 폐쇄형으로 구하려면 삼변량정규분포를 사용하게 된다.

이와 같은 방식으로 계속 진행하면, 지급액이 하나씩 추가될 때마다 콜옵션의 복합성이 한 수준씩 높아진다. 결과적으로 주식의 가격 계산은 폐쇄형으로 계속되긴 하지만, 복잡성이 증가한다. n번의 지급이 남아 있다면, 폐쇄형 해답은 n차원의 다변량 정규분포를 사용하게 된다.

복잡성이 증가하기는 하지만 잠재적인 장점이 없는 것은 아니다. 한 예는 Delianedis와 Geske (1998) 모형에서 볼 수 있는 선도 부도 확률에 대한 인식이다. Delianedis와 Geske는 Merton 모형에서

최소한의 확장을 시도하여 회사의 자본구조를 축약하여 부채를 두 개의 통에 담았다. (Merton 모형에서는 하나인 것에 반하여) 단기 부채 통과 장기 부채 통으로 나누었다. 이것은 주식이 복합 옵션(콜에 대한 콜)이 됨을 의미한다. 부채의 만기가 두 개 있기 때문에 두 개의 부도 확률이 존재한다. 단기 확률(단기 부채에 부도가 발생할 가능성)과 조건부 장기 확률(Delianedis와 Geske는 이를 "선도(forward)" 부도확률이라고 불렀다.) 단기부도 확률과 장기 부도 확률을 비교함으로 유용한 정보를 얻게 된다. 통합 부도 확률 즉, 두 만기 중 어디에선가 부도가 발생할 확률도 계산할 수 있게 된다. Delianedis와 Geske 모형은 좀 더 자세하게 부록 32A에서 설명하였다.

그럼에도 불구하고 주가 계산은 복잡해서 활용상 문제를 야기 한다. 한편으로 완전한 모형을 사용하려면, 실제의 부채 구조에 대한 정확하고 완벽한 정보가 있어야 한다. 반면에 주가와 변동성을 가지고, 관측 불가한 기업가치 및 이의 변동성을 찾는 과정은 Merton 모형보다 상당히 더 복잡하다. 이것들은 심각한 장애물이다. Merton 모형을 복잡하게 하는 대신 실상황을 모형의 구조에 맞도록 단순화시키는 것이 대안이다. 다음에는 이에 대한 설명을 한다.

해결책 2: 현실의 단순화

Merton 모형에서는 잔존 부채가 하나이며, 더 나아가 이는 무이표채라고 가정한다. 실제 자본 구조는 훨씬 더 복잡하다. Merton 모형에 맞추기 위하여 주어진 부채 구조를 "동등한" 무이표채 구조로 대체하려 한다. 여기서 도전은 당연히 "동등한" 것을 찾는 일이다. 여러 가지 방법이 있을 것이다. 예를 들어, 주어진 부채 구조와 동일한 듀레이션을 가진 무이표채를 찾는 것도 한 방법이 될 수 있다. 이 방법은 Delianedis와 Geske(1998)가 그들의 실험적 분석에서 사용하였던 방법과 비슷한 접근법이다.

다른 대안은 인기 높은 무디의 KMV 상업용 모형에서 채택한 방법으로, 동등한 무이표채 수준 D를 (i) 주어진 자본 구조하의 단기 부채(1년 이하는 제외)의 액면가와 (ii) 장기 부채 액면가의 일정률의 합이 되도록 하는 방법이다.[1] 무디의 KMV의 접근법은 실제로 부도는 기업 자산의 시장가치가 통상 단기 부채의 장부가보다는 높으나 총부채의 장부가 보다는 낮은 범위에 존재하는 임계점보다 낮아질 때 발생하는 경향이 있다는 관측에 근거한 것이다.

물론 부채 구조를 단순화하는 이 방법에는 약간의 자의성이 있긴 하지만, 궁극적으로 중요한 것은 모형이 실제 상황에서 잘 작동하느냐의 문제이며, 입수 가능한 자료에 따르면 무디의 KMV 및 관련 접근법의 인기와 실용성에서 긍정적인 답을 제시하고 있다.

1) 일정률로 흔히 1/2를 사용하지만, KMV가 사용하는 정확한 방법은 공개하지 않으며, KMV는 자본구조에 단순한 주식이나 평이한 부채 외의 다른 증권들도 포함하므로 여기서 설명하는 것보다 더 복잡하다.

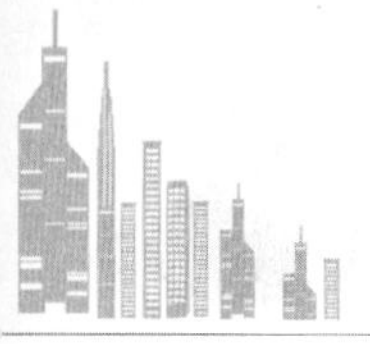

32.4 실무용 모형

1980년대 무디스 KMV(그 당시는 독립된 회사이었고 KMV 주식회사라고 불렀음)는 신용위험 측정 구조 모형의 특별한 활용 방법을 개발했다. 무디스 KMV(이하 MKMV라고 함) 체계는 전통적인 Merton 모형을 기반으로 한 것이긴 하지만 중요한 차이점도 있다. 이 절에서는 MKMV 접근법에 대해서 설명한다. MKMV는 모형을 지속적으로 수정 변경하므로 더 많은 정보를 원하는 독자들은 회사의 웹사이트(http://www.moodyskmv.com)를 참조하기 바란다.

넓게 말하면 MKMV 접근법은, 상장회사의 신용위험 변화를 4단계 과정으로 추적하고 있다. 첫 번째 단계는 기업의 자본 구조를 Merton의 무이표채 구조에 맞도록 축약하는 단계이다. 이 과정은 위에서 설명한 대로 수행한다. 즉 무이표채의 액면가 D("부도점"이라고 한다)를 단기 부채의 액면가와 장기부채 액면가의 일정률을 더한 금액이 되도록 맞춘다.

둘째 단계는 부도점 D와 기업의 주식 가격과 주식의 변동성을 이용하여 기업가치 V와 기업의 변동성 σ를 구한다. 이를 완수하기 위한 절차는 이미 위의 식 (32.19)~(32.22)에서 설명하였다.

이때까지만 해도 Merton 모형의 체계 속에 머물러 있지만, 여기서부터 MKMV는 독자적인 노선을 추구한다. 기업의 가치와 변동성을 계산하였으므로, 셋째 단계는 소위 "부도거리"라는 것을 계산한다. 직관적으로 보면 부도거리는, 기업에 부도가 발생하기까지는 기업이 표준편차의 몇 배를 이동해야 하는가를 말한다. 기술적으로 말하자면, V가 대수정규분포를 따른다는 가정을 하는 것이다. 사실, V의 추세 μ와 변동성 σ가 주어졌을 때 부도거리는 정확히 식 (32.15) $N(\cdot)$의 (음수) 인수이며 다음과 같다.

$$\frac{1}{\sigma\sqrt{T-t}}\left[\ln\left(\frac{V_t}{D}\right)+\left(\mu-\frac{1}{2}\sigma^2\right)(T-t)\right]$$

하지만 MKMV는 부도거리 δ를 다음과 같이 단순화된 방법으로 정의하는 것 같다.[2)]

$$\delta=\frac{V_t-D}{\sigma V_t} \tag{32.26}$$

분자는 달러로 계산한 기업의 현재 가치 V_t와 부도점 D 사이의 거리이다. 분모는 금액으로 표시된 표준편차로 이를 정규화 한다. 부도 거리를 정규화 함으로 다른 면에서 상당히 다른 두 기업이라 하더라도 두 기업이 부도로부터 얼마나 멀리 떨어져 있는지를 비교할 수 있다. 부도 거리가 클수록 안전한 회사라는 의미가 된다.

2) Crosbie와 Bohn(2003)의 식 (2), p.9을 보라. Jeffrey Bohn(1999)이 KMV 모형을 설명하는 발표에서도 이 단순형 공식을 사용하였다. KMV 발표자료 "Using Market Data to Value Credit-Risky Instruments" 슬라이드 65 및 67.

마지막 단계로, MKMV 접근법에서는 추정된 부도거리 δ를 가지고, 고유 부도 데이터 베이스에 다음의 질문을 한다. 부도 거리가 δ와 가까운 회사 중 몇 개의 회사에 실제로 부도가 발생했나? 이것이 예상 부도 빈도(expected default frequency, EDF)이다. 이 모형의 주 산출물인 EDF는 해당 회사가 1년 이내에 부도를 당할 확률이다. EDF는 당연히 1년뿐만 아니라 어떤 기간에 대해서도 산출할 수 있다. 이 책을 쓰는 시점에서는 MKMV는 5년까지 EDF를 제공하고 있다.

다음 예는 MKMV 과정을 설명한다.

예 32.6

가상적인 회사에 대하여 KMV 과정 중 첫 두 단계를 실행하여 다음의 결과를 얻었다고 가정해 보자.

1. 부도점 추정액: $D = 15$십억 달러
2. 기업의 시장 가치 추정액: $V_t = 45$십억 달러
3. 기업의 변동성 추정치: $\sigma = 20\%$

다음 단계는 부도 거리를 추정하는 것이다. 금액으로 계산하면 이 기업은 부도로부터 30십억 달러 떨어져 있다(기업의 가치는 45십억 달러이고, 부도점은 15십억 달러이다). 이 기업 가치의 1 표준편차는 약 $\sigma V_t = 0.2 \times 45$십억 즉, 9십억 달러이다. 그러므로 표준편차의 단위로 말하자면 이 기업은 부도로부터

$$\frac{45 - 15}{0.20 \times 45} = \frac{30}{9} = 3.33$$

떨어져 있다. 다시 말하자면 이 기업에 부도가 발생하려면 기업의 가치가 3.33 표준편차 이동해야 한다.

마지막 단계로, MKMV의 데이터 베이스에 따르면 역사적으로 부도거리가 3.3에서 3.4인 기업은 300개 중 하나에 부도가 발생했다고 한다.(이것은 설명을 위한 예이며, 실제 MKMV 데이터 베이스에 근거한 것은 아니다.) 그러면 이 기업의 EDF는 $1/300 = 0.33\%$로 한다.

이제 처음 추정하였던 때로부터 1년이 지나, 이 기업의 신용 위험을 다시 검토한다고 가정해 보자. 1년 동안 이 기업의 부채는 감소하였지만 주식의 가치도 감소하였다고 가정해 보자(말하자면, 사업 전망이 나빠질 것으로 전망되기 때문에). 회사의 부채는 더 위험해 졌나? 그렇다면 얼마나? MKMV 모형은 (물론 다른 구조 모형도 마찬가지로) 이에 대한 답을 계산할 수 있다. 구체적으로, 새로운 데이터에 근거하여 새로운 부도점과 회사가치와 변동성을 다음과 같이 계산하였다고 가정해 보자.

1. 부도점: $D = 12$십억 달러
2. 기업 가치: $V_t = 40$십억 달러

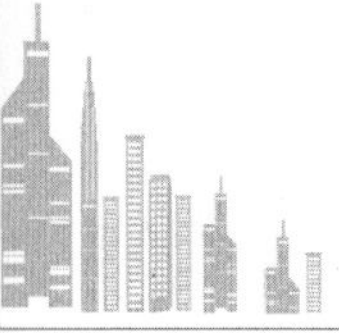

3. 기업 변동성: $\sigma = 25\%$

기업가치가 하락하고 변동성이 증가한 것은 기업의 사업전망이 양호하지 않음을 반영하며, 부도점이 낮아진 것은 부채 수준이 낮아진 것을 반영한다. 새로운 부도 거리는 아래와 같다.

$$\frac{45 - 12}{0.25 \times 40} = \frac{28}{10} = 2.8$$

부도거리가 낮아진 것은 1년간 기업의 신용위험이 악화되었다는 것을 말한다. 새로운 부도거리에 따른 EDF는 기업이 얼마나 더 위험해 졌느냐에 대하여 숫자를 계산해 준다. 예를 들어, MKMV의 경험 데이터베이스가 EDF를 210 중 1 즉, 0.48%로 계산했다고 가정해 보자. 그러면 이것은 다음 1년간 부도 확률이 이전보다 1.5배 더 위험해졌다는 것을 의미한다. ■

평가

이론상 기업의 추세, 변동성, 부도점이 주어지면, 기업의 가치 과정이 대수정규분포를 따른다는 가정하에 이론적인 부도확률을 계산할 수 있어야 한다. 실제에 있어서 이 방법을 따르는 데에는 두 가지 문제가 있다. 첫째, 기업가치의 추세를 어느 정도의 정확도를 가지고 추정하기가 어렵다. 둘째, 이 접근법을 조사한 바에 따르면 이 방법은 실제 데이터에 비하여 부도 확률을 (가끔은 아주 많이) 과소 계산한다. MKMV는 특이한 방법으로 이론적, 경험적 접근법을 혼합하여 두 가지 문제를 모두 피해간다. 이 방법은 회사 가치의 추세를 필요로 하지 않으며, 그리고 모형의 구조에 의해서 실제 데이터와 대체적인 일관성을 가지게 된다.

Merton 모형이 부도 확률을 낮게 계산하는 이유 중 하나는 수익률이 정규분포를 따른다는 가정 때문이다. 실제로는 꼬리부분이 상당히 두터운데(leptokurtic), 이는 가정보다 (부도를 포함한) 극단적인 경우가 훨씬 더 발생할 가능성이 높다는 것을 의미한다. 이론적인 관점에서 보자면, 이 문제에 대한 해결책 중 하나는 꼬리 부분이 두터운 수익률 분포(예를 들면, 파레토 분포)를 사용하는 것이다. 다른 대안으로는, 모형에 다른 특성(예를 들면, 점프나 통계적 변동성)을 포함하여 꼬리 부분을 두텁게 하는 것이다. 이런 이론적 확장을 실행하기에 어렵지는 않으나, 신용 위험의 측정이라는 맥락에서는 활용하기가 더 어려울 것이다.

이러한 상황에서 KMV의 접근법은 구조상 실제 데이터와 어느 정도 경험적 일관성을 보장한다. 그럼에도 불구하고 이 접근법에는 알아 두어야 할 몇 가지 잠재적 단점이 있다. 다른 모든 종류의 조건부청구(contingent claim) 모델링과 같이 Merton 모형은 미래지향적 모형이다. 이의 활용에서는 증권 (특히 주식) 가격에 포함된 시장 참여자들의 기대를 사용한다. 그러나 특정 기업의 부도거리를 그 기업의 부도 확률로 환산하는 절차에 있어서는 부도거리를 역사적인 부도 데이터 베이스에 매핑한다. 결과로 산출된 부도확률은 더 이상 순수하게 미래 지향적이지 않고, 그 기업에 고유한 특정 기간의 부도확률도 아니다. 특히 역사적 부도 데이터베이스는 다양한 규모의 기업과, 다양한 산업의

기업, 그리고 불경기 및 확장기에 걸친 부도가 다 포함되어 있다. 이러한 염려는 개념적인 관점의 염려이다. 그럼에도 불구하고 MKMV가 개척한 이 접근법은 실무에서 아직까지는 인기 있는 방법이 되고 있다.

32.5 Merton 모형의 확장

이미 언급하였듯이 Merton 모형은 몇 개의 다른 단순하고 제한적이 될 수 있는 가정들을 포함하고 있다. 이들 중의 하나-자본 구조의 단순성-를 위에서 다루었다. Merton 설정의 다른 제한적인 가정에는 다음과 같은 것들이 있다.

1. 부도는 부채의 만기시에만 가능하다는 가정. 특히 모형에서는 만기 이전에도 부도를 촉발할 수 있는 채무 계약이 없다고 가정한다.
2. 부도시에 절대 우선 원칙이 적용되어 채권자에게 모든 금액이 지급되기 전에 주주는 아무것도 받을 수 없다는 가정. 절대 우선 원칙이 가끔은 실제로 지켜지지 않았다는 증거가 미국에 있다.
3. 실제에서는 자주 볼 수 있는 바와는 달리 부채의 재협상은 허용되지 않는다는 가정.
4. 청산/통제권의 이전에 비용이 들지 않는 다는 가정 즉, 파산의 사중비용(deadweight cost)이 없다는 가정.

이 이외에도 다른 문제들이 많이 있다. 수익률 분포에서 꼬리가 두터운 점을 허용하지 않는 분포를 사용하는 것, 비확률적 이자율 가정, 기업의 가치를 결정하는 현금흐름 과정 및 현금흐름 과정을 부채 상환, 배당 지급, 현금 유보 등으로 관리하는 것을 명확히 정의하지 않은 점, 기업들은 목표 부채비율을 가지고 있음에도 불구하고 기업의 자본구조가 정적인 것으로 가정한 것 등이 있다.

시간이 지남에 따라, 이러한 단점을 개선하려는 시도들이 여러 재무 관련 논문에 나타났다. 이러한 논문들 중 몇몇에 대한 설명이 이어진다. 이 설명은 전부를 다루지 않으며, 일부만 지목하여 다룬다는 것을 강조한다.

Merton 모형에 대한 확장의 초기 시도 중 하나는 Black과 Cox(1976)이었다. 이들은 Merton 구조의 대부분을 그대로 유지하면서, 기업의 가치가 충분하게 하락하면 만기 전에도 부도가 발생할 수 있다는 가정을 하였다. 구체적으로, 부도장벽(default barrier) M_τ를 정의하였으며, τ $V_\tau \leq M_\tau$가 처음 발생되는 시점 τ에 부도가 발생하는 것으로 가정하였다. 만기 이전에도 부도가 발생할 추가 가능성이 있기 때문에, Black-Cox의 스프레드는 대체로 Merton 모형보다 넓다.

Black-Cox(1976) 모형은 확률적 이자율을 허용한 Longstaff와 Schwartz(1995)에 의해 확장되었다.

이로 인하여 모형에서 확률적 변화의 원천이 추가되었으며, 이자율 변화와 기업가치 변화 사이의 상관관계를 통하여 기업가치 과정에도 영향을 주게 되었다. Leland(1994), Leland 및 Toft(1996)는 부도경계(default boundary)를 포함함으로 이 접근법을 더욱 확장하였다. 주주들은 주식의 가치를 극대화하려 하기 때문에 부도 시점을 최적으로 선택한다. 또 이들은 부채의 세제혜택을 모형에 도입하여 최적의 자본 구조를 닫힌 형태의 해로 제시하였다.

Anderson과 Sundaresan(1996) 그리고 Mella-Barral과 Perraudin(1997)은 청산/통제권 이양의 비용을 고려한다. 그들에 따르면 이러한 비용이 존재하므로 주주가 채무변제를 전략적으로 활용할 유인 즉, 채권자로서는 부채 재조정을 거절하고 기업을 청산하는 것이 더 불리하기 때문에 부채 상환금액을 하향 조정하기 위하여 재협상을 할 유인이 있다. 주주가 그렇게 기회주의적으로 행동할 가능성이 있으므로, 균형을 맞추기 위하여 이러한 요인이 가격에 포함된다. 따라서 부채의 가격은 떨어지고 스프레드는 높아진다.

Anderson과 Sundaresan(1996)은 기업의 가치를 창출하는 현금흐름을 모형에 포함하였지만, 모든 정기적인 현금흐름은 부채상환 및 배당으로 지불되는 것으로 하였다. Acharya, Huang, Subrahmanyam과 Sundaram(2006)은 이 조건을 확장하여 현금 유보와 "최적"(주가를 최대화하는) 배당 및 부채 상환 전략 등을 포함시켰다. 주가를 상승시킬 의도로 현금유보를 하지만, 이러한 유보는 채권자에도 이익이 되어 유보가 없을 때보다 스프레드는 낮아진다. 뿐만 아니라, 부채상환을 전략적으로 선택할 수 있는 재량권은 현금유보 전략에도 영향을 미치기 때문에, 전략적 부채 상환으로 인하여 스프레드가 항상 증가하는 것은 아니며, 심지어 어떤 경우에는 스프레드를 낮추기도 한다.

Zhou(1997)은 수익분포에서 꼬리가 두터운 문제를 다루었다. 기업의 가치 과정을 점프-확산으로 모델링하였다. Black과 Cox(1976) 그리고 Longstaff와 Schwartz(1995)와 같이 Zhou도 외부로부터 주어진 특정 수준(그의 모형에서는 상수 K) 이하로 기업가치가 떨어지면 부도는 만기 이전에도 발생할 수 있다고 가정하였다. 기업가치는 하방으로도 점프할 수 있으므로, 부도시 기업의 가치는 K보다 확실히 작을 수도 있다. 이러한 상황은 Black-Cox 혹은 Longstaff-Schwartz 모형에서는 발생하지 않는다. 그 결과로 Zhou의 논문에서는 부도시 회수율이 자연적으로 확률적이 된다. Zhou는 점프가 스프레드를 포함한 모형의 결과에 중대한 영향을 미친다고 설명한다.

Collin-Dufresne과 Goldstein(2001)은 경험적으로 관측되는 또 다른 규칙성을 모형에 포함하였는데, 그것은 기업들이 레버리지 비율을 목표에 맞추어 가는 것으로 보인다는 사실이다. 그들은 확률적 이자율과 평균회귀 레버리지 비율을 포함하는 모형을 개발하였으며, 그들의 모형이 이전 모형들보다 실제 데이터의 패턴과 일반적으로 더 잘 일치하는 스프레드를 만들어 낸다는 것을 발견하였다.

신용 위험을 측정하는 상업용 모형으로서 구조 모형을 기반으로 하는 것 중에는 RiskMetrics가 개발한 CreditGrades가 있다. 이 모형의 주목적은 순수 Merton 모형이 현실적인 단기 스프레드를 산출하지 못하는 단점을 제거하는 것이다. 어떤 면에서 이 모형은 Black-Cox와 비슷하지만, CreditGrades 모형에서는 부도 장벽이 확률적이 될 수 있도록 하였으며, 그 결과로 모형에서는 확률적

회수율이 생성된다. 이 특성으로 인하여 모형에 무작위 변화의 원천이 추가되어 충분히 많은 단기 스프레드가 생성될 수 있다.

32.6 구조모형 접근법의 평가

개념상으로는 구조 모형 접근법을 추천할 이유가 많다. 이 모형은 건전한 경제적 토대를 갖추고 있다. 이것은 인과 모형이다. 주 동인을 관측하고 분석할 수 있다. 부도율과 일치하는 방법으로 회수율(위험중립) 역시 모형에서 자연스럽게 정의된다. 구조 모형의 활용에서는, 현재의 시장 가격 정보, 특히 신용시장보다 훨씬 더 유동성이 풍부하고 유익한 주식 시장의 정보를 활용한다.(비록 무디스 KMV의 접근법에서는 과거 데이터를 사용한다는 점에서 이 주장에 제한이 필요하지만) 이는 미래 지향적인 모형이다. 실제로 구조 모형의 다양한 변형들이 부도와 등급 변화를 예측하는 능력이 우수한 것으로 밝혀졌다.

이것은 좋은 면이다. 이를 상쇄하는 약점도 있다. 이 모형은 부채 구조가 지극히 간단한 경우가 아니면 계산이 만만치 않다. 특히 기업의 부채가 다양한 우선순위를 가지고 있을 경우에 기업 부채의 특정한 트랑쉬를 평가하려고 하면, 이보다 우선순위가 높은 모든 부채를 동시에 모두 평가해야 한다. 사실 실무에서는 특정 트랑쉬를 평가하는 데는 이 모형을 거의 사용하지 않는다. 오히려 위기 예측자 혹은 표지로서 주로 이 모형을 사용한다.

구조 모형은, 일반 목적의 신용 모형 혹은 상대방 위험 모형으로 사용되기 보다는 주로 단일 기업의 모형으로 사용된다. 개발도상국의 국채를 평가하는 데 이를 사용해서는 안되며, 개발도상국의 신용 파생상품을 평가하는 데 사용해서는 더욱 안 된다.[3] 심지어는 기업 위험의 모형으로서도 구조 모형은 거래되는 주가 정보가 없는 비상장 회사에 적용하기는 어렵다.

(비록 Das(1995)는 이 틀 내에서 몇몇 신용 파생상품이 평가될 수 있는 지를 보여 주기는 하지만) 구조 모형은 대부분의 신용 파생상품 평가를 지원하지 않는다. 마지막으로 이 모형에서는 현실에서는 성립되지 않는 많은 특징적인 가정들을 한다. 이러한 문제들 중 많은 부분을 해결하는 일반화 작업이 많은 논문들에서 시도되었지만, 이러한 일반화의 상당 부분은 실무 적용에 한계가 있다.

구조 모형의 실무 성과

마지막으로, 이러한 모형들의 실무 성과에 관한 질문이 있다. 증거는 혼재되어 있다. 초기 검토(예를 들면, Jones, Mason 및 Rosenfelt(1984))에서는 Merton 모형이 스프레드를 과소평가 하는 경향이

3) 국채, 특히 국가의 자산과 지분 가치를 산출하도록 이 모형을 확장하려는 몇몇 시도가 있었다. 예를 들면, Gray, Merton 및 Bodie(2006) 혹은 Gapen, Gray, Lim 및 Xiao(2005)을 보라.

있으며, 때로는 많이 과소평가한다는 점을 발견하였다. Collin-Dufresne, Goldstein 및 Martin(2001)은 신용스프레드 변화의 결정 요인을 검토하였다. 그들은 모형에서 스프레드 변동의 주요인이라고 지목한 주요 변수가, 심지어는 일련의 재무 및 거시경제 변수들로 보강을 했을 경우에도, 스프레드 변화의 아주 일부분만 설명할 수 있다는 것을 발견하였다.

Eom 및 다수(2004)는 5개 구조 모형−Merton, Geske, Longstaff-Schawartz, Laland-Toft, Collins-Difresne와 Goldstein−을 1989년부터 1997년까지 공통 채권 가격 데이터를 사용하여 검증하였다. 그들은 Merton 모형은 스프레드를 과소 계산하는 반면, 다른 모형들은 평균적으로 위험한 채권의 신용 위험은 심하게 과대 평가하는 반면, 안전한 채권의 위험은 과소평가하는 문제를 가지고 있음을 발견하였다.

Huang과 Huang(2003)은 모형을 비교하는 데 다른 방법을 사용하여 다른 결론에 도달하였다. 그들은 다음 6개의 모형−Longstaff-Schwartz 모형, Anderson과 Sundaresan(1996) 그리고 Mella-Barral 및 Perraudin(1997)에 근거한 전략적 부채상환 모형, Leland(1994) 그리고 Leland와 Toft(1996)에 근거한 내생적 부도 장벽 모형, Collins-Dufresne와 Goldstein(2001)의 평균회귀 레버리지 모형, 그들이 소개한 2개의 새로운 모형−을 비교하였다. Huang과 Huang은 과거 부도 경험 데이터를 사용하여 각 모형의 모수를 산출하였으며, 모든 모형이 이렇게 계산된 모수로 거의 비슷한 신용 스프레드를 산출하였다. 하지만 이 스프레드는 실제 관측된 스프레드보다 상당히 작았으며, 특히 단기 우량 채권인 경우 더욱 그러하였다.

모든 것을 종합하면 이러한 연구들의 결과는, 구조 모형이 스프레드 수준을 설명하는 데는 한계가 있음을 제시한다. 반면에 구조 모형으로부터 출발한 개념−부도거리 개념−은 아래에서 설명하는 바와 같이 여러 모로 유용함이 입증되었다.

부도 거리 및 CAP 곡선

실제 관측된 파산 샘플로 모형들의 부도 예측 신뢰도를 평가해 볼 수 있다. 부도 거리는 정규화된 측정치이므로, 이를 사용하여 얼마나 부도 가능성이 높은지 순서를 매길 수 있다. 기업의 부도 성향은 부도 거리가 감소할수록 높아진다. 기업의 부도 순서가 부도 거리에 따른 순서와 정확히 일치하면, 모형은 100% 정확하다. 부도 거리를 오름차순으로 정리한 기업의 열을 생각해 보자. 이 열의 앞부분에 위치한 기업은 부도 거리가 가장 낮은 기업들이다. 열을 따라 내려가면 부도 거리가 증가한다. 실제 부도가 열의 앞부분에서 다소 발생하면, 모형의 예측 능력이 높다고 가정해도 안전할 것이다. 그러나 부도가 열 아무 곳에서나 무작위로 발생한다면 이 모형은 좋지 않다.

부도 거리의 예측 신뢰도를 측정하는 공식적 통계 측정치 중 하나는 모형의 누적 정확도 프로파일(cumulative accuracy profile, CAP)이다. CAP 곡선은 부도 기업의 누적 비율(y 축에 표시)을 부도 측정 점수 순으로 배열한 총기업의 누적비율(x 축에 표시)에 대비하여 표시한 그래프이다. 예를 들면, 총

표 32.3
누적 정확도 프로파일 (CAP)

전체기업의 백분율	부도기업의 백분율	누적 전체기업의 백분율	누적 부도기업의 백분율	완벽 모형 누적 백분율
0	0	0	0	0
0~1	36	1	36	40
1~2	32	2	68	80
2~3	20	3	88	100
4~5	12	4	100	100
5~6	0	5	100	100
⋮	⋮	⋮	⋮	⋮
⋮	⋮	⋮	⋮	⋮
99~100	0	100	100	100

1,000개의 기업이 있고 그 중에 25개에 부도가 발생하였다고 가정하자. 부도 거리에 따라 기업을 정렬하고 첫 번째 10개 중 9개 기업에 부도가 발생하였음 발견한다. 그 다음 10개의 기업 중 8개의 부도가 발생하였다, 3번째 구간에서는 5개의 부도가, 4번째 구간에서는 3개의 부도가 발생하였다. 처음 4개의 구간에서 25개 모든 부도가 발생했다. CAP 곡선의 값은 (표 32.3)에 나타나 있다.

CAP 곡선은 (표 32.3)의 4번째 열에 나타나 있다. 이는 초기에 급격히 상승하며 그 다음은 기울기가 줄어들고, 최종적으로는 100%에서 정점을 이루며 그 이후에는 당연히 수평이 된다. 이 예에서는 모형이 높은 예측력을 가지고 있기 때문에 곡선이 급격히 상승한다. 만약 부도 모형이 예측력이 없으면, CAP 곡선의 평균은 45도 기울기의 곡선이 될 것이다. 그러므로 45도 기울기의 곡선과 CAP 곡선 사이의 면적이 예측능력의 측도로 사용될 수 있다. 이 면적을 A라고 하자. 이와 같이 완벽하게 예측능력이 있는 모형의 CAP(표 32.3의 5번째 열)과 45도 선 사이의 면적을 B라고 하자. A/B의 비율이 이 모형의 정확도 비율(accuracy ratio, AR)이다. 이 비율은 모형의 성능을 숫자로 나타내 준다. [표 32.3]의 숫자로 계산한 정확도 비율은 99.72%이다(독자들이 연습으로 직접 계산해 보기를 권장한다). [그림 32.5]는 CAP 곡선과 정확도 비율 사이의 관계를 그래프로 보여준다. (표 32.3의 숫자로 그린 그래프는 아님을 유의하라.)

구조 모형이 부도 예방에는 잘 활용될 수 있다는 것을 보여 주는 상당한 증거가 있다. 모형의 구체적인 구조와 비율 측정에 사용된 기업에 따라 정확도 비율은 65~90%에 이른다. 예를 들면 Duffie, Saita 및 Wang(2007)은 부도거리를 거시경제 및 주식시장의 다른 변수들과 혼합하여 정확도 비율 85%를 달성했다. 개별 기업의 고유한 부도거리뿐만 아니라 다른 변수들도 동시에 사용하는 소위 혼합 모형은 순수하게 부도거리만 사용하는 모형을 개선하기 위한 노력이다.

그림 31.5
누적 정확도 프로파일 및 정확도비율: CPA 곡선

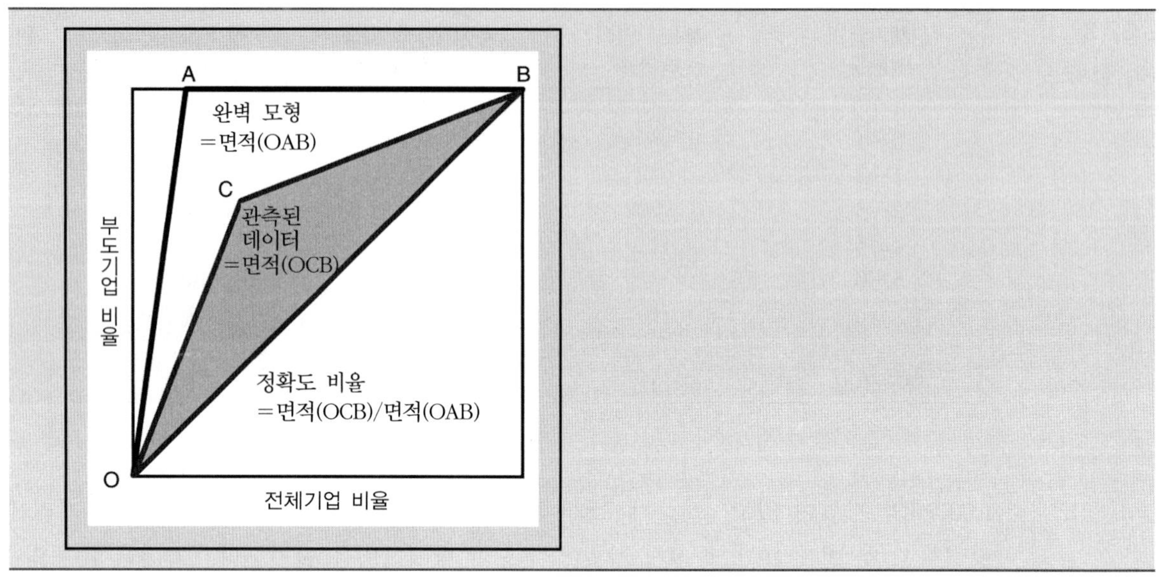

32.7 요약

이 장에서는 기업의 부도 위험을 판단하는 데, 파생상품 모형과 관측 가능한 시장의 정보가 어떻게 활용되는 지를 보였다. 이 장의 접근법의 기반이 되는 핵심적인 생각은, Black과 Scholes(1973) 그리고 Merton(1974)의 기초 작업으로부터 싹튼 것이다. 이 논문들은, 기업의 부채는 내재된 옵션을 포함하고 있으며, 이 옵션은 관측할 수 있는 증권거래를 활용하여 평가가 가능하므로, 주식 옵션 공식을 어떻게 활용할 수 있는 지를 보여 주었다.

구조 모형의 실무 적용은 통상 주식 가격을 이용하여 이루어진다. 이에는 기업이 발행한 모든 증권 중 주식이 기업이 부도 가능성을 측정하는 데 가장 좋은 지표가 된다는 암묵적인 가정이 있다. 주식이 기업이 발행한 증권 중 가장 유동성이 풍부한 증권인 한, 이 가정은 합리적이다. 하지만 이에는 두 가지 단점이 있다. 첫째, 정보 활용 절차에서 자주 (채권 시장의 정보와 같은) 다른 증권 시장의 정보 혹은 (옵션이나 신용 부도 스왑 시장 같은) 파생상품 시장의 정보는 반영될 여지가 없다. 둘째, 주식이 시장에서 거래되지 않는 기업, 그리고 더욱이 개발도상국 정부와 같이 기업이 아닌 기관에 대해서는 적용하기가 어렵다.

반면에 상장기업에 관한 한, 구조 모형 접근법은 풍부한 통찰력, 특히 무엇보다도 부도 확률과 이의 주된 요인에 관해서 풍부한 통찰력을 제공한다는 것은 의심의 여지가 없다. Leland(2006)가 간파하였듯이 구조 모형은 최적 레버리지, 만기, 투자결정 등 재무적 결정에 대해서도 역시 통찰력

을 제공한다. 비록 점프 위험(예, Zhou(1997)) 그리고 회수율의 불확실성(예, CreditGrades 모형)을 도입하면 추적 가능한 틀 안에서는 대단한 개선이 이루어 질 수 있다는 것을 보여 주기는 하지만, 아마도 대부분의 구조 모형의 가장 큰 단점은 아직도, 실제 단기 스프레드, 특히 저 위험 기업의 단기 스프레드를 잘 맞추지 못한다는 것이다.

32.8 연습문제

1. Merton(1974) 모형을 사용하여 부도 위험이 있는 기업의 채권을 평가할 수 있다. 이 틀 내에서 부채를 어떻게 옵션으로 볼 수 있는가를 설명하라.
2. 부채의 평가에 있어서 구조 모형은 어떤 정보를 무시하는가?
3. Merton 모형에서 매우 낮은 스프레드가 산출되는 이유는 무엇인가?
4. Merton(1974) 모형으로 기업의 부도 확률을 계산하는 것이 가능한가?
5. 기업의 자산가치 변동성이 20%이다. 기업의 자산가치는 200백만 달러이고 정규분포를 따른다. 무위험 이자율은 2%이며 기업의 기대 수익률은 10%이다. 기업은 액면가 100백만 달러의 부채를 가지고 있으며, 1년 후에 만기가 된다. 이 기업의 1년 위험중립 부도 확률과 실제 부도 확률을 구하라. 어느 것이 높은가? 왜 그러한가?
6. 왜 Merton 모형에서 스프레드 곡선은 봉우리 모양을 나타내는 지를 설명하라.
7. ABC의 자산 변동성은 30%이다. 현재의 자산 가치는 50백만 달러이다. 무위험 이자율은 3%이다. 2년 만기 부채의 액면가가 30백만 달러이면 회사의 지분 가치는 얼마인가? Merton(1974) 모형을 이용하라. 부채의 가치는 얼마인가?
8. 무위험 이자율이 4%이며, 기업의 가치는 75백만이고, 지분은 50백만이라고 하면, 만기 1년 액면가 30백만인 무이표채의 신용스프레드는 얼마인가? (연속복리를 가정하라.)
9. 기업 가치가 100백만 달러이고, 지분 가치가 40백만 달러이며, 무위험 이자율은 4%이며, 만기 3년인 무이표채의 액면가는 70백만 달러이면, 이 기업의 자산 변동성은 얼마인가? Merton (1974) 모형이 이 경우에 적용될 수 있다면, 이 기업의 3년 위험중립 부도 확률은 얼마인가?
10. 위 질문에서 Moody's-KMV 모형으로 산출한 부도거리는 얼마인가?
11. 부도거리를 위험중립 부도 확률의 관계식으로 표시하라.
12. 기업 ABC는 현재 주가가 50 달러이다. 주당 1년 만기 무이표채의 액면가는 50 달러이다. 옵션가격에 내재된 주식의 연간 변동성은 40%이며, 무위험 이자율은 3%이라면, 주주배당은

없다고 할 때 주당 부채 금액은 얼마인가? Merton(1974) 모형을 가정하라.

13. ABC 회사는 주식이 50에 거래되고 있다. 주식의 변동성은 50%이다. 기업의 주당 무이표채 액면가는 60이며, 무위험 이자율은 10%이라면, 무이표채의 만기를 1~10년으로 각각 간주하고 Merton 모형을 사용하여 1~10년의 신용 스프레드 기간 구조를 계산하라.

14. 당신에게 좋은 과거 데이터가 있다고 가정하면, 당신은 Merton 모형의 위험중립 부도 확률을 어떻게 실제 세계의 부도 확률로 변환시키겠는가?

15. Geske-Delianedis 모형에서는 장기 부채와 단기 부채 두 종류의 부채가 있으며, 따라서 단기 부도율과 장기부도율이 계산된다. 만약 단기 부채의 만기가 1년이고, 부도 확률 $P_1 = 2\%$이며, 장기 부채의 만기는 2년 이며, 누적 부도 확률 $P_2 = 3\%$이라고 한다면, 1년과 2년 사이의 미래(forward) 부도 확률은 얼마인가?

16. 만약 단기 부채의 만기가 1년이며, 부도 확률 $P_1 = 2\%$, 장기 부채의 만기는 5년이며, 누적 부도 확률 $P_2 = 10\%$이라고 한다면, 1년부터 5년 사이의 연간 미래(forward) 부도 확률은 얼마인가?

17. Merton 모형의 틀을 유지하면서 자본구조에 복수의 부채가 있는 기업들을 소화하는 한 방법은 모든 부채를 무이표채로 환산하여 대표적인 만기(예 1년)로 통합하는 것이다. 예를 들면, 모든 단기 부채의 합과 장기 부채의 절반을 더한 금액을 부채의 액면가로 계산하며 만기를 1년으로 취급하는 방법이다. 장기 부채의 경우 단지 절반만 계산하는 이유는?
    (a) 현재가치로 환산하면 장기 부채의 가치는 단기 부채의 가치보다 낮기 때문에
    (b) 장기 부채는 만기가 1년보다 길기 때문에
    (c) 미래의 파산을 방지하기 위하여 미리 대책을 세울 수 있으므로
    (d) 1년 후에 지불해야 할 금액은 이자 뿐이기 때문에

18. Merton(1974) 모형을 다음과 같이 수정한다고 가정하자. Merton 모형에서는 기업의 가치(V)가 부채의 액면가(D)보다 작으면 부도가 발생하되 만기에만 발생하는 것에 반하여, 이제부터는 언제라도 기업이 만기 전에 ϕD로 표시되는 부도 장벽을 돌파하게 되면 부도가 발생하는 것으로 가정한다. 단 $\phi < 1$로 한다. 여기에서 ϕ는 고정된 부도시 회수율을 의미한다. 부도시에는 사중손실 ξD, $0 < \xi < 1$가 발생한다. 신용 스프레드가 Merton 모형보다 높을지 낮을지를 분석하라.

19. 1년 만기 Merton(1974) 모형에서 $V = 100$이라고 가정하라. $r = 0$, $D = 75$이라고 한다. Moody's-KMV의 부도거리(DTD)를 {1, 2, 3}으로 변화시키면서, 각 DTD에 대한 1~10년(1년 단위로) 신용 스프레드(3개의 스프레드)를 계산하라. 답에서 어떤 현상을 보는지 설명하라.

20. Merton 모형에서 시점 T까지 누적 위험중립 부도 확률을 기술하라.

부록 32A Delianedis-Geske 모형

이 부록에서는 Delianedis-Geske(1998) 모형(이하 DG라고 함)을 기술한다. 만기가 T_1 액면가가 D_1 그리고 만기가 T_2 액면가가 D_2인 두 개의 무이표 부채가 존재하되, $T_2 > T_1$으로 한다. 부채의 가치는 각각 B_1, B_2로 표시하되, 우리는 이 두 부채의 가격을 계산하고자 한다. 두 개의 날짜가 있으므로 주주는 그들의 청구권이 무가치하면 부도를 선택할 수 있는 시점이 두 개 있다. 그러므로 DG 모형은 복합 옵션의 가치 결정 방법론을 내포하게 된다.

첫 만기 시점인 T_1에서 다음의 경우에는 회사가 건전하다.

$$V_{T_1} > D_1 + B_{2,\,T_1} \ ,$$

만약 회사가 건전하면 주식을 발행하여 첫 번째 부채를 상환한다고 가정한다. 자금의 재조달이 허용되지 않는다는 가정으로도 이 모형을 활용할 수 있으나, 이는 두 번째 부채에 부정적인 영향을 미치므로 덜 현실적이다. 그래서 위의 조건이 탈락점 즉, T_1에서 기업의 가치 V^*를 정의해 준다. 이는 복합 옵션의 행사가와 유사하다. 그러므로 V^*는 다음과 같다.

$$V^* = D_1 + B_{2,\,T_1} \tag{32.27}$$

시점 T_2의 두 번째 옵션 행사가는 단순히 두 번째 부채의 액면가 즉, D_2이다.

오늘의 주가는 위와 같이 두 개의 행사가가 있는 복합 옵션의 가격이다. Delianedis와 Geske (1998)는 다음과 같은 해를 제시하였다.

$$\begin{aligned} E_t = \ & V_t N_2\left[d_1 + \sigma\sqrt{T_1 - t},\ d_2 + \sigma\sqrt{T_2 - t}\,;\rho\right] \\ & - D_2 e^{-r(T_2 - t)} N_2[d_1,\ d_2;\ \rho] - D_1 e^{-r(T_1 - t)} N(d_1) \end{aligned} \tag{32.28}$$

$$\rho = \sqrt{\frac{T_1 - t}{T_2 - t}} \ , \tag{32.29}$$

$$d_1 = \frac{\ln\left(\dfrac{V_t}{V^*}\right) + \left(r + \dfrac{1}{2}\sigma^2\right)(T_1 - t)}{\sigma\sqrt{T_1 - t}} \tag{32.30}$$

$$d_2 = \frac{\ln\left(\dfrac{V_t}{D_2}\right) + \left(r + \dfrac{1}{2}\sigma^2\right)(T_2 - t)}{\sigma\sqrt{T_2 - t}} \tag{32.31}$$

위에서 $N_2[\cdot]$는 상관계수가 ρ인 누적 이변량 표준 정규 분포이다.

DG는 그들의 모형에서 다음과 같은 3개의 위험중립 확률을 제공한다.

$$\text{총부도확률} = TRNPD = 1 - N_2[d_1,\ d_2\,;\ \rho] \tag{32.32}$$

$$\text{단기 확률} = RNPD_1 = 1 - N(d_1) \tag{32.33}$$

$$\text{장기 확률} = RNPD_2 = 1 - \frac{N_2[d_1,\ d_2\,;\ \rho]}{N(d_1)} \tag{32.34}$$

총부도확률이란 기업이 T_1 혹은 T_2에서 부도가 발생할 확률이다. 단기 부도확률이란 T_1시점에서 부도가 발생할 확률이며, 장기 부도 확률이란 T_1시점에서는 부도가 발생하지 않고 T_2시점에서 부도가 발생할 조건부 확률이며 이는 선도(forward) 부도 확률이다.

DG 모형의 매력적인 특징은 기업의 단기 및 장기 부도 특성을 포착할 수 있다는 점이다. 많은 기업들이 당장은 어려운 상황에 있지만 단기간을 버틴다는 전제하에 장기 전망이 꽤 좋은 경우가 있다. 이런 종류의 모형은 장기 부도 확률이 단기 생존을 전제로 기업 가치가 증가할 가능성을 반영해 주기 때문에 기업의 이런 특성을 좀 더 정확히 반영할 수 있다. 비슷한 이유로 단기 부도 확률을 통해서 현재의 어려운 상황을 포착하기도 한다. 그러므로 Merton 모형의 이 단순한 확장으로도 개별 기업의 신용 위험을 분석할 수 있는 풍부한 틀을 제공한다. 경기 사이클을 관통하여 기업을 평가하는 평가기관도 Merton(1974) 모형의 부도 확률보다는 장기 부도확률을 더 선호할 수도 있을 것이다. Delianedis와 Geske는 경험적으로 그들의 모형이 평가 등급의 변화를 예측하는 데 사용될 수도 있음을 발견하였다.

예 32.7

DG 모형은 활용이 쉽다. 이를 숫자가 포함된 예를 들어 설명한다. 착상은 Merton 모형의 활용과 기본적으로 동일하다. 시장의 주식 가격과 주식의 변동성을 이용하여 기업의 가치와 변동성을 계산한다. 그러기 위해서는 두 개의 방정식이 필요하다. 그 중 하나는 식 (32.28)에 제시된 복합옵션 공식을 이용한 주식 가격 결정 방정식이다. 둘째 방정식은 변동성 방정식으로 Merton(1974)의 식과 일치하며(기초 자산인 기업 가치 과정은 양 모형에서 동일하다) 다음과 같다.

$$\sigma_E = \frac{\partial E}{\partial V}\frac{V}{E}\sigma \approx N(d_1)\frac{V}{E}\sigma \tag{32.35}$$

일단 V_t와 σ를 구하면 앞 절에서 설명한 식으로부터 모형의 나머지는 구할 수 있다.
다음과 같은 주가와 변동성을 시장으로부터 관측하였다고 하자.

$$E_t = 54.73, \qquad \sigma_E = 0.5425$$

다음과 같은 재무상태표가 주어졌다. 기업의 주당 단기 부채 $D_1 = 30$ 그리고 이 무이표채의 만기는 이 모형에서 통상 사용하는 1년($T_1 - t = 1$)이다. 장기부채는 만기가 5년이며 액면가 $D_2 = 30$

이다. 그리고 이것 역시 무이표채이다. 무위험 이자율은 $r=0.10$이다.

Merton 모형에 비해서 더 복잡해진 것은 추가 변수 V^*(탈락점)로부터 발생하며, 이 또한 모형에서 해를 찾아야 한다. 그래서 풀이 프로그램으로 식 (32.28), (32.25) 그리고 (32.27)을 이용하여 $\{V_t, \sigma, V^*\}$의 해를 구한다. 위에서 주어진 값으로 다음과 같은 해를 구하였다.

$$V_t = 100$$
$$\sigma = 0.30$$
$$V^* = 49.57689$$

이 값들을 이용하여 주식 가격이 정확히 일치되는 지를 점검할 수 있다. 다음으로는 식 (32.33)에서 주어진 공식을 이용하여 관심사인 위험중립 부도 확률을 계산한다. 이는 다음과 같다.

$$TRNPD = 1 - N_2[d_1, d_2; \rho] = 0.0186$$
$$RNPD_1 = 1 - N(d_1) = 0.0058$$
$$RNPD_2 = 1 - \frac{N_2[d_1, d_2; \rho]}{N(d_1)} = 0.0129$$

5년 동안 두 개의 채권 중 하나에라도 부도가 발생할 확률은 약 1.86%이다. 1년 이내에 부도가 발생할 확률은 훨씬 더 낮아서 단지 0.58%에 불과하다. 그리고 1년에서 5년 사이에 부도가 발생할 미래 부도 확률은 약 1.29%이다.

우리는 이 모형을 활용하여 민감도 분석을 실시할 수 있다. 주가가 현재의 54.73 달러에서 50달러로 떨어진다면 부도 확률이 어떻게 될지를 알고 싶어 한다고 가정해 보자. 모형을 재계산하면 결과는 다음과 같다.

$$V_t = 95.28$$
$$\sigma = 0.2876$$
$$V^* = 49.6721$$
$$TRNPD = 1 - N_2[d_1, d_2; \rho] = 0.0179$$
$$RNPD_1 = 1 - N(d_1) = 0.0067$$
$$RNPD_2 = 1 - \frac{N_2[d_1, d_2; \rho]}{N(d_1)} = 0.0113$$

이 분석으로부터 몇 가지 흥미로운 결과를 볼 수 있다. 주식 가격이 하락하므로, 기업가치가 이에 따라 하락한다. 그러나 낮아진 콜 옵션 가격에서 볼 수 있듯이 기업의 변동성이 하락하였다. 변동성 하락으로 부도 발생 가능성은 낮아져서, 위험중립 총부도 확률이 1.86%에서 1.79%로 하락하였다. 주가의 하락으로 단기 부도 확률은 0.58%에서 0.67%로 즉시 높아지지만, 이에 대응

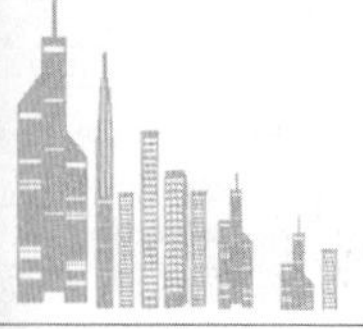

되는 장기 부도 확률은 1.29%에서 1.13%로 하락한다. 이것은 첫 번째 부채 만기에 생존한다는 조건하에 변동성이 낮아져서 미래의 부도 확률을 낮추기 때문이다. 하지만 주가가 낮아진다는 것은 회사의 가치가 낮아진다는 것을 의미하므로 단기 부도 확률을 끌어 올렸다. 그러므로 시장에서 관측 가능한 주가와 같은 변수의 변동이 부도 확률의 기간 구조의 기울기를 어떻게 변화시키는 지를 볼 수 있다. ■

제 33 장

부도위험의 축약형 모형

33.1 서론

구조 모형에서는 부도가 기업의 가치와 자본 구조에 의해 결정된다. 부도 사건의 가능성은 이러한 입력자료로부터 내부적으로 결정된다. 이러한 의미에서 구조 모형은 "경제적" 근거가 있다. 대조적으로 축약형 모형(reduced-form model, Duffie와 Singleton 1999a가 만든 용어)은 부도시점에 관한 확률과정을 직접 제시한다. 이 과정은 기업의 가치나 자본 구조에 대한 필수적인 참고 없이 외부적으로 명시된다. 그러므로 축약형 접근법은 금융공학적 분위기가 느껴진다.

축약형 모형에서 제시된 부도 과정의 모수들은 통상 관측된 부채 가격으로부터 추정 혹은 계산되는데, 이점 또한 전형적으로 주가를 이용하여 실무에 적용하는 구조 모형과 대조된다. 세 번째 차이점은 부도 사건 자체와 관련된 것이다. 브라운 운동에 근거한 전형적인 구조 모형에서 부도는 기업가치 과정이 연속적이므로 갑작스러운 사건은 아니다. 기업은 점진적으로 부도에 확산된다. 축약형 모형에서 부도는 언제나(정의에 따라) 갑작스러운 사건이다. 대상 기업이 "부도로 점프(jump-to-default)"를 경험하기 때문이다.

축약형 모형은 부도의 동인 혹은 부도에 이르는 과정을 명확히 모델링하지 않기 때문에 구조모형보다 지적으로 덜 만족스럽게 보일 수도 있다. 그럼에도 불구하고 구조 모형 접근법에 비해 중요한 몇몇 장점이 있다. 부도를 야기하는 다른 변수들을 구체적으로 명시하는 대신, 이 모형은 모형 구축자가 부도 과정을 직접 명시할 수 있게 함으로, 실제 데이터와 일치시키는 과정에 많은 융통성을 가지게 한다. 기초 자산가치 과정이 없으며, 활용상 주가 자료도 필요하지 않으므로 이 틀의 적용 가능성이 높아진다. 특히, 구조 모형 패러다임에 적합하지 않은 기관이나 국가에도 적용할 수 있다.

축약형 모형 체계의 중요 요소는 주어진 기간 중 부도 발생가능성을 결정하는 과정이다. 이장의 상당 부분에 걸쳐 이 과정을 모델링하는 가장 인기 있는 접근법 즉, 부도 "강도(intensities)"에 근거한 접근법을 검토한다. 33.2절은 강도 과정 및 강도에 근거한 부도 모형에 대한 소개로부터 시작하며, 33.3절에서는 회수율 구성과 모델링에 대한 평가를 더할 것이다. 33.4절에서는 축약형 모형 계열의 아마도 최초가 되는 Litterman과 Iben(1991) 모형을 살펴본다. 33.5절의 주제는, Duffie와 Singleton (1999a)이 유도한 이론적인 중요 평가결과와 이의 축약형 모형에 대한 의의이다. 33.6절에서는 Heath-Jarrow-Morton(HJM)의 "부도가능(defaultable)" 모형 계열을 설명한다.

Jarrow, Lando 및 Turnbull(1997)(이하 JLT라고 함)은 축약형 부도 모델링에 대한 하나의 대안을 제시하였다. JLT 접근법은 부도 강도보다는 평가등급 이행 행렬에 근거한다. 그러한 접근법에서는 기업의 재무적 건강-신용등급으로 측정 되는-이 급격히 부도 상태로 악화될 수 있을 뿐만 아니라 다른 등급(상위 또는 하위)으로 점프할 수도 있다. 과거 자료로부터 위험중립 등급 이행 행렬을 구하는 JLT 방법은 33.7절에서 논의한다.

이 자료의 적용으로 마지막 절에서는 축약형 모형에서 신용 부도 스왑의 가격 결정 방법을 설명한다.

33.2 부도 모델링 I: 강도 확률과정

축약형 접근에서 부도는 가장 보편적으로 "강도(intnesity)" 과정 λ_t를 통해서 다루어진다. 강도 과정은 (다음에 설명하는 방법으로) 주어진 시간 중에 부도가 발생할 가능성이 얼마인가를 결정하는 확률과정이다. 느슨하게 말하자면 높은 부도 강도는 주어진 기간 중에 부도가 발생할 가능성이 높은 것을 의미한다. 강도를 근거로 한 모델링에 대한 설명을 시작하기에는, 강도 확률과정 계열 중에서 가장 단순한 고정 강도 과정이 좋다.

고정 강도 과정

고정 강도 과정이란, 모든 t에 대하여 $\lambda_t = \lambda$, 단 $\lambda > 0$인 과정이다. 강도 λ는 다음과 같은 의미를 가진다. 기업이 최소한 t년을 생존(즉, [0, t] 기간 중에 부도가 발생하지 않을)할 가능성이 다음과 같이 주어진다.

$$\Psi(t) = e^{-\lambda t} \tag{33.1}$$

만약 $\lambda > 0$이면, $t \to \infty$에 따라 생존 확률은 0이 되며, 모든 기업은 궁극적으로 실패할 것이라는 사실에 주목하라. 어떤 주어진 기간 [0, t]에 대하여, λ값이 높으면 $e^{-\lambda t}$가 감소하므로 그 기간 중의 생존 확률이 낮을 것을 의미한다는 사실에도 주목하라.

[0, t] 기간 중에 부도가 발생할 확률을 $\varphi(t)$로 표시하며, 이는 다름 아닌 1에서 해당 기간 중의 생존 확률을 차감한 것이 된다.

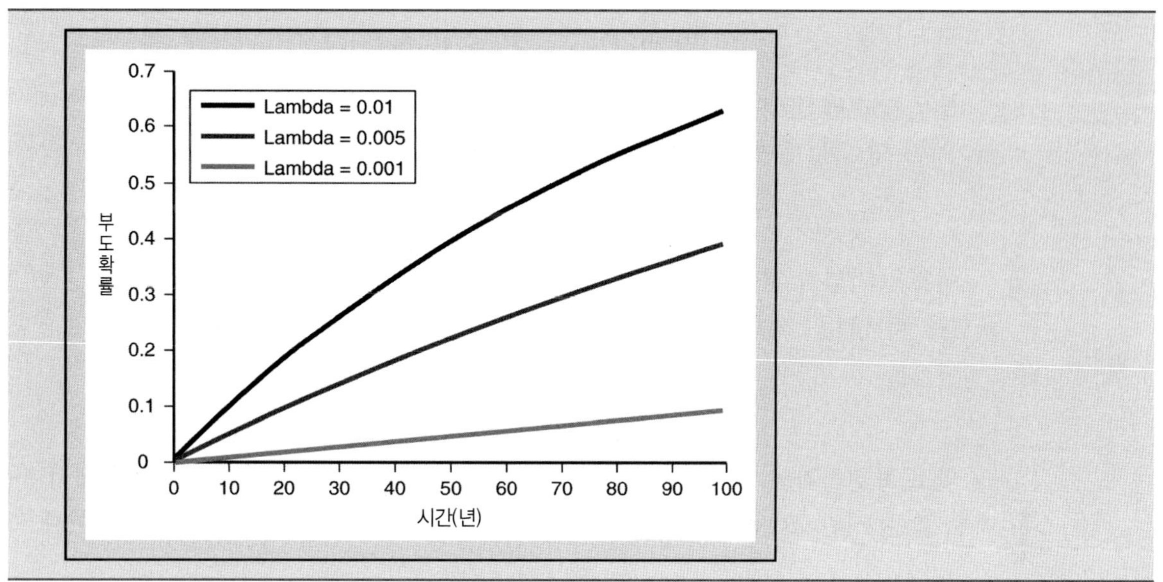

그림 33.1 서로 다른 고정 부도 강도에 따른 부도 확률

$$\varphi(t) = 1 - e^{-\lambda t} \tag{33.2}$$

λ가 높을수록 주어진 기간 중의 부도 확률은 높으며, 당연히 $t \to \infty$이면 부도 확률은 1이 된다. [그림 33.1]은 다른 값의 λ에 대한 부도 확률 곡선의 그래프이다.

수학적 맥락

강도 과정은 16장에서 점프-확산 과정을 설명할 때 소개하였던 포아송 과정과 밀접하게 연관되어 있다. 포아송 과정은 어떤 사건의 무작위 도래를 표현하기 위하여 사용된다(예를 들면, 커피숍에 고객이 도래하는 것, 주가에 점프가 발생하는 것). 신용 위험의 맥락에서는 부도가 포아송 과정의 첫 번째 점프와 같다. 두 번째나 그 이후의 점프는 의미가 없다; 암묵적으로, 하나의 부도를 향한 점프를 가정하고 있다.

강도가 λ인 균일 포아송 과정에서 s와 t 사이의 시간 중 도래의 횟수는 다음과 같이 분포되어 있다.

$$\text{Prob}(N_t - N_s = k) = \frac{e^{-\lambda(t-s)}[\lambda(t-s)]^k}{k!} \tag{33.3}$$

$T_1, \cdots, T_n$이 모형의 대상이 되는 사건이 도래하는 시점이라고 하자. 중간 시간 $T_{k+1} - T_k$는 k번째 도래과 $(k+1)$번째 도래 사이의 경과 시간이며, 시간의 길이는 무작위이다. 만약 N을 강도가 λ인 균일 포아송 과정이라면, 중간 시간은 독립적이며 다음과 같은 지수분포를 따른다.

$$\text{Prob}(T_{k+1} - T_k \le \tau) = 1 - e^{-\lambda\tau} \qquad \textbf{(33.4)}$$

부도는 N에서 발생되는 첫 번째 점프로 간주된다. 부도의 시점은 첫 번째 도래 시간의 분포이며, 이는 다음과 같은 지수 분포를 따른다.

$$\text{Prob}(t \text{ 전에 부도 발생}) = \text{Prob}(T_1 \le t) = 1 - e^{-\lambda t}$$

이것은 기업이 지난 t시간 후에 생존할 확률은 $e^{-\lambda t}$라는 것과 동일하다. 물론 이 부도와 생존의 표현은 식 (33.1) 및 (33.2)에 불과하다. 강도 λ는 다음과 같은 조건부 부도 발생률이다

$$\lim_{h \downarrow 0} \frac{1}{h} \text{Prob}(T_1 \in [t, t+h] \parallel T_1 > t) = \lambda \qquad \textbf{(33.5)}$$

말로 표현하자면 식 (33.5)는 (t까지는 부도가 발생하지 않았다는 조건하에) t에서 $t+dt$에 이르는 매우 짧은 시간 dt 중에 부도가 발생할 확률은 $\lambda \times dt$에 접근한다고 할 수 있다.

고정 강도의 한계

고정 강도 과정은 다루기가 쉽긴 하지만, 실제 상황을 묘사하는 데는 가치가 제한된다. 예를 들면, 커피 숍에 고객이 도래하는 정도가 일중이라도 어떤 시간대에 높을 수 있고, 날씨와 계절에 따라 달라질 것이다. 부도 위험의 맥락에서 보면, 부도 발생률도 이와 유사하게 산업과 경제 상황 및 기타 요인에 따라 달라질 것이다. 이러한 고려를 무시하면, 스프레드 곡선이 비현실적으로 제한적인 영향을 받게 된다.

이 한계점에 대해서는 아래에서 설명하지만 중요한 것 먼저 한다. 가격 결정을 목적으로 할 경우, 중요한 것은 다른 각 상황의 위험중립 확률이다. 부도는 상황 중의 하나일 뿐이며, 위험중립 방법으로 부도 가능한 증권의 가격을 산출하기 위해서는 먼저 위험중립 부도 과정을 이용해야 한다. 그러므로 지금 이후 증권의 가격 결정과 관련하여 부도 강도를 언급할 때에는 위험중립 부도 강도임을 이해해야 한다.

고정 (위험중립) 강도로 부도 강도 과정 λ를 설명할 수 있는 기업을 생각해 보자. 단순화하기 위하여 부도시에 회수가 0 즉, 채권자가 아무 것도 받지 못한다고 가정하자. 그러면 이 기업의 스프레드 기간 구조는 어떻게 되나?

B^*를 이 기업이 발행한 T년 만기 액면가 $1인 무이표채의 가격이라고 하자. r을 연속 복리 조건의 T년 이자율이라고 가정하자. 두 가지 가능성이 존재한다. 이 기업에 T년 동안 부도가 발생하지 않으면, 그러면 채권은 액면가인 $1을 지급할 것이다. 부도 강도 λ가 주어졌으므로, 이렇게 될 확률은 $e^{-\lambda t}$이다. 이와 반대의 상황이 발생할 확률은 $1-e^{-\lambda t}$이며, 채권에는 부도가 발생하고 지급금은 0이다. 채권의 가격은 지급금의 위험중립 기대값의 현가이다. 그러므로 다음 식과 같다.

$$B^* = e^{-rT}\left[e^{-\lambda t}\cdot 1 + (1-e^{-\lambda T})\cdot 0\right] = e^{-(r+\lambda)T} \quad \textbf{(33.6)}$$

채권의 수익률은 $B^* = e^{-RT}$가 되는 R이며, 식 (33.6)으로부터 수익률 $R = r+\lambda$가 된다. 이는 채권의 T년 스프레드 S_T(즉, T년 만기 채권의 수익률 R과 T년 무위험 이자율 r의 차이)는 다음과 같음을 의미한다.

$$S_T = (r+\lambda) - r = \lambda$$

만기 T나 다른 요인에 영향을 받지 않는 상수이다! 이는 명백히 비현실적이다. 더 풍부하고 현실적인 스프레드 곡선을 위해서는 부도 과정을 더 풍부하게 구성해야 한다.

변동 부도 강도 과정

고정된 λ의 균일 동질적 포아송 과정(homogeneous poisson process)은 시간에 따라 변하는 λ_t를 사용하여 비동질적 포아송 과정(non-homogeneous poisson process)으로 일반화시킬 수 있다. λ_t가 주어졌을 때 다음과 같이 정의한다.

$$m_t = \int_0^t \lambda_\tau \, d\tau$$

비동질적 강도(λ_t) 포아송 과정에서, 시간 s와 t 사이의 횟수는 다음과 같이 확률적으로 분포된다.

$$\text{Prob}(N_t - N_s = k) = \frac{e^{-(m_t - m_s)}\left[m_t - m_s\right]^k}{k!} \quad \textbf{(33.7)}$$

부도와 생존 시간의 분포도에 따라서 일반화되며, 생존과 부도의 확률은 다음과 같이 된다.

$$\psi(t) = t\text{까지 생존할 확률} = \exp\left\{-\int_0^t \lambda_\tau d\tau\right\} \quad \textbf{(33.8)}$$

$$\varphi(t) = t\ \text{이전에 부도날 확률} = 1 - \exp\left\{-\int_0^t \lambda_\tau d\tau\right\} \quad \textbf{(33.9)}$$

위 식에서는 지수 함수 e^x를 $\exp\{x\}$로 표기하였다.

변동 강도시의 스프레드 곡선

명백히 고정 강도시보다 더 흥미로운 스프레드 곡선이 나타난다. 만기 T이고 액면가 $1인 무이표채를 고려해 보자. 시간에 따라 변동하는 부도 강도 과정 λ_t가 주어졌을 때, 이 채권의 가격 B_T^*(부도시 회수율 0이라는 가정을 계속 사용)는 다음과 같다.

$$B_T^* = e^{-rT}[\psi(T)\cdot 1 + (1-\psi(T))\cdot 0\,] = e^{-rT}\psi(T)$$

$\psi(T)$대신 식 (33.8)을 대입하면, 채권의 가격은 아래와 같다.

$$B_T^* = \exp\{-rT\} \times \exp\left\{-\int_0^T \lambda_t\,dt\right\} = \exp\left\{-\left(rT + \int_0^T \lambda_t\,dt\right)\right\}$$

이에서 T년 채권의 수익률은 아래와 같다.

$$R = \frac{1}{T}\left(rT + \int_0^T \lambda_t\,dt\right) = r + \frac{1}{T}\int_0^T \lambda_t\,dt$$

그러므로 S_T로 표시되는 T년 채권의 스프레드는 다음과 같다.

$$S_T = \frac{1}{T}\int_0^T \lambda_t\,dt$$

예를 들어, 강도가 t에서 아핀(affine)이면($\lambda_t = a + bt$), T년 스프레드는 다음과 같다.

$$S_T = \frac{1}{T}\int_0^T (a+bt)\,dt = a + \frac{1}{2}bT$$

그러므로 비록 아직은 스프레드 곡선이 직선이긴 하지만, 고정이거나($b=0$), 우상향하거나($b>0$), 우하향하는($b<0$) 모든 종류의 스프레드 곡선을 그릴 수 있다. 유사하게 강도가 t의 2차 함수이면($\lambda_t = a+bt+ct^2$), 다음과 같이 된다.

$$S_T = a + \frac{1}{2}bT + \frac{1}{3}cT^2$$

스프레드 곡선 자체가 2차 함수가 된다. (그림 33.2)는 세 가지 c 값으로 ($a=0.005$, $b=0.001$로 고정하고) 그린 스프레드 곡선을 보여준다.[1)] 다른 형태의 λ_t를 선택함으로 다양한 스프레드 곡선을 만들어 낼 수 있다.

아래에 설명하는 Litterman-Iben 모형에서는 시간에 따라 변하기는 하지만 여기에서 설명한 것과 같은 결정론적 강도를 사용한다. 그 모형에서 λ_t는 시장에서 실제 관측된 스프레드에 맞도록 조정한다. Litterman-Iben 모형은 신용부도스왑에서 부도확률의 기간 구조를 추정하기 위하여 흔히 사용된다.

그럼에도 불구하고 개념적인 관점에서 보면 결정론적 강도는 한계가 있다. 그러한 강도는 미래의 부도 가능성에 영향을 미치는 유일한 요인은 현재 시점 즉, 현재까지 생존한 것이라는 의미를

1) $b<0$이면 우하향하는 곡선이 만들어 지기는 하지만, $b<0$인 경우에는 λ_t가 음수가 되지 않도록 조심하여야 한다. 강도는 $a+bt$ 형태의 affine 형을 가질 수 있지만 λ_t가 양수로 남아있는 $[0,\ t]$ 상에서만 가능하다.

그림 33.2 이차함수 강도의 스프레드 곡선

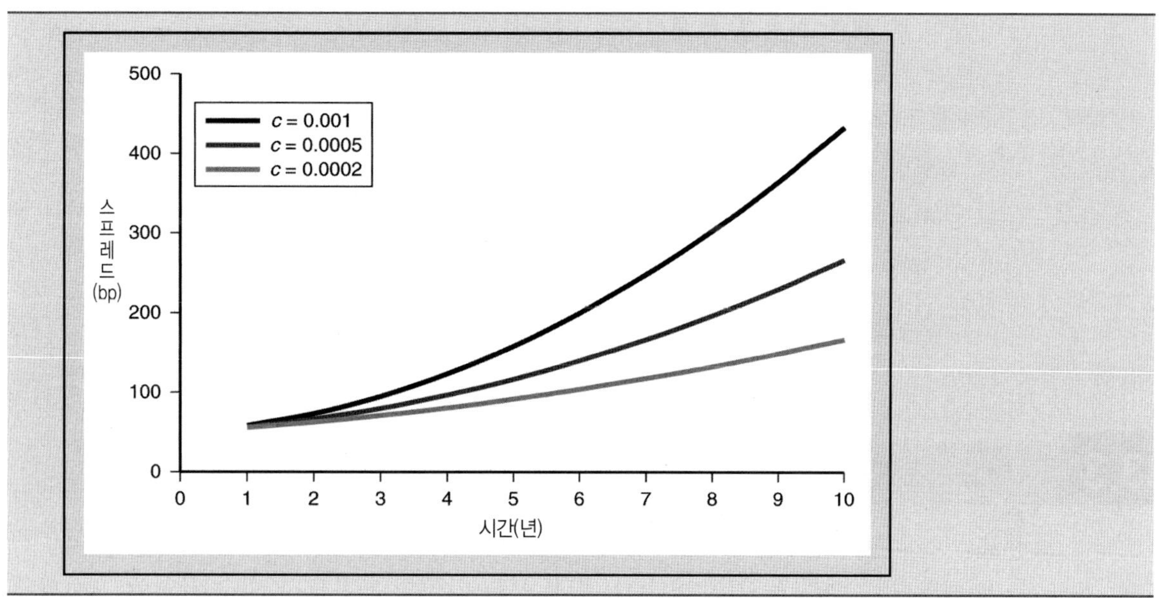

내재하고 있다. 특히 이 강도는 사람들이 신용 위험을 평가하는 데 있어서 중요하다고 판단하는 산업이나 경제 전반의 상황 같은 요소도 영향을 미칠 수 없게 되어 있다. 이러한 요인들이 영향을 미칠 수 있는 더 풍부한 강도 계열이 확률적 강도 계열이다. 이에 대하여는 다음에 설명한다.

확률적 강도

확률적 강도는 1990년대 여러 논문에서 (예를 들면, Duffie와 Singleton(1999a) 혹은 Lando(1998)) 소개되었다. 한 인기 있는 접근법에서는 확률적 강도를 표현하기 위하여 Cox 과정("이중 확률 과정"이라고도 알려짐)을 사용한다. Cox 과정에서는, 특정한 상황의 실현 $\Lambda = (\lambda_t)$을 조건으로 하는 T시점까지의 부도 확률은 다음과 같이 (33.9)에서 주어진다.

$$\text{Prob}\{T\text{시점 이전에 부도} \parallel \Lambda\} = 1 - \exp\left\{-\int_0^t \lambda_\tau d\tau\right\} \quad \textbf{(33.10)}$$

λ_t가 그 자체로 확률적이기 때문에 T년 간의 무조건적인 부도 확률은, Λ 분포에 대하여 다음과 같이 (33.10)의 기대값을 취함으로 얻을 수 있다.

$$\text{Prob}\{T\text{시점 이전 부도}\} = 1 - E\left[\exp\left\{-\int_0^t \lambda_\tau d\tau\right\}\right] \quad \textbf{(33.11)}$$

확률적 강도는 일반적으로 결정론적 강도보다 다루기가 어렵지만, 놀라울 정도로 추적 가능하기도 한다. 부록 A의 Duffie와 Singleton(2003) 부분에서는 이중 확률 강도의 몇몇 예를 제시할 것이며,

이에 따른 생존 확률은 폐쇄형으로 명확하게 계산이 된다. 확률적 강도를 사용하는 모형의 주요 이론적 가치 평가식을 Duffie와 Singleton(1999a)이 도출하였으며, 이들은 특정한 조건하에서는 분석적으로 매력적인 가치 평가식이 도출될 수 있음을 보여준다. Duffie-Singleton 결과는 아래 33.5절에서 설명한다.

Duffie-Singleton 결과를 얻기 위한 주요 입력 자료는 부도시 회수율을 표시하는 관행이다. 논문에서 몇몇 다른 관행이 제시된 바 있다. 특정 축약형 모형을 검토하기 전에 이 관행을 논의하는 것이 필수적이다.

33.3 부도 모델링 II: 회수율 관행

부도 위험에는 두 가지 요소가 있다. 부도 가능성과 부도시 회수 금액이 그것이다. 앞 절에서는 이 두 요인 중 첫째 요인에 초점을 맞추었다. 여기서는 회수율에 대하여 몇 마디 언급한다.

얼핏 보기에도 회수율에는 많은 차이가 있음을 알 수 있다. (표 33.1)은 1982~2004 기간 중 미국 회사채의 회수율을 채권의 우선순위에 따라 보여주고 있다. 이 데이터는 무디스에서 온 것이며, Hamilton, Verma, Ou 및 Cantor(2005)의 표 27에 근거한 것이다. 이 표에 따르면 주니어 후순위채 28.9%로부터 담보부 선순위채의 경우 거의 두 배에 이르는 회수율까지 확실히 우선순위에 따라 평균 회수율이 증가하는 것을 보여준다. 그러나 주목할 만한 것은 같은 우선순위 내에서의 편차이다. 각 계층별 최저와 최고 회수율 간의 차이는 적어도 34% 많게는 54%까지의 범위에 퍼져있다.

축약형 모형에서는 모델링 과정에 셋 중 하나의 회수율을 사용한다. 첫째는 RP(Recovery of Par)라고 하는 액면가 회수율이다.(이것은 RFV(Recovery of Face Value) 혹은 원금 회수율이라고도 한다.) 이 경우에는 회수율이 채권의 만기에 지급될 액면가의 비율로 표시된다. 액면가 회수율이 실무에서 사용하는 통상적인 관행 회수율이다. [표 33.1]에 표시된 회수율도 액면가의 비율로 표시되어 있다.

표 33.1 1982~2004년 미국 회사채 회수율

후순위 수준	평균	중앙값	최소값	최대값	표준편차
담보부 선순위	57.4	55.3	35.7	83.6	14.3
무담보 선순위	44.9	45.2	23.1	62.8	11.2
준선순위	39.1	43.5	20.3	67.9	11.4
후순위	32.0	33.4	12.3	46.2	10.5
차후순위	28.9	23.7	7.8	62.0	18.9
합계	42.2	43.1	25.7	61.7	8.7

액면가 회수율이 시장 관행이긴 하지만, 기술상의 이유로 다른 두 방법으로 회수율을 정의하는 것이 때로 더 쉽다. Jarrow와 Turnbull(1995)은 현재 RT(Recovery of Treasury) 혹은 국채 회수율이라고 불리는 회수율 개념을 도입한다. 이 관행은 어떤 시점 t에서 부도가 발생한 경우 회수 금액을 다른 조건이 동일한 무위험(재무성) 채권의 비율로 표시한다. ("다른 조건이 동일한"은 만기, 표면 이자율, 지급일 등이 부도발생 채권과 동일한 것을 의미한다.) 직관적으로 볼 때, 이것은 부도시점에서 부도채권이 ϕ 단위의 국채로 바뀌는 것과 같다. 여기에서 ϕ는 이 관행의 회수율이다. 예를 들어, $\phi=50\%$라고 하면, 만기 전에 부도가 발생한 액면가 $100인 무이표채는 만기에 $50을 지급한다. 이와는 대조적으로 만약 RP 관행을 사용한다면 부도 채권은 부도시점에서 $50을 지급한다.

Jarrow와 Turnbull(1995) 그리고 Jarrow, Lando 및 Turnbull(1997)은 RT 가정에 근거한 축약형 모형을 개발했다. 특수한 환경에서 분석적 추적가능성을 제공하는 데 있어서 RT 가정의 역할은 아래에서 Litterman-Iben 모형 그리고 Jarrow-Lando-Turnbull 모형을 설명할 때 알게 될 것이다. (33.4절과 33.7절에서 각각 설명한다.)

다른 회수율 관행을 기술하기 위하여 용어를 만든 Duffie와 Singleton(1999a)은 회수율을 기술하는 제삼의 방법, RMV(Recovery of Market Value)라고 하는 시장가치 회수율을 도입한다. RMV에서는 부도시점 t의 회수율을 $t-$시점 즉, 부도 발생 직전의 시장가격의 비율로 표시한다. 예를 들어, 액면가 $1인 채권이 부도 직전에 0.75에 거래되었으며, 부도 이후의 가치가 0.5이라면, 회수율은 $0.50/0.75=66.67\%$이다. Duffie와 Singleton은 RMV가 확률적 강도를 사용하는 일반 축약형 모형에서 가치결정 식을 기술하는 데 매우 큰 장점이 있음을 보였다. 그들의 결과는 33.5절에서 설명한다.

33.4 Litterman-Iben 모형

Litterman-Iben(1991)은 아마도 오늘날 우리가 축약형이라고 부르는 형태로 신용 위험 모형을 도입한 첫 사례이었을 것이다. 그들의 논문은 거래되고 있는 채무 증권의 가격정보로부터 부도 확률과 그것의 변이에 관한 정보를 어떻게 추출해 내는지에 대한 간단하지만 유익한 방법을 제시해 주고 있다.

Litterman-Iben의 세계에서 시간은 이산적이며, $t=0, 1, 2, \cdots$와 같이 지수화 되어 있다. 모형에서는 3개의 입력 자료를 사용한다.

- 무위험 이자율의 현재 기간 구조
- (특정 발행자의) 위험이 있는 채권 수익률의 현재 기간 구조. 그 기관이 발행한 여러 만기 t의 부도 가능한 무이표채의 현재 수익률
- 무위험 이자율의 생성을 위한 모형

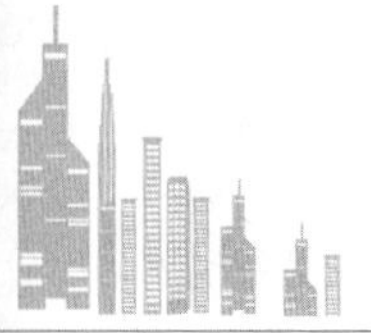

이 입력자료를 사용하여 모형은 두 가지를 출력한다. 첫째는 위험 채권의 미래 부도 확률: 각 t에 대하여 그 시점까지 부도가 발생하지 않았다는 전제하에 기간 t의 부도율은 얼마인가? 곧 보게 되겠지만, 이 미래 부도확률을 유도하는 데에는 무위험 및 위험 이자율의 기간 구조에 관한 정보만 사용한다. 무위험 이자율의 생성은 아무런 역할을 하지 않는다. 두 번째는 이 모형에 내재된 신용 스프레드(즉, 무위험 채권 수익률 대비 위험채권의 초과 수익률)의 확률적 생성이다. 원래 논문에서는 두 번째 내용을 단지 간단하게 그리고 비공식적으로 다루었다.

회수율 가정에 대하여 아직 언급하지 않았다는 사실에 주목하라. Litterman-Iben 논문에서는 부도시 손실을 100%로 한다(회수율 0). 여기에서는 양(+)의 회수율을 포함할 수 있도록 일반화된 형태의 모형을 제시한다. 구체적으로 말하면 우리는 다음과 같은 국채회수율(RT) 가정을 사용한다.

위험 채권의 부도시 채권 보유자는 만기가 동일한 무위험 채권 ϕ 단위를 지급 받는다.

ϕ를 시간에 따라 변하는 것으로 일반화시키는 것이 어렵지는 않지만, 여기 설명에서는 $\phi(0 \leq \phi \leq 1)$가 상수인 것으로 한다. $\phi = 0$인 경우가 Litterman-Iben의 논문에 나타난 상황이다.

모든 채권의 액면가는 \$1로 정규화 하였다. 모든 수익률은 연 단위 복리로 표시한다. t년 무위험 수익률은 r_t로 표시하며, t년 무위험 무이표채 가격은 B_t로 표시한다. 그러면 정의상 다음과 같이 된다.

$$B_t = \frac{1}{(1+r_t)^t}$$

유사하게 r_t^*와 B_t^*는 각각 t년 위험채권의 수익률과 t년 위험무이표채의 가격을 표시한다. 그러면 또다시 정의상 다음과 같이 된다.

$$B_t^* = \frac{1}{(1+r_t^*)^t}$$

t년 스프레드를 S_t로 표시한다. 물론 S_t는 단지 $r_t^* - r_t$에 불과하다.

이 모형에서는 이 정보를 무위험 이자율 모형에 대입시킨다. 현재 데이터에 맞춘 것이라면 어떤 기간 구조 모형도 이 목적을 위해 사용할 수 있다. 구체적으로 우리는 29장에서 논의하였던 Black, Derman 및 Toy(1990) 모형을 단기이율(short-rate) 생성에 사용한다.

설명을 돕기 위하여, 생각이 어떻게 이어지는지를 보여 주는 숫자가 포함된 예를 사용한다. 회수율을 제외하고는 모든 예는 Litterman-Iben의 논문에 사용한 것과 동일한 입력자료를 사용한다. 예에서는 1년씩 간격을 둔 5년을 사용한다. [표 33.2]는 1, 2, 3, 4, 5년 만기의 무위험 및 위험 무이표채의 가격 및 수익률 정보를 포함하고 있다. [표 33.3]에 있는 5년 단기 이율 트리는 Black-Derman- Toy 논문에서 가져온 것이다. 이 트리의 상승 이동과 하락 이동의 위험중립 확률은 각각 0.5이다. 마지막으로 회수율 ϕ는 0.40으로 한다.

표 33.2 위험 및 무위험 채권의 가격

연도	무위험 수익률	스프레드	위험 수익률	무위험 채권가격	위험 채권가격
1	10.00	0.50	10.50	90.91	90.50
2	11.00	0.55	11.55	81.16	80.36
3	12.00	0.60	12.60	71.18	70.05
4	12.50	0.65	13.15	62.43	61.01
5	13.00	0.70	13.70	54.28	52.63

표 33.3 무위험 이자율의 생성

1년	2년	3년	4년	5년
				25.53
			21.79	
		19.42		19.48
	14.32		16.06	
10		13.77		14.86
	9.79		11.83	
		9.76		11.34
			8.72	
				8.65

선도 부도 확률

1년 위험 채권을 고려해 본다. 1년 후 그 채권은 부도가 없으면 \$1을 지급한다. 만약 부도가 발생하면, 채권 보유자는 ϕ 단위의 1년 만기 무위험 채권을 받는다. 이것은 위험 채권 보유자가 1년 말에 ϕ를 수령하는 것을 의미한다. 그러므로 1년 만기 위험채권 보유자는 다음을 받게 된다.

$$\begin{cases} 1, & \text{부도가 발생하지 않을 경우} \\ \phi, & \text{부도가 발생할 경우} \end{cases}$$

p_1을 1년 (위험중립) 부도 확률이라고 하자. 그러면, 위험 채권의 기대 수익률은 다음과 같다.

$$\frac{(1-p_1)\cdot 1 + p_1 \cdot \phi}{B_1^*}$$

p_1이 위험중립 확률이므로 기대 수익률은 1년 무위험 수익률과 동일해야 한다. 그러면 다음과 같이 된다.

$$\frac{(1-p_1)\cdot 1 + p_1 \cdot \phi}{B_1^*} = \frac{1}{B_1}$$

이를 풀어서 다음 식을 얻는다.

$$p_1 = \left(\frac{1}{1-\phi}\right)\left(1 - \frac{B_1^*}{B_1}\right) \tag{33.12}$$

예의 숫자를 사용하여 계산하면, 결과는 $p_1 = 0.007541$이다. 달리 말하면, 첫 1년간 위험중립 부도 발생률은 0.75%이다.

이제 p_1을 사용하여 p_2 즉, 1년도에는 부도가 발생하지 않고, 2년도에 부도가 발생할 조건부 부도 확률을 구한다. 2년 만기 위험 채권을 생각해 보자. 만약 첫해에 부도가 발생하였다면, 채권 보유자는 ϕ 단위의 2년만기 무위험 무이표채를 받았을 것이며, 사실상 만기에(2년 말에) ϕ를 받는다. 만약 첫해에 부도가 발생하지 않았다면, 또 다시 두 가지 가능성이 있다. 만약 2년도에 부도가 발생하면 채권자는 ϕ 단위의 2년 말에 만기가 되는 무이표채를 받아서 사실상 만기에 ϕ를 받는다. 2년도에 부도가 발생하지 않으면 채권보유자는 약속된 $1을 만기에 지급받게 된다.

요약하면 2년 만기 위험 채권의 만기에 받는 금액은 다음과 같다.

사건	지급액	확률
1기에 부도 발생	ϕ	p_1
2기에 부도 발생	ϕ	$(1-p_1)p_2$
부도 없음	1	$(1-p_1)(1-p_2)$

여기에서는 RT 가정을 사용하고 있음을 유념하라. 언제 부도가 발생하든 RT 가정하에서는 지급금이 원래 채권의 만기 시점에 ϕ가 되도록 되어 있다. 물론 기간 1, 2에 회수율에 차이가 날 수 있도록 하는 것도, 첫 두 줄의 지급액을 각각 ϕ_1, ϕ_2로 수정함으로 가능하다.

위의 지급액으로부터 2년도의 지급액은 다음과 같이 정리된다.

$$\begin{cases} \phi, & \text{확률은 } p_1 + (1-p_1)p_2 \\ 1, & \text{확률은 } (1-p_1)(1-p_2) \end{cases}$$

그러므로 위험중립 가격 결정 논리에 따라 초기 가격은 다음과 같이 된다.

$$B_2^* = \frac{(1-p_1)(1-p_2) + [p_1 + (1-p_1)p_2]\,\phi}{(1+r_2)^2}$$

또 $B_2 = 1/(1+r_2)^2$을 이용하여 다음과 같이 정리할 수 있다.

$$B_2^* = \{(1-p_1)(1-p_2) + [p_1 + (1-p_1)p_2]\,\phi\} \times B_2$$

이를 풀면 다음의 해를 얻게 된다.

표 33.4 Litterman-Iben 예의 선도 부도 확률

연도	선도 부도 확률
1	0.007541
2	0.008920
3	1.010275
4	0.011779
5	0.013210

$$p_2 = \frac{1}{(1-p_1)(1-\phi)}\left[1 - p_1 + p_1\phi - \frac{B_2^*}{B_2}\right] \tag{33.13}$$

이미 p_1에 대하여는 이미 해를 구하였고(식 (33.12)), B_2와 B_2^*값은 이미 알려져 있고, 회수율은 0.40으로 하고 있다. 이 정보를 식 (33.13)에 대입하면 $p_2 = 0.008920$을 갖게 된다.

비슷한 작업을 계속하면 나머지 미래 부도 확률도 구할 수 있다. 위 예의 확률은 [표 33.4]에 요약되어 있다.

스프레드의 기간별 변화

미래 부도 확률을 계산하는 과정에 우리는 단기 이율 과정을 이용하지 않았다. 이제는 미래 부도 확률과 단기 이율 과정을 함께 사용하여 스프레드의 가간별 변화에 대한 확률과정을 유도한다.

1년 말에는 두 개의 상황이 발생할 수 있다; 하나는 무위험 단기이율이 14.32%가 되는 것이고 또 다른 하나는 9.79%가 되는 것이다. 이 두 이율에 상응하여, 1년 만기 무위험 채권에 대한 두 개의 가격이 가능하다. u 상황에서는, 채권의 가격이 아래와 같다.

$$B_1(u) = \frac{1}{1.1432} = 0.8747$$

d 상황에서 채권 가격은 다음과 같다.

$$B_1(d) = \frac{1}{1.0979} = 0.9108$$

이 시점에서 1년 만기 위험 무이표채를 고려해 보자. $B_1^*(u)$와 $B_1^*(d)$는 각각 u 상황과 d 상황의 가격을 표시한다. 이미 살펴본 바와 같이, 이 시점에서 이 채권의 1년 부도 확률은 0.008920이다. 그러므로 u 혹은 d의 상황에 상관없이, 이 채권의 기대 지급액은 다음과 같다.

$$(1 - 0.008920)\cdot 1 + (0.008920)\cdot\phi = 0.991080 + 0.008920\phi$$

그러므로 u 상황일 때 채권의 기대수익은 다음과 같다.

$$\frac{0.991080 + 0.008920\,\phi}{B_1^*(u)}$$

이 기대 수익률은 위험중립 확률의 정의에 의해, 이 상황의 무위험 수익률과 동일해야 하므로 다음 식이 성립한다.

$$\frac{0.991080 + 0.008920\,\phi}{B_1^*(u)} = \frac{1}{B_1(u)} = 1.1432$$

이 식을 풀면 $B_1^*(u) = 0.870056$을 구할 수 있으며, u 분기점에서 1년 만기 위험 채권의 수익률은 다음과 같다.

$$\frac{1}{B_1(u)} - 1 = 1.1494 - 1 = 14.94\%$$

그러므로 u 분기점의 1년 스프레드는 0.1494−0.1432=0.0062 또는 62 베이시스 포인트이다.

정확히 똑같은 논리적 절차를 따르면 d 분기점의 1년 만기 위험 채권의 기대 수익은 다음과 같다.

$$\frac{0.991080 + 0.008920\,\phi}{B_1^*(d)}$$

이것을 d 분기점의 1년 만기 무위험 수익률 9.79%와 등호로 연결하면, 1년 만기 위험 채권의 가격 $B_1^*(d) = 0.9060$을 얻을 수 있으며, 또 d 분기점의 1년 만기 위험 채권의 수익률이 10.38%가 된다. 이것은 이 분기점에서 1년 스프레드가 0.1038−0.0979=0.0059 혹은 59 베이시스 포인트임을 의미한다.

이 모든 정보를 종합하면 1년 스프레드는 초기에 50 베이시스 포인트이었다가, 62 베이시스 포인트(u 상황) 혹은 59 베이시스 포인트(d 상황)로 움직인다. 트리의 나머지 분기점에도 같은 논리를 되풀이하여, (표 33.5)와 같이 1년 스프레드(%로 표시) 트리를 얻게 된다.

유사한 방법으로, 무위험 수익률과 긴 만기 위험 채권을 이용하여, 긴 만기의 수익률 생성을

표 33.5 Litterman-Iben 모형의 연도별 스프레드의 변화

1년	2년	3년	4년	5년
				0.987
			0.858	
		0.736		0.940
	0.613		0.817	
0.500		0.701		0.903
	0.589		0.787	
		0.646		0.876
			0.766	
				0.854

확인할 수 있다. 스프레드 생성 과정을 확인하면, 이 상품에 대한 파생상품(예를 들면, 1년 스프레드에 대한 옵션)의 가격을 평범한 방법으로 계산할 수 있다.

Litterman-Iben과 강도 과정

Litterman-Iben에는 어떤 강도 과정이 내재되어 있는가? 달리 말하면 λ_t가 무엇인가? 이 모형은 명시적으로 강도를 소개하지 않지만, 정보가 특정 이산 시점에만 산출되기 때문에 가장 자연스럽게 가정할 수 있는 λ_t의 모양은 아래와 같은 결정론적이며 시간에 따라 변하는 단계적 형태의 함수일 것이다.

$$\lambda_t = \begin{cases} a_0, & \text{if } t \le t_1 \\ a_0 + a_1, & \text{if } t \in [t_1, t_2] \\ a_0 + a_1 + a_2, & \text{if } t \in [t_2, t_3] \\ \vdots & \vdots \end{cases}$$

위 식에서 t_1, t_2 등은 무이표채의 가격을 관측할 수 있는 만기에 해당한다.(Litterman-Iben 모형에서는 1년, 2년 등이다.) 이러한 형태의 강도는 만기 개수만큼의 자유 모수가 존재하게 되며, 결과로 스프레드 곡선을 정확히 맞출 수가 있다. 좀 더 엄밀하게 말하자면 정보의 수량만큼 많은 자유 모수가 존재하므로, Litterman-Iben 모형은 전체 수익률 곡선에 포함된 정보를 이용하여 부도 정보를 산출한다. 강도의 모수 결정에 대해서 우선 언급하자면, 그것이 확정적이든 확률적이든, m개의 유한한 모수에만 의존하므로 스프레드 곡선 중의 m개 지점에 대하여 정확히 일치시킬 수 있다.

그러므로 Litterman-Iben 모형은 대부분 곡선에 일치시키는 작업이다. 모형을 설명하는 중에 분명해졌겠지만, 이 절차를 활용하면 채권 가격으로부터 부도 확률을 산출할 수 있을 뿐만 아니라 신용부도스왑(CDS) 스프레드의 기간구조로부터도 이를 산출할 수 있다. 스프레드 곡선은 매일 변하기 때문에, 모형은 새로운 데이터에 맞추어 조정된다, 즉 강도 과정의 모수를 위한 새로운 값을 계산한다.

이렇게 정의된 강도 과정은 어떤 날에도 데이터와 정확히 맞춘다는(구축을 그렇게 하므로) 장점이 있으나, 특별히 흥미로운 점은 없다. 시간이라는 단일 요인의 함수이므로 상황과 독립적이다. 예를 들면, Litterman-Iben의 미래 부도 확률은 시간에 영향을 받으나 현재 우리가 어떤 분기점에 와 있느냐는 문제가 되지 않는다. 그리고 이 모형에서는 이자율과 부도 과정 사이의 상관관계가 영향을 미칠 수가 없다. 더 다양한 상황을 포함하기 위해서는 확률적 강도로 눈을 돌릴 수밖에 없다.

33.5 Duffie-Singleton 결과

Duffie와 Singleton(1999a)의 논문에서, 부도 확률을 기업의 가치와 관련된 근본적인 가정으로부터 유도하는 것이 아니라, 직접 부도 (그리고 회수) 과정을 묘사하는 신용 위험 모델링 방법을 지칭하기 위하여 "축약형 모형(reduced form model)"이라는 용어를 만들었다. 이 논문에서는 몇몇 서로 다른 축약형 접근법, 특히 회수율 모델링을 비교 검토하였다. 이 절에서는 이 논문의 주요 결과 즉, 회수율로는 RMV 관행을 적용한 부도 가능한 청구권의 가치 결정 공식을 설명한다.

이 모형은 연속 시간을 가정한다. 모두 이 모형의 위험중립 측도 Q하에서 정의되는 3개의 외부 과정이 이 모형의 주 입력 자료가 된다.

1. 위험중립 무위험 단기이율의 기간별 변화를 나타내는 단기이율(short rate) 과정 r_t
2. 확률적 변동이 될 수도 있는 부도의 강도 과정(intensity process) λ_t
3. 부도 발생시 회수율 ϕ_t

이 모형에서 사용하는 회수율은 시장가치 회수(Recovery of Market Value; RMV)의 관점에서 표시된다. 이 관행 하에서는, 만약 t 시점에서 증권에 부도가 발생하면 회수되는 가치는 $\phi_t V_{t^-}$이며, 이때 V_{t^-}는 t-시점 즉, 부도가 발생한 t 시점 "바로 직전"에 거래되던 가격을 표시한다는 것을 기억하라. 이 모형은 단기이율 과정 r_t가 어떤 기간 구조를 생성해도 일관성을 유지하며, 이자율, 부도 강도 및 회수율 간에 원하는 상관관계를 포함할 수도 있다.

Duffie와 Singleton이 강조한 결과는 다음과 같다. T 시점에 Z를 지급하겠다고 약속하는 부도 가능한 청구권이 있다고 생각해 보자. (금액 Z는 옵션이나 기타 파생상품같이 상황에 연계될 수도 있고, 채권같이 고정된 금액일 수도 있다.) 그러면 이 청구권의 시점 t의 무차익거래 가격은 다음과 같이 주어진다.

$$V_t = E_t^Q\left[\exp\left(-\int_t^T R_s\,ds\right)Z\right] \tag{33.14}$$

위 식에서

$$R_t = r_t + \lambda_t(1-\phi_t) \tag{33.15}$$

위 첨자 "Q"가 강조하듯이 가치결정 식의 기대값은 위험중립 측도 Q하에서 계산된 것이다.

말로 표현하자면 부도 가능한 청구권도 무위험 청구권과 정확하게 동일한 방법으로 가치를 결정한다. 즉, 약속된 지급금 현가를 위험중립 측도로 기대값을 계산한다는 것이 Duffie-Singleton 결과가 주장하는 바이다. 핵심적인 차이점은 무위험 청구권은 무위험 이자율 r_t로 할인하지만, 부도가능

청구권은 위험 조정 이율 $R_t = r_t + \lambda_t(1-\phi_t)$로 할인한다. 부도 가능성이 없거나($\lambda_t \equiv 0$) 혹은 부도시에 손실이 없으면($\phi_t \equiv 1$) 신용 위험은 없으며, 식 (33.14)는 무위험 청구권의 표준 위험중립 가격 결정식으로 축소된다.

부록 33A에서는 이산 시간 환경에서 Duffie-Singleton 결과를 단순하게 (그리고 직관적으로) 유도하는 것을 설명한다. 가치평가 공식 (33.14)를 유도하는 데 RMV 관행의 역할이 필수적이다. 식 (33.14)의 단순함과는 대조적으로 예를 들어, RP 관행을 사용하여 유도한 가치 결정 공식은 훨씬 더 복잡해지는 경향이 있다(Lando 1998을 보라). 정확한 회수율 관행이 중요하지 않은 경우는 회수율이 0인 경우이다. 이러한 경우를 고려하면 Duffie-Singleton의 직관을 얻을 수도 있을 것이다.

회수율 0인 특수 경우

부도시에 회수가 없다고 가정해 보자. $\phi_t = 0$이다. r_t와 λ_t가 각각 거친 경로를 조건으로 (그리고 t 시점까지 생존하였다는 것을 조건으로) t 시점에서 T 시점까지 생존할 확률은 다음과 같다. ((33.8)을 보라.)

$$\psi(t, T) = \exp\left\{-\int_t^T \lambda_s\, ds\right\}$$

이 기간 중 할인 요소는 아래와 같다.

$$B_{t,T} = \exp\left\{-\int_t^T r_s\, ds\right\}$$

그러므로 경로를 조건으로 하며, 부도시에는 회수가 0인 경우, T 시점에서 지급되는 지급액 Z를 t 시점에서 평가한 가치는 지급액 Z에 위험중립 생존 확률을 곱하고 이를 t 시점까지 할인한 것이다

$$B_{t,T} \times [\psi(t, T) \times Z] = \exp\left\{-\int_t^T (r_s + \lambda_s)\, ds\right\} \times Z$$

모든 가능한 경로의 기대값을 위험중립 분포를 적용하여 계산하면, 청구권 Z의 t시점에서의 무조건부 가치를 계산할 수 있다.

$$E_t^Q\left[\exp\left\{-\int_t^T (r_s + \lambda_s)\, ds\right\} Z\right]$$

이것은 Duffie-Singleton 가치 결정 공식 (33.14) 중 $\phi_t = 0$에 해당하는 특별한 경우이다. 회수율이 0이면, 기대값 중의 부분 손실률이 단순히 부도 강도 λ_t가 된다. 회수율이 0이 아닌 경우 부분 손실률은 부도율 λ_t에 부도시 손실률$(1-\phi_t)$을 곱한 것이다. 식 (33.16)의 λ_t 대신 이 부분손실률을 사용하면 완전한 가치 결정 공식 (33.14)가 된다.

가치 결정 공식의 활용

Duffie-Singleton 결과의 주요 장점은 기간 구조 모형의 단기이율 r_t를 위험 조정 단기이율 R_t로 대체하여 표준 기간 구조 모형을 신용 위험에 적용할 수 있다는 것이다. (즉, r_t에 필요한 속성을 R_t에 요구한다.) 이렇게 되면 부도 가능 채권의 가격 결정을 위한 분석적으로 추적 가능한 모형이 가능해진다. 특히 무위험 무이표채 가격 계산을 위한 폐쇄형 공식을 유도하는 기간 구조 모형이 부도 가능 채권 가격의 폐쇄형 공식을 유도하는 데에도 적용될 수 있다.

전체 모형의 추적 가능성을 확보할 수 있는 대안으로, 단기 이율 r_t와 "단기 스프레드" $s_t = \lambda_t(1 - \phi_t)$에 각각 조건을 적용할 수도 있다. [Duffie-Singleton 결과는 단기 스프레드에만 의존하며, 이를 구성하고 있는 개별 요인 λ_t 그리고 ϕ_t에 대해서는 그렇지 않다는 사실을 주목하라. 단기 스프레드라고 불리는 것은 그것이 위험조정단기이율 R_k와 무위험 단기이율 r_t의 차이이기 때문이다.] 이 방법의 한 예로 Duffie(1999)의 논문을 들 수 있다. Duffie는 단기 이율 r_t를 아래와 같이 모델링한다.

$$r_t = \xi_0 + \xi_1 X_{1t} + \xi_2 X_{2t}$$

위에서 $\xi_1,\ \xi_2 > 0$이며, X_1과 X_2는 위험중립 측도하의 독립된 제곱근 확산 과정이다. 나아가 그는 단기 스프레드 과정을 아래와 같이 명시한다.

$$s_t = \zeta_0 + \zeta_1 X_{1t} + \zeta_2 X_{2t} + \zeta_3 X_{3t}$$

위에서 X_3은 (위험중립 측도하에서) X_1 및 X_2와는 독립된 제곱근 확산 과정이다. r_t와 s_t사이의 상관관계는, 양자에게 공통인 요인인 X_1과 X_2에 대한 의존성을 통해서 형성된다. 상관관계의 부호는 ζ_1과 ζ_2의 부호에 의해 결정된다. 스프레드는 의존하는 요인이 추가로 하나 더 있다. 이는 스프레드가 무위험 이자율과 완벽하게 즉각적으로 연동되지 않는다는 것을 의미한다. 이 3의 요인은 회사 고유 위험 혹은 산업 고유 위험을 반영할 수도 있다. Duffie가 명시한 바에 따르면, r_t와 s_t는 각각 아핀확률 과정(affine process: 벡터의 합 또는 차가 무조건 0이 되는 선형대수 조건)이므로 $r_t + s_t$도 그러하다. 아핀 기간 구조 모형에 관한 논문들의 표준적인 결과에 힘입어, 이 모형에서 부도가능한 채권의 가격 결정 공식을 유도할 수 있다.

Duffie-Singleton의 결과가 분석적으로 추적가능 하였기 때문에, 이중 확률적 구도는 인기 있는 모델링 방법이 되었으며, 개별 기관의 부도 연구 및 복수 기관의 상호관련 부도에 관한 많은 이론적 경험적 연구의 토대가 되었다. 몇몇 예를 들면 다음과 같다. Duffie(1999)는 이 모형이 콜 조건이 없는 회사채의 가격을 결정할 수 있는지를 조사하였는데, 사용한 샘플의 경우 평균 가격 오차는 10 베이시스 포인트 미만이었음을 발견했다. Driessen(2005)은 실제 채권의 수익률을 부도, 유동성, 세금 등의 요인으로 분해하였다. 그는 부도 사건과 관련된 위험 보험료를 구분하였는데, 통상적인 강도와 관련하여 상당한 보험료가 존재함을 확인하였다. Longstaff, Mithal 및 Neis(2006)는 회사채

스프레드 중 유동성 부분을 연구하였다. 그들은 회사채의 수익률 스프레드와 신용부도스왑의 스프레드를 비교하여, 후자의 경우 유동성 요인은 없다는 가정하에 채권 수익률 스프레드에서 비신용 부분을 구분해 냈다. 그들은 이 부분이 채권 고유의 유동성 부재뿐만 아니라 채권 시장의 유동성 요인에도 강한 상관관계를 가지고 있음을 발견했다. Duffie, Pederson 및 Singleton(2003)은 더 복잡한 문제인 국가(그들의 경우 러시아) 부도 문제를 연구하는데 축약형 접근법을 이용하였다.

이론적으로 매력적인 특성이 있음에도 불구하고, Das, Duffie, Kapadia 및 Saita(2007)의 실증 연구에 의하면, 이중 확률과정 모형(double stochastic model)은 데이터를 기술하는데 너무 제한적이며, 특히 복수 기업의 부도인 경우에 더욱 그러하다. 복수 기업의 환경에서 이중 확률 모형의 한 가지 문제는 어떤 기업에서 부도가 발생해도 다른 기업의 부도 강도에 영향을 미칠 수 없다는 점이다. 사건의 발생이 부도 강도에 영향을 줄 수 있도록 하는 여러 대안이 논문으로 발표되었다. 예를 들면, Giesecke와 Goldberg(2005)를 보라.

33.6 부도 가능 HJM 모형

부도 가능 부채를 모델링하는 또 다른 축약형 접근법은 Heath-Jarrow-Morton(HJM)의 틀을 일반화하여 부도 위험을 포함시키는 것이다. 이러한 확장은 Schönbucher(1998), Duffie와 Singleton (1999a), Das와 Sundaram(2000)에 의해서 시도되었다. Schönbucher 그리고 Duffie와 Singleton은 연속시간으로 제시한 반면, Das와 Sundaram은 이산 시간에서 그들의 방법을 개발했다.

부도 가능 HJM 모형의 구별되는 특징은 모형의 기초 입력 자료가 부도 강도와 회수율이 아니라 "선도 스프레드(forward spread)"이다. 스프레드가 관측 가능하고 과거 자료로 변동성을 계산할 수 있는 정도에서 모형의 활용이 가능하다. 스프레드는 부도 강도와 회수율의 함수이므로, 회수과정에 대한 가정을 설정하면 이 모형의 내재 부도 강도를 계산할 수 있다.

HJM 모형의 주요 결과(30 장)는 위험중립측도하에서 선도이자율의 추세는 선도이자율 변동성의 함수임을 상기하라. 이 결과에 의하면, HJM 모형은 변동성 하나로 활용이 가능하게 된다. 부도가능 HJM 모형은 부도 가능 채권에도 비슷한 결론이 성립함을 보여준다. 즉, 부도 가능 채권의 선도 스프레드의 위험중립 추세는 이 선도 스프레드의 변동성과 무위험 선도 이자율의 함수이다. 이 절에서는 Das와 Sundaram(2000)이 이산시간 상황에서 이 결과를 유도한 내용을 설명한다.

모형의 설명

모형의 기간은 T^*이다. 기간의 길이는 h년이다. 초기 시점(현재)은 시점 0이며, 모형 내의 시점

들은 h, $2h$, $3h$, $\cdots$, $nh = T^*$이다. 표기를 쉽게 하기 위하여 통상 시점을 t 혹은 T로 표현한다.

$B(t, T)$는 만기 $T \geq t$인 무위험 무이표채의 t-시점 가격을 표시하며, $B^*(t, T)$는 이에 대응되는 위험 무이표채의 가격이다. 모든 무이표채의 가격은 액면가가 $1이다. $r(t, T)$와 $r^*(t, T)$는 연속복리로 표시된 현물 이자율을 표시한다.

$$B(t, T) = \exp\{-r(t, T) \cdot (T-t)\}, \qquad B^*(t, T) = \exp\{-r^*(t, T) \cdot (T-t)\}$$

$f(t, T)$는 기간$(T, T+h)$에 대한 무위험 투자 혹은 대출에 적용되는 t-시점에서의 선도이자율을 표시한다. 26장에서 살펴본 바와 같이 선도이율은 현물이율로부터 다음과 같이 산출된다.

$$f(t, T) = \frac{1}{h}[r(t, T+h) \cdot (T+h) - r(t, T) \cdot T]$$

$t = T$일 때 선도 이율 $f(t, T)$를 “단기이율(short rate)”라고 하며, $r(t)$로 표시한다. “위험” 선도이율 $f^*(t, T)$도 다음과 같이 비슷하게 정의한다.

$$f^*(t, T) = \frac{1}{h}[r^*(t, T+h) \cdot (T+h) - r^*(t, T) \cdot T]$$

선도 스프레드 $s(t, T)$는 다음과 같이 정의한다.

$$s(t, T) = f^*(t, T) - f(t, T)$$

이 접근법에서는 선도 스프레드가 중심 역할을 한다. 무위험 및 위험 선도이율을 모델링하는 것이 아니라, 우리는 무위험 선도 이율과 선도 스프레드를 모델링한다.

향후에 참고할 수 있도록 선도이율과 채권의 가격은 다음 식과 같은 관계를 가지는 것을 유념하라.

$$B(t, T) = \exp\left\{-\sum_{k=t/h}^{T/h-1} f(t, kh) \cdot h\right\} \tag{33.17}$$

$$B^*(t, T) = \exp\left\{-\sum_{k=t/h}^{T/h-1} f^*(t, kh) \cdot h\right\} \tag{33.18}$$

마지막으로 하나를 더 정의할 필요가 있다. 시점 0에 초기 투자금 $1을 투자하여 $r(t)$로 계속 재투자한 머니마켓 계좌의 t-시점의 가치를 $M(t)$라고 한다.

$$M(t) = \exp\left\{\sum_{k=0}^{t/h-1} r(kh) \cdot h\right\} \tag{33.19}$$

HJM 모형에서와 같이 $M(t)$가 기준재 증권이 된다. Q는 $M(t)$를 기준재로 하는 위험중립 확률이다. 아래에 정의되는 모든 확률 과정은 확률 Q 아래에 있다.

이 모형의 첫 번째 가정은 무위험 선도이율 f에 관한 것이다. 이 선도이율은 표준형인 단일요인

이산시간 HJM 환경에 따라 생성되는 것으로 한다.

$$f(t+h,\, T) - f(t,\, T) = \alpha(t,\, T)h + \sigma(t,\, T)X_1\sqrt{h} \qquad \textbf{(33.20)}$$

위에서 α는 이 과정의 추세이며 σ는 변동성이다. X_1은 확률 변수이다. α와 σ 모두, t 시점의 선도 이율과 같이 t 시점에서 얻을 수 있는 정보에 영향을 받을 수도 있다.

두 번째 가정은 선도 스프레드의 생성에 관한 것이다. (그래서 위험 선도 이율에 관한 것이다.)

$$s(t+h,\, T) - s(t,\, T) = \beta(t,\, T)h + \eta(t,\, T)X_2\sqrt{h} \qquad \textbf{(33.21)}$$

위에서 $\beta(t,\, T)$와 $\eta(t,\, T)$는 각각 추세와 변동성 계수이며, X_2는 확률 변수이다. β와 η 모두 t 시점에서 얻을 수 있는 정보에 영향을 받을 수도 있다. X_1과 X_2의 결합분포에 대한 제한은 필요하지 않다. 그러므로 무위험 및 위험 선도이율 간에는 임의로 상관관계를 부여할 수도 있다.

주요 결과

HJM 모형에서는, 위험중립 측도 하의 무위험 선도이율의 추세 α는 변동성 σ의 함수라는 것이 밝혀졌다. 이 결과를 확장하여, Das와 Sundaram은 위험중립 측도 하의 스프레드 과정의 추세 β는 변동성 σ와 η의 함수임을 보였다. 따라서 모형을 실행하기 위해 요구되는 모든 것은 변동성 σ와 η의 기간구조이다.

이것이 이 결과의 공식적인 내용이다. 위에서 소개한 단일요인 이산시간 HJM 모형에서는, 추세 α는 재귀적인 관계로 변동성 σ와 관련되어 있다.

$$\sum_{k=t/h+1}^{T/h-1} \alpha(t, kh) = \frac{1}{h^2}\ln\left(E^t\left[\exp\left\{-\sum_{k=t/h+1}^{T/h-1}\sigma(t, kh)X_1 h^{3/2}\right\}\right]\right) \qquad \textbf{(33.22)}$$

Das와 Sundaram은 유사한 재귀적인 관계가 한편으로는 α와 β 사이에 존재하며, 또 한편으로는 변동성 σ와 η 사이에 존재한다는 것을 보인다.

$$\begin{aligned}&\exp\left\{\sum_{t/h+1}^{T/h-1}[\alpha(t, kh)+\beta(t, kh)]h^2\right\}\\ &\quad = E^t\left[\exp\left\{-h^{3/2}\sum_{t/h+1}^{T/h-1}[\sigma(t, kh)X_1+\eta(t, kh)X_2]\right\}\right]\end{aligned} \qquad \textbf{(33.23)}$$

(33.22)를 이용하여 α를 σ에 관하여 풀었으므로, (33.23)을 이용하여 β를 σ와 η에 대하여 풀 수 있다. (33.22)~(33.23)의 증명은 부록 33B에 있다. Das와 Sundaram은 21장에서 설명한 Das와 Sundaram(2007) 모형에서 사용했던 것과 비슷한 "내생적 부도(endogenous default)" 방법을 사용한 신용파생상품의 가격결정과 이 모형의 활용에 대하여 논의하고 설명한다. 부도가능 HJM 모형의 일반적인 연속시간 접근법에 관해서는 Duffie와 Singleton(1999a) 혹은 Bielecki와 Rutkowski(2002)를 보라.

33.7 신용평가기반 모델링: JLT 모형

Jarrow, Lando 및 Turnbull(1997)은 부도 가능 부채의 모델링에 있어서 또 다른 축약형 접근법을 설명한다. 이는 Moody's나 Standard and Poor's(S&P) 같은 평가 기관의 평가에 기반을 둔 것이다. 이 모형에 사용되는 입력 자료는 등급변동 행렬(ratings migration matrix) 혹은 등급전이 행렬(ratings transition matrix)이다. 이러한 행렬은 평가기관으로부터 구할 수 있다.

등급변동 행렬은 기업의 현재 등급을 주어진 것으로 받아들이며, 주어진 시간 후에(통상 1년) 해당 기업이 변동될 수 있는 모든 등급에 대하여 그 등급으로 이동될 확률을 제시한다. 예를 들면, 오늘 Moody's에 의해서 A로 평가받은 회사가 1년 후에 Aa(혹은 Aaa 또는 Baa 또는 Ba ...)로 변동될 확률이 얼마인지를 보여준다. [Moody's와 S&P는 각각 8개의 기본 등급을 사용한다. Aaa, Aa, A, Baa, Ba, B, C 및 부도(Moody's), 그리고 AAA, AA, A, BBB, BB, B, C 및 부도(S&P).]

[표 33.6]은 등급변동 행렬 수치를 보여 준다. 행렬에는 6개의 비부도 등급이 있다. 가장 높은 등급은 1등급이며 가장 낮은 등급은 6등급이다. 그리고 D(부도)라고 표시된 7번째 등급이 있다. 이 행렬은 한 등급에서 1년 후에 다른 등급으로 이동될 확률을 보여준다. 그러므로 예를 들어, 현재 2등급에 속하는 회사는 이 표에 따르면, 1년 후에도 2등급에 있을 확률은 90.65%이다. 등급을 개선한(즉, 1등급으로 이동한) 회사는 0.70%에 불과한 반면, 평가가 3등급으로 하락할 확률은 7.79%이다. 평가등급 D는 흡수하는 등급이다. D등급에서 다른 어떤 등급으로 이동할 확률은 0이며, 그대로 D에 머무를 확률은 1이다. (이것은 사실 문자 그대로 진실은 아닐 수 있다. 왜냐하면 기업들은 구조조정을 하여 회생하는 경우도 있기 때문이다. 하지만 부도는 흡수하는 상태라는 가정이 흔히 사용되고 있으며, 모형에 잘 정의된 부도 사건이 있다는 것을 확실히 하는 것이 도움이 된다.)

실무에서 등급변동 행렬은 충분히 과거로 거슬러 올라간 과거 데이터를 사용하여 작성한다. 실제 등급 변동을 사용하여 행렬 각 셀의 빈도를 계산한다.

표 33.6 등급변동 행렬

변경 전	변경 후						
	1	2	3	4	5	6	부도(D)
1	0.9081	0.0833	0.0068	0.0006	0.0012	0.0000	0.0000
2	0.0070	0.9065	0.0779	0.0064	0.0006	0.0014	0.0000
3	0.0009	0.0227	0.9105	0.0552	0.0074	0.0026	0.0006
4	0.0007	0.0035	0.1597	0.8695	0.0532	0.0119	0.0020
5	0.0020	0.0031	0.0084	0.0790	0.8070	0.0901	0.0123
6	0.0068	0.0079	0.0092	0.0111	0.0716	0.8414	0.0588
D	0.0000	0.0000	0.0000	0.0000	0.0000	0.0000	1.0000

만약 행렬이 시기에 따라 바뀌지 않을 것이라고 가정하면(좋은 1차 근사값 계산), 단일 기간의 행렬을 사용하여 복수기간 행렬을 만들 수 있다. 예를 들면, 위 예에 등장했던 2등급에 속한 기업이 2기간 후에도 2 등급에 남아 있을 확률을 계산하기 위하여, 우리는 그 기업이 2기간 후에 2등급에 있을 수 있게 되는 모든 가능한 경로를 찾아야 하고, 그 경로의 확률을 다 확인하여 더해야 한다. 예에서는 6개의 경로가 있다. 기업은 1년 후에 1등급부터 6등급에 이르는 6개의 등급 어디든지 갈 수 있으며, 이 각 등급으로부터 2기간 후에 2등급으로 이동할 수 있다. 그러므로 2기간 후에 2등급에 그대로 머물러 있을 확률은 다음과 같다.

$$(0.0070)(0.0833)+(0.9065)(0.9065)+(0.0779)(0.0227)$$
$$+(0.0064)(0.0035)+(0.0006)(0.0031)+(0.0014)(0.0079)=0.8241$$

계산 때문에 복잡할 것 같지만, 수학적으로 이 복수기간 변동을 표현하기는 보기보다 쉽다. 단일기간 변동을 Π로 표시하면, 2기간 후의 변동은 단지 Π^2(즉, $\Pi\times\Pi$)이며, 3기간 후의 변동 행렬은 Π^3(즉, $\Pi\times\Pi\times\Pi$)가 되며, 같은 방식으로 계속 진행된다.

신용평가기관이 제공하는 등급변동 행렬은 과거의 확률을 포함하고 있다. 가격결정을 목적으로 할 때, 우리는 한 등급에서 다른 등급으로 이동하는 위험중립 확률을 필요로 한다. JLT 모형에서는 이 문제를 다루며, 위험중립 등급변동 행렬을 산출하는 하나의 가능한 방법을 제안한다. 그들이 제안한 방법은 "위험 프리미엄"에 관한 몇몇 가정하에 과거 행렬로부터 위험중립 행렬을 만들어 내는 재귀적 과정이다. 이 절에서 JLT 모형에 관해서 설명한다.

JLT 모형은 두 가지 가정으로부터 출발한다.

1. 이자율과 등급변동 확률 사이에는 (위험중립 확률 측도 하에서는) 상관관계가 없다.
2. 국채회수율 관행으로 표현된 회수율은 상수 ϕ이다. 부도 발생시 채권 보유자는 다른 면에서 동일한 국채 ϕ 단위를 받는다.

이 모형에서는 두 주요 입력자료를 사용한다. 무위험 이자율 생성 모형과 과거 등급변동 행렬이 그것이다. 모형을 더 설명하기 위해서는 몇몇 표시기호가 필요하다.

표기법

시간은 이산이며 $t=0, 1, 2, \cdots$로 지수화 한다. 평가 등급은 K개 있다. 등급 $1, \cdots, K-1$은 비부도 등급인 반면, K 등급은 부도이다. 과거(또는 통계적) 1기간 등급변동 행렬은 Π로 표시한다. Π_{ij}는 1기간에 i 등급에서 j 등급으로 이동할 확률을 표시한다. Π_i는 벡터($\Pi_{i1}, \cdots, \Pi_{iK}$)를 가르킨다. t기간 통계적 변동 행렬은 단순히 Π^t로 표시한다.

0시점에서 1기간 위험중립 변동 행렬은 $Q=(Q_{ij})$로 표시한다. Q_{ij}는 0시점에 i 등급에 있던

기업이 1시점에 j 등급에 있을 위험중립 확률이다. 0시점으로부터 t기간 위험중립 등급변동 행렬을 $Q(0, t)$로 표시한다. $Q(0, 1) = Q$임을 주목하라.

t기간 무위험 이자율은 $r(t)$이며, 현재 평가등급 i에 속하는 무이표채의 t년 스프레드는 $s_i(t)$로 표시한다. 이자율은 기간의 길이만큼 복리 계산하는 단순 이율이다. 그러므로 예를 들면, 무위험 이자율로 투자된 $1은

- 만기까지 1기간이면 $(1 + r(1))$
- 만기까지 2기간이면 $(1 + r(2))^2$

다른 기간에 대해서도 같은 방식으로 계속한다.

0시점의 만기 t, 무위험 무이표채(액면가 $1)의 가격은 $B(t)$로 표시한다. 이에 상응하는 평가등급 i에 속한 채권의 가격은 $B_i(t)$로 표시한다. 그러면 다음의 식이 성립한다.

$$B(t) = \frac{1}{(1 + r(t))^t} \qquad B_i(t) = \frac{1}{(1 + r(t) + s_i(t))^t}$$

1기간 위험중립 등급변동 행렬 Q부터 계산한다.

$Q = Q(0, 1)$ 계산

i 등급에 속하는 1 기간 무이표채를 고려해 보자. 이 채권의 현재 가격은 다음과 같다.

$$B_i(1) = \frac{1}{1 + r(1) + s_i(1)} \tag{33.24}$$

1기간 후에 채권은 만기가 된다. 이 때 아래 금액이 지급된다.

- 만약 채권의 등급이 $i \in \{1, \cdots, K-1\}$이면 $1
- 만약 채권의 등급이 K이면 $\$\phi$

위험중립 확률 Q_{ij}의 정의에 의해, 현재 채권의 가격은 1기간 후에 지급될 금액의 Q 하의 기대값이므로

$$B_i(1) = \left(\frac{1}{1 + r(1)}\right)[Q_{i1} + \cdots + Q_{i, K-1} + \phi Q_{iK}] \tag{33.25}$$

식 (33.24)와 (33.25)는 동일하므로 다음의 식을 얻게 된다.

$$\frac{1 + r(1)}{1 + r(1) + s_i(1)} = [Q_{i1} + \cdots + Q_{i, K-1} + \phi Q_{iK}] \tag{33.26}$$

문제는 식은 하나이고 $K-1$개의 미지수 Q_{i1}, ⋯, $Q_{i,K-1}$가 있다는 것이다. (K번째 위험중립 확률은 단순히 첫 번째 부터 $K-1$번째까지의 확률을 더하여 1에서 차감한 숫자이다.) 하나의 답을 구할 방법은 없다.

JLT는 "조정 요인" α_i를 제안하는데, 이것은 (33.26)을 하나의 미지수로 압축하여 유일한 Q_{ij}를 찾을 수 있도록 해준다. 구체적으로, JLT는 다음과 같이 만든다.

$$Q_{ij} = \begin{cases} \alpha_i \cdot \Pi_{ij}, & \text{if } j \neq i \\ 1 - \sum_{j \neq i} Q_{ij}, & \text{if } j = i \end{cases} \tag{33.27}$$

말로 설명하면 위험중립 확률의 모든 비대각성분(off-diagonal)은 이에 대응하는 통계적 확률에 α_i를 곱한 것이며, 대각성분(diagonal) 확률 Q_{ii}는 모든 확률의 합은 1이라는 특성으로 구할 수 있다.

α_i는 얼마이어야 하는가? 이것은 단순하다. Q_{ij}를 나타내는 식 (33.27)을 식 (33.26)에 치환하라. 그러면 식 (33.26)의 우변은 단지 통계적 확률 Π_{ij}와 α_i의 함수가 된다. 통계적 확률은 이미 알려진 것이므로 하나의 미지수로 표현되는 식 하나를 가지게 된다. 이식을 풀고, 식 (33.27)을 이용하면 위험중립확률(Q_{i1}, ⋯, Q_{iK})를 구할 수 있다.

$t > 1$인 경우의 $Q(0,t)$ 구하기

다음 단계는 논리를 확장하여 t년 위험중립 전이행렬(transition matrix) $Q(0,t)$을 구하는 것이다. 다음 관측에 근거해 이 절차를 간소화할 수 있다. 기간 0, 상태 i에서 출발하여, 기간 t에 상태 j가 되는 확률은 기간 $t-1$에 상태 k가 될 확률과 이 k가 기간 t에 상태 j가 될 확률을 곱한 것을 모든 k에 대하여 각각 계산하여 모두 합한 것이다. 행렬로 표현하면 $Q(0,t)$는 다음의 곱이다.

- t-단계 위험중립 전이행렬 $Q(0,t-1)$과
- $t-1$과 t 사이의 위험중립 전이행렬 $Q(t-1,t)$

$Q(0,t-1)$을 알고 있다고 가정해 보라.($t=2$일 때는 확실히 그렇다.) 어떻게 $Q(t-1,t)$ 그리고 그로부터 $Q(0,t)$를 계산할 수 있는 지를 보인다. 앞에서와 같이 $Q(t-1,t)$는 한 기간 통계적 전이 행렬 Π에 조정 요인 $\alpha_i(t)$를 거치는 관계를 가진다.

$$Q_{ij}(t-1,t) = \begin{cases} \alpha_i(t) \cdot \Pi_{ij}, & \text{if } j \neq i \\ 1 - \sum_{j \neq i} Q_{ij}(t-1,t), & \text{if } j = i \end{cases} \tag{33.28}$$

시점 0에 i등급에 속한 발행자의 t년 무이표채의 가격을 생각해 보자. 최초의 채권 가격은 아래와 같다.

$$B_i(t) = \frac{1}{(1 + r(t) + s_i(t))^t} \tag{33.29}$$

이 채권 가격은 이 채권의 위험중립 확률에 따른 할인 현금흐름의 기대값과 동일해야 한다. 만약 채권에 부도가 발생하지 아니하면 이 채권은 t에서 $1을 지급한다. 만약 어떤 지점에서 부도가 발생한다면, RT 가정에 따라 t에서 $\$\phi$를 지급한다. 그러므로 위험중립 확률에 의거하여 채권의 가격을 계산하려면, 채권이 t까지 생존할 위험중립 확률만 알면 된다.

생존 확률은 단순히 $1 - Q_{iK}(0, t)$이다. 이제 $Q(0, t) = Q(0, t-1) \times Q(t-1, t)$가 된다. 첫 번째 부분 $Q(0, t-1)$은 가정에 따라 아는 것이다. 식 (33.28)에 따르면 두 번째 부분도 미지수 하나 $\alpha_i(t)$만 알면 알 수 있다. 이것은 생존확률—그리고 이에 따른 채권의 위험중립 가격 결정 공식—에는 미지수가 단지 하나 $\alpha_i(t)$만 있다는 뜻이다. 이 식을 채권가격(33.29)와 동일한 것으로 하면 $\alpha_i(t)$에 대하여 풀 수 있다.

이렇게 모든 $\alpha_i(t)$를 찾으면 결국 $Q(t-1, t)$를 계산할 수 있게 되고, 재귀적 절차를 완성하면 $Q(0, t)$를 계산할 수 있게 된다.

간단한 예가 JLT 과정을 설명하는 데 도움이 될 것이다.

예 33.1

우리는 각 기간이 1년인 2기간 예를 가지고 작업을 한다. 4개의 평가등급이 있다고 가정한다. 투자등급(I), 메자닌등급(M), 투기등급(J) 그리고 부도(D)가 이 4개의 등급이다. 예에서는 다음 입력자료를 사용한다.

1. 무위험 현물이율은 0.03(1기간) 그리고 0.04(2기간)이다.
2. 통계적 등급변동 행렬 Π는 아래와 같다.

$$\Pi = \begin{matrix} I \\ M \\ J \\ D \end{matrix} \begin{bmatrix} 0.85 & 0.05 & 0.05 & 0.05 \\ 0.10 & 0.70 & 0.10 & 0.10 \\ 0.05 & 0.10 & 0.70 & 0.15 \\ 0 & 0 & 0 & 1.00 \end{bmatrix}$$

3. 1기간 및 2기간 신용 스프레드는 등급별로 다음과 같다.

$$s_I = \begin{bmatrix} 0.005 \\ 0.010 \end{bmatrix} \qquad s_M = \begin{bmatrix} 0.010 \\ 0.020 \end{bmatrix} \qquad s_J = \begin{bmatrix} 0.020 \\ 0.030 \end{bmatrix}$$

4. 회수율(RT 관행)은 $\phi = 0.50$이다.

이 정보로부터 1기간과 2기간 만기 위험 무이표채의 가격을 다음과 같이 계산 할 수 있다.

$$B_I(1) = \frac{1}{(1+0.03+0.005)} = 0.9662$$

$$B_I(2) = \frac{1}{(1+0.04+0.010)^2} = 0.9070$$

$$B_M(1) = \frac{1}{(1+0.03+0.010)} = 0.9615$$

$$B_M(2) = \frac{1}{(1+0.04+0.020)^2} = 0.8900$$

$$B_J(1) = \frac{1}{(1+0.03+0.020)} = 0.9524$$

$$B_J(2) = \frac{1}{(1+0.04+0.030)^2} = 0.8734$$

만기에 채권은 4개의 상태 $\{I, M, J, D\}$ 중 하나일 것이다. 첫 3개의 상태 중 하나이면 원금은 전액 상환된다. 마지막 상태이면, 채권 보유자는 ϕ를 받게 된다. 이 최종 현금흐름을 벡터로 표시하면 다음과 같다.

$$C = \begin{bmatrix} 1 \\ 1 \\ 1 \\ 0.50 \end{bmatrix}$$

우선, I 등급의 위험중립 등급변동 확률을 산출하기 위하여 통계적 전이확률(statistical transition probabilities)에 곱해야 할 조정 요인 $\alpha_I(1)$를 구한다. 등급 I의 1기간 통계적 전이확률은 아래와 같다.

$$\Pi_I = [0.85 \quad 0.05 \quad 0.05 \quad 0.05]$$

JLT의 제안에 따라 등급 I의 1기간 위험중립 전이확률은 다음의 형태가 된다.

$$Q_I(0,1) = [1-0.15\alpha_I(1) \quad 0.05\alpha_I(1) \quad 0.05\alpha_I(1) \quad 0.05\alpha_I(1)]$$

할인된 현금흐름의 위험중립확률 측도하의 기대값이 아래의 초기 채권가격과 일치하도록 $\alpha_I(1)$이 결정되어야 한다.

$$B_I(1) = \frac{1}{1+0.03} \times Q_I(0,1) \times C$$

그러므로

$$0.9662 = 0.9709\left[1 \cdot (1-0.15\alpha_I(1)) + 1 \cdot 0.05\alpha_I(1) + 1 \cdot \alpha_I(1) + \phi \cdot 0.05\alpha_I(1)\right]$$

이를 계산하면 $\alpha_I(1) = 0.1932$이다.

비슷한 절차를 M 등급과 J 등급에 적용하면 다음의 결과를 얻는다.

$$\alpha_M(1) = 0.1923$$
$$\alpha_J(1) = 0.2540$$

이로써 1기간 위험중립 전이행렬(transition matrix)을 다음과 같이 얻을 수 있다.

$$Q(0,1) = \begin{matrix} I \\ J \\ M \\ D \end{matrix} \begin{bmatrix} 0.9710 & 0.0097 & 0.0097 & 0.0097 \\ 0.0192 & 0.9423 & 0.0192 & 0.0192 \\ 0.0127 & 0.0254 & 0.9238 & 0.0381 \\ 0 & 0 & 0 & 1.0000 \end{bmatrix}$$

다음으로 2기간 위험중립 전이행렬을 계산한다. JLT 과정에 제시된 대로, 기간$(1,2)$의 위험중립 등급변동 확률을 명시하는 선도(forward) 위험중립 전이행렬 $Q(1,2)$를 먼저 찾아야 한다. 기간 $(1,2)$의 통계적 전이행렬은 Π로 동일하다. 통상적인 JLT 조정과정을 Π에 적용하면 (그리고, 2기간의 조정요인을 $\alpha_I(2)$ 등으로 표시하면), 행렬 $Q(1,2)$를 조정요인 $\alpha_I(2)$에 의해 조정된 행렬 Π로 표시할 수 있다.

$$Q(1,2) = \begin{bmatrix} 1-0.15\,\alpha_I(2) & 0.05\,\alpha_I(2) & 0.05\,\alpha_I(2) & 0.05\,\alpha_I(2) \\ 0.10\,\alpha_M(2) & 1-0.30\,\alpha_M(2) & 0.10\,\alpha_M(2) & 0.10\,\alpha_M(2) \\ 0.05\,\alpha_J(2) & 0.10\,\alpha_J(2) & 1-0.03\,\alpha_J(2) & 0.15\,\alpha_J(2) \\ 0 & 0 & 0 & 1.0000 \end{bmatrix}$$

3개의 미지수를 찾기 위하여, 각 등급의 2기간 채권의 초기 가격을, 행렬 $Q(0,1)$, $Q(1,2)$를 사용하여 계산한 위험중립 가격과 일치하게 하여야 한다.

$$\begin{bmatrix} B_I(2) \\ B_M(2) \\ B_J(2) \\ B_D(2) \end{bmatrix} = \begin{bmatrix} 0.9070 \\ 0.8900 \\ 0.8734 \\ - \end{bmatrix} = Q(0,1) \times Q(1,2) \times C \times \frac{1}{(1+0.04)^2}$$

정확을 기하기 위하여 식을 행렬 형태로 표현하였지만, 각 조정 인자 $\alpha_i(2)$는 처음에 우리가 했던 대로 하나씩 따로 구할 수도 있다는 점을 주의하라. 그렇지만 행렬을 사용해서 한꺼번에 푸는 것이 계산하기에 더 쉽다. 답은 다음과 같다.

$$\alpha_I(2) = 0.5554$$
$$\alpha_M(2) = 0.5680$$
$$\alpha_J(2) = 0.5101$$

행렬 $Q(1,2)$는 Π로부터 다음과 같이 계산된다.

$$Q(1,2)=\begin{bmatrix} 0.9167 & 0.0278 & 0.0278 & 0.0278 \\ 0.0568 & 0.8296 & 0.0568 & 0.0568 \\ 0.0255 & 0.0510 & 0.8470 & 0.0765 \\ 0 & 0 & 0 & 1.0000 \end{bmatrix}$$

두 기간의 위험중립 전이행렬은 0에서 1까지의 변동과 1에서 2까지의 변동을 곱한 것이다.

$$Q(0,2) = Q(0,1) \times Q(1,2)$$

곱셈을 수행하면 다음의 행렬을 얻게 되며,

$$Q(0,2)=\begin{bmatrix} 0.8909 & 0.0355 & 0.0357 & 0.0379 \\ 0.0716 & 0.7833 & 0.0703 & 0.0748 \\ 0.0366 & 0.0685 & 0.7842 & 0.1106 \\ 0 & 0 & 0 & 1.0000 \end{bmatrix}$$

예는 완성된다. ■

JLT 접근법에 대한 의견

JLT 모형은 국채 시장과 평가 기관이 제공하는 부도 정보를 통합하려는 생각의 좋은 출발점을 제공한다. 이 모형은 확실히 평가에 영향을 받는 파생상품의 헤지 및 가격 결정에 사용될 수도 있다.

이 모형은 특별한 가정을 한다. 이 중 일부는 분석적 추적 가능성을 잃지 않고 완화될 수 있다. 예를 들어, Das와 Tufano(1996)는 무위험 이자율과 등급변동 사이에는 상관관계가 없어야 한다는 JLT의 조건을 완화시켜서 자의적인 상관관계를 도입할 수도 있음을 보여 주었다. Das와 Tufano는 RP 혹은 RMV보다 덜 자연스러워 보이는 RT 조건을 수정하여 부도 채권을 만기에 회수하는 것이 아니라 즉시 회수할 수 있도록 하는 것도 가능함을 보여 주었다.

JLT는 통계적 전이확률에서 위험중립 확률로 이동하는 매우 특수한 방법을 제안하였다. 지금은 $(K-1)$개의 미지수/하나의 방정식 (33.26) 시스템을 하나의 방정식/하나의 미지수로 바꾸는데 사용할 수 있는 여러 가지 조정 방법이 있다. 한 예로 Das와 Dufano는 JLT 절차를 약간 수정한 것으로 계산상 유리한 방법을 제안한다. 하지만 두 절차는 서로 다른 위험중립 전이행렬을 만들어 낸다. 다음 자료가 설명하듯이 어느 방법이 더 우수한 지에 대한 이론적 근거는 없다.

JLT 조정 요인에 대한 의견

JLT 모형의 매 단계에서는 조정 요인이 통계적 전이행렬 Π에 적용되며, 그로부터 미래 전이행

렬 $Q(t,t+1)$이 계속적으로 산출된다. $Q(0,t)$를 알면, $Q(0,t+1)=Q(0.t)\times Q(t,\,t+1)$이므로 $(t+1)$기의 전이행렬 $Q(0,t+1)$를 결정할 수 있다.

Das와 Tufano(1996)는 $Q(0,1)$을 Π에서 직접 산출하는 것과 같은 방법으로 t-기간 위험중립 전이행렬 $Q(0,t)$를 t-기간 통계적 전이행렬 $\Pi(0,t)$로부터 직접 산출하는 대안을 제시한다. 즉, $\Pi(0,t)$의 비대각 원소에 직접 조정을 가한다. 조정 요인 $\alpha_i(t)$를 계산하는 공식을 유도할 수 있으므로 이 방식이 JLT 방법보다 계산상 유리하다.

여기에 그 절차를 설명한다. 첫째, $\Pi(0,t)$를 계산한다. 이것은 단순히 Π^t이며, 행렬 Π의 t승이다. $\Pi_{ij}(0,t)$는 $\Pi(0,t)$ 행렬의 원소(ij)를 의미한다. $Q_{ij}(0,t)$를 비슷하게 정의한다. 그리고 $Q_{ij}(0,t)$를 다음과 같이 표시한다.

$$Q_{ij}(0,t)=\begin{cases}\alpha_i(t)\,\Pi_{ij}(0,t), & \text{if } j\neq i\\ 1-\sum_{j\neq i}Q_{ij}(0,t), & \text{if } j=i\end{cases}$$

$Q(0,t)$와 무위험 수익률을 사용하여, 기간 t에 만기가 되는, 초기에 i 등급인 채권의 위험중립 가격 결정을 할 수 있다. 이를 현재의 채권가격과 동일한 것으로 식을 만들면, 필요한 t년 조정 요인 $\alpha_i(t)$를 계산할 수 있다. 다음 예로 설명한다.

예 33.2

(예 33.1)의 2기간 상황을 계속 사용한다. Das-Tufano(DT) 절차 하에서 첫 기간 위험중립 전이행렬을 JLT와 동일하다. 왜냐하면 $t=1$일 때 절차가 동일하기 때문이다. $Q(0,2)$를 생각해 보자. DT 절차를 따르면 우선 우리는 $\Pi(0,2)$를 계산해야 한다. 이것은 Π^2이다.

$$\Pi(0,2)=\begin{bmatrix}0.7300 & 0.0825 & 0.0825 & 0.1050\\ 0.1600 & 0.5050 & 0.1450 & 0.1900\\ 0.0875 & 0.1425 & 0.5025 & 0.2675\\ 0 & 0 & 0 & 1.0000\end{bmatrix}$$

이 $\Pi(0,2)$에 조정 요인을 적용하여 다음을 얻는다.

$$Q(0,2)=\begin{bmatrix}1-0.27\,\alpha_I & 0.825\,\alpha_I & 0.825\,\alpha_I & 0.1050\,\alpha_I\\ 0.1600\,\alpha_M & 1-0.4950\,\alpha_M & 0.1450\,\alpha_M & 0.1900\,\alpha_M\\ 0.0875\,\alpha_J & 0.1425\,\alpha_J & 1-0.4975\,\alpha_J & 0.2675\,\alpha_J\\ 0 & 0 & 0 & 1.0000\end{bmatrix}$$

위험중립 가격결정 논리에 따르면 2기간 채권의 초기 가격은 위험중립 확률에 따른 지급액의 기대값을 현재가치로 할인한 것으로 아래와 같다.

$$\begin{bmatrix} B_I(2) \\ B_M(2) \\ B_J(2) \\ B_D(2) \end{bmatrix} = \frac{1}{(1+0.04)^2} \times [Q(0,2) \times C]$$

여기에서 C는 최종 지급액의 컬럼 벡터$(1,\ 1,\ 1,\ \phi)$로 앞서 JLT 예를 설명할 때 정의된 것이다. 이 값들은 초기에 주어진 이 채권들의 가격과 같아야 한다.

$$\begin{bmatrix} B_I(2) \\ B_M(2) \\ B_J(2) \\ B_D(2) \end{bmatrix} = \begin{bmatrix} 0.9070 \\ 0.8900 \\ 0.8734 \\ - \end{bmatrix}$$

양자를 같은 것으로 놓고, 조정 요인 $\alpha_i(2)$를 아래와 같이 구할 수 있다.

$$\alpha_I(2) = 0.3611$$
$$\alpha_M(2) = 0.3935$$
$$\alpha_J(2) = 0.4134$$

이를 적용하면 위험중립 측도 하의 최종 등급변경 행렬이 아래와 같이 만들어 진다.

$$Q(0,2) = \begin{bmatrix} 0.9025 & 0.0298 & 0.0298 & 0.0379 \\ 0.0630 & 0.8052 & 0.0571 & 0.0748 \\ 0.0362 & 0.0589 & 0.7943 & 0.1106 \\ 0 & 0 & 0 & 1.0000 \end{bmatrix}$$ ■

이 행렬의 요인들은 (마지막 열을 예외로 하면) JLT 절차로 계산한 $Q(0,2)$와는 다르다. 평가등급에 관련된 파생상품의 가격이 이 두 방법으로 산출하면 달라질 수 있다는 것을 의미한다. 두 방법 모두 어느 정도 자의적이므로 이 둘 중 어느 것이 이론적으로 우수한 지에 대한 근거는 없다.

계산의 관점에서 보면 DT가 하나의 중요한 장점이 있다. 이 절차를 따르면 조정 요인 α를 닫힌 형태로 계산할 수 있다. 구체적으로 $\mu_i(t)$를 등급 i가 t기간에 부도를 당할 확률이라고 하자. 그러면 등급 i의, t-기간 위험중립 전이행렬을 계산하는 데 적용할 조정 요인은 다음과 같다.

$$\alpha_i(t) = \left[1 - \left(\frac{1+r(t)}{1+r(t)+s_i(t)}\right)^t\right]\left[\frac{1}{(1-\phi)\mu_i(t)}\right]$$

위에서 μ_{it}는 시점 0부터 증권의 만기까지 전 기간 중 통계적 확률 측도 하에서 부도가 발생할 총 확률이다.

33.8 축약형 모형의 적용: CDS 가격 결정

신용부도 스왑(CDS)은 신용 파생상품에서 가장 중요한 계열이며, 다른 많은 신용 파생상품의 구성요소가 된다. 이 절에서는 축약형 모형을 사용한 CDS 계약의 가격 결정을 설명한다. 과정은 복잡하지 않다. 일단 미래 부도 확률이 결정되면, 가격 결정 방법은 자동적으로 나타난다.

CDS 계약은 일방이 지속적으로 보험료를 납부하고 대가로 기초 준거 채무에 "신용 사건"이 발생하면 조건부 일시금을 받는다. 단순하게 설명하기 위하여, 신용 사건을 단순히 부도라고 부른다. 사실 부도는 (가장 중요한 신용 사건이긴 하지만) 신용 사건 중 하나이다. 조건부 지급금은 계약에 명시되며, 준거 증권에 발생한 손실(액면가로부터 계산함) 금액을 보상하는 것이다.

이론적인 입장에서 보면 이 계약의 공정한 정기적 보험료(premium)는 보험료의 현재가치와 부도 시에 받을 지급액의 현재 가치가 동일하도록 책정되어야 한다. 미래의 여러 기간 중에 부도가 발생할 위험중립 확률을 계산해 주는 축약형 모형이 있으면 현재 가치를 쉽게 계산할 수 있으며, CDS 가격도 결정할 수 있다.

이 과정을 설명하기 위해서 T년을 생각해 보자. t는 지급이 이루어지는 시점을 표시한다. h는 지급이 이루어지는 시간 사이의 간격을 (연단위로) 표시하며, 부도가 발생하지 않으면 N번의 지급이 이루어진다고 하자(즉, $Nh=T$라고 가정한다).

j 번째 기간$(t-h,t)$에 부도가 발생할 위험중립 미래 확률을 λ_j로 표기한다. 이것은 기간 $(t-h,t)$에 부도가 발생할 확률이다. 여기에서 $t=jh$이다. 상응하는 회수율은 ϕ_j로 표시한다. 가격 결정은 시점 0에서 하며, 기대값 계산도 시점 0에서 한다. 임의의 시점 t의 단기 선도 금리는 $f(t,t)=f_t$로 표기한다.

우선 우리는 보험료 측(premium leg)의 현재가치를 계산한다. 이 목적으로 미래 전기간 혹은 부도가 발생할 때까지 지급하는 보험료 \$1의 현재가치를 계산한다. 이것을 $PV1$이라고 하자. 실제 보험료가 \$$p$이면 보험료의 현재가치는 $p\times PV1$가 된다. 보험료는 매 기간 초에 지불된다고 하면 다음 식이 성립한다.

$$PV1 = E_0\left\{1+\sum_{t=1}^{N-1}\left[\prod_{j=0}^{t-1}(1-\lambda_{j+1})e^{-f_j h}\right]\right\} \qquad \textbf{(33.30)}$$

이 식을 해석하자면 시점 0에서 지급된 최초의 지불은 \$1이다. (계약 인수 시점에 준거 자산은 부도가 아니라고 가정한다!) 그 다음 계속되는 지불은 그때까지 부도가 발생하지 않았을 경우에만 이루어진다. 이 가능성은 계약 인수 시점부터 지불 시점까지 생존 확률$(1-\lambda_j)$을 곱하는 것으로 반영되어 있다. 이 예상 지불액은 현재가치로 할인된다. 이를 지불 기간 전체에 걸쳐서 더하면 그것이 필요한 현재 가치이다.

주의 이 모형의 지불액은 기말에 지급되는 것으로 조정될 수도 있다. CDS 계약은 가끔 기말 지불 방식을 따르기도 하며, 기간 중에 발생하는 부도에 대하여는, 지난 마지막 지불 시점과 부도 발생 시점의 기간에 대하여 일할계산하여 보험료를 지불한다. 그러므로 보험료 지불 관행에 맞추어 이 절에서 제시한 공식을 적절하게 조정하는 것이 중요하다.

이 모형에서 계약상 보험료를 기말에 지불하는 것으로 하면 공식은 약간의 수정이 필요하다. 단순화를 위해서 기간 중에 부도가 발생해도 보험료 전액을 지불한다고 가정하면 적용할 수 있는 식은 다음과 같다.

$$PV1 = E_0\left\{e^{-f_0 h}\left(1 + \sum_{t=1}^{T-1}\prod_{j=1}^{t}(1-\lambda_j)e^{-f_j h}\right)\right\} \tag{33.31}$$

다음으로 부도 발생시 지급하는 지급액의 현재 가치를 계산한다. 단순화를 위해서 이 지급액은 매 기말에 이루어진다고 가정한다. 이 현재 가치를 D로 표시하면 다음과 같다.

$$D = E_0\left\{\sum_{t=1}^{T}\lambda_t(1-\phi_t)\prod_{j=0}^{t-1}(1-\lambda_j)e^{-f_j h}\right\} \tag{33.32}$$

$\prod_{j=0}^{t-1}(1-\lambda_j)e^{-f_j h}$는 $(t-1)$기간까지 부도가 발생하지 않을 가능성을 말하며, $\lambda_t(1-\phi_t)$는 부도 확률과 부도시 손실을 곱한 것으로 기간 t의 손실 가능성이다.

보험료와 사고시 지급금액의 가치가 동일해야 하므로 공정한 CDS 가치를 나타내는 식으로 다음 식을 갖게 된다.

$$\text{CDS 스프레드(bps)} = \frac{D}{PV1} \times \frac{1}{h} \times 10{,}000 \tag{33.33}$$

위 식에서 h로 나누고 10,000을 곱하는 것은 통상 그렇게 하듯이 CDS를 연단위 베이시스 포인트로 표현하기 위한 것이다.

이 절의 계산에서는 부도 발생과 이로 인한 지급은 보험료 지불시점에서만 발생한다고 가정하였다. 사실 부도는 기간 중 언제라도 발생할 수 있으므로 이 가능성을 모형에 포함하려고 하면 모형이 좀 더 복잡해져야 한다. 현재가치 표현식이 좀 더 복잡해져야 하지만, 공정한 CDS 가치를 찾는 원리는 동일하다.

33.9 요약

이 장에서 설명한 축약형 모형 계열은 전 장에서 설명한 구조 모형을 보완한다. 이 두 모형이 계량적 신용 모형에서 사용하는 분석적 기법의 대부분을 차지한다. 구조 모형이 주식 시장의 정보를 사용하는 것과 달리 축약형 모형에서는 채권시장의 정보를 직접 사용한다. 이 모형은 어떤 기간이 되었든 그 기간에 대한 부도 가능성을 결정하는 확률 과정을 직접 산출하는 작업을 한다. 이런 과정은 대체로 확률과정 강도(stochastic intensity) 또는 이중 확률과정(double stochastic process)의 형태를 취한다. 하지만 평가등급의 변동을 기반으로 한 축약형 모형도 있다.

몇몇 일반적인 가정 하에서 축약형 모형으로 계산한 부도가능 청구권의 가치는 본질적으로 약속된 지급액의 위험 조정 할인계수를 적용한 위험중립 평가액과 동일하다는 것을 보여주는 많은 논문 덕분에 축약형 모형은 일반적으로 분석적으로 추적 가능한 경향이 있다. 그 결과 이 장에서 설명한 모형은 구조 모형보다 상대적으로 파생상품 가격 결정에 사용하기가 쉽다. 부도 정보를 도출하기 위하여 신용연계 증권을 직접 활용하기 때문에, 이 모형의 모수 추정 역시 쉽다. 부도 강도, 회수 모형 그리고 기간 구조 모형을 자유롭게 선택할 수 있다는 점이, 다양한 영역에서 이 모형이 유용하게 활용되고 있는 이유이다.

33.10 연습문제

1. 만약 부도 강도 λ가 3이라면 한 분기(3개월) 중에 둘 이상의 부도가 발생할 확률은 얼마인가?
2. 만약 λ가 2라면 3년 생존 확률은 얼마인가?
3. 어떤 기업의 부도 강도가 시간에 따라 변하며, 다음과 같이 주어진다.

$$\lambda_t = 0.5 - 0.01\,t$$

   2년 내에 부도가 발생할 확률은 얼마인가?
4. 부도 위험의 구조 모형과 축약형 모형의 중요한 차이점 몇 가지를 설명하라.
5. 연속복리를 가정한다. 기업의 부도 강도가 $\lambda=2$로 고정되어 있다. 무위험 이자율 $r=0.02$이다. 회수율은 0.5이며, 부도시 회수는 원래 증권의 만기시에 발생한다고 가정한다. 2년 만기 무위험 무이표채의 가격을 계산하라. 부도 위험이 있는 동일한 채권의 가격도 계산하라.
6. 부도 강도 $\lambda=0.5$, 회수율 $\phi=0.5$로 주어졌다. 무위험 이자율 $r=0.01$이다. 위 문제와는 달리 회수 금액은 증권의 만기가 아닌 부도 시점에 지급된다. 만기에 $1을 지급하는 1년 만기 부도가능 채권의 가격을 구하라.
7. 부도 강도 $\lambda=0.5$로 고정되어 있다. 시점 t에서 조건부 부도 확률은 얼마인가?
8. 1년간의 누적 부도 확률이 6%, 2년 누적 부도 확률이 10%로 주어져 있다. 부도 강도는 시간의

함수로 다음과 같다.

$$\lambda_t = a + bt$$

a와 b의 값은 무엇인가?

9. 6개월 마다 지불하는 1년 만기 신용부도스왑의 가격 계산을 검토한다. 보험료는 매 6개월마다 선납하며, 부도 지급금은 매 기간 끝에 지급한다. 부도 강도는 다음과 같은 함수로 주어진다.

$$\lambda(t) = \begin{cases} 2a, & \text{if } t \in (0, 0.5) \\ 2a + b, & \text{if } t \in (0.5, 1.0) \end{cases}$$

6개월 및 1년 CDS 스프레드는 다음과 같다.

$$s(0.5) = 0.02, \qquad s(1.0) = 0.04$$

무위험 이자율은 $r = 0.01$이며, 회수율은 $\phi = 0.6$이다. 회수율은 액면가의 비율이다. CDS 계약의 가격은 공정하게 책정되었다고 가정하고, a와 b를 구하라.

10. $\lambda = 0.2$, 무위험 이자율 $r = 0$ 그리고 회수율 $\phi = 0.5$로 주어졌을 때, 만기 2년 이며, 매 6개월 마다 보험료를 선납하는 CDS 계약의 가격을 결정하라. 부도시 지급금은 매 기간 말에 지급한다.

11. A, B 그리고 D라는 3개의 등급이 존재하며, D는 부도를 의미한다. 단일 기간 위험중립 전이 확률 행렬은 다음과 같다.

$$Q = \begin{bmatrix} 0.9 & 0.1 & 0 \\ 0.1 & 0.8 & 0.1 \\ 0 & 0 & 1 \end{bmatrix}$$

A등급 기관이 1기간에, 2기간에, 그리고 10기간에 부도날 확률은 얼마인가?

12. 무위험 수익률은 $r = 0$ 그리고 회수율은 $\phi = 0.7$일 때, 위 문제의 전이행렬을 사용하여 계산하면, 5년 만기 부도 가능한 A등급 채권의 가격은 얼마인가?

13. 부도 강도는, 기간 당 $\lambda = 0.1$로 주어져 있다. 회수율은 $\phi = 0.5$이다. 무위험 이자율은 기간당 0.1이다. 2기간 무이표채의 가격을 다음의 가정하에 구하라.
    - 무위험 (즉, 국채)
    - 부도위험은 있으나 액면가 회수 관행(RP)
    - 부도위험은 있으나 국채 회수 관행(RT)
    - 부도위험은 있으나 시장가치 회수 관행(RMV)

14. 위해율 3인 기업들을 생각해 보자. 한 기업의 부도는 다른 기업의 부도에 영향을 미치지 않는다.
    (a) 분기당 평균 부도 기업의 개수는 얼마인가?
    (b) 같은 기업들을 대상으로 처음 부도가 발생하는 평균 시간을 얼마인가?
    (c) 첫해에 두개 이상의 기업에 부도가 발생할 확률은 얼마인가?
    (d) 2년간 부도가 하나도 발생하지 않을 확률은 얼마인가?
15. 무위험 이자율은 10%로 고정되어 있다. 어떤 발행자의 신용 스프레드가 2%로 고정되어 있다. 만약 회수율이 50%이고, 연속복리를 사용하며, 부도는 항상 연도 말에 발생한다고 가정한다.
    (a) 1년 부도확률은 무엇인가?
    (b) 이 발행자가 발행한 1년 만기 $1 무이표채의 가격은 얼마인가?
16. 무위험 이자율은 10%로 고정되어 있다. 어떤 발행자의 신용 스프레드가 3%로 고정 되어 있다. 만약 회수율이 40%이라면 연속복리 하에서
    (a) 2년 간의 부도 확률은 얼마인가?
    (b) 이 발행자가 발행한 2년 만기 $1 무이표채는 가격이 얼마인가? 부도가 중간에 발생하더라도 모든 현금 흐름은 만기에 발생한다고 가정하라.
17. 1년 무위험 이자율과 스프레드는 각각 5%, 1%이다. 1년 후에 무위험 이자율은 7% 혹은 4%가 되며, 각각의 위험중립 확률은 동일하다. 만약 무위험 수익률이 7%가 되면, 그 다음 1년의 스프레드는 0.5%가 되며, 무위험 수익률이 4%가 되면 스프레드는 2%가 될 것이다.
    (a) 이자율과 스프레드를 이항분포 트리 위에 그려라
    (b) 회수율이 40%(RMV)이면, 2년 만기 표면 이자율 6%(연 1회 지급) 채권의 가격은 얼마인가?
    (c) 첫 1년간의 부도 확률은 얼마인가?
    (d) 1년말에 나누어 지는 각 가지의 2년차 부도율은 얼마인가?
    (e) 2년 CDS의 연간 스프레드는 (베이시스 포인트 단위로) 얼마에 거래될까? 보험료는 연초에 지불되며, 부도 지급금은 연말에 지급된다.
18. 이 문제는 위험 부채의 축약형 모형에 관한 것이다. 무위험 이자율을 트리 위에 그릴 수 있다고 가정한다. (매 기간은 1년으로 하며, 현재의 금리는 10%이다.) 이자율은 1년 후에 동일한 확률로 12% 혹은 9%가 될 것이다. 회수율은 40%이다.
    (a) 2년 후에 100을 지급하는 무위험 국채(중도에 이표 지급 없음)의 가격을 계산하라.
    (b) 축약형 모형을 사용하여 가격을 계산하고자 하는 부도 가능 채권이 있다. 트리의 각 분기점에서 다음과 같이 무위험 수익률에 따라 달라지는 부도 확률이 주어진다.

$$\lambda = 1 - \exp(-ar)$$

위에서 r은 무위험 수익률이며, a는 위해율 모수이다. 이 채권의 신용 스프레드는 20 베이시스 포인트이다. 동일하게 2년 후 100을 지급하는 부도가능 무이표채의 가격과, 위해율 함수의 모수 "a"의 값을 계산하라. (이 문제를 풀기 위해서는 스프레드 시트와 해찾기 기능이 필요하다.)

19. 이 문제는 이 장에서 논의한 Litterman과 Iben 모형에 관한 것이다. 이 모형에서는 무위험 채권 가격을 입력 자료로 하여 미래(선도) 부도확률을 계산한다. 33.4절 끝 부분에 있는 (표 33.4)는 이 미래(선도) 부도율을 보여 준다. 이 문제는 Litterman-Iben 모형의 스프레드를 역분석(reverse engineering)하는 것과 관련이 있다.
모든 미래 부도율이 매년 1%씩 증가한다고 가정하라. 이 증가된 미래 부도율과 일관성을 유지하려면 새로운 신용 스프레드는 얼마가 되어야 하는가?

20. 이 문제는 이 장에서 논의한 Das-Sundaram(DS) 모형의 활용과 관련된 것이다. 기호는 이 장에서 사용한 것과 동일하다. 선도율과 스프레드 및 변동성은 다음의 표와 같다.
스프레드와 이자율간의 상관관계는 -0.30이다.

기간$(T-h, T)$	T	$f(0, T)$	σ	$s(0, T)$	η
(0.0, 0.5)	0.50	0.10	0.020	0.020	0.002
(0.5, 0.1)	1.00	0.11	0.018	0.030	0.003
(1.0, 1.5)	1.50	0.12	0.016	0.040	0.004
(1.5, 2.0)	2.00	0.13	0.014	0.050	0.005
(2.0, 2.5)	2.50	0.14	0.012	0.060	0.006
(2.5, 3.0)	3.00	0.15	0.010	0.065	0.007

(a) 위에서 제시한 모든 데이터를 사용하여 5기간의 이자율 및 스프레드의 트리를 만들어라

(b) 각 분기점의 회수율이 각 분기점의 단기 이율의 2배이라고 가정하고, 모든 분기점에 부도 확률을 나타내는 또 다른 트리를 만들어라

(c) 부도율과 선도이율 트리를 사용하여, 이 발행자에 대한 3년만기, 보험료 6개월납인 신용부도 스왑의 가격을 계산하라. 신용부도 스왑 보험료는 베이시스 포인트 단위로 표시하라.

부록 33A 이산 시간 Duffie-Singleton

이산시간 환경 하에서 Duffie-Singleton 가격결정 공식을 유도한다.

단일 기간 모형

단순한 단일 기간 모형부터 시작한다. 단일 기간 후에 부도가 발생하지 않으면 $1을 지급하고, 부도가 발생하면 ϕ를 지급하는 채권을 생각해 보자. t는 기간의 길이를 표시하며, $1-e^{-\lambda t}$가 1기간 중의 위험중립 부도 확률이라고 하자. 마지막으로 s는 현재의 채권 스프레드를 의미하며, r은 무위험 이자율을 나타내며 둘 다 연속 복리를 적용한다.

그러면 채권의 현재 가격은 아래와 같다.

$$V_0 = e^{-(r+s)t} \tag{33.34}$$

위험중립 가치결정 공식으로 계산한 가치는 다음과 같이 만기에 지급될 금액의 기대값을 할인한 것이다.

$$e^{-rt}\left[e^{-\lambda t} + \phi(1 - e^{-\lambda t})\right] \tag{33.35}$$

이 두 식을 등호로 연결하면, 다음과 같은 식을 얻게 된다.

$$e^{-st} = e^{-\lambda t} + (1 - e^{-\lambda t})\phi$$

x값이 작을 경우에 매우 근사한 값을 나타내는 근사치 $e^x = 1 + x$를 사용하면, 좌변은 근사값 $1-st$가 되고 우변은 근사값 $1-\lambda t+\lambda t\phi$가 된다. 그러면 다음과 같은 식을 갖게 된다.

$$1 - st \approx 1 - \lambda t + \lambda t\phi$$

같은 값을 양변에서 삭제하면 다음과 같이 된다.

$$s \approx \lambda(1 - \phi) \tag{33.36}$$

이를 다시 (33.34)에 대입하면 $V_0 \approx e^{-r+\lambda(1-\phi)}$가 되며, 이것이 단순한 상황의 Duffie-Singleton 공식이다.

식 (33.36)은 스프레드, 부도 확률 및 부도시 회수율과의 관계를 보여 준다. 신용 삼각형(credit triangle)이라고 불리는 이식은 주어진 회수율 가정하에 관찰되는 스프레드로 부도율을 신속히 추정하는 데 자주 사용된다.

복수기간 설정

Duffie-Singleton(1999a)은 자신들의 결과를 복수기간으로 발전시킬 수 있는 동기를 제공한다. 현재가 t이며 각 기간이 Δ년이며, 부도가능 청구권의 만기가 $T=t+n\Delta$이라고 가정한다. ϕ_τ는 부도시 τ 시점 RMV 관행 회수율이라고 하자. 이산 시간 하에서 이것은 부도가 $\tau+\Delta$ 시점에 발생한다면 회수금액 Φ가 아래와 같이 된다는 것을 의미한다.

$$\Phi_\tau = \phi_\tau E_\tau[V_{\tau+\Delta}] \tag{33.37}$$

임의의 s에 대하여 V_s는 지금까지는 부도가 발생하지 않았음을 조건으로 하여, 청구권의 s 시점의 가치이며, $E_s[\cdot]$는 그때까지 알려진 모든 정보를 조건으로 하여 s 시점에서 계산한 기대값을 표시한다.

보편화시키면 위험중립 가격결정은 다음과 같은 재귀적 형태를 취한다.

$$V_t = \lambda_t \Delta e^{-r_t\Delta}\Phi_t + (1-\lambda_t\Delta)e^{-r_t\Delta}E_t(V_{t+\Delta}) \tag{33.38}$$

우변의 첫 번째 항은 부도시에 지급 받을 금액의 현재가치이며, 두 번째 항은 부도가 발생하지 않을 경우의 가치이다. 이 지급 금액의 (위험중립 확률 측도 하에서 계산한) 기대값을 계산하고 이를 현재 가치로 할인하면 그 증권의 현재 가치가 된다. 이것이 식 (33.38)이다.

식 (33.37)을 식 (33.38)에 대입하면 다음과 같이 단순화될 수 있다.

$$V_t = e^{-r_t\Delta}[\lambda_t\Delta\phi_t + (1-\lambda_t\Delta)]E_t(V_{t+\Delta}) \tag{33.39}$$

$e^{-R_t\Delta} = e^{-r_t\Delta}[\lambda_t\Delta\phi_t + (1-\lambda_t\Delta)]$가 되도록 R을 정의하면 다음과 같이 된다.

$$V_t = e^{-R_t\Delta}E_t(V_{t+\Delta})$$

재귀식을 만기까지 반복하면 다음과 같이 된다.

$$V_t = E_t\left[e^{-\sum_{j=0}^{n-1}R_j\Delta} Z_{t+n\Delta}\right] \tag{33.40}$$

식 (33.40)은 Duffie-Singleton 가격결정 결과 (33.14)의 이산 시간 형이다. 이 식이 의미하는 바는, 부도 가능 청구권의 현재 가치는 만기에 지급하기로 약속한 금액($Z_T=Z_{t+n\Delta}$)을 확인하고 이 지급액을 위험 조정 할인율로 할인한 것이다. Δ가 작을 때는 $R_t \approx r_t+\lambda_t(1-\phi_t)$가 되므로 시간 Δ가 축소되면 근사값은 식 (33.14)에 급격히 가까워진다.

부록 33B 추세-변동성(Drift-Volatility) 관계의 유도

여기서는 33.6절의 부도가능 HJM 모형에 나오는 (33.22)와 (33.23)의 재귀적 관계를 유도한다. 이 목적을 위하여, t시점까지는 부도가 발생하지 않았다는 것을 조건으로 하여, $t+h$까지 부도가 발생할 확률을 $\lambda(t)$로 표시한다. 회수율에 관해서 말하자면 Duffie-singleton은 RMV 관행을 사용한다. t 시점에 부도가 발생했을 때 회수되는 금액을 Φ^t로 표시한다. RMV 조건에 따르면 부도가 $t+h$에 발생하면, 채권 보유자가 받을 금액의 t 시점 기대값 $E^t[\Phi^{t+h}]$은 다음과 같다.

$$E^t[\Phi^{t+h}] = \phi(t)E^t[B^*(t+h, T)] \tag{33.41}$$

위에서 $\phi(t)$는 t시점의 회수율을 나타낸다.

$Z(t, T)$는 무위험 채권 $B(t, T)$를 $M(t)$로 할인한 가격이라고 하자.

$$Z(t, T) = \frac{B(t, T)}{M(t)} \tag{33.42}$$

Z는 Q 하에서 마팅게일이므로, 임의의 $t < T$에 대해서 $Z(t, T) = E^t[Z(t+h, T)]$이며, 이를 달리 표현하면 다음과 같다.

$$E^t\left[\frac{Z(t+h, T)}{Z(t, T)}\right] = 1 \tag{33.43}$$

이제 $Z(t+h, T)/Z(t, T) = (B(t+h, T)/B(t, T)) \cdot (M(t)/M(t+h))$이다. (33.17)과 약간의 수학을 사용하면, 첫째 부분은 다음과 같이 된다.

$$\frac{B(t+h, T)}{B(t, T)} = \exp\left\{-\left(\sum_{k=t/h+1}^{T/h-1}[f(t+h, kh) - f(t, kh)]\cdot h\right) + f(t, t)h\right\} \tag{33.44}$$

두 번째 부분 $M(t)/M(t+h)$는 단순히 $\exp\{-f(t, t)h\}$이다. 이를 합치면 다음의 식을 얻는다.

$$\frac{Z(t+h, T)}{Z(t, T)} = \exp\left\{-\sum_{k=t/h+1}^{T/h-1}[f(t+h, kh) - f(t, kh)]\cdot h\right\} \tag{33.45}$$

식 (33.45)를 (33.43)에 대입하면 마팅게일 조건은 아래와 같이 된다.

$$E^t\left[\exp\left\{-\sum_{k=t/h+1}^{T/h-1}[f(t+h, kh) - f(t, kh)]\cdot h\right\}\right] = 1 \tag{33.46}$$

$(f(t+h, kh) - f(t, kh))$대신 (33.20)을 치환하면 다음과 같이 된다.

$$E^t\left[\exp\left\{-\sum_{k=t/h+1}^{T/h-1}\left[\alpha(t, kh)h^2 + \sigma(t, kh)X_1 h^{3/2}\right]\cdot h\right\}\right] = 1 \tag{33.47}$$

t시점에서 $\alpha(t, \cdot)$는 알려진 것이므로, 예측할 필요는 없다. 각 t에서의 변동성 σ과 위험중립 추세 α에 관한 HJM 재귀적 표현을 약간 재배치하면 다음과 같은 식을 얻을 수 있다.

$$\sum_{k=t/h+1}^{T/h-1} \alpha(t, kh) = \frac{1}{h^2} \ln\left(E^t\left[\exp\left\{-\sum_{k=t/h+1}^{T/h-1} \sigma(t, kh) X_1 h^{3/2}\right\}\right]\right) \quad \textbf{(33.48)}$$

이제, 추세 $\beta(t, T)$를 위한 비슷한 결과인 (33.23)을 유도한다. 단기 스프레드와 부도 확률 및 회수율과의 관계를 보여 주는 다음 식이 요긴하게 사용된다.

$$s(t, t) = -\frac{1}{h} \ln[1 - \lambda(t) + \lambda(t)\phi(t)] \quad \textbf{(33.49)}$$

(33.49)를 이해하기 위해 $(t+h)$에 만기가 되는 위험채권을 t 시점에서 생각해 보라. 정의에 따라 t시점 가격은 다음과 같이 된다.

$$B^*(t, t+h) = \exp\{-(f(t, t) + s(t, t)) \cdot h\} \quad \textbf{(33.50)}$$

이 채권에 1기간 투자하면 $(t+h)$에 부도가 발생하지 않으면 $1의 현금흐름이 발생하며, 부도가 발생하면 $\phi(t)$의 현금흐름이 발생한다. 위험중립측도 하의 기대값을 할인하면 채권의 현재가격과 일치해야 하므로,

$$B^*(t, t+h) = \exp\{-(f(t, t)h\} [1 - \lambda(t) + \lambda(t)\phi(t)] \quad \textbf{(33.51)}$$

식 (33.49)는 (33.50)과 (33.51)의 직접적인 결과이다.

임의의 $t < T$를 선택하여 t에서 1기간 $B^*(t, T)$에 투자하는 것을 생각해 보라. t 시점에서 보면, 이 투자로부터 $t+h$에 발생할 현금흐름에 관해서는 다음 두 가지의 가능성이 있다.

- $t+h$까지 채권에 부도가 발생하지 않으면, 기대되는 현금흐름은 $E^t[B^*(t+h, T)]$이다.
- 만약 부도가 발생하면, 기대되는 현금흐름은 $\phi(t)E^t[B^*(t+h, T)]$이다.

$t+h$까지 부도가 발생할 확률은 $\lambda(t)$이므로 $t+h$에서 기대되는 현금흐름은 아래와 같다.

$$(1 - \lambda(t))E^t[B^*(t+h, T)] + \lambda(t)\phi(t)E^t[B^*(t+h, T)] \quad \textbf{(33.52)}$$

이 식은 다음 식과 동일하다.

$$[1 - \lambda(t) + \lambda(t)\phi(t)]\, E^t[B^*(t+h, T)]$$

Q의 정의에 따라 단기이율 $r(t)$로 할인하면, 이 현금흐름의 기대값은 $B^*(t, T)$와 일치해야 한다. 그러므로 다음 식이 성립한다.

$$E^t\left[\frac{[1 - \lambda(t) + \lambda(t)\phi(t)]\, B^*(t+h, T)}{\exp\{r(t)h\}\, B^*(t, T)}\right] = 1 \quad \textbf{(33.53)}$$

식 (33.18)과 $s(t, t) = f^*(t, t) - f(t, t)$의 관계 및 약간의 계산을 거치면 다음과 같이 된다.

$$\frac{B^*(t+h, T)}{\exp\{r(t)h\}B^*(t, T)} = \exp\left\{-\left(\sum_{k=t/h+1}^{T/h-1}[f^*(t+h, kh) - f^*(t, kh)]\cdot h\right) + s(t, t)h\right\} \tag{33.54}$$

나아가 (33.49)에 의해 $[1 - \lambda(t) + \lambda(t)\phi(t)] = \exp\{-s(t, t)h\}$임을 알 수 있다. 이를 (33.53)과 (33.54)와 결합하여 다음 식을 얻는다.

$$E^t\left[\exp\left\{-\sum_{k=t/h+1}^{T/h-1}[f^*(t+h, kh) - f^*(t, kh)]\cdot h\right\}\right] = 1 \tag{33.55}$$

정의 $f^*(t, T) = f(t, T) + s(t, T)$를 사용하여, 식 (33.20)과 (33.21)으로 $(f^*(t+h, kh) - f^*(t, kh))$를 치환할 수 있다. 이렇게 하여 식을 정리하면 α와 β를 σ와 η의 관계식으로 표현되는 두 번째 재귀식을 얻을 수 있다.

$$\exp\left\{\sum_{t/h+1}^{T/h-1}[\alpha(t, kh) + \beta(t, kh)]h^2\right\} = E^t\left[\exp\left\{-h^{3/2}\sum_{t/h+1}^{T/h-1}[\sigma(t, kh)X_1 + \eta(t, kh)X_2]\right\}\right] \tag{33.56}$$

(33.48)을 이용하여 α를 σ에 대하여 풀었으므로 이제 (33.56)을 이용하여 σ와 η에 대하여 β를 풀 수 있다. 이것으로 변동성의 관계식으로 추세를 유도하는 것이 완성된다.

제 34 장

상관부도의 모델링

34.1 서론

앞에서는 개별기업의 신용위험의 모델링에 대하여 논의하였다. 즉, 32장에서는 신용위험을 예측하는 구조적 접근법을 다루었으며, 33장에서는 축약형(reduced-form) 접근법을 다루었다. 전장에서 논의한 이러한 모형들을 어떻게 확장하면, 신용위험 포트폴리오에 포함된 복수 기업의 동시부도위험을 예측하는 복수신용 분석에 적용할 수 있을까를 자연스럽게 질문하게 된다. 이 장에서는 이러한 질문에 대한 답들을 제공하려 한다.

상호관련된 부도(correlated default)를 기반으로 하는 상품의 위험관리 및 가격산정을 위해서는 동시부도위험을 모델링하는 것이 필수적이다. 이러한 상품에는 부채담보부증권(CDO), 바스켓 부도스왑(basket default swap), 신용지수 트랑쉬(credit index tranches) 등이 있다. 31장에서 이러한 상품들을 다루었으므로 이 장에서는 이런 증권화상품 모델링의 기술적인 면을 검토한다.

상관부도를 모델링하는 데는 여러 방법이 있지만, 이 장에서는 실무 적용성을 염두에 두고 몇 가지를 제시하려 한다. 이 장을 전개하는 데 있어서 이 주제와 관련된 몇 편의 논문을 검토하게 되는데 검토할 논문에는 Chen과 Sopranzetti(2003)의 비모수 모형, Lando(1994)의 위해모형(hazard model), Li (2000)의 정지시간 코퓰러모형(stopping time copula model), Anderson, Sidenius 및 Basu(2003)의 신속재귀법(fast recursion method), Hull과 White(2006b)의 내재코퓰러(implied coupla), Longstaff와 Rajan(2006)의 하향식 상관부도모형, 상관부도 트리모형(Hull과 White, 2006a) 등이 있다. 그리고 상관부도 상품의 단순 분류도 제시할 것이다. 또 간단한 예를 통해서 이러한 모형의 기본적인 발상과 차이점을 확실하게 제시하려 한다.

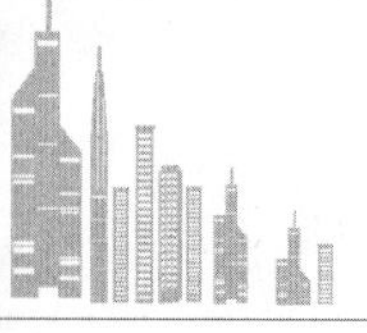

34.2 상관부도 상품의 예

신용시장의 몇몇 상품은 상관부도의 모델링이 필수적이다. 한 예가 부채담보부증권이라고 하는 CDO이다. CDO는 31장에서 다루었다. CDO는 채권의 집합으로서 채권에서 발생하는 현금흐름이 정해진 규칙에 따라 트랑쉬로 나누어진다. 시니어 혹은 A 트랑쉬가 현금흐름에 대하여 우선적인 권리를 갖는다. 시니어 트랑쉬가 완전 상환될 때까지 다른 트랑쉬는 현금을 분배받을 수 없다. 그 다음에는 후순위 혹은 B 트랑쉬(메자닌 채권이라고 함)가 A 트랑쉬 다음으로 현금을 배분 받는다. 후순위 트랑쉬는 또 다시 몇 개로 구분될 수도 있다. 마지막으로는 지분 트랑쉬가 현금을 배분받게 되는데 현금흐름 중에서 가장 서열이 낮으며 포트폴리오에서 손실이 발생하면 제일 먼저 손실을 감수하게 된다. CDO의 담보채권간의 상관관계가 트랑쉬의 가격을 결정한다. 예를 들면, 부도의 상관관계가 높으면 시니어 트랑쉬가 손실을 입을 가능성이 커지며, 가치는 하락하는 반면, 후순위 트랑쉬는 가치가 상승한다. 상관관계는 여러 개의 채권을 아우르는 CDX나 iTraxx같은 신용위험지수의 손실을 평가함에 있어서 핵심적인 역할을 한다.

상관부도의 분석이 필요한 또 다른 상품으로는 바스켓 부도스왑(basket default swap)이다. 바스켓 부도 스왑에서는 바스켓에 들어 있는 기업 중 정해진 몇 개의 기업에서 신용 이벤트가 발생하면 지급이 발생된다. 일반적인 형태는 N개의 채권으로 구성된 바스켓에서 n번째 부도가 발생하면 지급의무가 발생하는 nTD(nth-to-default) 형태이다. 가장 일반적인 nTD 바스켓은 첫 번째(FTD) 부도 발생시 지급의무가 발생하는 것과 두 번째(STD) 부도 발생시 지급의무가 발생하는 것이다. 아래에서 nTD 바스켓은 신용위험의 상관관계에 매우 민감하다는 것을 보게 될 것이다. 첫째 부도시 지급이 발생되는 바스켓과 같은 경우는 신용위험상관관계가 감소할수록 가치가 증가된다. 두 번째 부도시 지급이 발생되는 바스켓과 같은 경우는 신용위험 상관관계가 높아질수록 가치가 증가한다.

이장에서는 신용 포트폴리오의 부도위험 모델링에 관하여 간단하지만 포괄적인 소개를 하려한다. 아래에서 간단히 언급되는 상품의 가격결정 실무에 적용되는 기술을 이해하는 데 간단하지만 핵심이 되는 수학을 설명하는 부분이 이어질 것이다. 기술적인 부분을 자세히 언급하기 이전에 상관부도모형의 큰 두 가지 분류 즉, 상향식 모형과 하향식 모형을 설명한다.

상향식과 하향식 접근법(Bottom-Up versus Top-Down Approaches)

상향식 모형은 신용포트폴리오에 있는 개별 기업의 부도확률 모델링으로부터 시작한다. 동시부도 분포는 포트폴리오에 포함된 모든 기업의 부도상관관계에 근거한다. 개별기업 간의 적절한 상관관계를 반영한 개별기업의 부도를 시뮬레이션함으로써 전체 포트폴리오의 부도 분포를 모델링한다. 상향식 접근법에서는 개별기업의 부도를 누적함으로 포트폴리오의 손실분포를 찾아낸다. 이 유

형의 모형하에서 포트폴리오에 포함된 개별기업 간의 상관관계를 찾아내며, 이 상관관계를 CDO 혹은 CDO의 트랑쉬와 같은 포트폴리오 신용상품에 적용함으로 신용상관관계를 찾아낸다.

이와는 달리 하향식 접근법에서는 신용포트폴리오에 포함된 개별기업의 부도를 산출하기보다는 전체의 부도 수준을 직접 모델링한다. 다른 잠재 요인의 함수가 될 수도 있겠지만 부도발생의 통계적 과정을 제시한다. 이 모형은 CDO 트랑쉬 같은 신용포트폴리오 상품의 가격산출을 직접 시도한다. 이 모형에서 신용상관관계는 포트폴리오의 총손실 형태에 영향을 주는 범위에서만 모형에 포함하게 된다. 즉, 포트폴리오 손실을 야기하는 잠재적 변수의 개수와 수준을 적절히 조절하여 모형에 포함시킨다. 이것은 좀 더 직접적인 방법이며 적용하기도 더 쉽지만 개별기업의 부도는 모형에 포함되지 않기 때문에 개별기업에 대한 헤지는 더 어렵고 적용에 있어서도 총부도 수준에 근거한 상품에만 사용 가능하다.

이 장에서 비록 하향식 접근법을 다루긴 하지만, 대부분은 상향식에 초점을 맞출 것이다. 상관부도의 수학부터 설명하겠다. 나중에 다룰 상관관계의 더 일반적인 형태를 이해하고자 하는 사람은 지금 설명하는 간단한 개념을 필히 이해해야 할 것이다.

34.3 간단한 상관부도의 이해

기본 변수와 관계

부도 모델링은 부도 사건을 중심으로 한다. 이 사건을 지시변수(indicator variable) D_i로 표시하는데, 이는 기업 i에 부도가 발생했다는 것을 의미한다.

$$D_i = \begin{cases} 1, & i \text{ 기업의 부도 발생시} \\ 0, & \text{부도 발생이 없는 경우} \end{cases} \tag{34.1}$$

기업 i의 부도확률을 p_i로 표시한다. D_i가 지시변수이므로 다음식이 성립된다.

$$E(D_i) = [1 \times p_i] + [0 \times (1-p_i)] = Pr[D_i = 1] = p_i \tag{34.2}$$

$$Var(D_i) = p_i(1-p_i) \tag{34.3}$$

이 비모수적 접근법은 Chen과 Sopranzetti(2003)에 의해서 도입되었다. 이 방법을 따라서 아래의 설명을 전개한다. 이 식을 확장하면 두 기업 i와 j의 부도 상관관계를 다음과 같이 정의할 수 있다.

$$\rho_{ij} \equiv Corr(D_i, D_j) = \frac{E(D_i D_j) - E(D_i)E(D_j)}{\sqrt{Var(D_i)\,Var(D_j)}} \tag{34.4}$$

$$= \frac{E(D_i D_j) - p_i p_j}{\sqrt{p_i(1-p_i)p_j(1-p_j)}} \quad \textbf{(34.5)}$$

식을 단순화하기 위하여 $Pr(D_i = 1)$을 $Pr(D_i)$로 표시한다. 그러면 동시부도 확률은 다음과 같다.

$$Pr(D_i \cap D_j) = E(D_i D_j) \quad \textbf{(34.6)}$$

$$= p_i p_j + \rho_{ij} \sqrt{p_i(1-p_i)p_j(1-p_j)} \quad \textbf{(34.7)}$$

위 식은 (34.5)에서 유도된 것이다. 그러므로 동시부도 확률은 동시부도 상관관계와 선형관계에 있다. 그러나 그 둘이 동일하지 않다는 것을 파악하는 것이 중요하다.

상관관계 ρ_{ij}를 임의적으로 결정할 수는 없다. 왜냐하면 i와 j가 동시에 부도날 확률은 개별 부도 확률보다 높을 수 없기 때문에 다음 식이 성립한다.

$$p_i p_j + \rho_{ij}\sqrt{p_i p_j(1-p_i)(1-p_j)} \le \min\{p_i, p_j\}$$

동등하게 다음과 같이 표현할 수도 있다

$$p_i = \min\{p_i, p_j\} \Rightarrow \rho_{ij} \le \sqrt{\frac{p_i(1-p_j)}{p_j(1-p_i)}}$$

예를 들어, $p_i = 0.01$그리고 p_j가 0.1이면 다음 식이 성립한다.

$$\rho_{ij} \le \sqrt{\frac{(0.01)(0.90)}{(0.10)(0.99)}} \approx 0.3015$$

예 34.1

$p_i = 0.01$이며 $p_j = 0.1$이라고 가정한다. 다음 테이블은 동시부도 확률과 상관관계를 비교하여 보여준다. 이 경우 가능한 최고의 상관관계는 약 0.3015이다.

ρ_{ij}	$Pr(D_i \cap D_j)$
0.000	0.00100
0.025	0.00175
0.050	0.00249
0.075	0.00324
0.100	0.00398
0.125	0.00473
0.150	0.00548
0.175	0.00622
0.200	0.00697
0.225	0.00772
0.250	0.00846
0.275	0.00921
0.300	0.00995

■

동시부도확률은 $(0,1)$의 지시변수 D_i를 사용하여 다음과 같이 표현할 수 있다.

$$Pr(D_i \cap D_j) = Pr(D_i) + Pr(D_j) - Pr[D_i \cup D_j] \qquad \textbf{(34.8)}$$

위 식은 다음과 유사하다

$$E(D_i D_j) = E(D_i) + E(D_j) - Pr[D_i \cup D_j] - p_i + p_j - Pr[D_i \cup D_j] \qquad \textbf{(34.9)}$$

위 식들은 잘 알려진 집합 이론에 근거하고 있다. 이를 이용하여 부도 상관관계를 다음과 같이 재정리할 수 있다.

$$\rho_{ij} = \frac{p_i + p_j - Pr[D_i \cup D_j] - p_i p_j}{\sqrt{p_i(1-p_i)p_j(1-p_j)}} \qquad \textbf{(34.10)}$$

위 식은 식 (34.5)의 변형이다. 동시부도 관계를 나타내는 여러 형태의 수식이 유용한 것은 데이터가 여러 다른 형태로 존재하기 때문이며, 상황에 따라서 특정한 형태의 수식이 더 적용하기에 편리할 수도 있다.

조건부 부도

조건부 부도 확률은 부도상관관계를 고려하는 또 다른 방법이다. 예를 들면 한 산업 내의 부도 확산 혹은 최초의 부도 발생 이후 확산 효과 등에 관심을 가질 수도 있다. 그러므로 우리는 기업 i에 부도가 발생하였을 때 기업 j에 부도가 발생할 조건부 확률에 관심을 갖게 된다. 이 조건부 확률을 $Pr[D_j|D_i]$라고 표기한다. 동시부도확률은 다음과 같이 표기될 수 있다.

$$\begin{aligned} Pr(D_i \cap D_j) &= Pr[D_j \mid D_i]\, Pr(D_i) \\ &= Pr[D_i \mid D_j]\, Pr(D_j) \end{aligned}$$

위는 사실상 Bayes 정리를 적용한 것에 불과하다.

예 34.2

$p_i = 0.01$, $p_j = 0.1$ 그리고 $Pr[D_j \mid D_i] = 0.8$이라고 하자. (기업 i에 부도가 발생하면 기업 j에 부도가 발생할 확률이 80%. 즉, 특정 조건이 발생하면 p_j가 상승함을 의미함) 이로부터 다음 식이 유도된다.

$$Pr[D_i \cap D_j] = 0.8 \times Pr(D_i) = 0.8 \times 0.01 = 0.008$$

두 가지 흥미 있는 질문을 해 볼 수 있다

1. 조건부 부도확률이 주어졌을 경우 부도상관관계는 어떻게 산출하나? 이 예에서 부도상관관계를 다음과 같이 계산할 수 있다.

$$\rho_{ij} = Corr[D_i \cap D_j] = \frac{Pr(D_i \cap D_j) - p_i p_j}{\sqrt{p_i(1-p_i)p_j(1-p_j)}}$$
$$= \frac{0.008 - (0.01)(0.10)}{\sqrt{(0.01)(0.99)(0.10)(0.90)}}$$
$$= 0.2345$$

2. 순서가 바뀐 조건부 부도확률 즉 $Pr[D_i|D_j]$는 어떻게 산출하나? 이 또한 Bayes의 정리를 활용하여 다음과 같이 계산할 수 있다.

$$Pr[D_i|D_j] = \frac{Pr(D_i \cap D_j)}{Pr(D_j)}$$
$$= \frac{0.008}{0.100} = 0.08 = 8\%$$

■

상관관계는 최초 부도 시 지급되는 상품에 어떤 영향을 미치나? 조건부 부도는 FTD와 같은 상품을 분석하는 데 유용하다. 이러한 상품은 바스켓에 포함된 채권들 중에 하나에 부도가 발생하면 지급의무가 발생하는 계약이다. 기업 i와 j, 두 기업으로 구성된 경우, 지급은 다음 확률에 달려 있다.

$$Pr(D_i \cup D_j) = Pr(D_i) + Pr(D_j) - Pr[D_i \cap D_j]$$
$$= p_i + p_j - Pr[D_j \mid D_i]\, p_i$$

두 가지 경우를 분석해 볼 수 있다.

1. 조건부 확률이 완벽할 때 즉, $Pr[D_j \mid D_i] = 1$이면,

$$Pr[D_i \cup D_j] = p_i + p_j - 1 \cdot p_i = p_j$$

2. 조건부 확률이 0일 때 즉, $Pr[D_j \mid D_i] = 0$이면,

$$Pr[D_i \cup D_j] = p_i + p_j - 0 \cdot p_i = p_i + p_j$$

위 식에서 FTD 바스켓 상품은 조건부 부도확률이 낮을 때 가치가 증가된다는 흥미로운 결과가 도출된다. 이는 직관적으로 이해가 된다 – 상관관계가 낮을 때 기업 간의 의존도는 낮기 때문에 한 기업의 부도는 다른 기업의 부도와는 독립적이다. 이 경우 하나의 기업이라도 부도가 발생할 확률은 높아진다.

상관관계는 두 번째 부도시 지급의무가 발생하는 상품에는 어떤 영향을 미치나? 조건부 부도에 의해서 지급이 발생하는 상품의 가격 계산은 직관과는 반대일 수 있다. 예를 들면, 독자들은 FTD에

적용된 직관이 STD에 동일하게 적용될 수 있을까를 검토하고 싶을 것이다. 후자는 바스켓에 포함된 채권 중 두개가 부도처리 되었을 때 지급이 발생하는 계약이다. 그러므로 지급의무 발생은 동시부도 확률에 달려 있다. 식 (34.6)에서 두 개의 부도가 발생할 확률은 부도의 상관관계가 높을수록 증가한다는 것을 보았다. 그러므로 이 상품의 가치는 부도의 상관관계와 함께 증가하는데, 이는 FTD 계약의 경우와는 정반대이다.

조건부 부도확률과 부도 상관관계 사이에는 어떤 관계가 있나? 조건부 부도를 이용하여 동시부도의 상관관계를 표시할 수 있다.

$$\begin{aligned}\rho_{ij} &= \frac{Pr(D_i \cap D_j) - p_i p_j}{\sqrt{p_i(1-p_i)p_j(1-p_j)}} \\ &= \frac{Pr[D_j \mid D_i]\, p_i - p_i p_j}{\sqrt{p_i(1-p_i)p_j(1-p_j)}} \\ &= \frac{p_i(Pr[D_j \mid D_i] - p_j)}{\sqrt{p_i(1-p_i)p_j(1-p_j)}} \\ &= \frac{\sqrt{p_i}\,(Pr[D_j \mid D_i] - p_j)}{\sqrt{(1-p_i)p_j(1-p_j)}} = \frac{\sqrt{p_j}\,(Pr[D_i \mid D_j] - p_i)}{\sqrt{p_i(1-p_i)(1-p_j)}}\end{aligned}$$

제일 마지막 부분은 Bayes 정리의 변형이다. 식을 재정리하면 다음과 같은 조건부 부도에 관한 또 다른 식을 도출하게 된다.

$$Pr(D_j \mid D_i) = \frac{1}{p_i}\left[\rho_{ij}\sqrt{p_i(1-p_i)p_j(1-p_j)} + p_i p_j\right] \tag{34.11}$$

이 식은 부도 상관관계와 선형관계(일차함수관계)로 이해할 수 있다.

34.4 자산가치에 근거한 구조 모형

CDO와 같은 상호관련 부도 상품들은 수백 개의 기업을 포함한 바스켓을 기반으로 하기 때문에, 이를 담보로 많은 조건과 제약을 가한 트랑쉬는 지금 존재하는 가장 복잡한 파생상품들을 포함하고 있는 것으로 볼 수 있다. 이러한 상품들에 포함된 가정들을 아주 단순화시켜 닫힌 형태의 방정식으로 답을 찾기도 하지만, 대부분의 경우 상당한 수리적 계산이 필요하다.

아래에서는 상호관련된 부도를 시뮬레이션하는 방법에 대한 직관적인 이해를 시도한다. 이 방식은 32장에서 설명한 구조모형의 틀에 근거한다.

기업 i는 A_i로 표시되는 자산을 보유하고 있으며 이 자산의 변동성은 σ_i라고 가정한다. 자산의

수익률은 정규분포를 따른다고 가정한다. 이 가정은 나중에 완화될 것이다. 이 기업은 금액이 F_i인 무이표채를 발행한 것으로 가정한다. 부도거리는 다음과 같이 정의한다.

$$d_i = DTD_i = \frac{A_i - F_i}{\sigma_i A_i}$$

d_i로 표시되는 부도거리는 기업의 자산가치가 부도발생 점으로부터 표준편차의 몇 배 떨어져 있는지를 나타낸다. (암묵적으로 부채의 만기는 달리 명시되지 않는 한 1년으로 가정한다.) 부도는 앞서 언급한 지시변수 D_i가 1의 값을 가지는 것으로 표시한다.

기업의 부도 확률은 부도거리를 사용하여 다음과 같이 표시할 수 있다.

$$\text{부도확률} = p_i = N(-d_i) = 1 - N(d_i)$$

여기서 $N(\cdot)$는 정규분포의 누적확률을 의미한다. 그러므로 부도확률이 주어지면, 부도거리를 구할 수 있으며, 반대의 경우도 가능하다.

$$d_i = N^{-1}[1 - p_i]$$

논의의 초기 단계에서는 부도를 측정하는 시간을 무시한다. 하지만 p_i와 d_i 모두 모형 작성자 혹은 투자자가 암묵적으로 선택한다.

기업의 부도를 시뮬레이션하기 위하여 정규분포를 따르는 임의의 수 $x_i \sim N(0,1)$를 생성하고, 이 수가 부도거리 보다 작은 지를 검토한다. 만약 작으면 부도 발생 즉 $D_i = 1$이 된다. 그러므로 다음과 같이 정리된다.

$$D_i = \begin{cases} 1, & \text{if } x_i \leq -d_i \\ 0, & \text{if } x_i > -d_i \end{cases} \tag{34.12}$$

이 모형에서는 무작위로 추출된 x_i가 왼쪽 끝 부분으로 너무 멀리 떨어져 있어서 부도거리 보다 작은 경우에는 부도가 발생하는 것으로 본다.

상관부도를 시뮬레이션하는데 이 방법을 어떻게 사용하는 지를 보여주기 위하여 또 다른 기업 j와 부도거리 d_j를 상정한다. 자산가치의 상관관계를 아래와 같이 표시하기로 한다.

$$Corr(A_i, A_j) = \rho_{ij}$$

만약 두 기업의 자산이 다변량 정규분포를 보인다면, A_i로부터 d_i가 계산될 수 있는 원리를 적용하여 두 기업의 자산간의 상관관계로부터 부도의 상관관계를 유도해 낼 수 있다. 동시부도는 다음의 분포로부터 추출한다.

$$\begin{bmatrix} x_i \\ x_j \end{bmatrix} \sim MVN\left[\begin{pmatrix} 0 \\ 0 \end{pmatrix}; \begin{pmatrix} 1 & \rho_{ij} \\ \rho_{ij} & 1 \end{pmatrix}\right]$$

그러므로 x_i와 x_j를 추출하고 이를 각각의 부도거리인 d_i, d_j와 비교하여 각각 부도가 발생하였는지를 판정한다. 일반적으로 두 기업의 사례는 다수 기업의 경우로 확장될 수 있는 바, 다음 시스템으로부터 변수 값의 벡터를 추출할 수 있다

$$\boldsymbol{x} \sim MVN[\mathbf{0}; \boldsymbol{R}]$$

위 식에서 $\boldsymbol{x}$의 벡터는 평균이 0이며 상관관계 메트릭스가 $\boldsymbol{R}$이 되는 샘플에서 추출된다. 부도는 다음 부등식을 개별기업 하나 하나에 대하여 대입하여 판정한다.

$$\boldsymbol{x} \leq -\boldsymbol{d}$$

위 식에서 $\boldsymbol{d}$는 모든 기업의 부도거리를 보여주는 벡터이다. 상호관련 부도의 도출을 간단한 예를 통해서 설명한다.

예 34.3

각각 부도거리가 2인 10개의 기업을 가정한다. 모든 기업에 대하여 자산 가치의 상관관계는 첫 번째 시뮬레이션에서는 0.2로 가정하며, 두 번째 시뮬레이션에서는 0.8로 가정한다. (아래의) Octave 프로그램을 이용하여 100,000번의 무작위 벡터(random vector) $\boldsymbol{x}$를 추출하고, 각각의 추출에 대하여 부도 발생 기업의 개수를 확인한다. 개수를 기록하여 상관관계 수준별로 히스토그램을 그렸다. (그림 34.1)이 그 히스토그램이다.

```
%Program to simulate defaults in asset values model
%Input Variables
n = 10; %number of firms
d = 2; %dtd
rho = 0.8; %avg correlation across firms

%Set up correlation matrix
R = rho*ones(n,n);
for i=1:n;
       R(i,i) = 1;
end;

%Generate many correlated defaults
iter = 100000;
x = mvn_rnd(R,iter);
numdef = zeros(iter,1);
for i=1:iter;
       numdef(i) = length(find(x(i,:)<=-d));
end;

%Plot Histogram
grid;
title('Histogram of Defaults: Rho = 0.80');
hist(numdef);
```

그림 34.1
동시부도 빈도

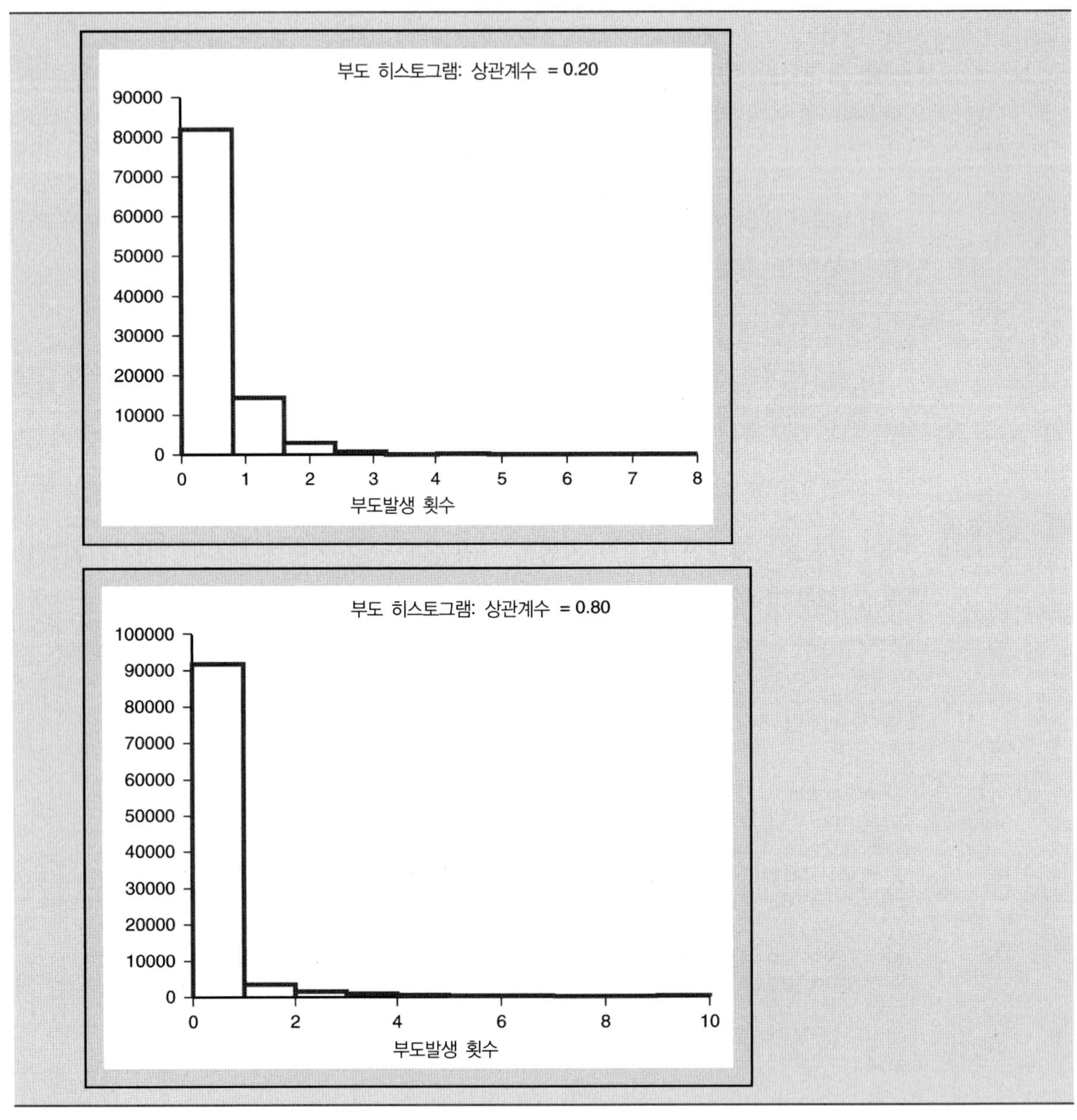

위의 Octave 프로그램에서는 상호관련된 정규분포 무작위 변수를 만들기 위하여 우리가 만든 특별한 함수를 사용하는데, 그 함수는 아래에 제시되어 있다(아래의 mvn_rnd 참조). 이 함수는 상호관련된 무작위 벡터를 추출하기 위하여 Cholesky 분해를 사용한다. (더 자세한 내용은 36장에 설명되어 있음)

```
%Octave function to generate multivariate standard random normal variates
%You need to pass the correlation matrix only (all diagonal elements are 1)
function u = mvn_rnd(corr,n);
     m = length(corr);
     z = randn(m,n);
     L = chol(corr)';
     u = (L*z)';
```

[그림 34.1]을 검토해 보면, 대부분의 경우 10개의 기업 중에서 부도가 한 건도 발생하지 않는다 그러나 자산가치의 상관관계가 높을 때 더욱 그렇다. $\rho=0.8$일 때 부도가 없을 확률은 90%를 상회하지만, $\rho=0.2$일 때 부도가 없을 확률은 상대적으로 낮아서 약 80% 근처이다. 조건부 부도의 논리를 이해하면 이 사실도 직관적으로 이해할 수 있다. 부도 상관관계가 높을 경우, 한 기업에 부도가 발생하지 않았다는 조건하에 다른 기업에 부도가 발생하지 않을 가능성은 더욱 높다. (FTD와 nTD 계약을 검토할 때, 이 분석을 이미 시행하였다.) 상관관계가 높을 때 모든 기업에 동시에 부도가 발생할 확률 또한 높다. 그러므로 상관관계가 높을 때보다 낮을 때 FTD의 가치는 증가한다.

반면에 STD를 고려해 보자. 이 계약에서는 두건 혹은 그 이상의 부도가 발생해야만 지급이 발생한다. 히스토그램에서 볼 수 있듯이 $\rho=0.2$일 때 이 확률은 대략 3%이지만, $\rho=0.8$일 때 이 확률은 4%이다.(이 확률은 1에서 부도 건수가 0 혹은 1일 확률을 차감함으로 산출할 수 있다.) 따라서 상관관계가 높을 때 STD의 가치는 더 높아지는데, 상관관계가 FTD에 미치는 효과와는 반대이다. ■

대규모 시스템의 차원 감소시키기

위에서 본 바와 같이 자산가치에 근거한 시뮬레이션은 시행하기가 간편하다. 바스켓 계약과 같은 소규모 문제에 대해서는 시행 속도가 믿지 못할 만큼 빠르다. 채무자가 수백에 이르는 바스켓에 대하여 이 작업을 수행하려 하면, 계산에 무척 많은 시간이 걸리며, 상관관계 매트릭스가 1000×1000과 같은 규모에 이르면 이를 다루는 것이 불가능해진다. 구체적으로 말하자면 1,000개의 무작위 숫자로 구성된 벡터를 추출하는 것은 느려지는데 이는 상관관계 행렬이 증가할수록 Cholesky 분해는 급격히 속도가 떨어지기 때문이다. 이러한 경우에는 문제의 차원을 감소시키는 것이 필수적이 된다.

고차원 문제를 다루는 데는 두 가지 방법이 있다. 첫째, 소위 블록(block) 시뮬레이션이라는 방법을 수행할 수 있다. 둘째, 시스템을 소수의 요인 집합으로 투영하는 방법이다. 아래에서는 첫 번째 방법을 분석할 것이며, 그 이후에 두 번째 방법을 다룰 것이다.

바스켓 혹은 CDO 담보에 포함된 기업들을 M개의 "섹터"로 분류할 수 있다고 가정한다. 이 섹터는 어떤 분류를 선택해도 좋은데 예를 들면, 산업군 분류를 사용할 수도 있다. 각 섹터 j에 포함된 기업의 개수를 N_j로 표시하며, 섹터별 자산간 상관관계 매트릭스를 $\boldsymbol{R}$로 표시한다. 그러므로 $\boldsymbol{R}$의 차원은 $M \times M$이 된다. 그러므로 무작위 벡터인 $\boldsymbol{y} \in \boldsymbol{R}^{M}$은 다음 시스템에서 추출된다.

$$y \sim MVN[0; \boldsymbol{R}]$$

이 벡터에 포함된 값은 각 섹터에 포함된 기업의 평균치를 의미한다. 그러한 기업은 현실적으로 존재하지 않지만, 무작위 벡터 $\boldsymbol{y}$는 각 개별 기업의 시뮬레이션을 위해서도 사용된다. 일단 벡터 $\boldsymbol{y}$는 각 섹터의 기본 값으로 간주한다. 상관관계 매트릭스 $\boldsymbol{R}$을 사용하기 때문에 섹터간 상관관계는 확실히 반영된다. 이 방법에서는 전체 기업의 수가 아니라 이보다는 훨씬 숫자가 작은 섹터의 숫자를 지정하기 때문에 전체의 차원이 낮아지는 것이 확실하다.

그 다음 단계는 각 개별 기업에 대한 기본 변수를 추출하는 것이다. 섹터별로 각 기업 j에 대하여 $\boldsymbol{R}_j$로 표시되는 섹터 내 상관관계 매트릭스를 사용하여 이 작업을 수행한다. 이 섹터 내 상관관계 매트릭스의 차원은 $N_j \times N_j$가 된다. 이를 사용하여 다음 분포를 가진 무작위 벡터 $\boldsymbol{x'}_j$를 추출한다.

$$\boldsymbol{x'}_j \sim MVN[0; \boldsymbol{R}_j]$$

이 작업은 각 산업별로 즉, 모든 j에 대하여 수행한다. 마지막으로, 각 산업 내에 있는 모든 개별 기업에 대하여 다음 방법으로 기본 변수를 결정한다.

$$\boldsymbol{x}_j = \boldsymbol{x'}_j + y_j \mathbf{1}, \quad \forall j$$

위에서 $\mathbf{1}$은 N_j 차원의 단위 벡터이다. 그 다음에는 이 벡터의 모든 요소와 해당기업의 부도거리를 비교하여 어떤 기업이 부도를 당하게 될지를 판정한다.

다시 말하자면, 차원을 낮추는 것은 대규모 시스템의 시뮬레이션을 두 단계로 구분함으로 이루어진다. 첫째, 시스템 내의 섹터 별 부도 수준을 시뮬레이션 한다. 이 과정에서는 크레딧 바스켓에 포함된 각 섹터에 대하여 평균 효과를 산출한다. 둘째, 섹터 내의 상관관계 매트릭스를 활용하여 섹터 내의 개별 기업에 대한 부도 수준을 산출한다. 그런 다음 섹터 별 평균 효과와 섹터 내 효과를 더하여 개별 기업의 최종 부도 변수를 산출한다. 이 결과를 각 개별 기업의 부도거리와 비교하여 어느 기업에 부도가 발생할 지를 판정한다.

이 방법 하에서는 상관관계 매트릭스의 최대 차원은 가장 큰 섹터 내에 포함된 기업 수 혹은 섹터 개수 즉, $\max(\max(N_j), M)$으로 제한된다. 섹터 내의 기업 수가 극단적으로 치우쳐 있지 않다면, 차원은 $\sum_j N_j$인 전체 기업 수보다는 훨씬 작다. 그러므로 이에는 계산상 많은 이점이 있다. 뿐만 아니라 섹터로 구분함으로 시뮬레이션 모형에 단순한 요인모형(factor model)을 도입할 수 있게 되며, 각 섹터가 각각의 요인에 대하여 반응하는 것으로 간주하여 M개의 요인을 설정하게 된다. 아래에서는 모형의 차원을 더욱 감소시켜 확실히 M 미만으로 만드는 방법을 소개한다.

요인 모형

상관부도를 파악하는 통상적인 접근법은 요인모형에 근거하고 있다. 이 분류에는 많은 변형이 있는데 이는 선택 가능한 요인 구조가 다양하기 때문이다. 요인 모형도 구현되는 형식에 따라 서로

다르다.

여기에서는 기업 i의 부도거리를 의미하는 d_i를 활용한다. 기업의 자산수익률을 R_i로 표시한다. 이것은 기간$(0, T)$에 대하여 기말자산 가치를 기초자산 가치로 나눈 단순 비율에서 1을 차감한 것이며 $\left(\frac{A_T}{A_0} - 1\right)$이다. R_i를 고정된 기업 고유의 변수들과, 시간이 지남에 따라 변동될 수 있는 요인 집합의 함수로 모델링한다. 이는 일반형으로 다음과 같이 표현될 수 있다.

$$R_i = f_i(\boldsymbol{X}; \boldsymbol{\beta_i}, \boldsymbol{\theta_i})$$

요인 벡터는 $\boldsymbol{X}$로 표시하며, 기업 i의 요인별 계수는 $\boldsymbol{\beta_i}$로 표시한다. 벡터 $\boldsymbol{\theta_i}$는 기업이 목표로 하는 부채/자기자본 비율이나 배당 정책 등 시간이 지나도 변하지 않는 기업 특유의 변수들을 포괄한다. 주가지수 혹은 채권지수와 같은 시장 혹은 거시경제 변수, GDP 성장률, 인플레이션, 환율, 이자율 기간 구조의 수준이나 기울기, VIX 변동성 지수 등을 요인으로 선택할 수 있다. 한 경제 내의 분야별 부도를 설명하는 데 상황변수를 잘 선택하는 것이 얼마나 중요한지는 Duffie, Saita 및 Wang의 논문(2007)에 잘 설명되어 있다. 모든 기업의 수익은 동일한 요인의 집합에 영향을 받으므로 이로부터 시스템 내의 부도 상관관계를 도출할 수 있을 것이다. 예를 들면 매우 간단한 요인 모형은 다음과 같은 선형으로 표현될 수 있다.

$$R_i = \beta_i^{'} \boldsymbol{X} + \epsilon_i \;, \quad \forall\, i$$

여기서 ϵ_i는 수익률 중에서 특이(요인에 기인하지 아니하는) 부분을 의미한다. 이 모형은 개별기업에만 해당되는 변수를 모두 무시하기 때문에 시계열 회귀분석으로 적합한 식을 찾을 수 있다. 그러므로 기업의 수익률 분산은 회귀식으로부터 자동적으로 다음과 같이 계산된다.

$$\sigma_i^2 = \boldsymbol{\beta_i}^{'} \sum \boldsymbol{\beta_i} + \sigma_{\epsilon_i}^2$$

여기서 Σ는 요인들의 상관관계 매트릭스를 말하며, $\sigma_{\epsilon_i}^2$은 ϵ_i의 분산을 의미한다. 일단 모든 기업에 대하여 적절한 식을 찾으면, 상관부도의 시뮬레이션은 다음 단계를 거친다.

1. 다요인 분포를 활용하여 요인의 표본을 추출한다. 예를 들어, 이것이 다변량정규분포를 이루고 있으면 다음과 같이 표시될 수 있다.

$$\boldsymbol{X} \sim MVN[\boldsymbol{\mu}; \textstyle\sum]$$

여기서 μ는 요인 수준의 평균을 의미한다. 요인 시스템이 평균 0로 변환되면 $\mu = 0$이 된다. 수익률 중 특이 부분을 추출하면 다음과 같다.

$$\epsilon_i \sim N(0, \sigma_{\epsilon_i}^2)$$

그러므로 수익률은 다음과 같이 추출된다.

$$R_i = \beta_i^{'} \boldsymbol{X} + \epsilon_i$$

2. 요인 벡터는 모든 기업의 수익률 산출에 사용되며, 이 수익률은 또 다시 부도가 발생하는지를 판정하는 데 사용된다. 부도판정은 아래의 표준화된 수익률을 부도거리 d_i와 비교함으로 이루어진다.

$$x_i = \frac{R_i}{\sigma_i}$$

그러므로 다음과 같은 경우에는 부도가 발생한다.

$$x_i < -d_i, \quad \forall i$$

마지막 단계에 대해서는 좀 더 설명이 필요하므로 이것이 부도거리의 논의와 어떻게 관련되어 있는지를 설명하려 한다. 기업 i의 부도거리는 다음과 같음을 기억할 필요가 있다.

$$d_i = \frac{1}{\sigma_i}\left[\frac{A_i - F_i}{A_i}\right]$$

여기서 F_i는 기업 i의 무이표채무 액면가를 의미한다. 처음에는 $A_i > F_i$이었다고 가정하면, 위 식의 대괄호 내의 계산은 기업을 부도에 이르게 하는 수익률이다. 그러므로 다음의 경우에 부도가 발생한다.

$$R_i < -\left[\frac{A_i - F_i}{A_i}\right]$$

양변을 σ_i로 나누면, 다음과 같은 경우에 부도가 발생하게 된다.

$$x_i \equiv \frac{R_i}{\sigma_i} < -\frac{1}{\sigma_i}\left[\frac{A_i - F_i}{A_i}\right] \equiv -d_i \qquad \textbf{(34.13)}$$

이것은 위에서 우리가 언급한 조건과 같다. 임의의 부도변수 x_i를 부도거리 d_i와 비교하는 틀이 앞에서와 마찬가지로 여기에서도 유지되고 있다는 것을 알 수 있다. 차이점은 x_i를 추출하는 방법이 다를 뿐이다.

이 요인 모형에서는 두 가지 주요한 이점이 있다. 첫째, 무작위 벡터의 차원이 기업의 개수 혹은 섹터의 개수보다 훨씬 작은 요인의 개수로 제한되기 때문에 무작위 변수를 추출하기 위한 계산이 훨씬 간단하다는 것이다. 둘째, 기업의 수익률 상관관계는 표준화된 방법을 사용하여 요인 방정식으로부터 쉽게 찾을 수 있다.

요약하자면 요인 모형은 각 기업의 수익률을 만들어 내기 위하여 일정한 기본 요인들을 사용한

다. 부도 여부를 판정하기 위하여 손익이 실현된 이후의 기업가치와 부채 금액을 암묵적으로 비교한다. 명시적으로는 표준화된 수익률과 부도거리를 비교한다.

지금까지 검토한 모든 모형들은 부도변수 x_i와 부도거리 d_i를 비교하는 것으로 이루어져 있다. 상관관계 구조가 얼마나 세밀한가라는 점에서 모형들 간에 차이가 존재한다. 첫 번째 모형이 가장 정교하며 개별기업의 상관관계를 필요로 한다. 두 번째 모형은 기업을 섹터로 분류함으로 상관관계 매트릭스의 차원을 감소시켰다. 세 번째 모형은 단순화된 요인 구조에 근거한 것으로 가장 단순하다.

34.5 축약형(Reduced-Form) 모형

자산가치의 상관관계에 근거한 구조적모형 뿐만 아니라 축약형모형 역시 상관부도의 시뮬레이션을 가능하게 해 준다. 여기에서는 동시부도가 33장에서 논의한 부도강도의 상관관계에 따라 결정된다. 33장의 결과가 지금 설명하는 프레임워크의 근거가 된다.

분석의 기본은 기업 i의 부도율 λ_i이다. 부도율 혹은 부도강도는 확률적 변동(stochastic)을 따르며 시간에 따라 변한다. 주어진 시간 간격$(0, t)$ 사이에서 강도는 생존확률을 암시하기도 한다.

$$s_i(t) = \exp\left[-\int_0^t \lambda_i(u)\,du\right]$$

위의 표현과 포아송 밀도함수의 0건 발생 확률 간의 유사성에 주목하기 바란다. 부도확률은 1에서 생존확률을 차감한 것으로 다음과 같다.

$$p_i(t) = 1 - s_i(t)$$

축약형 모형은 "이중 확률적" 모형으로 분류되는데 이는 불확실성의 원천이 두 개이기 때문이다. 첫째, 강도가 확률적이다. 둘째, 주어진 강도 수준에서 부도사건 역시 확률적이다. 부도에 관해서 논의할 때, 이중 확률적 과정은 Cox 과정이라고 부른다. 주어진 강도를 조건으로 기업의 실제 부도는 독립적임을 설명하는 Lando(1994)를 참조하기 바란다. 달리 말하자면 부도의 상관관계는 강도의 상관관계로부터 온다. 전염효과 같은 더 이상의 상관관계 요인은 없다. 전염효과가 있다면 채무자의 강도에 상관관계를 충분히 고려하였어도 부도 발생시에 또 다른 상관관계가 추가로 나타난다. 전염효과를 고려하면 시뮬레이션에서 부도강도의 추출 시에 상관관계를 고려한 이후에 무작위 부도시점을 추출할 때 상호관련된 방식으로 이를 추출해야 한다.

이러한 모형의 이중 확률적 특성은 구조적 모형 계열에도 존재한다는 사실을 알아야 한다. 앞절의 논의에서 부도거리 d_i는 항상 결정되어 있는 것으로 가정하였고 부도발생을 확률적으로 추출하였다. 이것은 축약형 모형에서 주어진 강도 수준에서 부도를 추출하는 것과 유사하다.

그러므로 다수의 채무자 바스켓에서 부도를 시뮬레이션하는 것은 우선 적절한 상관관계를 고려하여 강도의 표본을 추출하고 그리고 나서 이중적 확률변동라는 가정을 하지 않을 경우 정확한 추가 상호의존 관계를 고려하여 부도 상황을 추출하는 것을 의미한다.

예 34.4

신용 바스켓에 10개의 채무자가 있다고 가정한다. 모든 기업의 부도강도는 0.1로 고정되어 있다고 가정한다. $\lambda_i = 0.1, \ \forall i = 1, \cdots, 10$. 만약 분석의 기간이 1개월이라면 (즉 $t = 1/12$), 1개월 부도 확률은 다음과 같다.

$$p_i = 1 - \exp(-\lambda_i t) = 0.0082987$$

부도는 조건부 독립적이라고 가정한다. 즉 10개의 독립적인 일양분포 무작위 변수 x_i를 추출하고 모든 x_i에 대하여 $x_i < p_i$인지를 점검한다. 예를 들면 $x_i \sim U[0, 1]$에서 10개의 무작위로 숫자를 추출해서 다음의 결과를 얻었다고 하자.

```
0.8817160   0.6384585   0.5407283   0.1113356   0.2733150
0.1002537   0.9708890   0.9470903   0.6617928   0.0022545
```

이 중에서 단 하나의 값 - 위 숫자들 중 제일 마지막 숫자 - 이 0.0082987보다 작다. 그러므로 이 무작위 추출에 따르면 10개의 기업 중 1개의 기업에 부도가 발생한다. ■

축약형 모형에서는 적절한 상관관계를 고려하여 λ_i를 추출하므로 이 과정에서 첫 번째 단계의 상관관계가 고려된다.(위 예에서는 이 과정이 이미 반영되었다고 가정한다.) 만약 이중 확률적 가정이 유효하다면 더 이상의 상관관계는 존재하지 않으므로, 위 예에서와 같이 독립적인 일양분포 무작위 숫자를 추출하여 부도를 판정한다.

만약 부도가 조건부로 독립적이지 않다면, 일양분포 무작위 숫자를 추출하는 과정에서 적절한 상관관계가 반영되어야 한다. 이 과정은 코퓰러 함수라는 기법을 사용하여 효과적으로 수행될 수 있으며, 이에 대하여는 이 장 후반에 다루기로 한다.

강도를 상호관련된 방식으로 추출하기 위해서는 강도의 상관관계 행렬이 필요하다. 그러므로 시뮬레이션의 차원은 채무자의 숫자에 달려있다. 기업의 숫자가 많을 수 있으므로 계산에 필요한 노력이 급격히 증가할 수 있다. 앞에서와 같이 고차원의 문제를 해결하기 위해서는 일정한 요인을 사용하여 시스템을 작게 만들 수 있다. 축소된 요인 집합을 사용하여 강도를 모델링함으로 계산의 복잡성을 성공적으로 줄일 수 있다.

33.6 다중 기간 상관부도

지금까지 우리는 한 기간 동안에 대하여 상관부도를 시뮬레이션하는 것으로 가정했다. 이 모형은 여러 기간으로 확장할 수 있다. 생각을 정리하기 위하여 10년 만기 다수의 채무자로 구성된 CDO를 가정한다. 또 모형에서는 불연속 단위 기간을 1년으로 가정한다. 그러면 CDO의 잔존기간 동안의 총 부도를 결정하기 위해서는 연간 상관부도 시뮬레이션을 10번 시행해야 한다.

부도확률(축약형 모형에서는 부도강도로 표시되며, 구조적 모형에서는 부도거리로 표시됨)은 더 이상 전기간 동안 일정한 것으로 가정할 수 없다. 그러므로 복수 기간에 대하여는 축약형 모형의 경우 각 개별 기업의 부도강도를 산출하는 확률적 과정을 거쳐야 한다. 구조 모형인 경우 각 기업의 자산을 전기간에 대하여 시뮬레이션 해야 한다.

절차를 간단히 정리하면 다음과 같다.

1. (축약형 모형의 경우) 각 개별기업의 부도강도를 확률적으로 추출하거나 구조모형의 경우에는 기업의 자산수익률을 추출한다. 이 과정에서 새로운 값을 추출할 때 상관관계가 반영되도록 해야 한다.
2. 이 값을 조건으로 어느 기업에 1차 년도에 부도가 발생하는 지를 점검한다. 조건부 독립성이 전제되지 않는 경우, 부도 발생여부를 판정하기 위해 사용되는 부도변수의 추출에 적절한 상관관계가 반영되어야 한다.
3. (상황에 따라) 1년도 말의 부도강도 혹은 기업가치를 사용하여 위의 1단계로 돌아가서 2차 년도에 대하여 동일한 과정을 거친다. 이 순환과정을 모든 연도에 대하여 시행한다. 매 년도에 발생하는 부도를 기록한다.

복수기간 시뮬레이션을 의도적으로 매우 일반적으로 요약하였는데, 다양한 실행 방법이 사용될 수 있기 때문이다. 이는 구조 모형이나 축약형 모형 모두에 적용할 수 있다. 이는 현금흐름 CDO의 트랑쉬 가격결정에 사용될 수 있는 방법이다. 매년 현금흐름을 적절히 계산해 내고 각종 규정과 조건을 검토하기 위해서는 매 기간 별 시뮬레이션이 필요하다.

합성 CDO를 시뮬레이션하기가 더 쉬운 경우가 자주 있다. 위에서 설명한 방법은 비록 일반적이긴 하지만, 철저하게 그대로 시행하기는 비효율적이다. 부도 발생을 시뮬레이션하는 것보다 부도시점을 시뮬레이션하는 것이 더 효율적이다. 이를 위해서는 정지시간(stopping time)에 대한 개념을 이해해야 한다. 간단히 말하자면 정지시간이란 문제가 되는 부도가 발생하는 시점을 의미한다. 그러므로 부도의 시뮬레이션은 개별 기업의 무작위 부도시점을 추출하는 것으로 이해될 수 있다.

정지시간 접근법은 앞에서 정리한 바와 같이 부도변수(x_i로 표시함)를 시뮬레이션하여 (구조모형

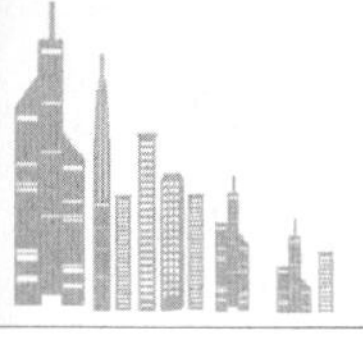

의 경우) 부도거리 d_i와 비교하거나 (축약형 모형의 경우) p_i와 비교하던 것과 크게 다르지 않다. 정지시간의 논리에서 보면 x_i변수를 추출하되 이것을 시간과 비교하는 것이다. 예를 들어 보면 가장 쉽게 이해할 수 있을 것이다.

예 34.5

다시 10개의 기업에 대하여 모두 동일한 부도강도 즉 $\lambda_i = 0.1$을 추출하였다고 가정하자. 기간 $(0, t)$ 중의 부도 발생에 관심이 있다. 위의 부도강도를 조건으로 부도시점 τ_i, $\forall i = 1, \cdots, 10$를 추출하기를 원한다. 부도의 발생은 포아송 분포로 본다면, 포아송 분포의 한 사건의 발생에서 다음 사건의 발생까지의 시간 간격은 지수분포를 이룬다. 이 분포의 특성을 시뮬레이션 알고리즘에 이용한다. 그러므로 정지시간을 추출하는 절차는 다음과 같다.

1. 각 채무자 별 부도변수 x_i를 추출한다. $x_i \sim U[0, 1]$, $\forall i$. 이 과정에서는 0과 1사이의 10개의 무작위 숫자를 추출한다.
2. 이 일양분포 무작위 숫자를 지수분포를 사용하여 부도시점으로 변환한다.

$$x_i = \exp(-\lambda_i \tau_i)$$

   위 식을 변환하면 정지시간 τ_i는 다음과 같이 표현된다.

$$\tau_i = -\frac{1}{\lambda_i} \ln(x_i)$$

3. 정지시간을 검토하는 시간과 비교해서 다음과 같이 부도를 판정한다

$$D_i = \begin{cases} 1, & \text{if } \tau_i \le t \\ 0, & \text{if } \tau_i > t \end{cases}$$

   그러므로 정지시간이 우리가 고려하는 시간 이후이면 부도가 발생하지 않은 것으로 판정한다. 정지시간이 고려하는 시간 이내이면 부도가 발생한 것으로 한다.

이제 익숙해진 바와 같이 정지시간은 강도를 조건으로 독립적으로 발생하는 것으로 추출될 수 있다. 하지만 이 조건은 완화될 수도 있어서, x_i를 상관관계를 고려하여 추출함으로 정지시간에 상관관계를 포함할 수도 있다.
예를 마무리하기 위하여 위에서 가정한 10개의 회사에 대하여 다음의 표본을 추출하였으며, 일단 강도가 추출된 이후에는 조건부 독립적인 것으로 하였다. 시간은 1년 즉 $t = 1$로 하였다. Octave 코드는 다음과 같다.

```
octave:1> x = rand(10,1)
x =
    0.086135
    0.449259
    0.307056
    0.243939
    0.125794
    0.912623
    0.664363
    0.732090
    0.731622
    0.458583

octave:2> lambda = 0.1; tau = -log(x)/lambda
tau =
    24.51845
    8.00156
    11.80724
    14.10837
    20.73112
    0.91433
    4.08927
    3.11851
    3.12491
    7.79614

octave:3> t=1; def_firm_no = find(tau<t)
def_firm_no = 6
```

우선 일양분포로 부도변수 x를 추출한다. 이 값들은 정해진 강도를 사용하여 정지시점 (τ)으로 변환된다. 마지막으로 정지시간과 만기까지의 기간(t)을 비교하여 부도회사를 찾아낸다. 위 예에서 보면 정확히 한 회사 즉 6번 회사가 1년보다 작은 정지시간(이 회사의 정지시간은 0.91433년이었음)을 보였다.

만약 10년이 검토의 기간이라면 즉, $t=10$이라면, 위의 1회 표본 추출에서 여러 개의 회사에 부도가 발생함을 아래의 Octave 코드에서 볼 수 있다.

```
octave:10> t=10; def_firm_nos = find(tau<t)'
def_firm_nos =
      2    6    7    8    9    10
```

이번 10년 만기 무작위 추출에서는 10개의 기업 중에서 6개에 부도가 발생하였다. ■

부도시점을 시뮬레이션하는 것은 통상 CDO와 같은 상품처럼 만기까지의 시간이 긴 경우 부도를 예측하는데 있어서는 매우 간편한 방법이다. 전기간에 걸쳐서 오직 하나의 부도변수 x_i만 추출해도 된다. 이와는 달리 매년 부도 발생을 산출하는 접근법에서는 매년 시뮬레이션을 되풀이해야 하고, 따라서 계산량이 훨씬 많아진다. 각 기업은 부도가 발생하면 오직 1회만 발생할 뿐이라는 점을 활용하기 때문에 정지시간 접근법은 더 빠르다. 실무적으로 상관부도를 시뮬레이션하는 데 관한 더 자세한 내용은 Duffie와 Singleton의 논문(1999b)를 참조하기 바란다.

34.7 시뮬레이션 없이 신용 포트폴리오의 손실분포를 빨리 계산하기

앞 절에서 우리는 구조모형이나 축약형 모형에 근거한 시뮬레이션으로 손실분포를 쉽게 계산할 수 있음을 살펴보았다. 특정한 결합분포로부터 무작위 변수의 벡터를 추출하고, 이들을 포트폴리오 내의 각 기업의 부도확률과 비교하여 전체 손실분포를 산출할 수 있다. 하지만 모든 시뮬레이션 방법이 동일하게 문제의 차원이 커지면 계산 속도가 느려진다. 그리고 분포의 꼬리 부분이 문제가 되는 경우 시뮬레이션 결과가 오류가 아님을 보증하기 위해서 극히 많은 횟수의 시뮬레이션이 필요하다. 이제는 신용 포트폴리오의 손실 분포를 계산하는 또 다른 분석 방법을 검토하기로 한다.

Anderson, Sidenius 및 Basu의 연구(2003)는 손실분포를 찾아내는 반(半)분석적인 신속한 계산방법을 제시한다. 일단 신용 포트폴리오에 포함된 모든 기업의 부도확률이 주어지면, 재귀적 방법(recursion scheme)으로 일정시간내의 손실분포를 계산할 수 있으며, 이 손실분포는 기업의 개수와 직선 상관관계를 가진다. 이 방식은 세 단계를 거친다.

1. **상황 종속적인 부도 확률 세트를 산출한다.** K개의 기업에 대하여 부도거리 d_k를 알고 있다고 가정한다. 상태변수 X를 조건으로 K개 전체 기업 중 적정한 부도 상관관계를 고려하여 추출된 k개의 기업 각각에 대하여 부도확률을 추출한다. 단순화하기 위하여 포트폴리오에 포함된 모든 기업의 부도 상관관계를 결정하는 요소가 하나인 단일 요인 모형(one-factor model)을 가정해 보자. 이 공통 요인이 정규분포를 이루므로 다음과 같이 표시한다. $X \sim N(0,1)$. 각 개별 기업은 다음의 부도변수를 가진다고 가정한다.

$$Y_k = \sqrt{\rho_k}\, X + \sqrt{1-\rho_k}\, Z_k$$

여기서 ρ_k는 X라는 공통 요인에 대한 상관관계계수이다. $Z_k \sim N(0,1)$은 각 개별기업에 달리 적용되는 기업고유 충격항목이다. Y_k 역시 정규분포를 이루고 있으며 평균은 0이고 분산은 1임을 의미한다. 여기서 정규분포의 특성은 설명을 위한 것에 불과하며, 위의 식에 어떠한 다른 분포도 적용될 수 있다. 각 기업의 부도거리 d_k를 알고 있다고 가정한다. 그러면 각 기업의 부도 확률 p_k는

다음과 같이 표시할 수 있다.

$$p_k = \text{Prob}[\, Y_k < -d_k] = \text{Prob}[\, \sqrt{\rho_k} X + \sqrt{1-\rho_k} Z_k < -d_k]$$

Z_k는 정규분포를 따르므로, X를 조건으로 p_k를 다음과 같이 표시할 수 있다.

$$p_k \mid X = N\left[\frac{-d_k - \sqrt{\rho_k} X}{\sqrt{1-\rho_k}}\right]$$

2. **상황에 종속되는 손실 분포 $L(X)$를 추출한다.** 상태변수 X 수준이 주어지면, 확률 벡터 $p_k|X$를 이용하여 아래에 자세히 설명된 바와 같이 손실분포 $L(X)$를 산출한다. 이 접근법은 재귀적 방식을 사용한다.

3. **총 손실분포 L을 산출한다.** 모든 X의 범위에 대하여 두 번째 단계를 되풀이하여 각 X값에 대하여 손실분포 집합을 산출한다. 이 손실분포를 다 모으면 신용 포트폴리오의 총 손실분포 $L = \int_x L(X)\text{Prob}(X)\,dX$가 된다.

(위의 두 번째 단계처럼) 손실분포 $L(X)$를 분석적으로 산출하는 Anderson, Sidenius 및 Basu(2003)의 재귀적 접근법을 자세히 설명하려 한다. 다음의 논의에서 주어진 X에 대하여 하나의 손실분포 $L(X)$를 산출하기 위하여 내부 루프(loop)를 사용하는 점에 주의하기 바란다. 외부 루프는 모든 $L(X)$를 통합하여 전체 손실분포 L을 산출한다(세 번째 단계). 식을 단순히 만들기 위하여 $p_k|X$를 그냥 p_k로 표시하며 (X를) 조건으로 함을 표시하는 표현 부분은 생략하였으므로 상태변수 X를 전제로 하고 손실분포를 산출함을 항상 기억해야 한다.

신용 포트폴리오에는 K개의 기업이 있다. $k=1, \cdots, K$. w_k를 k번째 기업의 손실 수준이라고 하자. 이는 고정되어 있으므로 그 기업에 부도가 발생하면, 손실금액은 미리 정해진 금액으로 고정되어 있다. 손실수준(금액기준으로)은 다음과 같이 표시된다.

$$l = \{0, 1, \cdots, l_{\max}\}$$

처음 k개의 기업을 고려했을 때 총 손실수준이 l이 될 확률을 $P^k(l)$로 표시한다. Anderson, Sidenius 및 Basu(2003)은 다음의 재귀식을 적용하였다.

$$P^{k+1}(l) = P^k(l)[1 - p_{k+1}] + P^k(l - w_{k+1})p_{k+1} \tag{34.14}$$

그러므로 $k+1$개의 기업을 고려했을 때 손실 수준이 l이 될 확률은 다음 두 경우의 합이 된다. (a) k개의 기업을 고려했을 때 손실 수준이 l이었으며, $k+1$번째는 손실이 발생하지 않을 확률과 (b) k번째까지의 손실이 $l-w_{k+1}$이었으며 $k+1$번째 손실이 발생하는 확률. 이 간단한 재귀방정식이 총 손실분포를 산출하는 핵심이 된다. 이 분포 $L(X)$는 불연속적인 손실수준과 그 손실수준에 상응하는 확률을 의미한다. 수치를 적용한 예를 들어 설명하겠다.

예 34.6

기업의 수 $K=4$, 그리고 각 기업의 손실은 다음과 같이 정해져 있다고 하자.

$$w = \{w_1, w_2, w_3, w_4\} = \{2, 1, 7, 3\}$$

그러므로 최대 손실은 모든 기업에 부도가 발생할 때의 금액이며 $l_{\max} = 13$이다. 그러므로 가능한 손실의 종류는 14개이며 $l=0, 1, \cdots, 13$이 된다. 그리고 $K=4$이므로 알고리즘에서 (34.14)의 등식을 총 4회 반복해야 한다.

1. 첫 번째 계산에서는 단지 2개의 결과만 가능할 뿐이다. 즉, 첫 번째 기업에 부도가 발생하거나 그렇지 않거나 이며 손실은 0이거나 2이다.

$$P^1(0) = 1 - p_1$$
$$P^1(2) = p_1$$

첫 번째 기업만 고려할 때에는 다른 가능성은 존재하지 않는다. 그러므로 모든 다른 $P^1(l)$은 0이다. 즉, $l \neq \{0, 2\}$라면 $P^1(l)=0$.

2. 두 번째 계산에서는 첫 두 기업의 가능한 모든 손실 조합을 찾아서, $k=2$에 대하여 (34.14)의 재귀식을 적용한다.

$$P^2(0) = P^1(0)[1 - p_2] = (1 - p_1)(1 - p_2)$$
$$P^2(1) = P^1(1)[1 - p_2] + P^1(1 - 1)p_2 = 0 + (1 - p_1)p_2$$
$$P^2(2) = P^1(2)[1 - p_3] + P^1(2 - 1)p_2 = p_1(1 - p_2) + 0$$
$$P^2(3) = P^1(3)[1 - p_2] + P^1(3 - 1)p_2 = 0 + p_1 p_2$$

그러므로 두 번째 기업에 대하여 계산할 때 (2번째 계산을 할 때), 최고 손실은 첫 번째 기업에서 2의 손실이 발생하고 2번째 기업에서 손실이 1 발생한 경우로서 금액은 3이 된다. $k=2$인 경우에 가능한 손실 수준은 4가지 {0, 1, 2, 3}이 되며 각각에 대한 확률은 위의 계산과 같다. 확률의 합은 1이 된다. 두 번째 계산 후에는 첫 번째 두개의 기업으로 구성된 포트폴리오의 손실분포를 가지게 된다.

3. 세 번째 계산을 하게 된다. 여기에서 3번째 기업에도 부도가 발생할 수 있으므로, 최대 손실 수준은 10이 된다. 가능한 손실 수준 몇 개에 대하여 확률을 계산해 보면 다음과 같다.

$$P^3(0) = P^2(0)[1 - p_3] = (1 - p_1)(1 - p_2)(1 - p_3)$$
$$P^3(1) = P^2(1)[1 - p_3] + P^2(1 - 7)p_3 = (1 - p_1)p_2(1 - p_3) + 0$$
$$P^3(2) = P^2(2)[1 - p_3] + P^2(2 - 7)p_3 = p_1(1 - p_2)(1 - p_3) + 0$$
$$P^3(3) = P^2(3)[1 - p_3] + P^2(3 - 7)p_3 = p_1 p_2(1 - p_3) + 0$$

$$P^3(7) = P^2(7)[1-p_3] + P^2(7-7)p_3 = 0 + (1-p_1)(1-p_2)p_3$$
$$P^3(8) = P^2(8)[1-p_3] + P^2(8-7)p_3 = 0 + (1-p_1)p_2p_3$$

동일한 방법으로 $P^3(4)$, $P^3(5)$, $P^3(6)$, $P^3(9)$, $P^3(10)$에 대하여 식을 전개할 수 있다. 또 이와 같은 방법으로 네 번째 계산도 진행하여 전체 손실분포를 계산할 수 있다. 이 부분은 연습으로 남겨 두겠다.

이 방법은 프로그램하기에 매우 간단하다. 4개 기업의 부도확률을 각각 $p_1 = 0.10$, $p_2 = 0.05$, $p_3 = 0.03$, $p_4 = 0.20$이라고 하자. 다음과 같은 Octave 프로그램이 이 과정을 계산할 것이다.

```
%INPUTS
%PROGRAM: asb_recusrsion.m
w = [2,1,3,7]; %Loss weights
p = [0.1, 0.05, 0.03, 0.2]; %Loss probabilities

%BASIC SET UP
N = length(w);
maxloss = sum(w);
bucket = [0:maxloss];
LP = zeros(N,maxloss+1); %probability grid over losses

%DO FIRST FIRM
LP(1,1) = 1-p(1);
LP(1,w(1)+1) = p(1);

%LOOP OVER REMAINING FIRMS
for i=2:N;
    for j=1:maxloss+1;
        LP(i,j) = LP(i-1,j)*(1-p(i));
        if bucket(j)-w(i) >= 0; LP(i,j) = LP(i,j) + LP(i-1,j-w(i))*p(i);end;
    end;
end;

%SHOW HISOTOGRAM OF LOSS DISTRIBUTION
lossprobs = LP(N,:);
fprintf('CHECK: Sum of final probs = %10.6f \n',sum(lossprobs));
[bucket' LP']
```

이 프로그램으로 계산한 손실 분포는 다음과 같다.

```
octave-2.9.17:4> asb_recursion
CHECK: Sum of final probs = 1.000000
ans =

    0.00000   0.90000   0.85500   0.82935   0.66348
    1.00000   0.00000   0.04500   0.04365   0.03492
    2.00000   0.10000   0.09500   0.09215   0.07372
    3.00000   0.00000   0.00500   0.03050   0.02440
    4.00000   0.00000   0.00000   0.00135   0.00108
    5.00000   0.00000   0.00000   0.00285   0.00228
    6.00000   0.00000   0.00000   0.00015   0.00012
    7.00000   0.00000   0.00000   0.00000   0.16587
    8.00000   0.00000   0.00000   0.00000   0.00873
    9.00000   0.00000   0.00000   0.00000   0.01843
   10.00000   0.00000   0.00000   0.00000   0.00610
   11.00000   0.00000   0.00000   0.00000   0.00027
   12.00000   0.00000   0.00000   0.00000   0.00057
   13.00000   0.00000   0.00000   0.00000   0.00003
```

결과표의 왼쪽 열은 (전체기업의) 가능한 손실 수준을 보여 주며, 그 이후의 각 열은 매번 계산을 했을 때의 손실분포를 보여준다. 그러므로 제일 오른쪽 열이 최종 손실분포를 보여 준다. 결과는 어떤 기업을 먼저 계산하는지에 무관하다. 프로그램 서두에 있는 손실액과 상응하는 확률을 바꾼 프로그램을 Octave에서 실행해 볼 수도 있을 것이다. 그렇게 하면 중간 열의 숫자는 바뀌어도 최종 열의 숫자는 매번 동일할 것이다. ■

34.8 코퓰러(Copula) 함수

이 절에서는 여러 변수가 다양한 결합 분포를 이루는 상황에서 상관부도를 모델링하는 방법의 일반화를 시도한다. 여기서 사용하는 기법은 코퓰러 함수라고 알려진 기법이다. 이 기법은 Li(2000)의 상관부도 분야에서 소개되었다. 코퓰러의 세부적인 부분으로 들어가기 전에 지금까지 우리가 파악한 바를 정리해 보는 것이 좋겠다.

1. 개별 기업의 부도율(p_k, $k=1, \cdots, K$)은 구조 모형 혹은 축약형 모형에서 파악할 수 있다.
2. 시뮬레이션에서 개별 기업의 부도 여부는 다변량 확률분포에서 적절한 상관관계를 고려한 숫자 Y_k를 추출하고 이를 부도확률 p_k에 근거한 기준점 d_k와 비교하여 부도 여부를 판정한다. 일반적으로, $d_k = F_k^{-1}(p_k)$이며 $F(\cdot)$는 분포 함수를 의미한다. 확실히 말하지만 p_k가 구

조 모형으로 산출되었든 축약형 모형으로 산출되었든 문제가 되지 않는다. 코퓰러를 적용함에 있어서 부도 확률을 산출하는 부도 모형에 관하여는 묻지 않는다.

3. 상관부도 모형의 핵심은 Y_k를 정확한 상관관계를 고려하여 산출하는 것이다. 이 절에서는 코퓰러 함수를 사용하여 어떻게 이 작업을 하는지를 살펴본다. 코퓰러 함수는 여러 다양한 분포 함수를 입력받아서 필요로 하는 모양을 가진 결합 분포로 연결한다. 곧 살펴보겠지만 (a) 코퓰러 함수는 서로 다른 단일 변수 분포함수들을 결합하여 다변량 분포함수로 변환하기도 하며, (b) 결합 함수 모양을 특정하는 (특히, 꼬리 부분이 얼마나 두꺼워야 할지를 지정하는) 방식으로 코퓰러를 선택할 수도 있다.

코퓰러는 그 이름이 암시하듯이 개별 확률 함수들을 묶어서 결합 확률 함수로 만드는 함수이다. 주어진 상관관계 매트릭스를 따르는 개별 확률 함수들이 다변량 확률함수로 연결되는 방법에는 여러 가지가 있다는 것-달리 말하자면 결합 분포는 한 가지가 아니라는 사실-을 직관적으로 알 수 있다. 이는 연결 방법 즉, 선택된 코퓰러에 달려 있다.

우리는 2단계 결합분포 생성법을 따른다.

1. 첫째, 개별 혹은 한계 확률 함수들을 선택한다.
2. 둘째, 코퓰러를 사용하여 이들을 결합한다. Gaussian, Student's t, Gumbel, Frank 및 Clayton 등과 같이 사용 가능한 다양한 코퓰러가 존재한다. 이 함수들은 각각 결합함수에 서로 다른 특징을 나타낸다.

코퓰러에 관한 좋은 (좀 기술적이긴 하지만) 참고 자료로는 Nelson(1999)의 책이 있다.

결합분포와 별개로 개별분포를 분리하여 선택할 수 있다는 것이 코퓰러 기법을 사용하는 핵심적이며 실질적인 혜택이다. 이는 필요한 상관관계 구조를 만드는 데 매우 유연하다. 다음 예에서 잘 설명될 것이다. 매우 다른 시나리오 A와 B를 생각해 보자. 두 개의 무작위 변수 x_1, x_2가 있으며, 두 개의 시나리오 모든 경우에 동일한 40%의 상관관계를 가진다. 시나리오 A하에서는 무작위 변수가 극단적인 값을 가질 때에 그렇지 않은 경우보다 더 높은 상관관계를 가진다. 시나리오 B의 경우에는 반대로 덜 극단적이 값들이 더 높은 상관관계를 가진다. 평균적으로 두 시나리오 하에서 같은 상관관계를 가지지만, 상관관계의 패턴은 상당히 다르다. 이 시나리오는 경제체제가 될 수도 있다는 것을 알 수 있으며, 어떤 시나리오와 더 비슷한 무작위 변수의 예를 쉽게 상상할 수도 있다. 예를 들면, 하이일드 채권시장에서의 부도 상관관계는 경제 상황이 정상적일 때보다는 좋지 않을 때 더 높다. 이러한 경우는 결합분포의 끝부분이 두껍게 나타난다(tail fatness).

동일한 상관관계이지만 결합분포가 끝부분의 두께가 다르게 나타남을 보여 주기 위해서, 이변량 분포의 산포도를 그렸다. [그림 34.2]에서 두 개의 서로 다른 그림을 보여 준다. 위 그림은 상관관계가 40%인 두개의 표준정규분포 변수를 결합한 결합함수를 보여 주며, 아래 그림은 같은 상관관계를

그림 34.2 이변량 정규분포와 Student's t 분포의 비교

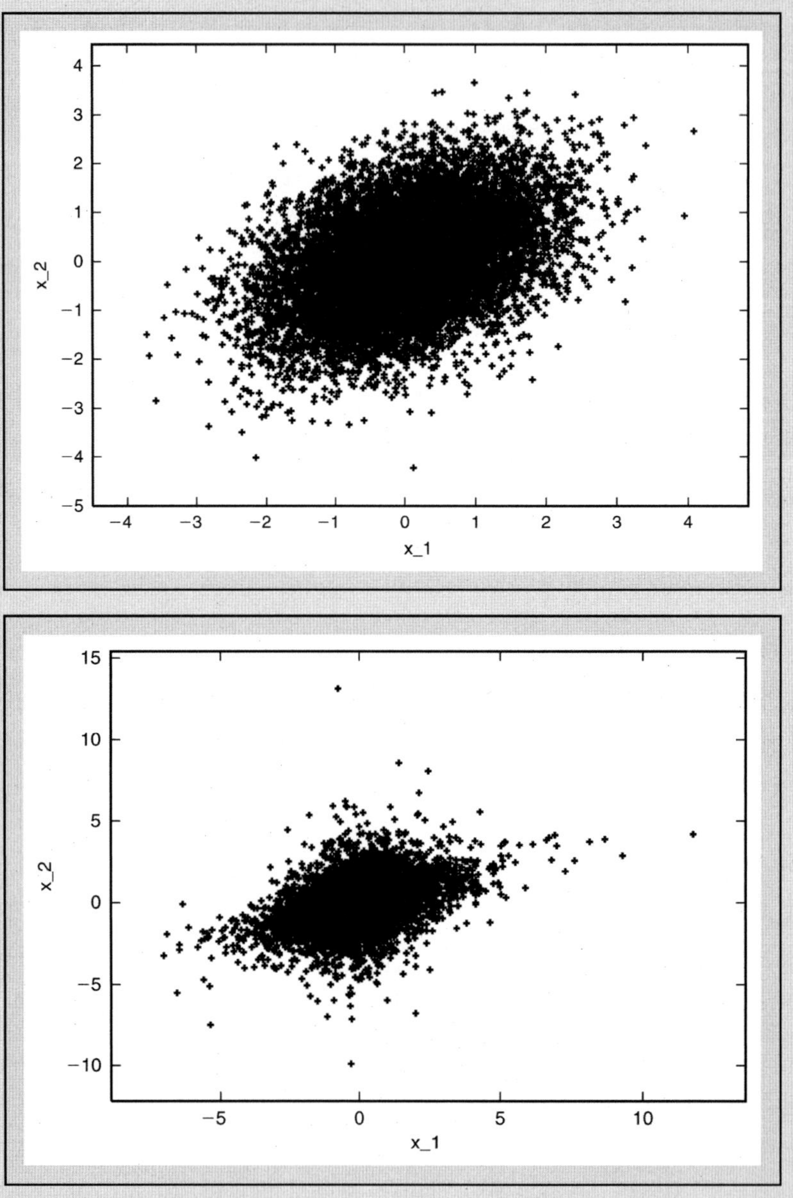

가진 자유도 5인 두 개의 Student's t 분포를 따르는 변수를 근거로 한 것이다. 상관관계가 양수이므로 두개의 그림 모두 대각선 방향으로 점들이 모여 있다. 비록 상관관계는 동일하지만 그려진 점들의 모양은 다르다. Student's t 분포의 경우는 더 뻗어 있고 (원보다는 타원에 가깝고) 더 꼬리부분이 훨씬 두꺼운데, 이는 그림에서 축의 범위를 비교해 봄으로 알 수 있다. 정규분포보다 극단적인 값이

더 많기도 하다. 왜 결합분포의 모양이 중요한지에 대한 약식 설명으로부터 코퓰러 함수에 대한 확실한 검토로 넘어간다.

코퓰러에 대한 공식적인 정의는 m 변수 분포 모델링으로부터 시작한다. 이 분포에 따른 무작위 추출은 벡터 $X \in R^m = \{X_1, X_2, \cdots, X_m\}$를 형성한다. 변수 m개는 각각의 개별 분포를 가지며, $F_i(X_i)$, $i = 1, \cdots, m$로 표시한다. 결합분포는 $F(X)$로 표시한다. $F(X)$와 연계된 코퓰러는 함수 $C: [0,1]^m \rightarrow [0,1]$로 표시하며, 이 함수는 m-차원의 공간을 $[0,1]$의 직선에 매핑한다. 이는 다음과 같이 표시할 수 있다.

$$F(X) = C[F_1(X_1), F_2(X_2), \cdots, F_m(X_m)] \qquad \textbf{(34.15)}$$

다음과 같은 질문을 할 수도 있다. 결합분포를 만들기 위해서 개별 분포에 코퓰러를 맞추는 것이 항상 가능한가? 이에 대한 대답은 '그렇다'이다. 이 내용은 유명한 Sklar(1959, 1973)에 잘 나타나 있다. 이에 대한 증명은 이 책의 범위를 넘는 것이며, 코퓰러 함수의 실제 사용을 이해하는 데 필수적이지도 않다.

코퓰러는 다변량 분포를 매우 보편적으로 탄력적이면서도 의존적인 구조로도 시뮬레이션할 수 있다는 점에서 유용하다. 이것이 가능한 것은 코퓰러 밀도함수는 결합을 만드는 함수와 결합의 대상이 되는 개별 다변량 분포를 분리한다는 특성 때문이다. 이를 살펴보기 위해서는 다음과 같은 결합함수와 두개의 무작위 변수 X_1과 X_2가 있다고 가정해 보자.

$$F(x, y) = C[F_{X_1}(x_1), F_{X_2}(x_2)] = C(u, v)$$

여기서 C는 코퓰러 함수이며, $u = F_{X_1}(x_1)$ 그리고 $v = F_{X_2}(x_2)$를 의미한다. 결합밀도함수는 다음과 같이 표시될 수 있음을 쉽게 이해할 수 있다.

$$\begin{aligned} f(x_1, x_2) &= \frac{\partial^2 F(x_1, x_2)}{\partial x_1 \partial x_2} \\ &= \frac{\partial^2 C[F_{X_1}(x_1), F_{X_2}(x_2)]}{\partial x_1 \partial x_2} \\ &= \frac{\partial^2 C(u, v)}{\partial x_1 \partial x_2} \\ &= \frac{\partial^2 C(u, v)}{\partial u \, \partial v} \frac{\partial u}{\partial x_1} \frac{\partial v}{\partial x_2} \\ &= c(u, v) f_{X_1}(x_1) f_{X_2}(x_2) \end{aligned}$$

마지막 줄에서 결합 확률밀도함수는 코퓰러 밀도함수와 개별 확률밀도함수 $f_{X_1}(x_1)$과 $f_{X_2}(x_2)$로 분리해 낼 수 있음을 보여준다. 필요에 따라 어떠한 개별 밀도함수도 선택할 수 있으며, 코퓰러

함수의 선택이 이 개별 밀도함수의 선택에 영향을 미치지 않으며, 또 이 개별 밀도함수가 코퓰러 함수의 선택을 제한을 받거나 강요하지도 않는다.

코퓰러 기법은 위험분석에 쉽게 사용될 수 있다. 첫째, 데이터와의 정합성을 검토하기 위해서 여러 다른 코퓰러를 검토해 볼 수 있다. 코퓰러 기법으로 여러 다른 결합분포를 만들어 낼 수 있기 때문에 최우추정법으로 모수를 추정하는 것이 가능해 진다. 둘째, 개별분포와 코퓰러가 산출되면 결합분포를 사용한 시나리오 시뮬레이션이 가능해진다. 셋째, 코퓰러는 개별기업의 부도를 추출하는 과정에서 상관관계를 원하는 수준으로 조절할 수 있도록 해 준다.

다음에서는 코퓰러의 조작을 위해서 필요한 순위 상관관계 개념을 살펴보겠다.

순위 상관관계

만약 무작위 변수가 같이 움직인다면 이 장의 앞부분에서 사용하였던 선형적 상관관계의 측정에 이러한 경향이 반영되어 양수로 나타날 것이다. 개별 분포에 코퓰러를 적용하면 원래의 분포에 스케일 변환이 일어나게 되어 선형적 상관관계는 변할 수 있다. 순위 상관관계 즉, 느슨하게 정의하자면 순위 사이의 상관관계를 사용하면 이런 일을 발생하지 않는다. 순위의 상관관계는 스케일의 변환과는 무관하기 때문에 어떤 코퓰러가 사용되는지에 상관없이 결합분포의 순위 상관관계는 유지된다. 순위 상관관계 측정 방법 중의 하나로 Kendall의 τ가 있다. 만약 (X_1, Y_1) 및 (X_2, Y_2)가 X, Y의 결합분포로부터 뽑은 독립적인 추출이라면, τ는 다음과 같이 정의된다.

$$\tau = Pr[(X_2 - X_1)(Y_2 - Y_1) > 0] - Pr[(X_2 - X_1)(Y_2 - Y_1) < 0] \qquad \textbf{(34.16)}$$

만약 $(X_2 - X_1)(Y_2 - Y_1) > 0$이면 무작위 추출된 쌍이 같은 방향으로 움직이는 것이고, 그렇지 않으면 반대 방향으로 움직이는 것이다. c를 같은 방향으로 움직이는 쌍의 개수, d를 반대방향으로 움직이는 쌍의 개수로 정의하면 순위 상관관계는 다음과 같이 정의된다.

$$\tau = \frac{c-d}{c+d} = \frac{c-d}{\frac{n(n-1)}{2}}$$

$$= \frac{2}{n(n-1)} \sum_{i<j} \text{sign}[(X_i - X_j)(Y_i - Y_j)] \qquad \textbf{(34.17)}$$

순위 상관관계는 다음과 같은 특징을 보인다.

- $\tau \in [-1, 1]$.
- 만약 X, Y가 서로 독립적이라면 $\tau = 0$이다.
- 단조 변환 하에서는 즉, $f(X)$, $g(X)$가 단순 증가 또는 단순 감소 함수이면 τ는 변화가 없다. 그러면 $\tau[f(X), g(Y)] = \tau(X, Y)$.

특히 정규분포 하에서는 다음 식이 성립된다.

$$\tau[\Phi(X), \Phi(Y)] = \tau[X, Y] = \frac{2}{\pi}\arcsin(\rho(X, Y)) \tag{34.18}$$

위 식에서는 순위 상관관계 τ와 선형적 상관관계 계수 ρ 간의 관계를 보여준다. 다음은 식 (34.17)에 근거하여 Kendall의 τ를 계산하는 쉬우면서도 간단한 함수를 만드는 프로그램이다.

```
function u = ktau(x,y);
      k=length(x);
      xminusx = triu(kron(x,ones(1,k)) - kron(x',ones(k,1)),1);
      yminusy = triu(kron(y,ones(1,k)) - kron(y',ones(k,1)),1);
      u=2*sum(sum(sign(xminusx.*yminusy)))/(k*(k-1));
```

이를 설명하기 위하여, 0.4의 상관관계를 가진 이변량 정규분포로부터 무작위 수 두 열을 추출하여, τ 값을 산출한다. 이를 위한 코드는 다음과 같다.

```
octave:1> x = mvn_rnd([1 0.4; 0.4 1],1000);
octave:2> ktau(x(:,1),x(:,2))
ans = 0.29548
octave:3> corrcoef(x)
ans =
      1.00000    0.44774
      0.44774    1.00000
octave:4> ktau(x(:,1),exp(x(:,2)))
ans = 0.29548
octave:5> corrcoef([x(:,1),exp(x(:,2))])
ans =
      1.00000    0.33849
      0.33849    1.00000
```

위를 설명하자면 우선 두개의 정규분포에서 0.4의 상관관계를 가진 변수를 각각 1,000개씩 생성한다. 다음으로 순위 상관관계를 산출하여 $\tau = 0.29548$이라는 값을 얻는다. 직선형 상관관계 계수는 0.44774이다. 두 번째 변수를 e의 지수로 하여 변환한 다음 (변환하지 않은) 첫 번째 변수와 변환된 두 번째 변수의 순위 상관관계를 재산출한다. Kendal의 τ는 변환된 변수를 사용해도 0.29548로 유지된다. 그러나 변환된 변수를 사용하여 직선형 상관관계를 산출하면, 0.33849로 이전의 값 0.44774와는 다른 값을 갖게 된다. 이로서 비록 단조 비선형 변환이라 하더라도 직선 상관관계는 유지되지 않는다는 사실을 알 수 있다. 그러므로 지수변환은 순위 상관관계에 영향을 미치지 않지만 직선 상관관계는 변화시킨다는 사실을 알 수 있다. Kendal의 τ는 비선형변환에도 영향을 받지 않는다.

직선 상관관계 ρ와 식 (34.18)의 Kendal의 τ 사이에는 다음과 같은 관계가 있음을 확인할 수 있다.

$$\tau[x_1, x_2] = \frac{2}{\pi}\arcsin\left(\rho(x_1, x_2)\right)$$
$$\Downarrow$$
$$0.29548 = \frac{2}{\pi}\arcsin\left(0.44774\right) = 0.29554$$

이는 다음의 코드로도 확인할 수 있다(반올림의 문제로 약간의 차이가 있기는 하다).

```
Octave: 6> 2/pi * asin( .44774)
ans = 0.29554
```

다음으로 우리는 정규분포 코퓰러에서 무작위 변수를 어떻게 추출할 것인가를 다룰 것이다.

정규분포 코퓰러에서 무작위 변수 추출하기

정규분포 코퓰러는 단순하고 사용하기가 쉽기 때문에 시나리오 생성에 많이 사용된다. 정규분포 코퓰러를 사용하여 무작위 결합변수 $\{x_i\}$를 추출하는 하나의 방법은 다음과 같다.

1. 시뮬레이션 이전에 순위 상관관계 계수 매트릭스를 계산한다. 이는 데이터를 계산하여 만들 수도 있고 경제 모형으로부터 유도할 수도 있다. 이 매트릭스를 $\{\tau\}_{ij}$라고 표시한다.
2. 이 매트릭스를 위의 변환식의 역함수로부터 다음과 같이 계산하여 직선형 상관관계 매트릭스로 바꾼다.
$$\rho_{ij} = \sin\left[\frac{\pi}{2}\tau_{ij}\right]$$
3. 무작위 벡터 $(Z_1, Z_2, \cdots, Z_m)'$를 찾기 위하여 평균 0이며 상관관계 행렬이 $\{\rho\}_{ij}$인 무작위 정규분포의 변수들을 생성한다.
4. u_i를 $\Phi(Z_i)$, $i=1 \cdots m$이라고 하자. $\Phi(Z_i)$는 Z_i를 초과하는 부분에 대한 누적 정규분포 확률을 의미한다.
5. 마지막으로, $x_i = F_i^{-1}(u_i)$, $i=1 \cdots m$를 추출하는데, F_i는 개별 분포를 의미하며 각 i에 대하여 다를 수 있다.

코퓰러를 사용하여 Student's t 분포로부터 샘플을 생성하는 데도 비슷한 방법을 사용할 수 있다. 어떤 다른 분포도 가능하다. 각 x_i는 자신의 고유한 분포 F_i로부터 온다. 다음 예를 보면 쉽게 이해할 수 있을 것이다.

예 34.7

각각 서로 다른 분포로부터 생성된 두개의 무작위 변수 x_1, x_2가 있다고 하자. x_1은 평균이 0.1인 지수분포로부터 생성된 것이며, x_2는 자유도 3인 표준 카이제곱 분포로부터 생성된 것이라고 가정한다. 이 두 변수의 순위 상관관계는 0.6이다. 여기서 우리의 목표는 정규분포 코퓰러를 사용하여 두 분포를 결합하였을 두 변수의 산포도를 그리는 것이다. 다음 순서에 따라 이를 실행한다.

1. 아래와 같이 순위 상관관계를 직선형 상관관계로 변환한다.

$$\rho_{12} = \sin\left[\frac{\pi}{2}\tau_{12}\right] = \sin\left(\frac{\pi}{2} \times 0.6\right) = 0.80902$$

2. ρ_{12}를 이용하여 무작위정규분포 변수 1,000쌍을 생성한다. 이를 생성하는 코드는 다음과 같다.

```
octave: 2> z= mvn_rnd([1 0.80902; 0.80902 1],1000);
```

3. 위의 z 값을 누적확률분포를 사용하여 $[0, 1]$ 값으로 변환한다.

```
octave: 3> u1 = normal_cdf(z(:,1)); u2=normal_cdf(z(:,2));
```

4. u_i를 각각의 분포를 사용하여 무작위 변수로 변환한다. 이는 각 분포의 CDF의 역수를 구하는 것이다.

```
octave: 4> x1 = exponential_inv (u1, 0.1) ; x2 = chisquare_inv(u2,3);
```

x_1과 x_2 사이의 상관관계를 검토해 볼 수도 있다. 상관관계는 0.78936인데 아래와 같이 구할 수 있다.

```
octave:5> corrcoef([x1 x2])
ans =
      1.00000    0.78936
      0.78936    1.00000
octave:6> ktau(x1,x2)
ans = 0.59775
```

위의 순위 상관관계는 0.59775로 시작할 때 순위 상관관계 $\tau=0.6$ 이 거의 유지되고 있다. 직선형 상관관계도 원래의 0.8이 거의 유지되고 있지만, 항상 그런 것은 아니다. 두 변수의 산포도는 [그림 34.3]에 나타나 있다. ■

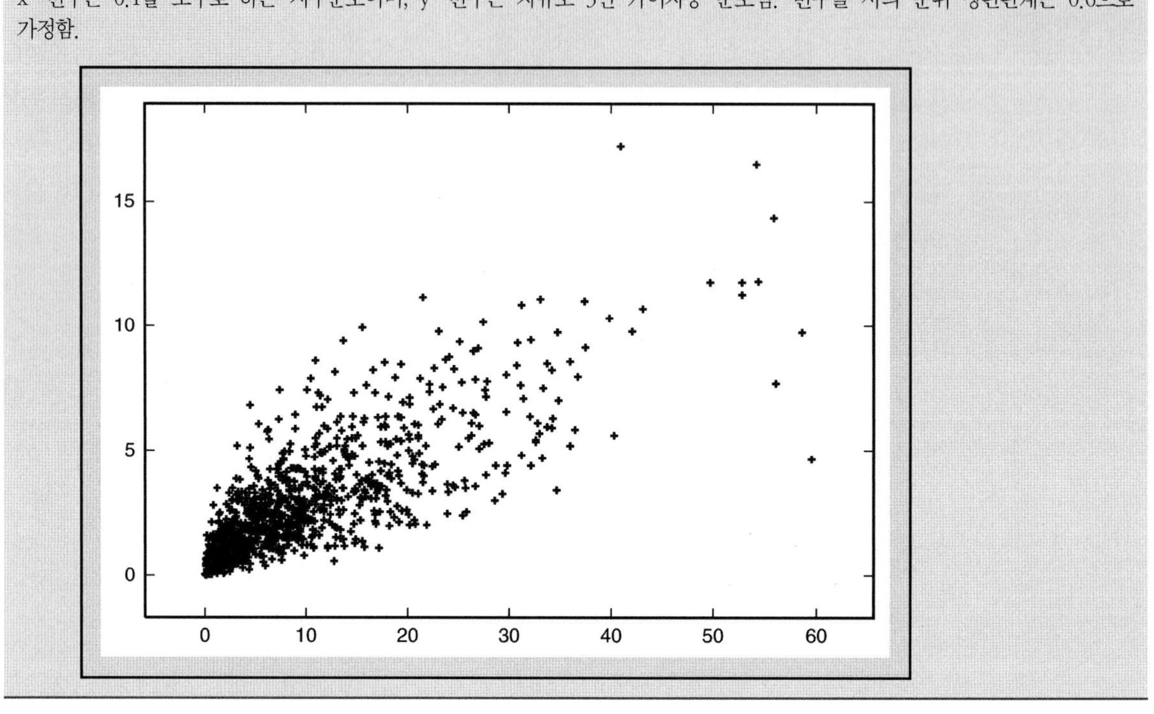

그림 34.3 지수함수와 카이제곱 함수의 정규분포 코퓰러

x-변수는 0.1을 모수로 하는 지수분포이며, y-변수는 자유도 3인 카이자승 분포임. 변수들 사의 순위 상관관계는 0.6으로 가정함.

꼬리 의존도(Tail Dependence)

코퓰러 방식의 중요한 장점은 결합분포의 "꼬리 의존도(tail dependence)"를 조정할 수 있다는 것이다. 이것은 무엇을 의미하는가? 일반 용어로 설명하자면 꼬리 의존도란, 결합분포의 상관관계가 중간 값보다는 극단 값에 의존하는 정도를 말한다. [그림 34.2]에서 볼 수 있듯이 Student's t 분포를 시뮬레이션 했을 경우에는 극단값에서 상관관계가 높은 점들이 많이 생성되었다. 그러므로 Student's t 분포의 경우가 정규분포보다는 꼬리 의존도가 높다. 꼬리 의존도를 논할 때 결합분포의 중앙 부분에서보다 어느 쪽의 상관관계가 높으냐에 따라서 오른쪽 꼬리 의존도 혹은 왼쪽 꼬리 의존도로 구분지어 지칭하기도 한다.

직관적으로 꼬리 의존도는 코퓰러에 의해서 결합된 여러 개의 개별 분포가 어떻게 상호작용을 하는가에 달려 있음을 알 수 있다. 코퓰러의 선택 또한 꼬리 의존도를 결정하기도 한다. 예를 들면, Student's t 분포를 코퓰러로 사용하면, 자유도가 낮을수록 꼬리 의존도가 높게 나타난다. 다른 여러 코퓰러에서는 꼬리 의존도를 조정해 주는 모수(parameters)가 있다. 특별한 종류로 Archimedean 코퓰러가 있다.

Archimedean 코퓰러

Archimedean 코퓰러는 일반적으로 다음의 식으로 표시된다.

$$C(F_1, \cdots, F_m) = \Omega^{-1}[\Omega(F_1) + \cdots + \Omega(F_m)]$$

함수 $\Omega(F)$를 코퓰러 생성함수라고 한다. Frees와 Valdez(1998)는 이런 함수의 예를 요약하였다. 예를 들면, Gumbel 코퓰러는 $\Omega(F) = (-ln(F))^{\alpha}$의 생성함수 형태를 보여준다.

예 34.8

예를 통해서 Archimedean 코퓰러를 이해할 수 있을 것이다. 두 개의 개별 분포 함수 F_1, F_2로부터 무작위 변수를 추출하는 Gumbel 코퓰러를 생각해 보자. 코퓰러는 다음과 같다.

$$C(F_1, F_2) = \Omega^{-1}\left[(-\ln F_1)^{\alpha} + (-\ln F_2)^{\alpha}\right]$$

단 $\Omega(F_i) = (-\ln F_i)^{\alpha} = y$이다. 이 함수의 역함수를 구하여 다음의 식을 얻게 된다.

$$\Omega^{-1}[y] = e^{-y^{1/\alpha}}$$

치환과 정리를 통하여 다음의 식을 얻게 된다.

$$C(F_1, F_2) = \exp\left\{-\left[\left(\ln\frac{1}{F_1}\right)^{\alpha} + \left(\ln\frac{1}{F_2}\right)^{\alpha}\right]^{\frac{1}{\alpha}}\right\}$$

위의 식이 $[0, 1]$의 값을 갖는 결합분포가 되는지를 확인하기 위하여 다음과 같이 검증한다.

$$\lim_{\substack{F_1 \to 0 \\ F_2 \to 0}} C(F_1, F_2) = 0, \qquad \lim_{\substack{F_1 \to 1 \\ F_2 \to 1}} C(F_1, F_2) = 1$$

Grumbel 코퓰러에서 꼬리 의존도는 모수 α에 달려있다. α가 증가하면 꼬리 의존도도 증가한다. [그림 34.4]에서 꼬리 의존도를 결정하는 모수 α가 변함에 따라 확률밀도함수가 어떻게 달라지는 지를 보여 준다. $F_1 = 0.5$로 고정한 다음 F_2를 0에서 1까지 바꾸어 가면서 밀도함수를 산출하였다. 위 그림에서 보듯이 $\alpha = 2$일 때 $\alpha = 4$인 아래 그림보다 덜 뾰쪽한 모습을 보인다. ■

코퓰러의 내재 상관관계

실무에서는 CDO 트랑쉬의 가격으로부터 CDO에 포함된 개별기업의 부도 시점의 상관관계를 유추해 낸다. CDO에 포함된 모든 기업의 쌍이 동일한 상관관계 계수 ρ를 가진다는 가정으로 이를 유추해 낸다. 모든 기업의 부도확률이 알려져 있고, 단 하나의 상관관계 모수 ρ가 주어진다면, 정규분포 코퓰러를 사용하여 손실 샘플을 시뮬레이션할 수 있으며, CDO 트랑쉬의 가격도 산출할 수

있

그림 34.4 Gumbel 코퓰러에서 꼬리의존도

그래프는 꼬리 의존도를 결정하는 모수 α가 변함에 따라 확률밀도함수가 어떻게 달라지는 지를 보여 준다. $F_1 = 0.5$로 고정한 다음 F_2를 0에서 1까지 바꾸어 가면서 밀도함수를 산출하였다. 왼편(위) 그림에서 보듯이 $\alpha = 2$일 때 $\alpha = 4$인 오른쪽(아래) 그림보다 덜 뾰쪽한 모습을 보인다.

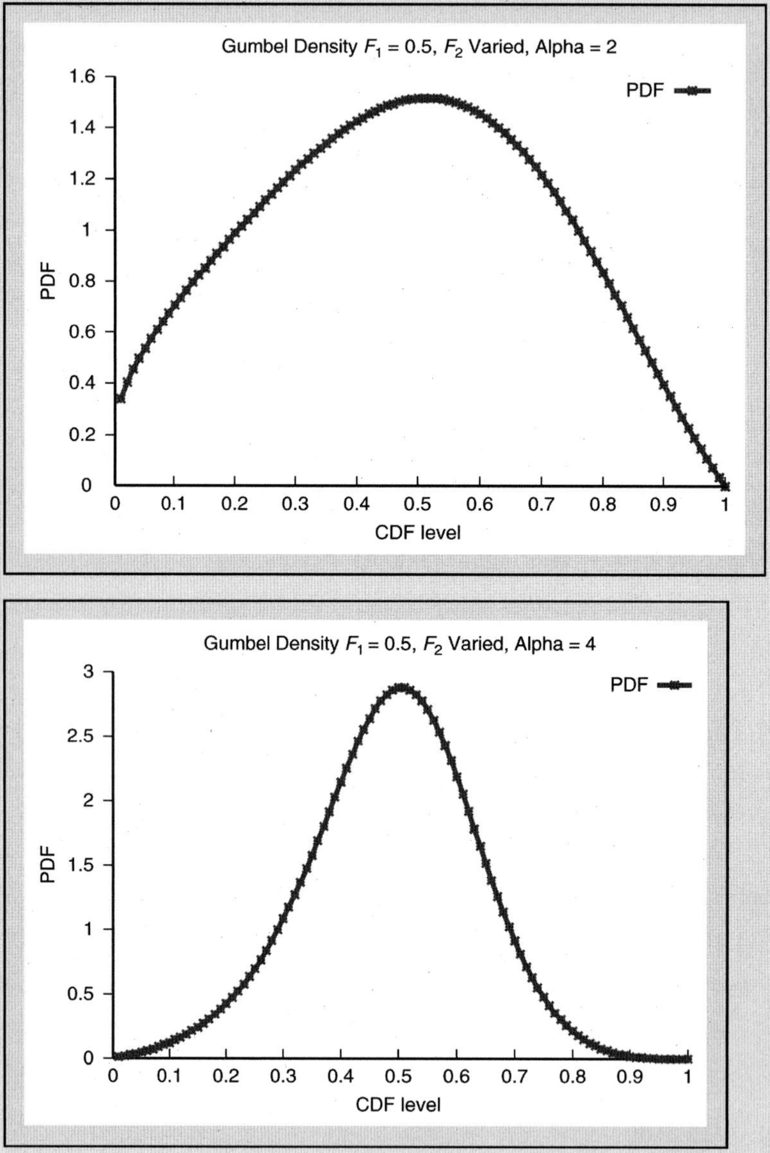

다. ρ의 값을 변화시키다 보면 시뮬레이션으로 계산된 CDO 트랑쉬의 가격이 실제 시장에서 거래되는 가격이 일치되는 특정한 ρ 값을 찾을 수 있다. 이 ρ 값이 해당 CDO 트랑쉬의 내재 상관관계이다.

이 내재 상관관계 개념은 주식 옵션 가격으로부터 주식의 내재 변동성을 유도해 내는 것과 비슷하다. 주식의 콜이나 풋 옵션 하나로부터 모형으로 산출한 가격과 시장 가격이 동일해 지는 변동성 값을 찾는다. 이 변동성 값이 그 옵션의 내재 변동성이다. 내재 변동성은 주식의 수익율이 정규분포를 따른다는 가정에 근거한 블랙-숄즈 모형으로 계산한 것이기 때문에 모형 의존적일 수 밖에 없다. 이와 같이 내재 상관관계도 정규분포 코퓰러로 추론된 것이다.

어떤 특정한 콜 혹은 풋을 사용하느냐에 따라 블랙-숄즈 모형으로부터 다른 내재 변동성이 계산되는 것처럼 어떤 트랑쉬의 모형 가격과 시장가격을 비교하느냐에 따라 정규분포 코퓰러로부터 서로 다른 내재 상관관계를 얻게 된다. 그러므로 주식시장의 변동성 스마일(volatility smile) 개념이 CDO 시장에서는 상관관계 스마일(correlation smile)로 나타나게 된다. 이 상관관계 스마일은 CDO의 각기 다른 트랑쉬의 내재 상관관계를 그래프로 표시한 것이다.

0-3%, 3-7%, 7-10%, 10-12% 그리고 12% 초과로 구분된 트랑쉬가 있는 CDO를 고려해 보자.[1] 이것은 첫 트랑쉬가 처음 3%의 손실을, 두 번째 트랑쉬가 그 다음 4%의 손실을, 세 번째 트랑쉬가 그 이후 3%의 손실을 흡수하며 그 이후의 트랑쉬도 같은 방법으로 손실을 흡수하는 것을 의미한다. 어떤 트랑쉬를 검토하느냐에 따라 모형가격과 시장가격을 일치시키는 다른 상관관계를 찾게 될 것이다. 이것이 내재 상관관계의 "표준적(standard)" 의미이다. 시장에서는 "기본(base)" 상관관계라고 알려진 또 다른 내재 상관관계 개념을 사용한다. 첫 번째 트랑쉬에 대해서는 기본 상관관계와 표준 내재 상관관계는 동일하다. 두 번째 트랑쉬에 대한 기본 상관관계는 첫 번째와 두 번째 트랑쉬를 통합한 전체 가치에 대한 내재 상관관계를 의미한다. 세 번째 트랑쉬에 대한 기본 상관관계는 첫 세 트랑쉬의 모든 가치에 대한 내재 상관관계를 의미한다. 그 이후의 트랑쉬에 대해서는 같은 방식으로 계속 된다. 상관관계는 두 가지 형태 중에서 하나로 표시된다.

기본 상관관계에는 치우침(skew)과 뾰족함(spike)이 강하게 나타나는데, 대부분은 CDO의 특정 트랑쉬가 과대평가된다는 사실과 정규분포가 주식 수익률을 설명하기에 부족하듯이 정규분포 코퓰러가 진정한 부도시점의 결합분포와 잘 맞지 않다는 사실로부터 기인한다. 다음 절에서는 상관부도 모형에 하나의 모수로 CDO의 모든 트랑쉬를 설명할 수 있도록 하기 위하여 상관관계 스마일의 문제를 다루는 여러 방법을 검토한다.

내재 코퓰러(Implied Copula)

코퓰러는 신용 포트폴리오에 포함된 많은 기업의 부도시점을 설명할 수 있는 일반적 형태의 다변량 분포함수를 만들어 준다. 이 절에서는 정규분포 코퓰러 방법의 단점의 일부를 보완해 줄 수 있는 다른 동시부도 모델링 방법을 살펴본다. 앞에서 발생한 부도가 그 이후의 부도에 영향을 미치도록 설계하지 않고 포트폴리오에 포함된 모든 기업에 대하여 일괄적으로 부도시점을 산출한다는 점에서 코퓰러 접근법은 정적인 접근법이다. 그러므로 코퓰러 환경에서는 부도에 경로 의존적인

1) 트랑쉬의 경계선은 손실 범위를 간접적으로 나타내 준다. 그러므로 3-7% 트랑쉬는 CDO 액면금액의 3%에서 7%까지의 손실을 담당한다.

특성을 반영하기가 쉽지 않다. Hull과 White(2006c)는 특히 정규분포 코퓰러는 고려하는 시간이 길어지면 미래의 위험률에 대한 불확실성을 감소시키는 특성이 내재되어 있는데 이는 경험적인 데이터와 일치하지 않는다고 주장한다. t 분포 코퓰러를 사용하면 부도위험율의 꼬리 부분이 두텁게 되어 이 문제에 대한 해결책이 되며 실제 데이터와도 더 잘 맞는다.

기업의 CDS 가격에 맞춘 코퓰러 모형은 경험적으로 CDX 지수에 대한 CDS 및 이들의 트랑쉬의 가격에 동시에 정확히 맞지는 않는다. 이것은 CDO 구조 내에 있는 각 기업들의 내재 상관관계가 어떤 트랑쉬로부터 유도해 내었느냐에 따라 다르다는 사실에 기인한다. 코퓰러 모형에 의해서 만들어진 결합분포의 모양이 CDO 트랑쉬의 가격에서 유도된 경험적인 분포와 다르다는 눈에 보이는 증거이다. 요약하자면, 코퓰러 모형에 하나의 모수만을 사용하면 CDO의 모든 트랑쉬 가격을 맞게 산출할 수는 없다. 그러므로 코퓰러를 동시부도 체계에 맞추려 하는 것은 불완전한 시도이다. 그럼에도 불구하고 시장 참여자들은 아직도 코퓰러 특히 정규분포 코퓰러를 사용하는데 이것은 단순히 추적이 가능하기 때문이다. 또 이들은 각각의 트랑쉬에 서로 다른 기본 상관관계를 사용하여 상관관계 스마일이 나타나도 불편해 하지 않는다. 이는 옵션 트레이더들이 변동성 스마일에 대해서 편안해 하는 것과 거의 똑 같다.

Hull과 White(2006b)가 개발한 내재 코퓰러 기법은 코퓰러 모형이 현실과 잘 맞지 않는 점을 수정하기 위한 노력이다. Hull과 White는 자신들이 개발한 내재 코퓰러 모형을 "완전한(perfect)" 코퓰러라고 불렀다. 우리가 아는 "완전(perfectness)"에 대한 엄격한 정의가 없기는 하지만, 특정한 시점에서 모든 트랑쉬에 정확히 맞는 동시부도 시스템은 확실히 매력이 있다. 이것은 특정 만기의 모든 옵션 가격에 맞는 옵션 트리(tree)에 대한 Rubinstein(1994)의 생각과 개념상으로 유사하다.

하나의 공통 요인인 X에 대한 단일 요인 모형을 생각해 보자. 각 채무자 j의 부도 변수 Y_j는 공통요인에 대하여 관련되어 있으므로 다음과 같이 표시할 수 있다.

$$Y_j = \rho_j X + \sqrt{1-\rho_j^2}\, Z_j, \ \forall j$$

여기에서 ρ_j는 공통 요인 X를 통하여 포트폴리오 내에 있는 각 채무자 간의 연결고리 역할을 한다. Z_j는 특이 충격변수이며 H_j라는 분포를 갖는다. Y_j는 F_j로 표시되는 분포함수를 가진다. Y_j 분포를 τ_j에 매핑하여 G_j로 표시되는 부도시점 τ_j분포를 산출하려 한다. Y_j의 상관관계로 인하여 신용 포트폴리오 내의 모든 기업의 부도시점 τ_j분포에 상관관계가 생기게 된다. 그러므로 $\tau_j = G_J^{-1}[F_j(Y_j)]$로 정의되는 매핑을 고려해 보자. 이러한 매핑은 모든 코퓰러 모형에 대하여 존재한다. 예를 들면, 34.8절에 제시된 실행 방법을 참조하라.

정해진 X값을 조건으로 부도확률은 무작위 변수 Y_j가(채무자의 부도확률에 근거하여 산출된) 판단기준점 Y보다 작을 가능성으로 정의된다. 즉, 다음과 같이 표현할 수 있다.

$$\text{Prob}[Y_j < Y \mid X] = H_j\left[\frac{Y - \rho_j X}{\sqrt{1-\rho_j^2}}\right]$$

이는 부도 시점으로 매핑되기 때문에 τ 이내에 부도가 발생할 확률을 다음과 같이 표현할 수 있다.

$$\text{Prob}[\tau_j < t \mid X] = G_j(t \mid X) = H_j\left[\frac{F_j^{-1}[G(t)] - \rho_j X}{\sqrt{1-\rho_j^2}}\right] \tag{34.19}$$

X가 증가함에 따라 부도의 확률은 감소한다(이는 위의 식 모두에서 확실히 나타난다). 여기서 핵심은 동시부도가 주요인 X의 시간 경로에 달려 있다는 것이다. 그러므로 X가 다양하게 표출될 수 있는 모형을 선택함으로 모든 CDO 트랑쉬의 가격에 정확히 부합되게 할 수 있다. 이것이 완벽한 코퓰러를 찾아 내는 것과 유사한 것이다.

CDX 지수를 기반으로 한 CDO와 다섯 개의 트랑쉬 가격, 총 여섯 개의 가격을 가장 잘 설명하는 시스템을 찾아야 한다고 가정해 보자. 다음 단계를 따라서 진행한다.

1. 모든 채무자에 대하여 H_j 분포를 선택한다. X는 정규분포를 가진다고 가정하는 것이 자연스러울 것이다.
2. 모든 채무자에 대하여 F_j와 G_j를 선택한다. 이들은 Y_j가 τ_j에 어떻게 매핑되는 지를 설명하며, 암묵적으로 어떤 코퓰러를 사용하는지를 설명한다. (이것은 34.8절에서 F와 Φ를 선택하는 것과 유사하다.) 이 모형에서 코퓰러와 연결이 형성되는 부분이 여기이다.
3. 채무자들의 개별 CDS의 모형 가격이 시장가격과 일치되도록 ρ_j를 계산한다. 각 개별 채무자의 손실분포는 모든 X값에 대하여 식 (34.19)로 계산한 부도확률에 근거한다.
4. X의 가능한 값 n개 즉, X_i, $i = 1 \cdots n$를 생성하고, 각 경우 확률을 p_i로 명시하되 $\sum_i p_i = 1$이 되도록 한다. 이를 선택할 때 Y_j의 범위가 포함되도록 하여야 한다. Hull과 White(2006b)는 n이 50개 이상 될 것을 제안하였다. X의 각 값은 모든 채무자의 부도시점 분포 $G_j(\tau \mid X_i)$를 암묵적으로 표시한다. 이는 CDO와 트랑쉬의 현금흐름(부도시 회수율도 가정할 필요가 있음)도 암묵적으로 표시하며, 이것은 이 증권들의 가격 결정에 활용된다. $\{X_i, p_i\}$ 집합을 적절히 선택함으로 모든 증권의 가격을 맞출 수 있다.

이 접근법에는 필요 이상의 많은 자유도가 있다. 적합화는 쉽게 달성할 수 있다. 만약 $n = 50$이라면 100개(50개의 X값과 50개의 p)의 모수가 있으며, 맞추어야 할 가격은 여섯 개이다. 적합화를 이루는 방법은 무수히 많다. 어떤 것을 선택해야 하나? Hull과 White(2006b)는 X값의 간격이 같도록 X값을 선택하도록 제안한다. X가 정규분포를 따른다면 중간 값을 0에 두고 −3에서 3사이에서 동일 간격으로 선택하도록 한다. 다른 분포에서의 표준 범위는 분포에 따라 자연스럽게 결정된다. 확

률 p를 부드럽게 하기 위해서 내재 코퓰러가 자연스럽게 선택 될 수도 있다. 그러므로 사용될 내재 분포의 종류의 범위를 축소하는 것도 가능하다. 이 과정의 과적합화는 검토되는 증권의 개수보다 사용되는 상황의 개수가 많은 불완전한 시장을 재현하는 모형을 만드는 과정의 자연스런 결과이다. 이것은 Breeden과 Litzenberger(1978)가 시도한 바 있는 완전한 시장 접근법이긴 하지만, 옵션으로부터 확률분포를 유도해 내려는 시도와 비슷하다.

Hull과 White(2006c)에 따르면 적합화 방법은 매우 안정적이라고 한다. 시장가격을 산출하기 위하여 선택한 시스템 $\{X_i, p_i\}$를 선택하기 위하여 최적화 방법을 제시한 그들의 논문을 읽어보기를 바란다. 이 방법의 결과는 기본 상관관계의 사소한 변경이나 보간 절차(interpolation procedures)에 덜 민감한 것으로 알려지고 있는바, 이 문제들은 일반 코퓰러 방법에서는 자주 발생하는 것이었다. 가장 중요한 것은 이 모형에서 계산된 모형 가격은 시장에 정확이 일치되도록 했기 때문에 차익거래가 발생하지 않는데, 이는 모든 모형에게 바람직한 특성이다. 내재 코퓰러 접근법은 샘플 내에서는 과적합가 이루어지고 샘플 외부에 대하여는 덜 정확한 면이 있다. 이것은 물론 실무적인 문제이다.

34.9 신용 포트폴리오 손실의 하향식 모델링

신용 포트폴리오 손실 분포를 각 개별 손실 분포에 근거하여 구축하는 소위 상향식 접근법을 살펴보았는데, 부도확률을 결정하는 데는 구조 모형과 축약형 방식이 있었다. 뿐만 아니라 부도의 결합분포를 다변량 정규분포로 정의하거나 좀 더 일반적인 코퓰러 함수로 정의하는 방법도 살펴보았다.

이 절에서는 하향식 포트폴리오 신용 모형을 검토한다. 여기에서는 관심의 대상이 포트폴리오의 총 손실 분포이며, 개별 기업의 손실분포가 아니다. 여기에서는 개별 부도 확률에 대한 언급 없이 바로 총 손실을 모델링한다.

Longstaff와 Rajan의 모형

실무적으로 사용되고 있는 하향식 모형의 하나가 Longstaff와 Rajan(2008)이다. 그들은 삼요인 하향식 모형이 CDX(CDO 인덱스) 데이터와 가장 잘 맞는다고 한다. 논의를 간단히 하기 위하여 우리는 그 모형의 단일요인형(one factor version)을 검토할 것이다. 요인의 숫자를 늘리는 것은 간단하며 이 절의 마지막 부분에서 다루기로 한다.

신용 포트폴리오 총액은 액면가 1 달러로 하며 M개의 기업이 포함되어 있으며, 각각의 금액은 동일한 액면가를 가진 것으로 한다. 예를 들면, CDX(북미) 지수는 125개의 기업에 대하여 동일한 비중을 부여한다. 시점 0으로부터 출발하여 t 시점까지 1 달러에 발생한 누적 손실금액을 L_t로 표시한다. 당연히 $L_0=0$이다.

매 순간의 포트폴리오의 당시 가치에 대한 손실률은 $dL/(1-L)$로 표현할 수 있으며, Longstaff와 Rajan은 다음과 같이 표시하였다.

$$\frac{dL}{1-L}=\gamma dN(\lambda)$$

위에서 N은 강도 λ 즉, 단위 시간당 (일반적으로 연간) 발생율이 λ인 포아송 개수(counter)를 의미한다. 변수 γ는 손실 규모를 말한다. 그러므로 매번 손실이 발생할 때마다 포트폴리오의 총 손실금액은 γ만큼 증가한다. 위의 식을 적분하면 L_t를 얻게 되며 식은 다음과 같다.

$$\int_0^t \frac{dL}{1-L}=\int_0^t \gamma dN$$

$N_0=0$이라고 할 때 계산해 보면 다음과 같다

$$L_t=1-e^{-\gamma N_t(\lambda_t)}$$

그러므로 부도발생 횟수 N_t는 자연스럽게 손실 수준 L_t에 영향을 준다. 이 모형에도 다양한 통계직 특싱을 직용할 수 있다. 부도빌생률 λ도 상수일 수도 있으며, 확률적 과정에 근거할 수도 있다. 여기에서 우리는 양자 모두를 살펴보려 한다. 손실 강도 γ 역시 상수일 수도 있고, 통계적 과정으로 추출될 수도 있다. λ와 γ 모두 내재된 상황변수의 함수로 정의할 수도 있으며, 따라서 부도와 손실이 서로 상관관계를 가지는 것으로 구축할 수도 있다.

λ와 γ가 상수라고 가정해 보자. 그러면 L_t의 확률분포는 전적으로 확률함수 $p_j\equiv \text{Prob}(N_t=j)$, $j=\{0,1,2,\cdots\}$에 의해 결정된다. 다시 말하자면,

$$p_j=\frac{e^{-\lambda}\lambda^j}{j!}$$

이산분포인 경우는 계산이 매우 쉽다.

γ가 상수이며 λ가 통계적 분포를 따르거나 통계적 과정으로부터 생성되어 시간이 지남에 따라 값이 변하면(Longstaff와 Rajan(2008) 모형의 경우와 같이) 어떻게 되나? 이러한 경우,

$$p_j=\int_{\lambda_t}\frac{e^{-\lambda_t}\lambda_t^j}{j!}f(\lambda_t)d\lambda_t$$

여기에서 $f(\lambda_t)$는 λ_t의 확률밀도함수를 의미한다.

설명을 위하여 λ_t 분포는 $\{\alpha,\beta\}$를 모수로 하는 다음과 같은 베타(beta) 분포를 가진다고 가정해 보자.

$$f(\lambda_t) = \frac{\Gamma(\alpha + \beta)}{\Gamma(\alpha)\Gamma(\beta)}(1 - \lambda_t)^{\beta - 1}\lambda_t^{\alpha - 1_t}$$

그러면 확률함수는 다음과 같이 된다.

$$p_j = \int_{\lambda_t} \frac{e^{-\lambda}\lambda_t^j}{j!}\frac{\Gamma(\alpha + \beta)}{\Gamma(\alpha)\Gamma(\beta)}(1 - \lambda_t)^{\beta - 1}\lambda_t^{\alpha - 1}d\lambda_t$$

CDO 트랑쉬의 가격과 같은 손실 L_t의 함수 $g(L_t)$는 N_t의 함수이기도 하며, 확률함수 $p_j(\lambda_t)$에 의해 좌우된다. 이 가격함수는 특수한 경우에는 닫힌 형태로 계산할 수도 있고, 그렇지 않은 경우에도 기대값 $E[g(L_t)]$에 대한 수치계산이 가능하다. 우리의 간단한 예에서 가격 계산 모형은 세 개의 모수 $\{\alpha, \beta, \gamma\}$를 포함하며, 3개 혹은 그 이상의 트랑쉬 가격으로 모형의 모수를 찾을 수 있다. CDO 트랑쉬들은 손실 확률분포를 이용하여 모형으로 가격 산출이 가능하므로 모형 가격과 실제가격 사이의 최소자승법을 사용하여 가장 적절한 미지의 모수를 추정할 수 있다. 따라서 Longstaff와 Rajan(2008)의 모형은 데이터에 맞추기 쉽다.

모형은 n개의 요인을 포함하도록 일반화하기 위해서는 식의 세부사항을 다음과 같이 맞춘다.

$$\frac{dL}{1 - L} = \sum_{k=1}^{n}\gamma_k dN_k$$

위 식에서 필요한 내용은 아래의 식으로 산출하여 입력한다.

$$L_t = 1 - \exp\left[-\sum_{k=1}^{n}\gamma_k N_{tk}(\lambda_k)\right]$$

신용 포트폴리오의 손실 추출을 위하여 많은 과정이 사용되면 이에 따라 모수의 개수가 늘어난다. 과정의 수는 평균 가격 오차 제곱이 수용할 만한 범위에 들어올 때까지 늘릴 수 있을 것이다.

자체강화(Self-Exciting) 부도 모형

다른 사람들도 다른 방식으로 하향식 모형을 사용하는 방법을 제시했다. 초기의 예를 보려면 Giesecke와 Goldberg(2005)를 참조하라. Errais, Giesecke 및 Goldberg(2006)은 하향식 모형의 특별한 개선이다. 이 모형에서는 부도 위험률 λ가 현재의 부도 수준 L의 함수로 명시되어 있다. 이러한 방법의 주된 특징은 Das, Duffie, Kapadia 및 Saita(2007)가 확인한 부도의 군집화(clustering)를 설명할 수 있다는 것이다. 부도 강도 λ가 부도의 누적과 더불어 증가하므로 실제 데이터에서 나타난 것과 같이 부도의 군집(cluster)을 만들어 낸다.

단일 요인 하에서 Longstaff와 Rajan(2008)의 모형은 다음과 같이 명시될 수 있다.

$$\frac{dL}{1-L} = \gamma dN(\lambda(L))$$

단 $\partial\lambda/\partial L > 0$; Longstaff와 Rajan(2008)의 모형에 가해진 유일한 개선은 강도를 $\lambda(L)$로 표현한 것이다. 강한 군집화의 경우에는 2차 도함수 또한 양수가 될 것이다. 이와 같은 과정은 Hawkes 과정으로 알려져 있으며, "자체강화(self-exciting)" 혹은 "자체영향(self-affecting)"으로 불린다. 특별히, 다음과 같이 매우 단순한 통계적 형태를 따르는 강도 (λ_t)를 생각해 보자.

$$d\lambda = \alpha(\beta - \lambda)dt + \delta dL$$

즉, 손실 사건이 발생할 때마다 $(dL > 0)$ 강도에 점프가 발생한다. 자체강화가 되기 위해서는 $\delta > 0$이 되어야 한다. 그러므로 손실이 발생할 때마다, 강도는 점프하며 그 이후에 점진적으로 α의 속도로 평균 수준인 β로 회귀한다. 그러므로 자체강화 손실 과정은 하향식 상관부도 모형에 대한 간단하지만 매우 강력한 개선이다. Errais와 기타(2006)는 이 모형으로 손실분포를 닫힌 형태로 표현하였다. 이 모형의 손실 분포는 포아송 분포보다 꼬리부분이 누텁다.

이항 트리를 이용한 하향식 모형

Hull과 White(2006a)는 이항 트리를 기초로 하향식 모형을 채용할 수 있음을 보여 주었다. 간단하지만, 정적인 접근법인 코퓰러를 사용한 상관부도의 모델링과는 달리 이 방법은 포트폴리오 손실을 동적으로 모델링할 수 있게 해 준다. 이 모형의 간단한 형태를 제시하고 복잡한 상황에서 이 모형이 어떻게 확장될 수 있는지를 논의하겠다.

Hull과 White(2006a) 모형의 핵심은 구분된 시점에서 예상되는 현금흐름-포트폴리오 전체이든 특정한 트랑쉬이든-에 따라 포트폴리오 신용 파생상품의 가격이 결정된다는 생각이다. 이 현금흐름을 직접 모델링함으로, CDO나 CDO의 트랑쉬 그리고 기타 바스켓 파생상품의 가격 산출도 상당히 간단해 진다. 기대 현금흐름은 다음과 같이 이미 잘 알려진 각 발행자의 누적 생존함수 $S(t)$의 함수이다.

$$S(t) = \exp\left[-\int_0^t \lambda(u)\,du\right]$$

여기서 $\lambda(t)$는 부도 위해율(hazard rate)을 말한다. t 시점까지 부도가 발생할 확률은 기대치 $q = E[1 - S(t)]$ 이다. $S(0) = 1$이며 $S(t) \geq 0$이다.

이 모형은 부도 혹은 현금흐름이 발생하는 이산 시점 $t_1, t_2, \cdots, t_m$에 근거한다. 만약 시간 간격이 일정하다고 즉, $t_i - t_{i-1} = h$이라고 가정하자. $\lambda(0) = 0$이며, 모든 순간 λ의 변화는 다음과 같이 주어진다고 가정한다.

$$\Delta\lambda = \mu h + J$$

그림 34.5
I값의 이항 트리, 각 개별 채무자의 누적 강도 과정

위로 움직일 확률은 p이며, 아래로 움직일 확률은 $1-p$이다.

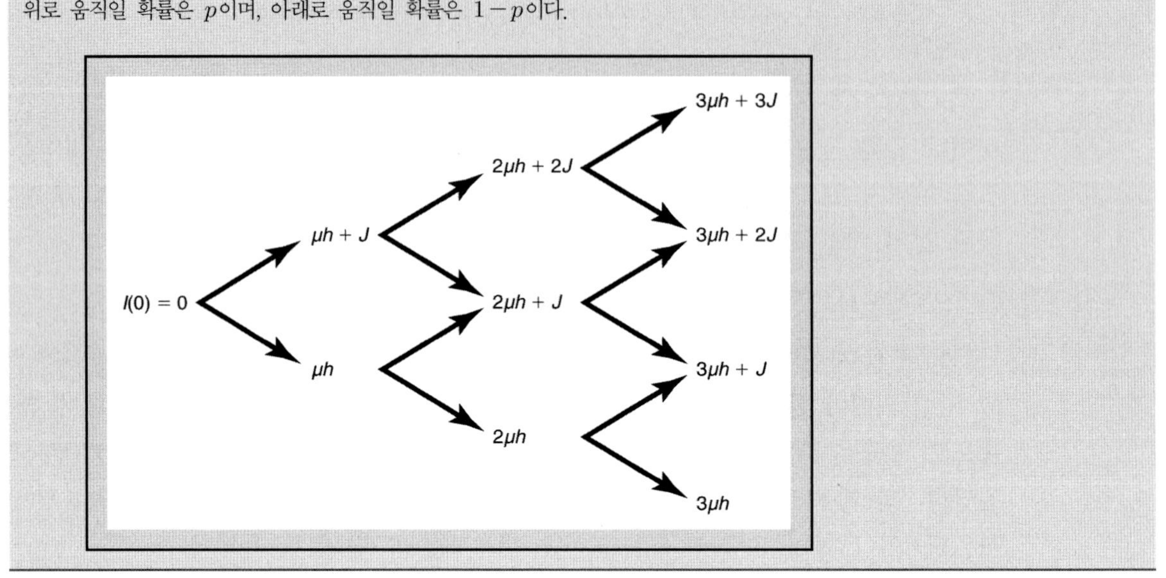

단 $\mu \geq 0$는 평균증가속도 즉, 추세항(drift term)을 말하며 $J \geq 0$은 p의 확률로 발생하는 점프 강도를 의미한다. 그러므로 p의 확률로 λ가 J 만큼씩 증가하지만, $(1-p)$의 확률로 점프가 없을 수도 있다. 지금은 μ, J, p가 상수라고 가정한다.

시간 경과에 따른 λ의 움직임은 다음과 같이 이항 트리로 표시할 수 있다. $t=0$에서 시작하며 $\lambda(0)$은 0이다. 다음 기간에서 λ의 누적 강도는 p의 확률로 $\mu h + J$이거나 $(1-p)$의 확률로 μh이다. I로 누적 강도를 표시하기로 한다. 두 기간 후, $I(t_2)$는 다음의 세 값 중 하나일 것이며 각각의 확률은 아래에 주어진 바와 같다.

$$I(t_2) = \{2\mu h + 2J,\ 2\mu h + J,\ 2\mu h\}$$
$$\text{확률: } \{p^2,\ 2p(1-p),\ (1-p)^2\}$$

트리의 각 분기점에서의 생존함수 $S(t) = \exp[-I(t)]$가 된다. 각 분기점에서의 I 값은 (그림 34.5)에서 볼 수 있다.

각 분기점에 누적 강도 I가 있으므로, 생존함수 $S = e^{-I}$도 계산할 수 있고, 누적부도확률 $q = 1 - S$도 찾을 수 있다. 신용 포트폴리오에 N개의 조건이 동일한 채무자가 있으며, 각각의 액면금액은 $1/N$이라고 하면, 최초에 \$1의 가치를 가진 정규화된 신용 포트폴리오로 출발한다. 부도시 회수율을 일정한 상수 ϕ라고 가정하자. 주어진 분기점에 도달할 때까지 N개 중 n개에 부도가 발생할 확률은 이항분포 공식에 따라 다음과 같이 계산할 수 있다.

$$P(n) = \frac{N!}{n!(N-n)!} q^n (1-q)^{N-n}, \quad \forall n = 0, 1, \cdots, N \tag{34.20}$$

그러면 이 분기점에서 포트폴리오의 예상 원금잔액 (B)의 계산도 쉽게 계산할 수 있다.

$$E(B) = \sum_{n=1}^{N} P(n)[1-(n/N)(1-\phi)]$$

원금 잔액에 대하여 비율 s를 지급하는 파생상품이 있다고 가정해 보자. 그러면 이 상품의 가격은, 각 분기점의 $E(B)$를 계산하고 이에 s를 곱한 다음 할인하되 각 분기점의 확률 p, $1-p$의 비중을 현금흐름에 적용하는 후진(역진) 재귀 계산을 통하여 산출이 가능하다.

또 다른 예로 상한과 하한이 있는 $(x_l, x_u) \leq 1$ 트랑쉬 증권에 관심이 있다고 생각해 보자. 각 분기점에서의 잔액 기대값은 다음과 같이 계산된다.

$$E(B) = \sum_{n=1}^{N} P(n)T(n)$$

여기에서 $T(n)$은 다음과 같다.

$$T(n) = \begin{cases} 1, & \text{if } (n/N)(1-\phi) \leq x_l \\ \frac{x_u-(n/N)(1-\phi)}{x_u-x_l}, & \text{if } x_l < (n/N)(1-\phi) \leq x_u \\ 0, & \text{if } (n/N)(1-\phi) > x_u \end{cases}$$

현금흐름의 어떤 함수라도 이러한 파생상품 구축에 사용될 수 있다.

모형으로 상품을 보정하기 위해서는 같은 과정을 역으로 실행하면 된다. CDO, CDO 트랑쉬 세트를 선택하고 그 다음 모형가격과 시장가격이 가장 잘 맞도록 μ와 J(심지어는 ϕ까지도)를 선택한다. 시장가격에 맞추기 위하여 더 큰 자유도가 필요하면 J를 시간과 트리의 상황에 종속시킬 수 있다. 만약 위쪽의 분기점에서 아래쪽 분기점보다 상대적으로 더 높은 J를 사용하면, 암묵적으로 신용 포트폴리오에 전염효과를 반영하는 것이다. 그러므로 이 모형은 다루기는 쉬우면서도 매우 유연하다.

모든 하향식 모형이 그러하듯이 신용 포트폴리오 손실을 모델링함에 있어서는 Hull과 White (2006a) 모형이 단순하다. 트리로 설명을 하기 때문에 구현하기가 쉬울 뿐만 아니라 이해하기도 쉽다는 점에서 이 모형이 특별히 유용하다. 부도율을 상황과 시간에 종속시키는 것도 쉽게 일반화시킬 수 있다. 단점은 당연히 N개의 채무자 중 n개의 채무자에 부도가 발생할 때, 어떤 기업이 어떤 분기점에서 부도를 당했는지는 알 수 없다는 점이다. 이 점이 하향식 모형과 먼 사촌에 해당하는 상향식 모형의 결정적인 차이점이다. 위에서 설명한 이 모형의 또 다른 단점은 모든 채무자가 누적강도 과정에서 동일한 트리를 따른다고 가정한다는 것이다. 이 과정은 식 (34.20)의 계산을 단순화

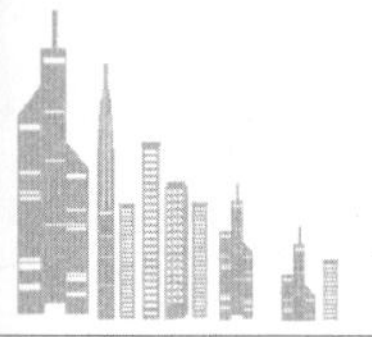

시킨다. Hull과 White(2006a)는 이것을 자신들의 모형 중에서 “동질(homogenous)” 케이스라고 불렀다. 강도 트리가 채무자 별로 모두 다른 경우를 “이질(heterogenous)” 케이스라고 불렀다. 후자의 상황에서는, 각 분기점에서의 손실 분포와 원금잔액의 계산은, 앞에서 설명한 바 있는 Andersen과 기타(2003)의 모형에 포함된 신속재귀법을 따르게 될 것이다.

34.10 요약

부도의 상관관계를 모델링하는 것이 수익률이나 가격의 상관관계를 모델링하는 것보다 훨씬 복잡하다는 것을 살펴보았다. 상관관계는 일반적으로 연속된 일정 범위의 변수에 근거하지만, 부도상관관계는 지시변수(즉, 불연속, 이항분포)가 같은 방향으로 움직인다는 것을 감안해야 하기 때문이다. 그럼에도 불구하고, 일정 범위의 바스켓 부도 증권의 가격 결정을 할 목적으로 상호관련 부도의 모형을 실행할 수 있도록 하기 위해서 필요한 확률 계산을 간단히 보여 주었다.

바스켓 내의 상호관련 부도를 구조모형과 축약형 모형 양자를 사용해서 어떻게 시뮬레이션 할 것인지도 보여 주었다. 사실 상관부도를 분석해 보면, 32장과 33장에서 모형을 따로 따로 살펴볼 때 상상했던 것보다 두 모형이 그렇게 다르지 않다고 말해도 무리는 아니다. 상관부도를 시뮬레이션 하는 과정에서 고차원의 무작위 벡터 생성을 다루어야 하는 어려움이 있지만, 이 대규모 시스템을 제한하기 위하여 인수가 적은 공간으로 투사하는 법을 검토하였다.

하지만 시뮬레이션은 항상 시간이 많이 걸리므로 바쁘게 돌아가는 경쟁이 치열한 월 스트리트 혹은 전세계 트레이딩 현장에서는 신용 손실분포를 계산해 줄 수 있는 빠른 알고리즘을 찾는다. 지급조건이 간단한 증권 바스켓에 대하여는 빠른 방법 몇몇이 개발되어 있다. 일부는 확률 생성 함수와 더불어 푸리에(Fourier) 변환을 사용한다. 이에 대하여는 Burtschell과 기타(2005), Gregory와 Laurent (2003), Gregory와 Laurent(2004)를 보거나 재귀적방법(recursion approach)을 사용하기 바란다.(Andersen과 기타 (2003)의 논문을 읽기 바람.) 이러한 방법들은 모두 개별적인 기업의 부도 위험을 모델링하고 이에 적절한 상관관계를 고려하여 포트폴리오 수준으로 모형을 구축한다. 이 방식은 “상향식” 접근법이라고 부른다.

최근에 상향식 접근법으로 CDO 트랑쉬들의 가격을 정확히 추정하지 못하게 되어 이 방법에 대한 실망이 증가되고 있다. 완전히 새롭게 바꾸어, 개별 신용을 모델링하기 보다는, 손실 분포 모양을 직접 모델링하는 하향식 방법이 인기를 얻어가고 있다. 이 분야의 초기 논문으로는 Giesecke와 Goldberg(2005), Longstaff와 Rajan(2008), Schonbucher(2005) 그리고 Sidenius, Peterbarg 및 Andersen (2005) 등이 있다.

34.11 연습문제

1. 현금흐름 CDO와 합성 CDO의 주된 차이점은 무엇인가?
2. CDO의 다음 트랑쉬에 투자하는 사람들의 주목적은 무엇인가? (a) A 트랑쉬, (b) 메자닌 트랑쉬, (c) equity 트랑쉬
3. n번째 부도 바스켓에서는 m개의 채권으로 구성된 바스켓에서 n개의 부도가 발생하면 지급이 발생하는데, 이 계약의 가치는 다음의 경우에 증가하나 감소하나? (a) n이 증가, (b) m이 증가, (c) 채권의 평균 상관관계가 증가.
4. n번째 부도 바스켓에 단지 두개의 채권이 있다고 가정하자. 이 두 채권의 부도 상관관계가 증가하면, 다음에 대한 영향은 어떤가? (a) 첫 번째 부도 바스켓, (b) 두 번째 부도 바스켓
5. 두개의 채권 A, B가 있다. A의 부도확률은 0.05이며, A가 부도일 때 B의 부도확률은 1이다. A와 B의 부도 상관관계가 0.30이면, B의 부도확률은 얼마인가?
   (a) 0.10
   (b) 0.28
   (c) 0.37
   (d) 0.50
6. 만기 $T=1$년이며, 기업의 부도확률 $p=0.1$이다. 부도가 발생하면 지시변수 $d=1$, 부도 발생하지 않으면 $d=0$로 정의한다.
   (a) $E(d)$는 얼마인가?
   (b) $\text{Var}(d)$는 얼마인가?
7. 부도확률이 $p_1=0.1$, $p_2=0.2$인 두 기업이 있다. 동시부도의 상관관계 $\rho(d_1, d_2)=0.5$이며, d_1, d_2는 각 기업의 지시변수이다. 두 기업이 동시에 부도를 당할 확률은 얼마인가?
8. 만약 $Pr[d_1 \cap d_2]=0.08$이고 $p_1=0.1$, $p_2=0.2$이면, $Pr(d_1 | d_2)$와 $Pr(d_2 | d_1)$은 각각 얼마인가?
9. 두 기업이 있는데, 아무 기업에도 부도가 발생하지 않을 확률은 80%이며 각각 부도가 발생할 확률은 $p_1=0.1$, $p_2=0.2$이다. 두 기업 모두에게 부도가 발생할 확률은 얼마인가?
10. $Pr[d_1 \cap d_2]=0.01$이며 $p_1=0.1$, $p_2=0.2$이라면, 한 기업에만 부도가 발생할 확률은 얼마인가?
11. 위의 문제에서 첫번째 부도 계약(first-to-default contract), 두번째 부도 계약(second-to-default contract)의 기대값은 얼마인가? 계약에 따라 지불조건이 발생하면 두 계약 모두 $100을 지급

한다.

12. 두 개의 기업이 있으며, 첫 번째 기업의 부도율 $p_1 = 0.2$이며, 첫 번째 기업에 부도가 발생했을 경우 두 번째 기업에 부도가 발생할 확률 $Pr(d_2 \mid d_1) = 0.9$이다. 첫 번째 부도 계약과 두 번째 부도계약의 지급액 기대값은 얼마인가? (지급사유 발생시 $100 지급) 부도가 전혀 발생하지 않을 확률은 두 회사 모두에 부도가 발생할 확률의 절반이다.

13. 기업가치가 정규분포를 따른다고 가정하는 구조모형에서, 기업1의 부도거리 $DTD_1 = 2$이며, 기업2의 부도거리 $DTD_2 = 1$이다. 두 기업 사이의 부도상관관계가 0.3이면 동시부도확률은 얼마인가?

14. n개의 기업에 대하여, 부도 강도는 대수정규(lognormal) 분포를 따르고 동일한 부도 강도 $\lambda = e^x$, 단 $x \sim N(\mu, \sigma^2)$를 가지고 있다. 정규분포 코퓰러와 기업간의 공통 상관관계 ρ를 사용하여 $\lambda_1, \lambda_2, \cdots, \lambda_n$를 생성하는 단계를 설명하라.

15. 강도는 $\lambda_i \sim \exp(\mu_i)$, $i = 1 \cdots 5$와 같이 지수분포를 보이며, $\mu_i = 10$으로 지수분포의 모수이며 평균은 $1/\mu_i$이다. 상관관계 $\rho = 0.5$를 적용한 정규분포 코퓰러를 사용하여 10,000번 시뮬레이션을 시행하여 부도를 계산하라. 1년 동안 2개 이상의 회사에 부도가 발생할 확률을 계산하라.

16. 부도강도가 0.2이면 예상부도시점은 언제인가?

17. 예상부도시점이 4년이면 2년 이내에 부도가 발생할 확률은 얼마인가?

18. 두 기업의 부도 순위 상관관계를 측정한 바 Kendal의 tau=0.6으로 주어졌다. 첫 번째 기업의 부도확률 $p_1 = 0.05$이며 두 번째 기업의 부도확률 $p_2 = 0.20$이다. 다음과 같은 절차로 상관관계를 반영한 무작위 변수를 생성하여 부도를 판정한다면 동시부도 확률은 얼마인가? x_1, x_2를 이변량정규분포로부터 생성한다. $N(x) < p$이면 부도가 발생한 것으로 한다. 동일한 과정을 반복하되 자유도 5와 동일한 상관관계를 적용하되 Student's t 분포를 사용하여 무작위 변수를 생성하라. $t(x) < p$이면 부도로 판정한다. 두개의 다른 분포를 사용한 결과가 어떻게 다른지 비교하라.

19. 세 개의 기업으로 이루어진 시스템에서 세 개의 무작위 변수 $x_i \sim N(0, 1)$를 추출해서 부도를 판정하는 시뮬레이션을 한다. $x_i < -2$이면 부도로 판정한다. 꼬리 의존도 모수 $\alpha = 2$인 Gumbel 코퓰러로 결합분포를 만든다면 3개의 회사 모두에 부도가 발생할 확률은 얼마인가? 만약 $\alpha = 5$이면 3개의 회사 모두에 부도가 발생할 확률이 증가되는가?

20. 아래 몇 개의 질문은 부도 상관관계가 있는 20개의 기업에 관한 것이다. 필요한 경우에는 `Octave` 프로그램 언어를 사용하여 상호관련 부도 모형을 구축해야 한다. 다음을 제출하라. (a) 모든 문제에 대하여 잘 정리된 대답, (b) 사용한 프로그램 코드, (c) 프로그램이 잘 작동한

다는 것을 보여주기 위한 프로그램 수행 결과.

20개의 기업으로 신용 포트폴리오를 구축한다고 가정한다. 모든 기업이 동일하게 부도 강도 $\lambda = 0.05$이며, 이는 변하지 않는다. 부도시 채권 회수율은 채권 액면가의 40%이다. 모든 기업의 부도상관관계는 0.3이다. 동일비중으로 만들어진 $100 포트폴리오에 5년간 발생한 손실의 기대치는 얼마인가?

21. 부도 결합분포가 다변량정규분포이라면 손실분포의 표준편차는 무엇인가?
22. 개별 정규분포를 정규분포 코퓰러로 결합하여 이 기업들로부터 발생하는 손실을 시뮬레이션하기 위한 `Octave`의 단계를 제시하고 이 포트폴리오의 평균 손실을 보고하라.
23. 1년 만기 첫 번째 부도계약의 가치를 산출하라. 지급금액은 $100로 가정한다.
24. 채무자 사이에 상관관계가 없으면 첫 번째 부도계약의 가격에 어떤 변화가 발생하나?
25. 1년 만기 두 번째 부도옵션의 가치를 계산하라. 가정은 위와 같다.

참고문헌

Acerbi, Carlo, Nordio, Claudio, and Sirtori, Carlo (2001). "Expected Shortfall as a Tool for Financial Risk Management". http://www.gloriamundi.org/var/wps.html, Working Paper.

Acerbi, Carlo and Tasche, Dirk (2002). "Expected Shortfall: A Natural Coherent Alternative to Value at Risk". *Economic Notes*, 31(2):379.

Acharya, Viral, Huang, Jingzhi, Subrahmanyam, Marti, and Sundaram, Rangarajan (2006). "When Does Strategic Debt Service Matter?" *Economic Theory*, 29(2):363–378.

Ahn, Dong-Hyun, Figlewski, Steve, and Gao, Bin (1999). "Pricing Discrete Barrier Options with an Adaptive Mesh Model". *Journal of Derivatives*, Summer:33–43.

Amerio, Emanuele (2005). "Forward Prices and Futures Prices: A Note on Convexity Drift Adjustment". *Journal of Alternative Investments*, 8(2), Fall, 80–86.

Ames, William (1992). "Numerical Methods for Partial Differential Equations". *Academic Press*, 3rd edition, San Diego.

Amin, Kaushik and Ng, Victor (1992). "Equilibrium Option Valuation with Systematic Stochastic Volatility". *University of Michigan*, Working Paper.

Andersen, L. and Brotherton-Ratcliffe, R. (1997). "The Equity Option Volatility Smile: An Implicit Finite-Difference Approach". *Journal of Computational Finance*, 1:5–38.

Andersen, Leif, Sidenius, J., and Basu, S. (2003). "All Your Hedges in One Basket". *RISK*, November:67–72.

Anderson, Ronald and Sundaresan, Suresh (1996). "Design and Valuation of Debt Contracts". *The Review of Financial Studies*, 9:37–68.

Artzner, Philipe, Delbaen, Freddy, Eber, Jean-Marc, and Heath, David (1999). "Coherent Measures of Risk". *Mathematical Finance*, 9:203–228.

Back, Kerry (1996). "Yield Curve Models: A Mathematical Review". Option Embedded Bonds: Price Analysis, Credit Risk, and Investment Strategies, Ed: I. Nelken, Irwin, New York:3–36.

Backus, David, Foresi, Silverio, Li, Kai, and Wu, Liuren (1997). "Accounting for Biases in Black-Scholes". *New York University: Stern School of Business*, Working Paper.

Bardhan, Inderjit, Berger, Alex, Derman, Emanuel, Dosembet, Cemal, and Kani, Iraj (1994). "Valuing Convertible Bonds as Derivative". *Goldman Sachs Quantitative Strategies Research Notes*, November.

Barone-Adesi, Giovani, Engle, Robert, and Mancini, L(2004). "GARCH Options in Incomplete Markets". *University of Zurich*, NCCR-FinRisk Paper No. 155.

Bates, David (1996). "Jumps and Stochastic Volatility: Exchange Rate Processes Implicit in DM Options". *Review of Financial Studies*, 9(1):69–107.

Beaglehole, David and Tenney, Mark (1992). "Corrections and Additions to 'A Nonlinear Equilibrium Model of the Term Structure of Interest Rates'". *Journal of Financial Economics*, 32:345–353.

Bielecki, Tomasz and Rutkowski, Marek (2002). "Credit Risk: Modeling, Valuation, and Hedging". *Springer*, New York.

Black, Fischer (1976). "The Pricing of Commodity Contracts". Journal of Financial Economics, 3:167–179.

Black, Fischer and Cox, John (1976). "Valuing Corporate Securities: Some Effects of Bond Indenture Provisions". *Journal of Finance*, 31(2):351–367.

Black, Fischer, Derman, Emanual, and Toy, William (1990). "A One Factor Model of Interest Rates and Its Application to Treasury Bond Options". *Financial Analysts Journal*, January–February:33–39.

Black, Fischer and Scholes, Myron (1973). "The Pricing of Options and Corporate Liabilities". *Journal of Political Economy*, 81(3):637–654.

Bollerslev, Tim (1986). "Generalized Autoregressive Conditional Heteroskedasticity". *Journal of Econometrics*, 31:307–327.

Bolster, P., Chance, Donald, and Rich, Donald (1996). "Executive Equity Swaps and Corporate Insider Holdings". *Financial Management*, 25 Summer:14–24.

Boudoukh, Jacob, Richardson, Matthew, and Whitelaw, Robert (1995). "Expect the Worst". *Risk*, 8(9):100–101.

Boyle, Phelim (1977). "Options: A Monte Carlo Approach". *Journal of Financial Economics*, 4:323–338.

Boyle, Phelim, Broadie, Mark, and Glasserman, Paul (1997). "Monte Carlo Methods for Security Pricing". *Journal of Economic Dynamics and Control*, 21:1267–1321.

Boyle, Phelim and Lau, S.H. (1994). "Bumping up Against the Barrier with the Binomial Method". *Journal of Derivatives*, 1(4):6–14.

Brace, Alan, Gatarek, Darius, and Musiela, Marek (1997). "The Market Model of Interest Rate Dynamics". *Mathematical Finance*, 7:127–155.

Breeden, Douglas and Litzenberger, Robert (1978). "Prices of State-Contingent Claims Implicit in Option Prices". *Journal of Business*, 51:621–51.

Brennan, Michael and Schwartz, Eduardo (1979). "A Continuous Time Approach to the Pricing of Bonds". *Journal of Banking and Finance*, 3(2):133–55.

Brennan, Michael J. and Schwartz, Eduardo S. (1985). "Evaluating Natural Resource Investment". *Journal of Business*, 58(2):135–57.

Brenner, Menachem and Dan Galai (1989). "New Financial Instruments to Hedge Changes in Volatility". *Financial Analysts Journal*, July–August 1989, 61–5.

Brenner, Menachem and Dan Galai (1993). "Hedging Volatility in Foreign Currencies". *Journal of Derivatives*, Fall 1993, 53–9.

Brigo, Damiano and Mercurio, Fabio (2001). "Interest Rate Models-Theory and Practice". *Springer-Verlag*, Berlin.

Broadie, Mark, Glasserman, Paul, and Kou, Steve (1997). "A Continuity Correction for Discrete Barrier Options". *Mathematical Finance*, 7(4):325–49.

Broadie, Mark and Sundaresan, Suresh (1992). "Quality and Timing Options in Treasury Future Markets, Theory and Evidence". *Columbia University*, Working Paper.

Burghardt, Galen (2003). "The Eurodollar Futures and Options Handbook". *McGraw-Hill*, New York.

Burghardt, Galen and Hoskins, William (1995a). "The Convexity Bias in Eurodollar Futures: Part I". *Derivatives Quarterly*, 1(3):47–55.

Burghardt, Galen and Hoskins, William (1995b). "The Convexity Bias in Eurodollar Futures: Part II". *Derivatives Quarterly*, 1(4):59–76.

Burtschell, X., Gregory, J., and Laurent, J-P. (2005). "A Comparative Analysis of CDO Pricing Models". *BNP-Paribas*, Working Paper.

Capozza, Dennis and Li, Y. (1994). "The Intensity and Timing of Investment: The Case of Land". *American Economic Review*, 84(4):889–904.

Carayannopolous, Peter and Kalimipalli, Madhu (2003). "Convertible Bonds and Pricing Biases". *Journal of Fixed Income*, 13(3):64–73.

Carr, Peter and Linetsky, Vadim (2006). "A Jump to Default Extended CEV Model: An Application of Bessel Processes". *New York University*, Working Paper.

Carr, Peter and Wu, Liuren (2003). "Finite Moment Log Stable Process and Option Pricing". *Journal of Finance*, 58(2):753–777.

Carr, Peter and Wu, Liuren (2009). "Variance Risk Premiums". *Review of Financial Studies*, 22(3): 1311–1341.

Casassus, Jaime and Collin-Dufresne, Pierre (2005). "Convenience Yields Implied from Interest Rates and Commodity Futures". *Journal of Finance*, 60(5):2283–2331.

Chan, K.C., Karolyi, Andrew, Longstaff, Francis, and Sanders, Anthony (1992). "An Empirical Comparison of Alternative Models of the Short-Term Interest Rate". *Journal of Finance*, 47(3):1209–1227.

Chance, Don M. and Peterson, Pamela P. (2002). "Real Options and Investment Valuation". *Research Foundation of the AIMR*, Monograph.

Chance, Donald (2003). "Equity Swaps and Equity Investing". *Lousiana State University*, Working Paper.

Chance, Donald and Rich, Donald (1995). "The Pricing of Equity Swaps and Swaptions". *Journal of Derivatives*, 5(4): 19–31.

Chang, Carolyn and Chang, Jack (1990). "Forward and Futures Prices: Evidence from the Foreign Exchange Markets". *Journal of Finance*, 45(4):1333–1336.

Chaput, Scott and Ederington, Louis (2003). "Option Spread and Combination Trading". *Journal of Derivatives*, 10(4):72–88.

Chincarini, Ludwig (2006). "The Amaranth Debacle: What Really Happened". Georgetown University, Working Paper.

Collin-Dufresne, Pierre and Goldstein, Robert (2001). "Do Credit Spreads Reject Stationary Leverage Ratios?". *Journal of Finance*, 56:1929–1958.

Collin-Dufresne, Pierre, Goldstein, Robert, and Martin, J. Spencer (2001). "The Determinants of Credit Spread Changes". *Journal of Finance*, 56:2177–2208.

Coopers and Lybrand (1992). "Equity Swaps: A Self-Study Guide to Mastering and Applying Equity Swaps". *Probus Publishing*, Chicago and London.

Cornell, Bradford and Reinganum, Marc (1981). "Forward versus Futures Prices: Evidence from the Foreign Exchange Markets". *Journal of Finance*, 36(5):1035–1046.

Corb, Howard (2012) *Interest Rate Swaps and Other Derivatives*, New York: Columbia Business School Publishing.

Coval, Joshua and Shumway, Tyler (2001). "Expected Option Returns". *Journal of Finance*, 56(3):983–1009.

Cox, John, Ingersoll, Jonathan, and Ross, Stephen (1981). "The Relation between Forward Prices and Futures Prices". *Journal of Financial Economics*, 9(4):321–346.

Cox, John, Ingersoll, Jonathan, and Ross, Stephen (1985). "A Theory of the Term Structure of Interest Rates". *Econometrica*, 53(2):385–408.

Cox, John and Ross, Stephen (1976). "The Valuation of Options for Alternative Stochastic Processes". *Journal of Financial Economics*, 3:145–166.

Cox, John, Ross, Stephen, and Rubinstein, Mark (1979). "Option Pricing: A Simplified Approach". *Journal of Financial Economics*, 7:229–265.

Crosbie, Peter and Bohn, Jeffrey (2003). "Modeling Default Risk". *Moodys KMV*, White Paper.

Culp, Christopher and Miller, Merton (1995a). "Corporate Hedging in Theory and Practice: Lessons from Metallgesellschaft". *Risk Books*, London.

Culp, Christopher and Miller, Merton (1995b). "Metallgesellschaft and the Economics of Synthetic Storage". *Journal of Applied Corporate Finance*, Winter:62–76.

Curran, Michael (1994). "Valuing Asian and Portfolio Options by Conditioning on the Geometric Mean Price". *Management Science*, 40(12):1705–1711.

Das, Sanjiv (1995). "Credit Risk Derivatives". *Journal of Derivatives*, 2(3):7–23.

Das, Sanjiv, Duffie, Darrell, Kapadia, Nikunj, and Saita, Leandro (2007). "Common Failings: How Corporate Defaults Cluster". *Journal of Finance*, 62:93–117.

Das, Sanjiv and Sundaram, Rangarajan (1999). "Of Smiles and Smirks: A Term Structure Perspective". *Journal of Financial and Quantitative Analysis*, 34(2):211–240.

Das, Sanjiv and Sundaram, Rangarajan (2000). "A Discrete-Time Approach to Arbitrage-Free Pricing of Credit Derivatives". *Management Science*, 46(1):46–62.

Das, Sanjiv and Sundaram, Rangarajan (2007). "An Integrated Model for Hybrid Securities". *Management Science*, 53: 1439–1451.

Das, Sanjiv and Tufano, Peter (1996). "Pricing Credit Sensitive Debt When Interest Rates, Credit Ratings and Credit Spreads Are Stochastic". *Journal of Financial Engineering*, 5(2):161–198.

Davis, Mark and Lischka, Fabian (1999). "Convertible Bonds with Market Risk and Credit Risk". *Tokyo-Mitsubishi Intl, PLC*, Mimeo.

DeGeorge, Francois, Patel, Jayendu, and Zeckhauser, Richard (1999). "Earnings Management to Exceed Thresholds". *Journal of Business*, 72(1):1–33.

Delianedis, Gordon and Geske, Robert (1998). "Credit Risk and Risk Neutral Default Probabilities: Information about Rating Migrations and Defaults". *UCLA*, Working Paper.

Demeterfi, Kresimir, Derman, Emanuel, Kamal, Michael, and Zou, Joseph (1999). "More Than You Ever Wanted to

Know about Volatility Swaps". *Goldman Sachs*, Working Paper.

Derman, Emanuel and Kani, Iraj (1994). "The Volatility Smile and Its Implied Tree". *Quantitative Strategies and Research Notes*, Goldman Sachs.

Dezhbaksh, Hashem (1994). "Foreign Exchange Forward and Futures Prices: Are They Equal?". *Journal of Financial and Quantitative Analysis*, 29(1):75-87.

Dixit, Avinash K. (1989). "Entry and Exit Decisions under Uncertainty". *Journal of Political Economy*, 97(3):620-638.

Dodd, Randall (2009) "Playing with Fire,". *Finance and Development* 46(2), 40-42.

Dothan, Uri (1978). "On the Term Structure of Interest Rates". *Journal of Financial Economics*, 6:59-69.

Driessen, Joost (2005). "Is Default Event Risk Priced in Corporate Bonds?". *Review of Financial Studies*, 18(1):165-195.

Duan, Jin (1995). "The GARCH Option Pricing Model". *Mathematical Finance*, 5(1):13-32.

Duan, Jin-Chuan, Ritchken, Peter, and Sun, Z. (2005). "Jump-Starting GARCH: Pricing and Hedging Options with Jumps in Returns and Volatilities". *University of Toronto*, Working Paper.

Duffee, Gregory (1999). "Estimating the Price of Default Risk". *Review of Financial Studies*, 12:197-226.

Duffie, Darrell (1989). "Futures Markets". *Prentice-Hall*, Englewood-Cliffs, NJ.

Duffie, Darrell (1996). "Dynamic Asset Pricing Theory". *Princeton University Press*, 2nd edition, New Jersey.

Duffie, Darrell and Kan, Rui (1996). "A Yield Factor Model of Interest Rates". *Mathematical Finance*, 6(4):379-406.

Duffie, Darrell, Pan, Jun, and Singleton, Ken (2000). "Transform Analysis and Asset Pricing for Affine Jump Diffusions". *Econometrica*, 68:1343-1376.

Duffie, Darrell, Pedersen, Lasse, and Singleton, Kenneth (2003). "Modeling Sovereign Yield Spreads: A Case Study of Russian Debt". *Journal of Finance*, 58(1):119-159.

Duffie, Darrell, Saita, Leandro, and Wang, Ke (2007). "Multi-Period Corporate Default Prediction with Stochastic Covariates". *Journal of Financial Economics*, 83:635-665.

Duffie, Darrell and Singleton, Kenneth (1999a). "Modeling Term Structures of Defaultable Bonds". *Review of Financial Studies*, 12:687-720.

Duffie, Darrell and Singleton, Kenneth (1999b). "Simulating Correlated Default". *Stanford University*, Working Paper.

Duffie, Darrell and Singleton, Kenneth (2003). "Credit Risk: Pricing, Measurement, and Management". *Princeton University Press*, New Jersey.

Duffie, Darrell and Stanton, Richard (1992). "Pricing Continuously Resettled Contingent Claims". *Journal of Economic Dynamics and Control*, 16:561-574.

Dupire, Bruno (1994). "Pricing with a Smile". *Risk*, 7(1):18-20.

Engle, Robert (1982). "Autoregressive Conditional Heteroskedasticity with Estimates of the Variance of U.K. Inflation". *Econometrica*, 50:987-1008.

Engle, Robert (1990). "Stock Volatility and the Crash of 87: Discussion". *Review of Financial Studies*, 3:103-106.

Eom, Young Ho, Helwege, Jean, and Huang, Jing-Zhi (2004). "Structural Models of Corporate Bond Pricing: An Empirical Analysis". *Review of Financial Studies*, 17:499-544.

Errais, Eyman, Giesecke, Kay, and Goldberg, Lisa (2006). "Pricing Credit from the Top-Down with Affine Point Processes". *Stanford University*, Working Paper.

Fama, Eugene (1965). "The Behavior of Stock-Market Prices". *Journal of Business*, 38(1):34-105.

Figlewski, Stephen, Silber, William, and Subrahmanyam, Marti (1992). "Financial Options: From Theory to Practice". *Business One-Irwin*, Chicago.

Figlewski, Steven and Gao, Bin (1999). "The Adaptive Mesh Model: A New Approach to Efficient Option Pricing". *Journal of Financial Economics*, 53(3):313-351.

Flavell, Richard (2002). "Swaps and Other Derivatives". *Wiley*, New York.

Foresi, Silverio and Wu, Liuren (2005). "Crash-O-Phobia: A Domestic Fear or Worldwide Concern?". *Journal of Derivatives*, 13(2):8-21.

Frees, Edward and Valdez, Emiliano (1998). "Understanding

Relationships Using Copulas". *North American Actuarial Journal*, 2:1–25.

French, Kenneth (1980). "Stock Returns and the Weekend Effect". *Journal of Financial Economics*, 8:55–69.

French, Kenneth (1983). "A Comparison of Futures and Forward Prices". *Journal of Financial Economics*, 12: 311–342.

Gapen, Michael, Gray, Dale, Lim, Cheng Hoon, and Xiao, Yingbin (2005). "Measuring and Analyzing Sovereign Risk with Contingent Claims". *International Monetary Fund*, Working Paper 05/155.

Geske, Robert (1977). "Valuation of Corporate Liabilities as Compound Options". *Journal of Financial and Quantitative Analysis*, 12(4):541–522.

Geske, Robert (1979). "Valuation of Compound Options". *Journal of Financial Economics*, 7:63–81.

Giesecke, Kay and Goldberg, Lisa (2005). "A Top-Down Approach to Multi-name Credit". *Stanford University*, Working Paper.

Glasserman, Paul (2003). "Monte Carlo Methods in Financial Engineering". *Springer-Verlag*. New York.

Glosten, Larry, Jagannathan, Ravi, and Runkle, David (1993). "Relationship between the Expected Value and the Volatility of the Nominal Excess Return on Stocks". *Journal of Finance*, 48:1779–1801.

Gray, Dale, Merton, Robert, and Bodie, Zvi (2006). "A New Framework for Analyzing and Managing Macrofinancial Risks of an Economy". *NBER*, Working Paper No. 12637.

Green, Richard (1984). "Investment Incentives, Debt and Warrants". *Journal of Financial Economics*, 13:115–136.

Gregory, J. and Laurent, J-P. (2003). "I Will Survive". *RISK*, June:103–107.

Correlation". *RISK*, October:87–91.

Gupta, Anurag and Subrahmanyam, Marti (1999). "An Empirical Examination of the Convexity Bias in the Pricing of Interest Rate Swaps". *New York University*, Working Paper.

Hamilton, David, Verma, Praveen, Ou, Sharon, and Cantor, Richard (2005). "Default and Recovery Rates of Corporate Bond Issuers, 1920–2004". *Global Credit Research*, *Moody's Investor Services*, New York.

Harrison, Michael and Pliska, Stanley (1981). "Martingales and Stochastic Integrals in the Theory of Continuous Trading". *Stochastic Processes Applications*, 11:215–260.

Harrison, Michael J. and Kreps, David (1979). "Martingales and Arbitrage in Multiperiod Security Markets". *Journal of Economic Theory*, 20:381–408.

Heath, David, Jarrow, Robert, and Morton, Andrew (1990a). "Contingent Claims Valuation with a Random Evolution of Interest Rates". *Review of Futures Markets*, 9(1):54–82.

Heath, David, Jarrow, Robert A., and Morton, Andrew (1990). "Bond Pricing and the Term Structure of Interest Rates: A Discrete Time Approximation". *Journal of Financial and Quantitative Analysis*, 25(4):419–440.

Heath, David, Jarrow, Robert, Morton, Andrew, and Spindel, Mark (1992). "Easier Done Than Said". *Risk*, 5(9):77–80.

Heath, David, Jarrow, Robert A., and Morton, Andrew (1992b). "Bond Pricing and the Term Structure of Interest Rates: A New Methodology for Contingent Claims Valuation". *Econometrica*, 60(1):77–105.

Hemler, Michael (1990). "The Quality Delivery Option in Treasury Bond Futures Contracts". *Journal of Finance*, 45(5):1565–1586.

Heston, Steve (1993). "A Closed-Form Solution for Options with Stochastic Volatility with Applications to Bond and Currency Options". *The Review of Financial Studies*, 6(2): 327–343.

Ho, Thomas and Lee, Sang-Bin (1986). "Term Structure Movements and Pricing Interest Contingent Claims". *Journal of Finance*, 41(5):1011–1029.

Hsia, C.-C. (1983). "On Binomial Option Pricing". *Journal of Financial Research*, 6:41–46.

Huang, Jing-Zhi and Huang, Ming (2003). "How Much of the Corporate-Treasury Yield Spread Is Due to Credit Risk?" *Penn State University*, Working Paper.

Hull, John and White, Alan (1987). "The Pricing of Options with Stochastic Volatilities". *Journal of Finance*, 42(2):281–300.

Hull, John and White, Alan (1990). "Pricing Interest-Rate

Derivative Securities". *Review of Financial Studies*, 3(4):573–592.

Hull, John and White, Alan (2006a). "Dynamic Models of Portfolio Credit Risk: A Simplified Approach". *University of Toronto*, Working Paper.

Hull, John and White, Alan (2006b). "The Perfect Copula" *University of Toronto*, Working Paper.

Hull, John and White, Alan (2006c). "Valuing Credit Derivatives Using an Implied Copula Approach". *Journal of Derivatives*, 14(2):8–28.

Jackwerth, Jens and Rubinstein, Mark (1996). "Recovering Probability Distributions from Options Prices". *Journal of Finance*, 51(5):1611–1631.

James, Peter (2003). "Option Theory". *Wiley*, New York.

Jamshidian, Farshid (1997). "LIBOR and Swap Market Models and Measures". *Finance and Stochastics*, 1:293–330.

Jarrow, Robert, Lando, David, and Turnbull, Stuart (1997). "A Markov Model for the Term Structure of Credit Spreads". *Review of Financial Studies*, 10:481–523.

Jarrow, Robert and Oldfield, George (1981). "Forward Prices and Futures Prices". *Journal of Financial Economics*, 9(4):371–382.

Jarrow, Robert and Turnbull, Stuart (1995). "Pricing Options on Financial Securities Subject to Default Risk". *Journal of Finance*, 50:53–86.

Johnston, E. and McConnell, John (1989). "Requiem for a Market: An Analysis of the Rise and Fall of a Financial Futures Contract". *Review of Financial Studies*, 2(1):1–23.

Jones, Philip, Mason, Scott, and Rosenfeld, Eric (1984). "Contingent Claims Analysis of Corporate Capital Structures: An Empirical Investigation". *Journal of Finance*, 39:611–627.

Jong, Frank De, Driessen, Joost, and AntoonPelsser (2001). "Libor Market Models versus Swap Market Models for Pricing Interest Rate Derivatives: An Empirical Analysis". *University of Amsterdam*, Working Paper.

Jorion, Philippe (1988). "On Jump Processes in the Foreign Exchange and Stock Markets". *Review of Financial Studies*, 1:427–445.

Kester, Carl W. (1984). "Today's Options for Tomorrow's Growth". *Harvard Business Review*, 62 (March–April): 153–160.

Krapels, Ed (2001) "Re-Examining the Metallgesellschaft Affair and its Implication for Oil Traders", *Special Report*, Oil & Gas Journal.

Kreps, David (1982). "Multiperiod Securities and the Efficient Allocation of Risk: A Comment on the Black-Scholes Option Pricing Model". *The Economics of Uncertainty and Information* (J. McCall, Editor). *University of Chicago Press*.

Lando, David (1994). "Three Essays on Contingent Claims Pricing". *Cornell University*, Ph.D. Thesis.

Lando, David and Allan Mortensen (2005) "On the Pricing of Step-Up Bonds in the European Telecom Sector,". *Journal of Credit Risk* 1(1), 71–110.

Lando, David (1998). "On Cox Processes and Credit Risky Securities". *Review of Derivatives Research*, 2:99–120.

Leland, Hayne (1994). "Corporate Debt Value, Bond Covenants, and Optimal Capital Structure". *Journal of Finance*, 49:1213–1252.

Leland, Hayne (2006). "Structural Models in Corporate Finance, Lecture 1: Pros and Cons of Structural Models". *UC Berkeley*, Presentation Slides.

Leland, Hayne and Rubinstein, Mark (1988). "Comments on the Market Crash: Six Months After". *Journal of Economic Perspectives*, 2(3):45–50.

Leland, Hayne and Toft, Klaus (1996). "Optimal Capital Structure, Endogenous Bankruptcy, and the Term Structure of Credit Spreads". *Journal of Finance*, 51:987–1019.

Li, David (2000). "On Default Correlation: A Copula Approach". *Journal of Fixed Income*, 9:43–54.

Litterman, Robert and Iben, Thomas (1991). "Corporate Bond Valuation and the Term Structure of Credit Spreads". *Journal of Portfolio Management*, Spring:52–64.

Litterman, Robert and Scheinkman, Jse (1991). "Common Factors Affecting Bond Returns". *Journal of Fixed Income*, June:54–61.

Longstaff, Francis, Mithal, Sanjay, and Neis, Eric (2006). "Corporate Yield Spreads: Default Risk or Liquidity? New Evidence from the Credit-Default Swap Market". *Journal of Finance*, 60(5):2213–2253.

Longstaff, Francis and Rajan, Arvind (2008). "An Empirical Analysis of the Pricing of Collateralized Debt Obligations". *Journal of Finance*, 63:509–563.

Longstaff, Francis and Schwartz, Eduardo (1995). "A Simple Approach to Valuing Fixed and Floating Rate Debt". *Journal of Finance*, 50:789–819.

Longstaff, Francis and Schwartz, Eduardo (2001). "Valuing American Options by Simulation: A Simple Least-Squares Approach". *Review of Financial Studies*, 14:113–147.

Luenberger, David (1997). "Investment Science". *Oxford University Press*, New York.

Madan, Dilip, Carr, Peter, and Chang, Eric (1998). "The Variance Gamma Process and Option Pricing". *European Finance Review*, 2:79–105.

Majd, Saman and Pindyck, Robert (1987). "Time to Build, Option Value, and Investment Decisions". *Journal of Financial Economics*, 18:7–27.

Majd, Saman and Pindyck, Robert S. (1989). "The Learning Curve and Optimal Production under Uncertainty". *Rand Journal of Economics*, 20(3):331–343.

Margrabe, William (1978). "The Value of an Option to Exchange One Asset for Another". *Journal of Finance*, 33:177–186.

Markham, Jesse (1987). "History of Commodity Futures Trading and Its Regulation". *Praeger Publishers*, New York.

Marshall, John and Yuyuenyonwatana, Robert (2000). "Equity Swaps: Structures, Uses, and Pricing". *The Handbook of Equity Derivatives* (Jack Francis, William Toy, and Gregg Whittaker, Editors). *John Wiley*, New York.

McCulloch, Huston (1971). "Measuring the Term Structure of Interest Rates". *Journal of Business*, 44:19–31.

McCulloch, Huston (1975). "The Tax Adjusted Yield Curve". *Journal of Finance*, 30:811–830.

McCulloch, Huston (2003). "The Risk-Neutral Measure and Option Pricing under Log-Stable Uncertainty". *Ohio State University*, Working Paper.

McDonald, Robert and Siegel, Daniel (1986). "The Value of Waiting to Invest". *Quarterly Journal of Economics*, November:717–727.

McKenzie, Donald (2004). "The Big, Bad Wolf and the Rational Market: Portfolio Insurance, the 1987 Crash and the Performativity of Economics". *Economy and Society*, 33(3): 303–334.

Mella-Barral, Pierre and Perraudin, William (1997). "Strategic Debt Service". *Journal of Finance*, 52(3):531–556.

Mello, A. and J. Parsons (1995) "The Maturity Structure of a Hedge Matters: Lessons from the Metallgesellschaft Debacle", *Journal of Applied Corporate Finance* 8: 106–120.

Merton, Robert (1973). "Theory of Rational Option Pricing". *The Bell Journal of Economics and Management Science*, 4(1):141–183.

Merton, Robert (1974). "On the Pricing of Corporate Debt: The Risk Structure of Interest Rates". *Journal of Finance*, 29:449–470.

Merton, Robert C. (1976). "Option Pricing When Underlying Stock Returns Are Discontinuous". *Journal of Financial Economics*, 3:125–144.

Miltersen, Kristian, Sandmann, Klaus, and Sondermann, Dieter (1997). "Closed Form Solutions for Term Structure Derivatives with Log-normal Interest Rates". *Journal of Finance*, 52(1):409–430.

Moel, Alberto and Tufano, Peter (1997). "Bidding for Antamina: Incentives in a Real Option Framework". *Harvard Business School*, Case 297–054.

Muralidhar, Arun S. (1992). "Volatility, Flexibility and the Multinational Enterprise". *Massachusetts Institute of Technology*, Ph.D. Thesis.

Nelsen, Roger (1999). "An Introduction to Copulas". *Springer-Verlag*, New York.

Nelson, Charles and Siegel, Andrew (1987). "Parsimonious Modeling of Yield Curves". *Journal of Business*, 60(4):473–489.

Nelson, Dan and Ramaswamy, Krishna (1990). "Simple Binomial Processes as Diffusion Approximations in Financial Models". *Review of Financial Studies*, 3:393–430.

Nelson, Daniel B. (1990). "ARCH Models as Diffusion Approximations". *Journal of Econometrics*, 45:7–38.

Nelson, Daniel B. (1991). "Conditional Heteroskedasticity in Asset Returns: A New Approach". *Econometrica*, 59(2):347–

370.

Neuberger, Anthony (1990). "Volatility Trading". *London Business School*, Working Paper.

Paddock, James L., Siegel, Daniel R., and Smith, James L. (1988). "Option Valuation of Claims on Real Assets: The Case of Offshore Petroleum Leases". *Quarterly Journal of Economics*, August:479–508.

Pearson, Neil (2002). "Risk Budgeting: Portfolio Problem Solving with Value-at-Risk". *John Wiley and Sons*, New York.

Pelsser, Antoon (2000). "Efficient Methods for Valuing Interest Rate Derivatives". *Springer-Verlag*, London.

Pindyck, Robert S. (1991). "Irreversibility, Uncertainty, and Invest- ment". *Journal of Economic Literature*, 29:1110–1148.

Pindyck, Robert S. (1993). "Investments of Uncertain Cost". *Journal of Financial Economics*, 34:53–76.

Pirrong, Stephen C (1997) "Metallgesellscaft: A Prudent Hedger Ruined or a Wildcatter on NYMEX?", *Journal of Futures Markets* 17(5): 543–578.

Pozdnyakov, Vladamir and Steele, J. Michael (2001). "Convexity Bias in the Pricing of Eurodollar Swaps". *Methodology and Computing in Applied Probability*, 4:181–193.

Rebonato, Ricardo (2002a). "Modern Pricing of Interest Rate Derivatives". *Princeton University Press*, New Jersey.

Rebonato, Riccardo (2002b). "Modern Pricing of Interest-Rate Derivatives : The LIBOR Market Model and Beyond". *Princeton University Press*, New Jersey.

Reiner, Eric and Rubinstein, Mark (1991). "Breaking down the Barriers". *Risk*, September:28–35.

Richard, Scott (1978). "Arbitrage Model of the Term Structure of Interest Rates". *Journal of Financial Economics*, 6(1):33–57.

Richard, Scott and Sundaresan, Suresh (1981). "A Continuous-Time Equilibrium Model of Forward Prices and Futures Prices in a Multi-Good Economy". *Journal of Financial Economics*, 9(4):347–371.

Ritchken, Peter and Trevor, Robert (1999). "Pricing Options under Generalized GARCH and Stochastic Volatility Processes". *Journal of Finance*, 54(1):377–402.

Roll, Richard (1988). "The International Crash of October 1987". *Financial Analysts Journal*, 44(5):19–35.

Rubinstein, Mark (1991a). "Double Trouble". *Risk*, December/January:53–56.

Rubinstein, Mark (1991b). "Options for the Undecided". *Risk*, April:70–73.

Rubinstein, Mark (1991c). "Somewhere over the Rainbow". *Risk*, November:63–66.

Rubinstein, Mark (1994). "Implied Binomial Trees". *Journal of Finance*, 49(3):771–818.

Rubinstein, Mark (1995). "On the Accounting Valuation of Employee Stock Options". *Journal of Derivatives*, Fall:8–24.

Rubinstein, Mark (1998). "Comments on the 1987 Stock Market Crash: Eleven Years Later". http://www.in-the-money.com/pages/author.htm, Mimeo.

Samuelson, Paul (1972). "Mathematics of Speculative Price". *Mathematical Topics in Economic Theory and Computation*. SIAM (R.H. Day and S.M. Robinson, Editors).

Samuelson, Paul (1973). "Mathematics of Speculative Price". *SIAM Review*, 15:1–42.

Schöbl, R. and Zhu, J. (1999). "Stochastic Volatility with an Ornstein Uhlenbeck Process: An Extension". *European Finance Review*, 3:23–46.

Schönbucher, Philipp (1998). "Term Structure Modeling of Defaultable Bonds". *Review of Derivatives Research*, 2:161–192.

Schonbucher, Philipp (2005). "Portfolio Losses and the Term Structure of Loss Transition Rates: A New Methodology for the Pricing of Portfolio Credit Derivatives". *ETH-Zurich*, Working Paper.

Schroder, Mark (1988). "Adapting the Binomial Model to Value Options on Assets with Fixed Cash Payout". *Financial Analysts Journal*, November/December:54–62.

Shalen, Catherine (2002). "The Nitty-Gritty of CBOT DJIA Futures Index Arbitrage". http://www.cbot.com/cbot/docs/29685.pdf.

Sidenius, Jakob, Piterbarg, Vladimir, and Andersen, Leif (2005). "A New Framework for Dynamic Credit Loss

Modeling". *Royal Bank of Scotland*, Working Paper.

Sklar, A. (1959). "Functions de repartition a n dimensions et leurs marges". *Publ. Inst. Statist. Univ. Paris*, 8:229–231.

Smith, Donald (2013) "Valuing Interest Rate Swaps Using Overnight Indexed Swap (OIS) Discounting,". *Journal of Derivatives*, 20(4), 49–59.

Sklar, A. (1973). "Random Variables, Joint Distributions, and Copulas". *Kybernetica*, 9:449–460.

Smith, Donald (1994). "Aggressive Corporate Finance: A Close Look at the Procter & Gamble–-Bankers Trust Leveraged Swap". *Journal of Derivatives*, 4(4):67–79.

Stein, Elias and Stein, Jeremy (1991). "Stock Price Distributions with Stochastic Volatility: An Analytical Approach". *Review of Financial Studies*, 4(4): 727–752.

Stulz, Rene (1982). "Options on the Maximum or Minimum of Two Assets". *Journal of Financial Economics*, 10:161–185.

Sundaram, Rangarajan (1997). "Equivalent Martingale Measures and Risk-Neutral Pricing: An Expository Note". *Journal of Derivatives*, Fall:85–98.

Svensson, Lars (1994). "Estimating and Interpreting Forward Interest Rates: Sweden 1992–1994". *International Monetary Fund*, Working Paper 94/114.

Tavella, Domingo and Randall, Curt (2000). "Pricing Financial Instruments: The Finite-Difference Method". *John Wiley*, New York.

Trigeorgis, Lenos (1993a). "Real Options and Interactions with Financial Flexibility". *Financial Management*, Autumn: 202–224.

Trigeorgis, Lenos (1993b). "The Nature of Options Interactions and the Valuation of Investments with Multiple Real Options". *Journal of Financial and Quantitative Analysis*, 28(1):1–20.

Tsiveriotis, Kostas and Fernandes, Chris (1998). "Valuing Convertible Bonds with Credit Risk". *Journal of Fixed Income*, 8(3):95–102.

Turnbull, Stuart and Wakeman, Lee (1991). "A Quick Algorithm for Pricing European Average Options". *Journal of Financial and Quantitative Analysis*, 26:377–389.

Tuckman, Bruce and Angle Serrat (2012) *Fixed Income Securities: Tools for Today's Markets*, Third Edition, New York: John Wiley & Sons.

U.S., Senate (2007). "Excessive Speculation in the Natural Gas Market". *Committee on Homeland Security and Governmental Affairs*, Senate Report.

Vasicek, Oldrich (1977). "An Equilibrium Characterization of the Term Structure". *Journal of Financial Economics*:5:177–188.

Vorst, Ton (1992). "Prices and Hedge Ratios of Average Exchange Rate Options". *International Review of Financial Analysis*, 1:179–193.

Wahrenburg, Mark (1996) "Hedging Oil Price Risk: Lessons from Metallgesellschaft", Working Paper, University of Cologne.

Whaley, Robert (1993). "Derivatives on Market Volatility: Hedging Tools Long Overdue". *Journal of Derivatives*, 1:71–84.

Whaley, Robert (2008). "Understanding VIX". *Vanderbilt University*, Working Paper.

Wiggins, James (1987). "Option Values under Stochastic Volatility: Theory and Empirical Estimates". *Journal of Financial Economics*, 19:351–372.

Ye, George (2005). "Asian Options Can Be More Expensive Than Plain Vanilla Counterparts". *Journal of Derivatives*, 13(1):56–60.

Zeidan, Rodrigo and Bruno Rodrigues (2013) "The Failure of Risk Management for Nonfinancial Companies in the Context of the Financial Crisis: Lessons from Aracruz Celulose and Hedging with Derivatives,". *Applied Financial Economics* 23(3), 241–250.

Zhou, Chunsheng (1997). "A Jump-Diffusion Approach to Modeling Credit Risk and Valuing Defaultable Securities". *Federal Reserve Board, Washington, D.C.*, Working Paper.

찾아보기

ㄱ

ㄴ

ㄷ

ㅅ

ㅈ

ㅊ

기타

저자소개

라구 순다람(Rangarajan K. Sundaram)은 현재 미국 뉴욕대학교의 스턴 경영대학의 재무전공 교수이며, 그전에는 로체스터대학교의 경제학과 교수로 재임하였다. Raghu는 마드라스대학교 로욜라 컬리지에서 경제학사, 아메다바드 인도경영연구원에서 MBA, 그리고 미국 코넬대학교에서 경제학 석사, 박사학위를 취득하였다. 그는 2002~2008년간 Journal of Derivatives 편집장을 비롯하여 여러 학술지의 편집진에 참가하였다. 지금까지 그는 대리인문제, 경영진보상, 파생상품 가격결정, 신용위험과 파생상품 등의 재무 금융분야뿐만 아니라 수리경제학, 의사결정 및 게임이론 분야의 연구에도 큰 공헌을 하여, 젠센상을 비롯한 여러 학술상을 수상하였다.

산지프 다스(Sanjiv Das)는 하버드대학교와 버클리 캘리포니아대학교의 교수직을 거쳐 현재 미국 산타클라라 대학교의 경영대학에서 윌리엄 재니스 태리 석좌교수로 재직하고 있다. 그는 아메다바드 인도경영연구원에서 MBA, 미국 버클리 캘리포니아대학교에서 컴퓨터과학 석사, 그리고 뉴욕대학교에서 재무금융 석사 및 박사학위를 취득하였다. 그는 Journal of Investment Management 선임편집인, Journal of Derivatives와 Journal of Financial Services Research의 공동편집장을 맡으면서 파산위험, 머신러닝, 파생상품 가격결정모형, 포트폴리오이론 및 벤쳐캐피탈 등의 광범위한 최신분야의 연구활동을 이어 가고 있다.

역자소개

성현모는 서울대학교를 졸업하고 일리노이대학교에서 재무학 박사 학위를 받았다. 미국 시카고 로욜라대학교 재무학과 교수를 역임하였고 2012년부터 한동대학교 경영경제학부에 재직하고 있다. 성 교수의 전공 분야는 기업재무 분야이며 국내 및 국제 학술지에 다수의 논문을 발표했다.

조이수는 서울대학교 인문대학을 졸업하고 조지아 주립대학에서 위험관리 석사학위를 받았다. 보험회사, 은행, 증권회사 등에서 근무하였으며, 2011년부터 한동대학교 경영경제학부에 재직하고 있다.

지범하는 서울대학교에서 경영학을 전공하고 미국 펜실베니아 대학교 와튼스쿨에서 박사학위를 취득한 후 펜실베니아 주립대학교 교수, 대한생명보험 상무이사, 미국 뉴욕의 킹스칼리지 경영대학장을 역임하였다. 현재는 한동대학교 경영경제학부 교수로, 한국FP(재무설계)학회 회장, 보험 및 리스크 관리학회와 한국금융소비자학회 부회장으로서 학술 및 자문활동에 참여하고 있다.

파생상품 **-이론과 실제-**

저 자 Rangarajan K. Sundaram, Sanjiv Das
역 자 성현모·조이수·지범하
발행자 한 헌 주
발행처 도서출판 **경문사**
서울특별시 서대문구 독립문로 21-9
전화 738-7035 FAX. 722-4678
E-mail : kmsp@korea.com
홈페이지 : http://www.kmsp.co.kr
등 록 1995년 11월 9일 제300-1995-138호
2019년 6월 20일 초판 인쇄
2019년 6월 25일 초판 발행

■ **정가 40,000원**

ISBN 978-89-420-0906-0 93320